TRAITÉ ÉLÉMENTAIRE

DE

LÉGISLATION INDUSTRIELLE

LES LOIS OUVRIÈRES

DU MÊME AUTEUR

Mariage et divorce en droit international et en législation comparée. — Larose et Forcel, 1885, 1 vol. in-8 (épuisé). 5 fr.

Traité théorique et pratique de la faillite des sociétés commerciales. — A. Rousseau, 1887, 1 vol. in-8, 6 fr.

De la faillite et de la liquidation judiciaire des sociétés commerciales en droit international privé (Extrait du *Journal de droit international privé*). — Marchal et Billard, 1892, broch. in-12.

La question des salaires devant le Parlement. — Lyon, 1895, broch. in-8.

La loi du 27 décembre 1892 sur la conciliation et l'arbitrage entre patrons et ouvriers (Rapport présenté à la Société d'économie politique de Lyon). — Lyon, 1896, broch. in-8.

Influence de l'établissement d'un protectorat sur les traités antérieurement conclus avec des puissances tierces par l'Etat protégé (Extrait de la *Revue générale de droit international public*). — Pedone, 1898, broch. in-8.

La législation du travail en France (Rapport présenté au Congrès international de législation du travail de Bruxelles). — Weissenbruch, Bruxelles, et A. Rousseau, Paris, 1897, broch. in-8.

Le Congrès international de législation ouvrière de Bruxelles (Rapport présenté à la Société d'économie politique de Lyon). — Lyon, 1898, broch. in-8.

La loi du 9 avril 1898 sur les accidents du travail (Extrait de la *Revue d'économie politique*). — Larose, 1898, broch. in-8.

L'interdiction du travail de nuit en France (Rapport présenté au *Congrès international pour la protection légale des travailleurs*). — Paris, 1900.

La législation ouvrière et la démocratie. — Lyon, Storck, 1901, broch. in-8.

Congrès international et association internationale pour la protection légale des travailleurs (Extrait de la *Revue d'économie politique*). — Larose, broch. in-18, 1901.

Les retraites ouvrières et le referendum ; étude critique (Extrait du *Mouvement économique et social dans la région lyonnaise*, publication annuelle de l'*Office social de renseignements et d'études de Lyon*). — Lyon, Storck, 1902, broch. in-8.

Capacité civile des syndicats professionnels. La jurisprudence et le contrat collectif de travail (Extrait de la *Revue trimestrielle de droit civil*). — Larose, 1902, broch. in-8.

La convention franco-italienne du travail du 15 avril 1904, et le droit international (*Revue générale de droit international public*, 1904, p. 515 et suiv.).

De la rupture ou de la suspension d'exécution du contrat du travail par l'effet des grèves ouvrières ou des lock-outs patronaux (Extrait de la *Revue trimestrielle de droit civil*). — Larose, 1905, broch. in-8.

Le Congrès et l'Association internationale pour la protection légale des travailleurs (*Revue de droit international privé*, 1905, p. 259 et suiv.).

Du contrôle de la durée légale du travail dans l'industrie (Extrait de la *Revue d'économie politique*). — Larose, 1905, broch. in-8.

La réforme des conseils de prud'hommes (*Revue politique et parlementaire*, mai et août 1905).

De la condition juridique des travailleurs étrangers en France (Extrait du *Journal de droit international privé*). — Marchal et Billard, 1906, broch. in-8.

L'habitation ouvrière et la législation française : *Loi du 12 avril 1906* (Rapport au Congrès de l'*Alliance d'hygiène sociale*). — Lyon, 1907.

Un voyage social en Grande-Bretagne (*Régies municipales, Habitations ouvrières*). — Storck, Lyon, 1907, broch. in-8.

Droit international ouvrier (*Revue générale de droit international public*, 1907, p. 495 et s.).

Traité des sociétés commerciales (Encyclopédie de *droit commercial*, dirigée par E. Thaller), t. Ier. — A. Rousseau, édit., 1 fort vol. in-8, 888 p., 12 fr., 1908.

Questions pratiques de législation ouvrière et d'économie sociale, Revue mensuelle fondée en 1900 par P. Pic et J. Godart, dirigée depuis 1905 par P. Pic, avec le concours de Ch. Brouilhet, E. Bender et A. Amieux. — A. Rousseau, éditeur, Paris. — 8 volumes in-8 parus (1900-1907).

TRAITÉ ÉLÉMENTAIRE

DE

LÉGISLATION INDUSTRIELLE

LES LOIS OUVRIÈRES

PAR

Paul PIC

PROFESSEUR DE LÉGISLATION INDUSTRIELLE ET OUVRIÈRE
A LA FACULTÉ DE DROIT DE L'UNIVERSITÉ DE LYON
A L'ÉCOLE SUPÉRIEURE DE COMMERCE ET A L'ÉCOLE INDUSTRIELLE LA MARTINIÈRE

> Je crois qu'il y a au-dessus de nous, autour de nous, nous enserrant de toutes manières, une *solidarité naturelle* dont nous ne pouvons nous dégager. Nous naissons tous débiteurs les uns des autres.
>
> (LÉON BOURGEOIS.)

Ouvrage récompensé par l'Académie des Sciences Morales et Politiques
Prix Le Dissez de Penanrun, 1904

TROISIÈME ÉDITION

Entièrement refondue, et mise au courant de la Législation la plus récente

PARIS

LIBRAIRIE NOUVELLE DE DROIT ET DE JURISPRUDENCE

ARTHUR ROUSSEAU, ÉDITEUR

14, RUE SOUFFLOT, 14

1909

TRAITÉ ÉLÉMENTAIRE

DE

LÉGISLATION INDUSTRIELLE

LES LOIS OUVRIÈRES

PAR

Paul PIC

PROFESSEUR DE LÉGISLATION INDUSTRIELLE ET OUVRIÈRE
A LA FACULTÉ DE DROIT DE L'UNIVERSITÉ DE LYON
A L'ÉCOLE SUPÉRIEURE DE COMMERCE ET A L'ÉCOLE INDUSTRIELLE LA MARTINIÈRE

Je crois qu'il y a au-dessus de nous, autour de nous, nous enserrant de toutes manières, une *solidarité naturelle* dont nous ne pouvons nous dégager. Nous naissons tous débiteurs les uns des autres.
(LÉON BOURGEOIS.)

Ouvrage récompensé par l'Académie des Sciences Morales et Politiques
Prix Le Dissez de Penanrun, 1904

TROISIÈME ÉDITION
Entièrement refondue, et mise au courant de la Législation la plus récente

PARIS
LIBRAIRIE NOUVELLE DE DROIT ET DE JURISPRUDENCE
ARTHUR ROUSSEAU, ÉDITEUR
14, RUE SOUFFLOT, 14

1909

AVERTISSEMENT

Le vœu que nous formulions à la fin de la préface de notre deuxième édition, reproduite ci-après, a été entendu. L'accueil favorable qu'elle a rencontré, soit parmi les étudiants, soit auprès du grand public a, en peu d'années, rendu nécessaire une réédition.

La législation ouvrière subit d'ailleurs, d'un lustre à l'autre, de telles transformations, les lois sociales se succèdent, en France comme à l'étranger, avec une telle rapidité, qu'une nouvelle mise au point s'imposait. Bien que nous ayons conservé le cadre, l'armature générale de l'édition précédente, et autant que possible le même numérotage, notre Traité de 1908 n'en est pas moins, à certains égards, un ouvrage nouveau, à raison du grand nombre de lois récentes dont il donne le commentaire, de la masse des documents nouveaux mis en œuvre, et aussi des développements donnés à certaines questions d'actualité (contrat collectif de travail, apprentissage, syndicats de fonctionnaires, monopoles industriels, retraites ouvrières et paysannes, etc.) [1].

Nous nous sommes efforcé, dans tout le cours de ce Traité, de mettre en relief la puissance de pénétration de la législation ouvrière, de marquer l'influence exercée par cette branche nouvelle du droit sur le droit civil et commercial en particulier, et notamment sur les grandes théories de la responsabilité, des obligations, du droit matrimonial, en un mot de noter, en en dégageant l'importance réelle, tous les signes de ce qu'on a justement appelé la *socialisation du droit*. En ce faisant, nous

---

[1] Il nous est particulièrement agréable de remercier ici publiquement M. Bender, député du Rhône, secrétaire de la rédaction des *Questions pratiques de législation ouvrière*, d'avoir bien voulu, comme il l'avait fait déjà pour la 2e édition, nous aider dans la révision du chapitre sur le contrat de travail, l'un des plus importants de l'ouvrage.

Nous tenons également à remercier M. Amieux, chargé de conférences à la Faculté de droit de Lyon, du concours précieux qu'il nous a prêté pour le classement des documents, la correction des épreuves et la réfection des tables.

croyons nous être inspiré de l'esprit qui a dicté l'heureuse réforme réalisée dans les programmes de la licence en droit, par le décret du 1er août 1905 (rapp. de M. Esmein).

Réparant l'erreur fâcheuse du décret du 30 avril 1895, portant suppression du cours de *législation industrielle* en licence, le décret de 1905 a rétabli cet enseignement en troisième année, tout en laissant subsister le cours approfondi de législation et économie industrielles en vue du doctorat politique et économique. N'était-il pas singulièrement illogique, en effet, de réduire aux proportions d'un cours de doctorat politique à option, ne s'adressant qu'au vingtième à peine de l'effectif étudiant, un enseignement qui, pour être une mise en œuvre des principes de l'économie sociale (mais quel est le cours actuel dont le point de vue social puisse être éliminé), n'en est pas moins essentiellement juridique, et constitue pour les futurs avocats ou magistrats une initiation directe à la connaissance des lois dont ils auront à faire l'application journalière : lois sur les accidents du travail, le contrat de travail, la réglementation ou la police de l'industrie?

La législation industrielle a ainsi pris place, à titre définitif, dans l'enseignement normal des Facultés de droit. Les rédacteurs du décret de 1905 n'ont-ils pas entendu comprendre, dans le cadre du nouveau cours de licence, le commentaire des lois sur la propriété industrielle? Il le semble bien, quoique à vrai dire leurs intentions n'apparaissent pas avec une parfaite netteté, et que l'on puisse envisager ces lois comme une dépendance logique du droit commercial. Aussi, sans prendre d'engagement à date fixe, ne perdons-nous pas de vue la promesse faite par nous, aux lecteurs de nos 1re et 2e éditions, de publier, comme complément du présent ouvrage, un volume spécial consacré à la propriété industrielle. Mais le Traité actuel n'en constitue pas moins un ouvrage complet, se suffisant à lui-même, et correspondant à l'enseignement donné en licence par la plupart de nos collègues.

Bien que nous ayons dû, chemin faisant, toucher aux problèmes les plus brûlants de la politique sociale contemporaine, l'on ne trouvera ici, croyons-nous, aucun écho des passions qui agitent notre pays. L'impartialité la plus absolue a été notre loi : sur chacun de ces problèmes, nous avons exposé ce que nous considérons, à tort ou à raison, comme la vérité scientifique, en éliminant de parti pris tout ce qui pourrait donner à notre démonstration une allure de polémique, personnelle ou même doctrinale.

Nous ne saurions nous flatter d'y avoir toujours réussi, vu l'extrême difficulté de la tâche; mais notre bonne foi a été absolue, et nous espérons que nos lecteurs et nos critiques voudront bien nous en donner le témoignage.

P. PIC.

Lyon, 16 avril 1908.

PRÉFACE DE LA DEUXIÈME ÉDITION [1]

L'ouvrage que nous publions aujourd'hui n'est pas une simple réédition de notre *Traité élémentaire de Législation industrielle* (tome Ier), publié en 1894, et épuisé depuis près de deux ans.

Le développement rapide de la législation ouvrière dans les différents pays et spécialement en France, depuis quelques années, a nécessité une refonte complète de cet ouvrage. Aussi est-ce un traité entièrement nouveau, contenant l'analyse critique des lois ouvrières françaises, mises en parallèle avec les lois similaires de l'étranger, et l'étude développée de toutes les questions économiques, législatives ou sociales du même ordre rentrant dans le programme des Facultés de droit (doctorat économique), des Ecoles supérieures de commerce et généralement de toutes nos grandes Ecoles techniques, que nous soumettons au public.

Nous tenons à remercier sincèrement MM. Bender, avocat à la Cour d'appel de Lyon, et Godart, professeur d'économie politique à la Martinière, du concours précieux qu'ils ont bien voulu nous prêter, tant pour la révision de certains chapitres [2], que pour l'établissement de la table analytique détaillée qui prendra place à la fin du volume.

Le présent traité ne contiendra que la *législation ouvrière* (réglementation administrative de l'industrie, protection légale

---

[1] Il nous paraît utile de reproduire ici la préface de notre seconde édition, dans laquelle nous avons cherché à dégager l'esprit, la méthode et le plan général du Traité.

Cette reproduction est textuelle. — Les références bibliographiques, en note, ont été cependant rajeunies et complétées.

[2] M. Bender, auteur d'un important travail sur *Le salaire effectif, sa protection par la loi* (Lyon, 1898, 1 vol. in-8), a collaboré à la révision de notre chapitre sur le louage de services, pour toutes les questions touchant à la protection légale du salaire. M. Godart, dont l'étude historique sur *L'ouvrier en soie, monographie du tisseur lyonnais* (Lyon, 1899, 1 fort vol. in-8) a été également très remarquée, et qui dirige avec nous les *Questions pratiques de législation ouvrière et d'économie sociale*, nous a prêté son concours pour la partie historique de l'introduction, et pour la révision du titre IV (Economie sociale).

des ouvriers ou employés, contrat de salaire, conflits entre patrons et salariés, institutions dans l'intérêt des travailleurs, etc.), à l'exclusion de la *propriété industrielle*. Nous nous réservons de publier par la suite un traité spécial consacré à cette dernière, afin de tenir la promesse faite aux lecteurs de notre première édition. Mais la législation dite ouvrière constitue dès aujourd'hui une branche du droit autonome, très différente par son esprit (puisqu'elle n'est que de l'*économie sociale appliquée*), et par ses méthodes, de toutes les autres branches du droit, y compris la législation spéciale sur la propriété industrielle (droit industriel *stricto sensu*), qui offre au fond plus d'affinités avec le droit commercial.

Les lois sur les brevets d'invention, les dessins ou les marques de fabrique et de commerce, ne présentent effectivement à aucun degré ce caractère de législation *tutélaire* qui est le trait dominant de la législation ouvrière contemporaine. Elles n'ont point pour but, comme cette dernière, de protéger le travailleur isolé contre l'employeur, de maintenir l'équilibre entre le capital et le travail, mais uniquement d'assurer la loyauté des transactions entre industriels et commerçants, de prévenir les actes de concurrence déloyale, les empiétements sur le droit d'autrui.

En un mot, tandis que les lois ouvrières sont une mise en œuvre des principes de l'économie sociale, les lois sur la propriété industrielle sont plutôt une dépendance du droit commercial, un complément logique, approprié aux exigences du commerce international, des Codes civil, de procédure civile et de commerce.

Il y a donc tout avantage, et pour la clarté de l'exposition et pour l'unité scientifique de l'œuvre, à disjoindre la propriété industrielle de la législation ouvrière, au lieu de les confondre, comme on le fait encore parfois, sous la dénomination générique de législation industrielle (*législation et économie industrielles* des programmes officiels, décr. 30 avril 1895). Nous avons dû, à raison de ces programmes, et aussi pour marquer le lien qui l'unit à notre première édition, conserver à l'ouvrage le titre principal de *Traité élémentaire de législation industrielle* ; mais le sous-titre, « *Les lois ouvrières* », marque clairement les limites dans lesquelles nous avons volontairement circonscrit nos recherches.

Il y aurait bien certaines réserves à formuler sur l'exactitude de ces termes : *législation ouvrière*, ou *lois ouvrières*. Il serait plus logique, semble-t-il, de dénommer *législation du travail* cette branche nouvelle de la législation économique ; attendu que les Parlements ont une tendance de plus en plus marquée, ainsi que nous le constaterons par la suite, à étendre aux salariés du commerce ou de l'agriculture la réglementation primitivement édictée en faveur des seuls *ouvriers* de l'industrie. Mais l'expression de *législation ouvrière* est, dès aujourd'hui, consacrée par l'usage ; elle figure même dans les programmes des Ecoles techniques. Mieux vaut donc la conserver : étant bien entendu d'ailleurs que sa portée est plus large que ne semble l'indiquer la signification grammaticale des termes employés.

Le cadre de la législation ouvrière, ainsi entendue, s'est si démesurément élargi depuis quelques années qu'il était matériellement impossible de condenser, en un seul volume, un exposé embrassant à la fois la réglementation générale de l'industrie, et l'étude des *règlements spéciaux à chaque nature d'industrie* [1]. Du moins nous sommes-nous efforcé de décrire

---

[1] Il existe notamment des réglementations spéciales sur : les abattoirs, affichage et colportage, alcools, bières et boissons diverses (fabrication, circulation, débit), allumettes, appareils à vapeur, armes, billets de banque (fabrication, émission), boucheries et boulangeries, bougies, brocantage, bureaux de placement, cartes à jouer, chemins de fer et autres industries de transport, denrées alimentaires, eaux minérales, électricité, explosifs, établissements d'éclairage et chauffage par le gaz ou autres procédés, halles et marchés, huiles (végétales ou minérales; fabrication ou dépôts), magasins généraux, matières d'or et d'argent, mines, minières et carrières, monnaies, monopoles, navigation à vapeur (fluviale ou maritime); pharmacies, drogueries, sérums, phosphore; poids et mesures; postes, télégraphes et téléphones; presse, imprimerie et librairie; professions bruyantes; raffineries de sucre, de pétrole; roulage; soude (fabriques de); tabac; travail pénitentiaire; vinaigres, etc., etc.

Pour le texte et l'analyse de ces règlements multiples, avec références aux règlements similaires étrangers, cons. notamment : Cohendy, *Recueil des lois industrielles* (avec des *notions de législation comparée*), 4e éd., 1905; Fontaine et Chailley-Bert, *Lois sociales*; Duprat et Saillard, *Code annoté de la réglementation du travail dans l'industrie*, 1897; André et Guibourg, *Code annoté du travail*, 1905; Frèrejouan du Saint, *Code annoté de la législation ouvrière*, 1908. — *Bulletin de l'Office du travail* (*français*), paraissant depuis 1894; *Annuaire de la législation du travail* (publication annuelle de l'*Office du travail belge*, contenant les lois et règlements des divers pays depuis 1897); le *Bulletin de l'Office international*

avec précision la réglementation d'ensemble, et de mettre en relief les caractères essentiels des règlements particuliers les plus importants. La bibliographie jointe à chaque chapitre permettra aisément à nos lecteurs de se reporter aux ouvrages spéciaux, pour une documentation plus minutieuse, ou pour les détails techniques qui ne sauraient trouver place dans ce volume.

Voici le plan général auquel nous nous sommes arrêté. Dans une large *introduction*, nous chercherons à fixer, par une étude comparative des diverses écoles, les limites rationnelles du droit d'intervention de l'État ; à cet exposé critique des systèmes succédera une esquisse de l'évolution historique de la législation ouvrière, depuis les origines jusqu'au début du xxe siècle.

Le commentaire proprement dit des lois ouvrières, françaises et étrangères, sera réparti en quatre titres. Nous étudierons dans le TITRE Ier la *réglementation administrative de l'industrie* (corps consultatifs de l'industrie ; principe de la liberté du travail, du commerce et de l'industrie, ses principales conséquences juridiques, ses limites : lois sur les coalitions, les syndicats professionnels, les syndicats de production ; police et hygiène des ateliers ; industries monopolisées ou spécialement réglementées ; réglementation du travail industriel ou commercial des enfants, des femmes et des hommes adultes).

Le TITRE II sera consacré aux *contrats industriels* (appren-

---

du travail, paraissant depuis 1902; Les *Lois nouvelles*; Les lois annotées des Recueils de *Dalloz*, *Sirey* et *Pandectes françaises*; le *Code de commerce annoté* de Cohendy et Darras (Rec. *Sirey*), t. II, appendice, *Droit industriel et Législation ouvrière*, 1908; le *Code de commerce* et le *Code administratif* de la petite collection *Dalloz*; le *Supplément* au Répert. de *Dalloz*, le *Répertoire Fuzier-Herman* (Sirey), le *Répert. des Pandectes*, et celui de la *Gazette du Palais*. — Cons. spécialement dans le Suppl. au Répert. de *Dalloz*, les mots suivants : affiche-afficheur, arme, banque de France, boucher-boucherie, boulanger-boulangerie, commerçant, commissionnaire, commune, douanes, eaux minérales et thermales, enregistrement, halles, foires et marchés, impôts indirects, industrie et commerce, machines à vapeur, magasins généraux, fabriques et ateliers dangereux, matières d'or et d'argent, médecine et pharmacie, mines, monnaie, patente, poids et mesures, postes et télégraphes, poudre, presse-outrage-publication, prisons, secours publics, sel, substances vénéneuses, sucre, théâtre-spectacle, timbre, travail, vente de substances falsifiées, vins et boissons, voiries par chemins de fer, par eau, par terre, voiture, voiture publique.

tissage, louage de services industriels ou contrat de travail, louage d'ouvrage, travail à domicile).

Le TITRE III traitera des *conflits individuels ou collectifs* entre patrons, ouvriers et employés (conseils de prud'hommes, institutions privées ou officielles de conciliation et d'arbitrage).

Enfin, le TITRE IV et dernier, spécialement consacré à *l'économie sociale*, inséparable de la législation ouvrière proprement dite, comportera une étude d'ensemble des institutions sociales multiples, dues à l'action parallèle de l'Etat et de l'initiative privée, créées en vue d'améliorer la condition, matérielle, juridique ou morale, de l'ouvrier ou de l'employé : institutions de patronage, d'épargne ou de prévoyance, coopération sous toutes ses formes, assurances et assistance sociales.

Ainsi divisé, et malgré ses proportions relativement réduites, notre modeste ouvrage formera un tout méthodique, et pourra être consulté utilement — nous l'espérons du moins — non seulement par les étudiants des Facultés, les élèves des écoles techniques, industrielles ou commerciales, mais aussi par les commerçants ou chefs d'industrie, tous assujettis plus ou moins étroitement à la réglementation nouvelle, par les ingénieurs, les inspecteurs du travail, les organisations syndicales ou mutualistes, et généralement par tous ceux que préoccupent les grands problèmes sociaux, dont la société contemporaine recherche anxieusement la solution.

Lyon, le 15 avril 1902.

INTRODUCTION

CHAPITRE PREMIER

DOMAINE PROPRE DE LA LÉGISLATION INDUSTRIELLE

1. — Définitions. — L'industrie, dans son acception économique la plus large, est l'ensemble des travaux productifs de l'homme, ou, plus exactement, l'ensemble des travaux de l'homme appliqués à la matière ; par opposition aux travaux intellectuels ou scientifiques, qui peuvent contribuer puissamment sans doute à la création de la valeur, mais qui ne la créent pas directement. (Exemple : les recherches de la chimie ont contribué au développement merveilleux de l'industrie au XIXe siècle, mais les travaux des chimistes ne sont point des travaux industriels, tandis que les applications de leurs découvertes rentrent dans le domaine de l'industrie).

J.-B. Say et la majorité des économistes divisent l'industrie en trois branches : industrie agricole, industrie manufacturière et industrie commerciale.

1° L'industrie agricole comprend tous les travaux au moyen desquels on extrait, avec ou sans culture, les matières premières et les produits naturels (agriculture, chasse et pêche, mines, minières et carrières). En réalité, cette première branche comprend deux groupes bien distincts, régis par une législation très différente : l'industrie agricole, *stricto sensu*, et l'industrie extractive.

2° L'industrie manufacturière a pour caractère distinctif la transformation des matières premières en produits nouveaux, adaptés aux besoins de la civilisation.

3° L'industrie commerciale, ou industrie des échanges, met à la disposition des consommateurs, soit les matières premières, soit les produits fabriqués, en les transportant là où ils sont demandés, mais sans leur faire subir aucune transformation.

L'industrie des transports n'est qu'un sous-groupe de cette troisième branche, mais c'est un sous-groupe qu'il convient d'étudier à part, la législation des transports terrestres ou maritimes, et notamment la législation des chemins de fer, étant régie par des principes spéciaux.

2. — Il convient d'ailleurs de noter que la ligne de démarcation entre ces trois branches d'industrie n'est pas toujours facile à tracer, et qu'en pratique elles se pénètrent mutuellement, si intimement parfois qu'il est souvent difficile de déterminer le véritable caractère de telle opération industrielle donnée : détermination nécessaire cependant, l'industrie agricole, à la différence des deux autres, n'ayant pas le caractère commercial.

Souvent, en effet, l'agriculteur se fait manufacturier ; il crée sur son domaine des distilleries ou des raffineries et livre au consommateur ses produits transformés ; il en est de même des exploitations minières qui très souvent sont liées à des exploitations manufacturières (exemple : la Société du Creusot, qui exploite des mines, et transforme les minerais dans ses usines et fonderies). D'autre part, le manufacturier se charge fréquemment de vendre lui-même et de transporter ses produits, de même qu'à l'inverse le commerçant fait assez souvent subir des transformations, des manipulations de seconde main aux produits manufacturés que lui envoie le fabricant.

Toutes les branches de l'industrie sont donc solidaires les unes des autres, et ce lien qui les relie rend particulièrement délicate la tâche du législateur et de l'interprète. Il est souvent difficile, en effet, en présence d'une réglementation édictée spécialement en vue de l'industrie manufacturière, par exemple, de déterminer dans quelle mesure cette réglementation doit être étendue aux industries extractives ou commerciales. Ainsi s'expliquent ces changements fréquents de législation, ces tâtonnements successifs, dont la caractéristique est une tendance de plus en plus accusée du législateur contemporain à briser les cadres anciens, à les élargir en tout cas, et à soumettre à une législation uniforme, au moins dans ses grandes lignes, les diverses formes de l'activité industrielle.

3. — Extension progressive du domaine de la législation industrielle. — En *Allemagne*, notamment, cette évolution est bien près d'être achevée : c'est ainsi que les lois allemandes sur les assurances ouvrières font participer l'employé de commerce et l'ouvrier agricole, sous certaines restrictions, au bénéfice d'une réglementation réclamée à l'origine pour les ouvriers d'usine seulement.

D'autre part, les lois des 30 mars 1900 et 30 mars 1903, incorporées à la *Gewerbeordnung* de 1891, sont venues étendre aux employés de commerce, sous certaines modifications, la réglementation primitivement édictée en faveur des ouvriers de fabrique.

Dans le même ordre d'idées, il est intéressant de constater que la loi *anglaise* de 1886, amendée en 1901, s'applique aux industries de l'alimentation, et *même aux magasins* de gros ou de détail, dans lesquels ne s'exécute aucune manipulation industrielle. Il en est de même aux Etats-Unis, et dans la plupart des colonies britanniques autonomes.

4. — En *France*, l'évolution est moins avancée, et la législation industrielle, telle qu'elle se comporte encore aujourd'hui, est plus spécialement relative à l'industrie manufacturière, aux relations entre l'Etat et les manufacturiers d'une part, entre les manufacturiers ou usiniers et leurs ouvriers d'autre part [1].

Néanmoins, il n'est pas douteux que cette branche du droit empiète de plus en plus sur le domaine de l'industrie commerciale ou même agricole.

5. — Cette proposition est évidente si l'on croit devoir faire rentrer dans la législation dite industrielle l'étude de la *propriété industrielle.* Celle-ci, en effet, ne comprend pas seulement les marques de fabrique, et les dessins ou modèles de fabrique, spéciaux à l'industrie manufacturière ; elle englobe également les brevets d'invention, qui peuvent s'appliquer à des inventions concernant les industries agricoles, extractives ou commerciales, les marques de commerce (spéciales à l'industrie commerciale), le nom commercial, et la théorie d'ensemble de la concurrence déloyale.

6. — **Champ d'application de la législation dite ouvrière ou législation du travail : ouvriers d'usine et ouvriers ruraux, employés de commerce.** — Même pour ceux qui limitent le domaine de la législation industrielle à l'étude des lois réglementant le travail, il est manifeste que, même en droit français, cette réglementation a dès aujourd'hui un champ d'application beaucoup plus large que l'industrie manufacturière ou usinière proprement dite. C'est ainsi que l'on doit rattacher à la législation industrielle tous les règlements propres à assurer l'hygiène et la sécurité de l'ouvrier, sans distinction entre l'ouvrier mineur et l'ouvrier d'usine ; c'est ainsi que les syndicats professionnels, dont tous les auteurs rattachent l'étude à la législation ouvrière, ont pour objet non seulement la défense des intérêts industriels, mais aussi celle des intérêts commerciaux et agricoles ; d'où il suit qu'ils peuvent se constituer non seulement entre patrons ou entre ouvriers d'usines,

---

[1] Remarquons, du reste, qu'il n'est pas toujours facile d'indiquer les limites précises de la législation industrielle, puisqu'elle n'est pas encore codifiée en France, et qu'elle confine, par des frontières assez indécises, au droit commercial, à l'économie politique et sociale, au droit administratif et au droit civil.

mais entre commerçants ou employés de commerce, entre agriculteurs ou ouvriers agricoles.

La même observation pourrait être faite pour la plupart des lois ouvrières promulguées dans la dernière décade du XIXe siècle, notamment pour les lois du 27 décembre 1892 sur la conciliation et l'arbitrage entre patrons et ouvriers *ou employés*, — du 12 janvier 1895 sur la saisie-arrêt des salaires *et petits traitements* des ouvriers ou employés, — du 27 décembre 1895 sur les caisses de retraite, de secours et de prévoyance fondées au profit *des employés* et ouvriers, — du 1er avril 1898 sur les sociétés de secours mutuels, — du 30 juin 1899 sur les accidents *agricoles*, — du 29 décembre 1900 fixant les conditions du travail des femmes *employées dans les magasins*.

7. — Plus significatifs encore, dans cet ordre d'idées, sont les actes réglementaires du début du XXe siècle : décret du 14 mars 1903 réorganisant le Conseil supérieur du travail; loi du 11 juillet 1903 sur l'extension, aux établissements commerciaux, des prescriptions de la loi de 1893 sur l'hygiène et la sécurité des ateliers; loi du 12 avril 1906 tendant à étendre la législation des accidents du travail aux entreprises commerciales; loi du 13 juillet 1906 sur le repos hebdomadaire; loi du 27 mars 1907 accordant aux employés de commerce le bénéfice de la juridiction des prud'hommes, etc...

Du jour où le Parlement aura sanctionné les dispositions du projet de réglementation du travail des ouvriers et employés, déposé le 10 juillet 1906, par le Ministre du commerce, sur le bureau de la Chambre, les travailleurs du commerce n'auront plus rien à envier à ceux de l'industrie au point de vue de la protection légale.

8. — **Petite bourgeoisie.** — Nous assistons même aujourd'hui à un mouvement d'opinion, très symptomatique, dans le sens d'une assimilation, à certains égards, du travail intellectuel au travail manuel. C'est ainsi que la loi du 12 janvier 1895, citée plus haut, ne protège pas seulement contre la saisie les salaires des ouvriers et gens de service, mais aussi les appointements ou traitements des employés, commis *ou fonctionnaires* jusqu'à concurrence d'une certaine somme; et que, d'autre part, l'on tend aujourd'hui à reconnaître aux personnes exerçant des professions libérales la faculté de former entre elles des syndicats professionnels, pour la défense de leurs intérêts communs : solution parfaitement conforme, sinon à l'esprit de la loi de 1884, tout au moins à celui de la loi du 1er juillet 1901 sur les associations.

Ce mouvement est même plus accentué en certains pays étrangers qu'en France, spécialement en Belgique, où la protection des intérêts de la *petite bourgeoisie* (petit commerce, petits ateliers, fonctionnaires subalternes, etc.) et plus généralement de la classe moyenne, prise comme dans un étau entre la féodalité capitaliste et le prolétariat, a déjà fait l'objet de plusieurs Congrès intéressants [1], dont nous aurons à discuter les conclusions, assez défavorables à certaines institutions sociales, telles que la coopération.

A cet ordre de préoccupations correspond la création récente à Bruxelles, auprès du Ministère de l'industrie et du travail, d'un *Office des classes moyennes*. Constitué en décembre 1906, cet Office a pour mission essentielle d'organiser des enquêtes sur toutes les questions intéressant la petite industrie et le petit commerce, et de rechercher les moyens légaux susceptibles de fortifier leur situation économique, considérée comme un élément de conservation sociale.

9. — Il faut voir, dans cet assouplissement des cadres législatifs anciens, un effet naturel des doctrines démocratiques, un résultat logique de l'influence croissante des doctrines de *solidarité* dont nous parlons plus loin : doctrines qui inspirent aujourd'hui la plupart des Parlements, et les induisent à atténuer les inégalités sociales, en tant du moins que cette atténuation se concilie avec le maintien de l'ordre social actuel et le respect de la propriété individuelle.

Socialement, et économiquement, la nature du travail fourni importe peu : c'est en vue de la personne du travailleur, salarié ou même travailleur autonome, que les lois réglementaires sont édictées. Toutes les fois qu'il constate une rupture d'équilibre au préjudice de telle ou telle classe de citoyens, l'Etat moderne intervient pour rétablir l'égalité en jetant le poids de son autorité dans l'autre plateau de la balance; les lois fiscales récentes, sur les successions notamment, ou sur les patentes, ainsi que le projet d'impôt global et progressif sur le revenu, inspiré d'ailleurs de la législation en vigueur dans plusieurs pays voisins, répondent au même objectif que les lois ouvrières proprement dites.

10. — Le domaine propre de la législation industrielle, telle que nous la concevons, étant ainsi délimité, il nous paraît essentiel de dégager, dans une introduction d'ensemble, avant d'aborder le commentaire des lois positives, les principes économiques qui dominent cette branche du droit, et de mettre en relief les causes du développement simultané de la législation ouvrière dans tous les pays industriels.

---

[1] Congrès d'*Anvers*, sept. 1899, et de *Namur*, sept. 1901 (*Questions pratiques de législation ouvrière et d'économie sociale*, 1900, 37, et 1901, 402). — Cf. sur la question : Brants, *La petite industrie contemporaine*, 2e éd., 1902, in-18; — Pyfferoen, *La petite bourgeoisie en Belgique* (*Réforme sociale*, n° 16 juin 1907) ; — M. Bourguin, *Les systèmes socialistes et l'évolution économique*, 1 fort vol. in-8, 2e éd., 1907 (V. chap. XII et annexe IV).

Nous esquisserons ensuite, à grands traits, l'histoire de cette évolution, depuis ses origines jusqu'au début du XXe siècle.

Cette double enquête, économique et sociale d'abord, historique ensuite, enquête d'ailleurs sommaire vu l'exigence de notre cadre[1], fera l'objet des deux chapitres suivants.

---

[1] Nous espérons pouvoir reprendre ultérieurement cette étude historique, avec les développements qu'elle comporte, dans un *Précis historique de la législation du travail, depuis l'antiquité jusqu'à nos jours.*

CHAPITRE II

ESPRIT DE LA LÉGISLATION OUVRIÈRE. — ROLE DE L'ÉTAT DANS LA RÉGLEMENTATION DU TRAVAIL : SOCIALISME, INDIVIDUALISME, SOLIDARISME.

SECTION PREMIÈRE. — Abus de la libre concurrence. — Nécessité croissante d'une intervention législative

11. — Caractères dominants de l'évolution industrielle au XIXe siècle. — Trois faits essentiels caractérisent l'évolution de l'industrie manufacturière au XIXe siècle : — 1° L'industrie s'y est développée sous un régime de libre concurrence presque absolue, succédant brusquement à l'organisation corporative, complétée, pour les industries affranchies par exception du régime corporatif, par un système de monopoles ou de privilèges royaux. — Sur ce régime, abrogé en 1791 sans aucunes mesures transitoires, v. chap. III *infra*.

12. — 2° Ce régime de libre concurrence, stimulé par l'accroissement prodigieux des moyens d'action dont l'industrie pouvait disposer, grâce à l'apparition de l'outillage mécanique actionné par la vapeur ou l'électricité, — du *machinisme* en un mot, — a eu pour conséquence de concentrer la production en un petit nombre de mains. A cette multitude de petits ateliers corporatifs, qui fonctionnaient encore au XVIIIe siècle, et même au début du XIXe, a succédé le régime de la *grande industrie* : régime caractérisé par ces usines colossales, constituées le plus souvent sous la forme de sociétés par actions, qui emploient des armées d'ouvriers, drainent les capitaux disponibles, et en restituent le produit sous forme de dividendes, non pas à la masse des travailleurs, réduits à un salaire fixe souvent insuffisant, mais aux capitalistes privilégiés qui ont pu confier leur épargne, ou leur superflu, aux fondateurs de ces vastes entreprises.

Ainsi s'est constituée peu à peu, dans l'ordre de l'industrie, une sorte de féodalité capitaliste, analogue à la féodalité commerciale des *grands magasins*, si redoutés du petit commerce, ou à la féodalité financière de ces sociétés de banque, dont le capital se chiffre par des centaines de millions, et qui traitent avec les Etats en quête d'argent de puissance à puissance[1].

[1] Sur ce phénomène de concentration et ses progrès au cours du XIXe siècle, cons. notamment : Bourguin, *op. cit.*, chap. XI ; Levasseur, *Histoire des classes ouvrières*

Il est vrai, — et nous nous empressons de faire cette remarque pour corriger l'exagération voulue des observations précédentes, — que cette prétendue féodalité nouvelle est infiniment plus démocratique que ne veulent le reconnaître les ennemis du capital, puisque chacun peut apporter sa modeste contribution à la fondation de ces puissantes sociétés, et qu'il n'est pas rare de voir de simples ouvriers transformer leurs économies en actions ou obligations, et passer ainsi, qu'ils le veuillent ou non, dans la classe des capitalistes. Cela est indéniable : mais il faudrait néanmoins faire preuve d'un optimisme outré pour ne pas constater que le régime industriel moderne est loin d'avoir contribué au nivellement des fortunes privées, et qu'il a au contraire favorisé, — plus encore dans le Nouveau-Monde qu'en Europe, — la constitution rapide de fortunes immenses. Celles-ci, même lorsqu'elles semblent légitimement acquises, sans préjudice apparent pour les ouvriers dont le labeur collectif a contribué à leur formation, excitent fatalement l'envie et provoquent des revendications véhémentes, sinon justifiées.

13. — 3° Un troisième fait, corollaire des deux autres, et le plus grave peut-être au point de vue social, c'est la rupture irrémédiable des anciens cadres dans lesquels se mouvait l'industrie, et la disparition de cette solidarité réelle qui, sous *l'ancien régime*, unissait le plus souvent l'employeur au salarié, le patron à l'ouvrier ou à l'apprenti. Dans la *grande industrie*, la distance est immense entre le patron et la multitude des salariés ; le plus souvent d'ailleurs, le patron est un être impersonnel, une société, une fédération de capitaux, représentée par un simple agent, un directeur, exécuteur des décisions du conseil d'administration ou de l'assemblée générale des actionnaires. Dans une telle organisation, l'antagonisme entre le capital et le travail risque de s'accentuer, de s'envenimer et d'aboutir à des grèves, parfois à des violences sanglantes, qu'une législation prévoyante pourrait prévenir, en interposant entre les deux forces rivales un pouvoir conciliateur et arbitral, et en favorisant la création de rouages propres à améliorer la condition de l'ouvrier, fût-ce au prix de certains sacrifices consentis par les patrons, ou même imposés à ceux-ci par la loi.

14. — Les conflits sociaux. — Nous assistons en effet aujourd'hui, dans le milieu industriel, à une triple lutte, lutte acharnée et dangereuse pour l'ordre social : — 1° lutte internationale entre les indus-

---

et de l'industrie en France de 1789 à 1870, 2e éd., 2 vol., 1903-1904, *passim* ; Schmoller, *Principes d'économie politique*, trad. Polack, 1906, t. Ier, p. 547 et s. — V. aussi dans notre *Traité des soc. commerciales*, t. Ier (A. Rousseau, 1908), le chap. intitulé : *Fonction économique du contrat de société*, nos 85 et s.

triels des différents pays, qui, secondés par leurs gouvernements respectifs, cherchent à monopoliser pour eux-mêmes les marchés intérieurs, et à déverser le trop plein de leurs produits sur les marchés étrangers; — 2° lutte intestine entre les industriels d'un même pays, entre la grande industrie, puissamment outillée, et la petite industrie, écrasée par la concurrence, de telle sorte que l'excès même de la libre concurrence engendre, pour les vainqueurs de cette lutte, un véritable monopole de fait, si le législateur n'intervient pas énergiquement pour rétablir l'équilibre[1]; — 3° lutte de classes entre les chefs d'industrie et les ouvriers (le quatrième Etat), qui prétendent à une rémunération plus équitable, et réclament comme un droit d'être admis au partage des richesses créées par leur travail.

15. — Nécessité de l'intervention législative. — L'on a pu, sans doute, exagérer le mal, assombrir les couleurs du tableau. Mais le mal existe, la lutte est manifeste, dans les principaux centres industriels, entre le capital et le travail, et elle était parvenue, en plusieurs pays, à un état si aigu que le législateur a dû se préoccuper, dans l'intérêt de la paix sociale, d'y mettre fin par une législation nettement interventionniste. Placés en présence d'une *question ouvrière* de plus en plus menaçante, la plupart des Parlements ont compris que le procédé commode de l'abstention systématique était irrévocablement condamné, et qu'il risquait de conduire les Etats qui continueraient à le pratiquer à des catastrophes, ou tout au moins à des crises économiques et sociales redoutables.

Les faits ont été plus forts que les théories; l'interventionnisme l'a définitivement emporté, et les Etats qui ont franchement accepté la tactique nouvelle n'ont certes pas eu à s'en repentir. Il suffit pour s'en convaincre de comparer la prospérité indéniable des Etats qui possèdent une législation réglementaire très complète, tels que l'Allemagne[2], l'Angleterre, la Belgique, la Suisse ou les Etats-

---

[1] « Pour les industries abandonnées à la concurrence et qui fabriquent l'article courant, faisait justement remarquer M. Richard Waddington au Sénat lors de la discussion de la loi sur le travail des enfants et des femmes (séance du 21 mars 1892), il faut une règle générale, sans quoi, elles se trouvent dans un état d'infériorité qui, dans un moment de *concurrence aiguë*, ne leur permet pas de subsister. Voilà pourquoi nous ne pouvons pas attendre un progrès de l'initiative individuelle... » — « On m'oppose l'initiative individuelle, déclarait à la Chambre M. de Mun (séance du 11 juin 1888). Oui, sans doute, il y a des industriels charitables qui prendront de généreuses initiatives, qui restreindront les abus... Mais que ferez-vous vis-à-vis de ceux qui ne les restreindront pas ? Est-ce que vous ne voyez pas que ceux qui ne seront pas humains, qui continueront les abus, seront les plus forts et qu'ils battront leurs concurrents ! ».

[2] Comp. notamment : Blondel, *L'essor industriel et commercial du peuple allemand*, 2e éd., 1901, et *L'économie sociale à l'Exposition de Saint-Louis* (*Questions*

Unis [1] (sans parler de la France), à la situation économique précaire de certains Etats demeurés trop longtemps fidèles à l'abstentionnisme, tels que l'Espagne, où les grèves récentes de Catalogne (février-mars 1902) ont revêtu le caractère d'une véritable guerre sociale [2].

16. — Tendances dominantes de la législation ouvrière contemporaine. — Dans cette voie de la réglementation, les différentes législations n'ont pas marché du même pas, les unes procédant avec prudence et par étapes graduées, d'autres s'engageant résolument, comme les lois australiennes, dans une voie confinant au socialisme pur. Mais il n'est cependant pas impossible de discerner les tendances dominantes, les idées directrices dont elles se sont le plus généralement inspirées.

Ces tendances sont celles des écoles interventionnistes, aux nuances variées, mais dont le caractère commun est un effort continu en vue de réaliser sans bouleversement social, par la coopération de l'Etat et de l'initiative privée, la partie pratique et utile des revendications socialistes.

Ces écoles n'ont pas la prétention chimérique de résoudre de front la *question sociale*, ou problème de l'inégalité des conditions : problème aussi vieux que la civilisation elle-même, et apparemment insoluble, malgré la multitude des systèmes communistes ou socialistes éclos dans

---

pratiques de législation ouvrière, 1905, p. 1 et s.); — Kolmann, *Etude sur le développement industriel de l'Allemagne depuis le dénombrement de l'industrie du 14 juin 1895 (Iahrbuch* de Schmoller, 1901, 1er fasc.).

[1] La crise financière que traversent en ce moment (1907-1908) les Etats-Unis ne prouve rien contre notre argumentation. Cette crise, causée principalement par les abus des trusts (v. *infra*), par une circulation fiduciaire exagérée et une organisation défectueuse des banques de dépôt, ne saurait compromettre longtemps l'essor industriel de la grande République. — Cf. *Lessons of the financial crisis* (*Annals of Americ. Academ. of polit. Science*, mars 1908, Philadelphie).

[2] Sur les conséquences lamentables pour la classe ouvrière *espagnole* de cette absence de protection légale, cons. notamment le rapport présenté par M. *J. M. Delas*, avocat à Barcelone, au *Congrès international de législation du travail* de Bruxelles (*Congrès de Bruxelles*, rapp. et comptes rendus, p. 121). — Cons. aussi, sur la situation précaire des classes ouvrières en *Italie*, faute d'une réglementation suffisante et surtout d'un régime sérieux d'inspection, le rapport de M. *Nitti*, professeur à l'Université de Naples, au même Congrès (p. 293). Il n'est que juste d'ailleurs de reconnaître que, depuis quelques années, et surtout depuis 1900, des efforts considérables, sur lesquels nous aurons l'occasion de revenir, ont été faits par le législateur en Italie et en Espagne pour doter ces deux pays des lois protectrices indispensables et d'un régime efficace d'inspection.

Cons. également, en sens divers, sur la question ouvrière en Europe et en Amérique : Paul Leroy-Beaulieu, *La question ouvrière au XIXe siècle*, 1882; L. Brentano, *La question ouvrière*; René Lavollée, *Les classes ouvrières en Europe*, 3 vol.; Béchaux, *Les revendications ouvrières en France*, 1894; von Schultze Gævernitz, *La grande industrie dans son rôle économique et social*, trad. Guéroult, 1896; Herkner, *Die Arbeiterfrage*, 1897; Levasseur, *L'ouvrier américain*, 1898, et *Questions ouvrières et industrielles en France sous la troisième République*, 1 fort vol. in-8, 1907; Jaurès, *Etudes socialistes*, 1902; Weill, *Histoire du mouvement social en France* (1852-1902), 1 vol. in-8, 1905.

le cerveau des philosophes et réformateurs sociaux depuis Platon dans l'antiquité, et Thomas Morus au XVIe siècle, jusqu'à Babeuf, Saint-Simon, Fourier et autres au commencement du XIXe siècle, sans parler des théories socialistes contemporaines.

Mais leur ambition très légitime est de substituer progressivement, sans soubresauts brusques, à l'ordre naturel qui demeure l'idéal des économistes libéraux, malgré les cruels démentis d'une expérience prolongée pendant un siècle, un ordre légal, moralement et pratiquement supérieur [1].

A ce point de vue, l'*interventionnisme* nous apparaît comme une solution transactionnelle entre les utopies socialistes et l'optimisme individualiste, également dangereux, à notre avis, pour l'ordre social. Nous nous appliquerons, dans le paragraphe suivant, à synthétiser ces tendances, en les rapprochant des conclusions des autres écoles. Cette enquête préalable, sur les principales écoles économiques actuelles, nous permettra de dégager avec plus de sûreté, dans notre chapitre III, les lois du développement historique de la législation ouvrière.

SECTION II. — Les différentes écoles : socialisme, individualisme, interventionnisme

17. — Difficultés d'une classification rationnelle des écoles. — Le cadre de cet ouvrage ne nous permet même pas de tenter l'analyse, avec les développements qu'elle comporterait, des systèmes ou doctrines relatifs au rôle de l'État entre lesquels se partagent, au début du XXe siècle, économistes, philosophes, sociologues et hommes d'Etat [2].

[1] Sur la nécessité de la réglementation, cons. de préférence la série des travaux de Raoul Jay, et notamment : *La protection légale des travailleurs*, 1 vol. in-18, 1904; *Les lois ouvrières* (Qu. pratiques de législ. ouvr., 1906, p. 243, 297 et s.); Bourguin, *op. cit.*, chap. XVI à XVIII; Brouilhet, *Un traité d'économie politique* (Qu. prat., 1906, 193). — V. aussi Dubief, *A travers la législation ouvrière*, 1904; Bry, *Cours élém. de législation industrielle*, 3e éd., 1908; M. Dufourmantelle, *Précis de législation industrielle*; André et Guibourg, *Code annoté du travail*, 1905; E. Fournière, *La législation du travail*, 1905; Paul Louis, *L'ouvrier devant l'Etat*, 1905; Massé, *Législation du travail*, 1904; Huvelin, *L'histoire du droit commercial*, 1904; Millerand, *Travail et travailleurs*, 1908. — Cf. (sous certaines réserves) : Ch. Benoist, *La crise de l'Etat moderne*, I, *L'organisation du travail*, 1905. — V. cependant Béchaux, *La réglementation du travail*, 1904 (thèse libérale, avec certaines atténuations).

[2] Cons. notamment, pour l'exposé des principales doctrines économiques : Espinas, *Histoire des doctrines économiques*, 1892; Ingram, *Histoire de l'économie politique*, trad. de Varigny et Bonnemaison, 1893; H. Denis, *Histoire des systèmes économiques et socialistes*, 2 vol. parus, 1904, 1907; Cossa, *Histoire des doctrines économiques*, trad. Bonnet, préf. de Deschamps, 1899; Rambaud, *Histoire des doctrines*

La difficulté est d'ailleurs de plus en plus grande, d'année en année, d'établir une classification des écoles qui ne soit pas arbitraire et fausse à certains égards. Rien n'est plus facile assurément que d'opposer l'un à l'autre les représentants de deux écoles extrêmes, Karl Marx à Bastiat, Jules Guesde ou Jaurès à Paul Leroy-Beaulieu par exemple ; mais rien n'est plus délicat que de déterminer les nuances, souvent assez fuyantes, qui différencient les écoles d'un même groupe, voire même de tracer une ligne de démarcation entre deux groupes, entre le groupe libéral et le groupe interventionniste par exemple, ou entre ce dernier et le groupe socialiste.

Les théories absolues, les systèmes construits de toutes pièces sont en effet aujourd'hui en une singulière défaveur ; et l'influence des méthodes d'observation scientifique, ainsi que des doctrines évolutionnistes, est telle, depuis quelques années, qu'à l'exception de quelques individualités isolées, les économistes les plus imbus des méthodes aprioristes de l'école libérale se défendent de tout exclusivisme [1], et en viennent à des concessions sur le terrain du droit d'intervention de l'Etat, qu'ils eussent hautement condamnées naguère.

Ce mouvement des libéraux dans le sens de l'intervention, coïncidant avec un mouvement de recul assez marqué des socialistes [2], dont plu-

---

économiques, 1899; Dubois, *Histoire des doctrines économiques*, t. Ier, 1903; Bourguin, *op. cit.*, liv. IV; Levasseur, *Questions ouvrières sous la troisième République*, chap. VII ; Chatz, *L'individualisme économique et social*, 1 vol. in-8, 1907 ; Béchaux, *Les écoles économiques au XXe siècle*, 2 vol. : I, *L'école économique française* ; II, *L'école individualiste*, *Le socialisme d'Etat*, 1902, 1907. — V. aussi : Cauwès, *Cours d'économie politique*, 3e éd., 1893, t. IV, appendice ; Henry Michel, *L'idée de l'Etat*, *Essai critique sur l'histoire des théories sociales et politiques en France depuis la Révolution*, 1895; Schönberg, *Handbuch der politischen Œkonomie* (en collabor. avec Conrad, Kohler, Lexis, Löning, Neumann, von Scheel, Wagner, etc.), 4e édit., Tübingen, 1896 (V. spécialement les études de von Scheel, *Die politische Œkonomie als Wissenschaft*, 1re part., chap. II, et *Socialismus und Kommunismus*, 1re part., chap. III) ; Gide, *Précis d'économie politique*, 9e éd., 1905, p. 24 et s.; Paul Leroy-Beaulieu, *Traité d'économie politique*, 2e éd., 1901, t. Ier. — Comp. Dunbar, *The reaction in political economy* (*Quarterly Journal of Economics*, Boston, 1886) ; Foxwell, *The economic movement in England* (*ibid.*, 87).

[1] Compar. notamment, dans l'œuvre considérable d'un des maîtres incontestés de l'école libérale française, Paul Leroy-Beaulieu : *L'Etat moderne et ses fonctions*, 2e édit., 1891, d'un libéralisme presque intransigeant, non point à son leader article hebdomadaire de l'*Economiste français*, qui parfois affecte une allure de polémique, mais aux premiers chapitres de son *Traité d'économie politique*, postérieur de quelques années (1re édit., 1896, 2e édit., 1901). L'évolution est très sensible. V. aussi les ouvrages précités de Béchaux et de Schatz.

[2] Comp. sur ce mouvement, nettement caractérisé en France par les polémiques Millerand-Jaurès en 1901, J. Guesde-Jaurès en 1907, en Allemagne par le cas Bernstein, en Italie par l'incident Turati-Ferri : — Villey, *Les transformations de l'idée socialiste* (*Rev. d'écon. polit.*, 1895, p. 548); Bernstein, *Wie ist wissenschaftlicher Socialismus mœglich*, Berlin, 1898, et *Socialisme théorique et socialisme pratique* (trad. franç.) ; Kautsky, *Le marxisme et son critique Bernstein*, 1899;

sieurs chefs incontestés, sans abandonner leurs visées de reconstruction sociale, consentent à donner le pas aux réformes pratiques, préconisées par l'école interventionniste, a sur certains points rapproché sensiblement les distances, dissipé certaines équivoques, et préparé pour l'avenir un terrain d'entente sur un programme minimum de réformes législatives, correspondant aux nécessités nouvelles des sociétés démocratiques.

18. — Ces considérations nous dispensent d'étudier longuement les différentes écoles. Il nous suffira d'en exposer sommairement les tendances générales, afin de faire ressortir les points de divergence qui les séparent, ainsi que les questions sur lesquelles l'accord peut dès aujourd'hui être considéré comme réalisé, ou comme aisément réalisable par des concessions mutuelles, auxquelles semblent acquiescer les leaders de chaque parti.

Les écoles économiques au point de vue de leurs méthodes. — **19.** — Les écoles économiques peuvent être étudiées, soit au point de vue extrinsèque, c'est-à-dire de leurs *méthodes*, soit au point de vue du fond, c'est-à-dire de leurs *tendances*. C'est à ce second point de vue que nous nous placerons, écartant à dessein toute classification basée sur les méthodes, attendu qu'elle ne pourrait nous fournir aucun critérium bien certain.

20. — **Méthode mathématique.** — Ainsi, la *méthode mathématique*[1], préconisée jadis en France par Cournot et Dupuit, reprise et perfec-

---

Bourdeau, *L'évolution du socialisme*, 1 vol., 1901, et *Revue du mouvement socialiste* (*Rev. politique et parlementaire, passim*); Ambon, *Modérantisme socialiste* (*Monde économique*, 15 fév. 1902, p. 193); Millerand, *Socialisme réformiste*, 1903, etc.; Georges Renard, *Le régime socialiste*, 3e édit., 1903; Fournière, *La crise socialiste*, 1908. — Assurément le syndicalisme français est aussi nettement révolutionnaire que possible, et les doctrines de la *Confédération générale du travail*, qui s'est constituée son porte-parole, sur l'antipatriotisme (hervéisme), l'action directe et la grève générale confinent à l'anarchie. Mais cette attitude outrancière est condamnée par plusieurs théoriciens autorisés du socialisme français, J. Guesde, Fournière, directeur de la *Revue socialiste*, et le parti socialiste international ne l'a pas répudiée moins énergiquement, dans deux circonstances récentes : désaveu des résolutions du Congrès national de Nancy par le Congrès international socialiste de Stuttgard (août 1907. *Rev. socialiste*, sept. 1907, p. 264 et s.); rejet en sept. 1907, par la Conférence internationale syndicale de Christiania, des motions de la C. G. T. française tendant à inscrire à l'ordre du jour des débats la grève générale et l'antimilitarisme.

[1] Parmi les principaux ouvrages procédant de cette méthode, cons. principalement : Cournot, *Recherches sur les principes mathématiques de la théorie des richesses*, 1833; Stanley-Jevons, *The theory of political economy*, 2e édit., Londres, 1879; Walras, *Eléments d'économie politique pure* ou *Théorie de la richesse sociale*, 1re édit., Lausanne, 1874, 4e édit., 1900 (comp. du même auteur, les *Etudes d'économie sociale*, 1896, et les *Etudes d'économie politique appliquée*, 1898); Pantaleoni,

tionnée par Gossen en Allemagne, Stanley-Jevons en Angleterre, et dont les principaux représentants sont à l'heure actuelle Walras en Suisse, Edgeworth et Marshall en Angleterre, Pantaleoni et Vilfredo Pareto en Italie, Auspitz et Lieben en Allemagne, Fisher aux Etats-Unis, Colson en France, cette méthode, dis-je, n'exerce aucune influence bien définie sur les tendances de ceux qui l'emploient, principalement ou accessoirement. Il suffit, pour s'en convaincre, de remarquer que Walras s'est orienté dans le sens collectiviste [1], tandis que Marshall et plusieurs autres, Colson notamment, restent fidèles aux doctrines libérales.

21. — Méthode psychologique (école autrichienne). — La même observation pourrait être faite au sujet de la méthode psychologique mise en honneur par l'école autrichienne, dont les déductions rigoureuses se rapprochent par leur précision de celles de l'école mathématique [2]. Les principaux représentants de l'école admettent l'intervention de l'Etat dans une certaine mesure ; mais il n'y a aucun lien nécessaire entre leurs déductions logiques, et notamment leurs remarquables études sur la valeur, et leurs conclusions sur la question de l'interventionnisme.

22. — Méthode monographique. — Il n'est pas jusqu'aux méthodes dont l'application semble devoir logiquement conduire à des solutions favorables à l'étatisme, qui ne soient utilisées par des économistes aux tendances opposées. Ainsi, la méthode monographique, qui procède manifestement de la méthode inductive, préconisée par les écoles interventionnistes, a été mise en honneur par l'école de Le Play, dont les tendances libérales sur le terrain économique sont indéniables (V. *infra*).

Principii di economia pura, Florence, 1889 ; Vilfredo Pareto, *Cours d'économie politique*, 2 vol., 1896-97. — Pour l'exposé et la critique de la méthode, cons. notamment : Cossa, *op. cit.*, p. 101 et suiv. ; Rambaud, *op. cit.*, p. 277 et suiv. ; Gide, *op. cit.*, p. 22 ; Paul Leroy-Beaulieu, *op. cit.*, t. Ier, p. 84 et suiv. ; Maurice Block, *Les progrès de la science économique depuis Adam Smith*, 2 vol., 2e édit., 1897, *passim* ; E. Bouvier, *La méthode mathématique en économie politique* (1 vol. in-8, 1901).

[1] Il y a toutefois des différences notables entre le collectivisme agraire d'Henry George, par exemple, et le système de rachat des terres par l'Etat préconisé par Walras. — V. l'exposé de ce système dans la lettre de M. Walras publiée dans les *Questions pratiques*, numéro d'avril 1902, et dans l'étude synthétique du même auteur intitulée « *La paix par la justice sociale et le libre échange* » (*Qu. pratiques de lég. ouvrière*, 1907, juin-octobre).

[2] Sur les travaux de l'école autrichienne, notamment de Sax, Menger, Böhm-Bawerck, Mataja, cons. notamment : Cossa, p. 429 et s., Guilhot, *Théorie de la valeur d'après l'école autrichienne*, th. Lyon, 1907, et la bibliographie jointe à cet ouvrage.

23. — Méthode naturaliste (sociologie biologique)[1]. — L'école de la sociologie biologique, qui envisage la société comme un *organisme vivant*, anatomiquement et physiologiquement analogue à l'organisme humain, devrait, semble-t-il, être logiquement conduite, et par son concept, et par sa méthode, empruntée aux sciences naturelles, à subordonner la partie au tout, la cellule à l'être collectif formé de l'agrégat des cellules individuelles, l'individu isolé à l'Etat omnipotent et souverain. Il n'en est rien cependant, et au point de vue des tendances, les sociologues sont très loin de constituer une école homogène[2].

---

[1] Pour l'étude des doctrines de la *sociologie biologique*, cons. notamment : — comme précurseurs : Auguste Comte, *Cours de philosophie positive*, t. IV, et *La sociologie*, édit. Rigolage, 97 ; H. Spencer, *Introduction à la science sociale* et *Principes de sociologie*, t. II ; de Roberty, *La sociologie*, 1881, et *Nouveau programme de sociologie*, 1904 ; Blüntschli, *Théorie générale de l'Etat*, 2e éd., 1881 ; — parmi les théoriciens de l'école : Espinas, *Les sociétés animales*, 1877 ; Schæffle, *Bau und Leben des socialen Körpers*, 1875-78 ; Lilienfeld, *Pathologie sociale*, 1896 ; Gumplowicz, *Précis de sociologie*, 1896 ; Novicow, *Conscience et volonté sociales*, 1897 ; de Greef, *Transformisme social*, 1895, et *La sociologie économique*, 1906 ; Izoulet, *La cité moderne*, 1894 ; Perrier, *Le transformisme* et *Colonies animales* ; Ferri, *Socialisme et science positive*, trad. Croce, 1897 ; Worms, *Organisme et société*, 1896, *Principes de sociologie*, 1903, et *Philosophie des sciences sociales*, 3 vol., 1907 ; Durkheim, *La division du travail social*, 1901, etc. — Organes de l'école : *Revue internationale de sociologie* ; *L'année sociologique* ; *Annales de l'Institut international de sociologie*. — Certains sociologues, et non des moindres, tout en considérant la société comme une réalité organique, comme un *individu physiologique*, lui refusent la conscience, la personnalité ou individualité psychologique (Fouillée, *La science sociale contemporaine* ; Giddings, *Principes de sociologie*, trad. et préf. Combes de Lestrade, 1897).

Pour toute une école de jurisconsultes, théoriciens du droit public, l'Etat est bien une personnalité réelle, mais réelle d'une réalité en quelque sorte métaphysique : l'Etat, en d'autres termes, est la personnalité juridique suprême, organe de l'unité collective de la nation, sujet et support de l'autorité publique. Esmein, *Elém. de dr. constitutionnel*, 2e éd., 1899 ; Michoud, *La théorie de la personnalité morale*, 1906 ; Jellinek, *System der offentlichen subjcktiven Rechte*, 1892, etc. — V. aussi Hauriou, *La science sociale traditionnelle*, 1896, et *Leçons sur le mouvement social* (théorie des tissus sociaux, tissu métaphysique de l'Etat). — Cf. sur le concept juridique de personnalité, notre *Traité des sociétés commerciales*, t. Ier, p. 194 et s.

D'autres sociologues enfin, au premier rang desquels se place M. Tarde, refusent à la société toute réalité objective, et considèrent son assimilation à un organisme vivant comme une simple métaphore dont il serait périlleux d'exagérer la valeur (Tarde, *Lois sociales, esquisse d'une sociologie* ; *Etudes de psychologie sociale*, 1898 ; et *Psychologie économique*, 2 vol. 1902. — Conf. H. Michel (*L'idée de l'Etat*, 1895). — V. aussi Duguit : *L'Etat, le droit objectif et la loi positive*, 1901, et *Manuel de droit constitutionnel*, 1907. Ce dernier auteur développe, avec un grand talent, une thèse très personnelle sur l'identité de l'individuel et du collectif, et la conciliation possible, par la *solidarité*, des deux points de vue antinomiques et également faux de l'individu supérieur à l'Etat, ou de l'Etat souverain s'imposant à l'individu. — Sur le *solidarisme* : v. *infra*. — Cons. encore sur les différentes écoles sociologiques : Bernès, *Les deux directions de la sociologie contemporaine* (*Rev. d'écon. pol.*, 1894, p. 193) ; Bouglé, *Les sciences sociales en Allemagne*, 1896 ; Darlu, *L'état actuel et la méthode des sciences sociales* (*Rev. pédagog.*, mai 1898).

[2] *Sic* : Levasseur, *Questions ouvrières*, p. 382.

Sans doute, la plupart d'entre eux sont favorables à l'étatisme, à une législation plus ou moins interventionniste ; mais la sociologie compte cependant des individualistes déterminés, tels que Spencer et Novicow parmi les adeptes de la sociologie biologique [1], et Tarde parmi les sociologues dissidents. Et, d'autre part, l'on trouve parmi eux toutes les nuances de l'interventionnisme, depuis l'interventionnisme modéré, fondé sur le concept de solidarité, d'Hauriou, Izoulet, Worms, Fouillée, H. Michel ou Duguit, jusqu'au socialisme d'Etat confinant au socialisme de Schæffle, ou aux conclusions collectivistes de Ferri, Durkheim ou de Greef, très voisines de celles de Renard, adversaire déterminé cependant de la théorie organique (V. Renard, *Le régime socialiste*).

Les écoles économiques au point de vue de leurs tendances [2]. — **24.** — Envisagées au point de vue de leurs tendances, les écoles économiques actuelles peuvent se répartir en trois groupes principaux : écoles socialistes, écoles libérales, écoles interventionnistes, qu'il convient d'étudier successivement.

§ 1er. — Les écoles socialistes

25. — Les principales écoles socialistes. — Ce n'est point ici le lieu d'exposer les théories sociales qui se sont succédé dans le cours des âges [3], ou qui ont cours à notre époque. Nous ne décrirons donc, ni

---

[1] Cons. spéc. : Spencer, *L'individu contre l'Etat* (trad. Gerschel, 1888), ouvrage d'un libéralisme intransigeant : Novicow, *Les gaspillages des sociétés modernes*, 1894.

[2] Sur les différentes écoles en présence, cons. notamment les ouvrages précités de Bourguin, Levasseur, Béchaux, etc. V. aussi Martin Saint-Léon, *Autour de la presse sociale, Les écoles et leurs organes* (*L'Energie française*, n° 16 fév. 1907).

[3] Sur l'histoire du communisme et du socialisme, depuis l'antiquité jusqu'au marxisme exclusivement, cons. notamment : Souchon, *Les théories économiques dans la Grèce antique*, 1898 ; L. Reybaud, *Etudes sur les réformateurs ou socialistes modernes*, 2 vol., 1re éd., 1840, 7e éd., 1864 ; Sudre, *Histoire du communisme*, 4e éd., 1850 ; Stegmann et Hugo, *Handbuch des socialismus*, Zurich, 1897 ; Kautsky, *Thomas More und seine utopie* ; Weill, *L'école Saint-Simonienne* ; Lichtenberger, *Le socialisme au XVIIIe siècle*, 1895, et *Le socialisme utopique*, 1898 ; Janet, *Origines du socialisme contemporain*, 1883, et *Saint-Simon et le Saint-Simonisme* ; Charléty, *Essai sur l'histoire du Saint-Simonisme*, 1896 ; De Witt, *Saint-Simon*, 1902 ; Prudhommeaux, *E. Cabet et les origines du communisme icarien*, et *Histoire de la communauté icarienne*, 1907 ; Dolléans, *Robert Owen*, 1907 ; — B. Malon, *Précis historique de socialisme*, 1892 ; Engels, *Die Entwickelung des Socialismus von der Utopie zur Wissenschaft*, 1882 ; Von Scheel, *Socialismus und Kommunismus* (Handbuch de Schönberg, t. Ier, précité) ; Maisonneuve, *Pecqueur et Vidal*, 1898 ; Sambuc, *Le socialisme de Fourier*, 1899 ; Isambert, *Les idées socialistes en France de 1815 à 1848*, 1904 ; Fournière, *Les théories socialistes au XIXe siècle* (de Babeuf à Proudhon), 1904 ; Paul

les systèmes de reconstruction sociale des précurseurs du socialisme moderne, Saint-Simon, Fourier, Robert Owen, ou leurs disciples (Enfantin, V. Considérant, etc.), ni le communisme de Babeuf ou de Cabet, ni les conceptions des socialistes de transition, tels que P. Leroux, Pecqueur, Vidal ou Marlo, Stuart-Mill ou Rodbertus, ni les vues étatistes et coopératistes de Louis Blanc, dont l'action a été puissante sur le développement de la législation protectrice du travailleur, ni les théories singulièrement complexes, et parfois antinomiques, de Proudhon, ennemi déterminé de la propriété individuelle, mais également hostile à la centralisation collectiviste, et qui, à ce titre, peut être considéré comme un précurseur tout à la fois de l'anarchisme théorique, et de la conception fédéraliste en honneur aujourd'hui dans un grand nombre d'organisations ouvrières (Comp. Gronlund, *Cooperative Commonwealth*).

26. — Nous n'exposerons pas davantage la théorie collectiviste de l'école du matérialisme historique, ou école marxiste, consignée dans l'œuvre monumentale de Karl Marx, *Le capital*, et développée, commentée et critiquée depuis lors par toute une pléiade d'écrivains favorables ou hostiles au socialisme scientifique, dont les formules sont loin d'ailleurs d'être fixées[1]. Le cadre de cet ouvrage ne nous

---

Louis, *Les étapes du socialisme*, 1904. — Conf. les ouvrages précités d'Espinas, Cossa, Rambaud, H. Denis, Weill, etc. — V. aussi Stammhammer, *Bibliographie des Socialismus und Communismus*, Iéna, 1893.

[1] Cons. notamment, sur le mouvement socialiste contemporain : — parmi les ouvrages *français* à tendances nettement collectivistes, ou communistes : Benoît Malon, *Socialisme intégral*, 3 vol., 1892 ; Renard, *op. cit.* ; J. Guesde, *Le socialisme au jour le jour* ; G. Deville, *Principes socialistes*, 1898 ; Viviani, *Par le socialisme* (*Rev. polit. et parl.*, fév. 1900, t. XXIII, p. 245 et s.) ; Fournière, *L'idéalisme social*, *Essai sur l'individualisme* et *L'individu, l'association et l'Etat*, 1907 ; Deslinières, *L'application du système collectiviste*, 1899 ; Jean Grave, *La société mourante et l'anarchie*, et *La société future* ; Jaurès, *Etudes socialistes*, 1902 ; Emm. Lévy, *L'affirmation du droit collectif* (préf. d'Andler), 1903 ; Tarbouriech, *Essai sur la propriété*, 1904 ; Renard, Mantoux, Landry, etc., *Le socialisme à l'œuvre*, 1907 ; — parmi les ouvrages *allemands* : Engels, *Die Entwickelung des Socialismus*, précité ; Liebknecht, *Was die Sozialdemokraten sind und wollen*, 1891 : Bernstein, *Socialisme théorique et social-démocratie*, trad. Cohen, 1900 ; Menger, *L'Etat socialiste*, trad. Milhaud, 1904 ; Diehl, *Ueber socialismus*, Iéna, 1906 ; O. Effertz, *Les antagonismes économiques* (introd. d'Andler), 1906 ; — parmi les ouvrages *belges* : H. Denis, *op. cit.* ; Vandervelde, *Le collectivisme et l'évolution industrielle* ; — parmi les ouvrages *italiens* : Ferri, *Socialisme et science positive*, trad. Croce, 1897 ; Croce, *Matérialisme historique*, trad. Bonnet, 1901 ; Labriola, *Essais sur la conception matérialiste de l'histoire*, préf. de Sorel, 2e éd., 1902 ; — parmi les ouvrages *anglais* : Hyndmann, *The historical bases of socialism in England*, et *Fabian essays in socialism*, de B. Shaw, S. Webb, etc., London, 1889 ; Hobhouse, *Democracy and Reaction*, Londres, 1904 ; — parmi les ouvrages *américains* : Gronlund, *Cooperative commonwealth* ; Bellamy, *Looking Backward*, roman communiste traduit et réfuté par M. de Lestrade sous le titre *Seul de son siècle* (Comp. *Travail*, de Zola) ; — parmi les ouvrages *russes* : P. Kropotkine, *La conquête*

permet pas de suivre, dans les œuvres des contemporains de Marx, tels que Lassalle ou de Paepe, de ses disciples directs, Engels, Lafargue ou Kautsky par exemple, ou de ses continuateurs, les déformations qu'a subies la doctrine primitive, soit dans le sens révolutionnaire, soit dans le sens évolutionniste :

Collectivisme intégral, internationaliste, ou *révolutionnaire*, préconisé par l'Association internationale des travailleurs, et, depuis la dissolution de cette association, par la plupart des groupements socialistes nationaux et des Fédérations internationales (Fédération internationale des mineurs, Internationale socialiste de Bruxelles, etc.) ; parti socialiste unifié (adhérent à l'Internat. ouvr., P. S. S. F. I. O.) avec Jules Guesde, Lafargue, Jaurès, Vaillant, Allemane, Lagardelle, etc.)[1] ;

---

du pain, préf. d'E. Reclus, 1895, et *L'entr'aide*, 1906, etc. — Cons. également, parmi les ouvrages favorables, dans une certaine mesure, au collectivisme : de Laveleye, *Le socialisme contemporain*, 6e éd., 1891 ; Dr Letourneau, *L'évolution juridique dans les races humaines*, 1891 ; Schæffle, *La quintessence du socialisme*, trad. fr., 1891 ; Loria, *Problèmes sociaux contemporains*, 1897 ; B. et S. Webb, *Industrial democracy*, 1898 ; Walras, ouvr. précité, et *L'économique appliquée à la défense des salaires* (*Rev. d'écon. polit.* 1897, p. 1018 et s.) ; Ch. Secrétan, *Mon utopie*, etc.

Pour l'exposé descriptif des progrès du socialisme dans les divers pays, cons. : Destrée et Vandervelde, *Le socialisme en Belgique*, 2e éd., 1903 ; Métin, *Le socialisme en Angleterre* ; Verhaegen, *Socialistes anglais*, 1898 ; René Gonnard, *Le socialisme anglais contemporain*, 1903 ; Costa, *Le collectivisme en Espagne* ; Maze-Sencier, *Socialisme en Espagne* (*Rev. polit. et parl.*, t. XVII, p. 338) ; von Scheel, *Die Socialdemokratie* (Handbuch de Schönberg, t. Ier, p. 136 et s.) ; Blondel, *Progrès du socialisme en Allemagne*, 1893, et *Un congrès ouvrier allemand* (*Quest. pratiques*, 1904, p. 1 et s.). — V. aussi Hitier, *La dernière évolution doctrinale du socialisme, le socialisme juridique* (*Rev. d'éc. polit.*, 1906).

Pour la critique des systèmes socialistes, cons. notamment : Paul Leroy-Beaulieu, *Le collectivisme*, 4e éd., 1903 ; Richter, *Où mène le socialisme*, trad. Villard (satire ingénieuse, quoique un peu fantaisiste, du socialisme scientifique) ; Boilley, *Les trois socialismes : anarchisme, collectivisme, réformisme*, 1895 ; Villey, *Le socialisme contemporain*, 1898 ; d'Eichthal, *Socialisme : communisme et collectivisme* ; Bourguin, *op. cit.* ; Bourdeau, *L'évolution du socialisme*, 1901 ; Noël, *Le socialisme et la question sociale*, 1902 ; Vilfredo Pareto, *Les systèmes socialistes*, 2 vol., 1902 ; Souchon, *L'avenir du socialisme* (*Rev. polit. et parl.*, 1905, 1, 368). — V. aussi les ouvrages précités de Cossa, Rambaud, H. Michel et Levasseur.

Périodiques à tendances socialistes ; en France, *Revue socialiste*, *Devenir social*, *Mouvement socialiste*, *Cahiers de la quinzaine* (*Revue syndicaliste*) ; en Allemagne, le *Vorwärts*, etc.

[1] On connaît, par les débats retentissants des Congrès socialistes de ces dernières années, les dissensions des partis ouvriers et socialistes en France. Jusqu'en 1905, ces divisions semblaient tenir plutôt à des questions de méthode ou de tactique à l'égard des partis *bourgeois* qu'à des divergences fondamentales de doctrine. Aussi, en 1902, pouvions-nous résumer la position respective des groupes dans la formule suivante : — les *guesdistes* ou *marxistes* (parti ouvrier *français*, parti *socialiste de France*), sont partisans d'une action politique à tendance révolutionnaire basée sur le principe de la *lutte de classes*, sans aucune compromission avec les partis bourgeois (cas Millerand) ; — les *allemanistes* (parti ouvrier socialiste révolutionnaire, dominant dans la Confédération générale du travail), qui ont passé de la théorie possibiliste au socialisme révolutionnaire, n'usent de l'action électorale que comme moyen

Sociale démocratie allemande avec Bebel, Kautsky, Liebknecht, etc.; parti socialiste *belge* avec Anseele, Volders, H. Denis, Vandervelde, — *anglais* avec Hyndmann, *américain* avec Gronlund, — partis ouvriers *italien* et *espagnol* (à tendances anarchistes);

Collectivisme agraire de l'école anglo-américaine de Stuart-Mill, Wallace, Henry George (comp. Walras);

Collectivisme réformiste ou *socialisme expérimental* (fortement teinté d'idéalisme en France, plus pratique et méthodique en Angleterre), de Benoît Malon, Fournière, Rouanet, Millerand [1], Viviani, Briand, Renard, G. Deville en France [2], d'Edg. Milhaud en Suisse, Vollmar, Schæffle ou Bernstein en Allemagne, des nouvelles Trade's-Unions et de la Fabian Society en Angleterre (Comp. B. et S. Webb, *Histoire du Trade-Unionisme*, trad. Métin, 1897, et *Industrial democracy*, 1898), des *Chevaliers du travail aux Etats-Unis*, dont l'objectif est au fond le même que celui du collectivisme intégral et révolutionnaire, mais qui prétend arriver au but progressivement, grâce à l'extension graduelle *et indéfinie* du rôle de l'Etat et de la commune dans l'ordre de la production;

Communisme révolutionnaire (parti blanquiste) et *Collectivisme* anarchiste, dont les adeptes, disciples de Bakounine, Jean Grave, Kro-

---

d'agitation, et préconisent surtout comme arme de combat la grève générale; — les *blanquistes*, à tendances communistes un peu vagues, sont partisans eux aussi d'une action politique et révolutionnaire, mais indépendante de l'action syndicale, les bataillons politiques et les bataillons économiques devant suivre une marche parallèle indépendante.

La situation, toutefois, s'est sensiblement modifiée depuis la constitution en 1905 du *parti socialiste unifié*, à la suite du congrès international d'Amsterdam (1904), et du Congrès de Chalon (oct. 1905). En face du parti socialiste unifié (P. S. S. F. I. O.), partisan résolu de la lutte de classes, ennemi de toute compromission avec les partis bourgeois, s'est dressé le parti socialiste autonome, fraction importante de l'ancien *parti ouvrier français*, qui, bien que poursuivant le même idéal, répudie la tactique révolutionnaire et accepte franchement la politique d'action commune des partis radical-socialiste et socialiste pour la réalisation des réformes pratiques. — Sur le collectivisme altéré de G. Renard, par exemple, cons. Bourguin, *op. cit.*, p. 75 et s. — Les exagérations du Congrès unifié de Nancy, condamnées par le Congrès international de Stuttgard, ne peuvent que fortifier en France l'action modératrice des socialistes indépendants. — Sur ces Congrès, cons. Blum, *Les Congrès ouvriers et socialistes*; de Seilhac, *Les Congrès ouvriers en France*, 1902, et *Le Monde socialiste*, 1904; G. Alfassa, *Le Congrès socialiste d'Amsterdam* (*Quest. pratiques*, 1904, p. 461, 495, et 1905, p. 9); *Revue socialiste*, nos sept. et oct. 1907).

[1] Millerand, *Le socialisme réformiste français*, 1903 (véritable manifeste de la fraction modérée du parti socialiste français).

[2] Il convient également de rattacher à ce groupe les syndicats indépendants qui, tout en figurant dans les Congrès socialistes, y représentent l'élément pondérateur et pratique, et s'efforcent, malheureusement sans grand succès, de faire prévaloir les idées de progrès méthodique par l'organisation syndicale, et l'action combinée de l'Etat et de la commune (socialisme municipal). — La Fédération du livre se rattache très nettement à ce groupe.

potkine et autres, préconisent comme moyen la destruction violente, l'anéantissement de la société capitaliste, l'*amorphisme*, et comme but l'*anarchie* : l'absence même de toute contrainte légale leur apparaissant comme un état social idéal, où la personnalité humaine s'épanouira en toute liberté, et jouira au sein d'un communisme universel (d'ailleurs mal défini, et pour cause !), d'une félicité complète.

Bien qu'elle s'en défende parfois, la Confédération générale du travail, devenue depuis 1902 l'organe central du syndicalisme ouvrier (v. *infra*), semble de plus en plus orientée dans le sens du collectivisme anarchiste (v. *La Voix du Peuple*, organe officiel de la C. G. T.). Et ainsi s'explique, au moins autant que par une défiance instinctive à l'égard des politiciens, la scission très nette qui, malgré les efforts de Jaurès pour conserver la direction des groupements socialistes, fût-ce au prix de certaines concessions aux théories les plus extrêmes (Congrès de Nancy), s'est produite, en France surtout, entre le socialisme parlementaire et le syndicalisme. — Cf. Levasseur, *Quest. ouvrières*, p. 390.

Bien différente à ce point de vue est l'attitude du *Labour party* anglais, acquis dans son ensemble aux réformes pratiques et progressives [1].

27. — Revendications immédiates, sur le terrain de l'action parlementaire. — Toutes ces théories, dans lesquelles l'imagination individuelle a une forte part, et dont la plus raisonnable ou la plus pratique supposerait, pour sa réalisation intégrale, un bouleversement complet de l'ordre social, ne sauraient être examinées ici, même sommairement [2].

C'est seulement, en effet, au point de vue de leurs revendications immédiates, sur le terrain de l'action parlementaire, que les doctrines socialistes se rattachent directement à notre sujet. Or, sur ce point, et à ne considérer que les apparences, les revendications des socialistes ne semblent pas différer sensiblement (et c'est un point sur lequel insistent les libéraux pour nous combattre) de celles des interventionnistes les plus déterminés. Les uns et les autres, en effet, réclament une organisation plus forte des groupements professionnels ouvriers, une limitation rigoureuse de la durée de la journée de travail même pour les adultes, la généralisation du système des assurances obligatoires, une réglementation du contrat de travail destinée à assurer à

[1] Sur les *Trade's-Unions* anglaises et leurs congrès, v. les développements fournis *infra*. — Cf. Raffalovich, *Labour party et socialisme* (*Réforme sociale*, n° 1er juin 1906) ; J. Ramsay Mac Donald, *Le socialisme, les trade's-unions et le parti ouvrier* (*Revue socialiste*, nov. 1907).

[2] « Ces utopies, écrit M. Millerand (*Social. réformiste*), sont sans inconvénient ; elles peuvent même être utiles si on n'oublie pas de les tenir pour ce qu'elles sont : des œuvres d'imagination dont la réalité modifie chaque jour la mouvante apparence ».

l'ouvrier l'intégralité de son salaire, la tentative obligatoire de conciliation pour les conflits collectifs, la réglementation internationale du travail, une politique agraire favorable au morcellement de la propriété [1].

28. — Le but réel poursuivi : ligne de démarcation entre le socialisme et l'interventionnisme. — Mais il importe ici d'écarter les apparences pour envisager le but poursuivi. Or, à ce point de vue, un fossé profond sépare les collectivistes, même les plus modérés dans leurs revendications immédiates, des interventionnistes. Les premiers, en effet, envisagent les réformes législatives qu'ils réclament comme une simple étape dans la voie de la socialisation des moyens de production, qui est leur but (sur cette tactique, consult. notamment les écrits de Lassalle, Jaurès, Fournière, Bernstein). Les seconds considèrent au contraire ces réformes comme le moyen de préserver la société actuelle de tout bouleversement, par des concessions opportunes aux légitimes revendications des masses, et de faire, suivant l'expression de M. Gide, *l'économie d'une révolution*.

Les premiers sont donc des *révolutionnaires*, quelle que soit leur modération présente, à moins toutefois qu'ils ne restent plus attachés au collectivisme que par une sorte de dilettantisme, et qu'au fond ils avouent l'impossibilité de sa réalisation intégrale (Andler [2] ou Millerand en France, Bernstein en Allemagne, Turati en Italie, Adler en Autriche). Les seconds sont des *conservateurs*, dans l'acception scientifique du terme, si hardies que paraissent être leurs conclusions.

29. — Et cette différence dans le but poursuivi réagit nécessairement sur le fond même des réformes réclamées. Que l'on compare, par exemple, le projet de *Code du travail*, déposé le 15 janvier 1903 (Ch., annexe n° 649, *Officiel*, p. 18) sur le bureau de la Chambre, par M. Dejeante au nom du groupe socialiste (réédition du projet Groussier de 1898), à l'ensemble des réformes actuellement soumises à l'examen du Parlement par les autres groupes de la Chambre, pour la plupart acquis aux doctrines interventionnistes : la différence apparaîtra immédiatement en pleine lumière.

La proposition Dejeante, en effet, n'aboutirait à rien moins, si elle était adoptée, qu'à préparer la mainmise des groupements ouvriers sur tous les instruments de production, et la subordination de l'Etat lui-même à ces groupements [3], par un ensemble de mesures, dont les plus

---

[1] Cf. Vandervelde, *Le socialisme et l'agriculture*, 1906 ; Damasch, *La réforme agraire*, trad. Karmin, 1906 ; Sabatier, *Le morcellisme*.

[2] Andler, *Les origines du socialisme d'Etat en Allemagne*, 1897.

[3] Programme en grande partie réalisé aujourd'hui en Australie et surtout en Nou-

significatives seraient : — la suppression des syndicats mixtes, la concession du droit illimité d'acquérir aux syndicats ouvriers, aux fédérations syndicales, et même à la Confédération générale du travail ; la consécration légale des *trois huit* pour tous les ouvriers et employés ; la fixation par la loi d'un minimum de salaire aussi bien dans l'industrie privée que dans les travaux publics ; l'attribution aux sociétés ouvrières d'un monopole exclusif pour l'exécution de tous les travaux publics ; la nationalisation ou municipalisation des mines, des voies ferrées et services de transports urbains, de distribution d'eau et de gaz, etc. ; l'élection des inspecteurs du travail par les salariés ; l'arbitrage obligatoire, etc.

30. — Rien de tel ne se retrouve, même dans les projets les plus hardis, des autres groupes : à part le développement progressif et mesuré des régies d'Etat ou municipales. Aucun de ces projets ne tend à assurer d'autorité, aux syndicats ouvriers, la *souveraineté économique*, suivant l'expression significative de Paul Boncour [1] : aucun ne tend à paralyser l'essor de l'industrie par un ensemble de dispositions manifestement dirigées contre l'autonomie patronale, et à préparer la dépossession violente des classes possédantes. Leur objectif commun est au contraire, ainsi que nous l'établirons plus loin, de faire régner entre le capital et le travail une harmonie durable et féconde, par un ensemble de mesures propres à maintenir entre eux l'égalité, trop souvent rompue au détriment du travail, et à pacifier les conflits qui s'élèvent entre ces deux facteurs essentiels de la production, tout en respectant aussi complètement que possible la liberté des contrats.

§ 2. — Les écoles libérales, ou non interventionnistes

I. — *Ecole libérale classique ; éclectisme libéral*

31. — L'Ecole libérale, ou Ecole classique orthodoxe. — L'Ecole libérale, qui reconnaît pour chef Adam Smith, a pour point de départ un certain nombre d'axiomes réputés infaillibles, desquels découle, en vertu des règles de la méthode déductive, toute l'économie politique.

---

velle-Zélande, où la législation sociale récente a été inspirée et presque dictée par les groupements ouvriers. — V. Métin, *Le socialisme sans doctrines, Australie et Nouvelle-Zélande*, 1901.

[1] Paul Boncour, *Le fédéralisme économique. Etude sur les rapports de l'industrie et des groupements professionnels*, 1900. — V. *infra*, n° 575.

Tout individu, d'après Adam Smith, est dominé par un désir primordial, celui d'améliorer sa condition, et de parvenir à la plus grande somme de richesse possible.

Ce désir est un principe d'action, il suffit à révéler à l'homme les moyens les plus propres à réaliser sa destinée; d'où il suit logiquement que le meilleur moyen de réaliser le bien-être social, d'arriver à une société organisée suivant un type de plus en plus parfait, est de laisser le champ libre à la *concurrence*, de faire disparaître graduellement tous les obstacles artificiels accumulés par des gouvernements aveugles, de supprimer les barrières douanières, les prohibitions, les monopoles, en attendant que l'on supprime les frontières, et que l'on parvienne à l'établissement d'une République économique universelle! L'intervention de l'Etat doit donc être réduite à un strict minimum : entretien de l'armée, administration de la justice, exécution des travaux publics non susceptibles d'être exécutés par les particuliers (V. H. Spencer, *L'individu contre l'Etat*).

32. — Malthus et Ricardo. — La loi de la *libre concurrence*, tel est le dogme de l'économie politique enseignée par Adam Smith et par ses successeurs anglais ou français, notamment par Ricardo et J.-B. Say. Seulement, tandis qu'Adam Smith était un optimiste, un utopiste même à certains égards, ses disciples, plus pratiques, et surtout éclairés sur les conséquences réelles de la libre concurrence, à la suite de la transformation produite dans l'organisation industrielle par le développement du machinisme, ne cherchent nullement à dissimuler les conséquences fâcheuses que peut, dans certaines circonstances, entraîner pour l'ouvrier la loi de l'offre et de la demande, quand le législateur s'abstient systématiquement d'intervenir comme arbitre entre le capital et le travail.

Malthus formule sa célèbre loi sur la population, d'après laquelle « la population se multiplie selon une proportion géométrique, tandis que les subsistances s'accumulent selon une proportion arithmétique », et déduit avec une logique impitoyable les conséquences fatales de cette loi appliquée aux classes populaires. *Ricardo*, de son côté, formule cette autre loi, qualifiée par les socialistes de *loi d'airain*, d'après laquelle les salaires et profits vont toujours en diminuant, tandis qu'au contraire la *rente foncière*, dont le profit est exclusivement réservé aux propriétaires du sol, irait toujours en progressant, la seule limite de la dépréciation fatale du salaire étant la somme strictement nécessaire pour l'alimentation de l'ouvrier et de sa famille.

33. — Réaction contre l'Ecole de Manchester. — Ces déductions, scientifiquement exposées, de l'*Ecole de Manchester*, provoquèrent, de

1820 à 1850, un triple mouvement de réaction : réaction violente, caractérisée par l'éclosion des théories socialistes et humanitaires de Saint-Simon, Enfantin, Fourier, Louis Blanc et Proudhon, et la publication du magistral traité de Stuart Mill (*Principes d'économie politique*, 1848), le premier ouvrage anglais de science économique « où ait passé un souffle socialiste » (Gide, p. 25, note 1)[1] ; réaction énergique, malgré son caractère spéculatif et doctrinal, de l'école positiviste ou historique (V. *infra*) ; réaction timide et hésitante de l'école libérale française.

34. — Il serait injuste de méconnaître que dans la seconde moitié du XIXe siècle, l'école libérale française, sous la pression de l'opinion, ait cherché à modifier ses méthodes, à utiliser plus largement les procédés d'observation et d'induction mis en honneur par l'école historique, et aussi à humaniser ses conclusions. Comprenant le danger du pessimisme ricardien, dont les œuvres de Sismondi, notamment, reflètent l'âpreté désolante[2], elle y a substitué, avec Rossi, et surtout avec Dunoyer et Bastiat, Cherbuliez, Michel Chevalier, Wolowski, Jos. Garnier, Courcelle-Seneuil, A. Jourdan, Léon Say, M. Block, Beudant, P. Rougier, Baudrillart, pour ne citer que les disparus, un optimisme serein que malheureusement les faits ont brutalement démenti. Toute la thèse tient en somme dans cette formule inspirée des *Harmonies économiques* de Bastiat : 1° les intérêts du patronat et du salariat, bien loin d'être antinomiques, sont harmoniques ; 2° l'harmonie des intérêts est d'autant plus parfaite que l'Etat, par son abstention, laisse un plus libre jeu au développement des forces économiques naturelles[3]. — V. aussi : Renouard, *Traité de législation industrielle*.

---

[1] Cf. J. Lubac, *J. Stuart Mill et le socialisme*, 1 vol. in-8.

[2] Nul n'a stigmatisé plus durement que Sismondi le machinisme moderne, et démontré avec plus de netteté les conséquences lamentables qu'entraîne pour la classe ouvrière la concurrence effrénée à laquelle se livrent les chefs d'industrie. *Nouveaux principes d'économie politique*, 1819, 1827. — Il suffit, pour se rendre compte de l'exactitude des critiques formulées par cet auteur contre l'industrialisme, de se reporter à l'enquête approfondie ouverte quelques années plus tard par le Dr *Villermé*, chargé d'une mission officielle du gouvernement de Juillet : Villermé, *Tableau physique et moral des ouvriers employés dans les manufactures de soie, de laine et de coton*, Paris, 1840. — Sismondi et Villermé ont eu le mérite d'établir la nécessité d'une économie sociale, inspirée d'une pensée de protection pour les faibles, venant corriger l'égoïsme de l'économie politique pure ; moralement parlant, la première loi sociale française du XIXe siècle, la loi de 1841 sur le travail des enfants, peut être considérée comme leur œuvre. — Il n'est que juste toutefois d'ajouter à ces deux noms celui d'Ad. Blanqui, successeur de J.-B. Say comme professeur d'économie au Conservatoire des Arts et Métiers (*Hist. de l'économie politique*, 1837). — Sur Villermé, Sismondi, et Blanqui, cons. Souchon, *La situation des ouvriers français à la fin du XIXe siècle* (*Musée social*, août 1899) ; H. Denis, *op. cit.*, t. Ier, p. 376 ; — Rambaud, *Hist. des doctr. écon.*, p. 198.

[3] Sur l'école optimiste française, cons. notamment : Cossa, p. 373 ; Rambaud, 288 ;

Vainement cette école a-t-elle pris le qualificatif *d'éclectique*, sous le prétexte qu'elle aurait fait quelques concessions aux écoles divergentes, et qu'elle assignerait à l'Etat un rôle un peu moins effacé que l'école de Manchester : elle n'en procède pas moins directement de l'école libérale anglaise, et de la doctrine physiocratique du *laissez-faire, laissez-passer*. Elle est aussi nettement libérale, que l'école philosophique de Victor Cousin, qualifiée aussi d'éclectique, est nettement spiritualiste.

35. — **L'Ecole libérale contemporaine.** — L'école libérale se serait-elle profondément transformée dans ces dernières années, comme ses leaders l'ont maintes fois proclamé ? [1]. A parler franchement, nous ne le croyons pas. Sans doute, l'école libérale contemporaine, à part quelques intransigeants du libéralisme [2], s'est appliquée, d'une part, à atténuer ce que cet optimisme avait de manifestement inacceptable par certaines concessions, habilement dosées, à l'interventionnisme ; d'autre part, à établir qu'elle ne voyait pas dans l'économie politique une simple science de la richesse ou *chrématistique*, puisqu'elle se préoccupait aussi de l'homme lui-même, et des moyens d'améliorer sa condition sociale.

36. — Mais, au fond, l'école libérale demeure toujours attachée aux principes posés par les chefs de l'école. Malgré certaines concessions d'opportunité, elle persiste à voir dans l'ingérence de l'Etat sur le terrain économique une atteinte aux lois naturelles qui régissent la

---

Maurice Block, *Les progrès de la science économique depuis Adam Smith*, précité. V. aussi Ronce, *Frédéric Bastiat*, 1905. — Sur les travaux des libéraux étrangers de la même période : Cairnes et St. Jevons en Angleterre, Walker aux Etats-Unis, de Thünen, Rau ou Hermann en Allemagne, Ferrara, Boccardo ou Minghetti en Italie : — Cons. Cossa, *op. cit.*

[1] V. notamment Béchaux, *Les écoles économiques au XXe siècle*, et Schatz, *L'individualisme, op. cit.*

[2] Nous avons fait ressortir déjà l'intransigeance d'H. Spencer, dont le libéralisme, fait d'une véritable aversion pour l'Etat, et généralement pour toute limitation légale apportée à la libre expansion de l'individu, confine par certains côtés à l'anarchisme. — L'absolutisme de l'éminent philosophe anglais est égalé, sinon dépassé, par de Molinari, qui depuis plus d'un demi-siècle guerroie pour la défense des libertés économiques, et par Yves Guyot. — Cons. notamment : de Molinari, *Cours d'Economie politique*, 2 v., 1855-1863 ; *Les lois naturelles de l'économie politique*, 1891 ; *Esquisse de l'organisation politique et sociale de la société future*, 1899 ; *Les problèmes du XXe siècle*, 1901 ; — Yves Guyot, *La science économique*, 2e éd., 1907 ; *La tyrannie socialiste ; La propriété, réfutation de la thèse communiste* de P. Lafargue ; *La morale de la concurrence.* — Cf. Léon Say et Chailley-Bert, *Nouveau dictionnaire d'économie politique*, 3 vol., 2e éd., 1900 ; Yves Guyot et Raffalovich, *Dictionnaire du commerce, de l'industrie et de la banque*, 1898-1901. — Sur cet exclusivisme de l'école libérale intransigeante, v. le jugement porté par Gide : « *The economics schools in France* » (*Political science quarterly*, 1890, p. 603), et *Précis d'écon. politique*, p. 25.

production, et aussi à dénier à l'économie sociale le caractère de science. « Il est de toute évidence, écrit à ce sujet M. Paul Leroy-Beaulieu [1], qu'il ne s'agit pas là d'une science... Il s'agit d'un art, c'est-à-dire de questions d'application contingentes et variables suivant les milieux et les hommes ; si utiles que puissent être ces observations, elles ne mènent pas à la constatation de véritables lois *permanentes et universelles* ».

II. — *Ecole libérale chrétienne, ou école de la réforme sociale (Le Play)*

37. — Le Play, sa méthode, ses tendances. — Il est intéressant de constater que, procédant de principes très divergents, l'école classique et l'école de la réforme sociale, ou de Le Play, sont aujourd'hui parvenues à des conclusions assez voisines, sur la question du rôle dévolu à l'Etat dans l'ordre économique.

Le point de départ de l'école de l'économie sociale (dénommée aussi

---

[1] Paul Leroy-Beaulieu, *Traité d'économie politique*, t. Ier, 1re part., chap. IV. — Cons. aussi du même auteur : *L'Etat moderne et ses fonctions*, 2e éd., 1891 ; *Essai sur la répartition des richesses* (nettement optimiste), 4e éd., 1906. — Parmi les auteurs contemporains se rattachant à l'école libérale, citons notamment : Frédéric Passy ; Beauregard, *Essai sur la théorie du salaire*, et *Eléments d'économie politique*, 1894 ; Liesse, *Le travail, aux points de vue scientifique, industriel et social*, 1901 ; Colson, *Cours d'économie politique*, t. Ier (consacré spécialement aux questions ouvrières), 1901 ; Levasseur, plus connu d'ailleurs par ses remarquables travaux d'histoire économique sur *L'histoire des classes ouvrières*, *L'ouvrier américain*, *Les questions ouvrières en France*, etc., ou de statistique, que par ses études dogmatiques d'économie pure ; Sauzet, dont nous retrouverons également plus loin les travaux historiques ; d'Eichthal, *La formation des richesses*, 1906, et *La liberté individuelle du travail*, 1908 ; Villey, *La question des salaires*, et *Traité élémentaire d'économie politique*, 2e éd., 1894, qui, plus que tout autre parmi les libéraux, pourrait revendiquer l'épithète d'*éclectique*. — Le même qualificatif conviendrait soit à M. Dufourmantelle (*Précis*, et *Code Manuel de législation industrielle*), soit aux auteurs étrangers, assez rares aujourd'hui, demeurés fidèles au libéralisme économique, notamment à l'économiste anglais Marshall (*Principles of economics*, 2e éd., 1891, et traduct. Sauvaire-Jourdan), aux économistes italiens Luzzati, l'apôtre des banques populaires, et Cossa, *Premiers éléments d'économie politique*, trad. fr., 1901. — Berardi (*Le funzioni del governo nell' economia sociale*, 1887) est l'un des rares auteurs qui défendent encore, hors de France, la doctrine absolue du laissez-faire.

Parmi les parlementaires français les plus en vue, nous citerons notamment MM. Aynard, Beauregard, Guillain, Motte, Ribot, Ch. Roux, etc... La plupart des Chambres de commerce françaises sont demeurées fidèles à l'école libérale. — Cons. spécialement l'exposé de M. Isaac, président de la chambre de commerce de Lyon, sur *Les limites de l'interventionnisme* (Soc. d'Econ. polit. de Lyon, compte rendu 1901-2, p. 263 et s.)

Principaux organes périodiques de l'école libérale : *Economiste français* (Paul Leroy-Beaulieu), *Journal des économistes* (de Molinari), *Monde économique* (Beauregard). — Comp. en Angleterre : *The economist*, et aux Etats-Unis : *Quarterly Journal of Economics* (revues plus éclectiques).

école de la réforme sociale ou école libérale chrétienne) est manifestement une pensée de réaction contre l'optimisme égoïste de l'école classique. S'engageant plus avant dans la voie frayée par Sismondi et Villeneuve-Bargemont, adversaires déterminés de la chrématistique ricardo-malthusienne, Le Play, véritable fondateur de l'école, a eu le double mérite de substituer le point de vue éthique, moral, au point de vue économique étroit, et d'opposer, à l'apriorisme des formules, à la superstition des lois naturelles, la méthode d'observation scientifique, basée sur l'étude monographique des groupes sociaux (Le Play, *Les ouvriers européens*, *Les ouvriers des Deux-Mondes*, *L'organisation du travail*, etc.).

Quelques réserves qu'il convienne de formuler sur ses conclusions, l'on ne saurait contester, ni la supériorité du point de vue moral sur le point de vue industrialiste (morale ? de la concurrence), ni la fécondité de la méthode monographique, reprise depuis lors et perfectionnée par de nombreux chercheurs, français ou étrangers, appartenant d'ailleurs à toutes les écoles économiques. Nous aurons maintes fois à utiliser, chemin faisant, les travaux monographiques et statistiques de la plupart d'entre eux, tels que Levasseur, M. Block, Cheysson, du Maroussem[1], Gibon, Grüner, Fougerousse, Babeau, Lavollée, d'Avenel, Turquan, Neymarck, Ch. Benoist, Eug. Rostand, Varlez, Waxweiler, Brants, de Schulze-Gävernitz, Rogers, Howell, etc., et de toute la pléiade du Musée Social, de Rousiers, G. Blondel, de Seilhac, Martin Saint-Léon, de Rocquigny, etc.

38. — Mais, de ce double point de départ, à la fois humanitaire et scientifique, qui est aussi celui de l'école *solidariste* (V. *infra*), l'Ecole de Le Play ne déduira pas toutes les conséquences qui semblaient logiquement devoir en découler : — 1° parce qu'elle est trop profondément imbue des idées conservatrices, et de la nécessité primordiale de maintenir dans la société l'ordre traditionnel ou providentiel fondé, d'une part, sur l'affirmation du principe d'autorité (autorité de la religion dans l'Etat, du père dans la famille, du patron dans l'usine, considérée comme une grande famille), et d'autre part sur le maintien et la consolidation de la propriété individuelle, à l'aide de tout un ensemble de mesures législatives, destinées à favoriser la concentration des fortunes, autrement dit la reconstitution d'un régime *à base aristocratique* (V. Rambaud, p. 321) ;

2° Parce que cette même école, précisément à raison de ses ten-

[1] V. dans l'ouvrage de du Maroussem, *Les enquêtes*, l'exposé scientifique de la méthode. — Cf. Armand Gautier, *Le Play et sa méthode de recherches* (*Réf. sociale*, n° 16 nov. 1906, p. 693).

dances aristocratiques, a le regard plus volontiers tourné vers le passé (*retour à la coutume*) que vers l'avenir, vers les corporations à forme archaïque que vers les formes nouvelles de groupements professionnels.

Le Play et ses successeurs n'ont dans l'Etat qu'une confiance restreinte ; ils comptent plutôt, pour faire renaître l'harmonie entre chefs d'industrie et salariés, sur l'initiative privée [1], stimulée par la charité chrétienne, et par une notion plus haute et plus large de la *solidarité sociale*. Quand la majorité des patrons aura conscience de ses devoirs, que chacun d'eux cherchera à améliorer la condition matérielle, intellectuelle et morale de ses ouvriers par des institutions de *patronage* [2] (économats, logements ouvriers, participation aux bénéfices sous ses divers aspects, bibliothèques et cercles ouvriers, etc.), quand les patrons et les ouvriers réconciliés auront reconstitué, spontanément, ces corporations professionnelles mixtes dont la Révolution avait méconnu l'action bienfaisante et pacificatrice, l'œuvre de régénération de la société contemporaine sera accomplie, la *paix sociale* redeviendra une réalité, et le rôle du législateur se bornera à une mission générale de police et de surveillance.

39. — Mouvement convergent de l'école classique et de l'école libérale chrétienne. — Cette conception du rôle du législateur est aussi, nous l'avons établi, celle des libéraux sans épithète. Aussi assistons-nous, depuis quelques années, surtout en France [3], à un mouvement convergent des deux écoles libérales : l'école classique abandonnant son culte des formules et des lois naturelles pour rétablir à son plan le point de vue éthique, et l'école de Le Play, effrayée des hardiesses des catholiques sociaux (V. *infra*), faisant de plus en plus prédominer dans ses écrits le point de vue libéral, et reléguant parfois au second plan

---

[1] V. les quatre séries d'études publiées chez Guillaumin par Eug. Rostand, sous ce titre significatif : *L'action sociale par l'initiative privée*, 1895-1907.

[2] Cf. Roguenant, *Patrons et ouvriers*, 1907.

[3] Cons. sur ce point : Henri Michel, *op. cit.*, p. 529 et suiv. — En *Belgique*, il n'en va pas tout à fait de même. Soit que la poussée démocratique chrétienne y soit plus puissante, soit que les enseignements de l'Encyclique de Léon XIII aient trouvé en terre flamande un terrain mieux préparé, les deux fractions de l'école catholique sont beaucoup moins séparées qu'en France. L'un des chefs les plus en vue de l'école catholique belge, V. Brants, successeur de Ch. Périn dans la chaire d'économie politique de l'Université de Louvain, est sans doute un libéral, mais son libéralisme n'exclut pas d'assez larges concessions à la thèse interventionniste, et la *Revue sociale catholique*, dont il est un des inspirateurs, est également ouverte aux libéraux et aux démocrates chrétiens. — V. aussi, du même auteur, *Les grandes lignes de l'économie politique*, 1901 ; *La petite industrie*, *op. cit.*, et ses nombreux articles de la *Réforme sociale*. — Vanlaer, professeur à l'Université de Lille, nous paraît représenter en France cette nuance intermédiaire (V. les rapports présentés et les discours prononcés par lui au Congrès international de législation du travail, Bruxelles, 1897).

ses préoccupations morales afin de consacrer ses efforts à la lutte contre le socialisme d'Etat [1].

40. — Encyclique « de conditione opificum ». — Ce mouvement régressif à certains égards, en France du moins, de l'école libérale chrétienne a provoqué une scission très nette dans le camp des économistes qui se réclament de l'Encyclique justement célèbre du pape Léon XIII « *de conditione opificum* » (ou *Rerum novarum*, 15 mai 1891). Sans doute, cette encyclique est conçue en termes prudents et même quelque peu ambigus sur la détermination du rôle de l'Etat, et les libéraux de l'école de Le Play ont pu, sans trop de difficultés, étayer leur doctrine sur le passage suivant : « L'État ne peut pas tout, ce sont les mœurs qu'il faut réformer; c'est la charité ou plutôt la *solidarité chrétienne*, l'idée de justice évangélique qui fera le reste. »

Mais il n'en est pas moins vrai que, dans son ensemble, l'encyclique est plutôt interventionniste, et qu'elle fournit aux partisans du *juste salaire* un point d'appui très fort. N'y est-il pas affirmé, en effet, « que l'équité demande que l'*Etat se préoccupe des travailleurs*, et fasse en

---

[1] Cons., à l'appui de cette proposition, les ouvrages de Claudio Jannet, *Le capital, la spéculation et la banque au XIXe siècle*, 1892, et *Socialisme d'Etat;* Béchaux, *Les revendications ouvrières en France*, 1894, et *La réglementation du travail*, 1904; Rambaud, *Le socialisme et les lois économiques*, 1890, et *Eléments d'économie politique*, 1895. A rapprocher des écrits de ces trois auteurs, professeurs d'économie politique dans les Facultés libres de droit françaises, les *Premiers principes d'économie politique* de Ch. Périn, professeur à l'Université catholique de Louvain. (Ce dernier ouvrage a un caractère strictement confessionnel et catholique que l'on ne rencontrerait pas au même degré dans les écrits des professeurs français). — V. aussi Hubert Valleroux, *Contrat de travail*, 1895 (d'un libéralisme intransigeant). — Il convient de classer à part, parmi les libéraux chrétiens : Rostand, partisan convaincu de l'initiative individuelle, moins absolu cependant que Hubert Valleroux dans son abstentionnisme (*L'action sociale par l'initiative privée, op. cit.*, et chroniques du *Journ. des Débats*); Cheysson, éclectique assez voisin de l'école solidariste sur le terrain des assurances sociales (V. sur ses nombreux travaux d'économie sociale notre titre IV, *infra*); Anatole Leroy-Beaulieu, le vaillant champion de la pacification sociale, qui n'a pas craint, en un temps où il y avait quelque mérite à le faire, de déclarer publiquement « que les cloisons confessionnelles ne sont pas assez hautes pour empêcher les hommes de cœur de se donner la main et de travailler en commun à une œuvre de salut social » (Discours prononcé au Congrès d'économie sociale, 1895). — A citer également parmi les principaux collaborateurs de la *Réforme sociale*, organe périodique de l'école de Le Play (Société d'économie sociale et Unions de la paix sociale) : G. Blondel, l'un des historiens les plus compétents du mouvement social germanique; A. Gigot, G. Picot, de Curzon, Mazel, Cazajeux, etc... — Conf. *Revue catholique des institutions et du droit; Guide social* et tracts de l'*Action populaire* (Reims-Paris). — Sur l'œuvre d'ensemble de l'Ecole, cons. notamment : Vignes, *La science sociale d'après les principes de Le Play et de ses continuateurs*, 2 vol., 1897; Auburtin, *Le Play d'après lui-même*. — V. aussi la série des travaux publiés en 1906 à l'occasion des fêtes du centenaire de Le Play (*Réforme soc.*, nos 1er et 16 juill. 1906); Béchaux, *Le Play* (*Rev. des Deux-Mondes*, 15 avr. 1906); Lair, *Fréd. Le Play*, (*Ann. des sc. polit.*, 1906, p. 589); S. Peeters, *Le Play et son œuvre* (*Rev. soc. cathol.*, sept. et oct. 1906).

sorte que de tous les biens qu'ils procurent à la société, il leur en revienne une *part convenable* » ? N'y lit-on pas ce passage plus significatif encore : « ... La classe riche se fait comme un rempart de ses richesses et a moins besoin de la tutelle publique. La classe indigente, au contraire, sans richesses pour la mettre à couvert des injustices, compte surtout sur la protection de l'Etat. *Que l'Etat se fasse donc*, à un titre tout particulier, la *providence des travailleurs* qui appartiennent à la classe pauvre en général » ! (Comp. dans le même sens, d'autres actes postérieurs de Léon XIII, notamment l'encyclique *Graves de Communi*, 18 janv. 1901)[1].

41. — Libéraux et interventionnistes : double mouvement de concentration. — Aussi est-ce sur l'encyclique que les catholiques sociaux des deux mondes, tendant la main aux chrétiens sociaux des autres confessions, depuis longtemps déjà engagés dans la voie des revendications démocratiques (v. *infra*), se sont délibérément appuyés pour réclamer l'intervention énergique de l'Etat en faveur des déshérités.

Ils se sont rencontrés sur ce terrain avec les interventionnistes de toute nuance ; et ainsi a-t-on vu se constituer, dans les dernières années du XIXe siècle, en face de la concentration libérale, une concentration très significative des interventionnistes, dont l'influence est décisive sur l'œuvre législative des Parlements européens ou américains. C'est à la description sommaire de ce mouvement convergent des écoles interventionnistes, dont l'aboutissant a été le Congrès de Paris de 1900, et la constitution de l'Association internationale pour la protection légale des travailleurs, que notre paragraphe suivant sera consacré.

---

[1] Sur l'ensemble des actes pontificaux relatifs à la question sociale, cons. spécialement : Max Turmann, *Le catholicisme social depuis l'encyclique Rerum novarum*, *1900*.

Bien différente, il est vrai, est l'attitude du successeur de Léon XIII, le pape Pie X, de plus en plus dominé par les influences rétrogrades. La condamnation retentissante du *modernisme*, par l'encyclique *Pascendi* (16 sept. 1907), suivant de près la publication du nouveau *Syllabus* (18 juillet), met incontestablement en fâcheuse posture les chrétiens sociaux, placés dans l'alternative embarrassante, ou de renoncer à leurs convictions, ou de sembler se mettre en révolte contre les enseignements du Saint-Siège. Nous reviendrons bientôt (n° 49) sur la situation nouvelle créée par ce revirement de la papauté.

§ 3. — Les écoles interventionnistes

I. — *Origines de l'interventionnisme. — L'Ecole historique*

42. — Ecole historique : origine commune des doctrines interventionnistes. — C'est à l'école *historique* ou *réaliste* que se rattachent manifestement les diverses écoles interventionnistes entre lesquelles se partagent la majorité des économistes contemporains [1]. L'école historique, qui se constitua entre 1840 et 1860 [2] en Allemagne, sous la triple influence de la philosophie hégélienne, de Savigny et d'Auguste Comte, avec List, Knies, Roscher, Hildebrand, Stein pour fondateurs, emprunta à la philosophie positive d'Auguste Comte sa méthode, sinon son esprit [3].

Cette méthode, développée depuis par H. Spencer, peut se ramener aux données essentielles suivantes : toutes les sciences sont solidaires les unes des autres, les lois sociales s'expliquent par les lois de la vie, lesquelles procèdent à leur tour des lois du monde inorganique ; ces lois sont dominées par le principe universel de l'*évolution*, c'est-à-dire qu'elles sont la résultante nécessaire du milieu et du moment. C'est donc par la méthode *inductive* et *expérimentale*, c'est-à-dire par l'ob-

---

[1] L'école de Le Play, précédemment étudiée, s'y rattache aussi dans une large mesure par sa méthode, mais non certes par son esprit. A ce point de vue nous partageons absolument l'opinion de Rambaud : « Bien loin d'appartenir à l'historisme et à toutes les écoles de l'évolution sociale, M. Le Play est un traditionnaliste et serait plutôt un *traditionnaliste exagéré ;* de plus, il croyait d'intuition à l'absolu..., et son doute apparent à l'égard des lois sociales naturelles avait eu beaucoup le caractère d'un doute cartésien », Rambaud, p. 314.

[2] Sur les origines de l'historisme, cons. notamment Bouglé, *Les sciences sociales en Allemagne,* 1896 ; Andler, *Les origines du socialisme d'Etat en Allemagne*, 1897 ; Rist, *Origine et caractères du socialisme d'Etat* (Rev. d'écon. polit., 1907, p. 321, 412 et s.) ; K. Bücher, *Die Entstehung der Volkswirthschaft*, 1893 ; Cauwès, t. IV, append. ; Espinas, *Hist. des doctr.*, p. 312 ; Cossa, *ibid.*, p. 414 et suiv. ; Rambaud, *ibid.*, p. 244 et suiv., 323 et suiv. — Les représentants les plus en vue de l'école historique allemande actuelle sont L. Brentano et Schmoller. Ce dernier a groupé autour de lui toute une pléiade d'économistes distingués, dont les travaux figurent principalement, soit dans la revue qu'il dirige depuis 1881 sous le titre de *Jahrbuch für Gesetzgebung, Verwaltung und Volkswirthschaft*, soit dans le recueil de monographies intitulé *Staats und Socialwissenschaftliche Forschungen* (Berlin, 1878 et ann. suiv.). — Comp. aussi Schmoller, *Politique sociale et économie politique*, 1901, et *Principes d'économie politique*, trad. Polack, 5 vol., 1905-1908 ; Pesch, *Lehrbuch der Nationalœkonomie*, 1906.

[3] L'ouvrage fondamental de List, *Das nationale System der politischen Œkonomie*, est de 1841 ; Roscher a esquissé son système dans un plan de cours publié en 1843, mais les deux premiers volumes de son *System der Volkswirthschaft* (*Grundlagen der Nationalœkonomie*), sont de 1854 et 1859.

servation directe dans le présent et par l'étude du passé, en d'autres termes par l'histoire et la statistique, que le sociologue apprendra à connaître les lois générales des sociétés. C'est en s'inspirant de la même méthode que l'économiste, acceptant ces lois comme point de départ, étudiera les déformations que ces lois générales subissent dans tel ou tel milieu social, sous l'influence de telles ou telles circonstances contingentes, variables suivant les pays, et qu'il parviendra à diagnostiquer en quelque sorte le régime économique le mieux approprié aux besoins de l'Etat auquel il appartient.

L'économie politique, ainsi ramenée à ses véritables proportions, envisagée comme une simple branche de la sociologie ou même de l'économie sociale, ne comporte plus évidemment les affirmations absolues et dogmatiques de l'école libérale. Les limites de l'intervention de l'Etat (soit dans la réglementation de l'industrie et du contrat de travail, soit dans l'établissement des droits protecteurs destinés à protéger temporairement l'agriculture ou l'industrie nationale contre la concurrence étrangère), se déplaceront suivant le degré de prospérité, et aussi suivant les besoins intérieurs de l'Etat. Le principe de la libre concurrence et de la liberté économique ne sera pas aboli, mais il subira certaines limitations nécessaires[1].

43. — Déclaration d'Eisenach. — Les théoriciens allemands de l'économie sociale ne devaient pas tous se borner à cette demi-concession, juste et nécessaire d'ailleurs, aux revendications socialistes : plusieurs d'entre eux devaient s'orienter plus ou moins résolument dans la voie du socialisme. Tandis que les chefs du parti ouvrier, Lassalle, K. Marx, Engels, etc., préconisaient tout un plan de réorganisation fondamentale de la société, de socialisme pratique, les Universités alle-

[1] Parmi les principaux adeptes, en France, de l'*école historique*, nous citerons Cauwès, dont nous précisons plus loin l'influence sur le développement des doctrines interventionnistes. — Cons. Cauwès, *L'économie politique nationale* (*Revue d'économie politique*, 1894, p. 97) ; Seignobos, *La méthode historique appliquée aux sciences sociales*. — Comp. sur le même sujet, et dans la même revue, un article de Schmoller, 1895, p. 201. — V. aussi *Bulletin de la Société d'Economie politique nationale*, paraissant depuis 1898 ; et (mais plutôt au point de vue économique pur, thèse protectionniste, qu'au point de vue social) la *Réforme économique*. — Parmi les économistes anglais adeptes de l'école historique, nous mentionnerons Clife Leslie, *Essays in political and moral philosophy*, 1879; Rogers, *Interprétation économique de l'histoire*, trad. Castelot, 1892; Ashley, *Introduction to english economic history and theory*, trad. franç. de Bondois sur la 3e édit. sous le titre de *Histoire des doctrines économiques de l'Angleterre*, 1900; Ingram, *Histoire de l'économie politique*. — Comp. de Laveleye, *Eléments d'économie politique*, pour la Belgique ; et F. A. Walker, *Political economy*, aux Etats-Unis. — Cons. aussi Cohn, *Die heutige Nationalœkonomie in England* (*Iahrbuch* de Schmoller, 1899, p. 1 et suiv.), et Foxwell, *The economic movement in England* (*Quarterly Journal of Economics*, Boston, octobre 1887).

mandes développaient un système général d'intervention de l'Etat dans l'organisation de l'industrie, très différent du socialisme révolutionnaire en ce qu'il ne portait aucune atteinte ni à la constitution politique des Etats ni au régime de la propriété, mais empreint néanmoins de socialisme en ce qu'il assignait à l'Etat, dans l'organisation du travail, un rôle prépondérant. Modérées étaient les réformes immédiates réclamées alors (elles ont été dépassées depuis par maintes législations) ; mais le point de départ était de nature à encourager toutes les hardiesses. — Sur la déclaration célèbre des universitaires allemands au congrès d'Eisenach, oct. 1872, et la constitution du *Verein für Socialpolitik*, cons. notamment : Saint-Marc, *Rev. d'Econ. polit.* (1892, p. 245), et Andler, *op. cit.*

44. — Il est facile de comprendre comment de cette école unique, l'*école historique*, procédant d'une méthode d'observation scientifique rigoureuse, ennemie des généralisations systématiques, ont pu sortir plusieurs écoles aux tendances assez divergentes (bien que ces divergences tendent aujourd'hui à s'atténuer... V. *infra*) : l'école du *socialisme d'Etat* avec ses nuances assez fuyantes, l'école *sociale chrétienne*, l'école *éclectique*, l'école *coopérative*, et plus récemment l'école *solidariste*, qui d'ailleurs ne se différencie pas très nettement de l'école éclectique.

L'exagération du principe d'autorité, l'influence des doctrines socialistes éloquemment développées ou habilement présentées en Allemagne, avec un appareil scientifique impressionnant, par Lassalle, K. Marx et leurs disciples [1], les efforts croissants des Eglises, catholique ou protestantes, pour reconquérir la tutelle des âmes et participer au gouvernement des Etats, fût-ce au prix d'un retour, plus ou moins accentué suivant le milieu, aux doctrines égalitaires et même socialistes des premiers temps du christianisme : toutes ces causes réunies ont contribué à donner naissance dans les différents pays, soit au socialisme d'Etat, soit au socialisme chrétien, catholique ou évangélique. Mais ces deux écoles sont plutôt des déviations du rameau primitif ; et l'école éclectique actuelle, ou plutôt l'école *solidariste* qui n'a fait à vrai dire que préciser et rajeunir les formules de la première, nous semble se rattacher plus directement à l'école historique, dont elle a conservé la méthode positive, et la défiance des systèmes aprioristes.

---

[1] V. G. Blondel, *Les récents progrès du socialisme en Allemagne* (*op. cit.*); Du Sart, *Karl Marx, Vie et œuvres* (*Démocratie chrétienne*, sept.-oct. 1902) ; De Marans, *L'Etat socialiste* (Assoc. catholique, 1904, I, 132).

II. — *Les principales écoles interventionnistes*

A. Socialisme d'Etat. — **45.** — Le socialisme d'Etat, appelé aussi, (surtout par ses adversaires) *socialisme de la chaire*, attendu qu'il s'est développé principalement dans les Universités allemandes[1], d'où il s'est infiltré dans la législation ouvrière des Etats du centre de l'Europe, a pour principaux représentants, en Allemagne et en Autriche, MM. Ad. Wagner, Schmoller, Schæffle, Sombart, de Berlepsch, Bücher, Hitze, Herkner, Schwiedland, von Scheel, von Mayr, von Philippowich, Braun, Bœdiker, etc. (MM. Brentano, Conrad ou Schönberg se rattachant plutôt à l'école éclectique)[2]. — En France, nous citerons,

---

[1] Les adeptes du socialisme d'Etat sont également assez nombreux en dehors de l'Allemagne. En France, Dupont-White (*L'individu et l'Etat*, 1865) peut être considéré comme l'un des premiers théoriciens de l'école, à laquelle appartenait également, en Belgique, M. de Laveleye. — V. Spriet : Dupont-White, *Etude sur les origines du socialisme d'Etat en France*, 1901. — Plusieurs périodiques allemands correspondent, dans leur ensemble, aux doctrines de l'école. Tels sont : le *Iahrbuch* de Schmoller (Berlin), la *Zeitschrift für die gesammte Staatswirthschaft* de Schæffle (Stuttgard), la *Soziale Praxis*, de Francke (Berlin), la *Zeitschrift für Socialwissenschaft* de Wolf, les *Archiw für sociale Gesetzgebung und Statistik*, de Braun (Berlin), qui comptent d'ailleurs parmi leurs collaborateurs plusieurs socialistes purs, allemands ou étrangers, tels que Bernstein, Kautsky, Vandervelde, la *Zeitschrift für Volkswirthschaft, Socialpolitik...*, de Bœhm-Bawerk, etc. — V. aussi la collection des *Schriften des Vereins für Socialpolitik*. — Comp. : pour la France, la *Revue d'économie politique* (dirigée par MM. Cauwès, Gide, Schwiedland, Villey, Jay, Souchon et Germain Martin) qui, bien que correspondant plutôt aux tendances de l'école éclectique ou solidariste, est une tribune ouverte également aux travaux des écoles divergentes, soit dans le sens libéral, soit dans le sens socialiste. — La même observation pourrait être faite pour les *Questions pratiques de législation ouvrière et d'économie sociale*, revue fondée par nous en 1900, en collaboration avec M. Godart, ou pour la *Revue populaire d'économie sociale*. — *Adde : Notes critiques, sciences sociales*, de Andler, Blum, Durkheim, E. Lévy, Rist, revue bibliographique à tendances sociales accentuées. — Comp. les revues suivantes : *Schweizerische Blätter für Wirthschaft und Socialpolitik* de Reichesberg (Suisse) ; *Annals of the american Academy of political and social Science* (Etats-Unis), etc...

[2] Sur les nuances nombreuses, et fort délicates, de l'école allemande, cons. notamment : Saint-Marc, *Etude sur l'enseignement de l'économie politique* dans les Universités des pays de langue allemande, *Rev. d'écon. polit.*, 1892, p. 217 et s., 43 et s. ; Blondel, *Voyage social en Allemagne*, et Andler, *op. cit.* — En dehors des œuvres nombreuses des principaux représentants de l'école allemande, dont on trouvera l'énumération dans les histoires des doctrines de Cossa, ou de Rambaud, il convient de signaler ici tout spécialement deux grands recueils collectifs dont les collaborateurs représentent à peu près toutes les nuances de l'interventionnisme : le *Handbuch der politischen Œkonomie*, de Schönberg (collabor. : Conrad, Kohler, Lexis, Loning, Neumann, Scheel, Wagner, etc., 4e éd., 1896, Tubingen, 2 forts vol.), et l'*Handwörterbuch der Staatswissenschaft*, de Conrad (collabor. Elster, Lexis, etc..., Iéna, 1889-1894, 6 vol. — Cp. Stammhammer, *Bibliographie der Socialpolitik*, 1897. — V. aussi *Kritische Blätter für die gesamte Socialwissenschaften* (Bibliographie sociale, critique internationale), paraissant depuis 1905, Berlin.

parmi les représentants les plus en vue de cette tendance scientifique : MM. Jay, Bouglé, Cabouat, Depasse, Capitant, Delbet, A. Fontaine, Keufer, Métin, Paulet, B. Raynaud, Truchy ; et parmi les parlementaires ayant pris une part importante à la discussion des lois réglementaires de ces dernières années, MM. Dron, Dubief, Dutreix, Guieysse, Guillemet, Maruéjouls, Mesureur, etc.[1]. — Peuvent également être classés dans le même groupe en Belgique, MM. Ansiaux, Cornil, Dejace, Mahaim, Morisseaux, Pussemier, Varlez, Waxweiler, Wodon, etc.[2] ; en Suisse, MM. Bauer, Curti, Scherrer, Wuarin[3] ; en Italie, MM. Ferraris, Cusumano, Mortara, Vivante, etc. ; en Angleterre, MM. Rogers, Ashley ; aux Etats-Unis, MM. R. Ely, Willoughby, C. Wright, etc., etc.

Tous ces auteurs sont loin de s'entendre sur toutes les questions de réglementation législative du travail. Mais du moins procèdent-ils tous de ce principe commun, de ce postulat, nettement contraire à la doctrine libérale (qui envisage l'Etat comme un mal nécessaire), que l'Etat est, au contraire, l'*organe suprême du droit*, l'instrument de la justice. Sans l'intervention de l'Etat, les égoïsmes s'entrechoquent, et le fort écrase le faible : c'est à l'Etat, représentant des intérêts généraux, qu'il appartient d'intervenir pour réprimer la lutte des individualités égoïstes et oppressives, pour maintenir l'équilibre entre les différents facteurs de la production, et assurer une meilleure répartition de la richesse[4].

46. — En elle-même, la thèse nous paraît absolument juste. Ceux qui se posent en défenseurs de la liberté contre l'Etat ne sont que trop portés, lorsque leurs intérêts particuliers sont en jeu, à solliciter des pouvoirs publics une intervention favorable à ceux-ci ; et puisque, à moins de supprimer l'Etat, il y aura toujours une certaine contrainte légale, mieux vaut assurément que cette contrainte « s'exerce au profit

---

[1] Parmi les ouvrages des auteurs précités, que nous aurons l'occasion de citer au cours de cet ouvrage, cons. principalement au point de vue des tendances : Jay, *Etudes sur la question ouvrière en Suisse*, 1893 ; *L'évolution du régime légal de travail* (*ibid.*, 1897, p. 575), et *Protection légale des travailleurs*, 1904 ; Capitant, *Les retraites ouvrières*, 1899 ; Depasse, *Transformations sociales* ; Truchy, *Le système des impôts directs d'Etat en France*, 1901 ; Vivante, *La pénétration du socialisme dans le droit privé* (*Quest. pratiques*, 1903, p. 33 et 65).

[2] Cons. notamment les rapports ou communications de MM. Mahaim, Varlez, Waxweiler, aux Congrès de Bruxelles, 1897, de Paris, 1900, ou de Bâle, 1903. — Comp. Ansiaux, *La théorie de l'individualisme* (*Rev. d'écon. pol.*, 1896, p. 855 et s.).

[3] V. Wuarin, *Une vue d'ensemble de la question sociale*, 1896.

[4] Sur le développement parallèle du socialisme d'Etat dans les différents pays, cons. notamment : De Ronchamp, *Les progrès du socialisme d'Etat en Europe* (*Rev. d'écon. pol.*, 1895, p. 769) ; Mataja, *Socialisme municipal* (*Rev. d'écon. pol.*, 1894, p. 968, et 1895, p. 49) ; Cossa, p. 420 et s. ; Rambaud, p. 347 et s. — Cf. Sombart, *Sozialismus und sociale Bewegung*, 5e éd., 1906.

de la collectivité entière, au lieu ne n'être mise en jeu que pour la défense de certains intérêts particuliers » Wuarin, *op. cit.*, p. 159).

47. — Mais sur cette voie de l'interventionnisme érigé en *système*, faisant antithèse à la thèse libérale, la pente est glissante, et plusieurs théoriciens du socialisme d'Etat sont parvenus, par une gradation logique, à des théories d'avant-garde, assez voisines de la thèse collectiviste. C'est ainsi qu'Ad. Wagner[1] réclame certaines limitations de la propriété privée, destinées à diminuer progressivement les inégalités sociales, et une extension corrélative du domaine de la *propriété sociale* : programme dont la mise à exécution, même par des voies rigoureusement légales, ne laisserait pas que d'entraîner un ébranlement considérable de l'ordre social actuel. Conf. également les conclusions de Laveleye (*La propriété et ses formes primitives*), de Scheel, de Neumann, d'Andler, etc... Schæffle va plus loin encore, et dans une de ses œuvres au moins[2], semble admettre la possibilité de la réalisation des doctrines collectivistes.

48. — **Fonctions économiques de l'Etat ou de la commune.** — D'autre part, le socialisme d'Etat a une tendance très nette à étendre progressivement le rôle économique de l'Etat ou des communes, et à favoriser soit la mainmise de l'Etat sur les voies ferrées ou les mines, soit l'exploitation en régie par les municipalités de tout un ensemble de services qui jusqu'ici étaient généralement exploités par des compagnies concessionnaires, eaux, gaz, transport en commun, etc.[3]. M. Gide, qui, tout en se séparant sur certains points du socialisme d'Etat (V. *infra*) en a cependant, avec une grande netteté, retracé la genèse et présenté la justification, fait remarquer, au sujet de cette extension du rôle économique de l'Etat, que l'objection des libéraux, tirée de l'incapacité prétendue de l'Etat en cette matière, n'a qu'une valeur très relative. Jusqu'à présent, en effet, dit-il, « l'Etat n'a été organisé qu'en vue de ses fonctions politiques et nullement de ses fonctions économiques..., mais il est permis d'espérer que le jour où l'Etat sera constitué en vue de ses nouvelles fonctions, il pourra exercer dans le domaine économique une action plus rationnelle et plus efficace que celle qu'il a exercée jusqu'à présent » (Gide, *Principes d'économie politique*, 7e édition, 1901, p. 87).

---

1 *Lehrbuch der politischen Œkonomie*, Leipzig, 7 vol. 1876-1893 (*Cf.* trad. Polack, sous le titre : *Les fondements de l'Economie politique*, 1904).

2 *Quintessence du socialisme*, trad. Malon. — Schæffle, il est vrai, dans un ouvrage postérieur (*Aussichtslosigkeit der Socialdemokraten*) s'est nettement écarté du collectivisme.

3 Sur le développement du socialisme d'Etat dans les colonies anglaises autonomes, spécialement en Australie et Nouvelle-Zélande, v. *infra*, nos 489, 947 et s. — Sur le développement du socialisme municipal dans la plupart des pays industriels,

B. Socialisme chrétien ou christianisme social. — **49.** — Le socialisme chrétien est plutôt une tendance qu'une école. Il n'est pas toujours facile en effet de classer tel économiste catholique dans l'école de Le Play ou dans celle du christianisme social, d'autant plus que parfois des avertissements venus de la Cour de Rome refrènent certaines hardiesses jugées compromettantes ; pas plus qu'il n'est aisé de différencier un socialiste chrétien d'avant-garde d'un socialiste d'Etat pur ou même d'un collectiviste réformiste.

D'une manière générale cependant, les adeptes du socialisme chrétien, catholique ou évangélique [1], se reconnaissent à deux signes distinctifs, qui permettent de les différencier, soit des libéraux chrétiens, comme Le Play, soit des interventionnistes sans épithète : — 1° Ils sont partisans d'une intervention de l'Etat plus ou moins accentuée en faveur des travailleurs, et constituent ainsi, dans les principaux pays civilisés, un véritable parti *démocrate chrétien* ; — 2° Ils ne conçoivent pas un Etat affranchi du dogme, mais un Etat dominé au contraire et dirigé par la tradition chrétienne : les catholiques se réclamant des pères de l'Eglise et des encycliques du Pape Léon XIII (Encycl. *Rerum novarum*, et *Graves de communi*), les protestants s'appuyant sur l'Evangile et s'efforçant de réaliser le *royaume de Dieu* sur terre [2].

---

notamment en Angleterre, en Italie, en Allemagne, etc., v. *infra*, nos 612, 662 et s.

[1] Le catholicisme social, en France, remonte à Lamennais (journal *L'Avenir*). — Du reste, la plupart des socialistes français, dans la période comprise entre 1830 et 1850, Buchez, Ott, Roux-Lavergne, de Coux, Pecqueur, etc., se réclament du christianisme, et s'intitulent démocrates chrétiens. Mgr de Ketteler, l'ami de Lassalle, et l'un des fondateurs du catholicisme social allemand, est manifestement, au point de vue social, un disciple de Lamennais. — Cons. sur l'histoire du mouvement catholique social : de Girard, *Ketteler et la question ouvrière*, 1896 ; Nitti, *Socialisme catholique* ; R. P. Maumus, *L'Eglise et la France moderne*, 1893. — C'est en Angleterre qu'a pris naissance, avec Th. Carlyle, Kingsley, Ludlow, le socialisme évangélique, qui s'est ensuite introduit et développé aux Etats-Unis, dans les colonies anglaises, et (quoique avec un moindre succès) en Allemagne. Cons. sur l'évolution de ce mouvement : Métin, *Le socialisme en Angleterre* ; Verhaegen, *Socialistes anglais* ; Rév. Kerby, *Le socialisme aux Etats-Unis* ; Rév. Maurice, *Christian socialism* ; L. Brentano, *Die christlich-sociale Bewegung in England*, Leipzig, 1883 ; Sombart, *op. cit.* ; Price, *History of political economy in England* ; Goyau, *L'Allemagne religieuse, protestantisme*, 1898 ; Judson, Cochran, etc., *Social Work of the Church* (*Annals of american Academy* de Philadelphie, nov. 1907). — Comp. (mais dans un sens défavorable à ce mouvement social) : Périn, *Socialisme chrétien*, 1879, et *Le salaire d'après l'encyclique*, 1891 ; Rambaud, p. 484 et s. ; Joly, *Le socialisme chrétien*, 1892. — Sur le mouvement éthique, parallèle au mouvement social chrétien, mais sans caractère confessionnel défini, provoqué par les œuvres de Ruskin, de Toynbee, l'apôtre des œuvres de patronage social : Cons. Brentano, Price, Verhaegen, *op. cit.*, Geddes, *John Ruskin economist* (Edimbourg, 1884), et Brunhes, *Ruskin et la Bible*.

[2] Il convient de citer, parmi les catholiques sociaux dont les œuvres ou la propagande ont exercé dans ces dernières années, ou exercent encore le plus d'influence : en France, MM. de Mun, Lorin, de la Tour du Pin, de Ségur-Lamoignon, P. de

50. — L'ordre social suivant l'idéal chrétien. — En d'autres termes, les chrétiens sociaux ou démocrates chrétiens[1], abstraction faite des nuances individuelles ou confessionnelles, prennent pour devise de leurs revendications cette éloquente parole de Lacordaire : « Entre le fort et le faible, entre le riche et le pauvre, c'est la liberté qui tue, c'est la loi qui affranchit ». C'est la pure formule du socialisme d'Etat, avec cette différence toutefois que la loi, pour les socialistes chrétiens, est une loi calquée sur les enseignements du christianisme. Toute la société doit être réorganisée suivant l'idéal chrétien ; lorsque les représentants des pouvoirs publics auront, par des lois appropriées, restauré l'autorité du père dans la famille, du *patron* dans l'atelier, de l'Eglise dans l'Etat, chacun se retrouvera à son poste providentiel, les ouvriers accepteront docilement la tutelle bienveillante des patrons, et l'ordre succédera à l'anarchie économique.

Ségur, Turmann, Lapeyre, abbé Lemire, Bureau, Boissard, Le Cour-Grandmaison, Fonsegrive, abbé E. Blanc, abbé Six, R. P. Meyer, Duthoit, etc. (Organes périodiques : *L'Association catholique, La Démocratie chrétienne, Le Sillon* (M. Sangnier), *La Démocratie du Sud-Est, L'Action populaire* (de Reims), *La justice sociale* (Abbé Naudet) ; — centres de groupement : Congrès périodiques des Unions de la démocratie chrétiennes, Semaines sociales) ; — en Belgique, MM. Verhaegen, président de la Ligue démocratique belge, Deploige, de Wiart, Dubois, Legrand, Nyssens (l'éminent ministre du travail, récemment décédé), etc. (organe : *Revue sociale catholique*) ; — en Suisse, MM. Mermillod, Decurtins, de Girard ; — en Angleterre, cardinal Manning ; — en Allemagne, l'abbé Hitze, Mgr Fischer, cardin. archev. de Cologne, — (Congrès périodiques très suivis) ; — en Autriche, le prince de Lichtenstein, leader de l'antisémitisme, le comte de Lœsevitz, MM. de Vogelsang, Rudolf Meyer ; — en Italie, M. Toniolo, l'un des organisateurs de l'œuvre des Comités et Congrès, approuvée il y a quelques années par le Saint-Siège (organes périodiques : *Il domani d'Italia, Fascio democratico*) ; abbé Murri, chef des démocrates chrétiens (*Rivista di coltura*) ; — aux Etats-Unis, l'abbé Mac-Glyn.

Nous citerons, parmi les socialistes évangéliques : en France, MM. Sabatier, Babut, Chastand, Recolin, Ch. Robert (revue : *Le Christianisme pratique* ; centre de groupement : l'*Association protestante pour l'étude pratique des questions sociales*) ; — en Angleterre, le Rév. Headlam, fondateur de la *Guild of Saint-Mathew* ; — aux Etats-Unis, les pasteurs Bliss, Herron, etc. (*Church social union*) ; — en Allemagne, MM. Todt, Gœhre, le pasteur Stœcker (*Central Verein fur social Reform, Christlich-sociale Blätter*). — Pour l'étude du mouvement chrétien social contemporain, cons. outre les ouvrages précités : R. P. Meyer, *Principes fondamentaux de la sociologie chrétienne*, 1893 ; Gœhre, *Die evangelisch-soziale Bewegung*, Leipzig, 1896 ; Dechesne, *Le mouvement social évangélique en Allemagne* (*Rev. d'économie polit.*, 1896, p. 1001 et s.) ; Max Turmann, *Le catholicisme social depuis l'encyclique Rerum novarum*, 1900 ; Goyau, *Autour du catholicisme social*, et *Le Pape, les catholiques et la question sociale*, 1895 ; Brants, *Mouvement social et action catholique en Allemagne* (*Réforme sociale*, 11 décembre 1900) ; Fonsegrive, *La crise sociale*, 1901 ; Toniolo, *Tratt. di economia sociale*, Florence, 1907 ; Duthoit, *Leçons données aux semaines sociales*, 1907 ; *Guide social*, paraissant annuellement depuis 1904. — Voir aussi le *Staatslexikon* du Dr Bachem, 5 vol., Fribourg-en-Brisgau.

[1] Beaucoup d'entre eux, notamment M. de Mun, protestent contre le qualificatif de socialistes chrétiens qui leur est communément appliqué par leurs adversaires ; quelques-uns l'acceptent cependant, surtout en Allemagne et aux Etats-Unis.

51. — Signalons toutefois les tendances collectivistes de certains chrétiens sociaux, pour la plupart du groupe évangélique, dont les doctrines semblent assez voisines de celles d'Henry George ou de K. Marx. L'abbé Mac-Glyn, irlandais d'Amérique, était l'un des membres les plus influents du *parti George*; la *Guild of Saint-Mathew* (association évangélique anglaise) a des tendances socialistes qui la rapprochent du parti fabien ; il en est de même d'une fraction du parti évangélique allemand. Les catholiques sociaux, en Belgique et en Suisse, sont aussi en coquetterie avec le marxisme, et cette communauté partielle de vues se manifesta nettement au congrès de Zurich de 1897. Les récentes élections autrichiennes (1907) ont également déterminé un rapprochement entre les socialistes et les chrétiens sociaux, qui, par leur union, sont aujourd'hui de force à contrebalancer l'action des autres partis.

En France, la ligne de démarcation est beaucoup plus tranchée entre le parti socialiste et les chrétiens sociaux; les catholiques se bornant, en général, à réclamer l'intervention de l'Etat en faveur des faibles et la réorganisation de l'industrie sur la base corporative [1], les protestants se rattachant plutôt à la doctrine solidariste, dont nous parlerons plus loin (V. Gide, p. 40). Signalons toutefois, parmi les théoriciens actuels du catholicisme social, une évolution marquée dans le sens démocratique : plusieurs d'entre eux sont résolument hostiles à la conception aristocratique de Le Play, tendant à subordonner au patronat les groupements ouvriers [2].

Cette évolution se poursuivra-t-elle en présence de l'attitude rétrograde du pape actuel et de la condamnation du *modernisme* par l'encyclique *Pascendi*, signalés plus haut ? Il serait téméraire de formuler, à cet égard, un pronostic précis. Après le premier moment de stupeur causé par cette déclaration de guerre à la société et à la pensée modernes, plus violente encore que celle de Pie IX il y a quarante ans, plusieurs courants se sont dessinés dans les milieux catholiques d'avant-garde. Le P. Tyrrell, l'un des chefs les plus en vue du modernisme, n'a pas dissimulé sa désapprobation des tendances actuelles du Saint-Siège (*The pope and modernisme*, *Times*, n°s 30 sept., 1er oct. 1907). En France, à part les abbés Loisy et Naudet [3], les plus compromis se sont effacés (disparition de *Demain*, direct. P. Jay, revue d'une

[1] Voir notamment : Boissard, *Le syndical mixte*, 1896. — V. aussi, pour l'Espagne, *La Paz Social* (dir. S. Aznar), Madrid.

[2] V. spécialement : Bureau, *Le contrat de travail, le rôle des syndicats professionnels*, 1902. — V. aussi Chaine, *Les catholiques français*, 2e éd., Lyon, 1908.

[3] *L'encyclique Pascendi et les catholiques progressistes*, par l'abbé Naudet (*Les documents du Progrès*, revue internationale, 1er n^{o}, décembre 1907).

haute tenue littéraire dont l'autorité morale allait grandissant); quelques-uns mêmes ont fait un acte éclatant de soumission, espérant ainsi détourner les foudres romaines. Ainsi ont procédé la *Démocratie chrétienne* (*Une heure historique. Au lendemain de l'encyclique Pascendi*, par Mgr Vanneufville, *Démocr. chrét.*, n° 8 nov. 1907), et, en Italie, l'abbé Murri.

Mais ces soumissions, si humbles soient-elles, suffiront-elles à combler le fossé profond qui sépare les démocrates chrétiens des ultramontains? A vrai dire, nous en doutons fort. La mise à l'index des œuvres exégétiques de l'abbé Loisy, du Sillon et de ses congrès, le régime de suspicion auquel sont soumis les prêtres libéraux, notamment l'abbé Lemire, député du Nord, l'un des chefs le plus courageux du mouvement catholique social, sont des symptômes trop significatifs pour nous laisser beaucoup d'illusions. — Cf. dans le *Journ. des Débats*, la série des correspondances romaines publiées sous le titre : *La politique de Pie X*; V. notamment les nos des 5 et 10 oct. 1907. — *Contra* (note favorable à la politique romaine); R. Longray, *Le nouveau Syllabus* et l'*Encyclique contre le modernisme* (*Rev. de psychologie sociale*, juill.-août, sept.-oct. 1907).

C. Ecole éclectique. — **52.** — L'école éclectique [1] accepte le même point de départ que l'école du socialisme d'Etat. Elle n'admet pas,

---

[1] L'*école éclectique*, par ses doctrines mêmes, comporte les nuances les plus variées, et rien n'est plus malaisé que de tracer la ligne de démarcation qui la distingue des autres écoles interventionnistes. Voici cependant, sous toutes réserves, une liste, d'ailleurs très incomplète, des auteurs qui nous paraissent, par leurs tendances générales, se rattacher à cette école (comme précurseurs, fondateurs ou adhérents). En *France*, le représentant le plus autorisé de cette école est M. Cauwès, président de la *Société d'économie politique nationale*, président honor. de l'*Assoc. nationale française pour la protection légale des travailleurs*, fondée par le Congrès de Paris, dont il est question *infra* : lui-même déclare s'être inspiré des doctrines de Dupont White, List et Carey (*Cours d'économie politique*, introduct. et t. IV, *Revue des doctrines et des écoles*). — Peuvent être classés dans le même groupe, parmi les auteurs déjà cités précédemment : MM. Bourguin, Bry, Duguit, Espinas, Fouillée, Hauriou, Henry Michel, Rist, Souchon, Worms. — V. aussi Bellom, *Les lois d'assurances ouvrières à l'étranger*, 9 vol. parus ; Berthélemy, *Traité de droit administratif*, 4e éd., 1906, *passim* ; Brouilhet, *L'assurance ouvrière en Allemagne*, 1896 ; Campredon (de Ronchamp), *Les progrès du socialisme d'Etat*, précit. ; E. Chatelain, *Le problème de la répartition proportionnelle du revenu* (*Quest. pratiques*, 1907) ; P. Deschanel, *La question sociale*, 1898 ; Funck-Brentano, *Nouveau précis d'économie politique*, et *Science sociale, morale politique*, 1896 ; Laborde, *Lois nouvelles sur les questions ouvrières, revue critique* (*Le droit industriel*, numéros de janvier, mars 1892) et études diverses ; Lacour, notes d'arrêts dans le *Dalloz* ; Lambert, *Fonctions du droit civil comparé*, 1903, *passim* ; Mongin, notes d'arrêts dans les *Pandectes françaises* ; Pascaud, *Le contrat de travail* (*Rev. générale du droit*, 1901) ; Perreau, *Rapp. sur le contrat de travail*, 1907 ; Thaller, études diverses dans les *Annales de droit commercial et industriel*, et *Traité de droit commercial*, *passim* ; Torau-Bayle, *Le problème social et l'indivi-*

avec les libéraux intransigeants, que l'État soit un mal; elle estime, au contraire, que l'État a des fonctions multiples indispensables au bon fonctionnement de l'organisme social. Ces fonctions comportent un certain droit de contrôle, voire même une certaine tutelle à exercer, sur les contrats entre particuliers, lorsqu'un intérêt général est en jeu, et que l'abstention serait de nature à favoriser l'exploitation des contractants les plus faibles par les plus forts.

L'école libérale classique compte sur la liberté économique pour corriger tous les abus, l'école libérale chrétienne escompte les heureux effets du patronage et du régime corporatif restauré. L'une et l'autre, faute d'avoir pris contact avec la réalité, ou d'avoir voulu déduire les conclusions logiques de leurs enquêtes, sont d'un optimisme que l'école éclectique se refuse à partager. Pour attribuer à la politique du laissez-faire les surprenants effets que persistent à en attendre les libéraux, malgré le démenti des faits, il faut commencer par faire abstraction de cette vérité primordiale, à savoir « que les hommes entrent dans la lutte économique très inégalement pourvus des facultés requises… d'où il suit qu'au lieu de contribuer au plus grand bien de tous, la politique du laissez-faire crée d'une part des colosses, et de l'autre met la majo-

---

dualisme (*Rev. pol. et parl.*, 1898, t. XVIII, p. 142). — Comp. les discours parlement. de Barthou, Poincaré, Savary, Strauss, R. Waddington, etc.

En *Angleterre*, l'on pourrait citer comme appartenant aux mêmes tendances : Cliffe Leslie, Ingram, Foxwell, et (malgré de graves divergences) Stanley-Jevons. — En *Belgique* : Waelbroeck (*Législation industrielle*, 2 vol., 1865), Lambrechts. — Aux *Etats-Unis* : Carey, Thomson, Greeley, Clark. — En *Allemagne* et en *Autriche* : List, Hildebrand, Brentano, Schönberg, Conrad, Cohn, Lexis, Mataja, Menger. — Sur les nuances assez fuyantes de l'école allemande et sur la difficulté de différencier les éclectiques des socialistes d'Etat, cons. Saint-Marc, *Etude sur l'enseignement de l'économie politique dans les Universités des pays de langue allemande* (*Rev. d'écon. pol.*, 1892, p. 217 et suiv., 423 et suiv.). — Cons. au surplus, pour l'étude des doctrines interventionnistes modérées enseignées dans les Universités allemandes : Cohn, *System der Nationalœkonomie*, 3 vol., Stuttgard, 1891 ; Elster, *Wörterbuch der Volkswirthschaft*, 2 vol., Iéna (ouvr. collectif) ; Conrad, *Leitfaden zum Studium der Volkswirthschaftspolitik*, Iéna, 1901. — En *Italie* : Messedaglia, Nitti (directeur de la *Riforma Sociale*), della Volta, Salerno, Gobbi, Sraffa, de Marinis. — En *Espagne* : Piernas y Hurtado, de Saralegui y Medina.

Nous avons déjà fait observer que la *Revue d'économie politique*, bien que constituant une tribune ouverte à toutes les doctrines, est plus spécialement, en France, l'organe de l'école éclectique ou solidariste. — V. aussi nos *Questions pratiques de législation ouvrière* ; la *Revue pratique de droit industriel* ; le *Musée Social* (*Bull. mensuel* et *Mémoires et documents*), la *Rev. politique et parlementaire*, les *Annales de droit commercial et industriel*; le *Moniteur des Syndicats ouvriers*; les ouvrages collectifs précités de Conrad et de Schönberg. — Comp. *Revue pratique de droit industriel*, dir. par Bodeux (Liège) ; *Revue des accidents du travail*, dir. par Smeysters et Demeur (Bruxelles) ; *Economic journal* (Londres) ; *Economista* (Florence) ; *Il contratto di lavoro* (Rome) ; *Rivista di diritto commerciale*, etc., de Sraffa et Vivante (Parme) ; *Annals of the american Academy of political and social science* (Philadelphie) ; *Boletin de la Sociedad de fomento fabril* (Santiago-Chili), etc.

rité dans un état qui rend impossible la réalisation des tâches morales » (Brentano, *Le concept de l'éthique et de l'économie politique*, *Rev. d'écon. polit.*, janv. 1902).

53. — La restauration du patronage corporatif chrétien suffirait-elle, comme l'affirme l'école de Le Play, à faire disparaître dans la mesure du possible ces inégalités, et à corriger les abus de la liberté illimitée? Sans nier la puissance de l'association, association de défense professionnelle ou association coopérative, l'école éclectique, forte d'une expérience de plus d'un siècle, se refuse également à l'admettre. Il serait chimérique de prétendre restaurer en France la corporation de jadis, avec ses cadres rigides, son caractère aristocratique, son traditionalisme chrétien ; sans être hostile aux syndicats mixtes, l'école éclectique accorde sa préférence aux syndicats homogènes, patronaux ou ouvriers, sans aucune prééminence au profit de l'un des éléments sur l'autre, et dégagés de toute attache confessionnelle.

Mais ces organisations syndicales, si puissantes qu'on les suppose, ne sauraient, par elles-mêmes, extirper tous les abus. L'expérience des Etats dans lesquels les groupements ouvriers sont parvenus au plus haut degré de puissance, l'Angleterre et les Etats-Unis notamment, démontre que, s'ils ont souvent assez d'influence pour promouvoir les réformes reconnues nécessaires, ils ne sauraient prétendre à les réaliser toutes directement sans le concours de la loi [1]. Au surplus, s'ils devenaient jamais assez puissants pour faire triompher directement leurs revendications et s'emparer de la souveraineté économique, comme le souhaitent leurs partisans les plus ardents [2], il est à supposer que les libéraux regretteraient alors de n'avoir pas réalisé par les voies légales les réformes nécessaires; car la liberté d'action des chefs d'industrie serait assurément, dans une société gouvernée de fait par les syndicats [3], plus étroitement limitée que dans un Etat de réglementation légale stricte.

54. — Non moins irréalisable est l'espoir, formulé par une fraction de l'école de Le Play, de mettre fin aux conflits du capital et du travail par un ensemble d'institutions patronales, destinées à pourvoir, soit aux besoins matériels, soit aux besoins moraux ou intellectuels de la classe ouvrière (Sur ces institutions multiples, V. notre titre IV *infra*).

Nous ne contestons pas l'efficacité du patronage, exercé, soit individuellement par le chef d'industrie à l'égard de son personnel, soit

---

[1] V. en ce sens : Jay, *Une forme nouvelle d'organisation du travail par les groupements professionnels* (*Rev. d'écon. polit.*, 1901, p. 270).
[2] V. Boncour, *Fédéralisme économique*.
[3] Ex. : Australie et Nouvelle-Zélande.

collectivement à l'égard des travailleurs par des associations philanthropiques; mais nous estimons d'abord que le patronage doit être discret pour être aisément accepté, ensuite et surtout qu'il est, dans l'organisation industrielle actuelle, des abus trop graves, et trop généralisés pour que l'initiative privée, livrée à ses propres ressources, puisse en avoir raison. Pour un patron qui se conformera au devoir moral de solidarité, dix peut-être ne s'y conformeront pas! Et nul ne saurait leur en faire un crime, attendu qu'ils sont eux-mêmes, bien souvent, les victimes de la loi implacable de la concurrence. Aussi a-t-on vu maintes fois, dans les enquêtes qui ont précédé le vote des lois de 1892 et de 1900 notamment, des chefs d'industrie désireux d'améliorer la condition de leur personnel réclamer instamment une intervention législative, qui en interdisant aux patrons peu scrupuleux certains modes d'exploitation manifestement condamnés par l'humanité ou par l'hygiène, pouvait seule leur permettre, sans courir le risque d'une ruine presque inévitable, de réaliser dans leurs établissements des réformes plus profondes, telles par exemple que la suppression du travail de nuit.

55. — Sans doute, l'école éclectique ne tient pas pour légitimes tous les modes d'intervention de l'Etat. Elle estime, au contraire, et en cela elle se sépare nettement des socialistes d'Etat nuance Wagner ou Schæffle, par exemple, que l'Etat excéderait ses droits en intervenant directement dans le contrat de salaire pour assurer une meilleure répartition entre les ayants droit[1]. Mais elle considère que le plus sûr moyen d'échapper aux expériences collectivistes qu'elle tient pour néfastes, n'est point d'afficher un optimisme imperturbable et de répéter à satiété la vieille formule usée « laissez-faire, laissez-passer », mais bien de s'appliquer à délimiter avec précision les attributions normales de l'Etat, et de dégager, par une étude attentive de l'organisation industrielle moderne, les principes permettant d'assigner à l'Etat son véritable rôle, et d'apprécier à leur juste valeur les lois ou projets de lois ouvrières élaborés avec tant d'ardeur par la plupart des Parlements.

Le rôle de l'Etat n'est pas seulement d'assurer la défense du territoire et de rendre la justice, comme le prétendent certains individualistes. Il doit aider aussi au développement de la richesse générale, soit par des travaux productifs, soit par un système rationnel d'impôts, voire même par des taxes et droits modérés, destinés à protéger les industries nationales contre certaines concurrences étrangères, en tant

[1] Pour la critique du socialisme d'Etat *intégral*, cons. notamment : Bourguin, *op. cit.*, p. 89; Rist, *Origine du socialisme d'Etat*, précité (conclusions).

du moins que ces taxes sont reconnues nécessaires pour rétablir l'égalité entre les producteurs français et leurs concurrents du dehors. Il doit, d'autre part, dans l'intérêt de l'ordre social, non pas sans doute intervenir directement dans les contrats industriels, mais tout au moins veiller à ce que les contractants soient *vraiment libres*, réprimer l'exploitation abusive du salarié par le chef d'industrie, et imposer dans ce but aux industriels tout un ensemble de mesures destinées à protéger la vie, la santé, la moralité du travailleur [1].

D. Coopératisme ; solidarisme. — **56.** — Les écoles dites *coopérative, solidariste*, ne sont à vrai dire que des variantes de la précédente. Elles en diffèrent surtout en ce qu'elles s'appliquent à dégager un *criterium* précis permettant d'établir une ligne de démarcation rationnelle entre l'action de l'État et l'action individuelle.

57. — École coopérative. — Le chef de l'*école coopérative*, qui voit dans le développement indéfini de la coopération de production et dans sa substitution progressive au salariat la solution du problème social, est incontestablement, pour la France, M. Gide, qui dans ses conférences de propagande et ses nombreux travaux sur la coopération [2], a éloquemment mis en relief les avantages de la coopération, envisagée comme moyen de faire passer pacifiquement, sans révolution

---

1 Cf. Cauwès : t. Ier, nos 364 et s.; t. III, nos 837 et s.; et disc. inaugural du Congrès internat. de Paris, *Quest. pratiques de lég. ouvr.*, 1900, p. 344; Pic et Brouilhet, *Les limites de l'interventionnisme* (Soc. d'écon. polit. de Lyon, compt. r. 1901-1902, p. 294, 309 et s.).

2 Gide, *La coopération, conférences de propagande*, 2e éd., 1906. — Conf. du même auteur ; *De la coopération et des transformations qu'elle est appelée à réaliser dans l'ordre économique* (*Rev. d'écon. polit.*, 1889, p. 473; *Concurrence ou coopération* (*Musée social*, 1899, p. 97); *Les sociétés coopératives de consommation*, 1904; *Economie sociale*, 3e éd., 1907. — V. aussi la plupart des auteurs classés *infra* parmi les solidaristes, et spécialement : Waldeck-Rousseau, *Questions sociales*, 1900; Cabouat, *Syndicats et coopératives*, 1902. — Sur les initiateurs, les théoriciens ou les historiens du mouvement coopératif tant en France qu'à l'étranger, et spécialement sur l'influence exercée ou l'importance de l'œuvre réalisée par les Lassalle, Schulze-Delitsch, Lange ou Raiffeisen en Allemagne, par les Carlyle, Kingsley, Denison Maurice en Angleterre, les Secrétan en Suisse, les U. Rabbeno, Vollemborg, Luzzati en Italie, ainsi que par les coopérateurs socialistes de la Maison du peuple de Bruxelles, du Vooruit de Gand, et des œuvres similaires de l'étranger, v. *infra*, dans notre titre IV, le chapitre consacré à la coopération. — Cpr. aussi, *infra*, les conclusions de notre chapitre sur les *syndicats professionnels*. — Nous ne citons pas les libéraux chrétiens parmi les adhérents de l'école coopérative, attendu que, bien que l'école de Le Play soit aujourd'hui beaucoup plus favorable à la coopération qu'à l'origine, elle n'envisage cependant les institutions coopératives que comme un subsidiaire des œuvres patronales. Pour les coopératistes, au contraire, la généralisation du système coopératif est *le but*, les institutions de patronage ne sont qu'un palliatif, d'une efficacité d'ailleurs restreinte (Gide, *Principes d'écon. pol.*, p. 39).

Organe de l'école : *L'Emancipation*, de Nîmes. — V. aussi *Rev. de psychologie sociale*.

violente et sans expropriation, les instruments de production des mains de l'oligarchie patronale en celles de la masse ouvrière.

Aujourd'hui, sous le régime du *salariat*, il n'y a pas d'association économique véritable entre l'ouvrier et le patron; l'un et l'autre sont bien associés *dans la production*, mais nullement *dans la répartition*; et c'est précisément cette conviction du travailleur qu'il n'a rien à prétendre, dans l'organisation actuelle, sur les bénéfices de l'entreprise, qui est la cause primordiale de l'antagonisme du capital et du travail. C'est ce vice irrémédiable du salariat que dénonce l'école coopérative: pour elle, dans la société de l'avenir, à laquelle il est possible de parvenir graduellement, par étapes (la participation aux bénéfices généralisée constituant la plus importante de ces étapes), l'association patronale doit faire place « à l'association intégrale, c'est-à-dire libre, complète, embrassant la répartition aussi bien que la production, et dans laquelle *chacun aura la claire conscience qu'il fait partie d'une œuvre collective et la ferme volonté d'y coopérer* » (Gide, *Principes d'écon. pol.*, p. 190).

58. — École solidariste. — Quelque séduisantes que soient les perspectives d'avenir ouvertes par l'école coopérative, l'on est bien obligé de convenir que la solution qu'elle préconise, impliquant une transformation profonde de la société économique, est trop éloignée pour qu'il soit permis d'en attendre, dans le présent, un remède suffisant aux vices de l'organisation industrielle contemporaine.

Trop d'obstacles matériels ou moraux, M. Gide en convient tout le premier, s'opposent encore aujourd'hui à l'extension indéfinie de la coopération de production, pour qu'il soit permis d'envisager comme une possibilité prochaine la disparition du salariat; et cependant bien des abus, dont souffre la masse travailleuse, appellent un prompt remède.

59. — Ce remède, une école très en faveur aujourd'hui, qui rallie sous son drapeau éclectiques, coopérateurs, et même bon nombre de socialistes d'Etat, partisans de réformes profondes, mais résolument opposés au collectivisme révolutionnaire, le trouve dans le *solidarisme*.

Assurément, la notion de la *solidarité*, qui unit virtuellement tous les membres d'un même Etat, et dont le législateur doit s'inspirer pour réaliser les réformes nécessaires, n'est point une nouveauté. Elle a inspiré les systèmes de reconstruction sociale des socialistes utopistes de la première moitié du XIXe siècle, de Fourier et de P. Leroux; elle est à la base de la morale positiviste (*altruisme*) d'Auguste Comte et de son école; elle se retrouve dans toutes les œuvres des écrivains interventionnistes, à quelque nuance qu'ils appartiennent; elle domine toutes les recherches des nombreux économistes qui, abstraction faite de leurs tendances ou de leurs croyances, se sont appliqués à faire prévaloir le point de vue moral sur le point de vue égoïste. Mais le mérite de l'école nouvelle est d'avoir précisé et systématisé cette notion un peu vague, et d'avoir établi que la *solidarité*, — de plus en plus active et efficace au fur et à mesure qu'elle passe du domaine organique et inconscient dans le domaine des réalisations conscientes et voulues, soit par l'union en faisceau des initiatives privées, soit par le progrès des groupements professionnels, soit par l'action stimulante des pouvoirs publics, — est la loi même du progrès social, la condition première du développement harmonique de toutes les activités individuelles.

60. — L'école solidariste se rapproche donc de l'école de Le Play [1] en ce qu'elle place le point de vue éthique avant le point de vue économique ; du socialisme d'Etat ou de l'école sociale chrétienne en ce qu'elle admet la nécessité d'une intervention énergique des pouvoirs publics en faveur des faibles. Mais elle trouve, dans le concept scientifique de l'organisme social, où tout au moins, car il n'est pas nécessaire d'être un adepte de l'école biologique pour être solidariste [2], dans la conscience de plus en plus nette de l'*interdépendance*, morale et juridique à la fois, de tous les individus dont se compose la société, la raison d'être, la justification scientifique de toutes les réformes, morales et législatives, qu'elle préconise, sans hostilité au regard des dogmes, mais sans le concours nécessaire de ceux-ci.

61. — Le point de vue scientifique et naturiste est nettement indiqué dans le passage suivant du discours prononcé aux fêtes du jubilé de M. Berthelot (24 nov. 1801) par l'illustre savant : « De la connaissance plus profonde de l'univers et de la constitution physique et morale de l'homme résulte une nouvelle conception de la destinée humaine, diri-

---

[1] Ou de l'école anglo-américaine qui s'inspire des enseignements de Ruskin (v. Ruskin, *Unto this Last*, trad. Peltier, introd. Brunhes, 1902). Cette école a pour principal organe périodique l'*International Journal of Ethics*. — Comp. Carlyle, *Cathédrales d'autrefois et usines d'aujourd'hui* (*Passé et présent*), trad. C. Bos, préf. d'Izoulet. — Comp. aussi à l'esthétisme de Ruskin, ou au mysticisme de Carlyle, le mysticisme slave de Tolstoï, *Résurrection*.

[2] Pour les sociologues de l'école biologique, la solidarité est avant tout *organique* (Cf. Izoulet, Worms, Durkheim, (*opp. citt.*). Elle est semi-organique, semi-contractuelle pour les sociologues, philosophes ou économistes qui, tout en considérant l'Etat comme un groupement naturel, se refusent à l'assimiler à un organisme vivant (v. les ouvrages précités de Fouillée, Hauriou, Duguit, H. Michel, P. Deschanel). — V. aussi Secrétan, *Du rôle de l'Etat dans l'ordre économique* (*Rev. d'écon. polit.*, 1892, p. 155 et suiv.) ; *Etudes sociales*, 1889, et *Mon utopie*, 1892 ; Léon Bourgeois, *La solidarité*, 3ᵉ éd., 1902 ; Renouvier, *Science de la morale* ; Bouglé, *Le solidarisme*, 1907.

gée par les notions fondamentales de la *solidarité universelle*, entre toutes les classes et toutes les nations ».

Le point de vue psychologique, à la fois moral et juridique, n'est pas affirmé avec moins de précision dans le passage suivant de *La solidarité*, de M. Léon Bourgeois, l'un des théoriciens les plus autorisés de l'école nouvelle : « Au devoir moral de charité qu'a formulé le christianisme, et à la notion déjà plus précise, mais encore abstraite et dépourvue de sanction, de fraternité républicaine, la théorie de la solidarité substitue une obligation *quasi-contractuelle*[1], ayant, comme on dit en droit, une cause, et pouvant par suite être soumise à certaines sanctions[2] ».

62. — Ramenée à ses termes essentiels, la doctrine solidariste peut se résumer dans les quelques propositions suivantes :

1° La morale de la concurrence et de la lutte des classes, préconisée à la fois par les libéraux et les marxistes, mais dans un sens optimiste et conservateur par les premiers, pessimiste et révolutionnaire par les seconds, doit faire place à la morale de *l'union pour la vie* entre tous

---

[1] Sur la supériorité de la notion du *quasi-contrat* sur celle de *contrat social*, v. Charmont, *Rev. critique*, 1907, p. 501 ; Atger, *Essai sur l'histoire des doctrines du contrat social*.

[2] Il convient toutefois de remarquer que cette conception, essentiellement scientifique et positiviste, de Berthelot ou de Bourgeois, entièrement affranchie de toute préoccupation confessionnelle, ne se retrouve pas chez tous les solidaristes. C'est celle des hommes d'Etat démocrates, comme Léon Bourgeois, *La solidarité ; Les applications de la solidarité sociale* (*Rev. polit.*, 10 janv, 1902), *La Démocratie (Rev. polit.* déc. 1904), et *L'éducation de la démocratie française* ; Waldeck-Rousseau (*Questions sociales*, 1900), ou Guieysse *(Rapports parlementaires)* ; — des économistes comme Gide, *La coopération*, *op. cit.* ; *Principes d'écon. polit.*, p. 41 ; *Si les institutions sociales sont un mal social* (*Rev. d'écon. polit.*, 1899), ou Mabilleau (*La prévoyance sociale en Italie*, et œuvres div.) en France ; — Sidgwick en Angleterre (*The principles of political economy*, 1887) ; — L. Brentano en Allemagne, *Le concept de l'éthique et de l'économie politique* (*Rev. d'écon. polit.*, 1902) ; — Ely, Tolman aux Etats-Unis ; — des philosophes et sociologues comme Izoulet, Worms, Durkheim, Marion (*La solidarité morale*), sir John Lubbock (*Le bonheur de vivre*), Metchnikoff (*Les grands fleuves historiques*), etc. — Mais il y a aussi un *solidarisme chrétien* ; c'est celui d'une fraction importante du groupe social protestant, en France particulièrement (V. Gide, *Principes*, p. 40). — Cons. encore, parmi les nombreux travaux inspirés de l'idée solidariste : Cheysson, *La lutte des classes* (*Rev. intern. de sociologie*, 1893) ; Godart, *L'économie sociale* (*Quest. pratiques*, 1900, p. 43 et suiv.) ; Van Marken, *L'organisation sociale dans l'industrie*, Delft, 1900 ; Saleilles, *Ecole historique et droit naturel* (*Rev. trim. de dr. civil*, 1902, 96) ; *Morale sociale*, leçons données au collège libre des sciences morales par Belot, Bernès, Brunschwig, Buisson, Darlu, Dauriac, Delbet, Gide, Kovalewski, Malapert, R. P. Maumus, de Roberty, G. Sorel, past. Wagner ; *Essai d'une philosophie de la solidarité*, conférences sous la présidence de L. Bourgeois et Croiset, par MM. Darlu, Gide, J. Buisson, Boutroux, etc. (Éc. des hautes études sociales), 1902 ; *Les applications sociales de la solidarité*, par Budin, Gide, Monod, Paulet, Siegfried, etc., 2e éd., 1907 ; Charmont, *Le droit et l'esprit démocratique*, 1908. — V. aussi notre étude sur *La législation ouvrière et la démocratie*, 1901.

les citoyens d'un même pays, sans distinction de classes et de situation sociale. « Nous naissons tous débiteurs les uns des autres, écrit L. Bourgeois. Nous n'avons pas le droit de nous considérer dans la vie comme des isolés, mais nous sommes des associés nécessaires... » (*Musée Social*, 1902, p. 83).

2° C'est par l'association libre, sans contrainte ni expropriation violente, sans révolution ni spoliation, que devront se réaliser les réformes profondes par lesquelles la société s'élèvera progressivement vers une organisation, dans laquelle chacun retirera de son travail une rémunération équitable : organisation caractérisée par l'atténuation de la concurrence, la diminution de la puissance de l'argent, la substitution de la coopération au salariat, etc.

3° L'Etat, représentant des intérêts généraux, agent de progrès politique et économique si ceux auxquels appartient la direction des affaires publiques ont pleine conscience de leurs obligations, doit *activement* coopérer à cette marche en avant, d'abord en faisant disparaître tous les obstacles qui s'opposent au libre développement des groupements professionnels[1], ensuite en réprimant tous les abus que l'initiative privée, livrée à elle-même, serait impuissante à extirper, en faisant pénétrer dans les masses, soit par des encouragements appropriés, soit par la contrainte s'il le faut[2] les notions de prévoyance et de solidarité « indispensables pour préparer le terrain sur lequel s'épanouira plus tard la coopération libre » (Gide, *Principes*, p. 41). En agissant ainsi, l'Etat n'excède point son droit. En effet « tout mal individuel qui est *en même temps un mal social*, donne légitimement prise à la sanction commune » (L. Bourgeois, *op. cit.*).

63. — Rôle complexe de l'Etat dans la doctrine solidariste. — L'Etat, en d'autres termes, dans les doctrines sociales fondées sur la notion primordiale de solidarité, a une double mission à remplir : une mission de *police* et une mission de *tutelle*.

[1] Sur le rôle de l'Etat, consulter principalement : Hauriou, Duguit, Waldeck-Rousseau, Paul Boncour, *op. cit.*; Cabouat, *Syndicats et coopératives*, cité *supra*.

[2] « Une obligation imposée par la loi est, dans bien des cas, le meilleur procédé éducatif pour enraciner dans les mœurs une idée morale qu'elle a fait naître : il en sera ainsi pour le sentiment de la solidarité sociale ; là où il fera défaut *la loi doit l'imposer* ». Duboin, avocat général à la Cour de cassation, *Disc. de rentrée* (16 oct. 1900) sur *la législation sociale à la fin du XIXe siècle*. — « Il est souhaitable, lisons-nous dans le discours prononcé par M. Henri Germain, président de l'Académie des sciences morales et politiques à la séance publique annuelle de novembre 1900, que les Gouvernements prennent l'initiative des réformes nécessitées par les transformations de la vie sociale ; *eux seuls* peuvent accomplir les réformes avec discernement et sans secousses ; mais, quand les Gouvernements méconnaissent leur mission, quand ils s'opposent aux exigences de leur temps, les réformes se font par le peuple, *c'est-à-dire par la révolution*, par la violence, et souvent avec une brutalité qui amène des réactions ».

C'est en vertu de son *droit de police*, que l'Etat prend les mesures propres à assurer le jeu normal et paisible du principe de la liberté du travail, qu'il réglemente les coalitions et les syndicats, et empêche ces groupements, instruments de libération et d'égalité, de dégénérer en moyens d'oppression, tout en leur accordant les moyens légaux de coopérer à l'émancipation pacifique de la classe ouvrière.

A ce même pouvoir de police se rattachent : — 1° Les dispositions législatives tendant à prohiber l'accaparement des produits nécessaires à la consommation générale ; — 2° La réglementation d'ensemble des établissements industriels au point de vue de la sécurité et de l'hygiène ainsi que les règlements spéciaux à certaines industries; — 3° Les monopoles légaux ; — 4° L'ensemble des lois et règlements tendant à prévenir les fraudes dans les transactions (poids et mesures, falsifications de denrées, etc.) ; — 5° L'organisation de juridictions spéciales à l'industrie : conseils de conciliation ou d'arbitrage pour les conflits collectifs, conseils de prud'hommes et autres pour les conflits individuels.

64. — D'autre part, c'est en vertu de son *droit de tutelle*, à la fois *morale* et *économique*, que l'Etat organise ou subventionne les corps consultatifs de l'industrie, l'enseignement technique, les musées commerciaux ou industriels ; qu'il édicte des mesures propres à assurer la mise en valeur et la conservation des richesses naturelles ou la libre circulation des produits (voies de communication, ports, digues, reboisement, législation minière, etc.). — Enfin (et c'est sur cette dernière forme d'intervention qu'il nous faut insister), c'est en vertu de son droit de tutelle que l'Etat intervient dans les rapports des patrons et des ouvriers, notamment pour assurer à l'ouvrier ou à l'employé l'intégralité de son salaire, pour réglementer le travail industriel ou commercial des enfants ou des femmes, voire même des hommes adultes, en fixer la durée et les conditions, pour assurer les travailleurs contre les risques d'accidents professionnels, de maladie, d'invalidité ou de vieillesse.

Aucune forme d'intervention légale n'est plus conforme à la notion solidariste que l'assurance obligatoire généralisée, qui non seulement permet de relever la condition de la masse des travailleurs en les préservant de la misère, mais qui facilite la réalisation d'œuvres de préservation sociale, utiles à la collectivité tout entière (V. titre IV, *infra*).

65. — C'est dans le même esprit que l'Etat organise ou favorise le développement des institutions tendant à améliorer la condition matérielle et morale de la famille ouvrière (mutualité, patronage, assistance), et qu'il encourage la substitution progressive de la coopération au salariat. Le budget social intervient ici, non pour paralyser, mais pour stimuler et promouvoir les œuvres multiples de solidarité dues à l'initiative individuelle.

66. — En résumé, l'école solidariste, bien que fort voisine du socialisme d'Etat, s'en différencie par sa moins grande rigidité. Comme l'école éclectique, dont elle est une forme rajeunie, elle ne fait intervenir l'Etat que pour compléter l'œuvre des groupements libres, et réaliser les réformes reconnues nécessaires, que seule la contrainte légale peut, en l'état actuel de nos mœurs, accomplir avec méthode et succès.

Il y a encore beaucoup de vague dans ses conceptions (V. Gide, p. 42) ; mais ce vague même, inséparable de la formation de toute doctrine nouvelle, est fécond en ce sens qu'il laisse le champ libre aux hardiesses individuelles, et permet aux uns de s'avancer jusqu'aux confins du socialisme pur, aux autres de limiter plus étroitement le domaine de l'Etat : la doctrine définitive devant se dégager ultérieurement, par le contact des théories et des faits. Dans sa forme actuelle, encore imprécise, l'école solidariste nous offre le reflet le plus fidèle des tendances, des aspirations générales, et aussi des hésitations des Parlements, dans l'œuvre colossale de réglementation du travail qu'ils ont simultanément entreprise à la fin du XIXe siècle.

§ 4. — Conclusion : évolution convergente des écoles

67. — Nous ne nous dissimulons nullement, ainsi que nous l'avons déclaré d'ailleurs au début de cette étude, ce qu'il y a d'artificiel dans cette classification des écoles, et dans la répartition des auteurs entre chacune d'elles. Aussi est-ce sous toutes réserves, et parce que ce travail préparatoire nous paraissait indispensable pour la clarté de l'exposition, que nous l'avons entrepris.

Mais nous tenons à revenir ici sur un fait, indiqué précédemment, et qui ressort clairement de l'analyse que nous venons de tenter des principales doctrines en présence ; c'est le fait de la rupture des cadres rigides dans lesquels se mouvaient naguère les chefs d'école. Depuis quelques années, les intransigeants se font rares, aussi bien dans le camp libéral que du côté des interventionnistes : nombre de libéraux admettent certaines formes de réglementation qu'ils combattaient il y a dix ans à peine, et l'on voit par contre des collectivistes, et non des moins qualifiés, ajourner à une date inderminée la réalisation de leurs visées de reconstruction sociale[1].

Quant aux interventionnistes de toutes nuances, socialistes d'Etat ou socialistes chrétiens, éclectiques, coopérateurs ou solidaristes, certaines questions primordiales, telles que la réglementation de la journée de travail de la femme et de l'enfant, la protection du salaire, les assurances sociales, leur fournissent dès aujourd'hui un large terrain d'entente.

68. — Qu'est-ce à dire, sinon que les faits sont plus puissants que les théories, et que l'évolution sociale des peuples entraîne l'évolution des doctrines ? Ainsi se trouve justifiée la méthode historique, dont les adeptes, ennemis des constructions *a priori*, réclament pour chaque Etat une économie politique nationale, une législation appropriée au milieu qu'elle doit régir. Le rapprochement manifeste des législations civilisées, sur le terrain de la protection ouvrière, n'est nullement en contradiction avec cette méthode : il faut y voir simplement la preuve que les divergences de peuple à peuple vont en s'atténuant.

Si la plupart des Etats admettent aujourd'hui, dans une mesure d'ailleurs très variable, la nécessité d'une certaine tutelle de l'Etat sur l'industrie, c'est que les modes de la production tendent à s'uniformiser, et qu'à des situations analogues doivent normalement correspondre des législations analogues.

C'est à la description de ce mouvement historique des faits, des idées et des lois, aboutissant à la formation d'une sorte de *droit commun européen*, en matière de protection ouvrière, que sera consacré le dernier chapitre de notre introduction.

---

[1] Cons. spécialement Millerand : *La politique sociale sous la troisième République* (*Rev. pol. et parl.*, 1906, II, p. 5 et s.), et *L'œuvre de la législature prochaine* (*Quest. prat.*, 1906, p. 97 et s.).

CHAPITRE III

ÉVOLUTION HISTORIQUE DE LA RÉGLEMENTATION LÉGALE DU TRAVAIL INDUSTRIEL, DE L'ANTIQUITÉ AU XXe SIÈCLE [1]

SECTION PREMIÈRE. — Vues générales

1. La législation du travail divisée en périodes chronologiques. — **69.** — L'histoire de la législation du travail, depuis l'antiquité jusqu'à nos jours, peut se diviser en *quatre* grandes périodes, caractérisées chacune par la prédominance de certaines institutions écono-

---

[1] Bibliographie. — La bibliographie complète de l'histoire du travail industriel depuis l'antiquité jusqu'à l'abolition des corporations ne saurait trouver place dans ce traité élémentaire. Aussi nous sommes-nous borné à dresser la liste suivante qui indique au lecteur, désireux de compléter les notions que nous donnons sous ce chapitre, les travaux principaux auxquels il pourra se reporter.

Une bibliographie critique étendue trouvera place dans le *Précis historique de la législation du travail, depuis l'antiquité jusqu'à nos jours*, que nous nous proposons de publier ultérieurement.

1. — Antiquité

§ 1er. — *Grèce*

Caillemer. — Le contrat de louage à Athènes ; Le contrat de société à Athènes ; et le mot *Artifices*, dans le Dictionnaire des antiquités grecques et latines de Daremberg et Saglio.
Dareste. — L'idée du droit en Grèce.
Francotte. — L'industrie dans la Grèce ancienne.
Guiraud. — La main-d'œuvre industrielle dans l'ancienne Grèce. Paris, Alcan, 1900, in-8. — Etudes économiques sur l'antiquité, Hachette, 1905.
Souchon. — Les doctrines économiques dans la Grèce antique. Paris, Larose, 1898, in-12.
Th. Reinach. — V° *Eranos*, Dictionnaire de Daremberg et Saglio.

§ 2. — *Rome*

Humbert. — V° *Artifices*, Dictionnaire de Daremberg et Saglio.
Mommsen. — De collegiis et soladiciis Romanorum, 1843, in-8.
Mommsen et Marquardt. — Manuel des antiquités romaines. Paris, Thorin, 16 vol. in-8.
Rodocanachi. — Les corporations ouvrières à Rome depuis la chute de l'Empire romain. Paris, Picard, 1894, in-4.
Salvioli. — Le capitalisme dans le monde antique. Etudes sur l'histoire de l'économie romaine (trad. Bonnet), Giard, 1906.
Wallon. — Histoire de l'esclavage dans l'antiquité, 4 vol. in-8.
Waltzing. — Etude historique sur les corporations professionnelles chez les Romains, depuis leur origine jusqu'à la chute de l'Empire d'Occident. Louvain, Péters, 1895, in-8.
Cons. aussi : Duruy, Histoire des Romains, *passim* ; Gaudenzi, Sui collegi degli arti-

miques, étroitement liées à l'ordre politique. Il est malaisé d'établir entre elles, au point de vue chronologique, une ligne de démarcation bien tranchée. Au point de vue de l'évolution historique des sociétés, en effet, l'on est souvent obligé de compter par siècles.

Si nous considérons seulement la survivance des institutions, la difficulté s'accroît, car certaines d'entre elles sont vivaces et subsistent dans les habitudes populaires. Aux époques lointaines où les communications étaient difficiles, où l'unification du pouvoir n'était pas réalisée, les habitudes se perpétuaient par la routine, le progrès lent à se faire accepter n'entraînait pas dans sa marche les coutumes séculaires d'industrie et de commerce.

Enfin il convient de remarquer que l'évolution historique est plus ou moins lente suivant les pays. C'est ainsi par exemple que, tandis que

---

giani in Roma (*Archivio giuridico*, t. XXIII); Gonnard, Les corporations d'artisans sous la République romaine, Paris, Fontemoing, 1897, broch. in-8 ; et parmi les nombreuses thèses consacrées aux collèges d'artisans romains, celles de MM. Max Botton, Duseigneur, Stemler, Typaldo Bassia.

II. — Moyen age jusqu'a la Révolution

L'ouvrage essentiel, qui comprend l'histoire du travail depuis la Gaule barbare jusqu'en 1789, est :

Levasseur. — Histoire des classes ouvrières et de l'industrie en France avant 1789. Paris, Rousseau, 2e édit., 1901, 2 vol. in-8.

Les traités suivants, plus succincts, peuvent être consultés avec fruit :

Brisson. — Histoire du travail et des travailleurs. Delagrave, 1906.

Hubert Valleroux. — Les corporations d'arts et métiers et les syndicats professionnels en France et à l'étranger. Paris, Guillaumin, 1885, in-8.

Glotin. — Etude historique sur les syndicats professionnels. Paris, Larose, 1892.

Mahaim. — Etudes sur l'association professionnelle.

Martin Saint-Léon. — Histoire des corporations de métiers depuis leurs origines jusqu'à leur suppression en 1791 ; suivie d'une étude sur l'évolution de l'idée corporative au xixe siècle et sur les syndicats professionnels. Paris, Guillaumin, 1897, in-8.

Paul Rougier. — Les associations ouvrières. Paris, Guillaumin, 1864, in-8.

Enfin un Essai historique sur la législation ouvrière de la France, de Marc Sauzet, a paru dans la *Revue d'Economie politique* (1892, p. 353, 890 et s.).

A côté de ces ouvrages généraux, et si l'on veut entrer dans le détail de l'évolution industrielle, les ouvrages suivants sont à consulter :

Pour la période antérieure au xve siècle :

Etienne Boileau. — Règlements sur les arts et métiers de Paris rédigés au xiiie siècle, et connus sous le nom de Livres des métiers d'Etienne Boileau, édit. par Depping. Paris, 1877, in-4.

Fagniez. — Documents relatifs à l'histoire de l'industrie et du commerce en France (du ier siècle avant Jésus-Christ au xve). Paris, Picard, 1900, 2 vol. in-8.

(Voir sur cet ouvrage l'Etude critique d'Huvelin, *Annales de droit commercial*, 1901).

Cf. sur la bibliographie économique du moyen âge, l'étude de Boissonnade, dans la *Rev. de synthèse historique*, 1903.

A partir du xve siècle :

Hauser. — Ouvriers du temps passé (xve et xvie siècles). Paris, Alcan, 1898, in-8. —

la France en 1791 détruisait d'un seul coup tout l'édifice corporatif, le régime traditionnel se perpétuait pendant un demi-siècle encore dans l'Europe centrale, et ne disparaissait que pour se reconstituer bientôt sur des bases plus modernes.

70. — Sous le bénéfice de ces observations, nous diviserons l'histoire de la législation du travail en quatre grandes périodes, correspondant respectivement à quatre modes de travail très différents : travail esclave, servage et organisation des corps de métiers, régime du monopole et du bon plaisir royal (corporations et privilèges royaux) et régime de la liberté du travail, progressivement limitée par une législation à tendances démocratiques :

1° L'*Antiquité*, caractérisée par le travail *esclave*, par l'industrie de famille, par le groupement des artisans en collèges.

Cf. du même auteur, Etudes sur l'histoire économique de l'ancienne France (*Rev. d'écon. polit.*, avril 1905).

Mosnier. — Origine et développement de la grande industrie en France du xve siècle à la Révolution. Paris, 1898, in-8.

Germain Martin. — La grande industrie sous le règne de Louis XIV. Paris, Rousseau, 1898, in-8.

— La grande industrie sous le règne de Louis XV. Paris, Rousseau, 1899, in-8.

Des Cilleuls. — Histoire et régime de la grande industrie en France aux xviie et xviiie siècles. Paris, Giard et Brière. 1898, in-8.

Signalons encore sur l'histoire plus particulière des associations ouvrières :

Germain Martin. — Les associations ouvrières au xviiie siècle (1700-1792). Paris, Rousseau, 1900, in-8.

Martin Saint-Léon. — Le compagnonnage : son histoire, ses coutumes, ses règlements, ses rites. Paris, Colin, 1901, in-12.

J. Godart. — Le compagnonnage à Lyon, Rey, 1903.

Des travaux ont été entrepris un peu dans toutes les régions sur l'histoire provinciale du travail : tels sont :

Boissonnade. — L'histoire du travail en Poitou depuis le xie siècle. Paris, Champion, 1900, 2 vol. in-8.

Du Bourg. — L'organisation du travail dans le Midi.

Duvernoy. — Les corporations ouvrières dans les duchés de Lorraine et de Bar au xive et au xve siècle.

Enfin divers auteurs ont écrit l'histoire monographique d'une corporation :

Justin Godart. — L'ouvrier en soie. Monographie du tisseur lyonnais. Etude historique, économique et sociale. Paris, Rousseau, 1899. in-8.

Broliquier. — De la corporation des orfèvres, th. Lyon, 1906.

Gras. — Histoire de la rubannerie et des industries de la soie à Saint-Etienne.

Signalons également les ouvrages de Babeau. — (La ville sous l'ancien régime. Paris, Hachette, 1880, 2 vol. in-12 ; — Les artisans et domestiques d'autrefois. Paris, Didot, 1886, in-12) ; — et de Franklin. — (La vie privée d'autrefois : comment on devenait patron. Paris, Plon, 1898, in-12), livres d'une documentation anecdotique et d'une lecture facile.

Comp. pour plus de développements, la bibliographie jointe au chapitre de Cossa, *op. cit.*, intitulé *Histoire de l'économie politique*, p. 127 et s. — V. aussi, dans les *Leitfaden* de Conrad, la bibliographie jointe au chapitre 1er du titre II : *Die geschichtliche Entwickelung der Gewerbe* (plus spécialement au point de vue de l'histoire des corporations en Allemagne).

2° *L'époque féodale*, qui s'étend du xe au xve siècle. Cette époque troublée voit se développer les souverainetés jalouses des seigneurs, qui, dans les campagnes, maintiennent le servage et la mainmorte, et qui, dans les villes, ont à lutter avec les bourgeois : ceux-ci obtiennent leurs chartes de commune, et dans leurs rangs se constituent les corps de métiers.

3° *L'époque monarchique*, qui comprend les trois siècles précédant la Révolution : le pouvoir royal, édifié sur les ruines de la féodalité, cherche à assurer le développement de l'industrie, soit en réglementant à nouveau les corps de métiers, non sans empiéter sur leur autonomie, soit en patronnant la grande industrie naissante, et en posant les premiers jalons de la législation économique.

4° *L'époque moderne*, qui comprend les dernières années du xviiie siècle, depuis l'abolition du régime corporatif, tout le xixe siècle, et le début du xxe : — période complexe, caractérisée dans sa première phase par un régime de liberté industrielle à peu près complète, que l'on a pu sans trop d'exagération qualifier d'anarchique, — et dans sa seconde phase, la phase contemporaine (de 1848 à nos jours), par un mouvement de plus en plus accentué dans le sens de la réglementation du travail. C'est dans cette dernière phase qu'est véritablement née la *législation ouvrière*, envisagée comme branche nouvelle du droit.

II. Les formes successives de l'industrie [1]. — **71.** — Parallèlement au développement de ces périodes, mais sans qu'on puisse faire entrer dans leur cadre ses formes successives, l'industrie évolue suivant les besoins et les mœurs.

Tout d'abord, aux temps anciens, qui de la préhistoire vont jusqu'au xiie siècle, domine d'abord, puis va sans cesse décroissant, l'industrie de famille. La famille doit être comprise au sens très large de groupement des parents et de leurs serviteurs, esclaves ou non ; ce groupe, isolé dans les *villæ* mérovingiennes, dans les châteaux forts, travaille pour subvenir à tous ses besoins, fait son pain, laboure et sème, élève les bestiaux, construit, file et tisse le lin et la laine, prépare le cuir et coud les chaussures, taille les vêtements ; et c'est à peine si de loin en loin des marchands s'aventurent à apporter les produits étrangers.

Parfois aussi un artisan passe, sculpteur sur bois, ou tailleur d'images, peintre, et on le retient ; il travaille à la journée, c'est une nouvelle forme d'industrie. La production industrielle domestique transforme, pour l'usage de la maison, les matières premières qu'elle a elle-même produites ; le travail loué vient ajouter ses efforts aux siens, il exerce

---

[1] V. sur ce sujet, dans la *Revue d'économie politique*, 1892, p. 625, 1121 ; 1894, p. 503, les articles de MM. Bücher et Schwiedland.

son art sur des matières premières qui ne lui appartiennent pas ; le producteur qui les lui fournit sera en même temps le consommateur du produit transformé.

72. — Avec l'éveil de la bourgeoisie au XIIe siècle, la création des communes et l'affranchissement des serfs, paraît alors l'industrie corporative, le métier. L'artisan qui louait son travail, auquel on fournissait la matière première, va rentrer dans son atelier. Les groupes urbains commencent à devenir assez importants pour fournir à l'artisan devenu sédentaire suffisamment de travail. Il achète la matière première, la transforme chez lui avec les outils lui appartenant, et vend directement au client.

Les communications devenant plus sûres et plus faciles, des marchés et des foires se fondent, et dans son petit cercle d'influence l'artisan va offrir ses produits : son débouché reste local, c'est la ville et ses environs. Et pour être les maîtres de ce marché, les artisans du même métier se groupent en corps ; il faut lutter contre un double danger, le trop grand nombre d'artisans, les débouchés étant restreints, et le travail loué, survivant de la phase industrielle antérieure. Alors les règlements limitent le nombre des premiers, interdisent formellement le second.

73. — Mais ce sont là d'insuffisants moyens d'arrêter la transformation que le progrès nécessite. Le marché s'élargit ; de local il devient national, l'étranger emporte nos produits, les colonies leur sont exclusivement ouvertes. L'artisan ne peut plus commander ses vastes débouchés : il lui était possible de fermer son ouvroir pour aller aux marchés des villages voisins, il ne peut se rendre aux foires qui à époque fixe attirent en certains centres les marchands du monde entier, et il est obligé de passer par leur intermédiaire. Le marchand apparaît, et l'industrie entre dans une nouvelle phase, celle de l'industrie à domicile. L'artisan travaille toujours chez lui, avec ses outils, mais le plus souvent la matière première lui est fournie par le marchand, et désormais les produits seront établis pour celui-ci. L'artisan n'est plus en relation avec le client, une autre personne est intervenue, qui organise la vente.

C'est là une révolution importante ; c'est *l'intervention du capital dans la production*, l'acheminement du producteur autonome, indépendant, *vers le salariat*. Déjà celui-ci apparaît dans les manufactures royales : les ouvriers sont réunis dans un même atelier, soumis à la discipline du travail divisé et organisé, et on en revient à la forme primitive du travail loué. Après s'être fait payer sa journée, puis après avoir eu entre les mains, avoir condensé en sa personne les deux agents de la production, travail et capital, l'artisan en revient au point de départ, il loue ses bras et son habileté. Et la scission entre le capital et le travail apparaîtra encore plus nette, plus profonde après la Révolution.

74. — Ainsi, industrie de famille, travail loué, métier, manufacture à domicile, telles sont les différentes formes d'organisation industrielle qui se sont succédé depuis l'Antiquité jusqu'à la Révolution, sans qu'il y ait entre elles d'attribution possible à telle ou telle époque chronologique, une forme n'ayant pas détruit l'autre, mais s'étant lentement substituée à elle sans jamais complètement la détruire.

Toutes ces formes coexistent également au XIXe siècle, mais leur importance respective s'est modifiée. L'industrie familiale se concentre en certaines régions ou pour certains produits ; le métier recule devant le développement de la grande industrie, malgré les efforts tentés en certains pays pour sa restauration ; la manufacture à domicile change de caractère, et devient, par suite de la dépendance étroite du travailleur en chambre au regard des grands magasins, une forme inférieure d'industrie, qui appelle une réglementation spéciale. Enfin l'association coopérative de production, destinée dans un avenir incertain à se substituer au salariat, apparaît et se développe. Nous nous bornerons pour l'instant, à cet aperçu sommaire.

En parcourant les diverses périodes que nous avons maintenant à étudier, nous retrouverons ces diverses formes d'industrie, avec leurs caractéristiques que nous aurons à étudier plus complètement.

SECTION II. — Le travail industriel dans l'antiquité

75. — **Gaule primitive.** — Nous ne savons rien de positif sur l'industrie dans la Gaule barbare. Le sol nous a transmis, avec les fossiles, quelques vestiges d'un art rudimentaire antérieur à la conquête romaine. Certains auteurs affirment que les Druides auraient été non seulement des prêtres, mais les dépositaires des traditions de métier, et auraient eu la direction économique des groupements d'artisans, comme ils avaient la direction religieuse et même politique dans un certain nombre d'Etats ou de clans. Ce n'est là qu'une hypothèse, plausible assurément, mais non démontrée (Sur la Gaule primitive, cons. notamment : Duruy, *Histoire des Romains*, t. III, p. 73 et suiv.).

Quoi qu'il en soit, la Gaule ne possédait qu'une civilisation rudimentaire à l'arrivée des Romains, dont, il est vrai, elle sut rapidement s'assimiler les institutions.

Pour comprendre l'influence exercée par les vainqueurs au point de vue de l'art ou de l'industrie, il nous faut jeter un rapide coup d'œil en arrière, et rechercher quelle était, en Grèce et à Rome, la condition des travailleurs.

§ 1er. — La Grèce

76. — Les idées antiques sur le travail manuel. — L'organisation industrielle antique a pour base essentielle le travail servile ; le travail domestique (sauf aux temps homériques) et le travail industriel des artisans libres n'apparaissent qu'au second plan. C'était en effet un préjugé presque universellement répandu dans les Républiques antiques que le travail manuel est une occupation dégradante, indigne d'un citoyen ; les plus illustres penseurs, Platon, Aristote et Xénophon en Grèce, Cicéron et Sénèque à Rome l'ont partagé[1], et la législation elle-même en était comme imprégnée, tout au moins dans les cités à base aristocratique, comme Sparte ou Thèbes[2].

Même dans les cités jouissant d'une constitution démocratique, comme Athènes, jamais les artisans n'obtinrent une place et une considération proportionnées à leurs services. Seuls les grands industriels, les propriétaires de fabriques échappaient à toute déchéance ; mais il convient de remarquer qu'ils ne travaillaient pas plus de leurs mains que les grands propriétaires fonciers : ils faisaient travailler pour leur compte des esclaves, des affranchis ou des citoyens pauvres, et se déchargeaient même le plus souvent de la direction effective de l'entreprise sur un contremaître, esclave lui-même ou affranchi (Caillemer, *op. cit.* ; Xénophon, *Gouvernement des Athéniens*, I, § 17)[3].

77. — Hétairies et éranes. — Certains auteurs ont prétendu que, tenus à l'écart du gouvernement de la cité, les artisans grecs avaient du moins réussi à constituer entre eux de véritables groupements pro-

[1] Ce préjugé n'épargnait même pas les plus grands artistes : Phidias n'était pour les Grecs qu'un artisan, τεχνίτης, (Caillemer, *Dict. des antiq. grecques et latines* V° *Artifices*). — Cf. Dubois, *Hist. des doctr.* (liv. 1er, Les doctrines économiques de l'antiquité grecque).

[2] A Sparte, les artisans ne jouissaient pas de la plénitude des droits politiques, ils étaient plutôt sujets que citoyens.

[3] La grande industrie était d'ailleurs chose tout à fait exceptionnelle, et les quelques fabriques sur lesquelles nous possédions des renseignements n'étaient que des établissements bien modestes, par comparaison avec les grandes usines modernes. La plus importante aurait été la fabrique de boucliers de Lysias qui, à une certaine époque, occupait 120 esclaves. Presque tous les produits manufacturés étaient l'œuvre d'artisans isolés, ou de patrons n'ayant sous leurs ordres qu'un personnel très restreint d'esclaves ou de salariés.

fessionnels pour la défense de leurs intérêts ; mais cette affirmation ne semble nullement confirmée par les textes.

Les *hétairies*, que l'on a parfois comparées aux *collegia* romains, étaient en réalité des associations politiques, tolérées plutôt que reconnues par l'Etat. Quant aux *éranes*, ces associations si répandues dans tous les Etats de la Grèce avaient plutôt le caractère d'associations fraternelles et de secours que de corporations proprément dites ; la seule institution moderne qui présente avec l'ερανος une analogie réelle est la société de secours mutuels (Caillemer, *Le contrat de société à Athènes* et v° *Artifices*, *Dict. des antiq.* ; Th. Reinach, v° ερανος, même Dict. ; Serullaz, *Les sociétés de secours mutuels*, p. 26).

78. — A aucune époque, les pouvoirs publics, dans les Républiques helléniques, ne paraissent s'être préoccupés de protéger la main-d'œuvre et d'édicter des mesures quelconques concernant, soit l'hygiène et la sécurité des ateliers, soit les conditions du travail (Guiraud, *La main-d'œuvre industrielle dans l'ancienne Grèce*).

§ 2. — Rome. — Les collegia

I. Les collèges d'artisans sous la royauté et la République. — **79.** — Les corporations ou collèges d'artisans remontent aux premiers temps de Rome. Plutarque et Pline l'Ancien en font en effet remonter l'origine à Numa ; et encore est-il très vraisemblable que Numa n'en fut pas le créateur, mais simplement l'organisateur. Certains auteurs ont prétendu, il est vrai, en s'appuyant sur le témoignage de Florus (*Epitome*, I, 6), que les « collegia opificum » ne remonteraient pas au delà de Servus Tullius. Mais il suffit de se reporter au témoignage des autres historiens, notamment de Tite-Live et Denys d'Halicarnasse, pour constater que Servius Tullius se contenta d'assigner, dans sa réorganisation politique et militaire de la cité, une situation privilégiée à certaines corporations existant antérieurement, dont le concours était indispensable à l'armée (*fabri tignarii*, *fabri ærarii*).

80. — Les collèges d'artisans romains n'ont jamais eu le caractère nettement professionnel et organique des corporations du moyen âge. C'étaient avant tout, au moins dans les premiers siècles, des associations fraternelles, analogues aux ερανοι grecs, dont les membres se réunissaient soit à époques fixes, dans un local consacré à une divinité protectrice, soit à l'occasion des fêtes ou cérémonies publiques, auxquelles chaque collège se faisait un devoir d'assister en corps, soit enfin pour les funérailles des adhérents.

81. — Les *collegia* avaient donc surtout, du groupement professionnel, l'apparence extérieure, mais le véritable esprit corporatif faisait défaut. Leur ambition était bien plutôt d'exercer une influence sur la vie publique, que d'organiser le métier. Paralysés dans leur développement organique par les guerres de défense ou de conquête que la République soutint pendant plusieurs siècles, et par l'afflux sans cesse croissant des esclaves, introduits dans Rome par milliers à la suite de ces guerres heureuses, impuissants à lutter contre l'avilissement des salaires causé par la concurrence servile[1], les « collegia » se mirent à la solde des agitateurs politiques. Leur histoire se confond pour ainsi dire avec l'histoire des factions qui, tour à tour victorieuses ou vaincues, ensanglantèrent Rome pendant le dernier siècle de la République et préparèrent l'Empire. Parvenu au pouvoir suprême, non sans l'appui de certains d'entre eux, César s'empressa de les faire disparaître, à l'exception des plus anciens (*antiquitùs constituta*), qui sans doute étaient demeurés plus fidèles à leur caractère professionnel.

II. Les collèges d'artisans a l'époque classique. — **82.** — *a*) **Politique des Empereurs à l'égard des collèges, d'Auguste à Alexandre Sévère.** — Les collèges d'artisans, reconstitués dès le lendemain de la mort de César, menaçaient de devenir un foyer d'agitation menaçante pour le nouveau régime. Aussi l'une des premières mesures d'Auguste fut-elle de renouveler la prohibition édictée par César, et de réglementer à nouveau le droit d'association, en substituant au régime de liberté traditionnelle (attribué à la loi des XII Tables) dont jouissaient les associations sous la République, le régime de l'autorisation préalable. Désormais, aucun collège, d'artisans ou autre, ne pourra plus se constituer sans une autorisation spéciale du prince ou du Sénat[2], accordée après enquête.

83. — En fait, Auguste se montra très avare de ces autorisations, et ne laissa subsister que quelques collèges d'artisans, dont le concours était indispensable au gouvernement nouveau pour assurer la subsistance de Rome, et pour l'exécution des travaux publics.

Les premiers empereurs firent preuve de la même défiance au regard des collèges. Mais, au fur et à mesure que le gouvernement impérial s'affermit, que le souvenir des troubles politiques auxquels les collèges s'étaient trouvés activement mêlés à la fin de la République alla s'affaiblissant, les empereurs se départirent de leurs rigueurs. Les

---

[1] Sur cet avilissement, cons. Guiraud, *Etudes écon. sur l'antiq.*, p. 69.

[2] *Ex senatus-consulti auctoritate vel Cæsaris* (Marcien, Dig. XLVII, 22). La *lex Julia*, qui consacre cette réforme, nous a été conservée par une inscription (*Corpus inscript. latin.*, VI, 2193).

successeurs de Trajan comprirent en effet qu'en présence de la diminution progressive du nombre des esclaves [1], sous la double influence de la cessation des grandes guerres et de la coutume des affranchissements en masse, et de l'afflux dans Rome d'une population considérable, dont il fallait assurer la subsistance [2], il était d'une bonne politique d'encourager le développement du travail libre. Aussi voyons-nous successivement Marc-Aurèle leur accorder le droit de recevoir des libéralités testamentaires, et Antonin le Pieux leur concéder divers privilèges (L. 5, Dig. V, 12).

84. — Cette impulsion nouvelle du pouvoir central, coïncidant avec l'essor normal de l'industrie et du luxe public et privé, eut pour effet d'accroître très rapidement le nombre des collèges. Aussi Alexandre Sévère jugea-t-il nécessaire, non pas d'enrayer ce mouvement, mais de le régulariser dans l'intérêt supérieur de l'Etat. Tout en laissant à chacun d'eux une certaine latitude dans la rédaction de ses statuts, il s'applique à faciliter leur transformation en corps de métier proprement dits ; à cette préoccupation se rattachent, soit la création par cet empereur, dans le sein de chaque collège, d'une juridiction professionnelle et technique, soit l'interdiction, pour les artisans, de s'affilier à deux ou plusieurs corps de métier (L. 2, Dig. XLVII, 22).

85. — *b*) **Vie intérieure des collèges ; leur rôle social.** — L'Empire, en soumettant les collèges au régime de l'autorisation préalable, ne porta aucune atteinte sérieuse à la liberté dont ils jouissaient en ce qui concerne leur organisation intérieure.

Les statuts délibérés en assemblée générale déterminaient librement le but de l'association (pourvu que ce but ne fût pas contraire aux lois), le mode de recrutement de ses membres, le mode d'élection et les

---

[1] Il y eut cependant, pendant toute la durée de l'Empire, un grand nombre de *servi publici*, affectés spécialement à des travaux d'intérêt collectif, notamment à l'exploitation des mines et à la fabrication des monnaies, ainsi qu'à la gestion de certains services publics. — Ces esclaves de l'Etat se divisaient eux-mêmes en deux catégories bien distinctes ; — les *servi pœnæ*, c'est-à-dire les individus ayant subi une condamnation criminelle emportant *maxima capitis deminutio*, dont la condition était d'une rigueur extrême, pour la plupart affectés aux mines (condamn. *ad metallum*), et les *servi publici populi romani*, notamment les captifs de guerre, dont la condition était au contraire supérieure à celle des esclaves ordinaires (Accarias, *Précis de droit romain*, 4e éd., I, n° 41). — Peu à peu cette distinction alla en s'atténuant ; les condamnés, appartenant à la lie de la population, furent affectés à divers services publics, notamment aux ateliers monétaires, et la rigueur de la discipline à laquelle étaient soumis les ouvriers des manufactures impériales, même ceux de condition libre, entraîna plusieurs fois des émeutes sanglantes, notamment sous Aurélien (révolte des *monetarii*).

[2] D'importants privilèges étaient concédés aux corporations chargées d'assurer le service des subsistances (transport des grains, *navicularii*, *saccarii*, *nautes* de Lyon ou de Paris, industries de l'alimentation, *suarii*, *pistores*, etc.).

pouvoirs des chefs de la corporation[1], les jours de réunion et fêtes corporatives, la tenue des assemblées, etc. Par contre, aucun des statuts dont le texte nous est parvenu ne contenait l'affirmation d'un monopole industriel quelconque au profit du collège; aucun ne formulait de règles techniques, destinées à assurer l'uniformité des procédés de fabrication dans l'intérêt de la corporation, et à maintenir l'égalité entre les associés par la suppression plus ou moins complète de la libre concurrence. A ce double point de vue, le contraste est absolu entre le collège romain et la corporation médiévale.

86. — Sans doute, les empereurs, ainsi que nous l'avons fait observer précédemment à propos des réformes d'Alexandre Sévère, cherchèrent, à partir du second siècle de l'ère chrétienne, à constituer les collèges d'artisans en véritables corps de métier. Mais ces efforts n'eurent que des résultats très imparfaits ; la prohibition, édictée par Alexandre Sévère, de l'affiliation d'un même individu à plusieurs corps de métier, ne fut jamais sérieusement observée, surtout en Gaule[2]; et tous les documents que nous possédons démontrent que le double caractère, religieux et mutualiste, des collèges de la République s'était perpétué sous l'Empire.

La préoccupation constante du collège est toujours, d'une part, d'affirmer en toute occasion la solidarité de ses membres, notamment par l'assistance en corps aux cérémonies publiques, ainsi qu'aux funérailles des associés[3] dont l'association couvre les frais, d'autre part, d'organiser en l'honneur de la divinité protectrice de la corporation et de la divinité impériale un culte régulier, jalonné de fêtes et cérémonies religieuses ou profanes.

87. — En résumé, tout ce qui, dans la corporation médiévale, nous apparaît comme un accessoire, par exemple le secours funéraire, la

---

[1] Cpr., pour plus de détails sur l'organisation intérieure des collèges, le mode de nomination des magistrats ou dignitaires du collège, dont l'organisation rappelait celle des municipes, avec ses *consules* ou *principales* pour l'administration, ses *quæstores* ou *arcarii* pour la gestion financière, et ses *duumviri* ou *quinquennales*, sorte de censeurs élus pour cinq ans : les ouvrages précités de Mommsen, Waltzing, Mahaim, etc.

[2] Plusieurs inscriptions lyonnaises démontrent que l'affiliation d'un même individu à plusieurs corporations était un fait assez fréquent (ex. : *sevir augustalis* Semius Regulianus, à la fois marchand de vin [*negociator vinarius*], marchand d'huile [*diffusor olearius*] et *naute* de la Saône).

[3] C'est même, semble-t-il, à cette forme extérieure de la mutualité qu'en sont toujours demeurés les *collegia*... Il ne semble pas qu'ils aient jamais sérieusement organisé la mutualité en cas de maladie, vieillesse ou infirmité. Les ressources supplémentaires que leur procurait l'appui des puissants personnages qu'ils élisaient pour *patrons* étaient surtout consacrées à des dépenses d'apparat, banquets, cérémonies du culte, etc.

réunion périodique des maîtres ou des compagnons, l'usage des repas de corps, — ou comme une simple manifestation extérieure destinée à affirmer la vitalité de l'association, par exemple l'assistance en corps aux cérémonies publiques ou aux fêtes religieuses, — nous apparaît au contraire comme l'objet primordial du collège romain : et ainsi se trouve reléguée à l'arrière-plan, dans une pénombre confuse, la défense des intérêts professionnels, objet essentiel des corporations que nous étudierons bientôt.

III. Les collèges d'artisans au Bas-Empire. — **88.** — L'organisation sociale du Bas-Empire a pour caractère distinctif le servage de la profession ; à la fin du IVe siècle, l'artisan est devenu le serf du collège, comme le colon est enchaîné à la glèbe, comme le décurion est serf de la cité. En enchaînant les citoyens à leur profession, en décrétant même l'hérédité de celle-ci et en obligeant les fils d'artisans ou les fils de colons à suivre la condition paternelle, sous peine de poursuites criminelles et de contrainte directe, et ce, en échange de quelques privilèges illusoires [1], les empereurs espéraient arrêter la désagrégation de l'Empire, conséquence fatale de fautes accumulées, de dilapidations sans nombre, et plus encore d'une politique économique déplorable.

89. — La fiscalité excessive qui paralysait le commerce et l'industrie, la propension naturelle des masses ouvrières à abandonner un métier qui les nourrissait mal, et les livrait sans défense à une exploitation sans frein et sans humanité, que nulle législation tutélaire ne réfrénait, pour venir dans les capitales, à Rome ou à Byzance, grossir les rangs de cette plèbe qui vivait des largesses du Trésor, la rupture d'équilibre entre la production et la consommation causée par la raréfaction du travail esclave, toutes ces causes réunies avaient déterminé, dans tout l'Empire, une crise économique intense : crise que des palliatifs grossiers, tels que les mesures draconiennes destinées à maintenir chacun par la contrainte dans la profession paternelle, avaient été impuissants à conjurer ou même à retarder.

90. — Seule la réhabilitation du travail, tentée par le christianisme, aurait pu, en restaurant les mœurs, conjurer le péril, surtout si les empereurs, au lieu de recourir uniquement à la contrainte, et à des lois inapplicables à raison de leur rigueur même, eussent compris la nécessité d'améliorer, par une législation tutélaire, exempte de toute atteinte à la liberté de la personne, la condition des travailleurs ruraux ou urbains.

---

[1] V. L. 1, Cod. Théod., *De collegiat.*, XIV, 7 ; L. 8, *ibid.*, XIV.

Mais ni la société romaine ou byzantine, profondément gangrenée, ni les empereurs et leur entourage n'étaient capables de discerner la cause du mal qui devait entraîner la ruine du monde antique, ni par conséquent de recourir aux seuls remèdes efficaces.

91. — Loin de relever le travail libre, le Bas-Empire s'appliqua plutôt à le ravaler au niveau du travail servile. Considérant le travail industriel, non comme l'exercice d'un droit qu'ils devaient protéger, mais comme un service dont ils pouvaient exiger l'acomplissement, les empereurs furent logiquement conduits à faire, des diverses professions, autant de fonctions d'Etat obligatoires, et de ceux qui les exerçaient des serfs du métier : sans jamais se préoccuper d'ailleurs de la condition matérielle ou morale de l'artisan ou du salarié.

Esclave public ou privé, l'ouvrier était la chose du maître qui pouvait le maltraiter presque impunément; c'est au prix de milliers de vies humaines, sacrifiées sans pitié, qu'ont été édifiés par l'Empire ces monuments orgueilleux dont les ruines parsèment encore l'ancien monde. Libre, l'artisan était livré à lui-même et pouvait à son tour exploiter à son gré les ouvriers à son service. L'Etat indemnisait en quelque sorte l'artisan travaillant pour son compte de la contrainte légale qu'il lui imposait, en lui laissant toute latitude dans l'organisation du travail des salariés qu'il s'adjoignait. L'on chercherait vainement trace dans les lois romaines, auxquelles était soumise la Gaule comme toutes les autres parties de l'Empire, d'une législation protectrice du travail, d'une intervention tutélaire analogue aux lois industrielles modernes.

SECTION III. — **L'époque féodale**

§ 1er. — Origines historiques de la corporation

I. Les invasions. — **92.** — Entre la période gallo-romaine, et celle qui a vu se constituer et se développer le régime féodal, s'étend un long espace de cinq siècles environ (406, grande invasion, — 911, fondation du duché de Normandie), occupé par les invasions qui refoulent la civilisation romaine, et dans le tumulte desquelles la vie calme de l'industrie n'a pu s'établir.

Aussi savons-nous peu de choses sur le travail et la condition des travailleurs pendant cette période. Il est à présumer que ce fut l'industrie purement domestique qui domina[1], pour ne pas dire qu'elle fut le mode exclusif du travail. La population groupée au pied des châteaux forts, prête à s'y réfugier en cas de péril ou réunie derrière les remparts de villes, est sous la dépendance étroite du seigneur laïque ou ecclésiastique. Point d'autonomie véritable. A la campagne, les hommes du seigneur cultivent la terre, quelques-uns comme tenanciers libres, la plupart comme colons qui deviendront dans la suite des serfs, forme atténuée de l'esclavage.

II. Débuts de la féodalité : mouvement communal. — **93**. — Par suite de la difficulté des communications, de l'insécurité des routes, des péages multiples arbitrairement établis, les seigneurs s'isolent et fortifient leur pouvoir absolu dans leurs fiefs. Le commerce et l'industrie n'existent pour ainsi dire pas. Cependant les monastères, possesseurs de vastes domaines, organisent dans leur sein le travail, et la discipline religieuse aidant, ils deviennent le refuge des traditions artistiques et industrielles.

94. — Cet état de stagnation au profit de la féodalité ne pouvait durer. Les croisades frayèrent la route au commerce et apprirent aux peuples que leur horizon n'était pas borné aux limites du domaine seigneurial. Le développement du commerce maritime, consécutif aux croisades, eut sa répercussion sur le commerce terrestre, grâce aux foires internationales, dont l'affermissement de l'autorité royale facilita le développement[2].

Assez modeste à ses débuts, la dynastie capétienne parvient, au XIIe siècle, avec Louis VI, à faire prévaloir son autorité sur celle des seigneurs, et à faire régner dans l'Etat un ordre relatif, condition première du développement économique. Ce fût le point de départ du mouvement commercial, et de l'affranchissement des serfs.

95. — Dans les campagnes, le seigneur était le maître et souvent accablait le serf d'impôts au point de le dépouiller complètement ; il devait la taille, les corvées, le cens, il lui fallait user du four banal, du pressoir seigneurial, du moulin. Ce régime était incompatible avec la bonne mise en valeur du domaine. Aussi, pressés par des besoins d'argent, devant le développement de la population rurale, les seigneurs

[1] « Dans les villes dépeuplées, — écrit Levasseur, — il reste à peine avec les débris de l'organisation municipale quelques rares débris de la corporation ». Certaines corporations puissantes, celle des nautes parisiens notamment, survécurent cependant à la chute de l'Empire d'Occident (Fustel de Coulanges, *Institutions de l'ancienne France*, Empire rom., p. 255).

[2] (V. Thaller, *De la place du commerce dans l'histoire générale*, 1892 ; Cons. *Précis d'histoire du commerce*, 1896 ; Huvelin, *Essai historique sur le droit des marchés et des foires*, 1897).

concédèrent-ils, surtout au XIIe siècle, des chartes d'affranchissement, qui, si elles ne dégageaient pas entièrement le serf des liens féodaux, fixaient les redevances déterminées qu'il devait payer, et lui accordaient les droits civils.

96. — Un mouvement parallèle se fit parmi les habitants des bourgs, il eut même plus d'intensité, car ce fut de haute lutte souvent que les communes en vinrent à conquérir leurs droits[1].

Les gros marchands, les propriétaires, les manants des villes, aspiraient à la liberté municipale qui les émanciperait de la domination du seigneur ou de ses gens. Et du milieu du XIe siècle au milieu du XIIIe, ils se révoltent et obtiennent par la force leur franchise ; les seigneurs en vinrent assez vite à la leur accorder par contrat. La commune est ainsi constituée, et Guibert de Nogent la définit une « association de bourgeois dans laquelle le servage avec ses charges pécuniaires ou autres est remplacé par une redevance annuelle et les amendes judiciaires sont légalement déterminées »[2].

97. — Ce mouvement d'émancipation créé par les gros bourgeois devait profiter aux petits, aux gens de métier. Ceux-ci étaient non seulement sous la dépendance du seigneur, mais aussi, le plus souvent, au point de vue professionnel ils étaient placés sous l'autorité de ses domestiques, qui, possédant leur office en viager, suivant qu'ils s'occupaient d'approvisionner le château en pain, de fournir les vêtements, etc., avaient sous leur dépendance les serfs de la même profession. Les officiers du roi conservèrent, jusqu'à la fin de l'ancien régime, certains droits sur les corps de métier dépendant de leur office.

---

[1] Il convient de noter toutefois que, dans le Midi de la France, l'organisation municipale, legs de la domination romaine, ne disparut jamais complètement. Le *consulat*, qui est la forme normale de cette organisation au XIIe siècle, n'est qu'une transformation du municipe gallo-romain. — Certaines villes, situées sur les confins des pays de coutumes et des pays de droit écrit, avaient une organisation intermédiaire : Lyon, par exemple, n'était « ni la commune jurée du Nord, ni le consulat du Midi ». Aug. Thierry, *Tableau de l'ancienne France municipale*.

[2] Sur l'histoire du mouvement communal dans ses rapports avec le mouvement corporatif, cons. notamment, outre les ouvrages mentionnés *supra* dans notre bibliographie : Guizot, *Essai sur l'histoire de la civilisation de la France*, t. II; Aug. Thierry, *Tableau de la France municipale*, *Monographie de la constitution communale d'Amiens*; Raynouard, *Histoire du droit municipal en France*; Flach, *Les origines de l'ancienne France*, t. II, *Les origines communales*, 1893; Esmein, *Cours d'histoire du droit français*, 3e éd., p. 291 et s.; Glasson, *Histoire du droit et des institutions de la France*, t. IV et s. — V. aussi Rambaud et Lavisse, *Histoire générale du IVe siècle à nos jours*, t. II, chap. VIII et IX; Lavisse, *Histoire de France depuis les origines jusqu'à la Révolution* (t. III par Langlois, et t. IV par Coville); Pirenne, *Histoire de Belgique des origines au XIVe siècle*, liv. II et III.

98. — Avec les communes, les villes prennent un essor considérable. La charte est à la base de leur organisation ; et certains centres sont créés de toutes pièces, en des lieux favorables au commerce, par des seigneurs désireux d'attirer sur leurs domaines les serfs des autres seigneurs, ou de coloniser avec leurs propres hommes, trop nombreux dans leurs campagnes : ce sont les villes neuves. L'industrie se perfectionne, le commerce augmente, les banquiers et marchands italiens viennent installer leurs comptoirs, des halles se construisent, des marchés sont créés, le commerce international se donne rendez-vous aux foires de Champagne, de Lyon ou de Beaucaire.

III. Les corps de métier. — **99.** — L'industrie de famille ne suffit plus : il faut, pour satisfaire la clientèle qui augmente, des spécialistes, et une division du travail se fait : on prend un métier. Comme, d'autre part, le grand commerce n'existe pas encore, on travaille à peu près uniquement pour un marché de la ville ou de la région ; celui-ci étant assez restreint, il importe pour permettre aux artisans de vivre, de réglementer le travail, et ce fut après l'affranchissement municipal le principal souci de la bourgeoisie. Grâce au travail elle a conquis sa liberté ; il importe de conserver à cet outil toute sa puissance et on va l'entourer de minutieuses prescriptions. C'est alors que sont créés les corps de métier, qui se développent largement au XIIIe siècle et, en premier lieu, dans les villes du Nord.

100. — Deux sentiments semblent avoir présidé à la formation des corps de métier : d'abord assurer la bonne police tant au point de vue du personnel que de la technique, en second lieu, garder le monopole du métier. Dans ce but, les artisans exerçant le même métier se réunissent, et rédigent des statuts. Ceux-ci, dans les communes à organisation municipale, étaient homologués par les magistrats consulaires qui, en outre, présidaient à l'admission à la maîtrise et à l'élection des jurés ; c'était un de leurs plus précieux privilèges que la police des métiers.

Dans les villes seigneuriales ou royales, les statuts étaient accordés, non sans une redevance pécuniaire, par les grands officiers du seigneur ou du roi.

101. — Quoi qu'il en soit, la corporation, que rien ne permet de rattacher par une filiation ininterrompue aux collèges d'artisans gallo-romains, apparaît et va subsister jusqu'à la Révolution comme le mode dominant d'organisation du travail. Jusqu'au XVIe siècle, elle correspond au mode industriel que nous avons dénommé industrie corporative ; c'est-à-dire que l'artisan travaille chez lui, avec des outils lui appartenant, sur des matières premières qu'il achète lui-même, et qu'il vend directement après les avoir transformées au consommateur, soit qu'il ait travaillé sur commande, soit qu'il fréquente les marchés de la région, en vue de placer les produits qu'il établit. Comme on le comprend aisément, le marché est restreint, la clientèle varie peu en quantité, et toute augmentation du nombre des artisans est pour les autres une diminution proportionnelle de travail. C'est pourquoi s'érige la corporation, forteresse contre la concurrence, que nous allons décrire.

§ 2. — Organisation corporative

102. — Caractères distinctifs de la corporation. — La corporation est l'association des artisans du même métier, résidant dans la même ville, investie d'un monopole rigoureux de fabrication et de vente, monopole résultant de l'homologation de ses statuts et règlements, tant par la municipalité que par l'autorité seigneuriale ou royale. C'est un syndicat obligatoire, mais purement patronal, dirigé par des artisans élus par leurs pairs, et qui prennent le nom de maîtres gardes, de gardes jurés, bayles, prud'hommes, élus ou consuls.

Les ouvriers restent en dehors de la corporation ; ce sont des stagiaires qui, tant qu'ils ne sont qu'apprentis ou compagnons, n'ont aucune part dans la direction du groupement professionnel. Ils ne sont pas appelés aux délibérations ; il leur est interdit de former entre eux des associations, ils sont sous l'entière dépendance de ceux qui les emploient, et qui ne les admettent au rang de maître, c'est-à-dire de patron, que s'ils le veulent bien.

La corporation ne ressemble donc en rien au syndicat mixte, que certains auteurs contemporains nous représentent comme le rétablissement du régime corporatif : elle n'est qu'un syndicat patronal.

103. — Une autre erreur, que propagent ceux qui prétendent rénover le système corporatif, est d'affirmer que sous ce titre il y eut une organisation générale, qu'il nous suffirait de rétablir pour voir revivre l'ancien état de choses. Cela n'est pas ; il n'y eut jamais à proprement parler de système corporatif qui aurait régi tout le royaume, et placé le travail sous une législation ouvrière uniforme. Chaque ville avait sa réglementation ; il n'y eut jamais accord des règlements corporatifs entre eux, pas même dans les industries similaires ; et tel maître qui avait conquis sa maîtrise dans la fabrique de soieries de Tours, s'il venait à Lyon, ne pouvait que par exception et très difficilement se faire admettre dans la manufacture de soieries de Lyon. Le plus communément il lui fallait refaire un stage de compagnon.

I. La hiérarchie corporative : apprentissage et compagnonnage.

104. — L'apprenti. — Les règlements déterminent minutieusement la durée et les conditions de l'apprentissage; cette durée est fort longue, hors de proportion avec le temps normal nécessaire pour apprendre le métier, le plus souvent de sept ans, parfois même de douze ans. Dans la plupart des métiers, le nombre des apprentis est limité ; non seulement chaque maître ne peut en avoir qu'un ou deux, mais encore aux moments de crise, en suite de cessations de travail ou de misères dues à la famine par exemple, il est interdit pour trois ou six ans de prendre des apprentis. Le maître devait l'éducation à son apprenti, et celui-ci lui devait tout son temps; mangeant à sa table et couchant sous son toit, non seulement il n'avait droit à aucune rémunération, mais encore ses parents payaient au maître le prix de l'apprentissage, très variable suivant leur situation.

L'apprenti était immatriculé, moyennant un droit au profit de la caisse commune, sur les registres de la corporation ; il était justiciable des maîtres gardes qui étaient chargés de le surveiller et qui, à la fin de son apprentissage, lui faisaient passer l'examen ou chef-d'œuvre.

105. — Le compagnon. — Après son temps d'apprentissage l'apprenti devenait compagnon; il était immatriculé sur un nouveau registre contre le paiement d'un nouveau droit, et alors il cherchait du travail et se plaçait chez un maître. Cette situation durait de trois à cinq ans suivant les règlements, pendant lesquels il ne pouvait songer à s'établir à son compte, sauf au cas où il épousait une fille ou une veuve de maître, qui l'affranchissait du temps de compagnonnage restant à courir. Les maîtres disposaient ainsi d'une main-d'œuvre étroitement subordonnée. Le compagnon ne pouvait quitter la ville pour s'embaucher ailleurs, il lui aurait fallu recommencer un apprentissage : aussi était-il souvent obligé d'en passer par les exigences du maître.

106. — Associations compagnonniques. — L'isolement des compagnons faisait la puissance des maîtres. Aussi la royauté ayant intérêt à favoriser ceux-ci, des pénalités sévères furent-elles édictées contre toutes associations de compagnons. Celles-ci ne s'en constituèrent pas moins dès le début du moyen âge, mais avec le caractère de sociétés secrètes (Cf. *infra*, notre chapitre sur les syndicats). Au début, les groupements entre compagnons des différents rites ou devoirs (Enfants de Salomon, de Maître Jacques ou du Père Soubise) avaient surtout un objectif d'assistance mutuelle ; mais ils prirent bien vite, par la force des choses, le caractère d'organisations de combat pour la défense des salaires, et même parfois pour la lutte contre le patronat.

C'est ainsi que nous les voyons, à partir du XVIe siècle, intervenir fréquemment dans les conflits entre maîtres et compagnons : la corporation tendant à devenir, à partir de cette époque, une aristocratie marchande et industrielle, et voyant s'accentuer dans son sein l'antagonisme du travail et du capital, il était fatal que, malgré toutes les prohibitions, les associations compagnonniques se fissent les champions du travail.

II. La maîtrise. — **107**. — La maîtrise est l'échelon le plus élevé de la hiérarchie professionnelle. Lorsque se constituèrent les corps de métiers, ceux qui étaient en possession de l'état de maître s'associèrent et firent les règlements. Ils obéirent à une tendance naturelle, qui était de les faire pour eux, et uniquement pour eux. Leur recrutement fut leur principale préoccupation : ils l'assurèrent dans leur intérêt, en édictant les règles de l'apprentissage et du compagnonnage, en faisant de par leurs élus bonne garde autour de leur monopole, en refusant à l'examen tel compagnon, s'il n'y avait point de place libre dans la maîtrise.

108. — Lorsque le compagnon avait fini son stage, il passait le chef-d'œuvre, nouvelle barrière qui se dressait devant lui, et payant un droit élevé, il obtenait une lettre de maîtrise. Il entrait alors véritablement dans la corporation. Il était appelé aux assemblées, prenant part aux délibérations, votant pour l'élection des maîtres gardes. Il louait une boutique, travaillait à son compte, prenait des apprentis et des compagnons, en un mot devenait entrepreneur d'industrie. Il avait enfin conquis tout cela après une dizaine d'années d'attente, après des dépenses assez élevées, droits de maîtrise et banquets coûteux offerts aux maîtres en charge ; mais aussi, quelle sécurité !

Il est titulaire d'un office en quelque sorte : il a voix au chapitre, et peut, lorsqu'il s'agira de recevoir un nouveau compagnon, protester qu'il n'y a pas assez de travail pour lui, qu'il va diminuer le travail des autres, et agir ainsi pour maintenir son monopole. Ses fils sont assurés d'entrer dans le métier après un stage très court, en payant des droits réduits de moitié et sans faire de chef-d'œuvre, ses filles auront pour dot la franchise qu'elles apporteront au compagnon de leur choix ; et ainsi se constitue de par la maîtrise une caste qui, à partir du XVIe siècle, se scindera encore pour former une double aristocratie : celle du capital qui prendra le premier rang avec les marchands fabricants, celle du travail qui comprendra les maîtres, puis au-dessous les compagnons et les apprentis [1].

[1] Pour bien comprendre cette évolution historique des corporations, dans un sens de plus en plus aristocratique et fermé, il convient d'étudier une corporation isolé-

III. Les règlements corporatifs. — **109.** — Les règlements ont ainsi créé une classe de privilégiés, très jalouse de ses droits, celle des maîtres. Ils savent se défendre contre la concurrence extérieure, en veillant avec soin à leur recrutement, en l'organisant en quelque sorte d'une façon méthodique. Mais entre eux, il faut maintenir l'égalité, ils ont tous le même titre, car il ne faut pas que les uns, même plus habiles, soient favorisés. Et tout un fouillis de prescriptions techniques uniformise les produits; il est coupé court à toute innovation, tout doit être de la même forme, de la même largeur; le nombre de fils des tissus ne peut varier, pas de fantaisie qui attirerait à l'ouvroir d'un maître avisé toute la clientèle. La limitation du nombre d'apprentis a cet autre but d'éviter le développement trop considérable d'un atelier; on en viendra même dans certaines industries à interdire aux maîtres d'avoir plus d'un certain nombre de métiers.

110. — Les articles relatifs à la technique du métier ont pour but proclamé d'éviter les malfaçons; ils ont pour résultat direct de maintenir l'égalité entre les maîtres. Une telle organisation, si minutieuse fût-elle, ne pouvait résister au progrès industriel; aussi dans la période suivante, tout en la retrouvant à la base de la réglementation du travail, verrons-nous se glisser des exceptions et s'ouvrir de larges brèches dans l'étroit monopole corporatif du xve siècle.

IV. La confrérie. — **111.** — Un aperçu sur l'organisation corporative ne serait pas complet s'il ne tenait compte de l'esprit religieux qui l'anima, et qui se manifesta par la création des confréries. Au moyen âge, les groupements durables furent les associations religieuses. Peut-être furent-elles à la base des corporations, qui, au début, étaient l'union des gens du même métier pour célébrer la fête du patron, ordinairement choisi parmi les saints qui leur vie durant avaient été artisans du même état.

Il semblerait cependant, à en croire les arrêts du Parlement, voire même les doléances des conciles (concile de Sens, 1524), que les confréries n'aient été trop souvent que prétextes à joyeuses bombances: elles dépensaient dans les festins qui suivaient la messe annuelle tout l'argent qu'elles réunissaient pour le soulagement des pauvres, si bien qu'à diverses reprises, des ordonnances royales en décrétèrent la suppression (1498, 28 juillet 1500, 1539, 13 décembre 1660).

112. — Mais les confréries étaient un rouage corporatif trop pro-

ment, depuis ses origines. — V. comme exemple d'étude de ce genre : Godart, *L'ouvrier en soie, monographie du tisseur lyonnais*, 1re partie. La réglementation du travail (1466-1791). — V. aussi : Hauser, *Les origines du capitalisme moderne en France* (*Rev. d'écon. polit.*, mars-avril 1902).

fondément entré dans les mœurs pour disparaître ; même dissoutes par le Parlement, elles se reconstituaient bien vite, avec l'assentiment tacite de l'autorité, et recommençaient leurs errements mi-religieux, mi-profanes.

En admettant même que les abus qui motivèrent les prohibitions royales n'aient pas été aussi généraux ni aussi graves que les considérants sur lesquels elles étaient motivées paraîtraient le faire croire, il ne semble pas que les confréries aient jamais été autre chose qu'une manifestation extérieure de l'esprit religieux dominant, et qu'elles aient jamais joué le rôle, socialement bien supérieur, des sociétés de secours mutuels modernes. Sans doute, elles distribuaient des aumônes : mais, à de rares exceptions près, elles n'organisèrent aucun mode de secours méthodiques et permanents.

V. La royauté et les corporations. — **113.** — Dans cette période qui s'étend de la constitution des corps de métier à la fin du xve siècle, nous ne trouvons pas à proprement parler de réglementation générale du travail. Les statuts des corporations font la loi dans le métier, et si nous en venions à leur étude détaillée, nous y trouverions les modes d'intervention les plus divers.

Cependant, il faut signaler l'ordonnance de février 1351, rendue par Jean le Bon après la peste noire qui décima la population. Les artisans en profitèrent pour augmenter dans des proportions considérables le taux de leurs salaires. Aussi la royauté intervient-elle pour fixer, dans son domaine, un maximum des salaires. En général, nul ne pourra désormais, sous aucun prétexte, demander plus d'un tiers en plus de ce qu'il demandait avant la contagion. De même, le prix des marchandises est limité : quiconque n'est que marchand et vend les objets qu'il a achetés sans y ajouter aucune main-d'œuvre, ne pourra prendre comme bénéfice que deux sous par livre.

Enfin la royauté ouvre largement l'accès de tous les métiers, pour obtenir de l'augmentation du nombre des artisans la diminution de la main-d'œuvre. Chacun est libre de prendre le nombre d'apprentis qu'il lui plaît ; de même il est ordonné que « toutes manières de gens quelconques qui scauront eux mesler et entremettre de faire mestier, œuvre, labeur ou marchandise quelconque le puissent faire et venir faire » pourvu que « l'œuvre et marchandise soit bonne et loyale ».

114. — Dans les troubles et les désordres de la guerre de Cent ans, l'industrie et le commerce furent très compromis. Aussi toute la politique de Charles VII et de Louis XI tendit-elle à relever les ruines et à faciliter l'essor de l'industrie. Ils inaugurèrent tout un ensemble d'interventions pour arriver à ce résultat. Ce furent des octrois de franchise commerciale à certaines villes, l'institution ou le rétablissement de foires, de marchés, la confirmation par lettres patentes des statuts des corps de métiers; et de plus en plus s'affirma la tendance de la royauté à favoriser les groupements professionnels et à fortifier les privilèges des corporations [1], parce qu'elle pensait que l'industrie renaissante avait besoin de tutelle.

Sous cette impulsion, les corporations se constituent en forteresses de plus en plus solides contre la concurrence. Les statuts deviennent d'une minutie parfois puérile, le monopole se resserre, le chef-d'œuvre, mode d'élimination, se généralise et se complique. Les confréries vont aussi se multipliant.

Devant ces défenses dirigées contre eux, les ouvriers s'organisent en sociétés secrètes, et le compagnonnage les attire de plus en plus.

115. — Cependant la royauté n'oublie pas les moyens fiscaux qui, au cours des siècles suivants, lui permettront d'obtenir des corporations des subsides importants, parfois à l'aide de véritables exactions. Elle crée des brevets de maîtrise royale, qu'elle vend à beaux deniers comptants, elle érige plusieurs professions, particulièrement celle des barbiers, en offices qu'elle confère moyennant finances.

SECTION IV. — L'époque monarchique, du XVIe à la fin du XVIIIe siècle

116. — Durant cette période, sur laquelle nous possédons une documentation précise, le pouvoir royal régit les corps de métier, patronne la grande industrie naissante, et préside à l'organisation du travail et à la législation économique. Cette organisation n'est pas spéciale à la France; il est intéressant de rapprocher, de la politique économique des rois de France, celle des souverains étrangers.

§ 1er — Les corporations en France, du XVIe siècle à leur abrogation en 1791

117. — **Politique royale au regard des corporations.** — La royauté voit avec plaisir se développer les corporations, soit parce

[1] A signaler cependant les mesures prises par Louis XI, même contre le vœu des corporations locales, pour attirer dans certaines villes, à Lyon, à Tours, des ouvriers italiens experts en l'art de tisser les draps d'or et de soie. Sur l'ordonnance de Louis XI, du 23 novembre 1466, et la participation de la royauté à l'établissement de la *Manufacture* lyonnaise, cons. Godart, chap. Ier.

qu'elle les envisage comme un élément d'ordre social, soit parce qu'elle y voit des groupements riches, imposables à volonté.

C'est pourquoi, obéissant aussi au désir d'organiser le travail industriel, la royauté essaye-t-elle d'imposer le régime corporatif à toutes les villes et bourgades, par les édits de 1581 et de 1597.

118. — Le premier a un quadruple objet. Il réorganise en corps de métier tous les artisans du royaume; mais, ce faisant, il tend cependant à rendre le système des corporations moins exclusif en rendant l'admission plus facile. D'autre part, l'édit, sous le prétexte de supprimer les abus des jurandes, maîtrises et confréries, place les corps de métier sous la surveillance directe de la royauté; et comme corollaire que l'on devine, un impôt au profit du roi est prélevé sur le travail. Somme toute, le roi affirme son droit domanial sur les corporations et en fait une source de revenus.

L'édit de 1597 renouvelle à tous égards les dispositions de celui de 1581; il les généralise même, car il englobe les marchands dans le régime corporatif, jusque-là applicable seulement aux artisans.

119. — Généralisation du régime corporatif à la fin du XVIIe siècle. — Non moins important, dans l'histoire corporative, est l'édit de Louis XIV, du 13 mars 1673. Le roi étant à court d'argent pour la guerre de Hollande, Colbert n'hésita pas à s'en procurer en imposant à toutes les villes et bourgades du royaume le régime corporatif, ou tout au moins en augmentant beaucoup le nombre des métiers érigés en communautés. Il y eut dans ce sens une augmentation subite et importante. Alors qu'au XIIIe siècle, le nombre des localités dans lesquelles les métiers avaient une organisation corporative n'était qu'une petite minorité, à la fin de l'ancien régime, on peut estimer à 521 le nombre de villes et bourgades jurées. A Paris, l'effet de l'édit de 1673 fut immédiat. En 1672, il y avait 60 corporations; quelques mois après, il y en eut 83, et en 1691 on en comptait 129. (Sur les règlements de fabrication édictés par Colbert, V. § 3 *in fine*).

Avec l'accroissement de leur nombre l'on vit se généraliser les abus des corporations, qui sévirent avec une intensité d'autant plus grande, qu'aux XVIIe et XVIIIe siècles se développa parallèlement à l'organisation du travail par la corporation, la grande industrie. Ces inconvénients étaient-ils balancés par les avantages qu'elle offrait? C'est ce qu'un exposé rapide va nous montrer.

120. — Jugement d'ensemble sur le régime corporatif. — D'après les partisans de ce régime, les principaux avantages des corporations auraient été : la conservation des procédés du métier, la surveillance incessante de la fabrication, la qualité certifiée par la marque du produit. On a fait ressortir en outre que les règlements, en imposant le double stage de l'apprentissage et du compagnonnage, et en instituant le chef-d'œuvre, arrêtaient au passage les incapables, ne laissant passer que les plus habiles; que, d'autre part, le métier ne se recrutant que dans la ville et les environs immédiats, il en résultait un obstacle à l'émigration des campagnes vers les villes, dont on se plaint si justement de nos jours. Enfin, et par-dessus tout, la corporation aurait consolidé l'ordre social par une hiérarchie légalement constituée.

121. — Il y a dans cette énumération une certaine part de vérité, mais beaucoup d'erreurs, qui proviennent de la généralisation trop systématique des qualités qu'à un certain moment ont pu avoir les corporations. Il est évident que tout au début, alors que l'industrie sortait à peine de la phase familiale, qu'elle en avait conservé les formes et le souvenir, que l'atelier était le prolongement du foyer, son élargissement, la corporation créa la paix sociale et favorisa le travail.

Mais au lieu d'évoluer avec le temps, et les nécessités nouvelles d'une civilisation plus raffinée, la corporation se concentra peu à peu sur elle-même, devint rétrograde, et eut l'unique souci de son monopole. Et alors, pour le conserver tout en s'adaptant au milieu, elle se scinda et devint un instrument d'oppression pour les maîtres.

122. — En effet, ceux-ci, les artisans d'autrefois, qui dans leur ouvroir travaillaient avec un ou plusieurs compagnons et apprentis avec leurs outils, sur des matières premières leur appartenant, qui commandaient le marché local, ne purent plus écouler eux-mêmes leur production lorsque le marché devint régional, national et même colonial.

Le marchand intervient alors; c'est l'intermédiaire nécessaire qui dirige le travail, connaissant les goûts du public, qui apporte les commandes, qui prend toute la production de l'artisan et lui fournit la matière première : on entre ainsi dans la phase de la manufacture à domicile.

123. — La corporation ne pouvant laisser hors de ses cadres une personne s'occupant du métier englobe les marchands, crée pour eux une maîtrise, et *au-dessus du maître ouvrier se place le maître marchand*, qui inaugure la *production capitaliste*. Cela n'était pas pour maintenir la paix sociale; il y aura désormais deux classes parmi les maîtres, l'une dominant l'autre, et l'une et l'autre dominant les compagnons et les apprentis; tous ont des intérêts qui se contrarient, et les grèves qui éclatèrent alors nombreuses et graves sous l'ancien régime à son déclin [1], nous sont une preuve que la corporation, sous sa forme dernière, ne fut pas un élément de stabilité sociale.

124. — Faut-il énumérer ses autres inconvénients? En limitant la concurrence, elle maintient immuables les procédés de fabrication; les statuts, dans leurs prescriptions techniques, sont une barrière dressée devant les inventions, ils consacrent le triomphe légal de la routine. Aussi lorsque, à partir de Henri IV, on veut créer une nouvelle industrie et lui donner les moyens de prospérer rapidement, la constitue-t-on sous forme de manufacture royale, seul moyen de la soustraire à l'organisation corporative.

125. — La tendance au *monopole*, qui sera le grand reproche dirigé à la fin du XVIIIe siècle contre les corporations, était une conséquence inévitable de leur fonctionnement. En effet, dans les petites villes, dans les bourgades, des communautés d'arts et métiers ne comptaient parfois que trois ou quatre membres. Il était impossible de se glisser parmi eux; et d'autre part, ils avaient une tendance, contre laquelle consommateurs et compagnons pouvaient difficilement lutter, à exagérer les prix de vente et à comprimer les salaires.

Quant à l'accès du métier, il était rendu difficile non seulement par le chef-d'œuvre, mais aussi par les droits de réception très coûteux qui éliminaient les compagnons peu fortunés, au profit des fils de maîtres qui bénéficiaient d'une forte remise.

126. — Enfin, la paix qui n'existait pas toujours dans le sein de la communauté, était sans cesse troublée par les procès entre corporations de métiers similaires ou connexes. Des exemples célèbres nous montrent d'interminables luttes judiciaires, où les ressources cependant inépuisables de l'ancienne procédure étaient épuisées; il est vrai que certains de ces procès entre corporations durèrent plus d'un siècle [2].

127. — L'édit de Turgot. — Ce furent tous ces inconvénients, en même temps que l'éveil des tendances libérales, affirmées par l'école physiocratique, qui amenèrent à la fin du XVIIIe siècle le mouvement de réaction contre les communautés. Vincent de Gournay le dirige; les philosophes proclament le droit au travail pour tous, et avec Turgot,

---

[1] Sur les grèves sous l'ancien régime, cons., outre les ouvrages précités de Levasseur, Martin Saint-Léon, Germain Martin, Hauser et Godart : Vaillé, *La coalition ouvrière et les grèves*, th. 1901; Dagallier, *Une grève sous l'ancien régime*, broch. in-8, 1901.

[2] Renouard (*Traité des brevets d'invention*) évalue à 800,000 francs la somme que les communautés parisiennes dépensaient en moyenne annuellement en procès pour la défense de leurs intérêts corporatifs (chiffres fournis par Costaz, broch. publiée en 1821, d'après des documents judiciaires des XVIIe et XVIIIe siècles).

cette théorie entre au ministère et guide sa politique. Alors paraît le célèbre édit de février 1776, qui abolit les communautés d'arts et métiers[1].

Mais les réclamations des privilégiés, appuyés par le Parlement et par la Cour, et leur influence l'emportent; Turgot est disgracié, et les corporations sont rétablies six mois plus tard par édit royal d'août 1776, émondées il est vrai, et moins fermées. Certains métiers sont réunis pour constituer une nouvelle communauté, leur antagonisme antérieur disparaissant dans la fusion. Les règlements sont refondus, et leur application est rendue facultative.

128. — Suppression définitive du régime corporatif : décret des 2-17 mars 1791. — Somme toute, par l'édit de février, un coup violent fut porté à la corporation, et le principe de la liberté du travail qu'il posait devait bientôt triompher avec la Révolution. Cette liberté date théoriquement de la nuit du 4 août 1789, dans laquelle l'Assemblée constituante décréta la suppression de tous les privilèges et monopoles, et pratiquement, du décret des 2-17 mars 1791, portant *suppression* de tous les droits d'aides, de *toutes les maîtrises et jurandes*, et établissement de patentes, — décret dont l'article 7 est ainsi conçu :

« A compter du 1er avril prochain, il *sera libre à toute personne de faire tel négoce ou d'exercer telle profession, art ou métier qu'elle trouvera bon* ; mais elle sera tenue de se pourvoir auparavant d'une patente, d'en acquitter le prix suivant les taux ci-après déterminés, et de se conformer aux règlements de police qui sont ou pourront être faits... ».

Les corporations avaient vécu.

§ 2. — Les corporations à l'étranger[2]

129. — Dans l'Europe du XVIIIe siècle, nous trouvons à peu près partout le travail organisé sous la forme d'associations, qui peuvent être comparées à nos communautés d'arts et métiers.

En *Flandre*, dès le XIIe siècle, on connaît l'existence de ghildes de marchands. Les métiers sont organisés en groupements puissants, qui ont fait de la Flandre le pays le plus manufacturier et le plus actif de l'Europe septentrionale sous l'ancien régime[3].

---

[1] Cons. Levasseur : *Turgot*, broch. in-8, Paris, 1906; Denis, *Hist. des systèmes*, p. 140.
[2] Cons. spécialement Lavollée, *Les classes ouvrières en Europe*.
[3] Espinas et Pirenne, *Recueil de documents relatifs à l'histoire de l'industrie drapière en Flandre*. I, Des origines à l'époque bourguignonne, in-4°.

130. — En *Italie*, les corporations se développent aussi.

A Florence, dès le XIe siècle, les métiers sont groupés : les artisans font leurs règlements, mais pour éviter la routine, ils les revisent obligatoirement tous les deux ans.

A Florence comme en Flandre, les corps de métiers, outre le souci des intérêts professionnels, sont mêlés très activement à tous les mouvements politiques[1].

131. — L'*Angleterre*[2] eut de bonne heure, comme la Flandre, ses ghildes de marchands et ses corps de métiers. Ces derniers présentent tous les caractères des corporations françaises, et leur but est de monopoliser le métier. Aussi leurs abus amènent-ils Henri VII et Henri VIII à les réprimer et à leur imposer une réglementation générale. Un acte du Parlement intervient enfin en 1545 qui, supprimant les biens des ghildes et les confisquant au profit de la couronne, porte le coup de mort à l'organisation corporative.

Désormais, dans les villes neuves et dans les campagnes, l'industrie va se développer sans les entraves corporatives ; elle prend, de par la révocation de l'Edit de Nantes, qui amène une immigration assez considérable d'artisans expérimentés, un nouvel essor que rien ne viendra comprimer. Là même où la corporation a survécu, une brèche est faite dans son monopole par la création en 1623, du brevet d'invention (*patent*).

En même temps, la réglementation royale s'efforce de se substituer à la réglementation corporative. Les statuts d'Elisabeth sur l'apprentissage, le compagnonnage, les salaires en sont une preuve ; et vers le milieu du XVIIIe siècle, on peut dire que les ghildes et les corps de métiers qui ont survécu ne sont plus que des associations amicales à caractère de sociétés de bienfaisance.

Déjà d'ailleurs apparaissent en Angleterre, qui sur ce terrain a devancé le continent, les signes avant-coureurs de la grande industrie, qui va révolutionner les conditions du travail, et nécessitera l'intervention protectrice de la loi en faveur des salariés. — Mantoux, *La Révolution industrielle au XVIIIe siècle. Les commencements de la grande industrie en Angleterre*, 1907.

132. — L'*Allemagne*[3] vit les corporations se constituer à peu près

---

[1] La domination ou l'influence française ont eu pour résultat, dès la fin du XVIIIe siècle, la disparition du régime corporatif dans presque toute l'Italie. — Dans les Etats du Pape, les corporations ont été abrogées par un *motu proprio* du Pape Pie VII, en date du 16 décembre 1801.

[2] Cons. notamment les ouvrages précités d'Ingram, de Th. Rogers, d'Ashley. V. aussi Green, *Hist. du peuple anglais*, trad. Monod, t. II, p. 224 ; Bry, *Hist. industrielle et économique de l'Angleterre*, 1900 (nos 46 et 127).

[3] Sur les corporations allemandes au moyen âge, cons. notamment ; Schönberg,

pour les mêmes raisons qu'en France. C'est le groupement des serfs sous l'autorité d'un officier de la maison du seigneur. C'est l'association spontanée de ceux qui exercent la même industrie, lorsque celle-ci se développe aux XIIe et XIIIe siècles, sous l'influence de l'affranchissement des serfs et de l'extension des villes. La plupart des statuts des corps de métiers, des « Zunften », datent de la première moitié du XIIe siècle ; ces derniers vont se multipliant et se compliquant, ils aspirent au pouvoir municipal, et l'ayant conquis, renforcent la réglementation et le monopole, fixent les procédés de fabrication, la durée de la journée, le nombre des ouvriers par patron, le salaire, les prix de vente, etc.

133. — Dès le XVIe siècle, l'autorité impériale s'efforce de substituer aux règlements une police industrielle générale, moins particulière et moins restrictive. De 1536 à 1594, sept édits paraissent dans ce but. Ils sont impuissants à l'atteindre ; et de même est sans résultat le règlement voté en 1731 par la Diète, défendant aux Zunften de s'assembler sans la permission des autorités locales, facilitant l'entrée des métiers en réformant l'apprentissage et le compagnonnage, et en punissant les coalitions.

Les villes s'efforcent aussi d'élargir ce cadre trop étroit de la corporation. Elles créent des « Freimeister », des maîtres libres ayant le droit de travailler sans être incorporés ; mais ils n'ont pas le droit de prendre un apprenti ou un compagnon.

134. — Les survivances du régime corporatif au XIXe siècle. — Malgré les demandes de réformes et les efforts des autorités impériales et municipales, malgré l'exemple donné par la France de la Révolution, les corporations subsistèrent, pendant plus de la moitié du XIXe siècle, dans la majorité des États de la Confédération germanique.

Abrogées dès la fin du XVIIIe ou le début du XIXe siècle dans les parties occidentales de l'Allemagne réunies à la France (comme elles le furent, et pour la même raison, en Belgique et aux Pays-Bas), supprimées en Prusse en 1807, les corporations obligatoires se sont maintenues en Autriche jusqu'en 1859 [1], en Wurtemberg et en Saxe jusqu'en

Handbuch, t. II : *Die rechtliche Ordnung des Gewerbewesens* ; — Eberstadt, *Der Ursprung der Zunftwesens und die älteren Handwerkerverbände des Mittelalters*, Leipzig, 1900 ; — Conrad, *Leitfaden*, tit. II, chap. Ier, et la bibliographie placée en tête dudit chapitre.

[1] Cette substitution des associations professionnelles libres aux corporations obligatoires ou *ghildes* germaniques ou scandinaves, s'est également effectuée vers le milieu du XIXe siècle au *Danemark* (1857), et en *Suède* et *Norvège*, en 1846. — Introduites tardivement en Russie par Catherine II, sur le modèle des institutions alors en vigueur en France et en Allemagne, les corporations obligatoires d'artisans

1861 et 1862. C'est seulement à la date du 23 juillet 1869 qu'une loi applicable à toute la Confédération de l'Allemagne du Nord les supprima en tant que groupements privilégiés, les conservant d'ailleurs comme associations libres, ayant comme double objectif la défense des intérêts professionnels et l'assistance mutuelle.

La tradition corporative s'était même maintenue si vivace dans les pays de langue allemande qu'elle devait, à la fin du XIXe siècle, déterminer un retour au régime de la corporation obligatoire pour la petite industrie, en Autriche d'abord (loi du 15 mars 1883), puis en Allemagne (loi du 26 juillet 1897). (Sur ce retour des législations germaniques au principe corporatif, v. *infra*, titre I, chapitre IV).

§ 3. — La grande industrie en France avant 1789. — Conclusions

135. — C'est Henri IV qui imagina le système de la *manufacture royale*, c'est-à-dire l'organisation du travail indépendant des corporations, qui représente sous l'ancien régime le mode d'industrie dit « la manufacture agglomérée », les ouvriers étant réunis dans un même local et travaillant comme salariés sous les ordres et pour le compte d'un entrepreneur. Celui-ci tient son droit de la volonté royale, solennellement manifestée par des lettres patentes, délivrées parfois moyennant finances, le plus souvent gratuitement dans le but de stimuler l'industrie et d'accroître la richesse du pays. La première forme de manufacture royale fut l'établissement d'ouvriers d'art dans les galeries du Louvre par Henri IV.

136. — Colbert[1] vint donner à la grande industrie une vigoureuse impulsion. A son avis, les manufactures pouvaient plus pour augmenter la population et accroître la valeur totale d'exportation que l'agriculture, et il les opposa aux corporations, celles-ci n'étant pas assez souples au point de vue de la production et se prêtant mal à la grande industrie.

Pour arriver à créer les manufactures (Gobelins, manufactures d'or et d'argent de Saint-Maur, draps d'Elbeuf, etc.), tout fut mis en pratique. Les initiatives furent directement sollicitées par les agents du roi, elles furent encouragées par les avances nécessaires, les municipalités

(*Isecks*) s'y sont perpétuées jusqu'à nos jours. — V. *infra* notre chapitre sur les syndicats professionnels.

[1] Sur le *colbertisme*, cons. notamment : Neymarck, *Colbert et son temps*, 2 vol., 1877 ; Boissonnade, *Colbert, son système et les entreprises industrielles*, 1902 ; Cossa, *op. cit.*, p. 224 et s.

durent, dans beaucoup de cas, donner des subventions ou fournir gratuitement les locaux nécessaires aux ouvriers. L'émigration, sauf pour les colonies et dans les conditions déterminées par l'administration métropolitaine, fut sévèrement interdite, comme diminuant la population, élément de prospérité. Des privilèges furent accordés aux ouvriers étrangers. En outre, Colbert non seulement organise l'industrie, mais il réglemente le travail ; parfois son intervention prend les formes les plus inattendues ; ainsi, ayant appris que souvent les ouvriers n'allaient pas à l'atelier, il fait défense aux cabaretiers de servir à boire et à manger aux chômeurs.

137. — Corporations : règlements de fabrication. — A l'égard des corporations, Colbert s'efforce d'unifier leurs règlements, surtout en ce qui concerne la fabrication. Depuis 1664, il n'édicte pas moins de 150 règlements, chaque tissu ayant le sien. En 1669, il complète cette législation par quatre grandes ordonnances qui fixaient dans toute l'étendue du royaume la fabrication des étoffes, la qualité de la laine, le nombre de fils en chaîne et en trame, etc. Il édicte enfin, en 1671, une instruction générale sur la teinture. Pour surveiller l'application de cette réglementation touffue, Colbert créa des inspecteurs des manufactures.

138. — Conclusions. — La période historique que nous venons de décrire à grands traits offre un contraste complet avec la période moderne, qui fait l'objet de la section suivante.

Ce qui caractérise les lois ouvrières contemporaines, — tous les chapitres de cet ouvrage en apporteront la démonstration, — c'est leur caractère protecteur. — Après l'expérience plus ou moins prolongée de la liberté complète, antithèse du régime corporatif disparu, l'on a reconnu dans la plupart des États la nécessité de protéger le travailleur contre les conséquences préjudiciables pour lui, tant au point de vue matériel qu'au point de vue moral, de la concurrence illimitée entre employeurs, et l'on s'est préoccupé du salarié au lieu d'envisager exclusivement le résultat utile du travail.

139. — Nous avons vu les règlements corporatifs édictés principalement en vue du résultat du travail. Tout est dirigé vers la meilleure fabrication possible, tout est subordonné au produit. Si l'on interdit le travail de nuit, c'est par crainte des malfaçons, et l'ouvrier qui cherche une aide est obligé de la demander à des associations secrètes, prohibées par le pouvoir royal. — L'organisation corporative est donc, au moins dans sa forme dernière, une organisation *chrématistique*, c'est-à-dire édictée en vue de la richesse à créer, abstraction faite du producteur, et *aristocratique*.

L'interventionnisme moderne, à l'inverse, est avant tout *social*, c'est-à-dire qu'il fait passer le point de vue social et éthique avant le point de vue économique, et *démocratique* en ce qu'il tend à assurer, autant que faire se peut, l'égalité du capital et du travail, et à libérer le travailleur.

Ce n'est du reste que par étapes que les législations contemporaines en sont venues à ce concept, plus ou moins réalisé suivant les Etats; c'est à la description de cette évolution que notre paragraphe suivant sera consacré.

SECTION V. — Le travail industriel depuis l'abolition du régime corporatif. — Apparition et développement progressif de la législation ouvrière dans les différents pays.

§ 1er. — Evolution historique de la législation

I. Assemblée constituante : loi Chapelier. — **140.** — L'Assemblée constituante avait cru à la toute-puissance de la *liberté individuelle*. Non contente de proclamer la liberté politique, et d'inscrire les libertés publiques dans la charte impérissable des Droits de l'homme et du citoyen, elle avait brisé toutes les entraves à la liberté du travail, détruit le *régime corporatif* (loi précitée des 2-17 mars 1791), et reconnu à tous les travailleurs le droit de travailler à leur gré, chez eux ou à l'atelier, pour leur compte ou pour le compte d'autrui. L'idée était grande et généreuse; les résultats, malheureusement, ne répondirent pas complètement aux espérances de l'Assemblée.

141. — Le régime de la libre concurrence, succédant brusquement au système corporatif, sans le contrepoids de l'association libre (prohibée par la loi des 14-17 juin 1791, dite loi Chapelier)[1], a eu sans doute cet heureux résultat de stimuler toutes les énergies individuelles, et d'accroître la production industrielle dans des proportions inconnues jusqu'alors; mais cette progression indéniable de la richesse publique n'a pas eu, pour la masse des travailleurs, tous les heureux effets qu'on en attendait.

Loin de contribuer à la pacification sociale et à une entente durable entre les deux grands facteurs de la production, le capital et le travail,

[1] Sur cette loi, v. *infra*, nos chapitres sur les coalitions et sur les syndicats professionnels.

la concurrence économique, âpre et égoïste, n'a suscité que trop souvent les conflits les plus graves [1].

142. — C'est, tout d'abord, à la répression que le législateur de l'époque intermédiaire, dans sa crainte de voir se reconstituer le cadre industriel ancien qu'il venait de briser, crut devoir recourir pour faire cesser ces conflits. Les mesures les plus énergiques furent prises pour mettre obstacle aux manifestations les plus légitimes du droit, que la plupart des législations reconnaissent aujourd'hui aux travailleurs, de se concerter pour la défense de leurs intérêts communs (loi précitée des 14-17 juin 1791) [2].

Il est vrai qu'en revanche la législation révolutionnaire se préoccupait d'organiser l'assistance, dans l'intérêt de la masse indigente (Rapport Barrère, *sur les moyens d'extirper la mendicité*, 22 flor. an II, *Moniteur*, XX, p. 445). Mais les circonstances ne permirent pas aux pouvoirs publics, absorbés par leur double lutte contre la coalition extérieure et les factions intestines, de réaliser leur programme humanitaire : si bien que l'historien de la Révolution, envisagée au point de vue économique, est obligé de constater ce fait paradoxal d'une législation rigoureuse pour la classe ouvrière, édictée par un législateur favorable au peuple, mais impuissant à traduire ses sympathies par des actes [3].

---

[1] Nul n'a, plus éloquemment que M. Gide, mis en relief les dangers de la concurrence illimitée, du *struggle for life* économique. — Comp. notamment sa conférence intitulée : *Concurrence ou coopération* (*Musée social*, mars 1899), et l'allocution de M. Poincaré, président de la conférence sur « *la concurrence*, légitime dans sa cause, légitime dans son origine, et cependant brutale, cruelle, meurtrière souvent dans ses résultats » (*Musée social*, *ibid.*).

[2] Sur l'individualisme des Assemblées de l'époque intermédiaire, en matière de législation sociale, comp. notamment : Levasseur, *Histoire des classes ouvrières de 1789 à 1870*, t. I, p. 104 et s.; Sauzet, *Essai historique*; Henry Michel, *L'idée de l'Etat*, p. 89 et s. ; Sagnac, *Législation civile de la Révolution française*, 1898; Lichtenberger, *Le socialisme et la Révolution française*, et *S'il y eut du socialisme dans les Cahiers de 1789* (*Revue socialiste*, juin 1898); Espinas, *La philosophie sociale du XVIIIe siècle*; Lujo Brentano, *La question ouvrière*, p. 33; Paul Boncour, *Le fédéralisme économique*, p. 19 et s.; Martin Saint-Léon, *op. cit.*, p. 508 et s.; P. Deschanel, *La question sociale*, introduction. — V. aussi Boissonnades, *Les études relatives à l'histoire économique de la Révolution française* (*Rev. de synthèse historique*, 1905, t. X, p. 57, et t. XI, p. 94 et s.); Esmein, *Histoire du droit français de 1789 à 1814*, 1908; Vaillé, *La coalition ouvrière et les grèves*, 1901, p. 161.

[3] « Le travail était affranchi, — écrit M. Barboux appréciant la législation sociale de la Constituante, — mais le travailleur était abandonné à lui-même, livré à toute l'âpreté de la concurrence, condamné à l'isolement obligatoire et rivé à l'esclavage d'une liberté trop absolue pour son ignorance, trop lourde pour sa faiblesse. Pour revenir de si loin, il fallut soixante-dix ans et toute la transformation économique du XIXe siècle »; Barboux, disc. (*J. des Débats*, numéro du 16 mars 1897). — Comp. aussi, sur l'*anarchie partielle* créée par le libéralisme excessif de la Constituante en matière économique : Jay, *L'évolution du régime légal du travail*, p. 5.

II. Consulat et premier Empire. — **143**. — Sous le Consulat et le premier Empire, cette antinomie disparaît. Les pouvoirs publics renient de plus en plus leur origine révolutionnaire, et cherchent par tous les moyens à consolider l'état de choses nouveau, en intéressant à son maintien les classes possédantes, spécialement les chefs d'industrie et les représentants du haut commerce. Ceux-ci, principaux bénéficiaires du régime économique nouveau, s'opposent à toute mesure susceptible de paralyser, fût-ce dans la plus faible mesure, leur liberté d'action, à toute réglementation tutélaire inspirée d'une pensée de protection pour les masses.

Tout au plus se résignent-ils à quelques règlements de police générale. C'est dans l'intérêt de l'hygiène et de la sécurité publique, bien plutôt que dans celui des travailleurs, que les industries dangereuses ou insalubres sont assujetties à une réglementation plus ou moins rigoureuse. Tel est l'esprit du décret du 15 octobre 1810 et de l'ordonnance du 14 janvier 1815, sur les établissements dangereux, insalubres ou incommodes, ainsi que des lois et règlements sur l'exploitation des mines, minières et carrières (L. 21 avril 1810; décr. 3 janvier 1813, etc.).

144. — La création, vers la même époque, des chambres consultatives des arts et manufactures (arrêté du 10 thermidor an XI) et des conseils de prud'hommes (L. 18 mars 1806), s'explique également par des considérations déduites des intérêts généraux du pays, et par la nécessité reconnue d'*organiser* l'industrie nationale, livrée dans une certaine mesure à l'anarchie par la brusque disparition du régime corporatif (V. *supra*).

Mais la législation du Consulat et du *Premier Empire*, nettement favorable à l'élément patronal, assuré de la prépondérance dans les conseils de prud'hommes, hostile aux salariés de tout ordre, au point de violer à leur préjudice la loi d'égalité entre tous les citoyens, affirmée par la Constituante [1], est aussi éloignée que possible de la conception humanitaire, et protectrice des faibles, qui caractérise le mouvement réglementaire contemporain.

Le contraste est même étrange, entre la forte organisation administrative instituée par le Consulat et l'état d'émiettement, « d'isolement et de pulvérisation obligatoire » sous lequel étaient seuls maintenus les ouvriers, alors qu'autour d'eux tous les autres groupements se

[1] Sur le *livret d'ouvrier*, instrument de servitude et de police, et sur la législation répressive des *coalitions*, sévèrement poursuivies lorsqu'elles intervenaient entre ouvriers, presque assurées de l'impunité lorsqu'elles se constituaient entre patrons, cons. *infra* nos chap. sur les coalitions, et sur le contrat de louage de services.

reconstituaient, avec l'assentiment ou même sur l'initiative du pouvoir central[1].

145. — Individualisme du Code civil : réaction jurisprudentielle et doctrinale. — La loi civile ignore presque totalement le contrat de travail : les rédacteurs du Code civil ne semblent pas s'être doutés que le louage de services industriels nécessitait une réglementation presque aussi étendue que le louage des choses[2] ; deux articles, les articles 1780 et 1781, leur ont semblé suffisants, et encore l'article 1781 consacrait-il, au point de vue de la preuve, une inégalité si injustifiable entre l'employeur et le salarié, que l'on a dû la faire disparaître de nos lois (L. 2 août 1868). Depuis cette dernière loi, l'égalité a été rétablie, théoriquement, entre les deux parties ; mais la pratique est souvent, en pareille matière, fort éloignée de la théorie.

A ce point de vue, le Code civil français, imprégné de l'individualisme dogmatique des jurisconsultes de la fin du XVIIIe siècle, offre un contraste très marqué avec le nouveau Code civil allemand (Blondel, *Le Code civil allemand et les ouvriers*, *Bull. de la Soc. de lég. comp.*, janv. 1901), et surtout avec le Code civil *suisse*, dont l'Assemblée fédérale vient d'achever la discussion (19 déc. 1907).

---

[1] Sur la politique antidémocratique du premier Empire, cons. notamment Levasseur, t. I, p. 285 et s. ; Paul Boncour, *op. cit.* ; Lefèvre, *Evolution historique des associations professionnelles*, p. 240 ; Bureau, *Le contrat de travail*, p. 205 et s. ; A. Milhaud, *Bonaparte et les ouvriers* (*Rev. du mois*, 10 déc. 1906).

[2] « A vrai dire, l'ouvrier a été presque entièrement oublié dans notre Code civil », écrit justement M. Glasson, *Le Code civil et la question ouvrière*, p. 6. Ce point de vue a été nettement mis en relief par la plupart des orateurs, français et étrangers, qui ont pris part, en 1904, aux fêtes organisées à l'occasion du *Centenaire du Code civil*. Les divergences n'ont guère porté que sur l'opportunité d'une révision *d'ensemble*, énergiquement défendue par MM. Larnaude, Tissier, Cauwès, Ambroise Colin, Massigli, Cruppi, Pilon, Pic, etc., combattue au contraire par MM. Thaller, Planiol, Guillouard, Gaudemet, etc. Les adversaires de la révision ont insisté surtout sur ce que la législation ouvrière étant, à certains égards, une dépendance du droit public, il était plus logique d'en consigner les prescriptions dans un code spécial. Mais la majorité de l'assemblée, réunie en commission d'études à la Faculté de droit les 27-28 oct. 1904, n'a pas paru convaincue par cette argumentation.

Sans doute, « en tant qu'elle organise une sorte de tutelle administrative des travailleurs, la législation ouvrière ressortit au droit public, mais elle se rattache au contraire au droit privé lorsqu'elle légifère sur les contrats industriels. Si donc il peut y avoir avantage à inscrire dans un Code ouvrier, distinct du Code civil, une réglementation complète et détaillée du contrat de travail, du moins convient-il de poser dans le Code civil les principes directeurs dont le législateur du XXe siècle entend désormais s'inspirer », Pic, *Le centenaire du Code civil et le droit social de demain* (*Quest. pratiques*, 1904, p. 474 et s.). — Cf. *Le Code civil, Livre du centenaire*, 2 vol., Rousseau, 1904 ; Soc. d'études législatives, s. extraord. des 27-28 oct. 1904 (*Bull. de la Soc.*, 1905, p. 21 et et s., et commun. de MM. Saleilles, Cauwès, Ambroise Colin, etc., p. 77 et s. — V. aussi Pascaud, *Le Code civil et les réformes qu'il comporte*, 1906.

Les Codes récents se préoccupent du travailleur [1]; le Code civil, préoccupé uniquement de protéger la fortune acquise, semble l'ignorer, comme si, même en 1804, même avant l'essor de la grande industrie, le contrat de travail n'était pas le plus fréquent de tous les contrats ! Il admet la rescision de la vente d'immeubles pour cause de lésion ; mais ses rédacteurs ne songent point « aux lésions nombreuses qui peuvent se produire dans les contrats intéressant le plus les classes pauvres, et spécialement dans le contrat de travail » (Tissier, *Le Code civil et les classes ouvrières*, *Liv. du Centenaire*).

En réalité, suivant l'expression très juste de M. Saleilles (Introd. à l'étude du droit civil allemand, 1904, p. 120), « le Code civil de 1804 fut dans le domaine de la vie juridique l'expression parfaitement adaptée d'un état social qui bientôt ne sera plus, mais qui venait de triompher, celui de la prépondérance des classes moyennes et de l'individualisme bourgeois ». Le Code, écrit de son côté Edm. Picard (*L'évol. histor. du dr. civil français,* 1898, p. 68), est « l'épopée bourgeoise du droit privé ». — Cf. Charmont, *Le droit et l'esprit démocratique* (chap. II, *La socialisation du droit*) ; Capitant, *Introduction à l'étude du droit civil*, 2e éd., 1904.

145 *bis.* — Il n'est que juste de remarquer d'ailleurs que, depuis quelques années, la jurisprudence française, encouragée dans cette voie par une fraction importante de la doctrine [2], s'est efforcée de plier l'individualisme rigide du Code, ou plus exactement du droit privé français (C. civ., C. com., etc.), aux nécessités sociales actuelles ; cette évolution, coïncidant avec le développement des études de droit comparé, est très marquée, par exemple dans les arrêts qui précédèrent la législation de 1898 sur les accidents du travail, et facilitèrent la transition de la conception ancienne de la responsabilité délictuelle, au concept nouveau du risque professionnel (V. titre II, chap. Ier, *infra*) [3].

---

[1] Cette préoccupation est surtout apparente dans le Code civil suisse ; car le Code civil allemand ne répond que très imparfaitement à l'idéal démocratique. — Gaudemet, *Les codifications récentes et la revision du Code civil* (*Le Code civil*, Livre du Centenaire, II, p. 967 et s.).

[2] Cons. notamment : dans le Recueil *Sirey*, la série des notes de M. Labbé, ainsi que les notes de MM. Esmein, Chavegrin, Wahl, etc. ; dans le *Dalloz*, les notes de MM. A. Colin, Josserand, Lacour, Planiol, Thaller ; dans les *Pandectes*, celles de M. Mongin, etc., etc.

[3] Sur le rôle important de la jurisprudence dans cette œuvre d'assouplissement des textes aux besoins nouveaux, cons. tout d'abord le magistral discours de M. Ballot-Beaupré, premier présid. de la Cour de cassation, à la séance solennelle du 29 oct. 1904 (*Le centenaire du Code civil*, broch. in-8°, Impr. nation., p. 23 et s.) — Conf. Gény, *Méthode d'interprétation et sources du droit privé positif*, 1900 ; Lambert, *La fonction du droit civil comparé*, *op. cit*, p. 15 et s., et *Le droit civil et la législ. ouvrière* (*Rev. gén. du droit*, mai-juin 1904) ; Hauriou, *Philosophie du droit et*

146. — Mais l'action évolutive de la jurisprudence est forcément limitée. Elle peut aider l'action législative, lui préparer les voies, faciliter la mise à exécution des réformes, mais non suppléer à l'inaction du législateur. D'où l'utilité, aujourd'hui reconnue, des sociétés qui ont pour objet principal de faire connaître les législations étrangères (*Société de législation comparée*), ou de celles qui tendent, soit à établir un lien permanent entre les jurisconsultes ou économistes des différents pays civilisés (*Institut de droit international*, *Association internationale pour la protection légale des travailleurs*, V. *infra*), soit à indiquer au Parlement les réformes législatives désirables (*Société d'études législatives*, fondée en 1902)[1].

Tous ces efforts, combinés avec ceux de la commission extraparlementaire de révision du Code civil, aboutiront certainement à en modifier l'esprit. Déjà quelques résultats importants ont été obtenus, notamment le vote de la loi du 13 juillet 1907 sur le *libre salaire de la femme mariée*, qui modifie profondément l'esprit de notre législation sur la puissance maritale. Non moins important serait le vote de plusieurs dispositions empruntées, par la commission de la Chambre (rapp. Chambon, 27 déc. 1907, Ch., *Doc. parl.*, n° 1409), à un projet d'ensemble sur le contrat de travail, et qui, incorporées au C. civil (art. 387, 1112, 1779-81, 2001), assureraient à la créance de salaire une protection plus efficace [2]. Mais cette dernière réforme n'est encore qu'à l'état d'avant-projet, et il faut bien convenir que le Code Napoléon est resté jusqu'à ce jour, malgré certaines modifications de détail, ce qu'il était lors de sa promulgation : « la loi d'une société bourgeoise, non le Code du travail et du travailleur » (Glasson, *Rapport sur le concours pour le prix du budget*, 1898).

Aussi est-ce parallèlement aux Codes civil et de commerce, mais en dehors d'eux, que s'est développée dans la France du XIXe siècle, sans plan préconçu, et sous la pression des événements, la législation

---

science sociale (*Rev. du dr. public*, 1899, p. 462). V. aussi Thaller, *De la place du commerce dans l'histoire générale*; Planiol, *Cours de droit civil*, *passim*; Josserand, *De la responsabilité du fait des choses inanimées*, 1897 ; Esmein, *La jurisprudence et la doctrine* (*Rev. trim. de droit civil*, 1902, 5). — Conf. la plupart des rapports présentés au congrès international de droit comparé, Paris, 1900, et spécialement ceux de MM. Esmein (*Bull. Soc. de législ. compar.*, 1900, p. 373), et Saleilles (*ibid.*, 1900, p. 383).

[1] Cons. dans le 1er Bulletin de cette société (broch. in-8°, 1902), l'allocution de son président, M. Glasson, et le rapport de M. Tissier sur « les modifications à apporter aux droits et pouvoirs de la femme mariée quant aux biens et aux produits du travail et de l'industrie ».

[2] Sur ces projets, v. *infra*, titre II, chap. II. — Sur la composition, et les travaux de la commission de revision du Code civil, depuis sa constitution (arrêté minist. du 3 déc. 1904, au lendemain des fêtes du Centenaire), v. le *Bull. de la Soc. d'études législatives*, 1904 à 1908, *passim*.

ouvrière que nous aurons à commenter au cours de cet ouvrage.

III. Restauration. — **147**. — Sous la Restauration, de vaines tentatives furent faites pour obtenir la reconnaissance des associations ouvrières ou patronales ; mais ces efforts se brisèrent devant la résistance opiniâtre des chambres de commerce.

IV. Gouvernement de Juillet. — **148**. — Avec le Gouvernement de Juillet apparaissent les premiers linéaments de la législation ouvrière. L'essor de la grande industrie, et les abus criants que la prospérité économique du pays n'avait fait qu'aggraver[1], en l'absence de toute réglementation protectrice des travailleurs, déterminèrent les Chambres françaises, à l'instar du Parlement anglais[2], à adopter la première loi vraiment protectrice de la classe ouvrière.

Cette loi, du 22 mars 1841, sur le travail des *enfants* employés dans les manufactures, était d'ailleurs manifestement insuffisante ; elle eût cependant produit quelques heureux effets, si elle n'avait été ouvertement violée dès le lendemain de sa promulgation, par suite de l'absence de tout contrôle sérieux.

V. Législation sociale de la République de 1848. — **149**. — La pensée de réformation sociale qui présida aux premiers actes du gouvernement provisoire de 1848 détermina l'apparition, à cette date, de tout un ensemble de mesures législatives ou réglementaires destinées à améliorer la condition de la classe ouvrière, et à prévenir ou pacifier les conflits entre le capital et le travail[3]. Le plus important de tous ces actes est sans contredit le décret du 2 mars 1848, par lequel le gouvernement provisoire, devançant son époque de près d'un demi-siècle, posa le principe de la réglementation du travail des hommes adultes, et fixa la durée maxima de la journée de travail à dix heures pour Paris et onze heures pour les départements : décret dont il convient de rapprocher celui du 27 mai 1848 sur les conseils de prud'hommes, tendant

---

[1] Cpr. sur la situation lamentable des ouvriers à cette époque, les documents précis consignés dans le rapport officiel du Dr Villermé : *Tableau physique et moral des ouvriers employés dans les manufactures de soie, de laine et de coton*, Paris, 1840. — Cf. Souchon, *La situation des ouvriers en France à la fin XIXe siècle* (*Musée social*, nov. 1899). — V. aussi *infra*, ch. V, sect. II.

[2] Le premier *factory act* anglais remonte à 1802. Depuis lors, s'est déroulée toute une série d'acts, de plus en plus précis, dont les derniers (acts de 1878, 1895, 1901) assujettissent toutes les formes de l'industrie et même du commerce à une réglementation minutieuse. V. les rapports de Mrs Mac-Donald, et de la *Fabian Society* au *Congrès international de législation du travail* de Bruxelles, 1897, et ceux de Miss Harrisson et de Mlle B. H. Hutchins au *Congrès international pour la protection légale des travailleurs de Paris*, 1900.

[3] V. G. Renard, *L'histoire économique et sociale de la deuxième République* (*Rev. intern. de l'enseignement*, 1902, 13) ; Isambert, *Les idées socialistes en France*, chap. XI.

à assurer aux ouvriers dans ces juridictions électives, une influence égale à celle des patrons, et celui du 29 février 1848 sur la liberté d'association, qui provoqua la formation de groupements professionnels et d'associations coopératives sur tous les points du territoire. Signalons également les décrets du 2 mars 1848, déclarant aboli le *marchandage*, ou exploitation des ouvriers par les sous-entrepreneurs, et du 8 mars 1848, portant suppression des bureaux de placement rétribués, et créant des bureaux municipaux de placement gratuit.

150. — Ce mouvement social de 1848, si puissant en apparence, devait s'arrêter brusquement, par suite des fautes ou de l'inexpérience des gouvernants : proclamation imprudente du droit au travail, création des ateliers nationaux, mauvais fonctionnement des bureaux municipaux, absence de définitions précises permettant d'appliquer utilement le décret sur le marchandage; oubli de ces mesures transitoires sans lesquelles les lois réformatrices aboutissent fatalement à un échec. Habilement exploitées par les adversaires du régime républicain, ces fautes, et les troubles de la rue qui en furent la conséquence, provoquèrent une réaction violente, dont les tendances rétrogrades s'affirmèrent immédiatement dans la législation, dès avant le coup d'Etat du 2 décembre 1851.

Au décret du 2 mars, succéda la loi du 9 septembre 1848 (encore en vigueur), qui, tout en laissant subsister le principe de la réglementation de travail des adultes, en restreignit l'application aux « établissements à moteur mécanique ou à feu continu, et aux fabriques occupant *plus de vingt ouvriers* réunis en atelier » (art. 1er de la loi de septembre 1848 et art. 1er de la loi du 22 mars 1841 combinés), et porta, de dix ou onze heures, à douze heures la durée maxima de la journée de travail dans ces établissements, avec faculté pour le patron, en divisant son personnel par équipes, de laisser l'atelier ouvert vingt-quatre heures. Ainsi amendée et atténuée, la loi de septembre 1848 ne fut pour ainsi dire pas appliquée, tout d'abord, à raison des exceptions trop nombreuses ou trop élastiques autorisées par les décrets des 17 mai 1851 et 31 janvier 1866, ensuite et surtout par suite de l'absence d'un personnel de contrôle, et de l'inertie voulue des parquets. Il fallut la loi du 16 février 1883, confiant aux inspecteurs du travail la mission de veiller à l'application de la loi de 1848, pour en faire revivre les prescriptions.

Presque aussi ouvertement violée, du moins dans celles de ses prescriptions destinées à protéger la personne de l'enfant, devait être la loi du 22 février 1851 sur le contrat d'apprentissage, aucune autorité n'ayant été spécialement chargée de veiller à son exécution.

VI. Le second Empire. — **151.** — Poursuivant ce mouvement de réaction, le gouvernement du *Prince-Président* et le *second Empire* devaient avoir promptement raison de l'œuvre sociale de la seconde République par toute une série de mesures contraires, telles que la remise en vigueur et même l'aggravation des lois prohibitives de la réunion ou d'association, la réglementation des bureaux de placement rétribués par le décret du 25 mars 1852, la loi du 1er mars 1853 sur les conseils de prud'hommes, et celle du 22 juin 1854 sur les livrets d'ouvriers : cette dernière empreinte d'une défiance manifeste à l'encontre des travailleurs de l'industrie.

152. — Mais, si la législation ouvrière de 1848 était anéantie ou paralysée, les idées nouvelles jetées dans la circulation avaient conservé toute leur puissance; et le gouvernement impérial, obligé de compter avec elles, espérant d'ailleurs se concilier une fraction des adversaires du nouveau régime par d'habiles concessions sur le terrain de la politique sociale, fut progressivement amené à soumettre au Corps législatif une série de mesures libérales, telles que la loi du 25 mars 1864, abrogeant les art. 414 et 415 C. pén., et reconnaissant aux ouvriers comme aux patrons le droit de coalition et de grève, et la loi du 24 juillet 1867 sur les sociétés, dont les art. 48 et suivants, sur les sociétés à capital variable, avaient pour objet de favoriser la constitution des coopératives.

VII. La troisième République. — **153.** — Bien autrement féconde est l'œuvre législative de la *troisième République*[1]. Dès les premières années qui suivirent nos désastres, l'Assemblée nationale, désireuse de fortifier la patrie en atténuant les luttes de classes, dont l'insurrection communaliste avait révélé la gravité, se mit à l'œuvre; et l'une des premières lois sociales issues de ce mouvement fut la loi du 19 mai 1874 qui, malgré son insuffisance et ses lacunes, marque une date capitale dans le développement en France de la législation protectrice de l'ouvrier. C'est elle, en effet, qui pour la première fois a assuré à l'enfance ouvrière une protection efficace; c'est elle qui, en interdisant aux femmes le travail souterrain, a posé les premiers jalons de la législation protectrice de l'ouvrière ; c'est elle enfin qui, en organisant l'inspection, a créé l'organe essentiel de toute notre législation réglemen-

[1] Cons. notamment, sur ce point, deux discours de rentrée prononcés devant la Cour de cassation par MM. les avocats généraux Sarrut, *Les progrès de la législation ouvrière sous la troisième République* (*Gaz. du Pal.*, 17 oct. 1894), et Dubois, *La législation sociale à la fin du XIXe siècle* (*France judic.*, 27 oct. 1900, p. 305). V. aussi Weill, *Histoire du mouvement social en France*; Levasseur, *Questions ouvrières sous la troisième République*, p, 516 et s.; Millerand, *La politique sociale sous la troisième République* (*Rev. polit. et parl.*, avril 1906).

taire. Aussi peut-on dire, sans exagération, que la législation ouvrière française date vraiment de la loi de 1874. Cette loi, en tout cas, a été le point de départ d'une activité parlementaire ininterrompue, quoique un peu confuse parfois, dans le sens du développement progressif de la législation protectrice du travail.

§ 2. — Le mouvement législatif contemporain, en France et à l'étranger. — Progrès de la législation réglementaire ; analogie croissante des législations.

I. Principaux chefs de réglementation. — **154**. — Cette activité parlementaire, dans le sens d'une réglementation de plus en plus étroite de l'industrie, et d'une tutelle légale plus directe des travailleurs, n'a rien de spécial à la France. Aussi convient-il, au point où nous sommes parvenu, de jeter un rapide coup d'œil sur les principales législations, afin de mesurer le chemin parcouru par chacune d'elles, pendant le dernier quart du XIXe siècle, et au début du XXe, dans la voie de la protection légale des classes ouvrières.

Ces lois peuvent se grouper sous les principaux chefs suivants : organisation officielle de l'industrie ; groupements professionnels ; réglementation du travail industriel ou commercial ; protection légale du salaire ; juridictions arbitrales ; institutions propres à améliorer la condition du travailleur (épargne, mutualité ou coopération, logement des travailleurs, homestead, assurances sociales). D'une manière générale, et abstraction faite des divergences nombreuses qui séparent encore les législations, les Etats civilisés, par cet ensemble de prescriptions, englobant dans un vaste réseau toutes les manifestations de la vie économique, se sont proposé de réaliser les objets suivants :

155. — ...1° Assurer aux chefs d'industrie et aux travailleurs le moyen de faire parvenir leurs doléances aux pouvoirs publics et de coopérer par leurs avis, conseils et enquêtes, à l'œuvre législative. A cet ordre d'idées se rattachent la création, dans plusieurs pays étrangers (Belgique, Suisse, Etats-Unis, Etats australasiens), et récemment en France, de *Ministères* ou *départements du travail*, l'institution dans la plupart des pays industriels, de bureaux ou *Offices de travail*, chargés de réunir et de centraliser tous les renseignements et documents propres à éclairer le législateur sur les réformes à accomplir, et de *Conseils du travail et de l'industrie*, régionaux ou nationaux, composés, en partie au moins, de membres élus par les chefs d'industrie et les travailleurs, et investis d'attributions plus ou moins étendues, consultatives ou même arbitrales[1].

156. — ...2° Favoriser, en vue d'établir l'égalité ou l'harmonie entre le travail et le capital, les *groupements professionnels*, patronaux, ouvriers et mixtes, soit par la reconnaissance des syndicats libres, soit par la reconstitution des corporations obligatoires, tout au moins pour la petite industrie ou industrie de métiers[2].

157. — ...3° Réglementer le travail industriel (et parfois même commercial), au double point de vue de la sécurité et de l'hygiène[3], et de la protection des salariés : protection tantôt limitée à certaines catégories de travailleurs, aux enfants, que leur âge rend inaptes à se protéger eux-mêmes, ou aux femmes, dont le travail doit être réglementé à raison de leur faiblesse et plus encore dans l'intérêt de la conservation de la race[4], — tantôt étendue à la généralité des travailleurs, y

[1] Conf. loi belge du 25 mai 1895 instituant un ministère de l'industrie et du travail ; loi fédérale américaine du 27 juin 1884 créant un bureau national de statistique du travail, transformé en 1888 en département autonome du travail (cf. loi fédér., 18 mars 1904) ; création en 1887 du secrétariat ouvrier suisse ; loi danoise du 1er juillet 1901, instituant un département de l'industrie ; décret français du 26 oct. 1906 créant un *Ministère du travail et de la prévoyance sociale*. — Comp. à l'Office du travail français (L. 20 juill. 1891), les offices similaires créés successivement aux Etats-Unis, en Angleterre (*labour department*, section autonome du *Board of trade*), en Belgique, en Italie, etc... : au Conseil supérieur du travail français (Décr. 22 janv. 1891, 14 mars 1903, 27 janv. 1904 et 24 juin 1907, le conseil supérieur du travail belge (Arr. royal du 7 avril 1892), le conseil économique de Prusse, le conseil supérieur du travail d'Italie (L. 15 janv. 1902), l'Institut de réformes sociales d'Espagne (décr. 23 avr. 1903) ; — aux conseils (régionaux) du travail français (Décr. 17 sept. 1900, d'ailleurs inappliqué), les conseils de l'industrie et du travail de Belgique (L. 16 avril 1887), ou les chambres du travail des Pays-Bas (L. 2 mai 1897), etc...

[2] Comp. dans le sens de la liberté les lois française du 21 mars 1884, anglaises des 24 juin 1871 et 20 déc. 1906, belge du 31 mars 1898, et dans le sens de l'obligation, les lois autrichiennes des 15 mars 1883 et 23 février 1897, hongroise du 21 mai 1884, allemandes des 18 juillet 1881 et 26 juillet 1897, roumaine du 5 (18) mars 1902, et bulgare du 20 juin 1903.

[3] Loi française, 12 juin 1893, amendée le 11 juillet 1903. — Comp. lois allemande du 1er juillet 1891, amendée les 26 juillet 1897 et 30 juin 1900, art. 120, anglaises des 27 mai 1878, 20 juillet 1894 et 17 août 1901, autrichiennes des 17 juin 1883 et 8 mars 1885, belges des 13 décembre 1889 et 2 juillet 1899 (ind. et commerce), hollandaise du 20 juillet 1895, hongroise du 27 décembre 1893, italienne du 22 décembre 1888, luxembourgeoise du 15 juin 1903, new-yorkaise du 15 juin 1903, norwégienne du 27 juin 1892, suédoise du 10 mai 1885, suisse du 23 mai 1877.

[4] Il y a quelques années, les lois du sud de l'Europe réglementaient exclusivement le travail des enfants. — Comp. lois espagnole du 24 juill. 1873 et italienne du 11 fév. 1886. Mais, à l'heure présente, presque toutes les législations réglementent concurremment, tout au moins à certains points de vue, le travail de la femme : loi allemande du 1er juin 1891 (*Gewerbeordnung*), amendée le 30 mars 1903 ; lois anglaises des 17 mai 1878, 25 juin 1886, 6 juill. 1895, 30 juill. 1900, 17 août 1901 et 14 août 1903 ; lois belge du 13 déc. 1889, danoise du 1er juill. 1901, espagnoles des 13 mars 1900 et 8 janv. 1907 (femmes en couches), françaises des 2 nov. 1892, 30 mars et 29 déc. 1900, hollandaises des 5 mai 1889 et 20 juill. 1895, hongroise du 21 mai 1884, ita-

compris les hommes adultes, qui, eux aussi, ont le droit d'être protégés contre le surmenage et l'exploitation abusive du capital[1]; — sans préjudice, soit des lois, de plus en plus fréquentes, sur le *repos hebdomadaire*[2], soit des règlements particuliers à certaines catégories de travaux particulièrement dangereux, tels que les travaux souterrains[3].

Il convient d'ailleurs de remarquer que l'institution d'un service de contrôle, chargé de veiller spécialement à l'application des lois protectrices de l'ouvrier ou de l'employé, est le corollaire logique de toute réglementation légale sérieuse. Aussi presque toutes les législations ont-elles créé un corps d'*inspecteurs du travail*, hiérarchiquement organisé (lois industrielles de chaque Etat, complétées par des règlements d'administration publique). — Quelques Etats ont un service d'inspection *sanitaire*, distinct de l'inspection des fabriques (Grande-Bretagne, Canada). L'Italie présentait même naguère cette particularité de posséder un service complet d'inspection sanitaire, alors qu'elle n'avait point encore de service général d'inspection du travail autonome[4].

158. — ... 4° Assujettir les contrats industriels à tout un ensemble de règles destinées, les unes à en fixer les caractères distinctifs et à fournir au juge une règle générale d'interprétation[5], les autres à protéger le salaire du travailleur, soit contre la négligence ou les abus de

---

liennes des 19 juin 1902 et 7 juill. 1907, néo-zélandaise du 31 oct. 1905, new-yorkaise de juin 1907, pensylvanienne du 2 mai 1905, suédoise du 17 oct. 1900, suisse du 23 mars 1877 (complétée par diverses lois cantonales. — V. notamment loi de Bâle-Ville du 27 avril 1905). — Cf. la plupart des lois de l'Union américaine.

[1] Lois françaises des 9 septembre 1848, 7 décembre 1874, 2 novembre 1892, 30 mars 1900 et 29 décembre 1900 combinées. — Conf. loi australienne, colonie de Victoria, 1896 et 20 juin 1900), lois autrichiennes des 8 mars 1885, 16 janvier 1895 et 25 fév. 1902, lois russes, 2 février 1897 et 15 nov. 1906, loi suisse, 23 mars 1877. — V. aussi en ce qui concerne les ouvriers d'Etat, la loi fédérale américaine du 28 juin 1868, et pour les ouvriers et employés en général, la loi de New-York du 6 avril 1900, amendée le 19 mai 1906.

[2] *Gewerbeordnung* allemande, lois autrichienne du 18 juill. 1905, argentine du 6 sept. 1905, belge du 17 juill. 1905, canadienne du 13 juillet 1906, espagnole du 3 mars 1904, française du 13 juill. 1906, suisse du 1er avril 1905, etc.

[3] Lois françaises des 8 juillet 1890, 25 mars 1901 et 2 avril 1906 sur les délégués mineurs, et du 29 juin 1905 sur la durée du travail dans les mines. — Conf. loi belge, 7 avril 1897 sur les délégués mineurs; loi autrichienne du 27 juin 1901. — V. aussi règlement général néerlandais du 22 sept. 1906. — Signalons également, parmi les réglementations spéciales, les nombreuses lois de l'Union américaine sur le travail des employés et ouvriers de *chemins de fer* (cf. loi néerlandaise du 11 avril 1903); la loi de New-York, du 3 avril 1906, sur le travail *en chambre*; la loi hongroise de sept. 1907 sur les *ouvriers ruraux*, etc...

[4] Ce service a été organisé, en Italie, par la loi du 19 juillet 1906, en Espagne par le décret du 1er mars 1906.

[5] Les Codes industriels (*Gewerbeordnung*) allemand, autrichien, suisse, etc., cités *supra*, contiennent une réglementation d'ensemble du contrat de travail. — V. aussi la loi anglaise du 17 août 1901, la loi belge du 10 mars 1900 sur le contrat de travail, et la loi hollandaise du 13 juillet 1907.

pouvoir du patron (truck system, irrégularité dans les paiements, retenues, amendes, détournements ou mauvaise gestion des fonds prélevés sur le salaire de l'ouvrier pour versements à des caisses de secours ou de retraites)[1], soit contre les créanciers du patron[2], soit contre les créanciers de l'ouvrier[3]; d'autres enfin à prévenir les abus de pouvoir des personnes sous l'autorité desquelles peut se trouver le travailleur, du mari pour l'ouvrière mariée, des parents pour le jeune ouvrier[4].

Dans la conception socialiste, l'Etat devrait faire un pas de plus, et imposer à l'employeur un minimum de salaire. Seules jusqu'à présent, les nouvelles sociétés anglo-saxonnes (Australie du Sud, Victoria, Nouvelle-Zélande) se sont engagées dans cette voie. Les Etats européens n'admettent la fixation légale d'un minimum de salaire que pour les travaux publics, dans lesquels l'Etat est partie au contrat (Décrets français du 10 août 1899, inspirés de mesures semblables édictées en Angleterre, en Belgique, etc.). — Rapprocher cependant, des lois australiennes, notamment de la loi de l'Australie du Sud, du 22 déc. 1906 (amendement aux lois de 1894 et 1900), la loi genevoise du 10 février 1900.

159. — ... 5° Organiser en vue de trancher les *conflits collectifs ou individuels* entre employeurs et salariés, des *juridictions spéciales*, conseils de prud'hommes ou tribunaux industriels, comités de conciliation, conseils ou cours d'arbitrage, juridictions composées de patrons et d'ouvriers ou employés en nombre égal, et présidées soit alternativement par un patron ou un ouvrier, soit par un arbitre départiteur, magistrat ou notable, étranger au litige[5].

---

[1] Sur la répression du truck, des amendes arbitraires, et la régularisation des paiements, cons. notamment les lois anglaises des 16 septembre 1887 et 14 août 1896, belge du 16 août 1887, luxembourgeoise du 7 août 1906, norvégienne du 27 juin 1892, russe du 15 juin 1896, néo-zélandaise du 28 octobre 1898, ainsi que la loi belge du 15 juin 1896 sur les règlements d'atelier. — V. aussi les Codes industriels allemand, autrichien, hongrois ou suisse, ainsi que la plupart des lois de l'Union américaine (V. notamment loi new-yorkaise du 24 avril 1906). En France, le projet de loi sur le mode de paiement des salaires n'a pas encore abouti ; nous ne possédons, dans cet ordre d'idées, qu'une loi du 27 décembre 1895 sur les caisses de secours et de prévoyance des employés et ouvriers.

[2] Art. 549 C. com. français. — La plupart des lois étrangères considèrent également la créance de salaire comme privilégiée.

[3] Loi française du 12 janvier 1895 sur la saisie-arrêt des salaires et petits traitements. — Comp. lois allemande, 25 mars 1897, anglaise du 14 juillet 1870, autrichienne du 29 avril 1873, belge du 18 août 1887, espagnole du 12 juillet 1906, hongroise du 1er juin 1881, etc.

[4] Sur la protection du salaire de la femme mariée, cons. notamment les lois anglaise du 10 août 1882, finlandaise du 15 avril 1889, norvégienne du 29 mai 1888, genevoise du 7 nov. 1894, belge du 10 fév. 1900 (femme mariée et mineur), française du 13 juill. 1907. — Conf. art. 1425 C. civ. italien, 1365 et suiv. C. civ. allemand, 215 et suiv. C. civ. suisse de 1907.

[5] Lois françaises des 18 mars 1806, 15 juill. 1905 et 27 mars 1907 sur les conseils

160. — ... 6° Favoriser le développement de toutes les institutions susceptibles d'améliorer la condition du travailleur, soit en lui facilitant l'*épargne* et la *prévoyance* sous toutes ses formes[1]; soit en améliorant pour la *famille ouvrière* les conditions matérielles de l'existence (*logements ouvriers*, *insaisissabilité du foyer ou homestead*, *coopératives* de *consommation*, de *construction* ou de *crédit*)[2]; soit en facilitant pour les travailleurs l'accession du salariat à l'association par les *coopératives de production*, étayées sur les coopératives de consommation (*bonis*) et de crédit[3]; soit en assurant l'ouvrier contre les principaux

---

de prud'hommes, du 27 déc. 1892 sur les comités de conciliation et conseils d'arbitrage; décret du 17 sept. 1900 sur les conseils régionaux du travail. — Comp. en ce qui concerne les prud'hommes (conflits individuels) les lois autrichienne du 14 mai 1869, belge du 31 juill. 1889, espagnole du 24 juillet 1873, et plusieurs lois cantonales suisses (Neuchâtel, 20 nov. 1885, Genève, 12 mai 1897, etc.). — Comme organes officiels destinés à trancher les conflits collectifs, v. les conseils de l'industrie et du travail belges (l. 16 août 1887), les chambres du travail néerlandaises (l. 2 mai 1897), les conseils officiels d'arbitrage des Etats-Unis, de Genève (l. 10 février 1900), ou de la Nouvelle-Zélande (l. 29 oct. 1906). — Cf. loi suédoise du 31 déc. 1906 sur l'arbitrage.

Les tribunaux industriels allemands (l. 25 juill. 1890, 6 juill. 1904), de même que les *probiviri* italiens (l. 15 juin 1893) sont institués à la fois pour résoudre les conflits individuels et les conflits collectifs.

[1] Loi française sur les *caisses d'épargne* du 20 juillet 1895; comp. loi belge du 21 juin 1894 modifiant la loi du 16 mai 1865 sur la caisse générale d'épargne et de retraite, et loi italienne du 15 juillet 1888. — Loi française du 1er avril 1898 sur les sociétés de secours mutuels : conf. lois anglaise du 11 août 1875 sur les *friendly societies* modifiée en 1887, belge du 23 juin 1894, italienne du 15 avril 1886. En Allemagne, en Autriche et en Hongrie, les mutualités font partie intégrante du système général d'assurance obligatoire contre la maladie, lois allemandes du 15 juin 1883 et du 10 avril 1892, loi autrichienne du 30 mars 1888, loi hongroise du 14 avril 1891.

[2] *Habitations ouvrières* : Lois françaises des 30 nov. 1894 et 12 avril 1906; conf. lois anglaises des 30 juill. 1874, 9 août 1899 et 14 août 1903, autrichienne de février 1892, belge du 9 août 1889, italienne du 31 mai 1903.

Homestead : Lois américaines (Texas, 1839, New-York, 1850, etc.) : serbe, 24 déc. 1873. — Conf. lois anglaises des 16 sept. 1887 (*Allotments act*) et 27 juin 1892 (*small holdings act*); lois prussiennes des 2 juin 1874 (*Anerbenrecht*), 27 juin 1890, 7 juill. 1891 et 8 juin 1896, sur les *rentengüter* et les *rentenbanken*, etc. Sur les projets français, Lemire, Léveillé, Siegfried, etc., v. titre IV, *infra*.

Sur les coopératives de consommation, de construction ou de crédit, v. la note suivante.

[3] *Coopération en général* : La France n'a pas, jusqu'à présent, de loi générale sur les associations coopératives, encore régies par la loi de 1867 sur les sociétés. Il en est différemment de l'Allemagne (L. 1er mai 1889, modifiée le 12 août 1896), de l'Angleterre (L. 1876, modifiée par la loi du 12 sept. 1893), de l'Autriche (L. 9 avril 1873), des Pays-Bas (L. 17 nov. 1876), etc.). — Cf. décret impér. russe du 14 juin 1902, sur les artels.

Sur les coopératives de crédit agricole et populaire : V. lois françaises des 5 nov. 1894 (modif. loi du 20 juill. 1901), 31 mars 1899 (modif. loi du 25 déc. 1900, et 29 déc. 1906); Comp. loi belge du 21 juin 1894, et loi prussienne du 31 juill. 1895. — Sur les coopératives de construction, v. notamment le *building societies act* anglais de 1899. — Conf. parmi les actes tendant à encourager le développement des sociétés

risques qui le menacent, risques d'accidents ou de maladies, risques de vieillesse ou d'invalidité prématurée, risques de chômage involontaire, ou tout au moins en lui facilitant, sans lui en faire une obligation légale, l'assurance contre ces divers risques [1], — soit enfin en organisant l'assistance [2].

II. Les grands courants législatifs. — **161**. — Ce bref parallèle entre les principales législations de l'Ancien ou du Nouveau Monde, que nous nous proposons de reprendre à propos de chaque institution, nous permet dès maintenant de discerner, dans le développement progressif de la législation ouvrière, quatre ou cinq grands courants distincts, correspondant à des conceptions sociales différentes, mais dont les tendances au rapprochement sur certaines questions, travail des femmes ou des enfants, assurances sociales, s'accusent de plus en plus, surtout depuis dix ou douze ans [3].

---

ouvrières de production, le décret français du 4 juin 1888 et la loi française du 25 juill. 1893.

[1] La grande majorité des législations admet aujourd'hui, en matière d'*accidents*, l'assurance obligatoire (L. allemande du 6 juill. 1884 (amendée le 30 juin 1900), autrichienne du 28 déc. 1887, belge du 24 déc. 1903, danoise du 7 juill. 1898, hollandaise du 2 janv. 1901, italienne des 17 mars 1898 et 29 juin 1903, norvégienne des 23 juill. 1894 et 12 juin 1906, suédoise du 24 avril 1901) ou quasi obligatoire (L. françaises des 9 avril 1898, 24 mai 1899, 22 mars 1902, 31 mars 1905, 12 avril 1906). Les lois anglaises des 6 août 1897 et 21 déc. 1906, espagnole du 30 janv. 1900, russe du 2 juin 1903, se bornent cependant à consacrer le principe du risque professionnel. — L'assurance contre la *maladie* est obligatoire en Allemagne (L. 13 juin 1883 et 10 avril 1892); en Autriche (L. 30 mars 1888); dans le Grand-Duché de Luxembourg (L. 31 juill. 1901). En Angleterre, la maladie professionnelle est assimilée à l'accident (L. 21 déc. 1906).

L'assurance *obligatoire* contre la *vieillesse et l'invalidité prématurée* fonctionne en Allemagne (L. 22 juin 1889, modifiée le 13 juill. 1899), et en Nouvelle-Zélande (L. 1er nov. 1898, amendée le 29 juill. 1905); elle est organisée en France au profit des ouvriers mineurs, assurés également contre la maladie (L. 29 juin 1894) et des inscrits maritimes, en Autriche au profit des employés (L. 16 déc. 1906). Dans certains pays prévaut le système de la *liberté subsidiée* (L. belge du 10 mai 1900, amendée le 20 août 1903, lois italiennes des 17 juill. 1898, 7 juill. 1901 et 30 déc. 1906, L. vaudoise, 2 mars 1907). — Conf. les majorations accordées par la loi française aux sociétés de secours mutuels approuvées ou reconnues qui assurent des retraites à leurs membres. — Il n'existe pas encore d'assurances générales d'État contre le chômage; mais des essais, avec le concours des syndicats, ont été tentés dans plusieurs cantons suisses, et dans un certain nombre de villes allemandes, belges, françaises, etc... V. *infra*, titre IV. — Cp. sur la question du chômage : décret français du 20 avril 1906, l. norvégienne du 31 janv. 1903, *unemployed workmen act* anglais de 1905 (Ed. VII, chap. XVIII).

[2] Cons. notamment, L. française du 14 juill. 1905 sur l'assistance obligatoire aux vieillards et infirmes indigents, L. danoise du 29 mai 1902 sur les secours de vieillesse; L. hessoise du 7 août 1902 (logements pour indigents, etc.).

[3] Pour l'étude du développement parallèle et convergent des principales législations européennes et américaines, consulter principalement :

Sur l'ensemble des législations : V. la collection des rapports sur les conditions du travail dans les pays étrangers publiée par le ministère des affaires étrangères

A ce point de vue, l'on pourrait, ce semble, diviser les législations réglementaires en cinq groupes principaux[1] :

---

français; les rapports présentés aux Congrès de Bruxelles 1897, de Paris 1900, de Bâle 1904, de Genève 1906 ; les chroniques étrangères des *Annales de droit commercial et industriel* (Cohn, Kohler, Friedlænder, Mattersdorf, Meyerstein et Bachmann, *Allemagne*, — Alexander, I. Davis et Oppé, *Angleterre*, — Seefeld, K. Addler, Elsner et Rappaport, *Autriche*, — Vauthier, Hanssens et Michelynck, *Belgique*, — Torres Campos, L. Benito, Moncharville et Lepelletier, *Espagne*, — Cachard, *Etats-Unis*, — Franchi, *Italie*, — Simonis, *Luxembourg*, — Jitta, *Pays-Bas*, — Midosi, *Portugal*, — Platou, *Etats scandinaves*, — Nessi et Béguelin, *Suisse*) ; les chroniques de Lambrechts dans la *Rev. d'écon. polit.* ; Sombart, *Le socialisme et le mouvement social au XIXe siècle* ; Hahn, *Die Wirtschaft der Welt an Ausgange des XIXe Iahrhunderts*, 1900. — Pour le texte des principales lois récentes, et des règlements complémentaires, cons. notamment : l'*Annuaire de législation étrangère*, depuis 1872; depuis 1897, l'*Annuaire de la législation du travail*, publié par l'Office belge (V. la *table décennale*, 1897-1906) ; depuis 1901, le *Bulletin de l'Office international du travail*, de Bâle. — Comp. Cohendy, *Recueil des lois industrielles*, 4e éd., 1905 (lois françaises, avec références aux lois étrangères), et *Bulletin de l'Office du travail français* (depuis 1894).

— la France : Disc. précités de MM. Sarrut et Duboin ; Pic, *La législation ouvrière* (*Questions pratiques*, 1900, p. 1) ; Chronique législative des *Questions pratiques*, depuis 1900.

— l'Allemagne : Weber, *Die Entwickelung der deutschen Arbeiterschutzgesetzgebung seit* 1890, broch. 1897 ; *Soziale Praxis*, chroniques.

— l'Autriche : Marse, l'*Autriche à l'aube du XXe siècle*, 1904.

— la Belgique : *Rev. pratique de droit industriel* (paraissant depuis 1897) ; et les publications du ministère de l'industrie et du travail.

— les Etats-Unis : R. Ely, *The Labor movement in America* ; Willoughby, *La législation ouvrière aux Etats-Unis* ; Moselly, *Conditions de la vie économique et sociale de l'ouvrier aux Etats-Unis*, trad. M. Alfassa, 1904.

— la Grande-Bretagne et les Colonies anglaises : Métin, *Le socialisme sans doctrines* (Australie et Nouvelle-Zélande), 1901 ; Howell, *Labour législation*, 1902 ; Vigouroux, *L'évolution sociale en Australasie*, 1902 ; Siegfried, *La démocratie en Nouvelle-Zélande*, 1904 ; Robertson, *Les lois sociales en Nouvelle-Zélande* (*Rev. socialiste*, 1905, 513) ; Métin, *Le travail au Canada* (*Mus. social*, mars 1905, *docum.*).

— l'Italie : Nitti, *All' alba del secolo XX*, Turin, 1902.

— le Japon : Saïto, *La protection ouvrière au Japon*, 1900.

— le Luxembourg : P. Louis, *Les lois ouvrières du Luxembourg* (*Mus. social*, 1905).

— les Pays-Bas : Tjeenk-Willink, *La législation sociale aux Pays-Bas* (*Mus. soc.*, mars 1899).

— la Russie et la Finlande : Kovalewski, *Situation économique de la Russie* ; Frederiksen, *La Finlande, économie politique et privée*, 1902.

— la Suède : Lindley, *Le mouvement ouvrier en Suède* (*Humanité nouvelle*, janv. 1900).

— la Suisse : Dr Landmann, *Die Arbeiterschutzgesetzgebung der Schweiz*, Bâle 1900 ; Clerget, *Les conditions du travail en Suisse* (*Quest. prat. de législ. ouvr.*, mai 1908).

[1] Nous sommes obligé de laisser en dehors de toute classification d'un des grands Etats industriels modernes, le Japon, sa législation protectrice des travailleurs étant jusqu'à ce jour plus que rudimentaire. L'exploitation de la classe ouvrière s'y est manifestée si abusivement, qu'un mouvement d'opinion puissant tend à orienter aujourd'hui cet Etat dans le sens d'une réglementation analogue à celle qui a prévalu dans presque tous les pays civilisés.

162. — **1° Groupe latin.** — Ce premier groupe paraît présenter comme caractères dominants : l'absence de toute organisation corporative au sens traditionnel du mot, la reconnaissance des groupements professionnels libres, le développement, plus ou moins accentué, des lois protectrices du travailleur. Ce groupe n'a pas encore, du reste, beaucoup d'homogénéité. Des deux Etats qui sont entrés tout d'abord dans la voie de la réglementation, la France et la Belgique, la France s'est engagée plus délibérément dans la voie de la fixation d'une journée légale, même pour les adultes ; mais pour la protection du salaire, la Belgique a le pas sur la France. Jusqu'à ces dernières années, l'Italie et l'Espagne se sont bornées à réglementer le travail de l'enfance; elles ont aujourd'hui une législation protectrice de la femme. L'Italie, d'autre part, possède un ensemble assez complet de lois de prévoyance sociale (épargne, crédit populaire, retraites, accidents). Les autres pays latins, moins importants au point de vue industriel (Portugal, Roumanie, Grèce) n'ont qu'une législation ouvrière embryonnaire.

Mentionnons toutefois l'effort des jeunes Républiques de l'Amérique du Sud, du *Chili* notamment et de la *République Argentine*[1].

163. — **2° Groupe anglo-américain.** — Ce groupe se rapproche du précédent par sa législation libérale sur les *trades-unions* ; mais il s'en distingue notamment par une plus forte organisation de l'inspection, et par une surveillance plus stricte (surtout en Angleterre) de l'industrie à tous les degrés, y compris l'industrie familiale, tant au point de vue de l'emploi des enfants et des femmes que de l'hygiène ou de la sécurité des ateliers. A noter cependant, comme une particularité de la législation des Etats-Unis, le développement des institutions officielles d'arbitrage.

164. — **3° Groupe germanique.** — Ce groupe (Allemagne, Autriche-Hongrie, Etats scandinaves) a pour traits caractéristiques : l'esprit de synthèse scientifique qui a présidé à l'élaboration des grandes lois industrielles, telles que la *Gewerbeordnung* allemande ; une certaine prédilection pour le régime corporatif traditionnel ; enfin la préoccupation dominante d'assurer *obligatoirement* la masse des travailleurs contre les principaux risques inhérents à leur condition.

Par sa loi *industrielle*, la *Suisse* se rattache manifestement au groupe germanique, mais l'hostilité récemment manifestée par le peuple suisse contre l'assurance obligatoire donne à la législation helvétique

---

[1] Perez Canto, *La question sociale au Chili* (*Quest. pratiques*, 1903, 36) ; Ingegnieros, *Législation du travail dans la République Argentine*, 1906 ; Quesada, *El. problema national obrero*, Buenos-Ayres, 1907.

contemporaine une physionomie à part. Elle échappe pour l'instant à toute classification, d'autant plus que les lois suisses sur les associations ouvrières se différencient nettement par leur caractère essentiellement démocratique des lois corporatives allemandes. — Même observation en ce qui concerne la législation *néerlandaise*, encore hésitante entre les influences latines et germaniques.

165. — 4° **Groupe slave.** — Ce groupe se rapproche du précédent par sa conception corporative. Mais il se distingue de la loi-type du groupe germanique (loi allemande) par une préoccupation plus grande de protection pour le travailleur industriel dans le présent (ex. réglementation du travail des adultes), et par un souci moindre d'assurer son avenir.

166. — 5° **Groupe néo-saxon.** — (*Commonwealth* australien, Nouvelle-Zélande). Ce groupe l'emporte sur tous les précédents par la hardiesse de ses conceptions, dont certaines confinent au socialisme pur. C'est ainsi que ces lois sont les premières qui aient cherché à transporter, du domaine de la spéculation dans la pratique, le concept de la fixation légale d'un minimum de salaire pour l'industrie *privée*.

III. Affinités croissantes des lois sociales. — **167.** — Malgré ces divergences, encore profondes, les lois ouvrières sont loin de présenter, à l'heure actuelle, un caractère aussi nettement particulariste que les lois civiles. Eclose d'hier, sous l'empire de nécessités sociales communes à tous les pays industriels, la législation sociale récente affecte dès aujourd'hui un caractère de généralité, que peu de lois possèdent au même degré.

Il suffit, pour s'en rendre compte, d'établir un parallèle entre les lois ouvrières des principaux pays civilisés il y a moins de vingt ans (Conférence de Berlin, 1890), et ces mêmes lois au début du XXe siècle (1908). En 1890, les divergences étaient profondes, tant en ce qui concerne la protection des femmes et des enfants dans l'industrie, ou l'hygiène des ateliers, que relativement à la protection légale des salaires, ou aux assurances sociales. Sur tous ces points, les divergences se sont atténuées, et l'on a vu certaines prescriptions, notamment en ce qui concerne le travail des enfants ou le risque professionnel, gagner de proche en proche et former une sorte de *droit commun européen*, en dehors de toute entente formelle[1].

[1] Sur cette évolution convergente, cons. spécialement notre rapport au congrès de droit comparé, Paris, 1900, intitulé : « Rôle, fonction et méthode du droit comparé dans le domaine de la législation ouvrière » (*Quest. prat.*, 1901, p. 39 et s.). — V. aussi notre étude, publiée à l'occasion des *Etudes de droit commun législatif*, d'Ed. Lambert, sous le titre : *Le droit civil comparé et l'économie sociale* (*Quest. prat.*, 1903, 296).

168. — Les facteurs de cette évolution convergente des législations contemporaines sont complexes. Les uns sont purement sociologiques, et doivent être cherchés dans la communauté des besoins auxquels doivent satisfaire les législations des différents pays parvenus à un même degré de civilisation; les autres sont le résultat des efforts combinés, conscients et voulus, des individus ou des collectivités qui, par leur compétence spéciale ou leur fonction politique, ont un rôle à jouer, direct ou indirect, dans l'élaboration des lois. Plusieurs causes ont contribué, depuis quelques années, à accentuer le caractère scientifique de ce mouvement. Nous citerons, parmi les principales : les progrès de la littérature juridique comparée, les progrès parallèles de l'enseignement social (universités, collèges et instituts des sciences sociales, musées sociaux), le développement des congrès internationaux, dont les enquêtes et les discussions ont une répercussion manifeste sur l'œuvre législative.

169. — **Progrès de la codification des lois ouvrières.** — Les progrès de la codification systématique des lois ouvrières sont une résultante directe de ce mouvement. Nous avons constaté déjà que la plupart des Etats de l'Europe centrale, l'Allemagne, l'Autriche, la Hongrie et la Suisse, possédaient de véritables Codes ouvriers. Les lois belge du 10 mars 1900 et anglaise du 17 août 1901, sont aussi des codifications partielles.

La France, au contraire, s'est laissé devancer sur ce terrain. Notre législation du travail est faite de pièces et de morceaux, dépourvue de plan d'ensemble. L'heure est venue de substituer à cet amalgame de lois disparates, de dates différentes, superposées ou juxtaposées, un tout homogène, et de faire de tous les textes qui régissent actuellement le travail en France, coordonnés logiquement, une construction juridique complète et méthodique. Un pas important a été fait dans cette voie par la constitution (déc. 1901), au ministère du commerce, d'une *Commission extraparlementaire de codification des lois ouvrières* (*Quest. pratiques*, 1901, p. 399).

170. — Il était interdit à cette Commission d'introduire dans la législation une seule disposition nouvelle. Son mandat était uniquement de *codifier* les lois en vigueur, c'est-à-dire de rapprocher les uns des autres les divers textes régissant la même matière, de supprimer les redites, les redondances inutiles, en un mot de substituer un ordre méthodique à l'ordre dispersé, ou plutôt au désordre déroutant des dispositions en vigueur.

Elle s'est acquittée en moins de quatre ans, avec un rare bonheur, de cette mission délicate. Aussi le gouvernement s'est-il approprié sans modifications le texte de la Commission extraparlementaire [1]. Le projet englobant les livres I à V, déposé sur le bureau de la Chambre les 6-21 février 1905 (Doc. parl., n°s 2237 et 2259, *J. off.*, p. 51 et 171), a été voté sans discussion, sur le rapport de M. Ch. Benoist (Ch. dép., 22 février 1905, Doc. parl., n° 2262, p. 187) le 4 avril 1905, et immédiatement transmis au Sénat. — Le livre VI a été déposé le 22 février 1906, par le Ministre du commerce, sur le bureau du Sénat. — Le 6 mars 1906, M. Strauss déposait un rapport d'ensemble sur les cinq livres déjà votés par la Chambre, et sur le 6e livre (Sén., Doc. parl., n° 86) ; mais le Sénat n'en a pas encore abordé la discussion.

Même lorsque celui-ci aura statué, la France ne possédera pas encore, malgré les apparences, un *Code du travail.* Le texte élaboré par la Commission n'est, à raison de la mission même dont elle était investie, qu'un texte de façade, ou mieux une armature, rappelant ces échafaudages imposants, à l'abri desquels s'édifient aujourd'hui les maisons modernes. — Mais ce n'en est pas moins un progrès que d'avoir ainsi établi un plan d'ensemble, un cadre aux contours précis qu'il s'agit maintenant de remplir.

Dès que le Sénat se sera prononcé, la Chambre pourra alors aborder au fond le problème de la codification, examiner les nombreux projets dus aux divers groupes politiques [2], et opposer soit au Code du travail élaboré par le parti socialiste (propos. Dejeante, Ch., 15 janvier 1903, Doc. parl., n° 649, p. 18, reproduction de la prop. Groussier de 1898), soit au projet du groupe social chrétien déposé il y a quelques années déjà par M. de Mun (Ch., Doc. parl., 1889, sess. extr., p. 270), un

---

[1] Le projet de *Code de travail et de prévoyance sociale*, élaboré par la Commission extraparlementaire de codification, et actuellement soumis aux Chambres, comporte sept livres, divisés en titres (certains titres ne sont encore que des cadres presque vides, tel le titre II du livre Ier, intitulé : Du contrat de travail). — Ces livres sont :

Livre Ier. — *Des conventions relatives au travail* (rapp., M. R. Jay).
Livre II. — *De la réglementation du travail* (rapp., M. Bourguin).
Livre III. — *Groupements professionnels* (rapp., M. A. Fontaine).
Livre IV. — *Juridiction, conciliation et arbitrage, représentation professionnelle* (rapp., M. La Borde).
Livre V. — *Assurances ouvrières* (rapp., M. Paulet).
Livre VI. — *Prévoyance* (rapp., MM. Duboin et Vel-Durand).
Livre VII. — *Assistance* (rapp., M. de Mouy).
Seul le livre VII n'a pas encore été déposé.

Pour plus de développements sur les travaux de la Commission, V. *Quest. prat.*, 1904, p. 134 et 137, et 1905, p. 59, 125 et 317. — V. aussi Goudchaux-Brunschwigg, *Le Code du travail* (*Revue socialiste*, 1905, p. 28 et s.).

[2] V. dans le *Bulletin de l'Office du travail*, numéro de janvier 1908, l'*état au 1er janvier 1908 des projets et propositions de loi relatifs aux questions ouvrières et sociales soumis à l'examen du Parlement.* — Comp. dans les *Annales de droit commercial et industriel*, nos chroniques annuelles de législation industrielle. — V. aussi notre chronique législative mensuelle des *Questions pratiques*.

Code ouvrier conçu dans un esprit à la fois plus libéral et plus moderne, assurant à l'ouvrier et à l'employé une large protection, sans cependant faire peser sur le patronat une tyrannie inacceptable et ruineuse.

Les grandes lignes de ce Code, dont le vote serait l'honneur d'une législature, sont dès maintenant perceptibles dans les trois grands projets actuellement soumis au Parlement sur la *réglementation du travail* (projet déposé par le Ministre du commerce le 10 juillet 1906, Ch., Doc. parl., n° 236), le *contrat de travail* (projet déposé par le Ministre du commerce le 2 juillet 1906, Ch., Doc. parl., n° 158, p. 716), et les *retraites ouvrières* (texte voté par la Chambre le 23 février 1906).

171. — Plus ce mouvement de codification s'accentuera dans les différents pays, plus les divergences qui séparent les législations iront en s'atténuant. Ne serait-il pas possible d'activer ce mouvement, et de parvenir, au moins sur certains points, à l'unification législative par la voie diplomatique, c'est ce qu'il nous reste à rechercher dans la dernière section de cette introduction.

SECTION V. — **L'évolution dans le sens de l'internationalisation des lois ouvrières**

I. ORIGINES DU MOUVEMENT EN FAVEUR D'UNE RÉGLEMENTATION INTERNATIONALE DU TRAVAIL. — **172.** — Il y a fort longtemps déjà que divers économistes, appartenant à des opinions très différentes, les uns libéraux comme Jules Simon ou Wolowski, les autres à tendances socialistes, ces derniers en plus grand nombre[1], avaient émis l'idée d'une

[1] Emise pour la première fois en 1811 par R. Owen, rééditée après 1830 par Daniel Legrand, Burkhardt et Dolfus, reprise vers le milieu du XIXe siècle par le Bavarois Hahn et appuyée par J. Simon, Wolowski, Audiganne, la question de la réglementation internationale du travail est devenue, en 1866, l'un des articles fondamentaux du programme ouvrier, formulé par l'*Association internationale des travailleurs.* Vers 1889, le mouvement créé en ce sens par les groupes socialistes, parlementaires ou syndicaux, tant en France, en Suisse et en Belgique qu'en Allemagne et en Autriche, parut sur le point d'aboutir, et le gouvernement helvétique adressa aux puissances une circulaire proposant la réunion, à Berne, d'une conférence diplomatique pour l'étude d'une *Convention internationale sur le travail des fabriques.* L'empereur d'Allemagne, Guillaume II, désireux de se concilier les socialistes au début de son règne, se substitua en quelque sorte d'autorité au gouvernement suisse, et par ses fameux rescrits du 5 février 1890, convoqua à Berlin la première Conférence internationale pour l'étude des questions ouvrières. La question était nettement posée. Depuis lors, les manifestations en faveur de la réglementation internationale se sont multipliées, des traités de travail ont été conclus, et la Conférence internationale ouvrière de Berne (1905-1906), plus heureuse que sa devancière, a pu jeter

entente diplomatique à l'effet de réglementer le travail par des accords internationaux. Ils estimaient en effet que de telles ententes, si elles étaient possibles, auraient le grand avantage d'enlever aux adversaires systématiques de la réglementation un de leurs arguments les plus forts, tiré du danger que la réglementation édictée isolément par un Etat ferait courir aux industriels de cet Etat, placé dans un état d'infériorité par rapport aux industriels des pays non réglementés.

173. — Il semble bien que l'on se soit fréquemment exagéré ce péril de la concurrence internationale. Si, en effet, la réglementation isolée était si périlleuse pour l'industrie, les Etats qui ont pris l'initiative d'une législation protectrice seraient sur le marché du monde dans un état d'infériorité manifeste ; or, c'est le contraire qui est vrai, et, ainsi que nous l'avons fait observer déjà, la prospérité économique de l'Allemagne et de la Belgique, par exemple, pays interventionnistes, offre un contraste saisissant avec l'état de marasme de la majorité des pays abstentionnistes, de l'Espagne, par exemple, dont les premières lois de protection ouvrière n'ont encore reçu qu'une application incomplète.

Néanmoins, il n'est pas niable que, dans certaines circonstances données, l'obligation de tenir compte de l'organisation du travail dans les pays concurrents peut arrêter le législateur de tel ou tel Etat dans la voie de réformes jugées nécessaires au point de vue théorique[1], et qu'à ce point de vue la conclusion préalable d'accords internationaux est susceptible d'aplanir la difficulté.

174. — **La Conférence de Berlin : la réglementation internationale du travail est-elle possible ?** — Sur le terrain de la *propriété industrielle*, l'affirmative n'est pas douteuse; la constitution, dès 1883, d'une *Union internationale pour la protection de la propriété industrielle* en est la preuve.

Les faits semblaient au contraire, il y a peu d'années, défavorables à la possibilité d'une législation internationale du travail. Effectivement,

---

les bases du droit international ouvrier de l'avenir. — Sur l'historique de la question, cons. notamment : Boilley, *La législation internationale du travail*; Malon, *Précis de socialisme*, p. 242 et s. ; Cauwès, t. III, n° 846 ; Béchaux, *Les revendications ouvrières*, p. 62 et s. ; Pic, *Le Congrès international de législation du travail de Bruxelles*, et le volume contenant les rapports et les débats dudit Congrès, 1 fort vol. in-8, Bruxelles, 1898 ; Châtelain, *La protection internationale ouvrière*, th. 1908 (et la bibliographie jointe) ; Dolléans, *Robert Owen*, 1907. — Comp. les comptes rendus analytiques du *Congrès international pour la protection ouvrière* de Zurich, 1897, et du *Congrès international pour la protection légale des travailleurs*, tenu à Paris au Musée social en juillet 1900 (1 fort vol. in-8, 1901).

[1] V. notre rapport au Congrès de Paris sur l'*Interdiction du travail de nuit en France*.

la *Conférence internationale de Berlin* (15-25 mars 1890), convoquée par Guillaume II pour étudier les bases d'une réglementation internationale du travail des enfants et des femmes, et du travail dans les mines, n'avait abouti qu'à un échange de vues sans aucune sanction pratique immédiate. Elle avait eu le grand mérite de poser nettement devant l'opinion publique le problème du droit d'intervention de l'Etat, d'indiquer certaines solutions désirables, certaines réformes immédiatement réalisables et réalisées de fait, depuis 1890, dans la majorité des Etats ; mais elle paraissait avoir mis en relief l'impossibilité de fonder sur ce terrain un accord diplomatique.

175. — Les Congrès internationaux de 1897. — Deux congrès tenus presque simultanément en 1897[1], le *Congrès international de législation du travail de Bruxelles*, et le *Congrès international pour la protection ouvrière de Zurich*, étudièrent à nouveau le problème. Le Congrès de Zurich, composé en grande majorité de socialistes et de chrétiens sociaux, proclama la nécessité d'une réglementation internationale, sans se préoccuper des difficultés pratiques d'exécution ; mais le Congrès de Bruxelles, composé d'économistes de toutes nuances, depuis les libéraux intransigeants jusqu'aux socialistes purs, crut devoir au contraire affirmer nettement, après discussion approfondie, l'impossibilité d'un tel accord[2].

Les obstacles a l'établissement d'une législation internationale. — **176.** — L'établissement d'une législation internationale se heurtait en effet, semblait-il, à deux obstacles très graves : — 1° *La différence des prix de revient.* Le prix de revient d'un même produit diffère notablement suivant les pays, étant influencé par des causes multiples, dont les principales sont : le degré de perfectionnement de l'outillage, l'ac-

---

[1] Sur les Congrès internationaux antérieurs, spécialement sur les deux Congrès tenus à Anvers en 1891 et 1894 sur la *législation douanière et la réglementation du travail*, cons. notamment : *Rev. d'écon. pol.*, 1892, p. 1287, et 1895, p. 630.

[2] Cons. notamment, sur le Congrès de Bruxelles, nos comptes rendus publiés dans les périodiques suivants : *Revue d'économie politique* (en collaboration avec M. Brouilhet), 1897, p. 1053 et suiv. ; *Revue du droit public et de la science politique*, 1897, p. 559 et s. ; *Annales de droit commercial*, 1898, p. 253 et s. ; *Annuaire de la Société d'économie politique et sociale de Lyon*, 1897-1898. — V. aussi les comptes rendus de MM. Yves Guyot (*Rev. polit. et parl.*, déc. 1897) ; Dejace (*Réforme sociale*, 1er nov. 1897) ; Raffalowich (*Journ. des économistes*, déc. 1897). — Sur le Congrès de Zurich, V. notamment les comptes rendus de la *Revue socialiste*, octobre 1897 et de la *Rev. d'écon. politique*, 1898, p. 598. — Conf. l'étude de M. Mérignhac sur les *Congrès internationaux de 1897* (accidents et assurances sociales, Bruxelles, législation du travail, Bruxelles et Zurich ; repos du dimanche, coopération, etc.) ; *Rev. du droit public*, 1898, p. 73 et s. — et, sur le 3e Congrès international de réglementation du travail, tenu à Anvers en 1898 par les libéraux, l'étude de M. Fleury (*Journ. des économistes*, oct. 1898).

tivité plus ou moins grande de l'ouvrier (très variable suivant la race ou le climat), les facilités de transport, la situation monétaire et économique du pays.

Au surplus, *dans l'intérieur d'un même pays*, et même sans tenir compte des avantages particuliers résultant pour tels ou tels industriels du voisinage d'un cours d'eau, d'une grande voie ferrée ou d'une chute d'eau (houille blanche), la durée moyenne du travail varie notablement suivant les industries. La journée de huit heures a donné de très bons résultats en Angleterre et aux Etats-Unis dans la métallurgie, où prévaut le travail mécanique ; elle aurait de graves inconvénients, au contraire, même pour ces pays accoutumés aux courtes journées à travail intensif, dans d'autres industries où prévaut le travail *à la main*, nécessairement plus lent, mais aussi moins abrutissant, plus intellectuel que le travail à la machine[1].

Si l'unification de la durée de la journée de travail n'est pas encore réalisable *dans l'intérieur d'un même pays*, au-dessous d'une moyenne relativement élevée, à raison de la diversité des industries et des moyens d'action de chacune d'elles, comment admettre, disait-on, que cette unification soit présentement réalisable, pour l'ensemble des industries, sur le terrain international ?

177. — 2° *La difficulté de prévenir les fraudes.* — Supposons que le principe de la réglementation internationale triomphe : il sera très difficile, ajoutait-on, pour ne pas dire impossible, d'assurer dans tous les pays l'*exécution loyale* du pacte. Certains gouvernements favoriseront sous main les fraudes, et les violations du règlement international deviendront si fréquentes, que son abrogation s'imposera. Telle a été la cause essentielle de la dissolution, au bout de peu d'années, de la *Fédération des brodeurs de la Suisse orientale et du Vorarlberg* (Autriche), sur laquelle les partisans de la législation internationale du travail avaient fondé d'abord de grandes espérances[2].

178. — **Atténuation progressive des obstacles à la réglementation internationale.** — Les partisans de la législation internationale faisaient observer que les obstacles étaient de nature à s'atténuer, ou même à disparaître avec le temps. En effet, remarquaient-ils, au fur et à mesure que les relations internationales se développeront, grâce à la rapidité et à la facilité croissante des communications, et que le machinisme se

[1] Sur les expériences tentées en France pour la cordonnerie, par exemple, cons. le *Journ. des économistes*, 1894, 2, 157. — Pour plus de détails sur cette question de l'intensité du travail, v. *infra*, tit. Ier, chap. V, et tit. II, chap. Ier.

[2] Sur cette Fédération, consult. notamment, Jay, *Etudes sur la question ouvrière en Suisse*. — V. aussi n° 515, *infra*.

perfectionnera et s'étendra aux petits ateliers (transmission de la force à domicile), les différences de prix de revient suivant les industries ou les régions iront en s'atténuant; les industries qui exigent actuellement de longues journées de travail ne réclameront plus à leur personnel qu'une journée normale, et le principe d'une limitation légale commune, dix heures par exemple et peut-être moins dans l'avenir, préparée par les mœurs, pourra être admis sans trop de difficultés.

Plus les ententes internationales entreront dans les mœurs, moins l'on devra redouter la mauvaise foi. Les moyens de contrôle se perfectionneront, s'uniformiseront, et la surveillance internationale pourra s'exercer utilement.

Ces prévisions devaient se réaliser, dès les premières années du XXe siècle, avec une rapidité qui a surpris les plus optimistes.

179. — Le rôle des Congrès et des Associations internationales. — A ce point de vue, l'influence des Congrès internationaux, si nombreux depuis quelques années[1], et surtout des associations internationales permanentes[2], a été décisive. Leur action a facilité le rapprochement des législations en rapprochant les hommes qui les inspirent ou les élaborent, préparé les réformes partielles dans le sens de l'unification progressive des lois réglementaires, et rendu possible la conclusion, jusqu'alors réputée utopique, d'accords diplomatiques sur certains points spéciaux (prohibition des poisons industriels, accidents du travail, travail des femmes, etc.).

---

[1] Parmi les Congrès tenus à Paris à l'occasion de l'Exposition universelle de 1900, et intéressant la législation ouvrière, il convient de signaler, outre le Congrès pour la protection légale des travailleurs, sur l'œuvre capitale duquel nous insistons au texte : — le Congrès international des *accidents et assurances sociales* (5e de la série, Paris 1889, Berne 1891, Milan 1894, Bruxelles 1897 (V. sur ce Congrès le *Bulletin du Comité permanent des accidents et assurances sociales*) ; — les Congrès de *crédit populaire*, des *habitations à bon marché*, le Congrès pour le *repos du dimanche*, le Congrès de l'*enseignement des sciences sociales*, etc..., sans parler des Congrès dans lesquels les questions de législation du travail ont été abordées incidemment (Congrès du *commerce* et de l'*industrie*, du *droit comparé*, d'*histoire comparée*, etc.). Sur les Congrès ouvriers et socialistes, voir de Seilhac, *Les Congrès ouvriers en France*, la *Revue socialiste*, *passim*, et les chroniques sur le *mouvement socialiste*, publiées par M. Bourdeau dans la *Revue politique et parlementaire*.

[2] A rapprocher de l'œuvre tentée par l'*Association internationale pour la protection légale des travailleurs* étudiée *infra*, les travaux de l'*Institut international de statistique*, et de l'*Union internationale des enquêtes économiques et sociales*, fondée en 1900 (du Maroussem, *Rev. d'écon. polit.*, juill. 1900). Nous ne citons ici que pour mémoire le *Comité international socialiste de Bruxelles*, fondé aussi en 1900, qui est plutôt une organisation de combat, basée sur le principe marxiste de la lutte des classes, qu'un centre d'études, et un moyen de coordonner les efforts des parlementaires des différents pays. — Comp. les Fédérations professionnelles internationales des mineurs, des travailleurs du livre, des travailleurs des voies ferrées, etc.

III. Congrès international et Association internationale pour la protection légale des travailleurs. — **180.** — Faciliter cette évolution, dans les idées et les mœurs d'abord, dans les lois ensuite, telle fut la pensée maîtresse du *Congrès international pour la protection légale des travailleurs*, organisé à Paris en 1900 (*Musée social*, 25-29 juill. 1900), pour faire suite aux Congrès de Bruxelles et de Zurich[1].

Résolus à faire œuvre pratique, et s'interdisant à l'avance toute discussion d'ordre purement spéculatif sur l'interventionnisme, les promoteurs du Congrès se sont proposé, comme objet essentiel, la formation d'une Union ou Association internationale pour la protection légale des travailleurs, capable de réunir en un faisceau puissant les interventionnistes de toute nuance et de toute condition, professeurs ou hommes politiques, chefs d'industrie, commerçants ou salariés, inspecteurs du travail et groupements syndicaux.

Créée dans la dernière séance du congrès, l'Association nouvelle a, depuis sa fondation, donné des preuves multiples de sa vitalité. Ses travaux et ses enquêtes ont, ainsi que nous le verrons dans un instant, servi de base aux délibérations des deux Conférences diplomatiques ouvrières de Berne (1905-1906). Son rayon d'action s'accroît d'année en année ; ses sections nationales, ramifiées elles-mêmes, surtout en Allemagne, en sections régionales, sont dès maintenant au nombre de douze[2].

---

1 Présidents du Congrès : MM. Cauwès, professeur à la Faculté de droit de Paris, président de la commission d'organisation ; de Berlepsch, ministre d'Etat, ancien président de la conférence de Berlin ; Nyssens, ancien ministre du travail de Belgique ; de Philippovich, professeur à l'université de Vienne ; Scherrer, ancien président du congrès de Zurich. — Sur les travaux du Congrès, cons., outre le volume contenant les rapports et discussions (Paris, 1901) : nos comptes rendus publiés dans les *Quest. prat. de législ. ouvrière*, 1900, p. 260 et s., et dans la *Revue d'économie politique*, 1901, p. 685 et s., ainsi que les comptes rendus du *Musée social* (août 1900), de l'*Economiste français* (13 oct. 1900), de la *Soziale Praxis* (juill.-août 1900), etc. V. aussi Max Turmann, *La protection internationale du travail* (*Assoc. cathol.*, 1900, 1, 579).

2 France, Allemagne, Autriche, Belgique, Danemark, Espagne, Grande-Bretagne, Hongrie, Italie, Pays-Bas, Suisse, Etats-Unis. — Deux sections sont en voie de constitution en Suède et en Norvège. Nombre d'adhérents : plus de 4,000. La section française, dont l'Office social de Lyon est une ramification régionale, a publié de 1902 à 1907 de nombreuses monographies sur la plupart des projets de réformes ouvrières soumis au Parlement. L'Association a tenu d'importants Congrès à Cologne (1902), Bâle (1904), et Genève (1906). — Pour plus de développements sur les progrès et les travaux de l'Association internationale et de ses sections, cons. notamment : Pic, *Les Congrès et l'Association internationale pour la protection légale des travailleurs* (*Rev. du droit international privé*, 1905, p. 259 et s.) ; Mahaim, *L'Association internationale..., son histoire, son but, son œuvre*, 1904. — V. aussi les comptes rendus officiels des congrès de l'Association, ainsi que les chroniques et études consacrées soit par les *Quest. pratiques*, soit par la *Soziale Praxis*, à ces différents Congrès.

180 *bis*. — **But de l'Association et de l'Office international de Bâle**[1]. — **La législation internationale de l'avenir.** — L'Association nouvelle était appelée à servir de lien permanent entre les enquêteurs officiels de tous pays, Offices du travail ou bureaux de statistique, les enquêteurs privés (Musées sociaux ou Instituts sociologiques[2], sociétés savantes d'économie politique ou de statistique, etc.) et généralement tous les économistes désireux de coordonner les résultats de leurs recherches avec ceux des travaux entrepris parallèlement en pays étranger.

Grâce à la centralisation réalisée par l'*Office international du travail de Bâle* et aux publications dudit Office[3], l'Association devait favoriser le groupement et la diffusion de tous les documents législatifs et statistiques, concernant la législation ouvrière dans les principaux pays civilisés.

L'Association avait enfin pour mission d'organiser les congrès dans lesquels doit s'élaborer la législation sociale de l'avenir.

A aucun de ces points de vue, l'Association internationale n'a été inférieure à sa tâche. Il suffit, pour s'en convaincre, de mesurer le chemin parcouru depuis 1900.

C'est en grande partie à ses efforts que la législation internationale du travail (ou droit international ouvrier[4]), est sortie du domaine de l'utopie pour entrer dans la voie des réalisations pratiques.

---

[1] *Bâle* est le siège social de l'Association, comme *Berne* est, depuis 1891, le siège du Bureau international de la paix. Ces deux groupements travaillent concurremment, l'un au maintien de la paix entre les Etats, groupements politiques, l'autre à l'affermissement de la paix sociale. C'est à Bâle que fonctionne, depuis le mois de mai 1901, sous la direction du professeur Bauer, l'*Office international du travail*, office de statistique et d'enquêtes. Sur l'assemblée constitutive de Bâle, cons. notamment l'étude de M. Godart (*Quest. prat.*, 1901, 316). Conf. *Mus. soc.*, numéro d'oct. 1901; Brants, *L'Office international du travail et la Conférence de Bâle*, broch. 1901.

[2] A citer parmi les principales organisations de ce genre dues à l'initiative privée : le Musée social de Paris, le Musée d'économie sociale de New-York, les Offices sociaux de Lyon et d'Amsterdam, les Musées sociaux de Munich, Francfort, etc., le Musée du travail de Moscou, l'Institut de sociologie de Bruxelles, l'*Umanitaria*, de Milan, etc... Sur ces diverses institutions, cons. notamment : Bull. du *Mus. soc. de Paris*, avril 1903; *Quest. pratiques*, 1903, 280; Bull. et vol. annuels de l'*Office social de Lyon*, etc. ; Schiavi, l'*Umanitaria*, Docum. du *Progrès*, janv. 1908).

[3] Ces publications paraissent régulièrement, depuis 1901 par fascicules en deux langues (français et allemand), à Paris, Berne et Iéna. Une édition anglaise va paraître prochainement.

[4] Pour l'étude du droit international ouvrier contemporain, et de ses tendances générales, cons. notamment, outre les travaux cités *supra* : Brants, *Législation du travail comparée et internationale*, 1903; Mahaim, *La protection ouvrière internationale*, 1906; Raynaud, *Droit international ouvrier*, 1906; Martin Saint-Léon, *La protection légale des travailleurs* (*Mus. soc.*, docum., oct. 1906); Pic, chroniques des *Quest. pratiques* (1906, 288 et 340), et de la *Rev. gén. du dr. internat. public*, 1907, p. 495 et s.

Nous en trouvons la preuve décisive dans trois ordres de faits : conclusion de traités de travail ; — succès obtenu par les deux conférences diplomatiques ouvrières tenues à Berne en 1905 et 1906 ; — importance pour l'avenir des résolutions prises et des vœux émis dans son assemblée de Genève (septembre 1906) par l'Association internationale. — Reprenons successivement ces trois points.

181. — Traités de travail. — Le *traité de travail* est une innovation du XXe siècle. Le premier en date est le traité franco-italien, du 15 avril 1904 (*Quest. prat.*, 1904, 165), complété par les arrangements des 20 janvier et 9 juin 1906 (D. 1907, 4, 125). Ce traité demeure le prototype du genre [1]. C'est aussi, et de beaucoup, le plus complet, puisqu'il passe en revue toutes les formes usuelles de prévoyance ou d'assurance (épargne, accidents de travail, retraites, chômage, etc.), ainsi que la réglementation du travail des enfants et des femmes, et le fonctionnement de l'inspection, en vue de faire bénéficier dans la mesure du possible, les ressortissants des deux pays d'un régime de protection similaire.

Mais l'exemple donné par les deux grandes puissances latines a été suivi, et le principe de réciprocité qui est à la base du traité franco-italien de 1904 a été reproduit comme une véritable clause de style dans une double série de conventions internationales récentes.

La première série comprend un certain nombre de traités tendant à appliquer, en principe, aux ouvriers des deux puissances contractantes les prescriptions de la loi nationale concernant la réparation des *accidents du travail* ; arrangement franco-belge du 21 février 1906, rendu exécutoire par décret du 12 juin 1906 (*Rev. gén. de dr. intern. public*, 1906, Docum., p. 36) ; convention entre la France et le Luxembourg du 27 juin 1906 (D. 1907, 4, 125) ; conventions des 15 avril 1905 entre la Belgique et le Luxembourg, 2 septembre 1905 entre l'Allemagne et le Luxembourg, 22 février 1906 entre l'Allemagne et la Belgique.

Une seconde série comprend les traités de commerce récemment conclus par diverses puissances de l'Europe centrale ou méridionale : traités italo-suisse du 13 juillet 1904, italo-allemand du 3 décembre 1904, austro-allemand du 19 janvier 1905. Ces différents traités pré-

---

[1] Sur le traité de travail franco-italien, cons. notamment Millerand, *Les traités de travail* (*Rev. polit. et parl.*, 10 octobre 1903) ; Pic, *La convention franco-italienne de travail et le droit international* (*Rev. gén. de dr. intern. public*, 1904, p. 515 et suiv.), *Le congrès international de Bâle et le traité de travail franco-italien* (*Ann. de la Soc. d'écon. polit. de Lyon*, 1905) ; Raynaud, Chatelain, *op. cit.* — V. aussi Barrault, *L'assurance ouvrière et les ouvriers étrangers* (*Quest. prat.*, septembre-décembre 1907

voient la conclusion prochaine de conventions ouvrières basées, autant que possible, sur le principe de la réciprocité.

Sans vouloir insister davantage sur l'apparition de ce type nouveau de traité (type social), nous tenons du moins à faire remarquer qu'elle souligne l'importance acquise dans les préoccupations des gouvernants par les problèmes du travail, trop longtemps considérés comme indignes de retenir l'attention des diplomates.

182. — Les conférences internationales de Berne. — Plus significatif encore, à cet égard, est le succès des conférences diplomatiques ouvrières de Berne (mai 1905, 17-26 septembre 1906) qui ont, la première, préparé les bases, la seconde arrêté le texte de deux ententes internationales sur lesquelles nous aurons l'occasion de revenir : l'une relative à l'interdiction du phosphore blanc dans la fabrication des allumettes, l'autre sur l'interdiction du travail de nuit des femmes dans l'industrie [1]. La première convention, par suite de l'opposition du Japon et de l'Angleterre, n'a pu être votée que par sept puissances, dont la France. La seconde, au contraire, a réuni l'unanimité des quatorze puissances représentées.

Les ratifications des deux conventions doivent être déposées au plus tard le 31 décembre 1908 auprès du Conseil fédéral suisse. Chacune d'elles entrera en vigueur (sauf exception pour certaines industries) deux ans après la clôture du procès-verbal de dépôt [2]. La convention ne pourra pas être dénoncée avant l'expiration d'un délai de douze ans à partir de la clôture du dépôt des ratifications.

C'est sur la question des sanctions à organiser que les plus vifs débats se sont engagés. L'Angleterre avait proposé aux puissances d'instituer une commission internationale, investie de larges pouvoirs de contrôle, voire même de certaines attributions arbitrales ou contentieuses, difficilement conciliables avec la souveraineté des diverses puissances signataires. La hardiesse du projet effraya les plénipotentiaires; et la conférence de Berne se contenta d'émettre un vœu invitant les puissances à confier à une commission, dans laquelle chaque État serait

---

[1] Millerand, *La conférence officielle de Berne*, 1906; Pic, Chronique des *Quest. prat.* (1905, p. 94 et 159, et 1906, p. 340) et de la *Rev. gén. de dr. intern. pub.*, 1907, p. 495 et s. — V. le texte des conventions de Berne dans cette dernière Revue, 1907, p. 498 et s. — Cf. Mahaim, *La protection internationale ouvrière, La convention de Berne et l'assemblée de Genève*, 1906.

[2] Plusieurs ratifications ont déjà été déposées. Celle de la France le sera prochainement, la Chambre ayant, le 10 juin 1907, voté à l'unanimité les deux projets de loi déposés le 16 février 1907 par M. le Ministre du travail, tendant l'un à autoriser la ratification de la convention sur le travail de nuit des femmes, l'autre à la mise en vigueur de la Commission internationale, dont nous précisons au texte le caractère (rapp. J. Godart, Ch., Doc. parl., n°s 840-841).

représenté par un délégué, l'examen des questions douteuses, susceptibles de surgir au cours de l'application de chaque convention. Cette commission aurait une mission purement consultative. Elle ne pourrait, en aucun cas, se livrer à une enquête, ni s'immiscer dans l'administration des Etats. — Ce vœu sera transformé en convention dès qu'il aura reçu l'adhésion de tous les Etats signataires ; celle de la France est dès maintenant acquise (projet précité du 16 février 1907).

182 *bis*. — La dernière assemblée de Genève ; le droit international ouvrier de l'avenir. — L'Association internationale pour la protection légale des travailleurs n'a pas cru devoir s'endormir sur ce premier succès diplomatique. Dès le lendemain de la clôture de la conférence de Berne, s'ouvrait à Genève, en présence des représentants officiels de treize gouvernements, sa quatrième assemblée générale. — A l'ordre du jour de ce congrès [1] figurait toute une série de questions sur lesquelles l'Association entend, lorsque le terrain sera suffisamment préparé par des enquêtes préalables, inviter les gouvernements à délibérer : réglementation de l'emploi des poisons industriels, notamment des composés du plomb ; travail de nuit des mineurs (jeunes ouvriers); réglementation du travail des adultes ; travail à domicile ; assurances ouvrières.

Si le droit international ouvrier, gage de paix sociale, et même de paix internationale n'est pas encore une réalité, du moins les assises de l'édifice projeté sont-elles solidement posées. — Il appartient aux congrès futurs et aux conférences diplomatiques nouvelles qu'ils ne manqueront pas de provoquer, de poursuivre l'œuvre si brillamment inaugurée.

---

[1] Pour le compte rendu du congrès de Genève, cons. Amieux, *Quatrième assemblée générale de l'Association internationale* (*Quest. prat.*, 1907, p. 26 et s.) ; Pic, Chronique de la *Rev. gén. de dr. intern. pub.*, 1907, p. 504 et s. ; Mahaim, *op. cit.* ; Barrault, *op. cit.*

TITRE PREMIER

RÉGLEMENTATION ADMINISTRATIVE DE L'INDUSTRIE

CHAPITRE PREMIER

MINISTÈRE DU TRAVAIL. — CORPS CONSULTATIFS DE L'INDUSTRIE, ET STATISTIQUE OFFICIELLE DU TRAVAIL [1]

SECTION PREMIÈRE. — Ministère du travail

183. — **Nécessité des enquêtes.** — Tous les Etats civilisés s'accordent à reconnaître aujourd'hui la nécessité impérieuse, pour les Parlements ou les gouvernements, de se documenter avec autant de précision que possible, avant de légiférer, sur les conditions générales du travail, dans les différentes industries ou régions.

Une bonne législation économique doit, plus que toute autre branche du droit, affecter le caractère d'une législation en quelque sorte expérimentale, basée sur les données de l'observation directe, de la documentation chiffrée, voire même de l'expérimentation directe, résultant soit de la mise à l'épreuve d'un procédé déterminé sur un point du

---

[1] BIBLIOGRAPHIE : Ch. Brouilhet, *Le ministère du travail*, 1907; Cauwès, t. III, p. 99 et s.; Depasse, *De l'idée et de l'avenir des conseils du travail* (*Rev. polit. et parlem.*, 1894, t. II, p. 303 et s.); Payen, *Les conseils de l'industrie et du travail en Belgique*, 1 vol. in-8°, 1899, et *Les conseils français du travail et les conseils belges de l'industrie et du travail* (*Revue* [*belge*] *des questions de droit industriel*, Charleroi, 1900); Colajanni, *Gli Uffici del lavoro* (*Riforma sociale*, nos février et avril 1900); Gonnard, *Les offices du travail* (*Quest. prat. de législ. ouvr.*, 1900, 205); François, *Un ministère du travail* (*Quest. prat. de législ. ouvr.*, 1901, p. 1 et s.). — V. pour plus de développements sur les institutions officielles d'arbitrage : tit. III, chap. I et III *infra*, et, sur le conseil supérieur de l'enseignement technique : tit. II, chap. III *infra*. — Pour le texte des lois et décrets relatifs aux conseils consultatifs de l'industrie, V. Cohendy, *Recueil des lois industr.*, 4e éd., 1905, p. 84 et s. — V. dans les *Questions pratiques* (1906, 378) le texte du décret du 25 oct. 1906, instituant le Ministère du travail et de la prévoyance sociale, et le rapport de M. Clemenceau, président du Conseil, au président de la République.

territoire préalablement choisi, soit de l'examen attentif des résultats obtenus à l'étranger dans des conditions similaires, par une réglementation analogue à celle que l'on projette d'instituer.

184. — Deux procédés ont été concurremment employés, pour fournir au législateur cette documentation scientifique qui, il y a quelques années encore, lui faisait presque complètement défaut, à savoir : — 1° la consultation de plus en plus fréquente des intéressés, appelés officiellement à formuler leurs doléances sous forme de vœux, avis, consultations techniques ou avant-projets de réglementation, émis ou élaborés par des corps consultatifs, groupant les représentants, choisis par le pouvoir ou élus par les intéressés eux-mêmes, des chefs d'industrie et des salariés; — 2° l'enquête, par des *Offices* spéciaux, dépendant directement du pouvoir central, et spécialement chargés de recueillir et de centraliser tous les renseignements statistiques propres à éclairer les pouvoirs publics sur les problèmes complexes se rattachant à la réglementation du travail (V. Goldstein, *La statistique et son rôle pour la société contemporaine*, *Rev. d'écon. polit.*, 1900, p. 580 et s.).

184 *bis*. — Ces deux procédés d'information préalable, également nécessaires, et d'ailleurs destinés à se prêter un mutuel appui, se sont très rapidement développés en France et à l'étranger, surtout depuis dix ans. Il suffit, pour s'en convaincre, de comparer les résultats d'ores et déjà obtenus, par les offices du travail aujourd'hui institués dans un grand nombre d'Etats, ou par les conseils consultatifs adjoints à la plupart des ministères du commerce, ou, plus récemment, des ministères ou départements du travail, à l'organisation plus que rudimentaire des mêmes services, dans les mêmes Etats, vers 1891.

Les corps consultatifs et offices de statistique du travail, destinés à éclairer les gouvernements et les Parlements dans leur œuvre réformatrice, peuvent se grouper en deux catégories : les uns, en effet, sont établis auprès du ministre compétent, au siège même du gouvernement; les autres fonctionnent dans les divers centres manufacturiers, et ont pour but de renseigner les pouvoirs publics sur les besoins et les vœux de la population industrielle qu'ils représentent.

Nous décrirons brièvement, dans les sections suivantes, l'organisation de ces corps ou offices, telle qu'elle est établie par la loi française, en les comparant aux institutions similaires de l'étranger.

Mais auparavant, nous devons faire ressortir le rôle et l'importance du Ministère du travail, récemment constitué en France en vue d'organiser et de coordonner ces enquêtes sociales, de centraliser les renseignements, et sur cette base expérimentale d'édifier méthodiquement,

8

avec le concours du Parlement, la législation sociale, dont nous ne possédons encore que des fragments.

185. — Ministère du travail et de la prévoyance sociale : son utilité, sa fonction propre. — Le Ministère du travail ne date, en France, que d'hier ; il est contemporain de la constitution du ministère Clemenceau (décret du 25 oct. 1906). Mais son apparition n'a pas été une surprise ; plusieurs Etats étrangers nous avaient déjà devancés dans cette voie, notamment la Belgique (Ministère de l'industrie et *du travail*, arrêté royal du 25 mai 1895), la Nouvelle-Zélande, les Etats-Unis (*Department of commerce and labor*, l. fédér. du 14 févr. 1903) [1], sans parler des Etats qui, sans posséder un véritable ministère du travail, ont du moins constitué les services d'enquêtes ouvrières en sections autonomes, dotés d'une liberté d'action analogue à celle d'un véritable ministère (*department of labour* anglais, *secrétariat ouvrier* suisse, etc.) [2]. — V. *infra*.

En France, l'initiative au moins théorique de cette création remonte à plus d'un demi-siècle. C'est en effet Louis Blanc qui, quelques mois après la proclamation de la République de 1848, proposait à l'Assemblée constituante d'instituer un ministère du progrès et du travail. Emportée par la réaction politique de 1849, cette proposition ne fut pas discutée. Elle fut reprise en 1886 par M. C. Raspail, sans succès. M. Vaillant et quelques-uns de ses collègues la présentèrent à nouveau en 1894 (prop. Vaillant, Ch., 30 nov. 1894, ann. n° 939, *Off.*, p. 1441), mais n'obtinrent pas qu'elle fût mise à l'ordre du jour.

A partir de 1899, les idées se modifièrent. L'on comprenait la nécessité de synthétiser les efforts dispersés, soit des commissions du travail et de la prévoyance sociale de la Chambre, soit des organismes extraparlementaires constitués depuis quelques années (conseil supérieur du travail, office du travail). Aussi, dès novembre 1899, la Chambre votait-elle, sur la motion de l'abbé Lemire, une résolution invitant le gouvernement à créer un ministère, ou tout au moins un sous-secrétariat du travail. Cette résolution fut rappelée à plusieurs reprises depuis lors, au cours de la discussion du budget du ministère du commerce et de l'industrie, dans les attributions duquel rentraient toutes les questions intéressant la classe ouvrière ; et le Sénat, à son tour, par l'organe de sa commission des finances, donna en 1906 son adhésion à la réforme projetée.

Un premier pas fut fait dans cette voie par le décret du 14 mars 1906,

---

[1] V. *Quest. prat.*, 1903, 281.

[2] La question de la création d'un ministère du travail est à l'étude en Autriche-Hongrie, en Suède, etc.

qui avait modifié le libellé du Ministère du commerce et de l'industrie pour y ajouter la mention « *et du travail* ». Aussi le Parlement et le pays ont-ils favorablement accueilli le décret du 25 octobre 1906, qui a constitué, au profit de M. Viviani, le *Ministère du travail et de la prévoyance sociale*, par le groupement d'un ensemble de services jusqu'alors disséminés entre trois ministères : — *a*) les deux directions qui, dans l'ancien ministère du commerce, de l'industrie et du travail, s'occupaient des questions de travail et de prévoyance, à savoir la direction du travail et la direction de l'assurance et de la prévoyance sociales ; — *b*) la direction de la mutualité, détachée du ministère de l'intérieur ; — *c*) la partie du service des travaux publics qui a pour objet la réglementation du travail dans les exploitations minières, les secours de maladie et les retraites des ouvriers mineurs. Il avait été question un instant de rattacher également à ce département nouveau la direction de l'assistance publique et de l'hygiène ; mais il a paru préférable, à raison du caractère complexe de ce service, qui n'intéresse pas seulement la classe ouvrière, mais bien l'ensemble de la population, de le maintenir à l'intérieur.

Malgré la date récente de sa création, le ministère du travail a déjà affirmé par des actes son utilité. D'importants rapports, précédés de conférences entre la commission et le ministre, ont été déposés sur la réglementation du travail et le contrat de travail, le zèle un peu intermittent de la commission sénatoriale des retraites ouvrières a été stimulé ; du côté ouvrier, le ministre a réussi à modérer certaines impatiences, à détacher certains groupements socialistes de la tactique révolutionnaire et à remettre en honneur auprès d'eux la méthode réformiste, à trancher amiablement, enfin, divers conflits, tels que le conflit récent des compagnies minières de la Loire et de leur personnel [1].

---

[1] Pour plus de développements, sur le rôle dévolu au Ministère du travail dans le développement de la législation sociale, cons. l'étude précitée de Ch. Brouilhet. Sur le budget du Ministère du travail, v. le rapport de M. Puech pour 1908 (Ch. dép., annexe n° 1241). — Ce budget s'élève, pour 1908, à 13 millions environ. Les principaux articles en sont les suivants : — administration centrale (à laquelle ressortit l'Office du travail), 633,000 fr. ; recensement et statistique, 1 million environ ; subvention aux sociétés de secours mutuels, 3,125,000 fr. ; bonification d'intérêts aux dites sociétés, 3,325,000 fr. ; majorations de pensions mutualistes, 1,275.000 fr. (soit, au total, pour les sociétés de secours mutuels, 7,725,000 fr.) ; 1 million pour améliorer les retraites des mineurs (l. 31 mars 1903) ; service de l'inspection du travail, 800,000 fr. ; 1 million destiné à bonifier, sous certaines conditions, les pensions de retraite constituées à la Caisse nationale des retraites ; 500,000 fr. pour les frais de surveillance et de contrôle des sociétés d'assurances contre les accidents du travail ou sur la vie. — Cf., sur l'administration centrale du Ministère du travail, le décret du 20 juill. 1907 (C. de commerce ann. par Cohendy et Darras, t. II, append., n°s 183 et s.).

SECTION II. — Corps constitués auprès du Gouvernement

§ 1er. — Corps consultatifs investis d'attributions générales. Offices du travail

186. — En France, les corps consultatifs fonctionnant auprès du gouvernement sont au nombre de trois, non compris les conseils ou comités spéciaux : le conseil supérieur du commerce et de l'industrie et le comité consultatif des arts et manufactures auprès du ministre du commerce et de l'industrie ; — le conseil supérieur du travail, complété par l'Office du travail, auprès du ministre du travail.

1. Conseil supérieur du commerce et de l'industrie

187. — C'est Henri IV, ou plutôt Sully, qui eut le premier l'idée d'instituer auprès du Gouvernement un conseil central ayant mission de l'éclairer sur les besoins et doléances du commerce. Le *Conseil du commerce*, créé en 1607, ne comprenait à l'origine que des fonctionnaires, des officiers du Parlement et de la Cour des aides ; aussi ne rendit-il pas tout d'abord les services qu'on en pouvait attendre. Mais il fut réorganisé par un arrêt du Conseil du roi du 29 juin 1700, lequel arrêt le composa en majorité de négociants élus par leurs pairs ; cette réforme fut complétée en 1701 par la création de chambres de commerce, destinées à servir d'intermédiaires entre les cités commerçantes et le conseil central du commerce.

Sous la Révolution, le conseil du commerce fit place au *bureau central de l'administration du commerce* (21 octobre 1791). Réorganisé en l'an III, le conseil du commerce a été fréquemment remanié. La création en novembre 1881 (décret du 14 nov.) d'un ministère de l'agriculture, distinct du ministère du commerce, entraîna la création de deux conseils distincts : *Conseil supérieur de l'agriculture*, et *Conseil supérieur du commerce et de l'industrie* (actuellement réglementé par le décret du 13 octobre 1882, qui l'a divisé en deux sections : section du commerce et section de l'industrie).

188. — Composition du Conseil. — Le *Conseil supérieur du commerce et de l'industrie* comprend des membres de droit et des membres choisis par le Président de la République ; à la différence de ce qui se passait dans notre ancien droit, aucune part n'est faite à l'élément électif (art. 1er du décret de 1882) [1]. D'après le décret, le conseil se composait de deux vice-présidents et quarante-huit membres, soit vingt-cinq membres par section, non compris les membres de droit. Mais la création, depuis cette époque, d'un grand nombre de chambres de commerce a nécessité l'augmentation du nombre des membres, fixé actuellement à soixante-quatre, soit trente-deux pour chaque section, non compris les deux vice-présidents [2] et les membres de droit (décret 16 janv. 1898). D'autre part, pour assurer une représentation équitable à chaque région, les décrets des 1er décembre 1894 et 16 janvier 1898 fixent le nombre des présidents de chambres de commerce que le ministre doit choisir, ce que ne faisait point le décret de 1882. Ce chiffre est de trente-quatre, soit dix-sept par section : les présidents de chambres de commerce forment ainsi la majorité dans chaque section.

189. — Attributions. — Ses attributions sont purement consultatives ; il est appelé à donner son avis sur toutes les questions de son ressort, dont le Gouvernement lui renvoie l'examen ; et spécialement, sur les projets de loi concernant les tarifs douaniers, les traités de commerce et de navigation, les primes à la navigation, les questions de colonisation, d'émigration, de commerce maritime, de réglementation des établissements industriels. Il peut ouvrir des enquêtes sur l'avis conforme du ministre (art. 5, décr. de 1882). Le conseil n'a pas de session régulière ; mais son action a été renforcée par la constitution en 1894 (Décr. 3 juill. 1894) d'une *Commission consultative permanente*, composée de vingt-cinq membres.

190. — Projets de réforme. — L'absence de tout élément électif dans le conseil a fait, à maintes reprises, l'objet de critiques très justifiées : il y a là en effet un véritable vice organique qui infirme dans une certaine mesure son autorité. Bien que les chambres de commerce les plus importantes y soient représentées par leurs présidents, il n'en est pas moins vrai qu'aucun lien légal direct ne relie les chambres de commerce ou les chambres consultatives des arts et manufactures, organes électifs, à un conseil dont tous les membres sont à la nomination du gouvernement. L'on ne saurait donc voir dans ce corps une représentation fidèle du commerce et de l'industrie.

191. — Bien préférable, selon nous, est l'organisation du *Conseil économique de Prusse*. Ce conseil, qui a pour fonctions l'examen des

[1] Chose singulière, le principe de l'élection avait été posé par l'ordonnance du 29 avril 1831 et le décret des 9-30 avril 1851. Mais ces décrets, qui ne paraissent pas avoir jamais été mis à exécution, ont été implicitement abrogés par l'article 6 du décret de 1882. *Sic* : Dall., *Supp. au Rép.*, v° *Organis. écon.*, n° 59.

[2] Deux vice-présidents par sections (décret 29 mai 1890), au lieu d'un seul par section prévu par le décret de 1882.

projets de lois et ordonnances, touchant aux questions commerciales, industrielles et agricoles, se compose de 75 membres, dont 30 seulement, 15 patrons et 15 ouvriers, sont nommé librement par les ministres compétents; les 45 membres restants sont choisis par les Ministres du commerce, de l'industrie, des travaux publics et de l'agriculture, sur une liste double de présentation, dressée par les chambres de commerce et les sociétés d'agriculture. Plus libérale encore est l'organisation du conseil général de l'industrie (*Landesgewerberath*) du grand-duché de Bade (Ord. 15 janv. 1893, *Ann. de législ. étrangère*, 1894, p. 184) : un tiers seulement des membres est à la nomination du ministre de l'intérieur, les deux autres tiers sont élus par les chambres de commerce, corporations, tribunaux industriels, etc.

La *Belgique* a également un *Conseil supérieur de l'industrie et du commerce*, composé en majeure partie de membres élus. Aux termes de l'arrêté royal du 6 juillet 1890 (*Ann. de législ. étrang.*, 1891, 511), le conseil comprend 44 membres, dont 11 seulement désignés par le pouvoir exécutif, et 33 par des délégués provinciaux (électeurs du second degré), élus eux-mêmes par les industriels et négociants payant au Trésor de l'Etat une patente de 20 francs au moins[1].

192. — Le Parlement français avait mis à l'étude dès 1884 et repris en 1890 la question de la réforme du conseil supérieur sur la base de l'électorat : plusieurs projets avaient été successivement déposés (V. la liste de ces projets ou propositions dans le *Suppl. au Rép. de Dalloz*, v° *Organisation économique*, n° 89). Le plus étudié était celui de la commission parlementaire de 1887, déposé en son nom sur le bureau de la Chambre par M. Léon Renard (12 déc. 1887, Ch., sess. extraord., 1887, p. 756) ; inspiré du projet Lockroy et des propositions Félix Faure et J. Siegfried, ce projet tendait à faire du Conseil supérieur le grand conseil des chambres de commerce de France, après réorganisation de celles-ci sur des bases plus démocratiques[2]. Le Conseil se fût, en effet, composé de 60 membres élus par les chambres, répartis

[1] Sur la composition et les attributions du *Conseil supérieur pour l'industrie et les mines de l'Empire russe* (institué par avis du Conseil de l'Empire sanctionné le 7 juin 1899), conseil composé de chefs de service, d'inspecteurs de fabriques et de représentants de l'industrie (au nombre de sept), V. *Ann. de lég. étrang.*, 1900, p. 575.

[2] Depuis longtemps, l'opinion publique réclamait la démocratisation des chambres de commerce, et la substitution au régime actuel d'électorat, basé sur le suffrage restreint des notables commerçants, d'un système analogue à celui qui depuis la loi du 8 déc. 1883, fonctionne à la satisfaction générale pour l'élection des juges des tribunaux de commerce. Dès 1887, un projet de loi était déposé en ce sens.

La réforme vient enfin d'aboutir. La loi du 19 février 1908 (*Quest. prat.* 1908, mars-avril), faisant droit aux justes réclamations du petit et du moyen commerce, pose le principe du suffrage universel des patentés, et assure aux intérêts industriels et commerciaux, groupés par catégories, une équitable répartition des sièges.

en 12 groupes régionaux, de 21 membres désignés par le Gouvernement, et de 7 membres de droit (ces derniers avec voix consultative seulement).

Mais la création en 1891 du Conseil supérieur du travail a fait échouer ces projets de réforme. Ainsi que nous le verrons bientôt, ce dernier corps, dont primitivement les membres étaient nommés directement par le Gouvernement, est devenu une véritable assemblée élective, une sorte de *Parlement consultatif du travail*, appelé à coopérer activement à l'œuvre législative ; et par ce fait même, le rôle de la section industrielle du Conseil supérieur du commerce et de l'industrie s'est trouvé notablement amoindri.

II. Comité consultatif des arts et manufactures

193. — Ce Comité n'a rien de commun avec le Conseil supérieur du commerce et de l'industrie. C'est un comité technique, composé de vingt-quatre membres, dont seize nommés par décret, sur la proposition du ministre du commerce, et huit membres de droit[1] (Décr. des 18 oct. 1880, 8 mars 1884, *Rec. Cohendy*, p. 86, et 18 janv. 1907).

Créé en 1791 sous le nom de Bureau consultatif des arts et manufactures, ce Comité, réorganisé par le décret du 8 mars 1884, doit siéger au moins une fois par semaine. Il étudie toutes les questions intéressant l'industrie, qui lui sont renvoyées par le ministre, et plus spécialement les questions techniques relatives aux douanes, aux établissements dangereux, incommodes ou insalubres, aux brevets d'invention. Il procède aux enquêtes et informations prescrites par le ministre ; mais son rôle de ce chef est considérablement amoindri par la création de l'*Office du travail*, dont il sera question ci-après.

III. Conseil supérieur du travail[2]

194. — En présence de l'importance croissante de la législation du travail, il a paru indispensable d'instituer auprès du gouvernement (ministre du commerce à l'origine, ministre du travail depuis 1906),

[1] Les membres nommés par décret sont choisis dans le Conseil d'Etat, l'Académie des sciences, les corps des ponts et chaussées et des mines, le commerce et l'industrie.

[2] Il existe des institutions analogues en Belgique (arrêté royal 7 avril 1892, *Annuaire de lég. étrang.*, 1893, 476), en Autriche (ordonn. 21 juill. 1898, *Bull. de*

un Conseil spécialement chargé de renseigner le gouvernement sur les réformes réalisables, et d'étudier, à l'aide des documents fournis par un service statistique spécial, dit *Office du travail* (V. *infra*), les projets de plus en plus nombreux se rattachant à cette branche du droit.

Institué par le décret du 22 janvier 1891, le Conseil du travail ne comportait à l'origine que deux catégories de membres : dix membres de droit (directeurs des ministères, etc.), et cinquante membres nommés pour deux ans par décret, sur la proposition du ministre, et choisis parmi les membres du Parlement, les chefs d'industrie, les ouvriers, les administrateurs ou membres de Chambres syndicales, les Conseils de prud'hommes, etc., et généralement parmi toutes les personnes que leurs travaux ou leur profession rendent aptes à l'étude des questions d'économie sociale.

Ce Conseil n'avait pas de session fixe et ne se réunissait que sur la convocation du ministre, qui fixait à son gré l'époque, la durée et l'objet de chaque session (art. 4). La formation d'une Commission permanente était prévue par le même article; mais sa constitution était abandonnée à la discrétion du ministre.

195. — Cette exclusion de tout élément électif avait soulevé, dans le monde du travail, les plus vives protestations. Aussi, dès 1893, le Ministre du commerce avait-il mis à l'étude un projet de réorganisation ayant pour base le recrutement, par la voie de l'élection, des éléments patronaux et ouvriers du Conseil.

Cette réorganisation a été réalisée par le décret organique du 1er septembre 1899, dû à l'initiative de M. Millerand, qui a pris la place du décret du 22 janvier 1891. Un nouveau décret, du 14 mars

---

l'Office du travail, 1898, p. 961), en Italie (loi 15 janvier 1902). Le *Conseil supérieur du travail* de Belgique, et le *Conseil permanent du travail* autrichien ne comprennent, comme le conseil institué en France par le décret du 22 janvier 1891, que des membres désignés par le gouvernement. En Autriche comme en Belgique, le Conseil comprend trois groupes égaux : un tiers choisi parmi les chefs d'industrie, un tiers parmi les ouvriers, un tiers parmi les personnes versées dans les questions économiques et sociales (professeurs, ingénieurs, etc.). Il y a de plus, mais en Autriche seulement, des membres de droit.

Toutefois, il est probable que dans un avenir prochain les membres du Conseil belge seront élus, soit par les Conseils de l'industrie (élection au 2e degré), soit directement par les électeurs de ces Conseils (V. en ce sens notice de M. Brants, *Ann. de lég. étrang.*, 1893, p. 477); cette réforme, qui ferait du Conseil supérieur le couronnement des Conseils régionaux du travail, s'impose pour ainsi dire logiquement depuis la reconnaissance légale des unions professionnelles (loi 31 mars 1898).

Quant au *Conseil supérieur du travail* d'Italie, il comprend, à l'instar du conseil français réorganisé en 1899, des membres de droit, des membres nommés, et des membres élus par les organisations industrielles et professionnelles. Il présente même cette particularité, de comprendre deux représentants de la Fédération nationale des paysans (concession, d'ailleurs très légitime, aux revendications du prolétariat rural) (*Bull. de l'Off. du trav.*, 1902, p. 28).

1903 (modifié par les décr. des 27 janv. 1904 et 24 juin 1907), qui a remplacé à son tour le décret de 1899, est venu encore accentuer le caractère électif du Conseil, en supprimant les membres de droit, et en réduisant de quatre à deux les membres nommés par le ministre. — V. *Rec. Cohendy*, 4e édit., p. 107 et s.

196. — Composition du Conseil. — Aux termes des articles 2 et suiv. du décret de 1903, le Conseil supérieur du travail se compose de soixante-sept membres, répartis en trois groupes : le groupe patronal composé de vingt-sept délégués élus par les organisations patronales, le groupe ouvrier avec vingt-sept délégués des organisations ouvrières, et un groupe composé de treize membres seulement, dans lequel figurent trois sénateurs, cinq députés, un membre de la Chambre de commerce de Paris élu par cette Chambre, un membre du Comité fédéral des Bourses du travail élu par celles-ci, un membre de la Chambre consultative des associations ouvrières de production, élu par les organisations adhérentes; deux membres choisis par le ministre du travail parmi les membres de l'Institut et les professeurs de l'Université de Paris.

Voici comment il est procédé aux élections dans chacun des deux premiers groupes :

Les vingt-sept délégués du groupe patronal se répartissent en deux séries : dix-neuf délégués élus au scrutin de liste par les membres des Chambres de commerce et des Chambres consultatives des arts et manufactures, chaque délégué correspondant à un groupe professionnel distinct ; huit conseillers prud'hommes patrons [1].

Les vingt-sept délégués du groupe ouvrier comprennent également deux séries : dix-neuf ouvriers *ou employés* élus au scrutin uninominal par les syndicats d'ouvriers ou d'employés, légalement constitués, répartis à cet effet en dix-neuf groupes industriels ou commerciaux correspondant aux groupes patronaux. Chaque syndicat dispose d'un nombre de voix proportionnel au nombre de ses membres, à raison de une voix par vingt-cinq membres ou fraction de vingt-cinq membres.

---

[1] Sur la procédure suivie pour l'élection des prud'hommes, patrons et ouvriers, au Conseil supérieur, v. l'article 7 du décret, modifié en 1907.

Les dix-neuf groupes professionnels comprennent, pour les patrons comme pour les ouvriers et employés (sauf quelques variantes en ce qui concerne ces derniers, comp. art. 8 et 10) : 1° les mines, carrières, etc. ; 2° et 3° les industries de l'alimentation ; 4° les industries chimiques ; 5° les cuirs et peaux ; 6° à 8° les industries textiles ; 9° et 10° le travail des étoffes, vêtement, toilette ; 11° les industries du bois et bâtiment (bois) ; 12° la métallurgie et grande construction mécanique; 13° le travail des métaux communs et bâtiment (métaux); 14° le bâtiment (pierres, enduits, canalisations) ; 15° et 16° les transports ; 17° les industries relatives aux lettres, sciences et arts (livre, photographie, instruments de précision, orfèvrerie, etc.); 18° et 19° le commerce et la banque.

Le nombre des membres de chaque syndicat et l'étendue de ses droits électoraux sont évalués chaque année, en mai, par le Ministre du travail d'après les renseignements que les syndicats auront fait parvenir aux préfets. Ces renseignements sont contrôlés et vérifiés par l'administration. La liste ne devient d'ailleurs définitive que le 15 juin, à la suite de mesures de publicité destinées à provoquer les réclamations des intéressés (art. 12 modifié par les décrets de 1904 et 1907).

Sur le mode de contrôle, de formation des listes électorales, et sur la procédure même du vote, V. les articles 11 et 12 du décret.

197. — Le mandat est de trois ans. Une rémunération est allouée aux élus des syndicats et des Conseils de prud'hommes (art. 20). Pour être éligible, dans l'un ou l'autre groupe, il faut être Français, âgé de vingt-cinq ans au moins, et non déchu de ses droits civils et civiques. La candidature des *femmes* est admise suivant les mêmes conditions d'âge et de nationalité (art. 8 et 10).

La Commission permanente du Conseil supérieur du travail dépouille les bulletins et recense les votes. Les résultats des élections sont publiés à l'*Officiel*. Les réclamations doivent être formulées dans la quinzaine qui suit l'insertion à l'*Officiel* ; elles sont jugées par le Ministre (art. 13).

Les membres élus conservent leur mandat, même s'ils viennent à quitter la profession.

Sur les circonstances (démission ou déchéance) qui pourraient motiver des élections partielles, et sur les dispositions transitoires, V. les articles 14 et 15 du décret.

198. — **Sessions : attributions.** — Le Conseil se réunit chaque année, le deuxième lundi de novembre ; la session est de quinze jours. Le Ministre du travail peut d'ailleurs, à toute époque de l'année, convoquer le Conseil en session extraordinaire (art. 16).

Il est institué une *Commission permanente* du Conseil, choisie dans son sein. Elle comprend sept patrons, sept ouvriers, un sénateur et un député élus par le Conseil, et trois membres de droit ; elle élit son président (art. 17).

Ni le décret de 1891, ni les décrets postérieurs n'ont délimité les *attributions* du Conseil supérieur du travail. Elles consistent, d'une manière générale, dans l'étude des projets soumis ou à soumettre au Parlement, et intéressant l'industrie, les ouvriers ou les employés (salaires, syndicats, réglementation légale du travail, juridictions professionnelles, institutions de prévoyance, coopération, assurances sociales, etc.).

Ces attributions sont purement techniques et consultatives. C'est une espèce de vaste syndicat mixte, où patrons, ouvriers et employés se rencontrent, sous la direction du Gouvernement, pour discuter impartialement leurs intérêts et chercher la meilleure solution législative des conflits économiques.

199. — Quant à la *Commission permanente*, elle dresse, avec le concours du Ministre et spécialement de l'Office du travail, dont nous décrivons ci-après le mécanisme, le programme des questions à soumettre au Conseil; elle élabore les avant-projets dont il paraît opportun de reprendre la discussion en assemblée générale, et ouvre, à la demande du Ministre, des enquêtes sur les conditions du travail, la condition des travailleurs, les rapports entre patrons et ouvriers, les causes et circonstances des grèves ou coalitions patronales dont la gravité justifierait un examen spécial, etc. Ces enquêtes donnent lieu à des rapports au Ministre, et à des comptes rendus ou procès-verbaux dont le texte doit être envoyé à chaque membre du Conseil, quinze jours au moins avant l'ouverture de la session où les conclusions de la Commission doivent être discutées (art. 18 et 19 du décret).

200. — **L'œuvre accomplie.** — Il suffit, pour se rendre compte du rôle considérable joué depuis 1891 par le Conseil supérieur du travail dans l'élaboration de la législation du travail, de se reporter aux procès-verbaux de ses sessions. Il n'est pas un projet important qu'il n'ait discuté et étudié d'une façon approfondie, préalablement à l'ouverture des débats publics devant les Chambres. A ce point de vue, suivant l'observation très juste de M. Depasse (*Rev. pol. et parl.*, 1894, t. II, p. 303), le Conseil s'acquitte aujourd'hui, pour les lois économiques et ouvrières, de la mission qui, dans l'ensemble de l'œuvre législative, devrait normalement être remplie par la section de législation du Conseil d'Etat.

Consulter notamment les débats du Conseil supérieur relatifs à la réforme des Conseils de prud'hommes (1900), à la réglementation du travail des employés de commerce (1901), au délai-congé (1904), à l'enseignement professionnel (1905), aux privilèges du salaire (1907).

IV. Offices du travail.

201. — La création du *Conseil supérieur du travail* a été complétée par l'institution, au Ministère du commerce (depuis 1906, au Ministère du travail), d'un *Office du travail*, sorte de bureau de recherches et d'enquêtes, chargé de la statistique du travail, tant en France qu'à l'étranger, et de la vulgarisation des documents recueillis et coordonnés par lui (loi 21 juillet 1891 ; décrets organiques des 19-21 août 1891 et 4-5 février 1892, *Rec. Cohendy*, p. 101).

L'utilité de ce rouage administratif nouveau ne saurait être sérieusement contestée. Le Gouvernement français, en prenant l'initiative de cette création, préconisée par l'Institut international de statistique (session de Vienne, 1891), ne faisait que s'inspirer des institutions analogues qui fonctionnaient depuis plusieurs années aux Etats-Unis, en Angleterre ou en Suisse, et dont les travaux et enquêtes avaient apporté un contingent précieux à l'étude de la question ouvrière (Exposé des motifs du projet déposé au nom du Gouvernement par MM. J. Roche et Rouvier, Ch., Doc. parl., 1891, ann. n° 1895, p. 1406; rapp. Maruéjouls, 1891, ann. n° 1593, p. 1615). Aussi, avant d'étudier le mode de fonctionnement et les attributions de l'Office français, nous paraît-il nécessaire de faire connaître sommairement l'organisation des Bureaux ou Offices étrangers existant à l'époque de sa création.

202. — A. **Etats-Unis** (*Département du travail*). — C'est aux Etats-Unis que les associations ouvrières, puissamment organisées, ont obtenu tout d'abord la création d'*Offices du travail*, ou *Bureaux de statistique du travail*, destinés, d'une part, à fournir aux législatures des divers Etats les documents statistiques indispensables pour étudier la question ouvrière; d'autre part, à mettre à la disposition des intéressés, associations patronales ou associations syndicales, des documents précis sur les fluctuations du salaire, le développement économique de chaque branche du travail industriel, les causes de stagnation ou d'arrêt de la production dans telle ou telle branche, les grèves ou coalitions : documents dont ces associations peuvent avoir besoin pour se rendre un compte exact des réformes nécessaires, et pour appuyer leurs revendications sur des bases solides, au lieu de se borner à des revendications générales et vagues, dont le législateur ne saurait tenir compte.

Le premier office du travail fondé aux Etats-Unis est l'Office du Massachusetts, dont la création remonte à l'année 1869. L'Office est dirigé par un commissaire nommé, pour deux ans, par le Gouvernement de l'Etat; ce commissaire choisit lui-même ses auxiliaires. Trois méthodes d'enquête sont concurremment employées par l'office : 1° méthode des circulaires ou questionnaires adressés aux fonctionnaires des divers ordres, correspondants de l'office, et aux chefs d'industrie; 2° méthode de l'enquête par correspondance ou par une commission, investie du droit de recueillir les dépositions orales faites devant elle par les intéressés; 3° méthode d'investigation directe par des agents spéciaux, envoyés par le directeur de l'office sur tous les points du territoire de l'Etat pour recueillir sur place les documents statistiques nécessaires à l'élaboration de ses travaux.

C'est cette troisième méthode, originale et nouvelle, qui a donné les meilleurs résultats. Mais il convient de faire observer, à cet égard, que les agents enquêteurs des Offices du travail aux Etats-Unis, sont investis d'un pouvoir inquisitorial qui paraîtrait exorbitant en Europe, et qui soulèverait, s'il était jamais appliqué en France notamment, les plus vives réclamations. Les agents enquêteurs ont, en effet, le droit de requérir le concours de la police pour pénétrer par la force dans les locaux industriels dont on prétendrait leur interdire l'accès; ils peuvent requérir la communication des livres des patrons et des carnets de salaire, convoquer des témoins, et les obliger à déposer sous peine de poursuites judiciaires; enfin, tous les employés de l'Etat et des communes sont légalement tenus de fournir les renseignements qu'on leur demande. Cette méthode d'investigation est d'autant plus notable qu'à d'autres égards, les Américains sont très fervents individualistes, et qu'ils admettent difficilement l'intervention de l'Etat dans la fixation des salaires, ou même de la durée de la journée de travail, au moins pour les adultes. L'exemple du Massachusetts a été rapidement suivi. Presque tous les Etats de l'Union américaine possèdent aujourd'hui un Office du travail organisé sur des bases plus ou moins analogues.

203. — Les documents statistiques publiés par ces divers Offices présentaient un réel intérêt; mais pour qu'ils produisissent leur maximum d'utilité, il était indispensable d'organiser, au-dessus d'eux, un Office central ou fédéral chargé de coordonner et de publier les renseignements épars dans les publications de chaque Office local, et d'étudier les conditions du travail dans les pays étrangers, concurrents des Etats-Unis sur le marché industriel international. C'est dans ce but que fut constitué, par la loi fédérale du 27 juin 1884, le *Bureau national de statistique du travail*, ayant son siège à Washington. Ce bureau, présidé par un économiste de premier ordre, M. Carrol Whrigt, acquit rapidement une importance et une notoriété considérables; aussi, en 1888, fut-il érigé en service autonome, analogue à un ministère (*département du travail, department of labor*). Depuis la loi précitée du 14 fév. 1903, ce service, dénommé *Bureau du travail* (l. fédér. 18 mars 1904), est devenu l'un des rouages essentiels du *Department of commerce and labor*.

Les Offices particuliers de chaque Etat n'ont pas tous une organisation identique, ni les mêmes méthodes d'investigation. Aussi ont-ils créé entre eux une sorte d'association ou fédération, qui tient une assemblée annuelle dans l'un des Etats de l'Union, assemblée au cours de laquelle les méthodes employées sont mises en parallèle, et les résultats des enquêtes particulières rapprochés et contrôlés : l'Office fédéral de Washington n'est dans cette fédération qu'une unité, sans aucune prétention à l'hégémonie.

204. — B. **Angleterre** (*Board of trade; Labour department*). — Dès 1887, l'Angleterre possédait un *Bureau de statistique du travail*, dirigé par un fonctionnaire spécial (*labour correspondent*) et dépendant du ministère du commerce (*Board of trade*). Ce bureau, malgré sa dotation modeste et son personnel restreint, réussit néanmoins à publier une série de statistiques très documentées sur les *Trades-Unions*, les grèves, etc. Le ministère Gladstone, après avoir pris connaissance des conclusions de la commission royale du travail (*Bull. Off. du trav. franç.*, 1894, p. 262), résolut d'élargir son champ d'action et ses moyens d'investigation ; aussi transforma-t-il ce simple bureau en une section autonome sous la dénomination de *department of labour*. Le *Board of trade* comprend depuis lors trois directions : département commercial, département statistique et département du travail.

205. — Dirigé par un haut fonctionnaire, *Commissioner for labour* [1], investi du droit de correspondre directement avec les divers départements ministériels, le *Department of labour* est devenu un rouage quasi indépendant du ministre, dont les travaux et les enquêtes sur toutes les questions se référant à la législation du travail et à la statistique industrielle, jouissent d'une légitime autorité.

Aussitôt institué, le département du travail commençait la publication d'un organe mensuel, le *Labour Gazette*, résumant la statistique du travail et le mouvement législatif en Angleterre et à l'étranger. Ce journal, vendu un penny (10 cent.) afin de le rendre accessible aux bourses les plus modestes, paraît régulièrement depuis le mois de mai 1893.

206. — C. **Suisse** (*Secrétariat ouvrier suisse*). — Malgré sa dénomination, le *secrétariat ouvrier suisse* est un organe administratif officiel ou à peu près officiel, qui (sans mériter la qualification de ministère ouvrier, que ses détracteurs lui ont donnée, puisque son directeur est un agent général d'informations, mais qui ne participe pas à l'exercice

---

[1] Le chef du service est assisté d'un secrétaire général (*Chief labour correspondent*) et d'un certain nombre d'agents enquêteurs ou rédacteurs, les uns en résidence à Londres, les autres préposés aux enquêtes régionales. — Pour plus de détails, cons. : *Bull. de l'Office du travail*, 1894, p. 191 ; de Fenyvessy, *Les Offices du travail* (*Rev. d'écon. polit.*, 1895, p. 446). — Sur le rôle conciliateur éventuellement dévolu au *Labour department* d'après le conciliation act de 1896, v. titre III, chap. II, *infra*. — Le Dominion du *Canada* possède, depuis 1900, un *Department of labor* analogue à celui de la métropole (*Bull. Office*, 1900, p. 1024).

du pouvoir exécutif ou réglementaire), n'en constitue pas moins l'une des branches importantes de l'administration fédérale. Ce bureau est ainsi dénommé, parce qu'il doit son origine à la puissante société ouvrière suisse du *Grütliverein*; cette société, qui compte environ 18,000 membres actifs et plus de 200 sections, dirigées par un comité central siégeant à Saint-Gall, a pris, depuis longtemps déjà, la direction du mouvement ouvrier en Suisse. C'est elle qui, à la suite d'un congrès ouvrier dont elle avait pris l'initiative, a obtenu du Gouvernement fédéral la constitution de ce *Secrétariat ouvrier*, qui présente cette particularité d'être tout à la fois, un bureau officiel subventionné par le gouvernement, et une délégation centrale de toutes les associations ouvrières de la Suisse. Malgré son origine ultra-démocratique, qui en rendrait l'introduction en France assez délicate, ce secrétariat s'est jusqu'ici renfermé dans son rôle de statistique[1]; il a notamment publié d'intéressantes études comparatives sur les assurances ouvrières à l'étranger.

207. — D. Organisation et attributions de l'Office français. — a) *Organisation.* — Aux termes de l'article 2 du décret organique du 19 août 1891 « l'Office du travail constitue, au ministère du commerce et de l'industrie, un service distinct placé sous l'autorité immédiate du ministre ».

Le décret du 19 août 1891 n'ayant par été abrogé en 1906, lors de la création du ministère du travail, l'Office du travail a conservé la même organisation. Mais, par la force des choses, le transfert de ce service au ministère du travail, plus homogène que le ministère du commerce, a eu pour résultat de diminuer l'autonomie du chef de service, devenu l'un des auxiliaires immédiats du nouveau ministre.

209. — L'Office du travail[2] comprend deux services : service central et service extérieur (art. 7 et 8, décr. 19 août 1891).

Le *service central* a une double fonction : — 1° procéder à une *enquête écrite*, soit par l'analyse des documents publiés dans les revues françaises ou étrangères, ou dans les tableaux statistiques dressés par les autres ministères (travaux publics, finances, agriculture, commerce, affaires étrangères), soit par le dépouillement des documents originaux provenant de la correspondance régulière de l'Office avec les adminis-

---

[1] V. cependant les critiques formulées sur le rôle du Secrétariat ouvrier, par M. Berghoff-Ising (*Rev. d'écon. polit.*, 1896, p. 637 et s.).

[2] Certaines grandes villes possèdent des bureaux ou offices de travail. La préfecture de la Seine a créé, en 1895, un *Bureau de travail* (arrêté préfect. du 27 oct. 1895, *Bull. off. du trav.*, 1895, 124). — Plus récemment, la ville de Lyon a créé un Bureau ou Office municipal du travail, préposé aux relations avec les syndicats et la Bourse du travail, déclarations d'accidents, placement gratuit, etc...

trations publiques, les chambres de commerce, les syndicats, les bureaux de travail étrangers, etc... Pour stimuler le zèle, parfois douteux de ces administrations et collectivités, le ministre du commerce adressa, dès le 5 novembre 1891, une circulaire aux préfets, conseils de prud'hommes, tribunaux et chambres de commerce, chambres consultatives des arts et manufactures, syndicats professionnels, dans laquelle il faisait appel à toutes communications spontanées, et annonçait l'envoi périodique d'un questionnaire auquel on était instamment prié de répondre; — 2° le service central a pour seconde fonction, la plus délicate, de coordonner les résultats, tant de sa propre enquête que de celle à laquelle doit procéder le service extérieur, et de formuler des conclusions.

210. — Quant au *service extérieur*, dont l'idée a été empruntée aux États-Unis, sa mission consiste exclusivement à faire des enquêtes sur place, et à recueillir des informations dans les divers centres industriels (art. 8 du décret). Bien organisé et suffisamment doté, ce service est susceptible de fournir à la statistique du travail une base solide : l'enquête orale, par des agents connaissant bien la région qu'ils parcourent et les divers genres d'industrie qui s'y exercent, donne en effet des résultats plus sûrs et plus complets que l'enquête écrite. Peut-être est-il regrettable que les agents du service extérieur ne soient pas investis des pouvoirs de coercition et d'enquête à domicile que les lois américaines leur confèrent; mais il convient de reconnaître qu'une telle innovation eût été difficilement acceptée en France par l'opinion publique. Les agents de l'Office du travail peuvent du reste aisément se renseigner sur les usines dont l'accès leur serait interdit ou difficile, par l'intermédiaire des *inspecteurs du travail*, qui dépendent du même ministère et qui, eux, sont investis de ce pouvoir de contrainte. Rien n'empêche même le directeur de l'Office du travail de déléguer temporairement les fonctions d'agent du service extérieur à un inspecteur du travail, ou même à un citoyen quelconque, sans attache officielle avec l'administration, mais en situation de fournir des renseignements sûrs à l'Office sur telle industrie, ou sur les conditions du travail dans telle ou telle région.

211. — b) *Attributions.* — Des articles 1er et 9 du décret du 19 août 1891, il ressort que l'Office du travail a été constitué dans un double but :

1° A l'effet de dresser une statistique permanente du travail, susceptible de servir de base aux travaux des Conseils supérieurs du travail, ou du commerce et de l'industrie, et aux réformes législatives concernant le régime de l'industrie ; 2° à l'effet de vulgariser, de porter à la connaissance du public ces renseignements statistiques.

La *statistique du travail*, élaborée par l'Office du travail, comporte un champ d'action très vaste, si l'on se reporte, non pas seulement au texte du décret du 18 août, mais à l'exposé des motifs de la loi du 26 juillet, rédigé par M. Jules Roche, et au programme détaillé inséré dans le rapport de M. Maruéjouls à la Chambre des députés. C'est ainsi, notamment, que l'Office du travail ne doit pas se contenter de dresser des tableaux statistiques fidèles et exacts ; il devra « confronter les tableaux, les chiffres, les discuter, les analyser, en tirer les déductions et les enseignements qu'ils renferment, en faire, en un mot, de véritables leçons de choses ». Il doit, notamment, rechercher les motifs de l'accélération ou du ralentissement de la production dans les diverses branches de l'industrie, les causes et les conséquences des crises industrielles et des conflits entre patrons et salariés, le mouvement réel des salaires par rapport au coût moyen de la vie ouvrière, la marche des institutions de crédit, d'épargne, de prévoyance, des sociétés coopératives de consommation, de production ou de crédit mutuel. « L'Office doit, en un mot, suivant l'heureuse formule de l'exposé des motifs, constituer une sorte d'*observatoire des conditions du travail* ».

212. — E. Offices étrangers créés sur le modèle de l'Office français. — Les principaux de ces Offices fonctionnant actuellement en Europe sont les Offices belge, autrichien et italien.

a) *Belgique*. — Créé par arrêté royal du 12 novembre 1894, sur des bases analogues à l'Office français, organisé dans tous ses détails par un arrêté du 12 avril 1895 (*Bull. Office*, 1895, p. 316), l'Office belge, très richement doté dès le début[1], s'est rapidement placé au premier rang des institutions de ce genre par l'importance de ses enquêtes, la sûreté et la précision scientifiques de sa documentation.

L'Office était originairement une dépendance du ministère de l'agriculture et de l'industrie. Mais un arrêté royal du 25 mai 1895 ayant créé un Ministère spécial de l'industrie *et du travail* (v. *supra*), l'Office a été naturellement rattaché à ce ministère, dont il constitue la direction la plus importante, surtout depuis qu'on y a rattaché le service de l'inspection du travail et les institutions philanthropiques dans l'intérêt des ouvriers (arrêtés des 28 août 1895 et 2 janvier 1897).

213. — *b*) *Autriche*. — Par deux fois, en 1894 et 1898, le Gouvernement autrichien soumit au Reischsrath un projet tendant à créer au

[1] La dotation prévue était de 100,000 fr.; mais dès 1897, par suite des frais considérables qu'entraîna le recensement général des industries, le budget de l'Office belge s'élevait à 466,000 fr. (de Fenyvessy, *op. cit.*, p. 451). — Sur les crédits du ministère du travail français, v. *supra*, n° 185, en note.

Ministère du commerce, un Conseil permanent du travail et un Office statistique du travail. La situation parlementaire ayant donné lieu de croire que ce projet n'aboutirait pas, le Gouvernement impérial se décida à réaliser cette double création par voie d'ordonnance. Créé en exécution d'une décision impériale du 21 juillet 1898, par ordonnance du ministre du commerce, l'Office statistique du travail a commencé à fonctionner le 1er octobre. Plusieurs des dispositions de son règlement organique sont calquées sur le décret français du 17 août 1891 (*Bull. Off.*, 1898, p. 961) [1].

214. — c) *Italie.* — C'est, jusqu'en 1902, le *Bureau de statistique* du royaume qui a procédé aux enquêtes sur les conditions du travail. Mais la loi du 15 janvier 1902, qui a doté l'Italie d'un Conseil supérieur du travail (v. *supra*) a créé en même temps un Office du travail (*Ufficio del lavoro*), presque calqué sur l'Office français (*Quest. prat.*, 1902, 25). — Cette loi du 15 janvier a été complétée par une loi organique du 25 juin 1902 (*Bull. Off.*, 1902, 547) [2].

215. — F. Organisations étrangères différentes du système français. — Les autres Etats n'ont pas d'Office du travail proprement dit. Mais la plupart d'entre eux possèdent, indépendamment de leurs services de statistique générale, un service spécial de statistique du travail. C'est ainsi que l'*Empire allemand* a institué, en 1892, une *Commission für Arbeiterstatistik*, fonctionnant sous la direction du chancelier de l'Empire. Cette commission est spécialement chargée de procéder aux enquêtes spéciales dont le gouvernement reconnaît la nécessité, et d'élaborer avec le concours de l'Office de statistique impérial et d'experts (nommés par l'administration), les projets de réglementation législative ou administrative dont les enquêtes lui ont démontré l'urgence (*Bull. Off. du trav.*, 1894, p. 136).

Ce service a subi, en 1902, un remaniement qui a eu pour résultat de doter l'Allemagne d'un service présentant une réelle analogie avec notre Office du travail. La tâche jusqu'ici remplie par la Commission est en effet dévolue, depuis le 1er janvier 1902, à une division de l'Office statistique, placée sous la direction immédiate du directeur de l'Office : cette division (*Abteilung für Arbeiterstatistik*) est assistée d'une section de douze membres élus par le Reichstag et le Bundesrath. Ainsi complétée, la division forme un Conseil (*Beirat für Arbeiterstatistik*), préposé aux enquêtes, avec voix consultative (*Bull. Off. du trav.*, 1901,

---

[1] Le *Danemark* possède également un Office du travail depuis 1896 (*Bull. Off. trav.*, 1896, p. 124), la *Norvège* depuis 1902 (*Soz. Praxis*, 9 oct. 1902).

[2] V. Filippo Virgilii, *L'Office du travail en Italie* (*Rev. intern. de sociol.*, 1903, 533).

p. 878 ; *Soziale Praxis*, 15 mai 1902 ; *Reichs Arbeitsblatt*, avril 1903).

En *Hongrie*, c'est à l'Office central de statistique qu'incombent les enquêtes ouvrières (de Fenyvessy, *op. cit.*, p. 455).

L'*Espagne* possède également un service spécial de *statistique du travail* annexé au ministère de l'intérieur (Décr. 9 août 1894, et arr. roy. 31 août 1900, *Annuaire de la législ. du travail*, 1900, p. 480). Mais le rôle essentiel, tant pour l'organisation des enquêtes que pour la préparation de l'œuvre législative, appartient à l'*Institut des réformes sociales*, créé en 1883, sous le titre plus modeste de *Commission des réformes sociales*, mais complètement réorganisé par le décret du 23 avril 1903. Composé de trente membres (dix-huit choisis par le gouvernement, et douze membres élus, six par les patrons, six par les ouvriers), il cumule les attributions de notre conseil supérieur et de notre Office du travail ; toutes les lois ouvrières récentes promulguées en Espagne (accidents, travail des femmes et des enfants, inspection du travail) sont dues à son initiative[1].

216. — **G. Travaux accomplis par les offices français et étrangers ; valeur du système.** — Les offices du travail ne fonctionnent régulièrement, pour la plupart, que depuis un petit nombre d'années ; mais dès aujourd'hui, ils ont amplement justifié les espérances de leurs fondateurs. La plupart d'entre eux publient des recueils mensuels, à bas prix, destinés à renseigner le public sur toutes les questions intéressant les classes ouvrières : mouvement législatif et réglementaire dans les différents pays, fluctuation des salaires, grèves et lock-outs, mouvement syndical, statistique des accidents, institutions de prévoyance et d'assistance, etc.[2]. De plus, chaque office publie, en volumes ou fascicules séparés, les résultats des enquêtes qu'il dirige.

217. — Les enquêtes des Offices *américains* constituent, dès aujourd'hui, toute une bibliothèque précieuse par les renseignements détaillés qu'elles renferment, notamment sur le mouvement des salaires dans l'Ancien et le Nouveau-Monde. Parmi les travaux du département fédéral, nous citerons particulièrement : une histoire des crises industrielles

---

[1] Posada : *La réforme sociale en Espagne*, 1907 ; Marvaud, *L'Institut des réformes sociales de Madrid* (*Monde économ.*, 8 juin 1907). — V. aussi *Bull. de l'Off. du trav.*, 1903, 510, et *Annales de dr. commerc.*, 1905, p. 15.

[2] Nous citerons, par ordre chronologique : — *Bulletin of the department of labor*, bi-mensuel, publié par l'Office fédéral *américain* depuis 1884, concurremment avec les bulletins des Offices particuliers de chaque Etat ; *Labour Gazette anglaise*, paraissant depuis 1893 (feuille mensuelle, n° 1 penny, soit 0 fr. 10) ; — *Bulletin de l'Office du travail de France*, paraissant depuis 1894 (quatorze vol. in-8 parus, public. mens., 2 fr. 50 l'an, n° 0 fr. 20 ; — *Revue du travail de Belgique*, depuis 1895 ; — *Sociale Rundschau*, publiée depuis 1899 par l'Office *autrichien* ; — *Bollettino del ufficio del lavoro* d'Italie (1902) ; — *Reichs Arbeitsblatt* d'Allemagne (1903), etc.

en Europe et aux Etats-Unis depuis 1857; diverses études sur le travail pénitentiaire, sur la condition des ouvriers, sur le travail dans les chemins de fer, sur les grèves et lock-outs, de 1881 à 1905; enfin et surtout une colossale enquête, qui s'est poursuivie pendant sept années, sur le prix de production et de revient, le taux des salaires et la condition sociale des travailleurs dans les principaux Etats du globe. Les résultats de cette enquête, en ce qui concerne les salaires, ont été consignés dans un ouvrage considérable de C. Wright, donnant la statistique des salaires pour quatre-vingt-huit pays, soit pour tous les pays civilisés, et 4,500 métiers[1].

218. — Les travaux de l'*Office français*, quoique sa fondation soit beaucoup plus récente, constituent dès aujourd'hui une importante collection, ne comportant pas moins, au début de 1908, d'une soixantaine de volumes ou fascicules séparés (défalcation faite de seize volumes de statistique générale). Cette collection comprend : — 1° Les publications statistiques annuelles de l'Office sur les grèves et arbitrages et sur les syndicats; — 2° *Quatre* forts volumes sur les résultats statistiques du recensement des industries et professions en 1896, et *sept* volumes accompagnés d'un album graphique, sur les salaires et la durée du travail dans l'industrie française, plus quatre volumes sur les associations ouvrières de production (séries à continuer); — 3° *Sept* volumes sur les résultats statistiques des assurances ouvrières obligatoires en Allemagne et en Autriche; — 4° Tout un ensemble d'études de statistique et de législation comparée sur le placement des employés, ouvriers et domestiques, le chômage professionnel, les conflits entre patrons et ouvriers (prud'hommes, conseils d'arbitrage), l'hygiène et la sécurité des travailleurs, les poisons industriels, les institutions patronales (caisses de retraites), la saisie-arrêt des salaires, le marchandage, le minimum de salaires dans les travaux publics, l'apprentissage, etc.; — 5° Un volume d'enquêtes, résultat d'une mission officielle, sur la législation ouvrière et sociale en Australie et Nouvelle-Zélande. — Une telle collection, malgré la valeur inégale des ouvrages qu'elle contient, fait honneur à ceux qui l'ont menée à bien. Les enquêtes de l'Office français sur les salaires, les associations ouvrières, les résultats statistiques des assurances, la législation australienne, etc., sont des travaux fort complets, méthodiquement composés, et susceptibles de servir de point

---

[1] C. Wright, *A compilation of wages in commercial countries*, 2 vol. in-8, 1900. A signaler également, parmi les volumes issus de l'enquête, l'ouvrage de M. Gould, sur les grandes industries de la houille, de la fonte et de l'acier en Amérique et en Europe (France, Angleterre, Allemagne, Belgique). — Conf. *Réf. sociale*, 1893, p. 65 et s., 112 et s.; Willoughby, *La corporation de l'acier des Etats-Unis* (trad. de Montaignac), *Musée social*, février 1902.

d'appui solide aux travaux du conseil supérieur du travail et du Parlement.

219. — Les travaux du *Labour department anglais*[1] et de l'*Office belge* sont également des plus importants. Il convient de signaler tout spécialement les volumes déjà parus du recensement général des industries ou des métiers, effectué en 1896 par les soins du Ministère du travail belge. Ce recensement a été effectué indépendamment du dénombrement de la population, et à une époque différente, par des enquêteurs spéciaux : aussi ses résultats paraissent-ils plus sûrs que ceux du recensement professionnel français de 1896, simple annexe du dénombrement général. A noter également : les volumes consacrés par l'Office belge au travail de nuit, aux différentes industries à domicile (armes, broderie et dentelle, tressage de la paille, cordonnerie, etc.), aux industries des métaux, ainsi que la publication, depuis 1898, d'un *Annuaire de la législation du travail*, donnant le texte ou l'analyse des principales lois sociales promulguées, dans les différents pays civilisés, au cours de l'année précédente (10 volumes parus).

Quoique plus récent, l'Office italien a déjà publié d'importantes enquêtes, notamment sur les juridictions des prud'hommes, le travail des femmes et des enfants, les soufrières de Sicile, le travail dans les rizières de Lombardie, la colonisation à l'intérieur dans l'Italie méridionale, etc.

220. — Signalons enfin : parmi les publications du secrétariat ouvrier *suisse*, les statistiques annuelles des accidents, ainsi qu'une étude comparative sur la protection ouvrière dans les différents pays ; — parmi celles de la commission de statistique *allemande*, les fascicules résumant les enquêtes sur le travail des employés de commerce et les ouvriers de l'alimentation, et sur le travail à domicile dans les industries du vêtement et de la lingerie ; — parmi les publications *autrichiennes*, une enquête approfondie sur les corporations de la petite industrie[2].

221. — Ces quelques indications sommaires sur l'œuvre entreprise parallèlement dans les différents pays suffisent à démontrer la haute utilité des bureaux ou offices spécialement préposés à la statistique du travail et des lois ouvrières.

---

[1] *Statistical tables and Report on Trades-Unions*. 1 vol. par an depuis 1886 ; — *Report on the strikes and lockouts* ; 1 vol. par an depuis 1886 ; — *Annual Report of the Labour department*, 1 vol. par an depuis 1893 ; — *Changes in wages and Hours of labour*, 1 vol. par an depuis 1893, etc.

[2] Une vaste enquête se poursuit, sur l'industrie à domicile, par les soins de l'Office autrichien. — V. pour plus de développements sur les travaux des divers offices : de Fenyvessy, *op. cit.*

Il ne reste plus qu'à coordonner les efforts, un peu dispersés, de ces organes nationaux ; ce sera l'œuvre de l'*Office international* de Bâle. dont nous avons plus haut retracé les origines. Cet Office, bien qu'il n'ait pas un caractère officiel, est en voie d'acquérir, grâce aux encouragements de divers Etats et à l'appui effectif des Offices nationaux, une autorité qui lui permettra de servir de trait d'union entre ceux-ci, d'unifier leurs méthodes d'investigation, et de mettre à la disposition de tous les intéressés, gouvernements ou Parlements, collectivités diverses, organisations patronales et ouvrières, les documents par lui recueillis. Cette coopération féconde des offices nationaux et de l'Office international ne peut que contribuer puissamment au progrès de la législation ouvrière dans tous les pays civilisés.

§ 2. — Conseils et Comités spéciaux

222. — Outre les Conseils et Comités dont nous venons de parler, conseils ou comités investis d'attributions générales, il existe auprès du Ministre du commerce, ou du Ministre du travail, des Conseils et Comités spéciaux, présentant un caractère plus technique, et chargés exclusivement de l'étude des questions concernant telle ou telle branche d'industrie, ou de la mise à exécution de telle ou telle partie de la législation industrielle.

Tels sont notamment, au Ministère du commerce : le *Conseil supérieur de statistique* (Décr. 19 fév. 1885) ; la *Commission supérieure des expositions internationales* (Décr. 15 nov. 1889) ; la *Commission consultative d'hygiène industrielle* (Arrêté min. du com. du 11 déc. 1900, *Bull. Office*, 1901, p. 45) ; le *Conseil supérieur de l'enseignement technique* (Décr. 26 juin 1888, 26 nov. 1892, 27 oct. 1894, 4 juin 1898) [1]. Ce dernier conseil est chargé, notamment, de l'élaboration et de la réforme des programmes des établissements d'enseignement technique, professionnel ou commercial de tous ordres institués par l'Etat, les départe-

[1] Citons également, parmi les Conseils ou Comités se rattachant à d'autres ministères, mais investis d'attributions intéressant l'industrie : — la plupart des Conseils placés auprès du Ministre des travaux publics, spécialement : le *Conseil général des mines* (décr. 15 sep. 1869 ; le *Comité consultatif des chemins de fer* (décr. 18 sept. 1893), la *Commission centrale des machines à vapeur*, la *Commission mixte des travaux publics* (L. 7 avr. 1851 et 10 févr. 1890). — Parmi les Conseils ou Comités relevant du ministère de l'intérieur, nous signalerons : le *Comité consultatif de l'hygiène publique*, détaché en 1889 du Ministère du commerce (décr. 5 janv. 1889), et réorganisé par la loi du 15 fév. 1902 ; le *Conseil supérieur de l'assistance publique* (décr. 9 mars 1889) ; — parmi ceux relevant du ministère de l'agriculture, la *Commission de répartition des avances aux caisses régionales de crédit agricole* (L. 29 oct. 1906).

ments, les communes ou les chambres de commerce sous le contrôle supérieur de l'Etat. — Sur ces établissements, v. tit. II, chap. III, *infra*.

223. — Le nombre des conseils institués auprès du Ministre du commerce, et transférés en 1906 au Ministère du travail, s'est considérablement augmenté dans ces dernières années par suite de l'usage qui s'est introduit, pour chaque loi réglementaire nouvelle, d'instituer auprès du Ministre un Conseil consultatif chargé de veiller à l'application uniforme de la loi sur l'ensemble du territoire.

Tels sont notamment, par ordre chronologique : la *Commission supérieure du travail dans l'industrie*, instituée par la loi du 2 novembre 1892 et chargée de veiller à l'application des lois de 1892 et 1900 sur le travail des enfants et des femmes, ainsi que des autres lois réglementant le travail, loi de 1848 sur le travail des adultes, loi de 1874 sur le travail des enfants employés dans les professions ambulantes, etc. ; — le *Conseil supérieur des habitations à bon marché* (L. 30 nov. 1894), réorganisé par la loi du 12 avril 1906 ; — le *Conseil supérieur des caisses d'épargne* (L. 30 juill. 1895) ; — la *Commission consultative des caisses syndicales et patronales de retraites, de secours et de prévoyance* (L. 27 déc. 1895, décr. 10 janv. 1896) ; — le *Comité consultatif des assurances contre les accidents du travail* (L. 9 avr. 1898, décr. 28 fév., arr. 1er mars 1899, décr. du 29 mai 1905). Cf. (auprès du ministre du commerce) le *Comité consultatif des assurances sur la vie* (L. 17 mars 1905).

Rappelons, d'autre part, que le Conseil supérieur des sociétés de secours mutuels (L. 1er avril 1898, décret 2 mars 1899), qui dépendait du Ministère de l'intérieur, a été, par le décret du 25 oct. 1906 organisant le ministère du travail, rattaché à ce dernier.

§ 3. — Corps constitués dans les divers centres manufacturiers

I. Chambres consultatives des arts et manufactures. — **224**. — Ces chambres ont été instituées par la loi du 22 germinal an XI (*Rec. Cohendy*, p. 97). Il peut en être établi dans toutes les villes ou centres industriels paraissant assez importants au gouvernement pour justifier cette création. Le décret qui établit une *Chambre consultative des arts et manufactures* est rendu dans la forme des règlements d'administration publique, c'est-à-dire le Conseil d'Etat entendu (comme pour les chambres de commerce) ; ce décret fixe la circonscription de la chambre, qui suivant les cas est limitée à une ville ou peut comprendre un département entier. Chaque chambre comprend douze membres, élus par le même corps électoral que les chambres de commerce, pour six ans, et renouvelables par tiers tous les deux ans (décr. 24 oct. 1863 et 22 janv. 1872).

Le président est élu par la chambre (arr. 19 juin 1848, art. 10). Toutefois, le préfet ou le sous-préfet en est le président d'honneur, et il préside effectivement lorsqu'il juge opportun d'assister aux séances.

225. — Les Chambres consultatives des arts et manufactures ont des attributions beaucoup moins étendues que les Chambres de commerce. Leur rôle se borne à donner au gouvernement les avis qu'il leur demande sur les questions industrielles pouvant intéresser la région, à faire connaître les besoins et les moyens d'amélioration des manufactures, à présenter leurs vues sur l'état de l'industrie et du commerce (ord. 1832), à donner leur avis sur la création dans le ressort d'un conseil de prud'hommes, et sur les taxes douanières.

Mais, à la différence des chambres de commerce, les chambres consultatives des arts et manufactures ne sont pas des personnes morales; elles n'ont pas de budget, pas de patrimoine; leurs dépenses sont ordonnancées sur le budget des communes comprises dans leur circonscription. N'ayant pas de budget, elles n'ont ni le droit, ni la possibilité matérielle de concourir à la fondation ou à la gestion d'établissements ou d'entreprises d'intérêt collectif, utiles à l'industrie locale; c'est là une différence essentielle avec les chambres de commerce, qui ont le droit de participer à l'exécution de travaux publics, et qui, en fait, ont joué depuis quelques années un rôle important dans l'amélioration de nos ports maritimes. Cette insuffisance des moyens d'action laissés aux chambres consultatives a déterminé nombre d'entre elles à solliciter leur transformation en chambres de commerce.

Le nombre de ces dernières est actuellement (1908) d'environ 140, tandis qu'il ne subsiste plus guère que 50 chambres consultatives. Ce mouvement ne peut que s'accentuer en présence de la disposition finale de l'article 1er de la loi organique du 9 avril 1898 sur les chambres de commerce, portant qu'il doit y avoir *au moins une Chambre de commerce par département*. L'application progressive de cette disposition entraîne chaque année de nouvelles transformations.

226. — **Fusion projetée des Chambres de commerce et des Chambres consultatives.** — L'on s'est demandé, dans ces conditions, s'il ne conviendrait pas d'unifier la représentation commerciale et industrielle, par la suppression de toutes les chambres consultatives, considérées comme des rouages inutiles, et la création de chambres de commerce en leurs lieu et place. Les chambres de commerce, chargées désormais exclusivement de la représentation de tous les intérêts économiques régionaux, industriels ou commerciaux, prendraient le titre de *Chambres de commerce et d'industrie*, à l'instar des organisations similaires fonctionnant dans plusieurs pays étrangers [1].

La Commission parlementaire de 1887 s'était prononcée en ce sens (propos. L. Renard, 13 déc. 1887, Ch., sess. ext., 1887, *Off.*, p. 756); mais la Commission de 1890 a cru préférable de laisser subsister concurremment cette double représentation, commerciale et industrielle, estimant sans doute que les chambres consultatives, malgré leurs attributions modestes, correspondaient cependant à des besoins spéciaux (propos. L. Renard, 17 mars 1890, Ch., 1890, *Off.*, p. 1190).

227. — Adoptant, à tort ou à raison, ce point de vue, la loi du 9 avril 1898 [2] sur les Chambres de commerce s'est bornée à préciser les attributions de celles-ci, mais sans apporter aucune modification, ni au mode de recrutement, ni aux attributions des chambres consultatives. — L'existence de ces dernières ne nous paraît pas moins menacée.

En fait comme en droit (arr. 10 thermid. an IX, art. 4), partout où elles fonctionnent, les chambres de commerce se comportent comme les organes représentatifs des intérêts industriels aussi bien que des intérêts commerciaux. A cet égard, leur autorité auprès des pouvoirs publics ne pourra que grandir, le jour où, en exécution de la loi récente du 19 février 1908, chambres de commerce et chambres consultatives seront concurremment élues au *suffrage universel* des commerçants et industriels, comme le sont depuis 1883 les tribunaux de

---

[1] Chambres de commerce et d'industrie *autrichiennes* (L. 29 juin 1868); chambres de commerce, d'industrie et de navigation *espagnoles* (décr. 9 avr. 1886); chambres de commerce et d'industrie *bavaroises* (ord. 25 oct. 1889); chambres de commerce et d'industrie *hollandaises* (décr. 4 mai 1896), etc. — Au surplus, même dans les pays où prévaut la dénomination de chambres de commerce, ces organes représentent cumulativement le commerce et l'industrie : tel est notamment le caractère des chambres de commerce (*Handelskammern*) de *Prusse* (L. 19 août 1897, *Ann. de législ. étrang.*, 1898, p. 270, trad. et annot. de M. Chavegrin). Les corporations commerciales anciennes (*Kaufmännische Korporationen*), vestiges des anciennes ghildes marchandes, dont la loi prussienne autorise le maintien à côté des chambres officielles, ont des attributions analogues à celles de ces dernières, et sont d'ailleurs plutôt, en fait, les organes des intérêts *commerciaux* de certains grands centres (Berlin, Magdebourg, Dantzig, etc.) — En *Angleterre* et en *Belgique*, les chambres de commerce, d'ailleurs dépourvues de tout caractère officiel, sont des groupements libres de commerçants et d'industriels. — Comp. Lyon-Caen et Renault, *Traité de droit commercial*, t. Ier, nos 588 et s.

[2] Loi relative aux Chambres de commerce et aux Chambres consultatives des arts et manufactures. — Cette dénomination est trompeuse. En fait, la loi du 9 avril 1898 ne s'occupe de ces dernières que très incidemment, et simplement pour décider que les chambres de commerce peuvent correspondre avec elles (art. 18), ce qui du reste ne pouvait faire de doute.

commerce[1]. Si de plus l'institution des conseils régionaux du travail dont il est question ci-après parvenait enfin à fonctionner, les chambres consultatives perdraient bientôt leur raison d'être.

II. Conseils (régionaux) du travail. — **228.** — Depuis longtemps, la question de la constitution, dans les différentes régions industrielles, de conseils ou chambres de travail, destinés à rapprocher patrons et ouvriers pour l'étude de leurs intérêts communs, et l'aplanissement des conflits du capital et du travail, était posée devant l'opinion. Il semblait même qu'une majorité dût aisément se dessiner au Parlement en faveur de cette réforme, réclamée concurremment par les partis radical et socialiste, et par les socialistes chrétiens ou chrétiens sociaux, qui voyaient dans cette institution l'une des applications de leur conception corporative du syndicat mixte (V. *Démocratie chrétienne*, 1900, p. 243, et numéro de janvier 1901).

Cependant, lors de la discussion du projet, qui est devenu la loi du 27 décembre 1892 sur la conciliation et l'arbitrage, en matière de différends collectifs entre patrons, ouvriers et employés, le titre II relatif à l'établissement de conseils permanents fut écarté ; mais il fut bien entendu, au cours de la discussion, qu'il ne s'agissait point d'un rejet, mais d'un ajournement, ne préjugeant rien sur le fond.

Et de fait, dès le lendemain de la promulgation de la loi de 1892, le Parlement était saisi de divers projets[2] tendant tous à doter la France, sous des dénominations diverses, de ces conseils dont le prototype fonctionne en Belgique depuis 1887, avec des attributions très étendues, attributions consultatives, représentatives et arbitrales[3].

---

[1] Aux termes de la loi nouvelle, il sera procédé au renouvellement général des chambres de commerce et des chambes consultatives, en décembre 1908.

[2] Projet *Lebon* tendant à encourager la constitution de *Conseils permanents de conciliation* (8 juill. 1895, Ch., *Doc. parl.*, n° 1465, *Off.*, p. 855) ; — propos. Mesureur, tendant à créer des *Conseils régionaux de travail et d'arbitrage* (20 janv. 1894, Ch., *Doc. parl.*, n° 270, *Off.*, p. 65) ; — propos. Michelin sur la création de *Chambres du travail* (7 nov. 1895, Ch., *Doc. parl.*, n° 1592, *Off.*, p. 1451), etc. — V. *Annales de droit commerc. et indust.*, 1896, p. 459.

[3] Loi *belge* du 16 août 1887 sur les *Conseils de l'industrie et du travail*. — Comp. Loi *néerlandaise* du 2 mai 1897 (*Bull. Off. du trav.*, 1897, 476), sur les *Chambres du travail* ; Loi *genevoise* du 10 février 1900 (*Ann. de législ. du travail*, 1900, 837) sur le règlement des conflits. — Comp. l'organisation corporative des Chambres de métiers *autrichiennes* (L. 15 mars 1883 et 23 fév. 1897), et des Chambres de la petite industrie (*Handwerkskammern*) *allemandes* (L. 26 juill. 1897, *Bull. off. du trav.*, 1897, p. 789). — Cons. pour plus de développements sur ces différentes législations : — Payen, *Les Conseils de l'industrie et du travail en Belgique*, 1899 ; — Martin-St-Léon, *Notice bibliographique sur les Conseils de l'industrie dans les différents pays*. (*Mus. soc.*, sept. 1901) ; Guinard, *Les Chambres ou Conseils de l'industrie et du travail en Belgique, en Hollande et en France* ; *Les Chambres du travail aux Pays-Bas* (*Musée social*, 1903, 244). — Pour l'étude des attributions conciliatrices ou arbitrales de ces différents conseils, ainsi

229. — En 1894, le Conseil supérieur du travail fut invité par le Gouvernement à examiner ces projets et à proposer lui-même un texte. Un avant-projet, inspiré de la proposition Mesureur, fut élaboré au nom de la Commission permanente par MM. Mesureur, Many et Depasse ; la France aurait été divisée en un certain nombre de circonscriptions, possédant chacune un Conseil régional du travail, composé d'un nombre égal de patrons et d'ouvriers, et investi d'attributions analogues à celles des Conseils belges ; et les Conseils, à leur tour, auraient élu le Conseil supérieur.

Mais cet avant-projet fut vivement combattu, en assemblée générale, par M. Jules Roche, qui insista sur le danger de la constitution, à Paris, d'une sorte de Parlement du travail, siégeant auprès du Parlement politique, et issu du vote d'un certain nombre de petits Parlements régionaux, ou Etats provinciaux du travail, qui s'érigeraient en arbitres souverains des différends industriels, et n'aboutiraient le plus souvent qu'à aggraver les conflits au lieu de les aplanir.

A la suite de ces observations, le Conseil supérieur, par 25 voix contre 21, rejeta le 27 mars 1895, la partie fondamentale du projet comportant création de chambres du travail, et se borna à émettre un vœu en faveur de la reconnaissance légale (d'ailleurs superflue, leur légalité n'étant pas douteuse) des conseils d'usine dus à l'initiative privée. C'est pour donner satisfaction à ce vœu que fut déposé le projet *Lebon*.

230. — Malgré cet avis défavorable du Conseil supérieur du travail, la Chambre n'abandonna pas l'étude de la question. MM. Mesureur, Michelin, etc., maintinrent leur proposition, et un rapport d'ensemble, favorable en principe, fut même déposé par M. Ch. Ferry (dép. 23 mars 1896, *Doc. parl.*, n° 1862). Le projet de la Commission n'ayant pas été discuté sous la précédente législature, MM. Bovier-Lapierre, Ch. Ferry et Dutreix en effectuèrent de nouveau le dépôt, en leur nom personnel, le 22 novembre 1898 (Ch., *Doc. parl.*, n° 408), mais sans qu'une discussion s'ensuivît.

En présence de ces retards, dus à la mauvaise organisation du travail parlementaire, M. le Ministre du commerce *Millerand* crut pouvoir, s'appuyant sur de nombreux précédents, notamment sur la création par décret, en 1891, du Conseil supérieur du travail, réaliser par voie de décret une réforme dont le principe était universellement admis, sauf à étendre ultérieurement les attributions des conseils par la voie législative (V. notamment, dans le projet de loi sur le règlement

---

que des institutions arbitrales, officielles ou non, de l'*Angleterre* ou des *Etats-Unis*, v. notre titre III, *infra*.

amiable des différends relatifs aux conditions du travail, déposé le 15 nov. 1900 par le président du Conseil et le ministre du commerce, projet analysé *infra*, tit. III, les dispositions tendant à régler les attributions arbitrales des conseils). Telle est la pensée qui a inspiré la rédaction du décret du 17 septembre 1900, amendé sur certains points par le décret du 2 janvier 1901 (*Rec. Cohendy*, p. 103).

231. — Organisation et fonctionnement des Conseils du travail. — Il sera créé des Conseils du travail par arrêté ministériel dans toute région industrielle où l'utilité en sera constatée (art. 1er). A l'instar des conseils belges, les conseils français sont divisés en sections, chaque section étant composée de représentants de la même profession ou de professions similaires. Chacune comprend un nombre égal de patrons et d'ouvriers ou d'employés, le nombre total des membres de la section ne pouvant être inférieur à six et supérieur à douze.

Dans chaque section sont éligibles les Français *de l'un ou de l'autre sexe*, âgés de vingt-cinq ans au moins, domiciliés ou résidant dans la circonscription de cette section, non déchus de leurs droits civils et civiques, appartenant ou ayant appartenu pendant dix ans comme patrons, employés ou ouvriers à l'une des professions inscrites dans la section.

La qualité d'électeurs appartient, — c'est même là le trait le plus original de l'organisation nouvelle, — non point à des individus, mais à des collectivités, à savoir aux *Associations patronales et ouvrières* constituées en conformité de la loi du 21 mars 1884 (art. 5). Les associations de chaque groupe, patronal et ouvrier, forment deux collèges distincts élisant séparément leurs représentants. Chaque syndicat patronal dispose dans toute section où il est électeur patron, d'une voix par dix membres ou fraction de dix membres patrons ou assimilés; exerçant dans la circonscription une profession inscrite à ladite section du conseil; chaque syndicat ouvrier dispose d'une voix pour vingt-cinq membres.

232. — Les sections sont complétées par des représentants des conseils de prud'hommes fonctionnant dans la région, dans les conditions déterminées par l'arrêté instituant le conseil; les prud'hommes, patrons et ouvriers, désignés à cet effet par le ou les conseils spécifiés dans l'arrêté, ne peuvent en aucun cas former plus de la moitié de l'effectif de la section.

Les membres des sections, représentants des syndicats, ou délégués des conseils de prud'hommes, sont nommés pour deux ans et renouvelables annuellement par moitié.

Chaque section nomme, tous les ans, un président et un secrétaire, l'un des deux parmi les patrons et l'autre parmi les ouvriers ou employés.

C'est au préfet qu'il appartient de convoquer le conseil en assemblée plénière, toutes sections réunies. Cette assemblée a lieu au moins une fois par an.

233. — **Attributions des conseils.** — A l'instar des conseils belges, les conseils du travail ont trois ordres d'attributions : consultatives, délibératives et arbitrales.

1° *Attributions consultatives.* — Les conseils ont pour mission de donner leur avis, soit à la demande des intéressés, soit à la demande du Gouvernement, sur toutes les questions du travail, de collaborer aux enquêtes réclamées par le Conseil supérieur du travail, de présenter sur l'exécution des lois et décrets réglementant le travail, un rapport annuel. A ce dernier point de vue, les conseils deviennent les auxiliaires autorisés du service de l'inspection et des commissions départementales instituées par la loi du 2 novembre 1892.

2° *Attributions délibératives.* — Les conseils établiront, dans chaque région, pour les professions qu'ils représentent et autant que possible en provoquant des accords entre syndicats patronaux et ouvriers, un tableau constatant le taux normal et courant des salaires et la durée normale et courante de la journée de travail : tableau destiné à faciliter l'application des décrets du 10 août 1899 sur les conditions du travail dans les marchés de travaux publics (V. tit. II, chap. Ier, sect. III, *infra*).

3° *Attributions arbitrales.* — Les conseils peuvent être appelés à jouer le rôle de conciliateurs ou d'arbitres, soit *de plano* et en vertu d'une entente amiable entre les parties, soit à la suite de l'échec d'une tentative de conciliation effectuée dans les formes déterminées par la loi du 27 décembre 1892, dans tous les différends collectifs du travail. Cette mission conciliatrice ou arbitrale est alors dévolue à la section du conseil correspondant à l'industrie intéressée dans le conflit : la section devant, en pareil cas, être composée *effectivement* d'un nombre égal de patrons et d'ouvriers ou d'employés (art. 11).

234. — Bien que cette troisième attribution des conseils ne fût visée qu'incidemment par le décret du 17 décembre 1900, lequel à ce point de vue était plutôt un jalon, marquant la route dans laquelle le Parlement était sollicité de s'engager par le projet de loi précédemment rappelé sur le règlement amiable des conflits, c'est sur elle que M. le ministre du commerce crut devoir insister de préférence, soit dans son exposé des motifs (*Quest. prat.*, 1900, p. 330), soit dans sa circulaire explicative du 25 février 1901 (*Quest. prat.*, 1901, p. 126).

« Leur mission principale, lisons-nous dans l'exposé des motifs, doit être de faciliter les accords syndicaux et les conventions générales entre les intéressés, de fournir au cas de conflit collectif, les médiateurs compétents qu'offrent, au point de vue judiciaire, les bureaux de conciliation prud'homaux... Syndicats ouvriers et patronaux s'élèvent en face les uns des autres sous le coup d'inéluctables nécessités, et dans la petite comme dans la grande industrie se fait sentir le besoin d'explications, de traités, de *conventions de travail entre les deux forces égalisées*... En dépit des progrès accomplis dans l'esprit public, depuis la promulgation de la loi de 1892, par les idées d'arbitrage et de conciliation, elles n'ont pas fait dans la pratique le progrès qu'on attendait. Il n'est, dès lors, pas indifférent d'habituer les patrons et les ouvriers à se rencontrer périodiquement, à discuter ensemble avec courtoisie, et en dehors de toute subordination hiérarchique, dans les réunions où leurs intérêts personnels et immédiats ne se choquent pas directement. Il n'est pas inutile de former aussi des conciliateurs et des arbitres désignés d'avance par le suffrage de leurs pairs... ».

Ce passage est significatif et démontre nettement que les auteurs du décret ont eu surtout en vue un double objectif[1] : — fortifier l'action des syndicats et encourager la formation, par voie d'entente entre les chefs d'industrie et les associations ouvrières, de contrats collectifs de travail ; — faciliter la solution amiable des conflits internationaux par la création, dans chaque région, d'un organe *permanent*, puisant dans sa permanence même, dans sa dualité d'origine, et dans le principe de l'élection par les pairs, l'autorité nécessaire pour être agréé des patrons comme des ouvriers, et même pour s'imposer moralement à eux lorsque l'institution nouvelle se sera suffisamment acclimatée.

235. — Les seuls Conseils du travail créés jusqu'à ce jour (et encore ne fonctionnent-ils pas, — v. *infra*) sont ceux de Paris, Lyon, Marseille, Lille et Douai (arr. minist. 17 oct. 1900, 2 et 3 févr. 1901, *Bull. de l'Office du trav.*, 1900, p. 1123 et s.; 1901, p. 137 et 141). Paris compte cinq conseils : 1° Bâtiment, ameublement, etc. (7 sections); 2° industries métallurgiques, bijouterie, instruments de précision, articles de Paris, etc. (8 sections); 3° industries de la confection, chapellerie, articles en cuir ou en peau, etc. (4 sections); 4° industries

---

[1] Pour plus de développements sur le but poursuivi par M. le ministre du commerce, Cons. Lavy, *L'œuvre de Millerand, un ministre socialiste*, 1 vol. in-8°, 1902. — Des conseils du travail, il convient de rapprocher une autre institution destinée, elle aussi, à rapprocher les employeurs des employés : les *comités du travail* créés sur le réseau des chemins de fer de l'Etat par M. Baudin, ministre des travaux publics (arr. 13 févr. 1901, *Quest. prat.*, 1901, p. 87), et introduits ultérieurement sur d'autres réseaux. Nous aurons l'occasion de revenir sur cette institution, qui pourrait fournir une solution partielle du problème irritant des associations ou syndicats de fonctionnaires, — v. *infra*.

et commerces de l'alimentation, industries chimiques, etc. (5 sections); 5° industries typographiques, entreprises de transport, banques et assurances, commerce général (5 sections).

Depuis cette date, aucune création nouvelle n'a pu avoir lieu, à raison de l'opposition d'une fraction du Parlement.

236. — Critiques formulées contre l'institution. — En effet, dès le lendemain de l'apparition des décrets de septembre 1900-janvier 1901, une très vive campagne s'ouvrit, dans certains milieux parlementaires plus encore que dans les milieux industriels, contre l'institution nouvelle, que l'on représentait d'une part comme illégale, d'autre part comme tendancieuse et destinée à battre en brèche le principe de liberté inscrit dans la loi syndicale, et à rendre les syndicats virtuellement obligatoires[1]. Cette campagne aboutit au dépôt, sur le bureau du Sénat, d'une proposition de MM. Bérenger, Franck-Chauveau, etc., tendant, d'une part, à élargir la base de l'électorat et à substituer aux syndicats un corps électoral composé de tous les patrons et ouvriers, syndiqués ou non, remplissant les conditions requises pour l'électorat au conseil des prud'hommes, et à réduire, d'autre part, le rôle des conseils à une mission *purement consultative*, les attributions délibératives ou arbitrales que leur confère le décret ayant, dit-on, le caractère d'un véritable empiétement sur le domaine législatif (dép. 29 mars 1901, Sén., *Doc. parl.*, n° 198, *Off.*, p. 289; rapp. favorable de M. Francis Charmes, 19 déc. 1901, *Doc. parl.*, n° 462).

Malgré cette manifestation d'une fraction du Sénat, appuyée par un certain nombre de chambres syndicales patronales (*Quest. prat.*, 1901, p. 326), mais désavouée il est vrai par une autre fraction, nettement favorable au régime nouveau (*ibid.*), le gouvernement passa outre, et fit procéder, les 19 septembre 1901 et jours suivants, aux élections pour les conseils du travail parisiens, suivant le mode établi par le décret de septembre 1900.

237. — Nous n'avons pas à prendre parti dans ces débats, qui, par certains côtés, touchent à la politique pure. Mais nous devons, d'un mot, examiner le reproche d'illégalité formulé contre le décret de septembre 1900; ce grief, à notre avis, n'est pas fondé. Bien loin de modifier par décret les prescriptions de la loi de 1892 sur la conci-

---

[1] Comp. en sens divers, sur les conseils du travail : Beauregard, *Les conseils du travail* (*Monde économ.*, n°s 27 oct. 1900, 20 juill. 1901); Delcourt-Haillot, *Les conseils du travail*, *Réforme sociale* (16 mars 1901); Payen, *Les conseils français du travail et les conseils belges de l'industrie et du travail* (*Revue belge*) (*des questions de droit industriel*, 1900, p. 452 et suiv.), et nos chroniques des *Questions pratiques* (1900, p. 330 et 400; 1901, p. 126, 201; 1902, 377, et 1904, p. 172. V. aussi Godinet, *Les conseils du travail en France*, th. 1904.

liation de l'arbitrage, le ministre du commerce a pris soin de faire remarquer, dans sa circulaire du 28 février 1901 que, si les conseils du travail peuvent accepter les fonctions d'arbitres dans les différends collectifs, qu'il plairait aux parties de leur confier en conformité de l'article 7 de la loi de 1892, « la procédure instituée par cette loi ne laisse, au contraire, *aucune place* à l'intervention des conseils du travail dans la formation des conseils de conciliation ». C'est même là une différence essentielle entre les Conseils français et les Conseils belges, que la loi de 1887 a investis d'une mission conciliatrice très étendue (Payen, *op. cit.*).

Est-il plus exact que le décret de septembre 1900 soit contraire à l'esprit de la loi de 1884, en ce qu'il tendrait indirectement à rendre les syndicats obligatoires? Nous ne le pensons pas. Autre chose, en effet, est favoriser les syndicats, pousser à l'organisation corporative de l'industrie, autre chose est décréter l'obligation du groupement. Ainsi que le fait observer M. Payen, « comme organes administratifs aussi bien que comme organes consultatifs, il convient que les conseils du travail représentent réellement des professions [1] et non des individus ». Patrons et ouvriers peuvent, comme par le passé, demeurer des isolés; mais s'il leur plaît de rester hors du groupement, ils auraient mauvaise grâce à se plaindre de ne point participer aux avantages, légaux ou autres, que confère l'association [2]. Il serait d'ailleurs inexact de prétendre qu'ils soient absolument exclus du corps électoral, puisque les Conseils de prud'hommes sont représentés dans les Conseils du travail (art. 8 du décret); depuis que les projets tendant à élargir le domaine de la prud'homie et à l'étendre au commerce et aux indus-

---

[1] C'est même, d'après cet auteur, parce que les Conseils du travail français ont plutôt une mission *représentative*, parce qu'ils sont une forme de la représentation corporative, tandis que les Conseils belges ont plutôt été institués dans une pensée conciliatrice, que l'on a adopté pour les uns et les autres un mode de recrutement différent : les Conseils belges étant les élus des patrons et des ouvriers, individuellement envisagés (*sic*, projet sénatorial français), les Conseils français étant au contraire la représentation des collectivités, des organisations professionnelles, patronales et ouvrières, régulièrement constituées. A ce point de vue, le seul grief sérieux que l'on puisse formuler contre le décret français, c'est d'avoir exclu, au moins par prétérition, les *syndicats mixtes*, qui eux aussi sont des organisations corporatives reconnues. Nous ne sommes pas partisan d'une législation qui assurerait à cette catégorie de syndicats une situation privilégiée (V. *infra*, chap. IV); mais ils doivent, en bonne justice, bénéficier du droit commun.

[2] Les exemples ne manquent pas, dans notre législation actuelle, de dispositions législatives contraires au principe théorique, mais souvent inapplicable, de l'égalité stricte. Le mode de recrutement des Chambres de commerce, jusqu'à la loi du 19 fév. 1908, n'était-il pas de nature à avantager le haut commerce? La compétence attribuée, avant la loi du 27 mars 1907 sur les Conseils de prud'hommes, aux tribunaux de commerce élus par les *patrons seuls*, pour statuer sur les contestations entre *patrons et employés*, ne violait-elle pas l'égalité au détriment de ces derniers?

tries minières ont reçu la sanction législative (loi du 27 mars 1907), tous les patrons et tous les salariés *isolés* peuvent participer au second degré, en leur qualité d'électeurs pour les Conseils de prud'hommes de leur profession, à la formation des Conseils du travail de leur circonscription.

La légalité des décrets des 17 septembre 1900 et 2 février 1901 a, du reste, été reconnue par un arrêt du Conseil d'Etat, fortement motivé, en date du 19 février 1904 (*Quest. prat.*, 1904, p. 172).

238. — Malgré cette décision du Conseil d'Etat, les décrets instituant les Conseils régionaux du travail n'en sont pas moins jusqu'ici demeurés lettre morte. Le Sénat ayant voté la proposition Bérenger, analysée *supra* (5 décembre 1902), et la Commission du travail de la Chambre s'étant refusée, aussi bien en 1906 qu'en 1903, à étudier le texte sénatorial, qui dénature complètement le caractère de l'institution, en réduisant les conseils à une mission purement représentative, le Gouvernement a cru devoir, pour ne pas envenimer le conflit entre les deux Chambres, s'abstenir de réunir les Conseils parisiens, cependant élus, et n'a même pas convoqué le corps électoral pour l'élection de quatre autres Conseils existants.

Cet état de choses ne saurait durer. Il appartiendrait, croyons-nous, au Ministre du travail, de proposer au Parlement un texte transactionnel permettant d'organiser enfin, et de faire vivre ces Conseils régionaux, dont l'exemple de l'étranger a d'ores et déjà mis en relief la haute importance sociale.

239. — **Le Parlement et la représentation des intérêts.** — Le mouvement qui entraîne les Etats industriels modernes dans la voie de l'*organisation du travail* est, en effet, irrésistible. L'organisation des Conseils régionaux du travail, la reconstitution du Conseil supérieur du travail sur des bases électives, le dépôt récent d'un projet de loi sur l'institution de *Chambres d'agriculture*, destinées à rapprocher le prolétariat rural des propriétaires exploitants [1], la création du Ministère du travail, couronnement de tout l'édifice, sont autant d'étapes dans cette voie.

Faut-il s'en alarmer, comme M. Jules Roche (v. *supra*)? A vrai dire, nous ne le pensons pas. La représentation directe des intérêts dans le Parlement, consacrée par certaines législations, notamment par la législation autrichienne (où les Chambres de commerce et d'industrie élisent des représentants au *Reichsrath*), nous paraît difficilement

[1] V. Boutaud, *L'association communale agricole*, thèse Lyon, 1902. — Cpr. rapp. Decker-David, 2 avril 1903 (Ch., Doc. parl., n° 874, p. 585); rapp. F. David sur le budget de l'agriculture pour 1908 (Ch., Annexe 1245).

acceptable, et peu conciliable avec la forme constitutionnelle qui nous régit[1]. Mais le développement des organes consultatifs, dans le genre de notre Conseil supérieur du travail, ne nous semble nullement menaçant pour la représentation nationale ; et nous estimons au contraire qu'il y a tout profit pour le Parlement à ce que les projets de loi intéressant directement l'industrie et les travailleurs soient préalablement discutés et étudiés dans des Conseils, correspondant aux intérêts professionnels directement visés par ces projets. Il n'y a, dans ce fait, aucun empiétement sur les attributions essentielles du pouvoir législatif ; grâce à cette coopération indirecte des techniciens et professionnels, les lois de l'avenir acquerront une précision plus grande, et les intérêts généraux dont le Parlement a la garde n'en seront que mieux défendus[2].

---

[1] V. cependant : François, *La représentation des intérêts dans les corps élus* (Collect. des *Annales* de l'Université de Lyon, 1899).

[2] Sur les organisations corporatives ou professionnelles sans caractère officiel, syndicats et fédérations de syndicats, Bourses du travail, etc., v. *infra*, chap. IV).

CHAPITRE II

DU PRINCIPE DE LA LIBERTÉ DU TRAVAIL ET DE SES CONSÉQUENCES JURIDIQUES

240. — Depuis plus d'un siècle, le travail est libre en France (nuit du 4 août 1789, et décr. des 2-17 mars 1791 : V. *supra*, n° 128). Il est loisible à chacun de travailler sans entraves, soit pour son compte personnel, comme industriel ou commerçant, soit pour le compte d'autrui, comme salarié, ouvrier ou employé.

Ce principe de la liberté du travail, corollaire nécessaire de l'abolition des anciennes corporations d'arts et métiers, domine encore aujourd'hui toute la législation moderne. Sans doute, des exceptions nombreuses y ont été apportées au XIXe siècle (V. *supra*, nos 140 et s.); mais le principe n'en subsiste pas moins. Aussi nous paraît-il indispensable, avant de passer en revue les principales lois réglementaires qui en ont limité la portée et corrigé les abus, d'en faire ressortir tout d'abord les principales conséquences juridiques.

Ces conséquences peuvent se grouper sous les six chefs suivants : égalité du Français et de l'étranger, liberté d'établissement, liberté de fabrication, nullité des conventions attentatoires à la liberté de l'industrie et du travail, liberté de la vente, droit de groupement professionnel.

SECTION PREMIÈRE. — Égalité des Français et des étrangers au point de vue de l'exercice des professions commerciales et industrielles, soit comme patrons, soit comme salariés.

241. — La première conséquence du principe de liberté est que toute personne peut, à ses risques et périls, s'adonner en France à une industrie quelconque, *sans aucune distinction entre les Français et les étrangers* : alors qu'au contraire, dans notre ancien droit, nul en principe n'était admis, même s'il était sujet du roi, à fabriquer un produit quelconque, s'il ne faisait partie d'une corporation reconnue ou n'était investi d'un privilège royal [1].

[1] Sur la condition faite aux étrangers dans notre ancien droit, notamment au point de vue du commerce et de l'industrie, cons. notamment : Bacquet, *Droit d'aubaine*; Lainé, *Introduction en droit international privé*; Demangeat, *Histoire de la condition des étrangers en France dans l'ancien et le nouveau droit*; Weiss, *Traité théorique et pratique de droit international privé*, t. II, *Le droit de l'étranger*,

Si les étrangers sont, à certains égards, dans une certaine condition d'infériorité au regard des Français, soit au point de vue du droit public, soit au point de vue de la jouissance des droits privés, cette infériorité n'existe pas, en principe, pour l'exercice en France de professions commerciales et industrielles, considérées comme rentrant essentiellement dans le *jus gentium*, c'est-à-dire dans cette catégorie de droits concédés indifféremment aux étrangers et aux nationaux sans aucune condition de réciprocité [1].

242. — Sociétés étrangères. — Titres étrangers. — C'est ainsi que les étrangers peuvent, sans avoir à se munir d'aucune autorisation, fonder en France des établissements industriels ou commerciaux, ou établir des succursales et agences dépendant de maisons principales situées à l'étranger.

L'on ne saurait considérer comme une entrave sérieuse à la liberté d'établissement des maisons étrangères la nécessité pour les sociétés par actions étrangères d'être pourvues, pour fonctionner librement en France, de l'autorisation prévue par la loi du 30 mai 1857. Cette autorisation, en effet, est *générale*, c'est-à-dire conférée en bloc, par un décret du gouvernement français, à *toutes* les sociétés d'un même pays; et la plupart des puissances ont bénéficié en fait d'un décret de ce genre, la loi de 1857 n'en subordonnant même pas la concession à la condition de réciprocité au profit des sociétés françaises opérant à l'étranger [2].

1898. — Cons. aussi les ouvrages précités de MM. des Cilleuls, Esmein, Fagniez, Germain Martin, Godart, Huvelin, Levasseur, Martin-Saint-Léon, Viollet, etc.

[1] Sur la distinction traditionnelle des droits rentrant dans le *jus gentium* et des droits se rattachant au *jus civile*, et concédés aux étrangers sous condition de réciprocité diplomatique (C. civ., art. 11), cons. notamment, outre les ouvrages cités de Weiss et Demangeat, les *Traités de droit international privé* de Despagnet, Surville et Arthuys, Audinet, Asser et Rivier, L. Durand, etc. — V. aussi Dalloz, *Suppl. au Répert.*, v° *Droits civils*, n°s 130 et s., *Répertoire* Fuzier-Herman (Sirey), v° *Etrangers*.

Sur la condition des étrangers envisagés plus spécialement au point de vue industriel, cons. spécialement : Campistron, *Commentaire pratique des lois des 26 juillet 1889 et 22 juillet 1893*; Chandèze, *De l'intervention des pouvoirs publics dans l'émigration ou l'immigration au XIX° siècle*, 1898; Copineau et Henriet, *Commentaire de la loi du 9 août 1893*; A. Blanc, *L'immigration en France et le travail national*, th. Lyon, 1901, et la bibliogr. détaillée jointe à l'ouvrage; Bernard de Jandin, *Des professions que les étrangers peuvent exercer en France*, th. 1899; Pic, *De la condition juridique des travailleurs étrangers en France*, broch. in-8 (extr. du *Journ. Clunet*, 1905 et 1906). — Cons. aussi : P. Leroy-Beaulieu, *La question des étrangers en France au point de vue économique* (*Journ. de droit intern. privé*, 1888, p. 169); Pey, *La situation des étrangers en France* (*Ann. de la Soc. d'écon. polit. de Lyon*, 1894).

[2] Sur l'interprétation de la loi de 1857, et les difficultés auxquelles elle a donné lieu, cons. notamment : Weiss, *op. cit.*; les thèses de MM. Chervet, Pineau, Pipi, Méplain, sur la *Condition juridique des sociétés étrangères en France*; Pic, *Traité*

Il en est de même des prescriptions de notre législation fiscale concernant la circulation des titres étrangers en France (décr. 6 févr. 1880) ou leur émission sur le marché français (L. du 30 janvier 1907), et l'assujettissement des sociétés étrangères aux taxes qui frappent les sociétés françaises, ou à des taxes équivalentes (L. 28 déc. 1895, décr. 2 janv. 1896, lois de finances des 13 avril 1898, et 31 décembre 1907, art. 7). Il suffit en effet de se reporter à ces textes pour constater qu'ils ont eu exclusivement pour but de faire cesser une immunité inacceptable, dont la conséquence était d'assurer aux valeurs étrangères une véritable prime, au détriment des titres français lourdement taxés [1].

243. — Propriété industrielle : droit des étrangers : Union internationale. — Il est vrai que nos lois sur la propriété industrielle semblent établir une différence importante entre les Français et les étrangers. Mais ce n'est là qu'une apparence ; et il suffit de se reporter à ces lois pour constater que les étrangers résidant en France, même s'ils n'ont pas été autorisés à établir leur domicile en France dans les formes déterminées par la loi civile (C. civ., art. 13), sont en thèse générale assimilés aux Français. Ne sont dans une position d'infériorité au regard des Français que les non-résidents, prétendant introduire en France des produits fabriqués à l'étranger, et encore convient-il de remarquer qu'à cet égard les *Français non-résidents* ne sont pas mieux traités que les sujets étrangers. Aussi a-t-on pu dire avec raison que « la législation française semble avoir pour les droits industriels et commerciaux fait bon marché de la personne de leur titulaire pour considérer uniquement le lieu où ils ont pris naissance et négligé la nationalité du sujet du droit pour s'attacher à la *nationa-*

---

de la faillite des sociétés, et note sous D. 97, 2, 497 ; Dalloz, *Suppl. au Rép.*, v° *Société*, n°s 2260 et s. ; Rép. Fuzier-Herman, v° *Société commerc.*, n° 6479 et s. ; Houpin, *Traité des sociétés*, t. II, p. 350 et s. ; Lyon-Caen et Renault, *Traité de droit commercial*, t. II, p. 779 et s. ; Thaller, *Traité de droit commercial*, p. 362 et s. — V. aussi *Clunet*, tables générales, 1874-1904, v° *Etranger* ; Pic, *Faillite des sociétés commerciales en droit international privé* (*Clunet* 1892, p. 577 et s.), et notes sous D. 1904, 1, 225 et 1906, 2, 1.

[1] Sur le régime fiscal des titres étrangers en France : cons. notamment, outre les ouvrages précités de Houpin, Lyon-Caen et Renault : — Buchère, *Traité des valeurs mobilières* ; Demazure, *Régime fiscal des sociétés* ; Jobit, *Régime fiscal des valeurs mobilières* ; Robin, *Régime légal des valeurs mobilières étrangères en France*, th. Lyon, 1899 ; Boullay, *Condition juridique des sociétés étrangères en France et de leurs titres sur le marché français*, 1899 ; Wahl, *Publicité des placements de titres suivant la loi du 30 janv. 1907*, broch. in-8. — Sur l'enregistrement et le contrôle auquel sont soumises les sociétés d'*assurances sur la vie*, françaises ou étrangères, v. loi 17 mars 1905 (D. 1905, 4, 119). — Sur le régime institué, pour les sociétés étrangères, par le projet de loi déposé sur le bureau de la Chambre des députés, par le Ministre du commerce, le 19 mai 1903 (projet non encore discuté), cons. notre *Traité des sociétés commerciales*, t. I, n° 127. — V. aussi *Annales de dr. commercial*, 1903, p. 303.

lité de son objet; elle reconnaît, pour ainsi dire, à cet objet un statut personnel » (Weiss, *Traité élémentaire de droit international privé*, p. 674)[1].

244. — Au surplus, dans les rapports de la France avec les Etats signataires de l'Union internationale du 20 mars 1883 *pour la protection de la propriété industrielle*, ainsi que des conventions postérieures de Madrid (14 avr. 1891, *Rec. Cohendy*, p. 241) et de Bruxelles (14 déc. 1900, *ibid.*, p. 244), toutes ces inégalités plus apparentes que réelles ont disparu; l'égalité de traitement pour tous les ressortissants des divers Etats signataires est complète, et certains auteurs considèrent

---

[1] En matière de *brevets d'invention*, l'assimilation est complète entre les nationaux et les étrangers (art. 27, 28, L. 5 juill. 1844); il n'existe qu'une seule différence de droit entre les étrangers et les Français, au point de vue du *cautionnement* imposé par l'article 47-4° à l'étranger qui requiert la saisie d'objets prétendus contrefaits. Quant aux conditions imposées au breveté étranger qui veut faire protéger son invention en France (art. 29, 31 et 32, 2° et 3°), elles sont identiques pour tous les titulaires de brevets étrangers, qu'ils soient ou non de nationalité française.

En ce qui concerne les *dessins* et *modèles de fabrique*, les *marques de fabrique et de commerce* et le *nom commercial*, la loi du 26 novembre 1873 pose le principe de la réciprocité législative. — Pour nous en tenir aux marques, il ressort de la combinaison des articles 6 de la loi du 23 juin 1857 sur les marques, et 9 de la loi de 1873 précitée : — 1° Que tout étranger ayant un établissement en France est assimilé aux Français au point de vue des droits que peut lui conférer la marque régulièrement déposée; — 2° Que tout négociant, français ou étranger, peu importe, n'ayant pas d'établissement en France, est soumis en principe à la condition de réciprocité. Mais la condition de réciprocité dispense de l'établissement en France; si bien que la protection de la loi française est acquise, sous condition de réciprocité législative ou diplomatique, à de véritables marques *étrangères*, apposées sur des produits étrangers, fabriqués en pays étranger. Contre ces produits, l'industrie française n'est protégée que par les dispositions des articles 19 de la loi de 1857 et 15 de la loi du 11 janvier 1892, relatifs aux *fausses indications de provenance*. — Cons. sur l'interprétation de ces articles, destinés à protéger la fabrication française contre la concurrence déloyale étrangère : — notre étude sur « l'introduction frauduleuse en France de produits étrangers revêtus d'une marque française usurpée, ou d'une fausse indication de provenance » (*Journ. Clunet*, 1900, p. 250 et s.), et notre note sous D. 1899, 2, 200. Cf. Lacour, *Des fausses indications de provenance*, 1904. — V. aussi, sur la propriété industrielle en droit international (en dehors des traités généraux sur le droit international privé, de Weiss, Despagnet, Surville et Arthuys, etc., — sur la législation industrielle, de Bry, M. Dufourmantelle, — sur les brevets, de Pouillet, Allard et Mainié, — sur les dessins, de Fauchille, Philipon, Ducreux, etc. — sur les marques, de Pouillet, Maillard de Marafy, Darras, etc.) : — Bozérian, *Les conventions internationales du 20 mars 1883*, 1885; Barberot, *De la propriété industrielle dans les rapports internationaux*, 1887; Mesnil, *Des marques de fabrique et du nom commercial dans les rapports internationaux*, 1887; Donzel, *Comment. de la convention internationale de 1883*, 1892; J.-L. Brun, *Les marques de fabrique en droit français, droit comparé, et droit international*, 1894; Poinsard, *Le droit international conventionnel*, 1894; Vidal-Naquet, *Les marques de fabrique et le nom commercial en droit international*, 1898; — *Annuaire de l'Association internationale pour la protection de la propriété industrielle*, 1 vol. par an depuis 1897; *Clunet*, tables générales, IV, v[is] *Marques de commerce, Propriété industrielle*.

mêmes certaines stipulations de l'acte d'union comme susceptibles d'avantager outre mesure les produits de fabrication étrangère[1].

245. — Caution judicatum solvi. — Reste une mesure justifiée, dans la pensée de ses promoteurs, par les facilités actuelles de déplacement qui auraient sensiblement diminué, pour les sujets français en contestation avec des étrangers, les garanties moyennes de remboursement des frais et dommages alloués à la partie gagnante (*Annales de dr. comm.*, 1895, p. 158). Nous voulons parler de la loi du 5 mars 1895, étendant aux matières commerciales l'obligation imposée par l'art. 16 du Code civil, à l'étranger demandeur, de fournir la caution *judicatum solvi*.

La valeur de cette innovation est très contestée ; et beaucoup d'auteurs la considèrent plutôt comme une vexation inutile, susceptible de provoquer des représailles à l'encontre des Français appelés à plaider devant les tribunaux étrangers, que comme une mesure de protection efficace : d'autant plus que, si les facilités de déplacement permettent au plaideur étranger de se soustraire plus aisément aux conséquences d'un procès téméraire, cette même cause, jointe au développement des procédés de recouvrement par l'entremise des banques, facilite aujourd'hui le prompt règlement des affaires commerciales traitées, ou des litiges pendants entre négociants de nationalités différentes.

Au surplus, et à supposer que la réforme eût sa raison d'être, il convient de remarquer que son efficacité s'est presque immédiatement trouvée paralysée par l'adhésion de la France à la convention de la Haye *sur le droit international privé* (Convention des 14 nov. 1896, 22 mai 1897, loi de ratification des 31 mars-9 avril 1899, D. 99, 4, 102). Cette convention affranchit en effet, par son article 11, tous les ressortissants des États signataires (15 États européens) de l'obligation de fournir la caution *judicatum solvi* devant les tribunaux desdits États.

246. — Travailleurs étrangers. Lois de protection nationale. — Si les étrangers de toute provenance sont libres, sous les seules restrictions formulées ci-dessus, de créer ou d'acquérir en France des établissements de commerce ou d'industrie, la même liberté existe pour les travailleurs étrangers, de faire concurrence aux travailleurs français et de louer leurs services en France comme ouvriers, commis, ou employés de toute catégorie. Les seules dispositions, assez illusoires d'ailleurs pour la plupart, susceptibles de restreindre, directement ou indirectement, la liberté d'embauchage, soit au regard du salarié étranger, soit au regard de l'employeur français ou étranger,

[1] Donzel, *De l'état actuel de la question de la propriété industrielle au point de vue international*, 1897.

résultent de la combinaison des textes suivants : — loi du 21 mars 1884 sur les *syndicats professionnels* (art. 4, exigeant la nationalité française des administrateurs) ; — décret du 2 octobre 1888 sur la *déclaration de résidence* des étrangers ; — loi du 8 août 1893 relative au *séjour des étrangers en France et à la protection du travail national* (*Rec. Cohendy*, p. 121) ; — décrets du 10 août 1899 *sur les conditions du travail dans les marchés passés au nom de l'Etat, des départements, des communes et des établissements publics* (*ibid.*, p. 252).

Nous ne citons que pour mémoire : *a*) la loi du 3 décembre 1849 sur l'*expulsion des étrangers*, cette loi n'ayant d'autre but que de régler l'exercice d'un droit régalien de l'Etat, justifié par des considérations d'ordre public et de défense nationale, et non point de servir de régulateur à l'immigration étrangère[1] ; *b*) la loi du 9 avril 1898 sur les accidents du travail, dont l'article 3 *in fine*, bien que conçu dans un esprit de faveur pour les ouvriers français, a eu cette conséquence paradoxale, par suite du rejet du principe de l'assurance obligatoire, de créer une prime indirecte à l'embauchage des ouvriers étrangers (V. *infra*, tit. II, ch. Ier, sect. III). La loi du 31 mars 1905, sur laquelle nous aurons l'occasion de revenir, a du reste remédié partiellement à cet état de choses en autorisant le gouvernement à faire disparaître, par voie de traités diplomatiques, cette inégalité entre ouvriers français et étrangers, sous condition de réciprocité. — Sur la situation faite aux ouvriers étrangers par les projets de loi relatifs aux retraites ouvrières, v. tit. IV, *infra*.

Nous reviendrons par la suite sur les prescriptions de la loi de 1884 concernant la nationalité des administrateurs (ch. IV, *infra*), qu'il convient de combiner avec la loi de 1901 sur les associations (art. 12), ainsi que sur les décrets du 10 août 1899, les seules dispositions de

---

[1] Sur la législation française et étrangère relative à l'expulsion des étrangers, cons. notamment : Bès de Berg, *De l'expulsion des étrangers*, th. 1881 ; Féraud-Giraud, *Réglementation de l'expulsion des étrangers* (*Journ. Clunet*, 1890, 414) ; Barrier, *De la police des étrangers*, th. 1898 ; Blanc, *op. cit.*, p. 93 et suiv.). — Cons. aussi : Bonfils-Fauchille, *Manuel de droit international public*, 3e éd., p. 242, et les autorités citées ; Berthélemy, *Droit administratif*, p. 326. — V. également, sur l'affaire Ben Tillett (sent. arbitrale de M. A. Desjardins entre la France et la Belgique, posant les limites du droit régalien d'expulsion des étrangers, 26 déc. 1898) : Grivaz, *Chron. de la Rev. génér. de dr. intern. public*, 1899, p. 46 et suiv. ; D. 99, 2, 165, et les autorités citées en note. — Sur la législation relative aux *passeports*, encore théoriquement en vigueur, bien que rarement appliquée en France, cons. Dalloz, *Suppl. au Rép.*, vo *Passeport* ; Bonfils-Fauchille, p. 243 ; Berthélemy, p. 326 ; Blanc, p. 110. — Il est évident que, par l'application rigoureuse des lois sur les passeports, comme en Russie, ou dans certaines parties de l'Empire allemand (Alsace-Lorraine, ordonn. de 1888, appliquée toutefois aujourd'hui avec plus de ménagements), les Etats étrangers peuvent aisément régler ou même supprimer l'immigration des travailleurs français, dans la mesure où ils le jugent opportun. V. auteurs précités : — *Adde* : Clunet, *La question des passeports en Alsace-Lorraine*, 1888.

notre droit susceptibles de remédier *réellement* aux inconvénients de l'immigration étrangère (tit. II, chap. Ier, sect. III, *infra*) [1]. Il nous suffira donc, pour l'instant, d'exposer brièvement l'économie du décret de 1888 et de la loi de 1893.

247. — Décret du 2 octobre 1888. — Aux termes du décret, tout étranger non admis à domicile, qui se propose d'établir en France sa résidence, est tenu de faire à la mairie de la commune où il entend se fixer (à Paris, à la préfecture de police, à Lyon, à la préfecture) une déclaration mentionnant ses nom et prénoms, nationalité, âge, lieu de naissance, profession ou moyens d'existence, ainsi que les noms, prénoms, etc., de sa femme et de ses enfants mineurs. Cette déclaration doit être renouvelée à chaque changement de domicile. Les infractions à ces prescriptions sont punies des peines de simple police, sans préjudice du droit d'expulsion appartenant au ministre de l'intérieur.

Ce décret était manifestement insuffisant, puisqu'il ne s'appliquait pas aux étrangers venus en France pour y faire un séjour prolongé, et laissait en dehors de tout contrôle ceux qu'il était le plus utile de surveiller, soit à raison de leur passé parfois suspect, soit à raison de la concurrence qu'ils font au travail national; à savoir, les ambulants, les nomades, et aussi les ouvriers étrangers, embauchés pour un travail déterminé, ou ceux qui, résidant à l'étranger à proximité de la frontière, viennent chaque jour travailler dans une usine française.

248. — Aussi un mouvement très marqué se fit-il jour, dès cette époque, au Parlement français, dans le sens d'une protection plus efficace assurée au travail national. Diverses propositions, tendant pour la plupart à l'établissement de taxes plus ou moins élevées sur les travailleurs étrangers, furent déposées sur le bureau de la Chambre (Propos. Pradon, 1885, Castelin, 1889, Lalou, 1889, Thellier de Poncheville, 1892, Brice, 1893, etc...).

Ces propositions n'aboutirent pas, le Gouvernement s'étant nettement opposé, à raison des traités internationaux conclus entre la France et certains Etats, à l'établissement d'une taxe de séjour quel-

---

[1] Signalons cependant ici, d'un mot : l'art. 24 de la loi du 15 juillet 1880 appliquant aux commis-voyageurs de nationalité étrangère le principe de la réciprocité, au point de vue de la patente; les prescriptions de nos lois sur l'inscription maritime, la pêche et la nationalité des navires assurant aux marins français un régime de faveur; l'art. 1er *in fine* de la loi du 15 juillet 1893 sur l'assistance médicale gratuite posant le principe de la réciprocité diplomatique; enfin, l'art. 1er de la loi du 14 juillet 1905 réservant aux seuls nationaux le bénéfice des pensions instituées par cette loi au profit des vieillards et infirmes indigents. — V. pour plus de développement notre étude sur *La condition juridique des travailleurs étrangers*, p. 18 et s.

conque sur les étrangers [1]. Laissant de côté la taxe, la commission saisie des propositions précédentes, substitua aux textes qui lui étaient soumis un projet tendant à constituer en France, sous certaines sanctions pénales, édictées tant contre l'employeur français que contre l'employé étranger, un *état civil* régulier à tous les étrangers, qui y séjourneraient pour l'exercice d'une profession, d'un commerce ou d'une industrie. Ce projet est devenu la loi du 8 août 1893, sur le séjour des étrangers en France et *la protection du travail national.*

Cette dernière rubrique figure plutôt dans le titre de la loi comme pierre d'attente que comme une indication correspondant au contenu réel de la loi. Ce n'est en effet que très indirectement, par l'effet des entraves légères qu'elle apporte à l'établissement des chefs d'industrie étrangers ou à l'embauchage des travailleurs étrangers, qu'elle constitue pour le travail national une protection.

249. — **Loi du 8 août 1893.** — L'économie de la loi est des plus simples. Aux termes de l'article 1er, tout étranger non admis à domicile, arrivant dans une commune *pour y exercer une profession, un commerce ou une industrie,* doit faire à la mairie une déclaration de résidence, en justifiant de son identité, dans les huit jours de son arrivée. Cette déclaration est consignée sur un registre spécial, dit *registre d'immatriculation des étrangers* : un extrait est délivré au déclarant dans la forme des actes de l'état civil, et moyennant l'acquittement des mêmes droits. En cas de changement de commune, l'étranger doit faire viser son certificat d'immatriculation, dans les deux jours de son arrivée, à la mairie de sa nouvelle résidence.

Les sanctions sont les suivantes : — contre toute personne qui sciemment aurait employé un étranger non immatriculé, l'application des peines de simple police; contre l'étranger qui n'aurait pas fait la déclaration dans le délai légal ou qui refuserait de produire son certificat, une peine correctionnelle, 50 à 500 fr. Celui qui aurait fait sciemment une déclaration fausse ou inexacte est passible d'une amende de 100 à 300 francs, et s'il y a lieu, de l'interdiction temporaire ou indéfinie du territoire français.

[1] C'est ainsi qu'à la séance de la Chambre du 6 mai 1893, M. Develle, ministre des affaires étrangères, déclara être lié par un traité de commerce entre la France et la République sud-africaine (10 juill. 1885), traité dont l'Angleterre, l'Allemagne et la Belgique avaient le droit, en vertu de la clause de la nation la plus favorisée, de revendiquer le bénéfice. Ce traité est devenu caduc par suite de l'annexion du Transvaal à l'Angleterre (1902); mais d'autres conventions similaires (traités d'établissement) nous lient à un certain nombre d'autres Etats, notamment à la Russie (1er avr. 1874), à la Suisse (28 févr. 1882), à l'Autriche (18 févr. 1884), etc. Or, par le jeu automatique de la clause de la nation la plus favorisée, ces conventions doivent bénéficier de plein droit à un certain nombre d'autres puissances, notamment l'Allemagne, l'Angleterre, la Belgique. — V. notre étude précitée, p. 12, n. 1.

250. — Ce texte appelle plusieurs observations. L'on remarquera tout d'abord que, pas plus que le décret de 1888, la loi de 1893 ne s'applique aux étrangers de passage. Sans doute, il n'est pas indispensable que le séjour de l'étranger ait un caractère définitif, ni continu; mais encore faut-il qu'il soit d'une certaine durée, sinon il n'y aurait pas *exercice d'une profession*, ou, s'il est discontinu, qu'il affecte une certaine régularité [1].

Quiconque exerce d'ailleurs, dans les conditions ci-dessus spécifiées, une profession en France, est tenu, s'il est de nationalité étrangère, à une déclaration *personnelle*; une déclaration collective faite par le père de famille et dans laquelle il a désigné ses enfants, conformément aux prescriptions du décret de 1888, ne saurait être considérée comme valable pour celui de ces enfants qui, *par la suite*, viendrait à exercer une profession (Crim. cass., 19 juill. 1895, D. 95, 1, 520). Il ne suffirait même pas, si le père ou certains membres de sa famille placés sous son autorité, femmes ou enfants mineurs, exerçaient des professions distinctes, d'une déclaration collective du chef de famille énonçant la profession de chacun. La loi exige une immatriculation individuelle, pouvant servir de base à la délivrance d'un certificat également individuel. Même arrêt (Conf. Douai, 5 mars 1894, D. 95, 2, 559).

251. — La pénalité édictée par la loi atteint tout employeur qui, *sciemment*, a admis dans ses ateliers un ouvrier étranger n'ayant pas satisfait aux prescriptions légales. Mais l'erreur de droit n'est pas une excuse : si l'employeur a *connu* la qualité d'étranger de ses ouvriers, et qu'il se soit, à tort, contenté d'un certificat ne répondant pas aux exigences de la loi, il encourt une condamnation (Crim. cass., 6 nov. 1896, D. 97, 1, 303).

Mais les peines étant de droit étroit, et la loi n'ayant sanctionné pénalement que le défaut de déclaration, et non le défaut de visa, la

[1] Jugé en ce sens : — 1° que la loi s'applique à l'entrepreneur étranger qui, ayant établi en France un chantier, vient de temps en temps le visiter (Trib. corr. Valenciennes, 2 nov. 1895, D. 95, 2, 52) ou au marchand nomade, qui va de commune en commune, sans jamais séjourner huit jours dans chacune d'elles (Aix, 20 janv. 1906, *Rev. de dr. internat. privé*, 1906, 761); — 2° qu'un dentiste étranger, qui revient *périodiquement* dans une ville française, est assujetti aux prescriptions légales (Douai, 30 juin 1896, D. 97, 2, 12); — 3° que la loi s'applique à l'étranger qui exerce régulièrement sa profession en France, alors même qu'il résiderait sur le sol étranger, à proximité de la frontière (Nancy, 5 avril 1894, D. 95, 2, 57). Cette solution est particulièrement importante : car elle permet de faire le dénombrement de cette population ouvrière flottante, non visée par le décret de 1888, qui, résidant en Belgique ou en Alsace-Lorraine par exemple, trouve à s'occuper régulièrement dans les établissements industriels français, sans quitter le sol étranger. Quant aux étrangers qui s'établissent en France sans y exercer de profession définie, ils restent soumis au décret de 1888 (Blanc, p. 99). Il eût été préférable de fusionner les prescriptions du décret et celles de la loi (Comp. loi belge, *infra*).

jurisprudence, après certaines hésitations, s'est fixée dans le sens de la non-application des peines établies par la loi de 1893, soit à l'étranger qui aurait omis de faire viser son certificat à la mairie de sa nouvelle résidence, soit à l'industriel qui emploierait le dit étranger (Crim. rej., 7 nov. 1895, D. 95, 1, 544. — Conf. Dalloz, *Supp. au Rép.*, v° *Travail*, n° 137 [1].

252. — Insuffisance de la législation en vigueur. — Progrès de l'immigration. — La législation dont nous venons de décrire brièvement l'économie est-elle suffisamment protectrice du travail national ? Il est permis d'en douter. La loi de 1893 ne pouvait amener et n'a amené en fait aucun ralentissement dans l'immigration étrangère; bien au contraire, les statistiques les plus récentes semblent démontrer que, dans certains centres industriels tout au moins, placés à proximité de la frontière, la concurrence étrangère, déjà dénoncée il y a plus de vingt-cinq ans dans le rapport Pradon (2 févr. 1881), est devenue positivement redoutable pour les ouvriers français.

Attirés en France par le libéralisme même de nos lois, par l'élévation relative de nos salaires, les travailleurs étrangers se font embaucher d'autant plus aisément que, n'ayant pas ordinairement de famille à soutenir, ou ayant laissé leur famille dans leur pays d'origine où les conditions de la vie sont moins onéreuses (sur la disproportion entre l'élément masculin et l'élément féminin dans l'immigration, v. les statistiques citées en note), moins difficiles également sur les conditions matérielles de l'existence, aliment ou logement, plus frustes et plus résistants, ils peuvent se contenter d'un salaire moindre, salaire qui, pour des ouvriers français, serait presque un salaire de famine.

Au recensement de 1901, le chiffre des salariés étrangers du commerce et de l'agriculture s'élevait à 420,000, contre 382,000 en 1896 et 339,000 seulement en 1891 [2]; la progression, pour cette catégorie

[1] Pour être légalement soutenable, cette jurisprudence n'en a pas moins pour résultat de détruire l'équilibre de la loi. Comment, en effet, exercer un contrôle sérieux sur les allées et venues des *rouleurs* de provenance étrangère, s'ils peuvent, une fois immatriculés dans une ville française, se faire embaucher dans un autre centre industriel sans faire viser leur certificat ? Aussi, le gouvernement a-t-il déposé sur le bureau de la Chambre un projet de loi tendant à frapper de peines identiques le défaut de déclaration et le défaut de visa du certificat (Ch., 29 janv. 1902). Ce projet n'est pas, jusqu'à présent, venu en discussion.

[2] En 1851, il n'y avait pas plus de 300,000 étrangers en France; il y en avait 500,000 en 1861, 740,000 en 1872, 1,130,211 en 1891 (soit 2,97 0/0, par rapport à la population totale au lieu de 1,06 en 1851), 1,027,491 en 1896, 1,037,778 en 1901. — Il y a donc eu une légère décroissance du chiffre total des étrangers de 1891 à 1901; mais le nombre des étrangers exerçant une profession, à titre de salariés, s'est sensiblement accru (420,000 en 1901 contre 339,000 en 1891). — Sur ces 420,000 étrangers employés ou ouvriers, plus des deux tiers appartiennent au sexe masculin. Certaines professions comptent une proportion considérable d'étrangers : tandis que les

d'étrangers, ne s'est donc pas arrêtée, bien que le chiffre global des résidents étrangers en France ait sensiblement fléchi.

253. — De cette concurrence, très âpre, naissent des rivalités fâcheuses entre ouvriers et étrangers, des rixes trop fréquentes, qui parfois dégénèrent en émeutes sanglantes (rixes d'Aigues-Mortes, 1893, troubles de Lyon en 1894 à la suite de l'assassinat du président Carnot, troubles de La Mure en 1900, etc...). N'y a-t-il pas là une situation anormale et périlleuse? Ne conviendrait-il pas de protéger le travail national contre la concurrence du travail étranger par un procédé analogue à celui dont le législateur s'est servi pour protéger les industries et l'agriculture nationales, c'est-à-dire par un système de *taxes*, assez élevées pour rétablir l'égalité entre les ouvriers de toute nationalité travaillant sur notre territoire, assez modérées pour éviter à nos émigrants des représailles, et pour ne pas éloigner de France, soit les ouvriers d'élite étrangers dont notre industrie pourrait avoir besoin, soit les ouvriers, terrassiers ou autres, prêts à s'acquitter des tâches rebutantes, auxquelles répugne l'ouvrier français ?

Avant de répondre à la question ainsi posée, examinons quelle a été l'attitude des gouvernements étrangers au regard de l'immigration. Nous rechercherons ensuite quels seraient les remèdes appropriés au mal dénoncé.

254. — **Législations étrangères.** — Il existe, à ce point de vue, de très grandes divergences entre les législations. Certaines d'entre elles, comme la loi *italienne*, assimilent les étrangers aux nationaux ; mais la plupart soumettent les immigrants à certaines formalités de police, soit par mesure de sûreté générale, soit dans une pensée de protection pour les ouvriers indigènes.

C'est ainsi qu'en *Autriche*, en *Russie*, en *Turquie*, l'étranger doit être muni d'un passeport qu'il est tenu de produire à toute réquisition.

En *Belgique* (L. 2 juin 1856 et arr. royal, 31 oct. 1866), l'étranger est tenu, dès les quinze jours de son arrivée, de se faire inscrire à la mairie et de fournir des indications précises sur son état civil ; ces indications sont reportées sur un *livret* qui lui est remis, et qu'il doit présenter, dans la huitaine, à chaque changement de domicile. Aucune taxe spéciale n'est imposée aux étrangers (Halot, *Traité de la*

propriétaires ruraux de nationalité étrangère ne représentent que 0,40 0/0 de la population rurale, l'on compte dans le commerce général 9,36 0/0 d'étrangers : il y en a 10,57 0/0 dans le commerce forain, 12,8 0/0 dans la métallurgie, 18 0/0 dans les professions artistiques. — *Résultats statistiques du recensement des industries et professions en 1896*, t. IV, *renseignements généraux*. — Cf. résultats du recensement de 1901, t. IV, Imp. Nat., 1901 ; Payen, *Les étrangers en France* (*Econ. franç.*, 16 févr. 1907).

situation légale des étrangers en Belgique. — Sur la loi belge du 12 fév. 1897 relative à l'expulsion des étrangers, cons. *Ann. de législ. étrang.*, 1898, p. 513)[1].

255. — D'autres législations sont plus rigoureuses. C'est ainsi qu'en *Russie*, aux *Pays-Bas* (L. 13 août 1847)[2], au *Danemark* (L. 15 mars 1875), et dans certains cantons *suisses*[3], les étrangers doivent se munir d'un *permis de séjour*; qu'en *Norvège*, le travail dans les mines est monopolisé au profit des nationaux, sauf autorisation spéciale du gouvernement (L. avril 1906, *Clunet*, 1907, 254); qu'en *Suède*, ainsi que dans plusieurs cantons suisses (Genève, L. 8 mars 1879), les étrangers qui veulent fonder un établissement commercial sont astreints au régime de l'autorisation préalable ou *permis d'établissement*.

Ces permis de séjour ou d'établissement ne sont pas toujours gratuits. Ainsi, en Russie, les visas successifs exigés par les administrations locales[4], et en Suisse les permis de séjour affectent tous les caractères d'une taxe déguisée sur les immigrants étrangers. Certains cantons suisses, les Grisons, Saint-Gall, frappent même ouvertement les ouvriers étrangers, sous réserve des clauses d'exonération consignées dans les traités (traité franco-suisse du 23 fév. 1882), d'un droit d'entrée de 5 francs. Dans ces deux cantons, ainsi qu'au Danemark, l'ouvrier qui ne trouve pas de travail dans un délai déterminé (huit ou dix jours) est expulsé du territoire (Blanc, *op. cit.*, p. 178).

256. — En *Allemagne*, le régime varie suivant les Etats. Tous assujettissent l'étranger à des mesures de police minutieuses[5]. Certains les soumettent à des taxes, plus ou moins déguisées (Exp. des motifs de la propos. Lalou, *Offic.*, 16 fév. 1890, annexe n° 81, p. 207). — Ainsi, la loi *prussienne* du 3 juillet 1876 frappe les marchands ambulants étrangers d'une taxe annuelle de 48 marks, qui peut être portée à 72 et 144 marks, suivant l'importance du négoce. Cette taxe est même portée

---

[1] V. aussi la loi *luxembourgeoise* du 30 décembre 1893 (*Ann. de lég. étrang.*, 1894, 424), manifestement inspirée de la loi française, mais plus complète.

[2] Comp. loi du 29 avril 1901 sur l'immigration aux Indes hollandaises (*Bull. Soc. de lég. comp.*, 1901, p. 517).

[3] Cons. par exemple, la loi de *Saint-Gall*, du 17 mai 1899, sur la police des étrangers (*Ann. de lég. étrang.*, 1900, p. 522).

[4] Les mesures prises contre les étrangers sur tous les points de l'Empire russe sont sensiblement aggravées dans les provinces frontières. Ainsi, dans les provinces de l'Ouest, notamment en Volhynie, il est interdit aux étrangers d'élire domicile hors des limites des villes, et d'acquérir de n'importe quelle manière des immeubles ruraux. — Ukase du 14 mars 1892 (*Ann. de lég. étrang.*, 1893, p. 686).

[5] Sur les mesures prises dans le Grand-Duché de Bade à l'effet de limiter et d'entraver la concurrence faite aux ouvriers allemands par les ouvriers polonais de nationalité russe ou autrichienne, cons. notre chronique des *Questions pratiques*, 1900, p. 142 (R. Gonnard, d'après la *Soziale Praxis*, n° du 2 nov. 1899).

à 384 marks pour les sujets des pays où les Prussiens sont moins bien traités que les nationaux. Même régime en Bavière et en Alsace-Lorraine (Exp. des motifs de la propos. Lalou, précitée).

257. — D'autre part, dans la majorité des Etats européens, les *voyageurs de commerce* étrangers sont frappés de taxes très lourdes, sans souci des traités. Aux Pays-Bas, cette taxe est de 31 fr. 50 par an; au Danemark, elle est de 224 francs par an, et par maison (112 fr. pour chaque maison en sus); en Suède et en Norwège, de 140 francs par période de 30 jours. En Russie, la patente est de 150 roubles pour la maison, et de 50 pour son représentant ou voyageur, soit 200 roubles ou 532 francs par an; mais à ce chiffre viennent s'ajouter des surtaxes dont le montant varie suivant les villes (40 roubles à Saint-Pétersbourg, 314 roubles à Odessa!) (Propos. Pourquery de Boisserin sur les représentants de commerce étrangers, Ch., janv. 1902, exp. des motifs).

Au Brésil, enfin, les voyageurs français ont à supporter des taxes quasi prohibitives : dans l'Etat de Para, notamment, ils se voient réclamer 2,000 francs dès qu'ils touchent un port! (Lettre de M. Fleury-Ravarin, sénateur du Rhône, au ministre des affaires étrangères, 10 févr. 1907).

Ajoutons qu'un grand nombre de législations interdisent le colportage aux commis voyageurs étrangers, lesquels ne peuvent être porteurs que d'échantillons, sous des sanctions très rigoureuses. — V. notamment loi *autrichienne* du 25 févr. 1902 (*Clunet*, 1903, 100).

258. — Il n'est pas jusqu'à l'Angleterre, terre d'élection des exilés politiques, qui ne se soit récemment départie de son libéralisme traditionnel, et qui n'ait cru devoir, par une loi récente, *Aliens act* du 11 août 1905, en vigueur depuis le 1er janvier 1906, prendre contre l'immigration des travailleurs étrangers des mesures assez rigoureuses se rattachant à une pensée évidente de protectionnisme ouvrier[1].

La nouvelle loi anglaise est manifestement inspirée des lois sur l'immigration, édictées depuis plusieurs années par les grandes colo-

[1] Aux termes de la loi anglaise du 11 août 1905, les navires d'émigrants ne peuvent débarquer leurs passagers que dans certains ports; des agents du gouvernement placés dans ces ports ont le droit de s'opposer au débarquement des émigrants aliénés, malades, condamnés pour crimes de droit commun *ou dépourvus de tous moyens d'existence*. Est considéré comme navire d'émigrants celui qui a plus de vingt passagers d'entrepont. — Mac Kenna, *Vie politique en Angleterre* (*Rev. pol. et parl.*, 1905, 3, 379); Raffalovich, *L'unemployed anglais et l'act du 11 août 1905* (*Réf. sociale*, n° 16 janv. 1906). — V. aussi Henriques, *L'aliens act anglais* (*Rev. de dr. intern. privé*, 1907, 340); *Clunet*, 1907, 29; Monnier, *L'immigration étrangère et la surpopulation* (*Rev. d'économ. polit.*, 1907, 347).

nies britanniques autonomes (Australie, Canada, etc.)[1] ou par les Etats-Unis d'Amérique.

Les lois fédérales de ce dernier Etat sont particulièrement rigoureuses. Non contents d'arrêter par des mesures draconiennes l'invasion jaune (loi fédérale du 17 mars 1894 prohibant en principe l'immigration ouvrière chinoise), les Etats-Unis ont progressivement assujetti à une réglementation très stricte (L. fédér. 26 févr. 1895 et 3 mars 1903), dont on trouvera le détail dans les ouvrages cités en note[2], l'immigration européenne. Ils s'apprêtaient même, en mars 1907, à amender leur loi sur l'immigration, en vue d'entraver l'afflux des Japonais, lorsque les incidents de San-Francisco (interdiction de l'accès des écoles aux enfants japonais) et la tension des rapports entre Washington et Tokio qui en résulta, obligèrent le gouvernement fédéral à renoncer, provisoirement, à toute aggravation des lois en vigueur.

Si l'on veut bien remarquer d'autre part que le régime des corporations de métier, qui prévaut en Russie, en Autriche ou en Allemagne, apporte des obstacles de fait des plus sérieux à l'établissement de maisons commerciales françaises dans ces différents Etats, l'on est logiquement amené à cette conclusion que la France est un des pays d'Europe dans lesquels l'immigration ouvrière comporte le moins d'entraves, de fait ou de droit.

259. — Les projets de loi français. — Cet état de choses peut-il durer?

Le législateur français doit-il, cédant aux objurgations des démographes[3], persévérer dans son attitude libérale au regard des immi-

---

[1] Loi *canadienne* de 1897, amendée en 1901 (*Bull. de l'Office intern. de Bâle*, 1902, 51). — *Immigration restriction act* australien de 1901. — Sur ce dernier acte, v. *Des restrictions à l'immigration et à l'admission des étrangers en Australie* (*Clunet*, 1902, 287).

[2] Blanc, *op. cit.*, p. 173; Sargent, *Problems of immigrations* (*Annals of American Academy*, Philadelphie, juill. 1904); Jusserand, *Immigration aux Etats-Unis* (*Clunet*, 1904, 75); Thierry, *Contract labor Law* (*Clunet*, 1907, 673); A. Leroy-Beaulieu, *L'immigration et l'unité nationale des Etats-Unis* (*Réf. sociale*, 1er mars 1907). — Plusieurs autres Etats américains ont des lois réglementant l'immigration (Dominion *Canada*, loi précitée); Mexique (*Clunet*, 1907, 253), etc. — Cf. *Clunet*, tables générales, III, v° *Immigration*, et IV, v° *Refoulement des étrangers*. — Certains d'entre eux édictent en outre des taxes fort élevées sur les ouvriers ou employés étrangers (Haïti, loi 16 sept. 1897, *Ann. de lég. étrang.*, 1898, 924). — V. cependant loi péruvienne du 7 oct. 1893 (*Ann.* 1894, 847), favorable à l'immigration. — Sur le Japon, cons. Nagaoka, *Condition juridique des étrangers au Japon*, 1907.

[3] M. Paul Leroy-Beaulieu, l'un des chefs de l'école libérale, se montre surtout préoccupé de la stagnation de notre population; voyant dans l'immigration un moyen de maintenir et même d'accroître les forces productives d'un pays de natalité trop faible, il s'élève contre toute législation restrictive, et demande que la naturalisation

grants? Doit-il, au contraire, sans recourir à des mesures prohibitives inacceptables, indignes d'un peuple civilisé, se placer nettement sur le terrain protectionniste, et chercher un moyen pratique d'endiguer l'immigration étrangère? Le dilemme ne laissait pas que d'être embarrassant, jusqu'à l'apparition, toute récente, d'un facteur nouveau, le facteur « législation internationale » qui, révélé par le succès des négociations franco-italiennes, semble contenir en germe la solution du problème depuis si longtemps posé devant l'opinion.

Entre la thèse libérale pure, — thèse dangereuse puisqu'elle nous incite à un marché de dupes, par la concession unilatérale d'un régime de faveur au profit d'étrangers dont la législation ne nous paie pas de retour, — et la thèse protectionniste, contraire à nos traditions généreuses, et susceptible de provoquer des représailles, il y a place pour un régime d'accords internationaux légalement conclus, assurant aux ressortissants des puissances contractantes des droits égaux et prévenant tous conflits, tous risques de représailles par l'affirmation sans réserve du principe essentiellement équitable de la réciprocité.

Tels sont, — la thèse libérale pure (thèse négative et stérile à notre avis) étant écartée — les deux systèmes entre lesquels le législateur français est appelé à opter. Exposons-les brièvement : la conclusion se dégagera d'elle-même.

260. — A. Système de la protection du travail national, ou du marché de travail réservé. — Les nombreuses propositions de loi déposées depuis 1893 sur le bureau des Chambres se rattachent toutes à ce système; mais elles se distinguent nettement les unes des autres par le mode de protection proposé, et aussi par le degré de protection réclamé par les travailleurs nationaux. L'on peut en somme, les ramener à trois types :

Le premier type comprend les propositions tendant à établir une taxe directe sur l'immigrant [1]. Ce premier type ne saurait être admis, soit à raison des difficultés que présenterait l'assiette de la taxe, soit à

soit accordée aux immigrants avec plus de facilité, afin de hâter la fusion de l'élément étranger dans la masse indigène (*Econ. franç.*, oct. 1885; Pey, *La situation des étrangers en France, Ann. Soc. Econ. polit. de Lyon*, 1894). Le système n'est pas sans danger; la naturalisation ne doit être accordée qu'à bon escient. Au surplus, la naturalisation automatique résultant de la double naissance sur le sol (lois des 26 juin 1889 et 22 juillet 1893) a donné, notamment en Algérie, des résultats peu encourageants, qui ne sauraient nous engager à faire un pas de plus dans cette voie.

[1] V. notamment proposition *Brice*, instituant une taxe sur les ouvriers étrangers (18 juill. 1898, Ch., *Doc. parl.*, n° 242, *Off.*, p. 162), et proposition *de Montfort*, soumettant les étrangers résidant en France au paiement de la taxe militaire établie par la loi du 15 juillet 1889, majorée dans certaines proportions (18 nov. 1898, Ch., *Doc. parl.*, n° 382, *Off.*, p. 426).

raison de nos engagements internationaux. En ce qui concerne la taxe d'abord : ou bien elle sera *uniforme*, et aura ainsi un caractère prohibitif au regard des ouvriers à salaire modeste, tandis qu'elle sera insignifiante pour les ouvriers à haut salaire, contremaîtres et employés supérieurs ; ou bien elle sera proportionnelle au taux du salaire, avec un coefficient variable suivant la résidence, mais en ce cas, l'établissement et la perception de la taxe entraîneront de graves complications.

Quant aux considérations déduites des traités internationaux conclus par la France, invoquées déjà lors de la discussion de 1893, elles ont été reproduites avec la même énergie devant le Parlement, en 1896 par M. Berthelot, en 1898 par M. Hanotaux.

Enfin, et cette dernière considération est peut-être plus grave encore que les précédentes, l'établissement d'une taxe d'Etat, frappant directement les étrangers établis en France pour l'exercice d'une profession, ne manquerait pas de provoquer de lourdes représailles contre nos nationaux résidant à l'étranger. Ce premier système paraît d'ailleurs abandonné. Aucun député n'a, en effet, repris les propositions Brice et de Montfort, devenues caduques à l'expiration de la législature de 1898-1902.

261. — Les propositions du second groupe, au lieu de s'adresser directement au travailleur étranger, taxent l'employeur et suppriment ainsi l'avantage pécuniaire que les chefs d'industrie français peuvent trouver à employer des ouvriers étrangers, au-dessous du taux moyen des salaires usités en France dans la même profession [1].

Quant aux propositions du troisième groupe, leur caractère commun est de protéger le travail national, non par des taxes sur l'employé ou l'employeur, mais par une limitation de la main-d'œuvre étrangère sur les chantiers français. Nous ne citons que pour mémoire les projets antérieurs aux décrets du 10 août 1899, tendant à limiter le nombre des étrangers employés dans les travaux publics, cette première réforme ayant été réalisée par les décrets ci-dessus visés ; et nous arrivons immédiatement à des propositions plus radicales, l'une de M. Chiché, l'autre de M. Coutant, tendant l'une et l'autre à limiter le nombre des ouvriers étrangers employés dans les usines, manufactures ou établissements industriels quelconques, publics ou privés, et la seconde comportant en outre la fixation d'un salaire minimum, afin d'empêcher la

---

[1] Propos. de Clagny et Dumonteil (1893) ; — propos. Holtz, 7 novembre 1898 (Ch., *Doc. parl.*, n° 315, *Off.*, p. 149) ; — propos. Chauvin, 16 juin 1902 (Ch., *Doc. parl.*, n° 315), et Grosjean, 14 oct. 1902 (Ch., *Doc. parl.*, n° 312).

dépréciation des salaires des ouvriers français par suite de la concurrence étrangère [1].

262. — L'accueil fait à ces multiples propositions par le Parlement français, ou plutôt par la commission du travail (car aucune d'elles n'est encore venue en discussion), a varié suivant les époques. La commission s'était tout d'abord montrée favorable au principe de la taxe sur l'employeur, qui lui semblait aussi efficace et moins vexatoire que la taxe directe sur l'étranger. Mais une intervention de M. Berthelot, ministre des affaires étrangères, qui se déclara opposé à toute taxe, même sur l'employeur, par crainte de représailles, détermina un revirement d'opinion; finalement, la commission repoussa en 1896 le principe de toute taxe, aussi bien sur l'employeur que sur l'employé, et décida que l'intervention du législateur devait se limiter à un double objet : *a*) limitation du nombre des ouvriers étrangers sur les chantiers de l'Etat; *b*) facilités nouvelles accordées aux ouvriers étrangers pour la naturalisation.

262 *bis*. — La commission du travail de la législature suivante (1898-1902) et celle de la législature de 1902-1906 se sont à la presque unanimité, prononcées dans le même sens [2]. Comme ses devancières, la commission de 1902-1906 a repoussé le principe de toute taxe directe ou indirecte, et s'est bornée à un remaniement de la loi de 1893 sur les bases suivantes : déclaration mensuelle imposée aux ouvriers venant chaque jour, d'une résidence sise à l'étranger, travailler dans un établissement français (cf. propos. Defontaine, 20 novembre 1903, Ch., *Doc. parl.*, n° 1308); embauchage des ouvriers étrangers pour les travaux publics nationaux, départementaux ou communaux, subordonné à une autorisation spéciale du ministre ou du préfet, lesquels fixeront la proportion maxima des ouvriers étrangers [3]; obligation pour les adjudicataires de travaux publics d'allouer aux ouvriers étrangers un salaire identique à celui payé aux ouvriers français de même catégorie, et faculté pour le tribunal compétent (Conseil des prud'hommes) d'or-

---

[1] Propos. Chiché, 6 juillet 1898, *Doc. parl.*, n° 170, *Off.*, p. 1339; propos. Coutant, 27 juin 1901, Ch., *Doc. parl.*, n° 2500, *Off.*, p. 637, reproduite le 14 juin 1906 (Ch., *Doc. parl.*, n° 108).

[2] Comp. rapp. Hausmann (27 juin 1901, Ch., *Doc. parl.*, n° 2500, p. 637) au nom de la législature 1898-1902, et rapp. Mas (24 novembre 1903, Ch., *Doc. parl.*, n° 1322, p. 176) au nom de la législature 1902-1906. Les textes proposés par les deux rapporteurs, et adoptés par les deux commissions, ne diffèrent que par des points de détail.

[3] D'après les décrets du 10 août 1899, la limitation du nombre des ouvriers étrangers n'est obligatoire que pour les travaux publics exécutés pour le compte de l'Etat.

donner, au profit des ayants droit, la restitution immédiate de la différence entre le salaire alloué et le salaire normal.

263. — B. Régime des accords internationaux. — Il est impossible de n'être pas frappé de l'impuissance des commissions successives qui ont essayé de mettre sur pied un système pratique et viable de protection du travail national. Le dernier des rapporteurs nommés par la Chambre, M. Mas, en a fait l'aveu très franc, et certains passages d'une récente étude publiée par lui sur la question [1] sont la condamnation très nette du protectionnisme ouvrier.

C'est qu'en effet cette forme de protection se heurte à des écueils à peu près insurmontables, dont il nous suffira de rappeler, en quelques mots, les plus apparents : — 1° c'est, tout d'abord, le danger des représailles à l'encontre des travailleurs français à l'étranger, travailleurs dont M. Mas évalue le nombre à environ 500,000. — 2° C'est, ensuite, la difficulté d'organiser une protection efficace, non susceptible de se retourner contre ceux que l'on veut protéger. Tel serait, presque certainement, d'après M. Mas, l'effet d'une taxe sur les patrons, considérée assez communément comme un remède efficace contre l'excès de l'immigration. « En supposant, écrit M. Mas, que les employeurs n'hésitent pas à payer la taxe par eux-mêmes, pour si élevée qu'elle soit, on peut soutenir que l'écart des salaires qu'ils payeraient aux étrangers, même avec l'aggravation de cette taxe, serait tel, qu'ils auraient encore avantage à employer la main-d'œuvre étrangère. Il s'ensuit que du jour où les patrons pourront s'abriter derrière un texte de loi, dissiper les scrupules qui peuvent encore les retenir, par le paiement d'une taxe imposée, ils seront tentés de donner la préférence à l'ouvrier étranger qui leur procurera un bénéfice, sur l'ouvrier français, à leurs yeux toujours trop exigeant ».

C'est par des considérations analogues que M. Mas écarte le système, également préconisé, de la limitation proportionnelle du nombre des étrangers susceptibles d'être employés par les patrons français. Une fois qu'elle serait admise, il en résulterait une sorte de prime à l'embauchage des ouvriers étrangers dans la limite de la proportion déterminée pour la profession et la région. Comment d'ailleurs arriver à fixer cette proportion, qui devrait varier *à l'infini* suivant la nature des travaux exécutés, et suivant les régions ? Ne voit-on pas, en outre, que la généralisation du système de la proportionnalité, très acceptable si on la limite aux travaux publics (*sic* : décrets du 10 août 1899 et projet

---

[1] Mas, *La main-d'œuvre étrangère en France* (*Rev. polit. et parlem.*, mars 1904).

de la commission), et son extension à l'industrie privée nécessiteraient, pour être efficaces, le retour à un système de surveillance et de contrôle policier dont la classe ouvrière a salué avec joie la disparition?

M. Coutant a cru répondre aux objections formulées *supra* en complétant le régime de la limitation proportionnelle par l'affirmation du principe de l'*égalité des salaires*. Dès l'instant, en effet, que l'administration tiendra la main à ce que les ouvriers étrangers, embauchés dans la proportion fixée par les règlements, reçoivent un salaire égal à celui des ouvriers français de la même catégorie, toute prime à l'embauchage des travailleurs du dehors disparaît *ipso facto*, et l'industrie française n'aura plus recours à l'immigration étrangère que dans la mesure précise où cet appoint lui serait nécessaire pour remédier à l'insuffisance de la main-d'œuvre française.

Théoriquement, ce système est très séduisant. Pratiquement, il se heurterait, dans l'industrie privée, à des obstacles insurmontables, puisqu'il présupposerait la fixation par les pouvoirs publics, pour l'infinie variété des professions commerciales et industrielles, d'un tarif officiel des salaires : tarification à peu près impossible, comme nous l'établirons ultérieurement, n°s 942 et s.

264. — Conclusions. — Telles sont les raisons, décisives à notre avis, pour lesquelles l'opinion, longtemps favorable au protectionnisme ouvrier, tend à se rallier aujourd'hui au système, beaucoup plus fécond et plus conforme à l'idéal de justice dont s'honorent les sociétés modernes, des accords internationaux. C'est par le rapprochement voulu, consacré par des ententes diplomatiques, des lois protectrices du travail que s'établira dans l'avenir cet équilibre stable des forces ouvrières du dedans et du dehors, que l'on avait cru tout d'abord pouvoir établir par des lois de défiance réciproque, par un retour fâcheux aux traditions anciennes d'hostilité systématique à l'égard des *aubains* : traditions incompatibles avec la grande doctrine de fraternité proclamée par la Révolution française.

Le traité de travail franco-italien du 15 avril 1904 a très heureusement enrayé ce mouvement rétrograde et remis en honneur la vraie tradition révolutionnaire.

L'exemple ainsi donné par les deux grandes puissances latines a été suivi ; nous avons en effet précédemment énuméré les principaux accords intervenus depuis lors entre différentes puissances sur la question des accidents du travail, ainsi que les résultats importants obtenus par la Conférence internationale ouvrière de Berne (1905-1906). — V. *supra*, n°s 181 et s.

Nous sommes, pour notre part, fermement convaincu que la solution du problème de l'immigration étrangère doit être cherchée dans cette voie. Supprimant les rivalités ouvrières de pays à pays, substituant aux conflits actuels entre le travail national et la main-d'œuvre étrangère un état d'équilibre stable et de solidarité féconde, la réglementation internationale du travail par la voie diplomatique est appelée à ouvrir une ère nouvelle de progrès et de justice impartiale pour tous les travailleurs des Etats adhérents à cette Union nouvelle, dont l'Association internationale de Bâle et la Conférence diplomatique ouvrière de Berne ont posé les premières assises.

SECTION II. — **Liberté d'établissement**

265. — Il n'appartient à l'*autorité municipale*, en principe, ni d'assigner un *emplacement* ou un *quartier* aux diverses industries[1], ni de déterminer les *heures* d'ouverture et de fermeture des fabriques, ni de subordonner à la nécessité d'une autorisation, ou même d'une simple déclaration, soit l'établissement, soit même le transport dans un autre local d'une usine, fabrique ou atelier (Dalloz, *Suppl. au Rép.*, v° *Industrie et commerce*, n°s 12 et s.)[2], ni d'interdire ou de réglementer le travail du *dimanche*, dans des conditions différentes de celles prévues par la loi du 13 juillet 1906 sur le repos hebdomadaire[3].

266. — Les nombreux décrets ou lois dérogeant à ce principe, notamment en ce qui concerne les *établissements insalubres*, les *cafés* et *débits*, les *commerçants forains*, les *professions bruyantes* et celles qui s'exercent *sur la voie publique*, les *halles* et *marchés*, l'inspection des *denrées alimentaires*, etc., ne font que confirmer la règle. En d'autres termes, ces règlements sont de droit étroit, *strictissimi juris* ; et un maire ne pourrait sans excès de pouvoir, assujettir à une réglementation particulière l'une des industries non visées par le texte de ces lois ou décrets[4]. — (Pour l'énumération des principales industries régle-

---

[1] Crim. rej., 1er juill. 1859, D. 59, 1, 429 ; Cons. d'Etat, 9 avril 1886, D. 88, 3, 20.

[2] Ce droit n'appartiendrait pas davantage à l'autorité *préfectorale*. Ainsi un préfet ne saurait sans excès de pouvoir, imposer une autorisation préalable pour l'exercice de la profession de brocanteur non ambulant, ni obliger les brocanteurs en exercice à la tenue d'un registre d'achat en dehors de celui qui peut être imposé en exécution de la loi du 19 brum. an XI pour les matières d'or et d'argent. — Crim. rej., 22 fév. 1895, D. 1900, 1, 55. — Observons à cet égard que la profession de *brocanteur* a été récemment réglementée par une loi du 13 fév. 1898 (D. 98, 4, 25).

[3] Sur la mesure dans laquelle les municipalités participent à l'application de la loi de 1906 sur le repos hebdomadaire, v. chap. V, sect. II, *infra*.

[4] Cons. sur le principe : — Cons. d'Etat, 4 déc. 1903, D. 1905, 3, 39 ; 22 déc. 1905, D. 1907, 3, 85. V. aussi Crim. cass., 4 janv. 1902, D. 1903, 5, 65.

mentées, v. *supra*, notre préface; sur les règlements les plus importants, cons., *infra*, notre chap. V, sect. Ire, art. 4. — Conf. Dalloz, *Suppl. au Rép.*, vis *Commune*, nos 636, 671, 692 et s., et *Industrie et commerce*, nos 72 et s. — Cons. également, sur le service de la police municipale : Berthélemy, *op. cit.*, p. 348 et s.).

267. — La liberté de l'industrie a également pour conséquence la faculté, pour un commerçant ou un industriel, de *cumuler* plusieurs branches d'industrie ou de commerce, sauf l'obligation de respecter les règlements propres à chaque industrie ou à chaque commerce distinct, et de ne point user d'un monopole pour faire, sous le couvert de ce monopole, une concurrence déloyale à des industries soumises au droit commun de la concurrence[1]; — sauf également les taxes supplémentaires, et progressives, auxquelles les *grands magasins* peuvent être assujettis à raison des spécialités multiples qu'ils exploitent concurremment[2].

SECTION III. — Liberté de fabrication, sous réserve du droit des voisins

268. — Procédés de fabrication : liberté de la marque. — L'industrie est libre, en principe, quant à ses *procédés de fabrication*. — Il n'est pas, en d'autres termes, de règlements de fabrication, obligatoires pour tous les patrons d'un même métier, analogues à ces règlements minutieux qui étouffaient toute initiative dans les corporations de l'ancien régime, et paralysaient l'esprit d'invention[3].

Tout industriel est libre aujourd'hui : — 1° d'employer les *procédés* qui lui semblent les meilleurs, sans avoir à subir de ce chef aucun contrôle, à la seule condition de ne pas empiéter sur le droit d'autrui,

---

1 La question s'est posée, notamment, pour les Compagnies de chemins de fer. La jurisprudence leur a reconnu le droit d'exploiter, comme accessoire de leur concession, un buffet ou un hôtel-terminus (Cass., 19 déc. 1882, D. 83, 1, 57); mais on leur a, un instant, contesté le droit d'adjoindre à l'hôtel-terminus une salle de fête (question du terminus de la Compagnie d'Orléans, quai d'Orsay), Trib. com. Seine, 20 mai 1901. Ce jugement a d'ailleurs été infirmé par la Cour de Paris (18 fév. 1903, D. 1903, 2, 485).

2 Sur la progressivité de la taxe par employé, et sur la réforme des patentes dans le sens d'une majoration des charges fiscales imposées aux grands magasins, v. *infra*, tit. II, ch. II. — Conf. sur le cumul des industries : Dall., *Suppl.*, v° *Ind. et com.*, nos 10 et s.

3 V. dans Cauwès (t. Ier, p. 114) une liste des inventions réalisées en France, et portées à l'étranger par leurs auteurs découragés (balancier à frapper les médailles, imaginé en 1615 par Briot, et porté en Angleterre; moulin à papier et à cylindre, inventé en France en 1630, porté en Hollande; métier à bas, inventé à Nîmes, porté en Angleterre, etc.).

et ne pas s'approprier indûment des procédés brevetés à la requête d'un autre fabricant ; — 2° d'apposer ou non une *marque* sur ses produits (à l'exception de certaines industries, soumises pour des motifs spéciaux au régime de la *marque obligatoire*) [1].

269. — Droit des voisins. — La liberté de fabrication est nécessairement limitée par l'obligation légale où se trouve tout industriel, même s'il a satisfait aux prescriptions règlementaires imposées par l'administration, de ne point porter atteinte aux droits de propriété des voisins.

En d'autres termes, l'exploitation de tout établissement industriel doit avoir lieu de telle façon qu'elle ne prive pas les voisins des avantages de leur propriété. Aussi est-il de principe que l'autorisation administrative obtenue par le propriétaire d'un établissement dangereux, insalubre ou incommode (sur cette catégorie d'établissements, v. chap. V, sect. Ire, *infra*), ne le préserve pas des recours des voisins. Ceux-ci, il est vrai, ne peuvent se plaindre que s'ils justifient d'un préjudice réel et appréciable, excédant la mesure des obligations ordinaires du voisinage, eu égard aux localités où se trouve situé l'établissement [2]. Mais, si cette justification est fournie, le propriétaire de

---

[1] Si les marques de fabrique sont devenues facultatives en principe (art. 1er loi du 23 juin 1857, *Rec. Cohendy*, p. 134), néanmoins cette loi réserve-t-elle à l'administration la faculté de déclarer, par décret rendu dans la forme des règlements d'administration publique, la marque *obligatoire* pour certains produits (art. 1er, § 2 et 9). Aussi doit-on considérer comme encore en vigueur les textes antérieurs concernant l'apposition obligatoire de certaines marques, l'art. 23 de la loi de 1858 n'abrogeant ces textes qu'en ce qu'ils ont de contraire à la loi nouvelle. — Sur le poinçonnage obligatoire des ouvrages d'or et d'argent (L. 19 brum. an VI), et des armes de guerre ou de commerce (décr. 25 juill. 1810 et actes postér.), cons. Dall., *Suppl.*, vis *Industrie et commerce*, nos 304 et s., *Arme*, *Matières d'or et d'argent*. — Sur l'obligation pour les imprimeurs d'indiquer leur nom sur tous les ouvrages sortis de leurs presses (L. 28 germin. an IV, 29 juill. 1881), cons. Dall., *Suppl.*, vo *Presse*, nos 77 et s. — Sur la marque nominale imposée aux fabricants de *cartes à jouer* (décr. 9 fév. 1810), aux fabricants d'*eaux minérales artificielles* (ordonn. 18 juin 1823), v. Dall., *Suppl.*, vis *Impôts indirects*, *Eaux minérales et thermales*. — Sur le caractère obligatoire des *marques collectives* concédées à titre de privilège aux fabricants de certaines villes (draps de Louviers, décr. 25 juill. 1810, savons de Marseille, décr. 1er avril, 18 sept. 1811, etc.), cons. Dall., *Suppl. au Rép.*, vo *Ind. et comm.*, nos 304, 424 et suiv. — Cons. également : Pouillet, *Traité des marques de fabrique et de la concurrence déloyale*, 4e éd. ; J. L. Brun, *Les marques de fabrique*, 1894 ; Maillard de Marafy, *Grand dictionn. internat. de la propriété industrielle*, 6 vol., 1890, etc. ; Kohler, *Das Recht des Markenschutzes*, Würtzburg, 1885. — Toute marque non déclarée obligatoire par une loi ou un décret est facultative. Sur l'application de ce principe au mécanisme des moulins, que les autorités municipales avaient, avant 1789, le droit de réglementer en vue de prévenir les fraudes : Cass. crim. rej., 12 mars 1858, D. 58, 1, 337.

[2] Consacré déjà par le droit romain (L. 8, § 5, D. *si servit. vindic.*, VIII, 5), ce principe est admis par toutes les législations. — Capitant, *Des obligations de voisinage et spécialement de l'obligation qui pèse sur le propriétaire de ne causer aucun*

l'usine peut être condamné, non seulement à des dommages-intérêts pour le passé, mais encore à prendre les mesures nécessaires pour faire cesser ou atténuer l'incommodité (transformation dans l'outillage, suppression de certaines machines, etc.). — Cass., 20 janv. 1891, D. 91, 1, 153; Paris, 19 avril 1893, D. 93, 2, 431 ; Lyon, 5 déc. 1906, *Mon. jud. Lyon*, 3 déc. 1907[1]. Que si les mesures de ce genre ne sont pas possibles, il doit alors être condamné à payer une indemnité pour la moins-value subie par l'immeuble voisin (Req., 8 mai 1850, D. 54, 5, 655 ; Req., 3 janv. 1887, D. 88, 1, 39).

270. — L'obligation qui pèse de ce chef, sur l'industriel, a tous les caractères d'une obligation *ex lege;* il n'est donc nullement nécessaire, pour qu'une condamnation soit encourue, qu'une faute positive, engageant sa responsabilité *quasi ex delicto*, dans les termes de l'article 1382, soit relevée à sa charge; il faut et il suffit que le préjudice éprouvé par le voisin, du fait de l'exploitation, même absolument régulière, de l'usine, excède la mesure normale, arbitrée par le juge dans les conditions spécifiées *supra*, des obligations de voisinage. — Labbé, note sous S. 72, 1, 353; Capitant, *op. cit.*, p. 15 et suiv. [2]; — Comp., dans le même sens, la théorie édifiée sur l'art. 1384 C. civ., par M. Josserand (*De la responsabilité du fait des choses inanimées,*

---

dommage au voisin, broch. in-8, 1900; Ihering, *Restrictions imposées aux propriétaires fonciers dans l'intérêt des voisins*, *Œuvres choisies*, trad. Meulenaere, t. II, p. 100; Rossicaud, *Des droits des tiers lésés par le voisinage des établissements incommodes, insalubres et dangereux*, th. 1902; Ripert, *De l'exercice du droit de propriété dans ses rapports avec le voisinage*, 1902. — Conf. : Demolombe, *Des servitudes*, t. II, nos 658 et s.; Baudry-Lacantinerie et Chauveau, *Des biens*, nos 220 et suiv.; Aubry et Rau, *Cours de dr. civ. français*, 5e éd., t. II, § 194, p. 304. — V. aussi : Smeysters, *Des obligations de voisinage incombant aux établissements industriels* (*Revue* [*belge*] *des questions de droit industriel*, août et sept. 1898). — Comp., sur le principe : Cass., 17 avr. 1872, S. 72, 1, 76; 11 nov. 1896, D. 97, 1, 10, et les conclus. de M. l'avocat général Desjardins; Paris, 5 mars 1901, D. 1901, 2, 184. — Sur les nombreuses applications faites par la jurisprudence, voir la série des arrêts cités par Capitant, p. 22 et s., notamment : Cass., 17 avr. 1872, S. 72, 1, 76; Orléans, 22 nov. 1889, D. 91, 2, 120 (bruit et trépidation); Cass., 24 janv. 1866, S. 66, 1, 170 (émanations d'une usine de produits chimiques); Cass., 11 juin, 1877, S. 78, 1, 209 (corruption de cours d'eau par un déversement d'eaux usinières, autorisé cependant par l'administration); Cass., 3 janv. 1887, D. 88, 2, 39 (fumée d'usine); Trib. civ. Bourg, 3 déc. 1907, *Mon. jud. Lyon*, 24 janv. 1908 (four de boulanger), etc... — Sur la nécessité de tenir compte de la localité où est située l'usine (obligations de voisinage plus lourdes dans les centres industriels), comp. Lyon, 10 mars 1886, D. 87, 2, 23; Cons. d'Etat., 22 déc. 1893, D. 94, 5, 385 (motifs).

[1] Sur les moyens légaux d'assurer l'exécution de ces mesures, cons. notamment : Meynial, *De la sanction civile des obligations de faire* (*Rev. prat. de droit français* 1884, p. 398, 447, 473 et s.); Brésard, *La théorie des astreintes*, th. Lyon, 1901.

[2] Cette doctrine tend à prévaloir en Allemagne. — V. notamment : Scherer, *Die Gesetzgebung des Deutschen Reiches* : erster Theil, *das Sachenrecht*, nos 176 et s., sur les §§ 906 à 907 du nouveau Code civil allemand.

1897). — La majorité des arrêts, il est vrai, semblent rattacher à l'idée de faute délictuelle ou aquilienne les condamnations prononcées (V. les arrêts cités, *supra*, en note ; — Conf. Baudry et Chauveau, n° 217; Blondel, note sous Cass., 11 nov. 1896, S. 97, 1, 273). Mais ce n'est là qu'une apparence; et en fait, dans un grand nombre de décisions tout au moins, la condamnation est prononcée *objectivement*, en raison du préjudice constaté, alors même que dans l'espèce aucune faute ou négligence ne saurait être imputée à l'industriel (Bordeaux, 21 juin 1859, D. 59, 2, 187 ; Cass., 17 avr. 1872, S. 72, 1, 6; Cass., 3 juin 1887, D. 88, 1, 39; — Bruxelles, 29 mai 1889, *Pasicr. belge*, 89, 2, 370 ; — Nancy, 13 juillet 1894, D. 97, 1, 10. — V. cependant : Civ. cass., 11 nov. 1896, cassant l'arrêt de Nancy, précité, et les conclusions de M. l'avocat général Desjardins dans le sens de la cassation (D. 97, 1, 10; S. 97, 1, 273).

SECTION IV. — **Nullité des conventions attentatoires à la liberté de l'industrie et du travail**[1]

271. — La liberté du commerce, de l'industrie et du travail peut se trouver limitée par certaines restrictions conventionnelles, dans les rapports des parties contractantes. Mais, s'il est loisible à toute personne, capable de s'obliger, de consentir en ce qui la concerne à une certaine limitation des droits qu'elle tient de la loi, il ne saurait être permis à quiconque de contracter des engagements qui seraient, par rapport à l'obligé, la négation même de la liberté du travail, inséparable de la liberté de la personne consacrée par la constitution ellemême (Déclaration des droits de 1789, loi du 2-17 mars 1791, art. 7).

Aussi la jurisprudence est-elle unanime à considérer comme nulles toutes les conventions tendant, non point à limiter la liberté de l'un

[1] Bibliographie. — Pouillet, *Des marques de fabrique et de la concurrence déloyale*, 3e éd., nos 577 et s.; Allart, *Traité théorique et pratique de la concurrence déloyale*, 1892, p. 259 et s.; Lyon-Caen et Renault, *Droit commercial*, t. III, nos 247 et s.; Thaller, *Droit commercial*, p. 63 ; Pic, *Traité des sociétés*, t. Ier, nos 636 et 679; Sraffa, *Le clauzole di concorrenza*, Turin, 1898 ; Nantet, *Des fonds de commerce*, th. 1899; Catalan, *De la condition juridique des fonds de commerce*, 1899 ; Nichet, *Des restrictions conventionnelles à la liberté du commerce et de l'industrie*, th. Montpellier, 1900; Bottelin, *Des restrictions au principe de la liberté du commerce et de l'industrie en matière de cession de fonds de commerce*, th. 1906. — Conf. Dalloz, *Suppl. au Rép.*, v° *Industrie et commerce*, nos 107 et s.; Répert. Fuzier-Herman (Sirey), v° *Concurrence déloyale*; Ruben de Couder, *Dictionnaire de droit commercial*, v° *Fonds de commerce*. — V. aussi le *Bulletin judiciaire des Annales de droit commercial et industriel*, vis *Obligations commerciales, fonds de commerce*.

des contractants, mais à anéantir en sa personne, dans l'intérêt de l'autre partie, la liberté de l'industrie que lui garantissent les lois. Nous ferons plus tard l'application de cette règle aux coalitions (chap. III, *infra*,); il nous suffira de mentionner ici les applications qu'elle a reçues à propos des *renonciations* individuelles au droit d'exercer un commerce ou une industrie déterminés. Les applications les plus usuelles du principe concernent : 1° les renonciations émanées d'un commerçant ou industriel, généralement concomitantes de la cession d'un fonds de commerce; — 2° les renonciations imposées à un associé par le pacte social ou par une convention concomitante de la liquidation de la société; — 3° les renonciations consenties par un employé ou un ouvrier.

272. — *a*) **Renonciations consenties par un commerçant ou un industriel, accessoirement à la cession d'un fonds de commerce.** — Aux termes d'une jurisprudence constante, « la liberté de faire le commerce ou d'exercer une industrie peut être restreinte par des conventions particulières, pourvu que ces conventions n'impliquent pas une *interdiction générale et absolue*, c'est-à-dire illimitée tout à la fois quant au temps et quant au lieu; la restriction est donc valable lorsque, librement consentie, elle est perpétuelle mais limitée à un lieu déterminé, comme aussi lorsque, s'étendant à tous les lieux, elle ne doit être observée que pendant un certain temps » (Cass., 2 juill. 1900, D. 1901, 1, 294). De cette formule, d'une netteté parfaite, que nous empruntons à un important arrêt de la Cour suprême, rendu dans l'affaire Nordenfelt (armements de guerre à tir rapide), dont les juridictions françaises et anglaises ont eu à s'occuper concurremment, découlent les conséquences suivantes :

1° Doit être considérée comme nulle la convention par laquelle le vendeur d'un fonds de commerce s'interdirait, d'une façon absolue, illimitée quant au temps et quant au lieu, d'exercer un commerce (Cass., 30 mars 1885, D. 85, 1, 247; Paris, 14 janv. 1889, D. 90, 2, 289; 28 mai 1895, D. 95, 2, 399). La convention étant nulle, le vendeur n'est plus tenu que de s'abstenir de tous actes susceptibles d'être considérés, d'après le droit commun, comme des actes de concurrence déloyale (Paris, 28 mars 1895, *précité*; 3 nov. 1898, *Gaz. des trib.*, 2 déc. 1898).

273. — 2° Doit au contraire être considérée comme valable la clause d'usage par laquelle le vendeur d'un *fonds de commerce* s'interdit d'exercer, dans un certain rayon, la même industrie que celle qui fait l'objet de la cession. Bien loin de porter une atteinte injustifiable au principe de la liberté de l'industrie, une telle clause n'a d'autre objet que de délimiter avec plus de précision l'obligation de garantie qui, par le seul fait de la vente, pèse sur le vendeur (Cass., 9 mai 1888, D. 89, 1, 76; 1er févr. 1899, *Pandectes*, 1900, 1, 151, et 3 mai 1899, *ibid.*, 1900, 1, 142)[1].

L'ouverture d'un fonds similaire dans le périmètre interdit, soit par le vendeur, soit par un prête-nom du vendeur, son fils par exemple, constituerait au premier chef un acte de concurrence déloyale engageant sa responsabilité envers l'acquéreur (Paris, 11 déc. 1889, D. 90, 2, 283; 26 déc. 1890, D. 90, 2, 318). Mais l'on ne saurait assimiler à l'exploitation prohibée le seul fait, par le vendeur du fonds, de contracter des marchés avec des personnes domiciliées dans le périmètre interdit, si d'ailleurs les produits livrés ont été fabriqués dans un établissement situé hors du périmètre réservé à l'acquéreur, si l'acheteur desdits produits n'était point un client habituel du fonds, et si de plus ce nouveau client ne paraît pas avoir été sollicité par des démarches du vendeur ou de l'un de ses agents, démarches affectant les caractères d'un détournement de clientèle (Paris, 20 mai 1890, *Ann. de la propr. indust.* (Pataille), 91, p. 24; 8 déc. 1892, D. 94, 2, 100; 13 déc. 1897, *Gaz. Pal.*, 3 mai 1898)[2].

A fortiori, le vendeur ne saurait-il être incriminé si les produits qu'il vend sont des articles spéciaux qu'il s'est, par une clause spéciale de son contrat, réservé le droit de fabriquer ou de placer même dans le périmètre interdit (Rouen, 13 juill. 1904, *Mon. jud. de Lyon*, 1er déc. 1904).

274. — Quant à l'étendue du périmètre réservé, aucune règle absolue ne saurait être posée. Tout dépendra des hypothèses, et de la nature du commerce ou de l'industrie : il peut se produire telle circonstance où, à raison de l'importance du fonds aliéné et de la répartition de sa clientèle sur tous les points du territoire, l'acheteur aura pu, sans violer la loi, interdire au vendeur de se rétablir sur un

---

[1] Sur la mesure de l'obligation de garantie dans les ventes de fonds de commerce, cons. notamment, outre les autorités citées *supra* : — Paris, 7 janv. 1890, D. 90, 2, 290 et la note de M. Planiol; 21 nov. 1893, D. 94, 2, 93. Sur le droit pour les acquéreurs successifs du fonds de s'en prévaloir à l'encontre du vendeur ou des ayants cause à titre universel de celui-ci, comme d'un droit inhérent au fonds cédé, cons. notamment : Req., 5 juill. 1865, D. 65, 1, 425; Lyon, 20 oct. 1900, *Mon. judic. de Lyon*, 23 avril 1901. — *Sic* : Dall., *Suppl. au Rép.*, v° *Ind. et comm.*, n° 118.

[2] *Quid* du cas où, sans se rétablir lui-même dans le périmètre réservé, le vendeur du fonds louerait, dans ce même périmètre, un local à lui appartenant à un tiers exerçant la même industrie? — V. dans le sens du droit de location, sauf le cas de fraude : Saint-Étienne, 11 mai 1898, *Gaz. Pal.*, 13 juill. 1898; Paris, 21 févr. 1900, *Le Droit*, n° du 28 avril 1900; Rouen, 21 févr. 1900, *Gaz. Pal.*, 13 nov. 1900. — V. aussi Pouillet, n° 593. — V. cependant Boutaud, *Ann. de droit commerc.*, 1900, p. 334.

point quelconque du sol français (Paris, 31 mai 1873, D. 76, 2, 203) [1].

275. — 3° Est valable, par identité de motifs, la clause par laquelle le vendeur d'un fonds s'interdirait, au regard de l'acquéreur, *pour un temps limité*, d'exercer un commerce ou une industrie similaire en quelque lieu que ce soit, *fût-ce en pays étranger*, à la condition toutefois que la durée stipulée ne soit pas tellement longue qu'elle doive être, eu égard à l'âge du vendeur, considérée comme l'équivalent d'une interdiction pour la vie entière [2].

Il en est de même de la clause d'une convention par laquelle une des parties s'engagerait, pour une durée indéterminée, à céder à l'autre, à des prix fixés à l'avance, tous les produits d'une usine spécifiés dans l'acte; la limitation d'un tel engagement quant au lieu respecte suffisamment la liberté du commerce. — Lyon, 31 juill. 1902, *Mon. jud. de Lyon*, 19 déc. 1902.

276. — *b*) **Renonciations imposées à un associé par le pacte social. ou lors de la liquidation.** — Les principes formulés précédemment, à l'occasion de la vente de fonds de commerce, doivent être appliqués, *mutatis mutandis*, aux conventions entre associés. Doivent en conséquence être tenues pour licites : — 1° La stipulation d'un acte de société portant qu'au cas d'abandon du fonds social à l'un des associés après dissolution de la société, l'autre associé ne pourra pas placer, dans des localités déterminées et avec la même destination, les produits industriels pour l'exploitation desquels la société avait été formée (Req., 3 mars 1868, D. 68, 1, 481; Angers, 16 mai 1894, S. 94, 2, 180; Paris, 29 juin 1895, *Revue pratique de droit industriel*, 1895, p. 319. — Conf. Allart, *op. cit.*, p. 299 et s.). — 2° La licitation du fonds social accompagnée d'une clause, acceptée par tous les colicitants [3], portant inter-

---

[1] V. aussi Paris, 21 avril 1895, D. 97, 2, 177, et note Dupuich; Cass., 1er févr. 1899, D. 99, 1, 302.

[2] Ce principe a été affirmé successivement, par les juridictions suprêmes *anglaise* (Lord justice Lindley, 1893, arrêt rapp. par I. Davis, chron. des *Annales de droit commercial*, 1894, p. 164), et *française* (Cass., 2 juill. 1900, D. 1901, 1, 295), dans l'affaire Nordenfelt. L'une et l'autre ont tenu pour valable la clause par laquelle un vendeur de procédés pour armements de guerre s'était interdit, pendant vingt-cinq ans, l'exercice de tout commerce similaire, alors que, d'une part, cette interdiction était restreinte à certains objets spécifiés, que d'autre part, son caractère général quant aux lieux auxquels elle s'appliquait tenait à la nature même du commerce cédé à la compagnie exploitante, qui s'exerce en tout pays, et qu'enfin l'interdiction eu égard à l'âge du cédant (quarante-six ans) ne pouvait être considérée comme perpétuelle. — Cf., pour la jurisprudence *helvétique* : Trib. fédéral, 22 déc. 1899, *Ann. de dr. commerc.*, 1901, p. 93.

[3] Parfois même l'insertion d'une clause de ce genre est imposée par le tribunal, dans les conditions de la vente. Civ. rej., 9 janv. 1884, D. 85, 1, 32; Trib. com. Nantes, 25 avr. 1900, *Rec. de Nantes*, 1900, 1, 379. — Une portion de la jurispru-

diction pour tous autres que l'adjudicataire d'exercer une industrie similaire de celle du fonds licité, dans un rayon plus ou moins étendu (Civ. rej., 16 mars 1886, D. 86, 1, 377; Paris, 7 mars 1891, D. 92, 2, 15; Civ. cass., 21 juill. 1891, D. 93, 1, 123). — Conf. Pic, *Traité des sociétés*, t. Ier, n°s 636 et 679.

277. — *c*) **Renonciations consenties par un employé ou un ouvrier, en vertu d'une clause insérée dans le contrat de travail.** — L'application aux salariés de toute catégorie du principe de la nullité des renonciations absolues doit logiquement conduire aux propositions suivantes : — 1° Doit être tenue pour nulle, soit la convention par laquelle un ouvrier ou employé engagerait ses services *à vie*, ou pour un temps excédant la durée probable de sa pleine capacité de travail, convention d'ailleurs expressément prohibée par l'article 1780 du Code civil (Cass., 19 déc. 1860, D. 61, 1, 115. Sur l'art. 1780, v. tit. II, chap. Ier, sect. IV, *infra*) ; — 2° Est nulle également la convention par laquelle un salarié prendrait l'engagement négatif de ne jamais, et en aucun lieu, travailler chez un autre patron (Civ. rej., 11 mai 1858, D. 58, 1, 219 ; Civ. cass., 25 mars 1868, D. 69, 1, 277 ; Req., 2 mai 1882, D. 83, 1, 168. — Conf. Allart, *op. cit.*, p. 289 et s.).

Est valable, au contraire, l'engagement pris par un employé, au cas où il sortirait de chez son patron, de ne pas travailler, pendant un temps déterminé, pour un autre patron de la même localité, vendant les mêmes articles (Req., 6 août 1878, D. 79, 1, 400 ; Trib. com. Seine, 8 janv. 1898, *Gaz. Pal.*, 29 nov. 1898 [1]. Un tel engagement oblige, non seulement l'employé qui volontairement quitterait la maison, mais même celui qui viendrait à être congédié pour *causes légitimes* (Trib. Mayenne, 3 mars 1892, *Gaz. Pal.*, 92, 1, 120 ; Trib. com. Seine, 8 janv. 1898 précité) [2]. Et l'observation de cet engagement peut être réclamée, non seulement par l'ex-patron, mais même par les ayants cause à titre particulier de celui-ci, notamment par l'acquéreur du fonds de commerce (Req., 5 juill. 1865, D. 65, 1, 425 ; Paris, 23 juin 1882, *Gaz. Pal.*, 83, 1, 491).

278. — *Quid*, d'un engagement illimité quant au temps, limité quant

---

dence refuse cependant au tribunal le droit de prescrire l'insertion, dans le cahier des charges de l'adjudication, d'une clause de cette nature (Trib. civ. Seine, 23 mai 1898, *Droit*, numéro du 27 mai 1898).

[1] C'est ainsi qu'un représentant de commerce peut valablement s'engager, au cas où il quitterait la maison volontairement ou involontairement, à ne pas visiter pendant dix ans la clientèle de ladite maison. — Trib. com. Seine, 8 juin 1898, précité.

[2] L'employé congédié sans causes légitimes pourrait, au contraire, à titre de dommages-intérêts pour renvoi indu, être considéré comme délié de ses engagements. — Trib. Mayenne, 3 mars 1892, cité au texte.

au lieu, par exemple de l'engagement par lequel un commis s'engagerait, au cas où il quitterait la maison, à ne pas fonder d'industrie concurrente, ni à se placer comme commis, ou représentant dans une maison rivale?... Ou de l'engagement limité quant au temps, mais illimité quant au lieu, par exemple de la promesse contractée par l'agent de ne pas établir de maison concurrente, ni de prêter son concours à une maison similaire en quelque lieu que ce soit (France, colonies ou étranger), pendant un laps de temps déterminé ?

Si l'on appliquait purement et simplement à cette hypothèse le principe formulé précédemment à propos des cessions de fonds de commerce, il faudrait en tout cas tenir ces engagements pour licites; et de fait, certains arrêts semblent bien avoir admis cette conclusion [1]. Mais il n'y a au fond, selon nous, aucune parité de situation entre les deux hypothèses; et nous estimons, avec une fraction importante de la doctrine, que l'on ne saurait tenir pour valables, même lorsqu'elles comportent une certaine limitation, soit quant à la durée, soit quant au périmètre de la prohibition, que les renonciations n'ayant point pour résultat de porter atteinte à la *personnalité économique* du salarié, c'est-à-dire de mettre ce dernier dans l'impossibilité d'utiliser les connaissances techniques, qui constituent le plus souvent son unique gagne-pain.

Devraient seules en conséquence être réputées valables et obligatoires les clauses destinées uniquement à mettre l'ancien employé, ouvrier ou contre-maître dans l'impossibilité de faire une concurrence déloyale à son ancien patron, ou de fournir à un rival de celui-ci les moyens d'organiser une concurrence de cette nature. Toute autre convention restrictive serait à considérer, quant à lui, comme portant atteinte à la liberté imprescriptible de travailler que lui garantit la loi de 1791, et par conséquent comme nulle et non avenue [2].

---

[1] Cons. dans le sens de la validité des engagements de cette nature, illimités quant au temps, limités quant au lieu : Paris, 11 fév. 1887, D. 87, 1, 140 ; Bourges, 21 déc. 1898, S. 99, 2, 70 ; Paris, 11 mai 1899, S. 1900, 2, 37. (L'interdiction pourrait même, d'après certains arrêts, valoir pour toute la France ; Paris, 31 mai 1873, D. 76, 2, 202). — Comp., dans le sens de la validité des engagements, limités quant au temps, mais illimités quant au lieu : Douai, 31 août 1864, D. 64, 2, 215 ; Trib. com. Clermont, 18 mai 1900, *Ann. de dr. commerc.*, 1901, Bull. judic., p. 41.

[2] *Sic* : Trib. com. Seine. 19 déc. 1903, *Mon. jud. de Lyon*, 24 fév. 1904 (motifs). — Telle est la solution expressément consacrée par le Code de commerce allemand du 10 mai 1897. L'art. 74 est ainsi conçu : « Le pacte entre patron et commis, en vertu duquel celui-ci limite son activité économique pour le moment où aura cessé le rapport de dépendance, est obligatoire pour le commis, seulement en tant que la limitation n'outrepasse pas les bornes quant au temps, au lieu, à l'objet au delà desquels on rendrait la vie de l'employé difficile et intolérable... ». Pour le commentaire de cette disposition, v. Nichet, *op. cit.*, p. 187.

279. — Sanction des renonciations légalement consenties. — Il convient d'appliquer ici le droit commun, en matière d'obligation de faire ou de ne pas faire. — S'il a été stipulé une *clause pénale*, l'obligé (vendeur du fonds de commerce, ou salarié) aura la faculté d'opter, entre l'exécution stricte de ses engagements, et le paiement du forfait convenu, qui lui rendra sa liberté (Paris, 23 juin 1882, Dall., *Suppl. au Rép.*, v° *Ind. et comm.*, n° 122, note 3). — Dans le cas contraire, s'il y a eu ouverture indue d'un établissement industriel, le tribunal pourra cumulativement condamner le vendeur à des dommages-intérêts pour le passé, et prescrire la fermeture de l'établissement pour l'avenir dans un délai déterminé (Req., 22 janv. 1862, D. 62, 1, 185).

S'agit-il d'un ancien commis, ou d'un ancien ouvrier qui aurait, au mépris de ses engagements, travaillé pour une maison concurrente, aucune mesure coercitive directe ne pourra évidemment être prise contre lui (art. 1142 C. civ.). L'obligation se résoudra donc nécessairement en dommages-intérêts, représentant globalement le préjudice déjà éprouvé, et celui que l'inexécution de l'obligation dans l'avenir est réputé devoir causer au demandeur (à moins, bien entendu, que le débiteur ne s'incline devant la décision du tribunal, et ne manifeste son intention de respecter désormais ses engagements, auquel cas les dommages ne devront comprendre que le préjudice passé). — V. Meynial, Brésard, *opp. citt.*, *supra*.

SECTION V. — Liberté de la vente

280. — La liberté de l'industrie a encore pour conséquence la *faculté de vendre ou de ne pas vendre*, c'est-à-dire de vendre aux conditions qu'il plaît à l'industriel de fixer, et le droit de suspendre l'écoulement de ses produits, s'il croit avoir intérêt à ne pas vendre à un prix non rémunérateur [1] (Trib. civ. Seine, 21 mars 1892, S. 92, 2, 189 ; Trib. corr. Marseille, 18 mai 1892, *Rec. Marseille*, 92, 1, 231).

La Convention avait édicté des lois de *maximum*, c'est-à-dire imposé aux commerçants pour toutes les denrées de consommation usuelle un prix qu'il leur était interdit d'excéder, sous une sanction sévère ; mais ces lois, contraires à la liberté de l'industrie, et aussi vexatoires que

[1] On sait que dans les charbonnages anglais, les suspensions partielles de travail, concertées entre les compagnies et les trades-unions, afin d'empêcher l'avilissement des cours, sont fréquemment pratiquées. Cette pratique est du reste une conséquence du système d'échelle mobile des salaires, sur lequel nous reviendrons par la suite (tit. II, chap. Ier, sect. III, et tit. III, chap. Ier). Sur les suspensions récentes du travail dans les mines galloises, v. *Bull. Office du travail*, 1902, p. 27.

peu efficaces, durent être abrogées après une courte période d'application (4 mai 1793, 23 déc. 1794, 4 nov. an III)[1].

281. — Industries taxées : boulangerie, boucherie. — Toutefois, certaines industries, telles que la *boulangerie* et la *boucherie*, sont encore aujourd'hui soumises au régime de la *taxe* (facultative pour les municipalités)[2] : régime impliquant l'obligation, pour les industries assujetties à la taxe, de vendre à quiconque offre de payer comptant au prix taxé (Crim. rej., 11 janv. 1889, D. 89, 1, 222)[3].

Depuis longtemps, l'Ecole libérale réclame la suppression pure et simple de la taxe, comme inefficace et vexatoire. Il ne nous semble pas qu'en présence de la recrudescence des trusts, qui est l'une des caractéristiques de l'époque contemporaine, et de la puissance des syndicats d'approvisionnement, notamment des syndicats de la meunerie, maîtres des cours dans une large mesure[4], une majorité puisse se former au Parlement dans le sens de l'abrogation pure et simple d'une arme légale, dont sans doute il est fait rarement usage, mais qui n'est pas absolument dénuée d'efficacité dans certaines circonstances données.

281 *bis*. — Tout ce que l'on peut souhaiter, à notre avis, c'est une législation plus souple, destinée uniquement à empêcher les hausses excessives, onéreuses pour la masse des consommateurs, non point à fausser le marché. Tel est précisément l'objet des projets de loi déposés successivement sur le bureau de la Chambre par trois

---

[1] Sur l'historique des lois de *maximum*, cons. notamment : Cauwès, t. II, p. 232 et suiv. ; Dalloz, *Répertoire*, v° *Industrie et commerce*, n°s 231 et suiv. ; Jules Roche, Disc. à la Ch. des députés, séance du 19 fév. 1894, *Offic.* du 20 ; Bouge, *Les conditions du travail et le collectivisme* (*Rev. polit. et parlem.*, 1896, t. IX, p. 539 et suiv.).

[2] Décrets 19 juill. 1791, 24 fév. 1838, 22 juin 1863 (*Rec. Cohendy*, 1re éd., p. 27 et suiv.). Cf. sur la réglementation des industries de la *boulangerie* et de la *boucherie* et le régime de la taxe ; Join-Lambert, *L'organisation de la boulangerie en France*, th. 1900 ; L. Jaray, *La taxe du pain et de la viande*, broch. 1904 ; Dall., *Supp. au Rép.*, v'ˢ *Boucherie, Boulangerie, Industrie et commerce*, n°s 20 et suiv., 138, 141 et suiv.

[3] Sur le droit pour les boulangers de vendre un pain de qualité supérieure, ou pain *de luxe*, au-dessus du prix taxé pour le pain ordinaire de première et seconde qualités, cons. Crim. rej., 12 déc. 1890, D. 91, 1, 288. Sur le droit de recourir au Ministre de l'agriculture contre les taxes entachées d'excès de pouvoir, v. Cons. d'État, 7 juillet 1905, D. 1907, 3, 59.

[4] D'où les projets de loi tendant à réglementer, à l'instar de l'Allemagne, ou même à prohiber les marchés à terme sur les denrées de consommation courante. — Cons. Brouilhet, *La culture du blé en France et les primes à l'exportation* (*Quest. prat.*, 1901, p. 376, et 1902, p. 8). L'auteur est d'ailleurs nettement opposé à ces projets restrictifs. — V. aussi : *France et Allemagne, La question de la réglementation des marchés à terme sur marchandises* (*Ann. de dr. commerc.*, 1902, p. 79). Cf. Bachmann, *Chronique allemande* (*ibid.*, 1907, 275).

ministres de l'agriculture, M. Dupuy, en 1901 (29 janv.), M. Mougeot, en 1902 (6 nov.), et M. Ruau, en 1906 (12 juin, Ch., *Doc. parl.*, n° 14, p. 473). Ce projet laisse subsister la taxe, mais simplement à titre de cran d'arrêt à la hausse ; les municipalités ne pourront en effet établir une taxe que lorsque le prix du kilog. de pain atteindra 40 centimes dans les villes de plus de 15,000 âmes et 35 centimes dans les villes d'une population inférieure ; le prix de la farine constaté par les mercuriales, servirait à cet égard de régulateur. Le projet, d'autre part, détermine avec précision les recours ouverts à l'encontre des taxes entachées d'excès de pouvoir.

282. — Utile ou nuisible, dans les limites où il fonctionne actuellement en France, le régime de la taxe est *exceptionnel*, et par conséquent de droit étroit. D'où il suit que toute tarification, préfectorale ou municipale qui ne s'appuierait, ni directement ni indirectement, sur une loi spéciale, serait illégale et dépourvue de toute force obligatoire (Crim. cass., 29 nov. 1885, D. 86, 1, 349).

SECTION VI. — Droit de groupement professionnel

283. — Ce droit, qui s'analyse lui-même en deux facultés distinctes, droit de *coalition*, et droit d'*association professionnelle*, est peut-être le corollaire le plus important du principe de la liberté du travail, par ses conséquences sociales et par les facilités qu'il offre aux travailleurs d'accéder à un régime économique supérieur au salariat, par une évolution progressive et consciente.

Aussi la réglementation des groupements professionnels, *coalitions* et *syndicats* ou *associations professionnelles*, occupe-t-elle, dans l'ensemble de la législation ouvrière, une place capitale. D'où la nécessité de consacrer à chaque forme de groupement un chapitre distinct (chap. III et IV, *infra*).

CHAPITRE III

DU DROIT DE COALITION (COALITIONS, GRÈVES ET LOCK-OUTS)[1]

284. — **Définitions.** — L'on désigne, en droit industriel, sous le nom de coalition l'action concertée d'un certain nombre d'ouvriers, ou d'un certain nombre de patrons, pour la défense de leurs droits ou de leurs intérêts communs.

La coalition, qui éveille toujours l'idée d'une lutte virtuelle, d'un conflit au moins latent entre deux collectivités, l'une ouvrière, l'autre patronale, ou entre un patron et son personnel, est le prélude assez ordinaire de la *grève*[2], ou suspension brusque de travail s'il s'agit

---

[1] BIBLIOGRAPHIE : — Drioux, *Les coalitions d'ouvriers et de patrons de 1789 à nos jours*, th. Paris, 1883 ; d'Eichthal, *Coalitions de patrons et d'ouvriers* ; Gibon, *La liberté du travail et les grèves*, 1888 ; Liborel, *De la grève dans ses rapports avec le droit*, 1894 ; Féolde, *Étude économique et juridique sur les grèves*, 1894 ; Fabreguettes, *Le contrat de travail, les coalitions et les grèves devant la loi*, 1896 ; Jourdain, *La législation française sur les coalitions, son évolution au XIX*ᵉ *siècle*, th. Lille, 1898 ; Desveaux, *Les coalitions dans le personnel des chemins de fer*, Paris, 1899 ; Vaillé, *La coalition ouvrière et les grèves, étude historique*, th. Lyon, 1901 ; L. de Seilhac, *Les grèves*, 1903 ; A. Villey, *Le droit de coalition*, Caen, 1903 ; Dambrun, *La grève envisagée dans ses effets juridiques*, Paris, 1903 ; Hamelet, *La grève devant la loi et les tribunaux*, 1904 ; de Morillon, *Le droit de grève et le contrat de travail*, th. Dijon, 1905 ; Pouget, *La grève au point de vue juridique*, th. Bordeaux, 1907 ; Robert, *Essai sur le droit de grève* (*Mon. jud. Lyon*, 15-16 janvier 1908) ; Howell, *The conflicts of capital and labor*, Londres, 1890 ; Von Berlepsch, *Das Koalitionsrecht der Arbeiter* (*Soz. Praxis*, nᵒˢ 7, 14 et 21 avril 1904) ; Dalloz, *Suppl. au Rép.*, vᵒ *Travail*, nᵒˢ 619 et s. ; Sirey, *Rép.*, et *Pand. Rép.*, vᵒ *Coalition*. — Conf. les chroniques et études multiples sur les grèves en France et à l'étranger publiées dans la *Revue d'économie politique*, l'*Economiste français*, la *Réforme sociale*, la *Revue politique et parlementaire*, la *Revue socialiste*, le *Mouvement socialiste*, les *Questions pratiques*, la *Revue pratique de droit industriel*.

Parmi les ouvrages généraux, cons. notamment : — Cauwès, t. III, p. 129 et s. ; Gide, p. 473 et s. ; Paul Leroy-Beaulieu, *Essai sur la répartition des richesses*, p. 397 et s. ; De Molinari, *Bourses du travail*, p. 75 et s. ; Levasseur, *Quest. ouvr. sous la troisième République*, p. 642 et s. ; Bry, *Cours élém. de droit industriel*, p. 434 et s. ; Garraud, *Traité de droit pénal*, t. V, p. 436 et s.

Pour la statistique des grèves, cons. les publications annuelles du *Bulletin de l'Office du travail français*, du *Department of labour* anglais, de l'*Office impérial de statistique allemand*, des Offices *belge* et *italien*, du *Bureau of labor* américain, etc., ainsi que les statistiques sommaires, françaises et étrangères, publiées dans le *Bulletin de l'Office du travail français*. — V. aussi, *Bulletin de la Société de statistique de Paris*. — Au point de vue historique, V. les documents bibliographiques publiés *infra*. — Cons. également, sur le rôle des syndicats dans les grèves, et sur les moyens légaux de prévenir et de pacifier les grèves, les bibliographies jointes à nos chapitres ultérieurs sur les syndicats (chap. IV, *infra*), et sur la conciliation et l'arbitrage (tit. III, ch. I et III, *infra*).

[2] Le mot *coalition* vient du latin *coalescere* (*Dict.* Littré). Le mot *grève* est un

d'une coalition ouvrière, du *lock-out* ou arrêt concerté de travail suivi de fermeture des ateliers s'il s'agit d'une coalition patronale[1]; mais il serait cependant inexact de considérer le mot coalition comme synonyme de grève.

La coalition est à la grève ce que l'ultimatum est à la déclaration de guerre. C'est une menace de conflit, qui ne se transformera en lutte ouverte que si le patron, mis en demeure de faire connaître ses intentions, ne fait pas à ses ouvriers, avant toute cessation de travail, des concessions jugées suffisantes.

285. — La coalition ne doit pas non plus être confondue avec l'association. Les associations ouvrières ou patronales, en effet, syndicats, *trades-unions*, etc., ont un caractère durable et permanent qui manque à la coalition, groupement momentané appelé à se dissoudre dès que le résultat obtenu est atteint, ou reconnu au contraire inaccessible.

Parfois, sans doute, l'une naît de l'autre, l'association permanente fomentant la coalition, et celle-ci, à l'inverse, se transformant après la lutte en un groupement permanent ou donnant naissance à un syndicat dissident (syndicats rouges et jaunes); et ainsi se justifie le lien étroit que tous les théoriciens de la législation industrielle établissent entre le droit de coalition et le droit d'association professionnelle. Mais ces deux manifestations du principe de la liberté du travail n'en demeurent pas moins distinctes, et doivent être étudiées successivement.

---

vieux mot dont il convient de faire remonter l'origine aux antiques usages des ouvriers parisiens. Sous l'ancien régime, les ouvriers en quête de travail, spécialement les ouvriers du bâtiment, se réunissaient *Place de Grève*, d'où la dénomination de grève donnée par la suite au chômage volontaire et concerté. Le *lock-out*, terme anglais aujourd'hui consacré, est une véritable grève de patrons qui, soit spontanément et pour prévenir une grève imminente, soit en réponse à un ultimatum d'ouvriers, s'entendent pour la suspension du travail et la fermeture provisoire des ateliers.

[1] Nous étudierons ultérieurement (ch. V, sect. Ire, *infra*) une autre forme de coalition : la *coalition de producteurs* soit en vue d'*accaparer* un produit de consommation courante et de provoquer une hausse artificielle des prix, soit en vue de maintenir et de régulariser les prix et de défendre le marché national contre la concurrence étrangère. Ces coalitions patronales ne sont point dirigées *contre les ouvriers* (bien que parfois elles leur causent un grave préjudice par les fermetures d'usine qu'elles entraînent), mais contre les producteurs étrangers (*Kartells* de défense, réputés licites), ou contre les consommateurs (*corners*, *trusts*, *syndicats d'accaparement*, prohibés en principe). Il convient de les étudier à part, attendu qu'ils ne sont qu'une des manifestations de la concentration capitaliste qui caractérise le régime industriel moderne, et que, loin de nous apparaître comme une application du principe de la liberté du travail, ils tendent fréquemment à la constitution de véritables *monopoles de fait*; d'où la nécessité de maintenir dans nos lois les dispositions répressives permettant de les atteindre, alors que les coalitions professionnelles ont cessé d'être prohibées.

SECTION PREMIÈRE. — **Justification théorique du droit de coalition. — Statistique**

286. — **Légitimité théorique du droit de coalition.** — Philosophiquement, la légitimité du droit de coalition, corollaire logique du principe de la liberté du travail, ne paraît pas contestable, surtout depuis la suppression du régime corporatif. Jadis, les coalitions pouvaient être envisagées comme une insurrection contre l'organisation sociale du travail, dont la base était le patronage ; aujourd'hui, ce point de vue n'est pas admissible, les lois de la Révolution ayant restitué aux deux parties en présence dans le contrat de travail, théoriquement au moins, leur complète indépendance, et substitué au régime corporatif un régime individualiste jusqu'à l'excès.

Envisagée en elle-même, la *coalition*, ou accord concerté entre plusieurs personnes en vue d'influer sur les conditions du travail, n'est qu'une forme de la *libre concurrence*, absolument licite dès l'instant qu'elle ne se complique d'aucun acte de violence, d'aucune mesure de contrainte contre ceux qui refusent d'adhérer à la coalition ou qui refusent d'en sortir. Et à ce point de vue, aucune distinction rationnelle ne saurait être proposée entre l'accord des patrons, tendant à faire baisser, et l'accord des ouvriers, tendant à faire hausser le taux des salaires.

287. — Supposons, par exemple, que tous les fabricants d'un même tissu, sur une place ou dans une région déterminée, s'entendent pour abaisser le prix de la journée de travail, ou le prix de la pièce ; pratiquement, ils auront peut-être tort d'agir ainsi, surtout si la rémunération moyenne actuelle n'est pas excessive et leur laisse une moyenne de bénéfices suffisants, mais théoriquement (et à moins qu'ils ne soient liés par un contrat collectif), ils n'excèdent pas leur droit. Chaque fabricant eût pu, ou n'offrir aucun travail, ou n'en accorder qu'à prix réduit ; ce que chacun eût incontestablement pu faire isolément, tous doivent pouvoir le faire collectivement. Il n'y a là aucune atteinte à la liberté de l'industrie, pourvu cependant que les fabricants n'usent d'aucun moyen de contrainte, direct ou indirect, envers ceux d'entre eux qui, rompant le pacte ou refusant d'y adhérer, persisteraient à accorder à leurs ouvriers un salaire plus élevé. Est également légitime l'accord en vertu duquel les fabricants d'une même place s'entendent pour arrêter temporairement la fabrication d'un article, en cas de surproduction, ou même conviennent de fermer provisoirement leurs ateliers (*lock-out*), à l'effet de contraindre les travailleurs à accepter une réduction de salaire, rendue nécessaire par l'état du marché. Le *lock-out* est, en somme, la contre-partie de la grève et puise sa justification dans des considérations identiques.

288. — Non moins légitimes sont les *coalitions d'ouvriers*, formées le plus souvent dans un but inverse, c'est-à-dire pour faire hausser les salaires, ou former contrepoids aux coalitions de patrons et empêcher ceux-ci d'en abaisser le taux. En fait, ces coalitions peuvent être nuisibles aux coalisés, qui ne disposent pas toujours de ressources suffisanies pour soutenir la lutte, et se voient réduits, après une résistance plus ou moins longue, à reprendre le travail aux conditions anciennes sans avoir rien obtenu. Mais, en droit, ces coalitions ne sont, au même titre que les coalitions patronales (et sous la même réserve au sujet des contrats collectifs) qu'une conséquence normale du régime de la liberté du travail. Tout ouvrier est libre de ne pas travailler aux conditions qui lui sont offertes ; ce que chaque ouvrier peut faire isolément doit, logiquement, être considéré comme également licite pour les ouvriers en groupe. Présentées isolément, leurs réclamations échouent presque fatalement ; s'ils se concertent et forment un faisceau puissant, appuyé généralement par les cotisations des syndicats ou associations ouvrières, voire même par une fédération des syndicats de la même profession, ils peuvent lutter avec avantage [1], et opposer à la puissance du capital la force que donne l'association. Pourvu que les coalisés ne portent pas atteinte à la liberté du travail, qu'ils n'interdisent pas aux ouvriers non adhérents de travailler aux conditions anciennes, la coalition d'ouvriers, loin d'être une atteinte au principe de la liberté, n'en est que la consécration.

289. — **Causes des grèves.** — Peu importe d'ailleurs l'objet de la réclamation. Il ne faudrait pas croire en effet que les grèves n'éclatent jamais que pour *défendre* le taux du salaire contre toute tentative de réduction de la part de l'employeur, ou pour conquérir de haute lutte [2], les circonstances économiques paraissant favorables, un salaire plus élevé. Telle est bien sans doute la cause principale des grèves (63,6 0/0 des grèves de 1906; *Bull. de l'Off. du travail*, 1907, p. 1049); mais d'autres causes peuvent également intervenir. Nous citerons, notamment, d'après la même statistique de l'Office français, pour l'année 1906 :

Les demandes de réduction du temps de travail avec maintien des salaires (29,22 0/0); les demandes de renvoi d'ouvriers, contremaîtres

---

[1] V., sur la proportion des réussites, totales ou partielles, des grèves ouvrières, les documents statistiques cités *infra*.

[2] Sur certaines pratiques usitées parfois dans les grèves, mise à l'index ou boycotage, *sabotage* (*go canny* des Anglais), etc., cons. notamment : de Seilhac, *Les congrès ouvriers*, p. 351 ; Vaillé, *op. cit.*, p. 9.

ou directeurs (11,13) ou, à l'inverse, les demandes de réintégration d'ouvriers congédiés (11,36);

Les contestations relatives aux modalités diverses du contrat de travail, se décomposant ainsi : mode de paiement, 15,48; suppression du travail aux pièces, 6,86; modification aux règlements d'atelier, 8,08; autres contestations relatives à la réglementation du travail (repos du dimanche, heures de fermeture, violation des prescriptions légales concernant la durée de la journée, etc.), 4,42; suppression ou diminution des amendes, 1,98; limitation du nombre des apprentis, 0,53; demande de renvoi des femmes, 0,22; les contestations au sujet des retenues pour assurances et caisses de secours, 0,83; causes diverses, ne rentrant dans aucune des rubriques précédentes, 6,66[1].

---

[1] Les contestations relatives à l'aménagement hygiénique des ateliers ont presque disparu depuis la loi du 12 juin 1893. Notons cependant, en 1901, la grève des peintres de Grenoble pour protester contre l'emploi du blanc de céruse (sur cette question, v. *infra*, chap. V, sect. Ire). Mais il convient d'enregistrer le progrès des grèves de *sympathie* ou de *solidarité* (ouvriers n'ayant aucun grief personnel, mais se mettant en grève *par sympathie* pour des grévistes de la même profession ou même d'une autre profession, à titre de solidarité ouvrière; ex. : tentative de grève générale dans les mines, 1901, par sympathie avec les grévistes de Montceau), ainsi que des grèves motivées par des questions confessionnelles ou politiques : Carmaux, 1896, Le Creusot, 1899, Montceau, 1901; grève générale de Belgique, en vue d'appuyer les revendications du parti socialiste en faveur du suffrage universel et de la suppression du vote plural, avril 1902; grève générale de Suède pour la conquête du suffrage universel (*Soziale Praxis*, 22 mai 1902), etc. — Cf. Bourdeau, *Les grèves politiques* (*Rev. des Deux-Mondes*, 15 mars 1905). Le plus généralement d'ailleurs, la question politique ou religieuse se greffe sur une question d'ordre professionnel, de reconnaissance des syndicats ouvriers par les patrons par exemple (*Sic* : conflit du Creusot, précité), ou de protestation contre des agissements patronaux qui, sous des dehors philanthropiques, constituent une atteinte à la liberté des travailleurs. A signaler également les grèves *législatives*, c'est-à-dire les grèves entreprises pour contraindre un patron à respecter la loi, telle du moins que l'interprètent les syndicats : grèves de Calais, 1900 et 1906, en vue d'obtenir la suppression du travail par équipes alternantes dans l'industrie du tulle, par application de la loi du 30 mars 1900 (Cons. de Seilhac, *Les grèves*, p. 164 et s.); grèves multiples déterminées par la mise en vigueur de la loi de 1906 sur le repos hebdomadaire, etc.

Sur la *grève générale*, envisagée comme le principal instrument de la lutte des classes, et comme un premier pas dans la voie révolutionnaire conduisant à la suppression de la propriété capitaliste, procédé préconisé notamment par la Confédération générale du travail, cons. notamment : de Seilhac, *Les congrès ouvriers*; Pic, *Les congrès ouvriers et la révolution sociale*, *Quest. prat.*, 1901, p. 312; Schwab, *La grève générale*, th. Nancy, 1902; H. Lagardelle, *La grève générale et le socialisme*, 1905; — Pouget, *La Confédération du travail*, 1907; Griffuelhes, *L'action syndicaliste*, 1907 (ces deux derniers favorables à l'action révolutionnaire de la C. G. T.). L'échec de toutes les tentatives de grève générale, même en Russie en 1905, alors que l'agitation révolutionnaire était à son comble, et ce, tant à raison de l'impossibilité d'une entente entre les travailleurs de toutes professions que du grand nombre des *sans-travail*, prêts à prendre la place des grévistes, semble condamner la théorie; aucun gouvernement ne saurait d'ailleurs laisser se dérouler, sans prendre d'énergiques mesures défensives, des tentatives aussi périlleuses pour l'ordre public. Au surplus, nombre de socialistes condamnent aujourd'hui, en matière de grèves, la

290. — Le droit de coalition et la doctrine. — Toutes les écoles économiques s'accordent aujourd'hui, les unes sous certaines réserves, d'autres sans restriction, sinon sans arrière-pensée politique, à reconnaître la légitimité du droit de grève. A ce point de vue, les idées se sont singulièrement modifiées, depuis un demi-siècle, aussi bien dans les milieux libéraux que dans les milieux socialistes [1].

Au fond, il semble que ni l'école libérale, individualiste à outrance, ni l'école de Le Play, trop convaincue de la supériorité du patronage pour ne pas envisager avec défiance ces brusques ruptures entre les deux facteurs de la production, n'acceptent franchement le droit de grève avec toutes les conséquences, bonnes ou mauvaises, qu'il implique logiquement. La première, au risque de se mettre en contradiction avec ses principes libéraux, verrait sans déplaisir le législateur intervenir pour limiter le droit de grève du côté des ouvriers, et ce, non seulement dans l'intérêt des chefs d'industrie et de la prospérité générale du pays, menacée par des conflits trop fréquents, mais aussi dans l'intérêt des ouvriers eux-mêmes, que l'on nous représente volon-

---

tactique révolutionnaire, avec ses armes ordinaires (sabotage, violences, etc.). — Cons. notamment : G. Alfassa, *Le congrès socialiste d'Amsterdam* (*Quest. prat.*, 1904, p. 461-495 et 1905, p. 9); Fournière, *L'individu, l'association et l'Etat*, 1907; E. Buisson, *Les résultats du syndicalisme* (*Rev. soc.*, février 1908). — Cf. sur les lamentables effets des excitations anarchistes, de Seilhac : *La grève de Fressenneville* (*Mus. soc.*, Docum., juin 1907).

[1] Il est intéressant de noter les phases diverses qu'a parcourues, sur ce point, l'*école libérale*, d'abord hostile au droit de coalition, qu'elle considérait soit comme nuisible et susceptible de détruire l'heureuse harmonie des lois naturelles (Quesnay, *Dialogue sur les travaux des artisans*, p. 21 ; A. Smith, *Richesse des nations* p. 86; J.-B. Say, *Catéchisme d'économie politique*, p. 96), puis favorable, sous certaines réserves, à la reconnaissance légale du droit de grève (Dunoyer, *Liberté du travail*, II, p. 358; Bastiat, discours à l'Assemblée nationale législative, séance du 17 nov. 1849; de Molinari, *Les bourses du travail*; Beauregard, *Théorie du salaire*, p. 308; Paul Leroy-Beaulieu, *Traité*, t. II, p. 435; Lozé, *Les conflits du travail* (*Econ. franc.*, 1905, 1, 790), etc. — Les mêmes variations sont à relever dans l'histoire des doctrines socialistes; Proudhon était un adversaire systématique des coalitions (*Philos. de la misère*, I, p. 110); Lassalle n'avait dans leur efficacité qu'une confiance très restreinte; K. Marx, au contraire, et depuis Marx, la plupart des théoriciens du socialisme préconisent la grève, qu'ils envisagent surtout d'ailleurs comme une arme de combat, comme « une des formes sous lesquelles les prolétaires effectuent leur organisation *comme classe* » (Marx, *Misère de la philosophie*, p. 242).

Quant aux écoles interventionnistes, toutes admettent la légitimité et l'utilité du droit de coalition, envisagé plutôt comme un moyen pour l'ouvrier d'améliorer sa situation, que comme un instrument de combat. Toutes également reconnaissent la nécessité pour le législateur d'en réprimer les abus, et aussi de favoriser le développement des institutions propres à prévenir les conflits ou à les pacifier : Cauwès, t. II, p. 140 et suiv.; Gide, p. 473; de Mun, *La question sociale au XIXe siècle* (*Assoc. cathol.*, 1899, t. XLVIII); Brentano, *Reaktion oder Reform gegen die Zuchthausvorlage*, 1900; Cohn, *Handbuch der Nationalœkonomie*, p. 640; Rogers, *Interprétation économique de l'histoire*, p. 277, etc. — Pour plus de développements sur l'attitude des différentes écoles au regard du droit de coalition, cons. Vaillé, *op. cit.*, p. 85-160.

tiers comme les premières victimes des luttes qu'ils engagent imprudemment[1].

Le Play et ses successeurs voient avec plus de défaveur encore le droit de coalition, qu'ils envisagent comme un produit néfaste du milieu industriel moderne (Le Play, *La réforme sociale en France*, II, p. 164; Bouloc, *Le droit de grève* [*Réf. sociale*, 1er mai 1903]); et, sans réclamer contre les grévistes des mesures répressives, du moins concluent-ils à la nécessité, pour rétablir la paix sociale, de transformer profondément ce milieu par la restauration du patronage corporatif chrétien.

291. — Nous estimons, pour notre part, que le tableau que l'on trace volontiers des grèves dans les deux écoles précitées est trop poussé au noir. Sans nier les conséquences néfastes que peuvent avoir pour la classe ouvrière elle-même les grèves imprudemment déclarées, sans contester la haute utilité de certaines interventions législatives destinées à prévenir et à pacifier les conflits collectifs, nous croyons fermement que les grèves, envisagées dans leur ensemble, n'ont pas une action aussi pernicieuse qu'on le prétend; et que, bien loin d'être une cause d'appauvrissement pour les travailleurs, elles ont au contraire, prises en bloc, contribué à ce mouvement de hausse progressive des salaires, que les économistes libéraux enregistrent avec tant de satisfaction, sans trop vouloir en approfondir les causes[2].

Par là même disparaît l'un des principaux arguments des adversaires systématiques du droit de grève. Toute grève, nous dit-on, fait perdre aux grévistes un certain nombre de journées de salaire, et se chiffre conséquemment par une perte sèche pour les ouvriers. A cet argument, l'on peut répondre : 1° que certains résultats immatériels, tels que la reconnaissance par le chef d'industrie de la liberté syndicale, valent bien qu'on les obtienne par certains sacrifices momentanés; 2° que, matériellement parlant, une grève dont le résultat est d'assurer dans l'avenir aux coalisés un salaire plus élevé est une bonne affaire,

---

[1] Sur cette attitude, plutôt défiante, de l'école libérale, cons. notamment : G. Michel, *Philosophie des grèves*, *Econ. franç.*, 5 juin 1897; Levasseur, *Y a-t-il un droit de grève* (cf. observ. de MM. Paul Leroy-Beaulieu et P. Beauregard), *Séances et trav. de l'Acad. des sc. morales*, 1908, p. 1, 15 et suiv.

[2] Conf. Gide, p. 476; Jourdain, *La législ. franç. sur les coalit. ouvrières*, p. 140. — Quelques économistes libéraux, notamment M. P. Leroy-Beaulieu, le reconnaissent implicitement : « Les grèves, écrit ce dernier, agissent par la crainte qu'elles inspirent... Elles peuvent ruiner *momentanément* les grévistes, mais la crainte de susciter une grève est *chez les manufacturiers un frein nécessaire*. L'effet préventif du droit de grève a rendu *bien plus de services* à la classe ouvrière que les désordres et les dépenses des grèves ne lui ont porté préjudice. » *Essai sur la répart. des richesses*, p. 399.

puisqu'ils récupéreront et au delà, en quelques semaines ou quelques mois, les salaires perdus pendant la période de chômage.

Le tableau suivant, dressé par l'Office du travail pour les grèves de 1906 se rattachant à une demande d'augmentation de salaires, vient à l'appui de notre affirmation (*Bull. off. trav.* 1907, 105).

RÉSULTATS	Nombre		Salaire moyen		Nombre de jours chômés	Montant des salaires perdus	Après 300 jours de travail		Nombre de jours nécessaires pour compenser les pertes
	de grèves	de grévistes	avant la grève	après la grève			Bénéfice brut	Bénéfice net	
			fr. c.	fr. c.		fr.	fr.	fr.	
Réussite. . .	136	14.112	4.05	4.61	84.618	343.479	2.395.260	2.051.781	43
Transaction.	230	120.022	5.06	5.50	3.101.055	15.694.007	15.991.074	297.067	297
Echec. . . .	213	49 224	7.59	7.59	820.715	6.034.155	»	»	»
TOTAL. . .	579	183.358	5.50	5.83	4.006.388	22.071.641	18.386.334	3.685.307	364

La seule question est de savoir si les grèves permettent réellement d'obtenir, dans la majorité des cas, des avantages sérieux et durables. A la question ainsi posée, les statistiques, aujourd'hui dressées avec grand soin dans la plupart des pays industriels et notamment en France, vont nous permettre de répondre.

292. — STATISTIQUE DES GRÈVES ; RÉSULTATS GÉNÉRAUX OBTENUS. — Examinons d'abord, d'après les statistiques officielles, quels ont été les résultats généraux des grèves *françaises*, *anglaises*, *allemandes* et *belges* au cours de l'année 1906 [1].

Il y a eu, en 1906, *en France*, 1,309 grèves [2], englobant 438,466

---

[1] *Statistique des grèves et des recours à la conciliation et à l'arbitrage en 1906*, 1 f. vol. in-8, Impr. Nat., 1907 (Statist. française, résumée par le Bull. de l'Off. du trav. 1907, p. 1047 et s.) ; — *Report on strikes and lock-outs in the United Kingdom* in 1906 ; — Streike und Aussperrungen im Jahre 1906 (Office impérial *allemand* de statistique, 1907) ; — *Revue du travail* (organe de l'Office du travail *belge*), n° du 21 février 1907. — Cons. également : la statistique *américaine* des 25 dernières années (1881-1905) publiée en 1906 par le *Bureau of Labor* de Washington ; la statistique *italienne* pour 1904 (*Bull. Off. trav.*, 1908, 66), les statistiques *autrichienne* et *hongroise* pour 1905 (*Bull. Off. trav.*, 1907, 251 et 259) ; la statistique *suédoise* (*ibid.*, 1907, 706), *norvégienne* (*ibid.*, 1907, 1327), *néerlandaise* (*ibid.*, 1907, 1329), *espagnole* (*ibid.*, 1907, 256), etc. — Cf. Dr Meyer, *Statistik des Streiks und Aussperrungen im In-und Auslande*, Leipzig, 1907, et la statistique comparée pour la France, l'Allemagne, l'Angleterre, etc., publiée par l'Office du trav. italien (*Boll. dell Ufficio* déc. 1907, p. 1367).

[2] Non compris les grèves agricoles qui commencent à se propager dans les départements du Midi. — Sur les origines du mouvement, v. Augé-Laribé, *Grèves agricoles dans le midi de la France* (*Mus. soc.*, docum., 1904, n° 11). — C'est en Italie que

grévistes, occupés dans 19,637 établissements ; elles ont entraîné 9,438,594 journées de chômage ; la moyenne des jours chômés a été de 19 par gréviste. 752 grèves, sur 1309, ont duré une semaine ou moins d'une semaine, 213 n'ont duré qu'une journée ou même moins, 21 grèves par contre ont duré plus de 100 jours. 830 grèves n'ont atteint qu'un seul établissement, 35 grèves en ont atteint plus de 100.

Quant aux résultats, les grèves de 1906 se répartissent ainsi : réussites, 21,27 0/0 ; transactions, 41,23 0/0 ; échecs, 37,50 0/0.

293. — Les grèves *anglaises* (lock-outs compris), pour l'année 1906, se sont élevées au chiffre de 486, avec un total de 217,773 grévistes, ayant chômé en tout 3,028,816 jours. Les résultats ont été les suivants : 42,5 0/0 de réussites, 32,7 de transactions, 24,8 d'échecs ou solutions mal définies.

Les grèves *allemandes* ont atteint, en 1906, le chiffre absolument anormal de 3,378, englobant 272,218 ouvriers, répartis entre 16,246 exploitations employant au total 686,539 personnes ; 5,068 de ces exploitations ont été entièrement suspendues. Les résultats obtenus se chiffrent ainsi : succès 18,4 ; transactions 45 ; échecs 36,6. Les lock-outs ont été également très nombreux : 305, affectent 2,780 établissements où travaillent 152,449 ouvriers ; 88, soit 29,5 0/0 ont réussi totalement, c'est-à-dire ont brisé l'action ouvrière ; 174 (58,4) ont abouti partiellement ; 36 (12,1 0/0) ont échoué.

Enfin, en *Belgique*, l'on a enregistré, pour 1906, 220 grèves intéressant 38,326 personnes. Résultats : 24 0/0 de succès, 21 0/0 de transactions, 55 0/0 d'échecs. — On a compté en outre, en 1906, 5 lock-outs atteignant 23,621 ouvriers et 291 établissements. Trois se sont terminés en faveur des patrons, deux ont abouti à une transaction.

294. — Ces chiffres appellent quelques observations. La progression des grèves, en 1906, est un fait indéniable, pour l'Europe entière. Il suffit, pour en mesurer l'importance, de relever les chiffres suivants :

	France	Angleterre	Allemagne	Belgique
	—	—	—	—
Nombre de grèves en 1905. . .	830	358	2.403	130
— 1906. . .	1.309	486	3.328	220

Un observateur superficiel serait porté à attribuer cette progression à la propagande révolutionnaire de la Confédération générale du travail. Cette explication cependant ne saurait être admise. Sans doute l'action

le mouvement gréviste agricole a atteint son maximum d'intensité (208 grèves agricoles en 1904 contre 632 grèves industrielles). — *Bull. Off. trav.*, 1908, 66. — Cf. de Rocquigny, *Grèves agricoles en Italie* (*Mus. soc.*, doc., 1904, n° 4).

de la C. G. T. s'est fait sentir en France, mais les partis révolutionnaires sont beaucoup moins actifs en Angleterre et en Allemagne, où cependant la même progression a été constatée. En réalité, ainsi que l'a nettement établi M. Rist dans une étude récente, basée sur la statistique des quinze dernières années (1890-1905) en France, Angleterre, Italie, Allemagne et Belgique[1], la courbe des grèves est en raison directe de la courbe des exportations, indice sûr de l'activité économique d'un peuple, et en raison inverse de la courbe des chômages. En d'autres termes, le nombre des grèves augmente fatalement en temps de prospérité économique, et de demande croissante de travail ; leur chiffre diminue aussitôt en période de stagnation et de crise, le nombre des chômeurs rendant alors l'issue des grèves trop aléatoire pour la classe ouvrière. Il en sera ainsi tant que, par suite du manque de souplesse de notre organisation sociale, la grève restera le moyen le plus efficace pour les travailleurs de s'adapter aux circonstances économiques, et d'obtenir la part du profit à laquelle ils peuvent légitimement prétendre[2].

S'il subsistait le moindre doute sur notre interprétation des mouvements grévistes, la situation particulière de l'Angleterre nous fournirait un argument décisif. Si les grèves anglaises, bien qu'obéissant à la loi ci-dessus décrite, sont sensiblement moins nombreuses que sur le continent, il faut en chercher la raison dans le développement remarquable, sur lequel nous aurons à revenir, des organismes de conciliation et d'arbitrage, et des institutions, telles que l'échelle mobile, tendant à faire bénéficier l'ensemble du personnel salarié de toute hausse sensible des prix[3].

Remarquons du reste qu'en pareille matière c'est plutôt le nombre

---

[1] **Rist**, *La progression des grèves en France et sa valeur symptomatique* (*Rev. d'écon. polit.*, 1907, p. 161 et s.). — La statistique de 1906, que l'auteur ne possédait pas encore, fournit à sa thèse une confirmation éclatante. — L'année 1906 a été, pour tous les Etats industriels, une année exceptionnellement active et prospère, aussi les grèves se sont-elles multipliées anormalement. Dès le début de 1907 ont commencé à se dessiner les prodromes de la crise qui, partie des Etats-Unis, a gagné l'Europe : en même temps a-t-on vu décroître le nombre des grèves ? Bien que provisoires et incomplets, les chiffres que nous possédons sur 1907 permettent dès aujourd'hui de l'affirmer.

[2] *Sic* : Rist, *op. cit.* ; Ch. Brouilhet, *Les grèves en 1906* (*Quest. prat.*, 1907, 388). — D'autres causes occasionnelles peuvent d'ailleurs, pour un pays donné, ou à une époque donnée, influer sur la courbe des grèves. L'agitation ouvrière qui, dans la plupart des pays, précéda le 1er mai 1906, l'irritation provoquée dans le nord de la France par la catastrophe de Courrières et les résistances que la mise en vigueur de la loi sur le repos hebdomadaire provoquèrent bientôt après dans certains milieux patronaux ont évidemment contribué à accentuer en France surtout le mouvement ascensionnel des grèves. Ce ne sont là cependant que des causes secondaires ou transitoires.

[3] **Raynaud**, *Une industrie sans grèves. Les mines anglaises*, 1905.

des grévistes que celui des grèves qu'il faut considérer ; et, si l'on se place à ce point de vue, l'antithèse entre l'Angleterre et le continent est beaucoup moins marquée. Par suite de la forte organisation fédéraliste des *Trades-Unions*, les grèves anglaises, lorsqu'elles éclatent, englobent immédiatement un très grand nombre d'établissements. Les chiffres précédemment rapportés en sont la preuve ; pour 486 grèves anglaises seulement, nous relevons en Angleterre un chiffre de 217,000 grévistes, tandis que, pour les 3,378 grèves allemandes de 1906, nous ne trouvons que 272,000 chômeurs.

Au point de vue des résultats, la supériorité du système anglais est indéniable. Les fédérations ouvrières anglaises conscientes de leur force et de leur responsabilité, n'entrent en lutte qu'à bon escient et avec de sérieuses chances de succès. Aussi les grévistes anglais ont-ils pu enregistrer en 1906 42 0/0 de réussites complètes, alors que les chiffres correspondants étaient pour la France de 21 0/0 [1] et pour l'Allemagne de 18 0/0 [2].

295. — Observations particulières à certaines grèves. — Rapprochons maintenant de ces résultats généraux quelques résultats particuliers à certaines grèves, dont l'importance a attiré l'attention des pouvoirs publics au cours de ces dernières années, soit en France, soit à l'étranger ; et voyons si les conclusions qui se dégagent de cette enquête ne vont pas corroborer celles que nous suggère l'étude des statistiques générales.

En France, l'une des principales grèves de ces dernières années a été la grève du Creusot. Cette grève s'est terminée au bout de quelques jours (7 oct. 1899) par une sentence arbitrale de M. Waldeck-Rousseau, président du Conseil, qui a donné en quelque sorte à ce gigantesque établissement industriel sa charte pour l'avenir, en posant plusieurs principes dont tous les chefs d'industrie et toutes les organisations ouvrières auraient intérêt à s'inspirer : engagement formel pris par la

---

[1] Sur la part due, dans ces réussites, aux organismes de conciliation ou d'arbitrage, v. titre III, *infra*.

[2] La faible proportion des réussites en Allemagne paraît due partiellement à l'organisation de la défense patronale contre les grèves. Mais, ainsi que nous le verrons bientôt, la forme agressive et brutale qu'elle affecte en Allemagne est plutôt de nature à surexciter les passions ouvrières. Au point de vue social, le régime anglais, favorable aux ententes collectives entre organisations patronales et ouvrières, après discussion loyale et contradictoire, est infiniment supérieur. Il est naturel qu'aux vastes mouvements grévistes répondent des lock-outs englobant les forces patronales ; mais l'objectif supérieur de ces deux forces en conflit doit être l'accord final, se traduisant en conventions collectives, d'où nécessité d'organismes d'arbitrage permettant de réduire au minimum la période de lutte. — Cf. Blassier, *L'organisation des lock-outs en France et en Allemagne*, (*Rev. socialiste*, mars 1907) ; E. Chatelain, *Une grève de demain* (*Rev. socialiste*, 1907, p. 193).

Compagnie de respecter les libertés syndicales, et de ne renvoyer aucun ouvrier pour faits de grève; égalité des syndiqués et des non-syndiqués; institution d'un conseil d'usine, réunissant à intervalles périodiques les représentants de la direction et les délégués des ouvriers (*Bull. Office*, 1899, p. 841 et s.; *Rev. polit. et parl.*, 10 janv. 1900, p. 119 et s.). — Sur les libertés syndicales, v. chap. IV, *infra*; — sur les conseils d'usine, v. tit. III, *infra*.

Une autre grève qui a vivement préoccupé l'opinion par sa répercussion sur le commerce général, a été la grève des dockers de Marseille, en 1901. Déclarée à contre-temps, sans ressources suffisantes et pour un objet irréalisable présentement (journée de huit heures), cette grève était fatalement condamnée à un échec complet[1].

Mais il convient de remarquer que la grève de 1901 n'était que le prodrome d'un conflit plus grave qui, par suite de l'obstination des groupes en conflit, devait entraîner pour le port de Marseille et, par répercussion, pour notre colonie algérienne des pertes considérables, nous voulons parler de la grève des inscrits maritimes de 1904. A la suite de la grève de 1901, une entente étroite s'était nouée entre les dockers et les inscrits; les premiers, désireux d'obtenir un abaissement de la journée de travail, les seconds un statut déterminant avec précision leurs droits et leurs obligations, notamment en ce qui concerne le travail à bord. A partir de ce moment, les conflits partiels, soit entre les entrepreneurs et les ouvriers de port, soit entre les compagnies et les équipages se multiplièrent, et finalement, à une menace de grève adressée par les inscrits à la Compagnie transatlantique, toutes les compagnies d'armement, se solidarisant, décrétèrent le lock-out, et désarmèrent tous les navires (août 1904), d'accord avec les états-majors.

Cette suspension de la vie économique de notre grand port méditerranéen pouvait avoir les plus graves conséquences. Aussi, après quelques semaines de négociations des plus laborieuses, — car les patrons de la manutention groupés en *consortium* analogue à celui du port d'Anvers, avaient tout d'abord émis la prétention de ne traiter avec aucun syndicat et d'interdire tout contrat collectif, — M. Magnan, ancien président du tribunal de commerce, fut-il choisi comme arbitre. Sa décision arbitrale, bien que repoussée tout d'abord par le syndicat des dockers, fut acceptée en fait par la presque unanimité des intéressés. Elle avait en effet le grand mérite de sanctionner à nouveau le pacte collectif de 1903, de reconnaître formellement aux syndicats le droit de négocier de nouvelles ententes collectives et d'en surveiller

[1] De Seilhac, *La grève des dockers de Marseille* (*Mus. soc.*, juill. 1901).

l'exécution, tout en laissant aux compagnies d'armement la faculté d'embaucher individuellement les ouvriers qui se présentent à elles, sans être tenus de passer par l'entremise des syndicats. Il était difficile de concilier plus heureusement, conformément à l'esprit de la loi de 1884, le droit syndical et le droit individuel[1]. De son côté, et afin de prévenir des conflits futurs, le gouvernement déposait un projet de loi réglant les conditions du travail à bord des navires de commerce; ce projet, charte des travailleurs de la mer, est devenue la loi du 17 avril 1907 (D. 1907, 4, 153)[2].

296. — Les deux grèves les plus graves qui aient éclaté en *Allemagne* dans ces dernières années ont été la grève des dockers de Hambourg, 1896-97[3], et la grève des mineurs de Westphalie, en 1905[4]. Après une résistance qui se prolongea plusieurs mois, la grève des dockers prit fin par l'épuisement des ressources des coalisés, sans que les armateurs eussent fait aucune concession ferme. Mais il n'en est pas moins vrai que, aussitôt le travail repris, les patrons augmentèrent les salaires, dans une proportion importante (15 à 20 0/0), *Bull. de l'Off. du trav.*, 1897, p. 114); l'effort considérable des travailleurs de Hambourg n'était donc point demeuré sans résultat.

La grève des mineurs de Westphalie est un des incidents les plus caractéristiques de la lutte engagée depuis quelques années en Allemagne entre les kartells patronaux et les fédérations syndicales ouvrières. La cause initiale de cette grève gigantesque, qui, en février 1905, groupa une armée compacte de 268,000 hommes[5], a été, en effet, l'attitude intransigeante du kartell dénommé « Union rhénane west-

[1] Pic, *Le récent conflit ouvrier de Marseille* : grève ou lock-out (*Quest. pratiques*, 1905, 25); Sayous, *Les grèves de Marseille en 1904* (*Mus. soc.*, nov. 1904); Thierry, *Les grèves de Marseille* (*Rev. polit. et parl.*, janvier 1905); Guilland, *Les grèves de Marseille* (*Ann. de la Soc. d'écon. polit. de Lyon*, 1904-05).

[2] V. aussi le décret du 13 janv. 1908 (*Bull. de l'Off. du trav.*, 1908, 165), déterminant les mesures de sécurité et d'hygiène à observer sur les navires se livrant à la *grande pêche primée* (Terre-Neuve, Islande).

[3] V. les chroniques allemandes du *Bull. de l'Off. du trav.*, 1896 et 1897. Comp. de Rousiers, *Hambourg et l'Allemagne contemporaine*, 1 vol. in-8, 1902.

[4] *Physionomie des grèves récentes de Westphalie* (*Quest. prat.*, 1905, p. 96; Dr Richter, *La grève des mineurs de Westphalie* (*Rev. popul. d'écon. sociale*, févr.-mars 1905); chroniques du *Musée social* (avril 1905) et de la *Rev. polit.* (mai 1905). — V. aussi *Soziale Praxis* (févr. 1905).

[5] Presque à la même époque éclatait à Saint-Pétersbourg une grève presque générale des ouvriers des manufactures englobant près de trois cent mille hommes. Nous n'y insisterons pas; car si certains griefs d'ordre professionnel étaient invoqués (prohibition des syndicats, tutelle policière, mauvaise hygiène des ateliers, etc.), il est incontestable que l'agitation révolutionnaire, qui depuis la guerre russo-japonaise trouble si profondément l'Empire russe, a été la cause principale de l'intensité de ce mouvement, bientôt réprimé dans le sang, mais sujet à renaître aussi menaçant que jamais pour l'autorité czarienne.

phalienne », qui se refusait systématiquement à discuter avec les groupements ouvriers, et, pour augmenter les dividendes, n'admettait aucune réduction de la journée de travail, et se réservait, par contre, le droit de faire varier arbitrairement le taux du salaire moyen. La gravité de ce conflit détermina une intervention du gouvernement prussien qui, pour obtenir la reprise du travail, déposa sur le bureau des Chambres un projet de loi réglementant le travail dans les mines, déterminant la durée de travail, rendant obligatoires les comités d'usine, et promit d'élaborer à bref délai un projet sur la reconnaissance légale des syndicats. Les sacrifices consentis par les mineurs rhénans n'auront donc pas été perdus pour la cause ouvrière.

296 *bis*. — Il serait intéressant de rapprocher de ce conflit la grève récente du port d'Anvers, dans laquelle l'intransigeance patronale nécessita également l'intervention des pouvoirs publics[1]. L'Union maritime du port d'Anvers est un vaste syndicat, mixte en apparence, patronal en réalité[2], fixant à son gré les tarifs et toutes les conditions de travail des dockers. Les syndicats ouvriers n'ayant pu obtenir de l'Union qu'elle consentît à substituer, à cette réglementation patronale du travail, le régime du contrat collectif, librement débattu entre fédérations patronales et ouvrières, provoquèrent une grève des déchargeurs. L'Union patronale ayant remplacé les grévistes par des équipes de sans-travail anglais, les dockers prirent une attitude menaçante qui obligea le gouvernement à intervenir. Le conflit s'est terminé par un accord boiteux, négocié par le bourgmestre d'Anvers : augmentation des salaires de certaines catégories d'ouvriers, nomination d'une commission chargée d'étudier les réformes éventuelles à introduire dans l'organisation du travail. C'est une simple trêve, provoquée par la lassitude des belligérants, non point un véritable traité de paix.

296 *ter*. — Depuis dix ans, aucun conflit ouvrier vraiment grave n'a éclaté en Angleterre. Le dernier, l'un des plus importants il est vrai que l'histoire industrielle du XIXe siècle ait eu à enregistrer, a été la grève des *mécaniciens*, qui a paralysé pendant près de huit mois, en 1897, l'industrie de la construction mécanique, et ne s'est terminée qu'en janvier 1898, par la défaite des coalisés (*Bull. Off.*, 1898, p. 136). Les *Trades-Unions* avaient cru qu'il suffisait pour vaincre d'une forte organisation syndicale et de puissantes réserves ; l'événement a démontré, et ce sera notre première conclusion, qu'une autre condition

[1] Vaes, *La grève au port d'Anvers* (*Rev. sociale catholique* (belge), n^{os} déc. 1907 et janv. 1908 ; de Seilhac, *Le lock-out d'Anvers* (*Rev. polit.*, fév. 1908, p. 437).

[2] Les ouvriers forment une section à part sans voix délibérative. Ce sont de simples membres honoraires.

indispensable au succès de toute grève, quelle que soit la cohésion des groupements ouvriers, réside dans la modération relative des revendications formulées. Si les conditions posées par les grévistes sont inacceptables et ruineuses, les patrons se trouveront dans l'obligation stricte de les repousser, même au prix de sacrifices considérables, et cette mobilisation des forces ouvrières aboutira fatalement à la défaite, pour peu que les patrons sachent, eux aussi, se solidariser pour la résistance.

Ce sont, en partie, ces prétentions exagérées des groupements ouvriers qui ont déterminé les patrons allemands à constituer entre eux des associations de défense ou d'assurance contre les grèves, dont l'objectif avoué est d'améliorer les rapports entre patrons et ouvriers, et d'indemniser les adhérents victimes de grèves injustes, mais qui tendent aujourd'hui, tout au moins dans l'industrie minière, à prendre une allure de combat contre les syndicats ouvriers, inspirée de l'attitude des *briseurs de grèves* américains, agents stipendiés des trusts.

L'exemple des patrons allemands paraît devoir être suivi par le patronat français [1].

La *Fédération des industriels et commerçants* de France a récemment, en effet, jeté les bases d'une Caisse d'assurance mutuelle contre les risques de chômage en temps de grève [2]. L'institution, en elle-même, est parfaitement légitime ; en face de la Confédération générale du travail, il est logique qu'une Confédération similaire se constitue du côté patronal. Mais sa mise en œuvre est particulièrement délicate. Ainsi que l'a justement fait observer M. Thaller, tous les projets de cette nature risquent de se heurter, si leurs promoteurs n'y prennent garde, à un double écueil : l'intransigeance, qui ferait d'un organisme de défense destiné à maintenir un juste équilibre entre des prétentions contraires, également légitimes, un instrument de lutte sociale ; la difficulté d'évaluer le risque à garantir et d'établir une échelle de primes acceptable pour l'ensemble des industries [3].

---

[1] Blondel, *La défense patronale en Allemagne* (*Musée soc.*, docum., 1907, n° 4) ; Bry, p. 454 ; *Quest. prat.*, fév. 1908 (chronique, p. 63).

[2] *Bull. de la Fédération*, n^{os} oct. 1906, mars et juillet 1907 ; A. Gigot, *La défense patronale*, *Réf. sociale*, n° 1er juin 1907.

[3] Thaller, *L'assurance patronale contre la grève* (*Ann. de dr. commerc.*, 1907, p. 337 et s. — L'art. 6 du projet de la Fédération s'est efforcé de parer à ce danger en stipulant que « les seules pertes pour lesquelles la Caisse mutuelle reconnaît un droit à l'indemnité sont celles résultant des conflits *subis* par l'assuré et suivis *sous le contrôle de trois commissaires choisis par le comité désigné par la Fédération* ». Remarquons, d'autre part, que, jusqu'ici, les rares lock-outs déclarés en France n'ont pas eu le caractère agressif des lock-outs allemands. C'est ainsi que, grâce, il est vrai, à l'intervention d'une Commission de la Ch. des députés, présidée par M. Millerand, le lock-out de *Fougères* (industrie de la chaussure, nov. 1906-janv. 1907) s'est terminé par un compromis entre syndicats ouvriers et patronaux. (*Quest. pratiq.*, 1907, p. 252).

297. — En admettant qu'ils parviennent à triompher de ces difficultés d'organisation, — ce sera là notre conclusion finale, — les chefs d'industrie n'en auront pas moins intérêt à faire preuve d'un esprit conciliant et à discuter avec les organisations ouvrières, même lorsqu'ils estiment que leurs prétentions sont inacceptables ou excessives. Ils ne doivent jamais perdre de vue que toute grève, — et nous ajouterons tout lock-out, — risque d'entraîner pour eux, tant à raison de l'arrêt de l'industrie que du détournement des commandes, accaparées par les maisons rivales, du même pays ou de l'étranger, un préjudice considérable, supérieur souvent à celui qu'ont à supporter les grévistes[1]. Il est donc de leur intérêt, d'une part, de calculer avec sang-froid, d'une façon objective et scientifique, le prix de revient de leurs produits, et d'arrêter d'après ce calcul le maximum des concessions possibles ; d'autre part, de conclure avec les syndicats, pour peu que ceux-ci aient une organisation sérieuse, et groupent une fraction assez importante du personnel ouvrier, des accords permanents susceptibles de prévenir, dans l'avenir, tout nouveau conflit[2].

C'est ainsi que l'on a vu il y a quelques années, au Danemark, le grand *lock-out* du bâtiment se terminer, après six mois de lutte aiguë, par un véritable traité de paix entre l'Association patronale danoise et les unions fédérées[3]. Plus récemment, à Chicago, la grève des ouvriers du bâtiment, qui s'était prolongée plus d'un an, a eu pour épilogue la constitution d'un Conseil d'arbitrage, composé d'un nombre égal de patrons et d'ouvriers (*Bull. Office*, 1901, p. 277). Le lock-out de *Verviers*, en Belgique (industrie lainière, 19 septembre-30 octobre 1906), s'est également terminé par un traité en forme dont les conditions furent arrêtées par une Commission mixte composée de sept patrons et sept ouvriers. Ce conflit, malgré son importance, ne fut d'ailleurs troublé par aucune violence regrettable (De Seilhac, *Le lock-out de Verviers*, broch., 1907, *Quest. prat.*, 1907, p. 253). — Sur les contrats collectifs de travail, et sur leur conclusion, soit directement entre les groupements patronaux et ouvriers, soit par l'entremise de conciliateurs ou d'arbitres, parfois même à la suite d'une intervention officieuse des pouvoirs publics : voir *infra*, chap. IV, et titre III.

---

[1] Voici quelques chiffres caractéristiques, d'une exactitude approximative. Les grandes grèves des houillères du Pas-de-Calais, en 1893, auraient coûté 6 millions et demi de salaires aux ouvriers et 14 millions aux Compagnies. La grève de Montceau (1901), qui dura un mois et demi, aurait coûté environ 3 millions aux ouvriers, 6 ou 7 millions à la Compagnie.

[2] Comp. en ce sens : Bureau, *Le contrat de travail*, p. 244 et s. ; Raynaud, *Le contrat collectif de travail*, 1 vol. in-8°, 1902.

[3] *Bull. Off. trav.*, 1900, p. 44. — V. aussi Fr. Höst, *Grèves et lock-outs en Danemark* (*Bul. Soc. de législ. compar.*, 1904, p. 347).

SECTION II. — **Histoire du droit de coalition Législation comparée**

I. Les coalitions sous l'ancien régime [1]. — **298.** — Cette forme particulière de la lutte engagée entre le capital et le travail n'est pas aussi moderne qu'on pourrait le supposer. Sans remonter à l'antiquité classique, qui a plutôt connu les conflits politiques [2] ou les guerres serviles, que les coalitions véritables d'ouvriers libres contre les patrons, sans rechercher quelle fut la portée exacte des édits ou constitutions de Dioclétien, Zénon ou Justinien, dirigés au moins autant contre l'accaparement des denrées nécessaires à l'alimentation que contre les coalitions ouvrières proprement dites, il est incontestable qu'au moyen âge les coalitions ont été fréquentes, et souvent accompagnées de troubles graves.

L'histoire des corps de métiers dans les différents pays d'Europe, spécialement dans les Flandres, en France, en Allemagne, en Italie, voire même en Suisse et en Angleterre, nous représente les artisans ou gens de métier fréquemment engagés dans des luttes violentes contre les seigneurs qui les exploitent ou les rançonnent trop durement.

299. — Lorsque la ligne de démarcation commence à se préciser entre les patrons et les ouvriers ou compagnons, confondus à l'origine dans une même sujétion au regard des seigneurs, le conflit change de caractère ; c'est entre les compagnons que se nouent les *cabales*, et le seigneur n'intervient plus que comme souverain, pour empêcher ces ententes, souvent accompagnées de violences, de troubler l'ordre public.

Au début, nous voyons l'autorité royale ou les seigneurs interdire indifféremment toutes ententes, soit entre patrons, soit entre ouvriers [3].

---

[1] Bibliographie. — Cons. de préférence, sur l'histoire des coalitions, parmi les ouvrages mentionnés *supra* dans notre introduction historique : Levasseur, Martin Saint-Léon, Germain Martin, Boissonnade, du Bourg, Godart, Hauser, Vaillé, Dagallier. — V. aussi parmi les ouvrages cités au début du présent chapitre : Laurain, Drioux, Jourdain. — *Adde* : Ch. Renault, *Histoire des grèves* ; Malapert, *Etude historique sur les coalitions*, *Journ. des écon.*, t. XXVI, 3e sér., p. 356; Simonin, *Une insurrection ouvrière à Florence en 1378*, *Ibid.*, t. XXXII, 3e série ; Hauser. *Histoire d'une grève au XVIe siècle, les imprimeurs lyonnais*, Girard, 1902 ; Pirenne, *Histoire de Belgique, des origines au commencement du XIVe siècle*, liv. II et III ; etc.

[2] Tel semble avoir bien été le caractère des retraites de la plèbe romaine sur le Mont-Aventin, qualifiées un peu arbitrairement de *grèves* par M. P. Leroy-Beaulieu (*Répart. des richesses*, p. 396).

[3] Beaumanoir, *Coutumes de Beauvoisis*, chap. XXX, 62 ; Jean Bouteillier, *Somme rurale*, liv. I, tit. 28 v° *Monopole* ; Ordon. de Philippe IV, 1305 (Isambert, *Rec. des*

Mais bientôt, les patrons ayant réussi à placer sous la sauvegarde de l'autorité les statuts corporatifs, manifestement rédigés dans l'intérêt des maîtres, les ententes patronales sont tolérées, et toutes les sévérités des lois ou des statuts municipaux sont dirigées contre les coalitions de compagnons[1].

Au fur et à mesure que le caractère aristocratique et héréditaire des corporations s'accentue, le fossé s'élargit entre patrons et salariés, et chaque jour aussi les griefs s'accumulent et s'aggravent. Ainsi s'expliquent ces explosions violentes, si fréquentes au XVIIIe siècle (qualifié par Brentano de siècle des insurrections ouvrières), que la royauté essaie vainement de réprimer (ordonn. 13 août 1720, 2 janv. 1744, 17 févr. 1777)[2]. Le rétablissement des corporations, supprimées pendant quelques mois par l'édit éphémère de Turgot (V. *supra* n° 127), ne fit que surexciter la classe ouvrière ; et l'on vit à la veille de la Révolution les mises en interdit se multiplier, en dépit des défenses les plus sévères.

II. Les coalitions en France, depuis la Révolution. — **300.** — **Assemblée constituante, loi Chapelier.** — Tout en proclamant la liberté du travail, la Constituante crut devoir prohiber rigoureusement la coalition, dans laquelle elle se refusait à voir un corollaire indispensable de cette liberté même, soit parce qu'elle considérait l'agitation ouvrière comme menaçante pour l'ordre public, soit, et plus vraisemblablement, parce qu'elle redoutait de voir, sous couleur de coalitions patronales, se reconstituer les corporations à monopole qu'elle venait de détruire[3] (V. *supra*, nos 140 et suiv., et *infra*, chap. IV).

D'où l'insertion dans la loi des 14-17 juin 1791 (*loi Chapelier*), d'une disposition portant « que si, contre les principes de la liberté et de la constitution, des citoyens attachés aux mêmes professions, arts et métiers, prenaient des délibérations, faisaient entre eux des conventions tendant à refuser de concert ou à n'accorder qu'à un prix déterminé le secours de leur industrie et de leurs travaux, lesdites

---

ordonn., II, p. 830), et Philippe VI, 18 mars 1330 (*ibid.*, IV, p. 383) ; Règlement du corps de ville de Rouen, 1320 (Chéruel, *Hist. de Rouen*), etc...

[1] Ordonn. roy. de 1401, 1466, 1539, édit de 1541, déclar. roy. du 10 septembre 1572. — Cons. d'Avenel, *Hist. économique de la propriété, des salaires et des prix de 1200 à 1800, passim* ; Hauser, *op. cit.*, p. 178 et s. ; Vaillé, p. 54 et suiv. ; Jourdain, p. 20 et suiv.

[2] Sur les coalitions ouvrières au XVIIIe siècle, consult. principalement Germain Martin, Bonnassieux, Flammermont, *Des grèves et des coalitions ouvrières à la fin de l'ancien régime* (*Bull. du Comité des trav. historiques, sect. des sc. écon. et soc.*, année 1894) ; Godart, Dagallier, etc. — V. aussi *supra*, nos 106 et 123.

[3] Cons. notamment, sur la législation de l'époque intermédiaire : Sauzet, *Essai historique sur la législation industrielle* ; Paul Boncour, *Fédéralisme économique* ; Vaillé, p. 163 et suiv. ; Jaurès, *Histoire socialiste*, t. Ier, p. 605 et suiv.

délibérations accompagnées ou non de serment seraient déclarées inconstitutionnelles et attentatoires à la liberté et à la déclaration des droits de l'homme ».

301. — La législation répressive, du Code pénal à la loi de 1864. — Le Consulat et l'Empire, moins par le désir d'empêcher la reconstitution des corporations que par méfiance à l'égard des classes populaires, aggravèrent même la prohibition, et s'efforcèrent de la rendre surtout efficace à l'encontre des ouvriers. La pénalité édictée par les articles 414 à 416 du Code pénal (qui eux-mêmes reproduisaient en les aggravant les pénalités de la loi du 22 germin. an XI) contre les coalitions ouvrières, était en effet plus forte que celle atteignant les coalitions de patrons, lesquelles n'étaient en outre punissables que si elles étaient *injustes* ou *abusives* [1].

La République de 1848 se montra tout d'abord favorable au droit d'association sous toutes ses formes. Mais, après les événements de juin, ces tendances se modifièrent; et, malgré les protestations d'Arago, Bastiat, Wolowski et Sainte-Beuve, en faveur de la liberté, le législateur de 1849 maintint, sur le rapport de M. de Vatimesnil, le caractère délictueux de la coalition.

302. — La loi du 27 novembre 1849 [2] se borna à supprimer l'inégalité injustifiable dans la répression que consacrait le Code pénal, en décidant que toute coalition, soit patronale, soit ouvrière, constituerait un délit, passible pour chaque adhérent d'un emprisonnement de six jours à trois mois et d'une amende de 16 à 10,000 fr., et pour les chefs et meneurs d'un emprisonnement de deux à cinq ans.

Cette égalité entre patrons et ouvriers n'était cependant qu'apparente. En fait, la répression était beaucoup plus dure pour les ouvriers, à un double point de vue : d'abord parce que les coalitions patronales, ne groupant qu'un petit nombre de personnes, passent le plus souvent inaperçues; ensuite parce qu'il est beaucoup moins grave pour des patrons de s'exposer à des poursuites éventuelles, qui ne sauraient les ruiner, que pour des ouvriers qui, s'ils font grève, ont en perspective la prison et le congédiement, avec son cortège de misères lamentables pour eux et leur famille.

303. — Reconnaissance légale du droit de coalition : loi de 1864 [3].

---

[1] Sur l'attitude du Gouvernement de Juillet à l'égard des grévistes, cons. notamment : Ph. Gonnard, *Les passementiers de Saint-Etienne en 1833*, broch. 1907.

[2] Sur les applications jurisprudentielles de la loi de 1849, cons. Dall., *Rép.*, v° *Ouvriers*, n°s 146 et suiv.

[3] Cons. notamment : Emile Ollivier, *L'Empire libéral*, t. VI, *La loi de coalition*;

— Aux sévérités excessives de la répression, le gouvernement impérial essaya tout d'abord de porter remède par l'exercice le plus large du droit de grâce ; mais ce palliatif n'était pas sans danger, car il était en quelque sorte un encouragement à la violation de la loi (Rapp. adressé à l'Empereur par le Ministre de la justice et des travaux publics, *Moniteur*, 1864, p. 315, 374). Certains tribunaux persistaient à appliquer rigoureusement la loi (Cass., 24 fév. 1859, D. 59, 1, 188) ; d'autres prononçaient des condamnations illusoires ou même des acquittements.

Les plaintes contre un tel état de choses devinrent de plus en plus vives, et déterminèrent le gouvernement à soumettre au Corps législatif un projet tendant à modifier, dans un sens libéral, les articles 414 à 416 du Code pénal. Ce projet fut adopté et devint la loi du 25 mai 1864 (*Rec. Cohendy*, p. 75), dont la disposition caractéristique consiste dans la *suppression du délit de coalition*, remplacé par le délit d'atteinte à la liberté du travail.

304. — Lois de 1884 et 1892. — La coalition devenue licite, la loi prohibait comme par le passé toute association professionnelle permanente, même dissimulée sous l'apparence d'une coalition (loi 10 avril 1824, interdisant toute association de plus de vingt personnes), le droit de réunion lui-même demeurait interdit ; et à plus forte raison était-il interdit aux coalisés de constituer une permanence ou Comité central destiné à diriger, même temporairement, la coalition ouvrière (Crim. cass., 23 févr. 1866, D. 66, 1, 89 ; 7 févr. 1868, S. 69, 1, 42). Étaient prohibées également toutes défenses ou interdictions prononcées en vertu d'un plan concerté (art. 416. C. pén). — Les coalitions, théoriquement autorisées, étaient ainsi privées des seules armes qui rendissent leur action efficace, et placées sous le coup de poursuites pénales, dès qu'elles se manifestaient extérieurement avec quelque énergie.

La situation changea pour elles, avec la loi du 30 juin 1881 sur la liberté de réunion, et surtout avec la loi du 21 mars 1884 sur les syndicats professionnels, qui, en reconnaissant aux patrons et aux ouvriers le droit de s'associer à titre permanent pour la défense de leurs intérêts, et en abrogeant expressément l'article 416 du Code pénal, fit disparaître les entraves qui s'opposaient jusqu'alors à l'exercice complet du droit de coalition et assura aux coalitions futures le point d'appui qui leur manquait.

La loi du 27 décembre 1892, que nous commenterons *infra* (tit. III),

---

P. de la Gorce, *Histoire du second Empire*, t. IV, p. 288 et s. — V. aussi Levasseur, *Histoire des classes ouvrières de 1789 à 1870*, liv. IV, chap. VIII.

et le décret du 17 septembre 1900 sur les Conseils du travail, étudié *supra* (chap. Ier) sont venus, d'autre part, sans porter aucune atteinte aux droits consacrés par les lois de 1864 et 1884, fournir à tous les intéressés un moyen légal (au moins théoriquement) de prévenir les grèves, ou d'y mettre fin par des accords amiables.

III. Les coalitions a l'étranger. — **305.** — La plupart des lois étrangères contemporaines admettent plus ou moins complètement le droit de coalition.

Angleterre et Etats-Unis. — La plus favorable de toutes, au moins depuis la loi du 21 décembre 1906, est incontestablement la législation anglaise. Dès 1824, l'*Angleterre* abrogeait, dans son application aux coalitions ouvrières, l'antique délit de *conspiracy* et proclamait la liberté de coalition (loi 21 juin 1824). Seuls les faits de violence, et menaces contre les personnes ou les biens, et certaines molestations (enlèvement des outils ou vêtements des non-grévistes, *rattening*, — poursuite tumultueuse sur la voie publique, même sans voies de fait, etc.), étaient réprimés par la loi (loi 13 août 1875, *Ann. de lég. étrang.*, 1876, p. 177) [1].

Cette législation, libéralement appliquée par la jurisprudence, laissait donc à l'abri de toute répression pénale, comme la loi française de 1884, la simple mise à l'index, sans violence. L'on avait même longtemps considéré que la responsabilité civile du syndicat promoteur de la grève ne pouvait, en pareil cas, être mise en jeu. Toutefois, par deux arrêts de principe (22 juill. et 5 août 1901), qu'il est intéressant de rapprocher des solutions admises par les tribunaux français, la Chambre des Lords, statuant comme Cour de cassation, avait modifié cette jurisprudence, et admis, en certains cas, la responsabilité civile des unions ouvrières. Dans l'une de ces deux affaires (Cie du Taff Vale), le syndicat des employés de chemins de fer fut, sur renvoi après cassation, condamné par jugement du Banc du roi à £ 23,000 (575,000 fr.), de dommages-intérêts envers la compagnie plaignante.

Cette nouvelle jurisprudence provoqua dans les milieux ouvriers une émotion intense, dont, depuis 1901, tous les Congrès annuels des *Trades-Unions* se firent l'écho. L'affaire fut portée sur le terrain politique par le parti libéral, associé au parti ouvrier, et, dès le lendemain de son avènement, le ministère libéral Campbell-Bannermann saisit la Chambre

---

[1] Les lois antérieures, 6 juillet 1825, 28 juin 1871, punissaient même le *picketing* (simple surveillance sans menaces), aux abords des ateliers, ou des maisons des non-grévistes. Ce délit a été supprimé par la loi de 1875. — Cons. Smith, *Les coalitions*; Vaillé, p. 238; Jourdain, p. 154 et s.; Bry, *Histoire industrielle et économique de l'Angleterre*, 1900.

des Communes d'un projet de loi donnant pleine satisfaction aux syndicats. Ce projet est devenu la loi du 21 décembre 1906 (*Ann. de la législ. du travail*, 1906, p. 208), l'une des lois sociales les plus hardies qui aient jamais été votées.

Aux termes de la loi nouvelle, aucune poursuite judiciaire ne peut plus être intentée contre les trades-unions pour actes relatifs à la préparation ou à la conduite d'un conflit de travail ; sont seuls exceptés de cette immunité les actes qui constitueraient des crimes ou délits de droit commun. C'est l'abrogation virtuelle de la loi de 1875.

Echappent à toute responsabilité civile les trades-unions qui auraient provoqué ou encouragé la grève. Leurs fonds, même si elles sont enregistrées et partant investies de la personnalité morale, se trouvent donc, légalement, à l'abri de toute poursuite en dommages-intérêts émanant des patrons ou des tiers lésés par la grève. — Les coalitions patronales jouissent naturellement des mêmes droits [1].

Aux *Etats-Unis*, au contraire, la loi de *conspiracy*, partie intégrante de la *common law* britannique, existe toujours à l'encontre des coalitions, mais plutôt à l'état de menace, car elle n'est que rarement appliquée à raison de la puissance des organisations ouvrières [2]. Il est d'ailleurs illogique de prohiber la coalition, groupement momentané, et de reconnaître le syndicat, groupement permanent et centre naturel de toutes les *conspiracys* ourdies contre le capital. Aussi est-ce plutôt dans le sens des institutions d'arbitrage officiel (V. tit. III, *infra*), que dans

---

[1] Sur la législation anglaise et le mouvement qui a déterminé le vote de la loi de 1906, cons. notamment : M. Alfassa, *Les trades-unions en 1902* (*Mus. soc.*, docum., mars 1903); Mantoux et Alfassa, *La crise du trade-unionisme*, 1 vol. in-8, 1903; Briquet, *Les trades-unions devant les tribunaux anglais*, *Mouvem. socialiste*, nos 8, et 15 févr. 1902; P. Leroy-Beaulieu, *Le droit de grève* (*Econ. franç.*, 4 janv. 1902); A. Amieux, *Une grande loi sociale anglaise* (*Quest. prat.* 1907, p. 96). — Sur la suppression presque complète des grèves dans certaines colonies anglaises autonomes (Nouvelle-Zélande, Australie du Sud, etc.), par le mécanisme de l'*arbitrage obligatoire*, v. *infra*, nos 1266 et s. — Cf. dans le sens de l'irresponsabilité complète des syndicats : E. Lévy, *L'affirmation du droit collectif*, 1903.

[2] Signalons toutefois une décision toute récente de la Cour suprême des Etats-Unis (févr. 1908), susceptible de provoquer dans les milieux ouvriers de l'Union une émotion analogue à celle que provoquèrent en 1901, en Angleterre, les arrêts de la Chambre des lords. D'après cet arrêt, l'*antitrust law* de 1892 ne s'appliquerait pas seulement aux coalitions patronales poursuivant un but de monopolisation, mais aussi aux mises à l'index émanées des syndicats ouvriers et susceptibles de « réduire la circulation commerciale » (*Journ. des Débats*, 23 févr. 1908). — Sur les coalitions aux Etats-Unis, cons. notamment : Levasseur, *L'ouvrier américain*; Richard Ely, *The labor Movement in America*; Carol Whright, *Industrial évolution of the United states*, p. 236 et s.; Crouzel, *Le droit anglais et le droit américain en matière de coalition et de grèves* (*Rev. pratique de droit industr.*, 1893, p. 318 et s.); Finance, *Les syndicats ouvriers aux Etats-Unis* (*Réforme sociale*, 1894, 2, 265); Lepelletier, *Grèves aux Etats-Unis* (*Bull. Soc. de législ. comp.*, 1905, p. 147). — V. au surplus, sur les associations ouvrières aux Etats-Unis, la bibliographie jointe à notre chap. IV, *infra*.

la voie périlleuse de l'application stricte d'une législation surannée, que se sont orientés depuis longtemps la plupart des Etats de l'Union américaine.

306. — Allemagne. — La législation allemande sur le droit de coalition ressemble beaucoup à notre législation de 1864. Elle ne réprime pas seulement les atteintes à la liberté du travail par violences ou menaces, mais aussi, comme notre article 416 abrogé en 1884, la simple mise à l'index en vertu d'un plan concerté (Gewerbeordnung de 1869, art. 152 et suiv., maintenus en 1891)[1].

Le gouvernement allemand, en présence de la recrudescence des grèves, crut opportun, il y a quelques années, de renforcer cette législation répressive, d'accroître les pénalités, voire même de punir certains faits jusqu'alors réputés licites, tels que le *rattening* ou le *picketing* (v. *supra*). Il déposa un projet en ce sens sur le bureau du Reichstag; mais ce projet, très violemment attaqué dans la presse à raison des pénalités excessives qu'il édictait (cinq ans de travaux forcés pour les menaces dans certains cas spécifiés), fut repoussé à une forte majorité, en novembre 1899, et n'a pas été repris.

307. — Autriche-Hongrie. — Dans la petite industrie, placée sous le régime de la corporation obligatoire, les ententes en vue de cesser le travail sont interdites. Dans la grande industrie, les grèves sont implicitement permises; elles ne peuvent en effet donner lieu à des poursuites pénales que si elles sont accompagnées de violences ou menaces (loi autrichienne, 7 avr. 1870, art. 2), ou d'attroupements devant les ateliers (C. pén. hongr., art. 177) ; mais les pouvoirs très étendus dont l'autorité administrative est investie sur la population ouvrière (faculté d'expulser d'une province les ouvriers *vagabonds* ou *paresseux*) permettent parfois de prévenir les grèves en dispersant les meneurs. — Decrais, *Rapport sur les conditions du travail en Autriche-Hongrie.*

308. — Belgique. — La loi belge du 31 mai 1866 était à peu près calquée sur la loi française de 1864. Mais les grèves ayant pris à une certaine époque un caractère de gravité inquiétant, le législateur belge, à l'inverse du législateur français, crut devoir renforcer les pénalités, et réprimer certains faits jusqu'alors non prévus, tels que les bris d'outils, les actes d'intimidation à l'adresse des ouvriers non grévistes,

---

[1] Morisseaux, *Législation du travail en Allemagne;* Michel, *La législation sur les grèves et les délits connexes en Allemagne* (*Écon. franç.*, 12 avr. 1899, 2, p. 235); H. Heinemann, *Das Koalitionrecht* (*Soz. Praxis*, 11 déc. 1902); Blondel, *Les grèves en Allemagne* (*Bull. Soc. de législ. comparée*, 1905, p. 122).

les attroupements, etc. (L. 30 mai 1892, *Ann. de législ. étrang.*, 1893, p. 480)[1].

309. — Russie. — Seule de tous les Etats européens, la Russie ne connaît point la liberté de coalition. Toute entente entre patrons ou ouvriers est un délit (L. 3-13 juin 1886)[2]; si la grève paraît avoir eu pour cause la violation par le patron des prescriptions tutélaires de la loi, les ouvriers n'échappent pas à la répression, mais le patron coupable est puni de trois mois d'arrêt et déchu du droit de diriger une fabrique. Ce régime de contrainte et de compression, tempéré par la tutelle directe et étroite du pouvoir, ne paraît pas avoir produit de très heureux résultats, depuis que la grande industrie, grâce à l'afflux des capitaux occidentaux, s'est développée dans les principaux centres; depuis quelques années, les grèves ont sensiblement augmenté, et plusieurs d'entre elles ont entraîné des collisions sanglantes. — Sur le caractère politique de certaines grèves récentes, liées à l'agitation révolutionnaire, v. *supra*, n° 289.

310. — Autres Etats européens. — La législation *italienne*, à l'instar de la législation française, ne réprime la coalition qu'autant qu'elle est accompagnée de violences ou de menaces (C. pén., 1889, art. 155 et suiv.).

L'*Espagne*, le *Portugal*, les *Etats scandinaves*, qui tous admettent la liberté d'association, n'édictent aucune pénalité spéciale contre les délits de violences ou de menaces dont les coalitions peuvent être l'occasion. Ces délits tombent sous l'application du droit commun (Vaillé, p. 227 et s.).

Il en était de même, il y a quelques années, aux Pays-Bas. Mais à la suite d'une grève des ouvriers et employés de chemins de fer qui dégénéra en une véritable grève générale, menaçante pour l'ordre public, le Parlement néerlandais vota d'urgence (L. 11 avril 1903, *Ann. de législ. du trav.*, 1903, p. 481) une loi modifiant le Code pénal en vue de réprimer pénalement les violences et actes d'intimidation (*picketing*) commis au cours d'une grève, ainsi que tout arrêt concerté du service des voies ferrées (Stilting, *Mouvement gréviste aux Pays-Bas en 1903*, 1907).

311. — Suisse. — La législation suisse présente aujourd'hui une

[1] Pour l'interprétation de la loi belge, cons., dans la *Revue pratique du droit industriel* (*Rev. belge*, Liège), les études sur *Les atteintes à la liberté du travail*, de MM. Bodeux (1898 et 1899), et Halflants (1902).

[2] Cons. notamment : Verstraete, *La Russie industrielle*, 1897; Kovalevski, *Le régime économique de la Russie*, 1901; Marie Stromberg, *La production capitaliste et la question ouvrière en Russie* (*Rev. soc.*, juillet 1907).

physionomie particulière. La loi fédérale, en effet, n'édicte contre les coalitions aucune pénalité; les faits de grève ne peuvent donc être réprimés, comme dans les législations précitées, que par application du droit commun sur les violences ou menaces. Mais certaines lois cantonales récentes ont apporté à ce principe d'importantes dérogations. C'est ainsi que la loi *genevoise* du 10 février 1900, fixant le mode d'établissement des tarifs d'usage entre ouvriers et patrons et réglant les conflits relatifs aux conditions de leurs engagements, a édicté tout un ensemble de mesures, sur lesquelles nous reviendrons (tit III, *infra*), pour empêcher tout arrêt brusque du travail.

D'autre part, la loi de police de Bâle-Ville, mise en vigueur en 1905, contient un article 164, réprimant les violences et menaces commises au cours d'une grève, voire même la simple mise à l'index (fait reconnu licite par la jurisprudence fédérale, Trib. féd., 18 octobre 1899 (*Ann. de dr. com.*, 1900, p. 99). Un projet tendant à l'abrogation de cette loi d'exception vient d'être rejeté par le référendum populaire (*Rev. pop. d'écon. soc.*, janvier 1908). Une loi analogue, ne visant pas toutefois la mise à l'index, et organisant l'arbitrage, vient d'être votée par le Grand Conseil *bernois*, et ratifiée par un référendum populaire (23 février 1908).

SECTION III. — Commentaire des articles 414 et 415 du Code pénal. — Conséquences de l'abrogation de l'article 416

312. — Délit d'atteinte à la liberté du travail. — Depuis 1864, la coalition est permise, soit entre patrons, soit entre ouvriers. Les uns et les autres peuvent donc se concerter librement, soit en vue d'agir sur le taux des salaires, soit pour tout autre objet se rattachant aux conditions du contrat de travail (V. *supra*).

Mais la loi prohibe sous peine d'un emprisonnement de six jours à trois ans et d'une amende de 16 à 3,000 francs, ou de l'une de ces peines seulement, les violences ou voies de fait, les menaces ou manœuvres frauduleuses employées par les coalisés contre les dissidents (art. 414 C. pén., modifié par la loi de 1864). Les faits prévus par cette disposition constituent le délit d'atteinte à la liberté du travail, nettement distinct de l'ancien délit de coalition : effectivement, lesdits faits ne supposent aucun concert, aucune entente collective : même émanés d'un ou de plusieurs individus, agissant isolément, ils peuvent servir de base à la répression. Toutefois, l'existence d'un plan concerté pour l'exécution des faits délictueux visés par l'article 414 constitue une circonstance aggravante; d'où la faculté conférée au juge par l'article 415 de placer en pareil cas les coupables sous la surveillance de la *haute police* (remplacée par l'*interdiction de séjour*, l. 27 mai 1885).

313. — Le délit *sui generis*[1], prévu et puni par les articles 414 et 415 du Code pénal, suppose la réunion de deux conditions : — 1° Il faut qu'il y ait eu des *violences* ou des *voies de fait*, des menaces ou des *manœuvres frauduleuses*. Le terme de *violences* se réfère aux coups et blessures ; l'expression *voies de fait* désigne plus spécialement les violences légères, qui n'occasionnent aucune blessure, y compris même ces voies de fait dépourvues de tout caractère de gravité qui, de droit commun, n'entraîneraient que l'application d'une peine de simple police, aux termes de l'article 605 du Code de brumaire an IV (lequel, d'après la jurisprudence, n'a point été abrogé par l'art. 311 C. pén. : Cass., 7 janv. 1881, D. 81, 1, 278). Ces voies de fait sans gravité, lorsqu'elles interviennent dans l'hypothèse prévue par l'article 414, dégénèrent en un délit correctionnel, passible des peines édictées par ledit article (Comp. Drioux, p. 562). En ce qui concerne les *menaces*, l'article 414 est aussi large que possible. Il n'est donc pas nécessaire, pour qu'elles soient punissables, lorsqu'elles interviennent en vue de soutenir une coalition, que les conditions prévues par les articles 305 et 309 du Code pénal soient réunies, c'est-à-dire qu'il s'agisse de menaces écrites, ou de menaces verbales faites avec ordre ou sous condition ; de simples menaces verbales, même sans condition, faites par l'un des coalisés, peuvent constituer le délit prévu par l'article 414, pourvu qu'elles affectent un caractère suffisant de gravité[2].

---

[1] Sur les éléments constitutifs de ce délit : cons. notamment Garraud, *Traité théorique et pratique du droit pénal français*, t. V, p. 436 et suiv. ; Garçon, *Code pénal ann.* (collect. Sirey), sous l'art. 414 ; Cohendy et Darras, *C. comm.*, t. II, *appendice*, sous l'art. 414, p. 985 et s.

[2] Le droit commun reprendrait au contraire son empire, et les pénalités correctionnelles ou criminelles édictées par les articles 305 et suiv., 309 et suiv., 400 et 436 du Code pénal devraient être considérées comme applicables, si les violences ou les menaces affectaient le caractère de gravité prévu expressément par lesdits articles. L'article 414 peut en effet avoir pour résultat d'aggraver, jamais d'atténuer les pénalités encourues. — Douai, 18 avril 1867, D. 67, 2, 246. Conf. Dall., *Suppl. Rép.*, v° *Travail*, n° 663.

Mais encore faut-il, pour que les articles 414 et 415 s'appliquent, que l'on soit en présence de faits ayant le caractère de *menaces* véritables, c'est-à-dire de propos ou d'écrits propres à faire appréhender sérieusement, par ceux qui en sont l'objet, un attentat dirigé contre leur personne ou contre leurs biens : irruption dans le chantier où travaillent les non-grévistes, accompagnée de *menaces* de voies de fait, Bourges, 15 juin 1894, D. 94, 2, 441 ; Grenoble, 18 juill. 1901, D. 1902, 2, 470 ; lettre ouverte d'un député proclamant que, s'il n'est pas fait droit aux réclamations des grévistes, ceux-ci répondront par la violence et qu'il se mettra à leur tête ; publication dans un journal de listes de souscriptions où s'étalent des menaces de mort, etc. Toulouse, 20 juill. 1896, aff. Rességuier (administ. des Verreries, de Carmaux) c. Jaurès, *La Dépêche* et la *Petite République*, et sur pourvoi Req. rej., 29 juin 1897, D. 97, 1, 537,

314. — L'expression de *manœuvres frauduleuses* est plus élastique que les précédentes. Mais le rapporteur de la loi de 1864, M. Emile Ollivier, en a précisé le sens, en subordonnant l'existence du délit à la réunion des trois circonstances suivantes : *a*) la *fraude*, c'est-à-dire un acte accompli de *mauvaise foi* ; *b*) des actes combinés artificieusement en vue de surprendre la confiance ; *c*) des actes de nature à *faire impression* sur ceux dont on se propose de forcer l'adhésion. Il est certain d'ailleurs que cette paraphrase de l'expression *manœuvres frauduleuses*, malgré sa précision apparente, laisse aux juges du fond la plus grande liberté d'appréciation.

L'on peut citer comme exemple de manœuvres de ce genre : la propagation de fausses nouvelles, les imputations calomnieuses sur le compte des gérants, soit par la voie de la *presse* (aff. Rességuier-Jaurès, citée *supra* en note. Conf. Dall., *Suppl. au Rép.*, v° *Travail*, n° 669, et Barbier, *Code de la presse*, t. I, p. 262), soit par toute autre voie ; — les lettres d'intimidation conçues en termes destinés à abuser le destinataire sur la personnalité ou qualité de l'envoyeur (ex. lettre anonyme des meneurs signée faussement « pour les grévistes, le Bureau », Caen, 22 oct. 1897, S. 99, 2, 306), etc. — Il est plus que douteux, au contraire, comme nous l'avons fait observer *supra*, en note, que le simple groupement des grévistes à l'entrée des usines, puits ou chantiers, en vue *d'intimider* les ouvriers non grévistes se rendant au travail ou en sortant, puisse être qualifié soit de menaces, soit de manœuvres frauduleuses, alors du reste que les grévistes conservent une attitude expectante, ne profèrent aucune menace et ne se livrent à aucune violence (V. cependant trib. corr. Saint-Etienne, 3 fév. 1893, *Loi*, 15-16 mars 1893, Montluçon, 30 mai 1906, précité, et les déclarations précitées de MM. Guérin et Goblet au Sénat).

315. — 2° La deuxième condition requise pour l'existence du délit spécial prévu par les articles 414 et 415 réside dans le *but* poursuivi.

---

concl. de M. l'avocat général Duval et note de M. Dupuich, S. 97, 1, 17, et note de M. Esmein, *Pand.* 97, 1, 337, et note de M. Mérignhac. — Mais, la loi française, à la différence de certaines lois étrangères, telles que les lois anglaise (avant 1906), américaine ou belge, n'ayant pas déclaré punissables les simples faits d'intimidation, tels que le *rattening* ou le *picketing* (enlèvement d'outils sans violence aux abords des ateliers, etc...), nous ne saurions admettre, avec certains auteurs (Fabreguettes, *La question sociale*, p. 79, conf. déclar. au Sénat, 6 juill. 1893, *Offic.*, p. 1051, de MM. Guérin, garde des sceaux, Goblet, et Marcel Barthe), que ces faits puissent donner lieu à des poursuites pénales, soit comme *menaces*, soit comme manœuvres *frauduleuses*. — Vaillé, p. 224. V. cependant trib. corr. Montluçon, 30 mai 1906 (D. 1907, 5, 11) : d'après ce jugement, tomberait sous l'art. 414 le seul fait, par des ouvriers grévistes, de se réunir en groupes compacts aux abords de l'usine, et d'en interdire l'entrée « sur un ton impérieux et avec des gestes résolus ».

Il faut que les actes ci-dessus énumérés (violences, menaces ou manœuvres) aient eu pour but de porter *atteinte à la liberté du travail*, en assurant le succès d'une coalition, qui risquait de ne pas aboutir sans l'emploi de ces moyens illicites (*Sic* : décl. formelle du rapporteur, M. Emile Ollivier), Paris, 16 oct. 1894, *Gaz. Pal.*, 94, 2, 679. Il n'est pas indispensable, d'ailleurs, que le but poursuivi ait été réellement atteint ; il suffit qu'il y ait eu *tentative*, dans le sens de l'article 2 du Code pénal, c'est-à-dire un commencement d'exécution, suspendu par des circonstances indépendantes de la volonté de son auteur.

Ces deux conditions sont nécessaires et suffisantes. Il n'est pas nécessaire que les actes incriminés émanent de l'un des ouvriers. S'ils sont le fait d'un tiers, d'un journaliste par exemple ou d'un homme politique intéressé pour des raisons de parti au succès de la grève, ils n'en sont pas moins délictueux. Mais la responsabilité pénale du tiers ne saurait être engagée, s'il s'était borné à *conseiller* les actes incriminés, et s'il ne pouvait, à raison des circonstances, être considéré ni comme coauteur, ni comme complice des voies de fait, menaces ou manœuvres imputées aux grévistes. — Toulouse, 20 juill. 1896, aff. Rességuier, arrêt précité. — Cons. sur la distinction, parfois délicate, à faire entre le conseil et la coopération active, les notes de MM. Esmein, Mérignhac et Dupuich sous ledit arrêt. — Cons. également dans la même affaire, le rapport de M. l'avocat général Duval à la Cour de cassation, la consultation en faveur de M. Rességuier, de M. Waldeck-Rousseau (*Gaz. Pal.*, numéro du 15 févr. 1896), les conclusions de M. le procureur de la République Gensoul devant le tribunal civil de Toulouse (Jug. du 19 mars 1896, *Gaz. Pal.*, 24 mars 1896) [1].

316. — Mise à l'index. — Abrogation de l'article 416 ; ses conséquences juridiques. — Afin, ou sous le prétexte d'assurer plus complètement le respect du principe de la *liberté du travail*, la loi de 1864 avait, dans l'article 416 du Code pénal, prévu et puni un autre ordre de faits, qualifié par le rapport d'*atteintes légères* à la liberté du travail, par opposition aux atteintes graves visées par l'article 414. Aux termes de cet article 416, étaient « punis d'un emprisonnement de six jours à trois mois, et d'une amende de seize francs à trois cents francs, ou de l'une de ces deux peines seulement, tous ouvriers, patrons et entrepreneurs d'ouvrage qui, à l'aide d'amendes, défenses, proscriptions, interdictions prononcées par suite d'un plan concerté, auront porté atteinte au libre exercice de l'industrie ou du travail ». Cette disposition avait été vivement critiquée, dès 1864, non sans raison, par MM. J. Favre et

[1] Cons. également pour l'histoire complète de la grève de Carmaux, de Seilhac, *La grève de Carmaux et la Verrerie d'Albi*, 1897.

J. Simon. Ces deux orateurs faisaient remarquer que le maintien dans le Code pénal d'un délit ainsi caractérisé équivalait presque au rétablissement, sous un autre nom, du délit de coalition : « Qu'est-ce en effet, disaient-ils en substance, que le *plan concerté*, sinon la coalition sous une forme particulière ? Or, si ce fait est licite, il ne peut logiquement être érigé en délit, précisément lorsqu'il affecte la forme la plus appropriée au but poursuivi ».

M. E. Ollivier s'efforça de répondre à cette objection, très grave, en faisant observer que le plan concerté érigé en délit par la loi de 1864 ne portait pas sur la coalition même, mais exclusivement sur certains procédés d'intimidation, amendes, défenses ou interdits, constituant une atteinte manifeste à la liberté de l'industrie. Cette réponse n'était peut-être pas décisive; il est certain, en tous cas, que l'article 416 laissait planer une menace de poursuites sur toutes les coalitions, même les plus licites en apparence, et conférait aux tribunaux une liberté d'appréciation dont ils pouvaient être tentés d'abuser [1]. Aussi l'article 416 du Code pénal a-t-il été purement et simplement abrogé par l'article 1er de la loi du 21 mars 1884 sur les syndicats professionnels.

317. — Voici quelles sont les conséquences pratiques les plus importantes de cette abrogation de l'article 416, telles qu'elles découlent de la pratique jurisprudentielle (Conf. circ. min., 25 août 1884) :

A. Le fait de se concerter en vue de préparer une grève n'étant plus un délit, l'*interdiction* des établissements industriels prononcée par une assemblée générale d'ouvriers ne constitue de leur part que l'exercice d'un droit, même lorsqu'ils ont eu recours pour atteindre ce but à des affiches et à des insertions dans les journaux, pourvu que l'on ne relève contre eux aucune allégation pouvant nuire à l'honneur ou à la considération de cet établissement [2].

---

[1] « Les partisans de l'article 416, — lisons-nous dans le discours prononcé au Sénat par M. Waldeck-Rousseau, ministre de l'intérieur, en faveur de son abrogation, — reconnaissent comme légitime l'entente, le concert entre les ouvriers, les patrons, pour la défense de leurs intérêts; ils admettent les syndicats professionnels; ils admettent l'amende, *car toute convention doit avoir une sanction*... de sorte que... quand on aura atteint un but licite, la cessation du travail, par des moyens permis, *l'entente et la clause pénale*, on tombera cependant sous l'application de l'article 416 ! » (Sénat, séance du 28 janv. 1884, *Off.*, Déb. parl., p. 188. — Conf. observ. de M. Ribot et de M. Lagrange, rapp. à la Chambre des députés, et de M. Tolain, rapp. au Sénat (1884). — *Contra* : Marcel Barthe, 1er rapp. au Sénat (1882).

[2] Trib. civ. Lyon, 13 mai 1885, *Gaz. Pal.*, 85, 2e part., p. 133; Bourges, 19 juin 1894, D. 94, 2, 441 ; Toulouse, 20 juillet 1896, aff. Rességuier, précitée (motifs); Limoges, 10 juin 1902, S. 1903, 2, 223; Amiens, 7 juill. 1905, S. 1906, 2, 66; Civ. cass., 25 janv. 1905, D. 1905, 1, 153, et note Planiol, S. 1906, 1, 209, et note Wahl ;

B. La pression exercée par les ouvriers sur les patrons, même en vertu d'un plan concerté, pour obtenir par exemple le renvoi d'un de leurs camarades (pression se manifestant notamment par la *mise à l'index* du patron, décrétée par un syndicat ouvrier), quelque répréhensible qu'elle puisse être dans certains cas, ne constitue plus un délit pénal depuis l'abrogation de l'article 416. — Grenoble, 28 octobre 1890, D. 91, 2, 241 ; Civ. cass., 22 juin 1892, D. 92, 1, 449, et sur renvoi : Chambéry, 14 mars 1893, D. 93, 2, 191 ; — Nancy, 14 mai 1892, D. 92, 2, 433; Lyon, 2 mars 1894 et 15 mai 1895, D. 95, 2, 305 et 95, 2, 310; Paris, 31 mars 1896, D. 96, 2, 184; Civ. cass., 25 janv. 1905, cité *supra* en note. — *Contra* : Paris, 5 février 1901, précité.

318. — Grève, mise à l'index, syndicat promoteur, responsabilité civile. — Mais la mise à l'index d'un établissement industriel ne peut-elle pas du moins, dans certaines circonstances, engager la responsabilité des ouvriers coalisés, ou du syndicat qui en a pris l'initiative et la direction? Cette question de *responsabilité* doit être envisagée à ce double point de vue. L'on peut en effet se demander : — 1° si le patron lésé par la brusque déclaration de la grève, sans préavis ni observation des délais d'usage, ne peut pas réclamer de ce chef, à raison du préjudice qu'il éprouve, des dommages-intérêts aux ouvriers, syndiqués ou non, qui ont pris part à la lutte ; — 2° si ces mêmes ouvriers coalisés ne peuvent pas être également déclarés responsables, et condamnés à une indemnité envers les tiers lésés par leur intervention comminatoire, notamment envers le contremaître ou les ouvriers renvoyés de l'usine par le patron, sur les injonctions des grévistes?

La solution de cette double question devrait être cherchée, d'après l'école libérale, dans l'assimilation des collectivités aux individus au point de vue de la responsabilité, en cas de brusque dénonciation du contrat de louage de services. L'ouvrier, dit-on, qui dénonce brusquement, sans préavis, le contrat qui le lie au patron, est passible de dommages-intérêts (art. 1780 C. civ.) [1]; la même sanction doit, logiquement, être appliquée aux ouvriers syndiqués qui, en vertu d'un plan concerté, se mettent brusquement en grève, sans respecter les délais d'usage pour la cessation individuelle du travail, et méconnaissent ainsi leurs engagements, ou qui, sans déclarer immédiatement la grève, mettent en interdit certaines maisons et causent, de ce fait, soit aux patrons des établissements mis à l'index, soit aux ouvriers dissidents,

---

Nîmes, 30 janv. 1907, *Mon. jud. Lyon*, 26 sept. 1907. — V. cependant : Paris, 5 février 1901, D. 1901, 2, 427, S. 1902, 2, 277 (arrêt isolé, manifestement contraire à l'esprit de la loi de 1884).

[1] Pour le commentaire de cet article, v. *infra*, tit. II, chap. II, sect. IV. p. 920

et spécialement aux ouvriers congédiés sur les injonctions comminatoires des coalisés, des dommages dont il est dû réparation par le syndicat. Ces dommages-intérêts pourront être recouvrés tant sur chaque gréviste individuellement, que sur le syndicat promoteur de la grève. — Paul Leroy-Beaulieu, *De la nécessité de préciser le droit de grève* (*Econom. franç.*, 17 août 1895, 2, p. 205); Pierre Leroy-Beaulieu, *Le droit de grève et le contrat de travail* (*Econom. franç.*, 4 janv. 1902, p. 5 et s.).

319. — Cette thèse, dans sa généralité, nous paraît très discutable au point de vue du droit. En admettant qu'un doute pût subsister au lendemain de la loi de 1864, qui reconnaissait la légalité du droit de grève, mais en laissant subsister les pénalités antérieures contre la mise à l'index, ce doute a disparu depuis l'abrogation de l'article 416 du Code pénal par la loi du 21 mars 1884, article 1er. Le législateur de 1884 a entendu légitimer non seulement la coalition elle-même, mais les *moyens* employés pour la faire aboutir, et, parmi ces moyens, la mise en interdit.

Cette abrogation de l'article 416 n'a donc pas simplement fait disparaître des pénalités exorbitantes; elle a réellement eu pour résultat de conférer aux ouvriers des droits nouveaux, dont l'exercice normal ne saurait engager, *même civilement*, leur responsabilité envers qui que ce soit. La question qui se pose en présence d'une grève brusquement déclarée, ou d'une menace de grève accompagnée de mise à l'index, n'est donc pas de savoir, comme l'affirme l'école libérale, si ce congé brusque et collectif donné par les ouvriers au patron a eu lieu sans motifs suffisants, ou si cette menace de grève, non précédée de négociations amiables, a été dommageable, mais uniquement si les ouvriers n'ont pas *abusé* du droit que la loi leur reconnaît [1].

320. — Si la grève ou la mise en interdit a pour objet la *défense*

---

[1] Sur la théorie de l'*abus du droit* et son application à la responsabilité encourue par les grévistes ou par le syndicat promoteur de la grève, cons. notamment : Josserand, *De l'abus des droits*, 1905; Charmont, *L'abus du droit* (*Rev. trim. de droit civil*, 1902, 113); Saleilles, *L'abus du droit* (*Bull. Soc. d'Et. législ.*, 1905, n° 4); Marc Desserteaux, *Abus du droit ou conflit de droits* (*Rev. trim. de droit civil*, 1906, p. 119); Planiol, *Traité de droit civil*, t. II, n° 870 et note sous D. 1903, 2, 329; Wahl, note sous S. 1906, 1, 209; Ferron, note sous S. 1905, 2, 17. — V. aussi C. civ. *allemand*, art. 226. — Cf. Brunschwigg, *La responsabilité civile des syndicats professionnels à raison des atteintes à la liberté du travail*, th. 1902; Durnerin, *De la responsabilité civile pouvant résulter des grèves et coalitions ouvrières*, th. 1904; Gros, *L'interdiction du travail, Etude sur les conflits entre les syndicats et la liberté du travail*, th. 1905; Pouget, *La grève au point de vue juridique*, th. 1907. — Sur l'application corrélative de la même théorie aux agissements du patron, notamment aux mesures illicites prises par celui-ci en vue de briser un groupement ouvrier, cons. trib. Bordeaux, 14 déc. 1903, S. 1905, 2, 17.

des intérêts professionnels dont le syndicat a la garde, aucune condamnation, même civile, ne saurait être encourue. Si, au contraire, il a été fait usage de ces moyens, licites en eux-mêmes, dans une pensée malveillante soit à l'encontre du patron, à l'effet de porter atteinte à ses droits et de l'empêcher de recruter son personnel à son gré, soit à l'encontre d'un ouvrier ou d'un groupe d'ouvriers, à l'effet, par exemple, d'obtenir leur renvoi de l'usine, en ce cas l'intervention du syndicat (ou d'un groupe quelconque d'ouvriers grévistes, même non syndiqués) affecte les caractères, sinon d'une véritable atteinte à la liberté du travail, tout au moins d'un dommage susceptible de servir de base à une action en responsabilité civile.

321. — La jurisprudence. — Tels sont les principes que la jurisprudence de la Cour de cassation, et de la majorité des Cours d'appel n'a cessé d'affirmer toutes les fois qu'elle s'est trouvée en présence d'une action en dommages-intérêts dirigée contre un syndicat, ou contre un groupe d'ouvriers grévistes, par un contremaître ou un ouvrier boycotté, menacé de renvoi ou effectivement congédié par suite de la pression exercée sur le patron. — Cass., 22 juin 1892, D. 92, 1, 449, S. 93, 1, 41 (aff. de Bourgoin-Jallieu), et sur renvoi après Cass. : Chambéry, 14 mars 1893, D. 93, 1, 191, S. 93, 2, 139 ; Lyon, 2 mars 1894, D. 94, 2, 305, et la note de M. Planiol, *ibid.*, 15 mai 1895, D. 95, 2, 310 (aff. des robinettiers de Lyon) ; Paris, 31 mars 1896, D. 96, 2, 184 (aff. du pilori corporatif) ; Nîmes, 2 février 1898, *Pand.*, 98, 2, 203 ; Riom, 7 fév. 1900, S. 1903, 2, 225 ; Trib. civ. Thonon, 7 déc. 1900 (*Quest. prat.*, 1901, 124) ; Trib. civ. Lyon, 20 novembre 1901 (*Monit. jud. Lyon*, 17 déc. 1901) ; Limoges, 10 juin 1902, S. 1903, 2, 233 ; Paris, 7 déc. 1903, *Bull. Off. trav.*, 1904, 135 ; Amiens, 7 juill. 1905, S. 1906, 2, 66 ; Trib. paix de Nice, 30 mars 1906, D. 1906, 5, 62 ; Trib. paix de Besançon, 17 juill. 1907, D. 1907, 5, 47. — Conf., pour le cas de coalisés indépendants de tout syndicat : Civ. cass., 9 juin 1896, S. 97, 1, 27, et la note de M. Z... [1].

Ces solutions puisent d'ailleurs, à notre avis, leur justification, non

[1] Il y a cependant quelques dissidences. Dans la célèbre affaire Joost c. le syndicat des imprimeurs sur étoffes de Bourgoin-Jallieu, la Cour de Grenoble a formellement déclaré que la mise à l'index, étant désormais l'exercice d'un droit, ne pouvait servir de base à aucunes poursuites, même civiles, contre le syndicat : Grenoble, 28 octobre 1890, D. 91, 1, 281, S. 93, 1, 41, et la note de M. Jay dans le sens de l'arrêt, *Pand.* 92, 2, 17, et la note de M. Mongin. — *Sic* : Rennes, 21 juillet 1894, sous Cass., 9 juin 1896, précité. — Dans ces deux hypothèses, l'arrêt de la Cour a été cassé (arrêts précités de la Cour de cass., 22 juin 1892 et 9 juin 1896). — Pour une étude complète de la jurisprudence et de la doctrine sur cette délicate question, cons. notamment Boncour, *Le fédéralisme économique*, p. 247 et suiv., et les autorités citées.

seulement dans les principes généraux de la responsabilité civile, mais dans le principe posé par l'article 7 de la loi de 1884 (liberté absolue pour chacun de demeurer à l'écart du syndicat, et pour les syndiqués d'en sortir à leur gré), article que nous commenterons sous le chapitre suivant. M. Waldeck-Rousseau, dans son projet de réforme de la loi de 1884, sur lequel nous aurons également à revenir, se rallie formellement à la thèse jurisprudentielle, et propose même de la consacrer législativement (V. l'exposé des motifs du projet [1], et le texte du nouvel art. 10, *in fine*).

322. — La grève emporte-t-elle rupture ou suspension d'exécution du contrat de travail ? — Nous ne saurions approuver, par contre, l'attitude de la jurisprudence dans la question, cependant connexe, des droits du patron lui-même à l'encontre des grévistes. Sans doute, certains arrêts ont formellement reconnu aux organisations ouvrières le droit de recourir à la mise à l'index, à la seule condition de s'abstenir de toutes violences, menaces ou manœuvres. Mais, tout d'abord, ces mêmes arrêts limitent arbitrairement l'exercice de ce droit, en interdisant au syndicat le droit de s'adresser par voie d'affiches aux ouvriers de la profession *non syndiqués* [2].

De plus, ce droit, théoriquement reconnu, est le plus souvent annihilé en fait par l'assimilation de la grève à une *rupture collective* du contrat de travail. Pour la jurisprudence, la grève, en effet, est *par elle-même* une cause de rupture du contrat de travail, *quels que soient les mobiles* auxquels ont obéi les coalisés. Les choses doivent se passer comme si chacun des grévistes eût, en cessant le travail, individuellement notifié au patron son intention de résilier le contrat ; si donc la grève éclate brusquement, sans préavis ni observation des délais d'usage

---

[1] Cf. projet déposé, sur le bureau de la Chambre des députés, par M. Waldeck-Rousseau, et repris en son nom personnel par M. Millerand (12 juin 1906, Ch., *Doc. parl.*, n° 15, p. 463), le 14 novembre 1899. — Cons. également, dans le même sens : Thaller, note dans les *Annales de droit commerc.*, 92, 1, 125 ; Garraud, *Traité de droit pénal*, V, p. 445 ; Berthélemy, *Droit administratif*, p. 324 ; Cohendy et Darras, *C. com.*, *appendice*, sous l'art. 1er de la loi de 1884. — Cons. aussi César Bru, *De la portée de l'abrogation de l'article 416 du Code pénal par la loi de 1884* (*Rev. gén. du droit*, 1892, p. 408 ; Bry, p. 239 ; Séon, *Etude sur la responsabilité pénale et civile des syndicats professionnels*, th. 1900 ; Hamelet, *La grève devant la loi*, 1904, ainsi que les thèses précitées de MM. Brunschwigg, Durnerin, Gros et Pouget. — V. aussi Raynaud, *L'intérêt professionnel des syndicats ouvriers devant les tribunaux français* (*Quest. prat.*, 1906, p. 60) ; Planiol, note sous D. 1905, 1, 153. — Pour plus de développements, v. *infra*, nos 362 et s.

[2] Cass., 25 janv. 1905, D. 1905, 1, 153 et note Planiol. — Certains tribunaux sont même allés jusqu'à décider que le seul fait de la part d'un syndicat d'*afficher* la mise à l'index constitue une faute dont il est dû réparation. — Trib. Douai, 7 mai 1902, S. 1903, 2, 233 : solution évidemment inconciliable avec l'esprit de la loi de 1884.

(or telle est l'hypothèse ordinaire), grévistes et syndicat promoteur de la grève pourront être condamnés à des dommages-intérêts envers le patron, lésé par l'arrêt brusque du travail, conformément au principe posé par l'art. 1780, sans préjudice du droit pour celui-ci de se refuser à reprendre les grévistes dans ses ateliers, à moins toutefois qu'il n'ait formellement consenti à les rembaucher s'ils réintégraient l'usine dans un délai déterminé [1].

323. — Nous estimons, au contraire, avec la majorité des auteurs [2],

---

[1] Req., 18 mars 1902, D. 1902, 1, 323, S. 1903, 1, 465; Civ. cass., 4 mai 1904, D. 1904, 1, 289, S. 1906, 1, 497; 13 nov. 1906, S. 1906, 1, 500, D. 1907, 1, 372; 15 mai 1907, D. 1907, 1, 369.

Cf. trib. com. Bourgoin, 31 juill. 1895 (cité par Planiol, note sous D. 1904, 1, 289); trib. com. Lyon, 12 janv. 1900, D. 1900, 2, 199; trib. com. Montbéliard, 25 juill. 1900, S. 1903, 1, 465; trib. com. Seine, 6 août 1902, D. 1904, 2, 219; Cons. prud'hommes Lyon, 6 juin 1906, D. 1906, 5, 70; Cons. prud'h. Valenciennes, 14 mars 1907, D. 1907, 5, 30. — V. aussi, pour la jurisprudence étrangère : Cons. prud'h. Charleroi, 15 mai 1890 (*Rec. législ. des mines*, 1891, 4); trib. féd. suisse, 5 juill. 1905 (S. 1906, 4, 4).

Sic : Paul Leroy-Beaulieu, *De la nécessité de préciser le droit de grève* (*Econ. franç.*, 17 août 1895); Fabreguettes, *Le contrat de travail, les coalitions et les grèves devant la loi*, 1896; Donadéi, *Conséquences du droit de grève au point de vue pénal et au point de vue civil*, th. 1902; Beauregard, *La grève et le délai-congé* (*Monde économ.*, 23 mars 1907); Levasseur, *Y a-t-il un droit de grève* (*Acad. des Sc. morales*, 1908, p. 1 et s.), et les observations conformes de MM. Paul Leroy-Beaulieu et Beauregard. — V. aussi le rapport de M. A. Isaac, présid. de la Ch. de commerce de Lyon, sur le projet de loi relatif au contrat de travail (séance de la Ch. du 26 sept. 1907).

[2] Pour l'étude complète de la question, cons. notre étude intitulée « *De la rupture ou de la suspension d'exécution du contrat de travail* par l'effet des grèves ouvrières ou des lock-outs patronaux », broch. in-8, 1905 (extr. de la *Rev. trim. de droit civil*), et les autorités citées. — Cons. dans le même sens : Esmein, note sous S. 1898, 1, 17, et observations sur le rapport de M. Levasseur à l'Acad. des Sc. morales (*Trav. de l'Acad.* 1908, p. 1 et suiv.); Planiol, *Dr. civil*, t. II, n° 2963 et note sous D. 1904, 1, 289; Wahl, *Du motif légitime de rupture dans le contrat de louage de services* (*Quest. prat.*, 1903, 161) et notes sous S. 1903, 1, 465, et 1906, 1, 497; Uhry, *Les grèves en France et leur solution*, th. 1902; Briquet, *La grève et le contrat de travail* (*Rev. socialiste*, 1904, 723); De Morillon, *Le droit de grève et le contrat de travail*, th. 1905; Zeulcanus, *Des effets de la grève ouvrière sur le contrat de travail* (rupture ou suspension d'exécution), th. 1907. — V. aussi les *délibérations du Conseil supérieur du travail, session de 1905*. Cf. Cohendy et Darras, *C. com., appendice*, t. II, p. 848. — Sur le projet de loi relatif au contrat de travail déposé en 1906 par le ministre du commerce, et l'avant-projet élaboré par la Société d'Etudes législatives, v. *infra*. — Quelques auteurs proposent une distinction, basée sur la combinaison des art. 1184 et 1780 C. civ. : la grève serait une cause de rupture du contrat, lorsque les grévistes demandent une modification quelconque au pacte primitif; elle laisserait au contraire subsister le contrat lorsqu'elle serait déclarée, soit pour obliger l'autre partie à exécuter légalement les clauses du pacte, soit pour obtenir une concession étrangère audit pacte (renvoi d'un contremaître, grève de solidarité, grève politique, etc.). — Hamelet, *La grève devant la loi et les tribunaux*, 1904, p. 161; Villey, *Le droit de coalition*, th. 1903, p. 96. — V. aussi Amiot et Demogue, *Rev. trim. de dr. civ.*, 1902, 894, et Demogue, *Rev. trim. de dr. civ.*, 1903, p. 894; *Le contrat de travail*, rapp. de MM. Perreau et Fagnot à l'Assoc.

qu'envisagée en elle-même, la grève ne met pas fin au contrat de travail ; elle en suspend seulement l'exécution, pour un temps plus ou moins long, elle en distend les rouages sans les briser, jusqu'au jour où le conflit prend fin par un arrangement collectif qui vient consolider ou améliorer le contrat primitif, plutôt qu'il ne crée un état de choses nouveau.

« En vérité, — écrit M. Planiol, *op. cit.*, — dans les conflits individuels, il y a bien une *rupture* entre les patrons et les ouvriers, puisqu'ils ne s'entendent pas, mais c'est une rupture de fait qui est *tout autre chose que la destruction juridique du contrat*... Ouvriers et patrons continuent à se croire liés les uns aux autres, ils suspendent le travail, mais ils n'ont pas l'intention de se séparer... Comme il s'agit de contrat, l'intention des parties doit être respectée, à moins qu'il n'existe quelque raison impérieuse qui s'y oppose. Or une telle raison n'existe pas... »

Que les grévistes ne se proposent pas de substituer un contrat nouveau à l'ancien, cela est d'évidence dans les deux cas suivants : 1° Lorsque l'origine du conflit réside dans une inobservation, vraie ou prétendue, des conditions d'un contrat antérieur, généralement d'un contrat collectif, et que l'objectif exclusif des grévistes est d'obliger le ou les patrons à en respecter les clauses (cons. trib. paix de Carvin, 16 janv. 1904, *Bull. Off. trav.*, 1904, 225).; — 2° Lorsque la grève a pour cause un fait extrinsèque au contrat de travail, par exemple une question de discipline dans l'atelier, ou de défense syndicale, d'action politique ou de solidarité ouvrière.

Le problème est plus délicat en apparence lorsque la grève a pour but d'obtenir certaines modifications au pacte primitif. Et cependant, même en ce cas, il est aisé d'établir que ni les ouvriers, ni — ce qui est plus significatif — les patrons n'entendent rompre le contrat qui les unit, et que leur objectif est simplement d'améliorer et cimenter ce pacte, en tenant compte de facteurs économiques nouveaux qui justifient et expliquent les modifications demandées.

Vainement objecte-t-on qu'en admettant même que les ouvriers et les patrons aient cru ne pas rompre le contrat, ils ne peuvent pas empêcher que le *seul* fait de l'interruption de travail ne soit équipollent à une résiliation. La loi est plus forte que leur volonté, même concordante. — A cette objection, l'on peut faire une double réponse : — La première s'induit des principes mêmes du droit civil : « La grève est tout simple-

nat. fr. pour la prot. lég. des travaill., 1907; Perreau, rapp. sur la cessation ou rupture du contrat de travail à la Soc. d'Etudes législ., et les observ. de MM. Colin, Cauwès, Truchy, etc. (*Bull. de la Soc. d'Etudes législatives*, 1907, nos 1 et 2). — Conf. Robert, *Essai sur le droit de grève* (*Mon. jud. de Lyon*, 15-16 janv. 1908).

ment, — fait observer M. Planiol, *op. cit.*, — un *refus temporaire d'exécution*, quelque chose d'analogue au droit de rétention du vendeur ou, d'une façon plus générale, à l'exception *non adimpleti contractus*, qui n'est qu'une fonction spéciale de l'exception de dol, et qui n'a rien de commun avec la résolution ou la résiliation du contrat ».

La seconde nous est fournie par les travaux préparatoires des lois de 1864 et 1884. La jurisprudence, en voulant appliquer à la grève, qualifiée par elle de rupture collective, les règles de la rupture individuelle, méconnaît complètement le *processus* historique de la législation ouvrière. Elle oublie que celle-ci a évolué dans le sens d'une reconnaissance de plus en plus nette de la collectivité ouvrière, et va dans cette méconnaissance du droit collectif jusqu'à rendre trop souvent illusoire le droit de coalition que cependant le législateur a entendu affirmer [1].

323 *bis*. — Deux conséquences pratiques principales découlent de notre doctrine sur la non-rupture du contrat par le fait de grève : — 1° La suspension brusque du travail pour cause de grève ne pourra, en aucun cas, même si le règlement de l'atelier ou les usages de la profession imposent un délai de prévenance, servir de base à une action fondée sur l'art. 1780 C. civ. Tandis que d'après la jurisprudence dominante [2] la seule inobservation du délai d'usage élève en

---

[1] Pour le développement de cette thèse historique, v. notre étude précitée, p. 24 et suiv. — Cons. également la note de M. Ambroise Colin sous Cass., 15 mai 1907, D. 1907, 1, 369. — Pour cet auteur, la question n'aurait été posée, ni par la jurisprudence, ni par la doctrine, sur son véritable terrain. Le seul moyen de résoudre le problème est de renoncer à chercher dans le Code civil, essentiellement individualiste, la réponse à une question que les rédacteurs du Code de 1804 n'ont même pas entrevue. L'art. 1780, même depuis que la loi de 1890 l'a enrichi de timides et équivoques améliorations, n'envisage absolument que le *droit individuel*. Or la loi de 1864 et les lois ouvrières postérieures ont trait au *droit collectif*. « Ce sont deux législations, deux ordres d'idées qui se développent sur des *plans différents*... C'est donc à tort que l'on prétendrait s'obstiner à rechercher si la grève est une suspension ou une rupture du contrat de travail. A la vérité, ce n'est *ni l'une ni l'autre*, car l'inexécution du contrat (suspension) ou sa dénonciation (rupture), ce sont là des actes qu'un *individu* seul accomplit. Or la grève, pas plus que la guerre, n'est l'acte d'un individu ». Sans prétendre discuter ici la thèse, séduisante et nouvelle en tout cas, de M. A. Colin, nous remarquerons qu'elle aboutit au même résultat que notre théorie de la grève suspensive sur un point essentiel : l'impossibilité pour le juge de condamner les grévistes pour inobservation du délai-congé.

[2] Quelques rares décisions judiciaires ont admis notre thèse de la non-rupture, et écarté en conséquence l'application de l'art. 1780. — Cons. prud'h. Roubaix, 9 juin 1891, *Loi*, 4-5 oct. 91 ; Prud'h. Seine (Métaux), 12 mai et 16 juin 1902, *Bull. Off. trav.*, 1904, p. 532 ; Just. de paix de Chatel-sur-Moselle, *ibid.*, 1904, p. 993 ; Prud'h. Seine, 9 juin 1906, D. 1907, 5, 5, *Gaz. trib.*, 27 juin, et 23 juin 1906. *Gaz. trib.*, 9 août 1906 ; Trib. civ. Lille, 12 nov. 1906 (inédit), et 26 fév. 1907 (cassé par l'arrêt précité de la Ch. civile du 15 mai 1907 ; Trib. paix de Paris, VIe, 25 avr. 1907 (cité par Cohendy et Darras, p. 849) ; Cons. prud'h. ind. textile de Milan, 31 juill. 1901 (S. 1903, 1, 465).

quelque sorte une présomption de faute contre les grévistes, selon nous, les grévistes sont à considérer comme ayant purement et simplement usé du droit que la loi leur confère, à moins que le ou les patrons lésés par la grève n'établissent qu'il a été fait un usage *abusif* du droit de grève, en vue d'une fin autre que la défense des intérêts professionnels dont le syndicat a la garde : auquel cas une condamnation pourra être prononcée contre celui-ci, non sur le fondement de l'art. 1780 C. civ., mais par application du droit commun de l'art. 1382 C. civ. — V. *infra*, n°s 362 et s.

2° Si la grève n'équivaut point à la rupture du contrat, la liberté absolue reconnue au patron par la jurisprudence de réintégrer ou non les grévistes n'existe nullement. Le patron doit, au contraire, alors du moins que les ouvriers n'ont pas eu l'imprudence de prendre les devants et d'agir comme s'ils se tenaient déjà pour déliés de tout engagement contractuel, notifier un congé en règle aux grévistes s'il entend mettre fin au contrat. Cette notification donne ouverture au pouvoir d'appréciation du juge, conformément à l'art. 1780 ; et les tribunaux peuvent allouer ou non des dommages-intérêts aux ouvriers que le patron se refuse à reprendre, une fois la grève terminée, suivant qu'ils considèrent, après examen des circonstances de fait, son attitude comme légitime ou abusive. — Il y aurait abus, notamment, selon nous, dans le refus du patron de réembaucher des ouvriers syndiqués, *uniquement* à raison de leur qualité de syndiqués[1].

Ajoutons, en terminant, que si la grève ne rompt pas le contrat, il doit logiquement en être de même du *lock-out* ; le seul fait de l'arrêt de travail ne saurait donc justifier, ni la condamnation des patrons coalisés, à la requête des ouvriers lésés par la suspension du travail, ni le refus systématique des ouvriers de réintégrer l'établissement après la reprise du travail.

324. — L'article 1780 et le droit de grève. — Au surplus, et même si l'on se place sur le terrain de l'article 1780 (L. 27 déc. 1890), les conclusions que l'on a prétendu en déduire sont tout à fait inacceptables. L'article 1780, ainsi que nous l'établirons *infra* (tit. II, ch. Ier, sect. IV), n'autorise la partie congédiée à réclamer des dommages-

[1] *Cf.* art. 10 du projet de loi Waldeck-Rousseau, repris par M. Millerand, sur les syndicats. — V. aussi Cons. des prud'hommes de Paris, 9 et 23 juin 1906, précités. — *Contra* : Cass., 13 nov. 1906, D. 1907, 1, 372; 15 mai 1907, D. 1907, 1, 369. — M. A. Colin (note précitée) estime également que, si le patron ne peut réclamer d'indemnité pour juste rupture, du moins est-il absolument libre de ne pas reprendre son personnel. — V. aussi Esmein, note sous S. 98, 1, 17, et *Trav. de l'Acad. des sc. mor.*, 1908, 17. — Sur les conséquences de notre doctrine en ce qui concerne le calcul de la rente due en cas d'accident, v. notre étude précitée, p. 35, et *infra*, titre II, chap. II.

intérêts que si l'autre partie a *abusé* du droit que la loi lui conférait de dénoncer *ad nutum* le contrat conclu sans détermination de durée. Une condamnation civile, même basée sur cet article, ne saurait donc être prononcée contre les ouvriers coalisés ou syndiqués qui auraient brusquement déclaré la grève que s'il y avait abus du droit de coalition, c'est-à-dire s'ils en avaient fait usage en vue d'une fin autre que celle qui a motivé la reconnaissance légale du droit de coalition en 1864, et sa consécration définitive en 1884, c'est-à-dire d'une fin étrangère à la défense de leurs intérêts professionnels[1].

Il y a là une question de pur fait qu'il appartient au juge du fond d'apprécier dans chaque cas particulier, en se pénétrant de l'esprit de la loi, essentiellement favorable au groupement professionnel sous tous ses aspects. — Conf. notre chronique de jurisprudence (*Quest. prat.*, 1902, p. 23).

325. — Immixtion des tiers dans la grève ; responsabilité. — Une autre question de responsabilité civile, non moins délicate, est celle de savoir si, et dans quelle mesure les tiers étrangers à la profession, qui ont conseillé ou assisté les grévistes, sont responsables, civilement, au regard des chefs d'industrie contre lesquels la grève a été déclarée ? C'est à propos d'une affaire retentissante, l'affaire Rességuier-Jaurès (déjà citée *supra*, nos 313 et 315 au sujet de la détermination des éléments constitutifs du délit de l'art. 414), que pour la première fois la jurisprudence a été appelée à trancher la difficulté. De l'arrêt de la Cour suprême du 29 juin 1897, précité, il ressort nettement que l'on ne saurait incriminer, même au point de vue civil, ni le fait de la part d'un tiers non intéressé, journaliste, député, ou autre, de *conseiller* les grévistes[2], ni même le fait de prêter assistance à ceux-ci, si d'ailleurs le chef d'industrie n'est pas en mesure d'établir une relation directe de cause à effet entre l'intervention du tiers et le préjudice consécutif à la grève qu'il allègue. Mais son ingérence peut servir de base à une condamnation à des dommages-intérêts au profit de l'industriel, s'il est

[1] Certaines décisions judiciaires admettent très nettement cette distinction. — *Sic* : Trib. civ. Douai, 7 mai 1902, D. 1903, 2, 329 ; Limoges, 10 juin 1902, S. 1903, 2, 225, et note Wahl ; Trib. civ. Lille, 12 nov. 1906, précité. — Mais il en est qui au contraire semblent considérer le seul fait de la brusque rupture comme une faute. — *Sic* : Req., 18 mars 1902, D. 1902, 1, 323, et concl. de M. l'avoc. général Feuilloley. — V. aussi Trib. com. Seine, 6 août 1902, D. 1904, 2, 219 ; Riom, 7 fév. 1900, S. 1903, 2, 225 ; Cons. prud'hommes de Valenciennes, 14 mars 1907, D. 1907, 5, 30.

[2] Sur le droit de *conseil* en matière de grève, v. notamment la décision du juge anglais Bigham (*Banc du roi*, 7 août 1902) refusant, malgré l'arrêt de la Chambre des Lords, de reconnaître la responsabilité de la Fédération des mineurs du Pays de Galles (*Quest. prat.*, 1903, p. 126). — Cf. Pouget, *op. cit.*, p. 77 et suiv. ; Lagache, *Du droit d'intervention des tiers dans les grèves*, th. 1903 ; Hamelet, *op. cit.*, p. 320 et suiv.

établi que les *manœuvres* auxquelles le tiers s'est livré ont eu pour résultat de prolonger la durée de la grève [1].

326. — De la grève, envisagée comme cas de force majeure. — Nous avons envisagé jusqu'ici la grève, au point de vue des rapports juridiques des coalisés avec le chef d'industrie ou avec les tiers lésés par l'attitude des grévistes. Mais la grève peut également avoir une répercussion sur l'exécution des contrats conclus entre le chef d'industrie dont le personnel s'est mis en grève et les tiers ayant passé avec lui des marchés, dont l'exécution a dû être suspendue ou retardée par le fait de la coalition.

La grève doit-elle, en pareil cas, être envisagée comme un événement *de force majeure*, relevant celui qui l'invoque de ses engagements, et l'affranchissant par exemple de tous dommages-intérêts en cas de livraison tardive des produits fabriqués qui lui avaient été commandés? D'après la jurisprudence [2], la grève n'est pas, en elle-même, un cas de force majeure; le fabricant qui a commis l'imprudence de promettre une marchandise pour une époque déterminée, sans prévoir le cas de grève par une clause expresse de son contrat, est, en général, en faute, et doit à son commettant des dommages-intérêts. — Caen, 25 août 1875, *Journ. de dr. intern. privé*, 1876, p. 455; Douai, 28 juin 1901, D. 1902, 2, 133. — Conf. Bry, p. 444. — Sur les *clauses de grève*, assez usitées notamment dans les marchés passés par les Compagnies houillères et dans l'industrie du bâtiment, cons. dans la *Soziale Praxis* de décembre 1900 (p. 279 et s.), l'article intitulé : *Streik, höhere Gewalt und Streikklauser*.

Toutefois, ce principe n'a rien d'absolu ; et, s'il s'agit d'une grève générale de toute une branche d'industrie, provoquant un arrêt complet de toutes les usines similaires, la grève devra être considérée comme cas de force majeure, et les industriels mis par ce fait dans l'impossibilité d'exécuter leurs engagements ne pourront être condamnés, de ce chef, à aucune indemnité envers leurs clients et correspondants. Ainsi jugé, notamment par le tribunal de la Seine, à l'occa-

---

[1] Ex. de *manœuvres* considérées comme engageant la responsabilité du tiers : — imputations, diffamations contre le directeur de la Compagnie, propagande de désembauchage à prix d'argent, fait de représenter les ouvriers non grévistes comme des incapables, ignorants de leur art et ne fabriquant que du rebut, etc... (V. les motifs de l'arrêt de Toulouse, et les notes de MM. Esmein, Dupuich, Mérignhac, ainsi que la consult. de M. W.-Rousseau, précitées). — *Adde* : P. Leroy-Beaulieu, *L'arrêt de Toulouse* (*Econ. franç.*, 25 juill. 1896). — Sur la possibilité pour le tribunal de condamner *solidairement* le syndicat et le journal, comme coupables d'une faute commune, v. Paris, 5 fév. 1901 (D. 1901, 2, 427).

[2] Jugé cependant, en sens contraire, que la grève est, par elle-même, un cas de force majeure (Trib. Avesnes, 27 déc. 1890. S, 95, 2, 109, en note).

sion de la grève générale des charpentiers (*Gaz. des trib.*, 4 décembre 1884), et par le tribunal de commerce de Marseille, à l'occasion d'une grève générale des dockers, matelots et chauffeurs du port, ou d'une grève générale des chargeurs [1].

327. — Certains auteurs ont proposé, à ce sujet, une distinction, qui nous paraît très juridique et plus précise que la formule jurisprudentielle. S'agit-il d'une obligation *de donner*, d'une vente à livrer, impliquant l'obligation pour le vendeur de livrer dans un certain délai des produits d'une certaine catégorie, la grève ne pourra être invoquée par lui comme moyen d'exonération ; car il doit pouvoir se procurer, en cas d'arrêt du travail dans ses ateliers, des produits similaires, et en tout cas il est en faute de n'avoir pas, en prévision d'un arrêt de ce genre, inséré dans ses marchés, comme cause d'exonération, la clause de grève [2]. S'agit-il au contraire d'une obligation *de faire* (obligation pour un entrepreneur *de construire* un édifice, pour un façonnier de fabriquer des tissus dont on lui fournit la matière première, pour un constructeur de navires de construire un paquebot, pour un chargeur ou consignataire de marchandises expédiées par mer d'opérer dans un délai déterminé le chargement à bord ou le débarquement à quai de la cargaison, etc...), la grève, même partielle, pourvu qu'elle ait mis le débiteur dans l'impossibilité *absolue* de s'acquitter de ses obligations, pourra être invoquée par lui comme cas de force majeure [3].

---

[1] Trib. com. Marseille, 24 août 1900, et sur appel, Aix, 21 nov. 1901, D. 1902, 2, 137; trib. com. Marseille, 11 janv. 1901 (Autran, XVI, p. 512), et 3 oct. 1904, *Mon. jud. Lyon*, 16 déc. 1904. — Cf. Req., 31 oct. 1905, D. 1907. 1, 38. — Même en cas de grève *partielle*, les tribunaux ont parfois exonéré les industriels de leurs engagements, mais seulement dans le cas où, par la soudaineté de sa déclaration, ou la violence des grévistes, les patrons surpris se sont réellement trouvés dans l'impossibilité absolue de faire face à leurs engagements. — Trib. com. Seine, 1er mai 1902, et sur appel, Paris, 13 nov. 1903, D. 1904, 2, 73. — V. aussi Poitiers, 12 janv. 1908, *Gaz. Pal.*, 1903, 2, 224. — Cf. Pouget, p. 320.

[2] Cf. Trib. Hazebrouck, 18 janv. 1890, S. 93, 2, 109 (note).

[3] *Sic* : Thaller, *Le chef d'industrie peut-il s'exonérer de ses engagements envers les tiers en invoquant une grève comme cas fortuit?* (*Ann. de dr. commerc.*, 1895, p. 154). — V. aussi Hamelet, *op. cit.*, p. 372 et s. — Conf. pour l'inexécution de marchés par suite d'une grève de *dockers* : Trib. com. St-Nazaire, 23 nov. 1893, *Droit*, 8 déc.; trib. com. Rochefort, 29 janv. 1904, Autran, t. XIX, p. 723; Ch. des Lords anglaise, arrêts rapp. par I. Davis (*Annales*, 1893, p. 66, et 1894, p. 130) ou d'une grève de mariniers ou de matelots (Trib. com. Seine, 1er mai 1902, D. 1904, 2, 73; trib. com. Boulogne, 16 avril 1901, Autran, t. XVII, p. 62). — *Sic* : Lyon-Caen et Renault, *Traité de dr. commerc.*, t. V, p. 586. — *Contra* : Trib. com. Marseille, 27 juin 1889, *Journ. de Marseille*, 1889, 1, 276; Douai, 28 juin 1901, précité. — Le tribunal de Marseille s'est d'ailleurs, ainsi qu'on le fait observer *supra*, départi de son intransigeance pour le cas de grève générale. — Partant d'un point de départ différent, M. Amiot aboutit à des conclusions assez voisines des précédentes. Pour lui, en effet, la grève est, en elle-même, un événement qui se passe hors du cercle d'action de l'entreprise, c'est une cause d'exonération de responsabilité pour l'entre-

SECTION IV. — Projets de réformes législatives

328. — **Projets répressifs.** — Il existe actuellement, dans certains milieux parlementaires ou commerciaux, un courant défavorable au droit de grève. Les statistiques démontrent, dit-on, que malgré le développement des lois protectrices des travailleurs, le nombre des grèves va en augmentant, aussi bien à l'étranger qu'en France [1], et que le nombre des délits connexes à la grève accuse, lui aussi, une progression inquiétante [2]. D'autre part, les grévistes ne s'attaquent pas seulement à l'industrie privée ; la régularité des services publics, spécialement des transports par voies ferrées, a été menacée, à plusieurs reprises, en France, en Angleterre, aux Etats-Unis, aux Pays-Bas, en Italie, par des menaces de grèves qui n'ont avorté qu'en présence des mesures énergiques adoptées par les gouvernements intéressés (occupation militaire des réseaux et des grandes gares, appel des réserves) [3]. Il y a plus encore : depuis quelques années, les partis révolutionnaires préconisent ouvertement la *grève générale*, dont ils prétendent faire une arme de guerre contre la société capitaliste, et l'on a pu craindre, soit à la fin de l'année 1901, soit à l'occasion du 1er mai 1906, que certaines organisations syndicales n'en vinssent des menaces à la réalisation [4].

---

preneur. Mais cette cause ne joue plus si l'entrepreneur a une faute à se reprocher, si les circonstances démontrent, soit qu'il a *provoqué* la grève, soit qu'il l'a *prolongée* par ses agissements, ou qu'il a mis à profit une grève opportune pour ne pas exécuter des commandes qu'il pouvait, avec quelque bonne volonté, exécuter. — Amiot, *Répercussion des grèves ouvrières sur l'exécution des contrats* (*Ann. de dr. commerc.*, 1903, p. 65 et s., 209 et s.). — V. aussi trib. com. Nantes, 3 fév. 1895, confirmé par Rennes, 28 juin 1894, D. 95, 2, 214. — Sur la distinction proposée par quelques auteurs, notamment en matière de transports, entre la grève partielle (*cas fortuit*) et la grève générale (*force majeure*), cons. notamment la note de M. A. Colin sous D. 1904, 2, 73.

[1] V. *supra*, n° 294.

[2] Jourdain (p. 113) donne une statistique des poursuites pour faits de grève, au cours de la période décennale 1885-1894, dans laquelle nous relevons les chiffres suivants : — 17 poursuites en 1885, 262 en 1889, 432 en 1894. — Depuis quelques années, la progression du chiffre des poursuites semble s'être arrêtée. Mais il convient de remarquer que les amnisties périodiques pour délits connexes à la grève paralysent un peu l'action des parquets, lesquels ne poursuivent plus qu'en présence d'attentats aux personnes ou aux biens caractérisés, qui fussent d'ailleurs tombés sous le coup des lois répressives ordinaires.

[3] Comp. spécialement : Desveaux, *Les coalitions dans le personnel des chemins de fer*, th. 1899.

[4] V. *supra*, n° 289, note 2, et nos chroniques des *Quest. prat.* — V. aussi : de Seilhac, *Syndicats ouvriers, Fédérations, Bourses du travail*, 1902, p. 326 et s.

329. — Cet ensemble de faits ne constitue-t-il pas une menace directe pour l'ordre social, et la société n'a-t-elle pas, dans ces conditions, le droit et le devoir de se défendre par un renforcement des pénalités existantes ? Un parti se forma en ce sens, il y a quelques années, au Sénat ; d'où le dépôt successif de deux propositions nettement restrictives du droit de grève : la proposition *Marcel Barthe*, tendant à rétablir sous une autre forme l'ancien article 416 du Code pénal, et la proposition *Cordelet-Merlin*, tendant à interdire les coalitions formées dans le but de suspendre ou de faire cesser le travail dans les exploitations, même industrielles, de l'Etat, ou des compagnies de chemins de fer[1].

Nous avons déjà, par avance, fait connaître notre sentiment sur l'article 416. Il est incontestable que son abrogation a donné une réelle puissance aux coalitions ouvrières, appuyées sur les syndicats ou fédérations syndicales ; il est également indéniable que cette abrogation a porté, indirectement, une atteinte assez sensible au principe de la liberté du travail. Mais le législateur de 1884 n'a pas pensé que cette atteinte fût assez grave pour légitimer une poursuite correctionnelle ; d'autant plus que les coalisés, même quand la coalition est organisée, même quand elle a pour base un syndicat régulier, n'ont *aucune action en justice* pour exiger des dissidents le paiement des amendes[2]. Si l'on remarque, d'autre part, que les coalitions purement platoniques, dénuées de tout moyen de contrainte effective même morale, sont d'une inefficacité plus que douteuse, l'on ne peut qu'approuver le législateur de 1884 d'avoir fait, en quelque sorte, la part du feu, et de s'être abstenu de réprimer la *contrainte morale*, afin de détourner les syndicats de recourir aux violences matérielles, et de prévenir ainsi des troubles graves, beaucoup plus dangereux pour l'ordre social[3].

---

[1] Prop. Marcel Barthe, 15 mars 1886 (Sénat, *Doc. parl.*, p. 131) ; prop. Cordelet, Merlin et autres, dép. 21 déc. 1894 (Sén., *Doc. parl.*, n° 58, *Off.*, p. 247).

A la fin de la session de nov. 1906 du Cons. supér. du travail, les membres patrons de ce conseil ont déposé un vœu tendant au renforcement des pénalités édictées contre les atteintes à la liberté du travail ; ce vœu, d'ailleurs, n'a pas été adopté.

[2] C'est du moins la thèse qui a été soutenue par M. Ribot devant la Chambre. — Conf. trib. civ. Valence, 27 février 1888, *Lois nouvelles*, 1888, 3, p. 74 ; Dall., *Suppl. au Rép.*, v° *Travail*, n° 675. — L'unique sanction de la violation, par les dissidents, de la solidarité ouvrière, consisterait donc dans l'exclusion du syndicat, prononcée en conformité des statuts. — Trib. civ. Havre, 26 oct. 1894, D. 95, 2, 202. V. chap. IV, *infra*.

[3] Sur l'assagissement des syndicats par l'effet du libéralisme de la loi, comp. notamment : Bureau, *Le contrat de travail* (chap. IX, *La prétendue tyrannie syndicale*). — Il convient de ne pas oublier, ainsi que le fait remarquer cet auteur, que les patrons sont libres d'opposer groupe à groupe, et que par conséquent la coalition trouve parfois son remède et son contrepoids dans la coalition même. L'organisation

330. — Les grèves dans les services publics ; chemins de fer, arsenaux, etc. — Plus délicate est la question de savoir si, en présence des menaces de grève générale formulées par certains groupements syndicaux, le législateur ne devrait pas, par mesure de sécurité publique, interdire les coalitions susceptibles de compromettre le fonctionnement d'un service public et de mettre en péril l'Etat lui-même, en cas de complications extérieures surgissant inopinément.

Le Sénat le pensa, et sans adopter la proposition Cordelet-Merlin, qui avait le tort de confondre dans une même prohibition les coalitions entre ouvriers des manufactures de l'Etat (tabac, allumettes, etc.), qui, logiquement, ne sauraient être soustraites au droit commun, et les coalitions intéressant vraiment la défense nationale (chemins de fer de l'Etat ou des Compagnies), il vota à une grande majorité le projet déposé en 1895 par M. Trarieux, garde des sceaux, tendant à interdire les coalitions formées dans le but de suspendre ou cesser le travail dans les services publics de l'Etat (arsenaux, chemins de fer de l'Etat) et dans les Compagnies de chemins de fer[1].

---

du travail par les syndicats ou avec leur concours, et le développement du système des contrats collectifs de travail ne peuvent que rendre plus rares les grèves violentes, perturbatrices de l'ordre public. — Sur l'assurance patronale contre les grèves, v. *supra*, n° 296 *ter*. — Sur les conventions collectives de travail, véritables traités de paix, qui ont été souvent l'épilogue, soit en France, soit à l'étranger, de grèves ou de lock-outs importants, v. *supra*, n°s 295 et s. — Cf. *Rev. d'écon. polit.*, 1906, p. 817. — Sur l'hostilité d'une fraction du parti socialiste à l'encontre de la grève générale, v. *supra*, n° 289.

[1] Projet Trarieux déposé le 4 mars 1895 (Sén., doc. parl., n° 38, *Off.*, p. 107). — Comp. en faveur du projet : Paul Leroy-Beaulieu, *Les grèves, les grands services nationaux et les pouvoirs publics* (*Econ. franç.*, 1904, 2, 333). — V. aussi Berthélemy, *La crise du fonctionnarisme* (*Quest. prat.*, 1906, 161). — Plusieurs législations étrangères contiennent des dispositions permettant de poursuivre pénalement les organisateurs de grèves de cette nature. C'est ainsi que la loi anglaise de 1876 punit comme *conspiracy* les grèves dans les services d'utilité publique, chemins de fer, distributions d'eau ou de gaz. — Aux *Etats-Unis*, les grèves de cette nature peuvent être poursuivies, soit en exécution des lois générales sur la *conspiracy*, soit par application de l'*interstate commerce law* de 1887, ou même de l'*anti-trust law* de 1890, sans préjudice des lois particulières, plus ou moins sévères, édictées contre les agents qui abandonnent la machine ou les trains. — En Allemagne, le *Code industriel*, article 152, déclare illicites les grèves susceptibles d'entraver un service public. — La loi néerlandaise de 1903, rapportée *supra*, n° 310, édicte également des pénalités sévères contre les grévistes de la voie ferrée. — En Italie, à la suite d'une menace de grève des employés de chemins de fer, le gouvernement, par un communiqué officiel (janv. 1902), fit savoir qu'il considérait tous les agents des compagnies de chemins de fer comme des fonctionnaires publics, passibles en cas de grève des pénalités édictées contre la coalition de fonctionnaires. Depuis la nationalisation des voies ferrées italiennes, en 1906, tout gréviste est considéré comme démissionnaire. Cette règle a été appliquée en oct. 1907 aux meneurs de la tentative de grève générale essayée, sans grand succès, par les groupes révolutionnaires milanais (De Seilhac, *Rev. polit. et parlem.*, févr. 1908, p. 433). — Sur un projet espagnol tendant à interdire les grèves dans les services publics, v. *Quest. prat.*, 1902, p. 152. — Comp. pour plus de détails sur les lois

Voté le 14 février 1896, malgré l'opposition du ministère Bourgeois, le projet Trarieux ne fut transmis à la Chambre que deux ans plus tard, le 20 juin 1898, et renvoyé à la Commission du travail.

331. — Celle-ci, résolument hostile au principe même du projet, n'en proposa point la discussion à la Chambre. Les Commissions du travail des législatures suivantes (1902 et 1906), certaines d'être sur ce point les interprètes de la majorité de la Chambre, ont persévéré dans cette abstention, qui équivaut à l'enterrement du projet sénatorial. La Chambre a sans doute pensé qu'avant d'enlever aux ouvriers ou employés de chemins de fer un droit qui ne pouvait guère leur être contesté sous l'empire de la loi actuelle, il convenait tout d'abord, — ce à quoi le Sénat n'avait pas songé, — de les garantir efficacement contre l'arbitraire des Compagnies, de renforcer le contrôle de l'Etat sur celles-ci, et d'organiser dans toutes les exploitations des Comités mixtes permettant aux délégués des ouvriers de débattre contradictoirement avec leurs chefs toutes les questions relatives au contrat de salaire. Un premier pas a été fait dans cette voie par l'institution, sur le réseau de l'Etat, puis sur le réseau de la Compagnie du Midi, de *Comités du travail* (*Bull. Off. du travail*, 1901, 207. V. *supra*, chap. II) ; mais la réglementation d'ensemble du travail des ouvriers ou employés de chemins de fer est encore à l'état de projet (V. *infra*, chap. V, sect. II). Il serait donc prématuré de prétendre régler actuellement, par des dispositions répressives, des conflits dont il dépend en grande partie du législateur de faire disparaître la cause

---

étrangères : Desveaux, *op. cit.*, p. 21 et suiv.; Vaillé, p. 261; De Carbonnel, *Les ouvriers des chemins de fer aux Etats-Unis* (*Musée social*, avril 1899, p. 173 et s.).

Il convient d'ailleurs de remarquer que ces lois répressives sont assez rarement appliquées, et qu'elles n'ont en tout cas qu'une valeur préventive restreinte; aussi, dans des circonstances récentes, le gouvernement italien a-t-il cru plus expédient de recourir au procédé, également applicable en France, de la militarisation des chemins de fer (mobilisation complète, ou tout au moins appel des réserves, englobant une fraction du personnel).

La loi de Victoria (Australie), du 22 mai 1903 (*Bull. Off. trav.* 1903, 607), n'édicte contre les grévistes des voies ferrées aucune pénalité, mais autorise expressément l'Etat à assurer la continuation du service par l'embauchage immédiat de nouveaux ouvriers, les anciens pouvant d'ailleurs être repris sous certaines réserves. — La meilleure solution du problème nous paraît avoir été donnée par la loi *canadienne*, du 10 juill. 1903 (*Bull. Off. trav.*, 1903, 755), qui interdit sous certaines sanctions pénales la grève des travailleurs de la voie ferrée, mais leur accorde à titre de compensation un statut protecteur de leurs droits, et organise, en vue de faciliter le règlement pacifique des différends entre les Compagnies et leur personnel, des Conseils permanents de conciliation et d'arbitrage (*Quest. prat.*, 1903, p. 316). — C'est dans cet esprit qu'a été élaboré le projet de loi déposé le 30 nov. 1907 par le gouvernement *italien*, en vue de prévenir les conflits dans les services publics gérés par des sociétés privées (eaux, éclairage, transports publics, voirie, etc.) — Sur ce projet, v. *Mus. soc.*, *Annales*, févr. 1908, p. 30.

première. — *Sic* : Fonsalme, *Rev. des quest. ouvrières* (*Rev. polit. et parlem.*, 1896, t. VIII, p. 421 et s.) ; Desveaux, *op. cit.*, concl.

En ce qui concerne les *ouvriers des arsenaux*, le débat confus auquel a donné lieu à la Chambre, le 17 novembre 1905, l'interpellation Ferrero sur le droit syndical de ces ouvriers et les déclarations de M. Thomson, ministre de la marine, leur reconnaissant le droit syndical, mais leur déniant au nom de la raison d'Etat le droit de grève, n'ont fait qu'obscurcir le problème. Le seul moyen pour le Parlement de dissiper toute équivoque résiderait selon nous, non point dans le vote d'ordres du jour de confiance qui ne résolvent rien, mais dans l'adoption d'un texte précis sur le statut et sur les associations de fonctionnaires ; sauf à le compléter en ce qui concerne les ouvriers des manufactures d'Etat, auxquels ne saurait être étendu le qualificatif de fonctionnaires, par des mesures légales assurant la marche régulière des services intéressant la défense nationale (*Quest. prat.*, 1905, p. 336). — Sur la question des syndicats de fonctionnaires, v. *infra*, nos 382 et s.

332. — Projets tendant au retour au droit commun. — Bien loin d'être favorable à une restriction quelconque du droit de coalition, une fraction importante de la Chambre serait plutôt favorable à la suppression du délit spécial d'atteinte à la liberté du travail, prévu par les articles 414 et 415 du Code pénal[1]. D'une part, en effet, dit-on, il est illogique de considérer comme une cause d'aggravation le fait de se livrer à des voies de fait ou à des violences au cours d'une grève, dès l'instant que la coalition est reconnue licite ; plus illogique encore

---

[1] Propos. Coutant (dép. 11 juill. 1898, renouvelée le 3 juill. 1906, Ch., Doc. parl., n° 194, *Off.*, p. 751. — Comp. projet de Code du travail de MM. Groussier et autres, art. 57 et s. (ce projet supprime même, expressément, toute responsabilité *civile* pour faits de grève). — Le parti socialiste n'est pas seul à réclamer l'abrogation de ces dispositions d'exception. Se conformant à l'opinion défendue depuis 1901 par l'un de ses membres, M. Barthou, le ministère Clemenceau a récemment déposé un projet de loi tendant à l'abrogation pure et simple des art. 414 et 415 C. pén. (dép. 14 janv. 1907, Ch., Doc. parl., n° 650, p. 42). Dans la première étude consacrée par lui à la question (*Nouvelle Revue*, 1er fév. 1901), M. Barthou a pris soin de se réclamer de plusieurs auteurs, dont aucun ne saurait être suspecté d'indulgence à l'égard des doctrines socialistes : « Nous pourrions — écrit-il — après l'exemple de Rossi, invoquer les opinions plus récentes de M. Sauzet, qui, en 1888, se ralliait au droit commun, et de M. Garraud, l'éminent professeur criminaliste de la Faculté de droit de Lyon. M. Garraud, dans le remarquable *Traité de droit pénal* qui fait un si grand honneur à la science française, a condamné, dans les articles 414 et 415, *une législation d'exception*, et demandé la répression par le droit commun des faits de violences, d'injures, de menaces, de manœuvres frauduleuses qui se commettent pour préparer ou maintenir les grèves ». — Cf. Barthou, *L'action syndicale*, p. 268 et s.; *Quest. prat.*, 1907, p. 53; Robert, *op. cit.*; de Las Cases, *La grève et la loi* (*Revue pratique de droit industriel*, déc. 1907); Vaillé, p. 268. — *Contra* : d'Eichthal, *La liberté individuelle du travail et les menaces du législateur*, 1908.

d'autoriser, comme l'article 415, le juge à aggraver la pénalité lorsque les violences, menaces ou manœuvres ont été commises *par suite d'un plan concerté*, alors qu'en lui-même le concert, en vue d'exercer une pression sur le chef d'industrie, est devenu l'exercice d'un droit !

D'autre part, c'est presque exclusivement contre une catégorie de citoyens, les ouvriers, que ces pénalités exceptionnelles sont édictées ; ainsi que nous l'avons fait remarquer précédemment, les délits similaires commis par les patrons sont très difficiles à constater et échappent le plus souvent à toute répression.

La suppression des articles 414 et 415 du Code pénal, ajoute-t-on, n'aurait nullement pour conséquence d'assurer l'impunité aux auteurs de faits délictueux commis au cours de la grève. Pour les menaces et voies de fait, les articles 305 et suivants du Code pénal édictent en effet des pénalités très suffisantes. Quant aux manœuvres frauduleuses, sur la définition desquelles la jurisprudence est toujours assez hésitante (v. *supra*), il est permis de soutenir que la faculté pour ceux auxquels elles préjudicient d'en poursuivre les auteurs par les voies civiles et de se faire indemniser du dommage que ces manœuvres ont pu leur causer, est une sanction très suffisante, et qu'il n'est aucunement nécessaire de la renforcer d'une pénalité correctionnelle.

333. — Mesures préventives ; conciliation et arbitrage. — Au surplus, et sur ce point tous les partis sont d'accord, sauf à différer sur les voies et moyens, c'est bien moins par des lois répressives, dont il importe de n'user que très prudemment, que par le développement des institutions arbitrales, destinées à prévenir les conflits, ou à en faciliter la solution amiable, que les États modernes atténueront l'acuité des luttes du capital et du travail, et s'achemineront vers un régime moins anarchique, dans lequel la lutte violente n'interviendra plus que très exceptionnellement pour la solution des conflits économiques.

A ce point de vue, de sérieux progrès ont été réalisés depuis dix ans en France, soit par l'institution des comités de conciliation et conseils d'arbitrage facultatifs (loi du 27 déc. 1892, — sur ces conseils et sur les institutions similaires étrangères, v. tit. III, *infra*), soit par le développement, trop lent encore en France, des conseils d'usine ou des commissions mixtes, englobant tous les établissements similaires d'une ville, ou d'une région, ou d'une profession : conseils ou commissions dus à l'initiative privée, parfois stimulée par l'intervention amiable des pouvoirs publics (v. tit. III, *infra*). D'autres progrès sont encore réalisables en ce sens ; nous nous bornons à signaler ici pour mémoire, nous réservant d'y revenir *infra* (tit. III), les nombreux projets ou propositions déposés dans ces dernières années sur le bureau des

Chambres, en vue de compléter la législation de 1892, soit en rendant obligatoire la tentative de conciliation (projet Mesureur, repris par M. Bovier-Lapierre, 22 nov. 1898, Ch., *Doc. parl.*, n° 408, *Off.*, p. 311, puis au Sénat par M. Magnien, Sén., 19 juin 1899, *Doc. parl.*, n° 174, p. 411), soit en rendant obligatoire l'arbitrage lui-même (propositions Fournière, 15 juin 1900, Ch., *Doc. parl.*, n° 174, *Off.*, p. 1324; Paul Constans, 3 juillet 1906, Ch., n° 183, et projet de code du travail de Groussier et autres; comp. législ. néo-zélandaise), soit en favorisant la constitution de juridictions arbitrales permanentes, analogues aux conseils officiels d'arbitrage de la législation américaine.

334. — Organisation de la grève. — Dans ces dernières années un mouvement parallèle s'est dessiné dans le sens d'une *organisation de la grève*, destinée à faire disparaître le caractère brutal de cette manifestation du droit des collectivités patronales et ouvrières, et à lui donner plutôt l'allure d'une contestation juridique et contradictoire.

Trois systèmes principaux ont été proposés : — l'un, respectueux de la liberté, mais d'une efficacité douteuse, tendant à interdire sous certaines sanctions civiles et pénales les grèves brusquement déclarées, sans préavis, et à en faciliter la solution pacifique par une extension des pouvoirs des conseils de prud'hommes (propos. P. Beauregard sur le contrat de louage de services, 28 fév. 1900, Ch., *Doc. parl.*, n° 1466, *Off.*, p. 694)[1] ; — l'autre, préconisé par le groupe socialiste, tendant à

[1] A rapprocher de cette propos. Beauregard, qui du reste n'a pas été reprise au cours de la législature actuelle, l'art. 39 du projet de loi sur le *contrat de travail* élaboré par la Société d'Etudes législatives : « La cessation simultanée du travail est soumise aux règles de l'art. 34, *notamment en ce qui concerne l'observation du délai-congé*. Toutefois, la volonté de cesser collectivement le travail notifiée par les employés à l'employeur, dans les conditions et les formes à fixer par une loi spéciale équivaut à l'observation du délai-congé. — Lorsque la cessation simultanée du travail aura lieu en dehors des conditions ci-dessus indiquées, les tribunaux apprécieront, d'après les circonstances de fait, *si l'adhésion de tel ou tel employé à la grève constitue ou non la rupture* du contrat de travail, et d'une façon générale détermineront la situation respective des parties. — Le licenciement des employés par l'employeur, qu'il ait lieu ou non en vertu d'un plan concerté avec d'autres employeurs, est soumis également aux règles des art. 34 et 35 ».

Il convient de mettre ce texte en regard de l'art. 56 du projet de loi sur le contrat de travail déposé par le Gouvernement le 2 juill. 1906 : « La grève est, sauf manifestation contraire de la volonté de l'une ou de l'autre partie, une suspension du contrat de travail. — Le refus par l'une des parties de recourir à la procédure de conciliation ou à l'arbitrage dans les formes instituées par les lois spéciales, sera considéré comme une rupture du contrat, du fait de cette partie. — Dans les services publics et dans les établissements industriels de l'Etat dont le fonctionnement ne saurait être interrompu sans compromettre les intérêts de la défense nationale, la grève, ou cessation concertée du travail, est *ipso facto* une rupture du contrat de travail ». — Cette dernière rédaction a été très vivement critiquée à la Commission du travail, soit à raison de la formule trop absolue du § 1er, soit à raison de la distinction qu'elle établit entre la grève ordinaire et la grève dans les services publics : l'article ne

15

organiser la grève par un système de votation annihilant les droits de la minorité, combiné avec l'arbitrage obligatoire (proj. de code du travail de Groussier et autres, art. 840 et suiv. ; prop. Zevaès, 4 déc. 1900, Ch., *Doc. parl.*, n° 1908, *Off.*, p. 120, et P. Constans, 4 juill. 1906, précitée) ; système inacceptable, attendu qu'il irait directement à l'encontre du principe de liberté inscrit dans la loi de 1884, et compromettrait gravement la discipline de l'atelier ; — enfin, un système mixte, fort ingénieux, sinon très pratique, proposé par M. Millerand, ministre du commerce, basé sur la combinaison du contrat libre et de l'obligation, et sur l'institution de conseils d'usine avec arbitrage obligatoire dans les établissements industriels de l'Etat, ainsi que dans les établissements privés (occupant plus de 50 ouvriers) dont les chefs auraient préalablement accepté le régime nouveau (projet de loi sur le règlement amiable des différends relatifs aux conditions du travail (15 nov. 1900). Ce projet a été repris par M. Millerand, en son nom personnel, le 12 juin 1906 (Ch., *Doc. parl.*, n° 14, p. 464)[1].

Nous reviendrons par la suite, dans notre étude consacrée aux juridictions arbitrales (tit. III, *infra*), sur ces différents projets. Il nous suffit de constater pour l'instant, et cette constatation est plutôt rassurante, que presque tous les partis semblent avoir reconnu le danger des luttes violentes entre le capital et le travail, et que les sociétés industrielles contemporaines s'acheminent lentement, non sans soubresauts ni secousses inévitables, vers une organisation du travail meilleure et plus harmonique. Notre chapitre suivant, consacré aux syndicats, nous permettra de présenter une esquisse de cette organisation de demain, présentement à l'état d'ébauche.

---

figure point dans le nouveau texte élaboré par la Commission, sur lequel nous aurons à revenir (v. *infra*, tit. II, chap. II, sect. V). — Cf. *Bull. de la Société d'Etudes législatives*, 1906 et 1907, rapp. Truchy, Perreau, etc. ; Perreau et Fagnot, *Le contrat de travail*, 1907.

[1] Pour l'exposé justificatif du projet, cons. Millerand, *La grève et l'organisation ouvrière*, 1906. — Pour la critique du projet, cons. notamment : *Chron. du Musée social*, janv. 1902 ; De Fromont de Bouaille, *Conciliation et arbitrage*, 1903, p. 192 et s. ; D'Eichthal, *op. cit.*, p. 67 et s., ainsi que les nombreuses monographies sur l'arbitrage citées *infra*, tit. III.

CHAPITRE IV

DU DROIT D'ASSOCIATION. — DES SYNDICATS PROFESSIONNELS

335. — La liberté du travail et de l'industrie a pour corollaire indispensable la liberté d'*association professionnelle* : en effet, si les travailleurs ne peuvent lutter efficacement en vue du maintien ou de l'augmentation des salaires, qu'à la condition d'être investis du droit de se grouper temporairement, de se coaliser, à plus forte raison est-il nécessaire de leur concéder le droit de se constituer en groupements permanents, ayant une direction stable et un budget, groupements ou associations destinés à pourvoir à la défense de leurs intérêts communs. Le droit de coalition entraîne donc, logiquement, le droit d'association. Cependant, le second de ces droits, par suite d'une méfiance excessive à l'égard des associations, ne fut concédé aux patrons et aux ouvriers que vingt ans après le premier. Mais le propre des lois mal faites, contraires aux besoins permanents et impérieux de la collectivité, est d'être fatalement violées ou tournées ; l'histoire des associations professionnelles de patrons et d'ouvriers, constituées en France depuis la fin du XVIIIe siècle, en est la démonstration éclatante.

SECTION PREMIÈRE. — Histoire des associations professionnelles en France de 1789 à 1884 [1]

§ 1er. — Période révolutionnaire

336. — Dès le lendemain de la promulgation de la loi des 2-17 mars 1791, supprimant les maîtrises et jurandes et proclamant la liberté du

[1] BIBLIOGRAPHIE. — Sur l'histoire des associations professionnelles, consulter spécialement, parmi les ouvrages énumérés *supra*, en note sous p. 50 : pour l'*antiquité*, Caillemer, Mommsen et Waltzing; pour les corporations du *moyen âge*, Levasseur, Martin Saint-Léon, Mahaim, Hubert-Valleroux, Hauser, Glotin, Godart, Germain Martin, Babeau, Franklin. — V. aussi notre *Introduction*, n°s 75 à 128 *supra*. — Pour l'histoire du mouvement syndical de 1789 à nos jours, cons. notamment : Levasseur, *Histoire des classes ouvrières en France de 1789 à 1870*, et *Questions ouvrières sous la troisième République*; Martin Saint-Léon, Mahaim, de Seilhac, Glotin, *ouvr. précités*; Hubert-Valleroux, *op. cit.*, et *Les associations ouvrières et les associations patronales*; Monanges, *Les associations ouvrières en France depuis 1789*, th. 1897; Lefèvre, *Evolution historique des associations professionnelles*;

travail et de l'industrie [1], de nombreuses réunions de patrons et d'ouvriers s'organisèrent à Paris et dans les grands centres, réunions dans lesquelles les patrons ou les ouvriers de la même profession se proposaient de discuter leurs intérêts communs. La commune de Paris, estimant avec raison que l'abrogation des corporations obligatoires, institutions fermées investies d'un monopole, n'impliquait nullement la prohibition des groupements corporatifs volontaires, autorisa d'abord les réunions.

Mais les excès auxquels se livrèrent bientôt certains groupements ouvriers, notamment les ouvriers du bâtiment, déterminèrent un revirement dans l'opinion de cette assemblée; aussi, le 22 avril 1791, la municipalité parisienne prenait-elle un arrêté condamnant expressément les coalitions ouvrières, et par voie de conséquence, le mouvement syndical dont ces coalitions étaient le prélude.

337. — Loi Chapelier. — En présence des protestations des ouvriers et de la contre-protestation des patrons, pour la plupart partisans de la prohibition, l'Assemblée constituante s'interposa comme arbitre. Sa décision souveraine fut nettement contraire aux revendications des ouvriers. L'Assemblée, en effet, craignant que ces associations professionnelles libres ne fussent un acheminement au rétablissement des corporations, imbue d'autre part des idées individualistes de Turgot et d'Adam Smith (qui n'étaient pas éloignés de voir dans toute réunion de gens du même métier une conspiration contre le public), vota, sur le rapport de Chapelier, la loi prohibitive des 14-17 juin 1791, dont le passage suivant du rapport fait nettement ressortir la pensée inspiratrice : « Il doit sans doute être permis à tous les citoyens de s'assembler ; mais il ne doit pas être permis aux citoyens *de certaines professions* de s'assembler *pour leurs prétendus intérêts communs*. Il n'y a plus de corporation dans l'Etat, il n'y a plus que l'*intérêt particulier* de chaque individu et l'*intérêt général*. Il n'est permis à personne d'inspirer aux citoyens un intérêt intermédiaire, de les séparer de la chose publique par un esprit de corporation ».

Vainement les défenseurs du droit d'association objectèrent-ils que les associations professionnelles que l'on entendait interdire présen-

---

Reinaud, *Les syndicats professionnels, leur rôle historique et économique avant et depuis la loi de 1884*; Sauzet, *Essai historique sur la législation industrielle de la France*; Barberet, *Le travail en France*; Paul Boncour, *Le fédéralisme économique*; Merlin, *Les associations patronales et ouvrières*; *Les associations professionnelles ouvrières*, t. Ier (publication de l'*Office du travail*); H. Lagardelle, *L'évolution des syndicats ouvriers en France*, th. 1901; Paul Louis, *Histoire du mouvement syndical en France (1789-1906)*, 1907; Dalloz, *Répert.*, v° *Ouvriers*, n°s 159 et suiv., et *Suppl.*, v° *Travail*, n°s 744 et suiv.; Sirey, *Rép.*, v° *Syndicats professionnels*.

[1] V. *supra*, n°s 128, 140 et suiv.

taient une utilité incontestable au point de vue de la distribution des secours aux ouvriers victimes du chômage ou de la maladie : ses adversaires répondirent « qu'il appartenait à la nation seule de fournir des travaux à ceux qui en ont besoin pour leur existence, et des secours aux infirmes [1] ». La Constituante proclamait ainsi, un peu inconsidérément, le principe du *droit au travail* qui, mal compris et organisé dans des conditions défectueuses, devait être la pierre d'achoppement de la République de 1848, lorsque celle-ci s'avisa de le mettre en pratique dans les ateliers nationaux.

338. — Les dispositions fondamentales de la loi des 14-17 juin 1791 sont les articles 1er et 2, ainsi conçus : Art. 1er : « L'anéantissement de toutes espèces de corporations de citoyens du même état ou profession étant l'une des bases fondamentales de la Constitution française, il est défendu de les rétablir de fait, sous quelque prétexte et sous quelque forme que ce soit ». Art. 2 : « Les citoyens du même état ou profession, entrepreneurs, ceux qui ont boutique ouverte, les ouvriers et compagnons d'un art quelconque ne pourront, lorsqu'ils se trouveront ensemble, se nommer de président ni de secrétaire syndic, tenir des registres, prendre des arrêts ou délibérations, former des règlements sur leurs prétendus intérêts communs ». L'article 4 contenait la prohibition des coalitions (V. *supra*). Les articles suivants édictaient diverses pénalités.

La loi Chapelier reposait sur une double confusion, confusion entre la coalition et l'association professionnelle, confusion entre l'association libre et la corporation fermée. Une telle loi englobant dans une même défense le droit de coalition ou de grève et le droit d'association, et cela, en haine des corporations, eût été logique dans un Etat socialiste ; si l'Etat se charge de subvenir aux besoins de tous, les associations intermédiaires entre l'Etat et l'individu n'ont évidemment pas d'objet. Elle était logiquement incompatible, au contraire, avec les principes de la propriété individuelle et de la liberté du travail, inscrits dans la Déclaration des droits de l'homme, principes que les lois de l'époque intermédiaire avaient fait pénétrer dans les lois, tandis que l'idée socialiste du droit au travail était demeurée à l'état de manifestation théorique et purement platonique (Constitution, non mise en vigueur, de 1793). Dès l'instant que le travail était déclaré *libre*, les

[1] Rapport de Barrère, *Sur les moyens d'extirper la mendicité*, 22 flor. an II (*Moniteur*, XX, p. 445). Sur la politique des Assemblées révolutionnaires à l'égard des groupements ouvriers, cons. notamment : P. Boncour, p. 19 et suiv. ; Jaurès, *Histoire socialiste*, t. Ier, p. 605 et suiv. ; Vaillé, *La coalition ouvrière*, p. 163 et s. ; Fournière, *Essai sur l'individualisme*, p. 93 ; Ferneuil, *Socialisme et individualisme*, (*Rev. d'écon. polit.*, 1889, p. 51). — V. aussi *supra*, nos 140 et suiv.

travailleurs devaient, de leur côté, être libres de se grouper, afin de faire produire à leur travail son maximum de rendement utile, et d'échapper à l'oppression qui menace le travailleur isolé. En pleine Terreur, Marat, dans son journal l'*Ami du peuple*, clairvoyant pour un jour, soutint cette théorie en faveur des associations ouvrières; mais la Convention n'en maintint pas moins la prohibition.

339. — Esprit de la législation révolutionnaire. — Si, par cet ensemble de mesures prohibitives, la Révolution créa dans une certaine mesure un état industriel anarchique, dont l'ouvrier devait supporter lourdement les conséquences[1], nous nous garderons bien, cependant, de nous associer aux critiques tendancieuses dirigées trop fréquemment contre l'œuvre sociale de la Révolution par les partisans modernes du régime corporatif, à base confessionnelle plus ou moins accusée.

Il convient en effet, pour porter un jugement impartial sur les lois de cette époque, de se reporter aux circonstances dans lesquelles les assemblées révolutionnaires eurent à se prononcer sur la question. D'une part, le régime de la grande industrie, dont le développement ultérieur devait accentuer l'inégalité entre le capital et le travail, existait à peine; et les auteurs de la loi Chapelier, imbus des idées physiocratiques, étaient certes bien excusables de croire à la toute-puissance de la liberté pour régler les conditions du travail, alors surtout que, dans les corporations dégénérées du XVIIIe siècle, le régime du monopole n'avait servi qu'à fortifier et rendre plus intolérable l'oligarchie patronale (Sur les mouvements ouvriers au XVIIIe siècle et leurs causes, v. *supra*, Introduction, chap. III, sect. IV, et tit. Ier, ch. III).

D'autre part, avant d'organiser l'État économique, les constituants ou les conventionnels avaient une œuvre plus urgente à accomplir, l'œuvre d'organisation politique. Or ils estimaient, non sans raison, que le plus sûr moyen de fortifier le régime nouveau, fondé sur la souveraineté de la nation, était d'opposer une digue commune à la poussée démagogique, favorisée par Marat, et à la contre-révolution, symbolisée par les corporations abolies[2].

340. — Le moyen employé par eux fut sans doute plus que défectueux; et il eût été infiniment préférable d'organiser l'association libre au lieu de recourir à la prohibition pure et simple; mais les tâtonnements du législateur contemporain, dans sa reconstruction écono-

---

[1] Jay, *L'évolution du régime légal du travail*, p. 6 et suiv.; Sauzet, *Essai historique* (*Rev. d'écon. polit.*, 1892, p. 905 et suiv.).

[2] *Sic* : H. Michel, *L'idée de l'État*, p. 90; P. Boncour, p. 58; Raoul de la Grasserie, *De la représentation professionnelle* (*Rev. polit. et parlem.*, 1895, t. V, p. 253).

mique de la société, doivent rendre les hommes du XXe siècle plus qu'indulgents pour ceux qui, à la fin du XVIIIe, ont préparé le régime démocratique actuel, en sapant par la base l'édifice monarchique, négation du droit populaire.

Il est d'ailleurs essentiel de remarquer que la Révolution, en proclamant bien haut le *droit supérieur de l'Etat*, avait indiqué le remède aux maux que l'abus de la liberté, bonne en soi, pouvait engendrer par la suite. Ce remède n'était autre que l'intervention tutélaire de l'Etat, remède que les gouvernements républicains, issus des révolutions populaires de 48 et de 70, appliqueront résolument, au fur et à mesure que se révéleront les abus de l'industrialisme [1].

§ 2. — La législation, du Consulat à 1848

341. — Consulat et Premier Empire. — Sous le *Directoire* et le *Consulat*, les réclamations redoublèrent et le Premier Consul fut vivement sollicité de rétablir les corporations. Ces sollicitations, émanées tant des ouvriers que des petits-commerçants et petits patrons, accueillies d'abord favorablement par Bonaparte, échouèrent finalement en présence de l'opposition énergique de la Chambre de commerce de Paris, composée de notables commerçants, qui avaient recueilli presque tout le profit du régime de liberté institué par la Révolution dans l'intérêt du plus grand nombre.

Napoléon se contenta d'organiser, par décret, certaines corporations spéciales, se rattachant à l'alimentation : les boulangers et les bouchers de Paris se reconstituèrent en véritables corps d'état, investis d'un *monopole* reconnu officiellement. Ces corporations napoléoniennes présentaient, du reste, plus d'analogie avec les *collegia* du Bas-Empire romain qu'avec les corporations du moyen âge ; le but de l'Empereur, en les constituant, avait été, en effet, uniquement de remédier à l'accaparement possible, en cas de siège, des denrées nécessaires à l'alimentation de la capitale. Ce système se perpétua, pour la boucherie parisienne, jusqu'en 1858, et pour la boulangerie, jusqu'en 1863 : les décrets du 24 février 1853 et du 22 juin 1863 ont rétabli la liberté de ces deux industries, tout en réservant le droit, pour les municipalités, de taxer le prix du pain ou de la viande, conformément à l'article 30 de la loi des 19-22 juillet 1791 (V. *supra*, chap. II, sect. V).

---

[1] Paul Deschanel, *La question sociale*, introduction ; E. Charles, *La question sociale*, d'après le livre de M. P. Deschanel (*Rev. polit. et parlem.*, 1898, t. XVI, p. 379) ; H. Michel, P. Boncour, *ubi supra*. — V. aussi *supra*, n°s 149 et suiv.

342. — A part ces exceptions, motivées par des considérations spéciales, les associations professionnelles demeuraient rigoureusement prohibées (L. 22 germinal an XI, contre les coalitions, v. *supra*, chap. III, — art. 291 C. pén., contre les associations). Mais cette prohibition n'était plus en réalité dirigée que contre l'ouvrier.

Tandis que le gouvernement impérial tolère ou même favorise la constitution de syndicats patronaux, les lois qu'il inspire établissent une distinction injustifiable dans la répression contre l'ouvrier et le patron (V. *supra*, chap. III), et soumettent le travailleur de l'industrie, par le livret, à une véritable surveillance de la haute police. Cette inégalité se traduit même dans le Code civil (art. 1781)[1]; et ainsi se substitue progressivement à la législation générale et égalitaire de la Révolution, une législation *de classe*, dont le résultat fatal sera de pousser les ouvriers dans la voie révolutionnaire[2].

343. — **Restauration et Gouvernement de Juillet.** — La Restauration et le Gouvernement de Juillet laissèrent, sur ce point, subsister la législation impériale. La résistance opiniâtre des chambres de commerce triompha de tous les efforts tentés en vue de la reconnaissance légale des groupements corporatifs, ouvriers ou patronaux. Relativement libéral sur le terrain politique, le Gouvernement de Juillet se montra même plus rétrograde, s'il est possible, que les régimes précédents sur le terrain de la politique sociale, puisqu'il aggrava encore, par la loi du 10 avril 1834, les pénalités rigoureuses édictées par l'article 291 du Code pénal contre toutes les associations de plus de vingt personnes (contre tout membre d'une association non autorisée, emprisonnement de deux mois à un an, amende de 50 à 1,000 fr.).

On sait avec quelle rigueur, fort de cet article, le gouvernement de Louis-Philippe réprima les mouvements ouvriers provoqués sur différents points du territoire par les abus de l'industrialisme (Sur ces abus, v. *supra*, introduction, chap. III, sect. V).

---

[1] Sur l'attitude de défiance du Code civil au regard des ouvriers, cons. notamment : Levasseur, *Histoire des classes ouvrières de 1789 à 1870*, I, p. 285 et suiv.; et *La corporation sous le Consulat, l'Empire et la Restauration* (*Réforme sociale*, 16 janv. 1902) ; Glasson, *Le Code civil et les ouvriers* ; Sauzet, *op. cit.* ; P. Boncour, p. 69 et suiv. — V. aussi *supra*, n° 145.

[2] Sur les mouvements ouvriers dans la période comprise entre 1830 et 1848, cons. les ouvrages sur les coalitions, cités *supra*, chap. III. — V. aussi Cauwès, t. III, n° 849 ; Isambert, *Les idées socialistes en France de 1815 à 1848*, 1905 (p. 371 et suiv.).

§ 3. — La législation et le mouvement syndical de 1848 à 1884

344. — En 1848, à la suite de la Révolution du 24 février, le Gouvernement provisoire décréta la liberté d'association, et favorisa même la constitution des associations professionnelles, en invitant officiellement les ouvriers des divers métiers à se réunir, en vue d'élire des délégués, chargés de présenter les vœux des populations ouvrières aux pouvoirs publics. Mais ce régime de liberté dura peu ; la liberté d'association fut de nouveau supprimée, au lendemain du coup d'Etat du 2 décembre 1851, et les sociétés de secours mutuels échappèrent seules aux pénalités édictées contre les associations non autorisées.

Si les associations professionnelles (chambres syndicales de patrons, chambres syndicales d'ouvriers et syndicats mixtes), restèrent prohibées en droit pendant tout le second Empire, et même sous la République, de 1870 à 1884, en fait, ces associations, dont plusieurs remontaient d'ailleurs au premier Empire, se développèrent dans des proportions considérables surtout depuis 1860, parfois à la faveur de la tolérance du gouvernement, qui préférait fermer les yeux sur cette violation d'une législation surannée, que de s'attirer les haines de la population ouvrière par une répression intempestive. Détruire ces associations multiples jusque dans leurs racines étant chose impossible, le gouvernement impérial chercha à dériver le courant à son profit, en laissant se constituer librement certaines associations ouvrières, qui, placées sous le régime de la tolérance administrative, lui semblaient moins dangereuses qu'à l'état de sociétés secrètes.

345. — **Premières chambres patronales.** — Les premières chambres syndicales, avons-nous dit, remontent au premier Empire. Mais il convient d'ajouter que ces chambres, tolérées de Napoléon Ier, étaient exclusivement des chambres syndicales de patrons. C'est ainsi qu'en 1808, le préfet de police autorisa la constitution de la société des maîtres charpentiers, et qu'en 1809 et 1810, d'autres industries se rattachant au bâtiment se constituèrent en corporation. Les diverses corporations patronales du bâtiment se groupèrent à leur tour en une sorte de fédération dite *Chambre syndicale du bâtiment de la Sainte-Chapelle* (du nom de la rue où se trouvait leur local commun). D'autres professions, suivant l'initiative donnée par le groupe du bâtiment, se syndiquèrent à leur tour, et ces divers syndicats, en se fédérant, fondèrent en 1858, avec l'approbation du gouvernement, une association puissante, qui exerce encore aujourd'hui une influence considérable ;

l'*Union nationale du commerce et de l'industrie*, qui comprenait cinquante-deux chambres syndicales en 1869, et cent cinquante au 1er janvier 1908 [1].

Cette Union, consultée par le gouvernement sur les questions intéressant la législation ouvrière, sur l'organisation en France des expositions nationales ou internationales, sur la représentation des industries françaises dans les expositions étrangères, appelée d'autre part à collaborer aux travaux du tribunal de commerce par les expertises et les rapports techniques qui lui sont journellement demandés, a exercé et paraît devoir exercer pendant longtemps encore une action importante sur la réglementation législative de l'industrie.

346. — D'autres groupements patronaux, presque aussi considérables, se sont d'ailleurs constitués dans la capitale, soit sous le second Empire, comme le *Comité central des chambres syndicales*, qui remonte à 1867, ou le *Groupe des chambres syndicales de la ville de Paris et du département de la Seine*, constitué dès 1859, — soit depuis la loi organique de 1884, comme l'*Alliance syndicale du commerce et de l'industrie* (1889) ou la *Fédération des industriels et des commerçants français*. Cette dernière, très récente (1904), s'est rapidement développée, avec l'appui des principales chambres de commerce. Grâce à ses comités régionaux, au syndicat de garantie contre les accidents du travail qu'elle a créé en 1905, et à ses conférences périodiques, la Fédération dispose aujourd'hui, sur l'ensemble du territoire, d'une influence considérable [2].

Les groupements patronaux de province n'ont pas la même importance. Signalons cependant, parmi les plus nombreux et les plus influents, l'*Union des chambres syndicales lyonnaises* (32 ch., 4,508 m.), l'*Union générale des syndicats girondins* (27 ch., 1,299 m.), l'*Union des syndicats nantais* (23 ch., 1,461 m.), l'*Union marseillaise des syndicats de l'alimentation* (19 ch., 2,461 m.).

Il n'y avait, à la veille de la loi de 1884, de chambres syndicales de

---

[1] Les cent cinquante Chambres syndicales adhérentes de l'Union (dite aussi *Union des Chambres syndicales de France*, bien qu'elle groupe surtout des syndicats parisiens, ou *Syndicat général du commerce et de l'industrie*) comprenaient au 1er janvier 1908 plus de 14,000 membres (chiffre donné par M. Muzet, président, au banquet du Cinquantenaire du *Syndicat général*, 22 mars 1908).

[2] Le *Comité central* et l'*Alliance syndicale* ont, par le nombre de leurs membres, une importance sensiblement égale à l'Union (46 ch. syndicales groupant 8,310 membres pour le Comité central, 82 ch. syndicales groupant 9,900 membres pour l'Alliance syndicale). Le *Groupe des chambres syndicales* est moins important : 36 chambres, 3,888 membres. Outre ces unions syndicales groupant des industries diverses, il existe à Paris des unions très importantes entre négociants de la même profession (V. *Annuaire des syndicats professionnels*).

patrons que dans 52 villes de France ; leur chiffre total s'élevait à 101, avec 820 membres. — Au 1er janvier 1907, la statistique officielle nous donne les chiffres de 3,612 syndicats patronaux (sans compter les syndicats mixtes), avec 315,271 membres et de 110 unions patronales, groupant 2,450 syndicats avec 257,847 membres. La progression est remarquable ; nous en déterminerons les conséquences sociales dans notre section IV, *infra*.

347. — Développement des associations ouvrières. — Compagnonnage et syndicats. — Quant aux *associations ouvrières*, elles paraissent s'être développées dans des proportions bien plus grandes encore, aussi bien en province qu'à Paris, malgré l'hostilité ou tout au moins la méfiance de la plupart des gouvernements qui se sont succédé en France depuis le début du siècle. Mais l'essor de ces associations ne date guère que de 1860. Dans la première moitié du XIXe siècle, le *compagnonnage*, qui avait survécu à la Révolution et à la destruction du régime corporatif, constitua presque la seule organisation ouvrière [1]. Cette organisation avait de graves défauts. Les compagnons de divers métiers, parfois même les compagnons du même métier étaient divisés en devoirs ou rites ennemis ; des rixes fréquentes éclataient entre les compagnons des divers rites, et ces rixes prirent notamment sous la Restauration un caractère particulier de gravité. A partir de 1840, les efforts de deux anciens compagnons, Perdiguier et Moreau, aboutirent à mettre fin à ces luttes, et la société de secours mutuels l'*Union ouvrière*, société englobant les compagnons de la France entière, s'organisa pour sceller la réconciliation. Cette union est assez prospère : elle comptait, antérieurement au vote de la loi sur les syndicats, 47 bureaux particuliers dans 22 villes de France [2].

---

[1] Sur le compagnonnage, comp. notamment : Martin Saint-Léon, *Le compagnonnage, son histoire, ses règlements et ses rites*, 1 vol. in-18, 1902 ; du Maroussem, *La question ouvrière, les charpentiers de Paris* ; Agricol Perdiguier, *Le livre du compagnonnage* ; *Nouveau dictionnaire d'économie politique*, vo *Compagnonnage* : Museux, *Agricol Perdiguier* (*Rev. socialiste*, 1901, 270) ; Rouanet, *Le compagnonnage* (*Rev. socialiste*, 1901, 2, 683) ; Hauser, *Les compagnonnages à Dijon aux XVIIe et XVIIIe siècles* (*Revue bourguignonne*, 1907, no 4) ; J. Godart, *Le compagnonnage à Lyon*, 1903, et les autorités citées. — V. aussi, pour le côté romantique du compagnonnage : George Sand, *Le compagnon du Tour de France*. Sur les origines de l'institution, v. *supra*, no 106.

[2] D'après la statistique dressée par M. Martin Saint-Léon en 1901, il existait environ 2,500 membres actifs de l'Union compagnonnique. D'autre part, en dehors de l'Union, l'on comptait près de 6,000 compagnons actifs des divers devoirs, soit de 8 à 10,000 compagnons actifs pour la France entière, aspirants non compris. Si l'on tenait compte des compagnons anciens en même temps que des membres actifs, l'on obtiendrait, d'après cet auteur, un effectif total de 20 à 25,000 membres. — Comp. chronique des *Quest. prat. de législ. ouvrière*, 1902, p. 58 et 61.

Il convient toutefois de remarquer que, dans une interview récente, M. L. Blanc,

348. — Depuis 1884, le compagnonnage a cherché à affirmer sa vitalité, et dans plusieurs circonstances, il a même tenu plusieurs congrès, notamment à Bordeaux (1884), à Nantes (1894) et à Paris, à l'occasion des Expositions internationales. Cependant, il est aisé de reconnaître, à une foule d'indices, que cette antique institution du compagnonnage est en voie de décadence et cédera la place aux syndicats nouveaux. Les causes de cette décadence sont multiples : tout d'abord le *tour de France* tend à se perdre, même dans les professions où il était le plus en honneur, comme chez les charpentiers, et les ouvriers qui ont conservé l'habitude de voyager n'ont plus autant besoin qu'autrefois de l'appui moral ou pécuniaire d'une association quelconque, vu la facilité et la rapidité croissante des moyens de communication ; d'autre part, les cérémonies symboliques ou mystiques de l'affiliation n'ont plus le même attrait que jadis, elles paraissent à beaucoup surannées ou ridicules.

Enfin, et c'est là peut-être une des principales causes de la décadence de l'institution, le compagnonnage est en un certain sens une institution conservatrice, respectueuse des formes anciennes du contrat de travail. Les compagnons ne se proposent nullement de faire disparaître le salariat, qu'il considèrent au contraire, comme une nécessité ; leur but est simplement d'améliorer le sort du salarié, en l'associant au bénéfice des institutions de prévoyance créées par l'association compagnonnique dont il est est affilié. Or, la plupart des ouvriers ont aujourd'hui, sur cette question du salariat, des idées beaucoup plus radicales ; aussi se tournent-ils de préférence du côté des syndicats ouvriers, plus ou moins acquis à la politique révolutionnaire ou tout au moins socialiste[1].

---

président de l'Union, a évalué à plus du double (exactement 5,973) le nombre de ses membres adhérents. — Vialatoux, *Le compagnonnage* (*Démocr. du Sud-Est*, 11 août 1907). — Le compagnonnage, si ces chiffres étaient exacts, aurait donc un regain de vitalité.

1 Peu à peu disparaissent aussi les quelques *corporations* qui, dans les principaux ports de France, avaient réussi à se maintenir, comme groupes fermés et investis d'un véritable monopole, pendant la première moitié du XIXe siècle. La création des *docks*, soit à Marseille, soit au Havre, a porté un coup décisif, soit à l'antique institution des *portefaix de Marseille*, qui remonte au XIVe siècle, soit à la corporation des *brouettiers du grand corps*, au *Havre* ; la première n'est plus guère qu'une société de secours mutuels, la seconde est une société coopérative de production, dépourvue de tout monopole. Quant aux *portefaix des docks de Nantes*, ils n'ont aucun monopole, mais la Chambre de commerce, propriétaire des docks de Nantes et de St-Nazaire, leur réserve le droit exclusif de décharger et de transporter les marchandises à destination ou en provenance des docks. Lefèvre, *Evolution historique des associations professionnelles*, p. 276 et s. ; Bry, p. 226 ; de Seilhac, *La grève des docks de Marseille*, *Musée social*, juillet 1901. — Cf. Rondelet, *La corporation des portefaix*, *Revue contemporaine*, t. XXVI, p. 652, 680 (1862). — Sur les *prud'hommes pêcheurs* de la Méditerranée, v. tit. III, *infra*.

Le compagnonnage, il est vrai, n'a pas seulement pour but de procurer du travail et des secours éventuels aux affiliés, mais aussi d'organiser l'enseignement professionnel et technique, et d'encourager les progrès artistiques des adhérents (l'usage antique du chef-d'œuvre s'y est perpétué). Mais ici encore le développement de l'enseignement technique officiel d'une part (v. *infra*) et d'autre part le progrès du machinisme, qui diminue l'importance de l'habileté individuelle et du tour de main, dans la plupart des professions, sont venus entraver les efforts des fidèles du compagnonnage, et tarir son recrutement.

349. — Mouvement syndical de 1848. — Politique impériale. — *La Révolution de 1848* donna naissance à un grand nombre d'associations ouvrières, affectant pour la plupart la forme de sociétés coopératives de production. Mais ces associations n'eurent qu'une durée éphémère [1]. Elles durent se dissoudre à la suite du coup d'Etat de 1851, ou se dissimuler sous l'apparence inoffensive de sociétés de secours mutuels, seuls groupements reconnus par la loi. C'est sous cette forme que s'organisèrent et se développèrent sous le second Empire deux associations ouvrières qui exercèrent à Paris une action puissante sur le mouvement d'émancipation ouvrière et jouèrent même un certain rôle politique, la *Société typographique de Paris* et la *Société générale de la chapellerie*.

Mais à partir de 1860, et surtout de 1862, le Gouvernement impérial se départit de ses rigueurs à l'égard des associations ouvrières, et inaugura une politique semi-socialiste destinée, dans sa pensée, à dériver à son profit le mouvement libéral et républicain, qu'une politique répressive n'avait fait que fortifier et rendre plus redoutable (V. Mahaim, p. 110). Ce revirement de la politique impériale se traduisit par deux actes qui eurent alors un grand retentissement : la grâce pleine et entière accordée par l'Empereur aux ouvriers typographes condamnés pour faits de grève, et l'envoi à l'Exposition universelle de Londres aux frais du gouvernement, d'une délégation d'ouvriers français (200 délégués représentant 150 métiers).

Ce dernier acte eut une influence décisive au point de vue de la formation des groupements ouvriers; les délégués français entrèrent en rapport avec les chefs des *Trades-Unions*, et revinrent en France, convaincus de la nécessité d'organiser chez eux des associations ouvrières capables de lutter, avec avantage, comme les associations ouvrières anglaises, pour le maintien ou même l'élévation des salaires. Sous la pression de l'opinion publique, le Gouvernement impérial fit

[1] Sur le mouvement syndical de 1848, cons. notamment : P. Rougier, *Les associations ouvrières*, 1864.

promulguer la loi de 1864, abolissant le délit de coalition ; c'était un premier pas dans la voie de la reconnaissance légale des syndicats ouvriers, qui, en deux ans, s'étaient constitués ouvertement à Paris et dans tous les grands centres ouvriers.

350. — Association internationale des travailleurs. — Mais à cette époque, 1864, survint un événement grave, dont les suites devaient arrêter le Gouvernement impérial dans la voie libérale où il s'était engagé, et qui empêcha, dès cette époque, la reconnaissance légale du droit d'association professionnelle : à savoir la constitution, à Londres, de la célèbre *Association internationale des travailleurs*, sous l'influence du chef du socialisme allemand, Karl Marx (V. Laveleye, *Socialisme contemporain*, p. 173 et s.). Le premier manifeste du conseil général de l'Association fut relativement modéré, et les Gouvernements monarchiques ne parurent pas s'en émouvoir. Le Gouvernement impérial accueillit même favorablement le mémoire des délégués ouvriers de Paris à l'Exposition universelle de 1867, mémoire concluant à l'organisation de chambres syndicales ouvrières, sur le même type que les chambres syndicales patronales, ouvertement protégées par tous les Gouvernements, depuis le commencement du siècle. M. Forcade de la Roquette, ministre de l'intérieur, chargé de répondre au mémoire, adressa à l'empereur un rapport garantissant la tolérance administrative aux associations ouvrières, sous la seule condition que ces sociétés se maintiendraient sur le terrain professionnel, et n'attenteraient pas à la liberté du travail (Rapport du 31 mars 1868, inséré au *Moniteur*). Forts de l'appui gouvernemental, les délégués ouvriers nommèrent immédiatement une commission d'initiative, chargée de provoquer la constitution, sur tout le territoire, de syndicats ouvriers.

Mais, vers la même époque, s'accentuèrent les tendances révolutionnaires de l'Association internationale des travailleurs (Congrès de Bruxelles). Au début, ainsi que l'a très nettement établi M. de Laveleye, « cette Association ne devait être qu'une vaste société de résistance pour maintenir ou élever le taux des salaires, une sorte de *Trade-Union* universelle ». Quatre ans plus tard, elle rêvait de transformer complètement la société, et de supprimer le salariat, *cette forme nouvelle de l'esclavage*. Le Gouvernement impérial s'émut, et ordonna des poursuites contre un certain nombre d'adhérents français, coupables de s'être affiliés à une société non autorisée. Ces poursuites, et les condamnations qui suivirent, eurent pour résultat d'enrayer le mouvement d'association professionnelle, attendu que la plupart des syndicats ouvriers nouveaux se rattachaient plus ou moins à l'Internationale.

351. — La troisième République. — Les événements de la Commune (dans laquelle l'Internationale joua un rôle qui a été parfois exagéré, mais qui n'est pas niable), déterminèrent tout d'abord dans l'Assemblée nationale un courant défavorable aux groupements ouvriers : la loi du 14 mars 1872 sur l'*Association internationale des travailleurs*, et les instructions données aux parquets, par les gouvernements de combat du 24 mai 1873 et du 16 mai 1877, en vue de l'application stricte de l'article 291 du Code pénal, paralysèrent presque complètement le mouvement d'association professionnelle.

Mais l'arrivée au pouvoir d'un ministère républicain, à la fin de l'année 1877, et l'activité industrielle provoquée par l'Exposition universelle de 1878, déterminèrent un nouveau courant syndical, qui depuis lors ne devait faire que grandir. Les syndicats ouvriers purent de nouveau se constituer ouvertement, grâce à la tolérance ou même à la protection des pouvoirs publics ; si bien qu'il existait, au jour de la promulgation de la loi de 1884, 237 syndicats ouvriers à Paris, composés de 50,000 adhérents, et 350 en province. Ces chiffres sont ceux consignés dans les rapports de la Préfecture de police ; ils ont toutefois été contestés, et M. H. Valleroux (p. 338) évalue à cent seulement les syndicats professionnels ouvriers existant à Paris à cette époque. Il existait même, à Paris, à cette date, deux ou trois *syndicats mixtes*, tels que la chambre mixte constituée par les chambres patronales et ouvrières du papier peint, en vue de régler d'un commun accord, entre patrons et ouvriers, les questions de salaires, d'apprentissage et d'enseignement professionnel [1].

352. — Tolérance administrative : répression intermittente. — L'on a parfois prétendu que le régime de *tolérance administrative*, sous lequel ont vécu pendant un certain nombre d'années les syndicats professionnels de patrons et d'ouvriers, était un régime très acceptable, peut-être même préférable au régime de la *reconnaissance légale* inauguré en 1884, en ce qu'il laissait au pouvoir une arme toute-puissante, la dissolution arbitraire, arme souvent nécessaire au maintien de l'ordre. Il nous paraît facile de réfuter cette thèse et de démontrer que le régime du bon plaisir administratif présentait, en réalité, les plus graves inconvénients, et qu'il était plutôt une cause de désordre et d'anarchie.

[1] La progression des syndicats ouvriers, depuis la loi de 1884, n'a pas été moindre que celle des syndicats patronaux. Il existait, en effet, au 1er janvier 1907, 5,322 syndicats ouvriers régulièrement constitués, groupant 896,012 ouvriers, 187 unions ou fédérations syndicales groupant 3,675 syndicats, avec un personnel de 752,362 membres, et 131 Bourses du travail (2,586 syndicats, 455,790 m.). — Il existait également, à la même date, 154 syndicats mixtes, avec 30,698 membres, et 3,883 syndicats agricoles, avec 716,530 membres. — Pour plus de développements, v. les tableaux donnés *infra*, n° 552.

Vainement, les associations syndicales de patrons ou d'ouvriers s'étaient-elles appliquées à adopter une organisation capable de les soustraire aux poursuites dont toute association non autorisée était sans cesse menacée, sous le régime de l'article 291 du Code pénal. La plupart des chambres syndicales de patrons s'étaient en effet constituées sous la forme de sociétés civiles, parfois même sous la forme d'agences commerciales. Telle était, tout au moins jusqu'à la révision de ses statuts en 1897, la forme de l'association patronale la plus puissante, l'*Union nationale du commerce et de l'industrie*; quant aux syndicats ouvriers, ils se constituaient fréquemment, soit sous le couvert d'une société de secours mutuels, soit sous la forme d'une société à capital variable. Mais, quelle que fût la forme adoptée par le syndicat, l'administration pouvait toujours aisément démontrer le véritable caractère dudit syndicat, et en poursuivre la dissolution, lorsqu'elle le jugeait menaçant pour l'ordre social.

353. — C'est ainsi que la Cour de Lyon, par arrêt du 28 mars 1874 (D. 75, 2, 65), put condamner, par application de l'article 291 du Code pénal et de la loi du 17 juin 1791, le *Syndicat des ouvriers sur métaux*, en s'appuyant sur ce motif, inattaquable au point de vue juridique, que la tolérance administrative ne faisait point disparaître le caractère illicite de l'association. Il est vrai que ces poursuites correctionnelles étaient assez rares ; mais, en admettant même que le parquet y renonçât complètement, la situation des syndicats demeurait très précaire, attendu qu'ils étaient dépourvus de *toute existence civile*, que leurs représentants n'avaient pas qualité pour ester en justice, et que les conventions statutaires, même acceptées par tous les adhérents, n'avaient aucun caractère obligatoire.

Voici du reste un exemple, emprunté à la pratique, qui démontre combien le régime de la tolérance administrative était impuissant à sauvegarder les intérêts collectifs de ces associations : 66 patrons et 1,200 ouvriers rubaniers de Saint-Etienne avaient constitué, en 1875, un syndicat mixte dit « *Union de la fabrication de rubans de Saint-Etienne* » ; aux termes des statuts, les patrons s'engageaient sous une clause pénale à respecter le *tarif* fixé d'un commun accord. Certains patrons, ayant méconnu l'engagement, furent assignés devant le tribunal civil de Saint-Etienne ; mais les demandeurs furent déboutés de leurs réclamations, par le motif que l'*Union*, n'ayant pas d'existence légale, n'avait pu imposer à ses adhérents un tarif obligatoire.

354. — **Les trois tendances : syndicale, libérale et corporative.** — Un tel état de choses ne pouvait se perpétuer longtemps. Faisant usage de la liberté de réunion reconnue par la loi de 1868 et notablement étendue par la loi de 1881, les intéressés ouvrirent une campagne énergique en faveur de la reconnaissance légale des associations professionnelles. Cette campagne fut dirigée par les *Congrès ouvriers* (Congrès de Paris, en 1876, de Lyon, en 1878, de Marseille, en 1879, du Havre, en 1880, de Reims, en 1881, de Saint-Etienne, en 1882, etc.). Le Congrès de Lyon, notamment, abstraction faite de certaines revendications nettement socialistes, élabora un programme assez pratique d'organisation légale des syndicats ouvriers. D'après les résolutions votées par ce Congrès, ces syndicats devaient avoir pour objet : la régularisation de la production, le maintien des salaires, le placement des ouvriers, la mise à l'étude des moyens pratiques pour la création des caisses de secours.

Les violences de langage et les tendances révolutionnaires d'une fraction des délégués ouvriers au Congrès du Havre et au Congrès de Saint-Etienne risquèrent de compromettre la cause des associations ouvrières. Mais la scission qui se produisit dans ces deux Congrès entre les socialistes révolutionnaires ou guesdistes, et les membres du parti ouvrier *stricto sensu* ou *possibilistes*, sauva la situation. Ces derniers fondèrent, avec l'appui tout au moins tacite du gouvernement, une sorte de fédération, dite *Union des chambres syndicales ouvrières de France*, ayant un organe périodique, le *Moniteur des chambres syndicales ouvrières* ; et cette Union, dont les tendances relativement modérées rassuraient l'opinion, put travailler efficacement en vue de la reconnaissance légale depuis si longtemps réclamée [1].

Vers la même époque, *deux* autres influences s'exercèrent dans le même sens : à savoir l'influence des Unions patronales, spécialement de l'Union nationale, très nettement favorable à la reconnaissance légale des syndicats ouvriers, et l'influence des *Congrès catholiques*.

355. — A ces trois influences convergeant dans le même sens, à savoir dans le sens de la reconnaissance légale des syndicats professionnels, correspondaient d'ailleurs trois conceptions notablement différentes de l'association professionnelle : — *a*) la conception *libérale*, préconisée par les syndicats patronaux, consistant essentiellement à attribuer la personnalité morale à tous les syndicats patronaux ou ouvriers, sans accorder la moindre prééminence à l'un des groupes sur l'autre, et aussi sans porter atteinte à la liberté d'action des patrons ou des ouvriers non syndiqués ; — *b*) la conception *autoritaire* ou *socialiste* des Congrès ouvriers, dont l'objectif plus ou moins dissimulé paraissait être d'assurer aux syndicats ouvriers la prééminence

---

[1] Cons. de Seilhac, *Les Congrès ouvriers en France*, 1902, et *Syndicats ouvriers Fédérations, Bourses du travail*, p. 80 et suiv.

sur les syndicats patronaux, et de contraindre au moins indirectement les ouvriers non syndiqués à s'affilier aux syndicats ; — *c*) la conception *corporative* des cercles catholiques et des socialistes chrétiens, dont l'objectif était, sinon le retour aux corporations fermées du moyen âge et de l'ancien régime, tout au moins la constitution de corporations chrétiennes *libres* ou *syndicats mixtes*, dans lesquels l'élément patronal et l'élément ouvrier figureraient simultanément, mais non sur un pied d'égalité : les patrons devant être investis sur leurs ouvriers, dans cette conception sociale, d'une certaine autorité morale et même effective (*patronage*), susceptible de maintenir dans la société l'ordre providentiel que le régime individualiste, produit néfaste de la Révolution, avait détruit un siècle auparavant [1]. A ce point de vue, la tendance corporative faisait antithèse à la tendance autoritaire des Congrès socialistes ouvriers, puisque ces Congrès cherchaient la formule d'une société idéale, d'où le patronat et par conséquent le patronage fussent exclus.

356. — La loi de 1884 : consécration de la tendance libérale. — En présence de ces trois tendances, si divergentes, le gouvernement n'hésita pas : il se rallia nettement à la première, la seule qui n'eût pas pour but ou pour effet d'opposer une classe à l'autre, de sacrifier aux ouvriers les intérêts légitimes des patrons, ou de maintenir au contraire les ouvriers sous la dépendance matérielle et morale de ces derniers.

Ce libéralisme était à la base même du projet déposé par le gouvernement le 22 novembre 1880, par MM. Cazot et Tirard. Il a passé dans le texte définitif. La loi organique du 21 mars 1884, qui est encore aujourd'hui la charte fondamentale des associations professionnelles françaises [2], est avant tout une loi *de liberté*, également respectueuse

[1] Sur la conception *corporative*, ou plutôt sur les conceptions assez divergentes, quoique procédant d'un principe commun, de l'*Ecole libérale chrétienne* de Le Play, et de l'*Ecole sociale chrétienne*, cons. notamment : Hubert Valleroux, p. 259 et suiv. ; Boissard, *Le syndical mixte, institution professionnelle d'initiative privée, à tendance corporative*, 1896 ; Fagniez, *Corporations et syndicats*, 1905. — Conf. (mais avec une nuance démocratique et égalitaire) : Bureau, *Le contrat de travail, le rôle des syndicats professionnels*, 1902. — V. aussi *supra* notre introduction, n°s 37 et suiv., 49 et suiv.

[2] En consacrant pour les associations de tout ordre, à l'exception cependant des congrégations, le droit à l'existence, en dehors de toute intervention administrative (d'où abrogation de l'art. 291 C. pén.), la loi du 1er juillet 1901 sur les associations a laissé subsister sans modification la loi de 1884 (art. 21 *in fine*, loi de 1901). — Nous verrons cependant (sect. II, *infra*) que la formule de cet article « il n'est en rien dérogé pour l'avenir aux lois spéciales relatives aux syndicats professionnels » ne saurait être prise à la lettre, et que l'inscription dans nos lois du principe de la liberté d'association n'est pas sans avoir exercé une influence indirecte sur le régime des syndicats.

des droits des patrons et des ouvriers, des syndiqués et des non-syndiqués. Elle comporte assurément des retouches : mais, ainsi que nous le verrons, en passant en revue les nombreux projets tendant à modifier la loi de 1884, il est éminemment désirable que son principe même, si nettement mis en relief par M. Waldeck-Rousseau, ministre de l'intérieur, au cours de la discussion du projet devant le Sénat, et dans sa circulaire aux préfets du 25 août 1884 (*Offic.* du 28), soit respecté et même consolidé.

357. — Le projet de 1899. — Conclusions. — Telle est d'ailleurs, ainsi que nous le verrons *infra* (sect. IV), la pensée maîtresse du projet de loi déposé en 1899 [1] par le même homme d'Etat, de nouveau ministre de l'intérieur et président du Conseil : projet tendant, d'une part, à étendre la capacité des syndicats régulièrement constitués, et d'autre part, à sanctionner plus énergiquement toutes les atteintes aux droits reconnus par la loi.

« Le véritable progrès, — a écrit M. Waldeck-Rousseau au sujet de la loi syndicale, — n'est point de refondre la société au risque de la faire plus arbitraire, mais, en la faisant plus libre, de donner à l'activité individuelle plus d'essor. On peut concevoir une méthode différente, un gouvernement qui se croira plus sage que les hommes eux-mêmes, c'est la conception *tyrannique*, et j'emploie ce mot dans son sens scientifique. Elle ne suppose d'ailleurs et n'admet aucune concession : appliquée au travail, elle a trouvé jadis sa formule et son expression dans la corporation. Elle règle tout : le nombre des corporations, le nombre des artisans, celui des compagnons et des apprentis, la production, la fabrication et les modes de fabrication. Mais un tel édifice est tout d'une pièce, tout s'y tient, et si on y pratique une brèche, tout s'écroule. La tyrannie devient impuissante et n'est plus que désordonnée. *Nous avons choisi la liberté, faisons-lui confiance.* Ne lui assignons pas d'autres limites que celles de l'ordre public, au delà desquelles il n'y a pas de liberté véritable » [2].

L'on ne saurait mieux définir le caractère primordial de notre légis-

---

[1] Projet de loi portant modification de la loi du 21 mars 1884 sur les syndicats professionnels, déposé au nom du Gouvernement le 14 nov. 1899 (Ch., *Doc. parl.*, n° 1185, *Offic.*, p. 125). — Ce projet, n'ayant pas été discuté sous le ministère Waldeck-Rousseau, a été repris par M. Millerand, en son nom personnel, au début des législatures de 1902 (Ch., 14 oct. 1902, *Doc. parl.*, n° 322, p. 74, — et rapp. Barthou, au nom de la Commission du travail, 28 déc. 1903, *Doc. parl.*, n° 1418, p. 66), et de 1906 (Ch., 12 juin 1906, *Doc. parl.*, n° 15, p. 463).

[2] Waldeck-Rousseau, préface pour l'ouvrage de Paul Boncour, *Le fédéralisme économique*. — Sur le caractère libéral de la loi de 1884, cons. Gonnard, *Caractères généraux de la loi de 1884*, broch. in-8° (*Annales de l'Université de Lyon*, 1898), et notre préface.

lation syndicale, basée sur le respect égal de tous les intérêts engagés : respect des associations professionnelles légalement constituées, sans aucune distinction entre les syndicats patronaux, ouvriers ou mixtes, respect de l'indépendance des non-syndiqués. L'étude détaillée des dispositions de la loi de 1884 nous permettra d'ailleurs d'en mettre en relief le caractère à la fois libéral et égalitaire, et de faire ressortir le contraste existant entre la législation française et les lois corporatives autrichienne ou allemande, basées sur la corporation obligatoire (tout au moins dans la petite industrie, industries dites de *métier*), et sur la sujétion plus ou moins apparente des ouvriers aux patrons, manifestement inconciliable avec notre organisation démocratique.

SECTION II. — Commentaire de la loi du 21 mars 1884 sur les syndicats professionnels [1]

§ 1er. — Caractères généraux de la loi de 1884

358. — Les caractères distinctifs des syndicats professionnels, reconnus et réglementés par la loi organique du 21 mars 1884, peuvent se résumer dans ces trois mots : *légalité*, *égalité*, *liberté*.

---

[1] BIBLIOGRAPHIE. — Texte de la loi du 21 mars 1884, et annot. de droit comparé, *in Rec. Cohendy*, p. 234 et s. — Pour l'étude de la loi, cons. notamment (outre les ouvrages précités de MM. Boissard, Glotin, Hubert-Valleroux, Mahaim, Martin St-Léon, de Seilhac) les commentaires de MM. Boullay, Brunot, Lédru et Worms, Masson, Revon, Trouette, Veyan. — *Adde* : Sauzet, *De la nature de la personnalité civile des syndicats professionnels* ; Jay, *La personnalité civile des syndicats professionnels*, *L'organisation du travail par les syndicats* (*Rev. d'écon. polit.*, 1894), *L'évolution du régime légal du travail* (*Rev. polit. et parlem.*, 1897, etc.) ; César-Bru, *Personnalité civile des syndicats* (*Rev. gén. du droit*, 1891, p. 126 et suiv.); Barthou, *L'action syndicale*, 1904; Alpy et Boulot, *Guide pratique des syndicats professionnels* ; Fonteilles, *Responsabilité des syndicats professionnels*, th. 1897; Laffargue, *id.*, th. 1898; Séon, *id.*, th. 1900; Brunschwigg, *id.*, th. 1903, et les ouvrages cités *supra*, nos 284 et 319; Chalcix, *Les syndicats professionnels patronaux*, th. 1902; Jolly, *Capacité d'acquérir des syndicats professionnels*, th. 1900; Bergeron, *Droit des syndicats d'ester en justice*, th. 1898; Courot, *Syndicat demandeur en justice dans l'intérêt de ses membres*, th. 1900; Bohler, *Personnalité et responsabilité civile des syndicats*, th. 1905; Laronze, *La représentation des intérêts collectifs et juridiques des ouvriers dans la grande industrie*, th. 1905; Fournière, *Conférences sur le syndicat* (*Rev. socialiste*, 1905). — Conf. Cauwès, t. III, p. 143 et s., 173 et suiv.; P. Leroy-Beaulieu, t. II, p. 369 et s.; Bry, p. 465; M. Dufourmantelle, p. 28 et suiv., ainsi que les nombreuses études ou chroniques publiées dans les revues économiques (*Rev. d'économ. polit.*, *Econom. franç.*, *Journ. des économ.*, *Monde économ.*, *Réf. soc.*, *Assoc. cathol.*, *Rev. cathol. des instit.*, *Démocr. chrét.*, *Sillon*, *Rev. socialiste*, *Mouvem. socialiste*, *Devenir social*, *Musée social*, *Réf. économ.*, *Annales de dr. commerc. et ind.*, *Rev. prat. de dr. ind.*, *Quest. prat. de législ.*

I. Légalité. — Tolérées, jusqu'à la loi de 1884, les associations professionnelles sont, depuis cette loi, formellement reconnues (art. 1er). Non seulement elles échappent à toutes les pénalités qui, jusqu'à la loi du 1er juillet 1901, menaçaient toute association non autorisée de plus de 20 personnes (art. 291 et s. C. pén.); non seulement les réunions, périodiques ou autres, qu'elles organisent entre leurs membres, ayant le caractère de réunions *privées*, échappent à l'application des articles 23 et 24 de la loi du 29 juillet 1881 sur la presse, lesquels ne répriment les provocations à des crimes ou délits qu'autant qu'elles se produisent dans des réunions *publiques*; mais elles jouissent, à la condition de se conformer aux formalités très simples de l'article 4 (v. *infra*), de la personnalité civile, et acquièrent par ce fait une capacité juridique, dont nous aurons à déterminer l'étendue.

359. — Lois de 1884 et de 1901. — A tous ces points de vue, la loi de 1884 constituait, à l'époque où elle est intervenue, un régime de faveur évident pour les groupements professionnels. Il en est différemment aujourd'hui, la loi du 1er juillet 1901 sur les associations (art. 2), manifestement inspirée du même esprit que la loi de 1884, décidant que « les associations de personnes pourront se former librement sans autorisation ni déclaration préalable ». La liberté d'association étant ainsi devenue un principe de notre droit public, la règle d'interprétation restrictive, dont nous avions cru devoir nous inspirer, dans notre édition de 1894, ne semble plus de mise; nous en déduirons ultérieu-

---

ouv., *Bull. de l'Office du trav.*, *Monit. des syndic. ouv.*, *Rev. polit. et parlem.*, *Bull. soc. de législ. compar.*, *Rev. syndicaliste*. — Cons. aussi, parmi les revues littéraires: *Rev. des Deux-Mondes*, *Rev. de Paris*, *Nouv. Revue*, *Correspond.*, *La Quinzaine*), etc., etc. — Sur le mouvement jurisprudentiel et la statistique, cons. notamment : *Annuaire des syndicats professionnels* (publ. ann. de l'Office); *Lois nouvelles*; Dalloz, *Suppl. au Répert.*, v° *Travail*, nos 745 et s.; Répert. Fuzier-Herman, v° *Syndicats professionnels*.

Sur les *travaux préparatoires* de la loi, v. l'exposé des motifs du projet gouvern. (22 nov. 1880), les rapports à la Chambre de MM. Allain-Targé (15 mars 1881, ann. n° 3420, *Offic.*, p. 361) et Lagrange (6 mars 1883, ann. n° 1760, *Offic.*, p. 396), et au Sénat de MM. Barthe (24 juin 1882, ann. n° 296, *Offic.*, p. 329) et Tolain (14 déc. 1883, ann. n° 112, *Offic.*, p. 1117). — V. aussi *Lois nouvelles*, 84, 107 (Comment. de M. Mongin). — Conf. Waldeck-Rousseau : circul. du 25 août 1884, précit.; disc. de Saint-Mandé, 13 juillet 1884 (*Offic.*, 15 juillet 1884); *Questions sociales*, 1900; préface pour le livre de P. Boncour, *Le fédéralisme économique*.

Sur les *syndicats agricoles*, cons. De Rocquigny, *Les syndicats agricoles et leur œuvre*, 2e éd., 1906. — V. aussi les thèses de MM. Coulet (*Le mouvement syndical et coopératif dans l'agriculture française*, 1898); Eymard, Gain, Gairal (*Les droits et les devoirs des syndicats agricoles*, 1900); Genin, Giraud, Labat, Pochon, Salles, etc.; — Maurin et Brouilhet, *Manuel pratique de crédit agricole*, 1900; Boutaud, *L'association communale agricole*, th. Lyon, 1902. — Conf. : *Annuaire des syndicats agricoles*, *Bulletin de la société d'agriculture*, *Droit rural*. — Sur le *crédit agricole*, v. la bibliographie jointe au titre IV, *infra*.

rement certaines conséquences importantes, notamment dans la détermination des conditions requises pour la validité des syndicats.

II. Egalité. — **360.** — Les syndicats de patrons et les syndicats d'ouvriers fonctionnent sur le *pied de l'égalité la plus complète.* Ils sont régis par une seule et même loi, et jouissent exactement des mêmes droits. Les syndicats mixtes, *de patrons et d'ouvriers*, qui seuls répondent à la conception corporative, sont autorisés comme les autres syndicats, mais ils ne jouissent d'aucun privilège particulier. Vainement, M. de Mun a-t-il cherché à obtenir pour ces syndicats mixtes un double privilège, consistant d'une part dans le droit de posséder des immeubles, d'autre part dans la faculté d'avoir des membres honoraires ne faisant pas partie de la profession ; le Parlement a repoussé ces propositions à une grande majorité, dans la crainte de voir se constituer en France, sous couleur d'associations professionnelles, des groupements politiques ou religieux dangereux pour l'ordre public.

III. Liberté. — **361.** — Les syndicats professionnels ne constituent pas des corporations fermées. La loi nouvelle du 21 mars 1884 laisse subsister sans modification le principe de la liberté du travail et de l'industrie, proclamé par la Révolution ; elle s'est contentée de le compléter par cet autre principe, connexe et non pas contradictoire, de la liberté d'association. Tout patron ou tout ouvrier est libre de travailler isolément, ou d'entrer dans un syndicat : quiconque est entré dans un syndicat est libre d'en sortir (art. 7). Tel est le caractère distinctif, fondamental des syndicats professionnels ; c'est le caractère qui les différencie nettement, soit des anciennes corporations françaises, soit des corporations fermées encore existantes, ou récemment reconstituées dans certains pays de l'Europe.

Mais il convient de remarquer qu'en fait ce caractère libéral de la loi nouvelle n'a pas toujours été compris, et qu'il a été fréquemment méconnu, depuis 1884, soit par les patrons, soit par les ouvriers. Il a été méconnu souvent par les patrons, dont beaucoup sont hostiles aux ouvriers syndiqués, et refusent systématiquement de négocier avec les délégués des syndicats ouvriers, fussent-ils investis d'un mandat régulier, ou qui même n'admettent pas volontiers dans leurs usines d'ouvriers syndiqués, et renvoient ceux qui, au cours de leur engagement, s'aviseraient d'entrer dans un syndicat régional. Le caractère libéral de la loi est non moins fréquemment méconnu par les ouvriers, qui ont une tendance de plus en plus marquée à exercer une pression sur les patrons pour les déterminer à n'employer que des ouvriers syndiqués : maintes fois l'on a vu des établissements industriels mis à l'index pour avoir voulu employer des ouvriers non syndiqués, ou exclus d'un syndicat. Ces faits, trop fréquents depuis quelques années, ont attiré l'attention du législateur, et le Parlement est depuis longtemps déjà saisi de diverses propositions de loi destinées à mettre fin à ces abus regrettables.

362. — Essais de conciliation, par la jurisprudence, des droits du syndicat et de ceux de l'individu. — Nous reviendrons ultérieurement (sect. IV) sur ces propositions de loi. Il nous suffira, pour l'instant, de rappeler brièvement par quels moyens la jurisprudence s'est efforcée de concilier le principe d'après lequel tout ouvrier ou patron est libre d'adhérer ou non au syndicat, avec cet autre principe, implicitement consacré par l'article 1er de la loi de 1884, portant abrogation de l'article 416 du Code pénal, que les ouvriers peuvent, par interdit ou mise à l'index, obliger moralement d'autres ouvriers, restés non syndiqués, à déserter l'usine en cas de grève et à subir ainsi la loi du syndicat.

La jurisprudence inaugurée par l'arrêt de la Cour de cassation (Ch. civ.) du 22 juin 1892, dans l'affaire Bourgoin-Jallieu, et confirmée par toute une série de décisions de la Cour suprême et de la majorité des Cours d'appel, précédemment rapportées[1], part de cette idée que la loi de 1884 a entendu consacrer simultanément, en les plaçant sur le même plan, deux droits qui, bien que se faisant antithèse, ne sont nullement contradictoires : le droit de l'*association* et le droit de l'*individu*. Les droits de l'association sont nécessairement limités par les droits *égaux* de l'individu ; d'où il suit que, si le syndicat ouvrier peut mettre une usine à l'index, sous certaines conditions que nous précisons *supra*, il ne peut pas mettre à l'index tel ou tel individu. En effet, par la mise à l'index de l'usine, le syndicat ouvrier n'oblige pas les ouvriers non syndiqués à sortir de leur isolement ; ces ouvriers, si l'usine ferme, peuvent porter leurs bras ailleurs, et si au contraire, l'usine rouvre après arrangement intervenu avec le syndicat, rien ne les empêchera de réintégrer l'usine en même temps que les non-syndiqués.

La *mise à l'index de l'individu*, de l'ouvrier *non syndiqué* par le syndicat est au contraire (sous certaines réserves indiquées en note), une violation flagrante du droit formellement reconnu à chacun, par l'article 7 de la loi, de rester étranger à tout groupement corporatif ou de sortir de ce groupement à son gré, quand il lui plaira de recouvrer son indépendance. Si les procédés déclarés légitimes par la Cour de Gre-

[1] V. la liste de ces arrêts, et l'indication des quelques décisions contraires, dans notre chapitre précédent sur les *coalitions* (tit. Ier, chap. III, nos 317 et suiv., 321 et suiv., *supra*). — V. également la bibliographie jointe aux arrêts. — Cf. Cohendy et Darras, *Append. au Code de commerce*, sur l'art. 1er de la loi de 1884.

noble dans un arrêt du 28 octobre 1890 (rapp. *supra*, n° 321), condamnés au contraire par la Cour suprême, venaient à se généraliser, la situation deviendrait intenable pour les ouvriers non syndiqués, qui se verraient placés dans l'alternative ou d'entrer dans le syndicat ou de n'être embauchés nulle part, et ce, contrairement à l'article 7 de la loi de 1884, contrairement aussi au principe de la liberté du travail, proclamé par la loi de 1791 et maintenu par la loi de 1884 (cf. en ce sens Thaller, note dans *Ann. de dr. commerc.*, 92, 2, 125. — *Contra*, Jay, note sous S. 93, 1, 41)[1].

363. — En d'autres termes, le juge saisi d'une action en dommages-intérêts dirigée contre un syndicat, doit avant tout rechercher si l'intervention du syndicat, même sous la forme comminatoire d'une mise à l'index, a eu pour résultat la *défense des intérêts professionnels* dont il a la garde, auquel cas son intervention est légale et ne saurait engager sa responsabilité, *même civile*, ou si au contraire, le syndicat n'a pas fait usage de moyens, licites en eux-mêmes, dans une pensée malveillante, soit à l'encontre des patrons, soit à l'encontre des ouvriers ou d'un groupe d'ouvriers, auquel cas son attitude l'expose à une action

---

[1] Mais le syndicat n'excède pas ses droits en obligeant *ses membres* à respecter le *tarif syndical*, établi par *contrat collectif*, et obligatoire pour tous ceux qui l'ont consenti, patrons et syndiqués, puisque l'établissement d'un tarif de ce genre rentre manifestement dans les attributions légales des syndicats. Ainsi le syndicat pourrait expulser de son sein, sans indemnité, un ouvrier qui accepterait du travail à un taux inférieur. Trib. civ. Havre, 26 oct. 1894, D. 95, 2, 202; Paris, 31 mars 1896, D. 96, 2, 184; Trib. civ. Lyon, 20 nov. 1901, *Mon. jud. Lyon*, 17 déc. 1901; Trib. civ. Aix en Provence, 23 nov. 1903 (*Bull. Off. trav.*, 1904, 40). — Cf. Raynaud, *L'intérêt professionnel des syndicats ouvriers devant les tribunaux français* (*Quest. pratiques*, 1906, p. 56 et suiv.). — La responsabilité civile du syndicat serait également hors de cause si ses agissements, en vue de faire renvoyer un ouvrier, même non syndiqué, un employé ou un contremaître, avaient été déterminés par les manœuvres répréhensibles de ce dernier (tentative en vue de faire renvoyer les syndiqués, en vue de déterminer le patron à violer le tarif, etc.), Chambéry, 14 mars 1893, D. 93, 2, 191. — Le juge, avant de condamner un syndicat ou les administrateurs de celui-ci, à des dommages-intérêts, doit donc toujours s'enquérir avec soin des *mobiles* de la mise à l'index décrétée par le syndicat. C'est ainsi que, dans le cas où le patron se serait engagé envers le syndicat à ne faire travailler aucun de ses ouvriers, syndiqués ou non, au-dessous du tarif, le syndicat aurait le droit de mettre sa maison à l'index s'il obtenait la preuve que certains ouvriers travaillent au-dessous du tarif. Il ne saurait encourir de ce chef, pourvu bien entendu que la mise à l'index ne soit accompagnée d'aucun acte tombant sous le coup des articles 414 et 415 du Code pénal, aucune responsabilité civile ni au regard du patron, qui a méconnu ses engagements, ni même au regard de l'ouvrier non syndiqué, qui n'a pu ignorer les accords syndicaux, et ne s'est dès lors embauché au-dessous du tarif qu'à ses risques et périls. — Trib. Lyon, 16 décembre 1896, *Droit*, 22 février 1897, et l'étude de M. Crouzel au sujet de cette décision (*Rev. prat. de droit industriel*, 1897, p. 255 et s.). V. aussi P. Boncour, p. 259 et s., 307 et s. — Sur le contrat collectif du travail, ses effets juridiques, et son influence sociale, v. *infra*, § 4, et sect. IV.

en dommages-intérêts, dans les termes du droit commun, soit de la part des ouvriers, soit de la part du patron lésé [1].

Basée sur les principes généraux de la responsabilité, cette distinction se trouve législativement consacrée dans l'article 10 du projet de loi déposé sur le bureau de la Chambre, le 14 novembre 1899, par M. Waldeck-Rousseau, président du Conseil, projet sur lequel nous aurons à revenir à plusieurs reprises [2].

364. — **Les patrons et les libertés syndicales.** — S'il ne doit pas être permis aux syndicats ouvriers d'éluder l'art. 7 de la loi de 1884, et de rendre, par des voies détournées, le syndicat *obligatoire*, il ne saurait davantage être permis aux patrons d'empêcher le libre fonctionnement des syndicats en usant de mesures de rigueur à l'encontre des syndiqués. Aussi croyons-nous que le renvoi par un patron d'un ouvrier syndiqué, par le seul motif qu'il fait partie d'un syndicat, et à plus forte raison, le renvoi en masse par le patron de ceux de ses ouvriers qui auraient, au mépris de ses avertissements, fondé une chambre syndicale, pourrait servir de base à une action en dommages-intérêts. Cette action, selon nous, pourrait s'appuyer non seulement sur le droit commun de l'article 1382, mais encore et surtout sur le nouvel article 1780 du Code civil, modifié par la loi du 28 décembre 1890. Cet article a eu pour but, ainsi que nous l'établirons plus loin (titre II, *infra*), sinon de sanctionner toute rupture du contrat de travail, non justifiée par des causes légitimes, par une allocation de dommages-intérêts à la partie congédiée, tout au moins d'autoriser le juge à considérer comme une faute, engageant la responsabilité de son auteur, l'*exercice abusif* du droit de congé ; or, il y a manifestement *abus* du droit de congé dans le fait, de la part d'un patron, de renvoyer un ouvrier à raison de sa qualité de syndiqué (*Sic* : art. 10 précité du projet Waldeck-Rousseau, reproduit dans la proposition Millerand de 1906) [3].

---

[1] V. l'exposé de cette jurisprudence et des commentaires auxquels elle a donné lieu en doctrine, soit dans notre chapitre précédent sur les *coalitions* (nos 324 et s.), soit sous la note précédente, relative au *tarif syndical*. — Cons. notamment, sur la responsabilité des syndicats, les thèses précitées de MM. Fonteilles, Laffargue, Séon, Brunschwigg, Bohler, Gros, Pouget, etc., et l'ouvrage de Boncour. — Sur la responsabilité personnelle des administrateurs du syndicat, v. trib. civ. Seine, 5 déc. 1905, D. 1907, 2, 32, et note Planiol.

[2] Cet article 10 est ainsi conçu : « L'entrave volontairement apportée à l'exercice des droits reconnus par la présente loi, par voie de refus d'embauchage ou de renvoi, la mise en interdit prononcée par le syndicat, *dans un but autre que d'assurer les conditions du travail fixées par lui* et la jouissance des droits reconnus aux citoyens par les lois, constituent un délit civil et donnent lieu à l'action en réparation du préjudice causé. Cette action peut être exercée soit par la partie lésée, soit, dans le cas prévu au paragraphe 1er, par le syndicat ». — Cf., sur la théorie de l'*abus du droit*, n° 319, *supra*.

[3] La jurisprudence n'a pas attendu le vote du projet pour se prononcer en ce sens.

365. — Mais cette sanction civile suffirait-elle à faire respecter par les patrons la liberté d'association, et ne conviendrait-il pas de la renforcer par une *sanction pénale*? C'est une question qui divise depuis douze ans, la Chambre et le Sénat. Celui-ci, en effet, s'est toujours refusé à voter la proposition Bovier-Lapierre, adoptée par la Chambre dès le 13 mai 1890, reprise par elle en 1892, proposition tendant à frapper d'une peine de un à trois mois de prison et d'une amende de cent à deux cents francs, « les patrons, contremaîtres et ouvriers convaincus d'avoir, par menace de perte d'emploi ou de privation de travail, refus motivé d'embauchage, renvoi d'ouvriers ou d'employés, *à raison de leur qualité de syndiqués*, entravé ou troublé la liberté des associations professionnelles ou empêché l'exercice des droits déterminés par la loi du 21 mai 1884 ».

Il est vrai que cette proposition ne maintenait pas la balance égale entre les syndiqués et les non-syndiqués, puisqu'elle assurait l'impunité aux manœuvres employées par les syndicats pour contraindre les patrons ou les ouvriers restés étrangers à en faire partie. En toute justice, si l'on édictait des peines correctionnelles contre les adversaires systématiques des syndicats, du moins convenait-il de réprimer également les manœuvres non moins répréhensibles employées par les syndiqués pour contraindre les non-syndiqués à sortir de leur isolement ! Dans sa teneur primitive, la proposition Bovier-Lapierre ne tendait à rien moins qu'à assurer aux syndicats, et spécialement aux syndicats ouvriers, une situation privilégiée dont ils auraient pu abuser pour opprimer le travail libre.

366. — L'article 11 du projet Waldeck-Rousseau (aujourd'hui proposition Millerand) n'encourt pas le même reproche, puisqu'il punit de peines identiques (peines prévues par l'art. 414 C. pén.) « quiconque, par l'un des moyens énumérés audit article, violences, voies de fait, menaces, manœuvres frauduleuses, aura obligé, ou tenté d'obliger, une ou plusieurs personnes, *soit de sortir du syndicat*, *soit d'en*

Il a été jugé à plusieurs reprises que, si le patron a le droit de choisir librement son personnel, il excède son droit en se refusant à l'embauchage de certains ouvriers *par le seul motif*, expressément déclaré, qu'ils font partie d'un syndicat professionnel, ou en contraignant, sous menace de congédiement, les ouvriers qu'il a embauchés à se retirer du syndicat. De tels agissements ont le caractère d'un délit civil, dont le syndicat intéressé peut demander réparation, conformément au principe de l'art. 1382. — Trib. civ. Dunkerque, 28 juill. 1899 (*Ann. des syndicats*, 1900, 601) ; trib. civ. Bordeaux, 1er déc. 1903 (*Bull. Off. trav.*, 1904, 621) ; trib. civ. Bordeaux, 14 déc. 1903, et sur pourvoi, Req., 13 mars 1905, *Mon. jud. de Lyon*, 5 avril 1905 ; trib. com. Epernay, 21 févr. 1906, *Gaz. Pal.*, 2 mai 1906 ; trib. civ. Lille, 12 nov. 1906, D. 1907, 5, 15. — V. aussi : Cons. prud'h. Seine (prod. chimiques), 20 oct. 1903, *Bull. Off. trav.*, 1904, 43. — Ce jugement est le seul qui se soit appuyé sur l'art. 1780. — *Sic*, Raynaud, *op. cit.* (*Quest. prat.*, 1906, 15).

faire partie »[1]. L'identité dans la répression est complète, toute atteinte à la liberté, d'où qu'elle vienne, est également réprimée ; mais l'introduction dans nos lois pénales de ce nouveau délit correctionnel est-elle bien opportune, au moment où un parti puissant réclame l'abrogation de l'article 414 sur le délit d'atteinte à la liberté du travail et le retour au droit commun ? C'est ce que nous aurons à examiner lorsque nous étudierons dans leur ensemble les projets multiples tendant à réformer la loi de 1884 (V. sect. IV, *infra*).

§ 2. — Conditions requises pour la formation des syndicats

367. — Ces conditions se réfèrent : 1° à la forme ; 2° au fond (personnes et objet).

I. — Conditions de forme

La loi de 1884, partant du principe de la liberté d'association sur le terrain professionnel, n'a cru devoir assujettir les syndicats à aucune autorisation préalable. Ainsi que nous l'avons fait remarquer *supra*, il y avait là une faveur des plus significatives : attendu que, à cette époque, les associations étaient prohibées en principe et que les établissements d'utilité publique avaient besoin, pour fonctionner, d'une autorisation administrative spéciale, loi, décret ou arrêté préfectoral (Cf. circ. min., 25 août 1884).

La faveur est moindre aujourd'hui, depuis la promulgation de la loi du 1er juillet 1901, consacrant la liberté d'association. Nous verrons cependant que, même depuis cette loi, les syndicats sont encore favo-

---

[1] Cet article 11 n'est guère (sauf sur un point indiqué ci-après) que la reproduction du projet élaboré dès 1893, par la section de législation du Conseil d'Etat, sur l'invitation du gouvernement, projet assez voisin lui-même des contre-propositions défendues en 1892 par M. Leygues devant la Chambre et par M. Goblet devant le Sénat. Or le Sénat a repoussé concurremment, le 7 juillet 1893, aussi bien la proposition Bovier-Lapierre que le projet gouvernemental ou l'amendement Goblet ; quelques semaines auparavant, il avait ajourné *sine die* (1er juin 1893) la discussion d'une proposition de M. Barthe, conçue dans un esprit nettement rétrograde, et tendant à proscrire la mise à l'index du patron, et par conséquent à faire revivre l'ancien article 416 ! La Chambre haute manifestait ainsi nettement l'intention de n'apporter aucune modification au texte de la loi de 1884, pas plus dans l'intérêt des patrons que dans l'intérêt des ouvriers. Les partisans au Sénat de la proposition Bovier-Lapierre, M. Tolain notamment, préféraient le *statu quo* au vote du projet gouvernemental, qu'ils considéraient, non sans raison peut-être, comme une arme à double tranchant, peut-être plus menaçante pour les syndicats ouvriers, partisans de l'association obligatoire, que pour les patrons, adversaires systématiques des syndicats.

risés, spécialement au point de vue de la capacité d'acquérir à titre gratuit, puisque cette capacité fait défaut aux associations simplement déclarées (art. 6), et n'appartient qu'aux associations reconnues par décret d'utilité publique (art. 10 et 11, L. 1901), et encore sous certaines conditions qui, selon nous et sauf controverse, ne sauraient être imposées aux syndicats (V. § 4 *infra*).

368. — **Dépôt des statuts.** — Une seule obligation de forme est imposée par la loi aux syndicats en formation : la *publicité* résultant du dépôt, par les fondateurs, du texte des statuts ainsi que des noms de ceux qui, à un titre quelconque, doivent participer à la direction de l'association. Doivent également être publiés dans la même forme tous les changements apportés à la direction ou aux statuts (art. 4, § 1er et § 3). Etant assujettis à cette formalité du dépôt, les statuts doivent nécessairement être rédigés *par écrit*. Mais, comme les syndicats sont des établissements d'utilité publique (V. *infra*) et non des sociétés civiles ordinaires, il ne semble pas qu'ils soient soumis au droit commun des preuves, et notamment qu'il soit nécessaire de dresser autant d'originaux qu'il y a d'adhérents. Il nous semble que la loi est respectée, dès l'instant que les statuts, préalablement approuvés par l'assemblée, ont été rédigés par écrit, fût-ce en *un seul original*, destiné au dépôt ; la circulaire ministérielle exige toutefois la rédaction des statuts en double, afin de faciliter la communication au ministère public (Cf. Glotin, p. 178).

Le projet primitif était plus rigoureux : il exigeait, en effet, le dépôt des noms et adresses de tous les membres composant le syndicat ; mais cette exigence a été abandonnée, pour deux raisons : *a*) de crainte de froisser les susceptibilités des ouvriers; *b*) à raison des difficultés pratiques qu'un tel système eût entraînées : il eût été bien difficile de dresser une liste rigoureusement exacte de tous les adhérents, et surtout de la tenir au courant des mutations incessantes survenues dans le personnel ! Rien n'est plus simple, au contraire, ni plus légitime que cette obligation, imposée aux fondateurs, d'en publier les statuts, ainsi que les noms des directeurs ou administrateurs. Cette publicité répond, en effet, à un double but : elle permet, tout d'abord, à l'administration de vérifier si le syndicat a un objet licite ; elle permet ensuite aux tiers (qui ont le droit de consulter les documents déposés), de s'informer des garanties que peut éventuellement leur offrir le syndicat.

369. — Le dépôt doit être effectué : à Paris, à la préfecture de la Seine; dans les départements, à la mairie de la localité où le syndicat est établi (art. 4). S'il s'agit d'un syndicat groupant des adhérents dans différentes localités (il en est qui s'étendent à toute une région, voire même à la France entière), le dépôt doit être effectué à la mairie du lieu où le syndicat a son *domicile légal*, c'est-à-dire son principal établissement : il y a là une question de fait qui devra être résolue suivant les mêmes principes que les difficultés relatives au domicile des autres personnes morales, des sociétés par exemple [1].

La loi n'ayant assujetti le dépôt des statuts à aucune forme spéciale, ce dépôt peut être effectué sur *papier libre* (instruction de l'enregistrement du 25 mars 1885); il est dispensé du droit de timbre. La loi paraît n'exiger qu'un seul exemplaire ; mais la circulaire ministérielle du 25 août 1884 exige, par les motifs indiqués *supra*, le dépôt de deux exemplaires, à l'instar de la règle admise en matière de sociétés de secours mutuels. Le préfet de la Seine, ou le maire, dans les départements, doit délivrer aux déposants un *récépissé* constatant l'accomplissement des formalités légales. Aucune publicité par la voie de la presse n'est exigée; peut-être est-il permis de le regretter, car cette publicité eût été plus sérieuse que celle résultant du dépôt.

370. — Sanctions. — Syndicat clandestin, pénalités. — La formalité du dépôt est obligatoire pour tous les syndicats professionnels, même pour ceux constitués antérieurement à la loi, qui jouissaient jusqu'alors de la tolérance administrative [2]. Il avait été question, lors de la discussion, d'autoriser la constitution d'associations professionnelles libres, exemptes de tout contrôle administratif, et de réserver le privilège de la personnalité morale, comme une faveur, à celles qui consentiraient à effectuer le dépôt prescrit par la loi. Mais ce système (analogue à celui qui fonctionne en Angleterre pour les *Trades-Unions*, et qui a prévalu en France même, jusqu'à la loi de 1889, pour les sociétés de secours mutuels) [3] a été repoussé. Il a paru dangereux d'autoriser la

---

[1] Lorsqu'un syndicat constitue, dans une localité déterminée, une section autonome, pourvue d'une administration distincte, les noms des administrateurs de cette section doivent faire l'objet d'une déclaration spéciale. — Bourges, 1er mai 1902, D. 1902, 2, 412.

[2] Sur le caractère obligatoire du dépôt pour tous les syndicats, même pour ceux constitués *antérieurement* à sa promulgation, cons. les déclarations de MM. Floquet à la Chambre (13 mars 1893) et Waldeck-Rousseau au Sénat (D. 84, 4, 132). — *Sic* : Paris, 26 janv. 1894, aff. des syndic. irréguliers de la Bourse du travail de Paris (*Rev. des sociétés*, 94, 1, 295). Le dépôt ne saurait d'ailleurs être remplacé par aucune formalité équipollente, telle que la mise en possession officielle par les pouvoirs publics des locaux affectés à une Bourse du travail. Même arrêt.

[3] Sous l'empire de la législation de 1850-52, les sociétés de secours mutuels simplement autorisées ne jouissaient d'aucune personnalité légale; seules les sociétés *approuvées* bénéficiaient d'une personnalité restreinte. Mais la loi organique du 1er avril 1898 a conféré, même aux sociétés de secours mutuels libres, d'ailleurs assujetties comme les syndicats au dépôt de leurs statuts, une personnalité civile analogue, quoique moins étendue au point de vue de la capacité d'acquérir à titre gratuit, à celle dont jouissent les syndicats (art. 4 et 15, loi 1er avr. 1898). — V. tit. IV, *infra*.

constitution d'associations professionnelles clandestines ; rien n'est moins vexatoire que cette simple formalité du dépôt des statuts, aussi tout syndicat qui s'y soustrait peut-il être à bon droit considéré comme suspect, et ses fondateurs doivent-ils tomber sous le coup des lois (V. *infra*, § 3).

C'est au ministère public qu'il appartient de veiller, en cette matière, à l'observation de la loi. Les statuts, aussitôt déposés, doivent, en conséquence, être communiqués au procureur de la République du ressort (art. 4). Mais à quel moment commence l'obligation, pour les fondateurs d'un syndicat, d'effectuer le dépôt sous peine de poursuites correctionnelles ? D'après le projet du gouvernement, le dépôt devait avoir lieu *quinze jours avant le fonctionnement du syndicat*; mais la rédaction qui a prévalu ne fait mention d'aucun délai, d'où la circulaire ministérielle du 25 août 1884 a conclu avec raison que, pendant la période de formation, aucune formalité n'était exigée (V. en ce sens discours du Ministre de l'intérieur au Sénat, séance du 29 juin 1884). Par contre, le dépôt devient obligatoire dès le jour où, le syndicat étant définitivement formé, et les statuts approuvés par l'assemblée générale des adhérents, l'association entre dans la période de fonctionnement. Jusqu'à cette date, les fondateurs avaient pu se réunir librement, se concerter pour arrêter les bases du syndicat à constituer, sans encourir les pénalités de l'article 9 de la loi de 1884. A partir de ce jour, au contraire, ils sont en faute, si les statuts n'ont point été déposés, et leur gestion clandestine les expose à des poursuites correctionnelles.

L'article 9 détermine les pénalités encourues : « Les infractions aux dispositions des articles 2, 3, 4, 5 et 6 de la présente loi seront poursuivies contre les directeurs et administrateurs des syndicats et punies d'une amende de 16 à 200 francs. Les tribunaux pourront, en outre, à la diligence du procureur de la République, prononcer la dissolution du syndicat et la nullité des acquisitions d'immeubles faites en violation des dispositions de l'article 6. — Au cas de fausse déclaration relative aux statuts et aux noms et qualités des administrateurs ou directeurs, l'amende pourra être portée à 500 francs ».

371. — Conciliation des articles 9, loi de 1884, 2, 5 et 8, loi du 1er juillet 1901. — L'article 9 précité est-il encore applicable, en présence de l'article 2 de la loi du 1er juillet 1901, portant que les associations de personnes pourront se former librement sans autorisation *ni déclaration préalable*? Théoriquement, oui sans doute, puisque aux termes de l'article 21 de la même loi « il n'est en rien dérogé pour l'avenir aux lois spéciales relatives aux syndicats professionnels » ;

pratiquement, non, attendu que les fondateurs d'un syndicat professionnel clandestin, poursuivis par application de l'article 9 de la lo de 1884, ne manqueront pas de se retrancher derrière le principe de liberté absolue inscrit dans l'article 2 de la loi de 1901, et de déclarer qu'ils ont entendu fonder, non point un syndicat professionnel assujetti à la loi de 1884, mais bien une association ordinaire affranchie comme telle de toute déclaration.

Cette solution est encore fortifiée par les travaux préparatoires. En effet, le texte primitif, proposé par M. Waldeck-Rousseau [1], comportait, pour toute association, une déclaration préalable; mais M. Groussier proposa un amendement tendant à affranchir de toute publicité les associations qui ne demanderaient point à jouir de la personnalité morale, en s'appuyant sur ce qu'avait de *vexatoire* pour les syndicats la formalité du dépôt prescrit par la loi de 1884. Cette même thèse fut défendue par M. Ribot, qui l'avait déjà soutenue en 1884, en s'appuyant sur l'exemple de l'Angleterre; c'est celle que le texte définitif a consacrée (D. 1901, 4, 113).

Les fondateurs d'un syndicat non publié ne nous paraissent donc, depuis la promulgation de la loi de 1901, pouvoir être poursuivis pénalement que s'ils prétendent faire jouer au syndicat le rôle d'une personne morale, effectuer en son nom des acquisitions, ester en justice, etc... : fait prévu et puni par l'article 8 de la loi de 1901, qui

---

[1] M. Waldeck-Rousseau demeurait ainsi fidèle à la théorie de la publicité qu'il défendait déjà en 1884 : « La publicité, lisons-nous dans sa circulaire d'août 1884, est le corollaire naturel et indispensable de la liberté d'association ; c'est la seule garantie possible de l'observation de cette condition exigée par la loi, le caractère professionnel de l'association ».

« Le gouvernement ne désire que la lumière, déclarait dix-sept ans plus tard M. Waldeck-Rousseau, à la tribune de la Chambre, lors de la discussion du projet de loi sur les associations... Or le régime de la libre déclaration est préférable, même pour l'association, aux investigations occultes de la police et donne à l'association qui s'est mise en règle, une sorte de *possession d'état*, la préservant de bien des risques. La déclaration présente aussi, concluait-il, des garanties *pour l'association comme pour l'Etat*, et l'expérience *des syndicats professionnels ne doit pas être perdue de vue* ». *Offic.*, *Déb. parl.*, 4 février 1901, p. 287. Cette dernière phrase prouve que M. le président du Conseil envisageait très nettement la répercussion que l'amendement Groussier ne pouvait manquer d'avoir sur la législation syndicale; ses observations, quel qu'en pût être le bien fondé, n'ayant pas paru décisives à la Chambre, l'argumentation présentée par nous au texte semble irréfutable. Désormais, les prohibitions de la loi de 1884 ne sont plus sanctionnées pénalement que si elles peuvent s'étayer sur un texte de la loi de 1901.

Cons., dans le même sens : Wahl, note sous S. 1901, 2, 289 ; et *Définition de l'association selon la loi du 1er juillet 1901* (*Journ. des Soc.*, 1905, p. 337, 385 et s.) ; Grumbach, *Les associations et les cercles depuis la loi du 1er juillet 1901*, p. 100; Hayem, *Domaines respectifs de l'association et de la société* (1907), p. 332 et s. — V. aussi Pichon, *Caractères distinctifs des associations soumises à la loi de 1901*, th. 1905 ; Fouquet, *Les syndicats professionnels d'après la loi de 1884 et les associations d'après la loi de 1901*, th. 1907.

punit d'une amende de 16 à 200 francs (la même peine que celle de l'article 9 de la loi de 1884) les fondateurs d'une association qui se comporterait publiquement comme une personne morale sans avoir effectué la déclaration préalable exigée par l'article 5 de la loi.

En résumé, nous estimons que dorénavant ne pourront plus être poursuivis pénalement que les fondateurs d'un syndicat non publié, dont les agissements seraient susceptibles d'être incriminés par application de l'article 8 de la loi de 1901.

372. — Inexistence légale du syndicat non publié. — Cette même loi de 1901 paraît devoir mettre fin à une controverse, pendante depuis 1884, sur la question de savoir si l'omission des formes de publicité prescrites par l'article 4 est uniquement sanctionnée par les pénalités de l'article 9, ou s'il n'y faut point ajouter une *sanction civile*, consistant dans l'*inexistence légale* du syndicat clandestin.

Quelques Cours d'appel ont cru devoir se prononcer contre l'admission de cette sanction civile. En effet, dit-on, les nullités sont de droit étroit. Lorsque le législateur entend subordonner la concession du bénéfice de la personnalité morale à l'observation de certaines formalités, il le dit expressément (art. 7, loi du 21 juin 1865 sur les associations syndicales, art. 56, loi du 24 juillet 1867) ; or, aucune disposition de ce genre ne figure dans la loi de 1884. Bien au contraire, l'article 9 de cette loi décide que « les tribunaux **pourront**, à la diligence du procureur de la République, prononcer la dissolution du syndicat ». Qu'est-ce à dire, sinon que le syndicat existe légalement, même en l'absence du dépôt ? S'il n'existait pas, il ne saurait être question pour les tribunaux de le dissoudre. — Paris, 20 janv. 1886, D. 86, 2, 170 ; Bordeaux, 25 nov. 1886, D. 87, 5, 430. — Cf. Glotin, p. 191.

Cette dernière argumentation est spécieuse, mais contraire, et à l'esprit de la loi de 1884, et aux principes les plus certains de notre droit public. D'une part, en effet, il semble bien que l'objectif du législateur de 1884 ait été de proscrire toute association professionnelle clandestine, et par conséquent de considérer comme légalement inexistantes les associations constituées sans dépôt préalable. D'autre part, l'argument tiré de la faculté reconnue au tribunal de prononcer la dissolution de syndicats irréguliers n'est pas décisif. Une association *de pur fait*, ne jouissant pas de la personnalité morale, *peut être dissoute* par mesure administrative ou judiciaire, — cela est d'évidence, — et l'article 292 du Code pénal (abrogé en 1901) s'expliquait du reste formellement à ce sujet. La dissolution prévue par l'article 9 de la loi de 1884 est une mesure de ce genre, le syndicat professionnel clandestin rentrant précisément dans la catégorie des associations non autorisées. Si l'article 9 laisse au juge le droit de dissoudre ou de laisser subsister provisoirement le syndicat, c'est afin de laisser aux fondateurs, lorsque l'association professionnelle ne paraît pas dangereuse pour l'ordre public, ou qu'il y a eu plutôt négligence que mauvaise foi, le temps de se mettre en règle avec la loi; — mais, dissoute ou non, une telle association doit être considérée comme dépourvue de toute personnalité civile, tant que les statuts n'en ont pas été publiés dans les formes légales.

373. — A supposer que cette solution pût faire doute au lendemain de la promulgation de la loi de 1884, elle ne nous paraît plus pouvoir être contestée en présence de la nouvelle loi sur les associations. Il résulte en effet expressément de la combinaison des articles 2, 5 à 8 de la loi du 1er juillet 1901 que la personnalité civile restreinte, dont l'article 6 détermine les effets, n'appartient qu'aux associations ayant effectué la déclaration préalable prescrite par l'article 5, et que les contraventions aux prescriptions de cet article sont sanctionnées *cumulativement*, par les pénalités de l'article 8, et par l'inexistence légale de l'association, en tant que personne morale (art. 6 et 7 cbn.)[1]. Les termes des articles précités, beaucoup plus précis que les art. 291 et suivants du Code pénal (abrogés par l'art. 21), ne laissent subsister aucun doute à cet égard. Or, nous l'avons établi, il y a aujourd'hui identité de fait, au point de vue des conséquences de la non-publicité tout au moins, entre la condition juridique des syndicats professionnels et celle des associations en général.

Pratiquement, et bien que le législateur de 1901 ne paraisse pas avoir eu ce résultat en vue (V. cependant *supra* les déclarations de M. Groussier à la Chambre), la combinaison des lois de 1884 et de 1901 aboutit ainsi aux deux résultats suivants : — 1° Impunité assurée aux syndicats clandestins, que le législateur de 1884 avait entendu proscrire, en tant du moins que ces syndicats ne prétendent pas se comporter en personnes morales; — 2° reconnaissance implicite, à raison même de cette impunité, de deux catégories de syndicats professionnels, comme en droit anglais : les uns affranchis de toute ingérence administrative, mais dépourvus de toute personnalité civile, les autres investis de cette personnalité et de tous les avantages qu'elle implique, mais astreints en échange à l'obligation du dépôt de leurs statuts.

---

[1] Art. 2. — « Les associations de personnes pourront se former librement... *mais elles ne jouiront de la capacité juridique que si elles se sont conformées aux dispositions de l'article 5* ». Art. 5. — « Toute association *qui voudra obtenir la capacité juridique* prévue par l'article 6 devra être rendue publique... etc... ». Art. 7. — « En cas d'infraction aux dispositions de l'article 5, *la dissolution pourra être prononcée* à la requête de tout intéressé ou du ministère public ». — V. les auteurs cités *supra*, en note sous n° 371.

II. — Conditions de fond

374. — Ces conditions se réfèrent aux personnes, et à l'objet.

A. Des personnes admises a figurer dans un syndicat. — La réponse à cette question est inscrite dans les articles 2 et 3 de la loi de 1884. De la combinaison de ces deux articles, et de leur rapprochement avec divers textes, encore en vigueur, du Code pénal ou de droit administratif (textes sur les coalitions de fonctionnaires, réglementation légale des offices ministériels, etc.), il résulte que la régularité d'un syndicat, au point de vue de sa composition, est subordonnée à la réunion de deux conditions :

1° Que tous les membres du syndicat exercent soit la même profession, soit des professions similaires, soit des professions connexes ;

2° Que la profession, ou les professions exercées ne soient pas de celles dont les titulaires sont, de par la loi, privés du droit de s'associer pour la défense de leurs intérêts communs, ou groupés au contraire en corporations officielles, assujetties à des règlements professionnels spéciaux.

a) **Professions similaires ou connexes.** — Il faut, tout d'abord, que les membres du syndicat exercent *la même profession*, ou des professions *similaires* ou tout au moins *connexes*. Cette condition se justifie d'elle-même : il eût été trop rigoureux d'exiger, comme dans l'organisation corporative de l'ancien régime, l'identité de profession ; mais il était indispensable, sous peine d'encourager des groupements dangereux pour l'ordre social et dépourvus de toute utilité professionnelle véritable, d'exiger tout au moins, entre les syndiqués, une certaine communauté d'intérêts attestée par l'analogie ou la connexité des professions exercées. Le qualificatif de métiers similaires désigne les métiers ayant entre eux certains points de contact (ex. : boulangers et pâtissiers, tisseurs et moulineurs). Le terme de *métiers connexes* désigne l'ensemble des métiers, même dissemblables, *concourant* à l'établissement de *produits déterminés* : c'est ainsi par exemple qu'un syndicat unique pourrait, légalement, grouper tous les ouvriers, dits ouvriers du bâtiment (maçons, plâtriers, charpentiers, menuisiers, tailleurs de pierre, peintres, etc.) ou tous les ouvriers employés dans les chantiers de construction maritime.

Toutes les professions dont l'ensemble constitue soit l'industrie du bâtiment, soit l'industrie des constructions navales, si différentes qu'elles soient envisagées isolément, n'en constituent pas moins, suivant l'heureuse expression de M. Tolain, rapporteur de la loi au Sénat, de *grandes familles industrielles* ; tous les membres de ces familles ont des intérêts communs à défendre ; il est juste qu'ils aient le droit de confier la défense de ces intérêts à un vaste syndicat les réunissant tous. Il est vrai qu'à défaut de syndicat de cette nature, les ouvriers de chaque profession connexe pourraient constituer des syndicats particuliers, et grouper ultérieurement ces syndicats dans une fédération ; mais, ainsi que nous le verrons bientôt, les fédérations ou unions de syndicats sont loin d'avoir les mêmes droits et les mêmes moyens d'action que les syndicats proprement dits, attendu qu'elles ne jouissent pas de la personnalité civile.

375. — S'il n'existe, au contraire, entre les professions ou métiers exercés par les syndiqués, ni similitude ni connexité [1], le syndicat est

[1] La question de savoir si deux professions sont ou non *connexes* ne laisse pas que d'être parfois assez délicate à résoudre. C'est ainsi que, par arrêt du 11 novembre 1901 (D. 1901, 2, 504), confirmé par la Ch. crim. (28 fév. 1902, D. 1902, 1, 203), la Cour de Douai a réformé un jugement du tribunal correctionnel de Lille en date du 10 avril 1901 (D. 1901, 2, 411), qui avait reconnu légale l'*Union médico-pharmaceutique*, association professionnelle de médecins et de pharmaciens, et déclaré en conséquence les administrateurs de cette union non passibles des amendes prévues par les lois de 1884 et de 1892. Le tribunal correctionnel de Lille, pour écarter l'inculpation, s'était appuyé sur la *connexité* des professions. La Cour, pour déclarer illégale l'union dont s'agit, s'est fondée, d'une part, sur la différence foncière des deux professions, l'une exclusivement libérale, l'autre commerciale, circonstance exclusive de la connexité, d'autre part et subsidiairement, sur le principe (contesté, v. *infra*), que la loi de 1884 ne s'étend point aux professions libérales. Les médecins ne puiseraient le droit de se syndiquer que dans la loi de 1892 sur l'exercice de la médecine ; or cette loi ne les autorise qu'à se syndiquer *entre eux*, et non point avec les non-médecins, leur profession fût-elle connexe (sauf peut-être les chirurgiens-dentistes et les sages-femmes). — Sur la critique de cette interprétation trop restrictive, v. les observations présentées *infra*, ainsi que le rapport de M. le conseiller Laurent Athalin (D. 1902, 1, 203).

Une autre difficulté du même genre, très grave pour l'avenir même du mouvement syndical dans les milieux commerciaux, vient de surgir en ce qui concerne les syndicats d'*employés de commerce*. Par deux arrêts récents, le Conseil d'Etat, statuant au contentieux, a décidé que la situation d'employé de commerce ne constituait pas par elle-même une *profession* permettant à des personnes appartenant à des commerces différents (et non connexes) de se grouper légalement en un syndicat professionnel. — Cons. d'Etat, 3 août 1907 (*Mon. jud. Lyon*, 2 sept. 1907) ; 20 déc. 1907 (*Rev. popul. d'écon. sociale*, janv. 1908, p. 23). — Ces arrêts, rejetant comme irrecevables les recours formés par des syndicats d'employés contre des arrêtés préfectoraux autorisant certaines professions à donner le repos par roulement, risquent de faire jurisprudence, surtout si la Cour de cassation, saisie actuellement de plusieurs pourvois contre les décisions de divers tribunaux (Pau, Perpignan, Limoges, etc.), refusant aux syndicats d'employés le droit d'ester en justice, adopte la même interprétation restrictive.

Socialement parlant, cette jurisprudence serait des plus fâcheuses, car elle ruinerait l'autorité de la très grande majorité des chambres syndicales d'employés, qui presque toutes comprennent des employés appartenant aux commerces les plus dissemblables.

Mais, de plus, elle nous paraît juridiquement très critiquable. Il est indéniable en effet que la profession d'employé de commerce est, dans une très large mesure,

illégal, et les directeurs et administrateurs sont passibles des peines édictées par l'article 9 de la loi de 1884, sans préjudice du droit pour le tribunal d'ordonner la dissolution de cette association illicite. Peu importe d'ailleurs que les fondateurs d'un syndicat de ce genre, pour donner le change sur le caractère véritable du syndicat et en masquer l'irrégularité, se soient attribué faussement une qualification qui n'appartiendrait, en réalité, qu'à certains d'entre eux : la loi de 1884 s'attache aux faits, mais non pas aux apparences. Une curieuse application de ce principe a été faite par la Cour de Paris (4 juill. 1890, S. 91, 2, 7) à une chambre syndicale dite *Chambre syndicale des professeurs libres, hommes et dames*, mais qui, en fait, comprenait nombre de personnes exerçant des professions étrangères à l'enseignement[1].

Pratiquement, du reste, de telles poursuites nous paraissent à peu près impossibles aujourd'hui. Les syndicats groupant des personnes de métiers différents n'auront, pour échapper aux poursuites, qu'à se réclamer de la loi de 1901 sur les associations. Ils pourront même, en faisant la déclaration prescrite par l'art. 5 de cette dernière loi, acquérir la personnalité restreinte de l'art. 6, qui leur conférera notamment le droit d'ester en justice[2].

376. — Validité des syndicats mixtes. — Mais il n'est aucunement nécessaire que la profession soit exercée *au même titre* par tous les

---

indépendante de la spécialité industrielle ou commerciale de l'employeur : commis de rayon, vendeurs, voyageurs, préposés à la caisse ou aux comptes, ont les mêmes intérêts professionnels, quel que soit l'objet du commerce ou de l'industrie dont ils sont les auxiliaires. Les intérêts d'un ouvrier métallurgiste n'ont rien de commun avec ceux d'un travailleur de l'alimentation ; les intérêts du caissier d'une usine métallurgique sont identiques à ceux du caissier d'un établissement d'épicerie. L'on concevrait à la rigueur la répartition des employés par catégories d'emplois, et encore y aurait-il connexité au sens légal du mot entre la profession exercée par les employés des diverses catégories. Mais, rationnellement, la solution consistant à imposer aux employés l'obligation de se grouper par nature de commerce est illogique et injuste, puisqu'elle exclut en fait des avantages de l'organisation syndicale les auxiliaires des professions commerciales n'occupant qu'un petit nombre d'employés.

Il nous semble du reste que le Conseil d'Etat s'est mis en contradiction directe, dans les arrêts précités, avec le décret du 14 mars 1903 sur le Conseil supérieur du travail. — Ce décret répartit en un seul groupe (art. 8) les employés de banque *et de tous commerces* autres que ceux de l'alimentation ; n'est-ce pas reconnaître l'existence d'un lien de connexité entre toutes les variétés d'employés de commerce ?

[1] Jugé également que l'on doit considérer comme illégal un prétendu syndicat professionnel de *sport hippique*, groupant des personnes appartenant aux professions les plus dissemblables (Paris, 29 nov. 1892, D. 94, 2, 5). V. aussi Douai, 1er fév. 1904, S. 1906, 2, 57, et note Wahl.

[2] Wahl, note sous Douai, 11 mai 1901, S. 1901, 2, 289 ; Thaller, *Les répercussions de la loi sur les associations* (*Ann. de dr. commerc.*, 1902, 151). — V. cependant Crim. cass., 28 févr. 1902, D. 1902, 1, 203. — Les syndicats d'employés, auxquels le Conseil d'Etat vient de refuser le droit d'ester en justice comme tels (v. *supra*), pourraient, selon nous, à la condition de faire la déclaration prescrite, reprendre l'instance en se plaçant sous le couvert de la loi de 1901.

syndiqués. Bien que la loi n'ait pas expressément reconnu la légitimité des *syndicats mixtes*, il est presque universellement reconnu par les commentateurs de la loi qu'un même syndicat peut grouper tous les individus exerçant une même profession, soit comme patrons, soit comme ouvriers. Ainsi qu'on l'a fait observer très justement, l'article 2 s'exprime dans les termes les plus larges ; il autorise toutes les personnes qui, dans des professions semblables ou simplement connexes, concourent à l'établissement de certains produits, à se grouper ; que ces personnes soient des patrons, des contremaîtres, des employés, des tâcherons, des ouvriers, peu importe ; il ne distingue pas entre elles et ne fait ni divisions ni catégories ; elles ont des intérêts communs à défendre, cela suffit pour que toutes puissent se rapprocher dans un syndicat » (Sénart, *Bulletin des agriculteurs de France*, 1885, p. 381. — V. aussi Boissard, *Syndicat mixte*, p. 41).

Vainement s'est-on prévalu, pour établir l'illégalité des syndicats mixtes, de l'article 6 de la loi de 1884, lequel porte que « les syndicats professionnels de patrons *ou* d'ouvriers auront le droit, etc. ». La disjonctive *ou* prouverait que les syndicats peuvent comprendre des patrons *ou* des ouvriers, mais non pas des patrons *et* des ouvriers ». Cette interprétation judaïque de l'article 6 nous paraît absolument inacceptable pour divers motifs : — 1° l'article 6 n'a pas pour but de déterminer quelles sont les personnes admises à figurer dans un syndicat. L'article relatif à cette question est l'article 2 ; or l'article 2 est conçu dans les termes les plus généraux ; — 2° Cette interprétation est en opposition formelle avec les travaux préparatoires. M. de Mun ayant proposé un amendement tendant à reconnaître les syndicats mixtes, M. Floquet fit repousser l'amendement *comme inutile*, attendu que la loi était conçue en termes assez généraux pour qu'aucun doute ne pût subsister sur leur légitimité ; — 3° La prohibition des syndicats mixtes serait non seulement fâcheuse, en ce qu'elle supprimerait un moyen puissant de pacification sociale, mais elle soulèverait des difficultés pratiques assez sérieuses. Entre le patron et l'ouvrier, il existe, en effet, des intermédiaires dont la situation est mal définie : le tâcheron n'est pas un ouvrier vis-à-vis des patrons, mais il est patron vis-à-vis des ouvriers qu'il emploie ; faudra-t-il donc l'exclure à la fois des syndicats de patrons et des syndicats d'ouvriers, sous prétexte qu'il n'est, à vrai dire, ni l'un ni l'autre ?

Ne voit-on pas, au surplus, que la prohibition du syndicat mixte équivaudrait pratiquement à la prohibition des syndicats agricoles, qui ne sont pour la plupart que des syndicats mixtes groupant les différentes catégories d'exploitants, et ce, contrairement à l'esprit, et même à la lettre de la loi de 1884, qui a placé sur le même plan la défense des intérêts agricoles et celle des intérêts commerciaux ou industriels? Concluons donc, sans hésiter, à la légitimité des syndicats mixtes, que nul d'ailleurs aujourd'hui ne songe plus à contester.

377. — Question des membres honoraires. — Si les syndicats mixtes sont légaux, c'est à la condition toutefois de ne grouper que des personnes exerçant *réellement la profession*, comme patrons ou comme ouvriers (art. 2 de la loi de 1884). Aussi ne saurions-nous reconnaître aux syndicats le droit d'admettre dans leur sein des personnes étrangères à la *profession*. La condition *sine qua non* de la légitimité des associations prévue par la loi de 1884 est d'être exclusivement professionnelles ; l'introduction dans les syndicats d'un élément étranger à la profession (hommes politiques, prêtres, rentiers, etc.) ferait dévier fatalement l'institution de son but, et aurait pour résultat d'en faire un moyen de propagande politique ou religieuse, contrairement à la loi. Il ne faudrait pas cependant exagérer la prohibition ; nous établirons ultérieurement que les syndicats peuvent recevoir des libéralités mobilières ; or il est d'usage de conférer aux donateurs le titre de *membre donateur* ou *membre honoraire*. Nous croyons donc qu'un syndicat, gratifié par une personne étrangère, pourra conférer à celle-ci (comme cela est admis en matière de société de secours mutuels) le titre de *membre honoraire*, mais « sous la condition stricte que ces membres restent *honoraires*, c'est-à-dire qu'ils ne prennent aucune part active au fonctionnement de l'association, et qu'ils ne participent point aux avantages statutaires » (Trib. civil de Bordeaux, 8 février 1889, *Revue des Sociétés*, 1889, p. 264. — Cf. Glotin, 148 ; Bry, 475).

Cette impossibilité légale pour les syndicats professionnels d'admettre, à titre de *membres actifs*, des personnes étrangères à la profession, a été mise en relief au cours des poursuites correctionnelles intentées par le parquet de Lille contre les administrateurs d'un prétendu syndicat professionnel, constitué sous le nom d'*Association professionnelle des patrons du Nord*, et placé sous le patronage mystique de *Notre-Dame de l'Usine*. Les administrateurs ont été condamnés à l'amende, et le syndicat déclaré dissous, par jugement du tribunal correctionnel de Lille, en date du 9 juillet 1892, confirmé sur appel par la Cour de Douai (Douai, 26 oct. 1892 ; sous Cass., D. 94, 1, 26, S. 96, 1, 377) ; le pourvoi formé contre cet arrêt a été rejeté par la Cour suprême (Crim. rej., 18 fév. 1893, concl. conf. de M. l'avocat général Sarrut, S. 96, 1, 377, et note Z..., D. 94, 1, 26). Les condamnations prononcées étaient motivées, d'une part sur ce que le syndicat aurait eu, dès l'origine, un objet politique et religieux prohibé par la loi, et d'autre part sur l'admission dans le syndicat d'un grand nombre de membres actifs, complètement étrangers aux intérêts professionnels de l'industrie textile (chanoines, prêtres réguliers ou séculiers, officiers, membres de l'enseignement, patrons d'industries non similaires ni connexes)[1].

378. — Malgré ces poursuites intermittentes contre les syndicats irrégulièrement composés, il est peu vraisemblable que l'on parvienne jamais à obtenir un respect rigoureux de la loi sur ce point. Parfois même l'administration se rend complice de sa violation, notamment en matière de syndicats agricoles. C'est ainsi que M. Gain, dans son étude sur *les syndicats professionnels et la loi de 1884*, nous cite le fait d'un syndicat, formé dans un département important de la vallée du Rhône, dirigé par un bureau central ayant comme président d'honneur (avec droit d'assister aux réunions), le préfet du département, et composé activement d'un député, de conseillers généraux, d'un professeur à la Faculté de médecine, du professeur départemental d'agriculture, de percepteurs, etc...

Quelque honorable que soit le but poursuivi, ces pratiques semblent bien illégales. Nous avons du reste fait remarquer déjà que la loi de 1901 fournit un moyen très simple de les régulariser. Que ces associations à objectif religieux, politique ou agricole, composées de personnes exerçant des professions non connexes se constituent sous forme d'associations *déclarées*, conformément à l'article 5 de la loi du 1er juillet 1901, au lieu de se réclamer de la loi de 1884, dans le cadre de laquelle elles ne sauraient rentrer : elles échapperont à tout reproche d'illégalité, et pourront librement fonctionner, dans les limites que cette loi de 1901 détermine (art. 3).

379. — **Exclusion des anciens patrons, ou des anciens ouvriers.** — Si le principe que le syndicat professionnel ne peut comprendre, comme membres actifs, que des individus exerçant la profession, est souvent méconnu en fait, en droit il est si impératif, qu'aucune exception ne saurait être faite, même en faveur des *anciens patrons* ou des *anciens ouvriers*[2]. Un tel ostracisme à l'encontre des personnes ayant

---

[1] Cf. trib. civ. Villeneuve-sur-Lot, 29 juin 1892, D. 94, 2, 4. — La jurisprudence reconnaît toutefois aux syndicats le droit d'avoir des auxiliaires, ou employés, voire même des secrétaires, trésoriers, agents comptables, étrangers à la profession, à la condition que ces employés soient placés sous l'autorité effective des administrateurs, et qu'ils ne s'immiscent point dans la gestion. Douai, 26 oct. 1892, précité ; Amiens, 13 mars 1895, D. 95, 2, 563, et la note de M. Planiol.

[2] *Sic* : déclaration du Garde des sceaux à la Ch. des députés, le 1er juin 1891, *Journ. offic.* du 2, Ch., déb. parl., p. 1078, en réponse à une interpellation de M. Basly. — Bordeaux, 27 déc. 1893, D. 94, 2, 197, *Pand.*, 95, 2, 97, et note de M. Mongin ; Douai, 1er févr. 1904, *Gaz. Pal.*, 1904, 1, 301.

exercé la profession, et dont par suite l'expérience et la compétence ne sauraient être mises en doute, est évidemment regrettable ; aussi, à la suite de l'interpellation citée en note, le gouvernement, sur l'invitation de la Chambre, déposa-t-il un projet de loi tendant à admettre dans les syndicats, sous certaines conditions, les personnes ayant appartenu à la profession. — Sur ce projet et autres propositions analogues déposées depuis lors sur le bureau de la Chambre, v. sect. IV, *infra*.

380. — *b*) **Groupements prohibés; survivances corporatives.** — Il faut, en second lieu, pour que le syndicat soit régulier, que la profession, ou les professions exercées, ne rentrent pas dans la catégorie de celles dont les titulaires sont légalement privés du droit de s'associer pour la défense de leurs intérêts communs (*fonctions publiques*), ou groupés au contraire en *corporations officielles*, assujetties à des règlements professionnels spéciaux (*offices ministériels*, *barreau*).

Faisons l'application de cette formule aux corporations ou compagnies antérieures à la loi de 1884, aux fonctionnaires publics, et enfin aux professions libérales.

381. — **Corporations ou compagnies antérieures à la loi de 1884.** — Il est incontestable que la loi de 1884 n'a porté aucune atteinte aux *corporations* existantes, constituées ou plutôt restaurées (car il faut y voir des survivances de l'ancien régime) par le Consulat, le Premier Empire ou la Restauration : compagnies d'*officiers ministériels* (L. 28 avr. 1816), ordre privilégié des *avocats* ou *barreau* (L. 22 vent. an XII, décr. 14 déc. 1810)[1]. Etroitement liés à l'organisation administrative et judiciaire, ces ordres ou compagnies sont et demeurent régis par des règlements impératifs, exclusifs de toute application de la loi de 1884. L'obéissance à ces règlements est la condition même du monopole dont jouissent légalement avocats ou officiers ministériels; ils ne peuvent ni s'en affranchir, ni opter pour la liberté syndicale.

382. — **Fonctionnaires publics**[2]. — La faculté de se constituer en

---

[1] Pour plus de développements sur les lois et règlements multiples auxquels sont soumis le barreau et les offices ministériels, cons. notamment : Dall., *Suppl. au Rép.*, v[is] *Avocat*, *Avoué*, *Notaire-Notarial*, *Office*, etc.

[2] Bibliographie : La question de droit syndical des fonctionnaires a suscité, dans ces dernières années, toute une littérature. Consulter notamment, dans le sens du droit pour les fonctionnaires de se syndiquer : P. Boncour, *Les syndicats de fonctionnaires*, 1906 ; Berthod, *Les syndicats de fonctionnaires et l'organisation de la démocratie* (*Rev. polit. et parl.*, 1906, I, 413); R. Bonnard, *La crise du fonctionnarisme* (*Rev. de droit public*, juill.-sept. 1906) ; Cahen, *Les syndicats de fonctionnaires* (*Rev. polit. et parl.*, 1906, III, p. 81); Leroy, *Les transformations de la puissance publique*, 1907.

A l'encontre du droit syndical des fonctionnaires : F. Faure, *Les syndicats de*

syndicats professionnels doit, selon nous, être déniée aux *fonctionnaires publics* de tous ordres, fonctionnaires civils et militaires, et ministres des cultes reconnus (argument : art. 123, C. pénal, prohibant les *coalitions de fonctionnaires*[1]. La même prohibition s'étend à tous les citoyens, non investis de la qualité de fonctionnaires, mais appelés à remplir dans certaines circonstances un *service public*, médecins au rapport, médecins des hôpitaux, bureaux de bienfaisance, etc. (art. 13, L. 30 nov. 1892, sur l'exercice de la médecine).

La question, cependant, est vivement controversée ; elle est passée depuis peu au premier plan de l'actualité, par suite du mouvement qui s'est manifesté dans certains corps de fonctionnaires (sous-agents des postes, instituteurs, etc.) en faveur de la transformation en syndicats des associations amicales. Aussi convient-il de l'examiner avec quelques développements. Précisons tout d'abord le champ de la controverse. Pour nous, la qualité de *fonctionnaire* ne saurait être reconnue à quiconque émarge au budget de l'État ; aussi établissons-nous une distinction essentielle entre les simples salariés de l'Etat et les fonctionnaires proprement dits.

L'on a parfois, sous le prétexte qu'ils sont au service de l'Etat, refusé le droit syndical à *tous les ouvriers salariés* par l'Etat, les départements ou les communes (ex. : ouvriers et employés des établissements industriels exploités en régie par l'Etat : chemins de fer de l'Etat, arsenaux,

---

fonctionnaires (*Rev. polit. et parl.*, 1906, I, 433, et mai 1907) ; Duguit, *id.* (*Rev. polit. et parl.*, 1906, II, 28) ; Berthélemy, *id.* (*Revue de Paris*, 15 fév. 1906), et *La crise du fonctionnarisme* (*Quest. pratiques*, 1906, 161) ; Rolland, Le projet de loi sur les *associations de fonctionnaires* (*Rev. de droit public*, avril-juin 1907).

En faveur de la solution mixte, consistant soit à distinguer entre les fonctionnaires d'autorité et les fonctionnaires de gestion, soit à opposer aux fonctionnaires proprement dits les simples salariés de l'Etat ou des communes : Bourguin, *L'application des lois ouvrières aux ouvriers et employés de l'Etat* ; Millerand, *Trav. et travailleurs*, p. 53 ; Barthou, rapp. à la Commission du travail (28 déc. 1903, Ch., *Doc. parl.*, n° 1418, p. 66), et *L'action syndicale*, p. 130 ; Nézard, *La théorie juridique de la fonction publique*, 1901, p. 40 et 753 ; Fontaine, *Louage de travail* ; Pic, *L'Assoc. générale des sous-agents des postes* (*Quest. pratiques*, 1905, 242). — V. aussi Berthélemy, *Traité élém. de dr. admin.*, p. 49 et s. (Cet auteur se prononce, en droit, pour la distinction précitée, mais se déclare partisan, en législation, d'un texte refusant le droit syndical à tous les fonctionnaires, ainsi qu'aux employés des grandes industries monopolisées (chemins de fer notamment).

Sur la question connexe du *statut des fonctionnaires*, cons. les études de F. Faure (*Rev. polit. et parl.*, déc. 1907), Salaun (*ibid.*, janv. 1908), Demartial (*Rev. de dr. public*, 1907, 5).

Sur les syndicats de fonctionnaires et sur les lois relatives à leur statut, en pays étranger, cons. la série des études de Demartial dans la *Rev. polit. et parl.* (juin à sept. 1907). — V. aussi *Musée soc.*, déc. 1907.

[1] Garraud, *Traité de droit pénal*, t. III, n°s 47 et s. ; *Rép.* Fuzier-Herman et *Pandectes*, v° *Coalition de fonctionnaires*. — V. cependant Garçon, *Revue pénitentiaire*, 1906, p. 856.

manufactures de tabac ou d'allumettes, établissements de Sèvres, de Beauvais ou des Gobelins, etc...). Cette thèse nous paraît juridiquement inexacte. Sans doute, les chefs de services, représentants de l'Etat, directeurs, employés de l'administration centrale, ingénieurs du contrôle, détachés d'un service administratif dont ils continuent à faire partie, sont à considérer comme des fonctionnaires. Mais nous nous refuserions à étendre ce qualificatif à l'ensemble du personnel, dont les services sont identiques, en définitive, à ceux que les Compagnies de chemins de fer, le Nord, le P.-L.-M., etc., exigent de leurs agents.

383. — L'on a cependant proposé une distinction entre les ouvriers et employés auxiliaires, embauchés temporairement, n'effectuant point de versements à la Caisse nationale des retraites, n'ayant aucune certitude d'avancement, placés en quelque sorte hors cadres, et les employés ou *agents commissionnés*, liés à l'Etat non par un simple louage de services, mais par un contrat de mandat *sui generis*, qui les constituerait dépositaires de la puissance publique dans la limite de leurs attributions.

Cette thèse a été soutenue tout d'abord par l'administration préfectorale de la Seine au regard des *cantonniers* de la Ville de Paris, agents commissionnés : le préfet de la Seine, agissant comme maire de Paris, ordonna la dissolution du syndicat constitué par eux sous le prétexte qu'ils auraient la qualité de fonctionnaires. Peu de temps après, cette même thèse était développée devant la Chambre par M. Jonnart, ministre des travaux publics, en ce qui concerne les agents commissionnés des chemins de fer de l'Etat (interpell. Jourde, 22 mai 1894). Mais le ministère fut mis en minorité par la Chambre sur cette question, et la discussion se clôtura par un ordre du jour ainsi conçu : « La Chambre, considérant que la loi de 1884 s'applique aux ouvriers et employés des *exploitations de l'Etat* aussi bien qu'à ceux des industries privées, invite le gouvernement à la respecter et à en faciliter l'exécution ». (V. sur cette interpellation : Dall., *Supp. au Rép.*, v° *Travail*, n°s 794 et s.).

384. — La solution admise par la Chambre nous paraît absolument juridique. Commissionnés ou non, les ouvriers ou employés de l'*Etat industriel* ne participent à aucun titre à l'exercice de la puissance publique. Ils peuvent être des mandataires, des préposés, mais ne sont pas des *fonctionnaires* au sens légal du mot[1].

---

[1] Sur la définition du terme *fonctionnaire public*, cons. notamment : Berthélemy, *Droit adm.*, p. 45 et suiv.; Nézard, *Théorie de la fonction publique*. — M. Berthélemy fait observer avec raison que le seul moyen de mettre fin aux controverses très délicates qui s'élèvent journellement en France sur la question de savoir si tel

Sans doute, le législateur pourrait, dans l'intérêt supérieur de la défense du territoire, restreindre le droit d'association dont jouissent actuellement les agents des compagnies de chemins de fer, ceux des chemins de fer de l'Etat ou les ouvriers des arsenaux, et, sinon déclarer illégaux tous leurs groupements, du moins leur interdire de former entre eux des coalitions ou de déclarer la grève.

Plusieurs projets, étudiés par nous précédemment (v. *supra*, n° 330) à propos du droit de coalition, ont été déposés en ce sens sur le bureau des Chambres. Mais, tant qu'ils n'auront pas acquis force de loi, — or il paraît peu probable que les propositions sénatoriales rallient une majorité à la Chambre, — la loi de 1884 restera la charte commune de tous les ouvriers ou employés, qu'ils dépendent de l'Etat ou de l'industrie privée.

385. — Si le droit syndical, en l'état actuel de la législation, appartient selon nous à tous les salariés de l'Etat [1], du département ou des communes, nous estimons au contraire qu'il doit être refusé aux fonctionnaires proprement dits, préposés à nos grands services publics (finances, enseignement, travaux publics, postes et télégraphes, etc.) : attendu que ces agents sont unis à l'Etat non par un contrat de salaire, mais par un véritable *contrat de droit public*, leur conférant des droits et leur imposant en retour des devoirs spéciaux, notamment au point de vue hiérarchique, incompatibles avec les droits de grève et de fédération professionnelle qui découlent du droit au syndicat.

L'on a, il est vrai, — et nous avions tout d'abord acquiescé à cette

---

agent ou salarié de l'Etat est ou non un fonctionnaire, serait de nous doter d'une loi générale *sur les fonctions publiques* analogue à la loi allemande du 11 mars 1879. Si une loi de ce genre existait, le ministère n'en serait pas réduit à lancer de temps à autre des circulaires embarrassées, comme celle publiée en 1904 par le ministère Combes, refusant aux cantonniers de l'Etat le droit syndical, et laissant les cantonniers municipaux dans l'incertitude sur l'étendue de leurs droits.

Le projet de loi sur les associations de fonctionnaires, dont il est question ci-après, a cherché à combler cette lacune. Voici en effet le texte de l'art. 1er, tel qu'il est sorti récemment (févr. 1908) des délibérations de la Commission du travail : « Sont considérés comme fonctionnaires, pour l'application de la présente loi, tous ceux qui, en qualité de délégués de l'autorité publique, d'employés, d'agents ou de sous-agents, font partie des cadres permanents organisés pour assurer le fonctionnement d'un service public, régi par l'Etat, les départements ou les communes, et qui auront reçu à l'avance la garantie d'un statut légal, pour ce qui concerne notamment le recrutement, l'avancement et le régime disciplinaire ». — Cf. la définition de l'*agent fonctionnaire* par Duguit, *Man. de droit constitutionnel*, p. 410.

[1] Sous réserve des mesures à prendre en ce qui concerne les ouvriers des arsenaux, par exemple, en vue de sauvegarder les intérêts supérieurs de la défense nationale : mesures que M. Pelletan, ministre de la marine, a dû prendre de sa propre autorité au nom de la sécurité publique, mais qu'il serait bien préférable de déterminer par un texte précis, exclusif de tout arbitraire, comme en Angleterre, par exemple.

doctrine, — proposé de distinguer entre les fonctionnaires *d'autorité* et les fonctionnaires *de gestion*, pour refuser aux premiers, et accorder aux seconds, le droit syndical (v. *supra*). Mais la difficulté commence lorsque l'on veut appliquer ce critérium à la multiplicité des fonctionnaires publics de tout ordre. Où cesse le pouvoir d'autorité, où commence la simple gestion? Le *sous-agent des postes*, qui dans certains cas peut verbaliser, est-il agent d'autorité? Que dire de l'instituteur, qui sans doute ne verbalise point, mais dont la mission sociale est assurément très dissemblable de celle du simple ouvrier de nos manufactures nationales? — Le problème est presque insoluble. Aussi, à la réflexion, estimons-nous que le critérium le plus sûr est celui qui découle de la nature du contrat intervenu entre l'Etat et l'agent.

L'Etat se comporte-t-il comme chef d'industrie, comme patron, les ouvriers qu'il emploie auront le droit syndical (sauf au législateur à en limiter l'exercice à l'encontre des travailleurs de nos arsenaux par exemple). L'Etat agit-il comme puissance publique, les agents qu'il prépose à la gestion des services publics, quel que soit leur degré dans la hiérarchie, sont des fonctionnaires, unis à l'Etat par un *contrat de droit public*, inconciliable avec le droit syndical, sans qu'il soit nécessaire de rechercher s'ils rentrent ou non dans la catégorie des fonctionnaires dits *d'autorité*. C'est la thèse que n'ont cessé de défendre les ministères Waldeck-Rousseau et Clemenceau (lettre du 7 avril 1907 en réponse au manifeste des fonctionnaires syndicalistes) : c'est celle que la Chambre, non sans quelque hésitation il est vrai, a finalement ratifiée, en repoussant, le 13 mars 1908, la motion Berteaux tendant à la réintégration des fonctionnaires, frappés pour avoir pris la tête du mouvement syndicaliste.

386. — Est-ce à dire que l'on doive refuser aux fonctionnaires tout droit d'*association*? Nullement; et rien, selon nous, ne s'oppose *a priori* à ce qu'ils constituent entre eux des associations amicales, chargées de les défendre dans leurs intérêts collectifs, mais respectueuses de la hiérarchie administrative. Aussi bien est-ce dans la voie de la reconnaissance formelle aux fonctionnaires du droit d'association, sur le terrain de la loi de 1901 (voire même d'un droit d'association élargi, impliquant la faculté de recevoir des dons et legs), et de l'institution corrélative d'un statut des fonctionnaires, déterminant avec précision les conditions de recrutement et d'avancement, et dressant une barrière contre le favoritisme, — que le gouvernement actuel a cru devoir chercher la solution de ce problème irritant des syndicats de fonctionnaires [1].

[1] Projet de loi sur les associations de fonctionnaires, dép. sur le bureau de la

Le Parlement paraît cependant divisé sur la question. La Commission spéciale, saisie du projet de loi Clemenceau sur les associations de fonctionnaires (rapp. Jeanneney, déposé le 11 juill. 1907, Ch., *Doc. parlem.*, n° 1213), a cru devoir, contrairement au texte gouvernemental, reconnaître aux fonctionnaires le droit de constituer à leur gré une association régie par la loi de 1901, ou un syndicat professionnel du type de la loi de 1884, sous une double réserve toutefois : interdiction absolue du droit de grève; interdiction de toute union avec d'autres organisations syndicales, et, par conséquent, interdiction implicite de toute affiliation à la C. G. T. Enserré dans ces limites étroites, le syndicat de fonctionnaires, nous dit-on, est inoffensif, et n'est au fond qu'une association autrement dénommée; pourquoi, par peur d'un mot, refuser à ceux-ci la satisfaction platonique qu'ils réclament?

S'il ne s'agissait, comme le prétendent les partisans du droit syndical des fonctionnaires, que d'une querelle de mots, nous accepterions sans hésiter la formule de la Commission. Mais la question, pour nous, est beaucoup plus grave, car il s'agit en réalité d'un conflit entre deux tendances. L'association de fonctionnaires symbolise la tendance mutualiste, pacifique, respectueuse de l'autorité constituée; le syndicat de fonctionnaires, qu'on le veuille ou non, symbolise la tendance syndicaliste, l'idée de lutte de classes, et tout fait craindre que si on l'autorise, les barrières que l'on prétend opposer à ses empiétements ne soient rapidement emportées, et que l'on ne puisse empêcher son affiliation à la C. G. T., instigatrice des grèves.

Là est le danger, et il est grave. La Révolution a créé la nation française, une et indivisible; le fédéralisme syndical, aggravé par la faculté d'affiliation des fonctionnaires aux groupements corporatifs, ne risquerait-il pas de compromettre cette unité? [1].

387. — **Professions libérales.** — Nous avions cru devoir admettre, dans notre première édition, sous l'empire de la loi ancienne, hostile à la liberté d'association, l'exclusion des personnes exerçant une *profession libérale*. Nous appuyant sur le texte et l'esprit de la loi, nous décidions que la loi de 1884 n'était édictée qu'en faveur des professions

---

Chambre le 11 mars 1907, annexe n° 833 (*Quest. prat.*, 1907, p. 95). — Le proj. de loi sur le statut des fonctionnaires n'est pas encore déposé, mais un communiqué officieux, consécutif au Conseil des ministres du 23 nov. 1907, en a fait connaître les grandes lignes, soumises en ce moment à l'examen du Conseil d'État. — Cf., d'autre part, la propos. F. Buisson sur le statut des fonctionnaires, Ch., févr. 1908, annexe n° 1482.

[1] Cf. notre rapport au Congrès radical et radical-socialiste de Nancy, oct. 1907 (*Compte rendu officiel*, p. 184).

se rattachant à l'*industrie*, entendue dans le sens le plus large, c'est-à-dire à l'*industrie manufacturière*, *commerciale* ou *agricole* (argum. de texte : art. 2 : « professions concourant à l'établissement de *produits déterminés* » ; art. 6 : « les syndicats professionnels de *patrons* ou d'*ouvriers*... »). Si les syndiqués, même exerçant une profession libérale en un certain sens, pouvaient être néanmoins qualifiés d'industriels et de commerçants, leur syndicat était régulier (ainsi jugé, en faveur des *pharmaciens*, Lyon, 3 juin 1890, D. 91, 2, 29). Mais, si la profession exercée était purement libérale, sans aucun mélange de négoce, l'on se trouvait en dehors du cadre prévu par la législation de 1884, et le droit commun (prohibition de toute association de plus de vingt personnes) reprenait son empire.

Nous reconnaissions volontiers qu'en législation cette exclusion des personnes exerçant une profession libérale du bénéfice de la loi syndicale était parfaitement injustifiable. Mais, en droit positif, et en présence d'un texte rédigé visiblement en faveur de l'industrie seule, cette solution aussi libérale qu'équitable ne nous paraissait pas pouvoir être admise. Aussi estimions-nous que la Cour de cassation avait sainement interprété la loi en décidant, dans son arrêt de principe du 27 juin 1885 (D. 86, 1, 137, S. 87, 1, 281), que les personnes exerçant une même profession libérale, notamment les médecins, ne pouvaient se syndiquer (Cf. trib. Langres, 9 nov. 1887, S. 88, 2, 119).

Cette doctrine semblait d'ailleurs avoir été, en un certain sens, législativement consacrée par le Parlement, lors de la discussion de la loi du 30 novembre 1892 sur l'exercice de la médecine. L'article 13 de cette loi, repoussé tout d'abord par le Sénat, décide en effet que « à partir de l'application de la présente loi, les médecins, chirurgiens, dentistes et sages-femmes jouiront du droit de se constituer en associations syndicales, dans les conditions de la loi du 21 mars 1884, pour la défense de leurs intérêts professionnels, à l'égard de *toutes personnes autres que l'Etat, les départements et les communes* ». Or cette loi n'est devenue applicable que le 30 novembre 1893, un an après sa promulgation. Qu'est-ce à dire, sinon que, jusqu'à cette date, les syndicats professionnels de médecins ont été simplement tolérés et qu'ils n'ont pu fonctionner régulièrement qu'à dater du terme assigné ? N'en devait-on pas logiquement conclure par *a contrario*, que les autres professions libérales (membres de l'enseignement libre, hommes de lettres, journalistes, artistes de tous ordres, agents d'affaires) se trouvaient encore dans l'impossibilité légale de se syndiquer ?

Sans doute, une telle inégalité de traitement était absolument choquante, et tellement irrationnelle que depuis la loi de 1892 aucun parquet, à notre connaissance, ne s'est cru autorisé à exercer des poursuites contre des syndicats constitués entre personnes exerçant une profession libérale. Mais il n'y avait là qu'une tolérance précaire ; aussi émettions-nous le vœu de voir le Parlement, par une interprétation législative, ou plutôt par une modification au texte, mettre fin à la controverse dans le sens de l'assimilation des professions libérales aux professions d'ordre commercial ou industriel[1].

388. — Cette intervention législative ne s'est pas produite, directement du moins. Mais la loi du 1er juillet 1901 est survenue qui, en substituant au régime de la prohibition celui de la liberté d'association, a fait en un certain sens rentrer les syndicats professionnels dans le droit commun. Ce n'est plus désormais par une faveur exceptionnelle que les groupements professionnels peuvent librement fonctionner ; la liberté dont ils jouissent, ils la partagent avec toutes les associations constituées dans les conditions déterminées par la loi nouvelle.

Le principe d'interprétation restrictive, qui nous paraissait s'imposer au lendemain de la loi de 1884, peut donc être écarté ; et nous n'hésitons plus aujourd'hui, tout en regrettant l'ambiguïté du texte, à admettre avec la majorité des auteurs[2] l'extension aux professions libérales du bénéfice de la loi syndicale.

389. — La pratique est demeurée longtemps hésitante. Cependant, dès avant la loi sur les associations, une fraction de la jurisprudence s'était orientée dans le sens de l'interprétation la plus libérale. Dès 1890, le tribunal de la Seine, s'écartant de la jurisprudence de la Cour suprême, s'était formellement prononcé en faveur du droit pour toutes les personnes exerçant une profession quelconque, *même libérale* (en dehors des fonctionnaires, avocats ou officiers ministériels) de former entre elles des syndicats professionnels. — Trib. Seine, 10 mars 1890, S. 90, 2, 144 : « Attendu, lisons-nous dans les considérants du jugement, que si les personnes exerçant une profession libérale n'ont pas d'intérêts commerciaux, industriels ou agricoles à défendre, elles ont tout au moins des *intérêts économiques* communs, et que la loi de 1884 (art. 3) place ces intérêts économiques sur le même plan que les autres ».

Plus récemment, la Cour de Paris, à l'occasion d'un procès dans lequel la légalité du syndicat des *géomètres-experts* de France était contestée, s'est prononcée à son tour, quoique moins nettement, en

[1] *Sic* : propos. Colfavru, 21 juin 1886 (Ch., *Doc. parl.*, p. 133) ; Léveillé, 8 juill. 1890 (Ch., *Doc. parl.*, p. 1533) ; Groussier, 28 mai 1894 (Ch., *Doc. parl.*, p. 863).

[2] Villey, note sous Cass., 27 juin 1885, S. 87, 1, 281 ; César-Bru, *op. cit.*, p. 17 ; Bry, p. 472 ; Garraud, *Dr. pénal franç.*, IV, p. 178. — V. cependant Berthélemy, *Rev. de Paris*, 15 févr. 1906.

faveur de la thèse libérale. (Paris, 1er décembre 1898, S. 99, 2, 245.) A ne consulter que les considérants de l'arrêt, dont les rédacteurs semblent avoir surtout cherché à ne point se mettre en contradiction avec l'arrêt de la Cour suprême, un doute sérieux pourrait subsister sur sa portée exacte.

Mais la signification de l'arrêt se précise, si on prend soin de le rapprocher de la consultation rédigée en vue de l'affaire, au nom de la section juridique du *Musée social*, par M. Waldeck-Rousseau, dont nous avons déjà rappelé le rôle prépondérant dans la discussion de la loi. « On ne méconnaît pas, — lisons-nous dans ce document, — que le syndicat des géomètres-experts se soit formé entre personnes ayant un même métier, une même profession ; qu'il ait pour but de tourner à l'avantage, *au profit professionnel* de ses membres... dès lors, et par là même, on pourrait tenir la question pour résolue... Nous n'avons *jamais pu admettre* que la loi de 1884 ait établi une *distinction entre les professions libérales* et *les professions non libérales...* » (*Mus. soc.*, mars 1900, p. 101.)

Cette interprétation donnée par l'un des hommes d'Etat les plus qualifiés pour nous faire connaître l'esprit du législateur de 1884, par le rédacteur de la circulaire d'août 1894, eût été à elle seule de nature à ébranler notre conviction. Son rapprochement avec la loi de 1901, basée sur un principe de liberté, vient lui conférer une autorité plus grande encore, qui détermine notre adhésion sans réserves à la thèse libérale.

390. — **Propriétaires fonciers.** — Quelque extensive et libérale que doive être, aujourd'hui, l'interprétation de la loi syndicale en ce qui concerne la détermination des personnes admises à faire partie des syndicats, du moins est-il indispensable, le texte s'en explique formellement, que tous les membres du syndicat exercent une *profession commune*, ou plusieurs professions *similaires* ou *connexes* (V. *supra*) ; sinon, la communauté d'intérêts *professionnels* qui sert de support légal au syndicat disparaît, et la loi est méconnue. L'entrée des syndicats, comme tels, nous semble donc devoir être refusée aux personnes qui n'ont *que des intérêts*, mais pas de profession véritable, c'est-à-dire aux *rentiers*, et même aux *propriétaires fonciers* non exploitants.

La question est cependant très controversée, et certains auteurs ont essayé d'un raisonnement subtil pour ouvrir l'entrée des syndicats, non seulement aux propriétaires qui cultivent ou exploitent[1] eux-mêmes,

---

[1] Peu importe d'ailleurs le *mode* d'exploitation, ce *mode* étant déterminé par le caractère même ou l'objet de la culture. Ainsi, la *pêche* étant l'objet principal de l'exploitation des *étangs*, nul doute ne saurait s'élever sur la légalité du syndicat

ou qui font cultiver en régie, par des ouvriers à leur solde, et qui peuvent dès lors, à juste titre, être considérés comme exerçant la *profession d'agriculteurs*, ainsi qu'aux fermiers et ouvriers ruraux, mais aussi aux propriétaires qui afferment leurs terres et en retirent un revenu. Le mot *profession*, dit-on (Sénart, *Bulletin de la Société des Agriculteurs de France*, mai 1885, p. 381, et Boullaire, *Manuel des Syndicats agricoles*, p. 37), ne doit pas être entendu dans un sens étroit et rigoriste ; « tout propriétaire foncier a des intérêts économiques et agricoles engagés dans l'exploitation de son fermier, il intervient fréquemment dans l'exploitation même du fonds ; il n'est donc pas abusif de le considérer comme faisant profession d'agriculteur[1] ».

Cette argumentation nous paraît plus spécieuse que juridique. Au point de vue législatif et économique, il y aurait peut-être avantage à autoriser l'entrée des propriétaires non exploitants dans les syndicats agricoles. Mais, en droit positif, une telle solution paraît inacceptable : la qualité de propriétaires d'immeubles ruraux affermés n'est pas une *profession*, c'est une *condition sociale* analogue à celle de propriétaire d'usines, ou de capitaux employés dans l'industrie. Le propriétaire de biens ruraux n'est pas plus un agriculteur, que le propriétaire d'une usine affermée à un fabricant de produits chimiques n'est lui-même fabricant, que le propriétaire d'un local loué à un négociant quelconque n'est commerçant. (*Sic* : Coulet, *Le mouvement syndical et coopératif dans l'agriculture française*, p. 14.)

391. — Métayage. — Quelques auteurs ont même cru devoir, par des scrupules juridiques assez sérieux, refuser la qualité d'agriculteur au propriétaire dont le fonds est exploité par un *métayer*, qui partage avec lui la récolte en nature : la loi du 11 juillet 1889 sur le métayage semble en effet considérer plutôt le métayage comme une variété du bail, que comme un contrat de société *sui generis*[2]. Nous n'irons pas jusque-là. Le point de vue économique doit ici l'emporter sur le point de vue strictement juridique. Or, économiquement parlant, le propriétaire et le métayer sont deux associés, ayant chacun un rôle distinct, l'un de direction et de surveillance, l'autre d'exploitation proprement dite, mais concourant tous deux activement à la mise en valeur du sol[3].

---

constitué entre des *poissonniers*, c'est-à-dire des propriétaires d'étangs exploitant eux-mêmes, ou des fermiers d'étangs « pour tout ce qui concerne l'exploitation desdits étangs, la conservation du poisson, la pêche et la vente des produits ». — Amiens, 13 mars 1895, D. 95, 2, 553, et la note de M. Planiol, et sur pourvoi : Req., 5 janvier 1897, D. 97, 1, 120.

[1] Conf. Genin, *Associations agricoles*, p. 203 ; Gairal, *Les droits et les devoirs des syndicats agricoles*, p. 116 ; Bry, p. 470.

[2] Glotin, p. 153. — V. aussi notre 1re édition, p. 111.

[3] Jugé en ce sens qu'un syndicat agricole peut régulièrement comprendre tous les

391 *bis*. — Nous ne refuserons donc l'entrée des syndicats qu'aux propriétaires n'exploitant ni en régie, ni sous forme de métayage. Remarquons du reste que les intérêts de ces propriétaires ne sont nullement sacrifiés, par suite de l'impossibilité où ils se trouvent d'entrer dans les syndicats agricoles dont leurs fermiers font partie. Tout d'abord, il leur est très facile de détacher de leurs domaines une fraction quelconque qui, exploitée en régie, leur ouvrira, si minime qu'elle puisse être, l'accès des syndicats. De plus, même sans rien exploiter eux-mêmes[1], ils peuvent entrer, par voie de souscription d'actions, dans des sociétés coopératives agricoles, annexes de ces syndicats, sociétés constituées sur les bases déterminées par la loi de 1867; d'autre part, ils peuvent figurer, en leur seule qualité de propriétaires, dans les *associations syndicales* constituées en exécution de la loi du 21 juin 1865, complétée par les lois du 15 décembre 1888 pour la défense des vignes contre le phylloxéra, et du 22 décembre 1888.

Ces associations, qu'il faut se garder de confondre avec les syndicats professionnels, ont pour objet l'exécution en commun, aux frais des propriétaires syndiqués, de travaux d'intérêt général, tels que le dessèchement des marais et le drainage, la défense contre les inondations, les irrigations, etc., travaux dont l'association rend l'exécution plus prompte, plus facile et moins coûteuse. Certains des objets énumérés dans les lois de 1865 et de 1888 rentrent dans *l'étude et la défense des intérêts agricoles*, objet propre des syndicats professionnels; les propriétaires, exclus des syndicats professionnels, pourront donc, en certains cas, aboutir au même résultat, par la constitution d'associations syndicales (Cf. Glotin, p. 174). — Comp., sur la législation relative aux *associations syndicales*, Berthélemy, p. 628 et s.

392. — Le rôle des syndicats agricoles. — Nous remarquerons du reste que la discussion précédente est plutôt théorique que pratique. En fait, les propriétaires non exploitants sont entrés en grand nombre dans les syndicats agricoles; ils y ont même pris une influence considérable, excessive parfois, en ce sens que certaines unions ont dévié sur le terrain de l'opposition politique; or, jamais il n'est venu à la

propriétaires de vignobles d'une localité ou région. Bordeaux, 4 juin 1897, D. 98, 2, 125, et note de M. Planiol. On sait en effet que les vignobles sont communément exploités, soit en régie, soit sous forme de métayage; d'où il suit que les propriétaires prennent presque toujours une part directe à l'exploitation, et peuvent à ce titre être considérés comme exerçant la *profession* de viticulteurs.

[1] Ils pourraient aussi, mais à la condition de ne prendre aucune part active à la gestion, entrer dans le syndicat agricole de leur circonscription comme membres *honoraires* (v. *supra*). — Les *comices agricoles* (L. 20 mars 1851), les *Chambres d'agriculture*, lorsqu'elles seront constituées, fournissent également dans le présent, ou assureront dans l'avenir, aux propriétaires fonciers, un moyen légitime d'influence.

pensée des autorités de poursuivre ces syndicats pour constitution irrégulière.

Si nous avions un vœu à formuler, ce ne serait assurément pas celui de voir l'administration, par un scrupule tardif de légalité, provoquer des poursuites contre des associations qui, somme toute, rendent de réels services, et qui d'ailleurs se reconstitueraient presque aussitôt, comme associations ordinaires, sous le régime de la loi de 1901. Ce serait uniquement de voir *se démocratiser* davantage les syndicats, par l'entrée dans ces groupements d'un plus grand nombre de petits fermiers et d'ouvriers ruraux. Alors seulement le syndicat, d'allure parfois trop aristocratique, deviendrait ce qu'il doit être pour répondre à son but : à savoir un *syndicat mixte*, à base communale ou régionale suivant les cas, affilié ou non à une fédération régionale, et groupant dans son sein, *sur un pied absolu d'égalité*, tous ceux qui participent à la mise en valeur du sol national, par leurs capitaux, leur activité personnelle ou leurs bras, depuis les grands propriétaires fonciers jusqu'aux plus modestes prolétaires ruraux, en passant par toutes les étapes intermédiaires. — *Sic* : Coulet, p. 54; Boutaud, *L'association communale agricole, passim.*

393. — Questions relatives au domicile, au nombre, à la nationalité et à la capacité des syndiqués. — Telles sont les seules conditions requises pour la validité d'un syndicat professionnel. Aucune condition spéciale n'est exigée en ce qui concerne le domicile des adhérents, leur nombre, leur nationalité, leur capacité.

Nombre. — L'article 2 dit expressément que les « associations professionnelles de plus de vingt personnes peuvent se constituer librement ». Le minimum est de deux (il faut être au moins deux pour s'associer), mais aucun maximum n'est fixé; aussi, en fait, certains syndicats comptent-ils plusieurs milliers d'adhérents. Cette extension des syndicats est singulièrement facilitée par l'absence, dans la loi, de toute condition restrictive concernant le *domicile* des adhérents. Il n'est aucunement nécessaire qu'ils résident dans la même commune : un syndicat peut s'étendre à la France entière, et même à l'Algérie et aux colonies régies par la loi.

394. — Nationalité. — Les *étrangers* sont, au point de vue du droit d'association professionnelle, placés sur le même pied que les Français, sans qu'il y ait aucune distinction à faire entre les étrangers admis à établir leur domicile en France et les étrangers ordinaires. Cette règle ne comporte que deux exceptions :

a) Les administrateurs de tout syndicat professionnel fonctionnant en France doivent être Français (V. *infra*). Lors donc que les ouvriers étrangers d'une même profession constituent entre eux un syndical, ils devront avoir soin, s'ils veulent échapper aux lois pénales, de choisir des administrateurs français.

b) Aux colonies, les travailleurs étrangers et engagés sous le nom d'immigrants, ne peuvent faire partie des syndicats (art. 10, *in fine*)[1].

D'autre part, la loi de 1884 avait laissé subsister la loi du 14 mars 1872, sur l'*Association internationale des travailleurs*. Tout syndicat professionnel convaincu d'internationalisme, c'est-à-dire constitué en vue de l'un des objectifs définis, beaucoup trop vaguement d'ailleurs, par l'article 1er de cette loi de 1872, était donc passible des pénalités rigoureuses qu'elle édictait.

Cette loi était une arme dont les pouvoirss publics ne faisaient que rarement usage, mais qu'il avait paru opportun, au lendemain des troubles de la Commune, de maintenir dans l'arsenal de nos lois répressives comme une menace contre les tentatives révolutionnaires.

Les circonstances qui avaient déterminé le vote de cette loi d'exception ayant disparu, le législateur de 1901 n'a pas hésité à abroger ces textes, qu'il était difficile de concilier avec le principe de liberté affirmé dans l'article 1er de la loi nouvelle (art. 21, loi du 1er juillet 1901).

Ni l'administration, ni l'autorité judiciaire ne sont cependant désarmées contre les menées révolutionnaires, ourdies à l'étranger ou à l'instigation de l'étranger contre le gouvernement, ou la sûreté intérieure ou extérieure de l'Etat. L'article 12 de la loi de 1901, sans prohiber les associations internationales, qui se sont notablement développées dans ces dernières années, et dont plusieurs poursuivent un but scientifique qu'il convient au contraire d'encourager, permet au gouvernement de dissoudre celles de ces associations dont le recrutement et l'objectif avoué ou dissimulé présenteraient des dangers, soit pour la sûreté intérieure ou extérieure de l'Etat, soit pour son développement économique. D'autre part, la loi de 1901 a laissé subsister les dispositions édictées par les lois des 18 décembre 1893 et 28 juillet 1894 (D. 94, 4, 81) contre les *menées anarchistes* ; les fondateurs ou même les simples membres d'un syndicat prétendu professionnel, sous le couvert duquel se dissimulerait une *association de malfaiteurs* poursuivant le *but anarchique* défini par l'article 265 (nouveau) du Code pénal, encourraient donc les pénalités, criminelles ou correctionnelles, édictées par ces deux lois[2].

---

[1] Sur la législation française de l'immigration aux colonies, v. Girault, *Principes de colonisation*, 2e éd., t. II, p. 124, et notre étude sur *La condition juridique des étrangers en France*, p. 26.

[2] Remarquons du reste que les pénalités édictées par l'art. 12 de la loi de 1901 contre les administrateurs d'un syndicat, qui se serait illégalement maintenu ou

395. — Capacité. — S'il n'est pas nécessaire d'être Français pour entrer dans un syndicat professionnel, il n'est pas davantage nécessaire de jouir de la capacité civile ou politique. M. Lalanne avait proposé, au Sénat, un amendement portant que « pour faire partie d'un syndicat professionnel, il faut être majeur et jouir de ses droits civils et politiques » ; mais cet amendement a été repoussé, par le motif que les ouvrières et les mineurs employés dans l'industrie avaient autant d'intérêt que les majeurs à figurer dans les syndicats. Concluons donc que les syndicats sont accessibles : 1° aux *mineurs* pourvus de l'autorisation de leur père, mère, ou tuteur ; — 2° aux *femmes mariées* séparées de corps, sans aucune autorisation (L. 6-8 février 1893). D'après certains auteurs, le mineur émancipé, ou la femme mariée autorisée à faire le commerce, n'auraient même besoin d'aucune autorisation spéciale (Glotin, p. 155) ; toutefois cette solution nous paraît discutable. Si l'on admet que l'autorisation de faire le commerce, donnée à un incapable, n'implique pas l'autorisation d'entrer dans une société commerciale (et telle est la solution généralement admise), n'est-il pas logique de donner la même solution lorsqu'il s'agit, pour l'incapable, d'entrer dans une association professionnelle ? — 3° aux individus privés de certains droits civils et politiques (argument *a contrario*, tiré de l'art. 3 *in fine*, aux termes duquel les administrateurs du syndicat devront jouir de leurs droits civils : cette condition n'est donc pas exigée des simples membres).

396. — Personnes morales. — Mais faut-il reconnaître aux *personnes morales* exerçant une profession industrielle le droit d'entrer dans un syndicat professionnel, ou ce droit se limite-t-il rigoureusement aux *individus*? La question est vivement controversée. Il est incontestable que l'on ne saurait admettre à figurer dans un syndicat les sociétés ou associations ne jouissant pas de la personnalité morale ; que ces associations soient illicites, tolérées, ou même régulièrement constituées (exemple : les comices agricoles), dès l'instant qu'à défaut de personnalité civile elles ne peuvent avoir un représentant légal capable de tenir leur place dans le syndicat, il est évident qu'un obstacle insurmontable s'oppose à leur admission.

---

reconstitué après le décret de dissolution, sont indépendantes de celles, plus graves, dont seraient passibles les mêmes administrateurs, judiciairement convaincus soit d'un attentat contre la sûreté de l'Etat (art. 75 et suiv. C. pén.), soit du délit d'accaparement, prévu et puni par l'article 419 du Code pénal. — Sur les facilités nouvelles offertes par la loi de 1901 pour la répression des trusts internationaux, v. chap. V, sect. Ire, *infra*. — Sur les associations illicites, et spécialement sur la répression des crimes anarchistes, cons. Garraud, *Traité de droit pénal*, t. IV, nos 1518 et suiv., et *L'anarchie et la répression*. — Cf., sur l'art. 12 de la loi de 1901, notre étude sur *La condition juridique des travailleurs étrangers*, p. 20 et suiv.

Mais il nous semble au contraire que les *sociétés civiles* ou *commerciales*, jouissant de la personnalité morale, et constituées en vue de l'un des objets assignés par l'article 3 de la loi de 1884 à l'activité des syndicats, doivent être admises à figurer, *comme unités*, dans les syndicats dont font partie les individus exerçant la même industrie. Il est admis généralement qu'une société commerciale peut entrer, comme associée, dans une autre société (Lyon-Caen et Renault, t. II, n° 114); pourquoi, dès lors, ne pas l'admettre à figurer aussi comme individualité (représentée par son directeur, le président de son conseil d'administration ou un délégué spécial) dans le syndicat de la profession? Sans doute une société, être de raison, n'exerce pas une profession, comme un individu peut le faire; mais elle l'exerce par l'intermédiaire de ses représentants; elle a des *intérêts professionnels,* identiques à ceux des individus, il est donc juste qu'elle puisse en prendre la défense. Ainsi qu'on l'a fait observer très justement (Boullaire, *Manuel des syndicats professionnels agricoles*, p. 56), « on imaginerait difficilement que la Société du Creusot fût exclue d'un syndicat métallurgique, la Société de Saint-Gobain, d'un syndicat de produits chimiques, les compagnies qui extraient de la houille, d'un syndicat minier! »

L'on objecte cependant contre cette solution [1] que si l'on admet les sociétés purement morales dans les syndicats, il faudra logiquement autoriser les syndicats eux-mêmes, qui eux aussi jouissent de la personnalité morale, à s'affilier à d'autres syndicats; solution contraire à l'esprit de la loi, laquelle n'autorise que les unions ou fédérations de syndicats, unions sévèrement réglementées et dépourvues de la personnalité morale (art. 5). Il serait trop aisé de tourner l'article 6 et de constituer de véritables fédérations de syndicats, investies de la personnalité morale, si l'on admettait les syndicats à entrer, comme unités dans d'autres syndicats.

Cette objection nous paraît reposer sur une véritable confusion; si nous autorisons les sociétés à entrer comme unités dans les syndicats, c'est à raison de la profession que ces sociétés exercent, de la branche de commerce ou d'industrie qu'elles exploitent. Or, par définition même, ainsi que nous l'établirons, les syndicats professionnels n'exercent aucune profession, aucun commerce, aucune industrie; ce sont de simples associations de défense ou d'étude; et, dans ces conditions, il est bien évident qu'un syndicat ne peut pas faire partie, comme individualité juridique, d'un autre syndicat. Le danger que l'on redoute est donc purement imaginaire.

---

[1] Glotin, p. 139; Bry, p. 477. — V. cependant, dans le sens de l'opinion soutenue au texte : Dall., *Suppl. au Rép.*, v° *Travail*, n° 811.

B. Objet des syndicats. — **397**. — L'article 3 de la loi de 1884 définit ainsi l'objet des syndicats : « Les syndicats professionnels ont exclusivement pour objet l'étude et la défense des intérêts économiques, industriels, commerciaux et agricoles ».

Les syndicats professionnels ont donc le droit d'étudier toutes les questions intéressant leur industrie, et spécialement les questions de salaires, de réglementation du travail, d'impôts ou de douanes, mais ils ne peuvent sortir de ce cercle. D'où cette triple conséquence :

1° Qu'un syndicat qui n'aurait pas pour objet la défense des intérêts économiques communs à tous les membres dont il se compose, mais un *objet de pur agrément*, ou la sauvegarde de certains intérêts particuliers, ne répondrait pas aux vues de la loi[1].

398. — ... 2° Que le *domaine des questions politiques et religieuses* est rigoureusement interdit aux syndicats. Les infractions à cette prohibition peuvent servir de base à des poursuites correctionnelles contre les directeurs et administrateurs (art. 9, loi de 1884), et même légitimer la dissolution du syndicat.

C'est ainsi que les administrateurs du Syndicat des *Patrons du Nord* ont été condamnés par le tribunal correctionnel de Lille et la Cour de Douai (jugement et arrêt cités *supra*, n° 376) « pour s'être occupés de questions religieuses et politiques étrangères aux questions exclusivement professionnelles de l'industrie textile, notamment de la création de corporations religieuses, de l'utilité d'annexer au syndicat des corporations d'industries non textiles, de la création d'oratoires d'usines, des moyens de propager le journal *La Croix* dans les milieux ouvriers, etc... ».

399. — La tâche du parquet est assez délicate lorsque les syndicats s'occupent de questions présentant un intérêt industriel direct, et confinant indirectement à la politique, telles que la question des élections aux conseils de prud'hommes et aux tribunaux de commerce. Il nous semble que, dès l'instant que la question professionnelle apparaît au premier plan, l'intervention du syndicat est légitime ; tel est du reste l'avis des parquets, qui ne se sont jamais avisés de poursuivre les administrateurs des syndicats pour avoir recommandé aux électeurs commerciaux et patronné telle ou telle liste. Mais, par contre, tomberait sous le coup de la loi tout syndicat professionnel qui s'immiscerait dans les élections politiques, voire même dans les élections munici-

[1] Ainsi jugé pour un syndicat de *chasseurs*, la chasse étant un passe-temps, non point une *profession* (Trib. civ. Langres, 9 déc. 1887, D. 88, 3, 136)... ou pour un syndicat qualifié d'agricole, sous le couvert duquel se dissimulait une véritable agence de paris à la cote ou mutuels (Paris, 25 nov. 1892. D. 94, 2, 5).

pales. — Sur l'irrégularité des syndicats professionnels, qui se transformeraient en associations politiques, cons. trib. Albi, 9 avril 1898, *Droit*, 18 avril 1898.

Les observations qui précèdent n'ont plus guère qu'une portée théorique, en présence de la nouvelle loi sur les associations. Irréguliers au point de vue de la loi de 1884, les syndicats professionnels qui se transformeraient aujourd'hui en associations religieuses, ou en *clubs* politiques, échapperaient en effet presque sûrement aux poursuites qui seraient exercées contre eux, en excipant de leur qualité d'associations.

Les *congrégations* étant les seules associations religieuses soumises au régime de l'autorisation préalable, et l'article 21 de la loi de 1901 ayant expressément abrogé l'article 30 de la loi du 30 juin 1881 interdisant les *clubs*, il semble bien qu'aucune poursuite correctionnelle ne puisse plus être utilement intentée contre des administrateurs de syndicats, à raison de l'empiétement de ceux-ci sur les domaines politiques ou religieux, à moins que les syndicats dont il s'agit ne tombent directement sous l'application soit de l'article 3 (objet illicite, manœuvres dirigées contre la forme républicaine du gouvernement), soit des articles 5 et 7 de la loi de 1901 (association *non déclarée* se comportant publiquement comme personne morale), soit de l'article 410 C. pén. (cercle ouvert, délit de tenue de maison de jeux de hasard, Trib. corr. Seine, 4 nov. 1903, *Mon. jud. Lyon*, 22-23 nov. 1903).

400. — ... 3° Que les syndicats professionnels, associations d'étude et de défense, ne peuvent se transformer en sociétés commerciales, notamment en sociétés coopératives de production. La loi de 1867 a réglementé les associations de cette nature ; la loi sur les syndicats aurait fourni un moyen trop simple d'éluder ses prescriptions, s'il eût été loisible aux syndicats de se transformer ainsi en établissements industriels. Au surplus la loi nouvelle sur les associations n'a fait que confirmer la prohibition implicite de la loi de 1884 ; l'article 1er de la loi de 1901 définit en effet l'association : « la convention par laquelle deux ou plusieurs personnes mettent en commun d'une façon permanente leurs connaissances ou leur activité *dans un but autre que de partager des bénéfices* »[1].

401. — **Créations syndicales autorisées par la loi.** — Si les syndicats ne peuvent eux-mêmes s'adonner au commerce, du moins leur est-il loisible de provoquer la création entre leurs membres, à la condition d'observer les formalités prescrites par la loi de 1867, de sociétés

[1] V. notre *Traité des sociétés commerciales*, t. Ier, 1908, nos 2 et suiv.

coopératives de divers types, coopératives de consommation, de production ou de crédit mutuel. — Sur les coopératives syndicales, voir § 4 de la présente section, et section IV, *infra*. — La loi de 1884 est en effet très libérale à cet égard : elle autorise, elle encourage même en quelque sorte les syndicats à essaimer, à constituer autour d'eux tout un réseau d'institutions de prévoyance destinées à améliorer le sort de leurs adhérents. L'article 6 (§ 4 et s.) énumère les principales de ces institutions. Mais cette énumération n'a rien de limitatif, et le ministre de l'intérieur, dans sa circulaire sur l'application de la loi, s'est appliqué à mettre en relief les combinaisons multiples auxquelles les syndicats peuvent recourir. En fait, un grand nombre de syndicats sont déjà entrés dans cette voie, ainsi que nous le verrons en étudiant les conséquences économiques de la loi de 1884.

Nous reviendrons ultérieurement sur les institutions de prévoyance organisées en vue d'améliorer la condition du travailleur et sur les projets tendant à faciliter le développement de la coopération. — V. *infra*, tit. IV. — Mais, dès maintenant, quelques indications sont nécessaires sur les principales créations syndicales.

402. — **Caisses de secours mutuels syndicales.** — Le paragraphe 4, tout d'abord, autorise les syndicats professionnels à constituer entre leurs membres des *caisses spéciales de secours mutuels*. Une difficulté assez sérieuse s'était élevée avant la promulgation de la loi organique du 1er avril 1898 sur les sociétés de secours mutuels, sur le caractère juridique de ces caisses. On sait que sous l'empire de la loi ancienne (L. 15 juill. 1850 ; décr. 26 mars 1852), les sociétés de secours mutuels se divisaient en trois classes : les sociétés *reconnues*, établissements d'utilité publique jouissant de la personnalité civile la plus large ; les sociétés *approuvées*, dotées d'une personnalité civile restreinte, et les sociétés simplement *autorisées* ou libres, dépourvues de toute personnalité morale. Dans quelle catégorie convenait-il de faire rentrer les caisses autonomes créées par les syndicats professionnels? Devait-on les considérer comme des sociétés *libres* (sous réserve du cas où ses fondateurs auraient satisfait aux formalités édictées par l'article 7 du décret de 1852), ou ne devait-on pas attribuer *de plano* la qualité et les prérogatives des sociétés *approuvées* à toutes les sociétés de secours mutuels fondées par les syndicats, dans les termes de l'article 6, § 4?

C'est à cette dernière opinion que nous avions cru, dans notre première édition, devoir nous rallier[1]. En effet, disions-nous, si le législateur de 1884 n'eût entendu conférer à ces sociétés de secours créées

---

[1] *Sic* : Glotin, p. 260; Ledru et Worms, n° 62; Dall., *Suppl. au Rép.*, v° *Travail*, n° 894. — *Contra* : Boullaire, p. 166; Bry, p. 271.

par les syndicats aucune faveur spéciale, il aurait été superflu d'en faire mention. En décidant que les syndicats pourraient, *sans autorisation*, mais en se conformant aux autres dispositions de la loi, constituer entre leurs membres des caisses spéciales de secours, il entendait évidemment affranchir leurs fondateurs de la nécessité de l'approbation préfectorale.

403. — Cette argumentation pourrait-elle être reproduite sous l'empire de la loi du 1er avril 1898, charte actuelle des sociétés de secours mutuels? Nous ne le pensons pas. En effet, l'article 40, qui paraît bien avoir pour but de trancher la controverse antérieure, dispose formellement que « les syndicats professionnels, qui ont prévu dans leurs statuts les secours mutuels entre leurs membres adhérents, bénéficieront des avantages de la présente loi, *à la condition de se conformer à ses prescriptions* ». Or, au nombre de ces prescriptions, figure l'obligation, pour toute société désireuse de bénéficier du régime de faveur des sociétés *approuvées*, de faire approuver ses statuts par *arrêté ministériel*, approbation qui ne peut d'ailleurs être refusée que dans deux cas spécifiés au texte (art. 16). — *Sic* : Barberet, *Les sociétés de secours mutuels*, p. 316 et s.

Quant aux caisses autonomes [1], non approuvées dans les termes de l'article 16, elles devront nécessairement être assimilées à des sociétés *libres*, et encore devront-elles satisfaire aux prescriptions de l'article 4 de la loi du 1er avril 1898, concernant le dépôt des statuts à la préfecture du département. Le dépôt à la mairie, conformément à l'article 4 de la loi de 1884, ne saurait tenir lieu de la formalité précédente.

Remarquons du reste que les sociétés *libres* bénéficient, sous l'empire de la nouvelle loi mutualiste, d'une personnalité civile restreinte, et qu'elles ont même une capacité plus étendue, notamment en ce qui concerne les acquisitions d'immeubles (droit d'acquérir les immeubles affectés à leurs services), que les anciennes sociétés approuvées (art. 15); qu'à la différence des sociétés autorisées d'avant 1898, elles peuvent organiser un service de retraites (art. 4-9° à 11°), à leurs risques et périls il est vrai, et sans pouvoir prétendre aux avantages résultant, pour les sociétés approuvées, de l'article 21 de la loi. La

[1] Une caisse de secours non autonome, non alimentée par des cotisations distinctes de la cotisation syndicale, ne serait qu'un service, qu'un rouage intérieur des syndicats, et non point une société de secours mutuels susceptible de se réclamer de la loi de 1898, dont il lui serait matériellement impossible d'observer les prescriptions, notamment en ce qui concerne le dépôt des statuts détaillés prescrit par l'article 4. — *Sic* : Barberet, p. 324. — Pour le commentaire de la loi du 1er avril 1898, v. tit. IV, *infra*.

rigueur de l'article 40, à l'égard des mutuelles syndicales, est donc toute relative.

Il est cependant regrettable que le Parlement n'ait pas voté la proposition de loi, déposée dès 1891 sur le bureau de la Chambre, et tendant à exempter des droits de timbre et d'enregistrement les actes et contrats des sociétés de prévoyance, caisses de retraites et sociétés de secours mutuels créées par les syndicats (Ch., Doc. parl., *Off.*, 1891, n° 832). En présence de l'article 19 de la loi de 1898, portant que « tous les actes intéressant les sociétés *approuvées* sont exempts des droits de timbre et d'enregistrement », il est manifeste que la même exemption ne saurait être accordée à une mutuelle syndicale, qui n'aurait point satisfait aux prescriptions de l'article 16.

404. — Offices de renseignement : placement syndical gratuit. — Le paragraphe 5 de l'article 6, autorisant les syndicats professionnels à créer des *Offices de renseignement*, c'est-à-dire des *bureaux de placement gratuit* pour leurs adhérents (ouvriers ou employés), est également une disposition de faveur. En effet, jusqu'au vote de la loi, les chambres syndicales qui s'occupaient du placement de leurs membres étaient soumises aux dispositions rigoureuses du décret du 25 mars 1852, sur les *bureaux de placement*. En vertu de la loi de 1884, au contraire, confirmée par la loi du 14 mars 1904 (art. 2), les syndicats peuvent créer des bureaux de placement sans aucune autorisation [1]. Ainsi que nous le verrons ultérieurement, les syndicats ouvriers, spécialement les syndicats adhérents des Bourses du travail, ont même l'ambition de se substituer entièrement aux *bureaux de placement*, qui par leurs exigences souvent excessives se sont rendus odieux aux travailleurs, et dont ils réclament pour ce motif la suppression par voie d'autorité.

405. — Ateliers syndicaux. — Plus délicate est la question de savoir si les syndicats pourraient créer, pour leurs adhérents, des *ateliers syndicaux*. De tels ateliers ne pourraient certainement pas être établis dans un immeuble appartenant au syndicat (art. 6, § 3) ; mais ne pourrait-on pas les installer dans un immeuble pris à bail ? Nous inclinons en faveur de l'affirmative, à une condition toutefois, c'est que le syndicat se contente de fournir à ses adhérents, gratuitement ou moyennant une faible rémunération, un local et des outils, où ils pourront travailler en commun, mais chacun pour son propre compte ; si l'atelier dégénérait en association coopérative de production clandestine, la loi serait manifestement violée.

406. — Contentieux et arbitrage. — Enfin, aux termes des para-

---

[1] Sur la loi du 14 mars 1904, v. *infra*, n°s 895 et suiv.

graphes 6 et 7 de l'article 6, « les syndicats pourront être consultés sur tous les différends et toutes les questions se rattachant à leur spécialité. Dans les affaires contentieuses, les *avis* du syndicat seront tenus à la disposition des parties, qui pourront en prendre communication et copie ». Nous avons vu précédemment que, bien avant la loi de 1884, les tribunaux de commerce avaient contracté l'habitude de prendre l'avis des chambres syndicales patronales : ces chambres jouaient en quelque sorte, dans un grand nombre d'affaires, le rôle d'*arbitres rapporteurs*. Cette pratique était manifestement illégale, puisque les chambres syndicales n'avaient aucune existence légale ; aussi, en 1874, le garde des sceaux publia-t-il une circulaire la prohibant, comme étant en opposition formelle avec l'article 429 du Code de procédure civile. Les tribunaux de commerce, pour éluder la prohibition, au lieu de choisir la chambre syndicale pour arbitre ou expert, choisirent désormais pour arbitres ou experts, des membres de la chambre, individuellement désignés, conformément au vœu de la loi.

La question s'est posée de savoir si, depuis la reconnaissance légale des syndicats professionnels par la loi de 1884, cette prohibition n'avait pas disparu? Les syndicats professionnels l'ont énergiquement soutenu ; mais le ministre de la justice, consulté sur cette question litigieuse par le président du tribunal de commerce de la Seine, s'est prononcé pour la négative, dans une lettre du 7 juillet 1885, qui a fixé la jurisprudence. La décision ministérielle, bien que rigoureuse, peut s'appuyer sur le passage suivant des travaux préparatoires : « Les syndicats professionnels, a déclaré le rapporteur, M. Marcel Barthe, ne peuvent pas avoir de *juridiction propre* ; on maintient le droit pour les tribunaux de prendre leur avis en tant que collectivité : mais c'est un *simple avis*. Si une juridiction veut donner à un syndicat un mandat plus explicite, le tribunal peut désigner des arbitres *parmi les membres qui le composent*, et alors un rapport peut être déposé... » [1].

407. — Rien n'empêche d'ailleurs les membres des syndicats professionnels de porter directement les difficultés qui les divisent devant le bureau du syndicat. Il suffit, pour que cette procédure soit licite, qu'ils aient la faculté de *compromettre*. Mais ils ne pourraient s'engager à l'avance à soumettre au bureau du syndicat toutes les dif-

---

[1] Un certain nombre de syndicats, patronaux ou ouvriers, ont un *Comité du contentieux*, composé de personnes étrangères à la profession, avocats, avoués, notaires et autres personnes ayant une compétence particulière en matière judiciaire. Cette pratique n'a rien d'irrégulier, à la condition que les membres de ce Comité se cantonnent uniquement dans leur mission de conseil et ne s'immiscent en rien dans l'administration du syndicat. — V. *supra* nos observations en ce qui concerne les membres *honoraires*.

ficultés qui pourraient s'élever entre eux. Une telle clause, dont la portée aurait pu être considérable dans les syndicats mixtes de patrons et d'ouvriers, serait en effet condamnée par l'article 1006 du Code de procédure civile.

Nous verrons du reste ultérieurement que, pour la solution amiable des conflits collectifs entre employeurs et salariés, la loi met à la disposition des intéressés un système assez pratique de conciliation et d'arbitrage (L. 27 déc. 1892) qui a déjà produit des résultats très appréciables, sans préjudice des conseils corporatifs d'arbitrage permanent dus à l'entente des patrons et des ouvriers ou employés [1].

§ 3. — Constitution intérieure des syndicats professionnels

I. — Du personnel directeur

408. — Les syndicats professionnels ont à leur tête des administrateurs ou des directeurs, qui doivent satisfaire à la *triple condition* d'être membres du syndicat, Français, et de jouir de leurs droits civils (art. 4, *in fine*) [2].

La première condition se justifie d'elle-même ; les syndicats sortiraient bien vite de leurs attributions normales, et dégénéreraient en clubs et comités électoraux, s'ils pouvaient prendre pour chefs des individualités étrangères à la profession. L'assemblée générale du syndicat peut cependant choisir pour administrateurs des personnes étrangères au syndicat, *pourvu qu'elles exercent la profession*, dans les termes de l'article 2 de la loi ; mais, par le seul fait de leur acceptation, ces étrangers deviendront membres actifs du syndicat. C'est là une différence essentielle avec les sociétés en nom collectif ou en commandite, dont les gérants peuvent n'être pas associés.

409. — Nationalité. — *La seconde condition* (*être Français*) n'est peut-être pas très logique, étant donné, d'une part, que les syndicats peuvent comprendre des étrangers, qu'ils peuvent même, la loi n'ayant

[1] Le projet de loi sur le *règlement amiable des différends relatifs aux conditions du travail*, déposé le 15 novembre 1900 sur le bureau de la Chambre des députés par M. Millerand (nouveau dépôt, 12 juin 1906), contient, ainsi que nous l'établirons *infra*, une dérogation formelle au principe de l'article 1006 du Code de procédure civile. — Sur ce projet, et pour l'étude de la loi du 27 décembre 1892, v. titre III, *infra*.

[2] V. Laporte, *Des personnes admises à être membres ou administrateurs des syndicats professionnels*, th. 1903.

établi à cet égard aucune règle de proportionnalité, ne comprendre *que des étrangers*, et que, d'autre part, les sociétés commerciales étrangères peuvent, sous certaines conditions déterminées par la loi de 1857, fonctionner librement en France et faire concurrence aux sociétés françaises (V. *supra*, chap. II).

Mais cette condition se justifiait par des considérations politiques très sérieuses. Le législateur de 1884 estimait qu'il pouvait être dangereux d'abandonner la direction des syndicats aux mains d'agitateurs étrangers, qui auraient pu se servir des syndicats, soit pour la réalisation de visées politiques ou sociales contraires à l'ordre public et aux institutions établies, soit en vue de reconstituer l'*Association internationale des travailleurs*, alors spécialement visée par la loi du 14 mars 1872. La loi de 1901 a abrogé cette dernière loi, mais les précautions qu'elle prend pour empêcher les associations composées en majeure partie d'étrangers ou administrées par des étrangers de devenir pour le pays un foyer d'agitation dangereuse (art. 12 cité *supra*, et art. 3, combin.) prouvent que le législateur n'a pas entendu demeurer désarmé en présence des menées internationalistes. Aussi convient-il d'appliquer strictement, même depuis la loi de 1901, les prescriptions de l'article 4 *in fine* concernant la nationalité des administrateurs.

Cet article décidant que les administrateurs ou directeurs doivent *être Français*, nous en conclurons qu'aucune distinction ne saurait être faite, au point de vue qui nous occupe, entre les étrangers ordinaires et les étrangers admis à établir leur domicile en France ; ces derniers eux-mêmes, bien qu'ayant la jouissance des droits civils, sont radicalement incapables de gérer un syndicat.

410. — Jouissance des droits civils. — Telle est la troisième et dernière condition requise en la personne des administrateurs. Le mot *jouissance* s'entend ici, non d'une jouissance quelconque, mais de la « jouissance *intégrale* des droits civils ». En effet, tous les Français jouissant depuis l'abolition de la mort civile des droits civils, *in globo*, cette troisième catégorie se confondrait avec la précédente, s'il fallait prendre le mot *jouissance* dans son acception large. D'où il suit que tout Français, privé de la jouissance *de certains droits civils*, doit être considéré comme incapable d'être administrateur de syndicat. Seront donc incapables d'être administrateurs de syndicats : — 1° Tout individu condamné à une peine criminelle, voire même à la dégradation civique, qui, si elle n'emporte pas interdiction légale, fait perdre cependant au condamné la jouissance de certains droits (art. 32, C. pén.); — 2° Les condamnés à la dégradation militaire, laquelle implique dégradation civique (art. 190, C. just. milit.); — 3° Les individus condamnés à certaines peines correctionnelles, et privés par suite de la condamnation encourue, ou par décision spéciale du tribunal, de certains droits civils (art. 42, C. pén.); — 4° Les individus déclarés déchus de la puissance paternelle, conformément aux articles 1 à 3 de la loi du 24 juillet 1889.

411. — Plus délicate, en apparence, est la question de savoir si l'on doit considérer comme incapables d'être administrateurs de syndicats les personnes frappées d'une simple *incapacité d'exercice* : *femmes mariées* ou *mineurs*, *interdits* judiciairement ou individus placés dans un établissement d'*aliénés*. La raison de douter provient de ce que ces personnes ne sont frappées d'aucune incapacité de jouissance, et de ce qu'il n'a été question, dans les travaux préparatoires, que des incapacités résultant d'une condamnation pénale. Nous estimons cependant que l'incapacité d'exercice doit, en pareille matière, être assimilée à l'incapacité de jouissance. En effet, d'une part, le législateur confond souvent la *jouissance* et l'*exercice* des droits civils (art. 381, C. inst. crim., art. 1er, L. 21-24 novembre 1872 sur le jury), et les travaux préparatoires semblent bien indiquer que cette confusion a encore été faite par le législateur de 1884. Il a été fait allusion à l'interdiction légale : or l'interdiction légale des condamnés n'engendre qu'une incapacité d'exercice. D'autre part, les raisons les plus sérieuses militent en faveur de cette exclusion : les administrateurs doivent pouvoir représenter le syndicat devant l'administration ou les tribunaux; or, une personne civilement incapable d'administrer sa propre fortune ne paraît pas être en mesure d'exercer une telle mission. Enfin, ces personnes ne peuvent entrer dans les syndicats, même comme simple membres, qu'avec l'autorisation de leurs représentants légaux, comment admettre qu'une personne en tutelle puisse prendre la direction d'une société! — *Contra* : Rép. Fuzier-Herman, v° *Syndic. prof.*, n° 138.

412. — Mais, si nous croyons devoir, par une interprétation extensive du texte, exclure tous les incapables de l'administration des syndicats, il ne nous appartient pas d'ajouter quelque chose à ce texte. La loi ne parlant que des droits civils, il en résulte nécessairement, par *a contrario*, que la capacité politique n'est pas requise. Il n'est nullement nécessaire d'être *citoyen français* pour administrer un syndicat; en conséquence, ces fonctions seront accessibles, soit aux *femmes majeures et non mariées* ou *séparées de corps*, soit aux *faillis*. Les femmes et les faillis, en effet, sont exclus des droits politiques; mais ni les femmes, ni les faillis ne sont civilement incapables.

413. — **Responsabilité contractuelle ou délictuelle des administra-**

teurs de syndicats. — La responsabilité des administrateurs, tant à l'égard du syndicat qu'à l'égard des tiers, doit s'apprécier, à l'instar de la responsabilité des administrateurs d'une société anonyme, par exemple, suivant les principes généraux du mandat. En principe, par conséquent, les administrateurs du syndicat ne s'obligent pas personnellement envers les tiers : seul, le syndicat est obligé, par l'effet des actes accomplis par eux, dans la limite de leurs pouvoirs. C'est l'application normale du principe de la *représentation*.

Par exception, les administrateurs sont responsables, *quasi ex delicto*, envers les tiers, lorsque leur faute ou leur dol cause à ceux-ci un préjudice (art. 1382). C'est ainsi que s'ils avaient, par des manœuvres dolosives, trompé les tiers sur l'étendue de leurs pouvoirs, ils pourraient être condamnés à des dommages-intérêts envers ceux-ci, sans préjudice des peines, criminelles ou correctionnelles, auxquelles pourraient les exposer le faux ou l'escroquerie qui leur seraient imputés.

D'autre part, les administrateurs sont responsables vis-à-vis du syndicat, comme tout mandataire, soit *ex contractu*, pour faute ou dol dans leur gestion, soit *ex delicto*, pour manœuvres dolosives commises à l'égard de certains membres du syndicat. Enfin ils peuvent être poursuivis correctionnellement dans les termes de l'article 9 de la loi de 1884, pour violation des règles concernant la constitution ou le fonctionnement des syndicats.

414. — Responsabilité du syndicat. — La responsabilité *civile*, individuelle ou solidaire suivant les cas, des administrateurs peut, ainsi que nous l'avons établi *supra*, à propos des coalitions, et sous les nos 361 et suivants, se cumuler avec celle du syndicat lui-même, en tant que personne morale, si la faute dont réparation est demandée peut être considérée comme le résultat d'un plan concerté, arrêté entre tous ceux qui ont qualité pour parler en son nom, comme l'œuvre, en un mot, de la collectivité syndicale.

Les arrêts que nous avons cités semblent bien admettre, en pareil cas, la responsabilité directe du syndicat en vertu de l'article 1382, et non pas une simple responsabilité indirecte à raison des agissements illicites de ses préposés (art. 1384). — V. notamment : Civ. cass., 22 mars 1892, D. 92, 1, 449; Lyon, 2 mars 1893, D. 94, 2, 305; 25 mai 1895, D. 95, 2, 310.

Cette solution cependant est contestée par une fraction importante de la doctrine. « Les personnes morales — écrit M. Planiol, — ne peuvent pas commettre de délits. Ce sont des fictions instituées pour la commodité de certains actes juridiques, mais qui ne peuvent pas servir de paravent pour les auteurs d'actes délictueux. *Cela est évident si le délit est puni par la loi pénale*[1]. Le délit suppose toujours une imputabilité qui ne saurait se rencontrer en une personne morale, simple abstraction... La solution doit rester la même lorsque le délit, non frappé d'une peine proprement dite, existe à l'état de simple délit civil ». — Note sous D. 94, 2, 305.

415. — **Chambres syndicales, assemblées générales.** — A côté des administrateurs ou directeurs, il existe dans la plupart des syndicats professionnels d'autres rouages non prévus par la loi, chambres syndicales, comités de contrôle, assemblées générales (ces deux derniers assez analogues aux conseils de surveillance et aux assemblées des sociétés par actions). Le rôle et les attributions de ces divers rouages peuvent être arbitrairement déterminés par les statuts. Parfois d'ailleurs les administrateurs sont pris dans la chambre syndicale, ou se confondent avec elle : dans ce dernier cas, la chambre syndicale ne doit naturellement comprendre que des membres satisfaisant aux conditions de capacité exigées par l'article 4 de la loi de 1884.

II. — Rapports du syndicat avec ses membres

416. — La plus grande liberté est laissée aux fondateurs des syndicats, dans la rédaction des statuts, notamment en ce qui concerne le mode et les conditions d'admission dans le syndicat, ainsi que les rapports des administrateurs avec les membres (taux, mode de paiement et affectation des cotisations, etc.), à une condition toutefois : c'est que les fondateurs se renferment dans l'objet assigné par la loi aux syndicats et que les statuts ne contiennent aucune clause contraire à l'ordre public, spécialement à la liberté du travail. Encore cette dernière restriction n'est-elle pas absolue ; puisque le législateur de 1884, en abro-

---

[1] Le Code pénal français n'admet point le *délit corporatif*. Ainsi, les amendes édictées par l'article 9 de la loi de 1884, pour contravention aux prescriptions de la loi, le sont *contre les directeurs ou administrateurs*, mais il n'y est pas question d'une responsabilité pénale quelconque susceptible d'atteindre le syndicat, personne morale. Aussi la jurisprudence, qui admet la responsabilité civile des syndicats, repousse-t-elle toute idée de responsabilité pénale corporative. C'est que, ainsi que le fait observer M. Garraud (*Traité de dr. pén.*, t. Ier, p. 314), « le droit criminel n'admet pas de fictions, car sous les fictions vivent et agissent des personnes physiques et ce serait sur ces personnes physiques que porterait, en dernière analyse, l'incidence de la peine ». — V. aussi notre *Traité des sociétés*, t. Ier, n° 207. — Quelques auteurs français, s'inspirant d'une doctrine, renouvelée des traditions médiévales, et assez accréditée en Allemagne, se prononcent cependant pour la double responsabilité, civile *et pénale*, des personnes morales, et en particulier des syndicats — Séon, *Etude sur la responsabilité pénale et civile des syndicats professionnels*, th. Dijon, 1900. — Conf. Listz, *Lehrbuch des deutschen Strafrechts*.

geant l'article 416 du Code pénal, a virtuellement autorisé les syndicats à prononcer des amendes contre les ouvriers travaillant dans un atelier mis à l'index, ou refusant de s'associer à une grève. Ce mode de contrainte, à la différence de la contrainte matérielle, n'a plus aujourd'hui aucun caractère délictuel (V. *supra*) ; il est vrai que le syndicat n'aurait pas d'action en justice pour exiger, en pareil cas, le paiement de l'amende prévue par les statuts (cette solution résulte nettement des travaux préparatoires), mais l'ouvrier qui refuserait de l'acquitter courrait le risque d'être *exclu* du syndicat pour violation des engagements sociaux [1].

417. — **Retraite ou démission des membres.** — Sous cette réserve unique, les statuts des syndicats ne peuvent porter aucune atteinte à la liberté des adhérents. L'article 7 reconnaît, en effet, à tout membre d'un syndicat la faculté *de se retirer à tout instant*, nonobstant toute clause contraire : devrait par conséquent être considérée comme nulle toute clause portant que les membres du syndicat en feront partie *leur vie durant*, ou même pendant un *laps de temps déterminé ;* serait même nulle, comme susceptible de mettre obstacle à la liberté de retraite, la clause obligeant le démissionnaire au paiement d'une amende.

La démission affranchit l'ex-syndiqué de ses obligations pour l'avenir, mais elle ne saurait le délier pour le passé. Aussi l'article 7 décide-t-il que le membre démissionnaire reste *tenu d'acquitter la cotisation* de l'année courante. Par *année courante*, l'on doit entendre, non pas l'année à courir à dater du jour de la démission, mais bien l'année au cours de laquelle la démission est donnée, celle qui expire au 31 décembre suivant. Le texte suppose que, d'après les statuts, la cotisation se paie annuellement ; mais, s'il s'agissait d'une cotisation payable par mois ou même par semaine, il nous semble que le membre démissionnaire n'aurait à payer que la cotisation du mois ou de la semaine, seule échue au jour de sa retraite.

418. — Si le démissionnaire est affranchi pour l'avenir des charges

---

[1] Quelques décisions judiciaires ont cependant reconnu aux syndicats le droit de poursuivre judiciairement le recouvrement des amendes (Caen, 30 mai 1892, D. 93, 2, 245). Mais l'opinion dominante est que le syndicat n'a d'action en justice que pour contraindre les syndiqués à solder le montant de la cotisation statutaire ; si celle-ci venait à être majorée, par un vote de l'assemblée, cette modification aux statuts primitifs ne pourrait légitimer de poursuites contre les retardataires qu'à la condition d'avoir été publiée conformément à la loi (Just. de paix, canton sud Grenoble, 28 juin 1899, *Annuaire des synd. profess.*, 1900, p. 597). — Quant aux obligations contractées par le syndicat, les simples membres n'en répondent évidemment pas. Seuls les administrateurs pourraient être poursuivis de ce chef, et encore à la condition que l'on puisse établir à leur charge une faute de gestion. — *Sic :* Dall., *Suppl. au Rép.*, v° *Travail*, n° 830.

syndicales, il cesse, en retour, d'avoir droit aux avantages sociaux. Non seulement il ne peut réclamer aucune part de l'actif social (lequel est la propriété du syndicat, personne morale, et non la copropriété indivise des membres), mais il ne peut même pas exiger la restitution de son apport, c'est-à-dire des cotisations par lui payées : ces cotisations, correspondant aux avantages qu'il est censé avoir retirés de l'association, ont été aliénées par lui définitivement. *A fortiori* ne pourrait-il pas prétendre, en cas de dissolution ultérieure du syndicat, à une part quelconque de l'actif social.

Toutefois, et par exception, le membre démissionnaire conserve le droit de faire partie des sociétés de secours mutuels et des caisses de retraites, à l'actif desquelles il a contribué par des cotisations ou des versements de fonds (art. 7, § 2). Cette solution est facile à justifier. En effet, tandis que les cotisations affectées au syndicat n'ont pas pour destination d'être capitalisées, mais bien de faire face aux dépenses de l'exercice, en sorte que l'obligation pour le syndicat de restituer aux démissionnaires leurs apports pourrait devenir une charge ruineuse, les cotisations spéciales versées par l'adhérent à une société de secours mutuels, et surtout à une caisse de retraites, annexe du syndicat, ont dû au contraire être capitalisées, en vue des éventualités prévues par le règlement de la société ou de la caisse ; ses premiers versements ont donc constitué, à son profit, un droit acquis, indépendant de sa qualité de syndiqué. Mais, à notre avis, l'article 7, § 2, cesserait de recevoir son application, si la caisse de secours ou de retraites créée par le syndicat, au lieu d'être alimentée par des cotisations spéciales et d'avoir une existence autonome, fonctionnait exclusivement à l'aide de prélèvements sur les revenus annuels du syndicat. La qualité de syndiqué est naturellement indispensable pour profiter des avantages d'une telle institution ; les démissionnaires cessent donc d'y avoir droit (Bordeaux, 27 oct. 1902, *Rec. de Bordeaux*, 1903, 1, 24).

419. — **Décès des membres.** — La qualité de membre d'un syndicat est une qualité rigoureusement personnelle. Elle ne se transmet ni aux héritiers du syndiqué, ni en cas de cession de l'établissement industriel, à raison duquel une personne fait partie du syndicat, au cessionnaire du fonds. Celui-ci pourra sans doute entrer dans le syndicat aux lieu et place de son cédant, mais il y entrera en son nom personnel, et en se conformant aux formalités prescrites par les statuts pour l'admission des nouveaux membres.

420. — **Exclusion des membres.** — La loi n'a prévu que l'hypothèse de démission. Ce n'est pas à dire cependant que les syndicats ne puissent prononcer contre leurs membres la peine de l'*exclusion*. Les fondateurs ont au contraire toute liberté pour déterminer dans les statuts les cas, les formes et la procédure d'exclusion. Les cas le plus fréquemment admis sont les condamnations pénales, la faillite ou la déconfiture, les injures graves adressées aux membres du syndicat, l'inexécution des obligations sociales [1]. L'exclusion étant une sorte de peine, la disposition des statuts qui détermine les causes d'exclusion est de droit étroit, et l'assemblée générale excéderait ses pouvoirs en prononçant l'exclusion pour une cause non prévue [2]. D'autre part, il est de principe que nul ne peut être condamné sans s'être défendu, ou tout au moins sans avoir été prévenu de l'inculpation et mis à même de se défendre ; toute exclusion prononcée sans mise en demeure préalable, doit donc être considérée comme irrégulière (Rouen, 24 mai 1890, *Rev. soc.*, 1890, p. 587).

C'est aux tribunaux *civils* qu'il appartient de statuer, *en dernier ressort*, sur la validité des exclusions prononcées, et ce, nonobstant toute clause contraire, conférant au bureau ou à l'assemblée générale le droit de statuer *sans appel* (Aix, 23 nov. 1904, précité, motifs et note Planiol). Une telle clause, conférant à l'avance à une sorte de juridiction arbitrale le droit exclusif de prononcer une pénalité grave, susceptible de causer à la partie condamnée un double préjudice moral et pécuniaire, constitue une véritable *clause compromissoire*, nulle aux termes de l'article 1006 du Code de procédure civile. Telle est du moins la solution qui a prévalu en jurisprudence pour les sociétés de *secours mutuels* (Toulouse, 15 janvier 1889, S. 90, 2, 231). Elle nous paraît devoir être étendue, par identité de motifs, aux syndicats professionnels [3].

---

[1] Ex. : non-paiement des cotisations (Limoges, 19 mai 1904, *Bull. Off. trav.*, 1904, 537).

[2] Dijon, 4 juill. 1890, D. 91, 2, 2 ; — Trib. civ. Seine, 5 avril 1900, D. 1900, 2, 160. — Il semble cependant que, conformément au droit commun des contrats, le syndiqué qui se refuserait systématiquement à exécuter ses obligations de syndiqué pourrait être exclu du syndicat, alors même que cette cause d'exclusion ne serait pas expressément énoncée dans les statuts. Ainsi jugé au regard d'un ouvrier syndiqué qui aurait accepté du travail à un prix inférieur au tarif arrêté d'un commun accord entre les patrons et le syndicat, stipulant pour l'ensemble de ses membres. — Trib. civ. Havre, 26 oct. 1894, D. 95, 2, 202 ; Aix, 23 nov. 1904, D. 1905, 2, 121, et note Planiol. — Cf. Raynaud (*Quest. pratiques*, 1906, p. 318). — Sur le caractère obligatoire du contrat collectif pour les syndiqués, v. *infra*, n° 444, et les renvois.

[3] Les syndicats étant des associations de défense, auxquelles l'exercice de tout commerce est interdit, c'est aux tribunaux *civils*, et non point aux tribunaux *de commerce* qu'il appartient de connaître des contestations entre le conseil d'administration du syndicat et ses membres, notamment de l'action en paiement des cotisations, — Trib. com. St-Nazaire, 16 juin 1894, *Gaz. Pal.*, 94, 2, 81, — ou de l'action en dommages-intérêts (ou en résolution) intentée par un syndicat de commerçants exerçant la même profession, contre un des membres du syndicat, pour manquement aux obligations statutaires (fait d'avoir fait travailler ses ouvriers ou employés

§ 4. — Condition juridique des syndicats professionnels. De la personnalité civile des syndicats, et de la capacité qui en dérive.

421. — Nom du syndicat. — Aux termes de l'article 2 de la loi de 1884, tout syndicat professionnel, régulièrement constitué et publié (c'est-à-dire dont les statuts ont été déposés conformément à la loi), jouit du bénéfice de la *personnalité morale*. Il constitue une personne juridique ayant son *nom propre* (généralement tiré de la profession et du lieu où elle s'exerce), nom qui est sa propriété exclusive, et qu'il peut revendiquer *erga omnes*. (Paris, 1er mars 1888, *Revue des Sociétés*, 1888, p. 297.)

422. — Les syndicats sont-ils des établissements d'utilité publique? — Mais dans quelle catégorie de *personnes morales* convient-il de placer les syndicats? Sont-ce des établissements publics, d'utilité publique ou des sociétés purement privées? La question n'est pas purement théorique ; elle présente, ainsi que nous le verrons bientôt, un intérêt pratique considérable, notamment pour la solution de la question de savoir si les syndicats peuvent recevoir des donations ou des legs, et aussi au point de vue fiscal.

Il est incontestable que ce ne sont pas des *établissements publics*, puisqu'ils ne gèrent aucun service public. Mais ne constituent-ils pas tout au moins des *établissements d'utilité publique*? La solution du problème dépend du parti que l'on adopte sur le *critérium* permettant de distinguer les établissements d'utilité publique des sociétés privées. D'après une partie importante de la doctrine, les établissements d'utilité publique se distinguent essentiellement des sociétés privées, en ce que les premiers ne peuvent exister et fonctionner qu'en *vertu d'un acte spécial et individuel de la puissance publique*, tandis que les sociétés privées sont affranchies de toute ingérence administrative, soit à leur naissance, soit au cours de leurs opérations, et qu'elles existent légalement à la seule condition de se conformer aux prescriptions de la loi. Tel est le *critérium* proposé notamment par M. Ducrocq (*Droit administratif*, t. II, p. 596) et appliqué par lui aux associations syndicales[1].

Dans un second système, au contraire, système développé notam-

---

au-dessous du tarif syndical) : Caen, 30 mai 1892, S. 94, 2, 139. — Deviendrait toutefois justiciable du tribunal de commerce le syndicat qui, contrairement à la loi, aurait fait profession de commerçant. — Angers, 29 oct. 1894, *Gaz. Pal.*, 94, 2, 602.

[1] Conf. Labbé, sous Paris, 25 mars 1881, *Rev. critique*, 1882, p. 345 et s.; Bry, p. 257; César-Bru, *Syndicats professionnels*, p. 33.

ment par M. Sauzet (*Les syndicats professionnels et leur personnalité civile*)[1] et auquel nous nous rallions, le *critérium* cherché résiderait, non dans l'intervention ou la non-intervention de l'administration à la naissance de l'établissement, mais uniquement dans le *but* poursuivi par l'association. L'association poursuit-elle un but de lucre, la réalisation de bénéfices à partager entre les membres, elle est une *personne morale privée*, une *société privée*, même si la loi subordonne la formation de chaque société de ce type à la nécessité d'une autorisation individuelle ; l'association, au contraire, est-elle constituée dans un but désintéressé et d'intérêt général, elle constitue un *établissement d'utilité publique*, sans qu'il y ait lieu de rechercher si la loi exige, pour chaque société du même type, un acte d'investiture individuel émané de l'administration, ou si elle autorise en bloc la constitution d'une série indéfinie d'établissements du même type, à la seule condition de satisfaire à certaines formalités déterminées une fois pour toutes.

En fait, sans doute, la plupart des sociétés privées sont reconnues *in globo*, tandis que la plupart des *établissements d'utilité publique* font l'objet d'un acte administratif individuel ; mais ce n'est là qu'une constatation de fait, et non pas un principe. Cela est si vrai que, antérieurement à la loi de 1867, nul ne considérait comme des établissements d'utilité publique les sociétés anonymes, subordonnées cependant par le Code de commerce à la nécessité d'une autorisation.

423. — Si ce *critérium* est exact, aucun doute sérieux ne saurait subsister sur la véritable nature de la personnalité civile reconnue aux syndicats professionnels. Ces syndicats, nous l'avons déjà démontré, ne poursuivent pas un but de lucre, ils ne peuvent pas faire le commerce ; leur objet exclusif réside dans la défense des intérêts professionnels, lesquels, en un certain sens, se confondent avec l'intérêt général de l'État. C'est donc bien dans un intérêt public que le législateur de 1884 les a érigés en personnes morales ; et dès lors il importe peu que, pour faciliter leur développement, la loi les ait affranchis de la nécessité de se pourvoir d'une autorisation individuelle. Constitués en dehors de toute pensée lucrative, appelés à rendre à l'industrie des services analogues à ceux que les corporations de l'Ancien régime avaient pu rendre à l'époque de leur prospérité, les syndicats professionnels sont des établissements d'utilité publique et non des établissements privés. Tel est, du reste, le point de vue de l'administration,

---

[1] *Sic* : Glotin, p. 200; Dall., *Suppl. au Rép.*, v° *Travail*, n° 847; Jolly, *De la capacité d'acquérir des syndicats professionnels*, p. 80. — V. aussi Berthélemy, *Droit administratif*, 1re éd., p. 40.

nettement affirmé dans la circulaire du ministre de l'Intérieur. (Cf. Glotin, p. 204)[1].

Nous aurons à déduire les conséquences pratiques de ce point de vue, en étudiant les trois effets juridiques principaux de la personnalité civile reconnue aux syndicats : — 1° droit d'ester en justice ; — 2° capacité d'acquérir ; — 3° capacité contractuelle.

I. — Droit d'ester en justice[2]

424. — Les syndicats professionnels ont le droit d'*ester en justice*, comme toute personne morale, par l'intermédiaire d'un représentant légal, sans qu'il soit nécessaire de mettre en cause les simples membres de l'association ; il suffit que le nom du représentant du syndicat figure, en cette qualité, dans les actes de procédure. Si les statuts ne délèguent pas ce mandat *ad litem* à une tierce personne, c'est le président du syndicat qui, de droit, le représentera en justice (Lyon, 3 juill. 1890, D. 91, 2, 30). A ce point de vue, la situation des syndicats réguliers est exactement celle des sociétés personnifiées qui, elles aussi, grâce à leur existence juridique autonome, échappent à l'application de la règle « nul ne plaide par procureur ». (V. notre *Traité des Sociétés*, t. I, n° 210.) — Si le syndicat joue le rôle de défendeur, il devra être assigné, conformément au droit commun, devant le tribunal du siège social ; toutefois, si le syndicat comprenait plusieurs sections distinctes, ou sous-syndicats, jouissant d'une certaine autonomie et ayant leur siège dans des ressorts différents, chacune de ces sections pourrait être considérée comme attributive de juridiction.

---

[1] L'on pourrait également argumenter en ce sens du régime légal des *sociétés de secours mutuels* dont l'analogie avec les syndicats est manifeste. — Bien que certaines de ces sociétés seulement puissent se prévaloir d'une reconnaissance d'utilité publique, la jurisprudence n'hésitait pas, sous l'empire de la loi ancienne, à attribuer à toutes les sociétés approuvées le caractère de personnes morales d'utilité publique, soit à raison de leur objet désintéressé, soit à raison des dispositions de la loi relatives à l'acceptation des dons et legs (Dall., *Suppl. au Rép.*, v° *Travail*, n° 849). — Les sociétés libres elles-mêmes étant, de par la loi du 1er avril 1898, investies d'une personnalité civile restreinte, cette jurisprudence doit logiquement être étendue aujourd'hui à *toutes* les sociétés de secours mutuels régulièrement constituées. — V. *infra*, tit. IV. — Il semble bien que l'on doive en argumenter par analogie en faveur du caractère d'utilité publique des syndicats.

[2] Sur le droit d'ester en justice des syndicats, cons. notamment : Bergeron, *Du droit des syndicats d'ester en justice*, 1898 ; Courot, *Du syndicat demandeur en justice dans l'intérêt de ses membres*, 1900 ; Raynaud, *Le contrat collectif de travail*, p. 236 et s. — Rappelons du reste que le droit d'ester en justice, corollaire de la personnalité, n'appartient qu'aux syndicats régulièrement constitués. — Cons. d'Etat, 20 déc. 1907, *Mon. jud. de Lyon*, 9-10 févr. 1908.

Malgré leur caractère d'établissements d'utilité publique, les syndicats professionnels n'ont besoin d'aucune autorisation administrative pour ester en justice. La nécessité d'une autorisation *ad litem* n'est pas, en effet, une obligation générale pour les établissements d'utilité publique ; c'est, au contraire, une mesure exceptionnelle qui ne saurait être imposée qu'en vertu d'un texte formel (Cass., 3 avr. 1854, S. 54, 1, 301). La loi de 1884 n'exigeant pas l'intervention administrative en pareille matière, les représentants des syndicats sont incontestablement affranchis de cette tutelle [1].

425. — Mais les syndicats, étant constitués en vue d'un intérêt général, ne peuvent ester en justice que pour la conservation de leur patrimoine, ou la défense des *intérêts collectifs* dont ils ont la garde. Ce principe est constant en jurisprudence (Trib. civ. Arras, 13 juin 1888, D. 90, 3, 55 ; Trib. comm. Saint-Etienne, 17 déc. 1889, *Le Droit*, 18 janv. 1890 ; Cass., 1er févr. 1893, D. 93, 1, 341 ; Rouen, 8 nov. 1897, S. 1900, 2, 98 ; Cons. d'Etat, 28 déc. 1906, D. 1907, 3, 13).

Sur le premier chef (conservation du patrimoine), aucune difficulté sérieuse ne saurait s'élever. Il est bien évident, en effet, que les représentants légaux du syndicat ont qualité pour figurer, tant comme demandeurs que comme défendeurs, dans toutes les instances tendant à sauvegarder un droit inhérent au patrimoine syndical. C'est ainsi, en particulier, qu'il leur appartient de poursuivre judiciairement le paiement des cotisations arriérées (Just. de paix de Grenoble, 28 juin 1899, *Bull. Off. du trav.*, 1900, p. 263), de poursuivre les membres du syndicat qui viendraient à méconnaître leurs engagements (Grenoble, 6 mai 1902, D. 1903, 2, 31, et note Planiol) [2], ou de défendre aux actions en dommages-intérêts formées par des tiers contre le syndicat, notamment pour atteinte à la liberté du travail (V. *supra*, nos 362 et 414).

426. — Intérêt collectif : cumul de l'action syndicale et des actions individuelles. — Sur le second chef, au contraire (défense des *intérêts*

---

[1] Cette solution s'impose surtout depuis la loi du 8 janv. 1905, qui a supprimé l'autorisation de plaider pour les communes, et ne l'a maintenue, pour les procès intéressant les établissements publics, que dans certaines circonstances nettement circonscrites.

[2] Ainsi, serait passible de dommages-intérêts le médecin qui, en violation de ses engagements formels envers le syndicat dont il fait partie, aurait continué à soigner les blessés que lui envoient les compagnies d'assurances-accidents, pour un tarif inférieur au tarif syndical (Grenoble, 6 mars 1902, précité). — Sur la question controversée de savoir si le syndicat peut agir en justice pour obtenir le paiement des amendes infligées en conformité des statuts, des décisions de l'assemblée générale ou du comité directeur aux membres contrevenants, v. *supra*, no 416, note 1.

collectifs de la profession), deux interprétations opposées sont en présence : — une interprétation restrictive, d'après laquelle le syndicat n'aurait le droit d'exercer que « les actions qui, n'étant pas dans le commerce, ne peuvent être exercées par aucun de ses membres » (Consult. de M. Waldeck-Rousseau, rapp. dans le *Recueil périod. de procéd. civile* de Rousseau et Laisney, 1887, p. 49 ; Planiol, notes sous D. 95, 2, 553, et 98, 2, 129) ; — et une interprétation libérale et extensive, qui est la nôtre, d'après laquelle l'action du syndicat devrait être déclarée recevable, toutes les fois qu'elle serait justifiée *par un intérêt collectif évident*, et spécialement qu'elle aurait pour objet la défense des intérêts généraux de la profession. Cette condition de recevabilité serait nécessaire et suffisante ; et par conséquent, il importerait peu que l'action syndicale existât seule, ou qu'elle pût éventuellement se cumuler avec les actions individuelles nées en la personne de certains membres du syndicat, arguant d'un préjudice particulier. Même en ce dernier cas, le syndicat a le droit d'agir, pour la défense des intérêts collectifs qu'il représente, alors même que de fait son action paraîtrait devoir profiter plus spécialement à certains membres du syndicat.

Au surplus, la jurisprudence condamne, dans certains cas, les syndicats promoteurs de grève à des dommages-intérêts (v. *supra*). Logiquement, et à titre de juste réciprocité, elle doit leur reconnaître le droit d'agir en justice pour contraindre les patrons à respecter les conventions collectives négociées par leur entremise[1].

426 *bis*. — Le simple énoncé des résultats auxquels aboutit l'interprétation restrictive suffit, croyons-nous, à la condamner. C'est ainsi que, par arrêt en date du 8 février 1893 (Ch. syndic. des ouvriers tisseurs de Chauffailles, D. 93, 1, 241), la Cour suprême a cru devoir refuser à un syndicat, qui était intervenu comme intermédiaire entre un patron et ses ouvriers en grève, et avait négocié en leur nom un arrangement collectif concernant la durée du travail et le taux des salaires, — le droit d'agir en dommages-intérêts contre le patron à raison de l'inexécution de ses engagements. Il est vrai que, pour colorer son refus d'action, la Cour suprême s'était appuyée sur cette circonstance de fait que, d'une part, le syndicat n'avait point été partie au contrat, attendu qu'il avait simplement agi comme intermédiaire, et

[1] A l'inverse, le grand nombre des intéressés ne suffirait point à justifier l'action syndicale, si, d'ailleurs, les intérêts à défendre ne sont point des intérêts corporatifs. — Ainsi jugé, pour l'action en répétition de taxes d'abatage indûment perçues (Trib. Cambrai, 1er août 1901, D. 1903, 2, 186), ou pour l'action dirigée par un syndicat de cultivateurs, producteurs de betteraves, contre une sucrerie, à l'effet d'obtenir la présence d'un délégué du syndicat au mesurage des betteraves vendues à l'usine par les syndiqués (Rouen, 7 janv. 1903, *Mon. jud. Lyon*, 7 janv. 1903).

que de plus certains ouvriers seulement pouvaient se prétendre individuellement lésés par les manquements imputés au patron [1].

Mais il est évident que le même raisonnement pourrait être reproduit, à propos de *tout contrat collectif de travail*, négocié par l'entremise d'un syndicat, et que par suite l'adoption définitive de la thèse de l'arrêt de 1893 n'aboutirait à rien moins qu'à rendre inefficace la pratique de plus en plus générale du contrat collectif, que l'on s'accorde cependant à considérer comme rentrant essentiellement dans l'objet propre des syndicats. — Conf. Deslandres, note sous Civ. cass., 8 fév. 1893, *Pand.*, 94, 1, 1, et Wahl, note sous le même arrêt, S. 96, 1, 329 ; Patissier-Bardoux, Ulrich et Cazelles, consult. sous Bordeaux, 4 juin 1897 (*Gaz. Pal.*, 97, 2, 122). — V. au surplus, sur le contrat collectif, les développements donnés *infra*.

426 *ter*. — Aussi bien, et malgré certaines hésitations, la jurisprudence semble-t-elle actuellement disposée à se rallier à l'interprétation libérale, admise par la grande majorité des auteurs [2]. Nous en trouvons la preuve dans tout un ensemble de décisions judiciaires récentes pouvant se répartir en quatre groupes : — 1° La série des décisions autorisant un syndicat à poursuivre directement les faits de *concurrence déloyale* susceptible de nuire au bon renom de la profession, et de causer par conséquent aux syndiqués un *préjudice moral collectif*, distinct du préjudice matériel et variable causé par les mêmes faits à certains des syndiqués, préjudice dont il leur appartient de poursuivre, parallèlement à l'action syndicale, réparation par voie d'action individuelle. Ainsi jugé, à plusieurs reprises : — *a*) au profit des syndicats de *pharmaciens* (Paris, 20 janv. 1886, D. 86, 2, 170 ; 16 déc. 1891, D. 93, 2, 480 ; Caen, 1er mai 1890, S. 92, 1, 14 ; Lyon, 3 juin 1890, D. 91, 2, 29 ; Grenoble, 7 juill. 1892, D. 92, 2, 582 ; Cass., 5 janv. 1894, S. 95, 1, 382 ; Bayonne, 6 juill. 1899, *La Loi*, 23 déc. 1899 ; trib. corr. Seine,

---

[1] Cons. aussi, dans le sens restrictif : trib. civ. Evreux, 21 octobre 1887 (D. 1888, 3, 136), et trib. civ. Arras, 13 juin 1888 (D. 90, 3, 55), jugements refusant à un syndicat de propriétaires ruraux le droit de réclamer judiciairement, du propriétaire d'un bois contigu aux terres des syndiqués, une indemnité pour le dommage causé aux récoltes par le gibier *gardé* dans le dit bois ; — Aix, 26 janvier 1887 (*Rev. des Soc.*, 87, 254), arrêt déclarant irrecevable l'action en dommages-intérêts intentée par un syndicat de négociants à raison de faits de concurrence déloyale commis au préjudice de certains syndiqués. C'est dans cette affaire qu'est intervenue la consultation, citée plus haut, de M. Waldeck-Rousseau.

[2] *Sic* : Deslandres et Wahl, notes précitées ; Voron, *Rôle des syndicats professionnels devant la justice* (*Rev. cathol. des institutions*, avr., mai, juill. 1897) ; Brémond, *Droit d'ester en justice des syndicats professionnels*, jurispr. admin. (*Revue critique*, mars 1899, p. 128) ; Vavasseur, *Sociétés, syndicats, associations devant la justice*, *passim* ; Courot, *op. cit.*, p. 50 ; Bergeron, *op. cit.*, p. 89. — V. aussi les ouvrages sur le contrat collectif de travail, cités *infra*.

22 nov. 1902, D. 1904, 2, 221). Tous ces jugements ou arrêts s'accordent à reconnaître aux syndicats de pharmaciens le droit de poursuivre les individus exerçant illégalement la profession, bien que le succès de telles poursuites doive profiter spécialement aux pharmaciens établis à proximité de l'officine clandestine, la profession entière étant intéressée à la répression des atteintes au monopole dont elle est investie; — b) au profit des syndicats de *médecins* (trib. Seine, 25 mai 1895, et Montbéliard, 30 janv. 1896, D. 96, 2, 189 et 168; Grenoble, 6 mai 1902, précité); — c) des syndicats de *marchands de vins* (Angers, 11 avril 1889 et sur pourvoi : Crim. rej., 26 juill. 1889, D. 90, 1, 239; Nancy, 19 avril 1902, D. 1903, 2, 29; trib. Nevers, 3 nov. 1904, D. 1905, 5, 13).

L'arrêt du 26 juillet 1889, rendu au profit du syndicat du commerce des vins de Champagne contre un fabricant de vins de Saumur qui avait qualifié de *Champagne* les produits de sa fabrication, est particulièrement net sur les droits du syndicat. La Cour insiste avec raison sur ce fait que, dans une instance de ce genre, le syndicat, constitué pour défendre les intérêts généraux du commerce des vins de Champagne, directement liés à la protection du nom générique du produit, et à la sincérité des indications de provenance, « représente un intérêt général absolument distinct de l'intérêt individuel que peut avoir un négociant champenois à se plaindre de la contrefaçon de sa marque » ou de son nom commercial. — Cons. au surplus, sur ces questions de contrefaçon, les traités de Pouillet, Allart, Barbier, etc., sur la *concurrence déloyale*; Lacour, *Des fausses indications de provenance*, 1904. — V. aussi Dalloz, *Suppl. au Rép.*, v° *Industrie et commerce*, *passim*[1]; — d) des syndicats de *poissonniers*, réclamant des mesures destinées à empêcher la contamination des étangs par les eaux usinières (Amiens, 13 mars 1895, D. 95, 2, 553, et sur pourvoi : Civ. cass., 5 janv. 1897, D. 97, 1, 120).

427. — 2° Les décisions tendant à faire respecter, notamment par

---

[1] Jugé, dans le même sens, qu'un syndicat professionnel peut, au même titre qu'un particulier, se porter partie civile, quand les infractions pénales ont occasionné un préjudice direct aux intérêts collectifs qu'il représente. Ainsi, le Syndicat national de défense de la viticulture française est recevable à intervenir comme partie civile pour demander la répression de la falsification dans les vins. — Nîmes, 18 janvier 1907, *Mon. jud. Lyon*, 15 mai; Trib. corr. Narbonne, 10 nov. 1905, *Mon. jud.*, 16 déc. — Cette faculté vient d'ailleurs d'être législativement reconnue aux syndicats viticoles par l'art. 9 de la loi du 29 juin 1907, tendant à prévenir le mouillage des vins et les abus du sucrage. — *Cf.* art. 3 de la propos. Cazeneuve, votée par la Ch. le 10 juill. 1907, tendant à compléter la loi du 1er août 1905 sur la répression des fraudes dans la vente des marchandises et des falsifications de denrées alimentaires et produits agricoles.

les Compagnies de transport, les *usages généraux de la profession*. Ainsi, doit être déclarée recevable l'action intentée contre une Compagnie de chemins de fer par un syndicat de marchands de vins, à l'effet de contraindre la Compagnie à respecter certains usages relatifs à la livraison en gare, au détail, des vins contenus dans des wagons-foudres (Poitiers, 2 juin 1902, D. 1904, 2, 365; Pau, 28 juill. 1902, D. 1903, 2, 27; Civ. cass., 18 janv. 1905, D. 1908, 1, 27).

427 *bis*. — 3° Les décisions reconnaissant aux syndicats le droit de poursuivre l'application des lois protectrices de la classe ouvrière, telles que la loi du 14 mars 1904 sur le placement, en tant notamment que cette loi interdit d'adjoindre un bureau de placement à un débit de boissons (Bordeaux, 21 mars 1906, *Bull. Off. trav.*, 1906, 826), ou la loi du 13 juill. 1906, déterminant les conditions sous lesquelles peuvent être accueillies par le préfet les demandes de dérogation au principe du repos hebdomadaire (Cons. d'Et., 28 déc. 1906, D. 1907, 3, 13, et concl. de M. Romieu, commiss. du gouvernement).

427 *ter*. — 4° La série des décisions judiciaires autorisant un syndicat à ester en justice, pour assurer le respect d'*un contrat collectif de travail* négocié par son entremise. L'une des plus connues est un jugement du tribunal de commerce de la Seine, du 4 février 1892 (*Gaz. Pal.*, 92, 1, 221), intervenu à l'occasion d'un procès pendant entre la la Compagnie générale des omnibus de Paris et le Syndicat des employés d'omnibus. Aux termes d'une convention conclue en 1892, entre la Compagnie et le Syndicat, la durée de la journée de travail avait été fixée, en principe, à 12 heures, depuis la sortie du dépôt jusqu'à la rentrée au dépôt, non compris le temps des deux repas fixé à 1 h. 1/2. La Compagnie, méconnaissant ces engagements, avait imposé à une fraction de ses employés 14 h. 1/2 de travail effectif, et porté la durée moyenne de la journée à 13 h. 1/2. Le Syndicat ayant assigné la Compagnie par-devant le tribunal de commerce de la Seine, en exécution de ses engagements, le tribunal fit droit à la demande, et condamna la Compagnie à modifier ses règlements, dans le mois, de manière à ramener la durée du travail effectif de tous ses employés à 12 heures, à peine de 100 francs de dommages-intérêts par jour de retard [1].

---

[1] Conf. Cons. des prud'hommes de la Seine, 13 avril 1895, *Rev. pratique de droit industr.*, 1895. p. 205; Trib. civ. Cholet, 12 févr. 1897, D. 1903, 2, 25, et note Planiol (tarif syndical des ouvriers tisserands, accepté par les fabricants de toiles et mouchoirs de la région); Bordeaux, 4 juin 1897, *Gaz. du Pal.*, 97, 2, 122; Grenoble, 6 mai 1902, précité (tarif médical); trib. Narbonne, 23 juin 1904, *Bull. Off. trav.*, 1904, 802 (contrat collectif agricole survenu à la suite d'une grève); just. de paix de

428. — Mais il convient de distinguer, même dans le contrat collectif négocié par un syndicat, les droits communs à tous les membres, dont il appartient au syndicat de prendre la défense, et les droits individuels de chaque syndiqué. Il est bien évident, par exemple, que si des difficultés s'élèvent entre le patron et l'un de ses ouvriers ou employés, bénéficiaires du contrat, sur une question de paiement ou d'avances, ne mettant point en jeu le pacte lui-même, le syndicat serait sans qualité pour agir, voire même pour intervenir [1].

La question serait plus délicate si la réclamation individuelle du syndiqué se rattachait, même indirectement, à la mise à exécution des clauses du contrat collectif, par exemple si l'ouvrier se plaignait de n'avoir pas été payé conformément au tarif. Il nous semble qu'en pareil cas, faute de rendre illusoire l'action syndicale, il conviendrait d'autoriser le syndicat à intervenir dans le procès, qui n'est individuel qu'en apparence, sauf au tribunal à prononcer deux condamnations distinctes, l'une envers le syndicat, l'autre envers le syndiqué lésé individuellement par la non-application du tarif [2].

Perpignan, 2 déc. 1905, *Bull. Off. trav.*, 1906, 156 (travailleurs agricoles d'Elne); just. de paix de Meaux, 10 oct. 1906, *Bull. Off. trav.*, 1907, 42 (grève de boulangers, contrat collectif); Lyon, 10 mars 1908 (contrat collectif entre Cie des chemins de fer à voie étroite de Saint-Etienne et son personnel syndiqué), rapp. par Appleton, *Quest. prat.*, mai 1908.

[1] Il est certain, d'autre part, qu'un intérêt collectif quelconque ne suffirait point à justifier l'action du syndicat; celui-ci ne peut intervenir que pour la défense des intérêts de la profession ou du groupe professionnel qu'il représente. — C'est ainsi que l'association syndicale des propriétaires viticulteurs de la Gironde, constituée pour « la défense de la propriété viticole *girondine* ou notamment la garantie de l'authenticité de ses vins », a pu être déclarée irrecevable à poursuivre les marchands de vins inculpés de *mouillage*, alors d'ailleurs qu'aucun acte de concurrence déloyale ne leur était reproché (Bordeaux, 4 juin 1897, *Gaz. Pal.*, 97, 2, 122). — *Secus*, depuis la loi précitée du 29 juin 1907.

[2] Certains tribunaux distinguent suivant l'objet de la stipulation. C'est ainsi que, dans l'affaire de la Compagnie générale des omnibus (v. *supra*), le tribunal de commerce de la Seine reconnut au syndicat des employés le droit de contraindre judiciairement la Compagnie à respecter les clauses du contrat collectif concernant la durée du travail, et qu'il dénia à ce même syndicat la faculté d'intervenir en faveur des syndiqués, pour obtenir le règlement des heures supplémentaires imposées indûment par la Compagnie à son personnel. Ainsi formulée, la distinction nous semble critiquable. L'on pouvait, croyons-nous, refuser au syndicat le droit d'agir, par voie d'action principale, en paiement des heures supplémentaires, mais non celui d'intervenir dans les instances individuellement introduites de ce chef par les employés lésés, ni celui de poursuivre l'exécution intégrale du contrat en arguant des infractions isolées par lui constatées, et ce, alors même qu'elles n'auraient point été relevées directement par les syndiqués individuellement intéressés. Les conventions doivent en effet être exécutées *de bonne foi* : si les syndicats ont le droit de conclure des contrats collectifs, on doit logiquement leur reconnaître les moyens légaux de les faire respecter.

Cette interprétation libérale paraît être celle de la jurisprudence la plus récente. — *Sic* : just. de paix Bordeaux, 18 août 1903, sous Cass. req., 13 mars 1905, D. 1906,

429. — De la nécessité d'une interprétation législative. — Cette question du droit pour les syndicats d'ester en justice, pour la défense des intérêts collectifs dont ils ont la garde, est d'une telle importance, pour l'avenir du mouvement syndical, que l'on ne saurait trop regretter l'équivoque créée par des arrêts comme celui de la Cour suprême, du 1er février 1893. Aussi est-il très désirable que la question soit expressément tranchée par un texte précis, lors de la révision de la loi de 1884. Il est intéressant de constater à cet égard que, dans le projet élaboré par M. Waldeck-Rousseau, auteur d'une consultation conçue dans un sens restrictif (v. *supra*), figurent certaines dispositions tendant manifestement à la consécration du contrat collectif, avec toutes ses conséquences, y compris le droit d'ester en justice pour en assurer le respect. — Cons. notamment l'exposé des motifs du projet et l'article 10. — Cf. loi belge sur les unions professionnelles. — V. aussi art. 20 du projet de loi sur le contrat de travail déposé le 2 juill. 1906 par le Ministre du commerce sur le bureau de la Chambre. — Sur ce projet, v. tit. II, chap. II, sect. V, *infra*.

II. — Capacité d'acquérir

430. — Les syndicats professionnels, constituant des personnes morales, peuvent avoir un patrimoine. Mais, à cet égard, leur capacité est assez restreinte, le législateur de 1884 s'étant préoccupé d'empêcher la reconstitution des *biens de mainmorte*, dont l'accroissement indéfini pouvait entraîner, croyait-il, de graves perturbations économiques, et même constituer dans certaines circonstances un danger politique pour l'Etat.

C'est dans cet esprit restrictif qu'a été rédigé l'article 6, §§ 2 et 3, ainsi libellé : « Les syndicats pourront employer les sommes provenant des cotisations. Toutefois ils ne pourront acquérir d'autres immeubles que ceux qui seront nécessaires à leurs réunions, à leurs bibliothèques et à des cours d'instruction professionnelle ».

Cet article détermine la mesure *maxima* de la capacité d'acquérir des

---

1, 113, et note Planiol; trib. civ. Perpignan, 20 juin 1905, *Mon. jud. Lyon*, 13 sept. (contrat collectif agricole); Bordeaux, 19 févr. 1906, *Mon. jud. Lyon*, 24 janv. 1907 (contrat collectif contre Cie du gaz et son personnel); Angers, 26 déc. 1906, et sur pourvoi, admission par la Ch. des req., 17 févr. 1908 (*Mon. jud. Lyon*, 29-30 mars); Lyon, 10 mars 1908, précité. — *Sic* : Jay, *Rev. d'écon. polit.*, 1894, p. 303; Z., note sous S. 1896, 1, 329; Passama, *Les conventions collectives relatives aux conditions du travail en droit privé français*, 1908, p. 157 et s. (et la bibliographie détaillée jointe à cet ouvrage).

syndicats. Aussi n'admettrions-nous pas qu'un syndicat puisse, même en vertu d'une reconnaissance administrative individuelle, obtenir une capacité égale à celle des autres établissements d'utilité publique.

Les acquisitions du syndicat peuvent être à *titre onéreux* ou à *titre gratuit* : examinons successivement les deux cas.

431. — *a*) **Acquisitions à titre onéreux.** — Les syndicats professionnels ont des ressources budgétaires plus ou moins considérables, provenant des cotisations, des amendes, des subventions administratives (voire même des libéralités mobilières si on leur reconnaît le droit de recevoir des dons et legs). Comment peuvent-ils employer leurs fonds, leurs excédents de recettes? La loi établit à cet égard une distinction essentielle entre les meubles et les immeubles. Ils peuvent acquérir des *valeurs mobilières* quelconques, sans aucune limitation ni contrôle. Par contre, il leur est interdit d'acquérir des *immeubles*, à l'exception de ceux nécessaires aux réunions du syndicat et à l'installation des bibliothèques et cours professionnels.

L'on s'accorde du reste à interpréter cette disposition finale du paragraphe dans le sens le plus libéral : ce que la loi a voulu empêcher, c'est uniquement l'acquisition d'immeubles de placement, d'immeubles de rapport, dont le syndicat tirerait profit par une exploitation en régie, ou par voie de location ; de telles acquisitions eussent fait dégénérer les syndicats en exploitations lucratives et commerciales, contrairement aux principes posés dans l'article 3. Mais toutes les acquisitions immobilières destinées à assurer le fonctionnement du syndicat doivent être considérées comme licites; c'est ainsi que les syndicats peuvent, non seulement installer dans leurs immeubles des salles de réunions proprement dites, mais même y créer de véritables cercles, ouverts seulement à leurs membres; ces cercles ne tomberaient sous le coup de la loi qu'autant que l'on voudrait y admettre des personnes étrangères au syndicat. C'est ainsi également que les syndicats agricoles peuvent acquérir des immeubles destinés à servir de champs d'expérience et de culture rationnelle.

432. — *b*) **Acquisitions à titre gratuit.** — La question de savoir si les syndicats professionnels peuvent acquérir à *titre gratuit*, peuvent être donataires ou légataires, n'ayant pas été résolue *in terminis* par la loi de 1884 (l'art. 6 parle d'acquisition d'immeubles sans en spécifier le caractère), est assez vivement controversée. Dans un premier système, l'on refuse aux syndicats le droit d'acquérir à titre gratuit [1]. Ce

[1] Conseil d'Etat, avis des 30 juillet et 25 janvier 1893, cités par M. Dussaussoy dans l'exposé des motifs de sa proposition de loi tendant à étendre la capacité syndi-

système s'appuie sur un argument de principe et sur un argument de texte. *Argument de principe* : les personnes morales privées ne peuvent, en principe, acquérir à titre gratuit qu'en vertu d'une concession formelle du législateur, or, cette concession ne figure pas dans la loi. Cette thèse a été développée notamment par M. Labbé, à propos des personnes morales privées les plus importantes et les plus nombreuses, à savoir les *sociétés commerciales* (note sous S. 81, 2, 251). — *Argument de texte* : l'article 6, dit-on, est exclusif du droit de recueillir à titre gratuit, puisqu'il ne reconnaît aux syndicats que le droit *d'employer les sommes provenant des cotisations*.

433. — Dans un second système, professé par la majorité des auteurs [1], et auquel nous nous rallions, les syndicats peuvent acquérir, même à titre gratuit. En effet, tout d'abord, l'argument de principe qu'on nous oppose n'est embarrassant que pour ceux qui assignent aux syndicats professionnels le caractère de *sociétés privées* ; et encore n'est-il nullement démontré que les sociétés de commerce ne puissent acquérir à titre gratuit [2]. Mais les syndicats professionnels, nous l'avons démontré, ne sont nullement des *sociétés privées* ; ce sont, à raison même de leur but désintéressé, des établissements d'*utilité publique* ; or ces établissements, vu leur destination d'intérêt général, peuvent recevoir des dons et legs.

L'argument de texte tiré de l'article 6 n'est pas plus probant. Loin de prohiber les acquisitions à titre gratuit, l'article 6 semble au contraire placer toutes les acquisitions, à titre onéreux et à titre gratuit, sur le même plan. Et cette interprétation libérale est nettement confirmée par l'article 8, qui prévoit expressément l'hypothèse d'une acquisition à titre gratuit réalisée par un syndicat. Ou cet article n'a pas de sens, ou il signifie que les syndicats ont le droit de recevoir, *à titre gratuit*, sous réserve des restrictions indiquées précédemment au sujet des immeubles. Ils pourront donc recevoir des libéralités mobilières, quel qu'en soit le chiffre ; mais ils ne pourront pas recevoir d'immeubles, à moins que lesdits immeubles ne leur soient donnés ou légués pour être affectés à leurs réunions, ou être transformés en bibliothèques ou salles de cours.

---

cale ; — Hubert Valleroux, *Les corporations d'arts et métiers et les syndicats professionnels*, p. 368 ; Vavasseur, *Traité des sociétés*, n° 27.

[1] Sauzet, *op. cit.* ; Bry, p. 490 ; Glotin, p. 227 ; Dall., *Suppl. au Rép.*, v° *Travail*, n° 864 ; Jolly, *De la capacité d'acquérir des syndicats professionnels*, 1900 ; César-Bru, p. 53 ; Brémond, *Rev. crit.*, 1899, p. 151 ; Tissier, *Traité théorique et pratique des dons et legs aux établissements publics ou d'utilité publique*, 2e éd., t. Ier, n° 207.

[2] Cons., dans le sens du droit pour les sociétés personnifiées de recevoir des dons et legs : Cass., 2 janv. 1894, S. 94, 1, 129 ; Pic, *Traité des Sociétés*, t. Ier, nos 198 et suiv.

434. — **Les syndicats et la tutelle administrative.** — La question de savoir si les syndicats professionnels peuvent recevoir des dons et legs étant résolue affirmativement, une autre question surgit : l'efficacité des libéralités entre vifs ou testamentaires faites au profit de ces associations, est-elle subordonnée à la nécessité d'une *autorisation administrative*, conformément au principe de l'article 910 du Code civil ? La question est des plus délicates. Elle est généralement résolue négativement par les auteurs qui considèrent les syndicats comme des établissements privés : les sociétés privées sont en effet affranchies, par leur nature même, de toute tutelle administrative, et si l'on admet qu'elles peuvent recevoir des libéralités, la logique exige que l'on aille jusqu'au bout dans cette voie, et que l'on ne subordonne la validité des libéralités à elles faites à aucune autorisation administrative préalable.

Mais si l'on admet, avec nous, que les syndicats professionnels sont de véritables établissements d'*utilité publique*, c'est la solution inverse qui semble, à première vue, devoir être admise. Ces établissements, à raison de leur destination même, pourront incontestablement recevoir des libéralités, mais ces libéralités ne leur seront acquises, qu'*à la condition d'être autorisées* par l'administration. L'article 910 du Code civil est conçu en effet dans les termes les plus généraux : il subordonne la validité de toute libéralité faite à un établissement d'utilité publique quelconque à la nécessité d'une autorisation administrative ; la loi de 1884 ne dérogeant pas au principe, les syndicats professionnels ne sauraient échapper à cette tutelle légale [1].

435. — Cette argumentation ne nous paraît nullement décisive, et nous estimons au contraire que les syndicats professionnels, malgré leur caractère d'établissements d'utilité publique, peuvent recevoir librement des dons et legs. Sans doute, l'article 910 pose un principe général ; mais à ce principe il peut être dérogé par des lois particulières, et nous croyons pouvoir démontrer que le législateur de 1884 y a précisément dérogé. En dispensant les syndicats de la nécessité d'obtenir, pour fonctionner, une autorisation administrative spéciale et individuelle, le législateur a marqué nettement qu'il entendait affranchir ces associations de la tutelle administrative. Il a remplacé, pour les syndicats professionnels, ce contrôle permanent de l'administration, — qui s'exerce sur les établissements d'utilité publique ordinaire, depuis leur naissance jusqu'à leur dissolution, — par un contrôle plus discret, plus intermittent, de l'autorité judiciaire, contrôle limité d'ailleurs à certaines hypothèses spécifiées au texte. Dès l'instant que la donation ne figure pas au nombre de ces hypothèses, nous avons le

[1] *Sic* : Sauzet, *loc. cit.*, p. 403 ; Tissier, t. II, n° 358 ; Jolly, p. 102 et s.

droit de dire que les syndicats sont libres d'accepter toutes libéralités sous la seule réserve inscrite dans l'article 6, relativement aux immeubles.

Notre interprétation paraît d'ailleurs commandée par le texte même de l'article 8 de la loi. Cet article suppose qu'un syndicat professionnel peut avoir acquis par libéralité un immeuble dont l'article 6 lui interdit l'acquisition, et il indique la procédure à suivre pour faire annuler la donation et assurer le retour de l'immeuble au donateur ou aux héritiers. Or, ainsi qu'on l'a fait observer très justement, « cette hypothèse serait *incompréhensible* si l'autorité administrative devait autoriser au préalable l'acceptation de toute libéralité faite aux syndicats. Le refus d'autorisation suffirait à empêcher la donation d'être consommée, et l'on ne comprendrait pas la nécessité d'armer en outre l'autorité judiciaire d'une action à l'effet de faire prononcer la nullité des libéralités immobilières »[1].

436. — Vainement nous objectera-t-on que la faculté reconnue aux syndicats professionnels de recevoir des dons et legs sans aucune autorisation constitue dans notre droit public interne une anomalie véritable, en présence de l'article 15 de la loi du 1er avril 1898 sur les sociétés de secours mutuels, qui subordonne à une autorisation préfectorale la validité des dons et legs faits à des sociétés *libres*, ou de l'article 6 de la loi de juillet 1901 qui, tout en reconnaissant aux associations régulièrement déclarées une capacité restreinte, leur interdit de recevoir des dons et legs, même mobiliers[2].

L'objection, à notre avis, est sans valeur. Effectivement, l'on ne saurait interpréter les clauses obscures d'une loi de 1884 par les articles correspondants de deux lois postérieures, dont les rédacteurs ont expressément affirmé leur volonté de n'apporter aucune modification à la loi syndicale (art. 40, loi de 1898 ; art. 21, *in fine*, loi de 1901). Bien loin de fournir un argument à la thèse prohibitive, ces textes confirment bien plutôt notre interprétation : ils nous démontrent en effet que, lorsque le législateur entend interdire à telle ou telle personne morale, légalement reconnue, la faculté de recevoir des dons et legs

---

[1] Conf. César-Bru, p. 53 ; Bry, p. 264 ; Brémond, *Rev. crit.*, 1899, p. 151 ; Boullaire, p. 100 ; Glotin, p. 236. — La jurisprudence des tribunaux, malgré les avis du Conseil d'Etat, considère également l'autorisation administrative comme inutile : trib. Alençon, 16 janvier 1894, *Rec. de Rouen*, 94, 2, 57 ; trib. civ. Seine, 16 juillet 1896, D. 98, 2, 138, S. 99, 2, 221, et 3 août 1899 (*Bull. Off. du trav.*, 99, p. 1096). — V. aussi trib. civ. Seine, 17 mai 1905 (syndicat des fabricants de bronze), *Rev. pop. d'écon. soc.*, juin 1905.

[2] Sur la capacité des associations déclarées, v. Jouitou, *Petite personnalité des associations déclarées* ; Fouquet, *Les syndicats professionnels d'après la loi de 1884 et les associations d'après la loi de 1901*, th. 1907.

(*sic*, associations déclarées), ou subordonner ladite faculté à la nécessité d'une autorisation administrative (*sic*, sociétés de secours mutuels), il le dit expressément. Or, loin de contenir aucune clause prohibitive ou restrictive de ce genre, la loi de 1884, nous l'avons établi *supra*, renferme certaines dispositions qui présupposent au contraire le droit pour les syndicats de recevoir sans entraves des libéralités mobilières.

Concluons donc que, sous réserve des dispositions restrictives concernant les immeubles, les syndicats professionnels peuvent accepter en toute liberté les dons et legs qui leur sont faits, sans qu'il y ait lieu de distinguer entre les libéralités modiques (exemple : cotisation des membres honoraires) et les libéralités plus ou moins considérables émanées de donateurs ou testateurs. C'est en ce sens, ainsi que nous le verrons *infra*, que se prononce expressément l'article 6 du projet Waldeck-Rousseau.

437. — Sanction de la prohibition partielle d'acquérir des immeubles inscrite dans l'article 6. — Cette sanction est indiquée dans l'article 8, lequel établit une antithèse entre les acquisitions à titre onéreux et les acquisitions à titre gratuit. Il y a là deux situations distinctes à envisager successivement.

Acquisitions à titre onéreux. — Il semble tout d'abord, à ne consulter que le § 1er de l'article 8, que toute acquisition faite en contravention de la loi, même à titre onéreux, soit nulle d'une nullité d'ordre public. Mais la lecture du § 2 démontre qu'il n'en est rien, et qu'en principe la sanction de la prohibition légale consiste exclusivement, lorsqu'il s'agit d'une acquisition à titre onéreux, dans le droit pour les tribunaux, à la requête du parquet, d'ordonner la *revente de l'immeuble* ; le produit de la vente devant être versé dans la caisse du syndicat, qui en fera tel emploi mobilier qu'il jugera à propos. Quant au contrat lui-même, il est pleinement valable ; d'où il suit, d'une part, que le vendeur ne saurait être admis à exciper de l'irrégularité commise pour se faire restituer l'immeuble, et, d'autre part, que l'acheteur ne peut de son côté exciper de la nullité pour refuser de prendre livraison ou de payer son prix.

En d'autres termes, toute acquisition à titre onéreux, quelle qu'en soit l'affectation, rend le syndicat propriétaire incommutable. Celui-ci peut, en conséquence, grever son acquisition de droits réels, servitudes, hypothèques, etc. ; il peut également revendre à son gré l'immeuble et rendre ainsi inutile, par une revente amiable, l'action du parquet tendant à provoquer une revente judiciaire.

Tel est du moins le principe ; mais le principe comporte toute une série d'*exceptions* : — 1° si le vendeur avait fait insérer dans le contrat une clause portant que l'immeuble vendu devrait être affecté à l'un des objets autorisés par la loi de 1884, par exemple à l'installation d'une salle de réunions, il aurait incontestablement le droit, si cette clause n'était pas respectée, d'agir en résolution de la vente pour inexécution des conditions, conformément au droit commun ; — 2° si le contrat n'est à titre onéreux qu'en apparence, si l'on est en présence d'une donation déguisée sous l'apparence d'un contrat à titre onéreux, le fond doit l'emporter sur la forme ; l'acquisition doit être traitée comme un contrat à titre gratuit et à ce titre déclarée nulle ; — 3° si le syndicat n'est pas un syndicat régulier, constitué en vue de l'objet professionnel exigé par la loi, mais une association politique ou religieuse, dissimulée sous les apparences trompeuses d'un groupement professionnel, les acquisitions, même à titre onéreux, réalisées par les administrateurs du pseudo-syndicat, sont nulles, en principe, d'une nullité d'ordre public. Cette nullité devra être admise, soit qu'il s'agisse d'une association poursuivant l'un des objets illicites définis par l'article 3 de la loi de 1901, soit que, sous le couvert du syndicat, se soit constituée une association ordinaire, poursuivant un but licite, mais non professionnel. En effet, aux termes de l'article 2 de la loi de 1901, les associations de personnes ne jouissent de la personnalité morale que si elles se sont conformées aux dispositions de l'article 5, c'est-à-dire si elles ont fait les déclarations prescrites par ledit article. Une association non déclarée comme telle, ou déclarée comme syndicat, alors qu'elle n'a en fait aucun caractère professionnel, doit donc être considérée comme dépourvue de toute capacité juridique ; — 4° si le syndicat, même constitué dans un but exclusivement professionnel, n'a pas déposé ses statuts, toute personnalité civile lui fait défaut (v. *supra*, n°s 372-373) ; les acquisitions, même à titre onéreux, faites en son nom par ses administrateurs, sont donc à considérer comme nulles et non avenues.

438. — A qui appartient-il de provoquer la revente judiciaire de l'immeuble acquis indûment par un syndicat? — Aux termes de l'article 8, la *nullité de l'acquisition* (lisez la *revente*), pourrait être demandée, soit par le procureur de la République, soit par les intéressés. Mais cette formule est inapplicable, car il ne saurait être question d'*intéressés*, dès l'instant que l'acquisition n'est pas nulle. Le vendeur, l'acheteur, ou leurs ayants cause seraient des *intéressés*, s'ils pouvaient faire rescinder la vente ; mais, du moment que cette rescision est impossible, ils n'ont aucun intérêt à agir ; or, sans intérêt, pas d'action (Cf. Glotin, p. 281).

Nous déciderons donc, malgré la lettre du texte, que le droit d'agir, en pareil cas, appartient exclusivement au *ministère public*, chargé de veiller à l'observation des lois. Le procureur de la République portera son action, suivant les cas, devant le tribunal correctionnel ou devant le tribunal civil. En fait, c'est le tribunal correctionnel qui sera le plus souvent saisi, le seul fait d'acquérir des immeubles en contravention de l'article 6 constituant un délit correctionnel ; le tribunal, en ce cas, condamnera les administrateurs à l'amende de 16 à 200 francs édictée par l'article 9 et ordonnera, *à titre de peine accessoire*, la revente d s immeubles indûment acquis. Il pourrait même, sur les conclusions du ministère public, prononcer la dissolution du syndicat ; mais il y a là une mesure particulièrement grave, à laquelle l'autorité judiciaire n'aura recours qu'exceptionnellement.

Le ministère public peut également saisir, par voie d'action principale, le tribunal civil, d'une action à fin de revente ; c'est là un des cas exceptionnels où la loi confère au ministère public, dans un intérêt d'ordre public, la qualité de partie principale dans une instance civile. Le procureur de la République n'aura guère recours à cette voie que dans les hypothèses où le tribunal correctionnel ne pourrait pas, ou ne pourrait plus être saisi. Il en serait ainsi, notamment, s'il avait omis, dans une poursuite correctionnelle antérieure, de conclure à la revente, ou si l'action pénale se trouvait éteinte par la prescription triennale, ou enfin s'il y avait eu, non pas acquisition d'un immeuble en vue d'un objet prohibé, mais désaffectation d'un immeuble précédemment affecté à un objet autorisé, mais non prévu par la loi pénale.

Que la vente soit ordonnée par le tribunal correctionnel ou par le tribunal civil, les formes et la procédure de la vente sont identiques. Il y aura lieu de recourir purement et simplement aux formes et règles ordinaires de la *vente judiciaire*.

439. — Acquisitions à titre gratuit. — Les acquisitions à titre gratuit, faites en contravention de l'article 6, sont au contraire entachées d'une véritable nullité, nullité absolue et d'ordre public, susceptible d'être invoquée par tous intéressés, notamment par le donateur et ses ayants cause, et par le ministère public.

Cette nullité, étant d'ordre public, ne peut être couverte par aucune confirmation ni prescription extinctive. L'on admet toutefois que le syndicat pourrait, après trente ans de possession continue, se prévaloir de la prescription acquisitive à l'encontre du donateur, et échapper ainsi à l'obligation de restituer. En pareil cas, le ministère public seul conservera le droit d'agir, mais uniquement pour provoquer la vente de l'immeuble, affecté par hypothèse à un objet non prévu par la loi ;

les choses se passeront, en d'autres termes, comme s'il s'agissait d'une acquisition à titre onéreux.

L'article 8 *in fine* détermine l'effet de la nullité prononcée par justice : « dans le cas de libéralité, les biens feront retour aux disposants ou à leurs héritiers ou ayants cause ». Ces biens rentrent naturellement dans le patrimoine du donateur, libres de toutes charges, hypothèques, etc., et sans qu'il y ait lieu de tenir compte des aliénations consenties par le syndicat ; celui-ci, n'ayant pas acquis la propriété, n'avait pu transmettre un droit qui ne lui appartenait point.

440. — Mais ici, une difficulté peut surgir. Le parquet ayant poursuivi et fait prononcer la nullité de la donation, le donateur ou ses héritiers refusent de prendre possession de l'immeuble. Faut-il dire que, malgré sa volonté formellement exprimée et notifiée au syndicat, le donateur recouvre la propriété de l'immeuble ? On l'a prétendu (*sic*, Glotin, p. 284), et le texte de l'article semble en effet favorable à cette interprétation. Nous hésitons cependant à l'admettre ; dès l'instant que la loi autorise les libéralités mobilières sans limitation de chiffre, ne peut-on pas dire que ce refus, dûment notifié par le donateur, de reprendre possession de l'immeuble, équivaut à une donation de la valeur vénale de l'immeuble? S'il en est ainsi, pourquoi contraindre le donateur à reprendre l'immeuble, et à le faire vendre pour en restituer immédiatement le prix au syndicat ? Il nous semble qu'en pareil cas, le ministère public n'excéderait pas ses pouvoirs en poursuivant la vente judiciaire de l'immeuble, à l'effet de faire entrer dans la caisse du syndicat cette valeur, qu'aucune loi n'interdit au donateur d'abandonner au syndicat.

La juridiction compétente pour statuer sur l'action en nullité varie suivant la qualité du poursuivant. Les intéressés doivent nécessairement porter leur demande devant le tribunal civil ; le ministère public, au contraire, peut, suivant le cas, agir par la voie civile, ou conclure à la nullité de la donation, accessoirement à une poursuite correctionnelle intentée par lui contre les administrateurs, dans les termes de l'article 9 de la loi de 1884.

III. — Capacité contractuelle

441. — Du droit de posséder découle logiquement le droit de *contracter*. Ayant un patrimoine, jouissant de la personnalité morale, les syndicats professionnels doivent pouvoir contracter librement par l'intermédiaire de leurs représentants légaux, sous réserve des limitations apportées à leurs droits par un texte formel. Ce droit pour les syndicats de contracter, d'accomplir librement les divers actes de la vie civile, a été formellement reconnu dans les travaux préparatoires, et affirmé dans la circulaire du 25 août 1884.

Indiquons tout d'abord les conséquences pratiques du principe ; puis nous étudierons les exceptions qu'il comporte.

442. — Contrat collectif de travail [1]. — C'est en partant de ce point de départ que la jurisprudence française, non sans hésitation, en est arrivée peu à peu à reconnaître la pleine validité du contrat collectif de travail.

Le contrat collectif ou convention collective de travail (*Tarifvertrag* du droit allemand) peut se définir : « *une réglementation contractuelle*

---

[1] Bibliographie : La question du contrat collectif de travail a donné lieu, dans ces dernières années, surtout en France, en Allemagne et en Italie, à de nombreux et importants travaux. Nous ne pouvons mentionner ici que les principaux : Raynaud, *Le contrat collectif de travail*, 1901, et *L'intérêt professionnel des syndicats ouvriers devant les tribunaux français* (*Quest. pratiques de lég. ouvr.*, 1906) ; Jay, *Une forme nouvelle d'organisation du travail par les groupements professionnels* (*Rev. d'écon. polit.*, 1901, 170) ; Pic, *La jurisprudence et le contrat collectif de travail* (*Rev. trim. de dr. civil*, 1902) ; Bureau, *Le contrat de travail et le rôle des syndicats professionnels*, 1902 ; Moissenet, *Les contrats collectifs en matière de conditions du travail*, th. 1903 ; Cailleux, *Le contrat collectif de travail* (*Ann. des sc. politiques*, 15 nov. 1904) ; Laronze, *De la représentation des intérêts collectifs et juridiques des ouvriers dans la grande industrie*, th. 1905 ; Bourdon, *Des contrats d'utilité générale passés au profit d'une collectivité*, 1905 ; Fournière, *L'évolution du contrat collectif de travail* (*Rev. socialiste*, août 1905) ; M. Lewandowski, *L'organisation commerciale du travail et le contrat collectif* (*Rev. polit.*, 1906, 3 [t. XLIX], p. 111) ; Douarche, *Les conventions collectives relatives aux conditions du travail*, 1907 ; Nast, *Les conventions collectives relatives à l'organisation du travail*, 1907 ; Ch. Brouilhet, *Le contrat collectif de travail*, broch. 1907 ; Passama, *Les conventions collectives relatives aux conditions du travail*, et la bibliographie détaillée jointe à cet ouvrage, 1908 ; D'Eichthal, *Le projet de loi sur le contrat de travail et les conventions collectives* (*Econ. franç.*, 19 janv. 1907) ; Jean Appleton, *Le contrat collectif de travail, la capacité syndicale et la jurisprudence* (*Quest. pratiques de législ. ouvr.*, mai 1908). — V. aussi Lambert, *Stipulation pour autrui*, 1893 ; Bodeux, *Etude sur le contrat de travail*, 1896 ; E. Lévy, *Le contrat collectif, la Bourse et l'usine* (*Rev. socialiste*, juill. 1906) ; *Bull. de la Société d'Etudes législatives*, 1906-1908, discuss. sur le contrat de travail (V. spécialem. les rapports et exposés de MM. Saleilles, Perreau, Colson, Raynaud, Morin, Depitre, ainsi que les observ. de MM. Millerand, Jay, A. Colin, F. Faure, etc.) ; *Bull. de la Féder. des industriels*, mars 1907, etc.

Allemagne : Lotmar, *Der Arbeitsvertrag nach dem Privatrecht des deutschen Reiches*, Leipzig, 2 vol., 1902 ; Rundstein, *Die Tarifverträge im französischen Privatrecht*, 1905, et *Die Tarifverträge und die moderne Rechtswissenschaft*, 1906.

Italie : G. Barbero, *Il contratto collettivo di lavoro*, Turin, 1908 ; Nicotra, *id.*, Naples, 1906 ; Galizia, *id.*, Naples, 1907. — V. aussi, dans la *Rivista di diritto commerciale*, les articles de M. Arcoli (1903), Lassona et Messina (1904).

Belgique : Brants, *L'état légal du contrat collectif de travail* (*Rev. prat. de dr. industriel* [belge], juill.-août 1905.

préalable des conditions du travail »[1], négociée entre les chefs d'industrie et les syndicats professionnels d'ouvriers ou d'employés. Cette réglementation peut être plus ou moins étendue, plus ou moins détaillée. Elle fixera presque toujours le taux ou tarif des salaires, le plus souvent aussi la durée maxima de la journée de travail, ainsi que l'horaire des temps de travail et de repos. Parfois elle affectera le caractère d'un *traité* détaillé réglant toutes les conditions relatives au mode d'exécution du travail. — Passama, *op. cit.*, p. 49 et s.

Le cadre de ce traité ne nous permet pas d'insister, comme nous le voudrions, sur l'importance capitale que présente, au point de vue de la paix sociale[2], cette reconnaissance du contrat collectif, très largement pratiqué en Angleterre, aux Etats-Unis ou en Australasie, et dont l'usage s'est répandu en France[3], en Allemagne, en Belgique, en Italie, en Suisse, et généralement dans la plupart des pays industriels[4]. Mais il importe de marquer ici les résultats acquis sur le terrain de la pratique judiciaire.

Le droit pour les syndicats de traiter avec les patrons au nom de la généralité de leurs membres découle, selon nous, jusqu'à l'évidence,

---

[1] R. Jay, dans son rapport, au nom de la Commission de codification des lois ouvrières, sur le livre Ier de cette codification (*Quest. pratiques de législ. ouvr.*, 1904, p. 141).

[2] Sur les avantages économiques et sociaux du contrat collectif, cons. notamment : Brouilhet, *op. cit.*, p. 14 et 26 ; Bourguin, *Systèmes socialistes*, p. 268 et s.

[3] Le contrat collectif a considérablement progressé en France depuis dix ans, malgré l'opposition d'une fraction du patronat. — (Sur cette opposition, v. Rist, *Rev. d'écon. polit.*, 1904, 589, et Pic, à propos des grèves de Marseille, *Chron.*, *Quest. pratiques*, 1905, 25). — Il tend aujourd'hui à se généraliser dans les industries extractives, métallurgiques, typographiques, textiles ; il est très fréquent dans les industries du bâtiment, des constructions navales, des transports, de la manutention des marchandises (dockers des ports), de la boulangerie, dans la viticulture du Midi, etc. — V. les nombreux exemples de conventions collectives rapportés par Raynaud, Moissenet, Bourdon, Laronze, Passama, Appleton. — Cf. les publications de l'Office du travail : *Bull. de l'Office*, *Assoc. professionnelles ouvrières*, 4 vol., 99, 1904 ; *Statistique des grèves et des recours à la conciliation et à l'arbitrage*, 1890-1906. — V. aussi *supra*, nos 293 et s.

[4] Sur le contrat collectif en *Allemagne*, cons. Lotmar, Rundstein, *op. cit.* ; Fany Imle, *Die Tarifverträge in Deutschland*, Iéna, 1907 ; *Soziale Praxis*, *passim* ; Helmer, *Le contrat collectif de travail en Allemagne* (*Econ. franç.*, 23 févr. 1907) ; *Tarifvertrag im deutschen Reich*, Kaisersch, *Statist. Amt*, 3 vol., 1903-06 ; — en *Angleterre*, B. et S. Webb, *Problems of modern industry* ; Raynaud, *Une industrie sans grèves, les mines anglaises*, 1903 ; — en *Italie*, Nicotra, Galizia, *op. cit*[is] ; Bigallet, *Règlement du personnel de la Cie du gaz de Milan* (*Quest. pratiques*, 1906, p. 68, 135 et 177). — Certaines législations étrangères reconnaissent formellement le contrat collectif. Il en est ainsi, non seulement des lois qui consacrent l'arbitrage obligatoire (lois australienne, néo-zélandaise, genevoise, v. *infra*, tit. IV), mais aussi des lois belge (l. 31 mars 1898 sur les Unions professionnelles), danoise (l. 27 janv. 1900 sur l'arbitrage), etc. — Pour plus de développements sur le droit comparé, cons. Passama, p. 32 et s. ; Depitre, rapp. à la Soc. d'Etudes législ. (*Bull.* 1907, p. 208).

soit de la personnalité civile que la loi leur confère, soit de l'objet qu'elle assigne à leur activité. Il serait contradictoire, en effet, de décider que les syndicats « ont exclusivement pour objet l'étude et la défense des intérêts » de la profession, et de leur refuser les seuls moyens d'action efficaces pour la réalisation de cette défense collective. Et de fait, c'est plutôt lorsqu'il s'agit de déterminer les conséquences juridiques de la validité du contrat collectif que la difficulté commence et que les divergences éclatent. Nous avons eu l'occasion d'étudier précédemment, soit les controverses auxquelles a donné lieu la question du droit pour les syndicats de sanctionner par une *mise à l'index* les violations du pacte consenti par les chefs d'industrie (v. *supra*, n°s 318 et s.), soit les hésitations de la jurisprudence sur la détermination des hypothèses dans lesquelles un syndicat peut être admis à poursuivre judiciairement l'exécution du contrat collectif conclu par son entremise (V. *supra*, nos 426 et s.).

443. — Mais, sur le principe même, l'accord semble aujourd'hui réalisé; et la Cour suprême elle-même, dans son arrêt du 1er février 1893, tout en déniant au syndicat des tisseurs de Chauffailles le droit d'ester en justice pour obtenir l'exécution d'un accord dans lequel il n'avait été que *simple intermédiaire*, et non partie principale (v. *supra*, n° 427), a elle-même reconnu implicitement la validité théorique du contrat collectif.

Plus nets encore en ce sens sont les considérants de l'arrêt de Dijon[1], confirmé par l'arrêt de la Cour suprême.

Mais l'une des décisions judiciaires les plus nettes, les plus catégoriques, est assurément le jugement rendu par le tribunal de commerce de la Seine (4 févr. 1892, n° 427, *supra*), dans l'affaire du Syndicat des employés de la Compagnie des omnibus de Paris. Par ce jugement, le tribunal consacre formellement le droit pour les syndicats de discuter contradictoirement avec les chefs d'industrie les clauses du contrat de travail, et d'ester en justice pour obtenir l'exécution stricte du contrat dans l'avenir : « Attendu, — y est-il dit, — qu'il y a lieu de rappeler la Compagnie des omnibus à l'observation du contrat, en disant que dans un délai ou sous une contrainte à impartir, elle sera tenue de ne faire travailler ses employés que 12 heures par jour,

---

[1] Considérant, lisons-nous dans l'arrêt de Dijon du 23 juillet 1890, que *s'il est incontestable* que la fixation du taux des salaires et la réglementation des heures de travail rentrent dans la catégorie des intérêts généraux pour la sauvegarde desquels un syndicat professionnel d'ouvriers peut se constituer, *que par suite les membres de la chambre syndicale de Chauffailles ont pu intervenir* pour faire, au nom des ouvrières syndiquées, la convention du 14 septembre 1885..., etc...

depuis la sortie du dépôt jusqu'à la rentrée au dépôt, non compris le temps du repas fixé à 1 h. 1/2.... Par ces motifs, dit que dans le mois de la signification du présent jugement, la Compagnie sera tenue, etc... »[1].

444. — Nature juridique du contrat collectif. — Il nous resterait à rechercher quelle est la nature juridique du contrat collectif de travail négocié entre un ou plusieurs patrons et un syndicat ou une fédération syndicale ? La question est d'importance ; car de la solution qu'elle reçoit dépendent, soit la détermination des personnes obligées et la mesure de leurs obligations, soit les sanctions que comporte l'inexécution de la convention. Mais nous croyons préférable de renvoyer à notre étude sur le contrat de travail (tit. 2, chap. 2, sect. 5 *infra*) l'examen de cette question, qui s'y rattache étroitement. Nous examinerons en même temps les divers projets ou avant-projets de loi, tendant à réglementer concurremment le contrat individuel et les conventions collectives de travail.

Qu'il nous suffise d'indiquer ici, sauf à justifier par la suite notre affirmation, qu'à notre avis le contrat collectif de travail n'est pas un simple contrat de travail-type, proposé à l'agrément des parties, puisque l'on y voit figurer fréquemment des clauses qui ne sauraient trouver place dans un contrat de travail individuel. Il ne saurait s'analyser non plus, ni en une stipulation pour autrui, ni en un mandat ou un acte de gestion d'affaires, attendu que le syndicat qui négocie un contrat collectif traite *en son nom propre*, en vertu des pouvoirs qu'il tient de la loi elle-même pour la défense des intérêts corporatifs. La solution la plus exacte, la plus conforme à la réalité des choses et à l'intérêt commun des parties est de l'envisager comme un *contrat innomé* (art. 1107, C. civ.), contrat synallagmatique conférant des droits et imposant en retour des obligations à chacune des parties en cause, c'est-à-dire aux patrons d'une part[2], au syndicat ès qualités et à l'ensemble des syndiqués dont le syndicat est l'organe et le défenseur qualifié, d'autre part[3].

---

[1] L'arrêt précité de la Cour de Lyon, du 10 mars 1908, n'est pas moins explicite : « Attendu que la convention collective du 20 juill. 1905 (entre la Cie des chemins de fer à voie étroite de Saint-Etienne et son personnel syndiqué) tend à assurer le maintien des conditions générales du salaire, sans viser spécialement tels ou tels ouvriers à l'exclusion des autres : — que le syndicat est donc en droit de l'exercer pour la défense de l'intérêt corporatif ». Cf. trib. civ. Cholet, 12 févr. 1897, précité.

[2] Sur le caractère obligatoire du contrat collectif pour les chefs d'industrie signataires, cons. notamment trib. civ. St-Etienne, 13 juill. 1903 (*Quest. prat.*, 1903, 380).

[3] Sur le caractère juridiquement obligatoire du contrat collectif pour l'ensemble des syndiqués, cons. notamment : Jay, *Rev. d'écon. polit.*, 1894, p. 305 ; Passama,

Ce contrat, sur lequel doivent se modeler à l'avenir, tant qu'il reste en vigueur, tous les contrats de travail individuels à intervenir entre les personnes qu'il régit, n'en demeure pas moins distinct de ces contrats particuliers, et par son objet plus vaste et plus complexe, et par sa durée, qui peut (comme celle des sociétés par exemple) dépasser celle de la vie humaine, contrairement au principe posé dans l'art. 1780[1], et par les sanctions qu'il comporte[2].

Ces controverses doctrinales se prolongeront tant que le législateur ne les aura pas résolues par un texte précis. — V., sur les projets de loi soumis au Parlement, tit. II, chap. II, sect. V, *infra*. — Mais dès

---

op. cit., p. 7 et 77; Lotmar, t. Ier, p. 773; J. Appleton, *op. cit.* — Cf., dans le sens de l'obligation *personnelle* du syndicat, comme tel, réagissant sur les syndiqués pris isolément, trib. civ. Cholet, 12 févr. 1897, et C. Lyon, 10 mars 1908, précité. — Il ne suffit donc pas de dire, et sur ce point nous abandonnons la doctrine enseignée par nous jusqu'ici (2e éd., n° 444, — Cf. Dall., *Suppl.*, v° *Travail*, n° 892), que le Comité directeur du syndicat aura, contre les syndiqués dissidents, qui refuseraient de se soumettre aux obligations résultant pour eux du pacte, tant envers le syndicat qu'au regard des chefs d'industrie, certains moyens de contrainte, tels que le droit d'exclusion du syndicat (Trib. civ. Havre, 26 oct. 1894, D. 95, 2, 202; Grenoble, 6 mai 1902, D. 1903, 2, 31); tenus d'une obligation *de faire*, au même titre que les associés liés par un acte régulier du gérant, ils seront, en cas d'inexécution, passibles de dommages-intérêts, soit envers le chef d'industrie, soit envers le syndicat (Passama, p. 71 et s., 91, 162; Lotmar, p. 799. — Cf. Grenoble, 6 mai 1902, précité). — Cf. art. 15 proj. gouvern.; art. 48-2° projet de la Commission d'Etudes législatives. — Il n'en serait autrement que si le syndiqué dissident était en mesure d'établir que les administrateurs du syndicat, négociateurs du traité, ont excédé les pouvoirs qu'ils tiennent des statuts, ou d'un vote de l'assemblée générale (Trib. com. Nantes, 13 avril 1897, *Rev. soc.*, 1898, 131). — Cf. Moissenet, p. 228.

Au regard des non-syndiqués, le contrat collectif ne peut valoir que comme acte de gestion d'affaires, le syndicat n'ayant pas qualité pour représenter les travailleurs non syndiqués, et ceux-ci ne pouvant être liés que s'ils acquiescent librement aux stipulations du pacte, soit à l'avance, par un mandat formel donné aux négociateurs, soit après coup, par un acte d'adhésion spontanée. — Rundstein, *op. cit.*, p. 82; Passama, p. 93. — Ces solutions découlent nécessairement du caractère essentiellement facultatif, en droit français, des syndicats professionnels. — Remarquons toutefois que la convention collective pourrait être considérée par le juge, en l'absence de stipulations contraires insérées dans les contrats individuels passés avec les non-syndiqués, comme l'expression d'un *usage local* (Just. de paix Narbonne, 11 nov. 1905, *Bull. Off. trav.*, févr. 06). — Cf. art. 18 proj. gouvern. sur le contrat de travail. — V. *infra*.

[1] Sur la possibilité de conclure un pacte collectif de longue durée, cons. notamment : Lyon, 10 mars 1908, et l'étude précitée de M. J. Appleton.

[2] Tous les développements fournis au texte se réfèrent à l'hypothèse d'un contrat collectif négocié par un syndicat. Quant aux contrats de ce genre intervenus entre un patron et son personnel non syndiqué, contrats reconnus par la loi de 1892 sur la conciliation et l'arbitrage, ils ne sauraient avoir la même solidité juridique, les non-syndiqués formant une masse amorphe, dépourvue de toute entité juridique, et de graves difficultés pouvant s'élever en fait sur l'existence même du mandat conféré par une assemblée de grévistes, par exemple, à ses délégués au comité de conciliation. — Nous ne pouvons qu'indiquer ici la difficulté, nous réservant de revenir par la suite sur cette question de mandat, et sur les moyens légaux proposés pour la résoudre. — V. *infra*, tit. II, chap. II, sect. V, et tit. III.

aujourd'hui, nous l'avons démontré, le droit pour tout syndicat régulier, mandaté par un vote de l'assemblée générale, de négocier et de traiter au nom de ses membres (voire même de stipuler pour l'ensemble des travailleurs de la profession, sauf ratification par les non-syndiqués), peut être considéré comme admis sans contestation sérieuse. Les discussions mêmes qui s'engagent, tant sur l'étendue de ce droit que sur son mode d'exercice, ou sur ses conséquences juridiques, ne font en un certain sens qu'en confirmer l'existence.

445. — Des restrictions apportées par la loi au droit pour les syndicats de contracter. — Si les syndicats ont le droit de contracter, c'est à la condition de se *cantonner* dans le domaine qui leur est assigné par la loi syndicale elle-même, c'est-à-dire de ne pas se transformer en sociétés commerciales d'une part (v. *supra*, n° 400), et de ne pas se livrer d'autre part à des opérations, même civiles, ayant des immeubles pour objet. Examinons successivement cette double restriction apportée par la loi à la capacité syndicale.

446. — A. *Interdiction de faire le commerce.* — Nous avons déjà dit quelques mots (*supra*, n° 401) de la *première restriction* apportée à la capacité juridique des syndicats professionnels, en ce qui concerne les *actes de commerce.* L'objet propre des associations professionnelles est de contribuer à la défense des intérêts professionnels ; mais ces associations ne peuvent pas s'adonner elles-mêmes au commerce. Leur droit se borne, à cet égard, à faciliter la constitution, entre leurs membres, de sociétés coopératives ; mais ces sociétés, distinctes du syndicat, doivent, à peine de nullité, se conformer aux prescriptions de la loi de 1867.

C'est ainsi, notamment, qu'un syndicat de patrons ne saurait, sans violer la loi, adopter une marque de fabrique ou de commerce, exploiter un brevet d'invention ; qu'un syndicat ouvrier ne pourrait, par lui-même, se porter adjudicataire d'une entreprise de travaux publics ou privés. Mais rien n'empêche le syndicat ouvrier de créer, dans son sein, une société coopérative de production, apte à se porter adjudicataire, pourvu qu'elle ait été constituée dans les formes légales. Depuis quelques années, l'administration favorise même la constitution de ces sociétés (v. art. 2, décret des 4-5 juin 1888), aux termes duquel les « sociétés d'ouvriers français, constituées dans une des formes prévues par l'article 19 du Code de commerce ou par la loi du 24 juillet 1867, peuvent soumissionner, dans les conditions ci-après déterminées, les travaux ou fournitures faisant l'objet des adjudications de l'*Etat* » ; suit l'énumération de ces conditions très faciles à remplir. — *Adde* : loi du 25 juillet 1893 sur l'admission des associations ouvrières françaises aux marchés de travaux et de fournitures à passer pour le compte des communes [1].

447. — *Syndicats agricoles.* — Des difficultés se sont élevées parfois sur le caractère des opérations les plus usuelles des syndicats agricoles. Ces syndicats, le plus souvent, achètent en gros les matières nécessaires à l'agriculture, notamment les engrais chimiques, et répartissent ces acquisitions entre les membres, au prorata des demandes de chacun, sur les bases du prix d'achat, légèrement majoré pour couvrir les frais généraux de l'opération. La question s'est posée de savoir si, en procédant ainsi, les syndicats agricoles ne violaient pas la loi, s'ils ne faisaient pas acte de commerce ? [2].

Mais la solution négative a prévalu, avec raison, selon nous. Ce qui constitue essentiellement l'acte de commerce, c'est l'achat pour revendre, *avec bénéfice*, la spéculation sur la revente ; or, dans l'espèce actuelle, il y a bien achat, mais non pas revente : le syndicat est simplement un mandataire chargé d'acheter, et s'il se fait rembourser une somme légèrement supérieure au prix d'achat, c'est uniquement pour s'indemniser des frais d'exécution de son mandat. — Toulouse, 26 mars 1889, D. 90, 1, 144. Il n'y aurait acte de commerce prohibé qu'autant que le syndicat spéculerait sur ses achats, revendrait avec bénéfice, ou stipulerait le paiement d'une commission. Tels sont les principes formulés dans une lettre adressée, à la date du 27 avril 1888, par le Ministre du commerce au président de la Chambre de commerce de Paris (texte rapporté dans Glotin, p. 245) [3].

448. — Les pratiques illicites énumérées *supra* exposeraient les administrateurs à des poursuites pénales (art. 9), sans préjudice de la faculté pour le tribunal de prononcer la dissolution du syndicat. Mais, s'il y a *incompatibilité* légale entre les attributions des syndicats et l'exercice par eux d'un commerce quelconque, du moins ne saurait-on les considérer comme juridiquement incapables de faire le commerce. D'où il suit que le tribunal de commerce serait compétent pour con-

---

[1] V. le texte du décret de 1888 et de la loi de 1893 dans le *Recueil* Cohendy, p. 232 et s.

[2] Cons. notamment : Glotin, p. 244 ; Coulet, *Le mouvement syndical et coopératif dans l'industrie française*, p. 41 et suiv. ; Gairal, *Droits et devoirs des syndicats agricoles*, p. 95 et suiv. ; Dall., *Suppl. au Rép.*, v° *Travail*, n° 880. — V. aussi Sylvestre, *Œuvre des syndicats agricoles par l'organisation collective de l'achat et de la vente*, th. 1905.

[3] A plus forte raison un syndicat agricole excéderait-il ses droits s'il s'avisait de mettre en vente des marchandises n'ayant pas de rapports avec les intérêts professionnels de ses membres (épicerie, effets d'habillement, etc.). — Trib. Bar-le-Duc, 22 oct. 1907, *Bull. Off. trav.*, 1907, p. 1184.

naître des litiges auxquels pourraient donner lieu les opérations commerciales engagées par un syndicat. — Angers, 29 oct. 1894, *Ann. de dr. comm.*, 95, 1, 8.

449. — *Assurance mutuelle : crédit agricole mutuel.* — La même distinction doit nous conduire logiquement à décider que si les syndicats agricoles peuvent se constituer les *assureurs* de leurs membres[1] (l'assurance mutuelle est, en effet, par définition, exclusive de toute idée de lucre), il leur est interdit au contraire de faire eux-mêmes les opérations de *crédit mutuel*. Ces opérations ont, par elles-mêmes, un caractère commercial, même lorsqu'elles interviennent exclusivement entre syndiqués et qu'elles ont uniquement pour objet de fournir à ceux-ci les moyens pratiques d'améliorer leurs domaines. L'objectif du crédit mutuel peut être syndical ; mais les moyens mis en œuvre sont *d'ordre commercial* : un syndicat, comme tel, n'y peut donc recourir.

450. — Un parti important s'était préoccupé, dès le lendemain de la mise en vigueur de la loi de 1884, des entraves que cette limitation du champ d'action des syndicats agricoles pouvait apporter à leur développement. De là, certaines dispositions inscrites, dans le projet relatif à l'organisation du *crédit agricole populaire* déposé le 10 mai 1890 sur le bureau de la Chambre par M. Méline, dispositions tendant à conférer aux syndicats le droit de faire, même avec bénéfices, certaines opérations d'achats et reventes de matières premières, ou certaines opérations de crédit mutuel, rentrant dans la catégorie des actes de commerce.

Ce projet de loi fut voté en première lecture par la Chambre sur le rapport de M. Mir (Ch., *Doc. parl.*, 1892, p. 207). Mais le principe nouveau qu'il consacrait souleva de vives protestations. Cette confusion voulue de deux organismes distincts, loin d'activer le mouvement syndical, risquait en effet d'en compromettre le développement en faisant peser sur les administrateurs des responsabilités nouvelles, auxquelles ils n'étaient point préparés[2]. En présence de ces protestations, le gou-

---

[1] La loi du 4 juill. 1900 (D. 1900, 4, 82) a même facilité notablement la constitution de ces *caisses d'assurances mutuelles agricoles*, en les affranchissant expressément de l'observation du décret du 22 janv. 1868 (modifié depuis lors par le décret du 10 juill. 1901) sur les sociétés d'assurance mutuelle, et en disposant qu'elles pourraient se constituer « en se soumettant aux prescriptions de la loi de 1884 sur les syndicats professionnels ». — Sur l'obligation pour le syndicat, avant cette loi de 1900, de se conformer au décret de 1868, v. Bigallet, *A quelles conditions un syndical professionnel peut-il se constituer le propre assureur de ses membres* (*Quest. prat. de législ. ouvr.*, 1900, p. 96 et s.).

[2] Maurin et Brouilhet, *Manuel pratique de crédit agricole*, 1900, p. 6. — V. aussi Benoît-Lévy, *Manuel des sociétés de crédit agricole, loi de 1894*, introd.

vernement crut devoir saisir de la question une commission extraparlementaire : des travaux de cette Commission sortit un texte très différent de celui du projet primitif, tendant à encourager la formation de sociétés de crédit mutuel sous l'égide des syndicats, mais maintenant les sociétés ainsi créées à l'état d'organismes distincts des syndicats qui leur auraient donné naissance. C'est ce projet nouveau qui est devenu la loi des 5-6 novembre 1894 sur les sociétés de crédit agricole (D. 95, 4, 25), complétée et amendée par les lois des 30 mars 1899, 20 juillet 1901, 14 janvier 1908.

451. — *Loi de 1894 sur le crédit agricole*. — Ce n'est pas ici le lieu de présenter le commentaire de la loi de 1894, qui trouvera naturellement sa place dans notre titre IV. Qu'il nous suffise de constater que la loi de 1894 n'a dérogé en rien au principe posé par nous précédemment, de l'interdiction pour les syndicats, comme tels, de se livrer à des opérations commerciales. La société de crédit agricole, du type 1894, a bien pour support nécessaire un syndicat, puisqu'elle ne peut se former qu'entre membres des syndicats professionnels agricoles (art. 1er); mais elle n'en constitue pas moins une personne morale distincte du ou des syndicats qui l'ont créée, une société commerciale autonome (art. 4), dont les opérations ne sauraient à aucun titre réagir sur le patrimoine propre du syndicat[1].

452. — B. *Interdiction des spéculations sur immeubles*. — La seconde restriction apportée par la loi de 1884 à la capacité de contracter des syndicats professionnels, se réfère aux spéculations, même non commerciales, ayant des immeubles pour objet. Un syndicat professionnel ne pourrait, sans s'écarter de son but et violer la loi, se transformer en une société immobilière (dont l'objet est d'acheter des immeubles pour les revendre ou les louer *avec bénéfice*). Un *syndicat professionnel* ne pourrait pas davantage, bien que la question ait été discutée, exploiter lui-même une *mine*, la mine étant immeuble et la loi interdisant aux syndicats de posséder des immeubles de rapport ; il en serait ainsi, même des mines non exploitées, qu'un syndicat d'ouvriers mineurs voudrait mettre en valeur en vertu d'un accord intervenu entre le concessionnaire primitif et les administrateurs du syndicat. La question a été résolue en ce sens par le tribunal civil de Saint-Etienne et la Cour d'appel de Lyon, à l'occasion d'une instance soutenue par le *Syndicat des mineurs de la Loire* contre la Compagnie des Houillères de Rive-de-Gier (célèbre affaire dite de la *mine aux*

---

[1] Maurin et Brouilhet, p. 51 ; Coulet, p. 116 ; Gairal, p. 335 et s. ; Dalloz, *Suppl. au Rép.*, v° *Travail*, n°s 885 et s.

mineurs). Voici les principaux considérants, très nets, du jugement rendu à la date du 21 mai 1889, par le tribunal civil de Saint-Etienne (*Rev. des Soc.*, 1889, p. 414) : « Attendu que la seconde condition était, pour le syndicat, de se substituer complètement aux lieu et place de la compagnie concessionnaire, qu'il paraît ne pas avoir compris que son obligation ne sera remplie que le jour où, dépouillant *cette apparence de syndicat* destiné à exploiter les mines, il aura formé une *société civile régulière*..., accorde au syndicat un délai de six mois pour régulariser sa situation ».

Le syndicat des mineurs, s'étant conformé à l'injonction contenue dans le jugement du tribunal et ayant constitué entre ses membres une *société coopérative régulière*, obtint définitivement gain de cause devant la Cour de Lyon. Celle-ci, dans son arrêt, prit soin de constater que le syndicat s'était mis en règle avec la loi, et que, par suite, les prétentions de la Compagnie de Rive-de-Gier, tendant à obtenir le délaissement de la concession volontairement abandonnée par elle au syndicat, n'avaient plus de raison d'être (Lyon, 26 mars 1891, D. 91, 2, 201).

453. — De ces exemples typiques, il ressort que si les syndicats professionnels ne peuvent pas faire le commerce ou exploiter une branche d'industrie par eux-mêmes, rien ne leur est plus facile que d'arriver à ce but, en s'adjoignant une société civile ou commerciale, appropriée au but poursuivi, constituée entre leurs membres suivant les formes déterminées par la loi.

Aussi ne saurions-nous adhérer sans réserves à la partie du projet Waldeck-Rousseau, tendant à établir entre le syndicat, et les sociétés coopératives de production ou de crédit créées par lui, un lien de droit tellement intime qu'à vrai dire la société coopérative ne serait plus qu'un des aspects extérieurs du syndicat (V. *infra* notre analyse critique de l'art. 6 du projet).

§ 5. — Dissolution des syndicats

454. — **Causes de dissolution**. — Théoriquement, les syndicats professionnels, pures entités légales indépendantes des individus qui les composent, peuvent avoir une durée indéfinie, illimitée. Néanmoins, de nombreuses causes d'extinction, les unes statutaires, les autres accidentelles ou en tous cas postérieures à leur création, peuvent mettre fin à leur existence juridique. Ces causes d'extinction se divisent en deux catégories : dissolution volontaire, dissolution forcée.

a) Cas de dissolution volontaire. — Ces cas sont au nombre de trois : — 1° L'arrivée du terme fixé par les statuts. — Il appartient du reste à l'assemblée générale d'empêcher cette cause d'extinction de produire effet en décrétant (avant l'arrivée du terme statutaire) la prorogation du syndicat pour une durée déterminée, ou même en supprimant purement et simplement le terme fixe assigné primitivement à l'association ;

2° La réalisation du but en vue duquel le syndicat a pu se constituer. — C'est ainsi qu'un syndicat constitué *exclusivement* en vue de soutenir une grève prendra fin après la reprise du travail, à moins que les syndiqués ne votent, ainsi que cela arrive le plus souvent, la prorogation indéfinie du syndicat ;

3° Le vote de dissolution, émané de l'*unanimité* des membres du syndicat. — Certains auteurs décident même qu'en pareille matière le *vote de la majorité* doit suffire ; mais nous croyons plus juridique, et plus conforme à l'esprit de la loi, d'exiger l'unanimité. La personnalité du syndicat est en effet indépendante de celle des individus qui le composent, et l'article 7 démontre que, dans l'esprit du législateur de 1884, la démission individuelle, libre d'ailleurs de toute entrave, est la seule voie légale ouverte aux membres mécontents de la gestion sociale, ou désireux, pour une cause quelconque, de recouvrer leur liberté d'action. Qu'importe dès lors le nombre plus ou moins grand des démissions ? Qu'importe même le fait que la majorité entend se retirer du syndicat ? Dès l'instant que la loi n'a pas reconnu à cette majorité le droit de provoquer l'extinction de l'association, celle-ci doit subsister tant qu'il reste un membre pour lui servir de *substratum*. Il en est, selon nous, des syndicats, comme des congrégations religieuses autorisées, lesquelles subsistent comme être moral, d'après la jurisprudence, tant qu'il reste *une seule* des personnes qui en faisaient partie (Civ. cass., 23 mai 1849, D. 49, 1, 161). Cette solution paraît inacceptable aux auteurs qui reconnaissent aux membres du syndicat le droit de se partager, après dissolution, l'actif social ; mais l'objection est sans portée pour nous, car nous établirons qu'en aucun cas les membres d'un syndicat dissous ne sauraient prétendre à une fraction quelconque de l'actif.

455. — *b) Dissolution forcée.* — La dissolution forcée est prononcée, à *titre de peine complémentaire*, par le tribunal correctionnel, et à la requête du ministère public, pour infraction aux articles 2 à 6 de la loi de 1884, c'est-à-dire pour inobservation, soit des formes de publicité auxquelles la loi subordonne la régularité des syndicats, soit des conditions de fond, ou pour violation des règles légales relatives à l'affectation des acquisitions immobilières. Remarquons, du reste, que, dans ces différentes hypothèses, la dissolution est *facultative* pour le tribunal, qui ne la prononcera, bien évidemment, que dans le cas d'une contravention grave aux prescriptions légales, contravention susceptible de porter atteinte à l'ordre public. Cette pénalité sera d'autant plus rarement prononcée qu'il n'appartient pas au tribunal de la prononcer *d'office*; il ne peut le faire qu'*à la diligence du procureur de la République*; or, il est certain que le parquet ne prendra de telles réquisitions que dans des cas graves. La Cour de Paris a fait usage, il y a quelques années, de ce pouvoir discrétionnaire à l'occasion des poursuites exercées contre les secrétaires des quarante-sept syndicats irréguliers affiliés à la Bourse du travail de Paris : quarante-cinq prévenus ayant fait défaut à l'audience, par ordre de la Commission exécutive de la Bourse, la Cour confirma à leur égard la décision des premiers juges (50 fr. d'amende et dissolution), tandis qu'elle réduisait l'amende à 25 fr., et retirait la peine de la dissolution pour les deux comparants, qui justifiaient avoir effectué, depuis le jugement, le dépôt des statuts (Paris, 8 nov. 1893) [1].

456. — La compétence du tribunal correctionnel est exclusive, soit de celle du tribunal civil (qui n'a pas qualité pour prononcer une peine), soit à plus forte raison de la compétence administrative. Nous avons vu, en effet, que le législateur de 1884 avait entendu affranchir les syndicats professionnels de toute tutelle administrative : l'autorité administrative ne peut pas plus les dissoudre qu'il ne lui appartient de s'opposer à leur naissance.

457. — **Effets de la dissolution.** — Plusieurs commentateurs de la loi de 1884 croient devoir décider qu'à la dissolution, les membres du syndicat disparu ont le droit de se répartir l'actif. Les biens du syndicat dissous, défalcation faite des sommes dues aux créanciers, seraient, comme dans le cas de dissolution d'une société commerciale, la propriété indivise de tous les membres actuels, lesquels auraient droit chacun à une part égale, à moins que les statuts n'établissent une autre base de répartition, telle que la proportionnalité au chiffre total des apports, c'est-à-dire des cotisations versées par chaque copartageant [2].

Cette solution est parfaitement logique dans le système d'après lequel les syndicats professionnels constitueraient des sociétés privées; mais elle est inadmissible, au contraire, dans la doctrine qui envisage les

[1] V. aussi Crim. rej., 18 février 1893, D. 94, 1, 26 (patrons du Nord), et Paris, 26 janvier 1894 (*Rec. des Soc.*, 94, 295).
[2] V. notamment : Boullaire, p. 131.

syndicats comme des établissements d'utilité publique. Si les syndicats sont des établissements d'utilité publique, il faut nécessairement leur appliquer la loi de ces établissements et décider en conséquence que l'actif net, demeuré disponible après acquittement intégral des dettes impayées du syndicat dissous, doit faire retour à l'Etat. Le principe du retour à l'Etat des biens délaissés par un établissement d'utilité publique dissous ne saurait sérieusement être contesté. Il a été maintes fois proclamé par les lois de l'époque intermédiaire, notamment par la loi des 2-17 mars 1791 déclarant propriétés nationales les biens des corporations supprimées ; il est implicitement contenu dans les dispositions des articles 713 et 539 du Code civil, ainsi que l'a très justement fait observer M. Ducrocq (*Droit administratif*, t. II, n° 1337).

Enfin, le même principe a été appliqué par la loi du 24 mai 1825 aux congrégations autorisées de femmes, par la loi du 15 juillet 1850 aux sociétés de secours mutuels (dont l'analogie avec les syndicats professionnels est manifeste), et par la loi des 12-27 juillet 1875 aux établissements d'enseignement supérieur libre[1]. Pourquoi ne pas l'appliquer au patrimoine des syndicats ? Il est vrai que les lois de 1825, 1850, 1875 règlent l'emploi, par l'Etat, des biens provenant des congrégations, des sociétés de secours mutuels ou des établissements d'enseignement supérieur disparus, et lui font une obligation d'affecter lesdits biens à des œuvres ecclésiastiques, d'assistance ou d'enseignement ; tandis que la loi de 1884 est muette sur l'affectation à donner aux biens provenant de l'actif syndical. Mais cette lacune de la loi ne peut nous autoriser à écarter, sans y être contraint par un texte formel, l'application d'un des principes les plus certains de notre droit public, d'autant plus que le retour à l'Etat des biens syndicaux, même non réglementé, est certainement plus conforme aux intérêts généraux pour la *défense* desquels ces associations avaient été constituées, que ne le serait le partage entre les adhérents actuels. Ce partage (dont seraient exclus les adhérents démissionnaires, alors cependant que leurs cotisations ont grossi le patrimoine syndical pendant un temps plus ou moins long), enrichira certains individus, sans profit réel pour la collectivité ; l'Etat, au contraire, ne manquera pas d'affecter les valeurs provenant de cette source à des fondations d'intérêt général, ou à des subventions destinées à soutenir des établissements de même nature.

Au point de vue économique, la solution proposée par nous n'a donc que des avantages. D'autre part, au point de vue du droit positif, elle nous paraît la plus conforme aux textes.

La dissolution peut en effet être envisagée comme une démission en

---

[1] V. aussi la loi du 9 déc. 1905, sur la séparation des Eglises et de l'Etat, art. 5 et 9.

masse, si elle est volontaire, ou, si elle est forcée, comme une exclusion en masse de tous les membres de l'association (Glotin, p. 305).

Or l'article 7, § 1er, refuse expressément aux démissionnaires et implicitement aux membres exclus, tout droit sur l'actif social! Lorsque le législateur entend conférer aux associés, à la dissolution, un droit sur l'actif social, il procède d'une façon inverse à l'égard des démissionnaires, c'est-à-dire qu'il les autorise à reprendre leur apport (art. 52, loi de 1867 sur les sociétés à capital variable) [1].

458. — Concluons donc que l'Etat, en cas de dissolution d'un syndicat professionnel, recueille seul, à l'exclusion des membres actuels, l'actif net de l'association. Ce principe comporte toutefois une double restriction : — 1° Les biens provenant de dons ou legs doivent faire retour au donateur ou à ses représentants (argum. d'analogie tiré de l'art. 8 *in fine*, loi de 1884, de l'art. 12, loi du 12 juillet 1875 sur l'enseignement supérieur libre, et de l'art. 7 *in fine*, loi du 9 décembre 1905). Ces biens ne pourront être revendiqués par l'Etat que si le donateur est mort sans laisser d'héritiers pouvant exercer le droit de retour. — 2° Les statuts du syndicat peuvent avoir réglé expressément la répartition des biens acquis à *titre onéreux*, en vue d'une dissolution possible, décidé par exemple que ces biens se partageront entre les syndiqués ou qu'ils seront affectés à une *fondation* déterminée, ou remis à tel autre syndicat existant.

A première vue, il semble difficile de donner effet à une telle clause. Sans parler des difficultés spéciales que soulève la validité des *fondations*, inscrites dans une libéralité testamentaire par exemple, il est difficile de méconnaître que cette clause a tous les caractères d'une libéralité, mais d'une libéralité différente des deux seules formes de libéralités reconnues par le Code civil (art. 893), la donation et le testament. Cependant un doute sérieux surgit à la lecture de l'article 12 de la loi de 1875, sur l'enseignement supérieur libre, portant « *que les biens acquis à titre onéreux font également retour* à l'Etat, *si les statuts ne contiennent à cet égard aucune disposition* ». Qu'est-ce à dire, sinon que dans la pensée du législateur de 1875 les établissements d'utilité publique ont précisément le droit de faire en quelque sorte leur testament, et de régler la dévolution de leurs biens? Si les établissements d'enseignement supérieur ont ce droit, pourquoi ne pas le reconnaître aux syndicats professionnels, qui sont au moins aussi favorables?

459. — La loi de 1901 sur les associations est venue encore fortifier cette argumentation. Il est dit, en effet, dans l'article 9, qu' « en cas de

[1] Cf. Dall., *Suppl. au Rép.*, v° *Travail*, n° 913; Jolly, p. 121.

dissolution volontaire, statutaire ou prononcée par justice, les biens de l'association seront dévolus *conformément aux statuts*, ou, à défaut de disposition statutaire, suivant les règles déterminées en assemblée générale »[1]. Cette dernière prescription, qui aboutirait à rendre illusoire le principe du retour à la collectivité des biens du syndicat dissous, ne nous paraît pas devoir être étendue aux syndicats, à raison précisément de ce fait, qu'à la différence des associations ordinaires, les syndicats constituent des établissements d'utilité publique dont le patrimoine après dissolution doit avoir une affectation *sociale*.

Mais nous admettrons au contraire, comme étant l'expression du droit commun, la faculté reconnue aux fondateurs du syndicat de régler, par une clause expresse des statuts, la dévolution de l'actif après dissolution.

Il n'en est pas moins vrai qu'il eût été bien préférable de déterminer légalement l'affectation que devront recevoir, à défaut de clause dérogatoire des statuts, les biens laissés par un syndicat dissous. Aussi y aurait-il tout avantage, lors de la révision de la loi syndicale, à compléter ce texte sur ce point. L'on pourrait dans ce but s'inspirer de la proposition Dussaussoy (5 février 1895, Ch., *Doc. parl.*, 95, p. 225), prescrivant l'attribution des biens composant l'actif syndical, à défaut de clauses statutaires réglant la dévolution, soit à un syndicat similaire, soit, à défaut de syndicat similaire, au bureau de bienfaisance de la commune siège du syndicat (Cf. art. 7, loi 9 déc. 1905).

§ 6. — Unions de syndicats. — Fédérations ouvrières. Bourses du travail et Confédération générale du travail[2]

I. — Unions ou fédérations syndicales

460. — **Principe du droit d'union**. — Les divers syndicats d'une même région, ou les syndicats d'une même industrie, même disséminés sur les différents points du territoire, peuvent avoir des *intérêts communs* à défendre. Ainsi que le fit observer M. Hiélard, au nom de

[1] V. aussi art. 5-7°, et art. 11 *in fine* de la loi organique du 1er avril 1898, sur les sociétés de secours mutuels.

[2] F. Pelloutier, *Histoire des Bourses du travail, origines, institutions, avenir*, 1 vol. in-8, 1901, et *Rev. polit. et parlem.*, 1er sept. 1899 ; de Seilhac, *Les Congrès ouvriers*, 1900, et *Syndicats ouvriers, Fédérations, Bourses du travail*, 1902 ; Le Theuf, *Histoire de la Bourse du travail de Paris*, th. 1902 ; Boivin, *La Bourse du travail en France*, th. 1905 ; Faedouel, *La Fédération des travailleurs du livre*, th. 1905 ; Pouget, *La Confédération du travail*, 1907 ; Griffuelhes, *L'action syndi-*

l'*Union nationale du commerce*, lors de l'enquête ouverte en 1884 sur la question de savoir s'il fallait reconnaître ou prohiber les unions de syndicats, « à côté des questions purement techniques, où la compétence des gens de métier est indispensable et suffisante, il en est d'autres et très nombreuses qui visent des intérêts communs à plusieurs corps d'état, quelquefois même à toute l'industrie d'une région et d'un pays, douanes, transports, etc. ». Le principe même de la reconnaissance des Unions de syndicats rencontra cependant au Sénat des adversaires résolus. Ces fédérations syndicales, disait-on, surtout les fédérations ouvrières, capables de grouper à un moment donné, en vue d'une action commune, plus d'un million de travailleurs, sans compter les travailleurs ruraux, constitueraient un véritable danger social ; il n'est pas admissible que le législateur fournisse des cadres à l'armée de la Révolution sociale.

M. Tolain triompha de ces résistances en faisant observer qu'il ne pouvait plus être question d'empêcher la formation des Unions de syndicats ; que ces fédérations existaient depuis longtemps en fait, soit entre patrons (exemple, l'Union nationale de la rue Lancry), soit entre associations ouvrières (Fédération des travailleurs du livre, fondée en 1881 ; Union des chambres syndicales ouvrières de France, etc.), et qu'il était dès lors beaucoup plus politique et plus prudent de les reconnaître en les réglementant que de les pousser par une persécution maladroite dans la voie révolutionnaire. « Malgré toutes les prohibitions légales, concluait-il, ceux qui ne rêvent que violences, tranformation brusque de l'Etat, ne reculeront pas devant les risques d'une organisation occulte, mais ils n'auraient pas le contre-poids des associations de travailleurs formées légalement, vivant au grand jour » (Sénat, 31 juill. 1883).

Ces considérations prévalurent, et le principe du droit d'union fut inscrit dans l'article 5 de la loi de 1884.

Deux questions se posent sur cet article : — *a*) Conditions de validité de l'Union de syndicats ; — *b*) Mode de fonctionnement et droits de l'Union.

461. — A. Conditions de validité de l'Union de syndicats. — Ces conditions se subdivisent, comme pour les syndicats isolés, en conditions de forme et conditions de fond.

---

caliste, 1907 ; Beaupin, *La Confédération générale du travail*, broch. 1908. — V. aussi : Musée social, *La Fédération des travailleurs du livre* (circul. 15, série B) ; Banneux, *Bourses du travail*, *Journ. des économ.* (15 déc. 1900) ; Payen, *Les Bourses du travail* (*Econom. franç.*, 8 mars 1902). — Conf. les chroniques de la *Rev. polit. et parl.*, du *Mouvement socialiste*, de la *Voix du Peuple*, organe de la C. G. T., la *Revue syndicaliste*, etc.).

1° *Conditions de forme.* — L'article 5 paraît n'exiger qu'une seule formalité : le dépôt à la mairie des noms de tous les syndicats composant l'Union. Faut-il donc en conclure que les unions n'ont pas besoin de déposer leurs statuts, ni de faire connaître les noms de leurs directeurs et administrateurs? On l'a prétendu [1] ; mais nous n'hésitons pas à nous prononcer en sens contraire, et à décider, avec la circulaire ministérielle « que si l'Union est régie par des statuts, elle doit également les déposer ». Il est également nécessaire que l'Union fasse connaître le lieu où siègent les syndicats unis. Cette solution est d'abord la plus conforme à l'esprit de la loi. Le législateur de 1884 n'a autorisé les unions qu'avec une certaine défiance ; il serait au moins étrange qu'il les affranchît de la seule mesure susceptible de faciliter le contrôle de l'autorité judiciaire ; mesure d'ailleurs imposée aux syndicats individuellement envisagés. De plus, les textes sont également favorables à notre interprétation. En effet, tout d'abord, l'article 5 renvoie à l'article 4, § 2 ; or, le § 2 n'est que le complément indispensable du § 1er, lequel impose aux fondateurs l'obligation de déposer à la mairie du siège social (ou, à Paris, à la préfecture de la Seine) le texte des statuts, ainsi que les noms de tous les administrateurs ou directeurs. De plus, l'article 9 punit les administrateurs d'une peine correctionnelle en cas d'infraction à l'article 5 ; or, comment le parquet connaîtrait-il, soit l'existence de l'infraction, soit les noms des coupables, si les Unions des syndicats n'étaient pas tenues de déposer leurs statuts et les noms de leurs administrateurs ?

462. — 2° *Conditions de fond.* — Ces conditions se réfèrent aux personnes et à l'objet.

a) *Personnes.* — Les seules personnes juridiques admises à entrer dans une union de syndicats sont les *syndicats régulièrement constitués.* Les directeurs d'une union qui comprendrait au nombre de ses adhérents un ou plusieurs syndicats irréguliers ou quelque autre association illicite, seraient passibles des peines édictées par l'article 9 de la loi, sans préjudice du droit pour le tribunal correctionnel de prononcer, à la requête du ministère public, la dissolution de l'union. Application de ce principe a été faite par le tribunal correctionnel de la Seine et la Cour de Paris à l'Union ou fédération de syndicats, dont la Bourse du travail de Paris était le centre, union comprenant 47 syndicats irréguliers (Paris, 8 nov. 1893, v. *supra*, n° 455). Les syndicats régulièrement constitués, dont parle l'article 5, sont exclusivement les syndicats constitués suivant la loi française ; aucun syndicat étranger, même

---

[1] Mongin, *Lois nouvelles*, 1888, p. 98.

régulièrement constitué suivant la loi étrangère, ne pourrait donc être admis à figurer dans une union. Une fédération de syndicats ouvriers, qui ferait appel aux syndicats étrangers, s'exposerait aux pénalités de l'article 9, sans préjudice de l'application possible de l'article 12 de la loi du 1er juillet 1901 sur les associations (v. *supra*, n° 394). A ce point de vue, les Unions de syndicats sont plus rigoureusement nationales que les syndicats eux-mêmes, lesquels peuvent comprendre un nombre indéfini d'étrangers.

b) *Objet.* — Les *Unions de syndicats* ont exactement le même objet que les syndicats : défense des intérêts économiques, industriels, commerciaux et agricoles communs à leurs membres. Il leur est rigoureusement interdit, sous la sanction pénale de l'article 9, soit de poursuivre un but politique [1] ou religieux, soit de faire le commerce.

463. — B. Mode de fonctionnement et droits de l'Union de syndicats. — 1° *Personnel directeur.* — L'Union de syndicats est administrée et dirigée, comme les syndicats eux-mêmes, par des administrateurs et directeurs (commission exécutive), dont le mode d'élection dépend d'ailleurs des statuts. Le plus souvent, ces administrateurs sont désignés par un conseil fédéral, ou conseil syndical, composé de délégués de tous les syndicats adhérents. Si les syndicats adhérents sont en petit nombre, ces délégués eux-mêmes constituent, par leur réunion, le conseil d'administration. Une difficulté s'est élevée au sujet des administrateurs de l'Union : est-il nécessaire qu'ils satisfassent aux conditions exigées des administrateurs de syndicats, c'est-à-dire qu'ils soient membres de l'un des syndicats, Français, et qu'ils jouissent de leurs droits civils? Le texte de la loi est muet à égard; mais l'esprit de la loi commande l'affirmative. Les unions de syndicats, nous l'avons établi, doivent être purement nationales, ne comprendre que des syndicats français, c'est-à-dire ayant leur siège social en France, et tous leurs administrateurs français; le but de la loi ne serait pas atteint si ces unions pouvaient placer à leur tête des étrangers! D'autre part, elles doivent être strictement professionnelles; par conséquent, les administrateurs doivent appartenir à l'un des syndicats affiliés. Enfin, quant à la *capacité*, les raisons qui ont déterminé le législateur à exiger

[1] La C. G. T. poursuivant un objectif nettement politique (le syndicalisme révolutionnaire est une organisation de combat contre la société capitaliste, v. *infra*, nos 555 et s.), le Gouvernement a sérieusement songé (mai 1907) à en poursuivre la dissolution. M. Clemenceau, ne se croyant pas suffisamment armé par la loi de 1884, se proposait de soumettre au Parlement un projet de loi autorisant formellement la dissolution des Unions poursuivant un but illégal; l'opposition du Ministre du travail aurait seule empêché ce dépôt. A notre avis, une telle loi serait superflue, l'art. 5 devant, pour les sanctions pénales applicables aux Unions, se combiner avec l'art. 9.

la jouissance des droits civils existent aussi bien pour les unions que pour les syndicats isolés.

464. — 2° *Rapports de l'Union avec ses membres.* — C'est une question très discutée que celle de savoir si l'on doit étendre aux unions de syndicats la disposition de l'article 7, aux termes de laquelle « tout membre d'un syndicat professionnel peut se retirer à tout instant de l'association, nonobstant toute clause contraire ». Une fraction importante de la doctrine s'oppose à cette extension, et décide que les syndicats affiliés peuvent valablement s'engager à demeurer dans l'Union pendant un temps déterminé ; tel est le droit commun des associations, et ce droit commun doit s'appliquer aux Unions, dès l'instant que la loi de 1884 ne s'en est écartée que pour les syndicats individuellement envisagés (Glotin, p. 319). Cette solution nous semble très contestable ; l'article 5, en effet, ne se suffit pas à lui-même, il convient de le combiner avec les autres articles relatifs aux syndicats pour déterminer, avec exactitude, la législation applicable aux unions, notamment avec l'article 7. D'ailleurs, le but du législateur n'a pas été de fortifier les Unions, mais, tout au contraire, de les empêcher d'acquérir une trop grande autorité, en leur refusant la personnalité morale ; or la permanence relative, la fixité que l'on voudrait assigner à la composition des Unions, en tenant pour valable l'engagement d'y demeurer pour un temps fixé à l'avance, irait manifestement à l'encontre du but cherché.

465. — 3° *Droits de l'Union.* — Les Unions de syndicats diffèrent essentiellement des syndicats, en ce qu'elles ne jouissent pas de la personnalité civile. La loi ne le dit pas expressément; mais cette solution s'induit nécessairement de la disposition finale de l'article 5. Toute personne morale, par définition même, doit pouvoir ester en justice par l'intermédiaire de ses représentants légaux ; refuser ce droit à une association, équivaut à lui dénier la personnalité morale.

Les Unions de syndicats n'ont, dès lors, d'autres droits que ceux dont était investie, sous l'empire de la loi ancienne, toute association fonctionnant en vertu d'une autorisation administrative (cercles, sociétés littéraires, scientifiques ou artistiques, etc.), ou ceux appartenant, même sous le régime de la loi de 1901, aux associations simples ou non déclarées (art. 2). Toute Union peut avoir une caisse sociale, mais les valeurs déposées dans cette caisse appartiennent indivisément aux syndicats adhérents ; elle peut même, avec les fonds des cotisations, acquérir un immeuble qu'elle affectera à ses réunions ; mais cet immeuble ne sera pas la propriété de l'Union ; il appartiendra, par indivis, aux syndicats affiliés, qui eux, peuvent posséder des immeubles dans les limites déterminées par l'article 6.

N'ayant pas de personnalité juridique, l'Union ne peut ester en justice par l'intermédiaire de ses directeurs ; en cas de procès intéressant l'Union tout entière, tous les syndicats qui la composent devront figurer en nom, dans l'instance et dans tous les actes de procédure [1].

466. — Si les Unions de syndicats ne constituent pas des personnes morales, du moins certaines décisions judiciaires leur ont-elles reconnu le droit de se constituer en sociétés civiles ou en sociétés commerciales, à la condition de se conformer aux prescriptions de la loi de 1867. C'est ce qu'a décidé le tribunal de commerce de la Seine, par jugement en date du 1er mars 1888 (*Rev. des Soc.*, 1888, p. 297), relatif à l'Union nationale du commerce. La régularité de cette solution nous inspire des doutes. Les Unions, comme telles, n'ont pas plus le droit de faire le commerce que les syndicats professionnels. Aussi les sociétés commerciales qu'elles peuvent librement constituer (à l'instar des syndicats isolés qui s'adjoignent des sociétés coopératives) devraient-elles, à notre avis, s'organiser en dehors de l'Union, celle-ci conservant son individualité et son indépendance [2]. La solution du tribunal de commerce de la Seine nous paraît avoir été dictée par des considérations de fait dont l'on ne saurait méconnaître l'importance ; l'Union commerciale a rendu de tels services, sous la forme qu'elle s'était donnée bien avant la loi de 1884, qu'il a paru impossible de la déclarer irrégulièrement constituée, et de la contraindre *à disparaître*, ou à se transformer.

---

[1] Trib. civ. Cholet, 12 février 1897, *Gaz. du Pal.*, 16 mars 1897 ; trib. civ. Lyon, 17 mars 1899, *Le Droit*, 13 juillet 1899 ; trib. Toulouse, 30 janvier 1899, *Rev. prat. de droit industriel*, 99, p. 97. — V. aussi note sous D. 1901, 2, 427. La loi de 1901 fournit d'ailleurs une solution élégante de la difficulté : l'Union n'a qu'à se constituer en association déclarée pour être admise à ester en justice (art. 6, loi du 1er juillet 1901). — Wahl, *Définition de l'association* (*Journ. des Soc.*, 1905, p. 393) ; Hayem, *Domaines respectifs de l'association et de la société*, p. 332 et s.

[2] Ainsi ont procédé la plupart des *Unions régionales* de syndicats agricoles. L'*Union centrale des agriculteurs de France*, au contraire, a cru pouvoir éluder l'application de la loi en s'adjoignant un *Syndicat central des agriculteurs de France*, qui n'a en réalité « aucune vie indépendante, et qui sert seulement de courtier pour toutes les affaires des syndicats affiliés, centralisées à l'Union ». — Coulet, p. 155. — Avec l'auteur précité, nous formulons les plus expresses réserves sur la régularité du procédé ; il ne saurait suffire de baptiser une Union du qualificatif de *Syndicat central* pour lui conférer la personnalité juridique qu'à tort ou à raison la loi dénie aux Unions syndicales. Mais il lui reste la ressource, pour acquérir la *petite personnalité*, de se muer en association et de faire la déclaration de l'art. 5 de la loi de 1901.

II. — Bourses du travail

467. — Des Unions de syndicats doivent être rapprochées les *Bourses de travail*. Ce n'est pas que toute Bourse du travail doive être assimilée à une union : envisagée en elle-même, une Bourse n'est, à vrai dire, qu'un lieu de réunion, un centre où les adhérents des divers syndicats d'une même ville ou région se rencontrent et se concertent pour la défense de leurs intérêts, et l'organisation de divers services d'intérêt collectif, spécialement d'un service d'embauchage ou placement gratuit. Même dans le cas, très fréquent, où ces syndicats ont leur siège social et leurs archives dans les locaux de la Bourse, l'on conçoit très bien, théoriquement, que chaque syndicat adhérent de la Bourse conserve toute son indépendance, et qu'il ne fasse partie d'aucune Union.

Mais, pratiquement, il est évident que l'objectif, et que le résultat effectif de la création dans une ville d'une Bourse de ce genre est de constituer entre tous les syndicats adhérents de la ville ou de la région, un lien permanent, une *fédération*, qui elle-même s'affiliera à son tour aux fédérations similaires de France (voire même de l'étranger, bien que ces fédérations internationales soient légalement prohibées).

En fait, à chaque Bourse du travail correspond une union ou fédération de syndicats adhérents ; et toutes les Bourses françaises ont constitué entre elles, depuis plusieurs années, une vaste fédération nationale. Celle-ci, dirigée par un Comité général constitué en 1894, a, jusqu'en 1902, manifesté sa vitalité par des Congrès annuels. Depuis le Congrès de Montpellier (septembre 1902), la Fédération des Bourses, jusqu'alors indépendante, est devenue un simple rouage de la *Confédération générale du travail*, constituée en 1895, au Congrès ouvrier de Limoges.

Celle-ci comprend : 1° Les fédérations nationales d'industrie ou de métiers et les syndicats nationaux (arsenaux, tabacs, allumettes, etc.) ; 2° Les Bourses du travail et les syndicats dont les professions ne sont pas constituées en fédération d'industrie ou de métier. Elle se divise en deux sections : section des fédérations et des syndicats isolés, et section de la fédération des Bourses. A sa tête, sont placées trois commissions permanentes : la commission du journal (*Voix du Peuple*), la commission des grèves et de la *grève générale* (ce titre seul fait ressortir la tendance révolutionnaire de la C. G. T.), et la commission de contrôle. La C. G. T. se réunit en Congrès tous les deux ans ; le dernier Congrès s'est tenu à Amiens, en 1906 (ne pas confondre les Congrès syndicalistes avec les Congrès du P. S. (S. F. I. O.) plus spécialement politiques). — Nous reviendrons ultérieurement sur les tendances générales de la Confédération, et sur les œuvres sociales des Fédérations de métier[1].

468. — Progression rapide de l'institution. — Les Bourses du travail se sont rapidement multipliées dans la majorité des pays industriels, et spécialement en France, en Belgique, en Suisse, en Italie, aux Pays-Bas. Il en existait 25 en France en 1893, 65 en 1900 ; le chiffre officiel pour 1907 est de 131 (*Bull. Off. trav.*, 1907, p. 1147, état au 1er janv. 1907). La plupart d'entre elles, tant en France qu'à l'étranger, ont été créées par les syndicats ouvriers, avec le concours pécuniaire des municipalités, qui leur ont fourni un local gratuit, et le plus souvent assuré une subvention annuelle[2].

469. — Condition juridique des Bourses du travail. — La loi de 1884 les passe complètement sous silence. Faut-il donc en conclure qu'elles n'ont aucune existence légale, ou même qu'elles sont illicites, à moins de se confondre avec des unions régulièrement constituées, dont elles seraient le siège juridique ? Non évidemment, selon nous.

Les Bourses sont le complément naturel de la liberté de réunion, de coalition et d'association reconnue aux patrons et aux ouvriers depuis

---

[1] Cf. Rist, *Le XIIIe Congrès national corporatif* (*Mus. soc.*, docum., janv. 1903) ; Beaupin, *La Conféd. gén. du travail* ; H. Lagardelle, *La Conférence internationale de Paris* (*Mouv. socialiste*, juill. 1907) ; Pouget, Griffuelhes, *opp. cit.* — V. *supra*, nos 25 et suiv.

[2] D'après l'annuaire de 1901, le total des frais d'installation supportés par les budgets municipaux, pour les 75 Bourses alors existantes, serait de 3,123,550 francs, dont 2,872.372 pour la Bourse de Paris, fondée en 1887, 32,500 pour celle de Lyon (1891), 33,000 pour celle de Marseille (1888) etc... Le total des subventions municipales s'est élevé, pour l'exercice 1907, à 394,760 francs, dont 110,000 pour Paris, 12,600 pour Bordeaux, 10,820 pour Toulouse, 8,200 pour Marseille, 7,000 pour Lyon, etc... Ces chiffres sont loin d'ailleurs de représenter le montant intégral des subventions allouées par les municipalités aux organisations syndicales ; c'est ainsi qu'en 1907, la ville de Lyon a consacré à cet objet 48.344 francs (7,000 pour la Bourse, 2,000 pour les cours professionnels, 12.806 en allocations à des syndicats isolés, 17,922 à titre de subventions aux caisses syndicales de chômage, 6.400 pour les Congrès corporatifs, etc.). — Quelques Bourses reçoivent des subventions départementales (55.569 fr. au total, en 1907). — Enfin l'Etat subventionne, depuis 1902 (10,000 fr.), l'Office national ouvrier de statistique et de placement, créé par la Fédération des Bourses. — V. n° 912, *infra*. — Certaines Bourses (Amiens, Calais, Limoges, Bourse indépendante de Paris, créée en 1901 par les syndicats jaunes, etc.) ne reçoivent aucune subvention. — Parmi les Bourses les plus importantes de l'étranger, nous signalerons : en Belgique, celles d'Anvers, Bruxelles, Liège, Charleroi et Verviers ; — en Suisse, celles de Genève et Zurich. La Bourse de Liège présente cette particularité d'avoir été fondée et d'être gérée par des institutions philanthropiques, ayant pour objet le patronage et le placement gratuit des travailleurs industriels ; tandis que toutes les autres Bourses sont créées et gérées par les syndicats ouvriers, sous le contrôle plus ou moins effectif des municipalités.

les lois de 1864 sur le droit de coalition, du 30 juin 1881 sur le droit de réunion, du 21 mars 1884 sur les associations ou syndicats professionnels; leur légitimité était donc certaine sous l'empire de l'article 291 du Code pénal, elle l'est plus encore aujourd'hui depuis la consécration de la liberté d'association par la loi de 1901.

Rien de plus légitime que cette prétention des syndicats ouvriers d'une même ville de se réunir en un local commun pour se concerter sur les conditions du travail, ou sur le taux des salaires, pour soutenir les grèves, pour organiser des services communs de mutualité (placement, secours de chômage, *viaticum* ou secours de route) ou d'enseignement technique. En s'attachant de préférence à l'organisation du placement et à la suppression des intermédiaires onéreux entre patrons et travailleurs, elles ne font que se conformer à leur objectif essentiel, qui est de rapprocher le capitaliste en quête de bras et le travailleur en quête de salaire [1]; et, s'il est permis d'adresser un reproche aux commissions exécutives de certaines Bourses du travail, c'est bien plutôt d'avoir parfois perdu de vue le but réel de l'institution, pour la transformer en un foyer de propagande ou même de politique révolutionnaire [2]. Ainsi s'explique l'hésitation de certains industriels à embaucher leur personnel par l'entremise des secrétariats ayant leur siège dans les locaux mis par les Bourses à la disposition des syndicats (V. Mahaim, *Etudes sur l'association professionnelle*, p. 162 et suiv.). — — Sur la question du placement syndical, v. tit. II, chap. Ier, sect. Ire, *infra*.

470. — Envisagées en elles-mêmes, et abstraction faite des irrégularités (telles que l'admission des syndicats irréguliers, ou des syndicats étrangers) dont elles peuvent être entachées dans leur constitution ou leur fonctionnement, les Bourses du travail sont donc des institutions parfaitement licites.

---

[1] Sur l'historique de l'idée des Bourses de travail, et sur le parallèle à établir entre les Bourses des valeurs (marché des capitaux) et les Bourses du travail (marché du travail), v. notamment : de Molinari, *Les Bourses du travail*. Libéral, de Molinari envisage plutôt le côté économique de la Bourse de travail; Pelloutier, dans son étude précitée sur la Bourse, se place de préférence au point de vue social. Mais l'un et l'autre, partis des deux pôles opposés, tiennent l'institution pour nécessaire.

[2] C'est cette tendance de certaines Bourses à sortir des voies légales qui, à diverses reprises, a rendu nécessaire l'intervention administrative. Nul n'ignore, en effet, que la fermeture, par mesure administrative, de la Bourse du travail de Paris en juillet 1893, fut motivée exclusivement par l'état de rébellion ouverte dans lequel s'était délibérément placée la commission exécutive au regard des pouvoirs publics. — V. *supra*, n° 455. — Elle ne fut rouverte qu'en 1896, à la suite de la promulgation du décret du 7 décembre 1895, portant réglementation de ladite Bourse. — V. au texte le commentaire de ce décret, modifié par les décrets des 17 juillet 1900 et 11 août 1905.

Au point de vue juridique, il convient de leur appliquer par analogie les dispositions de l'article 5 de la loi de 1884 sur les Unions de syndicats. Elles ne jouissent donc pas de la personnalité morale, et ne sauraient être admises, en cette qualité, à ester en justice pour la défense des intérêts collectifs qui leur sont confiés (trib. civ. Lyon, 17 mars 1899, *Droit*, 13 juill. 1899; trib. Toulouse, 30 août 1899, *Rev. prat. dr. industr.*, 1899, p. 97). Mais, sous cette réserve, et à la condition de se maintenir dans le cercle de leurs attributions professionnelles précédemment énumérées, les Bourses peuvent, à l'instar des unions ou fédérations syndicales proprement dites, fonctionner librement, sous le contrôle financier des municipalités qui ont coopéré à leur création.

471. — Réglementation administrative des Bourses. — Si la légalité de l'institution ne semble pas contestable, il n'en est pas moins regrettable qu'un texte général ne détermine avec précision les droits et obligations des Bourses de travail. Le Conseil d'Etat avait, en 1894, élaboré un projet de réglementation d'ensemble (*Rev. prat. de dr. industr.*, 1894, p. 211 et s.); mais, pour des raisons qui nous échappent, le gouvernement a cru suffisant de réglementer par décret la Bourse du travail de Paris (Décr. 7 déc. 1895, amendé le 17 juill. 1900, *Rec.* Cohendy, p. 51). Analysons brièvement le décret de 1900[1], en insistant sur les prescriptions d'ordre général, susceptibles d'être étendues par analogie à toutes les autres Bourses.

L'article 1er du projet s'applique à définir l'objet de l'institution. D'après cet article, qui n'est que l'expression du droit commun, la Bourse a pour objet principal « de faciliter les transactions relatives à la main-d'œuvre au moyen de bureaux de placement gratuit, de salles d'embauchage public, etc... Elle a aussi pour but de concourir à l'éducation technique et économique des syndicats ouvriers. Il y est annexé des bureaux mis à la disposition des syndicats et des salles pour les réunions coopératives ».

Ne peuvent être admis à occuper un local à la Bourse que les syn-

[1] Le décret de 1900, modifié sur certains points de détail par le décret du 11 août 1905 (*Bull. Off. trav.*, 1905, p. 730), se différencie principalement de celui de 1895 par l'extension des droits de l'administration préfectorale, et la restriction de ceux dévolus à la municipalité (suppression des six délégués municipaux à la Commission consultative de la Bourse, adjoints par le décret de 1895 aux dix représentants des syndicats, aux deux représentants du préfet et aux deux représentants de l'Office du travail désignés par le ministre du commerce). Les rédacteurs du décret de 1900, en tempérant l'autonomie très large laissée aux syndicats par l'établissement d'un pouvoir de contrôle réservé au représentant du pouvoir central, le préfet de la Seine, qui d'ailleurs est en même temps le chef de la municipalité parisienne, ont eu principalement pour but d'assurer, dans la direction de la Bourse, une certaine unité de vues, en mettant l'institution à l'abri des fluctuations de la politique locale.

dicats régulièrement constitués (art. 2 et 3). Des mesures sont prises pour empêcher les syndicats adhérents de monopoliser une institution, créée dans l'intérêt de tous les travailleurs. C'est ainsi qu'aux termes de l'article 5 « la salle d'embauchage installée dans les bâtiments de la Bourse, est ouverte aux patrons, ouvriers et employés de toute profession, *syndiqués ou non* », et que l'article 7 autorise l'installation dans ces mêmes bâtiments d'une bibliothèque *publique*, et la création de cours et conférences, également accessibles au public dans les conditions déterminées par la Commission administrative.

472. — Cette Commission administrative, depuis le décret de 1900, qui sur ce point a profondément modifié le décret de 1895 (v. la note précédente) est composée de quinze membres, élus pour une année par les délégués des syndicats admis à la Bourse. Elle a les attributions les plus étendues, notamment en ce qui concerne l'admission ou l'exclusion des syndicats, la répartition des locaux et des subventions, la direction des services (bibliothèques, statistique, bulletin)[1].

Toutefois, dans l'exercice de ses fonctions, la Commission administrative est soumise à un triple contrôle : — 1° Contrôle direct et permanent du préfet de la Seine. — Celui-ci, représenté à la Bourse par un employé faisant fonctions de régisseur, est chargé d'une façon générale de veiller à l'observation des décrets et règlements qui régissent la Bourse ; il a la garde des immeubles, nomme à tous les emplois administratifs, ordonnance les dépenses en conformité des crédits inscrits au budget municipal, et assure le maintien de l'ordre dans l'intérieur de la Bourse et de ses annexes.

2° Contrôle de la municipalité. — Bien que plus limité, surtout depuis le décret de 1900, le contrôle du conseil municipal de Paris s'exerce utilement à un triple point de vue : *a*) pour l'élaboration du règlement général destiné à assurer le bon fonctionnement de la Bourse ; *b*) pour le vote annuel du budget (art. 5 et 10) ; *c*) par son droit de réforme, comme juge d'appel, de certaines décisions de la Commission administrative (décret de 1905) ;

3° Contrôle supérieur du gouvernement. — Le ministre du commerce et de l'industrie (aujourd'hui le ministre du travail), chargé de veiller, sur toute l'étendue du territoire, à l'observation des lois qui régissent l'industrie, a la haute main sur toutes les Bourses. Il peut en ordonner la fermeture par mesure de haute police (*sic*, fermeture en 1893 de la Bourse de Paris), ou simplement dissoudre la Commission administra-

---

[1] Sur l'étendue exacte des pouvoirs de la Commission administrative, v. Cons. d'Etat, 15 févr. 1905 (*Rev. gén. d'admin.*, 1905, t. II, p. 35, *Rev. critique*, 1906, p. 1 et s.).

tive par arrêté spécial ; dans ce dernier cas, les locaux de la Bourse demeurent ouverts aux syndicats adhérents, mais la Commission est provisoirement remplacée par une délégation spéciale, à la nomination du préfet (art. 11).

473. — Conclusions. — Nous avons achevé le commentaire juridique de la législation qui régit actuellement les syndicats, unions de syndicats et Bourses de travail. Quels résultats cette législation a-t-elle produits ? Quelle a été, en particulier, l'intensité du mouvement unioniste ou fédéraliste dans les milieux syndicaux, et quelles ont été les conséquences économiques et sociales de ce mouvement ? Quelles sont, enfin, les réformes dont la législation actuelle serait susceptible ? Autant de questions capitales, sur lesquelles nous reviendrons dans la section IV du présent chapitre, lorsque nous aurons exposé dans ses grandes lignes le mouvement syndical et corporatif à l'étranger. Cette étude de droit et d'économie sociale comparés nous permettra de déterminer avec plus de certitude l'importance réelle du mouvement syndical français, et la valeur des réformes proposées.

SECTION III. — **Législations étrangères : progrès du mouvement syndical et corporatif** [1]

474. — Il y a vingt-cinq ans, le régime de l'association professionnelle libre dominait dans l'Europe entière, à l'exception de la Russie ; ce régime semblait en effet le seul compatible avec le principe de la liberté du travail et de l'industrie, proclamé par la Révolution française, et adopté par la plupart des États, qui avaient, à l'instar de la France, supprimé le régime corporatif. Nous assistons depuis quelques années à une renaissance du régime corporatif ; mais le régime corpo-

---

[1] BIBLIOGRAPHIE : — Lavollée, *Les classes ouvrières en Europe* ; Martin Saint-Léon, *Histoire des corporations de métiers. L'idée corporative au XIX*e *siècle*, 1897 ; Hubert-Valleroux, *Les corporations d'arts et métiers et les syndicats professionnels en France et à l'étranger*, 1885, et *Les associations ouvrières et patronales*, 1899 ; Merlin, *Les associations ouvrières et patronales*, 1899 ; Morisseau, *La législation du travail : I. La législation corporative* ; Schönberg, *Handbuch der politischen Oekonomie*, t. II, p. 64 et s. ; Külemann, *Die Gewerkschaftsbewegung. Darstellung der gewerkschaftlichen Organisation der Arbeiter und der Arbeitgeber aller Länder*, 1900 ; *Recueil des rapports sur les conditions du travail dans les pays étrangers*, édité par le ministère des affaires étrangères ; Bourguin, *Systèmes socialistes*, p. 252 et annexe VII. — Cons. aussi les chroniques et documents du *Bulletin de l'Office du travail*, du *Musée social*, de la *Revue politique et parlementaire*, de la *Réforme sociale*, du *Mouvement socialiste*, des *Questions pratiques de législation ouvrière*, de la *Revue popul. d'écon. sociale*, de la *Revue sociale catholique*, de la *Soziale Praxis*, etc.

ratif nouveau, intimement lié aux tentatives de socialisme d'Etat pratiquées en Allemagne et Autriche, en vue d'améliorer le sort du travailleur, diffère essentiellement du régime corporatif ancien, dont on ne trouve plus guère aujourd'hui de spécimens qu'en Russie, et en Turquie.

Les législations étrangères peuvent donc se diviser, au point de vue qui nous occupe, en trois classes : — 1° législations qui admettent l'association professionnelle libre [1] ; — 2° législations qui ont conservé le régime corporatif ancien ; — 3° législations qui ont institué un régime corporatif nouveau.

§ 1er. — Législations qui admettent l'association professionnelle libre

475. — L'*association professionnelle libre*, plus ou moins analogue à l'organisation française des syndicats professionnels, prévaut aujourd'hui, à l'exclusion de tout régime corporatif, en Angleterre et dans les colonies ou Etats coloniaux dépendant de la Grande-Bretagne, aux Etats-Unis, en Belgique et aux Pays-Bas, en Suisse, en Italie, en Espagne et dans les Etats scandinaves.

1. — GRANDE-BRETAGNE ET COLONIES ANGLAISES

476. — **A. Grande-Bretagne** [2]. — L'Angleterre est le pays classique de l'*association professionnelle libre*, surtout de l'association ouvrière,

[1] En fait, cette première catégorie de législations comprend deux groupes bien tranchés : le groupe *européen* et *américain*, dans lequel la liberté syndicale est une réalité ; et le groupe *australasien*, dans lequel les syndicats ouvriers sont parvenus en *fait*, bien qu'aucune loi n'en décrète le caractère obligatoire, à une véritable souveraineté, et ont exercé sur la législation du travail une influence prépondérante.

[2] BIBLIOGRAPHIE. — Howell, *Le passé et l'avenir des trades-unions* (traduct. Lecour-Grandmaison) ; Comte de Paris, *Les associations professionnelles en Angleterre* ; Sidney et Béatrice Webb. *Histoire du trade-unionisme* (trad. Métin, 1897) ; *Industrial Democracy*, 1900 ; *La guerre industrielle en Angleterre* (*Rev. de Paris*, 1897, p. 912) ; *Die neueste Geschichte des Gewerkvereinswesens in Vereinigten Königreich und ihr vermuthliches Ergebnitz* (*Soziale Praxis*, 1902, nos 23-26) ; P. de Rousiers, *La question ouvrière en Angleterre*, 1895, et *Le trade-unionisme en Angleterre*, 1897 (enquête du Musée social avec la collaboration de MM. de Carbonnel, Festy, Fleury et Wilhelm) ; Gigot, *L'évolution du trade-unionisme* (*Réf. sociale*, 16 mars 1899) ; Bry, *Histoire industrielle et économique de l'Angleterre*, 1900 ; L. Brentano, *Die Arbeitergilden der Gegenwart* (t. Ier, *Zur Geschichte der englischer Gewerkvereine*, et t. II, *Zur Kritik der e. G.*, Berlin, 1900) ; Mantoux et Alfassa, *La crise du trade-unionisme*, 1903 ; Fagnot, *Le syndicalisme anglais*,

car les associations patronales permanentes n'y ont jamais acquis la même importance qu'en France. Il ne faudrait pas croire cependant que ce régime de liberté, dont l'Angleterre s'enorgueillit, soit bien ancien; la consécration législative du droit pour les ouvriers anglais de s'associer ne date que d'hier; il leur a fallu un siècle d'efforts et de luttes, souvent violentes, pour triompher des résistances du Parlement.

477. — Développement historique des Trades-Unions. — Les associations ouvrières anglaises sont aussi anciennes que le *compagnonnage* français; comme les unions compagnonniques, ces associations, plus ou moins secrètes et mystérieuses, s'étaient constituées pour soutenir la lutte contre les corporations et maîtrises (*craft guilds*), associations patronales privilégiées, dont la domination pesait lourdement sur l'ouvrier. Persécutées par les pouvoirs publics, à l'instigation des guilds, prohibées par toute une série d'actes législatifs (car elles n'avaient pas de place dans l'organisation du travail édictée par Elisabeth), ces sociétés ouvrières reparaissaient toujours; dissoutes sur un point, elles se reformaient sur un autre point, ou sous un autre nom.

A la fin du XVIIIe siècle et au début du XIXe, alors que depuis longtemps les corporations patronales, frappées à leur tour par le pouvoir royal (v. *supra*, n° 131), avaient disparu, — les unions ouvrières se développèrent même dans des proportions considérables. Lorsqu'ils virent la grande industrie remplacer les métiers, et disparaître les petits ateliers, dans lesquels maître et compagnons travaillaient ensemble, pour faire place à de vastes usines, dont les directeurs spéculaient sur la main-d'œuvre et sur l'avilissement des salaires, dû à l'abondance de l'offre, les ouvriers, impuissants à discuter isolément les conditions du salaire, sentirent le besoin de se grouper, de s'associer et d'opposer à la puissance du capital, la force que donnent la solidarité et l'entente commune. Vainement, le Parlement anglais chercha-t-il à enrayer ce mouvement par des lois draconiennes contre les associations ouvrières; vainement, les poursuites se multiplièrent-elles; les sociétés ouvrières, obligées de fonctionner dans l'ombre (quand elles ne parvenaient pas à se dissimuler sous l'apparence inoffensive des sociétés de secours mutuels, *friendly societies*), eurent alors recours, pour se défendre, aux procédés révolutionnaires et au terrorisme.

---

résumé historique (1799-1902), 1903; Morin, *Situation juridique des trades-unions en Angleterre*, th., 1907; M. Alfassa et Langeron, *La responsabilité syndicale* (*Rev. polit. et parl.*, oct. 1907); *Le statut légal des trades-unions* (*Réforme sociale*, 16 janv. 1908, p. 131); Keir Hardie, *The labour movement* (*Nineteenth Century*, déc. 1906); Geldart, *The report of the Royal Commission on trade disputes* (*Economic Journal*, juin 1906). — Cons. également la bibliographie détaillée jointe à l'ouvrage de B. et S. Webb, *Histoire du trade-unionisme*.

Pendant les premières années du XIXe siècle, de 1800 à 1820, l'on vit se multiplier, en Angleterre, dans les centres ouvriers, les attentats contre les patrons, les incendies d'usines, les destructions de machines. Le Parlement, effrayé, ordonna une enquête ; mais les commissaires enquêteurs comprirent bien vite que les lois répressives étaient la cause principale de ces désordres ; et, sur leur proposition, le Parlement anglais vota, en 1824, une loi autorisant les ouvriers à se coaliser, et même à s'associer, à la seule condition de ne pas user de violences, de menaces ou d'intimidation pour atteindre leur but, et de n'apporter aucune atteinte au principe de la liberté du travail. A la faveur de cette loi, les associations professionnelles ouvrières (*Trades-Unions*), se multiplièrent rapidement dans tout le Royaume : les unes, purement locales, englobant tous les ouvriers de la même profession, ou exerçant des professions similaires dans une même ville, les autres, étendant leur cercle d'action à tout un comté, voire même à tout le royaume (exemple : Fédération des mineurs). Il en est même, comme l'Union des mécaniciens, qui finirent par créer à l'étranger, en Amérique ou dans les colonies, notamment en Australie, des *Loges* ou *sections*, affiliées à la Loge centrale, dont le siège est à Londres[1].

478. — A leur origine, les Unions étaient, avant tout, des caisses permanentes de chômage. Leur but était de permettre aux adhérents d'échapper à la misère en cas de chômage, et de soutenir la lutte contre les patrons en vue d'obtenir, par des coalitions et des grèves, un salaire plus élevé, et généralement des conditions meilleures. Mais leur cercle d'action s'élargit rapidement : d'une part, en effet, ces Unions travaillèrent à la réforme de la législation industrielle, et c'est en partie à leur instigation que le Parlement anglais, prenant l'initiative d'un mouvement, suivi depuis lors par toutes les nations industrielles, vota toute une série de lois sur le travail dans les mines, sur le travail des femmes et des enfants, l'inspection des mines et des ateliers, etc. ; d'autre part, ces Unions s'appliquèrent à créer, entre leurs membres, tout un ensemble d'institutions de prévoyance et d'assistance mutuelle, destinées à relever la condition matérielle et morale des sociétaires : secours funéraires, caisses de maladies, caisses d'accidents, caisses de retraites, secours aux émigrants. Toutefois, la caisse de chômage est la seule qui fonctionne dans toutes les Unions ; il n'est pas en effet indispensable, pour jouir des avantages d'une caisse de secours ou de retraites, de faire partie d'une Union : de telles caisses existent également dans les sociétés de secours mutuels (*Friendly so-*

[1] *Les Conseils de métiers et les Fédérations en Angleterre* (*Quest. prat. de législ. ouvr.*, 1903, p. 93).

cieties), lesquelles sont accessibles à tout citoyen éligible et payant sa cotisation.

479. — Pendant les années qui suivirent la promulgation de la loi de 1824, les Unions ouvrières furent vues, par les pouvoirs publics, avec une certaine faveur. Mais leur prospérité croissante finit par porter ombrage aux patrons, qui avaient dû céder à plusieurs reprises devant la grève organisée. Les poursuites contre les associations ouvrières recommencèrent ; il n'était pas difficile aux juges de trouver, dans l'arsenal inépuisable des lois anglaises non abrogées, quelque disposition permettant de condamner les administrateurs, d'autant plus que les Unions avaient eu, à maintes reprises, recours à la contrainte pour empêcher les ouvriers non syndiqués de travailler, fait rigoureusement prohibé par la loi de 1824. Ces rigueurs du pouvoir eurent exactement les mêmes résultats qu'au commencement du siècle ; certaines Unions eurent recours de nouveau au terrorisme, et les attentats de Sheffield, en 1865, provoquèrent dans tout le Royaume une émotion considérable. Une enquête parlementaire fut ordonnée, et, comme en 1824, la conclusion fut qu'il convenait de renoncer aux mesures répressives et de reconnaître, cette fois expressément et sans ambages, les *Trades-Unions* : d'où la loi du 29 juin 1871 (*Trade-Union act*), complétée par la loi du 30 juin 1876, et par une loi du 13 août 1875 sur les coalitions, profondément modifiée elle-même par la loi du 20 déc. 1906 (sur ces deux dernières lois, v. *supra*, n° 305).

480. — Législation actuelle. — Aux termes de la législation anglaise de 1871-1876 (dont la loi française de 1884 s'est manifestement inspirée), toute association professionnelle, soit entre ouvriers, soit entre patrons, est licite ; il lui est permis de faire triompher ses prétentions par voie de coalition, pourvu que cette coalition ne soit pas accompagnée de violences. L'entrée et la sortie de l'association sont absolument libres : nul ne peut être contraint d'en faire partie, et tout adhérent peut se retirer à son gré, nonobstant toute clause contraire.

Les *Trades-Unions* ne jouissent pas, de plein droit, de la personnalité morale[1]. Mais celles qui veulent jouir de ce bénéfice n'ont qu'à

---

[1] Nous ne pouvons entrer ici dans la discussion des controverses interminables auxquelles a donné lieu, en Angleterre, surtout au lendemain de l'arrêt célèbre de la Ch. des Lords consacrant la responsabilité civile du syndicat promoteur de grève, la mesure de la personnalité reconnue aux Unions enregistrées. De 1871 à 1901, la majorité des interprètes de la loi semble avoir admis, et telle a toujours été la thèse des Unions ouvrières, que les Unions peuvent bien comme telles posséder un patrimoine (d'ailleurs administré par un *trustee*), mais qu'elles n'ont pas qualité pour ester en justice : situation avantageuse au fond, malgré les apparences, puisqu'elle les mettait à l'abri de tous recours patronaux. Comme le fait justement remarquer

faire enregistrer leurs statuts au bureau du *Registrar*, fonctionnaire spécial qui vérifie la légalité des statuts, et procède à l'enregistrement s'il ne constate aucune irrégularité de fond ou de forme. Ces unions doivent en outre, chaque année, faire connaître au Registrar le nombre de leurs membres et le chiffre de leur capital. Les Unions investies de la personnalité morale peuvent ester en justice et posséder un capital mobilier illimité; mais leur propriété immobilière ne peut excéder un acre.

La loi anglaise n'intervient nullement dans la constitution intérieure de l'Union ; mais, en fait, toutes les Unions sont constituées sur un type analogue. La cotisation est égale pour tous et tous les adhérents jouissent de droits identiques. L'Union est administrée par un comité, élu pour un temps déterminé, au suffrage universel, par tous les sociétaires; quant au patrimoine de l'Union, il est généralement administré par des délégués spéciaux (*trustees*), qui en sont responsables au regard de leurs mandants[1].

481. — **Statistique**. — Les Trades-Unions ouvrières ont pris une très rapide extension dans ces vingt dernières années. Vers 1884, l'on en comptait 30,000 environ, groupant un peu plus de 1,200,000 adhérents, et possédant un capital supérieur à deux millions de livres (50 millions de francs). Aujourd'hui le chiffre des adhérents a presque doublé (1,887,823 d'après le recensement officiel de 1905)[2]. Par contre, le nombre des Unions est infiniment plus restreint, par suite du mou-

---

M. Hannigan (*La nouvelle orientation des Trades-Unions* (*Rev. soc. cathol.*, 1er juill. 1906), « c'était là une anomalie, une hérésie juridique ; mais on sait que le législateur anglais pousse parfois très loin la coquetterie de l'illogisme ». La Ch. des Lords, statuant comme Cour suprême, en déclarant le syndicat responsable (arrêt de juillet 1901, cité *supra*, n° 305, aff. du Taff Vale), est rentrée dans la logique : « Si le législateur, déclara devant les *Law Lords* le lord chancelier, a créé *une chose* qui peut posséder, qui peut causer des dommages, on doit admettre, selon moi, qu'il l'a implicitement soumise à l'éventualité de poursuites, à raison de dommages commis volontairement de son autorité ». — Cette interprétation logique était-elle conforme à l'esprit de la loi ? Il est permis d'en douter si l'on se reporte aux circonstances dans lesquelles furent votées les lois de 1871 et 1876 (Hannigan, *op. cit.* — V. aussi Mantoux et Alfassa, Morin, *opp. citt.*), et ainsi s'explique, non moins que par des considérations politiques, le vote à une grande majorité de la loi du 21 déc. 1906 (*Ann. de législ. du travail*, 1906, 208), qui a affranchi les Trades-Unions de toute responsabilité civile, sans cependant porter aucune atteinte à leur personnalité.

[1] Pour plus de développements sur la vie intérieure des *Trades-Unions*, cons. S. et B. Webb, *Histoire du trade-unionisme*, chap. VIII (Le monde des trades-unions), et *Industrial democracy*, part. Ire (*trade-union structure*), et part. II (*trade-union function*).

[2] Cons. la statistique publiée, d'après le *Labour-Gazette*, par le *Bulletin de l'Office du travail* (1907, p. 157). — Sur ce chiffre, les femmes sont au nombre de 135,235 ; la plupart appartiennent à l'industrie textile. Les chiffres de 1905 sont en progression sur ceux de 1904, mais en diminution sur ceux de 1900 à 1903; le point culminant a été atteint en 1901 (1,940,874), il y a eu fléchissement de 1902 à 1904.

vement de concentration ou d'*amalgamation* qui est allé en s'accentuant sans cesse, et qui a eu pour terme la constitution d'un petit nombre d'Unions régionales ou de fédérations professionnelles puissantes, dans lesquelles sont venues s'absorber les petites Unions locales de jadis : au dernier recensement (31 décembre 1905) l'on ne comptait plus que 1,136 Unions.

Certaines de ces Unions, d'ailleurs subdivisées en un grand nombre de sections, branches, ou loges plus ou moins autonomes, mais obéissant toutes à l'impulsion d'un comité central, englobent tous les travailleurs d'un même métier sur toute l'étendue du territoire (ex. Union des mécaniciens, *amalgamated engineers*, 78,000 membres environ), d'autres s'étendent à tout un comté (ex. mineurs du Northumberland, 35,000 adhérents). Au-dessus de ces Unions se placent les fédérations, au nombre de 89 fin 1905 [1], et au-dessus des fédérations particulières, la fédération générale, qui n'englobe d'ailleurs actuellement que la cinquième partie environ du personnel des unions (477,891 membres en 1905) [2].

Les ressources financières des Unions n'ont cessé de s'accroître d'année en année. D'après la dernière statistique officielle, l'encaisse des cent Unions les plus importantes s'élevait à 120,202,650 francs. Le revenu des cent Unions précitées n'était pas inférieur, pour l'exercice 1905, à 55,289,325 fr., soit un gain d'environ 2,428,300 fr. sur 1904.

482. — Œuvre sociale des Unions : Congrès annuels. — La puissance de ces associations ouvrières est, on peut le dire, décuplée par l'accord qui les unit, accord se manifestant depuis quarante ans par des Congrès annuels, que l'on a justement qualifiés de *Parlement du travail*. Par le sérieux des discussions, la hauteur de vues d'un grand nombre d'orateurs, les Congrès annuels des Unions anglaises ressemblent en effet davantage aux débats des Parlements qu'aux discussions, trop souvent confuses et déclamatoires, de nos Congrès ouvriers. La tenue de ces Congrès a contribué puissamment à dissiper les défiances des patrons : tandis qu'en France nombre de patrons se refusent sys-

[1] Les plus importantes sont les deux grandes fédérations minières (*Miners federation* et *National-Union*), la fédération des industries mécaniques et constructions navales, les fédérations des ouvriers de l'industrie textile, l'Union nationale des travailleurs des docks, etc... Pour l'étude monographique des principales unions et fédérations, cons. de Rousiers, *op. cit.*

[2] La plupart des Unions adhérentes de la Fédération générale appartiennent à la métallurgie, aux constructions maritimes, au génie civil, et au travail non spécialisé (*unskilled labour*). Les industries des mines et des bâtiments y sont à peine représentées; les unions du bâtiment, d'ailleurs, n'ont même pas constitué encore de fédération professionnelle (de Rousiers, p. 81).

tématiquement à entrer en rapports avec les syndicats ouvriers, ou ne s'y décident qu'à contre-cœur, les patrons anglais (ou les Unions patronales, d'ailleurs assez rares, sauf dans les industries textiles) consentent sans aucune difficulté à débattre les conditions du salaire avec les délégués des Unions ouvrières.

Dans de nombreuses branches d'industrie, notamment dans les mines, le bâtiment, l'industrie cotonnière du Lancashire, etc., des comités mixtes permanents se sont créés, comités composés de délégués patronaux et délégués ouvriers, investis de pouvoirs suffisants pour discuter et arrêter au nom de leurs mandants les bases du contrat collectif de travail : taux du salaire, généralement déterminé d'après une *échelle mobile*, correspondant au prix de revient du produit, dont nous décrirons ultérieurement le mécanisme ingénieux (tit. II, chap. I et tit. III); durée du travail journalier, mode de travail (à la journée ou aux pièces), règlements d'atelier, apprentissage, etc. Cette substitution progressive, pour les principales industries, du *marché collectif de travail*, loi générale et contractuelle de la profession, aux marchés individuels, dont l'arbitraire et les fluctuations sont trop souvent l'origine première des conflits, est incontestablement l'œuvre maîtresse des Unions anglaises, et peut être proposée comme modèle aux organisations syndicales du continent [1].

Parallèlement au régime du contrat collectif, se sont développées les institutions d'arbitrage. L'entente une fois établie entre les groupes ouvriers pour la discussion de leurs intérêts communs, l'on a vu se constituer, tout naturellement dans les principaux centres industriels, des conseils mixtes de conciliation et d'arbitrage, appelés à trancher pacifiquement les conflits du capital et du travail (V. *infra*, tit. III).

483. — *Ancien et néo-trade-unionisme.* — Le principal défaut des Unions ouvrières anciennes (le qualificatif doit être réservé aux Unions constituées avant 1889, date de la grève des *dockers*), était de n'être ouvertes qu'à l'élite des ouvriers, de constituer une sorte d'*aristocratie du travail*. Tandis qu'en France les syndicats ouvriers ont toujours été largement ouverts aux ouvriers, voire même aux manœuvres de toutes

---

[1] Cons. en ce sens, outre les travaux cités *supra* (n°s 442 et s.), sur le contrat collectif de travail : Schloss, *Les modes de rémunération du travail*, trad. Rist; B. et S. Webb, *Industrial democracy*, 2e partie (chap. V et VI, *the standard rate* et *the normal day*); Schmoller, *Le développement des associations ouvrières anglaises, d'après l'ouvrage de B. et S. Webb* (*Jahrbuch*, t. XXV, p. 175, 211 et s.). Un simple chiffre mettra en relief l'importance de l'évolution accomplie en ce sens : il n'existait pas moins, à la fin de l'année 1905, de 231 *trades Councils*, correspondant à 895,000 membres ouvriers.

les professions manuelles, en Angleterre, les Unions ne furent accessibles, pendant longtemps, qu'aux ouvriers véritables, ayant une certaine éducation professionnelle (*skilled*), et gagnant, à raison même de leur habileté technique, un salaire assez fort pour acquitter la cotisation, relativement élevée à raison des charges considérables (caisses de chômage, de retraites ou de secours, etc.) auxquelles les Unions doivent faire face [1]. Les conditions pécuniaires ou morales exigées à l'entrée, la règle d'après laquelle l'Union ne doit comprendre que des ouvriers *en titre* de la profession, à l'exclusion des manœuvres et des auxiliaires, la sévérité des règlements à l'encontre des membres en retard de payer leurs cotisations, toutes ces circonstances réunies aboutirent à diviser la classe laborieuse anglaise en deux camps : le camp des unionistes, comprenant les privilégiés de la profession, et le camp des travailleurs exclus des Unions, englobant la grande majorité des salariés, ce qu'on a appelé l'*unskilled labour*, c'est-à-dire les individus n'ayant pas appris de métier, ou, plus exactement, les individus ayant un métier qui n'exige pas un véritable apprentissage technique, tels que les portefaix, les ouvriers des docks, les chauffeurs, etc.

484. — Les travailleurs de cette dernière catégorie, exclus des anciennes Unions, privés à raison de leur misère de tous droits politiques (l'Angleterre ne possédant pas le suffrage universel, même depuis la loi de 1884, qui a considérablement élargi les bases du corps électoral), se groupèrent à leur tour, et entreprirent la constitution d'*Unions nouvelles*, ouvertes à tous les travailleurs manuels, dans lesquelles devaient dominer naturellement les tendances *socialistes*, hautement répudiées par les Unions anciennes. La grande grève des docks de Londres, en 1889, qui détermina la constitution de l'Union des *dockers*, la plus puissante des Unions nouvelles, fut le signal de ce mouvement ; la formation de l'Union des matelots et chauffeurs, aussi nombreuse que la précédente, suivit de près ; et bientôt l'influence des Unions nouvelles vint contrebalancer celle des anciennes.

On le vit dès l'année suivante, au Congrès de Liverpool (1890), où les Unions nouvelles réussirent à faire voter des résolutions empreintes

---

[1] En 1905, la cotisation moyenne par tête et par an pour l'ensemble des unions enregistrées, est de 39 francs. — Mais, tandis que dans quarante-trois unions, la moyenne s'abaisse au-dessous de 25 francs, elle s'élève à 75 ou 80 francs dans les neuf unions les plus puissantes. Grâce à ce taux élevé de cotisation, les grandes unions anglaises ont pu doter largement leurs principaux services. C'est ainsi qu'en 1905, les cent principales unions ont affecté 5.314,575 francs aux frais des conflits industriels, 13.028,075 francs aux indemnités de chômage involontaire, 22,558,825 fr. aux frais de maladie et d'accidents. Un certain nombre d'entre elles servent à leurs membres âgés ou infirmes, des retraites variant entre 2 fr. 50 et 15 francs par semaine.

d'un socialisme d'Etat accentué, telles que le principe de la *journée de 8 heures*, l'un des articles fondamentaux du programme socialiste, ou l'organisation d'ateliers municipaux. Des *Trades-Unions*, les idées nouvelles s'infiltrèrent dans le Parlement : l'accentuation de la législation protectrice des travailleurs, le nombre de voix obtenues à la Chambre des communes pour la motion en faveur de la journée de 8 heures dans les mines, l'introduction du salaire minimum dans les cahiers des charges des adjudications publiques, etc., sont autant d'indices des progrès réalisés, dans les milieux parlementaires anglais, par les théories interventionnistes.

485. — Toutefois, sauf au Congrès de Norvich (1894), les doctrines collectivistes pures n'ont jamais eu de succès bien marqué auprès des Congrès néo-trade-unionistes. C'est ainsi, notamment, que les plus récents Congrès (Liverpool, 1906 et Bath, 1907), s'ils se sont nettement prononcés en faveur de la journée de 8 heures, du développement du *municipal trading*, de la participation de l'Etat aux retraites ouvrières, etc..., ont nettement repoussé toutes les motions tendant à la socialisation des moyens de production. Ces votes, qui contrastent par leur modération avec l'attitude révolutionnaire de la Confédération du travail[1], sont dus autant à l'habileté tactique des chefs du mouvement unioniste et à l'influence pondératrice de la *Fabian society*, qu'au sens pratique et utilitaire de l'ouvrier anglais.

Le parti trade-unioniste persistera-t-il longtemps dans cette attitude indépendante au regard du socialisme doctrinaire? Il est permis d'en douter. Par la violence de ses attaques contre les groupements ouvriers, le parti conservateur anglais a, pour ainsi dire, obligé les leaders du trade-unionisme anglais à conclure une alliance défensive avec le parti collectiviste (*Sociale démocratic fédération*). Cette alliance, aux dernières élections législatives, a fait entrer au Parlement, en 1906, un nombre absolument inusité de députés ouvriers, 54, et déterminé la constitution du *Labour Party*, l'un des appuis les plus solides du ministère libéral de décembre 1905, qui compte dans son sein un député ouvrier influent, J. Burns, préposé au *Local government Board*.

Sans doute, le parti ouvrier est plutôt un parti de classe qu'un parti doctrinaire et plusieurs de ses membres se déclarent individuellement anti-collectivistes. Mais il n'en est pas moins vrai que le vote du Congrès trade-unioniste de Liverpool, en faveur de la nationalisation intégrale des chemins de fer et des mines, et surtout le vote du parti ouvrier réuni en Congrès à Hull, en faveur de la socialisation des moyens de

[1] Pic, *Les Congrès ouvriers et la révolution sociale* (*Quest. pratiques*, 1901, p. 312).

production (23 janv. 1908), — vote, il est vrai, difficilement conciliable avec une motion du même Congrès rejetant l'institution de la propriété collective, — sont des indices significatifs de l'évolution du trade-unionisme vers le socialisme[1].

486. — Critiques formulées contre le trade-unionisme : conclusions. — Quels étaient donc les griefs du parti conservateur contre le trade-unionisme? Tous se résumaient, en somme, dans les propositions suivantes, longuement développées par le *Times*, en 1901, dans une série d'articles intitulés « La crise de l'industrie britannique », reprises et amplifiées par les principaux orateurs du Congrès de la *National Free Labour Association*, tenu à Londres en octobre 1901[2] : — *a*) Le trade-unionisme, par les procédés de boycottage auxquels ont communément recours les grévistes syndiqués, est l'ennemi du travailleur indépendant ; — *b*) Par ses règlements minutieux et tyranniques, par les habitudes qu'il propage (notamment par l'habitude du *ca'canny*, réduction volontaire de la productivité du travail individuel afin d'assurer du travail à plus d'ouvriers), par son hostilité au regard des machines nouvelles, l'unionisme est un obstacle au progrès industriel, et par conséquent un danger pour l'industrie anglaise, serrée de près par ses concurrents du dehors ; — *c*) L'unionisme paralyse les énergies individuelles, en obligeant les patrons à payer au même taux les ouvriers d'élite et les ouvriers médiocres.

487. — Que valent ces critiques, et peut-on sérieusement soutenir que les inconvénients de l'organisation syndicale anglaise soient supérieurs aux avantages, précédemment mis en relief, qu'en retire depuis

---

[1] Hannigan, *op. cit.*; M. Alfassa, *Après les élections anglaises de 1906. Le groupe ouvrier à la Ch. des communes* (*Mus. soc.*, mars et avril 1906) ; J. Ramsay Mac Donald, *Le socialisme, les Trades-Unions et le parti ouvrier* (*Rev. socialiste*, nov. 1907, p. 426) ; *Le Congrès du parti ouvrier anglais à Hull* (*Quest. pratiques de législ. ouvr.*, 1908, 57) ; Mac Kennan, *Chron. parlem. angl.* (*Rev. polit. et parl.*, 1906, 3 [t. XLIX], p. 189). — V. aussi Morin, *Situat. juridique des Trades-Unions*, *passim*.

[2] De l'avis autorisé de M. de Rousiers, cette association ne serait autre chose qu'une machine de combat édifiée de toutes pièces par un certain nombre de patrons, désireux d'échapper à la loi du contrat collectif, et d'en revenir aux anciens errements, plus favorables à leurs intérêts (ils le croient du moins) que les contrats individuels. Mais elle ne grouperait qu'un nombre infime d'ouvriers véritables, et ne saurait être mise en parallèle avec l'organisation unioniste (de Rousiers, p. 23 et 353). — M. Langer, dans une étude intitulée *Le Syndicat jaune anglais* (*Mus. soc.*, 1902, p. 36), évalue cependant le nombre des adhérents de la N. F. L. A. à 300,000, mais cette affirmation paraît un peu risquée ; et nous avons quelque peine à croire qu'une assemblée nombreuse, composée *en majorité* d'ouvriers, ait pu, comme le Congrès de cette Association, voter des motions favorables au rétablissement de l'antique loi de *Conspiracy*, qui permettait de frapper les coalitions les plus légitimes, ou défavorables à la réglementation légale du travail industriel.

un demi-siècle la collectivité? Nous n'hésitons pas à nous prononcer pour la négative. — Le premier grief, tout d'abord, est tout simplement une déclaration de guerre au droit de coalition et d'association, l'une des conquêtes les plus précieuses des classes laborieuses. Dès l'instant que la loi réprime les violences dont la grève peut être l'occasion, dès l'instant qu'à l'association ouvrière les chefs d'industrie peuvent opposer des groupements patronaux, et qu'en face des syndicats *rouges* les ouvriers dissidents ont pleine liberté pour dresser des syndicats *jaunes*, tous les intérêts sont respectés : nul ne saurait donc prétendre que l'égalité soit rompue à son détriment.

Le second ordre de griefs, s'il était fondé, s'adresserait aux ouvriers anglais en général et non point seulement aux ouvriers syndiqués. Les préjugés des travailleurs contre le machinisme sont de tous les temps, et tout permet de croire qu'ils seraient beaucoup plus vivaces dans une agglomération ouvrière inorganique, et ignorante, que dans un état social caractérisé par un mouvement syndical intense, dans lequel l'impulsion appartient à quelques chefs instruits, et conscients des progrès susceptibles d'être réalisés, dans la condition matérielle et morale des travailleurs, par la diffusion et l'utilisation rationnelle des machines.

Reste le troisième et dernier grief; le Congrès de Swansea, et la Fédération générale des Trades-Unions, dans un manifeste rendu public, y ont victorieusement répondu, selon nous, en faisant observer que ce grief reposait sur une confusion volontaire. Sans doute, le trade-unionisme travaille, et il prétend ainsi servir les intérêts permanents de l'industrie nationale, à substituer le marché collectif au marché individuel de travail; il veut fixer un *certain étalon minimum* quant aux salaires et aux heures, mais il ne frappe d'aucun interdit ceux de ses membres qui, grâce à leur habileté technique, ou leur puissance de travail, s'efforceraient d'obtenir une rémunération supérieure.

488. — En résumé, — et sur ce point nous partageons nettement l'opinion des enquêteurs du *Musée social*[1] — l'œuvre du trade-unionisme anglais, sans être exempte de critiques, est dans son ensemble une œuvre bonne, dont le parti ouvrier a le droit d'être fier.

Tel a été l'avis du peuple anglais, qui a traduit son sentiment d'une façon éloquente en envoyant siéger au Parlement les chefs du parti ouvrier. La violence même des attaques dirigées contre lui a servi ses intérêts, puisqu'il a réussi à obtenir de la majorité libérale, dès la pre-

---

[1] De Rousiers, *op. cit.*; Mantoux et Alfassa, *op. cit.*

mière année, deux lois d'une haute importance, celle du 21 déc. 1906, déjà analysée, et dont nous avons souligné la hardiesse, et une loi du même jour tendant à compléter la législation sur les accidents du travail, loi sur laquelle nous reviendrons ultérieurement.

Même dans le parti conservateur, d'ailleurs, un revirement semble s'être produit récemment en faveur du trade-unionisme. N'est-ce pas M. Balfour, le chef du ministère conservateur renversé en déc. 1905, qui, le 25 avril 1906, à la Chambre des communes, lors de la discussion du bill devenu la loi du 25 déc. 1906, rendait hommage en ces termes aux Trades-Unions : « Dans cette Chambre il n'y a pas deux opinions différentes sur les Trades-Unions. Tout homme qui connaît l'histoire de notre vie sociale, reconnaît ce que les Trades-Unions ont fait, le vide qu'elles ont comblé dans notre organisation ouvrière et l'impossibilité de tout travail organisé sans une institution basée sur les grandes lignes de ce modèle... Aussi longtemps que les traditions qui se sont développées dans ces associations seront maintenues par nos collègues les députés ouvriers, — aussi longtemps que la sagesse, la modération, l'humanité et l'amour de la liberté continueront à présider à leurs conseils, nous n'aurons pas vraiment de sujets de crainte et il ne sera pas nécessaire d'entourer la société d'une haie défensive contre la possibilité de dommages de la part de ces organisations puissantes ». — Les Trades-Unions anglaises seraient vraiment difficiles de ne pas se déclarer satisfaites de cet hommage éloquent d'un adversaire politique.

489. — B. Colonies anglaises ou Etats coloniaux. — Australasie [1]. — Si le mouvement unioniste ne présente dans la plupart des colonies anglaises ou Etats coloniaux (Dominion du Canada, par exemple) aucune particularité intéressante, il en est différemment en *Australasie* (*Commonwealth* australien et Nouvelle-Zélande), où, depuis plus de quinze ans, le parti ouvrier est parvenu à dominer les pouvoirs politiques, et à faire promulguer et mettre en pratique une législation protectrice du travail salarié plus résolument interventionniste que toutes les législations similaires d'Europe ou d'Amérique. — Un journal d'Auckland, cité par André Siegfried, en faisait récemment la re-

[1] Métin, *Législation ouvrière et sociale en Australie et en Nouvelle-Zélande* (enquête de l'Office du travail français), 1901, et *Le socialisme sans doctrines*, 1901; Vigouroux, *L'évolution sociale en Australie*, 1902; Pierre Leroy-Beaulieu, *Nouvelles sociétés anglo-saxonnes*, 1905; A. Siegfried, *La démocratie en Nouvelle-Zélande*, 1904; Biard d'Aunet, *L'aurore australe*. — Conf. Fairfield, *State socialism in the Antipodes*, anal. par Raffalovich (*Econ. franç.*, 28 fév. 1891, p. 263 et s.); Bertram, *Le mouvement ouvrier en Australasie* (*Rev. d'écon. polit.*, 1897, p. 37); Reeves, *State Experiments in Australia*, 1902; *Les lois ouvrières australiennes* (*Mus. soc.*, mai 1906, p. 213); *Documents du Progrès*, chronique (déc. 1907).

marque : « Les *trad and labour councils* (fédérations locales des Unions ouvrières) font et dirigent la législation plus que tout autre corps constitué de la colonie, conseils municipaux, conseils de comté, chambres de commerce... Depuis quelques années, ce sont eux qui ont fait nos lois... leur nombre n'est pas formidable, mais ils se sont emparés de la machine politique et ce sont eux qui par les ministres dirigent la colonie ». Et de fait, c'est sous l'influence non dissimulée des Unions ouvrières qu'ont été votées, soit en Australie (spécialement dans l'Etat de Victoria), soit en Nouvelle-Zélande, toutes les lois ouvrières récentes le plus nettement empreintes de socialisme d'Etat : lois sur le minimum de salaire, sur l'arbitrage obligatoire, sur les retraites ouvrières, sur la réglementation du travail dans les fabriques et magasins et l'organisation de l'inspection ; c'est la pression de ces mêmes Unions qui a déterminé l'adoption, dans presque tous les métiers, avec ou sans le concours de la loi, de la journée de huit heures.

490. — Souveraineté de fait des Unions australasiennes. — Il est intéressant de noter que, pour arriver à cette souveraineté de fait, les *trades-unions* australiennes ou néo-zélandaises n'ont pas eu besoin de rendre légalement obligatoire pour les travailleurs l'affiliation aux Unions. Tandis qu'en Autriche, et en Allemagne sous certaines réserves, les corporations (patronales il est vrai) sont redevenues obligatoires dans la petite industrie (v. *infra*), les lois australasiennes sur les trades-unions (Nouvelle-Zélande 1878, Victoria 1885, etc.) paraissent au contraire calquées sur la législation métropolitaine, et laissent par conséquent à tous les travailleurs le droit absolu de se maintenir en dehors de tout groupement.

Mais cette liberté est plus apparente que réelle. — Grâce à leur forte organisation, à leur action sur les pouvoirs publics, les unions australiennes ou néo-zélandaises, ces dernières surtout, ont fait à leurs membres une situation si manifestement privilégiée, que la masse des travailleurs a dû, bon gré mal gré, adhérer aux groupements existants. L'un des exemples les plus significatifs de ce régime de faveur accordé aux unions nous est fourni par la loi néo-zélandaise d'avril 1894, intitulée « loi pour encourager la formation des associations industrielles et faciliter la solution des conflits industriels par la conciliation et l'arbitrage »[1]. Ainsi que nous le verrons ultérieurement (tit. III), tout le mécanisme de cette loi, qui en instituant l'arbitrage obligatoire a sup-

[1] La loi du 27 oct. 1905 (*Ann. de législ. du trav.*, 1905, 414), qui a codifié les lois antérieures sur l'arbitrage (1894, 1900, 1904), et apporté à ces textes plusieurs modifications de détail, a maintenu intégralement la situation de faveur faite aux Unions enregistrées.

primé les grèves et consacré légalement le contrat collectif de travail, tend à faire aux Unions ouvrières une situation prépondérante. Seules en effet les Unions enregistrées peuvent recourir à la procédure légale ; privés du droit de grève, et de la faculté de faire trancher les différends pouvant exister entre eux et leurs patrons par les conseils d'arbitrage (conseils élus eux-mêmes par les syndicats ouvriers ou patronaux), les ouvriers isolés qui veulent se faire rendre justice n'ont guère d'autre ressource, à moins d'entente amiable avec leurs employeurs, que d'adhérer à l'Union du métier.

Facultatifs en droit, les syndicats ouvriers australasiens ne sont donc pas loin, en fait, d'être obligatoires.

II. — Etats-Unis[1]

491. — Régime légal des Trades-Unions. — Ce régime n'est pas uniforme pour tout le territoire de l'Union. Toutes les unions professionnelles, ouvrières ou patronales, peuvent sans doute se constituer librement, en vertu du principe de la *liberté d'association* inscrit dans le parti fédéral ; mais le régime légal auquel elles sont soumises varie suivant les Etats. Toutefois, la plupart des législations locales, à l'instar des législations anglaises, confèrent aux Unions qui ont fait enregistrer leurs statuts le bénéfice de la personnalité morale : les fédérations syndicales peuvent également, mais à la condition d'avoir leur siège à

[1] Bibliographie. — Richard Ely, *The Labor Movement in America*, 1890; Levasseur, *L'ouvrier américain*, 2 vol., 1898, Sullivan, *Le mouvement trade-unioniste aux Etats-Unis* (circul. *Musée social*, série B, n° 10); Vigouroux, *La concentration des forces ouvrières dans l'Amérique du Nord*, 1899; Carrol D. Wright, *The industrial evolution of the United States*; Willoughby, *La législation ouvrière aux Etats-Unis*; *Les associations patronales aux Etats-Unis* (*Mus. soc.*, 1905, doc. n° 9), et *L'organisation du travail et le gouvernement fédéral* (*Mus. soc.*, 1906, doc., sept. 1907) ; Pierre Leroy-Beaulieu, *Les Etats-Unis au XXe siècle*, et chroniques de l'*Econom. franç.* ; M. Alfassa, *Des conditions de la vie économique et sociale de l'ouvrier aux Etats-Unis* (Comm. industr. Mosely, trad. franç.), 1904; W. Kirk, *National labor federations in the United States* (J. Hopkins Univers. stud.), 1906. — Conf. Souchon, *L'ouvrier américain* (*Ann. Soc. Econ. polit. Lyon*, 1896-1897, p. 279); Graham Brooks, *Organised Labour in the United States* (*The economic journal*, mars 1899); Pierre Claudio Jannet, *Les chevaliers du travail*, K. of. L., (*Ibid.*, janv. 1899); Rivière, *Le label* (*Assoc. cathol.*, 1900, p. 578); Martin Saint-Léon, *Les nouvelles lois ouvrières aux Etats-Unis* (*Quest. prat.*, 1900, p. 167 et s.; E. Sautter, *Les unions d'employés de chemins de fer aux Etats-Unis* (*Mus. soc.*, docum., juin 1902); W. F. Willoughby, *La corporation de l'acier des Etats-Unis et la grève de ses ouvriers*, trad. de Montaignac (*Ibid.*, février 1902); *L'échelle mobile des salaires aux Etats-Unis* (*Quest. prat.*, 1902, p. 93); Viallate, *Les forces ouvrières et patronales aux Etats-Unis* (*Rev. bleue*, 23 juin 1906) ; *Fédérations américaines de travailleurs* (*Réf. sociale*, 16 janv. 1907).

Washington ou dans le district de Colombie, et d'y faire enregistrer leurs statuts, bénéficier de la personnalité (loi fédér. de 1886).

Certains Etats ont édicté des pénalités rigoureuses contre les atteintes susceptibles d'être apportées à la liberté syndicale. C'est ainsi, notamment, qu'une loi du Connecticut (9 janv. 1899) déclare le patron qui mettrait obstacle à l'affiliation de ses ouvriers au syndicat de la profession, passible d'une amende de 200 dollars et d'un emprisonnement de 6 mois au maximum (Comp. propos. française Bovier-Lapierre, v. *supra* n° 365). Plusieurs Etats (Massachusetts, 11 mai 1899, Idaho, Delaware, etc.), ont législativement proclamé la validité du *label*, ou estampille apposée par une Trade-Union sur les produits qu'elle recommande, comme ayant été fabriqués dans les conditions de travail qu'elle prétend faire respecter par les chefs d'industrie.

Il conviendrait, il est vrai, de placer, en regard de ces lois favorables au mouvement syndical, la rigueur des lois contre les coalitions ; mais depuis longtemps, les associations ouvrières américaines en ont presque paralysé l'application (v. *supra*, n° 305).

492. — Chevaliers du travail (Knights of Labor). — Malgré toutes les facilités de constitution offertes aux groupements professionnels par la loi fédérale ou par les lois particulières de divers Etats, le mouvement trade-unioniste, entravé sans doute par les habitudes nomades des ouvriers américains, et aussi par la diversité des races qui se coudoient dans chaque milieu industriel, ne se développa tout d'abord qu'assez lentement. A partir de 1880, le mouvement de concentration des forces ouvrières prit un essor assez rapide ; mais, par un phénomène singulier, dû en partie à l'âpreté de la lutte alors engagée entre le capital et le travail, ce mouvement affecta tout d'abord un caractère quasi-révolutionnaire.

Pendant quelques années, en effet, les sociétés ouvrières, au lieu d'adopter la forme syndicale reconnue par les lois et de réclamer leur enregistrement, préférèrent s'organiser en sociétés secrètes, ayant pour objectif principal la réalisation progressive du programme collectiviste, suivant les formules d'Henry George ou de Gronlund (v. *supra*, n° 26). L'ensemble de ces sociétés forma l'association, naguère puissante, des *Chevaliers du travail* (*Knights of Labor*), qui étendit ses ramifications sur toute l'étendue de l'Union, du Canada et de l'Australie, se mit en relations avec les principaux groupes socialistes d'Europe, et créa même plusieurs loges en Irlande, en Belgique et en France[1].

---

[1] Créée en 1869, l'Association des Chevaliers du travail, qui ne comptait encore que 10,000 membres en 1879, lors de sa seconde convention générale, parvint en 1886 au chiffre de 730,000 membres (Assemblée générale de Richmond, oct. 1886).

Les *Chevaliers du travail* exercèrent à cette époque une action très efficace sur le Parlement, dans le sens de la protection ouvrière. C'est en grande partie à leur initiative qu'est due l'institution des Offices du travail et du département fédéral du travail, dont nous avons précédemment fait ressortir l'importance (v. *supra*, n° 203).

493. — Cette prospérité de l'association ne fut pas de longue durée. Des dissensions intestines, la hardiesse des thèses sociales développées dans les assemblées annuelles de l'ordre, la participation active qu'il prit à certaines grèves retentissantes, telles que la grève de Chicago en 1894, lui aliénèrent l'opinion publique et déterminèrent un grand nombre de groupements ouvriers à faire sécession. Vainement les chefs de l'association, pour rassurer l'opinion publique sur leurs tendances, renoncèrent-ils, à l'assemblée générale de Détroit en 1888, à tout ce qui donnait à l'ordre des K. O. L. le caractère de société secrète. Cette modification aux statuts primitifs ne réussit point à empêcher la décadence rapide, voire même la désagrégation de l'ordre qui, après avoir groupé plus de 700,000 ouvriers en 1886, n'en comptait plus que 200,000 en 1894, et se trouve aujourd'hui réduit au chiffre plus que modeste de 50,000 environ.

494. — **American Federation of Labor.** — Des Chevaliers du travail, la direction du mouvement ouvrier a passé, depuis quelque dix ans, à l'*American Federation of Labor*, très différente des K. O. L., et par sa composition, — attendu qu'elle n'est autre chose qu'une fédération de syndicats réguliers, sans aucun caractère occulte, tandis que l'ordre des K. O. L. est une fédération d'individus, — et par son but.

Les Chevaliers du travail avaient un objectif plus ou moins socialiste ; la Fédération actuelle, qui compte un million d'adhérents au minimum [1], s'est affirmée depuis sa création (1881) comme une association rigoureusement professionnelle, respectant l'autonomie des

---

Dès l'année suivante, les défections étaient nombreuses, et la décadence commençait. — V. l'étude précitée de M. Pierre Claudio-Jannet.

[1] Les statistiques sont très incertaines sur le nombre réel des membres des Unions fédérées. Le rapport de la 26e convention de la Fédération, tenue en nov. 1906, à Minneapolis, ne l'indique pas; il mentionne uniquement le nombre des Unions internationales, c'est-à-dire dépassant les frontières des Etats-Unis (118), des Fédérations d'Etat (36) et des Unions centrales de travail (538), *Bull. Off. trav.*, 1907, p. 358. — En 1901, M. C. Wright évaluait ce chiffre à 500,000; cinq ans plus tard, M. W. Kirk (*op. cit.*) donnait le chiffre de 1,676,000. La vérité pourrait bien être entre ces deux évaluations.

Il convient de noter que plusieurs fédérations de métiers très importantes, comme l'*American Railway Union*, se sont abstenues jusqu'ici d'adhérer à la Fédération. Restent également en dehors de celle-ci, pour la plupart du moins, les Unions à base confessionnelle, telles que les *Railroad Département of the Young Men Christian Associations*, décrites par M. Sautter.

Unions professionnelles, locales ou nationales, poursuivant par les voies légales l'amélioration du sort des travailleurs, et organisant sur le terrain économique la lutte pacifique du travail contre le capital. La Fédération soutient de ses subsides les grèves dont elle approuve le principe, tout en s'efforçant d'ailleurs d'en diminuer le nombre par l'organisation de comités mixtes, et de conseils de conciliation ou d'arbitrage; elle s'applique à développer la pratique du contrat collectif et de l'échelle mobile des salaires[1], et à sanctionner efficacement les accords intervenus entre les organisations patronales et ouvrières sur le taux du salaire, et généralement sur les conditions d'exécution du travail; la généralisation du *label*, ou marque distinctive apposée sur les produits manufacturés dans les usines dont les chefs respectent ces conditions est due en grande partie à l'influence de la Fédération.

495. — Influence des Unions sur la législation : leur avenir. — Tout en évitant de s'inféoder, à la différence des K. O. L., ou des syndicats australiens, à un parti politique déterminé, la Fédération américaine, et les unions dissidentes, ne se désintéressent nullement de l'œuvre législative. A l'instar des Trades-Unions anglaises, elles ont pesé de toute leur influence sur les Parlements des divers Etats de l'Union pour faire adopter une législation protégeant efficacement le travail : les nombreuses lois votées dans ces dernières années sur le travail des enfants ou des femmes, sur les règlements d'ateliers, le mode de payement du salaire, les conseils d'arbitrage, etc..., sont dues en partie à leur action incessante.

Comme les Trades-Unions anglaises, les Unions américaines ont traversé une crise, due principalement à l'attitude hostile des trusts les plus puissants, notamment du trust de l'acier (Cf. Willoughby, *op. cit.*, et, sur les trusts américains, notre chapitre V, *infra*). Toutefois, un grand nombre de chefs d'industrie sont demeurés fidèles à la politique d'entente loyale avec les groupements ouvriers, sur la base d'accords collectifs librement débattus, impliquant une participation indirecte des ouvriers aux bénéfices généraux de l'entreprise, sous la forme de l'échelle mobile des salaires[2]; il est éminemment désirable, pour le maintien de la paix sociale dans la grande République américaine, que ces tendances conciliantes l'emportent sur celles des puissants capitalistes, peu scrupuleux sur le choix des moyens, dont l'ambition est de

---

[1] Sur l'*échelle mobile* des salaires usitée notamment dans l'industrie du fer et de l'acier, cons. les détails fournis par Willoughby (*Mus. Soc.*, févr. 1902).

[2] Comp. sur ce point, dans les *Quest. pratiques* (1900, p. 367) la chronique intitulée, *L'économie sociale en Amérique*, d'après le mémoire de M. Tolman, secrétaire de la *Ligue pour le service social* de New-York, intitulé : *Progrès industriel.*

faire la loi à l'industrie américaine, et même d'étendre leur domination à l'Europe (trust de l'Océan). Nul ne saurait prédire le résultat de la lutte terrible qui, s'ils triomphaient momentanément des forces ouvrières[1], s'engagerait fatalement, tôt ou tard, entre le capital concentré et les unions ouvrières reconstituées.

Ce danger, d'ailleurs, paraît beaucoup moins imminent qu'il y a deux ou trois ans. La tyrannie des trusts a révolté l'opinion ; le président Roosevelt a manifesté à maintes reprises sa ferme volonté d'y mettre fin, et sous son impulsion les tribunaux se sont décidés à faire usage des armes que la loi leur donnait contre certaines pratiques illicites, pendant trop longtemps tolérées. La crise financière intense, provoquée par l'abus de la spéculation, qui a sévi récemment aux Etats-Unis (fin 1907, début 1908) n'a fait qu'accentuer ce mouvement de révolte contre les accapareurs, et la *Federation of Labor*, forte de l'appui de l'opinion, pourra plus énergiquement encore faire pression sur le Congrès pour faire aboutir ses revendications[2].

III. — Belgique[3]

496. — Evolution historique du mouvement syndical en Belgique. — La constitution belge consacre le droit d'association dans les termes les plus larges (art. 20 : les Belges ont le droit de s'associer ; ce droit ne peut être soumis à aucune mesure préventive).

Aucun obstacle légal ne s'opposait donc à la diffusion des syndicats professionnels dans tous les centres industriels ; il semblait même qu'ils dussent se développer en quelque sorte spontanément dans un pays où

---

[1] Le trust de l'acier (*N. S. steel corporation*) est sorti vainqueur en 1901, de sa lutte contre la Fédération des ouvriers métallurgistes (*Amalgamated Association of iron, steel and tin workers*) ; mais, comme le fait observer M. Willoughby, la lutte n'est que suspendue, le problème de l'abandon ou de la consolidation du système du contrat collectif reste posé devant l'opinion, de plus en plus défavorable aux trusts.

[2] Sur ces revendications, cons. Willoughby (*Mus. soc.*, sept. 1907) ; *Bull. Off. trav.*, 1907, p. 362.

[3] Bibliographie. — Destrée et Vandervelde, *Le socialisme en Belgique*, 2e éd., 1902; Mahaim, *Etudes sur l'association professionnelle*; Berryer, *Unions professionnelles*, Liège, 1900; Briquet, *Législation belge sur les Unions professionnelles*, 1900; Dechesne, *Les syndicats ouvriers belges*, 1906; Vandervelde, *La Belgique ouvrière*, 1906. — Varlez : *Le Vooruit de Gand* (*Mus. Soc.*, n° 20, série A); *La fédération ouvrière gantoise* (*ibid.*, janv. 1899); *Quelques pages d'histoire syndicale belge* (*ibid.*, mars 1902) ; *Les syndicats ouvriers en Belgique* (*ibid.*, déc. 1906) ; *Les syndicats en Belgique et la loi du 31 mars 1898* (*Quest. prat. de lég. ouvr.*, 1909, p. 52) ; — Van der Smissen, *La loi belge de 1898 sur les syndicats* (*Annales des sc. polit.*, janv. 1899) ; Vandervelde, *La situation économique du parti ouvrier belge* (*Docum. du Progrès*, janv. 1908).

l'on a conservé fidèlement le souvenir de ces puissantes corporations du moyen âge, qui firent la richesse et l'orgueil des communes flamandes [1].

Il n'en est rien cependant, et le mouvement d'association ouvrière, très intense aujourd'hui en Belgique, est de date relativement très récente. Il existé, il est vrai, depuis longtemps en Belgique des Unions patronales, telles que l'Union syndicale de Bruxelles (analogue à l'Union parisienne du commerce et de l'industrie); il existe aussi, depuis bien des années, de nombreux syndicats agricoles; mais l'on n'y rencontrait, il y a vingt ans à peine, qu'un très petit nombre de syndicats professionnels ouvriers permanents, groupant, en vue de la défense de leurs intérêts communs, des travailleurs appartenant à la même profession, ou à des professions similaires. L'une des raisons de cette rareté, pendant un demi-siècle (1830-80), des groupements professionnels en Belgique, résidait dans l'état de dépression intellectuelle qui longtemps caractérisa l'ouvrier belge, astreint à des travaux excessifs et réduit à un salaire minime. Suivant le témoignage d'un des économistes qui connaissent le mieux les classes ouvrières belges, M. Mahaim, « le travailleur belge ne réagit pas, il *subit* sa condition; quand il lui vient une idée de résistance, la tête lui tourne et il frappe sans regarder ». De là ces grèves sanglantes, terribles, qui éclataient à intervalles réguliers dans le Borinage, puis étaient suivies d'une période de calme, d'apathie plutôt, pendant laquelle les travailleurs, las de cette poussée violente et en quelque sorte instinctive, semblaient oublier leurs revendications, et ne songeaient même pas à se grouper pour obtenir des conditions meilleures.

497. — Vers 1869, la Belgique assista à un premier réveil de la classe ouvrière, qui se manifesta par l'affiliation en masse des ouvriers à l'*Association internationale des travailleurs*, à la suite du Congrès tenu à Bruxelles en 1868 par cette association. Après avoir effrayé le monde par ses déclamations violentes plus encore que par ses actes (V. Laveleye, *Socialisme contemporain*), l'Association se désagrégea peu à peu; lors de son dernier Congrès, à Gand, en 1877, César de Paepe, qui cependant professait des opinions nettement socialistes et même collectivistes, lui donna le coup de grâce en opposant victorieusement, aux théories subversives et impraticables des révolutionnaires et des anarchistes de l'école de Bakounine, un programme de revendications ouvrières pratiques, susceptible d'une réalisation progressive, sans révolution violente. Ce programme devint, quelques années plus tard,

[1] Certaines mutualités flamandes, et non des moindres, se rattachent historiquement aux antiques corporations de Bruges, Malines, Gand, ou Anvers.

la plate-forme du *Parti ouvrier belge*, qui se constitua en 1884, et travailla aussitôt à relever la condition des ouvriers par l'association. Les efforts du parti ouvrier furent puissamment secondés par le parti libéral belge et par les Universités.

De son côté, le parti catholique, plus ou moins acquis aux idées du socialisme chrétien [1], cherchait à dériver dans le sens des œuvres sociales chrétiennes, cercles catholiques, institutions de patronage, etc., le réveil de la classe ouvrière. Aux Congrès périodiques du parti ouvrier, dégagés de toute préoccupation confessionnelle, le parti catholique, groupé depuis 1895 autour de la *Ligue démocratique*, opposa des Congrès également périodiques, dits Congrès des œuvres sociales ; et sous cette double influence, agissant dans le même sens, l'on vit se constituer peu à peu, dans toute la Belgique, d'abord des associations coopératives de consommation et de production, telles que le *Vooruit* de Gand ou la *Maison du peuple* de Bruxelles (fondations du parti ouvrier), la *Maison ouvrière* de Bruxelles (fondation concurrente du parti catholique), puis des syndicats professionnels proprement dits. Dans les grands centres, notamment à Bruxelles, Anvers, Charleroi, etc., le parti ouvrier a créé, avec l'appui des municipalités, des *Bourses du travail* destinées à fournir des locaux aux chambres syndicales ouvrières, à servir de trait d'union entre les diverses associations ouvrières d'une même ville, à préparer la fédération de tous ces groupes régionaux (V. *supra*, n° 468).

498. — L'œuvre parallèle poursuivie par les deux grandes organisations sociales de Belgique n'a pas tardé à produire ses fruits. Il suffit pour mesurer le chemin parcouru, de comparer la composition actuelle des Congrès corporatifs à celle des Congrès ouvriers d'il y a une vingtaine d'années ; aujourd'hui ces Congrès sont composés, pour la majeure partie du moins, de délégués d'associations professionnelles, coopératives ou mutualistes, régulières et permanentes, tandis que naguère la plupart des délégués ne représentaient que des groupes instables, sans autorité réelle, dissimulant leur impuissance sous des dénominations à effet (ligue ouvrière, fédération ouvrière de telle ville ou de telle région, Chevaliers du travail) [2].

Il y a quelque quinze ans, le parti ouvrier belge eut l'occasion de prouver sa puissance en transformant la grève en arme politique : estimant que l'établissement du *suffrage universel* en Belgique était le seul

[1] Sur les diverses nuances du catholicisme social belge, v. *supra* notre introduction, n°s 39 et 49.

[2] L'appareil de mystère des *Chevaliers du travail*, emprunté à l'Amérique, a conservé un certain attrait pour les mineurs et verriers du Borinage. — Cp. Varlez, *Quelques pages d'hist. synd. belge*, *op. cit.*, p. 90.

moyen d'introduire dans la représentation du pays un nombre suffisant de défenseurs de ses doctrines, et constatant que le projet de révision constitutionnelle préféré par le Parlement n'était qu'un projet censitaire, il décréta la *grève générale*, comme moyen de pression et d'intimidation. Le procédé réussit alors, puisque le Parlement belge adopta e principe du *vote plural*, sorte de suffrage universel mitigé. Une seconde tentative de grève générale, récemment essayée par le parti ouvrier pour contraindre les pouvoirs publics à l'adoption du suffrage universel complet, a au contraire échoué complètement. Mais il serait tout à fait inexact d'y voir un indice d'affaiblissement du parti socialiste belge.

Si le procédé couronné de succès en 1893 échoua en 1902, cela tient à ce qu'en présence des progrès considérables réalisés par la législation sociale au cours de cette période décennale [1], et des réformes hardies accomplies par le Parlement sous l'impulsion du ministère du travail, et sous l'influence combinée ou alternative du parti ouvrier et de la Ligue démocratique, l'opinion publique, plutôt favorable aux grévistes en 1893, refusa cette fois de les suivre dans une voie révolutionnaire qu'elle jugeait inutile ou nuisible à la cause démocratique, et dangereuse pour l'ordre social.

499. — Loi du 31 mars 1898 sur les Unions professionnelles. — Si les syndicats professionnels belges avaient pu se développer sans entraves, grâce à l'article de la Constitution sur la liberté d'association, du moins ne jouissaient-ils, à la différence des syndicats français ou des Trades-Unions anglaises enregistrées, d'aucune personnalité morale ; ils ne pouvaient donc ni se constituer un patrimoine indépendant de la fortune propre des adhérents, ni recevoir des dons et legs, ni ester en justice. — Un mouvement assez vif s'étant dessiné dans les milieux industriels et ouvriers en faveur d'une réforme législative tendant à conférer aux syndicats le bénéfice de la personnalité morale ou *personnification* (c'est le terme usité en Belgique), le gouvernement crut devoir élaborer un projet en ce sens. Très libéral, le projet primitif, qu'il serait intéressant de rapprocher du projet Waldeck-Rousseau actuellement soumis aux Chambres françaises, accordait le bénéfice de la personnification à toutes les associations coulées dans le moule professionnel, sans d'ailleurs spécifier formellement les conditions de similitude ou de connexité, ce qui eût permis aisément aux

---

[1] Sur les progrès de la législation réglementaire, et des institutions d'économie sociale en Belgique, v. *supra*, n°s 154 et s. — Cons. aussi : L. Varlez, *Rapport général à l'Exposit. de 1900* sur l'*économie sociale en Belgique*, introd. de Van der Smissen, 1 v. gr. in-8, 1901 ; J. Godart, *L'économie sociale en Belgique* (*Quest. prat.*, 1901, p. 110).

nombreuses associations politiques ou religieuses du pays d'acquérir, en prenant la forme de syndicats, le bénéfice de la personnalité ; et d'autre part, ce même projet autorisait implicitement les syndicats reconnus à poursuivre un but lucratif, d'où faculté pour eux d'évoluer librement de la forme professionnelle pure à la coopération de production.

500. — La commission parlementaire chargée de l'examen du projet élaboré par le ministre du travail, le modifia profondément. S'inspirant de la loi française, elle s'appliqua par un texte précis : d'une part, à maintenir rigoureusement les syndicats bénéficiant de la reconnaissance légale [1] sur le terrain *exclusivement* professionnel, excluant ainsi toutes les associations, même d'apparence professionnelle, mais poursuivant ostensiblement un but politique ou religieux [2] ; d'autre part, à limiter leur objet à la défense des intérêts économiques, l'exercice d'un commerce ou la poursuite d'un but lucratif leur étant rigoureusement interdits.

Le texte ainsi amendé est devenu la *loi du 31 mars 1898* sur *les unions professionnelles* (*Ann. de lég. étrang.*, 1899, p. 449). Il nous paraît superflu d'analyser longuement cette loi, presque calquée dans ses dispositions principales sur la loi française. Nous nous bornerons à faire observer : 1° qu'elle admet les membres honoraires, et autorise la constitution de syndicats entre personnes exerçant des professions libérales (deux points non expressément tranchés par la loi française, v. *supra*, n°s 377 et 386) ; 2° qu'elle subordonne expressément la validité des dons et legs faits aux syndicats à la nécessité d'une autorisation gouvernementale (généralement réputée inutile en France, v. *supra*, n° 435) ; 3° qu'elle exige des statuts réglant *en détail* le fonctionnement de l'Union (art. 4), alors que la loi française laisse aux fondateurs toute liberté dans leur rédaction ; 4° qu'elle confère au gouvernement le droit de dissoudre les syndicats irrégulièrement constitués, faculté qui en France est réservée à l'autorité judiciaire (v. *supra*, n°s 454 et s.) ; 5° qu'elle laisse subsister sans modification les pénalités rigoureuses édictées par la loi pénale belge contre les coalitions, et notamment contre la mise en interdit, déclarée licite au contraire, lorsqu'elle

[1] Comme en France, celle-ci découle de plein droit du dépôt des statuts, à la condition que le syndicat qui l'effectue poursuive réellement l'objet professionnel défini par la loi. — Le dépôt est effectué au greffe du Conseil des mines.

[2] Art. 2 de la loi : « L'union professionnelle est une association formée *exclusivement* pour l'*étude*, la *protection* et le *développement* de leurs *intérêts professionnels* entre personnes exerçant dans l'*industrie*, le *commerce*, l'*agriculture* ou les *professions libérales à but lucratif*, soit la *même profession* ou des *professions similaires*, soit le *même métier* ou des *métiers qui concourent à la fabrication du même produit* ».

est exempte de violences, par la loi française de 1884 (Conf. *supra*, n°s 308 et 316).

Moins libérale sur tous ces points que la loi française correspondante, la loi belge se montre au contraire plus favorable aux unions et fédérations de syndicats, auxquels elle confère une personnalité aussi étendue qu'aux syndicats isolés (illimitée quant aux meubles, restreinte quant aux immeubles, comme en France). Il convient également de noter qu'elle autorise l'union à déposer et posséder des marques de fabrique ou de commerce pour l'usage individuel de ses membres (art. 2 *in fine*), et que, tranchant dans le sens le plus libéral une controverse encore pendante en France (v. *supra*), elle autorise l'union à ester en justice pour la défense des droits individuels que ses membres tiennent de leur qualité d'associés, notamment à intenter des actions en exécution des contrats conclus par elle pour ses membres, sans préjudice du droit pour ceux-ci d'agir directement, de se joindre à l'action ou d'intervenir dans l'instance (art. 10).

501. — Echec relatif de la loi, ses causes : intensité du mouvement syndical extra-légal. — Les auteurs de la loi de 1898 s'attendaient évidemment à ce que les nombreux syndicats, existant au moment de la promulgation, missent un certain empressement à solliciter le bénéfice de la personnification ; leur attente a été complètement trompée, l'abstention a été générale, et l'on a pu dire sans exagération que le mouvement syndical belge « continuait presque tout entier à exister et à se développer hors la loi » (Varlez, *op. cit.*).

En effet, tandis que la statistique la plus récente attribue à l'ensemble des organisations syndicales ouvrières belges, à la fin de l'année 1906, un personnel approximatif de 158,000 membres[1], soit 19 0/0 des salariés de l'industrie et du commerce travaillant hors de leur domicile (proportion supérieure à celle des syndicats français ou anglais),

---

[1] Ce chiffre est emprunté par Vandervelde au *Journal des Correspondances* (nov. 1907). Il serait supérieur de 10,000 environ à celui fourni pour l'année précédente par la Commission syndicale du parti ouvrier belge. Les 158,116 syndiqués peuvent se répartir en quatre groupes :

1° Les syndicats neutres	29.162
2° Les syndicats chrétiens	31.000
3° La Fédération des mineurs	45.463
4° Les syndicats affiliés au parti ouvrier ou à la Commission syndicale	52.491
Total	158.116

Si l'on remarque que la Fédération des mineurs, bien que non affiliée à la Commission syndicale, est dirigée par des députés socialistes, l'on est amené à reconnaître que l'hégémonie du mouvement syndical ouvrier belge appartient sans conteste au parti socialiste.

70 syndicats ouvriers (catholiques) pour la plupart de Gand ou de Bruxelles, comprenant au maximum 7,000 membres, avaient seuls fait inscrire leurs statuts à la fin de l'année 1904! L'échec a été aussi complet au regard des organisations patronales : 8 seulement, et 4 syndicats mixtes, dont le plus important est l'Union des armateurs, arrimeurs et ouvriers du port d'Anvers, avaient déposé leurs statuts à la même date. La loi a été plus favorablement accueillie par la bourgeoisie, 17 syndicats de professions libérales se sont fait reconnaître, et surtout par les populations rurales : des centaines de syndicats agricoles (738 fin 1904) ont en effet sollicité le bénéfice de la loi [1]. Mais, dans les milieux industriels ou commerciaux, son influence est à peu près nulle.

502. — Les causes de cet échec presque complet de la loi de 1898 sont faciles à dégager. La principale réside dans les conditions historiques du développement des associations professionnelles en Belgique. Lorsque la loi a été promulguée, celles-ci s'étaient déjà développées, grâce à la liberté absolue d'association inscrite dans la Constitution, sur tous les points du territoire ; elles s'étaient constituées sans entraves, sous l'égide des partis politiques ou religieux, s'efforçant de donner une satisfaction aussi complète que possible aux aspirations populaires [2], créant ici des coopératives [3], là des mutualités ou des caisses de chô-

---

[1] L'effectif total des Unions professionnelles constituées en conformité de la loi de 1898 s'élevait, à la fin de l'année 1904, à 853, groupant 54,234 membres effectifs. En 1903, on en comptait seulement 694, avec 42,537 membres. Il y a donc progrès, mais surtout du côté des groupements agricoles. Sur les 11 fédérations créées en exécution de la loi, aucune n'est ouvrière, ni patronale : 10 sont rurales, la onzième groupe des unions de personnes exerçant des professions libérales. — Rapport du *Minist. de l'industrie et du travail sur l'exécution de la loi de 1898 sur les Unions professionnelles* pendant les années 1902-1904, Bruxelles, 1907.

[2] Les syndicats belges ne craignent pas, en vue d'étendre leur champ d'action, d'exiger de leurs membres des cotisations élevées. Quelque paradoxal que ce moyen puisse paraître, c'est en majorant leurs cotisations que les syndicats mineurs par exemple sont parvenus à retenir leurs adhérents et même à en augmenter le nombre. Le mot d'ordre, *majorer les cotisations*, donné par les derniers Congrès du parti ouvrier, a été suivi d'un plein succès : dans des syndicats où, il y a peu d'années, l'on recouvrait difficilement des cotisations de 0 fr. 10 par mois, on paye maintenant 1 fr. 10, 1 fr. 50, parfois même 2 francs ou 2 fr. 50. L'explication, la voici : « à côté de la charge nouvelle, on a immédiatement placé des compensations. Pour cette cotisation majorée, on a accordé certains secours mutualistes permanents. Ici, on a donné une allocation en cas de chômage, là on a indemnisé les victimes d'accidents ou les malades, ailleurs encore on a organisé l'assurance contre les conséquences de la vieillesse... » Varlez, *Quelques pages d'histoire syndicale*, p. 94 ; *Quest. prat.*, 1902, p. 151.

[3] Il convient, d'ailleurs, de remarquer qu'en Belgique c'est par la coopération que s'est peu à peu réalisée l'unité ouvrière. Ainsi que le fait observer Vandervelde (*op. cit.*), les 26 Fédérations régionales dont l'ensemble constitue le parti ouvrier sont organisées, à peu de chose près, sur le même modèle. « A Gand comme à

mage, et accroissant leurs ressources, au besoin, dans l'intérêt même des partis auxquels elles étaient inféodées, par des opérations lucratives. Il était donc tout à fait chimérique de supposer que ces groupements puissants se résigneraient, pour les avantages incertains que pourrait leur conférer la personnification, à se cantonner dans le moule rigoureusement professionnel construit par le législateur : issues d'un mouvement politique et religieux, fortifiées par la coopération, elles se fussent en quelque sorte suicidées en brisant, pour obéir à la loi nouvelle, les attaches profondes qui les unissaient aux différents partis, en renonçant à la forme coopérative et aux œuvres de toute nature, lucratives ou non, qui faisaient leur force.

Quant aux organisations patronales, amies du mystère, possédant de puissants moyens d'action sur les pouvoirs publics, mais n'aimant point à les révéler, il était tout à fait invraisemblable qu'elles consentissent, pour la satisfaction platonique d'obtenir une personnalité morale restreinte, à révéler, par le dépôt de leurs statuts et des noms de leurs membres, les dessous de leur fonctionnement.

503. — Vainement nous objectera-t-on que la loi française de 1884, qui elle aussi assujettit les syndicats à la publicité légale, a puissamment contribué à la diffusion du mouvement syndical. L'objection est sans valeur, par cette raison décisive qu'en France les groupements professionnels n'avaient pu jusqu'alors se développer sous l'empire d'une législation prohibitive des associations (nous ne possédons la liberté d'association que depuis 1901) ; la loi de 1884 était donc, pour les syndicats français, une loi d'affranchissement, et non point une entrave.

Nous avons du reste fait observer précédemment qu'à plusieurs points de vue la loi française est plus libérale que la loi belge, puisque celle-ci restreint la liberté des fondateurs dans la rédaction des statuts, qu'elle laisse subsister le délit de mise à l'index, subordonne la validité des dons et legs à l'autorisation gouvernementale, et confère enfin au gouvernement un pouvoir arbitraire de dissolution ! Il est à supposer qu'un remaniement de la loi belge sur tous ces points, dans un sens libéral, dissiperait certaines défiances, et déterminerait un certain nombre de syndicats neutres à déposer leurs statuts.

Bruxelles, à Anvers comme à Liége, c'est une grande coopérative de consommation *qui forme le pivot de l'organisation fédérale*, et autour d'elle, dans la Maison du peuple qui leur appartient, viennent se grouper les syndicats professionnels, les ligues ouvrières, les cercles d'études des affiliés à la Fédération ».

IV. — Pays-Bas

504. — La Hollande vit, comme la Belgique, sous le régime de la liberté d'association la plus complète (liberté garantie par la Constitution). Grâce à cette liberté, les associations ouvrières se sont, depuis longtemps, développées dans tous les centres industriels des Pays-Bas. Il existe même, en Hollande, des fédérations ouvrières puissantes ; les deux principales sont l'*Association générale des travailleurs néerlandais*, et la société des *Compagnons de Saint-Joseph*, composée uniquement d'ouvriers catholiques.

De nombreux groupements, à tendances socialistes, se sont également constitués, dans ces dernières années, et le parti ouvrier néerlandais, sans être aussi fortement organisé que le parti similaire belge, n'en dispose pas moins dès aujourd'hui de moyens d'action assez puissants[1].

Le régime légal des syndicats néerlandais est identique à celui des syndicats belges avant la loi de 1898. Vivant sous le régime du droit commun, ils n'ont point le bénéfice de la personnalité morale. Celle-ci ne pourrait leur être conférée que par une loi spéciale (ou par un arrêté royal pour les associations comptant moins de 30 membres) ; mais les associations ouvrières dont s'agit préfèrent se passer de la reconnaissance légale plutôt que de solliciter un acte individuel de reconnaissance qui les placerait, dans une certaine mesure, sous la dépendance des pouvoirs publics.

V. — Italie

505. — C'est seulement à partir de 1903 que l'on a vu se produire, en Italie, un mouvement général en faveur de l'association professionnelle comparable à celui auquel nous avons assisté en France et en Belgique dans ces vingt dernières années. Dès la fin du XVIIIe siècle, par suite de l'occupation française, les corporations et jurandes avaient disparu dans le nord de l'Italie ; le pape Pie VII, suivant le même

[1] La reconnaissance légale des Chambres du travail, composées d'un nombre égal de patrons et d'ouvriers (loi du 2 mai 1897, v. tit. III, *infra*), en favorisant le régime du contrat collectif, a, par ce fait seul, donné une sérieuse impulsion au mouvement d'association syndicale. — Cons. Biebuyck, *Les associations ouvrières en Hollande* (*Assoc. catholique*, 1903, 145).

mouvement, les abolit dans ses Etats en 1801, et prohiba, comme l'avait fait la Constituante, tout groupement professionnel. Le pape Pie IX, par un décret du 14 mai 1852, revint sur cette interdiction, et autorisa patrons et ouvriers à constituer, soit isolément, soit conjointement, des corporations professionnelles *libres*, à la seule condition de soumettre leurs statuts à une congrégation spéciale chargée du contrôle des corps de métiers. Il y avait là une organisation assez libérale, ressemblant fort à la législation actuelle française sur les syndicats, sauf qu'à Rome une autorisation préalable était nécessaire, tandis qu'en France le dépôt des statuts suffit.

506. — Mais la législation papale disparut naturellement avec le pouvoir temporel, et le Gouvernement italien ne s'est pas jusqu'en 1907 préoccupé d'assurer aux syndicats professionnels une organisation régulière, et de substituer aux *corporations fermées*, supprimées dans tout le royaume par la loi de 1864 (complétée par une loi du 7 juillet 1878), des *associations professionnelles libres*.

Mis en défiance peut-être à l'endroit des associations ouvrières par les tendances internationalistes affichées par la plupart de celles fondées en Italie depuis 1865, sous l'influence des anarchistes russes, et spécialement de Bakounine[1], le Parlement italien chercha tout d'abord à dériver le mouvement dans le sens de la constitution de sociétés de secours mutuels, et de sociétés coopératives. Grâce à une législation libérale, les sociétés de secours mutuels, les sociétés coopératives de consommation et de production, les banques populaires, ouvrières ou agricoles, se sont multipliées sur tout le territoire italien dans des proportions considérables (V. *supra*, n°s 160-161, et chap. IV, *infra*).

Cette situation s'est considérablement modifiée depuis 1903, c'est-à-dire depuis l'époque où le Gouvernement italien, par diverses créations, inspirées de la législation française (Conseil du travail, Boll. dell. Uff. del. lav., etc.) a nettement affirmé son intention d'orienter la législation italienne dans le sens des réformes sociales. Des relations suivies se sont nouées entre le ministère de l'agriculture, de l'industrie et du commerce, et les Fédérations ouvrières, les encouragements officiels ne leur ont pas fait défaut, bien qu'elles n'aient, dans le silence de la loi, aucune existence légale, et un véritable mouvement associationniste s'est rapidement développé dans toute la péninsule. Les chiffres

---

[1] Les troubles récents de Milan ont mis en relief le caractère politique accentué des principales organisations ouvrières de l'Italie septentrionale. D'autre part, les *fasci dei lavoratori* de Sicile ont un caractère nettement révolutionnaire ; ils ne sont en effet qu'une transformation des groupes fondés en 1867 à Naples sous l'influence de Bakounine.

suivants en attestent l'intensité : 85 *Chambres de travail* (cpr. Bourses du travail françaises) au 1er janvier 1907 (contre 82 en 1906), 2,974 syndicats et 392,889 adhérents (contre 2,732 et 298,446 en 1906). — Les *Fédérations de métiers* comptent 204,271 ouvriers répartis en 2,045 sections. Les plus importantes sont celles du bâtiment, des chemins de fer, des industries chimiques. — Les *ligues des travailleurs de la terre* sont au nombre de 1,292 avec 273,698 adhérents[1]. *Bull. Off. du travail*, 1907, p. 1204 (d'après le *Boll. dell. Ufficio*, juillet-août 1907). — D'après les chiffres rectifiés du *Boll.* (janv. 1908), les syndiqués ouvriers ne dépasseraient pas 362,000 ; mais il y aurait 280,000 travailleurs de la terre.

Un projet de loi, inspiré des lois française et belge, sur la reconnaissance légale des syndicats, a été récemment déposé sur le bureau de la Chambre italienne (*Boll. dell. Uff.*, avril 1907).

VI. — Espagne et Portugal

507. — Si l'on s'en tenait aux apparences, l'*Espagne* devrait être classée, non dans le premier groupe de législations, mais dans le second groupe (lois qui ont conservé le régime corporatif). En effet, le décret de 1847 contient une disposition ainsi conçue : « Dans chaque localité, tous les individus exerçant la même industrie ou profession, le même art ou le même commerce, formeront un collège pour le paiement de la *contribution industrielle* ». Tous les patrons espagnols sont donc embrigadés dans des corporations ; mais il ne s'agit là en réalité que d'une mesure fiscale destinée à faciliter le recouvrement de l'impôt. Le rôle exclusif des corps de métiers consiste, à moins qu'il n'en ait été décidé autrement par les intéressés, à répartir entre les membres de la corporation l'impôt spécial dit *contribution industrielle*; mais la corporation ne peut, ni limiter le nombre des patrons admis à exercer la profession, ni exercer le moindre contrôle sur le mode de fabrication, ni sur la fixation des prix ; bref, elle n'a, obligatoirement, aucune des attributions dont étaient investies les anciennes corporations.

508. — Patrons et ouvriers peuvent, du reste, — en vertu de la loi du 30 juin 1887 sur la liberté d'association, — constituer entre eux des associations professionnelles ou corporations, lesquelles jouissent de la

[1] Metin, *Deux aspects du mouvement social en Italie* (*Mus. soc.*, *Doc.*, 1904, n° 3) ; Mazzoldi, *Le syndicalisme rural en Italie* (*Mouvem. socialiste*, janv. 1906).

personnalité morale, à la seule condition pour les fondateurs de déposer les statuts, huit jours au moins avant la mise en vigueur, au gouvernement de la province [1]. Peuvent toutefois être considérées comme illicites les associations contraires à la morale publique (art. 198, Code pén. espagnol). Le tribunal suprême, s'appuyant sur cette disposition, a condamné comme illicites des associations de travailleurs ayant pour objet l'anarchie et le collectivisme (28 janvier 1884). Cette disposition pénale, à défaut de lois spéciales contre l'anarchie [2], a permis au Gouvernement de combattre le développement inquiétant de l'internationalisme révolutionnaire, très puissant non seulement dans les villes, mais même dans les campagnes, notamment dans l'Andalousie, et aussi en Catalogne, où il se complique d'une agitation politique intense, à la fois républicaine et fédéraliste [3].

La première statistique officielle des groupements ouvriers enregistrés en conformité de la loi de 1887 (arrêtée au 1er mai 1904), vient d'être dressée par les soins de l'Institut des réformes sociales. Ces syndicats seraient au nombre de 1,147, groupant 171,791 travailleurs. Mais de l'aveu même des enquêteurs, ce chiffre est bien au-dessous de la réalité, plus de la moitié des sociétés ayant refusé de répondre au questionnaire officiel (*Bull. Off. trav.*, 1907, p. 828).

VII. — États scandinaves

509. — Suède et Norvège. — Ainsi que nous l'avons fait observer *supra* (n° 134), le régime des corporations obligatoires, procédant historiquement des ghildes scandinaves, s'est perpétué dans la péninsule scandinave jusque vers le milieu du XIXe siècle (1846). Comme en Autriche, dans la période comprise entre 1859 et 1883 (V. *infra*), les corporations patronales suédoises ou norvégiennes ont survécu comme associations libres; mais tandis que dans l'Empire austro-hongrois les industries de métier étaient, au bout de quelques années, replacées légalement sous le régime de l'obligation, avec prééminence de l'autorité patronale, le mouvement syndical affectait au contraire en Suède

[1] Il en est différemment en *Portugal*, où, comme en France jusqu'en 1901, les associations sont soumises au régime de l'autorisation administrative préalable (art. 282 C. pén.). Les associations professionnelles, ne bénéficiant d'aucun régime de faveur analogue à notre loi française de 1884, n'y ont donc qu'une existence de fait.

[2] Comp. lois françaises des 18 décembre 1893 et 28 juillet 1894 sur les menées anarchistes, et loi du 1er juillet 1901, art. 12. — V. *supra*, n° 394.

[3] Comp. Costa, *Le collectivisme en Espagne*; Maze-Sencier, *Socialisme en Espagne* (*Rev. polit. et parlem.*, t. XVII, p. 338).

et en Norvège un caractère nettement démocratique. Les Unions ouvrières, locales d'abord, puis fédérées, prenant bientôt une part active au mouvement social, déterminaient un courant intense dans le sens des lois protectrices du travail, et, comme en Belgique, ne craignaient pas de se mêler activement aux luttes politiques. C'est ainsi que récemment les fédérations ouvrières suédoises tentèrent d'utiliser l'arme de la grève générale pour obtenir le suffrage universel, déjà consacré par la législation norvégienne[1].

510. — Danemark : prédominance du contrat collectif. — Plus accentuée encore a été l'évolution des groupements professionnels au Danemark. Bien que la disparition du régime corporatif ne remonte dans ce pays qu'à 1857, les organisations ouvrières, favorisées par la liberté d'association inscrite dans la Constitution de 1874, y sont puissamment organisées et fédérées, sous l'égide du parti social démocratique[2]. Les chefs d'industrie, de leur côté, ont formé de vastes unions parfaitement disciplinées ; — et à la suite d'un long conflit précédemment rappelé (V. *supra*, n° 297), est intervenu entre l'Association patronale danoise et les Unions ouvrières fédérées un véritable traité de paix qui peut être considéré comme le prototype des contrats collectifs de l'avenir.

En voici quelques clauses significatives : « L'Association patronale danoise et les Unions fédérées se reconnaissent mutuellement le droit de déclarer ou d'approuver une suspension de travail ; il ne pourra toutefois y avoir lock-out ou grève sans qu'une assemblée tenue et constituée conformément aux statuts de l'une ou l'autre association, l'ait voté par au moins trois voix sur quatre... Les contrats passés par les fédérations seront respectés et observés par tous les syndicats affiliés, les fédérations restant responsables de cette observation... Les contrats relatifs aux tarifs de main-d'œuvre et autres conditions du travail ne pourront être dénoncés avant trois mois au moins à partir de ce jour... La commission mixte nommée par les fédérations devra statuer en premier ressort sur toute infraction au présent accord... etc... »[3].

---

[1] Lindley, *Le mouvement ouvrier en Suède* (*Humanité nouvelle*, numéro de janvier 1900) ; *Soziale Praxis*, numéro du 22 mars 1902. — V. aussi Glotin, p. 361. — Au 1er janv. 1904, l'on comptait en Suède 1,273 syndicats, groupant 78,509 ouvriers, soit 25 0/0 du total de la population ouvrière (*Bull. Off. trav.*, 1904, 1090). — Au 1er janv. 1907, ce chiffre s'élevait à 114,935, soit une progression de 40 0/0 (*Soziale Praxis*, 1907, n° 38).

[2] Von F. Lindenberg, *Arbeiterbewegung und Sozialdemokratie in Dänemark* (*Soz. Praxis*, 29 mai 1902).

[3] V. dans le *Bulletin de l'Office du travail*, 1900, p. 44, la chronique intitulée : « *A propos du récent lock-out du bâtiment. Texte de l'accord* signé par l'Asso-

VIII. — Suisse[1]

511. — Fédérations patronales et ouvrières, leur action sur les pouvoirs publics. — Nous avons réservé à dessein la législation suisse pour clore la série, car, si la Suisse vit encore aujourd'hui sous le régime de l'association professionnelle libre, un mouvement assez vif se dessine dans les grands centres industriels helvétiques en faveur de l'institution d'un régime corporatif analogue à celui qui fonctionne aujourd'hui en Autriche, mais avec un caractère plus démocratique.

La Suisse est, par excellence, le pays des associations. Grâce à une Constitution aussi démocratique que possible, les associations professionnelles de toute nature, associations patronales, ouvrières et mixtes se sont multipliées sur tous les points du territoire ; aux associations isolées ont succédé les fédérations, et aujourd'hui toutes les associations professionnelles importantes de la Suisse sont réparties en trois unions ou fédérations puissantes, consultées par le gouvernement fédéral sur tous les projets de loi intéressant l'industrie : l'*Union du commerce et de l'industrie* (à laquelle ont adhéré la plupart des grands commerçants), l'*Union des arts et métiers* (qui groupe les petits patrons, la petite industrie)[2], enfin la *Fédération ouvrière suisse*, qui depuis une vingtaine d'années exerce une influence prépondérante sur la législation industrielle et la politique sociale de la Confédération, par l'action combinée de trois rouages : son Comité central siégeant à St-Gall et son Comité de direction, composé de délégués du *Grütliverein*[3], ses Congrès pério-

---

ciation patronale danoise et les Unions fédérées, le 1er septembre 1899, qui mit fin au *lock-out* survenu dans le bâtiment et diverses autres industries au Danemark ».

Au 1er janvier 1908, l'Union des syndicats ouvriers du Danemark groupait 90,000 membres, en augmentation de 12,000 sur l'année précédente. Nul Etat européen ne compte une pareille proportion de syndiqués (*Bull. Off. trav.*, 1908, 154).

[1] Favon, *Organisation professionnelle. Syndicats obligatoires*, 1893 ; Jay, *Etudes sur la question ouvrière en Suisse*, 1893 ; *L'organisation du travail par les syndicats professionnels* (*Rev. d'écon. polit.*, 1894) ; *L'évolution du régime légal du travail* (*Rev. polit. et parlem.*, 1897) ; Clerget, *Les conditions du travail en Suisse* (*Quest. prat.*, mai 1908).

[2] 20,000 membres environ (*Bull. de l'Off. du trav.*, 1900, p. 285).

[3] Le *Grütliverein*, association à la fois politique et professionnelle, est la plus ancienne (elle remonte à 1838) et la plus puissante des sociétés ouvrières helvétiques; elle compte environ 30,000 membres, et la *Fédération ouvrière suisse*, dans son assemblée constitutive d'Aarau (10 avril 1887), lui a reconnu le droit exclusif de désigner les membres du Comité directeur. — Puis viennent la Fédération horlogère (20,000 membres), le *Piusverein* (groupement catholique, 15,000 membres), les brodeurs et brodeuses (5,000 membres), etc., soit au total plus de 200,000 ouvriers (Clerget, *op. cit.*). Si l'on ajoute à cette liste les 40,000 ouvriers des chemins de fer et des postes, également syndiqués, mais non adhérents à la Fédération, l'on

diques (analogues aux Congrès des *Trades-Unions* anglaises), et son *Secrétariat ouvrier*, siégeant à Berne, devenu un véritable rouage officiel (v. *supra*, n° 206).

512. — La Fédération ouvrière, par son action incessante, a déjà obtenu le vote, tant par l'Assemblée fédérale que par diverses législations cantonales, de plusieurs lois industrielles importantes, intéressant l'hygiène des ateliers, l'inspection, le travail des enfants et des adultes, soit dans l'industrie, soit dans le commerce. Cependant elle n'a encore réussi, malgré l'appui du gouvernement fédéral, à faire prévaloir définitivement qu'une fraction relativement peu importante de son programme ; et depuis longtemps elle poursuit la réalisation de réformes plus radicales telles que : l'*assurance obligatoire* en cas de maladie, d'accidents, ou de chômage ; l'institution de *conseils d'arbitrage* pour prévenir les conflits du capital et du travail ; la *constitution de syndicats* patronaux et ouvriers *obligatoires* (les syndicats de chaque type demeurant distincts, et égaux en droit, à l'inverse de la conception germanique, dans laquelle la réalité du pouvoir appartient aux corporations patronales) ; enfin l'adoption d'une *législation internationale* pour la protection des travailleurs.

513. — Nous reviendrons par la suite sur les causes qui ont déterminé le rejet, par le peuple suisse (referendum du 20 mai 1900), de la loi fédérale du 5 octobre 1899 établissant l'assurance obligatoire contre les accidents ou la maladie (v. tit. II, chap. Ier, sect. III, et tit. IV, *infra*), sur les tentatives de plusieurs cantons (St-Gall, Berne, Bâle), en vue d'établir un système pratique d'assurance contre le chômage, — et sur la loi genevoise du 10 février 1900 sur l'arbitrage obligatoire (tit. III et IV, *infra*). Mais il convient de nous arrêter quelque peu aux deux revendications essentielles du parti ouvrier helvétique, formulées, la première, sur les syndicats obligatoires, aux Congrès ouvriers de Bienne, avril 1893 et Neuchâtel, juillet 1893, la seconde, sur la nécessité d'une législation internationale, au Congrès international pour la protection ouvrière tenu à Zurich en 1897.

514. — Syndicats obligatoires et législation internationale du travail. — L'insuccès final des tentatives faites, par la corporation des

constate qu'aujourd'hui la très grande majorité des ouvriers suisses de l'industrie sont embrigadés dans des groupements professionnels. — Dans aucun pays de l'Ancien et du Nouveau Monde, le Danemark excepté, l'association professionnelle n'est parvenue à ce résultat; et, si le particularisme cantonal n'eût jusqu'ici fait échouer certaines des revendications de la Fédération ouvrière, consacrées par des votes du Parlement (notamment en matière d'assurance), la Suisse serait incontestablement à l'avant-garde des nations pour la protection ouvrière.

brodeurs, pour lutter contre la concurrence étrangère et l'avilissement des prix (insuccès dû surtout à l'impossibilité de faire respecter les décisions du comité directeur de la corporation par les dissidents, ceux-ci ayant le droit de se retirer à leur gré de la coalition), a été l'une des causes du mouvement actuel en faveur de la corporation obligatoire [1].

« L'idée maîtresse du système, a écrit à ce sujet M. Favon, l'un des initiateurs du mouvement, qui compte aussi des partisans en France [2], c'est l'assimilation de l'organisation économique à l'organisation politique. Les hommes qui vivent au même endroit d'une même profession, les horlogers de Neuchâtel et de Genève, les brodeurs de Saint-Gall, les charpentiers de Zurich, les sculpteurs sur bois de l'Oberland bernois sont-ils liés par une solidarité moins étroite, moins rationnelle que les habitants de la commune de Carouge, de Morges ou de Fleurier ? Et si nous les organisons en communes professionnelles [3] avec l'institution cantonale et fédérale au-dessus, avec le recours constant à l'autorité chargée de garantir le lien national, en quoi aurions-nous attenté à la liberté ? »

---

[1] Texte des résolutions du Congrès de Bienne : 1° Les syndicats obligatoires, dans chaque profession, doivent comprendre deux groupes distincts : celui des patrons et celui des ouvriers.

Ces groupes s'entendront pour régler :

a. Les conditions de l'apprentissage ;

b. La journée normale ;

c. Les conditions du salaire.

2° Les syndicats obligatoires devront être organisés dans chaque commune ou chaque district où existent des éléments professionnels suffisants.

3° Chaque patron et chaque ouvrier exerçant une profession syndiquée fait de droit partie du syndicat.

4° Les décisions prises par le syndicat ont force de loi pour tous les patrons et tous les ouvriers exerçant dans le district ou dans la commune la profession syndiquée.

5° Il est institué une fédération cantonale des syndicats obligatoires dans chaque canton. Elle a pour organe une commission composée de délégués en nombre égal de chaque syndicat de patrons et d'ouvriers. Elle prononce sur les réclamations qui s'élèvent dans le canton contre les décisions d'un syndicat, et tranche les conflits qui se produisent entre les syndicats des patrons et des ouvriers d'une profession.

6° Il est institué une fédération suisse de tous les syndicats obligatoires existants dans les cantons. Elle a pour organe une commission composée de délégués patrons et ouvriers, en nombre égal, des fédérations cantonales. Elle prononce sur les réclamations qui s'élèvent contre les décisions d'une commission cantonale et tranche les conflits qui se produisent entre des commissions cantonales.

7° Le gouvernement fédéral et les gouvernements cantonaux ont le droit de se faire représenter par des membres ayant voix consultative dans la commission fédérale et dans les commissions cantonales.

[2] Jay, *op. cit* ; Lorin, *Etudes sur les principes de l'association professionnelle*. — V. aussi P. Boncour, *Fédéralisme économique*, conclusions ; Hauriou, *La limitation de l'Etat* (*Rev. polit. et parlem.*, 10 mars 1896, t. VII, p. 556).

[3] V. *infra* l'application de ce système de la *commune professionnelle* en Hongrie.

Nous ne sommes pas convaincu, pour notre part, de la justesse de cette assimilation entre l'organisation politique et l'organisation économique [1]. Dans l'ordre économique, l'Etat doit sans doute être un facteur actif d'ordre, de contrôle et de progrès; il doit par tous les moyens en son pouvoir encourager la formation des groupements professionnels, leur accorder même certaines faveurs, et notamment associer les syndicats soit à l'œuvre législative, soit à l'organisation de l'arbitrage. Mais il ne nous est pas démontré qu'en *imposant* à tous les travailleurs, patrons ou salariés, l'adhésion à un syndicat (l'obligation n'existe en Autriche que pour la petite industrie, et encore sous certaines réserves), et en détruisant ainsi dans son principe même la liberté du travail, dont les abus trop évidents ne doivent pas faire oublier les bienfaits, l'Etat n'irait pas à l'encontre du but qu'il poursuit, et ne porterait pas un coup sérieux au progrès de l'industrie nationale, au grand détriment de la classe ouvrière qu'il entend protéger.

515. — Nous réservant de revenir bientôt (sect. IV) sur cette grave question de la liberté ou de l'obligation en matière syndicale, nous nous bornerons pour l'instant à signaler une objection grave contre le syndicat *obligatoire*, à savoir la connexité étroite existant entre cette formule et celle de la législation internationale du travail. Il ne suffit pas, en effet, pour relever le prix de vente d'un produit déterminé, et assurer aux patrons un bénéfice minimum, susceptible de profiter indirectement aux ouvriers (par un relèvement général des salaires, ou mieux encore par un partage des bénéfices), de décréter l'obligation, pour tous les patrons d'un même Etat, d'observer les règlements de la corporation (règlements sur le mode de fabrication, sur la durée des heures de travail, le nombre des machines à employer, le prix minimum de vente, etc.) ; il faut encore, au moins dans la majorité des cas, arriver à une *entente internationale*.

L'histoire de la corporation helvétique des brodeurs a fourni à cette proposition une éclatante démonstration. Cette corporation était parvenue, grâce à un système d'intimidation et de boycottage, à rendre ses règlements obligatoires *en fait* pour toutes les maisons suisses; mais à peine avait-elle imposé son tarif minimum sur le territoire suisse qu'elle eut à lutter contre la concurrence des brodeurs du Vorarlberg, concurrence d'autant plus redoutable que ceux-ci, n'ayant

[1] Le peuple suisse s'est du reste nettement prononcé contre cette tendance en rejetant, par son referendum du 4 mars 1894, le projet du gouvernement tendant à ajouter à la Constitution un article 84 *ter* ainsi conçu : « La Confédération a le droit d'instituer des prescriptions uniformes dans le domaine des métiers (petite industrie) ». Les métiers restent donc soumis aux lois cantonales, tandis que la grande industrie (fabriques) est assujettie à une législation fédérale (loi de 1877).

pas à respecter les règlements d'une corporation étrangère, offrirent au public des produits *au rabais*, et accaparèrent rapidement les marchés autrichien et allemand. Le Grütliverein et la Fédération des brodeurs ouvriers s'adressèrent aussitôt au Conseil fédéral pour lui demander d'ouvrir des négociations diplomatiques avec les pays dans lesquels l'industrie de la broderie s'était développée, surtout avec l'Allemagne et l'Autriche, négociations tendant à l'adoption d'un règlement international obligatoire pour tous les patrons brodeurs de ces différents pays. Ces tentatives devaient fatalement aboutir, et aboutirent en fait à un échec complet, dont le résultat fut la désagrégation de la corporation.

516. — C'est qu'en effet des obstacles, actuellement presque insurmontables, s'opposent encore à l'adoption d'une législation ouvrière internationale généralisée. Nous les avons signalés déjà (v. *supra*, nº 176) ; il nous suffira de les rappeler d'un mot. Ils se résument dans les deux formules suivantes, qui ont trouvé leur justification dans l'affaire des brodeurs de la Suisse orientale et du Vorarlberg : différence des prix de revient, difficulté de prévenir les fraudes et de contrôler, d'un Etat à l'autre, les contraventions au règlement international arrêté d'un commun accord. Ces obstacles, sans doute, tendent à s'aplanir avec le temps ; les Congrès, les associations internationales y travaillent activement, mais il est infiniment probable que d'ici à fort longtemps le domaine de la réglementation internationale devra se restreindre à certains points spéciaux, tels que ceux récemment soumis à la Conférence ouvrière de Berne (1905-1906). — V. *supra*, nºs 178 et s., et *infra*, chap. V, sect. II.

Il n'en est pas moins vrai que la Suisse, siège de plusieurs Unions internationales importantes, et notamment de l'Association internationale pour la protection légale des travailleurs, est mieux placée que tout autre Etat européen pour prendre la direction de ce mouvement, qui peu à peu rapproche les Etats civilisés sur le terrain de la politique sociale.

§ 2. — Législations qui ont conservé le régime corporatif ancien

I. — Russie [1]

517. — **Corporations russes.** — La Russie est le seul Etat européen qui ait conservé, sans modifications, le régime corporatif qui était le droit commun au XVIIIe siècle. Le fait est d'autant plus remarquable

[1] *Des artèles*, public. de l'Office du travail, 1893 ; de Schulze-Gävernitz, *L'industrie du coton à Moscou et à Vladimir*, 1897 ; Castelot, *Gildes de Riga* (*Journ. des

que ce régime n'a été introduit que très tard en Russie, vers la fin du siècle dernier, par Catherine II, grande admiratrice des institutions occidentales. D'après le décret de Catherine, tous les artisans des grandes villes font obligatoirement partie d'une *corporation* (*tseck*), organisée sur le modèle de nos anciennes jurandes ; aucun artisan ne peut travailler à son compte sans avoir été reçu maître, et il ne peut être reçu qu'après avoir été apprenti de trois à cinq ans, et sous-maître ou compagnon pendant trois ans.

Les corporations russes jouissent d'une assez grande autonomie ; leurs administrateurs, doyens, adjoints et secrétaires sont nommés à l'élection. A côté du conseil d'administration, siège un comité (*ouprava*) chargé de trancher les différends et de surveiller le travail des ouvriers. Ces corporations jouissent de la personnalité morale, et peuvent posséder ; les corporations de Saint-Pétersbourg ont une fortune totale de un million de roubles (trois millions de francs). Toutes les corporations ressortissent à une administration centrale, qui sert d'intermédiaire entre les pouvoirs publics et les administrateurs de chacune d'elles.

Il n'y a pas de place, dans une telle organisation, pour des associations professionnelles ouvrières dans le genre des *Trades-Unions* ou des syndicats professionnels français[1]. Des peines sévères sont même édictées contre les ouvriers qui tenteraient d'obtenir, par voie de coalition ou de grève, des modifications aux conditions du contrat de travail acceptées par eux. Lorsqu'un différend s'élève au sujet du salaire entre un chef d'usine et des ouvriers, ceux-ci sont tenus de s'en rapporter à l'arbitrage de l'inspecteur de fabrique de la circonscription ; à défaut de l'inspecteur, c'est la police qui, fréquemment, se charge d'arranger le différend, c'est-à-dire d'imposer une solution quelconque aux parties en conflit. La chose paraîtrait étrange dans l'Europe occidentale ; elle est acceptée en Russie, où la police s'immisce dans toutes les relations sociales ; mais il est probable que la situation se modifiera à cet égard, au fur et à mesure que la grande industrie se substituera au travail à domicile ou en petit atelier, et que les ouvriers russes prendront conscience de leur force. Les grèves qui ont, même avant la période révolutionnaire actuelle, jeté la perturbation dans plusieurs

---

Econom., sept. 1897, p. 337) ; Apostol, *L'artèle, Etude d'histoire économique*, 1898 ; Kovalewski, *Situation économique de la Russie* ; Frederiksen, *La Finlande, Economie publique et privée*, 1902 ; Combes de Lestrade, *Russie économique et sociale*, 1904 ; Skarzynski, *Les organisations ouvrières en Russie* (*Réf. sociale*, 1er déc. 1905) ; Pernot, *Le livret de l'ouvrier russe* (*Quest. pratiques*, 1907, p. 32, 127 et 215).

[1] En Finlande, toutefois, dont la Constitution est plus libérale, les réunions ouvrières sont autorisées : mais leur champ d'action est rigoureusement limité à l'assistance mutuelle et à l'instruction technique de leurs membres ; toute participation à une grève, même non accompagnée de violence, leur est interdite.

centres industriels démontrent que les travailleurs russes ne supportent plus aussi aisément le régime de despotisme tutélaire qui caractérise encore les rapports de l'administration et du peuple.

518. — **Artèles.** — L'on est parfois tenté de considérer comme de véritables associations professionnelles, analogues à nos syndicats, les sociétés d'ouvriers agricoles ou d'artisans connues sous le nom d'*artèles*. Mais en réalité, ces sociétés très nombreuses en Russie, surtout dans les campagnes et les petites villes, et beaucoup plus anciennes que les tsecks ou corporations, ne sont, à vrai dire, que des associations coopératives de production, de consommation ou de crédit mutuel. Les deux formes les plus répandues sont : — 1° l'*artèle industrielle*, réunion d'ouvriers qui demeurent et travaillent ensemble, et se partagent également le produit de leur travail ; — 2° l'*artèle agricole,* réunion de paysans qui, trop pauvres pour acheter ou affermer isolément des terres, s'associent pour cette opération (Cpr : communautés taisibles du moyen âge). Il y a loin de ces associations coopératives modestes, vivant isolées les unes des autres, aux puissantes associations professionnelles fédérées d'Angleterre, de France, de Suisse ou de Belgique [1].

II. — Empire ottoman

519. — Dans l'Empire ottoman, les artisans et ouvriers grecs sont, de même que les marchands, groupés en corporations; le syndicat corporatif est moins général chez les ouvriers turcs. Les corporations jouissent d'une grande liberté dans leur constitution intérieure ; elles ont la personnalité morale et peuvent posséder des immeubles [2].

---

[1] Les opinions les plus contradictoires ont été formulées sur les *artèles*, qu'un décret impérial du 14 juin 1902 (*Quest. pratiques*, 1902, 317), est venu réglementer à nouveau. Certains auteurs estiment que cette antique institution, conforme aux habitudes de travail en commun du peuple russe, peut se plier aux nécessités de la production moderne, la coopération étant par elle-même un régime d'une souplesse merveilleuse, susceptible des adaptations les plus diverses : Merlin, *Les associations ouvrières et patronales*, p. 334. — Cons. aussi G. Alfassa, *La crise agraire en Russie. Quarante ans de propriété collective*, 1905 (étude très complète sur le *mir* et sur le mouvement révolutionnaire qui agite les classes rurales en Russie). — D'autres, et des plus autorisés, ont rapporté d'une enquête approfondie cette conviction que l'artèle russe était une institution essentiellement routinière, rebelle au progrès technique, propre à annihiler chez l'ouvrier tout esprit d'indépendance et d'initiative. Aussi voient-ils, dans la décadence du *mir* ou de l'*artèle*, un gage de l'affranchissement futur des travailleurs des champs ou de la ville. Schulze-Gävernitz, *op. cit.* — La vérité pourrait bien être entre ces deux opinions extrêmes. — V. *infra*, tit. IV.

[2] Cons. Glotin, p. 346 ; H. Schurtz, *Türkische Basare und Zünfte* (*Zeitsch. f. Socialwis.*, 1903, heft 2).

§ 3. — Des législations qui ont établi un régime corporatif nouveau (Autriche-Hongrie, Allemagne, Roumanie et Bulgarie)

520. — Ces législations sont les lois autrichienne, hongroise, allemande, roumaine et bulgare. Leur objectif commun a été « de restaurer les corporations anciennes, mais sous une forme compatible avec l'esprit moderne et avec les origines de l'industrie contemporaine ». Nous citons les propres paroles du prince de Lichtenstein, l'un des chefs du parti conservateur autrichien, et l'un des auteurs de la loi autrichienne de 1883 sur l'organisation de l'industrie. La liberté de l'industrie, proclamée par la Révolution française, adoptée vers le milieu du XIXe siècle par tous les Etats de l'Europe, a causé, disent les partisans du régime corporatif, plus de maux qu'elle n'a rendu de services ; elle a permis, il est vrai, à la grande industrie de se développer, mais cet essor même de la grande industrie s'est produit au détriment de la petite industrie, des petits patrons et aussi de la classe ouvrière, qui trouvait dans le régime corporatif une sécurité dont elle ne jouit plus sous le régime nouveau. D'immenses fortunes se sont constituées, mais ces fortunes n'ont pu s'élever que sur des ruines ; d'où les plaintes légitimes de la petite bourgeoisie et de la classe des travailleurs.

Que doit donc faire un Etat prévoyant pour remédier au mal ? Son devoir est de rétablir, au moins pour la petite industrie, les cadres corporatifs, d'y faire entrer de gré ou de force patrons, ouvriers et apprentis, et de surveiller de près le bon fonctionnement de la loi, fût-ce au prix d'une ingérence plus grande que par le passé dans les rouages de l'organisation corporative. Au *patronage* proprement dit, c'est-à-dire à la tutelle exercée par les maîtres sur les compagnons et les apprentis, vient donc s'ajouter, dans la conception corporative nouvelle, nettement imprégnée de socialisme d'Etat, le patronage supérieur de l'Etat. C'est cette conception de l'Etat-providence, de l'Etat imposant sa protection à tous et cherchant à satisfaire les aspirations de la classe ouvrière, tout en respectant et même en renforçant les prérogatives traditionnelles des patrons (afin de sauvegarder l'esprit hiérarchique qui est à la base de tous les régimes monarchiques), c'est cette conception, disons-nous, qui est la caractéristique véritable de la législation récemment inaugurée dans les Etats de l'Europe centrale, mais surtout en Autriche, où les théories nouvelles ont été aussi complètement que possible traduites en articles de loi [1].

---

[1] Sur le mouvement corporatif et ses caractères distinctifs, cons. notamment : Brants, *Le régime corporatif au XIXe siècle dans les Etats germaniques*, 1894, et

I. — Autriche [1]

521. — Evolution historique de la législation autrichienne. — Les anciennes corporations, avec monopole et privilège, se sont perpétuées en Autriche jusqu'en 1859 (sur les *Zunften* allemandes, v. *supra*, n°s 132 et s.). La loi du 20 décembre 1859 a proclamé le principe de la liberté des professions, mais tout en laissant subsister, comme associations libres et jouissant de la personnalité morale, les corporations existantes. Ces corporations, dépouillées de leurs privilèges, eurent grand'peine à lutter contre la double concurrence de la grande industrie, et des petits patrons indépendants ; elles s'adressèrent aux pouvoirs publics pour obtenir le rétablissement de l'état de choses ancien, et leurs doléances aboutirent au vote, à l'instigation du parti conservateur, de la loi industrielle (*Gewerbeordnung*) du 15 mars 1883 (*Ann. de lég. étr.*, 1884, 932) qui a rétabli en Autriche, pour *la petite industrie*, le régime des corporations obligatoires, sur des bases assez différentes d'ailleurs du régime antérieur à 1859. Cette loi, complétée ou amendée sur certains points par la loi du 23 février 1897 (*Ann. de lég. étr.*, 1898, 390), n'est applicable ni aux ateliers de famille, dans lesquels le chef de famille n'emploie aucun ouvrier étranger, ni aux fabriques, c'est-à-dire à la grande industrie ou au commerce, qui continuent à vivre sous un régime de liberté relative.

522. — Lois de 1883 et 1897. — La loi de 1883 divise les professions en trois catégories :

1° Les professions *autorisées*, c'est-à-dire celles qui ne peuvent être exercées qu'en vertu d'une *concession* ou autorisation spéciale de l'au-

---

La petite industrie contemporaine, 2e éd., 1902 ; Boissard, *Le mouvement corporatif en France et à l'étranger, syndicats mixtes*, 1897 ; Le Cour Grandmaison, *Le mouvement corporatif en Europe* (*Rev. des Deux-Mondes*, 15 févr. 1900) ; Martin Saint-Léon, *Hist. des corpor. de métiers*, suivie d'une étude *sur l'évolution de l'idée corporative au XIXe siècle*. — V. aussi *supra*, notre introduction, *passim*.

[1] Demangeat, *Lois industrielles de l'Autriche*, 1890 ; Altmann, *Le régime corporatif des métiers en Autriche et en Allemagne au XXe siècle*, 1907 ; Herz, *La législation du travail en Autriche* (*Congrès intern. de lég. du trav. de Bruxelles*, p. 515 et suiv.) ; Brants, *L'état du régime corporatif en Autriche : l'enquête de 1895 et la loi du 23 février 1897* (*Réforme soc.*, 16 juill.-1er août 1897, p. 179), et *Les corps de métiers en Autriche après vingt ans*, 1883-1903 (*ibid.*, 1er mars 1903) ; X..., *Association de patrons à Innsbrück* (*Quest. pratiques*, 1900, 339) ; P. Louis, *La corporation autrichienne* (*Mus. soc.*, 1904, n° 10) ; Rapp. sur l'organisation corporative de la petite industrie (*Zeitschr. für Volkswirtsch. de Böhm Bawerk*, 1904, heft 2). — Comp. chroniques de la *Revue polit. et parl.*, de la *Réforme sociale*, de la *Revue sociale catholique*, etc...

torité. Ces professions sont celles qui présentent un certain danger, soit au point de vue moral ou politique (professions d'aubergiste, imprimeur, libraire, armurier, etc...), soit au point de vue de l'hygiène publique (établissements insalubres).

2° Les professions *libres*, c'est-à-dire les professions que tout individu peut exercer, sous la double condition de satisfaire à certaines conditions de capacité, et de faire, soit au tribunal civil, soit au conseil provincial, suivant les cas, une déclaration préalable indiquant le nom, l'âge, la nationalité, le domicile de l'impétrant et la nature de la profession. Les professions libres sont le droit commun ; l'on doit considérer comme telles toutes celles qui ne sont ni soumises au régime de l'autorisation, ni classées par l'autorité administrative dans la catégorie des professions dites *de métier*. La grande industrie, en tant du moins qu'elle ne tombe pas sous l'application des dispositions restrictives concernant les établissements insalubres, rentre dans ce second groupe.

3° Les professions dites *de métier*, ou de la *catégorie des métiers*, lesquelles ne peuvent être exercées que sur la production d'un certificat, constatant un certain stage comme apprenti, et des connaissances techniques suffisantes : ledit certificat pouvant d'ailleurs être suppléé par la présentation de certains diplômes. Lors de l'enquête qui précéda la révision de 1897, un certain nombre d'artisans avaient réclamé l'adoption d'une disposition rendant rigoureusement obligatoire, pour l'accession à la maîtrise, la *preuve de capacité*, c'est-à-dire l'examen probatoire des connaissances techniques acquises au cours de l'apprentissage [1]. Le Parlement ne crut pas pouvoir imposer aux aspirants à la maîtrise une règle aussi rigide, d'autant plus que les connaissances techniques acquises dans une école professionnelle par exemple pouvaient, dans bien des cas, être réputées équivalentes à celles résultant d'un apprentissage régulier. La loi de 1897 s'est bornée à donner au vœu précité une demi-satisfaction en décidant que, là où les statuts corporatifs imposeraient la preuve de capacité, l'autorité administrative pourrait prolonger le temps d'apprentissage de l'aspirant à la maîtrise qui n'aurait pas satisfait à l'épreuve requise.

523. — C'est en vue de cette troisième catégorie de professions, c'est-à-dire de la *petite industrie*, que le législateur de 1883 a restauré le régime corporatif, par une disposition ainsi conçue :

---

[1] « Nous réclamons la preuve de capacité, disait le délégué Kunschak, pour forcer les maîtres à faire vraiment l'éducation de leurs apprentis, sous peine de se voir enlever le droit d'en avoir... et pour que des gens qui n'ont pas la capacité de gouverner une entreprise ne viennent pas gâter le métier *par leur concurrence* ».

Chapitre VII, article 110 : « Entre ceux qui exercent le même métier ou des métiers similaires, dans une même commune ou dans les communes limitrophes, le lien corporatif *doit* être maintenu là où il existe; s'il n'existe pas, l'autorité *doit* chercher à l'établir, là où les circonstances le permettent ».

Ainsi, aux termes de la loi, tout patron exerçant un métier dans une circonscription où fonctionnait, avant la promulgation de la loi, une corporation *libre*, est *tenu*, légalement, d'entrer dans cette corporation : se rattachent également à cette même corporation, mais comme simples *adhérents*, tous les ouvriers, compagnons ou apprentis, au service des membres actifs de la corporation. Dans les régions où n'existent pas de corporations, l'autorité provinciale a pour mission d'en créer; elle est investie, à cet effet, des pouvoirs les plus étendus, peut tracer à sa guise des circonscriptions, dans lesquelles elle englobera bon gré mal gré, les artisans des métiers les plus divers, à moins qu'elle ne préfère les répartir en plusieurs groupes, dont chacun ne comprendra que des métiers similaires ou connexes.

524. — **Objet de la corporation.** — L'objet de ces corporations (*Genossenschaften*) est multiple. Certaines de leurs attributions appartenaient déjà aux corporations libres ; les corporations nouvelles sont, en effet, spécialement chargées, comme les corporations anciennes, de prendre toutes les mesures propres à sauvegarder les intérêts communs de la profession, d'organiser l'enseignement professionnel, d'assurer la prédominance de l'esprit de corps sur les tendances individualistes. Mais les corporations instituées par la loi de 1883 sont en outre investies de certaines attributions nouvelles, dont l'énumération, non limitative, suffit à indiquer l'esprit de la réforme : — 1° Elles doivent édicter des règlements sur les rapports entre patrons et ouvriers et l'organisation du travail, notamment sur l'apprentissage, l'hygiène et la police des ateliers, etc... ; — 2° organiser des caisses de secours au profit des ouvriers et apprentis, caisses alimentées tant par une subvention corporative que par une retenue sur le salaire des ouvriers, laquelle ne peut excéder 3 0/0 ; — 3° fonder ou développer, dans l'intérêt de leurs membres, des institutions de secours et de prévoyance, ou d'économie, destinées, les premières à garantir chaque adhérent contre les risques professionnels, les secondes à diminuer le prix de revient des produits par l'association (entrepôts à prix commun, coopératives pour l'achat en commun des matières premières, la vente par bureau commun, etc.) [1] ; — 4° ouvrir un registre pour les offres et demandes de

[1] A ce point de vue, la loi industrielle contient un encouragement implicite à la formation des *kartells*. — V. chap. V, sect. Ire, *infra*. — Ces organismes collectifs,

travail ; — 5° fournir, soit à l'autorité administrative, soit aux chambres de commerce, les documents statistiques dont elles ont besoin, etc...

525. — Fonctionnement de la corporation. — La corporation est administrée, et ses biens sont gérés par un conseil de direction ou bureau de douze patrons.

Le bureau doit rendre ses comptes à l'assemblée générale annuelle de la corporation, à laquelle peuvent assister les délégués des ouvriers. A côté de cette assemblée patronale, qui détient la réalité du pouvoir, fonctionne une assemblée d'ouvriers dont les attributions sont purement consultatives. Ses délibérations n'ont, en effet, aucune sanction pratique ; elle ne peut qu'émettre des vœux, que ses délégués chercheront à faire prévaloir dans l'assemblée corporative.

Parallèlement au bureau, fonctionne une commission arbitrale, composée en nombre égal de délégués patronaux et de délégués ouvriers, chargée de trancher les différends qui s'élèvent entre patrons et ouvriers. Le recours à cette juridiction est d'ailleurs purement facultatif pour les parties. Quant aux contraventions aux règlements corporatifs, ces contraventions sont déférées au bureau, lequel est composé exclusivement de patrons, même lorsque le prévenu est un ouvrier.

Ajoutons, pour compléter ce tableau sommaire du régime corporatif autrichien, que les corporations sont soumises à une tutelle administrative des plus étroites. Tous les statuts, tous les règlements intérieurs, en un mot tous les actes importants doivent être soumis à l'approbation préalable de l'administration supérieure.

526. — Associations professionnelles libres, mixtes et ouvrières. — Le chapitre V de la loi de 1883 autorise toutefois la constitution d'associations professionnelles libres entre patrons et ouvriers, c'est-à-dire de syndicats mixtes. Mais ces syndicats, dans lesquels la prépondérance serait presque forcément acquise à l'élément patronal, n'ont aucune chance de succès, car ils feraient double emploi avec les corporations officielles.

La seule association professionnelle qui aurait pu prospérer à côté des corporations, eût été l'association ouvrière ou syndicat professionnel ouvrier ; mais la loi autrichienne, hostile à la liberté d'association, tient pour illicites les associations de cette nature [1].

à base coopérative, sont régis par une loi spéciale, du 9 avril 1873 (*Ann. de lég. étr.*, 1873, p. 221).

[1] Comme en France avant la loi de 1884, les associations ouvrières tombent sous l'application d'une législation qui subordonne au bon plaisir de l'administration l'existence même des associations, quel qu'en soit l'objet. Comme en France égale-

527. — Critique du régime corporatif autrichien. — Il nous paraît inutile d'insister longuement sur les vices fondamentaux de la législation autrichienne. Aux inconvénients inhérents au système même du syndicat obligatoire (inconvénients signalés à propos du projet suisse) viennent s'ajouter, dans le régime autrichien, deux vices graves qui ne permettent pas d'augurer favorablement de la réforme accomplie en 1883 : — 1° Cette législation a un caractère aristocratique, quasi féodal même, des plus accentués. Les patrons ont, dans la corporation, la réalité du pouvoir ; les droits laissés à l'assemblée des ouvriers sont purement illusoires, et il paraît d'autant moins vraisemblable qu'ils se contentent encore longtemps de cette portion congrue, que la loi autrichienne n'autorise pas la constitution d'*associations professionnelles ouvrières libres*, en dehors des corporations. Une telle prohibition, à une époque où presque toutes les législations autorisent ou tolèrent les groupes professionnels ouvriers, ne saurait avoir d'autre résultat, si elle était strictement appliquée, que de pousser les ouvriers à se constituer en sociétés secrètes, toutes plus ou moins affiliées aux sectes socialistes ou anarchistes, et par conséquent beaucoup plus dangereuses pour l'ordre public que les syndicats professionnels ouvriers fonctionnant au grand jour ; — 2° la législation autrichienne a, de plus, un caractère inquisitorial et policier, susceptible d'étouffer toutes initiatives. Non seulement l'administration intervient dans tous les actes quelque peu importants de la vie civile des corporations, mais nous avons vu qu'elle avait pour mandat de provoquer l'organisation des corporations dans les centres industriels où ces associations ne se seraient pas constituées spontanément.

S'inspirant du mot d'ordre du prince de Lichtenstein « le travail doit être un *office public* », l'administration autrichienne est entrée avec zèle dans la voie indiquée par le législateur de 1883, mais sa compétence et son flair ne paraissent pas à la hauteur de son zèle. La plupart

---

ment, l'autorité administrative autrichienne s'est peu à peu départie de ses rigueurs premières ; et les syndicats professionnels ouvriers, qui au début avaient adopté la forme mutualiste ou coopérative, ou s'étaient dissimulés sous l'apparence de sociétés d'enseignement mutuel (*Société d'éducation des typographes*, *Association pour l'instruction des ouvriers*, etc.), ne craignent plus, sous le régime de tolérance actuel, d'adopter le type professionnel pur, à l'instar des trades-unions anglaises ou des syndicats français : les uns se rattachant au parti social démocrate, les autres au groupe social chrétien, quelques-uns (mais en minorité) ne se réclamant d'aucun parti politique. — V. Brants, *op. cit.* ; Merlin, p. 110. Leur progression est considérable depuis 1904. L'on comptait, fin 1905, 323,099 ouvriers syndiqués en Autriche, contre 189,121 seulement en 1904, soit une augmentation de 70 0/0 d'une année à l'autre (*Bull. Off. trav.*, 1906, p. 1044). Leur nombre aurait, en 1907, dépassé 500,000. — L'importance numérique du parti socialiste dans le nouveau *Reichsrath* ne peut qu'accentuer encore ce mouvement.

de ces corporations constituées administrativement groupent les métiers les plus disparates. — V. Glotin, p. 371.

528. — Artificiellement composées, groupant des professions qui n'ont aucune affinité entre elles, ces corporations nouveau style végètent, ou versent dans la politique ; plusieurs, et non des moindres, sont minées par des luttes violentes, issues du mouvement antisémitique.

Quant aux corporations greffées sur un tronc ancien, constituées entre les artisans d'un seul métier, elles sont assurément plus vivantes, et leurs efforts pour la défense de la profession et le relèvement de la petite industrie ont parfois donné d'heureux résultats. Mais déjà l'on voit renaître entre elles ces conflits d'intérêt si fréquents sous l'ancien régime entre métiers connexes [1]. Chaque métier cherche à étendre son domaine réservé au détriment du voisin, et trop souvent l'esprit d'initiative des administrateurs de la corporation s'use dans ces conflits mesquins et stériles.

529. — **Grande industrie.** — Le résultat, peu encourageant en somme, de cette restauration mal venue du régime corporatif [2], l'exagération évidente des revendications de certaines corporations, ont déterminé dans l'opinion publique un revirement assez marqué. Celui-ci s'est traduit pratiquement : — 1° par le rejet des dispositions, inscrites dans le projet de réforme de la loi de 1883 (qui a abouti à la loi de 1897), tendant à réglementer les fabriques de produits dits de la petite industrie (fabriques de chaussures en gros, établissements métallurgiques livrant au commerce des produits, fabriqués également par les serruriers, ferblantiers, et métiers divers travaillant le fer ou autres métaux, etc.) ; — 2° par le rejet pur et simple du projet, déposé le 17 juin 1891, tendant à étendre, sous une autre forme (conseil d'usine obligatoire), le régime corporatif à la grande industrie. L'enquête ouverte par la Chambre des députés sur ce projet aboutit à des conclusions tellement défavorables, soit des chambres de l'industrie et du

---

[1] Les tailleurs réclament l'interdiction aux magasins de confection d'accepter des commandes sur mesure, le congrès des bottiers-cordonniers demande que les merciers se voient interdire la vente de leurs produits, que les fabricants en gros de chaussures ne puissent travailler que pour l'exportation, etc...

[2] Les partisans les plus convaincus, les défenseurs les plus éloquents du régime corporatif avouent implicitement ce demi-échec. — « L'organisation nouvelle, écrivait en 1898 M. Brants, a donné plus de cohésion à l'esprit professionnel : elle a rendu possible un effort continu en faveur de la petite industrie, elle a aussi procuré certaines améliorations très appréciables. Dans l'ensemble, cependant, l'action des corporations est assez restreinte, et cela par suite du manque d'initiative, de l'étroitesse d'esprit des membres, ou des difficultés administratives ». — V. aussi Brants, *Petite industrie contemporaine*, p. 187 ; P. Louis, *op. cit.*

commerce, soit des cercles industriels (Gewerbevereine), que le gouvernement renonça à demander la discussion du projet.

530. — Industrie minière. — Seule l'industrie minière a été dotée par une loi récente (14 août 1896, *Ann. de lég. étr.*, 1897, 283), d'une réglementation spéciale comportant le groupement, sous l'égide des compagnies et de l'administration, des ouvriers mineurs du fond ou de la surface. Chaque district minier doit avoir au moins un *syndicat minier* : patrons et ouvriers en sont membres, mais ils forment dans le syndicat deux groupes distincts, ayant chacun son assemblée : le grand Comité, formé de la réunion des comités des deux groupes, sert de trait d'union. Au fond, il s'agissait moins, dans la pensée des promoteurs de la loi de 1896, d'adapter à la grande industrie le système de la corporation obligatoire, que de faciliter le développement, dans l'industrie minière, d'institutions arbitrales destinées à prévenir les grèves, et d'organiser des caisses de prévoyance (*Bruderladen*) dans l'industrie de la classe ouvrière. La loi autrichienne, à ce dernier point de vue, pourrait être rapprochée de notre loi française du 29 juin 1894 sur les caisses de secours et de retraites des ouvriers mineurs. En fait, le but de la loi de 1896 a été atteint : il n'existait pas moins, en 1900, de 195 caisses de maladies et 238 caisses de pensions, groupant 180,000 adhérents, non compris les femmes et les enfants[1].

531. — Industrie agricole. — C'est bien au contraire au système de la corporation obligatoire que se rattache la loi du 19 février 1902 (*Mus. soc.*, juin 1902), sur les associations professionnelles d'agriculteurs, puisque cette loi groupe obligatoirement les propriétaires fonciers en syndicats[2]. Mais il y a loin du texte actuel au projet primitif. Dans le projet ambitieux primitivement élaboré par le parti agrarien, le syndicat agricole devait être un organisme puissant, investi des pouvoirs nécessaires pour prendre la direction économique des cultures de la région, et organiser au besoin l'exploitation et la vente en commun. Ce projet fut abandonné, peut-être à raison de ce qu'en apparence au moins (car au fond aucune atteinte n'était portée au principe de la propriété individuelle), il se rapprochait à certains égards de la solution collectiviste. D'après le texte qui a prévalu, le groupement obligatoire des propriétaires n'est plus qu'un syndicat de défense, participant à la fois du syndicat agricole et du comice agricole français, ayant pour mission d'aider à la constitution d'œuvres diverses dans l'intérêt col-

---

[1] *Statistiches Jahrbuch des Ackerbau-Ministeriums*, 1900, t. II, heft 2.

[2] Paisant, *Les associations professionnelles d'agriculteurs en Autriche*, loi du 19 juin 1902 (*Mus. soc.*, juin 1902, p. 240 et suiv.).

lectif de ses membres (crédit mutuel, coopération pour l'achat des machines, la vente des produits, etc.), mais ne pouvant lui-même poursuivre un but lucratif. Comme toutes les institutions corporatives autrichiennes, le syndicat agricole institué par la loi de 1902 est à base aristocratique : seuls les propriétaires du sol en font partie, les fermiers n'y peuvent figurer que comme délégués des propriétaires ; les ouvriers ruraux en sont exclus.

II. — Hongrie

532. — Le régime corporatif institué en Hongrie par la loi du 21 mai 1884 (*Ann. de lég. étr.*, 85, 329) est à peu près semblable au régime autrichien. Il convient toutefois de relever une différence importante au point de vue de la constitution des corporations nouvelles. Tandis qu'en Autriche, l'administration peut créer des corporations arbitrairement, soit au point de vue du groupement des métiers, soit quant à l'étendue de la circonscription, la corporation hongroise est une fédération *communale* de métiers. Elle englobe tous les métiers de petite industrie existant dans chaque commune, mais à une double condition : 1° qu'il existe dans la commune au moins cent personnes exerçant l'un des métiers spécifiés par la loi ; 2° que les deux tiers des industriels demandent l'établissement d'une corporation[1].

III. — Allemagne[2]

533. — La législation allemande actuelle (lois des 18 juillet 1881 et 26 juillet 1897, *Ann. de lég. étrang.*, 1882, p. 148, et 1898, p. 168),

[1] Sur le développement industriel de la Hongrie, pays presque exclusivement agricole jusqu'à ces dernières années, sous l'énergique impulsion de l'Etat, qui, reprenant la tradition colbertiste des manufactures royales, a créé des établissements industriels qu'il met à la disposition des industriels dans des conditions avantageuses, cons. Gonnard, *La politique économique et les agrariens en Hongrie*, broch. in-8, 1908.

[2] Bibliographie. — Sur le régime corporatif allemand : — Altmann, *op. cit.* ; Brants, *Les métiers de la petite industrie en Allemagne et les premières applications de la loi corporative de 1897* (*Réf. soc.*, 1900, p. 421, et *Rev. d'écon. polit.*, févr.-mars 1900). — V. aussi les ouvrages précités de MM. Martin Saint-Léon, Hubert-Valleroux, Merlin, etc. — Sur les groupements patronaux libres dans la grande industrie : — Schomarus, *Les associations libres dans le commerce et l'industrie* (*Jahrbuch* de Schmoller, 1901, fasc. II); Blondel, *La défense patronale en Allemagne* (*Mus. soc.*, 1907, doc. n° 4); *Die Organisation der Arbeitergeber* (*Soz. Praxis*, 1906-07, p. 845). — Sur le mouvement syndical ouvrier : — Blondel,

présente avec la législation autrichienne la plus grande analogie. L'analogie, tout d'abord, est manifeste au point de vue du caractère obligatoire de la corporation de métier. L'obligation n'existe, *en droit*, que depuis la loi de 1897, et encore sous certaines restrictions ; mais depuis 1884, cette obligation existait *en fait* pour les patrons de la petite industrie, par suite d'un ensemble de dispositions légales sur l'apprentissage et sur les charges corporatives, rédigées dans un esprit tel, que les patrons demeurés en dehors de la corporation étaient presque dans l'impossibilité de recruter leur personnel.

La législation allemande ressemble également à la loi autrichienne par la prééminence qu'elle assure aux patrons sur les ouvriers, et par le droit de tutelle qu'elle confère à l'administration ; elle est cependant plus libérale, en ce qu'elle ne proscrit pas les associations ouvrières libres.

Petite industrie, corporations de métier. — **534.** — **Loi de 1869.** — Les corporations privilégiées du moyen âge se sont perpétuées dans certaines régions de l'Allemagne jusqu'au milieu du XIXe siècle. Elles n'ont été abrogées complètement que par la loi fédérale du 21 juin 1869 (Code de l'industrie, *Gewerbeordnung*), applicable d'abord exclusivement à la Confédération du Nord, et introduite dans les États du Sud après la constitution de l'Empire (v. *supra*, n°s 132-134). Mais il importe de remarquer que cette loi, à l'instar de la loi autrichienne de 1859, et à la différence de la loi française de 1791, ne prohiba nullement les corporations ; elle supprima simplement leurs privilèges, leur monopole, et les laissa subsister en tant que sociétés libres, ayant pour objet l'assistance mutuelle et la défense des intérêts professionnels, et jouis-

---

L'ouvrier allemand (*Mus. soc.*, sept. 1899); *Syndicats ouvriers en Allemagne* (*Quest. prat. de législ. ouvr.*, janv. 1902); Brants, *Les associations ouvrières en Allemagne*, broch. 1899; Milhaud, *La démocratie socialiste allemande*, 1 vol. in-8, 1903; Dupin, *Du mouvement syndical ouvrier dans l'industrie allemande*, 1 vol. gr. in-8, 1902, et la bibliographie jointe au texte; Tondeur-Scheffler, *Les syndicats ouvriers allemands* (*Mus. soc.*, avril 1902); A. Rivaud, *Les syndicats ouvriers allemands* (*Rev. polit. et parlem.*, 1903, 3 [t. XXXVII], p. 301 et suiv.); Giesberts, *Les syndicats chrétiens en Allemagne* (*Assoc. cathol.*, 1904, I, 212); Leroux, *Les associations professionnelles en Allemagne* (*ibid.*, 1906, I, 415) ; *Le développement des forces ouvrières allemandes* (*Rev. économ. internat.*, 1906, III, 396); *Gewerbliche Organisationen* (*Die Weltwirtschaft*, 1907, 259). — Comp. Schönberg, *Handbuch*, t. II, p. 176 et suiv.; Hitze, *Die Arbeiterfrage*, Berlin, 1897 ; Bassermann et Giesberts, *Die Arbeiterberufsvereine*, rapp. au Comité de la *Gesellschaft für Soziale Reform* (sect. allem. de l'*Assoc. intern. pour la prot. lég. des travaill.*), Iéna, 1901 ; Schmoller, *Principes d'éc. polit.*, t. IV, etc. — Pour plus de détails sur les divers types d'associations ouvrières, cons. les chroniques de la *Soziale Praxis*, et la bibliographie jointe aux ouvrages ou articles de Dupin, Tondeur et Rivaud. — Sur les récents Congrès ouvriers (socialistes, chrétiens, Hirsch-Duncker, indépendants), cons. les comptes rendus de la *Soziale Praxis* : 1906-1907, p. 78, 913, 925, 1119, 1245, 1377, et 1907-1908, p. 125 et 212.

sant de la personnalité morale sous le contrôle de l'administration. Délaissées par les patrons, libres désormais de rester en dehors de tout groupement professionnel, les sociétés libres périclitèrent tout d'abord ; mais la crise qu'elles traversèrent ramena sur elles, au bout de quelques années, l'attention des pouvoirs publics.

535. — Loi de 1881. — Les petits artisans et industriels s'étaient émus, en effet, de cette décadence des corporations, qu'ils considéraient comme indispensables pour leur permettre de lutter contre la concurrence ruineuse de la grande industrie. Un vaste pétitionnement s'organisa dans tout l'Empire en faveur du rétablissement des corporations fermées. Le Reichstag fut saisi de la question et fit droit en partie aux réclamations de la petite industrie par la loi du 18 juillet 1881, qui fut un premier pas dans la voie du rétablissement des corporations fermées.

Caractères distinctifs de la corporation. — L'article 1er de cette loi, qui porte la marque de l'esprit féodal encore puissant en Allemagne, indique les conditions requises pour entrer dans la corporation : « Peuvent seuls être admis en qualité de membres de la corporation (*Innung*) ceux qui exercent dans le district corporatif, et *à titre indépendant,* un métier pour lequel la corporation est instituée, ou qui sont employés comme contremaîtres... » La corporation allemande, comme la corporation autrichienne, est donc exclusivement patronale ; la loi allemande n'organise même pas, comme la loi autrichienne, d'assemblée ouvrière à côté de l'assemblée corporative ; elle décide simplement que « les compagnons peuvent prendre part aux assemblées et à l'administration dans la mesure déterminée par les statuts ». A défaut d'assemblée ouvrière dotée de pouvoirs précis, l'article 95 de la loi allemande prévoit la constitution, dans chaque corporation, d'un *Comité de compagnons* élu par ceux-ci ; l'un des membres au moins de ce comité est délégué au comité de direction.

La corporation allemande est plus spécialisée que la corporation autrichienne, et moins localisée que la corporation hongroise : tantôt elle est circonscrite au territoire d'une commune, tantôt elle s'étend jusqu'aux confins de la circonscription administrative ; mais en aucun cas elle n'englobe d'artisans de métiers non similaires (art. 82). A ce point de vue, elle procède directement de la corporation médiévale, qui ne groupait que les patrons d'un même métier.

536. — *Objet et attributions de la corporation.* — L'article 81, *a* et *b* de la loi de 1881, complétée par la loi de 1897, définit le but complexe des corporations : — entretenir l'esprit de corps ; favoriser l'établissement de relations convenables entre maîtres et compagnons, et constituer à cet effet, et en vue de résoudre pacifiquement les conflits, des tribunaux arbitraux; organiser l'enseignement professionnel, réglementer l'apprentissage; instituer, tant dans l'intérêt des membres de la corporation, patrons ou contremaîtres, qu'au profit des compagnons ou apprentis, des œuvres d'assistance, de prévoyance ou d'assurance, spécialement des caisses de secours, de maladie ou de chômage et des offices de placement; — créer des organismes coopératifs dans l'intérêt collectif des adhérents (caisses d'avances, d'achat ou de vente en commun, etc.).

Il ressort de l'énumération précédente que le législateur allemand a reconnu à la corporation un pouvoir de tutelle très étendu sur les ouvriers et apprentis; mais les ouvriers allemands, jusqu'à ce jour, se sont montrés peu enthousiastes de cette organisation corporative, au fonctionnement de laquelle ils participent à peine. Ils n'acceptent cette tutelle qu'à leur corps défendant, malgré ses allures paternelles, et n'accordent leur confiance qu'aux associations professionnelles ouvrières libres, qui ne jouissent pas, il est vrai, de la personnalité morale, mais dans lesquelles ils sont les maîtres.

537. — L'évolution vers l'obligation. — La loi de 1881 contenait, sur l'apprentissage, une disposition tendant à placer les industriels libres dans une situation d'infériorité manifeste au regard des adhérents de la corporation. L'article 100 conférait en effet à l'autorité administrative supérieure le droit de déclarer obligatoires pour les patrons libres les règlements sur l'apprentissage édictés par la corporation [1].

Ce n'était là qu'un premier pas dans la voie de l'obligation. A la loi de 1881 succéda d'abord une série de lois dont l'objet évident était de contraindre indirectement les patrons de la petite industrie, ceux qui ne peuvent que difficilement se passer d'apprentis, à entrer dans l'organisation nouvelle : — loi du 21 mars 1884, interdisant aux patrons ne faisant pas partie des corporations de recevoir des apprentis; loi du 28 avril 1886 reconnaissant aux unions ou fédérations de corporations la personnalité civile, et conférant ainsi aux groupements corporatifs une puissance nouvelle; loi du 6 juillet 1887 permettant de contraindre les patrons libres à contribuer, dans les mêmes conditions que les patrons syndiqués, aux charges corporatives, telles que celles nécessitées par l'organisation de l'enseignement professionnel, et des

[1] Comp. loi du 18 juillet 1884 sur l'assurance contre les accidents, qui confère aux *Innungen* le droit d'arrêter, de concert avec le représentant des ouvriers, les mesures préventives réputées nécessaires. Ces mesures sont obligatoires pour tous les artisans, même pour ceux ne faisant partie d'aucune corporation.

conseils d'arbitrage, ou l'installation d'auberges affectées aux compagnons effectuant leur tour d'Allemagne.

538. — La corporation obligatoire : loi du 26 juillet 1897. — Toutes ces mesures de contrainte indirecte parurent insuffisantes au gouvernement allemand, qui soumit en 1895 au Reichstag un projet tendant à restaurer, à l'instar de l'Autriche, la corporation obligatoire pour la petite industrie. Ce projet est devenu la loi du 26 juillet 1897, dont la disposition principale, incorporée sous le paragraphe 100 de la *Gewerbeordnung*, est ainsi conçu :

« Dans l'intérêt commun professionnel des *métiers de petite industrie*, l'autorité supérieure de surveillance *peut* autoriser la formation d'une corporation *obligatoire* entre ceux qui exercent le même métier ou un métier similaire dans une circonscription déterminée, lorsque *la majorité* de ceux qui exercent un métier le demandent, lorsque par suite de l'étendue de la circonscription, aucun adhérent n'est dans l'impossibilité (par suite de l'éloignement de son domicile) de prendre part à la vie corporative et d'utiliser les institutions de la corporation, et lorsque le nombre des adhérents est suffisant pour assurer l'existence de cette corporation ».

De ce texte il résulte que l'administration allemande est loin de jouir, en cette matière, des attributions arbitraires concédées par la loi de 1883 à l'administration autrichienne. Une corporation obligatoire ne peut, en effet, être créée que si, d'une part, la majorité des intéressés le demande formellement et que si, d'autre part les conditions indiquées en l'article 100 précité sont réunies. Aussi les corporations libres sont-elles encore aujourd'hui en grande majorité. Leurs attributions sont d'ailleurs identiques : les unes et les autres jouissent de la personnalité morale.

539. — Lorsque l'administration a décidé la création d'une corporation obligatoire, ou la transformation, en corporation obligatoire, d'une corporation facultative préexistante, sont inscrits de plein droit sur la liste des membres tous ceux qui exercent le métier *pour leur propre compte*, à l'exception de ceux qui l'exercent en *grande industrie* (*fabrikmassig*) ou au contraire de ceux qui exercent le métier seuls, sans compagnons ni apprentis. Grands industriels ou artisans travaillant en chambre *peuvent* adhérer à la corporation du métier ; mais c'est pour eux une simple faculté.

La corporation peut *limiter* le nombre des apprentis (art. 130) ; mais elle ne doit pas limiter pour ses membres le prix des marchandises, le champ de leur activité commerciale ou l'importance de leur clientèle.

Au point de vue *commercial*, la liberté d'allure des *maîtres*, dans la corporation allemande, demeure donc complète.

540. — Chambres de petite industrie ou d'artisans (Handwerkskammern). — Une autre innovation de la loi de 1897 consiste dans la création des chambres de petite industrie ou d'artisans, organe représentatif des intérêts collectifs de l'industrie de métiers [1].

Ces chambres sont fondées par des arrêtés administratifs qui en déterminent la circonscription.

Les membres en sont élus par les corporations (*Innungen*), obligatoires ou facultatives, et par les associations industrielles instituées pour l'amélioration des intérêts professionnels de la petite industrie (*Gewerbevereine*). Sont éligibles les personnes aptes aux fonctions de jurés, majeures de trente ans, exerçant pour leur propre compte depuis au moins trois ans un métier de la petite industrie, et possédant la compétence voulue pour diriger des apprentis : le mandat est de six ans. A côté de la chambre fonctionne un comité de compagnons, investi d'attributions purement consultatives.

541. — Les chambres d'artisans ont été créées en vue de rendre à la petite industrie des services analogues à ceux que le commerce et la grande industrie peuvent attendre des chambres de commerce (*Handelskammern*). — Sur ces dernières, v. *supra*, n° 226. — Il leur appartient d'éclairer l'administration, par des rapports ou des avis motivés, sur toutes les questions susceptibles d'intéresser le développement des métiers ; mais leur mission ne se borne pas à ces attributions purement consultatives. Elles ont également qualité pour réglementer l'apprentissage dans ses traits généraux, former les comités d'examens d'apprentis et de compagnons aspirants à la maîtrise, surveiller ou subventionner l'enseignement technique.

Il est à remarquer qu'au point de vue de l'apprentissage notamment, les attributions des chambres d'artisans font quelque peu double emploi avec celles reconnues par la même loi de 1897 aux corporations de métier ; aussi a-t-on pu dire sans trop d'exagération que les deux institutions étaient dans une certaine mesure antinomiques, et que la diffusion des *Handwerkskammern* ne pouvait s'effectuer qu'aux dépens des *Innungen*, réduites à la mission un peu platonique « de payer une

---

[1] Pour l'étude comparative des chambres de petite industrie *allemandes*, des chambres de métiers *autrichiennes* (L. 15 mars 1883 et 23 février 1897), des conseils de l'industrie et du travail *belges* (L. 16 août 1887), des chambres du travail *hollandaises* (L. 2 mai 1897), et des conseils du travail *français* (Décr. 17 septembre 1900) : v. Martin Saint-Léon, *Notice bibliographique sur les conseils de l'industrie dans les différents pays* (*Mus. soc.*, sept. 1901). — V. aussi *supra*, n° 228.

cotisation pour entretenir l'esprit de corps » (M. Bloch, *Le mouv. écon. et soc. en Allemagne, Econ. franç.*, 14 déc. 1897). La formule est un peu excessive, attendu qu'une chambre d'artisans ne peut, dans un règlement d'apprentissage par exemple, que formuler des règles générales, les détails d'application demeurant du ressort exclusif de la corporation ; mais il n'en est pas moins certain que les conflits d'attributions sont à prévoir entre ces deux rouages parallèles, l'un professionnel et basé sur la communauté du métier, l'autre régional et reposant sur le groupement de tous les métiers de la circonscription.

Quel a été le résultat des réformes législatives de 1897 ? Des plus médiocres, à ce qu'il semble, de l'aveu même des partisans les plus déterminés du régime corporatif, tels que M. Brants. Quelques chiffres nous suffiront à l'établir. D'après l'une des statistiques les plus récentes (Altmann, *op. cit.*), l'on compterait en Allemagne 6,271 corporations libres comptant 201,000 membres, 2,561 corporations obligatoires avec 171,000 membres, et 1,642 chambres de petite industrie avec 102,000 membres, soit au total 472,000 artisans incorporés (chiffre supérieur à la réalité, nombre d'entre eux figurant à la fois dans les corporations et les Handwerkskammern). — Dans certaines villes, à Berlin notamment, les artisans libres, indépendants de toute organisation professionnelle, forment une majorité considérable, atteignant jusqu'à 85 et 90 0/0. La corporation obligatoire, en particulier, malgré l'appui de toutes les forces officielles, ne se développe qu'à grand'peine ; cette atonie contraste singulièrement avec le développement rapide et spontané des groupements ouvriers, en dehors de toute intervention officielle (H. Valleroux, *Les associations professionnelles, L'idéal et la pratique,* Réf. sociale, 1er et 16 mars 1908).

Grande industrie. — **542**. — La grande industrie, sans être assujettie au régime de la corporation obligatoire, n'en est pas moins enveloppée à certains égards dans le mouvement corporatif. Nous verrons en effet plus loin que le fonctionnement des *assurances obligatoires ouvrières* contre les risques d'accidents, maladies, invalidité ou vieillesse, organisées par les lois fédérales de 1883, 1884, 1886 et 1889, a pour base la constitution entre tous les chefs d'industrie assujettis au nouveau régime légal, de corporations *sui generis*, ayant pour mission essentielle d'opérer entre tous les adhérents la répartition équitable des charges imposées par la loi. Ces associations, dans lesquelles presque tous les chefs d'industrie (grande ou petite industrie peu importe) ont été incorporés, sont généralement distinctes des *Innungen*, spéciales à la petite industrie : cependant, la constitution de caisses d'assurance au profit des compagnons, ouvriers, etc., rentrant dans le cadre des corporations de métiers, les caisses corporatives peuvent sous certaines conditions, indiquées *infra* (titre IV), coopérer à l'application des lois d'assurance, spécialement de l'assurance-maladie.

Il s'est constitué, d'autre part, entre patrons de la grande industrie, un certain nombre d'associations libres, analogues à nos syndicats patronaux, avec cette différence toutefois qu'elles ne jouissent pas de la personnalité morale. Mais la plupart d'entre elles, à l'origine tout au moins, se sont écartées de leur objet propre, qui était de pourvoir à la défense des intérêts généraux de la profession, pour se transformer en syndicats de producteurs ou *kartells*, poursuivant la monopolisation du marché (V. chap. V, sect. Ire, *infra*).

Depuis quelques années, cependant, les groupements patronaux se préoccupent également de la défense professionnelle. La plupart d'entre eux se sont fédérés, et ont constitué deux puissantes fédérations (*Centralverband der deutschen Industrieller*, et *Bund der Industrieller*), dont le double objectif est d'agir auprès des pouvoirs publics pour la défense économique des industries nationales, et d'organiser la résistance aux revendications ouvrières, notamment sous forme d'assurance contre les grèves. — V. *supra*, n°s 306 et 329. Cf. Blondel, *op. cit.* — Ces groupements, ramifiés à l'infini, engloberaient aujourd'hui les 400,000 (?) patrons de l'industrie (grande ou petite) et du commerce (*Soz. Praxis*, 7 nov. 1907 et 9 avril 1908).

SYNDICATS OUVRIERS. — **543.** — Si les ouvriers ne sont pas, et ne peuvent pas être membres actifs des corporations, du moins peuvent-ils constituer entre eux des associations professionnelles ou syndicats. Ces syndicats sont parfaitement licites, à la condition de ne pas poursuivre un but interdit par les lois de l'Etat, mais ils restent soumis au droit commun des associations, c'est-à-dire qu'ils ne jouissent pas de la personnalité morale ; ils ne peuvent donc, à la différence des syndicats ouvriers français, ni posséder, ni ester en justice.

Les associations ouvrières, très répandues aujourd'hui dans tout l'Empire d'Allemagne qu'elles recouvrent d'un réseau aux mailles de plus en plus serrées, peuvent se diviser, d'après leurs tendances générales, en trois catégories :

544. — **1° Associations ouvrières socialistes (Gewerkschaften).** — Leur développement a suivi un mouvement ascensionnel presque continu, depuis le Congrès ouvrier de Berlin de 1868, et surtout depuis le Congrès socialiste d'Erfurt (1872), où fut définitivement fondée la fédération de tous les groupes socialistes ouvriers de l'Allemagne sous le nom d'*Union des métiers*. « Les corps de métiers, écrivait alors l'un des journaux les plus influents du parti, le *Volskstaat*, sont les places d'armes, les champs de manœuvres où s'instruisent les soldats du socialisme. Tant que les travailleurs ne sont pas organisés en corps de métiers, on ne saurait songer à une amélioration de leur condition matérielle dans la société actuelle, ni à une transformation de la société ». Affiliée à l'Association internationale des travailleurs, tant que cette association vécut, imbue des doctrines de Lassalle et de Karl Marx, l'Union des métiers contribua puissamment à la diffusion de ces doctrines dans les masses ouvrières, et même dans la classe rurale. Les deux articles essentiels de son programme étaient : — 1° L'amélioration de la condition des travailleurs par l'intervention de l'Etat ; — 2° La suppression du salariat, notamment par la généralisation des sociétés coopératives de production.

545. — Effrayé des progrès du socialisme, le gouvernement eut d'abord recours aux moyens de répression violents, préconisés par M. de Bismarck : la loi de 1878 contre les socialistes, renouvelée par deux fois, vint interdire aux associations socialistes tout congrès, toute manifestation extérieure. Mais le virus socialiste n'en avait pas moins produit son effet : le gouvernement lui-même, dans l'espoir d'enrayer le mouvement, entrant dans la voie préconisée par le parti qu'il combattait, soumettait au Reichstag toute une série de lois en faveur de la classe ouvrière : lois d'assurances, lois sur la police des ateliers, sur les tribunaux industriels, sur les sociétés coopératives, etc..., provoquait même la réunion, à Berlin, d'une Conférence internationale en vue de délibérer sur l'adoption d'une législation internationale du travail (V. *supra*, n° 174).

Les socialistes triomphaient pour ainsi dire sans combattre ; les lois répressives étaient absolument impuissantes à enrayer leurs progrès [1], des grèves redoutables éclataient de toutes parts, surtout dans les districts miniers, si bien que le nouvel empereur Guillaume II considéra qu'il serait de bonne politique, au lendemain de son avènement, de se départir de rigueurs d'un autre âge. Le Reichstag se montrait d'ailleurs nettement hostile au renouvellement de cette législation d'exception ; l'on revint donc au droit commun.

546. — Depuis cette date, 1890, et surtout depuis 1895, les syndicats ouvriers socialistes ont progressé avec une rapidité croissante.

[1] Voici quelques chiffres significatifs, que nous empruntons à Dupin, *op. cit.*, p. 76 : « En 1878, il y avait environ 50,000 ouvriers syndiqués ; en 1890, après douze ans de persécutions, on comptait en Allemagne 53 unions avec 227,733 membres et 5 organisations, centralisées au moyen d'hommes de confiance, avec un effectif de 73,467 personnes. — Au total, 307,200 syndiqués, six fois plus qu'avant la loi destinée à paralyser les efforts de la classe ouvrière ! »

L'année 1890 vit se reconstituer, sur des bases plus solides, la fédération de 1872, désagrégée par l'effet des lois d'exception. Cette fédération a pour base les unions de métiers, dotées pour la plupart d'un bureau central et d'un congrès périodique [1] ; chaque union envoie un délégué par 3,000 membres aux congrès périodiques de la fédération. Celle-ci a pour organe permanent sa *Commission générale,* composée de sept membres, et siégeant à Hambourg.

A côté de ces unions de métiers, organisées régionalement ou nationalement, se sont constituées depuis quelques années de nombreuses unions locales, correspondant à peu près à nos Bourses du travail (*Gewerschaftskartelle*). Ces bourses étaient, fin 1906, au nombre de 553 pour l'Allemagne entière ; elles groupaient 7,390 syndicats, avec 1,500,000 membres. A ces bourses, adhérentes au parti socialiste, il convient d'ajouter 157 unions locales des syndicats Hirsch-Duncker, et 130 unions locales chrétiennes (*Bull. Off. travail,* 1907, 1319).

Les syndicats socialistes fédérés comptaient en 1900 plus de 680,000 membres (dont 22,000 femmes), soit une progression de plus de 100 0/0 en dix ans. Cette progression s'est poursuivie depuis lors, avec la même rapidité. A la fin de l'année 1906, les 66 corporations ou unions centrales affiliées à la Commission générale comptaient 1,689,709 membres (dont 118,908 femmes). L'augmentation sur l'année précédente est de 344,906, soit 25,6 0/0 du total. L'ensemble de leurs recettes s'est élevé en 1906 à 41,602,939 marks, leurs dépenses à 36,963,413 ; leur fonds de réserve dépassait, fin 1906, 25 millions de marks [2].

547. — 2° **Associations ouvrières à base confessionnelle.** — Ces associations sont de deux sortes : les associations exclusivement religieuses, impliquant adhésion formelle à une confession déterminée, telles que les *Evangelische Arbeitervereine*, dont les promoteurs les plus connus furent le pasteur Stöcker, Frédéric Naumann, le professeur Wagner ; et les *Christliche Gewerkvereine*, fondées par le parti catho-

---

[1] Chaque union (*Centralverband*) se compose de l'ensemble des syndicats (*Zahlstellen* ou *Zweigvereine*) d'une industrie ou d'une branche d'industrie répartis sur l'ensemble du territoire : — *d'une industrie* (ex. union des métallurgistes, du bâtiment, etc.) ou *d'une branche d'industrie* dans la plupart des corps de métiers, divisés en spécialités comportant un apprentissage différent.

Le Congrès fédéral a lieu tous les trois ans. Le premier a eu lieu à Halberstadt en 1893 ; le second à Berlin en 1896 ; le sixième aura lieu cette année (1908) en juin, à Hambourg.

Il convient de remarquer d'ailleurs qu'en dehors des syndicats socialistes fédérés, il subsiste un certain nombre de syndicats locaux autonomes, de nuance socialiste. V. la statistique citée *infra.*

[2] *Correspondenzblatt der Generalkommission der Gewerkschaften Deutschlands,* n° 17 août 1907. — Organe de la Commission générale, paraissant à Berlin une fois par semaine.

lique, mais ouvertes néanmoins à tous ceux, catholiques ou protestants, qui se réclament de la morale et de la discipline chrétiennes. Les premières, vues avec défiance aussi bien par les chefs d'industrie que par les ouvriers, malgré les théories nettement socialistes de certains de leurs chefs, n'ont progressé qu'assez lentement. Leur nombre a même diminué depuis quelques années. Elles ne comprenaient en 1906 que 73,132 membres, contre 76,926 en 1905.

Les secondes, au contraire, sous la double impulsion des socialistes chrétiens, qui eurent longtemps pour guide l'évêque de Mayence, M. de Ketteler, et du centre catholique, plus modéré dans ses revendications, se sont rapidement développées, surtout dans les provinces rhénanes ; elles ne comptent pas moins, à l'heure actuelle, de 247,116 membres, formant, comme les *Gewerkschaften* socialistes, une vaste fédération (*Gesamtverband*) ayant pour organes des assemblées périodiques, un comité et un bureau directeur.

548. — 3° **Associations ouvrières purement professionnelles** (*Geverkvereine Hirsch-Duncker*, et syndicats indépendants). — Ces associations, fondées en 1868 par le Dr Max Hirsch et le député progressiste Franz Duncker, ont le même objectif que les *Trades-Unions* anglaises, de l'ancien type : améliorer pacifiquement la condition des travailleurs sans bouleversement social, en dehors de toute politique de parti. Malgré le talent et le zèle de leurs promoteurs, ces associations n'ont obtenu en Allemagne qu'un succès relatif : c'est à peine si elles atteignent aujourd'hui 184,000 membres, fédérés comme les autres groupes [1]. L'on en peut donner une double explication : — *a*) une explication psychologique : « l'homéopathie du socialisme d'Etat ne satisfait plus aujourd'hui la plupart des ouvriers allemands, leur désir de s'organiser est essentiellement l'expression d'une révolte plus ou moins apparente contre l'ordre capitaliste »... (Blondel, *Les syndicats ouvriers en Allemagne*, *Quest. prat.*, 1902, 1) ; — *b*) une raison *historique* : les syndicats Hirsch-Duncker ont été tolérés de 1878 à 1890, les syndicats socialistes ont été proscrits et cette proscription même a fait leur force : « Le mouvement syndical et la démocratie

[1] Au total, et si l'on tient compte de leur progression certaine depuis le dernier recensement, arrêté au 31 décembre 1906 (*Reichsarbeitsblatt*, juill. et sept. 1906), les syndicats ouvriers allemands de toute nuance doivent grouper à l'heure actuelle bien près de deux millions et demi de membres (*Soziale Praxis*, 1907-1908, n° 38), soit de 25 à 26 0/0 du nombre total des ouvriers et employés. Ce chiffre dépasse sensiblement celui des *Trades-Unions* anglaises. — Dans certaines industries, notamment dans la typographie, presque tous les ouvriers sont syndiqués. Si les ouvrières ne fussent demeurées, jusqu'à ces dernières années, en dehors du mouvement syndical, la proportion pour l'ensemble serait encore plus élevée. — Sur la progression des syndicats allemands (documents statistiques, répartition par catégories, créations

socialiste, a fait justement observer Dupin (*op. cit.*, p. 76), portés par la police sur les mêmes listes de proscription, allaient demeurer indissolublement unis dans l'esprit populaire... ».

Il convient toutefois d'ajouter à la liste des syndicats Hirsch-Duncker les *syndicats indépendants*, qui poursuivent eux aussi un objectif exclusivement professionnel (73,544 membres en 1906).

549. — **L'œuvre des syndicats**. — L'œuvre des syndicats ouvriers allemands est considérable[1]. Nous aurons l'occasion de revenir sur

---

principales et sommes affectées à chacune d'elles), cons. notamment : *Bull. Office travail*, 1907, p. 1186 et 1319 ; *Quest. pratiques*, 1903, p. 346, 1905, p. 286, et 1908, p. 50.

Tableau statistique des syndicats allemands, d'après le dernier recensement

GROUPES	Nombre des membres		Diminution en 1906	Augmentation en 1906	Recettes en 1906 (en marks)	Dépenses en 1906 (en marks)	Fonds de réserve en 1906 (en marks)
	en 1905	en 1906					
Fédérations socialistes . . .	1,344,803	1,689,709		344,906	41,602,239	36,963,413	25,312,634
Syndicats locaux socialistes.	27,736	13,145	14,591				
Syndic. Hirsch-Duncker . . .	117,097	118,508		1,411	1,404,074	1,344,277	3,626,082
Syndicats chrétiens.	188,106	247,116		59,010	3,378,833	2,709,260	2,370,782
Syndicats chrétiens indépendants (Evang.)	76,926	77,132	3,794		266,032	268,473	235,162
Syndicats indépendants. . .	65,232	73,544		8,282			
Totaux. . .	1,819,930	2,215,165	18,385	413,609	46,651,878	41,285,423	31,544,660
Augmentation nette.			305,224				

Principales dépenses des syndicats socialistes allemands en 1906

Secours en cas de grève ou de lock-out.	13,748,412	marks
Secours de maladie.	3,281,741	—
Secours de chômage	2,053,296	—
Propagande.	1,820,753	—
Journaux corporatifs.	1,594,009	—
Secours en cas de décès ou d'urgence	930,545	—
Secours aux ouvriers congédiés	795,209	—
Secours de voyage	758,222	—
Secours aux invalides.	351,181	—
Assistance judiciaire, renseign. juridiques. . . .	342,339	—
Bibliothèque, éducation technique.	235,203	—

Sur l'emploi des fonds des autres groupements syndicaux, v. *Bull. Off. trav.*, 1907, p. 1190 et suiv.

leur participation active, soit à l'organisation de l'apprentissage et de l'enseignement technique, soit au fonctionnement des institutions d'assurance, contre la maladie, les accidents ou la vieillesse. Signalons également leur intervention dans le contrat de travail[1], dans le fonctionnement des institutions arbitrales destinées à prévenir les conflits[2], dans la création d'œuvres destinées à assurer le développement intellectuel et moral de leurs membres, leurs efforts en vue de remédier au chômage involontaire, leurs encouragements au mouvement coopératif.

Leur action sur le mouvement législatif, pour indirecte qu'elle soit, n'en est pas moins certaine ; la plupart des lois sociales votées dans ces dernières années avaient été discutées et étudiées à fond dans les Congrès syndicaux.

550. — Avenir des syndicats : projets de réforme. — Depuis plus de quinze ans, les syndicats ouvriers sans distinction de nuances luttent pour obtenir leur reconnaissance légale, à l'instar des *Trades-Unions* anglaises ou des syndicats français. En 1895, ils semblaient sur le point d'obtenir gain de cause : mais la disgrâce de M. de Berlepsch, ministre du commerce et ancien président de la Conférence ouvrière de 1890, vint ruiner leurs espérances.

Les partisans de cette réforme ne se sont pas découragés. Une entente, nettement circonscrite à la défense professionnelle, intervint en 1903, et l'on vit pour la première fois à Francfort un Congrès corporatif grouper pour une action commune les délégués des groupes socialistes (en petit nombre, il est vrai), chrétiens (en majorité) ou indépendants. Les efforts de ce Congrès et de la section allemande de l'Association internationale pour la protection légale des travailleurs (*Gesellschaft für Sozial Reform*) n'ont pas été vains. Sous la pression de l'opinion publique, le gouvernement s'est départi de son intransigeance, et a déposé sur le bureau du Reichstag, le 12 novembre 1906, un projet de loi tendant à conférer, sous certaines restrictions, la per-

[1] Cette intervention, surtout de la part des *Gewerkschaften* socialistes, se manifeste nettement aux points de vue suivants : — placement gratuit des ouvriers et employés et assistance en cas de voyage, organisation des grèves, service de renseignements, contrat collectif de travail. — Sur l'organisation très complète du service de renseignements juridiques par les *Secrétariats ouvriers*, consult. Morizet, *Les secrétariats ouvriers en Allemagne*, 1904 ; *Bull. Off. trav.*, 1907, p. 822. — Sur le développement du contrat collectif en Allemagne, cons. Dupin, p. 286 ; Fany Imle, *Die Tarifverträge zwischen Arbeitgebern und Arbeitnehmern in Deutschland*, Iéna, 1907. — V. aussi *supra*, nos 442 et s.

[2] Sur le projet de loi tendant à instituer en Allemagne des *Arbeitskammern* (organes permanents de conciliation et d'arbitrage, analogues aux Conseils de l'industrie et du travail de Belgique), v. tit. III, *infra*. — Cf. Francke, *Arbeitskammern* (*Soz. Praxis*, nos 13 et 20 févr. 1908).

sonnalité juridique aux associations syndicales de patrons ou d'ouvriers de l'industrie. Seraient exclus les travailleurs qui n'exercent pas une industrie au sens légal du mot (marins, domestiques, ouvriers agricoles, travailleurs des chemins de fer). L'autorité administrative aurait le droit de dissoudre toute association poursuivant un objectif non professionnel ou dont les agissements menaceraient l'ordre public, l'approvisionnement des cités en eau ou en lumière, etc. (*Quest. prat.*, 1907, p. 97 ; *Mus. soc.*, janv. 1907, p. 21 et s.).

Ce projet a été discuté et étudié à fond dans le second Congrès corporatif des syndicats allemands, tenu à Berlin en 1907, et patronné cette fois par le gouvernement[1]. Les pouvoirs très étendus qu'il confère à l'administration ont été vivement critiqués, surtout, il est vrai, par les groupements socialistes non adhérents au Congrès loyaliste de Berlin (*Les socialistes et le projet de loi sur les syndicats*, *Mus. soc.*, fév. 1907, p. 56), et il est peu vraisemblable que ce texte ne subisse pas, au cours de la discussion, de sérieux remaniements. Quoi qu'il en soit, l'attitude du gouvernement allemand est significative et prouve qu'il ne se sent plus de force à enrayer leur développement.

Les syndicats ouvriers allemands, nés d'une poussée démocratique irrésistible, présentent, dès aujourd'hui, par leur vitalité, la multiplicité de leurs créations, leur forte organisation fédérative, un contraste frappant avec le mouvement corporatif : mouvement à demi artificiel, destiné à maintenir les forces ouvrières dans un état de subordination auquel le travailleur moderne ne saurait plus consentir. Le cadre archaïque des corporations d'ancien régime étant trop étroit, les ouvriers de métiers sont venus grossir les rangs des ouvriers de la grande industrie ou des employés de commerce, et ont formé un faisceau puissant, qu'il serait imprudent de chercher à rompre. D'où cette particularité singulière, d'une Allemagne, encore profondément monarchique au point de vue politique, — et démocratique ou évoluant vers la démocratie au point de vue social.

IV. — Roumanie et Bulgarie

551. — Les Etats balkaniques ont, en matière de législation syndicale, suivi la même évolution que les Etats germaniques. — Après

[1] Sur ce Congrès, ses tendances et ses travaux, cons. notamment : *Der zweite deutsche Arbeiter Kongress* (*Soz. Praxis*, 31 oct. 1907, p. 113 à 125) ; Fuster, *Les progrès des syndicats socialistes et le Congrès des ouvriers loyalistes* (*Mus. soc.*, nov. 1907, p. 346).

avoir proclamé le principe de la liberté d'association, ils s'orientent aujourd'hui dans le sens de la corporation obligatoire. La question est à l'ordre du jour en *Serbie*; — elle a été résolue en Roumanie par la loi du 5 (18) mars 1902[1] sur l'organisation des métiers, et en *Bulgarie* par la loi du 20 juin (3 juill.) 1903[2].

Aux termes de la loi *roumaine*, — spéciale à la petite industrie comme les lois autrichienne et allemande dont elle s'inspire, — nul ne peut exercer un métier à son compte, ni employer des apprentis ou des ouvriers, s'il ne possède un brevet de maître délivré sous certaines conditions par le Comité de la corporation.

La corporation est *obligatoire* dès que les *deux tiers* des artisans d'un même métier résidant dans une commune ont décidé sa constitution, pourvu qu'ils soient au nombre de 30 au moins. Tout artisan de la commune fait partie de droit et obligatoirement de la corporation de sa spécialité, qu'il soit maître, ouvrier ou apprenti; les ouvriers ne sont donc pas, comme en Allemagne ou en Autriche, dans une situation d'infériorité au regard des maîtres. L'égalité est complète, l'assemblée générale se compose de tous les membres majeurs et jouissant de leurs droits. Dans toute corporation fonctionne une commission arbitrale de cinq membres, un commissaire du gouvernement (choisi dans la profession), président, deux membres élus par les patrons et deux par les ouvriers.

La loi *bulgare* présente une grande analogie avec la loi roumaine.

SECTION IV. — **Résultats économiques et sociaux de la loi de 1884. — Projets de réforme**

§ 1er. — Résultats économiques et sociaux de la loi de 1882. — Documents statistiques

552. — Développement des syndicats depuis 1884 : statistique officielle. — Nous avons, dans les sections précédentes, présenté l'historique du mouvement syndical et corporatif en France et à l'étranger, et commenté la loi organique de 1884, mise en parallèle avec les principales lois étrangères. Il nous reste, pour compléter l'étude de cette loi, qui domine tout le droit industriel, à rechercher brièvement quels en ont été les résultats économiques et sociaux, et quelles sont les réformes dont la pratique a démontré l'urgence.

---

[1] *Bull. Off. du trav.*, 1902, p. 473; *Mus. soc.*, août 1902.
[2] *Ann. de lég. du travail*, 1903, 115.

La loi de 1884 a été vivement attaquée, dans les camps les plus opposés : que valent ces attaques? La loi est-elle vraiment mauvaise dans son principe même, ou les avantages qu'elle présente ne dépassent-ils pas sensiblement les inconvénients signalés? Il est un fait incontestable, qui ressort avec évidence des statistiques publiées par l'*Annuaire des syndicats professionnels* (publication officielle du ministère du commerce et de l'industrie) ou par le *Bulletin de l'Office du travail* [1], c'est l'impulsion considérable imprimée au groupement corporatif, à l'association professionnelle, par la promulgation de la loi de 1884. Il suffit, pour mesurer la progression de toutes les catégories de syndicats, de se reporter au tableau suivant, qui donne le mouvement des syndicats professionnels constitués en exécution de la loi du 21 mars 1884 (tableau arrêté au 1er juillet de chaque année jusqu'en 1895 inclus, et au 31 décembre à partir de 1897) [2] :

ANNÉES	Syndicats industriels et commerciaux			Syndicats agricoles	Totaux	Différence en plus d'une période à l'autre
	patronaux	ouvriers	mixtes			
1884	101	68	1	5	175	»
1890	1.004	1.006	97	648	2.755	2.580
1896	1.731	2.243	170	1.275	5.419	2.664
1902	2.757	3.934	156	2.433	9.280	3 861
1905	3.291	4.857	140	3.553	11.841	2.021
1906	3.612	5.322	154 [3]	3.883	12.971	1.130 [4]

NOTA. — Les départements dans lesquels il existe plus de 100 syndicats ouvriers sont les suivants : Seine, 595 ; Nord, 355 ; Rhône, 256 ; Bouches-du-Rhône, 208 ; Hérault, 170 ; Gironde, 165 ; Loire, 149 ; Seine-Inférieure, 131 ; Cher, 130 ; Alpes-Maritimes, 118 ; Aude, 111 ; Loire-Inférieure, 106 ; Nièvre, 104 (chiffres arrêtés au 1er janvier 1907).

[1] Le dernier Annuaire publié, correspondant aux années 1904-1905, nous donne la statistique générale des syndicats au 1er janvier 1905. L'Annuaire suivant, qui comprendra les années 1905 à 1907, n'est pas encore paru, et nous ne possédons, pour les trois dernières années, que les tableaux sommaires publiés par l'Office du travail. Ces retards sont regrettables, et nous émettons le vœu que le Ministère du travail veuille bien en revenir à l'annalité de l'Annuaire.

[2] Les chiffres sont donnés par nous de six ans en six ans, de 1884 à 1902. Pour le tableau complet, année par année, v. *Annuaire* et *Bulletin*. — L'on remarquera d'autre part que le chiffre de 175, inscrit pour l'année 1884, représente non pas le nombre total des associations professionnelles existant à cette époque, mais seulement celui des syndicats, soit antérieurs, soit postérieurs à la promulgation de la loi, qui avaient une constitution légale au 1er juillet 1884.

[3] Ce chiffre officiel paraît plutôt inférieur à la réalité. M. Boissard, en 1897, en fixait le nombre approximatif à 250, d'après son enquête personnelle. D'autre part, les syndicats agricoles sont en fait, pour la très grande majorité, de véritables syndicats *mixtes* (v. *supra*, nos 376 et 392).

[4] L'on remarquera que ce chiffre de 1130 indique la progression d'une année à

ANNÉES	Personnel des Syndicats					Différence en plus d'une période à l'autre
	patronaux	ouvriers	mixtes	agricoles	Totaux	
1890.	93.411	132.692	14.096	234.234	481.433	»
1896.	141.877	422.777	30.333	423.492	1.018.479	537.046
1902.	205.463	643.757	33.431	598.834	1.481.485	463.006
1905.	268.036	836.134	28.178	677.150	1.809.271	327.786
1906.	315.271	896.012	30.698	716.530	1.958.511	149.240

Cette progression, de 149,000 membres, de 1905 à 1906, n'a été dépassée qu'une seule fois, au cours de l'année 1892-93 [1].

553. — **Mouvement des Unions de syndicats professionnels de 1884 à 1907 :**

ANNÉES	Nombre des Unions de Syndicats				Totaux
	patronaux	ouvriers	mixtes	agricoles	
1884.	10	10	»	»	20
1890.	22	24	1	9	56
1896.	43	86	8	19	156
1902.	82	134	11	45	272
1905.	107	167	10	52	336
1906 (31 décembre).	110	187	11	64	372

Les Unions sont locales, régionales ou nationales. Les Unions nationales patronales de même profession les plus importantes sont le Syndicat général du commerce en gros des vins, les syndicats généraux de la boulangerie, de la boucherie, de l'industrie hôtelière, des industries

l'autre (du 31 déc. 1905 au 31 déc. 1906), tandis que le chiffre précédent de la même colonne correspond à une période triennale, et les chiffres supérieurs à des périodes sexennales. En réalité, depuis 1884, la progression a été rarement aussi rapide. Les syndicats mixtes eux-mêmes, dont le chiffre avait fléchi, sont eux-mêmes en augmentation (*Bull. Off. trav.*, 1907, p. 1145 ; *Quest. prat.*, 1908, p. 30).

[1] Le nombre des ouvriers syndiqués par rapport aux non-syndiqués est cependant très inférieur à la proportion constatée dans certains pays étrangers, en Allemagne notamment. Notre seconde colonne accuse un effectif d'ouvriers ou d'employés syndiqués de 896,000. Le dernier recensement professionnel relevant un chiffre total de salariés de l'industrie seule s'élevant à 4,844,000, si l'on ajoute à ce dernier chiffre l'ensemble des employés de commerce recensés *supra* comme ouvriers en tant que syndiqués, la proportion de ceux-ci, par rapport aux non-syndiqués, ne ressort guère en France qu'à 12 0/0. Les moyennes varient d'ailleurs considérablement d'une profession à l'autre. Pour les mineurs, elle est de 35,46 0/0, pour les ouvriers de produits chimiques, de 31,25 0/0; elle s'abaisse à 7,92 0/0 dans l'alimentation, et à 6,11 dans le travail des étoffes, vêtement et nettoyage (*Bull. Off. trav.*, 1907, p. 1156).

métallurgiques et minières, des industries textiles. Les principales Unions nationales patronales de professions diverses sont le Syndicat général de commerce et de l'industrie (ou Union nationale), l'Alliance syndicale du commerce, la Fédération des industriels et commerçants français (V. *supra*, n° 346).

Les principales Unions nationales ouvrières de même profession sont les Fédérations des mineurs, des travailleurs du livre, des métallurgistes, des employés, de l'industrie textile, des maçons, des cuirs et peaux, et le Syndicat national des travailleurs des chemins de fer. Il n'existe qu'une seule Union véritable d'associations ouvrières de professions diverses, c'est la *Confédération générale du travail*, qui siège à Paris à la Bourse du travail. L'on pourrait aussi, il est vrai, qualifier d'Union nationale la Fédération des Bourses du travail, qui d'ailleurs depuis 1902 se confond dans une certaine mesure avec la C. G. T. — V. *infra* [1].

554. — Effectif des Unions de Syndicats [2] :

ANNÉES	Nombre de Syndicats unis				Nombre de Membres des Unions			
	patronaux	ouvriers	mixtes	agricoles	patronales	ouvrières	mixtes	agricoles
1905 (31 décembre) . . .	2.127	3.572	44	3.553	220.397	757.344	4.036	677.150
1906 (id.) . . .	2.450	3.675	48	3.752	257.847	752.362	4.766	843.737
Différences { en plus. . .	323	103	4	199	37.450	»	730	166.587
Différences { en moins. .	»	»	»	»	»	4.982	»	»

Bourses du travail

ANNÉES	Nombre des Bourses	Nombre des Syndicats	Nombre des Adhérents
1905.	125	2.481	422.336
1906.	131	2.586	455.790
Différences { en plus. . .	6	105	33.454
Différences { en moins. .	»	»	»

[1] Pour l'effectif de ces diverses Unions nationales, au 1er janvier 1905, cons. l'*Annuaire des syndicats professionnels*, 1904-1905.

[2] Ce tableau appelle une observation importante. Si l'on additionne les chiffres des quatre dernières colonnes pour 1906, l'on obtient, pour l'effectif total des membres des Unions ou Fédérations syndicales fin 1906, le chiffre de 1,858,712 membres, sur

555. — Orientation générale du mouvement fédératif. — Le mouvement fédératif, dans les milieux industriels et commerciaux tout au moins[1], comporte, ainsi que nous l'avons remarqué *supra*, une double forme de groupements : groupements professionnels (fédérations locales, régionales ou nationales des patrons et ouvriers du *même métier*) ; groupements régionaux, de patrons et ouvriers de professions diverses. Nous avons vu précédemment que, dans plusieurs pays étrangers, notamment en Angleterre et en Allemagne, le mouvement fédératif ouvrier avait pris pour base les groupements professionnels ; en France au contraire, comme en Belgique et aux Etats-Unis à l'époque de la prépondérance des Chevaliers du travail, c'est le système des groupements régionaux qui semble devoir l'emporter, par suite de la prédominance des théoriciens du socialisme dans les congrès ouvriers.

Sans doute, la forme du groupement professionnel, unissant entre eux les syndicats d'un même métier ou des professions connexes, n'est pas inconnue en France ; il existe même (v. *supra*, n° 553), sans parler du puissant Syndicat national des chemins de fer, plusieurs Fédérations nationales importantes : la Fédération nationale des mineurs (14 syndicats,

---

1,958,511 syndiqués, soit 95 0/0. Mais si l'on décompose ces chiffres, l'on s'aperçoit bien vite qu'il n'y a là qu'un trompe-l'œil. En effet, pour chaque département, l'*Annuaire* énumère deux catégories d'unions, les unions de syndicats de même profession et les unions de syndicats de professions diverses, or, il est bien évident que les mêmes membres peuvent se retrouver dans les deux groupes : c'est ainsi que les ouvriers du bâtiment, par exemple, sont en majorité membres de fédérations professionnelles de métier, et de fédérations régionales ou nationales groupant des professions dissemblables. D'autre part, l'effectif des unions ayant leur siège dans le département de la Seine est démesurément grossi par les 203,272 membres (chiffres du Congrès d'Amiens, sept. 1906) de la *Confédération générale du travail*, qui n'est elle-même qu'une fédération partielle des unions et bourses de travail disséminées sur tous les points du territoire. Pour ces différentes raisons, il nous paraît vraisemblable que le nombre réel des syndiqués faisant partie d'une ou de plusieurs unions ou fédérations, professionnelles, régionales ou nationales, doit être, en ce qui concerne les syndicats patronaux et ouvriers, réduit de 20 à 25 0/0.

L'inflation du chiffre des adhérents des Unions agricoles est plus apparente encore. Si l'on en croyait la statistique, en effet, le chiffre des syndiqués adhérents des Unions (843,737) dépasserait le chiffre total des membres des syndicats isolés (716,530) ! Il est évident, en présence de ces deux chiffres, que nombre de syndiqués sont recensés deux fois ou davantage, par suite de l'enchevêtrement, ou mieux de la superposition des Unions locales, régionales et nationales. Il est certain d'ailleurs que l'immense majorité des syndicats agricoles est affiliée à la Fédération nationale des syndicats agricoles de France.

[1] Le cadre de cet ouvrage ne nous permet pas d'étudier, avec les développements qu'il comporterait, le mouvement fédératif dans l'agriculture française. — Cons. notamment sur ce point les ouvrages, cités *supra* dans notre bibliographie, de Coulet, de Rocquigny, Gairal, Eynard, Boutaud, Augé-Laribé, etc. ; de Gailhard-Bancel, *Quinze années d'action syndicale*; Lesueur, *Les syndicats agricoles dans le Pas-de-Calais*, th. 1905. — Sur les syndicats d'ouvriers agricoles, cons. notamment : Augé-Laribé (*Mus. soc.*, doc., 1904, 4, et 1907, 3); Roblin, *Les bûcherons du Cher et de la Nièvre, leurs syndicats*, 1903.

47,800 membres), la Fédération française des travailleurs du Livre, prototype du genre (168 chambres syndicales ou sections adhérentes, avec un total de plus de 11,000 membres), la Fédération nationale des ouvriers métallurgistes (156 chambres, 14,000 membres), la Fédération nationale des travailleurs de l'alimentation (50 syndicats, 12,800 membres), des employés (36 syndicats, 15,000 membres), etc. Toutes ces Fédérations ont leur siège social à Paris, à l'exception de la *Fédération des verriers*, dont le siège est à Lyon[1]. Mais il n'en est pas moins vrai que toutes ces Fédérations réunies ne groupent qu'une faible partie de l'effectif syndical ; il n'y en a guère qu'une quinzaine d'importantes, sur plus de 100 métiers différents auxquels pourraient correspondre des fédérations professionnelles[2]. Encore certaines d'entre elles sont-elles en décadence marquée. C'est ainsi que la Fédération des métallurgistes, qui accusait en 1900 27,965 adhérents, n'en avait plus que 14,000 lors de son dernier Congrès corporatif (Paris, sept. 1907).

556. — Toutes les tentatives faites pour constituer en France un vaste groupement des Fédérations de métiers, sans alliage d'éléments étrangers, ont jusqu'ici échoué, et en 1894, au Congrès ouvrier de Nantes, la Fédération nationale des syndicats, péniblement constituée en 1886 au Congrès de Lyon, s'est effondrée pour faire place à la *Fédération des Bourses du travail*, créée en 1892, et à la *Confédération générale du travail* (Congrès de Limoges, 1895). Cette dernière, réorganisée en 1902 au Congrès de Montpellier, est une organisation fédérative plus large que la précédente, puisqu'elle englobe à la fois les fédérations nationales et syndicats nationaux, les bourses du travail et les syndicats isolés, ne dépendant ni d'une Bourse du travail ni d'une Fédération de métiers.

La Confédération générale du travail aspire, il est vrai, à devenir, pour les unions de métiers, un organisme central analogue à la Fédération allemande des *Gewerkschaften* socialistes ; mais ses moyens d'action, même depuis sa demi-fusion, en 1902, avec la Fédération des Bourses, ne sont pas à la hauteur de ses ambitions. Affaiblie à plu-

[1] Il existe également plusieurs fédérations *patronales* de métiers, spécialement dans les commerces et industries se rattachant à l'alimentation : v. *supra*, n° 553. — A citer également : le Comité supérieur des syndicats de la chapellerie, de l'horlogerie, de la librairie, des marchands et fabricants papetiers, et l'Association générale du commerce et de l'industrie des tissus et métiers textiles.

[2] Sur le mouvement fédératif français, cons. notamment : de Seilhac, *Syndicats ouvriers, Fédérations, Bourses du travail*, 1902, et, du même auteur, *Les Congrès ouvriers en France* (1876-1897) ; Pelloutier, *Histoire des Bourses du travail* ; P. Louis, *Histoire du mouvement syndical* ; Halévy, *Essais sur le mouvement ouvrier en France* ; Facdouel, *La Fédération des travailleurs du livre* ; H. Lagardelle, *Le syndicalisme* (*Doc. du Progrès*, avril 1908). — Sur la *Confédération générale du travail*, v. *infra*.

sieurs reprises par les dissensions intestines de ses chefs (v. *supra*, n° 26), désertée par les syndicats modérés, et généralement par la plupart de ceux qui, malgré leurs affinités socialistes, donnent le pas aux questions de technique et de défense des intérêts professionnels sur les questions de politique pure et d'action révolutionnaire en honneur dans ses conseils et congrès périodiques [1], la Confédération est loin de représenter la masse des travailleurs français, bien qu'elle donne parfois l'illusion de la force par la violence de ses revendications [2].

En fait, et malgré leur affiliation collective à la C. G. T., les Bourses du travail sont demeurées, au moins dans un grand nombre de centres, les organismes les plus vivants, les plus qualifiés pour représenter le travail organisé. Elles sont autant de citadelles du prolétariat, et l'avenir même de celui-ci dépendra en grande partie de la force de résistance, malheureusement bien faible parfois, qu'elles sauront opposer aux excitations violentes des meneurs de la C. G. T.

557. — Cette orientation générale du mouvement fédéral ouvrier n'est pas sans inconvénients. Dès l'instant en effet que les groupements locaux ou régionaux d'ouvriers de toutes professions prenaient le pas sur les fédérations de métiers, il était fatal que les unionistes, laissant de côté les problèmes techniques dont l'examen ne peut être abordé utilement que dans les assemblées groupant des ouvriers de même métier, fussent entraînés dans l'orbite des agitateurs politiques. La Confédération, nous l'avons vu, a complètement dévié sur le terrain

---

[1] V. notre article sur *Les Congrès ouvriers et la Révolution sociale* (*Quest. prat.*, 1901, 312), et le parallèle établi par nous entre les résolutions pratiques des Congrès anglais, allemands ou belges et le caractère violent et utopique des résolutions prises par certains Congrès français. — Pour la critique du syndicalisme révolutionnaire, affiché par la C. G. T., cons. notamment : Ch. Rist, *Le XIIIe Congrès national corporatif*, et *L'unification des forces syndicales en France*, 1903 ; Challaye, *Le syndicalisme révolutionnaire* (*Rev. de métaphysique et de morale*, janv. et mars 1907) ; Beaupin, *La Confédération générale du travail* (édité par l'*Action populaire*, 1908). — V. aussi Bourguin et Levasseur, *passim* ; Mermeix, *Le syndicalisme contre le socialisme*, 1908. — Cons. au contraire, en faveur du syndicalisme : Pouget, *La Confédération du travail*, 1907 ; Griffuelhes, *L'action syndicaliste*, 1907 ; G. Sorel, *Réflexions sur la violence* (*Mouv. socialiste*, mars 1906). — Cf. *La Voix du peuple* et la *Revue syndicaliste*, organes de la C. G. T. — Cons. aussi : Mlle Kritsky, *L'évolution du syndicalisme en France*, 1908.

[2] La Confédération grouperait, d'après les chiffres donnés en 1906 au Congrès d'Amiens, 2,399 syndicats comprenant 203,272 membres, soit le quart à peine de l'effectif syndical, et la vingt-cinquième partie de l'ensemble des travailleurs de l'industrie, puisqu'il y a encore en France plus de 4 millions d'ouvriers non syndiqués. — La proportion serait plus faible encore si l'on tenait compte de la masse des employés de commerce non syndiqués. Il est vrai que la Fédération des Bourses (455,000 adhérents) est elle-même affiliée à la Confédération générale du travail ; mais le lien qui unit les deux groupements s'est déjà brisé une première fois, et sa solidité est loin d'être à toute épreuve.

de l'action révolutionnaire : résolution du Congrès de Lyon, septembre 1901, préconisant la *grève générale* comme prélude de la Révolution sociale (v. *supra*, n°s 289 et 328); motions antimilitaristes, négation de l'idée de patrie, affirmation de la *lutte de classes* avec ses conséquences les plus extrêmes (Congrès d'Amiens, 1906). Comme le fait très justement remarquer M. Beaupin dans son étude précitée, « les Syndicats français affiliés à la C. G. T. n'ont échappé à la tutelle du socialisme politicien et parlementaire que pour tomber sous la domination des libertaires ».

Le contraste est complet à cet égard entre ces organisations et les unions purement professionnelles, telles que la Fédération des travailleurs du livre[1], celle de la chapellerie, ou celle des employés. Ces unions, même lorsque leurs tendances sont nettement socialistes, font presque toujours passer les questions d'ordre professionnel au premier plan ; elles savent tenir compte des nécessités de l'industrie, des fluctuations du prix de revient, et grâce à la modération et au bien-fondé de leurs revendications, elles obtiennent souvent des chefs d'industrie des concessions durables, servant ainsi la noble cause de la paix sociale, que les manifestations tapageuses et théâtrales de certains congrès (Amiens, 1906, Nancy, 1907) risquent trop souvent de compromettre[2].

558. — Les adversaires de la loi de 1884. — Quelque opinion que l'on puisse avoir sur les doctrines sociales préconisées dans certains milieux syndicaux, il est manifeste que l'institution des syndicats a

---

[1] L'on peut se demander comment ces Fédérations, affiliées pour la plupart à la C. G. T., n'ont pas réussi à la préserver de la surenchère révolutionnaire. Il serait injuste d'en accuser uniquement la mollesse ou la timidité des dirigeants de ces Fédérations : nous n'en voulons pour preuve que les déclarations aussi énergiques que courageuses de M. Keufer, secrétaire de la Fédération du Livre au Congrès d'Amiens. La faute en est avant tout au règlement de la C. G. T. Le Congrès de Montpellier ayant rejeté la représentation proportionnelle et donné un mandat à chaque syndicat isolé, les syndicats les plus infimes, composés de quelques dizaines de membres, ont dans la Confédération les mêmes droits que les grandes fédérations. Les voix des 90,000 mineurs du Nord et de Lens sont tenues en échec par celles des plus obscurs syndicats parisiens. Un tel règlement est un véritable défi au bon sens, et l'on ne peut que regretter que des unions syndicales sérieuses, et fortement organisées, aient si imprudemment accepté le joug des professionnels de la violence qui ne représentent qu'une infime minorité.

[2] Le mouvement fédéral patronal s'est développé dans le même sens que le mouvement fédéral ouvrier, soit que les patrons de toutes professions aient jugé opportun de se grouper pour résister à l'action des Bourses du travail, soit que les Chambres de commerce leur aient offert un type, depuis longtemps investi de la confiance publique et jouissant d'une autorité incontestée auprès des pouvoirs publics, d'organisme régional préposé à la défense des intérêts régionaux du commerce et de l'industrie. Pour la liste des principales Fédérations patronales nationales de professions diverses, v. *supra*, n°s 346 et 553.

poussé en France de profondes racines, et que son rapide développement est dû, pour une bonne part, à la loi de 1884. Faut-il s'en réjouir ou s'en alarmer? La loi, nous le savons, compte sous sa forme actuelle de nombreux adversaires, tant à droite qu'à gauche. Ces adversaires peuvent se classer en trois catégories bien distinctes : les *révolutionnaires*, les *libéraux intransigeants*, les *chrétiens sociaux*[1].

559. — 1° *Les révolutionnaires.* — Les socialistes révolutionnaires se sont, dès 1884, posés en adversaires résolus de la loi, qu'ils considéraient et qu'ils persistent encore aujourd'hui à représenter comme une loi *policière*, destinée à maintenir les associations ouvrières sous la tutelle de l'État et à empêcher les revendications ouvrières d'aboutir (v. dans Glotin, p. 391, le texte de la résolution significative, votée en octobre 1884, au Congrès ouvrier socialiste de Reims. — Sur les résolutions analogues votées par les congrès ouvriers subséquents, v. de Seilhac, *Les Congrès ouvriers*).

Il nous paraît superflu de réfuter longuement les accusations formulées par ces Congrès contre le législateur : il faut être d'une bonne foi douteuse pour contester le caractère franchement libéral d'une loi qui n'exige pas la moindre autorisation préalable et qui affranchit les syndicats de toute tutelle (v. *supra*, n° 367 et s.). L'obligation de déposer les statuts à la mairie n'est gênante que pour les syndicats anarchistes ou nettement révolutionnaires, qui n'ont de professionnel que l'étiquette ; mais cette obligation est au contraire une garantie pour les ouvriers sérieux. Ceux-ci s'en rendirent compte dès le lendemain du vote de la loi. Aussi opposèrent-ils à la *Fédération du parti des travailleurs socialistes de France* (organes, *Bulletin officiel*, journal *Le Prolétaire*, etc.) une organisation respectueuse de la légalité, poursuivant l'amélioration du sort des travailleurs par les voies régulières, dite *Union des chambres syndicales des ouvriers de France* (organe, *Moniteur des syndicats ouvriers*).

Cette organisation, un instant assez puissante grâce à l'appui du *parti ouvrier possibiliste*, déclina rapidement, les milieux ouvriers français étant naturellement enclins à adhérer aux opinions extrêmes. Le *Moniteur des syndicats* est demeuré sur la brèche, mais l'Union dont il était l'organe s'est désagrégée. L'on vit par contre, en 1899-1901, à la suite des grèves du Creusot et de Montceau, se constituer sur différents points des syndicats partisans de l'action légale et adversaires déterminés de la lutte de classes, les *syndicats jaunes*, qui tinrent en mars 1902, à Paris, leur premier Congrès, auquel étaient représentés,

---

[1] Sur les trois tendances entre lesquelles eut à opter le législateur de 1884, v. *supra*, n° 334.

paraît-il, 317 syndicats représentant près de 200,000 adhérents (*Mus. soc.*, mai 1902)[1].

Ces syndicats forment aujourd'hui une fédération nationale, la Fédération des jaunes de France, et ont un organe officiel (*Le Jaune,* réd. en chef, M. Biétry), et plusieurs Bourses du travail indépendantes. Leur troisième Congrès a eu lieu à Paris également en avril 1907.

Il est difficile de se prononcer sur l'avenir d'une organisation, dont les tendances sont louables, mais qui a contre elle d'apparaître à la masse des ouvriers comme un organisme artificiel, suscité par les patrons pour semer la division dans le sein des travailleurs. Ces griefs peuvent être dépourvus de tout fondement, l'avenir l'établira ; mais ce serait nier l'évidence que de contester l'énorme supériorité numérique des syndicats à tendances socialistes accentuées, groupés autour des Bourses du travail.

560. — Il semble, d'autre part, que les protestations de celles-ci contre la *loi policière*, très vives au lendemain de la fermeture de la Bourse du travail de Paris, ne trouvent plus aujourd'hui le même écho dans les masses. La grande manifestation socialiste internationale du *1er mai*, organisée en 1889 par la Fédération française, et par les organisations similaires de l'étranger, a perdu peu à peu sa signification comminatoire et serait tombée dans l'oubli si le parti socialiste international n'eût cherché à la faire revivre en 1906, avec un succès bien relatif d'ailleurs, à n'envisager que les résultats de cette mobilisation des forces ouvrières. La *grève générale*, cheval de bataille actuel des militants, aura probablement le même sort, à la suite de plusieurs échecs successifs, comme ceux de la Fédération des mineurs, et des syndicats belges ou italiens; et les syndiqués s'orienteront de plus en plus dans le sens des réformes pratiques, susceptibles d'une extension indéfinie. La multiplicité des œuvres syndicales, attestée par la statistique que nous donnons plus loin, prouve que les syndicats français, malgré leurs protestations, n'ont pas attendu la réforme de la loi, dans le sens de la suppression de tout contrôle administratif et de la substitution du syndicat ouvrier *obligatoire* (v. *infra*) au syndicat libre, ouvert à tous, mais ne s'imposant à personne, pour faire œuvre sociale utile et travailler efficacement à l'amélioration du sort des travailleurs de l'industrie ou du commerce.

---

[1] Sur les syndicats jaunes, cons. de Seilhac, *Syndic. ouvr.*, p. 172 ; Limousin, *La concurrence des syndicats* (*Journ. des Econ.*, mars 1902) ; Levasseur, *Quest. ouvrières*, p. 726 ; Gros, *Syndicats jaunes ou indépendants*, th. 1905. — Sur le *compagnonnage*, institution *purement* ouvrière, et cependant opposée à l'action révolutionnaire, v. *supra*, n° 348.

561. — 2° *Les libéraux intransigeants*. — Les économistes de ce groupe, peu nombreux d'ailleurs [1], offrent un contraste complet avec les précédents. Ils sont, par leurs idées et par leurs intérêts, à l'antipode des théories révolutionnaires; ce sont des conservateurs résolus (socialement, sinon politiquement), qui redoutent les associations professionnelles, précisément parce qu'ils les considèrent comme une arme dangereuse entre les mains des ouvriers, et même entre les mains des patrons.

L'association ouvrière est dangereuse, disent-ils, pour l'ordre social, parce qu'elle dégénère fatalement en association politique poursuivant un but révolutionnaire; ces sociétés finissent toujours par servir de tremplin à des politiciens de bas étage, fauteurs de grèves et de révoltes, et par empirer la condition de véritable travailleur au lieu de l'améliorer. Les associations patronales ne valent pas mieux, car elles aboutissent généralement à des coalitions ruineuses pour le consommateur. Tel a été, dit-on, le résultat le plus clair des coalitions formées à Paris et dans les grandes villes, entre boulangers; dans le nord de la France, entre maîtres de forges. Turgot l'avait prévu, d'ailleurs, lorsqu'il disait : « Tout le mal est dans la facilité donnée aux gens de métier de s'assembler et de se concerter sur leurs *prétendus intérêts communs* ». Quant aux *syndicats mixtes*, ajoute-t-on, leurs avantages sont hypothétiques, attendu que les ouvriers ne supporteront jamais la tutelle des patrons, même sous forme de patronage et d'assistance chrétienne ; leur danger, par contre, est certain : de tels syndicats ont une tendance fatale à se constituer en corporations fermées ; or, si ces tendances se réalisaient jamais, c'en serait fait de la liberté du travail proclamée par la Révolution [2].

---

[1] La majeure partie des économistes appartenant à l'école libérale est, sous certaines réserves, favorable aux syndicats. — V. notamment Villey, *Traité d'économie politique*, p. 78 et s. — La plupart s'élèvent, peut-être avec un certain parti pris, contre la *tyrannie syndicale*, et préconisent, notamment, une interprétation de la loi des coalitions qui risquerait de restreindre singulièrement l'action syndicale dans les grèves (Paul Leroy-Beaulieu, *Econom. franç.*, *passim*, v. *supra*, n°s 318 et s.) ; mais les adversaires systématiques de la liberté syndicale se font rares dans le camp libéral. La liberté d'association n'est-elle pas en effet le corollaire nécessaire de la liberté économique, et n'est-il pas contradictoire de dénier aux travailleurs la liberté de groupement dont, en fait, les chefs d'industrie ont presque toujours joui ? — V. *supra*, n°s 342, 345 et s. — Aussi est-ce aux *abus*, plutôt qu'au principe, que prétendent s'attaquer Paul Leroy-Beaulieu (*Traité*, t. II, p. 465 et s., et la série de ses articles de l'*Economiste français*) ; Liesse, *Le travail aux points de vue scientifique, industriel et social* (dern. part., intitulée : *La concurrence des agents du travail*) ; H. Spencer, *Les institutions professionnelles et industrielles* ; D'Eichthal, *La liberté individuelle du travail*, 1908.

[2] Cons. en ce sens : Yves Guyot, *La tyrannie socialiste* ; Arth. Mangin, *Les syndicats et les prétendus intérêts communs des gens de même profession* (*Econom. franç.*, 9 févr. 1884) ; *L'illusion syndicale* (*L'Econom. franç.*, 1886, 2, 498) ;

562. — 3° *Les chrétiens sociaux*[1]. — Conservateurs en politique comme les précédents, — pour la plupart du moins, car certains socialistes chrétiens penchent vers le collectivisme (v. *supra*, n° 51), — les chrétiens sociaux professent en économie politique, une doctrine diamétralement opposée. Ils considèrent la liberté du travail proclamée par la Révolution comme la source de toutes les misères endurées par les travailleurs contemporains, et préconisent la reconstitution de la corporation chrétienne, avec sa hiérarchie et ses règlements. Imbus de telles idées, ils ne peuvent évidemment que condamner le caractère libéral de la loi de 1884 qui, respectueuse du principe de la liberté du travail et des droits de l'individu, organise le syndicat en association libre, et qui, d'autre part, respectueuse du principe de l'égalité des citoyens, ne confère aux syndicats mixtes aucun privilège. Pour eux, c'est sur la législation autrichienne ou allemande qu'il conviendrait de prendre exemple.

Nul d'ailleurs ne demande le retour pur et simple à la corporation médiévale. Les uns voudraient que la corporation fût rendue obligatoire, au moins dans la petite industrie ; mais cette corporation engloberait de droit, sans condition d'apprentissage ni examen de capacité, *tous* les travailleurs, patrons ou salariés, de diverses professions. Elle aurait donc un caractère démocratique que ne présentait à aucun degré la corporation de l'ancien régime[2]. D'autres, sans réclamer la corporation *obligatoire*, préconisent une législation dans laquelle le *syndicat mixte*, composé de patrons et d'ouvriers, mais avec une certaine prééminence pour l'élément patronal, serait ouvertement *favorisé*, et pourrait notamment élaborer des règlements obligatoires, *même pour les non-syndiqués*[3].

D'autres enfin, placés à l'aile gauche des chrétiens sociaux, formulent des revendications assez voisines de celles du parti ouvrier, repoussent toute idée de corporation ou syndicat assurant à l'élément patronal une prééminence quelconque sur l'élément ouvrier, et demandent simplement la transformation des syndicats, patronaux et ouvriers, en syndicats obligatoires : le trait d'union entre patrons et ouvriers syndiqués

---

Audouard, *Boycottage* (*Monde écon.*, 16 janv. 1897) ; Hubert Valleroux *Les associations professionnelles, L'idéal et la pratique* (*Réforme soc.*, 1er et 16 mars 1908). — V. aussi l'exp. des motifs de la propos. Marcel Barthe, 22 juin 1894 (Sén., *Doc. parl.*, p. 131).

[1] Sur les nuances très variées de ce groupe, v. *supra*, nos 51 et 355.

[2] *Sic* : Martin Saint-Léon, *Histoire des corporations de métiers*, conclusions. — Cf. *lois roumaine* du 5 mars 1902 et *bulgare* de 1903, n° 531, *supra*.

[3] Propos. de Mun, v. *supra*, n° 360. — Conf. Boissard, *Le syndical mixte*. — Cons. aussi de Girard, *Les associations professionnelles de l'avenir, leçon à tirer de l'histoire en faveur de l'organisation future du travail* (*Rev. d'Écon. polit.*, mars 1899).

devant résulter, moralement de la communauté d'idées religieuses, et pratiquement de la généralisation des conseils d'usine, ainsi que des conseils régionaux de travail[1].

563. — Justification de la loi : réponse aux objections. — Telles sont, brièvement résumées, les principales critiques formulées contre le principe même de la loi de 1884. Il nous paraît facile de les réfuter.

Les critiques des *partis révolutionnaires*, tout d'abord, contiennent, à notre avis, l'une des meilleures justifications de la loi. Ces partis, en effet, ont bien compris qu'en donnant aux ouvriers sérieux le droit d'association, qui devait leur permettre de débattre librement avec les patrons les conditions de travail, d'organiser entre eux des sociétés de secours, voire même de sortir du salariat par la coopération et d'améliorer ainsi leur condition sans modifier l'organisation politique de l'Etat, le Parlement contrariait leur action sur les masses laborieuses ; de là leur hostilité non déguisée contre la loi de 1884. Aussi bien ces colères un peu artificielles s'apaisent-elles, et le gros du parti socialiste, suivant l'exemple des syndicats belges, s'est-il orienté dans le sens du développement des coopératives syndicales[2]. L'on ne peut qu'applaudir à une telle évolution, gage de paix sociale, même lorsque l'arrière-pensée des promoteurs du mouvement coopératif est d'accroître les ressources du parti ouvrier pour la lutte contre l'organisation capitaliste : l'objectif final, la Révolution sociale, se trouve par le fait même de cette utilisation des forces syndicales à une œuvre de longue haleine (comme le Vooruit de Gand, par exemple, ou la Verrerie d'Albi) relégué dans un lointain nébuleux, et l'œuvre demeure, essentiellement moralisatrice.

---

[1] Lorin, *Le mouvement syndical ouvrier* (*Assoc. cathol.*, 1903), et *L'organisation professionnelle et le Code du travail*, 1907 ; *Démocratie chrétienne*, *Association catholique*, *passim*... — V. aussi Bureau, *Le contrat de travail, le rôle des syndicats professionnels*. Cet auteur ne conclut pas formellement au caractère obligatoire des syndicats ; mais cette conclusion semble découler implicitement des critiques très vives qu'il formule contre le régime de la concurrence, et de ses considérations sur les avantages du *contrat collectif*, dont il préconise la généralisation, dussent les syndiqués recourir au besoin à certaines mesures d'intimidation (boycottage des non-syndiqués par exemple) pour briser les résistances individuelles (v. p. 237 et s.). — Comp., à la thèse des démocrates chrétiens, les conclusions tout à fait voisines d'un socialiste d'Etat suisse, sans nuance confessionnelle, M. Favon, *Organisation professionnelle, Syndicats obligatoires*. — V. au surplus, sur le mouvement d'opinion assez puissant en Suisse en faveur des syndicats obligatoires : Jay, *L'évolution du régime légal du travail* (conclusions favorables à l'obligation, sous une forme à déterminer), et *supra*, n° 514.

[2] G. Sorel, *L'avenir socialiste des syndicats* ; Cabouat, *Syndicats et coopératives* ; de Seilhac, *La verrerie ouvrière d'Albi* ; Pic, *Chron. des Quest. prat.*, 1902, p. 96 ; Gide, *La coopération*, 1906.

564. — Les critiques de certains *individualistes intransigeants* ne nous semblent pas beaucoup plus convaincantes. Quand ils nous représentent l'*association ouvrière* comme dangereuse en soi, ils font une confusion voulue entre l'association politique, qui n'a de professionnel que le nom, et l'association professionnelle véritable. La première peut être dangereuse pour l'ordre public en certaines circonstances, mais les lois de 1884 et de 1901 donnent au parquet ou à l'administration les moyens de l'atteindre (V. *supra*, n°s 394 et 398). Il serait donc à la fois inique et impolitique, pour mettre fin à quelques abus, d'ailleurs susceptibles d'être réprimés à l'heure actuelle, d'enlever à la classe ouvrière l'une de ses conquêtes les plus précieuses, qui lui ont permis d'améliorer progressivement sa condition sociale, et d'exercer une légitime influence sur la législation.

565. — En ce qui concerne les *syndicats patronaux*, le reproche qu'on leur fait de faciliter l'accaparement des denrées et de ruiner les consommateurs est démenti par les faits. Ce reproche serait fondé si les patrons seuls pouvaient se syndiquer (de là, le succès de certaines coalitions de producteurs à une époque où les syndicats de patrons étaient seuls autorisés); il n'est plus admissible, dès l'instant que les ouvriers peuvent, eux aussi, se syndiquer pour obtenir une augmentation de salaire, et que les consommateurs eux-mêmes ont la ressource de constituer entre eux des associations coopératives de consommation. Dans nombre de villes, les coalitions de boulangers ont dû céder devant les boulangeries coopératives et abaisser leurs prix ; le mal causé par une association est ainsi réparé immédiatement par une autre association, la liberté répare elle-même les maux qu'elle a engendrés. Au surplus, l'histoire industrielle de ces dernières années démontre que les coalitions d'accaparement n'ont presque jamais produit, pour les coalisés, qu'un résultat négatif, étant donnée l'impossibilité où se trouvent les adhérents, de faire exécuter loyalement par tous les conditions du pacte. Enfin, et cette dernière réponse suffirait, la loi n'autorise pas toute espèce de coalition : celle-ci peut être poursuivie pénalement, ainsi que nous le verrons bientôt, lorsqu'elle affecte les caractères de l'*accaparement*, tel qu'il est défini par le Code pénal (art. 419).

Restent les *syndicats mixtes* : Ces syndicats pourraient être dangereux, si la loi les favorisait au détriment des autres, leur conférait des privilèges spéciaux leur permettant de reconstituer peu à peu, subrepticement, l'organisation corporative détruite en 1789. Mais soumis au régime de droit commun, ils ne présentent que des avantages : ils peuvent, s'ils sont bien dirigés, contribuer à la pacification sociale, et faciiter l'accord des patrons et des ouvriers, tant sur les conditions du salaire et les heures de travail, que sur l'organisation de caisses de secours ou de retraites, alimentées simultanément par une contribution patronale et un prélèvement modique sur le salaire de l'ouvrier bénéficiaire.

566. — Quant aux griefs des *chrétiens sociaux*, nous y avons répondu par avance en signalant, dans notre introduction, les abus criants des corporations du XVIIIe siècle (V. *supra*, n°s 123 et suiv.)[1], ainsi que les inconvénients multiples du régime corporatif modernisé, inauguré il y a quelques années en Autriche, puis en Allemagne (V. *supra*, n°s 528 et 541). Il est vrai que ces inconvénients disparaîtraient avec la solution démocratique et égalitaire préconisée par le groupe socialiste chrétien le plus avancé; mais resterait le caractère *obligatoire* du syndicat, qui transformerait entièrement les bases mêmes de la loi syndicale, et se heurterait à de graves difficultés, déjà indiquées par nous dans notre appréciation de la législation suisse (V. *supra*, n°s 514 et s.), et sur lesquelles nous nous réservons de revenir, lors de notre exposé critique des projets tendant à réformer la loi de 1884.

566 *bis*. — **Avantages multiples des syndicats**. — Les griefs formulés contre la loi de 1884, envisagée dans son principe (et sous réserve des modifications de détail, que nous nous réservons d'étudier plus loin) ne résistent donc pas à l'examen. Les dangers prétendus des diverses formes de syndicats libres, patronaux, ouvriers ou mixtes sont purement hypothétiques ; leurs avantages, au contraire, sont certains, et démontrés par une expérience déjà longue; c'est ce qu'il nous reste à établir.

Utilité des syndicats patronaux. — Les syndicats de patrons, tout d'abord, ont des utilités multiples. Il est absolument faux de les envisager comme un simple instrument de combat et d'oppression, destiné à faciliter les coalitions patronales et l'exploitation méthodique du consommateur ; nous venons d'établir, au contraire, qu'à ce point de vue spécial, leur action est très limitée, et même le plus souvent illusoire. Par contre, ces associations patronales sont des plus utiles, au point de vue de la défense des intérêts généraux de la profession : soit qu'il convienne d'attirer l'attention du législateur sur les réformes désirables en fait de législation commerciale, industrielle ou fiscale ; soit qu'il paraisse nécessaire de réprimer certains faits de *concurrence*

[1] Conf. Godart, *Les corporations d'arts et métiers ont-elles créé et maintenu la paix sociale?* broch. in-8, 1901.

déloyale, susceptibles de nuire au bon renom d'un centre industriel, faits qu'un syndicat impersonnel n'hésitera pas à poursuivre par la voie judiciaire, tandis que chaque patron, individuellement envisagé, aurait probablement reculé devant les frais et l'aléa d'une instance longue et coûteuse (V. *supra*, n° 426) ; soit qu'il s'agisse d'éclairer le tribunal de commerce ou le conseil de prud'hommes sur certains points litigieux ou obscurs d'un usage commercial, et de leur fournir, sur le litige, un avis autorisé (V. *supra*, n° 406).

Les syndicats patronaux peuvent aussi contribuer efficacement à l'essor de l'industrie nationale et à son triomphe dans la lutte, de plus en plus rude, contre la concurrence étrangère, soit en facilitant l'établissement de succursales françaises en pays étranger, par une étude préalable et approfondie des débouchés nouveaux, susceptibles d'être conquis à notre influence, soit par une réorganisation de l'enseignement professionnel et technique (Cf. : discours de M. Aynard, député du Rhône, à la Chambre des députés, *Offic.* du 13 mai 1890).

567. — **Fonctions sociales des syndicats ouvriers.** — *Contrat collectif de travail.* — Les syndicats ouvriers, lorsqu'ils sont dirigés par des personnes appartenant à la profession et assez instruites pour comprendre les intérêts véritables de leurs mandants, ne sont pas appelés à rendre de moindres services.

Pas plus que les syndicats de patrons, les syndicats ouvriers ne sont, par essence, des instruments de lutte et de combat. Sans doute ces syndicats peuvent être amenés, par la résistance des patrons à leurs réclamations, à organiser la grève, et leur intervention de ce chef est d'autant plus légitime, pourvu qu'ils n'aient pas recours à des moyens prohibés (V. chap. III, *supra*), que le groupement des travailleurs est, dans bien des cas, le plus sûr moyen de défendre efficacement leurs intérêts et d'obtenir la juste rémunération de leurs efforts [1].

---

[1] Chacun connait les salaires de famine des ouvrières de l'aiguille, ainsi que les abus du *sweating-system*; or, l'immense majorité des femmes vit encore sous le régime du travail individuel, sans aucune cohésion entre ouvrières du même métier (79,260 femmes seulement, au 1er janv. 1907, dans les syndicats ouvriers, et 6,429 dans les syndicats mixtes), et ce manque de cohésion est également la caractéristique des travailleurs en chambre, victimes du sweating. — Benoist, *Les ouvrières de l'aiguille à Paris*, 1895; Bonnevay, *La condition des femmes veuves ou abandonnées travaillant à domicile*, 1896; Schwiedland, *Essai sur la fabrique collective* (*Rev. d'écon. polit.*, 1893, p. 877), et *De la répression du travail en chambre*; Benzacar, *L'ouvrière au XXe siècle* (*Quest. prat.*, 1902, p. 172-193); Mlle Schirmacher, *Le travail des femmes en France*, 1902; R. Gonnard, *La femme dans l'industrie*, 1906; Mme C. Milhaud, *L'ouvrière en France*; 1907; Badiou, *Réglementation du travail dans l'atelier de famille*, th. 1907, et la bibliographie jointe; Espinasse, *L'ouvrière de l'aiguille à Toulouse*, th. 1907. — V. aussi Mlle Rochebillard, *L'action syndicale féminine* (*Soc. Econ. polit. Lyon*, 1903-1904). — V. au surplus *sur le travail à*

Mais la grève n'est pas le seul moyen pour les ouvriers de faire triompher leurs revendications, et une forte organisation syndicale est, en un certain sens, la meilleure garantie contre les troubles qui parfois les accompagnent. Puissamment organisés, disposant de ressources considérables et d'un ascendant incontesté sur les masses ouvrières, les syndicats peuvent sans doute soutenir de longues luttes et amener le patronat à des concessions, qui prennent l'apparence de traités de paix entre deux puissances rivales; mais la perspective même de ces luttes à engager et des périls qu'elles comportent lasse le plus souvent les deux armées, et les détermine, non seulement à conclure entre elles des accords durables, mais à instituer des organismes permanents, des commissions mixtes composées de délégués patronaux et ouvriers, chargées de servir de trait d'union entre les groupements adverses. Ces commissions mixtes aplanissent les différends (pour l'étude de cette fonction arbitrale, v. tit. III, *infra*), et discutent les bases du tarif de salaires à intervenir, suivant une échelle mobile graduée, ou sur toute autre base adoptée d'un commun accord, et généralement toutes les conditions du travail (salaire, travail à la journée ou aux pièces, durée de la journée, etc.) : l'ère du *contrat collectif de travail* est ouverte et remplace le régime, arbitraire et incertain, des contrats individuels [1].

568. — Nous avons eu l'occasion de signaler déjà le développement considérable acquis par la pratique du *contrat collectif*, sans aucune intervention du législateur pour l'imposer, dans les pays anglo-saxons, en Angleterre et aux Etats-Unis. Moins puissants que les *Trades-Unions* anglaises ou américaines, les syndicats français ne sont pas encore parvenus à un résultat aussi important; néanmoins, la pratique du contrat collectif, traditionnelle dans certaines industries, notamment dans le tissage (l'on cite un tarif homologué dès 1686 par le Consulat de Lyon pour certaines catégories d'étoffes de soie), se répand de proche en proche. — Le contrat collectif, œuvres de commissions arbitrales mixtes, tend à devenir la règle dans l'industrie minière (Convention d'Arras de 1891, plusieurs fois renouvelée depuis lors pour les mines du Pas-de-Calais,

---

domicile et ses abus : tit. II, chap. II, *infra*. Les syndicats français commencent à emprunter aux syndicats anglo-saxons, dans le but de liguer l'opinion contre les employeurs qui refusent de payer un salaire normal, la pratique ingénieuse du *label*, ou marque syndicale apposée sur les produits, établis dans les conditions du tarif syndical (*Quest. prat.*, 1901, p. 402); Jean Brunhes (Mme H...), *Les ligues de consommateurs*, 1901; Facdouel, *op. cit.*, p. 123; Sicurin, *Le label* (*Mouvement socialiste*, 15 mai 1905). — Sur le vœu émis par le Conseil supérieur du travail, dans sa session de nov. 1907, en faveur du label, v. *Bull. Off. trav.*, 1907, p. 1282.

[1] Sur la commission mixte de l'industrie du livre, cons. : *La Fédération des travailleurs du livre* (*Mus. soc.*, série B, circul. 15), et Facdouel, *op. cit.*, p. 251.

arbitrage Grüner-Jaurès en 1900 et intervention amiable du Ministre du travail, fin 1907, pour les mines de la Loire, etc.); il prévaut également dans la typographie, dans l'industrie tulliste de Calais, dans la blanchisserie ; il est assez fréquent dans le bâtiment ; l'on en peut citer également des exemples dans la cordonnerie, la tannerie, l'industrie du gaz, les entreprises de transport, etc...[1]. Des tarifs ont aussi été élaborés par les Conseils syndicaux des *syndicats mixtes* chrétiens du Nord (corporation chrétienne de St-Nicolas de Lille, syndicat des industries tourquennoise et roubaisienne, etc...)[2]. — Progressivement, le travail s'organise syndicalement, sans aucune contrainte légale, et ainsi voyons-nous se réaliser peu à peu la formule de P. Deschanel : « le syndicat est la *cellule de l'organisation nouvelle du travail* » (*Rev. polit. et parlem.*, t. XI, p. 48).

569. — *Créations syndicales* (*éducation technique, mutualité de prévoyance, ou mutualité coopérative*). — Quelque importante que soit dès aujourd'hui, et que puisse devenir par la suite la participation des syndicats ouvriers à l'élaboration des tarifs et des conventions réglant toutes les modalités du travail, leur fonction sociale ne se limite point à la défense des salaires, violente ou pacifique. Il leur appartient en effet de contribuer aussi efficacement à l'amélioration du sort des travailleurs de l'industrie ou du commerce, par un triple moyen :

1° En concourant, de concert avec les syndicats patronaux, à l'organisation de l'enseignement professionnel technique ; enseignement d'autant plus indispensable que l'*apprentissage* décline au fur et à mesure que les petites industries et les petits ateliers cèdent la place à la grande industrie, que l'atelier de famille des anciennes corporations fait place à l'usine (v. *infra*, tit. II, chap. III)[3].

2° En organisant soit isolément, soit avec le concours des syndicats patronaux, tout un ensemble d'œuvres d'assistance ou plutôt de prévoyance et d'assurance ouvrière destinées à parer à tous les risques qui menacent les travailleurs (accidents ou maladie, vieillesse ou invalidité, chômage professionnel ou involontaire)[4] : sociétés de secours

---

[1] Sur le contrat collectif de travail en France et à l'étranger, cons. les documents cités *supra*, n° 442.

[2] Boissard, *Les syndicats mixtes*, p. 90 et s.; Bazin, Les *syndicats ouvriers, leur rôle dans la cessation et la prestation collective de travail* (*Assoc. cathol.*, 1903, 2, 398) ; de Seilhac, *L'organisation du travail collectif* (*ibid.*, 1904, 1, 312 et 417). — Sur les contrats collectifs établis par l'Union corporative de la fabrique lyonnaise, cons. Raynaud, p. 77.

[3] Sur les efforts des syndicats mixtes pour relever l'apprentissage, v. l'ouvrage précité de Boissard. — Comp. lois autrichienne et allemande, étudiées *supra*.

[4] Le rôle des syndicats de ce chef est plus ou moins étendu suivant la législation en vigueur. Dans les Etats, de plus en plus nombreux, qui ont admis le risque pro-

mutuels, caisse de secours aux ouvriers malades ou blessés, caisses de retraites au profit des invalides du travail ou des vieillards, offices de placement gratuit, caisses de chômage, etc... ;

3° En créant, entre leurs membres, des *sociétés coopératives de consommation*, de *production* ou même *de crédit*, au moyen desquelles l'ouvrier sortira progressivement de la situation de salarié et parviendra, grâce à la suppression des intermédiaires (commerçant au détail, patron ou chef d'industrie, banquier), à une situation indépendante, dans laquelle l'intégralité du profit net lui appartiendra.

570. — *L'Etat et les syndicats.* — Nous aurons à rechercher ultérieurement, quand nous étudierons les moyens légaux propres à améliorer la condition de l'ouvrier, quelle doit être dans une organisation sociale rationnelle, la participation de l'État à l'organisation de ces diverses formes de mutualité, assistance mutuelle et coopération, et s'il est vraiment permis de compter sur une extension indéfinie de la coopération se substituant au salariat (v. tit. IV, *infra*). Nous définirons le rôle des organisations ouvrières dans le développement de la législation réglementaire (v. chap. V du tit. Ier et tit. II, *infra*) et la mesure de leur participation légitime à l'œuvre législative (v. *infra, passim* ; v. aussi *supra*, n°s 196 et 228). Nous aurons également à différencier la coopérative de combat, poursuivant un objectif révolutionnaire (v. *supra*, n° 563, et *infra*, tit. IV), de la coopérative pacifique, travaillant par les voies légales à substituer progressivement l'action collective des sociétaires au régime patronal[1].

---

fessionnel (v. *supra*, n° 160, et *infra*, tit. II, chap. 1er, sect. 3), l'assurance-accident incombe exclusivement au patronat ; dans les Etats où prévaut le concept socialiste, l'assurance-vieillesse incombe à la collectivité, à l'Etat (*Sic*, Nouvelle-Zélande), mais il est peu probable que ce système, préconisé par les Congrès ouvriers (v. notre étude sur *La question des retraites ouvrières et le referendum*, 1902, et tit. IV, *infra*), parvienne à se généraliser. En tout cas, les organisations ouvrières auront toujours à parer aux risques de maladie et de chômage, *pro parte* tout au moins (avec le concours des patrons et de l'Etat pour la maladie, comme en Allemagne ou en Autriche, et aussi en France sous forme de subvention aux mutualités, avec le concours des municipalités pour le chômage). La question de l'organisation d'un système préventif contre le chômage est, avec raison, au premier plan des préoccupations syndicales ; la plupart des syndicats ou des Bourses du travail s'occupent du placement gratuit de leurs adhérents (v. *infra*, tit. II, chap. 1er, sect. 1) ; les principales Fédérations ouvrières, notamment celle de Lens, ont créé le *viaticum* (service tendant à fournir aux ouvriers de passage les moyens de déplacement et de subsistance, chemin de fer, nourriture et logement (Facdouel, p. 49) ; la Fédération du livre a adjoint au *viaticum* la caisse *des passagers* (*Quest. prat.*, 1902, p. 153) ; enfin la Fédération des Bourses et la Confédération générale du travail ont jeté les bases d'un service de placement centralisé (Office international ouvrier de statistique et de placement). Malgré les efforts de quelques municipalités (Dijon, Lyon, etc.), l'*assurance* proprement dite contre le chômage est encore à organiser, sinon à créer en France (v. *infra*, tit. IV).

[1] V. Cabouat, *Syndicats et coopératives.*

571. — **Bilan des œuvres syndicales.** — Pour le moment, nous nous bornerons à définir la mission sociale complexe des syndicats, et à dresser le bilan des œuvres déjà réalisées par eux ou en voie de réalisation. Pour ce bilan, nous allons utiliser les chiffres de la dernière statistique officielle dressée par l'*Office du travail* : étant bien entendu d'ailleurs que cette statistique ne fait connaître que très incomplètement les moyens d'action des syndicats et laisse dans l'ombre bien des initiatives utiles ou des créations ingénieuses, que nous avons déjà mentionnées ou que nous aurons l'occasion de signaler chemin faisant [1].

Les créations de syndicats, patronaux, ouvriers et mixtes, ainsi que des unions reconnues [2], visées dans la dernière statistique officielle (1er janv. 1907, *Bull. Off. trav.*, 1907, p. 1156), peuvent se répartir en quatre groupes :

a) *Enseignement professionnel et technique, et vulgarisation des méthodes scientifiques* :

Cours et écoles professionnels, conférences.	516
Bibliothèques professionnelles.	1017
Concours professionnels et expositions	31
Laboratoires d'analyses ou d'expertises.	62

b) *Marché du travail* :

Bureaux ou offices de placement.	1480

c) *Institutions de prévoyance ou d'assistance* :

Caisses de secours mutuels	1134
Caisses de chômage.	892
Secours de route.	1050
Caisses de retraites	160
Sociétés d'assurances contre les accidents.	26

d) *Coopération* :

Sociétés coopératives de consommation, économats.	226

---

[1] Seules les monographies de métiers peuvent nous faire connaître dans toute sa complexité la vie syndicale. L'on trouvera des monographies de ce genre dans les ouvrages précités de de Seilhac, Martin Saint-Léon, Boissard, dans les études et chroniques du *Musée social*, des *Questions pratiques*, du *Bull. de l'Off. du trav.*, de l'*Office social de Lyon*, etc. Cf. Pessieux, *Etude monographique des créations syndicales* (région lyonnaise), th. 1907 ; Facdouel, *op. cit.* — V. aussi Barberet, Le travail en France, *Monographies professionnelles*, 7 vol. ; *Les associations professionnelles ouvrières*, 4 vol. parus (public. de l'*Office du travail*) ; la collection des rapports de l'Exposition d'écon. sociale de Paris, 1900, etc. — V. aussi, tit. IV, *infra*.

[2] Pour les créations multiples des *syndicats agricoles*, coopératives d'achat et de vente, ou de crédit, caisses d'assurances mutuelles, laboratoires d'analyse, champs d'expérience, pépinières, etc..., v. les publications officielles du ministère de l'agriculture. — V. aussi les ouvrages de Rocquigny, Gairal, etc., les chroniques du *Musée social*.

Sociétés coopératives de production [1]. 70
Caisses de crédit mutuel. 98
e) *Propagande* :
Publications diverses (bulletin, journal, annuaire). 529

572. — Il serait très désirable que l'Office du travail publiât annuellement un bilan plus détaillé. C'est ainsi que nous ne possédons aucun document précis sur les patronages d'apprentis, orphelinats, services médicaux, offices de renseignements commerciaux ou industriels, services du contentieux, conseils d'arbitrage, ateliers syndicaux, etc., toutes institutions plus ou moins prospères, sur lesquelles les premiers annuaires contenaient des indications précises, dont la disparition ne se justifie point [2].

Quoi qu'il en soit, les chiffres que nous possédons suffisent à démontrer qu'à tout prendre les résultats pratiques de la loi de 1884 sont des plus favorables, et que, toutes réserves étant formulées sur les tendances de certains groupements ouvriers, les syndicats ont fait œuvre utile et ne méritent pas la défiance qu'ils ont éveillée dans certains milieux timorés, où l'on a le grand tort de méconnaître les nécessités d'une évolution sociale qui s'impose, évolution dont une législation rétrograde ne ferait que précipiter la marche.

§ 2. — Projets de réforme. — Appréciations critiques [3]

573. — Les nombreux projets ou propositions dus à l'initiative gouvernementale ou parlementaire, desquels il convient de rapprocher les desiderata, même non convertis en propositions de loi, des principaux auteurs de chaque école, peuvent se ramener en somme à deux

---

[1] Sur le rôle de la *Chambre consultative des associations ouvrières*, qui réunit actuellement dans un groupe fédératif 198 sociétés de production, cons. *Les associations professionnelles* (publ. de l'*Off. du trav.*), p. 114 et s. — Pour la statistique complète des associations ouvrières de production et de leurs divers groupements, v. *Bull. Off. trav.*, 1907, p. 789. — V. aussi titre IV, *infra*.

[2] Sur le syndicat de l'*Union amicale des ouvrières tourquennoises* et ses créations multiples (maisons de famille, école ménagère, bibliothèque, réfectoire, etc.), v. *Mus. soc.* 1902, p. 93. — Cons. aussi la liste, assez complète, des créations syndicales, publiée par Pessieux, *op. cit.*

[3] Pour l'étude d'ensemble de ces projets, cons. notamment : Gonnard, *Caractères généraux de la loi de 1884 sur les syndicats professionnels*, avec préf. de P. Pic, 1898, et *La réforme des syndicats professionnels et le projet gouvernemental* (*Quest. prat.*, 1900, p. 81 et s.) ; Moindrot, *Des réformes à introduire dans la législation des syndicats professionnels*, 1898; Barthou, *L'action syndicale*, 1904; Pierre Leroy-Beaulieu, *La réforme de la loi sur les syndicats* (*Econ. franç.*, 1904, 1, 890); Martin Saint-Léon, *Revision de la loi de 1884*, 1904 ; Hamelet, *Réforme de la loi*

groupes principaux : — *a*) Projets tendant à porter atteinte aux bases mêmes du régime institué par la loi de 1884 ; — *b*) Projets tendant à fortifier l'action syndicale, tout en respectant les bases essentielles de la législation en vigueur.

574. — A. Projets tendant à porter atteinte aux bases mêmes du régime en vigueur. — Ce premier groupe se subdivise lui-même en deux séries. La première comprend les propositions émanées du groupe des *individualistes intransigeants*, tendant à restreindre les libertés syndicales, et à réprimer sévèrement les abus, vrais ou supposés, des groupements ouvriers. Le caractère commun de ces propositions est d'être inspirées par un sentiment de réaction contre l'une des libertés fondamentales du droit social moderne, le droit des associations professionnelles, et contre le droit de coalition, qui n'est à vrai dire qu'un des aspects du précédent (*Sic* : propos. M. Barthe, des 10 juillet 1893, Sén., *Doc. parl.*, n° 260, et 22 mars 1894, Sén., *Doc. parl.*, n° 131 ; Cf. les propos. M. Barthe, 15 mars 1886, Sén., *Doc. parl.*, n° 131, et Cordelet-Merlin, 21 déc. 1894, Sén. *Doc. parl.*, n° 58, visant spécialement le droit de coalition).

Nous avons apprécié déjà (V. *supra*, n°s 329 et suiv., 561-564), la valeur des critiques formulées par les auteurs de ce groupe, et mis en relief l'injustice de ces griefs, et le péril social qu'une législation aussi contraire aux aspirations générales de la classe ouvrière ne manquerait pas de faire naître. Aussi bien, l'accueil fait par la Chambre à ces propositions permet-il d'affirmer qu'elles n'ont aucune chance d'aboutir ; nous croyons donc inutile d'y insister.

575. — *Corporation ou syndicat obligatoire.* — La seconde série du même groupe comprend tout un ensemble de projets ou de motions faisant antithèse aux revendications individualistes, en ce qu'ils tendent précisément à développer, par la contrainte légale, le mouvement corporatif ou syndical combattu par les individualistes, mais se rapprochant néanmoins des propositions de la première série en ce qu'ils ne portent pas une moindre atteinte au principe de la liberté du travail ; principe dont le droit reconnu à tous de travailler isolément ou collectivement, à leur gré, est un corollaire indispensable.

Les projets de cette seconde catégorie ont pour caractère commun de tendre à substituer d'autorité, au régime du travail libre, le travail

---

sur les syndicats (*Bull. Fédér. des industriels*, 1906 et 1907) ; Pessieux, *op. cit.*, p. 130 et s. — Conf. chroniques législatives du *Bull. de l'Off. du trav.*, du *Musée social*, de la *Rev. d'Econ. pol.*, de l'*Econ. franç.*, du *Monde écon.*, de la *Rev. polit. et parl.*, des *Ann. de dr. commerc.*, des *Quest. prat. de législ. ouvrière*, de la *Rev. prat. de dr. industriel*, de la *Rev. socialiste*.

organisé collectivement; soit qu'il s'agisse de reconstituer la corporation obligatoire avec sa hiérarchie (aile droite des chrétiens sociaux), soit que l'objectif poursuivi consiste à rendre obligatoires les groupements syndicaux, ouvriers ou patronaux (socialistes collectivistes, aile gauche des socialistes d'Etat, aile gauche des chrétiens sociaux ou démocratie chrétienne)[1].

Mais ici, une observation préalable s'impose. Les projets dont s'agit ne sont point encore du domaine parlementaire; ce sont plutôt des vœux ou des avant-projets, aux contours plus ou moins vagues, formulés dans les écrits des auteurs ou développés dans les Congrès corporatifs; mais aucun n'a encore reçu de forme définitive, l'opinion publique n'étant pas encore mûre en France pour une telle réforme, et les partisans les plus déterminés de l'obligation estimant plus politique de ne pas encore donner à leurs revendications une forme trop précise[2].

---

[1] La ligne de démarcation n'est pas toujours facile à tracer entre socialistes et chrétiens sociaux. Sans doute, la corporation obligatoire, genre autrichien, ou le syndicat mixte privilégié, applicable à la grande industrie comme aux métiers (concept. de Mun, Boissard, etc.), est un organisme conservateur et aristocratique; mais la corporation égalitaire, préconisée par Martin Saint-Léon, par exemple, est déjà fort éloignée de la corporation de l'ancien régime; et quant à l'organisation du travail préconisée par les démocrates chrétiens, elle ressemble fort à celle qui paraît avoir les préférences des groupements ouvriers à tendances collectivistes (Comp. à ce point de vue les théories développées par Fournière dans la *Revue socialiste* (1905), ou par H. Lagardelle, *L'évolution des syndicats ouvriers, de l'interdiction à l'obligation*, etc., aux théories de l'*Association catholique*. — V. notamment : Bazire, *Le mouvement syndical et les catholiques sociaux* (*Ass. cath.*, 1900, p. 385), et Bureau (*op. cit.*). — V. aussi n°s 49-51, et 564, *supra*.

[2] L'un des partisans les plus déterminés du *syndicat obligatoire*, M. Jay, dont le socialisme d'État peut servir, en notre matière, de trait d'union entre le collectivisme de H. Lagardelle ou de Sorel (*L'avenir socialiste des syndicats*), et les conceptions sociales de la démocratie chrétienne, écrit ceci : « L'association n'aura-t-elle jamais que le caractère d'une organisation libre, facultative, n'engageant que ses membres, ou verrons-nous, au contraire, renaître *sous quelque forme nouvelle* une organisation légale du travail associant véritablement à l'œuvre du législateur les représentants réguliers des ouvriers et des patrons? La seconde hypothèse nous paraît *chaque jour plus vraisemblable*... Nous n'avons pas d'ailleurs la prétention de pouvoir décrire ici le régime légal qui se substitue peu à peu à l'actuelle anarchie ». Jay, *L'évolution du régime légal du travail*. — Conf. du même auteur : *L'organisation du travail par les syndicats professionnels*; *Une forme nouvelle d'organisation du travail par les groupements professionnels*, et *La protection légale des travailleurs*, 1904 (p. 42, 204 et s.). — D'une manière générale, l'attention de la plupart des auteurs partisans de l'obligation se porte sur ce fait, signalé dans maints passages des écrits de B. et S. Webb, que, sous le régime de liberté, les règlements de travail élaborés par les syndicats sont presque toujours éludés, sous l'action dissolvante des *coloyeurs*, c'est-à-dire « des ouvriers ou des patrons égoïstes ou malins qui laissent s'engager les autres pour rester libres de leur faire concurrence, en usant de la faculté de diminuer le prix juste assez pour enlever le travail » (Conf. de M. Perrenond, *Genevois* du 18 mars 1892). D'où la nécessité, disent-ils, sinon d'imposer immédiatement et sans transition à tous les travailleurs, l'inscrip-

576. — Les seules propositions dont les Chambres françaises soient actuellement saisies tendent simplement à établir une *contrainte indirecte*, et à orienter ainsi, par une pression légale graduée, tous les travailleurs dans la voie de l'association : — projets des chrétiens sociaux tendant à conférer aux syndicats mixtes certains privilèges (prop. de Mun, 25 nov. 1895, Ch., *Doc. parl.*, n° 1625 ; conf. prop. Lemire, 3 juill. 1902) ; — projets du groupe socialiste tendant non seulement à abroger toutes les pénalités spéciales édictées contre les abus du droit de coalition (v. *supra*, n° 332), mais aussi à mettre à l'abri de toutes poursuites civiles les syndicats qui, au cours d'une grève, auraient attenté aux droits des non-syndiqués ou des tiers (propos. de loi Coutant, 3 juillet 1906, Ch., *Doc. parl.*, n° 194, p. 751) ; — projets tendant à imposer à tous, au moyen d'un système d'arbitrage *obligatoire* (C. du trav. Groussier, prop. Zévaès, 4 décembre 1900, Ch., *Doc. parl.*, n° 1998 ; Paul Constans, 3 juillet 1906, Ch., *Doc. parl.*, n° 184, p. 739) ou semi-obligatoire (projet *Millerand* sur le règlement amiable des différends relatifs aux conditions du travail, 15 novembre 1900, déposé à nouveau le 12 juin 1906 (Ch., *Doc. parl.*, n° 14, p. 464), les conditions du travail arrêtées entre les groupes syndicaux ou sanctionnées par les conseils d'arbitrage (v. *supra*, n° 334) ; — projets tendant à reconnaître formellement aux syndicats le droit de former des fédérations *internationales* (prop. Groussier, précitée). — Sur la connexité étroite existant entre le régime des syndicats obligatoires et la réglementation internationale du travail, v. *supra* nos observations au sujet de la fédération des brodeurs de Saint-Gall, n° 515.

577. — *Liberté ou obligation : justification de la conception libérale.* — Nous n'insisterons pas longuement sur les inconvénients multiples et même les périls de la transformation des syndicats libres, soit en corporations, soit en syndicats obligatoires. Nous avons eu l'occasion maintes fois déjà, au cours de cette étude, de les faire ressortir, soit en rappelant les abus du régime corporatif ancien (v. *supra*, n°s 123 et s.), soit en signalant le vice fondamental du régime néo-corporatif autrichien ou allemand, qui paraît avoir, par son caractère inégalitaire,

---

tion à ces syndicats, du moins de sanctionner légalement et de rendre *obligatoires pour tous, syndiqués ou non*, les règlements de travail établis dans certaines conditions par les syndicats ouvriers et patronaux (contrat collectif), ou, à la suite de conflits, par les commissions mixtes, conseils du travail, ou autres organes d'arbitrage reconnus par la loi. — Cons. en ce sens : P. Boncour, *Fédéralisme économique* ; Raynaud, *Le contrat collectif du travail* ; Durkheim, *Division du travail social*, préface ; Sorel, *op. cit.* ; Laronze, *De la représentation des intérêts collectifs des ouvriers*, 1905, p. 214 et s. — V. aussi Hauriou, *La limitation de l'Etat* (*Rev. polit. et parl.*, 10 mars 1896, t. VII, p. 556).

creusé plus profondément le fossé qui séparait les patrons de la classe ouvrière (v. *supra*, n° 527), soit en décrivant les progrès remarquables de l'association professionnelle sous le régime de liberté, tant dans les pays anglo-saxons (v. *supra*, n° 476) qu'en Belgique (v. *supra*, n° 496) ou en France.

Le rôle de l'Etat, ainsi que nous l'avons fait observer dans notre introduction (n°s 52 et s., 62) n'est pas de se substituer aux individus pour les tâches que celui-ci peut accomplir, mais uniquement de stimuler et de fortifier les énergies individuelles ; la contrainte légale, loin de paralyser les initiatives, ne doit intervenir que pour les seconder, et pour empêcher l'oppression du faible par le fort. Or peut-on sérieusement prétendre, en présence des progrès merveilleux de l'association libre, sur tous les points du globe [1], que la contrainte légale peut seule vivifier les groupements professionnels, et n'est-il pas à craindre au contraire que l'intervention intempestive du législateur ne fasse dévier un mouvement spontané, dont la puissance même est peut-être due à l'absence d'entraves légales? Ne voyons-nous pas en Belgique par exemple, toutes les fédérations ouvrières puissantes se maintenir et se développer en marge de la loi, dédaignant les faveurs que la loi de 1898 leur offre, mais au prix d'une restriction de leurs libertés?

578. — Le législateur, sans doute, n'a pas accompli toute sa tâche lorsqu'il a reconnu l'existence légale des syndicats et déterminé, aussi libéralement que possible, le champ de leur activité ; il doit aussi, par tous les moyens en son pouvoir, en favoriser le développement, encourager leurs créations, les subventionner même (et à ce point de vue, la législation de 1884 est assurément perfectible, v. *infra*, n° 579) ; il peut même très légitimement à notre avis, accorder aux travailleurs syndiqués certains droits qu'il refuse aux isolés, et instituer un système de représentation de travail ayant pour base l'organisation syndicale : tel est précisément le système de représentation récemment inauguré en France (V. *supra*, n°s 196 et 228).

Mais son intervention ne doit pas dépasser le but, et imposer à tous les travailleurs une suprématie syndicale qui, si elle pouvait se réclamer de la loi, risquerait de devenir aussi abusive, aussi tracas-

---

[1] Les Etats *australasiens* eux-mêmes, dans lesquels les syndicats sont parvenus à une véritable souveraineté *de fait*, ne possèdent pas de législation *imposant* l'entrée dans les groupements corporatifs. C'est par des moyens indirects (arbitrage obligatoire, maximum de salaire), et surtout par la conquête des pouvoirs publics, que toutes les constitutions démocratiques rendent possibles, que les forces syndicales des Etats australiens ou néo-zélandais sont parvenus à dicter leur loi. — V. *supra*, n° 490.

sière, aussi imbue de l'esprit de monopole, aussi hostile au progrès que pouvaient l'être les corporations abolies en 1791.

En un mot, et ce sera notre conclusion, les abus trop réels du régime de liberté institué par la Révolution ne doivent pas nous en faire oublier les avantages, et nous conduire à une réaction, dont nul ne saurait mesurer les conséquences. Avec Waldeck-Rousseau, nous répéterons qu'ayant choisi en France entre la conception *tyrannique*, dans l'acception scientifique du terme, et la conception *libérale,* nous devons faire confiance à la liberté, et ne lui assigner d'autres limites que celles de l'ordre public [1].

579. — **B. Projets tendant à fortifier l'action syndicale, tout en respectant les bases essentielles de la loi de 1884.** — Les projets de ce second groupe, tous inspirés par le désir d'améliorer la loi syndicale, sans en modifier les caractères essentiels, et de fortifier l'action syndicale sans porter atteinte à la liberté des individus, peuvent à leur tour se subdiviser en trois catégories :

a) *Projets tendant à réprimer plus efficacement toutes les atteintes à la liberté syndicale.* — Le prototype de ces projets est la célèbre proposition Bovier-Lapierre, votée dès 1890 par la Chambre des députés (V. *supra*, n° 365), systématiquement repoussée par le Sénat, obstinément reprise dans les législatures suivantes, soit par son auteur originaire (21 nov. 1895, Ch., *Doc. parl.*, n° 1617), soit par d'autres députés ou même par le gouvernement, avec certaines variantes (proj. Mesureur, 4 fév. 1896, Ch., *Doc. parl.*, n° 1772) ; proposition tendant à édicter une *sanction pénale* contre les patrons coupables d'avoir entravé l'exercice des droits reconnus par la loi de 1884 (menace de perte d'emploi ou de privation de travail, refus motivé d'embauchage, renvoi d'ouvriers ou d'employés, *à raison de leur qualité de syndiqués*, faits ne tombant aujourd'hui que sous l'application des lois civiles, droit commun des art. 1382 et 1780 C. civ., n° 364, *supra*). Nous verrons bientôt que le principe de la proposition Bovier-Lapierre a été conservé par M. Waldeck-Rousseau, mais avec une addition permettant de réprimer également, comme l'exige l'équité, les atteintes graves à la liberté des non-syndiqués.

580. — b) *Projets tendant à faciliter la constitution, ou à agrandir le champ d'action des syndicats.* — A cette seconde catégorie se ratta-

---

[1] V. *supra*, n° 357. — Cf. en faveur du syndicat libre : Waldeck-Rousseau, *Questions sociales*, 1900, et préface pour l'ouvrage de P. Boncour; Barthou, *Syndicat obligatoire* (*Nouvelle Revue*, mars 1901), et *L'action syndicale*, p. 47 et suiv.; P. Deschanel, *La question sociale*, 1898; Sinigaglia, *L'organizzazione del lavoro*, Turin, 1907.

chent : — 1° Les propositions, émanées du groupe socialiste, tendant à affranchir les syndicats de tout contrôle administratif, en faisant disparaître la formalité du dépôt des statuts et des noms des administrateurs (prop. Jaurès, 21 nov. 1895, Ch., *Doc. parl.*, n° 1616; Basly-Lamendin, 7 juill. 1898, Ch., *Doc. parl.*, n° 180; Vaillant-Bouveri, 25 oct. 1901, et Vaillant, 30 nov. 1906 (Ch., *Doc. parl.*, n° 498, p. 204); — 2° Les propositions tendant, soit à autoriser la formation de syndicats entre personnes de professions différentes (prop. Basly, précitée), y compris les fonctionnaires publics (Code du travail Groussier ou propos. Vaillant, précitée), soit à permettre aux anciens ouvriers ou employés de faire partie, sous certaines conditions, des syndicats de leur ancienne profession (propos. Sembat, 20 janv. 1894, Ch., *Doc. parl.*, n° 290, cf. propos. Lemire, 12 juin 1906, Ch., *Doc. parl.*, n° 34, p. 487); — 3° Les propositions ayant pour objet d'accroître la capacité syndicale, soit en autorisant les syndicats à acquérir des immeubles sans aucune limitation (prop. Dussaussoy, 5 fév. 1895, Ch., *Doc. parl.*, n° 1164, Dansette, 20 juin 1898, Ch., *Doc. parl.*, n° 82, Basly-Lamendin, 7 juill. 1898, préc. [1]), soit en conférant la personnalité civile aux unions et fédérations syndicales (Code Groussier).

581. — Le mérite de ces propositions est très inégal. Nous applaudissons sans réserves à toutes les propositions tendant à accroître la capacité syndicale, voire même à conférer la personnalité civile, sous certaines conditions, aux unions de syndicats [2]. La crainte de l'extension des biens de main-morte nous paraît chimérique, alors qu'il s'agit de constituer un patrimoine corporatif, gage de paix sociale; la possession de biens importants ne peut manquer en effet d'assagir les syndicats, en leur inspirant le respect de l'ordre social qui leur a permis de les acquérir, et en leur inculquant le sentiment de leur responsabilité, et la crainte de tous écarts susceptibles d'engager celle-ci (Sur la responsabilité civile des syndicats, v. *supra*, n°s 318 et s., 414) [3].

---

[1] V. aussi propos. Berthet, tendant à autoriser les syndicats à créer des habitations à bon marché (14 nov. 1898, Ch., *Doc. parlem.*, 350).

[2] Cf. Sauviat, *De l'extension de la capacité juridique des syndicats*, 1904.

[3] Remarquons toutefois que la propos. Vaillant, du 30 nov. 1906, manifestement inspirée du projet anglais, devenu la loi du 21 déc. 1906 (analysée *supra*, n°s 305 et 480), reconnaît aux syndicats le droit d'acquérir sans limitation, mais leur refuse le droit d'ester en justice, afin de les soustraire à toute action en responsabilité civile. — Nous ne saurions souscrire à cette thèse, qui ne présente peut-être pas de grands inconvénients en Angleterre, à raison de la sagesse des *Trades-Unions*, mais pourrait être considérée en France comme un encouragement aux pires désordres. Pour nous, la personnalité doit avoir pour contrepoids la responsabilité, dans les limites raisonnables déterminées *supra*. — Cf. Barthou, *Action syndicale*, *passim*; MM. Alfassa et Lanceron, *La responsabilité syndicale et les projets de réforme* (*Rev. polit. et parlem.*, 1907, IV, p. 124).

Nous estimons au contraire qu'il serait imprudent d'enlever au pouvoir le droit de contrôle, très restreint en somme, résultant pour lui de la formalité du dépôt des statuts, aussi facile à observer que peu gênante (V. *supra*, n° 368). — Quant aux propositions tendant à conférer le droit d'entrée dans les syndicats à des personnes ne faisant point partie de la profession [1], nous distinguerions essentiellement entre celles qui ont simplement pour objet d'ouvrir l'accès des syndicats aux anciens patrons ou aux anciens ouvriers (dont le principe admis par la Chambre [3 nov. 1892, vote du projet Fallières], rejeté ensuite par le Sénat, 18 juin 1894, ne peut qu'être approuvé) (V. *supra*, n° 379) [2], et celles qui, autorisant indistinctement la formation de syndicats entre personnes de professions différentes, risqueraient de transformer les syndicats en groupements politiques ou religieux. Les groupements de cette nature ne sont plus interdits depuis la loi de juillet 1901 [3] ; mais ils ne sauraient prétendre aux faveurs de la loi syndicale (V. *supra*, n° 398). — (V. cependant, sur la possibilité pour les syndicats d'avoir des membres honoraires, n° 377, *supra*).

582. — c) *Projets tendant à la fois à sanctionner plus efficacement les libertés syndicales, et à fortifier l'autorité des syndicats. — Projet Waldeck-Rousseau-Millerand.* — Le plus important de ces projets, tendant à réformer la loi de 1884 dans toutes celles de ses dispositions dont la pratique a pu révéler l'insuffisance ou l'imperfection, est incontestablement le projet déposé en 1899, au nom du gouvernement, par M. Waldeck-Rousseau (14 nov. 1899, *Doc. parl.*, n° 1185, *Off.*, p. 125), projet repris en son nom personnel par M. Millerand devant deux législatures successives : propositions Millerand du 14 oct. 1902, et du 12 juin 1906 (Ch., *Doc. parl.*, n° 13, p. 463). — Nul n'était plus qua-

[1] De ces propositions, il convient de rapprocher celles tendant à interpréter dans le sens libéral certains articles obscurs de la loi de 1884, notamment celles autorisant formellement la constitution de syndicats entre personnes exerçant des professions libérales (propos. Léveillé, 8 juill. 1891, Ch., *Doc. parlem.*, n° 811. — Conf. propos. Basly, Lemire [12 juin 1906, préc., et 5 nov. 1906, Ch., *Doc. parlem.*, n° 380, p. 67], Code Groussier, etc.). — Cette interprétation tend d'ailleurs à prévaloir aujourd'hui (V. *supra*, n° 386).

[2] Il nous paraît très légitime d'admettre les syndiqués qui vont quitter la profession à demeurer dans le syndicat, sous certaines conditions. Mais il y aurait, croyons-nous, de réels inconvénients à autoriser l'entrée dans le syndicat de personnes ayant abandonné la profession avant d'y avoir adhéré. C'est cependant ce qu'a admis la Chambre, sous certaines réserves.

[3] V. cependant, dans le sens du maintien absolu de la prohibition, avec ses sanctions pénales (art. 9, loi de 1884), un arrêt de la Ch. crimin., du 28 févr. 1902 (D. 1902, 1, 203). — Cons., pour la critique de cet arrêt, manifestement contraire, selon nous, à l'esprit de la loi du 1er juill. 1901 sur la liberté d'association : Briquet, *Liberté syndicale et liberté d'association* (*Mouvem. socialiste*, mai 1902), et, sous l'arrêt réformé de la Cour de Douai, du 11 nov. 1901, la note de M. Wahl (S. 1901, 2, 289).

lifié que M. Waldeck-Rousseau pour apporter à la loi de 1884, dont il fut l'un des artisans, les retouches jugées nécessaires; ce projet était très étudié, et pouvait, malgré quelques lacunes, à la suite du dépôt du rapport Barthou (28 déc. 1903, Ch., *Doc. parl.*, n° 1418), servir de base à une discussion d'ensemble sur la réforme de la législation syndicale, depuis longtemps réclamée par l'opinion. Il n'en est que plus regrettable que le Parlement ait ainsi, d'année en année, et de législature en législature, ajourné ce débat nécessaire.

Les rédacteurs de ce projet, approuvé en principe par la Commission du travail de la législature actuelle (1906-1910), se sont assigné un double objectif : — fortifier l'autorité des syndicats par une extension de capacité, — sanctionner plus énergiquement tous les droits conférés par la loi, toutes les libertés qu'elle implique. Voici en quels termes M. Waldeck-Rousseau justifiait par avance cette double réforme : « J'ai la conviction profonde que, devenus capables de recevoir et d'employer des capitaux d'épargne, profitant des expériences faites, présentant une solvabilité incontestable, les syndicats professionnels doivent devenir des générateurs d'associations ouvrières, les agents décisifs de la grande évolution qui est à nos yeux la solution de l'avenir : *l'accession du salariat à la propriété industrielle ou commerciale.* — Il est nécessaire qu'ils puissent acquérir, constituer, sans perdre leur physionomie propre, de vastes participations dans lesquelles chacun de leurs membres ait sa part d'intérêt » (Disc. programme de Roubaix, *Journ. de Roubaix*, n° 2 mars 1898). Sur le second point, l'exposé des motifs met en relief la nécessité de fortifier, d'une part, les libertés syndicales en ajoutant aux sanctions civiles résultant du droit commun (v. *supra*, n° 364) une sanction pénale plus énergique, et d'assurer d'autre part aux droits des syndiqués et aux droits des individus non syndiqués une égale protection, en définissant exactement où cesse le droit de la collectivité et où commence l'abus (Sur la détermination des cas où, d'après la jurisprudence, la responsabilité civile du syndicat peut être engagée, v. *supra*, n°s 362 et s.).

583. — Conformément à ce double programme, la proposition Millerand, reproduction textuelle du projet primitif, apporte au texte en vigueur les modifications suivantes : — 1° Les syndicats régulièrement constitués acquièrent, aux lieu et place de la personnalité restreinte que leur conférait l'article 6, une personnalité juridique complète, impliquant le droit d'acquérir librement des biens meubles *et immeubles*, sans aucune limitation.

2° Les unions de syndicats acquièrent une personnalité *restreinte*, identique à celle appartenant aujourd'hui aux syndicats isolés.

3° Les syndicats sont autorisés, sinon à faire le commerce par eux-mêmes, du moins à se rendre propriétaires de la totalité des actions des coopératives de production ou de crédit qu'il leur plairait de constituer, en se conformant pour le surplus aux prescriptions des lois de 1867 et de 1893. Lorsque le syndicat, *personne civile*, est ainsi propriétaire de la totalité des actions, les syndiqués ont le droit d'être administrateurs, sans être individuellement actionnaires, et l'assemblée générale sera formée de mandataires désignés par le syndicat.

4° *Les syndicats ont le droit de s'entremettre entre les ouvriers et* les patrons pour l'établissement d'un *contrat collectif* réglant les conditions du travail, et d'ester en justice pour assurer l'observation dudit contrat (art. 6 et 10 cbn.). V. *supra*, n°s 426 et s. [1].

5° Les statuts règlent le mode de liquidation des droits appartenant, *dans l'actif commercial*, aux associés qui cessent de faire partie du syndicat. Ils règlent également la destination des biens du syndicat en cas de dissolution.

6° L'entrave volontairement apportée à l'exercice des droits reconnus par la loi constitue un délit civil. Sera puni des peines de l'article 414 du Code pénal quiconque, par l'un des moyens énumérés audit article, aura obligé ou tenté d'obliger une ou plusieurs personnes, *soit de sortir d'un syndicat, soit d'en faire partie.*

584. — Appréciation du projet Waldeck-Rousseau-Millerand : conclusions. — Dans son ensemble, le projet nous paraît réaliser un progrès incontestable sur la législation en vigueur. Nous aurions cependant certaines réserves à formuler sur plusieurs des innovations qu'il consacre. En ce qui concerne tout d'abord l'introduction dans la loi syndicale d'une sanction pénale, nous reconnaissons volontiers que le projet échappe au reproche de partialité formulé contre la proposition Bovier-Lapierre, puisqu'il punit indifféremment toute atteinte grave soit aux droits des syndiqués, soit au droit qu'ont les travailleurs de se maintenir en dehors de tout groupement. Mais il ne nous paraît pas absolument démontré qu'il soit indispensable de créer des pénalités

---

[1] Au point de vue de la reconnaissance du contrat collectif, le projet Waldeck-Rousseau-Millerand doit être rapproché du titre II du projet sur le contrat de travail déposé, le 2 juillet 1906, sur le bureau de la Chambre par M. le Ministre du commerce (Ch., *Doc. parl.*, n° 158, p. 716 : rapport Chambon, 27 déc. 1907, n° 1409) ; V. *supra*, n°s 424-442, et *infra*, titre II, ch. II, art. 5. — Cf. Alfassa et Langeron, *op. cit.* — Il convient également, pour apprécier l'importance des réformes syndicales proposées à l'agrément des Chambres, de rapprocher du projet que nous étudions le projet Clemenceau du 11 mars 1907 sur les associations de fonctionnaires, ainsi que le contre-projet Jeanneney, approuvé par la Commission du travail, autorisant sous certaines conditions (suppression du droit de grève, affiliation interdite avec des syndicats non similaires, etc.) les *syndicats de fonctionnaires*. — V. *supra*, n°s 382 et s.

exceptionnelles pour sanctionner la liberté d'association, alors que l'on réclame, non sans de sérieux motifs, la suppression du délit spécial d'atteinte à la liberté du travail résultant de l'article 414 du Code pénal.

Au sujet de l'extension de la capacité syndicale, nous approuvons sans hésiter la suppression des entraves apportées par la loi de 1884 à la capacité d'acquérir des syndicats, et la concession aux unions de syndicats d'une capacité restreinte ; nous approuvons également, tout en regrettant que le texte ne soit pas plus explicite, la consécration légale du contrat collectif. Mais nous inclinons au contraire à considérer plutôt comme une complication que comme un progrès réel les dispositions du projet, d'ailleurs assez énigmatiques, concernant la capacité commerciale conférée aux syndicats. En admettant même que, d'après le projet, le syndicat doive demeurer un organe distinct de la société commerciale ou coopérative créée par lui [1], il n'en est pas moins vrai que les facilités nouvelles conférées au syndicat risquent de l'orienter dans une voie nouvelle, où les risques à courir pourraient bien dépasser le profit. Mieux vaut, semble-t-il, que le syndicat, tout en essaimant autour de lui et en s'entourant d'œuvres multiples qui accroîtront son influence, ne se confonde jamais avec elles, ni en fait, ni en droit, et puisse affecter toutes les ressources propres à l'œuvre désintéressée de défense professionnelle qui est sa raison d'être. — Sur le danger que présenterait notamment la réunion, sous une même direction, d'un syndicat et d'une coopérative de crédit, v. *supra*, n° 450.

585. — La réserve que nous formulons sur cette partie du projet paraît correspondre assez exactement, croyons-nous, au sentiment des milieux syndicaux. Voici ce qu'écrivait à ce sujet l'un des membres les plus en vue de l'état-major syndical, M. Keufer, secrétaire général de la Fédération du livre : « Formés déjà avec tant de peine, les syndicats ouvriers, devenus industriels et commerçants, seraient voués aux plus funestes divisions, à la désagrégation rapide par la poursuite exclusive

[1] L'exposé des motifs, pas plus que le texte, ne sont très clairs sur ce point. Le syndicat, dans le cas prévu par l'article 6 (souscription de la totalité des actions de la société créée par lui) demeure-t-il nécessairement *distinct* de ladite société, comme l'exige la loi actuelle, ou ne se produit-il pas une confusion plus ou moins complète entre le syndicat, organe de défense professionnelle, et la société, instrument d'acquisition et de lucre ? Les deux thèses sont soutenables en présence du texte (V. Gonnard, *Quest. prat.*, 1900, p. 87), et sur ce point, des éclaircissements devront être fournis lorsque la discussion s'engagera. — Pour la critique de cette partie du projet, au point de vue juridique, v. dans les *Ann. de dr. commerc.*, 1904, 194, la chronique intitulée « L'aptitude au commerce des syndicats professionnels et le pouvoir pour eux de fonder des sociétés anonymes ». — V. aussi Hamelet, *Capacité commerciale des syndicats* (*Bull. de la Fédér. des industr.*, 1907).

des intérêts matériels, par les inévitables soucis, les rivalités, les difficultés d'argent et d'administration. Les syndicats, devenus de simples sociétés de production, absorberaient les efforts des hommes les plus actifs, les plus dévoués, pour des résultats douteux et, enfin, on détournerait les syndicats de leur véritable et normale destination, la défense des intérêts généraux corporatifs du prolétariat »[1].

586. — Notre conclusion sera simple. La loi de 1884, toute imparfaite qu'elle puisse être dans certaines de ses dispositions, a fait ses preuves. Elle a donné au mouvement de groupement professionnel une impulsion décisive : le Parlement devra donc avoir grand soin, dans l'étude des nombreux projets ou propositions de réforme dont il est saisi, de ne retenir que les dispositions susceptibles de consolider les résultats obtenus et de fortifier l'action syndicale, et de repousser au contraire toutes celles qui, même inspirées du désir d'accroître les ressources matérielles des syndicats, risqueraient d'en altérer le caractère propre et de les détourner de leur objectif naturel.

---

[1] Conf. Veyssier, *L'action syndicale* (*Monit. des syndic. ouvriers*, 24 févr. 1900) ; Martin Saint-Léon, *La revision de la loi de 1884* (*Assoc. cathol.*, 15 déc. 1903, p. 491 et s.), et *L'organis. professionnelle de l'avenir* (*ibid.*, 1904, 2, 273 et 369) ; Abbé Lemire, exp. des motifs de sa propos. du 12 juin 1906 ; *Quest. pratiques*, Chronique, 1904, p. 61. — V. cependant, dans le sens du projet : Barthou, *Action syndicale*, p. 190 et s. ; Cabouat, *Syndicats et coopératives* ; Duthoit, *Les syndicats professionnels ont-ils quelque intérêt à faire le commerce* (Leç. données aux Semaines sociales, 1907). — Il est à noter que, dans sa dernière session (nov. 1907), le Conseil sup. du travail a voté un ordre du jour plutôt défavorable à la capacité commerciale des syndicats (*Bull. Off. trav.*, 1907, 1283).

CHAPITRE V

DES LIMITATIONS APPORTÉES PAR LA LOI AU PRINCIPE DE LA LIBERTÉ DE L'INDUSTRIE, OU DES DIFFÉRENTES FORMES D'INTERVENTION DE L'ÉTAT DANS L'ORGANISATION DU TRAVAIL INDUSTRIEL.

587. — Ainsi que nous l'avons établi dans notre introduction (V. *supra*, n° 63), l'Etat, au regard de l'industrie, est investi d'un double droit : droit de police, droit de tutelle. — C'est en vertu de son *pouvoir général de police* que l'Etat réglemente les coalitions et associations professionnelles; qu'il s'oppose à l'accaparement des produits nécessaires à la consommation générale; qu'il réglemente les fabriques, usines et ateliers, au point de vue de l'hygiène, de la sécurité et de la moralité des travailleurs; qu'il soumet à une réglementation spéciale et plus rigoureuse certaines industries dont l'exploitation libre présenterait des dangers, soit pour la santé, l'hygiène ou la moralité publiques, soit pour la sécurité intérieure ou extérieure de l'Etat; qu'il monopolise même certaines industries, ou qu'il édicte des règlements applicables à l'industrie libre; enfin qu'il organise des juridictions contentieuses ou arbitrales, spéciales à l'industrie.

C'est en vertu de son *pouvoir de tutelle* que l'Etat, d'autre part, organise la représentation légale de l'industrie, ainsi que l'enseignement technique; qu'il intervient dans le contrat de travail, notamment pour réglementer le travail des enfants ou des femmes, voire même celui des adultes ; qu'il garantit l'ouvrier, par un système spécial d'assurances, contre les risques d'accidents, de maladie, d'invalidité ou de vieillesse; enfin et plus généralement, qu'il organise ou favorise le développement des institutions de prévoyance et d'assistance, ayant pour base la mutualité ou le patronage.

588. — En fait, il n'est pas toujours facile de déterminer en vertu de quel pouvoir, pouvoir de police ou pouvoir de tutelle, l'Etat intervient dans telle ou telle hypothèse donnée. Souvent, en effet, c'est à ce double titre, de gardien de l'ordre public et de protecteur des faibles, que l'Etat intervient ; et à cet égard, nous avons eu l'occasion de signaler une évolution très nette de toutes les législations dans le sens de l'extension, de plus en plus marquée, de l'intervention *tutélaire* de l'Etat (V. *supra,* n° 154). Cette évolution apparaît très clairement, par exemple, dans le domaine de l'*hygiène industrielle*. Au début du

XIXe siècle, l'État intervient uniquement en vertu de ses attributions de police générale ; s'il soumet les établissements insalubres à une certaine réglementation, c'est avant tout dans l'intérêt des propriétés voisines et de la sécurité ou de l'hygiène publiques. Aujourd'hui, au contraire, le législateur se préoccupe surtout de l'ouvrier ; les lois et règlements de ces dernières années sur la police, l'hygiène et la sécurité des ateliers, sont avant tout des règles protectrices, où le pouvoir de tutelle que s'attribue l'État contemporain apparaît au premier plan.

Quoi qu'il en soit, notre division n'en subsiste pas moins dans ses grandes lignes, et nous croyons utile de la maintenir pour la clarté de l'exposition, sa portée exacte étant d'ailleurs dégagée.

SECTION PREMIÈRE. — **Police de l'industrie**

589. — Nous avons énuméré ci-dessus les principales formes d'intervention dérivant du pouvoir de police de l'État. Il nous paraît inutile de revenir sur la réglementation du droit de coalition ou d'associations professionnelles ; d'autre part, il convient logiquement de n'étudier les juridictions industrielles qu'après avoir achevé l'étude des contrats industriels. Il nous reste par conséquent à examiner sous cette rubrique, *police de l'industrie*, les cinq articles suivants : — coalitions ou syndicats de producteurs et détenteurs de marchandises ; police et hygiène de l'industrie ; monopoles légaux ; industries spécialement réglementées ; mesures tendant à réprimer les fraudes dans l'industrie.

ART. 1er. — *Coalitions ou syndicats de producteurs et détenteurs de marchandises. — Délit d'accaparement* [1].

590. — Nous avons étudié précédemment la législation relative aux coalitions de patrons et d'ouvriers, ainsi que les dispositions pénales édictées contre les coalisés qui s'aviseraient de porter atteinte à la liberté du travail. Ces coalitions, en elles-mêmes, sont licites, ainsi que

[1] BIBLIOGRAPHIE : — OUVRAGES FRANÇAIS : Claudio Jannet, *Le capital, la spéculation et la finance au XIXe siècle*, 1892 ; Babled, *Les syndicats de producteurs et détenteurs de marchandises au double point de vue économique et pénal*, 1892 ; Brouilhet, *Essai sur les ententes industrielles et commerciales*, 1895 ; Grüner, *Les syndicats industriels et miniers* ; Beyssade, *Les unions d'entrepreneurs*, 1897 ; de Rousiers, *Les industries monopolisées aux États-Unis*, 1900, et *Les syndicats industriels de producteurs en France et à l'étranger*, 1901 ; Laur, *De l'accaparement*,

les syndicats professionnels qui, le plus souvent, jouent un rôle décisif dans la formation des coalitions et des grèves. Mais il est une coalition qui n'a pas cessé d'être prohibée, même depuis les lois de 1864 et de 1884, même depuis la loi du 28 mars 1885 sur les marchés à terme, c'est la coalition entre les principaux détenteurs d'une marchandise lorsqu'elle a eu pour but et *pour résultat effectif* de fausser les prix (art. 419 et 420 C. pén.).

Avant de présenter l'étude critique de l'article 419, il convient de passer en revue, très sommairement, les types les plus usuels de syndicats industriels. Cette étude économique préliminaire nous permettra d'établir, en théorie, une ligne de démarcation précise entre l'entente licite et l'accaparement délictueux, et d'apprécier, à la lumière des principes ainsi dégagés de l'étude des faits, la valeur de notre législation actuelle.

2e éd., 4 vol., 1900-1908; Dolléans, *L'accaparement*, 1902; Raffalovich, *Trusts, cartels et syndicats*, 2e éd., 1903; Martin Saint-Léon, *Cartells et trusts*, 1903; Colliez, *Des ententes de producteurs et de commerçants*, th. 1904; Jourdan, *Etude juridique sur les trusts*, th. 1906. — V. aussi : *Nouveau dictionnaire d'économie politique*, vis *Accaparement* et *Trusts*, par Raffalovich, *Coalition*, par G. Michel; Cauwès, *Traité d'économie politique*, t. II, nos 571 et suiv.; Garraud, *Traité de droit pénal français*, t. V, p. 454 et suiv.; Bourguin, *op. cit.*, p. 145, 401 et suiv.

Revues françaises : — Liefmann, *Les caractères et les modalités des cartels* (*Rev. d'écon. polit.*, 1899, p. 653); Raffalovich, *L'exportation et les syndicats industriels* (*Economiste français*, 12 avr. 1902); Cauwès, *Les ententes commerciales et la loi pénale* (*Réforme économique*, 16 févr. 1902); P. Pic, *Les syndicats ou coalitions de producteurs et la loi pénale* (*Rev. polit. et parlem.*, nov. 1902), et *Cartells et trusts* (*Quest. pratiques*, 1903, p. 97 et 142); de Norvins, *Trusts américains* (*Rev. des revues*, janv.-févr. 1903); Willoughby, *La corporation de l'acier aux Etats-Unis* (*Mus. soc.*, févr. 1902); Percerou, *Des syndicats de producteurs* (*Annales de dr. commerc.*, 1897, 271); Rouanet, *Les accaparements* (*Rev. soc.*, avr. 1901); P. de Rousiers, *Trust du pétrole aux Etats-Unis* (*Rev. de Paris*, 15 sept. 1898), et *Trust de l'Océan* (*ibid.*, juin 1902); Moreux, *La crise industrielle allemande, syndicats de coalition ou cartels* (*Quest. diplom. et colon.*, 16 juin 1902); Wibaut, *Les trusts et l'organisation des travailleurs* (*Mouvem. social.*, févr. 1902); R. Georges Lévy, *Les cartels industriels* (*Journ. des Econom.*, janv. 1903); Brouilhet, *La concentration industrielle à la fin du XIXe siècle (kartells et trusts)* (*Quest. prat.*, 1904, p. 157, 183 et suiv.); Isaac, Faurax, Pic, etc., Disc. sur *les trusts* (*Ann. Soc. d'écon. polit. de Lyon*, 1903, 271); Martin Saint-Léon, *Les trusts aux Etats-Unis* (*ibid.*, 1903, 357, et 1907, 429); Huard, *La concentration industrielle* (*Journ. des Econom.*, 15 mai 1908).

Ouvrages étrangers et Revues étrangères : — Allemagne : Liefmann, *Die Unternehmerverbände, ihre Wesen und ihre Bedeutung*, 1896; Dr Grünzel, *Ueber die Kartelle*, 1902; Baumgarten und Meszlény, *Kartelle und trusts*, 2 vol., 1906. — Autriche : Kleinwächter, *die Kartelle*. — Angleterre : Macrosty, *Trusts and the States*, 1901. — Etats-Unis : Jenks, *The Trust Problem*, N.-Y., 1900; *Report of the industrial Commission*, N.-Y., 1900. — V. aussi l'enquête collective sur les trusts publiée dans les *Annals of American Academy*, de Philadelphie (1904). — Cons., pour plus de développements, la bibliographie détaillée jointe à notre article précité de la *Revue politique et parlementaire* (nov. 1902), aux études de Martin Saint-Léon et Colliez, et aux nos de juin et août 1903 du *Musée social*.

§ 1er. — Les principaux types de syndicats de producteurs. Leurs effets, économiques et sociaux.

591. — A. **Définitions. — Divers types de syndicats.** — Le premier écueil auquel se heurte quiconque veut étudier méthodiquement les syndicats des producteurs est une question de terminologie. Rien n'est plus vague, en effet, et plus flottant que les termes multiples employés en France pour désigner ces groupements : syndicats industriels, ententes, syndicats de défense ou d'accaparement, coalitions de producteurs, unions, *omniums*, *consortiums*, comptoirs de vente, unions d'entrepreneurs, etc.

Aussi est-ce plutôt aux langues allemande ou anglaise, c'est-à-dire à la langue des deux pays où se sont particulièrement développés ces groupements, l'Allemagne et les États-Unis, qu'il convient d'emprunter les termes qui nous serviront à les caractériser. Éliminant le terme vague de *combination* ou *combine* [1], nous distinguerons avec la majorité des auteurs (V. notamment les ouvrages de MM. Brouilhet et Beyssade), trois catégories de syndicats, les *corners* (appelés aussi *rings* ou *pools*), les *kartells* ou *cartels*, et les *trusts*).

592. — 1° Corners. — Le *corner* est une coalition éphémère de spéculateurs, en vue d'accaparer un produit, brut ou manufacturé, et de provoquer une hausse artificielle des cours par la raréfaction du produit sur le marché ; à la faveur de cette hausse factice, le corner écoule aussi rapidement qu'il le peut le stock accumulé par ses agents et correspondants sur les principaux marchés, puis se dissout. La plupart des corners se sont constitués pour l'accaparement des matières premières nécessaires à l'alimentation (blés, cafés, maïs, etc.) ou à l'industrie (coton, laine, soie, métaux bruts), ou de certains produits fabriqués se prêtant à la spéculation (sucres raffinés, métaux ouvrés, etc.) [2].

---

[1] Assez usité en Angleterre, ce terme a le grave inconvénient de s'adapter indifféremment à des *combinaisons* très diverses. Sur les *combines* anglais, cons. notamment, dans le *Musée social* (févr. 1900, p. 60), l'étude de M. Langer intitulée « *Fusions*, *monopoles*, *coalitions* ».

[2] Pour l'historique des principaux *corners* de ces vingt-cinq dernières années (*corners* sur les blés, à Chicago, 1882-1887, sur les laines, à Roubaix, 1883-1884 ; corner international sur les cafés, 1886-1888, sur les maïs, à Budapest, 1887 ; corner international franco-anglo-allemand sur les sucres, 1888-1889, sur les cotons (Liverpool, 1889), sur le caoutchouc (1889), sur la *soie brute* (consortium franco-italien de Turin, 1886), corner international du *cuivre*, l'un des plus célèbres (1887-1889), etc., cons. notamment : Babled, p. 83 et suiv. ; Brouilhet, p. 18 et suiv. ; Beyssade, p. 14 et suiv. ; Flandin, *L'affaire des métaux* (*Annales des sciences polit.*, numéro du 15 juin 1898).

593. — 2° KARTELLS OU CARTELS. — Le *kartell* ou *cartel* (*cartell*) est un accord plus ou moins étroit, mais durable, entre industriels fabriquant le même produit, en vue de prévenir la surproduction et l'avilissement des cours, par diverses combinaisons, dont les plus usuelles sont : la fixation d'un prix commun, ou minimum, tout au moins pour la vente à l'intérieur, la répartition des débouchés, la répartition des commandes, la réglementation de la production, et (le plus souvent) la création d'un organisme commun (*Comité directeur*, *comptoir de vente*, etc.), destiné à faciliter et à régler l'écoulement des produits des usines syndiquées [1]. Cette catégorie de syndicats a presque toujours

---

[1] Les cartells ont pris en *Allemagne* un développement énorme, grâce au libéralisme de la législation, aux tarifs protecteurs, aux encouragements non dissimulés du gouvernement impérial, et à l'esprit d'association et de discipline de la race germanique. De l'industrie houillère et de la métallurgie, ce mouvement de concentration a gagné les industries les plus diverses : il y avait en 1900 des cartels pour les ciments, les briqueteries, papeteries, verreries, salines, les glaces, les verres à vitres, les sucres, voire même pour la fabrication de certaines étoffes du type uniforme (doublures, etc...). Bref, tandis qu'en 1879 il n'existait que 14 cartels en Allemagne, Liefmann en comptait 260 en 1896! Depuis cette date, leur chiffre aurait fléchi quelque peu (Moreux en compte 250) ; mais cette diminution apparente provient uniquement d'une concentration plus grande, et de la fusion d'un grand nombre de syndicats similaires. Le *Centralverband deutscher Industrieller* peut être considéré comme une fédération des cartells allemands, principalement destinée à défendre leur cause auprès des pouvoirs publics (Moreux, *op. cit.*; *Soziale Praxis*, numéro du 3 juill. 1902). — Le gouvernement prussien est d'ailleurs, comme industriel, membre de certains cartells (houilles, produits chimiques basiques). — Brouilhet, *op. cit.* ; Martin Saint-Léon, p. 49 ; Raffalovich, *L'industrie de la potasse en Allemagne* (*Econom. franç.*, 1907, 1, 37). — Cf., sur la tendance fédérative des cartels allemands : Maffelmann, *Les ententes dans l'industrie chimique allemande* (*Rev. économ. internat.*, déc. 1904); Huret, *Rhin et Westphalie*, 1907, p. 250 ; Lescure, *L'évolution du cartell dans la grande industrie allemande* (*Rev. d'économ. polit.*, mai 1906). — De l'industrie manufacturière, les cartels ont gagné l'agriculture. — Souchon, *Les cartells de l'agriculture en Allemagne*, 1903.

En *France*, ce mouvement de concentration industrielle, quoique moins marqué, est cependant très prononcé également. L'un des plus anciens cartels dont l'histoire industrielle fasse mention est assurément l'Union ou Société charbonnière de la Loire, constituée en 1842 et dissoute en 1852. Depuis lors se sont constitués : le Syndicat des salines de l'Est (1863), le syndicat des commerçants en bois du Nord (Calais, 1846), des fabricants d'iode de Bretagne (1869), le Comptoir de Longwy pour les fontes brutes (1879), le plus important peut-être des cartels français ; et la série des comptoirs de spécialités métallurgiques créés depuis cette époque (poutrelles, acier Thomas, tôles, fers à T, etc...), maîtres de forges du Nord (Payen, *La métallurgie française* (*Econom. franç.*, 9 nov. 1907). Le mouvement de concentration a gagné depuis de nombreuses industries : industries extractives (plâtrières, phosphates, etc...), briqueterie, tuilerie et céramique (tuileries de Saint-Henri, de Montchanin), quincaillerie (quincailliers de l'Est), horlogerie (Syndicat horloger du Doubs), fabriques de jouets (fabricants parisiens), filatures (filateurs de lin du Nord, de laine des Ardennes), produits chimiques (soude, céruse, etc...), meunerie (Cornu, *Un cartell de la meunerie*, 1903), sans compter le Syndicat des raffineurs de sucre, l'un des plus puissants, qui, à l'instar des syndicats similaires allemands, autrichiens ou russes, affecte des allures de *trust* et domine le marché intérieur. — L'on trouve également des cartels importants en Belgique (industries houillère, textile, verrière,

pour objectif la monopolisation du marché intérieur, sous le couvert de tarifs protecteurs plus ou moins élevés, constituant une prime à l'exportation. D'où ce phénomène singulier que les kartells, qui d'ailleurs s'abstiennent le plus souvent de fixer les prix de vente pour l'étranger, vendent généralement leurs produits au dehors sensiblement au-dessous du tarif arrêté entre les adhérents pour la vente sur le marché intérieur. Cet encouragement artificiel à l'exportation est le point faible du système. Supprimée à l'intérieur, la concurrence n'en est que plus âpre pour la conquête des débouchés extérieurs entre les cartels des différents pays, voire même entre les industriels syndiqués d'un même pays, et cette concurrence même fait renaître, avec plus d'acuité parfois, les crises de surproduction que l'on s'était flatté de faire disparaître.

594. — D'où la nécessité reconnue récemment, soit de réglementer aussi la vente à l'extérieur (plusieurs cartels allemands, notamment dans l'industrie métallurgique, viennent d'adopter cette méthode), soit même de mettre fin, par des accords internationaux, à ce développement anormal de la concurrence pour la conquête du *marché du monde*. C'est à cette dernière préoccupation que répond la convention de Bruxelles (5 mars 1902) [1], par laquelle les principaux Etats producteurs du sucre de betterave se sont entendus pour faire disparaître progressivement les droits protecteurs énormes, véritable prime à l'exportation, à la faveur desquels s'étaient constitués en France, en Allemagne, en Autriche, en Belgique, etc., des cartels sucriers (il serait plus exact de dire des *trusts*) groupant quelques puissants raffineurs, pour le plus grand profit des pays non producteurs où le sucre était vendu à bas prix, et au détriment soit de la masse des consommateurs des pays exportateurs, soit des intérêts budgétaires de ces mêmes Etats.

595. — 3° Trusts. — Les *trusts*, d'origine américaine [2], mais qui

---

chimiques, etc...), en Suisse (chocolaterie, meunerie, soierie), en Italie (métallurgie, carrières de marbre). — A noter enfin l'existence de plusieurs cartels internationaux, sur le zinc, l'acier, les glaces (syndicat dissous en 1901), les teintureries de soie (Lyon, Crefeld, Bâle, 1906), le pétrole (*Kartell Rundschau*, févr. 1907, *Rev. économ. internat.*, janv. 1907), etc... — Martin Saint-Léon, *Cartells et trusts*, p. 97 et suiv.; de Leener, *Les syndicats industriels en Belgique*, 1904; Voelcker et X..., *L'entente internationale dans l'industrie de l'acier* (*Rev. économ. internat.*, 1904, t. III, p. 725 et suiv.). — Un puissant cartel métallurgique, soutenu par la haute banque française et belge, serait en voie de formation en Russie (mai 1908).

[1] Sur la Convention de Bruxelles, cons. notamment les études de MM. Hitier, Blondel et Souchon, dans la *Rev. polit. et parlem.* (févr.-juin 1902). — Sur la loi du 28 janv. 1903 (D. 03, 4, 56), votée en conformité du protocole de Bruxelles, cons. : Truchy, *La nouvelle législation des sucres*, 1903; Paris, *Régime fiscal des sucres*, th. 1905; Allix, *Traité élém. de science des finances*, 1907, p. 476 et suiv.

[2] Précédés et préparés par de nombreuses ententes temporaires (*pools*, *rings* et

tendent à s'acclimater en Europe, sont des syndicats permanents, comme les cartels, mais plus fortement centralisés. Dans le cartel proprement dit, tous les adhérents conservent leur individualité, sinon leur indépendance ; ils acceptent, mais seulement dans une certaine mesure, l'impulsion d'un comité de direction. Dans le trust, au contraire, il y a fusion presque complète de toutes les maisons adhérentes, absorption presque absolue de ces établissements dans un organisme unique, autocratiquement dirigé par un *Board of trustees*, qui ressemble fort à une vaste société anonyme née de la fusion de toutes les maisons concurrentes, même lorsqu'en droit les fondateurs du trust laissent à chaque établissement une apparence d'autonomie. Celle-ci, du reste, tend de plus en plus à disparaître, même dans la forme. Il suffit pour s'en convaincre de comparer, aux trusts les plus anciens, les trusts nouvelle manière.

Les trusts les plus anciens (*Standard Oil C°*, par exemple, formé en 1882) se constituèrent au moyen d'une habile adaptation de l'antique institution anglaise des *trustees*, et d'un dédoublement du droit de l'actionnaire en deux droits distincts : — droit aux dividendes représenté par un certificat spécial, droit de prendre part aux assemblées

---

corners), les *trusts* ont, dans ces vingt-cinq dernières années, accaparé progressivement presque toutes les branches de l'industrie aux Etats-Unis. Il existerait, à l'heure actuelle, sur toute l'étendue du territoire de l'Union, plus de 600 trusts avec 36 milliards de capitaux, correspondant aux huit dixièmes environ du capital global de la République américaine (7 milliards 246 millions de dollars, d'après Martin Saint-Léon (*Ann. de la Soc. d'econom. polit. de Lyon*, 1907, 437). Les principaux, sans parler de celui de l'acier (v. *infra*), sont les trusts du pétrole, du sucre, du wiskey, du cuivre, des fonderies de métaux, des appareils à gaz, de l'huile de coton, du cordage, des clous, du caoutchouc, du tabac, de la bijouterie, de la construction des toitures, des livres classiques, des pianos, etc., etc... Les plus importants de ces trusts se sont fédérés à leur tour pour ne plus constituer que deux groupements financiers gigantesques ; le *Morgan interest*, fédération des trusts de l'acier et de l'Océan, et le *Rockefeller interest Standard Oil*, fédération des cinq trusts du pétrole, du cuivre, du tabac, du sucre et des métaux. C'est à ce second groupement, qui a maintes fois affiché son mépris de la légalité, que le président Roosevelt s'est résolument attaqué depuis 1904. — Plus récemment, il a dû s'en prendre au *trust du bœuf*, dont les scandales de Chicago, dénoncés dans le célèbre roman de M. Sinclair (La Jungle), ont mis en évidence les procédés d'exploitation. — V. spécialement : de Rousiers, *Les industries monopolisées aux Etats-Unis* ; Martin Saint-Léon, ouvrages et articles précités ; Bourguin, *op. cit.*, p. 404 ; Sayous, *Les trusts américains* (*Rev. d'econom. polit.*, avril 1904) ; Raffalovich, *op. cit.* ; Viallatte, *L'industrie américaine*, 1906. — Sur l'acclimatation en Europe du régime et des procédés des trusts, cons. les ouvrages précités de MM. de Rousiers et Martin Saint-Léon. — V. aussi notre article de la *Revue politique et parlementaire*. — Pour l'étude spéciale des trusts anglais (*amalgamations*), cons. Raffalovich, *Trusts et syndicats en Angleterre* (*Journ. des Econom.*, nov. 1902) ; Martin Saint-Léon, *Cartels et trusts*, p. 220. — Ce dernier auteur donne des renseignements très précis sur les principales *amalgamations* ou fusions anglaises : *The Coats Cotton Thread Combination* (capital 10 millions £), *Calico printers Association* (capital 8,226,000 £), etc.

générales délégué aux trustees, qui acquéraient ainsi la haute main sur la direction de toutes les sociétés syndiquées, dont ils désignaient à leur gré les administrateurs, tout en respectant en apparence l'autonomie de chacune d'elles[1]. A la suite des lois prohibitives, sur lesquelles nous reviendrons, édictées contre les *trusts*, ceux-ci se sont transformés, pour échapper aux rigueurs de la loi : et les grands trusts récents se sont constitués, soit par la fusion ostensible, en une vaste société anonyme, de toutes les sociétés concurrentes, soit, comme celui de l'acier, le plus colossal de tous [2], par le procédé ingénieux dit *holding trust*.

Cette nouvelle incarnation du trust est une société anonyme constituée en vue d'acquérir la majorité au moins des actions dans chacune des entreprises qui doivent faire partie de la combinaison : les sociétés syndiquées ne fusionnent pas, elles conservent leurs directeurs et administrateurs respectifs, mais ceux-ci ne sont en réalité que les *hommes de paille* du trust. Nulle combinaison n'est plus favorable à ces spéculations boursières gigantesques, dont la Bourse de New-York est coutumière, et qui ont, par leur exagération même, contrastant avec l'insuffisance du numéraire disponible, provoqué à la fin de 1907 une crise si redoutable sur le marché financier américain [3].

596. — B. Effets économiques et sociaux des syndicats. — Rien n'est plus contradictoire que les appréciations formulées sur ces groupements. Les corners seuls ne comptent guère de défenseurs, peut-être parce qu'ils ont presque toujours échoué, causant autour d'eux, par leur effondrement, beaucoup de ruines imméritées, ébranlant la solidité du marché, et jetant un discrédit profond sur toutes les opérations à terme, même les plus sérieuses. La réussite de deux ou trois corners, tels que le Syndicat des laines de Roubaix en 1884, ou le Consortium

---

[1] Cons. sur ce mécanisme ingénieux : Babled, p. 53 et suiv. ; Brouilhet, p. 60 et suiv. ; Percerou, *Ann.*, janv. 1897, p. 296.

[2] Le *trust de l'acier* (*U. S. steel corporation*) s'est constitué en 1901, à la suite d'un accord intervenu entre Pierpont Morgan, le *roi du fer*, et Carnegie, le *roi de l'acier*, par le groupement de tous les grands trusts métallurgiques des Etats-Unis, au capital formidable de 5 milliards 1/2 de francs (y compris la valeur des mines du Lac Supérieur, cédées pour 400 millions). — Si l'on ajoute à ce capital-actions, le capital-obligations, l'on arrive au total de 1,404,000,000 de dollars (7 milliards 20 millions de francs). — D'autre part, le trust de l'acier peut être considéré comme le fondateur du *trust de l'Océan* qui se constitua en 1902, au capital de 700 millions de francs, en vue de monopoliser les transports maritimes du globe, mais dont l'échec retentissant, par suite de la résistance de la Compagnie Cunard, a fait pâlir l'étoile de Pierpont Morgan. — Sur l'origine et le déclin du trust de l'Océan, cons. notamment : Martin Saint-Léon, *op. cit.*

[3] Pour la description du mécanisme de l'*holding trust*, cons. notamment : Martin Saint-Léon, *Cartells et trusts*, p. 105 ; Brouilhet, *Concentr. industrielle* (*Quest. pratiques*, 1904, 161).

des soies de Turin en 1886, due à la prudence de leurs promoteurs, qui surent se contenter d'un bénéfice modéré, ne saurait être mise en parallèle avec les désastres financiers provoqués par les corners sur les grains de Chicago, ou par le fameux Syndicat des cuivres, dont la ruine entraîna celle du Comptoir d'escompte.

Cartels et trusts ont au contraire de nombreux partisans, voire même des défenseurs enthousiastes : Schæffle ou Liefmann en Allemagne, de Rousiers et Colliez en France pour les cartels, Gunton (*Trusts and the public*, N.-Y., 1899), Apthorp et autres, aux Etats-Unis, pour les trusts. Ces auteurs insistent complaisamment sur les avantages suivants, que présenterait d'après eux la concentration industrielle : la limitation du stock fabriqué en prévision des besoins probables donnerait aux prix plus de stabilité et préviendrait les crises de surproduction, périlleuses pour l'industrie nationale et parfois pour le crédit de l'Etat lui-même[1]; — la diminution des frais généraux, résultant des perfectionnements apportés à l'outillage, et de la fermeture des établissements installés dans des conditions techniques ou topographiques défectueuses, permettrait aux syndicats de réaliser des bénéfices sans majoration de prix, voire même d'améliorer la condition du personnel; les syndicats de salariés feraient contrepoids aux syndicats patronaux, et l'on verrait ainsi, grâce à la généralisation du contrat collectif de salaire, né de la mise en présence des deux forces rivales du capital et du travail, également syndiquées, s'instituer un régime économique présentant une remarquable stabilité, et quant aux prix, et quant aux salaires[2].

597. — Nous avons peine à partager cet optimisme ; et nous nous demandons, avec la majorité des auteurs français (Babled, Martin Saint-Léon, Brouilhet, Beyssade, Laur, Cauwès, Moreux, de Norvins, etc.), si les avocats des syndicats ne laissent pas trop volontiers

[1] Sur cette fonction préventive des crises attribuée aux trusts et fusions de cartells, cons. Lescure, *Des crises générales et périodiques de surproduction*, 1907 (conclusions optimistes).

[2] Sur les accords intervenus en Angleterre entre les compagnies houillères du pays de Galles, du Northumberland, etc., et les *trades-unions*, pour l'établissement d'un taux de salaires variant avec les prix courants de la houille (échelle mobile, *sliding scale*), v. Babled, p. 41 ; cons. aussi S. et B. Webb, *Industrial Democracy*, p. 209 et suiv. ; Raynaud, *Une industrie sans grèves, Les mines anglaises*, 1905. — Dans le même ordre d'idées, une fraction du parti socialiste verrait plutôt d'un œil favorable cette concentration de la richesse publique entre quelques mains, qui préparerait et faciliterait l'avènement du collectivisme et la mainmise par l'Etat sur toutes les branches de l'industrie nationale (Martin Saint-Léon, p. 186). — La réalisation du collectivisme intégral paraît plutôt chimérique (Bourguin, *Systèmes socialistes*, p. 336) ; mais il n'est pas niable que la concentration industrielle outrancière est susceptible, dans certaines circonstances données, de hâter la transformation des grands monopoles de fait en monopoles légaux : objectif pratique du *socialisme réformiste* (Brouilhet, *La concentration industrielle*).

dans l'ombre certains inconvénients très graves, très apparents pour les trusts, mais très visibles aussi pour les cartels, au fur et à mesure que ceux-ci évoluent dans le sens de la monopolisation du marché intérieur.

Au point de vue économique d'abord, la sécurité donnée par les cartels à l'industrie nationale est souvent trompeuse. A l'abri des tarifs de douane, ils règlent la production à l'intérieur, mais la lutte pour les marchés extérieurs n'en est que plus âpre. Ces marchés extérieurs arrivent rapidement à saturation : pour s'y maintenir, l'on vend au rabais à l'étranger, et l'on prend sa revanche sur la consommation intérieure (*sic*, pour les sucres, les métaux ouvrés, etc.). Celle-ci, rançonnée, se défend par l'abstention, réduit ses achats; les stocks s'accumulent, et un beau jour la crise éclate, d'autant plus redoutable que tous les ressorts économiques ont été faussés : les petits industriels, ceux qui travaillent sur commande, ayant été écrasés, et la moyenne industrie, liée aux cartels par des contrats à long terme, ne pouvant plus tenir ses engagements en présence du resserrement du marché intérieur et de la saturation des marchés étrangers. C'est l'histoire en raccourci de la crise industrielle qui, en 1901-1902, sévit sur l'industrie allemande, malgré les cartels qui devaient la préserver définitivement de ce fléau, ou peut-être à cause des cartels [1].

C'est l'histoire de la crise redoutable de surproduction et de spéculation, tout à la fois, que viennent de traverser les Etats-Unis (fin 1907-début 1908), — crise dont les répercussions se sont fait sentir dans le monde entier, mais surtout en Allemagne (Moos, *La banque de l'Empire allemand et la crise*, *Monde économ.*, 23 novembre 1907). — La mauvaise organisation du marché financier de New-York ne saurait, à elle seule, expliquer une crise d'une telle amplitude; les trusts, ces machines de guerre gigantesques, aux bases fragiles [2], destinées à écraser

---

[1] Cons. Blondel, *Malaise persistant de l'Allemagne industrielle* (*Réforme soc.*, août-sept. 1902, p. 366). — Cf. les dépositions recueillies par l'enquête officielle allemande sur les kartells (*Kontradictorische Verhandlungen über deutschen Kartelle*), Berlin, 1903; Sayous, *La crise allemande*, 1903; chron. du *Mus. soc.*, mai 1903.

[2] L'une des principales causes de fragilité des trusts est le *mouillage* (*watering*), ou *surcapitalisation*. Il n'est pas rare de voir majorer de 100 ou 200 0/0 les apports des compagnies syndiquées. M. Martin Saint-Léon cite des exemples de mouillage vraiment extraordinaires, celui par exemple de la *Standard distilling and distributing Company*, dont les fondateurs se sont réparti, sous forme d'actions nouvelles, 24 millions de dollars nominaux contre une valeur réelle de 4 millions de dollars. — Cf. de Leener, *La surcapitalisation et les trusts américains* (*Rev. économ. internat.*, mars 1904). — Sur les majorations scandaleuses auxquelles a eu recours le groupe Morgan, lors de la création du trust de l'Océan, v. Colson, *Revue des questions de transport* (*Rev. polit. et parl.*, 1908, 1, 430). — Cet échafaudage de titres de spéculation, ne correspondant que pour partie à une valeur réelle, a lourdement pesé sur les cours au début même de la crise américaine de 1907, et en a décuplé l'intensité. — Pierre Leroy-Beaulieu, *Le mouvement écon. et soc. aux Etats-Unis*, *La crise*

l'Ancien Monde sous les produits du Nouveau et à *contrôler* la production mondiale, ont une lourde part de responsabilité dans les désastres financiers de ces derniers mois.

598. — Si la valeur des syndicats à *tendance monopolisatrice* est très contestable au point de vue *économique*, leurs dangers *sociaux* sont assurément plus graves encore. Le *trust* genre américain, tout d'abord, est un agent de démoralisation publique et privée par les procédés qu'il emploie couramment, cyniquement parfois [1] ; c'est le triomphe de l'or sous sa forme la plus brutale, et l'audace de certains financiers d'Outre-Mer est devenue telle, que la plus haute autorité des Etats-Unis a cru nécessaire de dénoncer publiquement, dans plusieurs discours ou messages, cette cause de perturbation des rouages administratifs de la grande République.

Les quelques progrès techniques réalisés par les industries syndiquées, les quelques créations philanthropiques ou scientifiques créées par les milliardaires, non sans une savante réclame, ne sauraient être mis en parallèle avec les résultats néfastes que doivent provoquer inévitablement : la ruine de la petite industrie indépendante, la décadence progressive du moyen commerce ou de la moyenne industrie, éléments de stabilité et de force pour les Etats, le renchérissement progressif des prix, suite inévitable du monopole [2].

599. — Si la hausse générale des prix, consécutive au triomphe des trusts, hausse nuisible aux consommateurs, avait réellement pour conséquence, ainsi qu'on l'a prétendu, une hausse *correspondante* des salaires, il n'y aurait que demi-mal; mais rien n'est moins prouvé que cette assertion. Il convient en effet de remarquer que, par définition même, un trust est toujours un régulateur de production, et que le moyen normal employé dans ce but consiste, soit à réduire dans cer-

---

(*Econom. franç.*, 29 févr. 1908) ; Aupetit, *La crise américaine* (*Rev. écon. internat.*, nov. 1907).

[1] Grâce au régime de libre concurrence sous lequel s'est constitué le réseau ferré américain, et à l'absence de tout contrôle officiel *sérieux*, les accords les plus scandaleux, les *pools* les plus immoraux ont pu se constituer entre les directeurs des trusts et les Compagnies. Bénéficiant de tarifs réduits dans des proportions invraisemblables, partageant même avec les Compagnies la *discrimination* (différence entre le plein tarif imposé aux non-syndiqués, et le tarif réduit qui leur était consenti), les trusts du pétrole, du whiskey et autres sont parvenus rapidement à détruire ou annihiler les maisons dissidentes. — Les documents publiés dans les enquêtes officielles de 1887 (*Interstate Commerce Commission*), 1900 (*Industrial Commission*, t. XIII), et 1906 (rapp. du *Commissioner of Corporations, on the transportation of petroleum*) sont édifiants à cet égard. — Cf. *La spéculation sur les valeurs de chemins de fer aux Etats-Unis* (*Annales de droit commerc.*, 1907, 236).

[2] Raphaël-Georges Lévy, *L'Allemagne économique et industrielle* (*Revue des Deux-Mondes*, 1er mars 1908).

taines usines le personnel ou le nombre des journées de travail, soit à supprimer un certain nombre d'établissements (Le *wiskey trust*, sur 80 usines en ferma 62!). Comment dans ces conditions pourrait-on sérieusement soutenir que les trusts profitent à la masse des salariés?[1].

§ 2. — Législation répressive

600. — **Nécessité de la répression : ses limites rationnelles.** — La question de savoir s'il convient d'ériger la coalition de producteurs en un délit pénal est vivement controversée. Les économistes libéraux, sans méconnaître les inconvénients de ces groupements à tendance monopolisatrice, estiment que ce n'est point à l'aide d'une législation répressive, mais uniquement par une politique économique libérale, comportant une renonciation complète au régime des primes et droits protecteurs, que l'on pourra remédier efficacement à de tels abus. — Ils n'admettent même pas la nécessité de réprimer les *corners*, par la raison que les fondateurs de ces combinaisons, aussi fragiles qu'ambitieuses, en seraient toujours les premières victimes (P. Leroy-Beaulieu, *Traité*, t. IV, p. 35. V. aussi les études précitées de R.-Georges Lévy, Raffalovich, Isaac).

Ce raisonnement nous paraît inacceptable. Peu importe qu'en fait ces coalitions gigantesques aboutissent à peu près fatalement, par le stimulant excessif qu'elles donnent à la production, par le resserrement correspondant de la consommation et l'accumulation des stocks invendus, enfin par les emprunts successifs auxquels les coalisés sont entraînés, à une débâcle finale (Cf. Jannet, *loc cit.*, p. 331 ; P. Leroy-Beaulieu, *Econ. franç.*, 16 mars 1889). Les spéculations de cette nature n'en sont pas moins condamnables, parce que les ruines qu'elles entraînent ne frappent pas seulement ceux qui s'y livrent ; — pendant des semaines ou des mois, parfois des années, le corner peut demeurer le maître du marché, écraser ses concurrents et semer ainsi la ruine autour de lui, en attendant que sa chute fasse d'autres victimes ; bien imprévoyant serait le législateur qui ne s'appliquerait point, par une législation appropriée, à prévenir de telles opérations (Cauwès, t. II, p. 239 ; Bourguin, *op. cit.*, p. 381).

601. — Ce qu'il faut, en pareille matière, c'est une législation répressive très souple, laissant toute liberté d'allure aux syndicats de

[1] Sur la lutte récente entre le trust de l'acier et l'association ouvrière correspondante, cons. Willoughby, *op. cit.*

défense, et permettant au contraire d'atteindre l'entente industrielle, de quelque nom qu'on la désigne et quelques formes extérieures qu'elle revête, dès le jour où, même sans changer de physionomie apparente, *elle cesse d'être un syndicat de défense pour dégénérer en un instrument d'accaparement et de monopolisation.*

Tel est précisément, — et l'on ne saurait trop insister sur ce fait, car l'article 419 du Code pénal est bien antérieur au développement des syndicats modernes, — le caractère de la législation pénale française : législation qui, malgré son archaïsme et ses imperfections [1], présente cette réelle supériorité sur les lois américaines, spécialement forgées contre les trusts et à peu près inefficaces en pratique [2], de per-

[1] Il conviendrait de doubler notre législation répressive d'une bonne législation sur les sociétés, entourant d'une publicité sérieuse les émissions de valeurs, françaises ou étrangères, sur le marché français, et instituant un contrôle efficace des inventaires et bilans. — Sur l'insuffisance à cet égard de notre législation française des sociétés, et même des projets de 1903, v. Thaller et Pic, *Traité des sociétés commerciales*, t. Ier, p. 94, et 329.

[2] Ces lois *américaines*, pour ne parler que des lois fédérales, sont fort nombreuses : loi Sherman (*Anti-trust law*) du 2 juillet 1890, déclarant illégale toute combinaison en forme de trust ou autrement ayant pour but de mettre obstacle à la liberté de l'industrie ou du commerce entre Etats ou avec les nations étrangères ; *Interstate commerce law* du 4 février 1887 et *Elkins Act* du 19 févr. 1903, édictant des pénalités sévères contre les Compagnies de chemins de fer convaincues d'avoir consenti des rabais secrets à certains expéditeurs (les *trusts*) au détriment des autres chargeurs, etc... Des poursuites ont été exercées, par application de ces différentes lois, contre la *Northern Securities Cy* (C. suprême, 14 mars 1904), contre le *Beef trust*, les trusts du papier, des produits chimiques, etc. ; le *Standard Oil* a même été récemment condamné, notamment par la Cour du district de Chicago (août 1907) à de formidables amendes s'élevant au total à 25 millions de dollars.

Malheureusement, par suite de l'autonomie des Etats, l'exécution des condamnations prononcées se heurte pratiquement à de telles difficultés que l'impunité est presque toujours assurée aux trusts, grâce il est vrai à certaines complicités politiques. Le président Roosevelt a si bien conscience de cette insuffisance des lois répressives que, dans plusieurs messages retentissants, il a attiré l'attention du Congrès sur l'opportunité d'un amendement à la constitution tendant à renforcer les pouvoirs de l'autorité fédérale et à organiser un contrôle efficace sur les trusts ayant des ramifications dans plusieurs Etats de l'Union, ce qui est le cas de la plupart d'entre eux. Cette campagne énergique du président, pour la moralisation du marché américain, réussira-t-elle ? Il serait téméraire de l'affirmer, à raison de la puissance des moyens d'action dont disposent les milliardaires américains ; il importe cependant de remarquer que la crise américaine récente, en mettant en relief les dangers de la spéculation alimentée par les trusts, a déterminé dans l'Union un courant d'opinion hostile à ceux-ci et favorable aux projets présidentiels. Peut-être, toutefois, le gouvernement américain serait-il plus fort s'il proposait en même temps un abaissement des barrières douanières : le tarif, disait récemment M. Havemeyer, président du *Sugar trust*, devant la Commission industrielle américaine, est le *père des trusts.* Si cette affirmation est exacte, — et elle paraît l'être pour certains d'entre eux, — ne devrait-on pas renoncer à cette protection outrancière qui a facilité aux Etats-Unis la concentration capitaliste, poussé à la surproduction et renchéri pour la masse le coût de la vie ? — Sur ces divers problèmes, que nous ne pouvons ici qu'effleurer, cons. notamment : Martin Saint-Léon, *Ann. de la Soc. d'écon. pol. de Lyon*, 1907, p. 433 et suiv. ; Pierce, *Tariff and trusts*, New-York, 1907 ;

mettre aux tribunaux d'atteindre corners et trusts, et d'épargner les cartels, toutes les fois que ceux-ci se maintiennent dans certaines limites et ne cherchent pas à se constituer un monopole abusif.

602. — Articles 419 et 420 du Code pénal : éléments du délit. — De ces deux textes il ressort que le délit d'accaparement suppose la réunion des deux conditions suivantes : — 1° le fait d'une coalition entre les *principaux* détenteurs de la marchandise (nous laisserons de côté la question des manœuvres de Bourse ayant pour objet, soit les fonds publics, soit les valeurs émises par les sociétés particulières. V. Babled, p. 143) ; — 2° le fait constaté d'une hausse ou d'une baisse factice, résultat direct et immédiat de cette coalition (Cass., 9 avril 1863, D. 64, 1, 53; Paris, 28 février 1888, *Loi*, n° 16-17 avril)[1].

Or, il s'en faut, et de beaucoup, que ces deux conditions puissent être réunies en fait, dans tout syndicat de producteurs, ou détenteurs, soit de matières premières, soit de produits fabriqués; et à ce point de vue il est évident que, le texte restant le même, les conditions d'existence du délit de coalition ou accaparement se sont complètement transformées par suite de l'évolution économique du XIXe siècle. Etant données les conditions actuelles des transports et des marchés internationaux, le résultat qualifié de délictueux par la loi ne saurait en général être obtenu, du moins lorsqu'il s'agit de marchandises telles que les blés et farines, la laine, le pétrole, le cuivre, la houille, etc., dont les lieux de production sont nombreux, disséminés, et les stocks

---

M. Alfassa, *La lutte contre les trusts* (*Censeur*, n° 23, 30 nov. 1907); *President Roosevelt's campaign* (*Economist*, 5 oct. 1907); Walker, *The Oil trust and the government* (*Polit. Sc. Quaterly*, mars 1908); Huard, *La concentration industrielle* (*Journ. des Econom.*, 15 mai 1908); Colliez, *op. cit.*, p. 429; *Le programme économique du président Roosevelt* (*Quest. pratiques*, 1908, 58).

[1] Il convient de rapprocher de la législation française plusieurs lois étrangères, de date postérieure, qui elles aussi s'attaquent plutôt au but poursuivi (accaparement, monopole) qu'au fait même de l'entente, mais dont certaines s'appliquent à délimiter plus nettement peut-être que l'article 419, le champ d'application du délit. Telles sont en particulier : la loi belge de 1866 (art. 311 C. pén., réprimant les moyens *frauduleux* tendant à déterminer une hausse ou baisse factice, aucune pénalité contre la simple entente) ; le Code pénal *italien* de 1890 (art. 293 et 326, contenant des prescriptions analogues), la loi fédérale *canadienne* du 2 mai 1889. Cette dernière réprime, comme la loi française, toutes manœuvres et ententes, même non frauduleuses, tendant à supprimer la concurrence et à fausser les cours (V. Brouilhet, p. 165).

Les lois allemande ou autrichienne n'édictent aucune pénalité contre les syndicats de producteurs. Divers projets ont été élaborés en vue de les assujettir à un certain contrôle administratif, mais aucun n'est encore venu en discussion. — Sur ces projets, cons. Pic, *Les syndicats de producteurs* (*Rev. polit.*, nov. 1902) ; Huber, *Die Kartelle*; Huguency, *Le 27e Congrès des juristes allemands* (*Bull. Soc. d'Et. législ.*, 1906, 316); Schmoller, *Das Verhältniss der Kartelle zum Staate* (*Jahrbuch*, 1905, t. IV, p. 325).

énormes, que par des syndicats internationaux, englobant ou s'efforçant d'englober la production mondiale. Il n'est cependant pas impossible que, grâce aux barrières douanières, un syndicat sinon régional, tout au moins national, puisse se former pour l'accaparement momentané des blés, houilles, etc.; et en ce cas, si l'intention de fausser les cours par l'accumulation, matérielle ou fictive, des stocks aux mains des syndiqués est établie, s'il est prouvé également que le résultat cherché a été atteint, les meneurs du syndicat pourront être utilement poursuivis. Mais en fait, les exemples de poursuites de ce genre sont fort rares[1].

603. — Pour les matières premières relativement rares, telles que le mercure, le nickel, le borax, le diamant, dont les lieux de production sont très limités, mais disséminés néanmoins sur le territoire de plusieurs Etats, c'est également par voie de syndicat international qu'une action directe sur les cours peut être exercée (V. *supra*). — Mais un tel syndicat ne pourrait guère être frappé qu'au lieu d'extraction ; aussi la France peut-elle être considérée comme désarmée vis-à-vis de la plupart de ces trusts internationaux, tels par exemple que la De Beers Co (diamant). L'article 12 de la loi du 1er juillet 1901 sur les associations autorise bien la dissolution par décret des « associations composées en majeure partie d'étrangers, et de celles ayant des administrateurs étrangers ou leur siège à l'étranger, dont les agissements seraient *de nature à fausser les conditions normales du marché des valeurs ou des marchandises* » ; mais il est aisé de comprendre qu'une mesure administrative de ce genre, prise au regard d'un syndicat international puissant, maître des cours et des stocks, risquerait fort de n'être qu'une manifestation platonique dénuée de toute efficacité réelle.

604. — Quant aux *produits fabriqués*, la variabilité des conditions mêmes de la production d'une part, résultant des facilités de transport par terre ou par eau, du coût de la main-d'œuvre, de l'habileté technique du personnel, — et d'autre part le développement des droits protecteurs ou compensateurs, ont permis, ainsi qu'on l'a vu *supra*, aux cartels ou trusts de se développer dans les principaux pays indus-

[1] L'on conçoit aussi, même en dehors de toute intervention de droits protecteurs, la formation d'un syndicat d'accaparement purement national ou même régional, concernant certains produits localisés à une région déterminée. C'est par des considérations de cette nature que l'on peut justifier différentes décisions de la jurisprudence française relativement à l'accaparement des *eaux minérales* (Paris, 28 févr. 1888, D. 93, 2, 69; Trib. corr. Lyon, 2 janv. 1893, *Gaz. Pal.*, 22 avril 1893 ; Lyon, 21 avr. 1896, S. 96, 2, 164).

triels avec un caractère national. Pour savoir si ces syndicats tombent ou non sous le coup de la loi française, le juge doit beaucoup moins s'attacher à la forme extérieure qu'ils revêtent qu'au but réel poursuivi. En d'autres termes, il doit épargner en principe les *cartels*, ceux du moins dont l'objectif essentiel est de régulariser les prix, de résister à la concurrence étrangère, et de créer entre les adhérents, suivant l'heureuse formule de Thisse (*Pand.*, 1900, 2, 33), une sorte d'*assurance mutuelle contre les risques d'instabilité des cours.*

Il devra au contraire frapper les syndicats d'accaparement et de spéculation pure, dont le but immédiat est d'agir sur les cours par l'accumulation, réelle ou fictive, des stocks (*corners*), et aussi les trusts, ou syndicats de monopolisation (Percerou, *Ann. de dr. com.*, 1897, p. 280).

605. — La jurisprudence. — La jurisprudence est parfois très hésitante sur l'application des articles 419 et 420. D'une manière générale, elle se refuse, et avec raison nous l'avons établi, à frapper les cartels de défense, tels que les syndicats métallurgiques et autres[1]. Il semble que, par contre, elle ne devrait pas hésiter à appliquer l'article 419 du Code pénal aux corners; et de fait, dans l'affaire du Syndicat des *cuivres* (coalition formée entre la Société française des métaux, dirigée par Secrétan, le Comptoir d'escompte et les principales compagnies minières de l'étranger), le tribunal correctionnel de la Seine se prononça pour l'application de la loi pénale aux promoteurs de ce corner gigantesque, en s'appuyant sur ce que, par ses agissements, par l'accaparement des stocks, le syndicat dont s'agit avait manifestement faussé les cours de la marchandise (Trib. corr. Seine, 28 mai 1890). Mais il convient d'ajouter que la Cour de Paris, par arrêt du 5 août 1899 (sous Cass., ch. crim., 24 avril 1891, D. 93, 1, 49, et la note de M. Sarrut), réforma ce jugement, par le motif qu'il n'y aurait pas eu engagement positif pris par les coalisés de ne pas vendre au-dessous d'un certain prix. Si cette jurisprudence eût définitivement prévalu, il eût été presque impossible d'appliquer désormais l'article 419 du Code pénal : en effet, la preuve directe de ces sortes d'engagements ne peut

[1] Cass., 1er février 1834, S. 34, 1, 31 ; 16 mars 1863, D. 63, 1, 169; Conseil d'Etat, Salines de l'Est et du Midi, avis publié au *Moniteur* du 1er juin 1864 ; Paris, 14 avril 1891, *Rev. des Soc.*, 1891, p. 108 et 365 (Syndicat de phosphatiers) ; Grenoble, 1er mai 1894, D. 95, 2, 24 (tuileries), S. 94, 2, 227 ; Trib. corr. Seine, 28 septembre 1898, *Pand.*, 1900, 2, 33 (Comptoir des plâtrières de la Seine), etc., etc. Suivant la formule caractéristique de la Cour de Grenoble, un syndicat de producteurs échappe à toute répression lorsqu'il se propose pour but, « non de surélever par une hausse factice le cours des produits, mais d'empêcher leur avilissement en atténuant les ardeurs et les effets de la concurrence locale ».

que bien rarement être fournie, surtout dans les syndicats de spéculation pure, leur existence ne se trahissant guère que par leurs résultats [1].

606. — Mais il convient de remarquer que, dans une série d'arrêts postérieurs, la jurisprudence semble s'être arrêtée à une interprétation plus rigoureuse et plus nette qui, semble-t-il, serait assez fidèlement résumée par la formule synthétique suivante : — Pour savoir si un syndicat, quelle qu'en soit la dénomination ou la forme extérieure, tombe ou non sous le coup de la loi, le juge doit avant tout déterminer son *objectif* réel, ainsi que les *résultats* obtenus par la coalition incriminée. Il ne suffit donc, pour établir le délit : — ni d'un accord entre producteurs pour la fixation d'un tarif commun, l'établissement d'un tarif commun à plusieurs établissements, souvent précédé de négociations préalables avec les syndicats ouvriers, rentrant dans les attributions normales des syndicats reconnus par la loi de 1884 [2] ; — ni même d'une entente en vue de la répartition des commandes, de la régularisation (sinon de la limitation), de la production pour certains articles, voire même de la vente centralisée aux mains d'un intermédiaire commun (commissionnaire ou comptoir de vente) [3]. Il faut, de plus, que l'objectif avéré de l'accord ait été de monopoliser la fabrication, dans une certaine mesure tout au moins, aux mains des coalisés, et que cette tentative de monopolisation ait eu pour résultat de fausser les prix. — Ce caractère délictueux de l'entente s'établira, soit à l'aide des statuts eux-mêmes, si l'accord a eu pour résultat la formation d'une société, soit, à défaut d'une preuve directe, par un ensemble de présomptions abandonnées à l'appréciation du juge, et dont les principales sont : — les procédés de concurrence déloyale employés au regard des maisons dissidentes, la comparaison entre les cours moyens antérieurs à la formation du syndicat et les cours moyens postérieurs, — le nombre et

---

[1] Pour la critique de cet arrêt, cons. notamment : Thaller, *Les questions de droit nées de la liquidation du Comptoir d'escompte* (*Ann. de dr. comm.*, 92, 2, 1).

[2] Sur la régularité des tarifs de librairie, établis par les syndicats d'éditeurs, d'accord avec les libraires détaillants, v. Paris, 14 janv. 1902, D. 1903, 2, 297, et la note de M. Percerou. — Cf., sur la validité des ententes entre détenteurs de spécialités pharmaceutiques : Paris, 15 déc. 1904, D. 1905, 2, 362, et consult. de M. L. Renault ; entre apprêteurs et moireurs pour l'établissement d'un tarif uniforme : Lyon, 14 nov. 1902, *Mon. jud. de Lyon*, 8 nov.

[3] Paris, 14 avril 1891, D. 93, 2, 69 ; Req., 12 juill. 1892, Phosphates du Sud-Ouest, D. 93, 1, 390 ; Grenoble, 1er mai 1894, Société des tuileries, D. 95, 2, 221 ; Paris, 23 juill. 1902, Comptoir général des plâtres, *Mon. jud.*, 26 nov. 1902. — Mais, à l'inverse, le syndicat de producteurs qui poursuivrait un but d'accaparement ne saurait échapper à l'application de la loi, en se constituant sous le couvert de la loi de 1884, écrite *exclusivement* en vue des syndicats *professionnels*. — Jay, note sous S. 89, 2, 49. — C'est la réalité, non l'apparence qu'il faut envisager. — V. cependant : Lyon, 4 nov. 1902 (*Mon. jud. de Lyon*, 8 nov.).

l'importance des maisons syndiquées. — Arrêts cités *supra* en note. — V. aussi Bordeaux, 2 janvier 1900, Compagnie générale des Chaux de Saint-Astier, D. 1901, 2, 150; Trib. corr. Seine, 28 septembre 1898, *Pand.*, 1900, 2, 33.

607. — Sanctions civiles. — La pénalité édictée par l'article 419 du Code pénal n'est pas le seul moyen de répression organisé par la loi française à l'encontre des accapareurs. A la sanction pénale, s'ajoute une sanction *civile*, consistant dans la nullité des opérations contraires au principe de la liberté commerciale, et, par conséquent, à l'ordre public (L. 2-17 mars 1791; art. 1131 et 1133 C. civ.) : nullité susceptible d'être prononcée même à raison d'actes qui échapperaient à la sanction pénale, par exemple à raison de manœuvres qui, *bien que non suivies d'effet*, auraient eu néanmoins, dans la pensée de leurs auteurs, l'accaparement pour but. C'est ainsi que la Cour de Paris, après avoir déclaré que la coalition organisée par la Société des métaux ne tombait pas sous le coup de l'article 419 du Code pénal, a cependant annulé, comme contraires au principe de la liberté de l'industrie, les conventions d'accaparement sur les cuivres, invoquées par différentes compagnies minières contre la société susnommée et son bailleur de fonds, le Comptoir d'escompte. — Paris, 18 déc. 1890, 1re Ch., *Ann.*, 1891, 1, 16. — Conf. Cass., 11 fév. 1879, D. 79, 1, 349, S. 79, 1, 198 (fabricants d'iode); Trib. Seine, 29 juin 1888, *Loi*, 14 juill. 1888 (teinturiers en pièces); Grenoble, 1er mai 1894, et Bordeaux, 2 janv. 1900, précités. — Cf. Babled, p. 182 et s.; Percerou, *Ann.*, 1897, p. 281, et note sous D. 1903, 2, 297. — V. cependant Lévy-Ullmann, note sous S. 1901, 2, 225.

608. — Coalitions de consommateurs. — Cette double sanction, civile et pénale, n'est d'ailleurs applicable qu'aux coalitions entre détenteurs, dirigées *contre* les consommateurs. L'article 419 ne saurait donc atteindre la coalition inverse, c'est-à-dire la coalition entre consommateurs qui s'engagent, sans manœuvres frauduleuses, à ne plus faire usage d'une marchandise déterminée jusqu'à ce que le prix ait été abaissé. Cette coalition ne peut même pas être considérée comme un délit civil ; ce n'est qu'une mesure de défense absolument légitime, surtout lorsqu'elle est employée à l'encontre d'une société investie d'un monopole plus ou moins exclusif, par exemple d'une Compagnie de gaz ou d'eaux (Cf. Paris, 13 janv. 1887, *Gaz. Pal.*, 87, 267).

Art. II. — *Police et hygiène des établissements industriels* [1].

609. — « La plupart des industries, on pourrait presque dire toutes les industries, sont insalubres (Ch. de Freycinet) ». Toutes, à des degrés divers, sont dangereuses, soit pour le voisinage, soit pour les travailleurs. — La proximité d'une usine ou d'une fabrique expose presque toujours les maisons voisines, parfois même tout un quartier urbain, à des risques spéciaux d'infection morbide, d'explosion ou d'incendie ; elle est tout au moins, abstraction faite de ces risques, une cause d'incommodité susceptible de déprécier notablement la valeur des immeubles voisins dans un certain rayon. D'autre part, le travailleur d'usine est exposé plus directement encore aux mêmes risques,

---

[1] Bibliographie : Ch. de Freycinet, *Traité d'assainissement industriel* ; Napias, *Manuel d'hygiène industrielle* ; Brémond, *Précis d'hygiène industrielle*, 1893 ; Deschamps, *Du système de contraventions dans nos lois sur l'hygiène et la sécurité*, 1895. — *Encyclopédie d'hygiène*, dir. par le Dr Rochard, liv. VI ; *L'hygiène industrielle*, par le Dr Layet, 1896. — Brouardel et Mosny, *Traité d'hygiène* (14 fasc. parus, 1907). — Public. de l'Office du travail français : *L'hygiène et la sécurité des travailleurs, en France et à l'étranger*, 1895, et *Les poisons industriels*, 1901. — Cons. aussi : Arnoud, *Nouveaux éléments d'hygiène*, 1889 ; Proust, *Traité d'hygiène*, 1896 ; Peschaud, *De l'intervention de l'Etat en matière d'hygiène publique*, 1898 ; Nivard, *Organisation et pouvoirs de l'administration sanitaire en France et en Angleterre*, 1898 ; Jouarre, *Des pouvoirs de l'autorité municipale en matière d'hygiène et de salubrité*, 1899 ; Fillassier, *De la détermination des pouvoirs publics en matière d'hygiène*, 1899 ; Duclaux, *Hygiène sociale*, 1902 ; Dullin, *L'hygiène et la sécurité des travailleurs*, th. 1903 ; Guerlin de Guer, *Les pouvoirs des maires et la loi du 15 février 1902*, 1903 ; Monod, *La santé publique*, 1903 ; Bouquet et Razous, *La réglementation du travail dans l'industrie*, 5e édit., 1904 ; Strauss et Fillassier, *Loi sur la protection de la santé publique*, 2e édit., 1905 ; Paraf, *Hygiène et sécurité du travail industriel*, 1 fort vol. in-8° avec planches, 1905 ; Sourbès, *Hygiène des travailleurs adultes*, 1905 ; Jourdan, *Législation des logements insalubres*, 6e édit., et Suppl., 1907 ; Dr Martial, *Hygiène des travailleurs*, 1907 ; Grillet, *La sécurité du travail dans les établissements industriels et commerciaux*, 1907. — Cf. Courcelle, *Répert. de police et d'hygiène* ; Dalloz, *Code des lois pol. et adm.*, v° *Salubrité publique*, et Suppl. au Rép., vis *Salubrité publique* et *Travail* ; Répert. Fuzier-Herman, v° *Logements insalubres* ; — Comptes rendus des Congrès internationaux d'hygiène et des Congrès de l'Alliance d'hygiène sociale ; Recueil des travaux du Comité consultatif d'hygiène publique de France ; Congrès de la propriété bâtie ; *Les industries insalubres*, 2 vol., 1903 (Recueil de rapports présentés à l'Assoc. internat. pour la protect. légale des travailleurs) ; *Revue d'hygiène publique et de police sanitaire*, *Annales d'hygiène publique*, *Revue pratique d'hygiène municipale*, *L'hygiène générale et appliquée* (Chantemesse), *La technique sanitaire*, *Revue générale d'administration*, *Revue municipale*, *Rev. d'écon. polit.*, *Rev. prat. de dr. industr.*, *Quest. pratiques de législ. ouvr.*, *Rev. social.*, *Mouvem. social.*, *Econom. franç.*, *passim*, etc. — V. aussi *Handbuch der Hygiene*, de Weyl, et dans la *Soziale Praxis*, les chroniques intitulées : *Soziale Hygiene*, *Wohnungswesen*. — En ce qui concerne la réglementation des *mines*, v. *infra*, nos 643 et suiv. — Sur la question des *habitations à bon marché*, v. titre IV, *infra*.

risques d'infection par suite de l'installation défectueuse de l'atelier au point de vue hygiénique, ou de la nocuité des substances sur lesquelles s'exerce son travail, risques d'accidents de toute nature ; et à ces risques matériels vient s'ajouter, spécialement pour les femmes et les enfants, un risque moral non moins grave, à savoir le danger de corruption inhérent à toute agglomération nombreuse, impliquant presque nécessairement une certaine promiscuité des sexes, sinon à l'atelier même, tout au moins dans les dépendances de l'atelier, et à l'entrée ou à la sortie de l'usine.

A ce double danger, inhérent au *milieu industriel*, correspondent deux ordres de mesures législatives ou réglementaires, tendant, les unes à préserver le voisinage, les autres à protéger dans la mesure du possible, la personne de l'ouvrier au triple point de vue de l'hygiène, de la sécurité et de la moralité. Nous étudierons les mesures de la première catégorie en traitant des *industries réglementées*, et spécialement de la législation sur les établissements dangereux, incommodes ou insalubres. Il ne nous reste donc à étudier ici que les mesures législatives édictées en *faveur* de *l'ouvrier* [1].

610. — De la réglementation préconisée par les hygiénistes. — S'il est une forme d'intervention légitime, c'est assurément celle qui s'exerce de la part de l'Etat, du département ou de la commune, sur les ateliers et fabriques. Affranchi de tout contrôle, obligé par la concurrence d'économiser sur ses frais généraux, le chef d'industrie est trop souvent tenté de négliger les mesures d'hygiène les plus élémentaires ; souvent aussi il en ignore l'importance ; c'est à l'autorité qu'il appartient d'intervenir, et d'imposer à tous, au nom de l'intérêt public, les mesures reconnues indispensables. Fortifier l'action de l'autorité, et dans ce but, organiser au centre, à Paris, un Office central d'hygiène, dépendant d'un ministère unique, auquel ressortiraient tous les services d'hygiène départementaux et communaux, et duquel dépendraient les agents chargés de procéder à l'inspection de tous les établissements soumis au contrôle, tel est donc le premier ob-

---

[1] Remarquons d'ailleurs qu'il y a connexité étroite entre les mesures prises dans l'intérêt du voisinage, et celles prises dans l'intérêt du personnel, la plupart des industries *classées* présentant des dangers aussi bien pour les ouvriers que pour le voisinage. Aussi le législateur français eût-il été mieux inspiré, croyons-nous, s'il eût, à l'instar des lois étrangères récentes (loi belge notamment), fait disparaître ce dualisme un peu archaïque et fusionné la législation de 1810-1815 sur les établissements dangereux avec la législation de 1893 sur l'hygiène des ateliers. Cette unification aurait eu notamment l'avantage d'associer plus étroitement à la procédure des enquêtes *de commodo* les différentes organisations sanitaires. — Cf. Bezançon, *Notes sur la défectuosité de la réglementation des établissements dangereux* (*Revue d'hyg. publ.*, 1901, p. 683 et suiv.).

jectif des hygiénistes (V. Arnould, p. 1362, 1363) [1]. Cette question d'organisation générale des services d'hygiène étant résolue, les hygiénistes réclament, dans l'intérêt de l'ouvrier, une série de mesures pouvant se grouper sous les cinq chefs suivants :

1° Surveillance rigoureuse des locaux au point de vue de leur installation hygiénique (construction, propreté, ventilation, condensation des gaz dangereux, protection des travailleurs contre les poussières, précautions spéciales dans le maniement des substances toxiques, et neutralisation de ces substances dans la mesure du possible) ; — 2° Aménagement des ateliers au point de vue de la moralité générale des travailleurs (locaux séparés pour les deux sexes, surveillance spéciale des enfants ; inspections fréquentes des chefs d'atelier, des contremaîtres, sous le contrôle des inspecteurs du travail) ; — 3° Mesures tendant à prévenir les accidents (enveloppement des mécanismes dangereux, inspection fréquente des chaudières, isolement des explosifs, etc.) ; — 4° Législation protectrice des femmes et des enfants dans l'industrie, et fixation d'un maximum légal pour la durée du travail même des adultes hommes ; — 5° Inspection des logements d'ouvriers, lois tendant à faciliter la constitution des maisons ouvrières et à développer les institutions de prévoyance permettant d'améliorer l'alimentation des classes ouvrières. — Conf. Pioger, *Les revendications ouvrières en hygiène* (*Rev. internat. de sociologie*, août-sept. 1897).

611. — Réglementation internationale. — Mentionnons également le mouvement très prononcé des Congrès d'hygiène et de protection ouvrière, auxquels depuis 1905 s'associent les Gouvernements, en faveur de l'adoption de règlements internationaux tendant à prohiber ou limiter l'emploi de certains *poisons industriels*, tels que la céruse ou blanc de plomb, et le phosphore blanc. Les Etats civilisés sont parvenus, dans une série de conférences diplomatiques (Venise, Dresde, Paris, etc.), à se préserver dans une large mesure du fléau des épidé-

[1] D'aucuns réclament même la constitution d'un *Ministère de la santé publique*. A notre avis, point n'est besoin, pour arriver à une centralisation désirable des services d'hygiène, de créer un ministère nouveau ; il suffirait de rattacher tous les services d'hygiène à un seul ministère, sous l'impulsion d'un directeur investi d'une large autonomie (*Sic* : Angleterre et Italie, v. *infra*). — Il conviendrait aussi de répandre, par un enseignement approprié, les notions élémentaires de l'hygiène, de faire en un mot l'éducation *hygiénique* du grand public, ouvrier ou bourgeois peu importe. — Cf. Duclaux, *L'hygiène sociale* ; Dr Lacassagne, *Le rôle social du médecin* (*Quest. pratiques*, 1902, numéros d'avril et mai) ; Dr Courmont, *L'hygiène moderne* (*ibid.*, 1901, numéro de mars) ; Fillassier, *op. cit.*, p. 13. — Il n'est que juste de reconnaître qu'à cet égard des progrès sensibles ont été réalisés depuis quatre ans grâce aux efforts de l'*Alliance d'hygiène sociale* : congrès annuels, expositions, cours spéciaux et diplômes (*Sic* : certificat d'études d'hygiène de l'Université de Lyon). — Dr Courmont, *L'Alliance d'hygiène sociale* (*Quest. pratiques*, 1904, 492).

mies de choléra, de peste ou de fièvre jaune importées d'Asie ou d'Amérique. Leur serait-il bien plus difficile de préserver, par une entente loyale, leurs populations ouvrières de ces terribles affections qui appauvrissent la race, telles que l'intoxication saturnine, ou la nécrose des os maxillaires? *A priori*, nous ne le pensons pas : déjà au Congrès de Bruxelles en 1897, M. Henrotte, inspecteur principal du travail en Belgique, avait préconisé une réglementation internationale de ce genre. Grâce aux efforts combinés des Congrès internationaux d'hygiène, et de l'Association internationale pour la protection légale des travailleurs, ce vœu a reçu en 1906 un commencement d'exécution.

A la suite de la vaste enquête sur *les poisons industriels*, ouverte simultanément dans la plupart des pays civilisés, par les Offices du travail de chaque Etat, et des débats approfondis que cette enquête a provoqués dans les Congrès de l'Association internationale (Cologne 1902, Bâle 1904), les Gouvernements se sont émus ; et, non contents d'édicter des règlements plus ou moins sévères sur l'emploi de la céruse et autres composés du plomb (V. n° 642 *infra*), ils ont, dans dans deux Conférences diplomatiques internationales tenues à Berne en mai 1905 et septembre 1906, arrêté les termes d'un accord tendant à interdire l'emploi du *phosphore blanc* dans la fabrication des allumettes [1]. Toutefois, l'unanimité n'a pu être obtenue à raison de l'opposition du Japon et des réserves formulées par l'Angleterre et la Suède. L'interdiction n'a été votée que par sept Etats seulement: France, Allemagne, Danemark, Italie, Luxembourg, Pays-Bas et Suisse.

L'acte de Berne n'est d'ailleurs qu'un premier pas dans la voie de la réglementation internationale de l'hygiène industrielle. Dans son dernier Congrès (Genève, 1906), l'Association internationale a en effet dressé un programme détaillé d'enquêtes, à conduire parallèlement dans les différents pays, sur les principaux poisons industriels autres que le phosphore (céruse, et autres produits dangereux, à classer par ordre de nocivité), et il n'est pas douteux que ces travaux, confiés à des spécialistes autorisés, ne puissent bientôt servir de base à de nouveaux accords diplomatiques [2].

---

[1] Sur les Conférences internationales ouvrières de Berne, v. *supra*, n° 182, et les autorités citées. — V. le texte de l'accord dans la *Rev. générale de dr. intern. public*, 1907, p. 498.

[2] L'*Office international d'hygiène publique*, dont la création à Paris a été décidée par la Convention internationale de Rome (9 décembre 1907, approuvée par la loi du 21 mars 1908), et dont le principe avait été posé dès 1903 au Congrès sanitaire de Paris, pourra utilement étudier la question des voies et moyens à employer pour organiser internationalement la lutte, non seulement contre les maladies exotiques,

611 *bis.* — Tels sont les desiderata principaux formulés par les hygiénistes. Voyons maintenant dans quelle mesure les principales législations y ont répondu. Passons d'abord brièvement en revue les lois étrangères ; puis nous exposerons la législation française actuelle, telle qu'elle résulte des lois de 1893 et 1902 combinées, et des nombreux règlements complémentaires de ces lois [1].

§ 1er. — Législations étrangères

612. — Caractères communs des lois récentes. — Les législations étrangères les plus intéressantes à étudier sont les lois allemande, anglaise, italienne et belge. Dans ces Etats en particulier (et sans méconnaître, d'ailleurs, les efforts accomplis dans les autres pays, sur les législations desquels nous donnerons quelques indications plus sommaires), les gouvernants ont compris que les progrès de l'hygiène scientifique, que les transformations profondes survenues dans la médecine, surtout depuis un quart de siècle, grâce aux découvertes de Pasteur et de son école, devaient avoir leur répercussion nécessaire sur l'aménagement des villes et la réglementation du travail. Ils ont compris que l'hygiène publique, *essentiellement préservatrice*, avait un rôle capital à jouer dans l'assainissement des cités et l'amélioration de la condition des ouvriers et employés.

L'on n'a plus le droit d'ignorer en France que, grâce aux milliards dépensés sans compter pour la transformation des quartiers populaires, et l'approvisionnement des villes en eau potable, grâce également aux pouvoirs de contrainte accordés par la loi aux autorités sanitaires, le fléau de la tuberculose a rétrogradé de 45 0/0 en Angleterre, que ce redoutable mal, si fréquent dans la classe ouvrière, n'y fait plus que 58,000 victimes par an (contre 150,000 en France), et que Londres est aujourd'hui devenu, malgré son climat, l'une des grandes villes les plus

---

mais aussi contre les maladies contagieuses autochtones (tuberculose, syphilis, etc.) ou les maladies professionnelles. — Cf. Tisseyre, *Orientation nouvelle d'une politique sanitaire*, th. 1906 ; Loutfi, *La police sanitaire internationale*, th. 1907. — Sur les travaux de l'Assoc. intern., v. le rapport de M. G. Alfassa sur *Les poisons industriels*, 1906. — Pour plus de développements sur les *maladies professionnelles*, dans leur connexion avec les accidents du travail, v. tit. II, chap. II, sect. III, § 3, *infra*.

[1] Il ne sera question ici que des lois sur l'hygiène publique (simple vue sommaire) et sur l'hygiène industrielle. Les questions touchant à la réglementation du travail des enfants et des femmes, à la durée du travail des adultes, aux logements hygiéniques et à bon marché, seront étudiées ultérieurement. V. *infra*, sect. II du présent chapitre et titre IV.

saines d'Europe! L'on n'a pas le droit d'ignorer non plus que des résultats aussi remarquables ont été obtenus, grâce aux mêmes méthodes, en Allemagne, en Italie, en Belgique, en Suisse, dans les Etats scandinaves, aux Etats-Unis, etc.

En regard de ces résultats, d'une portée sociale incalculable, l'on s'explique difficilement que de nombreux publicistes ou économistes s'attardent encore aujourd'hui en France à opposer à l'action des autorités sanitaires le *droit* des propriétaires, le *droit* des chefs d'industrie, comme si la conception antique de la propriété, *jus abutendi*, n'était pas un monstrueux anachronisme dans nos cités modernes. La science a victorieusement démontré que, en matière d'hygiène, l'individualisme outrancier était un crime social; suivant la juste expression de M. Monod : « Nulle part la solidarité sociale ne s'exerce plus évidemment qu'en matière sanitaire; nulle part, dès lors, il n'est plus nécessaire de prévenir, pour n'avoir plus à réprimer »[1].

613. — I. ALLEMAGNE. — *Hygiène publique.* — A première vue, l'on pourrait croire que les services d'hygiène publique sont fortement centralisés en Allemagne depuis la création, en 1875, d'un service central fédéral dit *Office sanitaire allemand.* Mais, en réalité, cet Office est plutôt chargé de donner l'impulsion scientifique, de préparer les réformes législatives, que de prescrire directement les mesures sanitaires à prendre. L'autorité exécutive appartient, dans chaque Etat, à un service sanitaire autonome. Ce service constitue, en Prusse, un véritable ministère, ou plutôt une attribution ministérielle, le ministre de l'instruction publique et des cultes étant à la fois *ministre des affaires médicales*, et investi, comme tel, des fonctions de chef sanitaire suprême (V. Arnould, p. 1391). Dans chaque province, la direction sanitaire appartient au président supérieur, assisté d'un *collège médical*, ou comité consultatif d'hygiène.

614. — *Hygiène industrielle.* — L'hygiène industrielle proprement dite est réglementée très complètement par la loi industrielle allemande (Gewerbeordnung) du 8 mai 1891[2]. Cette réglementation est à la fois

---

[1] Sur la nécessité sociale de la lutte contre la tuberculose, cons. notamment : *Travaux du Congrès international de la tuberculose*, Paris, 1905; Dr A. Pic, *Les sanatoria populaires* (*Quest. pratiques*, déc. 1900, janv. 1901); Graux, *La tuberculose et l'habitation urbaine*, 1905; Lacomme et Dupin, *Topographie de la tuberculose à Lyon*, 1908; Juillerat, *La tuberculose dans les maisons de Paris en 1906* (*Hygiène générale et appliquée*, mars 1907); Cheysson, *Le taudis*, 1907; Gayet, *La question de l'hygiène et le droit de propriété*, th. 1907.

[2] La codification nouvelle du 30 juin 1900 a laissé subsister sans modification les articles concernant l'hygiène des ateliers. Mais de nombreuses ordonnances ont été édictées par le Conseil fédéral, en vertu de la délégation générale inscrite à son

très pratique et très simple comme fonctionnement ; nous ne lui ferons qu'un reproche, c'est d'attribuer aux autorités de police une mission de juridiction qu'il vaudrait peut-être mieux réserver à des tribunaux administratifs, moins dépendants du pouvoir central.

Les prescriptions d'hygiène et de sécurité inscrites dans la loi allemande s'imposent à toutes les usines et fabriques, aux tuileries, aux carrières à ciel ouvert, ainsi qu'aux ateliers actionnés par une force élémentaire (vapeur, eau, vent, gaz, air, électricité), en un mot à tous les établissements industriels, au sens le plus large du mot (à l'exception des mines, lesquelles sont, comme en France, assujetties à un régime spécial). Ces mesures font l'objet des articles 120 *a b c d* et *e* de la loi. La disposition essentielle est l'article 120 *a*, relatif à l'aménagement intérieur de l'usine (éclairage, volume d'air, expulsion des poussières, gaz et vapeurs, installation de dispositifs destinés à protéger l'ouvrier contre le contact des machines, etc.). La disposition finale de cet article est peut-être la plus importante de toute la loi ; elle impose, en effet, à tout chef d'industrie l'obligation de formuler une sorte de *règlement de fabrique*, dans lequel il devra se conformer scrupuleusement aux prescriptions légales concernant l'installation des machines, l'aération, etc. ; règlement dont l'administration supérieure appréciera la régularité, sur lequel le comité supérieur de la corporation dont fait partie le chef d'industrie formulera son avis motivé, et qui, une fois admis et approuvé, formera en quelque sorte la charte constitutionnelle de l'établissement. — Les articles 120 *b* et *c* sont relatifs à la moralité dans l'atelier. Ils prescrivent notamment la séparation des sexes dans toutes les industries comportant l'application de cette mesure.

615. — L'article 120 *e* détermine les attributions de police du Conseil fédéral, des autorités locales de police, ainsi que les recours ouverts aux industriels contre les injonctions et règlements édictés par ces dernières. Le Conseil fédéral peut déterminer la durée du travail et du repos dans les établissements où la santé de l'ouvrier peut être

profit dans l'article 120, à l'effet de réglementer spécialement certaines industries présentant des dangers particuliers. Telles sont, par exemple, les ordonnances du 11 mai 1898 sur la fabrication des accumulateurs électriques en plomb, du 6 février 1900 sur l'exploitation des usines à zinc, du 1er mars 1902 sur la vulcanisation du caoutchouc, du 26 mai 1903 sur l'installation des établissements pour la fabrication de couleurs plombiques, et du 27 juin 1905 sur les établissements où sont exécutés des travaux de peinture, du 17 février 1907 sur les fabriques de cigares, etc., etc... Il convient de remarquer que ce pouvoir de réglementation, conféré au Bundesrath, en 1891, à l'égard des établissements *industriels*, a été étendu par l'article 130 (l. 30 juin 1900, *Ann.* [belge] *de la législ. du travail*, 1900, 371) aux exploitations *commerciales* (magasins, bureaux et dépôts). — Cons. sur la loi allemande, mise en parallèle avec les principales lois étrangères : Dr Weyl, *Soziale Hygiene*, Iéna, 1905; Dr Reizer, *Internationale Übersicht über Gewerbehygiene*, 1907.

compromise par un surmenage excessif. Quant aux *autorités de police*, elles peuvent, sur le rapport des inspecteurs de fabrique, mettre en demeure les chefs d'industrie de se conformer aux prescriptions de la loi sur l'aménagement des ateliers, et ordonner la fermeture jusqu'à ce que le patron se soit mis en règle. Appel peut être interjeté, dans la quinzaine, de la décision de l'autorité administrative supérieure ; un délai de quatre semaines est imparti à l'appelant, sur sa demande, pour présenter l'avis soit d'un expert, soit du comité directeur de la corporation à laquelle il appartient. En dehors de cette sanction administrative, le patron qui viole les prescriptions de la loi s'expose à des pénalités assez modérées d'ailleurs (amende de 20 marks, ou emprisonnement de trois jours au plus).

616. — II. Angleterre et colonies anglaises. — *Angleterre.* — L'hygiène publique [1] est centralisée, en Angleterre, aux mains d'une autorité gouvernementale unique, le *Local government Board*, dont le président a rang de ministre d'Etat; à cette autorité supérieure ressortissent, au point de vue sanitaire, les conseils de comté, sous le contrôle desquels sont à leur tour placés les conseils sanitaires de district (le district correspond à peu près à notre canton français, mais c'est un canton jouissant de la personnalité morale).

Le district est l'unité sanitaire. — Tout district a un personnel sanitaire, dont la composition varie suivant qu'il s'agit d'un district rural ou urbain.

Le conseil sanitaire urbain est placé sous la direction d'un médecin sanitaire : celui-ci est assisté d'*inspectors of nuisances*, agents administratifs chargés de la visite des locaux et de la mise à exécution des décisions du conseil, de *surveyors*, ingénieurs ou architectes préposés aux enquêtes, ainsi qu'aux travaux ordonnés par le conseil, et que les propriétaires se seraient refusés à effectuer après mise en demeure régulière (L. 5 mars 1894, sur le gouvernement local).

Grâce à cette superposition des conseils préposés à l'hygiène publique, et à la faculté pour le conseil de comté de se substituer aux conseils de district qui négligeraient d'ordonner les mesures jugées nécessaires, grâce aussi aux pouvoirs de contrainte conférés aux agents sanitaires et à la compétence du personnel, l'organisation sanitaire anglaise a obtenu en peu d'années des résultats remarquables, attestés par la statistique rapportée ci-dessus, n° 612.

---

[1] La législation anglaise sur la santé publique est consignée dans la loi du 11 août 1875, amendée en 1890 (*Public health act*). Sur cette loi, v. les ouvrages précités de Nivard et Gayet. — Cf. Garnier : *La législation et la réglementation anglaises en matière de salubrité de l'habitation*, 1903.

617. — En ce qui concerne l'*hygiène industrielle*, il nous suffira de rappeler que l'Angleterre est le premier Etat en Europe qui se soit préoccupé sérieusement de la police et de l'hygiène des ateliers. L'institution anglaise des inspecteurs de fabrique remonte à 1833. La réglementation actuelle est consignée dans la loi sur les fabriques du 27 mai 1878, amendée successivement en 1891, 1895 et 1897, et finalement codifiée par la loi du 17 août 1901 (*Bull. de l'Off. du trav.*, 1902, 256), en vigueur depuis le 1er janvier 1902. Cette législation, dont le Parlement allemand s'est manifestement inspiré en 1891, est complétée par une série d'ordonnances détaillées concernant un grand nombre d'industries insalubres, faïenceries, fabriques de céruse, d'allumettes, d'accumulateurs électriques, préparation des cuirs et peaux, peignages de laine, tissages de lin, etc. [1]. Certaines des prescriptions de la loi anglaise sont applicables aux magasins, voire même aux ouvriers et ouvrières travaillant à domicile. Inspecteurs, inspectrices de fabriques et agents sanitaires coopèrent à la mise en exécution des prescriptions réglementaires [2].

618. — *Colonies anglaises.* — La plupart des colonies anglaises possèdent des Factory Acts analogues à loi anglaise, contenant un ensemble de prescriptions, relatives à l'hygiène et à la sécurité des ateliers et magasins. Nous citerons notamment les lois canadiennes (Québec, loi 9 mai 1885 ; — Nouvelle-Ecosse, loi 4 mai 1901, *Bull. de l'Off. internat. du trav.*, 1902, p. 160), les lois australiennes (Victoria, 18 décembre 1885, et réglem. de 1906, *Bull. Off. intern. de Bâle*, 1906, 5, 205), ou néo-zélandaise (loi du 8 nov. 1901).

619. — III. Italie. — L'organisation sanitaire italienne, telle qu'elle résulte de la loi du 22 décembre 1888 (*Ann. de législ. étr.*, 1889), véritable Code de l'hygiène, est peut-être la plus complète et la plus méthodiquement conçue de toutes les organisations similaires. Non seulement elle étend son action à toutes les portions du territoire, grâce à ses agents hiérarchisés, du chef du bureau sanitaire au ministère de l'intérieur aux offices sanitaires *communaux*, en passant par les échelons intermédiaires du médecin provincial (assistant du préfet), et du médecin départemental (assistant du sous-préfet), agents secondés par autant de conseils (conseil supérieur de santé, bureau des ingé-

[1] Sur la souplesse et les caractères originaux de la réglementation anglaise, à laquelle sont associés dans une certaine mesure les intéressés, patrons et ouvriers, cons. Boulin, *Les industries dangereuses ou insalubres en Angleterre* (*Quest. prat.*, 1900, p. 319).

[2] Mrs Mac-Donald, *Les inspectrices du travail en Grande-Bretagne* (*Congrès de législ. du trav. de Bruxelles*, 1897).

nieurs sanitaires, conseils sanitaires provinciaux); mais elle est investie, pour toutes les mesures qu'elle croit devoir prescrire, tant dans l'intérêt du public que pour la sauvegarde du personnel, de pouvoirs coercitifs très étendus, d'autant plus efficaces que ces mesures émanent d'agents d'une compétence reconnue en matière d'hygiène [1].

620. — IV. Belgique. — Comme en Italie, l'organisation sanitaire belge a pour base la commune; mais l'autonomie communale est beaucoup plus complète en Belgique qu'en Italie ou en Angleterre au point de vue sanitaire, et ni le ministre de l'agriculture et des travaux publics, ni ses auxiliaires (conseil supérieur de l'hygiène publique, commissions médicales provinciales) n'auraient l'autorité nécessaire pour vaincre l'inertie des autorités locales. — En fait, cette lacune de la loi belge n'a pas eu de résultats trop fâcheux, les grandes communes belges n'ayant pas l'habitude d'attendre l'impulsion du pouvoir central pour prendre les mesures nécessitées par l'intérêt général. Aussi ont-elles trouvé dans les lois françaises des 16-24 août 1790 et 28 septembre 1791, à peu près inutilisées en France à ce point de vue, les armes nécessaires pour triompher du mauvais vouloir des propriétaires.

Quant à l'hygiène industrielle, elle est actuellement régie en Belgique par la loi du 2 juillet 1899 (*Ann. de lég. du trav.*, 1899, p. 226), dont l'article 1er autorise expressément le gouvernement à prescrire toutes les mesures propres à assurer la salubrité des ateliers, et la sécurité des ouvriers dans les entreprises industrielles *et commerciales* dont l'exploitation présente des dangers, même lorsqu'elles ne sont pas classées comme dangereuses, insalubres ou incommodes [2].

621. — V. Suisse. — En Suisse, malgré l'existence d'une commission sanitaire fédérale, les services d'hygiène publique sont à peu près indépendants les uns des autres, et leur organisation varie suivant les cantons (Cf. Fillassier, p. 302).

Mais il convient d'en excepter l'hygiène industrielle, dont les pres-

---

[1] Les officiers sanitaires communaux se recrutent parmi les *medici condotti* (médecins de l'assistance publique), pourvus autant que possible du diplôme spécial délivré par l'Ecole d'hygiène de Rome. Ce sont *les maires de l'hygiène*, comme les médecins provinciaux sont *les préfets de l'hygiène*. — Dr Courmont, *Questions d'hygiène, La loi sanitaire en Italie* (*Progrès de Lyon*, 2 mai 1902). Toute commune a son règlement sanitaire; les villes de plus de 20,000 habitants ont, en outre, un bureau d'hygiène (Cf. *loi franç.* de 1902); Pagliani, *La législation et l'administration sanitaire en Italie*, 1894; Celli, *Manuale dell' Officiale sanitario*, Rome, 1899.

[2] De nombreux règlements ont été édictés en exécution de cet article. — Cons. notamment le règlement général du 30 mars 1905 (*Bull. Off. intern. de Bâle*, 1905, 23) sur l'hygiène et la sécurité des travailleurs dans les entreprises assujetties à la loi des accidents. — Cf. Lois et règlem. concernant la *police du travail* en Belgique, 1906, p. 312 et s.

criptions essentielles figurent dans la loi fédérale sur les fabriques du 23 mars 1877. Cette loi, dont le Code industriel allemand de 1891 s'est manifestement inspiré, est la première qui ait, en Europe, imposé aux industriels un ensemble de mesures relatives à l'aération et à l'expulsion des poussières, et à l'enveloppement des parties dangereuses des machines. Elle soumet les fabriques à une surveillance administrative très rigoureuse : aucune fabrique ne peut être ouverte sans l'autorisation expresse du gouvernement, aucun règlement intérieur ne peut être mis à exécution dans une fabrique sans cette même autorisation [1].

622. — VI. Autriche-Hongrie. — *Autriche.* — L'hygiène publique est régie en *Autriche* par la loi du 30 avril 1870, qui a unifié les services d'hygiène en les fusionnant avec les services administratifs ordinaires. L'administration sanitaire est confiée, dans chaque circonscription territoriale, à l'agent administratif supérieur de cette circonscription (gouverneur de province, chef administratif cantonal, etc.), assisté d'un ou de plusieurs agents médicaux.

L'hygiène industrielle est réglementée par la loi du 17 juin 1883, sur l'inspection des fabriques, et par la loi du 8 mars 1885, qui prescrit, pour la police des ateliers, une série de mesures analogues à celles contenues dans la loi allemande [2].

Hongrie. — La Hongrie possède une législation spéciale, très complète, sur l'hygiène et la sécurité des ateliers : loi du 11 décembre 1893 (*Bull. Off. trav.*, 1894, p. 156).

623. — VII. États scandinaves. — *Suède* et *Norvège.* — L'organisation sanitaire de la *Suède* (L. 25 sept. 1874), et de la *Norvège* (L. de 1860) présente certaines analogies avec le régime italien. C'est ainsi qu'en Norvège chaque commune possède un médecin préposé à la police sanitaire, et dépendant lui-même du médecin de district. L'hygiène industrielle est réglementée par les lois *suédoise* du 10 mai 1885, et *norvégienne* du 27 juin 1892.

Danemark. — Le territoire du royaume est divisé en *départements médicaux*, et ceux-ci en districts : à la tête de chacun est un médecin. — L'hygiène industrielle fait l'objet d'une section spéciale de la loi sur les fabriques du 1er juillet 1901 (*Bull. Off. trav.*, 1902, p. 251).

---

[1] En exécution de la loi, ont été rendus un certain nombre d'arrêts du Conseil fédéral concernant certaines industries dangereuses. — V. notamment l'arrêté du Conseil fédéral du 18 janvier 1901 (*Bull. Off. intern. du trav.*, 1902, 56). — V. aussi les instructions détaillées rédigées par l'inspectorat fédéral suisse (*Bull. Off. du trav.* 1898, p. 735).

[2] Conf. ordonn. du 23 nov. 1905 (*Bull. Off. intern. de Bâle*, 1905, IV, 13).

624. — VIII. Autres législations. — Des lois spéciales sur l'hygiène industrielle ont également été promulguées, dans ces dernières années, en *Russie* (L. 2 juin 1897), en *Hollande* (L. 20 juillet 1895, *Ann. de lég. étr.*, 96, 471, décr. 16 mars 1903), — et dans un certain nombre d'Etats de l'*Union américaine* [1] (V. notamment la loi de *New-York* du 13 mai 1897, relative au travail, et une loi du même Etat, du 1er avr. 1899, sur les industries insalubres).

§ 2. — Législation française

625. — Cette législation se résume dans les deux lois fondamentales du 19 février 1902 (modifiée par les lois des 7 avr. 1903 et 29 janv. 1906) sur la *protection de la santé publique*, et du 12 juin 1893 (amendée le 11 juillet 1903), sur *l'hygiène et la sécurité des travailleurs dans les établissements industriels*, lois complétées par tout un ensemble de décrets réglementaires et de circulaires ministérielles. — Résumons d'abord, très brièvement, l'organisation de l'hygiène publique, telle qu'elle résulte de la loi de 1902 et des actes législatifs ou réglementaires antérieurs non abrogés ; puis nous exposerons, dans ses grandes lignes, l'économie de la loi de 1893.

A. — Hygiène publique

626. — Régime antérieur à la mise en vigueur de la loi de 1902. — Pour comprendre la portée des innovations réalisées par la loi de 1902, il importe de rappeler en quelques mots l'organisation antérieure.

D'après la législation ancienne (et sur ce point nous verrons bientôt que le régime nouveau est demeuré fidèle aux errements antérieurs), les services se rattachant à l'hygiène publique sont disséminés entre plusieurs ministères. Tous les services non spécialisés ressortissent au ministère de l'intérieur (direction de l'hygiène publique) ; mais l'hygiène industrielle est du ressort du ministère du commerce et de l'industrie, l'hygiène agricole (service des épizooties) se rattache au minis-

[1] Notons également que, dans la plupart des Etats de l'Union, les services sanitaires généraux sont très solidement constitués, et dotés, comme en Angleterre, de pouvoirs de contrainte assez énergiques pour vaincre toutes les résistances individuelles. — Dr Franck Gallard, *Hygiène de l'ouvrier aux Etats-Unis*, 1905.

tère de l'agriculture, l'hygiène scolaire au ministère de l'instruction publique, etc. (Cf. Berthélemy, *Dr. adm.*, p. 332).

La direction de l'hygiène (et de l'assistance publique) au ministère de l'intérieur a une mission générale de contrôle sur l'ensemble des services non spécialisés, dont elle s'acquitte avec le concours de trois organes distincts : l'inspectorat (confié à l'inspecteur général des services sanitaires, avec l'assistance d'inspecteurs généraux adjoints), le *Conseil supérieur d'hygiène publique de France*, et le *Comité directeur des services de l'hygiène*.

627. — Le *Conseil supérieur d'hygiène publique* n'est autre que l'ancien *Comité consultatif d'hygiène publique* [1], créé en 1848 (décr. 10 avr. 1848), auprès du ministère du commerce, et rattaché à l'intérieur par le décret du 5 janvier 1889. Sa dénomination a changé (loi du 29 janv. 1906), mais même depuis la loi de 1906, il ne dispose d'aucune parcelle du pouvoir exécutif; il prépare les décisions, mais le ministre compétent, tout obligé qu'il soit de le consulter sur certaines questions, statue en toute liberté.

Le *Comité directeur des services de l'hygiène*, institué par décret du 30 septembre 1884, est, par sa composition [2], appelé à jouer un rôle plus actif dans le domaine de l'hygiène générale. Mais, en matière d'hygiène industrielle, l'influence réelle se partage entre deux organismes ressortissant, depuis 1906, au Ministère du travail : l'un relativement ancien, la *Commission supérieure du travail*, créée par la loi du 19 mai 1874 et réorganisée par la loi du 2 novembre 1892 sur le travail des enfants et des femmes (V. sect. II *infra*); l'autre, de création récente, mais qui paraît devoir être directement associé par le ministre à l'élaboration de tous les projets de réforme intéressant l'hygiène des ateliers, à savoir la *Commission d'hygiène industrielle* (arr. minist. du 24 déc. 1900, *Bull. Off. trav.*, 1901, 45, dont l'utilité s'est promptement affirmée par la promulgation d'un règlement, impatiemment attendu, sur l'emploi du blanc de céruse dans la peinture (Voir *infra*, n° 642) [3].

628. *Logements insalubres.* — Au-dessous de ces conseils ou com-

---

[1] Le Comité est actuellement composé de 55 membres, membres de droit ou membres nommés par décret. — Comp. sur sa composition et ses attributions, l'art. 25 de la loi du 19 février 1902 (amendée en 1906).

[2] D'abord composé de 3 membres, ce comité directeur comprend actuellement 7 membres, dont le président du comité consultatif d'hygiène publique, l'inspecteur général des services sanitaires, et le directeur de l'assistance et de l'hygiène publiques (Décr. 23 juin-7 août 1893, D. 94, 4, 80).

[3] Le conseil supérieur du travail, surtout depuis qu'il est devenu électif (V. *supra*, n° 196), a également assumé un rôle important dans l'amélioration, au point de vue hygiénique, des conditions générales du travail.

missions, dont l'action s'étend à tout le territoire, fonctionnent dans les départements : les *Conseils d'hygiène et de salubrité* de département et d'arrondissement, auxquels se rattache le service départemental d'inspection des épidémies, et les *Commissions départementales du travail*, qui dépendent directement de la commission du travail, et dont les *inspecteurs du travail* de la circonscription sont membres de droit.

A la base de l'organisation de l'hygiène se trouve naturellement la commune. Mais jusqu'à la loi nouvelle, et malgré les pouvoirs généraux conférés au maire et le droit de contrôle ou même de contrainte attribué au préfet par la loi du 5 avril 1884, l'*organisation sanitaire municipale* était radicalement insuffisante. La *Commission des logements insalubres*, instituée par la loi du 13 avril 1850, mais avec un caractère *facultatif*, ne fonctionnait sérieusement que dans quelques grandes villes ; et d'ailleurs, l'insuffisance de leurs moyens d'action, l'impossibilité pour les commissions d'ouvrir des enquêtes d'office [1], la négligence des conseils à ordonner les mesures reconnues nécessaires en suite des enquêtes légalement prescrites, toutes ces causes réunies enlevaient à la législation en vigueur toute action sérieuse sur la transformation hygiénique des quartiers populaires. Seuls les très grands centres, Paris, Lyon, etc., avaient pris l'initiative de créer des *bureaux d'hygiène*, complétés par des laboratoires municipaux d'analyse, capables de coopérer efficacement à la surveillance spéciale du milieu industriel.

629. — Loi de 1902 sur la protection de la santé publique. — Depuis plus de onze ans, le Parlement était saisi d'un projet de réorganisation d'ensemble des services de l'hygiène publique, sur des bases analogues à celles consacrées par les lois allemande, anglaise ou italienne [2] ; plusieurs fois amendé, ce projet est devenu la loi des 15-19 février 1902, entrée en vigueur un an après sa promulgation, soit le 20 février 1903.

Nous en résumons ci-après, très sommairement, les dispositions fondamentales.

Le titre Ier, sur les *mesures sanitaires générales*, dispose que *toutes les communes* doivent avoir un *règlement sanitaire*, homologué par le préfet, après avis du Conseil départemental d'hygiène. L'on ne devrait

---

[1] La loi de 1850 ne protège que les locataires ; la commission n'a pas à s'enquérir de l'insalubrité des maisons occupées par les propriétaires eux-mêmes. De plus, elle ne se met en mouvement que *sur une plainte*.

[2] Sur les travaux préparatoires de la loi de 1902 (D. 1902, 4, 41), cons. notamment : *Bull. Off.*, 1902, X, *Quest. prat. de lég. ouvr.*. 1901, p. 26 et 329 ; Strauss et Fillassier, *op. cit.* — Sur l'esprit de la réforme, cons. spécialement le rapport au Sénat de M. le Dr Cornil (dép. le 27 déc. 1895, Sén., *Doc. parl.*, annexe n° 267, p. 539).

plus voir désormais, si l'administration supérieure tenait rigoureusement la main à l'application de cette prescription, les maires de petites communes rurales se refuser systématiquement à prendre, sur le territoire soumis à leur juridiction, les mesures d'hygiène ou de prophylaxie les plus urgentes, au risque de contaminer les communes voisines[1]. — Aucune habitation ne peut être construite, dans les villes de 20,000 habitants et au-dessus, sans un permis du maire constatant que les conditions de salubrité prescrites par le règlement sanitaire sont observées.

La *déclaration* de certaines maladies contagieuses ou épidémiques (décret et arrêté du 10 févr. 1903), la *vaccination* et la *revaccination* sont rendues *obligatoires*. Enfin les prescriptions presque illusoires de la loi de 1850 sur les logements insalubres font place à une réglementation rigoureuse, inspirée principalement de la loi anglaise.

Tout immeuble insalubre peut, même en dehors de toute plainte, même s'il est occupé par le propriétaire, par un usufruitier ou usager, faire l'objet d'une enquête de l'autorité municipale. Une procédure relativement expéditive[2] permettra désormais, après débat contradic-

---

[1] Ce n'est guère qu'à la fin de 1905 que la plupart des communes ont été pourvues de leur règlement sanitaire, d'ailleurs très imparfaitement observé dans un grand nombre de communes rurales, voire même dans certains centres urbains. V. la circulaire du min. de l'intér. du 25 juillet 1907. — Le premier règlement sanitaire mis en vigueur a été celui de la ville de Lyon, approuvé dès le 26 mai 1903 par le Conseil municipal de Lyon; les deux règlements sanitaires de la ville de Paris (règlement sanitaire de la préfecture, et ordonnance de police) datent du 22 juin 1904. Deux règlements-types, destinés à servir de guides aux maires dans l'élaboration du règlement, ont été publiés en 1903 par le ministère de l'intérieur, l'un à l'usage des villes et bourgs, l'autre à l'usage des communes rurales. — V. dans Strauss et Fillassier, p. 82 et s., le texte des règlements-types, ainsi que les règlements lyonnais et parisiens. — Sur le *Casier sanitaire*, v. le rapport de MM. Juillerat et Fillassier au Congrès international d'hygiène de Berlin, 1907. — V. aussi Pic (Frédéric), *Règlements sanitaires communaux*, th. 1907. — Sur la limite des pouvoirs du maire en matière d'hygiène, de salubrité ou de sécurité publique, v. trib. simple police de Bordeaux, 11 février 1905, D. 1905, 2, 123, et la note de M. X. (Cf. Moye, *Rev. crit.*, 1906, 15). — Sur le droit de contrôle et d'annulation du préfet (L. du 5 avril 1884, art. 95), v. Cons. d'Etat, 23 février 1906, D. 1907, 3, 104.

[2] Quoique plus rapide que celle de la loi de 1850, la procédure instituée par la loi de 1902 ne laisse pas que d'être encore assez lente si le propriétaire de l'immeuble insalubre croit devoir épuiser les moyens de procédure : débat contradictoire entre le maire ou son représentant et le propriétaire devant la Commission sanitaire, quinze jours au moins après le dépôt du rapport du maire concluant à l'interdiction d'habitation ou à l'exécution de travaux d'assainissement ; avis (mais seulement en cas de désaccord entre le maire et la Commission sanitaire) du Conseil départemental d'hygiène, dont la réunion est notifiée par le préfet aux intéressés, quinze jours au moins à l'avance; arrêté du maire (revêtu de l'approbation préfectorale s'il porte interdiction d'habiter) pris sur le vu de l'avis émis par la Commission sanitaire ou le Conseil départemental d'hygiène; recours (suspensif d'exécution) par le propriétaire devant le Conseil de préfecture, dans le mois de la notification de l'arrêté; recours du même, en cas de décision du Conseil conforme à l'arrêté municipal, devant le

toire entre le propriétaire intéressé et l'administration devant le Conseil départemental d'hygiène, d'assurer la mise à exécution des arrêtés municipaux prescrivant, en conformité de l'avis de la commission sanitaire (laquelle remplace la commission des logements insalubres), les travaux d'assainissement nécessaires, ou portant interdiction d'habiter. A défaut de recours, dans le mois, contre l'arrêté, ou en cas de rejet du recours par le Conseil de préfecture, le propriétaire récalcitrant est traduit devant le tribunal de simple police, qui autorise le maire à faire exécuter les travaux d'office à ses frais, sans préjudice de l'application de l'article 471, § 15, du Code pénal (art. 14).

630. — Le titre II est relatif à l'*administration sanitaire*. Toute ville de 20,000 habitants ou plus[1] doit avoir un bureau d'hygiène. Chaque département se divise, au point de vue de l'hygiène publique, en un certain nombre de circonscriptions sanitaires, dont les limites sont tracées par le Conseil général, ou à son défaut par décret. Chaque circonscription est pourvue d'une *Commission sanitaire*, composée de 5 à 9 membres (art. 20, l. de 1902, amendée par la loi du 29 janv. 1906). Le nombre de ces commissions (qui ont pris la place de l'ancien conseil d'hygiène d'arrondissement supprimé) varie de 2 à 5 par arrondissement, suivant le nombre et l'importance des centres urbains ou industriels (circ. minist. 20 juill. 1903). — Les Commissions sanitaires de chaque département ressortissent au *Conseil départemental d'hygiène*, dont la composition est modifiée et dont les pouvoirs sont renforcés (art. 20 et 21)[2].

Au sommet de la hiérarchie est placé le *Conseil supérieur d'hygiène publique de France*, comprenant 55 membres (art. 20, modifié en 1906). Ses attributions sont plus nettement définies que celles de l'ancien Comité consultatif, et étendues à des objets nouveaux. C'est ainsi, en particulier, qu'il doit être *nécessairement* consulté sur les conditions d'exploitation ou de vente des eaux minérales, sur les travaux publics d'assainissement ou d'amenée d'eau d'alimentation des villes de plus de 20,000 habitants, et sur le *classement des établissements insalubres*,

---

Conseil d'État, dans les délais de droit commun (deux mois à compter de la notification de ladite décision). L. de 1902, art. 12 et 13. — Si l'on totalise tous ces délais, et en tenant compte de la durée des débats, des expertises et vacations, l'on arrive aisément à prolonger la procédure plus d'une année, parfois même deux ans et plus. Il est permis de se demander si le législateur de 1902 n'a pas fait preuve d'un respect vraiment outré des droits du propriétaire. — Cf. Fillassier et Strauss, *op. cit.*, p. 349 et suiv., 359.

[1] Il en est de même des communes d'au moins 2,000 habitants, qui sont le siège d'un établissement thermal (art. 19).

[2] Sur l'organisation sanitaire spéciale de Paris et des localités suburbaines, cons. les art. 22 et suiv. de la loi.

dangereux ou incommodes. — V. le décret organique du 19 juin 1906, réglant le fonctionnement du Conseil supérieur, et constituant une section permanente.

Les autres titres concernent les dépenses obligatoires pour les communes, les pénalités, etc... [1].

En résumé, et bien que la loi de 1902 soit loin de constituer un Code sanitaire complet [2], le régime nouveau peut être envisagé dans son ensemble comme très supérieur à l'ancien, et l'on ne saurait trop s'applaudir de voir le système préventif (règlement sanitaire, permis de bâtir, etc.) prendre le pas sur le système répressif, toujours coûteux, quelque peu vexatoire s'il est sérieusement appliqué, inefficace dans le cas contraire.

B. — Hygiène industrielle

631. — Nécessité d'une législation préventive et protectrice. — Pendant longtemps le législateur français a cru que son rôle se bornait à préserver le voisinage des risques spéciaux que pouvait lui faire courir la proximité des établissements industriels, dangereux ou incommodes, ou

---

[1] V. notamment le décret du 10 juill. 1906, organisant dans les communes le service de désinfection, prévu par l'art. 26 de la loi de 1902 (amendé le 22 juin 1906).

[2] La loi de 1902 laisse subsister la répartition des diverses branches de l'hygiène entre plusieurs ministères (V. Berthélemy, p. 332, 336) ; elle ne s'applique pas aux ateliers, régis par la loi de juin 1893 (*V. infra*) ; elle est muette sur certains services existants, notamment sur les attributions des médecins inspecteurs des épidémies (service départemental) ; elle n'institue aucun corps spécial d'*inspecteurs sanitaires* chargés de veiller, concurremment avec les inspecteurs du travail, à l'observation de ses prescriptions (l'article introduit par la Chambre, sur le rapport de M. Langlet, en vue d'amorcer cette création, fut supprimé par le Sénat, par crainte de la tyrannie (?) des hygiénistes), et l'organisation de l'inspection *sanitaire* est, peut-être à tort, laissée à la discrétion des préfets et des conseils généraux (art. 19). — Sur cette lacune de la loi, cons. Strauss et Fillassier, p. 381 et suiv. — Sur certaines critiques formulées contre la loi, notamment contre l'art. 10, relatif à la protection des sources, cons. Courmont, *Loi sur la protection de la santé publique* (*Quest. pratiques*, 1904, 257). — En ce qui concerne les logements insalubres, il convient de faire observer que le législateur, dans la plupart des pays et notamment en France, s'est efforcé de remédier à l'insalubrité des logements ouvriers par une législation spéciale tendant à encourager la construction de *logements à bon marché*. — Sur la loi française du 12 avril 1906, relative aux *habitations à bon marché*, qui a remplacé la loi du 30 nov. 1894, et sur les lois étrangères similaires, v. titre IV, *infra*. — Sur les difficultés que crée aux villes françaises, désireuses de procéder à l'assainissement des quartiers populaires, notre régime de l'expropriation, cons. Siegfried, Exposé des motifs de sa propos. de loi sur l'expropriation pour cause d'insalubrité publique, Ch., 7 juin 1904, n° 1730 (déposé à nouveau en décembre 1906, Ch., n° 435) ; Dr Gautrez, *L'insalubrité publique et l'expropriation, une loi nécessaire*, 1907 ; Fillassier, *Législ. française en matière de logements insalubres*, rapp. au Congrès intern. de salubrité de l'habitation, Genève, 1906. — Cf. vœu du Congrès de l'Alliance d'hygiène sociale, Lyon, 1907 (Compte rendu, p. 221).

à indemniser les propriétaires de la dépréciation que la contiguïté de tels établissements pouvait causer à leurs immeubles. — Sur cette législation du premier Empire, toujours en vigueur, v. *infra*, n°s 675 et s. ; v. aussi, sur le droit d'indemnisation des voisins, n° 270, *supra*. — Aussi, à part certaines prescriptions concernant les usines et ateliers dans lesquels il était fait usage de machines à vapeur, ou les exploitations minières, la législation française ne comportait-elle, il y a quinze ans encore, aucune réglementation d'ensemble de l'industrie, inspirée d'une pensée sociale, c'est-à-dire destinée à préserver la personne du travailleur des risques spéciaux qui le menacent.

Depuis longtemps cependant les hygiénistes s'élevaient contre cette conception étroite de l'intérêt public, et s'efforçaient d'établir l'urgence d'une législation préventive imposant aux industriels un ensemble de mesures protectrices se référant à un triple objet : — *a*) au *milieu professionnel* ; préservation des poussières, des gaz et vapeurs nocifs, dispositifs propres à atténuer les dangers spéciaux résultant, soit du travail devant les fours (fonderies, forges, verreries, industries de l'alimentation, etc.), soit du travail dans l'humidité (teintureries, produits chimiques, filatures de lin, etc.) ; — *b*) à l'*action toxique, délétère ou infectieuse des produits* manipulés en vue de la fabrication, ou des *opérations chimiques* nécessitées par celle-ci (*intoxication professionnelle*, saturnisme, mercurisme, phosphorisme, arsenicisme, etc. ; *méphitisme professionnel*, acide carbonique, oxyde de carbone, etc. ; *maladies virulentes infectieuses*, charbon, septicémie, syphilis des verriers, tuberculose d'origine professionnelle, etc.) ; — *c*) aux *machines et outils* mis entre les mains des ouvriers, et à la nécessité d'entourer les parties dangereuses d'appareils protecteurs, et, plus généralement, d'adopter un ensemble de mesures destinées à prévenir, autant que faire se peut, les *accidents* provenant de l'outillage [1].

---

[1] Le cadre de cet ouvrage ne nous permet point d'entrer dans le détail des causes d'insalubrité et d'insécurité professionnelles, et des moyens préconisés pour y remédier. L'on trouvera sur l'hygiène professionnelle, des indications techniques fort complètes dans l'*Encyclopédie d'hygiène*, dans les ouvrages précités de Brémond, Razous, Paraf (figures explicatives), Sourbès, dans les rapports annuels officiels sur l'application de la loi de 1893, etc. — V. aussi les chroniques du *Bull. de l'Office du travail*, des *Quest. prat. de législ. ouvr.*, etc. — Cons. spécialement, sur l'*intoxication saturnine* (plus de soixante professions menacées) : les rapports du professeur A. Gauthier (*Bull. Off.*, 1895, 419, et 1899, 1004) ; Dr Letulle, *La salubrité du métier de peintre*, *Rev. d'hyg.*, 1902, p. 160 et 394 ; Thibaut, *La céruse*, 1907 ; — sur l'insalubrité des filatures : Dr Galibert, *Les filatures de lin*, publ. du Min. du trav. belge, 1902 ; — sur l'intoxication par l'oxyde de carbone, l'étude de M. Boulin, insp. du travail sur *Le gaz à l'eau* (*Quest. prat. de législ. ouvr.*, 1901, 249) ; — sur les maladies virulentes infectieuses, une étude du même auteur sur *La septicémie charbonneuse professionnelle* (*Quest. pratiques*, 1902, 281), etc. — V. aussi : L. et M. Bonneff, avec préface d'A. Craissac, *Les métiers qui tuent*, 1906 ; Corcil, *Les industries insalubres*, 1907.

632. — Loi du 12 juin 1893, amendée le 11 juillet 1903. — C'est de ce mouvement d'opinion en faveur d'une législation protectrice complète et rationnelle qu'est issue la loi du 12 juin 1893, contenant une réglementation d'ensemble des établissements industriels, tant au point de vue de l'hygiène que de la sécurité des travailleurs. Quelques mois auparavant, avait été promulguée la loi du 2 novembre 1892 sur le travail des enfants et des femmes, dont la section V intitulée : *hygiène et sécurité des travailleurs*, comporte un ensemble de prescriptions de même ordre pour tous les établissements dans lesquels sont employées des personnes protégées ; nous aurons à rechercher, lors du commentaire de cette dernière loi (sect. II, art. 3 *infra*) si les articles de cette section (art. 11 et s.) doivent ou non être considérés comme virtuellement abrogés par la loi, plus générale, de 1893.

Dès les premières années d'application de la loi, l'on reconnut que son champ d'application, rigoureusement limité à l'industrie manufacturière, était trop restreint. La loi n'était applicable, en effet, ni aux magasins et bureaux (sauf le cas où il y était fait usage d'appareils mécaniques), ni même aux petites industries de l'alimentation (boulangeries, pâtisseries, boucheries, charcuteries, hôtels, restaurants et débits, etc.), assimilées, à tort ou à raison, à des exploitations commerciales, bien que dans la plupart d'entre elles les produits livrés au public doivent faire l'objet d'une manutention ou transformation préalable.

Or, si ces établissements ne présentent pas les mêmes dangers d'accidents que les usines et ateliers, les mauvaises conditions hygiéniques dans lesquelles étaient le plus souvent placés leurs ouvriers ou employés suffisaient amplement à justifier l'intervention du législateur.

Aussi, à la suite d'un vœu émis par le Conseil supérieur du travail, le Gouvernement soumit-il au Parlement un projet de loi destiné à combler cette lacune. Ce projet, étendant le bénéfice de la loi aux établissements susvisés, est devenu la loi du 11 juillet 1903, incorporée à la loi de 1893 [1].

Les lois de 1893-1903 ont été complétées par deux règlements généraux détaillés, l'un, celui du 10 mars 1894, entièrement remanié le 29 novembre 1904 (*Bull. Off.*, 1904, p. 1100), concernant les mesures d'hygiène et de sécurité applicables dans l'ensemble des établisse-

[1] Sur les travaux préparatoires de la loi de 1903 (D. 1903, 4, 69), et sur les enquêtes qui l'ont précédée, cons. spécialement : Dullin, *L'hygiène et la sécurité des travailleurs*, th. 1903, et *L'application aux employés de commerce de la loi du 12 janv. 1893* (*Quest. pratiques*, 1903, p. 380 et 445) ; Sourbès, *op. cit.*

ments assujettis, l'autre, du 28 juillet 1904, relatif au couchage du personnel [1].

A côté de cette réglementation générale, et sans parler du régime administratif spécial aux établissements classés, un certain nombre de règlements particuliers à certaines industries, et inspirés également par une pensée de tutelle ou de protection pour le personnel, ont été promulgués dans ces dernières années. Nous les passerons en revue après avoir fait connaître l'économie générale de la loi de 1893-1903.

633. — I. *Etablissements assujettis à la réglementation légale*. — L'article 1er du texte primitif (loi de 1893) déclarait les dispositions de la loi applicables aux « manufactures, fabriques, usines, chantiers, ateliers de tout genre et leurs dépendances ». Cette formule de la loi de 1893 était calquée sur celle de l'article 1er de la loi du 2 novembre 1892 sur le travail des enfants et des femmes, sauf une différence importante concernant les *mines, minières et carrières*, qui figurent dans l'énumération de la seconde de ces lois, tandis que la première n'en fait pas mention. La Commission supérieure du travail (*Bull. Off. du trav.*, 95, 535) en a conclu que la loi était inapplicable aux travaux souterrains de la mine, les ouvriers mineurs étant suffisamment protégés par un ensemble de règlements spéciaux (V. *infra*), dont il appartient aux ingénieurs des mines et aux délégués mineurs de surveiller l'application.

Par contre, la loi de 1893 s'applique aux *dépendances* des mines, ateliers ou chantiers établis à la surface ; avec cette particularité toutefois que c'est aux ingénieurs, et non aux inspecteurs du travail qu'incombe la mission de surveiller l'application de la loi (Circ. min. du com. du 5 juillet 1893).

634. — Il est une autre catégorie d'établissements industriels qui, d'après l'administration (Circ. min. 8 septembre 1894, *Bull. Off.*, 94, 528), échapperait également à l'application de la loi : à savoir les ate-

[1] Le décret organique du 29 nov. 1904 a été modifié sur divers points par les décrets des 6 août 1905, 22 mars 1906, 11 juillet et 7 septembre 1907. — A ces décrets il convient d'ajouter les nombreuses circulaires ministérielles publiées au *Bull. de l'Office du trav.*, et les instructions détaillées rédigées pour un certain nombre de professions par les Conseils d'hygiène départementaux, ou par le Comité directeur de l'Assoc. des industriels de France. — V. notamment, comme spécimen de ces instructions, très précises, rédigées par l'Assoc. à l'usage de ses adhérents : l'avis du Comité directeur sur l'organisation de la lutte contre *la tuberculose dans l'usine et dans les ateliers* (*Quest. pratiques*, 1902, 185). — Cf. Galland, *Rôle des commerçants et industriels dans la lutte antialcoolique*, rapp. au *Congrès national contre l'alcoolisme*, Lyon, 1908.

liers des compagnies de chemins de fer, placés sous le contrôle du Ministre des travaux publics.

Nous avions critiqué, dans notre deuxième édition, cette interprétation, qui ne nous semblait pas conforme à l'esprit de la loi, dont la formule large (chantiers et ateliers de tout genre) semblait englober les ateliers des compagnies. Mais nous devons reconnaître que les travaux préparatoires de la loi de 1903 semblent plutôt confirmer l'exclusion de ces établissements du bénéfice de la loi (*Sic* : Dullin, *op. cit.*). Contrairement à l'avis de la Commission du travail, qui avait manifesté l'intention de supprimer ce privilège des compagnies, — le texte qui a prévalu ne vise point en effet les *entreprises de transport*. Il semble donc que les dispositions relatives à l'hygiène et à la sécurité, inscrites dans l'ordonnance du 15 novembre 1846, modifiée par le décret du 1er mars 1901, et dans les décrets sur le contrôle (27 mars 1852 et 11 mars 1902) (Frèrejouan du Saint, *Cod. ann.*, 164), soient les seuls textes dont puisse se prévaloir le personnel des chemins de fer. — Pour les autres entreprises de transport, leur personnel pourra, croyons-nous, exciper de la loi pour tous les travaux exécutés en chantiers, ateliers ou magasins. — Remarquons, du reste, que depuis peu, les marins du commerce bénéficient d'une protection spéciale (L. 17 avril 1907, D. 1907, 4, 153), concernant la sécurité de la navigation, et la réglementation du travail à bord des navires de commerce.

La loi de 1893 régissait même, d'après l'article 2, *in fine*, les établissements *commerciaux* (théâtres, cirques, magasins, etc.), dans lesquels il est fait emploi d'appareils mécaniques, c'est-à-dire d'un outillage industriel. Seuls, les magasins ou entrepôts, dans lesquels les marchandises sont simplement entreposées, ou mises à la disposition du public, mais sans subir ni manutention par des moyens mécaniques, ni transformation industrielle, échappaient à l'application de la loi [1]. — Un simple atelier de réparation, annexé à un établissement commercial, était, *en tant qu'atelier*, soumis à la réglementation. — Quant aux *chantiers*, même formant une dépendance d'une exploitation commerciale, la loi leur était expressément applicable (Cass., 2 avril 1897, D. 1900, 1, 248).

634 *bis*. — La loi de 1903, tout en maintenant les mines, minières et carrières en dehors de son champ d'application, a étendu le bénéfice de la protection édictée par elle au personnel de cinq catégories nouvelles d'établissements :

---

[1] Nancy, 29 juin 1895, D. 95, 2, 450.

1° Les établissements commerciaux (magasins, boutiques);

2° Les entreprises de chargement et de déchargement;

3° Les petites industries de l'alimentation (personnel préposé à la manipulation, ou à la fabrication des produits — arg. tiré des mots : « laboratoires, cuisines, caves et chais »);

4° Les bureaux;

5° Les établissements de l'Etat non visés par les dispositions antérieures (c'est-à-dire présentant un caractère plutôt commercial qu'industriel).

Il convient de remarquer toutefois qu'aux termes de l'article 4 nouveau, « pour les établissements de l'Etat dans lesquels l'intérêt de la défense nationale s'oppose à l'introduction d'agents étrangers au service, la sanction de la loi est exclusivement confiée aux agents désignés à cet effet par les Ministres de la guerre et de la marine. — Pour la liste de ces établissements, v. décret du 27 mars 1904.

Au total, le régime de protection institué par la loi de 1893 a été étendu, en 1903, à plus de 200,000 établissements nouveaux, occupant environ 800,000 personnes. — V. la statistique résumée *infra*.

635. — *Ateliers de famille.* — Il est cependant une catégorie d'ateliers qui demeure affranchie de la réglementation légale. Nous reviendrons ultérieurement, à propos de la loi de 1892, sur la définition de l'atelier de famille (établissement où ne sont employés que les membres de la famille sous l'autorité soit du père, soit de la mère, soit du tuteur). — Qu'il nous suffise de constater ici que la dispense légale n'est accordée qu'aux petits ateliers dans lesquels tout le travail s'effectue *à la main* [1]. Dès l'instant que l'on introduit dans l'atelier familial un outillage mécanique, ou à plus forte raison une chaudière à vapeur, un moteur électrique, à pétrole, etc..., l'établissement tombe sous le

[1] Tel était le cas, il y a peu d'années, de l'atelier du tisseur lyonnais (canut), orsque ce tisseur n'employait pas de compagnons étrangers. Mais la transformation progressive, avec l'aide de la *Société pour le développement du tissage à Lyon* (fusionnée en 1907 avec la *Caisse de prêts*), des métiers à la main en métiers mécaniques, actionnés par l'électricité, si désirable qu'elle soit à d'autres points de vue, aura pour conséquence de soumettre les tisseurs à l'application de la loi de 1893, et conséquemment de leur imposer, dans l'aménagement hygiénique de leurs ateliers, des transformations assez coûteuses. Même observation en ce qui concerne les métiers à ruban de la région stéphanoise. — Sur cette évolution économique résultant des découvertes nouvelles, permettant la transmission à distance et la répartition par petits ateliers de l'énergie électrique, cons. notamment : Dubois et Julin, *Les moteurs électriques dans les industries à domicile*, Bruxelles, 1902; de Boissieu, *La rubanerie stéphanoise* (in *Mouvem. économ. et social dans la région lyonnaise*, 1901); *Quest. pratiques*, chronique, 1902, p. 217; Badiou, *Essai sur la réglementation du travail dans l'atelier de famille du tisseur de soie*, th. 1907. — V. aussi : nos 852 et 1194, *infra*.

coup de la loi, en ce sens du moins que « l'inspecteur a le droit de prescrire les mesures de sécurité et de salubrité édictées par la loi pour les usines et ateliers ». Il en est de même si l'industrie exercée, même sans adjonction de moteur, rentre dans la catégorie des établissements classés comme dangereux ou insalubres.

636. — II. *Réglementation légale.* — Nous ne pouvons entrer ici dans le détail des précautions minutieuses imposées aux chefs d'industrie par la loi de 1893-1903 et les règlements complémentaires ; il nous suffira d'indiquer les objets principaux de la réglementation légale, et de signaler chemin faisant les difficultés qu'a soulevées dans la pratique l'application de la loi.

La réglementation se réfère à un double chef : — installation hygiénique des établissements assujettis ; mesures de sécurité. — Les prescriptions relatives au premier chef (*hygiène*) sont consignées dans les articles 2, § 1er, et 3 de la loi, et dans les articles 1 à 9 du règlement du 29 novembre 1904. Elles se réfèrent à quatre chefs principaux : propreté des locaux, aération et éclairage, préservation des odeurs et émanations malsaines, évacuation, destruction ou neutralisation des poussières et gaz nocifs.

Les prescriptions légales concernant le second chef (*sécurité*), inscrites dans les articles 2, § 2, et 3 de la loi, 10 à 18 du règlement, se réfèrent aux objets suivants : isolement des moteurs, volants, appareils de transmission ; isolement électrique des dynamos, enveloppement des pièces saillantes mobiles des machines par des dispositifs protecteurs [1], installations spéciales pour préserver les ouvriers des chutes

---

[1] Une vive controverse s'est élevée sur l'étendue des pouvoirs du juge. La Cour de cassation, s'inspirant de l'esprit de la loi, l'a résolue dans le sens le plus rigoureux. Elle décide en effet que, s'il appartient en principe aux inspecteurs du travail et à l'autorité judiciaire d'apprécier le caractère dangereux des appareils mécaniques, et de déduire de cette appréciation les conséquences qu'elle comporte au point de vue de la répression, une exception doit être faite pour les organes *désignés expressément* par la loi (roues, courroies, engrenages, etc.) (art. 12 du décret de 1894), lesquels sont de plein droit réputés dangereux, alors même que l'usine n'emploierait que des hommes adultes. L'absence d'appareils protecteurs autour de ces organes place donc, *ipso facto*, le chef d'industrie en état de contravention. — Crim. cass., 19 et 27 févr. 1897, D. 1900, 1, 241 et notre note ; Crim. cass., 27 mai 1898, D. 99, 1, 285 ; Civ. cass., 10 mars 1902, D. 1903, 1, 403 ; Crim. cass., 15 mai 1903, D. 1903, 1, 452 ; 22 fév. 1906, D. 1906, 1, 125, S. 1906, 1, 375. — Sont également impératives et absolues les prescriptions du règlement (art. 12) concernant les dispositifs protecteurs à établir autour des machines-outils à instruments tranchants (Crim. cass., 27 mai 1898, *Bull. Off. trav.* 1899, 175), ainsi que celles de l'article 6 relatives à l'évacuation des poussières, à la différence des gaz, dont l'évacuation n'est prescrite que s'ils sont incommodes, insalubres ou toxiques (Crim. cass., 27 mai 1898, *Bull. Off.*, 1899, 175).

Par exception, toutefois, le juge aurait le droit de relaxer l'industriel s'il résultait d'une expertise régulière qu'au moment de la contravention il n'existait, ni ou

dangereuses, prescriptions rigoureuses en ce qui concerne la mise en train ou l'arrêt des moteurs, le nettoyage et la réparation des organes mécaniques, l'évacuation rapide des ateliers en cas d'incendie, d'explosion, etc.

Nous ne citons que pour mémoire les prescriptions de l'article 11 relatives aux *déclarations d'accidents*, cet article ayant été remplacé par l'article 11 de la loi du 9 avril 1898 sur la responsabilité des accidents, dont le commentaire sera présenté ultérieurement (V. *infra*, titre II, chap. Ier).

637. — III. *Sanctions* : *mise en demeure*, *pénalités*. — C'est aux inspecteurs du travail, institués en exécution des lois sur le travail des enfants ou des femmes (sur l'organisation de l'inspection, v. nos 829 et s., *infra*) qu'est dévolue la mission de constater les contraventions à la loi de 1893; sans préjudice du droit pour les autorités judiciaires de poursuivre d'office, conformément au droit commun (art. 5). Les procès-verbaux des inspecteurs sont dressés en double exemplaire, dont l'un est envoyé au préfet et l'autre au parquet; ils font foi jusqu'à preuve contraire.

Par dérogation aux principes généraux de notre législation pénale, et en raison, soit des frais considérables que la transformation de leurs usines et ateliers conformément aux prescriptions de la loi était susceptible d'imposer aux industriels, soit des questions d'interprétation assez délicates soulevées par certaines d'entre elles, l'article 6 de la loi décide qu' « *en ce qui concerne l'application des règlements d'administration publique* prévus par l'article 3, les inspecteurs, *avant de dresser procès-verbal*, mettront les chefs d'industrie *en demeure* de se conformer aux prescriptions de la loi ». — Sur les formes de la mise en demeure, V. trib. s. police, Lyon, 18 février 1903, *Mon. judic.*, 25 novembre; trib. s. police de Chambon-Feugerolles, 11 mai 1908, *ibid.*, 2 juin. — D'où il suit qu'une distinction essentielle doit être faite entre les contraventions aux prescriptions impératives de la loi elle-même, et les contraventions aux prescriptions du décret complémentaire de la loi: les premières pourront, comme celles prévues par la loi de 1892 sur le travail des enfants, faire l'objet de poursuites directes et immédiates, les secondes, au contraire, ne pourront être constatées ou poursuivies qu'après une mise en demeure non suivie d'effet notifiée aux chefs d'industrie dans les conditions déterminées par la loi (Crim. cass., 28 mars 1896, 29 janvier 1897. D. 1900, 1, 241,

---

France ni à l'étranger, aucun appareil protecteur susceptible d'être pratiquement adapté au mécanisme reconnu dangereux. — Cass., 15 mai 1903, précité; 3 déc. 1901, S. 1905, 1, 15.

et notre note)[1]. Mais, pour que des poursuites puissent être exercées directement, et sans mise en demeure préalable, encore faut-il qu'elles puissent s'étayer sur un texte précis (ex. les prescriptions de l'art. 2, § 2, relativement aux mesures de sécurité), et non sur une de ces dispositions vagues (ex. art. 2, § 1er, relativement à l'hygiène) qui demandent, pour être susceptibles d'application, à être complétées par un règlement détaillé (Crim. rejet, 2 avril 1897, D. 1900, 1, 241. — Cf. notre note ; Mongin, note sous l'arrêt précité, *Pand.*, 98, 1, 97).

Sur les formes et délais de la mise en demeure, et sur le rôle dévolu au ministre du travail (faculté d'accorder des délais pouvant atteindre 18 mois, en cas de transformations importantes portant sur le gros œuvre), v. l'article 6 de la loi. — Sur les dispenses susceptibles d'être accordées par le ministre du travail, et sur le délai d'exécution (un an) imparti pour la transformation des établissements non visés par la loi de 1893, v. les art. 20 et 21 du décret[2].

638. — En principe, l'infraction aux prescriptions de la loi de 1893 ou des règlements complémentaires est une contravention de simple police (amende de 5 à 15 fr.).

L'amende est encourue autant de fois qu'il y a de contraventions *distinctes* constatées par le procès-verbal, sans toutefois que le chiffre total des amendes puisse excéder 200 francs. Le jugement fixe, en outre, le délai dans lequel doivent être exécutés les travaux.

Si l'industriel condamné n'exécute pas les travaux dans le délai à ce fixé par le juge de police, l'affaire est sur un nouveau procès-verbal portée devant le tribunal correctionnel qui peut, après une nouvelle mise en demeure restée sans effet, ordonner la fermeture de l'établissement. Ce jugement est susceptible d'appel ; la Cour doit statuer d'urgence (art. 8).

639. — En cas de *récidive*, c'est-à-dire si le contrevenant a été frappé dans les douze mois qui ont précédé le fait incriminé d'une pre-

[1] Certains auteurs estiment cependant que la mise en demeure préalable est de droit dans tous les cas, et qu'aucun procès-verbal ne peut être dressé *de plano*, ni aucune poursuite pénale exercée directement sur le fondement d'une prescription quelconque, même précise et impérative, de la loi de 1893. — Deschamps, *Du système de contraventions dans nos lois sur l'hygiène et la sécurité des travailleurs* (*Rev. des justices de paix*, 1895).

[2] Les inspecteurs ont des auxiliaires précieux dans les agents de l'*Association des industriels de France*, qui, bien avant la promulgation de la loi de 1893, avait soumis tous les établissements adhérents à une surveillance sévère en vue de diminuer le nombre des accidents. Le ministre du commerce, par une circulaire du 21 décembre 1894, a formellement enjoint aux inspecteurs d'accepter, sous certaines conditions, le concours qui leur était offert.

mière condamnation pour infraction à la loi, la poursuite est intentée directement devant le tribunal correctionnel : la peine encourue est une amende de 50 à 500 francs, sans que le total des amendes puisse excéder 2,000 francs (art. 9).

Sont également passibles d'une poursuite correctionnelle (amende de 100 à 500 francs et, en cas de récidive, de 500 à 1,000 francs) tous ceux qui auront mis obstacle à l'accomplissement des devoirs d'un inspecteur (art. 12).

640. — IV. *Résultats généraux de la loi de 1893 : réformes proposées.* — Des rapports annuels sur l'application de la loi de 1893, publiés en exécution de l'article 10 [1], il ressort que, depuis la mise en vigueur des prescriptions réglementaires de 1893-1904, les conditions générales de l'industrie française au point de vue de l'hygiène et de la sécurité du personnel se sont très notablement améliorées. — En ce qui concerne la salubrité de l'atelier, il est incontestable que la minutie des prescriptions des décrets de 1894-1904 a permis de combattre efficacement les maladies professionnelles. C'est ainsi que les mesures concernant le nettoyage des locaux industriels, le vernissage permettant le lavage à grande eau, l'exigence stricte pour chaque ouvrier d'un mètre cube d'air de 6 mètres au moins, l'obligation d'aérer les locaux pendant le repas, qui doit être pris dans une salle spéciale, etc., ont contribué, très utilement, à la prophylaxie de la tuberculose, ainsi que des intoxications provenant des produits manipulés, des poussières ou des gaz nocifs [2].

Il y a progrès aussi au point de vue de la sécurité, et ce progrès est dû à une triple cause : à la netteté des prescriptions légales, au zèle des inspecteurs qui, dès les premiers mois d'application de la loi, ont tenu la main à leur stricte observation (5,688 mises en demeure ont été signifiées en 1900 pour protection insuffisante des parties saillantes mobiles des machines et des machines-outils), — enfin à la mise en

[1] V. le résumé des rapports officiels concernant les années 1903 à 1905, par M. Amieux, dans les *Quest. pratiques*, 1908, p. 104 et s. — Sur l'application des lois de 1893-1903 en 1906, v. le rapport de M. le Ministre du travail au Président de la République, dans la collection des *Rapports sur l'application des lois réglementant le travail en 1906*, 1 vol. in-8°, Imp. Nation., 1907, p. CLXXIII et suiv. — Sur l'application des lois relatives à l'hygiène en Algérie, v. décr. 1er mars 1905 (*Bull. Off. trav.*, 1906, 370).

[2] Sur les résultats pratiques des lois et décrets relatifs à l'hygiène des travailleurs, cons. notamment : Sourbès, *op. cit.*, p. 311 et s. — Sur les progrès réalisés, tant au point de vue matériel qu'au point de vue moral, par l'application du décr. du 28 juill. 1904 sur le couchage du personnel dans les filatures, moulinages et tissages de soie de l'Ardèche, de la Drôme, du Gard et de Vaucluse, v. les rapports des inspecteurs pour 1906 (résumés dans le *Bull. de l'Off. du trav.*, 1908, p. 18 et s.).

vigueur de la loi du 9 avril 1898 sur les accidents professionnels. — Sur la statistique des accidents, v. *infra*, nos 1048 et 1138.

641. — En ce qui concerne les magasins, et surtout les petites industries de l'alimentation, où les conditions hygiéniques du personnel étaient déplorables, de sérieux progrès ont été réalisés, notamment au point de vue de l'aménagement des locaux affectés au couchage du personnel (décr. du 28 juillet 1904). Il est certain cependant que l'application de la loi dans ces nombreux établissements se heurte à de sérieuses difficultés, venant soit du mauvais vouloir des patrons, peu disposés, s'ils n'y sont contraints, à faire dans l'aménagement de leurs arrière-boutiques, les transformations onéreuses qu'exige l'hygiène la plus élémentaire [1], soit à l'incurie des travailleurs, dont l'éducation hygiénique est à faire [2], soit à l'insuffisance radicale du personnel d'inspection [3].

642. — **Règlements spéciaux à certaines industries.** — En dehors de la réglementation générale ci-dessus résumée, et du contrôle administratif auquel sont assujettis les établissements classés (v. *infra*), un certain nombre d'établissements industriels et commerciaux sont soumis à des règlements particuliers, à raison des dangers graves que présentent, soit les substances manipulées, soit les mécanismes mis en œuvre.

A la première catégorie (nocivité ou danger des substances manipulées), se rattachent notamment : — 1° Les fabriques et dépôts d'*explosifs* (L. 8 mai 1875) ; — 2° Les fabriques et dépôts d'*huiles minérales*, pétrole, schiste, etc. (décr. des 19 mai 1873 et 19 sept. 1903) ; — 3° Les fabriques d'*acéto-arsénite de cuivre* ou vert de Schweinfurt (décr. 29 juin 1895, *Code com. ann.*, append. de Cohendy et Darras, p. 924) ; —

---

[1] Cons. notamment, dans la collection de l'*Action populaire*, les études monographiques de G. Mény : *Nos petits marmitons ; Le jeune boucher à Paris*. — V. aussi : *La protection légale des enfants occupés hors de l'industrie*, par MM. Mény, Gemähling, etc. (publ. de l'Assoc. nation. franç. pour la prot. lég. des trav.), 1906.

[2] Parmi les moyens à employer pour l'éducation hygiénique du peuple, signalons notamment les expositions permanentes, telles que le musée de la prévention des accidents et d'hygiène annexé au Conservatoire des arts et métiers de Paris (décret 24 sept. 1904), ou les musées similaires de Berlin (*Quest. pratiques*, 1904, 31), de Vienne, etc.

[3] Le nombre des établissements assujettis à la loi de 1893 était de 322,280 (statist. de 1902) ; depuis la loi de 1903, ce chiffre dépasse 500,000 (528,391 en 1906) ! Le personnel protégé, qui était de 2,888,587 personnes en 1902, dépassait 3,800,000 en 1906 (non compris le personnel des établissements de la guerre et de la marine, soustrait au contrôle des inspecteurs, ou le personnel des mines et carrières, soumis à un régime spécial). — Sur les projets de réforme de l'inspection, v. *infra*, n° 1195. — Sur la surveillance illusoire du travail en chambre et des ateliers de famille, et la nécessité d'une réforme, v. *infra*, n° 868.

4° L'industrie du *phosphore* (décr. 19 juill. 1895, *Bull. Off. trav.*, 95, 491)[1]; — 5° Les *blanchisseries* (décr. 4 avril 1905, *Bull. Off.*, 1905, 354); — 6° Les *tanneries*, etc. (circ. du min. du travail du 18 fév. 1908, *Bull. Off. trav.*, 1908, 283); — 7° Les établissements faisant usage de la *céruse* ou blanc de plomb. Le danger de cette substance, connue dès le XVIIIe siècle, a été maintes fois signalé au cours des enquêtes prescrites par le gouvernement français, notamment en 1845 et en 1901[2]; les accidents du saturnisme sont classiques, et ont été maintes fois décrits dans tous les Congrès d'hygiène, ainsi que dans les assemblées périodiques de l'Association internationale pour la protection légale des travailleurs (Cologne, Bâle, Genève). S'inspirant des résultats de l'enquête ouverte par les soins de la Commission d'hygiène industrielle, la plupart des départements ministériels proscrivirent l'emploi de la céruse dans les travaux exécutés pour le compte de leurs administrations (arrêtés ministériels, *Bull. Off.*, 1901, *passim*, et 1902, p. 98). En 1902 (18 juillet, *Bull. Off. trav.*, 1902, 555), était promulgué un décret réglementant sévèrement l'usage de cette substance dans les travaux de peinture en bâtiment; les prescriptions de ce règlement, dont le caractère impératif a été affirmé nettement par la jurisprudence[3], ont été étendues à tous les travaux de peinture par le décret du 15 juill. 1904 complété tout récemment par un règlement du 23 avril 1908, *Offic.* du 29, concernant toutes les industries où le personnel est exposé à l'intoxication saturnine.

Ces mesures n'ont pas paru suffisantes au gouvernement français qui, le 30 oct. 1902, déposait sur le bureau de la Chambre un projet (Ch., *Doc. parl.*, n° 401, p. 201), tendant en principe à prohiber l'emploi de la céruse. Voté une première fois par la Chambre (30 juin 1903), amendé par le Sénat, le projet vient d'être adopté à nouveau par la Chambre (séance du 2 juill. 1907). Le texte rétabli par celle-ci diffère du texte sénatorial sur deux points essentiels : 1° La *céruse* est interdite,

[1] Ce décret doit se combiner avec l'acte final de la conférence de Berne, de sept. 1906, tendant à interdire, à partir du 1er janvier 1911, l'emploi du *phosphore blanc* dans la fabrication des allumettes. La France, nous le savons (v. *supra*, n° 611), est au nombre des Etats signataires de cette convention. Elle n'a pas attendu d'ailleurs la conférence de Berne pour remplacer (dès 1898), les allumettes à phosphore blanc par un type au sesquisulfure de phosphore inoffensif. En Suisse, au Danemark et en Hollande (L. 28 mai 1901), où cependant la fabrication des allumettes n'est pas monopolisée par l'Etat comme en France, l'emploi du phosphore blanc est légalement interdit. Dans la plupart des autres pays, à l'exception cependant du Japon, des Etats-Unis et de l'Autriche, il est sévèrement réglementé.

[2] *Poisons industriels*, publ. de l'*Off. du trav.*, 1901. — Cf. rapport présenté par M. Moyaux, le 27 févr. 1901, sur la substitution du blanc de zinc au blanc de céruse dans les travaux de peinture : *Bull. de l'inspect. du travail*, 1901, 119.

[3] Cass., 30 mai 1907, *Mon. jud. Lyon*, 6 juin 1907.

en principe, même pour les travaux extérieurs; 2° Aucune indemnité n'est allouée aux fabricants lésés par la prohibition. Il est douteux, d'ailleurs, que ces dispositions rigoureuses soient, malgré leur utilité sociale, votées par le Sénat [1].

642 *bis.* — Rentrent dans la seconde catégorie (mécanismes dangereux) :

1° Tous les établissements employant un mécanisme actionné par la *vapeur* (L. du 21 juill. 1856, amendée le 18 avril 1890, et décret du 9 oct. 1907, *Offic.* du 31 oct.; Frèrejouan du Saint, *Code ann.*, p. 142 et s.). — Sur la protection du personnel des *chemins de fer*, v. *supra*, n° 634;

2° Les établissements qui produisent ou mettent en œuvre des courants électriques. — L. 15 juin 1906, D. 1907, 4, 64, sur les distributions d'énergie électrique, et décret organique du 3 avril 1908 (*Offic.* du 7), complémentaire de cette loi; décret du 11 juill. 1907, sur la protection des travailleurs employés dans ces établissements [2].

643. — **Réglementation des exploitations minières.** [3] — Les *exploitations minières* sont également soumises, dans l'intérêt de l'hygiène et de la sécurité des travailleurs, à un régime spécial, dont il convient

---

[1] La plupart des lois étrangères réglementent plus ou moins sévèrement l'emploi industriel des composés du plomb. — Cons. notamment l'ordonn. allemande des 16-27 juin 1905, le règlement belge du 13 mars 1905, etc. — Sur la question de la céruse, outre les ouvrages cités *supra*, n° 609, cons. notamment : Breton, rapp. à la Chambre (28 nov. 1902, *Doc. parl.*, n° 515, p. 409, et 1er mars 1907, *Doc. parl.*, n° 799, p. 721; Pédebidou, rapp. au Sénat (8 juin 1906, *Doc. parl.*, n° 282, p. 721); Thibaut, *La céruse*, broch. 1907, et *Quest. pratiques*, 1907, p. 45, 83, 233, 345; Breton, *L'interdiction de la céruse*, rapp. à l'Assoc. intern. pour la prot. des trav., 1905; Dr Daremberg, *L'empoisonnement par le plomb* (*Débats*, 16 et 23 août 1906) — Sur la question de l'assimilation des maladies professionnelles aux accidents du travail, v. *infra*, n° 1088.

[2] Bougault, *Comment. de la loi sur les distributions d'énergie électrique*, 1906; Mistral, *Etude sur les distributions d'énergie électrique*, th. 1907. — Comp. l'instruction, très précise, de l'Association des industriels de France sur les *précautions à observer dans les installations électriques*. — Sur la réglementation projetée de l'industrie hydro-électrique (houille blanche), v. n° 658, *infra*.

[3] Bibliographie : — Aguillon, *Législation des mines françaises et étrangères*, 3 vol., 2e éd., 1891; Féraud-Giraud, *Code des mines et mineurs*, 1889; Brunon, *Etude sur la législation des mines et les projets de réforme*, 1897; Riston, *De l'institution des délégués à la sécurité des ouvriers mineurs*; Vernier, *Du droit de surveillance de l'Etat sur l'exploitation des mines*, 1900; Parenty, *Les délégués à la sécurité des ouvriers mineurs*, 1901; Cuvillor, *Législation minière et contrôle des mines*, 1902; Laraud, *Délégués mineurs*, th. 1907; Amieux, *Des conditions du travail dans les mines*, th. 1908. — V. aussi : Dalloz, *Suppl.* au *Rép.*, v° *Mines*; Rép. Fuzier-Herman, v° *Mines*. — Sur la législation comparée, cons. spécialement la collection des rapports présentés au Congrès international de législation du travail de Bruxelles, 1897. — Conf. *Annales des mines*; *Revue de la législation des mines passim*.

d'exposer ici les traits essentiels. Cette réglementation est encore éparse dans un grand nombre de dispositions législatives de dates différentes[1], qu'il y aurait intérêt à condenser dans un règlement général, analogue au règlement général *belge* du 28 avril 1884 ou au règlement *néerlandais* du 22 sept. 1906 (*Bull. Off. intern. du trav.*, 1906, 580)[2]. Plusieurs projets ou propositions en ce sens ont été déposés sur le bureau des Chambres (projets de MM. Jonnart, et Baudin, min. des trav. publ., 6 mai 1894 et 5 nov. 1901 ; — propos. Dufour, 12 juin 1901 ; — propos. Zévaès, 12 janv. 1899, et Colliard, 6 nov. 1900, au nom du groupe socialiste, etc.) ; — mais aucun de ces projets, sur lesquels nous reviendrons en traitant des monopoles, et de la propriété des mines, n'est jusqu'à ce jour venu en discussion.

La réglementation des mines comporte deux ordres de mesures : — 1° des mesures de *police* destinées à assurer la sécurité et l'hygiène des travailleurs et la bonne exploitation de la mine ; — 2° des mesures destinées plus spécialement à protéger l'ouvrier contre les dangers du travail souterrain.

C'est aux ingénieurs du contrôle des mines et à leurs préposés (contrôleurs, commis) qu'est dévolue la mission de veiller à l'application de ces règlements multiples. Ils sont, à ce point de vue, placés sous la double autorité du ministre des travaux publics, leur chef hiérarchique direct, et du ministre du travail. — V. la circulaire du 12 avril 1907 (*Bull. Off. trav.*, 1907, 609), réglant, en conformité du décret du 25 oct. 1906, le partage d'attributions entre les deux ministères.

644. — *a*) *Mesures de police.* — Aux termes du décret du 3 janvier 1813, tout ouvrier malade, ou en état d'ivresse, doit être retenu à

---

[1] Lois des 21 avril 1810, 27 avril 1838, 9 mai 1866, 27 juill. 1880, 8 juill. 1890, 25 mars 1901, 9 mai 1905, 29 juin 1905, 23 juill. 1907 ; ordonnances ou décrets des 3 janv. 1813, 26 mars 1843, 25 sept. 1882. — Pour les circulaires ministérielles relatives à l'application de ces différents textes, v. le *Bull. de l'Office du travail*.

A cette énumération, il conviendrait d'ajouter les textes, sur lesquels nous reviendrons ultérieurement (n° 1028), organisant, au profit des ouvriers mineurs, privilégiés à cet égard, un régime complet d'assurance contre la maladie et la vieillesse (L. 29 juin 1894, 19 déc. 1894, 16 juill. 1896 et 22 avril 1906, instituant et réglementant les caisses de secours et de retraites des ouvriers mineurs ; — L. des 31 mars 1903, 21 juill. 1903, 22 avril 1905 et 17 avril 1906 sur l'amélioration des retraites des anciens ouvriers mineurs).

[2] Conf. règlements *anglais* de 1872 et 1887 (*Congrès de Bruxelles*, p. 364) ; loi *autrichienne* du 21 juin 1884, amendée par la loi du 27 juin 1901, et règlement *autrichien* du 4 juill. 1904 (*Bull. Off. internat. du travail*, 1904, t. XXXV) ; lois *prussiennes* des 14 juin 1905 et 19 juin 1906, modifiant les lois de 1865 et 1892 (*Bull. Off. internat. du travail*, 1905, 202, et 1906, 169), et règlement *prussien* du 13 juill. 1903 sur la lutte contre l'ankylostomiase (*ibid.*, 1903, 325).

la surface. Tout ouvrier qui, par sa désobéissance aux ordres du chef d'équipe, aurait compromis la sécurité des personnes ou la bonne exploitation du minerai, peut être traduit devant le tribunal correctionnel ; il sera passible d'une peine de trois mois à deux ans de prison et d'une amende de 50 à 600 fr. en cas de mort d'un tiers consécutive à cette désobéissance, de six jours à deux mois de prison et d'une amende de 16 à 100 fr. ou de l'une de ces peines seulement, en cas de blessure simple, sans préjudice des dommages-intérêts auxquels il peut être condamné.

D'après le décret de 1813, tout ouvrier mineur devait avoir un livret d'ouvrier ; la loi du 2 juillet 1890 a aboli le livret pour les mineurs comme pour les autres ouvriers. Mais les directeurs d'exploitation n'en sont pas moins tenus de dresser un contrôle exact et quotidien des mineurs employés soit à l'intérieur, soit même à l'extérieur de la mine ; ces contrôles doivent être portés sur un registre officiel, coté et paraphé par le maire et visé par les ingénieurs de l'Etat, chargés de l'inspection des mines. Ces mêmes ingénieurs ont également pour mission de surveiller l'exploitation, d'ordonner toutes les mesures préventives urgentes propres à remédier aux dangers de l'exploitation, aux coups de grisou dans les mines de houille, etc. ; enfin de constater les accidents et d'en rechercher les causes, afin de coopérer à l'action de la justice qui, sans le concours du service d'inspection, serait en pareille matière dans l'impossibilité d'établir les responsabilités. Diverses circulaires ministérielles (15 nov. 1888, 28 janv. 1890) ont indiqué les moyens propres à prévenir les explosions de grisou, et une commission extra-parlementaire a été nommé pour élaborer un projet de législation à ce sujet[1]. Les ingénieurs ne peuvent ordonner, sous leur responsabilité, que des mesures urgentes ; lorsqu'il est nécessaire de prendre des mesures d'ensemble pour remédier aux dangers de l'exploitation, ils doivent en référer au préfet, qui statue par arrêté (art. 50, L. 1810).

Jusqu'à la loi de 1907, la lettre des règlements semblait limiter les pouvoirs des ingénieurs aux mesures de sécurité. Assurément, l'administration des travaux publics n'avait pas interprété sa mission aussi strictement et s'était autant que possible préoccupée de garantir l'hygiène des travailleurs des mines en même temps que leur sécurité ; elle n'en était pas moins gênée pour prescrire des mesures d'hygiène pure, reconnues scientifiquement nécessaires, telles que celles tendant

[1] En attendant cette réglementation législative, les mesures reconnues les plus urgentes ont été prises par voie de circulaire. — Cons. notamment la circulaire du Min. des trav. publics aux préfets, du 21 oct. 1907 (*Bull. Off. trav.*, 1907, 1218), sur l'extension à toutes les mines de combustibles de l'interdiction des lampes à feu nu et du régime adopté pour les explosifs dans les mines à grisou,

à organiser, comme on l'avait fait à l'étranger, la surveillance et la prévention de l'*ankylostomiase* (ver du mineur).

Ces pouvoirs qui lui manquaient lui ont été conférés par la loi du 23 juillet 1907 (*Bull. Off. trav.*, 1907, 836) sur l'*hygiène et la salubrité des mines*. Cette loi, par la simple insertion du mot *hygiène* dans l'art. 50 de la loi du 21 avril 1810, et dans l'art. 1er de la loi du 8 juill. 1890, a conféré, *ipso facto*, aux préfets, le droit d'intervenir par voie d'arrêtés pour prescrire les mesures hygiéniques reconnues indispensables, comme ils peuvent le faire déjà lorsque la sécurité est en jeu ; et en même temps les délégués mineurs ont vu leur mission expressément étendue à l'étude de cette catégorie de mesures préservatrices (Cf. circul. minist. du 31 juill. 1907, *Bull. Off. trav.*, 1907, 842).

645. — *b*) *Mesures protectrices de l'ouvrier*. — Ces mesures sont, les unes spéciales à certaines catégories d'ouvriers que leur faiblesse fait un devoir au législateur de protéger spécialement, c'est-à-dire aux enfants ou aux femmes, les autres générales et édictées dans l'intérêt de tous, comme la loi sur les délégués mineurs.

Dispositions protectrices des enfants et des femmes [1]. — De l'article 9 de la loi du 2 novembre 1892, il résulte que le travail *souterrain* est absolument interdit aux filles et aux femmes, même adultes, ainsi qu'aux jeunes garçons âgés de moins de treize ans. La loi de 1892 n'a fait que reproduire la prohibition inscrite dans la loi de 1874, mais en portant de douze à treize ans l'âge minimum d'admission. Les garçons de treize à dix-huit ans peuvent être employés dans les mines, mais sous des conditions spéciales. De treize à seize ans, l'enfant ne peut travailler au fond plus de 8 heures; de seize à dix-huit, plus de 10 heures, ou plus de 54 heures par semaine. De plus, les jeunes ouvriers ne peuvent être employés aux travaux proprement dits de la mine (abatage, boisage, ou forage), mais seulement aux travaux accessoires moins pénibles et moins dangereux, triage et chargement du

---

[1] La plupart des législations récentes contiennent des règles protectrices analogues. Toutes les lois européennes, à l'exception des lois *belge* et *espagnole*, excluent absolument les filles et les femmes du travail souterrain, et encore convient-il d'ajouter que la loi belge interdit ce travail à toutes les femmes mineures de 21 ans (L. 13 déc. 1889) et qu'en fait la plupart des compagnies ont renoncé à employer les femmes aux travaux du fond. — Varlez, *La législation protectrice en Belgique* (*Congrès de Bruxelles*, p. 239). — Pour les enfants du sexe masculin, l'âge d'admission est fixé en Allemagne et en Autriche à 12 ans pour le travail de jour, 14 ans pour celui de nuit. La loi *anglaise* admet l'enfant aux travaux souterrains à 12 ans (durée du travail, 10 heures jusqu'à l'âge de 16 ans). Les lois *espagnole* (13 mars 1900) et *italienne* (10 juin 1902) ont adopté respectivement l'âge de *seize* et de *treize* ans. — V. Nintchitch, *La réglementation du travail souterrain des femmes et des enfants*, 1899. — V. aussi les principaux commentaires de la loi de 1892 (liste donnée *infra*, sect. II).

minerai, roulage des wagonnets, etc... Toutefois, par exception, les jeunes ouvriers de seize à dix-huit ans peuvent, à titre d'aides ou d'apprentis, être employés à l'extraction du minerai, mais seulement *pour une durée de cinq heures* par jour (Déc. 3 mai 1893, *Rec. Cohendy*, p. 264).

646. — *Dispositions générales.* — 1° *Loi de 1905 sur la journée de huit heures dans les mines.* — A première vue, l'on pourrait croire que cette loi du 29 juin 1905 (*Quest. prat.*, 1905, 192), dont nous présenterons le commentaire en appendice à l'étude de la loi de 1848 sur le travail des adultes (n° 823, *infra*), assure à l'ensemble du personnel minier un régime de faveur dont on chercherait vainement l'équivalent à l'étranger, sauf dans la Colombie britannique (l. 10 fév. 1904, *Bull. Off. intern. du trav.*, 1904, 182). En effet, la question de la journée de huit heures pour les ouvriers mineurs n'a pu encore être résolue législativement, ni en Angleterre, bien que la majorité de la Chambre des communes y soit favorable, ni en Belgique, où le gouvernement a nettement pris position contre le projet, émané du parti libéral.

En réalité, notre loi de 1905 n'a pas cette portée. D'une part, en effet, la disposition de la loi réduisant la journée de travail à *huit heures* ne s'appliquera qu'en janvier 1910, et encore sous réserve des dérogations autorisées par le ministre des travaux publics. D'autre part, tandis que le texte voté par la Chambre devait bénéficier à *tous* les ouvriers du fond, le texte définitif, tel qu'il est sorti des délibérations du Sénat, ne concerne que les *piqueurs*, c'est-à-dire les ouvriers adultes préposés à l'abatage du minerai, au forage ou au boisage des galeries. Pour les autres travailleurs du fond, jeunes ouvriers ou vieillards en particulier, herscheurs, conducteurs de vagonnets, chargeurs de bennes, etc., rien n'est changé au régime antérieur; d'où cette situation paradoxale d'un régime légal plus favorable aux adultes, en ce qui concerne la durée du travail tout au moins, qu'aux jeunes travailleurs, ordinairement avantagés. — La Chambre a voté, il est vrai, le 5 juillet 1907, une proposition de loi Basly tendant à étendre le bénéfice de la journée de huit heures à tous les travailleurs du fond ; mais ce texte risque de rencontrer au Sénat les mêmes résistances qu'en 1905. — Amieux, *op. cit.*, et chron. des *Quest. pratiques*, 1904, p. 480, et 1905, p. 190.

2° *Délégués à la sécurité des ouvriers mineurs.* — A la suite d'accidents répétés, survenus dans les houillères de la Loire, les syndicats d'ouvriers mineurs protestèrent énergiquement contre l'insuffisance de la surveillance exercée par les ingénieurs du contrôle, et réclamèrent la création d'un service d'inspection recruté parmi les ouvriers eux-mêmes. D'où la loi du 8 juillet 1890 sur les *délégués à la sécurité des ouvriers mineurs*, conforme dans ses grandes lignes aux vœux des syndicats. — Complétée par une circulaire ministérielle du 19 juillet 1890, cette loi a été amendée, notamment en ce qui concerne la procédure électorale, par les lois du 23 mars 1901 et du 9 mai 1905[1].

Les délégués sont élus au scrutin de liste. Pour être électeur, il faut être Français et inscrit sur la feuille de la dernière paie effectuée pour la circonscription avant l'arrêté convoquant les électeurs. Pour être éligible, il faut : 1° savoir lire et écrire ; — 2° n'avoir jamais été condamné pour infraction aux lois sur la police des mines ou pour atteinte à la liberté du travail ; — 3° être électeur, âgé de 25 ans, et travailler au fond depuis cinq ans au moins dans la circonscription. Sont inéligibles, en conséquence, les *employés* chargés de la surveillance des ouvriers (Cons. d'Etat, 20 juin 1891, D. 92, 3, 108). Mais il n'est pas indispensable que la période de cinq années ait été continue (Cons. d'Etat, 14 mai 1891). Les *anciens ouvriers* peuvent même être élus, sous certaines conditions déterminées par l'article 6. Les délégués ou leurs suppléants sont élus pour trois ans. Des dispositions sévères sont prises à l'effet d'assurer la sincérité du vote : quiconque aurait influencé le vote par des menaces ou des manœuvres frauduleuses est passible d'une peine de un mois à un an de prison, et d'une amende de 100 à 2,000 francs (art. 10)[2]. — Sur les limites des circonscriptions, v. art. 1er, § 2 ; — sur la formation de la liste électorale et la procédure électorale, v. art. 7, 9 et 12.

647. — Les délégués ont pour mission exclusive de visiter les travaux souterrains à l'effet de vérifier les conditions de sécurité (ou d'hygiène, l. 23 juill. 1907) de l'exploitation, ainsi que les causes des accidents. Le délégué doit visiter deux fois par mois tous les puits,

---

[1] L'institution française des délégués mineurs a été, en partie, empruntée à la loi *anglaise* du 10 août 1872, qui autorise les ouvriers mineurs à faire inspecter les mines, à leurs frais, par des délégués de leur choix. Deux différences essentielles séparent cependant les deux lois : d'après la loi anglaise, l'institution des délégués est purement facultative, et la rémunération des délégués incombe à ceux qui les élisent. Cette charge, assez lourde, n'a pas permis à l'institution de se généraliser : 10 0/0 seulement des mines anglaises ont des délégués ouvriers permanents.

La loi française, à son tour, a eu des imitateurs. La loi *belge* du 11 avril 1897 (*Ann. de lég. étrang.*, 1898, 519) en est manifestement inspirée. Toutefois, en Belgique, l'institution n'est obligatoire que dans les mines de houille ; de plus, les délégués ne sont pas, comme en France, directement élus par les ouvriers. Ce sont de véritables inspecteurs ouvriers (d'où leur titre de *délégués à l'inspection des mines*), nommés par le ministre du travail sur une liste dressée par les sections des conseils de l'industrie et du travail représentant les charbonnages, liste contenant un nombre de noms au moins double du chiffre des vacances.

[2] Le Conseil d'Etat a eu plusieurs fois à faire application de l'article 10. — Cons. notamment : Cons. d'Etat, 11 novembre 1900, élect. des mines de Lens, *Rev. de législ. des mines*, 1900, 356.

galeries et chantiers de sa circonscription ; il consigne ses observations sur un registre spécial fourni par la Compagnie et mis à la disposition des ouvriers ; ce registre est visé par l'ingénieur-inspecteur lors de sa tournée, et copie des observations du délégué doit être transmise au préfet, qui les communique aux ingénieurs. Les délégués reçoivent du Trésor une indemnité calculée sur le salaire normal des journées de travail d'un bon ouvrier[1]. Tout délégué qui se rendrait coupable de négligences graves ou d'abus dans ses fonctions peut être suspendu pendant trois mois au plus par le préfet et révoqué par le ministre des travaux publics.

648. — Il paraît aujourd'hui établi que l'institution des délégués mineurs, vue tout d'abord avec quelque défiance par les Compagnies, a eu, comme en Angleterre, d'heureux résultats au point de vue de l'aménagement hygiénique des mines et de la sécurité de l'exploitation. Certains chiffres fournis au Congrès de la protection ouvrière (Paris, 1900), par M. A. Fontaine, sont, à cet égard, significatifs[2]. Voici en effet la statistique des accidents mortels survenus dans les mines de houille dans la période de huit années immédiatement antérieure à la présente loi, et dans la période postérieure :

(par 10,000 ouvriers)	Grisou.	Autres causes.	Total.
	—	—	—
1883-1890	7	12	19
1891-1898	0,7	10,5	11,2[3]

[1] Une loi du 2 avril 1906 fait bénéficier les délégués, sous certaines conditions, des *caisses de secours et de retraites*, établies dans leur circonscription, en exécution de la loi du 29 juin 1894. — V., sur ces conditions, le décret réglementaire du 28 déc. 1906 (*Offic.* du 8 janv. 1907).

[2] A. Fontaine, direct. du travail au minist. du comm. : *Notes sur l'inspection du travail au moyen de délégués ouvriers en France* (*Congrès de Paris*, 1900, p. 350). — Conf. sur l'inspection ouvrière des mines en Grande-Bretagne, France et Belgique, l'étude de M. de Berlepsch dans la *Soziale Praxis*, numéros des 26 janvier-2 février 1899. — V. aussi Taillandier, *Législation comparée sur les délégués à la sécurité des ouvriers mineurs*, 1898.

[3] Depuis cette époque, les progrès se sont continués. Il résulte en effet d'une statistique comparative dressée par le Comité central des houillères de France en 1906 que, pour la période décennale 1891-1900, la proportion des accidents mortels s'est maintenue sensiblement en France au-dessous de celle des autres pays (1,18 0/00 en France, 1,39 en Belgique, 1,44 en Angleterre, 2,47 en Prusse). — En 1904, le 0/00 des accidents mortels s'abaisse à 0,93 pour la Belgique, 1,07 pour la France, 1,25 pour l'Angleterre et 1,80 pour la Prusse.

La terrible catastrophe de Courrières, survenue le 10 mars 1906, et dans laquelle plus de 1,100 ouvriers ont trouvé la mort, a évidemment faussé les moyennes. Sur 339,000 personnes employées dans les mines et carrières, les accidents mortels se sont élevés en 1906 à 1,413, dont 1,123 provenant d'explosions de gaz (Rapp. du min. du travail pour 1906). Ce dernier chiffre, presque exclusivement dû à Courrières, fait ressortir la moyenne de 1906 à plus de 4 0/00! Mais il convient de remarquer : 1° qu'une catastrophe de ce genre est unique dans les annales minières ; 2° qu'en

Il serait excessif, assurément, d'attribuer exclusivement l'honneur de cette amélioration notable à l'action des délégués ouvriers. Elle est due en partie aux efforts des Compagnies et de l'Etat (contrôle, commission des substances explosives, commission du grisou, etc.), pour améliorer les conditions de l'exploitation. Mais il n'est pas niable que le zèle déployé par les délégués dans l'exercice de leur mission de confiance, ne soit pour beaucoup dans le résultat obtenu.

Conviendrait-il, comme le réclame le parti socialiste (propos. Basly, 21 mars 1899, Ch., *Doc. parl.*, n° 836, et 12 juin 1906, Ch., *Doc. parl.*, n° 30), de renforcer les pouvoirs des délégués, et d'en faire de véritables inspecteurs, exerçant une partie des pouvoirs aujourd'hui dévolus aux ingénieurs du contrôle? La question est délicate ; nous la posons simplement, nous réservant d'y répondre ultérieurement, lorsque nous étudierons l'organisation actuelle du service de l'inspection du travail (V. sect. II, *infra*) [1].

Art. III. — *Des industries monopolisées, ou des monopoles légaux* [2].

649. — Définition : monopoles de fait et monopoles légaux. — Le caractère distinctif de tout *monopole* réside dans la suppression de la concurrence.

---

l'espèce aucun grief ne saurait être relevé contre les délégués. Il résulte au contraire des débats parlementaires (interpell. Basly à la Ch., avril 1906) que les délégués ouvriers avaient attiré l'attention du service de contrôle sur les conditions défectueuses du boisage des galeries ; peut-être le désastre eût-il été bien moindre si leurs avis eussent été suivis. — Quoi qu'il en soit, la catastrophe de Courrières a eu incontestablement pour résultat de stimuler le zèle des pouvoirs publics et du Comité des houillères et de déterminer un ensemble de mesures utiles : arrêté du 15 avril 1907 sur les moyens de secours à entretenir dans les mines (appareils respiratoires, etc.) ; l. du 23 juill. et circul. du 21 oct. 1907 ; réorganisation de la Commission du grisou ; création par le Comité central des houillères de France, à Liévin, d'une galerie d'essais et d'expérimentation pour les explosifs, appareils de sauvetage, etc. — Signalons aussi le dépôt récent, par le Ministre du travail, d'un projet de loi tendant à autoriser les délégués mineurs à signaler les infractions aux lois de 1892, 1900 ou 1905 relevées par eux au cours de leurs visites (18 nov. 1907, Ch., *Doc. parl.*, n° 1314). — Pour plus de développements, cons. l'ouvrage d'Amieux. — Cf. Grüner, *Les houillères françaises* (*Rev. polit.*, juill. 1906).

[1] Sur les autres questions touchant au régime légal des mines, — propriété des mines, mine aux mineurs, limitation de la journée de travail, institutions de secours ou de prévoyance, institutions arbitrales, — v. *infra* les sections ou chapitres respectivements consacrés : à l'étude des monopoles légaux, de la coopération, de la réglementation du travail industriel des enfants, des femmes ou des adultes, du contrat de travail, des assurances sociales, des conflits collectifs ou individuels.

[2] Bibliographie : Cauwès, t. Ier, nos 111 et suiv., et t. IV, nos 1170 et suiv. ; Gide, p. 619 ; *Nouveau dictionn. d'écon. polit.*, v° *Monopole* (article de M. Fernand Faure) ; Foxwell, *Du développement des monopoles dans leurs rapports avec les*

Lorsque cette suppression est le résultat d'une lutte inégale entre concurrents, le plus fort écrasant le plus faible, il y a *monopole de fait*; il y a au contraire *monopole légal* lorsque la suppression de la concurrence est le fait du législateur. Certains économistes libéraux ont une tendance manifeste, d'une part à nier l'existence des monopoles de fait ou tout au moins à en contester l'importance économique et sociale, d'autre part à condamner de parti pris, sinon tous les monopoles légaux, du moins la plupart d'entre eux. Il nous paraît impossible de souscrire à cette double thèse.

Tout d'abord, il semble difficile de nier l'importance et la fréquence des monopoles de fait. Ces monopoles sont au contraire un des aspects les plus remarquables de l'organisation industrielle moderne, fondée cependant sur la libre concurrence (V. l'article précité de Foxwell) ; ils naissent, en effet, tantôt de conditions locales particulièrement favorables au développement de certaines industries, tantôt d'une concurrence acharnée qui aboutit fatalement à la ruine des entreprises insuffisamment outillées ; tantôt enfin de la formation entre industriels de syndicats d'accaparement (V. *supra*, art. 1er). Il y a là un fait qui mérite d'attirer l'attention du législateur : s'il est vrai que la libre concurrence soit l'une des causes du développement, sur la plupart des marchés, de ces monopoles industriels ou commerciaux, ruineux ou oppressifs pour la petite industrie et le petit commerce, il est trop évident que le remède ne saurait consister dans la politique d'abstention préconisée par l'école libérale, mais bien au contraire dans une intervention prudente et mesurée du législateur.

Cette intervention pourra affecter diverses formes : forme *fiscale* (réforme de la législation des patentes, taxes sur les *grands magasins* [1], modération de taxes pour les sociétés coopératives); forme *pénale* (législation répressive de l'accaparement) [2]; forme *réglementaire* (substitution, aux monopoles de fait, de monopoles légaux, au profit de l'Etat ou de la commune).

---

fonctions de l'Etat (*Rev. d'écon. polit.*, 1889, p. 457 et suiv.) ; Bodin, *De la tendance des monopoles dans le mouvement économique actuel* (*ibid.*, 1894, p. 26 et suiv.); Garelli, *Filosophia del monopolio*, Milan, 1899. — Cp. : Paul Leroy-Beaulieu, *L'Etat moderne et ses fonctions*; Villey, *Du rôle de l'Etat dans l'ordre économique*; Dalloz, *Code des lois politiques et administratives*, et *Suppl. au Répert.*, vo *Industrie et commerce*, nos 88 et suiv., 127 et suiv., impôts indirects, mines, monnaie, postes et télégraphes, poudre, vins et boissons, voirie par chemins de fer. V. aussi Répert. Fuzier-Herman, vis *Chemins de fer*, *Mines*; Berthélemy, *Droit administratif*, p. 340; Allix, *Traité élém. de législation financière*, 1907, p. 482. — Pour l'étude particulière de certains monopoles (alcool, mines, chemins de fer, etc.), v. les bibliographies publiées ci-dessous.

[1] V. tit. II, chap. II, *infra*.

[2] V. article 1er, *supra*.

650. — La supériorité du monopole légal sur le monopole de fait ne saurait être sérieusement contestée. En formulant cette proposition, nous n'entendons nullement nous rallier à la thèse collectiviste, et préconiser la mainmise de l'Etat ou de la commune sur toutes les branches de l'activité industrielle ou commerciale; mais nous estimons avec M. Gide (*op. cit.*, p. 620) que « pour certaines branches d'industrie qui, *par leur nature, ne peuvent prendre que la forme de monopoles*, mieux vaut qu'elles soient monopolisées *au profit de tous* que monopolisées au profit d'individus ou de compagnies » [1].

Il nous paraît également démontré que l'exploitation, même industrielle, des grands services d'intérêt général, tels que les postes et télégraphes, incombe normalement à l'Etat, représentant de la collectivité.

Quant à l'exploitation, par l'Etat, sous le régime du monopole, de certaines branches d'industrie soustraites au régime de la concurrence dans un intérêt *fiscal*, c'est dans les résultats obtenus qu'il faut chercher sa justification. Si par l'établissement d'un monopole lucratif, sur une consommation de luxe, l'Etat parvient à alléger le fardeau de l'impôt et, par une répercussion indirecte, mais nécessaire, à diminuer le coût moyen des denrées de première nécessité, le résultat obtenu suffit à justifier le procédé ; celui-ci, au contraire, serait critiquable, si à raison de la complexité de l'exploitation, le bénéfice net était aléatoire, ou si le monopole, même lucratif, tendait au renchérissement d'un produit nécessaire au plus grand nombre.

L'on peut enfin imaginer une variété de monopole portant sur un produit de consommation usuelle, mais plutôt nocif qu'utile, tel que l'alcool. Un tel monopole tient le milieu entre les deux précédents, puisque ses promoteurs poursuivent un but d'intérêt général, qui est la restriction des consommations nuisibles par la hausse des prix, et qu'ils espèrent en même temps obtenir, de cette mainmise sur un produit d'usage courant, une plus-value considérable. La difficulté, dans l'établissement d'un tel monopole, est de concilier deux intérêts antinomiques : celui du fisc, intéressé au développement de la consommation, et celui de l'hygiène, intéressée à sa diminution. La difficulté, du reste, n'est pas insurmontable, l'exemple de plusieurs pays étrangers le démontre ; et l'on conçoit très bien, *a priori*, les avantages d'une combinaison qui, sans sacrifier l'hygiène (puisque l'Etat investi du monopole

[1] « Il ne faut voir ici, ajoute M. Gide, qu'une *forme particulière de la coopération* : quand il s'agit de pourvoir à des besoins spéciaux à certaines personnes, c'est le domaine de la coopération libre ; quand il s'agit de pourvoir aux besoins de *tous*, c'est le domaine de la *coopération municipale ou nationale* ». — Cf. Bouvier, *La municipalisation des services publics*, 1907.

a le droit et le devoir de contrôler la qualité du produit, et de le maintenir à un prix élevé), est susceptible néanmoins de procurer au Trésor d'importantes ressources. Il s'agit donc ici bien plutôt d'une question d'application et d'organisation rationnelle, que d'une question de principe.

Ces principes généraux étant dégagés, nous allons passer en revue brièvement ces quatre variétés de monopoles, en nous plaçant tout d'abord en présence de l'Etat *industriel*. Puis nous dirons quelques mots des monopoles municipaux, ou de la *commune industrielle*.

§ 1er. — Monopoles d'Etat. — Concession ou régie [1]

I. — MONOPOLES D'INTÉRÊT GÉNÉRAL OU D'ORDRE PUBLIC. — **651.** — Au premier rang des monopoles de ce groupe figure le monopole de la fabrication des *poudres* (L. 13 fructidor an V), qui se justifie aisément par des considérations déduites de la sécurité publique et de la défense nationale. Peut-être même est-il permis de regretter que la fabrication de la dynamite et des explosifs à base de nitro-glycérine échappe, aux termes de la loi du 8 mars 1875, au régime du monopole ; la réglementation administrative, quelque rigoureuse qu'elle puisse être, ne paraît pas offrir les mêmes garanties.

Rentrent dans la même catégorie : — 1° le monopole de la fabrication des *monnaies*, fondé sur les nécessités du crédit public ; — 2° le monopole des *postes, télégraphes* et *téléphones*, qui se justifie concurremment par l'intérêt du commerce et du public en général, et par des considérations déduites de la sûreté de l'Etat. Il est incontestable, en effet, que la substitution, à la régie par l'Etat, du système de la libre concurrence pour les communications postales, télégraphiques et téléphoniques, risquerait de causer une perturbation générale dans les

[1] Il ne sera question ici que des monopoles légaux purement industriels, à l'exclusion des monopoles se rattachant plutôt au droit administratif ou au droit commercial : monopole des pompes funèbres concédé aux communes (aux lieu et place des fabriques et consistoires, dépossédés par la loi du 28 déc. 1904), monopole des officiers ministériels, monopole des banques d'émission, monopole des inventions brevetées, monopole de la *condition des soies, laines* ou *cotons*, au profit d'un certain nombre de Chambres de commerce (Lyon, Saint-Etienne, Calais, etc.) ou municipalités (Aubenas, Privas, Roubaix, etc.). L. 21 août 1900, D. 1902, 4, 89. — Il est intéressant de noter que certaines Chambres de commerce affectent les bénéfices souvent considérables de la condition à des œuvres sociales : c'est ainsi que la Chambre de commerce de Lyon prélève annuellement, sur ces bénéfices, 120,000 francs pour subventionner la Caisse de retraites des ouvriers en soie. — Cf. Dall., *Suppl. au Répert.*, v^is *Organis. économique*, n° 77, et *Soie*.

affaires, et présenterait les plus graves inconvénients pour les correspondances officielles [1].

Le monopole de l'Etat, pour être efficace, doit naturellement être étendu à tous les procédés nouveaux de communications rapides. La loi du 16 juillet 1889 (D. 90, 4, 90) l'a étendu aux téléphones; le décret du 7 février 1903 a réservé à l'administration des postes et télégraphes l'établissement et l'exploitation de tous les postes de *télégraphie sans fil*, établis sur le territoire français, et destinés à l'échange de la correspondance officielle ou privée. — Cf. Pradelle, *Le service des postes, télégraphes et téléphones en France*, th. 1903; Berthélemy, *Dr. admin.*, p. 698.

II. — MONOPOLES FISCAUX. — **652**. — Les autres monopoles, monopole de la fabrication et de la vente des *tabacs* (décr. de 1810), des *allumettes chimiques* (L. 2 août 1872 et 27 déc. 1889, décr. 30 déc. 1889), de la vente du *papier filigrané* pour les *cartes à jouer*, constituent, par contre, des monopoles purement fiscaux, et leur suppression ne serait assurément pas dangereuse pour la sécurité de l'Etat. Mais elle risquerait de creuser dans le budget un déficit profond, qu'il serait impossible de combler sans imposer aux contribuables des taxes directes beaucoup plus lourdes ; considération suffisante pour justifier leur maintien. Dès l'instant en effet qu'un monopole, d'une exploitation relativement simple, procure au Trésor des bénéfices considérables sans frapper lourdement le consommateur, — or tel est le cas du monopole du tabac, qui procure à l'Etat français un bénéfice net annuel de près de 400 millions, — son existence nous paraît suffisamment justifiée, alors qu'il s'agit d'une consommation de luxe [2].

---

[1] Des événements récents ont démontré combien il était regrettable que le gouvernement français fût tributaire, pour ses communications télégraphiques avec ses colonies lointaines, de compagnies de *câbles sous-marins* ressortissant à un gouvernement étranger. Aussi les lois des 25 juill. 1901 et 22 mars 1902 (D. 1903, 4, 45) ont-elles autorisé le Ministre du commerce et des postes et télégraphes à se faire avancer par la Caisse des dépôts le capital correspondant à une annuité de 480,000 fr., en vue d'étendre progressivement le réseau de nos communications sous-marines.

[2] « Les meilleurs impôts — écrit M. Berthélemy (p. 319) — sont en définitive ceux qui produisent le *maximum de rendement* en provoquant le *minimum de mécontentement* ». Comment ne pas appliquer cette formule au monopole du *tabac*, dont le bénéfice net s'est élevé en 1906 à 376,974,508 francs, en progression de 6,254,414 fr. sur 1905, malgré la réduction à neuf heures de la journée de travail dans les manufactures de tabac et d'allumettes (V. n° 824, *infra*), et l'augmentation du crédit des retraites ! (*Econom. franç.*, 16 mai 1908); Renoult, rapp. sur le budget du ministère des finances pour 1908, Ch., *Doc. parl.*, sess. extr. 1907, n° 1225. — V. aussi Caillier, *Le régime économique et fiscal des tabacs*, th. 1907. — Cet impôt déguisé, sur une consommation de *luxe*, a donc rapporté au Trésor une somme presque aussi élevée que l'ensemble des contributions directes (500 millions environ), dont le fardeau pèse lourdement sur la masse des contribuables. — Paul Leroy-Beaulieu,

III. — Monopoles mixtes. — **653.** — Les monopoles de cette catégorie, fondés tout à la fois sur des considérations d'intérêt général et sur des préoccupations fiscales, ne fonctionnent point actuellement en France. Le plus important est assurément le *monopole de l'alcool* [1], qui fonctionne depuis vingt et un ans en Suisse, dont un ukase de 1895 a décrété l'introduction progressive dans l'Empire russe, et que la plupart des Etats, France, Allemagne, Italie, Autriche-Hongrie, Espagne, Belgique, etc., ont mis à l'étude.

---

grand adversaire des monopoles d'Etat, a dû s'incliner devant ces chiffres, et reconnaître que « dans un Etat qui a grand besoin de trouver des impôts qui ne soient pas une entrave à la production, le monopole de la fabrication du tabac doit être considéré *comme une excellente mesure* », *Traité de la science financière*, 6e édit., 1899, t. Ier, p. 621. — Le monopole des *allumettes*, beaucoup plus discuté, produit également, malgré la fraude, plus considérable peut-être que sur le tabac, des bénéfices nets très sérieux : plus de 26 millions en 1904 (exactement 26,084,742 francs, non compris les remises aux détaillants, soit 6,627,046 francs). — Le Japon, de son côté, retire de gros bénéfices du monopole du *camphre*, depuis la conquête sur la Chine de l'île de Formose, qui à elle seule fournit les trois quarts de la production mondiale de cette substance. Les revenus de ce monopole sont cependant en décroissance, par suite de la découverte en Chine, dans le district d'Amoy, d'immenses forêts de camphriers, dont un syndicat japonais a sans succès sollicité la concession. — Valade, *L'œuvre du Japon à Formose* (*Rev. polit. et parl.*, févr. 1903).

[1] Bibliographie : Alglave, *Le monopole facultatif de l'alcool*, 1886 ; L. Say, *Dict. des finances*, v° *Alcool et boissons* ; Vanlaer, *L'alcoolisme et ses remèdes*, 1899 ; Berryer, *Le monopole de l'alcool*, Liége, 1899 ; Fochier, *L'alcoolisme devant la loi pénale* ; Colas, *Etudes sur le monopole de l'alcool en France et à l'étranger* ; Bazet, *Le monopole de l'alcool*, th. 1905 ; de Lavergne et P. Henry, *Le monopole de l'alcool en Suisse*, 1906 ; Allix, *Législ. financ.*, p. 472 et suiv. ; Guinot, *Le régime actuel des boissons*. — V. auss. Stourm, *L'impôt sur l'alcool dans les différents pays*. — Parmi les nombreux articles de revues consacrés à la question, cons. notamment : Alglave, *La réforme fiscale par le monopole de l'alcool*, série d'articles publiés en 1895 dans le *Temps*, et reproduits dans le *Journal des contributions indirectes* (21 août 1895, 13 oct. 1896) ; Paul Leroy-Beaulieu, *Le monopole de l'alcool* (*Econ. franç.*, 1894, 793, et 1903, 1, 241) ; Rau, *La loi en face de l'alcoolisme*, disc. de rentrée (*Gaz. Pal.*, 17 oct. 1895) ; Droz, *Monopole de l'alcool en Suisse* (*Rev. polit. et parl.*, sept.-nov. 1895) ; Bourcart, *Le péril de l'alcoolisme* (*ibid.*, 1896, t. VII, p. 70 et 278) ; Ravarin, *La réforme des boissons devant le Sénat* (*ibid.*, t. VII, p. 260) ; Rostand, *L'Etatisme en fait d'alcool* (*Réf. sociale*, 1er déc. 1896), et *Le monopole de l'alcool en Russie* (*Débats*, 27 mars 1899) ; Fochier, *Le système de Gothembourg et le monopole de l'alcool en Russie et en Suisse* (*Quest. prat. de législ. ouvr.*, 1900, p. 200 et 213) ; Astier, *Le monopole de l'alcool* (*Rev. polit. et parl.*, mars 1903). — Cf. l'enquête sur le régime de l'alcool dans les principaux pays étrangers, publiée dans la *Rev. polit. et parl.*, ann. 1896, 1897 et 1899. — Cons. également la série des rapports parlementaires ou extraparlementaires publiés en France sur la question : rapports Guillemet à la Chambre des députés (en faveur du monopole), des 9 juillet 1892 (Ch., *Doc. parl.*, n° 2291, p. 2105), et 6 février 1897 (Ch., *Doc. parl.*, p. 140) ; rapport Léon Say (défavorable) au nom de la première Commission extraparlementaire, instituée le 18 septembre 1887 (*Off.*, 1888, p. 2924) ; rapport Duclaux, au nom de la seconde Commission extraparlementaire, instituée le 27 octobre 1896 au Ministère des finances (défavorable, sous réserves), *Journal des contributions indirectes*, 21 avril 1897 ; rapport Taquet (avril 1906) au nom de la troisième Commission extraparlementaire, instituée le 31 octobre 1902 par M. Rouvier, ministre des finances (défavorable).

C'est une question particulièrement délicate que celle de savoir s'il convient de confier à l'Etat, sous forme de monopole, la fabrication et la vente de produits de consommation courante, dont le commerce sous le régime de la libre concurrence présente de réels dangers au point de vue de l'hygiène publique [1]. Posée devant l'opinion depuis vingt ans par M. Alglave, l'infatigable promoteur du monopole de la rectification de l'alcool (et de la bouteille fiscale), soumise dès 1891 à l'examen de la Chambre (projet de réforme générale de l'impôt, dép. par M. Maujan, le 13 mai 1891, rap. favorable de M. Guillemet, 9 juillet 1892), la question n'a fait encore l'objet, au Parlement, d'aucune discussion au fond ; mais le 2 juillet 1895, la Chambre se prononçait, par voie de résolution, en faveur du principe du monopole de la rectification de l'alcool par l'Etat.

654. — Monopole de l'alcool en Suisse et en Russie ; Système de Gothembourg en Suède et Norvège. — Pour comprendre la portée du problème posé, quelques indications sommaires sur le fonctionnement du monopole à l'étranger s'imposent. D'après la loi fédérale *suisse* du 23 décembre 1886, la régie des alcools est chargée de la fabrication, de l'importation et de la vente en gros, mais le monopole ne vise que l'alcool d'industrie ; sont exceptées toutes les eaux-de-vie naturelles *indigènes*, de vin ou de fruits ; les alcools étrangers (à l'exception de certaines liqueurs de qualité supérieure) ne peuvent être importés que par la régie. En fait, la régie n'a racheté que les petites distilleries, et a laissé subsister quelques grands établissements bien outillés, qui fabriquent l'alcool sous son contrôle direct. Financièrement, le monopole, sans être un désastre financier, comme on l'a prétendu, n'a donné que des bénéfices inférieurs d'un tiers environ (6 millions au lieu de 9 millions escomptés [2] aux prévisions de ses partisans ; mais ce

---

[1] Signalons en passant le mouvement qui tend à s'affirmer dans le sens de l'interdiction absolue de certains produits alcooliques particulièrement nocifs, tels que l'*absinthe*. Après la Belgique (1905), la Suisse a voté le principe de l'interdiction, confirmé par le referendum populaire du 5 juillet 1908. Les cantons de Vaud (23 sept. 1906) et de Genève (14 avril 1907) ont déjà appliqué sur leur territoire ce régime prohibitif. — Sur l'absinthisme et ses méfaits, v. les communications de MM. J. Lépine, Lesieur et Fulliquet au Congrès de l'Alliance d'hygiène sociale (Lyon, 1907, compte rendu, p. 150 et s.), ainsi que les débats, encore inédits, du Congrès antialcoolique de Lyon (mai 1908). — Une proposition tendant à interdire la fabrication et la vente de l'absinthe, a été déposée en décembre 1906, par 53 députés, sur le bureau de la Chambre. La Commission d'hygiène publique de la Chambre, à laquelle la proposition a été renvoyée, s'est prononcée, en mars 1907, pour le principe de l'interdiction par paliers (interdiction immédiate de la fabrication de l'essence, un an de délai pour la fabrication de la liqueur, deux ans pour la vente). — Une proposition similaire, déposée sur le bureau du Sénat le 23 juin 1908 (115 signatures, Ch. Dupuy, Audiffred, etc.) vient d'être prise en considération.

[2] 6,369,738 en 1906 contre 6,322,485 en 1905.

mécompte s'explique par le maintien du privilège des bouilleurs de cru, véritable prime à la fraude en Suisse comme en France, et aussi, — contre-partie heureuse, et dont les hygiénistes ne peuvent que s'applaudir, — par une diminution sensible de la consommation moyenne d'alcool pur (moins de 4 litres aujourd'hui contre 5 litres 13 avant le monopole)[1].

Le monopole *russe* n'est pas un monopole de fabrication, mais un monopole de vente, vente en gros et au détail, et d'importation. Le but poursuivi a été la suppression du cabaret, fléau des classes populaires russes ; malgré le grand nombre des débits clandestins, le régime nouveau aurait contribué efficacement, dans les parties de l'Empire où il a été introduit (la moitié environ de la Russie d'Europe), à enrayer les progrès de l'alcoolisme [2]. Il constitue, de plus, une excellente opération financière (bénéf. net de 81 millions de roubles, en 1897, pour vingt provinces seulement).

Du régime russe il convient de rapprocher le régime suivi depuis plus de trente ans en *Suède* et *Norvège*, et connu sous le nom de *système de Gothembourg* : système consistant à faire de la vente au détail de l'alcool un monopole communal, exercé par des compagnies privilégiées, dans des conditions particulières destinées à décourager les buveurs d'alcools et à favoriser la consommation des boissons non alcooliques (sur les détails curieux du système, cons. l'article précité de Fochier). Excellent pour la moralisation des masses (consommation par tête descendant de 6 litres à 1 litre 1/2), le procédé scandinave a donné, comme le procédé russe, d'excellents résultats fiscaux ; les bénéfices nets ont été consacrés à des œuvres de relèvement social.

655. — Avenir de la réforme en France. — Peu de questions fiscales ont soulevé d'aussi vives controverses que celle de l'introduction possible en France, nous ne disons point du monopole de la fabrication, opération gigantesque et aléatoire à raison des indemnités énormes qu'il faudrait payer aux industriels dépossédés [3], mais du

[1] Ces chiffres, il est vrai, sont contestés. Le Conseil fédéral évalue la consommation indigène, pour 1906, à 138,421 hect. d'alcool à 50°, soit une consommation moyenne de 3,9 litres par habitant. Mais M. Clerget (*La Suisse au XX*e *siècle*, p. 81) fait observer qu'il convient de majorer ce chiffre d'un litre environ pour la part revenant à la production indigène non soumise au monopole. Il resterait encore une légère diminution ; mais il serait équitable de l'attribuer aux efforts persistants des Ligues antialcooliques plutôt qu'à l'établissement du monopole.

[2] Cette affirmation des partisans du monopole a été également contestée. Et de fait, la consommation moyenne en Russie reste très élevée (6,97 litres par habitant en 1905, contre 6,67 litres seulement en 1904). — Vallat, *L'anticoolisme et le monopole de l'alcool en Russie* (*Rev. gén. des sciences*, 1902, p. 830); Clerget, *op. cit.*, p. 83.

[3] *Sic :* propos. Vaillant (Ch., 1er juill. 1895).

monopole de la rectification de l'alcool par l'Etat [1]. Il nous est impossible d'entrer ici dans l'étude complète de la question, et de rechercher si, comme le prétend un groupe parlementaire assez important, le résultat cherché pourrait réellement être atteint par une législation n'impliquant aucun monopole, mais tendant à rendre obligatoire, sous le contrôle de l'Etat, l'épuration des alcools destinés à la consommation [2]. Mais nous voudrions du moins faire observer que, en présence des résultats obtenus à l'étranger, il est vraiment excessif de représenter comme impraticable la réforme proposée.

Nous reconnaissons volontiers que la brillante perspective de plus-values énormes (plus d'un milliard de bénéfice net) ouverte par M. Alglave, risque de ne se réaliser que très imparfaitement, toute majoration considérable des taxes de consommation ayant pour conséquence immédiate un développement de la fraude. Mais nous estimons néanmoins, avec une fraction importante de la doctrine [3], que le monopole de la rectification de l'alcool, établi sur des bases rationnelles, impliquant la disparition ou la réglementation sévère du privilège abusif des bouilleurs de cru, procurerait au Trésor des ressources sensiblement supérieures à celles qu'il retire actuellement des taxes fort élevées cependant, mais inégales et mal assises, qui frappent la fabrication, la circulation ou la consommation de cette denrée [4]. La réforme projetée aurait donc ce double avantage, surtout si elle se combinait avec une réglementation sévère des débits [5], et avec une mise en œuvre

---

[1] Propos. Guillemet, précitée : propos. Astier-Chaigne-Ruau (Ch., 2 févr. 1903, *Doc. parl.*, n° 721); propos. L. Martin (Ch., 2 févr. 1903, *Doc. parl.*, n° 726); nouvelle propos. Guillemet, tendant à instituer le monopole de la rectification de l'alcool et à employer le produit à la création d'une Caisse nationale de retraites en faveur des vieux travailleurs de l'industrie, du commerce ou de l'agriculture (Ch., 5 nov. 1906, *Doc. parl.*, n° 359, p. 4). — V. l'analyse du projet Astier, le plus étudié, dans Allix, *op. cit.*, p. 475. — Le gouvernement *allemand* se propose de déposer prochainement un projet de monopole de rectification sur le bureau du Reichstag (*Quest. pratiques*, 1907, 323; Clerget, *op. cit.*, p. 84).

[2] *Sic* : propos. Fleury-Ravarin, Léon Say, Ribot, etc. (Ch., 1894, annexe n° 1091, p. 2225). — C'est ce système qui paraît avoir les préférences du Sénat et de la Commission extraparlementaire de 1902-1906.

[3] Cauwès, t. IV, n° 1282; Berthélemy, 1re éd., p. 829; Fochier, Astier, articles précités, etc. — V. cependant Colas, *op. cit.*, concl. défavorables.

[4] L'établissement du monopole sans la suppression du privilège des bouilleurs de cru serait une duperie, attendu que la fraude en paralyserait le fonctionnement. — Allix, p. 475. — Aussi est-il regrettable que le Parlement, au lieu de simplifier simplement les formalités édictées par les lois des 29 déc. 1900 et 31 mars 1903, et d'encourager les coopératives de distillation (propos. Cazeneuve, *Rev. polit. et parl.*, 1904, IV, 43), ait cru devoir, par la loi du 27 février 1906, rétablir dans toute son ampleur le privilège des bouilleurs de cru.

[5] Cf. propos. de loi Antide Boyer (Ch., mars 1907, n° 781), sur la limitation du nombre des débits. — Un projet analogue vient d'être déposé sur le bureau de la Chambre des communes par le gouvernement anglais (mars 1908).

plus stricte des pouvoirs de police dévolus aux municipalités : — 1° d'enrayer sensiblement la consommation, périlleuse pour l'avenir même de la race, d'un produit essentiellement nocif; — 2° de procurer au fisc des plus-values sérieuses, dont l'incorporation au budget permettrait d'alléger le fardeau des taxes directes, et de supprimer certaines taxes de consommation, nationales ou municipales (octroi par exemple) qui pèsent lourdement sur les classes populaires. Certaines villes, Lyon notamment, ont supprimé l'octroi, sans attendre le monopole, mais au prix de lourds sacrifices, qui en bonne justice auraient dû partiellement être supportés par l'Etat [1].

IV. — MONOPOLES RÉSULTANT DE LA NATURE MÊME DE L'INDUSTRIE. — **656.** — Il est enfin des monopoles qui résultent de la *nature* même des choses, et que l'Etat constate, pour en réglementer l'exercice, plutôt qu'il ne les crée : tels sont les monopoles d'exploitation des *mines* ou des *chemins de fer*.

Mines [2]. — En ce qui concerne les *mines*, l'unité d'entreprise pour le tréfonds sur une vaste superficie est une condition nécessaire de l'ex-

---

[1] D'autres monopoles ont été proposés dans ces dernières années, par le parti socialiste, et même par une fraction importante du parti radical-socialiste (programme du Congrès de Nancy, oct. 1907), en vue de lutter contre des trusts puissants et de transporter à la collectivité le bénéfice d'une exploitation monopolisée qui actuellement ne profite qu'à une oligarchie de capitalistes syndiqués : monopole de la raffinerie du *pétrole*, monopole de la raffinerie du *sucre*, monopole des *assurances*, etc .. Nous ne les citons que pour mémoire, car ils n'ont pas encore fait l'objet d'études approfondies, susceptibles de servir de base à une réforme législative. Signalons cependant le vote symptomatique par la Chambre, avec l'assentiment du gouvernement et de la Commission du budget, le 28 février 1903, d'une résolution favorable à l'établissement d'un monopole d'Etat sur le raffinage du pétrole, monopole qui, de l'aveu même de M. Rouvier (déclar. à la même séance), pourrait être institué sans qu'il en résulte aucune charge pour le Trésor, si les raffineurs français, plus ou moins affiliés au grand trust américain (*Standard Oil*), s'avisaient, pour s'exonérer de la taxe de fabrication, de majorer le prix du produit, déjà surélevé à leur profit par le jeu des taxes douanières. — Cf. propos. Hubbard (Ch., 11 juin 1903, *Doc. parl.*, n° 988), tendant à confier à une régie d'Etat l'exploitation des monopoles réunis de l'alcool dénaturé et du pétrole. — V. aussi : de Monzie, *Les pétroles et le budget* (*Rev. polit. et parlem.*, déc. 1902), et *La taxe de fabrication sur les pétroles bruts* (*ibid.*, 1906, I, 299). — V. cependant : Marcel, *Le régime douanier des pétroles* (*ibid.*, févr. 1903).

[2] Aux ouvrages de MM. Aguillon, Féraud-Giraud, Chavanne, Brunon, Amieux, cités *supra*, n° 643, *adde : Dictionn. du commerce et de l'industrie*, v° *Houille*, *mines*, par Grüner; Fuster, *Les mineurs européens* (*Mus. soc.*, 1897), et *Les revendications des mineurs et le Congrès international de Londres* (*Mus. soc.*, août 1901); Weiss, *L'exploitation des mines par l'Etat*; *mines fiscales de la Prusse, et régime minier français*, 1901 ; Berthélemy, *Droit administratif*, p. 701 et s. ; Harzé, *Des mines domaniales en perspective dans le nord de la Belgique*, 1902; de Leener, Wodon et Waxweiler, *Le charbon dans le nord de la Belgique* (Institut Solvay), 1904; Lozé, *Mines et métallurgie dans le Nord*, 1905; Chardon, *Les travaux publics*, 1907 (chap. V).

ploitation ; même dans les pays où prévaut le système de l'*accession*, qui consiste à attribuer la propriété du tréfonds aux propriétaires de la surface (ex. : l'*Angleterre*), la formation entre les propriétaires superficiaires de vastes syndicats ou associations s'est imposée, dès que l'exploitation des richesses minérales a pris une certaine extension. Mais ces associations elles-mêmes ne peuvent aisément fonctionner que dans les Etats où la propriété n'est pas trop morcelée ; en France, où le régime des successions favorise le morcellement indéfini des héritages, le système de l'accession eût donné les plus déplorables résultats. Il a donc fallu opter entre le système de l'*invention* et le système du *droit régalien de l'Etat*.

Invention. — Le premier système, qui consiste à envisager les mines comme des *res nullius*, et à en attribuer la propriété exclusive à l'*inventeur* ou au premier occupant, est consacré par un grand nombre de législations (Prusse, Autriche, Etats scandinaves, Espagne, Portugal, Mexique, etc.). — Il compte en France de nombreux partisans, et en 1894 M. Jonnart déposait sur le bureau de la Chambre un projet tendant à consacrer pour les mines à découvrir le principe du droit de l'*inventeur* (5 mai 1894, Ch., *Doc. parl.*, ann. n° 740) ; ce projet n'était lui-même qu'une variante du projet déposé, le 28 mai 1886, par M. Baïhaut[1]. Il est juste, dit M. Jonnart, « d'assurer la propriété de la mine à celui qui, par l'initiative et l'ingéniosité de ses recherches, par les capitaux qu'il y a aventurés, a trouvé le gisement minier, considéré jusque-là comme *res nullius*, et a fait sortir du néant ce fonds de richesse, en un mot à l'*inventeur* ».

Cette proposition renferme assurément une part de vérité, et l'on conçoit que, dans les pays neufs, pour stimuler l'esprit de découverte et assurer la mise en valeur rapide des ressources naturelles qu'ils renferment, la préférence soit donnée au *jus inventionis*[2]. Mais ce régime, à d'autres points de vue, ne laisse pas que de présenter des inconvénients très graves. Outre qu'il a le tort d'étendre artificiellement, à des richesses dont la mise en valeur progressive et prudente importe à la collectivité tout entière, les principes traditionnels de la propriété individuelle, il risque de provoquer des exploitations hâtives et défectueuses. Rien ne prouve en effet, *a priori*, que le premier occupant, ni

---

[1] Comp. le projet déposé par M. Baudin, le 5 novembre 1901 (Ch., *Doc. parl.*, n° 2730, *Off.*, p. 40), tendant à la mise en adjudication des concessions nouvelles, et comportant un droit de préférence pour l'inventeur (V. *Quest. pratiques*, 1902, p. 58).

[2] C'est ce régime que la France a introduit dans ses possessions de l'Annam et du Tonkin (décr. 16 oct. 1888) et de Madagascar (décr. 17 juill. 1896, 20 juill. 1897 et 20 févr. 1902). — Croze, *La question aurifère à Madagascar*, th. 1907. — Aux Etats-Unis, c'est le droit du premier occupant plutôt que celui de l'inventeur que consacrent les lois fédérales (V. Aguillon, t. III, n° 1218; Brunon, p. 107).

même que le prospecteur ou inventeur ait la compétence ou les ressources nécessaires pour procéder à une exploitation rationnelle; or une exploitation vicieuse peut avoir pour résultat le gaspillage et la perte de ces richesses minérales dont la conservation importe non seulement à la prospérité de l'industrie, mais aussi à la défense nationale [1].

657. — *Droit régalien de l'Etat : régie ou concession.* — L'Etat gardien des intérêts généraux, a donc le droit d'intervenir pour réglementer cette exploitation, et ainsi se trouve justifié par avance le système du *droit régalien*. Soit que l'Etat exploite lui-même *en régie*, comme en Russie, au Japon, etc., soit qu'il concède à des particuliers, choisis par lui, la pleine propriété de la mine, comme en *France* (loi du 21 avril 1810), ou simplement un droit *temporaire* d'exploitation [2], dans les deux cas, les intérêts généraux sont sauvegardés : l'Etat se réservant, même dans le système de la concession en pleine propriété, un droit supérieur de contrôle sanctionné par des obligations positives imposées à l'exploitant (compagnie ou individu), et par la faculté de prononcer la déchéance de la concession [3].

---

[1] Pour la critique du *jus inventionis*, cons. notamment : Cauwès, t. I, n° 341 *in fine*; Berthélemy, p. 686.

[2] Une controverse, d'ordre plutôt spéculatif, s'est élevée sur le point de savoir si l'Etat *concédant* agit comme *propriétaire* du sous-sol national, ou simplement comme *souverain*, chargé de veiller à la sauvegarde des intérêts généraux du pays. En thèse générale, les partisans des concessions temporaires rattachent leurs conclusions au concept de l'Etat propriétaire, tandis que les défenseurs du système français (concessions *ad perpetuum*) se rattachent plutôt à l'idée de l'Etat souverain. Cependant cette distinction n'a rien d'absolu : l'on comprend aisément que l'Etat *propriétaire* considère la concession perpétuelle, entourée de certaines garanties et restrictions, comme préférable au point de vue économique; et à l'inverse l'on peut fort bien admettre que l'Etat, même non propriétaire, puise dans son droit supérieur de contrôle la faculté de donner la préférence au système des concessions temporaires et révocables. — Pour plus de développements, v. Berthélemy, p. 683.

[3] Il est permis cependant de considérer l'Etat français comme très insuffisamment armé par la loi de 1810 contre les abus d'exploitation, ou contre le défaut d'exploitation des mines concédées. Le Conseil d'Etat est très défavorable à la déchéance : c'est ainsi qu'en 1905, il a annulé trois arrêtés par lesquels le ministre avait prononcé la déchéance de concessions inexploitées ou abandonnées (Cons. d'Et., 13 janv. 1905, D. 1906, 3, 73). Aussi la plupart des projets récents, notamment le projet Jonnart, tendent-ils à renforcer les droits de l'Etat et à simplifier la procédure de déchéance. — Cf. concl. du rapport soumis, le 25 mai 1901, à la Commission du travail, par M. Dubief sur l'état actuel des industries minières en France. — A rapprocher de ces projets les dispositions prises par le décret du 12 octobre 1895 en vue d'assurer une bonne exploitation des *phosphates algériens*, jusqu'alors soumis au droit commun des carrières. Il y aurait lieu également de renforcer législativement les droits de l'Etat, en vue de lui permettre d'insérer dans les cahiers des charges des concessions nouvelles des clauses dans l'intérêt des ouvriers, analogues à celles qui figurent aujourd'hui dans les cahiers des charges des adjudications de travaux publics. Le Conseil d'Etat estime en effet qu'en l'état actuel de la législation de telles clauses seraient illégales (Cons. d'Et., avis des 19 et 26 déc. 1907, *Bull. Off. trav.*, 1908, 174).

Nous ne pouvons entrer ici dans l'examen de la question, très complexe, de savoir quel est, en législation, le système le meilleur, de l'exploitation *en régie*, ou du système français actuel, fortement amendé toutefois, notamment au point de vue de la procédure de déchéance. La question, du reste, en France, n'est pas entière ; car l'adoption du système de l'exploitation en régie présupposerait le rachat, par le Trésor, d'un capital immobilier colossal, concédé en toute propriété depuis le début du XIXe siècle, et les difficultés d'une telle opération budgétaire risquent d'en retarder l'accomplissement, si tant est qu'elle soit désirable, pour une période indéfinie [1]. Mais ce qu'il importe de retenir

[1] L'on concevrait toutefois une expérience localisée à certains districts miniers. Ainsi a procédé l'Etat prussien, lorsqu'il a racheté, pour les exploiter en régie, plusieurs mines situées en Westphalie. — Cf. Weiss, *op. cit.* — Le procédé peut avoir certains avantages, par exemple celui de paralyser les manœuvres des trusts miniers en vue de provoquer une hausse exagérée des combustibles, ou des matières premières nécessaires à l'industrie. Il est même particulièrement recommandable, lorsque des gisements houillers importants viennent à être découverts; pour ces gisements, qui sont encore *res nullius*, le principe du respect des droits acquis ne peut plus être invoqué, et l'Etat peut examiner en toute liberté s'il convient de leur appliquer le système traditionnel de la concession perpétuelle, ou de recourir aux concessions temporaires, voire même d'exploiter *en régie*; cette dernière combinaison paraît indiquée, lorsque l'Etat, exploitant déjà en régie ses voies ferrées, est un gros consommateur de houille.

La question s'est précisément posée en ces termes, en 1901, en Belgique, à la suite de la découverte en Campine, dans le Limbourg belge et la province d'Anvers, de riches gisements houillers. — Le parti socialiste et le parti libéral s'entendirent pour soumettre au Parlement belge un projet de loi tendant à réserver à l'Etat, pour l'exploitation en régie, une vaste zone dans le nouveau bassin (propos. Hanrez, *Rev. pratique* [belge] *de dr. industriel*, oct. 1902, p 314). — Cf. conclus. de Waxweiler (*Le charbon dans le nord de la Belgique*, *op. cit.*; v. aussi *Quest. pratiques*, 1904, 520, et 1906, 128). L'on argumente notamment en ce sens, soit des heureux résultats de l'exploitation par la Prusse des mines de Westphalie (revenu net annuel moyen de 20 millions de marks, et influence prépondérante dans les cartells miniers), et des expériences, non moins heureuses, du Luxembourg depuis 1874, et des Pays-Bas dans le Limbourg hollandais, à proximité précisément des nouveaux gisements belges (L. 26 juin 1901). La question est encore pendante devant le Parlement; toutefois, le gouvernement belge s'est prononcé contre la régie. Il s'est borné à déposer, le 23 déc. 1904, un projet de loi tendant, le principe de la loi de 1810 (concession perpétuelle) étant maintenu, à renforcer les droits de l'Etat, notamment au point de vue des causes de déchéance, de la protection des ouvriers par des clauses insérées dans les cahiers des charges, et de la participation de l'Etat dans les bénéfices. — Van den Smissen, *Les modifications proposées à la législation minière* (*Revue* [belge] *des accidents du travail*, 1905, p. 193); Louzon, *Le régime légal de la propriété des mines, en Prusse, en Belgique et Hollande*, th. 1907. — Il est entendu d'ailleurs qu'une partie seulement des bassins houillers sera concédée, l'Etat se réservant d'apprécier par la suite l'opportunité d'une régie limitée à une certaine zone. — Le parti socialiste français s'est divisé sur la question. Le groupe révolutionnaire réclame la nationalisation immédiate de tout le sous-sol et l'exploitation exclusive des mines par les travailleurs (proposition Zévaès, 12 janv. 1899, Ch., *Doc. parl.*, n° 699, et Paul Constans, 14 juin 1906, Ch., *Doc. parl.*, n° 102, p. 586). — Cf. résol. du Congrès international des mineurs (Paris, juin 1908). Mais les politiques du parti se contenteraient d'une législation organisant la déchéance des concessionnaires des mines non

des observations précédentes, c'est qu'en matière d'exploitation minière, le système du monopole est le seul conforme aux intérêts généraux de l'Etat et aux besoins de l'industrie manufacturière. — Sur les autres questions intéressant l'exploitation des mines ou la protection du personnel (hygiène et sécurité, durée du travail, salaire minimum et réglementation légale de la production, retraites, comités de conciliation ou conseils d'arbitrage, v. *supra*, n° 643, et *infra*, n°s 823, 941, 1028, 1320.

658. — Houille blanche[1]. — Des lois françaises organisant le monopole minier, il convient de rapprocher les projets de loi tendant à ériger les chutes d'eau (houille blanche), cette réserve inépuisable de l'avenir, en propriété spéciale distincte du sol, qu'il appartiendrait à l'Etat de concéder, comme il concède aujourd'hui le tréfonds, au mieux des intérêts généraux de l'industrie. Chacun aujourd'hui s'accorde à reconnaître l'insuffisance de notre législation civile, vieille d'un siècle, pour résoudre d'une façon satisfaisante les conflits d'intérêts nés du développement des usines hydrauliques ou hydro-électriques, et des applications nouvelles du transport de la force à distance [2]. Mais il y a

---

exploitées ou abandonnées, et leur exploitation en régie par l'Etat, concurremment avec celle des gisements non encore concédés (prop. Colliard, 6 nov. 1900, Ch., *Doc. parl.*, n° 1890, et Basly, 12 juin 1906, Ch., *Doc. parl.*, n° 31, p. 485). Ces divers systèmes ont été examinés par la Commission parlementaire d'enquête sur le régime minier nommée par la Chambre en nov. 1902, mais aucun débat public n'a encore eu lieu sur l'ensemble de la question devant le Parlement français. — A signaler d'autre part une proposition intéressante de M. Goblet, inspirée par le désir de favoriser la formation de coopératives minières, proposition tendant : 1° à faciliter la reprise par l'Etat des mines abandonnées, et de celles temporairement inexploitées par suite d'une grève, lorsque la cessation du travail se sera prolongée plus de deux mois sans qu'une proposition d'arbitrage ait été acceptée ou ait pu aboutir ; 2° à instituer, pour ces mines, ainsi rentrées dans le domaine public, des concessions temporaires de vingt-cinq ans au profit des associations ouvrières (propos. Goblet, déc. 1893, Ch., *Doc. parl.*, *Off.* 1894, p. 193). — V. au surplus, sur la *mine aux mineurs*, et le développement du système coopératif appliqué au sous-sol : titre IV, *infra*.

[1] Bibliographie. — Tavernier, *Les forces hydrauliques des Alpes en France, en Italie et en Suisse*, 1900, et *Les grandes forces hydrauliques des Alpes* (rapp. prés. à la *Soc. d'écon. pol. de Lyon*, le 7 nov. 1901); Bougault, *Législation des chutes d'eau*, 1902; *Bulletin de la Société d'Etudes législatives*, 1901, 2, n° 3, et 1903, 1, 2 et 4; Brouilhet, *Autour du Congrès de la houille blanche* (*Quest. prat. de lég. ouvr.*, oct. 1902); *La houille blanche*, compte rendu du Congrès de Grenoble, 2 vol., 1903; Pascaud, *La houille blanche*, 1904; Bourdon, *Contrats d'utilité générale passés au profit d'une collectivité*, 1904, p. 180 et s.; Bogaers, *La houille blanche*, th. 1904; Bresson, *La houille verte*, 1905; J. Knight, *La houille blanche* (*Ann. des Sc. polit.*, 1906, 337); Rouland, *La houille blanche et la houille verte* (*Econ. franç.*, 2 mars 1907); Moncorger, *Fonction économique et réglementation légale des inventions permettant le transport de la force*, th. 1908.

[2] La jurisprudence s'efforce cependant, dans la mesure où les textes du Code civil le permettent, de concilier les droits de la propriété avec les nécessités de l'industrie, et de combattre les prétentions exagérées des *barreurs de chute*. — Cons. notamment

divergence sur le choix des moyens : les uns se prononçant en faveur de la constitution d'un monopole nouveau, analogue à celui résultant pour les concessionnaires de mines de la loi de 1810, d'autres en faveur d'un régime de concessions *temporaires*, d'autres enfin donnant la préférence à un système tendant à faciliter, par voie de licitation, la concentration aux mains des usiniers des droits d'usage appartenant à tous les riverains[1]. Les trois thèses ont été récemment soumises au *Congrès de la houille blanche* (Grenoble, septembre 1902).

Un quatrième système, qui paraît avoir à l'heure actuelle les préférences du Parlement, est celui du projet déposé le 15 janvier 1904 (Ch., *Doc. parl.*, n° 1442) sur le bureau de la Chambre par M. Mougeot, ministre de l'agriculture, tendant à créer deux nouvelles catégories d'usines hydrauliques, les usines privées privilégiées, et les usines d'utilité publique autonomes, ayant pour objet principal l'alimentation d'un ou de plusieurs services publics. Les concessions intervenues au profit des usines du second type sont *temporaires* (art. 13 du projet); chaque cahier des charges en détermine la durée[2].

---

sur ce point : Grenoble, 7 août 1901, trib. civ. Bonneville, 12 février 1901, D. 1902, 2, 275, et la note de M. Capitant. — Cf. Cass., 24 juillet 1901, D. 1901, 1, 464.

[1] Le projet de loi déposé sur le bureau de la Chambre par M. Baudin, min. des trav. publics, le 6 juill. 1900 (annexe n° 1822, p. 22), et repris comme propos. de loi par MM. Baudin et Millerand, se prononçait en faveur d'un système de *concessions temporaires* (cf. concessions trentenaires renouvelables de la loi italienne de 1884; cf. projets de loi suisse et norvégien); la Commission parlementaire saisie alors du projet lui substitua un autre texte consacrant le principe de la concession *perpétuelle*, à l'instar des concessions minières de la loi de 1810 (rapp. Guillain, Ch., 1900, annexe n° 1536. — Cf. proposition Guillain, 23 juin 1903). Mais les travaux de cette Commission devinrent caducs à l'expiration de la législature, et la Commission actuelle, ainsi que nous l'indiquons au texte, paraît avoir des tendaces différentes. — L'avant-projet élaboré par MM Michoud et Pinat, approuvé par la Ch. de comm. de Grenoble et par la majorité des Ch. de comm. de la région du Rhône, maintient au contraire les droits des riverains, et tend simplement à faciliter la concentration de ces droits aux mains des usiniers, par voie de licitation. — V. dans le *Bull. de la Société d'Etudes législatives*, 1901, 2, n° 3, le texte de ce projet, ainsi que des discussions approfondies auxquelles il a donné lieu. — Cons. principalement le contre-rapport de M. *Berthélemy*, dans le sens de la création d'un monopole sous forme de concessions *temporaires*, analogues aux concessions administratives actuelles sur le domaine public (*ibid.*, p. 269 et suiv.). — V. aussi, dans le sens de la nationalisation des forces motrices : Massigli et Saleilles (*ibid.*, 1901, p. 507), et dans le sens individualiste (anal. proj. Michoud), l'étude de MM. Hauriou et Ader, *ibid.*, 1903, 127. — Sur le droit comparé, v. Delpech, *ibid.*, 1903, 69.

[2] Ce projet, et les autres propositions sur le même objet, ont fait récemment l'objet d'un rapport d'ensemble de M. Lebrun (Ch. dép., 21 févr. 1908, annexe n° 1535, *Offic.* du 22 févr.). Il est donc permis d'espérer que la question, si importante au point de vue économique, ne tardera pas à faire l'objet d'une discussion publique. — Ne pas confondre avec ces projets, tendant à réglementer les usines créatrices de l'énergie hydro-électrique, la loi précédemment rapportée, du 15 juin 1906 (v. *supra*, n° 642 *bis*), dont l'objet exclusif est de réglementer l'énergie créée. — Cf. décrets du 17 oct. 1907 sur le contrôle des distributions d'énergie, et du 17 mai 1908 établissant

659. — Chemins de fer[1]. — C'est par des considérations analogues à celles invoquées précédemment au sujet des mines que l'on peut justifier le monopole des *chemins de fer* : soit que l'État exerce ce monopole en régie, comme en Allemagne, en Suisse, en Italie, en Belgique, etc., pour l'ensemble du réseau, ou en France pour les lignes de l'État; soit que, tout en s'attribuant la propriété du réseau, envisagé comme une dépendance du domaine public, il en concède temporairement, comme en France pour la très grande majorité des voies ferrées, l'exploitation à des compagnies privilégiées.

---

un cahier des charges-type pour les distributions publiques d'énergie. — Il est permis de regretter que les deux questions, connexes, n'aient pas fait l'objet d'une législation d'ensemble. — En attendant le vote de la loi sur les usines hydrauliques, l'État s'efforce de réserver l'avenir. C'est ainsi que le cahier des charges-type, établi en 1908, pour les concessions de distribution publique d'énergie électrique par les communes ou syndicats de communes, limite à quarante ans la durée maxima de la concession.

[1] Bibliographie : Picard, *Traité des chemins de fer*, 4 vol., 1887 ; Colson, *Transports et tarifs*, 2e édit., 1898, et *Cours d'économie politique*, t. VI, 1908 ; de Kaufmann, *La politique française en matière de chemins de fer*, trad. Hamon, 1900 ; Salerou, *Le rachat des chemins de fer et leur exploitation par l'État*, 1900 ; Fochier, *Exploitation des chemins de fer par l'État en Allemagne*, 1901 ; Raynaud, *Étude sur la nationalisation des chemins de fer suisses*, th. 1901 ; Astier, *De la clause de rachat dans les concessions de chemins de fer*, 1902 ; P. Léon, *Fleuves, canaux, chemins de fer*, avec préf. de P. Baudin, 1903 ; Edg. Milhaud, *Le rachat des chemins de fer*, 1904 ; Wickersheimer, *A propos du rachat du chemin de fer de l'Ouest*, 1906 ; Gillet, *Le rachat des Compagnies de chemins de fer en France*, 1906 ; Morette, *Le rachat du réseau de l'Ouest*, th. 1907 ; Berthélemy, *Droit administratif*, 4e édit., p. 644 et suiv. ; Hauriou, *Droit administratif*, 6e édit., p. 698 ; Chardon, *Les travaux publics*, 1907, p. 242 et suiv. — Articles de revues : Walras, *L'État et les chemins de fer* (*Rev. du dr. public*, mai-août 1897) ; Roussel, *Le rachat des chemins de fer* (*Rev. polit. et parl.*, déc. 1899, janv. et mars 1900) ; P. Leroy-Beaulieu, *Le rachat des chemins de fer* (*Econom. franç.*, 1er févr. et 12 avril 1902) ; *Les deux méthodes, contrôle et rachat* (*ibid.*, 2 mars 1907) ; G.-L. Jaray, *Le rachat des chemins de fer de l'État français* (*Ann. des sc. polit.*, 1902) ; G.-L. Jaray et Piétri, *Le régime des chemins de fer en Italie* (*Rev. de science et législ. financ.*, janv.-mars 1905) ; Peschard, *Les chemins de fer de l'État belge* (*Rev. polit. et parl.*, 1906, 2, 233, et 504) ; Berthélemy, *Le rachat des chemins de fer* (*Quest. pratiques de législ. ouvr.*, 1907, 65 et suiv.) ; Porte, Chronique des transports, *Le rachat de l'Ouest* (*Rev. d'econom. polit.*, janv. 1907, févr. 1907 et 1908, 130) ; Reboud, *Les conséquences financières du rachat de l'Ouest* (*ibid.*, avril 1908) ; Perrinjaquet, *Le rachat de l'Ouest devant le Sénat* (*ibid.*, 1907) ; *Les chemins de fer italiens* (*Monde économique*, 23 mars 1907) ; Boudenoot, *Le rachat des chemins de fer de l'Ouest* (*Rev. polit. et parl.*, déc. 1907). — V. aussi les chroniques des *Quest. pratiques*, 1906, 383 ; 1907, 323 ; 1908, 38 et 126. — Cpr, parmi les nombreux travaux parlementaires consacrés à la question du rachat : Bourrat, rapport (favorable) à la Commission des chemins de fer, oct. 1899 (Ch., *Doc. parl.*, n° 831, p. 934), discours à la Chambre, le 3 déc. 1901, lors de la discussion générale du budget, et rapp. au nom de la Commission du budget (Ch., *Doc. parl.*, sess. extraord. 1906, p. 208 et suiv.) ; rapp. Klotz (favorables) à la Chambre, des 30 oct. 1902, 20 mai 1903 et 12 juin 1906 ; rapp. Aimond à la Chambre sur le projet de loi tendant au rachat de l'Ouest (Ch., 29 nov. 1906, ann. n° 486, favorable) ; rapp. Prévet au Sénat (Sén., 23 mai 1907, ann. n° 121, défavorable).

L'expérience a démontré, notamment aux *Etats-Unis*, qu'en matière de transports par voie ferrée, la concurrence est un état instable, plein de périls pour le commerce et même pour les voyageurs, qui fatalement aboutit à la constitution, au profit des sociétés les plus puissantes ou des lignes concurrentes syndiquées, d'un monopole de fait beaucoup plus nuisible que le monopole légal : ce dernier ayant pour contrepoids nécessaire l'obligation pour les Compagnies privilégiées de se conformer à un tarif imposé, ainsi qu'aux prescriptions réglementaires multiples imposées par la charte de concession, tant dans l'intérêt des voyageurs ou des expéditeurs que dans l'intérêt supérieur de l'Etat ou de la défense du territoire (Cf. Cauwès, t. IV, n° 1170; Gide, p. 178) [1].

660. — *Régie ou concession : question du rachat.* — Ici encore, par conséquent, la question ne se pose pas entre la libre concurrence et le monopole, mais bien entre le monopole exercé en régie par l'Etat et le monopole concédé. Les partisans de l'exploitation directe par l'Etat, plus ou moins largement pratiquée en Allemagne, en Autriche-Hongrie, en Italie, en Russie, en Belgique, en Suisse [2], etc., sont ici beaucoup plus nombreux que pour les mines; effectivement, aucune question de propriété n'est en jeu, la propriété des chemins de fer appartenant à l'Etat français, et celui-ci s'étant réservé le droit d'en reprendre la libre disposition en rachetant les concessions avant leur expiration. D'autre part, le régime des concessions, complété par le lourd fardeau des *garanties d'intérêts* (V. Cauwès, t. IV, n° 1165, Berthélemy, p. 665), a soulevé les plus vives critiques; si bien que l'on a pu, non sans de sérieuses apparences de raison, envisager le rachat comme une opération susceptible d'alléger le budget national, et de lui rendre plus d'élasticité [3].

---

[1] Sur les efforts tentés aux Etats-Unis, un peu tardivement et avec une efficacité douteuse, pour lutter contre la tyrannie des *pools* et *trusts*, résultat d'une liberté non réglementée à l'origine (*Interstate commerce act, Anti trust law*, etc.), v. *supra*, n° 601, et notre article précité de la *Rev. polit.* (nov. 1902). — Cf. *Railway and traffic problems* (*Annals of American Academy*, n° de mars 1907) ; Colson, *Rev. des transports* (*Rev. polit. et parl.*, août 1905) ; Baulig, *Les chemins de fer américains et le contrôle de l'Etat* (*Journal des Débats*, 23 juin 1905) ; Pierre Leroy-Beaulieu, *Le développement des tendances étatistes et la réglementation des chemins de fer aux Etats-Unis* (*Econom. franç.*, 3 juin 1905) ; Viallate, *La question des chemins de fer aux Etats-Unis* (*Rev. économ. internat.* 1906, IV, n° 2, p. 349).

[2] La Belgique (loi de 1897 achevant la nationalisation du réseau, *Ann. lég. étrang.*, 1898, 497) et la Suisse (loi fédér. du 15 oct. 1897) ont, à quelques mois de distance, racheté les réseaux encore exploités par des Compagnies, et instauré sur l'ensemble du territoire l'exploitation de l'Etat. La même opération a été récemment effectuée en Italie (loi du 22 avril 1905, appliquée à partir de 1906).

[3] Le 21 octobre 1901, MM. Bourrat et Sembat, reprenant une proposition déjà plusieurs fois formulée devant les Chambres, notamment en 1895, en 1899, etc., dé-

Or la question de propriété et la question budgétaire étant écartées, le système de l'exploitation directe par l'Etat paraît, en somme, présenter plus d'avantages que d'inconvénients. Ce système, en effet, donne la liberté des tarifs, et permet de substituer à une tarification, établie avant tout en vue des actionnaires, un ensemble de taxes moins lucratives peut-être pour l'exploitant, mais plus conformes à l'intérêt du public, qui réclame avant tout, pour les marchandises, des taxes modérées, établies sur des bases souples et d'une vérification facile, et pour les voyageurs le bon marché des transports. La multiplicité des réseaux entraîne fatalement des complications, des frais frustratoires de toute sorte ; l'unification du réseau sous une direction unique, et son raccordement (comme en Allemagne) avec toutes les grandes voies navigables, auquel les Compagnies commercialement exploitées s'opposent par tous les moyens [1], ne pourraient manquer de contribuer au développement économique du pays.

L'exploitation directe par l'Etat présente en outre, au point de vue de l'organisation de la défense, des avantages évidents ; cette considération a contribué puissamment au rachat des chemins de fer par les Etats allemands, spécialement par la Prusse ; et peut-être la France aurait-elle, le cas échéant, le plus grand intérêt à opposer au réseau allemand son propre réseau unifié.

661. — *Incapacité prétendue de l'Etat industriel.* — L'on nous oppose, il est vrai, l'incapacité prétendue de l'Etat industriel ; mais cette thèse *a priori* est contredite par les heureux résultats de l'exploitation par l'Etat en Allemagne [2], en Belgique (malgré quelques voix dissidentes), voire même en France, où cependant les lignes exploitées en régie,

---

posaient un amendement au budget des travaux publics, prescrivant le rachat par l'Etat des quatre réseaux de l'Ouest, de l'Est, du Midi et d'Orléans. Les sommes dues par ces quatre Compagnies au titre de la garantie d'intérêts étant, d'après le calcul des auteurs de la proposition, supérieures au prix d'acquisition de leur réseau, le rachat n'eût imposé au Trésor aucun débours, et n'eût constitué en un certain sens qu'une *opération d'écritures.* — Cf. Cauwès, t. IV, n° 1186 ; Berthélemy, p 665 ; Salerou, *op. cit.*, p. 33. — Sur le rachat de l'Ouest, v. n° 661 *bis*, *infra*.

[1] Les délibérations des Chambres de commerce du Sud-Est, et spécialement de la Chambre de commerce de Lyon, hostile cependant au rachat, sont significatives à cet égard. Il est hors de doute que la Compagnie P.-L.-M. a tout mis en œuvre pour empêcher l'utilisation rationnelle d'un réseau fluvial merveilleux qui, bien aménagé, abaisserait considérablement le coût des transports (Saône, Rhône et canaux de raccordement avec les bassins de la Loire, de la Seine et du Rhin). — Cf. travaux de M. Tavernier ; Pierre Baudin, *Forces perdues*, 1903, p. 67 ; P. Léon, *op. cit.* ; Frécon, *La navigation du Rhône*, th. 1907.

[2] Le produit net de l'exploitation des chemins de fer allemands s'est élevé en 1906-1907 à 1,154 millions de francs, contre 1,112 en 1905-1906, soit un excédent de 42 millions (Colson, *Rev. des questions de transports* [*Rev. polit. et parl.*, mai 1908]).

enchevêtrées dans les grands réseaux concurrents de l'Ouest ou de l'Orléans, sont dans une situation défavorable au point de vue commercial [1]. Au surplus, les abus reprochés aux administrations d'Etat, même autonomes (comme le serait évidemment la régie des chemins de fer), sont également imputables au personnel des grandes compagnies (Courcelle-Seneuil, *Traité d'écon. polit.*, t. II, p. 309 ; Cauwès, t. IV, n° 1190 ; Berthélemy, p. 629).

Il est même plus facile à l'Etat, par une réglementation rationnelle, de mettre fin à ces abus dans une exploitation dépendant directement de lui, que dans un réseau géré par un conseil d'administration, sur les agissements duquel le contrôle du ministre des travaux publics ne pourra jamais s'exercer très efficacement [2].

Ces considérations, maintes fois développées à la tribune ou dans la presse, ont déterminé en France un courant d'opinion assez marqué (malgré l'opposition de la majorité des chambres de commerce) en faveur du rachat ; et, le 23 janvier 1902, la Chambre, adoptant partiellement la thèse de M. Bourrat, se prononçait, par voie de résolution, en faveur du principe du rachat des réseaux du *Midi* et de l'*Ouest*, c'est-à-dire des deux réseaux qui font le plus largement appel, chaque année, à la garantie d'intérêts [3].

---

[1] Financièrement parlant, l'opération du rachat en Suisse a d'abord donné quelques mécomptes (Raynaud, *op. cit.*) ; mais aujourd'hui les difficultés du début sont surmontées, et les recettes excèdent de beaucoup les dépenses (132 millions de recettes contre 87 millions de dépenses en 1906). Les tarifs de marchandises ont été simplifiés et réduits, les horaires améliorés, le matériel accru et perfectionné, les salaires du personnel relevés (Clerget, *op. cit.*, p 188 et suiv.). — En France, le réseau d'Etat, bien que constitué dans les conditions les plus défavorables, par le groupement de plusieurs lignes improductives, enchevêtrées dans le réseau de l'Ouest et de l'Orléans, donne aujourd'hui des bénéfices appréciables (14 millions en 1906), bien que les tarifs aient été réduits (les tarifs des chemins de fer de l'Etat sont *tous* inférieurs à ceux des Compagnies), et que d'heureuses initiatives aient été prises en faveur des voyageurs. — Berthélemy, *op. cit.*, p. 676 ; Colson, *Rev. polit. et parl.*, 1905, t. XLIV, p. 394 ; Gérald, rapp. sur le budget des chemins de fer de l'Etat pour 1908, Ch., déc. 1907, n° 1250. — Dès l'instant que, de l'aveu même de certains économistes peu favorables à l'étatisme, tels que M. Colson, la régie française de l'Etat ne mérite aucune critique sérieuse, de quel droit nous oppose-t-on par exemple les défectuosités de l'exploitation du réseau belge (Peschaud, *op. cit.*), ou du réseau d'Etat italien, qui, constitué d'hier et prenant la place de Compagnies obérées, n'est point encore sorti de la période de début ? — Au surplus, dès 1907, les recettes nettes du réseau italien ont atteint 2,41 du capital affecté au rachat, malgré l'augmentation des salaires et l'abaissement des tarifs. — Della Volta, *Résultats de l'exploitation des chemins de fer de l'Etat en Italie* (*Econom. franç.*, 30 mai 1908).

[2] L'aveu de cette insuffisance des moyens d'action du gouvernement pour vaincre l'inertie ou le mauvais vouloir des Compagnies, a été fait sans ambages par M. Baudin, ministre des travaux publics, au cours de la discussion du budget des travaux publics, le 12 janvier 1900.

[3] Le rachat successif par l'Etat français, puis par la colonie algérienne, aujour-

661 *bis.* — *Rachat de l'Ouest.* — *Conclusions.* — La question du rachat global de ces quatre réseaux soulevant à la fois des difficultés de principe et d'exécution, et la situation des réseaux de l'Orléans et de l'Est s'étant améliorée, le gouvernement crut préférable de limiter l'opération du rachat au *réseau de l'Ouest,* et déposa en ce sens un projet de loi (5 nov. 1906) que, dès le 7 déc. 1906, la Chambre votait à une grande majorité.

Au Sénat, au contraire, le projet se heurta tout d'abord à une résistance énergique ; un rapport défavorable fut déposé par M. Prevet en mai 1907, et le gouvernement dut poser la question de confiance pour enlever, à une faible majorité, le vote de la loi (L. du 13 juillet 1908). — Cons. à l'*Officiel* les discours prononcés au Sénat par MM. Barthou, ministre des travaux publics (2-6 juin), et Caillaux, ministre des finances (12 juin)[1].

Comme conclusion de ce trop bref aperçu, nous citerons ce passage, très juste, à notre avis, d'un jurisconsulte non suspect de concessions

---

d'hui investie de l'autonomie financière, des réseaux de la Compagnie franco-algérienne (l. 12 déc. 1900), et de l'Est algérien (loi 23 juill. 1904, D. 1904, 4, 66, vote des délégations financières, juin 1906), est une nouvelle étape dans la voie de l'extension du réseau d'Etat. Les conditions d'exploitation de ces deux Compagnies étaient si déplorables que les adversaires mêmes du rachat ont dû reconnaître la nécessité urgente de cette étatisation (*Journal des Débats*, n° 8 juin 1906). — Sur les chemins algériens, cons. Colson, *Rev. des quest. de transport* (*Rev. pol. et parl.*, août 1905). — Cons. notamment, en faveur du principe de l'exploitation en régie des chemins de fer : Cauwès, t. IV, n° 1188 ; Berthélemy, p. 666 ; Salerou, Fochier, Milhaud, Wickersheimer, Porte, Morette, Bourrat, Klotz, Aimond, *op. citt.*, etc. — V. en sens contraire : Paul Leroy-Beaulieu, *Sc. des finances*, t. Ier, 5e édit., p. 544 ; Kaufmann, Roussel, Peschaud, Prévot, Boudenoot, *op. citt.*, etc. — V. aussi, contre le rachat de l'Ouest : Perrinjaquet et Reboud, *op. citt.*

En fait, le système de l'exploitation directe par l'Etat, pour les industries monopolisées, tend de plus en plus à se substituer au système de la concession, de l'entreprise, ou de la ferme, tant en France qu'à l'étranger. C'est ainsi que pour la fabrication des *monnaies*, la loi du 21 juillet 1879 a substitué la régie à l'entreprise, que l'Etat, par la loi du 27 décembre 1889, a repris l'exploitation directe de la fabrication des *allumettes*, affermée en 1875 à une compagnie concessionnaire, et qu'il a racheté, en exécution de la loi du 16 juillet 1889, les réseaux exploités par la Société générale des téléphones. La même évolution se dessine pour le domaine communal, ainsi que nous l'indiquons au § 2, *infra.* — Cette évolution nécessitera sans doute la transformation de certains rouages, l'institution de régies plus ou moins autonomes, dotées d'un budget spécial, ayant la faculté d'emprunter (*Sic* : déclar. de MM. Barthou et Caillaux à la Chambre et au Sénat, au cours de la discussion du rachat de l'Ouest). Mais cette transformation, escomptée par les partisans du rachat, commencée déjà en certains pays, notamment en Suisse pour le réseau des chemins de fer fédéraux, en Italie pour les exploitations municipales, n'a rien qui justifie les alarmes plus ou moins sincères des défenseurs des Compagnies. — Cf. Bouvier, *La municipalisation des services publics*, 1907. — V. aussi : Dr Heckel, *Eisenbahnverwaltung und Finanzpolitik in Preussen* (*Jahrbüch Nationalœk. und Stat.*, 1902, II, 75) ; Pierre Baudin, *Le réseau d'Etat* (*Journal*, 24 nov. 1906).

[1] V. le résumé des débats parlementaires dans l'étude de M. Amieux sur *Le rachat de l'Ouest* (*Quest. prat.*, août-sept. 1908).

excessives au collectivisme, M. Berthélemy (*Traité*, p. 666)[1] : « Cédant trop facilement à des *préjugés que les financiers et les grandes compagnies ont soigneusement entretenus*[2], d'excellents esprits se plaisent à faire de l'expérience du rachat un véritable épouvantail... Il m'est impossible de ne pas considérer ce pessimisme comme une injustice. Je ne me dissimule aucunement la gravité de certaines objections que soulève l'exploitation administrative... Mais je rappelle que ces inconvénients sont compensés par des avantages peu contestables. Le rachat, certes, ne s'impose pas, comme certains l'affirment. Il n'est pas moins exagéré de le considérer comme une mesure révolutionnaire digne d'être repoussée par la question préalable ».

§ 2. — Monopoles municipaux. — La commune industrielle[3]

662. — Causes du développement de la municipalisation des services publics. — Des considérations analogues à celles développées *supra*, en faveur du rachat des voies ferrées par l'Etat, devaient logique-

---

[1] M. Berthélemy, il est vrai, s'est récemment prononcé contre le rachat de l'Ouest (*Quest. pratiques*, 1907, 65), mais pour des raisons d'opportunité pure, que nous ne pouvons examiner ici, et qui n'infirment en rien son opinion en faveur du principe même du rachat.

[2] Sur les procédés mis en œuvre à cet effet, v. les curieux renseignements donnés par M. E. Milhaud, *op. cit.* (chap. Ier : *Comment les grandes Compagnies travaillent l'opinion publique?*).

[3] Bibliographie. — Ouvrages français : Pilon, *Monopoles communaux*, 1899; Roger, *Le domaine industriel des municipalités*, 1901 ; Stehelin, *Essais de socialisme municipal*, 1901 ; Montet, *Etudes sur le socialisme municipal anglais*, 1901 ; Métin, *Le socialisme en Angleterre*, p. 23 et s.; Vermaut, *Les régies municipales en Angleterre*, 1903; des Cilleuls, *Le socialisme municipal à travers les siècles*, 1905; Brès, *De la municipalisation des services d'intérêt public en Italie*, th. 1905; Bourguin, *Systèmes socialistes*, p. 296 et s. et annexes; Mauras, *Les transports en commun dans Paris*, th. 1905; Mercier, *Exploitations municipales commerciales ou industrielles en France*, th. 1905; Brees, *Les régies et concessions communales en Belgique*, 1906; Copper, *Industries communales, eau, gaz, électricité*, 1906; Gaucheron, *Etude sur l'œuvre économique des municipalités*, th. 1906; Veber, *L'éclairage public*, 1906; Bouvier, *La municipalisation des services publics devant la loi et la jurisprudence françaises* (rapp. à l'Assoc. franç. pour l'avanc. des sciences), 1907; Boverat, *Le socialisme municipal en Angleterre et ses résultats financiers*, th. 1907; Barbat du Closel, *Les entreprises municipales de la ville de Glasgow*, th. 1907; Mars, *La boulangerie municipale de Catane*, th. 1907; Cadoux, *La vie des grandes capitales*, 1908; Penso, *La réforme municipale*, broch. in-8° ; Bussy, *La municipalisation des tramways, les résultats financiers à l'étranger*, th. 1908 (et la bibliographie jointe).

Ouvrages anglo-américains : Sidney Webb, *Socialism in England*, 3e éd., 1901; L. Darwin, *Municipal Trade*, 1903; B. Shaw, *The common sens. of municipal trading*, Londres, 1904; Meyer, *Municipal Ownership in Great Britain*, New-York and London, 1906; Lord Avebury (sir John Lubbock), *On municipal and national trading*,

ment déterminer les municipalités à donner, en principe, la préférence à l'exploitation en régie sur le système des concessions à long terme, pour les services publics de distribution d'eau, de gaz ou d'électricité, voire même pour d'autres services d'intérêt commun, tels que les transports urbains.

Cette tendance des municipalités à enlever aux compagnies concessionnaires les monopoles concédés par elles pour les exploiter directement est généralement qualifiée de *socialisme municipal*. Cette expression n'est que partiellement exacte. Il est bien évident que le développement de l'activité industrielle des communes est conforme au programme du parti socialiste, et qu'en Angleterre, par exemple, la *Fabian Society* a entendu travailler à la réalisation de ses rêves d'avenir en poussant énergiquement à la municipalisation des services. Mais il est cependant essentiel de remarquer que l'on peut fort bien, sans être socialiste, se prononcer très nettement en faveur de l'évolution que nous étudions. C'est ainsi qu'en Angleterre comme en France, plusieurs villes importantes, dont les conseils étaient fort éloignés du socialisme par leurs tendances politiques, n'ont pas hésité à s'engager dans cette voie par des motifs d'intérêt général, et de justice fiscale, et qu'après expérience faite, elles entendent y persévérer[1].

Londres, 1906, et trad. Elissen, Paris, 1908; *Fabian tracts*; London County Council, *Annual Report*; Manchester corporation tramways, visit of the municipal deputation of Lyon, 1906.

Revues : Hauriou, *Dangers des monopoles de fait* (*Rev. de dr. public*, 1894, p. 78); Mataja, *Le socialisme municipal* (*Rev. d'écon. polit.*, 1894, 968, et 1895, 45; Mantoux, *Le socialisme municipal à Londres* (*Mus. soc.*, sept. 1900); Avrède, *La municipalisation en Italie* (*Rev. munic.*, 14 mars 1903); Paul Leroy-Beaulieu, *Le socialisme municipal* (*Econ. français*. 1904, 1, 925); Métin, *Deux aspects du mouvement social en Italie* (*Mus. soc.*, Doc., mars 1904); G.-L. Jaray, *Le socialisme municipal* (*Ann. d'écon. et sc. politiques*, 1903 et 1905), et *Le socialisme municipal en Italie* (*Ibid.*, 1904); *Industries municipalisées* (*Quest. prat. de législ. ouvr.*, 1903, 106 et 234; Augagneur, *La régie directe des services publics* (*Ibid.*, 1904, 97); Capitant, *L'exploitation municipale des services de distribution de l'eau, du gaz et de l'énergie électrique à Grenoble* (*Ibid.*, 1905, 40); Nézard, *La municipalisation du service de l'éclairage public et la ville de Paris* (*Rev. de sc. financière*, avril-juin 1905); Dalla Volta, *La loi italienne sur la municipalisation des services publics* (*Ibid.*, 1904, 244); Mater, *L'interprétation juridique du socialisme municipal* (*Rev. socialiste*, 1905, 2, 369); Pic, *Un voyage social en Angleterre, régies municipales, habitations ouvrières* (*Quest. pratiques*, 1907, 105), et *Les régies municipales et le Conseil d'Etat* (*Ibid.*, 1907, 265); Petit, *L'extension du domaine industriel des communes* (*Rev. polit. et parlem.*, 1905, 468, et 1906, 44); de Coppet, *L'exploitation des services industriels publics de Bâle* (*Rev. gén. d'admin.*, sept. 1907); Louis-Paul Dubois, *Le socialisme municipal en Angleterre* (*Rev. des Deux-Mondes*, 1er mars 1908); *Municipal problems* (*Annals of the Americ. Academy*, nov. 1906). — Cons. *Rev. municipale*, *Econ. français*, *Rev. socialiste*, *The Economic Journal*, *Soziale Praxis* (*Kommunale sozialpolitik*), *Réforme sociale*, *Temps*, *Débats*, etc., *passim*. — V. aussi : pour l'Angleterre, le *Municipal Yearbook*, pour l'Allemagne, le *Statistiches Iarhbuch deutscher Städte* (Breslau).

[1] Dans son *Traité de la science des finances* (1re édit., 1877, t. Ier, p. 679), l'un

663. — Il n'est pas indifférent de rattacher la reprise des services en régie à la tendance socialiste, ou à des considérations utilitaires, dégagées de tout doctrinarisme. Le socialisme, en effet, n'envisage cette reprise que comme une étape dans la voie de la socialisation des moyens de production ; aussi cherche-t-il à étendre indéfiniment le domaine des entreprises industrielles des municipalités, préconisant, après la reprise des réseaux urbains de l'eau ou du gaz, l'institution de services municipaux d'alimentation ou de chauffage, la fourniture municipale du logement ou du vêtement, voire même la municipalisation du commerce de banque [1].

L'école interventionniste, au contraire, établit une distinction essentielle entre les *services publics*, répondant aux besoins généraux et permanents de la collectivité, nécessitant pour leur bonne organisation une intervention plus ou moins directe des pouvoirs locaux, et l'industrie proprement dite, dont les libres et multiples manifestations ne sauraient, sans péril, être entravées ou paralysées par une intrusion tyrannique de l'autorité publique. Le critérium de cette distinction ressort des conditions mêmes dans lesquelles s'exploitent ces services publics ou ces industries. — Les industries de l'alimentation, du vêtement, etc., n'ont besoin, pour fonctionner normalement, d'aucun concours, direct ou indirect, de l'administration locale ; — les services publics de distribution d'eau ou de gaz, de transports en commun, etc., au contraire, nécessitent une emprise sur le sol communal, le plus

---

des chefs de l'Ecole libérale, M. Paul Leroy-Beaulieu, s'était déclaré plutôt favorable à l'exploitation en régie, par l'entremise des Compagnies fermières à durée limitée, des services de l'eau et du gaz. Son opinion paraît s'être modifiée depuis lors (*L'Etat moderne et ses fonctions*) ; mais tout récemment encore, un autre économiste libéral, M. Colson, n'hésitait pas à déclarer que « les départements et les communes *trouveraient une source notable de revenus* dans la reprise des distributions d'éclairage, des chemins de fer d'intérêt local et des tramways, *dont le produit, actuellement, est presque tout entier attribué aux concessionnaires* » (*Cours d'économ. polit.*, t. III, *Les finances publiques*, 1905, p. 99). — V. aussi dans Bourguin : *Syst. social.*, la section intitulée « *Exploitations des municipalités* ». Bourguin, interventionniste certes, mais anticollectiviste, voit avec faveur cette extension, d'ailleurs irrésistible, du rôle économique des municipalités — Cf. J. Godart, *Coopération communale* (*Lyon rép.*, n° 5 mars 1908).

[1] Au cours d'une conférence contradictoire sur *la régie directe des services publics par les municipalités* (*Mouvement économique et social dans la région lyonnaise*, t. II, 1905, p. 93), M. V. Augagneur, maire socialiste de Lyon, répondant à une question posée, concernant les limites que comportait la municipalisation, déclara nettement *qu'il n'en voyait aucune*, et ajouta qu'à son avis le système de la régie rendrait de réels services si, au lieu de se limiter aux services publics monopolisés, il était étendu à certaines industries qui, sous le régime de l'exploitation privée, sont condamnées à des *frais généraux excessifs*, telles que la boulangerie. — Cf. Bernstein, *Soc. théor. et soc. prat.*, trad. Cahen, 1900, p. 271 et s. — V. aussi la formule de Chamberlain, citée dans notre étude intitulée « *Un voyage social en Grande-Bretagne* ».

souvent même l'expropriation ou l'occupation temporaire des propriétés privées, et par ce fait même leur exploitation industrielle aboutit à la constitution de *monopoles de fait* plus ou moins exclusifs, même lorsque les municipalités concédantes s'efforcent d'en empêcher la constitution [1]. Monopole pour monopole, mieux vaut en théorie générale un monopole municipal, dont les bénéfices profiteront à la masse, et permettront de faire disparaître ou d'atténuer, parmi les taxes municipales, celles dont le poids pèse le plus lourdement sur les classes populaires.

664. — Le socialisme municipal à l'étranger. — *Angleterre.* — L'Angleterre est l'un des Etats où le socialisme municipal (*municipal trading*) s'est le plus rapidement développé et a poussé les plus profondes racines, grâce à l'esprit de suite des administrations municipales, aux encouragements du *Local government Board*, et à la bonne gestion financière de la plupart des entreprises industrielles des villes anglaises, qui ont trouvé dans cette extension de leur activité un double profit : profit matériel grâce aux plus-values souvent considérables encaissées par elles, profit moral résultant de l'affectation de ces plus-values à des œuvres d'intérêt social, et à des dégrèvements de taxes locales, particulièrement onéreuses pour la masse des contribuables.

Non seulement les villes anglaises, sauf quelques rares exceptions, ont-elles, depuis un certain nombre d'années, municipalisé le service des eaux, non seulement la grande majorité d'entre elles se sont-elles substituées aux compagnies pour la fourniture du gaz, et, plus récemment, de l'électricité (éclairage ou force motrice), — mais un grand nombre ont assumé l'exploitation directe des services de transports en commun, spécialement des tramways électriques : les réseaux de Manchester, Glasgow, Leeds, Liverpool, Birmingham, Huddersfield, etc., sont entièrement municipalisés, le réseau de Londres l'est partiellement et le sera complètement en 1910 [2].

---

[1] L'exemple de Lyon est significatif. En 1897, l'administration municipale passait avec la Compagnie du gaz un nouveau traité posant le principe de la liberté de l'éclairage, et en 1898, forte de ses droits, elle concédait à une société concurrente, la *Société d'énergie électrique*, le droit de distribuer l'électricité, droit d'ores et déjà exercé par la Compagnie de Jonage (Société lyonnaise des forces motrices du Rhône) concessionnaire de l'Etat (loi spéciale d'utilité publique) et de la ville. Or, dès l'année suivante, la Société d'énergie électrique cédait ses droits à la Compagnie du gaz, et bientôt après un consortium intervenait entre les Compagnies du gaz et de Jonage (Roger, *op. cit.*, p. 21). Aux Etats-Unis, le même phénomène s'est produit ; la libre concurrence a presque partout donné naissance à des monopoles de fait, contre lesquels les villes luttent actuellement par la municipalisation. — De Rousiers, *Les industries monopolisées aux Etats-Unis*, *passim*. — V. aussi l'étude précitée de l'*American Academy* (*Annales*, nov. 1906).

[2] Voici quelques chiffres significatifs, empruntés aux statistiques les plus récentes, spécialement au *Municipal Year Book* de 1906. Au 31 mars 1902, 193 municipalités

Un certain nombre d'entre elles ont également institué des bureaux de placement gratuit [1], quelques-unes ont créé un service d'assurances contre l'incendie [2]; d'autres n'ont pas craint de courir les risques

anglaises ou galloises exploitaient en régie leur service des *eaux*; l'on estimait pour les quatre années 1898-1902 à £ 2,032,756 leur profit brut moyen, à £ 90,128 leur profit net. Et encore convient-il de remarquer que la plupart des villes anglaises n'ont pas cherché à exploiter ce service en vue d'en retirer des bénéfices, mais bien plutôt dans l'intérêt de l'hygiène publique; aussi certaines d'entre elles se sont-elles imposé des sacrifices considérables pour l'adduction et la purification des eaux. C'est ainsi que la ville de Glasgow, la métropole industrielle de l'Ecosse, n'a pas hésité à dépenser plus de 100 millions pour la captation et la purification des eaux du lac Katrine, situé à 55 kil. — Pic, *Un voyage social en Grande-Bretagne;* Barbat du Closel, *Les entreprises municipales de la ville de Glasgow.*

Le nombre des autorités locales qui exploitent le *gaz* en régie était, en 1905-1906 de 265 (contre 465 compagnies); leurs recettes s'élevaient à £ 9,546,682 et leurs dépenses à £ 7,034,474 (Boverat, *Socialisme municipal en Angleterre*, p. 138).

Les entreprises municipales d'*éclairage électrique* étaient en 1905 au nombre de 244, contre 136 entreprises particulières seulement. Les premières années ont été déficitaires; mais à l'heure actuelle, le rendement de cette régie est satisfaisant dans l'ensemble. C'est ainsi que la régie de Manchester a réalisé en 1905 un profit net de 4,543 £, et celle de Liverpool 16,934 £ en 1904 (Boverat, *op. cit.*, p. 187).

C'est surtout en ce qui concerne les tramways que les villes anglaises se sont résolument engagées dans la voie de la régie directe. Au 31 mars 1906, les régies municipales de tramways, pour l'ensemble du Royaume-Uni, étaient au nombre de 195, contre 140 réseaux seulement exploités par des compagnies privées. Pour un capital effectivement dépensé s'élevant à 26,175,222 £, les documents officiels font ressortir un rendement net de 2,280,779 £, soit 8,74 0/0 du capital. — Pour certaines villes, les résultats obtenus sont vraiment remarquables. Manchester a encaissé en 1905-1906 un profit net de 50,090 £, soit plus de 1 million de francs; Glasgow accuse un bénéfice encore plus considérable: 56,418 £ en 1905-1906 et 70,279 £ en 1906-1907! (Bussy, *Municipalisation des tramways*).

De tels chiffres sont plus que rassurants. En admettant même, comme l'affirment plusieurs auteurs (Avebury, Boverat, Bussy, etc.), qu'ils doivent être rectifiés, et que, déduction faite des sommes à prévoir pour l'amortissement, inscrites aux comptes généraux de voirie ou d'emprunt, au lieu de figurer au compte spécial de chaque régie, les bénéfices nets doivent être réduits de plusieurs unités (M. Bussy les évalue à 4,03 seulement pour les tramways), l'expérience anglaise de municipalisation est très satisfaisante dans son ensemble et ne justifie nullement le cri d'alarme poussé en 1902 par le *Times*, et répété depuis lors à l'envi par tous les adversaires du *municipal trading.* Vainement ceux-ci excipent-ils du revirement politique qui semble s'être produit, en 1907, dans plusieurs grandes villes anglaises, et à Londres notamment, en faveur d'un retour à la politique conservatrice et anti-étatiste. Il semble bien, en effet, que l'on doive plutôt attribuer la défaite des progressistes londoniens aux élections du *County council* à des causes locales et à certaines entreprises imprudentes (régie des bateaux sur la Tamise notamment) qu'à un mouvement général contre les régies municipales. — Cf. Levasseur, Pic, *op. cit.* — V. aussi, sur les heureux résultats de la municipalisation à l'étranger au point de vue financier, l'étude précitée de M. Bouvier. Cet auteur démontre que l'objection, sur laquelle insistent de préférence les anti-municipalistes, déduite de la progression des dettes municipales anglaises, n'est nullement probante. En effet, l'augmentation a été aussi rapide dans les communes françaises, bien que le mouvement de municipalisation soit très lent en France, pour les raisons indiquées au texte.

[1] Artibal, *Les bureaux municipaux de placement en Europe* (*Rev. municip.*, 26 août 1900).

[2] Breuillé, *L'assurance municipale en Angleterre* (*Rev. municip.*, 10 nov. 1900).

d'une véritable exploitation industrielle en exploitant des imprimeries, des *épiceries* (destinées principalement à la fourniture des établissements hospitaliers [1]), voire même des hôtelleries ou auberges à l'usage des classes pauvres (*lodging houses* de Glasgow, de Londres, etc.).

665. — Mais où les municipalités anglaises ont fait preuve peut-être de l'esprit d'initiative le plus hardi, c'est dans la transformation hygiénique des quartiers populaires. Partant de cette idée que la sauvegarde de l'hygiène publique, l'une des attributions essentielles des conseils urbains, impose à ceux-ci l'obligation, non seulement de faire disparaître les foyers d'insalubrité signalés par les conseils d'hygiène, mais encore d'aider à l'édification de quartiers populaires nouveaux, répondant aux exigences de l'hygiène moderne, plusieurs villes anglaises n'ont pas reculé devant la tâche gigantesque de la reconstruction, en régie, de quartiers entiers, dont les locaux sont ensuite loués aux conditions les meilleures, aux familles de la classe ouvrière ou du petit commerce. La ville de Londres, en particulier, a consacré près de 100 millions à la démolition de quartiers populaires insalubres, et à la construction de quartiers nouveaux, irréprochables au point de vue hygiénique [2].

Ces quelques exemples, choisis parmi les plus caractéristiques, suffisent à mettre en relief l'intensité du mouvement qui entraîne les municipalités anglaises dans la voie de l'exploitation directe des services publics, et de l'exécution en régie des travaux d'intérêt général.

666. — *Allemagne.* — L'Allemagne, elle aussi, s'est engagée résolument dans la même voie. La plupart des grandes villes allemandes exploitent en régie les services de l'eau ou du gaz, ou de l'électricité [3]. Nombre d'entre elles [4] ont municipalisé les tramways. A certains points de vue, notamment en ce qui concerne l'organisation municipale du placement gratuit, l'hébergement provisoire des chômeurs et des tra-

[1] Sur les pharmacies, laiteries municipales, etc., cons. notamment : Breuillé, *Laiteries municipales en Angleterre* (*Rev. municip.*, 23 mars 1901).

[2] Sur la participation active des villes anglaises à l'œuvre des habitations à bon marché, v. notre *Voyage social en Grande-Bretagne*, et notre étude sur *L'habitation ouvrière et la législation française*, 1907. — Pour plus de développements sur la question, v. n° 1347 *infra*.

[3] Sur 1,530 stations électriques recensées en Allemagne en 1907, 1,025 étaient exploitées en régie par l'Etat ou les municipalités (*Soziale Praxis*, 18 juin 1908). La régie municipale du gaz de Berlin rapporte en moyenne annuellement plus de 4 millions de marks (Bouvier, *op. cit.*, p. 15).

[4] Les régies municipales allemandes de tramways s'élevaient fin 1907 au nombre de 43. Certaines sont florissantes. La régie de Münich a produit en 1906-1907 un bénéfice net de 385,541 marks, après prélèvement d'une somme presque égale pour les amortissements (Bussy, p. 243). Nuremberg a réalisé un profit net de 486,039 marks !

vailleurs expulsés pour non-paiement de loyer, la municipalisation de l'assurance-incendie, l'Allemagne a une avance incontestable sur les autres pays. Depuis quelques années, plusieurs grandes villes allemandes ont pris une part directe à l'amélioration des quartiers ouvriers, soit par des subventions aux sociétés de logements à bon marché, soit même par la construction, en régie, de maisons ouvrières. — V. n° 1347 *infra*.

667. — *Autres Etats.* — Le mouvement que nous étudions n'est pas spécial à l'Angleterre et à l'Allemagne. Il est également très marqué en Belgique, en Suisse, en Suède et Norvège, en Danemark, en Italie, aux Etats-Unis, au Canada, etc., et tend à se développer en Russie et dans l'Empire austro-hongrois [1].

668. — Le socialisme municipal en France. — En France, le mouvement de municipalisation serait aussi intense que dans les Etats voisins si la législation d'une part, la jurisprudence du Conseil d'Etat d'autre part, n'apportaient de sérieuses entraves à cette évolution économique.

Dès aujourd'hui, plus de la moitié des villes françaises exploitent directement le service des eaux [2]. Un certain nombre d'entre elles, et cela est vrai surtout des petites villes de montagne à proximité d'une source d'énergie hydro-électrique (houille blanche), possèdent des installations électriques : mais presque toutes les usines à gaz appartiennent à des Compagnies concessionnaires (il existe cependant des usines à gaz municipales à Grenoble, Tourcoing, Maubeuge, etc.), et aucune

---

[1] La régie des eaux fonctionne en Belgique dans un grand nombre de villes, notamment à Liége, à Gand, etc., elle est la règle en Suisse, en Hollande, etc. — En Suisse, en Danemark, presque toutes les usines productrices de lumière sont municipales. En Belgique, la régie de l'électricité fonctionne à Bruxelles, celle du gaz à Bruxelles, à Gand, etc. — Genève a créé elle-même, de toutes pièces, son service des eaux et des forces motrices électriques, et a racheté les concessions du gaz et de l'éclairage électrique. — Berne, Zurich, Milan, etc., exploitent leurs tramways.

En Italie, la municipalisation, d'ailleurs encouragée par le législateur (l. du 29 mars 1903), a parfois revêtu des formes imprévues. Il existe des boucheries, des blanchisseries municipales. Catane, Palerme, ont organisé, sans grand succès il est vrai, des boulangeries municipales : la première a dû liquider.

Au point de vue des résultats, quelques chiffres sont intéressants à noter. La régie du gaz de Bruxelles procure des bénéfices nets variant entre 1,500,000 et 2,200,000 francs par an, celle de Gand a donné en 1902 368,790 francs. — V. les ouvrages et articles précités de Bouvier, Brees, Brès, Bussy, L. Jaray, Dalla Volta, Gaucheron, Cadoux, Mars, de Coppet, etc.

[2] Nous ne possédons sur ce point aucune statistique récente. Mais dès 1892, sur 438 villes françaises de plus de 5,000 habitants, 284 exploitaient ce service en régie (enquête de la Société de médecine publique de France) ; et, depuis cette date, plusieurs grandes villes, Lyon et Nantes en particulier, ont racheté les concessions. — Le régime parisien est, depuis 1860, semi-municipal (Roger, *op. cit.*, p. 63).

municipalité n'exploite encore en régie les services de transport en commun [1]. — Toutefois, au point de vue de l'organisation du placement municipal gratuit, et des services d'assistance (hôpitaux municipaux ou contrôlés par les municipalités, laiteries municipales, etc.), les municipalités françaises ne le cèdent en rien aux organisations étrangères.

669. — Il convient, disons-nous, de chercher la cause de ce retard des municipalités françaises sur les municipalités étrangères dans la loi, et dans la jurisprudence du Conseil d'Etat. — Dans la loi d'abord : en effet, le principe de la liberté du commerce et de l'industrie domine toute notre législation industrielle, et à ce principe une loi seule peut déroger. C'est au nom de ce principe, rigoureusement interprété [2], que le Conseil d'Etat s'est toujours opposé à l'exploitation par les municipalités de boulangeries, boucheries ou pharmacies municipales [3]. C'est par application de ce même principe que l'on doit tenir pour nul tout règlement de police tendant à supprimer ou à restreindre, au regard de certains industriels ou de certaines industries déterminées, la liberté garantie par la loi (V. *supra*, tit. Ier, chap. II). — Un maire ne saurait donc, sans excès de pouvoirs, édicter des règlements destinés à supprimer la concurrence au profit de certains industriels privilégiés, ni limiter le nombre des titulaires d'une industrie dans une ville (Crim. rej., 23 juillet 1869, D. 70, 1, 47; Cons. d'Etat, 12 juillet 1889, D. 91, 3, 18; Trib. civ. Seine, 17 juin 1903, *Mon. jud. Lyon*, 16 septembre 1903. V. aussi : Mater, *Les formes et interprétations juridiques du communisme municipal* (*Rev. d'écon. polit.*, 1908, p. 328). Devrait également être annulé, comme entaché d'excès de pouvoirs, l'arrêté préfectoral réservant à un entrepreneur unique la faculté de faire entrer ses voitures dans la cour d'une gare de chemin de fer (C. d'Etat, 26 février 1864, D. 64, 3, 25).

670. — *Etendue du droit des concessionnaires*. — Quant aux droits exclusifs concédés par les *municipalités*, dans un intérêt de salubrité, de sécurité ou d'ordre public à des entreprises d'éclairage par le *gaz* ou l'*électricité*, ou de distribution d'*eaux*, ces concessions, légitimes en tant qu'elles sont la rémunération du service public confié à ces com-

---

[1] Sauf quelques kilomètres à Langres, et les tramways de Tunis (fin de 1901). La Tunisie, pays de protectorat, se prête à merveille aux expériences législatives que l'on hésite à entreprendre en France.

[2] Pharmacie municipale de Roubaix (avis du Cons. d'Etat, section de l'intérieur, du 17 juill. 1894, D. 98, 3, 3 ; autre avis sur le même objet, du 2 août 1894 (*Rev. gén. d'admin.*, 1894, 3, 434). — Cf. Cons. d'Etat, 1er févr. 1901, D. 1902, 3, 34.

[3] Avis du Conseil d'Etat du 3 août 1894 ; Ch. dép., interpell. de M. Guesde sur l'interdiction de la pharmacie municipale de Roubaix, s. du 20 nov. 1894.

pagnies, sous les conditions et charges déterminées au traité, ne sauraient, sans excès de pouvoirs, dégénérer en un monopole exclusif de la fourniture du gaz ou de l'eau. Il est bien vrai que la commune qui, par traité, concède à une compagnie du gaz ou des eaux le droit exclusif d'établir sa canalisation dans les rues et places de la voirie urbaine, en échange des avantages qu'elle stipule pour elle-même ou pour les habitants (fournitures gratuites pour les services municipaux, tarif maximum pour les particuliers) s'interdit, *ipso facto*, d'autoriser une société rivale à établir un réseau concurrent sur sa propriété (art. 1134 C. civ.) [1]. Mais une telle convention n'équivaut point à un monopole exclusif de fournitures ; d'où cette conséquence, consacrée par plusieurs arrêts de la Cour suprême, et longtemps admise par le Conseil d'Etat, qu'une autre compagnie serait en droit de faire concurrence à la première en utilisant pour sa canalisation une route départementale ou nationale traversant la commune, grâce à une permission de voirie émanée du département ou de l'Etat, au regard duquel la concession municipale est *res inter alios acta* [2].

Mais, dès 1882, le gouvernement, préoccupé de prévenir les conflits qui s'élevaient entre les municipalités et l'administration supérieure, recommandait aux préfets, par une série de circulaires, de ne pas créer un régime pour la grande voirie différent du régime de la voirie urbaine, autrement dit de n'accorder dorénavant aucune permission de voirie susceptible de paralyser un monopole concédé par une commune. Entrant à son tour dans la même voie, le Conseil d'Etat, par un avis du 27 juin 1893, destiné à établir une ligne de démarcation bien nette entre les permissions de voirie et les concessions, reconnaissait formellement à la commune le droit de concéder un service communal, même sur les voies administrées par une autre autorité, l'efficacité de la concession étant toutefois subordonnée, en ce qui concerne ces voies, à une permission de voirie émanée de l'autorité compétente. N'était-ce pas, indirectement, reconnaître au concessionnaire un monopole de fait ? [3].

---

[1] Cons. d'Etat, 26 déc. 1891, D. 93, 3, 25 ; 8 mai 1896, S. 98, 3, 69 ; 4 août 1905, D. 1907, 5, 11. — Copper, t. Ier, p. 123, et t. II, p. 72.

[2] Cass., 26 juill. 1882, D. 83, 1, 106 ; 7 août 1883, *Rev. gén. d'admin.*, 1883, 2, 731 ; Cons. d'Etat, 17 nov. 1882, D. 84, 3, 17 ; 22 juin 1888, *Rev. gén. d'admin.*, 89, 1, 315. — Cf. Toutain, *Concess. d'éclairage au gaz dans les villes* (*Rev. gén. d'admin.*, 82, 2, 267 ; Hérard et Sirey, *Les canalisations d'éclairage électrique*, p. 80.

[3] Il le semble bien, si l'on remarque que le Conseil d'Etat autorise le concessionnaire lésé par une concurrence, établie sur la grande voirie, à recourir contre la ville qui aurait donné un avis favorable à cet établissement. — Cons. d'Etat, 6 déc. 1901, et 20 mars 1903, D. 1903, 5, 403, et 1904, 3, 84. — C'est bien en ce sens que la doctrine interprète et critique l'avis du Conseil d'Etat du 27 juin 1893, qu'elle considère

671. — *Interprétation des traités de concession par la jurisprudence.* — A un autre point de vue encore, et par une interprétation contestable des traités intervenus entre les villes concédantes et les compagnies concessionnaires, le Conseil d'Etat nous paraît avoir donné à ce monopole de fait, dont il contestait théoriquement l'existence en droit [1], mais qu'il consolidait pratiquement, une extension abusive. C'est ainsi, tout d'abord, que, dans le doute sur l'étendue des privilèges concédés, le Conseil a une tendance à interpréter le traité dans le sens le plus favorable au concessionnaire, et à décider, par exemple, que la commune qui, dans le cahier des charges, n'a pas pris soin de limiter à un mode déterminé d'éclairage (le gaz en général) le privilège qu'elle concède, s'est interdit *ipso facto* d'autoriser sur le domaine public communal toute canalisation ou installation au profit d'une compagnie concurrente exploitant un autre procédé d'éclairage (électricité notamment) (Cons. d'Etat, 8 mars 1895, Gaz de Bourges, D. 96, 5, 300 ; 22 mai 1900, D. 1901, 3, 78. — Cf. Cons. d'Etat, 10 janv. 1902, D. 1903, 3, 19. — V. aussi, sur la clause *de préférence*, Cons. d'Etat, 17 juil. 1903, D. 1904, 5, 363).

C'est ainsi également que, même en présence d'un traité précis, exceptant de la concession *tout nouveau mode d'éclairage* dont l'établissement n'exigeait pas *de canalisation*, le Conseil a cru pouvoir décider, par une interprétation plus que contestable de la volonté des parties, que la ville avait excédé ses droits en autorisant une compagnie concurrente à poser des fils pour la distribution de la lumière électrique aux particuliers, alors cependant que cette distribution devait avoir lieu, non point à l'aide d'une canalisation souterraine, *mais à l'aide de câbles aériens* (Cons. d'Etat, 7 mai 1897, D. 99, 3, 89) [2].

672. — L'on pourrait, il est vrai, mettre en regard de ces arrêts

---

comme un obstacle au progrès des régies municipales directes. Plus exclusif est le monopole concédé, plus difficile et onéreux apparaît le rachat. — Pilon, *op. cit.*, p. 96 ; Hauriou, *Rev. du dr. public*, t. 1er, p. 84.

[1] La loi du 15 juin 1906 (art. 8) sur les *distributions d'énergie électrique* établit une distinction essentielle entre les concessions d'éclairage et les concessions de force motrice. La commune peut dorénavant conférer au concessionnaire de l'éclairage public le droit d'utiliser, à l'exclusion de tous autres, les voies publiques communales, et en pareil cas les permissions de voirie accordées par le préfet sur les dépendances du domaine public doivent respecter le privilège communal, ce qui équivaut à une reconnaissance d'un monopole au profit du concessionnaire. Sur ce point par conséquent, la loi consolide la dernière jurisprudence, favorable aux compagnies. Mais le même article interdit toute concession exclusive de ce genre pour la fourniture de la force motrice. — Cf. ouvrages précités (n° 658) de Bougault ; Mistral, *La loi de 1906 sur les distributions d'énergie*, th. 1907.

[2] Pour la critique de ces décisions, cons. notamment : Hauriou, *op. cit.* ; Lagrésille, *Les concessions de gaz et d'électricité : règles admises par la jurisprudence pour l'interprétation des traités* (*Rev. prat. de dr. industr.*, 1895, n° 11).

d'autres décisions du Conseil d'Etat, plus favorables aux droits de la collectivité, telles par exemple que l'arrêt du 6 avril 1900 (Cie des eaux de Nantes, D. 1901, 3, 150) déterminant l'étendue des obligations assumées par la ville qui entend faire usage de la clause de rachat, ou l'arrêt du 12 mai 1900 (D. 1900, 3, 65) interprétant dans un sens favorable à la ville de Paris les clauses du traité conclu par elle avec la Compagnie du gaz au sujet du partage des bénéfices. Mais il n'en est pas moins vrai que, prise dans son ensemble, la jurisprudence administrative française n'est point favorable à l'exploitation en régie des services publics municipaux [1], et qu'elle s'oppose notamment d'une façon absolue, par des considérations juridiques dont la faiblesse a été maintes fois démontrée [2], à l'exploitation immédiate en régie des services de transport en commun.

---

[1] L'hostilité du Conseil d'Etat à l'égard des régies s'est nettement manifestée dans l'arrêt rendu au profit de la Compagnie des eaux contre la ville de Lyon (23 février 1906, D. 1907, 3, 106), qui a majoré de près de 600,000 francs l'indemnité de rachat allouée par le Conseil de préfecture. — Sur cet arrêt, cons. les rapports de MM. Herriot, maire de Lyon, et Rivière, sur « *Les finances municipales et l'Etat* » (*Bull. munic. off. de la Ville de Lyon*, 1907, 2, proc.-verb., p. 138 et suiv.).

[2] Les communes sont juridiquement incapables, — déclare le Conseil d'Etat, — de faire le commerce ou d'exploiter une industrie lucrative quelconque. — Avis précités du Conseil d'Etat; Cons. d'Etat, 1er févr. 1901, précité. — V. aussi lettre de M. Waldeck-Rousseau, ministre de l'intérieur, adressée au préfet de la Seine à l'occasion du projet de régie du gaz (*Bull. munic. de la Ville de Paris*, 27 février 1903, p. 869). — C'est en partant de cette conception que le Sénat a, malgré l'insistance du gouvernement, dont le point de vue s'était modifié, repoussé (14 déc. 1905) le projet de régie directe du gaz parisien, que la Chambre avait adopté le 13 nov. à une forte majorité, et obligé la Ville de Paris à organiser un système de régie intéressée, confiée à une société fermière. — (Sur le mécanisme de la convention du 20 juill. 1907, v. Cadoux, p. 58 et suiv. — Cf. Bussy, p. 118 et suiv.).

Non seulement la thèse du Conseil d'Etat ne peut se réclamer de la loi municipale de 1884, dont aucune disposition ne prohibe la régie, non seulement elle aboutit à des contradictions insolubles, l'exploitation en régie étant parfois une nécessité absolue, mais elle est inconciliable, selon nous, avec tout un ensemble de textes, qui ont expressément reconnu aux communes le droit d'exercer un commerce ou une industrie, ou tout au moins une régie *lucrative*, le plus souvent sous le régime du monopole (pesages et mesurages publics, l. 28 mars 1790 ; bureaux municipaux de conditionnement, l. 21 août 1900; pompes funèbres, l. 28 déc. 1904; droit d'exploiter directement un chemin de fer d'intérêt local, l. 11 juin 1880, ou de souscrire des actions ou obligations de sociétés d'habitations à bon marché, l. 12 avr. 1906). — Cf., en faveur du droit des communes : Bouvier, *op. cit.* ; Nézard, *Municipalisation de l'éclairage public de la Ville de Paris*, 1905; Pic, *Tr. de droit commercial*, t. Ier, 1907, p. 565 et suiv., et *Quest. pratiques*, 1907, p. 265; Bussy, p. 30 et suiv. — V. aussi Mater, *Le municipalisme et le Conseil d'Etat* (*Rev. d'écon. polit.*, 1905, 324), et *L'interprétation juridique du socialisme municipal* (*Rev. socialiste*, 1905, 2, 369).

Toutes les concessions accordées aux compagnies de tramways, omnibus, chemins de fer d'intérêt local, Métropolitain parisien, etc., sont temporaires. A l'expiration des concessions, aucun obstacle juridique ne semble donc pouvoir s'opposer à l'exploitation en régie ; et avant cette date, la plupart des traités prévoient une faculté de rachat anticipé. L'on ne voit donc pas nettement par quel motif les villes

En réalité, le Conseil d'Etat nous paraît avoir cédé plutôt à un concept économique, inspiré des traditions libérales, qu'à des arguments d'ordre juridique. Nous n'hésitons pas à considérer cette tendance comme très regrettable. Elle met obstacle à des transformations économiques très désirables ; et il nous semble que le législateur serait bien avisé, sans d'ailleurs porter atteinte au principe de la liberté de l'industrie, qui est vraiment hors de cause en la matière pour les raisons précédemment rappelées, de restituer par un texte précis et non équivoque, aux municipalités françaises, des droits qu'elles n'avaient jamais eu l'intention d'aliéner [1].

Sans doute, cette orientation nouvelle des communes françaises les obligerait à s'organiser commercialement, à créer à côté de leurs services administratifs proprement dits, des régies disposant d'une large autonomie, ayant un budget spécial, des réserves, fonctionnant en un mot sur le modèle des grandes compagnies. Ainsi procèdent les villes anglaises, ou les villes italiennes, en exécution de la loi de 1903. La loi dont nous souhaitons l'adoption, et pour laquelle il suffirait de s'inspirer du projet de régie du gaz parisien rejeté par le Sénat en 1903, ou de l'avant-projet de réorganisation du réseau des chemins de fer de l'Etat après rachat de l'Ouest, dont MM. Barthou et Caillaux ont esquissé les grandes lignes à la tribune de la Chambre, ferait disparaître l'objection la plus grave des anti-municipalistes [2].

673. — Manufactures nationales. — En dehors des industries

---

ne pourraient pas exploiter d'emblée, en régie, des services de transport en commun, auxquels, à raison de leur nature même, le principe de la libre concurrence est manifestement inapplicable.

[1] Sur les autres monopoles ou privilèges résultant de concessions municipales, monopoles des portefaix commissionnés, des facteurs aux halles, des peseurs et mesureurs publics dans les marchés, halles et ports, etc., v. *Suppl. au Rép.*, Dall., v^is *Halles*, n°s 51 et suiv., et *Industrie et commerce*, n°s 132, 147 et suiv. — V. aussi, sur le monopole des facteurs aux halles, réorganisé par la loi du 11 juin 1896 (D. 96, 4, 83) : Trib. com. Seine, 25 oct. 1906, D. 1907, 5, 11. — Sur le monopole du *conditionnement des soies*, cons. *Suppl. au Rép.* Dall., v^is *Organisation économique*, n° 77, et *Soie*.

[2] Sur la nécessité de donner aux communes françaises l'organisation économique qui leur manque, cons. notamment : Bouvier, G.-L. Jaray, Bussy, *op. citt.* — V. aussi notre *Voyage social en Grande-Bretagne*. — Cf. Gombeaux, *La condition juridique de l'Etat commerçant et industriel*, th. 1904. — Il est intéressant de noter d'ailleurs que, même sous le régime actuel, certaines régies municipales ont donné les meilleurs résultats. C'est ainsi que malgré la majoration par le Conseil d'Etat de l'indemnité de rachat, la régie lyonnaise des eaux est en progression constante. Le bénéfice net s'est élevé, pour 1906, à 157,000 francs et atteindra près de 300,000 francs en 1907 (Budget municipal pour l'exercice 1908). — La régie des eaux, du gaz et de l'électricité de Grenoble donne également les résultats les plus favorables (Capitant, *op. cit.*). Le secteur électrique des Halles rapporte annuellement à la Ville de Paris, qui l'exploite en régie, plus de 100,000 francs. — Jaray, Bouvier, *op. citt.*

exploitées par lui ou par ses concessionnaires sous le régime des monopoles, l'Etat exerce en concurrence avec l'industrie privée, diverses industries dans des établissements modèles, dont l'objet principal est d'offrir à l'industrie privée des types artistiques, aussi parfaits que possible, susceptibles de former le goût et de stimuler l'esprit d'invention : manufactures de porcelaines (Sèvres), de tapis (Gobelins et Beauvais), Imprimerie nationale[1]. Les adversaires des monopoles de l'Etat ne s'élèvent pas moins vivement contre cette prétention qu'a l'Etat de former le goût des industriels. La supériorité universellement reconnue de nos manufactures nationales permet de répondre aisément à ces détracteurs systématiques. La tendance de l'industrie moderne vers le bon marché des produits et, par conséquent, vers la médiocrité desdits produits, corollaire nécessaire de la modicité des prix, rend au contraire indispensable le maintien de ces manufactures d'Etat, outillées en vue d'une production esthétique, sans cette préoccupation excessive du prix de revient. Cp. : Cauwès, t. Ier, n° 111.

ART. 4. — *Des industries réglementées, et spécialement des établissements dangereux, insalubres ou incommodes.*

674. — Des industries réglementées en général. — En principe, l'industrie est libre en France (V. *supra*, n°s 128 et 240). Il n'en existe pas moins, en France comme à l'étranger, des industries réglementées : les unes dans un intérêt de sécurité et de salubrité publique (établissements dangereux, insalubres et incommodes, entreprises de transports, exploitations minières, pharmacie et droguerie, eaux minérales, industries de l'alimentation, débits de boissons, commerces forains, brocanteurs, magasins généraux, monts-de-piété, bureaux de placement, théâtres et spectacles divers, armes, agences d'affaires, agences d'émigration, etc.) ; les autres dans un intérêt politique (presse, imprimerie, librairie, colportage, affichage) ; d'autres enfin dans un intérêt fiscal (établissements soumis à l'*exercice*, brasseries et distilleries, débits de boissons, fabriques de sel, de soude, entrepôts de sucres, raffineries, vinaigreries, fabriques de cartes à jouer, etc.)

[1] L'Imprimerie nationale jouit du monopole des impressions administratives (décr. 28 août 1888) ; mais, sous cette réserve unique, elle ne doit pas faire concurrence à l'industrie libre. Aussi le règlement de 1823 décide-t-il que l'Imprimerie nationale ne peut exécuter aucun travail pour le compte des particuliers, à l'exception des ouvrages dont l'exécution exige des caractères qui ne se trouvent pas dans les imprimeries ordinaires, et de ceux dont le gouvernement prescrit l'impression gratuite. — Sur son fonctionnement, cons. le rapp. de M. Gérald sur le budget de l'Impr. nat., Ch., *Doc. parl.*, sess. extr. 1907, n° 1228.

Le cadre de cet ouvrage ne nous permettant pas d'étudier les réglementations spéciales [1], nous nous bornerons à retracer dans ses grandes lignes, la législation relative aux *établissements dangereux*, *insalubres ou incommodes*, à raison de son caractère de généralité [2].

675. — Des établissements classés : motifs de l'intervention administrative. — Le principe de la liberté de l'industrie ne peut aller jusqu'à permettre aux industriels de compromettre la sécurité publique. L'Etat, gardien des intérêts généraux, a donc pour devoir d'intervenir pour réglementer sévèrement toutes les industries dangereuses ou insalubres. Il est inadmissible que les fabriques de produits chimiques, dont les émanations empoisonnent l'air, que les fabriques de dynamite ou explosifs à base de nitro-glycérine, dont les produits accumulés pourraient, si l'imprudence ou la malveillance en provoquaient l'explosion, faire sauter tout un quartier, puissent s'établir librement au milieu d'une ville. Aussi toutes les législations [3] s'accordent-elles à soumettre ces usines à la nécessité d'une autorisation administrative préalable ; et cette autorisation n'est accordée qu'aux établissements satisfaisant à certaines conditions, dont la principale consiste dans l'éloignement des centres de population.

La loi française soumet également à la réglementation les établissements simplement incommodes : il s'agit bien entendu d'une incommodité grave, susceptible de causer un tort considérable aux propriétés voisines (ex. : tanneries, usines pour la préparation des viandes, dont l'odeur est sinon malsaine, tout au moins incommode au suprême degré).

676. — Aux termes du décret réglementaire du 15 octobre 1810,

---

[1] V. pour plus de détails sur les *industries réglementées* : Dall., *Suppl. au Rép.*, V° *Industrie et commerce*, n°s 17, 89 ; Cauwès, t. I, n° 369 et s., et t. IV, n° 1250. — V. au surplus, pour la liste des principales industries réglementées, et l'indication des recueils de textes, répertoires ou ouvrages spéciaux s'y référant : notre *préface*, p. XI, note 1.

[2] BIBLIOGRAPHIE : Le Marois, *Des ateliers insalubres*, 1883 ; Porée et Livache, *Traité théorique et pratique des manufactures et ateliers dangereux, insalubres et incommodes*, 1887 ; Bunel, *Etablissements insalubres, incommodes et dangereux*, 2e éd., 1889 ; Ch. Constant, *Code des établissements industriels classés*, 3e éd., 1893 ; Ressicaud, *Des droits des tiers lésés par le voisinage des établissements incommodes, insalubres et dangereux*, 1902. — Comp. *Traités généraux de droit administratif*, de MM. Ducrocq, Dufour, Aucoc, Hauriou, Berthélemy, Simonnet, Colin, etc..., le *Suppl, au Rép.* de Dalloz, V° *Manufactures et ateliers dangereux*, les *Rép.* Sirey et des Pandectes, V° *Etablissements dangereux*, l'*Encyclopédie d'hygiène*, liv. VI, chap. 1er, le *Répert. de dr. administr.* de Béquet et Laferrière, V° *Etablissements incommodes*, le *Recueil des arrêts du Conseil d'Etat* (*Lebon*), etc...

[3] Sur les lois étrangères concernant les établissements dangereux ou insalubres, v. les indications données *supra*, n°s 612 et suiv.

article 1er, aucun établissement industriel rentrant dans l'une ou l'autre de ces trois catégories (dangereux, incommode ou insalubre), ne peut se former sans autorisation préalable de l'autorité administrative, quelle que soit son importance. Une exception doit toutefois être faite, d'après la jurisprudence du Conseil d'Etat, pour les *établissements d'Etat*, dépendant d'un service public, tout au moins pour ceux de ces établissements intéressant la défense ou la sécurité du territoire, par exemple : les fabriques de dynamite, mélinite, poudreries militaires, etc. (Cons. d'Etat, 17 mai 1878, *Recueil Lebon*, p. 454; 10 fév. 1882, *Lebon*, p. 139).

Ces fabriques étant établies dans l'intérêt de la défense du territoire, et par les soins de l'administration, l'autorisation administrative, nécessaire pour la création d'un établissement privé de même nature, serait ici sans objet. Les particuliers lésés par ces établissements publics ne sauraient donc exciper du défaut d'autorisation préalable pour en réclamer la suppression, mais ils pourraient très certainement obtenir des indemnités à raison du préjudice qu'ils éprouvent (Principe de l'indemnité : préjudice éprouvé par le fait de l'exécution de travaux publics).

1. — Etablissements classés.

677. — Le décret du 15 octobre 1810 (art. 10), complété par ordonnance du 14 janvier 1815 (*Rec. Cohendy*, 4e éd., p. 118 et suiv.), divise les établissements dangereux, insalubres ou incommodes, en *trois classes*, d'après un tableau annexé au décret. Ce tableau, remanié maintes fois pour tenir compte des progrès et transformations de l'industrie, a été refondu par le décret du 3 mai 1886 (qui n'énumère pas moins de 384 types d'établissements), et complété depuis lors par toute une série de décrets additionnels [1].

A. — Des établissements de la première classe. — **678.** — Cette première catégorie comprend tous les établissements qui, à raison du danger d'incendie ou d'explosion qu'ils présentent, ou des maladies infectieuses que leurs émanations peuvent développer, *doivent être éloignés des habitations particulières*. Telles sont les fabriques de poudres et autres explosifs (dynamite, etc.), amorces fulminantes; les usines pour la fabrication des huiles (odeur et danger d'incendie), pour la

---

[1] Décrets des 5 mai 1888, 15 mai 1890, 26 janvier 1892, 13 avril 1894, 6 juillet 1896, 24 juin 1897, 17 août 1897, 29 juillet 1898, 19 juillet 1899, 18 septembre 1899, 22 décembre 1900, 25 décembre 1901 et 27 novembre 1903.

fabrication de certains acides (acide sulfurique, acide chlorhydrique, etc.), dont les émanations sont particulièrement dangereuses quand l'acide n'est pas condensé ; les abattoirs (odeur, miasmes et altération des eaux), etc.

La loi n'a pas édicté, d'ailleurs, de distance réglementaire. La distance nécessaire pour la sécurité ou la commodité des voisins varie, en effet, suivant la nature et l'importance de chaque usine. Aussi est-ce à l'autorité administrative qu'il appartient de déterminer, dans chaque cas, à quelle distance des habitations particulières pourront être édifiées les fabriques et usines de la première classe [1].

679. — Formes de la demande. — La demande d'autorisation doit être adressée, en province, au préfet ; à Paris, au préfet de police. Cette demande doit contenir des renseignements précis sur la nature de l'exploitation projetée, l'importance des installations ; un double plan doit être annexé à la demande (plan de la situation de l'usine projetée par rapport aux constructions les plus voisines, plan de l'organisation intérieure).

Copie de la demande est adressée par le préfet au maire de la commune, qui doit ouvrir une enquête *de commodo et incommodo*. Même enquête est ouverte dans toutes les communes situées dans le rayon de 5 kilomètres de l'usine projetée. Ces enquêtes durent un mois ; la demande est affichée dans toutes les communes, pour provoquer les observations des intéressés. Enquêtes et affichage sont prescrits à peine de nullité. Puis le préfet statue, après avoir pris l'avis [2] du Conseil d'hygiène départemental et de la commission sanitaire (L. 15 févr. 1902, art. 21), du comité consultatif des arts et manufactures, s'il en existe dans le ressort, et du conseil de préfecture (si des oppositions se sont produites). L'arrêté préfectoral rejetant ou admettant la demande est notifié au demandeur et publié.

680. — Recours administratifs impartis à l'industriel ou aux tiers. — L'arrêté peut être attaqué soit par l'industriel, en cas de refus ou d'autorisation subordonnée à des conditions onéreuses, soit par les tiers lésés par une autorisation qui leur porte préjudice. La juridiction compétente varie suivant la qualité du contestant. S'agit-il d'un refus ou d'une autorisation subordonnée à des conditions que l'industriel juge trop onéreuses [3], l'industriel lésé agira directement devant le

---

[1] Cons. d'Etat, 15 mai et 19 juin 1903, D. 1904, 5, 412.

[2] Cet avis est également exigé à peine de nullité. — Cons. d'Etat, 17 janv. 1908, *Mon. judic. de Lyon*, n° 17 avril 1908.

[3] Il y aurait lieu à annulation de l'arrêté si le préfet s'était, pour statuer, inspiré de considérations étrangères au caractère dangereux, insalubre ou incommode de

Conseil d'Etat, dans les deux mois (L. 13 avr. 1900), sauf le droit d'opposition des tiers. Le Conseil, favorable à l'autorisation, peut, à son choix, statuer directement ou renvoyer les parties devant le préfet, qui fixera les conditions de l'autorisation (Dalloz, *loc. cit.*, n° 63). Le préfet a-t-il, au contraire, fait droit à la demande, les tiers lésés devront attaquer l'arrêté par voie d'opposition devant le Conseil de préfecture, en premier ressort [1], et en appel devant le Conseil d'Etat. Tout intéressé qui estime que l'autorisation lui cause un préjudice peut former opposition, alors même qu'il n'aurait pas protesté au cours de l'enquête [2].

681. — La loi ne subordonne à aucun délai fatal la recevabilité de l'opposition des tiers à l'arrêté préfectoral d'autorisation. Certains auteurs en ont conclu que « la loi a voulu ménager au voisinage la ressource de réclamer à tout instant contre des inconvénients que leur nature même ne permet guère de prévoir avec quelque certitude » Dufour, *Droit administratif*, t. II, n° 518). Les tiers, à moins d'avoir *acquiescé* expressément ou implicitement à l'arrêté, pourraient donc, à toute époque, fût-ce dix ou quinze ans après l'ouverture de l'établissement, former opposition. Mais, après certaines hésitations, la jurisprudence du Conseil d'Etat paraît s'être arrêtée à une solution moins rigoureuse pour les industriels. Le Conseil a en effet décidé, par arrêt du 11 mars 1862 (D. 63, 3, 73), que l'opposition cesse d'être recevable, lorsqu'elle est *de beaucoup postérieure* (dans l'espèce, de plus de trois ans) à la mise en activité de l'établissement, le gouvernement conservant seul le droit en pareil cas d'ordonner, par décret rendu en Conseil d'Etat, la suppression de l'établissement, s'il présentait de graves inconvénients pour la santé publique ou l'intérêt général [3]. Cette jurisprudence a le tort d'être beaucoup trop vague : quand pourra-t-on dire en effet que l'opposition est *de beaucoup postérieure* à la mise en activité de l'usine ? Il serait plus juridique, à notre avis, de déclarer irrecevable toute opposition *postérieure* à la mise en activité de l'usine. Ce terme même d'*opposition* se réfère à l'hypothèse d'un établissement projeté, ne fonctionnant pas encore : dès l'instant qu'il fonctionne, l'autorisation

---

l'établissement : Cons. d'Etat, 30 novembre 1883, D. 85, 3, 52. — L'arrêté devrait au contraire être maintenu si le refus ou les conditions imposées étaient basés sur les inconvénients certains résultant pour le voisinage de l'établissement projeté. Cons. d'Etat, 29 mars 1895, *Lebon*, p. 291.

[1] Cons. d'Etat, 5 août 1887, D. 88, 5, 312.

[2] Il est également loisible aux tiers d'*intervenir* dans l'instance formée par l'industriel contre l'arrêté. La commune ou les communes intéressées ont, à cet égard, la qualité des tiers : Cons. d'Etat, 2 février 1900, D. 1901, 3, 53.

[3] Signalons cependant un arrêt du Conseil d'Etat, du 22 juillet 1892 (D. 93, 3, 109), qui semble revenu à la théorie d'après laquelle les tiers pourraient à toute époque, à moins d'y avoir complètement renoncé, recourir contre l'arrêté.

a produit son plein effet, toute opposition serait tardive. Les droits des voisins ne sont pas d'ailleurs sacrifiés pour autant, puisqu'il leur reste la ressource de former une action en dommages-intérêts devant les tribunaux, s'ils sont en mesure de justifier d'un préjudice effectif.

682. — Le principe d'après lequel l'action de l'industriel doit être portée directement devant le Conseil d'Etat, tandis que l'opposition des tiers doit être soumise tout d'abord au Conseil de préfecture, est-il absolu, ou ne comporte-t-il pas certains tempéraments? La question s'est d'abord posée de savoir si *le ministre compétent* (en l'espèce, le ministre du commerce) n'avait pas qualité, concurremment avec les juridictions précitées ou même exclusivement, pour statuer sur le recours de l'impétrant ou sur l'opposition des tiers? Mais cette opinion, fondée sur l'article 6 du décret du 25 mars 1852, a été nettement condamnée par le Conseil d'Etat (29 décembre 1858, *Lebon*, chr.).

Plus délicate est la question de savoir si les tiers ne peuvent pas agir *directement* devant le Conseil d'Etat, lorsqu'ils arguent, non pas d'un mal jugé, mais d'un excès de pouvoirs, ou de l'incompétence du préfet? Il y aurait excès de pouvoirs, par exemple si les formalités prescrites par la loi n'avaient pas été observées, ou si la décision du préfet était basée sur des considérations particulières, étrangères à l'intérêt général (Cons. d'Etat, 14 fév. 1856 et 30 nov. 1883, précité). Ne convient-il pas, en pareil cas, conformément aux principes généraux, d'autoriser la partie lésée à former directement devant le Conseil d'Etat un *recours pour excès de pouvoirs*? Jusqu'en 1868, l'affirmative a prévalu. Mais depuis lors, un revirement s'est produit, et la négative a été consacrée définitivement par une série d'arrêts du Conseil (5 août 1868, 14 janvier et 25 février 1876). Ces arrêts n'ont fait qu'appliquer une doctrine aujourd'hui bien établie, d'après laquelle le recours pour excès de pouvoirs, recevable lorsqu'une autre juridiction ne peut être saisie que par voie indirecte (poursuite dirigée contre le contrevenant), ne l'est pas, lorsqu'il existe, contre l'acte incriminé, une voie directe et parallèle (V. *Suppl. au Rép.* Dalloz, v° *Conseil d'Etat*, n° 140).

B. — Etablissements de la 2° classe. — **683.** — Ces établissements sont ceux dont l'éloignement des habitations n'est pas indispensable, mais qui présentent néanmoins des dangers ou des inconvénients assez graves pour qu'il soit nécessaire, dans l'intérêt des voisins, de n'en permettre l'installation qu'après enquête. Tels sont, par exemple, les forges et hauts fourneaux (préjudiciables aux voisins par le bruit et la fumée), les fabriques d'acides quand l'acide est condensé, les fabriques de chlore ou de chlorure de chaux (incommodes par l'odeur), etc., etc. Ici encore l'administration jouit d'un très large pouvoir d'appréciation.

Elle n'est pas sans doute tenue d'exiger l'éloignement des habitations (Cons. d'État, 25 juill. 1902, D. 1904, 3, 30); mais elle peut l'exiger lorsqu'elle estime que la fabrique aurait des inconvénients graves pour le voisinage immédiat (ammoniaque, eau de Javelle, mise en œuvre de matières organiques, etc.). D'autre part, elle peut subordonner son autorisation à toutes les conditions qu'elle juge convenables[1].

La demande d'autorisation pour un établissement de 2ᵉ classe doit être adressée au sous-préfet, qui la transmet au maire de la commune. Celui-ci procède seul, sans le concours des maires des communes voisines, à une enquête de *commodo et incommodo*; la loi n'exige pas d'affichage préalable, les inconvénients étant moindres que dans le premier cas. Le sous-préfet ne statue pas; il émet un simple avis qu'il transmet au préfet, lequel statue, sans être tenu de consulter le conseil de préfecture. Mêmes voies de recours contre l'arrêté préfectoral que dans le cas précédent.

C. Établissements de la 3ᵉ classe. — **684**. — Ces établissements sont tous ceux qui peuvent sans inconvénient subsister auprès des habitations, mais qu'il est néanmoins utile de surveiller, à raison du préjudice que leur installation défectueuse pourrait causer aux propriétés voisines. Telles sont les distilleries, les fabriques de bougies, d'ammoniaque, etc., etc. Pour ces établissements de la 3ᵉ classe, les formalités sont bien simplifiées. C'est le sous-préfet qui statue lui-même sur la demande d'autorisation, sans enquête préalable et sans affichage, après avoir pris simplement l'avis du maire et de la police locale. Les réclamations contre l'arrêté, arrêté de refus ou arrêté d'autorisation, sont toujours déférées au Conseil de préfecture, soit qu'elles émanent de l'industriel, soit qu'elles émanent des tiers.

D. Règles communes aux trois classes d'établissements. — **685**. — Ces règles se réfèrent : aux caractères de l'autorisation, à la sanction des règles prescrites par le décret de 1810, et aux droits des tiers devant les tribunaux judiciaires.

a) Caractères de l'autorisation administrative. — Cette autorisation présente trois caractères principaux : — 1° Elle est *impersonnelle*; en d'autres termes, elle est donnée non pas à tel industriel, mais à tel établissement déterminé : l'autorisation donnée à l'exploitant primitif profite donc à ses successeurs, pourvu que ceux-ci se maintiennent dans les limites de l'arrêté d'autorisation (Cons. d'État, 1ᵉʳ déc. 1882, D. 84, 5, 429).

---

[1] Sur l'étendue des pouvoirs de l'autorité administrative, v. Cons. d'Etat, 6 août 1886, D. 88, 3, 19; 6 avril 1895, D. 96, 5, 359; 11 déc. 1903, D. 1905, 5, 45.

2° Elle est *de droit étroit*, c'est-à-dire que l'autorisation n'est jamais donnée qu'à l'établissement tel qu'il se comporte actuellement. Toute modification de quelque importance, dans l'organisation de l'usine ou le mode d'exercice de l'industrie, oblige l'industriel, à moins qu'elle n'ait été prévue par l'arrêté, à solliciter une nouvelle autorisation (Cons. d'Etat, 16 mars 1894, *Lebon*, p. 202 ; 14 mars 1902, D. 1903, 3, 100).

3° En principe, l'autorisation est donnée à titre définitif (sous réserve d'une révocation toujours possible dans les conditions indiquées *infra*). Cependant, surtout lorsqu'il s'agit d'une industrie nouvelle ou de l'exploitation d'un procédé nouveau, l'autorisation peut n'être donnée tout d'abord qu'à titre provisoire et pour un temps limité[1].

686. — *b*) *Sanction des infractions aux conditions imposées à l'industriel par l'arrêté d'autorisation.* — Cette sanction est double : sanction *pénale* et sanction *administrative*. — 1° Sanction *pénale* : L'industriel qui enfreindrait les conditions imposées par l'arrêté d'autorisation, et *a fortiori* celui qui s'aviserait d'exploiter un établissement classé sans autorisation ou au mépris d'un refus d'autorisation, serait passible des peines de simple police édictées par l'article 471 du Code pénal. Le juge de police, en prononçant l'amende ou l'emprisonnement, est tenu d'ordonner la cessation de l'exploitation jusqu'à ce que l'exploitant se soit mis en règle. Le juge de police ne pourrait toutefois ni prononcer de condamnation, ni ordonner la fermeture provisoire de l'usine, et il devrait au contraire se déclarer incompétent, si l'industriel faisait valoir pour sa défense une exception dont le bien-fondé dépendrait de l'interprétation d'un acte administratif, par exemple s'il alléguait que son établissement ne rentre dans aucune des classes déterminées par le décret de 1810 et les décrets ultérieurs, et qu'il échappe par conséquent à toute réglementation. Le juge, en ce cas, devra surseoir à statuer jusqu'à ce que l'acte litigieux ait été interprété par l'autorité administrative compétente.

687. — 2° Sanction *administrative* : La sanction administrative consiste dans la *déchéance de l'autorisation*. L'administration a, en effet, le droit de révoquer une autorisation régulièrement accordée si le bénéficiaire néglige de satisfaire aux conditions qui lui ont été imposées dans l'arrêté d'autorisation, l'inexécution des conditions équivalant à la rupture du contrat tacite intervenu entre l'administration et le bénéficiaire. Mais, tandis que l'autorisation émane du préfet ou sous-préfet, la révocation de l'autorisation (fait grave par ses conséquences, puis-

[1] Cons. d'Etat, 27 juin 1879, *Lebon*, p. 525 ; 23 juin 1899, D. 99, 5, 102.

qu'elle entraîne suppression de l'établissement), ne peut être prononcée que par décret rendu en Conseil d'Etat [1]. Le préfet a simplement le droit, en vertu de ses pouvoirs de police, d'ordonner la fermeture *provisoire* de l'établissement. Cet arrêté peut faire l'objet d'un recours devant le ministre du commerce, sauf appel devant le Conseil d'Etat [2].

L'autorisation peut aussi être révoquée, alors même que l'industriel n'aurait commis aucune contravention, si des dangers non prévus viennent à se manifester. Cette révocation par mesure de sécurité publique n'est d'ailleurs permise qu'à l'égard des établissements de la *première classe*, les inconvénients de l'exploitation des établissements de 2e et 3e classe ne pouvant jamais être assez graves pour justifier une telle mesure. La suppression, par voie d'autorité, d'un établissement de la première classe, dûment autorisé et régulièrement exploité, ne peut être prononcée que par décret rendu en la forme des règlements d'administration publique (c'est-à-dire en Conseil d'Etat), après avis du préfet, de la police locale, et communication de la défense des manufacturiers ou industriels menacés de suppression.

688. — *c) Droit des tiers devant les tribunaux judiciaires.* — Quels sont les droits des tiers lésés par l'exploitation d'un établissement classé ? Il est évident que les tiers [3] ont le droit d'agir en dommages-intérêts, soit devant le tribunal civil, soit devant le tribunal de simple police, en se portant parties civiles (citation directe), lorsque l'établissement qui leur cause préjudice est exploité irrégulièrement, lorsque par exemple l'autorisation requise n'a pas été obtenue, ou que les conditions mises à cette autorisation n'ont pas été observées.

Mais les tiers lésés par l'exploitation *normale* et régulière d'un établissement classé et dûment autorisé ont-ils le droit de se plaindre et de réclamer une indemnité, ou au contraire l'industriel n'est-il pas couvert par l'autorisation administrative ? Cette dernière opinion a été défendue par quelques auteurs : l'industriel qui s'est muni d'une autorisation et qui exploite dans les termes de cette autorisation ne fait, dit-on, qu'user de son droit : les voisins lésés par l'exercice de ce droit ne peuvent donc pas plus se plaindre de cette exploitation qu'ils ne pourraient réclamer contre une servitude légale que la loi leur imposerait [4].

Mais cette thèse n'a pas prévalu en jurisprudence, et la plupart des

---

[1] Cons. d'Etat, 26 décembre 1891, D. 93, 3, 24 ; 26 janvier 1900 ; D. 1901, 3, 26.
[2] Cons. d'Etat, 12 mars 1880. — V. aussi Cons. d'Etat, 4 mars 1904. D. 1905, 3, 83.
[3] Propriétaires, ou simples locataires : Cons. d'Etat, 4 avril 1884, *Lebon*, p. 224.
[4] V. spécialement Duvergier (*Rev. franç. de législ.*, 1843, p. 425 et s.).

auteurs l'ont, avec raison, abandonnée[1]. D'une part, en effet, aucun texte ne grève les voisins des établissements industriels classés et autorisés d'une servitude légale quelconque ; et, à supposer même que l'obligation où ces voisins se trouvent de subir le voisinage de tels établissements soit considérée comme une servitude, il n'en résulterait nullement qu'ils ne puissent se faire indemniser à raison du préjudice qu'ils éprouvent. Le législateur lui-même a maintes fois consacré le principe de l'indemnité due aux propriétaires lésés par l'établissement d'une servitude (*sic*, en matière de servitudes d'aqueduc, d'appui, pour établissement de barrages, ou de conducteurs électriques, L. 15 juin 1906, etc.) ; il serait au moins illogique que la prétendue servitude imposée aux voisins d'un établissement industriel, beaucoup plus onéreuse que les servitudes précitées, pût être constituée sans indemnité.

689. — *Des obligations de voisinage, leur principe*. — Au surplus, ainsi que nous l'avons démontré *supra* (n° 270), le droit à indemnité résulte ici nécessairement, soit du principe général de l'article 1382, soit, à supposer qu'aucune *faute* positive ne puisse être imputée à l'industriel, de l'article 1384 du Code civil (obligation *ex lege*, responsabilité *du fait des choses*). L'autorisation administrative obtenue par l'industriel ne saurait en aucune manière modifier la situation juridique du bénéficiaire vis-vis des tiers ; cette autorisation n'est en effet donnée que *sous réserve des droits des tiers*, lesquels ont par conséquent le droit de se faire indemniser dans les termes du droit commun. Ni la loi du 17 mars 1791, qui a posé le principe de la liberté de l'industrie, ni le décret de 1810, qui a réglementé les établissements insalubres (et qui d'ailleurs ne pouvait déroger à une loi) ne contiennent aucune dérogation au droit commun en pareille matière : ce sont donc les articles 1382 ou 1384, suivant les cas, qui détermineront le principe et le quantum de l'indemnité[2].

---

[1] V. spécialement Ressicaud, *op. cit.* — Conf. Capitant, *Des obligations de voisinage, et spécialement de l'obligation qui pèse sur le propriétaire de ne causer aucun dommage au voisin* ; Dall., *Suppl. au Rép.*, V° *Manuf.*, n° 83, etc.

[2] Sur l'étendue des pouvoirs du juge dans la détermination des cas où l'indemnité est due (préjudice excédant la mesure des *obligations ordinaires de voisinage*) et la fixation de l'indemnité (dommages-intérêts pour le passé, et, pour l'avenir, mesures préventives conciliables avec celles ordonnées par l'autorité administrative dans un intérêt général) : cons. les décisions judiciaires et autorités doctrinales citées *supra*, n° 269, note 2. — V. aussi Cass., 18 fév. 1907, D. 1907, 1, 385, et note Ripert. — *Adde*, Ressicaud, *op. cit.*, p. 120 et s. ; Bouvier, dissert. sous *Pand. pér.*, 98, 2, 321.

II. — Établissements non classés.

690. — A. — **Industries nouvelles**. — L'industrie se développe et se transforme avec une telle rapidité que les décrets successifs rendus de 1810 à 1903, et énumérant les établissements insalubres, dangereux ou incommodes, sont forcément incomplets, et que l'administration se trouve fréquemment en présence d'un établissement non classé, dans lequel s'exerce une industrie nouvelle encore inconnue à la date du dernier décret de classement, et qu'il importerait cependant de soumettre au régime de l'autorisation, à raison des dangers ou de l'insalubrité qu'il présente. Comment faudra-t-il donc procéder au regard de ces industries nouvelles non encore classées, mais susceptibles de l'être? S'agit-il d'un établissement susceptible de rentrer dans la 1re classe [1], par exemple d'un établissement créé en vue de fabriquer un explosif nouveau, encore inconnu en 1903 (date du dernier décret de classement), l'administration devra immédiatement procéder à son classement régulier. Le préfet du département intéressé ouvrira une enquête, la transmettra au ministre, et celui-ci provoquera un décret de classement ; jusqu'à ce qu'il ait été statué, le préfet pourra d'ailleurs, par mesure de police, empêcher l'ouverture ou suspendre l'exploitation de l'usine (art. 5, décret de 1815). Les tiers peuvent se pourvoir au Conseil d'Etat contre le décret d'autorisation.

691. — S'agit-il d'un établissement susceptible de rentrer dans la 2e ou 3e classe, le préfet pourra le classer provisoirement, sauf à en aviser le ministre. L'arrêté préfectoral de classement provisoire pourra être attaqué devant le ministre, sauf appel au Conseil d'Etat (ou devant le Conseil d'Etat directement si l'on argue d'un excès de pouvoir). Le classement provisoire une fois effectué, il sera statué sur la demande d'autorisation, qui sera instruite dans les formes déterminées par le décret de 1810. Les voies de recours contre l'arrêté d'autorisation du préfet seront les mêmes que pour les établissements définitivement classés.

692. — B. — **Industries anciennes non classées ; condition juridique des établissements créés antérieurement à un décret définitif de classement**. — Il importe essentiellement de ne pas confondre les indus-

---

[1] Sur le critérium proposé en présence d'une industrie nouvelle, présentant de l'analogie avec une industrie non classée : v. l'avis ministériel rapp. par Dall., *Suppl. au Rép.*, Vo *Manuf.*, n° 104.

tries nouvelles non classées parce qu'elles étaient encore inconnues à la date du dernier décret général de classement, avec les industries déjà existantes à la date de ce décret, mais non comprises dans la nomenclature dudit décret, parce qu'elles ne semblaient pas présenter les inconvénients qui se sont révélés depuis.

C'est exclusivement aux industries nouvelles que s'applique l'ordonnance de 1815. A l'égard des *établissements anciennement connus*, omis dans la nomenclature ou placés dans une classe ne correspondant pas à leur nocuité réelle (telle qu'elle ressort d'un examen plus approfondi), ni le préfet, ni le ministre ne peuvent statuer, même provisoirement. Un décret définitif, rendu en Conseil d'Etat, peut seul réparer l'omission.

Ce décret lui-même doit respecter les *droits acquis* ; constitués sous un régime de liberté, ces établissements peuvent continuer à fonctionner *sans autorisation*, sous les seules conditions et restrictions déterminées par les articles 11 à 13 du décret de 1810. Ces articles semblent ne se référer qu'aux établissements créés antérieurement au décret de 1810 ; mais l'on s'accorde à les étendre aux établissements créés *antérieurement* à tout décret définitif de classement.

III. — Des pouvoirs de police municipale en matière d'établissements dangereux, insalubres ou incommodes.

693. — Les pouvoirs de police du maire de la commune sur le territoire de laquelle fonctionne un établissement de cette nature diffèrent suivant qu'il s'agit d'un établissement classé et autorisé, d'un établissement classé mais non autorisé, ou d'un établissement non classé, mais susceptible de l'être.

S'agit-il d'un établissement *classé* et *autorisé*, le maire peut prescrire toutes les mesures nécessaires pour parer aux dangers de l'exploitation, à la condition toutefois que ces mesures n'aboutissent pas à rendre l'exploitation impossible et n'équivalent à une suppression déguisée, suppression que l'administration supérieure a seule le droit de prononcer [1]. L'établissement est-il *classé, mais non autorisé*, les pouvoirs du maire sont beaucoup plus étendus. Les pouvoirs généraux dont il est investi dans l'intérêt de la salubrité ou de la sécurité publiques lui permettent, en ce cas, de prendre toutes les mesures qu'exigent les circonstances, et notamment d'ordonner la suppression de l'établisse-

[1] Cons. d'Etat, 28 janvier 1887, D. 88, 3, 54.

ment (Crim. cass., 16 août 1884, D. 85, 1, 221), sauf au juge de police, saisi d'une contravention à l'arrêté de suppression, à surseoir sur la question de savoir si l'établissement est bien réellement classé, dans le cas où la question serait soulevée préjudiciellement.

Quant aux établissements *non classés, mais susceptibles de l'être*, il y a controverse sur l'étendue des pouvoirs du maire. Certains auteurs estiment que l'administration municipale doit être aussi bien armée vis-à-vis de ces derniers qu'à l'égard des établissements classés, mais non autorisés, les uns et les autres étant de nature à présenter les mêmes dangers. Mais la jurisprudence est en sens contraire, et refuse au maire le droit de prendre des mesures touchant aux conditions mêmes d'existence de ces établissements. A l'égard de ces établissements, le maire n'a d'autres pouvoirs que ceux dont il est investi à l'égard des établissements *classés et autorisés*[1].

IV. — Projets de réforme.

694. — Nous avons déjà signalé précédemment (n° 609, note 1) le principal défaut de notre législation, quelque peu archaïque, sur les établissements dangereux, et l'intérêt qu'il y aurait à nous doter d'un Code mieux coordonné de l'hygiène publique et industrielle, applicable à l'ensemble des mesures réglementaires, préventives ou répressives, reconnues nécessaires dans l'état actuel de la science et de l'industrie, tant dans l'intérêt du voisinage que pour la protection du personnel. Ces deux intérêts, intérêt des voisins et intérêt du personnel employé dans l'industrie, sont le plus souvent étroitement liés, et il serait logique de ne pas les dissocier dans la réglementation.

La France, en entrant dans cette voie, ne ferait que s'inspirer de l'exemple qui lui a été donné, soit par l'Allemagne, dont la *Gewerbeordnung* de 1891 se préoccupe concurremment des intérêts de voisinage et de ceux du personnel, soit par la Belgique (arrêté royal du 27 décembre 1886).

C'est dans cet esprit que le Conseil d'hygiène publique et de salubrité de Paris élaborait en 1901, avec le concours de MM. Chautemps, ancien ministre, et Bezançon, chef de division à la préfecture de police, un projet de refonte de notre législation sur les établissements dangereux[2]. Un premier pas a été fait dans cette voie par l'insertion, dans la

[1] Crim. rej., 15 juin 1883, D. 84, 1, 431 ; Cons. d'Etat, 10 mars 1905 et 6 juill. 1906, D. 1906, 3, 100, et 1908, 3, 36.

[2] V. le texte du projet dans la *Revue municipale*, 23 février 1901. — Cf. Bezançon,

loi du 15 février 1902 sur la protection de la santé publique (art. 21, 23 et 25), de dispositions tendant à associer, obligatoirement, les autorités sanitaires (Conseil supérieur d'hygiène publique, Conseil d'hygiène départementale et Commission sanitaire) à la procédure du classement.

Mais le régime actuel n'en reste pas moins très imparfait, aucun texte ne définissant avec précision les pouvoirs des autorités sanitaires appelées à se prononcer sur le classement de telle industrie nouvelle, ou sur le fonctionnement de tel établissement rentrant dans l'une des trois classes prévues par les décrets de 1810-1815.

695. — Tous ces inconvénients disparaîtraient, selon nous, par l'adoption du projet Chautemps[1], dont le double objectif a été de moderniser un texte par trop archaïque, et d'adapter la réglementation des établissements dangereux à la double fin que doit poursuivre une législation rationnelle. Très heureusement conçu, le projet a, sur le régime actuel, cette triple supériorité : 1° de protéger plus efficacement les intérêts ouvriers en obligeant l'administration à subordonner les autorisations qu'elle délivre à l'exécution des mesures nécessitées par l'hygiène ou la sécurité du personnel; 2° de simplifier les formalités, en substituant pour les établissements de troisième classe la simple déclaration à l'autorisation préalable; 3° d'assurer la stricte observation de la loi par l'organisation d'un corps d'inspecteurs techniques. Ces inspecteurs peuvent être des agents spéciaux, comme il en existe déjà dans le département de la Seine (Cf. *inspectors of nuisance* de la loi anglaise, v. *supra*, n° 616). — Le projet autorise d'ailleurs les départements, par mesure d'économie, à confier ces fonctions aux inspecteurs du travail, ou aux agents du service des poudres, ingénieurs des mines, des ponts et chaussées, du service vétérinaire sanitaire, chacun en ce qui concerne les industries relevant de sa compétence particulière.

La discussion de ce projet a été ouverte au Sénat le 28 janv. 1908. Mais, à la suite d'une vive campagne des Chambres de commerce[2], et des représentants des industries chimiques, préoccupés (à tort selon nous) du surcroît de charges que la mise à exécution du projet nouveau

---

Notes sur les défectuosités de la réglementation des établissements dangereux, insalubres ou incommodes (*Rev. d'hygiène publique*, 1901, p. 683 et s.).

[1] Une première proposition avait été déposée par M. Chautemps sur le bureau de la Chambre, le 13 février 1903 (Ch., *Doc. parl.*, n° 754, p. 213), elle ne fut pas discutée. Elu sénateur par la suite, M. Chautemps la déposa à nouveau, non sans l'avoir amendée sur plusieurs points, sur le bureau du Sénat, le 8 juin 1906 (Sén., *Doc. parl.*, n° 283, p. 704), et fut choisi comme rapporteur (dép. le 11 juillet 1907, Sén., *Doc. parl.*, n° 265, p. 396).

[2] Pour la critique du projet, cons. notamment : Travaux de la Ch. de commerce de Lyon, 1905, p. 135; Payen, *Les établissements dangereux, insalubres ou incommodes, la revision de la législation* (*Econ. franç.*, 21 mars 1901).

leur imposerait, les débats ont été suspendus, et le texte renvoyé à l'examen du Gouvernement pour supplément d'enquête.

Art. V. — *Intervention de l'Etat dans les rapports entre l'industriel et le consommateur, en vue d'assurer la loyauté des transactions.*

696. — Les mesures législatives classées sous cette rubrique sont des mesures générales, applicables à toutes les industries, aussi bien aux industries libres qu'aux industries réglementées, c'est-à-dire aux industries soumises au régime de l'autorisation ou de la déclaration préalable.

L'intervention de l'Etat, en vue de faire régner la loyauté et la justice dans les transactions commerciales, se justifie aisément en principe. En effet, la liberté du commerce n'est pas la liberté de vendre à faux poids, de tromper l'acheteur sur la nature, la quantité ou la qualité de la marchandise. Sans doute, ces fraudes sont des délits, susceptibles, lorsqu'elles sont établies, d'entraîner des condamnations civiles ou même pénales contre leurs auteurs; mais il est très difficile le plus souvent, pour le consommateur, de s'en apercevoir en temps utile : d'où il suit qu'à défaut de tout contrôle de l'administration supérieure sur les *poids et mesures employés*, sur la qualité des produits débités, etc., les industriels et négociants de mauvaise foi auraient les plus grandes chances d'échapper à toute répression civile ou pénale. Il en résulterait un trouble grave dans les transactions, et un arrêt fâcheux dans le développement des exportations. Ainsi se trouve justifié le système préventif dans ses manifestations les plus ordinaires : système officiel de *poids et mesures*, *marque* de provenance imposée à certains produits, contrôle des produits destinés à l'*alimentation*, police des *halles*, *foires et marchés*[1]. Nous nous bornerons à présenter ici quelques brèves observations sur la *marque obligatoire*, et sur les lois relatives aux *falsifications de denrées*.

697. — **A. Marque obligatoire.** — Tous les économistes s'accordent à reconnaître la légitimité de l'étalon officiel pour constater les quan-

---

[1] Sur la législation des *poids et mesures*, tant en France qu'à l'étranger, v. *Supp. au Rép.* Dalloz, v° *Poids et mesures*. — Sur la réglementation officielle, législative ou municipale, des industries de l'*alimentation*, v. *Supp. au Rép.* Dalloz, v[is] *Industrie et commerce, Boucherie, Boulangerie, Eaux minérales, Impôts indirects, Sel, Sucre, Vins et boissons; Nouveau dictionnaire d'économie politique*, v° *Commerce de l'alimentation*, — V. aussi *Répertoires* Fuzier-Herman, et des *Pand. franç.* — Sur la législation des *halles, foires et marchés*, v. *Supp. au Rép.* Dalloz, v[is] *Halles, Foires et marchés*. — Cf. *Rép.* Fuzier-Herman, *eod. v°*.

tités échangées. Mais ils sont loin d'admettre aussi aisément le système de la *marque obligatoire*, préconisé par un certain nombre d'auteurs en vue de prévenir les fraudes, non plus sur la quantité, mais sur la qualité des produits. Les uns préconisent la *marque nominale* obligatoire, ou *marque d'origine* : dans ce système, l'Etat obligerait tout industriel à apposer sur ses produits un signe quelconque (estampille, poinçon ou griffe), une marque, en un mot, permettant de constater l'origine du produit, et le nom du fabricant. Quant à la marque indicative de la qualité, ou marque *significative*, elle serait facultative; mais le fabricant, pour ne pas laisser les produits revêtus de la marque de sa maison acquérir une mauvaise réputation, tiendrait à honneur de ne livrer que des produits de bonne qualité. D'autres vont plus loin, et exigent une marque *obligatoire*, tout à la fois nominale et significative (c'est-à-dire indiquant à la fois l'origine et la qualité du produit).

Les économistes libéraux s'élèvent avec force contre le système de la *marque obligatoire*. Ils font observer, tout d'abord, que l'obligation de marquer tous les produits serait pour le consommateur une garantie illusoire. En effet, quel que puisse être le nombre des inspecteurs chargés par l'Etat de la vérification des marques (et ce nombre devrait être assez limité, sous peine de grever le budget d'une façon excessive), ils seraient toujours en nombre insuffisant pour vérifier sérieusement la quantité innombrable des produits manufacturés sortis chaque jour des usines et fabriques réparties sur le territoire. Illusoire pour les consommateurs, la marque obligatoire serait une entrave sérieuse pour la production; rien n'est en effet plus gênant pour un fabricant que d'être soumis à des inspections vexatoires des agents du fisc, ou autres fonctionnaires plus ou moins inquisiteurs.

698. — Il nous semble qu'ici encore la vérité est entre les deux systèmes extrêmes. Sans doute, il est pratiquement impossible, et par conséquent il serait illusoire de prétendre assujettir tous les produits au régime de la marque. En principe (et tel est d'ailleurs le système consacré par la loi du 23 juin 1857 [1] sur les marques de *fabrique et de commerce*), la marque doit être *facultative* ; c'est au fabricant qu'il appartient d'en apprécier librement les avantages et les inconvénients, et le rôle du législateur, en pareille matière, doit se borner à assurer sa protection aux marques régulièrement déposées, et à en réprimer la contrefaçon par des concurrents peu scrupuleux. Mais à ce principe, il convient d'apporter certaines exceptions, et d'assujettir au système de la marque obligatoire, à la fois *significative* et *nominale*, certains pro-

---

[1] *Rec. Cohendy*, p. 151. — Cf. Cohendy, Darras, *Code de commerce annoté*, t. II, appendice, p. 464.

duits dont l'altération facile et la haute valeur intrinsèque constitueraient, en l'absence de tout système préventif, un encouragement à la fraude. C'est ainsi qu'en France, et dans un certain nombre de pays étrangers, la fabrication des *matières d'or et d'argent*, et la bijouterie sont assujetties à un poinçonnage indiquant le titre, et par conséquent la qualité et l'origine du produit. La marque obligatoire est également utile pour les produits dont la mauvaise fabrication pourrait entraîner des dangers pour les acheteurs ; c'est ainsi que la fabrication des *armes* est soumise au poinçonnage, et que l'apposition de la marque ou poinçon sur chaque arme est précédée d'une épreuve [1].

699. — B. **Lois tendant à réprimer la falsification des denrées** [2]. — Ces lois sont fort nombreuses, la législation contemporaine s'efforçant d'atteindre la fraude sous quelque aspect qu'elle se présente. Les unes sont générales et répriment toutes les fraudes dans la vente des marchandises, toutes les falsifications de denrées alimentaires (Loi du 1er août 1905, D. 1906, 4, 47 ; décrets organiques des 31 juillet 1906, 11 mars et 5 juin 1908) [3].

Les autres sont spéciales à certains produits dont la falsification, devenue très fréquente par suite des progrès de la chimie industrielle, présente pour la santé des consommateurs des dangers plus ou moins graves. Telles sont : les lois des 16 avril 1897 et 23 juillet 1907 sur la vente des *beurres* et *margarines* ; la loi de finances du 30 mars 1907, art. 49 et 55, relatifs à l'emploi de la *saccharine* ; les lois des 28 janv. et 31 mars 1903 sur les *sucres* ; du 1er mai 1905 sur les fraudes en matière de *sels* ; des 18 juillet 1904, 6 août 1905, 29 juin et 15 juillet 1907 sur les fraudes dans la vente, le sucrage, le mouillage ou la fabrication des *vins et spiritueux* (cf. décr. organique du 3 sept. 1907) ; du 11 juillet 1906 sur la protection des *conserves* contre la concurrence étrangère ; du 4 février 1888 sur les fraudes dans le commerce des *engrais* ; du 25 avril 1895 sur les *sérums thérapeutiques* ; du 25 juin 1908 sur l'inspection des pharmacies et la répression des fraudes en matière médicamenteuse. — Cf. circul. du garde des sceaux, M. Guyot-Dessaigne (8 mars 1907), aux procureurs généraux sur l'application de ces différentes lois et le fonctionnement dans les départements des laboratoires d'analyse.

---

[1] Sur la législation relative aux *matières d'or et d'argent*, et aux *armes*, cp. *Suppl. au Rép.* Dalloz, *Rép.* Fuzier-Herman et *Pand.*, Vis *Armes* et *Matières d'or et d'argent*. — Sur les pénalités applicables, v. Garraud, t. V, p. 486 et s. — Pour l'indication des principaux cas dans lesquels la marque est encore actuellement, ou peut être par décret déclarée *obligatoire*, v. *supra*, n° 268, note 1.

[2] Nast, *De la répression des fraudes commerciales en France*, 1906 ; de Borssat, *Législation nouvelle sur les fraudes et falsifications*, 1906.

[3] Cf. loi 11 juin 1896, portant réglementation des Halles centrales de Paris.

SECTION II. — De la tutelle exercée par l'Etat sur l'industrie. Réglementation légale du travail industriel (ou commercial) des enfants, des femmes et des hommes adultes[1].

700. — Nous avons rattaché précédemment (n° 64), au pouvoir général de *tutelle* de l'Etat, l'intervention du législateur dans l'organisation du travail industriel et commercial : intervention énergique en

---

[1] BIBLIOGRAPHIE. — *Textes* : V. *Rec. Cohendy*, 4e édit., p. 250 et suiv. ; Petite collect. Dalloz, *Code de comm.* et *Lois industrielles*, p. 389 et suiv. — *Travaux préparatoires* des lois de 1892 et 1900 : V. rapports *Waddington* (Ch., 10 juin 1890, ann. n° 649) ; *Lecomte* (Sén., 27 févr. 1894, ann. n° 34), et *Dubief* (Ch., 11 déc. 1899, ann. n° 1273) ; — de la loi de 1905 sur les mines : V. rapp. *Odilon Barrot* (Ch., 12 déc. 1901, ann. n° 2827) ; *Boudenoot* (Sén., 9 févr. 1904, n° 29) ; et *Janet* (Ch., 21 avril 1905) ; — de la loi de 1906 sur le repos hebdomadaire : V. rapp. *G. Berry* (Ch., 16 janv. 1902, ann. n° 2881) ; *Poirrier*, 21 févr. 1908 (Sén., n° 28), et *Zévaès* (Ch., 6 juill. 1906).

Sur le régime antérieur à la loi de 1892, cons. notamment les commentaires de la loi du 19 mai 1874 sur le *travail des enfants et filles mineures*, par MM. Tallon, Duval-Arnoud, etc. — Sur la loi du 2 nov. 1892 : Lagrésille, *Commentaire de la loi du 2 nov. 1892*, 1894 ; Caire, *La législation sur le travail industriel des femmes et des enfants*, 1896 ; Vallier, *Le travail des femmes dans l'industrie française*, 1899. — Sur la loi du 9 sept. 1848, concernant le *travail des adultes* : Philippe, *Réglementation du travail des adultes*, 1897 ; Rist, *Réglementation de la journée de travail de l'ouvrier adulte en France*, 1898. — V. aussi Dalloz, *Suppl. au Répert.*, v° *Travail*, et Répert. Fuzier-Herman, v° *Louage d'ouvrage*.

Sur la législation en vigueur, résultant de la combinaison des lois de 1848, 1892, 30 mars 1900 et 29 déc. 1900 (mais abstraction faite des modifications de détail résultant des lois de 1905 sur les mines et de 1906 sur le repos hebdomadaire), cons. spécialement (outre les ouvrages généraux de Bry, P. Louis, Dufourmantelle, etc., sur la législation industrielle) : L. Bouquet, *La réglementation du travail dans l'industrie*, 1904 ; Mesnard et Lenoury, *Comment. des lois sur la protection du travail industriel* (*Lois nouvelles*, 1904) ; Béchaux, *La réglementation du travail*, 1904 ; Coste, *La réglementation légale de la durée du travail*, 1905 ; Jay, *La protection légale des travailleurs*, 1904, et *La limitation légale de la journée de travail en France*, 1906 ; Bourdeillette, *Lois protectrices de l'enfance*, 1907 ; Bonet-Maury, *Protection morale et légale de l'enfant en France* (*Rev. des Deux-Mondes*, mai 1908). — Cf. Dalloz, *Code de commerce annoté*, suppl. ; Cohendy et Darras, *Code de commerce annoté*, t. II, suppl., 1908 ; Frèrejouan du Saint, *Code annoté de législ. ouvrière*, 1908. — V. *infra*, n° 825, la bibliographie spéciale à la loi de 1906 sur le repos hebdomadaire. — Comp. chroniques et docum. du *Bull. de l'Off. du travail*, *Bull. Off. internat. de Bâle*, *Rev. d'écon. polit.*, *Quest. pratiques de législ. ouvr.*, *Rev. prat. de droit industr.*, *Réforme sociale*, *Musée social*, *Economiste français*, *Revue socialiste*, *Mouvement socialiste*, *Rev. popul. d'économie sociale*, *Action populaire*, etc., etc.

Sur le fonctionnement de l'*inspection du travail en France*, sur les réglementations spéciales à certaines industries (chemins de fer, mines, manufactures de l'Etat, etc.) ou à certains modes de travail à *domicile*, et spécialement travail des *ouvrières* en chambre, travail collectif des *orphelinats*, *prisons*, etc., et sur les principales *lois étrangères*, cons. les bibliographies spéciales annexées à chaque paragraphe. — Sur les premiers essais de réglementation internationale, v. *supra*, n° 172 et *infra*, nos 802 et suiv.

faveur des faibles, des enfants ou des femmes; intervention plus discrète, mais cependant nécessaire en faveur des travailleurs adultes, ouvriers ou employés, qui, eux aussi, ont le droit d'être protégés contre le surmenage et l'exploitation abusive du capital.

Revenant avec plus de détails sur l'évolution retracée à grands traits dans notre introduction historique (nos 140-182), nous aurons à rechercher tout d'abord sur quels principes rationnels repose le droit d'intervention de l'Etat, et comment ces principes ont reçu, dans la plupart des législations, une application de plus en plus complète et méthodique. Puis, nous plaçant en présence du régime légal actuellement en vigueur en France, nous en exposerons les prescriptions essentielles, et rechercherons, à la lumière du droit comparé, de quelles réformes cette législation nous paraît susceptible.

Art. Ier. — *Justification du principe de la réglementation*[1]

701. — Cette question de la délimitation légale de la *journée de travail* est assurément l'une des plus graves, mais aussi l'une des plus complexes, à raison de la répercussion possible des lois réglementaires sur les conditions générales de l'industrie, qui s'imposent à l'examen attentif du législateur contemporain.

Tous les Congrès, spécialement les Congrès *de protection ouvrière*, qui ont précédé ou suivi la constitution de l'Association internationale (V. *supra*, nos 175 et suiv.), ainsi que la plupart des Parlements, l'ont

---

[1] Dans le sens de la réglementation, cons. notamment : Jules Simon, *L'ouvrier de huit ans*, *L'ouvrière*; Cauwès, t. III, nos 839 et suiv. ; Jay, *op. citt.*; Pic, *La législation ouvrière et la démocratie*, 1901 ; Besse, *L'employé de commerce* (*Quest. pratiques de législ. ouvr.*, 1901) ; Benzacar, *L'ouvrière au XXe siècle* (*ibid.*, 1902, p. 172 et 193) ; Mlle Schirmacher, *Le travail des femmes en France* (*Mus. soc.*, 1902) ; G. Maze-Sencier, *L'amélioration du sort des travailleurs*, 1906 ; Caroline Milhaud, *L'ouvrière en France*, 1907 ; Gide, *Economie sociale*, 3e éd., 1907, p. 154 et suiv. — V. aussi les comptes rendus des Congrès et Assemblées de l'Assoc. internationale pour la protection légale des travailleurs (Paris, Cologne, Bâle, Genève, 1900-1906), et les travaux des sections nationales, spécialement de la section française. — V. *supra*, nos 172 et suiv. — Dans un sens favorable à la réglementation, mais sous certaines réserves, v. Levasseur, *Questions ouvrières*, p. 435 et suiv. ; Brants, *Quelques notes sur la condition sociale et juridique des employés*, 1904. — Cons. au contraire dans le sens individualiste, mitigé par quelques concessions à l'interventionnisme : Paul Leroy-Beaulieu, *L'Etat moderne et ses fonctions*, p. 334; et *L'intervention du Parlement dans la réglementation du travail, l'engrenage* (*Econom. franç.*, 1903, 2, 701) ; Béchaux, *op. cit.*; Noël. *La limitation des heures de travail, étude sociale*, 1906 ; Haber, *Des dangers de l'interventionnisme*, th. 1906. — Cons. également, dans les *Annales de la Soc. d'écon. polit. de Lyon* (1902), le débat contradictoire sur *L'interventionnisme*, entre MM. Isaac, Coignet, Pic et Brouilhet.

maintes fois remise à l'ordre du jour. Depuis la loi du 2 novembre 1892, étendant aux femmes adultes, sous certains tempéraments, une réglementation jusqu'alors spéciale aux enfants et aux filles mineures, et surtout depuis la promulgation de la loi du 30 mars 1900, qui a unifié en principe la journée de travail des femmes et des enfants, et même étendu à certaines catégories d'adultes ses dispositions protectrices, la législation française peut être considérée comme une législation d'avant-garde. Aussi un parti important dans la doctrine estime-t-il que l'on ne saurait, sans danger, accentuer encore la législation tutélaire qui nous régit.

Les groupes socialistes, au contraire, n'y voient qu'une réforme timide et incomplète, et réclament, pour tous les travailleurs sans distinction, la réduction à *huit heures* de la durée effective du travail journalier, par voie législative ou même par voie d'accords internationaux. C'est afin de faire aboutir cette première revendication, considérée comme une amorce pour d'autres réformes plus radicales, que les socialistes des Deux Mondes ont institué la manifestation annuelle du 1er mai. C'est dans le même but qu'ils préconisent dans la plupart de leurs assises (Congrès nationaux ou internationaux socialistes, Congrès de la Confédération générale du travail, des Bourses du travail, etc.), la *grève générale*, comme moyen de coercition ou d'intimidation à l'égard des pouvoirs publics ou des chefs d'industrie [1].

702. — Partant d'un point de vue opposé, les libéraux, tout en admettant la réglementation du travail des *enfants* et en se résignant à celle des *femmes*, aujourd'hui consacrée par la très grande majorité des législations, protestent énergiquement contre toute législation restrictive de la journée de travail de l'homme adulte.

L'école éclectique ou solidariste est moins exclusive, et admet sans hésitation le principe de la réglementation, même pour les ouvriers adultes. Mais elle estime que le problème ne se pose pas exactement dans les mêmes termes pour l'homme, la femme et l'enfant ; qu'une protection plus étroite, plus tutélaire, s'impose pour ces deux dernières catégories, et que d'autre part, surtout pour l'adulte, une réglementation rigide et uniforme, ne tenant compte ni de la nature de l'industrie, ni du milieu dans lequel celle-ci se développe, ne saurait être admise. Ils considèrent, avec les législations les plus récentes, et même avec quelques théoriciens socialistes sachant plier la rigueur de leur dogmatisme aux exigences de la pratique (déclarat. d'H. Denis, et de la *Fabian Society* au Congrès de Bruxelles), que l'intérêt bien entendu du

---

[1] Sur la *grève générale*, v. *supra*, nos 289 et 328.

travailleur lui-même exige, dans les mesures adoptées, une souplesse et une diversité inconciliables avec la formule fatidique des trois-huit.

Nous sommes ainsi logiquement conduit à présenter sous trois chefs distincts, la justification de la réglementation du travail industriel, par rapport à l'enfant, à la femme et à l'homme adulte.

§ 1er. — Enfants

703. — Substitution du jeune ouvrier à l'apprenti : protection nécessaire. — L'ancien régime avait compris la nécessité de protéger l'enfance, et d'empêcher que le développement physique ou moral du jeune ouvrier ne fût compromis par un travail manuel excessif. Aussi les maîtres-gardes des corporations étaient-ils investis par les statuts d'un pouvoir de contrôle sur la situation faite aux *apprentis*, c'est-à-dire aux ouvriers enfants ou adolescents, par les patrons, et chargés de les protéger contre les abus de pouvoirs de ceux-ci : ils devaient empêcher tout travail excessif, et obliger les maîtres à pourvoir à l'éducation professionnelle et religieuse de leurs apprentis. — V. *supra*, n° 104.

Aujourd'hui, ainsi que nous le verrons au titre II, la loi réglemente, comme le faisaient jadis les statuts corporatifs, le contrat d'apprentissage. Mais cette réglementation ne pouvait suffire en présence du développement de la grande industrie ; il n'existe en effet d'apprentis, au sens véritable du mot, que dans les petits ateliers, où le jeune ouvrier travaille sous la direction du patron, mais non dans les fabriques et usines ; dans ces dernières, l'enfant débute immédiatement comme ouvrier, en vertu du louage de services passé entre ses parents ou tuteur et le directeur ou contre-maître de l'usine. L'intervention active du législateur n'en était que plus nécessaire ; aussi voyons-nous apparaître dans tous les pays, au fur et à mesure que l'activité industrielle se développe, une législation protectrice de l'enfant, destinée à le protéger contre les abus de pouvoirs patronaux : abus que sa famille est impuissante à prévenir, et dont la misère la rend parfois complice[1].

704. — C'est en Angleterre que cette législation tutélaire a été promulguée tout d'abord ; la France a suivi (décret du 3 janvier 1813 spécial aux mines, défendant d'employer dans les mines des enfants au-dessous de dix ans, loi générale sur le travail des enfants dans les

[1] Sur la protection de l'enfance ouvrière, cons. notamment : *L'Enfant*, revue mensuelle illustrée.

manufactures, usines et ateliers du 22 mars 1841, considérablement amendée par la loi du 19 mai 1874 « sur le travail des enfants et des filles mineures dans l'industrie »). Cette loi de 1874 n'était elle-même qu'une étape, comme la plupart des lois votées vers la même époque dans la plupart des pays étrangers. Depuis vingt à vingt-cinq ans, et surtout depuis une quinzaine d'années, les Parlements se préoccupent à l'envi d'accentuer cette législation tutélaire. Suivant cette impulsion, le Parlement français a voté en moins de dix ans deux lois tendant, la première, celle du 2 novembre 1892, à renforcer les dispositions protectrices de la loi de 1874 en ce qui concerne les enfants, et à réglementer le travail des femmes adultes, la seconde, celle de 1900, à unifier la réglementation, à faire disparaître certains abus révélés par la pratique, et à étendre la protection légale aux adultes travaillant dans les mêmes locaux que le personnel protégé. — Sur cette évolution, v. art. 2, *infra*.

705. — Réfutation de la thèse abstentionniste. — L'accord unanime des législations élève tout au moins une forte présomption en faveur de la nécessité d'une réglementation sévère du travail des enfants; et de fait, la plupart des économistes, même les plus libéraux comme M. P. Leroy-Beaulieu, avouent qu'en pareille matière il convient de faire fléchir le principe du *laissez-faire*. Seuls, quelques intransigeants, pour lesquels la liberté de l'industrie est un dogme, contestent encore la légitimité de l'intervention de l'Etat, sous le double prétexte que cette intervention serait contraire à la liberté du travail, et qu'elle constituerait un empiétement sur les droits de puissance paternelle ou tutélaire des père et mère, ou tuteur de l'enfant[1]. Il nous sera facile de réfuter en deux mots cette argumentation : le premier argument, fondé sur le principe de la *liberté du travail*, n'est vraiment pas sérieux. En effet, s'il est permis de se placer sur le terrain de la liberté pour condamner la limitation de la durée du travail des adultes, il ne saurait être question de liberté du consentement pour un enfant de huit, dix, douze ou même treize ans. L'enfant subit, sans les discuter, les ordres qui lui sont donnés ; si ses parents louent ses services à un patron, il travaillera pour ce patron douze, quatorze heures par jour, si ce patron l'exige ; car il n'a en réalité ni volonté propre, ni force de résistance. Donc il est faux de prétendre que la loi attente à la liberté de l'enfant lorsqu'elle décide que les patrons ne pourront engager d'enfants qu'à partir de tel âge, et qu'ils ne pourront faire travailler les enfants régulièrement engagés que pendant un cer-

[1] Cons. notamment les déclarations de MM. Yves Guyot et Hubert-Valleroux au Congrès de Bruxelles de 1897 (Congrès, rapp. et comptes rendus, p. 643, 667).

tain nombre d'heures. La vérité est que la loi stipule pour l'enfant et réclame en son nom le traitement qu'il réclamerait lui-même s'il était capable de vouloir.

706. — Le droit de l'enfant. — Mais, ajoutent les partisans de la non-intervention, si l'enfant n'a pas de volonté, ses parents en ont une ; ils ont seuls qualité pour parler en son nom, et l'affection qu'ils portent à l'enfant est un sûr garant qu'ils n'engageront pas ses services dans des conditions trop dures. Le législateur, en intervenant, porte une grave atteinte à la puissance paternelle. Cette seconde objection repose sur une double erreur : — *a*) une *erreur de fait*. En fait, l'expérience démontre, malheureusement, que dans la classe ouvrière la misère, la nécessité de pourvoir à la subsistance d'un grand nombre d'enfants, déterminent trop fréquemment les parents à utiliser, dans des conditions préjudiciables à leur santé, le travail de leurs enfants (Cf. St. Mill, *Principes d'économie politique*, liv. 5, chap. XI, § 9). Le témoignage non suspect du Dr Villermé[1], sur la condition lamentable de la classe ouvrière à la veille de la première loi qui, dans notre pays, ait protégé (bien faiblement) l'enfant contre l'exploitation des usiniers, illustre éloquemment cette proposition, et démontre combien il était chimérique, comme le prétendaient les libéraux d'alors, de considérer le jeune ouvrier comme suffisamment protégé par ses parents, déprimés eux-mêmes par la misère et par une tâche supérieure à leurs forces !

b) Une *erreur de droit* : il est absolument inexact de considérer la puissance paternelle *comme un droit* pour le père, comme une sorte de propriété *sui generis*, qui pourrait être, pour les parents, une source de

---

[1] Dr Villermé, *Tableau physique et moral des ouvriers employés dans les manufactures de soie, de laine et de coton*, 1840. La durée moyenne du travail industriel était, en 1840, de quatorze heures par jour. Encore cette moyenne était-elle souvent dépassée, puisque les tisserands de coton de la région rouennaise travaillaient jusqu'à seize et dix-sept heures par jour ! Or, à cette époque, la durée du travail de l'enfant était la même que celle de l'homme ; et comme les lois ne fixaient pas l'âge minimum d'entrée dans les usines, il n'était pas rare de voir dans les usines des ouvriers de sept ans ; il y avait même, à Sainte-Marie-aux-Mines, des dévideurs de trames de *quatre à cinq ans* ! Pour savoir quels étaient les résultats sociaux d'un régime industriel aussi barbare, il suffit de consulter les tables de mortalité et les statistiques du recrutement. Des premières il ressort qu'à Mulhouse, par exemple, la durée moyenne de la vie de l'ouvrier de fabrique était de vingt-cinq ans, tandis que la moyenne était de trente-six ans pour le reste de la population. Les secondes nous apprennent que dans les centres industriels de Normandie, pour 100 conscrits reconnus bons au service, il y en avait 166 inaptes ! — Cp. Achille Penot, *Bull. de la Société industr. de Mulhouse*, n° 28, p. 341 et suiv. ; Souchon, *La situation des ouvriers en France à la fin du XIXe siècle* (*Mus. soc.*, août 1899) ; Blanqui, *Des classes ouvrières en France pendant l'année 1848*, t. II, p. 219. — Sur les conséquences sociales et démographiques désastreuses de la trop longue abstention du législateur espagnol ou italien, cons. les rapports présentés au Congrès de Bruxelles de 1897 par MM. Delas et Nitti (Compte rendu, p. 121 et 293).

revenus ! La *puissance paternelle*, au contraire, en droit moderne, est organisée avant tout dans l'intérêt de *l'enfant*, et aussi dans l'intérêt *social* : c'est plutôt une *obligation* qu'un droit pour celui qui l'exerce, aussi appartient-il aux pouvoirs publics d'intervenir pour prévenir ou réprimer les abus, dont les parents qui en sont investis pourraient se rendre coupables. Ce caractère limité de la puissance paternelle n'est d'ailleurs plus contestable depuis la promulgation de la loi du 24 juillet 1889 sur la protection des enfants maltraités ou moralement abandonnés, et la déchéance de la puissance paternelle.

§ 2. — Femmes

707. — Le problème. — Le législateur doit-il se borner à réglementer le travail des enfants et des filles mineures, ou doit-il réglementer également le travail des femmes adultes ? La question divise encore aujourd'hui les économistes et les législateurs. Les économistes libéraux protestent contre toute réglementation, les écoles dissidentes en reconnaissent la légitimité et même l'urgence. Quant aux législations, elles sont également divisées.

Dans plusieurs Etats du sud de l'Europe, notamment en Espagne [1], en Roumanie, prévaut encore le système de la non-intervention. La *France* et l'*Italie* appartenaient naguère encore à ce groupe. En effet, la loi française de 1874 ne s'appliquait point aux femmes adultes, qui, par suite, ne pouvaient se prévaloir que de la protection, très insuffisante, de la loi du 9 septembre 1848 sur la durée du travail des ouvriers en général dans les manufactures. La seule différence entre les ouvriers adultes des deux sexes résultait de l'article 7 de la loi du 19 mars 1874, qui prohibait l'emploi des femmes dans les travaux souterrains des mines, minières et carrières.

La limitation législative est au contraire le droit commun des pays du nord et du centre de l'Europe, des colonies britanniques et des Etats-Unis [2]. Cette limitation, sur laquelle nous reviendrons, a un quadruple objet : prohibition du travail de nuit, repos hebdomadaire obligatoire, durée maxima du travail quotidien, chômage légal des femmes enceintes dans les derniers temps de la grossesse, et des femmes rele-

[1] Les lois espagnoles du 31 mars 1900 et du 8 janv. 1907 se bornent à réglementer le travail des femmes récemment accouchées.

[2] Lois anglaise, allemande, autrichienne et hongroise, danoise, hollandaise, norvégienne, russe, scandinave, suédoise, suisse ; lois australiennes, canadiennes, Etats-Unis de l'Amérique du Nord, etc... V. *infra*, art. 2, § 1er.

vant de couches. Le législateur *français* de 1892 s'est rallié au principe de la réglementation, non sans laisser subsister certaines lacunes, que la loi du 30 mars 1900 n'a pas réussi à faire disparaître complètement.

L'*Italie* est à son tour entrée dans la voie de la réglementation. Les lois italiennes des 19 juin 1902 et 7 juillet 1907 protègent concurremment le travail industriel de la femme et celui de l'enfant.

708. — Arguments en faveur de la réglementation. — L'on justifie généralement la nécessité d'une réglementation du *travail des femmes adultes* par trois arguments principaux ; mais le dernier seul, ainsi que nous le démontrerons, paraît vraiment décisif.

1° Les *femmes adultes* sont, en majorité, *mariées*, et en puissance de mari. Elles doivent avant tout s'occuper des soins du ménage, de l'entretien et de l'éducation des enfants ; il convient donc que le législateur les protège, dans l'intérêt du mari et de la famille, contre une exploitation abusive des chefs d'industrie ; qu'il oblige ceux-ci à ne les garder à l'usine qu'un certain nombre d'heures, afin qu'elles puissent ensuite vaquer aux soins du ménage (V. dans le traité de Lagrésille la lettre-préface de M. Jules Simon. — Cp. : L'*Ouvrière*, du même auteur). Ce premier argument, éloquemment développé par l'éminent homme d'État, a sa valeur; mais il n'est peut-être pas absolument décisif; car l'on peut répondre, en faveur de la non-réglementation, que la famille ouvrière a intérêt à ce que la mère travaille plus longtemps à l'usine et rapporte à la maison un salaire rémunérateur, plutôt que d'en être réduite à vivre sur le produit insuffisant des salaires du père, même augmentés du produit minime des salaires réduits de la mère [1]. Au surplus, cet argument n'a de portée que pour le travail des femmes mariées ; il ne justifierait pas la limitation du travail des femmes non mariées, des veuves ou des filles, tout au moins lorsqu'elles n'ont pas d'enfants en bas âge.

709. — 2° La femme, comparée à l'homme adulte, est un être faible, incapable de fournir sans danger grave pour sa santé un travail trop long et trop pénible ; il est donc nécessaire de la protéger contre elle-même et de limiter son travail comme celui des enfants. — Ce second argument, à lui seul, n'est pas non plus décisif ; en effet, si la loi protège l'enfant, ce n'est pas seulement à raison de sa faiblesse physique,

[1] De l'enquête approfondie ordonnée par le gouvernement allemand sur le travail industriel des femmes, et spécialement des femmes mariées, il ressort que c'est presque toujours à raison de l'insuffisance du salaire du chef de famille que la femme se voit obligée d'entrer à la fabrique. — *Die Beschæftigung verheiratheter Frauen in Fabriken nach den Jahresberichten der Gewerbe-Aufsichtsbeamtem für das Jahr. 1899 bearbeitet im Reichsamt des Innern*. Berlin, 1901.

mais aussi et surtout à raison de son défaut de discernement. Lorsqu'un enfant s'engage à travailler treize ou quatorze heures par jour, il n'a le plus souvent pas conscience de l'étendue de l'engagement qu'il contracte ; la femme a pleinement conscience de ses actes, et c'est *librement* [1] ou du moins en pleine connaissance de cause, qu'elle s'engage envers celui qui l'emploie.

710. — 3° Aussi est-ce sur un autre terrain, sur le terrain de la *conservation sociale* et de l'intérêt général de l'Etat, que les défenseurs de la réglementation se cantonnent de préférence aujourd'hui, avec raison selon nous. Si la femme, en travaillant avec excès, ne nuisait qu'à elle-même, il serait permis à la rigueur de soutenir que le législateur n'a pas à intervenir; mais telle n'est pas la situation. En effet, l'état physique de la femme exerce une influence fatale et nécessaire sur celui de l'enfant. En compromettant sa santé par un travail excessif, la femme ne se nuit donc pas seulement à elle-même, elle nuit aux enfants qu'elle pourra procréer; ces enfants, issus d'une mère affaiblie par le travail mécanique, naîtront mal conformés, débiles ou rachitiques. Faute d'avoir réglementé le travail des femmes, la société sera vite menacée d'un abâtardissement de la race; à une génération maladive succédera une génération plus appauvrie encore dans ses forces

---

[1] Liberté, d'ailleurs, beaucoup plus apparente que réelle, vu la modicité extrême du salaire féminin dans la plupart des professions, et spécialement dans toutes les industries de la couture, lingerie, confection, où le *sweating*, savamment entretenu par les couturières des grands magasins (V. n° 852 *infra*), l'absence d'organisation des ouvrières (V. *supra*, p. 391, n° 567), et la concurrence des femmes mariées, satisfaites d'un salaire d'appoint, ou des ouvroirs et orphelinats, ont fait tomber le taux des salaires à un taux dérisoire. Il y a douze ans, les corsetières, les chemisières étaient fréquemment réduites, pour une journée moyenne, dans les grandes villes de province, à un salaire oscillant entre 0 fr. 75 et 1 fr. Bonnevay, *Les ouvrières lyonnaises travaillant à domicile*, 1896. La situation de cette catégorie d'ouvrières ne paraît pas s'être sensiblement améliorée depuis lors, si l'on en juge par les résultats de l'enquête récente de l'Office du travail dans la région lyonnaise (Vermorel, *Une enquête sur le travail à domicile dans la région lyonnaise*, *Quest. pratiques*, août 1908), ou des investigations personnelles, très consciencieuses, de M. Espinasse à Toulouse. — Espinasse, *L'ouvrière à l'aiguille à Toulouse*, 1907. — A Paris même, où les conditions de la vie sont plus onéreuses, il n'est pas rare aujourd'hui (1908) de voir des ouvrières en lingerie d'une habileté moyenne réduites à un salaire de 1 fr. 45 pour onze ou douze heures de travail effectif ! — Office du trav., *Enquête sur le travail à domicile dans la lingerie*, t. I, Paris, 1907. — V. aussi Doublot, *La protection légale des travailleurs de l'industrie du vêtement*, 1899 ; Office du travail, *La petite industrie* et *Le vêtement à Paris* ; Jay, *op. citt.* — Conf. les conclusions de l'enquête *autrichienne* sur le travail des femmes (*Quest. prat.*, 1901, p. 363). Comment s'étonner de voir, en présence de pareils chiffres, si l'Etat n'intervient pas pour les protéger contre elles-mêmes et contre leurs exploiteurs, les ouvrières s'imposer un surmenage excessif pour augmenter leur maigre salaire de quelques centimes par jour ? — Pour plus de développements sur la question du *sweating system* et sur les moyens d'y remédier, v. *infra*, n°s 852, 1194 et s.

vitales; et le mal ira toujours croissant, tant que des mesures énergiques ne seront pas prises pour limiter la durée du travail de la femme, lui interdire les travaux les plus pénibles, spécialement le **travail de nuit** (qui devrait être interdit d'ailleurs pour des considérations de moralité sur lesquelles il est inutile d'insister), et enfin lui imposer, ou du moins obliger ceux qui l'emploient à lui laisser chaque jour assez de loisirs pour vaquer aux soins du ménage et à l'éducation des enfants, et à lui accorder un jour complet de repos par semaine. Ce jour de repos est indispensable, soit à la santé de la femme, soit aux enfants, dont la mère n'a guère le temps de s'occuper pendant le reste de la semaine (J. Simon, lettre-préface précitée; Waelbroeck, *Droit industriel*, t. Ier, p. 103. V. aussi, sur la question du repos hebdomadaire, les autorités citées *infra*).

Les enquêtes parlementaires ou autres ouvertes dans les différents pays, les rapports des inspecteurs du travail, s'accordent à constater les effets déplorables du travail excessif de la femme [1]. Il y a donc un intérêt social en jeu, et dans ces conditions, l'intervention du législateur est légitime et nécessaire.

711. — Les objections. — Les économistes libéraux protestent cependant contre cette intervention, ou du moins ils n'admettent que l'interdiction du travail de nuit, la prescription d'un jour de chômage par semaine et la prohibition de travail pour la mère dans les trois ou quatre semaines postérieures à l'accouchement; mais ils s'élèvent énergiquement contre toute limitation législative de la durée de la journée de travail. Nous devons donc examiner et discuter les objections qu'ils formulent contre cette limitation, que nous considérons au contraire comme nécessaire. Ces objections, nettement exposées dans un discours

---

[1] Aux enquêtes *française*, *allemande* et *autrichienne*, visées à la note précédente, *adde* : Ansiaux, *Travail de nuit des ouvrières de l'industrie dans les pays étrangers*, France, Suisse, Grande-Bretagne, Autriche, Allemagne (enquête de l'Office belge); Schwiedland, *La répression du travail en chambre*, 1897. — *Final Report of the select committee of the House of Lords on the Sweating system*, 1890 (enquête anglaise). — Parmi les rapports présentés au ministre du commerce de France, à l'occasion du Congrès de 1900, par les inspecteurs divisionnaires, au sujet de l'interdiction du travail de nuit, cons. spécialement le rapport de M. Laporte, sur les inconvénients des *veillées* à Paris. — Cf. rapports soumis à l'assemblée de l'*Assoc. pour la prot. lég. des trav.* : Cologne 1902; Bâle 1904, Genève 1906, ainsi que les procès-verbaux des conférences ouvrières internationales tenues à Berne en 1905 et en 1906.

Sur l'influence néfaste, au point de vue démographique, du travail de nuit des femmes, cons. également les conclusions du *Congrès internat. d'hygiène et de démographie*, Paris, 1900 (*Rev. d'hygiène*, 1900, p. 762 et s.). — Sur les résolutions des Conférences diplomatiques de Berne, tendant à l'interdiction en principe du travail de nuit des ouvrières dans l'industrie, v. *supra*, n° 182, et *infra*, n° 802.

de M. Bérenger au Sénat, au cours de la discussion de la loi de 1892, sont au nombre de trois principales :

1° La première objection est d'ordre philosophique ; elle est tirée du principe de la *liberté du travail*, auquel le projet de loi gouvernemental porterait une grave atteinte, insuffisamment justifiée. « Il n'est pas admissible, déclarait M. Bérenger, alors que la femme a toute liberté de ne pas travailler, de laisser sa famille, ou de se livrer à la débauche, que la loi intervienne seulement pour lui interdire de se sacrifier, de supporter un travail parfois au-dessus de ses forces, dans l'intérêt de sa famille ».

A cette première objection, nous ferons une double réponse : — *a*) Il est bien vrai, nous l'avons admis nous-même, que le travail doit, en principe, être libre et affranchi de toute entrave, mais ce principe doit céder devant l'intérêt social; et si cet intérêt exige, ainsi que nous l'avons établi, qu'une certaine restriction soit apportée au régime de la liberté absolue, cette restriction est légitime et doit être approuvée. — *b*) Ainsi que l'a très justement fait observer le ministre du commerce, M. Jules Roche, dans la discussion de la loi de 1892, les conditions du travail se sont complètement transformées depuis un siècle; il n'y a aucune comparaison à établir entre les petits ateliers de jadis, où le patron et les ouvriers travaillaient côte à côte, et ces immenses établissements industriels, où l'ouvrier, enrégimenté, embrigadé, travaille aussi longtemps qu'il plaît au chef d'industrie de le faire travailler, sans qu'une protestation isolée de sa part puisse être d'aucune efficacité. Les ouvriers ont sans doute la ressource des grèves; mais cette ressource, qui pratiquement d'ailleurs fait défaut à l'immense majorité des ouvrières (vu la faiblesse des syndicats féminins), est des plus aléatoires. Quant à l'initiative patronale, son insuffisance est reconnue par ceux-là mêmes, parmi les chefs d'industrie, qui auraient le désir d'améliorer la condition de leur personnel, et qui en sont empêchés par les lois implacables de la concurrence : aussi sont-ils les premiers parfois à réclamer une intervention légale[1], qui seule leur permettrait de réaliser des réformes qu'ils jugent équitables, sans courir le risque d'être ruinés par la concurrence abusive des maisons rivales. Pour les patrons comme pour les ouvrières, la réglementation légale, loin d'être une entrave gênante et vexatoire, est parfois un instrument de libération.

---

[1] Cons. en ce sens, déclar. de M. Waddington à la tribune du Sénat le 28 mars 1892. — Cf. déposition de la Chambre syndicale de l'alimentation parisienne devant la Commission permanente du Conseil supérieur du travail, le 15 avril 1901 (rapp. par Jay, *op. cit.*, p. 15); et la déclaration de M. Le Blanc, président du syndicat de l'industrie linière du département du Nord, au Congrès de Paris, 1900.

712. — La deuxième objection est tirée de la répercussion prétendue nécessaire de la limitation du travail des femmes sur le travail des hommes. Il serait dangereux, dit-on, de limiter la durée de la journée de travail des adultes hommes ; or, c'est à ce résultat qu'aboutirait fatalement la limitation des heures de travail des femmes. En effet, la plupart des usines emploient des ouvriers des deux sexes ; l'atelier sera désorganisé après le départ des ouvrières, si bien que le chef d'industrie se verra, malgré lui, obligé de réduire dans la même proportion le travail des ouvriers.

Nous étudierons bientôt la question de la limitation du travail des adultes hommes ; mais, dès maintenant, nous croyons pouvoir contester absolument le bien-fondé de l'objection tirée de la répercussion *nécessaire* de la réglementation du travail des femmes sur le travail des hommes. Sans doute, la réglementation du travail de certaines catégories de salariés agit, à la longue, dans le sens d'une diminution progressive de la journée ; et ce résultat, très désirable, a été évidemment escompté par tous les promoteurs convaincus de la législation protectrice du travail. Mais il n'en est pas moins inexact de prétendre que la limitation adoptée pour les femmes, par exemple, s'impose immédiatement et fatalement pour les adultes. Il convient en effet de remarquer que, dans la majorité des établissements industriels, enfants et femmes sont affectés à des travaux distincts, moins pénibles que ceux des hommes, s'exécutant dans des ateliers séparés : — rien n'empêche donc, en thèse générale, les chefs d'industrie d'adopter un horaire distinct pour ces ateliers, sans pour autant désorganiser le travail.

Que si, par exception, des adultes hommes travaillent *dans les mêmes locaux* que les femmes et les enfants, il pourra paraître opportun d'adopter pour tous une même durée de travail. Mais cette mesure, admise par le législateur français de 1900 dans une pensée de simplication (v. *infra*), n'est nullement nécessaire ; et plusieurs législations étrangères récentes, notamment la loi allemande, ont cru préférable de maintenir, à tort ou à raison, la répartition des ouvriers travaillant dans les mêmes ateliers en plusieurs catégories [1].

713. — **Durée du travail et productivité.** — 3° La troisième objection est *d'ordre économique*. La production industrielle, dit-on, est

---

[1] La plupart des orateurs allemands au Congrès de Paris, notamment MM. de Berlepsch et de Pieper, ont cru devoir justifier la loi allemande d'avoir établi plusieurs catégories au point de vue de la journée de travail (jeunes enfants travaillant au demi-temps, enfants travaillant 10 h., femmes 11 h., hommes adultes non protégés) ; cette gradation, disent-ils, permet de tenir compte de la capacité de travail, différente pour chaque catégorie. — V. dans la *Rev. d'écon. polit.*, juillet 1901, et dans les *Quest. pratiques*, 1900, p. 260 et s., notre compte rendu du Congrès.

proportionnelle *à la durée du travail*. Si vous réduisez la durée du travail des femmes dans les usines françaises, vous diminuez d'autant le chiffre de la production de chaque usine ou fabrique, et vous mettez nos industriels dans l'impossibilité de lutter contre la concurrence étrangère. Cet argument paraît décisif, au premier abord ; et cependant il procède d'un point de départ manifestement inexact. En effet, la valeur de la production n'est pas rigoureusement proportionnelle à la durée du travail, elle est proportionnelle à la durée de ce travail combinée *avec son intensité* et sa *qualité* : or, c'est un fait d'expérience que l'intensité et la qualité du travail, dans un temps donné, diminuent notablement au bout d'un certain nombre d'heures. L'ouvrier, fatigué par une station prolongée à l'usine, et surtout l'ouvrière, fournit dans les dernières heures un travail plus lent, et beaucoup moins parfait que dans les premières heures : d'où il suit que les usines dans lesquelles l'ouvrier n'est *jamais surmené*, parce qu'on ne l'emploie que 10 ou 11 heures par jour, par exemple, coupées par des repos, peuvent produire autant que les usines occupant ouvriers et ouvrières pendant 13 ou 14 heures par jour.

Cette proposition n'est pas une affirmation sans preuves ; les statistiques des fabriques anglaises et américaines, dans lesquelles les femmes ne travaillent que 10 heures à 10 h. 1/2 par jour, le prouvent péremptoirement. La diminution de la durée de la journée de travail des femmes et des enfants, diminution imposée par la loi tant en Angleterre qu'aux Etats-Unis, n'a eu sur le développement de la production industrielle aucune influence fâcheuse, bien au contraire : les statistiques ouvrières de ces deux Etats démontrent, en effet, que leur prospérité commerciale et industrielle n'a fait que progresser depuis la réglementation, que la production a augmenté, et que les salaires ont subi une progression équivalente [1].

Les mêmes résultats favorables ont été enregistrés en Allemagne, en Autriche, aux Pays-Bas [2], et généralement dans tous les pays où a prévalu la réglementation du travail des femmes.

---

[1] Sur les statistiques *anglaises*, nettement favorables, cons. notamment : J. Roche, disc. au Sénat, 22 mars 1892, *Offic.* du 23 ; Brentano, *Les rapports entre le salaire, la durée du travail et sa productivité* (*Rev. d'éc. polit.*, 1893, p. 273) ; Dechesne, *La productivité du travail et les salaires* (*ibid.*, 1899, p. 460) ; S. Webb and Harold Cox, *The eight hours day* ; Jay, *La loi de dix heures en Angleterre* (*Rec. d'éc. pol.*, mai 1902). — Sur les statistiques américaines, comp. notamment aux chiffres fournis par le *Bull. de l'Off. du travail*, 1894, p. 77, ceux de l'enquête officielle de 1904 (*Wages and hours of labor*, publiés en 1904 par le *Bureau of Labor* de Washington).

[2] Pour l'Allemagne, cons. notamment le rapport de MM. Weber au Congrès de Bruxelles, et Hitze, au Congrès de Paris. Pour l'Autriche, v. les déclar. de M. von Philippovitch au Congrès de Bruxelles et de Mme H. Glumpowicz au Congrès de Paris ; pour les Pays-Bas, v. les déclar. de M. Struve, inspect. du travail. Cette

714. — Une expérience de seize années environ, et les rapports concordants des inspecteurs démontrent qu'il en a été de même en France, et que, contrairement aux pronostics pessimistes des libéraux, la loi de 1892 n'a compromis en rien notre industrie nationale, bien loin de la mettre dans l'impossibilité de lutter contre la concurrence des Etats étrangers, dont les plus prospères, l'Allemagne, l'Angleterre ou la Suisse par exemple, ont d'ailleurs également adopté le principe de la réglementation du travail féminin [1].

§ 3. — Hommes adultes [2]

715. — **Le problème.** — Nous abordons ici l'un des problèmes les plus délicats du droit ouvrier, l'un de ceux où la divergence apparaît le plus irréductible entre les libéraux et les interventionnistes de toute

---

dernière déposition est particulièrement nette. Avant la mise en vigueur de la loi néerlandaise de 1889 réglementant le travail des enfants et des femmes, la plupart des patrons s'étaient énergiquement élevés contre la journée de 11 heures, prétendant que cette limitation serait la ruine de l'industrie nationale livrée sans défense à la concurrence étrangère, et qu'elle aurait sa répercussion fatale sur le taux des salaires. Non seulement ces prévisions pessimistes ont été démenties par les faits, mais nombre de patrons, ayant constaté pratiquement que l'ouvrier pouvait en 11 heures bien employées fournir la même somme de travail qu'en 12, ont spontanément abaissé à cette limite la durée de la journée des adultes, même dans les établissements où ne travaillent pas concurremment des personnes protégées. Le même fait s'est produit en Angleterre (Jay, *op. cit.*).

[1] Cons. la collection des rapports annuels des inspecteurs du travail. Les conclusions qui s'en dégagent sont ainsi résumées dans le rapport de la Commission supérieure du travail pour 1897 : « L'amélioration de vitesse des engins mécaniques, les pertes de temps moins nombreuses, les repos plus réels, ont permis à la production, non de diminuer ou de rester stationnaire, mais de suivre une *marche ascendante, si bien que peu d'industriels se résoudraient aujourd'hui à revenir à la journée de douze heures* » (*Bull. Off. du trav.*, janvier 1898, p. 30). A l'appui de ces affirmations, des faits nombreux sont cités. En voici un, entre autres, rapp. par M. Despeaux, insp. divis. de Limoges : « Une importante verrerie à bouteilles de Montluçon a réduit le travail des équipes d'ouvriers de dix heures à huit heures et demie, et la quantité de bouteilles fabriquées n'a pas varié, les ouvriers qui sont payés au cent travaillent avec plus d'entrain !... » (*Rapp. sur l'interdiction du travail de nuit*, 1900). — Sur les résultats de la mise en vigueur de la loi de 1900, v. art. 4, *infra*.

[2] Cons. sur la question : Cauwès, t. III, n°s 842 et suiv. ; Brentano (*Rev. d'écon. polit.*, 1890, p. 117) ; Mataja, *Les décrets sur la journée de travail en 1848* (*ibid.*, 1892, p. 1255), et *Les origines de la protection ouvrière en France* (*ibid.*, 1895, p. 527, et 1896, p. 232) ; Jay, *op. citt.* ; Philippe, *Réglementation du travail industriel des adultes*, 1897 ; Rist, *Réglementation légale de la journée de travail de l'ouvrier adulte en France*, 1898, et la bibliogr méthodique jointe à cet ouvrage ; Spillmann, *Durée du travail des adultes*, 1902 ; Malon, *Le socialisme intégral*, t. II, p. 108 et suiv. — Cf. S. Webb et H. Cox, *The 8 hours day*, 1891 ; J. Rae, *Eight hours for work*, 1894 ; S. et B. Webb, *Industrial democracy*, t. Ier, chap. VI,

nuance ; l'un de ceux aussi où la réalisation d'un accord, exprès ou tacite, entre les législations, paraît le plus difficile. Sans doute, la cause de la limitation légale de la journée de travail des adultes a gagné du terrain, depuis quelques années, aussi bien en Europe qu'en Amérique ou en Australie. C'est en France, dès 1848, que le principe de la réglementation du travail a été pour la première fois légalement consacré (V. *supra*, n° 149) ; mais depuis lors, divers pays, notamment la Suisse, l'Autriche, la Russie, et quelques Etats de l'Union américaine ou d'Australie, ont adopté une législation analogue, comportant même une réglementation plus stricte.

Il n'en est pas moins vrai que, dans les principaux pays industriels, notamment en Angleterre, en Allemagne, et dans la majorité des Etats de l'Union américaine ou du *Commonwealth* australien, aucune loi générale ne fixe encore la durée maxima de la journée de l'adulte pour l'ensemble des industries. Il convient toutefois de remarquer : 1° que la puissante organisation des forces ouvrières dans les pays anglo-saxons remédie partiellement à l'absence de réglementation par voie d'autorité (V. *supra*, nos 482, 490 et 495) ; 2° que la mise en vigueur de règlements spéciaux à certaines industries, notamment aux industries de transport (Etats-Unis), aux industries de l'alimentation (Allemagne), ou aux industries minières (Autriche, projet anglais des huit heures, etc.), l'adoption par l'Etat d'une courte journée pour les ouvriers qu'il emploie en régie (huit heures aux Etats-Unis, en Angleterre, en Australie) ou pour ceux qu'emploient des adjudicataires de travaux publics (Angleterre, Belgique, Pays-Bas), et enfin la consécration par un très grand nombre de législations du repos obligatoire du dimanche, constituent autant de progrès dans la voie de la réglementation progressive, préconisée par les Congrès internationaux de protection ouvrière.

Convient-il d'approuver, ou doit-on au contraire condamner cette tendance des Parlements ?

716. — Les objections. — Elles peuvent se ramener en somme à deux principales :

1° Toute limitation légale de la journée de travail est une atteinte au principe de la liberté du travail. Cette limitation est légitime à l'égard de l'enfant, qui n'a pas la libre disposition de sa personne, ni la conscience exacte de l'étendue des engagements qu'il contracte. La légitimité de cette intervention du législateur est déjà plus contestable lorsqu'il s'agit de femmes adultes, qui contractent librement avec leur

---

The normal day ; Schæffle, *Zur theorie und politik des Arbeiterschutzes* (*Zeitschrif. d. G. St...*, 1890, p. 649) ; R. Dalla Volta, *La riduzione delle ore di Lavoro et i sui effetti economici*, Florence, 1891. — Congrès de l'*Assoc. intern.*, précités.

patron ; cependant cette intervention peut se justifier, dans une certaine mesure, par la faiblesse de la femme, et surtout par l'intérêt de la famille et des enfants. Mais la limitation légale de la durée du travail des adultes hommes constitue, dit-on, une atteinte injustifiable au principe de la liberté du travail. L'adulte qui s'engage envers un patron à travailler quatorze heures par jour sait ou doit savoir à quoi il s'engage ; et, dès l'instant que son engagement est contracté librement et sans dol de part ni d'autre, cet engagement est obligatoire, et doit s'exécuter dans sa teneur.

Cette protection que l'on prétend imposer à l'ouvrier, en interdisant au patron de l'employer plus de dix ou onze heures, alors même que l'ouvrier se sent assez fort pour travailler plus longtemps, sera fatalement ou illusoire ou dangereuse pour ceux que l'on veut protéger. Elle sera illusoire si les autorités judiciaires ou administratives ne tiennent pas la main, par un contrôle incessant et vexatoire, à la stricte observation des prescriptions légales ; elle sera dangereuse si elle est appliquée, car les patrons seront nécessairement obligés d'abaisser le taux des salaires en proportion de la diminution des heures de travail, imposée par la loi ; sinon, le prix de revient des produits de la fabrique s'élèvera de telle sorte que l'industriel travaillera à perte, et devra tôt ou tard fermer l'usine. Bénéfice net pour l'ouvrier : diminution immédiate du taux des salaires, ou à bref délai, chômage prolongé par la suite de la fermeture de l'usine. Avec le régime de la liberté pleine et entière, au contraire, le chef d'industrie proportionne exactement la durée du travail des ouvriers aux nécessités de la concurrence ; il lutte ainsi avec chances de succès contre ses rivaux, et la prospérité de la fabrique rejaillit sur les ouvriers, sous forme d'augmentation progressive des salaires.

2° La limitation de la durée de la journée de travail n'est qu'un premier pas dans la voie du socialisme. Cette première mesure, en effet, aboutit logiquement à une mesure beaucoup plus grave, beaucoup plus dangereuse, par ses conséquences sociales et par les espérances chimériques qu'elle fait naître dans l'esprit des classes ouvrières, à savoir la fixation légale d'un salaire minimum, suffisant pour satisfaire pleinement tous les besoins physiques et même intellectuels des travailleurs et de sa famille. Or, la fixation par la loi du taux des salaires est l'une des plus dangereuses utopies que puissent rêver les réformateurs de l'ordre social ; sa mise en pratique, qui serait la négation du principe de la liberté des conventions, n'aboutirait à rien moins qu'à imposer à l'Etat l'obligation écrasante d'assurer à l'ouvrier le paiement régulier du salaire légal minimum, ou, ce qui reviendrait au même, d'assurer à l'industriel un bénéfice suffisant pour lui permettre de payer régulièrement ce salaire minimum. En effet, ce salaire légal, s'il venait à être jamais voté, serait le plus souvent supérieur au salaire déterminé par le jeu normal de la libre concurrence; le patron ne pourrait donc le payer qu'en ayant recours à la garantie de l'Etat, en se faisant, en quelque sorte, subventionner par l'Etat !

717. — Les arguments en faveur de la réglementation. — En faveur de la limitation du travail industriel des hommes adultes, l'on ne fait valoir qu'un seul argument, décisif d'ailleurs, s'il faut en croire les défenseurs du système : l'argument de *l'intérêt social*. Il y a, dit-on, un véritable intérêt social à limiter non seulement le travail industriel des femmes et des enfants, mais même la durée du travail des ouvriers adultes. Tout travail manuel excessif et prolongé outre mesure, aboutit en effet à l'épuisement physique, à l'atrophie morale et intellectuelle de celui qui s'y livre ; l'Etat a donc intérêt, pour empêcher la dégénérescence de la race, à protéger les populations ouvrières contre elles-mêmes et contre ceux qui les exploitent. Et d'ailleurs, l'intérêt social est ici d'accord avec l'intérêt économique ; car c'est un fait d'expérience incontestable que le travail de l'ouvrier épuisé par une station trop prolongée à la fabrique est moins bon, moins productif que le travail de l'ouvrier qui jouit d'un temps de repos suffisant.

Les anciennes corporations l'avaient si bien compris que tous les règlements corporatifs interdisaient, sauf exception, le travail de nuit. Le travail ne pouvait commencer qu'après le lever du soleil (annoncé, à Paris et dans les principales villes industrielles, au son du cor et des cloches des églises et des couvents), et ne pouvait se prolonger après le coucher du soleil. Telle fut du moins la règle presque universellement suivie jusqu'à la fin du XVIe siècle ; au XVIIe siècle, et surtout au XVIIIe siècle, la durée du travail industriel fut prolongée. Dans un certain nombre d'industries, les ouvriers travaillaient seize heures et même jusqu'à dix-huit heures par jour (*Sic* : ouvriers en soie). Mais cette longueur excessive de la journée du travail était rendue plus supportable par le grand nombre de jours de chômage obligatoire, dimanches, fêtes légales, fêtes de famille, et veilles de dimanches et fêtes à partir de trois ou six heures.

718. — Si le travail industriel trop prolongé avait, sous l'ancien régime, des dangers reconnus pour l'ouvrier, à plus forte raison en est-il de même du travail industriel moderne, beaucoup moins diversifié, beaucoup plus monotone par suite de la division extrême du travail dans les grandes usines, et par conséquent beaucoup plus abrutissant, énervant tout au moins, pour l'ouvrier.

Cet épuisement physique et intellectuel[1] de l'ouvrier, consécutif au travail mécanique excessif, ne nuisant pas à l'individu seulement, mais ayant des conséquences funestes pour la société entière, l'Etat a le droit d'intervenir pour remédier au mal, en interdisant aux patrons, sous une sanction pénale, d'employer les ouvriers au delà d'un certain nombre d'heures.

719. — **Réponse aux objections.** — *a*) *Liberté incomplète de l'ouvrier.* — A la première objection, tirée du principe théorique de la liberté du travail, l'on peut répondre qu'il est faux de parler de liberté, de contrat librement accepté par l'ouvrier ; que l'ouvrier, lorsqu'il traite avec le patron, n'est ni libre, ni indépendant, puisqu'il n'a pas d'avances, qu'il engage ses services pour vivre et faire vivre les siens ; tandis que l'industriel, ayant des capitaux, peut toujours amener ou plutôt contraindre l'ouvrier à accepter ses conditions, quelque léonines qu'elles puissent être ! C'est précisément pour rétablir l'égalité entre les deux parties contractantes que l'Etat doit intervenir, notamment par voie de limitation de la durée des heures de travail ; il stipule au nom de l'ouvrier les conditions que celui-ci eût vraisemblablement stipulées, s'il avait pu débattre en toute indépendance les conditions de son engagement. « L'idée ancienne du travail-marchandise et du contrat de travail absolument libre qui en découle, est une *idée barbare*, — lisons-nous dans le discours inaugural prononcé par *M. Cauwès*, au Congrès international pour la protection légale des travailleurs, Paris, 1900. — Dans ce contrat, l'ouvrier engage avec son travail, sa personne, son mode d'existence ; des conditions de ce contrat, dépendent la conservation ou l'épuisement de ses forces et de sa santé. Avec des journées trop prolongées, avec un travail de nuit non réglementé, que reste-t-il pour la vie intellectuelle et morale, pour les devoirs et les soins de la famille ? L'Etat lui-même n'a-t-il pas à remplir une tâche de prévoyance sociale ?... Dans le passé, c'est l'Etat, c'est la loi générale qui ont eu raison de toutes les tyrannies locales. De nos jours encore, elle est la *sauvegarde nécessaire de la liberté humaine* »[2].

720. — Il convient d'ailleurs de ne pas se méprendre sur la portée de l'intervention de l'Etat réclamée par la plupart des partisans de la réglementation. Ce que l'Etat, dans leur esprit, doit empêcher, ce n'est

---

[1] Sur les dangers, au point de vue médical, des longues journées, cons. le rapp. de M. le Dr Imbert, prof. à l'Université de Montpellier, au 14e congrès internat. d'hygiène et de démographie (Berlin, 1907).

[2] Conf. exposé des motifs de la proposition de Mun sur la réglementation du travail (Ch., 20 févr. 1886, ann. n° 1073) ; Verhaegen, *L'intervention de la loi en faveur des ouvriers mâles et adultes* (*Congrès de Bruxelles*, p. 165).

pas, à vrai dire, l'excès de travail (lequel reste permis sans limitation à l'artisan indépendant, comme au travailleur intellectuel) ; c'est uniquement l'engagement en vertu duquel l'ouvrier s'obligerait à travailler *pour le compte d'autrui*, à temps ou aux pièces, dans une fabrique, usine ou atelier (peut-être même *à domicile*), pendant un temps réputé excessif. En d'autres termes, l'Etat n'a pas le droit de dire au citoyen : « Je t'interdis de travailler chaque jour plus de douze heures » ; car il y aurait dans une telle prohibition une atteinte injustifiable à la liberté humaine ; mais il a le droit, au contraire, de lui dire : « Tu n'aliéneras pas ta liberté pour un temps déterminé, ou du moins tu ne l'aliéneras que sous les conditions déterminées par la loi ».

721. — *b) La journée légale et le taux des salaires : théorie de la productivité décroissante.* — Reste l'objection, déduite de la répercussion nécessaire de la limitation de la journée de travail sur le taux des salaires. Si réellement l'Etat, par le fait seul qu'il déterminerait la durée maxima de la journée de travail, devait être conduit fatalement à décréter un taux minimum des salaires et à s'ingérer ainsi abusivement dans le contrat de louage de services, l'on pourrait hésiter à admettre le principe même de la limitation de la journée de travail. Mais cette prétendue corrélation nécessaire entre la durée du travail et le taux des salaires nous paraît absolument contestable. En interdisant au patron d'employer l'ouvrier pendant une période de temps réputée excessive et dangereuse au point de vue de l'hygiène, le législateur n'intervient pas directement dans le contrat de louage de services ; il n'y a là, en somme qu'une prescription d'intérêt général se rattachant à l'hygiène et à la police des ateliers, laquelle rentre évidemment dans la compétence du législateur. Cette prescription ne constitue en aucune manière un acheminement à la fixation, par voie législative, du taux des salaires.

Tout ce que nous pourrions considérer, c'est que la limitation de la journée de travail des adultes est susceptible d'exercer une certaine influence indirecte sur le taux des salaires. Encore cette répercussion n'est-elle pas forcée ; car, ainsi que nous l'avons établi à propos du travail des enfants et des femmes en nous prévalant des statistiques françaises et étrangères (V. *supra*, n°s 713 et 714), la productivité du travail, laquelle détermine le taux des salaires, n'est pas exactement proportionnelle à la durée du travail. La durée du travail n'est que l'un des facteurs de la productivité ou résultat utile du travail industriel ; mais un autre facteur réside dans l'*intensité* du travail pendant une unité de temps déterminée, l'heure par exemple ; un troisième facteur sera la valeur intrinsèque du travail. Or, il est certain que le travail de l'ouvrier surmené par un travail excessif, trop prolongé, n'est ni aussi intense, ni aussi bien fait que le travail de l'ouvrier auquel le patron n'impose qu'une tâche proportionnée à ses forces physiques [1].

722. — Ces considérations nous paraissent décisives, et nous n'hésitons pas à nous rallier au principe de la réglementation de la journée de travail de l'adulte, et conséquemment, de l'assujettissement à l'inspection de tous les établissements industriels, même de ceux n'employant que des ouvriers adultes [2].

Nous examinerons ultérieurement, après avoir exposé l'état actuel des législations positives, ainsi que les principales propositions soumises au Parlement, quelle nous paraît être la mesure de la réglementation désirable, et de quelles réformes la législation actuelle nous paraît susceptible.

Art. II. — *Evolution législative dans le sens de la réglementation* [3]

723. — Nous nous placerons alternativement, dans cette étude, au point de vue du droit comparé, et au point de vue du droit positif fran-

---

[1] Aux expériences précédemment rappelées, et concernant plus spécialement le personnel féminin, il convient d'ajouter celles, non moins probantes, faites dans les établissements industriels employant concurremment des adultes et des femmes ou des enfants, ou seulement des adultes. Chacun sait que, dès 1869, la maison Dolfus, de Mulhouse, prit l'initiative de substituer la journée de onze heures à celle de douze heures, alors couramment pratiquée dans le tissage. Quelques années plus tard, des expériences analogues furent tentées à Rouen, avec un plein succès, dans le tissage, par MM. Waddington (rapporteur de la loi de 1892) et Degenetais. Vers la même époque, M. Martin, tisseur mécanique à Voiron, ne craignit pas de réduire la journée de travail de *douze heures à dix heures et demie*. « Ma production, dit-il, s'est maintenue ; le nombre des métiers est resté le même ; j'ai montré simplement une sévérité plus grande, en exigeant plus d'exactitude ». Dépositions analogues de MM. Giraud, tisseur à Moirans, Davenier, fabricant de tulle à Boulogne. — Dron, *Rapp. sur le travail des adultes dans les établissements industriels*, Ch., 26 juin 1893, ann. n° 2874. — Cons. également, sur les résultats favorables de la réduction de la journée dans les fabriques du Nord, les fabriques de broderies de l'Est, etc..., les rapports annuels des inspecteurs. Cf. pour plus de développements : Rist, *op. cit.*, 2e part., p. 175 et suiv. ; Fromont, *La journée de huit heures dans l'industrie chimique et métallurgique, expériences pratiques*, Liége, 1905 ; Fromont, *Une expérience industrielle de réduction de la journée de travail, avec préface de M. Mahaim*, Bruxelles, 1906 ; J. Raë. *op. cit.* — Cf. *Expériences du prof. Abbe*, directeur des usines Zeiss, à Iéna (rapp. par Clerget, *Les conditions du travail en Suisse, Quest. pratiques*, 1908, 151).

[2] Il est une autre considération à faire valoir en faveur de la réglementation généralisée. Grâce aux courtes journées, « non seulement l'ouvrier se procure d'utiles périodes de repos, mais il diminue la plus-value prélevée sur ses salaires pour le compte du profit des chefs d'industrie » (Brouilhet, *Les classes ouvrières sous la troisième République, Quest. prat.*, 1908, 142).

[3] Cons. spécialement : rapp. des Congrès de Bruxelles et de Paris (*Bulletin de*

çais. De cette double enquête historique, sur l'évolution des lois protectrices du travail, tant en France qu'à l'étranger, nous dégagerons ensuite la synthèse, c'est-à-dire l'orientation des législations contemporaines, mises en parallèle et classées par affinités.

§ 1er. — Evolution historique des législations étrangères

I. — ALLEMAGNE [1]

724. — L'Empire allemand est actuellement régi, au point de vue de la réglementation du travail, par le Code industriel (*Gewerbeordnung*) du 1er juin 1891 (*Ann. de lég. étr.*, 1892, p. 192), amendé par la loi du 26 juillet 1897, et par la loi du 30 juin 1900 (*Ann.* [belge] *de la législ. du travail*), qui a opéré une refonte générale de la législation antérieure, et étendu aux employés de commerce le bénéfice de la protection légale.

Ces lois ont été complétées, en ce qui concerne spécialement la protection de l'enfance, par la loi du 30 mars 1903 (*Bull. Off. du trav.*, 1903, 399).

Toute la législation réglementaire actuellement en vigueur dans

---

l'Office international du travail, 1901-1908) ; Jay, *L'évolution du régime légal du travail* (*Rev. polit. et parlem.*, juin 1897) ; Souchon, Ansiaux, Mataja, *op. citt.* ; Wodon, *Régime du travail en législation comparée* (*Univ. libre de Bruxelles*, 1898) ; J. Godart, rapp. à la Chambre sur le projet de loi relatif à la réglementation du travail (Ch., *Doc. parl.*, 21 mars 1907, ann. n° 876) ; Von Zanten, *Die Arbeiterschutzgesetzgebung in den Europäischen Ländern*, Iéna, 1902; *Bull. de l'Office du trav. franç.*; *Bull. de la Soc. de lég. comparée*; *Annuaire de lég. étrang.*; *Annuaire* (belge) *de la législ. du travail*, paraissant depuis 1897; *Rev. d'écon. polit.*; *Quest. prat.*; *Ann. de droit comm. et industr.*, nos *chroniques périodiques*. — V. aussi *supra*, notre introd., nos 140 et suiv.

[1] BIBLIOGRAPHIE. — Rapports de MM. Weber au Congrès de Bruxelles, 1897, Hitze, Fuchs et Hirsch au Congrès de Paris, 1900, Fuchs à l'Assemblée de Cologne, 1902; Lambrechts, *L'œuvre sociale du Reichstag allemand*, 1897 ; Brants, *Le travail des enfants en Allemagne* (*Réf. soc.*, 1899); Sarraute, *Limitation légale de la durée du travail en Allemagne*, 1900 ; Daurnay, *Enquête allemande sur le travail des enfants hors de la fabrique* (*Quest. prat.*, 1901, 105); Herkner, *Zur Kritik und Reform der deutschen Arbeiterschutzgesetzgebung* (*Archiv.* de Braun, Bd III) ; Schæffle, *Zur Theorie und Politik des Arbeiterschutzes* (*Zeitschrift f. d. g. St.*, Bd XLIX) ; *Druchsachen der Kommission für Arbeiterstatistik* ; Hoffmann, *Commentaire de la Gewerbeordnung*, 5e éd., Berlin, 1906 ; Nelken, *Le droit industriel en Prusse*, t. I, Berlin, 1906 ; Schwiedborg, *Ziele und Wege einer Heimarbeitgesestzgebung...*, 1907 ; Held, *Travail des femmes dans l'industrie allemande*, th., 1907 ; Rouff, *Question du travail à domicile en Allemagne*, Paris, 1908. — Cf. *Iahrbuch* de Schmoller, *Zeistchrift* de Schæffle, *Archiv.* de Braun, *Soziale Praxis*, etc., *passim.*

l'Empire est donc postérieure à la Conférence ouvrière de Berlin (mai 1890), dont l'influence sur la politique sociale de l'Allemagne ne saurait être sérieusement contestée (Rapp. Weber, précité).

Envisageons successivement la réglementation en vigueur relativement au travail industriel des femmes et des enfants, et la situation faite par la loi, les ordonnances, ou les règlements corporatifs aux travailleurs adultes du sexe masculin, soit de l'industrie, soit du commerce.

725. — Travail industriel des enfants, des jeunes ouvriers, et des femmes adultes. — *a) Enfants et jeunes ouvriers.* — La rigueur de la réglementation suit une marche décroissante, suivant qu'il s'agit d'enfants, d'adolescents (14 à 16 ans), et de jeunes gens, majeurs de 16 ans et mineurs de 21 ans (art. 135 et 136).

Enfants. — L'enfant ne peut entrer dans une fabrique que lorsqu'il a satisfait à la loi scolaire. Or la loi scolaire de Bavière exigeant l'assiduité de l'enfant jusqu'à 13 ans et celle de la Prusse jusqu'à 14 ans, le jeune Bavarois ne peut être admis qu'à 13 ans, le jeune Prussien qu'à 14 ans dans une fabrique, usine, chantier de construction, tuilerie, carrière ou mine.

L'enfant, c'est-à-dire le majeur de 13 ans, mineur de 14 (dans les pays allemands où l'obligation scolaire cesse avant 14 ans) ne peut travailler que six heures par jour, coupées par des repos dont le total n'excédera pas une demi-heure, sauf règlements spéciaux à certaines industries, édictées par le Conseil fédéral.

Adolescents. — Les adolescents de 14 à 16 ans forment une classe spéciale dont le travail est aussi réglementé. Ils ne doivent travailler que dix heures par jour ; ce travail doit être coupé de trois repos : un repos d'une heure dans le milieu du jour, et deux repos d'une demi-heure. Le travail *de nuit* (8 h. 1/2 du soir à 5 h. 1/2 du matin) et le travail *du dimanche* leur sont interdits, sauf certaines exceptions limitativement déterminées.

Jeunes gens, mineurs de 21 ans. — Au-dessus de 16 ans, le jeune homme est considéré comme adulte, et ne jouit, en principe, d'aucune protection spéciale. Cependant la loi de 1891 contient certaines dispositions tendant à fortifier la puissance paternelle des père et mère sur les mineurs de 21 ans, et à protéger ceux-ci contre les entraînements. C'est ainsi que, d'après l'article 107 de la loi, les mineurs de 21 ans ne peuvent être admis comme ouvriers que s'ils sont porteurs d'un livret, lequel n'est délivré au mineur que sur la demande ou avec autorisation du père ou du tuteur. De plus, le paiement du salaire ne peut avoir lieu aux mains du mineur que si le père ou tuteur en a donné l'autorisation écrite. Enfin les patrons ont le droit d'insérer dans l'*ordre du travail* ou règlement de l'usine des prescriptions concernant la conduite des jeunes ouvriers hors de l'usine, l'obligation de résider chez leurs parents, etc. De plus, ils sont tenus de laisser à tous ouvriers et ouvrières mineurs de 18 ans le temps nécessaire pour suivre les cours des écoles professionnelles.

726. — *b) Femmes adultes.* — Les femmes adultes, c'est-à-dire âgées de plus de 16 ans accomplis, ne peuvent travailler plus de onze heures par jour, du lundi au vendredi, ni plus de dix heures les samedis et veilles de fête. Tout travail doit cesser pour elles, le samedi, à 5 h. 1/2 du soir (art. 137).

Le travail de nuit et le travail du dimanche leur sont interdits dans les mêmes conditions qu'aux enfants. Elles sont également exclues des travaux souterrains, des mines et minières. Cette exclusion est absolue. Les autres prohibitions comportent au contraire certains tempéraments, en ce qui concerne les industries saisonnières (art. 139).

Il est interdit, sous aucun prétexte, de faire travailler les femmes pendant les quatre semaines qui suivent l'accouchement (art. 137, *in fine*).

727. — *c) Inspection et pénalités.* — Le soin de veiller à l'observation de la loi est confié à des inspecteurs du travail, investis à peu près des mêmes attributions et pouvoirs qu'en France, mais beaucoup plus nombreux, ce qui leur permet de visiter à peu près chaque année tous les établissements de quelque importance[1]. Dans certaines régions, notamment dans le Grand-Duché de Bade, quelques femmes ont été *adjointes* aux inspecteurs de fabrique, pour donner plus d'efficacité aux lois protectrices du travail féminin. Dans ces dernières années, des relations régulières se sont établies entre le service de l'inspection et les fédérations ouvrières, en vue de faciliter les enquêtes.

Les pénalités consistent, en principe, dans des amendes, pouvant s'élever jusqu'à 2,000 marks (art. 146). En cas d'insolvabilité de l'exploitant, l'emprisonnement remplace l'amende ; — la durée varie, suivant le chiffre de l'amende encourue, de huit jours à six mois.

728. — Travail industriel des hommes adultes. — Ainsi qu'on l'a fait observer *supra* (n° 715), la loi allemande n'édicte aucune régle-

[1] Leur nombre se rapproche aujourd'hui de 400, dont plus de 200 pour la Prusse seulement. — Sur l'organisation du service de l'inspection, dont les détails varient d'Etat à Etat, le fonctionnement général du service et les résultats obtenus, cons. notamment le rapport détaillé de M. Fuchs, inspecteur des fabriques du Grand-Duché de Bade, au Congrès de Paris de 1900 (*Rapp. et compte rendu du Congrès*, p. 232 et s.).

mentation générale du travail industriel des hommes adultes. Le Reichstag s'est en effet refusé, en 1891, à admettre la limitation à onze heures de la journée maxima du travail de l'adulte, et à discuter, en 1902, la proposition socialiste, tendant à ramener tout d'abord à dix heures, puis à huit heures, par étapes progressives, la durée normale de la journée (Reichstag, 1902, annexes, t. I, n° 70. — Cf. prop. Albrecht, 20 février 1907) [1]; mais le législateur allemand n'en est pas moins parvenu, par des voies indirectes, à une limitation de fait de la durée du travail dans l'industrie.

En effet, tout d'abord, le développement du régime corporatif, consécutif aux lois d'assurances ouvrières et à la loi de 1897 sur les métiers (V. *supra*, n° 538) a notablement facilité l'entente des chefs d'industrie sur la limitation de la journée de travail dans chaque profession. D'ici à quelques années, dans la petite et la moyenne industrie, les corporations patronales, avec le concours et parfois même sous la pression plus ou moins déguisée de l'autorité, auront sans doute suppléé au silence de la loi, et obligé les patrons dissidents à se plier à la règle commune et à ne pas dépasser la durée admise par la majorité de leurs concurrents. Dans la grande industrie, le même résultat tend à être obtenu, par la généralisation du contrat collectif de travail, objectif principal des groupements ouvriers, dont nous avons signalé le rapide essor dans ces dernières années (V. *supra*, n°s 543 et s.) [2].

En second lieu, le Code industriel allemand contient certaines prescriptions impératives, d'ores et déjà obligatoires pour tous : c'est ainsi, en particulier, qu'il prohibe, en principe, dans la grande et la petite industrie (métiers), le travail du dimanche, et le travail du samedi passé six heures du soir [3].

729. — *La réglementation par voie d'ordonnance : journée maxima*

---

[1] Nous ne pouvons, par contre, préjuger du sort que le Reichstag réservera aux propositions émanant des groupes libéraux et tendant à instituer pour les adultes la journée de dix heures (propositions von Hompesch, Schädler, etc., du 25 févr. 1907, *Bull. Off. intern. du travail*, 1907, 332). Il convient, en effet, de remarquer qu'à l'heure actuelle la moyenne du travail industriel dans les usines allemandes tend à s'établir autour de dix heures (Godart, rapp. précité, p. 54).

[2] M. Trimborn, au cours d'une interpellation sur la journée de dix heures à la tribune du Reichstag (7 févr. 1905) a cité une statistique de l'*Arbeitsamt*, de laquelle il résultait que, sur 544 contrats collectifs, 91 0/0 prévoyaient une journée de dix heures au plus.

[3] Sur la portée du principe, affirmé dans les articles 105 et suivants de la loi, les exceptions qu'il comporte (ord. 3 avril 1901), et les modifications dans le sens d'une réglementation plus stricte qu'il peut recevoir de la part des législations particulières des États, ou par voie d'ordonnances du *Bundesrath*, cons. Engelmann, *op. cit.*, p. 46 et suiv. — V. aussi : Knoderer, *La législation allemande et le repos du dimanche pour les employés de commerce*, th. 1906.

sanitaire. — Enfin, le Conseil fédéral a très heureusement utilisé les pouvoirs que lui confère la loi de 1891, dans l'intérêt de l'hygiène et de la salubrité publiques, pour réglementer directement le travail des adultes dans certaines industries réputées particulièrement dangereuses ou insalubres, et créer ce qu'on appelle communément la *journée maxima sanitaire* (art. 120 *e*). C'est ainsi qu'ont été successivement réglementées, pour l'ensemble du personnel (mais avec certaines dispositions protectrices spéciales en faveur des enfants ou des femmes), la durée et les conditions du travail dans les *boulangeries* (ord. 3 mars 1896), les *ateliers de confection et lingerie* (31 avril 1897), les *moulins à blé* (26 avril 1899), les *auberges et débits de boissons* (23 janvier 1902), les *verreries* (5 mars 1902), les *carrières* (20 mars 1902, journée de neuf à dix heures), les *laminoirs et forges* (27 mars 1902 et 6 juillet 1906), la *fabrication de la céruse et des composés du plomb* (26 mai 1903 et 16 juin 1905), etc [1].

730. — **Employés de commerce.** — En 1891, la protection légale directe ne s'étendait guère qu'à la grande et à la moyenne industrie, au travail exécuté dans les *fabriques* proprement dites. La loi de 1891 ne visait le commerce que pour réglementer sévèrement le travail du dimanche (maximum, cinq heures, art. 105 *b*, § 2) [2]. Mais, par une série d'actes législatifs ou réglementaires postérieurs, le cadre de la protection légale s'est progressivement élargi. Non seulement aujourd'hui la petite industrie est réglementée dans son ensemble, sans préjudice des règlements corporatifs complémentaires de la loi ; mais de l'industrie, le contrôle de l'Etat s'est étendu aux exploitations commerciales.

Par les règlements précédemment rappelés, sur les boulangeries, moulins à blé, etc., le Conseil fédéral avait déjà brisé le cadre un peu artificiel qui sépare l'industrie du commerce, et étendu sa protection aux *petites industries de l'alimentation* (qui en France, par exemple, échappent encore à la tutelle légale). Il ne restait plus qu'un pas à franchir pour étendre la protection légale aux employés de commerce ; ce pas a été franchi par la loi industrielle du 30 mars 1900.

---

[1] V. le texte ou l'analyse de ces ordonnances dans les recueils suivants : *Ann. de lég. étrang.*, *Ann. de lég. du trav.*, *Bull. de l'Office du travail franç.*, *Bull. de l'Office internat. du travail*. — Cf. rapports Weber et Hitze aux Congrès de Bruxelles et de Paris.

[2] Ce chiffre de cinq heures peut être réduit par la législation particulière des Etats, ou même par simple arrêté municipal. Etats et villes peuvent même interdire complètement, pour certains commerces, le travail dominical (*Code ind.*, § 41 *a*) ; Knoderer, *op. cit.* ; Wenzel, *Gewerbliche Sonntagsruhe und Zentrum*, Cologne, 1904.

730 *bis*. — Aux termes de cette loi, incorporée au Code industriel sous les articles 139 *c* à 139 *m* [1], dans les magasins de vente ouverts au public et les bureaux et entrepôts y attenant, un *repos ininterrompu d'au moins dix heures* doit être accordé à tous les employés, apprentis et ouvriers. Ce repos doit être *d'au moins onze heures* dans les magasins de vente, occupant au moins deux employés, établis dans les communes de plus de 20,000 habitants, où le travail est plus pénible. Tous les magasins de vente doivent, en principe, être fermés de 9 heures du soir à 5 heures du matin. Des autorisations spéciales peuvent être accordées, prolongeant au delà de 9 heures l'ouverture des magasins. Par contre, sur la demande des intéressés, des modifications peuvent être apportées aux obligations de la loi, dans le sens restrictif. Effectivement, sur la demande des *deux tiers* au moins des patrons, l'administration supérieure, les autorités communales entendues, peut ordonner, pour une commune ou plusieurs communes voisines, la fermeture des magasins, soit à certaines époques, soit pendant toute l'année, de 8 ou 9 heures du soir à 5 ou 7 heures du matin.

Des sièges doivent être mis à la disposition de *tous* les employés, et non pas seulement des femmes, comme en France (ordonn. 28 nov. 1900). Les autorités de police locales sont spécialement chargées de veiller à l'observation de cette prescription, et de surveiller l'aménagement des magasins au point de vue de l'hygiène et de la sécurité [2].

730 *ter*. — **Industrie à domicile : emploi des enfants.** — A la suite d'une enquête approfondie sur l'*industrie à domicile* et ses abus (v. *infra*, n° 852), le législateur allemand reconnut que près de la moitié des enfants affectés à des travaux d'ordre industriel ou commercial s'y livraient en dehors de l'atelier, dans des locaux privés échappant à l'inspection. C'est à la protection de ces enfants, victimes du *sweating system*, que s'est attaché le législateur de 1903 (L. 30 mars) [3].

Cette loi, en effet, réglemente l'emploi, soit dans les exploitations industrielles, lorsque l'accès ne leur en est pas interdit, soit dans les diverses branches de commerce, soit dans les transports, des enfants n'ayant pas encore atteint l'âge d'admission à l'usine. La réglementation varie suivant qu'il s'agit de jeunes enfants appartenant à la famille (*eigene Kinder*) ou étrangers à la famille (*fremde Kinder*). Pour les pre-

---

[1] *Ann. de la législ. du travail*, 1900, p. 368 et suiv.

[2] Pour plus de développements, cons. rapp. Hitze au Congrès de Paris, et la chronique des *Quest. pratiques* (1901, p. 333).

[3] Sur cette loi, consult. notamment : Moysset, *La protection légale des enfants occupés hors de l'industrie, La loi allemande* (rapp. à l'Assoc. franç. pour la protection légale des travailleurs, 1906).

miers, le travail est autorisé à partir de dix ans, pour les seconds à partir de douze. Pour les *eigene Kinder*, la durée journalière du travail n'est pas légalement fixée ; sauf qu'il est interdit de les occuper la nuit (8 heures du soir à 8 heures du matin), ainsi qu'avant l'école de la matinée, qu'ils ont droit dans le milieu de la journée à un repos de deux heures, et ne peuvent être occupés dans l'après-midi qu'une heure après la fin de la classe. Pour les *fremde Kinder*, au contraire, la durée totale du travail est fixée à trois heures au maximum en principe, et à quatre heures pendant les vacances scolaires.

Signalons d'autre part la réglementation détaillée de l'industrie de la *confection* par l'ordonnance du Conseil fédéral des 31 mai et 17 novembre 1904.

La loi de 1903 et l'ordonnance de 1904 réalisent déjà un progrès considérable, dont le législateur français aurait intérêt à s'inspirer. Mais il semble que le Parlement allemand veuille s'engager bien plus avant dans la voie de la réglementation du travail à domicile. D'après le projet de loi déposé par le Gouvernement fédéral, le 16 déc. 1907 (*Soz. Praxis,* 2 janv. 1908), sur le bureau du Reichstag, l'industrie à domicile serait assujettie à une surveillance spéciale au point de vue de l'hygiène et de la sécurité. Le Bundesrath pourrait même rendre obligatoire, dans certaines industries, la remise à chaque personne travaillant en chambre pour le compte d'un entrepreneur d'un *livret de paie* indiquant avec précision les bases de calcul du salaire, la quantité des matières reçues pour être confectionnées et des produits fabriqués remis par le travailleur, etc..., en un mot tous les documents propres à renseigner l'intéressé, et le cas échéant, l'inspection sur le rendement effectif du travail effectué. Cette simple exigence, le jour où elle sera appliquée, sera incontestablement de nature à influer heureusement sur le taux du salaire, les salaires de famine n'étant pas de ceux qu'un industriel aime à voir divulguer.

Un projet plus minutieux, d'un caractère quelque peu inquisitorial, puisqu'il fixe la durée de la journée de travail dans les ateliers de famille, a été déposé le 28 février 1906 par M. Albrecht (rapp. Godart, p. 118). — Cf. projet Hitze (16 mars 1906) : déclaration imposée aux entrepreneurs, livrets de salaire obligatoires, interdiction du travail du dimanche et du travail de nuit, etc.

731. — Appréciation générale. — Par cet ensemble de règlements spéciaux, édictés, après enquête, en vue des diverses manifestations de l'activité économique, et appropriés aux nécessités particulières de chaque branche d'industrie ou de commerce, la législation allemande assure dès aujourd'hui, semble-t-il, à l'ensemble des salariés une protection plus efficace que la loi française (Sur l'insuffisance et les lacunes de notre loi de 1848, v. § 2 et art. 4, *infra*).

Il ne reste plus à vrai dire, dans cette réglementation très souple, qu'une lacune importante à combler, concernant le travail à domicile des femmes et des adultes. Elle paraît devoir l'être à bref délai, par le vote du projet de 1907, analysé ci-dessus.

II. — AUTRICHE-HONGRIE

732. — Des divergences très marquées séparent la législation autrichienne de la législation hongroise, notamment en ce qui concerne le travail des adultes. Il convient donc de les étudier séparément.

AUTRICHE[1]. — L'Autriche est au nombre des Etats qui ont admis le principe de la réglementation générale du travail industriel des adultes ; mais il convient de remarquer que la protection légale de cette catégorie de travailleurs ne s'applique qu'aux entreprises ayant le caractère de *fabriques* (*fabriks mässige-Betriebe*). Le législateur a sans doute considéré, à tort ou à raison, que les ouvriers employés dans la petite industrie (*Kleingewerbe*) étaient suffisamment protégés par le régime corporatif, et par les règlements que ce régime comporte[2].

733. — **Enfants et femmes**. — *a*) *Enfants*. — En Autriche, l'enfant est admis à 12 ans dans les bureaux et ateliers sans moteur mécanique, à 14 ans dans les fabriques ; de 12 à 14 ans, la journée maxima est de huit heures, avec obligation scolaire ; de 14 à 16 ans, journée maxima, onze heures. Interdiction pour tous, en principe, du travail du dimanche et du travail de nuit.

---

[1] LÉGISLATION : *Code industriel* du 8 mars 1885 (*Ann. de législ. étrang.*, 1886, 184), amendé par les lois des 25 févr. 1902 et 5 févr. 1907 (*Bull. Off. internat.*, 1902, 148, et 1907, 35) ; lois du 16 janvier 1895 sur le repos du dimanche dans l'industrie (*ibid.*, 1896, 282), et du 18 juillet 1905 sur le repos du dimanche dans le commerce (*Bull. Off. internat.*, 1905, 344), du 27 juin 1901 sur les mines (*Bull. Office trav. fr.*, 1901, 579). — BIBLIOGRAPHIE : Rapp. Kuzmany, Mischler, Mme Gumplowicz au Congrès de Paris (p. 147, 186, 287), Ilse v. Arlt, à l'Assemblée de Cologne. — Cf. Schwiedland, *Répression du travail en chambre* ; Ansiaux, *Travail de nuit*, p. 155 et suiv. ; Agahd, *Kinderarbeit und gesetzlicher Kinderschutz in Osterreich und Deutschland*, Vienne, 1904. — Enquête du service de la statistique sur les *conditions de logement et d'hygiène des ouvriers à domicile dans la lingerie et le vêtement*, Vienne, 1901.

[2] Sur la loi du 15 mars 1883, et la corporation obligatoire autrichienne, v. *supra*, n°s 521 et suiv. — Sur la définition de la *fabrique*, d'après la loi autrichienne, v. Ansiaux, p. 156.

b) *Femmes*. — Pour les femmes, comme pour les hommes adultes, la journée maxima est de onze heures, dans les établissements ayant le caractère de *fabriques*. Le travail de nuit et le travail du dimanche leur sont interdits, sauf exception. Les femmes ont droit à un repos absolu dans les quatre semaines qui suivent l'accouchement.

734. — **Ouvriers adultes**. — Les ouvriers adultes, c'est-à-dire âgés de plus de seize ans, ne peuvent travailler en principe plus de onze heures. Toutefois le ministre du commerce peut désigner par voie d'ordonnance les catégories d'industries pour lesquelles, à raison des nécessités spéciales dont la justification sera faite, la journée pourra être prolongée d'une heure. Les usines à feu continu (hauts fourneaux, verreries, etc.) sont les principaux établissements ayant bénéficié de cette prolongation.

Le travail de nuit des hommes adultes n'est soumis à aucune réglementation spéciale ; pourvu que l'ouvrier ne travaille pas plus de onze heures, ou par exception, de douze sur vingt-quatre, et que son travail soit coupé par un repos de une heure et demie, la loi est respectée.

Par contre, le travail du *dimanche* est interdit en principe à tous les ouvriers, même adultes. L'interdiction s'étend même à la petite industrie, et, depuis la loi de 1905, au commerce ; dans les industries de l'alimentation, le travail du dimanche est autorisé, mais sous certains tempéraments qui permettent d'assurer au personnel un repos alternatif (Engelmann, p. 61).

735. — *Chemins de fer et mines*. — Ces deux catégories d'industries sont soumises à une réglementation spéciale. Dans les chemins de fer de l'Etat, — et le règlement édicté par l'Etat a été en principe adopté par les compagnies, — prévaut, comme en France, le régime de la journée de dix heures (Dr Kuzmany, *Congrès de Paris*, p. 75). Dans les *mines*, l'Autriche a inauguré une législation d'avant-garde. Effectivement, la loi du 27 juin 1901 fixe à neuf heures seulement, sauf exception, la durée normale de la journée du travail souterrain [1].

Le législateur autrichien est le premier qui ait osé, en Europe, imposer à une partie importante de l'industrie la journée de neuf heures ; encore une unité, et le desideratum des congrès ouvriers serait réalisé.

La France devait aller plus loin en 1905, en fixant à huit heures la durée du travail pour certaines catégories de travailleurs du fond.

736. — *Inspection, réformes projetées*. — Au point de vue du service

[1] Pour plus de développements sur la loi de 1901, cons. *Bull. Office*, 1901, p. 571 et 735, et *Quest. pratiques*, 1901, p. 304.

de l'inspection, l'Autriche est divisée en vingt-neuf circonscriptions, dirigées chacune par un inspecteur assisté d'un ou plusieurs inspecteurs ou inspectrices adjoints ; tous ressortissent à un inspecteur central, chef de service, et subordonné direct du ministre du commerce (L. 17 juin 1883 ; ordonn. 16 juin 1902 et 5 mai 1906).

Toutes les enquêtes officielles ouvertes en Autriche dans ces dernières années s'accordent à reconnaître la supériorité de la réglementation légale sur la réglementation corporative [1]. Tandis que les ouvriers de fabriques sont aujourd'hui garantis contre le surmenage par les dispositions relatives à la durée de la journée, à l'interdiction du travail de nuit, les ouvriers de la petite industrie vivent encore sous le régime des longues journées et des veillées interminables, aussi préjudiciables à la santé qu'à la moralité générale de la classe travailleuse (Ansiaux, *op. cit.*, p. 178). Seules les dispositions légales sur le repos du dimanche, mal observées d'ailleurs en pratique, leur assurent un repos insuffisant.

Aussi l'opinion publique réclame-t-elle énergiquement l'extension à toutes les branches de l'industrie, et même du commerce, de la protection légale, voire même l'adoption de certaines mesures destinées à remédier aux abus du travail en chambre. Ce mouvement d'opinion a abouti au dépôt par le gouvernement d'un avant-projet de réglementation des conditions du travail dans la confection à domicile des vêtements, de la lingerie et des chaussures [2].

737. — Hongrie [3]. — Le législateur hongrois a fait preuve d'une hardiesse bien moindre dans la réglementation. Tout d'abord, le Code industriel hongrois du 21 mai 1884 (*Ann. de lég. étr.*, 85, 329) n'assigne pas à la durée du travail de l'ouvrier adulte une durée maxima ; il se contente de décider que le travail doit être compris entre 6 heures du matin et 9 heures du soir, et coupé de deux repos, l'un de 1 heure, l'autre de 1/2 heure ; le travail de nuit est par conséquent interdit. Le travail du dimanche est autorisé, sauf le repos nécessaire pour l'accomplissement des devoirs religieux. Aucune protection spéciale n'est assurée à l'ouvrier adulte. Le travail des enfants est réglementé à peu près dans les mêmes conditions qu'en Autriche.

---

[1] Sur l'insuffisance manifeste des groupements corporatifs ou syndicaux, notamment au point de vue de la protection de l'ouvrier, cons. l'étude de Mlle Schirmacher sur le *travail des femmes et la protection ouvrière*, dans la *Rev. de morale sociale*, (sept. 1902).

[2] V. au *Bull. de l'Off. internat.* (1907, 349) le texte de ce projet fort complet, impliquant déclaration par les entrepreneurs, affichage des conditions du travail dans les locaux de remise du travail manufacturé, création de commissions arbitrales et reconnaissance formelle des contrats collectifs négociés par les corporations.

[3] J. Szterényi, *La législation sociale en Hongrie* (Congr. de Bruxelles).

Depuis quelques années, la cause de la réglementation a conquis de nombreux adeptes. En 1901, le gouvernement hongrois a soumis au Parlement de Buda-Pesth un projet très complet sur les *employés de commerce* [1], présentant beaucoup d'analogie avec le projet élaboré sur le même objet par le Conseil supérieur du travail français (V. *infra*). Ce projet n'a pas encore abouti. Il convient toutefois de signaler la promulgation d'une ordonnance (13 juin 1903), concernant le repos du dimanche.

III. — Belgique [2].

738. — *Femmes et enfants.* — Aux termes de la loi du 13 décembre 1889 (*Ann. de lég. étr.*, 1905, 46), complétée par les arrêtés royaux des 26 décembre 1892, 16 mai 1893 et 19 février 1895 [3], les enfants ne peuvent être admis qu'à 12 ans dans les fabriques. De 12 à 16 ans pour les garçons, de 12 à 21 ans pour les filles, la durée de travail est de 12 heures, divisée par des repos dont la durée totale ne doit pas être inférieure à 1 h. 1/2. Le travail de nuit est interdit; les enfants doivent chômer un jour par semaine, ce n'est pas nécessairement le dimanche.

Les filles mineures sont exclues des travaux souterrains. Les femmes majeures, au contraire, ne bénéficient d'aucune protection légale, sous réserve d'une prescription relative au chômage obligatoire des ouvrières pendant les quatre semaines qui suivent l'accouchement, et de ce qui sera dit *infra* sur le repos hebdomadaire.

Il convient toutefois de remarquer qu'en adhérant aux résolutions de la Conférence ouvrière de Berne, le gouvernement belge a pris l'engagement d'obtenir du Parlement le vote d'une loi interdisant le travail de nuit des femmes dans l'industrie, dans les délais prévus par l'acte précité.

L'*inspection du travail* est organisée à peu près sur les mêmes bases qu'en France. Il convient toutefois de signaler l'institution, à côté des

---

[1] *Quest. prat.*, 1901, p. 246. — Sur la législation hongroise *des chemins de fer*, v. *Ann. de lég. étr.*, 1900, 380. — Sur la loi hongroise de 1907 concernant les rapports juridiques (contrat de travail) entre patrons et ouvriers *agricoles*, v. *Bull. Off. internat.*, 1907, 294.

[2] Bibliographie. — Rapp. de M. Varlez au Congrès de Bruxelles (p. 239); rapp. de MM. X..., Verhaegen et Varlez au Congrès de Paris (p. 38, 190, 415); Sagnier, *De la réglementation du travail en Belgique*, 1900; Varlez, *Le travail de nuit des femmes en Belgique*, 1902.

[3] Cf. loi *luxembourgeoise* du 6 décembre 1876 (*Ann. de lég. étr.*, 1877, 536). La loi luxemb. du 22 mai 1902 sur l'inspection du travail prévoit l'adjonction, aux inspecteurs titulaires, de délégués ouvriers choisis sur des listes dressées par les assemblées générales des caisses de maladie de chaque circonscription.

ingénieurs des mines, préposés à l'inspection des mines et établissements annexes, et des inspecteurs du travail proprement dits (répartis en dix districts), de cinq *inspecteurs-médecins*, chargés plus spécialement de tout ce qui concerne la salubrité des établissements industriels, ou la protection des ouvrières relevant de couches, et de *délégués ouvriers*, soit à l'inspection des mines, soit à l'inspection des établissements industriels en général. Ces délégués, bien que subordonnés aux ingénieurs ou inspecteurs, sont investis de pouvoirs assez étendus [1].

739. — *Ouvriers adultes.* — Jusqu'en 1905, le travail des ouvriers adultes était demeuré affranchi de toute réglementation. Confiant dans la puissance de l'association, et considérant, à tort ou à raison, qu'entre ouvriers adultes et chefs d'industrie la durée de la journée du travail doit se régler par voie d'accords librement débattus [2], le Parlement belge s'était jusqu'alors refusé, bien qu'il en eût été plusieurs fois sollicité, à intervenir légalement (sauf en ce qui concerne les travaux publics, V. tit. II, chap. II, *infra*), dans l'organisation du travail des adultes.

Un premier pas a été fait dans la voie de l'interventionnisme par le vote de la loi du 17 juillet 1905 (*Ann. de lég. du trav.*, 1906, 116) sur le *repos du dimanche dans les entreprises industrielles et commerciales*, dont s'est largement inspiré le législateur français de 1906 [3].

Les interventionnistes belges ne prétendent pas s'en tenir à ce premier succès. Deux projets ont été déposés en 1905, l'un de M. Bertrand, tendant à consacrer législativement la journée de 10 heures pour l'ensemble des travailleurs et la journée de 8 heures pour les ouvriers et employés des administrations publiques : l'autre, de M. Hellepute, interdisant sans exception le travail de nuit (entre 9 heures du soir et 5 heures du matin) à tous les travailleurs de l'industrie, et autorisant l'administration à fixer la durée maxima de la journée de travail, par voie d'arrêtés, dans les industries insalubres (Cf. journée sanitaire allemande). La commission nommée pour examiner ces deux projets est en majorité favorable au projet Hellepute (*Journ. des Débats*, 22 juillet 1906).

---

[1] Cons. Varlez, *L'inspection du travail en Belgique* (*Congr. de Paris*, 415); Dubois, direct. de l'*Office du trav. belge* (*ibid.*, p. 532); Susini, *L'inspection du travail en Belgique*, 1904.

[2] En fait, la journée moyenne dans les mines a été progressivement abaissée à dix heures. Philippe, *Trav. des adultes*, p. 137. Cependant, dans quelques charbonnages, la durée du travail excède encore onze heures! (Waxweiler, *Le charbon dans le Nord de la Belgique*, p. 190).

[3] Thimus, *Le repos dominical* (comment. de la loi de 1905), Namur, 1906. — Sur la première année d'application de la loi, cons. les rapports de l'inspection du travail pour 1906, Bruxelles, 1907.

IV. — Bulgarie

739 *bis.* — La Bulgarie est entrée en 1905 dans la voie de l'intervention par une loi sur le travail des femmes et des enfants dans l'industrie, très complète, manifestement inspirée des lois de l'Europe centrale ou occidentale (L. 26 mars-10 avril 1905, *Bull. Off. intern.*, 1905, 33). En principe, l'entrée de l'usine ou de l'atelier est interdite aux enfants de moins de 12 ans ; toutefois et par exception, les enfants de 10 ans ayant terminé leur études primaires sont admis dans certains établissements énumérés par décret.

Les enfants au-dessous de 14 ans et les femmes de tout âge, sont exclus des travaux souterrains.

La durée maxima du travail est de 6 heures pour les enfants de 10 à 12 ans, de 8 heures pour ceux de 12 à 15, de 10 heures pour les femmes de tout âge.

Le travail de nuit est interdit en principe aux enfants et aux femmes, qui ont droit, d'autre part, à un jour de repos par semaine.

V. — Danemark [1].

740. — Aux termes de la loi industrielle danoise, du 1er juillet 1901 (en vigueur depuis le 1er janvier 1902), l'emploi des *enfants* âgés de moins de 12 ans est interdit dans les établissements soumis à l'inspection. Les enfants de 12 ans et au delà, qui n'ont pas satisfait aux obligations scolaires, ne peuvent travailler plus de 6 heures sur 24. Les *jeunes gens* de l'un et de l'autre sexe, âgés de moins de 18 ans, ne peuvent travailler plus de 10 heures par jour. Le travail de nuit (de 8 h. du soir à 6 h. du matin) est interdit aux enfants et jeunes gens, ainsi que le travail des dimanches et jours fériés.

La loi n'assigne pas à la journée de travail des ouvriers et ouvrières adultes une durée légale maxima ; elle se contente de leur interdire, sauf exception, le travail du dimanche (L. 22 avril 1904), et de réglementer le travail dans les boulangeries et pâtisseries (L. 6 avril 1906).

Toutefois les *ouvrières* bénéficient d'une double protection : d'une part, en effet, les femmes ne peuvent être employées, en principe, dans

[1] Vedel, *La réglementation légale du travail en Danemark* (*Congr. de Paris*, p. 19) ; *Bull. Off.*, 1902, p. 251, et *Quest. prat.*, 1902, p. 155.

les quatre semaines qui suivent leur accouchement ; d'autre part, le Conseil du travail a le droit, pour les travaux considérés comme particulièrement fatigants ou dangereux, de réglementer, ou même d'interdire complètement l'emploi, soit des enfants ou jeunes gens, soit des femmes.

VI. — Espagne [1].

741. — Loi de 1873. — Les efforts, longtemps infructueux, du gouvernement et du Parlement espagnol pour assurer aux travailleurs industriels un minimum de protection, sont la meilleure preuve de l'impuissance des législations réglementaires, qui n'ont pas pour point d'appui un service d'inspection fortement organisé.

Dès 1873 (loi du 24 juillet 1873), était promulguée une loi sur la protection des enfants dans l'industrie, interdisant l'entrée des enfants à l'usine avant 10 ans, et limitant la durée du travail journalier à 5 heures pour les garçons de 10 à 13, et pour les filles de 10 à 14 ans. Un jury mixte, composé d'ouvriers, fabricants, maîtres d'école et médecins, était chargé de veiller à l'application de la loi.

Or, jamais ces jurys n'ont sérieusement fonctionné, et la loi de 1873 était tombée dans un oubli si profond que dans les principaux centres industriels, il n'était pas rare de rencontrer dans les usines des enfants de 6 à 7 ans, fournissant une durée de travail égale à celle de l'adulte.

742. — Loi de 1900. — C'est pour remédier à ces abus que fut promulguée la loi réglementaire, fort complète en apparence, du 13 mars 1900, complétée par les arrêtés des 9 juin 1900 et 12 novembre 1900 (*Ann. de la lég. du trav.*, 1900, p. 443 et 487).

Aux termes de cette loi, les enfants âgés de 10 ans ne peuvent être admis à aucun genre de travail. Les enfants majeurs de 10 et mineurs de 14 ne peuvent être employés que 6 heures dans les établissements industriels, et 8 heures dans les établissements commerciaux ; le travail de nuit (7 heures du soir à 5 heures du matin) leur est interdit. Tout travail souterrain est défendu aux mineurs de 16 ans. Il est défendu d'employer les femmes pendant les trois semaines [2] qui suivent leur accouchement.

---

[1] J. M. Delas, *La réglementation du travail en Espagne* (*Congr. de Bruxelles*, p. 121) ; R. Rodriguez de Cepeda, *Note sur la législation ouvrière en Espagne* (*Congr. de Paris*, p. 15) ; Chauvet, *La protection légale des travailleurs en Espagne*, 1903 ; Gay, *Le repos du dimanche en Espagne*, 1907.

[2] Aux termes de la loi du 8 janv. 1907 (*Bull. Off. internat.*, 1907, 73), ce délai a

En attendant que le gouvernement eût organisé un service d'inspection, les *juntes* communales et provinciales dites *de réformes sociales* [1], étaient chargées de veiller à l'application de la loi.

Ces juntes ne donnèrent pas de meilleurs résultats que les commissions locales de surveillance, instituées en exécution de la loi française du 22 mars 1841, dont le contrôle demeura à peu près illusoire.

Le gouvernement espagnol comprit alors la nécessité d'organiser un véritable service d'inspection, investi d'une autorité et d'une compétence reconnues, et placé sous le contrôle de l'*Institut des réformes sociales*, dont nous avons précédemment (n° 215) décrit le rôle. Cette organisation a été réalisée, ou tout au moins ébauchée par l'ordonnance du 1er mars 1906 (*Bull. Off. intern.*, 1906, 462).

Mentionnons enfin, pour compléter cette vue d'ensemble sur la législation réglementaire espagnole, la loi du 3 mars 1904 (*ibid.*, 1904, 175) sur le *repos du dimanche* : loi à tendances confessionnelles, puisqu'elle interdit tout travail industriel ou commercial public, le dimanche, même aux artisans travaillant *pour leur compte* sans aucun auxiliaire rétribué.

VII. — Etats-Unis [2].

743. — Les Etats-Unis ne possèdent pas de législation fédérale sur le travail industriel, à l'exception toutefois de la loi du 28 juin 1868, portant que la journée de travail sera de *huit heures* « pour tous les ouvriers qui pourront être employés par le gouvernement ou pour son compte ». Mais la plupart des Etats ont édicté, spécialement en ce qui concerne le travail industriel ou même commercial des enfants et des femmes, des règlements plus ou moins nombreux.

Femmes et enfants. — L'admission des *enfants* dans les fabriques

---

été prolongé. Il est au minimum de quatre semaines et peut être prolongé jusqu'à cinq et même six semaines sur le vu d'un certificat médical. Pendant tout ce temps, le patron doit réserver la place de l'ouvrière.

[1] La junte communale se compose du maire, du curé, et d'un nombre égal de patrons et d'ouvriers élus par leurs pairs.

[2] Willoughby, *Essai sur la législation ouvrière aux Etats-Unis*, trad. Chaboseau, Paris, 1903 ; Levasseur, *L'ouvrier américain*, *passim* ; Martin Saint-Léon, *Les nouvelles lois ouvrières aux Etats-Unis* (*Quest. pratiques*, 1900, p. 171) ; Schnerb, *Les lois du travail aux Etats-Unis* (*Rev. polit. et parl.*, janv. 1904) ; de Laboulaye, *Le travail des enfants aux Etats Unis* (*Ann. des sc. polit.*, 1906, 454) ; *Child labor and social Progress* (broch. éditée par l'*American Academy*, 1908) ; C. Milhaud, *Le travail des femmes aux Etats-Unis* (*Rev. polit. et parl.*, janv. 1908). — Cf. *Bull. of the Bureau of labor* (Washington), sept. et nov. 1907 ; *Bull. de l'Off. du travail et de l'Off. internat.* ; *The Annals of the American Academy of political and social science* ; *Quarterly Journal of Economics*, *passim*.

varie entre douze et quatorze ans; les lois les plus récentes s'arrêtent à quatorze ans, et étendent aux magasins les prescriptions naguère limitées au travail industriel (*Sic* : Pensylvanie, loi 2 mai 1905, *Ann. de lég. du trav.*, 1907, 610). La durée moyenne de la journée est de dix heures; quelques lois (Wisconsin, Indiana, par exemple) limitent à huit heures la journée de l'enfant. Le travail de nuit est sinon prohibé, du moins sévèrement réglementé.

D'assez nombreuses lois (Pensylvanie, New-York, Massachusetts, etc.) ont étendu aux ouvrières adultes le bénéfice de la protection légale; la plupart d'entre elles fixent à dix heures la journée légale avec un maximum hebdomadaire variant entre cinquante-cinq et soixante heures. Une dizaine d'Etats réglementent de la même manière le travail des femmes employées de commerce (Pensylvanie, Connecticut, Californie, Illinois, etc.); d'autres, comme l'Etat de New-York, ne protègent que les ouvrières mineures de vingt et un ans. Un assez grand nombre de lois (Louisiane, Pensylvanie, New-York, etc.) obligent les négociants à mettre des sièges à la disposition des femmes qu'ils emploient dans leurs magasins ou ateliers [1].

744. — *Travail des adultes.* — Les lois américaines ne contiennent pas de réglementation générale du travail des hommes adultes. Les règlements édictés par un certain nombre d'Etats concernent simplement les travaux publics, exécutés pour le compte de l'Etat ou des municipalités (journée de huit heures, neuf heures au plus), et les chemins de fer et tramways (lois californienne, pensylvanienne). Il convient toutefois de noter : — 1° que presque tous les Etats imposent législativement le repos du dimanche à tous les salariés de l'industrie et du commerce, sous réserve des tempéraments reconnus indispensables (usines à feu continu, industries de l'alimentation, etc.); — 2° que sous l'influence des associations ouvrières (V. *supra*, n° 495), les chefs d'industrie ont progressivement réduit la journée de travail à dix heures, neuf et parfois même huit heures, à l'instar des travaux publics : la journée de dix heures peut actuellement être considérée comme un maximum.

Les législations de quelques Etats, sans imposer absolument un maximum légal pour la journée de l'adulte, ont eu recours à un biais ingénieux pour orienter l'industrie dans le sens d'une réduction progressive de la journée. Ces lois (Californie, Illinois, New-York, Pensylvanie, etc.) décrètent que la *journée normale est de huit heures* pour

---

[1] Cons. spécialement les lois de New-York (10 avril et 17 mai 1906, *Ann. de législ. du trav.*, 1907, 150 et 156), et du Massachusetts (6 avril 1905, *Bull. Off. internat.*, 1906, CIII).

toutes les catégories d'ouvriers et employés, à moins de convention contraire ; les conventions prolongeant la journée sont donc licites, mais le salarié a droit à une rémunération supplémentaire.

745. — *Inspection ; travail à domicile.* — Tous les Etats industriels ont un service d'inspection doté des pouvoirs les plus étendus. Frappé des abus du *sweating system*, le législateur américain (comme le législateur anglais) s'est bien gardé de limiter aux fabriques et magasins ouverts au public le pouvoir de contrôle des inspecteurs ; ceux-ci, au contraire, sont spécialement chargés de surveiller les petits ateliers, notamment les ateliers dits de famille, ainsi que le travail en chambre. C'est ainsi en particulier que, d'après la loi du Wisconsin (20 avril 1899, *Ann. de la lég. du trav.*, 1900, p. 895)[1] nul industriel ne peut confier à des ouvriers et ouvrières du travail à exécuter *à domicile*, si l'inspecteur n'a préalablement inspecté les locaux dans lesquels ce travail doit être exécuté et délivré une autorisation ; chaque chef d'industrie doit avoir une liste tenue à jour de tout le personnel travaillant ainsi à domicile pour son compte, et cette liste doit être présentée à toute réquisition du commissaire du travail ou des inspecteurs de fabrique (V. aussi loi de New-York du 3 avr. 1906, *Ann. de la lég. du trav.*, 1907, 147). Quelques Etats exigent même que les produits fabriqués dans ces conditions portent la marque *tenement made* (fait en appartement)[2].

VIII. — Grande-Bretagne et possessions britanniques[3].

746. — Grande-Bretagne. — En Angleterre, les premiers essais de réglementation, dus à l'initiative de Robert Peel, remontent à 1802.

[1] Nous signalerons également, parmi les lois récentes contenant la réglementation du travail la plus complète, les lois de New-York (13 mai 1897 et 6 avril 1900), et du Massachusetts (22 juin 1894 et 13 juin 1900). — V. pour plus de détails l'*Annuaire de législ. étrangère*, depuis 1897, l'*Annuaire de la législ. du travail*, et, depuis 1902, le *Bull. de l'Off. intern. du travail.*

[2] Une marque spéciale doit également figurer sur les marchandises fabriquées dans les *prisons*. La mise en vente de ces produits ne peut d'ailleurs avoir lieu, en général, qu'en vertu d'une licence spéciale (Loi de New-York du 13 mai 1897). La loi pénitentiaire du Massachusetts (5 mars 1901, *Bull. Off. internat.*, 1903. 36), fixe le nombre maximum de détenus susceptibles d'être employés à chaque industrie, et décide que, dans tout établissement pénitentiaire comptant plus de cent détenus, le nombre des détenus employés à une même industrie ne devra pas, en principe, dépasser 30 0/0. Le but de ces prescriptions minutieuses est d'empêcher le travail pénitentiaire de faire une concurrence sérieuse au travail libre.

[3] Abraham et Davies, *The Law relating to Factories a. Workshops*, Lond. 1896 ;

Depuis lors s'est déroulée toute une série d'actes dont l'ensemble constitue une réglementation minutieuse et compliquée, dont nous indiquerons seulement les grandes lignes [1].

Enfants, jeunes gens et femmes adultes. — Au-dessous de douze ans [2], les enfants sont rigoureusement exclus des établisssements industriels ; de onze à quatorze ans, l'enfant ne peut être employé dans les fabriques ou ateliers qu'au *demi-temps,* c'est-à-dire le matin ou l'après-midi, et pas plus de trente heures par semaine au total ; de plus, il ne doit jamais travailler plus de quatre heures et demie sans repos. Des mesures sont prises afin de pourvoir à son instruction, générale ou professionnelle.

Les jeunes gens de quatorze à dix-huit ans et *toutes les ouvrières, quel que soit leur âge,* ne peuvent travailler plus de cinquante-cinq heures et demie par semaine dans les industries textiles réputées les plus pénibles, ni plus de soixante heures dans les autres fabriques et dans les ateliers ; ce qui représente neuf à dix heures de travail effectif par jour, le dimanche non compris. Seulement, comme il est interdit de faire travailler les mineurs de dix-huit ans et les femmes le dimanche et même l'après-midi du samedi (sauf exceptions), les patrons ont le droit d'exiger d'eux onze heures de travail les autres jours, ou dix heures dans les industries textiles. Le travail de nuit est prohibé, sauf exceptions.

Mrs Mac-Donald, *La législation du travail en Angleterre* (*Congrès de Bruxelles*, p. 321) ; *Les droits et les devoirs des inspecteurs d'usines en Angleterre*, par la *Fabian Society* (*ibid.*, 437) ; Miss Harrisson, *Rev. histor. du développement de l'inspection des manufactures et des ateliers dans le Royaume-Uni* (*Congr. de Paris*, p. 387) ; Jay, *La loi de dix heures en Angleterre* (*Rev. d'écon. polit.*, 1902) ; Francoz, *Essai hist. sur la condit. lég. du mineur*, p. 115 et suiv. ; Bry, *Histoire industrielle de l'Angleterre* ; Hélène Simon, *Das englische Fabrik-und Verksttätinggesetz von 1901* (*Soz. Praxis*, 24 oct. 1901) ; G. H. Wood, *Le travail de nuit des femmes dans l'industrie en 1902* (étude très complète), rapp. présenté à Cologne, 1902 ; Miss Henderson, *Le travail des femmes dans l'industrie* (Cologne, 1902) ; *Protection légale des enfants occupés hors de l'industrie, loi anglaise* (rapp. à l'Assoc. internat. pour la protection légale des travailleurs), par Dolléans, 1906 ; Barrault, *La réglementation du travail à domicile en Angleterre*, 1906 ; *La lutte contre le sweating* (*Bull. Off. trav.*, 1907, 257).

[1] Les principales de ces lois, pour ne citer que les plus récentes, sont : les lois des 27 juillet 1878 (*Ann. de législ. étrang.*, 1879, 15), 28 juin 1892 (magasins), 27 juillet 1893 (chemins de fer), 6 juillet 1895 et 17 août 1901 (*Bull. Off.*, 1902, 256). Cette dernière loi, entrée en vigueur le 1er janvier 1902, est un véritable Code industriel, analogue à la Gewerbeordnung allemande. La loi de 1901 a été elle-même complétée ou amendée par un certain nombre d'actes postérieurs, dont les principaux sont : la loi du 14 août 1903 (*Bull. Off. internat.*, 1903, 373), la loi du 15 août 1904 (*ibid.*, 1905, 230) sur la fermeture des magasins, et la loi du 28 août 1907 (*ibid.*, 1907, 160) sur le travail des enfants et femmes dans les blanchisseries. — Cf. pour la réglementation des *mines*, le *Coal mines regulation act* de 1887.

[2] Dix ans en 1874, onze ans en 1891, douze ans en 1901.

747. — La protection légale s'étend, depuis la loi de 1892, aux enfants et aux femmes employés dans les *magasins* de gros et de détail, restaurants et auberges. Toutefois la durée de la journée, dans les établissements commerciaux, est de soixante-quatorze heures par semaine, y compris le temps des repas. Une surveillance sévère est exercée sur les magasins et leurs dépendances au point de vue de l'hygiène du personnel.

Ces dispositions réglementaires générales représentent un minimum ; elles peuvent être, sous le contrôle de l'administration supérieure, renforcées par l'autorité locale, notamment en ce qui concerne les métiers et commerces ambulants, *street trading* (L. 14 août 1903).

Les *ateliers de famille*, soustraits en France à l'inspection, sont eux-mêmes réglementés, et étroitement contrôlés, depuis les enquêtes officielles sur les abus du sweating-system, ainsi que tous les travaux exécutés *à domicile*, *en chambre*, pour le compte d'autrui. C'est ainsi que les patrons et entrepreneurs doivent adresser aux autorités de district la *liste* des personnes qu'ils emploient en dehors de l'*atelier*. La journée de travail, pour les ouvriers et ouvrières travaillant à domicile, n'est pas directement réglementée ; mais le conseil de district peut prescrire telles mesures qu'il jugera opportun, dans tous les cas où le travail à domicile s'effectuerait dans des conditions dangereuses ou insalubres (L. 17 août 1901, ordonn. 23 mai 1907, *Bull. Off. trav.*, 1907, 153).

748. — **Hommes adultes.** — La législation industrielle anglaise ne comporte aucune réglementation du travail des adultes [1]. Non seulement elle n'en détermine pas la durée, mais elle ne prohibe même pas expressément le travail du dimanche [2]. L'Angleterre est cependant le

---

[1] Toutefois, à défaut de réglementation générale, les autorités locales ont le droit d'ordonner, sous le contrôle de l'administration supérieure et après consultation des intéressés (dont les deux tiers doivent être consentants), la fermeture des magasins à certaines heures. — L. 15 août 1904 (*closing act*).

[2] Il est vrai que les antiques lois anglaises sur le repos du dimanche, notamment la loi de Charles Ier, de 1677, disposant qu' « aucun commerçant, artisan, ouvrier, manœuvre et nulle autre personne ne devra accomplir le dimanche un travail quelconque de sa profession », n'ont pas été abrogées. Mais, d'une part, leur application est abandonnée à l'arbitraire de la police et de la juridiction locale (L. 17 août 1871), et, d'autre part, les pénalités édictées (amende de 5 shill. en principe), suffisantes pour gêner le petit boutiquier, sont illusoires à l'encontre des chefs d'industrie. — Un avant-projet sur le repos du dimanche dans le commerce (*sunday bill*), tendant à moderniser la prohibition et à graduer les pénalités, a été élaboré en 1906-1907 par une commission mixte composée de représentants de la Chambre des Communes et de la Chambre des Lords ; son adoption, réclamée par l'opinion, ne saurait tarder beaucoup. — *Bull. Off. trav.*, *La législation anglaise relative au repos du dimanche*, 1905, 246; et 1907, 477.

pays d'Europe où le repos du dimanche est le plus strictement observé; ici les mœurs font loi. C'est aussi l'un de ceux où la durée moyenne du travail est peut-être la moins longue. Un assez grand nombre de patrons ont volontairement fait l'essai de la journée de huit heures; plusieurs ont persisté, et à l'heure actuelle, plus de 50,000 ouvriers de l'industrie privée vivent sous le régime des trois-huit [1]; dans les autres établissements, les journées supérieures à dix heures de travail effectif sont une exception de plus en plus rare [2].

Est-ce à dire que ces progrès, si favorables à la classe ouvrière, doivent être exclusivement attribués à l'initiative et à l'esprit d'équité, ou mieux encore à une plus claire compréhension de leurs intérêts de la part des patrons? Cette conclusion serait manifestement inexacte.

749. — Manufactures d'Etat. — Trade-Unions. — Sans parler de l'influence indirecte, exercée sur le travail de l'adulte par la limitation légale du travail des femmes et des enfants (Cf. Jay, *op. cit.*), l'Etat anglais, comme la République américaine, a contribué par son exemple, à la réduction progressive de la journée de travail. — Non seulement il a pris pour règle, ainsi que les principales villes anglaises, d'imposer aux adjudicataires de travaux publics l'obligation de se conformer aux conditions de travail, notamment en ce qui concerne la durée du travail, adoptées par les trade-unions (V. *infra*, tit. II); mais il a, d'autorité, à partir de 1894, réduit à huit heures la durée de la journée dans les ateliers dépendant directement de lui (arsenaux, magasins de la marine ou de la guerre, admin. des postes) [3].

D'autre part, la puissante organisation des *Trade-Unions* a contribué très efficacement, en Angleterre comme en Amérique, à cette diminution progressive de la journée de travail (V. *supra*, n° 482). Toutefois, et le fait est digne de remarque, les Unions ouvrières ne considèrent pas les résultats obtenus par elles, sans le concours de la contrainte légale, comme suffisants, et elles réclament énergiquement dans tous

---

[1] Le chiffre exact était, en 1900, de 53,700, dont 26,500 travailleurs de Lancashire (*Bull. Off. trav.*, 1902, 334, d'après le *Report on changes in rate of wages and hours of labour for 1900*, Londres, 1900). Mais il doit, à l'heure actuelle, dépasser 100,000, la plupart des ouvriers mineurs ne fournissant plus que huit heures de travail effectif.

[2] Rist, *Trav. des adultes*, p. 299; Jay, *op. cit.*

[3] 47,000 ouvriers ou employés des administrations publiques, dans le Royaume-Uni, bénéficient actuellement de la journée de huit heures, contre 53,000 dans l'industrie privée (V. *supra*). — Il convient également d'observer qu'aux termes de la loi du 27 juillet 1893 (*Ann. de législ. étrang.*, 1894, p. 12) la direction du commerce peut enjoindre aux Compagnies de chemins de fer de ne pas astreindre leurs employés à un travail excessif comme durée ou trop prolongé sans intervalle de repos.

leur congrès, la consécration légale de la journée de huit heures, d'abord pour les mines (Cf. votes de la Ch. des communes en 1901 et en 1907), ensuite pour tous ordres d'industrie. — Cf. B. et S. Webb, *Industrial democracy*. Cf. résol. du congrès de Bath, septembre 1907 (*Bull. Off. trav.*, 1907, 1323).

Une réforme plus hardie encore, réclamée par les *Trade-Unions*, et acceptée en principe par le ministère Asquith, qui en a récemment saisi la Chambre des communes, consisterait dans l'établissement de *Wages Boards* (commissions de salaires), chargées de fixer d'autorité un salaire minimum pour les industries où sévit le *sweating*. — Trevelyan *La vie politique en Angleterre* (*Rev. pol. et parl.*, mars 1908).

750. — Inspection, pénalités. — En dehors du régime spécial d'inspection auquel sont assujetties les mines, et de l'inspection hygiénique, confiée au service sanitaire, l'Angleterre possède un corps d'inspecteurs, d'aides-inspecteurs (recrutés de préférence parmi les anciens ouvriers, grâce à un concours technique très simple) et d'inspectrices, dont l'activité et la compétence paraissent hors de conteste. D'abord vus avec défiance par les chefs d'industrie, ils se sont imposés peu à peu, et leur contrôle s'exerce aujourd'hui, sans trop de difficultés, sur un ensemble considérable d'établissements [1].

Les contraventions à la loi, constatées comme en France par les procès-verbaux des inspecteurs, sont également réprimées par des amendes [2]. Mais, tandis qu'en France, l'amende ne peut atteindre que le manufacturier, directeur ou gérant, en droit anglais, l'amende peut être prononcée même contre les parents, lorsqu'ils se sont rendus coupables de connivence avec l'entrepreneur, pour faire travailler l'enfant dans des conditions prohibées.

Possessions anglaises. — **751. — *a*) Dominion du Canada.** — La plupart des Etats canadiens possèdent une législation réglementaire assez analogue à celle de la métropole ; toutefois, l'âge d'admission des enfants dans les fabriques est généralement retardé d'un an ou deux. C'est ainsi que, d'après la loi d'Ontario (loi de 1887, amendée en 1895, *Ann. de législ. étrang.*, 1896, p. 982), les enfants ne sont admis en principe, qu'à quatorze ans, dans les fabriques ; et encore le lieute-

[1] 97,845 fabriques, 143,065 ateliers (chiffres de 1901), *Labour Gazette* (août 1902); non compris les locaux dans lesquels s'exercent le travail familial et l'industrie en chambre, les magasins et entrepôts. — Le personnel comprenait en 1900, 114 membres, à peu près le chiffre du service français. Les autorités locales coopèrent à l'inspection des magasins : certaines villes, Londres notamment, ont institué à cet effet des inspecteurs et inspectrices spéciaux.

[2] L'emprisonnement est édicté dans certains cas, notamment au cas de falsification de certificats ou registres.

nant-gouverneur en conseil peut-il prohiber l'emploi des garçons au-dessous de seize ans, et des filles au-dessous de dix-huit, dans tout travail réputé dangereux ou insalubre. Le travail dans les magasins est également assujetti à une réglementation spéciale (loi d'Ontario, 1896, *Ann. de lég. étrang.*, 1897, p. 1020). L'inspection est fortement organisée : les questions d'hygiène ressortissent à un service distinct. Une loi récente, du 13 juillet 1906, interdit en principe, le dimanche, tout travail industriel ou commercial [1].

752. — *b*) **Australie et Nouvelle-Zélande** [2]. — *Femmes et enfants.* Dans le *Commonwealth australien* et en Nouvelle-Zélande, ces terres classiques du socialisme d'Etat, la réglementation légale du travail est naturellement plus étroite. D'après la plupart des lois récentes [3], les enfants ne sont admis dans les fabriques qu'à l'âge de quatorze ans. Les garçons au-dessous de seize ans et les femmes de tout âge ne doivent pas travailler plus de quarante-huit heures par semaine : soit une moyenne de huit heures par jour. Mais, le travail du dimanche et de l'après-midi du samedi leur étant interdits, les chefs d'industrie peuvent leur imposer du lundi au vendredi, un travail journalier de dix heures. Le travail de nuit est interdit. Des heures supplémentaires peuvent être demandées par le patron à l'inspecteur, mais elles doivent être payées au-dessus du tarif habituel, et ne pas excéder trois heures par jour (ni vingt-huit jours par an en Nouvelle-Zélande, deux mois en Victoria). Dans les magasins, le travail n'est pas moins rigoureusement réglementé, mais le nombre d'heures est différent : cinquante-deux heures par semaine d'après la loi de Victoria. Les lois sur la durée du travail des enfants et des femmes sont obligatoires, même pour les ouvriers travaillant *en chambre*, pour le compte des magasins ou fabriques.

753. — *Adultes.* — Pour les hommes adultes, aucune législation réglementaire générale n'est intervenue ; mais, ainsi que nous l'avons

---

[1] Métin, *Le travail au Canada* (*Mus. soc.*, mém. et docum., mars 1905) ; Communication de M. Guyon, inspecteur à Montréal, au Congrès de Paris (*Compte rendu offic.*, p. 526) ; Dewavrin, *La loi sur le repos hebdomadaire au Canada* (*Rev. pol. et parl.*, 1907, 4, 385).

[2] Cons. Métin, *La législation ouvrière et sociale en Australie et en Nouvelle-Zélande*, 1901 ; Vigouroux, *Le mouvement social en Australie*, 1901 ; Rapport du *Department of Labour and industry* de la Nouvelle-Galles du Sud à l'Office international du travail (Cologne, 1902) ; Ramsay Macdonald, *Expériences australasiennes* (*Réforme sociale*, 16 mars 1908). — V. aussi *supra*, n° 489, en note.

[3] Cons. notamment les lois récentes des Etats de *Victoria*, 6 oct. 1905 ; *Australie du Sud*, 24 nov. 1904 ; *Australie occidentale*, 19 févr. 1902 et 16 janv. 1904 ; *Nouvelle-Zélande*, 8 nov. 1901 et 8 nov. 1904. — Toutes ces lois sont rapportées dans le *Bull. de l'Off. internat.*, 1902 à 1907.

fait observer précédemment (nos 489 et suiv.), les syndicats ouvriers ont depuis longtemps conquis en fait la *journée de huit heures*, grâce à leur forte organisation, et à leur influence politique. Plusieurs actes législatifs ont du reste contribué, indirectement, à cette généralisation de la courte journée : telles sont en particulier les lois sur le *minimum de salaire* (V. n° 947, *infra*), obligeant les patrons à payer les heures supplémentaires (le salaire légal étant calculé pour une journée légale de huit heures) sur le pied d'un tarif majoré ; les lois sur les travaux publics, et sur certaines catégories de travaux industriels ou commerciaux spécialement réglementées (industries du meuble, boulangeries, blanchisseries, etc.) ; les lois sur l'heure de fermeture des magasins (*Early closing bills*) ; enfin les lois sur l'arbitrage obligatoire (Nouvelle-Zélande, v. tit. III, *infra*) permettant de sanctionner énergiquement toute violation des contrats collectifs, exprès *ou même tacites*, intervenus entre chefs d'industrie et syndicats.

754. — *Inspection du travail.* — La rigueur de la réglementation a pour corollaire la rigueur de l'inspection. Nul pays au monde ne possède un corps d'inspecteurs aussi nombreux et aussi puissamment armé pour poursuivre les infractions que la Nouvelle-Zélande (un inspecteur en chef et cent soixante-trois inspecteurs locaux, pour une population inférieure à un million d'habitants) [1]. L'inspection officielle est d'ailleurs secondée, dans toute l'Australasie, par les syndicats intéressés à la stricte observation des lois qui sont un peu leur œuvre, et par des associations volontaires, telles que l'*Anti-sweating League* de Melbourne, ou les comités de sans-travail, dont les membres emploient leurs loisirs à la recherche des infractions aux lois ouvrières [2].

IV. — Italie [3]

755. — **La loi de 1886.** — Jusqu'en 1902, la législation italienne n'accorda à l'enfant qu'une protection presque illusoire. La loi du

---

[1] 700,000 habitants environ en 1900 (Siegfried, *Nouvelle-Zélande* [*Rev. polit. et parl.*, janv. 1900]).

[2] Métin, rapp. au Congrès de Paris (*Rapp. et compte rendu*, p. 383).

[3] F. S. Nitti, *La législation du travail en Italie* (*Congrès de Bruxelles*, p. 293 ; A. Loria, *Les lacunes de la législation ouvrière actuelle en matière de protection ouvrière* (*Assoc. intern. pour la protect. lég. des trav.*, t. Ier, p. 233, 1901) ; G. Toniolo, *Le travail de nuit des femmes en Italie* (Cologne, 1902) ; Baudoin, *La réglementation légale du travail des femmes et des enfants dans l'industrie italienne*, th. 1905 ; *Réorganisation de l'inspection du travail* (*Bull. Off. trav.*, 1907, 479) ; *La donna nel industria italiana* (publ. du *Boll. del Ufficio*).

11 février 1886 admettait, dès l'âge de neuf ans, les enfants dans les fabriques; la journée légale était de huit heures pour les enfants de neuf à douze ans, et le travail de nuit leur était interdit, sauf dans les usines à feu continu, où le travail légal était réduit à six heures; de douze à quinze ans, le travail de nuit était toléré, mais avec limitation à six heures. Aucune disposition n'était édictée en faveur des adolescents au-dessus de quinze ans et des femmes adultes.

Si peu protectrice qu'elle fût, cette loi, sérieusement appliquée, aurait apporté une amélioration sensible à la condition lamentable de la classe ouvrière. Mais elle était à peu près lettre morte, faute d'un corps d'inspecteurs chargé de veiller à son exécution (Toniolo, *op. cit.*) [1].

756. — **Lois de 1902 et 1907.** — Cet état de choses regrettable a aujourd'hui pris fin. Le 19 juin 1902 [2], en effet, était promulguée une loi sur le travail des enfants et des femmes, dont la mise à exécution, facilitée en 1906 (L. 19 juillet 1906), par l'organisation d'un service d'inspection, en conformité des engagements pris par l'Italie envers la France (Traité de travail du 15 avril 1904, v. *supra*, n° 181), a permis déjà de faire disparaître une grande partie des abus révélés par les enquêtes.

Deux lois toutes récentes, du 7 juillet 1907, l'une sur le *travail des enfants et des femmes*, l'autre sur le *repos du dimanche* dans l'industrie et le commerce (*Bull. Off. intern.*, 1907, 312 et 316), sont venues encore accentuer la note interventionniste. — *Adde* : L. 22 mars 1908 (*Bull. de l'Off. supp.*) interdisant le travail de nuit dans les boulangeries.

Les *enfants* de moins de douze ans (la loi de 1907 a porté l'âge légal d'admission de dix à douze) sont exclus de tout travail industriel ; ils ne sont admis qu'à treize ans dans les mines, à quatorze ans dans les soufrières de Sicile, et à quinze ans dans les usines ou ateliers où s'ac-

---

[1] Il n'était pas rare, il y a quelques années, de rencontrer dans les usines des enfants de sept ans (Nitti, *op. cit.*). — La situation s'est toutefois sensiblement améliorée, depuis la publication des résultats de l'enquête industrielle ouverte en 1897. D'après le rapport officiel publié en 1901 par le ministère du commerce et de l'industrie italien, sur 1,495 fabriques visitées en 1898, occupant 900,000 ouvriers, l'on n'aurait constaté la présence que de 110 enfants de moins de dix ans (*Bull. Off.*, 1901, p. 439). Cette statistique nous paraît empreinte d'un certain optimisme officiel; l'un des plus éminents économistes italiens, M. Luzzati, faisant allusion au Congrès de Paris à l'emploi abusif des jeunes enfants dans les soufrières de Sicile, n'hésitait pas à déclarer que le régime industriel de ces exploitations était une honte pour la civilisation.

[2] *Gazzetta Ufficiale del Regno d'Italia*, 7 juillet 1902; *Bull. Off. du trav.*, 1902, 343; *Quest. pratiques*, 1902, 261. — Cf. règlem. organique du 29 janv. 1903 (*Bull. Off. internat.*, 1903, 273). — Ce règlement sera prochainement remplacé par un nouveau texte, édicté en conformité de la loi de 1907.

complissent certains travaux dangereux ou insalubres, dont la liste est dressée par décret. Les femmes mineures et les enfants âgés de moins de quinze ans ne peuvent être admis au travail que porteurs d'un *livret* médical, attestant leur aptitude physique, délivré par l'officier sanitaire.

Les enfants des deux sexes ne peuvent être employés, de douze à quinze ans, plus de *onze heures* (sauf exception pour certaines industries); et les *femmes de n'importe quel âge*, plus de douze heures. Les femmes relevant de couches ne peuvent être employées qu'un mois après l'accouchement: des mesures spéciales sont imposées aux usiniers en vue de faciliter l'allaitement des nourrissons par les ouvrières. Le travail souterrain est interdit aux femmes de tout âge.

Le *travail de nuit* (8 h. soir, 6 h. matin) est interdit, en principe, aux garçons âgés de moins de quinze ans et aux femmes de tout âge.

Les femmes de tout âge et les enfants âgés de moins de quinze ans ont droit à un jour entier (vingt-quatre heures) de repos par semaine.

Le principe du repos du dimanche est du reste consacré, par la loi de 1907, pour tous les travailleurs, même adultes.

X. — Japon

756 *bis*. — Il n'existe au Japon aucune législation protectrice de la classe ouvrière, et la condition vraiment lamentable de celle-ci [1], sous ce régime de liberté, sans contrepoids légal, est bien faite pour donner à réfléchir aux libéraux impénitents qui préconisent comme un idéal la liberté absolue de l'industrie. Tous les abus relevés en France lors de l'enquête de 1840 — exploitation barbare de l'enfant et de la femme, journées démesurées, salaires de famine, — fleurissent encore au Japon; et ni le gouvernement, ni le Parlement, ne paraissent s'en émouvoir beaucoup, sans doute parce qu'ils envisagent le bas prix de la main-d'œuvre comme un moyen, pour le Japon, de concurrencer victorieusement l'Europe et l'Amérique sur leurs propres marchés.

Un projet de loi tendant à réglementer, bien faiblement d'ailleurs, le travail des enfants et des jeunes ouvriers, avait cependant été éla-

[1] Saïto, *La protection ouvrière au Japon*, 1900; Matsuzaki, *Le travail de nuit des femmes au Japon* (Congrès de Cologne, 1902); Weulersse, *Le Japon d'aujourd'hui, étude sociale*, 1904; Pinon, *Guerre russo-japonaise* (*Rev. des Deux-Mondes*, 1er mai 1904); K. Schneider, *Arbeiterklasse in Japan* (*Soz. Praxis*, 1906-1907, p. 386); Sautter, *Le développement industriel et commercial du Japon et la main-d'œuvre japonaise*.

boré par le gouvernement en 1903 (admission des enfants à l'usine à partir de onze ans, interdiction du travail de nuit, journée maximum de douze, treize ou quatorze heures, suivant la nature des travaux)[1]; mais ce projet n'a même pas été discuté.

Il serait injuste de méconnaître les efforts tentés, soit par certains industriels, soit par les manufactures nationales, pour améliorer la condition matérielle de leur personnel, et l'aménagement hygiénique de l'atelier (Sautter, *op. cit.*). Mais ces efforts isolés ne sauraient, sans le concours de la loi, prévaloir contre la routine et l'indifférence de la majorité des employeurs. Ce n'est que par une forte organisation que les travailleurs japonais parviendront, comme jadis les trade-unions anglaises, au début du XIXe siècle, à briser la tyrannie patronale; or, les groupements ouvriers nippons, à part quelques exceptions, sont encore à l'état rudimentaire.

XI. — PAYS-BAS[2]

757. — *Femmes et enfants.* — La loi du travail (*Arbeidswet*) du 5 mars 1889 (*Ann. de lég. étr.*, 90, p. 555)[3], réglemente ainsi qu'il suit le travail des enfants et des femmes. L'âge d'admission des enfants dans les établissements industriels est fixé à douze ans; la durée légale de la journée, pour les enfants de douze à seize ans et pour les femmes de tout âge est de onze heures, coupées par une heure de repos. Le travail de nuit et le travail du dimanche sont interdits, sauf exceptions ou tolérances, à toutes les personnes protégées. Neuf inspecteurs, assistés d'inspecteurs-adjoints ou sous-inspecteurs, assurent l'application de la loi.

Adultes. — Le travail des hommes adultes n'est pas directement réglementé. Toutefois la législation néerlandaise a rendu possible, par certaines dispositions introduites dans la loi du 20 juillet 1895 sur la sécurité des travailleurs, la fixation d'une journée légale pour les travailleurs, même adultes, employés dans les industries malsaines ou dangereuses. Ainsi vit-on progressivement s'implanter en Hol-

[1] Ourakami, *Lettres japonaises* (*Econom. franç.*, 1903, 2, 233). — Une première commission avait été nommée en 1897, pour établir un projet de réglementation; son projet avait échoué devant l'opposition des filateurs. — Saïto, Matsuzaki, précités.

[2] G. M. den Tex, *La réglementation légale du travail en Hollande* (*Congrès de Paris*, 344).

[3] Certaines modifications de détail ont été apportées à la loi de 1889 par la loi du 28 avril 1906 (*Bull. Off. internat.*, 1906, 578). — Cf. décr. 17 sept. 1904 (*ibid.*, 1906, 567). — Cf. décr. 24 déc. 1906 sur l'inspection du travail (*ibid.*, 1906, 608).

lande, à l'exemple de l'Allemagne, le principe de la *journée maxima sanitaire*. D'autre part, la loi réglemente directement le travail dans les exploitations de chemins de fer et tramways. — Sur les conditions du travail dans les marchés de travaux publics, v. tit. II, chap. Ier, *infra*.

XII. — Portugal

758. — Le décret-loi du 14 avril 1891 réglemente le travail des enfants du sexe masculin mineurs de 16 ans, et des filles de 21 ans. De 10 à 12 ans, les enfants pourvus d'un certificat de scolarité, ne peuvent être astreints au travail que pendant six heures ; la durée légale de la journée est de dix heures pour les garçons de 12 à 16 ans et pour les filles mineures. Le travail du dimanche est interdit aux enfants, sauf dans les usines à feu continu. Le travail de nuit est interdit aux garçons mineurs de 12 ans et aux filles mineures. Mêmes dispositions pour la protection des mères et des nouveau-nés que dans la loi italienne.

XIII. — Roumanie [1]

759. — La Roumanie, pays agricole et de petite industrie, n'est entrée que depuis fort peu de temps dans la voie de la protection légale des travailleurs. Naguère encore, les deux seuls actes législatifs de cette catégorie étaient : 1° le règlement du 20 septembre 1894 sur les *industries insalubres*, interdisant l'accès des établissements classés aux enfants de moins de 12 ans, et prohibant le travail de nuit pour les mineurs de 14 ans; 2° la loi du 28 février 1897 (*Ann. de lég. étr.*, 1898, 773) sur le *repos dominical*, édictée en principe au profit de tous les salariés, même adultes, de l'industrie et du commerce.

Mais il convient d'ajouter à ces deux textes la loi sur les métiers du 5 mars 1902 [2], qui contient au sujet de l'emploi des enfants dans l'industrie des prescriptions assez complètes. L'apprenti doit avoir 12 ans révolus, 14 ans dans les industries insalubres. Au-dessous de 14 ans, la durée du travail est de huit heures, et de dix heures (y compris les heures d'école) pour les enfants de 14 à 16 ans : le travail de nuit est interdit.

---

[1] Radu, *L'organisation et la législation du travail en Roumanie* (*Congr. de Bruxelles*, p. 477), et *La loi sur le repos du dimanche et ses conséquences en Roumanie* (*Quest. prat.*, 1900, p. 14 à 149).

[2] *Quest. prat.*, 1902, p. 264. — V. *supra*, n° 551.

XIV. — Russie [1]

760. — La Russie figure, depuis 1897, au nombre des Etats qui réglementent le travail industriel pour toutes les catégories d'ouvriers, y compris les adultes.

Femmes et enfants. — Aux termes des lois du 1er juin 1882, 12 juin 1884, 3 juin 1885, 24 avril 1890, l'accès des fabriques est interdit aux enfants de moins de 12 ans. De 12 à 15 ans, la journée légale est de huit heures ; il est interdit de faire travailler les enfants la nuit et le dimanche. Exception est faite pour les verreriès, où les enfants peuvent travailler de nuit, mais pendant six heures seulement.

Le travail de nuit est prohibé également pour les adolescents de 15 à 17 ans et pour les femmes de tout âge, dans un certain nombre d'industries insalubres ou dangereuses déterminées par la loi.

Adultes. — La journée légale du travail des adultes dans l'industrie est de onze heures et demie (L. 2 juin 1897, *Ann. de lég. étr.*, 1898, p. 752) : le chômage est obligatoire, sauf exception, les dimanches et jours de fête. Le travail est limité à dix heures les samedis et veilles de fêtes, ainsi que pour les équipes de nuit. Le travail peut être prolongé au delà du temps légal en vertu d'un accord *exprès* entre le fabricant et l'ouvrier adulte ; ces accords sont soumis au contrôle de l'autorité compétente.

Le travail des employés de commerce ne peut excéder douze heures par jour. De plus, les magasins, sont, dans certaines grandes villes, astreints à une fermeture partielle le dimanche (Saint-Pétersbourg, ordonn. du 15 août 1898, fermeture obligatoire, sauf de midi à cinq heures). — Cf. ordonn., 19 nov.-2 déc. 1906 (*Bull. Off. internat.*, 1906, 614), déterminant les pouvoirs des autorités municipales en ce qui concerne la fermeture des magasins.

L'application des lois réglementaires est surveillée par un corps spécial d'inspecteurs (un inspecteur en chef pour chaque province, et des inspecteurs d'arrondissement), agissant de concert avec la police locale et les commissions provinciales.

761. — **Finlande** [2]. — La loi *finlandaise* du 15 avril 1889 fixe également à 12 ans l'âge d'admission des enfants dans les usines. La journée

[1] Raffalovich, communication sur la *législation ouvrière russe* (*Congr. de Bruxelles*, p. 619) ; Pernet, *Le livret de l'ouvrier russe* (*Quest. prat.*, 1906, 362, et 1907, 32, 127, 215).

[2] *Notice sur la Finlande* (Expos. univers. de 1900).

37

légale est de sept heures pour les enfants de 12 à 15 ans, et de quatorze heures pour les jeunes gens de 15 à 18 ans. Le travail de nuit et le travail du dimanche sont interdits, en principe, à l'une et l'autre catégories de jeunes ouvriers.

XV. — Suède et Norvège

Suède. — **762.** — D'après la loi suédoise du 17 octobre 1900 (*Ann. de la lég. du trav.*, 1900, 825), qui a remplacé l'arrêté royal du 18 nov. 1881, l'âge d'admission des enfants dans les fabriques est fixé à 12 ans. Les enfants qui n'ont pas accompli leur treizième année peuvent être occupés au maximum pendant six heures, les enfants et adolescents, de 13 à 18, au maximum pendant dix heures par jour : les chefs d'industrie doivent laisser aux jeunes ouvriers mineurs de 15 ans les loisirs nécessaires pour la fréquentation d'une école. Le travail de nuit, et un certain nombre de travaux dangereux sont interdits aux mineurs de 18 ans. Le repos du dimanche est obligatoire.

La loi suédoise ne s'occupe des femmes adultes que pour interdire l'admission à l'usine des femmes récemment accouchées (quatre semaines), et les exclure des travaux souterrains.

Norvège. — **763.** — Des dispositions analogues figurent dans la loi norvégienne du 27 juin 1892. Mais de cette loi, spéciale au travail des enfants et adolescents et des femmes, il convient de rapprocher la loi du 29 avril 1906 (*Bull. Off. intern.*, 1907, 322) sur le travail dans les boulangeries, qui réglemente même le travail des hommes adultes dans cette catégorie d'industrie (douze heures de travail au maximum, y compris les repos, — interdiction en principe du travail de nuit, sauf pour la chauffe des fours, et du travail du dimanche).

XVI. — Suisse [1].

764. — La réglementation du travail industriel édictée par la législation suisse (loi fédérale et lois cantonales cb.) est certainement l'une

[1] Dr Schuler, *La limitation légale de la journée de travail en Suisse*, Congr. de Paris, 1900, et rapport sur *le travail de nuit des femmes en Suisse* (Cologne, 1902) ; Dr Schuler, *Die schweizerische Hausindustrie* (*Zeitsch. f. schweiz. Statist.*, 1904) ; Dr Landmann, *Die Arbeiterschutzgesetzgebung der Schweiz*, 1904 ; Clergel, *La Suisse au XX*e *siècle*, 1908, et *Les conditions du travail en Suisse* (*Quest. pratiques*

des plus complètes et des mieux conçues ; nous en résumons ci-après l'économie.

Loi fédérale. — Jusqu'en 1877, la législation des fabriques était exclusivement cantonale ; mais en 1877, la Confédération, usant d'une faculté inscrite dans la Constitution révisée de 1874, fit adopter par le Parlement fédéral une loi sur les fabriques (Loi du 23 mars 1877, *Ann. de lég. étr.*, 1878, 581) applicable à tout le territoire. — Sur la définition de la fabrique, V. l'arrêté du Cons. fédér. du 3 juin 1891). — La réglementation des petits ateliers (moins de cinq ouvriers, en principe) restait, ainsi que la législation des mines et carrières, à la discrétion des autorités cantonales.

765. — La loi fédérale de 1877 a pour caractère distinctif d'être générale, en ce sens que les prescriptions qu'elle édicte, à moins de clause restrictive formelle, s'appliquent à toutes les catégories d'ouvriers, hommes adultes compris.

L'âge d'admission dans les fabriques est fixé à 14 ans. La journée maxima est de 11 heures (ou même 9 heures, samedis et veilles de jours fériés, L. 1er avril 1905, *Bull. Off. intern.*, 1905, 63) pour tous les ouvriers ; mais il convient de retrancher, de cette durée normale, 1/2 heure pour les ménagères (soit 1 heure 1/2 de repos au lieu d'une heure au milieu du jour) et, pour les mineurs de 16 ans, le temps affecté à l'enseignement scolaire et religieux.

Le travail de nuit et le travail du dimanche sont prohibés pour les mineurs de 18 ans et les femmes de tout âge. Les hommes adultes ont également droit au repos du dimanche (24 heures consécutives) ou à un dimanche sur deux dans les exploitations autorisées à travailler sans arrêt ; mais il leur est loisible d'y renoncer. Il est interdit de faire travailler les ouvrières dans les deux semaines qui précèdent et dans les six semaines qui suivent l'accouchement.

Une loi spéciale, du 27 juin 1890, réglemente le travail dans l'exploitation des *chemins de fer* et autres entreprises de transport.

766. — *Lois cantonales.* — La plupart des cantons industriels ont édicté des lois et règlements, plus ou moins complets, destinés à compléter la loi fédérale. Les uns se bornent à étendre aux petits ateliers la réglementation fédérale sur les fabriques ; d'autres ont diminué, pour certaines catégories de travailleurs, la durée légale de la journée (Zurich, loi de 1896, Bâle-Ville, l. du 27 avril 1905, *Bull. Off. intern.*,

---

de lég. ouvr., mai-juill. 1908) ; Paul Louis, *La nouvelle législation ouvrière de la Confédération helvétique* (*Mus. soc.*, Mém. et docum., févr. 1908). — Cf. Jay, *La question ouvrière en Suisse* ; Dr Reichesberg, *Handwörterbuch der Schweizerischen Volkswirtschaft*, 1907.

1905, 66, Berne, l. du 23 janvier 1908, journée de 10 heures pour les ouvrières ; d'autres étendent aux travailleurs en chambre, même au point de vue de la durée du travail [1], la protection de la loi (Soleure, 1895). Un certain nombre (Lucerne, Glaris, St-Gall, etc.) réglementent spécialement le travail des *sommeliers* dans les restaurants, hôtels et débits. Les lois de Lucerne, Glaris, Soleure, Bâle-Ville, Berne étendent le bénéfice de la protection légale aux demoiselles de magasin ; la loi de Neuchâtel va plus loin, et s'occupe également du *personnel féminin de bureau*. Enfin, plusieurs lois récentes accordent le repos du dimanche à toutes les catégories de salariés (Berne, 15 mai 1904, Genève, 1er juin 1904, Bâle-Ville, 7 juillet 1904, etc.).

Inspection. — Les autorités fédérales, représentées par les inspecteurs fédéraux, et les autorités cantonales, à l'aide d'agents de leur choix, activement secondés d'ailleurs par les fédérations ouvrières, veillent à l'application de ces règlements minutieux. Les chefs d'industrie, après quelques protestations, s'en sont accommodés, et aujourd'hui un grand nombre d'entre eux, renchérissant sur les prescriptions légales, ont spontanément, à l'instar des industriels anglo-saxons, réduit la moyenne de la journée de leurs ouvriers au-dessous du taux légal.

D'après la statistique suisse des fabriques, en 1901, 5 0/0 des ouvriers travaillaient moins de 11 heures, et 46 0/0, 10 heures au plus. Depuis cette époque, la moyenne s'est encore sensiblement abaissée (Clergel, *op. cit.*). Aussi le gouvernement fédéral a-t-il, avec le concours du service de l'inspection, élaboré un projet de réforme de la loi de 1877, tendant à substituer à la journée de 11 heures la journée de 10 heures (Cf. projet français), et à étendre le bénéfice de la loi aux petits ateliers.

§ 2. — Evolution de la législation française de 1841 à 1908 [2].

767. — Lois de 1841 et de 1848. — La première loi française réglementant la journée de travail dans l'industrie remonte à 1841. C'est en effet le 22 mars 1841 que fut promulguée la loi sur le *travail des en-*

[1] En ce qui concerne l'aménagement hygiénique, non seulement des petits ateliers, mais même des logements ouvriers dans lesquels s'exécutent, pour le compte d'un fabricant ou entrepreneur, des travaux d'ordre industriel, la plupart des lois cantonales ont conféré aux conseils d'hygiène des pouvoirs de contrôle très étendus. — V. notamment la loi de Zurich.

[2] Bibliographie. — Aux ouvrages cités en note sous les nos 700, 701 et 723, *supra*, *adde* : Sauzet, *Essai historique sur la législation industrielle de la France* (*Rev.*

fants employés dans les manufactures. Cette loi était manifestement insuffisante, puisqu'elle autorisait l'admission des enfants dans les manufactures dès l'âge *de huit ans*, et qu'elle ne régissait au surplus que la grande et la moyenne industrie (établissements occupant plus de vingt ouvriers) ; ses prescriptions demeurèrent d'ailleurs inobservées pour la plupart, par suite de l'absence d'un service d'inspection.

Singulièrement plus hardi fut le législateur de 1848, qui ne craignit pas, le premier en Europe, de réglementer le travail des adultes. Mais nous avons rappelé dans notre historique (nos 149 et s.) comment ce mouvement réformateur de 1848 avait été suivi d'une prompte réaction, et comment, faute d'inspection, le principe de la journée de *douze heures*, affirmé par la loi du 9 septembre 1848 [1] pour certaines catégories d'établissements industriels seulement, ne fut jamais sérieusement respecté jusqu'à la loi du 16 février 1883, qui confia aux inspecteurs du travail le soin d'en faire revivre les prescriptions.

768. — Loi de 1874. — Aucune modification ne fut apportée, pendant tout le second Empire, à la législation des fabriques, malgré les abus criants stigmatisés par Jules Simon. Mais, aussitôt réunie, l'Assemblée nationale mit à son ordre du jour la question de la révision des lois sur le travail des enfants. Ses délibérations aboutirent au vote de la loi du 19 mai 1874, qui pour la première fois assura aux jeunes ouvriers une protection efficace. Cette loi fixait en principe à 12 ans l'âge d'admission des enfants dans les *manufactures*, et déterminait la durée maxima de la journée de travail : douze heures pour l'enfant mineur de 16 ans, et six heures seulement (*demi-temps*) pour les enfants de 10 à 12 ans, admis par exception au travail dans certaines industries. Elle interdisait le travail de nuit aux mineurs de 16 ans et aux *filles mineures* de 21 ans, sauf dans les usines à feu continu, consacrait pour les enfants le principe du repos du dimanche, et prohibait le travail souterrain, tant pour les *femmes de tout âge* que pour les enfants du sexe masculin mineurs de 12 ans. Enfin elle édictait tout un ensemble de pénalités, et organisait, pour veiller à l'exécution de ses prescriptions, tout un corps d'agents spéciaux ou inspecteurs du travail, assistés dans leur mission par des commissions locales.

---

d'éc. polit., 1892) ; Mataja, *Les décrets sur la journée de travail en 1848* (*ibid.*, 1892) et *Les origines de la protection ouvrière en France* (*ibid.*, 1895 et 1896) ; Cohen, *Louis Blanc et la Commission du Luxembourg* (*Ann. de l'Ec. des sciences polit.*, 1897) ; Pic, *La législation du travail en France* (rapp. présenté au Congrès de Bruxelles, 1897).

[1] Cette loi elle-même était en recul sur le décret du 2 mars qui avait fixé la journée à dix heures pour Paris et à onze heures pour la province (!) (V. *supra*, n° **149**).

769. — Prolégomènes de la loi de 1892. — Bien que très supérieure au régime antérieur, la réglementation de 1874 était néanmoins insuffisante sur trois points surtout : 1° en ce qu'elle ne s'appliquait pas aux simples *ateliers* ; 2° en ce qu'elle ne protégeait pas les enfants du sexe masculin au delà de 16 ans ; 3° en ce qu'elle autorisait sans limitation le travail de nuit des femmes majeures.

Aussi, dès 1886, le ministre du commerce déposait-il sur le bureau de la Chambre un projet étendant aux femmes adultes le bénéfice de la protection légale. Accepté par la grande majorité de la Chambre, affirmé solennellement par la Conférence internationale tenue à Berlin en 1890, le principe de l'extension aux femmes adultes d'une protection jusqu'alors réservée à l'enfance rencontra au Sénat de vives résistances ; et bien qu'il ait finalement triomphé, le texte de 1892 porte la trace de certaines concessions faites à la Chambre haute, dans un esprit de transaction.

Dès sa première délibération, en effet, la Chambre avait voté toutes les dispositions essentielles du projet gouvernemental : limitation des heures de travail à dix heures, interdiction du travail de nuit ; obligation pour le patron de laisser reposer l'ouvrière pendant quatre semaines après son accouchement, et de lui payer durant ce congé une indemnité journalière ; principe du chômage obligatoire un jour par semaine, sans préjudice des jours de fête légale. Au Sénat, au contraire, l'accord ne put se faire tout d'abord que sur l'interdiction du travail de nuit. La question de l'interdiction du travail pour les femmes relevant de couches fut réservée, pour faire l'objet d'une loi spéciale, qui est encore à l'état de projet. Mais de longs débats s'élevèrent sur les deux autres points : chômage hebdomadaire, limitation de la durée du travail.

770. — *Repos du dimanche.* — Le projet de loi gouvernemental, contrairement à l'article 5 de la loi de 1874 (qui interdisait aux patrons de faire travailler les enfants le dimanche), se bornait à prescrire *un jour de chômage hebdomadaire* pour les femmes et les enfants, sans fixer de jour. Cette disposition souleva de véhémentes protestations. Les partisans du *repos du dimanche* firent observer que la plupart des lois étrangères avaient choisi ce jour et l'imposaient au patron, que l'Etat français lui-même faisait chômer ses employés de toute catégorie le dimanche, et qu'il y aurait d'ailleurs de graves inconvénients pratiques à ce que la mère et les enfants, employés dans deux usines différentes, ne chômassent pas le même jour. Cette argumentation, qui devait triompher en 1906, ne prévalut pas en 1892. Il sembla impossible au Parlement de sanctionner légalement l'obligation du *repos du* *dimanche*, à raison de son apparence confessionnelle. Abrogée en 1880 au nom de la liberté de conscience, cette obligation ne parut pas alors susceptible d'être rétablie, même au profit des incapables.

771. — *Journée de onze heures.* — La discussion ne fut pas moins vive, au Sénat, en ce qui concerne la limitation des heures de travail. Cette limitation avait été rejetée en première lecture ; la Chambre l'ayant rétablie, le Sénat en première lecture se résigna à adopter le principe de la limitation, mais en portant la durée maxima du travail des femmes de dix à onze heures. Cette majoration fut admise, pour donner satisfaction aux représentants des filatures (disc. Lecomte), qui prétendaient ne pouvoir lutter contre la concurrence étrangère qu'en exigeant onze heures du personnel féminin. Ces réclamations intéressées, et très discutées même dans le milieu industriel[1], prévalurent sur l'argumentation des auteurs du projet, qui avaient justement insisté sur les inconvénients graves d'un horaire différent, pour les femmes et les enfants : « Il ne faut pas, disait avec raison M. Jules Roche, que les mères quittent l'atelier une heure après leurs enfants », et laissent ainsi ces derniers livrés, vers la fin de la journée, au vagabondage de la rue.

772. — **Loi du 2 novembre 1892 sur le travail des enfants et des femmes.** — *Difficultés d'application* ; *pratiques illégales.* — Dès les premières années d'application de la loi du 2 novembre 1892, un autre inconvénient, non moins grave, de ce défaut d'unité dans la réglementation apparut en pleine lumière, à savoir la difficulté du contrôle, résultant de la coexistence de quatre régimes légaux différents dans l'industrie : celui des enfants (dix heures), celui des adolescents de 16 à 18 ans (soixante heures par semaine, avec onze heures comme maximum), celui des femmes (onze heures) enfin celui des hommes adultes (douze heures). La Chambre s'y était résignée, par esprit de conciliation, et dans l'espoir que la mise en vigueur des dispositions nouvelles amènerait, en pratique, une réduction progressive de la journée de travail pour les femmes et les enfants au taux inférieur, c'est-à-dire à dix heures (Disc. de M. Sibille, rapporteur à la Chambre des députés, le 29 octobre 1892).

773. — Mais, soit que cette révolution dans les mœurs industrielles fût réellement prématurée, soit que la mollesse des autorités adminis-

[1] Dès le mois de juillet 1894, la majorité des filateurs de Tourcoing adressait au Parlement une pétition en faveur de la limitation à dix heures de la journée de travail dans les manufactures *pour toutes les catégories des deux sexes.* Même pétition envoyée à M. de Mun par les manufacturiers d'Armentières.

tratives et judiciaires eût encouragé la résistance des industriels[1], ces espérances furent complètement déçues. Bien loin de réduire à dix heures de travail effectif la journée de travail de tout leur personnel, la majorité des industriels s'obstina à exiger des enfants, en violation de la loi, un travail de onze heures, et réalisa ainsi l'unification sur la base de la *journée la plus longue*.

Cette pratique, manifestement illégale, fut d'ailleurs encouragée par le gouvernement lui-même qui, au lendemain du dépôt sur le bureau du Sénat d'une proposition Lecomte tendant à unifier la journée de travail sur le pied de onze heures *pour tout le personnel*, y compris les *adultes* travaillant dans les mêmes locaux que les femmes et les enfants (Sén., 14 nov. 1893, *Doc. parl.*, n° 2), se crut autorisé à devancer le vote de cette proposition, et adressa aux inspecteurs des instructions les invitant *à tolérer* pour les enfants la journée de onze heures. Il ne subsistait donc plus, en fait, à la veille de la promulgation de la loi de 1900, que deux régimes légaux : celui des femmes et des enfants (onze heures), et celui des adultes (douze heures), dans les établissements visés par la loi de 1848. La liberté était complète dans tous les autres.

Cette seule présence, dans un même établissement industriel, d'adultes pouvant travailler douze heures, alors que la journée légale était, en droit ou en fait, de onze heures pour le reste du personnel, constituait, de l'avis unanime des inspecteurs, un encouragement à la fraude.

774. — *Equipes alternantes : relais ou équipes volantes.* — Un autre grief, très sérieux, des inspecteurs, concernait l'abus des *équipes alternantes*, ainsi que des *relais*, ou *équipes volantes*. L'article 4, § 2, de la loi du 2 novembre 1892 contenait en effet une disposition ainsi conçue : « Tout travail entre 9 heures du soir et 5 heures du matin est considéré comme travail de nuit ; *toutefois*, le travail sera autorisé de 4 heures du matin à 10 heures du soir, quand il sera réparti entre *deux postes d'ouvriers* ne travaillant pas plus de neuf heures chacun. Le travail de chaque équipe sera coupé par un repos de une heure au moins ». Les rédacteurs de la loi avaient cru, en édictant cette disposi-

---

[1] Plusieurs industriels, et non des moindres, estiment qu'il n'était nullement impossible de faire respecter la loi. « L'on prétend, a déclaré M. Richard Waddington au Sénat dans la séance du 27 mars 1900, que la loi était inapplicable ; or je *puis affirmer le contraire*, car je l'ai personnellement appliquée dans mes établissements, et beaucoup d'industriels ont fait comme moi ». En fait, dans plusieurs circonscriptions, les inspecteurs avaient réussi à la faire accepter. Au surplus, il est prouvé qu'en Allemagne la complexité de l'horaire, différent pour les femmes et les enfants, n'a pas empêché la mise à exécution de la loi (V. *supra*, n° 712).

tion, améliorer la condition de l'ouvrier en préparant l'adoption de la journée de neuf heures : or, en fait, cette tolérance avait, au contraire, pour l'ouvrier les conséquences les plus préjudiciables.

D'une part, en effet, ce système favorisait la fraude, comme l'a démontré nettement M. Ricard [1], moins d'un an après la mise à exécution de la loi, dans l'exposé des motifs de sa proposition, concluant à une réforme immédiate sur ce point : « On a établi, disait-il, dans certaines usines des *équipes roulantes et volantes*, des *relais* qui passent sur tous les métiers et travaillent pendant que les ouvriers réguliers sont mis au repos. De cette façon, en donnant aux hommes adultes une heure de repos le matin, et une l'après-midi, aux femmes deux repos de une heure et demie, et aux enfants deux heures, on parvient à faire tourner les métiers pendant quatorze heures, sans que chaque ouvrier, homme, femme et enfant, supporte un travail effectif dépassant la durée légale ». Or une telle organisation, conforme en apparence à la lettre de la loi, en méconnaît l'esprit, d'abord parce qu'elle rend, à raison de l'alternance des repos, le contrôle des inspecteurs à peu près illusoire [2], ensuite parce qu'elle désunit gravement la famille ouvrière, dont les divers membres sont obligés de prendre leur repas à des heures différentes.

775. — Même dans les usines où fonctionne le travail à deux équipes *alternantes*, conforme au texte et à l'esprit de la loi, l'expérience a démontré que le système était mauvais : « L'on espérait, ajoute M. Ricard, qu'il aurait l'avantage de réduire sensiblement la présence de l'ouvrier à l'atelier... *C'est le contraire qui se produit.* Au lieu de faire travailler successivement chaque équipe pendant neuf heures, y compris l'heure du repos obligatoire, les industriels font alterner les deux équipes et l'usine marche ainsi sans arrêt pendant dix-huit heures. Pour y arriver, on a recours à diverses combinaisons : il suffit d'en indiquer une. Ainsi la première équipe commence à 4 heures du matin jusqu'à 9 heures ; la seconde va de 9 heures à 1 heure de l'après-midi ; la première reprend de 1 heure à 5 heures et la seconde termine la journée de 5 heures à 10 heures. Comme un certain nombre d'ouvriers n'habitent pas ordinairement dans le voisinage immédiat de l'usine, ils ne peuvent songer à rentrer chez eux pendant le temps qui sépare les deux périodes. Ils sont donc retenus par le service de l'usine *pendant treize et quatorze heures par jour !* ».

---

[1] Propos. Ricard, Ch., 23 novembre 1893, *Doc. parl.*, n° 131. — Conf. Milhaud, *Réforme de la loi sur le travail des enfants et des femmes* (*Rev. polit. et parlem.*, 1897, t. XII, p. 355).

[2] Les rapports de la Commission supérieure du travail sont unanimes sur ce point. — V. notamment le rapport pour 1898 (*Bull. Office*, 1899, 849).

776. — Loi du 30 mars 1900[1] sur le travail des enfants, des femmes et des adultes travaillant dans les mêmes locaux. — C'est principalement en vue de remédier à ces deux défauts de la loi de 1892 que la Chambre et le Sénat furent saisis presque simultanément des deux propositions Ricard et Lecomte (v. *supra*), tendant l'une à ramener à *dix heures* la journée légale de toutes les personnes protégées, femmes, jeunes gens et enfants, et à supprimer les relais et les équipes alternantes, l'autre à unifier la journée sur le pied de *onze heures*, non seulement pour les femmes et les enfants, mais aussi pour les adultes travaillant dans les mêmes locaux que les personnes protégées[2].

Après de longues discussions et délibérations dans les deux Chambres, l'accord a fini par s'établir sur un texte transactionnel, tendant à réaliser, par étapes successives, le principe de la journée de dix heures pour les femmes, les enfants et les adultes dans les établissements mixtes. Ce texte, énergiquement soutenu par M. Millerand, ministre du commerce, est devenu la loi du 30 mars 1900, fixant provisoirement à onze heures la journée de travail, et décidant que la durée légale sera de dix heures et demie deux ans après sa promulgation, et de dix heures au bout d'une nouvelle période de deux ans. Depuis le 1er avril 1904, la journée légale se trouve donc réduite à dix heures pour les enfants, les femmes, et une grande partie du personnel adulte des établissements industriels. La nouvelle loi réglemente, d'autre part, le travail par équipes, dans des conditions que nous précisons plus loin.

777. — Lois des 29 décembre 1900, 29 juin 1905 et 13 juillet 1906[3]. — Postérieurement à la loi du 30 mars 1900, trois lois importantes sont venues accentuer en France la politique de protection ouvrière dont nous venons de retracer les grandes étapes.

La première en date est la loi du 29 décembre 1900, prescrivant l'établissement, dans les magasins de vente, d'un *nombre de sièges égal à celui des femmes qui y sont employées*; loi socialement des plus importantes, malgré son objet très spécial, en ce qu'elle a eu pour résultat d'étendre aux établissements purement commerciaux le droit de

[1] Sur les travaux préparatoires de la loi de 1900, cons. spécialement : rapp. Lecomte, Sén., 27 février 1894. *Doc. parl.*, n° 16, *Off.*, p. 76 ; rapp. Dron, 28 décembre 1895, Ch., *Doc. parl.*, n° 1724 ; rapp. Dubief, Ch., 11 décembre 1898, *Doc. parl.*, n° 1273, *Off.*, p. 341 ; 2e rapp. Lecomte, 15 mars 1900, Sén., *Doc parl.*, n° 67, et 2e rapp. Dubief, 27 mars 1900, Ch., *Doc. parl.*, n° 1554. — V. aussi Jay, rapp. au Congrès de Paris, p. 85 ; Rouanet, chron. de la *Rev. socialiste* (janv. 1900), et notre chronique des *Annales de droit commercial*.

[2] On sait que la loi fédérale suisse assujettit tous les travailleurs, y compris les hommes adultes, à un horaire uniforme, journée de onze heures, réduite à dix heures par le projet du Conseil fédéral. — V. *supra*, nos 765 et s.

[3] *Travaux préparatoires*. — V. *supra*, note 1, sous n° 700.

contrôle des inspecteurs du travail, limité jusqu'alors aux fabriques et ateliers.

La seconde est la loi du 29 juin 1905 sur la *durée du travail dans les mines*, dont la caractéristique est d'avoir, pour la première fois, consacré législativement le principe de la journée de *huit heures*. Malgré toutes les restrictions dont elle est entourée (limitation aux ouvriers employés à l'abatage, étapes successives pour la mise à exécution complète, etc.), restrictions sur lesquelles nous aurons à revenir, la loi de 1905 marque une date dans l'histoire de la protection ouvrière.

La dernière enfin, est la loi du 13 juillet 1906, établissant le *repos hebdomadaire en faveur des employés et ouvriers*, et fixant, en principe, au *dimanche* le jour du repos légal : loi doublement intéressante, d'abord parce qu'elle est le résultat d'un mouvement convergent des syndicats d'ouvriers ou d'employés (d'employés surtout) et des groupes sociaux chrétiens, en faveur du repos du dimanche, mouvement quasi-universel, et qui a abouti à la promulgation presque simultanée de lois sur le repos du dimanche dans la majorité des Etats civilisés (V. *supra*, n° 157) ; — intéressante ensuite, parce que brisant un moule traditionnel reconnu trop étroit, elle unit dans une même protection les salariés du commerce et ceux de l'industrie. — Cette loi s'est heurtée dans l'application à des difficultés inévitables, et d'ailleurs prévues. Mais le principe en paraît inattaquable, même pour les esprits les plus affranchis de toute préoccupation confessionnelle, et tous les projets tendant à réformer la loi devront le respecter, sous peine de voir renaître dans les milieux ouvriers, même les moins inféodés à la politique révolutionnaire, une opposition menaçante.

777 *bis*. — **Lacunes de la législation actuelle.** — Nous reviendrons bientôt, en exposant les projets de réforme, sur les lacunes ou imperfections encore nombreuses de la législation en vigueur en France. Il nous suffira, pour l'instant, d'en signaler deux, les plus saillantes. L'une concerne les employés de commerce et auxiliaires des industries de l'alimentation, dont la journée de travail échappe encore aujourd'hui à toute réglementation [1]. L'autre, plus spéciale, est rela-

[1] Les seules dispositions protectrices dont puissent actuellement se prévaloir les employés de commerce sont : la loi (précitée) du 29 déc. 1900, la loi du 11 juillet 1903 sur l'hygiène et la sécurité des établissements commerciaux (v. *supra*, nos 632 et s.), et la loi du 13 juill. 1906. — Mais aucun texte ne réglemente la journée de travail de l'enfant ou de la femme, encore moins celle de l'homme adulte dans les établissements commerciaux ou assimilés. La question fut cependant abordée à la tribune de la Chambre en 1896 ; mais le débat dégénéra en un tournoi entre les libéraux et les interventionnistes de toute nuance et n'eut pas de conclusions. La discussion fut ajournée *sine die*, et, depuis douze ans, n'a pas été reprise. — Pic, *La législation du travail en France* (Rapp. au Congrès de Bruxelles, p. 51).

tive à la protection des femmes enceintes ou récemment accouchées.

Dès le lendemain du vote de la loi de 1892, le 4 novembre, la Chambre avait voté, en première lecture, une proposition de MM. Dron et Brousse, interdisant tout travail industriel aux ouvrières pendant les quatre semaines consécutives à l'accouchement et mettant à la charge de l'Etat et des communes une indemnité journalière de secours, fixée à un franc; mais la seconde délibération n'eut jamais lieu. Cette disposition, qui figure avec quelques variantes dans presque toutes les lois étrangères (V. *supra*), et sur laquelle l'accord devrait être fait depuis longtemps, n'a pas eu, malgré les efforts de M. Dron, meilleure fortune en 1900 qu'en 1892; elle n'a point trouvé place en effet dans la loi de 1900 [1].

Cette lacune inexplicable pourrait être comblée d'un trait de plume, presque sans débats. Il n'en va pas de même de la question, éminemment complexe, de la réglementation du travail dans les établissements commerciaux; nous nous bornons à la mentionner ici, nous réservant d'y revenir sous notre article IV, consacré à l'étude des projets de réforme.

778. — Autres textes en vigueur. — Signalons en terminant cet aperçu historique du développement de la législation tutélaire au XIXe siècle : — 1° la loi du 7 décembre 1874, sur les enfants employés dans les *professions ambulantes*, toujours en vigueur, à la différence de la loi du 19 mai 1874, abrogée par celle du 2 novembre 1892; — 2° les actes réglementaires (décrets, arrêtés, etc.) tendant à limiter la durée du travail des employés de chemins de fer (V. *infra*, n° 823); — 3° les actes de même nature concernant les ouvriers et employés des manufactures de l'Etat (V. *infra*, n° 824); — 4° les décrets du 10 août 1899 sur les *conditions du travail dans les marchés de travaux publics* pour le compte de l'Etat, des départements ou des communes : ces décrets, touchant à la fois à la théorie du salaire minimum et à la réglementation de la journée de travail, seront étudiés seulement sous notre titre II, chap. II (contrat de travail); — 5° les décrets des 13 juin 1895, 7 janvier 1903, 19 mars 1905 et 11 juillet 1906 sur l'*inspection du travail*; — 6° la loi du 17 avril 1907 sur la *réglementation du travail à bord des navires de commerce*.

---

[1] Sur les propositions postérieures, Strauss au Sénat, Engerand à la Chambre, v. *infra*, n° 849.

§ 3. — Tendances dominantes des législations contemporaines

779. — Les grands courants législatifs. — Si l'on met en parallèle la législation française, et les principales lois étrangères, précédemment analysées, l'on discerne aisément trois ou quatre grands courants convergents, trois ou quatre tendances dominantes, dont il nous paraît intéressant de dégager la formule et de mesurer l'intensité.

L'enfant. — Tout d'abord, l'accord semble fait sur la nécessité de réglementer le travail de l'*enfant* et de l'*adolescent*. Sans doute, des divergences nombreuses subsistent, tant sur l'âge d'admission que sur la durée du travail journalier et sur l'organisation de l'inspection. Mais le droit d'intervention des pouvoirs publics n'est plus sérieusement contesté, même par les libéraux.

L'ouvrière. — La réglementation du travail de la *femme adulte*, sans être aussi universellement admise, a fait néanmoins de très grands progrès, dus en partie à l'action des congrès et conférences. Il y a sans doute des résistances, et certains pays industriels, comme la Belgique, se montrent encore réfractaires à l'adoption de mesures d'ensemble sur le travail féminin. Mais l'exemple des grands Etats industriels, comme la France, l'Allemagne, l'Angleterre ou les Etats-Unis, est contagieux; l'opinion publique est généralement favorable à l'intervention de la loi, et tout permet d'escompter sur ce terrain une victoire prochaine et complète de l'interventionnisme.

780. — *L'ouvrier adulte.* — Sur l'opportunité d'une réglementation du travail de l'*adulte homme*, les avis demeurent partagés, et les divergences se traduisent en droit positif par la répartition des Etats en trois groupes. Un premier groupe, le plus nombreux encore, comprend les Etats qui n'admettent aucune réglementation législative ; le second groupe englobe au contraire ceux dans lesquels la réglementation directe a prévalu (France, Suisse, Autriche, Russie, etc.). — Enfin, un troisième groupe, qui tend à se renforcer d'année en année, comprend les Etats qui, sans légiférer directement sur le travail de l'adulte, le protègent indirectement, soit en assujettissant à certaines prescriptions spéciales les industries dont le fonctionnement intéresse particulièrement la sécurité de l'Etat ou son développement économique (industries minières, chemins de fer, entreprises de transports), ou les industries dangereuses (journée maxima sanitaire allemande), soit en réglementant le travail du dimanche, soit en assignant à la journée de travail un maximum légal pour l'exécution des travaux publics, en régie ou par adjudication (V. *infra*). L'expérience démontre que ces voies indirectes permettent d'obtenir une réduction sensible de la journée normale, dans les Etats où les syndicats sont puissants, et le régime d'inspection fortement organisé.

781. — *Employés de commerce*. — Signalons aussi une tendance très nette des législations récentes dans le sens d'une extension du domaine de la loi, de la fabrique à la petite industrie, et de la petite industrie au *commerce proprement dit*. Il suffit, pour mesurer le chemin parcouru, de comparer par exemple notre loi de 1848, dont le champ d'application n'englobe, en principe, que les établissements occupant plus de vingt ouvriers, aux lois anglaise, allemande, helvétique, américaines ou australiennes, édictées les unes en faveur de tous les salariés sans distinction d'âge ni de sexe (ex. loi de Glaris), les autres en faveur des enfants ou des femmes, sans distinction entre les jeunes ouvriers et ouvrières de l'industrie et les enfants ou les femmes affectés comme employés à une exploitation purement commerciale.

782. — *Ouvriers à domicile*. — De cette orientation nouvelle, il convient de rapprocher les dispositions prises par les mêmes législations, en vue d'assujettir à un certain contrôle le *travail à domicile* ou *travail en chambre*, et de pallier ainsi les inconvénients multiples du *sweating system*. La réglementation légale, au lieu de se limiter comme dans la conception française à la fabrique proprement dite, englobe ainsi tous les travailleurs de la *fabrique collective*, c'est-à-dire l'ensemble des salariés qui, soit dans de *petits ateliers* soit *en chambre* (isolément ou en famille), concourent à l'établissement de produits manufacturés pour le compte d'un entrepreneur [1].

Conclusion. — Telles sont les tendances dominantes des lois protectrices du travail au début du XXe siècle. Elles sont, en somme, nettement interventionnistes. D'aucuns s'en alarment ; nous n'y voyons, pour notre part, qu'un indice de progrès : le bien-être des travailleurs, assuré par une réglementation établie avec soin, après enquêtes sérieuses et sans esprit préconçu, étant l'un des facteurs de la prospérité économique des Etats.

---

[1] Sur la *fabrique collective*, cons. notamment : Schwiedland, *Essai sur la fabrique collective* (*Rev. d'écon. polit.*, nov. 1893), et *La répression du travail en chambre* (*ibid.*, 1897). — Pour plus de développements sur le *sweating*, v. n°s 852 et 1194, *infra*.

ART. III. — *Commentaire de la législation française actuelle.*

§ 1er. — Lois et règlements sur le travail industriel (et commercial) des enfants, des adolescents et des femmes [1].

783. — Le travail des enfants, des adolescents et des femmes *dans l'industrie* est actuellement régi en France par la loi du 2 novembre 1892, en vigueur depuis le 1er janvier 1893, amendée par la loi du 30 mars 1900, et complétée par une longue série de décrets réglementaires et arrêtés, dont les principaux sont mentionnés en note.

Les lois du 2 novembre 1892 et du 30 mars 1900 doivent elles-mêmes se combiner avec les trois lois des 22 février-4 mars 1851 sur l'*apprentissage* (v. tit. II, chap. IV, *infra*), 7-20 décembre 1874 sur la protection des enfants dans les *professions ambulantes*, et 29 décembre 1900 sur les conditions du travail des femmes employées dans les *magasins, boutiques* et dépendances.

A. CHAMP D'APPLICATION DE LA LOI. — **784.** — **1° Quant aux personnes.** — La loi de 1892 protège, à des degrés divers, deux catégories de personnes : — 1° les enfants et adolescents des deux sexes, mineurs de dix-huit ans ; — 2° les femmes, quel que soit leur âge.

La réglementation du travail des enfants mineurs de dix-huit ans n'est pas uniforme. Les mineurs se subdivisent eux-mêmes, d'après la

---

[1] LOIS, DÉCRETS, ARRÊTÉS, etc. : Lois des 2 novembre 1892 (*Rec. Cohendy*, 4e éd., 255, et D. 93, 4, 25), 30 mars 1900 (*Rec.*, 271, D. 1900, 4, 44), 29 décembre 1900 (*Rec.* 271, D. 1901, 4, 19), 29 juin 1905 (D. 1906, 4, 414), 13 juillet 1906 (D. 1906, 4, 105), et 17 avril 1907 (D. 1907, 4, 153) ; décrets des 3 mai 1893, 13 mai 1893, 15 juillet 1893, 25 juillet et 23 novembre 1893, modifiés par les décrets des 29 juillet 1895, 29 juillet 1897, 24 février 1898, 20 avril 1899, 1er juillet 1899, 3 mai 1900, 18 avril 1901, 4 juillet 1902, 14 août 1903, 23 novembre 1904, 24 décembre 1904, 22 novembre 1905. — Cf. décr. 7 mars 1908 sur les surcharges des enfants et des femmes. — V. les textes de ces décrets, ainsi que de nombreuses circulaires complémentaires et des tableaux annexes au *Bulletin de l'Office du travail*, dans le Code de commerce annoté (appendice) de Cohendy et Darras, et dans le Code de commerce de la petite collection Dalloz.

Sur la législation spéciale relative à l'*apprentissage* (L. 22 février-4 mars 1851, amendée par les lois des 2 novembre 1892 et 30 mars 1900, *Rec.*, p. 1), v. titre II, chap. IV, *infra*.

Sur les décrets relatifs à l'organisation de l'*inspection du travail*, v. § 3 du présent article, *infra*. — *Adde* : Loi 7 décembre 1874 relative à la protection des *enfants employés dans les professions ambulantes* (*Rec.*, p. 272) ; décr. 21 mars 1902, sur l'application à l'*Algérie*, avec certaines modifications, de la loi du 2 novembre 1892 (*Bull. Off. trav.*, 1902, 262). — Cons. aussi sur l'application des lois ouvrières à l'Algérie : *Bull. Off. trav.*, 1906, 331, et *Quest. prat.*, n° d'août-septembre 1908.

sévérité décroissante de la réglementation, en trois catégories : — 1° les mineurs de treize ans ; 2° les enfants mineurs de seize ans, majeurs de treize ; — 3° les jeunes ouvriers et ouvrières majeurs de seize ans, mineurs de dix-huit. En principe, les mineurs de dix-huit ans de l'un et de l'autre sexe jouissent de la même protection : une seule exception concerne les travaux souterrains, interdits aux filles et aux femmes, accessibles au contraire sous certaines conditions aux enfants du sexe masculin, majeurs de treize ans (V. *supra*, n° 645).

Au-dessus de dix-huit ans, cesse la protection spéciale de la loi, en ce qui concerne les ouvriers du sexe masculin ; à partir de dix-huit ans, ils sont considérés comme adultes et ne peuvent plus se prévaloir que des lois de protection générale édictées en faveur de tous les ouvriers de fabrique.

Les *femmes*, au contraire, sont placées à tout âge sous la protection de la loi. C'est là, ainsi que nous l'avons vu précédemment, l'innovation capitale de la loi de 1892.

La loi de 1892 est une loi de police et de sûreté, applicable à tous les établissements industriels fonctionnant sur le territoire continental de la France, quelle que soit la nationalité, soit du chef de l'établissement, soit des ouvriers employés (art. 1er, § 2)[1]. Jusqu'à nouvel ordre, la loi n'est pas applicable aux colonies[2].

785. — **2° Quant aux travaux réglementés.** — De l'article 1er de la loi, il résulte que le travail de l'enfant ou de la femme doit satisfaire à une double condition pour être réglementé : *a*) Ce doit être un travail *industriel* ; *b*) Ce travail industriel ne doit pas être exécuté dans un *atelier de famille*.

a) *Le travail doit être industriel*. — Cette première condition ressort de l'énumération limitative, donnée par l'article 1er, des *établissements* régis par la loi (usines, manufactures, mines, minières et carrières, chantiers, ateliers et leurs dépendances)[3]. Cette énumération est la reproduction à peu près exacte de l'article 1er de la loi de 1874, sauf une addition concernant les *dépendances* des fabriques, ateliers, etc. ; cette disposition additionnelle a eu pour objet de soumettre à l'inspec-

---

[1] Aix, 7 février 1884, D. 85, 2, 212.

[2] Sauf à l'Algérie, sous certaines réserves d'ailleurs (décr. 21 mars 1902).

[3] Le nombre des ouvriers est indifférent. L'ouvrier travaillant habituellement seul dans l'atelier, concurremment avec le patron, a droit à la protection légale. — Cass., 27 août 1903, S. 1906. 1, 56. — Effectivement, ce qui caractérise l'*atelier*, c'est moins la réunion, peut-être accidentelle, de plusieurs travailleurs dans un même lieu, que la destination du lieu, son appropriation à un genre de travail. — Même arrêt. — Cf. Cass., 6 déc. 1901, S. 1905, 1, 476, et note Roux, sous Cass., 28 mars 1901, S. 1902, 1, 473.

tion les locaux affectés au couchage des enfants et apprentis, qui, sous l'empire de la loi de 1874, échappaient à toute surveillance (V. rapp. Richard Waddington avec annexes, concernant l'enquête du ministère du commerce, 10 juin 1890 : Ch., *Doc. parl.*, ann. n° 649, p. 1082).

Nous avons eu l'occasion de signaler déjà, à l'occasion de la loi de 1893 (V. *supra*, n° 634), les difficultés d'application que souleva la distinction fondamentale qu'elle établissait, et que la loi de 1892 admet encore, entre les travaux réputés *industriels*, c'est-à-dire les travaux se rattachant aux industries *manufacturière* ou *extractive*, et les travaux agricoles, commerciaux ou autres, distinction supprimée pour l'avenir par la loi du 11 juill. 1903. — V. aussi *infra* (n°s 1077 et 1082) les difficultés de même ordre suscitées jusqu'à la loi du 12 avril 1906 par l'article 1er de la loi du 9 avril 1898 sur les accidents. — Le moyen le plus pratique de délimiter le champ d'application de la loi est de procéder par élimination.

786. — Doivent être considérés comme échappant, par définition même, à toute réglementation : 1° Les *travaux agricoles*, alors même qu'il s'agirait de cultures industrielles (exemple : sarclage et arrachage de plantes oléagineuses, décision de la commission supérieure du 16 juillet 1876 ; culture des betteraves destinées à des raffineries de sucre, etc.) [1].

Toutefois, il faudrait se garder de considérer comme des travaux agricoles, affranchis de la réglementation, tous les travaux quelconques tendant à la mise en valeur et à la transformation des produits extraits du sol. Dès l'instant qu'il y a *transformation industrielle*, la loi devient applicable : c'est ainsi que les distilleries et sucreries annexées à une ferme, à un domaine agricole, sont des établissements régis par la loi (question de fait pour les tribunaux) [2]. Plus délicate est la question de savoir si l'emploi, par un agriculteur, d'un matériel industriel, d'un outillage mécanique (machines à battre ou charrues à vapeur), le rend *ipso facto* justifiable de la loi. La question est discutée : cependant, étant donné l'esprit de la loi, qui est d'affranchir exclusivement de la réglementation les travaux des champs, il semble bien que l'on doive considérer comme travaux industriels des travaux qui, tout en restant agricoles par leur objet, deviennent en quelque sorte *industriels par les procédés d'exécution*, et exposent les travailleurs aux mêmes dangers

[1] Sur le caractère agricole de l'exploitation des salins, V. Cass., 5 juin 1896, S. 97, 1, 56, — de l'élevage des lapins en vue de tirer profit des poils, v. Cass., 24 oct. 1901, D. 1903, 1, 165.

[2] Il en est de même des *ateliers* affectés à la fabrication ou à la réparation des outils et appareils mis en œuvre dans une exploitation agricole. — Crim. Cass., 20 octobre 1899, D. 1902, 1, 208.

que les travaux expressément visés par la loi (*Sic* : Lagrésille, p. 49 ; Bry, n° 498)[1].

Peut-être d'ailleurs pourrait-on argumenter par analogie, dans le sens de l'interprétation extensive, des dispositions de la loi du 30 juin 1899 sur les accidents causés par l'emploi de machines dans les exploitations agricoles.

787. — 2° *Le commerce.* — Les magasins, boutiques, bureaux, et généralement tous les locaux affectés à l'exploitation d'un commerce, spécialement à la vente de denrées ou produits non manufacturés dans l'établissement, échappent à l'application de la loi de 1892. Employés et commis des deux sexes, garçons de bureau ou de magasin, restent ainsi dépourvus, jusqu'à nouvel ordre, de toute protection légale. Dès 1892, le rapporteur de la loi à la Chambre des députés, M. Waddington, reconnaissait qu'il y avait là une lacune à combler ; mais il parut préférable de réserver la réglementation des établissements purement commerciaux pour une loi spéciale, dans laquelle il serait tenu compte des exigences et des nécessités du commerce de gros et de détail.

Cette réglementation, réalisée dans plusieurs pays étrangers, est toujours à l'état de projet. Il convient toutefois de signaler, comme un premier pas dans la voie de la réglementation légale du travail commercial, la loi du 29 décembre 1900, aux termes de laquelles les *magasins, boutiques et autres locaux en dépendant*, dans lesquels des marchandises et objets divers sont manutentionnés ou offerts au public par un *personnel féminin*, doivent être, *dans chaque salle*, munis d'un *nombre de sièges égal à celui des femmes qui y sont employées*. Les inspecteurs du travail sont chargés d'assurer l'exécution de cette loi, qui leur donne ainsi accès dans un grand nombre d'établissements nouveaux[2].

---

[1] V. cependant, en sens contraire : Crim. Cass., 5 juin 1896, D. 97, 1, 83 (machine à vapeur employée dans un *salin*, loi de 1892 inapplicable). — Cf. Dall., *Suppl. au Répert.*, v° *Travail*, n° 993 ; Caire, *op. cit.*, p. 121 ; Cohendy et Darras, C. com., append., sur la loi de 1892, art. 1er, n° 17.

[2] Il n'existait pas moins, au recensement professionnel de 1896, de 227,079 établissements de commerce, occupant 575,000 personnes, dont 175,000 personnes du sexe féminin.

La jurisprudence interprète cette loi protectrice dans un sens extensif, conforme à son esprit. C'est ainsi qu'elle oblige les commerçants à munir chaque salle d'un nombre de sièges égal à celui des employées, *indépendamment des sièges mis à la disposition du public* (Trib. simple police Paris, 15 nov. 1901, D. 1901, 2, 488)..., et qu'elle considère la loi comme applicable aux *étalages sur la voie publique*, d'où l'obligation pour le patron de mettre des sièges à la disposition des femmes préposées à la surveillance ou à la vente des marchandises ainsi exposées (Crim. Cass., 31 oct. 1901, D. 1902, 1, 29)..., à moins toutefois que l'étalage ne puisse être considéré, *en fait*, comme une simple prolongation de la partie intérieure du maga-

788. — Critérium de la distinction de l'industrie et du commerce. — Il n'est pas toujours facile de tracer une ligne de démarcation précise entre l'industrie manufacturière et l'industrie commerciale. C'est ainsi que des difficultés se sont élevées dans la pratique : — *a*) Sur le point de savoir s'il convient de rattacher à l'industrie ou au commerce les *petites industries de l'alimentation* (boulangeries, boucheries, charcuteries, pâtisseries, auberges, restaurants et hôtels). Le Conseil d'Etat, consulté, s'est, à tort ou à raison, prononcé pour le caractère commercial de ces établissements, qui dès lors échappent actuellement à tout contrôle (Cons. d'Etat, avis du 7 juill. 1894), en ce qui concerne du moins la durée du travail, leur aménagement hygiénique étant au contraire réglementé (L. 11 juillet 1903).

b) Sur la question de l'applicabilité de la loi aux magasins annexés à des manufactures, ou, inversement, aux ateliers annexés à des magasins. La jurisprudence, repoussant en l'espèce toute indivisibilité, soustrait à l'application de la loi les magasins de vente distincts des ateliers de fabrication [1], tandis qu'à l'inverse elle y assujettit les ateliers de réparation ou transformation annexés à un grand magasin par exemple.

789. — 3° Les *professions libérales*. — Le travail scientifique, artistique ou littéraire échappe complètement à la réglementation légale. Ainsi, la loi de 1892 est inapplicable aux enfants attachés à des offices ministériels, à des cabinets d'agents d'affaires, d'architectes, à des ateliers de peintres ou sculpteurs, à des laboratoires ou musées, ainsi qu'aux femmes ou enfants employés dans des administrations publiques : en ce dernier cas, d'ailleurs, des règlements spéciaux déterminent l'âge et les conditions d'admission [2].

4° Les professions se rattachant à la *domesticité*.

790. — *Théâtres : spectacles forains.* — Quant au travail des enfants

---

sin, où il y avait des sièges en nombre suffisant pour le public et pour *toutes les vendeuses* (Trib. simple police de Villeurbanne [renv. après cass.], 5 mars 1902, et sur pourvoi Crim. rej., 12 avr. 1902, D. 1902, 1, 359). — Sur la loi du 29 déc. 1900, cons. Leclercq, *Une loi sur l'hygiène du travail*, 1903.

[1] Ainsi jugé pour un magasin de vente attenant à un atelier de couture (Trib. simp. pol. Reims, 16 juillet 1894, D. 95, 2, 56). D'une manière générale, l'application de la loi implique une certaine transformation des produits. — Un simple entrepôt n'aurait pas le caractère d'établissement industriel (*Sic* : entrep. d'huiles, Crim. req., 10 mars 1899, D. 1901, 1, 232). — L'industrie des *transports* échappe aussi à l'application de la loi (lett. minist., 23 février 1894) à l'exception, bien entendu, des ateliers, usines et moteurs mécaniques se rattachant à l'exploitation et présentant un caractère industriel incontestable.

[2] Les correcteurs d'épreuves, dont le travail est plus matériel qu'intellectuel, bénéficient de la protection (Trib. corr. St-Etienne, 28 avril 1894, D. 1895, 1, 79).

employés dans les *théâtres*, bien qu'il ne rentre pas dans la définition même du travail industriel, il a fait l'objet d'une réglementation spéciale, inscrite dans l'article 8 de la loi, à raison des dangers physiques et moraux qu'il présente (Rapprocher de l'art. 8 les deux circulaires du 26 janvier 1893 [Lagrésille, *Suppl.* p. 54 et 57] adressées par le Ministre de l'Instruction publique, des Beaux-Arts et des Cultes, l'une aux directeurs des théâtres de Paris, l'autre aux préfets des départements).

En ce qui concerne les enfants employés par des entrepreneurs de *spectacles forains*, un régime spécial de protection a été institué par la loi du 7 décembre 1874, sur la protection des enfants *employés dans des professions ambulantes* [1].

791. — *Etablissements de bienfaisance. — Orphelinats ; établissements dépendant de l'Etat : exceptions supprimées.* — Sous le bénéfice des réserves précédemment indiquées, tout travail industriel est aujourd'hui soumis à la réglementation. Sous l'empire de la loi de 1874, une double difficulté avait surgi, l'une concernant les ateliers organisés dans les établissements de bienfaisance ou d'enseignement, ouvroirs, orphelinats, maisons d'apprentis, écoles professionnelles, etc. ; l'autre concernant les établissements industriels dépendant de l'Etat.

En ce qui concerne les premiers, la jurisprudence de la Cour suprême avait, par un arrêt du 17 février 1881 (rendu à l'occasion d'un orphelinat) proposé une distinction ; elle considérait comme soumis à la réglementation les ateliers annexés à des établissements d'enseignement professionnel et de bienfaisance lorsqu'ils semblaient organisés *dans un but de lucre*, et tenait pour exempts de tout contrôle les ateliers organisés, non pas en vue d'un bénéfice à réaliser sur le travail, mais dans l'intérêt de l'instruction professionnelle ou de l'éducation des enfants.

Quant aux établissements d'Etat, et spécialement aux manufactures ressortissant aux ministères des finances, de la guerre, de la marine et des beaux-arts, les directeurs de ces établissements s'étaient toujours refusé, sous l'empire de la loi de 1874, à subir l'inspection.

792. — La loi de 1892 a supprimé formellement toutes ces exceptions injustifiées. D'une part, l'article 1er soumet tous les *ateliers* au régime de protection institué par la loi, même lorsque ces établisse-

---

[1] La facilité regrettable avec laquelle sont accordées les permissions administratives aux directeurs de théâtres, cafés-concerts et spectacles forains, a déterminé le ministre de l'instruction publique et des beaux-arts à envoyer aux préfets une circulaire les invitant à plus de sévérité (25 juin 1904, *Bull. Off. trav.*, 1904, 824). — Cf., sur la question : *Quest. prat.*, 1902, p. 27 ; Jay, *L'emploi des enfants dans les théâtres et cafés-concerts* (rapp. à l'Assoc. nat., 1904).

ments ont un caractère d'enseignement professionnel ou de bienfaisance, et sans tenir compte de la destination du travail, ni de l'affectation du produit [1]. Effectivement, la distinction proposée par la jurisprudence était absolument illogique ; le seul moyen de savoir si le travail accompli dans ces établissements industriels est exécuté dans un but de lucre ou dans l'intérêt exclusif des enfants, est d'autoriser l'inspecteur à y pénétrer librement ; et, au surplus, quel que soit l'objet du travail, dès l'instant qu'il y a travail industriel, l'enfant est exposé à de sérieux dangers, et la réglementation s'impose. Aussi l'article 31 décide-t-il formellement que les dispositions protectrices de la loi s'appliquent même aux enfants placés *en apprentissage* (Sur la conciliation des lois du 22 février 1851 et du 2 novembre 1892, V. *infra*, tit. II, chap. IV).

792 *bis.* — D'autre part, le même article 1er assimile expressément les *établissements publics* aux établissements privés. Assimilation absolument rationnelle et équitable; ainsi que l'a très justement fait observer le rapporteur de la loi, M. Waddington, « l'Etat, dans les usines qui lui appartiennent, doit donner le bon exemple de la soumission aux lois et ne peut se dérober, en sa qualité de fabricant, à une surveillance qu'il impose à tous les industriels » [2].

Le principe de l'assimilation des établissements publics aux établissements privés ne comporte aucune exception. Nous en concluons que la loi de 1892 doit être étendue même au travail des enfants détenus dans les *maisons de correction*. Il importe peu, d'ailleurs, que le travail s'effectue en régie ou à l'entreprise ; dans le premier cas, c'est l'admi-

---

[1] Cass., 7 et 8 déc. 1900, trois arrêts, D. 1902, 1, 57, S. 1903, 1, 249. — Ainsi, le fait par la supérieure d'un couvent ou d'un pensionnat d'occuper à la journée à des travaux de réparation et de confection de linge et de vêtements, dans une salle commune, sous la direction d'une surveillante, sept ouvrières non logées ni nourries dans l'établissement et travaillant uniformément pendant le même laps de temps et avec un repos intercalaire de même durée et aux mêmes heures, constitue une *organisation d'atelier* soumise aux prescriptions de la loi de 1892, alors même que ce travail, industriel de sa nature, serait exécuté sans but de lucre et uniquement pour les besoins intérieurs de l'établissement : Crim. cass.. 28 mars 1901 (S. 1902, 1, 473, et note Roux, D. 1903, 1, 225). — V. cependant Limoges, 15 février 1901 (S. 1903, 2, 69). — Mais un travail ne revêt le caractère industriel que s'il fait l'objet d'une organisation régulière et suivie : un pensionnat dans lequel les enfants se livreraient à quelques travaux de couture accidentels pour la mise en état de leur linge de corps échapperait à l'action de la loi (Trib. Lyon, 23 mai 1900, *Le Droit*, 15 juillet 1900. — V. aussi Cass., 6 déc. 1901, D. 1903, 1, 225, S. 1905, 1, 475).

[2] Sur la distinction fondamentale de l'Etat *puissance publique* et de l'Etat *industriel*, et la possibilité pour le premier de soumettre le second aux lois ouvrières qui régissent le travail, cons. Bourguin, *De l'application des lois ouvrières aux ouvriers et employés de l'Etat*, 1902. — V. aussi Gombeaux, *Condition juridique de l'Etat commerçant et industriel*, th. 1904.

nistration elle-même qui joue le rôle d'entrepreneur, et, par suite, dès l'instant qui s'agit d'un travail industriel, la réglementation protectrice de la loi de 1892 doit fonctionner.

793. — *b*) *Le travail industriel ne doit pas être exécuté dans un atelier de famille.* — L'on justifie généralement cette seconde condition, qui résulte implicitement du texte de la loi de 1874, et que la loi de 1892 a formellement consacrée, par les considérations suivantes. Il y aurait, dit-on, plus d'inconvénients que d'avantages à ne pas faire cesser le pouvoir de réglementation de l'Etat au seuil de la maison paternelle ; il est, en effet, à présumer que le père de famille, la mère ou le tuteur n'exigeront pas un travail excessif de leurs enfants ou pupilles ; leur affection présumée est considérée, dès lors, comme constituant pour l'enfant une sauvegarde suffisante.

Si la loi de 1892 ne s'applique pas, en principe, aux *ateliers de famille*, il ne faudrait pas croire cependant que l'autorité soit désarmée complètement en présence des abus qui pourraient s'y commettre. En effet, tout d'abord, l'article 2 de la loi du 24 juillet 1889 permet aux parents et au ministère public d'intenter l'action en déchéance de la puissance paternelle contre les parents qui compromettraient par de mauvais traitements la santé de leurs enfants ; or il est évident que la durée excessive du travail imposée par le père à ses enfants pourrait, dans certaines circonstances, être considérée comme équivalant à des *mauvais traitements* dans le sens de la loi de 1889.

En second lieu, l'article 1er, *in fine*, soumet au contrôle des inspecteurs, au point de vue de l'installation hygiénique et des mesures de sécurité à prendre, les ateliers de famille où le travail se fait à l'aide de chaudières ou moteurs mécaniques, ainsi que ceux où s'exerce une industrie classée au nombre des établissements dangereux ou insalubres.

794. — Quoi qu'il en soit, et malgré ces restrictions, les ateliers de famille jouissent incontestablement d'un régime de faveur très enviable, excessif à notre avis [1], et en tout cas susceptible de donner naissance à des fraudes. Aussi le législateur de 1892 a-t-il eu soin de déterminer avec précision les conditions sous lesquelles un atelier pourra mériter le qualificatif d'*atelier de famille* (v. *supra*, n° 635). Ces conditions sont au nombre de deux : — 1° L'atelier ne doit comprendre, comme ouvriers, employés ou apprentis, que des enfants, descendants ou pupilles de l'employeur. Dès l'instant que le patron de l'atelier emploie, concurremment avec ses enfants ou pupilles, fût-ce un seul étranger ou même

---

[1] Sur les abus du travail à domicile, v. n° 832, *infra*, et les autorités citées.

un parent n'ayant pas vis-à-vis de lui la qualité de descendant, un collatéral par exemple, l'atelier cesse d'être un atelier de famille, au sens légal du mot, et la loi de 1892 reprend son empire. Cette solution est parfaitement rationnelle : dès lors que les enfants travaillent côte à côte à l'atelier avec des compagnons étrangers, ils se trouvent plus ou moins confondus avec eux, soumis au même régime, et par suite la réglementation légale s'impose ; — 2° Les enfants ou pupilles doivent être, dans l'atelier, sous l'autorité de leurs père, mère ou tuteur. Il ne suffit donc pas que l'enfant travaille aux côtés de son père, dans le même atelier ou le même chantier, il faut qu'il travaille *chez son père*, dans un atelier dont celui-ci a la direction. Si le père n'a pas, dans l'atelier, la qualité de patron, tous les abus auxquels la loi de 1892 a pour but de remédier sont à redouter pour l'enfant, et celui-ci a droit à la protection légale.

B. De la réglementation légale. — **795.** — La réglementation légale, organisée par la loi de 1892, pour tous les établissements industriels dans lesquels travaillent des enfants et des femmes, se réfère à six chefs principaux : âge d'admission, durée du travail, travail de nuit, repos hebdomadaire, travaux souterrains, hygiène et sécurité des travailleurs.

1. Age d'admission. — La loi de 1874 fixait en principe à *douze ans* l'âge d'admission des enfants dans les établissements industriels. Toutefois, par exception, l'emploi des enfants de dix à douze ans était autorisé, sous certaines conditions, dans un certain nombre d'industries limitativement déterminées par des règlements d'administration publique. Ces conditions étaient les suivantes : l'enfant mineur de douze ans ne pouvait être employé plus de six heures par jour (*demi-temps*) ; il ne devait jamais travailler les dimanches et jours de fêtes légales, même dans les usines à feu continu ; il ne devait jamais travailler la nuit ; enfin le patron devait veiller à ce que l'enfant reçût une instruction primaire suffisante.

Le législateur de 1892 a cru devoir supprimer purement et simplement cette catégorie de jeunes travailleurs et reculer à treize ans, en principe, la limite minima requise pour l'admission des enfants au travail dans les établissements industriels [1].

---

[1] M. Waddington, rapporteur de la loi à la Chambre, a justifié en ces termes cette double réforme : « Le système, appelé le travail du *demi-temps* et pratiqué dans plusieurs pays voisins, notamment en Angleterre, n'a pas eu de succès en France ; difficile d'application, il s'adapte mal aux habitudes industrielles et aux obligations de l'instruction... Parmi les quatorze industries autorisées à employer des enfants de dix à douze ans, la plupart ont, depuis plusieurs années déjà, renoncé à

La limite *minima* de treize ans n'est cependant pas absolue, ainsi qu'il résulte de la simple lecture de l'article 2 de la loi. Aux termes des paragraphes 2 et 3 dudit article, les enfants, majeurs de douze ans et mineurs de treize, peuvent être, par exception, admis au travail dans les établissements industriels, sous les deux conditions suivantes : 1° qu'ils soient pourvus du *certificat d'études primaires*. La raison d'être de cette exception est facile à indiquer. La loi du 28 mars 1882 sur l'enseignement primaire libérant de toute obligation scolaire l'enfant pourvu de son certificat, le législateur a pensé qu'il y aurait plus d'inconvénients que d'avantages à fermer à cet enfant l'entrée d'un atelier et l'apprentissage immédiat d'un état ; mieux vaut pour lui l'atelier, même avec ses travaux pénibles, que le vagabondage de la rue ; — 2° que l'enfant produise un *certificat médical* constatant son aptitude au travail en vue duquel il est engagé. C'est là une heureuse innovation empruntée par la loi de 1892 aux lois anglaise, scandinave et italienne. Il arrivait trop fréquemment, en effet, que sous l'empire de la loi de 1874, des enfants faibles de constitution étaient admis dans les ateliers ; incapables de résister aux fatigues de l'usine, ils succombaient, ou tout au moins échouaient à l'hospice et en sortaient trop souvent infirmes, ou atteints d'une faiblesse constitutionnelle incurable. Le certificat d'aptitude physique est gratuitement délivré à l'enfant, soit par un médecin inspecteur des écoles, soit par un médecin chargé de la surveillance du premier âge, soit par tout autre médecin préposé à un service public et désigné par le préfet. Cet examen médical est rigoureusement obligatoire pour les enfants mineurs de treize ans ; il est facultatif au contraire pour les enfants majeurs de treize et mineurs de seize ; c'est à l'inspecteur du travail qu'il appartient de requérir l'examen médical de ces enfants, lorsqu'ils lui semblent trop faibles pour supporter le travail dont ils sont chargés, et d'exiger le renvoi desdits enfants sur l'avis conforme du médecin. L'inspecteur du travail peut également, au lieu d'ordonner le renvoi pur et simple de l'enfant, enjoindre au chef d'établissement d'employer l'enfant à des travaux moins pénibles, qu'il spécifie [1].

---

en occuper. En ce qui concerne *l'âge d'admission*, le plus grand nombre des avis, 308 contre 108, s'est déclaré en faveur de la limite de treize ans... D'ailleurs, la question a été tranchée par la loi du 28 mars 1882 sur l'instruction obligatoire, qui retient les enfants dans la classe jusqu'à l'âge de treize ans. Il est indispensable de faire concorder, sur ce point, la loi sur l'instruction avec la loi sur le travail dans les manufactures ».

[1] Il est à remarquer du reste que la présence accidentelle dans une usine ou atelier d'un enfant n'ayant pas l'âge légal ne saurait être relevée comme une contravention, si d'ailleurs il est établi que cet enfant ne fait *à aucun titre* partie du personnel de l'établissement. — Cass., 8 août 1902, D. 1903, 1, 374 ; S. 1904, 1, 303.

796. — *Mineurs de douze ans : orphelinats.* — Quant aux enfants mineurs de douze ans, ils ne peuvent dans aucun cas être *admis au travail* dans un établissement industriel quelconque, fût-ce un établissement de bienfaisance. Mais il ne s'ensuit nullement qu'ils ne puissent être recueillis, avant l'âge de douze ans, dans des établissements de cette nature, ouvroirs, orphelinats, écoles techniques. Il résulte, en effet, de l'article 2 *in fine*, qu'aucun minimum d'âge n'est requis pour l'entrée des enfants dans les établissements dont il s'agit. Mais, tant que les enfants admis dans ces établissements n'ont pas atteint l'âge de treize ans (ou de douze, s'ils ont leur certificat d'études primaires, et un certificat d'aptitude physique), le travail desdits enfants est subordonné aux trois conditions suivantes : — *a*) que l'enseignement primaire soit organisé dans l'établissement ; — *b*) que le travail ne consiste pas en un travail industriel proprement dit, c'est-à-dire en un travail, rémunéré ou non, destiné à procurer des ressources à l'établissement, mais qu'il ait exclusivement le caractère d'un enseignement technique ou professionnel [1] ; — *c*) que le travail, accompli dans ces conditions, n'excède pas trois heures par jour.

797. — II. **Durée du travail.** — Sur ce point, la loi de 1900 a profondément remanié, ainsi qu'on l'a fait remarquer précédemment, la loi de 1892. Pour bien comprendre la portée de la réforme, un bref retour en arrière s'impose.

La loi de 1892 divisait, au point de vue de la journée légale de travail, les personnes protégées en trois classes : — 1° Les *enfants des deux sexes mineurs de seize ans*, qui ne pouvaient être employés à un travail effectif de plus de dix heures par jour ;

2° Les *jeunes ouvriers et ouvrières* de seize à dix-huit ans, qui ne pouvaient être employés à un travail effectif de plus de soixante heures par semaine, sans que le travail journalier pût jamais excéder onze heures. Cette fixation *hebdomadaire* de la durée légale du travail avait pour but de permettre aux patrons de donner congé à leurs ouvrières dans l'après-midi du samedi, sans cependant réduire au-dessous de dix heures par jour la moyenne du travail fourni (onze heures du lundi au vendredi, cinq heures le samedi) ;

3° Les *femmes*, au-dessus de dix-huit ans, dont la journée légale était de onze heures. Pour chaque catégorie, le travail devait être

---

[1] Jugé cependant qu'un orphelinat est en règle avec la loi, s'il n'emploie pas plus de trois heures par jour les enfants mineurs de douze ans recueillis dans l'établissement, alors même que les produits de ce travail des jeunes enfants seraient vendus à des maisons de commerce (lingerie en l'espèce). Trib. de pol. de Bourges, 22 décembre 1900, D. 1901, 2, 148, orphelinat de Saint-Amand. — Mais cette décision nous paraît en opposition formelle avec l'esprit de la loi.

coupé par un ou plusieurs repos d'une heure au moins au total, pendant lesquels tout travail était interdit. Le chef d'établissement pouvait d'ailleurs fixer à son gré, par un règlement intérieur affiché, les heures de repos.

798. — *Unification de la journée légale.* — A toutes ces organisations de travail distinctes, comportant pour la journée de travail de chaque catégorie d'ouvriers un point de départ et un terme différents, et une alternance dans les repos de nature à compliquer sensiblement la tâche des inspecteurs (V. *supra*), la loi du 30 mars 1900 a substitué un régime uniforme. L'article 3 nouveau de la loi est en effet ainsi conçu : « Les jeunes ouvriers et ouvrières jusqu'à l'âge de dix-huit ans et les femmes ne peuvent être employés à un travail effectif de plus de onze heures par jour, coupées par un ou plusieurs repos, dont la durée totale ne pourra être inférieure à une heure et pendant lesquels le travail sera interdit. — *Au bout de deux ans* à partir de la promulgation de la présente loi, la durée du travail sera réduite à *dix heures et demie, au bout d'une nouvelle période de deux années, à dix heures* ».

Cette disposition a eu pour résultat d'instaurer en France, à compter du 1er avril 1904, la journée légale de dix heures, sinon pour tous les travailleurs industriels, du moins pour tous les établissements mixtes, ou, plus exactement pour les parties de ces établissements employant dans les mêmes locaux des enfants ou des femmes et des hommes adultes. De ce chef, un progrès considérable a été réalisé, la journée de dix heures étant la plus courte qui pût, en l'état actuel des conditions du travail et de la concurrence économique, être acceptée par le Parlement.

799. — *Simultanéité des repos.* — Un autre progrès très sensible de la législation nouvelle consiste dans la simultanéité des repos. « Ainsi se trouve unifiée pour tout le personnel protégé, — fait remarquer M. Jay (Congrès de Paris, p. 48), — non seulement la journée de travail, mais la répartition du travail entre les limites de cette journée : *entrée à la même heure à l'atelier, repos à la même heure, sortie à la même heure*. Pour le plus grand bien matériel ou moral de la famille ouvrière, le législateur y restaure ainsi la vie en commun [1] ». — Sur les difficultés

[1] Il est à remarquer toutefois que la jurisprudence, par une interprétation très contestable des lois de 1892 et de 1900, qui complique singulièrement la tâche de l'inspecteur et rend son contrôle presque illusoire en certains cas, a pour ainsi dire abrogé de fait le principe de la simultanéité des repos. S'appuyant sur ce qu'aucune disposition de loi ne punit le défaut de concordance entre le tableau ou horaire affiché et le travail effectif, la Cour de cassation a, par une série d'arrêts qui ont fixé la jurisprudence, décidé qu'en lui-même le fait par le chef d'industrie de faire reprendre le travail avant l'expiration du temps consacré au repos, tel qu'il est

auxquelles l'application de cette prescription a donné lieu, en ce qui concerne les adultes, V. § 2, *infra*.

800. — *Caractère impératif et général des prescriptions légales.* — Les prescriptions de la loi de 1900, comme celles de 1892, ont un caractère rigoureusement impératif. En décidant que la journée de travail ne pourra excéder onze heures de travail effectif, la loi de 1900 a entendu, non pas indiquer une *moyenne*, mais fixer pour toute journée quelconque, un maximum rigoureux (*contra* : loi anglaise, v. *supra*, n° 746). Tribunal de simple police de Paris, 22 novembre 1900 (*Mon. jud. de Lyon*, 8 janvier 1901). Le repos, d'autre part, doit être absolu ; la mise en train du travail ne saurait donc compter comme temps de repos, ni être défalquée de la journée (Trib. pol. Troyes, 29 déc. 1893, D. 94, 2, 185)[1].

Ces prescriptions ne sont pas seulement impératives : elles sont aussi générales, et s'appliquent aussi bien aux *apprentis* qu'aux jeunes ouvriers ; de là, une dérogation à l'article 9 de la loi de 1851 sur l'apprentissage, qui fixait à douze heures (comme la loi de 1874), la durée maxima du travail des apprentis de quatorze à seize ans.

801. — *Exceptions.* — Quelque générales qu'elles soient, les prescriptions de l'article 3 comportent une double exception, l'une inscrite dans l'article 4, l'autre dans l'article 7 de la loi de 1892, qui sur ce point n'a pas été modifiée par la loi de 1900.

L'article 4, sur lequel nous reviendrons bientôt, autorise les patrons à faire travailler les ouvrières pendant douze heures, dans les établissements admis, sous les conditions déterminées par ledit article, à prolonger le travail jusqu'à onze heures du soir.

L'article 7 admet une dérogation plus grave encore au principe de la limitation des heures de travail. — ARTICLE 7 : « L'obligation du

---

déterminé par l'horaire affiché dans l'atelier, n'était pas punissable, et que le chef d'industrie ne pouvait, en pareil cas, être condamné pour violation de l'art. 3 que lorsqu'il serait établi en fait que la durée de la journée de travail a été dépassée. — Cass., 27 avr. 1900, S. 1902, 1, 254 ; 15 mai 1903, D. 1903, 1, 489 ; 6 mai 1904, D. 1904, 1, 320, S. 1906, 1, 105 ; 10 févr. 1905, S. 1905, 1, 160 ; 24 mars 1906, S. 1906, 1, 252. — V. aussi Paris, 11 nov. 1903, D. 1904, 2, 233. — V. cependant trib. corr. Lille, 28 oct. 1903, D. 1906, 2, 197. — Pour la critique de cette jurisprudence, cons. notamment : Bourguin, Rapp. de la Commission de codification des lois ouvrières sur le livre II ; Petit, note sous D. 1904, 2, 233, et notre article sur *Le contrôle de la durée légale du travail dans l'industrie* (extr. de la *Rev. d'écon. polit.*, 1905). — Sur le projet de loi tendant à remédier à cet abus et à renforcer le contrôle, v. *infra*, n° 868 *bis*.

[1] Doit également être compté comme temps de travail le temps pendant lequel l'ouvrier, présentement inoccupé, est tenu de demeurer à l'usine, à la disposition du patron ou de ses préposés. — Trib. corr. Valenciennes, 16 mars 1906, D. 1906, 2, 197.

repos hebdomadaire et les restrictions relatives à la durée du travail peuvent être temporairement levées par l'inspecteur divisionnaire, pour les travailleurs visés à l'article 5, pour certaines industries à désigner par le susdit règlement d'administration publique ».

La loi laisse à l'inspecteur divisionnaire la faculté de fixer la durée de la dérogation, et même au besoin, de la proroger. — V. l'énumération de ces industries, briqueteries, chapeaux, confections, fleurs, imprimerie, teinture, travaux de maçonnerie et couverture faits en chantier, etc., etc., dans l'article 5 du décret du 15 juillet 1893, modifié par les décrets des 26 juillet 1895, 25 juillet 1897, 24 février 1898, 1er juillet 1899, 18 avril 1901, 4 juillet 1902, 14 août 1903, 23 novembre et 24 décembre 1904. — Ces dérogations doivent d'ailleurs être incluses dans les limites du travail de jour.

802. — III. **Travail de nuit** [1]. — En principe, il est interdit d'employer à aucun travail de nuit, soit des enfants des deux sexes âgés de moins de 18 ans, soit des femmes de tout âge [2], dans l'un quelconque des établissements industriels énumérés en l'article 1er de la loi. L'on entend par travail de nuit (art. 4 de la loi) tout travail compris entre 9 heures du soir et 5 heures du matin.

A ce principe, la loi apporte deux catégories d'exceptions : des exceptions permanentes, des exceptions temporaires.

803. — *Exceptions permanentes.* — La loi de 1892 comportait une exception permanente très grave, que la loi du 30 mars 1900 a en principe abrogée, relativement au travail *à double équipe*. L'article 4, § 2, de cette loi autorisait en effet le travail, de 4 heures du matin à 10 heures du soir, lorsqu'il était réparti entre deux postes (ou équipes) d'ouvriers ne travaillant pas plus de 9 heures chacun. La pratique ayant révélé les graves inconvénients de ce système, surtout dans le cas où l'industriel avait recours, soit au régime des équipes *volantes*

---

[1] Cons. spécialement : Jay, rapport au Congrès de Paris, *op. cit.* ; Pic, rapports au Congrès de Paris, 1900, et à l'Assemblée de Cologne, 1902, sur l'*interdiction du travail de nuit* (*Congr. de Paris*, p. 165 ; *Quest. prat.*, 1902, 299) ; Germain Martin, *L'interdiction du travail de nuit des femmes en France* (*Rev. d'Écon. polit.*, 1902, 695) ; G. Alfassa, *Le travail de nuit des femmes*, 1904 ; Martin Saint-Léon, *Le travail de nuit des adolescents dans l'industrie française*, 1906 ; Marthe Jay, *Le travail de nuit des femmes dans l'industrie française* (*Action popul.*, 1908).

[2] L'article 4 porte que « les enfants âgés de moins de dix-huit ans, les filles *mineures* et les femmes ne peuvent être employés à aucun travail de nuit..., etc. ». Certains industriels se sont appuyés sur cette rédaction pour soutenir que le travail des *filles majeures*, c'est-à-dire des femmes non mariées majeures de vingt-un ans, n'était pas réglementé, comme si l'expression générique *les femmes* n'englobait pas toutes les ouvrières adultes, mariées ou non ! Cette singulière prétention a été formellement condamnée par les tribunaux (Trib. St-Étienne, 28 avril 1894, D. 1895, 1, 79).

ou *relais* [1], soit à celui des *équipes alternantes* (V. *supra*, nos 774 et s.), le législateur de 1900 a purement et simplement supprimé cette tolérance. La période transitoire prévue au texte (trois mois pour faire disparaître les *relais*, deux ans pour supprimer les équipes alternantes, empiétant sur la nuit industrielle) a pris fin le 1er avril 1904, sans protestations sérieuses de la part des chefs d'industrie ; désormais, par conséquent, est seule autorisée en France la division du travail par équipes *successives* et *continues*, la première équipe ne pouvant pas commencer le travail avant 5 heures du matin, et la seconde équipe devant être licenciée à 9 heures du soir. En fait, le régime nouveau équivaut virtuellement à la suppression du travail par équipes, d'ailleurs abandonné dans la plupart des industries [2] ; ainsi que le fait remarquer effectivement la Commission supérieure dans son rapport pour 1901, « le travail à deux équipes successives, enfermé dans les limites du travail du jour, se présente dans des conditions trop désavantageuses pour qu'on puisse supposer qu'il survive à l'échéance légale ». La réforme, cependant, est moins radicale qu'il ne semble, la loi de 1900 ayant laissé subsister l'organisation *par relais*, tant dans les usines à feu continu que dans les établissements à déterminer par un règlement d'administration publique, qui d'ailleurs n'a pas été édicté.

804. — Restent deux exceptions permanentes, maintenues sans modification par la loi de 1900 : — 1° Certaines industries, limitativement déterminées (pliage des journaux, brochage des imprimés, allumage des lampes de mines, coulage et séchage de l'amidon de maïs), sont autorisées à faire travailler les femmes, *la nuit, à la condition que leur travail effectif n'excède pas 7 heures sur 24* (art. 4, § 5, de la loi, art. 3 du décret de 1893, modifié par les décrets des 27 juill. 1895 et 29 juill. 1897) [3].

2° Dans les *usines à feu continu*, les femmes *majeures* et les enfants du sexe masculin peuvent être employés tous les jours de la semaine, *la nuit*, aux travaux indispensables, sous les conditions qu'ils auront au moins un jour de repos par semaine. Les travaux tolérés et le laps

---

[1] Mais l'on ne saurait considérer comme des équipes volantes, tombant sous le coup de la prohibition, des groupes d'ouvrières commençant leur travail à des heures *quelque peu différentes*, alors que toutes se reposent aux mêmes heures et qu'aucune ne travaille au delà du temps légal (Trib. corr. Lille, 13 décembre 1900, *Le Droit*, 13 janvier 1901).

[2] On le rencontrait encore, cependant, dans un certain nombre de filatures des Vosges, dans des filatures de laine, des fabriques de feutre et dans les fabriques de lacets de la région lyonnaise (Rapp. de la Commission).

[3] Il convient de remarquer que le décret du 15 juillet 1893, faisant prévaloir l'intérêt supérieur de l'enfance sur la légalité stricte, a restreint aux filles *majeures* et aux *femmes* le bénéfice de la disposition.

de temps pendant lequel ils peuvent être exécutés sont déterminés ainsi qu'il suit par l'article 4 du décret de 1893 (modifié par les décrets des 24 février 1898, 1er juillet 1899 et 18 avril 1901, 4 juillet 1902, 14 août 1903 et 24 décembre 1904) : — sont considérées comme usines à feu continu les distilleries de betteraves, fabriques d'objets en fer et fonte émaillée, usines pour l'extraction des huiles, papeteries, fabriques et raffineries de sucre, usines métallurgiques, et verreries [1]. Sont tolérés les travaux accessoires n'exigeant pas une grande dépense de forces [2] ; la durée du travail de nuit ne peut en aucun cas, pour les personnes protégées, dépasser 10 heures de travail effectif, coupées par des repos représentant une durée totale de 2 heures au moins.

805. — *Exceptions temporaires.* — Ces exceptions peuvent se répartir en deux groupes. — *Premier groupe.* — Le 1er groupe comprend les exceptions dont bénéficient *de plein droit* certaines industries, soit à raison de leur caractère *saisonnier*, sujet aux fluctuations et exigences des saisons et de la mode, soit à raison de la *nature des produits* à manipuler, produits essentiellement putrescibles dont la manutention immédiate est de rigueur :

a) *Industries saisonnières.* — Ces industries, énumérées par l'article 1er du décret du 15 juillet 1893, comprennent : — la confection et lingerie pour femmes et enfants, ainsi que les industries accessoires (broderie et passementerie pour confections, couture, pliage et encartonnage des rubans) ; — les fourrures ; — les chapeaux (fabrication et confection en toutes matières, pour femmes et enfants). — Pour ces industries, la loi n'autorise pas à vrai dire le travail *de nuit*, lequel impliquerait la répartition du personnel en deux équipes, équipe de jour et équipe de nuit comme dans les établissements industriels de la première catégorie (exceptions permanentes) ; mais elle admet les *veillées*, c'est-à-dire la faculté pour le chef d'industrie à un moment de presse, d'affluence inusitée de commandes, de retenir son personnel

---

[1] Ces industries sont en effet les seules qui exigent *nécessairement*, pour la fabrication même du produit, l'emploi d'une *source calorique continue* ; les usines qui n'emploient le calorique que comme source de force sans que le feu puisse être considéré comme un agent direct et indispensable de la fabrication, peuvent sans doute avoir intérêt, pour des considérations d'ordre technique, à entretenir constamment leurs foyers ; mais des motifs de simple utilité ne suffisent point à justifier une dérogation à un principe d'ordre public, tel que la prohibition du travail de nuit.

[2] Exemples de travaux autorisés : pour les enfants et les femmes, dans les *raffineries de sucre*, le lavage et le triage des betteraves, la manœuvre des robinets, le travail du sucre en tablettes ; dans les *usines métallurgiques* (pour les enfants seulement), la préparation des lits de fusion et des moules, les travaux accessoires d'affinage, laminage, martelage et tréfilage. — L'autorisation doit être donnée *par écrit* (Cass., 20 mai 1904, S. 1906, 1, 372). — V. cependant la note sous l'arrêt précité.

au delà de l'heure légale. Cette faculté est d'ailleurs subordonnée aux conditions suivantes : — elle ne s'applique qu'aux femmes et filles âgées de plus de 18 ans, à l'exclusion des enfants ; la veillée ne doit pas se prolonger au delà de 11 heures du soir ; la durée du travail effectif imposé aux ouvrières, ainsi retenues à l'atelier, ne doit pas dépasser 12 heures pour 24 heures ; le total des jours de veillées ne peut dépasser 60 jours par an ; enfin l'industriel qui veut faire usage de la tolérance légale doit en aviser en temps utile l'inspecteur ou l'inspectrice par l'envoi d'une carte postale, d'une lettre sans enveloppe ou d'un télégramme, de façon que le timbre de la poste fasse foi de la date dudit avis. Copie de l'avis doit être immédiatement affichée dans un endroit apparent de l'atelier (art. 4, § 4 de la loi de 1892 ; art. 1er et 6 cbn. du décret du 15 juillet 1893, modifié par les décrets énumérés plus haut).

806. — *b) Industries privilégiées à raison de la nature des produits à manipuler*. — Il est certaines industries dont la matière première, sujette à détérioration rapide, doit être mise en manutention sans retard, dès son entrée à l'usine : tel est le cas des produits alimentaires (fruits, légumes, poissons) ou des pâtes alimentaires, etc., de certains produits organiques (colle et gélatine, délainage des peaux de moutons), de l'extraction des parfums de fleurs. Ces industries, en conséquence, sont autorisées, par faveur spéciale, à faire travailler leur personnel (femmes, filles ou enfants), *la nuit*, sous les restrictions suivantes : le travail effectif ne peut excéder 10 heures sur 24 ; — la durée totale des dérogations varie suivant les industries, pour l'année entière, entre 30 et 90 jours ; l'inspecteur doit être avisé dans les conditions indiquées *supra*, chaque fois qu'il est fait usage de la tolérance (art. 4, § 6, de la loi, art. 3 du décret du 15 juillet 1893). — La même faveur est accordée aux industries affectées au transport ou à l'emmagasinage des produits ci-dessus spécifiés (tonnellerie pour l'embarillage des produits de la pêche, réparations urgentes des bateaux).

807. — *Second groupe*. — Le second groupe d'exceptions temporaires comprend les dérogations au principe, dont bénéficient dans certaines conditions les chefs d'industrie, non point directement en vertu d'une concession légale, accordée à tous les industriels de la même catégorie, mais en vertu de décisions spéciales et individuelles de l'inspecteur divisionnaire de la circonscription. — Ces exceptions, à vrai dire, se ramènent à une seule, consignée dans l'article 4, § 7, de la loi, ainsi conçu : « En outre, en cas de chômage résultant d'une interruption accidentelle ou de force majeure, l'interdiction ci-dessus peut, *dans n'importe quelle industrie*, être temporairement levée par l'inspecteur pour un délai déterminé ». Cette dernière exception, motivée par des considérations d'équité et d'intérêt général, est beaucoup plus large que les précédentes. Elle concerne, en effet, toutes les industries réglementées, et tous les travailleurs protégés, sans distinction. C'est à l'inspecteur qu'il appartient d'apprécier souverainement la situation. Il n'est pas indispensable que l'on soit en présence d'un chômage total ; l'inspecteur aurait certainement le droit, en cas de chômage partiel occasionné par exemple par un incendie, une explosion de chaudière, etc..., de lever temporairement la prohibition du travail de nuit, à la condition toutefois de limiter son autorisation aux ateliers dont le fonctionnement normal a été arrêté par l'accident [1].

808. — IV. **Repos hebdomadaire.** — Aux termes de l'art. 5 de la loi de 1892, « les enfants âgés de moins de dix-huit ans et les femmes de tout âge ne peuvent être employés dans les établissements énumérés à l'art. 1er, plus de six jours par semaine, ni les jours de fêtes reconnues par la loi, même pour rangement d'atelier ».

Cet article est aujourd'hui partiellement abrogé par la loi du 13 juillet 1906, qui a posé le principe du repos hebdomadaire obligatoirement fixé au *dimanche*, sauf exception, pour toutes les catégories de travailleurs, alors que dans l'esprit de la loi de 1892, la fixation du jour devait être le résultat d'un contrat entre le chef d'industrie et son personnel.

Toutefois la loi de 1906 déclare formellement dans son art. 18 que l'art. 5 de la loi de 1892 n'est abrogé qu'en ce qui concerne la fixation du jour hebdomadaire de repos. Mais cet article est demeuré en vigueur en ce qu'il assure en outre aux personnes protégées le chômage des jours de fêtes reconnues par la loi [2].

La situation des femmes et des enfants diffère également de celle des hommes adultes : 1° en ce que les dérogations prévues à l'art. 4 et aux §§ 1 et 3 de l'art. 5 ne leur sont point applicables ; 2° en ce que les dérogations prévues à l'article 6, et concernant certaines catégories d'entreprises, ne s'appliquent pas de plein droit aux personnes protégées, le législateur de 1906 ayant, dans son art. 18, décidé qu'un règlement d'administration publique établirait la nomenclature des industries particulières, rentrant dans les catégories générales précitées, où l'emploi des enfants le dimanche pourrait être autorisé par exception, dans les conditions prévues à l'art. 6. Ce règlement a été promulgué le

---

[1] Sur les exceptions prévues par la loi de 1892, et qui devront disparaître pour mettre notre législation en concordance avec les engagements pris par la France à la Conférence de Berne, v. *infra*, n° 850.

[2] Trib. simple police Clichy, 28 juin 1907, *Mon. jud. Lyon*, n° 9 juillet.

16 mars 1908 (*Bull. Off. trav.*, 1908, 374). — Pour le commentaire de la loi de 1906, v. n° 825 *infra*.

809. — V. **Travaux souterrains**. — Art. 9 : « Les filles et les femmes ne peuvent être admises dans les travaux souterrains des mines, minières et carrières ». Sur cet article et sur le décret du 3 mai 1893, relatif à son application, v. *supra*, n° 645.

810. — VI. **Hygiène, sécurité et moralité des travailleurs**. — Les dispositions formant la section 5 de la loi (art. 12 à 16), peuvent se diviser en trois catégories : — 1° dispositions absolument *spéciales aux femmes et aux enfants*, inscrites dans les articles 12, 13 et 16 de la loi ; — 2° dispositions concernant *l'hygiène et la sécurité* des travailleurs (art. 14), présentant un certain caractère de généralité ; — 3° prescriptions relatives à la *déclaration des accidents* (art. 15).

1° *Prescriptions réglementaires, absolument spéciales aux enfants ou aux femmes*. — Les articles 12 et 16 de la loi visent les dangers pouvant résulter, pour la sécurité ou la moralité du travailleur, de la nature ou du mode de travail ; l'article 13 vise les dangers spéciaux inhérents à la nature de l'industrie.

811. — *a*) *Dangers résultant de la nature ou du mode d'exécution du travail*. — Les mesures préventives imposées à l'industriel, pour préserver dans la mesure du possible les enfants et les femmes de ces dangers, sans préjudice de la responsabilité qui pèse sur lui en cas d'accident (loi de 1898, v. tit. II, chap. II, *infra*), sont consignées dans les art. 1er à 13 du règlement d'administration du 13 mai 1893, complété par ceux des 21 juin 1897, 29 avril 1899, 3 mai 1900 et 22 nov. 1905, et par le décret du 7 mars 1908, *Bull. Off. trav.*, 1908, 373 (*limite supérieure de la charge* qui peut être *traînée* ou *poussée* par les jeunes ouvriers mineurs de dix-huit ans, ou par les femmes de tout âge, tant à l'intérieur des établissements industriels que sur la voie publique).

Ces mesures de *sécurité*, qu'il convient d'ailleurs d'appliquer cumulativement[1] avec les prescriptions générales de la loi de 1893 et des règlements qui la complètent (V. *supra*, n° 636), se réfèrent principalement aux objets suivants : — interdiction d'employer les enfants et les femmes au nettoyage et à la réparation des machines, ainsi que dans les ateliers où se trouvent des machines, dont les parties dangereuses ne sont pas recouvertes, — d'employer les enfants au-dessous de dix-huit ans à faire tourner des appareils en sautillant sur une pédale, — les enfants au-dessous de seize ans à actionner, au moyen de pédales,

[1] Trib. corr. Remiremont, 12 juin 1901 (*Gaz. Pal.*, 14-17 septembre 1901).

les métiers dits *à la main*, et à travailler aux scies circulaires et à ruban, — les enfants au-dessous de treize ans, dans les verreries, à cueillir et à souffler le verre, etc., etc.

Quant aux mesures tendant à sauvegarder leur *moralité*, elles se résument dans les dispositions suivantes : — obligation générale pour les patrons de veiller au maintien des bonnes mœurs dans les ateliers (art. 16 de la loi) ; — interdiction d'employer des enfants ou des femmes à la confection d'écrits, affiches, dessins, etc..., tombant sous l'application des lois pénales ; — interdiction d'employer des enfants mineurs dans les ateliers où se confectionnent des écrits, gravures, etc..., qui sans tomber sous l'application des lois pénales, sont cependant de nature à blesser leur moralité (art. 13, décr. 13 mai 1893)[1].

812. — *b) Dangers spéciaux inhérents à la nature de l'industrie.* — Les articles 14 à 16 du décret précité, rendu en exécution de l'article 13 de la loi, ont divisé les industries en trois catégories, auxquelles correspondent trois *tableaux* annexés audit décret, et d'ailleurs plusieurs fois remaniés (V. ces tableaux dans le C. de com. annoté de Cohendy-Darras, sous les art. 13 et s. de la loi).

Le tableau A énumère les travaux *interdits* aux enfants au-dessous de dix-huit ans, aux filles mineures et aux femmes (fabrication des acides arsénique, nitrique, picrique, etc..., du phosphore, du sulfate de mercure, étamage des glaces par le mercure, etc., etc.). Le tableau B énumère les travaux interdits aux enfants au-dessous de dix-huit ans (fabrication d'amorces fulminantes, de cartouches de guerre, de celluloïd, etc.). Enfin le tableau C (modifié le 22 nov. 1905) donne la liste des établissements dans lesquels l'emploi des enfants au-dessous de dix-huit ans, des filles mineures et des femmes est autorisé sous certaines conditions.

Il est à remarquer que la définition de l'article 13 précité englobe tous les établissements industriels dans lesquels l'ouvrier est exposé à des manipulations dangereuses ou à des émanations préjudiciables à sa santé, sans distinction entre les établissements classés au nombre des établissements dangereux, incommodes ou insalubres et les établissements non classés. Aussi le gouvernement n'a-t-il pas eu à se préoccuper, dans la confection des tableaux A, B et C, de cette question de classement, mais uniquement de la question de savoir quels sont, en fait, les établissements industriels particulièrement dangereux ou nuisibles pour la santé des femmes et des enfants.

---

[1] Question d'appréciation, parfois assez délicate, pour les inspecteurs et les tribunaux.

813. — 2° *Prescriptions, d'ordre général, sur l'hygiène et la sécurité des établissements industriels dans lesquels sont employés des femmes ou des enfants.* — Ces prescriptions, consignées dans l'article 14 de la loi, semblent à première vue faire double emploi avec les prescriptions de même nature, édictées dans l'intérêt de tous les travailleurs, y compris les hommes adultes, par la loi, postérieure de quelques mois, du 12 juin 1893 sur l'hygiène et la sécurité des travailleurs (art. 2, §§ 1 et 2, commenté *supra*, n° 636).

Il serait cependant inexact, selon nous, de considérer l'article 14 de la loi de 1892 comme virtuellement abrogé par la loi postérieure de 1893 [1]. D'une part, en effet, c'est plutôt en considération de cet article 14, qu'en exécution de l'article 12, qu'ont été édictées certaines des prescriptions détaillées du décret du 13 mai 1893, notamment l'article 2 dudit décret, portant qu' « il est interdit d'employer les enfants au-dessous de 18 ans, les filles mineures et les femmes dans les ateliers où se trouvent des machines actionnées à la main ou par un moteur mécanique, *dont les parties dangereuses* [2] *ne sont point couvertes de couvre-engrenages, garde-mains et autres organes protecteurs* ». D'autre part, il n'est pas indifférent, même en présence d'une prescription figurant à la fois dans les lois de 1892 et de 1893, de décider que les contraventions, lorsqu'elles visent une personne protégée (femme ou enfant), seront poursuivies en exécution de la loi de 1892, et non de la loi de 1893. Les deux lois diffèrent en effet, sinon au point de vue de la sanction (amende de simple police dans les deux cas), du moins au point de vue des conditions de recevabilité de la poursuite, qui peut toujours être exercée *de plano* d'après la loi de 1892, tandis qu'elle doit être précédée d'une *mise en demeure* dans les hypothèses prévues par l'article 6 de la loi de 1893 (V. *supra*, n° 637).

---

[1] Cons. cependant dans le sens de l'abrogation : Deschamps, *Du système de contraventions dans nos lois sur l'hygiène et la sécurité des travailleurs* (extr. de la *Rev. des just. de paix*, 1895), et dissert. sous Crim. cass., 28 mars 1896 (*Pand.*, 1897, 1, 1); Lagrésille, *Comm. de la loi sur le travail des enfants*, p. 108. — Conf. trib. corr. Lille, 16 mai 1895 (*Rev. prat. de dr. industr.*, 1896, 10), et 14 juin 1895 (*Monit. jud. de Lyon*, 12 août 1895) ; Le Havre, 15 novembre 1895 (*Gaz. des Trib.*, 8 avril 1896).

[2] S'il appartient en principe aux tribunaux d'apprécier le caractère *dangereux* des appareils mécaniques, une exception doit être faite pour les organes désignés expressément par l'article 14 de la loi (roues, courroies, engrenages), lesquels sont de plein droit réputés dangereux; d'où il suit que le seul fait d'avoir employé des enfants ou des femmes dans un établissement où se trouvaient des engrenages non couverts d'un appareil protecteur, constitue la contravention prévue à l'article 26 : Crim. cass., 19 février 1897, 27 février 1897, D. 1900, 1, 241, et notre note; 5 mars 1900, D. 1900, 1, 612; 4 février 1903, D. 1903, 1, 378. — Sur le pouvoir d'appréciation du juge en ce qui concerne les appareils dangereux non spécialement visés, v. trib. corr. Bourgoin, 28 mai 1903 (*Gaz. comm. Lyon*, 18 juin 1903).

Les deux lois de 1892 et 1893 n'étant pas inconciliables, mais susceptibles d'application alternative ou concurrente, il paraît plus juridique, plus conforme aux principes communément admis en matière de conflit entre une loi ancienne et une loi nouvelle, de conclure à la non-abrogation de la loi de 1892, loi spéciale, par la loi de 1893, loi générale. — (Crim. cass., 18 mars 1896, 12 juin 1896, 29 janvier 1897, D. 1900, 1, 241, et notre note détaillée, avec renvoi aux auteurs sur la théorie de l'abrogation des lois ; Trib. corr. de Remiremont, 12 juin 1901, *Monit. jud. de Lyon*, 12 octobre 1901 ; Caire, *op. cit.*, p. 212 ; Dall., *Suppl. au Rép.*, v° *Travail*, n° 1053).

814. — 3° *Prescriptions concernant la déclaration des accidents* (art. 15). — La déclaration d'accident effectuée en exécution de la loi du 9 avril 1898, amendée par la loi du 22 mars 1902, rend inutile celle prescrite par la loi de 1892, pour toutes les entreprises régies concurremment par les deux lois (art. 11, *in fine*, de la loi de 1898). Mais l'article 15, déterminant les formes de la déclaration à faire à la mairie dans les quarante-huit heures de l'accident, conserve son utilité dans tous les cas où la loi de 1892 s'applique seule ; hypothèse d'ailleurs plus théorique que pratique, depuis la loi du 12 avril 1906. — Sur les formalités prescrites par la loi de 1898, v. n° **1117**, *infra*.

§ 2. — Lois et règlements sur le travail industriel des hommes adultes

815. — La loi qui régit actuellement, en France, le travail des hommes adultes, est la loi du 9 septembre 1848, complétée par la loi du 13 juillet 1906 sur le repos hebdomadaire (V. n° 825 *infra*), et amendée, en ce qui concerne les hommes travaillant dans les mêmes locaux que des femmes ou des enfants, par la loi du 30 mars 1900[1]. De la combinaison de ces textes, il résulte qu'au point de vue de la réglementation du travail industriel, les adultes doivent être répartis en deux classes : adultes travaillant seuls, adultes employés dans des établissements mixtes.

A. — *Adultes travaillant seuls*

816. — **Domaine de la loi de 1848.** — Ces adultes, à l'exception des travailleurs de la mine (V. n° 823 *infra*), sont régis exclusivement par

[1] Législation. — *Dispositions générales* : v. *supra*, n°s 700, 776 et suiv., 783. *Règlements spéciaux* : v. *infra*, n°s 823 et s.

la loi de 1848. Et encore convient-il de noter que cette loi a un champ d'application sensiblement plus restreint que les lois étrangères, beaucoup plus récentes il est vrai, qui réglementent également le travail des adultes (V. *supra*).

Les prescriptions qu'elle édicte ne concernent en effet que les *manufactures et usines*. Or cette formule, définie par la loi sur le travail des enfants (abrogée depuis) du 22 mars 1841, n'englobe que deux catégories d'établissements : 1° les établissements à moteur mécanique ou à feu continu ; 2° toute fabrique occupant plus de vingt ouvriers réunis *en atelier* [1]. D'où il suit que, non seulement la loi ne protège point les travailleurs agricoles ou les employés de commerce, mais qu'elle laisse également en dehors de toute protection la majorité des ouvriers de l'industrie, à savoir : 1° tous les ouvriers travaillant dans de petits ateliers, où le travail s'effectue à la main, soit la grande majorité des ouvriers de la petite industrie [2] ; 2° tous les ouvriers ne travaillant pas en atelier (ouvriers du bâtiment, terrassiers, mineurs, industries de transport, etc.).

817. — Réglementation légale ; exceptions. — La limite maxima du travail, pour les adultes protégés, est de 12 heures de travail *effectif*, c'est-à-dire non compris les repos. Le patron peut d'ailleurs, en divisant son personnel par équipes, laisser son atelier ouvert 15 heures, 20 heures, 24 heures même, le travail de nuit n'étant pas interdit ; pourvu que chaque ouvrier individuellement envisagé ne travaille pas plus de 12 heures, l'industriel est en règle.

Il pouvait même naguère, sans encourir aucune pénalité, faire travailler son personnel les sept jours de la semaine, sans autre arrêt que le repos quotidien de 12 heures, attendu que la loi de 1848, à la différence des lois étrangères (suisse, autrichienne, russe, etc.), ne contenait aucune disposition prohibant le travail du dimanche. Ce silence s'expliquait en 1848, car à cette époque la loi du 18 novembre 1814 sur le repos obligatoire *du dimanche* était encore en vigueur : mais l'abrogation de cette loi, au nom de la liberté de conscience, par la loi du

---

[1] Circul. minist. 25 novembre 1885 (*Bull. insp. du trav.*, 1896, p. 191).

[2] La Chambre criminelle a même refusé, récemment, de se considérer comme liée par l'interprétation proposée dans la circulaire précitée. — Jugé notamment qu'un atelier dans lequel il est fait usage d'un moteur mécanique, mais où ne travaillent qu'un petit nombre d'ouvriers, peut être considéré par le juge du fond comme ne constituant pas une *manufacture* ou *usine* au sens légal du mot, et comme affranchi dès lors de toute surveillance! — Crim. cass., 24 décembre 1904, D. 1905, 1, 397. — Cet arrêt, rendu contrairement aux conclusions du procureur général (il s'agissait d'un pourvoi dans l'intérêt de la loi), est très grave, car il ne tend à rien moins qu'à consacrer en cette matière l'arbitraire du juge du fond et à restreindre encore la portée pratique, déjà singulièrement limitée, de la loi de 1848.

12 juillet 1880, et l'absence dans cette dernière loi de toute prescription impérative au sujet du repos *hebdomadaire*, avait eu pour conséquence de détruire complètement l'économie de la législation réglementaire de 1848.

Cette lacune regrettable de la loi de 1848 a été comblée par la loi de 1906, que nous commentons plus loin.

818. — *Exceptions.* — Quelque incomplète et peu gênante pour l'industrie que fût la réglementation de 1848, son domaine s'était presque aussitôt trouvé restreint encore par toute une série d'exceptions, soit au profit d'un certain nombre d'industries, soit en vue de certains cas de force majeure (décr. de 1851, 1866, 1889, 1899). La durée du travail supplémentaire n'était fixée par ces décrets que pour deux ou trois industries (teintureries, blanchisseries, 1 heure ; raffineries de sucre et fabriques de produits chimiques, 2 heures). Toutes les autres bénéficiaient d'une latitude illimitée.

Un tel régime rendait à peu près illusoire, dans bien des cas, la protection légale des adultes. Aussi, par le décret du 28 mars 1902, qui abroge tous les décrets antérieurs, les exceptions ont-elles été révisées, et limitées strictement soit dans leur objet, soit dans leur étendue. Désormais, la *durée* du travail supplémentaire, c'est-à-dire de tout travail excédant 12 heures (ou 10 heures dans les établissements mixtes), est fixée par le décret lui-même [1]. Il n'y a d'exception à la règle que pour le cas d'*accident* survenu, soit au matériel, soit aux installations ou aux bâtiments (tableau annexé au décret, § 6) : en ce cas, le premier jour, la durée du travail supplémentaire est illimitée ; mais, dès le second jour, le travail supplémentaire ne peut excéder 2 heures.

B. — *Adultes travaillant dans les établissements mixtes*

819. — Principe de l'assimilation des adultes aux femmes et enfants travaillant dans les mêmes locaux. — D'après la loi du 30 mars 1900, le travail de cette catégorie d'adultes est désormais soumis, au point de vue de la durée du travail journalier tout au moins, à la même réglementation que celui du travail des enfants et des femmes.

---

[1] V. au *Bull. de l'Off. du trav.*, 1902, p. 341, le tableau annexé au décret : Demi-heure pour les ouvriers chargés, après arrêt de la production, de l'entretien des métiers ou machines, deux heures pour les ouvriers employés à des opérations de grosse métallurgie (fonte, forgeage, etc.) dont l'arrêt brusque n'est pas possible, etc. — Cf. circul. minist. du 21 sept. 1902 (*Bull. Off.*, 1902, p. 717).

Le principe de l'assimilation est posé en ces termes dans l'article 2 de ladite loi, ainsi conçu : — « Il est ajouté à l'article 1er du décret-loi des 9-14 septembre 1848 la disposition suivante : — Toutefois, dans les établissements énumérés dans l'article 1er de la loi du 2 novembre 1892 qui emploient dans les mêmes locaux des hommes adultes et des personnes visées par ladite loi, la journée de ces ouvriers ne pourra excéder 11 heures de travail effectif. Dans le cas du paragraphe précédent, au bout de deux ans à partir de la promulgation de la présente loi, la journée sera réduite à 10 h. 1/2, et, au bout d'une nouvelle période de deux années, à 10 heures » [1].

820. — Portée de l'assimilation. — Dès le lendemain de la mise en vigueur du régime nouveau, de sérieuses difficultés s'élevèrent sur la portée d'application de l'article 2 ; deux questions surtout donnèrent lieu à de vives controverses, que la jurisprudence paraît aujourd'hui avoir résolues.

a) Quelle est la signification exacte du terme « dans les mêmes locaux » ? — Cette expression désigne-t-elle l'établissement industriel dans son ensemble, ou ne vise-t-elle pas les ateliers où les adultes *travaillent côte à côte* avec des femmes ou des enfants ? — Par sa circulaire du 17 mai 1900, le ministre du commerce s'était prononcé en faveur de la première interprétation : l'assimilation des adultes aux personnes protégées s'imposerait donc, non seulement lorsque ces diverses catégories d'ouvriers travaillent dans un même atelier, mais aussi lorsqu'elles travaillent à une même industrie, sinon dans un même établissement, du moins *dans un même bâtiment, sous un même toit*, les ateliers fussent-ils distincts, ou séparés par exemple par une cloison. — Cons., dans le sens de cette interprétation extensive : Trib. de simp. police de Courbevoie, 7 déc. 1900 (*Mon. jud. de Lyon*, 17 janvier 1901) ; Grenoble, 10 août 1901, S. 1903, 2, 115.

Mais la Cour de cassation, s'appuyant sur les déclarations formelles du rapporteur de la loi au Sénat, M. Lecomte, a décidé au contraire que par cette expression « les mêmes locaux », on ne doit entendre que l'atelier où le travail se fait simultanément et *en commun*, et qu'on ne saurait y comprendre les ateliers distincts et séparés d'une même usine » [2].

---

[1] Ces prescriptions sont d'ordre public ; toute clause contraire serait nulle. — Cass., 27 avril 1906, S. 1906, 1, 352 ; D. 1907, 1, 97, et note Petit. — Cf. Lyon, 31 mars 1892, D. 92, 2, 356 ; Trib. corr. Valenciennes, 5 juin 1907, D. 1908, 5, 14.

[2] Crim. cass., 30 novembre 1901, D. 1902, 1, 17, et 20 février 1902, S. 1903, 1, 361. — Cf. trib. com. Boulogne, 21 décembre 1900, D. 1901, 2, 149 ; Trib. corr. Charleville, 7 février 1901, D. 1901, 2, 149 ; Trib. corr. Ambert, 21 mai 1902 (*Mon. jud. de Lyon*, 30 mai 1902) ; Dijon, Ch. corr., 12 février 1901 (*Mon. judic. Lyon*,

821. — *b*) *Dans quelle mesure* la réglementation édictée par les lois de 1892 et 1900 dans l'intérêt des femmes et des enfants s'applique-t-elle aux *hommes adultes* travaillant *dans les mêmes locaux* ? — L'unification du régime porte-t-elle exclusivement sur la durée de la journée, ou s'applique-t-elle à l'ensemble des prescriptions réglementaires, lesquelles se réfèrent non seulement à la *durée de la journée*, mais aussi à l'obligation de faire *reposer tout le personnel aux même heures* (obligation impliquant celle de commencer et de finir le travail à la même heure), à l'interdiction du travail par *relais*, ainsi que du travail *par équipes alternantes*, enfin à l'interdiction (sauf exception) du *travail de nuit* ? — Dès le lendemain de la mise en vigueur de la loi de 1900, une très vive campagne fut menée en faveur de l'interprétation restrictive, soit par les fabricants de tulle [1], soit par différentes industries fabriquant des produits pour lesquels une manipulation préparatoire est confiée à une équipe d'ouvriers adultes arrivant à l'atelier avant le reste du personnel (teintureries, pâtes alimentaires, produits chimiques, etc.).

C'est pour l'interprétation extensive que se prononça, au contraire, M. le ministre du commerce dans sa circulaire du 17 mai 1900. C'est également à cette dernière que, saisie par un pourvoi dans l'intérêt de la loi, la Cour de cassation (ch. crim.) se rallia tout d'abord par un arrêt en date du 26 janvier 1901 (D. 1901, 1, 177), tout au moins en ce qui concerne le point de départ de la journée de travail et l'obligation de faire reposer tous les ouvriers, adultes compris, aux mêmes heures. — Cf. Tourcoing, 20 déc. 1900 (*Mon. jud. de Lyon.*, 25 août 1901).

821 *bis*. — *Domaine respectif des lois de 1848 et 1900*. — Mais,

---

8-9 mars 1902). Ainsi, le travail ne peut être considéré comme ayant lieu *dans les mêmes locaux*, lorsque l'usine comporte trois ateliers distincts, l'un de tréfilerie, l'autre de galvanisation, le troisième de bottelage ; les adultes exclusivement employés dans le premier peuvent donc, légalement, travailler plus de onze heures (aujourd'hui dix heures). — Dijon. arrêt précité.

[1] Le travail par *équipes alternantes*, ou travail *par quarts*, est depuis longtemps usité dans toute l'industrie *tullière*, à Calais, Lyon, Caudry et Saint-Quentin. — Sur les raisons techniques invoquées à l'appui de ce mode de travail, cons. notamment : le rapport présenté par M. Coignet, sur l'*application de la loi du 30 mars 1900*, au nom de la Ch. de commerce de Lyon (broch. in-4°, 1900), et la *requête* adressée au Conseil d'Etat par le *Comité de défense des intérêts patronaux et ouvriers de l'industrie tullière de France* (V. le texte de la requête dans les *Quest. pratiques*, 1901, p. 290). — V. aussi de Seilhac, *La grève des tullistes de Calais* (*Mus. Soc.*, avril 1901). — Sur la question de droit, et dans le sens de l'interprétation restrictive : Coignet, *op. cit.* ; Pic, rapp. au Congrès de Paris sur l'*interdiction du travail de nuit*. — V. aussi Bourguin, *La nouvelle réglementation de la journée de travail et la grande industrie du Nord de la France* (*Rev. d'écon. polit.*, mars-avril 1901). — V. cependant, en sens contraire : Jay, rapp. au Congrès de Paris, p. 118.

par un arrêt nouveau, cette fois contradictoire, du 30 novembre 1901 [1], la chambre criminelle est revenue (après arrêt de partage il est vrai) sur son interprétation première, et a posé en principe que la loi du 30 mars 1900 n'avait entendu assimiler les hommes adultes, travaillant dans *les mêmes locaux* que des femmes ou des enfants, qu'au seul point de vue de la durée du travail, mais qu'à tous autres points de vue, ces adultes restaient soumis à la législation antérieure, c'est-à-dire à la loi de 1848. — D'où il suit :

1° Que la prohibition du travail par équipes *alternantes* ou *discontinues* (travail *par quarts*) est inapplicable aux hommes adultes travaillant dans un établissement mixte [2] ;

2° Que la disposition de la loi de 1900 prescrivant l'identité des repos pour toutes les personnes protégées ne concerne que les femmes et les enfants, mais non les adultes travaillant dans les mêmes locaux [3].

Jugé d'autre part, et dans le même ordre d'idées, que la disposition de la loi de 1900, abaissant à 11 heures (puis à 10 h. 1/2 et à 10 heures) la durée de la journée de travail pour les hommes adultes travaillant dans des établissements mixtes, puise sa sanction, non pas dans la loi de 1892, mais dans la loi de 1848, à laquelle elle s'est incorporée. Cette sanction consiste donc, non point dans une peine de simple police, mais dans une amende correctionnelle (5 à 100 fr.), et par suite le tribunal correctionnel est seul compétent pour en connaître [4].

C. — *Réglementations spéciales*

822. — **Mines**. — *Loi du 29 juin 1905* [5]. — Nous avons signalé *supra* (nos 646 et 777) la portée sociale de cette loi qui a pour la première fois consacré législativement le principe de la journée de huit heures [6].

---

[1] Crim. cass., 30 novembre 1901, D. 1902, 1, 17 (rapp. et concl. cf. de M. le conseiller Roulier et de M. le proc. gén. Baudouin).

[2] Crim. cass., 30 novembre 1901, précité ; 27 décembre 1901, S. 1903, 1, 153.

[3] Crim. cass., 27 décembre 1901, précité ; 2 janv. 1902, D. 1903, 1, 283 ; 23 oct. 1902, S. 1903, 1, 252.

[4] Crim. cass., 27 décembre 1901, précité ; Trib. de police de Lyon, 6 juin 1901, et de Villeurbanne, 3 juillet 1901 (*Monit. jud.*, 27 juin et 3 juill. 1901).

[5] Cf. circul. du min. des trav. publics du 20 oct. 1905 (*Bull. Off. trav.*, 1905, 1009) et du 12 avril 1907 (*ibid.*, 1907, 609), sur le partage d'attributions entre les ministères des travaux publics et du travail.

[6] Bibliographie : Pour le commentaire de la loi de 1905, cons. notamment : Mesnard, *Le travail dans les mines* (*Lois nouvelles*, mars 1906) ; Bès de Berc, *La*

Cette innovation, plus hardie en apparence qu'en réalité, attendu que dans la majorité des exploitations françaises le travail effectif au fond n'excède pas sensiblement cette durée de huit heures, a du reste été entourée de tout un ensemble de restrictions, destinées à faciliter la transition d'un régime à l'autre sans imposer aux compagnies des charges excessives.

D'une part, en effet, les bénéficiaires de la journée de huit heures sont uniquement les ouvriers employés à l'*abatage* du minerai dans les mines de combustible, les *piqueurs* en langage technique. Restent provisoirement sans protection légale, autre que celle résultant des lois de 1848 ou de 1892, les herscheurs (ouvriers qui font glisser le charbon dans les voies de roulage), les conducteurs de convois, aiguilleurs, chargeurs de bennes, soit environ la moitié des ouvriers du fond.

Vainement le ministre des travaux publics fit-il observer au Sénat que cette distinction entre les travailleurs du fond, que n'admettait point le texte général voté par la Chambre, conduisait à cette étrange conséquence d'imposer une journée plus longue aux jeunes ouvriers et aux vieillards, généralement préposés aux besognes accessoires, qu'aux ouvriers dans la force de l'âge. M. Boudenoot, rapporteur, répondit que le travail dans les mines était trop diversifié pour pouvoir faire l'objet d'une réglementation uniforme, et qu'au surplus la courte journée accordée légalement aux piqueurs, aurait une répercussion nécessaire sur la durée du travail des ouvriers auxiliaires. La Chambre dut s'incliner pour ne pas retarder indéfiniment le vote de la loi [1].

D'autre part, la durée légale de la journée n'est pas immédiatement abaissée à huit heures. Suivant l'exemple donné par le législateur de 1900, la loi de 1905 a procédé par paliers, échelonnés de deux ans en deux ans : la journée devait être abaissée à neuf heures six mois après sa promulgation, soit à dater du 2 janvier 1906, la promulgation à l'*Officiel* étant du 2 juillet 1905, réduite à huit heures et demie le 2 janvier 1908, et fixée enfin à huit heures le 2 janvier 1910.

Le système de computation des heures de travail est celui du *trait*, c'est-à-dire que le temps est compté depuis l'entrée dans le puits des derniers ouvriers descendant jusqu'à l'arrivée au jour des derniers remontant.

Enfin, dernière restriction, la loi (art. 3 et 4) prévoit deux ordres de dérogations : *a*) des dérogations permanentes, mais révocables, autorisées par le ministre des travaux publics, au bénéfice des compagnies,

---

loi de 1905, 1906 ; Delcourt, *Les ouvriers dans les mines du Nord*, 1906 ; Amieux, *Des conditions du travail dans les mines*, 1908. — Cf. autorités citées *supra*, n° 643.

[1] V. notre chronique, *Quest. pratiques*, 1904, 481, et l'étude de M. Amieux, intitulée « *A propos de la loi de 1905* » (*Quest. pratiques*, 1905, 190).

dont l'exploitation risquerait d'être compromise, pour des motifs techniques ou économiques, par l'application rigoureuse de la loi ; *b*) des dérogations temporaires (de deux mois au plus, mais renouvelables), accordées par l'ingénieur en chef, les délégués mineurs entendus, soit à la suite d'accidents, soit pour des motifs de sécurité, soit pour des nécessités occasionnelles, soit enfin lorsqu'il y a accord entre les ouvriers et l'exploitant, pour le maintien de certains usages locaux. — Sur les sanctions pénales de la loi de 1905, v. les art. 3 et suiv.

823. — Chemins de fer [1]. — A l'inverse de certaines lois étrangères, notre législation ne réglemente pas encore la durée du travail des ouvriers et agents dans les entreprises de transport faisant l'objet de concessions publiques, spécialement le travail des agents des compagnies de *chemins de fer* [2].

Mais, en attendant le vote de la loi organique projetée sur ce dernier point (V. *infra*), le ministre des travaux publics s'est appliqué, par une série d'arrêtés, destinés tout autant à assurer au public une sécurité plus grande qu'à améliorer la condition des agents, à faire disparaître les abus des trop longues journées. Divers arrêtés en date des 4 novembre 1899 (*Bull. Off. trav.*, 1899, p. 1029 et 1030), 23 novembre (*ibid.*, p. 1105), 10 octobre 1901 (*ibid.*, 1901, p. 795), et 20 mai 1902 (*ibid.*, p. 414) [3], ont successivement réglementé la *durée du travail et du repos* des mécaniciens et chauffeurs, des agents des trains et des gares, et des agents préposés à la surveillance et à l'entretien des voies. Pour les agents de ces deux dernières catégories, la durée du service effectif ne peut excéder douze heures par vingt-quatre heures ; pour les mécaniciens et chauffeurs, la journée de travail doit contenir en moyenne *dix heures* de travail effectif au plus (la moyenne s'établissant sur dix jours) et dix heures de grand repos au moins.

824. — Manufactures de l'Etat [4]. — L'Etat français, sans faire

---

[1] BIBLIOGRAPHIE : Couppel du Lude, *La réglementation et le contrôle de la durée du travail dans les chemins de fer*, 1905 ; Maurice, *id.*, th. 1906.

[2] Sur les lois et règlements relatifs à l'hygiène et à la sécurité dans les *mines*, v. *supra*, n°s 643 et suiv. — Sur la police, la sûreté et l'exploitation des *chemins de fer*, v. l'ordonn. du 15 novembre 1846, modifiée par le décret du 1er mars 1901, et le décret du 27 mars 1852. — V. aussi *supra*, n°s 659 et suiv.

[3] Comp. arrêté du 15 février 1901 réglementant le travail des agents des Compagnies de chemins de fer d'intérêt local et des tramways (*Bull. Off.*, 1901, 208) ; arrêté du 11 février 1901 instituant sur le réseau des *chemins de fer de l'Etat*, des *Comités du travail*, composés d'ingénieurs et de délégués élus par le personnel, chargés de veiller à l'application des lois et règlements sur les conditions du travail (*Quest. pratiques*, 1901, 8) ; décret du 11 mars 1902 (Cohendy-Darras, *C. com.*, append., p. 956).

[4] Mannheim, *Conditions des ouvriers dans les manufactures de l'Etat* (tabacs,

encore bénéficier tous les ouvriers et employés des manufactures nationales, des établissements de la guerre ou de la marine, ou des services publics, de la *journée de huit heures*, depuis longtemps admise par les Etats anglais ou américain, s'y achemine par étapes successives.

En 1902, la durée moyenne du travail journalier pour le personnel travaillant en régie était de *dix heures* (décret 26 fév. 1897 sur le personnel civil d'exploitation dans les établissements militaires, art. 18), et décrets des 21 juin 1900 et 12 avril 1901 sur le personnel ouvrier de la marine.

Mais déjà à cette époque des essais partiels de la journée de huit heures avaient été faits dans divers services. Le premier essai remontait à 1899 (atelier des postes du boulevard Brune, à Paris); la réforme fut rendue définitive par arrêté de M. Millerand, ministre du commerce, en date du 9 fév. 1901, et successivement étendue à la plupart des services de l'administration des postes, télégraphes et téléphones.

A son tour, le ministre de la marine, M. Pelletan, mit à l'essai la journée de huit heures, à partir du 1er novembre 1902, dans les ateliers d'artillerie de l'arsenal de Toulon, et dans l'atelier des chaudières du port de Lorient. L'expérience ayant donné de bons résultats, le régime nouveau a été étendu à tous les arsenaux de la marine à dater du 15 janv. 1903 (circul. ministérielle du 7 janvier).

Quelques essais partiels de la journée de huit heures ont été faits également, en 1903, dans les arsenaux et ateliers dépendant de l'administration de la guerre. Il n'ont pas paru concluants, et le ministre de la guerre, après avis d'une commission d'études chargée d'examiner les revendications du personnel, a adopté la journée de neuf heures. Ce régime fonctionne depuis le 31 mars 1904 (ordre du 20 février 1904). Mais un projet est à l'étude, tendant à réduire la journée à huit heures et demie et à l'abaisser ultérieurement, par étapes, à huit heures (Déclaration du sous-secrétaire d'Etat Chéron à la tribune de la Chambre le 3 décembre 1907, à l'occasion de la discussion du budget de la guerre).

La journée de *neuf* heures est également la règle, depuis 1906, dans les manufactures de l'Etat (tabacs, allumettes et monnaies). — V. lois

---

allumettes), 1902 ; Bourguin, *De l'application des lois ouvrières aux employés de l'Etat*, 1902 ; Dagnaud, *La condition des ouvriers des arsenaux de la marine*, 1904 ; De Seilhac, *Les ouvriers des arsenaux de la marine* (*Quest. prat.*, 1906, p. 112, 129, 173, 201) ; *Note sur la journée de huit heures dans les établissements de l'Etat* (publ. de l'*Office du travail*, 1906) ; M. Alfassa, *La réduction de la journée de travail à huit heures : l'expérience des établissements industriels de l'Etat en France et les expériences étrangères* (*Bull. de la Soc. d'encouragement pour l'indust. nation.*, 1907, 736) ; Levasseur, *Quest. ouvrières sous la troisième République*, p. 170 et s. — V. aussi *Bull. Off. travail*, 1902, 783 ; 1903, 58 ; 1904, 208 et 210 ; 1906, 592.

des 14 nov. et 20 déc. 1905, portant ouverture des crédits supplémentaires nécessités par la réalisation de la réforme.

Toutes les questions concernant l'avancement, l'échelle des salaires et des primes, les retraites, la discipline, etc., sont également réglées par une série de décrets ou d'arrêtés, dont l'ensemble constitue un Code touffu que nous ne pouvons étudier ici (Cons. spécialement les décrets des 13 juin, 11 décembre 1907, réorganisant le personnel ouvrier des arsenaux de la marine, *Bull. Off. trav.*, 1908, 163). Il nous suffira de constater que, depuis quelques années, l'Etat français a fait, pour son personnel ouvrier, des sacrifices considérables, dont il n'est pas toujours récompensé par l'attitude de certains syndicats, notamment des syndicats des ouvriers des arsenaux, inféodés à la C. G. T. [1].

En ce qui concerne le personnel travaillant non point en régie, mais pour le compte d'entrepreneurs de travaux publics, les mesures édictées en sa faveur par les décrets du 10 août 1899 seront étudiées ultérieurement. — V. *infra*, n°s 949 et s. [2]

§ 3. — Législation commune à tous les travailleurs, de l'industrie ou du commerce (Loi de 1906 sur le repos hebdomadaire) [3].

825. — Nous avons précédemment (n° 777) mis en relief la portée sociale de la loi du 13 juillet 1906 qui, statuant dans une pensée de

[1] Sur les dangers de la politique révolutionnaire dans les arsenaux, v. notamment l'étude très documentée de M. de Seilhac, rapportée ci-dessus.

[2] Le cadre de cet ouvrage, consacré à l'étude de la réglementation du travail industriel ou commercial, ne nous permet pas d'étudier les dispositions protectrices édictées par notre législation, soit en ce qui concerne les travailleurs de la mer, soit relativement aux travailleurs indigènes des colonies et protectorats.

Sur la loi du 17 avril 1907 (D. 1907, 4, 153), concernant la sécurité de la navigation maritime et la *réglementation du travail à bord des navires de commerce*, cons. notamment : Mouillet, *Les conditions du travail de la marine marchande*, th., 1907; Vero, *Les gens de mer en droit français*, th., 1907; Payen, *Une nouvelle réglementation : la loi sur la sécurité de la navigation* (*Econ. franç.*, 27 juillet 1907); Bouvier-Bangillon, *Loi des 17-20 avril 1907* (éd. des *Lois nouvelles*, 1908). — Cf. chronique des *Annales de dr. commerc.*, 1907, 296.

Sur la réglementation du *travail indigène aux colonies* (immigration, émigration, protection des travailleurs indigènes, etc.), cons. notamment : Girault, *Principes de colonisation et de législation coloniale*, 3e éd., 1908; De Lanessan, *Principes de législation coloniale*; Rémond, *La main-d'œuvre dans les colonies françaises*, 1903; Cuvillier-Fleury, *La main-d'œuvre dans les colonies françaises*, th., 1907; Pinon, *La protection des travailleurs indigènes aux colonies*, rapport à l'Association internationale pour la protection légale des travailleurs, 1903; Briffaut, *Le travail au Sénégal* (*Quest. prat.*, 1905, 182-213) et *L'esclavage et l'engagement pour dettes dans le droit sino-annamite* (*ibid.*, 1907, 39, 79, 133); Bry, *Législ. industr.*, 3e éd., p. 426, et autorités citées.

[3] Textes. — Loi 13 juillet 1906 (D. 1906, 4, 105). — Décrets du 24 août 1906 et du

protection commune pour l'ensemble des travailleurs de l'industrie et du commerce, a posé nettement le principe du repos hebdomadaire et fixé au dimanche, sous réserve il est vrai d'un assez grand nombre d'exceptions ou dérogations, le jour du repos collectif légalement accordé à l'ensemble du personnel de chaque établissement.

Il nous suffira d'étudier ici brièvement les prescriptions essentielles de cette loi, dont le principe a désormais, et définitivement selon toute apparence, pris place dans notre législation, mais qui paraît appelée, dans le détail, à subir prochainement d'assez nombreuses retouches, à raison des imperfections ou des lacunes que sa mise en vigueur a révélées. — V. n° 858 *infra*.

A. Champ d'application de la loi. — *a*) *Quant aux personnes protégées.* — De l'article 1er de la loi il résulte que les personnes qu'il est interdit d'occuper plus de six jours dans la semaine, et auxquelles le repos hebdomadaire doit être donné le dimanche, sont uniquement les *employés* ou les *ouvriers* [1]. De ce point de départ découle toute une série de conséquences :

1° Ne peuvent prétendre à la protection légale que les auxiliaires réguliers de l'industriel ou du commerçant, unis à celui-ci par un contrat de travail ou d'apprentissage. Il convient d'appliquer ici, *mutatis mutandis*, les solutions admises pour l'interprétation des autres lois réglementaires, lois sur l'hygiène ou la sécurité des ateliers, lois sur le travail des femmes ou des enfants, ou sur les accidents professionnels. — L'on ne saurait donc considérer comme un employé, au sens légal du mot, celui qui, sans être lié par aucun engagement, et agissant à titre gracieux, vient aider momentanément un commerçant le dimanche, à vendre ses marchandises [2].

2° Quiconque loue ses services n'a pas droit à la protection légale ;

---

13 juillet 1907 organisant le contrôle de l'application de la loi ; du 14 août 1907 complétant la nomenclature des établissements admis à donner le repos hedomadaire par roulement ; circulaires ministérielles des 9 août, 3 septembre, 6-30 novembre, 4-17 décembre 1906, 4 et 15 février, 13 juillet et 9 septembre 1907. — V. au *Bull. de l'Off. du trav.* les textes de ces décrets et circulaires.

Bibliographie : Engelmann, *Le repos du dimanche*, 1899 ; Brouilhet, *Pour le repos hebdomadaire* (*Quest. prat.*, 1900, 128) ; Besse, *Le repos hebdomadaire*, 1906 ; Berthiot, *Le repos hebdomadaire*, 1906 ; Boistel, *Manuel pratique*, 1906 ; Jèze, *Régimes juridiques organisés par la loi de 1906* (*Rev. de dr. public*, janv.-mars 1907) ; Armbruster, *Le repos hebdomadaire*, 1907 ; Bonnefoy, *Le repos hebdomadaire*, 1907 ; Mesnard, *Etude sur la loi de 1906*, 1907 ; Bruneau, *Le repos hebdomadaire* (préf. de M. Delbet), 1907 ; thèses Estève de Bosch, Révillon, Dodu, 1907-1908 ; Bonnard, *La loi sur le repos hebdomadaire devant le Conseil d'Etat et la Cour de cassation* (*Quest. prat.*, août-sept. 1908) ; Cohendy et Darras, *Code de comm.*, *Append.*, p. 908 et suiv.

[1] Cass., 2 févr. 1907, S. 1907, 1, 200 ; D. 1907, 1, 305, et note Lacour.

[2] Cass., 29 mars 1907, S. 1907, 1, 247 ; 4 mai 1907, S. 1907, 1, 293.

encore faut-il que le travail presté se rattache à une entreprise industrielle ou commerciale. D'où une distinction essentielle à établir entre les domestiques attachés à la personne, que la loi ne protège point, et les employés proprement dits, qui peuvent se prévaloir de la loi, même si leurs occupations présentent de l'analogie avec la domesticité [1].

3° La loi est inapplicable aux associés, spécialement aux associés en participation, sauf au parquet à établir que l'acte de société produit est purement fictif, et que les prétendus associés sont, au fond, de simples employés salariés [2]. Les associés, en effet, sont des patrons; or, la loi française n'ayant aucun caractère confessionnel, n'impose nullement (comme la loi espagnole, par exemple) la fermeture dominicale de tous les établissements industriels ou commerciaux; la loi est respectée, pourvu qu'au jour fixé par la loi le ou les patrons donnent congé à leur personnel. Libre à eux de laisser leur magasin ouvert, et d'assurer le service de la clientèle, par eux-mêmes, ou avec le concours des personnes de leur famille [3].

Les *gérants* de succursales doivent, pour l'application de la loi, être assimilés aux chefs d'entreprise; ils ne sont donc, pas plus que ceux-ci, astreints au repos hebdomadaire (arg. art. 13 de la loi) [4].

Mais l'on ne saurait assimiler ni à des associés, ni à des gérants, les *commis intéressés*, le contrat qui les unit au patron n'étant qu'une variété du louage de services [5].

---

[1] Jugé en ce sens que les seuls domestiques exclus du bénéfice de la loi sont les *gens de maison* ou domestiques attachés à la personne. Peuvent au contraire l'invoquer tous les domestiques qui concourent à l'exercice de la profession de leur maître, ce qui est le cas par exemple de tout le personnel des hôtels-restaurants. — Cass., 2 févr. 1907, D. 1907, 1, 306; 5 juill. 1907, S. 1907, 1, 536; Trib. simple police Lille, 3 nov. 1906, D. 1906, 2, 374; Trib. corr. Lyon, 21 févr. 1907 (*Mon. jud. Lyon*, 4 avril); — ou du concierge d'un établissement industriel (Circ. ministre com., 3 sept. 1906). — Cf. chron. des *Annales de droit commercial*, 1907, 217.

[2] Cass., 2 févr. 1907; 4 mai 1907, précités.

[3] Il convient d'admettre ici l'exception expressément consacrée par les lois de 1892, 1893 et 1903 au profit des *ateliers de famille*. — Pourront donc travailler le dimanche, concurremment avec le patron, et en dehors de ses associés, sa femme, ses enfants et pupilles. — Mais l'atelier ou magasin cesse de bénéficier de la dispense si l'on y emploie, ne fût-ce qu'un seul auxiliaire étranger ou même un collatéral, un neveu ou un cousin par exemple (arg. art. 1er, al. 3, l. 2 nov. 1892). — *Sic* : Cass., 7 mars 1907, S. 1907, 1, 64; D. 1907, 1, 305, et note Lacour.

[4] Cass., 2 févr. 1907, D. 1907, 1, 107, S. 1907, 1, 246; 7 juin 1907, S. 1907, 1, 524; 25 oct. 1907, *Gaz. trib.*, 10 nov. — C'est aux juges du fond à apprécier, en cas de doute, si les personnes qui ont travaillé le dimanche dans une succursale sont des employés ordinaires ou des gérants auxquels le repos n'est pas dû. — Mêmes arrêts. — Cf. Cass., 19 avr. 1907, S. 1907, suppl., p. 58.

[5] Tel est le cas des cochers qui conduisent des voitures munies de compteurs, et sont rémunérés par une quote-part des recettes. N'étant pas des associés, ils ont droit au repos hebdomadaire. — Trib. simple police Paris, 2 mars 1907, S. 1907, 2, 227, D. 1907, 5, 23. — Sur la condition juridique du commis intéressé, v. *infra*, n° 1367.

Quant aux voyageurs de commerce, la liberté d'action dont ils jouissent pour l'exercice du mandat salarié qui leur est confié ne permet pas de les faire bénéficier de la loi de 1907, bien qu'ils ne soient pas les associés du chef d'entreprise [1].

b) Quant aux établissements réglementés. — A ce point de vue, le domaine de la protection légale est aussi large que possible. — Il englobe, de même que la loi du 12 juin 1893, amendée en 1903, sur l'hygiène et la sécurité des travailleurs, dont la loi de 1906 est, en un certain sens, le complément logique, l'ensemble des établissements industriels et commerciaux, y compris les manufactures dépendant de l'Etat, et les ateliers, ouvroirs, etc., ayant un caractère d'enseignement professionnel ou de bienfaisance.

La loi de 1906, toutefois, à la différence de la loi de 1903, ne s'applique pas aux *bureaux*, études d'officiers ministériels ; elle ne protège pas non plus les fonctionnaires de l'Etat puissance publique, dont l'immense majorité, du reste, bénéfice depuis longtemps du repos du dimanche.

La loi est également inapplicable aux ouvriers et employés des entreprises de transport, par eau ou par voie ferrée, dont les repos sont déterminés par des règlements spéciaux. En fait, les compagnies de chemins de fer ont pris récemment des dispositions en vue d'assurer à l'ensemble de leur personnel *cinquante-deux jours par an* de suspension de travail, en dehors du repos périodique déjà prévu, dans un but de sécurité, par les arrêtés ministériels (lettres des directeurs des compagnies au ministre des travaux publics, 21 septembre 1906).

La jurisprudence considère, par contre, comme assujetties à la loi, les autres entreprises de transport par terre, tramways, chemins de fer miniers ou industriels, etc. [2].

825 *bis.* — B. De la réglementation légale. — *a) Le principe.* — Le repos hebdomadaire, dit l'article 1er *in fine*, doit avoir une durée minima de *vingt-quatre heures consécutives* [3]. Ce repos (art. 2, al. 1er) *doit être donné le dimanche.*

De ces deux dispositions combinées, il résulte nécessairement que le repos légal doit coïncider *exactement* avec la journée du dimanche, comptée de minuit à minuit. Ce mode de computation ne devrait être écarté que dans l'hypothèse de repos donné *par roulement.* Il suffit, en

[1] Trib. simple police Nancy, 1er déc. 1906, *Gaz. trib.*, 12 déc. 1906.

[2] Crim. cass., 17 mai 1907, S. 1907, suppl., p. 64.

[3] Commet en conséquence une infraction à la loi le patron qui ne donne pas, chaque semaine, à ses employés, un repos de vingt-quatre heures consécutives, alors même que le total des heures de repos qu'il leur laisserait chaque jour excéderait le chiffre fixé par la loi. — Cass., 2 févr. 1907, S. 1907, 1, 246.

ce dernier cas, qu'il ait une durée de vingt-quatre heures consécutives. Si l'on n'adoptait pas cette interprétation, la loi ne pourrait être respectée pour les équipes de travaux continus, qu'en fixant à midi et à minuit l'heure de commencement de travail : solution inacceptable dans la pratique (Circul. min. com., 3 sept. 1906).

Le chômage imposé par la loi est un chômage absolu ; il y aurait contravention dans le fait d'employer, le dimanche, un ouvrier faisant partie du personnel régulier à des travaux accessoires [1].

Mais le patron, n'étant nullement tenu de fermer son établissement le dimanche (v. *supra*), pourrait en assurer le service à l'aide d'*extras*, c'est-à-dire d'auxiliaires *occasionnels* ne faisant point partie de son personnel régulier. Toutefois, il y aurait violation de la loi de la part d'un patron qui, pendant la durée du repos collectif légalement fixé au dimanche, occuperait dans son établissement, *d'une manière habituelle*, les mêmes employés et ouvriers, alors même que ceux-ci n'y seraient appelés à aucun travail les jours ouvrables. En pareil cas, en effet, ces employés *dominicaux*, pourrait-on dire, feraient réellement partie du personnel régulier de l'établissement ; or, d'après la loi, le repos du dimanche est dû indistinctement à *tout* le personnel, sauf dans les cas exceptionnels où le repos par roulement est autorisé [2].

L'une des questions les plus délicates que l'application de la loi de 1906 ait fait surgir est celle de savoir si les patrons ont pu, au lendemain de sa mise en vigueur, retenir sur le salaire convenu une quote-part correspondant à ce jour de repos non prévu lors de la conclusion du contrat de travail ? La question ne saurait se poser, ni pour les ouvriers payés à la journée, ni pour ceux payés à la tâche ou aux pièces. Mais que décider relativement aux ouvriers payés au mois, ou à la semaine comme les ouvriers boulangers ? Après quelque flottement, la jurisprudence a admis que le prix global correspondant à la semaine ouvrable, et stipulé avant la mise en vigueur du régime nou-

---

[1] Cass., 6 juill. 1907, S. 1907, 1, 480. — Il importe peu, la prohibition légale étant d'ordre public, que l'ouvrier ait formellement consenti à travailler ; une telle convention serait nulle et non avenue. — Trib. simple police Paris, 30 janv. 1907, D. 1907, 5, 15.

[2] Telle est du moins la distinction ingénieuse et, à notre avis, juridique, par laquelle la Cour de cassation a solutionné cette très délicate question des *extras*. — Cass., 19 janv. 1907, S. 1907, 1, 103, et note Roux, D. 1907, 2, 107 ; 2 février 1907, D. 1907, 1, 105, et note Lacour (approbative) ; 20 avril 1907, D. 1907, 5, 39 ; 4 mai 1907, S. 1907, 1, 293. — Cette distinction toutefois est combattue, et par les partisans d'une interprétation stricte des prescriptions légales, pour lesquels tout recrutement d'un personnel d'*extras* est irrégulier (*Sic* : Trib. simple police Paris, 25 janv. 1907, *Gaz. trib.*, 25 janv. — Cf. circ. minist. 3 sept. 1906), et par les libéraux, désireux au contraire de donner à la loi plus de souplesse, et favorables par conséquent à la légalité, en toute hypothèse, de la combinaison des extras. — *Sic* : Bonnard, *op. cit.*

veau, était intégralement dû jusqu'à la dénonciation du contrat en cours, sous réserve cependant du droit pour le patron de ne pas payer, pour le jour de repos, certains suppléments d'usage impliquant une prestation de travail correspondante (suppl. de 0 fr. 20 pour le vin, par exemple, alloué aux ouvriers boulangers)[1].

b) *Les exceptions au principe.* — Une loi sur le repos hebdomadaire comporte nécessairement tout un ensemble de restrictions ou dérogations, motivées les unes par la nécessité de pourvoir à l'alimentation régulière des cités, les autres par les exigences impérieuses de certaines industries, qui ne sauraient sans grave dommage se plier au régime de la suspension collective du travail pour tout le personnel qu'elles emploient, d'autres enfin par des considérations diverses (réparations urgentes, nécessité d'observer certains usages locaux, etc.).

Les exceptions admises par la loi française de 1906 peuvent se répartir, en somme, en quatre groupes principaux :

1° Sont admis de droit (art. 3), à donner le repos hebdomadaire *par roulement*, les établissements appartenant à certaines catégories, telles que : la fabrication des produits alimentaires destinés à la consommation immédiate, les hôtels, restaurants et débits, les débits de tabac, entreprises de journaux, de spectacles, musées et expositions, d'éclairage et de distribution d'eau ou de force motrice, de transport par terre (autres que les chemins de fer), etc.

Pour toutes ces catégories, énumérées par la loi, et pour toutes les industries analogues énumérées dans le décret organique du 14 août 1907, le roulement du personnel, permettant à l'entreprise de fonctionner sans arrêt, est *de droit*. Le chef d'industrie n'a donc de ce chef aucune autorisation à demander[2].

De l'art. 3[3], il convient de rapprocher tout un ensemble de dérogations auxquelles les industriels sont libres de recourir, aux termes de l'art. 5, moyennant un simple préavis adressé à l'inspecteur du travail (art. 10). C'est ainsi, notamment, que dans tout établissement qui aura le repos hebdomadaire au même jour pour tout le personnel, le repos hebdomadaire pourra être réduit à une demi-journée pour les personnes employées à la conduite des générateurs et des machines motrices, au nettoyage des locaux, etc. ; — que dans les établissements de vente de

---

[1] Cass., 8 janv. 1907, S. 1907, 1, 233, D. 1907, 1, 57, et note Lacour.

[2] Ainsi jugé, relativement aux boulangeries (Cass., 24 janv. 1907, D. 1907, 1, 108), aux entreprises de location de bicyclettes (Trib. simple police Orléans, 15 déc. 1906, S. 1907, 2, 148), etc.

[3] L'art. 3 *in fine* renvoie à un règlement d'admin. publique pour la détermination des dérogations particulières au repos des spécialistes occupés dans les *usines à feu continu*, telles que hauts fourneaux. — Ce règlement n'a pas encore été promulgué.

denrées alimentaires au détail, le repos peut être donné le dimanche après-midi, avec un repos compensateur, par roulement et par semaine, d'une autre après-midi pour les employés âgés de moins de vingt et un ans et logés chez leur patron, et, par roulement et par quinzaine, d'une journée entière pour les autres employés, etc.

2° Aux termes de l'art. 2, lorqu'il est établi que le repos simultané, le dimanche, de tout le personnel d'un établissement serait *préjudiciable au public*, ou compromettrait le *fonctionnement normal* de cet établissement, le repos peut être donné, soit constamment, soit à certaines époques de l'année, ou bien :

a) Un autre jour que le dimanche à tout le personnel de l'établissement;

b) Du dimanche midi au lundi midi ;

c) Le dimanche après-midi avec un repos compensateur d'une journée par roulement et par quinzaine ;

d) Par roulement à tout ou partie du personnel.

Pour les établissements de ce second groupe, à la différence de ceux visés par l'art. 3, le roulement, ou les autres dérogations prérappelées, ne constituent pas un droit, mais une faveur spéciale et individuelle, accordée après enquête. Toute dérogation doit donc faire l'objet d'une demande, en les formes indiquées ci-après, et l'industriel ne peut ne faire usage que lorsque sa demande a été dûment agréée.

3° Le repos hebdomadaire peut être suspendu (art. 4), *en cas de travaux urgents*, dont l'exécution immédiate est nécessaire pour organiser des mesures de sauvetage, pour prévenir des accidents imminents. Tout chef d'entreprise qui veut faire usage de cette faculté doit en aviser immédiatement, et, sauf le cas de force majeure, avant le commencement du travail, l'inspecteur de la circonscription. Il doit faire connaître à ce fonctionnaire les circonstances qui justifient la suspension du repos, indiquer la date et la durée de cette suspension, et spécifier le nombre d'employés et d'ouvriers auxquels elle s'applique (Décret 24 août 1906, art. 3) [1].

4° Enfin les art. 6 et 7 autorisent certaines industries, notamment les industries de plein air, celles qui ne travaillent qu'à certaines époques de l'année [2], celles qui emploient des matières périssables, et les éta-

[1] Signalons ici une lacune. — La loi n'indique pas comment et par quelle juridiction pourra être tranché le désaccord entre l'industriel et l'inspecteur sur l'opportunité ou sur la durée de la suspension du repos.

[2] Cette formule vise uniquement, d'après la jurisprudence, les industries qui cessent complètement le travail pendant certaines périodes, et non celles qui, soumises à l'influence de la mode, travaillent toute l'année et ont des périodes de morte-saison ou de surproduction. — Trib. simple police Seine, 9 févr. 1907, S. 1907, 2, 180. — A ce point de vue, la loi de 1906 serait donc plus stricte que celle de 1892.

blissements soumis au contrôle de l'État ou exécutant des travaux pour son compte et dans l'intérêt de la défense nationale, à suspendre le repos hebdomadaire quinze fois par an (sous condition de préavis). — En ce qui concerne les entreprises où les intempéries déterminent des chômages, les repos forcés viendront, au cours de chaque mois, en déduction des jours de repos hebdomadaire.

825 *ter*. — C. Procédure et voies de recours. — Lorsqu'un établissement quelconque veut bénéficier de l'une des exceptions prévues au § 2 de l'art. 2, il (lisez le propriétaire ou le gérant) est tenu d'adresser une demande au préfet[1] du département (art. 8). — Celui-ci doit demander d'urgence les *avis* du Conseil municipal, de la Chambre de commerce de la région et des syndicats patronaux et ouvriers intéressés de la commune. Ces avis doivent être donnés dans le délai d'un mois. Le préfet statue ensuite par un arrêté motivé qu'il notifie dans la huitaine.

La consultation préalable des autorités spécifiées au texte est obligatoire. Le préfet est libre sans doute de ne pas se conformer aux avis émis par ces différents corps, avis qui d'ailleurs peuvent être divergents et contradictoires ; mais il est tenu de les demander ; il y là une formalité substantielle dont l'absence vicie l'arrêté préfectoral[2]. L'on ne saurait donc, malgré les termes de la circulaire ministérielle du 9 août 1906, reconnaître aux préfets la faculté d'accorder des autorisations provisoires en attendant la fin de l'instruction des demandes en dérogation[3].

Le pouvoir d'appréciation conféré au préfet n'est pas un pouvoir discrétionnaire. Il doit au contraire s'inspirer dans sa décision des considérations énoncées en l'art. 2 (intérêt du public, nécessités de l'industrie) ; s'il s'en écartait, il appartiendrait au Conseil d'État, saisi d'un recours pour excès de pouvoir, dans la quinzaine de sa notification, d'annuler l'arrêté et de renvoyer le réclamant devant le préfet pour la délivrance de l'autorisation à laquelle il a droit[4].

Aux termes de l'art. 7, l'autorisation accordée à un établissement

---

[1] Préfet de police à Paris. — Cons. d'Etat, 30 nov. 1906, S. 1907, 3, 19, D. 1907, 3, 1.

[2] Cons. d'Etat, 30 nov. 1906, S. 1907, 3, 19, D. 1907, 3, 1 ; Cass., 1er mars 1907, S. 1907, 1, 208.

[3] Cons. d'Etat, 12 juill. 1907, S. 1907, 3, 99. — Mais il ne saurait dépendre du mauvais vouloir du corps consulté de retarder indéfiniment la solution. Si par exemple une Chambre de commerce, se dérobant à son devoir, refuse d'émettre un avis, le préfet est libre de statuer, aussitôt le délai d'un mois expiré. — Cons. d'Etat, 28 déc. 1906, D. 1907, 3, 13.

[4] Cons. d'Etat, 30 nov. 1906 (deux arrêts), S. 1907, 3, 17, et note Hauriou ; D. 1907, 3, 1 ; 12 juill. 1907, S. 1907, 3, 99. — Cf. Bonnard, *op. cit.*

doit être étendue aux établissements de la même ville *faisant le même genre d'affaires et s'adressant à la même clientèle*. Cette prescription est facile à justifier ; il serait inadmissible que l'administration, par des autorisations arbitrairement accordées ou refusées, favorisât tel ou tel établissement au détriment de ceux qui lui font directement concurrence. Mais doit-on conclure de cette disposition que l'autorisation obtenue par un établissement déterminé, un magasin de coiffure par exemple, bénéficie *ipso facto* à *tous* les établissements similaires de la ville, qui se verraient ainsi dispensés de solliciter une autorisation ? — Non, incontestablement : des art. 2 *in fine* et 7 combinés il résulte que toute dérogation basée sur l'art. 2 doit faire l'objet d'une demande spéciale ou individuelle, et être instruite dans les formes précisées par l'art. 8. C'est à l'administration seule, en effet, qu'il appartient d'apprécier si tel établissement, qui entend se prévaloir de la dérogation préalablement accordée à un autre établissement, est bien réellement, comme l'affirme son gérant, *similaire* de ce dernier dans le sens de l'art. 7, c'est-à-dire s'il fait exactement le même genre d'affaires et s'il s'adresse à la *même clientèle* [1].

Supposons que l'industriel se soit pourvu au Conseil d'Etat contre l'arrêté de refus du préfet : quelle sera sa situation pendant la période intérimaire ? La difficulté provient de l'art. 9, lequel attribue au recours devant le Conseil d'Etat un caractère *suspensif*. Une fraction de la jurisprudence avait cru pouvoir conclure, de ce caractère suspensif, au droit pour l'industriel d'agir en cours d'instance comme si l'autorisation lui avait été accordée [2]. Cette solution était difficilement conciliable avec les dispositions de l'art. 2, décidant que l'industriel ne pourra recourir à l'une des combinaisons de faveur énumérées en cet article que lorsqu'il aura demandé *et obtenu* l'autorisation nécessaire. Aussi la chambre criminelle s'est-elle prononcée nettement pour la négative [3].

Sur l'organisation du contrôle, v. le décret du 24 août 1906, amendé le 13 juill. 1907. — Sur les sanctions de la loi, v. *infra*, nos 829 et s., et 838 *bis*.

---

[1] La similitude du commerce exercé ne suffit pas, il faut encore qu'il y ait identité de clientèle. Aussi l'autorisation peut-elle être accordée, par exemple, aux coiffeurs des faubourgs d'une ville, dont la clientèle est plus spécialement ouvrière, et refusée à ceux du centre. — Sur la nécessité d'une autorisation individuelle, v. Cons. d'Etat, 28 déc. 1906, S. 1907, 3, 19. — Cf. concl. de M. le commiss. du gouvern. Romieu sous cet arrêt ; Révillon, p. 117 ; Bry, p. 351 ; Bonnard, *op. cit.*

[2] Trib. simple police Bergerac, 17 nov. 1906, sous Cass., 18 janv. 1907, S. 1907, 1, 109 ; Trib. corr. Lorient, 9 janv. 1907, *Gaz. trib.*, 16 janv. 1907. — Cf. Bonnard, *op. cit.*

[3] Crim. cass., 18 janv. 1907, S. 1907, 1, 109 ; D. 1907, 1, 153, et note Lacour ; 24 janv. 1907, D. 1907, 1, 153. — *Sic* : Mesnard, no 108.

§ 4. — Sanctions des lois réglementant le travail. — Inspection ; pénalités.

826. — La loi de 1874, pour assurer l'observation de ses prescriptions, avait organisé, et les lois réglementaires postérieures (1892, 1893, 1900) ont maintenu, en le perfectionnant, tout un système *préventif* ou de surveillance, complété par un ensemble de *pénalités* destinées à réprimer les contraventions.

I. — Système préventif.

826 *bis*. — Le système préventif résulte de la combinaison de trois ordres de mesures : *a*) Livret de travail ; — *b*) Affichage ; — *c*) Inspection, et commissions. — Livret et affichage ne concernent que les femmes et les enfants. Le régime de l'inspection, au contraire, est beaucoup plus général, et peut être considéré comme le couronnement, la clé de voûte de toute la réglementation légale.

A. Livret de travail. — **827.** — Supprimé pour l'ouvrier, qui le considérait comme une atteinte à sa liberté et à sa dignité (L. 2 juillet 1890, V. *infra*, nos 1150 et s.) le livret de travail a été maintenu, *à titre de protection*, pour les enfants des deux sexes mineurs de 18 ans. Ce livret est délivré gratuitement par le maire (ou à Paris par le préfet de police) aux père, mère ou tuteur de l'enfant ; l'on y inscrit les nom et prénoms de l'enfant, son âge et lieu de naissance et son domicile ; de plus, si l'enfant a moins de 13 ans, le livret doit mentionner qu'il est muni d'un certificat d'études primaires. Ces indications permettent au chef d'industrie de savoir quels sont les travaux auxquels il peut être légalement affecté, et aux inspecteurs de constater les contraventions. D'après l'opinion générale, le maire compétent pour délivrer le livret est le maire du domicile de l'enfant, et non pas le maire du lieu de sa naissance. Le livret est exigé, non seulement pour les enfants travaillant en qualité d'ouvriers, mais encore pour les enfants placés en apprentissage, sans préjudice des formalités spéciales imposées par la loi de 1851 pour la rédaction de l'acte constatant la formation du contrat d'apprentissage. — Il l'est également dans les ouvroirs, orphelinats et ateliers de charité, et ne saurait être remplacé, en ce qui concerne cette catégorie d'établissements, par le tableau et l'état nominatif prévus à l'article 11, § 4 et 5. — Les travaux préparatoires de la loi de 1892 démontrent en effet que, bien loin de vouloir créer pour les établissements charitables un régime de faveur, le législateur de 1892 a entendu leur imposer des obligations spéciales et supplémentaires, dans l'intérêt des enfants confiés à leur garde, et en vûe de prévenir certaines fraudes [1].

Les parents de l'enfant doivent remettre le livret au patron lors de l'entrée de l'enfant dans l'atelier ; le patron doit y inscrire les dates d'entrée et de sortie, et reporter le tout sur un registre *ad hoc*. Le patron doit même, si des irrégularités [2] ont été commises par le maire dans la tenue des livrets, corriger sur son registre les irrégularités, et y inscrire toutes les mentions requises par la loi [3].

B. Affichage. — **828.** — Art. 11 : « Les patrons sont tenus de faire afficher dans chaque atelier les dispositions de la présente loi. Ils afficheront également les heures auxquelles commencera et finira le travail, ainsi que les heures et la durée du repos ».

Cet affichage, qui doit être fait dans chaque atelier d'une façon visible et permanente, a pour but de renseigner les ouvriers sur l'étendue de leurs droits, afin qu'ils puissent se plaindre auprès de l'inspecteur des contraventions commises à leur préjudice [4].

C. Inspection du travail, et commissions [5]. — **829.** — **Organisation du service d'inspection.** — La loi a confié à des *inspecteurs* et *inspectrices*, la mission de veiller à l'application des lois réglementant le travail. Sous l'empire de la loi de 1874, les inspecteurs division-

---

[1] Crim. cass., 7 et 8 décembre 1900, D. 1902, 2, 57, la note et le rapport de M. le conseiller Dumas. — V. cependant en sens contraire : Lagrésille, p. 100; Dall., *Suppl. au Rép.*, v° *Travail*, n°s 1071 et 1081.

[2] Sur ces irrégularités, trop fréquentes en pratique, v. la circul. du ministre du travail du 14 avril 1908 (*Bull. Off. trav.*, 1908, 488).

[3] Sur l'obligation pour le chef d'industrie de veiller à ce que tous les jeunes ouvriers soient munis du *livret*, v. trib. de simple police de Troyes, 29 décembre 1893, D. 1894, 2, 185. — Sur l'obligation pour le chef d'industrie, ou ses préposés, de représenter les livrets à toute réquisition, v. Cass., 13 janv. 1905, *Gaz. Pal.*, 14 févr. 1905.

[4] Cette prescription est générale, et s'applique aussi bien aux établissements de bienfaisance qu'aux autres établissements industriels : Crim. cass., 7 et 8 décembre 1900, précités. — Sur la jurisprudence relative aux horaires, v. *supra*, n° 799.

[5] Législation : Loi du 16 février 1883 ; loi du 2 novembre 1892, art. 18-25 ; décret du 13 décembre 1892, modifié par les décrets des 10 mai 1902, 17 mai 1905, 11 juill. 1906, 3 mai 1907 (*Bull. Off. trav.*, 1907, 608) et 26 mars 1908 ; loi du 12 juin 1893, articles 4, 6 et 10 ; loi du 9 avril 1898, articles 11 et 31 ; loi du 30 mars 1900 ; lois des 29 décembre 1900, 11 juill. 1903, 13 juill. 1906.

Bibliographie : Cons., outre les ouvrages généraux sur la législation industrielle ou la réglementation du travail (V. *supra*, n°s 609 et 700, etc.) : Colmart, *De l'inspection du travail en France*, 1899; Rouquet, *Traité de l'inspection du travail*, 1902 ; A. Fontaine, *Notes sur l'inspection du travail au moyen de délégués ouvriers en France* (*Congr. de Paris*, p. 350) ; Pournin, *L'inspection du travail*, 1904 ; Hugues, Bec, th. 1907 ; Cohendy et Darras, p. 800 et suiv.

naires, au nombre de 21, dépendaient seuls de l'Etat; les conseils généraux étaient libres de nommer des inspecteurs départementaux, rétribués sur le budget du département. Cette organisation était vicieuse; les inspecteurs départementaux, en nombre très insuffisant, échappaient trop aisément au contrôle des inspecteurs divisionnaires.

Aujourd'hui, tous dépendent directement de l'Etat (art. 18 et 19), et sont nommés, après concours, par arrêté du ministre du travail [1]. Le décret du 13 décembre 1892 a réduit le nombre des circonscriptions à 11; mais les 11 inspecteurs divisionnaires ont sous leurs ordres 122 inspecteurs ou inspectrices départementaux, titulaires ou stagiaires [2].

830. — Attributions et pouvoirs des inspecteurs. — Les attributions des inspecteurs se sont considérablement accrues, depuis la première organisation régulière du service par la loi de 1874 sur le travail des enfants, au fur et à mesure que se développait la législation protectrice des travailleurs. A l'heure actuelle, les inspecteurs du travail ont pour mission de veiller à l'application des lois suivantes: — Lois des 2 novembre 1892 et 30 mars 1900 sur le travail des enfants et des femmes dans l'industrie; — Lois du 9 septembre 1848 et du 30 mars 1900 sur le travail industriel des hommes adultes; — Loi du 29 décembre 1900 sur les conditions du travail des femmes employées dans les magasins, boutiques et autres locaux en dépendant; — Loi du 13 juillet 1906 sur le repos hebdomadaire; — Loi des 12 juin 1893 et 11 juillet 1903 sur l'hygiène et la sécurité des travailleurs dans les établissements industriels et commerciaux; — Loi du 7 décembre 1874 sur l'emploi des enfants dans les professions ambulantes (Cp. art. 8, loi de 1892 sur les enfants employés dans les théâtres et cafés-concerts sédentaires). — De plus, les inspecteurs sont appelés à coopérer, sur certains points précis (art. 11 et 31), à l'exécution de la loi du 9 avril 1898 sur les accidents du travail, amendée par une série de lois postérieures [3].

---

[1] Sur les conditions du concours d'admission, v. délibération de la Commission supérieure du 29 novembre 1892, homologuée par le ministre le 7 décembre 1892 (Rouquet, p. 14 et suiv., et annexe, p. 275). Les conditions du concours ont été récemment simplifiées, en vue de faciliter l'accès de l'inspectorat, jusqu'ici plutôt réservé aux ingénieurs, aux simples ouvriers possédant une instruction générale et technique suffisante (*Quest. pratiques*, 1901, 245). — Cf. Bailly, *Guide des candidats aux emplois d'inspecteurs*.

[2] Le décret de 1892 ne créait que 92 inspecteurs ou inspectrices; le chiffre en a été porté à 110 par le décret de 1902, et à 122 par celui de 1908.

[3] Ils sont également préposés, concurremment avec la régie des contributions indirectes et les vérificateurs des poids et mesures, à la surveillance des *filatures de soie*, pour l'attribution des primes allouées à la *sériciculture* (l. 2 avril et décr. 28 mai 1902, Rouquet, p. 76).

Le contrôle des inspecteurs s'étend donc aujourd'hui, plus ou moins complètement, aux établissements industriels de tous ordres, y compris les établissements dépendant de l'Etat, ou les orphelinats (Cass., 28 mars 1901, D. 1903, 1, 225), aux chantiers, entreprises de transports, docks, etc., visés spécialement par la loi de 1898, aux entreprises de spectacles publics, sédentaires ou ambulants, aux magasins et boutiques (depuis les lois des 29 décembre 1900, 11 juillet 1903 et 13 juillet 1906), aux colonies pénitentiaires. — V. les documents statistiques fournis *infra*, n° 868.

Echappent au contraire à leur surveillance : les travaux *agricoles* et exploitations *forestières* ; le travail *domestique* ; le travail *scientifique* (V. *supra*, nos 786 et s.) ; les travaux *souterrains*, dont la surveillance est réservée au corps des *mines* (V. *supra*, n° 644).

Les *ateliers de famille* n'en sont exclus qu'en apparence : pour savoir en effet s'il n'y est pas fait emploi d'appareils mécaniques, ou si l'on n'y emploie réellement que des membres de la famille (V. *supra*, n° 793), les inspecteurs doivent exercer sur ces locaux une surveillance discrète, mais active [1].

831. — Les inspecteurs sont investis des droits les plus étendus pour contrôler l'exécution des lois énumérées plus haut et assurer la répression des contraventions. La carte d'identité dont ils sont munis, après avoir prêté le serment professionnel imposé par l'article 18 de la loi de 1892, leur confère en effet le droit de pénétrer en tout temps et à toute heure dans les établissements manufacturiers, commerciaux ou autres soumis à leur contrôle [2].

Ils peuvent procéder à un examen complet du matériel (hygiène et sécurité), et du personnel, interroger les ouvriers, se faire présenter les livrets des enfants, registres, feuilles de présence à l'école et état nominatif trimestriel (pour les établissements d'enseignement professionnel et de bienfaisance), s'informer de la répartition des ouvriers par équipes, des heures d'entrée, de sortie et de repos, etc. [3].

---

[1] Pour plus de développements sur ces différents points, v. Rouquet, p. 58 et s.

[2] La visite peut donc avoir lieu, soit un jour ouvrable, soit un dimanche ou jour férié, soit de jour, soit *de nuit*, dans les établissements autorisés à travailler la nuit, ou soupçonnés de soumettre leur personnel à un travail de nuit clandestin. Toutefois, sur ce dernier point, la jurisprudence décide que l'inspecteur ne peut pénétrer *de nuit* dans un établissement où l'on ne travaille ordinairement que de jour, que sur des indices graves, constatés par lui du dehors, qui font présumer qu'un travail de nuit prohibé s'accomplit dans cet établissement (Nancy, 21 juin 1900, et sur pourvoi Crim. cass., 12 juill. 1902, D. 1903, 1, 427).

[3] Sur la coopération des syndicats à la recherche des infractions aux lois sur le travail, v. les circul. du min. du comm., en date du 19 janvier 1900, aux inspecteurs divisionnaires et aux secrétaires des syndicats professionnels et des Bourses du travail (*Quest. prat. de législ. ouvr.*, 1900, p. 147). — Sur le droit pour un syndicat

832. — Procès-verbaux et rapports. — En cas de contravention constatée, l'inspecteur (sous réserve des prescriptions spéciales de la loi de 1893 sur la mise en demeure, V. *supra*, n° 637) dresse un procès-verbal en double exemplaire : l'un est envoyé au préfet, l'autre au parquet. Ces procès-verbaux font foi jusqu'à preuve contraire (art. 20).

Le ministère public, d'ailleurs, peut connaître des contraventions commises sans en être saisi par un procès-verbal : il pourrait d'office mettre l'action publique en mouvement contre un chef d'industrie coupable, que l'inspecteur aurait négligé de lui signaler [1].

Les inspecteurs doivent adresser chaque année au ministre du travail un double rapport, l'un sur les résultats de leur inspection et les faits survenus dans leur circonscription, l'autre sur la statistique industrielle de la circonscription (art. 21). Ces deux rapports servent de base au rapport d'ensemble dressé annuellement par les soins de la Commission supérieure (art. 21 et 23), et publié au *Journal officiel*. — Les rapports de la Commission supérieure sur l'application des lois de 1848 et 1892 paraissent régulièrement chaque année depuis 1893 [2].

833. — Commission supérieure du travail dans l'industrie, et commissions départementales. — Sous l'empire de la loi de 1874, les inspecteurs étaient assistés dans leur tâche par des commissions locales. Ces commissions, composées de cinq à sept membres nommés par le préfet sur une liste de présentation dressée par le Conseil général, non rétribués, avaient pour mandat de contrôler et de compléter le service d'inspection ; elles jouissaient, dans ce but, concurremment avec les inspecteurs, du droit de visite. Ce système avait un vice capital : il soumettait les inspecteurs au contrôle d'une commission comprenant toujours parmi ses membres un ou plusieurs chefs d'industrie assujettis à l'inspection, et paralysait ainsi l'action de la loi, au lieu de la stimu-

---

ouvrier d'agir, comme représentant les intérêts collectifs de la corporation, pour faire respecter la loi de 1906, v. Cass., 23 mars 1907, S. 1907, 1, 248. — V. aussi *supra*, n° 427 *bis*.

[1] Une circulaire en date du 10 novembre 1900 (*Quest. prat.*, 1902, 90) du ministère du commerce aux préfets a attiré leur attention sur ce fait que les *officiers de police judiciaire* ont, au même titre que les inspecteurs du travail, qualité pour relever les contraventions aux lois de 1892 et 1893. — En fait, les commissaires de police, officiers de gendarmerie, gardes champêtres, dans les communes rurales, sont mieux placés que les inspecteurs pour constater certaines infractions commises sur la voie publique (jeunes travailleurs poussant des charges supérieures à celles déterminées par les règlements, etc.).

[2] Les rapports annuels de la *Commission supérieure du travail dans l'industrie*, et des inspecteurs divisionnaires forment un volume édité chaque année par les soins du ministère du commerce (ministère du travail depuis 1906). — V. également le texte ou l'analyse de ces rapports dans le *Bulletin de l'inspection du travail*, le *Bulletin de l'Office du travail*, les *Questions pratiques de législ. ouvr.* (depuis 1900).

ler. Aussi, la loi de 1892 a-t-elle remplacé les commissions locales par des *Commissions départementales*, purement consultatives (art. 24).

Le législateur de 1892 a maintenu au contraire, et même fortifié la *Commission supérieure*, composée de neuf membres, deux sénateurs, deux députés élus par leurs collègues, et cinq membres nommés pour quatre ans par le Président de la République. Les attributions de cette commission, constituée à Paris, auprès du Ministre du commerce et de l'industrie (Ministre du travail depuis 1906), consistent à surveiller l'application des lois réglementaires sur tout le territoire, grâce à la concentration dans ses bureaux de tous les rapports des inspecteurs et des commissions départementales, à donner son avis sur les règlements nouveaux, à arrêter le programme du concours d'admission à l'inspectorat, à rédiger enfin le rapport annuel dont il est question précédemment.

A côté de ces organes essentiels au fonctionnement de la réglementation légale, la loi de 1892 a institué, mais uniquement dans l'intérêt des jeunes ouvriers, un rouage complètement nouveau, les *comités de patronage* départementaux (art. 25). — Ces comités ont un double objet : protection des apprentis et des enfants employés dans l'industrie ; développement de leur instruction professionnelle (V. *infra*).

II. — Système répressif

A. Loi de 1892, amendée par la loi de 1900. — **834**. — D'après la loi de 1874, le chef d'industrie coupable d'infraction aux prescriptions légales était passible d'une amende correctionnelle. La loi de 1892 a réduit, en principe, l'amende au taux des peines de simple police (5 à 15 fr.), d'où attribution de compétence au profit du juge de paix. L'amende est encourue par celui qui a la direction de l'établissement ; elle est donc infligée, tantôt au propriétaire de l'établissement industriel, tantôt, si le propriétaire n'en a pas la direction effective, au directeur ou gérant (art. 26) [1]. Dans ce dernier cas, le propriétaire pourrait être condamné à des dommages-intérêts, comme civilement responsable de son gérant (art. 26 *in fine*).

835. — L'amende, décide l'article 26, sera appliquée autant de fois

---

[1] Cass., 24 juillet 1897, S. 99, 1, 105, et note Tissier ; 28 juin 1902, D. 1903, 1, 58. — Mais la responsabilité pénale des contraventions commises ne saurait incomber à des employés subalternes n'ayant aucune part dans la direction, et n'ayant par conséquent aucun pouvoir pour intervenir dans l'organisation du travail de l'usine, tels que des contremaîtres : Crim. rej., 16 mai 1896, D. 97, 2, 82 ; Trib. corr. Boulogne-sur-Mer, 11 juin 1901, D. 1902, 2, 118.

qu'il y aura de personnes employées dans des conditions contraires à la loi. Cette formule, par application de la règle du cumul des peines en matière de contraventions de simple police (Chauveau et Faustin-Hélie, *Théorie du Code pénal*, 6e éd., t. VI, p. 315), proscrit implicitement la multiplication de l'amende par le nombre des journées pendant lesquelles *une même contravention* se serait prolongée ; mais elle implique au contraire l'application à l'industriel d'autant d'amendes qu'il y aura de *contraventions distinctes* commises, et ce, alors même qu'elles s'appliqueraient toutes à un même ouvrier. En admettant par exemple que l'on ait employé un enfant avant l'âge légal, à des travaux prohibés, pendant un temps supérieur à la durée légale, l'on sera en présence de trois contraventions distinctes, donnant lieu *chacune* à une amende [1].

836. — *Récidive.* — En cas de *récidive*, la peine est notablement aggravée (amende de 16 à 100 francs dans le premier cas, de 500 à 1,000 fr. dans le second). Il y a *récidive* lorsque, dans les douze mois antérieurs au fait poursuivi, le contrevenant a déjà subi une condamnation pour une contravention identique. Le taux de la peine applicable entraîne la compétence du tribunal correctionnel (V. art. 27 à 29). Ces pénalités rigoureuses peuvent être abaissées par l'admission de circonstances atténuantes, conformément à l'article 463 du Code pénal, sans qu'en aucun cas l'amende, pour chaque contravention, puisse être inférieure à 5 francs (art. 27 *in fine*). Il résulte, au contraire, du silence de l'article 26, qu'en cas de première condamnation, le patron ne pourrait bénéficier de l'admission des circonstances atténuantes ; le juge ne peut donc descendre au-dessous de 5 francs [2].

Il est même des cas où, en dehors de toute récidive, la pénalité applicable *de plano* est attributive de compétence au profit du tribunal correctionnel ; c'est le cas prévu par l'article 29 (fait d'avoir mis obstacle à l'accomplissement des devoirs d'un inspecteur, amende de 100 à 500, et, en cas de récidive, de 500 à 1,000 fr.).

837. — **Caractères distinctifs des infractions à la loi de 1892.** — Nous avons établi *supra* (n° 814) que la loi de 1892, spéciale à certaines catégories de travailleurs, n'avait nullement été abrogée par la loi du 12 juin 1893, même dans celles de ses prescriptions qui concernent l'hygiène et la sécurité des ateliers. La loi de 1892 puisant en elle-

---

[1] Crim. cass., 31 mars 1898, D. 99, 1, 30; 14 décembre 1901, D. 1901, 1, 176; 8 février 1902 (*Bull. crim.*, n° 61) ; 25 mars 1904, S. 1906, 1, 155, et note Roux. — Cf. Lagrésille, p. 163 ; Bouquet, p. 237. — V. aussi Nancy, 10 mars 1897, D. 98, 2, 20.

[2] Cass., 10 mars 1900, *Gaz. des Trib.*, 26 juillet 1900 ; 23 mars 1907, S. 1907, 1, 248. — Cf. Lagrésille, p. 164.

même sa force exécutoire, les infractions à ses prescriptions, ainsi qu'à celles imposées par le décret réglementaire du 13 juin 1894 rendu pour son exécution, restent soumises au droit commun, et peuvent dès lors être poursuivies *de plano*, sans qu'il soit nécessaire de faire précéder les poursuites d'une *mise en demeure*, comme l'exige, au moins pour les prescriptions contenues dans les décrets complémentaires, l'article 6 de la loi de 1893 (V. *supra*, n° 637) [1].

Remarquons, d'autre part, que les infractions visées par la loi de 1892, ayant le caractère de *délits-contraventions*, la *bonne foi* du délinquant ne saurait, en principe, faire disparaître le délit : tout au plus lui vaudra-t-elle une modération de peine. Par exception, cependant, le patron pourra échapper à toute pénalité en prouvant sa bonne foi, s'il établit qu'il a été induit en erreur par la production d'actes de naissance, livrets ou certificats contenant de fausses énonciations, ou délivrés pour une autre personne (art. 26, § 3).

B. Loi de 1906. — **837** *bis*. — Les dispositions des art. 13 et suiv. de la loi du 13 juillet 1906 sur le repos hebdomadaire sont presque calquées sur les art. 26 et suiv. de la loi de 1892. Les solutions données aux numéros précédents sur le caractère des contraventions à la loi de 1892, sur le taux des pénalités encourues, le cumul des amendes dans tous les cas où plusieurs infractions distinctes sont relevées à la charge du chef d'industrie ou gérant, la possibilité de poursuivre sans mise en demeure, etc., s'appliqueront donc aux infractions prévues et réprimées par la loi de 1906. — Cf. Trib. simple pol. Lille, 3 nov. 1906, D. 1906, 2, 374; Trib. simple pol. Boulogne-sur-Mer, 19 déc. 1906, S. 1907, 2, 84.

C. Lois de 1848 et 1900. — **838**. — Les infractions aux prescriptions des lois de 1848 et 1900 concernant le travail des adultes, même dans les établissements mixtes (V. *supra*, n° 822) ont, à l'inverse de celles prévues par les lois de 1892 ou de 1906, le caractère de délits, passibles du tribunal correctionnel [2]. La peine consiste en effet en une amende de 5 à 100 francs (art. 4); les contraventions donnent lieu à autant d'amendes qu'il y a d'ouvriers indûment employés, sans que le total des amendes infligées par un même jugement puisse excéder 1,000 francs.

Les circonstances atténuantes peuvent toujours être accordées [3].

---

[1] Cons., dans le sens de la non-applicabilité de l'article 6 de la loi de 1893 sur la mise en demeure préalable : Crim. cass., 28 mars 1896, 12 juin 1896, 29 janvier 1897, D. 1900, 1, 241, et notre note. — *Contra* : Deschamps, *op. cit.*

[2] Cass., 27 et 28 déc. 1901, 14 févr. 1903, D. 1903, 1, 256.

[3] Il en est de même, d'après la jurisprudence, de la loi de sursis ou loi Bérenger (Cass., 5 mars 1892, *Bull. de l'insp. du travail*, 1895, p. 163).

ART. IV. — *Résultats économiques et sociaux de la nouvelle réglementation du travail.* — *Réformes nécessaires*

§ 1er. — Premiers résultats des lois du 30 mars 1900 et du 13 juillet 1906 [1]

839. — Effets de la loi de 1892. — A la veille de la mise à exécution de chaque loi réglementaire, les doléances les plus vives s'élèvent. Soit en 1874, soit en 1892, l'on a vu d'éminents économistes prophétiser la ruine prochaine de l'industrie nationale. Quelques mois ont suffi à faire ressortir l'inexactitude de ces pronostics.

Sans doute, la mise en vigueur de la loi de 1892 fut immédiatement suivie d'une levée de boucliers assez retentissante. Certains industriels se refusèrent systématiquement à réduire à dix heures la journée de travail des enfants ; d'autres, partant du principe inexact (V. *supra*, nos 713 et 721) de la proportionnalité rigoureuse du rendement du travail à sa durée, prétendirent faire subir au salaire des enfants et des femmes une réduction correspondante. Cette opposition provoqua quelques grèves, et l'administration, peut-être trop aisément impressionnée, crut devoir fermer les yeux sur le rétablissement illégal de la journée de onze heures pour les enfants. Mais, à part cette concession regrettable des autorités chargées de faire respecter la loi, toutes ses prescriptions concernant le travail des femmes, l'aménagement des ateliers, etc..., ont été assez rapidement acceptées de la généralité des industriels.

Cette soumission spontanée de la majorité des chefs d'industrie à des prescriptions légales, qualifiées tout d'abord de tyranniques, suffirait à établir que la réglementation de 1892 n'a eu en réalité aucune influence fâcheuse sur la prospérité de l'industrie nationale. Mais les rapports annuels des inspecteurs relatent une série de faits absolument démonstratifs à cet égard [2].

---

[1] Cons. notamment les rapports de MM. Jay et Pic au Congrès de Paris, l'étude précitée de M. Bourguin sur *la nouvelle réglementation du travail*, notre rapport sur le *travail de nuit des femmes* (Cologne, 1902), ainsi que les rapports de la Commission supérieure du travail sur l'application de la loi de 1892 (amendée par celles de 1900-1906, pendant les années 1900-1906).

[2] Les rapports de la Commission supérieure pour 1898 et 1899 sont particulièrement concluants. « L'accélération de vitesse des engins mécaniques, — déclare en 1898 l'insp. divis. de Lyon — les pertes de temps moins nombreuses, les repos plus réels, ont permis à la production, non de diminuer ou de rester stationnaire, mais de *suivre une marche ascendante* » (*Bull. Off. trav.*, 1898, p. 30).

840. — Résultats de la loi de 1900. — Il nous était impossible, en 1903, de déterminer avec certitude les premiers résultats d'une loi, dont l'application intégrale ne devait se réaliser que l'année suivante (1er avril 1904). Nous n'avions pas craint, cependant, en présence des heureux effets, non contestés, de la loi de 1892, de pronostiquer, dans notre seconde édition, un succès identique pour la réforme de 1900.

Au surplus, les deux premières années d'application (partielle) de la loi de 1900 nous fournissaient déjà des indications très favorables dans leur ensemble. Nombre de fabricants avaient dès lors réussi par une transformation de leur outillage, soit à compenser la perte résultant pour eux de la suppression des équipes de nuit féminines, soit même à supprimer radicalement le travail de nuit, aussi bien pour les adultes que pour le personnel protégé [1].

Nos pronostics de 1903 étaient-ils donc téméraires? Nullement, si nous en croyons le témoignage officiel le plus récent, émané de la Commission supérieure du travail (Rapp. au min. du travail sur l'application des lois réglementant le travail en 1906, Impr. Nat. 1907). Ce rapport très complet, synthèse des dépositions émanées des inspecteurs divisionnaires de toutes les régions industrielles, met nettement en relief la répercussion de la loi nouvelle sur les mœurs, et l'action réflexe des mœurs, de la pratique industrielle, sur l'application de la loi.

D'une part, en effet, la loi de dix heures a incité les patrons à perfectionner leur outillage, et à exiger de leur personnel une assiduité plus grande destinée à compenser la perte pouvant résulter de la diminution du temps de travail. D'autre part, cette transformation une fois réalisée, les patrons n'ont plus opposé de résistance sérieuse à la mise en vigueur complète et régulière du régime nouveau; le nombre des contraventions annuelles est allé en diminuant, et l'on a vu le mouvement en faveur de la journée de dix heures, gagnant de proche en

---

[1] Cette suppression complète du travail de nuit pour tout le personnel était, dès 1901, un fait accompli dans un certain nombre de filatures des Vosges (dépos. de M. Strohl, filateur, à l'Assemblée de la sect. française de l'Ass. intern. pour la protect. lég. des trav., Paris, 1902), et dans la plupart des moulinages de la vallée du Rhône. Les transformations d'outillage, augmentant le rendement, avaient même permis à certains chefs d'industrie de majorer les salaires (dépos. Strohl). — Des constatations identiques avaient été faites, à la même époque, dans les tissages du Nord de la France, et aussi en Normandie. — Pour plus de développements, cons. les travaux de MM. Bourguin, Germain-Martin, les rapports des inspecteurs du travail pour 1901 et les annexes de notre rapport sur le *travail de nuit des femmes* (Cologne, 1902). — Cf. les pronostics favorables de M. Richard Waddington, grand industriel et l'un des promoteurs du régime nouveau, rappelés par M. Jay dans son rapp. au Congrès de Paris (p. 125). — V. aussi *Quest. pratiques*, 1901, p. 63, et 1902, 219. — *Contra* : Vœu des Chambres de commerce (réunies à Paris le 30 oct. 1902), en faveur de la fixation, *par semaine* et non par jour, de la durée légale du travail, et de la liberté restituée aux industries saisonnières de plein air.

proche, s'étendre à des usines qui, n'employant que des hommes adultes, auraient pu légalement conserver la journée de douze heures [1].

840 *bis*. — **Premiers résultats de la loi de 1906.** — Le recul nous manque pour apprécier dès aujourd'hui les effets de la loi sur le repos hebdomadaire, qui, par suite du retard apporté à la promulgation de certains règlements, et des tâtonnements inhérents à la mise en vigueur d'une législation affectant plus d'un demi-million d'établissements, n'est entrée que depuis peu dans la période de fonctionnement normal. Mais nous ne croyons pas faire preuve d'un optimisme exagéré en nous appropriant les conclusions suivantes du rapport de la Commission supérieure du travail pour 1906 : « Malgré des critiques qui ne lui ont pas été ménagées, la loi sur le repos hebdomadaire, grâce à la jurisprudence régulatrice du Conseil d'Etat, grâce aussi à un certain nombre de tempéraments apportés à son application, entre progressivement dans les mœurs. Lorsque ces tempéraments nécessaires auront été inscrits dans la législation, nous voulons espérer que la loi nouvelle, déjà acceptée dans le monde industriel, trouvera, auprès des commerçants dont elle assure également le repos, le même accueil favorable que celui qu'elle a rencontré auprès des travailleurs ».

841. — Est-ce à dire que le régime actuel soit parfait, et ne comporte ni compléments, ni retouches? Notre optimisme ne saurait aller aussi loin. C'est ainsi que, par suite de l'absence de tout contrôle sérieux sur le travail à domicile, nombre d'industriels ont pu, — les rapports des inspecteurs en font foi, — échapper trop aisément à l'application des lois sur la durée du travail par la substitution, pour certains articles, du travail en chambre au travail en atelier, que les dispositions de la loi de 1900 sur les établissements mixtes ont accéléré la décadence de l'apprentissage, en incitant certains patrons à courte vue à renvoyer leurs jeunes ouvriers, et à ne conserver que des adultes, soumis à la loi de douze heures, etc. — A ce double point de

---

[1] Le nombre des contraventions relevées à la durée du travail des femmes et des enfants a sensiblement diminué depuis quatre ans. Il était de 6,121 en 1903, de 5,357 en 1904, de 5,417 en 1905, de 4,417 seulement en 1906. — Seules les contraventions concernant le travail de nuit des ouvriers ont augmenté (1,009 en 1905, 1,260 en 1906); mais cette recrudescence doit être attribuée uniquement à la surveillance beaucoup plus active dont l'industrie de la confection et de la couture, coutumières de graves abus, sont actuellement l'objet.

Quant au mouvement en faveur de la journée de dix heures, presque tous les inspecteurs divisionnaires le constatent. Dans les circonscriptions de Nantes, Bordeaux, Lyon, Marseille, Limoges, Toulouse, la journée de dix heures est considérée de plus en plus comme la journée normale de l'ouvrier adulte. — Cons. sur ce point les rapports des insp. pour 1906 et le rapp. déjà cité de M. J. Godart sur le projet de loi relatif à la réglementation du travail (Ch., 21 mars 1907, n° 876, p. 16 et suiv.).

vue, et sur d'autres points encore, sur lesquels nous reviendrons au paragraphe suivant, la législation actuelle doit être amendée. Mais ce qu'il importe de constater dès l'abord, c'est que, malgré toutes leurs imperfections, les lois réglementaires récentes ont réalisé dans l'ensemble de réels progrès, profitables à l'ensemble des travailleurs, et qu'aucune d'elles n'a provoqué, comme certains prophètes de malheur l'avaient prédit lors de leur promulgation, ni de révolte de l'opinion, ni de crise appréciable pour notre industrie nationale.

§ 2. — Réformes nécessaires [1].

842. — Lacunes de la réglementation française actuelle. — La loi de 1900 est, disons-nous, une loi de progrès. Est-ce à dire que cette loi, combinée avec les autres lois protectrices actuellement en vigueur (lois de 1848, décembre 1900, juill. 1906, etc.), réalise la réglementation idéale dans l'état actuel de nos mœurs, et de notre industrie? L'affirmative serait singulièrement présomptueuse ; et l'étude que nous avons présentée ci-dessus des principales lois étrangères nous a permis déjà de signaler dans notre législation, faite de pièces et de morceaux, parfois assez maladroitement raccordés, des lacunes, des obscurités, et des imperfections de toute nature qui appellent à bref délai une révision d'ensemble. Quels devront être les principaux chefs de cette révision ? [2]. C'est ce qu'il nous reste à passer en revue brièvement.

---

[1] Sur les réformes à introduire dans la législation française, cons. notamment : Jay, *La limitation légale de la journée de travail en France*, rapport au Congrès de Genève, 1906) ; Fagnot, Millerand, Strohl, *La durée légale du travail* (rapport à l'Association internationale pour la protection légale des travailleurs, 1905) ; Pic, *Du contrôle de la durée légale du travail dans l'industrie* (extr. de la *Rev. d'écon. polit.*), 1905 ; Campredon, *Le travail des adolescents dans l'industrie française* (*Quest. prat.*, 1905, 89 et 123) ; Galtier, *Durée du travail des enfants dans l'industrie* (*Mon. jud. de Lyon*, 20 décembre 1905) ; Coignet, *Le projet de loi relatif à la réglementation du travail* (rapport à la Chambre de commerce de Lyon, 1907). — V. aussi l'exposé des motifs du projet de loi sur la réglementation du travail, déposé le 10 juillet 1906 (Ch., *Doc. parl.*, n° 236) par le ministre du commerce, et le rapport très documenté de M. J. Godart (21 mars 1907, Ch., *Doc. parl.*, n° 876). — Cf. les chroniques législatives périodiques des *Questions pratiques de législation ouvrière*, *Revue d'Economie politique*, *Annales de droit commercial et industriel*, etc. — Pour les études critiques se référant à un point spécial de la réglementation, v. les numéros suivants.

[2] Le cadre de cet ouvrage ne nous permet d'envisager que le travail industriel ou commercial. En ce qui concerne le *travail agricole*, très difficile par sa nature même à réglementer au point de vue de la durée, nous ne pourrions, en France du moins, que dresser un procès-verbal de carence. Ce n'est que par des mesures indirectes (lois syndicales, lois sur le crédit agricole, v. titre IV, *infra*, projet de loi sur les retraites, etc.) que le législateur français a cherché jusqu'ici à améliorer le sort

Nous terminerons cet examen analytique des réformes désirables par une courte synthèse, dont les éléments nous seront fournis par le projet de réglementation du travail, véritable essai de codification partielle, déposé en 1906 sur le bureau de la Chambre ; projet dont celle-ci a *amorcé* la discussion générale, avant de partir en vacances, le 2 juillet 1908.

A. Les trois-huit [1]. **843.** — Si l'on adoptait la formule simpliste de certains congrès socialistes français ou étrangers ou de la Confédération générale du travail, rien ne serait plus simple. Il suffirait de substituer aux réglementations diverses actuellement en usage la simple formule suivante : — A dater du....., la journée légale sera de huit heures dans tous les établissements industriels et commerciaux ; des inspecteurs, désignés par les organisations ouvrières, seront chargés de veiller à l'applicatian de la loi, non seulement dans l'intérieur des fabriques, ateliers, magasins ou chantiers, mais même au domicile des ouvriers travaillant en chambre pour le compte d'un entrepreneur [2].

844. — Critique de la formule socialiste. — Il est certain qu'une telle révolution dans les conditions du travail salarié, si elle était réalisable, aurait pour la masse des travailleurs les conséquences les plus

---

du prolétariat rural. Il est possible, du reste, que la crise du Midi viticole l'oblige à jeter les bases d'une législation protectrice, dont les lignes principales n'apparaissent pas encore nettement. — Cons. notamment : Augé-Laribé. *Le problème agraire du socialisme*, *La viticulture industrielle du Midi de la France*, 1907 ; Mailath, *Questions ouvrières dans l'exploitation agricole* (*Rev. d'écon. polit.*, 1907, 428). — V. aussi *supra*, n° 358. — Même procès-verbal de carence à dresser en ce qui concerne le travail des *domestiques attachés à la personne*. — Cf. Dubois, *Condition juridique des domestiques*, th., 1907.

[1] Bibliographie : S. Webb and H. Cox, *The 8 hours day*, 1891 ; Ansiaux, *Heures de travail et salaires*, 1896 ; J. Rae, *La journée de huit heures*, 1900 ; Boilley, *Les 3/8 et la théorie du travail intensif* (*Rev. socialiste*, t. XI, p. 702) ; De Seilhac, *La question des huit heures* (*Rev. polit. et parl.*, mars 1902) ; Lecoq, *Vers la journée de huit heures*, 1906 ; *Enquête sur la journée de huit heures* (*Rev. popul. d'écon. sociale*, 1906) ; Leroy, *La journée de huit heures* (*Rev. de Paris*, 15 octobre 1907) ; *Démocr. du Sud-Est*, *Enquêtes* (n° 3 mai 1908). — V. au surplus la bibliographie détaillée jointe à l'ouvrage de Rist sur la *réglementation de la journée de travail de l'adulte*. — V. dans le même ouvrage l'étude et la discussion des principales expériences de la journée de huit heures tentées en Angleterre (expérience classique Mather et Prat, constructeurs mécaniciens à Salford, etc.), aux Etats-Unis et dans plusieurs autres Etats, par de grands industriels. — Sur les progrès de la journée de huit heures en Angleterre, et notamment sur l'introduction du principe des huit heures dans les établissements métallurgiques de la Tamise, cons. *Mus. social*, octobre 1901.

[2] Depuis 1889, de très nombreuses propositions du groupe socialiste et tendant à la consécration légale des trois-huit ont été déposées sur le bureau de la Chambre française. Nous citerons, parmi les plus connues, la proposition J. Guesde (22 mars 1894, Ch. n° 648, p. 648) et la proposition Vaillant (5 novembre 1906, Ch., *Doc. parl.*, n° 374, *Off.*, p. 61).

heureuses, et contribuerait sans conteste à élever le niveau intellectuel et moral des populations ouvrières [1]. Mais est-elle actuellement possible?

Elle apparaîtrait comme possible, sinon comme aisément réalisable, si le monde civilisé ne formait qu'un Etat unique, sans barrières douanières ou autres. Et encore faudrait-il laisser aux chefs d'industrie un délai suffisant pour opérer cette transformation graduellement, en tenant compte des nécessités particulières de chaque industrie [2]. Nous ne voulons pour preuve de cette possibilité que les expériences, fort nombreuses déjà, tentées dans différents pays, expériences dont plusieurs ont donné des résultats très favorables [3].

Mais le succès de ces expériences isolées ne saurait, à lui seul, élever une présomption en faveur de la possibilité d'une réforme législative de cette nature limitée aux frontières d'un seul pays. La nature de l'industrie, les conditions particulièrement favorables dans lesquelles ont pu se trouver placés les chefs d'industrie qui ont tenté l'expérience, la perfection de l'outillage, qui ne saurait être obtenue sans une première mise de fonds considérable : tous ces facteurs réunis expliquent les succès très réels enregistrés par les partisans de la journée de huit heures, mais en font en même temps ressortir le caractère exceptionnel. La généralité des fabriques se ruinerait à vouloir risquer de telles expériences, condamnées le plus souvent à l'insuccès par l'étroitesse relative des marchés nationaux et par l'âpreté de la *concurrence internationale*.

B. Protection internationale des travailleurs. — **845**. A cette dernière objection, les partisans des trois-huit répondent qu'effectivement, tant que les frontières ne seront pas supprimées, ou que tout au moins les divergences fondamentales entre législations n'auront pas disparu, la réforme se heurtera à des difficultés insurmontables; mais il suffirait, ajoutent-ils, d'un accord entre les Etats civilisés, sur la réglementation internationale du travail, pour faire disparaître l'obstacle.

Réglementation internationale du travail, tel est donc, d'après toutes

---

[1] Sur les dangers, au point de vue hygiénique, des longues journées, cons. notamment les enquêtes de MM. Imbert et Mestre (*Revue scientif.*, 21 septembre 1904 et 21 octobre 1905). — Cf. Laby, *Physiologie du travail* (*Revue scientif.*, 1905, n°s 7-9).

[2] Une fraction du parti socialiste admet d'ailleurs cette nécessité de ménager les transitions. — V. déclarations de la *Fabian Society*, et de M. H. Denis au Congrès de Bruxelles (Pic, *Le Congr. intern. de Bruxelles*, p. 13). — Vers la même époque, M. Bebel a fait, dans la *Neue Zeit* (juill. 1897), des déclarations opportunistes de même nature. — V. aussi Hamelin, *La réduction des heures de travail* (*Rev. socialiste*, 1905, 435 et 552).

[3] V. les documents cités à la note précédente, et *supra*, n° 721.

les écoles socialistes, le corollaire logique, ou mieux le préambule obligé de la réduction de la journée de travail. Les congrès purement ouvriers ou socialistes ne sont pas les seuls à préconiser cette internationalisation des lois sociales ; rares sont aujourd'hui les interventionnistes qui n'en soient pas partisans [1].

846. — Que cette réglementation soit désirable, nous l'admettons volontiers ; qu'elle soit actuellement possible, avec la généralité que nécessiterait l'adoption commune de la journée de huit heures, nous le contestons absolument, pour plusieurs raisons décisives, développées déjà dans notre introduction, et sur lesquelles il nous paraît superflu de revenir [2].

Sans doute, l'Association internationale pour la protection légale des travailleurs (V. *supra*, nos 180 et suiv.) a pu, au fur et à mesure que son influence s'étendait, jeter les bases de certaines réglementations internationales partielles, que la diplomatie n'a eu qu'à s'approprier. Les résultats obtenus par les deux Conférences de Berne (1905-1906), notamment en ce qui concerne le travail de nuit des femmes, sont à ce point de vue d'un heureux augure, et permettent d'escompter sur ce terrain de nouvelles conquêtes, notamment en ce qui concerne la protection de l'enfance. Mais ce rapprochement des législations ne saurait se réaliser que lentement, par étapes graduées, et prudemment espacées.

Est-ce à dire que la législation française actuelle représente, en l'état, le maximum des concessions possibles aux revendications formulées par le monde du travail ? Nous sommes loin de le prétendre, et nous estimons que dès aujourd'hui, et sans attendre l'heure peut-être lointaine de la réglementation internationale, le Parlement français pourrait réaliser d'importantes réformes, tant dans l'intérêt des enfants et des femmes, que dans celui des hommes adultes.

C. TRAVAIL INDUSTRIEL OU COMMERCIAL DES FEMMES ET DES ENFANTS. — **847.** — *Classification des griefs formulés.* — Suivant que les critiques partent du camp libéral ou des groupes interventionnistes, les lois réglementaires actuelles encourent le reproche contradictoire de manquer de souplesse ou d'être insuffisamment protectrices.

Les projets de réforme déposés sur le bureau du Sénat s'inspirent plutôt de la première tendance, fortement accusée dans les rapports de

---

[1] Sur le problème de la *réglementation internationale* et les solutions partielles qu'il a déjà reçues, cons. les auteurs et documents cités *supra*, en note sous les nos **172** à **182** *bis*.

[2] V. *supra*, nos **174** et s.

la majorité des Chambres des commerce (v. rapp. Coignet, cité *supra*). La plupart de ceux soumis à la Chambre, depuis le projet gouvernemental, que nous nous réservons d'examiner spécialement à la fin du chapitre, jusqu'aux propositions plus spéciales, visant telle ou telle modalité de travail, tendent au contraire à renforcer la réglementation, à la rendre plus efficace, à combler les lacunes très apparentes ou les fissures qu'elle présente encore.

847 *bis.* — *Projets émanés du groupe libéral. — Repos du samedi; semaine anglaise.* — Nous n'insisterons pas longuement sur cette première catégorie de projets, voués à un échec presque certain devant la Chambre. Le seul qu'il nous paraisse opportun d'analyser ici est la proposition Richard Waddington et Lecomte (25 déc. 1903, Sén., *Doc. parl.*, n° 364), votée par le Sénat le 24 mars 1904[1].

L'origine de cette proposition doit être cherchée dans l'enquête ouverte par le Conseil supérieur du travail, à la requête des Chambres de commerce, sur la question de savoir s'il n'y aurait pas lieu de substituer, à la limite journalière de durée du travail inscrite dans la loi de 1900, une limite *hebdomadaire*, permettant aux industries d'évoluer avec une liberté plus grande, sans d'ailleurs imposer à leur personnel, au cours de la semaine, plus de soixante heures de travail, et de donner aux ouvriers le repos de l'*après-midi du samedi*, sans leur imposer aucune diminution de salaire (*semaine anglaise*). — Bien que l'enquête n'eût pas donné des résultats très favorables, et que la très grande majorité des organisations ouvrières se fût prononcée contre une modification qui lui semblait consacrer un recul sur les positions conquises[2], MM. R. Waddington et Lecomte n'en déposèrent pas moins sur le bureau du Sénat une proposition tendant à autoriser les industriels à opter entre deux combinaisons : journée de dix heures pendant six jours consécutifs, comme sous le régime actuel, ou durée de soixante heures par semaine, ainsi réparties ; onze heures du lundi au vendredi inclus, cinq heures seulement dans la matinée du samedi. Le Sénat, dont on connaît la réserve quelque peu défiante à l'égard des lois de protection ouvrière, ne se contenta pas de voter, dans sa séance du 24 mars 1904, le principe de l'option; il adopta également, sur la motion de M. Méline, et malgré l'opposition énergique du ministre du commerce, certaines dispositions complémentaires qui, si elles étaient

---

[1] Nous ne citons que pour mémoire la proposition Congy (20 octobre 1903, Ch., *Doc. parl.*, n° 1225), qui ne tendait à rien moins qu'à abroger l'article 2 de la loi de 1900. Une telle proposition, nettement rétrograde, n'avait aucune chance de venir en discussion. Elle n'a pas d'ailleurs été reproduite au cours de la législature actuelle.

[2] *Quest. prat.*, 1903, 182.

jamais adoptées, dénatureraient absolument le caractère de la loi, et nous ramèneraient par des voies détournées au palier de 1902, c'est-à-dire à la journée de dix heures et demie, et même en certains cas à la journée de douze heures !

En effet, d'une part, deux heures supplémentaires sont concédées aux industriels pour le nettoyage des machines; les opérations de nettoyage constituant, à n'en pas douter, un travail *effectif*, la durée de travail hebdomadaire se trouve être, *ipso facto*, portée de soixante à soixante-deux heures. — D'autre part, le texte sénatorial admet qu'en cas de chômage résultant d'une interruption accidentelle les heures perdues pourront être *compensées*, par une prolongation de la journée qui ne pourra excéder douze heures de travail effectif. Enfin, le même projet autorise aussi, sous certaines conditions, le rétablissement de la journée de douze heures, pendant soixante-quinze jours de l'année, pour les industries de plein air et les industries saisonnières.

Il est vrai que, par compensation, le texte stipule que, pour les enfants *au-dessous de quinze ans*, la journée ne pourra jamais excéder dix heures. Mais cette réserve même détruit l'économie du régime inauguré en 1900, dont le principal avantage, dans la pensée de ses promoteurs, était d'unifier la journée de travail pour toutes les personnes protégées, afin de couper court à des fraudes trop fréquentes, et de faciliter la tâche des inspecteurs [1].

Aussi, estimons-nous, avec la plupart des interventionnistes [2], que

---

[1] Cette considération paraît devoir faire rejeter par le Parlement français toutes les motions tendant à rétablir, pour les plus jeunes ouvriers, le régime du *demi-temps*, malgré les considérations d'ordre médical qui sembleraient militer en faveur des courtes journées, de six heures au plus, pour les jeunes ouvriers mineurs de quatorze ans.

Aussi l'Assoc. intern. pour la protect. légale des travailleurs (sect. française) s'est-elle déclarée plus favorable, tant au recul à l'âge de quatorze ans en principe, comme en Prusse, de l'âge légal d'admission des enfants dans les fabriques, qu'à l'adoption d'un régime légal permettant de prélever, sur le temps légal du travail, commençant et finissant aux mêmes heures pour toutes les personnes protégées, deux heures affectées à l'instruction professionnelle. Le jeune ouvrier, tout au moins jusqu'à l'âge de seize ans, ne fournirait plus au patron, sur les dix heures, que huit heures de travail effectif; les deux heures complémentaires seraient employées à parfaire son instruction technique. — Rapp. à l'Assemblée de Genève (1906) de MM. Meny, Gemähling, etc., sur *La protection légale des enfants occupés hors de l'industrie.* — Cf. Martin Saint-Léon, *L'âge d'admission des enfants au travail industriel*, *Le travail de demi-temps* (rapp. à la sect. franç. de l'Assoc. intern., 1903). — Sur la question de l'enseignement technique obligatoire, v. n° 1239, *infra.*

[2] Ceux-là mêmes qui, en principe, sont partisans déterminés du repos du samedi, en faveur duquel de sérieuses considérations peuvent être invoquées, estiment qu'il serait inopportun et périlleux de compromettre la conquête, enlevée de haute lutte, de la journée de dix heures. Le jour où le repos de l'après-midi du samedi pourra être obtenu sans rétablir du lundi au vendredi la journée de onze heures, il sera temps de reprendre l'étude de la réforme. — *Sic* : Jay, *Protection légale des tra-*

la proposition R. Waddington, surtout avec l'adjonction des amendements Méline, était une loi de recul que la Chambre ne pouvait sanctionner sans porter un coup très grave à la cause de la protection ouvrière. La Chambre l'a ainsi compris, puisqu'elle s'est jusqu'ici *refusée à l'inscrire* à son ordre du jour.

848. — Griefs des interventionnistes. — Les quatre principaux griefs formulés par les interventionnistes contre la législation actuelle (V. notamment les rapports très documentés des inspecteurs) sont les suivants : champ d'application trop restreint de la loi, lacune inexplicable en ce qui concerne les femmes récemment accouchées, exceptions trop nombreuses, absence de contrôle sérieux sur certaines organisations de travail susceptibles d'engendrer de graves abus.

848 *bis*. — *a*) **Champ d'application trop restreint : petites industries de l'alimentation, magasins et boutiques.** — Nous avons signalé déjà (n° 787) l'une des lacunes le plus graves de notre législation, concernant les enfants et les femmes employés, soit dans les petites industries de l'alimentation, soit dans les établissements commerciaux de tout ordre, magasins de gros ou de détail, boutiques ou entrepôts.

L'on s'accorde aujourd'hui à reconnaître la nécessité absolue d'une intervention législative, pour mettre fin à de graves abus, révélés par maintes enquêtes, d'une documentation éloquente, dans leur précision même[1].

---

vailleurs, p. 90, et *La limitation légale de la journée de travail*, p. 69 et suiv.; Strohl et Fagnot, *La réglementation hebdomadaire de la durée du travail* (rapp. à l'Ass. nat. franç. pour la protect. lég. des trav., 1903) ; G. Alfassa, *La nouvelle proposition de loi Waddington sur la durée du travail* (*Quest. pratiques*, août-sept. 1904); Rist, *Chronique ouvrière* (*Rev. d'écon. polit.*, 1904, 337) ; Pic, *Contrôle de la durée légale du travail*, annexe I. — V. cependant Béchaux, *Réglementation du travail*, 1904, p. 46. — V. aussi Risler, *La semaine anglaise* (*Réforme sociale*, 16 oct. 1907).

[1] Cons. notamment : Besse, *L'employé de commerce et d'industrie* (*Quest. pratiques*, 1901, p. 129, 183, 231) ; Francoz, *Condition légale du mineur, apprenti, ouvrier d'industrie ou employé de commerce*, 1902 ; Benzacar, *L'ouvrière au XXe siècle* (*Quest. pratiques*, 1902, 172 et 193) ; Bezançon, *La protection légale de l'employé de commerce*, th. 1903 ; Artaud, *La protection légale de l'employé* (rapp. à l'Assoc. nat. franç. pour la protect. lég. des trav., 1903) ; Brants, *Quelques notes sur la condition sociale et juridique des employés*, Liége, 1904. — Chroniques de la *Rev. d'écon. polit.*, des *Quest. pratiques*, de la *Rev. popul. d'écon. sociale*. — Cons. spécialement, sur le Congrès des employés de 1907 : *Quest. pratiques*, 1907, p. 387.

En attendant une réglementation d'ensemble, qui risque de tarder encore longtemps, il est du devoir du législateur de parer sans délai à certains abus manifestes. Aussi ne peut-on qu'approuver le Ministre du travail d'avoir saisi la Chambre, le 19 mai 1908, d'un projet permettant de déterminer par règlement d'admin. publ. les différents genres de travail interdits aux enfants et aux femmes

La difficulté commence quand il s'agit de préciser la nature et l'étendue d'une réglementation qui devrait nécessairement être assez élastique pour ne pas ruiner la petite industrie, déjà gravement menacée par le développement des grands magasins et des coopératives. Le législateur français a reculé en 1896 devant la complexité du problème ; mais il est inadmissible qu'il se refuse plus longtemps à réaliser une réforme d'un haut intérêt social, que n'ont pas craint d'entreprendre les nations voisines, spécialement l'Allemagne, l'Angleterre ou la Suisse (V. *supra*, nos 730, 747, 766).

Dans sa session de juin 1901, le Conseil supérieur du travail avait élaboré un avant-projet ayant pour base l'assimilation des employés de commerce aux ouvriers d'industrie, sous certaines réserves destinées à sauvegarder les intérêts du commerce de détail [1].

La partie de cet avant-projet concernant l'hygiène et la sécurité des établissements commerciaux a été législativement consacrée (L. 11 juillet 1903, v. *supra*, nos 632 et s.). Mais les dispositions concernant la durée du travail, les plus délicates il est vrai, n'ont fait encore l'objet d'aucun débat parlementaire. Nous examinerons plus loin le texte proposé par la Commission du travail pour combler cette lacune.

849. — *b*) **Chômage des femmes récemment accouchées** [2]. — Nous avons signalé déjà l'absence vraiment inexplicable, dans la loi française, de toute disposition protectrice des ouvrières récemment accouchées, disposition qui se retrouve aujourd'hui, avec des variantes, dans presque toutes les législations étrangères.

Posée devant le Parlement dès 1892 [3], la question paraissait en 1903

---

dans tous les établissements désignés par les lois de 1893 et 1903. — Ce texte, voté sans débats par la Chambre le 3 juillet, permettrait de combler une lacune évidente de la loi de 1903 qui, en étendant aux établissements commerciaux les dispositions protectrices de la loi de 1893 sur l'hygiène des ateliers, a omis de modifier concurremment les art. 12 et suiv. de la loi de 1892. D'où cette conséquence étrange, par exemple, que les prescriptions du décret du 7 mars 1908, concernant les surcharges des enfants et des femmes, ne s'appliquent que si les personnes protégées sont attachées à une usine ou atelier, non si elles sont au service d'un simple commerçant.

Sur l'utilité qu'il pourrait y avoir, en sens inverse, à étendre aux femmes employées dans l'industrie les prescriptions de la loi du 29 déc. 1900, édictée uniquement en faveur des femmes employées de commerce, cons. le rapport de Mme de la Ruelle à l'Assoc. nat. franç. pour la protect. lég. des trav., 1906.

[1] V. l'analyse du projet dans les *Quest. pratiques*, 1901, p. 202.

[2] Bibliographie : Dr Fauquet, *La protection légale des femmes avant et après l'accouchement* (rapp. à l'Assoc. nat. franç. pour la protect. lég. des trav., 1903) ; Bertin, Goirand, th. 1906 (même sujet) ; Mme Claire Oster, *Le repos des mères* (revue *L'Enfant*, n° 15 janv. 1907) ; Bender, *La question du repos des femmes en couches* (*Quest. pratiques*, 1907, 193).

[3] Dès le 4 nov. 1892, la Chambre votait en première lecture une proposition de MM. Dron et Brousse, inspirée du vœu émis par M. J. Simon en 1890 à la Conférence de Berlin, interdisant tout travail industriel pendant un certain délai (quatre

sur le point de recevoir une solution favorable, le Sénat ayant voté en première lecture, le 3 décembre 1903, une proposition Strauss sur la protection et l'assistance des mères et des nourrissons, prescrivant le repos absolu de l'ouvrière dans les quatre semaines qui suivent l'accouchement, et assurant à la mère, pendant cette période de chômage obligatoire, les secours prévus par la loi du 15 juillet 1893 (art. 1er) sur l'assistance médicale gratuite (sans préjudice des avantages que peut lui procurer son affiliation à une mutualité maternelle).

Dans l'intervalle des deux délibérations, le texte a été amendé ou plutôt complété par une disposition spécifiant que les femmes enceintes travaillant dans les établissements visés par les lois de 1893 et 1903, lorsqu'elles sont arrivées à la dernière période de la grossesse, ne peuvent être admises à continuer leur travail que si cette continuation est sans danger pour la femme et pour l'enfant; les inspecteurs du travail peuvent toujours requérir à cet égard un certificat médical (rapp. suppl. de M. Strauss, Sén., 23 mars 1906, ann. n° 124).

Ouverte sur ce texte nouveau, le 21 mars 1907, la seconde délibération a été interrompue presque aussitôt (*Quest. prat.*, 1907, p. 193), et n'a pas été reprise depuis lors, malgré les efforts du rapporteur.

De son côté, la Chambre a voté le 9 avril 1908, sur le rapport de M. Bonnevay (30 mars 1908), une proposition *Engerand* (Ch., 5 juillet 1906, *Doc. parl.*, n° 124), garantissant leur travail et leur emploi aux femmes en couches, et décidant qu'en aucun cas le contrat de travail ne pourrait être rompu à raison de la suspension de travail par la femme, soit pendant le mois qui termine la grossesse, soit pendant le mois qui suit l'accouchement.

Les propositions Strauss et Engerand se complètent mutuellement, et nous émettons le vœu que les deux commissions de la Chambre et du Sénat se mettent enfin d'accord pour l'adoption d'un texte qui les coordonne. Un peu de bonne volonté suffirait; point ne serait besoin de longs débats pour combler une lacune aussi évidente, et accorder aux jeunes mères, et par conséquent aux nouveau-nés, une protection légale plus nécessaire peut-être en France que partout ailleurs, à raison de notre faible natalité [1].

---

semaines) aux femmes accouchées, et mettant l'indemnité journalière de secours (1 fr.) à la charge de l'Etat et des communes. Ce texte, nous ignorons pour quel motif, ne fut pas l'objet d'une seconde délibération et devint caduc en 1894.

[1] La dépense, à répartir entre l'Etat, les départements et les communes, conformément aux barèmes annexés à la loi de 1893, serait assez faible, eu égard surtout à l'importance sociale d'une telle réforme. D'après les calculs de M. Strauss (rapp. de 1906), il faudrait tabler sur une moyenne de 70,000 ouvrières appelées à bénéficier chaque année de la protection légale. En prenant pour base une indemnité journalière de 1 franc pour la plupart d'entre elles, majorée de 1 fr. 50 pour les plus

850. — *c*) **Abus des exceptions.** — Tous les Congrès internationaux récents, spécialement les Congrès de l'Association pour la protection légale des travailleurs tenus à Cologne, Bâle et Genève (1902, 1906), ont signalé les inconvénients graves résultant des exceptions trop nombreuses apportées aux lois réglementaires, spécialement au principe de la prohibition du travail de nuit pour les femmes. D'un examen attentif des rapports des inspecteurs de 1900 à 1907, et de l'enquête personnelle à laquelle nous avons procédé pour la circonscription lyonnaise [1], est ressortie pour nous cette conclusion, que la plupart des exceptions admises par la loi française actuelle au principe de la prohibition du travail de nuit des femmes dans l'industrie manufacturière devaient être supprimées (Cf. résol. de la sect. franç. de l'Assoc. internat. pour la prot. lég. des trav., 1902-1907). L'on pourrait, croyons-nous, supprimer sans délai les exceptions *permanentes* relatives aux relais, aux usines à feu continu [2], au brochage des imprimés, à l'allumage des lampes de mines ; nous n'aurions de réserve à formuler qu'en ce qui concerne le pliage des journaux.

Quant aux exceptions *temporaires*, nous estimons qu'il y aurait tout avantage à supprimer radicalement les *veillées* (à la condition de soumettre à un contrôle efficace le travail exécuté hors de l'atelier) ; et qu'il conviendrait d'autre part de substituer au régime de l'article 5 du décret du 15 juillet 1893 une prescription générale, libellée de façon à empêcher tout empiétement sur la nuit légale, tout en permettant aux industriels, en temps de presse, de satisfaire aux commandes [3].

---

nécessiteuses, le coût total de la réforme n'excéderait pas 4 millions 1/2. — Sur les considérations graves qui militent en sa faveur, dans un pays à population stationnaire, cons. Lacassagne, *Le rôle social du médecin* (*Quest. pratiques*, 1902, 101) ; Benzacar, *L'ouvrière au XXe siècle* (*ibid.*, p. 176). — V. aussi les autorités citées *supra*.

Il convient d'ailleurs de noter que, depuis plusieurs années et sans attendre le vote de la loi, l'État a introduit dans ses manufactures le principe du chômage avec secours journalier, des ouvrières récemment accouchées (*Bull. Off. trav.*, 1900, 922). — V. aussi décret du 7 mars 1908 sur les surcharges, art. 1er *in fine*.

[1] V. notre rapport au Congrès de Cologne sur *l'interdiction du travail de nuit des femmes* (*Quest. prat.*, 1902, p. 304 et s.). — Cf. G. Alfassa, *Le travail de nuit des femmes*, 1903 ; Marthe Jay, *id.*, 1908 ; Martin Saint-Léon, *Le travail de nuit des adolescents*, 1906 ; J. Godart, rapport précité.

[2] Aucune des usines à feu continu de la circonscription lyonnaise (verreries, papeteries, établissements métallurgiques) n'emploie de femmes aux équipes de nuit, malgré la tolérance légale.

[3] Il y aurait toutefois, croyons-nous, un réel inconvénient à supprimer radicalement les exceptions concernant certaines industries spéciales, telles que l'industrie des conserves de poissons, ou la faculté reconnue aux inspecteurs de lever temporairement la prohibition légale en cas de chômage accidentel. Dans ces deux hypothèses, l'intérêt supérieur de l'industrie nationale, ainsi que des ouvriers eux-mêmes, et la stricte équité, exigent que le législateur se départisse de la rigueur du principe posé.

Ces trois réformes que nous réclamions dès 1903 (V. notre 2e édition) s'imposent aujourd'hui impérieusement, par suite de l'adhésion de la France aux résolutions de la Conférence ouvrière de Berne concernant le travail de nuit des femmes dans l'industrie.

D'après l'acte de Berne, en effet, les dérogations permanentes ne sont plus permises, non plus que l'emploi des femmes dans les usines à feu continu ; d'autre part, la dérogation accordée par le § 4 de l'art. 4 de la loi de 1892 aux industries saisonnières doit être limitée à dix heures du soir, ce qui est un acheminement à la suppression complète des veillées. Enfin la Convention de Berne donne à toutes les industries, en cas de circonstances exceptionnelles, le droit de réduire à dix heures le repos ininterrompu de nuit durant soixante jours par an.

Un projet de loi tendant à mettre en harmonie, sur ces différents points, la loi de 1892 avec les actes de Berne, a été déposé le 1er juin 1907 (ann. n° 765) sur le bureau de la Chambre ; il a été voté sans débats par la Chambre, le 10 juin 1907, sur le rapport de M. J. Godart (du 10 mars 1907, ann. n° 841). Il est à souhaiter que le Sénat n'en ajourne pas trop longtemps la discussion, car la signature de la France est engagée.

851. — *d*) **Absence de contrôle sérieux sur certaines organisations de travail, susceptibles d'engendrer des abus.** — Cette formule vise principalement : les établissements de *bienfaisance privée* (*orphelinats, ouvroirs*, etc.) ; — le travail à *domicile* ou travail en *chambre*, dans lequel sévit de préférence le *sweating system*.

1° *Question des établissements de bienfaisance privée.* — A la suite des révélations scandaleuses contenues dans une lettre de l'évêque de Nancy, livrée à la publicité, sur l'exploitation des orphelines dans certains établissements congréganistes, notamment dans les maisons dites du *Bon-Pasteur*, et de l'enquête officielle prescrite sur ces faits, le gouvernement crut devoir élaborer un projet soumettant les établissements de bienfaisance privée (orphelinats, ouvroirs), déjà assujettis à l'inspection en tant qu'établissements industriels (V. *supra*, n° 791), à un contrôle plus sévère, et prescrivant la constitution d'un pécule sur la tête de chaque enfant recueilli, dans des conditions déterminées. Soumis à la Chambre au début de l'année 1901, puis remanié par la Commission de prévoyance et d'assurances sociales, ce projet a fait l'objet d'un rapport très documenté de M. Bienvenu-Martin [1], sur lequel il serait désirable de voir engager enfin un débat public.

[1] Dép. du rapp. Bienvenu-Martin, le 17 mai 1901, Ch., *Doc. parl.*, n° 2350, *Off.*, p. 366. — Pour l'étude du projet, consulter notre chronique des *Quest. prat.*, 1901,

852. — 2° *Question du travail à domicile ou travail en chambre* [1]. — Nous avons eu l'occasion de signaler déjà les mesures prises par plu-

---

p. 89 et s. — V. aussi l'enquête contradictoire ouverte par la revue *L'Enfant*, et notamment les communications du Dr Thulié (n° du 15 septembre 1906), de M. Fourcade (15 mai 1907) et de plusieurs directeurs d'œuvres (nos février et avril 1906), ainsi que les débats du Congrès d'assistance de Reims (*L'Enfant*, mai 1908). — Pour la statistique des établissements de bienfaisance soumis à l'inspection en 1900, et des contraventions constatées, cons. *Quest. prat.*, 1901, p. 31. — Sur certains abus relevés dans les orphelinats, v. notamment notre étude sur *Les orphelinats industriels et les contrats d'engagement* (*L'Enfant*, n° du 15 juin 1906) ; Prévost, *L'assurance par le travail*, 1906. — V. aussi Nancy, 23 février 1903 (aff. du *Bon-Pasteur*), *Mon. judic. de Lyon*, 7 avril 1903).

[1] Bibliographie : La question du *travail à domicile* ou *travail en chambre* a fait l'objet, depuis quelques années, de nombreuses enquêtes, nationales ou internationales (enquêtes anglaise, allemande, autrichienne et belge en particulier, enquête de l'Assoc. intern. pour la protection légale des travailleurs, ouverte en 1904 et encore pendante) et d'innombrables ouvrages et monographies en toutes langues.

Une bibliographie de ces publications, aussi complète que méthodique, ayant été éditée par le Ministère de l'industrie et du travail de Belgique sous le titre « *Bibliographie générale des industries à domicile* » (1 vol. in-8, Bruxelles, 1908), nous ne pouvons qu'y renvoyer nos lecteurs. — Il nous suffira de détacher de cette bibliographie et de signaler spécialement ici un certain nombre de travaux récents, français ou étrangers : *Rapports sur la réglementation du travail à domicile* présentés au Congrès de Bruxelles de 1897 par MM. Lambrechts, Bonnevay et Godart, etc. ; Schwiedland, *La répression du travail en chambre*, 1897, et *Comment il est possible d'organiser les ouvrières en chambre* (*Rev. d'écon. polit.*, 1902, 657) ; Dubois et Julin, *Les moteurs électriques dans les industries à domicile*, 1901 ; Brants, *La petite industrie contemporaine*, 1902 ; Cotelle, *Le sweating system*, 1902 ; Schwiedland, *Ziele und Wege einer Heimarbeitsgesetzgebung*, Vienne, 2e éd., 1903 ; Bourguin, *L'état actuel du métier indépendant* (*Quest. prat*, novembre 1903) ; Bru, *Essai sur la réglementation du travail à domicile*, th., 1903 ; Allix, *L'industrie à domicile salariée* (*Ann. sc. polit.*, 1904, 469) ; G. Lévy, *Des moyens de conserver le travail à domicile*, th., 1904 ; Fagnot, *La réglementation du travail en chambre* (rapp. à l'Assoc. intern. pour la protection légale des travailleurs, 1904) ; Ansiaux, *Que faut-il faire de nos industries à domicile?* (Bruxelles, 1904), et notre étude sur le même sujet, à propos du livre d'Ansiaux (*Quest. prat.*, 1906, p. 291) ; Pic et Amieux, *Le travail à domicile en France* (rapport à l'Assemblée de Genève, 1906) ; Aftalion, *La fabrique et le travail à domicile dans les industries de l'habillement*, 1906 ; R. Gonnard, *La femme dans l'industrie*, 1906 ; Wilbrandt, *Arbeiterinnenschutz und Heimarbeit*, Iéna, 1906 ; Caroline Milhaud, *L'ouvrière en France*, 1907 ; G. Mény, *Le travail à domicile*, 1907 ; Badiou, *Essai sur la réglementation du travail dans l'atelier de famille de tisseurs de soie*, th. 1907 ; Lily-Braun, *Le problème de la femme*, t. I, 1908 (trad. M. Mourlon). — Cons. également les ouvrages cités *supra*, nos 567, 709, 782, etc., de MM. Ch. Benoist, Bonnevay, Espinasse.

Sur les enquêtes étrangères, v. les documents fournis *supra*, nos 617, 731, 736, 745 et 747. — Sur l'enquête belge en particulier, v. la *Bibliographie générale* précitée, p. 101. — Parmi les monographies de métier consacrées au travail des ouvriers et ouvrières en chambre et aux abus du *sweating*, cons. notamment : Du Maroussem, *Les ébénistes du faubourg Saint-Antoine*, *Le jouet parisien*, 1893 ; Bonnevay, *Tisseurs en boutique de Saint-Nizier-d'Azergues* (*Quest. prat.*, 1900, 132, 156) ; Engerand, *La dentelle au fuseau en Normandie* (*Mus. soc.*, mai 1901) ; De Boissieu, *La rubanerie stéphanoise* (in *Mouvem. écon. et soc. dans la région lyonn.*, 1902), et *L'usine au logis à Paris* (*Quest. prat.*, 1902, 321 et 363) ; Cote, *L'industrie gantière à Grenoble* (préf. de Jaurès), 1903 ; Bayzelon, *L'industrie de la*

sieurs législations étrangères, notamment par les lois anglaise, suisse, américaine, en vue de remédier aux abus du travail en chambre, et du *sweating system*, dont les ouvriers isolés, travaillant à domicile, sont fréquemment les victimes, surtout lorsqu'au lieu d'être en relations directes avec le chef d'industrie, ils sont obligés de passer par l'intermédiaire des courtiers des grandes fabriques ou des grands magasins, et d'accepter un salaire infime. Dépression du salaire de la profession, subi par la masse ouvrière entière, et spécialement par les ouvrières, dont l'organisation syndicale commence à peine; surmenage préjudiciable à la santé des ouvriers et ouvrières travaillant en chambre, conséquence fatale des longues journées, et de l'installation plus que défectueuse au point de vue hygiénique des logements ouvriers : tels sont les deux vices, incontestables, de ce mode de travail.

Frappés de ces inconvénients, plusieurs économistes autorisés, appartenant aux écoles allemande ou autrichienne, notamment MM. Schwiedland et Sombart [1], n'hésitent pas à se prononcer pour une réglementation sévère du travail en chambre, et préconisent toute une série de mesures allant de la réglementation (extension de toutes les prescriptions légales au travail à domicile, même familial) à la prohibition absolue du travail hors de l'atelier, lorsque le travail à domicile est *évitable*.

853. — Nous estimons, avec la majorité des auteurs français et belges, qu'une telle sévérité dépasserait le but. Nous ne nions certes ni les abus, trop réels, révélés par de nombreuses enquêtes, du travail en chambre et du *sweating*, ni la lourde responsabilité assumée de ce chef par les *grands magasins*, spécialement en ce qui concerne la lingerie et confection, le vêtement et le meuble. Mais il est permis de se demander si le remède à ces maux consiste, comme le croit M. Schwiedland, dans l'embrigadement obligatoire de tous les ouvriers dans l'usine (ou même dans les *ateliers corporatifs*), ou s'il ne serait pas préférable de favoriser, par l'action commune des municipalités et des chefs d'industrie, la reconstitution du *petit atelier*, plus facile à sur-

---

dentelle à la main, th., 1906 ; Dorchin, *L'industrie à domicile de la confection du vêtement dans la campagne lilloise*, th., 1907. — V. au surplus, sur la question des *grands magasins*, étroitement liée au problème du *sweating*, n°s 1194 et s., *infra*.

[1] V. aussi les déclarations de M. Pourcines, inspecteur du travail français, au Congrès de Paris : « Il ne faut pas que le domicile de l'ouvrier puisse être la prolongation de l'atelier. La tolérance du travail à domicile est la fissure par où s'échappe toute l'énergie des prescriptions légales » (*Quest. prat.*, 1900, 271). — Cf. Ansiaux, *op. cit.* (conclusions assez pessimistes) ; Vandervelde, *Le collectivisme*, p. 53).

veiller que les locaux purement privés dans lequel s'exerce le travail dit familial.

Il est excessif d'affirmer, comme le fait volontiers l'école allemande, que la petite industrie est une forme arriérée et barbare de production : ainsi que l'ont si bien démontré les auteurs des monographies citées en note (MM. Godart, Bonnevay, Dubois, Badiou, etc.), cette forme de production, encore très répandue, est au contraire celle qui convient le mieux à la fabrication des articles de luxe, tels que la soierie lyonnaise, la rubanerie, la dentelle, — de l'armurerie, de l'horlogerie, de l'article de Paris, etc. Sans doute, les salaires des ouvriers et ouvrières travaillant en chambre ou en petit atelier sont souvent d'une modicité excessive ; mais les récents progrès de la science électrique, signalés par nous précédemment à propos de la houille blanche, semblent devoir contribuer au relèvement progressif de leur condition.

Des sociétés se sont constituées, dans plusieurs centres ou régions industriels, pour faciliter la distribution de la force électrique à domicile et la transformation des métiers à la main en métiers mécaniques. Lorsque cette petite révolution économique aura produit tous ses effets utiles, — car elle est loin d'avoir donné tout ce que l'on peut en attendre [1], — la supériorité de la grande usine sur le petit atelier au point de vue des frais généraux sera moindre, et le travail à domicile, mieux rémunéré, ayant d'autre part cet avantage de maintenir la cohésion familiale, n'encourra plus les mêmes reproches.

Pour obtenir plus sûrement ces résultats, une éducation de l'opinion s'impose. Il faut que tous les amis sincères des classes laborieuses s'efforcent de faire comprendre aux ouvrières les dangers de l'isole-

---

[1] Cette transformation est très avancée dans la rubanerie stéphanoise (De Boissieu, Badiou, *op. cit.*), beaucoup moins dans les ateliers de canuts lyonnais, malgré les efforts de la Société pour le développement du tissage à Lyon, fusionnée depuis 1907 avec la *Caisse de prêts* (v. *supra*, n° 635. — V. aussi la thèse de M. Badiou et le *Bull. de la Ch. syndic. des tisseurs de Lyon*). — Cf. Vinci, *Le salut des petits artisans par l'électricité* (*Salut public* de Lyon, 23 juin 1905). — Un intéressant projet est en ce moment à l'étude, à la Croix-Rousse, en vue de créer une cité ouvrière des tisseurs, avec, au centre, un atelier coopératif. Ces constructions bénéficieraient des avantages de la loi de 1906 sur les habitations à bon marché, notamment de l'appui financier de la ville. — Sur le concours ouvert en vue de cette création, cons. les rapp. de M. Herriot, maire de Lyon, et de M. Pic au Cons. municipal (*Bull. municip. de Lyon*, 1907, 2, 169). — Un atelier coopératif de ce genre fonctionne déjà à Roubaix avec un plein succès (rapp. Pic, précité ; *Démocr. du Sud-Est*, n° 24 nov. 1907). — Cons. aussi sur la question : L. Martin, *L'outillage mécanique dans la petite ferme* (*Mus. soc.*, juin 1908).

La rénovation de l'apprentissage, le développement des écoles professionnelles, notamment dans l'industrie dentellière, pourraient également avoir une certaine utilité pour l'amélioration du sort des ouvriers à domicile. — Cf. Bayzelon, *op. cit.* ; Pic, *Le travail à domicile et les industries d'art* (*Quest. pratiques*, 1903, 157).

ment, la nécessité du groupement syndical pour la défense commune de leurs intérêts et de leurs droits[1]. Il faut qu'ils travaillent d'autre part à mettre en garde le public, surtout les femmes de la bourgeoisie, trop souvent à la recherche d'un bon marché excessif, contre les dangers, moraux et matériels, de cet avilissement de la main-d'œuvre ; ils feront appel à leur conscience de femmes et de mères, et s'appliqueront en même temps à mettre en relief les dangers matériels que font courir aux consommateurs les produits fabriqués au rabais dans des locaux malsains, véritables foyers de tuberculose. Cette campagne d'assainissement, depuis longtemps entreprise dans les pays anglo-saxons par les *ligues sociales d'acheteurs*, poursuivie avec un zèle infatigable en France et en Suisse par Mme J. Brunhes[2], se développe méthodiquement, et affecte aujourd'hui un caractère international. La première conférence internationale des ligues sociales d'acheteurs aura lieu à Genève en septembre 1908 ; des résolutions intéressantes ne peuvent manquer d'y être prises.

854. — Nous ne prétendons pas d'ailleurs que le travail à domicile doive échapper à tout contrôle, et que les dispositions de notre loi de 1892 sur l'atelier de famille, par trop favorables aux industriels désireux d'éluder les prescriptions de la loi de dix heures (V. les conclusions des inspecteurs, résumées dans le rapport de M. J. Godart), ne doivent point être révisées. Nous admettons la légitimité de l'assujettissement à l'inspection, spécialement au point de vue de l'hygiène, de tous les locaux dans lesquels un travail industriel quelconque s'exécute pour le compte d'un entrepreneur ; — nous estimons d'autre part, qu'il y aurait tout profit à emprunter à certaines lois étrangères, notamment à la loi anglaise, le principe de la déclaration obligatoire pour les entrepreneurs, du nom et du domicile de tous les ouvriers travaillant hors de l'usine ou de l'atelier. Une telle déclaration faciliterait sensiblement le contrôle des inspecteurs, et ferait disparaître certaines formes d'exploitation manifestement abusives. Mais conviendrait-il d'aller au delà, et de soumettre, au moins partiellement, ces ateliers aux prescriptions de la loi de 1892 ? La question est des plus délicates ; nous y reviendrons bientôt, à propos du projet de révision

[1] V. les ouvr. précités de M. Gonnard, de Mme C. Milhaud, etc. — Cf. Mlle Rochebillard, *Action syndicale féminine* (*Soc. d'écon. polit. de Lyon*, 1904) ; abbé Lemire, *Organisation du travail des femmes* (*Coin de terre et du foyer*, n° de mai 1903) ; M. Lémozin, *Travail à domicile et relèvement du salaire féminin*, 1908 ; Lebrun, *Situation de l'ouvrière isolée* (*Réforme sociale*, 1907, t. LIII, p. 829).

[2] Mme Jean Brunhes, *La ligue sociale d'acheteurs* (rapp. à l'Assoc. nat. franç pour la protect. lég. des trav., 1903).

dès lois réglementaires actuellement pendant devant le Parlement français[1].

D. Travail industriel ou commercial des hommes adultes. — **855**. — Nous ne reviendrons pas ici sur les obscurités de la loi de 1900 ; aussi bien la jurisprudence a-t-elle aujourd'hui tranché les principales controverses auxquelles l'application de celle-ci avait donné lieu (V. *supra*, nos 820 et s.).

Mais il convient de faire ressortir les imperfections et les lacunes graves de la législation de 1848, qui régit encore aujourd'hui exclusivement, soit les établissements industriels n'employant que des hommes adultes, soit les établissements mixtes dans lesquels les adultes sont affectés, dans des locaux séparés, à des travaux distincts de ceux des femmes et des enfants. Officiellement constatées à plusieurs reprises[2], ces imperfections ou lacunes peuvent se grouper sous les cinq chefs suivants :

856. — *a*) **Champ d'application trop restreint.** — La plupart des auteurs s'accordent à reconnaître le caractère arbitraire de la règle d'après laquelle les prescriptions légales de la loi de 1848 ne s'appliquent qu'aux ateliers occupant *plus de vingt ouvriers*, et aux établissements à moteur mécanique ou à feu continu. Aussi réclament-ils l'extension de la protection légale à tous les ouvriers industriels, sans distinction entre les ouvriers de la petite et ceux de la moyenne ou de la grande industrie[3].

Cette extension s'impose d'ailleurs, ne fût-ce qu'au nom de la logique, depuis que la loi de 1906 sur le repos hebdomadaire a fait bénéficier de la protection qu'elle édicte l'ensemble des travailleurs de l'industrie et du commerce (V. *supra*, nos 825 et s.).

---

[1] Sur cette question de l'*inspection de l'atelier familial* et de la mesure dans laquelle elle doit s'exercer, cons. notamment la discussion contradictoire de la *Soc. d'écon. polit. de Bordeaux* (*Rev. écon. de Bordeaux*, janv. 1904), et les observations de MM. Maran, Sauvaire-Jourdan et Benzacar. — Cf. (dans un sens nettement hostile à toute intervention légale) Cavaillé, *Faut-il réglementer le travail des ateliers de famille ?* (*Rev. polit. et parl.*, 1904, 3, p. 481). — V. aussi les conclusions, très voisines des nôtres, formulées par M. Duthoit : *Le travail féminin dans l'industrie* (*Semaine sociale* de Dijon, 1906). — Comp. nos observations sur le projet de loi gouvernemental : n° 869 *bis*, *infra*.

[2] Cons. spécialement le rapport de M. Dron sur l'enquête instituée par la Commission du travail au sujet de la durée du travail en France (Ch. dép., 1893, ann. n° 2874). — Cf. rapp. annuels des inspecteurs ; rapp. de M. J. Godart, etc.

[3] Cons. en ce sens la proposition de M. Millerand, ancien min. du comm., tendant à étendre les prescriptions de la loi de 1848 à tous les établissements industriels visés par la loi du 2 novembre 1892 (Ch., 17 oct. 1902, *Doc. parl.*, n° 324). — Cf. art. 42 du projet de Code du travail, voté par la Ch. le 4 avr. 1905. — V. aussi le projet gouvernemental de 1906 analysé *infra*.

Plus délicate est la question de savoir si les hommes adultes, *employés de commerce*[1], devraient bénéficier de la protection légale dans son ensemble, notamment des règles concernant la durée de la journée de travail. C'est en ce sens qu'avec raison, selon nous (sous réserve de tempéraments à étudier), s'est prononcé le Conseil supérieur du travail, dans sa session de juin 1901 (*Quest. prat.*, 1901, p. 203)[2]. — Cf. projet gouvernemental.

857. — *b)* **Durée de la journée légale excessive.** — Nous avons établi précédemment que l'on ne saurait sans péril consacrer législativement la journée de huit heures, une limitation de la journée de travail n'étant acceptable qu'à la condition de tenir compte des nécessités actuelles de la production et de la concurrence. Sans doute, cette limite est variable suivant les époques ; l'industrie contemporaine tend de plus en plus à renoncer aux longues journées, et nous admettons volontiers qu'en présence des moyennes aujourd'hui usitées, la loi pourrait sans inconvénient adopter pour maximum un chiffre inférieur à douze heures.

Nous estimons avec la majorité des auteurs, que l'adoption pour les adultes du chiffre de onze heures (chiffre des lois suisse et autrichienne) n'aurait, en l'état, aucun inconvénient sérieux au point de vue économique, cette limite étant dès aujourd'hui rarement dépassée par la majorité des industriels[3].

Peut-être même pourrait-on, dès maintenant, envisager l'abaissement de la journée à dix heures, à la condition de n'effectuer cette réforme que par étapes. Tel est l'avis des gouvernements français (projet de 1906, v. n° 869 *infra*) et suisse (v. *supra*, n° 766).

858. — *c)* **Manque de souplesse des prescriptions de la loi de 1906 sur le repos hebdomadaire.** — Il est peu de lois dont le vote ait été

---

[1] Sur la question de la protection légale des *employés du commerce*, v. les documents bibliographiques donnés *supra*.

[2] Signalons dans l'avant-projet du Conseil une motion, empruntée par M. Jay aux lois allemande et anglaise (V. *supra*, n°s 730 et 747), portant que sur la demande des deux tiers des chefs de maisons intéressées, les autorités départementales ou communales pourraient imposer, à toute une catégorie de magasins, des heures d'ouverture et de fermeture uniformes.

[3] Cons. les enquêtes rapportées par Rist, *op. cit.* Cet auteur se prononce nettement pour la journée de onze heures immédiatement et, dans un avenir prochain, pour la journée de dix heures. Depuis 1879, de nombreuses propositions tendant à consacrer le principe de la journée de dix heures pour tous les ouvriers de l'industrie ont été déposées sur le bureau des Chambres. Nous citerons notamment les propos. R. Waddington, Dautresme, du 26 mars 1879, la propos. M. Nadaud du 10 décembre 1885, la propos. de Mun, du 7 décembre 1889 (cinquante-huit heures par semaine, huit heures le samedi), la propos. de la Commission du travail du 26 juin 1893 (Ch., *Doc. parl.*, p. 1284), et enfin le projet de loi du 10 juill. 1906.

42

aussi vivement réclamé par l'opinion publique que celui de la loi de 1906, acceptée dans son principe au moment de sa promulgation par la droite comme par l'extrême-gauche ; il en est peu dont l'application ait soulevé dès le début de si vives réclamations, tout au moins dans les milieux commerciaux : réclamations du commerce de détail, lésé dans ses habitudes séculaires et privé, il faut bien le dire, des facilités que lui offrait le travail du dimanche pour lutter contre les grands magasins, contre ces bazars aux rayons multiples, dont l'armée d'employés, fortement syndiquée, avait, dès avant la loi de 1906, enlevé de haute lutte le repos hebdomadaire dans nombre de villes ; — protestations non moins véhémentes des employés de commerce, partisans du repos collectif fixé au dimanche, hostiles au roulement, si ce n'est dans certaines hypothèses exceptionnelles, rigoureusement délimitées.

Aussi, moins d'un an après sa mise en vigueur, la Chambre était-elle saisie d'une douzaine de propositions de loi tendant à amender, la plupart dans un sens libéral, le texte de 1906; et, le 31 mai 1907 (Ch., *Doc. parl.*, n° 1007, p. 444), au lendemain d'une interpellation (Ch., 8-15 mars 1907), dans laquelle les divers points de vue avaient été envisagés, le Ministre du travail déposait-il à son tour sur le bureau de la Chambre un projet tendant à apporter à la loi différentes retouches, à lui donner plus de souplesse en même temps qu'à restreindre l'arbitraire administratif dans la concession des dispenses, tout en maintenant le principe du repos hebdomadaire.

A la suite d'une vaste enquête auprès des organisations patronales et ouvrières, la Commission du travail a apporté au texte gouvernemental d'assez sérieuses retouches, étendant, d'une part, la règle du repos à de nouvelles catégories de travailleurs, telles que les employés de chemins de fer, garantissant les employés à la journée contre toute réduction de salaire basée sur la suppression du septième jour de travail, mais accordant, par contre, aux patrons et à leur personnel, les plus grandes facilités pour substituer au repos collectif et global du dimanche, telles combinaisons également prévues au texte et jugées par eux plus conformes à leurs intérêts[1].

Cette substitution de la volonté collective des intéressés à la rigidité du texte, ou à l'arbitraire administratif, est l'innovation essentielle du projet. « Les employés — lisons-nous dans l'art. 1er nouveau, — et patrons d'une même profession ou de professions similaires ou connexes ont la *faculté* de choisir d'un commun accord, par profession ou par

[1] V., sur le texte de la Commission, et la justification proposée : rapp. Zévaès, du 12 mars 1908 (Ch., *Doc. parl.*, n° 1578, p. 217). — V. la liste des propos. dues à l'initiative parlementaire au *Bull. de l'Off. du trav.*, 1908, VI et VII.

région, l'un quelconque des modes d'application du repos hebdomadaire prévus par la présente loi, qu'ils estimeront préférable à leurs intérêts. — Un règlement d'administration publique arrêtera les mesures nécessaires à la consultation séparée des patrons et des employés ».

Là est le point faible du projet, mis en relief par M. Millerand au cours de la discussion qui s'est engagée à la commission sur le rapport Zévaès; comment organiser pratiquement cette consultation des patrons et de leur personnel, ouvrier ou employé, de façon à dégager nettement, sans équivoque possible, la volonté collective d'une masse trop souvent inorganique, et accessible à toutes les excitations? Là où existent des conseils de prud'hommes, là où pourront être créés des conseils consultatifs du travail, conformément à la loi du 17 juillet 1908, il sera peut-être possible d'y parvenir; mais dans un grand nombre de localités le texte nouveau fera surgir, nous le craignons du moins, plus de difficultés et de conflits que la loi actuelle [1].

859. — *d*) **Nécessité de réglementer le travail de nuit.** — Si l'accord est fait sur le principe du repos hebdomadaire, sinon sur ses modalités de fonctionnement, bien plus délicate est la question de l'extension aux hommes adultes de la réglementation du *travail de nuit*. Des discussions approfondies auxquelles cette question a donné lieu au Congrès de Paris [2], est ressortie, selon nous, cette double conclusion : 1° que la réglementation sévère du travail de nuit est éminemment désirable, même pour les adultes, à raison du caractère débilitant de ce genre de travail ; 2° qu'il serait périlleux de décréter dès aujourd'hui l'extension aux adultes du principe de la prohibition, même tempérée par des restrictions nombreuses, sans s'être assuré au préalable que des mesures analogues seront prises dans les Etats industriels concurrents.

Telle paraît bien avoir été aussi la conclusion de la majorité des membres de l'assemblée générale de l'Association internationale, tenue à Genève en 1906. L'assemblée, en effet, après avoir proclamé l'intérêt que présentait la réduction de la durée de la journée de travail pour les adultes (liée au problème de l'interdiction sous réserves du travail de nuit), a renvoyé la question à l'Office international, avec

---

[1] Sur les réformes proposées, cons., outre les auteurs rapportés *supra*, n° 825 : *Bull. de la Féder. des industriels*, n° 3 mars 1908 ; P. Beauregard, *Le repos hebdomadaire*, n° 23 févr. 1907.

[2] V. les rapports et comptes rendus du Congrès international de Paris, et spécialement notre rapport sur l'*interdiction du travail de nuit en France*, ainsi que les débats auxquels ce rapport et les rapports similaires de l'étranger ont donné lieu (disc. de MM. Jay, Pic, Dr Hirsch, Laporte, Mlle Schirmacher, MM. Bonnard, Pourcines, Le Blanc, Keufer, Motte et Baumé, p. 510 et suiv.).

mandat d'ouvrir une enquête dans les différents pays, sur la durée moyenne du travail journalier des adultes et sur les effets à attendre d'une réduction légalement imposée. Les premiers résultats de cette enquête seront soumis à l'assemblée de Lucerne (sept. 1908).

860. — *e*) **Nécessité de réglementer d'une manière spéciale certaines industries ou certains modes de travail.** — Nous avons constaté *supra*, en passant en revue les principales législations étrangères, qu'un mouvement assez marqué se produisait depuis quelques années dans le sens d'une réglementation plus stricte des conditions du travail, soit dans les industries de transport en commun soumises au contrôle des pouvoirs publics, soit dans les industries minières, dont la bonne exploitation intéresse au premier chef la prospérité économique générale, et dont le personnel est soumis à des risques spéciaux justifiant une protection légale particulière.

861. — *Ouvriers et employés de chemins de fer* [1]. — Le Parlement français semble vouloir lui aussi entrer résolument dans cette voie. Le 17 décembre 1897, en effet, la Chambre des députés votait une proposition de MM. Berteaux, Rabier et Jaurès, tendant à réglementer les rapports des agents avec les Compagnies sur les bases suivantes : fixation à 10 heures, pour tous les agents du service des trains, de la journée de travail normale, sauf les cas de force majeure ; droit à un congé de 24 heures tous les dix jours, et à un congé de quinze jours consécutifs par an : droit à une retraite proportionnelle au bout de dix ans de services, et à la retraite normale après vingt ans de services, quel que soit l'âge de l'agent.

Le 7 juin 1901, le Sénat votait un texte entièrement différent : fixation d'un maximum par période et non par jour, de manière que des compensations puissent s'établir d'un jour à l'autre (maximum de 90 heures par décade pour les mécaniciens et chauffeurs, sans que la durée de travail effectif puisse excéder 12 heures), suppression de toute disposition relative aux retraites, la loi du 27 décembre 1890 (récemment amendée, L. 10 avril 1902) ayant déjà réglementé la question.

Soumis à la Chambre en novembre 1901, le texte sénatorial fut vivement attaqué. En ce qui concerne les retraites, l'on fit remarquer que de l'avis même du ministre des travaux publics (rép. à l'interpell.

[1] Houdaille, *Etude sur les rapports des agents de chemins de fer avec les compagnies ou administrations qui ont engagé leurs services et avec l'Etat*, 1899 ; Noblemaire, *Le projet Berteaux et les chemins de fer* (*Rev. polit. et parl.*, 10 déc. 1905) ; Maurice, *La réglementation de la durée du travail des employés de chemins de fer*, th. 1906.

Holtz, Ch., 8 novembre 1901) la loi de 1890 manquait de sanction. Quant à la durée du travail, M. Berteaux insista sur le péril que les longues journées de travail faisaient courir aux voyageurs eux-mêmes, les accidents ayant fréquemment pour cause initiale le surmenage du personnel. La Chambre, malgré les réserves de M. Caillaux, ministre des finances, qui signala le danger de la répercussion financière du projet sur le budget à raison des garanties d'intérêt (charge évaluée à 30 millions par M. Guillain, à 7 millions seulement par M. Berteaux), rétablit à une forte majorité son texte de 1897 (Ch., s. du 14 nov. 1901).

Le conflit entre les deux Chambres risquant de s'éterniser, le Ministre des travaux publics nomma, en 1903, une Commission extraparlementaire présidée par M. Guieysse, député, chargée d'étudier, aussi exactement que possible, les répercussions financières du projet Berteaux. Des enquêtes auxquelles cette Commission procéda, il résulte que la mise à exécution complète de la réforme entraînerait une dépense annuelle moyenne de 200 millions (120 millions pour la réglementation, 80 millions au moins, — certains calculs donnent 150 millions, — pour les retraites). Le Syndicat national des ouvriers et employés de chemins de fer, comprenant qu'un tel chiffre était de nature à retarder *sine die* le vote de la loi, proposa un projet transactionnel, dont le coût annuel oscillerait, d'après les calculs de la Commission, entre 80 à 100 millions. — V. les rapports de M. Godin au Sénat, des 30 mars 1903 (Sén. *Doc. parl.*, n° 134), et 23 juin 1905 (n° 175).

Le gouvernement parut d'abord disposé à soutenir devant les Chambres ce projet transactionnel, puis il se ravisa, et lors de la discussion ouverte à la Chambre le 29 novembre 1905 sur le projet du budget du ministère des travaux publics, M. Gauthier, Ministre des travaux publics, crut devoir déclarer qu'en l'état actuel des finances le gouvernement ne pouvait assumer la responsabilité d'imposer à l'Etat (grevé par répercussion à raison du jeu automatique des garanties d'intérêts), une charge aussi forte.

La question est pendante depuis lors, et n'a fait l'objet d'aucun débat public. Il est permis de le regretter. L'événement a prouvé, en effet, que les Compagnies ne se considéraient pas comme rigoureusement tenues de respecter les arrêtés Baudin (v. *supra*, n° 823) sur la réglementation du travail, et moins encore de déférer à l'invitation qui leur était faite de remanier leurs tarifs de retraites (bien qu'en fait elles aient spontanément majoré certaines pensions).

Si le projet transactionnel soumis aux pouvoirs publics par le Syndicat national des chemins de fer paraît encore trop onéreux, qu'on l'amende ; mais il est indispensable que le Parlement, suivant l'exemple de plusieurs lois étrangères, dote enfin les travailleurs de la voie ferrée d'un statut légal précis et complet, assez explicite pour affranchir ceux-ci de l'arbitraire, bienveillant ou non, des Compagnies. M. Barthou, Ministre des travaux publics, a donné à ce sujet à la Chambre le 25 novembre 1907, des assurances encore un peu imprécises ; souhaitons qu'elles se traduisent enfin par l'adoption d'un texte ferme susceptible de rallier le vote des deux fractions du Parlement.

862. — *Travail dans les mines.* — Depuis quelques années, des mesures protectrices importantes ont été édictées en faveur des travailleurs de la mine : — Loi de 1894 sur les caisses de secours et de retraites, amendée depuis lors à différentes reprises dans un sens favorable aux bénéficiaires ; — Loi de 1905 sur la durée du travail dans les mines ; — Loi de juillet 1907 sur l'hygiène des mines, etc. (V. *supra*, nos 643 et s., 822).

La Fédération nationale des mineurs n'a plus à vrai dire, à l'heure présente, que deux revendications importantes à formuler : 1° établissement d'un minimum de salaire ; 2° extension à tous les ouvriers du fond du régime de la journée de huit heures, réservé par le législateur de 1905 aux seuls ouvriers préposés à l'abatage du minerai (piqueurs).

De ces deux réformes, la première ne paraît pas susceptible d'être prochainement réalisée, pour des raisons de principe sur lesquelles nous aurons l'occasion de revenir (V. nos 942 et s., *infra*). Mais la seconde est en bonne voie ; effectivement, le 5 juillet 1907, la Chambre votait, à une forte majorité, sur le rapport de M. L. Janet (18 mars 1907, *Doc. parl.*, n° 850) une disposition tendant à étendre aux divers auxiliaires du travail souterrain, herscheurs, rouleurs de wagonnets, etc., le régime de la journée de huit heures, actuellement réservé aux piqueurs[1].

863. — *Travail pénitentiaire (prisons) ; concurrence au travail libre.* — La question de la concurrence du travail des prisons au travail libre, souvent abordée à la tribune de la Chambre, mais sans que de ces débats fréquents soit jamais sortie une réglementation pratique, analogue à celle adoptée par plusieurs pays étrangers, notamment par les

---

[1] Cons. sur cette question, et sur les difficultés d'ordre économique auxquelles se heurte actuellement le législateur pour toute amélioration à introduire dans les conditions du travail des mineurs : les auteurs cités *supra*, nos 643 et 822, et spécialement, Amieux, *op. cit.* — V. aussi notre étude bibliographique sur l'ouvrage de M. Amieux (*Quest. pratiques*, n° d'août-sept. 1908). — Cf. Jaray, *Le marché du charbon en France*, 1905 ; Marin, *La loi sur la durée du travail dans les mines et la crise du charbon* (*Monde écon.*, 8-15 févr. 1908).

Etats-Unis (V. *supra*, n° 745), est certainement l'un des problèmes les plus complexes que le législateur contemporain ait à résoudre [1].

D'une part, en effet, il paraît impossible de supprimer le travail pénitentiaire, sans lequel il serait impossible de maintenir l'ordre et la discipline, et qui, de plus, constitue un moyen puissant de moralisation et de relèvement pour les détenus susceptibles d'amendement. Mais, d'autre part, il est inadmissible que l'Etat déverse sur les marchés une trop grande quantité de produits, fabriqués à bas prix par les détenus, et vienne ainsi faire une concurrence ruineuse à l'industrie libre et aux travailleurs honnêtes.

Ainsi posé, le problème paraît insoluble, à moins toutefois que l'on ne se rallie au système défendu en 1899 à la tribune de la Chambre, par MM. Vaillant et Baudin, système consistant à n'affecter les détenus qu'à des travaux exclusivement utilisés dans les prisons, et à ne leur faire exécuter aucun travail productif, susceptible d'être accompli par les ouvriers libres, de l'industrie privée ou des manufactures nationales [2] : système séduisant, mais d'une application pratique très difficile, à raison de la diversité des fournitures nécessaires à toute agglomération nombreuse, et de l'impossibilité d'improviser, dans les établissements pénitentiaires, les spécialistes aptes à la fabrication de ces produits.

864. — A défaut de solution absolument satisfaisante du problème, divers palliatifs plus ou moins efficaces, pour la plupart empruntés aux lois ou aux règlements étrangers [3], ont été proposés. Nous ne pouvons que rappeler ici d'un mot ceux dont la mise à l'étude nous paraît s'imposer : — mise en adjudication de la main-d'œuvre pénitentiaire, conformément aux règles admises en matière de travaux publics [4] ; organisation de travaux extérieurs, agricoles ou d'utilité publique (dessèchement de marais, mise en valeur de terrains incultes ou insalubres), soit en France, soit aux colonies [5]; affectation de la main-d'œuvre pénale

---

[1] Cons. notamment sur la question : Roux, *Le travail dans les prisons*, 1902, et la bibliographie jointe à cette étude très documentée ; Brunot, rapp. sur *le travail dans les prisons*, présenté à la Soc. génér. des prisons, le 22 mai 1901 (disc. gén., les 22 mai et 19 juin 1901) ; Colombain, *La concurrence pénitentiaire en France*, th. 1904. — Pour la statistique du travail pénitentiaire en France en 1908, v. *Bull. Off. trav.*, 1908, 139. — Sur l'état de la question aux Etats-Unis, cons. *Convict labor* (public. du Bureau of Labor de Washington, 1907).

[2] Disc. Vaillant et Baudin, Ch., 1er février 1899, *Off.*, 2 février, p. 269 et 273.

[3] V. l'exposé complet de la législation étrangère dans l'ouvrage précité de M. Roux. — V. aussi Colombain, *op. cit.*

[4] Cheysson (*Econ. franç.*, 9 janv. 1886, p. 41) ; Souchon, propos. développée devant la Société générale des prisons, s. du 19 juin 1901 (*Revue pénitentiaire*).

[5] Le colmatage de la Crau, par exemple, permettrait d'employer à un travail utile, mais pénible et malsain, difficile à exécuter avec la main-d'œuvre ordinaire,

à la fabrication d'objets consommés par les administrations publiques.

Ce dernier système, largement pratiqué à l'étranger, notamment pour les confections militaires[1], et préconisé par un grand nombre de criminalistes, a le grand avantage d'empêcher les produits fabriqués dans les prisons de venir sur le marché faire une concurrence directe à l'industrie libre. Sans doute, la concurrence n'est pas supprimée pour autant, cette dernière se voyant privée d'une partie des fournitures pour lesquelles l'administration avait recours à elle ; mais il n'en est pas moins vrai que cette concurrence indirecte, sans influence fâcheuse sur les prix courants, n'a pas les mêmes inconvénients pour le travail libre, et doit, par conséquent, être préférée. Le procédé a été plusieurs fois préconisé par la commission du budget[2] ; il est très désirable que les administrations, de la guerre et de la marine notamment, tiennent plus de compte de ces indications.

865. — *Travaux publics.* — La question de la réglementation législative des marchés de travaux publics (insertion dans les cahiers des charges de clauses impératives concernant l'ensemble des conditions du travail, décr. du 10 août 1899), se rattache plus étroitement encore à la question du minimum de salaires qu'à celle de la fixation d'une journée légale maxima. Nous en réservons donc l'examen pour le titre suivant, dans lequel sera exposée la législation, en vigueur ou projetée, sur la *protection du salaire*.

E. PROJETS DE RÉFORME DE L'INSPECTION DU TRAVAIL[3]. — **866.** — Le corps des inspecteurs français, même renforcé par les décrets récents

---

un très grand nombre de détenus (Doumergue, *Off.*, 2 févr. 1899). — V. aussi le disc. de G. Berry, préconisant l'emploi des détenus, de préférence aux soldats, pour certains travaux pénibles ou dangereux, d'une urgence démontrée, tels que les travaux de défense contre les inondations (*Off.*, 21 novembre 1896, p. 1661). Ces travaux extérieurs de terrassement sont souvent exécutés par des étrangers ; la concurrence au travail libre serait donc assez limitée. — Cf. conclusions de M. Colombain, *op. cit.*

[1] Allemagne, Russie, Hongrie, Italie, Suède, etc., v. Roux, p. 172.

[2] Boucher, rapp. pour le budget de 1893 (*Off.*, *Doc. parl.*, Ch. 1892, ann. n° 2327) ; Baudin, rapp. pour le budget de 1899 (*Off.*, *Doc. parl.*, Ch., 1898, ann. n° 591).

[3] Pour la bibliographie, v. *supra*, note sous n° 829. — Cons. plus spécialement, sur les réformes dont l'inspection du travail est susceptible, les rapports et comptes rendus officiels des Congrès de Bruxelles et de Paris, 1897 et 1900. — Cf. Bender, *Etat actuel de l'inspection du travail* (*Quest. pratiques*, 1907, 71) ; Hayem, *Projet de loi sur les délégués adjoints à l'inspection du travail* (*Rev. intern. de l'industrie, du commerce et de la banque*, 1907, 425) ; Bourderon, *L'inspection du travail*, rapp. présenté au Cons. supérieur du travail, 1906 ; Mme Guilleret, *L'inspection du travail* (*Rev. écon. internat.*, nov. 1907) ; Bec, *La législation de l'inspection du travail*, th. 1907 ; Lorin, *Collaboration des ouvriers organisés à l'œuvre de l'inspection du travail* (rapp. à l'Assoc. internat., 1908).

(v. *supra*, nos 829 et s.), ne saurait suffire à la tâche de plus en plus étendue que lui imposent nos lois réglementaires nouvelles [1]. Il est en effet matériellement impossible, aux cent et quelques inspecteurs et inspectrices du cadre régulier, de visiter, fût-ce une fois l'an, les 548,225 établissements industriels ou commerciaux placés actuellement sous leur contrôle (rapp. de la commission supérieure du travail pour 1906, p. IV [2]).

Suffirait-il, pour résoudre le problème, d'augmenter le nombre des inspecteurs ou des inspectrices, ou ne serait-il pas préférable de renforcer l'inspection du travail, clé de voûte de la législation réglementaire, soit par la spécialisation des fonctions (création d'inspecteurs médicaux, — Canada, Belgique, Italie, v. *supra*, nos 738, 751), soit par l'adjonction aux inspecteurs de délégués élus par les ouvriers, ou d'auxiliaires choisis dans la classe ouvrière, comme cela se pratique déjà en France pour les mines, en Angleterre, en Belgique, en Australie, en Russie, pour les industries diverses (V. *supra*, nos 738, 750, 752. — Cf. pour la Russie : *Bull. Off. trav.*, 1904, 251) ? [3]. C'est à cette dernière solution, préconisée au Congrès de Paris, que nous n'hésitons point à nous rallier. — Nous avons signalé déjà les avantages que présenterait une inspection spéciale d'hygiène industrielle, confiée au corps médical (V. *supra*, n° 630). La création de délégués ouvriers n'aurait pas, croyons-nous, de moins heureux résultats. Subordonnés aux inspecteurs, les délégués auraient pour unique mandat d'assister ceux-ci dans leur mission de contrôle, et de signaler les contraventions, les installations défectueuses; ne pouvant par eux-mêmes dresser aucun procès-verbal, ni se substituer à l'inspecteur pour les injonctions à adresser au sujet du fonctionnement général de l'usine, les délégués fourniraient à l'inspection le moyen de faire sentir partout son action, sans enlever cependant aux industriels la liberté d'action et l'indépendance, dans les limites de la loi, nécessaire à la prospérité de leurs entreprises.

---

[1] Signalons dans cet ordre d'idées le vote par la Chambre, le 9 févr. 1905, sur le rapport de M. Paul Constans (27 juin 1905, *Doc. parl.*, n° 2207) d'un projet tendant à charger les inspecteurs de surveiller l'application des lois des 7 mars 1850 et 21 juill. 1856 sur le tissage et le bobinage.

[2] Quel que soit leur zèle, les inspecteurs ne peuvent exercer qu'une surveillance très intermittente. De l'aveu même de M. Fontaine, directeur du service, en 1900, chaque établissement n'était visité en moyenne que tous les deux ou trois ans.

[3] Nous ne citons que pour mémoire la proposition Zévaès, du 4 novembre 1898 (Ch., *Doc. parl.*, n° 312, *Off.*, p. 148), tendant à concentrer le service de l'inspection aux mains de délégués ouvriers élus. — V. aussi le discours de M. Guesde à la Chambre des députés (s. 15 juin 1896). Un tel système, dont le résultat serait de placer les chefs d'industrie sous le contrôle de leur personnel, ne saurait être accueilli par le Parlement.

C'est dans cet esprit qu'est rédigé le projet de loi sur les *délégués-adjoints* à l'inspection du travail, déposé le 7 mai 1907 (Ch., *Doc. parl.*, n° 919) sur le bureau de la Chambre par M. Viviani, ministre du travail. Ces délégués, élus dans la même forme que les délégués mineurs, par les ouvriers et employés des deux sexes, et investis d'attributions analogues, seraient institués dans tous les établissements commerciaux ou industriels occupant au moins cent ouvriers ou employés [1].

866 *bis*. — *Contrôle de la durée du travail.* — Si l'on veut une inspection efficace, il ne suffit pas d'en renforcer les cadres; encore faut-il fournir aux inspecteurs les moyens légaux de constater les infractions. Or ces moyens, une jurisprudence abusive, précédemment rapportée (note sous n° 799 *supra*), les lui refuse ou tout au moins les lui mesure strictement. Aussi la commission du travail, parant au plus pressé, a-t-elle détaché du projet d'ensemble sur la réglementation, et fait voter d'urgence par la Chambre, le 25 juin 1908, sur le rapport de M. J. Godart (Ch., 5 juin 1908, *Doc. parl.*, n° 1767), un certain nombre de dispositions tendant à assurer le respect des horaires par les chefs d'industrie et à faciliter ainsi la tâche de l'inspection. Constituera dorénavant une contravention tout emploi d'un travailleur, même adulte, *en dehors des heures fixées sur l'horaire général ou par l'horaire spécial le concernant* [2].

Conclusions. — Le projet de loi du Gouvernement sur la réglementation du travail. — **867**. — Le projet de loi relatif à la *réglementation du travail*, déposé sur le bureau de la Chambre le 10 juillet 1906 par M. Doumergue, ministre du commerce (Ch., *Doc. parl.*, n° 236, p. 912), maintenu dans ses grandes lignes, mais fortement amendé par la Commission du travail [3], est assurément l'un des projets

---

[1] Pour la critique du projet, cons. notamment : E. Rostand, *Mouvement social* (*J. des Débats*, 9 juillet 1907) ; Vindry, *Rapport à la Chambre de commerce de Lyon*, 1907.

Signalons ici l'élaboration récente, par le gouvernement général de l'Algérie, d'un projet de décret aux termes duquel l'inspection du travail, dépendant jusqu'à ce jour du service des mines, serait, comme en France, confiée à un corps autonome, relevant d'un inspecteur divisionnaire en résidence à Alger (*Quest. prat.*, août-sept. 1908).

[2] Pour plus de développements sur la question, cons. notamment : Chambon, *Le projet de loi relatif au contrôle de la durée du travail* (*Quest. prat.*, 1906, 213, 233) ; Pic, *Du contrôle de la durée légale du travail dans l'industrie* (extr. de la *Revue d'écon. polit.*, 1905) ; et *Vue d'ensemble sur le mouvement législatif* (*Quest. prat.*, août-septembre 1908) ; Cabouat, *De la force probante des horaires de travail* (*Rev. critique*, 1906, p. 223) ; G. Alfassa, *Le contrôle de la durée du travail* (rapp. à l'Assoc. intern., 1908).

[3] V. dans les *Questions pratiques* (1908, 117) un tableau synoptique des deux textes, texte du projet gouvernemental et texte de la Commission. — Nous avons

les plus importants, au point de vue social, dont le Parlement soit actuellement saisi.

Pour la première fois en effet, nous voyons le législateur français s'efforcer d'assujettir à une réglementation protectrice d'ensemble le travail commercial et le travail industriel, celui de l'enfant ou de la femme et celui de l'adulte, et la complexité même de la tâche assumée en souligne la portée. C'est un nouveau champ clos pour l'éternelle lutte entre libéraux et interventionnistes qui va s'ouvrir, qui s'est même entr'ouvert le 2 juillet 1908, la Chambre ayant amorcé ce jour-là la discussion générale, renvoyée après les vacances; la vivacité même des critiques formulées dès cette première séance par les leaders du libéralisme, P. Beauregard notamment, suffirait, à défaut d'autres indices, à présager à la Commission du travail de rudes assauts.

Nous ne pouvons songer à commenter ici en détail les trente-quatre articles du projet de la Commission, pour deux raisons : la première, c'est qu'il sera sans nul doute profondément modifié au cours de la discussion ; la seconde, c'est que nous avons déjà par avance, dans les numéros précédents, fait ressortir la nécessité, l'urgence même de la plupart des réformes proposées, telles que la réglementation du travail des employés de commerce, l'établissement d'un contrôle efficace sur les ateliers de famille, la suppression de certaines dérogations abusives, telles que les veillées prolongées jusqu'à onze heures du soir, l'élargissement du cadre trop restreint de la loi de 1848, et la réduction de la durée légale de la journée de travail des adultes.

Il nous suffira, dans ces conditions, d'exposer brièvement les dispositions fondamentales du projet, et de formuler sur l'ensemble notre appréciation critique.

868. — *Résumé du projet.* — En dehors des dispositions déjà votées par la Chambre au sujet du contrôle de l'horaire (V. *supra,* n° 866 *bis*), le régime nouveau proposé par la Commission du travail peut, ramené à ses traits essentiels, se résumer dans les propositions suivantes :

1° Dans les établissements *industriels*, la journée de l'enfant (ouvrier de moins de 18 ans), de la femme et de l'homme adulte est unifiée sur le pied de *dix heures* de travail effectif, sous réserve d'un certain nombre de dérogations (art. 1er). Cette expression, « établissements industriels », englobe les manufactures, fabriques, usines, ateliers et chantiers, les mines, minières et carrières pour lesquelles la durée du

plusieurs fois déjà fait allusion au rapport, aussi complet que documenté, de M. Justin Godart, député du Rhône : rapport déposé au nom de la Commission le 21 mars 1907 (Ch., *Doc. parl.*, n° 876). — Un résumé de ce rapport a été publié dans les *Quest. prat.*, 1908, p. 1 et s., 41 et s.

travail n'est pas réglée par des lois spéciales (ex. l. de 1905, v. *supra*, n° 822), ainsi que leurs dépendances. Pour les enfants et les femmes, la loi de dix heures s'applique aussi dans les laboratoires, cuisines, caves, chais et leurs dépendances.

2° Le travail de nuit et le travail par relais sont interdits aux femmes et aux enfants (art. 9 et 11). Même interdiction pour le travail des jours de fêtes reconnues par la loi, art. 10 (En ce qui concerne le repos hebdomadaire, v. la loi de 1906).

3° Dans les établissements *commerciaux* (magasins, boutiques, bureaux du commerce ou de l'industrie, entreprises de transport en commun autres que les chemins de fer et la navigation maritime, — et, pour les adultes seulement, laboratoires, cuisines, caves et chais), le projet, sans assigner directement à la journée de travail une limite maxima, dispose que « le travail journalier doit être suivi d'un repos ininterrompu dont la durée ne peut être inférieure à onze heures » (art. 14).

4° Pour les *ateliers de famille*, le régime prévu, assez complexe (tel qu'il ressort de la combinaison des art. 4, 8, et 26 du projet), est le suivant :

a) Obligation pour tout chef d'établissement, industriel ou commercial, de tenir à jour un registre indiquant les noms et domiciles des ouvriers et ouvrières, sous-entrepreneurs ou sous-entrepreneuses, travaillant, soit en atelier, soit à leur domicile, en dehors de l'établissement et de ses dépendances directes ; — *b*) assujettissement à la loi, *dans celles de ses prescriptions concernant les femmes et les enfants*, soit des ateliers de famille dans lesquels le travail s'exécute à l'aide de moteurs mécaniques, soit de ceux où s'exerce une industrie classée au nombre des établissements dangereux, incommodes ou insalubres ; — *c*) maintien du *statu quo* pour les hommes adultes, sous réserve de la déclaration susvisée.

5° En ce qui concerne les établissements industriels, la réforme ne doit se réaliser que par *paliers*. L'art. 12 dispose, en effet, que dans les établissements qui n'étaient antérieurement soumis à aucune limitation légale (L. de 1848 — ateliers à la main occupant moins de vingt ouvriers, v. *supra*, n° 817), la durée du travail sera tout d'abord de douze heures, et qu'elle sera réduite à onze heures dans un délai de deux ans à compter de sa promulgation, et à dix heures dans un nouveau délai de deux ans. — Dans les établissements (soumis à la loi de 1848) où la durée légale du travail était antérieurement de douze heures, la durée du travail effectif sera immédiatement réduite à onze heures, et abaissée à dix heures au bout de deux ans.

6° Les dérogations ne seront plus l'objet d'une nomenclature quelque peu arbitraire et forcément incomplète. Toutes les industries pourront, pendant soixante jours par an (quatre-vingt-dix jours pour les industries de plein air) faire travailler les enfants de plus de seize ans, onze heures par jour, et les adultes (de l'un ou de l'autre sexe), douze heures par jour (art. 16 et s.).

7° Les pénalités sont uniformisées. Le texte nouveau fait disparaître cette antinomie du régime antérieur qui frappait de peines correctionnelles les contravention à la loi de 1848, et de peines de simple police les contraventions à la loi de 1892 (v. *supra*, nos 834 et s., 838). Toutes les infractions à la loi sont désormais passibles de peines de simple police, sauf en cas de récidive, ou d'obstacle à l'accomplissement des devoirs d'un inspecteur (art. 29 et s.).

869. — Appréciation critique du projet. — Ce projet, dans son ensemble, nous apparaît comme une loi de progrès, susceptible d'améliorer notablement la condition des travailleurs, sans imposer à l'industrie nationale des charges qu'elle ne puisse supporter. Nous aurions toutefois certaines réserves à formuler, tant sur la méthode que sur le fond.

Sur la méthode d'abord. — En plusieurs pays étrangers, notamment en Allemagne, en Italie, etc., toute modification importante au texte d'une loi réglementaire détermine une révision d'ensemble, une refonte du texte amendé. Ce système a l'avantage de simplifier la tâche des inspecteurs et des tribunaux qui, au lieu d'être tenus de se reporter à plusieurs lois de dates et parfois d'inspirations différentes, n'ont à appliquer qu'un texte unique, méthodiquement coordonné. Il eût été opportun, croyons-nous, de suivre cet exemple, et, au lieu de n'abroger que la loi de 1848 et de maintenir les lois de 1892 et 1900 dans celles de leurs dispositions conciliables avec le projet, de refondre en un texte unique toutes nos lois concernant la réglementation du travail, en ayant soin d'y incorporer la loi de 1906 sur le repos hebdomadaire, ainsi que le projet, d'une urgence indiscutable, concernant la protection des ouvrières en état de grossesse ou récemment accouchées. La loi nouvelle correspondrait ainsi à un chapitre complet du futur *Code du travail et de la prévoyance sociale*, et prendrait aisément sa place dans le vaste cadre tracé par la Commission de codification [1].

Sur le fond, deux batailles très vives sont à prévoir, à propos de deux articles fondamentaux de la réforme projetée : fixation à dix heures de la journée légale dans l'industrie pour l'ensemble du per-

[1] Sur les travaux de cette commission, v. *supra*, nos 169 et s.

sonnel ; assujettissement à la loi d'un certain nombre d'ateliers de famille.

Sur le premier point, nous estimons, contrairement à l'avis des Chambres de commerce[1], que la commission a suffisamment ménagé les transitions en ne réalisant la réforme que par paliers, et que la généralisation de la journée de dix heures, depuis longtemps préparée par la loi de 1900 sur les établissements mixtes et d'ailleurs tempérée par d'importantes dérogations (art. 16 et s.), pourra s'effectuer sans compromettre l'avenir de notre industrie nationale[2]. Elle aura, du reste, l'avantage de couper court à une pratique abusive, signalée par la plupart des inspecteurs, consistant dans le renvoi systématique des jeunes ouvriers par certains patrons, désireux d'éluder les prescriptions de la loi de 1900[3].

Lorsque la journée de dix heures, réservée aujourd'hui aux établissements ou portions d'établissements dans lesquels travaillent concurremment des adultes et des personnes protégées par la loi de 1892, sera devenue la règle, les industriels n'auront plus intérêt à congédier les apprentis. L'industrie nationale, aujourd'hui menacée par la crise chaque jour plus intense de l'apprentissage, trouvera son compte à la réforme, et l'atelier réorganisé pourra fournir un travail intensif susceptible de compenser le plus souvent les pertes transitoires causées par la réduction de la journée.

Remarquons, au surplus que, désireuse de ménager les intérêts du commerce de détail, la Commission du travail n'a pas étendu aux établissements commerciaux la journée de dix heures, et qu'elle s'est bornée à leur imposer un grand repos de onze heures, ce qui équivaut, si l'on tient compte des repos intermédiaires (art. 5), à édicter pour les auxiliaires des commerçants la journée de onze heures, en attendant

---

[1] Cons. notamment le rapport de M. Coignet à la Chambre de commerce de Lyon (21 mars 1907). Le rapporteur insiste notamment sur les dangers de la concurrence italienne. — Cf. Payen, *Projet de loi sur la réglementation du travail* (*Econ. franç.*, n° du 25 mai 1907).

[2] Cf. Jay, *La limitation légale de la journée du travail en France*, 1904 ; Vialatoux, *Le projet de réglementation du travail* (*Démocratie du Sud-Est*, n°s des 8 mars-3 mai 1908). — La journée de dix heures tend manifestement à devenir aujourd'hui la journée normale dans l'industrie. — Cf. Godart, rapport, et attestations des inspecteurs du travail.

[3] Il est possible que cette pratique ne soit pas aussi générale qu'on l'a cru parfois, et il est évident que la crise de l'apprentissage imposera d'autres mesures sur lesquelles nous aurons l'occasion de revenir, v. *infra*, n° 1215. — Mais les témoignages concordants des inspecteurs démontrent qu'elle existe, et qu'au lendemain de la loi, surtout après le second et le troisième palier (1902-1904), les renvois de jeunes ouvriers ont été fréquents. — Cf. rapp. des inspecteurs, de 1903 à 1906 ; rapp. J. Godart. — V. aussi notre rapport sur *Le contrôle de la durée légale du travail*, annexe n° V.

mieux. Bien rares sont les magasins qui ne parviendront pas à s'accommoder d'un tel régime.

869 *bis*. — Beaucoup plus délicate est la question de la réglementation à édicter à l'égard des *ateliers de famille*. La commission a cru devoir résoudre le problème par une double distinction, qui d'ailleurs ne s'induit pas avec toute la clarté désirable du rapprochement des articles 4, 8, 26, et du rapport J. Godart.

Le texte établit tout d'abord une distinction fondamentale entre les ateliers de famille qui n'emploient que des adultes, et ceux qui emploient concurremment des femmes et des enfants. Il sous-distingue ensuite, parmi ces derniers, entre ceux où le travail s'effectue à la main, et ceux où fonctionne un moteur mécanique, ou dans lesquels l'industrie exercée est classée comme établissement dangereux, incommode ou insalubre.

Les premiers, ceux dans lesquels ne travaillent que des adultes, ne sont pas soumis aux prescriptions légales concernant la durée du travail; l'on se borne à les assujettir à un certain contrôle, résultant de l'obligation pour l'industriel ou commerçant qui donnerait du travail à exécuter à domicile, de tenir registre des noms et domiciles de tous ses auxiliaires réguliers, travaillant hors de l'atelier ou du magasin [1].

Pour les seconds au contraire, ceux où travaillent concurremment des hommes, des femmes ou des enfants (comme aussi, à plus forte raison, ceux où ne seraient occupés que des femmes ou des enfants) [2], à ce contrôle en quelque sorte extérieur vient s'ajouter l'assujettissement aux prescriptions légales concernant la durée de la journée, tout au moins lorsque ces ateliers rentrent dans la sous-catégorie spécifiée ci-dessus (emploi d'un moteur mécanique, industrie classée).

Tout en rendant hommage à la pensée qui a dicté cette prescription, et en reconnaissant que le surmenage des femmes et des enfants dans ces ateliers n'est que trop fréquent, nous hésitons beaucoup à nous rallier à la solution proposée [3]. L'inspection étendue au domicile même

---

[1] D'après la proposition Vidon et Ledin (27 novembre 1906, Ch., *Doc. parl.*, n° 480), les ateliers de famille marchant mécaniquement seraient assujettis à la réglementation légale, même quand ils n'emploient que des adultes.

[2] L'art. 26 du projet semble ne vouloir protéger que les femmes et enfants travaillant dans les ateliers de famille; mais il nous semble que la loi de 1900, non abrogée, impose ici l'assimilation des ateliers de famille *mixtes* à ceux n'occupant que des femmes et des enfants. — Sur ce point encore, une précision plus grande du texte serait nécessaire.

[3] Il semble bien que l'une des raisons qui ont déterminé la Commission à soumettre cette catégorie d'ateliers de famille à la loi générale soit le désir d'arrêter une évolution, signalée par certains inspecteurs, tendant à éluder les prescriptions légales par la substitution de l'atelier de famille à la fabrique agglomérée. « Sous la poussée de l'intérêt privé, — écrivait en 1904 la Commission supérieure du travail, — une

du travailleur, et portant non seulement sur l'aménagement hygiénique de l'atelier familial, mais même sur les heures de travail et de repos, sera forcément ou tyrannique, ou illusoire. Tyrannique, elle provoquera des plaintes véhémentes même de la part des ouvriers que l'on désire protéger ; illusoire, elle fera taxer le législateur d'impuissance ou de présomption[1]. Une surveillance indirecte est la seule qui nous semble actuellement désirable, à la condition bien entendu que les inspecteurs tiennent la main à ce que les lois réglementaires soient rigoureusement appliquées aux petits ateliers, improprement qualifiés *de famille*, dans lesquels travaillent, concurremment avec les membres de la famille de l'entrepreneur d'ouvrage, des auxiliaires étrangers. — A tout le moins, — et sur ce point nous nous rallions à l'amendement déposé par M. Cazeneuve, — conviendrait-il de ne pas soumettre au même régime les ateliers de famille dans lesquels sont manipulées des substances dangereuses et ceux où il est fait usage de moteurs mécaniques. Ne serait-il pas contradictoire, en effet, d'encourager la transformation des métiers à la main en métiers mécaniques dans le tissage de la soie, la rubanerie, etc., et d'assujettir en même temps les chefs d'atelier entreprenants, qui auront réussi à réaliser ce progrès, à une réglementation minutieuse dont seraient affranchis les retardataires ? Ne serait-ce pas créer une prime à la routine ?

---

organisation industrielle nouvelle se développe *dans le but de soustraire aux obligations de la loi*, et en particulier à la limitation de la durée légale, le travail des enfants et des femmes ». — V. les rapports analysés dans notre étude sur *Le contrôle de la durée légale du travail* (annexe n° V). — Cf. Fournière, *La loi de 1900 et le travail à domicile* (*Rev. socialiste*, 1905, 1-6).

Mais cette transformation ne saurait être générale. Il est relativement rare que le désir d'éluder certaines prescriptions légales gênantes suffise à déterminer l'option d'un industriel entre l'usine et la *fabrique collective* (ou manufacture à domicile), caractérisée par la dispersion des auxiliaires du chef d'industrie entre un certain nombre d'ateliers minuscules, simples dépendances du logis. Ce sont le plus souvent des considérations permanentes, techniques, économiques, inhérentes à la nature même de l'industrie, qui dictent le parti à prendre ; cela est si vrai que dans certaines industries le travail à domicile tend à céder le pas à la fabrique. — Aftalion, *Le développement de la fabrique et le travail à domicile dans l'industrie de l'habillement*, 1906 ; Rist, *Rev. d'écon. polit.*, 1907, 137. — Le désir d'atteindre la fraude dans ses manifestations multiples ne saurait donc à lui seul légitimer les mesures proposées.

[1] Nous croyons plutôt qu'elle sera illusoire à raison de l'insuffisance du nombre des inspecteurs et des obstacles de toute nature auxquels se heurtera le service de l'inspection, même renforcé. L'exemple de l'Angleterre à cet égard est significatif. Les lois sur l'hygiène y sont très généralement respectées, même dans les ateliers de famille, d'ailleurs moins nombreux qu'en France ; mais les dispositions par lesquelles les lois de 1901 et 1903 ont conféré aux autorités locales un certain pouvoir de réglementation sur ces ateliers, notamment en ce qui concerne le repos, le travail de nuit, etc., ne sont que très imparfaitement observées. — Cavaillé, *op. cit.*, *Rev. polit. et parl.*, 1905, 3, 497. — Cf. Barrault, *La réglementation du travail à domicile en Angleterre*, 1906.

La vérité est au contraire que, de deux ateliers de famille, l'un dans lequel le travail s'exécute à la main, suivant les antiques procédés, l'autre où fonctionne un petit moteur électrique par exemple, c'est dans le premier, généralement plus insalubre, que les longues journées sont le plus à craindre. Le traité même passé entre l'usine productrice de force et l'ouvrier en chambre ne comporte en effet la fourniture de la force que pendant un certain nombre d'heures [1]. La réduction de la journée de travail est donc ici en quelque sorte la conséquence normale de la transformation effectuée. A quoi bon dès lors une réglementation inutile, susceptible de paralyser d'heureuses initiatives?

[1] Cf. De Boissieu, *L'usine au logis à Paris* (*Quest. prat.*, 1902, 321, 363).

TITRE II

CONTRATS INDUSTRIELS

CHAPITRE PREMIER

GÉNÉRALITÉS

870. — Définition. — L'on désigne sous le nom générique de contrats industriels les contrats intervenant entre les patrons ou chefs d'industrie et les ouvriers ou apprentis. Les trois principaux sont : — Le *louage de services,* plus généralement dénommé aujourd'hui *contrat de travail*, lorsqu'il s'applique à des services d'ordre industriel [1] : — 2° Le *louage d'ouvrage* ou d'industrie ; — 2° Le contrat d'*apprentissage*, destiné à former les ouvriers qui s'engagent ultérieurement par un contrat de louage de services ou d'ouvrage.

871. — Apprentissage. — Le Code civil est muet sur le contrat d'*apprentissage.* Mais il a été réglementé par une loi postérieure, la loi du 22 février 1851, que nous aurons à commenter ; cette loi a été modifiée elle-même sur plusieurs points, par les lois des 2 novembre 1892 et 30 mars 1900. De la définition donnée par l'article 1er de la loi de 1851, il ressort que le caractère distinctif du contrat d'apprentissage,

[1] Nous verrons du reste, au cours de cette étude, que la tendance dominante des législations récentes est d'étendre au travail *commercial* (employés de commerce) les règles protectrices primitivement édictées dans l'intérêt des seuls *ouvriers.* — Certains auteurs préfèrent l'expression de *louage de travail* (Planiol, *Traité élémentaire de droit civil*, t. II, p. 567 ; Bry, p. 48) ; d'autres celle de *contrat de salaire*, qui est d'une portée plus générale, les employés recevant, comme les ouvriers d'industrie, une rémunération dénommée *salaire* dans le langage courant. — Le cadre de cet ouvrage ne nous permettant point d'entrer dans l'étude détaillée des principes généraux du louage de services, pour laquelle nous renvoyons aux traités généraux de droit civil ou aux études monographiques consacrées audit contrat, nous tenons pour acquise la dénomination de *contrat de travail*, qui d'ailleurs tend de plus en plus à passer dans le langage courant, que plusieurs législations récentes ont consacrée (*Gewerbeordnung* allemande, [*Arbeitsvertrag*], lois belge de 1900, néerlandaise de 1907 sur le *contrat de travail*, etc.), et que vient d'adopter à son tour le projet de loi français déposé sur le bureau de la Chambre par le Min. du commerce, le 2 juill. 1906 (chap. II, sect. V, *infra*).

celui qui le différencie nettement du louage de services, réside dans l'obligation pour le patron de donner à l'apprenti l'éducation professionnelle. La prestation d'un certain travail par l'apprenti n'est que la compensation de l'éducation reçue, au lieu d'être l'équivalent d'un salaire convenu.

872. — Louage de services et louage d'ouvrage. — Quant aux deux autres contrats, l'article 1710 du Code civil les confond dans une même définition, trop large pour être bien exacte : « Le louage d'ouvrage est un contrat par lequel l'une des parties s'engage à faire quelque chose pour l'autre, moyennant un prix convenu entre elles ».

L'article 1779, il est vrai, distingue dans le *louage d'ouvrage et d'industrie* trois variétés : — 1° Le louage des *gens de travail* qui s'engagent *au service* de quelqu'un : — 2° Celui des *voituriers*, tant par terre que par eau, qui se chargent du transport des personnes ou des marchanchandises ; — 3° Celui des *entrepreneurs d'ouvrage* par suite de devis ou marchés.

Mais cette classification est elle-même très défectueuse au point de vue logique. Si le 1° correspond exactement au louage de services des *gens de travail*, expression générique englobant tous les salariés, ouvriers, employés ou domestiques, le 2° et le 3° constituent deux variantes d'un même type de contrat, le louage d'ouvrage, mais n'englobent point, dans une formule spécifique, toutes les variétés possibles dudit contrat [1].

873. — Meilleurs analystes, les jurisconsultes romains s'étaient appliqués à distinguer avec soin la *locatio operis* (louage d'ouvrage) de la *locatio operarum* (louage de services) [2]. Le louage d'ouvrage est un contrat par lequel une personne s'engage vis-à-vis d'une autre à

---

[1] Il existe de nombreux locateurs d'ouvrage, font justement observer MM. Baudry-Lacantinerie et Wahl (*Du contrat de louage*, 1898, t. II, n° 1209), « qui, sans être des *entrepreneurs d'ouvrage*, fournissent comme ces derniers leur travail moyennant un prix, et, comme eux, n'ont à fournir que ce travail sans être dans un lien de subordination vis-à-vis du maître ». Tels sont les médecins, avocats, experts techniques, etc. — Aussi a-t-on pu soutenir qu'il est abusif de réunir sous un même qualificatif « louage de services » des engagements spécifiquement différents ; malgré certains caractères communs, les contrats conclus entre les personnes citées plus haut et leur clientèle sont en réalité profondément différents du contrat entre ouvrier et entrepreneur, auquel s'applique plus spécialement la dénomination de *contrat de travail*. — Chatelain, *Remarques sur le contrat de travail* (*Quest. pratiques*, 1905, 297 et suiv.).

[2] Conf. sur le contrat de travail et sur les caractères qui le distinguent du louage d'ouvrage : Guillouard, *Traité du louage*, t. II, n° 686 ; Bodeux, *Etudes sur le contrat de travail*, 1896, p. 30 ; Cornil, *Du louage de services ou contrat de travail*, 1895, introd. ; Planiol, *op. cit.*, t. II, p. 567. — Cf. Dall., *Suppl. au Répert.*, v^is *Louage d'ouvrage et d'industrie*, n° 10, et *Travail*, n° 79 ; *Répert. Fuzier-Herman*, v° *Louage d'ouvrage, de services ou d'industrie*, n° 3.

exécuter un travail ou une entreprise déterminée ; le louage de services est un contrat par lequel une personne met son activité ou ses talents professionnels au service d'une autre personne pour un temps déterminé ou indéterminé (mais toujours temporairement). Ces deux formes de louage se différencient donc nettement par leur objet, puisque l'objet principal du louage d'ouvrage consiste dans l'exécution d'une œuvre déterminée, tandis que le domestique, ouvrier ou employé qui engage ses services à temps s'oblige d'une façon générale à prester tous les services rentrant dans sa spécialité, sans que son contrat détermine *in specie* les travaux qu'il aura à exécuter.

Les deux contrats diffèrent également par le caractère du lien de droit qu'ils établissent entre les parties : le louage de services impliquant le plus fréquemment, de la part du locateur de services, une certaine subordination au regard du maître qui ne se rencontre point, au même degré tout au moins, dans le louage d'ouvrage.

Il est facile de mettre en relief ces différences spécifiques par quelques exemples : je confie à un menuisier du bois brut avec lequel il devra me construire certains meubles; le contrat qui intervient entre l'artisan et moi est un contrat de *louage d'ouvrage*. Cet artisan occupe chez lui, dans son atelier, un certain nombre d'ouvriers engagés au mois, ou des auxiliaires travaillant à la journée ; le contrat intervenu entre le patron de l'atelier et ses ouvriers est un louage *de services*. De même, il y a louage d'ouvrage dans les rapports du fabricant de soieries et du maître tisseur ou chef d'atelier, qui s'engage à exécuter chez lui, à ses risques, les commandes qui lui sont transmises ; il y a au contraire louage de services entre le chef d'atelier et les ouvriers ou compagnons qu'il emploie, du moins si ceux-ci travaillent dans son atelier ; il y aurait au contraire louage d'ouvrage, même dans les rapports du maître et des ouvriers tisseurs, s'ils travaillaient chez eux à *façon* ou *aux pièces*, sur des métiers à eux appartenant.

873 *bis*. — Il convient d'ailleurs de remarquer que la pratique, comme la doctrine contemporaine, tendent de plus en plus à assimiler au louage de services de l'ouvrier de fabrique ou de l'employé de magasin, le louage d'ouvrage passé entre un entrepreneur ou sous-entrepreneur et un artisan travaillant *à domicile*. Economiquement parlant, en effet, le *locator operis* est, dans ce dernier cas, dans une position de dépendance aussi marquée au regard de l'employeur que s'il travaillait à l'atelier ou au magasin ; le contrat qui l'unit au bailleur d'ouvrage peut donc, sans forcer le sens des mots, être qualifié de ***contrat de travail***. Sans doute, il est rémunéré *aux pièces*, à raison de la quantité et de la qualité du travail fourni ; mais il n'y a là qu'une modalité de salaire, nullement incompatible avec le louage de services proprement dit, puisqu'il n'est pas rare de voir des ouvriers d'usine, dans la métallurgie notamment et le tissage, payés aux pièces et non point à la journée. — V. *infra*.

Le ministre du commerce, dans son projet sur le contrat de travail, et la Commission du travail de la Chambre, dans le texte substitué par elle au projet primitif, ont cru devoir se rallier à ce concept nouveau, et donner du contrat de travail la définition extensive suivante (texte de la Commission) :

« Art. 1779 (nouveau) du Code civil : — Il y a deux espèces principales de louage d'ouvrage : — 1° Le *contrat de travail*; — 2° Le *contrat d'industrie*.

Le contrat de travail est le contrat par lequel une personne s'engage à travailler pour une autre, qui s'oblige à lui payer un salaire calculé, soit à raison de la durée du travail, soit à proportion de la qualité ou de la quantité de l'ouvrage accompli, soit d'après toute autre base arrêtée entre l'employeur ou l'employé. — Le contrat d'industrie est le contrat passé entre les personnes qui offrent leur travail *non à un ou plusieurs employeurs déterminés, mais au public* » [1].

Nous acquiesçons volontiers, en théorie, à cette définition. Mais il nous paraît plus conforme à l'esprit du Code civil, tant que les modifications proposées par la Commission du travail n'auront pas acquis force de loi, — or elles n'ont encore fait l'objet d'aucune discussion publique, — de nous en tenir à la distinction classique du louage de services et du louage d'ouvrage : — distinction manifestement conservée par les lois ouvrières récentes qui, à tort ou à raison, n'ont point étendu au travail en chambre le bénéfice de la réglementation tutélaire édictée par elles. — V. *supra*, n° 852 [2].

---

[1] Cf. définitions du contrat de travail données par Merlin (*Le contrat de travail, les salaires, la participation aux bénéfices*, 1907, p. 1). — V. aussi Bry, p. 65; Chambon, *Le projet de loi sur le contrat de travail* (*Quest. pratiques*, 1908, p. 174 et suiv.) ; Chatelain, *De la nature du contrat entre ouvrier et entrepreneur*, 1902, et *Esquisse d'une nouvelle théorie sur le contrat de travail* (*Rev. trim. de droit civil*, 1904) ; Léger, *Le contrat de travail* (*Rev. polit. et parl.*, 1906, t. IV, p. 502 et suiv. ; Hayem, *Le contrat de travail*, 1908. — Cf. Allix, *L'industrie à domicile salariée* (*Rev. des sc. polit.*, 1904, 469) ; d'Eichthal, *Les contrats de travail et leur appellation juridique* (*Rev. polit. et parl.*, 10 juin 1908).

[2] Cf., en faveur de la distinction traditionnelle, sur le terrain du droit positif français, du louage de services et du louage d'ouvrage : Planiol, Guillouard, Baudry et Wahl. — V. aussi Jay, *Des conventions relatives au travail* (rapp. sur le projet de Code du travail, liv. Ier). — Cette distinction n'est pas spéciale au Code civil français : elle se retrouve encore dans la loi industrielle allemande. — Sur les polémiques doctrinales auxquelles cette distinction classique, vivement combattue par les économistes, a donné lieu récemment en Allemagne, cons. Bachmann, chronique de législation et doctrine allemande (*Annales de droit commercial*, 1907, p. 277).

874. — Le salariat et les diverses écoles économiques. — Dans les grandes usines ou fabriques, l'on n'emploie guère que des ouvriers travaillant à temps (ou parfois aux pièces)[1] dans l'intérieur même de l'usine, sous la surveillance et le contrôle direct des ingénieurs, contremaîtres, chefs d'équipe, etc. ; le louage de services est donc la véritable forme du contrat dans *la grande industrie* ; aussi est-ce cette forme qui a suscité le plus de haines dans certains milieux. Les écoles socialistes révolutionnaires en réclament énergiquement la disparition. Supprimer le salariat par la suppression du patronat, et la mise en commun des instruments de travail, qui désormais appartiendraient à des collectivités ouvrières organisées, s'administrant elles-mêmes, au lieu d'appartenir à une oligarchie industrielle de patrons qui s'approprient tous les bénéfices, et se contentent d'abandonner aux véritables créateurs de la richesse manufacturière, aux ouvriers, un salaire insuffisant : tels sont les desiderata de l'école révolutionnaire.

L'école éclectique ou solidariste a des ambitions plus modestes, mais aussi plus facilement réalisables. Son objectif est de restreindre progressivement le champ d'application du contrat de salaire, et d'en atténuer les inconvénients très réels par un ensemble de lois tendant à favoriser, soit la participation des ouvriers aux bénéfices, soit les groupements libres d'ouvriers travaillant pour leur compte, avec leurs propres ressources, c'est-à-dire les sociétés coopératives de production (V. *supra*, n° 63, et *infra*, tit. IV). Mais elle ne s'attarde pas à des revendications vaines ; elle ne réclame pas la suppression d'autorité d'une organisation de travail qui a répondu pendant longtemps à des nécessités évidentes, et qui s'impose encore aujourd'hui dans la majorité des exploitations, convaincue d'ailleurs que, si la loi peut aider aux transformations économiques nécessaires, elle ne saurait sans péril bouleverser brusquement l'ordre établi.

875. — Il n'importe, au point de vue social, qui seul nous préoccupe ici, que le contrat de travail soit un louage, ou une vente de travail, ou qu'il convienne plutôt de l'envisager, avec Bastiat et d'autres économistes de nuances très diverses, comme une altération du contrat de société : le salaire n'étant autre chose qu'un *forfait* accepté par l'ouvrier aux lieu et place de la part aléatoire de bénéfices lui revenant dans l'association ayant existé, ou pu exister théoriquement *ab initio*, entre son patron et lui[2].

---

[1] Sur les divers procédés de travail et sur les modes de rémunération correspondants, v. n°s 927 et s., *infra*.

[2] Sur la théorie du salaire, que nous ne saurions examiner ici avec les développements qu'elle comporte, cons. notamment en sens divers : Gide, 9e éd., p. 451 ;

Ce qu'il importe de savoir, c'est quelles ont été les causes de cette altération de la société primitive. Or, il est manifeste que l'on ne saurait sans injustice représenter le salariat comme la forme moderne de l'esclavage, comme un contrat léonin dans lequel toutes les chances de profit sont pour l'employeur.

Le salariat a revêtu sa forme actuelle, aussi ancienne d'ailleurs dans son principe, sinon dans ses modalités, que la civilisation elle-même [1], sous l'influence de nécessités pratiques évidentes ; et l'on ne saurait méconnaître qu'il a eu, en somme, malgré les abus multiples et trop réels qu'il a couverts ou facilités, d'heureuses conséquences pour les deux parties contractantes.

Sous le régime social qui prévaut encore aujourd'hui, en effet, l'association pure et simple du maître et de l'ouvrier, le maître apportant son capital, l'ouvrier son travail, est nécessairement précaire ; car, si le maître peut, grâce à ses réserves, à ses capitaux accumulés, attendre que l'entreprise donne des bénéfices, patienter pendant les années mauvaises, en attendant les bonnes années, l'ouvrier ne le peut pas : il a besoin d'une avance sur les bénéfices futurs qui lui permette de vivre. Et c'est ainsi que, par la force même des choses, l'ouvrier abdique *ses droits d'associé*, et fait avec le capitaliste un contrat aléatoire en vertu duquel il renonce à sa part éventuelle dans les bénéfices, à la

---

Cauwès, t. III, nos 803 et s. ; Paul Leroy-Beaulieu, *Traité d'écon. polit.*, t. II, p. 212 et s. ; Bastiat, *Harmonies économiques*, chap. XIV ; Beauregard, *Essai sur la théorie des salaires*, 1887 ; Villey, *La question des salaires ou la question sociale*, 1887 ; Chevallier, *Les salaires au XIXe siècle* ; Glasson, *Le Code civil et la question ouvrière* ; Benoit-Malon, *Le socialisme intégral*, t. II, p. 192 et s. ; Voidier, *Théorie du salaire naturel*, 1901 ; Polier, *L'idée du juste salaire*, 1903 ; De Tarde, *L'idée du juste prix*, 1907 ; Duthoit, *Le contrat de salariat* (*Assoc. cathol.*, 89 et 194) ; Chatelain, *op. cit.* — Cf. Bamberger, *Die Arbeiterfrage* ; Schönberg, *Handbuch*, t. II, p. 631 ; K. Marx, *Le capital, passim.* ; Menger, *Le droit au produit intégral du travail*, trad. Bonnet, avec préface d'Andler, 1900 ; Hitze, *Capital et travail*, 1901 ; Sombart, *Der moderne Kapitalismus*, 2 vol., 1902.

[1] Ce qui est nouveau relativement, par contre, c'est la grande industrie, qui a contribué, ainsi que nous l'avons fait observer dans notre introduction (nos 12, 71 et s., 141), à accroître considérablement la classe des salariés et à diminuer corrélativement celle des artisans libres. De cette évolution est résulté un malaise social grandissant ; et c'est à le dissiper, à prévenir les heurts toujours redoutables du capital et du travail, que s'applique le législateur contemporain. Mais il y a là un phénomène économique, pour ainsi dire fatal, dont les causes sont complexes, et qu'il serait antiscientifique de représenter uniquement comme un accaparement volontaire et prémédité du produit du travail par la classe capitaliste. La concentration capitaliste est un fait certain ; l'insuffisance générale des salaires, dont le taux n'a pas toujours cru aussi rapidement que le profit (cf. Schloss, *Les modes de rémunération du travail*, trad. Rist), n'est pas moins certaine : mais le remède ne saurait être cherché, croyons-nous, dans une intervention directe et brutale du législateur, mais dans une évolution lente, préparée à la fois par les mœurs et par la loi, du salariat à l'association. — Sur le rôle des syndicats dans cette évolution, v. *supra*, n° 569.

condition que le patron lui paiera, à tout événement, une somme fixe par jour de travail [1].

876. — Salariat, participation aux bénéfices, coopération. — Sans doute, il est permis dès aujourd'hui d'envisager la perspective d'une société meilleure dans laquelle l'ouvrier ne serait plus réduit, presque fatalement, à un salaire fixe, quel que puisse être le taux des bénéfices réalisés par l'employeur.

Les progrès rapides du contrat collectif de travail, dans tous les pays où la classe ouvrière a réussi à s'organiser, notamment en Angleterre et dans les colonies anglaises, aux Etats-Unis, en Allemagne et aussi en France (V. *supra*, nos 482, 495, 549), la pratique plus fréquente de la *participation aux bénéfices*, avec les modalités variables qu'elle comporte, le développement des *coopératives de production*, dans lesquelles le salarié fait place à l'associé, sont autant d'indices de l'évolution heureuse qui se prépare. Mais une telle transformation sociale, de l'aveu même des coopérateurs les plus convaincus, ne saurait s'effectuer que lentement, en raison des obstacles multiples dont elle aura à triompher [2]. Quelque favorable que puisse être le législateur du xxe siècle à cette évolution, l'action légale ne fonctionnera jamais ici que comme adjuvant [3], et tout permet de supposer que, pendant longtemps encore, le contrat de salaire restera la base des accords entre patrons et ouvriers.

877. — Louage d'ouvrage : travail aux pièces, marchandage,

---

[1] M. Chatelain (*op. cit.*) décompose le contrat entre ouvrier et entrepreneur en deux opérations distinctes, quoique connexes : une *association* à la base, et, venant se greffer sur l'association primitive, une *vente* par l'ouvrier de la part à laquelle son travail lui donnerait théoriquement droit dans le produit net de l'entreprise. — Sur les conséquences pratiques de cette analyse juridique du contrat de travail, notamment au cas d'annulation de la convention, impliquant une évaluation du salaire *ex æquo et bono*, v. *infra*, n° 921. — La plupart des auteurs, sans admettre tous cette décomposition juridique du pacte, reconnaissent qu'il y a, dans le contrat de travail entre ouvrier et patron, un « contrat sous-jacent qui est une société ». — Cons. notamment : Beauregard, *Th. du salaire*, p. 261 et s. ; Gény, *Une théorie nouvelle des rapports juridiques issus du contrat de travail* (*Rev. trimestr.*, 1902) ; Porte, *Entrepreneurs et profits industriels*, 1901 ; etc. Il serait cependant antijuridique de voir dans le contrat de travail une société pure et simple, attendu que d'après la définition légale du contrat de société, tout associé doit participer aux pertes, or le salarié est précisément, de par son forfait, affranchi des pertes, et ce, même lorsqu'au salaire vient s'ajouter une participation. — Baudry et Wahl, *Louage*, n° 1205 ; Thaller et Pic, *Traité des Sociétés*, t. I, titre Ier. — Mieux vaut s'en tenir ci à des formules un peu vagues, telles qu'association, *communauté de production* (Porte, *op. cit.*).

[2] Gide, *op. cit.*, p. 559.

[3] Sur la mesure dans laquelle le législateur peut aider à la diffusion du système de la participation aux bénéfices et au mouvement coopératif, v. tit. IV, *infra*.

« sweating system ». — Le louage d'ouvrage, qui se combine du reste, assez fréquemment, avec un louage de services à temps (auquel cas l'opération ne semble différer du louage de services ordinaire que par le mode de rémunération)[1], semblerait à première vue ne pas devoir soulever les mêmes problèmes sociaux que le louage de services. L'artisan, le chef d'atelier, l'ouvrier même qui travaille aux pièces, à domicile, ne paraissent pas être en effet, au regard de ceux qui les emploient, fabricants ou autres ouvriers, dans une dépendance aussi étroite que l'ouvrier engagé à temps; ils doivent donc pouvoir, dit-on, traiter d'égal à égal avec l'employeur, et obtenir plus aisément un prix ou salaire adéquat à la valeur de leur travail.

Cette forme de contrat a cependant soulevé, dans le camp socialiste, des récriminations presque aussi vives que le louage de services à temps. Karl Marx et ses disciples, envisageant la quantité de travail comme strictement limitée[2], condamnent formellement le salaire à la tâche, qui excite l'ouvrier habile ou laborieux à faire le travail de plusieurs, au risque de priver d'autres ouvriers du salaire dont ils auraient besoin pour subsister, tout en compromettant sa santé, sa vie même par un travail trop intensif.

En dehors même de tout parti pris d'école, il est malheureusement acquis, et surabondamment démontré par les faits, que cette liberté dont jouirait le *locator operis* (chef d'atelier, ouvrier libre travaillant à domicile), est plus apparente que réelle, et qu'en réalité les ouvriers de cette catégorie, vivant isolés les uns des autres[3], sont les plus exposés aux salaires de famine (*sweating system*). Il est rare, en effet, qu'ils soient en relations directes avec le chef d'industrie pour lequel ils travaillent ; presque toujours c'est par l'entremise de courtiers, dont le gain est en raison inverse du salaire payé par eux, qu'ils reçoivent les commandes de la fabrique ou du grand magasin, et le résultat fatal de cette interposition d'intermédiaires parasites, et de la concurrence que ceux-ci se font entre eux, à coups de rabais, pour obtenir les commandes, est une exploitation dont les enquêtes françaises et étrangères, signalées par nous précédemment (V. *supra*, n° 852), ont révélé les abus lamentables.

---

[1] Sur la question de savoir si la convention peut être qualifiée de *contrat de travail* lorsque le travail *aux pièces* s'effectue hors de l'usine ou de l'atelier, au domicile même de l'ouvrier, v. *supra*, n° 873 *bis*.

[2] Sur la théorie du *fonds des salaires*, et la réfutation de cette théorie, v. Cauwès, t. III, n°s 815 et suiv. ; Beauregard, *loc. cit.* — V. aussi Voidier, *Le salaire naturel*. — Cf., sur les moyens pratiques d'améliorer le salaire à la tâche : Bernstein, étude publ. dans les *Archiv für soziale Gesetzgebung* de Braun (1902, t. II).

[3] Cette observation est surtout vraie pour les *ouvrières en chambre*. — V. *supra*, n°s 567, 709, 782, et *infra*, n° 1194.

Une autre forme d'exploitation de l'ouvrier, dont l'étude se rattache aussi logiquement à la théorie du louage d'ouvrage, est le *marchandage*. L'on désigne sous ce nom la combinaison qui consiste, pour un artisan, à prendre de l'ouvrage à forfait et à le faire exécuter par d'autres ouvriers, qu'il paie à la journée ou à la pièce en spéculant sur la différence des prix : spéculation très couramment pratiquée, notamment dans la soierie (chef d'atelier marchandeur), dans la maçonnerie, la menuiserie ou la serrurerie, et qui a toujours soulevé d'amères protestations de la part des ouvriers, qui se plaignent d'être exploités par le marchandeur, et accusent le marchandage d'aboutir fatalement à un avilissement des prix.

Nous aurons à étudier, sous notre chapitre III, consacré au louage d'ouvrage, ces deux graves questions, connexes, du sweating et du marchandage, et à étudier les moyens légaux proposés ou mis en œuvre pour faire disparaître ces abus.

878. — Apprentissage ; instruction technique. — Après avoir étudié le *contrat de travail* proprement dit ou louage de services industriels, et le *louage d'ouvrage ou d'industrie*, dans son application à l'ouvrier artisan, ouvrier à façon ou aux pièces [1], nous consacrerons un chapitre spécial au contrat *d'apprentissage*, qui logiquement devrait être étudié avant les autres contrats industriels, puisque théoriquement l'apprentissage précède le contrat du travail, mais que nous avons à dessein relégué en quelque sorte en appendice pour bien marquer le déclin, en France, de cette forme de contrat, si nécessaire cependant à l'éducation technique de l'ouvrier *qualifié*.

Nous aurons à rechercher, après une brève analyse de notre loi, très incomplète, de 1851, et en nous aidant du droit comparé, notamment des prescriptions très complètes de la loi allemande, par quels moyens légaux le législateur français pourrait remettre en honneur l'apprentissage, et développer concurremment l'enseignement technique.

879. — Employés de commerce. — Bien que le louage de services des *employés* et *commis* de tous ordres se rattache en un certain sens au droit commercial, et que l'objet principal de notre étude doive être le louage de services appliqué à l'industrie, c'est-à-dire le louage de travail des *ouvriers*, nous ne manquerons pas de signaler chemin faisant toutes les dispositions législatives communes aux employés et aux

[1] Les autres formes de louage d'ouvrage, entreprises de transports, entreprises de construction et autres variétés de *devis et marchés*, se rattachant au Code de commerce ou au Code civil, restent en dehors du cadre de nos recherches. — V. les traités de Guillouard, Baudry et Wahl, etc.

ouvriers, ainsi que les projets tendant à faire cesser une distinction irrationnelle et injuste, et à étendre aux auxiliaires des commerçants les règles protectrices actuellement édictées en faveur des ouvriers seulement[1].

SOUS QUELLES FORMES L'ÉTAT DOIT-IL, OU PEUT-IL INTERVENIR DANS LES CONTRATS INDUSTRIELS? — **880.** — Telle est la seule question que nous devions étudier ici avant d'aborder l'étude particulière de chacun d'eux. L'intervention de l'Etat dans les contrats en général, et dans les contrats industriels en particulier, se manifeste sous quatre formes principales : — 1° Le législateur intervient pour interpréter la volonté des parties, et suppléer à leur silence ; — 2° Il édicte les mesures propres à assurer la libre expression de la volonté des parties ; — 3° Il détermine les limites dans lesquelles devra se restreindre la liberté des parties contractantes, et formule certaines règles impératives ou prohibitives, auxquelles les parties doivent se conformer ; — 4° Il organise les juridictions compétentes pour statuer sur les litiges pouvant s'élever entre les parties. Reprenons ces quatre propositions :

881. — **1° Loi interprétative de volonté.** — Le législateur intervient tout d'abord pour *interpréter la volonté des parties*, et suppléer à leur silence. Jamais les parties ne font de conventions assez détaillées, pour que le juge trouve, dans les énonciations qu'elles contiennent, la solution de tous les litiges dont leur exécution peut être la source ; les usages locaux peuvent, il est vrai, suppléer dans une certaine mesure au silence ou à l'insuffisance des conventions expresses, mais ces usages sont souvent incertains, variables ; aussi est-il préférable que le législateur formule, en règles précises, les caractères distinctifs et les effets essentiels de chaque contrat.

Ce que le législateur fait pour tous les contrats usuels, vente, louage de choses, mandat, société, conventions matrimoniales, il peut également le faire pour le contrat de travail. Il lui appartient de déterminer quels seront, à défaut de conventions contraires, les effets de ce contrat, ses modes de formation ou de résiliation, sa durée, etc. Et, si le législateur français mérite un reproche de ce chef, ce ne peut être assurément celui d'avoir abusé de la réglementation ! S'il a posé des règles

---

[1] Il ne sera question qu'incidemment du louage de services des *domestiques*, dont l'étude rentre plutôt dans le cadre des Traités de droit civil. Nous verrons toutefois que certaines lois récentes, notamment la loi du 12 janvier 1895 sur la saisie-arrêt des salaires, assimilent les *gens de service* aux ouvriers. Quelques lois étrangères vont beaucoup plus loin dans cette voie d'assimilation (ex. loi genevoise du 12 mai 1897 sur les prud'hommes). — Cons. Hom, *Situation juridique des gens de service*, 1901 ; Richard, *Du louage de services domestiques en droit français*, th. 1906.

suffisamment explicites relativement au contrat d'apprentissage (L. de 1851) ou au louage d'ouvrage (C. civ., art. 1787 et s., sur les devis et marchés), il est à peu près muet, en effet, sur le contrat de louage de services. Tandis qu'il consacre soixante-cinq articles au louage des choses, le Code civil n'a en effet consacré que deux articles, l'article 1780 (dont il convient de rapprocher l'article 15 de la loi du 22 germinal an XI) et l'article 1781, au louage des domestiques et ouvriers. Il est permis de regretter cette réserve excessive, que n'ont pas imitée les législations européennes les plus récentes [1]; en effet, ce contrat se formant presque toujours verbalement, il n'en était que plus utile de suppléer au silence des parties, et d'assigner à leurs accords des effets précis, au lieu d'obliger le juge à rechercher les éléments de sa décision dans des usages confus et parfois contradictoires [2].

882. — Sans doute, cette lacune fâcheuse du Code civil français a été partiellement réparée par plusieurs lois postérieures, pour la plupart récentes, telles que : la loi du 9 juillet 1889 (Code rural) sur l'engagement des ouvriers ruraux, celle du 27 décembre 1890 tendant à compléter l'article 1780 (résiliation et congés), celle du 12 janvier 1895 sur la saisie-arrêt des salaires, la loi du 18 juillet 1901 garantissant leur travail et leur emploi aux réservistes et aux territoriaux appelés à

---

[1] Cons. notamment les dispositions très complètes du nouveau Code civil *allemand*, entré en vigueur le 1er janvier 1900 (tout un titre consacré au contrat de services et de travail). — Cf. Blondel, *Etude sur le Code civil allemand et les ouvriers* (*Bull. Soc. de législ. comp.*, 1902, p. 86). — Ces dispositions doivent elles-mêmes se combiner, soit avec les prescriptions de la *Gewerbeordnung*, revisée en 1900, notamment en ce qui concerne le mode de paiement du salaire, le livret exigé de certains ouvriers, etc., soit avec le Code de commerce relativement aux commis et employés. — V. aussi Code civil *autrichien* (art. 1151-1163); Code fédéral *suisse* des obligations de 1881, titre XI, et nouveau Code civil suisse; Code civil *russe*, édit. de 1887 (Lehr, *Elém. de dr. civ. russe*, t. II, p. 268).

Mais la loi la plus complète dans cet ordre d'idées est assurément la loi *belge* du 10 mars 1900 sur le *contrat de travail* (*Ann. de lég. du trav.*, 1900, p. 399), couronnement de l'édifice législatif, très remarquable, formé par la série des lois ouvrières du 16 août 1887 sur le « truck system » ou le paiement des salaires, du 18 août 1887 sur la saisie-arrêt des salaires (*Ann. de lég. étrang.*, 88, 611), du 25 avril 1896 sur les privilèges du salaire, du 15 juin 1896 sur les règlements d'ateliers (*Bull. Off.*, 1898, p. 571), du 10 février 1900 sur la protection du salaire de la femme mariée et du mineur. — Hanssens, *Théorie du contrat de travail* (*Quest. prat. de législ. ouvr.*, août-sept., oct. et nov. 1902). — Cp. loi *néerlandaise* du 13 juill. 1907.

[2] Glasson, *Le Code civil et la question ouvrière*, 1889 ; Tissier, *Le Code civil et les classes ouvrières* (Livre du Centenaire) ; Pic, *Le Centenaire du Code civil et le droit social de demain* (*Quest. prat.*, 1904, 474) ; Perreau et Groussier, *Le contrat de travail et le Code civil* (rapp. à l'Ass. nat. fr. pour la protection légale des travailleurs, 1908). — Pour plus de développements sur cette lacune évidente du Code civil français, ses causes et ses remèdes, v. *supra*, nos 145 et s., et les autorités citées,

faire une période d'instruction militaire, et enfin la loi du 13 juillet 1907 sur le libre salaire de la femme mariée. Il convient également de mentionner les lois des 9 avril 1898, 30 juin 1899, etc., sur la responsabilité des accidents professionnels, qui affirment et précisent l'étendue de la *dette de sécurité* mise à la charge de l'employeur.

Mais il n'en est pas moins vrai que ces lois fragmentaires, même rapprochées et coordonnées [1], ne contiennent qu'une réglementation très incomplète du contrat de travail. Aussi, tout en rendant hommage aux efforts de la jurisprudence pour assouplir les textes et en combler les lacunes (V. *supra*, n° 145), estimons-nous qu'il serait temps, pour le Parlement français, d'aborder enfin l'étude d'un projet synthétique tendant à doter les salariés d'une charte légale, définissant avec précision leurs droits et leurs obligations [2].

883. — 2° **Loi sanctionnatrice de volonté**. — Le législateur intervient, en second lieu, pour assurer *la libre expression de la volonté des parties*. C'est à lui qu'il appartient, en matière de contrats industriels, de faire respecter le principe de la liberté de travail, souvent méconnu, et aussi de protéger la liberté individuelle de l'ouvrier. Le législateur français n'a pas failli à cette partie de sa tâche. Nous avons eu, en effet, l'occasion d'étudier, à propos des lois de 1864 sur les coalitions et de 1884 sur les syndicats professionnels, les dispositions édictées par le législateur français en vue de concilier la liberté collective de coalition ou d'association, reconnue tant aux ouvriers qu'aux patrons, avec le principe de la liberté du travail. — En ce qui concerne les mesures législatives tendant à protéger plus spécialement la liberté individuelle et la personnalité de l'ouvrier, signalons notamment l'article 1780 du Code civil, V. *infra*, n°s 1169 et s.

884. — 3° **Lois limitatives de la liberté des contractants**. — Le léigslateur peut assigner *certaines limites à la liberté des parties contractantes*, en formulant, au nom de l'intérêt général et de l'ordre public, certaines règles impératives ou prohibitives, auxquelles les conventions particulières ne peuvent déroger [3].

---

[1] Ce travail de coordination a été très heureusement accompli par la Commission de codification de lois ouvrières, constituée en 1901. — V. le livre Ier (Des conventions relatives au travail) du projet de *Code du travail et de la prévoyance sociale*, voté par la Chambre le 15 avril 1905, et actuellement soumis au Sénat. — V. *supra*, n° 169.

[2] Sur le projet déposé par le Ministre du commerce le 2 juill. 1906 et sur le contre-projet de la Commission du travail de la Chambre, v. chap. II, sect. V, *infra*.

[3] Les dispositions législatives concernant la *protection du salaire* manqueraient leur objet si elles étaient purement interprétatives de volonté, et s'il était loisible

Cette troisième forme d'intervention doit être naturellement beaucoup plus mesurée que les deux autres. Tout excès de réglementation aboutit en effet à paralyser l'activité industrielle, et risque de compromettre irrémédiablement les forces vitales du pays. Le législateur doit donc tenir un juste milieu entre la liberté absolue, qui n'est pas sans danger, et l'intervention quelque peu tyrannique, réclamée par certaines écoles socialistes.

C'est à cette troisième forme d'intervention que se rattache (sans parler de la réglementation du travail, qui rentre plutôt dans l'organisation générale de l'usine ou de l'atelier) — l'ensemble des mesures législatives tendant à assurer, soit l'exécution des obligations de l'ouvrier envers le patron (livrets d'ouvrier, amendes, etc.), soit l'exécution des obligations du patron envers l'ouvrier (paiement du salaire, dette de sécurité).

885. — En ce qui concerne le *salaire*, l'on peut concevoir tout d'abord une intervention directe du législateur sous forme de fixation légale d'un *taux minimum* des salaires. Sauf en matière de travaux publics (V. *infra*), cette mesure radicale, d'inspiration nettement socialiste, n'a jusqu'ici prévalu qu'en Australasie. Par contre, un grand nombre de législations étrangères ont introduit[1], et diverses propositions depuis longtemps pendantes devant les Chambres françaises proposent d'introduire, dans le contrat de louage de services, certaines prescriptions obligatoires pour le patron et concernant le *mode de paiement des salaires* (interdiction du paiement en nature [*truck system*], obligation pour le patron de payer les salaires à échéances fixes, par semaine ou quinzaine, réglementation ou prohibition des amendes, protection spéciale du salaire des femmes mariées et des jeunes ouvriers, etc.).

De ces prescriptions, qu'il serait très désirable de voir enfin consacrer législativement par la loi française, doivent être rapprochées les mesures législatives tendant à garantir le salaire, soit contre les créan-

---

aux parties, par une clause expresse, d'y déroger. Ces clauses dérogatoires risqueraient de devenir de style, et l'ouvrier, obligé de s'embaucher pour vivre, n'aurait pas la liberté morale nécessaire pour se refuser à leur insertion dans le contrat de travail. Au surplus, le Code civil s'est toujours prononcé dans le sens de l'*obligation* toutes les fois qu'il s'est proposé de *rétablir l'égalité* entre deux contractants. — V. les articles 887 et 1674 relatifs à la rescision pour cause de lésion en matière de partage ou de vente, l'article 1855 sur les clauses léonines dans les sociétés, les articles 2078 et 2088 sur le pacte commissoire et la clause de voie parée. — Or, cette égalité est souvent rompue au détriment de l'ouvrier ; les abus du *truck system* (V. *infra*) suffiraient à l'établir.

[1] V. *supra*, sous n° 158, l'indication des principales lois étrangères, sur les dispositions desquelles nous reviendrons d'ailleurs au chapitre suivant.

ciers de l'ouvrier, ou de l'employé (en le déclarant insaisissable, en tout ou en partie), soit contre les créanciers du patron (privilège, action directe, etc.). A ce dernier point de vue, nous possédons une législation assez complète, quoique très critiquable dans certaines de ses dispositions, consignée principalement dans la loi du 12 janvier 1895 sur la saisie-arrêt des salaires et petits traitements, dans les articles 549 du Code de commerce (modifié par les lois des 4 mars 1889 et 6 février 1895), et 1798 du Code civil [1].

886. — En ce qui concerne l'obligation pour les patrons de veiller à la sécurité de l'ouvrier, la loi peut, afin de faciliter le succès du recours en indemnité formé contre le patron par l'ouvrier victime d'un accident professionnel, mettre par un texte formel à la charge du patron l'obligation de prouver la faute de l'ouvrier, s'il veut s'exonérer de la responsabilité qui lui incombe de ce chef. L'on conçoit même que le législateur, dans l'intérêt de la paix sociale, fasse un pas de plus : qu'il impose, par exemple, au patron l'obligation d'indemniser en tout cas l'ouvrier des suites de son accident, même si l'ouvrier a été victime de son imprudence (principe du *risque professionnel*), et qu'il organise en même temps un système spécial (assurances obligatoires ou garanties équivalentes) assurant aux ayants droit le paiement des indemnités légales et égalisant entre les industries le fardeau du risque. C'est à ce dernier groupe de législations, de plus en plus nombreuses, qu'appartient, depuis la loi du 9 avril 1898, la législation française [2] ; et l'on peut dire sans exagération que le principe du risque professionnel fait partie, depuis la fin du XIXe siècle, du *droit commun européen* (V. *supra*, n° 167).

887. — La loi peut enfin intervenir pour réglementer le droit de résiliation ou de congédiement, notamment pour obliger le patron qui congédie sans juste cause un ouvrier ou employé à l'indemniser du préjudice que lui cause le renvoi (art. 1780 C. civ., modifié par la loi du 27 déc. 1890) [3].

888. — 4° **Lois sur les juridictions arbitrales.** — L'Etat intervient enfin par la création d'organes spéciaux, *juridictions arbitrales* ou *conseils*, propres à assurer la solution des conflits individuels ou collec-

---

[1] Sur les lois étrangères correspondantes, v. *supra*, n° 158, notes.

[2] Pour la liste des principales lois étrangères, admettant le principe du risque professionnel le plus souvent complété par l'assurance obligatoire, v. *supra*, n° 160, et *infra*, nos 1050 et suiv.

[3] Conf. loi belge de 1900 sur le contrat de travail. — V. aussi *Gewerbeordnung* allemande, etc.

tifs entre patrons et salariés. Nous possédons, depuis plus d'un siècle, les conseils de prud'hommes, institués pour trancher les conflits individuels (L. des 18 mars 1806, 27 mars 1907). Une des attributions les plus importantes des conseils du travail, institués par le décret du 17 sept. 1900, devait être, dans la pensée de leur créateur, M. Millerand, de fournir aux parties en litige une organisation arbitrale permanente. Cette fonction n'est pas expressément indiquée dans l'art. 1er de la loi du 17 juillet 1908 (*Offic.* du 22) sur les *conseils consultatifs du travail*, qui a pris la place du décret, inappliqué, de 1900 : loi d'inspiration sénatoriale que la Chambre s'est résignée à voter malgré son insuffisance (signalée par nous avant sa promulgation, v. *supra*, nos 233 et s.). Il est permis cependant d'espérer que ces conseils, une fois institués, auront fréquemment l'occasion de s'interposer comme arbitres [1].

L'étude de ces juridictions et conseils fera l'objet de notre titre III. Les trois chapitres suivants du présent titre seront donc exclusivement consacrés à l'étude respective des trois principaux types de contrats industriels.

---

[1] Sur les lois étrangères correspondantes (Conseils belges ou néerlandais notamment), v. *supra*, n° 159.

CHAPITRE II

DU LOUAGE DE SERVICES INDUSTRIELS (ET COMMERCIAUX), OU CONTRAT DE TRAVAIL [1]

889. — Définition. — Le louage de services ou contrat de travail, lorsqu'il intervient entre ouvrier et patron, ou entre commerçant et employé, peut se définir : un contrat par lequel une personne s'engage à exécuter temporairement les travaux rentrant dans sa profession ou son métier pour le compte d'une autre personne qui s'oblige, en retour, à lui payer pendant le même temps un salaire convenu, déterminé par la convention ou l'usage.

Ce qui caractérise cette forme de contrat, c'est qu'ici la chose louée est la *force de travail* [2] que possède le salarié. Celui-ci, en d'autres

---

[1] Bibliographie : *Traités généraux de droit civil, d'économie politique ou de législation industrielle* ; Demolombe, *Cours de Code civil*, t. VII, n° 799 ; Aubry et Rau, *Droit civil français*, 5e éd., revue par Rau, Falcimaigne et Gault, t. V ; Colmet de Santerre, *Cours analytique de droit civil*, t. VII, n° 229 ; Pont, *Petits contrats*, I, n°s 88 et s. ; Laurent, *Principes de droit civil*, t. XXVII, n°s 338 et s. ; Huc, *Comm. théor. et prat. du Code civil*, t. X. — Cf. ouvrages cités *supra* de Planiol, Guillouard, Baudry-Lacantinerie, Wahl et Beauregard ; *Traités d'écon. polit.* de Gide, Cauwès, Paul Leroy-Beaulieu, *op. cit.* ; *Traités de législ. industr.* de Waelbroeck, t. II, p. 82 et s. ; Dufourmantelle, p. 111 ; Bry, p. 65 et s. ; Courcelle, p. 25, 75 et s. ; *Suppl. au Rép. Dalloz.*, *Rép.* Fuzier-Herman et des *Pandectes*, vis *cit.* ; Cohendy et Darras, *Code de commerce annoté, append.*

Monographies sur le contrat de travail : Aux ouvrages précités de Bodeux, Cornil, Hanssens, Chatelain, Merlin, Dulhoit, Perreau et Groussier, *adde* : de Courcy, *Le droit et les ouvriers*, 1886 ; Hubert-Valleroux, *Du contrat de travail*, 1895 ; Pascaud, *Le contrat de travail*, 1903 ; Bureau, *Le contrat de travail*, 1902 ; Fontaine et Piquenard, *Louage de travail*, 1903 ; Perreau et Fagnot, *Le contrat de travail* (Rapp. à l'Assoc. nation. pour la protection légale des travailleurs, 1907) ; *Bull. de la Soc. d'Études législatives* (ann. 1904 à 1908, rapports et observations de MM. Perreau, Millerand, Jay, Cauwès, Ambroise Colin, A. Fontaine, Colson, Berthélemy, Thaller, Brocard, Saleilles, Lyon-Caen, F. Faure, Truchy, Escarra, Depitre, Demogue, Boissard, etc.) ; Langlois, *Le contrat de travail*, 1907 ; Deligny, *Le règlement du travail*, th. 1907. — Cf. Flament, *Loi belge de 1900 sur le contrat de travail*, th. 1906 ; M. Nast, *Loi hollandaise du 13 juillet 1907* (*Bull. Soc. d'Ét. législ.* (1907, 596). — V. aussi : Stadthagen, *Das Arbeiterrecht*, 1896 ; Schönberg, *Handbuch*, t. II, p. 631 et s. ; Conrad, *Handwörterbuch*, v° *Arbeitsvertrag*, t. I ; Schmoller, *Arbeitsverhältniss*, *Arbeitsrecht*, *Arbeitsvertrag und Arbeitslohn* (*Soz. Praxis*, 1901, 2, n°s 8 à 33) ; Riccardo Dalla Volta, *Del contratto di lavoro nella legislazione civile* (*Riforma sociale*, 1897).

En ce qui concerne la statistique des salaires, la protection légale du salaire, le minimum de salaire dans les travaux publics, la résiliation du contrat de travail, etc., v. les indications bibliographiques données *infra*.

[2] *Sic* : Bureau, *op. cit.*, chap. IV. — Telle nous paraît être du moins la conception légale. — Cf. Deschamps, *Sur l'expression « locare operas » et le travail comme*

termes, consent à demeurer, pendant le temps convenu (ou pendant le temps indéterminé qui s'écoule jusqu'à la résiliation, si le contrat est fait pour une période indéterminée), *au service* de celui qui l'emploie : ce dernier peut donc lui faire exécuter tous les travaux rentrant dans sa spécialité, tandis que l'ouvrier qui travaille *à façon*, *aux pièces*, n'est pas, en apparence du moins, sous la dépendance du patron qui lui a confié un ouvrage déterminé à exécuter. Ce n'est pas là, du reste, une différence nécessaire, car il peut exister entre le patron et l'ouvrier travaillant aux pièces, un accord en vertu duquel le premier s'engage à fournir de l'ouvrage au second, et le second à ne travailler que pour le premier; il y a, en ce cas, combinaison de louage de services et de louage d'ouvrage. Il en est ainsi, nécessairement, lorsque l'ouvrier travaille *aux pièces* dans l'atelier du patron. — Cons. *supra* n° 873 *bis*, et *infra* n° 927, sur les divers modes de rémunération.

890. — Ouvriers et commis ou employés. — Nous envisagerons ici de préférence les rapports juridiques du chef d'industrie ou de l'ouvrier. Mais nous aurons à étudier également, sauf à renvoyer pour le détail aux Traités de droit civil ou commercial, le contrat, de nature presque identique, qui unit le commerçant à ses commis ou employés de toute catégorie. Ce rapprochement s'impose d'autant plus que le législateur contemporain tend de plus en plus à briser le cadre étroit et artificiel des anciennes distinctions, et à assimiler au point de vue de la protection légale l'employé à l'ouvrier. Nous avons eu l'occasion de signaler déjà, dans notre introduction (n° 6), un certain nombre de lois, dites ouvrières, applicables indistinctement aux ouvriers et employés ; or, plusieurs d'entre elles se rattachent directement au contrat de travail (L. du 27 déc. 1890 sur la résiliation du contrat, loi du 27 déc. 1895 sur les caisses de retraites, de secours ou de prévoyance des employés et ouvriers). Et, d'autre part, nous aurons à relever, parmi les projets de loi tendant à renforcer la protection du salaire, diverses dispositions communes aux deux groupes de salariés.

Il n'en est pas moins vrai que, à l'heure actuelle, des différences très importantes subsistent, juridiquement, entre l'employé et l'ouvrier, notamment au point de vue de la compétence (même depuis la création, en 1907, de sections commerciales des conseils de prud'hommes,

---

objet de contrat à Rome, 1907. — Mais, philosophiquement, le concept traditionnel est des plus critiquables, et nous admettons volontiers qu'en théorie pure il est beaucoup plus conforme à la dignité du travailleur, plus exact aussi économiquement (à raison de l'idée d'association sous-entendue dans le contrat de travail, v. *supra*, n° 873 *bis*) de considérer que le salarié *vend* à l'entrepreneur sa part de copropriété pour un prix forfaitaire (qui est le salaire convenu) plutôt qu'il n'aliène sa force musculaire ou sa capacité technique. — Cf. Chatelain, Duthoit, *op. citt.*

sections non encore organisées d'ailleurs, v. tit. III, *infra*), des règles sur la saisie-arrêt des salaires, de l'étendue des privilèges garantissant le paiement du salaire, etc. [1].

Aussi est-il indispensable de proposer un critérium permettant de distinguer l'ouvrier de l'employé. — Qu'est-ce donc que *l'ouvrier?*

891. — L'on désigne parfois sous ce terme générique tout individu exerçant une profession manuelle; le qualificatif d'ouvrier s'appliquerait donc à la fois à l'artisan, c'est-à-dire à celui qui travaille pour son propre compte, et à l'ouvrier qui travaille pour un patron, autrement dit pour un tiers qui spécule sur son travail. C'est à cette catégorie de travailleurs que l'on applique plus spécialement la qualification d'*ouvriers* : eux seuls, en effet, louent leurs services moyennant salaire. L'artisan, au contraire, joue vis-à-vis des particuliers qui lui remettent directement des commandes, le rôle de *locator operis*, ou de *vendeur*, lorsqu'il fournit la matière, mais il conserve son indépendance; il n'engage *ses services* envers personne.

Est *ouvrier*, en d'autres termes, au sens juridique du mot, quiconque exécute un travail *manuel* (vieux français *manouvrier*) pour le compte et sous la direction d'un patron ou de ses préposés, quelle que soit la nature de l'établissement dans lequel ce travail s'exerce (usine, atelier, magasin ou chantier), quel que soit également le taux ou le mode de paiement du salaire [2]. Sont donc ouvriers ceux qui exercent un *métier*, c'est-à-dire un art mécanique ou manuel, pour le compte d'autrui, ainsi que les individus embauchés comme auxiliaires pour un travail manuel simple ne comportant point d'apprentissage (hommes de peine, terrassiers, manœuvres et autres gens de travail).

892. — Doivent au contraire être qualifiés de *commis* ou *employés* tous les auxiliaires du commerce ou de l'industrie qui, bien que placés par leur contrat sous la dépendance du patron, sont préposés à des travaux présentant un caractère d'ordre plutôt intellectuel que matériel [3]. Ils n'exécutent pas de travail mécanique, comme les ouvriers, ils

---

[1] Les lois les plus récentes elles-mêmes maintiennent, à tort ou à raison, d'importantes différences entre l'ouvrier et l'employé. C'est ainsi que la loi belge de 1900 sur le contrat de travail ne concerne *que les ouvriers*. L'article 1er de cette loi est en effet ainsi conçu : « Le contrat de travail est un contrat par lequel un *ouvrier* s'engage à travailler sous l'autorité, la direction et la surveillance du chef d'industrie ou patron, moyennant une rémunération à fournir par celui-ci ».

[2] *Sic* : Baudry et Wahl, n° 1215; Bodeux, p. 24 et s.; Hanssens, *Théorie du contrat de travail* (*Quest. pratiques*, 1902, p. 225).

[3] La jurisprudence est à peu près fixée en ce sens. Ainsi jugé que l'on doit considérer comme un *ouvrier* : un *coupeur* aux appointements de 6,000 francs par an (Trib. com. Seine, 9 octobre 1888, *Ann. de dr. comm.*, 89, 2, 97); un correcteur d'imprimerie (Trib. com. Seine, 9 mars 1889, *Ann. de dr. comm.*, 89, 2, 199). —

ne sont point au service de la personne comme les domestiques : leur rôle, à quelque degré de la hiérarchie qu'ils soient placés, consiste à seconder le patron dans son commerce, et, à ce titre, le contrat qui les unit à l'employeur, bien que constituant un véritable louage de services, se nuance, en quelque sorte, d'une idée de mandat[1].

Cette différence s'accuse nettement dans l'organisation intérieure de la fabrique. Le fabricant a auprès de lui, dans ses bureaux, toute une hiérarchie de commis et d'employés, qui reçoivent les ouvriers, chefs d'atelier et autres, et leur distribuent le travail. Ces employés, qui participent à la direction intellectuelle de la fabrique, fût-ce pour une part infinitésimale, ne sauraient être confondus avec des ouvriers. Cette différence, du reste, n'est pas, en un certain sens, à l'avantage des commis ou employés, lesquels ne peuvent, actuellement du moins, invoquer à leur profit toutes les lois ouvrières.

893. — **Contremaîtres.** — Certains travailleurs occupent une situation intermédiaire, qui rend leur classement assez difficile : tels sont les *contremaîtres*, les *chefs d'atelier*. Ces derniers travaillent à façon pour le compte du fabricant, et spéculent sur le travail des ouvriers ou compagnons qu'ils emploient ; nous verrons, cependant, en étudiant le fonctionnement des conseils de prud'hommes, qu'ils figurent sur la liste des ouvriers, et non sur celle des patrons. A plus forte raison, le qualificatif d'ouvrier convient-il au *contremaître*, uni au patron par une *locatio operarum*, et non, comme le chef d'atelier, par une simple *locatio operis*[2]. Le contremaître n'est, en définitive, qu'un *chef ouvrier* préposé, à raison de son habileté technique et de son ancienneté, à l'exécution de certains travaux *manuels* dans l'intérieur de l'usine ; il demeure étranger à l'exploitation *commerciale*, et ne saurait, par suite, être rangé dans la catégorie juridique des employés, quelle que puisse être d'ailleurs, en fait, l'importance de ses fonctions.

Sont, au contraire, des *employés* : le traducteur attaché à un journal, même s'il corrige les épreuves de ses traductions (Trib. com. Seine, 9 mars 1889, précité) ; le commis-voyageur (Paris, 26 mai 1894, D. 95, 2, 189) ; les choristes de théâtre (Montpellier, 25 nov. 1895, D. 97, 2, 44), etc. — Toutefois, certaines décisions, à tort selon nous, s'attachent principalement au mode de paiement des salaires, et qualifient d'employés les auxiliaires rémunérés au mois : Lyon, 1er août 1895, *Gaz. Pal.*, 96, 1, 138.

[1] Sur les différences qui séparent le louage de services du mandat salarié, cons. les traités généraux cités *supra*. — V. spécialement Baudry et Wahl, n° 1208.

[2] La loi belge de 1900 est en ce sens. Les travaux préparatoires de cette loi démontrent que l'on a considéré comme des *ouvriers*, appelés à bénéficier de ses dispositions protectrices, les chefs ouvriers et contremaîtres.

SECTION PREMIÈRE. — Formation et preuve du contrat

894. — Nécessité de l'intervention législative. — L'ouvrier sans travail est le plus souvent obligé de recourir à des intermédiaires qui se chargent, moyennant finances, de lui trouver une place, de le mettre en rapport avec un patron. Mais ces placeurs, véritables courtiers du travail, prélèvent parfois sur les ouvriers une dîme hors de proportion avec l'importance du service rendu; rémunérés à raison d'un tant pour cent sur chaque salaire annuel ou mensuel, leur intérêt est en opposition manifeste avec celui de l'ouvrier, puisqu'ils ont tout profit à lui procurer une mauvaise place, où il ne pourra rester longtemps, ou même à lui faire quitter la place qu'il occupe, en faisant miroiter à ses yeux l'espoir, souvent trompeur, d'une place mieux rétribuée. Ces abus, en fait, sont peut-être moins fréquents que ne l'affirment les adversaires des bureaux de placement; mais, par cela seul qu'ils sont possibles, le législateur a le devoir d'intervenir, pour contrôler et surveiller de près les agissements des bureaux existants, et même pour faciliter l'organisation d'un état de choses nouveau, permettant aux chômeurs de se passer des services onéreux de ces intermédiaires.

Le législateur ne doit pas seulement intervenir, préalablement à la conclusion du contrat, pour faciliter la mise en présence des patrons et des ouvriers, et empêcher l'exploitation de ces derniers par les courtiers du travail; il a aussi qualité pour déterminer la forme extrinsèque, ou tout au moins pour indiquer avec précision les *modes de preuve* auxquels les parties contractantes pourront recourir en cas de contestation, soit sur l'existence même, soit sur les clauses du contrat de travail. L'objet de cette intervention ne doit pas être d'ailleurs de compliquer, par des formalités inutiles ou gênantes, la conclusion des contrats entre employeurs et salariés, mais bien au contraire de supprimer ou tout au moins de réduire au minimum les causes de conflits, en mettant à la disposition des parties des moyens de preuve aisément utilisables, et non susceptibles de maintenir l'une d'entre elles dans une situation d'infériorité vis-à-vis de l'autre. Etudions successivement ces deux modes d'intervention des pouvoirs publics dans la formation du contrat de travail.

§ 1er. — De l'embauchage. — Question des bureaux de placement [1]

895. — Le placement sous l'ancien régime. — La question du placement des ouvriers remonte au moyen âge, à l'époque où les travailleurs manuels, affranchis du servage, prirent l'habitude de voyager de ville en ville, en quête de travail. Les plus anciennes formes d'embauchage que mentionnent les historiens du travail (en dehors de l'embauchage direct de l'ouvrier par le patron), sont l'embauchage sur certaines places publiques, où les ouvriers sans travail de chaque métier se réunissaient à certains jours et à certaines heures, et l'embauchage par l'entremise des couvents. Au XVe et au XVIe siècle, apparut une autre forme d'embauchage, le placement corporatif, soit par les clercs des communautés d'arts et métiers, soit par l'entremise des mères compagnonniques. Ce second mode, le plus ancien et le plus apprécié des ouvriers, prévalut jusqu'à la fin du XVIe siècle : lorsqu'un compa-

---

[1] BIBLIOGRAPHIE : De Molinari, *Les Bourses du travail* ; Honnorat, *Du placement des travailleurs*, 1896 ; Nadaud, *La question du placement des ouvriers et employés*, 1899 ; Normand, *Etude comparée sur le placement en France et à l'étranger*, 1900 (et la bibliographie détaillée jointe à cet ouvrage) ; Rathery, *Etude juridique sur les bureaux de placement*, 1904 ; Jourdan, *Les bureaux de placement d'après la loi de 1904* ; Thuard, *Du placement des ouvriers et domestiques en France et à l'étranger*, 1904 ; Henrotte, *La question de l'embauchage*, th. 1907 ; *Le placement des employés, ouvriers et domestiques* (enquêtes de l'*Office social*, 1893 et 1901) ; *Le placement à Paris* (nouvelle enquête, en cours, de l'*Office social*, *Bull. Off. soc.*, 1907-1908). — V. aussi Bry, p. 66 et s. ; Pic, *La question des bureaux de placement* (*Mouvem. écon. et social dans la région lyonnaise*, t. II, 1903) ; Courcelle, p. 226 ; Cohendy et Darras, *C. com., append.*, p. 859 et suiv.

Revues et périodiques français : Jay, *L'organisation du travail par les syndicats* (*Rev. d'écon. polit.*, 1894) ; Hauser, *Les indicateurs de travail ou bureaux publics de placement en Allemagne* (*Rev. polit. et parlem.*, 1899, t. XXI, p. 101) et *Les bureaux publics de placement en Allemagne* (*ibid.*, 1902, t. XXXI, p. 530) ; Morizet, *L'Office national ouvrier de statistique et de placement* (*Mouvement socialiste*, 8 mars 1902) ; Fiedler, *3e Congrès des Offices du travail de l'Allemagne* (*Débats*, nos des 12, 21 et 26 octobre 1902) ; *La question des bureaux de placement* (opinions de MM. J. Passy, Vaillant, Gide, de Molinari, Cauwès, Pic, etc.), *Rev. popul. d'écon. sociale*, décembre 1903 ; G. Alfassa, *L'Office de renseignements relatifs au travail de la ville de Cologne* (*Mus. soc.*, docum., avril 1903) ; Varlez, *Les bureaux de placement officiels* (*Mus. soc.*, 1906, 26). — Cons. aussi les chroniques françaises et étangères du *Bulletin de l'Office du travail*, des *Questions pratiques*, de la *Revue d'économie politique*, de l'*Econom. français*, etc.

Ouvrages et périodiques étrangers : Iastrow, *Die Einrichtung von Arbeitsnachweisen und Arbeitsnachweis-Verbände r*, 1898 ; *Der Arbeitsmarkt* (Rev. speciale paraissant depuis 1897) ; *Soziale Praxis*, chroniques ; Conrad, *Die organisation des Arbeitsnachweisen in Deutschland* ; Fischer, *Per il mercato, e la circolazione del lavoro* (*I Problemi del lavoro*, août 1902, p. 27).

Cons. également, sur les Bourses du travail, la bibliographie donnée *supra*, n° 460, et sur l'assurance contre le chômage, notre titre IV, *infra*.

gnon *du Tour de France* affilié à un *devoir* compagnonnique, arrivait dans une ville, il se rendait immédiatement à l'*auberge de la mère*, c'est-à-dire de la société, se faisait reconnaître par certains signes conventionnels, et recevait le gîte et le couvert, jusqu'à ce que ses compagnons établis dans la même ville lui eussent trouvé du travail; il remboursait sa dépense sur ses premiers gains.

La royauté et les maîtres s'alarmèrent bien vite de la puissance acquise par le compagnonnage; cette association puissante, qui recourait aux mises à l'index, fomentait des coalitions et des grèves, semblait une menace pour les maîtres qui, ayant acquis leur privilège à beaux deniers comptants, entendaient en retirer le plus de profit possible, et n'être pas obligés, par les menaces des *devoirs*, d'élever les salaires au-dessus d'un certain taux. De là, toute une série de mesures répressives, lettres patentes, arrêts du Parlement, etc., contre les associations compagnonniques; l'embauchage par les associations ouvrières fut prohibé, et les clercs des corporations d'arts et métiers conservèrent seuls le droit de pratiquer l'embauchage. Vainement *les bureaux d'adresses*, dont le premier fut créé sous Louis XIII par Théophraste Renaudot, cherchèrent-ils à se transformer en bureaux de placement; les corporations s'émurent et obtinrent du roi des prohibitions formelles; les bureaux d'adresses durent se contenter de fonctionner comme agences de publicité et bureaux de placement pour les professions non constituées en maîtrises et jurandes (domestiques, employés, etc.).

896. — **Le placement, de la Révolution au décret de 1852.** — Sous la Révolution, la disparition des corporations mit naturellement fin au monopole de l'embauchage dont étaient investis les clercs des dites corporations. Les ateliers de charité, institués par l'Assemblée constituante, n'eurent qu'une existence éphémère, et le placement par les logeurs, le placement direct et l'embauchage dans les lieux publics subsistèrent seuls. Mais cet état de choses, d'ailleurs préjudiciable aux intérêts des bons ouvriers, engendra des abus que le Consulat s'efforça de faire disparaître, par une réglementation nouvelle de l'industrie. L'ordonnance du préfet de police du 20 pluviôse an XII, rendue en exécution de la loi du 22 germinal an XII sur les *livrets* d'ouvriers, décréta l'établissement à Paris de bureaux de placement, placés sous le contrôle direct de l'administration et investis du monopole de l'embauchage rémunéré. D'autres bureaux du même genre, également investis d'un monopole, furent institués par les préfets dans les principales villes de province. Quant à l'embauchage gratuit, il continua à être pratiqué par les associations compagnonniques, notamment par l'*Union des Compagnons du tour de France*, et par certaines œuvres religieuses, catholiques ou protestantes, ou par certaines institutions de prévoyance ou d'assistance.

A la suite de la Révolution de 1848, le gouvernement provisoire se hâta de faire droit aux réclamations des ouvriers, qui demandaient la suppression des bureaux de placement, et le placement gratuit par les municipalités (Décr. 8 mars 1848). Mais les bureaux de placement municipaux n'eurent pas le succès attendu ; quant aux bureaux de placement rémunérés, ils se rétablirent aussitôt après la disparition du gouvernement provisoire, en invoquant l'illégalité des arrêtés de suppression édictés contre eux, au mépris du principe de la liberté de l'industrie.

Libres et non réglementés, ces bureaux justifièrent bientôt toutes les attaques formulées contre eux par la classe ouvrière ; le gouvernement impérial s'émut de cet état de choses, et crut trouver le remède aux abus signalés dans le système de l'autorisation préalable (Décr. 25 mars 1852).

897. — Bureaux de placement payants, sous le régime du décret de 1852. — L'article 1er de ce décret, encore en vigueur dans celles de ses dispositions conciliables avec la loi de 1904, décide « qu'à l'avenir nul ne pourra tenir un bureau de placement, sous quelque titre et pour quelques professions, places et emplois que ce soit, sans une permission spéciale délivrée par l'autorité municipale ». L'article 3 confère à l'autorité municipale (préfet de police à Paris, préfet du Rhône à Lyon et dans les communes suburbaines) un droit de surveillance permanente sur tous les bureaux autorisés, et l'article 5 détermine les cas dans lesquels la permission peut être retirée, sauf approbation du préfet (certaines condamnations pénales, notamment à l'emprisonnement pour contravention aux arrêtés réglementaires de la municipalité). Il convient également de noter que celle-ci « *règle le tarif* des droits qui pourront être perçus par le gérant » (art. 3).

Bien que les bureaux de placement soient considérés comme des *fonds de commerce* (agence d'affaires), assujettis à la patente, et soumis à la juridiction du tribunal de commerce, le régime de l'autorisation préalable auquel ils sont assujettis oblige tout placeur qui veut céder son fonds à faire préalablement agréer l'acquéreur par l'autorité administrative. La cession non autorisée serait entachée de nullité radicale [1].

---

[1] Paris, 28 avril et 3 juin 1875, D. 77, 2, 119. — Sur la responsabilité civile des placeurs, tant au regard des ouvriers, employés ou domestiques, qu'au regard des patrons, auxquels des renseignements manifestement faux ou non contrôlés auraient

898. — Placement gratuit. — L'objet du décret de 1852 n'avait nullement été de conférer aux bureaux autorisés dans les formes qu'il édicte le *monopole* légal du placement, mais uniquement d'assujettir les bureaux payants à une surveillance stricte, à raison des abus auxquels se prêtent trop aisément les agences de cette nature.

D'où il suit que l'on devait, dès avant la loi de 1904, considérer comme licite, et affranchi du contrôle constitué par le décret le placement *gratuit* par les organisations mutualistes (mutualités ouvrières ou patronales), ou les œuvres d'assistance, confessionnelles ou non (établissements d'assistance par le travail, ou d'enseignement professionnel, orphelinats, couvents ou patronages). L'administration avait seulement le droit et le devoir de veiller à ce que des bureaux de placement rémunérés ne vinssent pas s'abriter sous les dehors de la charité.

Il est des formes de placement gratuit que la loi reconnaissait même expressément, à savoir le placement municipal et le placement syndical.

Les *municipalités*, d'une part (L. 5 avril 1884, art. 70 et 94), les syndicats professionnels, d'autre part (L. du 21 mars 1884, art. 6), tiennent en effet des lois organiques qui les régissent le droit d'instituer des bureaux ou offices de placement *gratuit*, dont les bureaux payants sont obligés de subir la concurrence [1].

En fait, presque toutes les villes industrielles, un certain nombre de syndicats ouvriers, et toutes les Bourses du travail avaient, bien avant la loi de 1904, créé des offices gratuits de placement. Ces offices n'avaient d'ailleurs pas produit tous les effets heureux qu'on en attendait, par suite de causes diverses : défiances patronales à l'égard des organisations ouvrières, fonctionnement défectueux de certains offices dépendant des municipalités, ou des Bourses de travail, qui cependant sont ouvertes même aux ouvriers non syndiqués [2] (V. le décret du 17 juillet 1900 sur la Bourse de travail de Paris).

899. — Statistique officielle française antérieure à la loi de 1904. — La statistique comparative du placement rétribué et du placement gratuit, malheureusement très incomplète par suite du mauvais vouloir d'un certain nombre d'organisations, dressée en 1898 par les soins de

---

été fournis, et sur la responsabilité pénale dont les placeurs sont même passibles, lorsque leurs agissements revêtent les caractères d'une escroquerie ou d'un abus de confiance, cons. notamment : Cass., 13 fév. 1862, D. 62, 5, 140; Paris, 17 juill. 1885, D. 85, 2, 238; 28 avril 1904, D. 1905, 2, 168.

[1] Sur l'article 6 de la loi du 21 mars, v. *supra*, n° 404.

[2] Sur le placement par les Bourses du travail, v. *supra*, n° 409. — Sur le décret de 1900, v. *supra*, n° 471.

l'Office du travail français, fit, en effet, ressortir la supériorité numérique, incontestable, des placements effectués par les bureaux autorisés sur les placements gratuits de toutes catégories.

Les bureaux de placement autorisés étaient, en 1898, au nombre de 1,455 pour la France entière (contre 1,374 lors de l'enquête de 1891-92)[1]. En regard de ce chiffre considérable, le placement gratuit n'arrivait qu'à un total (très approximatif d'ailleurs), de 1,081 offices ou bureaux, dont 463 créés par les Bourses de travail, les syndicats ouvriers, les compagnonnages, 105 par des syndicats mixtes ou des syndicats patronaux, 452 créés par les mutualités et œuvres de bienfaisance de toute nature, et 61 bureaux municipaux, dont 17 pour Paris seulement.

Quant au nombre de placements effectués, leur chiffre se serait élevé d'après l'enquête de 1898, à 935,000 (dont 600,000 à demeure, et 335,000 en extra) pour l'ensemble des bureaux autorisés[2]. Pour les institutions de placement gratuit, les chiffres étaient respectivement d'après la même enquête : — de 64,000 pour les bureaux municipaux, de 121,000 pour les Bourses du travail, syndicats ouvriers et compagnonnages, de 21,000 pour les syndicats patronaux, de 4,000 pour les syndicats mixtes, de 46,000 pour les sociétés de secours mutuels, de 55,000 pour les institutions de bienfaisance.

Ces chiffres étaient très sujets à caution; il est probable que certains bureaux autorisés avaient majoré leur chiffre d'affaires, et il est certain, d'autre part, qu'un très grand nombre d'organisations charitables avaient systématiquement refusé de répondre au questionnaire de l'Office[3].

Il n'en est pas moins vrai qu'en France, à la veille de la loi de 1904,

---

[1] Ces 1,455 bureaux, rémunérés soit par le paiement d'un droit fixe (3 fr. 50 en moyenne) soit par un droit proportionnel (2 1/2 0/0 en moyenne du salaire annuel), prélevaient sur les travailleurs de toute catégorie une somme de 5,800,000 francs environ, sans compter le produit des placements en extra, et divers profits indirects (Enquête de 1898, p. 36).

[2] Le *Bull. de l'Office* publia même, en décembre 1900, un chiffre rectifié, légèrement supérieur (947,000) (*Bull. Off.*, 1900, p. 1195).

[3] Sur 452 offices de placement créés par les mutualités ou les œuvres de bienfaisance, 135 seulement ont répondu. Sur 105 syndicats patronaux ou mixtes, 67 ont répondu; sur 61 bureaux municipaux, 24 seulement ont répondu. 354 Bourses de travail et syndicats, sur 463, ont répondu. Il convient également d'ajouter aux chiffres du placement ou de l'embauchage gratuit : 1° les placements effectués par les *logeurs* (14,000 pour Paris seulement d'après les évaluations de la préfecture de police); 2° l'embauchage direct par les patrons sur les places publiques, qui est encore usité dans certaines professions ou régions. Il existerait encore des *places de grève* dans 18 départements, surtout pour les ouvriers du bâtiment et les ouvriers agricoles. En Belgique, notamment à Liége, les Bourses de travail s'efforcent de remettre en honneur, dans les différents métiers, ce mode primitif d'embauchage, en délivrant des insignes distinctifs aux chômeurs de chaque métier affilié à la Bourse.

l'écart était très grand entre les deux institutions, payante et gratuite, alors que dans la plupart des pays étrangers, au contraire, le placement gratuit, syndical, municipal, ou charitable tendait de plus en plus à reléguer le placement rémunéré à l'arrière-plan. A quelles causes convient-il d'attribuer cet état d'infériorité que le régime légal nouveau n'a pas fait disparaître de notre organisation économique? C'est ce qu'un rapide coup d'œil sur l'étranger, suivi d'un commentaire critique de la loi de 1904, nous permettra de déterminer.

900. — **Le placement gratuit à l'étranger.** — *Allemagne.* — L'organisation méthodique du placement, dans une pensée de solidarité et de défense sociale, et en dehors de toute préoccupation mercantile, a fait d'immenses progrès en Allemagne, d'abord sous l'influence des associations charitables, constituées dans les principaux centres industriels, avec le concours et l'appui matériel des municipalités, et plus récemment par le fait des municipalités elles-mêmes [1], qui tendent de plus en plus à centraliser entre leurs mains le placement des ouvriers ou employés : sauf à Berlin cependant, dont l'Union centrale pour le placement (*Centralverein für Arbeitsnachweis*), organisation charitable modèle, très largement dotée, et d'ailleurs pécuniairement soutenue par la municipalité berlinoise, rend actuellement inutile l'action administrative directe (27,000 placements en 1899).

Le placement syndical, sans atteindre aux mêmes résultats, s'est cependant développé beaucoup aussi dans ces dernières années, au fur et à mesure que s'accentuait le mouvement fédératif retracé par nous précédemment (V. *supra*, n° 543). Les *Gewerkschaften* peuvent revendiquer le mérite de l'organisation, sur tous les points du territoire allemand, d'auberges et *colonies de secours* pour les chômeurs nomades en quête de travail. — (Pour plus de développements, sur les mesures d'ensemble prises dans certains pays contre le chômage, et notamment sur l'assurance contre le chômage, v. tit. IV, *infra*).

901. — L'une des particularités du système allemand, et sans doute la principale cause de son succès (succès complet, puisque les bureaux de placement payants, ont à peu près disparu, malgré l'absence de toute prohibition légale, sauf pour les domestiques), est la tendance au

---

[1] Les municipalités ont été fortement encouragées dans cette voie par les tribunaux industriels (Gewerbegerichte). La majeure partie du budget des Offices de placement (Bourses de travail *hoc sensu*) est fournie par des subventions communales (8,600 m. sur 9,774 m. en 1902-1903 pour l'Office de Cologne, Varlez, *op. cit.*). — V. Normand, *op. cit.*, p. 172. — Cons. également, sur le placement en Allemagne : les chroniques du *Bull. de l'Office du travail* (d'après le Reichsarbeitsblatt); Umbreit, *Les Bourses du travail en Allemagne* (*Mouv. socialiste*, juin, août 1902); Varlez, *opp. citt.*

groupement, à la fédération de tous les offices de placement ou offices du travail (*Arbeitsnachweise*), municipaux, syndicaux ou charitables, et à la centralisation des renseignements nécessaires aux travailleurs en quête d'ouvrage. Ainsi s'est constitué vraiment, dans toutes les régions industrielles de l'Allemagne, un véritable *marché du travail*[1], une *Bourse du travail* au sens que donne à ce mot M. de Molinari. Le chômage est, par ce fait, réduit au minimum, les intéressés étant aussi exactement renseignés que possible sur les demandes de travail, leur importance et leur répartition sur l'ensemble du territoire[2].

D'abord régional, et localisé surtout à la Westphalie, à la Prusse rhénane, ce mouvement de fédération est depuis huit ans environ devenu national, et il englobe dans un vaste réseau la très grande majorité des *Arbeitsnachweise* de l'Empire. Tous ces Offices reçoivent une impulsion commune d'un Comité central siégeant à Berlin ; et celui-ci, secondé dans son travail de statistique méthodique par l'Office impérial de statistique, a dès aujourd'hui contribué à atténuer le fléau du chômage en masse. Le nombre des chômeurs étant réduit au minimum, grâce aux renseignements précis fournis aux travailleurs de toutes les professions par les Offices fédérés, ceux-ci vont pouvoir, dans un avenir prochain, aborder avec chances de succès le problème complexe, réputé jusqu'ici insoluble, de l'assurance contre le chômage[3]. — V. tit. IV *infra*, sur l'assurance-chômage.

902. — *Etats-Unis*. — Les Etats-Unis sont entrés, depuis quelques

---

[1] V. sur ce point les travaux et les communications au 3e Congrès des Offices du travail, tenu à Berlin en 1902, du Dr Jastrow, professeur à l'Université de Berlin, fondateur de l'*Arbeistmarkt*.

[2] Certains chiffres sont particulièrement significatifs. — C'est ainsi que les patrons ont demandé en 1902-1903 au Bureau de Cologne 18,818 ouvriers, le Bureau a pu leur en expédier 18,102 des catégories requises, soit 96,2 demandes satisfaites sur 100! (Varlez, *Rapp. sur les bur. de placem. en Allemagne*, p. 59). — Les chiffres fournis mensuellement par le *Reichsarbeitsblatt* ne sont pas moins probants. C'est ainsi qu'en octobre 1907, nous relevons, pour 634 bureaux gratuits, les chiffres suivants :

Demandes d'emploi.	Offres d'emploi.	Placements.
240.000	205.000	147.000

[3] Cons. sur le fonctionnement du Comité central allemand, et sur les résultats obtenus, le compte rendu détaillé du 3e Congrès des Offices du travail allemands (III. *Verbandsversammlung und Arbeitsnachweise-Conferenz*) tenu à Berlin en octobre 1902, par L. Fiedler (*Débats*, nos 12, 21 et 26 octobre). — Cf. *Soziale Praxis*, no 9 octobre 1902. — Signalons, d'autre part, la mise à l'étude par le gouvernement prussien d'un projet de loi tendant à associer directement l'Etat à l'organisation centralisée du placement, en vue de lutter plus efficacement contre le chômage, le vagabondage et le paupérisme (*Bull. Soc. de législ. comp.*, 1901, p. 184, commun. de M. Dubarle). — V. *infra*, tit. IV.

années, dans la voie de l'organisation, officielle et centralisée, du placement gratuit des travailleurs de toutes catégories. C'est l'Etat d'Ohio qui a pris l'initiative du mouvement en 1890 ; mais, depuis cette date, de nombreux Etats (New-York, Californie, Nebraska, etc.) ont créé à leur tour des bureaux publics. Chaque bureau est dirigé par le chef du bureau de statistique du travail, siégeant dans la capitale de l'Etat ; à cet Office central ressortissent les bureaux locaux institués dans toutes les villes de quelque importance. Plus anciens, les bureaux payants n'ont pas disparu ; mais en présence des abus auxquels leur exploitation avait donné lieu, un certain nombre d'Etats les ont assujettis à une réglementation sévère [1].

903. — *Luxembourg.* — Le Luxembourg est le seul Etat, en Europe, qui soit entré jusqu'ici dans la voie ouverte par les Etats-Unis. Un arrêté du gouvernement grand-ducal, en date du 19 novembre 1892, a créé, sous le nom de *Bourse du travail*, un système fort ingénieux de placement officiel centralisé, grâce à l'entremise de l'administration des postes [2] (*Quest. prat.*, 1901, p. 64).

904. — *Autres Etats.* — Dans les autres d'Etats d'Europe, il n'existe pas encore d'organisation fédérative ou officiellement centralisée du placement des travailleurs, analogue aux systèmes allemand, américain ou luxembourgeois. Mais dans la plupart d'entre eux, des efforts sérieux ont été faits en vue de soustraire le travailleur à l'exploitation du bureau payant [3]. En Angleterre, le placement par les Trades-Unions, et subsidiairement par la presse, occupe le premier rang ; en Belgique et en Suisse, le placement syndical par les Bourses du travail ou les syndicats isolés, et le placement municipal se sont développés dans des

[1] Cons. notamment les lois promulguées en 1903 par les Etats de Californie et de l'Illinois (*Bull. Off. internat. de Bâle*, t. II, p. 573 et 575).

[2] En 1895, M. H. Denis a déposé sur le bureau de la Chambre belge un projet d'organisation nationale du placement inspiré du système luxembourgeois; mais ce projet n'a pas été accueilli. — Sur les résultats du placement gratuit, en 1906, dans le grand-duché de Luxembourg, v. *Bull. Off. trav.*, 1907, 365.

[3] Il est à remarquer qu'aucune législation étrangère, à notre connaissance, n'a supprimé *d'autorité* les bureaux payants, comme il a été question de le faire en France. La plupart se bornent à les assujettir à une réglementation plus ou moins minutieuse (*Gewerbeordnung* allemande, art. 35 et s., ordonn. autrichienne du 28 février 1863, ordonn. suédoise du 28 novembre 1881, arrêté du canton de Zurich du 2 juillet 1904, etc., v. Henrotte, *op. cit.*, p. 101) ; quelques-unes même considèrent le placement comme une profession entièrement libre, sous réserve de la simple application des lois de police (*sic* : Angleterre, Italie), sauf à favoriser le placement gratuit municipal ou syndical par des subventions et faveurs diverses. — Cons. notamment les dispositions des lois *anglaise* du 22 juillet 1902 (*Bull. Off. internat.*, 1902, XLIV) et *norvégienne* du 12 juin 1906 (*ibid.*, 1906, 327) concernant les bureaux municipaux. — L'Autriche est, à l'heure actuelle, l'un des rares Etats, avec la France, où les bureaux payants soient encore florissants (Henrotte, p. 102).

proportions considérables. La question de la centralisation officielle du placement, avec le concours des cantons, des villes, et peut-être même de l'autorité fédérale helvétique, est d'ailleurs posée devant l'opinion, concurremment avec celle de l'assurance contre le chômage, sur laquelle nous reviendrons ultérieurement en traitant des assurances sociales (tit. IV, *infra*).

905. — *Conclusions.* — De cet exposé sommaire des institutions de placement à l'étranger se dégagent nettement, à notre avis, les conclusions suivantes. Le développement du placement gratuit dépend de trois facteurs principaux : — 1° de l'esprit de suite et de la méthode qui président à leur création. Les fondateurs de ces œuvres de solidarité sociale doivent se préoccuper avant tout, non de faire œuvre de parti, mais d'organiser, en groupant leurs efforts, en se fédérant, le marché du travail ; — 2° de l'accord de tous les intéressés, patrons et ouvriers. C'est en associant étroitement l'élément patronal et l'élément ouvrier, en assurant à ces deux éléments une représentation égale dans leurs comités, que les *Arbeitsnachweise* allemands ont acquis un essor si rapide ; c'est pour avoir voulu faire œuvre de parti, que d'importantes *Gewerkschaften* socialistes ont échoué au contraire dans leurs essais de placement centralisé (Normand, *op. cit.*, p. 150, 182) ; — 3° de l'action des pouvoirs publics. L'Etat, les départements ou provinces, les municipalités peuvent, par des encouragements pécuniaires ou autres, coopérer à l'œuvre des Offices gratuits, leur fournir les documents statistiques qui leur manquent, aider à leur groupement. En procédant ainsi, les pouvoirs publics font œuvre éminemment utile, puisqu'en atténuant le fléau du chômage, plus sûrement que par l'organisation, souvent improvisée, de travaux destinés à utiliser la main-d'œuvre inemployée [1], ils consolident la paix sociale, et diminuent les charges de l'assistance publique.

906. — **Le nouveau régime légal français ; loi du 14 mars 1904. Travaux préparatoires.** — Il est permis de se demander s'il n'eût pas été sage d'imiter l'exemple de l'Allemagne ou des Etats-Unis, et d'organiser le placement gratuit sur des bases assez solides et assez larges pour annihiler peu à peu les bureaux payants, sans d'ailleurs les supprimer d'autorité. Telle n'a pas été la tactique suivie en France. A la suite d'incidents tumultueux provoqués par la « Ligue pour la suppression des bureaux de placement », le groupe ouvrier porta, en

---

[1] V. *infra*, au titre IV, l'indication des efforts tentés dans ce but par les administrations municipales françaises ou étrangères (belges notamment), et l'appréciation des résultats obtenus.

1892, la question devant la Chambre, qui fut appelée à opter entre deux propositions : l'une, de M. Dumay, attribuant aux Bourses du travail, syndicats ouvriers et groupes corporatifs, et à leur défaut aux municipalités, le monopole du placement des ouvriers, et prescrivant la gratuité absolue du placement; l'autre, de MM. Mesureur et Millerand, imposant la gratuité aux bureaux de placement autorisés, au fur et à mesure que le placement gratuit serait assuré par les syndicats ou les bureaux municipaux. Au fond, les deux propositions tendaient au même but, l'industrie du placement ne pouvant vivre sans rémunération.

La Commission adopta la seconde, en la complétant par un article additionnel tendant à imposer aux communes dont la population dépasserait un certain taux l'obligation d'établir un bureau de placement gratuit. La discussion, commencée à la Chambre en mai 1893, fut ajournée *sine die*, à la suite de l'intervention de M. Terrier, ministre du commerce, qui combattit au fond le principe de la suppression, et annonça le dépôt prochain d'un projet gouvernemental tendant à substituer au régime de l'autorisation préalable le régime de la réglementation et du contrôle par les municipalités.

Ce projet ne fut jamais déposé, et la Chambre étant parvenue, en octobre 1893, au terme légal de ses pouvoirs, les propositions dont elle était saisie furent frappées de caducité. Aussitôt réunie, la nouvelle Chambre fut appelée de nouveau à se prononcer sur la question par le dépôt presque simultané de trois propositions, tendant toutes, directement ou indirectement, à la *suppression* de l'industrie du placement[1].

907. — La discussion s'engagea devant la Chambre le 5 mars 1897, sur le texte proposé par la Commission, tendant à la suppression progressive des bureaux payants (rapport G. Berry, 13 décembre 1895, Ch., *Doc. parl.*, n° 1677, *Offic.*, p. 1591) ; mais une majorité se dessina promptement contre la proposition. La Chambre crut devoir adopter un texte beaucoup moins radical, élaboré par le gouvernement entre la première et la seconde lecture (projet déposé par M. Boucher, ministre du commerce, 16 mars 1897, Ch., *Doc. parl.*, n° 2345, *Offic.*, p. 381). D'après ce texte, adopté le 9 avril 1897, les villes de 30,000 habitants au moins seraient *tenues* d'établir un ou plusieurs bureaux gratuits ; des bureaux payants pourraient, comme aujourd'hui, être ouverts avec

[1] Suppression *directe* par la concession d'un monopole aux Bourses du travail et groupements corporatifs (proposition Coutant, déposée le 25 novembre 1893, Ch., *Doc. parl.*, n° 47, *Offic.*, p. 50), *indirecte* par la gratuité imposée aux placeurs (proposition Mesureur, déposée le 3 mai 1894, Ch., *Doc. parl.*, n° 601, *Offic.*, p. 1434), ou *progressive* par l'interdiction d'accorder de nouvelles autorisations (proposition G. Berry, déposée le 10 mai 1894, Ch., *Doc. parl.*, n° 620, *Offic.*, p. 811).

une autorisation administrative, mais la profession de placeur serait incompatible avec celles de logeur, débitant de boissons, etc. ; d'autre part, les droits de placement ne seraient dus que lorsque l'emploi aurait été occupé pendant un certain temps, et leur paiement serait, par moitié, à la charge de l'employeur.

Ce texte, transmis au Sénat, fit l'objet d'un rapport de M. Lourties (10 décembre 1897, Sén., *Doc. parl.*, n° 68), concluant à l'adoption, mais sous d'importantes modifications. C'est ainsi que le texte nouveau ne contenait plus de dispositions prescrivant que les droits de placement *devraient* être acquittés, moitié par le patron, moitié par l'ouvrier ou employé ; et qu'il reconnaissait, par contre, au placeur le droit de percevoir, au moment de l'inscription, une avance à titre de dépôt, remboursable en cas de non-placement. Le projet ainsi amendé fut adopté par le Sénat le 18 février 1898.

908. — Le temps manqua à la Chambre pour examiner, avant l'expiration de ses pouvoirs, le texte sénatorial. Mais M. Coutant ayant, dès le début de la session extraordinaire de 1898, reproduit sa proposition de 1893, concluant à la suppression *immédiate* et directe des bureaux payants (dép. 8 nov. 1898, Ch., *Doc. parl.*, n° 328, *Offic.*, p. 158), la Chambre nouvelle se vit, comme ses devancières, dans l'obligation d'opter entre la réglementation, ou la suppression, directe ou indirecte. Composée en majorité de partisans de la suppression, sans indemnité, des bureaux payants[1], mais considérant qu'un texte aussi radical aurait peu de chance d'aboutir, la Commission du travail proposa à l'agrément de la Chambre un texte transactionnel portant que les municipalités « pourront, à l'expiration du délai de cinq ans à compter de la promulgation de la loi, rapporter les autorisations sans qu'il y ait lieu à indemnité ». D'où il résultait implicitement : — 1° que, sauf le cas de contravention, judiciairement constatée, aux règlements municipaux, ou de condamnations pour certains délits spécifiés, les municipalités ne pourraient avant l'expiration du délai de cinq ans, rapporter les autorisations par elle données qu'à charge d'indemnité ; — 2° que, même après cinq ans, les municipalités étaient libres de maintenir, à titre précaire, les bureaux existants ; il leur était seulement interdit (art. 1er) d'accorder des autorisations nouvelles.

909. — Lors de la discussion générale, MM. Beauregard, Perreau et Rose, sans contester les abus imputés aux bureaux, abus provenant surtout d'une surveillance insuffisante, s'efforcèrent de mettre la Chambre en garde contre les dangers de la suppression, par voie

[1] Rapport G. Berry, 15 décembre 1899, Ch., *Doc. parl.*, n° 1289, *Offic.*, p. 348.

d'autorité et sans indemnité, d'une profession commerciale admise jusqu'ici pour licite : suppression qui leur apparaissait comme une première concession, grosse de périls pour l'avenir, faite aux doctrines collectivistes [1].

M. Millerand, ministre du commerce, intervint en faveur du système mixte proposé par la Commission. « L'institution du placement payant, dit-il, est mauvaise en soi, attendu qu'elle prélève ses bénéfices sur les ressources des malheureux et que ces bénéfices croissent en raison directe de l'intensité du chômage ». La véritable question à résoudre est donc celle-ci : comment pourrait-on remplacer l'industrie du placement payant, en respectant les droits acquis, et en ne nuisant pas aux intérêts des travailleurs? La Commission paraît avoir résolu le problème d'une manière satisfaisante, puisque, tout en se gardant de donner, comme le contre-projet Beauregard, une nouvelle investiture à une industrie dont le principe même est condamné, elle indemnise les propriétaires des bureaux existants en leur donnant l'assurance qu'ils ne disparaîtront point avant cinq ans, sans indemnité.

910. — *Conflit entre la Chambre et le Sénat. — Essai de transaction.* — L'argumentation du ministre parut décisive à la Chambre qui, le 29 novembre 1900, par 306 voix contre 142, adopta le texte de la Commission [2].

Le Sénat ayant, pour la seconde fois, refusé d'admettre le point de vue de la Chambre, et rétabli en principe son texte de 1898 (séance du 30 janvier 1902), la Commission du travail de la Chambre s'efforça de trouver une base de transaction. Renonçant à la clause du projet primitif qui autorisait les communes à effectuer cette suppression sans indemnité au bout d'un délai de cinq ans, elle inscrivit dans la loi le

---

[1] Cette argumentation était des plus contestables.

Il n'y a, au fond, rien de commun entre un office ministériel, dont la valeur vénale (la *finance*, correspondant au droit de présentation, rétabli à tort ou à raison en 1816) est affirmée par les textes, et constitue une propriété véritable, et un bureau de placement payant. Aucun texte ne réglemente la cession des bureaux ; les autorisations peuvent être retirées sans indemnité aucune, dans les cas déterminés par l'article 5 du décret de 1852 ; les tarifs peuvent être remaniés par les municipalités dans un sens défavorable aux placeurs, également sans indemnité (V. le discours Millerand précité); et, par suite, la condition légale des placeurs, bénéficiaires d'une autorisation, se rapproche bien plus de celle des concessionnaires du domaine public, toujours menacés d'une reprise brusque de la dépendance du domaine qu'ils occupent, que de celle des officiers ministériels. C'est donc plutôt, à notre avis, sur le terrain de l'équité que sur celui du droit pur qu'il convenait de se placer pour affirmer le droit des placeurs à une indemnité; et, cela étant, la concession d'un délai assez long pouvait, suivant les circonstances, être considérée comme représentative d'une indemnité insuffisante.

[2] V. ce texte dans les *Quest. pratiques*, 1901, p. 21.

principe du rachat ou plutôt de l'indemnisation, sur des bases fixées à l'avance, de tous les titulaires de bureaux supprimés.

Par contre, tandis que le projet de 1900 conférait aux communes la faculté de laisser subsister au delà de cinq ans les bureaux existants, le projet de 1903 décidait qu'à l'expiration de la cinquième année qui suivait la promulgation de la loi, tous les bureaux payants devraient avoir disparu. L'indemnité, dont le chiffre (arbitré en cas de contestation par le Conseil de préfecture) ne devait pas dépasser le bénéfice total des trois années antérieures à la promulgation de la loi, serait à la charge des communes ; mais, afin d'intéresser celles-ci à une prompte suppression, le texte édictait un barême décroissant de subventions de l'Etat ou des départements (20 0/0 pour les bureaux supprimés dans les deux ans, 15 0/0 pour les suppressions effectuées la troisième et la quatrième année, 10 0/0 seulement pour les bureaux supprimés au cours de la cinquième année).

Ce projet, sur le rapport de M. Chambon, fut adopté par la Chambre, à la presque unanimité, le 3 novembre 1903.

911. — Résistance sénatoriale. — Loi du 14 mars 1904. — Pour la troisième fois, le Sénat, procédant de l'idée vraie ou fausse que le placement est une industrie absolument identique aux autres, ayant le droit de se réclamer du principe de la liberté de l'industrie, et envisageant, à tort selon nous, les bureaux existants comme de véritables offices transmissibles, ce que les rédacteurs du décret de 1852 n'avaient jamais admis, rejeta le texte qui lui était soumis. Il fit à la Chambre, dans le projet adopté par lui le 28 janvier [1] et devenu la loi du 14 mars 1904 (la Chambre l'ayant, de guerre lasse, voté sans débats le 9 mars) [2], une concession plus apparente que réelle, en inscrivant dans l'article 1er le principe de la suppression *facultative* des bureaux payants ; mais il se refusa absolument à assigner aux communes un délai quelconque pour

---

[1] Sur le rapport de M. Aucoin, déposé le 21 décembre 1903 (Sén., *Doc. parl.*, n° 344).

[2] La loi de 1904 s'applique (art. 12) à toutes les agences de placement, payantes ou gratuites, pour les travailleurs de toute catégorie, employés, ouvriers ou domestiques, à l'exception cependant des bureaux de nourrices, qui restent soumis aux dispositions de la loi du 23 décembre 1874, sur la protection des enfants du premier âge, et des agences théâtrales, agences lyriques et agences pour cirques et music-halls. Ces dernières ont cependant donné lieu à de graves abus, signalés au cours de la discussion ; il a paru préférable d'en réserver la réglementation pour une loi spéciale, encore attendue, bien que le gouvernement en ait annoncé à la Chambre (séance du 9 mars 1904), le dépôt à bref délai. — Henrotte, *op. cit.*, p. 124 et s.

L'art. 13 déclare la loi applicable à l'Algérie : inadvertance regrettable, car les bureaux payants algériens n'existaient qu'en vertu de concessions précaires, résultant d'arrêtés préfectoraux, révocables *ad nutum* et sans indemnité. La loi nouvelle a donc consolidé la situation de leurs tenanciers actuels ! — Henrotte, *op. cit.*, p. 127.

cette suppression. Le texte sénatorial prévoit même la possibilité pour les communes d'accorder des autorisations nouvelles, avec cette différence toutefois que ces autorisations seront précaires, la commune concédante pouvant les rapporter à son gré sans indemnité, tandis que les bureaux existants ne peuvent être supprimés que moyennant indemnité (mise à la charge *exclusive* des communes, sans aucune participation des départements ou de l'Etat), et que leurs tenanciers se voient reconnaître *expressément* le droit de transmettre leur office à cause de mort ou le céder entre vifs.

C'est au Conseil de préfecture qu'il appartient de statuer, en cas de contestation, sur le chiffre de l'indemnité due au tenancier d'un bureau supprimé ; mais aucune base d'évaluation n'est inscrite dans la loi. De ce chef, aucune barrière n'est opposée à l'arbitraire du juge, dont les communes peuvent d'autant plus redouter la générosité, onéreuse pour leurs finances, qu'il leur est le plus souvent interdit de procéder par voie de suppressions individuelles. Il est spécifié en effet dans l'article 11 que « les bureaux faisant le placement *pour une même profession déterminée* devront être supprimés tous à la fois par un même arrêté municipal ».

Cette disposition, envisagée en elle-même, se justifie aisément [1]. Le législateur a voulu protéger les placeurs contre les rancunes locales, et empêcher certains administrateurs peu scrupuleux de créer un monopole, au profit de tels placeurs de leurs amis, par la suppression d'autorité des bureaux concurrents. Mais il était à prévoir, dans ces conditions, qu'une entente interviendrait dans chaque ville entre les placeurs de même catégorie pour fixer un taux de rachat très élevé, et que les négociations amiables au sujet du chiffre des indemnités dues seraient singulièrement entravées du fait de ces ententes. L'unique moyen d'y parer eût été d'insérer dans le texte, comme l'avait proposé la Chambre, une base ferme d'évaluation, calculée d'après le bénéfice net des derniers exercices. En s'y refusant, le Sénat a compromis le succès de la réforme et retardé pour une période indéterminée la disparition des bureaux payants [2].

---

[1] Sur la portée de cette prescription, v. Cons. d'Etat, 14-21 février 1908, *Monit. judic. de Lyon*, 23 mai.

[2] Les chiffres de l'enquête ouverte par l'Office du travail, sur les premiers résultats de l'application de la loi à Paris (cette enquête sera ultérieurement étendue à la province), sont significatifs. — Au lendemain de la promulgation de la loi, le conseil municipal de Paris avait décidé le rachat progressif de tous les bureaux payants. — Cette décision fut exécutée en ce qui concerne les professions suivantes : bouchers, boulangers, coiffeurs, cordonniers, cuisiniers, garçons d'hôtel, garçons limonadiers, garçons marchands de vins, garçons nourrisseurs, pâtissiers et teinturiers. Mais les prévisions inscrites au budget furent sensiblement dépassées et, finalement, le rachat

911 *bis.* — Le Sénat espérait, il est vrai, que l'inscription, dans l'art. 4 de la loi, d'une disposition obligeant les communes de plus de 10,000 habitants à créer un bureau municipal, et les petites communes à ouvrir à la mairie un registre d'offres et de demandes de travail, suffirait à provoquer la disparition progressive des bureaux payants. Mais l'événement a démenti cet optimisme.

Malgré la surveillance administrative à laquelle ils sont toujours soumis [1], — le décret de 1852 ayant été maintenu dans celles de ses dispositions conciliables avec la loi nouvelle, — malgré les mesures édictées par la loi contre le placement clandestin [2], — malgré le régime de faveur dont bénéficient les bureaux gratuits, syndicaux, mutualistes et autres, affranchis de l'autorisation et soumis (sauf les bureaux municipaux) à une simple déclaration (art. 2 et 3 de la loi), — les bureaux payants ont survécu, et ne semblent même pas avoir, dans certaines professions tout au moins, vu diminuer sensiblement leur clientèle.

Il convient de remarquer en effet que l'injonction, plutôt platonique, adressée par le législateur aux villes de plus de 10,000 âmes d'avoir à organiser un bureau municipal n'a été, dans beaucoup de communes, suivie d'aucun effet. La plupart, cependant, ont en apparence déféré

---

de ces bureaux coûta à la Ville de Paris plus de 1,600,000 francs. Aussi dut-elle renoncer à l'exécution intégrale de ses projets, et se borne-t-elle, depuis lors, comme la plupart des villes de province, à instituer, en concurrence avec les bureaux payants, des bureaux gratuits. De ces bureaux municipaux, les uns ont pris un réel développement, tels que ceux institués au profit des employés de commerce ou de banque; d'autres végètent, tels ceux créés en vue des employés de marchands de comestibles. — Sur l'enquête de l'Office du travail, concernant Paris, v. *Bull. Off. trav.*, 1905, 975; 1907, p. 332, 449, 564, 571, 673, 801, 906, 1060, 1172, 1173; et 1908, 546, 647. — Sur les bureaux municipaux institués dans quelques grandes villes de province, telles que Lyon, Bordeaux, etc., v. *Bull. Off. trav.*, 1905, 1080.

[1] Sur ce régime de surveillance et les pénalités édictées, cons. les art. 1, 7 à 10 de la loi, ainsi que le décret de 1852. — V. aussi l'ordonn. du préfet de police du 10 juin 1904 (Cohendy-Darras, p. 864). — Du maintien du décret de 1852, il résulte notamment qu'aucune indemnité ne serait due, en cas de retrait de l'autorisation motivée par une condamnation encourue par le tenancier du bureau, et basée sur l'article 5 du décret de 1852. Toutefois, le retrait ne peut avoir lieu en pareil cas qu'après approbation de l'autorité préfectorale. — Cf. Bry, p. 76.

[2] Peine correctionnelle de 16 à 100 francs et emprisonnement de six jours à six mois, ou l'une de ces deux peines seulement, sans préjudice des réparations civiles, et du droit pour le tribunal correctionnel d'ordonner la fermeture des bureaux clandestins. — Cass., 2 août 1888, D. 89, 1, 127. — Ces pénalités sont les mêmes (art. 9) que celles encourues par le tenancier d'un bureau fonctionnant ouvertement, mais sans autorisation ou en dehors des conditions prévues par l'autorisation. Celle-ci peut, en effet, n'avoir été accordée que pour certaines professions, et il appartient en pareil cas aux tribunaux d'apprécier si le tenancier du bureau n'est pas sorti des limites qui lui avaient été assignées. — Cass., 19 mars 1905, D. 1905, 1, 152.

Sur le bureau clandestin pouvant se dissimuler sous le couvert d'un journal d'annonces, v. trib. corr. Seine, 5 décembre 1906 (Paris, 18 mars 1907, D. 1907, 5, 33).

aux injonctions légales; mais l'incompétence de certains préposés, l'inconvénient inhérent à la réunion, dans un même bureau, des offres ou demandes concernant les professions les plus disparates, parfois aussi la défiance irraisonnée ou l'esprit de routine des travailleurs [1], sont autant d'obstacles à la réalisation du vœu de la loi. Quant aux registres que doivent ouvrir les autres communes, leur tenue irrégulière, trop souvent du moins, n'est pas de nature à inspirer beaucoup de confiance.

Le placement syndical ne s'est pas non plus développé aussi rapidement qu'il eût été désirable, par suite de l'état d'hostilité latente entre les ouvriers et les patrons, entretenu par les agissements de la C.G.T [2]. Un certain nombre d'organisations patronales se sont cependant affranchies du tribut que la loi nouvelle impose aux employeurs [3] en instituant, au siège de leurs syndicats respectifs, des offices de placement gratuit ; mais le mouvement est lent à se généraliser.

911 *ter*. — Signalons toutefois, parmi les innovations heureuses de la loi de 1904, susceptibles de mettre fin à des abus regrettables, l'art. 8 ainsi conçu : « Aucun hôtelier, aucun logeur, restaurateur ou débitant ne peut joindre à son établissement la tenue d'un bureau de placement ».

Cette disposition, qui, à raison de son caractère de loi de police, doit être appliquée même aux bureaux existant lors de sa promulgation [4],

---

[1] L'on a vu se reconstituer, dans maintes professions, les bureaux payants sous le couvert de vagues syndicats ou mutualités, dont d'anciens placeurs, indemnisés à la suite de la suppression de leurs offices, réussissent le plus souvent à se faire nommer secrétaires. Il n'est pas rare de voir ces agents, malgré la loi, se faire allouer des indemnités, que les intéressés sont les premiers à leur offrir bénévolement, dans l'espoir d'être mieux servis. — V. sur ce point les enquêtes de l'Office du travail. — Cf. Rist, chron. de la *Rev. d'écon. polit.*, février 1908.

[2] V. au *Bull. de l'Off. du trav.* (1907, 1242) l'état récapitulatif des placements effectués par les offices de placement gratuit pendant le deuxième trimestre 1907 (bureaux municipaux, bourses du travail, syndicats patronaux, sociétés de secours mutuels, sociétés d'assistance, syndicats ouvriers ou mixtes non affiliés aux bourses du travail). Le total, pour le mois de juin 1907, s'élève à 2,873 placements à demeure et 3,937 en extra, — chiffres bien faibles, eu égard à la masse des chômeurs.

[3] L'art. 11 *in fine* (amendement Mercier) est ainsi conçu : « A partir de la promulgation de la présente loi, les frais de placement touchés dans les bureaux maintenus à titre payant seront entièrement supportés par les employeurs sans qu'aucune rétribution puisse être reçue des employés. Toute infraction à ces prescriptions sera punie des peines édictées à l'art. 9 ». Perçue sans droit, la somme indûment exigée de l'ouvrier ou de l'employé doit lui être restituée, sans préjudice de plus amples dommages-intérêts s'il y a lieu (art. 9, § 3). — Sur le caractère impératif de cette prescription, v. trib. corr. Nantes, 26 avril 1904, D. 1904, 2, 328; trib. corr. Seine, 22 septembre 1904 (*Bull. Off. trav.*, 1904, 1081).

[4] Sur le caractère *rétroactif* de l'art. 8, cons. Cass., 3 juin 1905, D. 1905, 1, 344, S. 1905, 1, 540 ; 28 juillet 1905, S. *ibid.*, D. 1906, 1, 78. — *Contra* : Rouen, 1er décembre 1904, D. 1905, 2, 20.

est aussi générale que possible. Elle s'applique indifféremment à tous les bureaux, payants ou gratuits, car la gratuité du bureau annexé à un débit est purement illusoire, le logeur cabaretier ayant la certitude de prélever un bénéfice, trop souvent usuraire, sur les chômeurs ; elle vise même toutes les combinaisons tendant à éluder la prohibition légale, telles que le maintien d'un débitant, tenancier d'un bureau annexé à son établissement sous le régime antérieur, comme secrétaire-gérant d'un syndicat ou d'une société de secours mutuels, ayant son siège dans le débit qu'il dirige [1]. Echapperait seul aux pénalités légales le débitant qui, à titre purement accidentel et uniquement en vue de rendre service à un de ses clients, sans percevoir aucune rémunération, se serait entremis pour lui procurer une place [2].

912. — Conclusions. — En somme, et tout bien considéré, la loi de 1904 n'est guère qu'une manifestation platonique, destinée à donner satisfaction à l'opinion publique, manifestement défavorable aux bureaux payants, mais dépourvue de toute efficacité réelle [3].

En admettant que la Chambre parvienne à triompher du parti pris sénatorial, et à obtenir le vote d'une loi décrétant la suppression, à bref délai, de tous les bureaux payants, le problème du placement serait-il résolu pour autant ? A vrai dire, nous ne le croyons pas. La loi peut sans doute supprimer d'autorité, sur le papier tout au moins, le placement rémunéré ; elle peut également faciliter l'organisation d'un système rationnel d'*assurance contre le chômage* (v. tit. IV *infra*) ; mais le régime nouveau, réclamé par les travailleurs, ne saurait être créé de toutes pièces par la loi.

Il est indispensable, s'ils veulent faire œuvre durable et socialement utile, que, prenant exemple sur l'étranger, les syndicats français et les Bourses du travail comprennent l'étendue des *devoirs nouveaux* que leur imposerait la disparition complète des bureaux payants ; il est indispensable qu'ils organisent, sans acception de parti, sans se laisser dominer par un syndicalisme étroit ou par une conception haineuse de la lutte de classes, des bureaux de placement largement ouverts à tous, où, comme en Allemagne, patrons et ouvriers traiteraient en pleine confiance, en pleine sécurité et loyauté. Mieux vaudrait,

---

[1] Trib. corr. Lille, 5 novembre 1904, D. 1904, 2, 424 ; Douai, 7 mars 1905 (*Bull. Off. trav.*, 1905, 327).

[2] Cass., 1er février 1907, D. 1908, 1, 229, et note Legris. — Est également licite le fait, pour un syndicat ou une société de secours mutuels faisant le placement gratuit, d'avoir son siège social dans une salle annexée à un débit si, d'ailleurs, le débitant demeure étranger aux opérations du placement.

[3] Cf. Rist, chron. de la *Rev. d'écon. polit.*, février 1908. — V. aussi Payen, *Les résultats de la loi sur le placement* (*Econ. franç.*, 15 juin et 16 novembre 1907).

croyons-nous, que les pouvoirs publics, au lieu d'instituer devant le Parlement un nouveau débat irritant sur la question des bureaux de placement payants, s'efforcent d'orienter les groupements ouvriers dans cette voie, et d'aider, par tous les moyens en leur pouvoir, à l'organisation centralisée du placement gratuit, grâce au concours des Fédérations patronales et ouvrières, des départements et des communes, et des sociétés d'assistance [1].

Certains groupements syndicaux, les plus puissants, sont déjà entrés dans cette voie féconde [2]. Le jour où le mouvement se généralisera, la question irritante des bureaux de placement sera bien près d'être résolue ; car il ne subsistera plus, en face des offices de placement gratuit, qu'un petit nombre de bureaux payants, ayant acquis le droit à l'existence par leur bonne organisation et la modération de leurs tarifs [3].

§ 2. — Forme et preuve du contrat

913. — Louage de services, contrat consensuel. — Le louage de services est, comme le louage de choses, un contrat purement consensuel. Dès l'instant que les parties sont d'accord sur les services exigés du bailleur de services et sur le salaire dû en retour par le locataire (c'est-à-dire par le maître ou patron), le contrat est formé, alors même qu'aucun écrit n'aurait été dressé pour le constater.

---

[1] Un premier essai avait été tenté dans cette voie par l'inscription au budget, pendant trois années (1902-1904), d'une somme de 10,000 francs, à titre de subvention, en faveur de l'Office national ouvrier de statistique et de placement créé en 1900 par la Fédération des Bourses du travail (Morizet, *Mouvem. socialiste*, 8 mars 1902; Fournière, *Revue socialiste*, 1905, p. 457). — La prédominance de certains éléments anarchistes dans la Confédération générale du travail, dont la Fédération des Bourses n'est plus qu'une section depuis 1903 (v. *supra*, n° 556), n'a pas permis de maintenir cette subvention, qui eût été détournée de son but. Au surplus, l'Office central, encore à créer chez nous, doit être le couronnement de l'édifice constitué par les groupements fédératifs de placement, professionnels ou régionaux. Ce sont ces groupements secondaires qu'il faut d'abord encourager (v. en ce sens les développements fournis *infra*, tit. IV, sur les subventions des villes et de l'Etat aux Caisses syndicales de chômage); l'Office central ne pourra fonctionner que le jour où ils formeront, comme en Allemagne, un réseau aux mailles serrées.

[2] Nous avons eu l'occasion de signaler déjà les mesures prises par certaines Fédérations nationales ouvrières, notamment par la Fédération des travailleurs du livre, pour remédier au chômage (v. *supra*, n° 569). — V. aussi, sur le *viaticum* et les caisses de passagers, *Quest. prat.*, 1901, p. 330, et 1902, p. 153. — Cons., sur le développement du placement gratuit dans les industries de l'alimentation, grâce à l'entente des patrons et des ouvriers : Normand, *op. cit.*, p. 66, et les enquêtes de l'Office du travail (enquête sur la petite industrie, t. 1er, *L'alimentation à Paris*; enquête sur le placement à Paris, *Bull. Off. trav.*, 1908, 647).

[3] Sur les diminutions de tarifs des bureaux payants consécutives à la loi de 1904, v. les chiffres fournis dans l'enquête de l'*Off. du travail*, 1908, p. 547, 647.

Cette solution, conforme aux principes généraux du droit français, et aux nécessités de la pratique, résulte d'ailleurs expressément de l'article 2 de la loi du 2 juillet 1890, sur l'abrogation du livret d'ouvrier, ainsi conçu : « Le contrat de louage d'ouvrage, entre les chefs ou directeurs des établissements et leurs ouvriers, est soumis aux règles du droit commun et peut être constaté dans les formes qu'il convient aux parties contractantes d'adopter. Cette nature de contrat est exempte de timbre et d'enregistrement ». Les termes mêmes de cet article semblent indiquer que ses rédacteurs ont entendu se référer, non seulement à la question de preuve, mais aussi à la forme extrinsèque du contrat lui-même : la rédaction peut en être défectueuse, mais le sens n'est pas contestable. Il est permis seulement de se demander s'il était bien utile de consacrer par un texte le caractère consensuel du contrat de louage de services, alors que les principes généraux commandaient déjà cette conclusion [1].

914. — Preuve : retour au droit commun. — Faut-il conclure du même texte que la *preuve* du louage de services est également régie par le droit commun des preuves ? Selon nous, l'affirmative n'est pas contestable en présence des travaux préparatoires et du texte même de l'article 2 : le *droit commun* dont il est question dans cet article paraît bien viser tout à la fois la formation même du contrat, et la preuve dudit contrat ; et quant à l'objection tirée de la partie finale de ce même article 2, il suffira, pour y répondre, de revenir brièvement sur les exceptions au droit commun des preuves, consacrées par la législation antérieure. Naguère, en effet, deux exceptions à ce droit commun étaient édictées, l'une par l'article 1781 du Code civil (abrogé dès 1868), l'autre par les lois des 14 mai 1851 et 22 juin 1854 sur les livrets d'ouvriers, abrogées en 1890.

A. *Art. 1781.* — L'article 1781 est ainsi conçu : « Le maître est cru *sur son affirmation* pour la quotité des gages, pour le paiement du salaire de l'année échue et pour les acomptes donnés pour l'année courante ». Bien que cet article fût inséré sous la rubrique « louage des domestiques et ouvriers », il y avait doute sur le point de savoir si cet article pouvait être appliqué aux ouvriers comme aux domestiques, en vue desquels il avait été plus spécialement écrit. Quoi qu'il en soit,

---

[1] Cf. art. 3, § 2 de la loi belge du 10 mars 1900 sur le contrat de travail : « La convention peut être faite *verbalement* ou *par écrit*, sans préjudice de la loi sur les règlements d'ateliers », et article 4 de la même loi : « En matière de contrat de travail, la *preuve testimoniale est admise*, à défaut d'écrit, quelle que soit la valeur du litige ». — Cons. Hanssens, *Théorie du contrat de travail* (*Quest. prat.*, oct. 1902, p. 295),

d'ailleurs, de cette difficulté, concernant le domaine de la loi de 1781, ledit article consacrait, dans les rapports juridiques entre maîtres, domestiques et ouvriers assimilés, une double dérogation au droit commun : — 1° Il refusait au domestique ou à l'ouvrier le droit de recourir à la preuve testimoniale, même en matière n'excédant pas 150 francs, pour établir le montant de ses gages, ainsi que le chiffre des avances faites par le maître ; — 2° Le maître était cru sur son affirmation, c'est-à-dire, d'après l'opinion dominante, sur son serment, pour la quotité des gages, pour le paiement des salaires de l'année échue et pour les acomptes donnés sur l'année courante; il était interdit au juge de déférer, sur l'un ou l'autre point, le serment au domestique.

Cette inégalité de traitement, fondée sur la différence des conditions sociales de l'employeur et de l'employé, était manifestement contraire au principe de l'égalité civile proclamée par la Révolution, et de l'égalité politique pratiquement réalisée par le suffrage universel. Ces considérations ont déterminé le législateur à abroger purement et simplement l'article 1781 ; cette abrogation résulte de la loi du 2 août 1868 [1].

915. — B. *Livrets d'ouvriers : abrogation.* — Une deuxième exception au droit commun, résultait de la loi de 1854 sur les *livrets d'ouvriers.* La dérogation apportée au droit commun par l'article 1781 du Code civil ne concernait que la preuve des paiements effectués. Le droit commun reprenait donc son empire lorsque la contestation portait sur l'existence même du contrat de louage, ainsi que sur l'époque à laquelle le contrat avait commencé ou pris fin. Il en était ainsi du moins à l'égard des domestiques; car, pour les ouvriers, la législation de 1854 sur le livret obligatoire, livret sur lequel étaient indiquées les dates d'entrée et de sortie de l'ouvrier, supprimait en général toute contestation sur l'existence même du contrat, ainsi que sur son point de départ.

L'objet principal de ce livret était d'assurer la stricte observation des obligations de l'ouvrier, et subsidiairement de faciliter la surveillance de la police sur les agglomérations ouvrières; aussi renvoyons-nous l'étude du livret d'ouvrier à notre section II, consacrée aux obligations réciproques nées du contrat de louage (V. *infra*, n°s 1150 et s.). Mais il importe de faire remarquer ici que ce livret, si vivement attaqué, et non sans raison, à d'autres points de vue, avait du moins l'avantage de constituer un moyen facile de preuve du contrat de louage de services; la simple production du livret, régulièrement tenu, permettait de prou-

---

[1] Sur l'impossibilité, depuis l'abrogation de l'article 1781, de considérer comme probante, relativement aux acomptes soi-disant payés, la simple affirmation du maître, cons. trib. paix Domfront, 6 févr. 1907, D. 1907, 5, 36.

ver aisément le fait même de l'engagement de l'ouvrier dans telle usine, ainsi que la durée de son engagement.

Le livret d'ouvrier ayant été abrogé, pour des motifs que nous exposerons ultérieurement, par la loi du 18 juillet 1890, ce mode spécial de preuve du contrat (sauf en ce qui concerne les enfants et filles mineures) a aujourd'hui disparu, si bien qu'à tous égards la preuve du louage de services entre patrons et ouvriers se trouve actuellement régie par le droit commun [1]. — *Sic* : trib. Seine, 2 août 1888, *Fr. jud.*, 88, 2, 371 ; trib. paix Lille, 22 avril 1895, *Gaz. Pal.*, 95, 2, 218 ; — Guillouard, t. II, n° 706; Baudry-Lacantinerie et Wahl, t. II, n°s 1221 et s.

916. — **Conséquences pratiques du retour au droit commun.** — De ce retour pur et simple au droit commun, découlent les conséquences suivantes :

1° L'ouvrier doit prouver, suivant les modes ordinaires de preuve, la créance de salaire qu'il allègue. Il devra donc établir, et l'existence du louage de services dont il se prévaut, et la quotité du salaire. En fait, du reste, la contestation portera presque toujours sur le taux du salaire, la matérialité du travail effectué étant le plus souvent établie, et non contestée par le patron. Mais en quoi consistera cette preuve de droit commun ? Si aucune des deux parties ne faisait acte de commerce (il en est ainsi, par exemple, entre maître et domestique), le bailleur de services ne pourrait recourir à la preuve testimoniale qu'en matière n'excédant pas 150 francs, c'est-à-dire lorsque le total des salaires stipulés pour le temps convenu ne dépasserait pas ce chiffre (art. 1341 C. civ.). Au-dessus de 150 francs, le bailleur de services qui ne pourrait invoquer ni écrit, ni commencement de preuve par écrit rendant la

[1] Vainement prétendrait-on équivoquer, à cet égard, sur la disposition finale de l'article 2 de la loi du 2 juillet 1890. Il est vrai que cet article autorise les parties à *constater* leurs accords « dans les formes qu'il leur plaira d'adopter », au besoin sur un *livret* purement facultatif et dépourvu par conséquent de tout caractère administratif (livret que les parties se procureront chez le premier papetier venu, au lieu de le prendre à la mairie, comme jadis), ou sur un registre tenu par le patron, dans les formes déterminées par le règlement intérieur de l'atelier. Il est vrai aussi que l'article 2 *in fine* de la loi de 1890 exempte de timbre et d'enregistrement les écrits que les parties auront pu dresser. Mais ce sont là des dispositions superflues, qu'il était au moins inutile d'insérer dans la loi, et qui, en tout cas, ne changent rien au principe affirmé au début du texte, à savoir *que le droit commun reprend tout son empire.*

Ce retour au droit commun paraît avoir eu une conséquence inattendue, c'est de donner une importance nouvelle aux *règlements d'atelier*, dans lesquels sont inscrites des séries de clauses que les ouvriers sont censés accepter par cela seul qu'ils entrent à l'usine.

Aussi réclame-t-on depuis longtemps une législation destinée à empêcher ces règlements de dégénérer en instruments d'oppression contre l'ouvrier, réduit à subir les clauses léonines d'un règlement, dont il n'a pas été appelé à discuter les termes. — V. *infra*, n°s 982 et s.

preuve testimoniale admissible, n'aurait d'autre ressource que l'aveu du patron ou la délation de serment.

Mais telle n'est pas généralement la situation lorsque le débat s'élève entre un patron et ses ouvriers. Si, en effet, les ouvriers ne font pas acte de commerce, si, à leur égard, le contrat présente un caractère purement alimentaire et par conséquent civil, le patron au contraire fait acte de commerce, puisqu'il spécule sur le travail des individus qu'il emploie. Or, il est de principe que lorsqu'un acte est mixte, c'est-à-dire civil au regard de l'une des parties et commercial à l'égard de l'autre, la partie dont l'engagement est civil a le droit de recourir contre l'autre partie, qui est commerçante, aux preuves du droit commercial. Le droit commercial admettant la preuve testimoniale et même les simples présomptions, sans limitation de chiffre, c'est-à-dire même au-dessus de 150 francs, les ouvriers pourront, quel que soit le taux du salaire, prouver par témoins leurs allégations.

917. — 2° Mais la partie commerçante ne peut pas, au contraire, recourir contre l'autre partie, dont l'engagement est civil, par hypothèse, à d'autres modes de preuve que ceux reconnus par le Code civil. En conséquence, une fois que l'ouvrier aura établi par tous les moyens possibles l'existence du contrat et le montant de sa créance (à supposer qu'il y ait contestation sur ces deux points), le patron qui se prétendrait libéré en tout ou partie par un paiement devra en apporter la preuve. Jusqu'à concurrence de 150 francs, la preuve testimoniale sera recevable, mais au-dessus de ce chiffre le patron devra produire une preuve écrite, par exemple une quittance émanant de l'ouvrier, ou tout au moins un commencement de preuve par écrit rendant la preuve testimoniale admissible; sinon il en sera réduit à la preuve résultant de l'aveu de l'adversaire ou du serment qu'il lui déférera, ce qui revient à dire que le patron sera à la discrétion de l'ouvrier. Dans cette hypothèse, la situation que l'article 1781 faisait au maître se trouve donc complètement renversée [1].

Dans la pratique, la situation est cependant, même depuis la suppression des livrets d'ouvriers, beaucoup moins mauvaise pour les patrons qu'il ne semble au premier abord, et l'égalité n'est guère rompue qu'en théorie au profit de l'ouvrier. En effet, tout d'abord, si l'intérêt est supérieur à 150 francs, la plus élémentaire prudence fera

---

[1] Le projet de loi sur le contrat de travail, déposé en 1906 par le Ministre du commerce, rétablit l'égalité entre les parties en spécifiant qu' « en matière de contrat de travail, la preuve testimoniale est *toujours admise*, à défaut d'écrit, quelle que soit la valeur du litige ». — Cette innovation, empruntée à la loi belge (art. 4), se retrouve dans le texte de la Commission.

un devoir au patron d'exiger une quittance de l'ouvrier lorsque le total des paiements par lui faits à l'ouvrier atteindra 150 francs. D'autre part, en vertu de l'article 2271 du Code civil, l'action des ouvriers pour le paiement de leurs salaires se prescrit par six mois ; pour les salaires remontant à plus de six mois, le patron actionné aura donc la ressource d'opposer la prescription. Enfin la plupart des usines et des ateliers importants ont des règlements intérieurs qui organisent des modes spéciaux de constatation des paiements : les signatures apposées par les ouvriers sur le registre *ad hoc* valent quittance, et font obstacle à toute contestation ultérieure.

918. — Nous avons jusqu'ici supposé une contestation s'élevant entre un patron et un simple ouvrier, travaillant à la journée ou au mois. Si le conflit s'élève entre un patron et un ouvrier marchandeur ou chef d'atelier, qui à son tour spécule sur le travail d'autres ouvriers, au regard desquels il est lui-même un patron, la situation est différente ; patron et chef d'atelier font l'un et l'autre acte de commerce, et par conséquent le patron peut établir sa libération au regard du chef d'atelier par tous les modes de preuve admis en droit commercial, et notamment par la production de ses livres ou par la preuve testimoniale.

SECTION II. — Conditions de validité intrinsèque du contrat de travail

919. — Le contrat de louage de services suppose, de même que le contrat de louage de choses, un accord de deux volontés, émané de deux parties capables, sur l'objet et sur le prix. En d'autres termes, pour que le contrat soit valable, quatre conditions sont requises : — 1° Le consentement des parties ; — 2° La capacité ; — 3° Un objet licite ; — 4° Un prix ou salaire convenu. — Etudions successivement ces quatre conditions [1].

[1] L'objet propre de ce chapitre étant de signaler les particularités du contrat de louage de services dans son application à l'ouvrier, ou subsidiairement à l'employé, et spécialement de commenter les dispositions législatives, en vigueur ou projetées, relatives à la *protection du salaire*, il nous suffira de rappeler, à grands traits, les principes généraux du contrat de louage de services. L'on en trouvera l'exposé complet dans les traités, cités *supra*, consacrés au contrat de louage, spécialement dans les ouvrages de MM. Guillouard, Baudry-Lacantinerie et Wahl, Cornil, Bodeux, Hanssens, etc.

I. — Consentement des parties

920. — Vices du consentement ; contrainte morale. — Il n'y a pas de contrat sans consentement ; c'est là un principe général qui domine tout le droit des obligations, et dont l'application au contrat de travail ne comporte aucune observation particulière. Si le consentement des parties est simplement vicié, le contrat existe, mais l'annulation peut en être demandée à la requête de la partie dont le consentement a été vicié ; ici encore, application pure et simple du droit commun.

Les vices du consentement seront, comme pour tous les autres contrats, l'erreur, le dol ou la violence. Avant la loi de 1864 sur le droit de coalition, une fraction de la doctrine tendait à considérer comme annulables, pour cause de violence, les conventions passées entre patrons et ouvriers à la suite d'une coalition ; aujourd'hui, le droit de coalition étant reconnu par la loi, la décision d'un tribunal qui annulerait un contrat industriel par le seul motif que les bases de ce contrat ont été dictées au patron par une coalition ouvrière, ou aux ouvriers par une coalition patronale, serait certainement entachée d'excès de pouvoir, et pourrait être cassée par la Cour suprême.

921. — Mais les tribunaux pourraient-ils annuler, pour cause de vice de consentement, la convention par laquelle un ouvrier, sous l'empire de la misère, s'engagerait à travailler pour un salaire dérisoire, notablement inférieur au salaire usuel ? N'y aurait-il pas, dans ce cas, une contrainte morale suffisante pour justifier l'annulation du contrat ? Les conseils de prud'hommes ont une tendance assez marquée à annuler, en ce cas, la convention, ou même à fixer de leur propre autorité un salaire plus élevé ; mais la Cour de cassation a formellement condamné cette pratique (Cass., 12 déc. 1853, D. 54, 1, 20).

Selon nous, la question doit être résolue par une distinction. A notre sens, les conseils de prud'hommes excèdent manifestement leurs pouvoirs, lorsqu'en présence d'une convention fixant le taux du salaire ils déclarent le salaire insuffisant et en élèvent le taux, sous le seul prétexte que l'ouvrier a été victime d'une lésion. La rescision des contrats pour cause de lésion est en effet exceptionnelle, et ne saurait être admise en dehors des hypothèses limitativement déterminées par la loi. Mais, si le conseil de prud'hommes constate qu'en fait l'ouvrier était, au jour où il a contracté, dans un état de misère tel qu'il a dû, sous l'empire d'une nécessité absolue qui lui enlevait la conscience de ses actes, ou du moins la liberté du consentement, accepter les conditions léonines que le patron lui a imposées, cette constatation lui donnera le droit d'annuler le contrat pour cause de violence, et de fixer, d'après les usages locaux, le taux du salaire dû par le patron à l'ouvrier, abstraction faite des clauses souscrites par lui [1].

Peut-être serait-il préférable de préciser, par un texte, comme le fait le Code civil allemand (art. 138), les hypothèses dans lesquelles le salarié peut demander la rescision de son contrat pour insuffisance manifeste de la rémunération promise, eu égard au travail fourni. Tel a été l'avis des rédacteurs du projet français de 1906, qui, s'inspirant des travaux de la Société d'Etudes législatives, proposent de compléter ainsi qu'il suit l'article 1313 C. civ. : « Le contrat de travail pourra être rescindé avec allocation de dommages-intérêts lorsque ses conditions seront en désaccord flagrant, soit avec les conditions habituelles de la profession ou de la région, soit avec la valeur ou l'importance des prestations fournies ». — Cf. § 957 du projet hongrois, et art. 1036 du nouveau Code civil suisse [2].

II. — Capacité des parties

922. — Mineur et femme mariée. — Le louage de services a le caractère d'un acte de commerce au regard du patron, d'un engagement civil au regard de l'ouvrier. Le patron doit donc avoir la capacité de faire des actes de commerce. L'ouvrier, d'autre part, doit avoir la capacité de s'obliger civilement. Le mineur et la femme mariée (non séparée de corps) ne peuvent, dès lors, figurer comme bailleurs de

---

[1] Sur les éléments constitutifs de la *contrainte morale*, cons. notamment : Trib. corr. de Château-Thierry, prés. Magnaud), 4 mars 1898, confirmé, sans adoption de motifs, par la Cour d'Amiens, 22 avril 1898, D. 1899, 2, 329, et la dissertation très complète de M. Josserand. Il s'agissait, dans cette espèce devenue célèbre par les polémiques qu'elle a suscitées, de savoir si la soustraction d'un pain, *déterminée* par une faim pressante et par l'état de détresse du jeune enfant de l'inculpée, était ou non constitutive du délit de *vol*. Mais les arguments qui, en l'espèce, militaient en faveur de l'acquittement de la prévenue, pourraient *a fortiori* être invoqués en faveur de l'annulation d'un contrat de travail contracté sous l'empire de la contrainte. — V. aussi Garraud, *Traité de droit pénal*, t. I, 2e éd., n° 271.

[2] Cons. sur la question : Saleilles, *Th. gén. de l'obligation d'après le premier projet du Code civil allemand*, 1901 ; *De l'abus du droit* (*Bull. Soc. d'Et. législ.*, 1905, p. 339), et lettre sur l'art. 11 du projet de la Commission du contrat de travail (*ibid*, 1906, p. 212) ; Escarra, *La lésion dans le contrat de travail* (*ibid*, 1906, p. 243) ; Polier, *L'idée du juste salaire*, th. 1903 ; De Tarde, *L'idée du juste prix*, th. 1907 ; Chatelain, *Lésion et tarification dans le contrat de travail* (*Rev. trim. de dr. civ.*, 1907, p. 89) ; Gerlier, *Des stipulations usuraires dans le contrat de travail*, th. 1907 ; Jay, *Lésion dans le contrat de travail* (*Rev. pop. d'écon. soc.*, févr. 1907).

travail dans un contrat de louage de services, sans être relevés par une autorisation de leur incapacité de s'obliger par contrat.

Le *mineur*, tout d'abord, ne peut louer ses services qu'avec l'autorisation de son père ou de son tuteur (ou curateur)[1]. Un pareil engagement peut, en effet, avoir pour le mineur des conséquences pécuniaires ou morales assez graves pour qu'il lui soit interdit, même après son émancipation, de se lier ainsi envers un patron sans l'assentiment de sa famille ou de ses représentants légaux. Un mineur pourrait, au contraire, sans aucune autorisation, exercer la profession d'artisan, c'est-à-dire travailler pour son compte, soit seul, soit même avec la coopération d'ouvriers placés sous ses ordres : c'est du moins la solution qui découle de l'article 1308 du Code civil. La *femme mariée*, d'autre part, ne peut louer ses services qu'avec l'autorisation de son mari[2].

L'on admet d'ailleurs généralement, en pratique (par analogie de la solution admise pour la femme commerçante), que l'autorisation nécessaire au mineur ou à la femme mariée pour louer leurs services peut être tacite ; toutes les fois qu'un mineur ou une femme mariée loue ses services, l'on devra présumer l'autorisation du père ou du mari, s'il n'y a pas eu opposition expresse de leur part[3]. Cette autorisation, d'autre part, est *générale*, c'est-à-dire qu'elle a pour résultat d'habiliter la femme, en bloc, à l'exercice de tous les actes dont l'ensemble constitue la profession lucrative à laquelle elle entend désormais se livrer (Cass., 11 nov. 1907, précité). — Cette solution aurait pu susciter quelques doutes sous l'empire de la loi ancienne ; elle ne paraît pas contestable depuis la promulgation de la loi du 13 juillet 1907 sur le libre salaire de la femme mariée. Nous n'irons pas jusqu'à admettre, avec certains commentateurs de cette loi, que le législateur de 1907 ait entendu habiliter la femme, sous quelque régime qu'elle soit mariée, à exercer librement telle profession qu'il lui plaise de choisir ; logiquement, sans doute, il aurait dû le faire, mais, s'il eût voulu innover à ce point, il s'en fût expliqué formellement (v. *infra*, n°s 1021 et s.). Mais

---

[1] Remarquons du reste que, dans la conclusion du contrat, le mineur non émancipé est assisté, autorisé par son père ou tuteur, mais non pas *représenté*. Dès l'instant qu'il s'agit d'engager sa personne, il serait inadmissible qu'il ne prît pas au contrat une part *active*, et que son représentant légal pût l'engager envers un tiers, soit malgré lui, soit à son insu. — Baudry et Wahl, t. II, p. 95.

[2] A moins toutefois qu'elle n'ait recouvré, par l'effet de la séparation de corps, sa pleine et entière capacité juridique (art. 311 nouv. C. civ., loi 6 févr. 1893).

[3] Ainsi jugé, relativement à l'engagement théâtral d'un mineur (Trib. civ. Seine, 25 octobre 1894, *Gaz. Pal.*, 94, 2, 587) ou d'une femme mariée (Cass., 11 nov. 1907, D. 1908, 1, 25, et note A. Colin). — Cf. Guillouard, t. II, n° 702 ; Demolombe, t. VII, n° 799 ; Baudry et Wahl, t. II, p. 94.

du moins convient-il de laisser à la femme, une fois habilitée à l'exercice d'une profession, toute liberté pour l'accomplissement des actes que celle-ci comporte normalement.

923. — Faut-il aller cependant jusqu'à permettre à la femme, en cas de refus ou de retrait d'autorisation du mari, de se faire autoriser par justice? La jurisprudence, et une fraction importante de la doctrine, estimaient, avant la loi de 1907, que la femme ne peut pas plus louer ses services qu'elle ne peut faire le commerce avec l'autorisation de justice [1]. Vainement opposait-on, en faveur de la légitimité de l'autorisation de justice, les termes généraux de l'article 219 du Code civil.

A cet argument la jurisprudence répliquait que l'article 219 déroge au principe de l'autorisation maritale relativement aux biens et intérêts pécuniaires de la femme; mais que ce principe reprend son empire toutes les fois que l'intérêt en jeu est un intérêt moral, ou du moins que l'intérêt moral prime l'intérêt pécuniaire.

Cette argumentation était-elle irréfutable? Nous ne le pensons pas. D'une part, en effet, ainsi que le faisaient avec raison observer MM. Baudry et Wahl [2], le refus du mari peut être motivé, non par la préoccupation légitime de sauvegarder son honneur, mais par une pensée de vexation; d'autre part, il est des formes de louage d'ouvrage qui mettent exclusivement en jeu des questions d'intérêt pécuniaire. Dans l'un et l'autre cas, il semblait que l'intervention de justice, loin d'être contraire aux intérêts de la famille, fût de nature à prévenir des abus possibles, et qu'elle ne portait aucune atteinte sérieuse aux droits du mari. Tel est le point de vue des législations récentes [3].

Au surplus, la jurisprudence elle-même avait reculé devant l'application rigoureuse de son principe. C'est ainsi qu'en cas d'abandon du mari, la femme peut se trouver dans la nécessité d'engager ses services pour vivre et faire vivre ses enfants; en pareil cas, il était universellement admis qu'elle pouvait obtenir du tribunal l'autorisation nécessaire [4].

La loi de 1907 est venue renforcer la thèse que nous défendons. Ne serait-il pas contradictoire en effet d'attribuer à la femme la libre dis-

---

[1] Rouen, 4 février 1878, D. 78, 2, 258; Cass., 6 août 1878, D. 79, 1, 400, S. 79, 1, 65. — Cf. Guillouard, t. II, n° 702. — V. aussi Demolombe, t. IV, n° 248 *bis*; Aubry et Rau, t. V, p. 144.

[2] Baudry et Wahl, t. II, n° 1229; Beudant, *Cours de droit civil*, t. I, n° 332. — Cf. trib. civ. Seine, 16 mai 1891, *Pand.*, 94, 2, 56.

[3] Article 20 de la loi belge de 1900 : « La femme mariée est capable d'engager son travail moyennant l'autorisation expresse ou tacite de son mari. A défaut de cette autorisation, il peut y être suppléé par le juge de paix, sur simple réquisition de la femme, le mari préalablement entendu ou appelé ».

[4] Rouen, 4 février 1878, et Cass., 6 août 1878, précités.

position de son salaire, et de permettre cependant au mari, dans un esprit de vexation pure, d'empêcher la femme d'exercer une profession lucrative et honorable, sans que celle-ci ait le droit de déférer à la justice le refus du mari qui lui porte grief! — *Sic* : A. Colin, note précitée sous D. 1908, 1, 25; Pichon, *Loi sur le libre salaire de la femme* (*Rev. critique*, 1908).

924. — **Travaux prohibés**. — Les incapables, mineurs ou femmes, ne pourraient d'ailleurs être autorisés à accomplir des travaux interdits par la loi. C'est ainsi qu'un enfant mineur de treize ans, qu'une femme mariée même adulte, ne pourraient être autorisés, l'enfant par son père ou tuteur, la femme par son mari, à travailler dans l'intérieur d'une mine; les travaux souterrains étant interdits aux enfants et aux femmes par mesure d'ordre public, cette prohibition ne saurait être levée par la volonté de ceux qui ont autorité sur ces incapables. — V. *supra*, nº 645.

C'est ainsi également qu'un père ne pourrait engager dans un établissement industriel les services de son fils, mineur de douze (ou de treize ans si les conditions prévues par l'art. 2 ne sont pas réunies), et qu'il ne pourrait valablement autoriser le patron à employer son fils, même majeur de treize ans, à des travaux dangereux, dans des conditions autres que celles déterminées par l'article 13 de la loi du 2 novembre 1892, et par les règlements complémentaires de cette loi. — V. *supra*, nº 645 [1].

III. — Objet licite

925. — L'objet du contrat doit être licite et possible; c'est là un principe commun à tous les contrats. Un ouvrier ne pourrait donc pas engager ses services pour l'exécution d'un travail contraire à la morale ou aux lois, par exemple pour la fabrication d'armes prohibées, pour le creusement d'une mine destinée à faire sauter un édifice, etc. [2].

Certains travaux, licites en principe, sont d'ailleurs prohibés au regard de certaines personnes; tels sont, ainsi que nous l'avons fait observer précédemment, les travaux souterrains au regard des femmes et des enfants.

---

[1] Cf. trib. Montdidier, 3 août 1905, *Rev. des accid. du trav.*, 1906, p. 161; Cass., 27 avril 1906, S. 1906, 1, 352.

[2] Est nul, le jeu étant interdit en France, le contrat de louage conclu entre le tenancier d'une maison de jeu et un croupier. — Just. paix Trouville, 16 sept. 1907 (Cohendy et Darras, p. 839). — Il semble toutefois que cette solution devrait être écartée, au profit des établissements de villes d'eaux autorisés, sous les conditions déterminées par les règlements, à organiser certains jeux (L. 15 juin 1907).

IV. — Prix ou salaire

926. — Le contrat de louage étant un contrat parfaitement synallagmatique, le prix est de l'essence de ce contrat. Le prix ou salaire, rémunération des services prestés par l'ouvrier, consiste généralement en argent; la plupart des législations interdisent, sauf exception, ou du moins réglementent plus ou moins rigoureusement le paiement des salaires en nature. Cette réglementation, toutefois, fait encore défaut en France, aucun des projets tendant à l'introduire dans nos lois n'ayant réussi jusqu'à présent à franchir toutes les étapes parlementaires.

Nous reviendrons sur ces projets, dans notre section suivante, consacrée à l'étude de la protection légale des salaires. Il nous suffira d'examiner ici, très brièvement, les divers modes de fixation du salaire, et de jeter un coup d'œil sur les statistiques du salaire, françaises ou étrangères.

927. — **Des différentes sortes de salaires** [1]. — Ainsi que nous l'avons fait observer précédemment (n° 873), les deux types essentiels de salaire sont le salaire *au temps*, et le salaire *aux pièces*. Dans le salaire *au temps*, l'ouvrier vend à l'employeur son travail (ou son droit sur le produit fabriqué, suivant la doctrine adoptée) pour une période de temps déterminée (journée, semaine ou mois) [2], sans que la quantité de travail entre en ligne de compte, au moins en apparence. (En fait, il est bien évident que le patron a en vue une moyenne de travail utile, et que l'ouvrier qui ne fournirait point cette moyenne courrait le risque de n'être pas embauché à nouveau à l'expiration du temps convenu.)

Dans le salaire *aux pièces*, au contraire, c'est une quantité de travail déterminée, quantité incorporée en quelque sorte dans le produit fabriqué, que l'ouvrier vend au patron, sans qu'il soit tenu compte du

---

[1] L'ouvrage le plus documenté sur la question est incontestablement l'ouvrage de Schloss sur les *Modes de rémunération du travail* (trad. précédée d'une introduction, et augmentée de notes par Ch. Rist), 1902. — Cons. également : Gibon, *Divers modes de rémunération du travail*; Beauregard, *Essai sur la théorie des salaires*; Waxweiler, *Quelques problèmes du salaire* (*Rev. d'écon. polit.*, 1900, p. 456); Dalla Volta, *Le forme del salario*, 1893; Chatelain, *Nature du contrat entre ouvrier et entrepreneur*, 1902. — Sur la *participation aux bénéfices*, et ses multiples variétés, v. tit. IV, *infra*. — Sur l'*échelle mobile*, v. tit. III et IV, *infra*.

[2] Le salaire au mois, fréquent dans les anciennes corporations, où les compagnons vivaient parfois de longues années chez le même maître, assez usité aujourd'hui au commerce pour la rémunération des employés ou commis, est exceptionnel pour les ouvriers d'usine (exception faite pour les contremaîtres).

temps mis par l'ouvrier à l'exécuter. Mais ici encore, et en admettant même qu'un délai maximum n'ait pas été fixé pour l'achèvement de chaque pièce à exécuter, la considération de temps n'est, au fond, nullement indifférente. Les deux contractants ont dû, en effet, tenir compte, dans la détermination du salaire, du temps moyen nécessaire à un ouvrier connaissant son métier pour exécuter le travail.

Cette considération du temps nécessaire à l'exécution du travail stipulé est plus apparente dans le travail *à la tâche*, combinaison des deux formes précédentes, l'ouvrier s'engageant, dans une période donnée, à ne pas exécuter moins d'un certain maximum.

928. — Sur ces formes-types, en quelque sorte, sont venues peu à peu, surtout dans la seconde moitié du XIXe siècle, se greffer des formes de rémunération plus complexes. D'une manière générale, cette évolution du simple au complexe a eu pour but et pour résultat de diminuer sensiblement l'arbitraire patronal et d'obliger les chefs d'industrie à se rapprocher de plus en plus de la formule « *à travail égal*, *salaire égal* », qui est celle des *trade-unions* anglaises et de la majorité des syndicats français. La forme simpliste du travail *à la journée* ou du travail *aux pièces* a, dans la majorité des industries, complètement disparu pour faire place à des combinaisons plus étudiées, tendant à proportionner aussi rigoureusement que possible *la rémunération à l'effort*, ou à rémunérer également les efforts identiques. La mesure de cet effort est fournie par l'appréciation de trois éléments : la *productivité* (élément principal, puisque l'industriel a toujours en vue tout d'abord le rendement espéré) ; la *durée*, et enfin la *difficulté* du travail (élément dont il faut tenir compte pour obtenir, non seulement la quantité, mais la qualité). Aussi voit-on fréquemment aujourd'hui le salaire à temps accompagné d'un minimum de travail, ou le salaire aux pièces accompagné d'un minimum de salaire journalier ou d'un maximum de travail [1].

929. — *Salaires progressifs.* — L'on a vu se développer aussi, sous l'empire des mêmes causes, aussi bien en France qu'à l'étranger, la pratique du salaire *progressif* ou *sursalaire*, c'est-à-dire des majorations de salaires accordées aux ouvriers dont la production dépasse une

---

[1] Les contrats collectifs des ouvriers des bâtiments en particulier, se distinguent par la précision et la réglementation de toutes les circonstances exceptionnelles dont il doit être tenu compte pour la fixation du salaire (heures de nuit, heures supplémentaires, déplacements, etc.). — Cons. en particulier la convention signée à Lyon le 30 juillet 1897, entre les ouvriers maçons et les entrepreneurs, *Statist. des grèves pour 1897*, p. 201. — Sur le *contrat collectif de travail*, v. *supra*, n°s 442, 568, et *infra*, sect. V.

quantité déterminée [1]. Le salaire fixe, soit au temps, soit à la pièce, est ainsi majoré, soit d'une prime proportionnelle à la production dépassant la quantité normale, soit d'un tant pour cent, 5,10 0/0 par exemple du salaire, non proportionnel à la production. Parfois également la prime est attribuée non pas à la quantité, mais à la qualité, au fini du travail exécuté, quelquefois à l'économie réalisée sur la matière première [2].

Le caractère commun de ces primes, sursalaires, etc., est d'être indépendants du bénéfice net réalisé dans l'industrie, et de n'impliquer par conséquent aucune atteinte, si faible soit-elle, à l'indépendance patronale, tandis que la participation oblige nécessairement le chef d'industrie, sinon à subir un contrôle direct, du moins à fournir des comptes à son personnel. Ainsi s'explique aisément la résistance assez générale du patronat à la participation (v. titre IV *infra*), en regard du développement rapide du régime des primes [3].

930. — *Salaire collectif.* — L'on entend par salaire collectif le salaire payé globalement, à toute une équipe d'ouvriers. La répartition entre tous les ouvriers de l'équipe peut s'effectuer de diverses manières ; tantôt c'est le patron qui détermine lui-même la quote-part revenant à chacun dans la somme totale allouée pour le travail exécuté en commun : cette quote-part comprenant fréquemment un salaire au temps pour les membres subordonnés, et un salaire aux pièces pour les chefs et les principaux ouvriers de l'équipe [4]. Tantôt le patron laisse

[1] Sur les primes usitées, tant en France qu'en Angleterre ou aux Etats-Unis, dans les industries textiles, la métallurgie, la cordonnerie, la fabrication des bouteilles, cons. notamment : Schloss-Rist, *op. cit.*, p. 83 et suiv. ; ainsi que les renseignements fournis par la *Statistique des grèves* annuellement publiée par l'Office du travail.

[2] Sur la prime à *la qualité* dans le tissage, en France, prime ayant pour contre-partie une amende lorsque les défauts des pièces livrées excèdent un certain taux convenu, v. *Stat. des grèves* pour 1898, p. 47. — La prime à la qualité a, sur la prime à la quantité, l'avantage de stimuler le mérite professionnel, sans imposer à l'ensemble du personnel un véritable surmenage, conséquence de la présence dans les ateliers d'*entraineurs*, luttant de vitesse pour la conquête des primes. V. Schloss-Rist, p. 89-90. — La prime à l'*économie* est d'un usage courant dans les industries des chemins de fer, dans les industries électriques, etc. (économie sur le charbon, l'huile, etc.).

[3] Sur la différence entre la participation aux bénéfices véritables et la participation au gain (*gain sharing*), cons. Schloss-Rist, p. 93. — V. aussi Aug. Isaac, *La participation aux bénéfices* (*Ann. Soc. d'écon. polit. de Lyon*, 1884). Nous étudierons *infra* (tit. IV), soit la participation aux bénéfices, soit le régime de l'*échelle mobile*.

[4] Le salaire collectif affecte en ce cas le caractère d'un forfait (*contract work*), au regard des chefs d'équipe et principaux ouvriers ; le salaire au temps des ouvriers inférieurs vient en déduction de ce forfait, d'où avantage pour les chefs de groupe à exécuter le travail dans le plus bref délai possible. Si les ouvriers rémunérés au temps ne sont pas embauchés directement par le chef d'industrie, l'opération affecte

aux ouvriers le soin de répartir à leur gré entre eux la somme globale suivant le mode qu'il leur plaît de choisir ; l'on est alors en présence du *travail coopératif*, qu'il ne faut d'ailleurs pas confondre avec la coopération de production proprement dite, dans laquelle il n'y a plus ni chef d'industrie ni salaire, mais association pure et simple (V. tit. IV *infra*) [1].

931. — Statistique des salaires [2]. Leur progression au XIXe siècle. — Cette complexité croissante dans les modes de rémunération n'a-t-elle pas coïncidé avec un accroissement notable, non seulement du salaire *nominal*, mais aussi du salaire *réel*, c'est-à-dire de la puissance d'acquisition des choses nécessaires ou utiles à la famille ouvrière correspondant au salaire moyen ? Il le semble bien *a priori*, puisque, nous l'avons établi, c'est en vue d'une justice plus grande dans la répartition

---

alors les caractères du *marchandage*, prohibé en principe en France dans des conditions déterminées plus loin (V. chap. III, *infra*). Le salaire peut être à la fois collectif et *progressif* (filatures du Lancashire, docks de Londres, tuiliers de Marseille, employés d'un même rayon dans certains grands magasins, etc. (Schloss-Rist, p. 119 et suiv.).

[1] Le travail coopératif est largement usité dans les mines anglaises, dans les mines belges de Mariemont et Bascoup ; en Australie, en Nouvelle-Zélande, pour l'exécution des travaux publics et dans la plupart des mines françaises. (Cf. Amieux, *op. cit.*). — Ce mode de travail fonctionne aussi parfois dans l'imprimerie, notamment en France pour l'impression du *Journal officiel* (*Assoc. profess. ouvrières*, t. Ier, p. 742 ; Schloss-Rist, p. 141 et suiv.), chez les dockers des ports, notamment à Londres et à Gênes, etc. — Cons. Richard, *Essai sur la coopération de main-d'œuvre*, th. 1904.

[2] Bibliographie : Levasseur, *Questions ouvrières*, chap. IX, et *Le salaire comparé en France et dans quelques autres Etats* (*Rev. économ. internat.*, 1905, p. 519) ; P. Leroy-Beaulieu, *Essai sur la répartition des richesses ;* Cheysson et Toqué, *Les budgets comparés de 100 monographies de familles* ; Barberet, *Le travail en France, monographies professionnelles*, 4 vol., 1886 ; H. Denis, *La dépression économique et sociale et l'Histoire des prix*, 1 vol. avec diagrammes, 1895 ; Giffen, *The progress of working classes* ; Fawcets, *Travail et salaires* ; Beauregard, *Théorie du salaire* ; Villey, *La question des salaires* ; Chevallier, *Les salaires au XIXe siècle*, avec préface de M. Levasseur, 1887 ; Bourguin, *Les systèmes socialistes*, p. 367 et suiv. ; d'Avenel, *Paysans et ouvriers depuis sept siècles, les salaires aux temps modernes* ; Jacquemart, *Professions et métiers*, 2 vol., 1906 ; L. March, *Les salaires et la durée du travail dans l'industrie française* (*Journ. de la Soc. de Statistique de Paris*, oct. 1898, p. 193, 241, 333) ; De Foville, *Le taux des salaires et le coût de la vie en France à la fin du XIXe siècle* (*Econ. franç.*, 13 et 27 sept. 1902) : *Salaires et durée du travail dans l'industrie française*, 5 vol. et un album graphique, 1893-1897 (publ. de l'*Offic. du trav. franç.*) ; *Bordereaux de salaires* (*Off. du trav.*, 1902) ; *La petite industrie, salaires*, 2 vol., 1893-1896 (*Off. franc.*). — Cpr. enquêtes anglaises, américaines et belges. — V. *supra*, nos 216 et suiv., et résumés des enquêtes anglaises et américaines publiés par le *Bull. de l'Off. du trav.* (1906, 165, 1525, et 1908, 272). — V. aussi : Schönberg, *Handbuch*, t. II, p. 631 ; Dr Heisz, *Le salaire et la condition des ouvriers aux Etats-Unis d'Amérique* (*Rev. écon. internat.*, 1906, 558) ; Schmoller, *Le mouvement historique des salaires de 1300 à 1900* (*Rev. intern. de sociol.*, janv. 1904), et la plupart des auteurs français et étrangers cités *supra*, sous nos 45 et 52.

que ces transformations dans le mode de paiement se sont, plus ou moins consciemment, réalisées dans la seconde moitié du XIXe siècle. Et, de fait, les statistiques françaises et étrangères confirment pleinement ce point de vue ; leur signification n'est pas douteuse, et la plupart des auteurs, libéraux ou interventionnistes peu importe, s'accordent à reconnaître qu'au cours du dernier siècle les salaires, infimes il est vrai en 1800, ont progressé en moyenne, aussi bien dans le commerce que dans l'industrie ou l'agriculture, sensiblement plus vite que le coût moyen de la vie. L'on ne diffère que sur le taux de cette progression [1].

Nous nous bornerons à quelques exemples.

932. — *Tissage.* — Dans l'industrie du tissage, de la filature de la laine, qui occupe un si grand nombre d'ouvriers dans le nord de la France, voici les salaires relevés sur les registres d'un fabricant [2] :

	1855	1889
Trieurs.	4 fr. »	5 fr. »
Dégraisseurs	2 » 50	3 » 25
Ouvriers de peignage . . .	1 » 10	2 » 25
Hommes de peine	2 » 10	3 » 25
Tisseurs.	3 » »	5 » »
Tisseuses	2 » 50	4 » 25
Ourdisseuses	2 » »	4 » »
Rentrayeuses.	2 » 50	4 » »

933. — *Industries diverses.* — D'autre part, M. le sénateur Siegfried, dans un discours prononcé à Dieppe en avril 1900 (*Mutual. lyonn.*, avril 1900), déterminait ainsi, en s'appuyant sur les résultats de ses enquêtes personnelles corroborées par l'enquête générale de l'Office du travail, le salaire journalier moyen des ouvriers dans l'ensemble des départements, Paris excepté :

[1] M. Villey (*La question des salaires*, p. 62), estime que de 1850 à 1886, les salaires ont augmenté de plus de 50 0/0, tandis que la moitié seulement des denrées nécessaires à l'ouvrier a augmenté de prix, et dans une proportion notablement inférieure. Pour M. Beauregard (*Théorie du salaire*, p. 114), l'augmentation des objets nécessaires à la vie des ouvriers serait de 25 1/3 0/0, et celle du salaire nominal de 42 0/0. D'après M. Chevallier, depuis le commencement du siècle, les salaires ont triplé pendant que le prix de la vie n'a pas doublé (*Les salaires au XIXe siècle*, p. 186). M. Cauwès (*Cours d'économie politique*, III, p. 173) constate cette amélioration. De même MM. Levasseur (*op. cit.*), De Foville, *Transformation des moyens de transport*, p. 366. — Pour M. Gide, la hausse réelle au cours du XIXe siècle, de 1800 à 1900, serait de 77 0/0 (*Rapp. du jury internat. de l'Expos. de 1900. — Economie sociale*, p. 63).

[2] D. Zolla, *Le progrès de l'outillage mécanique et les salaires* (*Monde écon.*, 1896, t. Ier, p. 257).

	1840	1894
Tissages de coton.	1 fr. 44	3 fr. 35
Filatures de coton	1 » 96	2 » 25
Mines de houille.	1 » 96	4 » 25
Cuirs et peaux	2 » »	3 » 70
Industries du livre	2 » 58	4 » 20
Verreries et cristalleries . .	2 » 67	4 » 50

Dans l'ensemble, le salaire moyen des ouvriers des départements est passé de 2 fr. 07 en 1840 à 4 fr. en 1891, et celui des ouvrières de 1 fr. 02 à 2 fr. 20.

Cette progression paraît s'être continuée jusqu'en 1901, d'après les chiffres partiels fournis dans les *bordereaux des salaires* dressés par l'Office du travail pour l'application des décrets du 10 août 1899. Nous relevons dans ces bordereaux les chiffres suivants :

		1896	1901
Tailleurs.	Paris. . . .	7 fr. 50	8 fr. »
—	Province . .	3 » 60	4 » 11
Menuisiers	Paris. . . .	6 » 75	8 » »
—	Province . .	4 » 22	4 » 85
Couturières en robes . .	Paris. . . .	4 » »	4 » 25
—	Province . .	1 » 97	1 » 98

En résumé, d'après cette enquête partielle de 1901, le salaire moyen des personnes régulièrement occupées ressortissait, à la fin du XIXe siècle, à 3 fr. 75 par journée moyenne de travail. Pour l'ouvrier adulte, la moyenne était de 4 fr. 20 (6 fr. 15 pour la Seine, 3 fr. 90 dans les autres départements) ; pour l'ouvrière adulte, 2 fr. 20 (3 fr. pour la Seine, 2 fr. 10 dans les autres départements).

934. — *Industrie minière* (*France* et *Belgique*). — La statistique de l'industrie minière et des appareils à vapeur, publiée en 1901 par le ministère des travaux publics français, accusait dans les houillères pour les ouvriers du fond un salaire annuel de 1,372 francs, pour les ouvriers de la surface de 979 francs [1].

En Belgique, la statistique comparative des salaires dans les mines de houille en octobre 1896 et en mai 1900 enregistrait une hausse sensible [2].

---

[1] V. *Quest. pratiques*, 1901, p. 362.

[2] Statistique des salaires dans les mines de houille, octobre 1896, mai 1900 (ministère de l'industrie et du travail) par Waxweiler, analysée par nous dans les *Quest. pratiques*, 1901, n° 355. — Cons. également pour l'industrie textile belge :

935. — *Agriculture.* — Dans l'agriculture, la progression des salaires n'a pas été moins sensible au cours du XIXe siècle. Tandis que la part du propriétaire dans le produit brut de la terre, évaluée il y a cinquante ans à 21 0/0, fléchissait à 11 0/0, la part du salaire (ouvriers ruraux et valets de ferme) passait du simple au double, si bien que la main-d'œuvre par hectare passait de 78 francs (moyenne de 1850) à 192 francs (moyenne de 1896) [1]. D'après l'enquête agricole décennale de 1892, la moyenne des salaires pour l'ensemble des départements en 1891 ressortissait aux chiffres suivants, légèrement inférieurs à ceux de 1882, mais très supérieurs à ceux de 1862 :

	Eté	Hiver
Ouvriers nourris.	1 fr. 85	1 fr. 30
— non nourris . . .	2 » 94	2 » 04
— maraîchers. . . .	2 » »	2 » 21

936. — Les salaires au début du XXe siècle : état stationnaire. — Cette progression du salaire réel, déjà beaucoup plus lente dans la dernière décade du XIXe siècle que dans la période précédente, ne paraît pas s'être poursuivie dans les premières années du XXe siècle. — Nous ne possédons pas encore, pour la France du moins, d'enquête générale comparable à celle de 1893-96 ; mais les documents partiels groupés par un certain nombre d'auteurs, non suspects de tendances socialistes, tels que Levasseur, Jacquemart, etc., tendent à démontrer que la progression des salaires s'est arrêtée presque complètement dans un certain nombre d'industries ; certaines régressions très nettes ont même été constatées. — Voici quelques chiffres significatifs :

Pour les couturières, taux stationnaire ; — pour les filateurs de laine, léger fléchissement; de même pour les tisserands de toile d'Armentières ; — régression sensible pour les tullistes de Calais, pour la lingerie et la couture à façon, pour la filature de soie à domicile [2].

Varlez, *Les salaires dans l'industrie gantoise* : I, *L'industrie cotonnière*, 1901 (Office belge).

La hausse du salaire réel était également manifeste dans les autres pays, à la fin du dernier siècle. C'est ainsi que pour l'*Angleterre*, M. S. Webb, malgré ses tendances socialistes, constatait sans ambages, il y a dix ans, que « depuis 1837, dans le plus grand nombre des métiers, les salaires nominaux se sont beaucoup élevés, et l'ouvrier obtient une plus grande quantité de produits en échange de son travail ». Sidney Webb, *Labour in the longist reign*, 1837-1897, Londres, 1897.

[1] Sur les salaires agricoles, cons. notamment : *Statistique agricole de la France*, résult. génér. de l'enquête décen. de 1892) ; Baudrillart, *Les populations agricoles de la France;* Zolla, *Etudes d'économie sociale*, 1896, et Rev. agricole du *Journ. des Déb.* (5 mars 1898); d'Avenel, *op. cit.* ; Bourguin, *L'intensité de la crise agricole d'après la statistique décennale de 1892* (*Rev. polit. et parl.*, 1898, t. XVII, p. 516) ; Souchon, *La propriété paysanne* (1899, p. 51 et suiv.).

[2] Levasseur, Jacquemart, *op. cit.* ; Houdoy, *La filature du coton dans le Nord de*

Nous constatons aussi une régression légère du salaire des ouvriers mineurs. Le prix moyen de la journée de l'ouvrier mineur, dans le Nord et le Pas-de-Calais, était de 5 fr. 64 en 1901, et n'est plus que de 5 fr. 56 en 1906; dans les mines de la Loire, le salaire moyen du fond était de 5 fr. 26 en 1901, il tombe à 4 fr. 92 en 1906 [1].

Dans l'agriculture, les prix sont à peu près stationnaires [2].

937. — Salaires et profits : le problème de la répartition proportionnelle. — Cet arrêt dans la progression des salaires ne laisse pas que d'être inquiétant pour l'avenir, étant donné que le coût de la vie tend toujours à augmenter, et peut-être trouverait-on dans ce phénomène économique la cause de plusieurs conflits ouvriers récents (Cf. Brouilhet, de Seilhac, *op. cit.*).

Admettons qu'il convienne de ne pas s'en exagérer l'importance, et qu'il soit permis d'escompter une hausse nouvelle du taux des salaires. Admettons d'autre part que le salaire *réel* de l'ouvrier de 1908 n'en reste pas moins très supérieur à celui de l'ouvrier de 1860 par exemple, et que par suite sa condition matérielle se soit notablement améliorée (moins peut-être qu'on ne se l'imagine, par suite de la complication croissante de la vie dans la société contemporaine [3]). Ce n'est là, selon nous, que l'un des côtés du problème, *le moins important au point de vue social*, bien que ce soit le seul que s'applique à mettre en relief l'école libérale.

Ce qu'il faudrait rechercher aussi, c'est, d'abord, dans quelle proportion les différentes catégories de travailleurs ont réellement profité de la hausse des salaires, et s'il n'est pas un trop grand nombre de métiers dans lesquels le salaire est demeuré lamentablement insuffisant. Or, cette insuffisance, d'ailleurs mise en relief par les chiffres précé-

---

la France; Aftalion, *Le développement de la fabrique et le travail à domicile dans l'industrie de l'habillement*, 1906; Procès-verbaux de la Commission parlementaire d'enquête de 1903. — V. aussi Brouilhet : *Les classes ouvrières sous la troisième République*, à propos de l'ouvrage de Levasseur, 1908. Cet auteur, résumant les chiffres des enquêtes récentes, n'hésite pas à déclarer qu'à la date où il écrit (printemps 1908), la force ascensionnelle du salaire ouvrier non seulement paraît atteinte, mais « est effectivement arrêtée ». — Cf. de Seilhac, *La grève de Fressenneville* (*Mus. soc.*, Docum., juin 1907); Momméja, enquête publiée par le *Temps*, n° 31 juill. 1906.

[1] Amieux, *Des conditions du travail dans les mines*, 1908, p. 163 et suiv. — Cf. Simiand, *Le salaire des ouvriers des mines de charbon en France*, 1907.

[2] *Mus. soc.* (avril 1902); Levasseur, p. 556.

[3] Cf. Fournière, *La cherté de la vie et les salaires*, dans l'*Opinion* du 14 mars 1908. — V. aussi Levasseur, même titre, *ibid.*, 21 mars 1908; Wieth-Knudsen, *La vie économique à Paris depuis cinquante ans* (*Rev. écon. internat.*, avril 1908, p. 172); Brouilhet, *op. cit.*; Cadoux, *Contribution à l'étude des salaires réels et du coût de la vie des ouvriers* (*Journ. de la Soc. de Statist. de Paris*, déc. 1907, p. 409).

demment indiqués, est manifeste pour les salaires féminins ; elle n'est que trop certaine aussi pour certaines industries exercées par des ouvriers des deux sexes (le meuble par exemple), dans lesquelles sévit le *sweating system* [1].

Ce qu'il est important surtout de savoir, c'est si la hausse des salaires a été aussi rapide que l'inflation du capital mobilier dans les différents pays industriels [2], si, en d'autres termes, le rapport du salaire au produit net, pour la moyenne des entreprises d'un pays donné, s'est maintenu, s'il a augmenté ou s'il a fléchi ? Or, à la question ainsi posée, il semble bien qu'aucune réponse pleinement satisfaisante n'ait été fournie (sauf peut-être pour l'agriculture, v. *supra*) ; et, à défaut d'un travail d'ensemble, dont les données sont encore éparses dans un grand nombre de statistiques fragmentaires, certaines enquêtes partielles très consciencieuses tendraient à établir que, dans plusieurs branches de l'industrie manufacturière tout au moins, le rapport du salaire au profit est aujourd'hui moins favorable qu'il ne l'était il y a un demi-siècle [3].

937 *bis.* — Il y aurait donc, quoi qu'on en ait dit, une certaine part de vérité dans les formules de Karl Marx, en ce sens que l'ouvrier,

---

[1] V. les auteurs et les chiffres significatifs cités par nous précédemment sous les nos 567, 709 et suiv. — V. aussi : Levasseur, *op. cit.* — Cf. sur les moyens de mettre fin aux abus du *sweating* et du marchandage, nos 1194 et suiv.

[2] Cette inflation est prodigieuse depuis un siècle. — L'ensemble des revenus privés était évalué, pour la France entière, en 1791, à un peu plus d'un milliard (1,030) ; en 1900, les évaluations oscillent entre 20 et 25 milliards. — Turquan, *Evaluation de la fortune privée de la France* (*Rev. d'écon. polit.*), 1900, p. 166 et suiv. La proportion des salaires par rapport à l'ensemble des revenus mobiliers n'aurait-elle pas fléchi au cours de cette marche ascendante ? Bien des indices semblent en faveur de l'affirmative. Nous renvoyons sur ce point à la discussion très serrée de Chatelain : *Le problème de la répartition proportionnelle du revenu* (*Quest. pratiques*, 1907, p. 17, 75, 145, et *Pour le problème de la répartition proportionnelle, Yves Guyot contre Rodbertus* (*Quest. pratiques*, 1908, p. 169 et suiv.). — Cf. Gide, *Econ. polit.*, 9e édit., p. 477. — V. cependant : Neymarck, *Journ. des Econ.*, avr. 1903 ; Yves Guyot, 15 juill. et 15 août 1907. — M. Rist (*Rev. d'écon. polit.*, 1905, sous le titre *Deux sophismes économiques*), sans admettre les affirmations optimistes de l'école libérale, déclare n'attacher aucune importance à cette question de la répartition proportionnelle des salaires et des profits au cours du dernier siècle. — Nous persistons, avec M. Chatelain, à la considérer comme de première importance ; l'insistance même des libéraux en faveur de la thèse contraire à la nôtre prouve qu'ils partagent notre sentiment à cet égard.

[3] « Dans la plupart des cas, l'augmentation du travail utile a largement compensé, écrit M. Rist à la fin de sa remarquable introduction au *Traité de Schloss* (cité *supra*), l'augmentation de salaire, et *le travail, loin de devenir plus cher, paraît au contraire devenir toujours meilleur marché* ». — Cf. Schulze-Gävernitz, *La grande industrie, son rôle économique et social étudié dans l'industrie cotonnière*, 1896, p. 144 ; H. Denis, *op. cit.*, p. 77 et suiv. — V. aussi : Marx, *Le capital*, liv. 1er, chap. XV. — *Adde* : sur le manque d'élasticité du salaire : Gide, *Economie sociale*, 3e éd., 1907, p. 71 et suiv.

même lorsque son salaire moyen s'élève progressivement bien au-dessus du strict minimum indispensable pour pourvoir à ses besoins matériels, ne peut prétendre dans les circonstances normales qu'à une part très limitée des bénéfices, tandis que la marge du bénéfice est indéfinie pour le capital engagé.

Le caractère forfaitaire du salaire, sorte d'assurance contre les risques de perte inhérents à l'association (mais combien d'autres risques, menaçants pour le travailleur, ne sont point garantis par le salaire fixe), ne suffit point à masquer ce qu'a de fâcheux, au point de vue de la paix sociale, un tel état de choses. Aussi s'explique-t-on aisément les efforts tentés, dans les différents pays, pour faire progresser concurremment le salaire et le profit par des combinaisons multiples, telles que l'échelle mobile, la participation aux bénéfices, ou les primes. Nous reviendrons ultérieurement (tit. IV *infra*) sur ces intéressantes tentatives, pour en apprécier la portée sociale et l'efficacité réelle; mais il importait, dès maintenant, de poser les termes du problème.

SECTION III. — **Effets du contrat de travail**

938. — Le contrat de travail, étant un contrat synallagmatique, engendre des obligations à la charge des deux parties. Nous traiterons successivement des obligations incombant au patron (*conductor*), et des obligations de l'ouvrier (bailleur de services, *locator*).

Article 1er. — *Obligations du patron*

939. — Ces obligations peuvent se grouper sous trois chefs : — 1° Paiement du salaire; — 2° Prestations accessoires ou d'usage; — 3° Mesures destinées à assurer la sécurité de l'ouvrier et à prévenir les accidents.

§ 1er. — **Paiement du salaire. — Sa protection par la loi** [1]

940. — **La protection légale des salaires : ses divers modes.** — La première obligation, l'obligation essentielle du patron, consiste dans le

[1] Bibliographie : Cabouat, *De la réglementation législative des salaires* (*Rev. crit.*, 1894, p. 220, 366); Lambert, *Essai sur la protection du salaire*, avec préf. de M. Gide, 1897; Bender, *Le salaire effectif, sa protection par la loi*, avec préf. de

paiement, aux échéances stipulées ou d'usage, du salaire convenu, ainsi que des accessoires promis en argent ou en nature, et même de la part de bénéfices si l'ouvrier a été admis à y participer.

C'est au législateur qu'il appartient de sanctionner cette obligation, comme toutes autres dettes légalement contractées. Mais, ainsi que nous l'avons fait observer précédemment (n°s 158 et 885), le législateur contemporain ne croit pas avoir fait assez pour le travailleur lorsqu'il a fixé, dans quelques formules précises, les principes d'interprétation proposés au juge, et déterminé la juridiction compétente pour trancher les litiges que cette interprétation peut soulever. Il estime qu'il lui appartient également, sinon de fixer d'autorité un minimum de salaire dans l'industrie privée, tout au moins de *protéger* le salaire déterminé par la libre convention des parties : — 1° contre la négligence ou les abus de pouvoir du patron (truck system, irrégularité dans les paiements, retenues, amendes, détournements ou mauvaise gestion des fonds prélevés sur le salaire de l'ouvrier pour versements à des caisses de secours ou de retraites) ; — 2° contre les créanciers du patron (privilèges du salaire) ; — 3° contre les créanciers de l'ouvrier (insaisissabilité) ; — 4° contre les abus de pouvoir des personnes sous l'autorité desquelles peut se trouver placé le salarié (femme mariée, jeune ouvrier) [1].

Il convient d'examiner successivement ces différentes formes d'intervention, afin d'en apprécier la légitimité. Nous étudierons tout d'abord la question du *minimum légal des salaires*, c'est-à-dire la forme d'intervention la plus directe, la plus énergique, celle sur laquelle les divergences éclatent, irréductibles en apparence, entre les écoles socialistes ou à tendance socialiste, et les autres écoles, libérales ou modérément interventionnistes.

M. Pic, 1898 ; Caron, *Le salaire et sa protection juridique*, 1901 ; Ambroise, *De la protection législative des salaires ouvriers*, 1901 ; Steinhilber, *Le paiement des salaires aux ouvriers*, 1903. — V. aussi les ouvrages généraux cités *supra*, ainsi que les monographies (visées *infra*), consacrées à chacun des modes particuliers de protection du salaire.

[1] Les représentants les plus autorisés de l'école libérale admettent en cette matière l'intervention de la loi. « On comprend, écrit M. Paul Leroy-Beaulieu, que la loi s'occupe du mode de paiement des salaires. Il y a là une question d'ordre général qui se rattache à la monnaie. Le législateur doit apporter dans les mesures prises un esprit de circonspection et de tact pour n'empêcher aucune combinaison inoffensive, aucune convention reposant sur la volonté reconnue complètement libre et consciente des parties. Mais *quand un système a été reconnu comme généralement dolosif, il n'y a pas d'abus à l'interdire* ». P. Leroy-Beaulieu, *Traité*, t. II, p. 503. — V. aussi Béchaux, *L'école économique française*, 1902, p. 128.

I. — Du salaire légal minimum, soit dans l'industrie privée, soit dans les travaux publics

941. — Appartient-il à l'Etat, ou plus généralement aux pouvoirs publics (Etat, département ou province, commune) d'intervenir d'*autorité* dans la fixation du salaire, en vue d'assurer aux travailleurs de toute catégorie une rémunération minima calculée sur la moyenne des besoins de la famille ouvrière (*juste salaire* ou *salaire familial*) ? Socialistes et démocrates chrétiens l'affirment énergiquement : au début de chaque législature, le groupe socialiste dépose sur le bureau de la Chambre une série de propositions tendant à fixer un salaire minimum, soit pour tous les corps d'état, soit pour certaines catégories de travailleurs (mineurs, par exemple), à titre d'essai ou d'expérience préliminaire [1]. Les chrétiens sociaux ou démocrates chrétiens de Suisse, de Belgique, d'Allemagne ou d'Autriche, s'appuyant sur certains passages de l'Encyclique *De conditione opificum*, réclament eux aussi l'intervention de l'Etat dans la fixation du taux du salaire, à raison de la contrainte morale qui pèserait sur l'ouvrier lorsqu'il contracte avec le patron, et de l'impossibilité où il se trouve de débattre *librement*, sur un véritable pied d'égalité, les conditions de son engagement [2]. — V. *supra*, n° 50.

---

[1] Parmi les propositions déposées sur le bureau de la Chambre française, cons. principalement : Code du travail Groussier, 13 juin 1898, *Doc. parl.*, n° 33 ; propos. Vaillant, tendant à instituer la journée de huit heures et un *salaire minimum* pour tous les ouvriers et employés, 5 nov. 1906, *Doc. parl.*, n° 374 ; prop. J. Coutant, tendant à assurer un minimum d'existence aux travailleurs des deux sexes, 11 juin 1907, *Doc. parl.*, n° 1043. — *Adde* : sur le minimum légal des salaires pour tous les travailleurs de l'Etat : propos. Vaillant, 5 nov. 1906, n° 375 ; au profit des ouvriers *mineurs*, prop. Basly, 12 juin 1906, n° 29 ; au profit des travailleurs agricoles, prop. Aldy, 21 déc. 1906, n° 595.

[2] Cons. à ce sujet le très intéressant *referendum* joint aux *Etudes sur le contrat de travail* de M. Bodeux, p. 426 et suiv. Se sont prononcés nettement contre toute intervention de l'Etat, MM. P. Leroy-Beaulieu et H. Valleroux (libéraux) et M. Morisseaux (interventionniste) ; ont au contraire préconisé catégoriquement l'action de la loi, en vue de l'établissement du juste salaire, M. l'abbé Pottier, profess. à Liége, et M. le comte de Kuefstein, l'un des leaders du parti démocrate chrétien d'Autriche. — V. aussi les déclarations de M. Lorin à la *Semaine sociale d'Amiens*, 1907. — M. Verhaegen, de la Ligue démocratique belge, préconise la tarification syndicale, le contrat collectif (cf. nos conclusions) ; M. Jay admettrait que les tarifs établis d'un commun accord entre syndicats patronaux et ouvriers fussent *sanctionnés* par l'Etat, sous une forme à déterminer. MM. H. Denis et Bodeux admettent aussi, à titre subsidiaire, l'intervention légale, en vue de faire respecter les accords intervenus, ou les sentences arbitrales rendues par les institutions d'arbitrage dont ils préconisent la généralisation (Cf., au texte, nos indications sur les législ. néo-zélandaise et genevoise). L'Assoc. internat. pour la protection légale des

La question, à notre sens, n'est pas susceptible d'une réponse absolue ; et nous estimons, avec la majorité des interventionnistes, qu'il convient d'établir une distinction fondamentale entre la fixation, par les pouvoirs publics, d'un minimum général des salaires dans toutes les professions — forme d'intervention aussi périlleuse que difficile à réaliser pratiquement — et l'insertion, dans les cahiers des charges des marchés de *travaux publics*, de clauses obligeant les adjudicataires à se conformer au taux des salaires et à la durée de la journée considérés comme normaux et courants dans la ville ou la région où le travail doit être exécuté. Cette seconde forme d'intervention, à la différence de la première, se justifie par des considérations très sérieuses que nous aurons à exposer.

A. Du minimum légal de salaire dans l'industrie privée [1]. — **942. — Ancien droit.** — L'intervention de l'Etat dans la fixation des salaires ou des prix n'est certes pas une nouveauté. Pendant de longs siècles, l'Etat s'est attribué le droit et le pouvoir de réglementer les salaires, non pas, il est vrai, dans l'intérêt des ouvriers, mais dans l'intérêt des patrons. M. Levasseur, dans son *Histoire des classes ouvrières avant 1789*, nous rapporte que Dioclétien fixa un maximum de salaires, et ce, à peine de mort ! Malgré la barbarie exorbitante de la peine, la loi ne fut pas exécutée ; les ouvriers obtinrent des salaires plus élevés, et les successeurs de Dioclétien durent rapporter la loi.

Mêmes pratiques au moyen âge : en France, en Angleterre, en Allemagne, en Espagne, des lois ou des règlements locaux fixaient le taux

---

travailleurs vient de se prononcer, dans son assemblée de Lucerne (sept. 1908), en faveur du minimum légal, par l'entremise de comités de salaires (*sic* projet anglais), mais seulement au profit des travailleurs à domicile les plus exposés au *sweating*. — La question que nous étudions ici ne doit pas être confondue avec celle de savoir s'il ne convient pas d'admettre la rescision du contrat de travail pour cause de *lésion*. — V. *supra*, n° 921.

[1] Bibliographie : Cauwès, t. III, p. 89 ; P. Leroy-Beaulieu, *Traité*, t. II, p. 476. — Cf. les traités sur le *contrat de travail* de Glatard, Hubert-Valleroux, Cornil, Bodeux, Stocquart, cités *supra* ; Béchaux, *Revendications ouvrières* ; Morisseaux, *La législation du travail* (*Journ. des écon.*, 15 déc. 1895) ; Pic, *La question des salaires devant le Parlement*, 1895 ; Isaac, *La fixation d'un salaire maximum est-elle possible ou désirable ?* (*Ann. Soc. écon. polit. de Lyon*, 1894, p. 358 ; Bouge, *Les conditions du travail et le collectivisme*, 1896 ; Gonnard, *Le juste salaire et la politique d'autorité* (*Quest. pratiques*, 1902, 50) ; Forzano, *Le minimum de salaires*, 1904 ; Kleinwächter, *Der gerechte Lohn*, Z. f Socialwiss. 1905, p. 379.

Sur le minimum de salaires en Australie et en Nouvelle-Zélande, cons. les auteurs cités *supra* (note 3 sous n° 489). — V. aussi : Lloyd, *A country without strike* ; Reeves, *State experiments in Australia*, Londres, 1902 ; Victor's Clerk, *The labour movement in Australasia*, Lond., 1907 ; Lorin, *L'Australie contemporaine* (*Rev. polit. et parl.*, juin 1908). — Cf. *Mus. soc.* (mai 1906) : *Les ouvriers australiens* ; Jacques Bardoux, *Les facteurs politiques et la crise australienne* (*Débats*, 18 févr. 1905).

des salaires [1]. Il ne paraît pas qu'ils aient été beaucoup mieux observés.

Même échec, en 1793, pour la tarification du prix des denrées et objets de consommation courante, édictée par la Convention. — Sur les lois du *maximum*, v. *supra*, n° 280. — Aujourd'hui, nul ne s'aviserait plus de demander la fixation d'un taux *maximum* dans l'intérêt des patrons ; l'on ne réclame plus guère non plus, sauf pour le pain et la viande, le retour aux lois du maximum ; mais l'on demande à l'Etat ou plus généralement aux pouvoirs publics d'empêcher la dépression des salaires par la fixation d'un taux *minimum*, au-dessous duquel le salaire ne pourrait jamais descendre, les parties demeurant du reste entièrement libres de fixer un taux contractuel supérieur.

943. — **Les obstacles à la tarification légale.** — Nous craignons que les partisans de cette tarification légale ne s'exagèrent singulièrement la toute-puissance du législateur. Nous n'insisterons pas, comme le font certains auteurs, sur le point de vue, théorique et abstrait, du droit de l'Etat. N'ayant point érigé le principe de la non-intervention en dogme intangible, nous ne lui contesterions pas le droit d'intervenir dans le contrat de salaire pour maintenir l'égalité, rompue au détriment du travail sous le régime de la libre concurrence, si nous n'estimions, d'une part, que cette intervention serait plus nuisible qu'utile, et, d'autre part, que les travailleurs ont, dans le développement organique du mouvement syndical, un remède beaucoup plus efficace à la dépression des salaires.

944. — Le grand obstacle à la tarification légale est son défaut de souplesse, d'adaptation facile aux conditions essentiellement mobiles et fluctuantes du milieu commercial ou industriel. Nous admettons volontiers que le travail n'est pas une marchandise ordinaire, et que le souci de la dignité humaine impose au législateur des devoirs spéciaux au regard du locateur ou vendeur de travail. Mais il n'en reste pas moins que le taux du salaire est éminemment variable suivant la nature du travail, l'état du marché, l'importance plus ou moins grande des commandes intérieures ou de l'étranger ; le salaire varie également dans la même profession, de province à province, et de ville à ville ; en un mot, il est essentiellement mobile, de même que les profits, sur lesquels il se règle plus ou moins, et dont il suit dans une certaine mesure toutes les alternatives de hausse ou de baisse [2]. Cette variabilité

[1] Sur les règlements édictés au XIVe siècle, en France, par le roi Jean, en Angleterre par Edouard III, cons. Levasseur, *op. cit.*, t. Ier, p. 398.

[2] V. les graphiques joints à l'étude approfondie de M. H. Denis, citée *supra*, n° 931.

du taux normal du salaire rend extrêmement difficile toute tarification rationnelle ; et l'on peut affirmer que presque toujours le tarif légal serait supérieur au taux qui résulterait de la libre convention des parties, ou inférieur à ce taux.

Si le minimum légal est inférieur au taux courant, la tarification est superflue ; si, au contraire, le minimum légal se trouve être supérieur au taux normal, l'application de la loi aboutirait, si elle était possible, à une ruine irrémédiable du patron. Dire, en effet, que le minimum légal est supérieur au taux normal, c'est dire que, le salaire légal une fois prélevé, l'industriel sera en perte ou ne retirera de l'exploitation qu'un produit net insignifiant, insuffisant pour faire face aux risques de l'entreprise. Si la loi oblige les entrepreneurs à travailler ainsi à perte, elle les ruinera, et la ruine de l'entreprise réduira les ouvriers au chômage et à la misère. Si l'autorité, après avoir dûment constaté l'impossibilité d'appliquer le tarif sans ruiner le patron, ferme les yeux et ne tient pas la main à l'exécution de la loi, celle-ci tombera aussitôt dans un discrédit mérité, et les ouvriers ne manqueront pas de protester vivement contre la trahison ou l'impuissance de l'Etat, qui leur a fait des promesses décevantes, et qui manque à ses engagements.

945. — Un autre écueil de la tarification légale, c'est la surenchère. Vainement les partisans du minimum imposé allèguent-ils que leur objectif est bien plutôt d'empêcher l'avilissement des salaires que d'en provoquer artificiellement la hausse ; leurs affirmations sont trop souvent démenties par les faits, et le parti socialiste ne dissimule pas ses intentions de surélever artificiellement le salaire, en attendant la suppression du salariat [1]. Et d'ailleurs, cette tendance est une conséquence fatale du principe même du *salaire familial*. D'une part, en effet, la somme qui constituerait un salaire élevé pour un célibataire est tout au plus suffisante pour faire vivre un ouvrier marié et père de famille. D'autre part, il ne saurait être question d'instituer un salaire progressif, variant suivant les charges de famille, attendu qu'une protection aussi maladroite irait diamétralement à l'encontre des intérêts respectables

---

[1] Les besoins impérieux d'un ouvrier célibataire à Paris, d'après M. Cernesson, rapporteur au Cons. municip. de Paris, en 1886, sur la question des séries de prix (chiffres cités par Bender, *op. cit.*, p. 148), représenteraient une dépense minima de 5 fr. par jour.

En tenant compte d'une moyenne de 110 jours de chômage, ce célibataire devrait gagner au moins 9 francs par jour pendant les 225 jours de travail. Et encore convient-il de remarquer que dans ce chiffre (dont on pourrait, il est vrai, sans inconvénient, retrancher quelques menus articles), ne sont compris ni les frais de logement et vêtement, ni les dépenses *récréatives*, auxquelles les travailleurs désirent, très justement, pouvoir affecter une quote-part de leur salaire. L'on arriverait ainsi aisément à un minimum de 12 francs pour Paris.

que l'on entend sauvegarder ; préoccupés du prix de revient, les patrons préféreraient forcément les célibataires aux ouvriers mariés, et les ouvriers mariés sans enfants aux ouvriers chargés de famille ! De toute nécessité, le tarif doit donc être uniforme, et assez élevé pour faire face aux charges moyennes d'une famille ouvrière.

946. — L'on a cherché, il est vrai, dans la plupart des projets déposés, à contrebalancer cette tendance à la hausse par un appel aux intéressés eux-mêmes, qui, après discussion contradictoire, proposeraient un prix courant, ou un minimum, qu'il appartiendrait simplement aux pouvoirs publics de sanctionner et de contrôler (V. *supra* le résumé du referendum Bodeux). Présentée sous cet aspect, la réforme semble plus acceptable ; et cependant, même avec cette atténuation, nous ne saurions nous y rallier. Pour la combattre, il nous suffira, croyons-nous, de signaler, d'après des documents récents et non suspects, les inconvénients très apparents déjà du régime australasien, précisément basé sur cette coopération des organisations syndicales, patronales et ouvrières, et des pouvoirs publics, dans la fixation du tarif des salaires.

947. — **Le salaire minimum, en Australie et Nouvelle-Zélande.** — C'est en *Australie*, dans l'Etat de *Victoria*, qu'une loi de 1896 (amendée le 30 octobre 1903, *Bull. Off. intern.* 1904, 384) a introduit le régime du salaire légal minimum. Bientôt après, le régime était étendu à l'*Australie du Sud* (L. de 1900, amendée le 22 décembre 1906). En *Nouvelle-Zélande*, la loi ne fixe pas directement, sauf pour les jeunes ouvriers, qui tous doivent recevoir un salaire minimum (L. 21 octobre 1899, amendée le 8 novembre 1901, *Bull. Off. intern.* 1902, 548), le taux des salaires ; mais la loi de 1894, amendée le 8 novembre 1903 (*ibid.*, 1904, 410), sur l'arbitrage obligatoire [1], aboutit finalement à un résultat identique, puisqu'elle confère aux juges de la Cour arbitrale, dont les parties sont *obligées* d'accepter la juridiction, le droit de fixer pour l'avenir, en cas de contestation, le taux des salaires ainsi que les autres conditions du travail. — Cf. lois sur l'arbitrage des Etats du *Commonwealth* australien autres que Victoria et l'Australie du Sud. V. notamment L. 10 décembre 1901 (Nouvelle-Galles du Sud), L. du 19 février 1902 (Australie *occidentale*). — V. aussi loi genevoise du 10 février 1900, amendée le 26 mars 1904.

Quels résultats cette tarification a-t-elle produits ? — Si l'on se bornait à consulter la note succincte, publiée le 11 septembre 1901 par la

[1] Sur cette loi, et sur les projets qui peuvent en être rapprochés, notamment sur le projet Millerand, v. *supra*, n° 331, et *infra*, tit. III.

Soziale Praxis, ce régime aurait donné les meilleurs résultats dans l'Etat de Victoria, où en 1901 fonctionnaient 38 commissions mixtes, composées d'un nombre égal de patrons et d'ouvriers départagés par un juge, et correspondant à autant de métiers, occupant ensemble 35,000 ouvriers environ à Melbourne et dans quelques centres urbains (V. aussi *Bull. Off. trav.* 1904, 51 ; Reay, *Les commissions de salaires à Victoria*, *Documents du Progrès*, décembre 1907). La moyenne des salaires payés se maintiendrait en effet, même pour les ouvrières, à un taux contractuel sensiblement supérieur au taux légal [1].

Mais les renseignements fournis par MM. Siegfried, Vigouroux, Métin (ce dernier cependant plutôt favorable à la législation sociale australienne), par la *Labour Gazette* de Londres ou l'*Office social français* (1899, 1015; 1900, 183), sont beaucoup moins optimistes. De l'enquête à laquelle ces auteurs se sont livrés, semblent bien ressortir les conclusions suivantes : — le taux manifestement élevé des salaires en Australasie est bien plutôt l'œuvre des syndicats ouvriers, puissamment organisés, que l'œuvre de la loi. Sans doute, certains tarifs légaux, supérieurs au taux courant, ont pu être imposés à l'industrie; mais les résultats économiques et sociaux de cette majoration sont plutôt défavorables. En effet, le taux surélevé des salaires, en augmentant le prix de revient, a permis à la production étrangère, malgré l'isolement de l'Australie et le coût du fret, de venir en Australie même concurrencer les produits indigènes (*sic*, pour les chaussures); et l'on ne saurait cependant, sans provoquer une hausse excessive des prix et par conséquent un renchérissement de la vie, qui rendrait illusoire la tarifica-

[1] Tarif légal moyen pour les hommes adultes, 45 shill. par semaine; tarif contractuel moyen en 1901, 53 shill. 6 d., soit plus de 11 francs par jour pour les 6 jours ouvrables. Tarif légal moyen pour les femmes : 20 shill. ; tarif contractuel moyen en 1901, 22 sh. 3 d. — Seule l'industrie du meuble s'accommode difficilement du tarif, à raison de l'aptitude particulière des immigrants chinois pour ce genre de travail. Les Chinois travaillent à bas prix, malgré toutes les prohibitions, et leur concurrence *brise* les salaires. Le gouvernement fédéral a récemment soumis au Parlement du *Commonwealth* un projet de loi tendant à obliger les fabricants de tous ordres à respecter les tarifs établis d'un commun accord avec les organisations syndicales ou fixés par les Commissions de salaires. Aux termes de ce projet, un droit d'*excise* égal à la moitié de la taxe douanière perçue sur les marchandises de même ordre importées en Australie serait levé sur tous les produits manufacturés sur le territoire de la Confédération : en seraient exempts les produits fabriqués dans des conditions de rémunération de salaires *équitables et raisonnables*. Un tribunal spécial, le Conseil de l'excise, établirait les conditions dans lesquelles les salaires pourront être considérés comme répondant à ce qualificatif un peu vague. — (E. N., *Le protectionnisme et le socialisme d'Etat en Australie* (*Débats*, n° 13 nov. 1907). Si ce projet vient à être voté, ce dont nous doutons, il est évident que les industriels australiens auront encore plus de difficulté à lutter contre la concurrence européenne, américaine ou asiatique, spécialement contre celle du Japon, où la main-d'œuvre est à bas prix.

tion, élever des barrières douanières trop hautes à l'encontre des produits du dehors.

Socialement parlant, la loi crée, au profit des ouvriers habiles, une surprime énorme, les patrons étant naturellement enclins à opposer au principe du minimum de salaire celui du *rendement minimum* (Gonnard, *op. cit.*). Aussi les ouvriers médiocres, maladifs ou âgés, ont-ils grand'peine à s'embaucher ; ou du moins ils ne le peuvent qu'à la condition de s'engager, par des accords clandestins, à travailler au-dessous du tarif.

Ces constatations, faites dans un pays admirablement placé, à raison de son éloignement même, pour les expériences sociales, suffisent à démontrer combien il serait difficile à un Etat européen, concurrencé de toutes parts, de faire respecter une législation tendant à maintenir les salaires à un taux élevé ; les intéressés eux-mêmes seraient, très rapidement, contraints d'en éluder les prescriptions.

948. — Conclusions. — Qu'est-ce à dire, sinon que l'Etat ne peut agir efficacement dans le sens d'une hausse progressive des salaires de l'industrie privée que par des moyens indirects, dont les principaux sont : — une législation tendant à développer l'instruction professionnelle et l'apprentissage, et à former ainsi une phalange nombreuse d'ouvriers qualifiés, pouvant prétendre à de hauts salaires ; — une bonne législation sur les institutions de conciliation et d'arbitrage, spécialement sur les conseils permanents, dont l'action peut, même en dehors de tout caractère obligatoire, s'exercer utilement dans le sens du maintien des salaires (V. tit. III, *infra*); — enfin et surtout une législation favorable au mouvement syndical, comportant la reconnaissance explicite des contrats collectifs de travail librement débattus entre les patrons ou syndicats patronaux et les syndicats ouvriers [1].

B. Du minimum légal de salaires dans les travaux publics. — **949** [2]. — Si l'Etat ne peut, ni ne doit intervenir dans la fixation du taux du salaire dans l'industrie privée, il en va autrement, lorsque,

---

[1] Sur le *contrat de travail*, v. *supra*, n°s 426 et suiv., 583, et *infra*, sect. V.

[2] Bibliographie : Bazire, *Des conditions du travail imposées aux entrepreneurs dans les adjudications de travaux publics*, 1898 ; Oubert, *Des conditions du travail dans les adjudications de travaux publics*, 1900 ; Courrègelongue, *Des conditions du travail dans les marchés de travaux publics en France*, 1901. — V. aussi *Note sur le minimum de salaire dans les travaux publics en Angleterre, en Belgique, en Hollande, en Suisse, aux Etats-Unis et en France* (public. de l'*Office du travail*, 1897). — Cf. Bouge, *Les conditions du travail et le collectivisme* (*Rev. polit. et parl.*, 1896, t. IX, p. 241) ; Lavy, *Les conditions de travail* (*Rev. socialiste*, janv. 1899) ; Bender, *Les décrets Millerand* (*Quest. pratiques*, 1902, p. 140 et suiv.) ; Mabaret du Basty, *Les conditions du travail dans les marchés de travaux publics*, 1907. — V. aussi Berthélemy, *Droit administratif*, p. 334.

maître de l'ouvrage, il impose un taux minimum à ses adjudicataires dans un cahier des charges. De même que, soucieux d'une bonne exécution, il règle la provenance des matériaux, leur quantité, leur prix d'achat, il est juste aussi que, songeant aux ouvriers, il leur assure un jour de repos hebdomadaire, ou même fixe la durée de la journée de travail. Le cahier des charges ne fait ici que compléter les prescriptions des lois de 1848, 1892, 1900, ou de 1906, et en combler les lacunes, à l'égard d'une catégorie spéciale de travailleurs, pour lesquels il est juste qu'il témoigne d'une sollicitude spéciale, puisqu'ils sont, indirectement au moins, à son service.

Pour le taux minimum du salaire, la question est plus vivement débattue. Il ne s'agit pourtant pas pour l'Etat d'intervenir comme élément perturbateur, dans des contrats privés. Il est *partie au contrat*, il règle ses propres affaires. Il pouvait faire exécuter les travaux en régie, aux conditions qu'il eût fixées. S'il préfère recourir à l'adjudication, il imposera ses conditions à l'adjudicataire : où sera l'abus de pouvoir ? Il agit en patron, en industriel, et nullement en souverain, investi de la puissance publique.

950. — Justification de l'intervention de l'Etat. — Le principe théorique de cette intervention étant admis, elle se justifie aisément dans la pratique. Dans le système français des adjudications au rabais, les prescriptions minutieuses des cahiers des charges, au sujet de la qualité et de la provenance des matériaux employés, soustraient à l'action de la concurrence tout ce qui a trait aux fournitures ; aussi l'adjudicataire n'a-t-il trop souvent d'autre ressource, pour s'indemniser des rabais excessifs qu'il a été amené à consentir, que de faire travailler les ouvriers à un tarif réduit [1]. La main-d'œuvre, si elle n'est point protégée, est ainsi exposée à payer la concurrence entre soumissionnaires.

Cette pratique risque d'amener par contre-coup, et vu l'importance des travaux publics, véritables régulateurs du marché pour certaines industries, un fléchissement des salaires dans l'industrie privée. Nuisible à l'ouvrier, ce système écarte les entrepreneurs scrupuleux qui n'osent pas imposer à leurs ouvriers des réductions de salaires excessives. Mal payé, l'ouvrier fournit un travail de qualité inférieure, et finalement l'économie apparente réalisée par le Trésor public, grâce à l'exagération des rabais, se traduit en une perte pour l'administration,

[1] Sur les baisses de salaire, cons. rapport Keufer, présenté au Conseil supérieur du travail, Paris, Imprimerie nationale, 1897, p. 16; articles de MM. E. Rivière dans la *Corporation* du 3 avril 1897, Dolor dans la *Réforme sociale* du 19 juin 1897.

obligée d'entreprendre à bref délai des travaux de réfection coûteux[1].

Remarquons, en effet, que, dans le système que nous préconisons, et qui, nous le verrons bientôt, tend à prévaloir aussi bien à l'étranger qu'en France, il ne s'agit nullement, comme le réclamait à la Chambre une fraction du parti socialiste, et notamment M. Vaillant, de surélever artificiellement le taux des salaires dans tous les travaux exécutés pour le compte de l'Etat, des départements ou des communes. Il s'agit simplement, — et cette simple constatation est la meilleure réponse à faire aux adversaires systématiques de l'intervention[2], — de s'opposer à toute spéculation sur la main-d'œuvre par une constatation impartiale des prix courants, et l'insertion dans le cahier des charges d'une clause interdisant aux entrepreneurs de descendre au-dessous de ce salaire courant, considéré comme *cran d'arrêt*.

951. — Les conditions du travail à l'étranger. — Ainsi envisagée, la réforme n'a rien de révolutionnaire, rien d'utopique ni d'irréalisable ; et ce qui le prouve, c'est qu'elle a été mise en pratique avec un plein succès dans plusieurs pays étrangers, bien avant d'être admise en France.

En *Angleterre*[3], dès 1888, l'administration scolaire et le Conseil du comté de Londres stipulaient la condition du minimum de salaire. Cet exemple fut suivi par la plupart des villes industrielles, puis par l'Etat lui-même (1891). — Du rapport adressé en 1898 au Parlement par le Conseil du gouvernement local, il ressort que les modes les plus variés de constatation du salaire courant, dont il est interdit aux adjudicataires de s'écarter sous peine d'amende ou d'exclusion, sont employés par les diverses administrations : tantôt, c'est l'adjudicataire lui-même qui doit, dans sa soumission et à ses risques et périls, faire connaître le taux courant ; tantôt il lui est enjoint de se conformer, soit à la

---

[1] V. en ce sens les conclusions très nettes du Directeur des contrats au ministère de la guerre anglais (Bazire, *op. cit.*, p. 114. — Cf. rapp. de M. Baudin, 3 mars 1899, Ch., annexe n° 776, p. 839).

[2] Cons. notamment, à l'*Officiel* du 4 mai 1899, le grand discours prononcé par M. Aynard, lors de la discussion générale des propositions relatives aux conditions du travail dans les marchés de travaux publics. Dans ce discours très habile, l'éminent leader de l'école libérale s'est attaqué avant tout au principe du *minimum de salaire*, envisagé comme un élément perturbateur du taux normal ; or ce principe socialiste n'est pas en jeu dans les textes dont l'objet est uniquement d'obliger les adjudicataires à respecter le taux normal préalablement constaté.

[3] Sur les conditions du travail dans les marchés de travaux publics en Angleterre, cons. notamment, outre les ouvrages précités de Bazire, Oubert, et de l'*Office du travail* : Oubert, *Des conditions du travail dans les adjudications des travaux publics en Angleterre et en Belgique* (*Quest. pratiques*, 1900, p. 181 et s.). — V. aussi *Enquête anglaise* (*Bull. Off. du trav.*, 1897, p. 326, 723) ; Fonsalme, *Rev. pol. et parlem.*, t. XI, p. 636.

moyenne des salaires déterminée par les Trades-Unions, soit au taux normal constaté d'un commun accord par les associations patronales et ouvrières.

Une commission de la Chambre des Communes, nommée à l'effet de rechercher quels résultats ont donnés ces dispositions, déposa son rapport le 21 juillet 1897. Ses conclusions étaient nettement favorables.

952. — En *Belgique* [1], les municipalités et les conseils de province ont en grande partie adopté le régime des conditions du travail. Le gouvernement en a fait autant : un arrêté du 2 juillet 1896 fixe les conditions à insérer. Le taux du salaire minimum est établi d'après celui qui est communément admis dans la région où les travaux sont effectués. Les conseils de l'industrie et du travail, composés par moitié de patrons et d'ouvriers, sont consultés. Certaines villes, estimant devoir le bon exemple, fixent même des salaires un peu supérieurs à ceux qui sont couramment adoptés. Toutes les communes déclarent que leurs finances n'ont pas souffert de l'application de la réforme. En Belgique, comme en Angleterre, ces mesures sont sanctionnées par des amendes à la charge des contrevenants et par l'exclusion.

Certaines villes de *Hollande* et de *Suisse* ont décidé d'insérer dans leurs cahiers des charges des clauses relatives aux conditions du travail, notamment au salaire minimum. De même pour les marchés de l'Etat au Canada [2], en Australie, dans un certain nombre d'Etats de l'Union américaine [3]. L'Espagne est, à son tour, entrée dans la même voie [4].

953. — **France : premières tentatives d'intervention.** — Tandis que cette expérience intéressante se poursuivait à l'étranger, les pouvoirs publics et judiciaires, en France, se montraient nettement hostiles à l'insertion, par les municipalités, de clauses relatives au taux du salaire dans les cahiers des charges des travaux publics communaux. C'est ainsi que le conseil municipal de Paris, ayant, par une délibération en date du 27 avril 1887, imposé aux adjudicataires l'obliga-

---

[1] Oubert, *op. cit.*; Arthur Verhaegen, *Le minimum de salaire dans les adjudications publiques*, 1893; Le Foyer, *Le minimum de salaire en Belgique*, 1897; Vaes, *Les conditions du travail dans les marchés publics*, Louvain; Ville de Bruxelles, *Rapport au Conseil communal*, séance du 19 octobre 1896; *Off. du trav.*, note *sur le minimum de salaire*, 1897, p. 7 et 55; Conseil supérieur de Belgique, 2e session, 1893-1894, 1re partie : *minimum de salaire*.

[2] *Questions pratiques*, 1901, p. 29. — Sur le tarif de Zurich, v. *Bull. Off.*, 1899, p. 1027.

[3] Sur la loi de *New-York* (1897, chap. 415) modifiée en 1899, cons. *Ann. de législ. du travail*, 1899, p. 546.

[4] Décret *espagnol* du 20 juin 1902 sur les conditions du travail dans les travaux publics (*Quest. pratiques*, 1902, p. 266).

tion de se conformer aux conditions du travail établies par l'administration (journée de 9 heures, repos du dimanche, *application stricte des prix de la série officielle*, interdiction absolue du marchandage), cette délibération fut annulée par le gouvernement (décr. 22 mars 1888), comme contraire au principe de publicité et concurrence inscrit dans l'ordonnance du 14 novembre 1837 [1].

La Ville de Paris ayant, à la date du 2 mai 1888, pris, sous le ministère Floquet, une seconde délibération dans le même sens, plusieurs entrepreneurs attaquèrent celle-ci devant le Conseil d'Etat, et obtinrent un arrêt déclarant contraire aux lois et au principe de la liberté des conventions, les clauses du cahier des charges concernant les conditions du travail [2]. Les délibérations similaires des conseils municipaux de Limoges, Roubaix, Toulouse furent annulées pour le même motif [3].

Le gouvernement intervint alors, et chargea l'Office du travail d'une enquête, dont les résultats nettement favorables, déterminèrent le Conseil supérieur du travail à voter, à la date du 10 décembre 1897, sur le rapport de M. Keufer, un vœu tendant à ce que la loi décrète l'« obligation pour l'entrepreneur de se conformer au taux des salaires et à la durée du travail considérés comme normaux et courants dans la ville ou la région où le travail est exécuté ».

954. — Décrets du 10 août 1899. — Il semblait tout d'abord que la question, ainsi posée devant l'opinion, dût être tranchée législativement. Et de fait, depuis 1894, plusieurs propositions tendant à poser le principe du minimum de salaires dans les travaux publics nationaux ou communaux, avaient été déposées sur le bureau de la Chambre des députés; à ces propositions, la commission du travail avait substitué un texte nouveau qui, sur le rapport de M. P. Baudin, avait fait l'objet d'une première délibération (29 juin 1899), lorsque M. Millerand, ministre du commerce, escomptant le vote favorable de la Chambre, et désireux de tourner les obstacles qu'il prévoyait à raison de l'opposition possible du Sénat, s'avisa de réaliser la réforme par

---

[1] Lambeau, *Les conditions du travail dans les chantiers communaux*, Paris, Imprim. nation., 1896; Bouge, Y. Guyot, *op. cit.*; Mazoyer, *Les conditions du travail dans les chantiers de la Ville de Paris*, 1900.

[2] Cons. d'Etat, 21 mars 1890, S. 92, 3, 87, et la note.

[3] Seule une délibération similaire du conseil municipal de Toulon échappa, nous ignorons pour quel motif, aux rigueurs du Conseil d'Etat. — Par une singulière contradiction, l'Etat français, sans aller jusqu'au minimum des salaires, prescrivait, dans son cahier des charges, les autres conditions de travail qu'il interdisait aux municipalités d'insérer. — V. cahier des charges de 1887 pour la guerre, de 1889 pour les ponts et chaussées; *Cf.* loi du 13 juin 1896 sur les travaux de l'Exposition (chômage hebdomadaire). — Bender, *op. cit.* (*Quest. pratiques*, 1902, p. 141).

voie de décrets, et fit promulguer dans ce but les trois décrets du 10 août 1899.

Leur légalité a été contestée [1], mais à tort, selon nous. En effet, le principe même de l'adjudication est posé par l'équivalent d'un décret : l'ordonnance du 14 novembre 1837 [2]. Il est d'ailleurs inexact qu'ils portent réellement atteinte au principe de l'adjudication avec concurrence et publicité, qui est la loi de toutes les entreprises de travaux et fournitures ; attendu que les mêmes conditions, dûment publiées, sont imposées indistinctement à tous les concurrents [3].

955. — Les décrets [4] sont au nombre de trois. Il nous suffira d'étudier le premier, relatif à l'Etat, pour qui l'insertion dans les cahiers des charges des clauses qu'il édicte est rendue *obligatoire*. Les deux autres reproduisent les mêmes dispositions pour les départements, les communes et les établissements de bienfaisance, mais avec un caractère *facultatif*.

Seul le *marchandage* est formellement interdit, par chacun des trois décrets [5].

Les conditions du travail imposées dorénavant à l'Etat, pour tous ses marchés futurs, de travaux publics ou de fournitures, par adjudication ou de gré à gré (et déclarées facultatives pour les travaux publics départementaux ou communaux), se réfèrent aux quatre objets suivants : — 1° Repos hebdomadaire ; — 2° Limitation du nombre d'ouvriers *étrangers* dans les proportions fixées par l'administration, selon la

---

[1] *Monde économique* des 8 juillet et 9 août 1899, article de M. Beauregard (*Rev. d'écon. polit.*, août et septembre 1899, p. 827).

[2] V. Dalloz, *Rép.*, v° *Marchés de fournitures*, n° 19.

[3] Au point de vue de l'application des conditions du travail antérieurement aux décrets, cf. les conditions du travail des *employés du chemin de fer métropolitain* (loi du 30 mars 1898, *Bull. Off.*, 1898, 619). — V. aussi, pour la période consécutive aux décrets : *Les conditions du travail sur les réseaux des tramways de la région parisienne* (*Bull. Off. trav.*, 1902, p. 32).

[4] Sur l'application des décrets, cons. notamment : l'arrêté du ministre du commerce du 19 septembre 1899, nommant les membres des commissions mixtes, prévues par le décret, sur les conditions du travail dans les traités passés au nom de l'Etat (*Bull. Off.*, 1899, p. 927) ; l'arrêté du min. des trav. publics, du 30 septembre 1899, modifiant le cahier des charges des entrepreneurs des travaux des ponts et chaussées (*Bull. Off.*, 1899, 934) ; l'arrêté du préfet de la Seine du 13 septembre 1899, constituant la Commission chargée de l'étude des conditions du travail dans les marchés passés au nom du dép. de la Seine et de la Ville de Paris (*Bull. Off.*, 1899, 926). — Cf. pour l'*Algérie*, les décrets des 21 mars 1902, et 11 août 1904 (*Bull. Off.*, 1906, 841).

[5] Article 2 de chacun des trois décrets. Il convient de remarquer que les décrets du 10 août ne font ici à vrai dire que rappeler la prohibition, toujours en vigueur, du décret-loi du 2 mars 1848 sur le *marchandage*, auquel un simple décret ne saurait d'ailleurs déroger. Sur ce décret, v. chap. III, *infra*.

région et la nature des travaux [1] ; — 3° Limitation de la durée du travail journalier à la *durée normale* du travail en usage pour chaque catégorie, dans la ville ou la région où le travail est exécuté ; — 4° Obligation de payer aux ouvriers un *salaire normal* égal, pour chaque profession et dans chaque profession pour chaque catégorie d'ouvriers, au *taux couramment appliqué* dans ladite ville ou région.

L'on admet généralement que ces conditions sont limitatives, c'est-à-dire que les administrations d'Etat, départementales ou communales, ne pourraient, sans excès de pouvoirs, en prescrire d'autres, ou dénaturer le caractère de celles déterminées dans le décret. C'est ainsi en particulier qu'une municipalité ne pourrait substituer, au taux courant du salaire, une tarification arbitraire, supérieure à ce taux. Les décrets déterminent les limites dans lesquelles les communes peuvent se mouvoir, les autorisent à imposer aux adjudicataires telles conditions qu'ils spécifient, mais ils leur interdisent implicitement d'en imposer de différentes, spécialement de plus onéreuses.

956. — *Salaire normal : sa détermination.* — Des quatre conditions énumérées ci-dessus, il en est une, celle relative à la fixation du salaire normal, qui doit nous arrêter un instant. Ainsi que nous l'avons fait remarquer déjà, le but de la réforme n'est nullement de conférer à l'administration le droit de fixer arbitrairement le taux des salaires ; son rôle se borne à le constater en s'entourant de tous les documents propres à l'éclairer sur les salaires couramment pratiqués dans la profession et la région. Aux termes de l'article 3, elle doit, à cet effet, se référer autant que possible aux accords intervenus, c'est-à-dire aux tarifs conventionnels ou contrats collectifs intervenus dans la ville ou la région entre les syndicats patronaux et ouvriers. A défaut d'accords de ce genre, il appartient à l'administration de provoquer l'avis de *commissions mixtes*, composées en nombre égal de patrons et d'ouvriers, sauf à compléter et contrôler les renseignements ainsi obtenus par ceux que peuvent lui fournir, sur sa demande ou spontanément, les syndicats, conseils de prud'hommes, ingénieurs, architectes départementaux ou communaux et autres personnes compétentes [2].

Une fois faites, ces constatations sont relevées sur des *bordereaux*

---

[1] Sur la question du travail des étrangers en France, v. *supra*, n°s 241 et s.

[2] D'après le décret du 17 septembre 1900, les Conseils du travail institués par ce décret avaient, entre autres attributions, celle de coopérer, avec les administrations intéressées, à l'établissement de tableaux constatant le taux normal et courant des salaires et la durée normale et courante de la journée de travail dans la région qu'ils représentent (V. *supra*, n° 233). Il est permis de regretter que le texte de la loi du 17 juillet 1908 sur les Conseils consultatifs du travail soit muet sur cette attribution.

joints au cahier des charges[1]. Les adjudicataires connaissent donc exactement, au moment où ils soumissionnent, l'importance des charges qu'ils assument. Les ouvriers connaissent également, au moyen d'affiches apposées dans les chantiers, les conditions dont ils sont fondés à réclamer l'application.

957. — S'il y avait *impossibilité matérielle* d'établir un bordereau des prix, l'entrepreneur reprendrait son entière liberté (art. 3, § 4). Il ne saurait être question, en effet, d'imposer après coup au soumissionnaire des conditions onéreuses, dont il n'a pu faire état, puisqu'elles ne figuraient point au cahier des charges, lorsqu'il a calculé le salaire qu'il pouvait offrir.

Il était inadmissible, d'autre part, que pour des travaux de longue durée, les prix arrêtés primitivement ne pussent être modifiés, à l'effet de tenir compte des variations importantes survenues, sous l'empire de circonstances diverses, dans le taux moyen des salaires de la région. Entrepreneurs et ouvriers peuvent avoir, tour à tour, intérêt à cette modification ; aussi l'article 3, alinéa 4, décide-t-il que les bordereaux pourront être révisés, sur la demande des patrons ou des ouvriers, lorsque des variations dans le taux des salaires ou de la durée du travail « auront reçu une *application générale* dans l'industrie en cause » ; c'est à l'administration qu'il appartient d'apprécier dans chaque espèce si l'amplitude et la généralité des fluctuations constatées sont suffisantes pour justifier la révision demandée[2].

Cette révision exerçant une répercussion nécessaire sur les frais généraux de l'entreprise, soit dans le sens d'une aggravation si le salaire normal est majoré, soit dans le sens d'une atténuation dans le cas inverse, une révision correspondante des prix du marché peut être réclamée par l'entrepreneur, ou imposée au contraire d'office à celui-ci par l'administration, mais seulement si « les variations ainsi constatées dans le taux des salaires ou la durée du travail journalier dépassent les limites déterminées par le cahier des charges ».

958. — *A quels marchés ou fournitures s'applique la réglementa-*

---

[1] Il a paru préférable, à cet égard, de s'en référer au système *belge*, d'après lequel l'administration constate elle-même le taux courant, et l'impose aux intéressés, plutôt que d'adopter le système usité dans un certain nombre de districts *anglais*, qui consiste à laisser à l'entrepreneur le soin de constater à ses risques et périls le taux courant, sous réserve du contrôle de l'administration.

[2] Un certain nombre d'entrepreneurs parisiens ont fait récemment (1908) usage de cette faculté, quelques-uns même ont demandé la résiliation de leurs marchés, en excipant de la majoration considérable de frais que leur imposent les pratiques de *sabotage* préconisées par la C. G. T. Cette requête est-elle fondée en fait ? Les tribunaux administratifs apprécieront.

tion? — L'une des principales objections formulées contre le régime des décrets est tirée de l'impossibilité d'établir une ligne de démarcation précise entre les travaux ou fournitures auxquels ils s'appliquent et ceux que la tarification ne saurait atteindre. — A cette objection, l'article 1er du décret répond par avance en spécifiant que les conditions réglementaires concernent la main-d'œuvre des travaux ou fournitures, *dans les chantiers ou ateliers organisés ou fonctionnant en vue de l'exécution du marché.* D'où il suit qu'une distinction essentielle doit être faite entre les produits fabriqués *spécialement* pour le compte de l'Etat (départements ou communes), soit par l'entrepreneur principal, soit par un rétrocessionnaire partiel ou sous-traitant, et les fournitures courantes.

Le sous-entrepreneur, le sous-traitant est soumis au tarif ; le simple fournisseur, marchand de produits ou objets se trouvant couramment dans le commerce et fabriqués sans affectation spéciale, y échappe entièrement [1].

959. — *Ouvriers de seconde catégorie.* — L'on reproche également aux décrets de constituer une prime indirecte à l'embauchage des ouvriers d'élite. En obligeant l'entrepreneur à payer un salaire minimum à tout son personnel, vous l'incitez, nous dit-on, à ne conserver que les meilleurs ouvriers ; il renverra les ouvriers médiocres, les jeunes ouvriers encore inexpérimentés [2].

Une partie de ces griefs, relative à l'emploi des vieillards et des infirmes, n'a plus de portée depuis l'organisation de l'assistance à leur profit (V. titre IV, *infra*). D'ailleurs, le danger signalé n'a pas échappé aux rédacteurs du décret, qui, pour l'écarter, ont pris soin, non seulement de prévoir la fixation d'un salaire différent pour *chaque catégorie* d'ouvriers (art. 1er), mais aussi de laisser à l'entrepreneur une certaine marge pour l'embauchage, à prix réduit, des *demi-ouvriers*, dont il peut avoir besoin pour certains travaux accessoires [3].

---

[1] La distinction sera parfois délicate, elle n'est nullement impraticable. Ce qui le prouve, c'est qu'elle est faite depuis longtemps par l'intendance, au point de vue des conditions de fabrication, spécialement en ce qui concerne la fourniture des draps pour l'armée. — Cf. rapp. Baudin.

[2] Beauregard (*Monde écon.*, 1899, p. 417); G. Michel (*Econom. franç.*, 1899, p. 550); *Réf. soc.*, 1895, 2, 302.

[3] Art. 3 *in fine* : « Lorsque l'entrepreneur aura à employer des ouvriers que leurs aptitudes physiques mettent dans une condition d'infériorité notoire sur les ouvriers de la même catégorie, il pourra leur appliquer exceptionnellement un salaire inférieur au taux normal. La proportion maxima de ces ouvriers par rapport au total des ouvriers de la catégorie et le maximum de la réduction possible de leur salaire seront fixés par le cahier des charges ». Une combinaison fort ingénieuse a été suggérée par M. Bender (*Le salaire effectif*, p. 161). Elle consiste à imposer aux entrepreneurs l'obligation de payer, non pas à chaque ouvrier le salaire moyen, mais une *moyenne*

960. — *Sanctions.* — Aux termes de l'article 4, l'ouvrier qui justifierait n'avoir pas reçu le salaire prévu au bordereau recevra de l'administration elle-même la différence entre ce qu'il a touché et ce qu'il aurait dû recevoir. Le montant en sera prélevé sur les sommes dont l'administration serait débitrice envers l'entrepreneur, ou sur son cautionnement.

En cas d'infractions réitérées, le ministre intéressé pourra, par décision spéciale, et sans préjudice des sanctions pénales (amendes) prévues au cahier des charges, exclure l'entrepreneur pour un temps déterminé ou définitivement, des marchés de son département.

961. — **Résultats de l'application des décrets.** — Dès le lendemain de la promulgation des décrets, les divers départements ministériels se sont préoccupés de remanier les cahiers des charges des travaux et fournitures en conformité des prescriptions nouvelles. Des commissions mixtes ont été nommées et des bordereaux établis, dans chaque région, à l'effet de constater les prix-courants [1]. Libres d'adopter ou non le régime nouveau, les départements, communes et établissements publics ont tout d'abord hésité à entrer dans la voie inaugurée par les décrets du 10 août ; cependant, plusieurs grands départements, la Seine, le Rhône, le Nord, la Loire, la Gironde, etc., ont adopté assez rapidement les nouveaux cahiers des charges, ainsi que la ville de Paris et la majorité des grandes villes industrielles, au moins pour certains travaux [2].

Ces hésitations tendent à disparaître. Les municipalités récalcitrantes ont pu constater que le régime nouveau s'était acclimaté très vite, sans à-coups, sans plaintes sérieuses, dans les marchés passés pour le compte des différents ministères ; et dès maintenant le jour est proche où la réforme sera appliquée pour tous les travaux départementaux ou communaux de quelque importance.

---

de salaire. Ce système aurait une grande souplesse : l'entrepreneur paierait les ouvriers médiocres à un taux inférieur; mais il ne tirerait pas profit de cette réduction, car il rétablirait la moyenne en attribuant une haute paie aux ouvriers d'élite. Cette moyenne serait vérifiée par l'administration sur les listes de paie remises chaque semaine par l'entrepreneur.

[1] Les premiers bordereaux, ainsi que ceux établis par quelques départements ou communes, ont été publiés par l'*Office du travail*, sous le titre : « Bordereau des salaires pour diverses catégories d'ouvriers en 1900 et 1901, 1 vol. in-8, 1902. — Pour les bordereaux plus récents (typographie, chaussures, habillement, lingerie, industrie textile, bâtiment, etc.), v. *Bull. Off. du trav.*, 1904, 112, 707, 1907, 461, 1908, 37.

[2] Cons. sur ce point les publications précitées de l'Office. — V. aussi Courrègelongue, Mabaret du Basty, *opp. citt.*

II. — Paiement du salaire en nature. — Prohibition du « truck system » [1]

962. — Légitimité de la protection légale des salaires. — Si l'Etat ne peut, sauf exception en matière de travaux publics, fixer le taux minimum du salaire, ne peut-il pas du moins intervenir pour garantir, dans la mesure du possible, à l'ouvrier, le paiement intégral et régulier du salaire stipulé? Ici, le droit de l'Etat n'est pas contestable (V. *supra*, nos 885 et 940); il s'agit en effet plutôt d'assurer la stricte et loyale exécution des obligations du patron envers l'ouvrier que d'en modifier, d'autorité, l'objet ou l'étendue.

En fait, la plupart des législations récentes ont fait usage de ce droit. La France, à cet égard, s'est laissé devancer. La question est à l'étude depuis près de seize ans : dès le 5 novembre 1892, la Chambre votait une proposition de loi sur les règlements d'atelier. Votée par le Sénat, avec certaines modifications, sous le titre plus large de loi *sur le mode de paiement des salaires* (24 avril 1894), la proposition était adoptée à nouveau par la Chambre, le 8 décembre 1898, mais avec d'importants changements, tels que la suppression radicale des amendes, à laquelle le Sénat est résolument opposé [2]. Depuis lors, la première délibération commencée au Sénat, sur le rapport de M. Lecomte (24 déc. 1901, n° 484), en 1902-1903 (17 janvier 1902-2 avril 1903) ayant été ajournée *sine die*, le projet sommeille; il serait grand temps de le réveiller de sa léthargie. Il est étrange en effet qu'à raison d'une divergence de vues entre les deux Chambres sur une des parties du projet, les travailleurs français se voient frustrés d'une réforme, dont tous les partis ont cependant reconnu l'urgence.

963. — Paiement en nature, ses inconvénients; nécessité d'une réglementation stricte. — Le premier chef de réglementation, dans

---

[1] Bibliographie : Cons., outre les ouvrages généraux sur le contrat de travail, ou sur la protection du salaire (Baudry et Wahl, Bodeux, Cornil, Bender, Lambert, Haussens, Perreau, Merlin, etc., v. *supra*, nos 889 et 940) : Morisseaux, *Rapport sur les abus qui se commettent dans le paiement des salaires* (enquête belge); Cabouat, *Réglementation législative des salaires* (*Rev. crit.*, t. XXIII, p. 220 et suiv.) ; Du Maroussem, *Les ébénistes du faubourg Saint-Antoine*; Recorbet, *Paiement du salaire en nature*, 1899 ; Leconte, *ibid.*, 1900 ; Léon Jacques, *Economats patronaux*; Léon-Maurice Bonneff, *Les travailleurs du feu* (*Nouvelle Revue*, 1er octobre 1906) ; Igier, *Des retenues sur les salaires opérées pour le compte du patron*, 1905.

[2] Sur la filière parlementaire de ces projets, sur lesquels nous reviendrons à plusieurs reprises, cons. notamment : *Rev. polit. et parl.*, t. XVI, p. 150, et notre chronique annuelle de *législ. industr.*, dans les *Annales de dr. commerc.*, 1899-1908; *Bull. Off. trav.*, 1908, V.

toutes les lois étrangères, comme dans tous les projets français sur le mode de paiement des salaires, concerne le *paiement des salaires en nature*.

Ce dernier mode de paiement, absolument libre en France sous le régime actuel [1], a les plus sérieux inconvénients. Il facilite tout d'abord la fraude, attendu que, si l'on est fixé à première vue sur la valeur d'une pièce de monnaie, l'estimation d'une marchandise est loin de présenter le même caractère de précision. Cette considération seule suffirait à condamner le *truck system*, ou système du truc ou échange qui, quelle que soit l'ingéniosité du procédé, a pour résultat d'augmenter indirectement le bénéfice du patron de la réduction clandestine subie par l'ouvrier.

Cette perte de gain, cette tromperie sur la valeur n'est pas le seul inconvénient du truck pour l'ouvrier. Son imprévoyance s'accroît par l'impossibilité d'épargner. Recevant en paiement des denrées ou boissons destinées à la consommation immédiate, l'ouvrier n'a plus d'avances; il vit dans la dépendance étroite du patron ou de ses agents, qui l'incitent à des achats excessifs ou même à des consommations nuisibles, telles que les boissons alcooliques.

Le truck peut affecter les formes les plus variées ; en voici les plus connues. Tantôt le patron paie tout ou partie du salaire en marchandises, cotées à un prix supérieur à celui du commerce ; tantôt il paie en espèces, mais l'ouvrier est tenu de s'approvisionner dans un magasin que le patron fait tenir par un parent, un protégé, un contremaître. Parfois l'ouvrier est payé par un intermédiaire, courtier, chef de bande, qui tient un cabaret où il lui faudra consommer bon gré, mal gré [2]; parfois également (le fait a été observé à Paris par du Maroussem), il reçoit sa paie en coupons de valeurs et subit ainsi la perte de l'escompte ou de l'impôt.

---

[1] C'est ainsi en particulier que, sauf le cas de fraude démontrée, il peut être convenu entre les parties que le salaire sera ou pourra être payé, partiellement tout au moins, en *bons* ou *jetons* d'une valeur convenue, acceptés comme argent comptant par certaines maisons, notamment par les débits ou magasins de denrées alimentaires annexés à l'usine. Orléans, 29 juin 1901, D. 1903, 2, 241, S. 1905, 2, 305, et note Hémard. — Cf. Baudry et Wahl, t. II, n° 2158 ; Cohendy et Darras, *C. com.*, append., p. 843. — Quelques décisions judiciaires ont cependant déclaré nul ce mode de paiement. Trib. comm. Havre, 9 juin 1879, *Droit*, 14 sept. 1879 ; trib. paix Rouen, 22 janv. 1890 (cité par Cabouat, *op. cit.*, n° 21). Mais, quelque désirable que soit cette solution, en équité, il est difficile de l'admettre en l'état actuel de notre législation.

[2] L'art. 6 de la loi du 9 mai 1905 sur les délégués à la sécurité des ouvriers mineurs est ainsi conçu : « Les délégués élus ne pourront être débitants, lorsqu'ils toucheront un salaire correspondant à vingt journées de travail mensuel ». — Sur les cabarets flottants et l'abus du truck system dans les pêcheries de Terre-Neuve, v. *Lettres d'Amérique*, de R. de Caix (*Débats*, 9 oct. 1904).

Vainement l'ouvrier, conscient du préjudice que lui causent ces procédés de règlement, voudrait-il protester; sa protestation isolée ne serait pas entendue et pourrait avoir pour conséquence son renvoi de l'usine. Aux inconvénients, signalés ci-dessus, du truck system, s'en ajoute donc un autre, plus grave que les précédents, celui de porter une atteinte directe à la liberté de l'ouvrier.

964. — Truck system et économats. — Originaire d'Angleterre, le truck system, dont nous rappelons au numéro précédent les procédés usuels, a surtout sévi en Allemagne et dans les pays anglo-saxons. En France, il est rarement pratiqué [1].

C'est sous une forme différente, celle des *économats*, institués par de grandes compagnies industrielles, notamment certaines compagnies de chemins de fer, qu'il s'est plutôt manifesté. Ces économats sont des magasins de vente créés et administrés par les employeurs à l'usage de leurs ouvriers et employés. Les marchandises sont délivrées contre des *bons* que l'ouvrier reçoit en paiement de son salaire, ou sont inscrites sur un livret réglé le jour de la paye. Ainsi l'existence de la famille est assurée ; l'institution a donc une apparence philanthropique. Malheureusement, il est trop tentant pour le patron de fournir des marchandises médiocres à un prix élevé; pour l'ouvrier, d'échanger les jetons contre des boissons alcooliques, ou de prendre des marchandises au magasin pour les revendre avec perte dans le but de se procurer du numéraire : ces abus sont assez sérieux (les grèves de Decazeville en 1886, du bassin de Longwy en 1905 l'ont montré), pour qu'il convienne d'y remédier.

Seul le paiement intégral en monnaie ayant cours légal, assure l'exécution loyale du contrat.

965. — Lois étrangères. — Le *truck system* est prohibé dans un certain nombre de pays étrangers. Il l'est en Angleterre, par trois lois de 1831, 1887 et 1890 qui, réunies, forment les « *trucks acts 1831 to 1896* » [2]. Il est interdit au patron : — 1° De payer les salaires autrement qu'en monnaie courante, exception faite pour le cas où le chef d'industrie aurait fourni soit le logement, soit des aliments destinés à être cuits et mangés dans son établissement, ou fait l'avance des frais

---

[1] V. cependant les exemples cités par MM. Recorbet (*op. cit.*, p. 174) et Cabouat, notamment en ce qui concerne les ouvriers mineurs et les ouvriers employés sur les chantiers de travaux publics, ou par certains fabricants d'articles de Paris. — Cpr. aussi Kovnic, *L'industrie horlogère dans la Haute-Savoie* (*Mouvem. économ. et social dans la région lyonnaise*, p. 223).

[2] Loi anglaise du 4 août 1896 (*Ann. de législ. étrang.*, 1897, p. 44) — Cf. l. 10 déc. 1904, *Australie occid.* (*Bull. Off. intern.*, 1905, 409).

de médecin, pharmacien, et d'éducation des enfants ; — 2° D'indiquer à ses ouvriers leurs fournisseurs, de vendre à son personnel des marchandises (sauf celles citées plus haut) et d'en retenir le montant sur la paye ; — 3° De faire des avances ou des retenues.

Aux Etats-Unis, la plupart des Etats ont une législation analogue. (Parmi les lois les plus récentes, v. loi du Connecticut, 19 mai 1905 [*Bull. Off. intern.*, 1906, XCIX], et de l'Illinois, 13 mai 1905 [*ibid.*, 1906, C], de New-York, 24 avril et 19 mai 1906). En Russie, les abus ont disparu grâce aux dispositions du Code pénal, article 1359, et de la loi du 3 juin 1886. La loi belge du 10 août 1887 [1] s'est inspirée des lois anglaises. La loi allemande du 1er juin 1891 appuie ses prohibitions de nombreuses sanctions civiles et pénales ; en Suisse, une loi fédérale du 27 mars 1877, en Autriche une loi du 8 mars 1885, en Hongrie une loi du 22 mars 1884, en Norvège une loi du 27 juin 1892, dans le Luxembourg une loi du 12 juillet 1895, amendée le 7 août 1906, prohibent le paiement en nature.

966. — La loi *belge*, qui est la plus complète, mérite qu'on s'y arrête. Celle de 1887 interdit le paiement des ouvriers dans les débits de boissons, magasins, boutiques ou locaux y attenant, prohibe le truck system, prescrit le paiement à intervalles réguliers et rapprochés ne pouvant pas dépasser seize jours pour les salaires au temps, et un mois pour les salaires à la pièce ou à l'entreprise. Mais la loi de 1887 avait omis de garantir à l'ouvrier payé à la pièce ou à l'entreprise la sincérité du mesurage ou de toute opération destinée à déterminer le montant de sa rémunération.

La loi de 1896 a comblé cette lacune. Elle décide que tout ouvrier a toujours le droit de contrôler les mesures, pesées ou toute opération quelconque ayant pour but de déterminer la quantité ou la qualité de l'ouvrage par lui fourni et de fixer ainsi le montant du salaire. Elle punit d'une amende de 50 à 2,000 francs quiconque aura entravé l'ouvrier dans l'exercice de ce contrôle. Elle punit toutes les tromperies relatives à la détermination du salaire dans le contrat de travail, comme celles qui atteindraient le vendeur ou l'acheteur. Enfin elle charge les inspecteurs du travail de surveiller l'exécution de la loi [2].

---

[1] Complétée par la loi du 17 juin 1896 (Hanssens, chron. de Belg., *Annales de dr. commerc.*, 1900, p. 44).

[2] V. E. Cailleux, *La réglementation du contrat de travail en Belgique* (*Rev. d'écon. polit.*, 1903, 257) ; H. Leguay, *La législation contre le truck system en Belgique*, 1903. — Un inspecteur du travail belge termine ainsi son rapport : « Le truck system existe encore, mais dans une mesure restreinte, indirecte, et sous des formes qu'il est impossible à l'inspecteur de supprimer. — V. rapp. annuels de l'inspect. de Belgique, spécialement 1901, p. 8, 71, 128, 217.

Nous résumons ci-après les principales prescriptions des lois étrangères en ce qui

967. — **Projets français.** — Le projet français sur le paiement des salaires, voté le 24 avril 1894, et (avec modifications) le 6 déc. 1898 par la Chambre (V. *supra*, n° 962), interdit également, en principe, le paiement du salaire en nature. L'art. 1er est, en effet, ainsi conçu : « Les salaires des ouvriers et employés doivent être payés en monnaie métallique ou fiduciaire ayant cours légal, nonobstant toute stipulation contraire, à peine de nullité ». Signalons également l'art. 3 du même projet : « Les paiements des salaires des ouvriers et employés seront faits un jour de travail. Ils ne pourront être effectués dans des débits de boissons, magasins de vente, *économats*, sauf pour les personnes qui y sont occupées ».

A part cette mention incidente des économats, il n'en est pas question dans le projet de 1898. Mais il convient de remarquer que la loi du 15 janv. 1895 sur la saisie-arrêt des salaires, que nous commentons plus loin (nos 973 et s.), a remédié à l'un des abus de cette pratique en prohibant, par son art. 4, toute compensation entre la dette des salaires dont le patron est tenu et ses créances pour fournitures faites à l'ouvrier, sauf exceptions limitativement déterminées.

La Chambre n'a pas cru que cette mesure, d'une efficacité douteuse d'ailleurs (V. *infra*, n° 976), fût un remède suffisant aux abus signalés. Aussi a-t-elle récemment, sur le rapport de M. Zévaès (26 mars 1907, *Doc. parl.*, n° 889), et conformément aux conclusions de sa commission du travail, voté à une forte majorité, le 6 juin 1907, une proposition de loi [1] tendant (comme les propositions G. Berry, Coutant et Vaillant, déposées en 1899, mais non discutées) à réaliser d'autorité, dans un délai assez bref, la *suppression des économats*.

Le projet supprime, par son art. 1er, les économats et interdit aux employeurs de vendre directement ou indirectement à leurs ouvriers et employés des denrées de toutes sortes. « Cette interdiction ne s'étend pas au contrat de travail, si ce contrat stipule que l'ouvrier sera logé

---

concerne spécialement les *économats*. En *Belgique*, l'ouverture de tout économat est subordonnée à une autorisation préalable, essentiellement révocable : les fournitures doivent être faites au prix de revient, la fréquentation de l'école doit être libre.

En *Angleterre*, les fournitures à crédit sont prohibées. Non seulement la compensation est interdite, comme en France, entre la dette de salaire et la créance de fournitures, mais toute action en paiement est refusée au patron à raison de ces fournitures.

Aux termes de l'art. 78 de la loi *autrichienne*, « la fourniture d'aliments dont le prix est prélevé sur le salaire peut faire l'objet d'une convention entre l'industriel et l'ouvrier, à condition que le prix de vente ne soit pas supérieur au prix d'achat. Les industriels n'ont pas le droit de fournir *à crédit* aux ouvriers, en prélevant le prix sur le salaire, d'autres objets et marchandises, et notamment des boissons spiritueuses ». — Cf. art. 115-118 loi *allemande*.

[1] Propos. déposées le 3 juill. 1906, par M. J. Coutant (Ch., *Doc. parl.*, n° 195, p. 752) et le 5 juill. 1906, par M. Flayelle (Ch., *Doc. parl.*, n° 200, p. 756).

et nourri et recevra en outre un salaire déterminé en argent ou si, pour l'exécution de ce contrat, l'employeur cède à l'ouvrier des fournitures au prix coûtant » ; c'est-à-dire, par exemple, la poudre, les outils, le charbon aux ouvriers des mines. L'art. 2 prévoit une période transitoire. La suppression devra être accomplie dans le délai de six mois. Ce délai sera porté à cinq ans, à la double condition : « 1° Que la vente des denrées et marchandises ne rapporte aucun bénéfice à l'employeur ; 2° que l'économat soit administré par un conseil d'administration composé en majorité de délégués élus par les ouvriers et employés de l'établissement ». Les économats des compagnies de chemin de fer[1] placées sous le contrôle de l'Etat ne sont pas interdits, s'ils remplissent ces deux conditions. Le maintien ou la suppression de ces économats dépendra de la consultation du personnel faite tous les cinq ans par le ministre des travaux publics. Un quatrième et dernier article édicte les sanctions et charge les inspecteurs du travail de veiller à l'exécution de la loi.

La commission sénatoriale, chargée d'examiner cette proposition, a manifesté au ministre du travail le désir de connaître l'avis des principaux syndicats patronaux et ouvriers intéressés. Il y aurait soixante-dix-neuf économats, sur lesquels dix seraient annexés à des compagnies de chemins de fer, sans compter les « cantines », dont beaucoup sont exploitées dans les mêmes conditions que les économats proprement dits et sont par suite visées, comme eux, par la proposition de loi adoptée par la Chambre.

Ce projet mettrait fin, croyons-nous, aux abus signalés d'exploitation de la misère. Le délai de cinq ans permettrait la constitution, entre ouvriers, de sociétés coopératives de consommation gérées par les intéressés eux-mêmes. On ne saurait que s'applaudir d'une telle évolution, déjà très marquée d'ailleurs en fait, à raison de la supériorité sociale de la *coopération* qui affranchit, sur le *patronage* qui restreint la liberté des travailleurs (V. tit. IV, *infra*).

III. — Paiement des salaires a intervalles réguliers

968. — Cette seconde forme de protection du salaire n'a pas besoin d'une longue justification. Le salaire doit, avons-nous dit, être envisagé comme un forfait, destiné à se substituer à la part de bénéfices, aléatoire et variable, à laquelle l'ouvrier aurait droit en qualité d'associé. Or, ce forfait ayant pour but de satisfaire aux besoins immédiats de

[1] Reclus, *Economats dans l'industrie des chemins de fer*, th. 1908.

l'ouvrier, devrait rigoureusement être payé au jour le jour. « Du moins doit-il l'être chaque semaine ou au plus tard chaque quinzaine. Si le paiement n'a lieu que chaque mois, surtout sans acompte, on fausse la notion du salaire », écrit avec raison M. P. Leroy-Beaulieu (t. II, p. 503), qui sur ce terrain de la protection du salaire s'est plusieurs fois rencontré avec les interventionnistes. — Cp. Levasseur, *Les causes régulatrices du salaire.*

Le paiement à long terme a du reste l'inconvénient d'exciter l'ouvrier à acheter à crédit, et engendre tous les abus auxquels la législation répressive du truck system a pour objet de remédier.

Aussi la plupart des législations qui prohibent cette dernière pratique se préoccupent-elles également d'assurer le paiement du salaire stipulé à intervalles réguliers ; les unes imposant rigoureusement au patron l'obligation d'effectuer le paiement dans le délai qu'elles spécifient, les autres fixant un délai, mais réservant aux parties la faculté d'y déroger par des conventions contraires [1] ; seules, parmi les lois qui réglementent le truck, la loi anglaise laisse une entière liberté aux contractants.

969. — Les projets français, visés *supra*, sur le mode de paiement du salaire, ont dû naturellement se préoccuper de la question. Le texte voté par la Chambre en 1889 (13 juill.) *imposait* le paiement à intervalles réguliers. Le Sénat au contraire, en 1894, crut devoir se prononcer pour le second système : « Les salaires des ouvriers doivent être payés au moins deux fois par mois, à seize jours au plus d'intervalle, *à moins de conventions écrites contraires*... ».

---

[1] Appartiennent au premier groupe (fixation légale *impérative* de l'intervalle maximum qui peut s'écouler entre deux paiements), les lois belge, suisse, russe, et plusieurs lois de l'Union américaine (V. notamment loi du Massachusetts, 1894, mod. loi 10 avr. 1899, *Ann. de législ. du trav.*, 1899, 525). Nous avons déjà mentionné *supra* (n° 966), les prescriptions de la loi *belge*. En *Suisse* (loi de 1877 amendée par la loi du 26 juin 1902, *Bull. Off.*, 1902, p. 549), le paiement a lieu par quinzaine, sauf convention contraire ; mais il *doit* avoir lieu au moins *tous les mois* ; pour le travail aux pièces, les conditions de paiement sont fixées de gré à gré ; — toutefois le paiement doit avoir lieu, au plus tard, le premier jour de paiement qui suit l'achèvement de l'ouvrage. — Cf. loi *russe* (art. 12). — Des prescriptions analogues figurent dans les projets *italien*, *hollandais*, etc.

Rentrent dans le second groupe (lois interprétatives de volonté), les lois *autrichienne*, *hongroise*, *norvégienne*. Ces lois posent en principe que le paiement a lieu chaque semaine ; mais elles admettent toutes conventions contraires.

La législation *allemande* doit, à ce point de vue, être classée à part. En principe, cette loi abandonne à la libre convention des parties le soin de déterminer l'époque du paiement. Toutefois, cette liberté comporte un double tempérament : *a*) les communes peuvent, pour certaines industries, imposer le paiement des salaires à intervalles réguliers (art. 119 *a*) ; *b*) dans les fabriques occupant vingt ouvriers au moins, le règlement d'atelier (obligatoire, v. *infra*), *doit*, entre autres mentions réglementaires, déterminer l'époque et le lieu du paiement des salaires (art. 134 *a*).

Il serait à craindre, si ce texte, accepté par la Chambre en 1898, venait à prévaloir, que les conventions dérogatoires ne devinssent de style ; seule, l'obligation stricte de payer à intervalles réguliers, avec fixation d'un maximum d'intervalle (combinée avec la réglementation des retenues pour avances, v. *infra*), serait susceptible de couper court aux abus signalés plus haut.

IV. — Mesures tendant a assurer a l'ouvrier, a l'encontre du patron, le paiement intégral du salaire

970. — Les risques du salaire. — Si l'ouvrier a intérêt à être payé régulièrement, il a encore plus besoin d'être payé intégralement ; attendu qu'il n'a pas trop de tout son salaire pour vivre et faire vivre les siens. Affranchir l'ouvrier de tous les risques qui peuvent le priver de son salaire intégral, protéger ce salaire contre le patron et contre les créanciers, soit de l'ouvrier, soit du patron, voire même contre le mari ou le père s'il s'agit du salaire de l'ouvrière mariée, ou de l'enfant, tel doit être, en notre matière, l'objectif essentiel du législateur. Or, à ce point de vue, jusqu'à ces dernières années, le législateur français était demeuré dans une inaction regrettable.

Effectivement, l'ouvrier français, avant les lois de 1894, de 1895 et de 1898 était exposé à des risques multiples, dont la réalisation pouvait le réduire, lui et sa famille, à la misère la plus complète.

Tout d'abord, il subissait des retenues notables sur son salaire, en vue de versements dus à des caisses de secours ou de retraites, ou à des compagnies d'assurance contre les accidents. Le patron pouvait aussi lui imposer des retenues pour se rembourser d'avances antérieures, faites en argent ou en fournitures diverses (outils, aliments, vêtements, etc.), ou à titre d'amendes pour malfaçons, ou pour contravention au règlement de l'usine. Enfin son salaire pouvait être frappé de saisie-arrêt à la requête d'un de ses créanciers.

D'autre part, l'ouvrier était exposé à se voir privé de tout ou partie du salaire qui lui était dû, par suite de la faillite ou déconfiture de son patron, ou dépouillé, par suite des mêmes événements, des fonds déposés sous forme de retenue de salaire dans une caisse gérée par le patron, ces fonds faisant partie de l'actif général de la masse. Il courait aussi le risque de perdre tout moyen d'existence dans l'avenir, s'il était victime d'un accident du travail, non imputable au patron, et que celui-ci n'eût pas jugé opportun d'assurer son personnel, assurance onéreuse d'ailleurs pour le bénéficiaire.

Enfin, l'ouvrière mariée, ou le mineur, pouvaient (et le mineur peut encore, v. *infra* n° 1026) se voir dépouiller de leur salaire par un abus de pouvoir du mari ou du père qui, dans la classe ouvrière, exploitent trop souvent le travail des personnes placées sous leur autorité et dissipent leur paie au cabaret.

Autant de dangers graves pour l'ouvrier, dont une législation prévoyante pourrait et devrait le préserver, dans une certaine mesure tout au moins. Une revue rapide de ces différents risques nous permettra de constater qu'un progrès a été réalisé en France, à cet égard, par suite de la promulgation des lois des 29 juin 1894, 12 janvier 1895, 27 décembre 1895, 9 avril 1898 et 13 juillet 1907, mais que néanmoins l'œuvre réformatrice est seulement ébauchée, et qu'il reste encore beaucoup à faire pour la parachever.

Examinons tout d'abord les mesures législatives édictées ou projetées en vue de protéger le salaire *à l'encontre du patron lui-même.*

A. Taux des retenues sur les salaires, en vue des versements a des caisses de secours ou de retraite, et assurances diverses. —

971. — Le système des retenues pratiquées sur le salaire à l'effet de prémunir les ouvriers contre les principaux risques qui les menacent est très équitable, mais à une triple condition :

1° Que l'Etat exerce, sur l'emploi et l'affectation des retenues, un contrôle sérieux, à l'effet de prévenir, soit la dilapidation des fonds par le patron, soit leur absorption par sa faillite (sur l'organisation de ce contrôle par les lois de 1894 et 1895, v. *infra* n° 1027);

2° Que le patron ne fasse pas supporter à l'ouvrier l'assurance de certains risques qui logiquement doivent être englobés dans les frais généraux de l'entreprise. Ainsi, et pour ne citer qu'un exemple, les accidents du travail sont de ce nombre, en vertu du risque professionnel. C'est donc le patron qui seul devra acquitter les primes de l'assurance-accident [1] ;

3° Que les retenues, même justifiées dans leur principe (ex. : retenues en vue de versement à une caisse de secours et de maladie ou à une caisse de retraites contre l'invalidité ou la vieillesse) n'absorbent pas une part excessive du salaire qui est indispensable à l'ouvrier pour vivre. Il est bon, sans doute, d'assurer l'avenir, mais à la condition de ne pas s'imposer dans le présent des privations excessives, dangereuses pour la santé ou l'existence même.

972. — A cette préoccupation légitime se rattache tout d'abord

---

[1] Trib. civ. Seine, 22 septembre 1899, D. 1900, 2, 17, et la note Dupuich. La loi de 1898 sur les accidents industriels est formelle en ce sens, car elle met l'indemnité *à la charge du chef d'entreprise* (art. 1er et 30). — Pour plus de développements, v. n° 1133, *infra*.

l'ensemble des mesures édictées par le législateur en vue de favoriser les sociétés de secours mutuels :

a) Loi du 31 décembre 1895 [1] tendant à majorer à l'aide d'un crédit spécial de 2 millions inscrit au budget, les pensions des titulaires des livrets individuels de la Caisse nationale des retraites et des membres des sociétés de secours mutuels qui servent des retraites (v. *infra*, n° 1030).

b) Loi du 1er avril 1898. Nous reviendrons ultérieurement sur cette loi (titre IV *infra*) ; mais il convient de signaler ici celles de ses dispositions (art. 18 et 21) tendant à assurer la fixité de l'intérêt servi par la Caisse des dépôts et consignations, et conférant aux sociétés approuvées toute une série d'avantages pécuniairement appréciables, exemptions de taxes, gratuité des locaux, dont l'effet indirect est de permettre aux dites sociétés de fournir des secours relativement élevés aux adhérents, moyennant des versements très modiques.

Au même ordre d'idées, se rattachent : — 1° La loi du 29 juin 1894, qui a rendu obligatoire la constitution dans toutes les exploitations minières de caisses de secours et de retraite suivant certains types, et ordonné pour la formation du capital constitutif des pensions de retraite le versement à la Caisse nationale des retraites d'une somme égale à 4 0/0 des salaires, dont la moitié prélevée sur les salaires et la moitié à fournir par l'exploitant lui-même (V. *infra*, n° 1029) ; — 2° La plupart des projets d'assurance obligatoire contre la vieillesse ou l'invalidité, faisant appel à la contribution des patrons et de l'Etat (V. titre IV, *infra*).

B. Paiement par compensation. — **973**. — **La crise des économats patronaux.** — Si, en pratique, le paiement du salaire par compensation est prohibé (art. 4, L. du 12 janvier 1895), c'est, nous l'avons vu (n° 967, *supra*), pour réagir contre les pratiques abusives des *économats*.

Les économats, même organisés dans un but exclusivement philanthropique, sans aucune arrière-pensée de spéculation, présentent des inconvénients qui justifient leur réglementation législative, peut-être même leur prohibition absolue (V. *supra*, n° 967). Tout d'abord, l'économat porte une certaine atteinte à la liberté de l'ouvrier. Même

[1] Cohendy et Darras, *C. com. annoté*, append., p. 1290. — Cette loi a été modifiée à plusieurs reprises par les lois de finances (L. 13 juill. 1896, 12 avr. 1898, 30 mars 1899, 25 févr. 1901, 30 mars 1902). — Cf. décret organique du 9 juin 1896. — V. aussi décret du 20 juillet 1902 (*Bull. Off.*, 1902, p. 557), sur la répartition, en 1902, des majorations prévues par la loi de 1895, et arrêté du ministre du travail du 27 févr. 1907.

lorsque, théoriquement, les ouvriers demeurent libres de s'approvisionner ailleurs, en fait, ceux qui ne s'adressent jamais à l'économat sont vus avec défaveur. Cette liberté disparaît même complètement lorsque l'ouvrier (et il en est ainsi dans les exploitations minières) reçoit en paiement de son salaire, au moins pour une certaine quote-part, des bons ou jetons d'une valeur conventionnelle qu'il ne peut écouler qu'à l'économat. Nous retrouvons alors tous les abus du truck system.

Supposons même que l'ouvrier ait toute liberté de s'approvisionner où il lui plaît. Fréquemment, il aura recours à l'économat, où il n'a pas besoin de payer comptant, puisqu'un compte lui est ouvert. Ce crédit offre un danger grave : vienne le jour de la paye, l'ouvrier subira une retenue, correspondant au montant de son compte débiteur. Si cette retenue est trop forte, on renouvellera son crédit, pour lui avancer un peu de numéraire. Mais ces renouvellements successifs grossiront son compte débiteur et le riveront à l'usine.

974. — La classe ouvrière s'est insurgée contre cette dépendance dans laquelle l'économat la maintient[1]. Les petits détaillants, gravement lésés par ces ventes au prix du gros, ont habilement exploité ces défiances ; si bien qu'un grand nombre d'économats ont dû, ou disparaître, ou se transformer. Les patrons se sont mis à vendre au prix du commerce et ont partagé les bénéfices, dans des proportions données, avec leurs ouvriers. Cette participation aux bénéfices, elle-même, n'est qu'une étape dans la voie de la transformation des économats patronaux en coopératives de consommation, favorisées, mais non pas dirigées par le patron.

Si le législateur ne croit pas devoir aller jusqu'à leur suppression (votée en 1907 par la Chambre française, v. *supra*, nº 967), tout au moins lui appartient-il d'activer cette évolution très désirable, d'une part en favorisant, par une législation très libérale (encore projetée en France), le développement des coopératives ; d'autre part, en édictant certaines mesures destinées à parer aux abus les plus graves.

975. — Loi de 1895 : compensation interdite à raison des fournitures. — L'abus le plus certain, c'est le crédit offert à l'ouvrier, sans risque pour le patron, c'est par suite le paiement en nature substitué au paiement en numéraire : aussi la loi du 12 janvier 1895 (art. 4) interdit-elle toute compensation entre le salaire échu et la créance du patron pour fournitures d'aliments, vêtements, etc., même de loge-

---

[1] V. *supra* (nºs 966 et 967) l'exposé des principales législations étrangères, ainsi que l'analyse du projet de loi français tendant à la suppression des économats.

ment, car le texte est général, et le législateur n'y apporte que deux exceptions, mentionnées ci-après [1].

Le patron n'a, par suite, que les droits des créanciers ordinaires et, comme eux, il ne pourra que se payer, à l'aide d'une saisie-arrêt, sur le dixième saisissable du salaire. C'est un moyen d'engager le patron à pratiquer le plus possible le paiement au comptant, le seul qui ne risque point d'endetter l'ouvrier [2].

La prohibition pour le patron de compenser sa dette de salaire avec sa créance de fournitures reçoit exception dans les deux cas suivants : 1° à raison des fournitures d'outils ou instruments nécessaires au travail ; 2° des matières et matériaux dont l'ouvrier a la charge et l'usage. Peuvent également être compensées les sommes avancées pour l'acquisition de ces mêmes objets.

Cette double exception est justifiée par l'intérêt de l'ouvrier, auquel on facilite le travail. Notons que cet article, bien que se référant *in terminis* aux seuls ouvriers, doit être étendu, par identité de motifs, à tous les salariés visés par la loi, par conséquent aux employés.

Il semble que, pour les fournitures spécifiées au texte, la loi admette la compensation, sans limitation de taux. Faut-il donc en conclure que le patron pourrait, au jour de la paye, retenir, pour se couvrir des avances faites, l'intégralité du salaire ? Cette conclusion serait exagérée. Le salaire a un caractère alimentaire. Le juge pourra donc user du pouvoir d'appréciation qui lui était reconnu dès avant la loi du 12 janvier 1895, et arbitrer librement la quote-part de numéraire qui reviendrait à l'ouvrier. — Cf. Cézar-Bru, *Saisie-arrêt des salaires*, p. 16.

976. — Sanction. — La prohibition de l'article 4 est d'ordre public, ainsi que le prouvent le texte, le but de la loi et les travaux préparatoires. On ne pourrait donc y déroger ni expressément, ni tacitement. La nullité absolue d'une telle compensation pourrait être invoquée par tout intéressé, par l'ouvrier comme par ses créanciers, et constatée par le juge en tout état de cause, même d'office [3].

---

[1] Le législateur français a pensé sans doute qu'en fait de logement, comme en fait de fournitures d'aliments, la coopérative devait être encouragée de préférence au patronage. Il favorise les sociétés de logement à bon marché (L. 30 nov. 1894, et 12 avril 1906, v. *infra*, titre IV) ; il croit inutile d'encourager les patrons à fournir eux-mêmes le logement à leurs ouvriers, d'où le silence de l'article 4 sur cette catégorie de fournitures.

[2] V. D. 95, 4, 13, note 4. — Pour le commentaire de la loi de 1895, v. la bibliographie citée *infra*, n° 998.

[3] Pratiquement, du reste, cette nullité, purement civile (la loi de 1895 n'édictant aucune sanction pénale) ne saurait avoir qu'une efficacité bien relative au regard des patrons qui voudraient, au mépris de la loi, se rembourser de leurs fournitures par

C. Retenues pour avances en numéraire. — **977.** — En ce qui concerne les avances en numéraire, autres que celles spécifiées en l'article 4, le législateur de 1895 s'est arrêté à un moyen terme, entre la prohibition et la liberté complète. Avant d'exposer l'économie de l'article 5, relatif à cette catégorie d'avances, il nous paraît intéressant de marquer les étapes parcourues, ne serait-ce que pour apprécier le progrès réalisé sous ce rapport par notre législation de 1895.

1re *Etape*. — Depuis les lettres patentes du 2 janvier 1749 [1], confirmées par celles du 12 septembre 1781, jusqu'à la loi du 14 mai 1851 (en exceptant la période révolutionnaire du 17 mars 1791 au 22 germinal an XI), la loi assure au patron la restitution de ses débours, en lui conférant un droit de rétention à l'encontre de l'ouvrier, énergiquement garanti par l'institution du *livret*, rétabli par la loi du 22 germinal an XI (V. *supra*, n° 915, et *infra*, nos 1150 et s.) [2]. Pour que le patron conserve un privilège, lorsque l'ouvrier l'a quitté, il lui suffit d'inscrire sa créance sur le livret : d'où privilège pour le patron sur les autres créanciers, saisie-arrêt opérée de plein droit, sans intervention de justice. Il peut garder le livret par devers lui tant qu'il n'est pas payé, et comme on ne doit pas recevoir un ouvrier s'il n'est muni d'un livret portant l'acquit de ses engagements, il en résulte pour le patron créancier d'avances une véritable mainmise sur la personne même de l'ouvrier !

Une telle législation était aussi favorable au patron, qui pouvait à son gré conserver ou renvoyer les ouvriers avec la certitude de rentrer en tout cas dans ses avances, que vexatoire pour le travailleur, qu'elle « attachait en quelque sorte à la glèbe industrielle ». Au dire d'un contemporain : [3] « Le malheureux ouvrier qui n'a pas craint de faire quelques pas dans la voie des emprunts, ne peut bientôt plus s'acquitter et devient, il faut le dire, *l'esclave de son maître*. Il est une ville où les ouvrières en dentelles, gagnant 0 fr. 40 par jour, reçoivent des avances de 300 francs. Que d'années ne leur faudra-t-il pas pour reconquérir la liberté de leur travail ! ».

---

un prélèvement sur les salaires échus. Aussi la loi de 1895 est-elle restée sans effet sur les abus des économats. Elle n'interdit pas, au surplus, le paiement en jetons. — La jurisprudence interprète d'ailleurs strictement la loi. Ainsi jugé que la prohibition édictée par l'art. 4 ne saurait être étendue au cas où la créance du patron contre l'ouvrier provient d'une condamnation de ce dernier à des dommages-intérêts pour rupture intempestive du contrat de travail. — Civ. cass., 31 mai 1907, *Mon. jud. Lyon*, 12 juin 1907.

[1] Marc Sauzet, *Essai historique sur la législation industrielle de la France* (*Rev. d'écon. polit.*, 1892, p. 391).

[2] Marc Sauzet, *Le livret obligatoire des ouvriers* (*Rev. critique*, 1890).

[3] Dr Villermé, *Rapport sur l'état physique et moral de l'ouvrier*, Mémoire à l'Académie des sciences morales et politiques, 1837, p. 94.

978. — 2e *Etape.* — Du 14 mai 1851 au 2 juillet 1890, le patron n'a plus qu'une de ces deux prérogatives. Le droit de rétention du livret, droit exorbitant qui lui permettait de dompter l'ouvrier par la famine, a disparu. Mais le patron demeure investi d'un privilège pour le remboursement de ses avances, jusqu'à concurrence de 30 francs.

La loi de 1851 obligeait, en effet, le nouveau patron, dans le cas où le livret mentionnait des avances consenties à l'ouvrier par l'ancien patron, à retenir le montant de ses avances par voie de prélèvement de 1/10 sur le salaire journalier de l'ouvrier (jusqu'à concurrence de 30 fr. au maximum), et à les restituer à l'ancien patron, qui, par ce moyen, était certain de rentrer dans ses déboursés.

979. — 3e *Etape.* — La loi du 2 juillet 1890 a abrogé le livret, donnant satisfaction aux ouvriers qui se plaignaient, non sans raison, d'être tenus en suspicion et placés, quoique citoyens libres, sous une véritable surveillance de la haute police.

La disparition du livret entraîna celle du privilège du patron ; sa créance pour avances rentra dans le droit commun. Il pouvait seulement se rembourser par des retenues sur le salaire, faites jusqu'à concurrence de la somme fixée par convention avec l'ouvrier, retenir la totalité du salaire dû, en cas de départ de l'ouvrier débiteur, enfin pratiquer une saisie-arrêt, faculté dont il usait rarement, en fait, par crainte d'exposer des frais inutiles.

On ne pouvait cependant rendre les avances impossibles au patron ; c'eût été livrer les salariés à l'usurier. D'autre part, il fallait défendre l'ouvrier contre les conditions trop dures des patrons[1]. Il était à craindre que certains d'entre eux n'eussent recours à des avances exagérées pour enchaîner la liberté de leurs ouvriers. C'est pourquoi l'article 5 de la loi du 12 janvier 1895 s'est arrêté à une solution transactionnelle, consistant à autoriser le remboursement, mais en limitant les retenues du patron au *dixième du salaire.*

980. — **La législation actuelle : retenue du dixième.** — L'avance, prévue par l'article 5, ne doit pas être confondue avec l'acompte. L'acompte n'est que le paiement partiel fait par le patron de sa dette. Bien évidemment, il peut, au jour de la paie, retenir l'intégralité des acomptes qu'il a déjà payés. L'avance, au contraire, est un prêt, spontanément consenti par le patron à son ouvrier. C'est à ce prêt seul que s'applique la disposition restrictive de l'article 5.

Le dixième, mentionné en l'article 5, ne se confond du reste ni avec

---

[1] Conseil supérieur du travail, 1re session.

le dixième saisissable, gage commun des créanciers de l'ouvrier, ni avec le dixième cessible, quote-part laissée à l'ouvrier pour soutenir son crédit (V. *infra*, n° 994). C'est une quote-part affectée, par une sorte de privilège spécial, au patron créancier. Par des retenues successives de ce dixième, au jour de chaque paye, le patron parviendra donc à se rembourser de ses avances, sans avoir à redouter le concours des autres créanciers de l'ouvrier. Mais il ne saurait augmenter l'étendue de son gage en pratiquant une saisie-arrêt *sur soi-même*, à l'effet de s'attribuer le dixième saisissable, ce qui équivaudrait à un paiement par compensation, interdit par l'article 4. Ce dixième saisissable est le gage commun de tous les créanciers auprès desquels l'ouvrier a besoin de se ménager un peu de crédit, et le patron ne peut, sur cette quote-part, que venir au marc le franc (Cf. J. Appleton, *La saisie-arrêt sur soi-même*).

Peut-être, cependant, pourrait-il, si l'ouvrier n'en a pas encore disposé, se faire céder le dixième cessible ; car, dit-on, ce que la loi a entendu interdire, c'est le paiement forcé par voie de compensation, mais non pas le paiement *volontaire*, tel qu'il résulte d'une cession.

981. — L'on remarquera que l'article 5 de la loi de 1895 statue uniquement en vue de l'hypothèse d'un ouvrier, débiteur d'avances, demeuré au service du patron : la loi nouvelle prend ainsi le contrepied de la loi ancienne (loi de 1851) qui, envisageant surtout l'intérêt patronal, s'était ingéniée à assurer à l'ex-patron le remboursement des avances par lui faites à son ancien ouvrier. Aujourd'hui, le patron qui, pour une cause quelconque, signifie congé à son ouvrier, n'a plus aucun privilège sur les salaires de celui-ci, à l'effet de se rembourser de ses avances : il n'est plus, de ce chef, qu'un créancier chirographaire ordinaire.

La situation respective des parties, par suite de l'abrogation du livret (lois de 1890 et 1895 combin.) est donc complètement renversée. Avant la loi de 1895, le patron pouvait, sans grand risque, congédier l'ouvrier auquel il avait consenti des avances, puisque les salaires futurs lui étaient affectés. Depuis la loi de 1895, c'est l'ouvrier débiteur d'avances qui, assuré de toucher en numéraire les 7/10 de son salaire [1],

---

[1] Encore faut-il supposer, pour que son salaire subisse une retenue aussi forte, qu'une saisie-arrêt ait été pratiquée sur le premier dixième par un ou plusieurs de ses créanciers, qu'il ait cédé par avance un dixième de son salaire à l'un de ses créanciers qu'il a voulu avantager, et que son patron actuel lui ait fait une avance en numéraire.

Pour que, dans l'état présent de la législation, un ouvrier puisse être exposé à subir une retenue excédant les trois dixièmes de son salaire, il faut imaginer un ouvrier qui, en dehors des trois causes de retenues précitées, se trouverait être : ou

peut, sans risques, donner congé à son patron, lequel a tout intérêt à le conserver. Le régime nouveau a donc affranchi entièrement les ouvriers de la quasi-servitude qui pesait sur eux, tant qu'ils n'avaient point réussi à se libérer de leur dette envers le patron.

D. Règlements d'atelier ; retenues pour amendes et malfaçons [1]. — **982.** — Des retenues pour avances, il convient de rapprocher les retenues pour amendes et malfaçons. Ces amendes étant la sanction ordinaire des règlements d'ateliers, et toute législation complète sur les amendes impliquant une législation sur les règlements d'atelier, nous étudierons tout d'abord ces derniers, sauf à examiner ensuite les réformes législatives propres à remédier aux abus des amendes.

Du règlement d'atelier. — Le règlement d'atelier est la loi intérieure de l'usine. Il consiste dans un ensemble de prescriptions, les unes interprétatives de volonté, les autres, en plus grand nombre, impératives ou même comminatoires, et sanctionnées par des amendes ou des pénalités graduées. Dès son entrée dans l'usine, l'ouvrier est censé accepter toutes les clauses du règlement. Le patron peut toujours le modifier pendant la durée d'engagements en cours, ce qui met les ouvriers dans l'alternative de partir ou de continuer leur travail dans des conditions nouvelles. On voit par ce défaut d'accord préalable des volontés des deux parties contractantes, que le règlement d'atelier, tel qu'on le conçoit en France, n'a que l'apparence d'une convention. C'est moins un contrat de salaire-type qu'une déclaration unilatérale de volonté du patron, sorte d'acte de souveraineté, d'application abusive de l'adage familier « charbonnier est maître chez lui ».

Ce règlement diffère aussi, en général, du contrat de salaire-type en ce que presque jamais il ne mentionne le taux des salaires, objet essen-

---

débiteur de fournitures visées par l'art. 4 *in fine* de la loi de 1895, pour lesquelles la compensation est recevable ; ou débiteur de versements destinés à alimenter une caisse de secours ou de prévoyance à laquelle les salariés se sont engagés à contribuer ; ou passible d'amendes pour infraction au règlement de l'atelier ou malfaçon (les amendes n'étant point encore réglementées en droit français).

[1] Bibliographie : Cailleux, *La législation belge sur les règlements d'atelier*, 1900, et *La question des règlements d'atelier en France* (*Rev. d'écon. polit.*, 1901, p. 890 et 895. — Cf. ouvrages précités de Bodeux, Hubert-Valleroux, Glatard, Cornil, Hanssens sur le *contrat de travail*, de Lambert, Bender, Caron, Ambroise sur la *protection du salaire*. — V. aussi Morisseaux, *La législ. du travail*, I, p. 470 ; Georgeot, *Les amendes du travail* (*Rev. prat. de dr. industriel*, 1896, p. 329) ; *Les amendes ouvrières* (*Mouv. socialiste*, janv. 1899 ; Vermale, *Truck system et amendes* (*Quest. pratiques*, avril 1901) ; Imbert, *Des rapports entre patrons et ouvriers dans la grande industrie*, 1904 ; H. Lolle, *La question des règlements d'atelier*, 1904 ; Igier, *Retenues sur les salaires opérées pour le compte du patron*, 1905.

tiel du contrat, les patrons n'aimant pas à se lier d'avance par une déclaration formelle. Le plus souvent, l'on se borne à y insérer une série de prescriptions relatives à la police de l'atelier, aux heures d'entrée et de sortie, à la discipline, aux malfaçons, aux époques et modes de paiement des salaires, aux causes de congé, avec les pénalités afférentes [1].

983. — *Jurisprudence française.* — La jurisprudence décide qu'avant de déclarer obligatoire le règlement, il appartient aux tribunaux de rechercher en fait s'il a été connu et librement accepté par l'ouvrier, lors de la formation du contrat de travail [2].

La preuve que l'ouvrier a eu connaissance du règlement et qu'il s'y est soumis implicitement, peut d'ailleurs se faire par témoins, et même par simples présomptions ; la production d'un écrit, contenant l'adhésion formelle du travailleur auquel on l'oppose, n'est nullement indispensable. — Cass. 16 janv. 1866, S. 66, 1, 7. — V. aussi trib. com. Seine, 17 mars 1894, *Le Droit,* 3 janv. 1895.

Et, lorsque les tribunaux ont constaté, en fait, que l'ouvrier a eu connaissance du règlement, il ne leur appartient pas de réduire les amendes infligées en conformité de ses prescriptions, même s'ils les considèrent comme excessives. Leur seul droit est, après vérification des clauses justificatives, d'en constater l'application, conformément au principe général que les conventions font la loi des parties [3].

---

[1] V. à titre de spécimen, le règlement des verreries de Bruai, rapp. par Lambert, p. 199.

[2] Cass., 17 janvier 1906, D. 1906, 1, 241 ; 16 juillet 1906, D 1906, 1,503 ; Trib. com. de Nantes, 9 février 1889, *Gaz. Pal.*, 1901, *Suppl.*, 39 (Ce jugement paraît même exiger que l'ouvrier ait signé le règlement).— V. aussi Cass., 24 janv. 1906, D. 1906, 1, 255. — Dans le même sens, Baudry-Lacantinerie et Wahl, *Contrat de louage*, 2e éd., n° 1680.

[3] Cass., 14 février 1866, D. 66, 1, 84 (amende de 10 francs infligée pour le fait d'être entré dans l'atelier avec des sabots) ; Trib. com. Seine, 17 mars 1894, *Le Droit*, 3 janvier 1895 (jugement refusant à un cocher de la Compagnie des Omnibus de Paris la restitution des amendes retenues sur son salaire pendant une période de douze ans) ; Cass., ch. civ., 17 janvier 1906, D. 1906, 1, 241 ; Toulouse, 6 juin 1904, D. 1905, 5, 9. — Cf. Civ. cass., 7 août 1877. D. 78, 1, 384. — A plus forte raison, si les bases du salaire ont été déterminées dans le règlement, les tribunaux se refusent-ils à allouer une rémunération plus forte, quelque réduit que soit le taux pratiqué dans l'établissement (Cass., 30 déc. 1852, D. 53, 1, 95 ; 12 déc. 1853, D. 54, 1, 20)... ou à allouer comme obligatoires les primes prévues d'après le mode d'exécution du travail, si le règlement qui les prévoit dit qu'elles seront facultatives de la part du patron (Civ. cass., 15 avril 1872, D. 72, 1, 176). — V. Dalloz, *Suppl. au Rép.*, v° *Travail*, nos 100 et s. — V. Cependant les réserves formulées par nous *supra*, à propos du vice du consentement (n° 921). — Sur les difficultés, tranchées par une série d'arbitrages, auxquelles donna lieu, en novembre 1902, le maintien des primes dans les exploitations minières, v. *Bull. de l'Off. du trav.*, 1902, p. 763, 865.

A cette liberté excessive dont jouissent les patrons, d'après la législation française actuelle, pour la rédaction et la publicité des règlements, deux sortes de remèdes peuvent être apportés ; les uns proviennent de l'initiative privée, les autres de l'intervention de l'Etat.

984. — L'initiative privée peut s'exercer sous deux formes : en poussant à la création soit de conseils d'usine, soit de commissions mixtes de patrons et d'ouvriers, englobant tous les établissements similaires d'une ville, d'une région ou d'une profession ; en fortifiant l'action des syndicats professionnels. Il n'est pas besoin de signaler à nouveau l'efficacité des groupements syndicaux au point de vue de la défense des salaires (V. *supra*, nos 567 et s.), ni d'insister ici sur les heureux effets, au point de vue de la pacification des rapports entre patrons et ouvriers, que peuvent produire les conseils d'usine ou les commissions mixtes, discutant librement avec les patrons les questions litigieuses (V. *supra*, no 333, et titre III, *infra*).

985. — *Nécessité de l'intervention législative.* — Mais, dans les pays mêmes où les institutions arbitrales ou syndicales se sont le plus développées, l'on a reconnu la nécessité d'une intervention législative directe, se manifestant sous un triple aspect :

1° La loi doit rendre le règlement d'atelier obligatoire, au moins dans la grande et la moyenne industrie, c'est-à-dire dans les établissements employant, par exemple, plus de vingt ouvriers (établissements soumis à la loi de 1848, v. *supra*, n° 817). En effet, lorsque ce règlement n'est pas l'œuvre exclusive du patron, il a pour les ouvriers cet avantage sérieux de les protéger contre l'arbitraire.

2° L'élaboration du règlement ne doit pas appartenir au patron seul. Nous admettons qu'il soit rédigé par le patron, car il serait très difficile en fait, comme le réclame le groupe socialiste, d'en confier la rédaction à une commission mixte, composée de délégués du patron et des ouvriers. Mais il est bon de reconnaître aux ouvriers un droit consultatif, en n'autorisant la mise à exécution d'un règlement qu'après avoir provoqué les observations et les critiques des intéressés. Le règlement puiserait ainsi sa force obligatoire dans un contrat véritable, précédé d'une libre discussion. Il convient aussi de subordonner sa mise en vigueur sinon à l'homologation, tout au moins à l'examen préalable de l'autorité administrative, de l'inspecteur divisionnaire de la circonscription par exemple.

3° Tout règlement doit être porté à la connaissance des intéressés : et ce, non pas tant par voie d'affiche, que par la remise d'une copie à chaque intéressé [1]. Connaissant la teneur de ses engagements, l'ouvrier s'interdirait virtuellement toute protestation contre les pénalités encourues.

986. — *Lois étrangères.* — C'est dans cet esprit que sont rédigées toutes les lois étrangères récentes : — Codes industriels *suisse* (L. 23 mars 1877, amendée par la loi du 26 juin 1902, *Bull. Offic. trav.*, 1902, 549), *hongrois* (L. 21 mai 1884), *autrichien* (8 mars 1885), *allemand* (L. 1er juin 1891 et 30 juin 1900, art. 134 *a* à 134 *h*), lois *russe* du 3 juin 1886 et *norvégienne* du 27 juin 1892 ; loi *belge* du 15 juin 1896 (*Ann. de lég. étr.*, 1897, p. 481) sur les règlements d'atelier [2].

Toutes ces lois prescrivent la publicité du règlement sous certaines sanctions pénales, toutes le déclarent obligatoire pour les établissements occupant un nombre déterminé d'ouvriers (10 en Belgique, 20 en Allemagne, Autriche, 25 en Norvège). Toutes exigent, avant sa mise en vigueur, l'homologation de l'autorité supérieure, ou soumettent tout au moins son application (*sic* : loi belge) à la consultation collective des ouvriers (art. 26), au contrôle permanent de l'inspecteur du travail et des conseils de prud'hommes. Enfin la plupart (Allemagne, Hongrie, Russie exceptées), reconnaissent aux ouvriers un certain droit d'observation et de critique.

987. — *Projets français.* — En France, la question des règlements

---

[1] Cela existe déjà dans certaines industries (*Compte rendu des séances du Conseil supérieur du travail*, juin 1905, p. 36).

[2] De toutes ces lois, la loi belge de 1896 est la plus complète. Aux termes de l'article 1er de cette loi, dans toutes les entreprises industrielles et commerciales, ainsi que dans les services publics, employant dix ouvriers au moins, un règlement d'atelier écrit doit fixer l'horaire du travail, le taux des salaires, le recours contre les surveillants, le délai de congé, le taux et l'emploi des amendes. — Avant d'entrer en vigueur, tout règlement nouveau ou tout changement à un règlement ancien doit être porté à la connaissance des ouvriers par voie d'affiche. Pendant huit jours au moins, à partir de l'affichage, un registre est tenu à la disposition des ouvriers pour y consigner leurs observations; dans le même délai, chaque ouvrier peut adresser individuellement et par écrit ses observations à l'inspecteur du travail du ressort (art. 7). Le règlement ne peut entrer en vigueur que quinze jours après l'affichage. Des règlements-types, rédigés par les Conseils de l'industrie et du travail, sont proposés aux chefs d'industrie (art. 6). — Sur la loi belge, cons. notamment : Cailleux, *op. cit.*; d'Anethan, notice dans le *Bull. Soc. de législ. comp.*, 1897, p. 382; *Ann. de dr. comm.*, 1900, p. 40; Vandervelde, *La loi belge sur les règlements d'atelier.*

Il est intéressant de noter qu'en Allemagne, depuis la loi de 1900, comme en Belgique, le règlement d'atelier est obligatoire dans les *magasins* comme dans les *fabriques*. L'article 139 *k* du Code industriel allemand, révisé en 1900, est en effet ainsi conçu : « Pour chaque magasin où vingt aides et apprentis au moins seront régulièrement occupés, il devra être établi un règlement de travail... ».

d'atelier est depuis longtemps soumise au Parlement, mais elle ne semble pas près d'aboutir.

Dès 1890, la Chambre était saisie d'une proposition Ferroul [1], exigeant l'approbation préalable du règlement par une commission dite du travail, instituée dans chaque centre industriel, composée d'un nombre égal de délégués ouvriers et de délégués patronaux. Les amendes n'auraient pu être infligées qu'avec l'autorisation, ou plutôt par jugement de ladite commission, dont les patrons seraient en quelque sorte devenus les justiciables.

Ce projet, dû à l'initiative du parti socialiste, était impraticable. Aussi la commission qui en était saisie en élabora-t-elle un autre conçu dans un tout autre esprit, conférant le droit d'homologation au conseil des prud'hommes ou, à défaut de prud'hommes, au juge de paix, prescrivant l'affichage et la remise d'une copie aux intéressés. Ce texte fut adopté par la Chambre le 3 novembre 1892.

Ce système fut vivement critiqué par le Sénat [2]. On fit remarquer qu'il était illogique de conférer le droit d'homologation aux prud'hommes, confondant ainsi en eux les pouvoirs de législateurs et de juges. D'autre part, la Chambre n'ayant pas rendu les règlements d'ateliers obligatoires, il était à supposer que les patrons préféreraient abroger tous leurs règlements, plutôt que de les soumettre à l'homologation. Le Sénat, s'étant refusé à entrer dans la voie de l'obligation, supprima les articles du projet relatifs à l'homologation, et se borna à prescrire la *publicité* des règlements, préalablement à leur mise en vigueur. « Tout règlement d'atelier, — décide l'article 4, § 1er, du projet adopté par le Sénat le 27 avril 1894, et par la Chambre le 8 décembre 1898, — doit, pour être applicable, avoir été déposé, depuis un mois, au secrétariat du conseil de prud'hommes ou, à défaut, au greffe de la justice de paix, et affiché bien en vue dans les ateliers ».

Depuis 1898, la question n'a fait l'objet d'aucun débat nouveau devant le Parlement. Signalons toutefois l'insertion, dans le projet sur le contrat de travail déposé par le Gouvernement en 1906, d'un titre complet sur les règlements d'atelier (tit. III, art. 22 à 31). Ce titre, manifestement inspiré de la loi belge, sauf qu'il ne rend point le règlement d'atelier obligatoire, réalise une double innovation : — 1° Le règlement d'atelier, toutes les fois que le patron estime opportun d'en édicter un, doit affecter les caractères d'un contrat de salaire-type et

---

[1] 29 mai 1890, Ch., *Doc. parl.*, n° 591, p. 870 ; rapp. Saint-Romme, 6 juill. 1892, Ch., *Doc. parl.*, n° 2262. — Cf. propos. Zévaès, 4 nov. 1898, Ch., *Doc. parl.*, n° 416. — V. *supra* la note sous le n° 967.

[2] Rapp. Maxime Lecomte, 20 juill. 1893, Sén., *Doc. parl.*, n° 204, p. 61.

déterminer notamment le mode de paiement et les époques de paiement des salaires, la durée du délai-congé, le taux des amendes et leur mode d'emploi (art. 23 et 24) ; — 2° Avant d'entrer en vigueur, tout règlement nouveau ou toute modification à un règlement ancien doit être porté à la connaissance des employés par voie d'affiche. Ceux-ci ont un délai de huit jours pour consigner leurs observations sur un registre *ad hoc*, et les adresser, s'ils le jugent à propos, au président du conseil des prud'hommes, ou, à défaut, au juge de paix. Le président ou le juge transmet ces observations au chef d'entreprise dans les trois jours de la réception, sans indiquer le nom des signataires. Après une deuxième période de huit jours, le règlement nouveau ou modifié fait l'objet d'un deuxième affichage avec la mention « observations vues ». Il entre ensuite en vigueur à l'expiration d'un délai au moins égal au délai-congé en usage dans la profession, et qui ne peut être inférieur à huit jours francs (art. 26).

La Commission du travail a cru devoir détacher ce titre III du texte adopté par elle, pour en faire l'objet d'un projet de loi spécial, dont elle n'a pas encore discuté les termes (Chambon, *Quest. prat.*, 1908, 183).

988. — De la sanction des règlements d'atelier : abus des amendes. — L'amende n'est pas l'unique sanction possible des règlements d'ateliers. Il faut y ajouter la réprimande, la mise à pied, sorte de mise en disponibilité pour un ou plusieurs jours, et le renvoi.

La *réprimande*, peine purement morale, ne saurait être réglementée. — Le *droit de renvoi*, d'autre part, ne saurait être dénié au patron, qui sans cette prérogative deviendrait le subordonné de la collectivité ouvrière, et ne serait plus qu'un gérant sans autorité ni prestige. La loi ne peut que l'obliger à des dommages-intérêts envers l'ouvrier congédié sans motifs sérieux (art. 1780 nouv., loi du 27 déc. 1890, v. sect. IV, *infra*) [1].

Le contrôle législatif ne peut donc, en principe, s'exercer utilement que relativement aux amendes et mises à pied. De cette dernière, du reste, les patrons n'abusent guère, le renvoi temporaire de plusieurs ouvriers dans un même atelier risquant de désorganiser l'usine.

Il n'est pas douteux que les amendes aient donné lieu à de fréquents abus, surtout les amendes *disciplinaires*, ne correspondant à aucun préjudice directement appréciable. Comme le truck-system, elles constituent pour certains patrons un moyen de réduire indirectement le taux des salaires. Elles sont en outre trop fréquemment infligées arbi-

[1] L'on conçoit d'ailleurs que les délais du préavis en cas de congé doivent figurer dans le règlement de l'atelier. — V. loi belge de 1896, art. 3.

trairement par des contremaîtres ou agents subalternes, sans que l'ouvrier ait la faculté de protester utilement, puisqu'en dénonçant le contremaître il risquerait fort de s'exposer au renvoi. Les enquêtes faites sous les auspices du conseil du travail démontrent que dans certaines régions les abus les plus graves ont été commis[1].

989. — *Lois étrangères.* — Pour combattre ces inconvénients, les législations étrangères les plus récentes[2] ont recours à quatre moyens combinés :

1° *Obligation d'inscrire dans les règlements d'atelier toutes les pénalités applicables.* C'est une garantie contre l'arbitraire, qui rend impossibles ces pénalités draconiennes infligées parfois par des agents trop zélés du patron pour des infractions mal définies.

2° Fixation d'un *taux maximum* au-dessus duquel les amendes ne sauraient s'élever. Quoi qu'il arrive, l'ouvrier touchera en espèces la majeure partie de son salaire, solution absolument équitable eu égard au caractère alimentaire du salaire[3].

3° *Affectation du produit intégral des amendes à des œuvres dans l'intérêt des ouvriers.* Le patron n'a plus intérêt à multiplier les amendes. Il perd le moyen d'abaisser son prix de revient par des retenues injustifiées, puisqu'elles n'entreraient pas dans sa caisse. L'expérience de la Suisse et de l'Allemagne démontre la pleine efficacité de ces dispositions, et l'utilité de l'intervention législative. Depuis leur mise en vigueur, les amendes ont à peu près disparu de certains districts industriels.

4° *Publicité des amendes infligées.* Cette publicité, c'est-à-dire l'inscription de toutes les amendes infligées, avec mention des motifs sur un registre approuvé par le patron et communiqué périodiquement aux inspecteurs du travail, est une garantie sérieuse contre l'abus des amendes infligées par des subalternes.

---

[1] V. notamment les faits cités par MM. Lyon-Caen (*Monde économ.*, 1892, t. II, p. 144); Keufer (rapp. au *Cons. sup. du travail*, 1892, t. II, p. 144); Le Gavrian (*Disc. à la Ch.*, s. du 4 nov. 1892, p. 1424); Lambert, *op. cit.*, p. 216. — Certains faits relatés, avec preuves à l'appui, sont particulièrement probants : il y est question, notamment, d'une usine de cotonnades, dans la région de la Loire, dont le directeur, arrêté pour détournements, fut convaincu de s'être approprié, pendant plusieurs années, le montant des amendes infligées par lui aux ouvriers sous les prétextes les plus futiles.

[2] Lois citées *supra*, sous n° 986. *Adde*, loi anglaise du 4 août 1896 (*Ann. de lég. étr.*, 1897, p. 44). — Cf. lois des principales colonies anglaises, et de plusieurs Etats de l'Union américaine.

[3] En Allemagne et en Suisse, l'amende ne peut dépasser, en principe, la moitié du salaire journalier. La loi russe fixe ce maximum au tiers, et la loi belge au cinquième seulement du salaire journalier.

990. — Certaines législations (Hongrie) n'ont recours qu'au premier moyen : d'autres (Suisse, Norvège) combinent les trois premiers moyens. Les plus récentes (Allemagne, Belgique) combinent les quatre moyens précités, et réduisent ainsi au strict minimum, sans cependant priver absolument le patron d'un instrument d'autorité et de discipline, les amendes infligées, soit comme nombre, soit comme taux moyen.

Quelques lois étrangères, en petit nombre il est vrai, prohibent même en principe les amendes *disciplinaires*, et n'autorisent que les retenues pour malfaçon. — *Sic* : Loi anglaise de 1896 ; lois américaines du Massachusetts (27 mars 1891, spéciale au tissage), de l'Indiana, 28 février 1899 (*Ann. de lég. du trav.*, 1899, p. 514), etc. — Ces lois procèdent de ce principe que les amendes ne correspondant pas à un préjudice appréciable éprouvé par le patron ont le caractère de *peines*; or il ne saurait appartenir à un chef d'industrie de s'ériger en *juge* (Cf. A. Fontaine, *Rev. des quest. ouvrières* : *Rev. polit. et parl.*, 1899, t. XIX, p. 154).

991. — *Projets français.* — En France, la question des *amendes* n'a pas encore été résolue par le Parlement, sauf toutefois pour les ouvriers mineurs, ces privilégiés, à certains égards, de la législation ouvrière (affectation obligatoire aux caisses des sociétés de secours, loi du du 29 juin 1894, art. 5). Mais plusieurs projets ont été déposés. Le plus radical, le projet Ferroul (V. *supra*, n° 987), ne tend à rien moins qu'à supprimer les amendes disciplinaires et à ne laisser subsister, à l'instar du droit anglais, que les retenues pour malfaçon.

Le système des amendes peut se justifier en droit. Il n'est effectivement, à la condition toutefois que le règlement qui les édicte soit entouré des garanties qui, actuellement font défaut en France, qu'une application du principe de la clause pénale. L'ouvrier accepte par avance, en se soumettant au règlement, qu'une amende forfaitaire lui soit infligée pour inexécution ou mauvaise exécution de ses engagements. Peut-être aussi pourrait-on le justifier par l'intérêt même des ouvriers. La discipline, indispensable dans tout atelier, ne peut que difficilement être maintenue par la seule autorité morale des chefs. Enlevez absolument au patron le droit d'infliger des amendes, il aura recours aux deux sanctions qui lui restent, le renvoi, qui va faire de l'ouvrier un sans-travail, et la mise à pied, qui lui impose un chômage plus ou moins prolongé, aggravé par une privation de salaire [1].

---

[1] Un contrat de travail sans amendes, — a dit M. Colson, — est « un Code pénal où l'on n'a laissé subsister que la peine de mort ».

Aussi le Sénat s'est-il refusé, en 1894, à voter le texte adopté par la Chambre en 1892, prohibant les amendes. M. Dubief ayant fait observer dans son rapport [1] que beaucoup de patrons n'avaient jamais recours à ce mode de pénalité, qu'il était donc parfaitement possible aux chefs d'industrie de n'en plus faire usage, la Chambre a persisté dans son vote, et maintenu son texte de 1892, art. 4, § 2, consacrant leur suppression (séances des 6 et 8 décembre 1898).

Depuis cette époque, le projet sommeille au Sénat. Il est singulier, ainsi que l'a fait observer M. Chambon dans son rapport, que le projet gouvernemental ait légiféré sur les règlements d'atelier sans se préoccuper des amendes, si ce n'est pour spécifier que les règlements devront en faire connaître le taux. Les deux questions sont étroitement liées, et devront être examinées simultanément par la Commission du travail.

992. — **Retenues pour malfaçons.** — Les deux projets, de la Chambre et du Sénat, réservent le droit pour le patron de pratiquer des retenues pour malfaçons. Ce sont de véritables dommages-intérêts. Le taux n'en est pas limité, sauf au tribunal des prud'hommes à statuer en cas de contestation.

Peut-être serait-il prudent, afin d'empêcher les industriels d'éluder la loi et d'infliger de véritables amendes sous couleur de dommages-intérêts pour malfaçons, de bien spécifier les hypothèses dans lesquelles les retenues pourraient s'exercer de ce chef. *A priori*, en effet, il semble difficile d'admettre que des retenues pour malfaçons puissent être infligées à un ouvrier travaillant à temps, dans l'intérieur de l'usine, sous le contrôle direct des contremaîtres. Les retenues de cette nature ne devraient, semble-t-il, être admises que pour les ouvriers travaillant aux pièces, chez eux, en dehors de tout contrôle.

Toutefois, certaines législations, afin d'éviter les abus et d'enlever au patron la faculté de fixer arbitrairement les retenues, rendent obligatoire la réception de l'ouvrage en présence d'un délégué, agent de la collectivité des ouvriers de l'établissement (loi anglaise de 1860 sur les mines), ou déterminent les procédés de mesurage et de contrôle du travail exécuté, notamment en matière de tissage (Cf. lois angl. de 1891 et du 6 juill. 1895; loi belge du 17 juin 1896). — Il y a là une lacune que tend à combler l'art. 33 du projet de loi de 1906 sur le contrat de travail [2].

---

[1] *J. Off.*, Ch., sess. extraordinaire de 1898, p. 312, annexe n° 409.

[2] V. cependant les indications données *infra* (art. 2), sur la loi du 7 mars 1850, relative aux ouvriers *tisseurs* et *bobineurs*, loi d'ailleurs rarement appliquée. — Signalons également certaines initiatives intéressantes prises par les Conseils de

993. — Retenues pour garantie. — Restent les retenues de salaire *à titre de garantie*, opérées par le patron qui se constitue ainsi un cautionnement contre le défaut d'exécution des obligations de l'ouvrier, en cas de départ illégal par exemple. Cette mesure pare à l'insolvabilité de l'ouvrier, qui ôte toute prise à une condamnation en dommages-intérêts, et lui rend léger l'oubli de ses devoirs. Les législations allemande de 1891 (art. 119 *a*), suisse de 1877, et la loi belge du 10 mars 1900 sur le contrat de travail (art. 26) autorisent ces retenues, mais en les réglementant.

Ainsi, d'après la loi belge, les prélèvements ainsi effectués sur les salaires à titre de garantie doivent être déposés aux mains d'un tiers convenu ; ils ne peuvent en aucun cas excéder le cinquième du salaire payable à chaque échéance.

En France, cette forme de retenues est encore peu usitée [1] ; mais, si elle se développait, il serait indispensable de la réglementer [2].

V. — Protection du salaire a l'encontre des créanciers de l'ouvrier : insaisissabilité, incessibilité

994. — Nécessité de cette protection. — Le salaire de l'ouvrier n'est pas seulement diminué par les versements périodiques à différentes caisses, et par les retenues patronales. Il court aussi le risque, lorsque le législateur n'édicte à cet égard aucune prohibition, d'être saisi par les créanciers de l'ouvrier. Or la faculté illimitée de saisie laissée à ceux-ci constitue un véritable danger social.

Il n'est pas seulement injuste, en effet, de priver l'ouvrier, qui n'est pas en mesure de solder immédiatement ses créanciers, du salaire qui lui est indispensable pour subsister et faire vivre sa famille ; il est dangereux de tolérer de pareilles exécutions. Réduits au dénûment, chassés parfois de l'atelier où ils travaillaient, par un patron que la fréquence des saisies-arrêts indispose, ces ouvriers déclassés ne sont que trop portés à écouter les paroles de révolte, et à grossir l'armée de l'anarchie.

---

prud'hommes. C'est ainsi que le règlement des usages du Conseil des prud'hommes de Lyon contient un article 16 ainsi conçu : « Quelque défectueuse que soit la fabrication d'une étoffe, le fabricant ne peut en réduire la façon de plus de moitié ».

[1] V. Lambert, *op. cit.*, p. 235.

[2] L'article 36 du projet du gouvernement, s'inspirant de la loi belge, dispose que « les retenues faites à titre de cautionnement ou de garantie sur la rémunération de l'employé ne peuvent, malgré toute convention contraire, excéder un *dixième* de chaque paye. Elles doivent être déposées, sous la responsabilité de l'employeur, entre les mains d'un tiers désigné par les parties, ou, en cas de désaccord, par le juge de paix... ».

995. — Lois étrangères. — Cette portée sociale du problème de la saisie des salaires n'a pas échappé au législateur contemporain. Aussi la plupart des législations récentes admettent-elles, soit l'insaisissabilité totale sans limitation de taux, soit l'insaisissabilité totale jusqu'à concurrence d'un certain minimum, soit l'insaisissabilité partielle.

Au premier groupe (insaisissabilité totale) appartiennent les lois *allemande*, *anglaise*, *norvégienne* et *brésilienne* [1]. Le second groupe (insaisissabilité totale jusqu'à concurrence d'un certain minimum) comprend notamment les lois *hongroise*, *autrichienne* et *espagnole* [2]. Au troisième groupe appartiennent les lois *russe*, *belge*, *suisse*, *luxembourgeoise*, la plupart des lois de l'Union *américaine* (V. notamment l. du Connecticut, 15 mai 1903) et la loi *française* de 1895 [3].

En général, la portion insaisissable est également déclarée incessible. Cependant les lois anglaise et suisse autorisent, sans limitation, la cession anticipée du salaire ; la loi belge (dont sur ce point s'est inspirée la loi française, v. *infra*) fixe une quotité cessible distincte de la quotité saisissable.

996. — France : Prolégomènes de la loi de 1895. — Jusqu'en 1895, aucune disposition législative ne restreignait en France le droit de saisie des créanciers de l'ouvrier. Cette lacune était d'autant plus singulière que, depuis longtemps, nos lois protégeaient contre le risque

---

[1] *Allemagne*, L. 21 juin 1869, modifiée par la loi du 29 mars 1897 (*Ann. de lég. du trav.*, 1897, p. 7); — *Angleterre* (act du 14 juill. 1870); — *Norvège* (L. 29 mars 1890). — La loi allemande ne décrète pas expressément l'insaisissabilité; elle se borne à décider que le salaire ou traitement ne peut être saisi « qu'après l'exécution des travaux ou la prestation des services, et seulement lorsque le jour auquel la rémunération aurait dû être payée, conformément à la loi, à la convention ou à la coutume, se sera écoulé *sans que l'ayant droit ait réclamé cette rémunération* ». Mais cette formule équivaut à déclarer le salaire ou traitement insaisissable, puisqu'une simple manifestation de volonté du salarié suffit à mettre obstacle à la saisie.

[2] *Hongrie*, art. 62 de la loi sur la procédure civile du 1er juin 1881 (salaire insaisissable au-dessous de 1 florin 50); — *Autriche*, L. 25 avril 1873, modifiée par la loi du 26 mai 1888 (*Ann. de lég. étr.*, 1889, 435) : insaisissabilité absolue des salaires des travaux *de durée* n'excédant pas 800 florins par an (travaux dont la durée est fixée par la loi, la convention ou l'usage à une année au moins, ou dont la durée est indéterminée, mais dont le cours ne cesse que par un congé donné trois mois à l'avance); insaisissabilité des autres salaires ou traitements jusqu'à concurrence des 2/3; — *Espagne* (C. civ., et loi du 12 juill. 1906) : insaisissabilité absolue des salaires et traitements inférieurs à 24 réaux (6 fr.) par jour.

[3] D'après la loi *russe* de 1886, la quotité saisissable est de 1/3 ou de 1/4 suivant la qualité du salarié (célibataire, marié et père de famille); — d'après la loi belge du 18 avril 1887, les salaires sont saisissables pour 1/5; même règle pour les traitements n'excédant point 1.200 francs. — D'après la loi luxembourgeoise du 12 juillet 1895 (*Ann. de lég. étrang.*, 96, 484), les salaires ne dépassant pas 6 francs par jour, ne sont saisissables que pour 1/10; ceux excédant ce taux sont saisissables jusqu'à concurrence de 1/5. — La loi suisse (L. 11 avril 1889) laisse à l'autorité judiciaire le soin de fixer la quotité saisissable.

de saisie diverses catégories de personnes [1]. La jurisprudence, il est vrai, s'était efforcée de combler cette lacune de notre droit : partant de ce principe que tout salaire a, plus ou moins, le caractère alimentaire, elle n'autorisait la saisie que pour ce qui excédait la quotité nécessaire à la subsistance de l'ouvrier (un cinquième en général) ; parfois même les tribunaux déclaraient le salaire, à raison de sa modicité, insaisissable *pour le tout* [2].

Tout équitable qu'elle fût, cette jurisprudence ne pouvait remplacer un texte précis. Le taux de la portion saisissable variant au gré des tribunaux, il était impossible aux créanciers d'apprécier à l'avance sur quoi devait porter la saisie. Ils commençaient ordinairement par saisir la totalité du salaire ; l'on plaidait alors en vue d'obtenir la restriction de la saisie, de là des lenteurs et des frais. D'autre part, si le droit de saisie était limité, celui de céder le salaire par anticipation ne l'était point, et la faculté laissée à l'ouvrier d'engager ainsi à l'avance son gain futur rendait souvent illusoire la protection jurisprudentielle.

997. — **Loi du 12 janvier 1895 ; son économie générale.** — Ces considérations déterminèrent le législateur à intervenir ; à la suite de longs débats entre les partisans de l'insaisissabilité absolue ou partielle, de la proportionnalité uniforme ou de la graduation du taux saisissable basée sur le montant des salaires, fut promulguée la loi du 12 janvier 1895 (*Rec. Cohendy*, p. 147), dont les prescriptions essentielles (abstraction faite des réformes de procédure qu'elle comporte) peuvent se résumer ainsi qu'il suit : les salaires, ainsi que les appointements ou traitements n'excédant point 2,000 francs, sont déclarés *insaisissables* pour les neuf dixièmes ; toute *cession* volontaire est interdite jusqu'à concurrence également d'un dixième (ne se confondant point avec le dixième saisissable) ; — *est prohibée*, sauf pour certaines prestations limitativement énumérées (outils notamment), toute *compensation* au profit des patrons entre le montant des salaires dus par eux à leurs ouvriers et les sommes qui pourraient leur être dues pour fournitures diverses ; — enfin le patron qui fait des avances en numéraire à ses ouvriers ou employés ne peut se rembourser qu'au moyen de retenues successives ne dépassant pas le dixième du montant des

[1] Insaisissabilité totale des salaires des matelots (Ordonn. 1er nov. 1745 ; la portée générale de la loi du 12 janvier 1895 emporte abrogation implicite de cette ordonnance, Cass., ch. civ., 28 nov. 1900, D. 1904, 1, 291), et des traitements ecclésiastiques (arr. 18 niv. an XI) ; insaisissabilité partielle du traitement des fonctionnaires (L. 15 pluv. an III).

[2] Cass., 10 avril 1860, D. 60, 1, 166 ; 29 mai 1878, D. 79, 1, 21 ; Paris, 4 mars 1893 (*Droit*, 19-20 juin 1893) ; Cass., 18 févr. 1895, S. 97, 1, 403.

salaires ou appointements exigibles, ce dixième ne devant se confondre ni avec le dixième saisissable, ni avec le dixième cessible.

Nous n'avons pas à revenir sur les articles de la loi, déjà commentés par nous (V. *supra*, nos 975 et s.) concernant la compensation et les retenues pour avances en numéraire. Qu'il nous suffise de rappeler que, par suite de la combinaison des divers textes précités, les ouvriers ou employés ont, sous l'empire de la loi nouvelle, la presque certitude de toucher en espèces les sept dixièmes *au moins* de leur salaire.

Commentaire de la loi du 12 janvier 1895[1]. — **998.** — 1° **Du dixième saisissable.** — La loi, avons-nous dit, s'applique à toute espèce de salaire, quel qu'en soit le chiffre, ainsi qu'aux traitements, appointements, remises, etc., des employés, commis et fonctionnaires de tout ordre, mais seulement lorsque le salaire n'excède pas 2,000 francs[2]. S'agit-il d'un salaire, l'appréciation du taux n'aura d'importance que pour établir le quantum de la portion saisissable ; s'agit-il, au contraire, d'un traitement, cette détermination s'imposera, comme condition même d'application de la loi.

999. — *Salaire ou traitement* ; *critérium.* — La première question que le juge aura à résoudre sera donc celle-ci : la somme que le créancier veut saisir a-t-elle le caractère d'un *salaire* ou d'un *traitement* ?

---

[1] Bibliographie : Schaffhauser et Chevresson, *La saisie-arrêt des gages, salaires et petits traitements* (*Lois nouv.*) ; Cézar-Bru, *La saisie-arrêt des salaires*, 1896 ; Lesage et Compin, *Traité de la saisie-arrêt d'après la loi de 1895* ; Emion, *La saisie-arrêt sur les salaires* ; Pabon, *Traité de la saisie-arrêt des salaires* ; Delcourt-Haillot, *La saisie-arrêt sur les salaires* (*Réforme soc.*, 1er avril 1903). — Cf. *Comment.* de MM. Strauss, Brillié, Godart, Le Pelletier, Hémard, Légier-Desgranges, Guénault, et plus spécialement les thèses récentes (1906-1908) de MM. Fital, Aubert, Tisnès, et Rousseau, etc. — V. aussi Garsonnet et Cézar-Bru, *Traité de procédure*, 2e éd., t. IV, p. 482, et § 1306 et s. ; Garsonnet et Josserand, *Traité des voies d'exécution*, p. 124 et s. ; Lambert, *op. cit.*, p. 280 et s. ; Bender, *Le salaire effectif*, p. 40 et s. ; *Saisie-arrêt sur les salaires* (public. de l'*Office du travail*), 1899 ; Cabouat, *De la réglementation législative des salaires* (*Rev. crit.*, 1894, p. 221) ; Bender, *Les imperfections de la loi sur la saisie-arrêt des salaires ; Comment y remédier ?* (*Quest. prat.*, 1900, p. 29 à 113) ; Josserand, *Les allocations en nature doivent-elles être comprises dans le salaire ?* (*ibid.*, 1900, p. 189) ; Pabon, *Saisie-arrêt et salaires* (*Rev. polit. et parlem.*, mars 1902, t. XXXI, p. 568) ; Adeline, *Le Sénat et la saisie-arrêt sur les salaires* (*Rev. popul. d'écon. soc.*, janv. 1903). — Cf. Glasson, note sous D. 97, 2, 41 ; Jean Appleton, notes sous D. 96, 2, 289 ; 98, 2, 65 ; 1902, 1, 257, etc. ; Tissier, note sous S. 98, 2, 81.

[2] La loi, par contre, est inapplicable aux gains ou émoluments, essentiellement variables, des professions libérales (avocats, médecins, etc.) ; Schaffhauser et Chevresson, n° 21 ; Pabon, n° 40. — Elle s'appliquerait toutefois aux médecins recevant des communes un traitement fixe (médecins de l'état civil, du bureau de bienfaisance, etc.). — Trib. civ. Narbonne, 26 mai 1897, et trib. civ. Lille, 8 juin 1896, D. 97, 2, 355, et la note de M. J. Appleton.

Comment, en d'autres termes, différencier le commis ou employé[1] de l'ouvrier? Le critérium réside, non point dans le taux de la rémunération ou le mode de paiement[2], mais dans la nature des services rendus. L'ouvrier est essentiellement, ainsi qu'on l'a fait observer *supra*, nos 891 et s.), l'individu qui met son activité au service d'un industriel pour l'exécution de travaux d'ordre matériel (transformation ou transport des produits). Le commis ou employé est, au contraire, un auxiliaire direct du négociant, dans l'ordre intellectuel en quelque sorte; même lorsqu'il est éventuellement chargé de certaines tâches matérielles, il se différencie de l'ouvrier en ce qu'il est, dans sa sphère plus ou moins étroite, le *préposé* du patron, industriel ou commerçant, et qu'il peut agir en ses lieu et place.

L'application de ce critérium aux *contremaîtres* ou *chefs d'atelier* nous conduit à décider que ces agents doivent, au point de vue de la loi de 1895, être considérés tantôt comme des ouvriers, tantôt comme des employés. Ce sont des ouvriers s'ils coopèrent habituellement à la même besogne que les ouvriers; ce sont des employés s'ils n'ont qu'une mission de surveillance et de contrôle[3].

1000. — *Allocations supplémentaires.* — D'autres difficultés, non moins délicates, s'élèveront fréquemment sur la détermination du chiffre exact du salaire ou traitement. C'est ainsi que l'on s'est demandé tout d'abord s'il ne convenait pas de faire entrer en ligne de compte toutes les allocations supplémentaires ayant le caractère de rémunération d'un travail fourni, les pourboires et gratifications[4] étant seuls exclus du décompte? Quelques auteurs se prononcent pour l'affirmative (Cézar-Bru, p. 7); mais la négative nous semble plus équitable, et plus juridique (Cf. Emion, n° 16). Les travaux supplémentaires ont un caractère éventuel qui ne saurait permettre d'en faire état pour la détermination du taux du salaire : un employé à 1,900 francs, qui serait convaincu d'avoir effectué dans l'année précédente pour 150 francs de travaux de ce genre, pourra donc bénéficier de la protection légale[5].

---

[1] Sur les difficultés qui peuvent s'élever, assez rarement d'ailleurs en fait, sur le qualificatif de *fonctionnaire*, v. *supra*, nos 382 à 385.

[2] Ainsi le salaire des ouvriers agricoles sédentaires est le plus souvent fixé à l'année ou au mois; l'on ne saurait cependant leur appliquer le qualificatif d'employés.

[3] Trib. de paix de Grand-Couronne, 25 mars 1896, D. 97, 2, 357, et la note de M. J. Appleton; Trib. civ. Seine, 27 déc. 1907, D. 1908, 5, 30.

[4] Les gratifications, n'étant point une dette de l'employeur, sont insaisissables, même lorsque, pratiquement, l'employé n'a pas d'autre rémunération (garçons de café par exemple). — Cf. Cézar-Bru, p. 9. — Des propositions de loi ont été déposées, interdisant sur les pourboires un prélèvement sous une forme quelconque : Antide Boyer, 1er décembre 1906, n° 32; J. Coutant, 28 janvier 1907, n° 701.

[5] Sur la question de savoir si l'augmentation de traitement survenue postérieurement à la saisie peut avoir pour effet, si le traitement nouveau excède 2,000 francs,

1001. — *Remises proportionnelles.* — Le salaire ou traitement comprend parfois une somme fixe et un élément variable (participation aux bénéfices, remises proportionnelles sur les ventes, allouées aux voyageurs de commerce ou aux vendeurs de grands magasins). Cet élément variable, à la différence des allocations purement éventuelles visées précédemment, fait incontestablement partie du salaire ; le juge devra donc en évaluer le montant pour l'année entière et l'ajouter au fixe [1]. Cette évaluation, en fait, n'est pas sans difficultés, et le tribunal devra le plus souvent accepter à cet égard, sans pouvoir les contrôler, les déclarations du patron.

1002. — *Prestations en nature.* — Le salaire ou traitement peut être stipulé payable, partie en argent, partie en nature. En bonne logique, ces deux éléments de la rémunération (numéraire, et prestations accessoires, logement, nourriture, etc.) devraient entrer en ligne de compte pour l'application de la loi ; sinon, il en résulterait une inégalité flagrante, et absolument injustifiable, entre les salariés rémunérés exclusivement en argent, et ceux recevant une rémunération mixte.

C'est cependant l'opinion contraire qui prévaut en jurisprudence. Elle s'appuie essentiellement sur la difficulté que présente l'évaluation, par le juge, de la valeur de ces prestations accessoires, et sur ce qu'il y aurait d'injuste à mettre le créancier, au point de vue de la compétence (laquelle dépend en matière de traitement du taux du salaire) à la discrétion complète du juge. D'ailleurs, ajoute-t-on, des prestations en nature ne sauraient être saisies-arrêtées ; l'on n'en peut donc faire état [2].

Cette argumentation ne nous semble nullement décisive. D'une part, en effet, il est inexact de prétendre que la procédure de la saisie-arrêt ne puisse s'appliquer qu'aux sommes d'argent (art. 557 et 578 C. proc.

---

de faire perdre à l'employé le bénéfice du régime de faveur institué par la loi de 1895, cons. dans le sens de la négative : Dalloz, *Suppl.*, v° *Travail*, n° 250. — Dans le cas où un mari et une femme, mariés sous le régime de communauté, seraient tous deux employés, l'on ne devra pas faire masse de leurs deux traitements, mais les envisager *séparément* : Trib. civ. Montpellier, 25 novembre 1895, D. 97, 2, 44. — C'est d'ailleurs au salaire ou traitement brut, et non pas au salaire net, déduction faite des retenues diverses effectuées par le patron, pour versement à des caisses de secours, par exemple, qu'il convient de s'attacher : Trib. civ. Dijon, 5 mars 1896, D. 97, 2, 41, et la note de M. Glasson.

[1] Trib. civ. Lille, 2 mars 1896, D. 97, 2, 43 ; Trib. civ. Lyon, 13 mars 1897, D. 97, 2, 357. — Cf. Schaffhauser et Chevresson, n° 42 ; Pabon, n° 94 ; Emion, p. 40. — Sur les difficultés d'application de la loi aux cochers de voitures à taximètre, considérés comme employés du loueur, v. trib. civ. Seine, 2 août 1907, D. 1907, 5, 38.

[2] Trib. civ. Angoulême, 30 décembre 1896, D. 97, 2, 357 ; Just. de paix de Paris, 17e arr., 9 septembre 1897, D. 98, 2, 519 ; Trib. civ. Corbeil, 2 mars 1898, D. 99, 2, 220. — Cf. Pabon, n° 89 ; Emion, p. 38 ; Jean Appleton, note sous D. 97, 2, 353.

civ.). D'autre part, la difficulté plus ou moins grande de l'évaluation de tel ou tel élément de salaire ne saurait enlever aux prestations dont il se compose leur caractère propre, qui est de faire partie intégrante de la rémunération promise : or c'est cette rémunération qui, dans son intégralité, doit servir de base à l'application du texte. Au surplus, la jurisprudence tend à le reconnaître lorsque le salaire consiste *principalement* en nature (Trib. civ. Angoulême, cité en note). Or c'est précisément dans cette dernière hypothèse que l'évaluation des prestations entraînera le plus de difficultés, puisqu'il ne s'agira plus alors seulement d'en faire état pour calculer le dixième saisissable, ou pour décider si le traitement excède ou non le taux légal, mais bien de les soumettre directement à la saisie. Mieux vaut donc supprimer toutes ces distinctions [1].

1003. — **2° Du dixième cessible**. — Aux termes de l'article 2, les salaires, appointements et traitements visés par l'article 1er ne pourront être *cédés* que jusqu'à concurrence d'un *autre dixième*. Ce texte déroge doublement au droit commun ; en effet, l'ouvrier créancier de salaires aurait pu, même avant l'échéance, céder une quote-part quelconque de son salaire ; et, de plus, il lui eût été loisible de céder aussi bien le dixième saisissable que la partie insaisissable. Or, d'une part, si le salaire déclaré insaisissable pour les neuf dixièmes fût demeuré cessible sans limitation, les créanciers n'eussent pas manqué d'exiger la cession à titre de garantie, et la protection légale fût devenue illusoire. D'autre part, si le dixième saisissable fût demeuré cessible, il était à craindre que cette faculté n'eût pour résultat de réduire à néant le gage des créanciers (Rapp. Régismanset au Sénat).

D'où l'attribution aux créanciers saisissants et aux cessionnaires de deux dixièmes distincts, non susceptibles de se confondre. La masse des créanciers aura pour gage commun le dixième saisissable ; et, si le débiteur veut, à titre de garantie supplémentaire, déléguer un dixième de son salaire à l'un ou à plusieurs de ses créanciers, c'est sur un *second dixième* que portera, de plein droit, la cession [2].

A la différence de la saisie-arrêt, la cession dûment signifiée, dans les formes de l'article 1690 du Code civil, confère au cessionnaire un droit privatif sur la créance cédée. De deux cessionnaires du dixième cessible, celui-là sera donc préféré qui le premier aura signifié son titre

[1] Cons. en ce sens : Trib. civ. Lisieux, 6 février 1900, *Gaz. Pal.*, 24 février 1900 ; Cézar-Bru, p. 9 ; Josserand, *op. cit.*

[2] Sur la possibilité pour un ouvrier devenu commerçant de céder, pendant la période suspecte, le dixième cessible à l'un quelconque de ses créanciers, v. Cass., ch. civ., 10 novembre 1902, D. 1903, 1, 201, note Thaller.

au débiteur cédé, c'est-à-dire au patron (Dalloz, *Suppl.*, v° *Travail*, n° 265).

1004. — 3° **Des saisies ou cessions pour créance alimentaire.** — La loi a cru devoir excepter, des restrictions formulées par les articles 1 et 2, les cessions et saisies faites pour le paiement des *dettes alimentaires*, dont serait tenu l'ouvrier ou employé. Dans ce conflit entre deux créances, privilégiées l'une et l'autre, le législateur a dû attribuer la préférence au créancier d'aliments, qui risquerait d'être réduit à un dénûment absolu si l'ouvrier, son débiteur, pouvait se soustraire à sa dette. La saisie-arrêt pratiquée par le crédirentier pourra donc porter sur la totalité des salaires exigibles ; sauf au tribunal à affranchir de la saisie, conformément au droit commun, la quote-part indispensable à l'ouvrier pour subsister (Trib. paix Paris, 20e arr., 16 déc. 1898, D. 1900, 2, 225). La faculté, pour le créancier d'aliments, de saisir le salaire sans limitation implique le droit, pour le débiteur, de prévenir la saisie en cédant volontairement son salaire par avance ; d'où la formule large de l'article 3 [1].

Comment régler le concours des créanciers d'aliments et des autres créanciers ? Dès l'instant qu'aucune disposition n'affecte le dixième saisissable à telle ou telle catégorie de créanciers, nous déciderons qu'ils viennent en concours, même sur ce dixième, avec les créanciers de droit commun, sauf à ne les colloquer sur le dixième saisissable que pour le dixième de leur créance [2].

1005. — 4° **Procédure** [3]. — Le but poursuivi, mais imparfaitement atteint par le législateur de 1895, était l'atténuation des charges du débiteur poursuivi. La procédure antérieure qui exigeait une instance au tribunal civil, une constitution d'avoué par conséquent, de nombreux actes d'huissier, une distribution ruineuse avec ses incidents, ses productions de titres et ses collocations frappées de droits d'enre-

---

[1] L'article 3, on le remarquera, est édicté en faveur des créanciers d'aliments, et non des *fournisseurs* d'aliments. Ces fournisseurs qui constituent ordinairement les principaux créanciers de la famille ouvrière, suivent la loi commune. Echappent seules à cette loi les personnes qui, de par la loi civile (art. 203 et s., et 349 C. civ.), ont droit à une pension alimentaire (enfants et parents dans le besoin, mari et femme, adoptant et adopté, etc.). — Un doute s'est élevé pour la pension alimentaire allouée au cours de l'instance en divorce (art. 238 non visé par l'art. 3 de la loi de 1895). Il semble que la saisie ne doive pas être limitée au dixième. *Sic*, Trib. civ. de la Seine, 6 févr. 1902, D. 1902, 2, 417 et la note. Le projet de réforme du Sénat (V. *infra*, n° 1012) vise l'art. 238.

[2] Dalloz, *Suppl.*, v° *Travail*, n° 269. — Cf. Schaffhauser et Chevresson, p. 54.

[3] Le cadre de ce traité ne nous permet pas d'entrer dans le détail des difficultés que cette procédure a soulevées (V. les traités spéciaux énumérés *supra*). — Nous en décrirons seulement les grandes lignes.

gistrement très élevés [1], pesait d'un poids écrasant sur les salariés. L'assistance judiciaire ne lui apportait qu'un soulagement apparent : le créancier gagnant faisait bien l'avance des frais, mais il ne donnait mainlevée de son opposition qu'après les avoir récupérés.

Aussi le créancier refusait-il le crédit, tant qu'il n'avait point reçu du patron l'assurance que celui-ci lui remettrait à chaque paye une portion du salaire. Cet arrangement amiable, lui aussi, était onéreux pour l'ouvrier qui, achetant à crédit, par paiements échelonnés, payait les denrées bien au-dessus de leur valeur réelle.

C'est pour remédier à cet état de choses que le législateur de 1895 a substitué, à la procédure de droit commun, un régime de faveur comportant, d'une part, la substitution de la compétence du juge de paix à celle du tribunal civil, d'autre part, la simplification des formalités et la réduction des frais.

1006. — a) *Compétence du juge de paix.* — La loi de 1895 centralise les opérations devant la juridiction cantonale, plus rapprochée de l'ouvrier ou de l'employé, plus paternelle, devant laquelle il lui sera loisible de s'expliquer lui-même, sans le secours onéreux d'hommes de loi. Le juge de paix s'efforcera tout d'abord de concilier les parties ; s'il n'y parvient pas, il statuera sur la procédure même de saisie-arrêt, quel que soit le chiffre de la créance [2], et distribuera les deniers.

Au point de vue de la compétence *ratione materiæ*, nous constatons également une dérogation au droit commun. Tandis que l'article 558 du Code de procédure civile attribue compétence, pour permettre la saisie sans titre, soit au juge du domicile du débiteur, soit au juge du domicile du tiers saisi, l'article 6 consacre la compétence exclusive du juge de paix du domicile du débiteur (c'est-à-dire de l'ouvrier ou de l'employé), soit pour autoriser, soit pour valider la saisie [3]. Il est per-

---

[1] Sur la procédure de saisie-arrêt, telle qu'elle est réglementée par le Code de procédure, cons. notamment : Garsonnet et Josserand, *op. cit.*, n°s 998 et s.

[2] C'est seulement, d'ailleurs, au point de vue de la *procédure* que la loi de 1895 est extensive de compétence au profit du juge de paix ; mais, s'il y a procès *sur le fond du droit*, le droit commun reprend son empire. Si donc le créancier n'a pas de titre, que la créance prétendue dépasse le taux de la compétence normale du juge de paix (600 fr.), ou que cette créance soit contestée, le juge pourra bien autoriser la saisie ; mais il devra surseoir à statuer sur la validité jusqu'à ce que le tribunal civil ait rendu un jugement au profit du saisissant. Beauvais, 7 mai 1898, D. 1900, 2, 217, et note de M. Appleton ; Trib. civ. Seine, 9 févr. 1900, *Droit*, 2 mars 1900 ; Trib. civ. Meaux, 18 déc. 1901, *Monit. judic. de Lyon*, 13 janv. 1902 ; Cass., ch. civ., 22 févr. 1905, D. 1905, 1, 303.

[3] En cas de changement de domicile de l'ouvrier ou employé, toutes les oppositions ou interventions postérieures à ce changement doivent être portées devant le juge de paix de l'ancien domicile. Trib. paix Versailles, cant. sud, 23 nov. 1898, D. 1900, 2, 223, et la note de M. J. Appleton.

mis de regretter cette solution, à raison de la gêne qu'elle risque d'imposer au patron (tiers saisi), qui sera porté à congédier ceux de ses ouvriers, dont les créanciers l'obligent à de trop fréquents déplacements.

1007. — *Formalités légales.* — Le premier acte de la procédure est *l'autorisation* de saisie, laquelle résulte, s'il y a titre, du *visa* apposé sur le titre par le greffier de la justice de paix du domicile du débiteur saisi [1], et, s'il n'y a point de titre, d'une décision du juge de paix. Celui-ci peut d'ailleurs, avant d'accorder l'autorisation demandée, convoquer devant lui, par simple avertissement, pour s'efforcer de les concilier, le créancier et le débiteur ; les conciliations sont inscrites par le greffier sur un registre *ad hoc* (art. 6).

Si cette tentative de conciliation échoue, la procédure poursuit son cours par un exploit signifié par huissier au patron, ou, pour les grandes entreprises, à son représentant, préposé au paiement des salaires dans le lieu où travaille le commis. Cet exploit empêche le débiteur de toucher la portion saisissable de son salaire. L'huissier saisissant le dépose à la justice de paix (art. 8).

Dans un but d'économie, la loi n'admet qu'une seule saisie : les oppositions subséquentes se feront, non par exploit, mais par lettre recommandée (art. 7). Ainsi avisé, par exploit ou par lettre, le patron saura qu'il doit retenir le dixième saisissable sous peine de le payer de ses deniers [2].

1008. — Le début de la procédure, résumé ci-dessus, a pour objet de garantir le ou les créanciers contre toute distraction de leur gage. La seconde partie des opérations a pour but de déterminer les droits de chacun, d'écarter les oppositions non fondées, et de répartir au contraire la partie saisissable entre tous ceux dont le titre est reconnu régulier. Tel est l'objet de l'instance en validité de saisie-arrêt.

Sur la requête de l'un quelconque des intéressés, le greffier convoque dans les 48 heures les trois parties en cause : saisissant, débiteur et tiers saisi, à comparaître à l'audience fixée par le juge de paix. Celui-ci statue sur la validité de la saisie, sans appel dans les limites

---

[1] Le greffier ne peut se faire juge de la régularité et de la valeur du titre que le créancier présente à son visa ; il doit apposer son visa sur tout acte ayant les apparences d'un titre de créance. S'il refuse, l'ayant droit aura un recours devant le juge de paix : Trib. civ. Seine, 4 févr. 1898, D. 99, 2, 219, et la note de M. Appleton.

[2] Le patron en demeure responsable, jusqu'à ce que soit intervenu, soit une mainlevée entière de la saisie, soit un jugement définitif d'attribution des sommes saisies-arrêtées : Just. paix Lille, 11 janv. 1895 (*Rev. just. de paix*, 99, p. 32). — Pour plus de développements, v. Schaffhauser et Chevresson, n° 190 ; J. Appleton, note sous D. 97, 2, 353.

de sa compétence de droit commun [1], et à charge d'appel si la créance excède ce taux, quel qu'en puisse être le montant.

Au cours de l'instance, le patron doit venir *en personne* déclarer ce qu'il doit à son ouvrier ou employé. S'il fait défaut, ou refuse de faire la déclaration prescrite, le montant des salaires du débiteur saisi peut être établi par des certificats, émanés de tiers et produits par le saisissant; et la portion saisissable, c'est-à-dire le dixième du salaire ainsi déterminé, est de plein droit mise à sa charge ; il est de plus condamné aux frais. Art. 9, § 4 [2].

La jurisprudence à cet égard, est très rigoureuse : la plupart des tribunaux considèrent comme insuffisante la déclaration par lettre recommandée, et condamnent en ce cas par défaut le tiers saisi [3].

La déclaration du patron ne saurait d'ailleurs s'imposer au juge, qui peut toujours en apprécier la véracité. Il importe, en effet, de déjouer la collusion possible (assez fréquente dans la petite industrie) entre les ouvriers et les patrons, qui systématiquement déclarent qu'ils ne doivent rien, ou indiquent un taux très inférieur à la réalité.

Les décisions ainsi rendues dans les instances en validité sont affranchies de la signification. Lorsque l'appel en est possible (V. *supra*), il doit être interjeté dans les dix jours du prononcé du jugement [4]. Notons enfin que l'art. 8 de la loi de finances du 22 avril 1905 décide que « tous les actes, décisions et formalités seront, quelle qu'en soit la nature, rédigés sur papier non timbré et enregistrés gratis ».

1009. — *Distribution des deniers saisis.* — Après l'expiration des délais de recours, il est procédé à l'ouverture de la distribution et à la répartition des sommes dues par le patron entre les ayants droit, par les soins du juge de paix; le juge compétent est celui du domicile du débiteur saisi, qui a validé la saisie. Toutefois, dans le but de diminuer les frais, le juge est invité à surseoir à toute distribution jusqu'à ce que la somme à distribuer atteigne, d'après les déclarations contrô-

---

[1] Des termes généraux de l'art. 9, § 4, il résulte que le juge de paix est compétent, par dérogation au droit commun (art. 570 C. proc.), quelle que soit la nature de la créance, s'agit-il même d'une créance commerciale. — Trib. paix Lectoure, 5 août 1898 (*Rev. des just. de paix*, 1899, 42); cf. J. Appleton, note sous D. 97, 2, 355; Bender, *La saisie-arrêt des salaires* (*Quest. prat.*, 1900, p. 34). — *Contra :* Trib. paix Amiens, 16 avril 1896, D. 97, 2, 360.

[2] Trib. de paix d'Envermeu, 23 oct. 1896, D. 97, 2, 358, et la note de M. Appleton; Just. de paix Lille, 11 janv. 1899, précité; Paris, 17 déc. 1898 (*Pand. fr.*, 99, 2, 231). — MM. Garsonnet et César-Bru, *loc. cit.*, n° 1483, estiment que le patron peut faire sa déclaration au greffe d'une autre justice de paix, ou l'envoyer par lettre.

[3] Trib. civ. Lille, 21 déc. 1897 (*Rev. just. de paix*, 98, 128); Paris, 17 déc. 1898, précité.

[4] Sur les formes et délais de l'opposition en cas de jugement par défaut, v. l'article 10 de la loi.

lées du tiers saisi, un capital suffisant pour assurer aux créanciers connus un dividende d'au moins 20 0/0, déduction faite des frais et créances privilégiées. Cette procédure, qui ne peut commencer avant l'expiration des délais d'opposition ou d'appel contre le jugement de validité de la saisie, n'est pas obligatoire si les parties intéressées s'entendent à l'amiable sur la répartition.

Copie de l'état de répartition, dressé par le juge et reporté sur le registre spécial, qui centralise toute la procédure (art. 14), est adressée à chaque intéressé. Les créanciers, pour obtenir paiement de leur collocation, n'ont qu'à présenter leur titre au tiers saisi, c'est-à-dire la copie qui leur a été adressée : la quittance de chaque paiement effectué est inscrite en marge de l'état remis au tiers saisi[1].

Résultats de la loi. Réformes nécessaires. — **1010.** — Dès le lendemain de la mise en vigueur du texte nouveau, de très graves imperfections apparurent en pleine lumière. Les rédacteurs de la loi de 1895, en n'admettant la saisie que pour une fraction très faible du salaire, et en simplifiant les formalités de procédure, avaient cru concilier tous les intérêts en présence : l'événement démontra bien vite que le régime nouveau n'était favorable, ni aux salariés qui voyaient se multiplier les saisies à raison même des facilités nouvelles qu'une procédure expéditive offrait aux créanciers, ni aux créanciers, leurrés par la perspective d'un paiement rarement obtenu, à raison de l'énormité relative des frais et de la pluralité des participants à la distribution. Ce régime ne profitait, en réalité, qu'aux huissiers, et à certains agents d'affaires qui s'étaient fait une spécialité d'acheter à vil prix des créances contre les ouvriers endettés.

Sans doute, les frais de la nouvelle procédure, envisagés isolément, sont moindres que ceux de l'ancienne ; mais, plus souvent répétés, ils s'élèvent fréquemment à un total invraisemblable, dépassant parfois de beaucoup, pour les créances modiques, le capital de la créance[2]. Les retenues effectuées suffisent à peine, trop souvent, à faire face aux

---

[1] Sur la procédure de la distribution, v. Garsonnet et Cézar-Bru, *loc. cit.*, t. V, n° 1949 et s. — Sur la question de savoir si la loi de 1895 doit être considérée comme ayant un effet *rétroactif*, cons. dans le sens de la non-rétroactivité : Civ. cass., 31 octobre 1900, D. 1902, 1, 257 (Cf. Glasson, note sous D. 96, 2, 183) et, dans le sens de la rétroactivité : J. Appleton, notes sous D. 96, 2, 285, et D. 1902, 1, 257. — Cons. également : Garsonnet et Cézar-Bru, *Traité de procédure*, t. IV, n° 1485 *bis*, note 2.

[2] M. Bender, par exemple, cite le cas d'un ouvrier obligé, pour une dette de 9 fr. 25, de payer 49 fr. 60 de frais ! L'on a vu parfois les frais s'élever à 700 0/0 du principal ; Bender, *op. cit.*, *Quest. prat.*, 1900, p. 113. — Cons. également les faits précis relatés dans l'enquête de l'*Office du travail*, 1899, ou rapportés par la *Revue économique de Bordeaux* (mai 1908).

intérêts et aux frais ; le malheureux salarié, pris dans cet engrenage, est dans l'impossibilité de jamais parvenir à sa libération.

1011. — Une législation qui se prête à de tels abus est condamnée. Mais comment la réformer ? Suffit-il de la remanier en vue de faire disparaître tous les frais inutiles, mais en conservant le principe de l'insaisissabilité partielle, ou ne convient-il pas d'adopter une solution radicale, et de décréter l'insaisissabilité *absolue ?*

La Chambre des députés avait cru devoir, en 1898, se rallier au premier système. Le projet voté par elle le 1er avril 1898 [1], tout en maintenant la faculté de saisie jusqu'à concurrence d'un dixième, simplifiait la procédure en vue de réduire les frais au strict minimum.

En présence des résultats de l'enquête ouverte en 1899 par l'Office du travail [2], la commission sénatoriale, au contraire, se prononça nettement, au rapport de M. Chovet (Sén., 19 nov. 1901, *Doc. parl.*, n° 411) en faveur de l'insaisissabilité complète déjà consacrée, nous l'avons vu, par plusieurs lois étrangères.

1012. — *Projet de réforme.* — Le Sénat ne partagea pas cette manière de voir et, le 25 novembre 1902, il renvoya à la Commission un contre-projet Savary, conforme, dans les lignes générales, à la proposition de la Chambre.

Le nouveau texte, adopté par le Sénat, le 22 novembre 1906, apporte à la loi du 12 janvier 1895 les modifications suivantes :

En ce qui concerne les cessions, la volonté du débiteur devra toujours être clairement exprimée. A cet effet, la cession ne pourra être consentie que par une déclaration souscrite par le cédant en personne devant le greffier de la justice de paix de sa résidence.

Aucune saisie-arrêt ne pourra être faite qu'après une tentative d'arrangement devant le juge de paix ; à défaut d'arrangement, s'il y a titre ou s'il n'y a pas contestation sérieuse sur la créance, ou en cas de non-comparution du débiteur, le juge permettra la saisie-arrêt.

L'exploit de saisie-arrêt délivré par l'huissier sera supprimé et remplacé par une lettre recommandée envoyée par le greffier au tiers saisi.

---

[1] Ce projet est né de la fusion de trois autres : Propos. Basly, 25 novembre 1897, Ch., *Doc. parl.*, n° 2840; propos. Odilon-Barrot, 10 décembre 1897; Ch., *Doc. parl.*, n° 2888; propos. Plichon, 13 janvier 1898, Ch., *Doc. parl.*, n° 2949 (insaisissabilité complète). Ces trois propositions avaient fait l'objet d'un rapport de M. Rose (Ch., 21 mars 1898, n° 3131).

[2] Sur 817 réponses au questionnaire envoyé par le Ministre du commerce aux Chambres de commerce, aux syndicats, aux grands établissements industriels et commerciaux, l'on en compte 368 seulement en faveur de la saisissabilité, et 412 en faveur de l'insaisissabilité absolue. — Cf. Dubief, *A travers la législation du travail*, chap. V. — V. aussi L. Fital, *De l'insaisissabilité du salaire ouvrier*, 1905.

Le tiers saisi se libérera en versant tous les trois mois, les sommes retenues entre les mains du greffier.

La répartition des sommes encaissées sera faite au greffe par le juge de paix assisté du greffier. Ces répartitions ne pourront avoir lieu que lorsque la somme à distribuer représentera, frais déduits, un dividende de 35 0/0 au moins; il ne sera pas fait de distribution de sommes au-dessous de 100 francs.

Un tarif fixe les allocations à recevoir par les greffiers pour les actes et formalités prévus par la proposition de loi.

Ce texte, en somme, simplifie la procédure, mais maintient la saisissabilité du dixième du salaire. Il est douteux que la Chambre actuelle accepte la rédaction sénatoriale; la commission du travail, présidée par M. Millerand, serait en effet favorable, en majorité, au principe d'insaisissabilité absolue (*Quest. prat.*, 1906, 383).

VI. — Protection du salaire a l'encontre des créanciers du patron : privilèges et autres garanties de paiement[1]

1013. — Catégories d'ouvriers privilégiés. — La créance de salaire, vu son caractère alimentaire, est une créance favorable au premier chef; il semble donc qu'elle devrait figurer au nombre des créances garanties par un privilège général (art. 2101 et 2103 C. civ.). Il n'en est rien cependant, d'après l'opinion générale tout au moins; dans l'état actuel de notre droit, certaines catégories d'ouvriers sont protégées par des garanties de paiement spéciales, mais il n'existe pas de privilège général que tout ouvrier puisse invoquer.

Les salariés appelés à bénéficier d'une garantie spéciale leur permettant, au cas d'insolvabilité du patron, d'échapper à la loi du concours, sont : 1° les ouvriers et commis dont le patron est un commerçant; 2° les ouvriers employés à la construction d'un bâtiment et de tous autres ouvrages faits à l'entreprise; 3° les ouvriers employés par les entrepreneurs de travaux publics; 4° les ouvriers agricoles qui ont ensemencé ou récolté (art. 2102-1° C. civ.); 5° les gens de service (art. 2101-4° et 2104). — Quant au privilège du conservateur de la chose (art. 2102 C. civ.), au privilège du constructeur d'édifice

[1] Bibliographie. — Noé, *Protection des salaires contre l'insolvabilité des patrons*, 1897. — Cf. Lyon-Caen et Renault, *Droit commercial*, t. VIII, nos 822 et s.; Thaller, *Droit commercial*, p. 1000; Baudry-Lacantinerie et Wahl, *Contrat de louage*, t. II, p. 437 et s.; Dalloz, *Suppl. au Rép.*, vis *Faillite*, n° 1099, et *Travail*, n° 223; Fuzier-Herman, *Répert.*, v° *Faillite*, nos 3737 et suiv.

(art. 2103-4° C. civ.), et au droit de rétention, reconnus généralement à l'ouvrier sur l'objet réparé ou créé par lui, avec des matériaux fournis par le patron, ce sont là des garanties spéciales au contrat de louage d'industrie ou à façon, que nous étudierons ultérieurement.

Parcourons successivement les trois premières catégories de salariés visées ci-dessus :

1014. — **1° Les ouvriers et commis dont le patron est un commerçant.** — Certains auteurs, en présence de la situation précaire faite à l'ouvrier par la faillite ou la déconfiture du maître, avaient proposé d'étendre aux ouvriers le privilège institué par l'art. 2101 du Code civil au profit des *gens de service* ; mais cette doctrine équitable, contraire au principe que les privilèges sont de droit étroit, n'avait pas prévalu. Le qualificatif de gens de service ne convient, en effet, qu'aux individus attachés au service *personnel* d'un maître [1].

C'est pour remédier à cette lacune et soustraire, en cas de faillite, les ouvriers ou commis à la loi du concours, que la loi de 1838 leur accorda, par le nouvel article 549 du Code de commerce, un privilège portant, pour les ouvriers, sur le mois, et pour les commis, sur les six mois antérieurs à la déclaration de faillite [2]. Le privilège des ouvriers a été étendu aux trois derniers mois ayant précédé la déclaration de la faillite (ou de la liquidation judiciaire, assimilée à la faillite au point de vue de l'exercice des privilèges) par la loi du 4 mars 1889.

L'article 549 ne parlant que des *salaires*, la jurisprudence en avait conclu qu'aucun privilège ne garantissait aux commis-voyageurs ou vendeurs, rémunérés à la commission, le paiement de ce qui leur était dû [3]; elle déniait aussi tout privilège aux employés (comptables par exemple) travaillant pour le compte de plusieurs maisons de commerce [4].

A la suite de très vives protestations des Congrès internationaux des voyageurs de commerce, MM. Pierre Legrand et Maxime Lecomte déposèrent une proposition de loi, qui est devenue la loi du 6 février 1895, incorporée à l'article 549, tendant d'une part : à étendre le privilège légal aux remises proportionnelles allouées à titre d'appointe-

---

[1] Lyon-Caen et Renault, t. VIII, n° 827. — *Contra :* Montpellier, 25 mars 1862, D. 65, 5, 562.

[2] Le salaire garanti par le privilège comprend les allocations annuelles constituant un supplément régulier, sur lequel l'employé a le droit de compter de par les clauses de son engagement (Trib. comm. de la Seine, 27 juin 1907, D. 1907, 5, 43).

[3] Paris, 21 juin 1887, D. 88, 2, 20; 17 févr. 1892, D. 93, 2, 3.

[4] Trib. com. Seine, 1er mai 1857, D. 58, 3, 48. — Sont en outre exclus du privilège ceux qui travaillent dans les exploitations agricoles, s'ils n'ont pas concouru à la récolte de l'année et ne sont pas dans un état de domesticité, les clercs d'officiers ministériels, les artistes dramatiques, etc.

ments ou de supplément d'appointements, pour toutes les commissions *définitivement acquises* dans les trois mois précédant le jugement déclaratif, alors même que la cause de ces créances remonterait à une date antérieure ; d'autre part, à conférer un privilège aux commis, sédentaires ou voyageurs, *attachés* à plusieurs maisons de commerce[1].

1015. — *Rang du privilège : son caractère commercial.* — La créance privilégiée des ouvriers et commis du failli ou du liquidé, étant colloquée au même rang que celle des gens de service, viendra immédiatement après les frais de justice, les frais funéraires et de dernière maladie.

Les ouvriers et employés des commerçants, négociants ou industriels, sont donc efficacement protégés. Mais, en insérant le privilège des ouvriers au Code de commerce, au lieu de l'intercaler dans l'article 2101 du Code civil, le législateur français n'a pas pris garde qu'il laissait absolument sans défense une classe très importante d'ouvriers, à savoir tous les salariés employés par les non-commerçants, ou par les sociétés civiles, même commercialisées, qui échappent au régime de la faillite ou de la liquidation judiciaire.

L'inconvénient, il est vrai, est moindre depuis la promulgation de la loi du 1er août 1893, qui attribue le caractère commercial à toutes les sociétés, même civiles par leur objet, qui se constitueront désormais sous l'une des formes commerciales de la commandite par actions ou de l'anonymat. Mais cette loi n'a statué que pour l'avenir, et par conséquent les ouvriers des nombreuses sociétés civiles instituées sous l'empire de la loi antérieure (sociétés minières, immobilières, agricoles, etc.) ne sauraient en bénéficier[2].

---

[1] Le privilège, par contre, ne garantirait point le paiement des commissions dues à des *courtiers* ou *représentants de commerce*, qui ne sont point des *employés*, mais plutôt des patrons, dirigeant une maison de commerce indépendante et payant patente. — Dalloz, *Suppl.*, v° *Travail*, n° 226. — V. au surplus, pour la détermination exacte des personnes rentrant dans la catégorie des ouvriers ou des commis : Dalloz, *Suppl.*, v° *Faillite*, n° 1101 ; Fuzier-Herman, *Rép.*, v° *Commis*.

[2] Les lois étrangères échappent pour la plupart au grief formulé au texte. D'une part, en effet, la distinction française ne se conçoit même pas dans les nombreuses législations qui admettent la faillite des non-commerçants. C'est ainsi, par exemple, que d'après la loi *allemande* du 10 février 1877 (*Konkursordnung*), tous les salariés ont un privilège identique, portant sur la dernière année de salaire; que d'après la loi *anglaise* du 24 décembre 1888, les employés et domestiques ont privilège pour leurs salaires ou gages des quatre derniers mois précédant la faillite ou la liquidation de la société, jusqu'à concurrence d'un maximum de 50 livres sterling, et les ouvriers pour le salaire des deux derniers mois jusqu'à concurrence de 25 livres sterling. La loi *belge*, bien que limitant la faillite aux seuls commerçants, confère cependant un privilège à tous les salariés (L. 16 déc. 1851, étendant le privilège de l'art. 2101 à tous les ouvriers et employés). Cf. loi *suisse* du 11 avril 1889 sur la faillite et la saisie.

1016. — 2° **Les ouvriers employés par les entrepreneurs de travaux publics.** — Le décret du 26 pluviôse an II confère, par ses articles 3 et 4, aux ouvriers et fournisseurs pour travaux de l'Etat, un privilège sur les sommes dues aux entrepreneurs. Ce privilège s'exerce sur les sommes dues, nonobstant toutes cessions que l'entrepreneur en aurait consenties, soit au profit de tierces personnes, soit au profit exclusif de quelques-uns des créanciers privilégiés [1].

D'après le décret du 26 pluviôse an II, ce privilège était spécial aux travaux entrepris pour le compte de l'Etat. Mais la loi du 25 juillet 1891 a étendu le privilège à tous les travaux ayant le caractère de travaux publics, sans distinction entre les travaux de l'Etat et ceux exécutés pour le compte d'une commune ou de tous autres établissements publics [2].

1017. — 3° **Les ouvriers employés à la construction d'un bâtiment et de tous autres ouvrages faits à l'entreprise.** — La situation de faveur faite à cette catégorie d'ouvriers résulte de l'article 1798 du Code civil.

Il y a controverse sur la portée exacte de la dérogation au droit commun consacrée par cet article. Il est à peu près admis aujourd'hui qu'il déroge au droit commun, en ce qu'il substitue à l'action oblique de l'article 1166 une *action directe* permettant à l'ouvrier de poursuivre, directement et de son chef, le propriétaire pour le compte duquel a travaillé l'entrepreneur, son patron, débiteur du salaire. Si l'art. 1798 avait simplement voulu dire que les ouvriers pourraient du chef de l'entrepreneur, leur débiteur, poursuivre le propriétaire, il eût été parfaitement inutile ; l'article 1166 du Code civil suffisait.

L'objectif de cette disposition a été, apparemment, de soustraire les ouvriers, en cas de faillite ou déconfiture de l'entrepreneur, à la loi du concours, et de les autoriser à agir directement contre le propriétaire, et à se faire attribuer ainsi la totalité du prix encore dû par celui-ci, de préférence aux autres créanciers de l'entrepreneur [3].

---

[1] Cass., 22 janvier 1868, S. 68, 1, 177; 25 février 1885, S. 85, 1, 493. — Cf. Baudry et Wahl, t. II, n°s 2002 et s.; Baudry et de Loynes, *Privilèges et hypothèques*, t. I, n°s 723 et s.; Guillouard, *Du louage*, t. II, n° 897. — V. cependant Christophle, *Traité des travaux publics*, t. I, n° 538.

[2] De plus, la loi de 1891 a étendu aux fournisseurs de matériaux un privilège jusqu'alors spécial aux ouvriers, mais en accordant au privilège des ouvriers un rang préférable. Fallex, *Commentaire de la loi du 25 juillet 1891*. — Cf. Paris, 16 janvier 1892, *Gaz. trib.*, 2 avril 1892. — Mais le privilège ne saurait être invoqué par l'entrepreneur de travaux de canalisation effectués pour le compte d'une compagnie d'éclairage au gaz, encore que ces travaux aient été effectués pour l'éclairage d'une ville. — Trib. com. Seine, 30 juin 1902, *Monit. judic. Lyon*, n° 26-27 septembre 1902.

[3] Montpellier, 22 août 1850, D. 54, 2, 153; Nancy, 21 février 1861, S. 61, 2, 218; Paris, 27 juillet 1867, S. 68, 2, 280; et enfin Cass., ch. civ., 17 octobre 1900,

Notons, d'ailleurs, que les ouvriers n'ont de privilège sur la créance de l'entrepreneur qu'autant que cette créance existe ; si donc ladite créance se trouve éteinte par un paiement effectué de bonne foi par le propriétaire, sans opposition de la part des ouvriers, ou si elle est éteinte par l'effet de la prescription (cette prescription est de six mois, aux termes de l'art. 2271), le privilège est éteint par voie de conséquence. Un paiement partiel, régulièrement fait, l'éteindrait jusqu'à due concurrence. Mais la cession-transport consentie par l'entrepreneur serait, au contraire, inopposable aux ouvriers (V. *supra*).

1018. — *Réformes désirables.* — De la comparaison qui précède entre la loi française en vigueur et les principales lois étrangères, il ressort que notre législation, malgré sa complexité, est l'une des plus incomplètes. Il suffirait d'ailleurs, pour en combler les lacunes, d'incorporer au Code civil les prescriptions de l'article 549 du Code de commerce, en adoptant, à l'instar des lois allemande ou belge par exemple, une formule assez large pour assurer une égale protection (égale dans son principe, sinon dans sa durée) à tous les salariés de l'industrie, du commerce et de l'agriculture, ouvriers, commis ou domestiques à gages.

D. 1902, 1, 569. — Pont, *Privil. et hypoth.*, t. I, n° 210; Demolombe, t. XXV, n° 138 ; Aubry et Rau, t. IV, § 374; Laurent, t. XXVI, n° 76; Colmet de Santerre, t. VII, n° 251 *bis;* Labbé, *Des privil. spéciaux sur les créances*, *Rev. critique*, 1876, p. 573 et s ; Thézard, *Privil. et hypoth.*, n° 292; Guillouard, t. II, n° 897; Huc, t. X, n° 433; Baudry et de Loynes, t. I, n° 631. — *Contra :* Baudry et Wahl, t. II, n° 1970.

Constituant une faveur, l'article 1798 doit être interprété restrictivement. Il ne saurait, en conséquence, être invoqué ni par les fournisseurs de matériaux (Cass., 12 févr. 1880, S. 80, 1, 416), ni par les commis et employés de l'entrepreneur (Besançon, 16 juin 1863, D. 63, 2, 103), ni par le sous-entrepreneur ou sous-traitant qui, moyennant un prix fixé à forfait, s'est fait rétrocéder une partie des travaux (Cass., 28 janv. 1880, D. 80, 1, 254; Alger, 2 juill. 1891, *Rev. algér.*, 91, 445. — *Contra* : Besançon, 16 juin 1863, précité).

Mais quiconque fournit un travail *manuel* doit pouvoir invoquer le bénéfice de l'article 1798. Sont par conséquent en droit d'exercer l'action directe : 1° tous les ouvriers, quel que soit leur mode d'engagement ou de rémunération (Trib. civ. Lyon, 5 févr. 1892, *Mon. jud. Lyon*, 6 avril 1892); 2° les contremaîtres, qui ont la direction matérielle du travail (Labbé, *op. cit.*, p. 584, n° 14) ; 3° les *tâcherons*, c'est-à-dire les sous-traitants qui travaillent eux-mêmes, concurremment avec les ouvriers embauchés par eux (Cass., 12 févr. 1866, D. 66, 4, 57. — V. cependant Cass., 11 nov. 1867, D. 67, 1, 444). — Sur la non-responsabilité de l'entrepreneur général envers les ouvriers des sous-traitants, à moins de stipulations expresses insérées dans le cahier des charges (application de l'art. 1121, stipulation pour autrui), cons. : Req. 16 mars 1898, D. 98, 1, 311 ; Civ. cass., 23 janv. 1900, D. 1900, 1, 324. — Sur la question plus théorique que pratique, de savoir si les ouvriers, dans l'hypothèse prévue par l'art. 1798 C. civ., sont investis d'un véritable privilège (*sic*, Cass., 12 nov. 1867, S. 67, 1, 429; Labbé, *Rev. critique*, 1876, p. 571 et 665), ou d'une simple action directe, cons. les auteurs cités *supra*, notamment Lyon-Caen et Renault, Baudry et Wahl.

C'est ce que vient de faire la Commission de la Chambre des députés, chargée d'examiner le projet de loi sur le contrat de travail, déposé par M. Doumergue le 2 juillet 1906. La Commission propose (s'inspirant du vœu émis par le Conseil supérieur du travail, durant sa session de novembre 1907, de l'art. 22 du texte de la Société d'Etudes législatives et de l'art. 37 du projet Doumergue) de modifier l'art. 2101 du C. civ., 4°, en accordant le privilège à « tous salaires en général, sous quelque forme qu'ils soient ». Pour déterminer l'étendue du privilège, la proposition prend comme base les époques de paiement des salaires (semaine, mois, année), parce qu'elles sont toujours faciles à connaître. D'où trois catégories : — « *a*) Pour les trois mois échus et la période courante s'ils sont payés chaque semaine ou plus fréquemment ; — *b*) Pour les six mois échus et la période courante, s'ils sont payés chaque mois ou à des intervalles plus rapprochés ; — *c*) Pour l'année échue et la période courante, s'ils sont payés chaque année ou à des intervalles plus rapprochés. — Est abrogé, en ce qu'il a de contraire au présent, l'art. 549 du Code de commerce » [1].

VII. — Protection du salaire de la femme ou des enfants mineurs [2]

Salaire de la femme. — **1019.** — Dans les ménages ouvriers, la mise en commun de tous les gains réalisés par les époux est indispen-

[1] La Commission n'a pas cru devoir, dans la rédaction de son texte, suivre jusqu'au bout le Conseil supérieur du travail et modifier le rang des créances privilégiées, de façon que sur les biens meubles le privilège général des salaires passe désormais avant le privilège spécial des bailleurs (*Sic* : propos. V. Fort, Colliard, du 21 juin 1906, Ch., *Doc. parl.*, n° 130). — M. Chambon justifie ainsi, dans son rapport (*Quest. prat.*, 1908, 204), le maintien du *statu quo* : « Notons qu'en fait la proposition a moins de portée pratique qu'on serait tenté de le supposer. Des statistiques communiquées au Conseil supérieur du travail, il résulte que durant les années 1903, 1904 et 1905, le tribunal de la Seine, sur 5,368 faillites, en a trouvé 1,304 dans lesquelles il y avait concurrence entre les créances du bailleur et celles du personnel; dans 945 cas, la législation actuelle a suffi à protéger le salaire du personnel; dans 178 cas, le bailleur lui-même n'a pu être payé faute d'actif; restent seulement 181 cas dans lesquels le privilège du bailleur s'est exercé au détriment des salariés.

N'y a-t-il pas à craindre, si l'on entre dans cette voie, les agissements du propriétaire qui serait incité à exiger le dépôt de fonds à titre de loyers d'avance à de petits commerçants et industriels, pratique déjà courante à Paris, et dont les effets seraient sûrement aggravés et étendus à d'autres localités ?... ».

[2] Bibliographie. — Bridel, *Le droit des femmes et le mariage*, 1893; Cauwès, *De la protection des intérêts économiques de la femme mariée*, 1894; Bender, *Le salaire effectif*, p. 136 et s., et *La femme mariée, ses droits pécuniaires* (Disc. de rentrée, *Mon. judic. de Lyon*, 15 déc. 1897); Petit, *Les droits de la femme ma-*

sable pour maintenir, bien péniblement, en équilibre le budget familial. Or, il n'est pas rare de voir le mari dissiper dans la débauche, au jeu ou au cabaret, non seulement son propre gain, mais le maigre salaire que la femme se proposait d'affecter aux dépenses du ménage et d'entretien des enfants.

C'est à favoriser ces abus de pouvoir du chef de famille qu'aboutissait la loi française, par le jeu normal des principes qui régissent la communauté légale, régime de tous les époux mariés sans contrat, c'est-à-dire de l'immense majorité des ménages ouvriers. Le salaire de la femme, en effet, fait partie intégrante de la communauté ; — chef de la communauté, le mari ne faisait donc, avant la loi de 1907, qu'user de son droit en s'opposant à ce que le salaire fût versé aux mains de la femme, et en exigeant qu'il lui fût remis.

La loi du 13 juillet 1907, loi de transaction entre deux concepts antinomiques, — le concept nouveau, favorable au droit de la femme, — et le concept classique, basé sur la prédominance du droit du mari, seigneur et maître de la communauté, — a eu pour objet de mettre fin à ces abus, en s'inspirant largement des lois étrangères récentes.

1020. — Lois étrangères. — Il tend, en effet, à se former, tant en Europe qu'en Amérique, une sorte de *droit commun législatif* dont le trait distinctif réside dans un ensemble de mesures tendant à assurer à la femme la libre disposition de ses gains personnels, salaires, trai-

---

riée sur les produits de son travail, 1899; Aftalion, *Lois relatives à l'épargne de la femme mariée*, 1899; Rive, *De la condition civile de la femme en droit moderne*, 1900, et *Des droits de la femme mariée aux produits de son travail* (*Quest. prat.*, 1901, p. 33); Turgeon, *Le féminisme français*, t. I, 1902; Carré, *Droits de la femme mariée sur les produits de son travail*, 1904; Damez, *Le libre salaire de la femme mariée*, 1905; Thaller, *Le contrat de mariage et le régime normal des biens à établir entre époux* (*Réf. soc.*, 1er octobre 1901); d'Haussonville, *Salaires et misères de femmes*, 1901; Roulaud, *Le libre salaire de la femme mariée dans les différents pays* (*Econ. franç.*, 1905, 2, 407); P. Maurepas, *La question des salaires de la femme mariée et de l'enfant*, Assoc. cath., 1904, 1, 425; Sourdois, *Les droits de la femme mariée sur les produits de son travail* (*Rev. trim. de droit civil*, 1907, 555); *Loi du 13 juillet 1907* (chronique, *Ann. de dr. comm.*, 1907, 306); Valensi, *L'autonomie économique et juridique de la femme mariée* (*Rev. polit. et parl.*, mai 1908); Pichon, *Du libre salaire de la femme mariée* (*Rev. crit.*, 1908, p. 17, 93, 213, 294, 404). — *Bulletin de la Société d'Etudes législatives*, 1902 : Rapp. de M. Tissier sur *les modifications à apporter aux droits et pouvoirs de la femme mariée quant aux biens et aux produits du travail et de l'industrie*, p. 25 et s.; communic. de MM. Guillouard, Turgeon, Charmont, p. 65 et s.; Cauwès, Cézar-Bru, Riocreux, Tissier, Mlle Schirmacher, p. 185 et s.; Rapp. de M. Gény sur *les biens réservés de la femme mariée*, d'après le Code civil *allemand* de 1896 et l'avant-projet du Code civil *suisse* de 1900, p. 155 et s., 304 et s. ; de M. Saleilles sur *le principe du libre salaire de la femme mariée érigé en règle d'ordre public* (*ibid.*, 1907, p. 563). — V. aussi les traités sur le contrat de travail de MM. Cornil, H. Valleroux, Bodeux, Hanssens, etc.

tements ou profits résultant de l'exercice d'une profession lucrative quelconque, commerciale, industrielle, ou libérale [1]. Analogues par leur but, ces lois diffèrent d'ailleurs par les moyens employés et par l'étendue des droits qu'elles confèrent à la femme. A ce point de vue, l'on pourrait les répartir en trois groupes :

1° Le groupe *anglo-saxon*, caractérisé par la séparation absolue d'intérêts entre les conjoints ; c'est à la séparation de biens généralisée que la femme doit sa pleine indépendance (Cf. lois anglaises des 9 août 1870, 18 août 1882, 5 décembre 1893, et la plupart des lois des Etats-Unis de l'Amérique du Nord).

2° Le groupe des lois de *type communautaire*, *latin* ou *scandinave*, qui, sans porter atteinte au principe même de la communauté des époux, confèrent à la femme des pouvoirs de libre administration sur les valeurs entrées de son chef dans la masse commune, et concilient ainsi l'intérêt de la famille avec les droits traditionnels du mari. — V. notamment lois *suédoise* du 11 décembre 1874, *danoises* des 7 mai 1880 et 7 avril 1899, *norvégienne* du 27 juin 1888, *finlandaise* du 15 avril 1889 ; lois *genevoise* du 7 novembre 1894 et *neuchâteloise* du 18 mai 1897 ; lois *belges* des 10 février et 10 mars 1900 [2].

3° Le groupe *germanique*, intermédiaire entre les deux précédents, dont le système consiste dans la juxtaposition de deux catégories de biens, les biens patrimoniaux soumis à un régime impliquant une certaine communauté d'intérêts (communauté ou union de biens), et les *biens réservés* (produits du travail de la femme, — biens servant à l'exercice de sa profession ou de son industrie), au regard desquels la femme est à considérer *comme séparée de biens*. Les économies réalisées par elle lui restent propres (sauf sa contribution obligatoire aux charges du ménage), alors même que la communauté étant le régime légal, celles provenant du travail du mari devraient être partagées par moitié. Il en résulte une *inelegantia juris*, un défaut d'équilibre, qui d'ailleurs ne se rencontre point dans les pays allemands d'*union de biens*, où le mari, en principe, a un droit exclusif sur les économies provenant des deux patrimoines réunis sous sa gestion commune (C. civ. allemand, art. 1365 et s., 1441, 1526 ; — C. civ. suisse de 1907, art. 212 et s.).

---

[1] Pour l'étude des lois étrangères, cons. principalement les communications précitées de MM. Tissier et Gény à la Société d'Etudes législatives, ainsi que les ouvrages de MM. Aftalion, Rive, Petit, etc.

[2] La loi *italienne* présente un contraste complet avec celles des autres pays latins. La paraphernalité étant, d'après le Code italien (art. 1425), le régime des époux mariés sans contrat, les ménages pauvres, en Italie, vivent sous un régime de dissociation des intérêts, analogue à celui des pays anglo-saxons.

1021. — **Loi du 13 juillet 1907.** — Dès avant la loi de 1907, le droit propre de la femme avait été reconnu déjà par quelques lois spéciales. C'est ainsi qu'aux termes de l'article 3 de la loi du 1er avril 1898 sur les *sociétés de secours mutuels*, la femme peut s'affilier à une société de ce type sans l'autorisation du mari; — qu'elle peut, également, sans cette autorisation, faire des versements à la Caisse nationale des retraites pour la vieillesse (loi du 20 juillet 1886, art. 13). C'est ainsi enfin que la femme peut se faire ouvrir, sans l'assistance de son mari, un livret de Caisse d'épargne, et qu'elle peut effectuer seule les retraits, sauf opposition de la part de celui-ci (loi du 20 juillet 1895, art. 16). — V. aussi loi de finances du 17 avril 1906, autorisant la femme à se faire payer directement les prorata de salaires, traitements ou soldes dus à son mari au jour du décès de celui-ci (Cohendy-Darras, C. com., append., p. 846).

Mais la plus importante réforme, faite au profit de la femme mariée qui, par son travail séparé, réalise des gains distincts de ceux du mari, résulte de la loi du 13 juillet 1907, relative au libre salaire de la femme mariée et à la contribution des époux aux charges du ménage (D. 1907, 4, 149) [1]. Cette loi s'inspire, comme le projet élaboré par la Société d'Etudes législatives, du système des lois scandinaves ou belges, consistant à accorder à la femme sur le produit de son travail et même sur ses épargnes, un droit de libre disposition, sans d'ailleurs porter atteinte au principe, ni même à la composition active de la communauté.

1022. — Sous tous les régimes, et sous la seule condition d'exercer une profession distincte de celle du mari, la femme a, sur les produits de son travail personnel et les économies en provenant, les mêmes droits d'administration que l'art. 1449 du C. civ. donne à la femme séparée de biens. La femme ne pourrait même pas, par convention spéciale, renoncer à cette capacité nouvelle, car l'art. 1er ajoute : « à peine de nullité de toute clause contraire portée au contrat de ma-

[1] *Travaux préparatoires.* — Cette loi était en suspens depuis de longues années. Dès 1894 (9 juill.), la Chambre était saisie de deux propositions assurant à la femme mariée la libre disposition des produits de son travail, inspirées l'une et l'autre d'un avant-projet de MM. Glasson et Jalabert, et déposées, l'une par M. Goirand, l'autre par MM. Jourdan et Dupuy-Dutemps. Le texte voté par la Chambre, le 27 février 1896, sommeillait paisiblement au Sénat, lorsque les travaux de la Société d'Etudes législatives (v. *supra*, n° 1019) attirèrent à nouveau l'attention sur cet important problème législatif. Le Parlement comprit qu'il était temps d'aboutir; et, tandis que M. Cruppi déposait sur cet objet un projet sur le bureau de la Chambre (13 juillet 1906), M. Gourju saisissait à son tour (26 juin 1906, *ann.*, n° 304) le Sénat d'un texte qui, combiné avec celui voté dix ans auparavant par la Chambre, est devenu la loi du 13 juillet 1907. — Sur la genèse de la loi, cons. notamment : rapp. Guillier au Sénat (20 mars 1907, *Doc. parl.*, n° 77), et Viollette à la Chambre (28 juin 1907, *Doc. parl.*, n° 1128).

riage ». La femme peut faire emploi de ses gains et économies en acquisitions de valeurs mobilières ou immobilières, aliéner à titre onéreux les biens ainsi acquis, sans autorisation maritale. Et pour les tiers, avec qui elle aura traité, leur responsabilité sera mise à couvert par la seule justification, faite par un acte de notoriété ou par tout autre moyen mentionné dans la convention, qu'elle exerce personnellement une profession distincte de celle de son mari. Par là aussi sera assurée la validité des actes faits par la femme.

En cas d'abus, de dissipation, d'imprudence ou de mauvaise gestion, le mari pourra toujours faire retirer à la femme, par le tribunal civil, en tout ou en partie, les pouvoirs qui lui sont conférés. S'il y avait urgence, une ordonnance de référé donnerait au mari l'autorisation de s'opposer aux actes que la femme se proposerait de passer avec un tiers (art. 2). — Cf. loi belge de 1900, art. 32.

Un droit de saisie est reconnu aux créanciers de la femme, comme à ceux qui ont contracté avec le mari pour les besoins du ménage, lorsque d'après le régime adopté, ces biens auraient dû se trouver dans les mains du mari. En ce cas, la preuve que la dette a été contractée dans l'intérêt du ménage incombe au créancier poursuivant.

De son côté, le mari ne sera responsable sur ses biens ou sur ceux de la communauté qu'autant que la femme a contracté dans l'intérêt du ménage avec l'autorisation maritale (art. 3).

« Faute par l'un des époux de subvenir spontanément dans la mesure de ses facultés, aux charges du ménage, l'autre époux pourra obtenir du juge de paix du domicile du mari, l'autorisation de saisir-arrêter et de toucher des salaires ou des produits du travail de son conjoint, une part en proportion de ses besoins ». Art. 7. — C'est une innovation hardie et des plus heureuses qui permettra, notamment à la femme, à la mère de famille, de toucher une partie de la paie du samedi [1].

Les biens dont l'administration avait été réservée à la femme durant le mariage, sont, lors de sa dissolution, adjoints à l'actif de la communauté ou de la société d'acquêts. Vis-à-vis de tout le monde, la femme pourra établir, même par témoins, la provenance des biens réservés (art. 4 et 5).

La femme pourra ester en justice, sans autorisation, dans toutes les contestations relatives aux droits qui lui sont reconnus par la loi du 13 juillet 1907. Cette loi pourra être invoquée même par les femmes mariées avant sa promulgation.

---

[1] Cf. lois anglaise du 25 juin 1896 et norvégienne du 6 juillet 1892. — V. aussi texte voté par la Chambre en 1896, et avant-projet de M. Cauwès (Soc. d'Etudes législ., 1902, 185). — Jugé que l'art. 7 est inapplicable au cas de deux époux vivant séparés de fait (Trib. civ., Boulogne-sur-Mer, 5 mars 1908, D. 1908, 5, 25).

1023. — En somme, le législateur n'est pas allé jusqu'à la suppression de l'incapacité juridique et à l'adoption de la séparation de biens comme régime de droit commun, estimant que l'opinion n'y est pas préparée, ainsi que le démontre la fidélité de la grande majorité des familles au régime traditionnel de la communauté. Mais, en fait, c'est bien d'une quasi-séparation que, sous réserve de la faculté de retrait inscrite dans l'art. 2, bénéficient désormais les femmes qui exercent une *profession distincte* de celle de leur mari [1]. La communauté ne reprendra ses droits qu'au moment de la dissolution et encore à la condition que la femme accepte cette communauté. La séparation de biens ne présentera plus d'intérêt que pour les femmes n'exerçant pas de profession distincte de celle de leur mari. Considérable est la brèche apportée aux vieux principes du Code civil en matière de conventions matrimoniales et d'autorité maritale. Elle ira s'élargissant par le fait que les nécessités de la vie moderne déterminent une progression constante du nombre des femmes qui travaillent.

Salaire des enfants mineurs. — **1024.** — Théoriquement, le salaire des enfants mineurs de 18 ans échappe à la jouissance légale des père et mère (art. 387 C. civ.), mais il est soumis à l'administration légale du père. Celui-ci peut donc le toucher et en disposer, à charge d'en rendre compte. Dans la pratique, suivant les localités, c'est tantôt l'enfant, tantôt le père ou le tuteur qui touche le gain de l'enfant.

A part les dispositions inscrites au profit des mineurs dans les lois sur les caisses d'épargne (L. de 1895, art. 16), sur la caisse des retraites (L. de 1886, versement à partir de 16 ans) ou sur les sociétés de secours mutuels (L. de 1898, art. 3), aucune procédure n'a été organisée à l'effet de garantir l'enfant contre les abus de pouvoir possibles des personnes auxquelles la loi donne autorité sur lui [2].

---

[1] Il est à remarquer en effet que la loi de 1907, dont nous ne commentons les dispositions qu'en tant que protectrices de l'ouvrière ou de l'employée, a une portée beaucoup plus large. Le texte n'exige nullement, pour que la femme bénéficie du régime nouveau, qu'il s'agisse d'une *salariée*. Il lui suffit d'exercer une profession distincte de celle à laquelle son mari peut se livrer.

« La conclusion à tirer de ces prémisses est que la loi nouvelle devra s'appliquer aux *femmes commerçantes*. Ne s'agit-il pas ici, en effet, de femmes retirant des produits de leur travail personnel et exerçant, par définition même, une profession autre que celle de leur mari ? Cette conclusion s'impose d'ailleurs, car autrement comment comprendre qu'une femme mariée, après être devenue propriétaire de l'établissement commercial où elle était jusqu'alors employée, vît par cela même sa capacité diminuée ? » — Valery, *Les femmes commerçantes et la loi du 13 juillet 1907* (*Ann. de droit commerc.*, 1907, 396); Thaller, *ibid.*, p. 306; Sourdois, *op. cit.* (*Rev. trim. de dr. civ.*, 1907, p. 560); Pichon, *op. cit.* (*Rev. crit.*, 1908, p. 404 et s.).

[2] Remarquons toutefois que la jurisprudence a une tendance à refuser aux créanciers du père le droit de saisir-arrêter les salaires dus personnellement à

Le législateur français aurait intérêt à s'inspirer de la loi belge [1], du 10 mars 1900. D'après cette loi (art. 35 et 36), le chef d'entreprise remet valablement au mineur son salaire, sauf opposition du père ou tuteur; mais, si l'intérêt du mineur l'exige, le juge de paix peut d'office, ou sur la réquisition d'un parent, autoriser le mineur à encaisser la rémunération de son travail et à en disposer, ou lui désigner un tuteur *ad hoc*, qui en disposera pour ses besoins.

VIII. — Protection des sommes prélevées sur le salaire, en vue d'alimenter des caisses de secours ou de retraites

1025. — Nécessité de l'intervention législative. — L'intervention du législateur, dans le fonctionnement des caisses de retraite ou de secours, au profit des ouvriers ou employés, peut affecter une double forme. L'on conçoit un premier mode d'intervention de l'Etat, le plus énergique et le plus efficace, à l'effet de rendre *obligatoire* l'assurance des salariés, ou de certaines catégories d'entre eux, contre les principaux risques qui les menacent, risques de maladie, d'accidents, de vieillesse ou d'invalidité; l'Etat en ce cas se constitue leur assureur direct, ou provoque la constitution de caisses privées placées sous son contrôle immédiat. Ce système est celui de l'Allemagne; il ne fonctionne en France jusqu'à ce jour que pour les fonctionnaires (L. 13 juin 1853), ainsi que pour les employés et ouvriers commissionnés des manufactures et chemins de fer de l'Etat (Cohendy-Darras, C. com., Append., p. 1316 et s.), pour les inscrits maritimes (Caisse des invalides de la marine, dont l'origine remonte à Louis XIV, et Caisse de prévoyance des marins, L. 21 avril 1898 et 29 décembre 1905, v. *infra*, § 3), et pour les ouvriers et employés des exploitations minières (L. 29 juin 1894, *Rec. Cohendy*, p. 22, instituant pour cette catégorie d'ouvriers l'assurance *obligatoire* contre la maladie et la vieillesse).

---

l'enfant; elle s'inspire sur ce point de l'esprit de la loi de 1898 sur la saisie-arrêt des salaires (Just. de paix de Lille, 6 mai 1896, cité par Lambert, p. 331).

[1] C'est ce qu'a fait la Commission du travail de la Chambre des députés (rapport Chambon, cité *supra*) en proposant de compléter ainsi l'art. 387 C. civ. « Le payement fait par l'employeur à l'employé mineur de la rémunération qui lui est due est valable si le père ou tuteur n'y a mis préalablement opposition.

« En cas d'opposition par lettre recommandée ou par voie extrajudiciaire, le juge de paix peut, soit d'office, soit sur simple réquisition d'un parent ou d'un tiers et après avoir entendu le père ou le tuteur, autoriser le mineur à recevoir tout ou partie de la rémunération de son travail ». — Signalons aussi l'article 119 de la loi industrielle allemande. D'après cet article, les communes règlent à leur gré les mesures relatives au paiement des salaires dus aux ouvriers mineurs.

1026. — Caisses de secours et de retraite des ouvriers mineurs : loi du 29 juin 1894 [1]. — Ce n'est pas ici le lieu d'étudier et de comparer les divers systèmes d'assurance (V. tit. IV, *infra*). Il nous suffit de constater qu'au point de vue de la protection des sommes prélevées sur le salaire, l'assurance obligatoire donne aux travailleurs une sécurité absolue. En effet, en ce qui concerne les *retraites*, les fonds doivent être versés soit à la Caisse nationale des retraites pour la vieillesse, soit dans une Caisse syndicale ou patronale autorisée par décret rendu dans la forme des règlements d'administration publique. Ces fonds proviennent (art. 2) du versement obligatoire (susceptible d'être augmenté en vertu d'un accord des intéressés) d'une somme égale à quatre pour cent (4 p. 100) du salaire des ouvriers ou employés, dont moitié à prélever sur le salaire, et moitié à fournir par l'exploitant.

La gestion de ces caisses, dont les fonds doivent être remployés en valeurs déterminées (rentes, valeurs du Trésor, obligations départementales ou communales, etc.), est soumise à la vérification de l'inspecteur des finances et au contrôle du receveur particulier de l'arrondissement. Tout versement est inscrit sur un *livret individuel* au nom de chaque ouvrier ; des mesures détaillées sont prescrites, par tout décret tendant à autoriser la création d'une Caisse syndicale ou patronale, à l'effet d'assurer le transport, soit à une autre caisse syndicale ou patronale, soit à la Caisse nationale des retraites pour la vieillesse, des sommes inscrites au livret de chaque intéressé.

Enfin, dans tous les cas où des conventions spéciales interviennent entre les exploitants et leurs ouvriers ou employés dans le but d'assurer à ces derniers ou à leur famille certains avantages supplémentaires (supplément de rente viagère, rente au profit de la veuve, pension temporaire au profit des enfants mineurs, capital payable au décès du chef de famille), le capital formant la garantie de ces engagements, non prescrits par la loi, doit être versé à la Caisse des dépôts ou dans l'une des caisses autorisées par décret (art. 2 à 5).

1027. — *Les caisses de secours*, dont la création est rendue *obligatoire* dans chaque exploitation, et dont les ressources sont déterminées par l'article 6 [2], sont également assujetties à un contrôle sévère. Cha-

---

[1] Bibliographie : Rougé, *Les caisses de retraites et de secours créées au profit des ouvriers et employés des mines*, 1897 ; Widmer, *ibid.*, 1899 ; Chorel, *L'assurance par l'État* ; Costier, *Des retraites ouvrières*, 1899 ; Aguillon, *Traité de la législation des mines*, t. I, n°s 916 et s., 1903 ; Cohendy-Darras, C. com., t. II, appendice, p. 1300 ; Chaudié, *Les retraites des ouvriers mineurs*, th. 1907. — Cf. Bender, *Le salaire effectif*, p. 128. — V. aussi Lefort, *Traité théorique et pratique de l'assurance sur la vie*, t. IV.

[2] Prélèvement sur le salaire dont le montant est fixé par le conseil d'adminis-

que société de secours (une même exploitation peut comprendre plusieurs circonscriptions de secours) est administrée, conformément à la loi et aux statuts, approuvés par le ministre, par un conseil composé de neuf membres au moins (c'est un des principes essentiels de la loi), dont un tiers nommés par l'exploitant, et les deux tiers élus par les ouvriers et employés dans les conditions déterminées par les articles 10 à 14. A la fin de chaque année, le conseil d'administration fixe sur les excédents disponibles, les sommes à laisser dans la caisse pour en assurer le service, et celles à déposer à la Caisse des dépôts. Ce dépôt doit être effectué par le conseil dans le délai d'un mois, sous la responsabilité solidaire de ses membres, sans préjudice, le cas échéant, de l'application de l'article 408 du Code pénal [1].

Des dispositions transitoires détaillées (art. 21-31, complétés par le décret du 25 juillet 1894, et par la loi du 19 décembre 1894) réglementent la transformation des anciennes caisses, le jugement des difficultés auxquelles cette transformation peut donner lieu par une commission arbitrale statuant sans frais, et subsidiairement la liquidation desdites caisses en cas de désaccord entre l'exploitant et le personnel.

Toutes les précautions ont donc été prises pour éviter à l'avenir le retour de scandales tels que celui de la liquidation de Terrenoire en 1890, où l'on vit les créanciers de la société s'approprier une somme de près de deux millions prélevée par l'exploitant sur les salaires des ouvriers, par le motif que, ladite somme n'ayant pas été en fait distraite de l'actif général de la société, les ouvriers devaient être traités comme de simples créanciers chirographaires.

Aujourd'hui, au contraire, les ouvriers mineurs, propriétaires du livret individuel qui constate leurs versements et ceux imposés à l'exploitant, n'ont rien à redouter, ni de la faillite, ni de la déconfiture de celui-ci, ni d'un renvoi survenant avant qu'ils n'aient atteint l'âge fixé pour la retraite (entrée en jouissance à 55 ans).

La loi de 1894 ne pouvant produire son plein effet qu'au bout d'une période assez longue, le législateur a organisé un système de majoration des pensions trop faibles, et de gratifications aux employés et ouvriers ayant atteint l'âge de 55 ans au 1er janvier de chaque année

---

tration sans pouvoir dépasser 2 0/0, versement de l'exploitant égal à la moitié de celui des intéressés, allocation de l'État sur les fonds de subvention aux sociétés de secours mutuels, dons et legs, produit des amendes.

[1] Sur la procédure électorale et les pouvoirs des conseils d'administration, cons. notamment : Cass. Req., 2 mars 1896, D. 97, 1, 61, et la note; 5 mars 1902, D. 1902, 1, 254; 11 février 1908; 17 avril 1907, S. et P., 1907, *suppl.*, p. 56.

Une loi du 2 août 1906, complétée par un décret d'administration publique du 28 décembre 1906, étend aux délégués à la sécurité des ouvriers mineurs, titulaires et suppléants, le bénéfice de la loi du 29 juin 1894.

et justifiant à cette date de trente années de travail salarié dans les mines françaises. A cet effet, les lois de finances contiennent un crédit annuel, d'abord fixé à un million, et récemment élevé à 1,500,000 fr. par an (Loi du 31 déc. 1907, Cohendy-Darras, p. 1311).

1028. — Ouvriers et employés des Compagnies de chemins de fer [1]. — Il est une autre catégorie importante d'établissements industriels, dans lesquels les ouvriers et employés paraissent être aussi efficacement garantis que les mineurs contre les risques de vieillesse, invalidité ou maladie ; nous voulons parler des *Compagnies de chemins de fer*. La loi du 27 décembre 1890, article 2, a obligé en effet les compagnies à soumettre, dans le délai d'une année, à l'homologation ministérielle, les statuts et règlements de leurs caisses de retraites et de secours : en fait, l'administration n'a homologué que les statuts comportant, soit le livret individuel, soit tout au moins le remboursement à l'agent congédié du montant des retenues subies par lui depuis son entrée dans la compagnie. La loi de 1890 était incomplète, en ce qu'elle ne permettait pas de vaincre les résistances de certaines compagnies ; mais la loi du 10 avril 1902 (D. 1902, 4, 89), a donné, en apparence du moins, à l'administration les pouvoirs coercitifs qui lui manquaient.

Cette loi décide, en effet, que dans le cas où l'homologation, prévue par l'article 2 de la loi de 1890, n'est accordée que sous réserves de certaines modifications ou additions *non acceptées par la compagnie*, il sera statué par un décret rendu sur avis conforme du Conseil d'Etat.

En fait, même depuis la loi de 1902, la mesure des pouvoirs de contrainte dévolus à l'Etat ne laisse pas que de demeurer très incertaine. Aussi les agents des compagnies réclament-ils depuis longtemps le vote d'un texte précis déterminant, pour l'ensemble des réseaux, les bases sur lesquelles leurs retraites seront dorénavant établies. Voté par la Chambre le 14 novembre 1901, ce texte (projet Berteaux, relatif à la réglementation du travail et aux conditions de retraite du personnel des chemins de fer français) est toujours pendant devant le Sénat. — Sur les difficultés que soulève le projet, v. *supra*, n° 861.

1029. — Caisses de retraite, de secours et de prévoyance fondées au profit des employés et ouvriers ; loi du 27 décembre 1895 [2].

---

[1] Houdaille, *Etude sur les rapports des agents de chemins de fer avec les compagnies*, 1895 ; Soulier, *Les institutions de retraites des compagnies de chemins de fer*.

[2] Lyon-Caen, *Les ouvriers et les caisses de secours, de prévoyance et de retraite* (*Monde économique*, 1891, p. 4) ; Lambert, Bender, Costier, Ambroise, Igier, cités *supra* ; Thézard, rapp. au Sénat (9 févr. 1893, *Doc. parl.*, n° 36, p. 43).

— Dans les exploitations industrielles ou commerciales autres que les mines et les compagnies de chemins de fer, aucune disposition législative n'oblige encore le patron à créer au profit de son personnel des caisses de retraite, ou de secours en cas de maladie, ou de décès du chef de famille. Mais, en attendant la généralisation, dans notre droit, de l'assurance obligatoire, la législation française s'est du moins efforcée d'asujettir les caisses existantes à un contrôle sérieux. C'est dans cet esprit, qu'a été rédigée la loi du 27 décembre 1895 (*Rec. Cohendy*, p. 37), dont les prescriptions détaillées ont pour objectif : d'une part d'empêcher le patron de détourner de leur destination, par négligence, incurie ou fraude, les fonds prélevés sur le salaire ainsi que ceux provenant d'une contribution personnelle qu'il s'est contractuellement engagé à fournir ; et, d'autre part, de mettre les fonds ainsi épargnés à l'abri de l'action des créanciers patronaux, en cas de déconfiture ou de faillite [1].

1030. — Les mesures de protection édictées par la loi de 1895 peuvent se résumer dans les quelques propositions suivantes : — 1° Obligation de verser, soit à la Caisse nationale des retraites pour la vieillesse au compte individuel de chaque ayant droit, soit à la Caisse des dépôts et consignations, soit à des caisses syndicales ou patronales spécialement autorisées à cet effet, toutes les sommes qui à l'avenir seront retenues sur les salaires des ouvriers et toutes celles que les chefs d'entreprise auront reçues ou se seront engagés à fournir *en vue d'assurer des retraites* à leur personnel ; — 2° Détermination des emplois que ces caisses syndicales ou patronales pourront faire de leurs fonds (rentes, obligations départementales ou communales, obligations foncières, bons de monts-de-piété, etc., art. 3), et soumission desdites caisses à la vérification de l'inspection des finances et au contrôle du receveur particulier de l'arrondissement ; — 3° *Faculté* de déposer, à la Caisse des dépôts et consignations, les sommes ou valeurs apparte-

[1] Avant la loi de 1895, la jurisprudence, considérant que la caisse de secours n'avait aucune personnalité civile, et qu'il est impossible de créer des privilèges sans texte, traitait les ouvriers et employés, en cas de faillite ou de déconfiture du patron, comme simples créanciers chirographaires des fonds versés à la caisse, ou des sommes que celui-ci avait négligé d'y verser : Paris, 14 févr. 1892, D. 93, 2, 62. — V. cependant Lyon, 4 mai 1887, *Mon. judic. Lyon*, 27 juillet 1887.

Il est intéressant de rapprocher la loi française de 1895 des lois similaires étrangères. Nous avons déjà mentionné les prescriptions de la loi *allemande* du 10 avril 1892 sur les caisses de secours. D'après la loi anglaise (truck amendment du 16 sept. 1887, aucune retenue pour versement à une caisse de prévoyance ne peut être imposée à l'ouvrier qu'en vertu d'un engagement écrit signé de lui; les comptes annuels des retenues opérées sont soumis à l'examen de vérificateurs nommés par les ouvriers (art. 9).

nant ou affectées aux institutions de prévoyance (caisses de secours, prévoyance au décès, etc.), les sommes ainsi reçues devant porter intérêt au même taux que les fonds des caisses d'épargne ; — 4° Création d'un *droit de gage*, résultant du seul fait du dépôt à l'une des caisses précitées, au profit des employés et ouvriers, sur toutes les sommes ou valeurs affectées aux institutions de prévoyance, quelles qu'elles soient (retraites, secours, etc.) (art. 4) ; — 5° *Exigibilité immédiate*, en cas de faillite, liquidation judiciaire ou déconfiture du patron, ou en cas de fermeture de l'établissement ou de cession volontaire (si le cessionnaire ne consent point à prendre les lieu et place du cédant), de toutes les sommes ou valeurs non utilisées conformément aux statuts, en capital et intérêts[1] : la restitution des sommes qui, depuis la promulgation de la loi, n'auraient pas été effectivement versées à l'une des caisses sus-indiquées, étant garantie, pour la dernière année et l'année courante, par un *privilège général* sur les biens du chef d'entreprise, prenant rang concurremment avec le privilège des gens de service de l'article 2101 (art. 1 et 4) ; — 6° Droit pour les ouvriers et employés de désigner, à la majorité, un mandataire collectif chargé de les représenter en justice pour toutes les contestations relatives à leurs droits (art. 5).

1031. — **Lacunes de la loi.** — *Question du livret individuel.* — La loi, dont nous venons de résumer brièvement l'économie, a incontestablement réalisé un grand progrès. Elle contient néanmoins certaines lacunes ou obscurités regrettables, notamment en ce qui concerne la question du livret individuel, permettant aux ouvriers de changer de patron sans perdre leurs droits à la retraite. Supposons un ouvrier ou employé congédié avant d'avoir atteint l'âge de la retraite, ou le temps de séjour dans l'établissement exigé par les statuts; tous ses versements seront-ils donc perdus sans compensation ? C'est inadmissible : l'on conçoit le risque tontinier, où le capital mis en réserve accroît à ceux qui ont la *chance* de survivre ; l'on ne conçoit pas un risque créé par la volonté *arbitraire* du patron.

La loi du 27 décembre 1890, que nous commentons *infra* (sect. IV), s'est inspirée de cette considération d'équité, en ajoutant à l'art. 1780 du Code civil, une disposition portant que, pour la fixation de l'indemnité à allouer, *le cas échéant*, à l'ouvrier ou employé congédié, le juge doit tenir compte « des retenues opérées et des versements effectués en vue d'une pension de retraite ». Mais ce texte ne résout point toutes les difficultés; il présuppose en effet l'allocation d'une indemnité ; or,

---

[1] Sur cette disposition de l'article 1er, cons. : Trib. com. Seine, 17 oct. 1902 (*Mon. judic. Lyon*, 7-8 déc. 1902).

celle-ci n'est due qu'en cas de congé *indu* (sur le sens de cette expression, v. *infra*). Nous estimons, avec la majorité des auteurs, que tout salarié congédié, même pour justes motifs, a des droits acquis, résultant des versements par lui effectués, dont il ne saurait être privé.

C'est ici qu'apparaît l'insuffisance du texte de 1895. Si le patron a fait les versements à la Caisse des retraites, les droits de l'ouvrier ou employé congédié sont sauvegardés, puisqu'il reste porteur de son livret individuel. Il semble également, à lire le texte un peu énigmatique de l'article 3, § 2, que le législateur ait entendu n'autoriser le fonctionnement de caisses syndicales ou patronales qu'autant que les statuts de ces caisses comporteront le transfert des droits de chaque ayant droit à une autre caisse ou à la Caisse nationale des retraites, ce qui implique le régime du livret individuel. Mais il ne faut pas oublier que le patron peut, s'il le préfère, verser les fonds à la Caisse des dépôts et consignations ; or, c'est précisément pour ne pas rendre le livret individuel obligatoire que cette faculté a été laissée aux chefs d'industrie (rapp. Thézard, *op. cit.*, p. 52). — Sur ce point, une révision du texte semble nécessaire.

1032. — *Incessibilité et insaisissabilité des pensions de retraite.* — Il existait une autre lacune dans la loi du 27 décembre 1895, c'était l'absence de toute disposition tendant à assurer l'insaisissabilité des pensions allouées par une caisse patronale. La loi de finances du 17 avril 1906 (art. 65) y a pourvu. Elle déclare incessibles et insaisissables, jusqu'à concurrence de 360 francs, « toutes pensions de retraites servies aux ouvriers, employés, à leurs veuves et à leurs orphelins par une caisse spécialement constituée à cette fin dans l'administration ou l'établissement auquel ils sont attachés ».

Pour le surplus, ces pensions ne sont cessibles et saisissables que dans les limites prévues par la loi du 12 janvier 1895 pour les salaires et traitements (V. *supra*, nos 998 et s.)[1].

§ 2. — Prestations accessoires et d'usage

1033. — Le patron ne doit pas seulement payer le salaire convenu ; il doit fournir à l'ouvrier les moyens d'exécuter le travail promis. Il doit donc lui fournir, du moins s'il s'agit d'un ouvrier engagé à temps,

[1] D'après la loi *allemande*, secours, indemnités et pensions sont insaisissables (art. 749, § 4, C. proc., et art. 56, L. 10 avril 1892). Cf. l. *autrichienne* du 26 mai 1888 ; l. *suisse* du 11 avril 1889.

le local nécessaire pour l'exécution du travail, la machine s'il s'agit d'un travail mécanique, et même les outils, sauf convention ou usages locaux contraires.

Si l'ouvrier se trouvait dans l'impossibilité de travailler, faute d'avoir été mis à même d'exécuter le travail convenu, l'inexécution provenant de la faute du patron, l'ouvrier aurait droit non seulement au salaire stipulé pour le temps convenu, mais même à des dommages-intérêts ; il en serait ainsi, par exemple, si le patron lui avait confié une machine hors de service, ou s'était refusé, contrairement à la convention ou à l'usage des lieux, à lui fournir les outils.

Si, au contraire, l'inexécution provenait de la faute de l'ouvrier, celui-ci, non seulement n'aurait pas droit au salaire, mais pourrait être condamné à des dommages-intérêts.

Quid, enfin, si l'inexécution provient d'un cas fortuit ou de force majeure? Pour qui sont les risques? Nous verrons, en traitant du louage d'ouvrage, que les risques sont pour l'ouvrier qui travaille à façon. Il n'en saurait être de même pour l'ouvrier travaillant à temps ; si les objets dont la fabrication lui est confiée viennent à périr fortuitement, il n'en aura pas moins droit à une rémunération correspondant au temps pendant lequel il a travaillé effectivement ; mais il n'a droit qu'à la rémunération de son travail effectif.

§ 3. — Responsabilité du patron à raison des accidents du travail. Risque professionnel et assurance [1]

1034. — Le problème. — La question de la meilleure législation applicable aux accidents ouvriers ou professionnels, est l'une des plus

---

[1] Bibliographie : La bibliographie, tant française qu'étrangère, est trop considérable pour que nous puissions songer à donner ici l'indication, même sommaire, des principaux ouvrages ou articles parus sur la question des accidents du travail depuis dix ans. La bibliographie la plus complète, pour les ouvrages parus en langue française jusqu'en 1897, est celle de Losseau : *De la réparation des accidents du travail*, Bruxelles, 1897. — V. aussi, pour la même période, la bibliographie jointe à notre étude sur *La loi du 9 avril 1898*, broch. 1898 (extr. de la *Rev. d'écon. polit.*). — Cf. la bibliographie jointe à notre 2e édition, p. 748.

Parmi les nombreux commentaires consacrés à la loi de 1898, nous citerons notamment : Bellom, *De la responsabilité en matière d'accidents du travail*, 2e éd., 1902; Serre, *Les accidents du travail*, 3e éd., 1905; Cabouat, *Traité des accidents du travail*, 2 vol. parus, 1901-1907; Sachet, *Traité théorique et pratique de la législation sur les accidents du travail*, 4e éd., 2 vol., 1907; Loubat, *Traité sur le risque professionnel*, 3e éd., 2 vol., 1907; Vassart et Nouvion-Jacquet, avec préf. de Beauregard, *La loi du 9 avril 1898*, 2 vol., 1900. — V. aussi les commentaires pratiques de MM. Allart, Beaufreton, Bourgueil, Chardiny, Coulet, Isolde, Forrette et Laval (préf. de M. Mirman), Jouanny, Lecouturier, Mirman, De Mouy, Poidvin,

graves que le législateur contemporain ait à résoudre. Le développement du machinisme a eu pour conséquence nécessaire l'insécurité croissante du travailleur; ayant à utiliser et à maîtriser des forces redoutables, la vapeur, l'électricité, l'ouvrier est souvent victime d'accidents que rien ne pouvait faire prévoir, événements fortuits dont ni lui, ni le patron, ne sauraient être déclarés responsables. Parfois aussi, l'accident est dû à son imprudence; mais l'imprudence de l'ouvrier est chose presque fatale : vivant au milieu du danger, familiarisé avec les mécanismes les plus périlleux, il est nécessairement porté à négliger un jour certaines précautions, et la plus petite négligence peut entraîner sa mort ou sa mutilation. Parfois, enfin, l'accident a pour cause initiale une faute du patron, une installation défectueuse des machines, etc.; mais il n'est pas toujours facile d'établir exactement les responsabilités, si bien que les juges peuvent souvent, de très bonne foi, considérer comme résultant d'un cas fortuit ou même comme imputable à une imprudence de l'ouvrier, un accident qui, en bonne justice, eût dû être attribué à la faute du patron.

Rubod, Valensi, Vavasseur. — Cf. *Rép.* Fuzier-Herman, v^is *Louage d'ouvrage*, chap. II, sect. 3, et *Responsabilité civile*, tit. II; Cohendy et Darras, *C. de com. ann.*, t. II, append., p. 1027 et s.

Parmi les thèses, monographies, articles de revues françaises, consacrés à la question des accidents, envisagée dans son ensemble, cons. notamment : Bigallet, *De la responsabilité des patrons dans les accidents du travail*, 1899; Berthelemot, *De la responsabilité de droit commun dans ses rapports avec la loi de 1898*, 1901; Porez, *Le risque professionnel*, 1901; Bouyer, *Evolution de la responsabilité civile en matière d'accidents*, 1902; Pinon, *La responsabilité des accidents* (*Rev. d'écon. polit.*, 1898, 827); Gény, *Risques et responsabilité* (*Rev. trim. de droit civil*, 1902, 812); Dorville, *La loi du 9 avril 1898, exam. pratique* (*ibid.*, 1902, p. 244, 446, 930); Boyer, *Le risque professionnel* (*Monde économique*, série d'articles, 1902 et 1903); Cabouat, *La loi de 1898, exam. pratique* (*Rev. trim. de dr. civil*, janv.-mars 1905); Rossel, *La jurisprudence de la Cour de cassation en matière d'accidents du travail* (*Rev. pratique de droit industriel*, 1907, 125).

Adde : Recueil de documents sur les accidents du travail (lois, décrets, règlements et circulaires, jurisprudence, rapports et enquêtes, etc.), 29 vol. et broch. au 1er janv. 1898, édités par le Ministère du commerce, et, depuis 1906, par le Ministère du travail (direction de l'assurance); Ogié, *Memento de doctrine et de jurisprudence*, 1905; Marcaggi et Giraud, *Dictionn. des accidents du travail*, 1906.

Pour plus de développements, cons. le *Répert. bibliographique* sur les accidents du travail (docum. officiel, n° 15), d'A. Daguin, 2e éd., 1906, et la bibliographie méthodique du *Bull. de l'Office international du travail*, 1901-1908.

Cpr. les chroniques, documents et études publiés dans le *Bulletin du Comité perman. des Congrès intern. des assurances sociales*, la *Rev. judic. des accidents du travail* (Bert), le *Rec. spécial des accid. du travail* (Villetard de Prunières et Rémy), le *Bull. de l'Office du travail*, la *Revue d'écon. polit.*, les *Quest. prat. de législ. ouvr.*, la *Revue prat. de dr. industr.*, les *Ann. de droit comm.*, le *Bull. de l'assoc. des indust. de France*, l'*Economiste français*, la *Revue socialiste*, la *Réforme sociale*, etc.

En ce qui concerne les ouvrages ou articles concernant, soit tel point spécial de la législation des accidents, soit le principe de la responsabilité, soit les législations étrangères, v. *infra*.

Placé en présence de ce redoutable problème des accidents du travail, le législateur contemporain a un double devoir social à remplir. Il doit tout d'abord imposer au patron, sous des sanctions sévères, tout un ensemble de mesures propres à assurer, dans la mesure du possible, la sécurité des travailleurs employés dans les usines, fabriques ou ateliers; il doit, en second lieu, assurer aux victimes de ces accidents, malheureusement trop fréquents malgré toutes les mesures préventives, une indemnité suffisante pour mettre la victime, si elle a survécu, ou sa famille, si l'accident a été suivi de mort, à l'abri de la misère. *Prévenir*, quand cela est possible, *réparer*, si les mesures préventives ont été impuissantes, tel doit donc être le double objectif d'une législation rationnelle (V. rapp. de M. Ricard à la Chambre des députés, Ch., *Doc. parl.*, 1892, ann. n° 1926, p. 30).

La plupart des législations récentes l'ont compris; et depuis quinze ans, un courant irrésistible a entraîné les Parlements de la plupart des pays civilisés dans la voie que nous signalons. Presque partout, une réglementation détaillée sur l'hygiène et la sécurité des ateliers, a été édictée (v. *supra*, nos 609 et s.)[1], presque partout également, la notion traditionnelle de responsabilité a cédé la place à l'idée de *risque professionnel*, le plus souvent complétée par un système d'assurance officielle. Aussi l'un des écrivains dont la parole fait autorité en la matière, M. Cheysson, a-t-il pu écrire que le « risque professionnel a vaincu ou va achever de vaincre tous les obstacles qui voulaient arrêter son essor foudroyant, tant il répond à un besoin universellement ressenti et comme à une sommation de la conscience humaine » (*Rev. pol. et parl.*, 1895, t. III, p. 261).

I. — De la responsabilité au risque professionnel et a l'assurance obligatoire. — Évolution convergente de la doctrine, de la jurisprudence et des lois positives.

1° Justification théorique du risque professionnel, et de l'assurance obligatoire. — **1035**. — Trois étapes ont marqué l'évolution de la jurisprudence et de la doctrine dans le sens d'une protection toujours plus complète accordée à l'ouvrier, jusqu'à la consécration, par

[1] Sur le musée de prévention des accidents du travail et d'hygiène industrielle, créé en 1904, à Paris, au Conservatoire des arts et métiers (décret 7 oct. 1904), et sur les musées similaires de l'étranger (Vienne, Amsterdam, Charlottenbourg près Berlin, Moscou, Zurich, etc.), cons. : Da Cunha, *Les accidents du travail et les musées de prévention*, 1906; *Quest. prat.*, 1904, 28.

la loi, d'un système législatif nouveau assurant à tout ouvrier victime d'un accident professionnel non volontairement provoqué, une indemnité forfaitaire.

1036. — A. **Responsabilité délictuelle.** — Pendant longtemps la jurisprudence française a placé sans hésitation le fondement juridique de la responsabilité patronale, du chef des accidents dont les ouvriers sont victimes, dans l'article 1382 du Code civil ; et même à la veille de la loi de 1898, la majorité des arrêts se rattachait encore à ce concept d'une responsabilité basée, non point sur le contrat de louage de services intervenu entre les parties, mais uniquement sur la faute, le quasi-délit commis par le patron [1].

L'ouvrier ne pouvait donc prétendre à une indemnité qu'à la condition de justifier de l'existence d'une faute imputable au patron. Soit un ouvrier blessé par l'explosion d'une chaudière : cette explosion devra être considérée, *a priori*, comme due à un cas fortuit, et si l'ouvrier veut obtenir une indemnité, il devra préalablement établir, par des témoignages positifs, que la chaudière était en mauvais état, et que le patron ne s'était pas mis en mesure de la réparer ou de la remplacer [2].

1037. — B. **Responsabilité contractuelle.** — Vers 1882, une réaction très marquée se produisit, dans les milieux doctrinaux, contre la théorie jurisprudentielle, et en faveur du principe de la *responsabilité contractuelle*, c'est-à-dire basée sur une obligation implicite du patron envers l'ouvrier. D'après son contrat, l'ouvrier est sous l'autorité du patron, dont il doit exécuter les ordres ; l'installation du matériel, le choix des outils sont le fait de ce dernier : si le matériel ou les outils

---

[1] Ex. de faute : violation, par le patron ou ses préposés, des lois et règlements sur la sécurité des ateliers, Angers, 25 juin 1904, Ch. réun. (*Mon. judic. de Lyon*, 14 oct. 1904).

[2] Cass., 15 avril 1889, D. 90, 1, 136 ; 5 avril 1894, S. 97, 1, 229 ; Paris, 19 mars 1895, *Droit*, 6 avril 1895 ; Lyon, 8 août 1895, *Mon. jud. Lyon*, 9 nov. 1895. — Cf. Cotelle, *Rev. prat.*, XV, p. 518 ; Thaller, *Ann. de dr. comm.*, 1888, 2, 245. — Il est même des arrêts qui se refusaient à mettre à la charge du patron la responsabilité d'un accident causé par un outillage manifestement défectueux, lorsque ces défauts avaient été ignorés du chef d'industrie : Rouen, 1er août 1887, *Rec. Rouen*, 87, 260. Toutefois, une jurisprudence plus équitable avait prévalu ; et, sans cesser de rattacher la responsabilité à l'article 1382, les tribunaux décidaient communément que le patron répond du vice démontré de l'outillage, même s'il ne l'a point connu : Douai, 11 nov. 1889, S. 94, 1, 36 (explosion de chaudière) ; Orléans, 10 mai 1890, *Loi*, 7 juin 1890 (rupture d'un échafaudage), qu'il doit tenir compte de l'inexpérience ou de l'âge de l'ouvrier dans la répartition du travail : Trib. civ. Bruxelles, 4 mai 1904 (*Rev.* [belge] *des accidents du travail*, 1904, 224), etc. — V. la série des décisions rapportées dans notre 1re édition, en note sous p. 363, et par Baudry et Wahl, t. II, p. 125, note 1. Il y avait là une tendance, encore timide, dans le sens de la responsabilité contractuelle, ou légale. — Cf. notre note sous D. 1904, 2, 441.

sont défectueux et que cette défectuosité cause un accident, n'est-il pas juste qu'il en réponde ? Le patron, en d'autres termes, est un *débiteur de sécurité*; il doit à chaque instant, suivant la formule de MM. Sainctelette et Sauzet, « pouvoir restituer l'ouvrier, le rendre à lui même valide comme il l'a reçu ; si le patron ne rend pas l'ouvrier sain et sauf, il manque à ses obligations et en doit réparation, à moins qu'il ne prouve qu'aucune faute ne lui est imputable ».

L'admission de la responsabilité contractuelle aboutit donc, logiquement, au renversement de la preuve. Ce n'est plus à la victime à prouver que l'accident provient de la faute du patron, preuve difficile et souvent impossible ; c'est au contraire au patron, s'il veut s'exonérer, à apporter la preuve directe du cas fortuit ou de la faute de l'ouvrier (*Sic* : Sauzet et Sainctelette), ou tout au moins à établir qu'il avait mis à la disposition de son personnel un outillage en parfait état (Labbé, note sous S. 89, 4, 1)[1].

1038. — **C. Responsabilité légale.** — Dans les dernières années qui ont précédé le vote de la loi de 1898, a surgi une nouvelle théorie dite de la *responsabilité légale* ou *responsabilité du fait des choses*, fondée sur l'article 1384 du Code civil, à laquelle une fraction importante de la doctrine et de la jurisprudence s'est rapidement ralliée, non seulement parce qu'elle donnait à des textes interprétés jusqu'alors trop restrictivement toute leur portée, mais surtout parce qu'elle permettait de faire, aux victimes d'accidents professionnels, une situation bien préférable que dans les deux autres systèmes, et répondait ainsi aux aspirations de justice de la société contemporaine.

L'article 1384, dit-on, que la jurisprudence a longtemps considéré comme une application spéciale de la règle formulée en l'article 1382, procède, en réalité, d'un point de départ tout différent. Il ne vise pas comme l'article 1382 une responsabilité *subjective*, ayant son principe dans une faute imputable à tel ou tel individu : il se réfère à un fait

---

[1] Cons., en faveur de la *responsabilité contractuelle* : Sainctelette, *Responsabilité et garantie*, p. 140 et s.; Sauzet, *Responsabilité des patrons vis-à-vis des ouvriers* (*Rev. crit.*, XII, 1883, p. 611); Planiol, *Rev. crit.*, XVII, 1888, p. 279; Lyon-Caen, note sous S. 85, 1, 129; Glasson, *Le Code civ. et la quest. ouvr.*, p. 30; Chavegrin, note sous S. 96, 2, 225; Esmein, note sous S. 97, 1, 17; Baudry et Wahl, t. II, p. 139. — La jurisprudence belge est plutôt favorable à cette thèse : Cass. belge, 8 janv. 1886, S. 86, 5, 25; Trib. civ. Bruxelles, 4 mai 1904 (*Rev. des accidents du travail*, 1904, 224); Trib. corr. Bruxelles, 1er juin 1904 (*ibid.*, 1904, 333). V. cependant Cass. belge, 28 mars 1889, S. 90, 4, 17, et concl. Bosch. — Cf. Trib. civ. Villeneuve-sur-Lot, 7 et 28 juill. 1894, *Gaz. Pal.*, 95, 2, *Suppl.*, 27. — Cette théorie, qui comporte d'ailleurs diverses variantes, n'ayant plus, au point de vue français, qu'un intérêt historique, du moins pour les accidents soumis à la loi de 1898, nous renvoyons pour leur examen, soit à notre 1re édition, p. 360-369, soit aux auteurs précités, notamment à Baudry et Wahl. — V. aussi Bigallet, *op. cit.*, p. 14 et s.

matériel, *objectif*, le fait d'un dommage causé par une chose inanimée, et déclare le propriétaire de ladite chose responsable, de plein droit, *ex lege*, du fait de sa chose.

L'idée de *risque créé* se substitue ainsi à l'idée de *faute*; le patron répond de l'accident, non parce qu'il est en faute, mais parce que sa chose, son outillage a créé le risque. Donc il en répond, même si l'accident provient d'un *cas fortuit*[1]. Ce point de départ étant admis, l'ouvrier victime d'accident a droit à indemnité en toute occurrence, à moins toutefois que l'accident ne provienne de *sa propre faute*[2], ou d'un cas de *force majeure*, c'est-à-dire d'une cause étrangère, extérieure et irrésistible (foudre, inondation, tremblement de terre, etc.).

1039. — **D. Fondement juridique des législations récentes : le risque professionnel.** — Le principe du *risque professionnel*, qui, à première vue, semble se confondre avec la théorie précédente, peut se résumer dans la formule suivante : « La production industrielle exposant le travailleur à certains risques, c'est à celui qui recueille le profit de cette production, c'est-à-dire au patron, que doit incomber l'obligation d'indemniser la victime en cas de réalisation du risque, abstraction faite du point de savoir si le patron a commis une faute susceptible d'engager sa responsabilité ». En d'autres termes, la réparation

---

[1] De ce chef, la théorie du risque créé est infiniment plus avantageuse pour l'ouvrier que le système de la responsabilité, même contractuelle. Il est en effet démontré que la très grande majorité des accidents proviennent d'un cas fortuit (75 0/0 d'après les statistiques étrangères citées dans le rapport de M. Ricard).

[2] Pour l'exposé et la justification du système, cons. notamment : Josserand, *De la responsabilité du fait des choses inanimées*, 1897, et dissert. sous D. 1900, 2, 289; 1904, 2, 257; 1906, 2, 249; 1908, 1, 217; Saleilles; *Les accidents du travail et la responsabilité civile*, 1897, et *Le risque professionnel dans le Code civil* (*Réf. soc.*, 98, 1, 634); Bouvier, *L'évolution de l'idée de responsabilité* (*Rev. crit. de législ.*, 1898, p. 176); Perceroù, *A propos d'une théorie nouvelle de la responsabilité* (*Ann. de dr. commerc.*, 1898, 1, 59); Ballot-Beaupré (*Centen. du Code civil*, p. 33); Laurens, *Responsabilité des choses inanimées*, th. 1908. — Cf., en faveur de la responsabilité objective : Orléans, 10 févr. 1892, S. 93, 2, 205; Cons. d'Etat, 21 juin 1895, S. 97, 2, 33, et la note de M. Hauriou; Civ. cass., 16 juin 1896, S. 97, 1, 17, D. 97, 1, 433, et la note de M. Saleilles; 30 juin 1902, D. 1907, 1, 436; Req., 22 janv. 1908, D. 1908, 1, 217; Trib. civ. Bourges, 7 févr. 1895; Trib. civ. Seine, 28 janv. 1899; Trib. civ. Mayenne, 2 mars 1899, D. 1900, 2, 289. — Pour la critique du système, cons. notamment : Esmein, note sous S. 97, 1, 17, et *Bull. Soc. de lég. comp.*, 1901, p. 226; Planiol, *Droit civil*, t. II, nº 930, *Du fondement de la responsabilité* (*Rev. crit.*, 1905, 277, et 1906, 80), et notes sous D. 1906, 1, 457, et 1907, 2, 17; Bonnet, *De la responsabilité du fait des choses*, 1908. — Cons. également, sur les théories relatives à la responsabilité : E. Lévy, *Responsabilité et contrat* (*Rev. critique*, 1899, p. 361 et s.); Sourdat, *Traité général de la responsabilité ou de l'action en dommages-intérêts en dehors des contrats*, 5e éd., 2 vol., 1902; Teisseire, *Essai d'une théorie générale sur le fondement de la responsabilité*, th. 1906. — Sur la distinction du cas fortuit et de la force majeure : v. Josserand, *op. cit.*; Bourgoin, *Essai sur la distinction du cas fortuit et de la force majeure*, 1902.

de tous les accidents dont les ouvriers sont victimes dans leur travail doit rentrer, en principe, dans les *frais généraux* de l'entreprise, et par conséquent être supportée par le chef d'industrie.

Peu importe, dès lors, que l'accident provienne d'une faute du patron ou d'un cas fortuit. Sur ce terrain, la théorie précédente de la responsabilité légale, ou du *risque créé* (théorie susceptible d'être étendue même en dehors du domaine de la législation ouvrière) et la théorie du *risque professionnel*, limitée à l'industrie, aboutissent aux mêmes conclusions. Mais ces deux théories se séparent sur la question des conséquences de l'accident, dû à une faute, à une imprudence de l'ouvrier [1].

1040. — Faute de l'ouvrier : droit à indemnité. — Dans la théorie fondée exclusivement sur l'article 1384 du Code civil, le patron ne saurait répondre des accidents provenant de la *faute* de l'ouvrier. « En pareil cas, fait observer logiquement M. Josserand (*op. cit.*, p. 124), la victime du dommage ne pourra pas obtenir d'indemnité, car le dommage a été causé, non par la chose, mais par sa propre faute : les termes de l'article 1384 ne sont donc pas satisfaits... » (Cf. Cass., 22 janvier 1908, précité).

Cette déduction, pour être rigoureusement logique, n'en est pas moins regrettable. Loin d'établir ainsi une antithèse entre le cas fortuit et la faute, la plupart des législations étrangères récentes (lois allemande, autrichienne, norvégienne, danoise, suédoise, italienne, belge, etc.), n'admettent l'exclusion du droit à l'indemnité forfaitaire que pour le cas de *dol*, c'est-à-dire d'accident intentionnellement provoqué par la victime; auquel cas celle-ci ou ses ayants droit ne sauraient évidemment réclamer aucune indemnité, l'idée de risque étant, par définition même, exclusive de tout élément *intentionnel*. La supériorité de ce dernier point de vue nous paraît facile à établir, sur le terrain de l'équité tout au moins.

Il convient, en effet, de remarquer que, dans la thèse du risque exclusivement basé sur l'article 1384, l'ouvrier se voit privé de tout droit à indemnité, par cela seul qu'une faute quelconque, *si légère soit-elle*, est relevée à sa charge.

Or l'imprudence de l'ouvrier, nous l'avons fait observer déjà, est presque fatale; perdant la conscience du péril qui le menace à toute heure, il est nécessairement enclin à négliger parfois certaines précautions, surtout s'il est bon ouvrier et a confiance en sa dextérité. Il faut d'ailleurs tenir compte aussi de la fatigue physique ; toutes les statis-

---

[1] Sur la question des conséquences de la *force majeure*, V. *infra*.

tiques démontrent que les accidents sont plus nombreux à la fin de la journée. Si l'imprudence de l'ouvrier est une conséquence nécessaire du milieu dans lequel il vit, n'est-il pas équitable de considérer comme un risque véritable les accidents causés par cette imprudence, et d'en imposer la réparation à l'employeur?

1041. — *Faute lourde ou inexcusable.* — Mais, dira-t-on, cette assimilation au cas fortuit, acceptable pour les fautes légères, que tout ouvrier, même le meilleur, est exposé à commettre, est inadmissible au cas de faute lourde ou inexcusable ; l'accident, en pareil cas, n'est plus un risque, se rattachant à la responsabilité objective de l'industrie, c'est un fait tout subjectif, c'est-à-dire entièrement imputable à l'ouvrier et dont par suite, en bonne justice, le patron ne saurait répondre. L'argumentation est spécieuse ; elle a paru décisive au législateur anglais ; la loi anglaise du 6 août 1897, amendée en 1906, décide en effet que, pour conférer un droit à indemnité, l'accident ne doit pas résulter de la *faute lourde* de l'ouvrier (manquement *grave* et volontaire de l'ouvrier à ses devoirs, dit l'art. 2 *c*) de la loi). Le texte sénatorial primitif (24 mars 1896) réservait également le cas de *faute inexcusable* de l'ouvrier et refusait à celui-ci, en pareille hypothèse, le bénéfice de la loi.

Cette distinction, si légitime en apparence, ne laisse pas que de présenter dans la pratique des inconvénients très sérieux, et de rouvrir la porte à l'arbitraire des tribunaux, que l'insertion dans la loi du principe du risque avait précisément pour objet de supprimer. Rien n'est plus difficile, en effet, que de proposer un critérium permettant de préciser où commence la faute lourde ; et ce n'est pas résoudre la difficulté que de substituer au terme consacré de faute *lourde* l'expression, au fond aussi vague, de faute *inexcusable*[1].

---

[1] Aussi nous associons-nous sans réserves à la thèse, éloquemment développée par M. Cheysson, au cours de la discussion ouverte devant la Société d'Économie sociale sur le rapport de M. Saleilles intitulé « *Le risque professionnel dans le Code civil* » (*Réforme sociale*, n° du 16 avril 1898, p. 634 et s.). — « Il est très facile, quand on discute dogmatiquement... de trouver des fautes... Pourquoi cet ouvrier touchait-il cette barre rouge? Pourquoi cet autre a-t-il sauté du train en marche ?... Pour répondre à ces questions, il faudrait se replacer dans la mêlée, au milieu même des circonstances du travail et de l'état mental qu'elle amène; il est des moments où l'on est emporté au-dessus des conseils de la prudence, où le soldat se fait casser la tête en montant à l'assaut. Il est alors un héros et on le décore s'il survit. Il ne s'agit pas de réclamer la croix pour les ouvriers imprudents, mais au moins l'indulgence pour celles de leurs imprudences qui confinent à l'héroïsme sur le champ de bataille de l'industrie... — En réalité, il est impossible de dire où commence et où finit la faute lourde; la *responsabilité se gradue par teintes insensibles*, comme l'aube et le crépuscule lors du passage du jour à la nuit... ». — Cf. Charpentier, disc. à la Ch. des députés, 28 oct. 1897. — V. aussi : Lidon, *De l'influence de la faute lourde sur le risque professionnel*, 1903.

1042. — Est-ce à dire cependant que la gravité de la faute ne doive avoir aucune influence sur la fixation du chiffre de l'indemnité? Logiquement, il en devrait être ainsi; et telle est effectivement la solution admise par les lois du groupe germanique, ainsi que par la loi belge. Ainsi que nous le verrons plus loin, le Parlement français a préféré s'en tenir à un moyen terme; contrairement à la thèse primitive du Sénat, le texte qui a prévalu consacre le principe du droit à indemnité, pour tout accident non intentionnellement provoqué ; mais il confère au juge la faculté, « s'il est prouvé que l'accident est dû à une faute inexcusable de l'ouvrier, de diminuer le taux de l'indemnité » (art. 20). En revanche, et à titre de compensation, « lorsqu'il est prouvé que l'accident est dû à la *faute inexcusable du patron*, l'indemnité peut être majorée ».

Nous craignons fort, avec M. Cheysson (*loc. cit.*), « que ce système mixte, qui essaie d'emprunter les avantages des deux systèmes absolus, en se gardant de leurs exagérations, ne leur prenne en réalité que leurs inconvénients, sans avoir leur logique et leur netteté. *Par l'impossibilité organique d'une définition légale de la faute lourde*, il nous fait retomber dans les aléas du régime actuel ; il enlève ses bases solides à l'assurance... » [1], et devient une source nouvelle de procès. L'expérience des premières années d'application de la loi nous en fournit une preuve irréfutable (V. *infra*).

1043. — Nécessité d'une législation spéciale. — Il nous reste, pour justifier le législateur d'avoir consacré par un texte formel le principe du risque professionnel, étendu même aux accidents provenant de la faute de l'ouvrier, sous la seule réserve formulée *supra*, à répondre à une objection grave des civilistes : « Il est très dangereux, nous dit-on, de légiférer spécialement pour les ouvriers... Tout d'abord, les lois d'exception sont à éviter le plus possible. De plus, une loi spéciale, sur la question du risque professionnel, présenterait l'inconvénient redoutable de démontrer que l'idée de faute comme base est exacte en général ; on en tirerait la preuve que, en dehors de l'ouvrier, il faut revenir à l'article 1382... Or, le voyageur, par exemple, est au moins aussi intéressant que l'ouvrier... » (Bouvier, *L'évolution de l'idée de responsabilité*, *Revue critique*, 1898, p. 176).

Nous avons, croyons-nous, répondu par avance à cette objection, en établissant que le risque professionnel, exclusivement basé sur une interprétation aussi extensive que possible de l'article 1384 du Code

[1] Cf. Demeur, *La faute grave, la faute inexcusable et le risque professionnel* (à propos du projet belge), *Rev. des accid. du travail*, janvier 1903, p. 8.

civil, était insuffisant, puisqu'il ne permettait pas d'indemniser l'ouvrier victime d'un accident provenant de sa propre faute, même légère. Nous ajouterons que cette interprétation large était très loin d'être admise sans conteste par la jurisprudence, et que la multiplicité des systèmes, entre lesquels hésitaient les tribunaux, était une source de préjudice aussi bien pour les patrons que pour les ouvriers ; cette incertitude a disparu par le fait de la loi. — Cf. Charmont, *Jurisp. civ.*, *Exam. doctrin.* (*Rev. crit.*, 1898, p. 135).

Il est une autre considération qui, à elle seule, suffirait à établir la légitimité de la législation nouvelle. Dès l'instant que la responsabilité devient objective, indépendante de toute idée de faute imputable au patron, il est indispensable que les industriels puissent calculer exactement l'importance des charges que leur impose un risque dont ils répondent à tout événement, et qui fait partie désormais de leurs frais généraux. Le législateur (V. en ce sens toutes les lois récentes) est donc obligé d'intervenir pour substituer au pouvoir d'appréciation personnelle et arbitraire du juge, une *tarification légale* des indemnités correspondant à chaque nature d'accident, tarification susceptible de servir de base solide à l'assurance (Saleilles, *Le risque professionnel dans le Code civil*, *Réf. soc.*, 1898, 1, 64).

1044. — Quant au reproche de faire une loi d'exception, pour une classe spéciale de citoyens, alors qu'il serait équitable d'édicter une loi générale sur la responsabilité en matière d'accidents, ce reproche serait fondé si l'on admettait qu'une bonne législation sur les accidents professionnels doit se limiter à la reconnaissance du risque professionnel et à la fixation du taux des indemnités forfaitaires. Mais le reproche s'évanouit, si l'on admet, ainsi que nous cherchons à l'établir *infra*, que l'admission du risque a pour corollaire logique et nécessaire l'institution d'un système d'assurance obligatoire, ou de toute autre garantie équivalente ; un tel système ne peut être introduit dans la pratique que par une loi, et cette loi ne peut être que spéciale, le salaire devant être la base de toute assurance ouvrière, tandis que l'assurance des voyageurs contre les risques de transport, par exemple, à supposer que sa généralisation semble désirable, devrait être établie sur des bases absolument différentes.

1045. — **E. L'assurance obligatoire, corollaire logique du risque professionnel.** — L'assurance obligatoire, disons-nous, est le corollaire logique du risque professionnel, soit que l'on envisage l'intérêt des ouvriers, soit que l'on se place au point de vue de l'intérêt général de l'industrie et du patronat.

L'intérêt des ouvriers est évident : pour que l'ouvrier, victime d'un accident, soit effectivement et utilement indemnisé, il ne suffit pas que la loi mette l'indemnité à la charge du patron ; il faut, de plus, qu'elle le garantisse contre l'insolvabilité de ce dernier, et aussi qu'elle mette à sa disposition une procédure simple, gratuite et expéditive pour obtenir satisfaction.

Mais, — et c'est ce que l'on a trop souvent perdu de vue au cours des débats, — l'intérêt des patrons est ici identique à celui des ouvriers. La grande industrie, sans doute, peut, sans une majoration excessive de ses frais généraux, faire face aux charges nouvelles que lui imposera le risque professionnel, à raison du grand nombre d'ouvriers qu'elle emploie.

L'obligation d'indemniser tout ouvrier victime d'accident serait, au contraire, une charge excessive, et pourrait devenir une cause de ruine pour les petits patrons n'employant qu'un petit nombre d'ouvriers. Le meilleur moyen de préserver la petite industrie de ce danger est de recourir à l'*assurance obligatoire*, de préférence sous la forme de *mutualité patronale*, ou assurance mutuelle entre patrons d'une même profession, ou d'une même région. Répartis sur l'ensemble des ouvriers d'une même région ou d'une même profession, les risques d'accidents deviennent très supportables pour chaque patron syndiqué.

Tel est précisément le principe sur lequel reposent, notamment, les législations *allemande* de 1884 et *autrichienne* de 1887, ainsi que la majorité des lois récentes qui s'en sont inspirées (lois norvégienne de 1894, italienne et danoise de 1898, hollandaise et suédoise de 1901, luxembourgeoise de 1902, belge de 1903. V. *infra*). Seules les lois anglaise de 1897-1906 et espagnole de 1901 se bornent à poser le principe du risque professionnel. Nous verrons bientôt que le système français de 1898, amendé en 1899, aboutit à rendre l'assurance quasi-obligatoire en fait, système d'ailleurs inférieur, à notre avis, à l'obligation stricte.

1046. — Les objections. — Admis en principe, après une série d'enquêtes comparatives approfondies, par tous les Congrès internationaux des accidents, éloquemment défendu au Congrès de Milan de 1894, le principe de l'assurance obligatoire en matière d'accidents comptait cependant, naguère encore, parmi les libéraux, des adversaires irréductibles, notamment M. Yves Guyot (*Les accidents du travail et le Congrès de Milan*, *Revue polit. et parlem.*, 1894, t. II, p. 298). Quels griefs avait donc M. Yves Guyot contre le système de l'assurance obligatoire, pour l'exécuter ainsi ? L'acte d'accusation dressé par lui comportait trois incriminations principales :

1° L'assurance obligatoire est une prime à l'incurie et à l'imprudence ; et, pour le prouver, il invoque les statistiques allemandes, lesquelles mettent en relief une progression très sensible du nombre des accidents déclarés. Sur 1,000 ouvriers assurés, il y avait, en 1887, 23,70 accidents ; en 1895, 37,90. Les accidents ayant entraîné la mort s'étant maintenus autour du même taux, 0,70 0/00, la progression est due exclusivement aux accidents entraînant une incapacité de travail permanente ou temporaire, mais supérieure à quatre-vingt-dix jours (progression, 165 0/0), et surtout aux accidents légers, entraînant une incapacité temporaire de moins de quatre-vingt-dix jours (progression, 227 0/0) ;

2° Les frais généraux de l'assurance obligatoire croissent en proportion du nombre des accidents, et imposent à l'industrie allemande une charge de plus en plus lourde ;

3° L'assurance obligatoire devait supprimer tous les litiges, puisque dans le système allemand, l'indemnité arbitraire allouée par le juge est remplacée par un *forfait légal*. Pratiquement, au contraire, les procès sont très nombreux, et fort longs : il y a eu, en 1890, 3,800 litiges et 9,000 appels (en chiffres ronds), pour 300,000 accidents déclarés, dont 75,000 environ ont donné lieu à indemnité [1].

1047. — Réfutation. — Aucun de ces trois griefs ne nous paraît bien fondé. Tout d'abord, la réalité du premier grief (augmentation du nombre des accidents dus à l'imprudence), n'est rien moins que démontrée. Si les chiffres absolus augmentent, cela tient, d'une part, à l'accroissement relativement rapide du nombre des ouvriers, conséquence de l'essor industriel de l'Allemagne, et d'autre part, à ce fait, qu'aujourd'hui les accidents les plus insignifiants sont déclarés, à raison des pénalités sévères édictées contre les contrevenants. Mais la répartition des accidents par catégories est au contraire l'indice d'une situation en voie d'amélioration. En effet, tout d'abord, le chiffre des accidents entraînant la mort reste stationnaire [2], alors que l'industrie

[1] En 1900, le nombre des déclarations s'est élevé à 454,341 (pour 18,246,000 assurés), et le nombre des accidents ayant donné lieu à indemnité à 107,654 (*Amtliche Nachrichten des Reichsversicherungsamts*, janvier 1900). Cet écart énorme entre le chiffre des accidents déclarés et celui des indemnités allouées (un quart à peine) s'explique par ce fait que la corporation ne doit d'indemnité que pour les accidents entraînant une incapacité de travail de plus de 13 semaines, et à partir de l'expiration de la 13e semaine ; les frais de maladie et de secours pendant 13 semaines sont en effet à la charge des caisses d'assurance en cas de maladie, organisées par la loi du 13 mars 1883.

[2] Le taux oscille depuis l'origine autour de 0,70 par 1,000 assurés. La progression légère accusée par les statistiques (8,928 cas mortels en 1905, 9,141 en 1906) correspond à l'augmentation du nombre des assurés (20,247,512 en 1905, 20,727,213 en 1906). — V. la statistique allemande 1886-1906 publiée par le *Bull. du Conseil des assur. sociales*, 1908, p. 79 (*A. N. d. R.*, janv. 1902). En France, le chiffre absolu

se développe ; ce qui équivaut à une diminution, due à l'amélioration des moyens préventifs, sous l'influence des conseils corporatifs. Les incapacités totales permanentes diminuent pour la même cause ; et cette diminution a pour corollaire une augmentation correspondante des incapacités permanentes partielles ou même des incapacités temporaires ; grâce aux meilleurs soins prodigués dès le début à tout ouvrier victime d'un accident, nombre d'accidents, qui jadis eussent entraîné une incapacité permanente, n'entraînent plus qu'une incapacité temporaire[1].

1048. — Le second grief (progression des frais) n'est pas plus fondé. Ces frais ont été considérables pendant la période d'organisation ; mais, au fur et à mesure que le nombre des ouvriers secourus augmentait, le tant pour cent des frais allait en diminuant, et il semble bien que l'on soit actuellement parvenu en Allemagne à une moyenne à peu près constante. En effet, pour 1894, la charge était de 13,77 p. 1,000 marks de salaire, elle était de 13,78 p. 1,000 en 1895 ; elle a quelque peu diminué depuis lors, et ressortait en 1900 à 12 fr. 69 (dont 10 fr. 85 représentant le secours net alloué, et 1 fr. 84 de frais)[2]. Croit-on, sérieusement, que cette légère majoration des frais généraux (qui, pour l'industrie allemande entière, représente en 1906 une somme globale de 182 millions 1/2 de marks, pour le chiffre formidable de 21 millions d'assurés), constitue pour l'industrie allemande une charge écrasante ?

Il ne le semble pas, puisque le fardeau global des assurances obligatoires (accidents, maladie, vieillesse, v. titre IV, *infra*) n'a pas sensiblement ralenti l'essor prodigieux de l'industrie allemande, et diminué en quoi que ce soit, suivant l'expression du Dr Bœdiker, sa *capacité de concurrence* sur le marché mondial. — V. Blondel, *L'essor*

---

des cas mortels est même en décroissance : 1.735 en 1900, 1,524 en 1901, 1,499 en 1906 (mines et chemins de fer non compris). L'année 1907 accuse, il est vrai, une progression sensible (1,762), mais il convient de l'attribuer à la loi de 1906, qui a soumis au risque professionnel toutes les professions commerciales. — V. les statistiques annuelles publiées par le *Bull. de l'Off. du travail* français (1906, 337 ; 1907, 323 et 684 ; 1908, p 655).

[1] *Sic* : Dr Bœdiker, *Die Arbeiterversicherung in den Europäischen Staaten* ; Berlin, 1895. — Cf. Brouilhet, *Les assurances ouvrières en Allemagne*, p. 19 ; Dr Mongin, *Du risque professionnel dans les maladies et accidents du travail*, p. 33 et s. ; — H. Wolff, *Une statistique d'accidents du travail* (*Monde écon.*, 27 janv. 1900). Les statistiques françaises relatives à la note précédente permettraient de faire, pour notre pays, les mêmes constatations.

[2] En 1906, les corporations industrielles accusaient les chiffres suivants : 14,13 dont 1,21 seulement de frais, et les corporations agricoles 0,70 pour 1.000 marks. — Le secours net a donc quelque peu augmenté, mais une notable économie a été réalisée sur les frais généraux.

industriel et commercial du peuple allemand; Bœdiker, *L'importance économique et politique de l'assurance ouvrière allemande*, rapport présenté au Congrès de Dusseldorf, 1902[1].

1049. — **Conclusions.** — Reste le dernier grief : le *nombre des procès*. Ici encore, l'argumentation de M. Yves Guyot n'est rien moins que décisive. 38,000 procès pour 300,000 accidents déclarés, cela ne fait guère plus d'un procès pour dix déclarations ; ces procès d'ailleurs n'entraînent aucun frais pour l'ouvrier, et au surplus la plupart d'entre eux portent, non sur le principe même de l'indemnité, mais sur le taux, sur la capacité de travail conservée[2].

Aucun des griefs invoqués n'est donc décisif, et nous considérons, avec la presque unanimité des auteurs étrangers et la grande majorité des auteurs français, que les faits ont donné un éclatant démenti aux pronostics pessimistes des adversaires systématiques de l'assurance obligatoire. Non seulement l'expérience allemande n'est pas une banqueroute, comme l'affirmait M. Yves Guyot en 1897 au Congrès de Bruxelles ; mais son succès est aujourd'hui si évident que nul en Allemagne, en présence des résultats obtenus, ne songe plus à le discuter. — Cf. Bœdiker, rapp. précité. V. aussi Blondel, *Le Congrès des assurances sociales à Dusseldorf* (*Réf. soc.*, 16 août-1er sept. 1902).

Telles sont les bases théoriques sur lesquelles, à notre avis, doit reposer une bonne législation des accidents de travail. Il nous reste à rechercher, très brièvement, dans quelle mesure les différentes législations, et notamment la loi française, satisfont à ces vues théoriques.

2° Evolution des lois étrangères dans le sens du risque professionnel et de l'assurance obligatoire. — **1050**[3]. — Ainsi

---

[1] La crise allemande actuelle est une crise de surproduction, doublée d'une crise monétaire (v. *supra*, n° 597). Elle ne saurait être, en rien, imputée au régime des assurances sociales.

[2] Cette proportion a du reste beaucoup diminué, en France comme en Allemagne, malgré les efforts de certains agents d'affaires pour provoquer des contestations. Voir en effet les chiffres correspondant, pour la France, à l'année 1906 : 401,410 accidents déclarés (dont 359,747 avis reçus par l'inspecteur du travail, et 41,663 reçus par le service des mines), 24,547 jugements et ordonnances rendus en 1906, soit un procès à peine pour douze déclarations.

[3] Bibliographie. — Pour l'étude comparative des lois en vigueur dans les principaux pays étrangers, et des projets soumis aux différents Parlements, cons. notamment : Bellom, *Les lois d'assurance ouvrière à l'étranger : Assurance contre les accidents*, 6 vol. 1895-1906 (constituant l'enquête la plus complète et la plus consciencieuse sur le mouvement législatif contemporain); Dr Bœdiker, *Die Arbeiterversicherung in den Europäischen Staaten*, Leipzig, 1 vol., 1895; Dr Zacher, *Arbeiterversicherung im Auslande*, Berlin, 1898-1901, et *L'assurance ouvrière en Europe étudiée d'après ses systèmes* (rapp. au Congrès de Düsseldorf, 1902); Lefort, *Les lois étrangères sur les assurances* (*Rec. pér. des assur.*, 1905, 310). — *Bull. Off. du travail*

que nous l'avons fait observer précédemment, un mouvement irrésistible entraîne les Parlements dans la voie, frayée par l'Allemagne, du risque professionnel et de l'assurance obligatoire. Il y a dix ans, les lois qui n'apportent aucune dérogation au droit commun, en ce qui concerne la responsabilité patronale, étaient encore les plus nombreuses. Aujourd'hui, au contraire, ces lois sont l'exception. La plupart des Etats se sont ralliés au principe du risque professionnel, complété par l'assurance obligatoire. Quelques-uns toutefois ont remplacé l'obligation de l'assurance par un système de garanties, réputé équipollent; d'autres se sont provisoirement arrêtés à mi-chemin, et se sont bornés à insérer dans la loi le principe du risque, sans garantir, autrement que par un privilège, l'ayant droit contre l'insolvabilité éventuelle du chef d'industrie.

Passons en revue, rapidement, chacun de ces quatre groupes. Nous ne décrirons ici, brièvement, que les législations-types, renvoyant aux ouvrages spéciaux cités en note pour l'étude de chaque législation particulière.

1051. — A. Des législations qui ont substitué à la responsabilité patronale le principe du risque professionnel, complété par l'assurance obligatoire. — Les lois-types du 1er groupe sont les lois *allemande* et *autrichienne* ; au même groupe se rattache toute une série de lois postérieures, lois *finlandaise*, *hollandaise*, *italienne*, *luxembourgeoise*, *norvégienne*, et *belge* (sous réserves)[1].

---

français, 1894-1908, chron.; *Bulletin du Comité perman. des Congrès intern. d'assurances sociales*, 1889-1908 (texte ou trad. française des lois et projets, rapp., docum. div.); *Bull. Off. intern. du travail* (1902-1908). — V. aussi les documents publiés par la *Rev. prat. du droit industr.*, les *Quest. pratiques*, la *Soziale Praxis*, le *Journ. de la Soc. de statistique de Paris*, la *Rev. pol. et parlem.*, le *Musée social*, ainsi que les rapports et débats du Congrès de Vienne (1905). — Cf. Chorel, Serre, *op. cit.*

[1] Quelques Etats, tout en demeurant fidèles pour l'ensemble de l'industrie au principe traditionnel de la responsabilité, y ont cependant dérogé pour certaines catégories d'industries. C'est ainsi que d'après la loi *grecque* du 20 décembre 1901 (*Quest. pratiques*, 1902, 26), les ouvriers employés dans les mines et les établissements métallurgiques ont droit, en cas d'accident, à une indemnité forfaitaire, dont le paiement incombe pour moitié au chef d'entreprise, et pour moitié à une Caisse d'Etat, dite *Caisse des mineurs*, alimentée par un prélèvement de 1 0/0 sur le produit net des établissements assujettis et par certaines ressources accessoires. — La Caisse est garantie de la solvabilité des industriels débiteurs de rentes.

Signalons aussi : la loi du *Maryland* (*Etats-Unis*), du 1er juillet 1902 (*Bull. Off.*, 1902, 894), instituant une assurance d'Etat, obligatoire en faveur de tous les ouvriers employés dans les mines, les entreprises de transport, et les travaux municipaux (Cf. loi de New-York, du 15 avril 1902, *Bull. Off. intern.*, 1902, 424, et loi de l'Illinois, du 16 mai 1905, *ibid.*, 1906, CX); — la loi fédérale *suisse*, du 28 juin 1901 (détachée de la loi générale sur l'assurance-maladie et accidents), concernant l'assurance des *militaires* contre la maladie et les accidents (*Bull. Off. internat. de Bâle*, 1902, 305)

1052. — *a*) Allemagne [1]. — C'est la loi impériale du 6 juillet 1884 (complétée par les lois des 21 mai 1885, 15 mars et 5 mai 1886, 11 et 13 juillet 1887) qui a substitué au principe de la responsabilité du patron le régime du risque professionnel et de l'assurance obligatoire. Ces lois ont elles-mêmes été coordonnées et révisées par la loi du 30 juin 1900 (*Ann. de la lég. du travail*, 1901, p. 7 et s.), véritable Code de l'assurance allemande contre les accidents du travail.

Tout accident confère à l'ouvrier qui en est victime un droit à indemnité, à l'exception d'un seul cas, celui où la victime aurait intentionnellement causé l'accident. Cette indemnité ne peut pas être fixée arbitrairement par le juge ; elle est établie d'après un tarif établi par la loi, et proportionnelle au montant du salaire de l'ouvrier.

D'après la loi de 1884, les seuls ouvriers appelés à bénéficier du régime nouveau étaient les ouvriers industriels ; mais ce régime a été étendu, par les lois postérieures de 1885 à 1887, aux ouvriers de l'Etat (ouvriers des postes, des chemins de fer, de la guerre, etc.), aux ouvriers des exploitations agricoles et forestières, des entreprises de transport, terrestres ou fluviales, aux ouvriers du bâtiment, aux gens de mer. Seuls les pêcheurs et artisans travaillant pour leur compte, les employés de commerce, et les domestiques, restent en dehors du régime nouveau [2].

1053. — *Mutualité corporative.* — L'assurance obligatoire, qui

---

[1] Bibliographie. — Ch. Brouilhet, *Les assurances sociales en Allemagne*, broch. 1896; M. Block, *L'assurance ouvrière en Allemagne* (*Rev. pol. et parl.*, 1896, t. VII, p. 472) : Sauvaire-Jourdan, *L'assurance obligatoire en Allemagne*, 1894; Berger, *De la protection des classes ouvrières contre le risque accidents en Allemagne et en France*, 1900; de l'Hopital, *L'assurance-accident en Allemagne*, thèse 1905. — *Bull. Off. du trav.*, *L'assurance obligatoire contre les accidents du travail en Allemagne et en Autriche*, *résultats financiers*, *statistique*, 3 vol.; M. Bellom, *Note sur les projets de réforme des lois allemandes d'assurance contre les accidents* (*Bull. Soc. de lég. comp.*, 1899-1900, p. 715); *Mémoire de l'Office impérial des assurances* (Expos. univ. de 1900). — V. aussi les ouvrages précités de Zacher, Bœdiker, etc...

[2] Cette exclusion n'est plus absolue, depuis la loi de 1900, pour les artisans ou petits patrons de l'industrie, ou pour les employés. D'une part, en effet, les chefs d'entreprise dont le profit annuel ne dépasse pas 3,000 marks peuvent s'assurer volontairement; d'autre part, le Conseil de la corporation peut décréter l'obligation de l'assurance, soit pour les petits patrons dont le profit annuel n'excède pas 3,000 marks ou qui n'occupent pas régulièrement plus de deux ouvriers, soit pour les travailleurs à domicile, occupés pour le compte d'industriels, même s'ils fournissent la matière première et ont eux-mêmes des ouvriers à leur service. Enfin, les statuts corporatifs peuvent autoriser à contracter l'assurance, soit les patrons dont le profit excède 3,000 marks, soit certaines catégories d'employés. Au total, le nombre des assurés de toute catégorie s'élève à près de 21 millions de personnes (20,727,243, chiffre officiel de 1906), dont 12 millions de travailleurs agricoles, 7 millions de travailleurs industriels et commerciaux, et près de 2 millions de travailleurs du bâtiment et de marins (Fuster, *Bull. Comité assur.*, 1908, 49).

garantit aux ouvriers le paiement des indemnités dues et en facilite le paiement aux patrons par une répartition proportionnelle des risques, a pour base la mutualité corporative. Tous les patrons et chefs d'industrie sont en effet groupés, obligatoirement, en un certain nombre de corporations professionnelles, placées sous le contrôle de l'Etat, représenté par l'Office impérial des assurances. Ces corporations sont établies par profession, avec juridiction territoriale pouvant s'étendre à l'Empire entier. Tout industriel est, de droit, membre de celle comprenant son industrie, dans la circonscription de laquelle est situé son établissement. Le Conseil d'administration de chaque corporation a un triple rôle :

1° Il édicte des règlements sur les mesures à prendre par ses membres pour prévenir les accidents et réduire ainsi au minimum les risques à répartir. Ces règlements sont soumis à l'approbation de l'Office impérial des assurances. Le Conseil nomme des inspecteurs chargés de veiller à leur observation ;

2° Il fixe, en conformité du tarif légal, l'indemnité due à chaque ouvrier victime d'accident. Sa décision est susceptible d'appel devant un tribunal arbitral[1], composé d'un président nommé par l'Empereur et de quatre assesseurs, dont deux nommés par la corporation et deux par les représentants des ouvriers. La décision du tribunal arbitral peut elle-même être déférée à l'Office impérial des assurances.

3° Le Conseil d'administration de la corporation *répartit* chaque année les indemnités allouées (dont l'avance est faite par l'administration des *postes*), augmentées des frais généraux, entre tous les membres de la corporation, proportionnellement au nombre des ouvriers de chaque entreprise, au montant des salaires des ouvriers et au tarif de risque appliqué à l'établissement. Le fardeau des indemnités incombe en effet intégralement aux patrons, ou plutôt à la corporation ; aucun prélèvement n'est exercé sur les salaires des ouvriers.

L'Office impérial des assurances est la clef de voûte de tout le système : système de centralisation rigoureuse, dont l'effet a été de substituer à la responsabilité individuelle de chaque patron la responsabilité corporative sous le contrôle direct de l'Etat. Cet Office, qui représente l'Empire, a son siège à Berlin. Il comprend trois membres permanents au moins, dont le président, nommé à vie par l'Empereur, et huit membres non permanents, dont quatre nommés par le Conseil fédéral dans son sein, deux par les Conseils d'administration des cor-

[1] La loi de 1900 a établi, entre les divers types d'assurance, un lien très étroit. Elle a supprimé les tribunaux arbitraux spéciaux à l'assurance-accident, et décidé que les tribunaux arbitraux institués par les lois sur l'assurance d'invalidité-vieillesse (V. tit. IV, *infra*), connaîtraient désormais des difficultés relatives aux questions d'accidents.

porations et deux par les représentants des ouvriers. Les frais de l'Office sont à la charge de l'Empire.

1054. — *Procédure et taux des indemnités.* — Lorsqu'un accident quelconque se produit, la victime ne peut poursuivre individuellement le chef d'industrie (à moins qu'il ne soit prouvé par un jugement correctionnel qu'il a causé intentionnellement l'accident). C'est la corporation seule qui en répond, et elle est saisie de l'affaire non par la victime, mais par le chef d'industrie lui-même, qui est légalement tenu, sous une sanction pénale, d'avertir dans les quarante-huit heures la police locale et sa corporation, par une déclaration libellée suivant un formulaire déterminé. Une enquête est ouverte, et suivant les résultats de cette enquête le Conseil d'administration fixe en premier ressort, et à charge d'appel devant les juridictions mentionnées ci-dessus, le taux de l'indemnité.

En cas de mort, l'indemnité consiste en une somme, pour frais funéraires, fixée à vingt fois le salaire quotidien du mort, et en diverses rentes accordées aux ayants droit du mort, à la veuve, aux enfants et aux ascendants nécessiteux [1]. En cas de blessure entraînant incapacité absolue de travail, l'indemnité consiste en une rente égale aux deux tiers du salaire moyen [2]. En cas d'incapacité partielle de travail, la rente est réduite en proportion de la faculté de travail restante. C'est sur le taux de cette réduction que s'élèvent la plupart des contestations portées en appel devant le tribunal arbitral. La rente a une durée égale à celle de l'incapacité de travail comptée à partir de la quatorzième semaine après l'accident [3]. Les frais de maladie et de secours pendant les treize premières semaines sont, en partie à la charge des Caisses d'assurances obligatoires en cas de maladie, organisées par la loi de 1883 (dont nous parlerons ultérieurement), en partie à la charge du chef d'entreprise individuellement.

---

[1] L'on prend comme salaire de base le plein salaire jusqu'à 1,500 marks, le surplus ne comptant que pour un tiers.

[2] D'après la loi de 1900, *la rente peut même s'élever à 100 0/0 du salaire*, lorsque la victime n'est pas seulement devenue complètement incapable de travailler, par suite de l'accident, mais qu'elle se trouve réduite à un état de dénuement tel qu'elle ne pourrait plus subsister, avec une rente calculée au taux normal, sans s'adresser à l'assistance.

[3] Signalons ici, en passant, une différence importante entre le régime allemand et celui de la loi française de 1898. Tandis qu'en France une distinction essentielle est faite entre l'incapacité *temporaire* et l'incapacité *permanente* (v. *infra*), en Allemagne, l'on ne demande pas au médecin-expert de se prononcer *a priori* sur le caractère, temporaire ou définitif, de l'incapacité, mais simplement sur l'importance de la réduction de la capacité de travail. C'est cette importance, susceptible d'évolution, et pouvant varier entre 0 et 100, qui seule est prise en considération pour établir le chiffre de la pension, *toujours révisable* (art. 88 et s.).

1055. — *Bases financières de l'assurance : système de la répartition.* — Ainsi que nous l'avons fait observer précédemment, le législateur allemand s'est arrêté au système de la *répartition* (*Umlagenverfahren*), qui consiste à ne répartir entre les industries assujetties que les rentes allouées dans l'année précédente, augmentées d'un tant pour cent affecté à la constitution d'un fonds de réserve. Ce système fait antithèse au système autrichien, dit de la *capitalisation* ou *couverture* (*Deckungsverfahren*), qui consiste à constituer chaque année, par le groupement des cotisations de la corporation, une somme correspondante au capital nécessaire au service des rentes créées au cours de l'exercice précédent.

Lors de la révision de la loi allemande en 1900, de très vives critiques ont été formulées contre le système de la répartition, qui ne serait, dit-on, que le système de l'imprévoyance. La capitalisation permet aux assurés de mesurer immédiatement l'étendue des charges qu'ils assument, tandis que la répartition ne dégrève le présent qu'en grevant outre mesure l'avenir [1].

Les adversaires de la capitalisation [2] répondirent que celle-ci présentait un grave danger, celui de l'accumulation de capitaux énormes soustraits à la circulation générale, et dont le placement pouvait donner lieu à de graves mécomptes.

Rien n'est plus difficile d'ailleurs que de calculer avec exactitude, vu les fluctuations mal connues du taux de l'intérêt, le taux de capitalisation afférent aux rentes. L'on peut admettre la capitalisation pour l'assurance vieillesse-invalidité, dont les bases sont relativement simples et permettent l'établissement d'une *prime moyenne* constante (aussi ce système, malgré le Dr Bœdiker, a-t-il été conservé par la loi de 1899, v. tit. IV, *infra*) ; mais la multiplicité des types de rentes et indemnités diverses afférentes à l'assurance-accidents est, pour l'adaptation du régime de capitalisation à cette dernière, un écueil très sérieux, auquel

---

[1] Depuis le début de l'assurance, c'est-à-dire depuis 1886, le montant annuel par 1000 unités de salaire des dépenses totales de l'ensemble des corporations industrielles est allé sans cesse croissant, le chiffre de 1886 étant de 0,77 et celui de 1900 de 10,85. — En 1891, la dépense totale, pour l'Empire entier, s'était élevée à 46,682,804 marks; en 1900, elle a plus que doublé (101,250,425 marks). En 1906, elle avait atteint 182,539,434 marks, pour les corporations industrielles et agricoles (sans les établissements annexes d'assurance des corporations du bâtiment et des gens de mer). — *Bull. Comité assur. soc.*, 1908, 84.

[2] Cons. en faveur de la capitalisation : Cheysson, *Réf. soc.*, 1898, 1, 730; et en faveur de la répartition, les ouvrages ou articles précités de MM. Bödiker, Zacher, Brouilhet. *Adde :* Lange, *Die finanziellen Grundlagen der Deutschen Unfallversicherung*, Berlin, 1902. — V. aussi, dans l'*Ann. de la législ. du trav.*, 1901, p. 14 et s., le résumé des discussions parlementaires auxquelles la question a donné lieu en Allemagne.

n'a pas échappé le législateur autrichien : témoin les déficits techniques avoués par l'administration autrichienne (V. *infra*).

1056. — *Fonds de réserve ; loi de 1900, système mixte.* — Aussi le législateur allemand a-t-il cru devoir conserver le système de la répartition, renforcé par d'importantes réserves. Déjà la loi de 1884 avait prescrit la constitution d'un fonds de réserve « au moyen d'une somme progressivement décroissante ajoutée, pendant les onze premières années d'application de la loi, au montant des indemnités réparties entre les membres des corporations », les intérêts du fonds ainsi formé devant s'ajouter au capital jusqu'à ce qu'il eût atteint le double des dépenses annuelles. Ce double était atteint dès 1900, le fonds de réserve dépassant alors 200 millions ; mais la loi de 1900, dans son article 34, a prescrit la constitution d'une réserve supplémentaire, constituée par des versements à base décroissante (pendant 3 ans 10 0/0, puis 9 0/0, et ainsi de suite par période triennale jusqu'au minimum de 4 0/0, point d'arrêt de la constitution du fonds nouveau). A l'expiration de ce délai, les intérêts de la réserve ainsi constituée, tant avant que depuis la loi, serviront à maintenir à un taux constant la cotisation de répartition afférente, en moyenne, à chaque personne assurée.

En résumé, le système nouveau permettra, dans un certain nombre d'années, d'arriver en matière d'accidents à cette *prime moyenne constante*, d'ores et déjà réalisée par la loi de 1899 sur l'assurance-invalidité, au moyen de la capitalisation. C'est donc un moyen terme fort ingénieux, imaginé par le législateur allemand pour unifier dans une certaine mesure les bases financières des divers types d'assurances, sans courir l'aléa d'un changement complet de système [1].

1057. — *b*) **Autriche** [2]. — La loi autrichienne du 28 décembre 1887, complétée et étendue par la loi du 18 mai 1894 (*Ann. de lég. étr.*, 1895, p. 292), repose comme la loi allemande sur le principe du risque professionnel, et sur l'assurance corporative obligatoire. Mais elle est plus décentralisatrice, en ce qu'elle organise, au lieu de corporations professionnelles pouvant s'étendre à tout l'Empire, des circonscriptions *régionales* (une par province, comprenant toutes les industries de la province), et un système d'appel devant le tribunal civil. Elle a de plus l'avantage de ne point engager les finances de l'Etat, aucune administration officielle n'étant chargée d'avancer aux corporations les

---

[1] Le 21e Congrès des corporations d'assurance allemandes, réuni à Mannheim, en juillet 1907, s'est nettement prononcé pour le *statu quo*, sous réserve toutefois d'une diminution de la quote-part versée à la réserve (*Bull. Comité assur.*, 1907, 455).

[2] Menzel, *Die Arbeiterversicherung nach österreichischem Rechte*, Leipzig, 1893.

fonds nécessaires au paiement des indemnités. Enfin, le régime autrichien a pour base, au point de vue financier, le système de la capitalisation, au lieu de la répartition admise en Allemagne.

Une autre différence entre les lois autrichienne et allemande concerne la participation des ouvriers au paiement des indemnités. Tandis qu'en Allemagne les chefs d'industrie supportent seuls le poids de l'assurance, en Autriche les ouvriers y participent dans une certaine mesure, à savoir pour un dixième de la cotisation afférente au chef d'entreprise, mais seulement lorsque leur salaire en numéraire excède un florin. Cette coopération des ouvriers aux charges de l'assurance entraîne une modification corrélative dans la composition des conseils d'administration des corporations ; tandis qu'en Allemagne les corporations sont exclusivement dirigées par les chefs d'industrie, en Autriche les conseils d'administration sont composés pour un tiers de chefs d'industrie, pour un tiers de représentants des ouvriers, et pour un tiers d'élus du Conseil provincial.

Cette obligation pour les ouvriers de coopérer au fonds d'assurance est difficilement conciliable avec le principe même du risque professionnel ; aussi, sur ce point, la législation autrichienne n'a-t-elle pas eu d'imitateurs.

1058. — Comme en Allemagne, les indemnités sont fixées en premier ressort, à charge d'appel devant un tribunal arbitral, par le bureau de la corporation ; mais il n'existe pas en Autriche de tribunal suprême analogue à l'Office allemand des assurances. L'organe central établi auprès du Gouvernement n'a que le rôle effacé d'un comité consultatif. Les décisions des tribunaux arbitraux ne sont pas cependant en dernier ressort ; elles peuvent être frappées d'appel devant le tribunal civil de la région. Les corporations n'ont pas, comme en Allemagne, l'autorité réglementaire ; s'il devient nécessaire d'édicter un règlement nouveau, elles doivent s'adresser à l'administration provinciale.

Les indemnités sont fixées sur les mêmes bases qu'en Allemagne ; le taux en est cependant un peu moins élevé. La répartition des charges de la corporation se fait aussi proportionnellement au salaire des ouvriers et au coefficient de risque de chaque atelier. Mais tandis qu'en Allemagne l'on ne répartit que les rentes payées annuellement, légèrement majorées en vue de la réserve, en Autriche au contraire, c'est le capital présumé nécessaire pour assurer le service des rentes créées chaque année qui doit être annuellement réclamé des industriels. Sur la comparaison des deux systèmes, v. les observations présentées, *supra*, n° 1056 [1].

---

[1] Le système autrichien, longtemps considéré comme supérieur, paraît avoir

1059. — **Autres législations**. — Les lois allemande et autrichienne ont déterminé un véritable courant dans le sens de la proclamation légale du risque et de l'institution de l'assurance obligatoire. Cinq législations récentes, en particulier, la loi *norvégienne* du 23 juillet 1894, modifiée le 6 août 1897 et le 12 juin 1906 (*Bull. off. intern.*, 1906, 557), la loi *italienne* du 17 mars 1898 (*ibid.*, 1899, p. 392, amendée le 29 juin 1903 (*Bull. off. intern.*, 1903, 630), la loi *hollandaise* du 2 janvier 1901 (*Bull. off. trav.*, 1901, p. 582), la loi *luxembourgeoise* du 5 avril 1902 (*ibid.*, 1902, p. 802), et la loi *hongroise* du 6 avril 1907 sur l'assurance des personnes employées dans l'industrie et le commerce contre les maladies et les accidents (*Bull. Comité assur. soc.*, 1908, 152), se rattachent directement au système austro-allemand[1]. Aussi nous suffira-t-il de signaler brièvement les particularités de chacune d'elles.

Au point de vue de l'étendue d'application, les lois norvégienne et néerlandaise protègent tous les ouvriers de l'industrie, marins et mariniers ; la loi hongroise protège également certaines catégories d'employés (§ 3), et admet les employés non protégés, travailleurs à domicile, artisans travaillant seuls, domestiques et ouvriers agricoles, à contracter des assurances facultatives. Les lois *italienne* et *luxembourgeoise*, au contraire, n'assujettissent au régime légal, en principe, que les industries occupant au moins cinq ouvriers.

Toutes les lois précitées admettent le système de l'indemnité forfaitaire ; mais, contrairement au système prédominant, la loi italienne n'attribue pas de rentes en cas de décès ou d'incapacité permanente, mais un capital basé sur le salaire (en cas de décès, cinq fois le salaire annuel pour les ayants droit ; en cas d'incapacité permanente absolue, cinq fois le salaire avec fixation d'un minimum de 3,000 fr.).

1060. — L'assurance est organisée, dans les divers Etats précités, par une Caisse officielle unique pour tout le territoire. Toutefois, en

---

donné d'assez sérieux mécomptes. A la fin de 1904, six caisses sur sept étaient en déficit; il ne leur manquait pas moins de 39 0/0 des capitaux représentatifs (55 millions sur 142), qu'elles auraient dû posséder. Cette situation ne laisse pas que de préoccuper sérieusement le législateur autrichien. Fuster, *Note sur les déficits des caisses* (*Bull. Comité assur.*, 1907, 744).

[1] Cons. notamment, sur la loi *italienne*, les rapports de MM. Lucci et Magaldi au Congrès de Düsseldorf, 1902, et sur la loi *luxembourgeoise*, le rapport de M. Neuman au même Congrès. — V. aussi Coviello, *Responsabilita senza colpa* (*Rivist. ital. per le Sc. jurid.*, 1897, 1, 188). — Cf. les chroniques et études de F. Carneluti, dans le *Rivista di diritto commerciale*, de Sraffa et Vivante, et la revue *Il contratto di lavoro*, de V. Positano. — Cf. loi *finlandaise* du 5 déc. 1895 (*Ann. de lég. étr.*, 1896, 730), consacrant aussi le principe de l'assurance obligatoire, mais avec liberté du choix de l'assureur (*Notices sur la Finlande*, Expos. franç. de 1900).

Italie comme aux Pays-Bas, les industriels groupés en syndicats d'assurance mutuelle, les Compagnies de chemins de fer, l'Etat pour ses établissements industriels, sont dispensés de recourir à la Caisse nationale. Tous pratiquent le système autrichien de la capitalisation ou couverture, sauf la *Hongrie* qui a adopté le système allemand de la répartition, tempéré par la constitution d'un fonds de réserve à base décroissante.

Les contestations, d'après la loi norvégienne, sont tranchées en premier ressort par le directeur de la Caisse nationale d'assurance et en appel par une Cour arbitrale siégeant à Christiania et comprenant sept membres [1]. La loi néerlandaise institue deux Cours arbitrales superposées. En Hongrie, les rentes temporaires sont fixées par la Caisse du district, et les rentes permanentes par la Caisse nationale, sauf appel devant l'Office d'assurances ouvrières de l'Etat. La loi italienne attribue compétence au préteur (juge de paix) ou au tribunal civil, suivant les distinctions admises en France [2]. D'après la loi luxembourgeoise, la compétence du juge de paix est exclusive.

1060 *bis*. — **Belgique** [3]. — La loi *belge* du 24 décembre 1903 (*Bull. off. intern.* 1903, 554), bien que se rattachant à certains égards au groupe germanique, présente cependant une physionomie très spéciale.

Par une combinaison fort heureuse du principe allemand de l'assurance *obligatoire* avec le système français de l'option entre les diverses formes d'assurances complété par l'institution d'un fonds de garantie analogue à celui de la loi française, mais avec un champ d'application

---

[1] Trois désignés par le roi (un magistrat, président de droit, un ingénieur et un médecin), deux patrons et deux ouvriers élus pour trois ans par le Storthing.

[2] D'après un projet de loi déposé le 13 mars 1908 par le gouvernement italien, le préteur et le tribunal civil seraient dessaisis au profit d'une juridiction spéciale, dite Commission judiciaire, instituée au chef-lieu de chaque province, et composée du président du tribunal civil et de deux assesseurs techniques, l'ingénieur en chef du département et le médecin provincial.

Le projet contient également des dispositions intéressantes en vue de faciliter la liquidation des pensions, et de lutter par des sanctions sévères « contre l'intervention de professionnels déshonnêtes (agents d'affaires, avocats ou médecins peu scrupuleux), qui troublent et compromettent la loyale et correcte application de la loi ». — Fuster, *La réforme projetée de la loi italienne sur les accidents* (*Bull. Comité assur. soc.*, 1908, 190).

[3] Demeur, *Le risque professionnel*, 2e éd., Bruxelles, 1908; Namèche, *Commentaire de la loi de 1903*, 2e éd., 1908; Brabant, *La loi belge de réparation des accidents* (*Rev. écon. intern.*, sept.-déc. 1904); Bégasse, *Les assurances sociales en Belgique*, 1907; Reulos, *Les accidents du travail en France et en Belgique*, 1904. — V. aussi *Revue des accidents du travail*, de Demeur et Smeysters, et *Revue pratique de droit industriel*, de Bodeux (études doctrin., et jurisprud. belge et étrangère). — Cf. *Quest. prat.*, 1904, 173.

beaucoup plus large, la législation belge est parvenue à mettre sur pied un régime légal très complet, nullement vexatoire pour l'industrie, supérieur en somme, à notre avis, à tout ce qui a été réalisé jusqu'ici dans les autres Etats.

Le champ d'application de la loi est très large. Sont appelés à en bénéficier non seulement les ouvriers de l'industrie, mais aussi les travailleurs affectés soit à des exploitations agricoles, soit à des magasins de commerce où l'on emploie habituellement trois employés au moins.

Le risque professionnel est admis sans aucun tempérament déduit de la faute inexcusable : les indemnités sont forfaitaires; leur taux se rapproche beaucoup du taux français.

Les difficultés relatives à l'application de la loi sont soumises à une juridiction unique : le juge de paix. Toutefois, les parties peuvent, sous certaines conditions, convenir à l'avance que ces litiges sont déférés à des arbitres.

En principe, l'assurance est *obligatoire* pour tous les chefs d'industries, à moins qu'ils ne préfèrent fournir un cautionnement équipollent. Les intéressés ont le choix entre la caisse officielle et les caisses privées, compagnies d'assurances ou caisses syndicales, d'ailleurs assujetties à un contrôle rigoureux.

Le paiement des indemnités temporaires et le remboursement des frais funéraires ou médicaux est assuré par un *fonds de garantie.*

1061. — B. Des Etats qui ont admis le risque professionnel, et remplacé l'obligation de l'assurance par un système de garanties équipollent. — A ce second groupe appartiennent la législation *française* de 1898-1899, sur laquelle nous reviendrons plus loin, et la loi *suédoise* du 24 avril 1901 (*Bull. off. du trav.*, 1901, p. 794), manifestement inspirée du système français. De même que l'assurance à la Caisse nationale française, l'assurance à l'établissement royal d'assurances suédois est facultative : mais, en cas de faillite, de liquidation, ou de cession d'entreprise, la garantie correspondant à la créance d'une pension doit être constituée en capital, et ce capital doit être versé à la Caisse d'Etat.

1062. — C. Des Etats qui ont simplement consacré le risque professionnel. — A ce groupe appartiennent : les lois *anglaise* du 6 août 1897 complétée par les lois de septembre 1900 et 21 décembre 1906 (*Bull. com. assur. soc.*, 1907, 89)[1], *danoise* du 15 janvier 1898 (*Bull. off. trav.*,

---

[1] Sur la loi *anglaise* du 6 août 1897 (*Ann. lég. étr.*, 1898, 18), complétée par les lois du 30 juillet 1900 sur les accidents agricoles, et de septembre 1900 sur les accidents dans le personnel des chemins de fer (*Bull. Off. trav.*, 1901, 36), cons.

1898, 219), amendée le 15 mai 1903 (*Bull. off. intern.*, 1905, 354), *espagnole* du 30 janvier 1900 (*Ann. lég. du trav.*, 1900, 437), et *russe* du 2 juin 1903 (*Bull. off. trav.*, 1904, 150) [1]. Ces lois se bornent à consacrer le risque professionnel et l'indemnité forfaitaire, mais sans instituer d'assurance obligatoire, ni même, comme les nouvelles lois française ou suédoise, de garantie officielle contre l'insolvabilité du patron débiteur. L'ouvrier est simplement investi d'un privilège sur le patrimoine de son débiteur, et sur l'indemnité d'assurance, s'il a cru devoir s'assurer. Aucune indemnité n'est due à l'ouvrier coupable « d'un manquement grave et volontaire à ses devoirs » (formule de la loi anglaise), ou convaincu de « mauvaise volonté ou d'imprudence non justifiées par les conditions du travail » (formule de la loi russe).

Il semble bien, à en juger par les appréciations des divers hommes d'Etat anglais sur le régime nouveau, et par les critiques des organisations ouvrières, que la loi de 1897 ne soit qu'une étape, et que l'Angleterre doive être amenée à compléter cette première réforme dans un avenir peut-être prochain, par l'obligation de l'assurance [2].

Un premier pas a été fait dans cette voie par la loi anglaise de 1906, loi de *consolidation* qui a pris la place de tous les textes antérieurs. Cette loi, en effet, sans poser le principe de l'assurance obligatoire, ni même organiser une assurance d'Etat facultativement accessible aux intéressés, dispose que lorsqu'une assurance mutuelle groupant la majorité des intéressés ou même une assurance à prime réunissant également cette majorité se sera constituée dans une circonscription déterminée ou pour une industrie donnée, le secrétaire d'Etat aura le droit, par ordonnance provisoire et sauf approbation ultérieure du Parlement, d'*obliger* tous les employeurs de cette région ou de cette industrie à s'assurer auprès de cette mutuelle ou de cette compagnie, sur des

---

notamment : Rist, *La législation anglaise sur la responsabilité en matière d'accidents*, 1898; Monnier, *La législation anglaise sur la réparation des accidents du travail*, 1899.

Sur la loi du 21 décembre 1906, v. *Bull. Off. travail*, 1908, 473; Knowler, *La loi anglaise de 1906* (*Revue de droit internat. privé*, mars-avril 1908); Fuster, *La question des maladies professionnelles* (*Bull. Com. assur. soc.*, 1907, 208).

A rapprocher de la législation anglaise les lois de la *Nouvelle-Zélande* (3 oct. 1902, *Bull. Off. internat.*, 1903, 625), de l'*Australie méridionale* (24 nov. 1904, *ibid.*, 1905, 408), de la colonie du *Cap* (8 juin 1905).

[1] Sur la loi *russe* de 1903, v. les études de MM. Zagriatskoff (*Mus. soc.*, janvier 1908, p. 19), et Bellom (*Econ. franç.*, 1904, 1, 892).

[2] Bellom, *Les accidents du travail en Angleterre* (*Rev. polit. et parlem.*, 1898, 1, 15, p. 546); Wolff, *Premiers effets de la loi anglaise sur les accidents du travail* (*Rev. d'écon. polit.*, févr. 1899, p. 118); Monnier, *Cinq années de risque professionnel en Angleterre* (*Bull. Com. assur.*, 1906, 8). — Cf. les vœux émis, en septembre 1902, par le Congrès des *Trades-Unions* de Londres (*Bull. de l'Office intern. de Bâle*, 1902, p. 584).

bases déterminées dans l'ordonnance. Il y a là un essai, plus curieux que pratique selon nous, d'organisation de l'assurance comme complément du risque professionnel.

D'autre part, le champ d'application de la loi a été considérablement élargi. Non seulement le principe du risque professionnel est étendu à un grand nombre d'ouvriers et employés nouveaux (ouvriers de transports, de petits ateliers, garçons de courses et porteurs de charges dans les magasins, matelots, pêcheurs et bateliers, etc.) ; mais le bénéfice de la loi est même étendu à certaines *maladies professionnelles* spécifiées, telles que l'empoisonnement saturnin, les maladies spéciales résultant du maniement du phosphore, de l'arsenic, du mercure, le charbon, etc. A ce dernier point de vue, la loi anglaise de 1906 peut être considérée comme une loi d'avant-garde.

1063. — **D. Des Etats qui rattachent encore la responsabilité patronale à la notion traditionnelle de faute, prouvée ou présumée.** — La législation *helvétique* se rattache à ce groupe, ainsi que la plupart des lois de l'Union américaine. Toutefois, tandis qu'aux Etats-Unis la jurisprudence s'inspire encore du concept, manifestement injuste, de responsabilité délictuelle, obligeant la victime à prouver la faute du patron, la loi *suisse* (lois fédérales des 25 juin 1881 et 26 août 1887) pose expressément le principe de la responsabilité contractuelle ou présomption de faute. Le patron, en d'autres termes, est responsable, à moins qu'il ne puisse établir la force majeure, la faute de la victime ou celle d'un tiers. Les cas fortuits sont également à sa charge, ce qui est une dérogation au principe classique de la responsabilité ; mais le patron ne doit en ce cas qu'une indemnité très faible, tout à fait insuffisante pour subvenir aux besoins de l'ouvrier.

1064. — *Projets suisse, russe, américain.* — Depuis longtemps, l'on a reconnu, en Suisse, l'insuffisance de la législation en vigueur et la nécessité d'assurer une indemnité convenable à toute victime d'accident, même dans le cas où une négligence pourrait être imputée à la victime.

L'Assemblée fédérale suisse avait même voté, à la date du 5 octobre 1899, une loi sur l'*assurance obligatoire contre la maladie ou les accidents*, basée sur les mêmes principes que la législation allemande et comportant, en ce qui concerne les accidents, la création, à Lucerne, d'un établissement fédéral d'assurance et d'un tribunal des assurances. Mais cette loi, qui consacrait un triomphe trop complet du centralisme sur le fédéralisme ou particularisme cantonal, fut rejetée par un referendum populaire, le 20 mai 1900.

Les partisans de l'assurance obligatoire ne se sont point découragés.

Ils ont remis le projet sur le chantier, en ayant soin de disjoindre l'assurance-maladie de l'assurance-accident, et le Conseil fédéral, le 10 décembre 1906, déposait un nouveau texte reposant sur les bases suivantes : « assurance-maladie facultative, décentralisée par les sociétés de secours mutuels, subventionnées, à la condition qu'elles se chargent des petits accidents; assurance-accidents réalisée par l'institution d'une Caisse d'Etat et la révision des lois sur la responsabilité civile ».

Aux termes du projet fédéral de 1906, l'assurance-accidents (auprès de la Caisse nationale établie à Berne, avec agences cantonales) serait obligatoire pour toutes les entreprises soumises au régime actuel de la responsabilité ; elle serait facultative, mais avec droit aux subsides, pour les ouvriers et employés agricoles, les travailleurs à domicile, les manœuvres et domestiques [1].

Du projet suisse, il convient de rapprocher un projet de loi élaboré vers la même époque (fin 1906) par le gouvernement *russe*, et tendant à instituer l'assurance obligatoire des ouvriers contre la maladie et les accidents. Cette assurance serait réalisée par des Mutualités d'assurances régionales, analogues aux corporations autrichiennes.

Signalons enfin, en terminant, les efforts, jusqu'ici infructueux, du pouvoir fédéral et de quelques Etats particuliers (l'*Illinois* notamment), pour introduire aux Etats-Unis une législation plus moderne, comportant la reconnaissance formelle du risque professionnel, complétée, si possible, par l'assurance obligatoire [2].

1065. — Conclusion. — De cette vue d'ensemble sur le mouvement législatif contemporain, ressort jusqu'à l'évidence cette conclusion que le principe traditionnel de la responsabilité basée sur l'idée de faute est dès à présent condamné. La plupart des législations positives l'ont abandonné ; quelques Etats se sont bornés à faire l'application de la théorie du risque à certaines catégories de travailleurs de l'industrie ; mais les Etats retardataires sont sur le point de se rallier au système nouveau, et dès maintenant nous nous trouvons en présence d'un *droit commun européen* solidement établi.

3° Evolution spéciale de la législation française : des origines

---

[1] Commaille, *Etude sur la législation suisse sur les assurances maladies et accidents*, 1900; Secrétan, chronique de Suisse (*Rev. polit. et parlem.*, déc. 1902); Moser, rapp. au Congrès de Düsseldorf, 1902; Scherer, *Die Haftpflicht des Unternehmers*, Bâle, 1905; Clerget, *La Suisse au XXe siècle*, 1908, p. 168 et s., et *Les conditions du travail en Suisse* (*Quest. pratiques*, 1908, p. 209 et s). — V. le texte et l'exposé des motifs du projet de loi fédéral du 10 déc. 1906 dans le *Bull. du Com. des assur. soc.*, 1906, 606, et 1907, 27 et 245. — V. aussi *Quest. pratiques*, 1907, 54.

[2] Fuster, *L'opinion américaine et le risque professionnel*; Le projet de loi de l'Illinois (*Bull. Com. assur. soc.*, 1907, 580).

DU MOUVEMENT RÉFORMATEUR AUX LOIS ORGANIQUES DE 1898-1907. — **1066**[1]. — C'est en 1880 (propos. Martin Nadaud, 29 mars 1880, ann. 2680) que la Chambre fut pour la première fois saisie de la réforme de la législation des accidents. Depuis cette date, les propositions se multiplièrent, l'on n'en compte pas moins de dix pour la période 1880-1888.

Conformément aux conclusions de la commission chargée d'examiner ces multiples projets, la Chambre vota, le 10 juillet 1888, un texte substituant à la responsabilité de droit commun le principe du risque professionnel, et organisant un système d'assurances facultatives de l'Etat. Ce premier projet n'aboutit pas, le Sénat ayant supprimé le titre relatif à l'organisation de l'assurance par l'Etat.

Le Gouvernement ne défendit pas devant la Chambre le texte du Sénat ; il crut préférable d'élaborer un nouveau projet inspiré du système allemand, consacrant le système de l'*assurance obligatoire*. Ce projet, déposé le 28 juin 1880 (ann. 746, p. 1427) sur le bureau de la Chambre, par M. J. Roche, ministre du commerce, fut voté, avec certaines modifications de détail, le 10 juin 1893.

1067. — *Projet de 1893*. — Le régime nouveau, basé sur le double principe du risque professionnel et de l'assurance obligatoire, était déclaré applicable aux exploitations industrielles, ainsi qu'aux exploitations agricoles dans lesquelles il est fait usage de machines, mues par une force élémentaire ou par des animaux. Le principe du forfait était admis, comme en Allemagne, Un tribunal arbitral était institué pour connaître des difficultés relatives aux rentes ou pensions. Pour le fonctionnement de l'assurance, les chefs d'industrie étaient, comme en Autriche, répartis en circonscriptions ou mutualités régionales ; toutefois, par exception, l'assurance individuelle ou syndicale était admise moyennant le dépôt d'un cautionnement. Le projet empruntait également à l'Autriche le système de la capitalisation ; mais il se rapprochait de la loi allemande en ce qu'il chargeait une administration

---

[1] Pour l'étude complète des travaux préparatoires, échelonnés sur une période de 27 années (1880-1907) cons. notamment notre *Traité*, 1re éd., p. 398, 411, et nos articles de la *Rev. pol. et parl.*, 1895, et de la *Rev. d'écon. polit.*, 1898; Tarbouriech, *Respons. des accidents*; les commentaires détaillés de Bellom, nos 176-183, et de Cabouat, p. 107 et s. — V. aussi : *Bull. du Comité permanent des Congrès d'assurances sociales*, 1889-1908; *Bull. Off. du travail*, 1894-1908; *Ann. de dr. commerc.*, chron. annuelle; *Lois nouvelles*, etc. — Comp. *Quest. pratiques*, chron. 1900-1908. — Parmi les nombreux rapports soumis à la Chambre ou au Sénat, cons. principalement : Rapp. de MM. Ricard, 25 février 1892 (Ch., ann. no 1926, *Off.*, p. 301); Poirrier (Sén., 3 avr. 1895, ann. no 73, *Off.*, p. 268); Thévenet, 25 janv. 1898 (Sén., ann. no 15, *Off.*, p. 55), Maruéjouls, 24 mars 1898 (Ch., ann. no 3150, *Off.*, p. 929), Mirman, 2 juill. 1903 (Ch., ann. no 1136, *Off.*, p. 1041).

d'Etat, la *Caisse nationale des assurances contre les accidents* réorganisée, du service des rentes.

1068. — *Projet sénatorial de 1896.* — La commission sénatoriale, saisie du texte de la Chambre, conserva le principe du risque et du forfait, mais rendit l'assurance facultative. — Au cours de la discussion, des atteintes beaucoup plus graves furent apportées au principe même de la réforme, et finalement le Sénat vota, le 24 juin 1896, un texte reposant sur les bases suivantes : — consécration, sous réserves, du risque professionnel ; remplacement du forfait par la fixation pour chaque catégorie d'accidents d'un minimum et d'un maximum ; suppression de la juridiction arbitrale ; suppression pure et simple de toute la partie du projet relative à l'assurance.

1068 *bis.* — *Projet de 1897.* — Ainsi mutilé, le projet fit retour à la Chambre ; mais la Commission chargée de l'examiner le considéra, à l'unanimité, comme inacceptable (V. rapp. Maruéjouls, 7 juill. 1897), et reprit comme base le texte de 1893, amendé sur deux points principaux : — suppression de la juridiction arbitrale à titre de transaction ; — exemption du cautionnement pour les syndicats d'industriels constitués sur certaines bases.

Le texte vint en discussion le 27 octobre 1897 à la Chambre ; mais à peine la délibération était-elle commencée que M. Boucher, ministre du commerce, proposait une nouvelle rédaction, destinée dans sa pensée à concilier partisans et adversaires de l'assurance obligatoire. Ce système, que la Chambre adopta dans sa séance du 28 octobre, consistait essentiellement dans la substitution à l'assurance obligatoire d'un impôt additionnel sur la patente, destiné à garantir les ouvriers, créanciers d'indemnités, contre tout risque d'insolvabilité des patrons.

Ce projet présentait, à notre avis, de très graves défauts, qui subsistent malheureusement en partie, ainsi qu'on le verra plus loin dans le texte définitif. Sans doute, il assurait à l'ouvrier une sécurité complète, mais il faisait peser sur l'industrie une charge fort lourde, surtout pour la petite industrie, sans le contrepoids de l'assurance, seul moyen pratique de répartir proportionnellement le fardeau des indemnités ; d'où menace de ruine pour les petits industriels assez imprudents pour ne point s'assurer[1]. De plus, il assignait à l'Etat un rôle dif-

[1] Il eût d'ailleurs été injuste de taxer d'imprévoyance tous les industriels non assurés. La plupart des Compagnies privées refusaient en effet les *risques les plus dangereux*, ceux-là mêmes qui auraient eu le plus besoin de la garantie de l'assurance. — Chorel, *Assur. par l'Etat*, p. 245 ; Pic, *La loi du 9 avril 1898*, p. 56, note 1. — Quant à la Caisse d'Etat organisée par la loi de 1868, son organisation défectueuse détournait les intéressés d'y recourir.

ficile à justifier au point de vue des principes et de la bonne gestion financière : celui de *caution* des industriels insolvables ! L'on conçoit l'Etat-assureur ; il est difficile de justifier l'Etat-caution.

1069. — **Loi du 9 avril 1898.** — Aussitôt saisie du projet voté par la Chambre, la commission sénatoriale se mit à l'œuvre et, à la suite de conférences officieuses avec la commission de la Chambre, élabora un texte transactionnel, qui, voté sans débats par la Chambre le 26 mars, est devenu la loi du 9 avril 1898.

La loi de 1898 consacre le principe du risque professionnel et de l'indemnité forfaitaire, mais le texte définitif ne contient plus trace d'assurance officielle, même facultative [1]. Sur ce point, les préventions du Sénat contre toute ingérence officielle, même indirecte, dans l'organisation de l'assurance, l'emportaient définitivement ; il n'était plus question, ni des mutualités régionales, purement facultatives cependant d'après le texte de 1897, ni de la réorganisation de la Caisse d'assurance contre les accidents instituée par la loi du 11 juillet 1868. Que restait-il donc du système de garanties adopté par la Chambre en 1897 ? Uniquement la partie la plus contestable, à savoir la constitution d'un fonds spécial de garantie, alimenté par une majoration de la patente (4 centimes additionnels) et géré par la Caisse nationale des retraites.

Pour tous les détails d'application, la loi de 1898 renvoyait à toute une série de règlements d'administration publique, dont la promul-

---

[1] Le principe de l'assurance *obligatoire* a prévalu cependant pour une catégorie particulière des salariés, les *inscrits maritimes*, déjà obligatoirement assurés par la *Caisse des invalides de la marine* (dont la création remonte à la fin du règne de Louis XIV), contre le risque de vieillesse ou d'invalidité prématurée. La loi de 21 avril 1898 a, en effet, créé au profit des marins français une Caisse nationale de prévoyance contre les risques et accidents de leur profession (y compris les maladies professionnelles) : caisse rattachée à la Caisse des invalides, mais ayant néanmoins son existence propre : en font *obligatoirement* et exclusivement partie tous les inscrits maritimes à partir de l'âge de dix ans. Cette loi a été récemment remplacée par la loi du 25 déc. 1905 (*Bull. Off. trav.*, 1906, 171), plus complète, et comportant des tarifs plus avantageux que celle de 1898. — Pour le commentaire de cette loi, cons. notamment : Allegret, *Le risque professionnel des gens de mer*, 1907 ; Lecourbe, *La caisse de prévoyance des marins français*, 1907.

D'autre part, les ouvriers *mineurs* sont obligatoirement assurés, par la loi du 29 juin 1894 (V. *supra*, n° 1028) contre les risques de maladie, de vieillesse et d'invalidité. Or l'article 6 de la loi de 1898 organise la participation des Caisses de secours, constituées en exécution de la loi de 1894, au service des rentes allouées aux ouvriers des mines, minières ou carrières victimes d'accidents, sous la seule condition pour les exploitants de verser aux dites Caisses une subvention spéciale dont le montant sera déterminé d'un commun accord entre eux et l'administration des Caisses, sous le contrôle du ministre des travaux publics. Des caisses de cette nature existant, en exécution de la loi de 1894, dans *toutes* les exploitations, l'on peut également considérer l'assurance contre les accidents comme virtuellement obligatoire désormais dans les mines, minières et carrières.

gation devait précéder de trois mois la mise en vigueur du régime nouveau [1].

1070. — La loi du 24 mai 1899 et l'assurance facultative. — Mise à exécution du régime nouveau. — Incomplète et boiteuse, favorable à la grande industrie, ruineuse pour la petite, la loi de 1898 devait fatalement se heurter dès le début de sa mise en vigueur aux difficultés les plus graves. Lorsque furent promulgués, à l'*Officiel* du 1er mars 1899, les décrets réglementaires du 28 février dont la publication allait servir de point de départ au délai de trois mois, passé lequel la loi de 1898 devait de plein droit recevoir son application, la généralité des industriels français fut prise au dépourvu.

Les *mutualités libres* et les *syndicats de garantie*, sur lesquels les promoteurs de la loi avaient fondé de si grandes espérances, se heurtaient dans leur constitution, à des obstacles multiples, provenant, les uns de la complexité même du rouage nouveau, les autres de la rigueur trop stricte des règlements complémentaires de la loi [2]. Se sentant maîtresses de la situation, certaines Compagnies d'assurances à primes posèrent alors les bases d'un syndicat, ou *consortium*, destiné à majorer les primes; et de toute part, dans les milieux industriels, de véhé-

---

[1] Les principaux décrets organiques, complémentaires de la loi (*trois* décrets du 28 févr. 1899), figurent dans le *Recueil Cohendy*, p. 206 et s. Le second de ces décrets a été amendé le 27 déc. 1906. Pour les autres décrets (5 mars 1899 et 31 mars 1900, émol. des greffiers et transp. des juges de paix, — 26 mai 1899 et 14 août 1900, tarifs de la Caisse nationale d'assur. en cas d'accidents), et pour les arrêtés, circulaires, instructions émanées des divers ministères appelés à coopérer à l'application de la loi, avis du Comité consultatif des assurances, ainsi que pour les tarifs et barêmes, v. le *Recueil* spécial publié par le Ministère du commerce. — V. aussi le *Bulletin de l'Office du travail*, *passim*, ainsi que le *Bull. du Comité des assur. soc.* — Pour les décrets complémentaires des lois postérieures, de 1902, 1906, etc., v. *infra*.

[2] C'est ainsi qu'aux termes du second décret du 28 février 1899, art. 6 (toujours en vigueur), les compagnies d'assurances mutuelles ne bénéficient de la réduction de moitié sur le cautionnement imposé aux compagnies d'assurances à prime fixe que si elles assurent exclusivement les ouvriers d'une seule profession, ou de professions appartenant à un même groupe, d'après une classification arrêtée par le ministre. Les mutuelles constituées dans une même ville ou région par les unions de syndicats patronaux (ex. *Mutualité industrielle de Paris*, *Union industrielle de Lyon*, etc.) ne bénéficient d'aucune faveur légale. — Quant aux *syndicats de garantie*, déjà d'une constitution malaisée à raison de la solidarité exigée des adhérents, le troisième décret du 28 février 1899 en avait encore rendu la formation plus difficile en décidant que « les syndicats de garantie, affranchis il est vrai de tout cautionnement, devront comprendre au moins cinq mille ouvriers assurés et dix chefs d'entreprise adhérents, dont cinq au moins ayant chacun trois cents ouvriers ». — Leur formation a été facilitée par la loi du 12 avril 1906, dont l'art. 6 se contente de deux mille ouvriers assurés, pourvu qu'il y ait trois cents chefs d'entreprise adhérents, dont trente ayant au moins chacun trois ouvriers. — Cf. décret du 27 déc. 1906 approuvant les statuts-types des syndicats de garantie (*Bull. Com. assur.*, 1907, 189).

mentes protestations s'élevèrent contre l'imprévoyance du législateur de 1898, qui avait, par un scrupule de libéralisme intempestif, laissé les patrons aux prises avec les Compagnies d'assurances privées, sans même leur ouvrir l'accès d'une Caisse d'Etat.

L'on essaya tout d'abord de peser sur le Parlement en vue d'obtenir l'ajournement, à une échéance plus ou moins lointaine, de l'application du régime nouveau (prop. Gauthier, Plichon, Gautret à la Chambre, propos. Bonnefille au Sénat). — Mais, en présence des légitimes protestations des syndicats ouvriers, le Parlement comprit bien vite que l'ajournement à une échéance indéterminée d'une loi depuis si longtemps attendue des travailleurs était impossible, et qu'il convenait au contraire d'en faciliter la mise à exécution loyale et prompte, par un retour au système de l'assurance officielle, que le Sénat avait imprudemment écarté. — Menacées de la concurrence d'une Caisse officielle, les Compagnies privées seraient promptement obligées, sous peine de périr, de modérer leurs prétentions ; et les tarifs de la Caisse officielle serviraient ainsi, en quelque sorte, de *régulateur au marché des assurances* (Kahn, *Ann. de dr. comm.*, 1900, 139).

1071. — C'est de ce mouvement qu'est issue la loi du 24 mai 1899. Cette loi s'est proposé, en somme, un triple objectif :

1° Mettre en harmonie la Caisse nationale d'assurance contre les accidents, inutilisable sous sa forme archaïque, avec la technique moderne de l'assurance. Dans ce but, le législateur de 1899 a substitué, pour les risques qu'il prévoit (mort, et incapacité permanente, absolue ou partielle), au système bizarre de la prime uniforme, indépendante du risque (3 fr., 5 fr. ou 8 fr. par tête d'assuré, au choix du chef d'industrie), le régime de la prime variable, d'après un coefficient de risques établi sur des bases scientifiques. Ce tarif, établi en mai 1899, a été remanié en 1900, 1904 (décr., 8 déc. 1904, *Offic.* du 10), 1906 (décr. des 23 août et 22 nov. 1906), et 1907 (décr., 17 janvier 1907) ;

2° Affranchir autant que possible le Trésor de tous risques en spécifiant que les primes devront être calculées de manière que le risque et les frais généraux d'administration de la Caisse soient entièrement couverts, sans qu'il soit nécessaire de recourir à la subvention prévue par la loi de 1868 ;

3° Déterminer avec précision le *point de départ* du régime nouveau en ménageant aux industriels, à compter de la publication des tarifs officiels, un temps suffisant pour les étudier et les comparer à ceux des compagnies privées. Celles-ci, en effet, dès le dépôt du projet de loi, avaient notablement atténué leurs prétentions, rompu toutes négociations en vue d'un consortium, et elles s'apprêtaient à se faire concurrence par une surenchère de rabais, pour le plus grand profit des industriels. Un délai supplémentaire s'imposait donc pour l'examen de ces conditions nouvelles. D'où la disposition de l'article 2 portant que « la loi du 9 avril 1898 ne sera appliquée *qu'un mois après* le jour où la *Caisse des accidents* aura publié ses tarifs au *Journal officiel* et *admis les industriels* à contracter des polices, et où ces tarifs auront été approuvés par décret... en aucun cas cette prorogation ne pourra excéder le 1er juillet 1899 ». En fait, les tarifs de la Caisse ont été homologués par décret en date du 24 mai, mais au décret était annexé un avis portant que les industriels seraient admis à contracter des polices le 1er juin ; la loi n'est donc entrée en vigueur *que le 1er juillet*.

1071 *bis*. — *Accidents antérieurs au 1er juillet 1899*. — Pour tous les accidents antérieurs à cette date, c'est le régime ancien, basé sur la responsabilité patronale et sur le droit d'appréciation arbitraire des juges du fond, qui a continué à s'appliquer, conformément au principe de la non-rétroactivité des lois. Toutefois, comme les ouvriers, en présence de la promulgation des décrets réglementaires à l'*Officiel* du 1er mars, avaient dû compter sur la mise en vigueur du régime nouveau à dater du 1er juin, le Parlement décida que des crédits spéciaux seraient ouverts au ministère du commerce en vue d'allouer aux victimes des accidents survenus du 1er juin au 1er juillet le paiement intégral des pensions et indemnités prévues par la loi du 9 avril 1898.

1072. — Résiliation des polices. — Loi du 29 juin 1899. — La loi du 24 mai a été complétée par une loi du 29 juin 1899 (*Rec.*, p. 194) sur la résiliation des polices d'assurance antérieures à la loi de 1898. Vivement contestée dans son principe même, cette loi d'exception peut se justifier par la situation vraiment périlleuse dans laquelle se trouvaient les industriels, assurés antérieurement à la loi contre un risque beaucoup moindre, et placés dans l'alternative ou de s'assurer à la même Compagnie pour le supplément de risque résultant de la loi nouvelle, et par conséquent de subir toutes ses exigences, ou de s'assurer à une Compagnie nouvelle contre le risque nouveau, tout en demeurant dans les liens du précédent contrat, désormais sans objet. Telle était du moins la jurisprudence singulièrement rigoureuse qui tendait à se généraliser [1], lorsque la loi du 29 juin 1899 vint dégager les industriels de ce traquenard juridique, par la disposition suivante : — « Pendant une période d'un an, à partir du jour de la promulgation

---

[1] Trib. civ. Seine, 18 mai 1899, *Gaz. Pal.*, 20 mars 1899. — V. Capitant, *De l'effet de la loi du 9 avril 1898 sur les contrats d'assurance antérieurement passés* (*France judic.*, 17 juin 1899).

de la présente loi, les polices d'assurances (accidents) concernant les industries prévues à l'article 1er de la loi du 9 avril 1898 *et antérieures à cette loi, pourront être dénoncées* par l'assureur ou par l'assuré au moyen d'une déclaration au siège social ou chez l'agent local, dont il sera donné récépissé, soit par..., soit par acte extrajudiciaire. Les polices non dénoncées dans ce délai seront régies par le droit commun ».

Cette dernière disposition, intentionnellement vague, laisse les tribunaux civils libres de prononcer la résiliation, même en dehors de l'hypothèse prévue au texte, s'ils estiment par exemple qu'eu égard aux circonstances de la cause l'assuré a été induit en erreur sur l'étendue du risque assuré. Mais la résiliation, ou suivant les cas, l'annulation ne pourraient être prononcées que pour inexécution des clauses du contrat, erreur ou dol, appréciés dans les termes du droit commun.

1073. — Accidents agricoles. — Loi du 30 juin 1899. — Signalons enfin, pour compléter cette revue de lois destinées à faciliter la mise à exécution du régime nouveau, la loi du 30 juin 1899, sur les *accidents agricoles*, loi mettant « les accidents occasionnés par l'emploi de machines agricoles mues par des moteurs inanimés » à la charge des exploitants des moteurs. — Nous reviendrons ultérieurement sur la portée de ce texte.

1074. — Réforme de la procédure : lois des 22 mars 1902 et 31 mars 1905. — Dès le lendemain de la mise en vigueur du régime nouveau, certaines imperfections apparurent, auxquelles le législateur s'efforça de remédier. Des nombreuses propositions tendant à amender la loi de 1898, deux parts furent faites : celles concernant le fond du droit, dont plusieurs avaient été votées par la Chambre (3 juin 1901), furent réservées par le Sénat pour faire l'objet d'un examen approfondi ; celles touchant à la procédure furent immédiatement discutées. De cette discussion sont issues : 1° la loi du 22 mars 1902, incorporée au texte de 1898, qui a tranché plusieurs controverses, notamment en ce qui concerne le point de départ de la prescription, modifié les délais d'appel, les formes de la déclaration d'accidents, etc. ; 2° la loi du 31 mars 1905, délimitant plus exactement la compétence respective du juge de paix et du tribunal civil, améliorant la condition des ouvriers étrangers, précisant les règles de la procédure de révision, ainsi que les modalités du contrôle des Compagnies d'assurances, etc.

1075. — Réformes touchant au fond du droit. — Exploitations commerciales : loi du 12 avril 1906. — La loi de 1898 ne concernait, en principe, que les entreprises industrielles ; elle limitait même le bénéfice du régime de faveur qu'elle instituait à certaines catégories d'industries énumérées en l'art. 1er; de là des controverses très délicates, au sujet de la ligne de démarcation à établir entre les entreprises assujetties à la loi et celles demeurées sous l'empire du droit commun.

Cette incertitude, aggravée par les interprétations divergentes et contradictoires, simultanément données par les tribunaux judiciaires, les tribunaux administratifs et les ministères compétents (avis du comité consultatif, circulaires, etc.), était également préjudiciable aux industriels, et aux ouvriers et employés [1].

C'est pour y mettre fin que le Parlement, sur la proposition de M. Mirman [2], s'est décidé à étendre le bénéfice de la loi des accidents, *à toutes les exploitations commerciales* (Loi 12 avril 1906, complétée par le décret du 18 février 1907. — V. aussi loi de finances du 30 janvier 1907 et décret du 9 mars 1907). Les articles 2 et suiv. de la loi sont relatifs à la résiliation facultative des polices antérieures, à l'établissement d'une taxe sur les professions commerciales assujetties en vue d'alimenter le fonds de garantie [3], et au mode de fonctionnement des syndicats de garantie.

1076. — Faculté d'adhésion à la législation des accidents du travail : loi du 18 juillet 1907. — Cette loi, due également à l'initiative de M. Mirman, peut être considérée comme un complément de la précédente, dont elle permet d'élargir encore le cadre. Son objet, en effet, est double : 1° permettre aux employeurs, placés en dehors du champ d'application des lois de 1898 et 1906, d'assurer à leur personnel, si celui-ci y consent [4] (ouvriers ruraux, forestiers, auxiliaires de professions libérales, domestiques attachés à la personne), le bénéfice de la loi de 1898 ; — 2° permettre aux employeurs, dont la qualité d'industriels ou de commerçants assujettis à la loi peut soulever certains doutes, de s'assurer dans les conditions prescrites par ladite loi, sans avoir à redouter des fins de non-recevoir tardives de la compagnie d'assurances, basées sur leur qualité de non-assujettis.

---

[1] Bigallet, *Comment la loi du 9 avril 1898 nuit à ceux qu'elle veut protéger* (*Quest. prat.*, 1902, p. 368); Léger, *Le risque professionnel et les exploitations commerciales* (*Rev. polit.*, 1905, 2, 488).

[2] 10 juin 1902 (Ch., *Doc. parl.*, n° 9, p. 454).

[3] L'art. 5 de la loi de 1906, concernant la contribution imposée aux exploitants non patentés pour l'alimentation du fonds de garantie, a été récemment modifié par une loi du 26 mars 1908 (D. 1908, 4, 36).

[4] V. le décret du 30 juillet 1907 déterminant les formes des déclarations et du carnet prévus par la loi du 18 juillet (Dalloz, *C. com.*, petite collection, p. 498).

II. — COMMENTAIRE DE LA LÉGISLATION EN VIGUEUR EN CE QUI CONCERNE LES ACCIDENTS INDUSTRIELS (LOI DU 9 AVRIL 1898, ET LOIS COMPLÉMENTAIRES).

I. CHAMP D'APPLICATION DE LA LOI. — **1077.** — 1° ENTREPRISES ASSUJETTIES AU RÉGIME LÉGAL. — Depuis la loi de 1906, ces entreprises se répartissent en deux catégories : 1° les entreprises expressément (ou implicitement) visées par l'art. 1er de la loi de 1898 ; — 2° les entreprises purement commerciales. — Il est, du reste, un grand nombre d'établissements qui, rentrant tout à la fois dans la catégorie des exploitations industrielles visées par la loi de 1898, et des entreprises commerciales (ex. : entreprises de manufacture), sont assujettis au régime légal par application de l'un ou de l'autre texte.

Il n'est cependant pas indifférent de savoir, en présence d'une entreprise commerciale tangente à l'industrie, si elle rentre ou non dans le cadre primitif de la loi de 1898. En effet, d'une part, la loi de 1906 ne dispose que pour l'avenir, de telle sorte que les accidents survenus avant sa promulgation dans des exploitations commerciales non assujetties à la loi de 1898 ne peuvent donner lieu à réparation que dans les termes du droit commun[1]. D'autre part, la taxe additionnelle de quatre centimes imposée par la loi de 1898 aux établissements qu'elle régit, en vue d'alimenter le fonds de garantie, est réduite à un centime et demi *pour les exploitations exclusivement commerciales*. Il importe donc, au point de vue fiscal, d'établir encore une différenciation entre les deux groupes.

L'intérêt des controverses soulevées par l'application de l'art. 1er de la loi de 1898 n'en est pas moins singulièrement diminué depuis la mise en vigueur de la loi de 1906. Aussi nous bornerons-nous à un rappel sommaire de ces difficultés, étudiées avec plus de développements dans notre deuxième édition[2].

1077 *bis*. — A. ENTREPRISES RÉGIES PAR L'ARTICLE 1er DE LA LOI DE 1898. — A tort ou à raison, le législateur de 1898 a cru devoir donner une énumération des industries assujetties. Forcément incom-

---

[1] La Chambre des députés aurait voulu donner à la loi, en ce qui concerne les chantiers de manutention et de dépôt, et les ateliers, un caractère interprétatif, qui eût permis de faire rétroagir ses prescriptions, mais le Sénat s'y est refusé (Loubat, t. II, p. 11 et s.).

[2] V. aussi Cohendy et Darras, *C. comm. ann.*, append., sur l'art. 1er de la loi de 1898, n° 330 et s. ; Loubat, t. Ier, p. 50 et s.

plète, cette énumération a donné lieu à une série de controverses, que l'on eût pu éviter, soit en s'abstenant de toute désignation, et en formulant seulement un critérium général, soit en laissant au Conseil d'Etat par exemple le soin d'établir une liste détaillée des professions soumises au risque. Ce dernier procédé auquel, éclairé par l'expérience, a eu recours le législateur de 1906 (v. *infra*), aurait permis d'éviter certaines contradictions, trop fréquentes en pratique, entre les solutions données par l'administration (contributions directes) chargée d'établir les rôles des professions soumises au centime additionnel à la patente, sous le contrôle des tribunaux administratifs, et les décisions des tribunaux de droit commun, compétents pour statuer sur les actions en indemnité (V. *infra*) [1].

Nous estimons toutefois que la plupart de ces controverses eussent été évitées si tous les tribunaux se fussent inspirés avant tout de l'esprit qui a présidé à la rédaction de la loi, au lieu de donner au texte de l'article 1er une interprétation littérale et restrictive, manifestement contraire à son esprit [2].

Il suffit, en effet, de se reporter aux travaux préparatoires pour reconnaître que l'intention formelle du législateur de 1898 a été d'instituer un système général de protection susceptible d'englober tous les accidents du travail survenus dans l'industrie, sans aucune distinction entre la grande, la moyenne et la petite industrie [3].

---

[1] Il est vrai que, dans la pratique, les trois ministères des finances, du commerce et de la justice sont parvenus à établir, d'un commun accord, en s'inspirant des avis du Comité consultatif des assurances contre les accidents, un tableau général par ordre alphabétique, des professions passibles de la taxe additionnelle (Circul. min. comm., 8 juin 1901, tableau annexe, *Offic.*, part. non offic., p. 3638 et 3680, reprod. par Bellom, *op. cit.*, p. 513 et s.). Mais les tribunaux ne sauraient être considérés comme liés par de simples circulaires ministérielles (Paris, 28 nov. 1901, *Bull. Off. trav.*, 1902, p. 533).

[2] La véritable formule nous paraît avoir été donnée, en termes très heureux, par un jugement du tribunal civil de Chartres, du 8 août 1900 (*Mon. jud.*, 13 déc. 1900) : « L'énonciation des professions désignées dans l'art. 1er, — dit en substance ce jugement, — n'est pas limitative. En dehors des ouvriers appartenant à une industrie nominativement désignée, la loi protège tous ceux qui travaillent, soit à des ouvrages dangereux, soit au milieu d'une agglomération de machines ou de matériaux qui augmentent pour eux et sans qu'ils puissent les prévoir ou s'en préserver, les chances d'accident. — Les tribunaux ont donc pour mission de rechercher dans chaque espèce, non point si telle industrie rentre strictement dans l'un des termes de l'énumération légale, mais : 1° si, en fait, la profession, telle que l'exerce le patron, comporte les risques spéciaux que le législateur a eus en vue ; 2° si l'accident provient de l'un de ces risques ».

[3] Cons. en faveur de l'interprétation extensive : Cass., 3 août 1903, D. 1904, 1, 45, S. 1904, 1, 491 ; 15 déc. 1903, *Gaz. Pal.*, 1904, 1, 506 ; 8 janv. 1907, S. 1907, 1, 353 ; Trib. Château-Thierry, 17 janv. 1900, sous Amiens, 20 mars 1900, D. 1900, 2, 268 ; Trib. Chartres, précité ; Rouen, 6 févr. 1901, S. 1902, 2, 233 ; Bourges, 17 juill. 1901, S. 1903, 2, 143. — *Sic* : Loubat, t. Ier, n° 46 et s. ; Cabouat, t. II, n° 219 ; Wahl, note

1078. — Classification des industries assujetties. — Etudions, dans cet esprit, l'article 1er de la loi. Cet article vise expressément trois catégories distinctes d'établissements : *a*) certaines entreprises industrielles désignées par leur objet ; — *b*) d'autres entreprises désignées par la forme de l'exploitation ; — *c*) toutes exploitations, même non industrielles, où des matières explosibles sont mises en œuvre, ou dans lesquelles il est fait usage de machines mues par une force autre que celle de l'homme ou des animaux.

1078 *bis*. — *a*) **Entreprises désignées par leur objet.** — Ces industries sont : le bâtiment, les entreprises de transport, de chargement ou déchargement, les magasins publics, les mines, minières et carrières.

Bâtiment. — Cette expression générique, industrie du bâtiment, comprend l'ensemble des travaux qui concourent à l'édification et à la mise en état des constructions de toute nature [1] : gros œuvre (maçonnerie, charpente, toiture), travaux préparatoires (taille de pierres), ou de mise en état de l'édifice (menuiserie, serrurerie, plâtrerie, peinture, fumisterie, etc.) [2].

Transport. — Sont assujetties à la loi les *entreprises de transport par terre ou par eau*, d'où cette double conséquence : 1° que la loi est applicable indifféremment aux entreprises de transports terrestres, fluviales, ou maritimes [3], sans qu'il y ait lieu de distinguer entre le transport

---

sous Caen, 6 août 1902, S. 1904, 2, 153; Lecouturier, *Accidents du travail*, p. 18; Hémard, *Professions assujetties au risque* (*Ann. de dr. comm.*, 1903). — V. aussi rapp. min. du commerce au présid. de la République (*Bull. Off. trav.*, 1905, 205). — V. au contraire, en faveur de l'interprétation restrictive : Aix, 17 nov. 1900, D. 1902, 2, 68; Trib. Lyon, 8 déc. 1900, sous Lyon, 1er avril 1901, D. 1902, 2, 330; Sachet, *op. cit.*, n°s 80 et s.; Ferrette, *op. cit.*, n° 2; Baudry et Wahl, *Du louage*, t. II, n° 1771.

[1] Les ouvriers de l'ameublement, au contraire, dont le travail s'exerce, non sur le bâtiment lui-même, mais sur les meubles destinés à le garnir ou à l'orner, ne sauraient rentrer dans le même groupe (V. cependant, pour le tapissier : Limoges, 29 mars 1901, *Mon. jud. Lyon*, 18 janv. 1902). D'ailleurs, ils bénéficieront de la disposition concernant les manufactures, entendue au sens large. — Cabouat, *op. cit.*, p. 251. — Quant au peintre-décorateur, dont l'œuvre artistique s'incorpore à l'immeuble, la question de savoir s'il doit être considéré comme entrepreneur au regard des ouvriers qu'il emploie est controversée. — V. pour l'affirmative : Trib. Seine, 19 mars 1901, *Mon. jud. Lyon*, 9-10 nov. 1901, et pour la négative : Paris, 13 juill. 1902, *Droit*, 17-19 nov.

[2] Ainsi jugé, pour les ferblantiers (Nancy, 6 déc. 1902, *Rec. de Nancy*, 1903, p. 49), les serruriers (Trib. Coutances, 11 avril 1900, sous Caen, 31 oct. 1900, S. 1901, 2, 211), les colleurs de papiers peints (Bordeaux, 26 mars 1907, *Gaz. des trib.*, 29 sept.).

[3] Les entreprises de transport maritime ne sont régies par la loi du 9 avril qu'autant qu'elles échappent, et dans la mesure où elles échappent au régime spécial édicté, en faveur des inscrits maritimes, par les lois des 21 avril 1898 (Avis du Comité consultatif, *Off.*, 1900, p. 1008), et 29 déc. 1905. — Jugé en ce sens que la loi

des personnes et le transport des marchandises[1]; — 2° qu'elle était inapplicable avant la loi de 1906 aux commerçants ou agriculteurs qui, n'exerçant aucune industrie assujettie, se bornent à véhiculer leurs marchandises, ou produits[2].

Chargement et déchargement. — Comme pour le transport, ce sont les *entreprises* de chargement ou déchargement, et non les opérations quelconques rentrant sous cette rubrique qui sont assujetties. « Il faut, lisons-nous dans la circulaire du garde des sceaux, en date du 10 juin 1899 (*Bull off. min. just.*, 1900, 75), qu'il s'agisse d'une entreprise, c'est-à-dire d'opérations spécialisées par un industriel dans un but de lucre. Ainsi, le chef d'une exploitation non assujettie (commerciale ou agricole)[3] ne tomberait pas en principe sous l'empire de la loi pour le transport ou le déchargement de ses produits effectués par ses em-

---

du 21 avril 1898, qui a eu pour but d'assurer aux marins inscrits maritimes des indemnités en cas d'accidents professionnels, n'a pas eu pour effet de priver les marins non inscrits, employés à bord des bâtiments marchands, non plus que les employés des paquebots, du bénéfice de la loi du 9 avril 1898. — Aix, 2 août 1900, S. 1901, 2, 215; Rouen, 2 juill. 1901, *Gaz. Pal.*, 1901, 2, 511; Rennes, 17 déc. 1901, *Gaz. Pal.*, 1902, 1, 320; Bordeaux, 22 janv. 1903, S. 1903, 2, 304. — La Cour de cass. a cependant décidé que la loi du 9 avril 1898 ne visait que les transports terrestres et fluviaux, et qu'elle était inapplicable aux accidents survenus à bord des bâtiments de mer, ces accidents demeurant régis par l'art. 1382, dans les hypothèses non visées par la loi du 21 avril 1898. — Cass., 5 juill. 1904, D. 1904, 1, 553; 11 juill. 1905, S. 1907, 1, 352. *Sic :* Sachet, t. Ier, n° 133. — Très critiquable même sous l'empire exclusif de la loi de 1898, cette jurisprudence n'a plus d'objet depuis la loi de 1906, l'art. 633 C. comm. réputant acte de commerce « *toutes expéditions maritimes* ».

[1] Ainsi les cochers au service d'entreprises de transport de voyageurs bénéficient de la loi, même s'ils sont rémunérés suivant le système de *la moyenne* (Comité consult., *Off.*, 1899, p. 8192; Cass., 23 juin 1903, D. 1904, 1, 130). — Cf. Bellom, p. 102; et pour les omnibus d'hôtels (Comité consult., *Off.*, 1900, p. 2609).

[2] Il était universellement admis, sous l'empire de la loi de 1898, que le transport par voitures de ses propres marchandises par un commerçant devait être envisagé comme un accessoire de la profession principale, et ne constituait pas une entreprise de transports. — Cass., 28 mars 1904, S. 1907, 1, 31; Trib. Lyon, 8 déc. 1900, *Pand. franç.*, 1901, 2, 211; Paris, 16 nov. 1901, *Gaz. Pal.*, 7 févr. 1902; Trib. Saint-Calais, 23 mai 1902, D. 1903, 2, 419. — D'où cette conséquence singulière, quoique juridique, que le cocher-livreur au service d'un industriel était protégé, tandis que celui travaillant pour le compte d'un négociant, bien qu'exécutant le même travail et exposé aux mêmes risques, ne pouvait se prévaloir de la loi. — Cette *inelegantia juris* a disparu depuis 1906; le transport par voitures des marchandises livrées par un négociant étant une opération accessoire de son commerce est évidemment soumis, à ce titre, au régime du risque professionnel de par la loi du 12 avril 1906. — Mais les transports exécutés par un agriculteur, n'ayant aucun caractère commercial, demeurent soumis au droit commun de l'art. 1382. Il en serait différemment si l'engin de transport était mû par une force élémentaire : vapeur, électricité, pétrole, etc.; le personnel des voitures *automobiles*, quelle que soit la nature de l'exploitation dont ces voitures dépendent, est en effet couvert par la loi (Comité consult., *Off.*, 1899, p. 8192; Trib. paix de Paris, 7 juin 1900, *Droit*, 3 août 1900).

[3] La formule n'a pas cessé d'être exacte pour les exploitations agricoles.

ployés ou ouvriers ». — Mais cette condition est nécessaire et suffisante : peu importe, dès lors, qu'il s'agisse de chargement de navires ou bateaux, ou de manutention de marchandises dans des locaux quelconques (gares, entrepôts, docks, garde-meubles, etc.).

Magasins publics. — Cette expression, qui dans une certaine mesure fait double emploi avec la précédente, désigne spécialement les magasins généraux ou docks réglementés par les lois des 28 mai 1858 et 31 août 1870, les entrepôts de douanes, bâtiments d'exposition, constitués en entrepôts réels des douanes, etc. (Cf. Cabouat, p. 253)[1].

Mines, minières et carrières. — Il suffit, pour déterminer le sens exact de ces termes, de se reporter à l'énumération, très complète, des articles 2 à 4 de la loi du 21 avril 1810. Il n'est pas fait mention des salines dans cette énumération ; mais il résulte d'actes réglementaires postérieurs que les *salines* ne sauraient être assimilées aux mines qu'autant qu'elles sont exploitées, « soit à l'état solide par puits et galeries, soit par dissolution au moyen de trous de sonde ou autrement » (Cf. L. 17 juin 1840, art. 2; décr. 17 mars 1841, art. 3). Les marais salants, par exemple, ne sauraient rentrer dans cette catégorie. — V. cependant Loubat, t. I, n° 211.

1079. — *b)* **Entreprises désignées par la forme de l'exploitation.** — Les entreprises industrielles ainsi désignées, non par l'objet de l'exploitation, mais par la forme extérieure qu'elles affectent, sont les *usines*, *manufactures* et *chantiers*.

Usines et manufactures : *Quid* des simples *ateliers* ? — L'usine, dirons-nous avec M. Cabouat (p. 256), est tout établissement dans lequel s'élaborent au premier degré les matières premières extraites du sol (établissements métallurgiques, usines de produits, chimiques, etc.) ; quant au terme de *manufacture* (ou *fabrique*, car ces deux expressions nous paraissent à peu près synonymes), il englobe la série indéfinie des établissements, grands ou petits, dans lesquels les produits bruts, livrés par l'agriculture ou préparés par l'usine, sont manipulés, et transformés en produits fabriqués de toute nature adaptés aux besoins variés de la civilisation (industries des tissus, industries alimentaires, industries utilisant les métaux sous toutes les formes, etc., etc.). Peu importent, du reste, les procédés mis en œuvre pour la fabrication : travail manuel, travail mécanique ou combinaison de l'un et de l'autre. — (Cf. circul. précitée du 10 juin 1899).

Ces définitions larges préparent notre réponse à l'une des questions

---

[1] Peuvent se prévaloir de la loi les employés d'une salle de ventes publiques, travaillant sous la responsabilité du commissaire-priseur à la manutention des objets mis en vente. — Cons. d'Etat, 24 juill. 1903, D. 1904, 3, 73.

les plus controversées de la matière, avant la loi de 1906. La loi de 1898 ne mentionnant pas les simples *ateliers* dans son énumération, alors que les ateliers sont expressément visés, soit par la loi de 1892 sur le travail des enfants et des femmes, soit par la loi de 1893 sur l'hygiène des établissements industriels (V. *supra*, nos 633, 785), devait-on interpréter cette omission dans le sens d'une exclusion du bénéfice de la loi, de tous les ouvriers et ouvrières travaillant en *atelier* (petits ateliers de couture, mode, cordonnerie, confection, petites industries de l'alimentation, etc...) ? La question était très discutée, aussi bien en doctrine qu'en jurisprudence [1]. Pour nous, étant donné notre critérium, la solution n'était pas douteuse ; c'est à l'interprétation extensive qu'il convenait de s'arrêter.

Sans doute, la loi de 1898 ne mentionne pas les *ateliers* ; mais il n'existe aucun critérium satisfaisant permettant de différencier la grande et la moyenne industrie de la petite, l'atelier de la manufacture. N'est-il pas étrange d'admettre ou d'écarter l'application de la loi, en s'appuyant, non point sur la nature du travail et sur les risques qu'il présente, mais uniquement sur l'importance de l'établissement et de l'ou-

---

[1] Cons., dans le sens de l'interprétation extensive, les nombreux avis du Comité consult. des assurances, déclarant assujetties à la loi, par le motif qu'elles effectuent des transformations industrielles, les professions suivantes : ateliers de couture (*Off.*, 1900, 2114), de dentelles et broderies à la main (*ibid.*), de tapisserie (*ibid.*, 2809), d'ébénisterie (*ibid.*), maréchaux-ferrants (*ibid.*, 1008), petites industries de l'alimentation (boulangeries (*ibid.*, 2609), boucheries avec tuerie (*ibid.*), charcuteries (*ibid.*, 1008), etc. — V. dans Bellom., p. 95, la liste complète des industries visées par le Comité. — Cf. trib. paix Montauban, 23 juill. 1900, D. 1902, 2, 68 (boulangerie) ; Trib. paix Courbevoie, 8 mai 1900, *Gaz. Pal.*, 1900, 2, 60 ; C. Angers, 13 mars 1901, *Gaz. trib.*, 10 mai 1901, *Mon. judic. Lyon*, 27 janv. 1902 (maréchaux-ferrants) ; C. Dijon, 13 juin 1900, *Gaz. Pal.*, 1900, 2, 306, etc. — *Sic* : Paulet, *op. cit.* ; Cabouat, p. 258 et s. ; Bellom, p. 107 ; Circul. garde des sceaux, 22 août 1901 : X., note sous D. 1902, 3, 17.

Après quelques hésitations (v. Cass., 26 avril 1904, S. 1907, 1, 181), la Cour de cassation s'était nettement prononcée en ce sens, notamment en ce qui concerne les ateliers de maréchaux-ferrants, de tonneliers, les boucheries, etc. — Cass., 3 août 1903, S. 1904, 1, 491 ; 15 déc. 1903, S. 1907, 1, 180 ; 25 oct. 1904, S. 1907, 1, 183 ; 8 janv. 1907, S. 1907, 1, 353. — Douai, 24 juill. 1901, S. 1902, 2, 233 (boulangerie) ; Angers, 15 mai 1902, D. 1903, 2, 307. — Cf. Cabouat, t. Ier, n° 231 ; Bellom, p. 107. — V. aussi (mais sous certaines réserves) : Loubat, t. Ier, nos 59 et s. ; Féolde, n° 49.

V. au contraire, pour l'interprétation restrictive (exclusion des ateliers) : Trib. civ. Saint-Etienne, 23 juin 1902, *Mon. jud. Lyon*, 9 juill., et Rennes, 26 nov. 1901, D. 1903, 2, 419 (boulangerie) ; Trib. paix Angers, 30 nov. 1899, *Rec. min.*, I, 17, et Agen, 16 mars 1903, S. 1903, 2, 96 (boucherie) ; Trib. civ. Seine, 2 févr. 1901, *Gaz. trib.*, 10 mai 1901 ; Besançon, 11 déc. 1901, D. 1903, 2, 307, etc. — Tandis que les tribunaux judiciaires sont partagés, la jurisprudence administrative semble fixée dans le sens restrictif : Cons. préfect. Seine, 27 juin 1900, et cons. préfect. Gironde, 9 nov. 1900, D. 1901, 3, 69 ; Cons. d'Etat, 28 févr. 1902, 2 arrêts, D. 1902, 3, 17 (ateliers de fleurs artificielles, *id.* de modistes). — Cf. Sachet, *op. cit.*, n° 80 ; Chardiny, p. 63 ; Baudry et Wahl, t. II, n° 1744.

tillage, de déclarer la manufacture de vêtements soumise à la loi, et d'en affranchir l'atelier du tailleur? Les ateliers sont manifestement soumis à l'application des lois de 1892 et de 1893. Or il est quelque peu contradictoire de soumettre un atelier aux articles de la loi de 1893 imposant au patron certaines mesures de sécurité en faveur de son personnel, et de refuser à ce personnel, en cas d'accident dû le plus souvent à l'insuffisance de ces mesures, la protection de la loi de 1898!

Il faudrait un texte bien précis pour imposer une telle conclusion. Or, d'une part, le terme de manufacture est élastique; d'autre part, les travaux préparatoires démontrent que les rédacteurs de la loi ont entendu assujettir au régime nouveau même les petits ateliers, puisque, contrairement à l'avis primitif du Sénat, la Chambre s'est refusée à exclure les établissements de la petite industrie (ceux employant trois ouvriers au plus), dans lesquels les ouvriers courent au moins autant de risques, à raison de l'imperfection de l'outillage (Bellom, p. 107).

Au surplus, l'interprétation extensive paraît bien avoir été législativement consacrée par la loi du 12 avril 1906, dans son art. 4, § 1, ainsi conçu : « La taxe prévue par l'art. 25 de la loi du 9 avril 1898 continuera à être perçue pour les exploitations assujetties par ladite loi, *y compris tous les ateliers* ». Cette formule spécifie nettement que les simples ateliers sont soumis à la loi, non comme établissements commerciaux, mais comme entreprises industrielles. — *Sic* : Loubat, t. II, n° 2317.

1080. — *Chantiers.* — Par le même motif, nous interprétions dans le sens le plus large, avant la loi de 1906, le terme *chantiers*, qui semble avoir été ajouté à la loi surtout dans le but d'assujettir au risque certaines industries, dans lesquelles s'effectuent en plein air des manipulations périlleuses de marchandises. Si cette expression ne devait comprendre que les chantiers de construction, elle eût fait double emploi avec le terme *industrie du bâtiment*. Aussi devait-on décider, selon nous, que dans la loi de 1898, le mot chantier ne comprend pas seulement les chantiers de travaux publics et privés (terrassements et préparation de matériaux en vue de la construction d'édifices, ponts, routes, etc., circul. min., 10 juin 1899), mais aussi « les agglomérations de matériaux ou d'approvisionnements qui, par leur importance, leur disposition, leur manutention, présentent des conditions d'exploitation et de risques analogues à celles des chantiers du bâtiment »[1].

---

[1] Paulet, *La loi française d'assurance contre les accidents* (rapp. au Congrès des accid., Paris, 1900). — Cf. Avis du Comité consultatif pour les coupes de bois exploitées industriellement (*Off.*, 1900, p. 72), les entrepôts de bois (*ibid.*), les approvisionnements commerciaux en gros de charbon, de vin ou de fer (Paulet, *op. cit.*, *Off.*, 1900, p. 2608 et 7236).

Cette interprétation nous semblait à la fois la plus conforme à la terminologie courante[1], et à l'équité. Nous admettions en conséquence qu'il convenait d'assimiler aux chantiers où les produits sont mis en œuvre et manufacturés, ceux où ils sont simplement déposés en vue de la vente, toutes les fois du moins que l'agglomération de matériaux, par son importance, « par les opérations de chargement ou de déchargement, ou de manutention qu'elle implique, forme un véritable chantier industriel ». (*Sic* : Loubat, t. Ier, n° 135). Tel est le cas, en particulier, des chantiers des marchands en gros de charbons[2], de fers[3], de vins[4], de bois[5], etc.

La Cour de cassation n'a jamais admis cependant cette interprétation extensive. Pour elle, le mot « chantier » ne doit pas être séparé des mots « usines et manufactures » qui le précèdent et en précisent la signification. Il désigne l'endroit où des ouvriers travaillent ensemble à la préparation industrielle des matériaux ; mais il ne saurait englober les entrepôts dans lesquels un négociant dépose des marchandises qui ne doivent y subir aucune transformation. Echapperont donc à l'application de la loi les chantiers des marchands de charbons[6], de fers[7], de vins[8], ou de bois[9].

A plus forte raison, pour la Cour de cassation, le parterre de la coupe ne saurait-il être considéré comme un *chantier*, dans le sens de la loi de 1898 ; l'abatage, le sciage et le débitage des arbres, sont des opérations inhérentes à l'exploitation forestière, qu'elles ne convertissent point en une entreprise industrielle. Une coupe de bois, avec toutes les manipulations qu'elle comporte, est essentiellement une opération *agricole*, échappant au domaine du risque professionnel, si ce n'est lorsqu'il y est fait emploi, suivant la formule de la loi de 1899, de « machines agricoles mues par des moteurs inanimés ».

Quelque critiquable que soit cette jurisprudence, peu conciliable[10]

---

[1] « On entend par chantier aussi bien l'emplacement où l'on dispose, où l'on couche certains objets pour les conserver en dépôt, que celui où on les travaille » (Littré, *Dict. de la langue française*, v° *Chantier*).

[2] Lyon, 1er avril 1901, *Mon. jud. Lyon*, 2 mai.

[3] Amiens, 30 mars 1902, *Rec. Min. Com.*, t. III, p. 27; Lyon, 20 juin 1902, *Mon. jud.*, 19 juillet (chiffons et vieux métaux en gros).

[4] Paris, 12 janv. 1901, D. 1901, 2, 253 ; Cons. d'Etat, 10 juill. 1903, D. 1904, 3, 73.

[5] Paris, 16 fév. 1901, D. 1902, 1, 330 ; Cons. d'Etat, 29 mai 1903, D. 1904, 3, 73.

[6] Cass., 27 oct. 1903, D. 1904, 1, 73.

[7] Cass., 30 mars 1904, *Gaz. trib.*, 27 juill. 1904 ; Nancy, 11 août 1904, *Gaz. Pal.*, 1905, 1, 605.

[8] Cass., 21 déc. 1903, D. 1904, 1, 73 ; Dijon, 13 juin 1900, D. 1901, 2, 253.

[9] Trib. Alençon, 9 déc. 1903, *Gaz. Pal.*, 30 déc. 1903.

[10] Cass., 4 août 1903, S. 1904, 1, 491 ; 19 avril 1904, S. 1907, 1, 183 ; Nîmes, 1er août 1906, D. 1906, 2, 377. — V. aussi (mais seulement en ce qui concerne les

avec la solution admise pour les ateliers, le législateur de 1906 semble avoir entendu la confirmer, en décidant que « la taxe sera réduite à un centime et demi pour les exploitations exclusivement commerciales, y compris *les chantiers de manutention et de dépôt* ». Ces chantiers ne sont donc, à compter de la promulgation de la loi de 1906, assujettis au régime du risque professionnel qu'en tant qu'accessoires d'une entreprise commerciale. D'où cette conséquence, nettement affirmée d'ailleurs au Sénat au cours de la discussion, que les ouvriers travaillant dans des chantiers non commerciaux, notamment sur le parterre d'une coupe forestière, ne peuvent en cas d'accident se prévaloir de la loi de 1898 [1].

1081. — *c*) **Entreprises, industrielles ou non, où sont mises en œuvre des matières explosives, ou dans lesquelles il est fait usage de machines.** — Pour cette troisième catégorie d'établissements, le caractère industriel de l'entreprise n'est point exigé : que l'entreprise ait un objet industriel, commercial, ou même agricole, dès l'instant qu'il y est fait usage, dans les conditions spécifiées *infra*, de substances explosives, ou d'engins mécaniques faisant courir au personnel des risques plus ou moins grands, le bénéfice de la loi de 1898 couvre le personnel affecté à la fabrication ou à l'emploi desdites substances, ou à la conduite des engins, ainsi que les autres ouvriers appelés par leur travail dans les ateliers ou chantiers où ces substances sont utilisées, où ces engins sont mis en mouvement [2].

Il a été formellement spécifié, au cours des travaux préparatoires, que la soumission à la loi ne pouvait résulter que de la fabrication ou de la *mise en œuvre*, c'est-à-dire de la manipulation de substances explosives, et non du simple emploi desdites substances. Le seul fait, par exemple, d'éclairer un magasin à l'acétylène ne saurait avoir pour résultat de soumettre cet établissement à la loi (Rapp. Thévenet) [3].

Quant aux machines dont l'usage entraîne soumission à la loi pour tout le personnel sujet au risque qu'elles créent, le terme légal « machine mue par une force autre que celle de l'homme ou des animaux », désigne tous les mécanismes, fixes ou mobiles, mus par une force élémentaire quelconque (vent, eau, vapeur, gaz, air chaud, électricité,

coupes) : Cons. d'Etat, 28 fév. 1902, S. 1905, 3, 107 ; 5 fév. 1904, Lebon, p. 86. — Cf. Sachet, p. 1, n° 921 ; Loubat, *Des accidents agricoles*, n°s 135 et s.

[1] La Chambre avait voté une disposition soumettant expressément les coupes et exploitations de forêts à la loi de 1898. Mais le Sénat repoussa cette disposition, à raison du caractère agricole des exploitations forestières. — Loubat, t. II, p. 19.

[2] Cf. circul. du 10 juin 1899 ; Cabouat, p. 265. — V. cependant Sachet, n° 175. — Cet auteur n'admet au bénéfice de la loi que la première catégorie d'ouvriers.

[3] *Sic* : Trib. Bourgoin, 14 mars 1906, *Rec. des accid. du trav.*, 1906, 273.

etc.)[1]. L'imperfection des mécanismes de ce genre usités dans l'agriculture (machines à battre, turbines, moulins à vent et à eau, etc.) est une cause fréquente d'accidents ; c'est pourquoi il a paru essentiel de soumettre à l'application de la loi toutes les exploitations, même agricoles, qui en feraient usage[2].

1082. — B. Entreprises commerciales (loi de 1906). — Aux termes de l'art. 1er de la loi du 12 avril 1906, « la législation sur les responsabilités des accidents du travail est étendue à *toutes les entreprises commerciales* ».

La signification véritable de cette formule se précise si on la rapproche des art. 632 et 633 C. com., dans lesquels le législateur a donné la liste des actes de commerce, dont l'exercice professionnel imprime à celui qui les accomplit la qualité de commerçant. Les principaux de ces actes sont : — tout achat de denrées ou marchandises pour les revendre..., toute entreprise de manufactures, commissions, transports..., toute entreprise de fournitures, agences..., toute opération de change, banque et courtage..., toutes expéditions maritimes..., tout affrètement..., tous engagements de gens de mer, etc. »[3].

Aux termes de l'art. 4 de la loi de 1906, la liste des exploitations *exclusivement* commerciales, assujetties pour l'avenir au régime légal, devait être arrêtée dans les six mois de sa promulgation par décret rendu sur la proposition des ministres du commerce et des finances. Cette liste a été publiée, dans le délai légal, par décret du 27 septembre 1906 (*Officiel* du 30)[4].

L'on s'est demandé si cette liste liait les tribunaux. Quelques auteurs se prononcent pour l'affirmative, par le motif que le décret a été soumis à la sanction législative (art. 4 *in fine*). — *Sic* : Sachet, 2e suppl., n° 2153. — Mais cette interprétation nous semble contestable, et plutôt en opposition avec les travaux préparatoires. M. Cordelet s'exprime en

---

[1] Nîmes, 1er août 1906, D. 1906, 2, 377. — *Sic* : Loubat, t. Ier, nos 216 et s. ; Sachet, t. Ier, n° 150.

[2] Sur les modifications apportées à la loi de 1898 par la loi du 30 juin 1899 sur les accidents agricoles, v. n° 1137 *infra*. — Quant aux exploitations industrielles (distilleries d'alcool par exemple) annexées à des exploitations agricoles, elles ont évidemment le caractère d'usines ou manufactures, et à ce titre sont soumises à la loi. — Cass., 18 fév. 1903, D. 1903, 1, 376. — Cf. les solutions analogues données au sujet de l'application des lois de 1892 et 1893, n° 786, *supra*.

[3] Pour le commentaire des art. 632 et 633 C. com., v. Cohendy et Darras, *C. com. annoté*; Thaller, *Traité élém. de dr. commercial*, p. 6 et s. Sur la combinaison des articles précités et de la loi de 1906, cons. notamment : Loubat, t. II ; Rimbert, *L'extension de la loi de 1898 aux exploitations commerciales*, th. 1907 ; Hamon, *Le risque commercial*, 1907.

[4] Le tableau des professions passibles de la taxe réduite prévue à l'art. 4 est intégralement reproduit par Loubat, t. II, p. 41 et s.

effet en ces termes dans son rapport au Sénat : « Le classement des entreprises commerciales, fait *uniquement au point de vue de la loi de garantie*, devra rester sans influence sur l'interprétation de la loi du 9 avril 1898 ».

1083. — Généralité des prescriptions légales. — Toutes les industries, tous les établissements rentrant dans l'un des trois groupes précités sont assujettis à la loi [1], sans qu'il y ait lieu de distinguer entre les entreprises privées et celles dépendant de l'Etat, des départements, des communes ou des établissements publics. La loi de 1898, il est vrai, à la différence de la loi de 1892, ne vise pas *in terminis*, dans son article 1er, les établissements d'Etat, mais plusieurs articles de la loi (art. 13, 32, notamment) présupposent l'extension du régime qu'elle édicte aux travaux exécutés pour le compte de l'Etat, soit dans les établissements qu'il dirige, soit par l'entremise d'adjudicataires [2].

---

[1] Il semble toutefois que la loi ne s'applique qu'aux établissements poursuivant un but de lucre. Echapperaient donc à l'application de la loi les laboratoires de recherches des Facultés, les ateliers annexés à des écoles techniques ayant un but *exclusif* d'enseignement. — Avis du Comité consultatif (*Bull. Comité perman.*, 1899, 583). — Cf. Bellom, p. 108 ; Loubat, t. Ier, n° 132. *Contra* : Trib. civ. Seine, 16 juillet 1901 (*Rev. des ass. mut.*, 1901, p. 293).

[2] Cf. avis du Comité consultatif, *Off.*, 1899, p. 8192. — *Sic* : Douai, 17 juin 1901 (*Jurispr. Douai*, 1902, 137). — Cf. Bellom, p. 113 ; Bourguin, *De l'application des lois ouvrières aux ouvriers et employés de l'Etat*, p. 124. — V. aussi, sur la responsabilité de l'Etat sous l'empire de la loi ancienne : Cons. d'Etat, 21 juin 1895, D. 96, 3, 65 ; Req., 18 novembre 1895, S. 98, 1, 385, et la note de M. Chavegrin : Cons. d'Etat, 12 fév. 1904, S. 1906, 3, 72. — Toutefois, à cette règle, l'article 32 apporte une exception en ce qui concerne deux catégories d'agents de l'Etat : *a*) le personnel des *ateliers de la marine*, lequel a droit, en vertu de règlements spéciaux, à des secours calculés sur une base plus large que celle admise par la loi de 1898 (décr., 12 janvier 1892, loi du 21 juin 1900) ; *b*) les ouvriers immatriculés des *manufactures d'armes* dépendant du ministère de la guerre, dont les droits en cas d'accident demeurent déterminés par le règlement du 24 juin 1878, et l'instruction générale du ministre de la guerre du 23 mars 1897. — Sur ces règlements spéciaux, cons. Bellom, p. 123 et s. ; Cabouat, p. 284 et s.

En dehors de ces deux exceptions, la loi de 1898 devra recevoir son application. Elle peut, par conséquent, être invoquée par le personnel des manufactures de l'Etat (tabac, allumettes, etc.), par les ouvriers des établissements de la guerre, arsenaux et poudreries notamment (Crim. cass., 20 juill. 1907, *Mon. jud. Lyon*, 27-28 oct. 1907), les ouvriers en régie employés par la marine, les ouvriers au service des adjudicataires de ces deux ministères, les ouvriers des ponts et chaussées, des chemins de fer de l'Etat (note Chavegrin sous S. 98, 1, 385), des postes et télégraphes, etc. — Cf., en ce qui concerne les ouvriers travaillant pour le compte des *communes*, Paris, 20 mai 1904, S. 1907, 2, 169. — Il importe peu que ces travailleurs soient *commissionnés*, et puissent en un certain sens être considérés comme des *fonctionnaires*. C'est la nature du travail plutôt que la qualité du travailleur qu'a eu en vue le législateur ; il serait donc illogique de distinguer entre les simples salariés non fonctionnaires et les agents commissionnés. — *Sic* : en ce qui concerne les employés des bureaux ambulants des postes, et les ouvriers télégraphistes : Loubat, t. Ier, n° 357. — *Contra* : Limoges, 4 mai 1906, *Rev. des accid. du trav.*, 1906, 267 ; Grenoble, 9 nov. 1906, S. 1907, 2, 169 (*cantonniers* du service vicinal). —

1084. — 2° Personnes régies par la loi, activement ou passivement. — L'application de la loi de 1898 présuppose l'existence d'un contrat de travail, ou d'un contrat d'apprentissage, entre la victime de l'accident et la personne à laquelle une indemnité est réclamée. Si ce lien contractuel, impliquant une subordination directe de l'employé (*lato sensu*), à l'employeur (v. *supra*, n° 873), fait défaut, le risque particulier défini par la loi ne se rencontre plus, il ne peut plus être question que d'une responsabilité délictuelle ordinaire [1]. D'où cette double conséquence : — 1° que l'artisan qui se charge à forfait, pour le compte d'un particulier, de l'exécution d'un travail dangereux, est à considérer comme un entrepreneur, et par conséquent ne saurait prétendre en cas d'accident au bénéfice de la loi [2] ; — 2° que l'ouvrier qui, travaillant seul d'ordinaire, fait appel, pour l'exécution d'un travail, à la collaboration *accidentelle* d'un ou de plusieurs camarades, ne saurait être déclaré responsable à leur égard des accidents dont ils seraient victimes. Cet ouvrier est un artisan, non pas un patron ; ses collaborateurs occasionnels sont indépendants vis-à-vis de lui, il n'est donc point dans les conditions prévues par la loi, c'est du reste ce que décide expressément l'article 1er *in fine*.

Par contre, toutes les fois que l'on est en présence d'un contrat de travail, la loi s'applique. Ce principe ne recevrait exception que si le patron avait été induit en erreur par des manœuvres dolosives de l'ouvrier, par exemple si celui-ci, mineur de dix-huit ans, avait produit de fausses pièces pour se faire embaucher sur ses chantiers où ne sont admis que des ouvriers majeurs de dix-huit ans [3].

Plaçons-nous successivement, pour le développement de ces prin-

---

Cons. aussi : Cohendy et Darras, sur l'art. 1er, nos 604 et s. ; Perrin, *Le risque professionnel dans les fonctions et emplois publics* (*Rev. polit. et parl.*, 1906, 2, 88). — Signalons ici une catégorie d'agents que l'on ne saurait assimiler à des ouvriers, et pour lesquels une protection spéciale a été édictée par la loi de finances du 12 avril 1898, articles 17 et 59, à savoir les *sapeurs-pompiers* (sauf ceux de Paris, incorporés à l'armée). Les communes sont tenues de les assurer à la Caisse nationale contre les accidents ; à cet effet, la loi de 1898 a ouvert un fonds de subvention aux communes, alimenté par une taxe sur les compagnies d'assurances. — Cabouat, p. 287. — Il est question pour cette assurance, de substituer l'Etat aux communes (projet *Bérard*, févr. 1903).

[1] Cass. 2 déc. 1901, D. 1902, 1, 403 ; 27 juill. 1903, S. 1905, 1, 270 ; Bordeaux, 19 mars 1903, S. 1906, 2, 111 ; Douai, 12 déc. 1906, S. 1907, 2, 71. — *Sic* : Sachet, t. Ier, n° 266 ; Loubat, t. Ier, nos 400 et s. ; Cabouat, t. Ier, n° 266.

[2] Trib. paix Noyon, 9 mars 1900, *Droit*, 27 avril 1900 (scieur de long) ; Douai, 25 mars 1902, *Mon. jud. Lyon*, 12 juin 1902 ; Civ. cass., 6 août 1902, D. 1902, 1, 579 (scieur de long) ; Rennes, 3 fév. 1903, *Loi*, 17 fév. ; Chambéry, 30 mars 1904, D. 1906, 2, 71 ; Poitiers, 12 déc. 1904, S. 1906, 2, 157 ; Orléans, 4 juill. 1907, *Mon. jud. Lyon*, 19 juill.

[3] Cass., 2 déc. 1901, D. 1902, 1, 403. — Cf. Cabouat, p. 290.

cipes, au point de vue actif (*bénéficiaires* de la loi) et au point de vue passif (*entrepreneur responsable*).

1085. — *a*) **Des bénéficiaires de la loi.** — Ces bénéficiaires sont : les *ouvriers*, les *employés* [1], les *apprentis* (art. 8) [2], et en cas de décès de la victime, leurs représentants légaux (V. *infra*). Quiconque peut être qualifié, à raison du lien de droit existant entre lui et le patron, individu ou société peu importe, d'ouvrier ou d'employé, *lato sensu*, a droit à la protection de la loi.

Peu importe, dès lors, la situation hiérarchique de l'agent. Employés subalternes et employés supérieurs, ouvriers, contremaîtres, surveillants et ingénieurs [3], tous peuvent prétendre aux indemnités arbitrées par la loi, sous la réserve du maximum indiqué en l'article 2 [4], pourvu qu'ils soient en mesure d'établir, dans les conditions déterminées ci-après, une relation de cause à effet entre le travail qui leur est confié et l'accident dont ils sont victimes.

Peu importe également le mode d'organisation du travail ou de rémunération des ouvriers. Auront également droit aux indemnités légales les ouvriers embauchés directement par l'entrepreneur, ceux embauchés par un contremaître, admis lui-même à raison de son état de subordination (et à la différence d'un tâcheron ou d'un sous-entrepreneur) à invoquer le bénéfice de la loi [5], ou les ouvriers travaillant par équipes coopératives [6].

---

[1] Sur les caractères distinctifs de l'ouvrier et de l'employé, v. *supra*, n°s 891 et 999. — La distinction de ces deux catégories d'agents est ici secondaire, les uns et les autres ayant les mêmes droits lorsqu'ils sont victimes d'un accident provenant du travail, et survenu dans l'une des industries ou commerces visés, soit par la loi de 1898, soit par celle de 1906. — Cass., 6 août 1902, D. 1902, 1, 579 ; 6 janv. 1904, D. 1904, 1, 73.

[2] Les *apprentis*, salariés ou non, rentrent dans la catégorie des personnes protégées. — Cass., 16 janv. 1906, *Rev. des accid. du travail*, 1906, 224. — V. toutefois, sur la question de savoir si les parents d'un apprenti, victime d'un accident mortel, ne peuvent se prévaloir du droit commun de l'art. 1382 à l'encontre du patron responsable, les observations présentées *infra*, n° 1113 *bis*.

[3] Loubat, t. Ier, n° 385 ; Cabouat, t. Ier, n° 286. — Sur le droit, pour le *directeur technique* d'une société, qui n'est à vrai dire que le premier employé de celle-ci, d'invoquer le bénéfice de la loi, cons. notre étude intitulée : *A propos de la loi du 9 avril 1898* (*Quest. prat.*, 1900, p. 127).

[4] Les ouvriers et employés *à salaire élevé*, c'est-à-dire ceux dont le salaire annuel dépasse 2,400 francs (sur le mode de calcul du salaire, v. *infra*) ne bénéficient des dispositions légales que jusqu'à concurrence de cette somme. Pour le surplus, ils n'ont droit qu'au quart des rentes et indemnités, sauf conventions contraires (art. 2). Sur ces conventions, v. *infra*.

[5] C. Douai, 25 juillet 1900, *Mon. jud. Lyon*, 29 décembre 1900.

[6] Sur ce mode de travail, qu'il ne faut pas confondre avec la coopération proprement dite, exclusive de tout contrat de travail, v. *supra*, n° 940. — Il est assez usité notamment dans les mines, la typographie, etc. — Cf. Cabouat, p. 392.

La *nationalité* des ouvriers est également indifférente ; Français et étrangers, victimes d'un accident survenu en France, ou même à l'étranger dans un travail exécuté pour le compte d'une maison française [1], peuvent également se prévaloir de la loi. L'on ne fait de différence entre les uns et les autres que pour le service des rentes, dans certains cas spécifiés ci-après (art. 3 *in fine*).

Il n'y a pas non plus de différence à faire, nous l'avons établi, entre les ouvriers de l'industrie privée et les ouvriers ou employés des manufactures de l'État [2].

1086. — Mais la dépendance qui justifie l'application de la loi doit être une dépendance juridique, et non pas simplement *économique*. L'ouvrier qui travaille *à domicile* pour le compte d'un entrepreneur ne saurait donc, en droit français, prétendre à aucune indemnité : il est assimilé à l'artisan qui travaille directement pour la clientèle (Toulouse, 1er mars 1900, *Gaz. Pal.*, 7 avril 1900 ; Cabouat, p. 303).

A plus forte raison, le risque professionnel est-il inapplicable aux tiers qui, sans être à aucun point de vue dans la dépendance du chef d'entreprise, seraient victimes d'un accident dans l'exercice de leurs fonctions (magistrats, médecins, inspecteurs du travail, délégués mineurs, etc.). Ils ne sauraient prétendre à une indemnité que dans les termes du droit commun de l'article 1382 [3].

1086 *bis*. — *Voyageurs de commerce.* — La question de savoir si les voyageurs de commerce peuvent, depuis la loi de 1906, se prévaloir de la loi de 1898, doit être résolue par une distinction entre le voyageur attaché à une seule maison, lié par un contrat de travail à un patron qui le défraie de ses frais, et parfois lui alloue un traitement en sus de ses remises, et le voyageur à la commission, travaillant concurremment pour plusieurs maisons. — Le premier est un commis, protégé par la loi de 1898 comme tout autre employé (Trib. com. Avesnes, 19 juin 1907, *Mon. jud.*, Lyon, 9-10 août 1908). — Le second est un

---

[1] Avis du Comité consult., *Off.*, 1900, p. 2113 ; Rennes, 22 déc. 1902, *Gaz. Pal.*, 1903, 1, 81. — Cf. Cabouat, p. 289 ; Bellom, p. 196 ; Loubat, t. Ier, n° 421. — Le droit pour les ouvriers, engagés en France pour un travail à exécuter *à l'étranger*, de se prévaloir de la loi de 1898, n'est plus contestable en présence de l'art. 15 nouveau, modifié par la loi du 31 mars 1905.

[2] Sur la non-applicabilité de la loi de 1898 aux *détenus*, affectés dans les prisons ou établissements pénitentiaires de tous ordres à un travail industriel, sans pour autant être liés à l'État ou à l'entrepreneur par un contrat de travail, cons. Douai, 9 mars 1903, *Rec. min. com.*, t. III, p. 166. *Sic* : Loubat, t. Ier, n° 363 ; Roux, *La loi du 9 avril 1898 est-elle applicable aux prisons ?* (Congr. accid., 1903, 76).

[3] De Marcère (Sén., 3 mars 1898, *Déb. parl.*, p. 237) ; Sachet, n° 167 ; Loubat, n° 390 ; Bellom, p. 313.

négociant travaillant pour son compte, à ses risques et périls. — *Sic* : déclaration du Ministre du commerce à la Chambre, sur une question de M. Goujon (Loubat, t. II, n° 3237).

1087. — *b*) **Des personnes responsables.** — C'est au patron, dans le sens le plus large du mot, c'est-à-dire à la personne physique ou morale, individu ou société peu importe, qui assume la direction de l'entreprise [1], qu'incombe la responsabilité du risque : soit que l'accident puisse être imputé à une faute ou négligence de l'un des contractants, ou à un cas fortuit (V. *infra*), soit qu'il ait pour origine une faute de l'un des préposés du chef d'industrie.

Quelle sera, au point de vue qui nous occupe, la situation des intermédiaires qui fréquemment s'interposent entre le chef d'industrie et les ouvriers ? Il convient d'établir ici une distinction essentielle entre le simple *marchandeur*, qui prend à forfait l'exécution d'une partie de travail, et travaille avec les ouvriers qu'il recrute, mais en utilisant un matériel fourni par le patron, et le *sous-entrepreneur*, qui a son personnel et son matériel, et qui, par conséquent, jouit d'une véritable autonomie dans l'exécution du travail qu'il a soumissionné. Le premier n'est qu'un chef ouvrier, couvert lui-même par le risque, et par conséquent incapable de l'assumer ; le second est un véritable chef d'entreprise, qui décharge par son intervention l'entrepreneur général de tous les risques d'accidents survenus dans les chantiers qu'il dirige [2].

---

[1] « Les personnes responsables — lisons-nous dans la circulaire du garde des sceaux du 10 juin 1899 — sont celles qui dirigent l'exploitation ou l'industrie, qui en recueillent les bénéfices, depuis les grandes sociétés qui ont dans leur dépendance un personnel considérable, jusqu'au petit patron qui n'emploie qu'un nombre restreint d'ouvriers... ». Doivent être considérés comme chefs d'industrie, à l'égard de tous inspecteurs et préposés, les associations de propriétaires d'appareils à vapeur et autres sociétés de prévention contre les accidents (Comité consult., avis du 12 juillet 1899, *Bull. Off.*, 1900, p. 60). — L'on admet aussi généralement, par une extension plus équitable peut-être que juridique de la théorie du risque, que « la *société coopérative de production*, réalisant une production industrielle, payant des salaires aux sociétaires employés, doit être considérée comme un *chef d'entreprise* au sens de la loi de 1898 (Comité consult., avis du 31 mai 1899, *Quest. prat.*, 1900, p. 39). — Cf. trib. Seine, 27 fév. 1903 (*Rec. pér. assur.*, 1903, 229). — *Sic* : Sachet, p. 113 ; Resteau, *Les accidents du travail et la société coopérative* (*Rev.* [belge] *des accid. du travail*, 1906, 369). — *Contra* : Paris, 1er août 1903, *Rev. jud. des accid. du trav.*, 1903, 277. — Sur l'extension de la loi aux *orphelinats* industriels, v. Paris, 29 mai 1902, S. 1904. 2, 148 ; Loubat, t. Ier, n° 371.

[2] Cass., 6 mars 1907, S. 1907, *Suppl.*, p. 26 ; Arras, 15 septembre 1900, *Gaz. trib.*, 15 septembre 1900 ; Douai, 25 juill. 1900, D. 1901, 2, 155 ; Paris, 24 janv. 1902, *Droit*, 28 mai ; 18 mars 1902, *Mon. jud. Lyon*, 3 juill. ; Rouen, 10 mars 1906, *ibid.*, 23 mai 1907. — Cf. C. Paris, 13 et 21 mai 1901, *Droit*, 4 et 20 juill. 1901. — Ces solutions sont indépendantes d'une autre question, examinée *infra*, au sujet de la portée du décret de 1848 interdisant le marchandage. — Cf. Bellom, p. 145 ; Cabouat, p. 287. — V. aussi Duplat, *Les sous-traitants* (*Rev. prat. de droit industriel*, de Bodeux, 1907, 123, et 1908, 73). — En cas de sous-entreprise, l'entrepreneur

Quid, du cas où le patron aurait momentanément mis son ouvrier à la disposition d'un autre entrepreneur ? La réponse ne saurait faire de doute : si cet ouvrier est victime d'un accident, c'est à son patron, et non à son employeur occasionnel, auquel ne l'unit aucun lien de droit, qu'il devra s'adresser pour obtenir réparation. Paris, 23 juin 1905, *Monit. jud., Lyon*, 6 juillet; Cass., Ch. réun., 8 janvier 1908, 2 arr., D. 1908, 1, 185, et note Dupuich.

1088. — 3° Nature et circonstances du risque. — **Définition de l'accident ; maladie professionnelle exclue.** — Le risque prévu, expressément visé par l'article 1er, est *l'accident* : terme précis qui englobe toutes les lésions corporelles dues à une cause extérieure, soudaine et violente (choc, chute, explosion, asphyxie, intoxication due à un dégagement de gaz irrespirables, etc.), mais qui exclut au contraire la *maladie* [1]. Et par maladie, il faut entendre, non seulement les maladies communes, qui attaquent indifféremment tout le monde, et qui, à supposer qu'elles soient aggravées par le milieu malsain dans lequel se meut l'ouvrier, n'ont cependant pas sa profession pour cause (tubercu-

---

général pourrait être, par une clause formelle du cahier des charges, déclaré responsable solidairement avec le sous-entrepreneur. — Trib. com. Seine, 8 février 1899, *Droit*, 10 mars 1899.

[1] Les travaux préparatoires sont formels (Cf. déclar. de MM. Boucher, Maruéjouls, Léon Bourgeois). Cette distinction fondamentale entre la maladie et l'accident était faite depuis longtemps par les compagnies d'assurances. La formule très exacte en a été donnée en ces termes, au Congrès de Paris de 1889, par M. Marestaing (*Compte rend.*, p. 117) : « L'accident n'existe que lorsqu'il s'accuse sous forme d'une lésion, c'est-à-dire d'un *traumatisme* dû à une cause violente, fortuite et extérieure. Ainsi, toute mort et toute incapacité de travail provenant de l'action du feu, des jets de vapeur et de tout choc avec un corps compact sont considérées comme accidents, de même que les asphyxies et les empoisonnements subits provoqués par l'eau et les gaz délétères. — Par contre, ne sont pas considérées comme accidents les affections à *solution non immédiate*, déterminées par le contact accidentel de l'eau; par le séjour prolongé dans des lieux humides ou malsains; par la fatigue; par les empoisonnements progressifs provoqués par le plomb, le cuivre, le mercure, le phosphore; par le maniement des substances délétères... ». Cons. au surplus, pour les difficultés d'ordre médical, se rattachant à l'application de la loi : Ferrette et Dr Laval : *Les accidents du travail*, 2e partie, *Considérations médicales*; Dr Thoinot, *Accidents du travail et maladies d'origine traumatique*; Dr Fauquel, *Maladies professionnelles et assurances ouvrières* (*Rev. socialiste*, 1904, 1, 400); Dr Obers, *Etude médico-légale sur les relations entre les maladies professionnelles et les accidents du travail*, th. méd.; Dr Lacassagne, *Précis de médecine légale*, 1907; Dr Oliver, *Diseases of occupation*, Londres, 1908; Dr Poëls, *Médecine légale des accidents du travail*, t. Ier, Bruxelles, 1908. — V. aussi : *Maladies professionnelles* (publ. de l'*Off. du trav.* français, 1903); Lacroix, *La maladie professionnelle* (*Rev. polit. et parl.*, 1904, 3, 39); Chautemps, *La réparation des maladies professionnelles*, th. 1907; Ancey, *Les risques professionnels, les accidents et les maladies du travail*, 1907; De Paoli, *De l'assimilation des maladies professionnelles aux accidents du travail*, th. 1908. — Cf. Loubat, t. Ier, nos 539 et s.; Sachet, n° 271; Chardiny, p. 54; Serre, p. 88; Ollive et Le Meignen, *Accidents du travail*, nos 27 et s.

lose, anémie, phénomènes nerveux, troubles de la vision, etc.), mais même les *maladies dites professionnelles*, c'est-à-dire directement déterminées par l'exercice même de la profession, sans qu'il soit possible de leur assigner une origine et une date déterminées.— Cass., 3 nov. 1903, D. 1907, 1, 87 ; 27 juillet 1905, D. 1907, 1, 295. Telles sont la nécrose des allumettiers, le saturnisme (empoisonnement par le plomb), l'hydrargyrisme, dû à l'absorption de vapeurs mercurielles, la dermatite des teinturiers, gantiers, l'otite scléreuse des forgerons, etc.

Cette exclusion de la maladie professionnelle, motivée exclusivement par des considérations pratiques [1], est presque unanimement condamnée par le corps médical. Elle est en effet aussi injuste qu'illogique : injuste, attendu que la maladie *professionnelle*, ayant comme l'accident son origine dans le fonctionnement de l'industrie, constituant un véritable *risque* de la profession, devrait en bonne justice ouvrir au profit de celui qu'elle atteint, souvent mortellement, un droit égal à réparation ; illogique, car il n'y a au fond aucune différence de nature entre un empoisonnement accidentel, dû à un brusque dégagement de gaz délétères, et l'empoisonnement lent et insidieux, par ces mêmes gaz, de l'organisme du travailleur [2].

Nous rechercherons ultérieurement, en analysant les projets de réforme, s'il conviendrait, pour remédier à ce défaut certain de notre loi, d'assimiler au point de vue du risque la maladie professionnelle à l'accident [3], ou si la meilleure solution ne serait pas d'adosser en quelque sorte, comme en Allemagne ou en Autriche, l'assurance-accident à l'assurance-maladie, ces deux assurances formant un tout

---

[1] Une maladie courante, susceptible d'être observée chez des individus de toute condition, peut devenir professionnelle lorsqu'elle est manifestement déterminée par le milieu dans lequel travaille l'ouvrier ou par les substances qu'il manipule, ou les contacts auxquels sa profession l'expose (phtisie des aiguiseurs ou polisseurs d'armes, syphilis des verriers, charbon ou pustule maligne des tanneurs, bouchers, etc...). Van der Borght, *Maladies professionnelles* (Congr. de Milan, 1894, p. 84 et s.). — Cf. les ouvrages d'hygiène industrielle cités *supra* en note sous n° 609. — Cette circonstance, qui rend parfois délicate la détermination du caractère *professionnel* de la maladie, n'a pas peu contribué à l'exclusion par le législateur français du risque maladie.

[2] Mongin, *Le risque professionnel dans les maladies* ; Cabouat, p. 174 et s. ; Loubat, t. Ier, n° 240 ; Drs Thoinot, Sauquet, *op. citt.*

[3] Il est intéressant de remarquer que, par une faveur spéciale, la notion du risque a été, pour les *marins*, étendue par les lois des 21 avril 1898 et 29 décembre 1905 aux maladies professionnelles. Même solution, au profit des *sapeurs-pompiers* qui auraient, dans un service commandé, contracté une maladie entraînant une incapacité absolue et permanente (L. de fin. du 13 avril 1898, et décret organique du 12 juill. 1899, D. 1901, 4, 90). — Cf. arrêté du min. des trav. publics en date du 28 septembre 1899, sur les secours dus aux ouvriers atteints de maladies occasionnées par des travaux exécutés, en régie ou à l'entreprise, pour le compte de l'État.

logique et se complétant naturellement. Pour l'instant, il nous suffit d'indiquer brièvement certaines conséquences de la distinction consacrée par le texte.

1089. — L'accident, avons-nous dit, est une lésion corporelle due à une cause extérieure, lésion entraînant soit la mort, immédiate ou prochaine, soit une incapacité de travail, absolue ou partielle, permanente ou temporaire. Dans l'accident-type, nous sommes donc en présence, soit d'une blessure, d'une lésion traumatique, immédiatement consécutive au fait qui l'a déterminée (fracture d'un membre, contusion, entorse, perte ou lésion d'un œil, etc...), soit d'une asphyxie ou d'une intoxication.

Mais il se peut, et en ce cas l'on ne doit pas hésiter à envisager le cas comme un accident, que le choc par exemple ait déterminé une *lésion interne*, dont les effets ne se manifestent qu'au bout de quelques jours ou de quelques semaines. Tout revient à une question de preuve : et si l'on est en mesure d'établir une relation directe entre la lésion, même qualifiée de *maladie*, constatée chez la victime et telle cause accidentelle alléguée et prouvée, l'application de l'article 1er s'impose[1].

1090. — **Etats morbides équivoques.** — Il existe un certain nombre d'affections, dont le caractère est douteux, attendu qu'elles peuvent avoir un accident pour cause déterminante, mais qu'elles peuvent également se manifester sans aucun traumatisme initial. De ces affections, la plus fréquente est la *hernie*. En pareil cas, c'est aux juges du fond qu'il appartient d'apprécier souverainement, d'après les circonstances de fait, si l'affection constatée chez l'ouvrier a pour origine un effort musculaire excessif (hernie *de force*), auquel cas elle devra être qualifiée d'accident[2], ou si elle n'est pas simplement le résultat d'une

---

[1] La jurisprudence est aujourd'hui fixée dans le sens de l'assimilation, aux accidents du travail, des affections pathologiques d'*origine traumatique*. Ainsi jugé : pour l'*asphyxie aiguë* par émanations méphitiques (Trib. Lyon, 18 nov. 1905, *Mon. jud. Lyon*, 14 déc.); pour la *syphilis* contractée par un ouvrier verrier ayant fait usage d'un outil contaminé par un autre ouvrier (Lyon 5 août 1903, *Pand. fr.*, 1905, 2, 378); pour l'*affection charbonneuse* contractée par un ouvrier tanneur en manipulant des peaux contaminées (Cass., 3 nov. 1903, D. 1907, 1, 87); la *pneumonie traumatique* (Paris, 2 nov. 1901, *Rev. jud. des accid. du trav.*, 1902, 141), et ses complications, pleurésie, endocardite, etc. (Paris, 4 mai 1906, *ibid.*, 1906, 250); les *névroses* (hystérie ou neurasthénie) d'origine traumatique, (Cass., 26 oct. 1905, *Gaz. Pal.*, 1905, 2, 515), l'aliénation mentale (Trib. Villefranche, 14 mai 1901, *Mon. jud. Lyon*, 11 oct.). Une prédisposition morbide n'exclut même pas l'application de la loi de 1898, si d'ailleurs l'incapacité de travail a eu pour cause déterminante un accident (Nancy, 13 août 1906, *Rev. jud. des accid. du trav.*, 1907, 35). — Pour plus de développements, v. Thoinot, *op. cit.*; Loubat, t. Ier, nos 544 et s.

[2] Et ce, même s'il avait, à l'*état latent*, une prédisposition congénitale à cette infirmité (Grenoble, 16 avril 1901; Lyon, 9 janv. 1902, D. 1902, 2, 435).

prédisposition de l'ouvrier, ou de circonstances indépendantes du travail [1].

1091. — **Gravité de l'accident.** — En principe, tout accident, même léger, ouvre au profit de la victime un droit à indemnisation. Suivant l'expression très juste de Sarrut (note sous D. 1903, 1, 105), « *l'accident vaut titre* ». Toutefois, la victime n'y peut prétendre que si l'interruption de travail a duré *plus de quatre jours* (art. 1er, § 1er, *in fine*). Le législateur a pensé que les accidents minuscules, très fréquents dans l'industrie, étaient de ceux contre lesquels le personnel pouvait aisément se prémunir par l'épargne ou la mutualité ; et surtout il a craint, en assurant une indemnité aux victimes des accidents les plus légers, d'encourager la simulation [2].

1092. — **Relation nécessaire entre l'accident et le travail.** — L'accident, dit l'article 1er, doit, pour donner lieu à indemnité, être « survenu *par le fait du travail ou à l'occasion du travail* ». Nous n'insisterons pas sur les discussions subtiles auxquelles a donné lieu, au Parlement, puis dans la doctrine [3], la substitution de la disjonctive *ou* à la conjonctive *et*, qui figurait dans le texte primitif. Il nous suffira de faire observer que, par cette substitution, le législateur a entendu laisser au juge la faculté de qualifier l'accident d'*accident du travail*, dans tous les cas où il constaterait l'existence d'un lien de connexité entre le travail professionnel de l'ouvrier ou employé et l'accident dont il a été victime : soit que l'accident ait eu pour cause directe et immédiate le travail exécuté (*fait du travail*) [4], soit qu'il ait été causé « par

---

[1] Req., 8 juill. 1902, *Mon. jud. Lyon*, 16 juillet. — Cp. sur la distinction des hernies accidentelles ou de force, et des hernies ayant le caractère d'une tare physiologique, la série des arrêts (Rouen, 30 nov. 1901; Lyon, 9 janv. 1902, etc.) rapp. sous D. P. 1902, 2, 435, et la note de M. Sarrut. V. aussi C. just. Genève, 24 juin 1905, S. 1905, 4, 32; Cass., 19 fév. 1908, D. 1908, 1, 241, et les décisions rapp. par Cohendy et Darras, sur l'art. 1er, nos 48 et s. — Sur les difficultés relatives aux tours de reins, coups de fouet, durillons forcés, etc., cons. Van der Borght, Marestaing, *op. cit.* — Sur la question de savoir si, l'origine accidentelle de la lésion étant constatée, la débilité ou les infirmités constitutionnelles antérieures de la victime peuvent avoir une influence quelconque sur la détermination de l'indemnité, v. note Dupuich, sous D. 1901, 2, 457, et les développements donnés *infra*, no 1102.

[2] Sur la *simulation*, v. Thoinot, p. 488 et s.; Loubat, t. Ier, nos 610 et s.; Dr Petitjean, *Médecins et accidents du travail* (*L'aide sociale*, 31 mars 1908). — Sur l'application aux simulateurs des peines de l'escroquerie, v. Paris, 15 février 1908, D. 1908, 2, 139.

[3] Cons. notamment : Sachet, p. 150 et s.; Cabouat, p. 186 et s.

[4] Ainsi est victime d'un accident dérivant du *fait même du travail* l'ouvrier qui, étant à son travail, est atteint par une courroie de transmission, et broyé ou mutilé, l'ouvrier qui, à son établi, reçoit dans l'œil un éclat de métal, le chauffeur ou mécanicien blessé, soit par une explosion de chaudière, soit par des matières incandescentes, l'ouvrier du bâtiment qui tombe d'un échafaudage, etc.

un acte connexe au travail et plus ou moins utile à son accomplissement »[1].

Si cette connexité est établie — et en cas de doute c'est à l'intéressé qu'incombe la preuve (Cass., 23 juill. 1902, D. 1902, 1, 582) — la circonstance que l'accident aurait eu lieu *hors des locaux* affectés à l'industrie ne saurait être exclusive du risque (Cass., 11 avril 1907, S. 1907, suppl. p. 35. V. aussi *Off. impér. d'assur. d'Allemagne*, 6 juin 1902, S. 1905, 4, 1, et note de M. Sachet). Sans doute, l'ouvrier qui, habitant à une certaine distance de l'usine, est blessé par une cause quelconque au cours du trajet, ne saurait prétendre à indemnité, cet accident étant indépendant du risque professionnel[2]; il en est de même de l'ouvrier qui, envoyé chez un client, se détourne de son trajet par curiosité pure et reçoit une décharge électrique en touchant aux fils électriques d'un treuil auprès duquel la nécessité de son travail ne l'appelait point[3]. Mais, toutes les fois que le lieu où l'accident se produit peut être considéré comme le *prolongement du travail*, et notamment chez un client de l'usine ou dans le trajet entre celle-ci et le domicile du client (devenu *lieu de travail*), il y a vraiment accident de travail, conférant à la victime un droit à indemnité[4].

1093. — *Cas fortuit et force majeure.* — Inversement, un ouvrier peut être frappé au cours de son travail, dans l'usine même, et se voir privé de tout droit à indemnité. Il en est ainsi, d'après l'opinion générale tout au moins, lorsqu'il est victime d'un cas de *force majeure*, d'une de ces forces naturelles soudaines, irrésistibles, contre lesquelles

---

[1] Cabouat, p. 191. — Ex. d'accidents survenus *à l'occasion du travail* : ouvrier blessé en donnant un coup de main à ses camarades d'un atelier voisin (Trib. civ. Seine, 2 juill. 1900, *Gaz. Pal.*, 1951, 1, 776), en coopérant à l'extinction d'un incendie survenu dans l'usine (Nancy, 21 nov. 1902, D. 1904, 2, 166), ou même dans une maison voisine, à raison du risque couru par l'usine ; ouvrier blessé par l'imprudence d'un de ses camarades (C. Paris, 27 fév. 1901, *Gaz. trib.*, 18-19 mars 1901), ou par le fait d'une provocation d'un de ceux-ci (Cass., 8 juill. 1903, D. 1903, 1, 510) ; ouvrier blessé dans un accident de tramways, pris par lui sur ordre du patron pour se rendre chez un client, ou sur le lieu du travail, mais pendant un repos (Rouen, 28 févr. 1900, *Quest. prat.*, 1900, 339); employé de bureau ou de magasin, occupé dans les locaux industriels ou à proximité, et blessé par une explosion survenue dans lesdits locaux. — Loubat, n°s 444 et s. ; Cabouat, p. 309 ; Bellom, p. 89 et s. — Cf. Avis Comité consult., 7 mars 1900, *Bull. Off.*, 1900, p. 389.

[2] Il en serait autrement si le trajet, effectué dans des véhicules mis à la disposition du personnel par le chef d'entreprise, pouvait être envisagé comme un *prolongement du chantier* (Caen, 25 juin 1901, *Gaz. trib.*, 26 sept. 1901 ; Trib. Toulouse, 31 oct. 1903, *Mon. jud. Lyon*, 1er déc.), ou si l'accident, même survenu en dehors du lieu de travail, se rattachait par un lien direct de cause à effet à un accident du travail antérieur (Cass., 28 janv. 1903, D. 1904, 1, 517).

[3] Trib. civ. Havre, 18 janv. 1900 (*Gaz. Pal.*, 1900, 1, 414).

[4] V. les espèces citées précédemment. — *Adde* : Cass., 13 fév. 1906, D. 1908, 1, 59; 17 juill. 1907, D. 1908, 1, 218; Aix, 3 janv. 1903, *Loi*, 10 fév.

les prévisions humaines sont impuissantes, et dont la manifestation ne saurait, à aucun titre, rentrer dans la définition du risque professionnel : foudre [1], tremblement de terre, inondation, raz de marée, cyclone, ouragan. A ce point de vue, la force majeure fait antithèse au simple cas fortuit, qui est au premier chef un risque industriel, devant entrer dans les prévisions patronales (explosion de chaudières ou de substances explosibles, rupture d'une pièce d'un mécanisme, etc.) d'autant plus que, dans bien des cas, le prétendu cas fortuit n'est que la conséquence d'une faute initiale, d'une négligence du chef d'industrie ou de ses préposés.

Cette dernière observation nous conduit logiquement à admettre la responsabilité du chef d'industrie, même en présence d'un cas de force majeure, si les accidents survenus peuvent, en un certain sens, être rattachés, soit à la nature de l'industrie exercée (orage déterminant à l'intérieur de l'usine des courants électriques, conséquence fatale de l'outillage) [2], soit à une négligence initiale (non-réfection d'une digue susceptible de prévenir les inondations, mauvais état d'une toiture enlevée ou d'un bâtiment industriel détruit par un ouragan, etc.) [3].

Par une extension qui nous paraît assez contestable de la notion de *force majeure*, la jurisprudence se refuse en général à considérer comme un accident du travail l'*insolation*, même survenue au cours du travail, par le motif, lisons-nous dans les motifs et arrêts, que cet accident, dû à l'action de forces naturelles, est étranger au travail. Il n'en serait autrement, et l'ouvrier ou employé victime d'insolation ne pourrait prétendre à une indemnité que si le juge du fond constatait « que le travail a contribué à mettre ces forces naturelles en mouvement ou qu'il en a aggravé les effets » [4]. Cette distinction nous paraît difficile à justifier : n'est-il pas indéniable en effet qu'un débardeur, un employé de chemin de fer ou de tramway obligés de stationner en plein soleil, sont plus exposés, *par le fait même de leur travail*, qu'un passant quelconque, à contracter une insolation ? La condition légale de connexité nous paraît donc remplie, en dehors de toute constatation spéciale.

---

[1] Trib. civ. Bourg, 20 janv. 1900, D. 1901, 2, 339. — Cf. circul. minist., 10 juin 1899.

[2] Cass., 2 mars 1904, D. 1904, 1, 553; Paris, 11 janv. 1902, *Gaz. trib.*, 1er-2 avril 1902; Trib. paix Villeurbanne, 26 janv. 1906, *Mon. jud. Lyon*, 13 févr. 1906.

[3] Sur la distinction de la force majeure et du cas fortuit, cons. notamment : Marcel Barthe, Sén., *Déb. parl.*, 1899, p. 385; Josserand, *op. cit.*, p. 120; Exner, *Traité sur la notion de la force majeure*, trad. Seligman, 1892; Marie, *Du cas fortuit et de la force majeure*, 1896; Sourdat, *op. cit.*, t. Ier, nos 645 et s.; Bourgoin, *Essai sur la distinction du cas fortuit et de la force majeure*, 1902; Bellom, p. 91; Sachet, p. 154; Cabouat, p. 194. — V. aussi *supra*, n° 1040.

[4] Civ. cass., 10 déc. 1902, D. 1903, 1, 331; 2 mars 1904, D. 1904, 1, 553; Lyon, 7 août 1902, S. 1902, 2, 292; Trib. Bourg, 26 févr. 1907, *Mon. jud. Lyon*, 4 avril.

1094. — *Fait étranger au travail.* — De même et par identité de motifs, le patron ne saurait être déclaré responsable des accidents survenus à ses ouvriers, dans l'usine même ou aux alentours, mais à raison de faits *absolument étrangers au travail* [1]. Le départ est souvent assez délicat entre les accidents survenus à l'occasion du travail, et ceux dont le fait générateur est absolument indépendant du travail.

D'une manière générale, il convient plutôt, en cas de doute, d'admettre la connexité toutes les fois que l'accident, même non déterminé par le travail dont l'ouvrier était chargé, apparaît néanmoins comme une conséquence directe du risque créé par l'outillage au milieu duquel l'ouvrier est *fatalement* appelé à se mouvoir ; et ce, alors même qu'au moment précis où l'accident s'est produit, il ne se serait point trouvé à son poste de travail [1].

1095. — **Absence de tout élément intentionnel.** — L'idée de risque, fondement juridique de la loi, est exclusive de l'élément intentionnel ; lors donc qu'il est établi que l'ouvrier s'est exposé volontairement, intentionnellement à l'accident, en vue d'acquérir, ou de faire acquérir à sa famille (*suicide*), l'une des indemnités ou rentes prévues par la loi, ou qu'il a, dans un but criminel, par exemple pour se venger de ses chefs ou de ses camarades, provoqué un accident dont il a été la victime ou l'une des victimes, toute indemnité doit lui être refusée (art. 20, § 1er) : sans préjudice des poursuites criminelles ou correctionnelles et de l'action civile dont il est passible, conformément au droit commun,

---

[1] Cass., 27 avril 1903, S. 1904, 1, 488.

[2] Telle est du moins la jurisprudence équitable inaugurée par la Cour de cassation : Civ. rej., 17 févr. 1902, D. 1902, 1, 273 (ouvrier blessé dans l'atelier, à l'heure du travail, en revenant à son poste qu'il avait quitté un instant pour aller dans la même salle demander du papier à cigarettes à un camarade; — fût-ce au mépris d'une défense : Req., 18 févr. 1908, *Mon. jud. Lyon*, 29-30 mars); 23 avril 1902, D. 1902, 1, 273 (ouvrier blessé dans l'atelier à l'heure du travail, par suite du défaut d'éclairage, ou par le jet d'un projectile lancé par un ouvrier dont le travail imposait le voisinage). — Dans ces divers cas, la Cour suprême voit un risque professionnel, par le motif, très juridique, que « l'obligation pour le chef d'industrie de veiller à la sécurité de son personnel ne cesse que là où son autorité prend fin ». — Cf. Grenoble, 9 nov. 1906, *Mon. jud. Lyon*, 3 mai 1907. — Certains tribunaux ou Cours d'appel, toutefois, sont plus rigoureux dans l'appréciation de la connexité. — V. notamment Paris, 30 mars 1901; Douai, 13 mai 1901; Trib. civ. Laon, 12 mars 1900; Trib. civ. Senlis, 19 février 1901, D. 1902, 2, 405; Trib. civ. Montbéliard, 21 juin 1901, *Gaz. Pal.*, 1901, 2, 295; Vienne, 27 février 1902, *Mon. jud. Lyon*, 15 mars; Paris, 24 juill. 1903, D. 1905, 2, 477 (rixe sur le chantier, blessure non couverte par le risque, à moins que la victime n'ait été blessée dans l'exercice même de ses fonctions et pour avoir rappelé un jeune ouvrier à son devoir), etc. — V. en sens divers, sur cette délicate question : Bellom, p. 92; Paulet, *op. cit.*, p. 15; Loubat, t. Ier, nos 479 et s.; Cabouat, p. 207 et s.; Chardiny, p. 55 et s.

à raison des dommages causés aux personnes ou des dégâts matériels dont il est l'auteur responsable [1].

1096. — II. INDEMNITÉ FORFAITAIRE : TARIFICATION LÉGALE. — **Principe du forfait : exceptions, action contre les tiers, faute inexcusable.** — Si l'ouvrier ou l'employé est toujours fondé, sous la seule réserve de l'accident *intentionnellement* provoqué, à réclamer une indemnité, du moins n'a-t-il droit qu'à l'indemnité fixée par la loi ; la tarification légale est obligatoire aussi bien pour le juge que pour l'ouvrier. Toutefois, le principe du forfait comporte un double tempérament. D'une part, la victime ou ses ayants droit conservent tous leurs droits à l'encontre des auteurs de l'accident autres que le chef d'entreprise ou ses préposés, à l'effet d'obtenir d'eux réparation intégrale du préjudice causé, dans les termes du droit commun ; le juge, en ce cas, fixe à son gré le taux de l'indemnité, dont le montant exonère jusqu'à due concurrence le chef de l'entreprise [2].

D'une part, le juge a la *faculté* (art. 20) de *diminuer la pension*, s'il est prouvé que l'accident est dû à une *faute inexcusable de l'ouvrier* et de majorer au contraire celle-ci, sans que la rente ou le total des rentes allouées puisse en aucun cas dépasser le montant du salaire annuel (ou de la réduction subie par le salaire si l'incapacité de travail est partielle), s'il est prouvé que l'accident est dû à la *faute inexcusable du patron*, ou de ceux qu'il s'est substitués dans la direction [3].

---

[1] Trib. civ. Château-Thierry, 17 janvier 1900, *Gaz. Pal.*, 1900, 1, 268 ; Trib. civ. Seine, 17 mars 1900, *Gaz. Pal.*, 1900, 1, 678. — Cf. Bellom, p. 219 ; Cabouat, p. 210. — La loi ne contient aucune disposition concernant le fait intentionnel imputable au chef d'entreprise ; mais il semble logique d'autoriser en pareil cas la victime ou ses représentants (sans préjudice des poursuites criminelles auxquelles le coupable est exposé) à réclamer conformément au droit commun une indemnisation intégrale, sans aucune des restrictions formulées par la loi, même pour le cas de faute inexcusable du patron. — Cf. Sachet, p. 322 ; Cabouat, p. 212.

[2] Toutefois, dans le cas où l'accident a entraîné une incapacité permanente ou la mort, cette indemnité *doit* être attribuée sous forme de rentes servies par la Caisse nationale des retraites (art. 7, modifié par la loi du 22 mars 1902) ; le tiers reconnu responsable pouvant, en outre de cette rente, être condamné envers la victime, ou envers le chef d'entreprise, si celui-ci intervient dans l'instance, au paiement des autres indemnités et frais prévus aux art. 3 et 4. — Cette action contre les tiers responsables peut être exercée par le chef d'entreprise (ou par la compagnie d'assurances subrogée à ses droits), à ses risques et périls, aux lieu et place de la victime ou de ses ayants droit si ceux-ci négligent d'en faire usage. — Cons. sur le recours du chef d'entreprise ou de la compagnie d'assurances : Bellom, p. 389 et s. ; Loubat, t. Ier, nos 1682 et s. ; Crim. cass., 13 févr. 1904, D. 1904, 1, 533 ; Bordeaux, 20 nov. 1905, *Mon. jud. Lyon*, 6 mars. — Sur le non-cumul des dommages alloués à l'ouvrier par le tiers et de l'indemnité forfaitaire, v. Toulouse, 13 mai 1901, *Monit. jud. Lyon*, 8 juillet.

[3] Sur le sens exact de cette formule, *substitués dans la direction*, v. Cass., 21 janv. 1903, D. 1903, 1, 105. — V. aussi Sachet, t. II, n° 1454.

Nous avons déjà formulé nos réserves (n° 1044) sur cette solution transactionnelle, qui fatalement rouvre la porte à l'arbitraire du juge.

1097. — Vainement la doctrine et la jurisprudence se sont-elles évertuées à définir avec autant de précision que possible les caractères spécifiques de la faute inexcusable. Celle-ci, nous dit-on, est *plus qu'une faute lourde*; c'est une faute *quasi-dolosive*, c'est-à-dire une faute tellement grossière que celui qui s'en est rendu coupable est *inexcusable* de l'avoir commise, attendu qu'il n'a pu, vu sa connaissance technique du métier, ignorer le péril auquel il s'exposait, ou auquel il exposait, soit ses camarades (s'il s'agit d'une faute imputée à ses ouvriers), soit son personnel (si c'est au patron ou à ses représentants que la faute est imputée). Il y a, en d'autres termes, dans la faute inexcusable un élément *intentionnel*, portant « non sur le fait lui-même de l'accident, mais sur la négligence, l'imprudence ou la contravention qui en a été la cause » [1].

La précision de ces formules n'est qu'apparente; et le flottement de la jurisprudence, en présence de l'infinie diversité des hypothèses dans lesquelles la question se pose, et de la difficulté de doser en quelque sorte le degré de responsabilité de l'agent, démontre combien ont été plus avisées les législations étrangères qui, délibérément, ont refusé de faire échec, même pour le cas de faute grave, au principe du forfait [2]. Il est vrai que le tribunal, même s'il constate le caractère inex-

---

[1] Lyon, 7 juin 1901, *Mon. jud. Lyon*, 10-11 oct. — Cf. Grenoble, 25 mai 1901, *Mon. jud. Lyon*, 12 juill. — V. aussi : Nancy, 7 août 1900, *Mon. jud. Lyon*, 3-4 sept.; Trib. civ. Seine, 13 janv. 1900, *Mon. jud. Lyon*, 12 févr.; Bellom, p. 214 et s.; Cabouat, p. 232 et s.; Sachet, 4e éd., t. II, nos 1403 et s.; Loubat, t. Ier, n° 1108; Baudry et Wahl, t. II, n° 1935; Cohendy et Darras, sur l'art. 20. — Pour être inexcusable, lisons-nous d'autre part dans un jugement du tribunal civil de Lyon (17 mai 1901, *Mon. jud. Lyon*, 5 juill.), la faute doit être « telle qu'en la commettant le patron ou son préposé ait agi *de propos délibéré*, non pas dans l'intention de provoquer un accident, ce qui serait un accident intentionnel, mais *en violant de parti pris les règles de son métier*... ». — Cf. Pau, 27 mars 1903, *Droit*, 6 mai. — Il n'y a du reste, à cet égard, aucun lien nécessaire entre le résultat des poursuites correctionnelles dirigées contre l'auteur d'un homicide ou de blessures par imprudence, et la constatation du caractère inexcusable de la faute. — Ainsi, le bénéfice des circonstances atténuantes accordé, à la suite de la rupture du câble d'une cage de descente ayant entraîné la mort de plusieurs ouvriers mineurs, à l'ingénieur poursuivi pour homicide par imprudence, ne saurait empêcher la juridiction civile de retenir la faute inexcusable (Lyon, 7 juin 1901, précité). — Et à l'inverse le tribunal civil peut, nonobstant la condamnation correctionnelle prononcée, tenir la faute pour excusable (Bordeaux, 26 juin 1902, D. 1902, 2, 481; Cass., 21 janv. 1903, D. 1903, 1, 105).

[2] Voici, empruntés à la jurisprudence, quelques exemples de fautes inexcusables de la part de l'ouvrier : désobéissance aux ordres formels du patron (Limoges, 19 déc. 1900, *Rec. min.*, IV, 279; Paris, 13 juill. 1901, S. 1901, 2, 232); contravention aux règlements sur la police des chemins de fer (Trib. civ. Seine, 24 août 1900, *Gaz. Pal.*, 1901, 1, 311). Mais la témérité, le simple oubli de précautions ne constituent

cusable de la faute de l'ouvrier, n'est pas tenu de réduire l'indemnité (Trib. civ. Saint-Etienne, 4 février 1901, *Mon. jud. Lyon*, 9 février; Cass., 9 janvier 1907, S. 1907, 1, 237); il est vrai également qu'il ne peut refuser toute indemnité (Cass., 29 novembre 1905, *Rev. des accid. du trav.*, 1906, 79; 31 juillet 1906, *ibid.*, 1907, 42). Mais, la loi n'ayant opposé aucun cran d'arrêt à la faculté de réduction, le tribunal pourrait réduire la rente à un chiffre insignifiant.

Toutefois, cette faculté de réduction ne s'exerce que sur les rentes, à l'exclusion des indemnités d'incapacité temporaire.

Sur la question de savoir si le refus par l'ouvrier de se laisser soigner constitue ou non une faute inexcusable, v. n° 1113 *ter*, *infra*.

1098. — **Des diverses catégories de rentes ou indemnités.** — Les allocations, indemnités ou rentes allouées en exécution des articles 3 et 4 peuvent se répartir en deux groupes, d'après leur mode d'établissement. Les unes, en effet, sont fixées indépendamment du salaire, les autres ont pour base le salaire.

A. **Allocations ou indemnités indépendantes du salaire.** — Ces allocations comprennent deux éléments : en cas d'accident mortel, les *frais funéraires*, évalués à la somme de 100 francs au maximum; et, en toute

---

pas nécessairement des fautes inexcusables, attendu que les meilleurs ouvriers peuvent commettre des excès de zèle, et que parfois ils y seront incités par les préposés du patron (ex., nettoyage d'un mécanisme en mouvement, Besançon, 18 fév. 1900, *Mon. jud. Lyon*, 19 mars; Douai, 25 juin 1900, *Jurisp. Cour Douai*, 1900, 267; fait d'enlever un instant des lunettes protectrices, Montpellier, 22 mars 1901, D. 1901, 2, 457, etc.). Sur la question controversée de savoir si l'*ivresse* est nécessairement une faute inexcusable, cons. Paris, 24 nov. 1900, D. 1901, 2, 60; Trib. civ. Mayenne, 23 mars 1900, *Gaz. trib.*, 27 avril 1900; Trib. Bourg, 3 avril 1903, *Loi*, 31 mai. — V. aussi Cabouat, p. 236 et s. — Constituent d'autre part, au regard du patron, des fautes inexcusables : l'infraction *habituelle* aux lois et règlements de sécurité (Trib. civ. Château-Thierry, 17 janv. 1900, cité *supra*), notamment en ce qui concerne les travaux interdits aux jeunes ouvriers (Douai, 24 déc. 1900, S. 1901, 2, 221); l'obstination d'un chef d'industrie à conserver une installation démontrée périlleuse par des accidents antérieurs (Caen, 15 nov. 1900, *Rev. jud. des accidents*, 1901, 22), ou par des signes extérieurs (inclinaison d'un mur, éboulements) dont la gravité ne pouvait lui échapper (Chambéry, 13 août 1902, S. 1906, 2, 9; Trib. Nice, 6 nov. 1907, D. 1908, 5, 31); le non-remplacement d'un outillage usé, dont le danger avait été signalé (Lyon, 7 juin 1901, précité), etc. — Jugé toutefois que l'on ne doit point considérer comme une faute inexcusable du patron le fait de n'avoir point pourvu les parties dangereuses des machines d'appareils protecteurs (Rouen, avril 1900, *Gaz. trib.*, 1900, 1, 393), ni le seul fait de l'inobservation de règlements publiés, bien que cette omission le rende passible des art. 319 et s. C. pén. (Trib. civ. Brest, 31 janvier 1900, *Rec. min. accid.*, 111, 94). — Sur ces articles, cons. Garraud, *Traité de dr. pénal*, IV, n° 418. — Ces dernières solutions sont, *a priori*, très contestables. Elles échappent d'ailleurs à la censure de la Cour suprême, l'appréciation du caractère de la faute rentrant dans les pouvoirs des juges du fond (Civ. cass., 21 janvier 1903, précité; 2 août 1904, S. 1907, 1, 356).

occurrence, les *frais médicaux et pharmaceutiques* (art. 4, modifié par la loi du 31 mars 1905).

Cette expression, *frais médicaux et pharmaceutiques*, doit être entendue dans le sens le plus large. Le patron est tenu d'en supporter, en principe, le fardeau intégral, dès le premier jour de l'incapacité de travail, et jusqu'à la guérison, ou à la consolidation de la blessure, qui, en principe, sert de point de départ au service de la rente allouée aux victimes d'accidents entraînant incapacité permanente. Ces frais comprennent, non seulement les honoraires du médecin et les médicaments, mais « tous les soins et toutes les fournitures qui sont la suite ou l'accessoire des prescriptions du médecin ou que commande l'état du blessé »[1].

L'ouvrier ne saurait être obligé d'accepter le médecin (ou le pharmacien) du chef d'entreprise (ou de la Compagnie d'assurances que celui-ci s'est substituée); mais, s'il use de la faculté qui lui est reconnue de prendre un médecin ou un pharmacien de son choix, le chef d'entreprise n'est obligé que « jusqu'à concurrence de la somme fixée par le juge de paix du canton où est survenu l'accident, conformément à un tarif qui sera établi par arrêté du ministre du commerce, après avis d'une commission spéciale comprenant des représentants des syndicats de médecins et de pharmaciens, de syndicats professionnels ouvriers et patronaux, de sociétés d'assurances... et qui ne pourra être modifié qu'à intervalles de deux ans ». — Art. 4, § 2, texte de 1905[2].

---

[1] Just. paix Havre, 21 nov. 1899, *Gaz. trib.*, 21 janv. 1900. — Jugé en ce sens qu'il convient de faire rentrer dans les frais médicaux, mis à la charge du patron, les frais d'un traitement thermal expressément prescrit comme moyen curatif (Trib. civ. Chambéry, 22 nov. 1900, *Mon. jud. Lyon*, 20 fév. 1901), ou les frais de radiographie d'un membre fracturé (Amiens, 9 mai 1901, *J. Cour d'Amiens*, 1901, 123). Il en est de même du coût des appareils orthopédiques, ou des membres artificiels nécessaires à un opéré, notamment à un amputé (C. Pau, 13 déc. 1900, *Rec. minist.*, III, 273; Trib. civ. Saint-Étienne, 20 mai 1904, *Mon. jud. Lyon*, 26 mai. — Cf. Sachet, n° 374 ; Oubert, *Des frais médicaux ou pharmaceutiques en matière d'accidents du travail* (*Quest. prat.*, 1902, 256) ; Loubat, t. Ier, n° 789 ; Bry, n° 370. — *Contra* : Dijon, 10 mars 1902, D. 1904, 2, 204 ; Cass., 19 juill. 1905, D. 1907, 1, 332. — Sur la mesure dans laquelle l'ouvrier a l'obligation de se laisser soigner, cons. Bellom, n° 239 ; Lesoudier, *De l'obligation légale pour l'ouvrier victime d'un accident du travail de se soumettre au traitement prescrit par le médecin* (*Rev. trim. de dr. civ.*, 1904, 285 et s.) ; Loubat, t. Ier, nos 588 et s.

[2] Cette commission spéciale, instituée par arrêté du ministre du commerce du 20 mai 1905, a établi un tarif médical et un tarif pharmaceutique, homologués par arrêté ministériel du 30 septembre (*Off.* du 8 octobre 1905). — Il convient d'ailleurs de remarquer que ce tarif ne s'impose nullement aux médecins et pharmaciens. Ceux-ci restent, comme auparavant, entièrement libres de débattre la rémunération de leurs soins ou le prix de leurs fournitures. Mais, le juge ne pouvant, dans le cas où la victime a usé de la faculté d'option que la loi lui reconnaît, condamner l'industriel ou l'assureur substitué à une somme supérieure au tarif, médecin et pharmacien n'auront de recours, pour l'excédent, que contre l'accidenté ou ses représentants. — Circ. min. comm., 6 nov. 1905 (*Loi*, 8 nov.).

Avant la loi de 1905, des difficultés s'étaient élevées sur le point de savoir dans quelle mesure le patron devait supporter *les frais d'hospitalisation*? L'on admettait assez généralement que, pour la liquidation de ces frais, le juge de paix devait adopter, non le tarif réduit de l'assistance gratuite, mais le tarif ordinaire de la région (Cabouat, n° 342). Mais la jurisprudence était divisée sur le point de savoir si le patron devait supporter l'intégralité de ces frais, en sus de l'indemnité journalière de demi-salaire, ou s'il ne convenait pas d'établir une ventilation entre les frais de traitement proprement dits, incombant au patron, et les frais d'entretien (nourriture à l'hospice, logement), que celui-ci serait autorisé à déduire du montant de l'indemnité journalière?[1].

La loi du 31 mars 1905 a tranché la controverse dans le sens le plus favorable à la victime, en décidant que « le chef d'entreprise est *seul tenu*, dans tous les cas, en outre des obligations contenues à l'art. 3, des frais d'hospitalisation ». Mais, afin d'éviter des abus possibles, elle a pris soin : 1° de régler le tarif des frais d'hospitalisation[2]; — 2° de conférer au chef d'entreprise le droit de faire surveiller le traitement par un médecin expert, dans les conditions déterminées par l'art. 4, § 5 à 7.

1099. — **B. Indemnités et rentes basées sur le salaire.** — Avant de faire connaître le taux des rentes allouées en exécution de la loi, deux questions préalables doivent être examinées : 1° Comment se détermine le chiffre du salaire qui doit servir de base à la fixation de l'indemnité ou de la rente? — 2° Quels sont les accidents donnant ouverture à une rente ou indemnité?

Du salaire de base. — Le salaire de base, pour les indemnités *temporaires*, s'entend (art. 3, § 3) du salaire *touché au moment de l'accident*[3], à moins que le salaire ne soit *variable*. Dans ce dernier cas,

---

[1] Cons., dans le sens de la ventilation : — Lyon, 23 mars 1901, *Mon. jud. Lyon*, 14-16 août; Bourges, 20 janv. 1902, S. 1902, 2, 196; — et, dans le sens de l'obligation pour le patron de rembourser l'intégralité des frais, et de payer cumulativement l'indemnité de demi-salaire : Nancy, 28 nov. 1900, *Gaz. Pal.*, 1901, 1, 532; — Avis Comité consult., *Off.*, 1900, p. 1007; Paulet, p. 175; Bellom, p. 152.

[2] Les frais d'hospitalisation ne peuvent, *tout compris* (d'où interdiction de réclamer des honoraires supplémentaires), dépasser le tarif établi pour l'application de l'art. 4 de la loi du 15 juill. 1893, majoré de 50 0/0, ni excéder jamais 4 fr. par jour pour Paris, ou 3 fr. 50 partout ailleurs. — Les médecins et pharmaciens et les établissements hospitaliers peuvent actionner *directement* le chef d'entreprise.

[3] Même avant la loi de 1905, l'on admettait que cette formule ne doit pas être prise absolument à la lettre. Ce qu'exige la loi, disait-on, c'est que le juge se place à une époque aussi rapprochée que possible de l'accident pour évaluer le salaire; mais, qu'il s'agisse d'un salaire au temps ou d'un salaire à la tâche, il y a lieu d'envisager la rémunération correspondant à une journée de travail normal et régulier,

l'indemnité journalière est égale à la moitié du *salaire moyen* des journées de travail pendant le mois qui a précédé l'accident (Disposition ajoutée au texte par la loi de 1905).

Pour la fixation des rentes dues aux représentants de l'ouvrier décédé, ou à l'ouvrier lui-même, victime d'un accident ayant entraîné incapacité permanente, le *salaire annuel* s'entend, relativement à l'ouvrier occupé dans l'entreprise pendant les douze mois écoulés avant l'accident, de la rémunération *effective* qui lui a été allouée pendant ce temps, soit en argent, soit en nature. — Pour les ouvriers occupés depuis moins de douze mois avant l'accident, il s'entend de la rémunération effective qu'ils ont reçue depuis leur entrée dans l'entreprise, augmentée de la rémunération moyenne qu'ont reçue, pendant la période nécessaire pour compléter les douze mois, les ouvriers de même catégorie. — Pour les industries où le travail n'est pas continu (bâtiment par exemple), le salaire annuel est calculé tant d'après la période d'activité que d'après le gain de l'ouvrier pendant le reste de l'année (art. 10) [1].

En somme, et plus simplement, l'esprit de la loi est d'établir, pour chaque catégorie d'ouvriers, un salaire annuel moyen représentant aussi exactement que possible son gain normal annuel, en y comprenant tous les suppléments (gratifications, indemnités de résidence ou de déplacement, remises, etc.), qui ont un certain caractère de régula-

---

abstraction faite des circonstances exceptionnelles qui auraient pu, au moment précis où est survenu l'accident, rendre le travail plus lucratif ou au contraire moins rémunérateur. Il pourra donc être nécessaire d'établir une moyenne : Trib. paix Paris, 28 mars 1900, *Gaz. Pal.*, 1900, 1, 386. — Cf. Bellom, n° 300. C'est cette jurisprudence équitable, mais contraire à la lettre du texte primitif (Cf. en faveur de l'interprétation littérale, Paris, 8 mars 1901, S. 1901, 2, 200), que la loi de 1905 a législativement consacrée (Circ. min. com., 3 mai 1905, S., *Lois ann.*, 1905, p. 955).

[1] Cette disposition (art. 10, § 3) vise exclusivement le cas exceptionnel des ouvriers employés dans une entreprise dont l'activité est périodique, et où ne se rencontrent pas d'ouvriers de la même catégorie touchant, pendant une année, un salaire permettant d'établir une moyenne annuelle, conformément au § 2. On ne saurait donc l'étendre, par exemple, à une compagnie de chemins de fer, dont l'activité est continue, quand bien même une partie de son personnel ne serait employée que par intermittence et selon les besoins du service (Orléans, 9 fév. 1906, *Rev. des accid. du trav.*, 1906, 239). — *Sic* : Baudry et Wahl, t. II, n° 1875. — *Contra* : Sachet, t. Ier, n° 867. — D'où la nécessité pour le juge d'indiquer, dans ses considérants, en vue de quelle situation il a statué (Cass., 5 mars 1907, S. 1907, *Suppl.*, p. 26).

Le juge peut d'ailleurs établir, comme il l'entendra, dans l'hypothèse visée au § 2, le salaire des ouvriers *de même catégorie*. Aucune prescription de la loi n'oblige le juge du fait à ne se décider que d'après les éléments d'appréciation fournis par les livres de l'entreprise même où l'accident est survenu. — Cass., 4 mai 1904, S. 1906, 1, 497, et note de M. Wahl; D. 1904, 1, 289. — Lors donc qu'il n'y a pas dans l'entreprise d'ouvriers de même catégorie, on prend les ouvriers de la même catégorie dans une entreprise similaire ou analogue. — *Sic* : Loubat, t. Ier, n° 668.

rité, et qui constituent un appoint sur lequel la victime de l'accident avait le droit de tabler pour établir son budget personnel et familial, et en excluant au contraire toutes les majorations accidentelles (remboursement de dépenses, frais de route, gratifications extraordinaires, etc.) qui, incorporées au salaire, en élèveraient artificiellement le taux[1].

1100. — C'est également en s'inspirant de l'esprit de la loi que, dès avant la loi de 1905, l'on faisait généralement état, pour le calcul du salaire de base, des journées perdues par suite d'une cause accidentelle, indépendante de la volonté de l'ouvrier, maladie, blessure, période de service militaire, etc.; tandis que l'on ne tenait pas compte, dans ce calcul, des journées volontairement perdues par lui[2].

---

[1] Douai, 29 janv. 1901, D. 1901, 2, 275. Jugé en ce sens qu'il convient de comprendre dans le salaire de base : les versements, prélevés sur le salaire, en vue d'alimenter une caisse de secours ou de retraites (Trib. civ. Valenciennes, 17 nov. 1899, D. 1900, 2, 495); les heures supplémentaires, de règle dans certaines industries (Trib. civ. Seine, 22 mai 1901, *Gaz. trib.*, 8 sept. 1901) et autres allocations supplémentaires correspondant à un travail déterminé (Cass., 21 janv. 1903, D. 1903, 1, 105; 21 déc. 1903, S. 1906, 1, 340); les primes allouées par les Compagnies de chemins de fer aux mécaniciens ou chauffeurs, pour bon entretien des machines, économie de combustibles, etc. (C. Bourges, 7 juin 1900, S. 1900, 2, 309; C. Paris, 26 janv. 1901, *Gaz. Pal.*, 1901, 1, 409); les indemnités de résidence (Trib. civ. Toulouse, 19 mai 1900, *Rec. minist.*, II, 263); les pourboires, mais seulement lorsque leur régularité, basée sur un usage constant, permet de les considérer comme un élément du salaire (*Sic* : dans certaines entreprises de transport : C. Grenoble, 8 août 1900, D. 1901, 2, 339; Cass., 15 mars 1904, D. 1904, 1, 153. — V. aussi Trib. civ. Saint-Etienne, 13 mai 1901, D. 1902, 2, 297, et note Dupuich); les frais de nourriture (Douai, 25 juill. 1900, D. 1901, 2, 155), ou de logement (Cass., 19 nov. 1900, D. 1902, 2, 364), considérés comme supplément régulier de salaire; — l'indemnité pour cherté de vivres (Montpellier, 30 janv. 1902, *Mon. jud. Midi*, 23 mars). — *Contra*, en ce qui concerne les indemnités pour charges de famille : Caen, 19 nov. 1900, D. 1902, 2, 364. — L'on discute sur le caractère des indemnités de déplacement, allouées notamment par les Compagnies de chemins de fer; certains arrêts les considèrent comme le remboursement pur et simple des dépenses effectuées par l'agent : Toulon, 24 juillet 1900, D. 1900, 2, 478; Lyon, 15 juin 1900, D. 1900, 2, 4; Bordeaux, 8 juillet 1902, S. 1903, 2, 245; d'autres les envisagent comme un supplément de salaire : Douai, 27 mai 1900, 2, 478; Pau, 21 fév. 1902, D. 1903, 1, 108. En réalité, tout dépend des circonstances, et c'est aux juges du fond qu'il appartient d'apprécier, d'après leur taux, d'après les circonstances dans lesquelles elles sont allouées (rémunération d'un travail ou simple remboursement) s'il convient ou non de les considérer comme un salaire : Cass., 3 déc. 1901, D. 1902, 1, 381; 21 janv. et 4 mars 1903, S. 1906, 1, 332.

[2] Aix, 3 août 1900; Besançon, 8 août 1900, D. 1901, 2, 178; Trib. civ. Alais, 5 janv. 1900, *Gaz. Pal.*, 1900, 1, 230. — Une difficulté s'était élevée toutefois avant la loi de 1905 pour le cas de *grève*. Il est incontestable que l'on ne saurait assimiler la *grève* au chômage individuel et purement volontaire de l'ouvrier; mais convenait-il cependant de l'assimiler aux causes imprévues et accidentelles, citées *supra*? Quelques arrêts admettaient la solution affirmative, la plus favorable à l'ouvrier (Aix, 3 août 1900, D. 1900, 2, 178). — Cf. Planiol, note sous D. 1904, 1, 289; Pic, *De la suspension d'exécution du contrat de travail par l'effet des grèves* (Extr. de la *Rev. trim. de dr. civil*, 1905), et *supra* n° 326; d'autres distinguaient et n'autorisaient l'ouvrier à faire entrer dans le calcul du salaire de base les sommes qu'il

Ce mode de computation est aujourd'hui imposé par le paragraphe 4 de l'article 10 nouveau (L. 31 mars 1905) ainsi conçu : « Si, pendant les périodes visées aux alinéas précédents, l'ouvrier a chômé exceptionnellement et pour des causes indépendantes de sa volonté, il est fait état du salaire moyen qui eût correspondu à ces chômages ».

Toutefois, et par exception, le salaire qui sert de base à la fixation de l'indemnité allouée à un ouvrier âgé de moins de seize ans ou à un apprenti ne doit pas être fixé au-dessous du salaire le plus bas des ouvriers valides de la même catégorie occupés dans l'entreprise (art. 8)[1].

1101. — *Des accidents donnant ouverture à une rente ou indemnité.* — Les accidents peuvent, au point de vue du droit qu'ils confèrent à la victime ou à ses ayants droit, se diviser en quatre catégories d'après leurs conséquences : accidents n'entraînant qu'une incapacité de travail temporaire, accidents entraînant une incapacité permanente absolue, ou une incapacité permanente partielle, accidents mortels.

Incapacité temporaire. — L'*incapacité temporaire* est une incapacité

---

eût touchées sans la survenance de la grève, que si celle-ci, par sa généralité et sa gravité, avait réellement arrêté pour un temps le travail de la profession : Dijon, 3 juillet 1900, D. 1901, 2, 250. — Cf. Sachet, n° 669 ; Bellom, p. 166. — Enfin, dans une troisième opinion, consacrée par la Cour de cassation, la grève serait en tout cas une rupture volontaire du contrat de travail ; la reprise du travail n'aurait lieu qu'en exécution d'un contrat nouveau et, par suite, l'ouvrier victime d'un accident, avant que douze mois se soient écoulés depuis la fin de la grève, ne pourrait pas être considéré comme ayant été occupé pendant l'année écoulée. Dès lors, c'est le 2ᵉ al. de l'art. 10 qui serait applicable, et non le premier. — Cass., 4 mai 1904, D. 1904, 1, 289 et note Planiol, S. 1906, 1, 497, et note Wahl. — Les travaux préparatoires de la loi de 1905 démontrent nettement que le législateur, considérant la grève, acte *collectif*, comme un chômage indépendant de la volonté *individuelle* de l'ouvrier, a entendu condamner cette interprétation, et « opposer à la jurisprudence de la Cour de cassation un texte obligeant les tribunaux à tenir compte du salaire que l'ouvrier a manqué de gagner pendant la grève ». Loubat, t. Iᵉʳ, n° 654 ; Cabouat, t. II, nᵒˢ 564 et s. — Sur l'impossibilité d'appliquer l'art. 10, § 4, au cas où le chômage, même involontaire, a tenu, non pas à des causes spéciales, soit à la personne de l'ouvrier blessé, soit au fonctionnement de l'entreprise..., mais à une crise économique générale, v. Trib. civ. Havre, 2 juin 1905, *Gaz. trib.*, 15 oct. 1905.

[1] Il a été jugé que cette expression « ouvriers *valides* » devait s'entendre des ouvriers majeurs de 21 ans exerçant le même métier, et non des ouvriers de 16 ans : C. Rennes, 26 décembre 1900, D. 1901, 2, 60; Bellom, p. 170; Cabouat, t. II, n° 605. — *Contra* : Dijon, 23 juillet 1900, *Rec. minist.*, III, 490. — En réalité, le législateur a entendu laisser au juge la plus grande liberté d'appréciation. Le mot *valide* n'implique aucune idée de majorité; « il est employé ici par opposition à l'ouvrier âgé de moins de 16 ans qui est, suivant l'expression du rapporteur, M. Duché, un ouvrier « en cours de formation ». — *Sic* : Loubat, t. Iᵉʳ, n° 701. — Est également une question de fait la question de savoir si un travailleur recevant une faible rémunération doit être néanmoins considéré comme un *apprenti*, dans le sens de l'art. 8 : Trib. paix Paris, 22 mai 1903, *Mon. jud. Lyon*, 26 juin; Besançon, 15 avril 1908, *Mon. jud. Lyon*, 26 août; Loubat, n° 693. — V. cependant Douai, 21 mai 1901, *Rec. min. com.*, t. Iᵉʳ, p. 820.

de travail destinée à disparaître après rétablissement de la victime. Elle n'est prise en considération, d'après l'art. 1er, que si elle a duré plus de quatre jours ; mais en revanche, toutes les fois qu'elle est constatée, elle confère à la victime le droit de réclamer l'indemnité de demi-salaire indiquée ci-après, sans qu'il y ait lieu de tenir compte du degré, absolu ou partiel, de l'incapacité. L'intérêt de l'industriel est d'ailleurs que l'ouvrier victime d'un accident léger prenne un repos absolu, au lieu de s'exposer à des complications par une reprise prématurée du travail.

1102. — *Incapacité permanente absolue.* — L'*incapacité permanente absolue* est celle qui fait de l'ouvrier un invalide, une *épave humaine*, incapable de fournir désormais un travail rémunérateur dans n'importe quelle profession. Le projet de 1893 définissait ainsi ce genre d'incapacité : « Sont considérées comme incapacités permanentes absolues du travail, la cécité, la perte complète de l'usage de deux membres ou toute infirmité incurable mettant la victime hors d'état de travailler et de pourvoir à sa subsistance ». Cette définition a disparu du texte définitif, le législateur ayant cru préférable de laisser les juges du fond libres d'apprécier, dans chaque espèce, le caractère véritable de l'incapacité, sans être liés par aucun texte. En fait, l'on s'accorde à considérer comme incapacités absolues la cécité [1], la perte par amputation ou fracture non réduite des deux jambes [2], la perte des deux bras, la paralysie généralisée ou l'aliénation mentale consécutives à l'ébranlement causé par la blessure.

Tel est du moins le principe : toutefois, il y a controverse pour le cas où le caractère absolu de l'incapacité serait la conséquence, non de la blessure, mais de l'existence d'une *infirmité antérieure*.

Supposons, par exemple, qu'un ouvrier borgne perde, par suite d'accident, l'œil unique qui lui permettait de travailler : peut-on dire qu'il y a incapacité permanente *absolue* consécutive à l'accident, ou seulement incapacité partielle ? La jurisprudence est divisée. Plusieurs Cours d'appel ont admis cette dernière solution [3] ; le premier système,

---

[1] Ou la perte d'un œil accompagnée de la suppression presque complète de la vision de l'autre, par suite d'ophtalmie sympathique, Douai, 7 août 1900, D. 1901, 2, 85.

[2] C. Riom, 4 avril 1900, *Gaz. Pal.*, 1900, 1, 805 ; C. Douai, 5 avril 1900, *Gaz. Pal.*, 1900, 1, 752. — Au sujet de l'amputation du bras droit, les tribunaux sont divisés ; les uns y voient une incapacité absolue (Trib. civ. Versailles, 11 janv. 1900, D. 1900, 281) ; d'autres, en plus grand nombre, l'envisagent comme une incapacité partielle (Trib. civ. Seine, 24 mars 1900, *Droit*, 18 avril 1900 ; Douai, 28 mai 1900, *Gaz. Pal.*, 1901, 2, 346 ; Lyon, 1er avril 1901, D. 1902, 2, 330). — Pour plus de développements sur les applications du principe posé, v. Loubat, t. Ier, n° 859.

[3] Paris, 16 févr. 1901, D. 1901, 2, 457 ; Rennes, 5 nov. 1901, *Gaz. trib.*, 22 nov. 1901. — Cf. Lesoudier, dissert. sous *Mon. jud. Lyon*, 5 déc. 1901.

consacré par la Cour de cassation, nous paraît à la fois plus équitable, puisqu'il permet seul d'allouer à un ouvrier désormais incapable de travailler une rente suffisante pour subvenir à ses besoins, et plus juridique, par cette raison décisive que c'est dans la comparaison du salaire touché avant l'accident (salaire déjà réduit à raison de l'infirmité de l'ouvrier) et du salaire qu'il est encore susceptible de toucher après que réside l'unique critérium du caractère de l'accident. Devenu aveugle, l'ouvrier ne peut plus espérer aucun salaire ; l'incapacité est donc absolue [1].

1103. — *Incapacité permanente partielle.* — L'incapacité permanente partielle s'entend de tout accident ayant pour résultat de diminuer définitivement la capacité professionnelle de l'ouvrier : tel est le cas de tous les accidents qui mettent le travailleur dans l'impossibilité d'exercer son ancien métier, tout en lui laissant la possibilité de gagner un salaire plus ou moins réduit dans un métier moins pénible, ou n'exigeant pas la même dextérité, ou des accidents qui, sans obliger la victime à changer de profession, ne lui permettent plus de fournir normalement dans cette profession qu'un travail de qualité inférieure.

Le législateur n'a pas cru pouvoir dresser une liste, qui forcément eût été incomplète, des accidents entraînant une incapacité partielle de travail, ni encore moins à proposer une classification permettant de déterminer *a priori* la capacité de travail conservée. C'est donc au juge qu'il appartient de se prononcer, dans chaque espèce, tant d'après la gravité de la blessure déterminée par l'enquête que d'après les aptitudes de la victime (un ouvrier âgé peut se trouver en fait dans l'impossibilité de changer de métier), sur le caractère de l'incapacité et sur la réduction qu'elle est susceptible de faire subir au salaire normal [2].

---

[1] *Sic* : Cass., 23 juill. 1902, D. 1903, 1, 14; 11 nov. 1903, S. 1905, 1, 397; 31 juill. 1906 et 12 avril 1907, D. 1908, 1, 241, et note Dupuich; Lyon, 27 mars 1901, S. 1903, 2, 49; Dijon, 19 juin 1901, D. 1901, 2, 457; Poitiers, 7 juin 1905, *Rev. des accid. du trav.*, 1906, 117. — Office impér. d'assur. d'Allemagne, 26 janv. 1893, S. 1903, 4, 17. — Cf. Sachet, t. Ier, n° 455; Loubat, t. Ier, n° 580; Cabouat, t. II, n° 674; Bellom, p. 181; Dupuich, note sous D. 1901, 2, 457. — Mêmes solutions pour le cas où l'incapacité de travail serait aggravée par suite d'une *prédisposition morbide antérieure*. — Ainsi, doit être considéré comme atteint d'une incapacité permanente absolue l'ouvrier qui, atteint d'une contusion du thorax, est devenu incapable de travailler à raison d'une lésion pulmonaire antérieure subitement aggravée par le traumatisme. — Trib. civ. Saint-Etienne, 21 nov. 1901, *Mon. jud. Lyon*, 5 déc. 1901.

[2] Ainsi, sont considérés généralement comme entraînant incapacité permanente partielle : l'amputation d'une jambe (C. Besançon, 6 mai 1900, *Gaz. Pal.*, 1900, 1, 717); l'amputation du bras droit ou de la main droite (Beauvais, 11 janv. 1900, D. 1900, 2, 87; Lyon, 1er avril 1901, D. 1902, 2, 230), cet accident pouvant d'ailleurs en certains cas être considéré comme entraînant incapacité de travail absolue ; du bras gauche ou de la main gauche (Besançon, 28 juin 1900, D. 1900, 2, 227); le

1104. — Mais cette liberté d'appréciation est-elle complète, ou n'est-il pas indispensable, pour que le juge ait le droit d'admettre l'existence d'une incapacité permanente partielle, que cette incapacité se soit manifestée *en fait* par une *réduction effective du salaire* ? La raison de douter vient de l'article 3, § 2, d'après lequel la rente doit se calculer d'après « *la réduction que l'accident aura fait subir au salaire* ». Le texte primitif portait : « En cas d'incapacité permanente partielle, l'indemnité (calculée pour le cas d'incapacité absolue) est *diminuée dans la proportion de la capacité de travail conservée* ». Le changement de rédaction, dit-on, est significatif ; il prouve que le législateur a entendu obliger le juge à prendre pour critérium de la détérioration physique subie par l'ouvrier la différence constatée entre les salaires touchés par l'ouvrier, avant et après l'accident [1].

Cette interprétation littérale est aujourd'hui abandonnée par la plupart des arrêts et des auteurs, à raison des conséquences inacceptables auxquelles elle aboutit. Il importe peu, au point de vue qui nous occupe, que le patron conserve à l'ouvrier blessé, par pitié ou par calcul, afin d'échapper à l'obligation de servir une pension, son salaire antérieur (sauf à le congédier après l'expiration du délai de prescription ou de revision). Ce qu'il faut uniquement envisager, c'est le salaire normal que l'ouvrier peut, après sa blessure, espérer obtenir malgré la diminution de sa capacité de travail, abstraction faite des circonstances de fait qui ont pu lui permettre, transitoirement, de conserver son salaire antérieur.

Dès l'instant qu'il y a diminution certaine de la capacité de travail, l'on est en présence d'une incapacité permanente partielle, dont le juge n'a plus qu'à mesurer le degré pour établir le taux de la rente [2].

---

sectionnement des doigts (Douai, 18 janv. 1900, D. 1900, 2, 119); la perte de la dernière phalange du médius gauche ayant produit ankylose de l'index (ouvr. charpentier, Nancy, 9 mars 1900, D. 1900, 2, 231; cf. Trib. Seine, 27 juill. 1901, sous Paris, 4 juill. 1902, S. 1903, 2, 26, et note Wahl); la perte d'un œil (Orléans, 14 fév. 1900, D. 1900, 2, 231). — La perte de l'usage d'un bras, l'ankylose des doigts de pied, la hernie, etc., etc., peuvent également être considérés comme entraînant incapacité permanente partielle : Bellom, p. 177 et s.; Cabouat, p. 378; Loubat, t. Ier, nos 829 et s.; Cohendy-Darras, sur l'art. 3, nos 103 et s.

[1] Cf. Nancy, 9 mars 1900, D. 1900, 2, 230; Grenoble, 27 nov. 1900, *Rec. Grenoble*, 1901, 34; Vassart et Nouvion-Jacquet, n° 388.

[2] Cass., 26 nov. 1901, D. 1901, 1, 553; 19 janv. 1903, S. 1903, 1, 335, D. 1903, 1, 108; Trib. civ. Seine, 26 mars 1900, et Saint-Etienne, 10 mai 1900, D. 1900, 2, 230, et note Dupuich; Orléans, 30 mai 1900, D. 1900, 2, 449; Paris, 4 août 1900, *Gaz. Pal.*, 1900, 2, 434; Lyon, 26 déc. 1900, Douai, 10 déc. 1900, Paris, 5 janv. 1901, *Gaz. Pal.*, 1901, 1, *Table*, v° Respons. civ., nos 283 et s. — *Sic* : Bellom, p. 183; Loubat, t. Ier, n° 846; Sachet, t. Ier, n° 538; Chardiny, p. 100, Serre, p. 104; Cohendy et Darras, sur l'art. 3, n° 162.

Cette réduction de la capacité est le seul critérium auquel doit s'attacher le juge, abstraction faite du point de savoir si l'incapacité n'aurait pas été aggravée par une

1105. — *Accident mortel.* — Doit être considéré comme accident mortel, donnant ouverture, au profit des ayants droit, aux rentes indiquées ci-après, tout accident ayant déterminé la mort immédiate, ou directement entraîné la mort, fût-ce au bout d'un temps plus ou moins long. Mais il en serait autrement du décès survenu, après une période intermédiaire de rétablissement, au cours de laquelle l'ouvrier a touché la pension d'incapacité, absolue ou partielle ; et ce, alors même que la mort paraîtrait avoir été hâtée par l'état maladif de la victime, déterminé lui-même par l'accident initial. V. *infra*, n° 1122.

1106. — **Des indemnités et rentes correspondant à chaque catégorie d'accident.** — *a) Incapacité temporaire : demi-salaire.* — Aux termes de l'article 3, § 3, amendé par la loi du 31 mars 1905, l'ouvrier ou employé a droit à une *indemnité journalière, sans distinction entre les jours ouvrables et les dimanches et jours fériés*[1], *égale à la moitié du salaire touché au moment de l'accident...* (Sur le sens de cette expression, v. *supra*). Cette indemnité est due jusqu'à la guérison, quelque longue que soit l'incapacité consécutive de l'accident. D'après la loi de 1898, elle n'était jamais due *qu'à partir du cinquième jour*, le législateur ayant cru devoir, pour prévenir des fraudes, ne mettre à la charge du patron que les accidents entraînant une incapacité de travail de plus de quatre jours. La loi de 1905 distingue : due à partir du cinquième jour pour les accidents légers, elle est payable à compter du premier jour si l'incapacité de travail a duré plus de dix jours.

L'indemnité est invariablement fixée à la moitié du salaire, sous réserve du droit de réduction reconnu au président (art. 16), sans pouvoir être majorée ou réduite à raison de la faute inexcusable du chef d'entreprise ou de la victime[2]. Elle ne peut, en aucun cas, se cumuler avec la rente qui, après constatation, judiciaire ou amiable, du caractère permanent de l'incapacité, serait allouée à la victime (V. *infra*).

1107. — *Faculté de décharge de l'indemnité sur les sociétés de secours*

---

infirmité ou une prédisposition morbide antérieures. La solution précédemment donnée (n° 1102) pour le cas d'incapacité absolue s'applique, en effet, par identité de motifs, à l'incapacité permanente partielle. — Cass., 24 oct. 1904, S. 1907, 1, 356 (hernie de force, état maladif antérieur); Besançon, 11 juill. 1900, D. 1901, 2, 457 (accident à l'œil, taies diffuses antérieures); Req., 12 avril 1907, D. 1908, 1, 241, et Montpellier, 3 nov. 1905, S. 1907, 2, 99 (tuberculose préexistante).

[1] Ce membre de phrase a été ajouté par la loi de 1905, pour trancher la controverse qui s'était élevée sur la question de savoir si le demi-salaire était dû les dimanches et jours fériés. — La Cour de cassation et la majorité des Cours d'appel se prononçaient déjà, d'ailleurs, pour la solution affirmative, imposée par le caractère alimentaire de l'indemnité. — Cass., 27 mars 1901, D. 1901, 1, 161, et note de M. Sarrut.

[2] Trib. paix Paris, 6 déc. 1899, D. 1900, 2, 73. — *Sic* : Sachet, n° 1489.

mutuels et autres caisses de secours. — L'obligation pour les chefs d'industrie de supporter les frais de maladie, et de payer en outre aux ouvriers blessés une indemnité de demi-salaire jusqu'à guérison, est une charge fort lourde, que seule l'adoption du régime allemand ou autrichien d'assurance obligatoire, basé sur une étroite solidarité entre les caisses de maladie et les caisses d'accident, aurait pu atténuer notablement, grâce à une équitable répartition du risque sur l'ensemble des industriels assujettis. A défaut de cette solution, rejetée par le Sénat, le législateur de 1898 a dû se contenter d'un palliatif, plus ou moins efficace, consistant dans la faculté pour l'industriel assujetti de se décharger sur des sociétés de secours mutuels ou des caisses patronales subventionnées par lui, du fardeau des indemnités (art. 5 et 6).

Deux situations, à cet égard, doivent être distinguées, suivant qu'il existe ou non, dans l'établissement, une caisse de secours au profit des ouvriers et employés. S'il n'existe pas de caisse de secours, le patron peut se décharger, pendant les trente, soixante ou quatre-vingt-dix premiers jours à partir de l'accident, de l'obligation de payer aux victimes les frais de maladie et d'indemnité temporaire, en affiliant ses ouvriers à une société de secours mutuels, et en prenant à sa charge le tiers au moins de la cotisation : si l'indemnité journalière payée par la société à ses membres est inférieure au demi-salaire, la différence demeure à la charge du chef d'entreprise. S'il existe dans l'établissement une caisse de secours (et nous savons qu'il en existe, obligatoirement, dans toutes les exploitations minières), le patron peut se décharger des obligations précitées moyennant une subvention annuelle à ladite caisse, dont le montant et les conditions devront être soumis à l'homologation ministérielle (Min. des trav. publics pour les mines, Min. du travail pour toutes autres caisses) [1].

1108. — *b) Incapacité permanente absolue : deux tiers du salaire.* — La rente allouée à l'ouvrier, atteint d'une incapacité permanente absolue, est fixée aux *deux tiers* du salaire annuel (art. 3, § 1er). Le taux élevé de la rente, emprunté à la législation allemande [2], se justifie aisément par la situation particulièrement pénible de ces travailleurs, réduits, suivant l'expression de M. Boucher, ministre du commerce, à l'état d'*épave humaine.* Le fardeau des rentes de cette première catégorie est d'ailleurs moins lourd qu'il ne semblerait à première vue

[1] Sur l'application des art. 5 et 6 de la loi, cons. les décrets des 2 et 10 mai 1899, et l'arrêté ministériel du 16 mai (Cohendy et Darras, t. II, p. 1123). — Cf. Paris, 17 juin 1902, S. 1904, 2, 57, et note Wahl.

[2] Celle-ci alloue même, dans certains cas, 100 0/0 du salaire. — V. *supra*, n° 1055.

pour l'ensemble de l'industrie, d'une part, à raison de ce fait que la durée de l'existence des victimes d'accidents graves est presque fatalement abrégée, d'autre part à raison du petit nombre relatif des accidents de cette nature [1].

1109. — *c) Incapacité permanente partielle : moitié de la réduction du salaire.* — Pour l'incapacité partielle et permanente, la victime a droit à une *rente égale à la moitié de la réduction que l'accident aura fait subir au salaire* (art. 3, § 2). Il y a, entre la solution consacrée pour l'incapacité *absolue*, et celle admise pour l'incapacité *partielle*, un asymétrie bizarre, qui nous paraît injustifiable : — Si l'ouvrier incapable de travailler peut prétendre à une rente correspondant aux 2/3 de son salaire, il eût été logique, semble-t-il, d'allouer à l'ouvrier dont la capacité de travail est simplement diminuée, une rente variable d'après la capacité conservée, mais susceptible de se rapprocher des 2/3, sans jamais atteindre complètement ce taux, réservé à l'incapacité totale. — Supposons un ouvrier dont la capacité de travail soit, d'après les résultats de l'enquête médicale, réduite de moitié : cet ouvrier aurait obtenu une rente égale à un tiers du salaire, tandis qu'en présence du texte actuel le juge ne pourra lui allouer qu'une pension égale à un quart. Ce rabais légal que l'on impose au juge, sous prétexte d'atténuer le dommage causé à l'industrie par les simulations possibles [2], a le double défaut, selon nous, d'être irrationnel, et pratiquement inefficace, sauf pour les accidents les plus graves, entraînant une incapacité quasi absolue, qui, par une singulière inconséquence, donneront lieu à des indemnités proportionnellement très inférieures à celles allouées pour des accidents légers.

1110. — *Pouvoirs du juge.* — Sous cette seule réserve, les juges de fond jouissent d'une entière liberté d'appréciation pour évaluer la capacité de travail conservée, et déterminer en conséquence de cette appréciation le taux de la rente. Le grand nombre des décisions intervenues déjà ont permis à quelques auteurs d'établir un véritable barême, naturellement approximatif, des indemnités afférentes aux accidents les plus usuels [3].

---

[1] Les statistiques démontrent que leur nombre, au fur et à mesure que se développent les mesures préventives, va en décroissant : Décl. Boucher et Thévenet au Sénat, s. du 15 mars; Bellom, *Journ. Soc. de statist. de Paris*, 1897, p. 232. — Leur chiffre est, actuellement, presque insignifiant : En 1906, sur 24,547 accidents ayant donné lieu à des litiges, l'on ne comptait que 149 accidents ayant entraîné une incapacité permanente; en 1907, ce chiffre s'abaisse à 141, sur 26,133 litiges.

[2] Rapp. Thévenet, 25 janv. 1898. — Pour la critique du système, cons. Cabouat, t. Ier, p. 362 et s., et le barême différentiel emprunté par lui à la propos. Graux.

[3] La réduction de salaire correspondant à un même accident varie naturellement

1111. — *Point de départ de la pension.* — C'était une question fort controversée avant la loi de 1905, que celle de savoir à partir de quel moment est due la pension allouée, soit à l'ouvrier victime d'une incapacité absolue, soit à celui dont l'incapacité est simplement partielle ?

La question présente un intérêt pratique considérable, l'indemnité temporaire du demi-salaire, payable jusqu'au jour où la rente commence à courir, étant nécessairement inférieure au taux de la pension due pour incapacité absolue, et nécessairement supérieure au taux de la pension due pour incapacité partielle. Elle n'avait pas donné lieu à moins de quatre systèmes. Pour les uns, la pension devait courir dès le jour de l'accident, l'indemnité *temporaire* ne devant, par définition, être servie qu'aux victimes d'accident entraînant incapacité *temporaire*. Tant qu'un doute subsistait sur le caractère de la blessure, l'indemnité de demi-salaire devait être payée, mais seulement à titre d'avance imputable sur la pension [1].

Un second système faisait partir la pension du jour de l'accord intervenu, ou de la décision judiciaire, suivant que le règlement de l'indemnité avait lieu à l'amiable ou donnait lieu à une instance [2]. D'autres lui assignaient pour point de départ le jour de la demande en règlement d'indemnité [3].

Enfin, dans un quatrième système, qui tendait à prévaloir [4], et que

suivant les professions. Ainsi, par exemple, l'on admet communément que l'amputation du bras droit entraîne pour l'ouvrier mineur une réduction des 3/5, pour le mécanicien des 6/7, etc.; que la perte d'un œil entraîne une réduction de 25 à 33 0/0 pour les ouvriers utilisant surtout leur force musculaire (manœuvres, etc.), et de 50 à 60 0/0 pour les mécaniciens. Pour ces derniers, l'on a même admis que la simple diminution de l'acuité visuelle d'un œil pouvait entraîner une réduction du salaire de 50 0/0 (Trib. civ. Tonnerre, 4 janv. 1900, *Rec. min.*, I, 105). — Cons., pour l'étude de cette jurisprudence : Lesage et Mabire, *Taux des rentes allouées, d'après la jurisprudence, en matière d'infirmités permanentes partielles*, 1902; Cohendy et Darras, *Tableau des proportions admises par les tribunaux* pour les principales incapacités de travail permanentes et partielles (t. II, p. 1089 et s.); Duchauffour, *Evaluation des invalidités permanentes;* Dr Rémy, *L'évaluation des incapacités permanentes basée sur la physiologie des fonctions ouvrières des diverses parties du corps*, 1906; Dr Poëls, *Evaluation de la réduction de valeur ouvrière et permanence d'invalidité*, Bruxelles, 1908. — Cf. Bellom, p. 186 et s.; *Quest. prat.*, 1902, p. 122; Loubat, t. Ier, n° 848. — Cf., dans la *Rev. belge des accid. du trav.* (1901 et 1902), l'étude de M. Destrée intitulée « *Calcul et évaluation des dommages-intérêts dus aux victimes d'accidents* », et, dans la même revue, les tableaux publiés en 1907, p. 281, et 1908, p. 69.

[1] Bordeaux, 25 juin 1900, *Rec. min.*, VI, 239.

[2] C. Bourges, 27 févr. 1900, S. 1901, 2, 16; C. Douai, 30 mai 1900, *Gaz. Pal.*, 1900, 1, 352.

[3] Trib. civ. Narbonne, 13 févr. 1900, *Mon. jud. Lyon*, 12 mars.

[4] Cass., 7 janv. 1902, D. 1902, 1, 339; 19 janv. 1903, D. 1903, 1, 108; 24 janv. 1905, *Gaz. trib.*, 2-4 nov. 1905; Paris, 4 juill. 1902, S. 1905, 2, 25, et note Wahl. — Cf. Bellom, n° 325, et note Dupuich sous D. 1900, 2, 81.

la loi de 1905 (art. 15 et 16 nouveaux) a expressément consacré, l'on assigne pour point de départ à la pension le jour de la *consolidation de la blessure*, c'est-à-dire le jour où la situation du blessé paraît définitivement fixée, que le caractère permanent et absolu de l'incapacité de travail soit désormais reconnu, ou que, si l'incapacité est partielle, l'ouvrier puisse reprendre son travail sans risque d'aggravation. — Dans le cas où l'indemnité temporaire, qui ne peut se cumuler avec la rente, aurait été payée après le jour où la rente est jugée devoir prendre cours, il y aurait lieu à imputation de l'une sur l'autre [1].

1112. — *d) Accident mortel : rentes servies aux ayants droit.* — L'article 3, § 4, distingue trois catégories d'ayants droit : — 1° Le *conjoint survivant* (non divorcé ou séparé de corps), qui a droit à une rente viagère égale à 20 0/0 du salaire normal de la victime, pourvu que le mariage ait précédé l'accident [2]. — En cas de nouveau mariage, le droit à la rente cesse, et fait place à une allocation en capital correspondant au triple de la rente ; — 2° Les *enfants, légitimes ou naturels* (pourvu, en ce qui concerne ces derniers, qu'ils aient été reconnus avant l'accident, ou que leur filiation naturelle soit légalement établie). Paris, 2 mars 1901, *Mon. jud. Lyon*, 3 juin.

Les orphelins de père *ou* de mère ont droit, jusqu'à 16 ans révolus, à une rente variant de 15 à 40 0/0 du salaire suivant leur nombre ; les orphelins de père *et* de mère ont droit chacun à 20 0/0, sans que le chiffre total puisse excéder 60 0/0 [3] ; — 3° Les ascendants, ou les des-

---

[1] Il en sera ainsi fréquemment, l'indemnité temporaire devant continuer à être servie jusqu'à la décision définitive, c'est-à-dire jusqu'à une date parfois de beaucoup postérieure à la consolidation de la blessure. Dès avant la loi de 1905, la jurisprudence admettait que l'indemnité de demi-salaire n'était, au cours de cette période intérimaire, servie qu'à titre de provision et à charge d'imputation sur les premiers arrérages de la rente à liquider, Cass., 17 fév. 1903, D. 1903, 1, 105. C'est cette solution que la loi de 1905 (art. 16 nouv.) a formellement consacrée. — V. Boyer, *La consolidation dans les accidents du travail*, 1906.

[2] Le mariage putatif confère à la veuve, jusqu'à son annulation, le droit à la rente. Trib. Moutiers, 16 janv. 1904, *Rec. min. com.*, t. IV, p. 61. — L'expression « conjoint survivant » désigne d'ailleurs aussi bien le *mari* survivant que la veuve : Lyon, 7 juin 1900, D. 1901, 2, 12.

[3] L'enfant simplement conçu au jour de l'accident a droit à la rente, dont le point de départ sera le jour de la naissance : Paris, 22 fév. 1901, D. 1901, 2, 308. — *Sic* : Sachet, t. Ier, n° 561 ; Loubat, t. Ier, n° 889. — Le texte ne s'étant pas expliqué formellement sur l'hypothèse du concours entre le conjoint et les enfants, l'on s'est demandé si les indemnités prévues par l'art. 3, § 4, A (conjoint) ne pouvaient pas se cumuler avec les indemnités allouées aux enfants par l'art. 3, § 4, B. — L'admission du cumul, en supposant que le défunt laisse un conjoint (20 0/0), quatre enfants nés du mariage (40 0/0) et trois enfants d'un premier lit, orphelins de père et de mère (60 0/0), imposerait à l'industriel une charge globale de 120 0/0 du salaire ! Bien que l'hypothèse soit plus théorique que pratique, car il arrivera très rarement que, de ces enfants issus de deux lits, aucun n'ait encore atteint l'âge de 16 ans, ce résultat

cendants (petits-enfants ou arrière-petits-enfants), sous la double condition que la victime n'ait laissé ni conjoint ni enfants, et qu'ils fussent *à la charge* de celle-ci au moment de l'accident [1]. La rente, viagère pour les ascendants, temporaire pour les enfants ou descendants, qui n'y peuvent prétendre que jusqu'à l'âge de 16 ans, est de 10 0/0 pour chaque ayant droit, sans que le montant total des rentes ainsi allouées puisse dépasser 30 0/0 [2]. — Toutes les rentes allouées en exécution de la loi de 1898 sont incessibles et insaisissables.

1113. — De très vives critiques ont été formulées contre cette tarification légale, qui, dit-on, constitue une véritable prime à l'embauchage des *célibataires*, dont le décès n'impose presque aucune charge au chef d'industrie, tandis que la mort d'un ouvrier marié et père de famille peut le grever de charges écrasantes. Il se peut que le danger soit moins grand qu'on ne l'a cru tout d'abord, à raison du faible coefficient des accidents mortels par rapport à l'ensemble, ensuite à raison de ce fait que les sociétés d'assurances n'ont pas l'habitude de tenir compte de l'état civil des ouvriers dans la fixation de leurs

---

possible condamne le système; et nous estimons avec la majorité des auteurs que l'on doit considérer le taux de 60 0/0 comme un *maximum* légal, qui en aucun cas ne saurait être dépassé, quels que soient le nombre et la qualité des ayants droit. — *Sic* : C. Rennes, 22 janv. 1901, *Gaz. Pal.*, 1901, 1, 250 ; Bellom, p. 190 ; Cabouat, p. 374. — *Contra* : Mirman, rapp. à la Ch., 14 mai 1901 (Ch., ann. n° 2332). Certains arrêts proposent une solution transactionnelle. Le conjoint survivant aurait en tout cas droit à 20 0/0; mais les enfants, du premier et du second lit, ne pourraient prétendre, entre eux tous, qu'à 60 0/0. Rouen, 2 mai 1903, D. 1904, 2, 25. — Cf. Cohendy et Darras, sur l'art. 3, n° 290.

[1] La question de savoir si les ascendants, ou descendants étaient *à la charge* du défunt est une pure question de fait abandonnée à l'appréciation des tribunaux. Cass., 23 oct. 1901, S. 1903, 1, 17; 10 avril 1902, D. 1902, 1, 382; 20 juill. 1903, D. 1903, 1, 532. — Sur les circonstances susceptibles de déterminer la religion des juges, cons. notamment : Rennes, 28 juin 1900, S. 1900, 2, 152; Paris, 18 fév. 1902, S. 1902, 2, 148; Limoges, 7 avril 1906, *Rev. accid. trav.*, 1906, 265. — Tous ces arrêts procèdent de cette idée que la mission des juges du fond est de rechercher en fait si, à raison de son âge, de ses infirmités, etc., l'ascendant était ou non dans l'impossibilité de pourvoir lui-même à sa subsistance, et dans la nécessité de recourir à l'assistance de ses descendants. — Cf. Loubat, t. Ier, n° 923 et s. — Ce critérium est plus sûr que celui déduit du fait matériel de la pension servie en fait par la victime à son ascendant : attendu que d'une part celui-ci pouvait être dans le besoin, sans avoir encore fait usage, au moment précis de l'accident, de son droit à une pension alimentaire, et qu'à l'inverse il n'est pas rare de voir des enfants servir une rente à leurs parents, comme compensation des avantages qu'ils retirent de la vie commune, sans que pour autant les parents soient dans l'indigence. — V. cependant Wahl, note sous S. 1903, 1, 17. — Cf. Sachet, n° 585. — Sur le caractère essentiellement personnel du droit à la rente, v. Rouen, 9 avril 1903, D. 1904, 2, 293; Lyon, 29 janv. 1907, *Mon. jud. Lyon*, 3 mars.

[2] Cette énumération est limitative. Les frères et sœurs ne sauraient donc prétendre à aucune indemnité. Trib. Seine, 17 nov. 1900 (*Gaz. trib.*, 25 avril 1901). — Sur la réversibilité des portions de rente éteintes par le décès d'un des enfants ou par sa majorité de 16 ans, cons. Rennes, 22 janv. 1901, S. 1901, 2, 217.

primes [1]. — Le danger, cependant, existe, tout au moins lorsque l'entrepreneur est un petit patron qui désire rester son propre assureur [2].

1113 *bis.* — *Du cumul de la rente allouée en exécution de la loi de 1898 et d'une pension de retraite.* — Les indemnités et rentes allouées en exécution de la loi de 1898 peuvent-elles se cumuler avec les pensions de retraite, auxquelles l'ouvrier peut avoir droit pour ancienneté de services, ou auxquelles la veuve de la victime aurait pu prétendre d'après le règlement de l'usine? La question est depuis longtemps controversée en jurisprudence ; mais elle peut être considérée comme résolue aujourd'hui dans le sens du droit au cumul, par une série d'arrêts, émanés les uns de la Cour de cassation (retraites patronales), les autres du Conseil d'Etat (pensions dues aux ouvriers des manufactures nationales) [3]. Cette solution nous paraît de tous points conforme aux principes essentiels sur lesquels repose la loi de 1898. L'indemnité forfaitaire accordée par cette loi devant demeurer entièrement à la charge du chef d'entreprise (art. 30), et l'engagement que prend le chef d'entreprise de servir une pension de retraite, tant à certains de ses agents qu'à leurs veuves, étant une des conditions du louage de services, et constituant ainsi un droit acquis, l'agent qui a droit tout à la fois à une rente viagère à raison d'un accident du travail et à une pension de retraite à raison de l'ancienneté de ses services (ou sa veuve

---

[1] *Bull. du Comité perman. des assur.*, 1899, p. 134. — Cf. Cabouat, p. 408 et s.; Bellom, p. 200. — Les accidents mortels ne représentent guère que 1 0/0 des accidents donnant lieu à indemnité. Ils ne correspondent même pas à 1/2 0/0 du nombre total des accidents déclarés (2,135 morts sur 401,410 déclarations en 1907, mines comprises) ; mais il convient de remarquer que, si *tous* les accidents, même les plus légers, sont déclarés (art. 11), seuls donnent lieu à indemnité les accidents entraînant une incapacité de plus de quatre jours.

[2] Le régime d'assurance obligatoire emprunté à l'Allemagne par le projet de 1893 remédiait pleinement à ce danger. Combiné avec la mutualité régionale, le système très équitable en soi des indemnités croissantes avec le nombre d'enfants laissés par l'ouvrier décédé, jusqu'à concurrence d'une proportion maxima, ne conférait aucune prime aux patrons employant des célibataires ou des individus mariés sans enfants, puisque cet élément tout subjectif n'entrait pas en ligne de compte dans la détermination du coefficient de risque afférent à chaque entreprise.

Sur les difficultés auxquelles peut donner lieu l'hypothèse du décès d'un apprenti, v. n° 1133, *infra.*

[3] Cass., 21 juill. 1904, S. 1905, 1, 484, D. 1906, 1, 315; 24 juin 1905, S. 1907, 1, 345, et note Wahl ; 27 juill. 1905, S. 1907, 1, 349 ; — Cons. d'Etat, 18 nov. 1904, S. 1905, 3, 145 ; Amiens, 8 fév. 1906, aud. solenn., *Mon. jud. Lyon*, 25 mai 1907 ; — *Sic* : Sachet, t. Ier, n° 698 ; Cabouat, t. II, n° 691 ; Baudry et Wahl, t. II, n° 2308; Loubat, t. Ier, nos 1089 et s.; Bouvier, *Le cumul d'une rente viagère et d'une pension de retraite en cas d'accident du travail* (*Quest. prat.*, 1905, p. 111, 173). — Sur l'impossibilité d'appliquer la même solution à la pension d'invalidité, qui ferait double emploi avec la rente due en exécution de la loi de 1898, cons. Hauriou, note sous S. 1905, 3, 145 ; Wahl, note sous S. 1907, 1, 89.

s'il est décédé), est en droit d'exiger cumulativement *l'une et l'autre* (Cass., 21 juillet 1904, précité, motifs).

1114. — Des dérogations aux règles précédentes, concernant soit le taux, soit le mode de paiement des indemnités. — *Dérogations concernant le taux de la rente.* — Ces dérogations concernent : les travailleurs à salaire élevé ; les ouvriers étrangers.

Travailleurs à salaire élevé. — Les ouvriers et employés dont le salaire dépasse 2,400 francs n'ont droit qu'au quart des rentes[1] stipulées à l'article 3, à moins de convention contraire *élevant le chiffre* de la quotité (art. 2, § 2)[2]. L'on a voulu par cette disposition limiter les charges imposées à l'industrie par le régime nouveau.

1115. — *Ouvriers étrangers*[3]. — En principe, les ouvriers étrangers peuvent prétendre aux mêmes indemnités que les Français. Toutefois, à ce principe, l'article 3 *in fine* apporte une double exception : — 1° L'ouvrier étranger, atteint d'une incapacité permanente, qui viendrait à quitter le territoire français, recevra pour toute indemnité un capital égal à trois fois la rente qui lui avait été allouée ; — 2° Les représentants de l'ouvrier étranger, victime d'un accident mortel, ne recevront aucune indemnité si, au moment de l'accident, ils ne résidaient point sur le territoire français[4].

---

[1] Cette limitation ne s'applique qu'aux rentes et non aux indemnités temporaires. Cela résulte de la loi du 22 mars 1902, qui a substitué aux mots rentes *ou indemnités* du texte primitif, le mot « rentes » seulement. — Cf. trav. prépar. de la loi de 1902 (S. *Lois ann. de 1902*, p. 306).

[2] Le texte primitif portait : « à moins de convention contraire *quant au chiffre de la quotité* ». Cette phrase était équivoque, et l'on pouvait se demander si cette convention contraire ne pouvait pas intervenir aussi bien pour enlever à l'ouvrier à salaire élevé le bénéfice du quart que pour élever au contraire son indemnité à un chiffre supérieur au taux légal. Le texte nouveau (loi du 22 mars 1902) condamne formellement toute convention restrictive; c'est d'ailleurs l'opinion qui tendait à prévaloir sous l'empire du texte de 1898. — *Sic* : Bigallet, *De la situation de l'ouvrier à salaire élevé dans la législation sur les accidents du travail* (*Quest. prat.*, 1902, 75).

[3] Cons. sur la question : Bellom, p. 207; Cabouat, p. 417; De Saint-Charles, *Le risque professionnel de l'ouvrier étranger* (*Quest. prat.*, 1901, p. 54); Sraffa, *La responsabilità per gli infortuni del lavoro e gli operai stranieri in Francia*, 1901; Raynaud, *Les accidents du travail des ouvriers étrangers*, th. 1902; Auvillain, *Les étrangers en France et les accidents du travail*, th. 1905; Feigenwinter, *Traitement des étrangers au point de vue de la responsabilité civile et de l'assurance* (*Rev. de dr. intern. privé*, déc. 1905 et janv. 1906); Barrault, *L'assurance ouvrière et les ouvriers étrangers* (*Quest. prat.*, 1907, p. 305, 375).

[4] La résidence s'entend ici d'une résidence de *fait*. Paris, 3 janv. 1903, D. 1904, 2, 92; Trib. Nice, 14 déc. 1903, D. 1905, 2, 23. — Il est inutile que l'ouvrier ou l'ayant droit ait en France un domicile *autorisé* : mais il faut qu'il y possède son habitation. L'ouvrier qui, habitant à l'étranger, vient chaque jour en France travailler dans une usine voisine de la frontière n'est pas un résident : C. Douai, 18 juillet 1900, S. 1901, 2, 44; Cass., 7 juill. 1903, D. 1903, 1, 533.

Cette disposition a été très vivement critiquée, d'abord parce qu'elle constitue une véritable prime à l'embauchage des ouvriers étrangers, ensuite parce qu'elle aboutit à des conséquences iniques, surtout si l'on admet avec la jurisprudence que l'ouvrier ou ses représentants non résidents n'ont même pas le droit de réclamer une indemnité, en prouvant la faute du patron dans les termes de l'article 1382[1]. Une telle législation, ajoutait-on, ne peut que légitimer de la part des puissances étrangères des mesures de rétorsion contre les ouvriers français travaillant à l'étranger.

Ces critiques étaient quelque peu exagérées. La prime à l'embauchage des étrangers n'avait peut-être pas la gravité qu'on lui attribuait, pour les raisons déjà indiquées ci-dessus à propos des célibataires. Mais il n'en est pas moins vrai que cette disposition, dans sa forme brutale et non susceptible d'atténuation, n'était ni conforme à l'intérêt bien entendu des travailleurs français, ni en harmonie avec les traditions généreuses de notre pays au regard des étrangers. Aussi a-t-elle été amendée en ces termes par la loi de 1905 (paragr. final ajouté à l'article 3) : « Les dispositions des trois alinéas précédents pourront, toutefois, *être modifiées par traités* dans la limite des indemnités prévues au présent article, pour les étrangers dont les pays d'origine garantiraient à nos nationaux des avantages équivalents ».

Des traités de ce genre, tendant à assimiler aux nationaux les ouvriers étrangers appartenant à la nationalité du pays co-contractant, pour tous les droits conférés aux victimes d'accidents du travail, et à associer étroitement les Caisses d'assurance des deux Etats contractants au service des rentes allouées, ont été conclus jusqu'à ce jour entre la France et l'Italie, la France et la Belgique, la France et le Luxembourg[2].

---

[1] Cass., 16 nov. 1903, D. 1904, 1, 133, S. 1906, 1, 27; Paris, 16 mars 1901, D. 1904, 2, 92. — Si, parmi les enfants âgés de moins de seize ans laissés par un ouvrier étranger, victime en France d'un accident suivi de mort, les uns, au moment de l'accident, résidaient en France, les autres à l'étranger, il n'y aurait pas lieu, pour la fixation de la rente à allouer aux enfants résidant en France, de tenir compte de l'existence des enfants résidant à l'étranger. — Chambéry, 13 août 1902, S. 1906, 2, 9. — L'on invoque à l'appui de cette solution rigoureuse l'article 2, aux termes duquel les ouvriers ne peuvent se prévaloir d'aucunes dispositions autres que celles de la loi. — N'est-ce pas en dénaturer la portée que de l'opposer aux représentants de l'ouvrier décédé qui, à raison de leur résidence hors de France, se voient exclus du bénéfice des prescriptions de la loi de 1898 ?

[2] Traité de travail franco-italien du 16 avril 1904, arrangement du 9 juin 1906, promulgué par décret du 13 juin 1907, après ratification du Parlement (*Loi* du 3 juin), et règlement d'exécution du 20 déc. 1907 ; — Convention franco-belge du 21 fév. 1906 (ratif. du 7 juin, *Off.* du 14) ; — Convention franco-luxembourgeoise du 27 juin 1906 (décret de promulg. du 10 nov.). — Pour plus de développements sur ces conventions, et leur portée sociale, v. *supra*, n° 181 et les autorités citées.

1115 *bis*. — *Conflits de législations*. — Que décider, dans le cas où un ouvrier, français ou étranger, embauché en France par un chef d'entreprise français, pour un travail à exécuter à l'étranger, viendrait à être victime d'un accident du travail ? Les réparations dues à la victime devront-elles s'apprécier d'après la loi française (*lex loci contractus*), ou d'après la loi du lieu de l'accident ? Si l'on envisage la responsabilité du patron comme une responsabilité délictuelle, c'est la loi du lieu de l'accident qui seule devra s'appliquer [1]. Si on la considère au contraire comme naissant du contrat lui-même (dette de sécurité), c'est à la loi du lieu du contrat qu'il convient de donner la préférence.

C'est à cette dernière interprétation que paraît s'être rallié le législateur de 1905, lorsqu'il a inscrit dans l'art. 15 un paragraphe 6 ainsi libellé : « Lorsque l'accident s'est produit en territoire étranger, le juge de paix compétent est celui du canton où est situé l'établissement ou le dépôt auquel est attachée la victime ».

Quoique le texte ne statue *in terminis* que sur une question de compétence, il semble bien que ses rédacteurs aient entendu implicitement se référer à la loi française. Est-ce à dire que, dans l'hypothèse inverse, contrat de travail passé à l'étranger pour un travail à exécuter sur le sol français, la loi étrangère doive s'appliquer à l'exclusion de la loi française ? La logique le voudrait ; mais une telle solution serait difficilement conciliable avec le caractère d'ordre public assigné à la loi par l'art. 30. Dès lors que l'accident se produit sur le sol français, c'est, croyons-nous, la loi française qui doit recevoir son application, sous réserve des stipulations contraires inscrites dans les traités [2].

1116. — *Dérogations concernant le mode de paiement des indemnités*. — En principe, la victime de l'accident n'est pas admise à réclamer le capital correspondant à la rente. Toutefois, par exception, le quart de ce capital peut lui être attribué, après l'expiration du délai de révision (art. 9 et 17 cbn.) ; l'on a voulu procurer ainsi à l'ouvrier invalide les ressources pécuniaires nécessaires pour l'acquisition d'un petit fonds de commerce. — La victime peut également demander que ce capital serve à constituer sur sa tête une rente viagère réversible, pour moitié au plus, sur la tête de son conjoint.

III. Déclaration et enquêtes. — **1117**. — A. **Déclaration.** [3] — Aux

---

[1] *Sic* : Liége, 21 juin 1905, D. 1907, 2, 286. — V. aussi C. de Gênes, 30 sept. 1898, S. 1901, 4, 1, et note Wahl ; C. supr. Luxembourg, 4 juill. 1902, S. 1907, 4, 21.

[2] Cf. Loubat, t. Ier, nos 428 et s. — V. aussi Cass., 8 mai 1907, S. 1907, I, 463 (sol. implicite) ; Cohendy et Darras, art. 15, nos 63 et s.

[3] Articles 11 et 12 de la loi de 1898, amendés par la loi du 22 mars 1902, complétée

termes de l'article 11, tout accident ayant occasionné une incapacité de travail doit être déclaré dans les quarante-huit heures, non compris les dimanches et jours fériés, par le chef d'entreprise ou ses préposés, au maire de la commune, qui en dresse procès-verbal et en délivre immédiatement récépissé. — La déclaration et le procès-verbal doivent indiquer, dans la forme réglée par le décret du 23 mars, les nom, qualité et adresse du chef d'entreprise, le lieu précis, l'heure et la nature de l'accident, les circonstances dans lesquels il s'est produit, la nature des blessures, les noms et adresses des témoins. — Toute contravention est punie d'une amende de 1 à 15 francs, qui peut être élevée à 300 francs, en cas de récidive (art. 14).

D'après la rédaction de 1898, toute déclaration devait être accompagnée d'un certificat médical. Le texte de 1902 décharge les chefs d'entreprise de la production de certificats médicaux pour les accidents légers n'entraînant qu'une incapacité de travail de quatre jours au plus. D'autre part, les maires n'ont plus la responsabilité d'un choix à faire, d'après les énonciations des certificats médicaux (lesquels sont parfois très réservés quant aux pronostics) entre les déclarations à retenir et celles à transmettre aux justices de paix. Le nouvel article 12 impose en effet au maire l'obligation de transmettre, dans les vingt-quatre heures qui suivent le dépôt du certificat, et au plus tard dans les cinq jours qui suivent la déclaration de l'accident, toutes les déclarations par lui reçues, accompagnées des certificats médicaux correspondants ou de l'attestation qu'il n'a pas été produit de certificat.

La déclaration d'accident peut être faite dans les mêmes conditions par la victime ou ses représentants jusqu'à l'expiration de l'année qui suit l'accident.

Pour tout accident ayant entraîné la mort ou donné lieu à un certificat médical, avis est donné immédiatement par le maire à l'inspecteur départemental ou à l'ingénieur des mines.

1118. — **B. Enquête et expertises.** — Lorsque, d'après le certificat médical, la blessure paraît devoir entraîner la mort ou une incapacité permanente, absolue ou partielle, ou lorsque la victime est décédée, le juge de paix, dans les vingt-quatre heures, procède à une enquête à l'effet de déterminer : la cause de l'accident, l'identité et l'état civil des victimes, la nature des lésions, les ayants droit, le salaire des victimes,

---

par le décret du 23 mars 1902 (*Off.* du 27 mars), *Bull. Off. trav.*, 1902, p. 259 et 268. — A ce décret sont annexés les modèles réglementaires de déclaration, certificats médicaux ou procès-verbaux requis par les articles 11 et 12.

la société d'assurance à laquelle le chef d'entreprise était assuré ou le syndicat de garantie auquel il était affilié [1].

En cas d'insuffisance ou d'obscurité du certificat médical, le juge de paix peut, soit désigner un médecin pour examiner le blessé, soit commettre un *expert* pour l'assister dans l'enquête au point de vue technique [2].

Si le juge de paix, le tribunal ou la Cour croient devoir ordonner une *expertise médicale*, l'expert ne peut être, ni le médecin qui a soigné le blessé, ni un médecin attaché à l'entreprise ou à la société d'assurance à laquelle le chef d'entreprise est affilié (art. 12 et 19, nouveaux).

IV. JURIDICTIONS ET PROCÉDURE [3]. — **1119. — Délimitation des compétences respectives du juge de paix et du tribunal civil.** — Nous avons vu précédemment (n° 1069) que la Chambre des députés avait dû renoncer au système de juridiction arbitrale inscrit dans le projet de 1893, et se rallier au système du Sénat. D'après ce système, consacré par les articles 15 et 16 de la loi, les contestations relatives aux frais funéraires, frais de maladie et indemnités temporaires, sont soumises au juge de paix du canton où l'accident s'est produit, quel que soit le chiffre de la demande; et toutes les contestations (demandes de rentes et actions connexes) sont de la compétence du tribunal civil, lequel ne statue qu'après un préliminaire obligatoire de conciliation devant le tribunal civil.

Cette comparution en conciliation devait avoir lieu, d'après la loi de 1898, sur convocation du président, dans les cinq jours de la transmission du dossier. L'art. 16 nouveau (l. du 31 mars 1905), distingue avec raison plusieurs hypothèses. La convocation doit avoir lieu dans les cinq jours de la transmission du dossier, si la victime est décédée avant la clôture de l'enquête, ou, dans le cas contraire, dans les cinq jours de la production par la partie la plus diligente, soit de l'acte de

---

[1] L'enquête du juge de paix n'est pas le seul élément d'information dont la justice dispose le cas échéant; le tribunal peut faire état des témoignages recueillis, de l'enquête prescrite par le parquet et dirigée par un commissaire de police concurremment avec celle du juge de paix, etc. : C. Paris, 1er mai 1900, S. 1900, 2, 281 ; 16 février 1901, *Gaz. Pal.*, 1901, 1, 490. Il est à remarquer d'autre part que, si la loi de 1898 donne à la victime ou à ses représentants la faculté de faire ou de renouveler la déclaration (art. 11), elle ne leur en impose pas l'obligation et ne subordonne pas à l'accomplissement de cette formalité l'exercice de l'action en indemnité qu'elle leur accorde. Cass., 9 mars 1903, S. 1904, 1, 401, et note Wahl. — V. aussi Cass., 7 juin 1904, S. 1907, 1, 234. — Cf. Cohendy et Darras, sur l'art. 12.

[2] Sur les enquêtes et expertises, v. les instructions détaillées contenues dans l'article 13 de la loi.

[3] Lesueur, *Compétence et procédure en matière d'accidents*, th. 1907; Loubat, t. Ier, chap. XV et s.

décès, soit d'un accord écrit des parties reconnaissant le caractère permanent de l'incapacité, ou bien de la réception de la décision du juge de paix visée au 3ᵉ alinéa de l'article précédent, ou enfin, si aucune des pièces n'a été déposée, dans les cinq jours précédant l'expiration du délai de prescription, lorsque la date de cette expiration est connue du président. Le chef d'industrie comparaît en personne ou par fondé de pouvoir spécial [1] ; les représentants de l'ouvrier ou de ses ayants droit, s'ils ne se présentent en personne, doivent avoir capacité pour transiger.

C'était, avant la loi de 1905, une question vivement controversée que celle de savoir si le juge de paix n'est compétent qu'autant qu'il s'agit d'accidents n'ayant entraîné que des incapacités temporaires, ou si sa compétence subsiste, même lorsque l'indemnité du demi-salaire est réclamée par la victime à raison d'une invalidité permanente, avant le règlement définitif de la pension viagère.

La question n'avait pas donné lieu, en doctrine ou en jurisprudence, à moins de sept systèmes ! Il nous paraît superflu de les indiquer ici [2], la loi de 1908 ayant mis fin à la controverse, par un texte délimitant avec précision la compétence respective du juge de paix et du tribunal civil.

En ce qui concerne les frais médicaux et pharmaceutiques, le juge de paix statue en dernier ressort jusqu'à 300 francs, et à charge d'appel quel que soit le chiffre de la demande. Relativement à l'indemnité journalière, il statue en dernier ressort quel que soit le chiffre, et il renvoie les parties devant le tribunal pour statuer sur les rentes, s'il y a incapacité permanente.

---

[1] Une société doit être représentée par un de ses administrateurs ; son directeur technique n'aurait pas qualité pour la représenter, à moins d'en avoir reçu pouvoir : Besançon, 11 juill. 1900 (*Gaz. Pal.*, 1900, 2, 256). Le plus souvent, l'assureur se fera remettre un pouvoir à cet effet par l'assuré. D'après le nouvel art. 16, le président doit convoquer « la victime ou son ayant droit, le chef d'entreprise, qui peut se faire représenter, *et s'il y a assurance, l'assureur* ». Le même article ajoute : « s'il y a assurance, l'ordonnance du président ou le jugement fixant la rente allouée *spécifie que l'assureur est substitué au chef d'entreprise* ». Cette rédaction assez obscure a suscité dans la pratique des interprétations divergentes. D'après certaines décisions judiciaires, l'assureur ne doit pas être mis en cause, mais est substitué de plein droit au chef d'entreprise. Trib. Cambrai, 8 mars 1906, *Gaz. trib.*, 30 avril-1ᵉʳ mai 1906. Il a été jugé en sens contraire, que c'est à bon droit qu'en cas de non-conciliation l'ouvrier introduit l'instance à la fois contre le chef d'entreprise et contre la compagnie d'assurances. Rennes, 9 janv. 1906, *Gaz. Pal.*, 1906, 1, 177. Mais si cette mise en cause est utile, elle n'est pas indispensable, le législateur de 1905 ayant entendu spécifier qu'en cas d'assurance, l'ouvrier ou son ayant droit auraient l'assureur *pour seul débiteur*. Les travaux préparatoires sont formels. — Cohendy et Darras, sur l'art. 16, nº 93.

[2] Pour l'exposé de cette controverse, qui n'a plus aujourd'hui qu'un intérêt historique, et l'indication des principaux arrêts et auteurs, cons. notre 2ᵉ édition, nº 1119; *Répert.* Fuzier-Herman, vº *Responsabilité civile*, nᵒˢ 2541 et s.

Lors donc que le tribunal civil est saisi d'une demande de rente viagère pour incapacité permanente, le juge de paix n'en demeure pas moins seul compétent, à l'exclusion du tribunal civil, pour connaître de toutes contestations relatives à l'indemnité journalière de demi-salaire.

Toutefois, en cas de non-conciliation, le président peut, par son ordonnance de renvoi et sans appel, substituer à l'indemnité journalière une provision inférieure au demi-salaire; cette provision peut être allouée ou modifiée en cours d'instance, par voie de référé, sans appel.

1120. — Voies de recours contre les décisions du juge de paix ou du tribunal. — Aux termes de l'art. 15, modifié par la loi de 1905, les décisions de juge de paix doivent, au point de vue de l'appel, être divisées en deux catégories; celles relatives au paiement des frais médicaux et pharmaceutiques ne sont, en dernier ressort, que jusqu'à 300 francs; celles concernant les indemnités temporaires ou les frais funéraires sont, au contraire, en dernier ressort, à quelque chiffre que la demande s'élève [1].

En règle générale, le pourvoi en cassation contre les décisions des juges de paix n'est recevable que pour excès de pouvoirs. Avant la loi de 1905, ce principe recevait application en notre matière [2]. Mais l'article 15 nouveau, dérogeant au droit commun, dispose expressément que le recours en cassation est recevable, non seulement pour excès de pouvoirs, mais aussi pour violation de la loi.

Les jugements émanés du tribunal civil sont susceptibles d'appel dans les termes du droit commun [3]. Toutefois, l'appel doit être interjeté dans les *trente jours* [4] de la date du jugement, s'il est contradictoire et, s'il est par défaut, dans la quinzaine à partir du jour où l'opposition ne sera plus recevable. L'opposition n'est plus recevable en cas de jugement par défaut contre partie, lorsque le jugement a été signifié à personne, passé le délai de quinze jours à partir de cette

---

1 Cette disposition ne déroge nullement à la règle générale posée par l'art. 14 de la loi du 25 mai 1838, d'après laquelle les jugements rendus par les juges de paix sont toujours sujets à appel quand ils ont statué sur une question de compétence. Cass., 25 nov. 1903, D. 1904, 1, 73, S. 1906, 1, 336; 25 mai 1906, *Rev. des accid. du trav.*, 1906, 278; 4 avril 1907, S. 1907, 1, 411. — Loubat, t. Ier, no 1466.

2 Civ. cass., 29 janv. 1901, D. 1901, 1, 57, et note Sarrut ; 13 juin 1903, D. 1904, 1, 510.

3 Cass., 2 mars 1903, S. 1904, 1, 349.

4 Le texte de 1898 portait *quinze* jours; ce délai a paru trop bref, surtout en présence de l'article 449 du Code de procédure civile portant interdiction de relever appel dans la huitaine de la prononciation (Toulouse, 22 janv. 1901, *Mon. jud. Lyon*, 6 fév.); aussi la loi du 22 mars 1902 a-t-elle doublé le délai.

signification. La Cour doit statuer d'urgence dans le mois de l'acte d'appel. Le recours en cassation est soumis au droit commun.

Le bénéfice de l'*assistance judiciaire* est accordé de plein droit en justice de paix, au tribunal civil, et pour l'acte d'appel (art. 22, modifié par les lois des 22 mars 1902 et 17 avril 1906, art. 59).

1121. — **Prescription** [1]. — L'action en indemnité prévue par la loi se prescrit *par un an*. Le texte de 1898 portait « à dater du jour de l'accident ». Cette rédaction avait soulevé de graves controverses, sur la détermination des causes interruptives [2] de prescription. L'on s'accordait généralement à considérer la matière comme régie par le droit commun (art. 2244, 2245 et 2248 C. civ.) [3] ; mais il n'en subsistait pas moins des doutes sur le caractère de certains actes, tels que l'enquête du juge de paix ou le paiement de l'indemnité temporaire [4].

La loi du 22 mars 1902 a mis fin à ces controverses en déclarant formellement que l'action en indemnité se prescrit par un an à dater du jour de l'accident, *ou* de la clôture de l'enquête du juge de paix, *ou* de la cessation du paiement de l'indemnité temporaire ». Le caractère interruptif de ces deux faits n'est donc plus discutable [5].

Mais la loi de 1902 ne s'est pas expliquée sur le point de savoir s'il faut considérer comme suspensive la déclaration de l'accident ; aussi la question est-elle vivement discutée [6]. Par contre, l'on s'accorde à

---

[1] Pour plus de développements, cons. Loubat, t. Ier, nos 1837 et s. ; Cabouat, t. II, nos 897 et s. ; Laroque, *De la prescription en matière d'accidents du travail*, 1904.

[2] Il y a encore doute sur l'application des causes *suspensives* de prescription. La Cour de cassation estime, contrairement à l'art. 2252 C. civ., que la prescription n'est pas suspendue par la minorité ou l'interdiction de la victime, ou de ses représentants. Cass., 18 mars 1903, D. 1904, 1, 161 ; Loubat, t. Ier, no 1895. — *Contra* : Paris, 27 juill. 1901, D. 1902, 2, 163 ; Sachet, t. II, no 1282.

[3] Paris, 18 juin 1902, S. 1903, 2, 89.

[4] Pour le caractère interruptif de l'enquête, v. Caen, 6 fév. 1901, D. 1901, 2, 489, et note Dupuich. — *Contra* : Paris, 27 juill. 1901, *ibid.* — Pour le caractère interruptif du paiement de l'indemnité, v. Lyon, 21 mai 1901, D. 1901, 2, 489. — *Contra* : Douai, 21 mai 1901, D. 1901, 2, 481.

[5] De l'article 18, modifié par la loi de 1903, il résulte clairement que la prescription ne peut être déclarée acquise que si une année s'est écoulée depuis le dernier terme fixé, c'est-à-dire depuis que l'indemnité temporaire a cessé d'être payée (Trib. Boulogne-sur-Mer, 3 mai 1902, S. 1903, 2, 89), ou, si cette indemnité a été payée d'avance, depuis l'expiration de la période à laquelle est afférent le paiement (Besançon, 8 avril 1905, S. 1905, 2, 197). — Sur l'impossibilité pour les ayants cause de la victime d'agir utilement, lorsque l'action est prescrite à l'égard de la victime, v. Cass., 5 juill. 1904, S. 1906, 1, 183.

[6] D'après la Cour de cassation, si la déclaration émanée de l'ouvrier est suspensive (cf. Trib. Versailles, 30 avril 1901, *Mon. jud. Lyon*, 3 août), il en serait différemment de la déclaration effectuée par le patron, cette déclaration ne pouvant équivaloir à une reconnaissance de dette. — Cass., 24 nov. 1903, D. 1904, 1, 302 (*Contra* : Bordeaux, 12 févr. 1901, *Journ. des arr. de Bordeaux*, 1902, 2, 12). — Dans ce cas, en effet, aucun obstacle n'a mis l'ouvrier dans l'impossibilité d'user de son droit

reconnaître qu'en substituant l'action du président à celle de la partie, le législateur de 1902 n'a pu vouloir attribuer à la convocation que le président adresse au chef d'entreprise un effet autre et moindre que celui qu'aurait eu la citation en justice, délivrée par la victime ou ses représentants. Cette convocation est donc à la fois introductive d'instance et interruptive de prescription [1].

On discutait également, avant la loi de 1902, sur le point de savoir si la prescription courait du jour de l'accident, même dans le cas où la gravité de l'accident ne s'était révélée qu'un certain temps après. Partant du principe « *contra non volentem agere...* » certains arrêts avaient décidé que la prescription, en cas d'incapacité permanente, ne courait que du jour de la *consolidation de la blessure* [2]. Cette solution équitable était cependant repoussée par la Cour de cassation [3]. L'interprétation de la Cour suprême semble bien confirmée, tant par la loi de 1902, qui fixe un point de départ uniforme, quel que soit le caractère de l'action en indemnité, que par la loi du 31 mars 1905. Cette dernière décide, en effet, que l'indemnité journalière doit être servie, non seulement jusqu'à la consolidation de la blessure, mais jusqu'au jour où la rente est définitivement fixée à l'amiable ou judiciairement : il serait donc inexact de soutenir que l'ouvrier est dans l'impossibilité d'agir puisqu'il lui est loisible, jusqu'à ce que la blessure ait acquis un caractère certain, de faire prolonger le service de l'indemnité journalière et de retarder d'autant le point de départ de la prescription (*Sic.* : Cohendy et Darras, sur l'art. 18, n° 90) [4].

1122. — Action en révision [5]. — Il est souvent difficile de se prononcer immédiatement sur la gravité réelle de l'accident ; aussi les indemnités et rentes allouées en exécution de la loi n'ont-elles *ab initio*

---

dans le délai légal, puisqu'il lui était loisible, dans l'inaction du magistrat dont la déclaration d'accident était de nature à provoquer l'intervention, de délivrer au patron une citation en justice devant le tribunal compétent. — Cass., 24 nov. 1903, précité. — V. aussi Cass., 7 juin 1904, S. 1907, 1, 234.

[1] Cass., 18 mars 1903, D. 1904, 1, 161 ; 7 janv. 1907, S. 1907, 1, 416. — Cf. Loubat, t. Ier, n° 1863 ; Sachet, t. II, n° 1299.

[2] Caen, 18 juill. 1901, S. 1902, 2, 57 ; Trib. Château-Chinon, 21 nov. 1902, S. 1903, 2, 89. — Cf. Loubat, t. Ier, n° 1896.

[3] Cass., 30 mars 1903, D. 1904, 1, 161 ; 23 juin 1904, D. 1905, 1, 113.

[4] Sur la renonciation à prescription, et sur les circonstances du fait desquelles elle peut s'induire, cons. notamment : Cass., 11 nov. 1903, D. 1904, 1, 161 ; 8 févr. 1904, *Gaz. Pal.*, 1904, 2, 227.

[5] Toute décision intervenue pendant les délais de révision ayant le caractère d'un règlement provisoire, l'état de l'ouvrier peut être soumis à des révisions successives, et nécessiter des décisions différentes répondant à des situations différentes. — Cass., 9 janv. 1906, D. 1907, 1, 181. — Aussi le titre de pension n'est-il remis à la victime qu'à l'expiration des trois ans.

qu'un caractère provisoire [1]. Elles ne deviennent définitives et irrévocables qu'à l'expiration d'un délai, plus ou moins long, suivant les législations, dit délai de *révision*.

D'après la loi française (art. 19), la demande en révision de l'indemnité, fondée sur une aggravation ou une atténuation de l'infirmité de la victime, ou sur son décès par suite des conséquences de l'accident est ouverte pendant *trois ans*. D'après la loi de 1898, la date de révision courait, soit de l'accord intervenu entre les parties, soit de la décision passée en force de chose jugée. — A ces deux points de départ, la loi de 1905 en a ajouté un troisième, à savoir « la date [2] à laquelle cesse d'être due l'indemnité journalière, s'il n'y a point eu attribution de rente ». Cette addition au texte primitif a eu pour résultat de modifier la jurisprudence antérieure sur deux points importants :

1° Sous l'empire de la loi de 1898, on décidait que la recevabilité de la demande en révision était subordonnée à la condition qu'il fût intervenu entre les parties, soit un accord portant sur la fixation de l'indemnité, soit une décision définitive [3]. Depuis la loi nouvelle, il suffit qu'une indemnité journalière ait été payée, et qu'elle ait cessé de l'être moins de trois ans avant l'introduction de l'instance.

2° Avant la loi de 1905, la Cour de cassation décidait, contrairement il est vrai à l'avis de plusieurs Cours d'appel et de la majorité des auteurs, que l'action en révision n'était recevable qu'à l'encontre d'un jugement ou d'un accord relatif à la rente (incapacité permanente) et non contre un jugement ou accord relatif à l'indemnité journalière [4]. Cette distinction est implicitement condamnée par le texte nouveau. L'on s'accorde aujourd'hui à admettre que l'indemnité journalière est, au même titre que la rente allouée en réparation d'une incapacité permanente, susceptible de révision [5].

1123. — **Des accords autorisés entre les parties.** — La jurisprudence tenait pour valables, sous l'empire de la loi ancienne, les transactions intervenues au lendemain même de l'accident entre le chef

---

[1] Cabouat, t. II, n°s 800 et s.; Loubat, t. Ier, n°s 1765 et s.; Sachet, t. II, n°s 1360 et s.; Dupuich, note sous D. 1904, 2, 98; Milne, *La révision dans la législation des accidents*, th. 1907.

[2] Sur cette date, v. n°s 1106 et 1111 cbn.

[3] Cass., 30 mars 1903, S. 1904, 1, 493.

[4] Cass., 27 juin et 25 nov. 1904, S. 1906, 1, 183.

[5] Cass., 12 avril et 16 mai 1905, S. 1906, 1, 185, et note Wahl, D. 1905, 1, 225; 6 nov. 1906, D. 1907, 1, 458; 5 mars 1907, 8 mai et 31 juill. 1907, D. 1908, 1, 180. — Sur la question beaucoup plus délicate de savoir si la prescription de l'action en indemnité a pour conséquence l'irrecevabilité de la demande en révision, cons. (dans le sens de la négative) : Cass., 16 mai 1905, S. 1906, 1, 185, et note Wahl, D. 1907, 1, 458.

d'industrie (ou la compagnie d'assurance substituée à lui) et la victime ou ses ayants droit, voire même les renonciations anticipées à toute réclamation, basée sur une aggravation possible des suites de l'accident [1]. Le législateur de 1898 a voulu rendre impossibles désormais ces transactions, arrachées à la misère de la victime ou de sa famille, et les a déclarées nulles, d'une nullité d'ordre public (art. 30).

Mais, l'indemnité une fois fixée, soit par l'ordonnance du président enregistrant l'accord des parties, soit par une décision judiciaire passée en force de chose jugée, le créancier de la victime ou ses ayants droit retombent, en principe, sous l'empire du droit commun. Créancier et débiteur peuvent donc, d'un commun accord, substituer à l'indemnité convenue tel autre mode de satisfaction qu'il leur plairait de choisir [2]. Toutefois, il était à craindre que, par ignorance ou par suite de manœuvres d'intimidation, l'ouvrier créancier ne fût induit à accepter une combinaison nouvelle contraire à ses intérêts. Pour parer à ce danger, l'article 21 décide que « les parties peuvent toujours, après détermination du chiffre de l'indemnité due à la victime de l'accident, décider que le service de la pension sera *suspendu* ou remplacé, *tant que l'accord subsistera*, par tout autre mode de réparation ». De cette rédaction, il ressort que les conventions de cette nature ont un caractère *essentiellement provisoire*, subordonné au maintien de l'accord des deux parties ; d'où il suit que le créancier peut, à toute époque, réclamer le retour au mode de règlement judiciairement déterminé, sans préjudice de son droit d'agir en révision, dans les délais déterminés par l'article 19, pour obtenir l'augmentation de la rente.

1124. — Cette première restriction au droit de libre disposition des parties en entraînait logiquement une seconde, à savoir l'interdiction de stipuler le paiement, aux lieu et place de la rente primitivement allouée, d'un capital déterminé dont la remise aurait eu forcément un caractère irrévocable. Toutefois, et par exception, les parties peuvent (sans préjudice de la faculté inscrite à l'art. 9, v. *supra*) convenir du remplacement de la pension par le paiement d'un capital sans attendre l'expiration du délai de révision, dans deux cas : — 1° Si cette pension n'est pas supérieure à 100 francs et si le titulaire est majeur ; — 2° Si l'ayant droit est le conjoint survivant, quel que soit le chiffre de la pension (art. 3 A, et 21 *in fine*, combinés).

V. GARANTIES. — **1125.** — **Caractère facultatif de l'assurance.** —

---

[1] Civ. cass., 23 février 1892, S. 92, 1, 313 ; 8 janv. 1900, *J. des assur. accid.*, 1900, p. 15.

[2] Cass., 7 janv. 1902, D. 1902, 1, 339.

Nous avons établi *supra* (n° 1869) que contrairement au projet primitif, le Sénat avait écarté tous les systèmes de garantie reposant sur l'obligation.

La loi du 24 mai 1899 a rétabli, il est vrai, l'assurance officielle, mais avec un caractère absolument facultatif. Les industriels assujettis au risque sont donc libres, en droit français, ou de ne point s'assurer, ou s'ils croient devoir s'assurer, comme la prudence la plus élémentaire les y invite, d'opter entre l'une des combinaisons suivantes : assurance, mais seulement pour les accidents entraînant la mort ou une incapacité de travail permanente, à la *Caisse nationale d'assurances en cas d'accidents* [1] ; assurance auprès d'une compagnie à primes fixes ou d'une mutuelle; affiliation à un syndicat de garantie.

1126. — Sociétés d'assurances à primes fixes ou mutuelles. — La loi (art. 27, modifié par la loi de 1905) assujettit les sociétés privées d'assurances, à primes ou mutuelles, à certaines obligations, et à un régime de contrôle minutieux, tant dans l'intérêt des ayants droit, créanciers d'indemnités, que dans l'intérêt du Trésor, qui dans le système français est en définitive garant, vis-à-vis des ouvriers et même des industriels (art. 26, § 2), de la solvabilité de l'assureur [2].

Les obligations imposées aux sociétés d'assurances [3] se réfèrent à

---

[1] Nous avons indiqué *supra*, n° 1071, comment cette Caisse, créée par la loi du 11 juill. 1868, avait été réorganisée par la loi du 24 mai 1899 et adaptée aux nécessités nouvelles. Cette Caisse n'assure point les risques d'accidents entraînant une simple incapacité temporaire, contre lesquels les industriels peuvent se couvrir, dans une large mesure, par un versement à une société de secours mutuels effectué dans les conditions prévues à l'art. 5 (V. *supra*, n° 1107) ; mais elle assure tous les autres risques prévus par la loi de 1898, comme pourrait le faire une compagnie d'assurances ordinaire, et sans avoir recours aux subventions de l'Etat prévues par l'art. 9 de la loi de 1868. Un premier tarif de primes fut approuvé par un décret du 26 mai 1899; le tarif actuel a été homologué par les décrets des 8 déc. 1904, 22 nov. 1906 et 17 janv. 1907 (Cohendy et Darras, p. 1234 et s.). — Cf. Boissier, *La Caisse nationale d'assurances en cas d'accidents*, 1902.

[2] V. le second décret du 28 février 1899 (modifié par le décret du 27 déc. 1906), portant règlement d'adm. publ. pour l'exécution de l'art. 27 (Cohendy et Darras, *C. com.*, append., p. 1207 et s.). — Cp. *Barème maximum pour le calcul des réserves mathématiques des sociétés d'assurances contre les accidents* (arrêté minist. du 30 mars 1899, annexe : — texte dans Bellom, annexe n° 30). Pour l'étude détaillée des obligations imposées aux sociétés françaises et étrangères, mutuelles ou à primes, et du contrôle auquel elles sont soumises, cons. Bellom, n° 435 à 496. — V. notamment, dans cet ouvrage, p. 256, le modèle de police adopté par le Syndicat des compagnies d'assurances à primes fixes.

[3] Indépendamment des obligations imposées à toutes les compagnies d'assurances à primes par les articles 2 et 4 du décret du 22 janvier 1868. — Sur ce décret, cons. Houpin, *Traité des sociétés*, t. II, p. 212 et s., et les autorités citées; Dall., *Suppl. au Rép.*, v^is^ *Assurances terrestres* et *Sociétés*, n° 1895 et s.; Clément, *Des assurances mutuelles*, etc.

deux objets principaux : — dépôt d'un cautionnement, constitution d'une réserve mathématique. — Le *cautionnement* [1], affecté par privilège au paiement des pensions et indemnités, doit être constitué préalablement au fonctionnement de la société ; les fonds sont déposés à la Caisse des dépôts et consignations qui en sert les intérêts.

La *réserve mathématique*, imposée à toutes les sociétés mutuelles ou à primes, sauf à celles qui, usant de la faculté inscrite dans l'article 28 de la loi, effectuent immédiatement le dépôt du capital constitutif des rentes à la Caisse nationale des retraites, a pour but de parer aux éventualités imprévues (nombre d'accidents excédant la moyenne, pertes sur le portefeuille, etc.). Cette réserve, qui doit être constituée dès la seconde année d'exploitation, doit correspondre au minimum au montant des capitaux représentatifs des rentes et indemnités à servir; le montant est arrêté chaque année contradictoirement, d'après un barème officiel, entre le Ministère du travail et les sociétés. A la différence du cautionnement, la réserve demeure à la disposition de la compagnie, mais elle ne peut être placée que dans les conditions déterminées par l'article 8.

Les sociétés *étrangères*, indépendamment des prescriptions imposées aux sociétés françaises, doivent accréditer auprès du Ministre du travail un agent préposé spécialement à la direction des opérations faites en France, et domicilié en France [2].

1127. — *Du contrôle auquel sont assujetties les sociétés d'assurances* [3]. — Ce contrôle permanent est exercé, sous l'autorité du Ministre du travail, par des commissaires-contrôleurs, ou des délégués spéciaux du ministre. Ces commissaires sont investis des pouvoirs les plus étendus à l'effet de vérifier, au siège des sociétés, la caisse et la comptabilité, les contrats intervenus, les écritures et généralement toutes les pièces propres à les éclairer sur la stricte exécution, tant des statuts que des prescriptions légales (décr. de 1868, loi de 1898). —

---

[1] L'arrêté ministériel du 29 mars 1899 (Cohendy et Darras, p. 1208), rédigé après avis du Comité consultatif des assurances, a, sauf certaines exceptions, fixé le cautionnement à 400,000 francs pour la première année de fonctionnement sous le régime du décret du 28 février 1899; — pour les années ultérieures, à 2 0/0 du total des salaires ayant servi de base aux assurances pendant la dernière année, sans que la somme ainsi calculée puisse descendre au-dessous de 400,000 ou excéder 2 millions. — Le cautionnement est réduit de moitié pour les sociétés *mutuelles* constituées dans les conditions prévues par l'art. 6 du second décret du 28 fév. 1899.

[2] Art. 19 du décret du 28 fév. 1899. — Pour le détail des conditions qui viennent s'ajouter à l'obligation du cautionnement et de la réserve, v. art. 10 et 11 du second décret du 28 fév. 1899.

[3] Art. 10 à 20 du second décret du 28 fév. 1899. Cons. Mirman, *Les accidents du travail et le contrôle des sociétés d'assurances* (*Rev. polit. et parl.*, 1904, 1, 457).

Art. 14 du décr. — D'autre part, les sociétés doivent produire au Ministre du travail, aux dates fixées par lui, le compte rendu détaillé de leurs opérations, avec tableaux statistiques à l'appui, l'état des salaires assurés, etc. (art. 12) ; elles doivent également communiquer sans retard, en dix exemplaires, leurs tarifs, polices, prospectus, etc. (art. 11).

Pièces, rapports des commissaires, contre-vérifications des délégués spéciaux, sont centralisés dans les bureaux du Ministère du travail, qui chaque année rédige, avec le concours du *Comité consultatif des assurances contre les accidents du travail*, un rapport d'ensemble au Président de la République sur le fonctionnement de toutes les sociétés soumises à la surveillance. La liste de ces sociétés est révisée chaque année avant le 1er décembre et publiée à l'*Officiel* [1].

Le Comité consultatif, prévu par l'article 27 de la loi (texte de 1905), sans avoir le rôle prépondérant de l'Office impérial allemand des assurances, puisqu'il n'est investi d'aucun pouvoir contentieux et que ses avis ne lient point les tribunaux (V. *supra*), n'en est pas moins un des rouages importants du régime légal français. Il doit, en effet, être consulté par le ministre dans un certain nombre de cas prévus par les décrets, et peut être appelé à donner son avis, tant sur les difficultés d'application ou d'interprétation soulevées par la mise en vigueur du régime nouveau, que sur les réformes nécessaires.

1128. — Syndicats solidaires de garantie. — Les syndicats de garantie, prévus par les lois de 1898 et du 12 avril 1906 (art. 6), diffèrent essentiellement des sociétés ou syndicats d'assurance mutuelle en ce que, dans l'assurance mutuelle, les assurés ou associés versent une prime, variable sans doute avec l'étendue des risques, mais dont les statuts déterminent le taux maximum (décr. 22 janvier 1868, art. 29) ; tandis que les adhérents d'un syndicat de garantie sont solidairement responsables, sans aucune limitation, de la solvabilité les uns des autres.

A ce point de vue, le syndicat de garantie semble moins avantageux que l'assurance mutuelle ; mais il a en revanche cette supériorité sur l'assurance de dispenser les adhérents du dépôt d'un cautionnement (remplacé par la solidarité personnelle des membres), et de la consti-

---

[1] A toute époque, un arrêté du ministre du travail peut mettre fin aux opérations de l'assureur qui ne remplit pas les conditions prévues par la loi ou dont la situation financière ne donne pas des garanties suffisantes (art. 27, modifié par la loi du 31 mars 1905).

Les frais de surveillance ou contrôle des sociétés d'assurances sont couverts au moyen de contributions proportionnelles au montant des réserves ou cautionnements (art. 27 de la loi).

tution d'une réserve mathématique. Aussi conçoit-on la formation d'un lien de cette nature entre un certain nombre d'industriels de même catégorie, exerçant des professions connexes dont les risques peuvent être appréciés par les adhérents avec une certaine précision. Libres de leurs placements, les syndicats peuvent du reste, s'ils sont habilement gérés, constituer en quelques années une réserve volontaire plus ou moins considérable permettant de faire face à une partie des risques assumés par le syndicat, même en laissant aux adhérents la faculté de se retirer sous certaines conditions spécifiées aux statuts.

Les syndicats de garantie sont réglementés par les art. 20 à 26 du décret du 28 février 1899, amendé le 27 décembre 1906. Ils doivent comprendre au moins 5,000 ouvriers (ou employés) assurés et 10 chefs d'entreprise adhérents, dont 5 ayant au moins 300 ouvriers, ou bien 2,000 ouvriers assurés et 300 chefs d'entreprise adhérents, dont 30 ayant au moins chacun 30 ouvriers.

Ces syndicats sont autorisés par décrets rendus en Conseil d'Etat après avis du Comité consultatif. Ils peuvent être autorisés par arrêtés ministériels, lorsque leurs statuts sont conformes à des statuts-types approuvés par décret rendu en Conseil d'Etat, après avis du Comité susvisé [1].

Les syndicats autorisés sont soumis à la même surveillance que les sociétés d'assurances.

1129. — Facilités de paiement du capital accordées aux chefs d'industrie ; cas où le versement est obligatoire. — Ecartant l'obligation de l'assurance, le législateur de 1898 a également supprimé, en principe, l'obligation pour les industriels demeurés leurs propres assureurs ou pour les compagnies privées qu'ils se sont substituées, de verser à une caisse d'Etat les capitaux nécessaires à la constitution des rentes. Mais le chef d'industrie peut toujours, s'il le désire, verser le capital représentatif des pensions mises à sa charge à la Caisse nationale des retraites (art. 28 de la loi) [2].

Toutefois, et par exception, la capitalisation, totale ou partielle, devient obligatoire dans les deux cas suivants : — 1° Si la victime fait usage de la faculté que lui confère l'article 9 de la loi de réclamer, après l'expiration des délais de revision, le versement en espèces du quart (au plus) du capital représentatif de la pension, établi d'après

---

[1] Le décret approuvant les statuts-types, prévus par l'art. 6 de la loi du 12 avril 1906, a été promulgué le 27 déc. 1906 (Cohendy et Darras, p. 1213).

[2] La procédure de versement du capital représentatif est réglée par une circulaire du Directeur général de la Caisse des dépôts et consignations, en date du 30 juin 1899, et par une note de la Caisse nationale (*Off.*, 9 août). — Cf. Bellom. p. 383.

les tarifs de la Caisse des retraites; — 2° Lorsqu'un chef d'entreprise cesse son industrie, soit volontairement, soit par décès, liquidation judiciaire ou faillite, soit par cession d'établissement, le capital représentatif des pensions à sa charge *devient exigible de plein droit* et doit être versé à la Caisse nationale des retraites. Toutefois, le chef d'entreprise ou ses ayants droit peuvent être déchargés de ce versement s'ils fournissent certaines garanties (art. 28) [1].

1130. — Garanties accordées aux créanciers de rentes et indemnités contre l'insolvabilité des débiteurs [2]. — L'assurance n'étant pas obligatoire, le versement d'un capital n'étant imposé à l'industriel que dans certains cas exceptionnels (V. *supra*), quelles sont donc les *garanties* conférées par la loi à la victime de l'accident, ou à ses ayants droit, contre l'insolvabilité, le mauvais vouloir ou la négligence du chef d'industrie débiteur ? — A première vue, il semblerait que le régime de garantie mutuelle obligatoire de solvabilité, institué par la loi de 1898, offre à l'ouvrier une sécurité aussi grande que l'assurance mutuelle englobant l'ensemble des industriels assujettis. Il n'en est rien cependant.

Effectivement, la loi de 1898, à la différence du projet de 1897, laisse en dehors de la garantie qu'elle institue le remboursement des frais médicaux, pharmaceutiques et funéraires, ainsi que le service des indemnités allouées à la suite d'une incapacité temporaire de travail [3]. Elle se borne à conférer au créancier, de ce chef, un privilège général sur les biens du débiteur, colloqué sous le n° 6 de l'article 2101 du Code civil (art. 23 de la loi).

1131. — *Recours du créancier de rente impayé contre la Caisse nationale des retraites, et action récursoire de la Caisse contre l'industriel.* — Les créanciers de rentes allouées, soit aux ayants droit de l'ouvrier décédé, soit à l'ouvrier victime d'un accident entraînant incapacité permanente, absolue ou partielle, ont au contraire, en cas de non-paiement à l'échéance, un recours contre la Caisse nationale des retraites, à la condition de fournir certaines justifications, déterminées par le premier décret réglementaire du 28 février 1899 [1].

La Caisse, à son tour, peut recourir contre les industriels insolvables ou négligents dont elle a acquitté la dette; elle est investie, dans ce but, du droit de délivrer des contraintes (art. 17 du décret); les ins-

[1] Ces garanties sont déterminées par le troisième décret du 28 février 1899 (*Rec.* Cohendy, p. 215).

[2] Jouitou, *Garanties des droits de l'ouvrier victime d'accident*, th. 1901 ; Maltet, *Des garanties de paiement de l'ouvrier*, th. 1904.

[3] Cass., 1er août 1905, *Gaz. Pal.*, 1905, 2, 448.

tances auxquelles donnent lieu les oppositions à contrainte sont suivies dans les formes et délais déterminés par l'article 85 de la loi du 22 frimaire an VII sur l'enregistrement.

Toutefois, si le chef d'entreprise est assuré, soit à une société à primes fixes, soit à une mutuelle fonctionnant dans les conditions déterminées par les règlements, il est *à l'abri de tout recours* de la Caisse nationale. Celle-ci n'a d'action que contre la société d'assurance ; son action est garantie par le privilège de l'article 2102 du Code civil sur l'indemnité due par l'assureur (art. 20 de la loi).

1132. — *Fonds de garantie*. — Des dispositions précédentes, il ressort que l'État, par l'entremise de la Caisse nationale, s'est constitué, non point le réassureur, mais la caution des industriels, des compagnies d'assurances et des mutuelles insolvables. En vue de faire face aux charges qu'elle assume de ce chef, la Caisse des dépôts et consignations possède *un fonds spécial de garantie*, alimenté principalement par les centimes additionnels ajoutés à la patente des industriels et commerçants assujettis [1], par la taxe des mines (cinq centimes par hectare concédé), et par les recouvrements effectués sur les débiteurs d'indemnités (produit des centimes, collocation par privilège dans les faillites ou liquidations, etc.).

VI. Sanctions de la loi ; ordre public. — **1133**. — **Caractère impératif des prescriptions légales.** — Toute convention contraire à la présente loi — dit l'article 30 — est *nulle de plein droit*. — De ce principe, la jurisprudence a conclu logiquement à la nullité radicale de toutes les conventions tendant à faire supporter à l'ouvrier tout ou partie de la prime d'assurance contre les risques visés par la loi de 1898, ainsi que des conventions ayant pour résultat indirect de décharger le patron du fardeau des indemnités que l'article 1er impose aux chefs d'industrie, par exemple des *diminutions du salaire* imposées par le patron comme compensation des charges nouvelles créées par la loi. Les ouvriers qui justifieraient avoir subi des retenues de ce genre auront le droit d'en exiger le remboursement [2]. Il convient, en d'autres

---

[1] Quatre centimes pour les industriels (art. 25, L. de 1898), un centime et demi pour les commerçants (L. 12 avr. 1906, art. 4). — Sur le mode de contribution des exploitations non soumises à l'impôt des patentes (exploitations agricoles, L. 30 juin 1899), v. L. de 1906, art. 5, modifiée par la loi du 26 mars 1908 (*Bull. Off. trav.*, 1908, 477). — Décr. des 18 fév. et 19 mars 1907 (Cohendy et Darras, p. 1202).

[2] Trib. com. Seine, 22 sept. 1899, D. 1900, 2, 17 ; Cass., 16 juill. 1906, *Bull. Off. trav.*, 1906, 1035 ; 31 oct. 1906, S. 1907, 1, 345. — Mais il faudrait, au contraire, tenir pour licites les retenues sur le salaire ayant pour but d'assurer l'ouvrier contre un risque non prévu par la loi (secours de maladies, secours pour accident n'entraînant pas incapacité de plus de quatre jours) ; Trib. civ. Seine, 22 sept. et 17 nov.

termes, d'étendre à toutes les polices d'assurances contractées en vue de garantir le patron contre les risques de la loi nouvelle, la solution généralement admise, sous l'empire de la loi ancienne, pour l'assurance de responsabilité patronale [1].

C'est à ce même caractère d'*ordre public* reconnu à la loi de 1898 que se rattache la disposition de l'art. 2, portant que les ouvriers et employés (ou leurs représentants) ne peuvent se prévaloir, à raison des accidents dont ils sont victimes, d'autres dispositions que celles de la loi. Il leur est donc interdit d'invoquer le bénéfice des art. 1382 et s., alors même qu'ils seraient en mesure de prouver une faute du patron, alors même que celui-ci, ou son préposé, aurait été condamné correctionnellement pour violation des règlements, ou même pour homicide par imprudence ! [2].

Les mineurs ou leurs représentants ne conservent le droit de réclamer la réparation du préjudice causé, conformément au droit commun, que contre les auteurs de l'accident, autres que le patron, ses ouvriers ou préposés.

La rigueur avec laquelle la jurisprudence applique l'art. 2 confine même à l'injustice. C'est ainsi qu'elle dénie aux ascendants d'un *apprenti* décédé des suites de sa blessure, le droit d'actionner le patron en responsabilité, conformément à l'article 1382, même s'il était prouvé que l'accident est dû à une faute lourde de celui-ci, ayant engagé sa responsabilité pénale (Cass., 16 janvier 1906, précité).

Une telle interprétation constitue une véritable prime à l'incurie patronale, le patron ayant tout intérêt à ce que l'apprenti blessé succombe à ses blessures, puisque, en cas de décès, il échappe à toute indemnité, l'ascendant n'étant évidemment *pas à la charge* de son fils ou petit-fils, simple apprenti non salarié, tandis que si le blessé survit, il lui devra une indemnité de demi-salaire !

1899, D. 1900, 2, 17, et note de M. Dupuich ; Cons. prud. Seine, tissus, 1er nov. 1899 (*Rec. minist.*, I, 20). — Cf. Bellom, p. 576 et suiv.

[1] Sur la distinction établie par la jurisprudence, sous l'empire de la loi ancienne, entre l'*assurance collective* du personnel contre les accidents, et l'*assurance de responsabilité*, v. Civ. cass., 19 déc. 1900, D. 1901, 1, 353, et note Sarrut ; Paris, 25 fév. 1887, D. 88, 2, 25 ; Dupuich, note sous D. 92, 2, 369 ; Wahl, note sous S. 98, 2, 257. — Sur la nullité radicale des obligations contractées, pour rémunération de leurs services, envers les intermédiaires qui se chargent, moyennant émoluments convenus à l'avance, d'assurer aux victimes d'accidents ou à leurs ayants droit le bénéfice des instances ou accords prévus aux art. 15-19, v. le § 4 nouveau (L. de 1905) de l'art. 30.

[2] Cass., 16 nov. 1903, D. 1904, 1, 132 ; 1er août 1905 et 16 janv. 1906, S. 1906, 1, 25 ; Trib. d'Yssingeaux, 29 juill. 1907, *Gaz. trib.*, 10 janv. 1908. — Sur l'application du principe aux représentants de l'ouvrier étranger, v. *supra*, n° 1115 ; aux frères et sœurs, v. Béziers, 10 janv. 1901, *Mon. jud. Midi*, 3 fév. ; Bordeaux, 14 mai 1907, *Mon. jud. Lyon*, 30 juillet.

Le texte de l'article 2 impose-t-il donc une solution aussi inique? A vrai dire, nous ne le croyons pas. Si l'article 8, en effet, assimile l'apprenti à l'ouvrier valide le moins payé, pour le calcul de l'indemnité de demi-salaire ou de la rente, au cas d'accident *non mortel*, l'article 2 ne mentionne plus l'apprenti. N'avons-nous pas le droit de conclure de ce silence que l'hypothèse de l'accident mortel dont un apprenti peut être victime est en dehors des prévisions de la loi, et demeure régie par le droit commun? [1]. Quoi qu'il en soit, et en présence de la jurisprudence contraire de la Cour suprême, une modification au texte s'imposerait, l'impunité du patron étant, en pareil cas, un véritable scandale!

1134. — **Affichage; inspection.** — Les chefs d'entreprise sont tenus, sous peine d'une amende de 1 à 15 francs, de faire afficher *dans chaque atelier* la loi et les règlements. Les infractions à cette prescription, ainsi qu'aux dispositions de l'article 11 (déclaration), sont constatées par les inspecteurs du travail [2].

VII. Dispositions transitoires. — **1135.** — Nous avons exposé *supra* (nos 1070-72), les difficultés qui se sont élevées sur le point de départ du régime nouveau, la manière dont ces dificultés avaient été tranchées par la loi du 24 mai 1899, et l'économie de la loi du 29 juin 1899 sur la résiliation des polices d'assurances accident concernant les industries prévues à l'article 1er de la loi du 9 avril 1898, *et antérieures à cette loi* [3].

Des dispositions analogues ont été inscrites dans la loi du 12 avril 1906 relativement à la résiliation des polices concernant les exploitations commerciales visées par ladite loi [4].

Rappelons, d'autre part, qu'aux termes de l'article 27 de la loi de 1898, modifiée par la loi de 1905, lorsqu'une société d'assurance se voit retirer l'autorisation gouvernementale, ses contrats sont résiliés de plein droit [5].

---

[1] *Sic* : Pic, note sous Lyon, 6 janv. 1904 (arrêt confirmé par la Ch. des Req., le 16 janv. 1906), *Mon. jud. Lyon*, n° 28 janv. 1904.

[2] Sur les *immunités fiscales*, octroyées par la loi, v. art. 29, § 1er, et instruction de la direction générale de l'enregistrement du 24 juin 1899, n° 2988 (*Rev. de l'Enregistr.*, 1900, p. 19). Sur les émoluments et indemnités des greffiers de justice de paix, et autres officiers ministériels appelés à coopérer à l'application de la loi, v. art. 29, § 2, et loi de finances du 13 avril 1900, art. 31, § 1er. — V. aussi Bellom, p. 634 et s.; Loubat, t. Ier, n° 1938.

[3] Sur les difficultés auxquelles les prescriptions de la loi de 1895 concernant la résiliation des polices en cours ont pu donner lieu, cons. notamment : Bellom, p. 615; Loubat, t. Ier, nos 2290 et s.; Cohendy et Darras, p. 1276 et s.

[4] V. Loubat, t. II, nos 2338 et s.; Cohendy et Darras, p. 1276.

[5] Cohendy et Darras, p. 1273.

III. — Accidents agricoles (loi du 30 juin 1899)[1]

1136. — L'article 1er de la loi de 1898 s'appliquait indistinctement à tous les accidents survenus par le fait ou à l'occasion du travail, dans toute exploitation où il est fait usage d'une machine mue par une force autre que celle de l'homme ou des animaux. Cette formule large englobait incontestablement les exploitations agricoles (V. *supra*, n° 1081) ; mais de sérieuses difficultés s'étaient élevées sur les conditions d'application de la loi, soit en ce qui concerne les accidents susceptibles d'engager la responsabilité de l'exploitant, soit pour la détermination des personnes régies, activement ou passivement, par la loi. Une interprétation trop large eût imposé à l'agriculture des charges excessives, une interprétation trop étroite eût laissé sans réparation des accidents, plus nombreux et plus graves au fur et à mesure que l'agriculture s'industrialise. C'est pour remédier à ce double danger qu'a été édictée la loi du 30 mars 1899, qu'il a été impossible d'incorporer dans la loi générale sur les accidents, les deux lois procédant d'un principe différent pour la détermination, soit des personnes responsables, soit des bénéficiaires d'indemnités.

1137. — **Loi du 30 juin 1899.** — Les prescriptions de la loi peuvent se grouper autour des trois règles suivantes : — 1° Les accidents survenus dans les exploitations agricoles ne donnent lieu à indemnité qu'autant qu'ils sont directement causés par l'emploi de machines agricoles mues par des moteurs inanimés[2]. A ce point de vue, la loi nouvelle circonscrit le domaine du risque plus étroitement

[1] Pour l'étude complète de la loi du 30 juin 1899, dont nous ne pouvons qu'indiquer ici sommairement les caractères essentiels, cons. notamment : — de Saint-Charles. *Les lois sur les accidents du travail et les contrats du travail agricole* (*Quest. prat.*, 1900, 193 et suiv.) ; Gonnard, *Les accidents agricoles en France*, 1901; Larnaude, *La loi sur les accidents du travail et l'agriculture*; Aupetit, *De la responsabilité des accidents agricoles*, 1901 ; Loubat, *Des accidents agricoles*, 1902 (comm. très complet) ; Van Cauwenberghe, *Le risque professionnel et les accidents agricoles*, th. 1903; Fontaine de Resbeq, *Le risque professionnel agricole*, th. 1905; Wahl, note sous S. 1905, 1, 337; Bosc, note sous D. 1906, 2, 377; Dupuich, note sous D. 1907, 1, 257. — Cf. sur les débats parlem., D. 99, 4, 52; S. 99, 5, 834. — V. aussi Bellom, Cabouat, Sachet, *passim*.

[2] Telles sont les machines utilisées dans l'agriculture proprement dite (batteuses mécaniques, charrues à vapeur, semeuses, faucheuses, défonceuses), la viticulture (pressoirs mécaniques, etc.), l'horticulture et culture maraîchère (appareils pour la distribution de l'eau, le chauffage des serres), la sylviculture (scies hydrauliques pour l'abatage des arbres, etc.). — V. les détails fournis par Loubat, *op. cit.* — Cf. trib. Villefranche, 14 juin 1902, *Mon. jud. Lyon*, 27-28 juillet 1902.

que la loi de 1898, article 1er, à laquelle elle déroge de ce chef. Aussi la jurisprudence, interprétant la loi à la lettre, décide-t-elle que tout accident survenu à une personne, même préposée au service de la machine, échappe à l'application du risque s'il n'est pas le résultat *direct* de la mise en œuvre de la machine[1].

2° Le chef d'entreprise responsable est l'*exploitant* du moteur, c'est-à-dire « l'individu ou la collectivité qui dirige le moteur ou le fait diriger par ses préposés ». Ainsi, pour les batteuses mécaniques, la personne responsable sera, tantôt l'agriculteur lui-même, s'il est propriétaire de la machine ou si, l'ayant louée, il en a assumé la direction, tantôt l'entrepreneur de battage qui envoie, de ferme en ferme, sa machine accompagnée de son mécanicien[2].

3° Sont appelés à bénéficier de la loi non seulement les ouvriers ou employés de l'exploitant, unis à celui-ci par un contrat de travail, mais encore toutes les personnes, *quelles qu'elles soient*, occupées à la conduite ou au service des moteurs ou machines[3]. A ce point de vue, le législateur de 1899 s'est complètement écarté, dans une pensée d'équité, du principe posé par l'article 1er de la loi de 1898 (V. *supra*, nos 1084 et s.). C'est ainsi que les voisins, qui seraient, suivant un usage fréquent à la campagne, venus aider au battage à charge de revanche, sans même recevoir de salaire, et l'agriculteur lui-même[4], s'il prend part au travail comme auxiliaire de l'entrepreneur de battage, pourraient, en cas d'accident, se prévaloir de la disposition légale.

Pour les victimes ne recevant pas de salaire, ou n'ayant pas un salaire fixe, l'indemnité est calculée, selon les tarifs de la loi de 1898, en prenant pour base le salaire moyen des ouvriers agricoles de la commune.

---

1 Cass., 15 déc. 1902, et 6 janv. 1903, D. 1903, 1, 178; Limoges, 19 déc. 1899, *Mon. jud.*, 14 fév. 1900; Riom, 3 déc. 1900, D. 1901, 2, 61 ; Civ. rej., 4 août 1902, 1, 581. — Pour la critique de ces décisions trop restrictives, v. Gonnard, *op. cit.* — V. aussi Grenoble, 3 août 1901, S. 1902, 2, 84 ; Cass., 7 août 1906, *Rev. accid. trav.*, 1906, 348.

2 Cass., 20 février 1907, D. 1907, 1, 257, et note Dupuich, S. 1907, 1, 238; Angers, 16 janv. 1900, S. 1901, 2, 89, et note Wahl; Grenoble, 29 juin 1906, *Rev. accid. trav.*, 1907, 30.

3 Personnes occupées à la *conduite* du moteur de la machine : mécaniciens, chauffeurs et auxiliaires. Personnes occupées au *service* de la machine : auxiliaires qui coopèrent au travail de celle-ci en lui apportant les matières à mettre en œuvre (blé en gerbes, par exemple), ou en retirant les produits manipulés (enlèvement du grain, etc.). Cass., 6 janv. 1903, S. 1905, 1, 337, D. 1903, 1, 178; Montpellier, 10 juill. 1902, *Pand. fr.*, 1904, 2, 33.

4 Poitiers, 23 mars 1908, *Mon. jud. Lyon*, 9-10 août.

IV. — Loi de 1907 sur la faculté d'adhésion à la législation des accidents

1138. — Nous avons indiqué précédemment (n° 1076) l'objet de la loi du 18 juillet 1907 sur la faculté d'adhésion à la législation des accidents du travail. Les formalités édictées par cette loi (déclaration d'adhésion, carnet destiné à recevoir l'adhésion des salariés) [1], ne sauraient soulever aucune difficulté sérieuse.

Le seul point délicat, non tranché par le texte, est de savoir si les prescriptions de la loi de 1898 conservent leur caractère d'ordre public, même quand l'assujettissement des parties intéressées à cette loi est le résultat, non point d'une prescription impérative de la loi, mais d'une adhésion volontaire. A première vue, il semble que l'on ne puisse considérer comme étant d'ordre public des prescriptions auxquelles employeurs et employés se sont soumis volontairement, sans y être contraints, et auxquelles ils pourraient se soustraire par une manifestation de volonté contraire.

Ce point de vue, cependant, serait inexact. Sans doute, l'employeur peut faire cesser son assujettissement par une déclaration de volonté contraire, mais cette déclaration n'a d'effet que pour l'avenir et ne saurait être opposée aux salariés embauchés antérieurement. Il nous paraît donc plus juridique de décider : — 1° Que lorsqu'un employeur s'est, du consentement de son personnel, soumis à la législation des accidents dans les conditions prévues par la loi de 1907, cette législation s'applique à lui dans son intégralité, sans qu'il puisse en répudier certaines prescriptions ; — 2° Que les jugements rendus en cette matière ne sauraient faire l'objet d'un acquiescement valable [2].

V. — Premiers résultats du régime nouveau. Réformes désirables [3]

Premiers résultats de la loi. — **1139.** — La loi de 1898 est entrée en vigueur depuis plus de neuf ans. Quoique relativement

[1] V. le décret du 30 juillet 1907 déterminant les formes des déclarations et du carnet prévus par la loi du 18 juillet 1907.

[2] Cf. Lyon-Caen, note sous S. 1907, 1, 385. — Sur l'impossibilité, avant la loi de 1907, pour un industriel non assujetti, de se soumettre au régime du risque professionnel, cons. Civ. cass., 6 août 1907, *Mon. jud. Lyon*, 22 août.

[3] Bibliographie : Aux études citées *supra*, en note sous n° 1034, de MM. Boissard,

courte, surtout si l'on tient compte des inévitables hésitations du début, cette période d'application a suffi pour dissiper les alarmes des adversaires du risques professionnel, et démontrer que l'industrie française pouvait, aussi bien que ses rivales, s'accommoder du régime nouveau. La loi du 24 mai 1899 a du reste très efficacement contribué à faire accepter la réforme, en offrant aux industriels une faculté d'option entre la Caisse de l'Etat et les diverses combinaisons de l'assurance privée : celle-ci, en présence de la concurrence officielle, a dû modérer ses prétentions, et finalement ses tarifs considérablement réduits ont déterminé l'industrie à lui donner la préférence sur les tarifs, sensiblement supérieurs, de la Caisse officielle [1].

Dès aujourd'hui, la grande majorité des industriels a compris la nécessité de l'assurance, du groupement pour la répartition des charges. Restent seuls désormais en dehors de l'assurance, « ce refuge moralement obligatoire de toutes les entreprises assujetties », suivant l'expression caractéristique de M. Millerand (circ. aux préfets, 24 août 1899) :

1° Les entreprises puissantes ayant tout intérêt à demeurer leurs propres assureurs, comme les Compagnies de chemins de fer, ou quelques grands établissements métallurgiques ;

2° Les *imprudents et les insolvables.*

Kahn, Vassart, Wilhelm, etc..., *adde :* Paulet, *Premières applications de la loi française sur les accidents* (rapp. au Congrès de Dusseldorf, 1902); Beauregard, *L'Etat et l'assurance* (*Monde économ.*, 20 avril 1901); Roux, *Le mouvement du patronat vers l'assurance* (*Réf. soc.*, 16 déc. 1902); Tuja, *Les modifications à la loi sur les accidents du travail* (*Ann. de dr. commerc.*, 1902, 253); Delcourt, *Les résultats de l'assurance contre les accidents*, th. 1905.

[1] D'après le dernier rapport sur l'application de la loi de 1898 (rapp. sur l'année 1905, *Bull. Comité assur. soc.*, 1907, p. 621 et s.), 41 sociétés ou syndicats étaient, à la fin de 1905, autorisés à pratiquer l'assurance accidents, savoir : 17 mutuelles françaises, 16 sociétés anonymes françaises, 6 sociétés étrangères, et 2 syndicats de garantie (Union parisienne des entrepreneurs et industriels, et Syndicat général de garantie du bâtiment et des travaux publics). — Depuis la promulgation des statuts-types de déc. 1906, plusieurs syndicats de garantie se sont d'ailleurs constitués, ou sont en voie de formation.

Ces 41 sociétés avaient, en 1905, assuré 3,329,454,703 francs de salaires.

En regard de ces chiffres, ceux enregistrés par la Caisse nationale sont presque insignifiants. Le nombre des contrats en cours au 31 déc. 1906 s'élevait seulement à 1,215, en augmentation de 112 sur 1905, dont :

1) 1,114 contrats au titre de la loi de 1898, portant sur un chiffre de 28 millions de salaires;

2) 101 contrats au titre de la loi de 1899.

A elle seule, la Caisse syndicale des forges assure pour plus de 100 millions de salaires!

S'ensuit-il que l'Etat ait eu tort de réorganiser la Caisse officielle ? Non, évidemment, puisque la crainte de la concurrence de l'Etat était le seul moyen de briser le trust des assureurs, si périlleux pour la petite industrie. La Caisse d'Etat joue ainsi le rôle de régulateur des tarifs.

1140. — *Progrès des mesures préventives.* — D'autre part, et ce n'est pas là un des résultats les moins heureux du régime nouveau, la loi de 1898 a donné une vive impulsion à l'étude des mesures préventives susceptibles de diminuer le nombre des accidents. L'Association des industriels de France, qui s'est depuis longtemps placée au premier rang dans cette voie et qui a très efficacement coopéré à la mise à exécution de la loi de 1893 sur l'hygiène et la sécurité des ateliers (V. *supra*, n° 637), a multiplié ses efforts, étendu son champ d'action, et s'est mise en rapport avec les organisations similaires de l'étranger afin de donner, à cette noble lutte pour la préservation de la vie humaine, un caractère international [1].

Les chiffres fournis par nous *supra* (n° 1047), faisant ressortir la diminution sensible du nombre des accidents mortels, suffiraient à établir l'efficacité de ces efforts.

Réformes nécessaires [2]. — **1141.** — Nos indications à ce sujet seront très brèves. L'énoncé même des réformes nécessaires ressort suffisamment, en effet, de notre étude comparative sur le développement historique de la législation des accidents, en France et à l'étranger, ainsi que de notre commentaire de la loi de 1898, et des textes qui, de 1899 à 1906, l'ont améliorée ou complétée.

A. Principe de la loi : supériorité de l'assurance obligatoire. — Notre appréciation sur le principe même de la loi est déjà connue. Nous croyons avoir suffisamment démontré la supériorité théorique des lois basées sur le risque professionnel *et* l'assurance *obligatoire* sur le régime transactionnel qui a prévalu en France (V. *supra*, nos 1068 et s.). L'obligation, nous l'avons établi, aurait eu ce triple avantage de sauver d'une ruine toujours imminente les petits industriels assez imprudents ou aveugles pour ne pas s'assurer, de supprimer le cautionnement des insolvables par l'Etat, enfin de faire disparaître cette prime indirecte à l'emploi des célibataires et des étrangers qui résulte de la loi de 1898, sans imposer une surcharge quelconque à l'industrie.

---

[1] Sur le mouvement actuel en faveur de l'étude méthodique, suivant les méthodes comparatives, des moyens préventifs, et corrélativement, de l'établissement sur des bases uniformes et scientifiques d'une statistique internationale des accidents, v. les rapports et discussions du Congrès international des assurances sociales, tenu à Dusseldorf en 1902, à Vienne en 1905, à Rome en octobre 1908. — Cf. *Bulletin de l'Association des industriels de France.*

[2] Outre les ouvrages généraux, cons. : Marchais, *Essai sur la loi de 1898 et les modifications dont elle serait susceptible*, th. 1905 ; Moulin, *Des diverses propositions d'extension de la loi de 1898*, 1905.

Mais nous reconnaissons volontiers que la loi est trop récente pour qu'il puisse être question actuellement de la modifier dans son principe même. La réforme que nous préconisons est de celles qu'il faut étudier mûrement, pour lesquelles il convient de préparer l'opinion ; et d'ailleurs, pour être complète et définitive, elle devrait se combiner, comme en Allemagne, avec une organisation d'ensemble de l'assurance-maladie, ces deux formes d'assurance obligatoire, accident et maladie, ne pouvant produire leur maximum d'effet utile qu'à la condition de se prêter un mutuel appui.

1142. — **B. Réformes touchant à la procédure**[1]. — La plupart des imperfections relevées au lendemain de la mise en vigueur du régime nouveau ont été corrigées par les lois de 1902 et 1905. Aussi nous bornerons-nous à signaler d'un mot quelques propositions de détail : prop. *Defontaine* tendant à accorder une indemnité aux victimes pour les frais de déplacement que leur impose la procédure d'application de la loi (Ch., 21 juin 1907, *Doc. parl.*, n° 1080); prop. *Leboucq* tendant à réprimer plus efficacement les manœuvres délictueuses d'intermédiaires spéculant sur les accidents du travail (Ch., 19 nov. 1906, *Doc. parl.*, n° 437)[2].

1143. — **C. Projets ou propositions touchant au fond du droit.** — *a*) *Professions assujetties.* — 1° *Agriculture*[3]. La loi de 1905, en étendant aux auxiliaires du commerce le bénéfice de la loi de 1898, n'a fait que mettre en relief l'étroitesse du principe posé par la loi de 1899,

---

[1] Pour la liste complète des projets ou propositions de lois relatifs aux accidents du travail, cons. *Bull. Off. trav.*, 1908, XII, et chroniques législatives de M. Deléarde dans le *Bull. des assur. sociales*.

[2] Cette proposition se rattache à un mouvement de protestation de la *Fédération des industriels*, contre les abus des certificats de complaisance et autres fraudes tendant à aggraver le risque professionnel et à fausser le caractère de la loi : ces abus ne seraient pas étrangers aux déficits avoués par certaines compagnies d'assurances (V. le rapport officiel pour 1906). (*Musée social*, juin 1908, p. 166; *Bull. Fédér. des industr.*, 3 mars 1908). Ces plaintes, sans être dénuées de tout fondement, paraissent exagérées, surtout depuis l'insertion dans l'art. 30 de la loi, par la loi de 1905, de pénalités rigoureuses contre les auteurs des fraudes spécifiées (intermédiaires, agents d'affaires, avocats ou médecins). Au surplus, en 1905, sur 41 sociétés ou syndicats, 35 accusaient des excédents, 6 seulement étaient en perte; et il est à supposer que ces pertes sont dues, partiellement au moins, soit à une exagération des frais de gestion ou de publicité, soit à la modicité excessive de certaines primes, adoptée en vue de détourner les industriels de la Caisse d'Etat. — Cf. Dr Divernesse, *La loi sur les accidents en danger* (*Rev. socialiste*, avril 1908).

[3] Vannoz, *De l'extension aux ouvriers agricoles de la loi du 9 avril 1898*, th. 1906; Dubois-Fresney, *id.*, 1907; Beauregard, *Les accidents du travail dans les exploitations agricoles* (*Monde écon.*, 6 avril 1907); Zolla, *Les salariés agricoles et les accidents du travail* (*Débats*, 28 août 1907). — V. aussi *Bull. assur. soc.*, 1907, p. 323, 373 et 565, 1908, p. 95. — Cf. Fuster, *Les accidents du travail agricole et l'expérience allemande* (*ibid.*, 1908, p. 49).

qui, nous l'avons vu, ne garantit l'ouvrier agricole que contre un risque plutôt exceptionnel, le risque d'accident occasionné par un moteur mécanique. Aussi le Gouvernement, s'inspirant de propositions antérieures, notamment d'une propos. *Mirman*, du 13 déc. 1900, a-t-il récemment déposé sur le bureau de la Chambre un projet tendant à étendre, à la généralité des accidents agricoles, le principe du risque professionnel et le régime d'indemnisation institué par la loi de 1898 (Ch., 5 nov. 1906, *Doc. parl.*, n° 364). Ce projet, amendé sur certains points, a fait l'objet d'un rapport favorable de M. *Chauvin* au nom de la Commission d'assurance et de prévoyance sociales (22 fév. 1907, *Doc. parl.*, n° 777). Mais sa discussion pourrait bien être retardée, par suite du dépôt d'un avis, nettement défavorable, de la Commission de l'agriculture (rap. *Chaigne*, Ch., 4 juill. 1907, *Doc. parl.*, n° 1153). Cette Commission évalue à 105 millions, chiffre sensiblement égal au principal de l'impôt foncier, les charges que la loi nouvelle imposerait à l'agriculture, et propose une série de remaniements tendant à en rendre le fardeau moins lourd. Une nouvelle proposition, conforme aux indications de ladite Commission, a été déposée par M. P. Beauregard, le 24 oct. 1907 (*Doc. parl.*, n° 127) ; elle n'a fait encore l'objet d'aucun rapport.

2° *Domesticité*. — Propos. *Pugliesi-Conti* (Ch., 25 mai 1908, *Doc. parl.*, n° 1737), ayant pour objet d'étendre le régime de la loi de 1898 aux gens de maison, domestiques ou serviteurs de toute sorte [1].

1144. — *b*) *Définition du risque. Maladies professionnelles* [2]. — Le seul risque prévu par la loi est le risque accident, à l'exclusion de la *maladie professionnelle* (V. *supra*, n° 1088). En présence des résultats souvent iniques auxquels aboutit cette exclusion, et de l'insuffisance des mesures préventives, si perfectionnées qu'on les suppose [3], MM. Vail-

[1] A signaler également : le dépôt par le ministre du travail, le 28 janv. 1907 (Ch. *Doc. parl.*, n° 703), d'un projet de loi concernant les accidents du travail survenus dans les établissements *pénitentiaires* et les établissements *hospitaliers* ; — et la nomination, par le même ministre, de deux Commissions chargées d'étudier, l'une (arrêté du 9 oct. 1906) la question des responsabilités des accidents du travail dans les *écoles techniques et autres établissements d'instruction* ; l'autre (arrêté du 3 juin 1907), chargée d'étudier l'extension de la législation de 1898 aux accidents dont les soldats sont victimes par le fait du service militaire. — Cf. Dr Darquier, *Les accidents dans le service militaire* (*Rev. pol. et parl.*, 1906, 1, 477) ; *Bull. assur. soc.*, 1907, 778.

[2] La question des maladies professionnelles a suscité, tant en France qu'à l'étranger, une littérature abondante. Aux ouvrages et articles cités *supra*, n° 1088, *adde* : Capel, *La maladie professionnelle*, th. 1902 ; Le Carbonnier, *De la réparation des conséquences des maladies professionnelles*, th. 1906 ; Boyer, *Les maladies professionnelles* (*Monde económ.*, 1905).

[3] Sur l'hygiène industrielle, et les mesures légales prescrites en vue d'atténuer le danger des poisons industriels : céruse, phosphore, etc., v. *supra*, nos 609 et s.

lant et Breton avaient, dès 1901 [1], proposé à la Chambre d'étendre le bénéfice de la loi aux maladies d'origine professionnelle. Sans examiner ces propositions au fond, la Chambre, dans sa séance du 5 déc. 1901, adopta une motion invitant le Gouvernement à constituer une Commission extraparlementaire, chargée d'établir la liste des maladies professionnelles.

La tâche était ardue, car il n'est pas toujours facile d'établir un rapport de cause à effet entre l'exercice d'une profession déterminée et l'apparition chez l'ouvrier d'une maladie générale (tuberculose par exemple), qui s'attaque, quoique inégalement, à toutes les classes de la population. Elle n'était cependant pas insurmontable [2], et la Commission d'hygiène industrielle, à la suite d'une enquête approfondie, s'en est acquittée très heureusement [3].

Prenant cette enquête technique pour base de ses travaux, le Comité consultatif des assurances élabora un projet de loi, que M. Dubief, ministre du commerce, déposa sur le bureau de la Chambre, le 14 juin 1906 (Ch., *Doc. parl.*, n° 88).

1145. — Ce projet comprend cinq titres. Le premier détermine le champ d'application de la loi (détermination des maladies professionnelles, et des indemnités afférentes). Le second et le troisième traitent respectivement de l'organisation et du fonctionnement des mutualités locales et syndicats centraux de garanties. Le titre IV organise des Comités locaux d'arbitrage et une Commission supérieure des maladies professionnelles. Enfin le titre V détermine les pénalités et sanctions diverses.

L'adoption du projet [4] est vivement réclamée par toutes les organisations syndicales ouvrières. Elle nous paraît également très désirable,

---

[1] Amend. Vaillant, Ch., *Doc. parl.*, 3 juin 1901 ; 1re propos. Breton, 5 déc. 1901, Ch., *Doc. parl.*, n° 2810.

[2] Le problème a été résolu récemment, de manière assez satisfaisante, par le législateur anglais, v. *supra*, n° 1062.

[3] Une série de rapports particuliers ont été rédigés au sujet des maladies causées par les principaux poisons industriels (plomb, mercure, arsenic, sulfure de carbone-benzine, nitro-benzine, aniline, hydrogène sulfuré, vapeur et gaz vénéneux ou caustiques, virus de la variole, du charbon, poussières à pneumonie, et dermatoses d'origine professionnelle). Ces rapports ont été condensés dans le rapport général de M. Leclerc de Pulligny. — Sur ces rapports, cons. notamment : G. Alfassa, *Les poisons industriels*, 1906 ; — de Paoli, *De l'assimilation des maladies professionnelles aux accidents du travail*. — Cf. les nombreux rapports présentés par les diverses sections nationales aux Congrès de l'Assoc. intern. pour la protect. lég. des trav. (Genève, 1906, Lucerne, 1908).

[4] Le rapport a été déposé le 22 mars 1907 (*Doc. parl.*, n° 888), par M. *Breton*. — Cp., au projet gouvernemental, la propos. Breton (13 juill. 1906, Ch., *Doc. parl.*, n° 325, *Off.*, p. 2287).

car elle mettrait fin à certaines distinctions injustifiables. Il n'y aurait là cependant, dans notre pensée, qu'une législation transitoire. Nous persistons en effet à croire que la vraie solution du problème n'est pas dans l'assimilation des maladies professionnelles aux accidents, mais dans la création, à côté de l'assurance-accidents, d'une assurance obligatoire contre la maladie, quelle que puisse être l'origine de celle-ci (système austro-allemand) [1].

ARTICLE 2. — *Obligations de l'ouvrier.* — *Livret d'ouvrier et livrets d'acquit*

1146. — A. OBLIGATIONS DE L'OUVRIER. — Les obligations de l'ouvrier, ou bailleur de services, envers le patron, peuvent se résumer dans les propositions suivantes :

I. L'ouvrier (ou l'employé) doit fournir en *personne* les services promis. Le louage de services implique en effet un certain *intuitus personæ*; aussi l'ouvrier ne peut-il, à moins d'un consentement formel du maître ou de son représentant, se faire remplacer, même provisoirement, par un tiers.

Il doit, de plus, fournir ses services dans les conditions déterminées par son contrat ou par l'usage. Si, ayant promis dix heures de travail par jour, il ne demeure à l'atelier que huit heures, il pourra se voir infliger une retenue proportionnelle, et s'exposera à une résiliation du contrat [2].

Enfin l'ouvrier doit, à l'atelier, respecter le règlement, ordinairement affiché. L'ouvrier ou apprenti convaincu d'avoir troublé l'ordre de l'atelier était passible d'une action disciplinaire devant le conseil des prud'hommes (décr. 3 août 1810). Mais l'art. 73 de la loi organique du 27 mars 1907 ayant abrogé le décret de 1810, les infractions de ce genre ne tombent plus que sous l'application des lois pénales ordinaires.

---

[1] V. n°s 1387 et s., *infra*. — Pour terminer cet aperçu sommaire des projets de réforme de la loi des accidents, signalons : — 1° Un projet de loi concernant la responsabilité des accidents du travail dont les ouvriers sont victimes dans leur travail en Algérie, déposé par le ministre du travail (Ch., 8 nov. 1906, *Doc. parl.*, n° 400). — Cf. Thomas, *L'Algérie et la loi sur les accidents du travail* (*Rev. Algér.*, mars 1907); — 2° Une proposition de M. Basly, tendant à interdire au patron d'être son propre assureur (ce qui équivaut à décréter l'obligation de l'assurance), et modifiant sur certains points le tarif des indemnités (du 2 avr. 1908, *Bull. assur. soc.*, 1908, 106).

[2] Sur le droit pour l'ouvrier de refuser d'obéir à des ordres du patron, immoraux ou illégaux, v. trib. civ. Seine, 2 nov. 1895, *Gaz. Pal.*, 95, 2, 731 (droit pour un comptable de se refuser à passer des écritures irrégulières).

1147. — II. L'ouvrier est responsable des *détériorations* causées par sa négligence au matériel confié à ses soins, ainsi que des *malfaçons* provenant de sa faute [1]. En ce qui concerne la détérioration du matériel, la responsabilité de l'ouvrier ne saurait d'ailleurs être engagée qu'autant qu'il y a eu faute manifeste de sa part.

Il en est de même des malfaçons ; l'ouvrier n'en peut être déclaré responsable qu'autant qu'elles proviennent manifestement de sa négligence, et non du vice de la matière, ou d'un ordre du patron, qui l'aurait contraint d'exécuter à la hâte, et dans un délai insuffisant, un travail exigeant des soins minutieux. Même s'il y a faute établie de l'ouvrier, sa responsabilité est couverte dès que le patron a reçu l'ouvrage sans formuler de réserves, et ce, alors même que le vice ne serait pas apparent. Il en serait différemment toutefois, et la responsabilité de l'ouvrier subsisterait, si l'ouvrier avait empêché la découverte du vice par des manœuvres frauduleuses.

1148. — III. L'ouvrier est responsable du *retard dans l'exécution* provenant de sa faute. Il doit livrer l'ouvrage dans les délais déterminés par la convention, l'usage ou le règlement de la fabrique. Mais, à la différence de l'ouvrier à façon, il ne répond pas des cas fortuits ; en conséquence, si l'ouvrage vient à périr fortuitement avant son achèvement, il n'en supportera pas le risque, c'est-à-dire qu'il aura droit au salaire correspondant aux journées de travail consacrées à l'exécution de l'ouvrage détruit.

1149. — IV. L'ouvrier (ou l'employé) ne doit ni révéler à qui que ce soit les secrets ou procédés de fabrication de la maison, ni faire usage de ces procédés dans son intérêt personnel [2].

B. Du livret d'ouvrier [3]. — **1150.** — *Historique.* — C'est ici le lieu de donner quelques indications rétrospectives sur le *livret d'ouvrier*, abrogé en principe par la loi du 2 juillet 1890, dont l'objet principal était de sanctionner énergiquement les obligations de l'ouvrier envers le maître.

Le livret était un cahier, remis par l'autorité (à Paris par le préfet de

---

[1] Req., 15 février 1892, S. 92, 1, 143.

[2] Sur l'application de l'art. 418 du C. pén. aux commis et ouvriers, v. trib. com. Seine, 6 juill. 1893, *Gaz. trib.*, 15 août. — Sur la concurrence déloyale que l'ex-employé ou commis pourrait faire à la maison dont il a cessé de faire partie, v. *supra*, nos 277 et s.

[3] Bibliographie : Sauzet, *Le livret obligatoire de l'ouvrier* (*Rev. critique*, 1890) ; Cauwès, t. III, p. 122 et s. ; Plantier, *Le livret d'ouvrier*, 1900 ; Pariset, *Histoire de la fabrique lyonnaise*, 1902 ; Bernard, *Le livret ouvrier*, th. 1903. — Cf. Cornil, *Contrat de travail*, p. 175 et s.

police, à Lyon par le préfet, dans les autres villes par le maire ou l'adjoint), dont tout ouvrier de manufacture *devait* être muni, à peine d'amende ou d'emprisonnement de un à cinq jours. Ce livret portait tout d'abord les nom, lieu de naissance et signalement de l'intéressé; il lui servait en effet de passeport et devait être visé à nouveau dans les diverses localités où l'ouvrier cherchait du travail. Il contenait, en outre, la mention des ateliers où l'ouvrier avait successivement travaillé, les indications du jour de son entrée et du jour de sa sortie de chaque atelier, l'acquit des engagements contractés par lui envers chaque patron, enfin la mention des avances non remboursées qu'il avait reçues de son patron. Nul patron ne pouvait, sous peine d'amende, recevoir un ouvrier dans son usine, si celui-ci n'était porteur d'un livret constatant l'acquit de ses engagements, délivré par le maître précédent. Le livret ne devait d'ailleurs contenir aucune appréciation sur le travail ou la conduite de l'ouvrier.

L'origine de cette institution des livrets d'ouvrier se trouve dans les règlements des anciennes corporations d'arts et métiers, qui imposaient aux compagnons l'obligation de ne quitter leur maître qu'après en avoir obtenu un *congé* ou permission écrite, constatant qu'ils s'étaient acquittés de toutes leurs obligations. Ce congé écrit, jusqu'à la fin du XVIIIe siècle, pouvait être rédigé sous une forme quelconque. Ce sont les lettres patentes du 12 septembre 1781 qui créèrent le livret proprement dit.

1151. — Sous la Révolution, l'abolition des corporations entraîna la disparition du livret. Mais les plaintes des patrons, qui se plaignaient de n'avoir aucun moyen de contraindre les ouvriers à exécuter leurs engagements, déterminèrent le Consulat à remettre en vigueur l'institution traditionnelle du livret (L. 22 germinal an XI et arrêté du 9 juin an XII); le Consulat céda d'autant plus volontiers aux doléances des patrons, qu'il voyait dans le livret un moyen très efficace d'investigation policière sur les agissements des ouvriers.

L'arrêté du 9 juin an XII fut remplacé par les lois des 14 mai 1851 et 22 juin 1854 qui supprimèrent, en principe, le droit pour le patron de retenir le livret jusqu'à la complète exécution des obligations de l'ouvrier, droit exorbitant qui permettait au patron de dompter l'ouvrier par la famine. La loi de 1854, plus favorable à cet égard pour l'ouvrier que l'arrêté de l'an XII, se montra en revanche plus rigoureuse en ce qu'elle institua diverses pénalités, amendes ou emprisonnement contre les ouvriers ou les patrons qui contreviendraient aux prescriptions légales [1].

---

[1] Cette loi de 1854 fut d'ailleurs aggravée par le décret du 30 avril 1855, véritable instrument d'investigation policière.

1152. — *Lois de 1851 et 1854 : graves dérogations au droit commun.* — Dans son ensemble, la législation des livrets dérogeait gravement au droit commun des conventions à un triple point de vue :

1° En ce qu'elle imposait au patron nouveau l'obligation de s'assurer du congé d'acquit de l'ancien en réclamant la production d'un livret régulier ; alors que, de droit commun, l'on peut contracter en toute liberté avec un tiers, sans se préoccuper du point de savoir si le nouvel engagement de ce dernier ne le mettra pas dans l'impossibilité de tenir ses engagements envers d'autres personnes.

2° En ce que cette législation conférait au patron un droit de contrainte sur son ouvrier pour l'obliger à exécuter ses engagements. En effet, même depuis la suppression du droit de rétention du livret, le patron pouvait, en refusant de porter le congé d'acquit sur le livret de l'ouvrier, le mettre dans l'impossibilité de s'engager ailleurs. Il y avait là une dérogation grave au principe que les obligations de faire ne peuvent pas être exécutées par voie de contrainte directe.

3° En ce que cette législation assurait indirectement au patron un véritable privilège pour le remboursement de ses avances jusqu'à concurrence de 30 francs (V. *supra*, nos 977-79).

Cette triple dérogation au droit commun était-elle suffisamment justifiée ? Les défenseurs du livret obligatoire affirmaient que le livret était à la fois conforme à l'intérêt général, et à l'intérêt particulier des deux parties contractantes : — à l'intérêt public, attendu qu'il facilitait la surveillance, par la police, des agglomérations ouvrières ; — à l'intérêt particulier des deux parties, puisque, d'une part, le patron avait le moyen de contraindre les ouvriers négligents à l'exécution de leurs engagements, — que, d'autre part, le livret était un titre d'honneur et de crédit pour les bons ouvriers, dont il reflétait en raccourci toute l'existence laborieuse ; et qu'au surplus le livret était un moyen facile et commode de constater l'existence du contrat et la durée des services fournis.

1153. — *Inconvénients du livret obligatoire.* — Mais les adversaires du livret faisaient remarquer, avec raison, que certains de ces avantages étaient contestables, et que les quelques avantages réels qu'il offrait ne pouvaient être mis en parallèle avec ses inconvénients.

Les ouvriers avaient le droit de soutenir qu'un tel régime de suspicion policière était incompatible avec le principe de l'égalité devant la loi, proclamé par la Révolution ; et leur propension à entrer dans les voies révolutionnaires était d'autant plus irrésistible qu'ils subissaient plus impatiemment le joug de la surveillance. Aussi la loi sur le livret obligatoire, dès les dernières années de l'Empire, était-elle presque tombée en désuétude ; les parquets négligeaient, par ordre, de poursuivre les ouvriers dont les livrets n'étaient pas en règle, et les patrons ne veillaient plus guère à l'observation des prescriptions légales. Cet état de choses ne fit que s'accentuer sous la République, si bien qu'à la veille de l'abrogation législative du livret, la réforme était presque un fait accompli dans la pratique.

Si le livret était, au point de vue général, une arme dangereuse, il avait aussi le vice grave, au point de vue particulier des contractants, d'avantager l'un d'entre eux, au détriment de l'autre. Il faisait par trop pencher la balance en faveur du patron, puisque, suivant une expression énergique « il attachait l'artisan à la glèbe industrielle ». L'avantage que pouvaient trouver les ouvriers à l'institution du livret était bien illusoire en comparaison du profit léonin qu'en retiraient les patrons, d'autant plus que ce livret ne pouvait pas servir à prouver les conventions intervenues, par exemple le taux du salaire ; contenant simplement l'indication des entrées et sorties, il prouvait l'existence du contrat, mais non pas ses conditions (V. *supra*, n° 915). Au surplus, il était facile, tout en supprimant le livret, d'obliger le patron à délivrer à l'ouvrier un certificat susceptible d'être produit à son nouveau maître [1].

1154. — Loi du 2 juillet 1890 ; abrogation du livret. — Du certificat de travail. — Telle est précisément la réforme qu'a réalisée la loi du 2 juillet 1890. Cette loi, en effet, tout en supprimant le livret, a conféré à l'ouvrier la faculté d'exiger, à la fin de son engagement, un *certificat* contenant exclusivement la date de son entrée, de sa sortie, et l'espèce de travail auquel il a été employé ; le patron qui refuserait de délivrer ce certificat serait passible de dommages-intérêts [2]. Le droit

---

[1] Le livret d'ouvrier est inconnu dans les pays anglo-saxons. Il a complètement disparu en Allemagne; la loi industrielle allemande du 1er juin 1891 (art. 107 et s.), s'inspirant de la loi française, ne l'exige que pour les mineurs de vingt et un ans. Le livret obligatoire n'existe plus qu'en Russie, en Autriche (L. 8 mars 1885, art. 79 et suiv.), et en Hongrie (L. 21 mai 1884, art. 99 et suiv.). Pernet, *Livret de l'ouvrier russe* (*Quest. pratiques*, 1906. p. 362, et 1907, p. 32, 127, 215). — La loi belge du 10 juillet 1883 s'est arrêtée à un système intermédiaire et a maintenu le livret, avec un caractère *facultatif*. — Le livret *facultatif*, que le Sénat français avait emprunté à la loi belge (Dall., *Suppl. Rép.*, v° *Travail*, n° 88), et que la Chambre a supprimé, ne paraît présenter aucun des inconvénients du livret imposé; et peut-être aurait-il eu cet avantage appréciable de présenter par son origine officielle (il serait copié sur un modèle réglementaire et délivré par le maire à simple réquisition de l'ouvrier) un caractère d'authenticité, que ne saurait offrir une attestation quelconque sur papier libre émanée du patron. — *Sic*, Bernard, *op. cit.*

[2] C'est un droit *absolu* pour l'ouvrier de réclamer un certificat. — *Sic* : Baudry et Wahl, t. II, p. 198. — Le même droit appartient aux employés, bien que la loi de 1850 ne concerne, *in terminis*, que les ouvriers : trib. com. Seine, 8 septembre 1893, *Gaz. Pal.*, 94, 1, 130; trib. paix Ancenis, 23 mai 1907, D. 1908, 5, 4; Baudry et Wahl, *Ibid.* — *Contra* : Chambéry, 8 février 1892, *Droit*, 23 mars 1892.

Mais le certificat exigé ne se réfère pas à la nature et à la durée des services. Le

commun eût peut-être légitimé, de la part de l'ouvrier, l'exigence de ce certificat; tout débiteur qui s'acquitte de ses obligations doit, en effet, pouvoir exiger une quittance de son créancier. Le législateur a cependant agi sagement en inscrivant ce principe dans la loi, ne fût-ce que pour vaincre les résistances possibles de certains patrons.

1155. — Livrets spéciaux maintenus par la loi de 1890. — Si la loi du 18 juillet 1890 a abrogé les livrets d'ouvriers, elle a laissé subsister les livrets imposés aux enfants et aux filles mineures employés dans l'industrie (V. *supra*, n° 827), ainsi que les *livrets d'acquit* de la *fabrique de Lyon*, institués par la loi du 18 mars 1806, et les *livrets de compte* pour le *tissage* et le *bobinage*, établis par la loi du 7 mars 1850 (et dont il est fait aussi usage à Lyon).

La Chambre des députés avait cru devoir, en première lecture, abroger ces deux lois; mais elle s'est décidée à les maintenir sur les objurgations pressantes du commerce lyonnais, patrons et chefs d'atelier trouvant un égal avantage dans ce système de livrets, qui facilite la preuve des quantités de matières premières livrées et rendues, et sauvegarde la loyauté des transactions.

1156. — *Livrets d'acquit de la fabrique lyonnaise.* — D'après la loi du 18 mars 1806, tout chef d'atelier est tenu de se faire remettre par le Conseil des prud'hommes deux livrets pour chacun de ses métiers à tisser la soie; il dépose l'un des livrets chez le fabricant et conserve l'autre. Lorsqu'un chef d'atelier cesse de travailler pour un fabricant, il doit faire noter sur le livret d'acquit, par celui-ci, qu'il a soldé son compte, ou, dans le cas contraire, faire inscrire le montant de sa dette en compte de matière, ou en compte d'argent, sur les deux livrets. Dans ce dernier cas, son nouveau patron est tenu de lui faire subir une retenue d'un huitième sur les prix de façon; le nouveau patron est comptable de la somme retenue envers l'ancien patron [1].

Il arrive parfois qu'un chef d'atelier travaille, sur un même métier, pour plusieurs patrons différents; s'il quitte ces divers patrons pour travailler désormais au compte d'un autre fabricant, la retenue d'un

---

patron ne saurait être contraint de décerner à son ex-employé un certificat de probité ou de moralité. Toute *appréciation* formulée par un patron sur ses anciens employés ou ouvriers, étant susceptible d'engager sa responsabilité, doit être entièrement libre. — Trib. civ. Seine, 23 mars 1893, *Loi* 17 avril.

[1] Ce même droit de prélèvement d'un huitième du prix de façon appartient à la *Caisse des prêts*, qui le plus souvent se substitue aux industriels isolés pour les avances à faire aux chefs d'atelier. — Sur le fonctionnement de cette Caisse, créée en 1832, à une époque de crise intense, cons. le rapport présenté par M. Millaud au Sénat, le 18 mars 1890. — V. aussi Plantier, *op. cit.*; Dall., *Suppl.*, v° *Travail*, n° 95. — Sur sa réorganisation récente, v° *supra*, n°s 635 et 853.

huitième que celui-ci doit prélever sur les prix de façon ne sera pas répartie au marc le franc entre les anciens patrons créanciers, mais « le prélèvement s'opère en faveur du négociant dont la créance est la plus ancienne, et ainsi successivement ». Il est essentiel, étant donné ce mode de prélèvement, de constater exactement la date de chaque créance. Aussi l'article 26 de la loi de 1806 décide-t-il que « la date des dettes que les chefs d'atelier auront contractées envers les négociants qui les auront occupés sera regardée comme certaine vis-à-vis des négociants et maîtres d'atelier seulement après l'apuration des comptes, l'inscription de la déclaration sur le livre d'acquit et le visa du bureau des prud'hommes ».

Les obligations imposées au nouveau patron qui engage un chef d'atelier sans livret sont beaucoup plus sévères. La loi a voulu prévenir chez les fabricants la tentation de se faire une concurrence déloyale par l'embauchage clandestin des chefs d'atelier réputés les plus habiles. Aussi décide-t-elle que le manufacturier qui voudra engager un chef d'atelier sans livret sera tenu de solder intégralement l'ancien patron resté créancier en compte de matières, et de solder jusqu'à concurrence de 600 francs le compte débiteur argent du chef d'atelier.

1157. — *Livrets de tissage et bobinage.* — La loi du 7 mars 1850 a complété la loi de 1806 en donnant aux *tisseurs* et *bobineurs*, ainsi qu'aux fabricants qui les emploient, un moyen très simple de constater les conventions intervenues. Le fabricant qui livre des fils pour être tissés et bobinés doit inscrire, lors de la livraison, sur un livret spécial laissé aux mains du tisseur, les indications concernant les poids, longueur, numéros des fils, etc., et le prix de façon. Ces mentions doivent être reproduites sur le registre d'ordre du fabricant. Toute contravention est passible d'une amende de 11 à 15 francs [1].

---

[1] La loi de 1850, complétée par une loi du 21 juillet 1856 sur la coupe du velours de coton, la teinture ou blanchiment et l'apprêt des étoffes, n'est appliquée que très imparfaitement (v. le débat engagé à la Ch., le 6 déc. 1904, sur une question de MM. Dron et Mirman). Aussi le ministre du commerce, M. Trouillot, a-t-il déposé, le 6 déc. 1904 (Ch., *Doc. parl.*, n° 2119) un projet de loi tendant à charger les inspecteurs du travail de l'application des lois du 7 mars 1850 et 21 juillet 1856. — Ce projet, sur le rapport de M. P. Constans (25 janv. 1905, n° 2207), a été adopté par la Chambre le 9 févr. 1905. — Cf. Boissard, *La loi du 7 mars 1850 et le mesurage du travail à la tâche* (rapp. à l'Association nationale française pour la protection légale des travailleurs, 1907).

SECTION IV. — Modes d'extinction du contrat de travail et conséquences pécuniaires de la résiliation.

§ 1er. — Notions préliminaires

1158. — Prohibition de l'engagement perpétuel. — Le contrat de louage de services est, par essence, un contrat à temps. L'article 1780 du Code civil décide, en effet, « qu'on ne peut engager ses services qu'à temps ou pour une entreprise déterminée ». Cette disposition n'est que le corollaire du grand principe de liberté individuelle proclamé par la Révolution française ; beaucoup d'auteurs prétendent qu'elle ne présentait pas une bien grande utilité en 1804, attendu que la Révolution de 1789 avait supprimé les derniers vestiges du servage. L'article 1780 nous paraît cependant avoir eu son utilité, et ce, pour deux raisons : — 1° Parce qu'il a consacré l'abolition d'un certain nombre d'usages anciens qui étaient manifestement des survivances du servage, tels, par exemple, que la défense à tous domestiques ou serviteurs de quitter leurs maîtres sans le consentement de ceux-ci, sous peine d'être punis comme vagabonds ; — 2° parce que cette disposition, interprétée dans le sens le plus libéral par la jurisprudence, étendue à toutes les formes de louage de services, a permis d'atteindre certaines conventions qui, sans être positivement conclues pour la vie entière, enchaînaient d'une manière excessive la liberté du promettant [1].

1159. — S'attachant à l'esprit plutôt qu'à la lettre de l'article 1780, la jurisprudence n'hésite pas à annuler les contrats qui, bien que faits pour une durée déterminée, sont conclus pour un temps si long que, selon toute vraisemblance, le promettant aliénerait sa liberté sa vie durant ; il y a là une question de fait rentrant dans le pouvoir souverain d'appréciation du juge du fond [2].

Quid du contrat par lequel un ouvrier, commis ou domestique, s'engagerait à servir un patron ou maître pendant la vie de ce dernier ? Le contrat est-il ou non valable ? La question ne paraît pas susceptible d'une réponse absolue. Le contrat en lui-même n'est pas nécessairement nul ; mais il devrait être annulé si le maître, selon toute proba-

[1] Des dispositions analogues figurent dans la plupart des lois étrangères. — V. notamment : art. 345, Code suisse des oblig., art. 1628 C. civ. italien.

[2] Aux arrêts cités *supra*, n° 277, *adde* : Lyon, 19 déc. 1867, S. 68, 2, 258 ; Civ. cass., 28 juin 1887, S. 87, 1, 380. — Cf. Baudry et Wahl, t. II, p. 201.

bilité, paraissait devoir survivre à l'ouvrier. Contracté envers un patron de son âge, l'engagement pris par l'ouvrier sera presque toujours annulé ; il sera presque toujours validé, au contraire, si le patron est beaucoup plus âgé [1].

Quant à l'engagement pris par le maître envers l'ouvrier de garder ce dernier tant qu'il vivra, cet engagement est valable en soi, à la condition, bien entendu, qu'en retour l'ouvrier ne s'engage pas réciproquement à servir le maître sa vie durant ; dès l'instant que le maître n'aliène pas sa liberté et s'impose simplement un léger sacrifice pécuniaire, rien ne s'oppose à ce que son engagement, unilatéral, soit tenu pour obligatoire.

1160. — Ouvriers de manufactures. — L'article 1780 n'a pas paru au législateur constituer une garantie suffisante en ce qui concerne les ouvriers employés dans les usines et manufactures. L'article 15 de la loi du 22 germinal an XI décide en effet que « l'engagement d'un ouvrier ne pourra excéder un an, à moins qu'il n'ait un traitement et des conditions stipulées par un acte exprès ». (Acte exprès signifie bien évidemment un acte écrit, par opposition à l'engagement verbal).

Cette loi peut s'expliquer par une double considération : — 1° le taux des salaires varie, dans des proportions assez notables, d'année en année. L'ouvrier qui s'engagerait pour plusieurs années, moyennant un salaire fixe, risquerait d'être gravement lésé en cas de hausse de salaires correspondant par exemple à une hausse des denrées nécessaires à la vie ; — 2° en forçant l'ouvrier à passer un acte écrit, toutes les fois qu'il voudrait s'engager pour plus d'un an, le législateur a voulu attirer son attention sur la gravité d'un acte de cette nature ; il était à craindre qu'il ne prît à la légère un engagement verbal. Une telle protection n'est pas nécessaire à l'égard des contremaîtres, plus à même d'apprécier la portée de leurs actes, et dont les fonctions ont d'ailleurs un caractère plus stable ; c'est pourquoi la disposition de la loi de l'an XI ne s'applique pas à eux.

1161. — Sanction des prohibitions. — L'article 1780 et l'article 14 de la loi du 22 germinal an XI, n'ayant pas le même fondement juridique, n'ont pas la même sanction. La loi de l'an XI n'a pas pour but de protéger la liberté individuelle de l'ouvrier, qui ne serait assurément pas compromise, même s'il contractait un engagement de plus d'un an. Le but de la loi a été simplement de protéger l'ouvrier contre

---

[1] Toulouse, 28 déc. 1892, S. 93, 2, 209. — V. aussi Pau, 27 févr. 1905, *Mon. jud. Lyon*, 15-16 oct. 1905. — Aubry et Rau, t. IV, p. 513, § 372, note 3; Baudry et Wahl, t. II, p. 202.

son imprévoyance ; l'ouvrier seul doit donc pouvoir se prévaloir de la nullité. Cette nullité, purement relative, est susceptible de confirmation expresse ou tacite [1].

Tout autre est, selon nous, le caractère de la nullité fondée sur la violation de l'article 1780 du Code civil. Dès l'instant que cette disposition est une règle d'ordre public, qu'elle a pour but de sanctionner le principe de la liberté individuelle, il en résulte logiquement que tout engagement entaché de perpétuité est un engagement sur cause illicite, inexistant comme tel [2].

La nullité pourra donc être invoquée, non seulement par l'ouvrier, mais encore par le patron. Aucune des deux parties, en effet, n'est valablement liée envers l'autre. Il est impossible d'isoler la clause relative à la durée du louage des autres clauses du contrat ; toutes ces clauses s'enchaînent et se commandent mutuellement ; l'une d'elles étant illicite, tout doit tomber. Cette observation n'est pas sans importance au point de vue de la détermination du salaire dû à l'ouvrier jusqu'au jour de l'annulation du contrat : ce salaire devra être fixé uniquement d'après l'usage des lieux ou à dire d'experts, abstraction faite du salaire stipulé dans le contrat [3].

Le contrat, étant inexistant, le refus d'exécution d'un pareil contrat ne saurait donner lieu à aucuns dommages-intérêts ; un contrat illicite ne saurait engendrer aucune obligation. Si des dommages-intérêts étaient alloués à l'une des parties, ce ne pourrait être qu'à raison du dol de l'autre partie, qui par exemple aurait déterminé son co-contractant à s'engager pour la vie, à l'aide de manœuvres frauduleuses.

§ 2. — Modes d'extinction du louage de services contracté pour un temps déterminé

1162. — Ces modes sont : — 1° l'arrivée du terme ; — 2° le consentement des deux parties ; — 3° la mort de l'ouvrier ; — 4° la faillite du maître sous certaines conditions ; — 5° la force majeure ; — 6° une décision de justice.

I. Arrivée du terme. — C'est le mode normal d'extinction du louage

[1] Flurer, *Rev. critique*, 1889, p. 312 ; Glatard, p. 138. — *Contra* : Baudry et Wahl, t. II, p. 201.

[2] Aubry et Rau, t. IV, § 372 ; Glatard, p. 134 ; Flurer, *ibid.* ; Dufourmantelle, p. 116 ; Baudry et Wahl, p. 205. — *Contra* : Larombière, *Obligations*, art. 1133.

[3] Civ. cass., 28 juin 1887, D. 88, 1, 296, S. 87, 1, 380. — Cf. Flurer, *loc. cit.* ; Baudry et Wahl, t. II, p. 205.

de services contracté pour un temps déterminé. Le contrat prend fin de plein droit par l'expiration du terme convenu. Il n'est pas nécessaire d'ailleurs, pour que le contrat soit réputé conclu pour une durée déterminée, que les parties aient inséré dans leurs conventions une clause expresse à cet effet. La durée du contrat peut, en effet, à défaut de convention expresse, être déterminée par l'usage des lieux, la nature de l'ouvrage, voire même par la loi dans certains cas exceptionnels.

Par l'usage des lieux. — Telle est la règle législativement consacrée, pour les domestiques et ouvriers ruraux, par la loi du 9 juillet 1889 (*Code rural*, art. 15). — Pour les ouvriers, au contraire, la fixation de la durée du contrat par un usage local est tout à fait exceptionnelle.

Par la nature de l'ouvrage. — Ce mode de fixation intervient surtout pour les ouvriers agricoles. Ainsi les ouvriers engagés pour les foins, moissons ou vendanges sont censés engagés pour toute la durée de la fenaison, de la moisson ou de la vendange.

Par la loi. — En général, la loi n'assigne aucun terme à la durée de louage de services ; elle se borne à prohiber le louage *perpétuel*. Toutefois ce principe comporte *au moins une exception* en ce qui concerne les ouvriers employés dans les forges, où l'interruption du travail peut causer de graves dommages. L'édit royal du 9 décembre 1729, considéré par la jurisprudence comme non abrogé (?), décide que les ouvriers et voituriers ne peuvent quitter l'établissement pour aller travailler dans une autre usine, à peine de 300 livres, pendant que le haut fourneau est encore en feu.

Tacite reconduction. — Le renouvellement par *tacite reconduction* a-t-il lieu dans le louage de services ? Certains auteurs n'admettent la tacite reconduction que dans le cas de louage à temps verbalement consenti ; elle n'aurait pas lieu si l'engagement a été contracté *par écrit* pour un temps limité. Nous croyons plus logique d'admettre, avec Pothier, la tacite reconduction dans les deux cas.

1163. — II. Consentement des deux parties (mutuus dissensus). — Lorsque le contrat est conclu *pour un temps déterminé*, aucune des deux parties ne peut, contre le gré de l'autre, rompre la convention et se soustraire à ses engagements. L'autre partie n'a pas, il est vrai, de moyens de contrainte directe contre celle qui veut résilier ; mais elle peut alors faire prononcer la résiliation à son profit, par justice, avec dommages-intérêts destinés à compenser le préjudice qu'elle éprouve, du fait de cette rupture illicite du contrat [1].

---

[1] Lyon, 13 juin 1894, D. 95, 2, 292 ; Guillouard, t. II, n° 714 ; Baudry et Wahl, t. II, p. 206.

Mais ce que chaque partie isolément ne peut faire, les deux parties le peuvent évidemment d'un commun accord. Dès l'instant que bailleur et locataire de services sont d'accord pour mettre fin au contrat avant l'arrivée du terme, leur volonté commune fait loi et le contrat est dissous de plein droit, sans indemnité de part ni d'autre.

1164. — III. **Mort de l'ouvrier.** — Le contrat de louage de services étant contracté *intuitu personæ*, la mort de l'ouvrier met fin de plein droit au contrat. Il en est différemment de la mort du maître, la personne du maître n'étant pas, en général du moins, prise en considération par l'ouvrier [1]. Lors donc que l'exploitation industrielle est continuée par les héritiers, les obligations et les droits du *de cujus* se transmettent à ceux-ci, qui pourront dès lors exiger de l'ouvrier les services promis jusqu'à l'expiration du temps convenu. Si la mort du patron mettait fin à l'exploitation industrielle, le contrat de louage, au contraire, prendrait fin de plein droit; mais l'extinction du contrat aurait plutôt, en ce cas, pour base la force majeure que le décès du patron, envisagé en lui-même [2].

1165. — IV. **Faillite du patron.** — La faillite du patron ne résout pas de plein droit le contrat. Le syndic peut continuer l'exploitation et conserver les ouvriers, aux conditions convenues entre eux et le débiteur. Mais la faillite, lorsqu'elle entraîne la cessation de l'exploitation, met virtuellement fin, par voie de conséquence, aux contrats intervenus entre le chef d'industrie et les ouvriers; en ce cas, ceux-ci n'ont pas plus droit à une indemnité de résiliation [3] qu'ils n'y auraient droit en cas de décès du patron suivi de fermeture de l'établissement.

1166. — V. **Force majeure.** — Le contrat de louage de services,

---

[1] Certains auteurs estiment cependant que la mort de l'une ou l'autre partie met fin au contrat: Baudry et Wahl, p. 211. — *Contra* : Rouen, 12 janvier 1889, *Rec. Havre*, 89, 2, 45.

[2] La dissolution de la société, précisément parce qu'elle met fin à l'exploitation, est incontestablement une cause de résiliation, sans dommages-intérêts, au regard du personnel attaché à la société disparue. — La société nouvelle qui prendrait sa place, simple ayant cause à titre particulier, ne serait pas tenue, à moins de s'y être engagée, de conserver le personnel : Bordeaux, 21 juillet 1890, *Rec. Bordeaux*, 90, 1, 455; Trib. com. Marseille, 23 novembre 1887, *Rec. Marseille*, 88, 76. — Cf. Baudry et Wahl, p. 211. — V. cependant Rouen, 12 janvier 1889, *Rec. Havre*, 89, 2, 45.

[3] Telle est du moins la thèse qui prévaut en jurisprudence, car en doctrine la question de savoir si les ouvriers ou employés n'ont pas le droit de réclamer à la faillite une indemnité de résiliation est vivement controversée. — Pour l'exposé de la controverse, v. Dalloz, *Suppl. au Rép.*, v° *Faillite*, n° 431; *Répert.* Fuzier-Herman, v° *Commis*, n°s 235 et suiv.; note sous Cass., 11 juill. 1904, D. 1906, 1, 289.

comme toute autre convention, est résilié de plein droit en cas de force majeure rendant l'exécution impossible (art. 1148 et 1302 C. civ.). Cette résiliation n'étant pas fautive a lieu sans dommages-intérêts, qu'elle se produise soit du chef du maître, soit du chef de l'ouvrier. Il est impossible de donner une énumération limitative de tous les cas de force majeure; en voici quelques exemples : — 1° Les maladies ou infirmités qui mettent l'ouvrier dans l'impossibilité de continuer son travail[1].

2° La destruction, par l'effet d'un incendie ou de toute autre cause fortuite, de l'établissement dans lequel travaillent les ouvriers, alors du moins que cet événement imprévu oblige le chef d'industrie à abandonner son entreprise. Si l'indemnité d'assurance permettait à celui-ci de reprendre son exploitation (question de fait), il ne pourrait, sous prétexte de force majeure, congédier son personnel sans s'exposer à des dommages-intérêts (Paris, 10 mai 1854, D. 55, 2, 15).

3° La fermeture, par ordre de l'autorité publique, de l'établissement industriel. Toutefois, si cette fermeture était la suite d'une contravention aux règlements, s'il s'agissait par exemple d'un établissement dangereux, incommode ou insalubre pour l'ouverture duquel le maître aurait omis de demander l'autorisation administrative, il n'y aurait plus force majeure : la fermeture étant consécutive à la faute du patron, celui-ci devrait des dommages-intérêts aux ouvriers.

4° La suspension forcée de l'exploitation par suite d'une occupation ennemie. Le patron, contraint d'arrêter son exploitation, peut en ce cas congédier ses ouvriers, sans leur devoir d'indemnité[2]. Réciproquement, les ouvriers incorporés dans l'armée au lendemain d'une déclation de guerre ne doivent aucune indemnité au patron, la convocation à laquelle ils obéissent n'ayant pu entrer dans leurs prévisions.

1167. — *Période d'instruction militaire : non-résiliation.* — Si l'appel de l'ouvrier ou de l'employé sous les drapeaux résilie de plein droit le contrat, avec ou sans indemnité suivant les distinctions proposées, il en est différemment des simples périodes d'appel des réservistes ou des territoriaux (21 ou 17 et 9 jours), ou des périodes d'instruction imposées aux officiers de réserve. Ce principe de la non-résiliation du contrat par le fait de l'appel du patron[3], de l'ouvrier ou de l'employé

---

[1] Mais le patron ne peut congédier ses ouvriers que si la maladie est grave et prolongée. Trib. civ. Seine, 19 janvier 1893, *Loi*, 9 février 1893. — Ce principe est expressément formulé dans l'article 346 du Code fédéral *suisse* des obl., et dans l'article 616 du Code civil *allemand*.

[2] Nancy, 14 juillet 1871 (Dall. *Suppl.*, v° *Force majeure*, n° 18).

[3] Le texte primitif ne visait que l'ouvrier ou l'employé. Le Sénat, craignant que les ouvriers ne missent à profit l'absence forcée du patron, convoqué pour une période d'instruction, pour l'obliger à hausser leurs salaires sous menace d'un

pour une période *obligatoire* d'instruction militaire est aujourd'hui législativement consacré par la loi du 18 juillet 1901 [1]. Le congé donné pour ce seul fait par l'une des parties à l'autre oblige l'auteur du congé à des dommages-intérêts, dont le taux est arbitré par le juge sur les bases déterminées par l'article 1780 du Code civil.

1168. — VI. **Résiliation par autorité de justice.** — Dans les hypothèses précédentes, la résiliation a lieu *de plein droit* ; il nous reste à examiner les hypothèses dans lesquelles la résiliation peut être prononcée *par justice*, à la requête de l'une des parties, pour inexécution des obligations de l'autre. Il suffit d'appliquer ici le principe général de l'article 1184 du Code civil. Notons d'ailleurs que le droit d'option entre l'exécution forcée et la résiliation, conféré par ledit article à celle des parties qui se plaint de l'inexécution, est plutôt théorique que pratique.

En effet, dès l'instant qu'il s'agit d'une obligation de faire, les voies de contrainte directe sont impossibles. Presque toujours le juge se trouvera en présence d'un *fait accompli*, d'un *congé donné*, et il aura simplement à rechercher si ce congé est indû ou légitime. Les cas d'*inexécution fautive* des engagements pris ne peuvent pas plus faire l'objet d'une énumération limitative que les cas de force majeure. Nous citerons, à titre d'exemple, les hypothèses suivantes :

Causes légitimes de résiliation contre l'ouvrier : — 1° désertion de l'usine, ou refus d'exécuter les travaux confiés ; — 2° détérioration des matières et outils confiés à l'ouvrier, ou malfaçon de l'ouvrage ; — 3° retard dans l'exécution ; — 4° incapacité professionnelle [2], ou négligence grave de l'ouvrier dans l'accomplissement de son travail ; — 5° actes d'infidélité à l'égard du maître ou des autres ouvriers, vols, etc. [3] ; — 6° fait de troubler l'atelier, par des menaces, insultes, voies de fait.

Causes légitimes de résiliation contre le patron : — 1° défaut de paiement du salaire ; — 2° voies de fait ou insultes ; — 3° insalubrité de l'atelier, ou remise d'outils dangereux.

Ces causes sont communes à tout contrat de louage de services : les obligations dont elles supposent l'inexécution sont en effet virtuellement comprises dans tout engagement.

---

brusque départ qui aurait désorganisé l'atelier, a expressément assimilé le patron à ses ouvriers.

[1] Bonnefoy et Barrot, *Comment. de la loi du 18 juillet 1901*. — Comp. art. 96 de la loi industrielle *hongroise* de 1884 ; art. 346 du Code fédéral *suisse*.

[2] Ainsi, le patron peut se réserver de congédier son commis, si celui-ci ne lui procure pas un chiffre d'affaires minimum (Paris, 11 février 1883, D. 87, 2, 140).

[3] Ex. : entente d'un employé avec les fournisseurs pour majorer les prix. Paris, 15 juin 1893, D. 93, 2, 472. — V. aussi Bastia, 23 juillet 1903, S. 1903, 2, 272.

La résiliation du contrat, dans les cas prévus par l'article 1184, oblige celui par la faute duquel elle est rendue nécessaire à des *dommages-intérêts*. La faute incombe-t-elle au maître, la dette de celui-ci étant une obligation de somme d'argent, les dommages-intérêts consisteront dans l'allocation à l'ouvrier du salaire fixé pour toute la durée du contrat, plus les intérêts judiciaires (art. 1135 C. civ.). — La faute est-elle du côté de l'ouvrier, il y aura lieu pour le tribunal de transformer l'obligation de faire dont il était tenu, en dommages-intérêts, arbitrés conformément aux indications des articles 1149 à 1152 du Code civil.

§ 3. — Modes d'extinction du louage de services contracté pour une durée indéterminée (art. 1780, loi du 27 décembre 1890) [1].

1169. — Certains modes d'extinction sont communs au louage *à temps* et au louage *sans détermination* de durée, par exemple : le *mutuus dissensus*, la mort de l'ouvrier, la mort ou faillite du patron suivie de fermeture de l'établissement, la force majeure.

Mais il est un mode d'extinction *spécial* au louage à **durée indéterminée**, à savoir le **congé unilatéral** (art. 1780 C. civ., complété par la loi du 27 décembre 1890). Dès l'instant que la durée de la convention n'est pas déterminée, chaque partie peut y mettre fin quand bon lui semble en *donnant congé à l'autre*, à la condition toutefois de respecter les délais d'usage, s'il en existe.

---

[1] Bibliographie. — Sauzet, *Etude sur le nouvel article 1780* (*Annales de dr. commerc.*, 1891, 2, p. 49 et 97); Mongin, *Le droit de congé dans le louage de services* (*Rev. crit.*, 1893, p. 342); Planiol, notes sous D. 93, 2, 377; 97, 1, 401, 98, 1, 329, 1904, 1, 449; Esmein, note sous S. 98, 1, 21; Appert, note sous S. 99, 1, 33; Charnay, *Une réforme ouvrière* (*Rev. socialiste*, fév. 1899, p. 143); Houdaille, *Etude sur les rapports des agents de chemins de fer avec les Compagnies*; Bigeon, *Rapports des agents d'assurances avec leurs Compagnies* (*Gaz. Pal.*, 14 déc. 1898); Wahl, *Du motif légitime de rupture dans le contrat de louage de services* (*Quest. pratiques*, 1903, 161); Demogue, *Modification aux contrats par volonté unilatérale* (*Rev. trim. de dr. civ.*, 1907). — V. aussi les traités sur le louage de services ou contrat de travail de MM. Glatard, H. Valleroux, Cornil, Bodeux, Baudry et Wahl, Guillouard, Hanssens. — Cf. les thèses de MM. Ferrand, Joubert, Allain, Desrousseaux, Fould, Milhet, Reuflet, Bienvenu, Antonelli, Dantier. — Sur les législations étrangères, cons. principalement : Cornil, p. 328 et suiv.; Blondel, *Le Code civil allemand et les ouvriers* (*Bull. soc. de législ. comp.*, 1901, p. 96); Saleilles (*Ibid.*, p. 236 et suiv.); Hanssens (*Quest. pratiques*, 1902, 344).

Sur la jurisprudence française, cons. notamment : Rau, concl, sous Cass., 20 mars 1895, D. 95, 1, 49, S. 95, 1, 316; Baudry et Wahl, t. II, p. 216 et suiv.; Dall., *Suppl. au Rép.*, V[is] *Louage d'ouvrage*, n°s 32 et suiv., et *Travail*, n°s 165 et suiv.; *Rép.* Fuzier-Herman, *Ibid.*, n°s 226 et s. et *C. civ. ann.*, de Fuzier-Herman et Darras, s. l'art. 1780; *Rép. Pand.*, *Ibid.*, n°s 455 et s.; Pic, M. Dufourmantelle, etc., chron, et bull. jud. des *Annales de dr. commerc.*, 1892-1908.

Le Code civil n'avait pas expressément consacré ce mode d'extinction ; mais la jurisprudence avait depuis longtemps reconnu la validité de la rupture du louage de services à durée indéterminée, par la *volonté de l'une des parties*. Cette solution était, tout d'abord, conforme à l'esprit de l'article 1780, aux termes duquel « on ne peut engager des services *qu'à temps* »; elle était, de plus, conforme aux nécessités de l'industrie et à l'intérêt bien entendu des deux parties[1].

1170. — Loi du 27 décembre 1890 : faculté unilatérale de dénonciation. — La faculté de congé unilatéral est aujourd'hui expressément reconnue aux deux parties, dans le louage fait sans détermination de durée, par la disposition suivante, incorporée à l'article 1780, par la loi du 27 décembre 1890 : « Le louage de services, fait sans détermination de durée, peut toujours cesser par la volonté des parties contractantes ».

Cette loi de 1890 présente une anomalie assez étrange à première vue. L'article 1er, en effet, a une portée générale, il s'étend à toutes les formes du louage de services, tandis que l'article 2 est spécial aux *agents des Compagnies de chemins de fer*[2]. Cette bizarrerie s'explique par les antécédents de la loi. Le projet primitif soumis à la Chambre était spécial aux congés donnés indûment par les Compagnies de chemins de fer à leurs agents.

Au cours de la discussion devant le Parlement, les Compagnies, sous la pression de l'opinion publique, modifièrent les statuts de leurs caisses de retraites, en vue d'assurer aux agents congédiés la restitution de leurs versements, sous certaines conditions. Aussi le Sénat crut-il préférable d'écarter toute idée d'une loi spéciale aux employés de chemins de fer, et de légiférer sur la matière des congés par voie de disposition générale, qui trouverait sa place dans l'article 1780 du Code civil. La Chambre des députés se rallia en principe à l'opinion du Sénat; mais elle exigea l'insertion, dans la loi, d'une disposition spéciale (qui est devenue l'art. 2), tendant à placer les règlements des caisses de retraites des employés de chemins de fer sous le contrôle de l'État, afin d'empêcher le renouvellement des abus signalés.

1171. — *Indemnité de résiliation : controverses.* — La question des caisses de retraites des employés ayant été examinée *supra*[3], nous

---

[1] Civ. cass., 4 août 1879, D. 80, 1, 272; Req., 2 mai 1881, D. 82, 1, 164.

[2] D'où la dénomination de la loi : « Loi sur le contrat de louage et sur les rapports des agents des chemins de fer avec les compagnies ».

[3] Sur la loi du 27 décembre 1895, et sur la loi spéciale aux agents de chemins de fer, du 10 avril 1902 (destinée à compléter l'art. 2 de la loi de 1890), v. *supra*, nos 1030 et s.

n'avons à étudier ici que les dispositions générales de l'article 1780. L'article 1er de la loi de 1890 ne se borne pas à consacrer le droit, pour chaque partie, de rompre à son gré le contrat de louage de services contracté *sans détermination de durée*; il décide en outre que la résiliation par la volonté d'une des parties *peut* donner lieu à des dommages-intérêts au profit de l'autre. Mais dans quels cas et sous quelles conditions ces dommages-intérêts seront-ils dus? Les travaux préparatoires de la loi sont si confus, qu'il est très difficile de discerner la véritable pensée du législateur.

Il importe, toutefois, de bien délimiter le terrain de la controverse. Lorsqu'un tribunal est saisi d'une action en dommages-intérêts, il doit examiner successivement deux questions : 1° Y a-t-il lieu à allocation de dommages-intérêts? — 2° Si des dommages-intérêts sont dus en principe, d'après quelles bases d'appréciation en faudra-t-il établir le chiffre? — La controverse ne porte que sur le premier point; car sur le second, c'est-à-dire sur le mode de calcul des dommages-intérêts (quand le juge a reconnu *qu'il en était dû*), la loi nouvelle contient, dans le paragraphe 3 de l'article 1er, une énumération très complète et très équitable des *éléments à prendre en considération* pour en fixer le prix. A ce point de vue, la loi nouvelle remédie aux erreurs d'appréciation individuelle des tribunaux, et inaugure une jurisprudence uniforme très favorable à l'ouvrier. Reprenons successivement ces deux points.

I. Dans quels cas une indemnité de résiliation est-elle due par l'auteur du congé? — **1172.** — Dans quels cas le juge devra-t-il allouer des dommages-intérêts? La loi à cet égard, *déroge-t-elle au droit commun*, ou se contente-t-elle d'appliquer au cas particulier de la résiliation fautive le droit commun de la responsabilité? Suffit-il, en d'autres termes, que la partie contre laquelle le contrat est rompu, établisse que la rupture lui cause *un préjudice*, pour que le juge soit tenu de lui allouer une indemnité (ce qui serait évidemment dérogatoire au droit commun)? Ou faut-il, au contraire, qu'elle établisse, non seulement le préjudice, mais l'existence d'une faute imputable à l'autre partie, conformément à l'article 1382 du Code civil? Le texte de la loi de 1890 ne fournit aucun éclaircissement sur cette grave question; rien n'est plus équivoque, en effet, que la formule « la résilation *peut* donner lieu à des dommages-intérêts ».

Les travaux préparatoires sont malheureusement aussi obscurs que le texte; des propositions contradictoires ont été émises, et l'on pourrait trouver, dans les déclarations d'un même orateur, des variations qui déroutent complètement l'interprète. Prenons tout d'abord le rapport de M. Poincaré (29 déc. 1888) à la Chambre : il y est dit nettement que la loi n'a entendu innover que relativement à la détermination des éléments d'appréciation du *quantum* des dommages-intérêts, mais qu'elle s'en réfère au contraire à la *jurisprudence antérieure* sur la détermination des cas dans lesquels les dommages-intérêts seront dus.

1173. — Jurisprudence antérieure à la loi de 1890. — Or, que décidait cette jurisprudence? Certains auteurs affirment que la Cour suprême n'autorisait l'allocation d'une indemnité à la partie congédiée, qu'autant que le congé aurait été donné en contravention des règles admises *par l'usage des lieux*. Si donc il n'existait pas de délai de congé fixé par l'usage, chaque partie était *dans son droit strict* en congédiant l'autre, brusquement, sans motifs ; et comme elle ne faisait en agissant de la sorte qu'user de son droit, il ne pouvait être question d'allouer à la partie congédiée une indemnité quelconque.

Un examen plus attentif de la jurisprudence de la Cour suprême démontre qu'elle n'a jamais admis cette fin de non-recevoir absolue et rigoureuse contre toute demande d'indemnité, ne reposant pas sur la violation d'un usage local dûment constaté.

Il ressort au contraire de l'ensemble des arrêts de la Cour suprême antérieurs à 1890 que la partie congédiée, soit que le congé émane du patron, soit qu'il émane de l'ouvrier ou employé, peut obtenir des dommages-intérêts dans trois cas : — 1° si le congé a été donné brusquement au mépris d'un usage local, et sans motif grave [1] ; — 2° si, même en l'absence d'un usage, le congé a été donné sans observer le délai résultant expressément ou implicitement des accords des parties [2] ; — 3° si, même en l'absence d'usage, même en l'absence de conventions expresses ou tacites, les circonstances dans lesquelles le congé est intervenu révèlent à la charge de l'auteur du congé, l'existence d'une *faute* (délit ou quasi-délit) engageant sa responsabilité dans les termes du droit commun (Cass., 17 mai 1887, S. 87, 1, 378).

En résumé, la jurisprudence de la Cour suprême antérieure à la loi de 1890 [3], tout en reconnaissant aux deux parties la faculté de résiliation *ad nutum* et en refusant par conséquent aux juges le droit de scruter les motifs du congé, autorisait cependant l'allocation de dommages-intérêts à la partie congédiée, en cas de contravention aux usages, de violation des conditions expresses ou tacites du contrat, ou de *faute* prouvée du patron.

---

[1] Cass., 5 février 1872, S. 72, 1, 132 (motifs).

[2] Cass., 5 février 1872, S. 72, 1, 132; 28 avril 1874, D. 74, 1, 304. — Cf. Paris, 10 juin 1872, S. 72, 1, 132.

[3] Civ. cass., 10 mai 1875, D. 75, 1, 198; Req., 17 mai 1887, D. 87, 1, 410; Civ. cass., 18 juillet 1892, S. 92, 1, 337. — Cf. Thaller, *Ann. de dr. comm.*, 86, 1, 113.

Est-ce cette jurisprudence, telle quelle, que le législateur de 1890 a entendu consacrer? Le rapporteur de la loi à la Chambre des députés, M. Poincaré, l'affirme. Mais cette affirmation est difficilement conciliable avec les déclarations de plusieurs orateurs du Sénat, notamment MM. L. Renault et Tolain.

1173 *bis*. — **Confirmation législative de la jurisprudence antérieure.** — De quel côté se trouve la vérité? Nous estimons, pour notre part, que sur la question du principe de l'indemnité la loi n'a pas innové, qu'elle a au contraire entendu consacrer la jurisprudence antérieure; que par suite la partie congédiée qui voudra obtenir des dommages-intérêts devra, comme auparavant, établir, soit que les usages ou la convention n'ont pas été respectés, soit qu'une faute a été commise dont il lui est dû réparation. Il faudrait, en effet, un texte formel pour déroger au droit commun; or, non seulement la formule vague de l'article 1780 n'implique nullement cette dérogation, mais le rejet du texte primitif de la Chambre, d'après lequel le contrat (entre les Compagnies de chemins de fer et leurs agents) ne pouvait être résilié *sans motif légitime*, fournit un argument très sérieux à la thèse du maintien du *statu quo*. — *Sic* : Sauzet et Mongin, *loc. cit.*, p. 418. — *Contra* : Planiol, Appert, notes précitées; Baudry et Wahl, t. II, p. 219.

1174. — *L'exercice abusif du droit de congé constitue une faute.* — Précisons maintenant les caractères de cette *faute*, qui seule, à défaut d'usage, justifiera l'allocation de dommages-intérêts à la partie congédiée. Nous abordons ici le terrain de l'article 1382 du Code civil : dès l'instant en effet que le congé n'est contraire ni aux usages, ni aux conditions expresses ou tacites du contrat, la faute imputée à l'auteur du congé ne peut être qu'une faute délictuelle. Mais comment concevoir que l'*exercice d'un droit* — le congé *ad nutum* étant l'exercice d'un droit reconnu expressément par la loi — puisse être fautif?

La réponse à cette question se trouve dans la théorie moderne de l'*abus du droit*, théorie dont les lois sociales récentes sont manifestement inspirées, et dont nous avons déjà signalé diverses applications, notamment en matière de grèves et de responsabilité syndicale[1].

C'est à cette théorie qu'ont entendu se référer les rédacteurs de l'article 2 de la loi de 1890.

Chaque partie, dans le contrat de louage de services à durée indéterminée, ne doit user de sa faculté de donner congé qu'avec mesure. Si les conditions dans lesquelles il en est fait usage blessent manifeste-

[1] Sur la théorie de l'*abus du droit*, v. la bibliographie citée plus haut, en note sous le n° 319.

ment l'équité, s'il est prouvé, par exemple, que le patron n'a donné congé à l'ouvrier que par esprit de vengeance ou de tracasserie, dans l'intention de lui nuire, il n'y a plus d'exercice, mais *abus* du droit de congé ; cet abus est une faute, un délit civil, dont il est dû réparation (V. en ce sens discours de MM. Humbert et Trarieux au Sénat) : et ce, alors même que les délais d'usage auraient été respectés (Prud'h. Lyon, 26 mars 1907, D, 1907, 5, 19)[1].

Il n'est, du reste, nullement nécessaire, pour qu'il y ait faute, que l'auteur du congé ait agi avec le propos délibéré de nuire à l'autre partie. Il y aurait faute également dans le fait d'un chef d'industrie de renvoyer brusquement un bon ouvrier auquel il avait donné de justes raisons de croire que son engagement serait de longue durée, ou un ouvrier qui avait dû, pour s'acquitter de la tâche qui lui était confiée, se procurer à ses frais un matériel coûteux, et généralement dans tous les cas où le brusque renvoi affecterait, à raison des circonstances du fait, le caractère d'un *acte arbitraire et dommageable*, non justifié par l'attitude de l'ouvrier ou de l'employé[2].

C'est aux juges du fond qu'il appartient de relever les éléments de

---

[1] C'est ainsi que l'on devrait, à notre avis, considérer comme *abusif*, et susceptible de donner ouverture à une action en dommages-intérêts, le renvoi d'un ouvrier, basé exclusivement sur l'affiliation de cet ouvrier à un syndicat. Le droit d'association professionnelle étant une faculté inaliénable, reconnue et sanctionnée par les lois, les mesures d'intimidation pratiquées par un patron à l'égard des ouvriers qu'il emploie, dans le but de leur interdire l'usage de ce droit, constituent en effet, au premier chef, un abus d'autorité, engageant la responsabilité de son auteur. La jurisprudence tend à se fixer en ce sens. — *Sic* : Req., 13 mars 1905, D. 1906, 1, 113, et note Planiol; Trib. civ. Bordeaux, 14 déc. 1903, S. 1905, 2, 17, et note Ferron; Trib. Epernay, 28 févr. 1906, D. 1906, 5, 55; Trib. Lille, 12 nov. 1906, D. 1907, 5, 15; Trib. paix Carmaux, 10 janv. 1908, D. 1908, 5, 28. — V. aussi *supra*, n° 364. — Sur la question, très vivement controversée, et résolue par nous en principe, dans le sens de la négative, de savoir si l'article 1780 peut légitimer des poursuites contre les ouvriers qui ont suspendu collectivement le travail en vertu d'une coalition, si la grève, en d'autres termes, emporte *rupture* ou seulement *suspension d'exécution* du contrat de travail, v. *supra*, n°s 318-324.

[2] Après quelques hésitations (v. Cass., 18 juill. 1892, D. 92, 1, 585, et note Planiol, *Pand.*, 93, 1, 481, et note Chauveau), la Cour suprême s'est prononcée nettement par une série de décisions concordantes, en faveur de cette interprétation de l'article 1780 : Cass., 20 mars 1895, D. 95, 1, 249; 2 mars 1898, D. 98, 1, 329; 15 février 1899, S. 99, 1, 316; 18 juill. 1899, D. 1900, 1, 485; 12 nov. 1900 (deux arrêts), D. 1901, 1, 22; 16 et 18 mars 1903, D. 1903, 1, 127; 5 août 1903, D. 1903, 1, 480; 22 mars 1904, D. 1904, 1, 450. — Cf. Agen, 7 janvier 1895, D. 95, 2, 40; Lyon, 10 mai 1898, *Droit*, 23 août 1898. Les considérants du second arrêt du 12 novembre 1900 sont particulièrement nets : « Attendu que si la rupture du contrat de services, fait sans détermination de durée, peut donner lieu à des dommages-intérêts au profit de celui qui le subit, c'est à la condition qu'elle lui soit *préjudiciable*, et qu'elle constitue, de la part de celui qui l'impose, *abus de son droit*, dont la preuve incombe au demandeur ». — V. aussi Paris, 1er juin 1900, *Droit*, 12 juillet 1900 (l'*abus* n'implique pas nécessairement intention de nuire). — *Contra* : Pau, 28 juin 1897, *Ann. de dr. comm.*, 98, 187.

fait constitutifs de la faute dommageable ; leur pouvoir d'appréciation à cet égard est souverain, et la censure de la Cour suprême ne trouverait à s'exercer que si les juges prétendaient rejeter sur l'auteur du congé le fardeau de la preuve, alors que celle-ci, dans la théorie que nous soutenons tout au moins, incombe incontestablement à la partie congédiée, demanderesse en dommages-intérêts [1].

1175. — Fardeau de la preuve. — C'est en effet sur cette question du fardeau de la preuve que les deux théories en présence diffèrent principalement. Si l'on admet que l'article 1780 nouveau a innové, et imposé au juge l'obligation d'allouer des dommages-intérêts à toute partie congédiée *sans motifs légitimes*, il s'ensuit logiquement que le fardeau de la preuve doit incomber à l'auteur du congé, lequel doit être condamné à indemniser l'autre partie s'il ne prouve pas la légitimité du congé par lui donné (Cf. Planiol, Appert, *loc. cit.* ; Grenoble, 27 juin 1903 (*Rec. Grenoble*, 1903, 248) ; — V. cependant Baudry et Wahl, p. 230 et s.). Mais si l'on décide avec la Cour de cassation que la loi de 1890 a simplement confirmé la jurisprudence antérieure, il

[1] Voici quelques exemples, empruntés à la jurisprudence (en dehors des cas précités d'atteinte au droit syndical), de congés *abusivement* donnés, donnant ouverture à des dommages-intérêts : *a*) renvoi d'un bon ouvrier, à raison d'une courte absence, motivée par une indisposition sérieuse (Cass., 28 juill. 1897, *Gaz. Pal.*, 11 sept.); *b*) brusque renvoi, sans motifs plausibles, d'un ouvrier engagé avec promesse verbale, ou implicite, de le conserver longtemps (Paris, 21 nov. 1895, D. 96, 2, 23; Cass., 1er août 1900, *Gaz. Pal.*, 18 sept.). Cette promesse implicite s'induira notamment, soit des frais que l'ouvrier a dû faire pour exécuter le travail qui lui était confié (Nîmes, 8 août 1895, *Gaz. trib.*, 19 janvier 1896), soit des conventions accessoires au contrat de travail, par exemple de l'admission de l'ouvrier ou employé au bénéfice d'une caisse de retraites alimentée partiellement au moyen d'un prélèvement sur les salaires (Cf. disc. Cuvinot, rapp. au Sénat, 1890, *Doc. parl.*, p. 1069); *c*) renvoi brusque, par un patron dont l'industrie est sujette à des chômages périodiques, d'anciens ouvriers qui avaient le droit de compter, à défaut d'avertissement donné en temps utile, sur un réengagement à l'ouverture de la campagne suivante (Cass., 5 févr. 1896, verrerie de Penchot, *Gaz. trib.*, 12 févr.; 12 nov. 1900, *Gaz. Pal.*, 29 nov.); *d*) congé donné à un ouvrier pour refus de travail, en semaine, au delà de la limite légale (Prud'h. Seine, 9 janv. 1905, *Bull. Off. trav.*, 1905, 238), ou le dimanche, en dehors des cas où la loi de 1906 autorise des dérogations (Prud'h. Lyon, 26 mars 1907, précité).

Jugé, par contre, qu'il n'y a pas *abus*, mais juste motif de renvoi, dans le fait de congédier un ouvrier ou employé pour cause d'infidélité (Lyon, 25 mai 1897, *Monit. jud. Lyon*, 20 juin)..., de vol (Cass., 22 juill. 1896, *Ann. de dr. comm.*, 97, 189)..., d'indiscipline grave (Paris, 28 oct. 1905, S. 1906, 2, 160)..., de concurrence déloyale faite à la maison dont il dépend (Limoges, 23 nov. 1896, *Rev. prat. de dr. comm.*, 96, 24)..., d'intempérance habituelle (Trib. comm. Amiens, 25 oct. 1898, *Rev. prat.*, 99, 37)..., de maladie prolongée nécessitant son remplacement (Cass., 28 janvier 1908, D. 1908, 1, 195)..., de diminution ou mauvais état des affaires nécessitant une réduction du personnel, pourvu toutefois en ce dernier cas que le patron ait laissé à l'employé dont l'emploi est supprimé le temps nécessaire pour trouver un autre engagement (Paris, 21 nov. 1895, *Droit*, 7 déc.).

est de toute évidence que l'obligation de prouver la faute, c'est-à-dire le caractère *abusif* du congé, incombe à la partie congédiée [1].

Pratiquement, d'ailleurs, les deux systèmes ne diffèrent pas aussi profondément qu'on serait tenté de le croire. Sans doute, il n'y a pas identité entre la *faute prouvée*, et l'absence de motifs suffisants : de ce que le patron a congédié des ouvriers *sans motif* plausible, il ne s'ensuit pas qu'il ait eu l'intention de nuire, constitutive de la faute ; peut-être a-t-il simplement voulu diminuer ses frais généraux. Mais il n'en est pas moins vrai qu'en fait le juge sera le plus souvent amené à ouvrir une enquête sur les *motifs* du congé pour y découvrir, soit la preuve de la faute alléguée, soit au contraire la justification dudit congé ; et, comme en l'absence de toute énumération légale des causes de congé [2], il est investi d'un pouvoir souverain d'appréciation pour affirmer ou non la faute, il s'ensuit que les deux systèmes, bien que procédant de points de départ divergents, presque opposés, aboutissent en fait à des conclusions assez voisines.

1176. — *Justes motifs ; brusque rupture.* — La faute susceptible d'engager la responsabilité de l'auteur du congé ne consiste pas seulement, d'après la jurisprudence, dans l'abus du droit de résiliation ; il peut aussi y avoir abus dans le procédé employé. En d'autres termes, la seule existence d'un juste motif de résiliation ne dispense point la partie qui donne congé d'observer les *délais d'usage*, ou ceux stipulés au contrat ; elle doit en principe s'y conformer, à moins de motifs graves, dont le juge est appréciateur souverain [3].

---

[1] Cass., 20 mars 1895, D. 95, 1, 249, S. 95, 1, 313; 2 mars 1898, D. 98, 1, 329; 12 mars 1902, D. 1902, 1, 214; 29 juin 1903, D. 1903, 1, 440; 23 mars 1904, D. 1904, 1, 192; 13 nov. 1906, S. 1906, 1, 500. Les juges du fond ont un pouvoir souverain pour qualifier les faits et décider s'ils constituent ou non un abus de droit de congé, engageant la responsabilité de leur auteur : Cass., 21 nov. 1893, D. 94, 1, 237; 20 mars 1895, précité; 18 juillet 1899, D. 1900, 1, 485. Mais ils doivent relever les faits desquels résulte, selon eux, la preuve de la faute; sinon, leur décision pourrait être cassée pour insuffisance de motifs : Civ. cas., 20 mars 1895, précité; 24 nov. 1902, D. 1904, 1, 60.

[2] A ce point de vue, la loi française diffère d'un certain nombre de lois étrangères, qui se sont efforcées de dresser une liste aussi complète que possible des causes légitimes de rupture. — V. notamment : art. 94 et s. loi hongroise; art. 82 et s. loi autrichienne; § 123 et s. *Gewerbeordnung* allemande; art. 13 et s. loi russe du 3 juin 1887; art. 20 et 21 de la loi belge du 10 mars 1900 sur le contrat de travail.

[3] Cass., 21 nov. 1893, D. 94, 1, 237; 25 janv. 1899, *Gaz. Pal.*, 11 mars 1899; 22 mars 1904, D. 1904, 1, 449; Lyon, 25 mai 1897, *Gaz. trib.*, 8 nov.; Agen, 23 nov. 1903, D. 1907, 2, 49 et note Planiol. — Cf. Baudry et Wahl, t. II, p. 232; Dalloz, *Suppl.*, V° *Travail*, n° 152. — Parmi les causes graves justifiant un renvoi immédiat, nous citerons par exemple le désordre causé dans l'atelier par l'attitude d'un ouvrier (trib. corr. Lyon, 17 mai 1898, *Mon. jud. Lyon*, 2 juin), la condamnation pour vol, etc. Les délais sont essentiellement variables, suivant les professions, les régions, et la nature des fonctions exercées. — V. dans Baudry et Wahl, t. II, p. 234 et s.,

Remarquons d'ailleurs, en terminant, que théoriquement au moins, le congé brusque ou abusif donné au patron par l'ouvrier ou employé comporte les mêmes sanctions civiles que celui émanant du chef d'industrie (Trib. com., Seine, 8 nov. 1907, *Mon. jud. Lyon*, 2-3 février 1908). Mais en fait les applications jurisprudentielles du principe sont infiniment moins nombreuses, les patrons hésitant le plus souvent à engager contre leurs ex-employés des instances frustratoires. La plupart des arrêts se réfèrent à l'hypothèse de cessation *collective* du travail en suite de grève ; or, précisément en pareil cas l'applicabilité de l'article 1780 est-elle très contestable. — V. *supra*, n°s 322 et suiv.

II. De la fixation du taux des dommages-intérêts. — **1177.** — A ce second point de vue, la loi de 1890 a innové manifestement, en ce sens qu'elle a *obligé* le juge (art. 1780 nouv., § 4) à tenir compte, dans la détermination du taux des dommages-intérêts — le principe du droit aux dommages étant reconnu — de plusieurs éléments distincts [1], dont suit l'énumération :

---

l'indication de certains délais d'usage. — Notons qu'ici le fardeau de la preuve n'incombe plus à l'ouvrier ou employé congédié. Dès l'instant que le patron ne s'est pas conformé au délai d'usage, c'est à lui qu'il appartient d'établir la réalité des griefs allégués à la charge de la partie congédiée. — Lyon, 6 juillet 1901, *Mon. jud. Lyon*, 10 déc. — Planiol, note sous D. 1904, 1, 449.

Certaines lois étrangères déterminent expressément la durée du délai de congé. C'est ainsi que le délai de préavis est de 14 jours, en principe, pour les ouvriers, et d'un mois pour les employés, contremaîtres, etc., d'après la loi allemande (art. 122 et 133), de 7 jours d'après la loi belge (art. 7), etc... Le *règlement d'atelier* (obligatoire dans certains cas, v. *supra*, n° 986) peut d'ailleurs fixer d'autres délais (Comp. art. 3, *loi belge*, 13 juin 1896). Ces lois sont plus rigoureuses que la jurisprudence française au regard de la partie congédiée, en ce sens qu'elles autorisent la rupture *immédiate* sans préavis ni indemnité, dans une série de cas qu'elles énumèrent (Cf. § 123 et s., 133 *c* et *d*, loi allemande ; art. 20 et 21, loi belge).

[1] Il convient du reste de remarquer que la seule hypothèse visée au texte est celle d'un congé abusivement donné. Si le congé est justifié, et que le seul grief relevé contre l'auteur du congé réside dans l'inobservation du délai d'usage, le juge peut fixer à son gré le chiffre des dommages. En général, il se bornera à allouer à l'ouvrier ou à l'employé congédié une indemnité égale au salaire qu'il eût touché pendant le temps que le patron aurait dû lui accorder (Paris, 11 janv. 1887, S. 87, 2, 80 ; Douai, 11 mai 1892, D. 93, 2, 170 ; Trib. corr. Marseille, 8 septembre 1890, *Rec. Marseille*, 90, 1, 310 ; Trib. civ. Lyon, 13 juill. 1892, *Mon. jud. Lyon*, 23 novembre (huit jours pour les domestiques, un mois pour les employés payés au mois, trois mois pour les employés payés à l'année, etc.). — Cf. Baudry et Wahl, t. II, p. 243. — Mais il pourrait, s'il le jugeait équitable, allouer une indemnité supérieure. — Cass., 22 mars 1904, D. 1904, 1, 449.

Plusieurs lois étrangères déterminent le taux de l'indemnité due pour rupture sans préavis, ni motif grave : art. 22 loi belge ; art. 124 *b*, loi allemande. Mais il est admis, aussi bien en droit belge (arg. art. 23) qu'en droit allemand (art. 626, C. civ., 70 et 71, C. com. cbn.), qu'en cas de congé abusif le juge arbitre librement le chiffre de l'indemnité : Endemann, *Einführung in das Studium des bürgerlichen Gesetzbuches* (t. Ier, p. 783) ; Saleilles (*Bull. Soc. de lég. comp.*, 1901, p. 238. — V. aussi Hanssens, *op. cit.*).

1° *Les usages.* — Ce premier élément était à peu près le seul dont la plupart des tribunaux tinssent compte avant la promulgation de la loi ; il reste toujours l'un des principaux, mais le juge peut et doit tenir compte d'autres éléments susceptibles de contribuer à la juste appréciation du préjudice éprouvé [1].

2° *La nature des services engagés.* — Il est juste, en effet, que l'indemnité varie suivant la difficulté du travail, l'importance de la situation occupée, la valeur de l'employé, le genre d'industrie, d'art ou de commerce (Rapp. Poincaré) [2].

3° *Le temps écoulé.* — Un employé qui est resté pendant plusieurs années au service du même patron, a évidemment droit, s'il est congédié brusquement, à une indemnité plus forte qu'un employé nouveau, qui ne peut prétendre à une part d'influence dans le développement de l'exploitation [3].

4° *Les retenues opérées et les versements effectués en vue d'une pension de retraite.* — C'est là l'*innovation principale* de la loi sur la question du calcul de l'indemnité et la condamnation très nette de la jurisprudence antérieure [4]. Désormais les tribunaux pourront et devront, pour la fixation du chiffre des dommages-intérêts, faire entrer en ligne de compte le total des retenues opérées sur les salaires de l'ouvrier ou employé congédié.

Ils pourraient même, s'il faut s'en rapporter aux déclarations du rapporteur de la loi au Sénat, M. Cuvinot, tenir compte également des versements effectués par le patron, généralement proportionnels aux retenues imposées à l'ouvrier : solution parfaitement équitable si l'on remarque que l'ouvrier avait d'autant plus le droit de compter sur cette part contributoire du patron, que celui-ci avait sans doute fait entrer le total de sa contribution dans les frais généraux de sa maison, et fixé le taux des salaires en conséquence [5].

---

[1] Cass., 28 juin 1893, D. 93, 1, 473; Amiens, 2 janvier 1892, D. 92, 2, 489. — Pour les employés engagés aux *colonies*, il est d'usage que le patron supporte tous les frais de rapatriement. — C. d'appel de l'Afrique occid., 17 janv. 1908, *Mon. jud. Lyon*, 23 juin.

[2] Lyon, 8 mai 1903, D. 1904, 2, 422.

[3] Jugé en ce sens que le voyageur de commerce, auquel sont alloués des appointements et remises, proportionnels au chiffre d'affaires réalisé par lui avec fixation d'un minimum et d'un maximum, a droit au maximum, en cas de brusque congé donné avant l'expiration de l'année, si le chiffre d'ores et déjà réalisé par lui faisait supposer qu'il eût atteint le maximum (Lyon, 24 janvier 1896, *Monit. jud. Lyon*, 18 juillet 1897). — V. aussi Trib. com. Seine, 28 avril 1897, *Gaz. trib.*, 14 juin 1897.

[4] Sur cette jurisprudence, qui reconnaissait aux compagnies le droit de congédier sans indemnité aucune les employés ayant effectué des versements à une caisse de retraites, cons. Cass., 4 août 1879, D. 80, 1, 272.

[5] Cf. Baudry et Wahl, t. II, p. 241. — La jurisprudence nouvelle considère tou-

Remarquons du reste que, même depuis la loi de 1890, l'employé renvoyé pour justes motifs ne peut réclamer, comme un droit, la restitution de ses versements ; la loi, en effet, n'oblige le juge à en tenir compte dans la fixation du chiffre des dommages-intérêts, qu'autant qu'il est dû des dommages, c'est-à-dire seulement dans le cas où le patron a fait, de son droit de congé, un usage abusif [1]. Pour légale qu'elle soit, cette solution est inique ; le seul remède consisterait dans la généralisation du livret individuel, ainsi qu'on l'a fait observer *supra*, n° 1032.

III. PORTÉE D'APPLICATION DE LA LOI. — **1178.** — Plusieurs difficultés assez sérieuses se sont élevées dans la pratique sur la portée d'application de la loi, notamment en ce qui concerne les contrats antérieurs à sa promulgation, le mandat salarié, les ouvriers et employés de l'Etat.

Contrats antérieurs : rétroactivité. — Si la loi de 1890 a moins eu pour but d'innover que d'interpréter législativement l'article 1382, et de consacrer, en la précisant, la jurisprudence antérieure, il semble logique de la considérer comme rétroactive, et de décider qu'elle doit régir indistinctement les contrats antérieurs et les contrats postérieurs à sa promulgation. Telle est la solution à laquelle, après certaines hésitations, s'est finalement ralliée la jurisprudence [2].

---

tefois que le juge n'a à tenir compte, dans la fixation du chiffre de l'indemnité, des retenues subies par l'ouvrier congédié sur son salaire, qu'autant que le patron, en organisant sa caisse de secours et de retraites, se serait formellement engagé à servir, dans des conditions déterminées, une pension de retraite à ses anciens ouvriers : Trib. civ. Grenoble, 23 janvier 1893, D. 93, 2, 377, et note Planiol.

Cette décision nous paraît reposer sur une confusion fâcheuse; il est parfaitement exact qu'en l'absence d'un engagement ferme du patron l'ouvrier ne peut prétendre au *remboursement* des retenues pratiquées sur son salaire; mais il n'en est pas moins vrai que le juge doit, pour se conformer à l'esprit de la loi nouvelle, tenir le plus grand compte du fait que des retenues ont été subies par l'ouvrier congédié dans la fixation de l'indemnité qui peut lui être due à raison du congé.

[1] Paris, 29 novembre 1902, *Gaz. Pal.*, 4 janvier 1903. — Cf. Baudry et Wahl, t. II, p. 241. — V. cependant Planiol, note D. 93, 2, 177.

[2] Cass., ch. civ., 22 juillet 1902, *Gaz. Pal.*, 25 octobre 1902; *Ann. de dr. comm.*, 1902, 109; Lyon, 8 mai 1903, *Monit. jud.*, 9 juill. 1903. — *Contra* (c'est-à-dire dans le sens de la non-rétroactivité, et par conséquent de la validité des renonciations insérées dans des contrats antérieurs à la loi) : Trib. com. Seine, 15 mai 1891, D. 91, 3, 88, et 14 avril 1893, *Ann. de dr. comm.*, 93, 1, 123; Grenoble, 29 novembre 1892, *Gaz. Pal.*, 93, 1, 63. — V. aussi Trib. com. Lille, 26 mai 1891, S. 92, 2, 123. — Parmi les auteurs qui considèrent la loi de 1890 comme ayant innové, les uns appliquent rigoureusement le principe de non-rétroactivité (Planiol, note sous D. 93, 2, 466); les autres admettent au contraire la rétroactivité, en se fondant sur le caractère d'ordre public de la loi nouvelle (Baudry et Wahl, t. II, p. 254). La non-rétroactivité étant admise, des difficultés s'élèveront parfois sur la question de savoir si le contrat peut être réputé antérieur à la loi. *Quid*, par exemple, d'un engagement *au mois*, indéfiniment renouvelable pour la même période? A supposer que cette

1179. — *Mandat salarié.* — Il est généralement admis, en jurisprudence, que le nouvel article 1780 ne s'applique qu'au contrat de louage de services, à l'exclusion du mandat salarié. D'où cette conséquence que l'on devrait, même aujourd'hui, tenir pour valable la clause, communément insérée dans les contrats passés entre les compagnies d'assurances et leurs agents, autorisant celles-ci à donner congé aux dits agents sans préavis ni indemnité [1]. Cette solution nous inspire des doutes assez sérieux. Ainsi que l'a très justement fait remarquer M. Planiol (D. 92, 1, 585), la qualité de *mandataire* en la personne d'un agent, investi par la compagnie dont il dépend de *pouvoirs* plus ou moins étendus, n'efface pas en lui la qualité de salarié. Il est à la fois mandataire et *locator operarum* ; et en cette seconde qualité il ne saurait être privé du droit d'invoquer le nouvel article 1780, alors surtout que la loi de 1890 a été proposée originairement en vue du personnel des compagnies de chemins de fer, dont une fraction importante est précisément liée aux compagnies par un contrat complexe participant également du mandat et du louage, analogue à celui qui unit les compagnies d'assurances à leurs agents (Cp. la note de M. Chauveau sous *Pand.*, 93, 1, 481). La Chambre des requêtes paraît s'être ralliée à ce point de vue dans un arrêt récent, du 16 avril 1907 (D. 1907, 1, 445, et conclusions de M. l'avocat général Feuilloley).

La question, du reste, perd de son intérêt si l'on admet, avec la jurisprudence la plus récente, que, nonobstant l'article 2004, le mandataire brusquement révoqué peut prétendre à une indemnité si la révocation a été faite *abusivement* [2].

Directeur technique. — A plus forte raison doit-on appliquer l'article 1780 au *directeur technique* d'une société. A la différence de l'administrateur délégué, mandataire révocable *ad nutum*, ce directeur, préposé à la fabrication, n'est qu'un simple agent d'exécution, uni à la société par un véritable contrat de louage de services. Il doit donc être admis à se prévaloir des dispositions de la loi de 1890 [3].

---

nature de contrat soit visée par le nouvel article 1780 (*Sic*, Charmont, *Rev. critique*, 1904, 455; *contra* : Planiol, D. 92, 1, 489, et Cass., 24 nov. 1902, S. 1903, 1, 12), il semble logique de décider, avec la Cour d'Amiens, qu'en pareil cas, l'engagement devant être réputé se renouveler à l'expiration de chaque période, le contrat se trouvera régi par la loi en vigueur à chacun de ses renouvellements : Amiens, 2 janvier 1892, D. 92, 2, 489.

[1] Cass., 10 novembre 1891, S. 91, 1, 329; 19 juillet 1892, D. 92, 1, 585, et note Planiol, *Pand.*, 93, 1, 481, et note Chauveau. — V. aussi Lyon, 27 janvier 1904, *Mon. jud. Lyon*, 13-14 mars (représentant de commerce à la commission).

[2] Lyon, 6 avril 1895, D. 95, 2, 431 (représentant de commerce). — Cf. Bigeon, *op. cit.*

[3] Cass., 12 décembre 1892, D. 93, 1, 164; Nancy, 21 juillet 1891, D. 93, 1, 164; Paris, 19 juillet 1892, D. 93, 5, 560. — Cf. Lyon-Caen et Renault, *Dr. commerc.*,

1180. — *Employés et ouvriers de l'Etat, ou des communes.* — Que les ouvriers des manufactures de l'Etat puissent invoquer le bénéfice de la loi de 1890, nul ne le conteste. Mais la jurisprudence admet, au contraire, presque unanimement, que cet article ne saurait être invoqué, ni par les fonctionnaires, ni par les employés de l'Etat, des départements ou des communes. Les tribunaux judiciaires seraient incompétents pour en connaître, la révocation ayant le caractère d'un acte administratif, et les tribunaux administratifs, compétents en la forme, n'auraient pas qualité pour allouer des dommages-intérêts à l'employé révoqué, cette révocation ayant le caractère d'un acte de puissance publique [1].

Ce principe s'appliquerait même aux agents des chemins de fer de l'Etat, bien qu'il ait été formellement déclaré, au cours de la discussion de la loi de 1890, que ces agents seraient admis à en bénéficier [2].

Malgré toute l'autorité qui s'attache à une jurisprudence consacrée par les trois plus hautes juridictions de l'Etat, tribunal des conflits, Cour de cassation et Conseil d'État, nous n'hésitons pas à considérer les solutions qu'elle consacre comme inacceptables. Ainsi que l'ont péremptoirement démontré MM. Berthélemy et Bourguin, cette jurisprudence repose sur une confusion manifeste entre les fonctions d'autorité et les fonctions de gestion. Un préfet, un procureur exerce des fonctions d'autorité, sa révocation échappe donc à l'appréciation des tribunaux ; un employé des chemins de fer de l'Etat exerce des fonctions de gestion, le contrat qui l'unit à l'Etat est un véritable louage de services, et par conséquent il doit pouvoir se prévaloir des clauses protectrices inscrites dans la loi au profit de tous les salariés [3].

IV. Sanction du droit éventuel a des dommages-intérêts, reconnu a la partie congédiée. — **1181.** — **Renonciations.** — Aux termes de l'article 1780 nouveau (§ 2, 4°), « les parties *ne peuvent renoncer à l'avance* au droit éventuel de demander des dommages-intérêts en vertu des dispositions ci-dessus ». — Quel est le sens précis de cette prohibition ? Il est incontestable que, par cette formule, le législateur de 1890 a entendu prohiber la convention par laquelle un ouvrier re-

---

t. II, n° 837 *bis*; Houpin, *Sociétés*, t. I, n° 468; Pic, *A propos de la loi sur les accidents* (*Quest. prat.*, 1900, 129).

[1] Trib. confl., 27 décembre 1879, D. 80, 3, 89; Cass., 7 juillet 1880, D. 80, 1, 368, et 18 novembre 1895, D. 96, 1, 497; Cons. d'Etat, 29 avril et 13 mai 1892, D. 93, 3, 76; 11 déc. 1903, D. 1905, 3, 29. — Cf. Hauriou, *Dr. administ.*, p. 684; Sarrut, note sous D. 96, 1, 497.

[2] Cass., 18 novembre 1895, précité.

[3] Berthélemy, *Dr. administr.*, p. 64; Bourguin, *De l'application des lois ouvrières aux ouvriers et employés de l'Etat*, p. 40 et s.; Baudry et Wahl, t. II, p. 252 et s.

noncerait à l'avance, en traitant avec le patron, au droit de réclamer une indemnité de résiliation, *pour quelque cause que ce soit, même pour congé abusif*. Sans cette prohibition, il eût été à craindre que de telles renonciations ne fussent imposées à tous les ouvriers dans certains établissements et ne devinssent de style.

Mais cette disposition n'aurait-elle pas une signification plus rigoureuse, et ne faudrait-il pas l'interpréter dans le sens d'une prohibition radicale de toute clause tendant, soit à abréger, soit à supprimer le délai d'usage, soit à enlever à la partie congédiée le droit de réclamer une indemnité au cas de congé donné brusquement sans avis préalable? — Il ne le semble pas. Les rédacteurs de la loi de 1890, en effet, n'ont eu en vue que l'hypothèse du *congé abusif;* mais ils n'ont entendu, nous l'avons établi, innover en rien en ce qui concerne le délai d'usage, que les parties demeurent libres de modifier à leur gré, et par conséquent de faire disparaître. Or, si elles peuvent se concéder mutuellement la faculté de congé immédiat, elles doivent pouvoir, par identité de motifs, renoncer au droit de réclamer des dommages-intérêts pour le cas de révocation sans observation du délai d'usage [1]. Une telle renonciation peut valablement figurer dans un *règlement d'atelier*, connu et accepté de l'ouvrier ou employé [2].

1182. — **Clauses pénales.** — La prohibition de renoncer à l'avance au droit de demander une indemnité *pour congé abusif* doit-elle être étendue aux *conventions de dédit*, très fréquentes dans l'industrie, par

---

[1] La jurisprudence est formelle en ce sens. Elle reconnaît aux parties le droit de fixer à leur gré la durée du délai de congé, de se dispenser réciproquement de tout délai, voire même de renoncer à l'avance à toute indemnité pour rupture sans préavis. Ces clauses et renonciations peuvent valablement être insérées dans un *règlement d'atelier*, connu et accepté des parties : Cass., 6 novembre 1895, D. 96, 1, 286; 9 juin 1896, D. 97, 1, 106; 15 février 1899, *Pand.*, 99, 1, 250; 21 mars 1900, *Gaz. trib.*, 26 mars; 12 novembre 1900, D. 1901, 1, 22; 12 et 18 mars 1902, *Gaz. Pal.*, 31 mai; 15 et 17 janv. 1906, D. 1906, 1, 241, et note Petit; 16 et 18 juill. 1906, D. 1906, 1, 503; 17 juin 1907, S. 1907, *Suppl.*, p. 68. — Cf. Agen, 7 janv. 1895, D. 96, 2, 40; Bourges, 29 juin 1898, *Pand.*, 99, 2, 352. — Elles pourraient même s'induire d'un usage local (*Sic :* Paris, pour les maisons de nouveautés), Paris, 22 fév. 1906, D. 1907, 2, 39. — Mais les parties n'en conservent pas moins le droit, nonobstant *toutes renonciations*, insérées soit dans le contrat, soit dans le règlement de l'atelier, de demander des dommages-intérêts pour rupture *abusive* du contrat de travail; en interdisant une telle renonciation, la loi de 1890 n'a fait qu'appliquer à une espèce spéciale le principe de droit commun, d'après lequel nul ne peut, par une convention, s'exonérer de la responsabilité de ses fautes futures. Arrêts précités. — V. aussi Cass., 6 août 1906, D. 1907, 1, 32; 28 janv. 1908, D. 1908, 1, 195 (motifs); Prud'h. Lyon, 26 mars 1907, précité. — Cf. Baudry et Wahl, t. II, p. 247.

[2] Mêmes arrêts. — Sur les abus auxquels les règlements d'atelier peuvent donner lieu, et l'urgence d'une législation spéciale, destinée à prévenir les abus d'autorité, et à garantir le caractère *contractuel* du règlement, v. *supra*, nos 982 et s. — Sur les projets de loi tendant à reglementer le délai-congé, v. *infra*, sect. V.

lesquelles les ouvriers se réservent, moyennant le paiement d'un *forfait*, de quitter l'entreprise quand il leur plaira pour s'embaucher dans une autre maison ?

La plupart des auteurs, s'appuyant sur une déclaration formelle du rapporteur de la loi au Sénat, M. Trarieux (28 novembre 1890, *Off.*, *Déb. parl.*, p. 1100), proposent la distinction suivante :

Si le dédit que le patron s'est engagé à payer à l'ouvrier congédié, ou que l'ouvrier s'engage à payer au patron en cas de départ volontaire, est un dédit sérieux, conforme aux intérêts des parties, et si le chiffre paraît en avoir été librement arrêté entre elles, les tribunaux en respecteront les clauses. S'il résulte, au contraire, des circonstances que l'insertion de la clause de dédit dans le contrat n'a eu d'autre but que d'éluder les prescriptions légales et de permettre au patron, moyennant le paiement d'un dédit insignifiant, de congédier à son gré les ouvriers qu'il emploie, le tribunal n'en devra tenir aucun compte, et pourra fixer en toute liberté le chiffre des dommages-intérêts dus à la partie congédiée. — Cf. Sauzet, *loc. cit.* ; Planiol, note sous D. 93, 2, 545. V. aussi Mongin, *op. cit.*, p. 360 ; Baudry et Wahl, t. II, p. 249. — *Adde* : Aix, 3 mars 1897, S. 97, 2, 140.

Mais il nous paraît plus juridique de considérer, avec la jurisprudence, l'objet du forfait ou clause pénale, et d'appliquer aux conventions fixant à forfait l'indemnité de résiliation la distinction proposée *supra* relativement aux renonciations pures et simples [1].

En d'autres termes, la fixation à forfait de l'indemnité de résiliation due pour brusque rupture, sans préavis, est valable ; mais la partie congédiée conserve toujours le droit, nonobstant toutes conventions contraires, de réclamer une indemnité supérieure, dont il appartient au juge de fixer librement le chiffre en tenant compte des éléments indiqués en l'article 1780, pour cause de congé *abusivement* donné [2].

SECTION V. — Les projets de loi. — Réglementation du contrat de travail, et des conventions collectives de travail

1183. — Le projet de loi gouvernemental sur le contrat de travail. — Nous avons, à maintes reprises, soit dans l'introduction de

---

[1] V. spécialement les arrêts précités de la Cour de cassation des 2 février 1898, 15 février 1899, 21 mars 1900, 12, 18 mars et 22 juillet 1902. — Cf. Lyon, 10 mai 1898, *Mon. jud. Lyon*, 28 juin ; Bourges, 29 juin 1898, précité.

[2] Inversement d'ailleurs, l'employé congédié pourrait se voir refuser toute indemnité, nonobstant la clause de dédit stipulée, si une faute grave était relevée à sa charge. — Cass., 2 janv. 1907, D. 1907, 1, 88.

notre traité, soit au cours du présent chapitre (v. notamment nos 881 et 882), signalé l'insuffisance radicale de la législation française sur le contrat de travail, et l'urgence d'une réforme tendant à substituer aux lois fragmentaires, de dates et d'inspirations différentes, actuellement en vigueur, un véritable Code synthétique du contrat de travail, définissant avec précision les droits et obligations des salariés de toute catégorie.

Le gouvernement l'a compris; aussi, a-t-il déposé, en 1906, sur le bureau de la Chambre des députés, un projet d'ensemble sur le contrat de travail, dont il convient d'apprécier ici, très brièvement, la portée et la valeur doctrinale [1]. — La commission du travail, tout en reconnaissant l'utilité de l'adoption d'un texte complet, a cru devoir, à tort ou à raison, parer au plus pressé, et détacher du projet d'ensemble, en l'amendant du reste sur plusieurs points, les dispositions relatives à la définition du louage d'ouvrage et de ses principales variétés, à la preuve du contrat, à la rescision du contrat pour cause de lésion, au fardeau de la preuve en cas de congé abusif, aux privilèges du salaire, à la reconnaissance formelle de la légitimité des conventions collectives de travail. Toutes ces dispositions, d'ordre général, prendraient place dans le Code civil sous les articles correspondants [2].

Toutes ces innovations ont été examinées déjà dans les sections précédentes, à l'exception, toutefois, des prescriptions concernant le délai-congé, et les conventions collectives, sur lesquelles nous reviendrons dans un instant.

Le projet gouvernemental comprend cinq titres et cinquante-six articles ainsi répartis : Titre Ier, formation du contrat; — Titre II, conventions collectives; — Titre III, règlements d'ateliers; — Titre IV, effets et obligations; — Titre V, résolution.

---

[1] Projet déposé par le min. du commerce le 2 juillet 1906 (Ch., *Doc. parl.*, n° 158, *Offic.*, p. 716). Ce projet a fait l'objet de nombreuses études critiques. Signalons particulièrement : les débats approfondis de la *Soc. d'études législatives* sur le contrat de travail (*Bulletin* de la Société, 1904-1908); et les rapports de MM. Perreau, Fagnot et Groussier à la section française de l'Association internationale pour la protection légale des travailleurs, 1907-1908. — V. au surplus la bibliographie détaillée publiée *supra*, en note sous le n° 889.

[2] Rapp. Chambon, déposé le 27 déc. 1907 (Ch., *Doc. parl.*, n° 1409). — V. le texte complet de cet important rapport dans les *Quest. pratiques*, 1908, p. 174 et s. — L'esprit de la réforme partielle proposée par la Commission du travail est nettement indiqué dans le passage suivant du rapport : « On ne peut songer à introduire tout le droit du travail dans le Code civil. Mais on doit trouver dans ce même Code, où nous avons constaté qu'ils ne se trouvaient point, tous les principes généraux du contrat de travail, tous ceux qui touchent au droit privé par opposition au droit public, tels que : formation du contrat, capacité, preuve, contrat collectif, effets, garanties spéciales. — Votre Commission a donc pensé qu'avant d'entreprendre l'édification du Code du travail, il était indispensable avant tout de combler les lacunes de notre Code civil... ».

Nous examinerons tout d'abord les titres I, III, V, relatifs au contrat (individuel) du travail, puis nous dirons quelques mots du titre II, spécial aux conventions collectives.

I. Contrat (individuel) de travail. — **1184.** — Le texte gouvernemental — nul ne saurait le nier, et la Commission du travail n'a pas hésité d'ailleurs à le souligner, — paraît avoir été rédigé avec une légèreté fâcheuse. Dès l'instant que l'on émettait la prétention d'édicter une réglementation d'ensemble du contrat de travail, la logique exigeait que l'on incorporât dans le texte, sauf à les amender, les projets ou propositions de loi déjà discutés à plusieurs reprises, concernant l'interdiction du truck system, la régularité dans le paiement des salaires, la prohibition ou la réglementation des amendes. Il convenait également d'y introduire les dispositions, actuellement en vigueur, sauf à les amender, sur la saisie-arrêt des salaires. Le Ministre du commerce n'aurait eu, pour éviter de semblables lacunes, qu'à s'approprier le cadre, aussi complet que scientifique, tracé par la Commission de codification des lois ouvrières [1]; cette méthode s'imposait d'autant plus à son attention que, l'année précédente, la Chambre avait sanctionné de son vote quasi-unanime (15 avril 1905) l'œuvre de la commission, en votant le projet de loi portant codification de lois ouvrières, émané du même ministère !

Sous cette réserve, essentielle il est vrai, nous n'hésitons pas à approuver la plupart des innovations proposées. Nous avons déjà formulé *supra* (n°s 873 *bis*, 917 et 921) notre acquiescement aux dispositions inscrites dans le titre Ier concernant, soit la définition, soit la preuve du contrat, soit la rescision pour cause de lésion ou violence morale (Cpr. le projet de la *Société d'Études législatives*).

Nous avons approuvé également (v. *supra*, n°s 985 et s.), sous réserve de la question de savoir si les règlements d'atelier ne pouvaient pas être rendus obligatoires dans la grande industrie, les dispositions du titre III, inspiré de la loi belge, déterminant les mentions qui doivent figurer dans tout règlement, ainsi que la publicité dont sa mise en vigueur doit être précédée.

Le titre IV, par contre (*Effets du contrat*), appellerait de sérieuses critiques, notamment dans celles de ses dispositions concernant les *conditions du travail*. Au lieu d'emprunter aux lois étrangères, ou même aux textes votés à diverses reprises par le Parlement français,

---

[1] V. le rapp. de M. R. Jay sur le livre premier du Code du travail et de la prévoyance sociale, intitulé « des conventions relatives au travail », au nom de la Commission extraparlementaire, ainsi que les rapp. Ch. Benoist (Ch., 4 avr. 1905, *Doc. parl.*, n° 2367), et Strauss (Sén., 6 mars 1906, *Doc. parl.*, n° 86).

quelques formules précises susceptibles de parer aux abus du truck system et des économats, l'article 41 se borne à spécifier que « lorsque l'employeur loge et nourrit les employés, il doit le faire dans des conditions qui ne portent atteinte ni à sa moralité, ni à sa santé ». Des recommandations aussi vagues ne sont pas à leur place, croyons-nous, dans un texte de loi.

De plus vives critiques encore ont été formulées, non sans raison, contre le titre V, relatif à la *cessation et rupture du contrat de travail*. Tout en maintenant le principe essentiel de l'art. 1780, le projet envisage successivement les trois questions qui s'y réfèrent : 1° le *délai-congé*, dont il maintient et réglemente l'emploi sur les bases arrêtées en 1905 par le Conseil supérieur du travail [1] ; — 2° La rupture abusive, pour laquelle il intervertit (comme le propose également la commission, mais en termes plus précis) la charge de la preuve, innovation que nous approuvons, sans toutefois nous abuser sur sa portée pratique réelle (v. *supra*, n° 1176); — 3° La grève, où le projet se rallie à une solution mixte qu'il est bien difficile d'admettre. Il y aurait rupture, d'après l'art. 56, lorsque la grève intéresse les services publics ; dans les autres cas, il n'y aurait que suspension à moins de manifestation de volonté contraire.

« Il est permis de se demander, — fait justement observer à cet égard M. Chambon, — pourquoi ce qui est bon pour les services publics ne l'est pas pour l'industrie privée ». Pour notre part, nous avons admis, nous aussi, avec le Conseil supérieur du travail, qu'en principe la grève suspend simplement le contrat de travail (v. *supra*, n°s 322 et s.); mais il nous semble impossible d'étayer sur des arguments plausibles la distinction proposée par le projet gouvernemental.

II. Conventions (collectives) de travail [2]. — **1185**. — La partie la plus intéressante du projet de loi est assurément, selon nous, celle dans laquelle le Ministre du commerce s'est efforcé de définir les caractères et les effets juridiques des *conventions collectives de travail* conclues entre un ou plusieurs patrons et une collectivité ouvrière, syndicat organisé ou groupement occasionnel constitué au cours d'une grève en vue d'assurer le triomphe de certaines revendications.

---

[1] *Bull. Off. trav.*, 1905, p. 435, 613 et 1074. — Art. 46 : «... La partie qui prend l'initiative de la résolution doit prévenir l'autre partie, soit une semaine au moins à l'avance, s'il s'agit d'un ouvrier ou d'un serviteur, soit un mois au moins, s'il s'agit d'un employé... ». A ce principe, l'art. 47 apporte certains tempéraments. — Art. 49 : « Le renouvellement continu du contrat de travail à durée déterminée soumet les parties à l'obligation du délai-congé dans les limites des dispositions de la présente loi ».

[2] Sur la bibliographie du contrat collectif, v. *supra*, note sous n° 442.

Cette partie du projet a été vivement attaquée [1]; tout en reconnaissant que certains articles devraient être remaniés [2], nous estimons néanmoins que les rédacteurs des articles 12 à 21 du projet ont, en somme, assez heureusement défini les caractères propres de la convention collective de travail (v. *supra*, n° 444). Nous croyons, notamment, qu'ils ont fait œuvre utile lorsqu'ils ont confirmé, en la précisant, la jurisprudence actuelle sur le droit pour les syndicats réguliers de poursuivre l'exécution des contrats collectifs négociés par leur entremise (v. *supra*, n°s 425, 444 et s.), et sur la légitimité du cumul de l'action syndicale et des actions individuelles (v. *supra*, n°s 426 et s.), déterminé la mesure dans laquelle une convention collective pouvait être considérée comme obligatoire, indiqué enfin sous quelles conditions un contrat collectif pouvait être considéré, au regard des non-syndiqués, comme l'expression d'un *usage local*, s'imposant au juge à défaut de preuve contraire (v. *supra*, p. 314, note 3, 2e al. *in fine*). Nous estimons également que la prescription de l'art. 13, imposant à peine de nullité la rédaction par écrit des conventions collectives, et leur dépôt au secrétariat du conseil des prud'hommes, ou, à défaut, au greffe de la justice de paix (art. 13), doit être approuvée, car elle facilite la preuve des accords intervenus et leur adoption par les non-syndiqués [3].

---

[1] V. notamment Perreau, rapp. précité sur *Le contrat de travail*, p. 25 et suiv.; Chambon, rapp. à la Ch. des dép. (*Quest. prat.*, 1908, 182).

[2] C'est ainsi que l'art. 15 considère comme obligatoirement liés par la convention collective, non seulement les membres du syndicat qui ont négocié l'accord, mais aussi, en l'absence de tout syndicat, les membres de la *collectivité* partie à la convention. Or, il nous semble qu'un non-syndiqué ne saurait être lié par un pacte conclu en son nom que s'il a donné mandat de traiter (v. *supra*, p. 314, note 3, 2e alin.); une collectivité, terme vague désignant un groupement essentiellement provisoire, constitué à l'occasion d'un conflit de travail et dépourvu de toute personnalité, ne saurait avoir les droits d'un syndicat régulier. — Il nous paraît également très fâcheux de limiter à cinq ans au maximum la durée de la convention collective. Nous avons en effet démontré précédemment (n° 444) que l'un des avantages essentiels du contrat collectif est d'instituer un contrat-type, sur lequel pourront se modeler, pendant une période fort longue, supérieure même à la vie humaine, les contrats individuels. — Cf. J. Appleton, *op. cit.*, *supra*.

[3] Nous ne blâmerons pas, comme le font certains auteurs, les dispositions des articles 15 et 16, en tant qu'elles déclarent obligatoires, pour tous les syndiqués, les stipulations insérées dans la convention collective, lorsque aucune stipulation contraire ne figure dans les statuts du syndicat ou dans la convention elle-même. Cette double réserve suffit en effet, à notre sens, à sauvegarder la liberté individuelle (V. cependant Isaac, rapp. à la Ch. de commerce de Lyon sur le projet de loi, 1907). — La solution proposée par le projet gouvernemental paraît, il est vrai, dominée par la conception traditionnelle de la personnalité fictive des personnes morales; aussi les auteurs qui rejettent ce concept ont-ils une tendance à dénier aux administrateurs du syndicat le droit de négocier une convention obligatoire *de plano* pour tous ses membres (cf. M. Nast, *Des conventions collectives relatives à l'organisation du travail*, p. 180). Mais cette objection ne saurait nous arrêter, étant donné que nous demeurons fidèle à la théorie classique de la personnalité

CHAPITRE III

DU CONTRAT DE LOUAGE D'OUVRAGE OU D'INDUSTRIE. — MARCHANDAGE [1].

1186. — **Définitions.** — Ce contrat ne comporte pas les mêmes développements que le louage de services. Nous n'avons, en effet, à revenir ni sur les caractères distinctifs de ces deux formes de louage (V. *supra*, nos 872 et s.), ni sur les règles qui leur sont communes, mais simplement à signaler les particularités du louage d'ouvrage [2].

C'est au louage d'ouvrage que se réfère le paragraphe final de l'article 1711 du Code civil, relatif aux *devis*, *marchés* ou *prix faits*. Ces trois expressions, d'ailleurs, ne sont pas absolument synonymes. Le *devis* est un état détaillé et estimatif des travaux à accomplir ; c'est plutôt un avant-projet qu'un marché. L'expression de *marché* désigne au contraire un contrat de louage d'ouvrage conclu pour un *prix ferme*, pour un *prix fait* (suivant l'expression légale). Cette expression de *prix fait* fait bien ressortir l'une des différences essentielles qui dis-

---

juridique (v. *supra*, nos 421 et s. ; cf. Pic et Thaller, *Des sociétés commerc.*, t. Ier, nos 163 et s.) : théorie dont l'avantage, dans le cas particulier qui nous occupe, est d'attribuer aux conventions collectives de travail une autorité, et une puissance d'extension, qu'elles ne sauraient avoir dans la conception doctrinale que nous combattons. Or, tout renforcement du caractère juridiquement obligatoire de ces conventions peut, à notre avis, être envisagé comme une nouvelle conquête pour la classe ouvrière. — Cf. Jay, Lotmar, J. Appleton, Passama, cités *supra*, p. 314, note 3. — V. aussi Brouilhet, *Le contrat collectif de travail*, 1907 ; Jay, *Revue d'écon. polit.*, 1907, p. 561, 649.

[1] Bibliographie. — Guillouard, *Traité du louage*, t. II, p. 296 et s. ; Tuja, *Du louage d'industrie en France*, p. 263 et s. ; Clamageran, *Du louage d'industrie, du mandat et de la commission* ; Lebrun, *Des devis et marchés* ; Dalloz, *Suppl. au Rép.*, vo *Louage d'ouvrage et d'industrie*, nos 56 et s. ; *Rép.* Fuzier-Herman, vo *Louage d'ouv.*, tit. III ; *Rép. Pand.*, *eod. verb.*, nos 1031 et s. — Cf. Aubry et Rau, t. IV, § 374 ; Laurent, t. XXVI, nos 1 et s. ; Colmet de Santerre, t. VII, nos 241 et s. ; Cauwès, t. III, no 804 ; Baudry et Wahl, t. II, p. 378 et s. ; Chaignon, *Condition juridique de l'artisan*. — *Textes* concernant les *Devis et marchés* ; C. civ., art. 1787 à 1799. — Sur le *marchandage* et le *sweating system*, v. *infra*.

[2] Encore ne l'étudierons-nous que relativement au simple ouvrier ou artisan, assimilé à l'entrepreneur de profession dans la partie qu'il se charge d'exécuter *à forfait* (art. 1799). — Sur le louage dans son application aux entrepreneurs proprement dits, architectes, etc., v. les traités généraux de droit civil, ou les commentaires précités du contrat de louage. — Sur les règles particulières aux marchés de travaux publics, v. les traités de droit administratif, et notamment Berthélemy, p. 556 et s. — Cf. Perriquet, *Traité des travaux publics* ; Christophe, *id.* ; Dalloz, *Supp. Rép.*, vo *Travaux publics*, etc.

tinguent nos deux formes de louage ; dans le louage à temps, l'ouvrier est payé à raison de la durée du travail accompli ; dans le louage d'ouvrage, le prix ou salaire correspond à la prestation d'un ouvrage déterminé, abstraction faite du temps employé à sa confection.

1187. — Le louage d'ouvrage lui-même se subdivise en deux variétés bien distinctes, suivant que le bailleur d'ouvrage (artisan, ouvrier à façon, à la tâche ou aux pièces) ne fournit que son travail et non la matière, ou qu'il fournit à la fois la matière et le travail. Il n'y a véritablement louage, à proprement parler, que dans le premier cas; dans la seconde hypothèse, il y a plutôt *vente d'une chose future*, d'un objet à fabriquer ou à transformer. Telle était la doctrine de nos anciens auteurs; telle paraît être encore aujourd'hui la doctrine des rédacteurs du Code civil, à en juger par les termes de l'article 1711 [1].

Dès l'instant que cet article réserve la qualification de louage à la première hypothèse (celle où la matière est fournie par le maître), il semble bien que le législateur ait considéré le second cas comme une véritable vente. Nous aurons à déduire les conséquences de cette idée, quand nous exposerons la théorie des *risques*.

SECTION PREMIÈRE. — Obligations réciproques des parties

§ 1er. — Obligations du maître

1188. — Fournitures : paiement du prix. — Le maître, l'auteur de la commande est tenu d'une double obligation : — 1° Fournir à la date fixée les matériaux convenus ; — 2° Payer le prix après réception.

La *prescription* de l'action en paiement impartie à l'ouvrier à façon, artisan ou entrepreneur, n'est pas la prescription de six mois (opposable à l'action en paiement des salaires des ouvriers engagés à temps), mais bien la prescription de droit commun, comme en matière de *vente*, c'est-à-dire la prescription de trente ans.

---

[1] Civ. cass., 20 mars 1872, D. 72, 1, 140; Req., 22 juillet 1874, D. 75, 1, 303; 10 juillet 1888, S. 88, 1, 430. — Cf. Guillouard, t. II, nos 772 et s. ; Lyon-Caen, note S, 77, 1, 337; Planiol, note D. 97, 1, 89; Baudry et Wahl, t. II, p. 384. — Cf. trib. féd. suisse, 15 février 1895, *Ann. de dr. comm.*, 96, p. 44. — Le gouvernement, et la Commission du travail, dans leur projet sur le contrat de travail, proposent une solution transactionnelle : « Le fait que la matière est fournie en même temps que le travail n'empêche pas la convention d'être un contrat de travail, *pourvu que la matière puisse être considérée comme l'accessoire du travail* » (dispos. finale du nouvel art. 1779 C. civ., projeté).

1189. — Garanties de paiement. — Les ouvriers à façon ont, tout d'abord, comme les ouvriers à temps, le privilège de l'article 549 du Code civil en cas de faillite du maître (V. *supra*, nos 1014 et s.). Mais ils ont d'autres garanties spéciales :

1° L'ouvrier qui a, par son travail, assuré la conservation de la chose, peut se prévaloir, si la chose est entre les mains du maître, du privilège établi par l'article 2102-3° au profit du conservateur de la chose ;

2° L'entrepreneur ou maître ouvrier qui a exécuté un ouvrage de construction a le privilège de l'article 2103-4° sur la plus-value, à la condition de satisfaire aux prescriptions de l'article (double procès-verbal). Il n'existe d'ailleurs aucun privilège mobilier correspondant au profit de l'ouvrier qui a fait, sur une chose *mobilière*, des travaux d'amélioration (Thézard, *Des privilèges et hypothèques*, n° 353) [1].

3° L'artisan ou l'ouvrier qui a exécuté sur un objet des travaux d'amélioration ou de transformation a, sur cet objet, tant qu'il demeure en sa possession, à défaut d'un privilège, un *droit de rétention* [2]. Effectivement, il s'agit bien ici d'une dette *contractuelle* (condition exigée par MM. Aubry et Rau, t. III. § 256 *bis*), née précisément à l'*occasion de l'objet* sur lequel on prétend exercer le *jus retentionis* (*debitum cum re junctum*).

L'artisan ou l'ouvrier ne peut se prévaloir de ces garanties spéciales, et spécialement du privilège de l'article 549, qu'autant qu'il a traité directement avec le maître ; s'il a traité avec un sous-entrepreneur, un marchandeur ou tâcheron, il n'a pas de privilège à faire valoir contre le maître, pas plus qu'il n'a d'*action directe* [3], sous réserve toutefois de l'exception inscrite dans l'article 1798 (V. *supra*, nos 1017 et s.).

Du marchandage (décret du 2 mars 1848) [4]. — **1190**. — Mar-

---

[1] Jouissent toutefois d'un privilège sur le *navire* les ouvriers employés à sa construction, si le navire n'a point encore voyagé, ou aux réparations (radoub, armement, équipement), avant le départ du navire, s'il a déjà navigué (art. 191-8°, C. com.). — Lyon-Caen et Renault, *Traité de dr. com.*, t. VI, nos 1690 et suiv.

[2] Trib. com. Marseille, 20 novembre 1893, *Rec. Marseille*, 94, 1, 28. — Cf. Guillouard, t. II, nos 776; Glasson, *Droit de rétention*, p. 58; Nicolas, *Droit de rétention*, n° 139; Baudry et Wahl, t. II, p. 434. — Ce droit de rétention est *indivisible* (art. 2114); l'ouvrier peut donc retenir l'ensemble des objets façonnés par lui, ou confiés à ses soins pour être façonnés, jusqu'au paiement intégral du prix : Lyon, 25 mars 1871 (Dalloz, *Suppl. Répert.*, v° *Louage d'ouvrage*, n° 63).

[3] *Contra :* art. 5 du projet gouvernemental sur le contrat de travail.

[4] Bibliographie : Brodu, *Du marchandage*, 1898; Pittié, *Du salaire à la tâche et du marchandage*, 1899; Cahen, *Louis Blanc et la commission du Luxembourg* (*Annales de l'Ecole des Sc. polit.*, 97, p. 187); Jean Appleton, *Le marchandage et la jurisprudence* (*Quest. prat.*, 1900, p. 66 et suiv.), et notes sous D. 97, 2, 401; 98, 1, 369; 99, 2, 393; Roué, *Le marchandage* (*Rev. polit. et parlem.*, mai 1900); Jay, *Le marchandage* (*Rev. d'écon. polit.*, 1900, p. 125); Fouqué, *Le marchandage dans*

chandage et sous-entreprise. — Inconvénients du marchandage. — Cette impossibilité pour l'ouvrier d'agir directement en paiement de ses salaires contre l'entrepreneur principal (sauf dans le cas et sous les conditions de l'art. 1798), lorsqu'il est embauché par un *sous-entrepreneur*, rétrocessionnaire partiel du marché, n'a pas de grands inconvénients. Le sous-entrepreneur est en effet, comme l'entrepreneur principal, un négociant présentant une certaine surface, attendu qu'il fournit concurremment la matière et la main-d'œuvre ; il possède par conséquent un outillage, des chantiers, en un mot une organisation lui permettant de satisfaire aux obligations qu'il assume.

Tout autre est la situation de l'ouvrier embauché par un *marchandeur*, qui prend à forfait un lot, une partie du travail à exécuter, et spécule sur la différence entre le forfait convenu et le total des salaires des ouvriers qu'il embauche à la journée, au plus bas prix possible. Ouvrier comme eux, connaissant par conséquent non seulement tous les procédés, mais toutes les roueries du métier, le *sous-traitant ouvrier*, *marchandeur* ou *tâcheron*, exige de son personnel une somme de travail parfois supérieure à celle qu'exigerait d'eux un entrepreneur véritable, son gain personnel augmentant en proportion de la rapidité de la tâche ; il ne promet à ses ouvriers, en échange de ce travail intensif, qu'un salaire réduit ; et encore ne sont-ils pas certains de le toucher, les entrepreneurs ne contrôlant pas toujours d'assez près la solvabilité des marchandeurs qu'ils s'adjoignent.

1191. — Sans doute, le marchandage n'a pas que des inconvénients. Il permet tout d'abord aux ouvriers d'élite de s'élever au-dessus de leur condition : c'est parmi les tâcherons que se recrute la majeure partie des entrepreneurs, des patrons du bâtiment. D'autre part, il n'est nullement exact que cette combinaison conduise fatalement à un avilissement de salaires. Pour certaines catégories de travaux, spécialement dans l'industrie du bâtiment (menuiserie, pose de parquets, ravalement, etc.), les entrepreneurs ont intérêt à traiter à forfait avec des ouvriers spécialistes, prêts à leur fournir à point nommé les équipes volantes dont ils ont besoin pour quelques jours, mais qu'ils ne pourraient utiliser pour toute la campagne. Ces chefs d'équipe, s'ils sont habiles et débrouillards, passent avec les entrepreneurs une série de marchés échelonnés, qui leur laissent une marge sérieuse de bénéfices, et leur permettent de rémunérer leurs ouvriers plus largement parfois que ne le ferait l'entrepreneur principal.

---

l'industrie du bâtiment (*Rev. polit. et parlem.*, 10 décembre 1902). — Cp. sur le marchandage en Angleterre et en France : Schloss-Rist, *Les modes de rémunération du travail*, p. 161 et 343.

Le seul abus incontestable de ce mode de travail réside dans l'insuffisance des garanties de paiement offertes à l'ouvrier. Mais il serait facile, dit-on, de faire disparaître cet inconvénient en conférant par un texte formel une action directe [1] aux ouvriers contre l'entrepreneur principal pour la totalité de leurs salaires impayés (Brodu, p. 43) ; ce dernier, caution du marchandeur, ne traiterait qu'avec des individus solvables, et chacun y trouverait profit.

1192. — Décret du 2 mars 1848 : prohibition du marchandage. — Quelle que soit la valeur de ces considérations au point de vue économique, juridiquement, le marchandage est prohibé. Cette prohibition résulte de la combinaison du décret du 2 mars 1848, déclarant *abolie* « l'exploitation des ouvriers par des sous-entrepreneurs *ou* marchandage », et de l'arrêté du 21 mars 1848 érigeant le marchandage prohibé en délit correctionnel (amende de 50 à 100, de 100 à 200 francs pour une première récidive, emprisonnement de un à six mois en cas de double récidive).

En fait, ce décret est demeuré lettre morte pendant plus de trente ans ; si bien que quelques auteurs ont pu soutenir qu'il devait être considéré comme abrogé par désuétude. Cette thèse de l'abrogation *non usu*, surtout en matière pénale, ayant paru difficilement conciliable avec les principes généraux de notre droit (V. Aubry et Rau, t. 1, p. 56), l'on a cru pouvoir tirer argument de la Constitution de novembre 1848, proclamant à nouveau le principe de la liberté de l'industrie ; thèse aussi inadmissible, la liberté de l'industrie, comme toutes les libertés publiques, comportant de nombreuses limitations, imposées par l'ordre public. — Au surplus, ne peut-on pas soutenir que les rédacteurs du décret du 2 mars avaient entendu *libérer* l'ouvrier d'une forme nouvelle de servitude ? [2].

1193. — Portée de la prohibition. — Le décret des 2-21 mars est

[1] Le principe de cette action directe est inscrit dans l'art. 5 du projet de loi sur le contrat de travail. — V. aussi art. 26 du projet de loi sur la réglementation du travail. — Cf. décl. de M. Viviani à la Ch. (11 novembre 1907), à l'occasion de la discussion du budget du Ministère du travail.

[2] L'on a prétendu également que l'Assemblée nationale avait, en septembre, abrogé virtuellement le décret du 2 mars (G. Michel, *Nouv. Dict. d'écon. polit.*, v° *Marchandage*). — Cette assertion est manifestement contraire aux faits. La loi du 9 septembre 1848 n'a modifié le décret du 2 mars que dans la partie de ce décret concernant la durée de la journée de travail de l'adulte. — Cf. Brodu, p. 76 ; J. Appleton, p. 71 ; rapp. de M. le conseiller Roulier, D. 98, 1, 369. — Plusieurs décrets ou actes législatifs récents se sont référés expressément ou implicitement au décret de 1848. — V. notamment le cahier des charges de l'Exposition de 1900 homologué par la loi du 13 juin 1896. — Cf. décrets du 10 août 1899 sur les marchés de travaux publics (v. *supra*, n° 954 et s.).

donc toujours en vigueur : mais quelle en est la portée exacte ? Il est incontestable que l'on ne doit considérer comme un marchandage prohibé, ni le contrat de sous-entreprise défini plus haut, les rédacteurs du décret n'ayant entendu viser que le *tâcheron* ou sous-traitant *ouvrier*[1], ni la sous-entreprise effectuée en commun par une équipe d'ouvriers qui partagent entre eux les bénéfices de l'opération (Sur l'équipe coopérative, v. *supra*, n° 930 ; cf. art. 4 du projet de loi sur le contrat de travail).

Mais doit-on considérer comme délictueux tout marchandage proprement dit, c'est-à-dire toute sous-entreprise de main-d'œuvre par un ouvrier ou tâcheron, ou le marchandage, même ainsi défini, n'est-il délictueux qu'autant qu'il se complique d'une *exploitation abusive* des ouvriers embauchés, exploitation se traduisant par un avilissement des salaires, ou par leur non-paiement, conséquence de l'insolvabilité du tâcheron ?

La majorité des auteurs, s'appuyant sur les travaux préparatoires, ou sur les considérants mêmes du décret du 2 mars[2], estiment que le législateur de 1848, tenant le marchandage pour abusif, en soi, a entendu prohiber radicalement ce mode de travail ; que dès lors le juge n'a pas le droit d'ajouter au texte un qualificatif qui en restreint la portée, et de s'attribuer ainsi, dans chaque espèce, un pouvoir arbitraire d'appréciation[3].

Mais la jurisprudence, dans son ensemble, s'est formellement prononcée pour l'interprétation restrictive[4]. Depuis l'arrêt des Chambres

---

[1] Cf. le procès-verbal de la séance tenue le 1er mai par la Commission du Luxembourg (texte rapp. par J. Appleton, *op. cit.*, p. 66). — Le marchandage *sui generis* intervenu, dans l'industrie de la soierie par exemple, entre le chef d'atelier et l'ouvrier, avec partage égal entre les deux parties, du prix de façon payé par le fabricant, échappe pour les mêmes motifs à toute prohibition.

[2] « Considérant que l'exploitation des ouvriers par les sous-entrepreneurs ouvriers, dits *marchandeurs*, est essentiellement injuste, vexatoire, etc... ».

[3] Brodu, p. 85 et s.; J. Appleton, article et notes précités; Jay, *op. cit.* — Cf. Orléans, renv. après cass.. 11 juillet 1899, D. 99, 2, 393, et Bourges (2e renv. après cass. dans la même affaire), 20 juin 1900, D. 1901, 1, 169.

[4] Cons. prud'h. Seine, 27 juin 1888 (*Journ. des prud'h.* 88, 24) ; Trib. com. Seine, 9 avril 1897, confirmé par la Cour de Paris, 9 juillet 1897, D. 97, 2, 401 ; Crim. cass., 4 février 1898, D. 98, 1, 369 (et le rapp. de M. le conseiller Roulier, S. 99, 1, 249, et la note de M. Roux, *Pand.*, 98, 1, 244) ; Crim. cass., 16 février 1900 (cassant l'arrêt précité de la Cour d'Orléans), D. 1900, 1, 209, S. 1900, 1, 537, et note Roux ; Cass. Ch. réun. (cass., dans la même affaire de l'arrêt de Bourges), 31 janvier 1901, D. 1901, 1, 169, concl. cf. proc. gén. Laferrière : « Attendu, lisons-nous dans l'arrêt des Ch. réunies, qu'il résulte du texte même, tant du décret du 2 mars 1848 que de l'arrêté du 24 du même mois, que le fait qui a été d'abord interdit, puis puni de peines correctionnelles par le gouvernement provisoire, n'est point tout embauchage d'ouvriers à la journée par un tâcheron, mais seulement l'exploitation des ouvriers au moyen de ce marchandage, exploitation qui ne consiste de la part du sous-traitant qu'à tirer un produit abusif du travail de ceux qu'il emploie ; que l'acte néces-

réunies du 31 janvier 1901, et jusqu'à ce que le Parlement soit appelé à se prononcer expressément sur la question [1], il est donc acquis que le décret de 1848 ne prohibe pas tout contrat de marchandage, mais qu'il réprime uniquement les abus dont il peut être vicié.

Remarquons du reste que, dans le cas où les éléments du délit sont réunis en fait, l'entrepreneur peut être poursuivi comme complice dans les termes du droit commun. Les ouvriers non payés trouvent donc, dans l'action civile née du délit, un moyen pratique d'obliger l'entrepreneur principal à leur payer, à titre de réparation, les salaires dont ils n'ont pas obtenu le paiement du marchandeur [2].

SWEATING SYSTEM ET GRANDS MAGASINS. — **1194** [3]. — Le marchandeur ou tâcheron, dont il est question ci-dessus, paie ses ouvriers à la journée, et par conséquent assume les risques de malfaçon. Le *sweater*, au contraire, est un intermédiaire payant ses auxiliaires *à la tâche*; spéculation beaucoup moins défendable que le marchandage simple, puisque par ce procédé l'intermédiaire se décharge sur ses subordonnés des malfaçons, dont il retient le montant sur un salaire déjà insuffisant, et réalise ainsi à leur détriment un bénéfice dont une forte part devrait, en bonne justice, leur revenir, à raison même des risques qu'ils assument (Cauwès, t. III, n° 835).

La situation est pire encore pour l'ouvrier lorsque l'intermédiaire, au lieu d'être un tâcheron, travaillant lui-même au milieu des ouvriers qu'il dirige, est un simple courtier de travail : commis intéressé d'un *grand magasin* ou d'une maison de prêt sur marchandises, ou courtier libre, qui spécule sur la main-d'œuvre et recrute à vil prix des ouvriers (v. *supra*, n° 877), ou traite au rabais avec de petits fabricants. Ecrasés par la concurrence, à court de crédit, ceux-ci cherchent à se procurer une main-d'œuvre à prix réduit, ou vendent à perte, parfois au-dessous

---

site donc, pour devenir délictueux, la réunion de ces *trois éléments* : un fait matériel, l'intention de nuire et un préjudice causé aux ouvriers... ». — Cf. trib. corr. Seine, 23 mai 1901 (*Quest. pratiques*, 1902, 25); Paris, 8 juillet 1904, *Mon. jud. Lyon*, 12 oct.

[1] Le Ministre du travail a déposé, le 17 nov. 1908, sur le bureau de la Chambre, un projet de loi tendant à interdire le marchandage, d'une façon *absolue*.

[2] Crim. cass., 4 février 1898, précité; Paris, 8 juillet 1904, précité.

[3] BIBLIOGRAPHIE. — Aux études déjà citées par nous sur l'industrie à domicile et le sweating (V. *supra*, notes sous n°s 567, 709, 782, 852), *adde* : F. Funck-Brentano, *Causes et conséquences de l'affaiblissement des classes moyennes en France* (*Réf. soc.*, 16 oct. 1899, p. 549); Garrigues, *Les grands magasins de nouveautés et le petit commerce de détail*; Pittié, *Du salaire à la tâche et du marchandage*, 1899; St-Martin, *Les grands magasins*, 1900; Daugan, *Législation des patentes des grands magasins*, 1902; Duclos, *Les transformations du commerce de détail au XIXe siècle*, 1902; d'Avenel, *Mécanisme de la vie moderne. Les grands magasins*; Poupart, *Les sociétés de bazars* (*Rev. polit. et parlem.*, 1908, 1, 391).

de leur prix de revient, dans l'espoir souvent chimérique de supplanter leurs concurrents. Le résultat le plus clair de cette politique imprévoyante des petits fabricants est d'achever la ruine de la petite industrie, pour le plus grand profit des *grands magasins*, qui deviennent ainsi les maîtres incontestés du marché.

1195. — *Action législative*. — Il y a, dans le développement de cette spéculation sur la main-d'œuvre, qualifiée par les Anglais du nom significatif de *sweating system* (système de la sueur), spéculation qui, de l'Angleterre, a gagné la France, et spécialement l'industrie parisienne, un véritable danger social, dont il est malheureusement très malaisé d'indiquer le remède. L'action du législateur ne peut s'exercer directement à l'encontre de ces pratiques ; et toute prohibition directe se heurterait, comme le décret de 1848, à des impossibilités matérielles d'application.

Mais plusieurs remèdes législatifs indirects peuvent être concurremment essayés, et leur application, faite avec prudence et méthode, peut, comme la législation répressive des trusts analysée précédemment (v. *supra*, nos 600 et s.), enrayer dans une certaine mesure le développement excessif de la concentration industrielle, phénomène inquiétant pour la paix sociale à raison des ruptures d'équilibre qu'il entraîne et des déclassements qu'il produit (diminution du nombre des petits patrons, extension de la classe des salariés de toute catégorie).

Parmi ces remèdes, il en est un que nous avons indiqué déjà, et étudié assez longuement pour qu'il n'y ait pas lieu d'y revenir : nous voulons parler, non pas de la répression, mais de la réglementation du travail à domicile ou travail en chambre, lorsque ce travail s'exerce pour le compte d'un grand magasin, d'un entrepreneur ou d'un intermédiaire quelconque (v. *supra*, nos 736, 745, 747, 752, 782, 852-854, 868 et 869 *bis*).

1196. — Nous citerons en second lieu la révision de la législation des *patentes*. Il est du devoir strict de l'Etat de venir en aide à la petite industrie dans sa lutte inégale contre les grands magasins, en imposant à ceux-ci des charges fiscales proportionnées aux bénéfices exceptionnels qu'ils retirent de la réduction des frais généraux [1].

[1] Un premier pas fut fait dans cette voie en France par la loi de finances du 28 avril 1893, qui a surimposé les grands magasins, c'est-à-dire les établissements occupant plus de 200 employés. Tandis que les magasins n'ayant pas plus de 200 employés ne paient qu'un droit fixe basé sur le chiffre de la population et le nombre des employés, les grands magasins acquittent un droit fixe *par spécialité* (le tarif prévoit 16 spécialités). Quant au droit proportionnel, il est gradué suivant l'importance du personnel et peut s'élever du 20e (maison occupant de 11 à 50 employés) au 5e de la valeur locative (maisons possédant plus de 500 employés, 7 grands ma-

Il convient, d'autre part, d'offrir aux petits détaillants ou fabricants des facilités nouvelles pour constituer entre eux, soit des coopératives d'achats en gros, soit des sociétés de production, assez fortement organisées pour pouvoir débattre les conditions offertes par les courtiers des grands magasins. La coopération, que la petite industrie envisage volontiers comme une machine de guerre dirigée contre elle, comme si cette forme très souple de l'association ne pouvait intervenir qu'entre ouvriers, pourrait bien être son instrument de salut, si elle savait en faire usage, et renoncer à temps à des procédés de concurrence au rabais, qui la ruinent irrémédiablement (v. *infra*, tit. IV).

Citons enfin, parmi les mesures indirectes, d'une efficacité non douteuse, auxquelles les pouvoirs publics, nationaux ou municipaux, peuvent utilement recourir pour remédier aux abus du sweating : toutes les dispositions législatives ou réglementaires tendant à fortifier l'action syndicale (v. *supra*, n° 567), la constitution d'ateliers syndicaux, voire même d'ouvroirs subventionnés par les municipalités [1], ouverts moyennant une faible rémunération aux ouvriers et ouvrières travaillant en dehors de l'usine ou de l'atelier du patron ; — les encouragements, publics ou privés, donnés aux sociétés destinées à assurer le transport de la force motrice à domicile (v. *supra*, n° 853) ; — une législation sévère sur l'abus des liquidations fictives (*sic*, loi française du 30 décembre 1906) ; — enfin le développement de l'enseignement professionnel, qui permettrait à la petite industrie d'imprimer de plus en plus à ses produits cette perfection dans le fini, et ce cachet artistique, dont la production en grand est presque fatalement dépourvue. — V. *infra*, n° 1239 [2].

---

gasins à Paris). — Cette graduation, progressive en apparence, était loin de suivre une progression égale à celle du chiffre des affaires (V. le rapp. de M. Terrier, 17 fév. 1893, D. 93, 4, 84) ; aussi, en 1898, sur la proposition de M. G. Berry, la Chambre mit-elle à l'étude un projet de réforme de la taxe tendant à établir une répartition plus équitable des charges entre le grand, le moyen et le petit commerce, et à dégrever largement ce dernier en appliquant le principe de la taxe multiple, par spécialités, à l'élément proportionnel de la patente. Ce projet, amendé, est devenu la loi sur les patentes du 19 avril 1905 (D. 1906, 4, 59). — Mais il semble bien que la loi actuelle est encore insuffisante, notamment en ce qu'elle n'apporte aucune entrave à la constitution des *sociétés de bazars*, qui, ayant leur centre à Paris, essaiment sur tous les points de la France, et font au petit commerce local une concurrence ruineuse. — Poupart, *op. cit.*; Juhel, *La patente des grands magasins*, th. 1907.

[1] V. les détails donnés par Schwiedland sur les organisations de ce genre fonctionnant en Suisse, en Autriche, etc.

[2] L'Etat doit également avoir grand soin d'extirper le sweating de tous les travaux exécutés pour son compte. Mais il y est actuellement pourvu, dans un grand nombre de pays et notamment en France, par une législation spéciale imposant aux adjudicataires l'obligation de se conformer aux prix courants. — V. *supra*, nos 949 et s. — Les particuliers peuvent agir dans le même sens en se groupant en *Ligues*

L'Assemblée de l'*Association internationale pour la protection légale des travailleurs*, réunie à Lucerne en septembre 1908, a, sur l'initiative de M. Jay, recommandé un moyen plus hardi, consistant dans l'établissement d'un minimum légal de salaires, déterminé par des comités de salaires (Cpr. projet anglais), pour les industries à domicile dans lesquelles sévit surtout le sweating (lingerie, confection, etc.). — Cf. Jay, *Le maximum de salaire dans l'industrie à domicile* (*Eveil démocratique*, nos des 16 août et 6 septembre 1908). L'expérience anglaise, si elle se réalise, sera suivie par nous avec sympathie ; nous craignons malheureusement qu'elle ne se heurte à des difficultés d'application presque insurmontables. — V. *supra*, n° 943.

§ 2. — Obligations du bailleur d'ouvrage (entrepreneur, artisan, ouvrier à façon).

1197. — Le bailleur d'ouvrage est tenu de trois obligations principales. Il doit : 1° livrer un travail exécuté conformément aux règles de l'art, et exempt de toute malfaçon ; — 2° livrer ce travail dans les délais convenus ; — 3° rendre compte de la *matière*, lorsqu'elle lui a été fournie par le maître.

I. Responsabilité des malfaçons. — La première obligation d'un bailleur d'ouvrage consiste dans la prestation d'un *travail exécuté conformément aux règles de l'art* : — *spondet peritiam artis.* Dès l'instant qu'il a accepté d'exécuter un travail, l'auteur de la commande a le droit d'exiger de lui un objet tel qu'un ouvrier, au courant de son métier, est capable de le faire : s'il y a *malfaçon*, le patron peut donc refuser le travail, ou imposer à l'ouvrier une réduction de salaire, dont le taux, en cas de litige, sera arbitré par le conseil de prud'hommes.

1198. — Il arrive fréquemment qu'un objet reçoit la main-d'œuvre de toute une série d'ouvriers : à qui incombe, en pareil cas, la responsabilité de la malfaçon ? — Deux hypothèses doivent être distinguées :

a) Chaque ouvrier apporte directement au patron la pièce sur laquelle s'est exercé son travail (*sic* pour le travail exécuté en atelier) ; en ce cas, pas de difficulté, puisque le patron vérifiera la pièce, à chaque transformation subie par elle, et fera ainsi le départ des responsabilités.

b) Le premier ouvrier remet la pièce à un second ouvrier, et ainsi

---

sociales d'acheteurs (v. les résolutions du Congrès intern. des Ligues sociales, Genève, sept. 1908).

de suite, jusqu'à l'achèvement ; en sorte que le patron ne vérifie le travail qu'après achèvement total. En ce cas, la malfaçon est aux risques du dernier ouvrier, qui a commis l'imprudence d'accepter du précédent un travail imparfait, sauf son recours contre les ouvriers précédents. L'on suit ici les mêmes règles qu'en cas de transport effectué par plusieurs voituriers successivement.

Il est un cas où l'ouvrier ne répond pas de la malfaçon, c'est le cas où celle-ci proviendrait d'un vice de la matière remise à l'ouvrier pour être travaillée. Si le tissu exécuté par l'ouvrier se déchire à la réception par suite de la mauvaise qualité du fil, si une pierre précieuse brute éclate pendant le travail de l'ouvrier parce qu'elle contenait une veine rendant la taille impossible, l'ouvrier n'est pas en faute ; aussi aura-t-il droit à tout son salaire [1].

1199. — *Malfaçons découvertes après réception.* — *Quid,* si le patron, après avoir vérifié l'ouvrage et l'avoir accepté, découvre des malfaçons ? En principe, même quand les malfaçons ne sont pas apparentes, une personne expérimentée doit pouvoir les reconnaître après un examen minutieux de la pièce.

Aussi estimons-nous qu'à moins de dol, de fraude caractérisée de l'ouvrier, celui-ci est à l'abri, *par le fait de la réception,* de toute réclamation pour malfaçon. L'on peut argumenter en ce sens, par *a contrario*, de la disposition de l'article 1792 du Code civil. Si en matière d'immeubles, où la découverte des malfaçons est très difficile, la responsabilité de l'architecte ne dure que dix ans, il est impossible d'admettre que la responsabilité des ouvriers à façon qui ont exécuté des objets mobiliers se prolonge pendant *trente ans* (délai de droit commun) et cependant, c'est à cette conclusion, inacceptable par sa rigueur même, que l'on aboutit si l'on ne voit pas, dans la réception sans réserves, une fin de non-recevoir *absolue* contre toute action en responsabilité (V. Guillouard, t. II, n° 793).

1200. — II. **Livraison dans les délais.** — Le bailleur d'ouvrage doit *livrer son travail dans les délais convenus.* — Tout retard non justifié, non motivé par un cas de force majeure [2], peut l'exposer à des dommages-intérêts, consistant dans une réduction du prix stipulé, ou même dans la résiliation du marché, si le patron avait un intérêt évident à ce que la chose lui fût remise au jour convenu.

---

[1] Il en serait autrement, toutefois, si l'ouvrier avait eu seul connaissance du vice de la matière, et qu'il eût négligé d'en informer le patron. — Guillouard, t. II, n° 790; Baudry et Wahl, t. II, p. 392.

[2] Civ. cass., 3 juillet 1893, S. 96, 1, 67; Guillouard, t. II, n° 816.

1201. — **Responsabilité de la matière.** — Le bailleur d'ouvrage est *comptable de la matière, lorsqu'elle lui a été remise par le patron* [1]. — Celui-ci ne supporte *que les risques de perte fortuite*. — C'est ici qu'apparaît nettement l'intérêt de la distinction proposée précédemment entre le contrat de louage d'ouvrage proprement dit, dans lequel le patron fournit la matière, et le louage d'ouvrage improprement dit, dans lequel la matière est fournie par l'artisan (qui est plutôt en ce cas un vendeur qu'un bailleur).

a) *Du louage improprement dit* (l'artisan a fourni la matière). — En ce cas, tous les risques sont pour le bailleur, jusqu'à la réception (art. 1788 C. civ.), le locataire (c'est-à-dire le patron) n'étant, au fond, qu'un acheteur *sous condition que l'ouvrage soit achevé*. Conséquence : si la chose périt aux mains de l'ouvrier antérieurement à la livraison, l'ouvrier perd à la fois la matière (qui est encore sa propriété), et le droit à une rémunération quelconque. Mais, du jour de la réception, les risques se déplacent : si donc la chose périt chez l'ouvrier, mais après réception par le maître, les risques sont à la charge de ce dernier, qui n'en devra pas moins payer le salaire convenu [2].

1202. — b) *Du louage proprement dit* (le patron a fourni la matière). — Dans ce cas, la question des risques comporte une solution inverse de celle donnée dans les cas précédents : les risques sont pour le patron, demeuré propriétaire de la matière (art. 1789). Mais, si le patron perd la matière qu'il a fournie, l'ouvrier, de son côté, perd tout droit au salaire (art. 1790). La perte résultant du risque se répartit ainsi entre les deux contractants : le patron perdant la matière première, l'ouvrier perdant son salaire. Sa condition, à ce point de vue, est donc beaucoup moins favorable que dans le louage de services.

Juridiquement, cette différence entre les deux formes de contrat est facile à justifier : dès l'instant que dans le louage à façon, le prix convenu est plutôt l'équivalent de l'objet fabriqué par l'ouvrier que du travail accompli par lui, l'on conçoit aisément que ce prix ne soit pas dû, dès le cas où un événement quelconque, même non imputable à l'ouvrier, met celui-ci dans l'impossibilité de livrer l'ouvrage promis. Mais cette solution est plus juridique qu'équitable [3].

---

[1] Sur les moyens légaux destinés à faciliter, dans les industries du tissage, le règlement du compte de matières (lois de 1806 et 1850), v. *supra*, nos 1156 et s.

[2] Req., 4 janv. 1888, D. 89, 1, 211. — Il en serait de même si l'ouvrier ayant achevé l'ouvrage, avait mis le patron *en demeure* d'en prendre livraison (art. 1138).

[3] Il serait préférable de rétablir la règle romaine, d'après laquelle les risques de perte étaient exclusivement à la charge du patron, l'ouvrier ayant droit à son salaire (L. 36, *locati conducti*, *Dig.*, 19, 2). — *Sic* : art. 2 et 42 *in fine* du projet de loi sur le contrat de travail.

1203. — Preuve de la faute. — Si l'ouvrier à façon ne répond pas des risques, c'est-à-dire de la perte fortuite, il répond au contraire de sa *faute*, et doit par conséquent rembourser au patron la valeur de la matière, lorsque celle-ci a péri par sa faute [1]. C'est à l'ouvrier, débiteur de la restitution d'un corps certain, qu'incombe la preuve du cas fortuit [2].

1204. — Réception : vérification partielle ; mise en demeure. — Par exception, l'ouvrier a droit à son salaire malgré l'absence de faute du patron, dans trois cas : 1° si la chose périt par le vice de la matière ; — 2° si elle périt après la réception ; — 3° si elle périt, même avant la réception, mais après que le patron a été mis en demeure de la recevoir (art. 1790). Il n'existe pas, le plus souvent, d'acte écrit constatant la réception ; mais la preuve de celle-ci peut s'induire de certaines circonstances, parmi lesquelles la plus démonstrative est le paiement du prix, à moins que ce prix n'ait été payé à *titre d'avance* ou sous toutes réserves.

Lorsqu'il s'agit d'un ouvrage à plusieurs pièces ou à la mesure, la vérification peut se faire *par parties* (art. 1791) ; l'ouvrier a tout intérêt à cette vérification échelonnée, puisqu'il n'est exposé aux risques que pour les pertes non encore vérifiées. Ici encore, la preuve de la vérification résultera plus souvent de présomptions que d'une preuve directe : l'article 1791 *in fine* édicte même à ce sujet une présomption légale, obligatoire pour le juge, résultant des paiements effectués par le maître à raison des parties achevées [3].

Il ne peut dépendre du maître, lorsque l'ouvrage est terminé, de laisser les risques à la charge de l'ouvrier en négligeant de prendre livraison. Aussi l'article 1790 autorise-t-il l'ouvrier à mettre le patron *en demeure de prendre livraison ;* à partir de cette mise en demeure, les risques sont entièrement au compte du maître, qui par conséquent devra payer le salaire, alors même que la chose périrait fortuitement chez l'ouvrier. La *mise en demeure* prévue par l'article 1790 résultera bien évidemment des moyens indiqués dans l'article 1139 du Code civil (sommation ou acte équivalent) ; mais il est admis, sauf usages contraires, qu'elle peut résulter d'un *simple avertissement* de la part de l'ouvrier.

---

[1] Ou par la faute de la personne qu'il se serait substituée : Paris, 28 juillet 1885, D. 86, 2, 246.

[2] Req., 19 mai 1886, D. 86, 1, 409 ; Lyon, 23 décembre 1892, D. 93, 2, 229. — Cf. Guillouard, t. II, p. 787 ; Laurent, t. XXVI, p. 96 ; Baudry et Wahl, t. II, p. 393. — *Contra* : Req., 22 avril 1872, D. 73, 1, 119.

[3] Sur les dispositions de la loi *belge* concernant le mesurage, v. *supra*, n° 966. — Cf. art. 23 et 33 du projet de loi français sur le contrat de travail.

Ce droit de mise en demeure a été récemment complété par la faculté, pour l'ouvrier à façon, en cas de non-retirement dans les deux ans, de faire vendre l'objet aux enchères et de se payer sur le prix (L. 31 déc. 1903, D. 1904, 4, 8, amendée par la loi du 7 mars 1905, D. 1905, 4, 31).

1205. — *Perte par déchet ; conditionnement.* — La perte de la matière, dont l'ouvrier est comptable, sous réserve des cas fortuits, peut résulter des nécessités mêmes de la fabrication. Tout travail exécuté sur une matière première entraîne, en effet, fatalement un certain déchet, une certaine déperdition de matière, dont l'ouvrier ne saurait être rendu responsable, que si elle excède la moyenne du déchet ordinairement constaté dans cette industrie [1].

Le calcul du déchet est plus délicat lorsque la matière première livrée à l'ouvrier à façon est susceptible de varier de poids suivant l'état hygrométrique de l'air, comme la soie, la laine ou le coton. L'on remédie, en ce cas, aux fraudes possibles au moyen d'un procédé bien connu à Lyon, Saint-Etienne, Milan, etc., sous le nom de *conditionnement des soies* [2].

SECTION II. — Modes d'extinction du contrat de louage d'ouvrage

1206. — Le louage d'ouvrage prend fin par les causes suivantes :

1° **Achèvement de l'ouvrage.** — C'est le mode normal d'extinction du contrat. Il convient toutefois d'observer que la *tacite reconduction* est applicable en l'espèce : ainsi lorsqu'un ouvrier travaillant à la pièce l'a rapportée au patron et a reçu une nouvelle pièce du même genre, un nouveau contrat se forme sur les mêmes bases que l'ancien (Tuja, p. 312).

Il arrive parfois que le louage d'ouvrage se complique de la fixation d'un terme. Dans certaines industries (vêtement, par exemple) il est même d'usage d'engager *à temps* les ouvriers à façon. En ce cas, le contrat prend fin, non par la réception de chaque pièce, mais à l'expiration du terme fixé, à moins qu'il n'y ait tacite reconduction par la remise de nouvelles pièces à l'expiration du mois.

---

[1] La plupart du temps, les fabricants évaluent le déchet à forfait : ainsi, à Paris, les ouvriers orfèvres ont droit à un déchet de 1 0/0.

[2] Sur l'exploitation des établissements de condition des soies par les Chambres de commerce, v. *supra*, n° 651. — Cf. Tuja, p. 288.

1207. — **2° Accord des deux parties (mutuus dissensus).** — Cet accord peut intervenir, soit avant le commencement de l'ouvrage, soit en cours d'exécution. Dans le premier cas, aucune indemnité n'est due de part ni d'autre; dans le second cas, au contraire, l'on doit admettre, à défaut de conventions contraires, que le patron s'est engagé à payer à l'ouvrier le prix du travail accompli.

1208. — **3° Volonté unilatérale du maître.** — Art. 1794 : « Le maître peut résilier, par sa seule volonté, le marché à forfait, quoique l'ouvrage soit déjà commencé, en dédommageant l'entrepreneur de ses dépenses, de tous ses travaux et de tout ce qu'il aurait pu gagner dans l'entreprise ». Cet article déroge gravement au droit commun, puisqu'il rompt la loi d'égalité qui prévaut dans les autres contrats. Tandis que dans le louage de services *à temps* aucune des deux parties ne peut se dédire sans le consentement de l'autre, et qu'à l'inverse dans le louage de services contracté pour une durée indéterminée, les deux parties peuvent *réciproquement* se donner congé (art. 1780), dans le contrat de louage d'ouvrage, au contraire, le maître peut résilier *par sa seule volonté*, sans que l'ouvrier ait réciproquement la faculté de se dédire.

Cette dérogation au droit commun nous paraît injustifiable. Vainement prétend-on la justifier par cette considération que le maître peut, avant l'achèvement de l'ouvrage, éprouver des revers de fortune qui le mettent dans l'impossibilité de faire les frais, parfois considérables, de la commande; tandis qu'il ne s'agirait pour l'entrepreneur, que d'un *manque à gagner*[1]. En réalité, l'entrepreneur ou façonnier lui aussi court des risques (hausse brusque des matériaux ou de la main-d'œuvre); il est donc souverainement injuste de lui refuser une faculté de dédit que l'on reconnaît à l'autre partie[2].

Le maître lui-même, d'ailleurs, pour être admis à résilier, doit indemniser complètement le bailleur d'ouvrage du préjudice que lui causera le non-achèvement de la commande. Cette indemnité comprendra, conformément au droit commun, un double élément : 1° les frais déjà faits par l'ouvrier pour l'exécution, débours et valeur du travail fourni jusqu'au jour de la résiliation (*dammum emergens*); 2° le profit espéré de l'entreprise (*lucrum cessans*).

1209. — **Caractère exceptionnel de l'article 1794 : interprétation restrictive.** — Dérogeant au droit commun, l'article 1794 doit être interprété restrictivement. Non seulement il ne saurait être question de l'étendre au louage de services à temps (n° 1183 *supra*), mais nous

---

1 Guillouard, t. II, n° 806.
2 Baudry et Wahl, t. II, p. 462.

estimons également, bien que la question soit controversée, qu'étant écrit en vue du *marché à forfait*, il doit être déclaré inapplicable au marché *à la pièce* ou *à la série de prix* [1].

La question de savoir si l'article 1794 est applicable au cas où l'ouvrier fournit, non seulement son industrie, mais la matière, est beaucoup plus délicate. Il résulte en effet de l'article 1711 que cette opération doit être considérée plutôt comme une vente que comme un louage ; or un acheteur n'a pas la faculté de se dédire de son marché, même en offrant une indemnité au vendeur. Cependant l'on étend généralement, dans la pratique, l'article 1794 à cette hypothèse. L'on argumente en ce sens de la généralité du texte et de l'esprit de la loi [2]. Cette solution, inique au regard de l'ouvrier à façon, pourra être écartée le jour où l'on aura étendu, comme le propose le projet de loi, les règles du contrat de travail au louage d'ouvrage dans lequel la matière fournie apparaît comme l'accessoire du travail (art. 2 du projet).

1210. — *Droit des héritiers.* — Le droit d'invoquer l'article 1794 est une faculté d'ordre exclusivement pécuniaire qui se transmet aux *héritiers* du maître, concurremment avec le droit d'exiger l'exécution du marché. Mais les héritiers doivent s'entendre sur le parti à prendre, et opter d'un commun accord entre l'exécution et la résiliation (arg. art. 1218 C. civ.). S'ils ne s'entendent pas, l'exécution devra suivre son cours (arg. d'analogie, art. 1670, faculté de réméré) [3].

1211. — *Résiliation aux torts de l'ouvrier.* — L'ouvrier ou bailleur d'ouvrage n'a pas, avons-nous dit, la même faculté de résiliation. Sans doute, il pourra arriver en fait que son refus d'exécuter le contrat entraîne la résiliation, avec faculté pour le maître d'exiger des dommages-intérêts ; mais cette résiliation ne résultera pas d'une simple manifestation de volonté de l'ouvrier, elle devra être prononcée par justice. Le tribunal pourra d'ailleurs, si le maître le requiert et si le travail promis le comporte, au lieu de déclarer le marché résilié, ordonner qu'il sera exécuté par un tiers, aux frais et risques et périls de l'ouvrier récalcitrant (art. 1144 C. civ.).

---

[1] Rouen, 12 février 1889, *Rec. Rouen*, 89, 132. — Cpr. Laurent, t. XXVI, n° 18; Baudry et Wahl, t. II, p. 459. — *Contra* : Guillouard, t. II, n° 804; Colmet de Santerre, t. VII, p. 247 *bis*, I.

[2] Civ. cass., 5 janvier 1897, D. 97, 1, 89, S. 97, 1, 73. — Cf. Aubry et Rau, t. IV, p. 374; Guillouard, t. II, p. 805; Frémy-Ligneville et Perriquet, *Législ. des bâtiments*, t. Ier, p. 45; Baudry et Wahl, t. II, p. 459. — *Contra* : Planiol, note D. 97, 1, 89.

[3] Plusieurs auteurs laissent au tribunal, en cas de désaccord, le soin de décider quel est le parti à prendre : Frémy-Ligneville et Perriquet, t. Ier, n° 46; Baudry et Wahl, t. II, p. 461.

1212. — 4° MORT DE L'OUVRIER. — Le contrat de louage d'ouvrage (comme le louage de services) est contracté *intuitu personæ*; aussi la loi décide-t-elle que l'obligation de faire qu'il impose à l'ouvrier ne se transmet point passivement aux héritiers. La règle formulée par l'article 1795 (à laquelle d'ailleurs on pourrait déroger par convention) est générale : le Code civil s'est écarté à cet égard des traditions du droit romain et de l'ancien droit.

L'article 1796, pour déterminer les bases du *règlement de comptes* à intervenir entre le patron et les héritiers de l'ouvrier prévoit trois situations possibles : — 1° l'ouvrage était achevé, mais non livré au jour du décès de l'ouvrier. En ce cas, le maître devra prendre livraison, et acquitter l'intégralité du salaire; — 2° l'ouvrage n'était pas commencé. Le maître ne devra rien aux héritiers; — 3° l'ouvrage était commencé. En ce cas, le maître devra aux héritiers une indemnité, à la condition toutefois que, dans son état actuel, l'ouvrage commencé puisse lui être de quelque utilité; cette indemnité sera établie, proportionnellement au prix total, à l'aide d'une ventilation [1].

1213. — *Faillite de l'ouvrier.* — Supposons que le bailleur d'ouvrage soit un *commerçant* (il en sera ainsi non du simple ouvrier à façon, mais de l'entrepreneur ou même du sous-entrepreneur, marchandeur ou tâcheron) [2]. Quel va être l'effet de la faillite du bailleur, au point de vue de l'exécution du contrat? La faillite, à la différence de la mort de l'ouvrier, ne résout pas le contrat; que si, en fait, le syndic se refuse à exécuter, ou se trouve dans l'impossibilité de le faire par suite de la vente de l'outillage, le maître pourra produire à la faillite pour une indemnité de résiliation [3].

1214. — *Mort ou faillite du maître.* — Ni la mort, ni la faillite du maître ne résolvent le contrat; mais, en cas de faillite, les ouvriers peuvent refuser de continuer le travail, si les syndics ne leur garantissent pas le paiement intégral du prix convenu. Si les syndics refusent cette garantie, les ouvriers produiront à la faillite, par privilège, pour la portion du prix correspondant au travail effectué; ils pourront en outre obtenir des dommages-intérêts [4].

---

[1] L'art. 1795 est-il applicable au cas où l'ouvrier à façon fournit main-d'œuvre et matière? Même raison de douter que sur l'art. 1794; même solution également. — Cf. Guillouard, t. II, p. 800.

[2] V. Thaller, *Courte étude sur les actes de commerce* (*Ann. de droit commerc.*, 1895, p. 193).

[3] Baudry et Wahl, t. II, p. 455. — V. cependant : Trib. com. Seine, 10 octobre 1895, *Gaz. Pal.*, 95, 2, 513. — Ce dernier jugement a cru devoir, mais à tort, étendre au louage la solution, d'ailleurs contestable, de la jurisprudence en matière de ventes à livrer. — V. Dalloz, *Suppl.*, *Répert.*, v° *Faillite*, n°s 1305 et suiv.

[4] Paris, 17 février 1892, S. 94, 2, 179.

5° et 6° Force majeure et résolution judiciaire. — Le louage d'ouvrage se dissout enfin, comme le louage de services, soit de plein droit par tout événement fortuit ou de force majeure rendant l'exécution impossible, soit par décision de justice pour inexécution fautive des obligations de l'autre partie, conformément à l'article 1184 (V. *supra*, nos 1166-1168).

CHAPITRE IV

DU CONTRAT D'APPRENTISSAGE ET DE L'ENSEIGNEMENT TECHNIQUE[1]

1215. — Ancien régime. — Le contrat d'apprentissage, bien dégénéré aujourd'hui, a été, pendant de longs siècles, la clé de voûte de l'organisation industrielle. Les métiers étant restés, en effet, jusqu'à la

---

[1] Bibliographie : Hayem et Périn, *Traité du contrat d'apprentissage*, 1878; Constant, *Code manuel de l'apprenti*, 1885; Cohendy et Bonnet, v° *Enseignement professionnel* (*Nouv. Dict. d'écon. polit.*) ; F. Buisson, *L'enseignement primaire supérieur et professionnel*, 87 ; Hayem, v° *Ecoles professionnelles* (*Nouv. Dict. du com. et de l'indust.*, Y. Guyot et Raffalovich). — Fouqué, *La crise de l'apprentissage et les progrès de l'enseignement professionnel*, 1900 ; *La crise de l'apprentissage et l'enseignement professionnel* (*Quest. prat.*, 1900, p. 309 et suiv.). — De Seilhac, *Crise de l'apprentissage* (*Rev. polit. et parlem.*, 10 octobre 1902); Brants, *La petite industrie contemporaine*, 1902. — Millerand, *L'enseignement technique* (*Rev. polit. et parlem.*, 1904, I, 226). — Cohendy, *L'enseignement professionnel obligatoire dans les pays étrangers* (*Quest. pratiques*, 1905, 65, 103); *Avant-projet de loi sur l'enseignement technique*, 1905 ; *L'enseignement professionnel obligatoire* (*Ann. Soc. d'écon. polit. de Lyon*, 1906-1907, p. 234). — Dassonville, *Le contrat d'apprentissage*, th. 1905; G. Alfassa, *La crise de l'apprentissage*, 1905; Charlier, *La question de l'apprentissage*, th. 1906; Amieux, *Un avant-projet de loi sur l'enseignement technique* (*Quest. prat.*, 1906, 150); Debolo, *L'apprentissage à l'atelier*, th. 1906; Vovard, *La décadence de l'apprentissage* (*Monde écon.*, novembre 1905-mars 1906) ; Boudra, *L'apprentissage à l'école-atelier*, 1907 ; Levasseur, *Quest. ouvrières*, p. 342; Gasquet, *L'enseignement professionnel et technique* (*Rev. intern. de l'enseign.*, 15 avril 1908) ; Paquier, *L'enseignement professionnel en France*, 1908 ; De Ribes Christofle, *L'enseignement technique* (*Fédér. des industr.*, n° 3 mars 1908). — *Bulletin de la Soc. de protection des apprentis*, 1 vol. par an depuis 1867; *Répert.* Fuzier-Herman, et *Pand.*, v° *Apprentissage* ; Dalloz, *Suppl.*, *Répert.*, v° *Travail*, n°s 17 et s. — V. aussi Cauwès, t. III, n° 867 ; Bry, p. 47; André et Guibourg, *Code ouvrier*, p. 30 et s.

Enquêtes, Congrès internationaux (rapp. et compt. r.), publications officielles : Gréard, rapp. sur l'*Enseignement professionnel à Paris* (*monographies municipales*, Rec. Lambeau, t. Ier, p. 34 et s.); Jacquemart, rapp. du jury de l'Expos. univ. de 1889, *Enseign. techn.*; Lucas, *ibid.*, *Apprentissage*; Gide, *Econ. sociale*, p. 257; Congrès internationaux de l'enseignement technique, du commerce et de l'industrie, 1889 et 1900; Rapports (ann.) sur l'application des lois réglementant le travail; *Bulletin de l'enseign. technique*; *Bull. de l'inspection du travail*; *L'apprentissage dans l'imprimerie* (*Off. du travail*, 1902), et *L'ameublement* (*ibid.*, 1905); Procès-verbaux du Conseil supérieur de l'enseignement technique (1905), et du Conseil supérieur du travail, 1902, 1905 et 1906 ; Vachon, *Les industries d'art, les écoles et les musées d'art industriel en France*, 1897; R. Leblanc, *L'enseignement professionnel en France au début du XXe siècle*, 1905 ; Isaac, rapp. à la Ch. de comm. de Lyon sur le projet de loi relatif à l'*enseignement technique*, 1908. — Sur les monographies consacrées à la loi de 1892 sur le travail des enfants, v. *supra*, n° 700, p. 494, note 3. — Sur l'apprentissage et l'enseignement technique à l'étranger, v. *infra*.

fin du XVIIIe siècle, monopolisés en principe aux mains des corporations, l'apprentissage était la seule voie ouverte à quiconque aspirait à l'honneur et aux profits de la maîtrise (V. *supra*, n°s 104 et suiv.).

Le contrat d'apprentissage, dont les conditions devaient être consignées par écrit, écrit déposé aux archives de la corporation, imposait au patron des obligations de deux sortes : — 1° un *devoir d'instruction professionnelle* ; — 2° un *devoir de tutelle* (V. *supra*, n°s 104 à 703).

1216. — Le droit moderne : loi organique de 1851. — L'abolition du régime corporatif en 1791 eut pour conséquence de laisser le contrat d'apprentissage sous l'empire de la liberté des conventions. Il devint loisible à toute personne de prendre chez elle, avec le consentement des parents, un nombre illimité d'apprentis, aux conditions qu'il lui plairait de fixer. Cette liberté excessive engendra les plus fâcheux résultats.

Le législateur ne doit pas se désintéresser du sort des mineurs (V. *supra*, n° 703) : c'est à la loi qu'il appartient de déterminer les conditions de capacité requises dans la personne du patron qui substitue ainsi, par contrat, son autorité à celle du père de famille, ainsi que les mesures propres à empêcher un contrat, dont le but essentiel est d'assurer l'éducation professionnelle des mineurs, de dégénérer en une exploitation abusive de l'apprenti par le maître, ou par ses préposés.

C'est dans cette pensée de protection qu'ont été rédigées la loi du 22 germinal an XI, et surtout la loi des 22 février-4 mars 1851 sur le contrat d'apprentissage. Modifiée sur certains points de détail par la loi de 1874, puis par celles de 1892 et 1900 sur le travail des enfants et des femmes (n° 800 *supra*) et par la loi de 1906 sur le repos hebdomadaire, la loi de 1851 est encore aujourd'hui la loi organique de l'apprentissage.

Cette loi ne répond plus aux nécessités actuelles ; aussi nous bornerons-nous à en retracer très brièvement les dispositions essentielles, en ayant soin d'en rapprocher les actes législatifs qui ont organisé l'enseignement technique. Nous mettrons en regard de cette législation française, quelque peu archaïque, les prescriptions plus récentes de certaines lois étrangères. Puis, nous attaquant au côté social du problème de l'apprentissage, et après avoir indiqué les causes de son déclin, nous rechercherons quelles sont les réformes législatives désirables, et aurons à ce sujet à prendre parti entre le système allemand de l'apprentissage à l'atelier, complété par l'enseignement théorique de l'école, et le système anglo-saxon, préconisé par beaucoup d'éducateurs français, de l'apprentissage à l'école et par l'école technique.

SECTION PREMIÈRE. — **Loi organique de 1851**

§ 1er. — Caractères distinctifs du contrat

1217. — Définition. — L'article 1er de la loi du 22 février 1851 définit ainsi le contrat d'apprentissage : « Le contrat d'apprentissage est celui par lequel un fabricant, un chef d'atelier ou un ouvrier [1] s'oblige à enseigner la pratique de sa profession à une autre personne qui s'oblige, en retour, à travailler avec lui ; le tout à des conditions et pendant un temps convenu ».

Cette définition est trop restrictive à un double point de vue : 1° l'engagement d'enseigner le métier peut être valablement contracté par un fabricant, chef d'atelier ou ouvrier ayant cessé l'exercice de la profession ; — 2° le maître n'est pas toujours rémunéré sous forme de travail presté par l'apprenti ; il peut aussi recevoir, à titre de rémunération, une somme d'argent de la famille de l'apprenti. Aussi préférons-nous donner du contrat d'apprentissage la définition suivante : « Le contrat d'apprentissage est un contrat synallagmatique par lequel une personne, exerçant ou ayant exercé un métier, s'engage à l'enseigner à une autre personne, moyennant une rémunération, soit en argent, soit en travail, à prester par cette dernière ».

Le contrat d'apprentissage est un contrat *sui generis*, qui tantôt se rapproche du louage d'industrie, tantôt ressemble à la vente, mais sans jamais se confondre avec l'un ou l'autre de ces deux contrats : attendu que son objet principal est, dans tous les cas, quelles que puissent être les stipulations accessoires, l'*instruction technique* de l'apprenti.

§ 2. — Conditions de validité et preuve du contrat

1218. — A. Forme extrinsèque et preuve du contrat. — Le contrat d'apprentissage n'est point un contrat solennel. Aucun écrit n'est exigé *ad solemnitatem*, comme dans l'ancien droit. Le contrat peut donc se

---

[1] De cette définition, il résulte que l'apprentissage réglementé par la loi de 1851 est spécial à l'industrie. La loi est donc étrangère à l'apprentissage commercial : Paris, 5 mars 1877, *Ann. des just. de paix*, 78, 200 (cf. Dalloz, *Suppl.*, *Répert.*, v° *Travail*, n° 22), ou à l'apprentissage technique d'une profession considérée comme libérale, telle que celle de chirurgien-dentiste : Toulouse, 27 nov. 1891, D. 92, 2, 616.

former *verbalement*, par le seul échange des consentements ; et la preuve en sera faite, en ce cas, conformément au droit commun. Jusqu'à 150 francs, c'est-à-dire si l'intérêt en jeu est inférieur à 150 francs ou au plus égal à cette somme, la preuve testimoniale sera donc admise. Au-dessus de ce chiffre, la preuve devra être administrée par écrit, à moins qu'il n'existe un commencement de preuve par écrit [1].

Si la loi de 1851 n'a pas exigé la rédaction d'un écrit pour la validité d'un contrat, du moins a-t-elle cherché à en généraliser l'usage, à raison des difficultés de preuve que soulèvent les contrats verbaux. Aussi l'article 2 confère-t-il aux secrétaires des conseils de prud'hommes et aux greffiers de justices de paix le droit de recevoir les contrats, et de leur donner l'authenticité, droit qui, en principe, n'appartient qu'aux notaires. A défaut d'acte authentique, les parties pourront constater le contrat par acte sous seing privé ; cet acte devra être dressé en double original, conformément au droit commun.

L'article 3 énumère les mentions que doit contenir tout acte dressé pour constater un contrat d'apprentissage.

1219. — B. **Conditions de validité du contrat.** — **Capacité des parties.** — La capacité requise pour figurer dans les contrats d'apprentissage varie suivant qu'il s'agit du maître ou de l'apprenti.

Capacité requise en la personne du patron. — En principe, tout patron majeur et capable peut recevoir des apprentis. Toutefois, en sont déclarés incapables, non seulement les personnes frappées d'une incapacité générale tenant à l'altération des facultés mentales ou consécutives à une condamnation criminelle, mais encore toutes les personnes frappées de condamnations permettant de suspecter la moralité du patron (art. 6 et 7 de la loi).

La *femme mariée* autorisée à faire le commerce par son mari, ne peut engager d'apprentis qu'en vertu d'une autorisation expresse du mari.

Quant au *mineur émancipé*, il nous paraît certain que jusqu'à la loi de 1851, il pouvait engager librement des apprentis. Mais la loi de 1851, en décidant que « nul ne pourrait recevoir des apprentis mineurs, s'il n'était âgé de 21 ans au moins » (art. 4.), a pour ainsi dire enlevé au mineur commerçant ou artisan la faculté de prendre des apprentis ; il ne lui reste que la ressource d'engager des apprentis majeurs.

1220. — *Capacité requise en la personne de l'apprenti.* — Seul, en

[1] Cons. des prud'h. de Paris, 4 avril 1872, *Journ. des prud'h.*, 74, p. 54. — Toutefois la preuve testimoniale serait admise, si l'apprenti était demandeur en indemnité par application de la loi de 1898 sur les accidents : Grenoble, 23 avril 1901, *Mon. jud. Lyon*, 30 octobre 1902.

principe, l'individu majeur et maître de ses droits peut s'engager comme apprenti, sans avoir besoin d'autorisation. La femme mariée ne peut valablement s'engager comme apprentie, sans l'autorisation de son mari ; quant au mineur non émancipé, il ne figure même pas en personne au contrat, il est représenté par son père ou tuteur, conformément au droit commun [1].

Toutefois le consentement au moins tacite du mineur est nécessaire ; dès l'instant que sa personne est en jeu, et qu'il sera tenu de travailler pour le compte d'un patron, il est indispensable qu'il ait consenti à cette aliénation de sa liberté. Seuls les mineurs *détenus*, soit par ordre du père (droit de correction, art. 375 et s. C. civ.), soit par autorité de justice, pourraient être *contraints* au travail.

La question de savoir si le *mineur émancipé* peut s'engager librement comme apprenti, est controversée. Certains auteurs estiment que cet engagement est un acte de simple administration, qu'il doit pouvoir accomplir seul [2]. Mais il nous paraît plus juridique d'exiger l'intervention du curateur.

1221. — C. Enfants assistés ou moralement abandonnés. — Les enfants laissés à l'abandon, n'ayant ni parents connus, ni tuteur, peuvent être confiés par le juge de paix de leur domicile (ou plus exactement, puisqu'il s'agit de vagabonds sans domicile connu, par le juge de paix du lieu où ils sont recueillis), à un chef d'industrie, qui consent à les prendre comme apprentis. Le juge de paix, en pareil cas, joue le rôle des parents (art. 3-3°).

Mais dans la pratique, le magistrat cantonal n'aura que très rarement à user de cette faculté, le patronage des enfants *trouvés*, *abandonnés ou orphelins* étant confié par la loi à l'*assistance publique* [3], et la loi

---

[1] A défaut du père (mort, interdiction, déclaration d'absence, ou même simple absence prolongée), l'autorisation sera donnée par la mère. — Cons. prud'h. Lyon, soieries, 4 octobre 1871, *Journ. des prud'h.*, 72, 108 (père en voyage aux Indes).

Si l'enfant mineur est un enfant naturel, il sera représenté au contrat par celui de ses auteurs qui l'aura reconnu. S'il a été reconnu par son père et par sa mère, le droit de contracter au nom de l'enfant appartient, en principe, à celui des deux parents qui le premier l'a reconnu (L. 4 juillet 1907, art. 1er).

[2] Aubry et Rau, t. II, § 130; Cons. prud'h. Paris, 17 octobre 1851, *Journ. des prud'h.*, 52, 83. — V. dans le sens de notre opinion : Million, *Contrat d'apprentissage*, n° 61.

[3] Décret du 19 janvier 1811, confiant la tutelle de ces enfants aux *commissions administratives des hospices*, qui devront les placer en apprentissage à l'âge de douze ans. En fait, depuis la circul. du Minist. de l'intérieur du 3 août 1869, les commissions administratives ont été dessaisies de leurs attributions au profit des *inspecteurs des enfants assistés*, qui veillent à la rédaction du contrat d'apprentissage, suivant un type uniforme (Fouqué, p. 83, note 2), et visitent les enfants au cours de leurs tournées : Dall., *Suppl.*, *Répert.*, v° *Secours publics*, n°s 174 et s. — Ces enfants, pupilles de l'assistance, sont confiés tantôt à des particuliers, tantôt à

du 24 juillet 1889 ayant pourvu à l'éducation des enfants *maltraités* ou *moralement abandonnés*. Si les parents ont été déclarés *déchus* de la puissance paternelle (art. 10 et s. de la loi), la tutelle de l'enfant sera le plus souvent dévolue à l'Assistance publique (art. 11). Si les parents sont simplement suspects, sans s'être rendus coupables de faits précis pouvant entraîner déchéance, les *sociétés de patronage* constituées en exécution de la loi de 1889 entreront en négociation avec les parents pour obtenir de ceux-ci l'abandon amiable de leurs droits (art. 17). En pareil cas, le contrat d'apprentissage ne sera pas signé par les parents, mais par la société de patronage.

§ 3. — Effets du contrat (ou obligations réciproques des parties)

1222. — A. **Obligations du patron.** — 1° L'obligation essentielle primordiale, qui pèse sur le patron, est l'obligation de donner à l'apprenti l'éducation professionnelle. Aux termes de l'article 12 de la loi de 1851, cet enseignement doit être *progressif* et *complet*, c'est-à-dire que « le patron est tenu de conduire l'apprenti, par gradation, du travail le plus simple jusqu'au travail le plus difficile de la profession, dans la mesure de l'intelligence et des forces de l'apprenti... ». — Vilain, cité par Waelbrœck, *Légis. industr.*, t. II, p. 162 [1].

Est-ce à dire que le maître doive enseigner à son apprenti ses *secrets de fabrique*, ou lui faire connaître les procédés pour lesquels il aurait pris un *brevet d'invention* ? La question ne paraît pas susceptible d'une réponse absolue. C'est au tribunal qu'il appartient de décider, dans chaque espèce, si le patron s'est ou non implicitement engagé à instruire l'apprenti de ses secrets et procédés spéciaux.

1223. — 2° Le maître est tenu d'employer l'apprenti, de le garder dans son atelier jusqu'à l'expiration du terme convenu entre les parties. La loi n'a assigné au contrat aucune durée maxima ; elle s'en réfère implicitement aux usages locaux sur ce point. C'est ainsi qu'aux termes de l'article 17 de la loi de 1851 « si le temps convenu pour la durée de l'apprentissage dépasse le maximum de la durée consacrée par les usages locaux, ce temps peut être réduit ou le contrat résolu ».

---

des établissements de bienfaisance, orphelinats, ouvroirs, etc., publics ou privés, organisés en vue de l'enseignement professionnel, général ou spécialisé. — Sur les projets tendant à renforcer le contrôle des orphelinats, v. *supra*, n° 851.

[1] Sur le sens de cette formule : Cons. prud'h. Seine, 29 janvier 1879, *Journal des prud'h.*, 79, p. 220.

1224. — 3° A l'expiration du terme fixé par la convention ou par l'usage, le maître doit, sous peine de dommages-intérêts, rendre l'apprenti mineur à ses parents ou tuteurs, et délivrer audit apprenti, mineur ou majeur, peu importe, un congé d'acquit, un certificat constatant l'exécution du contrat [1].

Ce congé [2] présente une assez grande analogie avec les livrets d'acquit de la fabrique lyonnaise, dont nous avons précédemment fait connaître le fonctionnement (n° 1156 *supra*). De même que le livret d'acquit des chefs d'atelier lyonnais, le congé d'acquit des apprentis a pour objet principal d'empêcher les industriels de se faire une concurrence déloyale en attirant dans leurs ateliers des apprentis déjà au courant du métier, mais n'ayant pas encore satisfait à leurs obligations vis-à-vis de leurs maîtres.

Dans ce but, l'article 13 de la loi de 1851 dispose que « tout fabricant, chef d'atelier ou ouvrier, convaincu d'avoir détourné un apprenti de chez son maître, pour l'employer en qualité d'apprenti ou d'ouvrier, pourra être passible de tout ou partie de l'indemnité à prononcer au profit du maître abandonné » [3].

1225. — 4° Si l'apprenti est mineur, le patron est tenu envers l'apprenti des obligations du chef de famille ; la puissance paternelle lui est en quelque sorte déléguée [4]. Il doit en particulier, sous peine de résiliation avec dommages-intérêts [5], surveiller sa conduite et ses mœurs, et prévenir sa famille des fautes graves qu'il pourrait commettre.

1226. — 5° Le maître doit se conformer aux dispositions impératives sur les conditions et la durée du travail de l'apprenti. Il ne peut l'employer à des travaux autres que ceux de sa profession, par exemple à des travaux domestiques (l'apprenti est en effet un élève, et non pas un domestique ni un manœuvre) [6] ; il ne peut même pas l'employer à

---

[1] A Paris et dans un grand nombre de villes, le délai maximum d'usage est de trois ans. A Lyon, dans l'industrie de la soierie, l'apprentissage du métier de tisseur dure de trois à quatre ans (*Recueil des usages du conseil des prud'hommes*, texte cité par Vachez : *Recueil des usages locaux de la ville de Lyon*).

[2] Ce congé ne doit être confondu ni avec le livret d'ouvrier qui n'était délivré qu'après le temps d'apprentissage, ni avec le livret de travail dont les enfants employés dans les manufactures devront être pourvus. — V. *supra*, n°s 827, 1150.

[3] Sur la portée de cette disposition, cons. : Prud'h., tissus, Paris, 20 juin 1851, *Journ. des prud'h.*, 52, p. 27. — V. aussi Prud'h., prod. chim., Seine, 26 déc. 1876, *ibid.*, 78, 60.

[4] Cette délégation n'est que partielle. C'est ainsi que le droit de correction continue à appartenir au père, au tuteur.

[5] Prud'h. Seine, 20 août 1868, *Journ. des prud'h.*, 68, 204.

[6] Sur les tolérances admises par la pratique, v. Trib. com. Seine, 24 avril 1874, *Journ. des prud'h.*, 76, 85 ; Cons. prud'h., tissus, Seine, 28 sept. 1876, *ibid.*, 77, 54.

des travaux de la professiou qui soient insalubres ou au-dessus des forces de l'enfant (art. 8). Enfin il doit se conformer aux prescriptions impératives de l'article 9 de la loi du 18 juin 1851, modifié successivement par les lois de 1874, 1892, 1900 et 1906.

1227. — 6° Le maître doit enfin satisfaire à toutes les obligations auxquelles il s'est expressément soumis par le contrat. Il doit, s'il s'y est engagé, fournir à l'enfant un logement et une nourriture convenables. Il doit également lui payer le *salaire convenu*, s'il a été stipulé qu'au bout d'un certain temps il payerait un salaire à son apprenti [1].

Dans cette hypothèse, le contrat d'apprentissage se complique d'un contrat de louage de services.

En conséquence, l'apprenti aura contre le maître une action en paiement de son salaire, prescriptible par six mois. Si le maître tombe en faillite, il aura contre la masse, pour trois mois de salaire, un privilège colloqué au même rang que le privilège des gens de services (art. 549 C. civ.). Enfin, sa créance de salaire devra être déclarée insaisissable, dans la même proportion que celle d'un ouvrier véritable (V. *supra*, n°s 994, 1013) [2].

1228. — B. **Obligations de l'apprenti.** — 1° L'obligation principale de l'apprenti est de payer au maître le prix convenu pour l'apprentissage. Cette rémunération peut consister, ainsi que nous l'avons vu, soit en numéraire, soit en travail, soit dans une certaine somme d'argent jointe à une certaine quantité de travail.

Lorsque la rémunération consiste en numéraire, le maître a une action contre l'apprenti ou sa famille pour obtenir le paiement du prix convenu. Cette action se prescrit par un an à dater de l'expiration du temps d'apprentissage (art. 2272 C. civ.) [3].

Lorsque la rémunération consiste en travail, le maître a droit au travail de l'enfant pendant toute la durée du contrat. Aussi l'article 11 décide-t-il que l'apprenti est tenu de remplacer, à la fin de l'apprentissage, le temps qu'il n'a pu employer par suite de maladie ou d'absence ayant duré plus de quinze jours.

Remarquons du reste que le maître n'a pas d'action directe pour

---

[1] Il existe en effet certaines villes industrielles, Rouen par exemple, dans lesquelles les patrons, loin de stipuler une rémunération pécuniaire quelconque pour eux-mêmes, paient au contraire leurs apprentis, afin de les encourager au travail.

[2] Pour la *sanction pénale* des obligations du maître, v. art. 20, loi de 1851, art. 26 et s., et 31 cbn., loi du 2 novembre 1892. — V. *supra*, n°s 834 et s.

[3] Ce délai ne court jamais avant l'expiration ou la rupture du contrat, même quand il s'agit d'un prix payable par annuités, attendu que le seul fait de l'apprenti de demeurer en apprentissage équivaut à une interruption permanente de prescription.

contraindre l'apprenti à fournir le travail promis. Les obligations de faire non exécutées se résolvant en dommages-intérêts, il pourra simplement l'actionner en dommages-intérêts devant le conseil des prud'hommes.

Même dans le cas où un prix en argent a seul été convenu, le maître a le droit de profiter en outre du travail exécuté par l'apprenti, sans être tenu de payer à celui-ci aucun salaire ni indemnité, à moins de s'y être formellement obligé. Mais en revanche, il ne peut réclamer aucune indemnité à l'apprenti et à sa famille, à raison des dommages causés par la maladresse de l'apprenti. Ces dommages ont dû, en effet, entrer dans les prévisions du patron lorsqu'il a engagé l'apprenti.

1229. — 2° L'apprenti doit *obéissance* aux ordres du maître, en tant que ces ordres se rapportent à l'enseignement du métier ou à la police de l'atelier. Civilement responsable du fait de son apprenti, majeur ou mineur, peu importe (art. 1384 C. civ.), le maître doit pouvoir prescrire toutes les mesures propres à empêcher les actes délictueux, susceptibles d'engager sa responsabilité.

§ 4. — Modes d'extinction du contrat

1230. — Moins laconique que le Code civil à l'égard du louage de services, le législateur de 1851 a cru devoir énumérer les causes d'extinction *ipso jure*, ainsi que les causes de résolution judiciaire du contrat d'apprentissage.

1230 *bis*. — **1° Causes d'extinction de plein droit.** — Article 15 : « Le contrat d'apprentissage sera résolu de plein droit : 1° par la mort du maître ou de l'apprenti ; — 2° si l'apprenti ou le maître est appelé au service militaire ; — 3° si le maître ou l'apprenti vient à être frappé d'une des condamnations prévues à l'article 6 de la présente loi ; — 4° pour les filles mineures, dans le cas de décès de l'épouse du maître, ou de toute autre femme de la famille qui dirigeait la maison à l'époque du contrat (Cp. art. 5).

Ces quatre causes sont-elles les seules ? Non, évidemment, il en est deux au moins que l'article 15 n'a pas indiquées, mais qui découlent de la nature même du contrat, à savoir : — a) *L'arrivée du terme* ; — b) *L'accord des deux parties* (*mutuus dissensus*).

En principe, le contrat d'apprentissage ne peut prendre fin par la volonté unilatérale de l'un des contractants. A ce principe l'article 14 de la loi apporte toutefois une exception ; « Les deux premiers mois de l'apprentissage sont considérés comme un temps d'essai pendant lequel le contrat peut être annulé par la seule volonté de l'une des parties. Dans ce cas, aucune indemnité ne sera allouée à l'une ou à l'autre partie, à moins de conventions expresses »[1].

1231. — **Indemnité de résiliation.** — Faut-il conclure de ce texte, par *a contrario,* que dans les autres cas de résiliation, la partie du chef de laquelle la résiliation se produit est passible de dommages-intérêts ? La question n'est pas susceptible d'une réponse absolue. Des dommages-intérêts seront certainement dus si la résiliation est la conséquence d'une condamnation encourue par le maître ou par l'apprenti ; dans les autres cas prévus par l'article 15, au contraire, il y a force majeure, et par conséquent la résiliation ne saurait être le principe d'aucune indemnité (art. 1148)[2].

1232. — 2° **Causes de résolution judiciaire.** — Ces causes de résolution, énumérées par l'article 16 de la loi de 1851, sont facultatives pour le juge. La liste de l'article 16 est limitative, mais cette limitation est plus apparente que réelle, le 1° dudit article (manquement aux obligations du contrat) étant aussi large que possible, et ne faisant guère que reproduire le principe général de l'article 1184 du Code civil.

Toutefois, si l'énumération contenue dans l'article 16 est inefficace, en tant que digue opposée à l'arbitraire du juge, peut-être a-t-elle l'avantage de supprimer les difficultés qui auraient pu s'élever sur le caractère de certains faits expressément mentionnés : en l'absence du 4° et du 5°, peut-être le juge eût-il hésité à prononcer la résiliation du contrat à raison du changement de résidence du patron, ou de la condamnation à plus d'un mois de prison subie par l'une des parties[3].

1233. — 3° **Réduction judiciaire de la durée du contrat.** — En principe, le juge saisi d'une demande en résiliation ne peut que la repousser ou l'admettre ; il ne peut se substituer aux parties, et modifier les conditions du contrat. Ce principe comporte toutefois une exception inscrite dans l'article 17 de la loi de 1851. De cette disposition, il résulte qu'en présence d'un contrat d'apprentissage conclu pour

---

[1] L'on pourrait aussi, par convention expresse, réduire ou prolonger ce temps d'essai : Cons. prud'h., chim., Seine, 9 juin 1874, *Journ. des prud'h.*, 74, p. 216.

[2] Il y aurait seulement lieu à règlement de comptes à raison du caractère successif du contrat. — Cons. prud'h., prod. chim , Seine, 16 octobre 1877, *Journ. des prud'h.*, 77, 232.

[3] Dans les différentes hypothèses énumérées par l'art. 16, la résiliation n'est pas la conséquence d'un événement de force majeure, mais bien de la faute ou du fait de l'une des parties. Celle-ci, dès lors, pourra être condamnée envers l'autre, conformément au droit commun, à une indemnité de résiliation. — Cons. prud'h. Seine, 6 juillet 1876, *Journ. des prud'h.*, 76, p. 167.

un temps supérieur aux délais d'usage, le juge a le choix entre trois partis : 1° maintenir le contrat pour le tout si le temps convenu n'excède pas sensiblement le délai d'usage, ou que la convention paraisse, d'après les circonstances, favorable à l'apprenti ; — 2° maintenir le contrat, mais en réduisant sa durée au temps fixé par l'usage ; — 3° en prononcer la résolution, mais sans dommages-intérêts au profit du patron [1].

SECTION II. — Décadence de l'apprentissage. — Progrès de l'enseignement technique. — Droit comparé. — Projets de réforme.

1234. — Déclin de l'apprentissage. — L'intervention du législateur n'a pas empêché la décadence rapide, dans la seconde moitié du XIXe siècle, du contrat d'apprentissage, qui n'a jamais été pratiqué qu'à titre exceptionnel dans la grande industrie [2], et qui tend à disparaître même dans la petite industrie, malgré les efforts tentés sur plusieurs points du territoire, soit par les patrons, soit par les ouvriers, soit par les sociétés de patronage ou les pouvoirs publics, pour en assurer le maintien (V. *infra*).

Les causes de cette décadence de l'apprentissage sont doubles : causes économiques, causes morales et sociales.

Causes économiques. — Dans la grande industrie, dont l'immense développement date du siècle dernier, l'ouvrier n'est plus que l'auxiliaire des machines, de plus en plus perfectionnées, qui exécutent automatiquement la partie la plus difficile du travail. Cette simplification du travail manuel rend inutile, en apparence du moins, tout apprentissage proprement dit; les enfants entrent dans la fabrique *comme ouvriers*, y sont employés immédiatement à une tâche facile, pour laquelle ils reçoivent presque aussitôt une modique rémunération, et arrivent progressivement à être employés dans les ateliers exigeant plus de force ou une habileté professionnelle plus grande. De la grande

---

[1] Sur l'application de cet article, cons. notamment : Cons. prud'h. Paris, 27 janv. 1875, *Journ. des prud'h.*, 1876, p. 48.

[2] Depuis quelques années, les directeurs de plusieurs établissements industriels importants ont reconnu l'inconvénient de cette absence d'éducation professionnelle préparatoire de leurs jeunes ouvriers, et ont, pour combler cette lacune, organisé eux-mêmes, dans l'usine, des écoles d'apprentissage, des cours techniques, des concours d'apprentis (Compagnies de chemins de fer, Imprimerie Chaix, Cristallerie de Baccarat, etc., etc.). — V. Fouqué, p. 245 et s. ; Gide, *Econ. soc.*, p. 239; Brice, *Les institutions patronales*, 1894.

industrie, cette division extrême du travail a passé dans la petite industrie. Les professions se subdivisent en une infinité de spécialités pour lesquelles un long apprentissage est tout à fait superflu ; à quoi bon imposer à l'enfant un an ou deux d'apprentissage ? [1].

Causes morales et sociales. — L'idée morale et tutélaire qui dominait l'ancien contrat d'apprentissage tend manifestement à s'oblitérer chez beaucoup de patrons, qui voient plutôt dans leurs apprentis des ouvriers *à bon marché* que des pupilles dont ils ont la tutelle et la direction morale. D'autre part, les apprentis subissent impatiemment l'autorité du patron, et se résignent difficilement à la situation de dépendance où les retient leur contrat. Sous l'empire de cette double cause, le lien de patronage sur lequel repose l'institution de l'apprentissage se relâche progressivement, et l'institution elle-même, manquant de base solide, menace de disparaître.

1235. — Rôle de l'Etat. — En présence de cette situation, à laquelle il était urgent de porter remède — car le salut de plusieurs industries d'art, dans lesquelles a toujours excellé l'ouvrier français, en dépendait — les pouvoirs publics pouvaient hésiter entre deux solutions : — ou suivre l'exemple des pays germaniques, et restaurer l'apprentissage en restaurant le régime corporatif, — ou favoriser par tous les moyens en leur pouvoir le développement de l'enseignement professionnel, tout en complétant ou en corrigeant la loi de 1851, en vue de l'adapter aux nécessités modernes.

DROIT COMPARÉ [2]. — **1236. — Système germanique : apprentissage**

---

[1] Ce raisonnement, d'ailleurs, est erroné. Les chefs d'industrie éclairés (v. la note précédente) reconnaissent aujourd'hui que, pour le travail à la machine comme pour le travail à la main, l'habileté professionnelle de l'ouvrier est un facteur précieux (Levasseur, *Le travail à la machine et le travail à la main*; Gide, *loc. cit.*). Mais la majorité des patrons partagent encore le préjugé commun.

[2] BIBLIOGRAPHIE : Sur les pays étrangers, en général, cons. les ouvrages précités de Cohendy, Fouqué, Paquier, etc. — V. aussi Herriot, *L'enseignement professionnel et la démocratie* (*Quest. prat.*, 1908, 225). — Sur l'*Allemagne* : Conrad, *Handwörterbuch*, t. III, p. 1098; Pyfferoen, *Rapp. sur l'enseignement professionnel en Allemagne*, 1897; Brants, *L'apprentissage en Allemagne* (*Réf. soc.*, avril-mai 1898; Fouqué, *L'enseignement professionnel en Allemagne* (*Rev. polit. et parlem.*, 1903, IV, 82); M. Wolff, *L'apprentissage en Allemagne* (*Mus. soc.*, docum., mai 1903), et *L'enseignement professionnel en Allemagne* (*ibid.*, mai 1907). — Sur l'*Autriche* : Brants, *L'état du régime corporatif en Autriche* (*Réf. soc.*, 16 juillet 1897); *Handelsministerium, Gewerbe* (enqu. du Reichsrath). — Sur la *Suisse* : Berthuin, *Rapp. sur l'enseignement technique suisse*, 1896; *Gewerbliche Zeitfragen*, heft IV, XI et XVI ; *Quest. prat.*, 1902, 92. — Sur la *Belgique* : Merlant, *Rapp. sur l'organisation de l'enseignement technique en Belgique*, 1898. — Sur l'*Angleterre* : Pyfferoen, *Rapp. sur l'enseignement professionnel en Angleterre*, 1896; O. Buyse, *Etude sur l'organisation des écoles techniques anglaises.* — Sur les *Etats-Unis* : Fouqué, *op. cit.*, p. 150; Lepelletier, *L'enseignement technique et professionnel aux*

corporatif et écoles de perfectionnement. — Nous n'insisterons pas longuement sur l'organisation de l'apprentissage en Allemagne et en Autriche. Qu'il nous suffise de rappeler que, dans le régime néo-corporatif institué en 1883 en Autriche et adopté par l'Allemagne en 1897, l'apprentissage est redevenu ce qu'il était autrefois en France, c'est-à-dire l'assise solide de la petite industrie (V. *supra*, n°s 520-551) ; c'est aux corporations qu'il appartient, sous le contrôle de l'autorité administrative, de déterminer les conditions de l'apprentissage, sa durée, le mode de surveillance et de contrôle auquel sont assujettis les maîtres, de régler le programme des examens (*Befähigungsnachweis,* preuve de capacité), qui ne sont pas encore légalement obligatoires, mais qui tendent à le devenir sous la poussée de l'opinion [1]. Dans la grande industrie, l'apprentissage est facultatif, mais il est assez répandu, malgré le développement considérable des écoles techniques, créées dans tous les centres industriels, soit par l'Etat ou les provinces, soit par les communes, soit par les syndicats, les sociétés de patronage, laïques ou religieuses, etc.

L'enseignement technique, dans le système allemand [2], n'a pas en effet pour but de remplacer l'apprentissage à l'atelier, mais de le compléter ; aussi les écoles techniques ne sont-elles point, comme en France, des écoles *d'apprentissage*, mais des écoles *de perfectionnement* (*Fortbildungschule*). Cette combinaison de l'enseignement pratique par l'atelier et de l'enseignement théorique par l'école ou le cours du soir a produit, pour l'Allemagne et la Suisse en particulier, des résultats remarquables, grâce à l'esprit de méthode qui a présidé à cette œuvre de longue haleine, poursuivie sans arrêt depuis vingt-cinq ans surtout, grâce aussi aux encouragements et parfois à l'action coercitive des pouvoirs publics.

L'Etat, les cantons ou les villes ne se bornent pas, en Allemagne ou en Suisse, à encourager les examens d'apprentis, les expositions tech-

---

Etats-Unis (*Réf. soc.*, 1905, 352); O. Buyse, *Méthodes américaines d'éducation générale et technique*, 1908.

[1] Treize cantons suisses imposent l'obligation des examens, comme aussi celle du contrat d'apprentissage écrit, conforme à une formule-type; la surveillance des apprentis est confiée, tantôt à la commune, tantôt au conseil des prud'hommes, tantôt à des sociétés de patronage, ou aux inspecteurs du travail. — V. notamment la loi *bernoise* du 19 mars 1905 sur les apprentissages. — *Le relèvement de l'apprentissage à l'atelier en Suisse* (*Rev. de l'Action popul.*, 20 mai 1908); F. Buisson, *Une application du programme radical* (*Radical* du 25 mars 1908).

[2] La *Suisse*, à cet égard, se rattache au système allemand. — L'école de broderie de Saint-Gall, le technicum de Winterthur (sect. des mécaniciens), le technicum de Bienne, etc., sont des écoles de perfectionnement à l'usage des jeunes ouvriers et ouvrières ayant déjà fait un apprentissage pratique du métier à l'atelier ou à l'usine. — Fouqué, p. 203.

niques locales ou régionales, l'établissement de musées professionnels[1], ou à subventionner les artisans qui forment des apprentis; ils *imposent* aux patrons l'obligation de laisser à leurs ouvriers mineurs de dix-huit ans le temps nécessaire pour suivre régulièrement les cours[2]. Les villes allemandes ont même le droit (§ 120 de la loi industr.) de rendre *obligatoire*, pour tous les ouvriers mineurs de dix-huit ans, l'enseignement technique qu'elles instituent.

Les patrons sont tenus, sous certaines sanctions pénales, de veiller à ce que leurs apprentis ou jeunes ouvriers fréquentent effectivement les cours ou écoles d'adultes.

1237. — Système américain : l'éducation professionnelle par l'école. — En Angleterre et aux Etats-Unis[3], l'apprentissage est absolument libre, l'Etat ne s'immisce en rien dans la conclusion de ce contrat, toutes les mesures protectrices du jeune ouvrier étant d'ailleurs, de plein droit, applicables aux apprentis[4]. Malgré cette abstention de la loi, l'apprentissage à l'atelier est demeuré assez en honneur en Angleterre dans certaines industries, grâce aux efforts des *Trade-Unions* pour perfectionner la technique du métier. Mais il en est différemment aux Etats-Unis, où l'apprentissage est presque inconnu[5] : l'enfant, au sortir de l'école technique, entre immédiatement à l'atelier ou à l'usine comme ouvrier salarié.

1238. — Les progrès de l'enseignement technique en France. — Il y a quelque vingt-cinq ans, l'opinion publique en France paraissait acquise à la conception américaine. L'on considérait volontiers la disparition de l'apprentissage traditionnel comme une conséquence nécessaire de l'évolution industrielle, et tous les efforts des pouvoirs publics se concentrèrent pendant quelques années sur l'organisation de l'en-

---

[1] Brants, *Petite indust.*, p. 95 et s.

[2] *Gewerbeordnung allemande*, § 120; lois sur l'apprentissage de *Berne*, revisée en 1905, art. 25; de *Neuchâtel*, loi du 24 novembre 1890, art. 10 (cette loi a organisé tout un ensemble très pratique d'examens d'apprentissage fonctionnant sous le contrôle des municipalités, et des conseils de prud'hommes); de *Vaud*, loi du 11 nov. 1896, art. 9. — V. aussi les art. 99 *b* et 100 de la *Gewerbeordnung autrichienne*, les art. 62 et s. de la loi *hongroise* sur l'industrie, la loi *norvégienne* du 15 juin 1881, art. 2, la loi *danoise* du 30 mars 1889 (Cohendy, *Quest. pratiques*, 1905, p. 65 et 103).

[3] La Belgique, les Pays-Bas, l'Italie, l'Espagne n'ont pas non plus de lois spéciales sur l'apprentissage.

[4] Il existe toutefois en Angleterre une série de règlements du *Local Government Board* relativement aux *apprentis des paroisses* (enfants pauvres à la charge des paroisses). D'autre part, plusieurs colonies anglaises possèdent une législation détaillée sur l'apprentissage (Cf. loi de la Nouvelle-Galles du Sud, 5 novembre 1901, *Ann. de lég. étr.*, 1901, p. 216).

[5] Déclar. de Carrol Wright, direct. du bur. de statist. du travail, cité par Brice (*Instit. patr.*), p. 132.

seignement technique[1]. C'est à cette conception que se rattachent la plupart des actes législatifs qui ont organisé en France cette branche d'enseignement[2].

Mais depuis quelques années, l'on a reconnu que cette tendance était trop exclusive, qu'il ne suffisait pas de transformer les écoles d'enseignement professionnel général en écoles techniques spécialisées, en vue de tel ou tel métier, pour inculquer à l'enfant la pratique du métier; que cette pratique ne peut s'acquérir qu'à l'atelier, surtout pour certaines industries d'art ou de luxe, où la supériorité de l'œuvre française s'est toujours affirmée jusqu'à ce jour, et qui risqueraient de périr si l'apprentissage tombait en désuétude.

L'on a reconnu d'autre part que, *sans l'obligation de l'enseignement professionnel pour les apprentis,* il était presque impossible de réaliser l'objectif dont la nécessité est actuellement reconnue de tous, savoir le relèvement de l'apprentissage.

---

[1] Les expressions d'enseignement professionnel et d'enseignement technique sont souvent considérées comme synonymes. Cependant l'on admet généralement que la première est plus compréhensive que la seconde; l'enseignement professionnel s'entend de tout enseignement préparatoire à une profession quelconque même libérale, l'enseignement technique vise plus spécialement l'enseignement industriel ou commercial. — Fouqué, p. 101.

[2] Loi du 11 décembre 1880 sur les *écoles manuelles d'apprentissage*, loi du 26 janvier 1892 sur les *écoles pratiques de commerce et d'industrie*, rattachées au Ministère du commerce. Décrets organiques sur le Conseil supér. de l'enseign. technique (V. *supra*, n° 232), et décr. du 7 mai 1908 (*Off.* du 23), sur les écoles pratiques de commerce et d'industrie. — Voir pour plus de détails sur les nombreuses dispositions législatives et réglementaires édictées dans ces dernières années en ce qui concerne l'enseignement technique, et pour la description des nombreuses écoles de cette catégorie, publiques ou privées, nationales, municipales, syndicales, ou libres : Cohendy, *op. cit.*; Dall. *Suppl. Rép.*, v° *Organisation économique*, n°s 91 et. s.; Fouqué, p. 99 et s.; Gide, p. 185; Paquier, p. 105 et s. — La plupart des auteurs répartissent ces écoles en trois groupes, correspondant aux trois types classiques d'enseignement, supérieur, secondaire et primaire : le degré supérieur comprendrait le *Conservatoire des arts et métiers*, les écoles supér. de commerce, l'école des hautes études industrielles de Lille, les écoles de chimie industrielle, les écoles des mines de Paris et St-Etienne. Au degré *secondaire* ou *moyen* correspondraient les écoles nationales d'arts et métiers, l'école d'horlogerie de Cluses, l'école centrale lyonnaise, etc., etc... Enfin au premier degré ou degré élémentaire, se rattacheraient les écoles pratiques de commerce et d'industrie, nationales, municipales ou privées (57 en 1908 : 47 pour les garçons, 10 pour les filles). Cette division nous paraît quelque peu artificielle. Que certaines écoles, comme le Conservatoire des arts et métiers, l'école des mines de Paris, soient des établissements de haut enseignement, nous l'admettons volontiers; mais la répartition des autres établissements, publics ou privés, entre les divers degrés est assez arbitraire, et nous donnerions nos préférences à une classification basée sur le caractère *général* ou *spécialisé* de l'enseignement : enseignement professionnel général : écoles nationales professionnelles de Voiron, Armentières, Vierzon et Nantes, Ec. supér. de commerce, — Martinière de Lyon, etc.; — Enseign. profess. spécialisé : écoles pratiques de commerce et d'industrie (celles du moins dont la spécialisation est actuellement réalisée), écoles de tissage, d'horlogerie, écoles municipales parisiennes du meuble (école *Boule*), du livre (école *Estienne*), etc.

Sans doute, sur plusieurs points du territoire, des sociétés de patronage[1] se sont constituées; de puissantes sociétés d'enseignement populaire[2] ont organisé, dans nos grandes villes, un enseignement professionnel complet sous forme de cours du soir; — plusieurs Fédérations syndicales ouvrières ont à leur tour jeté les bases d'un enseignement technique spécialisé[3]; — enfin plusieurs Conseils de prud'hommes ont pris l'initiative, soit d'instituer des examens d'apprentis[4], soit même d'exercer, sur les apprentis de leur circonscription, un contrôle efficace[5].

Mais tous ces efforts dispersés sont encore bien insuffisants, eu égard à l'importance de la tâche à accomplir. D'après la statistique française la plus récente[6], 20,000 élèves à peine fréquentent les écoles professionnelles de tout ordre; il convient, il est vrai, d'y ajouter les 70,000 ou 80,000 auditeurs des cours professionnels du soir ou du dimanche; mais ce chiffre global est singulièrement faible si on le rapproche, soit du nombre total des apprentis et jeunes ouvriers des deux sexes âgés de moins de dix-huit ans (950,000 environ), soit des résultats obtenus en Allemagne, grâce au régime de l'enseignement technique obligatoire[7]. Cette simple antithèse démontre l'efficacité, et en même temps l'urgence de l'intervention légale.

1239. — Réorganisation de l'apprentissage; enseignement technique obligatoire; vœux et projet de loi. — C'est en s'inspirant de ces considérations que, dès 1902[8], le Conseil supérieur du travail avait

---

[1] Sociétés libres pour la plupart. Les comités de patronage institués par la loi de 1892 (art. 25), n'ayant pas le droit de pénétrer dans les ateliers, sont dépourvus de toute action réellement efficace; dans nombre de départements, ils n'ont qu'une existence nominale. — Fouqué, p. 55.

[2] Sociétés philotechniques de Paris, philomatique de Bordeaux, Société industrielle de Saint-Quentin, Société d'enseignement professionnel du Rhône. — Sur cette dernière, v. l'étude précitée de M. Herriot.

[3] Chauffeurs-mécaniciens, imprimerie, papeterie, orfèvrerie, bijouterie, fleurs et plumes, etc. — Sur les cours organisés par les syndicats, fédérations professionnelles, Bourses du travail, etc., v. Fouqué, p. 239; *Quest. pratiques*, 1903, p. 62; Debolo, *op. cit.*; Pessieux, *Etude monogr. sur les créations syndicales*, 1907; Facdouel, *Fédération des travailleurs du livre*, 1905, etc. — V. aussi *supra*, n° 571.

[4] Sur les examens institués par le cons. des prud'hommes de Nîmes, v. Fouqué, p. 273.

[5] Ainsi procède le conseil des prud'hommes lyonnais. — Vachez, *Rec. des usages locaux de la ville de Lyon*, p. 63.

[6] Cohendy, *L'enseignement technique en France et à l'étranger* (*Lyon-Universitaire*, 18 et 25 sept. 1908).

[7] L'on compte actuellement en Allemagne, en outre de 22 universités techniques, industrielles ou commerciales, et de 80 écoles de degré moyen, plus de 300 écoles professionnelles pour les apprentis, qui distribuent leur enseignement technique à plus de 40,000 élèves (non compris les nombreux auditeurs des cours de perfectionnement). — Cohendy, *op. cit.*

[8] Sess. d'oct. 1902 (*Quest. pratiques*, 1902, p. 348). — Cf. rapp. Astier, sur le

émis un vœu tendant à la réorganisation d'ensemble de l'apprentissage et de l'enseignement technique sur les bases suivantes : — 1° Le contrat d'apprentissage doit être libre, mais tout contrat de ce genre doit être constaté *par écrit* ; — 2° Les apprentis seront placés sous la surveillance de Commissions locales, composées mi-partie de patrons et mi-partie d'ouvriers, ou des Conseils de prud'hommes ; — 3° Les Conseils de prud'hommes devront pouvoir, en cas d'abus constaté, limiter le nombre d'apprentis d'un établissement déterminé ; — 4° La réglementation de l'apprentissage doit être étendue de l'industrie au commerce ; — 5° L'*enseignement technique doit être généralisé et rendu obligatoire pour les mineurs de dix-huit ans.*

Ce vœu fut, sur le rapport très documenté de M. Cohendy, transformé en un avant-projet de loi, méthodique et complet, par le *Conseil supérieur de l'enseignement technique* (sess. de juin 1905) ; le Gouvernement se l'appropria, et le déposa le 13 juillet 1905 sur le bureau de la Chambre [1].

Ramené à ses traits essentiels, ce projet, très complet, a un double objectif : 1° donner à l'enseignement technique à ses divers degrés une législation organique qui assure son développement et son efficacité ; 2° instituer, à l'instar des lois germaniques ou scandinaves, un régime d'enseignement professionnel obligatoire pour les apprentis et jeunes ouvriers ou employés de commerce des deux sexes, mineurs de dix-huit ans [2]. Les cours professionnels seraient organisés suivant les besoins locaux par des commissions locales professionnelles. Ils auraient lieu autant que possible pendant la journée de travail, et seraient sanctionnés par des certificats de capacité professionnelle.

Ce projet, accueilli avec une grande faveur par l'opinion [3], n'a pas

---

budget du commerce pour 1903 ; vœu de la Ligue franç. de l'enseign. (sess. de Lyon, sept. 1902).

[1] Projet de loi relatif à l'enseignement technique, industriel et commercial, présenté à la Ch. des députés, par le min. du commerce, le 13 juillet 1905 (*Doc. parl.*, n° 2648, *Off.*, p. 1638). — Rapp. *Astier*, du 17 mars 1906 (*Doc. parl.*, n° 3084, p. 242) ; reprise du rapport Astier devant la législature actuelle, le 12 juin 1906 (*Doc. parl.*, n° 48). — Cf. propos. de loi de M. H. Michel, du 8 mai 1907, sur l'apprentissage (Ch., *Doc. parl.*, n° 936). — La partie capitale du projet gouvernemental (tit. V, *Des cours professionnels*) a fait l'objet d'un débat approfondi au Cons. supér. du travail (sess. de nov. 1906, *Bull. Off. trav.*, 1906, 1222). Plusieurs modifications au texte ont été proposées ; mais le conseil s'est nettement prononcé en faveur de l'obligation (*Quest. pratiques*, 1907, 95).

[2] Sur l'*enseignement ménager*, et son rôle social, cons. notamment : Dr Drouhet, *L'enseignement ménager, sa nécessité*, 1905 ; A. Moll-Weiss, *L'enseignement ménager en Allemagne* (*Mus. soc.*, Docum., 1905) ; Beaufreton, *L'enseignement ménager*, 1908.

[3] Ses adversaires mêmes semblent moins irréductibles dans leur intransigeance libérale. — V. le rapp. de M. Isaac à la Ch. de comm., ainsi que la discussion contradictoire à laquelle a donné lieu, à la Soc. d'écon. de Lyon, le rapport de M. Cohendy (*Ann. de la Société*, 1906-1907).

encore eu les honneurs de l'ordre du jour de la Chambre. Très étudié, étayé sur des enquêtes approfondies (V. les rapp. de MM. Cohendy et Astier, et les procès-verbaux des Cons. sup. de l'ens. techn. et du travail), il pourrait cependant, dès aujourd'hui, servir de base à une discussion utile. Il serait très désirable que la Chambre, prenant en considération la gravité des intérêts nationaux engagés, n'ajournât pas plus longtemps un débat qui s'impose.

TITRE III

CONFLITS COLLECTIFS OU INDIVIDUELS ENTRE PATRONS, OUVRIERS ET EMPLOYÉS. — CONSEILS DE CONCILIATION ET D'ARBITRAGE, JURIDICTIONS CONTENTIEUSES (PRUD'HOMMES, ETC.) [1].

1240. — Définitions. — *Différends individuels.* — Les conflits susceptibles de surgir entre patrons et ouvriers sont de deux sortes. Les

---

[1] Bibliographie : Sur les *conseils de prud'hommes*, cons. : Sauzet, *La juridiction des conseils de prud'hommes*; Lyon-Caen et Renault, *Traité de dr. commerc.*, t. 1er, nos 529 et s. ; Ch. Constant, *De l'organisation et de la compétence des conseils de prud'hommes* (*Fr. judic.*, 1894, p. 65 et s.); Gruet, *Les conseils de prud'hommes* (*Rev. polit. et parlem.*, 1895, t. IV, p. 255); Nouvion-Jacquet, *Le patron et l'ouvrier devant les conseils de prud'hommes*, 1898; Regaud, *Les conseils de prud'hommes, Etude de législation*, 1898, et *Les discussions sur la réforme des conseils de prud'hommes à la Chambre* (*Quest. prat.*, 1901, p. 135, 227 et s.); Pey, *La réforme des conseils de prud'hommes* (*ibid.*, 1900, 19); Thouvenot, *Les tribunaux industriels et les conseils de prud'hommes*, 1901; Regnault, *Les conseils de prud'hommes, leur compétence, leur extension*, 1903; Tartanson, *De la réforme des conseils de prud'hommes*, 1904; Pic, *Un conflit parlementaire : la réforme des conseils de prud'hommes devant les Chambres* (*Rev. polit. et parlem.*, mai et août 1905); Glasson, *La loi du 18 juillet 1905* (*Rev. critique*, 1906, 338); Strauss, *Code manuel des prud'hommes*, 2e édition, 1906; *Centenaire de la prud'homie*, 1 vol. in-4°, Lyon 1907; Popineau, *Loi du 27 mars 1907* (*Lois nouvelles*); Cluzet, *Manuel pratique des conseils de prud'hommes*, 1908; Désir, *Le nouveau régime des conseils de prud'hommes*, 1908; Tabourier, *La juridiction prud'homale*, 1908.

Sur les *conseils de conciliation et d'arbitrage* : Gibon, *La conciliation et l'arbitrage* (*Réf. soc.*, 1893, p. 515 et s., 687 et s.); Cauwès, t. III, nos 861 et s.; Waterlot, *Histoire de la conciliation et de l'arbitrage*, 1896; Pic, *La loi du 27 décembre 1892, résultats pratiques et projets de réforme*, 1896; Fontaine, *Les grèves et la conciliation*, broch. 1897; Mathorez, *Notes sur la conciliation* (*Rev. polit.*, 1898, t. XVII, p. 592); Strauss, *Conciliation et arbitrage*, 1898 ; Pey, *L'obligation de la tentative de conciliation* (*Quest. prat.*, 1901, 171) ; De Seilhac, *Les grèves*, 1903 ; Briffaut, *Essai sur les types d'institutions permanentes de conciliation et d'arbitrage*, 1903 ; Harmel, *La démocratie dans l'usine*, 1903 ; Laronze, *De la représentation des intérêts collectifs dans la grande industrie*, 1905; De Fromont de Bouaille, *Conciliation et arbitrage*, 1905 ; Aftalion, *La conciliation dans les conflits collectifs et les travaux de la section du Nord*, 1907 ; H. de Boissieu, *Les institutions privées de conciliation et d'arbitrage en France et à l'étranger* (*Réf. soc.*, 16 sept. 1907). — Cf. Dalloz, *Suppl. Répert.*, v° *Travail*, nos 684 et s. — Sur le *droit comparé*, v. *infra*. — Sur les conseils du travail, v. *supra*, n° 193. — Sur la bibliographie relative aux grèves et lock-outs, v. *supra*, n° 284. — Sur le contrat collectif de travail et l'orga-

uns sont des conflits, ou mieux des *différends individuels,* des contestations nées entre un patron et un ouvrier (apprenti ou employé), à l'occasion du contrat de travail (ou d'apprentissage) : contestations d'ordre juridique ou technique, portant sur l'interprétation des clauses du contrat, sur le taux du salaire, sur la légitimité d'un congé, sur les indemnités dues par l'ouvrier en cas de malfaçon, etc. Pour statuer sur des contestations de cette nature, il est toujours facile de trouver des juges ; la seule question est de savoir s'il convient de s'adresser aux juges de droit commun, ou s'il n'est pas préférable d'instituer des tribunaux spéciaux.

1241. — *Conflits collectifs.* — Les autres sont des *conflits collectifs,* beaucoup plus graves que les précédents à cause du nombre des intéressés, de la répercussion qu'ils peuvent avoir sur la production générale, à raison enfin des conflits sanglants qui en sont parfois l'épilogue. Les conflits collectifs mettent aux prises tantôt un patron et tous les ouvriers de son usine, tantôt tous les patrons et tous les ouvriers d'une même industrie dans une même ville ; parfois ils se généralisent et s'étendent à une industrie déterminée sur toute l'étendue du territoire de l'Etat [1], voire même à plusieurs industries, par suite d'un mot d'ordre émané des Fédérations syndicales [2]. Ils menacent même, dans certains cas, de prendre un caractère international, à raison du développement des fédérations corporatives, ou socialistes aspirant à grouper les travailleurs du monde entier suivant la formule marxiste.

Il est indéniable que des conflits d'une telle envergure constituent un danger social [3]; le devoir strict du législateur contemporain est donc de les *prévenir*, et si les moyens préventifs sont impuissants, d'en faciliter la solution pacifique.

La prohibition du droit de coalition, la répression violente des grèves, même pacifiques, l'interdiction des associations ouvrières, sont des moyens que l'expérience a condamnés (V. *supra*, nos 328, 359, 564 et s.). Tout au plus peut-on prendre certaines mesures pour enrayer le développement des groupements internationaux (V. *supra*, nos 394, 409). Mais, dans leur ensemble, les coalitions et les syndicats

---

nisation du travail par les syndicats, v. *supra*, nos 358, 442, 562 et s., 1285. — Sur la question de l'*arbitrage obligatoire* et le projet Millerand, v. n° **1324**, *infra*.

[1] Sur la grève générale des mineurs, v. *supra*, n° 862.

[2] Grève générale, grèves de sympathie, v. *supra*, nos 328, 555 et s.

[3] Les socialistes réformistes en conviennent sans hésitation (V. exp. des motifs du projet Millerand, analysé *infra*). Seuls les révolutionnaires, partisans de la lutte de classes, se montrent plutôt hostiles aux institutions préventives des conflits. — Cf. E. Chauvin, *La lutte de classes*, rapp. au congrès radical-socialiste de Dijon (sept. 1908).

peuvent être envisagés comme une sorte de soupape de sûreté, destinée à prévenir les explosions soudaines et violentes, que déchaîne fatalement un régime de compression à outrance (V. *supra*, n° 329).

1242. — **Rôle de l'Etat.** — Il n'en est pas moins vrai, l'expérience de ces dernières années l'a démontré surabondamment, que la liberté de coalition et l'action des syndicats n'ont pas suffi à pacifier les rapports du capital et du travail, à amortir les chocs et à empêcher la naissance de grèves dangereuses. Pour rétablir la paix sociale, dans la mesure du possible, le législateur ne doit-il pas, dès lors, faire un pas de plus ? Ne doit-il pas, par des institutions appropriées, *faciliter la conciliation* qui prévient les grèves, ou, lorsque les grèves éclatent malgré les tentatives de conciliation demeurées infructueuses, faciliter la solution prompte et équitable des conflits qui leur ont donné naissance, par l'organisation de *commissions* ou *conseils d'arbitrage* ?

Le législateur français s'est efforcé de résoudre le problème en instituant, dès le début du XIXe siècle, pour les conflits individuels, la juridiction élective et mixte des prud'hommes, et pour les conflits collectifs, un système de conciliation et d'arbitrage facultatifs (L. 27 déc. 1892).

Mais, avant de commenter le droit positif français, il nous paraît indispensable de passer en revue brièvement les principales législations étrangères; car, si le législateur français a été l'initiateur des Conseils de prud'hommes, il s'est au contraire inspiré de l'étranger pour l'organisation de l'arbitrage.

CHAPITRE PREMIER

ÉTUDE COMPARATIVE DES DIVERS TYPES LÉGISLATIFS, EN MATIÈRE DE JURIDICTIONS PROFESSIONNELLES, DE CONCILIATION ET D'ARBITRAGE [1].

1243. — Classification des législations. — Les diverses législations peuvent, au point de vue qui nous occupe, se répartir tout d'abord en deux grandes classes : celles qui organisent et encouragent l'arbitrage *facultatif*, et celles qui ont institué l'arbitrage *obligatoire*. Les législations du premier groupe peuvent à leur tour se subdiviser en trois catégories : lois qui instituent deux types différents d'organes pour les conflits individuels et les conflits collectifs ; lois qui ont orga-

---

[1] BIBLIOGRAPHIE. — Sur l'ensemble des législations étrangères, cons. notamment : De Fromont, Waterlot, Regaud, Briffaut, de Boissieu, Pic, etc., *op. citt.*; Chron. du *Bull. de l'Off. du trav.*, (dep. 1894), du *Bull. de l'Off. intern. du trav.* (dep. 1902), et *Quest. pratiques* (dep. 1900). — Sur l'*Allemagne* : Conrad, *Handwörterbuch*, t. III, v° *Gewerbegericht*; Bellom, *Les tribunaux industriels allemands* (*Bull. Soc. lég. comp.*, 1891, p. 86, 166); Freese, *Das Konstitutionnelle system im Fabrickbetrieb*, Eisenach, 1900; Daurnay, *Les Conseils de prud'hommes et les Conseils corporatifs d'arbitrage en Allemagne* (*Quest. pratiques*, 1902, 17); Bigenwald, *Les Conseils de prud'hommes commerciaux en Allemagne*, th. 1908; *Das Gewerbegericht* (organe de la Fédération des trib. industr.); Chron. de la *Soziale Praxis*, v° *Gewerbegerichte*. — V. aussi *supra*, n° 533, note 1. — *Angleterre* : Le Cour Grandmaison, *Mundella et les conseils d'arbitrage en Angleterre* (*Rev. des Deux-Mondes*, 1er avril 1898); Langer, *L'arbitrage en Angleterre* (*Mus. soc.*, mars 1901); Raynaud, *Une industrie sans grèves*, Les mines anglaises, 1905. — V. *supra*, n° 476, note 2. — *Australie* : Métin, *Conciliation et arbitrage obligatoires en Nouvelle-Zélande* (*Rev. d'écon. polit.*, janvier 1901), et *Modifications et extension des lois sur l'arbitrage obligatoire en Australasie* (*Mus. soc.*, mars 1904); H. Demarest-Lloyd, *A country without strikes*, New-York, 1902; Nogaro, *L'arbitrage obligatoire et la propagation du contrat collectif en Australasie*, th. 1906. — V. *supra*, n° 489, note 3. — *Autriche* : Cheysson, *Loi autrichienne sur les tribunaux industriels* (*Bull. Soc. législ. comp.*, 1897, 191. — V. *supra*, nos 520 et 521, notes. — *Belgique* : Weiler, *Les arbitrages industriels*, 1891, et *La conciliation industrielle*, 1892; Dechesne, *Conciliation industrielle en Belgique* (*Rev. d'écon. polit.*, 1897, 43); Payen, *Les Conseils de l'industrie et du travail en Belgique*, 1899; Varlez, *L'arbitrage en Belgique* (*Mus. soc.*, mai 1901). — *Canada* : Métin, *Le travail au Canada* (*Mus. soc.*, Docum., mars 1905). — *Espagne* : P. Sangro, *La conciliation et l'arbitrage en Espagne* (*Mus. soc.*, août 1907). — *Etats-Unis* : Caroll Wright, *Industrial conciliation and arbitration*, Boston, 1881. — Comp. chron. sociale de *The Annals of the Americ. Academ.*, 1890-1908. — V. *supra*, n° 491, note 1. — *Italie* : Turati, *I probiviri* (*I problemi del lavoro*, nov. 1901); Racca, *L'arbitrage et la conciliation en Italie* (*Mus. soc.*, Docum., sept. 1903); Dalla Volta, *Dell'arbitrato negli Scioperi*, Palerme, 1903. — *Pays-Bas* : Van Zanten, *Die Arbeitskammern in den Niederlanden* (*Soz. Praxis*, 4 septembre 1902). — *Suisse* : Nessi, chron. de Suisse (*Ann. de dr. commerc.*, 1901, 76).

nisé des juridictions en vue des conflits individuels avec adaptation possible aux conflits collectifs; lois qui, au contraire, ont organisé des institutions arbitrales en vue des conflits collectifs, avec adaptation possible aux conflits individuels [1].

SECTION PREMIÈRE. — Des législations qui ont organisé deux types distincts et indépendants de juridictions ou conseils pour les conflits individuels et les conflits collectifs.

I. CONFLITS INDIVIDUELS. — **1244.** — **Type français du conseil de prud'hommes.** — Les législations de ce premier groupe [2] procèdent

[1] Bien d'autres classifications pourraient être proposées :

a) L'on pourrait tout d'abord classer les Etats d'après la prédominance, dans chacun d'eux, des institutions officielles sur les institutions dues à l'initiative privée, ou inversement : les Etats-Unis, en ce cas, rentreraient dans le premier groupe, l'Angleterre ou la Belgique dans le second. Mais cette première classification ne serait pas très probante, à raison de l'évolution qui, dans la plupart des Etats, tend à doter les institutions conciliatrices ou arbitrales, purement privées à l'origine, d'une investiture officielle.

b) L'on pourrait aussi distinguer les types législatifs faisant prédominer le caractère *régional*, de ceux dans lesquels prévaut le type *professionnel* (cf. Briffaut, *op. cit.*). Mais cette distinction n'est pas non plus très satisfaisante ; attendu que l'on rencontrerait difficilement un seul Etat où prédomine exclusivement l'un ou l'autre système.

c) L'on pourrait classer les Etats d'après la place respective qu'ils assignent à l'organisation de la conciliation ou à l'arbitrage proprement dit. Mais cette classification serait encore plus imprécise que les précédentes, attendu que toutes les législations se préoccupent plus ou moins de superposer aux organes de conciliation des conseils d'arbitrage destinés à trancher d'autorité les conflits non conciliés.

d) L'on pourrait enfin opposer aux législations qui instituent ou reconnaissent les institutions *permanentes* d'arbitrage celles qui prévoient simplement la constitution, pour chaque affaire, de conseils spéciaux d'arbitrage (type de la loi française de 1892). Mais ce dernier type tend à disparaître : non seulement le droit français reconnaît implicitement la légitimité des commissions arbitrales permanentes (v. *infra*), mais l'on peut voir dans les conseils du travail récemment créés le germe d'institutions permanentes d'arbitrage.

L'on remarquera que nous avons dû laisser en dehors de tous nos essais de classification le système russe. La loi *russe* prohibant les coalitions, ne reconnaissant point la légitimité des associations ouvrières, il ne saurait être question de voir fonctionner en Russie de véritables institutions arbitrales. C'est le système du *paternalisme administratif* qui prévaut; les différends non résolus par la corporation sont tranchés d'autorité par l'inspecteur de fabrique, ou par la police. — V. *supra*, n° 517. — Signalons toutefois un timide essai de conseils d'usine tenté par la loi du 10 juin 1903.

[2] Loi *française* du 28 mars 1806, et lois postér. (v. *infra*); — Loi *autrichienne* du 29 novembre 1896 (*Ann. de législ. étr.*, 97, 318), étendant à la petite industrie la compétence des tribunaux industriels; — Loi *belge* du 31 juillet 1889, substituant aux conseils de prud'hommes *régionaux*, institués par la loi du 7 février 1859, des conseils à base professionnelle. — *Suisse* : Lois cantonales de *Neuchâtel* (20 nov.

toutes, plus ou moins, du type *français* de la juridiction des *prud'hommes* : juridiction d'exception se distinguant nettement de la juridiction de droit commun (tribunaux civils) par les deux caractères suivants : 1° c'est une juridiction *élective* ; — 2° c'est une juridiction *mixte*, c'est-à-dire composée en nombre égal de représentants élus par les patrons et de représentants élus par les ouvriers, — avec ou sans adjonction d'un magistrat départiteur.

Président départiteur. — En Belgique, et dans plusieurs cantons suisses notamment, le conseil de prud'hommes ne comprend que des éléments professionnels.

Mais la tendance des législations les plus récentes est de placer à la tête du tribunal industriel, soit un magistrat de carrière, soit un notable choisi par les autorités administratives en dehors de la profession, afin de prévenir les difficultés inhérentes à la rivalité trop fréquente des deux éléments, patronal et ouvrier. C'est ainsi qu'en Autriche le président et le vice-président sont des magistrats désignés par le ministre de la justice ; qu'à Zurich le président est un juge de district, à Fribourg un juge de paix (Cf. trib. ind. allemand et probiviri italien, v. *infra*).

Le législateur français à son tour est entré récemment dans cette voie (L. de 1905 et 1907) en appelant le juge de paix, en cas de partage, à présider le conseil.

1245. — *Compétence et voies de recours.* — D'autre part, le principe de la juridiction prud'homale une fois admis, les lois étrangères lui ont généralement assigné un domaine plus large que ne le faisait la loi française avant 1907. Ainsi, en Belgique, il y a des conseils de prud'hommes spéciaux à l'industrie minière ; dans plusieurs cantons suisses (Vaud notamment), les employés sont, comme les ouvriers, justiciables de cette juridiction. Enfin, la loi de Genève de 1890, poussant jusqu'à ses conséquences extrêmes le principe de la juridiction professionnelle, attribue aux prud'hommes la connaissance de toutes les contestations nées du contrat de louage de services, quelle qu'en soit la variété, et sans qu'il y ait à distinguer entre les travaux industriels,

---

1885), *Vaud* (26 nov. 1888), *Genève* (1er févr. et 29 oct. 1890), *Zürich* (L. 22 déc. 1895 sur les tribunaux arbitraux industriels (*Ann. de législ. étr.*, 96, 604) ; *Fribourg* (L. 25 nov. 1899, *ibid.*, 1900, 505), etc... — Cf. loi *espagnole*, 24 juillet 1873 ; — Loi *norvégienne* du 15 juin 1881 sur les tribunaux industriels ; — Loi *portugaise* du 14 août 1889. — Nous ne citons que pour mémoire les textes organisant des conseils de prud'hommes dans diverses parties de l'*Allemagne* (ordon. pruss., 7 août 1846, loi du 23 mars 1880 sur les conseils d'Alsace, etc.), la loi fédérale de 1890 sur les tribunaux industriels, analysée *infra*, ayant englobé dans l'organisation nouvelle, sauf certaines réserves, l'ancienne institution des prud'hommes.

commerciaux, agricoles, domestiques, ou même intellectuels (commis d'architecte, secrétaires salariés, etc.). Il existe même, dans le canton de Vaud, pour les litiges supérieurs à 500 francs, une chambre d'appel prud'homale, comprenant un plus grand nombre de membres. En Autriche, l'appel (pour les affaires excédant 50 florins) est porté devant le tribunal civil.

II. Conflits collectifs. — **1246**. — Les organes institués, par les législations du premier groupe, pour la solution des conflits collectifs, peuvent se ramener à trois types :

a) **Type français de la loi de 1892.** — Organisation, par la loi, d'une procédure spéciale tendant à faciliter aux parties la constitution *dans chaque affaire*, d'un comité de conciliation ou, en cas de non-conciliation, d'un conseil d'arbitrage. Ce type a été rarement imité, et presque partout l'on a cherché à instituer des organes permanents.

1247. — *b*) **Type belge des conseils de l'industrie et du travail**[1]. — L'instrument de conciliation est ici un organe *permanent*, à savoir la section du conseil correspondant à l'industrie intéressée. Chaque conseil, en effet, a une circonscription régionale plus ou moins étendue, mais se divise en un certain nombre de *sections*, correspondant chacune à une industrie distincte ou à un groupe d'industries connexes. La section douée d'une vie propre et autonome comprend un nombre égal de chefs d'industrie et d'ouvriers (de six à douze), élus pour trois ans, par le même corps électoral que les conseillers prud'hommes et rééligibles.

En cas de conflit collectif survenant dans l'une des industries qu'elle englobe, la section est convoquée par le gouverneur de la province, le bourgmestre ou le président, *sur la demande* des patrons ou des ouvriers intéressés, à l'effet de « rechercher les *moyens de conciliation* qui peuvent y mettre fin ; si l'accord ne peut s'établir, la délibération est résumée dans un procès-verbal *qui est rendu public* » (art. 10).

[1] Les *conseils de l'industrie et du travail*, créés par la loi *belge* du 16 avril 1887 (déterminée par les grandes grèves de 1886), constituent avant tout une *représentation régionale du travail*. — V. *supra*, n° 228. — En d'autres termes, le Parlement belge a, en 1887, dans une pensée conciliatrice, et en vue de rapprocher par l'étude en commun des réformes législatives touchant à l'organisation du travail, l'élément patronal et l'élément ouvrier, créé un organe consultatif, appelé occasionnellement à s'interposer comme conciliateur en cas de conflit. — Bien que la mission conciliatrice n'appartienne pas au conseil entier, mais seulement à la section professionnelle intéressée, l'organisme est à deux fins, et nous verrons bientôt que, s'il a répondu aux espérances du législateur quant à son premier objet, il a en grande partie échoué au point de vue spécial de la conciliation. Au 1er janvier 1902, sur les 303 sections des 75 conseils existants, 158 seulement avaient pu être constituées, à raison de l'indifférence des électeurs.

Il importe de remarquer que la section fonctionne uniquement comme *comité de conciliation*. En aucun cas, elle ne joue le rôle d'arbitre, encore moins de juge. Les parties peuvent sans doute s'entendre sur le choix d'un ou de plusieurs arbitres, et les choisir parmi les membres de la section, mais l'on rentre ici dans le droit commun : la loi de 1887 ne contient à cet égard aucune prescription spéciale.

1248. — *Chambres du travail hollandaises* [1] ; *conseils du travail français* [2]. — Le législateur hollandais de 1897, comme aussi les rédacteurs des décrets français de 1900-1901, se sont manifestement inspirés de la législation belge. Il convient toutefois de remarquer que les Chambres du travail néerlandaises, n'ayant pour la plupart qu'une circonscription restreinte [3], ne se divisent point en sections; leur mission, comme celle des sections belges, est principalement conciliatrice, mais elles doivent s'efforcer, en cas de non-conciliation, de déterminer les parties à déférer le litige à des arbitres (art. 2).

Quant aux conseils *français* du travail, ils étaient destinés, dans la pensée des rédacteurs du décret de 1900, à former, dans leurs sections respectives, les cadres permanents, non seulement de comités de conciliation toujours à la disposition des parties en conflit, mais aussi de juridictions arbitrales offertes, en cas de non-conciliation, à l'agrément des parties [4].

La loi du 17 juillet 1908 sur les *conseils consultatifs du travail*, d'inspiration purement sénatoriale, n'a rien laissé subsister, dans son texte tout au moins, de cette tentative intéressante d'organisation permanente de la conciliation. Le texte qui a prévalu, voté de guerre lasse par la Chambre, n'organise guère que des « fantômes de conseils », suivant l'expression de M. Depasse (Ch., s. du 9 juillet), dépourvus de toute attribution sérieuse. Mieux valait, dans ces conditions, s'abstenir de légiférer. — V. notre article intitulé « *Vue d'ensemble sur le mouvement législatif en France* » (*Quest. prat.*, 1908, 250).

1249. — *Organisations privées de conciliation. — Chambres d'explication des charbonnages belges.* — Si les conseils du travail de Belgique n'ont donné que de faibles résultats, comme organes de conciliation,

---

[1] Loi *néerlandaise* du 2 mai 1897 (*Bull. Off. du trav.*, 97, 476).

[2] Décrets *français* des 17 septembre 1900 et 2 janv. 1901 (v. *supra*, n°s 228 et s.), abrogés par la loi du 17 juill. 1908 (*Quest. prat.*, 1908, 266).

[3] Au 1er janvier 1902, le nombre des Chambres créées s'élevait à 86. En 1906, sur 164 grèves déclarées, elles n'ont été appelées à intervenir que trois fois; elles n'ont réussi à concilier qu'un seul de ces trois conflits (*Bull. Off. trav.*, 1907, 1332).

[4] Art. 11 du décret. — Pour le commentaire dudit décret, aujourd'hui abrogé, v. *supra*, n°s 228 et s. (N. B. — Cette partie de notre ouvrage, parue en un premier fascicule, est antérieure à la promulgation de la loi du 17 juillet 1908).

ce pays est l'un de ceux où l'on a expérimenté le plus heureusement les *conseils d'usine*, créations dues exclusivement à l'initiative privée, sans aucune ingérence officielle. Les *chambres d'explication* des charbonnages de Mariemont et Bascoup, maintes fois décrites, ont acquis en effet une réputation universelle, et d'ailleurs justifiée [1]. Le système, cependant, ne s'est pas généralisé, même en Belgique ; quelques conseils d'usine fonctionnent avec plein succès, notamment dans les mines de Pâturages, les ardoisières d'Allez, mais plusieurs autres (tissage de Verviers, filatures de Gand) ont dû se dissoudre (Varlez, *op. cit.*) [2]. — En France, au contraire, ainsi que nous le verrons bientôt, l'on peut actuellement citer plusieurs établissements industriels considérables, le Creusot notamment, qui ont adopté le système des conseils d'usine [3].

1250. — *c)* **Type corporatif autrichien.** — L'Autriche, nous l'avons établi précédemment, s'est efforcée de reconstituer, en l'adaptant aux nécessités modernes, la corporation médiévale (V. *supra*, n°s 521 et s.). Or, dans toute corporation fonctionne une *commission arbitrale*, chargée de concilier et, si les parties l'agréent pour arbitre, de trancher les conflits qui peuvent s'élever, dans le sein de la corporation, entre les patrons et les ouvriers. — Depuis la réforme de 1896 étendant à la petite industrie la compétence des tribunaux industriels, les commissions corporatives n'ont plus à statuer qu'exceptionnellement et à défaut de tribunal dans la circonscription, sur les conflits industriels.

---

[1] C'est en 1876, plus de onze ans avant la promulgation de la loi belge, que M. Julien Weiler, ingénieur en chef des charbonnages de Mariemont et Bascoup, y introduisit le système des *Chambres d'explications* destinées, non pas à trancher pacifiquement les différends, comme les Comités de conciliation ou d'arbitrage des exploitations anglaises, mais à les empêcher de naître. Ces Chambres, composées de représentants de la compagnie et de délégués ouvriers, en nombre égal, se réunissent chaque mois, pour prendre connaissance de toutes les réclamations des ouvriers, concernant les salaires, les règlements, les amendes; l'échange loyal de vues auquel la discussion de ces réclamations donne lieu aboutit presque toujours à un accord.

Les affaires non conciliées par la Chambre d'explication sont soumises à six *bureaux de conciliation*, dans lequel sont également représentés patrons et ouvriers ; au-dessus de ces bureaux est institué un Comité mixte unique, dit *Conseil central de conciliation et d'arbitrage*, qui statue sur les différends que les bureaux de groupe n'ont pu aplanir. Il ne doit y avoir suspension de travail, ni avant que l'affaire soit déférée au Conseil, ni pendant qu'il délibère. La Chambre d'explication est le côté original du système : pour les deux autres rouages superposés, M. Weiler s'est manifestement inspiré des Conseils anglais, type Mundella (v. *infra*).

[2] Le gouvernement belge, dans le but de provoquer la création de nouveaux Conseils d'usine, a déposé, le 24 janvier 1907, sur le bureau de la Chambre, un projet autorisant l'Etat à agréer, par mesure spéciale, les Conseils existants, et à leur conférer les mêmes attributions qu'aux Conseils officiels de l'industrie et du travail. — De Boissieu, *op. cit.*

[3] Les *Conseils du travail*, institués sur le réseau de l'Etat français et de la Compagnie du Midi en 1901 (v. *supra*, n° 331) appartiennent également au type Conseil d'usine, mais avec un caractère officiel.

Pour la grande industrie, demeurée en dehors du régime corporatif, le gouvernement autrichien essaya, mais vainement, en 1891 d'imposer la constitution des conseils d'usines. Son projet de loi ayant échoué (V. *supra*, n° 529), il n'existe actuellement aucune institution officielle de conciliation pour les conflits entre les usiniers et leur personnel ; mais les autorités administratives, ou l'inspecteur du travail, font souvent office de conciliateurs[1].

SECTION II. — Des législations qui ont organisé des juridictions en vue des conflits individuels, avec adaptation possible aux contrats collectifs.

TRIBUNAUX INDUSTRIELS ALLEMANDS. — **1251.** — Il existait depuis longtemps, dans la plupart des Etats allemands, des tribunaux spéciaux chargés de statuer sur les litiges entre patrons et ouvriers. Ces tribunaux se rattachaient à quatre types différents : 1° Autorités communales ; — 2° *Tribunaux régionaux.* — Ces tribunaux fonctionnant dans la Prusse rhénane et l'Alsace-Lorraine, n'étaient autre chose que les conseils de prud'hommes institués par Napoléon Ier ; — 3° *Tribunaux de corporation*, dont la création a été autorisée par la loi de 1881 sur l'industrie ; — 4° *Tribunaux arbitraux.* C'est de cette dernière catégorie de tribunaux, dont la compétence était plus large que celle des prud'hommes, que le gouvernement impérial allemand s'inspira, pour doter l'Empire de *tribunaux industriels* constitués sur un type uniforme (Loi du 29 juillet 1890, modifiée par les lois du 30 juin 1901, et du 6 juillet 1904, *Bull. Off. intern.*, 1904, 161). — Les lois de 1890 et 1901 ont d'ailleurs laissé subsister les tribunaux corporatifs ou régionaux en leur imposant certaines transformations[2].

1252. — **I. Institution et composition du tribunal industriel.**

[1] Sur les institutions arbitrales créées, pour l'industrie *minière*, par la loi autrichienne du 14 août 1896, v. *supra*, n° 530. — Se rattachent également au type corporatif, mais avec un caractère plus démocratique, les tribunaux d'arbitrage constitués au *Danemark* en exécution du contrat collectif qui mit fin au *lock-out* du bâtiment en septembre 1899 (v. *supra*, n° 297), tribunaux organisés par les associations ouvrières et patronales, mais reconnus expressément par la loi de février 1900 (*Bull. Off.*, 1900, p. 725).

[2] Il existait, lors du dernier recensement (1901), 315 tribunaux industriels pour l'ensemble de l'Empire. Ce chiffre est légèrement inférieur à celui des tribunaux de corporation ou Conseils corporatifs d'arbitrage, dont le nombre était de 394. — Mais une disposition de la loi de 1901 rendant *obligatoire* la constitution d'un tribunal industriel dans toute ville excédant 20,000 habitants, leur nombre a dû s'accroître sensiblement.

— **Procédure.** — Les tribunaux industriels sont créés par l'autorité municipale, sauf approbation de l'autorité supérieure. Chaque tribunal se compose d'un président, d'un ou plusieurs vice-présidents, et d'assesseurs dont le nombre ne peut être inférieur à quatre. Le président et le vice-président sont choisis par le maire ; ils ne doivent être pris, ni parmi les patrons, ni parmi les ouvriers. Leur choix doit être ratifié par l'autorité administrative supérieure. Leur mandat est d'un an au moins. Les assesseurs sont élus en nombre égal par les patrons et les ouvriers (mandat d'un an à six ans, renouvelable).

La procédure est très expéditive et très peu coûteuse ; le ministère des avocats est proscrit. Les décisions du tribunal sont en dernier ressort jusqu'à 100 marks ; au-dessus de ce taux, l'appel peut être porté devant le tribunal régional (c'est-à-dire devant le tribunal de droit commun) dans le ressort duquel le tribunal industriel a son siège.

1253. — **II. Compétence.** — La compétence des tribunaux industriels doit s'apprécier à un double point de vue, *ratione personæ* et *ratione materiæ*.

Ratione personæ. — Les personnes relevant de la juridiction spéciale des tribunaux industriels, sont les patrons et les ouvriers, y compris les ouvriers des manufactures et chantiers de l'Etat, à l'exception des ouvriers de la guerre et de la marine. Il existe des tribunaux industriels spéciaux pour les ouvriers des mines, et, depuis la loi du 6 juillet 1904, pour les employés de commerce (*Kaufmannsgerichte*).

Ratione materiæ. — Les tribunaux industriels ont une double compétence : ils sont compétents en premier lieu à l'instar des prud'hommes français, pour statuer sur tous les litiges individuels nés du contrat de travail ; ils statuent, en second lieu, avec l'adjonction de délégués spéciaux, comme *conciliateurs* ou *arbitres*.

1254. — *Conflits collectifs.* — Le tribunal industriel ne peut être saisi d'un litige *collectif* qu'en vertu d'un accord des deux parties. Il n'est pas nécessaire du reste que tous les ouvriers consentent à lui déférer la question ; un groupe quelconque d'ouvriers, si minime soit-il, peut représenter l'élément ouvrier [1]. Les ouvriers, pourvu que leur nombre soit supérieur à trois, peuvent prendre un représentant unique, chargé d'agir en leur nom au cours de la procédure.

Le tribunal, lorsqu'il fonctionne comme organe de conciliation ou d'arbitrage, est complété par « des *hommes de confiance* des employeurs

[1] Depuis la loi de 1901, la comparution est *obligatoire* ; le défaut de comparution est sanctionné par une amende (art. 66). — Comp. projets français, visés *infra*, sur la tentative obligatoire de conciliation.

et des ouvriers, en nombre égal, désignés par les intéressés, ou à leur défaut par le président. Ces hommes de confiance *ne peuvent être pris parmi les intéressés...* » (art. 67).

Si un accord s'établit, un procès-verbal de conciliation est dressé, constatant les bases de l'entente : si, au contraire, la conciliation n'aboutit pas, le tribunal doit, à la majorité simple, rendre un jugement arbitral ; en cas de partage entre les représentants des patrons et ceux des ouvriers, le président a le choix ou de voter, et de faire ainsi pencher la balance en faveur de l'un des deux groupes, ou de s'abstenir, auquel cas il déclare que « le jugement n'a pu être rendu ».

La sentence est signifiée aux intéressés, et publiée par les soins du tribunal ; mais elle n'est pas, à la différence des décisions rendues sur les litiges individuels, susceptible d'exécution forcée [1].

PROBIVIRI ITALIENS [2]. — **1255**. — Le régime institué en Italie par la loi du 15 juin 1893 est manifestement inspiré de la loi allemande. Comme les tribunaux industriels allemands, en effet, les *probiviri* ou prud'hommes italiens sont investis d'une double mission : — 1° ils statuent comme juges sur les contestations individuelles, entre patrons et ouvriers de l'industrie, provenant des contrats de travail ou d'apprentissage ; — 2° ils connaissent, mais seulement comme conciliateurs ou arbitres, et sans que leur décision ait force exécutoire, des conflits *collectifs* que les intéressés, d'un commun accord, croient devoir leur soumettre [3].

---

[1] Les tribunaux industriels ne sont pas compétents pour statuer sur les différends collectifs intéressant exclusivement une corporation déterminée, possédant un conseil de conciliation spécial constitué dans les conditions prévues par la *Gewerbeordnung* (art. 63 et s., et 81 *a*).

Remarquons d'ailleurs qu'il existe en Allemagne un assez grand nombre de conseils ouvriers d'usine (*Arbeitersausschüsse*). — Freese, de Boissieu, *op. citt.* — Sur le projet de loi prussien tendant à rendre les comités d'usine obligatoires dans les mines, v. *supra*, n° 206.

[2] Loi du 15 juin 1893 (*Ann. de législ. étrang.*, 1894, p. 300).

[3] Comme le tribunal industriel allemand, le Conseil de prud'hommes italien est présidé, non par un patron ou un ouvrier, mais par un magistrat ou notable, désigné par décret royal. Comme en France, le Conseil comprend un bureau de conciliation et un jury, ou bureau du jugement. L'appel est porté, suivant l'importance du litige, devant le juge de paix ou le tribunal civil.

SECTION III. — **Des législations qui ont organisé des institutions arbitrales en vue des conflits collectifs, avec adaptation possible, directe ou indirecte, aux conflits individuels.**

1256. — A ce groupe appartiennent les Etats anglo-saxons (l'Angleterre et ses colonies [1], les Etats-Unis), et plusieurs cantons suisses. Il convient toutefois de remarquer que les institutions officielles de conciliation et d'arbitrage anglaises sont loin d'avoir une importance pratique égale à celle qu'ont acquise les Conseils de conciliation dus à l'initiative privée; tandis qu'aux Etats-Unis l'importance des organes officiels balance celle des institutions similaires d'origine privée.

ANGLETERRE. — **1257.** — **Conseils privés de conciliation et d'arbitrage, types Mundella et Kettle.** — Des Conseils permanents de conciliation et d'arbitrage se sont successivement organisés, au cours de la seconde moitié du XIXe siècle [2], dans la plupart des industries anglaises, par suite d'accords amiables entre les patrons et les organisations ouvrières (*Trades-Unions*) et sans aucune ingérence officielle. Le Conseil de Nottingham mérite une mention spéciale. En 1860, une grève redoutable sévissait dans cette ville. L'un des principaux manufacturiers, M. Mundella, proposa aux patrons et aux ouvriers la constitution d'un bureau ou Conseil de conciliation (Court of conciliation), composé d'un nombre égal d'ouvriers (le plus souvent les présidents des Unions) et de patrons. Ce bureau de conciliation, appelé à statuer sur toutes les difficultés nées du contrat de travail entre patrons et ouvriers, produisit de si bons résultats que l'institution se généralisa, et affecta dans chaque centre industriel un caractère permanent.

Toutefois, à côté des bureaux de conciliation (système Mundella), un autre type de juridiction arbitrale s'organisa, le type Kettle (du nom

---

[1] A l'exception des Etats australiens, qui pratiquent, en majorité tout au moins, l'arbitrage obligatoire. — Ainsi, des Conseils officiels et facultatifs de conciliation et d'arbitrage ont été institués au *Canada*, par l'Etat de la Nouvelle-Ecosse (4 avril 1901, *Ann. de législ. du trav.*, 1901, 272) pour les mines, par l'Etat de Québec pour l'industrie en général (L. 28 mars 1901, *Ann. de législ. du trav.*, 1901, 299), etc... D'autre part, un acte fédéral, du 18 juillet 1900 (*ibid.*, 1900, 673), en vigueur dans tout le Dominion, a pris des mesures pour encourager la formation des Conseils de conciliation, et donner à leurs décisions une large publicité. — V. aussi loi fédérale canadienne du 10 juillet 1903 (*Bull. Off. trav.*, 1903, 755) sur le règlement amiable des conflits ouvriers dans les chemins de fer.

[2] Le premier Conseil important, attendu qu'il a servi de type à toute une série d'autres, le Conseil de Nottingham, remonte à 1860; mais l'histoire industrielle anglaise mentionne des Conseils beaucoup plus anciens (Cons. d'arbitrage des potiers de Glasgow, 1836, des tisseurs de tapis, 1839, etc.).

du juge anglais qui l'imagina). Le Tribunal arbitral Kettle (*Board of arbitration*) se compose, comme les Conseils de conciliation, d'un nombre égal de patrons et d'ouvriers, mais il est présidé par un départiteur désintéressé dans le litige, le plus souvent un magistrat. Avant de soumettre le litige à ce tribunal, les parties s'engagent à respecter la décision à intervenir. Dans la plupart des Unions, l'on a combiné les deux types et organisé, à côté du Conseil de conciliation, permanent (type Mundella), un conseil d'arbitrage (type Kettle), appelé à statuer dans le cas où la tentative de conciliation n'aurait pas abouti [1].

1258. — *Echelle mobile et commissions mixtes de salaires.* — Les salaires arrêtés d'un commun accord par les représentants des patrons et des ouvriers au sein des Comités de conciliation et d'arbitrage correspondent à l'état présent du marché ; mais survienne une crise, le patron pourra se voir obligé d'en réduire le taux ; que si, au contraire, l'abondance des demandes vient stimuler la production, les patrons encaissent un surcroît de bénéfices auquel il semble juste d'associer les ouvriers par une augmentation de salaires. Faudra-t-il donc, à chaque fluctuation des cours, voir se renouveler les conflits, sauf à les résoudre pacifiquement à l'aide des procédés de conciliation ou d'arbitrage décrits précédemment, ou ne serait-il pas préférable de les prévenir par un système d'*échelle mobile des salaires* (*sliding scale*) [2], combiné de telle sorte que le taux des salaires s'élève ou s'abaisse en quelque sorte automatiquement, au fur et à mesure que le marché du produit s'étend ou se resserre ? Théoriquement le système semble excellent, et, de fait, il a été largement pratiqué en Angleterre, de 1884 à 1898, surtout dans l'industrie minière [3].

---

[1] L'une des plus importantes de ces organisations corporatives, attendu qu'elle s'étend à toute l'Angleterre, est assurément l'organisme arbitral créé par l'Union nationale des fers. Il comprend trois rouages superposés : à la base, les Comités d'Union, au dessus les Conseils régionaux de conciliation, et au sommet la Cour d'arbitrage, unique, siégeant à Middlesborough. Signalons également les institutions arbitrales de l'industrie minière, de la typographie, du bâtiment, etc., etc.

[2] Munro, *Sliding scale in the coal industry*, 1885, et *Les échelles mobiles des salaires en Angleterre* (*Rev. d'écon. polit.*, 1890); Schloss-Rist, *op. cit.*, p. 254; Saint-Guilhem, *Echelle mobile des salaires dans les houillères de la Grande-Bretagne*, 1901, et la bibliographie jointe à cet ouvrage. — V. aussi *infra*, notre bibliographie sur la participation aux bénéfices.

[3] Le procédé est celui-ci. Les Compagnies et les Unions ouvrières s'entendent sur l'adoption d'un salaire-type, correspondant au prix moyen de vente de la tonne de houille, et sur une échelle de proportion permettant *de diminuer ou d'augmenter* le salaire-type d'un tant pour cent, à chaque fluctuation importante des cours. Ces fluctuations sont enregistrées par une Commission mixte, qui se réunit généralement tous les trois mois. Il est à remarquer que ce procédé, d'un fonctionnement aisé dans les industries à produits relativement simples (houille, fer, acier, etc.), serait d'une application difficile dans les industries fabriquant des produits complexes.

Vu avec faveur pendant quelques années par les ouvriers, le système de l'échelle mobile est tombé actuellement dans un certain discrédit à raison des réductions de salaire qu'il détermine fatalement en temps de crise. Les mineurs n'acceptent l'échelle mobile qu'avec un cran d'arrêt à la baisse, qui en fait une variété de sursalaire ; autrement dit ils n'acceptent plus le salaire-type, et réclament un *salaire minimum*, fixé d'un commun accord, pour une période déterminée, par une commission mixte. Leurs réclamations, énergiquement appuyées par les Trades-Unions, ont été presque partout, notamment dans les mines de Durham et du Northumberland, couronnées de succès : et l'échelle mobile pure et simple a fait place au régime des *Commissions mixtes de salaires* (*wages committees* ou *sliding scale joint committees*).

1259. — Conseils de conciliation de district. — A côté des conseils précédemment étudiés, à base corporative, fonctionnent un certain nombre de *conseils de conciliation de district*, dus à l'initiative des chambres de commerce. Le plus ancien en date est le *Comité de conciliation de Londres*, fondé en 1850 par la Chambre de commerce de Londres. Ce comité comprend vingt-huit membre, douze patrons élus par la Chambre, douze ouvriers élus par les délégués de tous les métiers et industries de la capitale répartis en douze groupes, deux membres du Parlement élus, l'un par les conseillers patrons, l'autre par les conseillers ouvriers, enfin un président et un vice-président, l'un patron, l'autre ouvrier, élus par les vingt-six autres membres. Ce Conseil n'intervient que lorsque le Comité corporatif de conciliation du métier, composé d'un nombre égal de patrons et d'ouvriers élus par les Unions, n'a pas réussi à aplanir le différend [1].

1260. — La conciliation officielle et le Board of trade : loi de 1896. — La vitalité et l'importance des institutions anglaises de conciliation ou d'arbitrage, dues à l'initiative privée, enlève une grande partie de son intérêt à l'étude des actes législatifs successifs (1824, 1867, 1872, 1896) par lesquels le Parlement anglais s'est efforcé, non pas sans doute de substituer un type officiel, rigide et uniforme, aux multiples combinaisons dues aux accords des parties intéressées, mais tout au moins d'encourager et de fortifier l'action des conseils privés.

Le *Conciliation act* de 1872 avait un double objet : — 1° conférer force obligatoire aux conventions d'arbitrage entre patrons et ouvriers ; — 2° autoriser les Cours permanentes d'arbitrage (tout Conseil privé d'arbitrage pouvant être élevé à la dignité de Cour d'arbitrage sous

[1] Ce système fort ingénieux de *centralisation de la conciliation* a été imité par la plupart des Chambres de commerce du Royaume-Uni.

certaines conditions) à fixer les salaires pour l'avenir (conflits collectifs), et à prononcer sur les conflits individuels.

Cette loi de 1872 est demeurée lettre morte, les Conseils corporatifs ainsi que les Conseils de district ayant négligé de solliciter l'enregistrement. Aussi l'objectif de la loi du 7 août 1896[1] (qui abroge les lois antérieures) est-il tout différent. Il n'est plus question d'organiser des Cours permanentes d'arbitrage à double fin, mais simplement de proposer aux Conseils existants le bénéfice, tout platonique, de l'investiture officielle (art. 1er), et de donner mission au *Board of trade* de rechercher, dans tous les cas graves, les moyens de régler le différend par la conciliation ou l'arbitrage.

1261. — Le *Board of trade* paraît avoir assez bien réussi dans cette mission d'intermédiaire officieux entre les parties et de promoteur des institutions arbitrales privées. D'après une statistique récente[2], son intervention s'est produite, au cours des années 1905-1907 (juin 1905 à juin 1907), dans cinquante et un différends collectifs ; avant toute grève dans trente-cinq cas, après la grève ou le lock-out dans seize cas. Faible en apparence, ce chiffre est important si l'on remarque que la moyenne des grèves anglaises terminées par l'intervention des Conseils de conciliation et d'arbitrage ne dépasse guère une quinzaine par an[3].

1262. — *Conflits individuels*. — Des observations précédentes, il semblerait résulter que les différends individuels nés du contrat de salaire ne peuvent, depuis l'abrogation de la loi de 1872, être déférés qu'aux tribunaux de droit commun. Mais cette conclusion serait manifestement contraire aux faits. Au fur et à mesure que se généralise la pratique des contrats collectifs de travail, la ligne de démarcation entre les différends individuels et les conflits collectifs va s'atténuant de plus en plus, par cette raison décisive que toute dérogation apportée par le patron aux conditions de travail et de salaire arrêtées par contrat avec une *Trade-Union*, même relativement à un seul ouvrier, prend désormais un caractère collectif, légitimant l'intervention du Conseil corporatif[4].

---

[1] *Bull. Off.*, 1896, p. 555.

[2] *Bull. Off.*, 1908, p. 274.

[3] 14 en 1906 sur un total de 486 grèves (*Bull. Off. trav.*, 1908, 275). — V. aussi *supra*, n° 293. — Ce faible chiffre s'explique par le fait qu'en Angleterre la grande majorité des difficultés relatives au salaire sont actuellement réglées, *préventivement*, sans grève ni lock-out, par les Conseils d'usine, ou les Commissions mixtes.

[4] Les statistiques récentes le prouvent. Elles mettent en effet, en regard des conflits proprement collectifs, correspondant à une grève déclarée ou imminente, ou à un lock-out, tranchés par les Conseils corporatifs ou de district, avec ou sans intervention du *Board of trade* (100 environ par an), les innombrables petites affaires conciliées par les Conseils corporatifs (de 1,500 à 1,700 par an, *Bull. Off. trav.*, 1908,

ÉTATS-UNIS. — **1263.** — La pratique de la conciliation et de l'arbitrage, dans les différends du travail, s'est développée aux Etats-Unis dans le dernier quart du XIXe siècle, à l'imitation de l'Angleterre [1]; mais elle s'y est rapidement développée sous la double impulsion des fédérations ouvrières et des législatures locales.

Conseils privés de conciliation : rôle des syndicats. — La majorité des Conseils privés de conciliation et d'arbitrage, constitués suivant les types anglais Mundella ou Kettle, ne présente aucune physionomie originale [2]. Il en est différemment des *Comités arbitraux d'ouvriers*, qui se sont développés dans un grand nombre d'industries sous l'égide des Chevaliers du travail ou de la *Federation of Labour* : l'on ne saurait y voir de véritables organes de conciliation, puisqu'il y manque le contrepoids de l'élément patronal (ils sont exclusivement composés d'ouvriers de la profession), mais ils étudient les réclamations des groupes, et contribuent par des enquêtes préalables à *prévenir* les conflits.

1264. — **Institutions officielles de conciliation ou d'arbitrage.** — Ces institutions, à la différence des conseils privés corporatifs, sont proprement américaines, surtout les *Conseils officiels d'arbitrage*, car il existe une certaine affinité entre les Cours d'arbitrage de la loi anglaise de 1872 (aujourd'hui abrogée, sans avoir fonctionné, v. *supra*), et les *tribunaux volontaires* des Etats-Unis. Examinons successivement ces deux types de juridictions.

Les *tribunaux volontaires* sont des juridictions arbitrales organisées par les intéressés, mais reconnues par l'Etat sous certaines conditions.

---

p. 276). Bien que la distinction ne soit pas faite nettement par les statistiques, il est évident que la plupart de ces affaires se réfèrent non à un contrat collectif au sens propre du mot, mais à un différend *individuel* portant sur un contrat en cours, et n'intéressant la collectivité ouvrière que par répercussion.

[1] *L'échelle mobile des salaires*, toutefois, est proprement américaine; elle a été pratiquée aux Etats-Unis avant de se généraliser dans les mines anglaises; elle y a encore de profondes racines, malgré l'opposition du trust de l'acier. — V. Saint-Guilhem, cité *supra*, n° 1258. — Cf. Willoughby, *La corporation de l'acier* (*Mus. soc.*, février 1902), et *supra*, n° 495. — Cf. *Quest. prat.*, 1902, p. 93.

[2] Dans quelques industries, où la classe ouvrière est fortement organisée, les Conseils corporatifs régionaux ont au-dessus d'eux des conseils nationaux, étendant leur action à l'ensemble de l'industrie; il en est ainsi dans la typographie (Briffaut, p. 71); les ouvriers métallurgistes s'acheminaient à une organisation semblable lorsque le trust est venu entraver l'action des Unions ouvrières (Willoughby, *op. cit.*, et *supra*, n° 599). — Parmi les Conseils privés étendant leur action à tout le territoire d'un Etat, signalons la *Commission libre d'arbitrage et de conciliation* de New-York, dont la composition est assez originale. Elle comprend, en effet, 36 membres : 12 représentants des travailleurs *syndiqués*, 12 représentants de la grande industrie, 12 notables représentant le *public*, intéressé à la solution amiable des conflits du *capital* et du *travail* (*Bull. Off.*, nov., 1902, p. 24).

D'après la loi de Pensylvanie (act Wallace, 26 avril 1883)[1], pour que cette reconnaissance puisse être obtenue, une pétition revêtue de la signature de cinquante ouvriers au moins, et des chefs de cinq établissements industriels au minimum, doit être adressée à l'autorité judiciaire (présidents des tribunaux de justice de paix du ressort). Les tribunaux volontaires reconnus peuvent statuer tant sur les différends collectifs que sur les litiges individuels ; mais les décisions rendues sur un litige individuel n'acquièrent l'autorité de la chose jugée, qu'après avoir été enregistrées par le tribunal ordinaire de la circonscription.

A la différence des tribunaux volontaires, les *Conseils officiels d'arbitrage* sont organisés de toutes pièces par la loi. Il en existe actuellement dans une vingtaine d'Etats de l'Union[2]. Les deux plus anciens, ceux qui ont plus ou moins servi de modèle à tous les autres, sont ceux du *Massachusetts* (L. 2 juin 1886), et de *New-York* (L. 18 mars 1886 et 10 mars 1887). L'un et l'autre comprennent trois membres, désignés par le gouvernement de l'Etat, un patron, un ouvrier et un tiers arbitre désigné par les deux premiers.

Mais, d'après la loi de New-York, il existe deux juridictions arbitrales superposées, le Conseil corporatif à la base, le Conseil officiel, siégeant à Albany, capitale de l'Etat, au sommet. L'affaire doit, en principe, être portée devant un Conseil corporatif[3] de trois membres, un délégué patronal, un délégué ouvrier[4], et un président élu par les délégués. La sentence de ce Conseil peut toujours être frappée d'appel devant le Conseil central. Celui-ci peut d'ailleurs être saisi directement du litige sous deux conditions : 1° que les deux parties y consentent ; 2° qu'elles prennent l'engagement de continuer le travail, sans grève ni *lock-out*, jusqu'au prononcé de la sentence.

---

[1] Cf. lois de l'Ohio (16 février 1885), d'Iowa (6 mars 1885) et du Kansas (11 février 1886).

[2] V. notamment les lois du *Missouri* (7 mars 1901, *Ann. de législ. du trav.*, 1901, 598), du *Maryland* (12 avril 1904, *Bull. Off. intern.*, 1905, XV), du *Massachusetts* (9 mars 1904, *ibid*, 1906, CX). — La loi du Missouri se différencie des autres en ce qu'elle édicte des mesures propres à assurer l'exécution de la sentence arbitrale. Celle-ci est *obligatoire* pour les parties en conflit, qui ont d'un commun accord décidé de remettre au Conseil la solution du litige; le Conseil peut même, *à la requête d'une seule des parties*, rendre une sentence qui devient obligatoire si, dans les cinq jours qui suivent sa publication, l'autre partie *ne proteste point*. Les contrevenants (patrons ou organisations syndicales) sont passibles d'amende (50 à 100 dollars), ou d'un emprisonnement de six mois au plus, *ou des deux peines simultanément*.

[3] Conseil constitué pour l'affaire, comme les comités ou conseils prévus par la loi française de 1892.

[4] Lorsque les ouvriers font partie d'une organisation ouvrière, affiliée à une Fédération, c'est le comité central de la Fédération qui élit le délégué ouvrier : s'ils se rattachent à un syndicat isolé, c'est le syndicat qui le désigne ; enfin, si ces ouvriers ne sont reliés entre eux par aucun lien corporatif, le délégué est élu, à la majorité des votants, par une réunion desdits ouvriers spécialement convoqués.

Ces conseils, ainsi que nous le verrons *infra*, n'ont eu à statuer que sur un très petit nombre de conflits, mais ils n'en exercent pas moins, ainsi d'ailleurs que les commissaires placés à la tête des Offices du travail, une action pacificatrice certaine (Willoughby, *op. cit.*)[1].

SUISSE. — **1265**. — Plusieurs cantons suisses (Bâle-Ville, L. 20 mai 1897, *Bull. Off.*, 97, 404 ; Saint-Gall, L. 25 fév. 1902, *Bull. Off.*, 1902, 551) ont institué des Conseils officiels de conciliation, composés d'un nombre égal de délégués patronaux et ouvriers sous la présidence d'un conseiller d'Etat. Rien n'est prévu pour la constitution d'un tribunal d'arbitrage, en cas d'échec de la tentative de conciliation, d'ailleurs facultative pour les intéressés[2].

SECTION IV. — Des législations qui ont institué l'arbitrage obligatoire

NOUVELLE-ZÉLANDE. — **1266**. — C'est la Nouvelle-Zélande qui, la première, est entrée dans la voie de l'arbitrage obligatoire, où les Etats australiens l'ont suivie.

Dans la législation *néo-zélandaise*[3] (1894-1904), *tous* les différends industriels que les parties n'ont pu terminer amiablement par une *convention industrielle* (contrat collectif de travail) *doivent* être soumis d'abord au *Conseil de conciliation de district*, composé d'un nombre impair de membres (deux ou quatre membres nommés par les unions

[1] Signalons, pour terminer cette étude des institutions officielles américaines, le *Conseil national d'arbitrage des chemins de fer*, institué par la loi fédérale du 1er juin 1898 (*Ann. lég. étrang.*, 99, p. 755). Le Conseil est compétent pour statuer, en vertu d'un accord préalable des parties, sur les conflits intéressant le personnel d'une compagnie *interstate*, c'est-à-dire établie sur le territoire de deux ou plusieurs Etats.

[2] Quelques Etats ont eu recours à l'institution d'un *conciliateur officiel* unique, désigné par le chef de l'Etat. En *Suède* (l. du 31 déc. 1906, *Bull. Off. intern.*, 1906, 621), le roi désigne un conciliateur par district ; dans la République Argentine (décr. 20 oct. 1904, *Bull. Off. intern.*, 1904, 441), cette mission délicate est dévolue, de droit, au chef de la police métropolitaine. — En *Espagne*, l'*Institut des réformes sociales* et les comités locaux qui en dépendent s'interposent fréquemment comme conciliateurs ou arbitres. Un projet de loi déposé récemment par le gouvernement tend à régulariser cette pratique (Sangro, *Mus. soc.*, août 1907).

[3] La loi de 1894 a été successivement amendée et complétée par une série d'actes législatifs de 1895, 1896, 1898, 1900, 1901, 1902 et 1904. V. le texte de la loi organique du 7 novembre 1901 dans l'*Ann. de la législ. du trav.*, 1901, 316. Sur la loi modificative du 8 nov. 1904, v. *Bull. Off. intern.*, 1905, 410. — Cpr. l'étude publiée sur le régime néo-zélandais dans le *Bull. de l'Off. du trav.*, 1903, p. 49 et s. — V. aussi Métin (*Mus. soc.*, mars 1904) ; Nogaro, *op. cit.*, et docum. cités *supra*, nos 489, 1243.

enregistrées de patrons et d'ouvriers, et un président, étranger à la profession, choisi par les élus des Unions). Le Conseil, avant d'émettre son avis (*recommandation*), procède avec le concours d'un agent spécial, nommé par le gouverneur, dit *greffier des sentences*, à une enquête approfondie sur les éléments du litige.

Si les deux parties ne croient devoir se conformer à l'avis motivé du Conseil de district, l'affaire *doit* être portée devant la Cour centrale d'arbitrage, composée de trois membres nommés pour trois ans par le gouverneur : deux sont désignés par lui sur la présentation des Unions patronales et ouvrières enregistrées ; le troisième, faisant fonction de président, est choisi parmi les juges de la Cour suprême.

Tant que l'affaire est pendante devant le Conseil de district ou la Cour, toute grève, tout lock-out sont interdits, sous peine d'amendes fort élevées (1,250 fr. au maximum). La sentence de la Cour d'arbitrage est sans appel et rigoureusement obligatoire, pour une durée de trois ans au plus ; sa violation, soit par les patrons, soit par les Unions ouvrières enregistrées, est un délit passible d'une amende fixée par la Cour, pouvant s'élever à 500 livres ! (12,500 fr.). Les inspecteurs de fabriques sont chargés de veiller à la stricte observation des sentences.

AUSTRALIE. — **1267.** — Les Etats australiens ont d'abord pratiqué l'arbitrage officiel facultatif, à l'instar des Etats-Unis, ou du Dominion du Canada. Le prototype de ce premier système était le régime institué par la loi de la *Nouvelle-Galles du Sud*, du 31 mars 1892, comportant superposition de deux rouages, Conseil de conciliation de district, Cour unique d'arbitrage au sommet.

Deux ans plus tard (1894), l'Etat de *Sud-Australie* instituait un système mixte, imposant, sous peine d'amende, aux parties en conflit, la comparution devant les Conseils de conciliation, mais n'instituant aucun appareil coercitif pour faire exécuter les sentences de la Cour d'arbitrage.

En 1900-1901 [1], l'*Australie-Occidentale*, et la *Nouvelle-Galles du Sud* ont adopté le régime néo-zélandais de l'arbitrage obligatoire [2].

Enfin, en 1904 (l. fédérale du 15 déc. 1904, *Bull. Off. intern.*, 1905, 521), était institué un organisme fédéral de conciliation et d'arbitrage

---

[1] *Australie occidentale :* loi du 5 décembre 1900 (*Ann. législ. du trav.*, 1900, 603) ; *Nouvelle-Galles du Sud*, 10 décembre 1901 (*ibid.*, 1901, p. 225).

[2] La Nouvelle-Galles du Sud avait fait, en 1899 (L. 22 avril 1899, *Ann. de législ. du trav.*, 99, p. 350), un essai infructueux du régime français de la loi de 1892 (Comité de conciliation et Conseils d'arbitrage facultatifs constitués pour l'affaire). La loi de 1901 va plus loin que la loi néo-zélandaise en ce qu'elle supprime la conciliation et défère directement à la Cour d'arbitrage les différends non tranchés par une convention industrielle amiablement débattue.

obligatoire, destiné à prévenir ou, en cas de non-conciliation, à régler d'autorité les conflits industriels survenus sur un point quelconque du *Commonwealth* australien, soit dans le cas où ces conflits intéresseraient deux ou plusieurs Etats, soit en cas de renvoi par l'autorité industrielle d'un Etat. Les fonctions de conciliateur ou arbitre sont dévolues à un magistrat unique, choisi par le gouverneur général parmi les juges de la Cour suprême : les sentences qu'il rend comme arbitre sont rigoureusement sanctionnées (amendes et prison). A dater de la mise en vigueur du régime nouveau, les grèves et lock-outs sont interdits, dans toute l'étendue de l'Union, sous les mêmes sanctions pénales.

GENÈVE. — **1268**. — La loi *genevoise* du 10 février 1900 (*Ann. de lég. du trav.*, 1900, 837), modifiée par la l. du 26 mars 1904 (*Bull. Off. intern.*, 1904, 309), rentre manifestement dans le même groupe. Cette loi, dont le double objectif est de fixer le mode d'établissement des tarifs d'usage entre ouvriers et patrons, et de régler les conflits collectifs, même non relatifs aux salaires (art. 17), institue, comme la loi néo-zélandaise, la conciliation à la base, et l'arbitrage, *obligatoire*, au sommet. La tentative de conciliation a lieu devant le Conseil d'Etat ; en cas de non-conciliation, la *Commission centrale des prud'hommes* fait office de Cour d'arbitrage, avec adjonction de délégués patronaux et ouvriers de la profession intéressée. La sentence arbitrale fait loi pour l'avenir ; les tarifs peuvent être établis pour cinq ans au maximum. Grèves et lock-outs sont interdits sous certaines sanctions pénales [1].

---

[1] La nouvelle loi *bernoise* sur les grèves, approuvée le 27 févr. 1908 par le referendum populaire, organise un tribunal officiel d'arbitrage, mais les décisions de ce tribunal n'ont pas force obligatoire tant que les deux parties ne les ont point acceptées.

CHAPITRE II

COMMENTAIRE DE LA LÉGISLATION FRANÇAISE

SECTION PREMIÈRE. — Conflits individuels. — Conseils de prud'hommes [1]

§ 1er. — Notions générales et historiques

1269. — **Définition.** — Les Conseils de prud'hommes sont des tribunaux d'exception, composés de patrons et d'ouvriers (ou employés, depuis 1907), et institués en vue de trancher par voie de conciliation s'il est possible, et en qualité de juges si la conciliation n'aboutit pas, les contestations pendantes, soit entre patrons et ouvriers (ou employés), soit entre patrons ou chefs d'atelier et apprentis. Ils ont, de plus, en dehors de leurs attributions judiciaires, certaines attributions d'ordre administratif.

1270. — **Origine historique des prud'hommes.** — La dénomination de *prud'hommes* remonte au très ancien droit français. L'on désignait sous ce nom, en souvenir du droit romain (*prudens, prudentes*), tantôt les officiers municipaux, tantôt et plus spécialement les *experts*, commis par justice. Mais la juridiction des prud'hommes, avec son caractère actuel, ne date que du XIXe siècle [2]. Toutefois, il n'est pas impossible d'établir un lien entre elle et la juridiction corporative des *maîtres-gardes* de la soierie lyonnaise, juridiction de famille en quelque

---

[1] Nous ne pouvons que dégager ici les traits caractéristiques de l'institution des prud'hommes. Pour le commentaire détaillé de la loi, v. les ouvrages spéciaux cités *supra*, sous n° 1240. Pour l'étude de la jurisprudence, cons., outre les grands *Rec. périod.* (D., S., *Pand.*) : le *Journal des prud'hommes*, la *Rev. des Cons. de prud'hommes*, la *Rev. prat. de dr. industr.*, les *Annales de dr. commerc.*, le *Résumé de jurisprudence* de Nouvion-Jacquet.

[2] L'on a prétendu, il est vrai, trouver l'origine de l'institution dans une délibération prise en 1296, sous Philippe le Bel, par la ville de Paris, ou tout au moins dans l'édit royal promulgué par Louis XI, à Nogent-le-Roy, le 29 avril 1464. Mais les vingt-quatre prud'hommes créés par le Conseil de la ville de Paris, étaient simplement chargés de défendre les intérêts municipaux de la ville auprès des pouvoirs publics, et de s'enquérir des besoins et des vœux des corporations ; ils n'avaient aucun pouvoir de juridiction. — Quant au juge prud'homme que Louis XI avait autorisé le Conseil de la ville de Lyon à désigner, ce juge n'avait qu'une compétence rigoureusement limitée; il était, en effet, institué uniquement pour juger les contestations entre marchands fréquentant les *foires* de Lyon.

sorte, composée de maîtres ouvriers et de maîtres marchands en nombre égal (arrêt du Conseil du 2 août 1779) et dont les décisions pouvaient être déférées au Consulat et à la Conservation[1].

L'abolition des jurandes en 1791 entraîna la disparition de cette juridiction locale; et pendant toute la période révolutionnaire et le Consulat, les contestations entre patrons et ouvriers furent soumises, même à Lyon, aux juges de droit commun.

1271. — **Loi de 1806.** — En 1805, Napoléon Ier étant de passage à Lyon, les fabricants sollicitèrent l'établissement d'une juridiction arbitrale analogue à la juridiction corporative supprimée en 1791. Le Gouvernement impérial donna satisfaction à ce vœu par la loi du 18 mars 1806, qui établit un Conseil de prud'hommes « pour terminer par voie de conciliation les petits différends qui s'élèvent journellement, soit entre des fabricants et des ouvriers, soit entre des chefs d'atelier et des compagnons ou apprentis ». Le premier conseil lyonnais fut composé de neuf membres, cinq négociants fabricants et quatre chefs d'atelier patentés; l'organisation primitive du Conseil était donc tout en faveur des patrons[2].

Bien que la loi de 1806 eût été faite surtout dans l'intérêt de la fabrique lyonnaise, l'article 34 de cette loi contenait une disposition destinée à faciliter l'extension, à toutes les villes industrielles, du bénéfice de l'institution nouvelle; disposition portant qu'il pourrait être établi d'autres Conseils de prud'hommes par décret, délibéré en Conseil d'Etat, dans toutes les villes de fabrique où le Gouvernement le jugerait utile. Le Gouvernement a fait très fréquemment usage de cette faculté; il n'existait pas moins de 169 Conseils de prud'hommes au 1er janvier 1907[3]. Trois villes ont même plusieurs Conseils : Paris a 4 Conseils de prud'hommes; Lyon 2 (soieries, bâtiment et industries diverses); Saint-Etienne 2[4]. Il existe également des Conseils de prud'hommes dans les colonies, notamment en Algérie[5].

---

[1] J. Godart, *L'ouvrier en soie*, p. 198 et s., 327 et s.

[2] Cette inégalité a aujourd'hui disparu, ainsi que nous l'indiquons *infra*.

[3] *Bull. Off. du trav.*, 1907, p. 126.

[4] Cette situation est appelée à disparaître prochainement. Aux termes de l'art. 25 de la loi organique du 27 mars 1907, il ne peut exister, en effet, qu'*un* Conseil de prud'hommes dans chaque ville : ce Conseil peut d'ailleurs être divisé en sections autonomes. Le régime nouveau vient d'être organisé à Paris (décret du 23 mars 1908; un Conseil unique, divisé en cinq sections : bâtiment, métaux, industries diverses, produits chimiques, commerce).

[5] Enfin, quelques ports de la Méditerranée, Marseille notamment, ont des *prud'hommes pêcheurs*, compétents pour statuer sur les litiges entre pêcheurs au sujet de leur industrie; cette dernière institution est très ancienne; elle remonte au moins au XVe siècle, et son organisation diffère notablement de celle des prud'hommes de

1271 *bis*. — **Loi organique du 27 mars 1907.** — La législation de 1806 avait été maintes fois amendée au cours du siècle dernier (décrets des 11 juin 1809, 3 août 1810, 27 mai 1848, lois des 1er juin 1853, 4 juin 1864, 7 fév. 1880, 11 déc. 1884). Mais ces réformes fragmentaires, forcément incomplètes, ne répondaient point aux desiderata de l'industrie, et depuis longtemps l'opinion publique réclamait, pour l'institution des prud'hommes, une législation organique complète et vraiment moderne.

Cette législation n'a vu le jour qu'après de laborieuses et longues négociations entre les deux Chambres [1], la Chambre s'étant dès l'origine (votes des 17 mai 1892 et 14 janv. 1901) déclarée nettement favorable à l'extension de la compétence prud'homale, notamment aux employés de commerce, le Sénat, au contraire, ayant, par tous les moyens dilatoires, retardé le vote d'une réforme qu'il considérait comme une atteinte exagérée au principe de l'unité de juridiction, proclamé par la Révolution, et contre laquelle la plupart des Chambres de commerce avaient cru devoir protester.

Un premier pas fut fait, en 1905, par le vote de la loi du 15 juillet 1905 (D. 1906, 4, 76), qui réalisait plusieurs réformes de procédure importantes : droit d'appel transféré du tribunal de commerce au tribunal civil ; — bureau de jugement composé d'un nombre toujours égal de prud'hommes patrons et de prud'hommes ouvriers y compris le président ou le vice-président siégeant alternativement ; — juge de paix appelé à présider le bureau en cas de partage ; dispositions tendant à prévenir les abus des demandes reconventionnelles [2].

---

l'industrie. — V. Dalloz, *Suppl. au Répert.*, v° *Pêche maritime*, n° 64; Malavialle, *Les prud'hommes pêcheurs de Marseille*, th. 1903; Couronnat, *id.*, 1904.

[1] Pour l'historique complet des débats parlementaires, échelonnés sur près de vingt ans, et des discussions doctrinales qui ont précédé le vote de la loi organique de 1907, cons. notamment notre étude précitée sur la *réforme des Conseils de prud'hommes* (*Rev. polit. et parlem.*, 1905). — V. aussi nos chroniques des *Ann. de droit commerc.* et des *Quest. prat.*; Dalloz, *Suppl. Répert.*, v° *Prud'hommes*, nos 4 et s.; Regaud, *op. citt.*, et les rapports parlementaires de MM. Dutreix (Ch., 5 mai 1899, *Doc. parl.*, n° 931), Savary (Sén., 4 déc. 1902, n° 372), Strauss (Sén., 3 avril 1906, n° 168), et Groussier (Ch., 7 mars 1907, n° 817).

[2] Cette loi de 1905 a été le résultat d'un vote de transaction entre la Chambre et le Sénat. — Les deux Chambres étaient d'accord pour transférer la qualité de juges d'appel aux tribunaux civils. De même que les décisions des tribunaux de commerce sont déférées à la Cour, de même a-t-il paru logique d'attribuer la connaissance des appels des juridictions prud'homales à des *juges de carrière*, fidèles interprètes de la loi et désintéressés dans le débat, alors que les juges consulaires, appartenant à la classe patronale, peuvent être inconsciemment portés à faire pencher la balance en faveur des patrons. Les prud'hommes auraient donné, eux, la préférence à la constitution d'une juridiction arbitrale d'appel (*Quest. prat.*, 1900, 238; — cf. loi vaudoise, v. *supra*, n° 1245); mais ce système a été écarté, d'abord en raison de sa complication, ensuite à cause des avantages que présente l'intervention

Les partisans de l'extension de la juridiction prud'homale aux employés tentèrent alors un nouvel effort pour vaincre la résistance sénatoriale. Ils firent remarquer (rapp. Strauss, discours prononcés en 1906, à Lyon, aux fêtes du centenaire des prud'hommes, etc.) que si l'on admettait le maintien d'une juridiction d'exception pour les litiges commerciaux (or quelle est la Chambre de commerce qui oserait demander la suppression des tribunaux consulaires au nom du principe de l'unité de juridiction ?), la logique et l'équité exigeaient que l'on admît pour les conflits entre employeurs et employés *latissimo sensu*, l'intervention d'une juridiction arbitrale, offrant par sa composition morale des garanties identiques aux deux groupes de justiciables soumis à son autorité. Le tribunal de commerce répondait-il à cette définition ? Non, évidemment, puisqu'il est exclusivement *patronal* ; la réforme de la législation s'imposait donc, en ce qu'elle attribuait compétence au tribunal de commerce pour connaître des litiges entre négociants et employés, alors que depuis un siècle les ouvriers de l'industrie bénéficient d'une juridiction assurant une égale représentation au capital et au travail.

Le Sénat se départit enfin de sa résistance et accepta, le 8 novembre 1906, le principe de l'extension de la juridiction prud'homale aux employés de commerce, sauf une restriction importante sur laquelle nous reviendrons. Telle n'est pas d'ailleurs la seule réforme réalisée par la loi du 27 mars 1907. Non seulement cette loi a eu pour objet de synthétiser et de coordonner les textes antérieurs, qui, pour la plupart (v. art. 73) sont abrogés et remplacés par elle, mais elle a réalisé une série de réformes dont les principales, en dehors de celle que nous venons de signaler, sont :

1° La création de droit d'un conseil de prud'hommes, lorsqu'elle est demandée par le Conseil municipal et que les avis des corps consultés sont favorables (art. 2) ; — 2° L'extension de la prud'homie aux industries extractives et aux entreprises de manutention et transport (art. 1 et 5) ; — 3° L'extension de l'électorat aux femmes (art. 5) ; — 4° L'extension de l'éligibilité aux anciens électeurs hommes n'ayant pas quitté la profession depuis plus de cinq ans (art. 6) ; — 5° La réduction du temps d'exercice de la profession et de la résidence pour l'électorat

---

en appel de magistrats de carrière pour assurer l'exécution uniforme de la loi sur l'ensemble du territoire.

L'intervention d'un juge départiteur, empruntée aux lois étrangères par le Sénat, s'est au contraire heurtée tout d'abord aux résistances de la Chambre. Celle-ci redoutait, ainsi d'ailleurs que la grande majorité des Conseils de prud'hommes, que cette introduction d'un élément étranger dans le Conseil, même à titre exceptionnel, n'en altérât le caractère professionnel. Elle a dû céder cependant, en 1905, pour ne pas retarder indéfiniment le vote de la réforme dessaisissant les juges consulaires.

(art. 6) ; — 6° L'accès du Conseil facilité aux femmes et aux mineurs (art. 36 et 37) ; — 7° La possibilité d'obtenir l'assistance judiciaire (art. 40) ; — 8° L'alternance pour la présidence entre l'élément patronal et l'élément ouvrier (art. 21) ; — 9° La détermination de la compétence, lorsqu'il y a plusieurs sections, non par la nature de l'établissement, mais par le genre de travail (art. 41).

§ 2. — Création et organisation des Conseils

1272. — Création des Conseils. — Les Conseils de prud'hommes (art. 2) sont établis par décrets rendus en la forme de règlements d'administration publique, sur la proposition des ministres de la justice et du travail, après avis des chambres de commerce ou des chambres consultatives des arts et manufactures, et des conseils municipaux des villes comprises dans le ressort de la juridiction projetée.

La création d'un Conseil est de droit lorsqu'elle est demandée par le conseil de la commune où il doit être établi, après avis favorable des chambres du commerce, du conseil général et du conseil d'arrondissement, et de la majorité des conseils municipaux des communes devant composer la circonscription projetée.

Le décret d'institution (art. 3) détermine le ressort du Conseil, le nombre des catégories dans lesquelles sont répartis les commerces et industries soumis à la juridiction, et le nombre des prud'hommes affectés à chaque catégorie. Les ouvriers et employés sont classés dans des catégories distinctes. — Le décret détermine aussi, s'il y a lieu, les sections des Conseils et leur composition.

Dans les villes non comprises dans le ressort d'un Conseil, les contestations entre patrons et ouvriers sont déférées au juge de paix (L. 12 juillet 1905, art. 5-1°), celles entre patrons et employés sont soumises au tribunal de commerce (art. 634-1° C. com.).

1273. — Composition du Conseil et mode d'élection des conseillers[1]. — Jusqu'en 1848, le législateur assura la prépondérance à l'élément patronal. La loi du 27 mai 1848 vint rétablir l'équilibre ; mais la loi du 1er juin 1853 le détruisit de nouveau, en décidant que le président et le vice-président (au lieu d'être élus par le Conseil et dans son sein) seraient nommés par l'Empereur et pourraient être choisis même en dehors des éligibles. Cette disposition a été abrogée à son tour par

[1] La loi est applicable à l'*Algérie*, sauf certaines modifications, consignées dans les art. 67 à 72, concernant les assesseurs musulmans.

la loi du 7 février 1880, qui a restitué aux Conseils l'élection de leurs président et vice-président, et rétabli ainsi l'égalité entre les deux éléments, patronal et ouvrier.

L'article 7 de la loi de 1907, qui sur ce point n'a fait que se conformer au principe posé par la loi de 1880, dispose que « les Conseils de prud'hommes sont composés d'un nombre égal, pour chaque catégorie, d'ouvriers ou employés et de patrons. Il doit y avoir au moins deux prud'hommes patrons et deux prud'hommes ouvriers ou employés dans chaque catégorie ». — Le Conseil entier doit comprendre au moins douze membres (art. 3).

Electorat. — En principe (art. 5) l'électorat est subordonné à quatre conditions : 1° être inscrit sur les listes électorales politiques ; 2° être âgé de vingt-cinq ans révolus ; 3° exercer depuis trois ans, apprentissage compris, une profession dénommée dans le décret d'institution du Conseil ; 4° résider dans le ressort depuis un an.

Ces quatre conditions préalables étant réunies, sont *électeurs ouvriers* : les ouvriers, chefs d'équipes ou contre-maîtres prenant part à l'exécution matérielle du travail et les chefs d'ateliers de familles travaillant eux-mêmes ; — *électeurs employés* : les employés de commerce et d'industrie et les contremaîtres ne remplissant que des fonctions de surveillance ou de direction ; — *électeurs patrons* : les patrons occupant pour leur compte un ou plusieurs ouvriers ou employés, les associés en nom collectif, ceux qui gèrent ou dirigent pour le compte d'autrui une fabrique, une manufacture, un magasin, une usine et généralement une entreprise industrielle et commerciale quelconque ; les présidents et administrateurs, les ingénieurs et chefs de services tant dans les exploitations minières que dans les diverses industries.

Sont inscrites également sur les listes électorales, suivant les distinctions ci-dessus, les *femmes* possédant la qualité de Française, réunissant les conditions d'âge, d'exercice de la profession, de résidence et n'ayant encouru aucune des condamnations prévues aux art. 15 et 16 du décret organique de 1852.

Eligibilité. — Sont éligibles (art. 6) à condition de résider depuis trois ans dans le ressort du Conseil : 1° les électeurs *hommes*, âgés de trente ans, sachant lire et écrire, inscrits sur les listes électorales spéciales, ou justifiant des conditions requises pour y être inscrits [1] ; — 2° Les anciens électeurs *hommes*, n'ayant pas quitté la profession depuis plus de cinq ans et l'ayant exercée pendant cinq ans dans le ressort.

[1] Il n'est pas nécessaire d'être inscrit, pourvu que l'on remplisse toutes les conditions requises pour solliciter l'inscription. — Cons. d'Etat, 25 mars 1899, D. 1900, 3, 63 ; 17 juin 1903, D. 1904, 3, 109.

Procédure électorale. — Les prud'hommes ouvriers ou employés sont élus par les électeurs ouvriers ou employés, les prud'hommes patrons par les électeurs patrons, réunis en assemblées distinctes présidées chacune par le juge de paix ou son suppléant. — Ils sont élus pour un an, renouvelables par moitié, et indéfiniment rééligibles [1].

1274. — *Présidence, serment, rétribution.* — Le président et le vice-président sont élus pour un an, par les membres de chaque Conseil (ou, si le Conseil est divisé en sections, de chaque section), réunis en assemblée générale, à la majorité absolue des votants. Lorsque le président élu est un patron, le vice-président ne peut être qu'un ouvrier ou employé. La présidence doit appartenir alternativement à l'élément patronal et à l'élément ouvrier (art. 17 à 19). Si le Conseil est divisé en sections, les présidents et vice-présidents de chaque section se réunissent chaque année pour élire parmi les premiers le président du Conseil, qui est chargé des rapports avec l'administration (art. 25).

Il est attaché à chaque Conseil un ou plusieurs secrétaires nommés par décret, sur la proposition du Ministre de la justice, sur une liste de trois candidats arrêtée en assemblée générale (art. 24). Le secrétaire représente l'élément permanent du Conseil; il est en quelque sorte le dépositaire des traditions et des usages. Son autorité consultative est d'autant plus grande qu'il n'existe pas de ministère public près les Conseils des prud'hommes.

Les conseillers prud'hommes doivent prêter serment à la barre du tribunal civil (art. 14) [2]. En tant que juges, ils ressortissent au ministère de la justice ; au point de vue administratif, ils dépendent du ministère du travail.

Leurs fonctions sont généralement gratuites ; toutefois, la loi de 1880 autorise les communes à rétribuer les prud'hommes, sans distinction entre les patrons et les ouvriers. Cette faculté a été implicitement maintenue par la loi de 1907 (arg. art. 39).

1275. — **Bureau de conciliation, et bureau de jugement.** — Le Conseil de prud'hommes est avant tout un organe de conciliation ; la tentative de conciliation doit toujours précéder le débat contentieux. Ainsi s'explique la division du Conseil en deux bureaux : bureau particulier ou de conciliation, bureau général ou de jugement. Le *bureau particulier* comprend deux membres, un patron et un ouvrier ; il doit

[1] Pour plus de détails sur la composition des listes, la procédure électorale, les élections de renouvellement ou complémentaires, etc., v. les art. 8 à 18 de la loi de 1907. — Cf. Cohendy-Darras, p. 999 et s.

[2] Les conseillers ne peuvent exercer leurs fonctions avant d'avoir prêté serment. Cons. d'Etat, 10 févr. 1904, *Rev. Cons. prud'h.*, 1904, 323.

tenir une audience au moins chaque semaine. Il est présidé alternativement par le patron et par l'ouvrier.

Le *bureau général* ou de jugement se compose d'un nombre toujours égal de prud'hommes patrons et de prud'hommes ouvriers ou employés, *y compris* le président ou le vice-président siégeant alternativement [1]. Ce nombre est au moins de deux patrons et de deux ouvriers ou employés.

En cas de partage, l'affaire est renvoyée dans le plus bref délai devant le même bureau de jugement, présidé par le juge de paix de la circonscription, ou l'un de ses suppléants (art. 23). Si la circonscription comprend plusieurs cantons ou arrondissements de justice de paix, le juge de paix compétent sera le plus ancien en fonctions ou le plus âgé [2].

§ 3. — Compétence judiciaire et attributions diverses des Conseils de prud'hommes

I. — Attributions judiciaires

1276. — D'après la loi de 1806 et le décret du 3 août 1810, les Conseils de prud'hommes étaient investis d'une double compétence, civile et pénale.

En matière *pénale*, les Conseils avaient qualité pour connaître, concurremment avec les tribunaux répressifs ordinaires, de toute infraction des ouvriers et apprentis tendant à troubler l'ordre et la discipline dans l'atelier. Cette compétence pénale dont, en fait, les prud'hommes ne faisaient presque jamais usage, n'a pas paru justifiée au législateur de 1907, qui l'a purement et simplement supprimée en abrogeant le décret de 1810 (art. 73 de la loi).

Par contre, la compétence civile des prud'hommes jusqu'alors maintenue dans des limites très étroites, s'est considérablement élargie, ainsi qu'il ressort des développements ci-après.

A. De la compétence « ratione materiæ » des Conseils de prud'hommes. — **1277.** — *a)* **Sous l'empire de la loi ancienne.** — Anté-

[1] Avant la loi de 1905, le bureau général était composé, par suite de l'adjonction du président, d'un nombre *impair* de membres ; l'égalité que la loi avait entendu maintenir entre les deux éléments, ouvrier ou patronal, se trouvait donc rompue au profit de la classe à laquelle appartenait le président. L'une des principales innovations de la loi de 1905 a été de rétablir l'égalité entre les deux éléments.

[2] Cette disposition est d'ordre public. — Cass., 11 févr. 1906, *Bull. Off. trav.*, 1906, 711. — Sur la *discipline des Conseils*, v. les art. 44 à 54 de la loi de 1907.

rieurement à la loi de 1907, le conseil de prud'hommes était une juridiction d'exception, dans le sens le plus étroit du mot : juridiction purement industrielle, instituée uniquement pour trancher les litiges pouvant s'élever entre un chef d'industrie et *ses subordonnés*, relativement au contrat de travail ou d'apprentissage, et n'ayant, même dans cette limite, compétence qu'au regard des industries spécifiées dans le décret d'institution du Conseil. La compétence du Conseil, sous l'empire de la loi ancienne (qui, nous le verrons, s'applique encore à titre transitoire, dans une large mesure) était donc subordonnée à la réunion des cinq conditions suivantes :

1° Il doit exister un *lien de subordination* entre les contestants. Si ce lien existe, il importe peu que l'ouvrier travaille en atelier ou à domicile (mode de travail fréquent dans la soierie par exemple). — Cf. Dall., *Suppl.,* v° *Prud.*, n° 99. — Mais s'il fait défaut, la base même de la compétence prud'homale disparaît. Ainsi le Conseil de prud'hommes est radicalement incompétent pour connaître, soit des litiges entre fabricants, soit des contestations entre *associés*, entre co-gérants d'une entreprise industrielle quelconque [1]. Il est parfois difficile, en fait, de distinguer l'associé du contremaître ; toutefois, la jurisprudence paraît fixée en ce sens que le seul fait d'admettre un ouvrier ou contremaître à la participation aux bénéfices ne le transforme pas en associé ; l'association suppose, en effet, participation aux pertes comme aux bénéfices (V. *infra*, titre IV). Le Conseil de prud'hommes est donc compétent, à l'exclusion du tribunal de commerce, pour connaître des litiges entre un chef d'industrie et un ouvrier intéressé [2]. Par contre, il ne connaît pas des litiges entre un chef d'industrie et une personne qui travaille pour lui sans être son subordonné ; exemple : un dessinateur de fabrique, qui ne ferait pas partie du personnel de la maison [3].

1278. — 2° Le patron doit avoir la double qualité de *commerçant et de fabricant*. — D'où il suit que, d'une part, le Conseil de prud'hommes est incompétent à l'égard des industries n'ayant pas, en droit français,

---

[1] Req., 13 déc. 1893, D. 94, 1, 63.

[2] Trib. civ. Bruxelles, 26 novembre 1884, *Rev. de dr. comm. ind. et marit.*, 85, 2, 161 ; Cass., 11 mars 1907, S. 1907, *Supp.*, p. 26.

[3] Req. 13 déc. 1893, D. 94, 1, 63, S. 96, 1, 511. — Par identité de motifs, le Conseil de prud'hommes serait incompétent pour connaître d'une contestation entre un chef d'industrie et un sous-entrepreneur : Trib. corr. Valenciennes, 25 juin 1890, *Journ. des prud'h.*, 90, p. 149. — Il en serait différemment des contestations entre fabricants et chefs d'atelier (marchandeurs *sui generis*), l'origine même de la loi de 1806 le prouve, ou des litiges entre entrepreneurs et tâcherons : Cons. prud. Bordeaux, 21 févr. 1890, *ibid.*, 91, p. 169. — *Contra* : Paris, 15 mai 1901, *Droit*, 22 août. — Sur la distinction des sous-entrepreneurs et des simples marchandeurs ou tâcherons, v. *supra*, n° 1190.

le caractère commercial, telles que les industries extractives [1], ainsi qu'à l'égard de l'Etat, qui, dans la théorie administrative dominante, d'ailleurs discutable (V. *supra*, n° 672, note), ne saurait être assimilé à un commerçant ordinaire, même pour les entreprises qu'il exploite industriellement [2].

D'autre part, la juridiction des prud'hommes est radicalement incompétente pour connaître des contestations nées entre de simples commerçants qui se bornent à mettre en vente ou à véhiculer les produits, *sans les transformer,* et les agents de toute catégorie qu'ils emploient, soit à la vente, soit à la manipulation des marchandises [3].

1279. — 3° Le salarié doit être un *ouvrier* ou *contremaître.* — Les *employés* du fabricant ne sauraient donc être considérés comme justiciables du Conseil de prud'hommes, mais bien du tribunal de commerce [4]. — Sur le critérium de l'ouvrier ou de l'employé, v. *supra*, n°s 890 et 999.

Doivent également être déférées au juge de paix, et non point au Conseil de prud'hommes, les contestations entre un chef d'industrie et ses gens de service, pourvu qu'il s'agisse de domestiques attachés à sa personne, et non d'auxiliaires du commerce. Cass., 11 janvier 1904, D. 1904, 1, 454.

1280. — 4° La commune industrie exercée par les deux parties doit être *une de celles visées par le décret instituant le conseil.* Le Conseil de prud'hommes, étant une juridiction d'exception, ne peut exercer son autorité que sur les industries expressément dénommées dans ledit

---

[1] Trib. corr. Saint-Etienne, 3 avril 1900, *Droit*, 28 avril (mines de houille). — Même solution au regard des sociétés immobilières, dans les cas où ces sociétés sont réputées civiles : Cass., 18 août 1874, D. 75, 1, 270; 3 févr. 1902, D. 1902, 1, 294.

[2] Civ. cass., 28 avril 1896, D. 96, 1, 381, S. 96, 1, 392. Mais les concessionnaires ou entrepreneurs de travaux publics sont des commerçants lorsqu'ils fournissent les matériaux nécessaires à l'entreprise ; les prud'hommes ont donc qualité pour connaître des difficultés qui s'élèvent entre eux et leurs ouvriers, au sujet du prix de la main-d'œuvre : Civ. cass., 15 janv. 1900, D. 1900, 1, 97.

[3] Ex. : contestation entre un négociant et un cocher-livreur : Trib. com. Seine, 8 oct. 1897, *Rev. de dr. indust.*, 98, p. 16. — Les *entreprises de transport* (chemins de fer, voitures, etc.) n'impliquant pas fabrication, étaient généralement considérées comme en dehors de la compétence prud'homale (Dall., *Suppl.*, v° *Prud'h.*, n°s 91 et s.). Trib. Remiremont, 21 juill. 1905, *Mon. jud. Lyon*, 17-18 sept. 1905.

[4] Il faudrait refuser le qualificatif d'ouvrier à un charretier (Trib. com. Seine, 20 sept. 1895, *Droit*, 12 oct.), à un commis aux écritures (Trib. com. Alger, 18 févr. 1896, *Ann. de dr. comm.*, 97, 181). — Est au contraire un ouvrier, attendu qu'il concourt à la fabrication du produit, le gareur de métiers à velours mécaniques : Lyon, 15 déc. 1892, D. 93, 2, 260. Jugé même que l'on doit qualifier d'ouvrier, non seulement celui qui fabrique le produit, mais celui qui met le produit en état d'être livré au commerce : Civ. cass., 22 avril 1901, D. 1901, 1, 418.

acte (Décr. 11 juin 1809, art. 11)[1]. Pour toutes les autres, même s'il s'agissait d'industries manufacturières, c'est au juge de paix que la compétence serait dévolue, pour la même nature de litiges (V. *infra*).

1281. — 5° Le Conseil de prud'hommes n'a pas qualité pour trancher toute espèce de litige, même entre marchands-fabricants et ouvriers, mais seulement les *contestations nées du contrat de louage de services, de louage d'ouvrage* ou *d'apprentissage* qui les unit l'un à l'autre.

Louage de services. — Le Conseil connaît des questions de salaires, de congés, demandes de certificats, etc. — Sur l'interprétation de la loi du 27 décembre 1890 en ce qui concerne les dommages-intérêts de résiliation, v. *supra*, n°s 1169 et s. [2].

Les contestations de beaucoup les plus fréquentes sont relatives au *salaire ;* elles représentent environ les deux tiers des litiges. Il importe de remarquer que les prud'hommes n'ont pas plus que les juges ordinaires le droit de substituer au salaire convenu une tarification coutumière. Ils ne peuvent donc[3] allouer à l'ouvrier le salaire d'usage que dans les cas où les conventions sont muettes sur ce point, ou si leur obscurité ne permet pas de dégager avec certitude l'intention commune des parties. A plus forte raison, le Conseil de prud'hommes ne pourrait-il, sans excès de pouvoir, fixer le taux des salaires pour l'avenir : cette mission appartient exclusivement aux conseils de conciliation et d'arbitrage institués en vue des conflits collectifs par la loi de 1892 (V. *infra*).

1282. — *Louage d'ouvrage.* — Le Conseil de prud'hommes est compétent, en second lieu, pour toutes les contestations nées entre le chef d'atelier ou l'ouvrier à façon, et le maître ou fabricant. Les contestations les plus fréquentes se réfèrent, comme dans l'hypothèse précédente, au salaire, ou prix de façon, et aux *malfaçons*[4].

---

[1] Cass. 1er avril 1840, Dall., *Rép.*, v° *Prud'h.*, n° 86; Trib. com. Saint-Etienne, 17 janv. 1899, *Gaz. Pal.*, 8-11 avril; Trib. com. Marseille, 24 juill. 1900, *Gaz. Pal.*, 18 nov. — Jugé cependant qu'il suffirait d'une désignation implicite, pourvu que l'intention des rédacteurs du décret apparaisse clairement. — Trib. com. Seine, 25 avril 1903, *Rev. Cons. prud'h.*, 1903, 5.

[2] Il connaît aussi des difficultés présentant avec le contrat de travail une connexité évidente : rétention indue d'outils (Cass., 17 déc. 1906, D. 1907, 1, 190) ; retenue indue sur le salaire en vue d'une caisse de secours (Cass., 13 mai 1907, S. 1907, *Suppl.* 55).

[3] Civ. cass., 20 nov. 1906, *Mon. jud.*, 21 déc. (interdiction de juger en équité). — Il convient toutefois de réserver le cas de dol ou de vice du consentement, v. *supra*, n° 921.

[4] C'est même, originairement, en vue des procès en *malfaçon*, si fréquents dans toutes les industries des tissus, et spécialement dans l'industrie de la soierie, que la loi de 1806 avait institué à Lyon un Conseil de prud'hommes.

Il arrive fréquemment que les règlements d'atelier ou de fabrique prévoient les cas les plus usuels de malfaçon, et en indiquent la sanction. Rappelons à ce sujet que, d'après la jurisprudence, les règlements d'atelier, même en tant qu'ils édictent des amendes (dommages-intérêts à forfait), sont obligatoires pour l'ouvrier, pourvu qu'il en ait eu ou ait pu en avoir connaissance. Le Conseil des prud'hommes ne pourrait donc qu'appliquer les sanctions prévues [1].

1283. — *Contrat d'apprentissage.* — Le Conseil de prud'hommes est compétent, en dernier lieu, pour connaître de toutes les difficultés relatives à l'exécution ou à la résolution du contrat d'apprentissage, dans les rapports du patron ou chef d'atelier, et de l'apprenti ou de ses représentants légaux, lorsque l'apprenti est mineur.

Le Conseil des prud'hommes est même compétent pour statuer sur l'action en dommages-intérêts formée par un patron contre le fabricant ou chef d'atelier qui aurait détourné son apprenti (Loi de 1851, art. 18).

1284. — *Limites de la compétence « ratione materiæ » des prud'hommes.* — Dans les différents cas que nous venons d'énumérer, le Conseil de prud'hommes est compétent, quel que soit l'intérêt engagé. L'importance du litige n'a d'influence qu'au point de vue de l'appel.

Il est même compétent, en principe, par application de la règle que le juge de l'action est juge de l'exception, pour connaître de toute *demande reconventionnelle* opposée à l'action principale. Toutefois, par dérogation à cette règle, le Conseil de prud'hommes est incompétent : 1° pour connaître des inscriptions de faux et de vérifications d'écritures ; — 2° des questions relatives à l'état ou à la qualité des parties, spécialement à la *qualité d'héritier ;* — 3° des récusations. Les inscriptions de faux, vérifications d'écritures, et questions d'état, rentrent par leur nature dans la compétence des tribunaux civils ; et le conseil de prud'hommes doit surseoir à statuer jusqu'à ce que le tribunal civil compétent ait tranché ces questions préjudicielles. Quant aux récusations, elles sont portées devant le tribunal civil du ressort (depuis la loi de 1905).

D'autre part, le Conseil de prud'hommes est radicalement incompétent pour connaître même des contestations nées entre un fabricant, un ouvrier ou un apprenti, lorsque ces contestations ne portent pas sur l'un des trois contrats indiqués, ou lorsque le contrat de louage d'ou-

---

[1] Sur cette jurisprudence, et sur les projets de loi tendant à assujetir les patrons, dans la rédaction des règlements d'ateliers, à un certain contrôle législatif, v. *supra*, nos 983 et s., et 992.

vrage, cause du procès, est intervenu entre un patron et un ouvrier exerçant une industrie différente. Dans cette dernière hypothèse, en effet, nous ne retrouvons plus ce lien de subordination entre les deux plaideurs, condition essentielle de la compétence du Conseil [1]. — V. *supra*, n° 1277.

1285. — *b)* **Sous l'empire de la loi nouvelle.** — La loi de 1907 a considérablement élargi pour l'avenir le domaine de la compétence prud'homale. Cependant certaines des conditions précédemment indiquées ont été maintenues. C'est ainsi, en particulier que, même depuis la loi de 1907, la compétence *ratione materiæ* est subordonnée, en principe, à l'existence d'un *lien de subordination* entre les contestants [2], à l'exception toutefois du cas où le débat s'élève entre deux ouvriers ou employés engagés dans les liens d'un même contrat de travail : leur commune dépendance au regard d'un même employeur tient ici lieu de la subordination de l'un des contestants à l'autre exigée en principe (art. 1er, al. 3).

De même, et par identité de motifs, les seules contestations entre patrons, ouvriers ou employés rentrant dans la compétence prud'-homale, sont celles qui se rattachent à l'exécution ou à l'interprétation d'un contrat industriel (contrat de travail *lato sensu*, ou apprentissage).

1285 *bis*. — Par contre, il ressort des termes généraux des art. 1er et 5 de la loi qu'un grand nombre de catégories nouvelles de salariés vont bénéficier de ses prescriptions. Au terme restrictif de *marchands-fabricants*, l'art. 1er de la loi de 1907 a substitué en effet une formule beaucoup plus large : « Les conseils de prud'hommes sont institués pour terminer par voie de conciliation les différends qui peuvent s'élever à l'occasion du contrat de louage d'ouvrage *dans le commerce et l'industrie* entre les patrons ou leurs représentants et les *employés*, ouvriers et apprentis... — Ils jugent dans les conditions de compétence déterminées par les art. 32 et s., les différends à l'égard desquels la conciliation a été sans effet... ».

Du rapprochement de cet art. 1er et de l'art. 5, et des travaux prépa-

---

[1] Cass., 18 avril 1893, D. 93, 1. 375 ; 24 nov. 1897, D. 98, 1, 173.

[2] Jugé en ce sens, sous l'empire de la loi nouvelle, que le Conseil des prud'hommes étant une juridiction d'exception, n'a compétence que pour trancher les différends divisant des parties entre lesquelles existent des rapports de patrons à employés ou ouvriers, caractérisés par un lien de subordination. Cette condition ne se rencontre point dans les rapports d'un fabricant de soieries et d'un entrepreneur de tissage, possédant en propre de nombreux métiers mécaniques sur lesquels travaille un nombreux personnel. Il s'agit ici d'une contestation entre commerçants échappant à la compétence prud'homale. — Trib. civ. Lyon, 19 déc. 1907, *Mon. jud. Lyon*, 7 oct. 1908.

ratoires, spécialement des rapports Groussier à la Chambre, et Strauss au Sénat, il résulte que désormais (et sous réserve de ce qui sera dit *infra* sur la période transitoire actuelle), les Conseils réorganisés sont compétents pour statuer sur les litiges intéressant :

1° Les travailleurs des *industries extractives* (*mines*, minières et carrières). *Sic*, art. 5.

2° Les travailleurs des *entreprises de transport* ou de *manutention* (chemins de fer, omnibus et tramways, camionnage, batellerie fluviale, entrepôts et docks). — Rapp. suppl. Strauss (Sén., 10 juill. 1906, ann. n° 333).

3° Les *employés* de l'industrie, du commerce ou de la banque, ainsi que les *représentants*, *voyageurs de commerce et placiers*. — Il subsiste toutefois entre les ouvriers et les employés, une différence importante au point de vue de la compétence. En effet, au regard des ouvriers, la compétence du Conseil est illimitée ; à l'égard des employés, le Conseil n'est compétent que si la demande *n'excède pas 1,000 fr.* — Au delà de ce chiffre, les tribunaux *ordinaires*[1] restent compétents. — Même pour l'application de la loi nouvelle, il importe donc de différencier avec soin l'employé de l'ouvrier. — Sur le critérium, v. *supra*, n°s 890 et s., 999.

4° Les *garçons de magasin* ou de *bureau*, *garçons-livreurs* ou *garçons de recettes*, *préparateurs* et *garçons de laboratoire* ou de *pharmacie* (décl. de M. Strauss au Sénat, séance du 22 février 1907).

5° Le *personnel des théâtres et concerts* : artistes, choristes, musiciens, machinistes et employés (décl. de M. Strauss au Sénat, séance du 22 février ; quest. de M. Lagasse à la Chambre, et réponse de M. Groussier, séance du 15 mars 1907)[2].

Par contre, la loi de 1907 ne s'applique ni aux *domestiques attachés à la personne*, ni aux *marins du commerce* (rapp. Strauss).

Elle est également inapplicable aux ouvriers et employés des manufactures de l'Etat, ou des chemins de fer de l'Etat. Le texte voté par la Chambre le 14 janvier 1901 étendait la compétence des prud'hommes aux différends entre l'Etat, les départements ou les communes, et les ouvriers (ou employés non fonctionnaires, v. *supra*, n°s 384 et s.) affectés à leurs entreprises industrielles. Mais aucune disposition de ce genre ne figure dans le texte nouveau, et le législateur de 1907, en s'abste-

---

[1] Pour l'interprétation de cette expression « *tribunaux ordinaires* », v. n° 1300, *infra*.

[2] Le texte de la loi, à la différence de certains projets antérieurs, ne vise pas expressément le personnel théâtral. Mais des explications échangées il ressort nettement que l'on a entendu assimiler les artistes et musiciens à des employés et les machinistes à des ouvriers.

nant d'abroger la loi du 21 mars 1905[1], a clairement manifesté qu'il n'entendait point faire bénéficier de la juridiction prud'homale cette catégorie de travailleurs[2].

1285 *ter*. — **Dispositions transitoires.** — Le législateur de 1907 n'ayant édicté aucunes dispositions transitoires, les tribunaux ont eu à résoudre la question délicate de savoir si l'extension de la compétence prud'homale, aux employés notamment, pouvait recevoir effet dès avant la constitution des *sections ou catégories commerciales* prévues à l'art. 3. Il a été jugé, dans une première opinion, que la loi de 1907 étant une loi de compétence devait avoir un effet rétroactif, et conséquemment qu'à partir de sa promulgation les tribunaux de commerce étaient incompétents, *ratione materiæ*, pour connaître des différends entre patrons et employés portant sur un chiffre inférieur ou au plus égal à 1,000 francs[3].

Mais l'opinion qui a prévalu est que, dans les localités où, depuis la loi de 1907, il n'a pas encore été créé de sections spéciales pour les employés de commerce[4], les différends entre ceux-ci et leurs patrons restent provisoirement soumis aux mêmes tribunaux que sous l'empire de la loi ancienne, c'est-à-dire à la juridiction consulaire ou à celle des juges de paix, suivant les distinctions rappelées *infra* (n° 1300)[5].

1286. — B. De la compétence territoriale ou « ratione personæ » des Conseils de prud'hommes. — De droit commun, en matière personnelle mobilière, l'action doit être portée devant le tribunal du domicile du défendeur (art. 59 C. pr. civ.). En matière commerciale, le demandeur a l'option entre trois tribunaux (art. 420 C. pr. civ.).

---

[1] Cette loi soustrait à la compétence administrative, pour en attribuer la connaissance aux tribunaux *ordinaires*, les difficultés pouvant s'élever entre l'Administration des chemins de fer de l'Etat et ses employés.

[2] L'institution des Conseils de prud'hommes, — lisons-nous dans un arrêt de la Cour de Toulouse (5 févr. 1908, *Mon. jud. Lyon*, 21 mai), — est fondée sur le principe du jugement par les pairs. Or, l'Etat ne peut être assimilé, pour ses entreprises, à un marchand ou fabricant, non plus que ses ouvriers, commissionnés ou non, à des ouvriers ordinaires de l'industrie privée. Un ouvrier employé dans une manufacture de l'Etat n'est donc ni électeur ni éligible dans la section correspondant à son genre de travail. — Cf. Cons. d'Etat, 19 déc. 1906, D. 1908, 3, 59.

[3] Trib. com. Nîmes, 15 mai 1907, S. 1907, 2, 180.

[4] Or, il n'existe jusqu'ici de sections de commerce qu'à Paris (décr. du 23 mars 1908). La réorganisation des autres conseils est encore, à l'heure où nous écrivons (oct. 1908), à l'état de projet (*Quest. prat.*, 1908, 162).

[5] Civ. cass., 18 déc. 1907, D. 1908, 1, 147; Trib. paix Lille, 1er mai 1907, S. 1907, 2, 177, et note Bauchet ; Trib. paix Paris (Ve arr.), 7 juin 1907, *ibid* ; Trib. com. Seine, 7 mai 1907, S. 1907, 2, 177, et note Bauchet, D. 1907, 2, 277. — Cf. déclaration de M. Viviani, ministre du travail, en réponse à une question de M. Groussier (Ch., 30 mai 1907) ; Popineau, *op. cit.*, p. 26; Cluzel, *op. cit.*, p. 59.

En notre matière, l'une et l'autre règles doivent être écartées. Le seul Conseil compétent est celui de *la situation de l'établissement*, industriel ou commercial, auquel appartiennent les deux plaideurs, l'un comme patron, l'autre comme salarié, abstraction faite du domicile personnel des parties [1]. Cette solution peut se justifier par une double considération : — *a*) Les usages locaux ont, pour la solution de cette catégorie de litiges, autant d'importance que la loi écrite ; — *b*) Les ouvriers changent souvent de résidence ; il eût été difficile de les suivre dans leur *tour de France*.

Il est cependant un cas où la compétence s'appréciera suivant les règles du droit commun. L'art. 18 de la loi de 1851 sur l'apprentissage décide, en effet, que l'action du maître contre le fabricant qui aurait détourné son apprenti, doit être portée devant le Conseil de prud'hommes ou la justice de paix du domicile du défendeur.

Lorsqu'un conseil est divisé en sections, la section compétente se détermine d'après le genre de travail de l'ouvrier ou de l'employé, quelle que soit la nature de l'établissement [2].

II. — Attributions administratives

1287. — Ces attributions peuvent se grouper sous quatre chefs : — 1° conservation de la propriété des dessins de fabrique ; — 2° service de statistique ; — 3° attributions de police et d'instruction judiciaire ; — 4° attributions consultatives.

1° **Conservation de la propriété des dessins (et modèles) de fabrique.** — Cette attribution administrative est l'une des plus importantes du Conseil des prud'hommes lyonnais de la soierie [3]. Les dessins (et

---

[1] Cette solution, formulée expressément dans le décret de 1809 (art. 11), n'est consignée dans aucun article de la loi de 1907 ; mais son maintien, conforme à l'esprit de l'institution, ne saurait soulever de doute sérieux. — Cf. Trib. com. Seine, 2 mai 1893, *J. des prud'h.*, 93, 142, et les énonciations formelles de la plupart des décrets de création.

[2] Cass., 10 févr. et 25 mai 1908, D. 1908, 1, 205.

[3] La loi du 18 mars 1806, édictant cette formalité, n'avait été faite que pour les dessins des fabriques lyonnaises, c'est-à-dire pour les dessins appliqués aux tissus ; mais la prescription légale a été étendue à tous les dessins ayant une destination industrielle, et même aux *modèles de fabrique*, non visés expressément par la loi. — Plusieurs décrets ou actes législatifs postérieurs sont d'ailleurs venus confirmer expressément cette assimilation des modèles aux dessins (Décr., 5 juin 1861, L. 26 nov. 1873, L. 30 oct. 1888, etc.). — Cf. Crim. cass., 21 mars 1884, D. 85, 1, 181. — La loi du 12 mars 1902, autorisant les auteurs des modèles industriels à se prévaloir de la protection de la loi des 19-24 juillet 1793 sur la propriété artistique

modèles) de fabrique doivent être déposés au secrétariat du Conseil des prud'hommes, et inscrits sur un registre spécial.

Le dépôt des dessins est accompagné d'une déclaration de l'auteur, par laquelle celui-ci fait connaître pour combien d'années il entend se réserver le droit exclusif de reproduction : il peut se réserver ce droit pour un an, trois ans, cinq ans ou plus, ou même *à perpétuité*[1].

Le Conseil de prud'hommes n'est d'ailleurs investi, en matière de dessins ou modèles, d'aucune attribution contentieuse. Lorsqu'une contestation s'élève au sujet de la propriété d'un dessin ou modèle, le rôle du Conseil se borne à délivrer un certificat constatant quel est celui des fabricants en litige qui a le premier effectué le dépôt[2]. Mais la question litigieuse de propriété du dessin, de même que les procès en contrefaçon, sont de la compétence exclusive du tribunal de commerce.

1288. — **2° Service de statistique.** — Les Conseils de prud'hommes étaient investis, par la loi de 1806, art. 29, d'un service de statistique (registre des métiers existants et du nombre d'ouvriers employés dans chaque fabrique de la circonscription). La loi de 1907 a supprimé cette attribution, rendue superflue par le développement des services d'inspection.

1289. — **3° Attributions de police et d'instruction judiciaire.** — Les prud'hommes sont investis d'abord d'un droit de *police* sur les règlements de comptes entre fabricants et chefs d'atelier. Ils ont en effet pour mission de délivrer, contrôler et surveiller les *livrets d'acquit* (V. *supra*, n° 1156).

Ils doivent, d'autre part, lorsqu'ils en sont requis par une plainte régulière, constater les contraventions aux lois et règlements de l'industrie. C'est en vertu de ce pouvoir d'*instruction judiciaire* qu'ils ont qualité pour constater les soustractions de matières premières com-

---

et littéraire, a-t-elle eu pour résultat de dessaisir les Conseils de prud'hommes de leurs attributions en ce qui concerne les modèles ? La question est délicate, ce texte ayant été voté sans débats. Mais nous inclinerions à considérer que le législateur de 1902 a plutôt voulu conférer aux sculpteurs industriels une faculté d'option, qui en fait leur était déjà reconnue dans les cas où le modèle avait un caractère *artistique*. — Pour plus de développements, v. Fauchille, *Traité des dessins et modèles*; Pouillet, *Traité des dessins de fabrique*; Dalloz, *Suppl. au Rép.*, v° *Ind. et comm.*, n°s 232 et s., etc.

[1] Sur les effets juridiques du dépôt, v. les traités spéciaux.

[2] Sur la question de savoir si les Conseils peuvent, sans excès de pouvoirs, rendre des déclarations de conformité ou non-conformité entre les dessins déposés et les dessins saisis, v. dans le sens de l'affirmative : Crim. rej., 25 févr. 1852, *Ann. de la propr. ind.*, 52, 2, 278. — *Contra* : Fauchille, p. 237; Pouillet, n° 112; Dalloz, *Suppl.*, v° *Ind. et comm.*, n° 299.

mises par les ouvriers au préjudice de leurs patrons (*piquage d'onces*), les altérations ou suppressions de noms sur les produits fabriqués, les divulgations de secrets de fabrique (*délit correctionnel* prévu et puni par l'art. 418 C. pén.). Les prud'hommes doivent, pour cette instruction et pour la rédaction des procès-verbaux, être au nombre de deux, et se faire assister par un officier de police judiciaire. Leurs procès-verbaux, qui ne font foi que jusqu'à preuve contraire, sont transmis par le bureau général du conseil, avec les objets saisis, au tribunal répressif compétent (L. de 1806, art. 10 à 13, maintenus par la loi de 1907).

1290. — 4° **Attributions consultatives.** — Les prud'hommes ont enfin des attributions purement consultatives (art. 1er et 25, L. de 1907). En fait, dans ces dernières années, ils ont été fréquemment consultés par le gouvernement sur les nombreux projets de loi tendant à réformer et coordonner notre législation industrielle.

§ 4. — Procédure et voies de recours

A. Procédure. — **1291.** — La procédure comprend deux phases : la tentative de conciliation devant le *bureau particulier* et, en cas de non-conciliation, la procédure contentieuse devant le *bureau général*.

1° **Conciliation.** — En tant que conciliateurs, les prud'hommes jouent, en matière industrielle, le même rôle que le juge de paix en matière civile ; aussi les a-t-on dénommés les « *juges de paix de l'industrie* ». Seulement, tandis qu'au civil le *préliminaire de conciliation* peut être écarté pour cause d'urgence, en matière industrielle la tentative de conciliation est *essentielle* et ne saurait être écartée sous aucun prétexte.

La procédure est des plus simples devant le *bureau particulier*. Les parties peuvent toujours s'y présenter *volontairement*. A défaut de comparution volontaire, le défendeur est assigné à comparaître par une simple lettre du secrétaire, qui jouit de la franchise postale.

En principe, les parties doivent se présenter *en personne* au jour fixé par la lettre [1]. Elles peuvent cependant se faire assister, et, en cas d'absence ou de maladie, se faire représenter soit par un ouvrier, employé ou patron exerçant la même profession, porteur d'un pouvoir sur pa-

[1] Une société serait valablement représentée par son administrateur délégué : Civ. cass., 2 mars 1898, D. 98, 1, 329, et note Planiol. — Cf. art. 26, L. de 1907.

pier libre, soit par un avocat inscrit ou un avoué auprès du tribunal (art. 26).

1292. — 2° **Jugement.** — Si le défendeur ne comparaît pas, ou si la conciliation n'a pu avoir lieu, l'affaire est renvoyée à la prochaine audience du bureau de jugement. Le secrétaire convoque alors les parties soit par lettres recommandées, avec avis de réception, soit par huissier. Le délai pour la comparution est de un jour franc. Au jour fixé, si l'une des parties ne comparaît pas, la cause est jugée par défaut.

Preuves. — Les preuves à fournir devant le conseil des prud'hommes sont celles du droit civil ou du droit commercial, suivant la nature de la contestation. Le plus généralement, le contrat intervenu aura un caractère *mixte* : civil au regard de l'ouvrier, commercial au regard du patron. De ce caractère mixte il résulte qu'à l'encontre du patron la preuve peut être administrée par tous les moyens (art. 109 C. civ.), tandis qu'à l'encontre de l'ouvrier il convient de tenir compte des restrictions de l'article 1341 du Code civil [1].

1293. — *Exceptions.* — Le défendeur peut opposer, devant le conseil de prud'hommes, les mêmes exceptions que devant les tribunaux ordinaires.

L'exception d'incompétence *ratione materiæ*, fondée par exemple sur ce que les parties n'auraient pas la qualité de fabricant, marchand, ouvrier ou employé, sur ce que le litige ne porterait pas sur l'interprétation d'un contrat industriel, etc., peut être proposée en tout état de cause, et doit même être suppléée d'office par le conseil [2]. L'incompétence *ratione personæ* (exception fondée sur ce que la fabrique serait située hors du ressort du conseil) doit être proposée *in limine litis*, avant toutes conclusions au fond, devant le bureau de jugement, et ne peut être suppléée d'office.

B. Voies de recours. — **1294.** — *a*) **Voies de recours ordinaires.** — 1° *De l'appel.* — Le Conseil de prud'hommes statue en dernier ressort, sauf du chef de la compétence [3], jusqu'à concurrence de 300 francs, et, au-dessus de ce taux, à charge d'appel devant le tribunal civil.

Certaines difficultés s'étaient élevées sur la fixation du taux de l'appel en cas de demande reconventionnelle. Il était constant en jurispru-

---

[1] Lorsque la preuve testimoniale est recevable, l'enquête a lieu dans les formes prescrites pour les instances en justice de paix : Civ. cass., 14 févr. 1883, D. 84, 1, 68. — Lyon-Caen et Renault, t. 1, n° 562.

[2] Trib. com. Seine, 10 janvier 1890, *Gaz. trib.*, 27 janvier.

[3] Il résulte de l'art. 32 que l'appel est toujours possible du chef de la compétence. Mais cette solution était admise même sous l'empire de la loi ancienne. — Cass., 30 nov. 1904, S. 1907, 1, 114.

dence que le conseil ne pouvait statuer qu'en premier ressort sur les deux demandes, dès l'instant que l'une ou l'autre de ces demandes, principale ou reconventionnelle, peu importe, excédait le taux du dernier ressort, c'est-à-dire 300 francs. Mais ce principe ne devait-il pas recevoir exception dans le cas où la demande reconventionnelle supérieure au taux de 300 francs, serait une action en dommages-intérêts, *exclusivement* fondée sur la demande principale? — Cette exception est consacrée par la loi pour les tribunaux civils et de commerce, lesquels statuent en dernier ressort sur les demandes de cette catégorie, quel qu'en soit le chiffre ; elle n'est pas admise, au contraire, pour les justices de paix : de là controverse en ce qui concerne la juridiction des prud'hommes. Après quelques hésitations, la jurisprudence s'était prononcée pour la non-recevabilité de l'appel[1]. C'est cette jurisprudence que l'art. 33 a consacrée.

1295. — L'appel n'est recevable ni avant les trois jours qui suivront la prononciation du jugement, à moins qu'il y ait lieu à exécution provisoire, ni après les *dix jours* (au lieu de deux mois, délai de droit commun), qui suivront la signification. — L'appel sera instruit et jugé comme en matière commerciale, *sans assistance obligatoire d'un avoué* (innovation intéressante). Le tribunal doit statuer dans les trois mois (art. 34).

1296. — 2° *De l'opposition.* — La loi de 1907 est muette sur le droit d'opposition. Mais le renvoi de l'art. 43 aux art. 20 et s. du Code de procédure démontre qu'il faut appliquer ici les règles admises pour les décisions des juges de paix. La partie condamnée par défaut aura donc trois jours francs, à compter de la signification du jugement, pour former opposition. Le jugement non exécuté dans les six mois de sa date sera réputé non avenu (art. 156 C. proc. civ.).

1297. — *b*) **Voies de recours extraordinaires.** — 1° *Pourvoi en cassation.* — Les décisions du Conseil de prud'hommes, en dernier ressort, sont susceptibles d'un *pourvoi en cassation*, dans les termes du droit commun. A la différence des sentences des juges de paix, contre lesquelles le pourvoi n'est recevable que pour incompétence ou excès de pouvoirs, les décisions des conseils de prud'hommes peuvent être

---

[1] *Sic* : Cass., 27 décembre 1899, D. 1900, 1, 256 ; 18 févr. 1902, *Droit*, 20 févr. — Signalons à ce sujet l'alinéa 4 de l'article 33, portant que « dans les différends entre les employés et leurs patrons, si la demande principale excède la compétence du Conseil en dernier ressort, il statuera à charge d'appel sur la demande reconventionnelle en dommages-intérêts fondée exclusivement sur la demande principale, *même si elle est supérieure à 1,000 francs* ».

attaquées également pour violation de la loi, comme les décisions des tribunaux de commerce [1].

L'on a voulu prévenir ainsi la formation de jurisprudences régionales, en opposition avec la lettre ou l'esprit de la loi.

Les pourvois sont formés au plus tard le cinquième jour à dater de la signification du jugement par déclaration au secrétariat du conseil. Même délai pour les pourvois contre les décisions du tribunal civil, statuant comme juge d'appel.

1298. — 2° *Tierce opposition.* — Les jugements des Conseils de prud'hommes peuvent, comme toute autre décision judiciaire rendue en fraude des droits des tiers, être attaqués par la voie de la *tierce opposition.* Il ne semble pas, au contraire, que la *requête civile* soit recevable. Cette voie de recours, fort coûteuse d'ailleurs, n'est en effet organisée par l'article 480 du Code de procédure civile, qu'à l'encontre des jugements des *tribunaux de première instance* ; cette dénomination convient aux tribunaux civils et de commerce, mais elle n'a jamais été appliquée aux Conseils de prud'hommes, ni aux juges de paix.

§ 5. — Autres juridictions

1299. — A. — **Juge de paix.** — Dans les ressorts où le gouvernement n'a pas jugé à propos d'établir un Conseil de prud'hommes, c'est le juge de paix qui est compétent pour statuer sur les litiges nés des contrats de louage de services, louage d'ouvrage ou apprentissage.

Comme le Conseil de prud'hommes, le juge de paix statue en dernier ressort jusqu'à 300 francs, et à charge d'appel devant les tribunaux civils, à quelque taux que la demande puisse s'élever. Il est compétent, d'autre part, à l'exclusion des prud'hommes, pour les contestations entre maîtres et domestiques, ou salariés ruraux (L. 12 juill. 1905, art. 5). Sa compétence à l'égard des ouvriers non justiciables des prud'hommes (même article) disparaîtra de fait partout où des sections seront créées en exécution de la loi de 1907 au profit de l'ensemble des travailleurs industriels (mineurs compris).

1300. — B. — **Tribunal civil et tribunal de commerce.** — Le tribunal civil, avons-nous dit, est juge d'appel des sentences rendues soit par les Conseils de prud'hommes, soit par les juges de paix suivant les distinctions proposées *supra*.

[1] L'art. 35 de la loi de 1907 le décide expressément. Mais cette solution avait depuis longtemps prévalu. — Cass., 14 févr. 1883, D. 84, 1, 68.

Il est également compétent pour statuer sur les contestations relatives à l'engagement des personnes n'ayant pas la qualité de gens de travail ou de domestiques (clercs, secrétaires, etc.)[1].

Le *tribunal de commerce*, de son côté, est compétent, mais seulement à titre transitoire et jusqu'à l'organisation des sections commerciales (V. *supra*, n° 666), pour connaître des actions dirigées par les commerçants contre les commis (art. 634 C. com.), ou par les commis contre les commerçants, sauf en ce dernier cas la faculté pour le commis, dont l'engagement n'est point commercial, d'assigner son patron, s'il le préfère, devant le tribunal civil[2].

Sur l'incompétence, soit du tribunal de commerce, soit du Conseil des prud'hommes, en matière d'accidents du travail (L. de 1898, art. 15 et 16; L. de 1907, art. 1er), v. *supra*, nos 1119 et suiv.

SECTION II. — Conflits collectifs. — Conciliation et arbitrage facultatifs (loi du 27 décembre 1892)[3]

§ 1er. — Objet de la loi. — Caractères distinctifs des Comités ou Conseils qu'elle institue

1301. — Objet de la loi. — La loi de 1892 n'a pas eu pour objet de conférer aux parties un droit nouveau ; le droit de recourir à l'arbitrage est, en effet, un droit primordial, dont la légitimité n'est pas plus contestable lorsque le conflit met en présence deux collectivités que lorsque les intérêts en jeu sont des intérêts individuels. L'innovation de la loi de 1892 a donc consisté, non pas à décider que les conflits collectifs entre patrons et salariés pourraient être résolus par voie d'arbitrage, mais à offrir aux patrons et aux ouvriers une *organisation toute*

---

[1] Civ. cass., 8 déc. 1875, D. 76, 1, 359; Rennes, 7 déc. 1889, *Gaz. Pal.*, 90, 1, 273. — Cf. Lyon-Caen et Renault, t. I, n° 142; Guillouard, t. II, n° 707.

[2] Cass., 22 février 1859, D. 59, 1, 258; Orléans, 9 mars 1869, D. 69, 2, 85. — Cf. Baudry et Wahl, t. II, p. 261. — V. cependant Lyon-Caen et Renault, t. I, n° 369.

Certaines décisions récentes attribuent en ce cas compétence au juge de paix. A défaut de section commerciale du Conseil, l'employé aurait le choix d'assigner son patron, à son gré, devant le tribunal de commerce ou le juge de paix. — Trib. paix Lille, 1er mai 1907, et Trib paix Paris (Ve arr.), 7 juin 1907, S. 1907, 2, 177. — La loi de 1905 n'ayant attribué une compétence illimitée, en premier ressort, au juge de paix, qu'au regard des ouvriers et gens de service, a supprimé le mot *employé*, qui figurait dans le texte voté par la Chambre (D. 1905, 4, 78); il nous paraît donc plus juridique de n'attribuer compétence au juge de paix, au regard des employés, que jusqu'à concurrence de 600 francs (art. 1er).

[3] *Rec. Cohendy*, p. 76. — Cf. circul. Min. du comm. aux préfets, 23 janvier 1893, et circul. Garde des sceaux aux procur. généraux, 19 février 1893 (D. 93, 4, 33 et s.).

faite : organisation dont tous les rouages tendissent à substituer, dans la plus large mesure possible, le raisonnement et la discussion pacifique à la grève, ou cessation brusque et comminatoire du travail.

1302. — Caractères distinctifs des organes institués par la loi. — Cette organisation officielle de pacification sociale, instituée par la loi de 1892, présente trois caractères essentiels :

I. C'est une *organisation générale*, susceptible d'être adaptée à tous les différends collectifs, portant sur les conditions du travail, entre employeurs et employés, au sens le plus large du mot [1].

Il y a ainsi parallélisme complet entre le champ d'application de la loi de 1884 sur les syndicats professionnels et celui de la loi nouvelle : solution logique, puisque le plus souvent le conflit mettra en présence un syndicat patronal et un ou plusieurs syndicats ouvriers. De même que les syndicats professionnels peuvent grouper, d'après la loi de 1884, toutes les personnes ayant des intérêts industriels, commerciaux ou agricoles communs, de même, la procédure instituée par la loi de 1892 est offerte, non seulement aux chefs d'industrie et aux ouvriers de l'industrie manufacturière, mais encore aux négociants et à leurs employés de tous ordres, et même aux chefs d'exploitation agricole et aux employés ruraux (Cf. circ. min.) (V. *infra*) [2].

1303. — II. *L'organisation nouvelle est une organisation-type*, réglant la procédure à suivre, dans *chaque cas particulier*, pour la constitution du Comité de conciliation ou, à défaut de conciliation, du Conseil d'arbitrage destiné à trancher le différend, mais n'instituant *aucune juridiction permanente*.

Comités ou Conseils sont constitués accidentellement, en vue d'une affaire déterminée, et par la seule volonté des parties. Le seul élément *permanent* de tous les Conseils d'une même région est le *juge de paix*, qui est appelé à jouer, dans la procédure, un rôle prépondérant.

---

[1] « Cette procédure convient aux conflits qui s'étendent à tous les établissements d'une industrie dans plusieurs communes ou dans toute une région, comme à ceux qui n'intéressent qu'un seul atelier, une seule usine ou une section d'usine; elle peut être offerte aux ouvriers qui ont déjà cessé le travail, aussi bien qu'à ceux qui sont résolus de ne recourir à la grève qu'après avoir épuisé tous les moyens de conciliation... » (circ. Min. com.).

[2] Signalons toutefois une différence, difficile à justifier, entre les lois de 1884 et de 1892. — La Chambre a formellement reconnu aux *ouvriers des manufactures ou des chemins de fer de l'Etat* le droit de se syndiquer (v. *supra*, n° 383), ainsi que celui de se coaliser (v. *supra*, n°s 330 et s.); elle leur a refusé au contraire, par le rejet de l'amendement Cousset (Ch , 20 oct. 1892, *Offic.*, p. 1286), le droit d'invoquer la loi de 1892. — Sur l'incompétence des Conseils de prud'hommes à leur égard, v. *supra*, n° 1285 *bis*. — Plusieurs législations étrangères sont plus libérales; ainsi la loi *allemande* sur les tribunaux industriels s'applique aux ouvriers de l'Etat, sauf aux ouvriers de la guerre et de la marine.

La raison d'être de cette mission attribuée au juge de paix a été nettement mise en relief dans le passage suivant de la circulaire du Ministre : « ... Le législateur a pensé que le médiateur devait être investi de l'estime et de la considération publiques, étranger aux luttes politiques, *désintéressé dans les querelles industrielles, aussi rapproché que possible du théâtre du conflit* ; et, suivant le vœu du Conseil supérieur du travail, il a choisi, pour lui confier cette tâche, le juge de paix ».

1304. — III. L'organisation nouvelle est *essentiellement facultative* : les parties en conflit ne sont jamais tenues de recourir à la procédure légale. Le parti ouvrier, par l'organe de M. Raspail, avait déposé un amendement tendant à décréter l'arbitrage *obligatoire*; mais le rapporteur de la loi à la Chambre des députés, M. Lockroy, fit écarter cette motion, en faisant observer qu'au regard des ouvriers tout au moins les mesures de contrainte édictées seraient fatalement illusoires.

§ 2. — Procédure initiale

A. Grève non déclarée. — **1305.** — *S'il n'y a pas grève*, la procédure ne peut être mise en mouvement que par l'une des parties intéressées au travail : les patrons d'une part, les ouvriers ou employés de l'autre. La loi, d'ailleurs, ne subordonne pas la recevabilité de la demande de conciliation à l'existence d'un accord préalable sur le recours à la procédure légale : la demande peut être réciproque, mais elle peut aussi être unilatérale, c'est-à-dire émaner exclusivement des patrons ou des ouvriers.

Le mode d'élection des délégués, au Comité de conciliation, est abandonné à la liberté des intéressés; mais, aux termes des art. 2 et 15 de la loi, ceux-ci ne peuvent choisir pour délégués que des personnes appartenant à la profession, *personnellement intéressées* dans le conflit, et jouissant de la qualité de *citoyens français*, c'est-à-dire ayant la jouissance de leurs droits civils et politiques. Toutefois les *femmes* de nationalité française, jouissant de leurs droits civils et n'ayant subi aucune condamnation qui, encourue par un homme, lui ferait perdre ses droits politiques, peuvent aussi être désignées comme *déléguées* dans les professions ou industries qui les emploient. Les délégués ne peuvent être en nombre supérieur à cinq[1].

[1] « *La loi n'exige pas*, d'ailleurs, *que le nombre des comparants soit égal des deux parts* : les ouvriers, ne pouvant être tous admis, choisiront parmi eux un

1306. — **Déclaration et notification.** — Aux termes de l'article 3, le juge de paix doit délivrer *récépissé* de la déclaration, avec indication de la *date* et de l'heure du dépôt, et la notifier sans frais, dans les vingt-quatre heures, à la partie adverse ou à ses représentants, par *lettre recommandée* ou, au besoin, *par affiches* apposées aux portes de la justice de paix et à celles de la mairie des communes intéressées.

1307. — **Conflit d'attributions.** — Dans le cas où le conflit s'étend à plusieurs établissements industriels répartis dans différents cantons, il se peut que plusieurs juges de paix se trouvent simultanément saisis, et cependant il est absolument nécessaire qu'une procédure unique se poursuive, sinon l'on verrait un même conflit risquer d'aboutir à plusieurs sentences arbitrales non concordantes ou mêmes contradictoires. Comment réglera-t-on ce conflit entre magistrats également compétents ?

La procédure du règlement de juge est inapplicable à l'espèce, attendu qu'ici le juge de paix n'agit point comme juge, mais comme intermédiaire officiel entre les parties en litige ; il n'est qu'un *courtier de conciliation*. Cela étant, il nous semble que la difficulté ne peut être résolue que par un accord amiable entre les juges saisis (Arg. circ. gard. des sceaux ; De Fromont, p. 197).

1308. — **Délai.** — L'article 4 décide qu' « au reçu de la notification, et au plus tard *dans les trois jours*, les intéressés doivent faire parvenir leur réponse au juge de paix. Passé ce délai, leur silence est tenu pour refus ». Conformément aux principes généraux, le délai de trois jours imparti aux intéressés pour répondre doit être considéré comme un *délai franc*.

B. Grève déclarée. — **1309.** — S'il y a *grève déclarée*, l'art. 10 de la loi autorise le juge de paix à prendre l'*initiative* d'une tentative de conciliation. C'est à ce magistrat qu'il appartient d'apprécier, dans chaque espèce, d'après l'expérience qu'il a acquise du milieu industriel où il exerce ses fonctions, l'opportunité et les chances du succès d'une démarche de ce genre.

---

délégué au moins et cinq au plus. Quant au patron, il pourra, bien entendu, *se présenter seul*, et, s'il le préfère, il pourra *se faire accompagner d'une personne au moins et de quatre au plus prises dans sa maison*; enfin, comme la loi permet aux parties non seulement de se faire *assister*, mais encore de se faire *représenter* par des délégués, le patron pourra ne pas comparaître personnellement, mais confier ce mandat à une personne au moins et à cinq au plus, pourvu que ces personnes ne soient pas étrangères à son usine » (circul. Garde des sceaux).

§ 3. — Comité de conciliation et conseil d'arbitrage

I. — Comité de conciliation

1310. — Dès que la proposition de conciliation, transmise au juge de paix par l'une des parties, ou adressée par le juge aux deux parties en cas de grève, est acceptée de part et d'autre, dans les formes déterminées par la loi, le comité est virtuellement constitué, et le juge de paix doit en provoquer la réunion d'urgence.

Les réunions ont lieu *en présence* du juge de paix, qui est *à la disposition du comité* pour diriger les débats (art. 5).

Il importe de bien préciser le rôle dévolu au juge de paix. Il n'est ni un juge appelé à statuer sur la question litigieuse, ni un président de droit avec voix prépondérante. C'est un simple *assistant*, chargé de prêter ses bons offices pour faciliter la conciliation, de présider même les débats *si les parties intéressées en manifestent le désir*; mais, même dans le cas où il préside le comité, il n'a pas voix délibérative.

C'est qu'en effet, ainsi que le fait observer le ministre de la justice, le *comité de conciliation ne saurait à aucun titre être assimilé à un tribunal*, ni même à une assemblée délibérante, où la majorité impose ses décisions à la majorité : l'échange de vues n'est pas suivi d'un vote final, et ne peut aboutir qu'à deux résultats, à savoir un *accord unanime* des délégués, ou un refus d'accord. Si l'accord s'établit entre les délégués, les conditions en sont consignées dans un procès-verbal dressé par le juge de paix et signé des délégués (art. 6, application des principes de l'art. 54 C. pr. civ.). L'on est alors en présence d'un *contrat collectif*, dont nous avons précédemment déterminé la valeur juridique. — V. *supra*, n°s 442 et s.; 1185 et s. — Sur le caractère obligatoire du contrat ainsi conclu pour toutes les parties qui ont pris part aux négociations, par elles-mêmes ou par mandataires, v. Cons. des prud'hom. de Reims, 30 déc. 1905, D. 1906, 2, 110. Dans le cas contraire, le juge de paix dresse également un procès-verbal constatant sommairement que les parties n'ont pu s'accorder, et provoque un arbitrage.

II. — Conseil d'arbitrage

1311. — Si l'accord ne s'établit pas, le juge de paix invite les parties à désigner, soit chacune un ou plusieurs arbitres, soit un arbitre commun (art. 7, § 1er). L'arbitrage, comme la tentative de conciliation, est purement *facultatif*; les parties sont donc entièrement libres de décliner l'invitation qui leur est adressée. Ce refus est rendu public par voie d'affichage dans les formes déterminées par l'article 12 de la loi.

Supposons que les deux parties se rallient au principe de l'arbitrage, deux questions doivent alors être examinées : 1° comment les arbitres seront-ils désignés ; 2° quelle sera la procédure à suivre devant les arbitres ?

1° Comment les arbitres sont-ils désignés? — L'article 7 confère aux *parties*, et non pas aux délégués, la mission de choisir les arbitres ; mais il est évident que rien n'empêche les parties, en nommant les délégués, de leur conférer expressément les pouvoirs suffisants pour procéder, en cas de non-conciliation, au choix du ou des arbitres. La loi n'a pas limité le nombre des arbitres. Chacune des parties peut donc en nommer un, deux, trois, ou même un plus grand nombre ; mais comme le Conseil d'arbitrage est une véritable juridiction, il est indispensable, pour tenir la balance égale, qu'*un même nombre d'arbitres* soit pris de part et d'autre.

A la différence des délégués, les arbitres peuvent être choisis *en dehors des intéressés*. La seule limitation apportée à la liberté d'option des parties est inscrite dans l'article 14 : les arbitres, devant être investis d'une véritable magistrature, doivent être *citoyens français* ; les femmes, qui peuvent être déléguées au Comité de conciliation, ne peuvent donc être choisies pour arbitres.

Les parties, si elles le préfèrent, au lieu de désigner séparément leurs arbitres, peuvent opter pour la constitution d'un ou de plusieurs arbitres communs.

1312. — *Arbitre départiteur.* — L'article 7, § 2, et l'article 8, prévoient le cas où les arbitres primitivement désignés ne parviendraient pas à s'entendre sur la solution à donner au différend. Aux termes de l'article 7, § 2, si les arbitres ne s'entendent pas sur la solution à donner au différend, ils pourront choisir un nouvel arbitre pour les départager.

Contrairement au principe posé dans les articles 1017 et 1018 C. proc. civ., cet arbitre départiteur pourra, à son gré, ou se rallier au système de l'un des deux autres arbitres, ou proposer une solution nouvelle, ou défendre une solution transactionnelle.

Si les arbitres n'arrivent à s'entendre, ni sur la solution à donner au différend, ni pour le choix de l'arbitre répartiteur, ils le déclareront sur le procès-verbal, et cet arbitre sera nommé par le *président du tri-*

bunal civil, sur le vu du procès-verbal, qui lui sera transmis d'urgence par le juge de paix (art. 8)[1].

1313. — **2° Procédure devant le Conseil d'arbitrage.** — La procédure, telle qu'elle résulte de la combinaison des articles 1006 du Code de procédure civile, 9 et 12 de la loi du 27 décembre 1892, est des plus simples.

Les parties, en nommant les arbitres, doivent consigner par écrit l'objet du litige. La décision sur le fond doit également être rédigée et signée des arbitres ; elle est alors remise au juge de paix, qui en délivre gratuitement une expédition à chacune des parties et en adresse une autre au ministre du travail par l'entremise du préfet ; les procès-verbaux et la minute de la décision sont déposés au greffe de la justice de paix (art. 11).

Ainsi conservées en minute et assurées de l'authenticité, ces décisions constitueront, suivant la formule même de l'exposé des motifs, une sorte de *charte coutumière*, à laquelle devront se rapporter les tribunaux compétents pour juger les différends individuels.

Acceptée de part et d'autre, en effet, la sentence arbitrale revêt tous les caractères d'un *contrat collectif*, juridiquement obligatoire, au même titre que l'accord intervenu en Comité de conciliation. Cons. des prud'h. de Reims, 30 déc. 1905, précité.

III. — Sanction des décisions du comité ou du conseil

1314. — La difficulté est d'obtenir cette adhésion réciproque, qui va transformer la sentence arbitrale en un contrat collectif, sur les bases duquel devront désormais se conclure les accords individuels entre employeurs et ouvriers ou employés. Aucune sanction coercitive n'est en effet attachée aux décisions des Comités ou Conseils; les bénéficiaires de la sentence arbitrale n'ont donc aucun moyen légal d'en imposer l'observation aux parties adverses. Il a paru impossible, pour des raisons identiques à celles qui ont fait repousser par le Parlement le principe de l'arbitrage obligatoire (caractère illusoire d'une exécu-

---

[1] Si le juge de paix n'a point reçu la mission de nommer le départiteur, c'est parce qu'il a déjà connu du différend lors de la convocation de l'assemblée de conciliation.

« On a écarté de même le président du Conseil des prud'hommes, parce que ces sortes de tribunaux sont présidés alternativement par un patron et par un ouvrier : on a craint que les hasards du roulement ne fissent naître quelque méfiance, soit dans l'esprit des ouvriers, soit dans celui des patrons. Aucune de ces objections ne pourrait être invoquée contre le président du tribunal civil » (circul. Min. just.).

tion forcée dirigée contre les ouvriers), de rendre civilement exécutoires les décisions des Conseils, ou de sanctionner par des pénalités les infractions à leurs décisions.

La sanction prévue par la loi est purement morale ; elle consiste uniquement dans un *appel à l'opinion publique*, résultant de l'affichage prescrit par l'article 15 (affichage officiel à la mairie et affichage facultatif pour les parties : reproduction, sans commentaires, de l'affiche officielle).

CHAPITRE III

RÉSULTATS OBTENUS. — RÉFORMES NÉCESSAIRES

SECTION PREMIÈRE. — Résultats obtenus

Le principe des juridictions arbitrales. — **1315.** — Il y a quelques années, une assez vive campagne fut dirigée, dans les milieux doctrinaux, contre le principe même de la juridiction professionnelle et en faveur du retour à l'unité de juridiction [1]. Le jugement *par les pairs*, disait-on, loin d'être une garantie d'impartialité, est une source presque fatale de conflits; le meilleur arbitre, le seul impartial, est celui *que l'on choisit en dehors de la profession,* attendu qu'il est absolument désintéressé dans le débat.

Nous ne croyons pas, pour notre part, pouvoir nous associer à ces conclusions. Il est possible que, dans un avenir lointain, toutes les juridictions élues disparaissent et que les litiges de tout ordre soient déférés aux juges de paix et aux tribunaux civils.

Mais cette réforme se heurterait à coup sûr, aujourd'hui, aux résistances énergiques des intéressés. En ce qui concerne spécialement le monde du travail, nous l'avons établi, les juridictions arbitrales se sont multipliées dans tous les pays industriels; et à tout prendre, malgré certains abus contre lesquels le législateur n'est pas désarmé (*mandat impératif* par exemple), les résultats obtenus sont plutôt encourageants et ne justifient en aucune manière la suppression de juridictions arbitrales, dont la compétence technique est réelle, la justice expéditive, conciliante et peu coûteuse. Aussi la tendance actuelle, nettement affirmée dans les lois allemande de 1904 et française de 1907, est-elle d'étendre, et non de limiter leur champ d'action.

Résultats obtenus en France. — **1316.** — **Statistique prud'homale.** — Nous avions le regret de constater, dans notre première édition (p. 425), un fléchissement sensible du nombre des affaires conciliées par les prud'hommes. Cette décroissance regrettable ne s'est

[1] Sauzet, *La juridiction des Conseils de prud'hommes*, 1889; Thaller, *De l'avenir des tribunaux de commerce* (*Ann. de dr. commerc.*, 89, 2, 200); E. Bouvier, *De l'organisation des tribunaux de commerce* (*Ann. Soc. Ec. polit. Lyon*, 90, 285).

pas accentuée, et les résultats accusés par les deux dernières statistiques quinquennales sont, au contraire, des plus satisfaisants [1].

1317. — Statistique des recours à la conciliation et à l'arbitrage. — L'on représente volontiers la loi française de 1892 comme ayant échoué radicalement. Cette affirmation est démentie par les faits. La proportion des recours a oscillé, depuis l'origine, entre 23 et 29 0/0 des grèves (29,64 en 1905, 23,07 en 1906), 24,57 en moyenne pour les treize premières années d'application de la loi. Quant aux résultats obtenus, ils sont, en somme, très encourageants [2].

Au surplus, nombre de conflits plus ou moins graves ont été, soit pacifiquement tranchés, soit prévenus par de multiples interventions. Il a été question précédemment (V. *supra*, n° 863), des arbitrages qui ont, en novembre 1902, mis fin à la grève des mineurs, tant dans les bassins du Pas-de-Calais que dans les bassins de la Loire. Mais nombre d'autres grèves se sont terminées par l'intervention amiable des pouvoirs publics (122 grèves terminées en 1906 par l'intervention des préfets, sous-préfets, maires, inspecteurs du travail, etc.), ou des syndicats et fédérations professionnelles (152 en 1906) [3].

1318. — *Institutions permanentes d'initiative privée.* — D'autre part, malgré l'absence dans nos lois de toutes dispositions réglementaires concernant les institutions permanentes préventives ou conciliatrices des conflits, ces institutions, sans avoir acquis le même développement qu'en Angleterre par exemple, tendent à s'acclimater en France. Nous avons eu l'occasion de signaler déjà la formation de *Commissions mixtes* dans les industries minières, typographique, du bâtiment, de la tannerie, du tulle, etc... (V. *supra*, n°s 568 et 928), ainsi que les créations dues aux *syndicats mixtes* du Nord (n° 568). Il

---

[1] Au cours de la dernière période quinquennale, 1901-1905), les Conseils de prud'hommes ont eu à connaître, en moyenne, de 51,100 affaires par an. Un cinquième des affaires ayant été retirées par les parties avant l'audience, 35,836 seulement (année moyenne) ont été portées devant les conseils, qui en ont concilié 19,210, soit plus de la moitié. Des 16,626 contestations non suivies d'arrangement, près des deux tiers ont été conciliées dans la coulisse et, finalement, les bureaux de jugement n'ont eu à statuer que sur 6,000 affaires annuellement (exactement 6,022, année moyenne). — *Bull. Off. trav.*, 1908, 658).

[2] La loi de 1892 a reçu, en 1906, son application dans 302 différends, soit 23,07 du total des grèves (1,309). Sur ces 302 recours (initiative prise 141 fois par les ouvriers, 8 par les patrons, 6 par les deux parties, 147 fois d'office par le juge de paix), 170 ont abouti à la constitution d'un comité de conciliation, 94 ont réussi à concilier les parties : 9 conseils d'arbitrage ont été constitués, après échec de la tentative de conciliation. — Pour plus de développements, v. la Statistique des grèves et recours à la conciliation pour 1906 (public. de l'*Off. du trav.*, 1907).

[3] Signalons également six grèves solutionnées en 1906 par l'intervention de ministres, sous-secrétaires d'Etat ou députés. — *Bull. Off. trav.*, 1907, 1054.

convient également d'enregistrer la constitution d'un certain nombre de *Conseils d'usines* (fabrique Harmel au Val-des-Bois, papeterie Laroche-Joubert, maison Leclaire, fonderie Deberny, imprimerie Rivière à Blois, usines du Creusot, etc.) [1].

Résultats obtenus a l'étranger. — **1319**. — L'on admet assez généralement que les résultats obtenus dans la majorité des Etats étrangers sont très supérieurs à ceux obtenus en France : cette opinion ne nous paraît pas, de tous points, confirmée par les faits.

C'est ainsi qu'en *Belgique*, tout d'abord, les écrivains les plus autorisés ont dû constater l'échec relatif des Conseils officiels de l'industrie et du travail [2], et le recul sensible des Conseils d'usine sur lesquels l'on fondait il y a quelque dix ans de si grandes espérances. Plusieurs de ces Conseils, fondés à l'imitation des institutions précédemment décrites de Bascoup et Mariemont, ont dû se dissoudre. L'on n'a constaté de progression réelle que pour les Commissions mixtes, dont le développement coïncide en Belgique avec celui de l'action syndicale [3].

En *Angleterre*, nous l'avons déjà noté (V. *supra*, n° 1261), les institutions préventives des conflits (conseils d'usines, commissions mixtes) se sont développées dans des proportions considérables; mais le nombre des conciliations ou des arbitrages dus à l'action officielle du *Board of trade*, ou même à l'action semi-officielle des conseils de district, création des Chambres de commerce, est assez faible [4].

En *Allemagne*, le chiffre total des interventions des tribunaux industriels, comme organes de conciliation des différends collectifs, demeure très inférieur à celui des recours enregistrés par la statistique française [5].

---

[1] Aux études citées *supra*, n° 1240, de Harmel, de Fromont, de Boissieu, *adde* : Boissard, *Des syndicats mixtes de l'industrie roubaisienne et tourquennoise*. — V. aussi : Lozé, *Conciliation et arbitrage dans les bassins houillers du Nord et du Pas-de-Calais*. — Sur les Conseils d'usine du Creusot, v. *supra*, n° 295. — Sur les Commissions mixtes des coiffeurs de Paris, du tissage de Cholet, du Syndicat national des ouvriers d'art, etc., v. notre étude sur *la loi de 1892*, p. 28.

[2] 29 interventions seulement, dont 12 pour les sections gantoises, en trois années (1896-1898), sur 441 grèves ! (Varlez, *Mus. soc.*, mai 1901). — La dernière statistique quinquennale est plus défavorable encore. Sur les 474 grèves de la période 1901-1905, une seule a été terminée par l'intervention directe d'un Conseil de l'industrie et du travail, 12 ont été tranchées par un Comité de conciliation et 2 par un Conseil d'arbitrage constitué pour l'affaire. — *Bull. Off. trav.*, 1907, 1193.

[3] Varlez. *ibid.* — Sur les syndicats belges, v. *supra*, n° 496.

[4] V. les chiffres fournis *supra*, en note sous n° 1261. — Il serait question de créer, auprès du ministère du commerce (*Board of Trade*), un tribunal officiel d'arbitrage analogue aux tribunaux américains.

[5] Sur 2,448 grèves en 1905, les tribunaux industriels se sont interposés 96 fois : sur 263 lock-outs, ils sont intervenus 13 fois (*Bull. Off. trav.*, 1905, 1244). — Ces résultats sont bien faibles ; aussi le Reichstag est-il saisi d'un projet tendant à

Aux *Etats-Unis* comme en Angleterre, les institutions préventives des conflits, et spécialement les commissions mixtes (les conseils d'usine y sont rares) se sont développées depuis quelques années dans des proportions considérables (V. *supra*, n° 1236). Mais l'action directe des conseils officiels d'arbitrage demeure assez restreinte, même dans les Etats où cette institution a poussé les plus profondes racines, comme dans les Etats de New-York et du Massachusetts [1].

Même dans les Etats où prévaut le principe de l'arbitrage obligatoire, les résultats ne sont pas pleinement satisfaisants. En *Australie* et *Nouvelle-Zélande*, les grèves sont devenues sans doute beaucoup plus rares [2], mais ce progrès a eu pour contre-partie une surélévation des tarifs, qui n'est pas sans faire appréhender pour l'avenir une crise économique (V. *supra*, n° 947). — A *Genève*, la loi de 1900-1904 n'a même pas eu l'avantage de faire disparaître les grèves, et jusqu'ici aucun différend collectif n'a pu être tranché par la Commission centrale des prud'hommes.

SECTION II. — **Réformes proposées**

1320. — Est-ce à dire qu'aucune réforme législative ne soit désirable, et qu'il convienne d'attendre du développement spontané des institutions syndicales ou patronales la pacification désirée ? Nous ne le pensons pas ; et nous estimons que l'Etat a pour devoir de faciliter,

---

constituer, sous le nom d'*Arbeitskammern*, des organes permanents de conciliation et d'arbitrage analogues aux conseils de l'industrie belge. — *Soz. Praxis*, nos 13-20 fév. et 12 mars 1908.

[1] Pour la période quinquennale 1901-1905, sur 13,964 grèves, 803, soit 5,75 0/0, ont été conciliées par des organismes corporatifs non officiels, et 223 seulement, soit 1,60 0/0, ont été déférées aux tribunaux d'arbitrage. — *Strikes and lock-outs* (rapp. officiel), p. 85, Washington, 1907.

[2] Le qualificatif de *pays sans grève*, appliqué aux Etats australasiens par les fervents de l'arbitrage obligatoire et du salaire minimum, serait exagéré. — Les grèves y sont rares, mais non pas inconnues, et tout récemment encore (mars 1908), les mineurs de Wellington (Nouvelle-Zélande) n'ont pas hésité à se mettre en grève, sans se préoccuper des sanctions pénales auxquelles ils s'exposaient. Aux dernières nouvelles, la tension était grave entre le gouvernement et les Unions ouvrières, et l'on parlait de modifier la loi sur l'arbitrage et de renforcer encore les pénalités contre la grève (*Bull. Off. trav.*, sept. 1908, p. 890). — Sur les résultats de la législation australasienne et les leçons qu'il est possible d'en déduire au point de vue européen, cons., outre les ouvrages cités ci-dessus (nos 489, 1263 et 1266) ; P. Villard, *Le socialisme en Nouvelle-Zélande* (*Ann. Soc. d'éc. polit. de Lyon*, 1905); Robertson, *Les lois sociales en Nouvelle Zélande* (*Rev. socialiste*, 1905, 513) ; Nogaro, chron. du *Mus. soc.* (mai 1906) ; Glasson, *Les conditions de travail dans les mines australasiennes* (*Ann. des mines*, 2e sem. 1905).

d'activer le libre jeu des institutions, corporatives ou autres, de conciliation et d'arbitrage. De nombreux projets ont été proposés dans ce but, nous les répartirons en trois groupes :

1321. — 1° *Projets tendant simplement à amender la législation sur les prud'hommes, sans en modifier le caractère.* — Sur ce point, nous serons bref, la loi organique de 1907 ayant donné satisfaction à la plupart des griefs formulés contre le régime antérieur.

Nous signalerons seulement d'un mot les deux projets ou propositions de loi déposés depuis sa promulgation, tendant, l'un à conférer aux *femmes* l'éligibilité aux conseils [1], l'autre à l'institution de *prud'hommes agricoles* [2].

1322. — 2° *Projets tendant à réorganiser les prud'hommes suivant le type allemand* et à leur conférer, sous certaines conditions, la *connaissance des conflits collectifs.* — A ce second type appartient la proposition Beauregard et de Montebello [3], dont l'économie est la suivante : les parties auront la faculté de choisir pour conciliateur le bureau général des prud'hommes, lequel d'ailleurs ne serait appelé à donner son avis qu'après une triple tentative de conciliation, demeurée sans résultat, devant un prud'homme ouvrier d'abord, puis devant un prud'homme patron, et enfin devant ces deux prud'hommes réunis. Les parties restent libres d'ailleurs de procéder, soit *ab initio*, soit après échec de l'intervention des prud'hommes, suivant les formes de la loi de 1892.

1323. — 3° *Projets tendant à compléter la législation de 1892 sur les conflits collectifs.* — A ce groupe se rattachent : *a*) les projets ou propositions ayant pour but d'encourager la constitution de conseils permanents de conciliation dus à l'initiative privée [4] ; *b*) ceux tendant à instituer des conseils régionaux du travail ou des chambres de

1 Projet déposé par le Ministre du travail, le 23 mai 1907 (Ch., *Doc. parl.*, n° 967), adopté par la Chambre le 20 juin, sur le rapport de M. Groussier. — Cf. texte voté par la Chambre le 14 janv. 1901. — Au moment de donner le bon à tirer du présent volume, *nous parvient la nouvelle du vote de ce projet par le Sénat*, sans modifications. — La loi, d'inspiration féministe, conférant aux femmes l'éligibilité aux Conseils, a été promulguée le 15 nov. 1908.

2 Propos. Bouffandeau, 27 mars 1907 (Ch., *Doc. parl.*, n° 916).

3 8 nov. 1898 (Ch., *Doc. parl.*, n° 324). — Cette propos., analysée dans les *Quest. prat.* (1900, 239) et dans les études précitées de M. Nouvion-Jacquet, n'a pas été renouvelée au début de la législature actuelle.

4 Projet Lebon, Min. com. (8 juill. 1895, Ch., *Doc. parl.*, n° 1465, *Off.*, p. 835) ; propos. de Mun, tendant à favoriser les syndicats mixtes (25 nov. 1895, Ch., *Doc. parl.*, n° 1625).

travail [1]; c) ceux tendant à rendre obligatoire non point l'arbitrage, mais la *comparution en conciliation* [2].

1324. — 4° *Les projets d'organisation* ou mieux *de réglementation des coalitions, tendant à rendre, sous certaines conditions, l'arbitrage obligatoire*. — Ces projets, ainsi que nous l'avons fait observer *supra* (n° 334) se subdivisent en deux catégories : les uns décrétant l'obligation pure et simple de l'arbitrage, à l'instar de la loi néo-zélandaise analysée *supra*, n° 1266 [3]; les autres n'imposant l'arbitrage que sous certaines conditions, et seulement aux parties qui auraient au préalable consenti à se placer sous l'empire de la juridiction arbitrale (projet *Millerand*) [4].

1325. — Projet Millerand. — Ce projet célèbre, que l'esprit de parti a souvent dénaturé, peut en somme se résumer dans les propositions suivantes : — 1° obligation pour tout chef d'industrie employant au moins cinquante ouvriers de déclarer formellement, au moment où se conclut le contrat de travail (avis imprimé remis à chaque ouvrier

---

[1] Propos. Mesureur, Michelin, Bovier-Lapierre, Ch. Ferry et Dutreix, analysées *supra*, sous n°s 228-230, propositions devenues virtuellement sans objet par suite de la création, par les décrets des 17 septembre 1900, 2 janvier 1901, des *Conseils du travail* (v. *supra*, n°s 228-238) : décrets abrogés eux-mêmes par la loi du 17 juillet 1908 sur les *Conseils consultatifs du travail*.

[2] Projet Mesureur, Min. com., 23 janvier 1896 (Ch., *Doc. parl.*, n° 1746, *Off.*, p. 22); propos. Magnien, 19 juin 1899 (Sén., *Doc. parl.*, n° 174, *Off.*, p. 411). — Cf. loi *allemande* de 1901 (v. *supra*, n° 1254).

[3] Code du travail Groussier (Ch., 13 juin 1898, *Doc. parl.*, n° 33), art. 840 et s.; propos. Zevaès (4 décembre 1900, Ch., *Doc. parl.*, n° 1908); propos. P. Constans (4 juill. 1906, Ch., *Doc. parl.*, n° 184).

[4] Projet sur le *règlement amiable des différends relatifs aux conditions du travail*, déposé le 15 nov. 1900 (Ch., *Doc. parl.*, n° 1937) au nom du gouvernement par MM. Millerand, minist. du comm., et Waldeck-Rousseau, présid. du Conseil. Le texte de 1900, quelque peu amendé, a été déposé à nouveau par M. Millerand, en son nom personnel, au début de chacune des deux dernières législatures (14 oct. 1902, Ch., n° 323, et 12 juin 1906, Ch., n° 14). — Rapp. favorable de M. Colliard, au nom de la Commission du travail, du 22 déc. 1904, déposé à nouveau le 27 déc. 1907 (Ch., *Doc. parl.*, n° 1418). — Cf. propos. de loi F. Buisson, du 21 mars 1907 (Ch., *Doc. parl.*, n° 879), tendant à faire insérer l'arbitrage obligatoire dans le cahier des charges des entreprises dépendant des pouvoirs publics.

Le projet Millerand, vu avec une égale défaveur par les libéraux et par les révolutionnaires, a soulevé des discussions et suscité des travaux nombreux, parmi lesquels, en dehors des études sur l'arbitrage déjà mentionnées *supra*, n°s 334 et 1240, nous citerons les suivants : Sorel, *Mouvement socialiste*, janv. 1901; Berthélemot, *L'arbitrage obligatoire*, 1901; Beauregard, *L'arbitrage facultativement obligatoire* (*Mond. écon.*, 2 mars 1901); Isaac, *Le projet de loi sur l'arbitrage obligatoire* (*Econ. franç.*, 13 avr. 1901); Lozé, *Les conflits du travail et le droit de grève* (*ibid.*, 3 juin 1905); Nogaro, *L'arbitrage obligatoire en Australasie*, 1906 (conclusions); Aftalion, *La conciliation dans les conflits collectifs*, 1907; A. Garnier, *L'arbitrage obligatoire* (rapp. au Congrès radical-socialiste de Dijon, octobre 1908); Millerand, *Travail et travailleurs* (p. 61 et s.), 1908.

embauché), s'il entend ou non se soumettre, pour la solution des contestations susceptibles de s'élever entre son personnel et lui, à l'arbitrage organisé par la loi. Le principe de l'arbitrage pour les conflits futurs, *accepté* par le chef d'industrie, devient obligatoire pour lui, non parce qu'imposé, mais en vertu du contrat qui le lie à l'ouvrier. C'est donc plutôt un arbitrage *contractuel* qu'un arbitrage *obligatoire* [1] (Waldeck-Rousseau, rép. à l'interpell. Vazeilles, 6 nov. 1900);

2° Organisation, pour tous les établissements dont les chefs ont accepté le régime nouveau, d'un mode de règlement amiable des conflits reposant essentiellement sur les bases suivantes : — *a*) institution d'un *Conseil d'usine* ; — *b*) obligation pour les deux parties, en cas de conflit non dénoué par le Conseil d'usine, de désigner des arbitres, qui statueront sans que le travail soit suspendu ; — *c*) faculté pour les ouvriers, si le patron se refuse à constituer des arbitres, de décréter la grève, à la majorité ; caractère *obligatoire*, pour sept jours, de la grève ainsi déclarée ; — *d*) réunion *d'office*, en cas de grève déclarée régulièrement, de la section compétente du Conseil du travail de la circonscription ; — *e*) caractère obligatoire, *pour six mois*, de la sentence rendue, soit par les arbitres ou l'arbitre départiteur, soit par la section du Conseil du travail ; — *f*) déchéances civiques encourues par tous ceux, patrons, ouvriers ou employés qui, ayant accepté le régime légal, auront manqué à leurs engagements.

CONCLUSIONS. — **1326**. — Il nous reste à conclure et à indiquer brièvement quels sont, de ces multiples projets, ceux dont l'adoption paraît désirable, dans l'intérêt de la paix sociale.

Arbitrage obligatoire ou semi-obligatoire. — De tous ces projets, les plus hardis sont ceux qui tendraient à introduire chez nous, avec plus ou moins de ménagements, la pratique australasienne de l'arbitrage obligatoire. A notre sens, le terrain n'est pas encore préparé en France pour l'introduction d'un tel système, même avec les atténuations proposées par M. Millerand ; l'accueil défavorable fait à ce projet même du côté ouvrier est significatif [2]. Ce qui a permis en Nouvelle-Zélande

---

[1] L'arbitrage, toutefois, serait obligatoire pour les adjudicataires de travaux publics (art. 4).

[2] V. dans le *Mus. soc.* (févr. 1902), les critiques très vives formulées par la Conféd. génér. du travail et par M. Briand. — V. cependant, dans le même numéro, l'article favorable de M. Jaurès, lequel d'ailleurs insiste surtout sur l'importance sociale du contrat collectif. Depuis lors, les abus du droit de grève, les violences outrancières de la C. G. T. ont déterminé, dans les milieux parlementaires ou doctrinaux (v. travaux précités de Garnier et Aftalion), un courant nettement favorable au projet Millerand, envisagé comme une digue contre la poussée anarchiste. — Mais nous craignons que la discussion approfondie du projet, lorsque ses conclusions, adoptées par la Commission du travail, viendront en séance publique, ne fasse surgir de

et en Australie d'imposer l'arbitrage, c'est la forte organisation syndicale : puissants et disciplinés, disposant de ressources pécuniaires considérables, les syndicats néo-zélandais notamment ont assumé sans hésitation, pour la plupart du moins, les lourdes responsabilités qu'impliquait pour eux le régime nouveau; or, il ne nous paraît pas que, dans l'état actuel de nos mœurs et de nos lois, les syndicats français puissent y être soumis[1].

Commençons donc par réformer notre législation syndicale, élargissons sans crainte la capacité syndicale, affirmons la légalité du contrat collectif (V. *supra* en ce sens. n° 584); et le jour où ces réformes auront porté leurs fruits, peut-être pourra-t-on envisager l'opportunité d'une loi sur l'arbitrage obligatoire, à moins, ce qui serait encore préférable, que l'arbitrage ne se soit implanté en maître, par la seule action des syndicats, parvenus à leur complet développement organique.

Remarquons du reste que le projet Millerand est loin de proposer une procédure applicable à tous les conflits ; il ne vise, à vrai dire, que la *grande industrie*, puisqu'il se réfère uniquement aux établissements occupant au moins cinquante ouvriers; il ne s'applique d'autre part qu'à une catégorie spéciale de conflits, aux conflits collectifs mettant en présence un chef d'industrie et tout ou partie du personnel qu'il emploie. Pour les conflits collectifs n'affectant que des établissements industriels de moindre importance, et pour les conflits ayant, au contraire, une très grande extension et englobant, dès l'origine, tout un ensemble d'établissements similaires, le projet n'édicte aucune prescription nouvelle ; dans ces deux cas, la loi du 27 décembre 1892 continuerait à s'appliquer exclusivement.

1327. — *Réforme de la loi de 1892 ; tentative obligatoire de conciliation, Conseils d'usines, Conseils du travail.* — C'est donc à perfec-

---

graves obstacles. — Le Ministre du travail paraît les avoir pressentis, lorsqu'il a déposé sur le bureau de la Chambre un projet tendant à instituer, dans toutes les exploitations minières, des *Comités permanents* de conciliation et d'arbitrage (Ch., 12 mars 1907, *Doc. parl.*, n° 1509). Limitée aux mines, dans lesquelles le contrat collectif et l'arbitrage fonctionnent déjà presque normalement, l'expérience peut donner de bons résultats (De Seilhac, *Rev. polit. et parl.*, juin 1908).

[1] « En Nouvelle-Zélande, les amendes qui frappent les syndicats ouvriers (coupables, par exemple, d'avoir organisé la grève au lieu de porter le différend devant les arbitres) peuvent s'élever jusqu'à 12,500 francs, celles qui frappent les ouvriers eux-mêmes jusqu'à 250 francs. Mais à ce prix les syndicats traitent à égalité avec les chefs d'industrie, *ils combattent à armes égales et ils triomphent facilement devant le tribunal arbitral*, lorsqu'ils ont le bon droit pour eux » (De Seilhac, *Les grèves*, p. 251). — Au surplus, nous l'avons indiqué plus haut, il y a depuis quelque temps du flottement dans l'application de la loi, et l'attitude de résistance prise par certaines Unions ouvrières néo-zélandaises fait présager de sérieuses difficultés.

tionner et à compléter cette loi de 1892 qu'il conviendrait de s'attacher tout d'abord. Nous proposerions, dans ce but, trois réformes principales : — 1° L'insertion dans la loi d'une disposition rendant *obligatoire*, sous certaines sanctions pécuniaires, la comparution en conciliation devant le juge de paix [1] ; — 2° la reconnaissance légale et expresse des Conseils d'usine, qui en l'état actuel de notre législation n'ont évidemment rien d'irrégulier, mais dont il ne serait pas indifférent d'encourager la formation (Cf. proj. Lebon et Millerand) ; — 3° la reconnaissance légale des Conseils du travail comme Conseils permanents d'arbitrage ; ce qu'a malheureusement omis de faire la loi du 17 juillet 1908, dont nous avons précédemment fait ressortir les graves défauts. Le recours à ces Conseils serait d'ailleurs facultatif, les parties pouvant si elles le préfèrent choisir des arbitres spéciaux dans les conditions déterminées par la loi de 1892 (Cf. projet Millerand, sauf l'intervention obligatoire de ces Conseils, prévue par le projet dans certains cas spécifiés).

1328. — Si toutes les réformes précédemment rappelées étaient réalisées, il resterait sans doute, entre le capital et le travail, bien des causes de mésintelligence. Mais la solution pacifique et amiable des conflits de tout ordre, collectifs ou individuels, serait sensiblement facilitée, et un grand pas serait fait dans la voie de la pacification sociale, cet idéal de toute législation réglementaire.

---

[1] Ainsi que l'a fait remarquer M. Mesureur dans l'exposé des motifs de son projet de 1896, l'obligation limitée à la tentative de conciliation ne porterait en réalité aucune atteinte à la liberté des parties. Quelle bonne raison, en effet, le patron, par exemple, invité à venir exposer devant le juge de paix les motifs de son refus d'accepter les propositions du syndicat ouvrier en conflit avec lui, a-t-il de se refuser à comparaître? — Si ces motifs sont sérieux, il n'aura qu'à les exposer devant le juge de paix, désintéressé dans le débat, par conséquent impartial. — Plusieurs organisations patronales importantes l'ont reconnu. — Cf. Pey, *Quest. prat.*, 1901, 176.

TITRE IV

VUE D'ENSEMBLE SUR LES INSTITUTIONS SOCIALES[1]

CHAPITRE PREMIER

ACTION PARALLÈLE DE L'ÉTAT ET DE L'INITIATIVE PRIVÉE DANS LE DÉVELOPPEMENT DES INSTITUTIONS DE PATRONAGE OU DE SOLIDARITÉ SOCIALE (MUTUALITÉ, COOPÉRATION, ASSURANCE OU ASSISTANCE)[2].

§ 1er. — L'économie sociale

1329. — **Précarité de la condition du travailleur.** — Le contrat de travail n'assure au salarié qu'une rémunération modique, soit qu'on

---

[1] BIBLIOGRAPHIE. — Cauwès, t. III; Gide, *Economie sociale*, 3e éd., 1907; Cheysson : *Le rôle et le devoir du capital*, 1895; Rostand, *L'action sociale par l'initiative privée*, 4 vol., 1897-1908; Le Play, *L'organisation du travail*, 6e éd.; Dalloz, *Suppl. au Rép.*, Vis *Secours publics*, *Société* et *Travail*; *Rép.* Fuzier-Herman, vo *Louage d'ouvrage*, ch. II, sect. 3; Béchaux, *Revendications ouvrières*; Delaire, *La tradition du patronage*, Bruxelles, 1893; *Histoire d'un centre ouvrier*, Anzin; Granier, *Essai de bibliographie charitable*; Cauwès et Millerand, disc. pron. à la séance d'ouverture du *Congrès intern. pour la prot. légale des travailleurs* (*Quest. prat.*, 1900, p. 341 et s.); — Godart, *L'économie sociale* (*Quest. prat.*, 1900, p. 43); — Varlez, *Rapp. sur l'économie sociale* (*Belgique*) *à l'Exposition*, Bruxelles, 1901; Skarzinski, *Le progrès social à la fin du XIXe siècle*, 1901; Cohendy, *L'œuvre sociale du XIXe siècle*, 1902; Vermeesch, *Manuel social*, 1904; De Seilhac, *Manuel pratique d'économie sociale*; Garnier, *Traité d'économie sociale*, 1906; Bourguin, *Les systèmes socialistes*; Levasseur, *Questions ouvrières*; Millerand, *Travail et travailleurs*. — Cons. aussi les ouvrages sur le salaire cités *supra* en note sous nos 875 et 927. — Parmi les nombreuses revues économiques ou sociales, françaises ou étrangères, cons. notamment : *Bull. des Congrès internat. d'assur. sociales*, *Rev. des instit. de prévoyance et de mutualité*, *Rev. des établissem. de bienfaisance et d'assistance*, *Rev. d'économ. politique*, *Musée social*, *Questions pratiques de législ. ouvr.*, *Rev. popul. d'économie sociale*, *Monit. des syndic. ouvr.*, *Réforme sociale*, *Economiste français*, *Revue socialiste*, *Mouvement socialiste*, *Annales de dr. commercial*; *Droit industriel*, *Rev. prat. de dr. industr.*, *Almanach de la coopération*, *La Quinzaine*, *l'Assoc. cathol.*, *la Démocr. chrét.*, *Bull. de l'Off. du travail*, *Rev. polit. et parl.*, *Mutualiste lyonnais*, *Les documents du Progrès*, *L'Aide sociale*, *Guide social de Reims*, *Démocratie du Sud-Est*, — *Soziale Praxis*, *Riforma sociale*, *Economic Journal*, etc., etc. — Sur chaque type d'institution, v. la bibliographie spéciale.

[2] L'extension que nous avons dû donner à l'étude comparative des lois ouvrières,

la compare aux besoins qu'elle est destinée à satisfaire, soit qu'on la mette en parallèle avec les profits que le travail procure à l'employeur[1]. Cette rémunération, en général suffisante pour permettre à l'ouvrier valide de pourvoir à ses besoins immédiats, est le plus souvent trop faible pour soutenir la famille ; d'où nécessité pour la femme de déserter le foyer pour l'usine, et pour les enfants de travailler eux-mêmes à l'atelier, dès que la loi leur en ouvre l'accès.

A plus forte raison, le salaire de tous les membres réunis d'une famille ouvrière est-il insuffisant pour permettre à son chef *d'épargner*, de constituer un petit capital de réserve, ou de *s'assurer*, auprès d'une compagnie d'assurance à primes fixes, ou d'une mutualité, contre les *risques* multiples qui les menacent, lui et les siens : risques communs à tous les hommes, tels que la *maladie*, la *vieillesse* ou la *mort*, ou risques professionnels, tels que *l'accident* et *l'invalidité* consécutive, ou le *chômage*. Survienne l'un de ces risques, et l'ouvrier qui vivait péniblement, au jour le jour, est trop souvent réduit à la misère, et obligé de recourir à l'assistance publique ou à la charité privée.

1330. — Les remèdes. — *Socialisme révolutionnaire et socialisme réformiste.* — Cette condition précaire de l'ouvrier (ou de l'employé) est-elle donc une loi fatale, contre laquelle il soit impossible de réagir, ou n'existe-t-il pas de moyens de relever progressivement la condition du travailleur ? — Nul aujourd'hui ne l'oserait prétendre ; et ceux-là mêmes qui, sur le terrain spéculatif, considèrent soit comme un palliatif insuffisant, soit comme un régime nuisible à l'harmonie des lois préétablies, l'intervention de l'Etat, sont parfois les premiers à solliciter pratiquement cette intervention.

D'une part, en effet, l'intransigeance du *socialisme révolutionnaire*, qui n'attend que d'une forme sociale nouvelle, impliquant socialisation

---

françaises ou étrangères, nous oblige à ne présenter ici qu'une esquisse très sommaire, forcément incomplète, des nombreuses institutions sociales destinées à améliorer la condition matérielle, juridique ou morale des travailleurs de l'industrie ou du commerce : patronage, épargne et mutualité, coopération sous toutes ses formes, assurances sociales, assistance publique ou privée. — Notre intention est du reste de publier ultérieurement un *Précis d'économie sociale*, dans lequel ces institutions multiples seront étudiées avec les développements qu'elles comportent.

[1] V. *supra*. n°s 931 et s. — V. aussi Gide, *op. cit.* — « Nous touchons ici, écrit l'éminent économiste après avoir fait ressortir par les statistiques l'insuffisance du salaire, à l'une des plaies du salariat que les moyennes ne révèlent nullement, c'est *le manque d'élasticité des salaires* et son défaut d'adaptation aux besoins variables de l'existence ouvrière... Le salaire de l'ouvrier atteint dès le début de sa carrière, parfois même dès l'âge de dix-huit ans, le maximum qu'il ne dépassera guère. Dès ce moment, à moins de sortir de la classe ouvrière pour devenir contremaître ou patron, il ne verra plus son salaire augmenter, mais, au contraire, dès l'âge mûr, bien avant l'approche de la vieillesse, il le verra diminuer en même temps que ses forces pour tomber rapidement à presque rien !... »

de tous les moyens de production, l'amélioration du sort des travailleurs, a fait place chez beaucoup de leaders à un certain opportunisme ; et, malgré les excommunications dont les groupes socialistes ont maintes fois frappé les Millerand ou les Bernstein, il est visible que les chefs du *socialisme réformiste* se sentent appuyés par une fraction importante du parti socialiste unifié dans la poursuite progressive, par étapes graduées, des réformes sociales susceptibles de rehausser la condition du salarié, en attendant la disparition du salariat[1]. D'autre part, les socialistes les plus accentués eux-mêmes se sont départis de leur méfiance à l'égard de la coopération, en présence du succès de la coopération belge, si bien que dans tous les pays l'on voit se constituer côte à côte des coopératives poursuivant sans doute un but différent, mais ayant recours à des procédés analogues[2].

1331. — *L'école libérale et l'initiative individuelle.* — L'intransigeance des libéraux, à l'autre pôle de l'opinion, comporte elle aussi des atténuations et des concessions. Descendus des hauteurs sereines de l'économie politique pure, les économistes classiques consentent fréquemment à reconnaître la nécessité de certaines interventions[3], et nous les trouvons parfois au premier rang lorsqu'il s'agit de réclamer l'appui de l'Etat, pour certaines institutions de prévoyance dues à l'initiative privée, mais incapables de se développer sans le concours bienveillant des pouvoirs publics, telles que les sociétés de secours mutuels.

1332. — **L'économie sociale.** — C'est qu'en effet l'économie sociale est avant tout une science d'observation, s'attachant aux réalités pratiques et aux améliorations constatées, plutôt qu'aux spéculations métaphysiques[4], étudiant avec intérêt et sympathie toutes les œuvres,

---

[1] V. les déclarations de Jaurès au Congrès socialiste de Toulouse, oct. 1908.

[2] Ainsi que le démontre très justement M. Gide (Rapp. sur l'économie sociale à l'Expos. de 1900, p. 144), le mouvement coopératif, français ou étranger, se ramifie en trois tendances distinctes : la tendance *conservatrice* ou *bourgeoise*, qui poursuit simplement la réalisation d'une économie sur le coût de la vie, sans visée sociale bien nette ; la tendance *socialiste*, qui groupe les travailleurs dans les coopératives, comme dans autant de forteresses d'où, suivant le mot connu d'Anseele, directeur du *Vooruit* de Gand, « l'on bombardera les citadelles capitalistes à coups de pommes de terre et de pains de quatre livres » ; et enfin la tendance *sociale* de l'Ecole de Nîmes, qui voit dans la coopération (spécialement la coopération de consommation sur laquelle s'appuient les autres formes) « une *fin* en soi, c'est-à-dire un mode d'organisation sociale qui contient en puissance la société future comme la graine contient le fruit » (V. journ. l'*Emancipation*, de Nîmes, la *Coopération*, *conférences de propagande*, de Gide, et les comptes rendus des Congrès coopératifs. Il y a beaucoup d'affinités entre ces deux dernières tendances ; seulement la seconde considère comme possible, et désirable, l'*économie d'une révolution*. — V. aussi Cabouat, *Syndicats et coopératives*, et la bibliogr. citée *infra*.

[3] V. *supra*, n°s 67 et s.

[4] « L'économie sociale descend de ces sphères sereines (où se complaît l'économie

quelles qu'elles soient, dues à l'initiative individuelle, pourvu qu'elles réalisent un progrès, qu'elles apportent une pierre à l'édifice de la société de demain, mais signalant aussi, sans ménagements, toutes les imperfections, toutes les lacunes ou les erreurs de l'initiative privée, et assignant ainsi à toutes les forces sociales, individuelles ou collectives, leur rôle dans ce grand œuvre de régénération et d'amélioration du sort des humbles, que le XIXe siècle a entrepris et qu'il appartient au siècle présent de poursuivre avec méthode et persévérance.

§ 2. — Aperçu des divers types d'institutions sociales

1333. — Nous allons maintenant passer en revue, très brièvement, les divers types d'institutions sociales, dues à l'initiative individuelle (plus ou moins encouragée par les pouvoirs publics). Nous en décrirons le mécanisme, en noterons le développement en France et à l'étranger à l'aide des statistiques les plus récentes ; puis nous en apprécierons les résultats et déterminerons les points sur lesquels l'action de l'Etat doit nécessairement, pour obtenir le but cherché, se substituer à l'initiative privée, ou se combiner avec elle.

I. — L'Épargne

1334. — Il fut un temps où l'école libérale voyait dans l'épargne du travailleur une véritable panacée sociale. Ce point de vue s'est sensiblement modifié aujourd'hui, et les plus optimistes sont obligés de reconnaître que l'épargne du travailleur isolé est radicalement insuffisante pour lui permettre de parer efficacement aux risques multiples qui le menacent. Sans doute, l'épargne a l'avantage de pouvoir être utilisée au gré de chacun et affectée aux besoins les plus pressants ; mais cette faculté d'adaptation à des risques multiples, qui en fait une forme d'*assurance indifférentiée* (Gide, p. 356) fait sa faiblesse ;

---

politique pure) dans la réalité et dans les préoccupations de la vie : elle cherche de préférence les rapports volontaires, contractuels, quasi-contractuels ou légaux que les hommes forment entre eux afin de s'assurer une vie plus facile, un lendemain plus certain, une justice plus bienveillante et plus haute que celle qui porte pour tout emblème les balances du marchand. *Elle ne se fie point au libre jeu des lois naturelles* pour assurer le bonheur des hommes, ni d'ailleurs aux inspirations du dévouement ou à l'organisation voulue, réfléchie, rationnelle... » Gide, *Econ. soc.*, p. 3. — V. aussi sur les différentes écoles, et notamment sur le *coopératisme* et le *solidarisme*, notre introduction, *passim*.

émiettée, elle ne procure à l'épargnant qu'un réconfort insignifiant, et ne lui donne guère que l'illusion de la sécurité du lendemain [1].

Vainement a-t-on multiplié les types de Caisses ou institutions d'épargne ; vainement l'Etat a-t-il, concurremment avec les Caisses dues à l'initiative privée (philanthropes, municipalités, monts-de-piété, chefs d'industrie), ouvert ses guichets aux déposants et créé une Caisse d'Etat, vainement a-t-il provoqué à l'épargne scolaire, il n'en reste pas moins que l'épargne du travailleur, prélevée sur un salaire modique, demeure fatalement très faible [2].

1335. — Les Caisses d'épargne n'en ont pas moins une fonction sociale très importante, si les capitaux par elle épargnés sont affectés, au moins pour une forte part, à des œuvres intéressant la classe populaire (logements à bon marché, crédit populaire, etc.) ; et nous verrons bientôt, en comparant notre législation aux lois similaires de l'étranger, que dans cette voie il nous reste encore d'importantes réformes à réaliser.

Mais en soi, nous le répétons, l'épargne individuelle est manifestement inférieure à l'épargne collective ou plutôt à l'association de prévoyance qui, par la concentration des cotisations modiques de ses membres, parvient à grouper des capitaux suffisants pour faire face, partiellement au moins, aux risques de maladie ou d'invalidité.

---

[1] Elle ne vaut pas, écrit M. Gide, les modes précédents (assurances) ; elle appartient à ce stade inférieur de l'évolution où la division du travail et des fonctions ne s'est pas encore manifestée dans les institutions. C'est la *vieille tirelire*.

[2] Le chiffre des capitaux épargnés ne doit pas nous faire illusion. Sans doute, au 31 décembre 1906 (dernière statistique publiée, *Bull. Off. trav.*, 1908, 760) il existait en France 7,668,024 déposants et le total des dépôts s'élevait à 3,434,081,785 francs. Mais, sur le chiffre des déposants, l'épargne *ouvrière* ne représente que 18 0/0, ou 28 0/0 si l'on ajoute aux ouvriers de l'industrie les ouvriers agricoles. Plus de 25 0/0 de déposants appartiennent à la bourgeoisie (rentiers, propriétaires, patrons, professions libérales). Si nous envisageons la répartition des dépôts, la proportion des dépôts *bourgeois* est beaucoup plus forte encore. En effet, la moitié des déposants possède moins de 100 francs : or, les livrets inférieurs à 100 francs ne représentent guère que 2 1/2 0/0 du chiffre global des dépôts ! Les classes aisées, qui voient dans le dépôt à la caisse d'épargne un placement à vue rémunérateur, détiennent donc, en fait, la grande majorité de l'épargne. Il en est de même dans les pays étrangers. L'Allemagne tient la tête pour le nombre de déposants (14,000,000 environ) et le chiffre des dépôts (plus de 16 milliards) ; la France occupe le second rang pour le nombre des déposants, le quatrième seulement (après les Etats-Unis et l'Autriche-Hongrie) pour le chiffre des dépôts. Pour les autres pays, v. les tableaux publiés par Gide, *op. cit.*, p. 357 et s., et par Rostand (*Mouvement social*, *Journ. des Débats*, n° du 12 mai 1908). — Sur le mouvement de l'épargne, cons. notamment, Desloges, *Epargne et crédit populaire à l'étranger et en France*, 1900 ; Brouilhet, *Fonctions sociales des caisses d'épargne et la loi de 1895* ; Mabilleau, Rocquigny et Raynery, *La prévoyance sociale en Italie*.

II. La mutualité [1].

1336. — **Principe de la mutualité.** — La *mutualité de prévoyance* a, en effet, pour base essentielle le principe de la répartition des risques. Répartis sur un grand nombre de têtes, les risques multiples auxquels les adhérents sont exposés, écrasants pour le travailleur isolé, sont aisément supportés par la société d'*assurance mutuelle* ou *de secours mutuels*, dont le plus modeste ouvrier peut faire partie, tant est léger le prélèvement qu'il doit subir sur son salaire. Telle est du moins la théorie, car dans la pratique la mutualité se heurte à de graves obstacles lorsqu'elle veut étendre son champ d'action.

1337. — Les sociétés de secours mutuels ont, en effet, la légitime ambition de ne plus se borner à assurer des secours temporaires aux sociétaires malades, et à pourvoir aux frais funéraires des adhérents. Il existe sans doute encore beaucoup de sociétés de ce type ; mais ce n'est là qu'une forme embryonnaire de la mutualité de prévoyance. Celle-ci peut et doit, affirment les champions du mutualisme, lorsque son évolution sera achevée, couvrir tous les risques auxquels est exposée la personne des mutualistes. Une société de secours mutuels, ou mieux d'assurance mutuelle, constituée entre travailleurs ou employés, doit donc, lorsqu'elle est parvenue à son complet développement, *assurer* à ses membres, non seulement des secours temporaires en cas de maladies ou d'accidents, mais une pension de retraite à partir d'un certain âge, ou, en cas d'invalidité, une rente ou des secours à la veuve ou aux enfants mineurs des membres décédés, enfin des secours en cas de chômage prolongé.

1338. — Or, une société mutuelle à objectif aussi complexe est obligée d'exiger de ses membres des cotisations relativement élevées ; c'est l'écueil fatal, ou tout au moins le cran d'arrêt de la mutualité dans ses efforts pour pénétrer jusqu'aux masses profondes ; toutes les statis-

---

[1] Sur les *sociétés de secours mutuels*, cons., outre les auteurs cités *supra* (note sous n° 1329) : Sérullaz, *Les sociétés de secours mutuels*, 1890; Guillemaut, *La mutualité en France au XIX*e *siècle*; Barberet, *Les sociétés de secours mutuels*, 4e édition, 1904; Mayer, *Traité th. et prat. des sociétés de secours mutuels*, 1901; Hébrard, *Guide manuel de la mutualité française*, 1904 ; Mabilleau, *La mutualité française*, 1904; Lignères, *Les unions et fédérations mutualistes en France*, 1905; Dedé, *Les sociétés de secours mutuels*; Lépine, *La mutualité*, 1906. — V. aussi Craggs, *Les friendly societies*, 1899; Raison, *Les sociétés de secours mutuels aux Etats-Unis* (*Mus. soc.*, doc., 1904, n° 7); L. Bourgeois, *La mutualité et la lutte contre la tuberculose* (*Rev. polit. et parlem.*, 1905, IV, 437).

tiques en font foi [1]. Vainement se prévaut-on de la marche ascensionnelle de la mutualité dans les différents pays, de son développement remarquable en Angleterre et en Belgique, où les syndicats professionnels n'ont pas craint d'imposer leurs membres très lourdement en apparence, en échange des avantages multiples qu'ils leur procurent [2]. Malgré les efforts des syndicats ouvriers pour organiser les mutuelles (V. *supra*, n° 569), il est incontestable qu'il y a plus de petits patrons, d'employés de tout ordre et de tout rang, de petits bourgeois en un mot, dans les sociétés de secours mutuels que d'ouvriers véritables.

III. — La coopération [3]

1339. — Mutualité et coopération. — Ce que la mutualité de prévoyance n'a pas réussi à faire, à savoir l'union de tous les travailleurs

---

[1] Il est incontestable que la mutualité se développe rapidement en France, depuis la loi de 1898, que nous analysons *infra*. Au 31 décembre 1903 (dern. statistique officielle, *Bull. Off. trav.*, 1908, 241) il existait en France 16,278 sociétés de secours mutuels groupant 2,737,497 membres. L'avoir total de ces sociétés s'élevait à 382,606,886 francs. Mais les relevés partiels publiés sur le mouvement mutualiste depuis 1903 démontrent que la progression s'est poursuivie sans arrêt. Le nombre des sociétés au 1er janv. 1907 serait de 19,531, groupant 4,485,000 membres, et possédant 450 millions, soit près d'un demi-milliard (*Mutualiste lyonnais*, 25 août 1907).

Les sociétés anglaises (*Friendly societies*) ont encore une avance considérable. Au 1er janv. 1906, elles étaient au nombre de 31,440, avec un effectif de 7,612 316 membres et un capital de près de 1 milliard de francs (Gide, p. 301). La plupart sont fédérées. Le mouvement fédératif s'est d'ailleurs beaucoup accentué en France. — Lignères, *op. cit.*

En *Belgique*, les progrès de la mutualité sont très rapides, surtout depuis la loi du 10 mai 1900, qui a associé étroitement la mutualité à l'organisation des retraites (v. *infra*).

En *Allemagne*, le chiffre des mutualistes dépasse de beaucoup celui de tous les autres pays, mais la cause en est simple; *tous* les travailleurs font, *obligatoirement*, partie de mutualités d'assurance contre la maladie (v. *infra*). — Pour plus de développements sur la mutualité à l'étranger, v. Barberet, et Mayen, *opp. citt.*

[2] Cotisation moyenne des Friendly societies anglaises, 1 liv. (25 fr.). — Sur les syndicats belges à fortes cotisations, v. *Quest. prat.*, 1902, p. 151.

[3] Bibliographie. — L'on pourrait réunir, sur la coopération dans les différents pays, une véritable bibliothèque. Nous ne citerons ici que les ouvrages les plus saillants, et quelques articles récents donnant la mise au point, au début de 1908, du mouvement coopératif :

Sur la coopération en général : — Gide, *La coopération, conférences de propagande* 2e éd., 1906; — Hubert-Valleroux, *La coopération*; Cauwès, t. III, p. 293 et s.; — Bertrand, *La coopération*; Rieu, *Coopération ouvrière à travers les âges*; Bancel, *Le coopératisme dans les écoles sociales*; Cabouat, *Syndicats et coopératives*, 1901; Bruneau, *Le socialisme et la coopération*, th., 1904; J. Godart, *Origines de la coopération lyonnaise*, 1904; François, *Les positions actuelles de la coopération en France* (*Quest. pratiques*, févr.-avril 1908); Drake, *Le mouvement coopératif*

pour l'amélioration de leur condition, la *coopération*, forme supérieure de la mutualité, n'y peut-elle prétendre? Son domaine est aussi vaste que celui du travail lui-même. Elle embrasse tous les modes de l'activité humaine, et fournit au travailleur les moyens de parvenir à son émancipation complète, de s'élever du salariat à l'association.

COOPÉRATION EN GÉNÉRAL. — **1340**. — **Divers types de coopératives.** — La *coopération*, d'une manière générale, est une forme d'as-

---

en France (*Rev. pol. et parl.*, 1908, I, 528); Lavergne, *Le régime coopératif*, 1908. — SUR LES COOPÉRATIVES DE CONSOMMATION : Gide, *Les sociétés coopératives de consommation*, 1904; — Lecaisne, *Etude juridique sur les sociétés coopératives de consommation*; Trémerel, *Des sociétés coopératives de consommation*; Surcouf, *Les sociétés coopératives de consommation en France*, 1902; Corréard, *Les sociétés coopératives de consommation en France et à l'étranger*, 1907. — SUR LES SOCIÉTÉS COOPÉRATIVES DE PRODUCTION : — Gide, *Les associations ouvrières de production en France* (*Rev. d'écon. polit.*, 1900, p. 1 et s.); Du Maroussem, *Les charpentiers de Paris*; de Seilhac, *La verrerie ouvrière d'Albi* (*Mus. soc.*, oct.-nov. 1900); — *Les associations professionnelles ouvrières*, 4 vol. (public. de l'*Off. du trav.*); Chazot, *Les associations ouvrières de production dans l'industrie*, th., 1904; Rivet, *Les boulangeries coopératives en France*, th., 1904; Hachin, *Les coopératives ouvrières de production*, 1907. — Sur les coopératives dans l'agriculture, v. *infra*, n° 1346. — SUR LES SOCIÉTÉS COOPÉRATIVES DE CRÉDIT POPULAIRE ET AGRICOLE : — L. Durand, *Le crédit agricole*; Dufourmantelle, *L'acclimatation du crédit populaire en France* (*Réf. soc.*, 16 nov. 1898); Souchon, *La propriété paysanne*; Rostand, *La coopération de crédit confessionnelle, erreur et danger du système* (*Rev. de Paris*, 1er fév. 1898); Rayneri, *Manuel des banques populaires*; Douilhet, *L'agriculture et le problème du crédit agricole en France*, 1904; Pey, *Les banques populaires* (*Soc. Ec. polit. Lyon*, 1907). — Pour les commentaires des lois françaises sur les sociétés à capital variable, ou sur le crédit agricole, v. *infra*. — SUR LA COOPÉRATION A L'ÉTRANGER : — *En Angleterre* : Cernesson, *Les sociétés coopératives anglaises*, 1905; H. Wolff, *Cooperative Banking*, Londres, 1907; — *En Allemagne* : Blondel et Brouilhet. *Etude sur les populations rurales de l'Allemagne*, 1898; Nast, *Sociétés coopératives de consommation* en Allemagne, 1904; — *En Belgique* : Bertrand, *Le mouvement coopératif en Belgique et ses résultats* (*Rev. d'écon. polit.*, août-sept. 1902); *Vooruit de Gand* (*Mus. soc.*, 1899, circ. 1); *Maison du Peuple de Bruxelles* (*Quest. prat.*, 1900, 337); Léger, *Les coopératives en Belgique*, 1904; Vandervelde, *La Belgique ouvrière*, 1906; — *En Hollande* : Hayem, *Les coopératives hollandaises* (*Rev. d'écon. polit.*, mars 1903; — *En Hongrie* : de Rocquigny, *Mouvement coopératif en Hongrie* (*Mus. soc.*, 1905, doc. n° 7); — *En Italie* : Mabilleau, Rayneri et de Rocquigny, *Prévoyance sociale en Italie*, 1898; Mariani, *Il fatto cooperativo*, Bologne, 1907; — *En Suisse* : Cernesson, *Les sociétés coopératives en Suisse* (*Rev. popul. d'écon. soc.*, août-sept. 1902). — V. aussi, sur le mouvement coopératif de crédit dans les différents pays : Desloges, *Epargne et crédit populaire en France et à l'étranger*, 1900; Pensa, *Du crédit populaire dans l'Europe continentale* (*Quest. prat.*, 1906, 253-301); Fagneux, *Le Raiffésinisme*, th., 1908; Dufourmantelle, *Le crédit agricole en France et à l'étranger* (*Réforme sociale*, juin 1908). — Sur les *Congrès internationaux* récents, cons. : De Seilhac, *L'Alliance coopérative internationale* (Congrès de Manchester), *Quest. prat.*, fév.-mars 1903; Gide, *L'Alliance coopérative internationale* (*Rev. écon. intern.*, oct.-déc. 1905); de Rocquigny, *Les Congrès coopératifs de Crémone* (*Mus. soc.*, 1908, doc. n° 1). — PÉRIODIQUES FRANÇAIS (non comprises les revues économiques générales); *L'Emancipation*; *Almanach de la coopération*; *Union coopérative*; *Bulletin du crédit populaire* (centre fédératif); *Bull. de l'Union des caisses rurales*, *Le Devoir*, etc.

sociation ayant pour objectif la suppression des *intermédiaires* : suppression de l'intermédiaire commerçant ou détaillant dans l'association coopérative de *consommation* ; suppression de l'intermédiaire patron ou chef d'industrie dans l'association coopérative de *production* (l'association ouvrière par excellence, les autres types étant accessibles aux petits patrons comme aux ouvriers) ; suppression de l'intermédiaire banquier dans l'association coopérative de *crédit*[1]. Nous n'indiquons ici que les trois principaux types de coopératives ; mais il importe de remarquer que la coopération peut revêtir les formes les plus variées, et qu'elle est susceptible des applications les plus diverses[2].

D'autre part, les sociétés coopératives peuvent être classées d'après le mode d'emploi des bénéfices, abstraction faite de leur objet ; les unes distribuant immédiatement les profits entre les adhérents, les autres les mettant en réserve pour être répartis à intervalles périodiques, d'autres enfin affectant leur fonds de réserve à la création d'institutions de prévoyance, caisses de secours et de retraites.

C'est principalement par l'affectation des bonis que les coopératives socialistes se différencient des coopératives dites bourgeoises. Ces dernières emploient leurs bonis en répartitions individuelles ; les premières, au contraire, en consacrent une notable partie à des œuvres de solidarité sociale ou de propagande[3].

1341. — **Coopératives de consommation**. — Par son entrée dans une *société de consommation*, la plus facile à constituer, l'ouvrier ne ne sort pas encore de sa condition de salarié ; mais il améliore notablement sa situation, grâce aux économies réalisées sur les denrées de première nécessité. Toute association de consommation bien administrée doit prospérer ; à salaire égal, l'ouvrier qui en fait partie vit donc mieux, et à meilleur compte, que l'ouvrier indépendant : soit que le

[1] Le but essentiel de la société coopérative, écrit *Vivante*, est de renforcer la position des travailleurs en face des détenteurs du capital. Elle naît entre les faibles de la conscience d'un besoin et d'une défense commune, pour les délivrer du lourd tribut qu'ils doivent payer à la *nombreuse famille des intermédiaires parasites* ». Vivante, *La pénétration du socialisme dans le droit privé* (*Quest. prat.*, 1903, p. 68).

[2] M. Bertrand, par exemple, dans son étude sur la *coopération*, ne distingue pas moins de neuf types de sociétés coopératives : 1° de consommation : 2° de production ; 3° de crédit ; 4° de commerçants ; 5° de construction ; 6° d'approvisionnement et de matières premières pour les artisans; 7° de vente et d'emmagasinement (même catégorie de personnes) ; 8° d'assurances ; 9° coopératives agricoles.

En réalité, certaines de ces catégories se rattachent à l'un des trois premiers types. D'ailleurs, une même société peut réunir plusieurs types ; elle peut être à la fois société de consommation et société de production, société de production et société de crédit, etc.

[3] Sur la nécessité pour la coopérative, si elle veut répondre à sa mission sociale, de s'imprégner de l'idée solidariste, v. le rapport de M. Gide sur « *la valeur respective des diverses formes d'assoc. coopér.* » (*Quest. prat.*, 1901, 28).

magasin coopératif lui cède les marchandises au prix de revient, augmenté seulement des frais généraux, soit qu'il les achète au prix courant, puisqu'en ce dernier cas il touche à la clôture de l'exercice un dividende plus ou moins élevé, ou qu'il bénéficie de fondations prévoyantes, caisses de secours ou de retraites, alimentées par un prélèvement sur les bénéfices nets.

1342. — **Coopératives de production.** — Tout autre est le caractère de l'*association ouvrière de production*, qui tantôt se greffe sur une société de consommation préexistante et se constitue à l'aide des capitaux accumulés par cette dernière (ce qui est une sérieuse garantie de succès, la coopérative de consommation fournissant aux producteurs ouvriers les capitaux et les débouchés), et tantôt au contraire se constitue directement par la mise en commun de l'épargne des fondateurs, grossie ou non de capitaux venant du dehors [1]. Par cela seul qu'ils se constituent en association de production, les ouvriers sortent de la classe des salariés et s'élèvent au rang d'associés. Désormais, ils sont exposés à tous les risques qui menacent le patron ; mais s'ils triomphent des premiers obstacles, s'ils surmontent par leur énergie, leur compétence technique et leur esprit de discipline, les difficultés, nullement insurmontables, inhérentes à tout début industriel, ils ont la certitude de conserver pour eux tout le profit, tout le bénéfice net, au lieu de voir les produits de leur travail servir à l'enrichissement d'un patron, ou d'une société de capitalistes.

1343. — **Coopératives de crédit mutuel** (*crédit populaire et agricole*. — Le capital initial des associations ouvrières est assurément des plus modestes, et le succès même de leurs premiers efforts peut les obliger à des transformations d'outillage ou à des installations onéreuses, impossibles à réaliser à l'aide de leurs ressources immédiates. Mais la mutualité coopérative, cette fois encore, vient à leur aide sous la forme de *sociétés coopératives de crédit mutuel et populaire*. Isolé, le travailleur agricole ou industriel n'a ni argent ni crédit ; associés, les

---

[1] La première méthode est celle de l'Angleterre. Les sociétés coopératives anglaises de production les plus prospères, spécialement les filatures montées par les pionniers de Rochdale, les minoteries, ateliers de confection, créés dans différents centres, sont des filiales des sociétés de consommation. De même, le *Vooruit* de Gand n'était originairement qu'une boulangerie coopérative; puis les bénéfices ont permis d'établir des ateliers coopératifs de vêtements et autres objets de consommation courante. En France, au contraire, cette étroite alliance des deux types de coopératives est exceptionnelle, malgré les efforts tentés par les coopératives de production pour la sceller. — Gide, *Econ. soc.*, p. 421 ; De Seilhac, *op. cit.*; *Relations des coopératives de consommation et de production*, vœu du Congrès des assoc. ouvr. de prod., Paris, 1900 (*Quest. prat.*, fév. 1901).

ouvriers, artisans, agriculteurs, petits négociants, offrent à leurs co-associés, par leur nombre et par la puissance du lien de solidarité qui les unit, une garantie de premier ordre ; là est le secret du succès vraiment prodigieux des banques populaires allemandes [1].

STATISTIQUE COMPARATIVE. — **1344.** — Que la coopération, sous toutes ses formes, ait notablement progressé depuis quinze ou vingt ans, dans la plupart des pays, et notamment en France, c'est ce dont on ne saurait douter si l'on se reporte aux statistiques dressées à l'occasion des congrès les plus récents et spécialement en vue du Congrès de l'*Alliance coopérative internationale*, tenu à Crémone en septembre 1907.

1345. — **Coopératives de consommation** [2]. — Le succès des coopératives de consommation est, dès maintenant, un fait acquis ; leur chiffre d'affaires s'accroît d'année en année, et rien ne permet de sup-

---

[1] Système Schulze-Delitzsch, pour les artisans des villes; caisses ou banques Raiffeisen, qui pratiquent le crédit mutuel agricole. Dans la Banque populaire allemande, système Schulze-Delitzsch, le capital de la Banque est fourni par les adhérents eux-mêmes, artisans et ouvriers, qui sont tenus d'acquitter un droit d'entrée, et de verser une cotisation mensuelle payable jusqu'au complément d'une certaine somme fixée par les statuts, sans préjudice des versements facultatifs qui donnent droit à un dividende. Tout associé a le droit d'emprunter à la caisse une somme égale à son apport social augmenté des versements facultatifs qu'il a pu faire ; le prêt est généralement consenti pour trois mois, au taux de 4 0/0, commission non comprise. La banque a pour garantie le fonds social et l'engagement *solidaire* des membres.

Les banques Raiffeisen sont aussi des caisses de crédit mutuel ; leur capital ne se composant pas d'actions, mais simplement du produit des contributions périodiques des membres, est des plus faibles. La solidarité, et la moralité des adhérents (qui ne sont admis dans une société Raiffeisen qu'après enquête sérieuse) constituent les seules garanties de la banque (Cp. *Caisses rurales* françaises, et banques *Wollemborg* italiennes).

[2] L'Angleterre tient incontestablement la tête dans ce mouvement, avec ses 1,448 sociétés de consommation groupant 2,222,000 membres (non compris les sociétés irlandaises), possédant un capital-actions de 705 millions de francs, vendant pour 1,540 millions de francs de marchandises avec un bénéfice moyen de 15 1/2 0/0 ; avec ses deux magasins de gros (*Wholesales*), un pour l'Angleterre, l'autre pour l'Ecosse, faisant pour plus de 700 millions d'affaires par an, et rayonnant par leurs filiales sur tout l'empire colonial anglais. — Chiffres fournis au Congrès de Manchester par le Conseil central de l'Union coopérative de la Grande-Bretagne (de Seilhac, *op. cit.* ; Gide, p. 132; *Bull. Off. trav.*, 1902, p. 900, et *Quest. prat.*, janv. 1903), et au Congrès de l'Alliance coopérative de Crémone (François, de Rocquigny, *op. citt.*). — V. aussi Pic, *Un voyage social en Grande-Bretagne* (*Quest. prat.*, 1907, 109) ; *The Cooperative Wholesales Societies limited*, ann. 1907; Lavergne, p. 144 et s.

L'*Allemagne* vient au second rang avec 2,005 sociétés groupant 1,037,000 personnes et réalisant un chiffre approximatif de 206 millions. La *France* la suit de près avec ses 2,166 sociétés, groupant 640,000 personnes et faisant pour 191 millions d'affaires. Deux groupements principaux : l'*Office coopératif d'achats en commun* (Ecole de Nîmes) et la *Bourse des coopératives socialistes*. — Puis viennent, classés par chiffre d'affaires : la Suisse (70 millions), l'Autriche et la Hongrie (62 millions), le Danemark (60 millions), la Belgique (55 millions), etc.

poser que ce mouvement s'arrête de sitôt. Sans doute, les sociétés de ce type se heurtent à l'hostilité du commerce de détail ; mais la crainte rend clairvoyant, et les détaillants finiront par comprendre que le salut est pour eux, non pas dans une législation prohibitionniste ou tracassière à l'encontre des sociétés de consommation, mais dans la coopération même. Qu'ils instituent entre eux des syndicats d'achat ou de vente, qu'ils diminuent ainsi leurs frais généraux, et ils soutiendront plus aisément la lutte contre leurs deux adversaires, les grands magasins et les coopératives [1].

1346. — Coopératives de production [2]. — Ici, la France paraît tenir la tête, même au regard de l'Angleterre : résultat remarquable, si l'on veut bien remarquer que les sociétés ouvrières françaises n'ont pas, comme les sociétés similaires anglaises, le puissant appui de sociétés coopératives de consommation fédérées et disciplinées, et que de plus elles eurent à lutter, au début, contre les défiances bourgeoises, et le préjugé défavorable résultant de leur insuccès de 1848.

---

[1] Cf. Gide, *Rev. d'écon. polit.*, 1893, p. 1064. Actuellement, surtout en Belgique, le petit commerce a une tendance fâcheuse, selon nous, à s'organiser, non pour la diminution des frais par le groupement, mais pour la lutte, lutte inégale, contre la coopération (*Congrès de la petite bourgeoisie*, v. *supra*, n° 8. — V. aussi : Blondel, *Le problème des classes moyennes*, 1908. — Il ne nous semble pas de force à lutter contre les coopératives socialistes de Gand, Bruxelles, Liège, etc., qui font 40 millions d'affaires par an, et agirait plus sagement en suivant l'exemple des artisans allemands, qui, pour résister à la grande industrie, ont constitué entre eux des coopératives prospères pour l'achat des matières premières et la vente de leurs produits (Gide, p. 441 ; Souchon, disc. au *Congrès du petit commerce*, Le Puy, juill. 1908).

[2] Au 1er janvier 1907, l'on comptait en France 362 associations ouvrières de production, groupées en majorité autour de la *Chambre consultative des associations ouvrières de production*. Leur chiffre d'affaires s'élevait à 55 millions de francs environ (*Bull. Off. trav.*, août 1907, p. 790). — Les statistiques anglaises sont très confuses. Certaines d'entre elles mentionnent concurremment les associations ouvrières et les entreprises patronales associant leur personnel aux bénéfices. Déduction faite de ces dernières, M. Gide (*op. cit.*, p. 427) arrive au chiffre de 133 associations, réalisant (en 1906) pour 45 millions d'affaires. — Dans les autres pays, les coopératives de production vraiment ouvrières sont rares (Gide, p. 417 et s.) : elles sont inconnues aux Etats-Unis. — Les seules coopératives de production qui se soient développées dans certains pays, notamment en Allemagne, en Danemark, en Belgique, en Italie, en Suisse, etc., sont les sociétés de production agricole. Sur ce terrain, le Danemark tient de beaucoup la tête, eu égard au chiffre de sa population (1,106 sociétés syndicales agricoles de toute nature faisant 300 millions d'affaires) ; puis viennent l'Allemagne (19.452 sociétés, 450 millions d'affaires), la France (16,500 sociétés, 300 millions d'affaires). Bien loin en arrière arrivent la Grande-Bretagne, avec 50 millions, puis la Suisse et la Belgique avec 40 millions d'affaires. — Sur la coopération dans l'agriculture, consulter notamment : Lavergne, *op. cit.*, chap. XVI ; Colliez, *Les associations agricoles de production et de vente*, th., 1905 ; Cornesson, *La coopération au Danemark* (*Rev. pop. d'écon. sociale*, nov.-déc. 1906) ; Roubeau, *Coopératives agricoles*, th., 1907 ; Taton, *La coopération dans l'industrie beurrière*, th., 1907. — Sur les *artèles* russes, v. *supra*, n° 518.

— Depuis quelques années, elles ont abordé résolument la grande production, avec l'Association des charpentiers de Paris, la Verrerie ouvrière d'Albi, la Mine aux mineurs de Monthieux (en liquidation il est vrai), la Verrerie ouvrière de Rive-de-Gier, la Mine des Petits-Châteaux, etc.

Le chiffre de 362 cité en note serait même inférieur à la réalité, attendu qu'il paraît bien ne comprendre que les associations ouvrières *à forme égalitaire*, c'est-à-dire les associations dans lesquelles chaque sociétaire possède une part égale de capital, le gérant n'étant qu'un associé un peu mieux rétribué que les autres, mais élu généralement pour un temps assez court, étroitement surveillé et révocable.

Pour se faire une idée exacte de la coopérative de production en France, il convient de mentionner également les associations de production *à forme inégalitaire* (*copartnership*), créées le plus souvent par un patron qui, après son décès ou sa retraite, laisse sous certaines conditions la propriété de son entreprise aux employés ou ouvriers qu'il avait, de son vivant, intéressés à son entreprise, préparant ainsi, graduellement, par la participation aux bénéfices, la transformation d'une institution patronale en une association ouvrière (Société du Bon Marché, Familistère de Guise) [1] ; issues parfois aussi d'une association ouvrière à forme égalitaire, dont les premiers fondateurs, parvenus à la fortune ou à l'aisance, ne se soucient point d'accorder une part entière d'associé aux ouvriers de la onzième heure (Société des lunetiers de Paris, Association des ouvriers en limes, etc.).

Les associations de ce second type sont beaucoup moins nombreuses que les précédentes (la statistique exacte n'a pas d'ailleurs été dressée) ; mais certaines d'entre elles sont parvenues à un chiffre d'affaires considérable, et leur prospérité n'a fait que s'affirmer depuis leur transformation en coopératives : ce qui semble bien démontrer que l'association coopérative de production est susceptible d'un développement indéfini, et qu'elle n'est pas fatalement limitée, comme on le prétend assez communément, à des entreprises relevant de la petite industrie.

1347. — Coopératives de construction [2]. — Entre les coopératives

---

[1] Sur le *Familistère de Guise*, cons. notamment : Godin, *Solutions sociales* ; J. Godart, *Les expériences sociales*, et la revue *Le Devoir*. — Sur la *copartnership*, cons. aussi Gide, p. 401 et s. ; Monti de Rézé, *Le labour copartnership*, th. 1902. — Au même type appartient l'imprimerie *van Marken*, de Delft (*Quest. prat.*, 1900, 299).

[2] La construction des logements ouvriers est plutôt, en France du moins, le fait de sociétés mi-philanthropiques, mi-commerciales, encouragées par la loi (V. *infra*), que de coopératives. Cependant, tandis qu'en 1889 il n'existait que trois coopératives de construction, le rapport du Conseil supérieur des habitations à bon marché pour 1907 (*Offic.*, 7 juin 1908) en compte 123 (contre 89 non coopératives), ayant jusqu'ici

de production et les coopératives de crédit, une place à part doit être assignée aux coopératives de production, qui reposent en général sur des applications ingénieuses du crédit mutuel avec garantie foncière.

1348. — Coopératives de crédit (crédit populaire et crédit agricole) [1]. — La France ne s'est engagée que tardivement dans la voie si brillamment frayée par l'Allemagne, et, bien que depuis 1899 des efforts considérables aient été tentés, par divers groupements, avec ou sans le concours de l'Etat (v. *infra*), les résultats obtenus par nous

---

dépensé environ 20 millions en constructions. Ce chiffre est infinitésimal au regard des *2,500 building societies anglaises* (capital 1 milliard 1/2), des *6,000 building and loan societies* (construction et prêt), des Etats-Unis (capital 3 milliards, constructions édifiées, 350,000!). Il existe également d'assez nombreuses coopératives de construction en Italie, au Danemark, en Belgique, en Suisse, en Allemagne, etc. — Rappelons d'autre part que, dans plusieurs pays étrangers (Angleterre, Allemagne et Italie notamment), les municipalités ont construit elles-mêmes d'importants quartiers ouvriers (V. *supra*, nos 665 et s.). Aucune initiative semblable n'a pu être prise jusqu'ici par les villes françaises, pour les raisons indiquées *infra* ; mais, en France, la construction de maisons ouvrières par les chefs d'industrie est une forme de patronage assez usitée. V. *infra*. — Pour la bibliographie, v. note sous n° 1356 *infra*.

[1] En *Allemagne*, le crédit populaire urbain est aux mains des banques du type *Schulze-Delitzsch*, qui d'ailleurs pratiquent également le crédit agricole (sur la comparaison de ce type. et du type Raiffeisen, v. *supra*, n° 1343). La plupart sont affiliées à une fédération centrale qui, au 1er janvier 1905, groupait 966 sociétés possédant un capital social de 184 millions de francs ; ces sociétés avaient consenti en 1905 pour plus de 3 milliards de prêts. — Les caisses de crédit rural se partagent entre le type *Raiffeisen* (fédération de Neuwied, 4,000 sociétés, 600 millions d'aff. en 1904) et un type intermédiaire entre les deux précédents (fédér. d'Offenbach [aujourd'hui Darmstadt], 7,000 sociétés, 1,700 millions d'aff.). — Gide, *Rapp.*, p. 449, 479; Pensa, *op. cit.*

En *Italie*, il n'existe pas moins de 736 banques populaires, type Luzzati (1,127 millions de francs d'aff.), et un grand nombre de caisses rurales (127 du type Wollemborg, 1,461 du type Raiffeisen). — Les sociétés de crédit agricole se développent également en *Belgique*, alors que les sociétés de crédit urbain sont plutôt en décadence. — En *Russie*, le type Schulze-Delitzsch s'est propagé assez rapidement (Gide, p. 481). — Sur les résultats importants obtenus, soit par la Banque populaire *suisse*, soit par la Banque ouvrière *danoise*, cons. Pensa, *op. cit.* (*Quest. prat.*, 1906, 303).

En *France*, les sociétés de crédit populaire urbain (type banque populaire de Menton) pour la plupart adhérentes au *Centre fédératif de France*, sont encore très peu nombreuses : une vingtaine au plus, non compris la *Banque coopérative des assoc. ouvrières de production*, dont le capital a été fourni, non par les coopératives adhérentes, mais par un généreux donateur (Moigneu, disciple de Fourier, 500,000 fr.) et par l'Etat, 75,000 fr. — Les coopératives de crédit agricole, au contraire, se sont rapidement développées depuis quinze ans, sous la triple influence du *Centre fédératif*, dirigé par MM. Rostand et Dufourmantelle (640 sociétés), de l'*Union des Caisses rurales* (512 sociétés. pour la plupart très petites, appartenant toutes au type Raiffeisen, centre à Lyon, nuance sociale-catholique), — et de la loi du 21 mars 1899 (v. *infra*). — Les caisses régionales créées par cette dernière loi, au nombre de 74 fin 1906, groupent autour d'elles 1,638 caisses locales, filiales des syndicats agricoles; elles ont, mettant à profit les avances de l'Etat (23 millions), réalisé pour 57 millions de prêts. — Gide, p. 484.

dans cette voie ne sauraient être mis en parallèle avec ceux que peuvent enregistrer l'Allemagne ou l'Italie.

Quoi qu'il en soit, et si l'on compare le chemin parcouru depuis l'Exposition de 1889, il est impossible de nier que les différents pays industriels, sans en excepter notre pays, se rapprochent de l'idéal de l'Ecole coopérative, qui est, suivant la formule demeurée célèbre, proposée par M. Gide, de « modifier *pacifiquement*, *mais radicalement* le régime économique actuel, en faisant passer la possession des instruments de production, et avec elle, la suprématie économique, *des mains des producteurs* qui les détiennent aujourd'hui *entre les mains des consommateurs* »[1].

NÉCESSITÉ, POUR LA MUTUALITÉ OU LA COOPÉRATION, D'UN CONCOURS EXTÉRIEUR : ÉTAT, OU PATRONAGE ? — **1349.** — Cette émancipation des travailleurs, commencée par la mutualité de prévoyance, continuée par la coopération, peut-elle être l'*œuvre exclusive des travailleurs eux-mêmes?* N'ont-ils pas au contraire besoin d'être soutenus, encouragés ou assistés dans cette œuvre de reconstruction sociale par un secours venu du dehors, et, si ce secours leur est nécessaire, doivent-ils l'attendre des chefs d'industrie eux-mêmes (*patronage*), ou de l'Etat et des œuvres de solidarité sociale, indépendantes du patronat, dont il appartient aux pouvoirs publics d'encourager le développement? — Telle est la question, d'une haute portée sociale, qu'il nous faut maintenant envisager.

1350. — Insuffisance de la mutualité. — En ce qui concerne tout d'abord la *mutualité de prévoyance*, il semble d'ores et déjà démontré par les faits que les *associations mutualistes*, livrées à elles-mêmes, privées du concours des pouvoirs publics, sont radicalement incapables de faire face aux charges écrasantes d'une assurance contre l'ensemble des risques auxquels le travailleur est exposé. Tout historien impartial de la mutualité est obligé de constater que, si les sociétés de secours mutuels peuvent sans trop de peine, grâce au concours des membres honoraires et aux larges subsides des pouvoirs publics, fournir aux associés malades des secours temporaires suffisants, et pourvoir aux frais funéraires, la plupart d'entre elles se trouvent, même en supposant une gestion irréprochable, dans l'impossibilité absolue d'*assurer* une retraite convenable à leurs membres âgés, ou une pension aux veuves et enfants mineurs des membres décédés[2].

---

[1] Gide, disc. prononcé à l'ouverture du Congrès intern. des soc. coop. de consommation, tenu à Paris en 1889 (*Rev. d'écon. polit.*, 1889, p. 473 et s.). — Cf. disc. progr. de M. Waldeck-Rousseau, cité *supra*, n° 582.

[2] Dervieux, *Les retraites mutualistes* (*Quest. prat.*, 1905, 272-307) ; Pic, *A propos*

La situation n'est pas différente en Angleterre, malgré la prospérité tant vantée des *Friendly societies*. La plupart d'entre elles ne pratiquent pas l'assurance-retraite (seulement une légère assurance au décès, pour la veuve ou les enfants mineurs), et celles qui ont organisé une caisse de retraites ne sont pas toujours en situation de faire face aux charges qu'elles assument [1].

1351. — Les écueils de la coopération. — Est-il permis d'être plus optimiste relativement à la *mutualité coopérative*? Nous le croyons; néanmoins, ce serait faire preuve, à notre avis, d'un optimisme excessif [2] que de considérer, comme réalisable dans un avenir prochain, la transformation radicale de la société économique par la coopération. — Trop d'obstacles, d'ordre matériel ou moral, s'opposent encore aujourd'hui à la diffusion du système coopératif, les chefs de l'Ecole en conviennent eux-mêmes, pour que l'on puisse envisager la disparition du salariat comme une possibilité de demain.

« Le premier obstacle et le plus considérable, qui s'oppose au succès des associations coopératives de production, est le *défaut d'éducation économique de la classe ouvrière*. — Le second, c'est le *défaut de capital*. Nous savons que si l'on peut éliminer le capitaliste de l'entreprise productive, on ne peut pas en tout cas éliminer le capital, et la grande production exige aujourd'hui des capitaux de plus en plus considérables. — Enfin le dernier écueil, c'est qu'elles tendent à reconstituer les formes mêmes qu'elles se proposaient d'éliminer, à savoir l'organisation patronale avec le salariat : du jour où ces associations ont réussi, la plupart se ferment, et refusant tout nouvel associé, engagent des ouvriers salariés, en sorte qu'elles deviennent tout simplement des sociétés de petits patrons » (Gide, *Princ. d'écon. polit.*, p. 567 et s.).

Sans doute, ces écueils ne sont pas insurmontables. M. Gide fait observer très justement qu'ils peuvent être évités, soit par une sorte de stage préparatoire (participation aux bénéfices préparant, par étapes, la coopération ouvrière, *copartnership*, v. *supra*, n° 1346), soit par l'alliance étroite des coopératives de consommation et de production. Mais il n'en est pas moins vrai que le chemin restant à parcourir est immense, et qu'à l'heure présente le salariat apparaît encore comme la forme normale, et souvent nécessaire, de la production industrielle.

---

des retraites ouvrières (*ibid.*, 1905, 320). — Les sociétés qui servent des pensions sont une minorité (46 0/0), et encore la moyenne de celles-ci n'atteint-elle pas 70 francs ! — Gide, p. 321.

[1] Gide, p. 337.

[2] V. *supra*, n° 58.

1352. — Pour la masse des travailleurs, la coopérative n'est donc qu'un phare lointain ; et cependant, leur condition est précaire : ils sont victimes d'abus ou de fatalités multiples appelant un prompt remède. Ce remède, d'où viendra-t-il ? Du *patronage*, comme le prétend l'Ecole de Le Play, ou de l'Etat et des œuvres de solidarité sociale qu'il s'adjoint (*patronage social*), comme l'affirme l'Ecole solidariste ? La réponse à la question ainsi posée nous sera aisément fournie par un bref aperçu sur les principales applications pratiques du patronage.

IV. — Institutions de patronage [1]

1353. — Le patronage ; ses diverses formes. — Pour l'Ecole de Le Play, nous l'avons démontré (n°s 37 et s.) le salut social serait, avant tout, dans le développement des institutions de patronage de toute nature. Les *Unions de la paix sociale*, organes régionaux de l'Ecole, dont nous avons marqué par ailleurs les points de contact avec le parti social chrétien (V. *supra*, n° 51), bien loin de travailler à la suppression du salariat, estiment au contraire qu'il convient de fortifier l'autorité et l'action morale du chef d'industrie sur son personnel, en faisant du patron le protecteur de tous ceux qu'il emploie, et en rattachant les salariés à l'usine par tout un réseau d'œuvres destinées à améliorer sa condition matérielle et morale.

Ces œuvres, aux formes les plus variées, peuvent se diviser en quatre groupes principaux : — 1° institutions de prévoyance ; — 2° institutions destinées à pourvoir aux besoins moraux ou intellectuels de la famille ouvrière ; — 3° à ses besoins matériels ; — 4° participation aux bénéfices.

1354. — A. Institutions patronales de prévoyance [2]. — A ce premier groupe appartiennent toutes les caisses de secours, de prévoyance, d'assurance contre la maladie ou de retraites, instituées par les patrons, avec ou sans contribution pécuniaire de l'ouvrier.

---

[1] Bibliographie sur le patronage en général : Picot et Cheysson, *Rapp. du groupe de l'écon. soc. à l'Expos. de 1889* ; Isaac, *Rapp. sur les institutions patronales à l'Expos. de Lyon*, 1894 ; Brice, *Les institutions patronales*, 1895 ; Cheysson, *L'évolution du patronage* (*Réf. soc.*, 1892, 2, 170), et *Les institutions patronales en France* (*ibid.*, 1907, t. LIV, p. 145) ; Smeysters, *Les institutions de patronage dans les charbonnages belges* (*Quest. prat.*, 1900, 360, 373 et 1903, 1) ; Monogr. de *Blanzy*, du *Creusot*, etc. ; *L'ingénieur social des établiss. van Marken* (*Quest. prat.*, 1901, 367 ; Tolman, *Que doit le patron à ses ouvriers en plus du salaire* (*Réf. soc.*, 16 fév. 1901) ; P. Beauregard, *Le patronage devant le syndicalisme et la coopération* (*ibid.*, juillet-août 1907).

[2] Sur la législation de ces caisses, v. *supra*, n°s 1030 et s.

1355. — B. Institutions ayant pour objet de pourvoir aux besoins moraux ou intellectuels de la famille ouvrière (*éducation, moralisation, récréation*). — Les institutions de ce groupe affectent les formes les plus variées ; les plus importantes sont les salles d'asile, écoles d'apprentissage, bibliothèques, cercles, cours du soir, sociétés de musique, de gymnastique, d'exercices militaires ou de tir [1].

1356. — C. Institutions destinées à pourvoir aux besoins matériels de la famille ouvrière (*hygiène et bon marché du logement, de l'alimentation et autres denrées de consommation courante, vêtements, chauffage*, etc.). — Les principales institutions de ce genre sont les *économats*, précédemment décrits (V. *supra*, nos 964, 973), et les *habitations* ou *cités ouvrières*.

Le but essentiel des *habitations ouvrières*, envisagées comme instrument de patronage [2], est de procurer aux familles ouvrières un loge-

---

[1] V. notamment les ouvrages précités de Brice, H. Valleroux, et les monographies de Blanzy et du Creusot.

[2] BIBLIOGRAPHIE : Rostand, *L'action sociale par l'initiative privée*, I, p. 147 et s. ; Siegfried, *Les habitations à bon marché* ; Picot, *Un devoir social* ; Muller et Cacheux, *Les habitations ouvrières* ; Gautheron, *Le logement de l'ouvrier*, 1898 ; Moindrot, *Les habitations ouvrières* (*Quest. prat.*, 1901, p. 389 et 1902, p. 40) ; Gide, *Econ. soc.*, p. 199 et s. ; Ferrand, *Habitations à bon marché*, 1905 ; Jourdet, *id.*, 1906 ; — Cheysson, *Le taudis*, 1907 ; Turot et Bellamy, *Le surpeuplement et les habitations à bon marché*, 1907 ; — Gonnard, *Logements ouvriers en Russie* (*Quest. prat.*, 1901, p. 389, et 1902, p. 40) ; — Fochier, *Les municipalités allemandes et la question de l'habitation* (*ibid.*, 1903, 193) ; Fuster, *Les habitations ouvrières et les pouvoirs publics en Allemagne* ; — Pranard, *Les building societies américaines*, ib. 1907 ; — Beaujean, *Les habitations populaires municipales à Milan*, 1908. — *Compte rendu des Congrès internationaux des habitations à bon marché*, Paris, 1900, Düsseldorf, 1902, Liège, 1905, Londres, 1907, et du Congrès de l'*Alliance d'hygiène sociale*, Lyon, 1907 ; — Chroniques du *Bull. de l'Off. du trav.*, de la *Réf. sociale*, des *Quest. prat.*, des *Annales of American Academy*, etc. — Cf. J. Perez Canto, *El Obrero propietario*, Santiago de Chile, 1903 (vue d'ensemble sur la quest. dans les différents pays d'Europe ou d'Amérique). Pour les commentaires des lois françaises de 1894 et 1906, v. *infra*, no 1368. — Il convient de remarquer que la construction des logements ouvriers est une des institutions sociales où, de plus en plus, le patronage proprement dit cède la place, soit aux œuvres de *self help* (coopératives ouvrières, v. *supra*, no 1347), soit au patronage social, exercé directement par les pouvoirs publics (construction de quartiers ouvriers par les municipalités, comme en Angleterre, Italie, Allemagne, etc., v. *supra*, nos 662 et s.), ou par des sociétés philanthropiques, plus ou moins directement encouragées par la loi (V. *infra*). C'est ce dernier type qui s'est le plus développé en France. Les principales sociétés sont celles de Paris (46 sociétés), Lyon (7 sociétés), Rouen, Le Havre, Reims, Calais, Nantes, Lille, Marseille, Amiens, Nancy, etc. — Le type, maison individuelle avec jardinet, ou petite maison pour deux ou quatre ménages (type *mulhousien*) est généralement adopté par les entreprises patronales (Blanzy, Montceau, Creusot, Lens, etc.) ; le Familistère de Guise, cependant, s'est arrêté au type maison collective. — Dans un certain nombre de villes, en France et à l'étranger, l'œuvre des logements économiques a été complétée par celle des *jardins ouvriers* (*Ligue française du coin de terre et de foyer*, fondée en 1897, dans le Nord, par l'abbé Lemire ; *Association des cités-jardins de France*). — V. Rivoire, *Les jardins ouvriers* (*Soc. d'éc. pol. Lyon*, 1902) ; Bacquet,

ment sain et à bon marché. A l'origine, ces constructions étaient édifiées par le patron, qui les louait à bas prix à ses ouvriers et leur en facilitait l'acquisition par un système d'amortissement à long terme (Anzin, Noisiel (Menier), Petit-Bourg (Decauville), Le Creusot, etc.).

Mais, depuis quelques années, les patrons recourent de préférence à une autre combinaison, qui a l'avantage de stimuler plus directement l'esprit de prévoyance et de laisser plus d'indépendance à l'ouvrier : lorsque l'ouvrier justifie d'une épargne suffisante pour l'achat d'un terrain, le patron intervient et met à sa disposition, à titre d'avance remboursable à long terme par une retenue sur les salaires, la somme nécessaire pour édifier la construction. L'ouvrier devient ainsi propriétaire, immédiatement, d'une construction faite en quelque sorte *à sa mesure*, et généralement il s'attache plus à ce *foyer*, qu'il a créé, qu'à une maison que le patron lui aurait louée toute construite [1].

1357. — D. Participation aux bénéfices [2]. — De toutes les institutions de patronage, celle sur laquelle l'on fondait le plus d'espérances il y a quelques années était assurément la participation aux bénéfices. On nous la représentait comme le *nœud de la question sociale* (propos. Guillemet, Ch., 28 mai 1891, ann. n° 1428, p. 1240). La participation, en effet, nous disait-on, supprime tous les inconvénients du salariat; établissant entre le patron et le salarié une *association virtuelle*, elle supprime toute lutte de classes; elle est un puissant stimulant au travail; et enfin, elle assure au travailleur une sécurité que la coopération, avec ses risques, ne lui donne point.

Qu'est-ce donc que cette combinaison tant vantée de la *participation aux bénéfices*? Il est difficile d'en donner une définition bien précise,

---

Jardins ouvriers, th., 1906; Benoît-Lévy, *Les cités-jardins d'Amérique*, 1905. — Signalons également certaines interventions individuelles très efficaces de millionnaires philanthropes (fondations Peabody, Guiness et miss O. Hill en Angleterre, fondations Rotschild, Heine, etc., à Paris). — Cf. l'*Abri*, à Paris; l'œuvre de l'abbé Rambaud à Lyon, etc. — V. pour plus de développements, notre rapport au Congrès de l'*Alliance d'hygiène sociale* (Lyon, 1907), sur *L'habitation ouvrière et la législation française*.

[1] Anzin, Le Creusot, Compagnie P.-L.-M, (directement à Laroche, indirectement à Oullins, par l'entremise d'une *société* qu'elle commandite), Vieille-Montagne, etc.

[2] Bibliographie. — Böhmert, *La participation aux bénéfices*, trad. Trombert, 1888; Cheysson, *La participation aux bénéfices* (*Réf. soc.*, 93, 1, 290); Trombert, *Guide prat. pour la particip. aux bénéfices*; Bureau, *La partic. aux bénéf.*, 1898; Waxweiler, *La participation aux bénéfices*, 1898; Vanlaer, *id.*, 1898; Merlin, *id.*, 1898; Campredon, *Le papier*, avec préf. de P. Pic, 1902; Schloss-Rist, *Les modes de rémun. du travail*, p. 210 et s.; Gastineau, *Etat actuel de la participation aux bénéfices*, th., 1906; Souchon, *La participation aux bénéfices* (*Réf. soc.*, 16 nov. 1907); Trombert, *Bibliographie de la participation aux bénéfices*, 1906. — Gilman, *Profit sharing between employer and employee*; Dr Rudolf Einhauser, *Zeitschr. f. d. g. Staatsw.*, 1898, p. 120; *Bulletin de la participation aux bénéfices*.

attendu qu'elle revêt les formes les plus diverses, depuis la combinaison des *primes* et *majorations de salaire*, qui ne modifie en rien les caractères essentiels du contrat de louage de services[1], jusqu'à l'association coopérative à forme *inégalitaire*, qui sert de transition, ainsi qu'on l'a indiqué *supra* (n° 1346), de la participation à la coopération. Entre ces deux termes extrêmes, il y a place pour toute une série de systèmes de participation proprement dite.

1358. — *a*) *Les divers types de participation classés d'après leur mode d'établissement.* — A ce point de vue, la participation peut affecter deux formes bien différentes :

1° *Participation* par *groupes* ou par *branche d'entreprise*, dans laquelle les employés et ouvriers participants ont une remise proportionnelle aux bénéfices, non pas de l'entreprise totale, mais de la branche à laquelle ils appartiennent[2] ;

2° *Participation* aux *bénéfices nets généraux* de l'entreprise. — Dans certaines maisons, le patron se réserve de fixer chaque année, à son gré, le taux de la participation de ses employés[3] ; mais le plus souvent, le taux est déterminé à l'avance par le contrat. Ce taux est des plus variables ; certaines maisons n'allouent que 5 0/0, d'autres abandonnent à leur personnel jusqu'à 50 et même 75 0/0 des bénéfices nets[4].

1359. — *b*) *Les divers types de participation classés d'après le mode de répartition*[5]. — Quatre systèmes principaux peuvent être pratiqués pour la répartition des bénéfices : — 1° *Répartition immédiate et intégrale* entre les participants. Ce système est rarement pratiqué, car le boni ainsi distribué en espèces à l'ouvrier est trop souvent dissipé au

---

1 Sur les *primes* et *majorations des salaires*, ainsi que sur les *subventions en nature*, v. *supra*, n° 920 ; Schloss-Rist, p. 83 et s. ; Gide, *Rapp.*, p. 101 et s. ; Cauwès, t. III, n° 878. — Sur l'*échelle mobile des salaires*, v. *supra*, n° 1258.

2 *Sic* : Papeterie Laroche-Joubert (V. Campredon, *op. cit.*), imprimerie Mame (*Réf. soc.*, 93, 1. 288).

3 Il en est ainsi par exemple dans la *Société des Forges et Hauts Fourneaux de Mazières* (Isaac, *Société d'économie politique de Lyon*, 1884-85, p. 291 et s.).

4 La Compagnie d'assurances l'*Union* alloue aux employés 5 0/0 des bénéfices nets. L'imprimerie Chaix abandonne 15 0/0 ; la maison Pillsburg, à Minneapolis (États-Unis) alloue 33 0/0 au personnel. Enfin la maison Leclaire, de Paris (entreprise de peinture), qui eut l'honneur d'inaugurer, en 1842, le système de la participation aux bénéfices, abandonne au personnel 75 0/0.

5 D'autre part, dans certains établissements, la part est rigoureusement proportionnelle aux salaires ; dans d'autres au contraire, la répartition se fait au prorata du salaire et du nombre d'années de services (maison Scheurer-Kestner, à Thann ; maison Besselièvre, fabrique d'indiennes, à Maromme, etc.). Enfin, certaines maisons tiennent compte d'un triple élément : chiffre des salaires, nombre d'années de services, nature des services rendus (fonderie Piat).

lendemain de la paie, parfois même engagé d'avance. — 2° *Répartition différée*. En ce cas, le patron met en réserve la somme revenant à chaque ouvrier en clôture d'exercice ; l'ouvrier, au bout d'un certain nombre d'années, reçoit en bloc les sommes réservées grossies des intérêts, soit en capital, soit sous forme d'une pension de retraites. — 3° *Participation mixte*. Ce système, qui n'est autre chose que la combinaison des deux systèmes précédents, est celui qui prévaut en pratique. Il consiste à payer immédiatement une quote-part aux participants et à verser le surplus, en leur nom, à une caisse de retraites. La maison Chaix, par exemple, paie 5 0/0 aux participants, et verse 10 0/0 au fonds de réserve : la moitié de cette réserve est placée, et la rente en est servie aux participants, l'autre moitié alimente une caisse de retraites. — 4° *Commandite*. Dans certaines maisons, notamment dans les maisons Leclaire, Laroche-Joubert, les bénéfices, au lieu d'être distribués intégralement, alimentent pour partie un fonds de réserve ou de prévoyance, qui commandite l'entreprise [1].

1360. — *c) Participation aux pertes*. — Dans certaines maisons, les participants ne supportent pas les pertes ; dans le cas où l'exercice se solde en pertes, ils ne touchent évidemment pas de bénéfices, mais ils n'en ont pas moins droit à leurs salaires, et ne peuvent être inquiétés par les créanciers. Mais rien n'est plus facile, lorsque tous les bénéfices ne sont pas immédiatement distribués, que de faire participer le personnel aux pertes sous forme de prélèvement sur le fonds de réserve constitué à l'aide des bénéfices antérieurs (*Sic* : maison Leclaire).

1361. — *d) Contrôle des participants*. — Il est généralement admis que les participants n'ont aucun moyen de contrôle sérieux sur les opérations de la maison. Mais il y a là une exagération manifeste. Sans doute le contrôle n'existe pas dans certaines maisons, où les participants doivent se contenter des chiffres qui leur sont fournis, sans avoir les moyens d'en contrôler la sincérité ; mais le fait est moins général qu'on ne le prétend.

Tout d'abord, les participants sont investis d'un pouvoir de contrôle très étendu dans les maisons qui pratiquent la participation sous forme de commandite ; d'autre part, ils ont les mêmes moyens de contrôle que les actionnaires dans toutes les sociétés anonymes ou en commandite par actions. Enfin, il est toujours possible, même dans les établissements

---

[1] Cette commandite collective du patron par les ouvriers participants va en s'accroissant sans cesse, si l'entreprise est prospère ; et cette entreprise, patronale au début, se transforme ainsi progressivement, par la volonté même du patron fondateur, en une association coopérative de production (V. *supra*).

exploités individuellement par un patron, d'organiser au profit des participants un contrôle sérieux [1].

Les défauts du patronage : déclin du système. — **1362.** — Nul aujourd'hui n'oserait, croyons-nous, représenter le patronage comme contenant en puissance la solution du problème social. Nous ne nions point la noblesse du but, nous ne contestons point les heureux effets de certaines institutions patronales, habilement dirigées ; mais il est indéniable que le patronage se heurte de plus en plus à une pierre d'achoppement redoutable, signalée par les partisans les plus convaincus du patronage (Cheysson, *Evolution du patronage*) : à savoir, l'esprit d'indépendance ombrageuse, et de méfiance instinctive de l'ouvrier au regard du patron. Il suffit, pour se rendre compte de ce fait, de passer en revue les quatre types principaux d'institutions patronales.

a) Institutions de prévoyance. — Bien administrées, les caisses de prévoyance peuvent rendre de grands services ; cependant, leur gestion a donné lieu à de graves abus. Aussi l'Etat a-t-il dû les assujettir à un contrôle sévère (V. *supra*, n°s 1030 et s.), et dans ces conditions les chefs d'industrie ou bien s'abstiennent, ou bien se bornent, soit à subventionner des mutuelles administrées par les intéressés eux-mêmes, soit à servir d'intermédiaires entre leur personnel et la Caisse nationale des retraites. — Le patronage social, qui respecte l'indépendance du travailleur, se substitue ainsi progressivement, par la force même des choses, au patronage individuel du chef d'industrie.

1363. — *b) Institutions destinées à pourvoir aux besoins intellectuels ou moraux de l'ouvrier.* — Ces institutions, les plus empreintes de paternalisme, ne sont pas vues d'un bon œil par les ouvriers (à part les écoles ou cours techniques, dont l'utilité est bien amoindrie depuis le développement de l'enseignement technique officiel ou syndical, v. *supra*, n°s 1234 et s.). Pour être efficace dans ce domaine, l'intervention des patrons doit se faire de plus en plus discrète, et surtout se garder de toute intrusion dans le domaine de la conscience.

1363 *bis.* — *Institutions destinées à satisfaire aux besoins matériels de l'ouvrier.* — Nous avons déjà développé les considérations qui militent en faveur de la disparition des *économats*, même lorsqu'ils ne sont nullement entachés de spéculation (*truck system*), et de leur transformation en coopératives (V. *supra*, n°s 964, 973).

Quant aux cités ouvrières, leur construction par les patrons se heurte

[1] Le contrôle peut être pratiqué, soit par les comptables de la maison, participants eux-mêmes (*sic*, maison Laroche-Joubert), soit par un délégué des employés, soit par un arbitre-expert.

également à de graves objections. Le patron qui se borne à louer aux ouvriers des maisons édifiées à ses frais se verra fatalement accusé de spéculer sur la location ; celui qui offre aux locataires des facilités spéciales pour acheter par annuités encourt en outre le reproche, non seulement de spéculer, mais encore d'assujettir l'ouvrier à une forme nouvelle de servage.

1364. — *c) Participation aux bénéfices.* — Cette dernière forme de patronage soulève des objections d'un autre ordre. Ici, en effet, l'obstacle ne vient pas de la résistance des ouvriers ou employés, mais bien de la prétention qu'ont la majorité des patrons de refuser aux participants tout moyen de contrôle. Les ouvriers ou employés, une fois admis à la participation, insistant énergiquement pour obtenir la communication des livres et inventaires, cette institution, qui théoriquement devrait supprimer toute cause de conflits, est au contraire dans bien des cas une cause nouvelle de malentendus et de discorde entre les patrons et les ouvriers.

C'est la crainte de ces conflits, plus encore que le désir de conserver tous les bénéfices pour eux, qui a détourné jusqu'à présent l'immense majorité des patrons de recourir à la participation [1]. Il est bien peu vraisemblable qu'une institution d'un rayonnement aussi faible soit jamais capable de devenir le mode normal de rémunération du travail.

CONCLUSION. — **1365.** — **Insuffisance de l'initiative individuelle et du patronage ; nécessité de l'intervention de l'Etat.** — Si les effets de l'initiative individuelle, si les institutions de patronage ne suffisent point à assurer le travailleur contre tous les risques — et nous croyons avoir établi leur insuffisance — l'intervention de l'Etat s'impose. Telle est en effet la conclusion très nette de l'*école solidariste* [2], mais il importe de bien préciser le caractère et la portée de cette intervention.

L'Etat doit se garder d'étouffer les initiatives individuelles, ou de les gêner par une intervention tracassière ; il doit au contraire les stimuler, les seconder, les provoquer même lorsqu'elles tardent à se manifester ; mais il doit aussi les suppléer lorsqu'elles sont manifestement impuissantes à réaliser les réformes nécessaires.

---

[1] Loin d'avoir progressé depuis dix ans, la participation aux bénéfices est plutôt en recul, même dans son pays de prédilection, la France. En effet, tandis que M. Ch. Robert relevait dans l'*Alman. de la coopér.* pour 1893, le chiffre de 305 maisons, dont 115 pour la France, pratiquant la coopération dans le monde entier, l'on n'en trouve plus en 1903 que 267 (dont 107 pour la France). — Gide, *op. cit.*, p. 122.

[2] V. *supra*, n°s 62 et s.

De ces prémisses, et abstraction faite du droit d'intervention de l'Etat dans le contrat de travail lui-même, sur lequel nous nous sommes expliqué déjà (V. *supra*, n°s 880 et s.), nous conclurons à la légitimité de l'action législative, s'exerçant en vue de l'un des cinq objets suivants : réglementation des institutions de patronage, des associations coopératives, des institutions d'épargne et de prévoyance, des assurances ouvrières, de l'assistance sociale.

CHAPITRE II

LOI POSITIVE. — PROJETS DE RÉFORME

SECTION PREMIÈRE. — Réglementation législative des institutions de patronage (participation aux bénéfices, etc.), et des habitations ouvrières. — Homestead.

I. Patronage. — **1366.** — **Rôle du législateur.** — En ce qui concerne le *patronage*, le législateur doit veiller tout d'abord à ce que les institutions patronales, destinées théoriquement à améliorer la condition de l'ouvrier, ne dévient pas de leur but, et ne servent point à masquer des spéculations coupables. Tel est précisément l'objet, soit des lois des 29 juin 1894 et 27 décembre 1895 sur les caisses des mineurs, ou des ouvriers et employés, soit des projets de répression du *truck system* ou de réglementation des *économats* (V. *supra*, n°s 962, 975, 1028 et s.).

Il doit, en second lieu, stimuler celles de ces institutions dont l'utilité est reconnue, spécialement la participation aux bénéfices, et la construction de logements (sauf, sur ce dernier point, à encourager de préférence les œuvres de patronage *social*).

1367. — **Participation aux bénéfices.** — C'est dans cet ordre d'idées que nous avions, en 1894, dans notre première édition, donné notre approbation au principe du projet de loi sur les *sociétés coopératives* et le *contrat de participation aux bénéfices*, déposé au nom du gouvernement par M. Floquet (Ch., 16 juill. 1888, ann. n° 1057, p. 2968), qui ayant déjà fait l'objet d'une double délibération, soit à la Chambre en 1888 et en 1893, soit au Sénat en 1892 et décembre 1893, semblait sur le point d'aboutir. Nous comptions sans la campagne très vive menée par le commerce de détail contre la coopération, campagne qui aboutit à un vote du Sénat, le 13 mars 1896, refusant aux coopératives toutes immunités fiscales. Ce vote était la destruction du projet ; et, comme à tort ou à raison ses rédacteurs avaient incorporé, à la loi organique des coopératives, les dispositions destinées à réglementer la participation, celle-ci ne possède encore aujourd'hui qu'une charte coutumière, d'origine jurisprudentielle [1].

---

[1] Signalons toutefois plusieurs propositions récentes tendant à réglementer la participation : propos. *Doumer* (Ch., 19 juin 1906) sur la coopération ouvrière de

Il est permis de le regretter. En définissant la participation, en précisant ses effets juridiques, sans d'ailleurs imposer aux parties aucun type obligatoire, le législateur n'aurait pas seulement mis fin à certaines hésitations de la jurisprudence ; il aurait pu également contribuer à la diffusion d'un contrat, par lequel les patrons hésitent à se lier, faute d'être suffisamment instruits de l'étendue des obligations nouvelles qu'ils assument.

Il n'eût pas été inutile également d'édicter certaines mesures tendant, non point à imposer la participation, mais à subordonner la concession de certaines faveurs, ou exemptions fiscales, à l'organisation de la participation. Il nous semble, notamment, que si le principe de la participation obligatoire dans les entreprises dirigées par l'Etat ou par des concessionnaires de l'Etat [1] se heurte à des difficultés sérieuses d'application, il y aurait tout avantage à subordonner, pour les coopératives, l'exonération de la patente à la condition pour elles d'admettre *tous* leurs ouvriers ou employés non associés à la participation [2].

II. — Habitations ouvrières : lois des 30 novembre 1894 et 12 avril 1906. — **1368**. — L'on ne peut, d'autre part, qu'approuver dans leur principe toutes les mesures législatives tendant à améliorer le logement de l'ouvrier, soit par un renforcement des pouvoirs de l'autorité publique en matière d'hygiène (V. *supra*, n°s 612 et s.), soit par

---

production et la participation ; propos. Ballande (Ch., 15 juin 1906), et Guillemet (Ch., 22 juin 1906). Aucune n'est venue encore en discussion. — Résumons en deux mots la jurisprudence. Il est généralement admis, sous l'empire de la législation actuelle, que le seul fait, de la part du patron, d'intéresser son employé dans sa maison, ne modifie pas la nature du contrat, et n'a pas pour effet de transformer le louage de services en société : Cass., 17 avril 1872, D. 73, 1, 311 ; 8 fév. 1908 (*Fr. Judic.*, 1908, 131); Aix, 6 déc. 1888, S. 89, 2, 219. Mais si, par elle seule, la clause de participation ne suffit pas à transformer l'employé ou l'ouvrier en un associé, cette transformation peut s'induire des stipulations accessoires qui, s'ajoutant à la clause principale, révèlent chez le patron l'*affectio societatis*, et spécialement de la clause faisant participer l'employé aux pertes : Lyon, 23 janv. 1891, sous Cass., 17 avril 1893, S. 93, 1, 299.

Si le contrat est muet sur les pouvoirs de contrôle du participant, celui-ci aura-t-il le droit d'exiger la *communication des livres*? La question est controversée, mais la jurisprudence incline dans le sens de l'affirmative : Rennes, 29 juin 1871, S. 71, 2, 83 ; Bordeaux, 30 janv. 1872, S. 72, 2, 66. V. cependant Paris, 21 nov. 1903, D. 1905, 2, 13. — Toutefois, il est généralement admis que le participant pourrait valablement renoncer à l'avance à ce pouvoir de contrôle : Cass., 1er juin 1875, D. 75, 1, 417. — Cons. notamment sur ces différents points : Lyon-Caen et Renault, t. II, n°s 58 et 291 *bis* ; *Rép.* Fuzier-Herman, v° *Commis*, n°s 34 et s. ; Dalloz, *Suppl. Rép.*, v° *Sociétés*, n°s 386 et s. ; Guillouard, *Sociétés*, n° 14 ; Baudry et Wahl, t. II, p. 117 et s. ; Thaller et Pic, *Traité des sociétés*, t. Ier, p. 81. — V. aussi les monogr. précitées sur la particip., et spéc. l'ouvrage de Waxweiler, p. 191.

[1] Principe posé dans la propos. Doumer, précitée.

[2] Cf. texte voté par la Chambre en 1893-1894.

des encouragements de diverse nature donnés à tous constructeurs de maisons ouvrières, patrons, associations coopératives ou sociétés. Tel a été l'objet de la loi française du 30 novembre 1894 (remplacée depuis peu par la loi du 12 avril 1906), sur les *habitations à bon marché*, qu'il convient de rapprocher d'un grand nombre de lois étrangères récentes sur le même objet [1].

Résumons brièvement l'économie de la loi de 1906, combinée avec l'article 10 de la loi du 20 juillet 1895 sur les caisses d'épargne. De l'article 1er de la loi il ressort que l'habitation *à bon marché*, appelée à bénéficier des faveurs légales, se détermine non par la qualité de l'occupant (sous cette réserve toutefois que les locataires, devant appartenir à la classe des *personnes peu fortunées*, seront en général des ouvriers ou employés), mais par la valeur locative de la maison (ou des logements pour les maisons collectives), cette valeur variant, suivant les localités, entre 140 et 550 francs [2].

Ces habitations, construites par les intéressés eux-mêmes, ou par les chefs d'industrie ou les sociétés, en vue de leur être louées ou vendues, sont exemptes, pendant douze ans à compter de leur achèvement, de la contribution foncière et de l'impôt des portes et fenêtres. Sont également affranchies de la taxe de mainmorte (L. 20 février 1849 et 29 décembre 1875) les sociétés qui ont pour objet *exclusif* la construction et la vente des maisons du type précité.

1369. — Les bureaux de bienfaisance, hôpitaux et hospices, peuvent

---

[1] Législation sur les *habitations ouvrières* ou *à bon marché*. — *France* : L. 30 novembre 1894, remplacée par la loi du 12 avril 1906. — Cf. loi 20 juillet 1895 sur les *caisses d'épargne* et loi du 10 avril 1908 sur la *petite propriété et les maisons à bon marché*. — V. aussi les décrets organiques des 10 janv. 1907 et 24 août 1908, et les circul. des 27 févr. 1907 et 25 sept. 1908. — Cp. : loi *belge* du 9 avril 1889, modifiée par les lois des 30 uillet 1892, 18 juillet 1893 et 16 août 1897 (*Ann. de lég. étrang.*, 1898, 546). — V. aussi L. *anglaises* des 18 août 1890, 9 août 1899 (*ibid.*, 1900, 26) et 14 août 1903 ; L. *autrichiennes* des 9 févr. 1892 (*Ann. lég. étr.*, 1893, 225) et juin 1902 (*Soz. Praxis*, 4 sept. 1902); L. *prussienne*, 23 août 1899 (*Ann. leg. étr.*, 1900, 218) et règlement prussien, 2 oct 1899 (*Quest. prat.*, 1901, 150) ; L. *danoise*, 26 fév. 1898 (*Quest. prat.*, 1900, 110 ; L. *italiennes* des 29 mars et 31 mai 1903 ; L. *luxembourgeoise* du 29 mai 1906. — Il convient de remarquer qu'en Angleterre, en Prusse, au Danemark, en Italie, les communes sont expressément autorisées à construire elles-mêmes des logements ouvriers. — Beaucoup d'entre elles ont largement usé de cette faculté.

Bibliographie. — Aux ouvrages cités *supra*, nos 1347, 1356, *adde* : Maillet, *Modifications apportées au Code civil par la loi de 1894* ; Dreyfus, *Etude juridique et sociale sur les habitations à bon marché*, 1902; Turot, Rapp. au Cons. municip. de Paris sur les *habitations à bon marché*, 1905 ; — Strauss et Baulez, *Habitations à bon marché*, 1907 ; Pic, *L'habitation ouvrière et la législation française*, 1907 ; Turot, *Les habitations à bon marché et la législation* (*Rev. polit. et parl.*, 10 mars 1907); Baret, *Comment. de la loi de 1906*, 1908.

[2] Sur le mode d'évaluation, v. l'art. 5 *in fine*.

employer un cinquième au plus de leur capital à des constructions de ce genre ou à des prêts hypothécaires aux sociétés, ou souscrire, dans les mêmes limites, des obligations ou actions libérées émises par lesdites sociétés; toutefois, les actions souscrites ne doivent pas excéder les *deux tiers* du capital social. La Caisse des dépôts et consignations est également autorisée à employer en obligations négociables de ces sociétés le cinquième de la réserve provenant des fonds de caisses d'épargne (postale ou ordinaires) : réserve constituée au moyen de l'écart entre l'intérêt servi aux caisses et celui, plus élevé, qu'elle retire de ses placements. — Les caisses d'épargne ordinaires, de leur côté, peuvent employer le revenu et le cinquième du capital de leur fortune personnelle en constructions ou en prêts aux sociétés d'habitation à bon marché, et en actions ou obligations, sous les mêmes conditions que ci-dessus. Elles peuvent même (art. 16) consentir des prêts à des particuliers.

1369 *bis*. — Les *communes* et les *départements*, omis dans l'énumération donnée par la loi de 1894 des institutions appelées à coopérer à l'œuvre des habitations à bon marché, sont formellement invités, par la loi de 1906 (art. 6) à y participer financièrement. Le principe de la régie directe n'y est pas affirmé, comme dans les lois étrangères[1]; mais le texte prévoit divers procédés entre lesquels les villes et les départements auront l'option.

Les capitaux locaux sont-ils insuffisants ou trop timorés, la ville pourra résolument prendre l'initiative de la constitution d'une *société paravent* dont elle souscrira la majeure partie des titres (actions jusqu'à concurrence des deux tiers du capital, obligations en nombre illimité). Les capitalistes de la ville intéressée sont-ils moins timides, celle-ci alors s'abstiendra d'intervenir dans la souscription, mais elle aidera au lancement de l'opération, soit en garantissant pendant quelques années (dix ans au plus) un minimum d'intérêt aux obligations ou même aux actions, soit en cédant à la société des terrains à bâtir pour la moitié de leur valeur réelle.

1369 *ter*. — Des comités locaux (comités de patronage *des habita-*

---

[1] La loi de 1906 n'interdit pas expressément la construction en régie ; mais cette interdiction, conforme aux traditions du Conseil d'Etat, résolument hostile au développement des régies (v. *supra*, nos 669 et s.), paraît bien s'induire du texte (Cf. Turot, Pic, *op. citt.*). Cette interprétation restrictive est en tout cas celle à laquelle le ministre du travail s'est arrêté dans ses circulaires précitées. — Cette défiance de l'Etat au regard des communes paraît tout à fait injustifiée ; tout au moins conviendrait-il de leur reconnaître formellement le droit d'édifier en régie des habitations ouvrières sur les terrains à elles appartenant. — Cf. délib. du Cons. municip. de Lyon (*Bull. municip.* du 11 oct. 1908).

tions à bon marché et de la prévoyance sociale) sont institués dans les départements en vue d'encourager la construction des logements ouvriers. Leurs rapports sont contrôlés au Ministère du travail par le Conseil supérieur des habitations à bon marché, qui prépare tous les règlements et étudie les réformes nécessaires.

Par dérogation au droit civil, l'indivision peut être maintenue, pendant cinq ans, à partir du décès du propriétaire, à la requête, soit de l'un des enfants, soit de l'époux survivant, pourvu, s'il n'y a pas de descendant, que le survivant soit copropriétaire de la maison au moins pour moitié et qu'il l'habite au jour du décès. Elle peut également, s'il y a des mineurs parmi les descendants, être maintenue pendant cinq ans à partir de la majorité de l'aîné des mineurs, sans que la durée totale de l'indivision puisse, à moins d'un accord unanime, excéder dix ans. — Chacun des héritiers et le conjoint, s'il a un droit de copropriété, a la faculté de reprendre la maison sur estimation (art. 8) [1].

Toutes ces prescriptions ont un objectif commun : assurer la stabilité du *foyer familial*, empêcher le *déracinement des familles*. A ce point de vue, la loi de 1906 trouve son complément naturel dans la loi Siegfried, du 10 avril 1908 [2], tendant à étendre les avantages de la loi de 1906 aux *jardins et champs* n'excédant pas 25 ares. Cette loi n'est elle-même que la préface de l'introduction en France du régime du *homestead* ou bien *insaisissable de famille* (maison d'habitation et lot de terre contigu) [3].

---

[1] Sur les combinaisons offertes par la Caisse d'assurances en cas de décès aux acquéreurs ou constructeurs, v. l'art. 6 de la loi de 1906. — Sur les prêts à taux réduit (2 0/0) pouvant être consentis par l'Etat aux sociétés régionales de crédit immobilier qui ont pour objet de faire des avances, en vue de la construction de maisons à bon marché, ou d'acquisition de champs ou jardins, v. les art. 2 et s. de loi du 10 avril 1908 relative à la *petite propriété et aux maisons à bon marché*.

[2] D. 1908, 4, 55. — Cf. décret des 24-26 août 1908, D. 1908, 4, 83.

[3] Depuis quelques années, un mouvement assez vif se dessine en France en faveur de l'introduction, dans notre droit, du régime américain du *homestead*, dont il convient de rapprocher le *Hoferecht* germanique (indivisibilité des biens de famille), pratiqué en Allemagne et en Autriche, les *Allotments acts* anglais (v. *supra*, p. 95, note 2), et la loi *danoise* du 1er mars 1899 (*Quest. prat.*, 1902, 221) sur le lotissement des biens ruraux. — Depuis la proposition Léveillé, du 16 juin 1894 (Ch., n° 717), de nombreuses propositions sur le bien insaisissable de famille ont été déposées sur le bureau des Chambres : propos. *Lemire*, 10 juin 1902 (Ch., n° 18); *L. Martin*, 1er décembre 1902 (Ch. n° 541) ; projet présenté par M. Ruau, ministre de l'agriculture, 31 janv. 1905 (Ch., n° 2214). — Ce dernier projet, quelque peu amendé, a été voté par la Chambre le 13 avril 1906.

La question du *homestead* ou des institutions analogues a suscité de nombreux travaux. — Cons. notamment : Bureau, *Le homestead*, 1894 ; Léveillé, *Le homestead* (*Rev. d'écon. polit.*, juin 1902) ; Violette, *Le bien de famille* (*Rev. polit. et parl.*, 1904, I, 60, et III, 249) ; Levasseur, *Le homestead* (*Acad. sc. mor.*, 1901, I, 437) ; thèses Chavanes et Rémond, 1907. — Cf. Blondel et Brouilhet, *Popul. rur. de l'Allemagne* ; Souchon, *La propriété paysanne*.

SECTION II. — Sociétés coopératives. — Crédit populaire et agricole.

DES SOCIÉTÉS COOPÉRATIVES EN GÉNÉRAL. — **1370**. — L'Etat doit, en second lieu, favoriser le développement des *sociétés coopératives.* Il peut, dans ce but, soit instituer un régime de faveur, comportant avant tout la variabilité du capital, au profit des sociétés coopératives de toute catégorie, soit même réglementer spécialement chacun des principaux types de sociétés coopératives, tout en laissant aux fondateurs de ces associations le choix entre le régime qu'il institue, comportant certains avantages, mais aussi certaines obligations, et le droit commun. Le premier mode d'intervention, qui avait prévalu en 1867, est encore celui du droit français pour une période indéterminée, le Sénat ayant rejeté en 1896 le projet que nous signalons ci-après. C'est le second qui a prévalu au contraire dans plusieurs législations étrangères[1].

Le cadre de cet ouvrage ne nous permet pas d'étudier, même succinctement, la législation actuelle des sociétés coopératives ; nous nous bornerons à l'esquisser à grands traits.

1371. — **Sociétés à capital variable : lois de 1867 et 1893.** — Les sociétés coopératives sont actuellement régies en France par les articles 48 à 54 de la loi du 24 juillet 1867 sur les sociétés, modifiée par la loi du 1er août 1893[2].

Le législateur de 1867 n'a pas entendu créer, sous cette dénomination de sociétés *à capital variable*, un type spécial et nouveau de société ; la *variabilité du capital*, caractère distinctif de toutes les sociétés régies par le titre III de la loi, est en effet une simple modalité du type, quel qu'il soit, adopté par les fondateurs.

---

[1] Il existe des lois d'ensemble sur la coopération en *Angleterre* (L. de 1876, modifiée le 12 sept. 1893, *Ann. de lég. étr.*, 1894, p. 14), en *Allemagne* (L. 1er mai 1889, modifiée le 12 août 1896, *ibid.*, 1897, 139), en *Autriche* (L. 9 avril 1873), aux *Pays-Bas* (L. 17 nov. 1876). Les articles 85 et s. de la loi *belge* sur les sociétés, du 18 mai 1873, contiennent également une réglementation assez complète de la coopération. V. aussi Code fédér. suisse des oblig., art. 524 et s. Les Codes de comm. *italien* (art. 219 et s.), *roumain* (art. 221 et s.), au contraire, à l'instar de la loi française, se bornent à poser quelques règles concernant les sociétés à capital variable.

[2] Aux ouvrages sur la coopération cités *supra*, n° 1339, *adde* : Lyon-Caen et Renault, t. II, p. 732 et s. ; Thaller, *Dr. commerc.*, p. 358 ; Houpin, *Soc. commerc.*, t. II, p. 159 et s. ; Dalloz, *Suppl. Rép.*, V° *Sociétés*, nos 2167 et s. ; Gouteix, *Du régime légal des sociétés coopératives en France*, 1901 ; Rép. Fuzier-Herman, v° *Sociétés coopératives* ; Hayem, *Domaines respectifs de l'association et de la société*, 1907.

Ceux-ci ont donc le choix entre tous les types de droit commun ; si la société qu'ils se proposent de fonder est civile (exemple : société de consommation ne vendant qu'à ses membres, société de production agricole ou minière, etc...), ils pourront recourir à la forme civile, à moins qu'ils ne préfèrent la commercialiser par l'adoption de l'une des formes réglementées par le Code de commerce (L. de 1893).

La société est-elle commerciale, quant à son objet (société de production manufacturière, société de consommation vendant au public), les coopérateurs auront l'option entre l'un des trois types : société en nom collectif, en commandite par actions, et anonyme. Mais, s'ils consentent à se soumettre aux prescriptions réglementaires édictées par la loi, l'association jouira d'un ensemble *de faveurs*, dont nous énumérons ci-dessous les principales.

1372. — *a) Variabilité du capital.* — Tandis que de droit commun le capital des sociétés commerciales est fixe, et que toute augmentation ou diminution du capital doit être publiée pour être opposable aux tiers, le capital des sociétés réglementées par le titre III est essentiellement variable (art. 48, 52 et 62 comb.).

A cette variabilité, la loi n'apporte que deux limitations : 1° l'associé qui cesse de faire partie de la société, soit par l'effet de sa volonté [1], soit par suite d'une décision de l'assemblée générale l'excluant de la société (art. 52) [2], reste tenu pendant cinq ans, envers les associés et envers les tiers, de toutes les obligations existant au moment de sa retraite ; — 2° le capital social ne peut être réduit par les reprises d'apport à un chiffre inférieur au capital originaire ; les statuts peuvent d'ailleurs fixer un minimum supérieur à ce taux (art. 51).

1373. — *b) Taux de l'action.* — Le taux minimum est de 25 francs, comme pour les sociétés ordinaires, depuis la loi de 1893. Mais la condition des coopérateurs reste plus favorable que celle des actionnaires ordinaires, en ce sens que, même sur les actions de 25 francs qui, de droit commun, doivent être intégralement libérées, il suffira du versement d'un dixième, soit 2 fr. 50.

1374. — *c) Causes de dissolution.* — Tandis que, de droit commun, les sociétés par intérêt sont dissoutes de plein droit par la mort, l'inter-

---

[1] Le droit de retraite, *ad nutum*, de chaque associé, avec reprise de son apport, est de l'essence de la société *à capital variable* : Bordeaux, 7 avril 1897, *Journ. des Soc.*, 1897, 508. — V. cependant Douai, 2 août 1906, D. 1908, 2, 241 (note Levillain en sens contraire).

[2] Le droit d'exclusion n'existe qu'en vertu d'une réserve expresse des statuts : Trib. com. Seine, 15 avril 1897, *Journ. des Soc.*, 1897, 326.

diction, la faillite ou la déconfiture de l'un des associés, ces divers événements laissent subsister les sociétés du même type, lorsqu'elles sont à *capital variable* (art. 54).

1375. — *d) Mesures légales contre la spéculation.* — A tous les autres points de vue, le droit commun reprend son empire, et les sociétés coopératives restent régies par les règles propres au type qu'elles ont adopté, sous réserve toutefois des mesures réglementaires prises par le législateur en vue d'empêcher les sociétés de spéculation de bénéficier des faveurs légales. Cette réglementation spéciale se réfère aux trois chefs suivants : — *a*) Le capital originaire ne pourra excéder 200,000 francs ; il pourra être augmenté par des délibérations de l'assemblée générale, prises d'année en année, mais chaque augmentation ne pourra être supérieure à 200,000 francs. — *b*) Les actions ou coupons d'actions sont *nominatifs*, et restent tels, même après leur entière libération. — *c*) L'extrait des statuts destiné à la publicité, ainsi que les factures et publications émanées de la société doivent porter la mention *à capital variable* [1].

1376. — Griefs des coopérateurs contre le régime légal. — La loi de 1867, antérieure au développement des coopératives, ne paraissait plus répondre, vers 1888, aux nécessités nouvelles. Les griefs des coopérateurs [2] se référaient surtout aux trois chefs suivants : — 1° Le chiffre maximum du capital, 200,000 francs, était trop faible, surtout pour les sociétés coopératives de production, qui ont la légitime prétention d'aborder la grande industrie. — 2° L'absence de toute définition légale des types les plus usuels de coopératives est un encouragement à la fraude, en ce qu'elle permet trop aisément à des entreprises purement commerciales de bénéficier sans droit des faveurs légales administratives. — 3° Les frais de constitution d'une société à capital variable, dans les conditions prévues au titre III de la loi de 1867, sont excessifs, surtout lorsque les fondateurs veulent recourir à la forme anonyme.

---

[1] Il convient de mentionner, pour compléter ce tableau sommaire de la législation française actuelle ; 1° l'art. 2 de la loi du 1er décembre 1875 exonérant de l'impôt sur le revenu les *parts d'intérêt* dans les sociétés de toute nature dites coopératives, formées exclusivement entre ouvriers et artisans ; — 2° le décret du 4 juin 1888 et la loi du 25 juillet 1893 précisant les conditions d'admission des associations ouvrières aux adjudications de travaux publics de l'Etat et des communes (*Rec. Cohendy*, p. 232) ; — 3° l'inscription au budget annuel de l'Etat de crédits (260.000 fr. en 1907) destinés à encourager la coopération de production ; — 4° l'art. 9 de la loi du 19 avril 1905 sur la patente (revanche du petit commerce) soumettant à cet impôt les sociétés coopératives de consommation possédant des magasins de vente.

[2] Gide, *Le mouvement coopératif* (*Rev. d'écon. polit.*, 1893, p. 11 et s.).

1377. — **Projet de loi de 1888.** — C'est pour remédier à ces défauts de la loi de 1867 que le gouvernement avait déposé en 1888 sur le bureau de la Chambre un projet de loi sur les sociétés coopératives et la participation aux bénéfices, dont nous avons rappelé *supra* (n° 1367) les vicissitudes parlementaires. Ce projet ayant finalement échoué devant le Sénat, et rien ne faisant supposer qu'il soit repris prochainement[1], il nous suffira d'en rappeler en quelques mots les prescriptions essentielles.

Le projet (texte de la Ch. des dép., 8 mai 1893), commence par définir dans son article 1er les quatre espèces de sociétés coopératives appelées à bénéficier du régime de faveur institué par la loi, à savoir : 1° les *sociétés coopératives de consommation* « qui ont pour but l'acquisition, la fabrication et la manutention par la société de toutes denrées, marchandises et autres objets destinés aux besoins personnels des sociétaires ou aux besoins de leur profession ou industrie » ; — 2° les *sociétés coopératives de crédit* ; — 3° les *sociétés coopératives de production* ; — 4° les *sociétés coopératives mixtes*, agricoles ou autres, qui réunissent les caractères des sociétés de consommation, de crédit et de production, ou de deux d'entre elles seulement[2].

1378. — Chacun de ces quatre types fait l'objet d'une réglementation spéciale (titres II à V). Le titre Ier, au contraire, contient un ensemble de prescriptions applicables à tous les types de coopératives. Les formalités sont simplifiées. Le minimum de l'action est abaissé à 20 francs. Diverses immunités fiscales assez sérieuses sont accordées aux coopératives, spécialement aux sociétés de consommation.

Du CRÉDIT AGRICOLE. — **1379.** — Si le projet d'ensemble sur la coopération, analysé ci-dessus, n'a pas abouti, du moins le législateur français a-t-il doté le *crédit agricole* d'une législation spéciale, dont les résultats ne peuvent encore être exactement appréciés, mais qui semble bien avoir contribué au développement de la coopération de crédit. La question du crédit rural étant plutôt en dehors de notre champ d'étude, nous nous bornons à donner en note quelques indications, tant sur les textes en vigueur que sur les commentaires les plus récents[3].

---

[1] Le projet de loi Doumer (Ch., 29 juin 1906), sur les coopératives *de production*, et la participation aux bénéfices, n'a fait l'objet encore d'aucune discussion.

[2] Il n'est pas question des sociétés de *construction*, régies par une législation spéciale.

[3] LÉGISLATION FRANÇAISE : — L. 5 novembre 1894 (modifiée par les lois des 20 juill. 1901 et 14 janv. 1908) sur les *sociétés de crédit agricole* ; — L. 17 novembre 1897 sur le renouvellement du privilège de la *Banque de France*, obligeant celle-ci à mettre à la disposition du Gouvernement une avance remboursable de 40 millions et une redevance annuelle d'au moins 2 millions pour être affectées à des établisse-

SECTION III. — Institutions d'épargne et de prévoyance

§ 1er. — Caisses d'épargne

1380. — La mesure de l'intervention de l'Etat dans l'organisation et le fonctionnement des caisses d'épargne a donné lieu, de 1891 à 1895, devant le Parlement, à d'importants débats. Deux systèmes étaient en présence : le système *libéral*, dont le plus ardent champion était M. Rostand, qui réclamait énergiquement, en s'autorisant de l'exemple de certains pays étrangers, notamment de l'Italie et de l'Autriche [1], où les caisses d'épargne libres ont puissamment contribué à la diffusion du crédit populaire, l'autonomie des caisses d'épargne locales et le droit pour elles de placer *librement* leurs fonds, sous réserve d'un certain pouvoir de contrôle reconnu à l'administration ; et le système *éta-*

---

ments de crédit agricole ; — L. 31 mars 1899 (modifiée par la loi du 25 déc. 1900) instituant des *Caisses régionales de crédit agricole mutuel* ; — L. des 18 juillet 1898 et 30 avril 1906 sur les *warrants agricoles* ; — L. du 29 décembre 1906 sur les avances aux coopératives agricoles (D. 1907, 4, 106). — V. aussi L. du 23 avril 1906 sur les sociétés de *crédit maritime*. — Sur les divers projets tendant à compléter ou modifier les textes en vigueur, v. *Bull. Off. trav.*, 1908, XV. — V. spécialement la propos. *Codet* tendant à faire bénéficier les sociétés de *crédit mutuel urbain* des faveurs édictées en faveur du crédit agricole (Ch., 15 fév. 1907, n° 753). — Sur la participation des syndicats agricoles aux opérations de crédit, v. *supra*, nos 449 et s. — Sur la propos. Cazeneuve, relative aux *distilleries coopératives agricoles* (prélude du monopole de l'alcool), v. *Quest. prat.* 1903, 62. — Lois ÉTRANGÈRES : L. *belge* du 21 juin 1894 ; — L. *prussienne* du 31 juillet 1895 (*Ann. de lég. étr.*, 1896, 183) ; — L. *russes* des 1er juin et 27 novembre 1895 (*Ann. lég. étr*, 1896, p. 688 et 702).

BIBLIOGRAPHIE : Aux auteurs cités *supra*, nos 450 et 1339, *adde* : Godde, *Le crédit personnel de l'agriculteur*, 1897 ; Desloges, *Epargne et crédit populaire*, 1899 ; Soustelle, *Le problème du crédit agricole*, 1900 ; *La Banque de l'Algérie et le crédit agricole*, 1902 ; Plessis, *Coopératives agricoles* (Rev. polit., 1906, 11, 555) ; Dulac, *Syndicalisme et coopération chez les ruraux* (*id.*, 1907, 11, 485).

[1] Les *législations étrangères* sont divisées. Le système de la liberté complète prévaut en *Italie*, en *Autriche*, en *Suisse*, dans les *Pays scandinaves*, en *Autriche*. Le système étatiste, plus ou moins mitigé, comportant l'*adduction forcée* de l'épargne dans les caisses de l'Etat, est en vigueur en *Angleterre*, en *Belgique*, en *Russie*, en *Espagne*. L'*Allemagne*, les *Etats-Unis* laissent aux caisses une grande liberté dans l'emploi des fonds, qui sont principalement affectés à des prêts aux sociétés de crédit populaire, mais sous le contrôle direct des autorités locales ou provinciales. — Pour l'étude des lois étrangères, cons. principalement : Lepelletier (Espagne, Italie, Etats-Unis, Allemagne, Angleterre et colonies angl., *Bull. Soc., de lég. compar.*, 1896-97, 1897-98, 1898-99) ; Dufourmantelle (Belgique, pays du Nord de l'Europe, *ibid.*, 1898-99) ; Desloges, *Epargne et crédit populaire*. — V. aussi Cauwès, t. III, p. 559. — La plupart des Etats étrangers, à quelque catégorie qu'ils appartiennent (*Angleterre*, *Belgique* [L. 16 mars 1865, *Caisse d'épargne et de retraite*], *Italie*, *Autriche*, etc.) ont, comme la France, une caisse d'Etat confiée à l'admin. des postes, opérant concurremment avec les caisses privées.

tiste, qui, plaçant au premier plan la nécessité d'assurer aux déposants un placement absolument sûr, refuse aux caisses d'épargne le droit de gérer elles-mêmes leurs fonds, et préconise le maintien de l'obligation légale pour lesdites caisses de verser à la Caisse des dépôts et consignations l'intégralité des dépôts.

1381. — **Loi du 20 juillet 1895 : étatisme mitigé**[1]. — Le législateur de 1895, tout en faisant certaines concessions aux libéraux, n'a pas cru pouvoir abandonner le système antérieur de la centralisation des fonds dans une caisse d'Etat. Sans doute, cette concentration a un double danger : 1° elle draine une épargne qui, affectée sur place à des œuvres locales, ferait retour, sous forme de crédit, à ceux qui l'ont créée ; 2° cette adduction forcée dans les caisses publiques de capitaux énormes maintient le cours des rentes à un taux artificiel et fait courir à l'Etat, en cas de guerre ou de crise, les plus sérieux dangers, nonobstant la clause de *sauvegarde*, autorisant les remboursements échelonnés (art. 3).

Mais, en regard de ces inconvénients, le versement des dépôts dans une caisse d'Etat a l'avantage de rassurer le public sur le sort de son épargne. Le petit déposant français est timoré, il a confiance dans la rente ; le législateur a cru devoir tenir compte de cette tendance et voter, dans ce but, une loi de transaction destinée, suivant l'heureuse expression du rapporteur, M. Aynard (rapport du 27 mai 1891) « à permettre, dans le domaine de l'épargne, de faire l'apprentissage de la liberté ».

1382. — La loi de 1895, disons-nous, est une loi de transaction. Si elle impose, en effet, aux caisses d'épargne ordinaires l'obligation de verser tous leurs dépôts en compte courant au Trésor, le texte nouveau admet cependant une certaine décentralisation quant aux placements. Effectivement, le placement des fonds de la Caisse des dépôts ne pouvait, jusqu'à ce jour, être effectué qu'en rentes, en bons du Trésor et en compte courant avec le Trésor jusqu'à concurrence de 100 millions. La loi de 1895 autorise en outre les placements suivants : — 1° en valeurs jouissant de la garantie de l'Etat ; — 2° en obligations négociables et entièrement libérées des départements, des communes et des chambres de commerce, et en obligations foncières et communales.

Quant à la fortune personnelle des caisses d'épargne (dons et legs,

---

[1] L. 20 juillet 1895 ; décr. 17 août 1895, et instr. minist., 20 déc. 1895. — Cf. L. 9 avril 1881 sur la Caisse nationale d'épargne (Caisse d'épargne postale). — Sur la loi nouvelle, cons., outre les ouvrages cités *supra*, n° 1326 : rapp. Aynard à la Ch. (1895, n° 1381) ; Rostand, *La réforme des caisses d'épargne*, 2 vol., 1901 ; Batier, *Fortune personnelle des caisses d'épargne*, 1905.

subventions départementales et communales, économies réalisées sur la différence entre l'intérêt servi par la Caisse des dépôts et l'intérêt remis aux déposants, etc.), les caisses jouissent d'une assez grande latitude. Sans être libres d'en disposer à leur gré, elles peuvent placer leurs fonds disponibles : — 1° en toutes valeurs que la Caisse des dépôts est autorisée à accepter ; — 2° en valeurs locales [1] (bons de Mont-de-Piété et autres établissements d'utilité publique, prêts aux coopératives de crédit, constructions d'habitations à bon marché ou avances aux sociétés de construction), jusqu'à concurrence de la totalité de leur revenu et du cinquième de leur capital (art. 10) [2].

§ 2. — Sociétés de secours mutuels [3]

1383. — Législation ancienne [4]. — Nous avons fait ressortir précédemment l'impossibilité, pour les sociétés de secours mutuels, de protéger efficacement l'ouvrier ou l'employé contre les risques multiples qui le menacent, sans le concours plus ou moins actif de l'Etat. Ce concours ne lui faisait pas défaut sous l'empire de la loi ancienne, mais au prix d'une sujétion administrative très étroite. La législation de 1850-1852 avait pour base le régime du bon plaisir administratif ; elle ne comportait pas de sociétés *libres* ; elle refusait toute personnalité légale aux sociétés simplement *autorisées*, et réservait ses faveurs aux sociétés *approuvées*, ou aux sociétés *reconnues* comme établissements d'utilité publique.

La loi du 1er avril 1898, charte organique de la mutualité française, est venue l'affranchir de cette tutelle humiliante, et lui a donné la capacité nécessaire pour se développer dans tous les domaines de la prévoyance.

---

1 Les caisses d'épargne de Marseille, Lyon, Nice, Paris, Douai, Blois, etc., ont successivement fait usage de cette faculté.

2 Signalons également parmi les innovations de la loi : l'élévation de 8,000 à 15,000 du maximum de faveur pour les dépôts des mutualités, sociétés coopératives ou de bienfaisance; l'attribution aux sociétés de secours mutuels d'une partie des comptes abandonnés (art. 20), la constitution d'une commission supérieure des caisses d'épargne. — Sur les diverses mesures tendant à propager l'épargne, caisses d'épargne scolaires, cartes-épargne, etc., v. Cauwès, t. III, n° 1069; Desloges, p. 277 et s.; de Malarce, *Caisses d'épargne scolaires*, 1897. — Sur les *sociétés de capitalisation* et les mesures législatives tendant à prévenir les abus auxquels elles ont donné lieu, v. les lois des 3 février 1902 et 19 décembre 1907. — Cf. Rép. Fuzier-Herman, v° *Sociétés de capitalisation*.

3 BIBLIOGRAPHIE. — V. *supra*, nos 1331 et 1337.

4 L. 15 juillet 1850 ; décr. 26 mars 1852, 26 avril 1856, cbn. avec loi du 21 mars 1884 sur les syndicats, art. 6, et L. 20 juillet 1886 sur la Caisse nationale des retraites, art. 7.

1384. — **Loi du 1er avril 1898** [1]. — Les sociétés de secours mutuels, aux termes de l'article 1er, peuvent embrasser toutes les formes de la prévoyance, secours de maladie ou d'accidents, assistance aux infirmes, assurances en cas de vie ou en cas de décès, frais des funérailles et secours à la famille du défunt. Une société de secours mutuels pourrait d'ailleurs se proposer *uniquement* l'un des objets précités; par exemple, la constitution de pensions de retraite [2]. Mais l'on ne saurait considérer comme sociétés de secours les associations qui, même constituées dans un but de prévoyance, créeraient au profit de certaines catégories de membres des avantages particuliers (art. 2) [3].

Les sociétés se divisent, comme auparavant, en trois catégories : sociétés *reconnues* comme établissements d'utilité publique, sociétés *approuvées*, et sociétés *libres*. Mais la loi innove profondément en ce qu'elle affranchit la mutualité de l'étroite tutelle qui paralysait son essor; l'administration n'intervient plus que pour aider, par des faveurs libéralement distribuées, à l'essor de celles d'entre elles qui acceptent son contrôle. Désormais toute association de prévoyance se formera librement; elle aura une existence légale, indépendamment de toute autorisation préalable [4], et sous la seule réserve du dépôt, à la sous-préfecture, des statuts et des noms des fondateurs (art. 4) : formalité analogue à celle imposée aux syndicats par la loi de 1884 [5].

---

[1] Législation française actuelle. — Loi organique du 1er avril 1898 (*Rec. Cohendy*, p. 218); décr. des 14 mai 1898 (*ibid.*, 231), 2 mai 1899 (*Bull. off.*, 1899, 457), modifié le 14 avril 1902 (*Bull. off.*, 1902, 342); L. 25 février 1901 (*Rec.*, 232); décr. 25 mars 1901 sur les caisses autonomes de retraites et autres créées par les sociétés ou les unions. — V. aussi L. 31 décembre 1895, modifiée le 25 février 1901, relative à la majoration des pensions de la Caisse nationale des retraites (*Rec.*, p. 38), et circul. du min. de l'intér. aux préfets, 20 octobre 1898 (*Bull. off.*, 1899, 732).

Lois étrangères. — L. *belge*, 23 juin 1894 ; L. *italienne*, 15 avril 1886; L. *anglaise*, 7 août 1896 (*Ann. lég. étr.*, 1897, 14). — En *Allemagne* et en *Autriche-Hongrie*, les mutualités sont englobées dans le réseau des assurances obligatoires étudiées ci-après.

[2] Les sociétés peuvent aussi, accessoirement, et à la condition d'y faire face par des cotisations spéciales, pouvoir à l'enseignement technique ou au placement de leurs membres, et accorder des allocations en cas de chômage : objets rentrant plutôt dans les attributions des syndicats (V. *supra*, n° 401).

[3] C'est pour cette raison qu'il a été impossible de faire entrer les *Prévoyants de l'avenir* dans le cadre de la mutualité. — V. loi 3 fév. 1902.

[4] D'où la dénomination de sociétés *libres*, attribuée aux anciennes sociétés *autorisées*. La déclaration, pour elles, remplace l'autorisation supprimée.

[5] Autres règles communes à tous les types de sociétés de secours mutuels : l'administration doit appartenir à des Français, majeurs, de l'un ou l'autre sexe (sauf exception pour les sociétés entre étrangers, soumises à une autorisation préalable, toujours révocable); les statuts doivent être rédigés conformément au type indiqué en l'article 5. Toutes les sociétés, même les sociétés libres, peuvent avoir des membres honoraires (art. 3), et contracter des assurances en cas de décès ou d'accidents aux caisses nationales instituées par la loi du 11 juillet 1868 (art. 9).

1385. — *Règles particulières aux sociétés de chaque type.* — Les sociétés libres jouissent d'une personnalité civile restreinte. A l'instar des syndicats (V. *supra*, n° 433), elles peuvent recevoir des dons et legs mobiliers, ester en justice, et posséder les immeubles affectés à leurs services. — Quant aux sociétés *approuvées* (par arrêté ministériel, art. 16), elles jouissent désormais, en retour du contrôle auquel elles se soumettent (art. 29 et s.), d'une capacité juridique des plus étendues ; l'article 20 décide, en effet, qu'elles pourront posséder, en dehors des valeurs mobilières qu'il indique, des immeubles de rapport jusqu'à concurrence des 3/4 de leur avoir. — De nombreuses faveurs leur sont accordées : les communes doivent leur fournir gratuitement les locaux nécessaires pour leurs réunions, ainsi que les livrets et registres ; une réduction des deux tiers leur est faite sur les convois funéraires ; tous les actes les concernant sont exempts de timbre et d'enregistrement. Elles sont admises à verser des capitaux à la Caisse des dépôts et consignations, soit en compte courant disponible, soit en un compte affecté pour toute leur durée à la formation d'un fonds commun inaliénable ; un taux de faveur de 4,50 0/0 est garanti à tous les capitaux versés par elles à l'un ou l'autre titre (art. 21). Enfin des subventions annuelles considérables sont inscrites annuellement au budget en vue de majorer, jusqu'à concurrence d'un maximum de 360 francs, les pensions de retraites créées par les sociétés sur fonds commun, ou sur livrets individuels (art. 26).

Il ne subsiste plus que des différences peu importantes, au point de vue de l'acquisition des immeubles, entre les sociétés approuvées et les sociétés *reconnues d'utilité publique* (art. 33).

1386. — *Unions mutualistes : conseil supérieur.* — Une autre innovation importante de la loi de 1898, destinée à établir entre les mutualités des relations permanentes et à en faire un organisme puissant, grâce à la fédération de tous les groupes régionaux et locaux, consiste, d'une part, dans l'autorisation donnée aux sociétés de constituer des unions (art. 8, et art. 16 modifié par la loi du 2 juillet 1904), d'autre part, dans l'organisation d'une représentation officielle de la mutualité française. Le *Conseil supérieur des sociétés de secours mutuels*, institué auprès du Ministre du travail, comprend 36 membres, dont 18 élus des mutualités (art. 34)[1].

---

[1] Parmi les propositions tendant à modifier la législation en vigueur, nous citerons notamment : la propos. *Lourties* (Sén., 18 juin 1907, n° 296), résumant les vœux du Conseil supérieur, et la propos. *Bonnevay*, tendant à la réforme du fonds commun inaliénable (Ch., 21 février 1907, n° 773).

SECTION IV. — **Assurances sociales** [1]

DES ASSURANCES SOCIALES EN GÉNÉRAL. — **1387.** — Même secondées par l'Etat, l'épargne individuelle et la mutualité de prévoyance ne suffisent point à garantir efficacement les ouvriers, ou plus généralement les salariés, des villes ou des campagnes, contre les risques multiples auxquels ils sont exposés ; l'Etat doit donc, pour remplir jusqu'au bout sa mission de tutelle, compléter l'œuvre de l'initiative privée par l'organisation d'un système d'*assurances sociales*, englobant les principaux risques, accidents, maladies, vieillesse et invalidité.

L'assurance ainsi organisée par l'Etat ou sous son contrôle doit-elle être *obligatoire* pour le travailleur, ou simplement facultative ? L'Etat, en d'autres termes, doit-il imposer la prévoyance au travailleur, ou simplement l'y encourager en mettant l'assurance à la portée des bourses les plus modestes, grâce à une subvention de l'Etat et des patrons proportionnelle aux sacrifices volontairement consentis par l'intéressé ?

Nous nous sommes nettement prononcé pour l'obligation en matière d'assurance-*accidents* (V. *supra*, nos 1048 et s.) ; convient-il de préconiser également l'obligation pour les autres types d'assurance (vieil-

---

[1] BIBLIOGRAPHIE. — Sur les ASSURANCES SOCIALES EN GÉNÉRAL, cons. : ouvr. précités de M. Bellom (*Lois d'assurance ouvrière à l'étranger*), M. Block, Sauvaire-Jourdain, Brouilhet, Zacher, Bödiker, etc. (V. *supra*, nos 1036, 1052, 1053 et s.) ; Cheysson, *Les assurances ouvrières* (*Réf. soc.*, 1er juin 1895) ; Piloty, *L'assur. ouvrière dans l'Empire allemand* (*Rev. de dr. publ.*, 1897, 393) ; — Jay, *L'assurance ouvrière obligatoire* (*Rev. d'écon. polit.*, 1899, p. 105), et *L'assurance ouvrière et la solidarité dans l'industrie* (*Rev. pol. et parl.*, 1905, 111, 451) ; — Wuarin, *L'assurance obligatoire en Allemagne* ; — Bellom, *Des relations mutuelles de l'assistance et de l'assurance ouvrière* (*Rev. polit.*, mars 1901) ; *Les résultats de l'assurance ouvrière au XIXe siècle*, 1901, et *Les assurances ouvrières devant le Congrès de Vienne* (*Rev. pol. et parl.*, 10 nov. 1905, p. 310) ; — Chorel, *L'assurance par l'Etat*, 1897 ; Hamon, *Les assurances sociales en Europe* (*Bull. Soc. de statist. de Paris*, août-novembre 1899) ; Guillot, *Les assurances ouvrières*, 1898 ; Rochetin, *Assurances ouvrières* ; Pic, *Les résultats de l'assurance ouvrière*, (*Quest. prat.*, 1901, 274) ; Boyer, *L'assurance populaire* (*Monde écon.*, 1902) ; Paulet, *Les assurancss sociales en France de 1889 à 1905* ; — Congrès internationaux des *accidents et assurances sociales*, Milan, 1894 ; Bruxelles, 1897 ; Paris, 1900 ; Dusseldorf, 1902 ; Vienne, 1905 ; Rome, 1908 ; Bull. des *Congrès intern. des assur. soc.* ; Bull. de l'*Off. du trav.*, *Soziale Praxis*, *Weltwissenschaft*, Journ. de la *Soc. de statist. de Paris*, etc., etc. — Cons. aussi, sur le principe : les Traités d'*écon. pol.*, de Cauwès (t. III, p. 515) ; Gide, p. 478 (cf., du même, *Econom. soc.*, p. 285 et s.) ; P. Leroy-Beaulieu (cf., du même, l'*Etat moderne*, p. 366 et s.) : Schönberg (*Handbuch*, t. II, p. 737 et s.) ; les Traités de *dr. adm.* de Berthélemy, Hauriou, etc. — V. aussi : Lefort, *Traité de l'assur. sur la vie*, t. IV ; Mataja, *Grundriss des Gewerberechts und der Arbeiterversicherung*, Leipzig.

lesse-invalidité, maladie, chômage), ou ne serait-il pas préférable de laisser à la mutualité libre le soin d'y pourvoir? La meilleure réponse à la question nous sera fournie par l'étude des lois étrangères, spécialement de la loi allemande, la seule qui ait organisé la trilogie des assurances d'Etat, formant un tout complet (chômage excepté, l'assurance-chômage formant une catégorie à part, qui confine à l'assistance).

§ 1er. — Assurances contre la vieillesse ou l'invalidité, et contre la maladie

I. — Assurance obligatoire

Allemagne. — **1388**. — L'Allemagne seule, avons-nous dit, possède un réseau complet d'assurances. Elle a inauguré le régime de l'obligation en 1883 (L. 31 mai 1883, modifiée par les lois des 10 avril 1892, 30 juin 1900 et 25 mai 1903) par l'assurance *contre la maladie*, l'a continué par les lois des 6 juillet 1884, 30 juin 1900 sur l'assurance-*accidents* (analysées *supra*, n° 1052), et parachevé par la loi du 22 juin 1889 (amendée le 13 juillet 1899, *Ann. de lég. du trav.*, 1899, p. 14 et s.), sur l'*invalidité et la vieillesse*, qui forme en quelque sorte le couronnement de l'édifice.

1389. — Lois de 1889-1899 sur l'assurance obligatoire contre l'invalidité et la vieillesse[1]. — Tous les salariés dont le salaire, traitement ou gage n'excède pas 2,000 marks par an (ouvriers des villes ou des campagnes, employés, domestiques, gens de mer), sont *assurés*, obligatoirement, à partir de seize ans[2]. L'assurance donne droit : 1° à une rente d'*invalidité* due à n'importe quel âge si l'incapacité de travail (réduction de plus des deux tiers de la capacité normale) est permanente, pourvu que des versements aient été effectués pendant

---

[1] Bibliographie. — Dr Bödiker, *Die Arbeiterversicherung*, 1895 ; Dr Zacher, *Leitfaden zur Arbeiterversicherung des deutschen Reichts*, 1902 ; Saint-Aubert, *L'assurance contre l'invalidité et la vieillesse en Allemagne*, 1900 ; Korn, *Contribution à l'étude de la législ. impér. allemande sur les assur. et spécialement sur l'assurance des invalides*, 1901 ; Dr Charmont, *Lois d'assurances sociales allemandes* ; Fuster, *Docum. sur les retraites ouvrières en Allemagne* (broch. min. com., 1905, et *Mus. soc.*, 1905, 142). — V. aussi Wolff, *La nouvelle loi allemande sur les retraites pour la vieillesse* (*Econ. fr.*, 30 déc. 1899) ; Salaun, *La solution du problème des retraites à l'étranger* (*Rev. polit.*, avril 1901, p. 22).

[2] Le Conseil fédéral peut étendre l'obligation aux artisans travaillant à domicile. A défaut de décision du Bundesrath les concernant, ces travailleurs libres ont la *faculté* de participer à l'assurance.

500 semaines, soit douze ans en moyenne (sans préjudice d'un régime transitoire) ; — 2° à une pension viagère de retraite à l'âge de soixante-dix ans, pourvu que des versements aient été effectués pendant 1,200 semaines, soit trente ans en moyenne (ici encore, des mesures transitoires sont prévues).

Le taux de la rente ou de la pension varie suivant l'importance et la durée des retenues effectuées sur les salaires; retenues dont le taux varie suivant la classe à laquelle appartient l'assuré, ceux-ci étant répartis en cinq classes, d'après le chiffre de leur salaire annuel (9 à 23 fr. par an, moyenne 12 fr.)[1].

Les patrons contribuent à la constitution du capital nécessaire au service des rentes[2] par une contribution *égale* au montant des retenues imposées aux ouvriers ; l'Etat, de son côté, contribue au paiement de chaque pension une fois liquidée par une subvention fixe annuelle de 50 marks. Les patrons sont tenus d'avancer les cotisations (hebdomadaires) par l'apposition de timbres sur une sorte de livret ou carte-quittance[3]; les rentes une fois liquidées, sur la présentation du livret, sont soldées par l'administration des postes.

1390. — L'administration des postes joue d'ailleurs simplement le rôle de banquier. C'est une administration d'Etat spéciale (ou plutôt une fédération d'organes régionaux fonctionnant sous l'impulsion de l'*Office impérial des assurances*), qui est chargée de veiller à l'exécution de la loi, et de délivrer les avis de paiement. Chaque établissement d'assurance (*Versicherungs anstalt*), bien que soumis à l'action et au contrôle de l'Office impérial, constitue une personne morale, ayant son patrimoine propre, et administrant sous sa responsabilité les capitaux encaissés par lui. A la tête de chaque Office (31 établissements régio-

---

[1] La loi de 1899 a sensiblement élevé le taux des rentes. La rente d'invalidité oscille entre les minima de 116 et 330 marks, suivant la classe, et pourra s'élever jusqu'au maximum de 450 marks. — La pension de vieillesse est fixée respectivement, suivant la classe, aux chiffres de 110, 148, 170, 200 et 230 marks.

[2] L'assurance invalidité allemande repose en effet sur le système de la *capitalisation* (pour la comparaison des systèmes de la capitalisation et de la répartition, v. *supra*, n° 1056). Remarquons du reste que les caisses régionales (au nombre de 40) jouissent d'une assez grande liberté pour le placement de leurs réserves. Grâce à cette décentralisation, leurs énormes réserves (1,648,157,039 fr. fin 1906, au bout de seize ans d'exercice), au lieu de s'immobiliser en rentes sur l'Etat, ont été en grande partie affectées à des œuvres sociales (sanatoria, hôpitaux, maisons ouvrières, crédit et travaux agricoles, etc.), qui ont le double avantage d'améliorer l'hygiène publique et d'alléger les charges de l'assurance, d'autant moins lourdes que la mortalité ou l'invalidité sont en proportion décroissante. — Dr Zacher, *op. cit.*, p. 30. Pour plus de détails statistiques sur l'assurance invalidité allemande, v. Fuster, *Les capitaux des caisses de retraites allemandes et leur emploi* (*Bull. Assur. soc.*, 1908, 75).

[3] A moins que la circonscription régionale n'autorise un autre mode de règlement.

naux et 9 caisses de syndicats patronaux assimilés) est un conseil de direction (*Vorstand*), assisté d'un comité (*Ausschutz*), composé de patrons et d'ouvriers ou employés en nombre égal ; chacun d'eux comporte également, au siège social, un tribunal arbitral, composé d'un président et d'un suppléant nommé par l'Etat, et d'assesseurs patrons et assurés en nombre égal. Ce tribunal statue, sauf recours à l'Office impérial, sur les contestations soulevées par les ayants droit.

1391. — **Lois sur l'assurance contre la maladie** (*L. 13 juin 1883, modifiée par les lois des 10 avril 1892, 30 juin 1900 et 25 mai 1903*)[1]. — La loi allemande du 13 juin 1883, à la différence de la loi sur l'invalidité et la vieillesse, s'est bornée à poser le principe de l'obligation, pour tous les ouvriers de l'industrie manufacturière (avec faculté, pour les autorités locales, d'étendre l'obligation aux ouvriers agricoles, aux employés de commerce, etc., sous certaines conditions) ; mais elle n'a pas créé un organisme unique destiné à pourvoir au service de l'assurance. La Caisse communale est la base du système ; mais la loi laisse cependant subsister, en les soumettant à un contrôle administratif assez étroit, les caisses des différents types existant antérieurement à 1884, pourvu qu'elles assurent aux bénéficiaires des avantages égaux ou supérieurs au minimum fixé par la loi : caisses de secours mutuels, caisses de fabriques, caisses corporatives, caisses ouvrières gérées par les ouvriers eux-mêmes.

Les caisses de maladies sont alimentées pour les 2/3 par un prélèvement obligatoire sur les salaires (variant entre 0,50 et 3 0/0 du salaire moyen) et pour 1/3 par une contribution des chefs d'entreprise : ceux-ci, toutefois, n'ont rien à verser aux caisses ouvrières libres.

Plusieurs lois postérieures sont venues étendre le champ d'application de l'assurance. C'est ainsi que la loi de 1900 a fait bénéficier les travailleurs à domicile du régime de l'assurance-maladie, et qu'à son tour le législateur allemand de 1903 a étendu aux employés de commerce le principe de l'obligation. Le total des personnes obligatoirement assurées contre la maladie dépasse aujourd'hui 11 millions (*Quest. prat.*, 1908, 128). La loi de 1903 a, d'autre part, rendu plus étroite la collaboration des caisses de maladie, de toutes catégories, et des caisses corporatives d'accidents. Il est même question, depuis 1905, d'unifier les trois assurances, accidents, maladies, invalidité, et de les fusionner dans un organisme unique (Fuster, doc. cités *supra*, sous

---

[1] *Bull. Off. intern.*, 1903, p. 121 à 134. — Sur la loi allemande de 1903, cons. notamment : Sydow, *Die Novelle zum Krankenversicherungsgesetz* (*Soz. Prax.*, 7 mai 1903) ; Istel, *L'assurance contre la maladie en Allemagne*, th., 1905. — V. aussi *Quest. prat.*, 1903, 379.

n° 1389 ; Dr Freund, *Soz. Prax.*, 14 nov. 1907 ; Dr Zacher, *Comment transformer l'assurance allemande* (*Bull. assur. soc.*, 1908, 765) ; *Quest. prat.*, 1908, 128. — Mais cette réforme, qui supposerait une transformation profonde des corporations existantes, ne paraît pas encore près d'aboutir.

Autres Etats[1]. — **1392.** — Dans les autres Etats, l'assurance obligatoire ne fonctionne que partiellement. L'*Autriche* n'a pas d'assurance-vieillesse, sauf pour les employés de commerce (L. 16 déc. 1906. *Bull. Off. intern.*, 1906, 433)[2], mais elle possède l'assurance-accidents (L. 28 déc. 1887, v. *supra*, n° 1058) et l'assurance contre la maladie (L. 30 mars 1888). — Il en est de même du *Luxembourg* (L. 31 juill. 1901 sur l'assurance-maladie, L. 5 avr. 1902 et 12 mai 1905 sur l'assurance-accidents).

La *Hongrie* possède depuis peu une loi (L. du 6 avril 1907)[3] sur l'assurance contre les maladies et les accidents, édictant l'obligation de l'assurance contre ce double risque pour tous les ouvriers de la grande ou de la petite industrie, et pour les employés de l'Etat, des communes ou des compagnies concessionnaires de services d'intérêt public (chemins de fer, navigation, etc.), et organisant une assurance facultative, tant au profit des salariés non assujettis (employés de commerce, ouvriers ruraux, domestiques, etc.), que des artisans travaillant seuls. Il convient d'en rapprocher les lois du 3 juillet 1900 (*Ann. de Lég. du trav.*, 1901, 759) et 29 juin 1902 (*Bull. Off. intern.*, 1903, 628) sur les caisses de secours pour ouvriers et domestiques *agricoles*, englobant les accidents, la vieillesse et l'assurance au décès.

La question de l'assurance obligatoire contre la vieillesse et l'invalidité, sur des bases analogues à celles de la loi allemande (triple contribution du salarié, du patron et de l'Etat), est à l'étude dans divers Etats, notamment en Norvège, en Suède, en Russie, en Finlande.

---

[1] Nous ne citons ici que les Etats pratiquant une ou plusieurs formes d'assurance obligatoire, autre que l'assurance-accidents. Pour les Etats pratiquant exclusivement l'assurance-accidents, v. *supra*, n° 1060.

[2] Il est curieux de constater que l'Allemagne a commencé par assurer les ouvriers contre l'invalidité pour étendre ensuite le bénéfice de l'assurance aux employés ; l'Autriche a débuté par l'assurance des employés. — La question de l'extension de l'assurance vieillesse-invalidité aux ouvriers autrichiens est du reste à l'étude. — Sur le projet autrichien, v. Bellom, *La liberté de la prévoyance* (*Rev. pol. et parl.*, 1906, 2, p. 81).

[3] *Bull. assur. soc.*, 1908, p. 152 et 307. — Cf. Bellom, *L'assurance ouvrière en Hongrie* (*Econ. franç.*, 20 juin 1906). — Sur les projets norvégien, suédois et finlandais, v. l'étude de Hansen dans le *Soz. Praxis*, n° du 21 mai 1908. — V. aussi *Mus. soc.*, mai 1905, p. 179, et *Rev. popul. d'écon. soc.*, fév. 1908. — Sur le projet *russe*, comportant une double assurance (maladie et invalidité), v. *Bull. assur. soc.*, 1907, 69. — Sur le projet d'assurance obligatoire de tout citoyen genevois (assurance dès sa naissance, pension à 60 ans), v. *Bull. assur. soc.*, 1907, 562.

1392 *bis*. — L'assurance *vieillesse* fonctionne également, mais dans des conditions qui en font plutôt une forme particulière d'assistance (assistance aux vieillards indigents), en *Nouvelle-Zélande* (L. 1er novembre 1898), dans l'Etat australien de *Victoria* (L. 27 décembre 1900), au *Danemark* (L. 9 avril 1891, 7 avril 1899 et 22 mai 1902)[1]. — Dans ces trois pays, les vieillards indigents ont droit, sous certaines conditions, à une pension de vieillesse, à laquelle il est pourvu, sur les ressources générales du budget, sans qu'aucune cotisation soit réclamée aux ayants droit. La pension néo-zélandaise, assurée aux vieillards indigents de 65 ans, est de dix-huit livres (450 fr.) ; la pension danoise est servie à partir de l'âge de 60 ans, mais le taux minimum en est plus faible (264 fr. à Copenhague, 208 fr. dans les autres villes, 181 fr. dans les communes rurales). Les charges des pensions sont supportées concurremment par l'Etat et les communes.

La loi *anglaise* du 1er août 1908 (*Bull. assur. soc.*, 1908, 299) sur les pensions de vieillesse (*old ages pensions*), qui entrera en vigueur le 1er janvier 1909, appartient à la même catégorie que les trois précédentes. Aux termes de cette loi, tout vieillard indigent ayant atteint l'âge de 70 ans a droit en principe à une pension hebdomadaire de cinq shillings, soit 6 fr. 25 par semaine ou 325 fr. par an. Sont exclus du bénéfice de la loi : 1° les vieillards ayant commis des actes condamnables, ou d'une mauvaise conduite notoire ; 2° ceux ayant reçu des secours en exécution de la *poor law* (Cp. les citoyens français inscrits au bureau de bienfaisance). Le fardeau des pensions (prévisions : 6 millions de livr. sterl., soit 150 millions de francs) incombe exclusivement à l'Etat, sans aucune contribution, soit de l'assuré, soit de l'employeur.

Les lois que nous venons de passer en revue (néo-zélandaise, danoise, ou anglaise) présentent au fond beaucoup d'analogie avec notre loi du 14 juillet 1905 (commentée *infra*) sur l'assistance obligatoire aux vieillards indigents, avec cette différence que le taux minimum fixé par la loi française est beaucoup plus faible (5 fr. par mois), de telle sorte que, dans nombre de communes, l'allocation a plutôt le caractère d'un secours que d'une pension.

Suffirait-il donc, pour résoudre en France le problème des retraites, d'élever le taux minimum des pensions à 300 ou 360 francs ? D'aucuns l'ont prétendu au lendemain de la mise en vigueur de la loi de 1905. Ce point de vue nous paraît absolument inexact, et, malgré l'exemple

---

[1] Sur le régime néo-zélandais, v. *Mus. soc.*, oct. 1902 ; *Quest. prat.*, 1902, 346 ; *Journ. des Econom.*, n° du 15 oct. 1904. — Cf. ouvrages cités *supra*, n° 752. — Sur le régime *danois*, v. *Bull. Off. intern.*, 1902, LXI ; *Docum. du Progrès*, mars 1908 ; *Quest. prat.*, 1908, 129.

venu des pays étrangers cités plus haut, nous persistons à considérer le vote de cette loi comme une simple préface de la loi d'assurance réclamée par l'opinion. N'en déplaise aux socialistes intransigeants et aux libéraux, qui sur ce point soutiennent en apparence la même thèse, les premiers pour imposer au Trésor la charge écrasante de pensions considérables alimentées par le budget seul, les seconds par défiance à l'égard de toute contrainte légale, ce concept procède d'une confusion absolument regrettable entre l'assistance et l'assurance.

Le vieux travailleur qui, toute sa vie durant, a effectué des versements en vue de la retraite, a le droit de n'être pas confondu avec l'indigent, cette épave qui n'a peut-être jamais fourni de travail régulier et que l'Etat pensionne ou hospitalise autant dans son propre intérêt que pour s'acquitter d'une dette de solidarité. Cette distinction s'impose, au nom de l'équité la plus élémentaire, et doit se traduire par une différence dans le taux de pension, ainsi que dans les formalités auxquelles est subordonnée l'obtention de celle-ci[1].

II. — Assurance officielle facultative (liberté subsidiée).

Belgique et Italie[2]. — **1393.** — Par deux lois presque contemporaines (L. *belge*, 10 mai 1900, amendée le 20 août 1903, L. *italienne*, 17 juill. 1898, amendée les 7 juill. 1901 et 13 mars 1904), la Belgique et l'Italie ont inauguré, pour l'assurance vieillesse-invalidité, un système très différent du système allemand, qui compte en France de nombreux partisans. Ce système, dit de la liberté subsidiée, consiste à stimuler la prévoyance libre par de très larges subventions permettant de doubler,

---

[1] La loi anglaise fournit à notre thèse un argument décisif. Elle n'échappe point au défaut inhérent à tout système tendant à réaliser l'assurance-vieillesse au moyen des ressources générales du budget, sans aucune contribution, soit des bénéficiaires, soit des employeurs. L'on est obligé d'établir des crans d'arrêt à la progression des pensions, en subordonnant leur obtention à tout un ensemble de formalités ou conditions vexatoires et humiliantes ; conditions inadmissibles dans un régime d'assurance *véritable*, obligatoire ou facultative peu importe, où tout salarié qui effectue les versements privés a, *ipso facto*, un droit acquis à la rente correspondante et aux majorations budgétaires. — *Sic* : Pic, Chron. *Quest. prat.*, 1905, p. 322, et 1908, p. 216; Fuster, *La nouvelle loi anglaise sur les pensions de vieillesse : assistance ou assurance sociale?* (*Bull. assur. soc.*, 1908, 274).

[2] Salaun, *Les retraites ouvrières en Belgique*, *Mus. soc.*, juin 1901, juill. 1902 ; *Quest. prat.*, 1901, 247, et 1902, 271 ; Varlez, *L'économie sociale en Belgique* ; Arsandaux, *Les retraites ouvrières en Belgique*, 1903 ; Ghio, *Les retraites ouvrières en Italie* (*Mus. soc.*, déc. 1902) ; Rovea, *La cassa nazionale per la vecchaia e par la invalidita degli operai* (*Riforma sociale*, 15 juill. 1901). V. aussi Bellom, *Lois d'ass. ouvr. à l'étranger*, *Assur. c. l'invalidité*, t. II, p. 659, 749 ; Clerc, *Les sociétés de secours mutuels et l'organisation des retraites en France et en Belgique*, 1905.

de tripler, parfois même de sextupler (V. les calculs de M. Varlez, *op. cit.*), les modestes sommes mises en réserve par le travailleur en vue de la retraite.

D'après la loi belge, le subside de l'Etat peut atteindre 9 francs par an et par assuré, à la Caisse générale de retraites, jusqu'au moment où l'ensemble des sommes inscrites sur le livret suffit pour constituer à l'ouvrier une rente de vieillesse de 360 francs (payable à soixante-cinq ans) ; l'invalidité prématurée ne donne droit qu'à des rentes réduites. Un crédit spécial est inscrit dans la loi pour servir des retraites gratuites (65 fr.), aux ouvriers ayant atteint l'âge de cinquante-huit ans au moment de la promulgation de la loi. — En principe, sont exclues des faveurs de l'Etat les personnes payant de 50 à 80 francs d'impôts directs, suivant l'importance de la commune. Toutefois, et par une faveur spéciale qui suffit à expliquer le développement si rapide de la mutualité belge, tout membre d'une mutualité, *quelle que soit sa situation de fortune*, peut jouir des primes de l'Etat, à la condition de ne pas verser plus de 60 francs par an.

L'organisation *italienne* est quelque peu différente et sensiblement plus démocratique. Ne peuvent en effet s'inscrire à la *Caisse nationale de prévoyance pour l'invalidité et la vieillesse des ouvriers*, que les travailleurs percevant leur salaire à la tâche ou à la journée. Le minimum de la cotisation annuelle est de 6 lire, le maximum de 100 : la pension de retraite est liquidée à soixante ans (avec faculté de report à soixante-cinq ans), celle d'invalidité, à tout âge, pourvu que l'inscription remonte à cinq ans. — Pas plus qu'en Belgique, les patrons ne sont tenus d'effectuer des versements, mais l'Etat majore les retraites à l'aide d'une subvention annuelle, ou même d'une dotation à la Caisse provenant notamment des dépôts prescrits des caisses d'épargne et d'une partie du produit de la liquidation des biens de *mainmorte* (L. 7 juill. 1866)[1].

[1] Du système belge ou italien, il est intéressant de rapprocher le régime inauguré par plusieurs cantons *suisses* (Neuchâtel, L. du 29 mars 1898, — *Vaud*, L. 2 mars 1907). Comme en Belgique ou en Italie, les versements à la caisse de retraites populaires neuchâteloise ou vaudoise sont entièrement facultatifs, mais la Caisse n'est pas spéciale aux salariés, tout citoyen peut y effectuer des versements. L'Etat contribue à la constitution des pensions par des majorations inversement proportionnelles au montant des versements. — Bellom, *op. cit.*, p. 862 ; Clerget, *Conditions du travail en Suisse* (*Quest. prat.*, 1908, 211) ; *Quest. prat.*, 1908, 217. — Des projets analogues sont à l'étude dans divers cantons (Saint-Gall, Zug, etc.), et aussi dans le Dominion du Canada. — *Soz-Praxis*, 22 oct. 1908, p. 95.

Le projet d'assurance sociale élaboré par le gouvernement fédéral *helvétique* fin 1906, laisse provisoirement de côté la question des retraites et se borne à organiser l'assurance accidents et l'assurance maladie, la première obligatoire, la seconde facultative, mais sous réserve du droit pour les cantons de décréter l'obligation. — Clerget, *op. cit.* (*Quest. prat.*, 1908, 210) ; *Bull. assur. soc.*, 1906, 606, et 1907, 27.

III. — Comparaison des deux systèmes

1394. — Supériorité de l'obligation. — Lequel de ces deux systèmes choisir? L'obligation, sans hésiter, selon nous. L'assurance ouvrière, concluons-nous avec M. Jay (*Rev. polit.*, 1895, IV, 84), *sera obligatoire ou ne sera pas*. Le système de la liberté subsidiée a, en effet, plusieurs inconvénients fort graves, que MM. H. Denis[1] et Varlez[2], notamment, ont mis en relief d'une façon saisissante.

Si l'on envisage tout d'abord la question au point de vue fiscal, il est aisé d'établir que le système de la liberté subsidiée coûte fort cher; la Belgique, si l'on tient compte du crédit qu'elle affecte aux pensions gratuites des vieux ouvriers ne pouvant, à raison de leur âge, bénéficier du régime nouveau, aurait pu aisément, avec les sommes qu'elle consacre à subventionner la mutualité libre, organiser un système d'assurance obligatoire conforme au type allemand[3].

---

[1] Le système de liberté, fit observer M. Denis au Congrès internat. du commerce et de l'industrie d'Ostende, ne saurait donner de résultats satisfaisants; car, si l'assurance n'est pas obligatoire, la plupart s'y soustrairont volontairement, pour ne pas avoir à réduire un salaire déjà insuffisant. Sans doute, les salariés n'y peuvent faire face seuls; mais c'est précisément le rôle de l'Etat de les aider à la constitution de ces retraites ou pensions d'invalidité, qui seules donneront à la famille ouvrière la sécurité du lendemain. Les subventions données par l'Etat à une minorité de mutualistes, constituent une injustice flagrante.

[2] Du rapport magistral présenté par M. Varlez au 2e *Congrès national des retraites pour la vieillesse* (Paris, juin 1905), il ressort que dans la grande industrie *la loi n'a produit pour ainsi dire aucun effet*. D'après la déposition du secrétaire d'un grand syndicat ouvrier gantois, sur 1,200 syndiqués, l'on n'en trouverait pas 5 qui effectuent des versements en vue de la retraite! — V. aussi notre étude intitulée « *A propos des retraites ouvrières* », dans les *Quest. prat.*, 1906, 9.

[3] En *Belgique*, les majorations versées par le Trésor se sont élevées, en 1906, à 5,108,822 fr., auxquels il convient d'ajouter 548,947 fr. versés par les provinces, soit au total 5,657,000 en chiffres ronds, non compris les primes d'encouragement accordées par un certain nombre de villes. — Compte rendu *des opérations de la Caisse générale d'épargne et de retraites de Belgique*, 1907. — Ces subventions, relativement élevées, ont profité à 579,000 assurés, mais, sur ce chiffre, l'on ne trouverait pas moitié de salariés; or, la Belgique, sur une population globale de 7 millions d'habitants, compte au moins 1,600,000 ouvriers ou employés!

En *Italie*, les résultats du régime de la liberté subsidiée sont moins satisfaisants encore. — La loi italienne, plus démocratique à ce point de vue que la loi belge, n'assure que les salariés; mais ceux qui ont fait acte de prévoyance ne représentent qu'une infime minorité: 265,684 inscriptions en neuf ans (du 1er oct. 1899 au 31 mars 1908) (*Boll. del Uff.*, juin 1908, p. 1242), pour une population presque égale à celle de la France!

En *Allemagne*, au contraire, tous les salariés du commerce et de l'industrie, soit près de 14 millions (sur une population totale de près de 60 millions), ont droit à une pension de vieillesse à 70 ans, et, le cas échéant, à une pension d'invalidité; or il n'en coûte pas 60 millions de francs au Trésor (57 millions exactement en 1904). — *Quest. prat.*, 1908, 216.

Si l'on se place au point de vue social, le plus important sans contredit, il est par trop visible que le législateur *belge* a fait une législation *de classe*, destinée à améliorer la condition de la *petite bourgeoisie*, et dont le résultat le plus clair sera de creuser le fossé entre la masse des travailleurs (75 p. 100 au moins restent en dehors de l'assurance, d'après M. H. Denis) et le reste du pays. Or il est inadmissible que le budget serve à accentuer les inégalités sociales ! [1]. Et que l'on ne vienne pas répéter sans cesse, avec les libéraux, que l'assurance obligatoire est une prime à l'imprévoyance et une atteinte à la liberté : nous estimons au contraire avec M. H. Denis (*op. cit.*), que l'imprévoyance est une *conséquence de la misère*, or l'assurance y remédie. — Quant à la liberté de l'individu, l'on peut affirmer que l'assurance l'augmente, bien loin de la supprimer : c'est en effet dans l'association, dans les lois de solidarité et de relèvement que le travailleur trouvera la liberté vraie et les moyens de sauvegarder, même dans les crises graves qu'il a à traverser, sa dignité d'homme libre et de citoyen, singulièrement compromise si la loi ne lui laisse d'autre refuge que la mendicité qui dégrade ou l'assistance qui humilie [2].

Au surplus, avec le système belge ou italien, qui ne comporte aucune subvention patronale obligatoire [3], la rente d'invalidité est absolument insuffisante : or, socialement parlant, — et tel est bien le point de vue du législateur allemand, — c'est cette rente qui devrait être la plus élevée, puisque l'invalidité prématurée prive brusquement la famille

---

[1] Ces considérations sont si graves que, dans ces dernières années, les chefs les plus autorisés du mutualisme, MM. *Siegfried*, *Mabilleau*, *P. Deschanel*, etc., ont cru devoir se rallier, sous certaines réserves, au principe de l'obligation, reconnaissant ainsi l'impuissance de la mutualité libre à solutionner le problème de l'assurance invalidité. — V. les décl. de MM. Deschanel et Siegfried à la Chambre (nov. 1905) ; *cf.* conférence Siegfried au *Musée social* (*Mus. soc.*, docum., mars 1906, et *Quest. prat.*, 1906, p. 275).

[2] « L'organisation des assurances, écrit M. Blondel à propos du Congrès de Dusseldorf (*Réf. soc.*, août-sept. 1902), n'a ralenti en aucune façon le magnifique essor de l'Empire allemand... Non seulement, conclut-il avec M. Bödiker, le jeu des assurances n'a nullement ralenti les initiatives individuelles, mais cette grande organisation est un véritable bienfait, une garantie de la paix sociale, et, au point de vue économique comme au point de vue politique, un des plus fermes soutiens de l'Empire ». — V. aussi *Quest. prat.*, janv. 1903.

[3] Pour la justification morale de la contribution obligatoire des patrons, cons. notamment Boissard, *Retraites d'invalidité et de vieillesse* (*La Quinzaine*, 16 sept. 1901). — Il convient d'ailleurs de ne pas s'exagérer l'importance de la contribution patronale. D'après le rapport officiel allemand à l'Expos. de 1900, la charge globale des trois assurances ressort à 10 pfennig pour un salaire moyen de 300 marks correspondant à 300 jours de travail. De ces 10 pfennig, le patron supporte un peu plus de moitié (1/3 assur. maladie, 1/2 assur. invalidité, toute l'assurance-accidents). De l'aveu des industriels allemands, cette charge est très supportable (*Quest. prat.*, 1901, 276), d'autant plus que l'assurance ouvrière décharge l'assistance publique, qui pèse lourdement sur les communes dans les Etats ne pratiquant pas l'assurance.

ouvrière de son chef, précisément à l'instant où son salaire lui serait le plus nécessaire.

1395. — L'assurance obligatoire et la collectivité. — L'obligation se justifie avec plus de force encore si, élargissant le débat, l'on veut bien envisager le problème, non pas exclusivement au point de vue du travailleur lui-même, mais au point de vue des intérêts généraux de la collectivité. Il est indéniable, en effet, que l'assurance obligatoire généralisée présente les plus grands avantages au point de vue social, en ce qu'elle facilite la réalisation d'œuvres de préservation collective, utiles à la population tout entière, que l'initiative individuelle serait impuissante à faire vivre. C'est ainsi que les hygiénistes sont unanimes à constater que le développement remarquable en Allemagne des sanatoria anti-tuberculeux, dont on ne saurait nier les heureux effets au point de vue démographique, est dû avant tout au régime de l'assurance obligatoire. Conscientes de leur intérêt, les caisses allemandes n'ont rien négligé pour lutter victorieusement contre la maladie, et réduire au minimum les cas d'invalidité ; mais il fallait pour une telle lutte un budget considérable, que seule l'assurance obligatoire pouvait alimenter[1].

---

[1] Parmi les nombreux ouvrages ou articles consacrés, dans ces dernières années, à ce grave problème de l'assurance, nous citerons : — *en faveur de l'obligation* : Cauwès, t. III, p. 515 ; Gide, *Econ. soc.*, p. 316 ; Berthélemy, *Caisses de retr. pour les ouvriers* (*Soc. Ec. pol. Lyon*, 1895 ; Jay, Boissard, *op. citt.* ; Capitant, *Les retraites ouvrières*, 1899 ; Fontaine, *Les caisses de retraites* (*Rev. polit.*, oct. 1899) : — P. Pic, *Les résultats de l'assurance ouvrière à la fin du XIXe siècle* (*Quest. prat.*, 1901, 274); chron. des *Quest. prat.*, 1901-1908 ; *A propos des retraites ouvrières* (*Quest. prat.*, 1905, 320), et *La question des retraites ouvrières en France et le mouvement doctrinal* (*Quest. prat.*, 1906, 274) ; — Fuster, Rapp. au Congrès de Dusseldorf (*Quest. prat.*, 1902, 381) ; — Dr A. Pic, *Les sanatoria populaires* (*Quest. prat.*, 1900, 376, et 1901, p. 1 et s.) ; P. Guieysse, *Les retraites ouvrières*, 1905 ; Dervieux, *Les retraites mutualistes* (*Quest. prat.*, oct.-déc. 1905) ; Siegfried, *op. cit.* ; Artaud, *Le problème des retraites ouvrières* (*Rev. popul. d'écon. soc.*, fév. 1906 ; Levred, *Etude sur les retraites ouvrières* (*Démocr. chrét.*, août-sept. 1906) ; Dusart, *L'obligation dans les retraites ouvrières* (*Associat. cathol.*, 1906, I, 336) ; Olphe-Galliard, *Le projet de loi sur les retraites ouvrières* (*Quest. prat.*, 1907, p. 201-287, et 1908, p. 14).

Contre l'obligation, et dans le sens de la *liberté subsidiée* : Rosland, chron. du *Journ. des Débats*, 1901-1908 ; Turquau, *Les retraites ouvrières et le budget* (*Quest. prat.*, 1901, 210), E. et M. Lacombe, *Les retraites ouvrières*, 1905 ; Villey, *Les illusions relatives aux retraites ouvrières*, 1905 ; Lefort, *Les caisses de retraites ouvrières*, 2 vol. 1906 ; — Bellom, *L'assurance contre l'invalidité* ; *La mutualité libre à l'étranger*, 1905-1906 ; *La liberté de la prévoyance et les retraites ouvrières*, (*Rev. polit.*, 1906, II, 69). — V. aussi Imbert, *Les retraites des travailleurs*, 1905,

IV. — LES PROJETS DE LOI FRANÇAIS. — QUESTION DES RETRAITES OUVRIÈRES[1]

1396. — L'assurance obligatoire devant le Parlement français. — Les considérations précédemment développées nous conduisent à approuver sans réserve la Chambre des députés française de s'être prononcée nettement en faveur de l'obligation, au cours des débats retentissants qui, poursuivis pendant deux législatures, ont abouti, le 23 février 1906, au vote du projet actuellement soumis à l'examen du Sénat.

L'assurance obligatoire n'est pas une nouveauté dans nos lois; les mineurs, nous l'avons établi (*supra*, n°s 1026 et s.), sont assurés obligatoirement contre la vieillesse, l'invalidité et la maladie; les marins ont également leur Caisse des invalides (L. des 29 déc. 1905 et 14 juillet 1908, D. 1907, 4, 41, et 1908, 4, 84; v. *supra*, n°s 1025 et 1088, et Cohendy-Darras, p. 1283 et s.); la question n'est donc plus entière, et le législateur français ne saurait s'arrêter ainsi à mi-chemin.

---

[1] Il nous est impossible de passer en revue, même sommairement, les nombreux projets ou propositions de loi sur les retraites ouvrières déposés de 1890 à 1908 sur le bureau des Chambres françaises. On en trouvera l'énumération dans nos chroniques annuelles des *Annales de droit commercial* et dans le *Bull. de l'Off. du trav.* (état, au 1er janvier de chaque année, des proj. relatifs aux quest. ouvr. et sociales). Signalons toutefois, à raison de leur importance, parmi les projets établissant l'assurance-invalidité-vieillesse obligatoire : le proj. Constans, 6 juin 1891, Ch., n° 1473; le proj. Maruéjouls, 25 oct. 1898, Ch., n° 271; la propos. Ricard, 30 mars 1899, Ch., n° 878, et parmi les proj. ou propos. tendant à consacrer le principe de la liberté subsidiée : les propos. Audiffred, Ch., 4 juill. 1898, ann. n° 161, et Adam, Plichon, etc. (Ch., 6 déc. 1902, *Off.*, n° 625). A ces projets et à plusieurs autres propos. (énum. par le *Bull. Off. trav.*, 1902, XVII), la commission d'assurance et de prévoy. sociales de la législature 1898-1902 substitua un texte, basé sur l'obligation, sur lequel s'engagea, en juin 1901, la discussion publique, et qui, fortement amendé, fut finalement voté par la Chambre dans sa séance du 23 fév. 1906.

Pour l'étude des travaux parlementaires concernant la quest. des retraites, cons., outre les autorités citées à la note précédente, et *supra*, n° 1387 : Costier, *Les retraites ouvrières*; Rouanet, *Les retraites ouvrières* (*Revue socialiste*, sept. 1901); Gonnard, *L'assurance sociale contre la vieillesse et l'invalidité en France*, broch. 1899; — P. Pic, *Le projet de loi français sur les retraites ouvrières et le referendum, étude critique* (extr. du *Mouvem. écon. et soc. dans la région lyonn.*, t. I), 1902; chr. des *Quest. prat.*, 1904, 401; 1905, 321; 1906, 82 et 276; 1907, 91 et 386; 1908, 125 et 253; — Guieysse, rapp. à la Ch. des dép., 9 mars 1900, n° 1502, et 22 nov. 1904, n° 2083, p. 1187. — V. aussi les trois volumes de l'enquête prescrite par la Chambre dans sa séance du 2 juillet 1901 (Imp. nat., 1901); et le *Bull. des assur. soc.*, *passim*; rapp. (hostiles) de la Ch. de commerce de Lyon, 1901, 1905 et 1907 : — Le Moyne, *Le projet de loi de 1906 et la mutualité*; — Cazeneuve, *Les retraites agricoles devant le Sénat* (*Rev. polit.*, 1906, III, 51).

1396 *bis.* — *Assurance-maladie.* — Il nous semble même fâcheux qu'il n'ait jusqu'à présent, à la différence des lois étrangères, porté son attention que sur l'assurance-vieillesse, et qu'il s'en soit remis à peu près entièrement aux mutualités libres du soin d'organiser l'*assurance-maladie*[1]. Les statistiques rappelées par nous précédemment (V. *supra*, n° 1338) démontrent en effet péremptoirement, que la grande majorité des travailleurs se maintient encore en dehors des cadres de la mutualité, malgré les libéralités fiscales dont celle-ci bénéficie[2]. Il ne serait que temps, pour le Parlement français, de rompre résolument avec la pratique des lois fragmentaires, et d'aborder, sinon la discussion d'un Code ouvrier complet (V. *supra*, n° 169), tout au moins l'étude d'un régime d'ensemble des assurances sociales. Si la Chambre eût envisagé le problème des assurances sociales dans toute son ampleur, elle se fût sans doute abstenue de voter en 1906 une loi de façade, inapplicable à raison des charges écrasantes qu'elle eût imposées au Trésor, et dont les exagérations mêmes ont fourni aux adversaires de l'obligation, si nombreux au Sénat, leurs meilleurs arguments.

1397. — *Le projet de loi sur l'assurance vieillesse-invalidité : texte*

---

[1] La plupart des propositions de loi impliquant extension à l'assurance-maladie du principe de l'obligation sont des propositions du groupe socialiste reposant sur la conception australasienne ou britannique, c'est-à-dire sur l'inscription au budget général de crédits suffisants pour faire face au risque assuré. — V. notamment propos. Zévaès tendant à organiser l'assurance-vieillesse et l'assurance-maladie (Ch., 20 juin 1898, *Doc. parl.*, n° 161, p. 361), et la propos. Vaillant, Coutant, etc., tendant à instituer une assurance sociale généralisée, destinée à couvrir tous les risques, y compris le risque de chômage (Ch., 13 nov. 1900, ann. n° 1933, p. 50). Or, si nous approuvons le principe de l'organisation d'ensemble des assurances sociales, sous l'égide de l'Etat, nous estimons que l'idée même d'assurance implique une participation directe et personnelle de l'assuré au paiement des primes. — Cf. disc. de M. Millerand, min. du comm., au cours de la discussion du projet de loi sur les retraites à la Ch. des dép., juin 1901. — Signalons cependant deux intéressantes propositions, l'une de M. Siegfried, déposée sur le bureau de la Chambre, au nom du groupe de la mutualité, le 22 déc. 1904 (v. rapport Guieysse, p. 159), l'autre de M. A. Dubost, du 8 avr. 1905 (Sénat, n° 111), qui toutes deux s'appliquent à combiner l'assurance-vieillesse et l'assurance-maladie. Mais ces propos. ont été retirées par leurs auteurs. — Sur l'utilité de l'assurance obligatoire contre la maladie, cons. Givord, *Les sociétés de secours mutuels et l'assurance obligatoire*, 1899 ; Crochard, *L'assurance obligatoire contre la maladie*, 1902 ; Stopin, *Protection des travailleurs contre la maladie*, 1907.

[2] A plus forte raison, la mutualité libre, quelle que soit l'importance du concours financier de l'Etat, ne saurait-elle solutionner le problème des retraites. Alors, en effet, que la loi allemande profite à près de 14 millions de salariés (V. les statistiques annuelles allemandes publ. par l'*Off. du trav.*), la mutualité française groupe environ 4 millions d'individus, dont la moitié au moins de non-salariés. De plus, c'est une minorité seulement parmi les mutualités qui sert des retraites (52 p. 100 des sociétés approuvées, 11 p. 100 des sociétés libres), et le taux moyen des retraites ne ressort qu'à 70 francs. Cf. Dervieux, Pic, Olphe-Galliard, *op. citt.*

de la Chambre (23 février 1906). — Le texte arrêté en 1901 par la Commission d'assurance et de prévoyance sociales consacrait le principe de l'obligation, mais réduisait au strict minimum les charges imposées au Trésor. Etaient assurés obligatoirement tous les salariés de l'industrie, de commerce ou de l'agriculture ; la pension de retraite était due à tout vieillard âgé de 65 ans ; une retraite anticipée était assurée à tout travailleur reconnu invalide, quel que fût son âge, pourvu qu'il eût effectué des versements correspondant à 2,000 journées de travail.

Les frais de l'assurance étaient couverts par une prime correspondant à 4 0/0 des salaires, dont moitié supportée par l'employeur, moitié par l'assuré, prime versée à la Caisse nationale des retraites ouvrières chargée de centraliser les capitaux nécessaires au service des rentes[1]. L'Etat ne garantissait aucun minimum de retraite; il se bornait à servir aux assurés un intérêt fixe de 3 0/0 (intérêt capitalisé par les soins de la Caisse), à faire les frais du régime transitoire (pension de 50 à 120 fr. aux vieux travailleurs n'ayant, au jour de la promulgation de la loi, effectué aucun versement, ou n'ayant versé que pendant une période inférieure à la durée normale), et à contribuer, concurremment avec les départements et les communes, aux frais des pensions d'invalidité, à l'effet d'assurer aux bénéficiaires, ayant versé pendant le temps prévu au texte, une pension minima de 200 fr.

La Commission de la législature 1902-1906 avait déjà fortement accentué les charges du projet originaire en fixant à 60 ans l'âge de l'entrée en jouissance de la pension, en garantissant aux assurés, sur les ressources générales du budget, une pension minima de 360 francs pour les ouvriers ou employés de l'industrie et du commerce, et de 240 francs pour les ouvriers agricoles, en créant enfin une assurance facultative, donnant droit à certaines bonifications du Trésor, pour les travailleurs autonomes ne rentrant pas dans les catégories légales (artisans travaillant seuls, petits patrons, petits propriétaires ruraux, etc).

La Chambre, à son tour, renchérissant sur les tendances généreuses

---

[1] Sur les considérations qui militent en faveur du système de la capitalisation par une caisse centrale unique, de préférence à celui de la répartition, cons. notamment : Olphe Galliard, *op. cit.*; — Jouve, *Le problème des retraites ouvrières envisagé au point de vue financier*, th. 1907. — V. aussi Malzac, *Le projet de loi sur les retraites ouvrières* (*Rev. pol. et parl.*, 1905, II, 457, et III, 14); Morard, *Organisation financière des retraites ouvrières*, th. 1907. — Parmi les propos. tendant à fournir au Trésor les ressources supplémentaires nécessaires pour assurer le service des retraites ouvrières projetées, cons. notamment : propos. M. Colin, tendant à affecter aux retraites le bénéfice de la réforme successorale (limitation au 4e degré du droit de succession *ab intestat* en ligne collatérale), Ch., 3 juillet 1906, n° 190; propos. Guillemet tendant à affecter aux retraites le produit de l'établissement du monopole de l'alcool (Ch., 5 nov. 1906, n° 359), etc.

de sa Commission, introduisit dans le texte toute une série de modifications, dont chacune devait fatalement se chiffrer par une aggravation de charges : assimilation aux salariés des métayers et petits fermiers ; fixation à 360 francs du minimum garanti de la pension de vieillesse, sans distinction entre les ouvriers ruraux et les autres ; exonération de tout versement pour les salariés dont le salaire quotidien n'atteint pas 1 fr. 50 (amendement Bonnevay) ; élévation de 50 francs à 120 francs du minimum de la pension promise en période transitoire aux vieux ouvriers n'ayant effectué aucun versement ; adoption, enfin, de différentes mesures tendant à favoriser la participation des mutualités au service des retraites.

1398. — *Le projet de loi sur les retraites au Sénat.* — Il était à prévoir qu'un tel projet, manifestement inspiré par des considérations électorales, ne serait pas adopté par le Sénat sans de profondes retouches. Il était du devoir strict de la Commission sénatoriale, même si elle n'eût pas été hostile, au fond, en majorité du moins, à l'obligation [1], d'examiner de très près les répercussions budgétaires du texte de la Chambre. Elle n'y a pas manqué, et en présence des résultats de cet examen, le Gouvernement n'hésita pas à proposer à la Commission sénatoriale, en échange de l'acceptation franche par celle-ci du triple principe de l'obligation, de la contribution tripartite de l'assuré, du patron et de l'État, et de la capitalisation, d'importantes modifications susceptibles d'atténuer, dans une très large mesure, les charges imposées à l'État.

Il est regrettable toutefois que le Gouvernement, au lieu d'apporter à la Commission un contre-projet complet, se soit borné à des suggestions, sous forme de lettres du président du Conseil à M. Cuvinot, président de la Commission, ou à des conversations entre les ministres de l'intérieur, du travail et des finances et ladite Commission. Nous ne relèverons ici ni les hésitations que trahissent ces colloques intermittents entre le Gouvernement et le Sénat, ni les obscurités de la lettre ministérielle du 22 juin [2] ; il nous suffira de constater que, si la Commission veut bien s'engager dans la voie qui lui est indiquée, et faire état de certaines modifications proposées [3], il dépend d'elle

[1] Cette hostilité se traduit dans le questionnaire envoyé par elle aux Chambres de commerce, syndicats, mutualités, etc. (*Quest. prat.*, 1907, 91).

[2] Sur les points de vue successifs développés par le gouvernement devant la commission sénatoriale, v. nos chroniques des *Quest. prat.*, 1908, 386 et 1908, 125 et 253.

[3] Report à 65 ans de la date d'entrée en jouissance de la retraite, suppression du régime d'assurance facultative, suppression de l'amendement Bonnevay, extension du bénéfice de la loi du 14 juillet 1905 sur l'assistance aux vieillards indigents (jusqu'ici

d'aboutir[1], et de doter le pays d'une loi sociale dont la nécessité nous paraît absolument démontrée[2].

§ 2. — Assurance contre le chômage[3]

1399. — Le problème. — L'on représente parfois, et non sans raison, l'assurance contre le chômage comme le couronnement, la clé de voûte du système des assurances sociales. A quoi bon organiser en effet tout un réseau d'assurances contre la maladie, la vieil-

---

limitée aux vieillards de 70 ans) aux anciens salariés âgés de 65 à 69 ans au moment de la promulgation de la loi, etc.

Cette dernière combinaison est ingénieuse, mais onéreuse, il faut bien le dire, pour les départements et les communes.

[1] Au lieu d'une dépense écrasante évaluée par la commission sénatoriale à plus de 400 millions par an, la contribution annuelle de l'Etat pourrait en ce cas, semble-t-il, être ramenée à 150 millions, sans tenir compte, il est vrai, de la loi d'assistance qui, surchargée du fardeau des indemnités transitoires, coûterait environ 100 millions par an.

[2] A l'heure où s'achève la mise en pages du présent volume (12 novembre 1908), nous apprenons que le président de la Commission sénatoriale a soumis à celle-ci un contre-projet impliquant rejet du principe de l'obligation, et adoption du système belge de la *liberté subsidiée*. La Commission suivra-t-elle son président? Une telle détermination serait, à notre avis, des plus regrettables, en elle-même d'abord, pour les raisons développées *supra* (n° 1394), et aussi parce qu'elle viendrait encore aggraver le désaccord profond qui, sur le terrain social, sépare la Chambre du Sénat.

[3] BIBLIOGRAPHIE. — Jay, série d'études sur *l'assurance de Saint-Gall* (*Rev. polit. et parl.*, 1894 à 1897); Docum. sur la *quest. du chômage* (public. de l'*Off. du trav.*, 1896); Vivier, *L'assurance contre le chômage involontaire*, 1898; Cornil, *Assurance municipale contre le chômage involontaire*, 1898; Dejean, *L'assurance contre le chômage*, 1900; — Varlez : *L'assurance contre le chômage à Gand* (*Quest. prat.*, 1900, 161); *Les formes nouvelles de l'assurance contre le chômage*, 1903; *Les fonds de chômage* (*Mus. soc.*, janvier 1906); — Cagninacci, *Le chômage*, 1903; Brouilhet, *La question du chômage* (*Quest. prat.*, 1904, 79); Guénard, *L'assur. contre le chômage et la fédération des travailleurs du livre* (*Mouvem. socialiste*, 14-21 juin 1902); Lamotte, *Etudes sur la question du chômage involontaire*, 1905; — Benzacar, *Le chômage involontaire* (*Rev. écon. de Bordeaux*, novembre 1906); Faguot, *Le chômage*, 1906; Crosne du Cormier, *Caisses syndicales de chômage en France et en Belgique*, 1906; Godart, *Les subventions municipales aux caisses de chômage de Lyon* (*Quest. prat.*, 1907, 1); De Las Cases, *L'assurance contre le chômage*, (*Réf. soc.*, mai et juin 1907); Savary, *Le problème du chômage en Angleterre* (*Rev. pol. et parl.*, 1907, t. 51, p. 296); — *Le chômage* (Congrès de l'*Umanitaria*, 1907); Besse, *Le problème du chômage pour les employés* (*Quest. prat.*, 1907, 183, 293); Gide, *Econ. soc.*, 339; Léo, *Les derniers essais d'assurance-chômage* (*Bull. assur. soc.*, 1908, 35). — V. aussi la bibliographie méthodique donnée par Varlez (*ibid*, 1908, 11 et s.). — Etudes et chroniques du *Bull. de l'Off. du trav.*, de l'*Econ. franç.*, de la *Rev. socialiste*, du *Monde écon.*, de la *Réf. sociale*, de la *Rev. pol. et parl.*, du *Bull. Soc. de législ. comp.*, de la *Rev. prat. de dr. indust.*, des *Quest. prat.*, du *Bull. des assur. soc.*, etc. — Pour la bibliographie allemande et suisse, cons. Dr Freund, *Materialien zur frage der Arbeitslosenversicherung*, Berlin, 1903; *Soziale Praxis*, et *Schweizerische Blätter fur Wirt. u. Soc. pol.*, *passim*. — V. *supra*, nos 569, 662, 895.

lesse ou l'invalidité, si le travailleur est sans cesse menacé de se voir privé, par un chômage involontaire, de ce salaire régulier qui seul peut lui permettre, au prix de lourds sacrifices, d'alimenter l'assurance? Qu'est-ce à dire, sinon que le problème des assurances sociales ne sera pleinement résolu que le jour où l'on aura réussi à garantir les travailleurs contre le risque de chômage, cet ennemi qui paralyse tous leurs efforts vers une condition meilleure! Mais une telle assurance est-elle possible?

1400. — Les remèdes préventifs. — Il est bien évident que l'on peut, dans une certaine mesure, remédier au chômage *involontaire* [1] par un ensemble de mesures préventives combinées et coordonnées, telles que : l'organisation rationnelle du placement, par la fédération des offices syndicaux ou municipaux de placement gratuit [2]; la création par les syndicats d'auberges ou colonies de travail, et l'allocation de secours de route [3]; une bonne législation mutualiste permettant aux sociétés de garantir à leurs adhérents en état de chômage une indemnité journalière (cf. L. franç. de 1898); un réseau d'institutions coopératives assurant à la famille ouvrière un foyer stable et des conditions d'existence aussi peu coûteuses que possible; enfin, la mise en réserve pour les temps de crise, par les communes ou les départements, de travaux d'utilité générale, comportant des délais d'exécution échelonnés, et susceptibles d'être confiés à des ouvriers non spécialisés [4].

---

[1] Du chômage *volontaire individuel*, le législateur n'a cure; il ne peut en effet imposer le travail, mais seulement prendre des mesures pour réprimer le vagabondage et la mendicité (V. *infra*). Quant au chômage *volontaire collectif* (grèves), nous avons indiqué *supra* (n°s 328 et s.) les mesures législatives propres à en atténuer les dangers.

[2] Sur les remarquables résultats obtenus dans cette voie en Allemagne, v. *supra*, n° 902.

[3] Sur ces colonies, nombreuses en Allemagne, et sur le *viaticum* des typographes français, v. *supra*, n°s 549, 569, 901.

[4] Il nous paraît absolument superflu de discuter ici le bien-fondé du réquisitoire traditionnel de l'école libérale contre la théorie du *droit au travail*, et les *ateliers nationaux* de 1848. Que les travailleurs aient ou non, *droit au travail*, il est un fait certain, c'est que la société, responsable de l'ordre, obligée dans son intérêt même de réduire au minimum le nombre des indigents et des déclassés, a le droit et le devoir de rechercher tous les remèdes susceptibles de remédier à ce fléau social du chômage. Qu'il soit imprudent d'organiser en permanence des ateliers nationaux susceptibles d'encourager la paresse et l'imprévoyance, nous l'admettons volontiers. Mais il est essentiel d'enrayer le mal, toutes les fois qu'on le peut, en mettant en chantier des travaux d'intérêt général susceptibles d'être confiés aux chômeurs. — Cf. délib. du Cons. sup. du travail et circul. minist. du comm. du 26 novembre 1900 (*Quest. prat.*, 1901, p. 31). En 1901, des travaux de ce genre ont été organisés dans 69 départements; les dépenses se sont élevées à 1,666,000 francs. — C'est dans cet esprit que le gouvernement français a, par un décret récent (31 mars 1908, *Offic.* du 3 avril), institué au Ministère du travail une commission chargée d'étudier les mesures propres à atténuer les chômages résultant des crises économiques périodiques.

1401. — **Difficultés d'organisation de l'assurance.** — Mais, quelque parfaite que puisse être cette organisation préventive, il y aura toujours des crises, toujours des victimes du chômage. C'est ici que pourrait intervenir utilement l'assurance : mais comment l'organiser pratiquement? Aucun Etat n'a jusqu'ici pleinement résolu le problème, bien que plusieurs l'aient tenté. C'est qu'en effet cette forme d'assurance se heurte à des difficultés très graves : difficulté de définir le risque assurable et de différencier nettement le chômage professionnel ou involontaire du chômage volontaire ; danger des fraudes ; difficulté de proportionner pour chaque assuré la prime au risque, et danger de faire peser le fardeau de l'assurance précisément sur les ouvriers qui en ont le moins besoin, c'est-à-dire sur ceux dont le chômage est rare et accidentel, plutôt que sur les ouvriers exerçant des professions saisonnières (industrie du bâtiment par exemple), où les longs chômages sont la règle.

1402. — **Les essais d'assurance obligatoire ou facultative.** — Ces considérations expliquent l'échec complet de la Caisse d'assurance obligatoire de Saint-Gall, qui a dû disparaître en 1897, après un fonctionnement pénible de deux ans, en présence du refus de milliers d'assurés de continuer à payer la prime. Le canton de Bâle-Ville avait adopté, en 1900, un projet d'assurance obligatoire : ce projet a été rejeté par le referendum populaire, bien que ses auteurs eussent cherché à tenir compte de l'expérience de Saint-Gall, en proportionnant, dans la mesure du possible, les primes aux risques respectifs des différentes catégories d'assurés.

Des caisses officielles fonctionnent au contraire, mais avec un caractère facultatif, à Berne depuis 1893, à Bâle-Ville depuis 1901, à Cologne depuis 1896. Ces caisses ont pour ressources les cotisations des assurés, les cotisations (absolument volontaires) des patrons, syndicats patronaux ou organisations philanthropiques, les subventions communales. Ces subventions sont fort élevées, et donnent à l'institution un caractère intermédiaire entre l'assurance et l'assistance.

La ville de *Gand* suit, depuis 1901, un système différent. Elle n'a point créé de caisse officielle, mais seulement un fonds de chômage destiné à subventionner les caisses de chômage créées par les syndicats, ou, plus exactement, à majorer, dans une proportion déterminée, les sommes versées aux chômeurs par chaque caisse au cours de l'exercice précédent. Ce procédé paraît avoir donné d'excellents résultats ; aussi tend-il à se généraliser, soit en Belgique (*Bull. Off. trav.*, 1908, p. 58 et 586), soit dans les autres pays, et notamment en France.

Au cours de l'année 1907, vingt-cinq villes françaises avaient inscrit à leur budget des subventions aux caisses syndicales de chômage, à répartir suivant le mode gantois. Trois autres villes, Lyon (crédit, 15,000 fr.), Dijon et Cherbourg s'étaient arrêtées à un système différent, consistant à doubler les cotisations perçues par chaque caisse, sous réserve d'un droit de contrôle de la ville sur son fonctionnement. — Cf. sur les résultats obtenus : *Bull. Off. trav.*, 1907, p. 667, 807, 930 et 1055.

Au début de 1908, trois autres communes françaises, Roubaix, Armentières et Haubourdin ont à leur tour créé un fonds de chômage, type gantois (*Bull. Off. trav.*, 1908, 552). — Cf. Vialatoux, *Les caisses municipales de chômage* (*Démocr. Sud-Est*, 2 février 1908).

Les départements ou provinces (*sic* en France et en Belgique), et les Etats eux-mêmes entrent à leur tour dans la voie des subventions, soit aux caisses locales, soit, de préférence, aux caisses régionales ou fédératives. La France s'est engagée la première dans cette voie, où l'ont bientôt suivie le Danemark et la Norvège [1].

Des résultats appréciables ont déjà été obtenus, bien que, par suite du petit nombre des caisses locales régulièrement constituées, les crédits ouverts n'aient pu, sauf en Danemark, être épuisés. — V., pour la France, les documents statistiques publiés par le *Bull. Off. trav.*, 1907, 1038 et 1305, et 1908, 25 ; pour le Danemark et la Norvège, les études précitées de MM. Varlez et Léo. — Cf. *Quest. prat.*, 1908, 130.

Des projets de loi conçus dans le même esprit sont actuellement à l'étude en Belgique, aux Pays-Bas, en Suisse.

La loi *anglaise* du 11 août 1905 (*unemployed workmen Act*, *Bull. Off. intern.*, 1905, 234), procède d'une inspiration différente. L'Etat intervient dans cet acte, non pour subventionner les caisses syndicales, mais pour créer, dans tous les grands centres, des organismes destinés à centraliser et à répartir les secours aux chômeurs (*comités de secours et comités centraux*). — Sur les premiers résultats obtenus, v. *Bull. Off. trav.*, 1908, 64.

La terre classique de l'assurance sociale, l'*Allemagne*, s'est laissée devancer, on le voit, par plusieurs Etats dans la voie de la lutte, nationalement organisée, contre le fléau du chômage. Aucun des projets mis à l'étude par le gouvernement allemand n'a été jusqu'ici jugé satisfaisant. — V. les travaux précités de MM. Varlez et Léo [2].

---

[1] *France* : L. de fin. du 22 avril 1905; décr. du 9 sept. 1905 réglant l'emploi du crédit de 110,000 fr. — subvention maxima de 16 0/0 des sommes allouées aux chômeurs dans le semestre précédent aux caisses locales, et de 24 0/0 aux caisses régionales ou fédérales ; — décr. modificatifs des 20 avril, 31 déc. 1906 (*Bull. assur soc.*, 1907, 358). — *Danemark* : L. 9 avril 1907, (*ibid.* 1907, 242); crédit très élevé, 250,000 couronnes. — *Norvège* : L. 12 juin 1906 (*ibid.*, 1907, 318).

[2] Sur les projets de loi relatifs au chômage actuellement soumis, soit au Parle-

1403. — **Conclusions**. — En résumé, la question de l'assurance-chômage est posée partout devant l'opinion ; mais la solution qu'elle doit recevoir est encore difficile à dégager. Il semble que l'on doive tout d'abord procéder suivant le système gantois, sauf à intervenir d'une façon plus directe lorsque les organisations syndicales seront parvenues à créer, avec le concours des municipalités et des autorités régionales, un réseau complet d'offices de placement et de caisses de chômage. Il conviendra alors d'examiner s'il ne serait pas possible (Cf. Vivier, *op. cit.*), de décréter l'obligation de l'assurance pour les ouvriers de certaines professions, spécialement sujettes au chômage.

SECTION V. — Assistance sociale (Loi du 14 juillet 1905) [1]

1404. — **Devoir d'assistance ou de solidarité sociale : ses limites**. — La société est-elle tenue d'un *devoir d'assistance* envers les *indigents*,

---

ment français, soit au Parlement anglais, v. *Bull. Off. trav.*, 1908, p. XVI, et *Mus. soc.*. avril 1908, p. 102.

[1] BIBLIOGRAPHIE. — Sur l'assistance publique et privée, cons. notamment, outre les ouvrages et articles cités *supra*, note sous n° 1331 ; Derouin, Goy et Worms, *Traité théor. et prat. d'assistance légale*, 2 vol. 1900 ; Bouvier, *Précis des lois d'assistance et d'hygiène publique*, 1907 ; — Berthélemy, *Droit admin.*, p. 768 et s. ; *Le rôle économique de l'assistance par le travail ; Application des lois protectrices des enfants moralement abandonnés*, 1894 ; *La loi du 19 avril 1898* (*Rev. pédagogique*, 1898, p. 289) ; — Rivière, *Un siècle de lutte contre le vagabondage* (*Rev. polit. et parl.*, mai 1899, t. XX, p. 276) ; *Mendiants et vagabonds*, 1899 ; *L'assistance et la bienfaisance en France de 1900 à 1905* (*Réf. soc.*, 1er et 15 mars 1906) ; — F. Dreyfus, *Vagabondage et mendicité* ; Maxime du Camp, *La charité à Paris* ; d'Haussonville, *La misère à Paris* ; *Assistance publique et bienfaisance privée* (*Rev. des Deux-Mondes*, 15 déc. 1900) ; Bonzon, *La législation de l'enfance* ; Cruveillac, *La protection de la vieillesse* ; Monod, *Les enfants assistés en France* (*Rev. philanthrop.*, t. III, p. 545, et IV, p. 23, 1898-1899) ; Lallemand, *Histoire de la charité*, 3 v., 1906. — V. aussi : Fleury-Ravarin, *L'assistance communale en France* ; Sallès, *Réforme de la loi sur le vagabondage et la mendicité*, 1894 ; Reinach, *Philosophie de l'assistance* (*Rev. polit. et parl.*, 1895, t. VI, p. 213) ; Proc. gén. Renaud, *L'œuvre budgétaire de la 3e République en matière d'assistance*, disc. de rentrée de la Cour des comptes (*Gaz. Pal.*, 24-25 oct. 1897) : P. Strauss, *Assistance sociale, pauvres et mendiants* ; Paulian, *Paris qui mendie* ; Fourquet, *Le problème du vagabondage* (*Rev. polit.*, déc. 1899) ; E. Chevallier, *L'assistance dans les campagnes* ; Michel, *Le relèvement du condamné*, 1900 ; Praviel, *Le patronage des libérés*, 1901 ; Signorel, *L'œuvre budgétaire de la troisième République en matière d'assistance* (*Rev. polit.*, oct.-nov. 1905) ; Delprat, *La crise du libéralisme en matière d'assistance* (*Rev. polit.*, 1906, IV, 98, et 1908, I. 325) ; Tixier, *De la mendicité*, th. 1907 ; Vallée, *Dépôts de mendicité*, th. 1908 ; du Puy, *Vagabondage et mendicité*, 1908 ; Fourquet, *Les vagabonds*, 1908 ; J. Méline, *L'assistance publique à Paris*, (*Mus. soc.*, doc., avril 1908) ; Mesureur, *Le budget de l'assistance publique de Paris* (*Rev. polit.*, 1907, 4, 591) ; *Statistique générale de la France*, 1899-1900, t. II, *Etablissements d'assistance* (public. de l'*Off. du travail*). — Congrès nationaux d'assistance, Lyon 1894 (2 vol.), Rouen, 1897, Reims, 1908 ; Congrès internationaux

ou n'est-elle tenue, de ce chef, d'aucune obligation positive? Ainsi posée, la question ne nous paraît pas susceptible d'une réponse absolue. Les devoirs de la société envers les indigents ne sauraient en effet être de même nature au regard des *indigents* incapables de pourvoir à leur subsistance, même si cette incapacité leur est partiellement imputable, et a pour point de départ l'inconduite ou la paresse, et au regard des indigents valides, chômeurs accidentels ou mendiants professionnels.

Vis-à-vis des premiers, indigents malades, âgés ou infirmes, nous n'hésitons pas à affirmer l'existence d'un devoir social de *solidarité*, dans l'acception la plus large du mot. Vis-à-vis des seconds, au contraire, l'Etat a sans doute un devoir, celui d'aider au relèvement de l'indigent, à son reclassement social (sur le rôle des pouvoirs publics dans la lutte contre le chômage, v. *supra*); mais il a aussi, comme gardien de l'ordre, un *droit* primordial, celui de réprimer le vagabondage et la mendicité professionnels, et de prendre toutes les mesures, même coercitives, propres à atténuer les dangers de cette plaie publique, en attendant qu'il soit possible, par une meilleure organisation sociale, de l'extirper définitivement.

Remarquons du reste, — et ce point de vue paraît bien être celui des propositions récentes[1] sur la réforme de nos lois répressives sur la mendicité et le vagabondage, — que l'Etat n'est, en bonne justice, autorisé à *punir* le vagabondage qu'autant qu'il a satisfait pleinement à son devoir de solidarité sociale au regard des indigents de la première catégorie. Il est d'une cruelle ironie de voir l'Etat moderne s'ar-

---

d'assistance publique et de bienfaisance privée, Paris, 1900 (6 vol.), Bordeaux, 1903, Milan, 1906. — V. aussi : Cauwès, t. III, p. 612 et s. ; Fouillée, *Propriété sociale* ; Gide, rapp., p. 268 et s. ; Garraud, *Droit pénal*, t. IV ; et les nombreuses études publiées dans la *Rev. des établissem. de bienfaisance et d'assistance*, la *Revue philanthropique*, la *Rev. pénitentiaire*, le *Bull. de la Société des prisons*, la *Réforme sociale*, la *Rev. d'écon. polit.*, l'*Econom. français*, la *Rev. des Deux-Mondes*, le *Correspondant*, l'*Assoc. cathol.*, la *Démocr. chrétienne*, etc., etc.

Sur l'assistance publique et privée à l'étranger, cons. notamment : Montheuil, *L'assistance publique à l'étranger*, et *La charité privée à l'étranger* ; E. Chevallier, *La loi des pauvres et la société anglaise* ; Jenks, trad. Wilhelm, préf. de Berthélemy, *Essai sur le gouvernement local en Angleterre*, 1902 ; *Progrès des organisations de la charité en Angleterre et en Amérique* (*Réf. soc.*, 1er oct. 1896) ; Münsterberg, *L'assistance* (trad. de l'allem. par Bompard), 1902 ; Mme Fiedler, *L'assist. sociale des ouvriers en Allemagne*, rapp. au Congrès de Dusseldorf, 1902 ; Van Overbergh, *Phase actuelle de la réforme de la bienfaisance en Belgique*, Bruxelles, 1903 ; *La Belgique charitable*, 1904 ; Willoughby, *L'assistance aux Etats-Unis* (*Mus. soc.*, doc., octob. 1904). — Sur la loi du 14 juill. 1905, v. *infra*.

[1] V. spécialement les propos. Cruppi, Ch., 25 janv. 1899, n° 651, et déc. 1907, n° 1394; de Pomereu, déc. 1907, n° 1403. — Cf. le rapport déposé, le 7 juillet 1908, par M. M. Réville, sur ces propos., et les propos. similaires de MM. G. Berry, Flandin et Lebrun.

roger le droit de punir comme des délinquants des indigents que son devoir strict eût été d'hospitaliser ou d'assister, à raison de leur âge ou de leurs infirmités.

1405. — La Convention et le devoir d'assistance. — Les véritables principes, à cet égard, nous paraissent avoir été posés par les Assemblées de la Révolution, et spécialement par la Convention[1]. Ils peuvent se résumer dans la double formule suivante :

1° *L'assistance est au premier chef une fonction de la collectivité.* Seuls les pouvoirs publics, nationaux, départementaux ou communaux[2], peuvent procéder à une organisation d'ensemble. Ils ne doivent décourager aucune initiative généreuse, mais il leur appartient d'empêcher les gaspillages inutiles, et de prévenir les abus, trop faciles à dissimuler sous le couvert de la charité.

2° *L'assistance est un devoir social envers tous les indigents, malades, vieillards ou infirmes*, que leur débilité physique met dans l'impossibilité de pourvoir désormais à leur subsistance.

Les circonstances empêchèrent la première République de mettre ce programme social à exécution : les gouvernements qui lui succédèrent ne purent, ou ne voulurent pas s'y conformer ; c'est à la troisième République qu'il appartenait de le réaliser[3]. Passons en revue très brièvement, à la lumière de ces principes, les principales formes de l'assistance.

1406. — L'enfant. — L'Etat doit en premier lieu se préoccuper de l'enfant. Il doit tout d'abord protéger l'existence de l'enfant conçu et

---

[1] V. le rapport de Barrère, cité *supra*, n° 142. — Cf. décr. de la Convention des 19-24 mars 1793. — V. aussi J. Dreyfus, *L'assistance publique pendant la Législative et la Convention*, 1905.

[2] Sur l'organisation centrale des services d'assistance au ministère de l'intérieur (direction de l'*assistance et de l'hygiène publiques* et *Cons. supérieur de l'assistance publique*, v. *supra*, n° 222, 626. V. aussi Berthélemy, *Dr. admin.*, p. 785, et l'ouvr. précité de Derouin, Goy et Worms.

[3] L'on objecte parfois, contre l'organisation de l'assistance, que le système des *assurances d'Etat* doit, en se généralisant, rendre l'assistance inutile. Cette objection ne saurait nous arrêter. Tout d'abord, en effet, l'assurance qui, plus que toute autre, pourrait être considérée comme un remède au paupérisme, l'assurance contre le *chômage involontaire*, n'est encore qu'à l'état d'ébauche dans tous les pays ; les autres types d'assurance s'organisent, mais de longues années s'écouleront avant qu'ils ne produisent tous leurs effets. Au surplus, et quel que puisse être le développement donné au système, il restera toujours des pauvres : sans compter les ouvriers victimes d'un chômage plus ou moins volontaire, ou les condamnés libérés qu'il s'agit de reclasser, l'Etat ou les communes se verront toujours en présence d'une multitude d'individus sans ressources restés en dehors de toute organisation corporative, enfants abandonnés, vieillards, malades, infirmes, ou vagabonds de toute provenance et de toute nationalité, individus dont les pouvoirs publics devront nécessairement s'occuper, tant par mesure de sécurité publique, que par un sentiment supérieur de justice et de solidarité sociale.

du nouveau-né (hospitalisation des femmes enceintes, congé et secours aux femmes récemment accouchées employées dans l'industrie, lois sur les enfants assistés, sur les nourrices, etc.), puis pourvoir à l'éducation de l'enfant, à son instruction, et veiller sur sa moralité (lois sur les enfants assistés, sur les enfants maltraités ou moralement abandonnés)[1].

1407. — Le vieillard, le malade ou l'infirme. — Quant aux indigents incapables de travailler, soit temporairement (malades), soit définitivement (vieillards, infirmes et incurables de toute catégorie), ils ont droit, avons-nous dit, à être secourus par la collectivité. Il est du devoir strict, et aussi de l'intérêt bien entendu des pouvoirs publics, de pourvoir largement à leurs besoins, tant par l'hospitalisation dans des établissements appropriés (hôpitaux proprement dits, hospices de convalescents, de vieillards, d'incurables, d'invalides du travail, d'aliénés, institutions d'aveugles et sourds-muets, etc.), que par l'assistance à domicile.

1408. — Loi du 14 juillet 1905 sur l'assistance obligatoire aux vieillards, infirmes et incurables indigents. — Il nous est impossible de présenter ici, même en raccourci, le tableau de notre organisation hospitalière et de notre système de secours médicaux à domicile ou de pensions de vieillards, mis en parallèle avec les institutions étrangères similaires. Qu'il nous suffise de constater ici qu'avec nos deux lois du 15 juillet 1893 sur l'*assistance médicale gratuite* (D. 94, 4, 22), et du 14 juillet 1905 sur l'assistance obligatoire aux vieillards, infirmes et incurables indigents (D. 1906, 4, 125), la France s'est vraiment placée à l'avant-garde des nations pour l'organisation rationnelle de l'assistance publique, suivant le principe de solidarité proclamé par la Convention[2].

---

[1] Sur ce point, la législation française a pourvu aux nécessités les plus pressantes. — V. notamment : sur les *enfants assistés*, les lois des 24 juill. 1889, 27 juin 1904 et 18 déc. 1906 ; v. aussi, relativement à l'inspection, les indications données *supra*, n° 1221. — Sur la protection du premier âge, v. L. 23 déc. 1874 (loi Roussel). Cons. notamment, outre les ouvrages cités *supra* : Dall., *Suppl. au Rép.*, V° *Nourrices* ; Dr Peck, *Assistance maternelle à domicile* (*Rev. polit. et parl.*, déc. 1900). Sur les enfants maltraités ou moralement abandonnés, v. les lois des 7 déc. 1874 (*Rec. Cohendy*, p. 272, et *supra*, n° 778), 24 juill. 1889 et 19 avril 1898. Cf. Jellet, *Assistance de l'enfance* (L. de 1904), th. 1907 ; Testut, *Les vagabonds mineurs*, th., 1908 ; Giuliani, *L'adolescence criminelle*, th. 1908 ; Touzet, *Contribution à l'étude de l'enfance anormale*, th. 1908. Signalons toutefois une lacune très fâcheuse de notre législation ouvrière relativement à la protection des femmes en couches : V. *supra*, n° 849.

[2] Bibliographie. — Parmi les nombreux commentaires qu'a suscités la loi de 1905, nous citerons : Révillon, *L'assistance aux vieillards, infirmes et incurables* (préf. de P. Beauregard), 1906 ; Sachet, *L'assistance des vieillards*, 1907 ; Campagnole, *L'assistance obligatoire aux vieillards* (préf. de M. Bienvenu-Martin), 1908 ;

Il suffit, pour s'en convaincre, de rappeler en deux mots l'économie générale de la loi de 1905[1], amendée par la loi de finances du 31 décembre 1907[2].

Aux termes de l'article 1er de la loi, applicable depuis le 1er janvier 1907, tout Français privé de ressources, et, soit âgé de plus de soixante-dix ans, soit atteint d'une infirmité ou d'une maladie incurable qui le met dans l'impossibilité de subvenir par son travail aux nécessités de l'existence, a droit à l'assistance instituée par la loi.

La liste des assistés est dressée dans chaque commune par le bureau d'assistance. Les réclamations sont soumises, en premier ressort, à une commission cantonale, et en appel à une commission centrale.

En principe, l'assistance est donnée à domicile, sous forme d'une allocation mensuelle, dont le taux ne peut être inférieur à 5 francs, ni supérieur à 20 francs, sauf approbation spéciale du ministre de l'intérieur. Ces divers taux sont réduits de la participation éventuelle des familles, et pour les assistés qui ont des ressources personnelles, d'une quotité variable indiquée à l'art. 20.

Les indigents qui ne peuvent être utilement assistés à domicile seront placés, s'ils y consentent, soit dans les hospices publics, soit dans des établissements privés ou même chez des particuliers. — Les hospices communaux sont tenus de recevoir gratuitement, autant que leurs ressources le leur permettent, les vieillards ayant leur domicile de secours dans la commune.

Les secours à domicile, ainsi que les frais d'hospitalisation non couverts par les administrations hospitalières, incombent aux communes, aux départements et à l'Etat, dans une proportion déterminée par un barème annexé à la loi (56 0/0 environ à la charge de l'Etat).

1408 *bis*. — *Résultats de la loi de 1905*. — La loi de 1905 fonctionne depuis moins de deux ans, et déjà se dessine un double courant,

---

Herriot et Pic, rapp. sur l'application de la loi (*Bull. municip. de Lyon*, 1906, 2, p. 60 et s.). — Cf. les thèses Pitavy, Blanc, Trouillot. — V. aussi : Mirman, *Une loi de solidarité sociale* (*Rev. polit.*, 1903, 111, 49) ; Bouhey-Allex, *La loi d'assistance aux vieillards* (*Rev. socialiste*, juill. 1908). — V. aussi les rapp. parlem. de MM. Bienvenu-Martin (Ch., 4 avr. 1903, *Doc. parl.*, n° 889), et Strauss (Sén. 23 fév. 1904, *Doc. parl*, n° 43).

[1] Il resterait cependant encore à modifier notre régime des *aliénés*, singulièrement archaïque, et à organiser par tout le territoire un régime de protection et d'éducation rationnelle de l'*enfance anormale*.

[2] Cet amendement a eu pour but de décider que le produit du travail exécuté par les indigents âgés de plus de 70 ans *n'entrerait pas en compte*, c'est-à-dire ne serait pas déduit de la pension. Un vieillard de 70 ans, en effet, fût-il encore valide, a *droit* au repos. — Cf. circul. du min. de l'intér., du 13 janv. 1908 (*Bull. Off. trav.*, 1908, 171). — Cf., sur l'application de la loi : décr. des 14 avril et 11 mai 1906 ; circul. minist. des 16 avril 1906, 14 juill. 1908.

de partisans enthousiastes du régime nouveau, et de détracteurs systématiques.

Les enthousiastes, parmi lesquels nous trouvons quelques libéraux qualifiés, ce qui nous met en défiance, affectent de voir dans la loi de 1905 la solution complète du problème des retraites. Nous avons déjà réfuté ce point de vue, qui procède d'une confusion voulue entre deux domaines distincts, celui de l'assurance et celui de l'assistance ; nous n'y reviendrons pas.

Les détracteurs se déclarent effrayés de la progression des dépenses. (49 millions en 1907, 75 millions au moins en 1908), et du nombre des bénéficiaires (208,840 en juillet 1907, 406,503 en juillet 1908)[1]. Ces appréhensions nous paraissent tout à fait exagérées. Sans doute, des abus ont été commis, surtout dans certaines communes du Midi, et il appartient au gouvernement d'exercer une surveillance plus rigoureuse sur les conditions dans lesquelles les secours sont attribués. Mais il importe de ne pas oublier que les chiffres précédents ne correspondent que pour partie à une augmentation de dépense. Dès avant le vote de la loi, l'Etat, les départements et les communes affectaient déjà, sans y être contraints par la loi, des sommes considérables à l'assistance des vieillards, infirmes ou incurables[2] ; et ces sommes doivent naturellement être déduites du chiffre global précédemment indiqué, si l'on veut se rendre compte de la dépense supplémentaire réelle imposée aux pouvoirs publics par le régime nouveau.

Ce régime d'ailleurs s'imposait, pour des raisons d'ordre supérieur que nous nous sommes efforcé de dégager. Il convient donc de le tenir pour définitif, et de l'accepter, sans arrière-pensée, à raison du progrès social qu'il réalise.

1409. — L'indigent valide. — Les pouvoirs publics doivent enfin se préoccuper du sort des indigents valides. Il sera pourvu aux besoins des indigents valides par un ensemble de mesures destinées à subvenir à leur existence, plus ou moins largement, suivant le degré de faveur dont ils sont dignes, sans cependant leur faire une situation équivalente à celle de la moyenne des travailleurs, pour ne pas encourager le vice et la paresse : — secours à domicile par l'entremise des bureaux de bienfaisance, — *assistance par le travail*[3], — maisons de travail,

---

[1] Rapp. Jeanneney sur le budget du ministère de l'intérieur pour 1909.

[2] C'est ainsi, pour ne prendre qu'un exemple, qu'avant 1907, la ville de Lyon dépensait déjà de ce chef plus de 600,000 fr., somme correspondant aux trois quarts environ de la dépense que lui impose actuellement la loi nouvelle. — Herriot et Pic, rapp. précités.

[3] L'*assistance par le travail* (Cpr. *workhouse* anglais), qui s'est assez rapidement propagée en France, n'a rien de commun avec le système condamné des ateliers natio-

colonies agricoles, stations de secours, dépôts de mendicité, patronage des libérés, hospitalité de nuit, soupes populaires, bouchées de pain, œuvres de prêt gratuit, prêt d'honneur, etc.

1410. — **Conclusions : Budget social, coopération de l'assistance publique et de la bienfaisance privée.** — L'on objectera sans doute que la réalisation intégrale du programme d'assistance sociale rationnelle, esquissé par nous à grands traits, exigerait des ressources financières énormes, dont l'Etat, les départements et les communes ne sauraient disposer, même en tenant compte des revenus particuliers des établissements charitables, et des créations multiples dues à la charité privée.

Mais à cette objection nous ferons une double réponse : — 1° le régime anti-économique de la *paix armée*, qui pèse sur l'Europe depuis bientôt quarante ans, et qui coûte à la France seule près d'un milliard et demi par an, tant pour la guerre que pour la marine, a complètement faussé l'équilibre normal des budgets. Que ce régime écrasant pour l'industrie européenne [1] vienne à cesser, que les pacifiques l'emportent enfin dans les Parlements et fassent de la *Cour permanente d'arbitrage de la Haye*, consolidée par l'acte de 1907, une réalité [2]; et aussitôt les Etats seront en mesure, non seulement de dégrever les

---

naux. L'obligation rigoureuse pour l'assisté de fournir un certain travail et la faible rémunération allouée sont de nature à éloigner les vagabonds de profession ; l'adjonction à l'établissement d'un bureau de placement gratuit est, au contraire, susceptible d'attirer les ouvriers sérieux réduits à l'indigence par le chômage. — Berthélemy, *op. cit.*; Leroy, *L'assistance par le travail et les jardins ouvriers en France*, 1906 ; E. Prévost, *L'assistance par le travail*, 1906. — V. aussi J. Méline, *Le retour à la terre*, 1904; Thiollaz, *L'assistance agricole algérienne*, 1906.

D'ailleurs un tel système ne doit pas être exclusif. Il est essentiel de le combiner avec un système de distribution de secours à domicile, très largement concédés aux indigents *reconnus* dignes d'intérêt, après enquête sérieuse. La combinaison de ces deux systèmes a donné, notamment en Angleterre, les meilleurs résultats. — Cauwès, t. III, p. 642; Decker, *Assistance à domicile* (*Rev. pol.*, 10 déc. 1900); Gide, *Econ. soc.*, p. 395 et s. — Sur le développement des sociétés de patronage des libérés (plus de 100 en France, 450 en Allemagne), v. Gide, p. 380. — Sur les *tribunaux pour enfants* dans les pays anglo-saxons, v. Gide, p. 380; Testut, Giuliani, *op. cit.*; Gayet, *Les tribunaux pour enfants aux Etats-Unis*, 1907. — Sur les colonies agricoles, v. Gide, p. 385 et s.

[1] Sur les dangers que fait courir aux peuples européens la progression des armements, cons. notamment : Circul. adressée aux puissances par le comte Mouriavev, min. des aff. étrang. de l'Emp. russe, le 12/24 août 1898; Jean de Bloch, *La guerre*; Mérignhac, *L'arbitrage international* et *La Conférence de La Haye*; Novicow, *Les gaspillages des sociétés modernes*; — *La paix par le droit*, *passim*.

[2] La réprobation unanime qui, dans tout le monde civilisé, vient d'accueillir (nov. 1908, incident des déserteurs de Casablanca) les provocations belliqueuses de l'Allemagne, peut être envisagée comme un indice significatif du progrès des idées pacifiques dans le monde. La poussée irrésistible de l'opinion a en quelque sorte imposé au gouvernement allemand l'acceptation de l'arbitrage.

contribuables des impôts les plus onéreux, de ceux qui pèsent le plus lourdement sur les classes populaires, mais encore de consacrer une quote-part importante de leurs budgets à l'organisation complète de l'assurance ouvrière et de l'assistance, c'est-à-dire à la pacification sociale. Le *budget social*, budget fécond entre tous, s'enflera ainsi, pour le plus grand profit des peuples, des sommes demeurées disponibles par la consolidation de la paix internationale, et la réduction progressive et simultanée, dans les différents pays, des armements et des budgets de guerre.

1411. — 2° Même avec les ressources actuelles, il serait possible, de l'avis de la plupart des économistes, d'obtenir des résultats beaucoup plus satisfaisants, si l'on parvenait à centraliser les fonds, ou tout au moins à coordonner les efforts, et à empêcher un gaspillage bien intentionné sans doute, mais déplorable par ses résultats. Que les services d'assistance publique et les œuvres d'assistance ou bienfaisance privées [1], à quelque confession qu'elles appartiennent, quelles que soient les tendances sociales de leurs promoteurs, se prêtent enfin un loyal concours, dans cette lutte contre la misère, dont le succès ou l'insuccès décidera de l'avenir de la société actuelle et de la civilisation même [2] ; que ces œuvres s'unissent et constituent dans tous les centres importants un *Office central des institutions charitables* [3], largement

---

[1] Il est intéressant de remarquer que la loi du 1er juillet 1901 sur *les associations*, en affranchissant les sociétés de bienfaisance, pourvu qu'elles ne se rattachent point à une *congrégation religieuse*, du régime antérieur de l'autorisation préalable (art. 291 C. pén.), et en leur conférant une personnalité restreinte moyennant une simple déclaration, a élargi sensiblement leur champ d'action. — Trouillot et Chapsal, *Comment. de la loi du 1er juillet 1901*, 3e part., 1902. Il appartient sans doute à l'Etat d'exercer sur tous les établissements de bienfaisance privée une surveillance active, dont certains scandales récents ont démontré la nécessité (v. *supra*, n° 856). — Mais ce droit supérieur de contrôle, qu'il est du devoir de l'Etat d'exercer, est très aisément conciliable avec le libre développement des œuvres privées poursuivant *réellement* un but de charité ou de solidarité sociale. — Cf. Bompard, *Les congrégations et l'assistance* (*Rev. polit. et parl.*, déc. 1901).

[2] Sur l'alliance de l'assistance publique et de l'assistance privée dans le système *allemand d'Elberfeld*, v. Cauwès, t. III, p. 562 ; Gide, p. 393 ; Mme Moll-Weiss, *La femme dans le système allemand d'Elberfeld* (*Mus. soc.*, doc., décembre 1906).

[3] Il existe des Offices de ce genre, sous des dénominations variées et avec des attributions plus ou moins étendues, à Paris, Lyon, Bordeaux, etc. La plupart ont deux objectifs principaux : renseigner leurs adhérents sur les indigents qui demandent des secours ; les renseigner sur les œuvres appropriées à la situation particulière du solliciteur, ou à la misère cachée que l'on désire soulager. — V. Bompard, *Le bureau de bienfaisance central de Paris* (*Rev. pol. et parl.*, mai 1900) ; Lefébure, *Organisation de la charité privée* ; *Paris charitable et prévoyant* (publ. de l'Office de Paris) ; *Manuel des œuvres de Lyon*, et *Lyon en 1906*, *passim*, etc. Malheureusement, beaucoup d'œuvres ayant un caractère confessionnel accentué demeurent encore en dehors de ces groupements. Aussi les Offices français exercent-ils une action beaucoup moins puissante que les *Charity organisation societies* de Londres, New-

doté, pourvu d'agents sûrs, capables de se livrer à des enquêtes sérieuses sur les moyens d'existence des solliciteurs, sur les misères cachées et les fraudes à déjouer : lorsque cette union pour le bien public sera partout un fait accompli, un pas décisif aura été fait dans la voie de l'organisation rationnelle de l'assistance, et de l'endiguement du *paupérisme*, sinon de son extinction définitive.

York, etc., qui ont réussi en quelques années à diminuer sensiblement le paupérisme, ou les Offices similaires de plusieurs villes suisses, Genève notamment. — Gide, *Econ. soc.*, p. 395 et s.

TABLE DES MATIÈRES

TITRE PREMIER. — Réglementation administrative de l'industrie

TITRE DEUXIÈME. — **Contrats industriels**

TITRE QUATRIÈME. — Vue d'ensemble sur les institutions sociales

TABLE ANALYTIQUE

Les chiffres renvoient aux numéros des paragraphes. Les chiffres en caractères gras correspondent aux paragraphes sous lesquels la matière est traitée avec le plus d'étendue.

A

B

C

D

E

F

O

P

R

S

T

U

V

W

Z

8 ~~[illegible]~~ 1[illegible]

8 avril 1913 – 8

www.ingramcontent.com/pod-product-compliance
Lightning Source LLC
LaVergne TN
LVHW020950300926
849160LV00007B/103